In de reeks Prisma Woordenboeken
zijn de volgende delen verschenen:

Nederlands
Nederlands-Engels
Engels-Nederlands
Nederlands-Duits
Duits-Nederlands
Nederlands-Frans
Frans-Nederlands
Nederlands-Spaans
Spaans-Nederlands
Nederlands-Italiaans
Italiaans-Nederlands
Nederlands-Portugees
Portugees-Nederlands
Nederlands-Nieuwgrieks
Nieuwgrieks-Nederlands
Latijn-Nederlands
Grieks-Nederlands

In de serie Prisma Digitale
Woordenboeken zijn verschenen:

Engels
Duits
Frans

Nederlands

drs. A.P.G.M.A. Ficq-Weijnen
prof. dr. A.A. Weijnen

PRISMA

Uitgeverij Het Spectrum B.V.
Postbus 2073
3500 GB Utrecht

Eerste tot en met de 36e druk 1955-2002
37e herziene druk 2003
© 1955 © 2003

Omslagontwerp: Oranje Vormgevers, Eindhoven
Typografie: Chris van Egmond bNO, Studio PlantijnCasparie Heerhugowaard
Zetwerk: Spectrum DBP/PlantijnCasparie Heerhugowaard B.V.
Druk: Bercker, Kevelaer

ISBN 90 274 7204 1
NUR 627

www.spectrum.nl

Voorwoord bij de 35e druk

Het Prisma Woordenboek *Nederlands* is in zijn bijna vijftigjarige bestaan herhaaldelijk bijgewerkt. Ook nu weer heeft de tekst grote veranderingen ondergaan. In vergelijking met de herziening van 1996, toen de nieuwe spelling van het Nederlands werd geïntroduceerd, zijn bijna duizend woorden toegevoegd, waaronder tal van neologismen. De wereld van de informatica, de economie, de rechtspraak, de geneeskunde, de vrije tijd enz. leverde tal van in onze ogen onmisbare termen en samenstellingen op, die door de auteurs van adequate omschrijvingen zijn voorzien. Een belangrijk criterium bij de keuze voor een 'ingang' was de relevantie voor het onderwijs - met name het voortgezet en het volwassenenonderwijs.

Daarnaast is er kritisch gekeken naar de indeling van de trefwoorden. Ze zijn in deze editie logischer gesorteerd. De inhoudelijke aanpassing weerspiegelt zich in een geheel nieuwe typografie die, in vergelijking met de vorige edities, een rustiger paginabeeld oplevert, waardoor het opzoeken van 'ingangen' en omschrijvingen wordt vergemakkelijkt. Het grotere lettertype moet ook de wat oudere gebruiker van dienst zijn.
Voor op- en aanmerkingen houden wij ons aanbevolen.

Spectrum Lexicografie
april 2001

Voorwoord bij de 37e druk

Ook in deze druk zijn weer nieuwe ingangen toegevoegd en verbeteringen doorgevoerd.

Spectrum Lexicografie
maart 2003

Aanwijzingen voor het gebruik

Dit woordenboek is niet te beschouwen als een volledige inventaris van de Nederlandse woordenschat. Zeer sterk is de beperking doorgevoerd ten aanzien van de samenstellingen, afleidingen en woordmerken. Met het opnemen of weglaten van een bepaalde zaak bedoelen wij geen uitspraak te doen omtrent de kwestie of de betrokken stof in een woordenboek dan wel in een spraakkunst thuishoort. We bedoelen evenmin een standpunt in te nemen in de vraag wanneer men te maken heeft met homoniemen en wanneer met hetzelfde woord in verschillende betekenissen.
Aangezien het werk beknopt gehouden moest worden, hebben wij ons doorgaans beperkt tot de contemporaine woordenschat en was onze aandacht minder gericht op gewestelijk idioom.
Ten aanzien van de eigennamen zijn wij radicaal te werk gegaan. Omdat het einde er praktisch niet van te overzien zou zijn, hebben wij ze, een enkele uitzondering daargelaten, alle weggelaten, behalve natuurlijk wanneer ze in speciale betekenissen ook als soortnaam of als delen van vaste zegswijzen in gebruik zijn, zoals *cognac* en *bourgogne*. Bij de ervan afgeleide bijvoeglijke naamwoorden hebben wij een overeenkomstige gedragslijn gevolgd. Deze werden opgenomen als de betekenis niet meer strikt individueel is, maar, eventueel in bepaalde verbindingen, nieuwe elementen heeft verkregen.
Onze bedoelingen concentreren zich heel sterk op de betekenissen en de spelling. Daardoor voorziet het boek niet alleen in de allerbelangrijkste behoefte: het begrijpen van wat een ander zegt of geschreven heeft, maar houdt het er ook rekening mee dat het zuiver schrijven naast andere waarden ook deze bezit: een algemeen erkend criterium van ontwikkeling te zijn.
Voor het begrijpen is men bijzonder gebaat bij een alfabetische ordening, terwijl met het oog op spreken en schrijven een indeling naar de begripsvelden de voorkeur zou verdienen. Wij hebben deze functies dus slechts op de tweede plaats kunnen verzorgen.
Voor plaatsbesparing is soms in de betekenisomschrijving een lidwoord weggelaten.

Afwijkingen van het Groene Boekje

In enkele gevallen wijkt de spelling af van die in de Woordenlijst Nederlandse Taal (Wdl) van 1995. Voor zover zulke verschillen zich voordoen in de trefwoorden en betrekking hebben op de ministeriële besluiten aangaande de spelling (en niet binnen de marges vallen waarbinnen die besluiten variatie toelaten), zijn de desbetreffende trefwoorden gemarkeerd met een sterretje en worden beide spellingvormen gegeven. Dat ziet er bijvoorbeeld zo uit:

***vliegenzwam** (Wdl: vliegezwam) giftige paddestoel met rode hoed met witte stippen

Fonetische aanduiding

Aan onze fonetische aanduidingen mag men slechts een benaderende waarde toekennen:
˜ = boven een klinker: om een lichte nasalering aan te geven
G = zachte k
à = open gerekte a
è = zeer open, vaak gerekte e
eù = zeer open, vaak gerekte u
ò = open gerekte o
Wanneer in het eerste trefwoord van een alinea een aanwijzing omtrent de uitspraak gegeven wordt, geldt deze voor de hele alinea, tenzij uitdrukkelijk anders wordt vermeld.

Klemtoonteken

De klemtoon wordt aangegeven door het '-teken achter de beklemtoonde lettergreep. Als er niets staat aangegeven, ligt de klemtoon op de eerste lettergreep. Soms is echter voor de duidelijkheid ook hier de aanduiding aangebracht.
Wanneer er twee klemtoontekens staan, betekent dit dat de klemtoon zowel op de ene als op de andere betrokken lettergreep kan vallen.

Uitspraakregels

Voorts moet men rekening houden met het volgende:
ae moet als **ee** uitgesproken worden
qu als **kw**
y soms als **ie**, soms als korte **i**
enkele **c** als **s** vóór **e**, **i** , **y**, **ae**, anders **k**
ç als **s**
th als **t**, behalve wanneer tussen de letters een lettergreepscheiding ligt

In de vreemde woorden eindigend op **-tie**, **-tieel**, **-tionair**, **-tionaris**, **-tioneel**, **-tioneren**, **-tionisme**, **-tionist**, **-tionistisch**, **-tionnement** en **-tium** wordt de **t** na vocalen als **ts** of **s** uitgesproken; na consonanten als **s**.
Behalve wanneer tussen de betrokken letters een lettergreepscheiding ligt, moet **sh** als **sj** uitgesproken worden.
Voor de uitspraak van samenstellingen en afleidingen kunt u ook de niet-samengestelde woorden raadplegen.

Meervoudsvormen van zelfstandige naamwoorden
Wanneer bij een enkelvoudig zelfstandig naamwoord geen meervoudsvorm staat, kan dit aanduiden dat deze geheel ontbreekt, maar ook dat het meervoud gevormd wordt door achtervoeging van **-en**, waarbij er verder aan de spelling van het woord niets verandert.
De meervouden van verkleinwoorden op **-e** worden niet aangegeven. Ze worden alle met **-s** gevormd.
De meervoudsvorm van de samenstellingen vindt men onder het enkelvoudige laatste lid, tenzij het ter plaatse is aangegeven.

Geslacht van zelfstandige naamwoorden
Wanneer bij persoonsaanduidingen het geslacht uit de betekenisomschrijving duidelijk is, zoals bij *dienstbode*, omschreven als 'vrouw die huishoudelijk werk tegen betaling verricht', wordt het grammatisch geslacht niet uitdrukkelijk vermeld.
Verder betekent **m-v** dat het betrokken woord mannelijk of vrouwelijk is naar gelang het bedoelde natuurlijk geslacht, met dien verstande dat, als dit niet duidelijk is, het mannelijk geslacht geldt. Het teken **v(m)** geeft aan dat het betrokken woord pronominaal zowel mannelijk als vrouwelijk mag worden aangeduid, maar dat het woord oorspronkelijk, en in de zuidelijke dialecten vaak nog vrouwelijk is. Wanneer, zoals bij *schilderij* twee geslachtsaanduidingen door een / zijn verbonden (m/v), is men vrij in de keuze.
Het geslacht van samengestelde zelfstandige naamwoorden is niet altijd bij het betrokken trefwoord aangegeven. Het is dan gelijk aan dat van het laatste lid.

Werkwoord: regelmatig of onregelmatig
De werkwoorden kunnen of een regelmatig of een onregelmatig gevormde onvoltooid verleden tijd (of beide) hebben. Eveneens kan men de voltooide deelwoorden in regelmatig en onregelmatig gevormde onderscheiden.
De regelmatige vorming van de onvoltooid verleden tijd bestaat hierin dat er **-de** of **-te** achter de stam gevoegd wordt: **-te** wanneer de stam van het werkwoord eindigt op een echte medeklinker van *'t kofschip*, dus op een **p**, **t**, **k**, **f**, **s** of **ch** en wel zulk een die ook in de onbepaalde wijs aanwezig is; **-de** in de overige gevallen.
De regelmatig gevormde voltooide deelwoorden gaan uit op **d** of **t** volgens hetzelfde beginsel.
De letters **d** of **t** kunnen aan het woordeind niet dubbel voorkomen. Voorbeelden:

dansen	*danste(n)*	*gedanst*
vrezen	*vreesde(n)*	*gevreesd*
spotten	*spotte(n)*	*gespot*

Van de werkwoorden die onregelmatigheden vertonen in de vorming van onvoltooid verleden tijd en voltooid deelwoord, is dit in de lijst aangegeven. De overige hebben een regelmatige vorming. Samengestelde en met een voorvoegsel afgeleide werkwoorden hebben dezelfde tijdsvorming als het enkelvoudige werkwoord, tenzij anders aangegeven.

Engelse werkwoorden
Voor de Engelse werkwoorden is de hoofdregel dat zij vervoegd worden zoals de Nederlandse, dus: *volleyen volleyde(n) gevolleyd; sneeren sneerde(n) gesneerd.*
Wanneer de regel over de letters van *'t kofschip* spreekt, gaat het daarbij niet om de letters , maar om de klanken, dus: *faxen faxte(n) gefaxt; finishen finishte(n) gefinisht.* Bij de afzonderlijke woorden die daaronder vallen, wordt dat dus niet vermeld. Wel worden de onvoltooid verleden tijd en het voltooid deelwoord gegeven als in de Engelse spelling de **e** de uitspraak van de voorafgaande klinker of medeklinker aangeeft, zoals bij *barbecueën barbecuede(n) gebarbecued; overrulen overrulede(n) overruled; tapen tapete(n) getapet* of wanneer zonder die **e** het woordeinde onwelgevormd zou zijn, zoals bij *bridgen bridgede(n) gebridget.* Wanneer de uitspraak-**e** een voorafgaande **o**-klank betreft, zoals in *scoren scoorde(n) gescoord, choken, chookte(n) gechookt en promoten promootte(n) gepromoot,* valt de **e** weg en wordt de **o** verdubbeld. Dat wordt bij de afzonderlijke woorden niet aangegeven.

Werkwoorden: scheidbaar of onscheidbaar
De samengestelde werkwoorden zijn scheidbaar of onscheidbaar samengesteld.
Onscheidbaar samengesteld zijn die welke de klemtoon op het tweede lid hebben, zoals *onderko'men, onderhou'den.* Hierbij zijn ook te rekenen samenstellende afleidingen als *omka'den.*

Scheidbaar zijn die welke als eerste lid een beklemtoond onverbuigbaar deel hebben zoals *on'derhouden.* Hierbij worden ook gerekend de werkwoorden waarvan het eerste lid een samengesteld bijwoord is, zoals **aaneen-**, **bijeen-**, **achteraan-**, **achterna-**, **achterom-**, **achterop-**, **achterover-** of **achteruit-**; voorts die van het type *schuilgaan, tenietdoen, tentoonstellen, leeglopen, teweegbrengen, tewerkstellen, beetnemen, vastpakken, kapotmaken, bezighouden, blindvliegen, schoolblijven*, waarvan het eerste beklemtoonde deel ook als een bepaling bij het werkwoord wordt opgevat en ten slotte de samenstellende afleidingen van het type *opvrolijken, uitkramen, uithuwelijken, uitmergelen, (zich) uitsloven*, waarbij het eerste onverbuigbare element ook beklemtoond is.

Werkwoord: voorvoegsel ge-

Het gebruik van het voorvoegsel **ge-** in het voltooid deelwoord richt zich naar de volgende regels.

a Normaal is dat het voltooid deelwoord met **ge-** wordt gevormd: *genomen, gebriest.*
b Het voorvoegsel **ge-** ontbreekt als het werkwoord met **be-**, **ge-**, **her-**, **ont-**, **ver-**, **er-** is afgeleid: *begonnen, geloofd, hernomen* enz.
c De scheidbaar samengestelde werkwoorden hebben **ge-** tussen beide delen in: *ondergehouden, overgemaakt.*
d De onscheidbaar samengestelde werkwoorden met de klemtoon op het laatste lid hebben geen **ge-**: *onderhouden, overtekend.*
e De overige werkwoorden met de klemtoon op het eerste lid hebben **ge-** aan het begin: *gewaarschuwd, gebekvecht, geliefkoosd.*

Werkwoord: gebruik van trema

Als **ge-** gevoegd wordt voor een werkwoordsvorm die met **e**, **i** of **u** begint, krijgt die letter een trema (bijv. *geëgd, geïnstrueerd, geünificeerd*), maar wordt dit bij de betrokken werkwoorden niet vermeld.
Werkwoorden die op **-iëren** uitgaan, verliezen het trema in de onvoltooid verleden tijd en het voltooid deelwoord: *repatriëren repatrieerde(n) gerepatrieerd; liëren lieerde(n) gelieerd.* Ook hieraan wordt bij de betrokken werkwoorden niet herinnerd.

Werkwoord: ontbrekende vormen

Soms komt het woord alleen als onbepaalde wijs voor, zoals *stijldansen, elastiekspringen, echtbreken.* Wij hebben dat niet nadrukkelijk aangegeven.

Werkwoord: hebben *of* zijn

Ten aanzien van de keuze tussen **hebben** en **zijn** bij de vorming van de voltooide tijden van de bedrijvende vorm is het volgende in acht genomen.
Met **hebben** worden vervoegd de overgankelijke en de onpersoonlijke werkwoorden. Verder wordt **hebben** gebruikt als het verkeren in een toestand wordt aangegeven: *slapen, gloeien.*
Zijn wordt gebezigd als het overgaan van de ene toestand in de andere wordt uitgedrukt (*sterven, inslapen*) en bij de werkwoorden **zijn** en **blijven.**
Als bij de werkwoorden die één beweging uitdrukken (*lopen, fietsen*), de nadruk op de handeling valt, wordt **hebben** gebruikt; als de nadruk valt op het bereiken van het eindpunt, gebruikt men **zijn.** Soortgelijk verschil treft men ook aan bij *vergeten* en *volgen.*
Wij hebben het in de woordenlijst niet nodig gevonden bij ieder werkwoord de mogelijkheid van verbinding met **hebben** of **zijn** door respectievelijk **h** of **z** aan te geven. Dit is alleen geschied bij die werkwoorden waar het gebruik in strijd met de regel schijnt of blijkens de praktijk gemakkelijk tot onzekerheid aanleiding geeft. Waar zowel **hebben** als **zijn** kan worden gebruikt, wordt dit aangegeven door **h/z.**

Bijzondere tekens

~ staat in de plaats van het trefwoord
... geeft aan dat het betrokken woord ertussen gevoegd kan worden

Lijst van gebruikte afkortingen

a.	aan
aanspr.	aanspreking
afl.	afleiding
Am.	Amerika(ans)
ang.	anglicisme
Arab.	Arabisch
arch.	archaïsch
audio.	audiovisueel
barg.	Bargoens
bel.	beledigend
Belg.	Belgisch
Belgned.	Belgisch-Nederlands
bep.	bepaald
bet.	betekenis
betr.	betrekking
Bijb.	Bijbel
bijv.	bijvoorbeeld
bijz.t.	bijzonder taalgebruik
bio.	biologie
bn	bijvoeglijk naamwoord
boekh.	boekhouden
bw	bijwoord(elijk)
comp.	computertaal
d.	de
dicht.	dichterlijk
dim.	diminutief
div.	divers(e)
dw	deelwoord
e.	een
eig.	eigenlijk
elektr.	elektrisch, elektriciteit
Eng.	Engeland, Engels
enigsz.	enigszins
enz.	enzovoorts
etc.	et cetera
euf.	eufemisme
ev	enkelvoud
fam.	familiair
fig.	figuurlijk
fot.	fototerm
Fr.	Frankrijk, Frans
ged.	gedeeltelijk
geol.	geologie
germ.	germanisme
gesch.	geschiedenis
gez.	gezegd, gezegde
gld.	gulden
gmv	geen meervoud
Gr.	Griekenland, Grieks
gymn.	gymnastiek
h	met *hebben* vervoegd
h.	het
H.	Heilig(e)
hand.	handel
herald.	heraldiek
hist.	historisch
iem.	iemand
Ind.	Indonesië, Indonesisch, Indisch
inz.	inzonderheid
iron.	ironisch
Isr.	Israëlitisch
It.	Italiaans
jagerst.	jagerstaal
jong.	jongerentaal
jur.	juridisch
Lat.	Latijn(s)
lidw.	lidwoord
lit.	literatuur, literair
m	mannelijk
m.	met
mar.	marine
med.	medisch
meetk.	meetkunde
meton.	metonymisch
mil.	militair
min.	minachtend
muz.	muziek(leer)

mv	meervoud
myth.	mythologie, mythologisch
nat.	natuurkunde
Ned.	Nederlands
neg.	negatief
o	onzijdig
onbep.	onbepaalde
ong.	ongunstig
onoverg.	onovergankelijk
oorspr.	oorspronkelijk
pej.	pejoratief, met ongunstige betekenis
plecht.	plechtig
plk.	plantkunde
pol.	politiek
pop.	volks
prot.	protestants
psych.	psychologie
resp.	respectievelijk
r.-k.	rooms-katholiek
Rus.	Rusland, Russisch
scheepst.	scheepsterm
schei.	scheikunde
scheldn.	scheldnaam
scherts.	schertsend
schimpn.	schimpnaam
schr.	schrijftaal
sk	samenkoppeling
sp.	sportterm
spot.	spottend
spreekt.	spreektaal
ss	samenstelling
stat.	statistiek
stofn.	stofnaam
stud.	studententaal
Sur.	Suriname, Surinaams
taalk.	taalkunde
telw	telwoord
tw	tussenwerpsel
uitdr.	uitdrukking
v	vrouwelijk
v.	van
vero.	verouderd
versch.	verscheidene
vgw	voegwoord
vnl.	voornamelijk
vnw	voornaamwoord
volkst.	volkstaal
voorm.	voormalig
voorv.	voorvoegsel
vr.	vrouwelijk
vsch.	verscheidene
vulg.	vulgair
vz	voorzetsel
wisk.	wiskunde
wm	woordmerk
z	met *zijn* vervoegd
zegsw.	zegswijze(n)
zn	zelfstandig naamwoord

A

a *v(m)* [-'s] eerste letter van ons alfabet; midden onder in de mond gevormde klinker; *(muz.)* zesde toon in de diatonische toonladder, la; het op de eerste plaats genoemde; *geen a voor een b kennen*, heel dom zijn, onontwikkeld zijn; *van a tot z*, v.h. begin tot het eind; *wie a zegt, moet ook b zeggen*, wat men eenmaal begonnen is, moet men voortzetten
a are
a- (duidt het ontbreken of tegengestelde aan)
à *vz* tot, per stuk
A ampère; *(schei.)* argon; bloedgroep
A4'-formaat *v.e. vel papier*: formaat van 21 bij 29,7 cm
A° *anno*, in het jaar
AA Anonieme Alcoholisten
Aagje *nieuwsgierig ~ (van Enkhuizen)*, nieuwsgierig iem.
aai I *m* streling **II** *tw* (bij aaien) **aaibaarheidsfactor** *m* [-en] mate waarin een dier zich laat aaien of iem. zich laat blij maken **aaien** strelen
aak *m/v* [aken] vaartuig met platbodem
aaks, aks(t) *v(m)* bijl met lange steel
aal *m* [alen] paling; aalmoezenier; *zo glad als een ~*, slim; *een gladde ~*, een slimmerd; *te vangen als een ~ bij zijn staart*, zo dat men hem moeilijk te spreken krijgt, niet gemakkelijk vast te zetten; *~ is geen paling*, er is verschil
aalbes struik met eetbare bessen, Lat. Ribes; bes van die struik **aalbessenboom** aalbes
aalmoes *v(m)* [-moezen] gift aan arme **aalmoezenier'** *m* [-s] voor een bep. sociale groep als geestelijk leidsman aangesteld priester; veldprediker
aalscholver *m* [-s] zwarte zwemvogel v.h. geslacht Phalacrocorax
aaltje *o* op planten parasiterende draadworm **aaltjesziekte** *v* het door een aaltje aangetast zijn
aambeeld *o* ijzeren blok om op te smeden; gehoorbeentje; *altijd op hetzelfde ~ hameren*, telkens op de zaak terugkomen **aambeeldsbeentje** middelste gehoorbeentje
aambeien *mv* zwelling v. aders aan de aars
aamborstig *bn* kortademig
aan *vz & bw* ergens heen; bij; tengevolge van; wat betreft; een bepaald punt bereikt hebbend; *~ zijn*, begonnen zijn, aangekomen zijn, branden; *het zit er bij hem ~*, hij is welgesteld; *waar ik ~ toe ben*, waar ik mij aan te houden heb; *er ~ moeten*, het moeten doen, moeten sterven; *er niet ~ willen*, tot iets niet willen besluiten; *er ~ toe zijn*, gesteld zijn; *de tijd ~ zich hebben*, over zijn tijd kunnen beschikken; *er is niets ~*, het is gaaf, het is gemakkelijk, het is niet mooi; *er is niets van ~*, er is niets van waar; *het is weer ~*, de vriendschap is hersteld; *in sk met een ww dat zich voortbewegen betekent, vaak in de bet.*: naderend op de wijze v.h. grondwoord
aanaarden de grond rondom ophogen, met aarde vullen **aanbakken** zich vasthechten door bakken
aanbeeld *o* aambeeld
aanbelanden ergens terechtkomen
aanbelang *o* belang **aanbelangen** betreffen **aanbellen** bij iem. bellen **aanbenen** vlugger gaan **aanbesteden** uitvoering van iets aan een der opgeroepen aannemers opdragen, gelegenheid geven om naar een werk of levering mee te dingen
aanbetaling *v* storting v.e. deel bij aangaan v.d. verbintenis
aanbevelen aanprijzen, aanraden **aanbevelenswaard', aanbevelenswaar'dig** *bn* aanbeveling verdienend **aanbeveling** *v* het aanbevelen; verklaring waardoor men aanbeveelt; nominatie; iets op grond waarvan iem. aan te bevelen is **aanbevelingsbrief** brief waarin men aanbeveelt
aanbid'delijk *bn* waard om aanbeden te worden **aanbid'den** [bad aan, aanbad, aangebeden, aanbeden] als goddelijk wezen vereren; vererend liefhebben **aanbid'der** [-s] wie aanbidt, minnaar **aanbid'ding** *(r.-k.)* *v* het aanbidden; tijd waarop het Sacrament des altaars ter aanbidding is uitgestald
aanbieden ter beschikking stellen; tonen; *(in zegsw.)* uitspreken **aanbieding** *v* het voordelig te koop aanbieden; *in de ~*, tijdelijk goedkoper
aanbijten in het aas bijten; een eerste stuk van iets bijten **aanbikken** merken door wat schors weg te nemen **aanbinden** vastbinden; *de strijd ~*, de strijd beginnen **aanblaffen** blaffen naar; snauwen **aanblazen** (door blazen) aanwakkeren; op een instrument blazen om de toon te proberen **aanblijven** in functie blijven; blijven branden
aanblik *m* [gmv] blik; aangezicht, gezicht
aanbod *o* [aanbiedingen] aanbieding; het er zijn; wat geboden is
aanboren met een boor komen bij
aanbouw *m* [gmv] het bouwen van iets ergens bij; het aangebouwde; *in ~ zijn*, bezig zijn gebouwd te worden **aanbouwen** erbij bouwen **aanbouwkeuken** *v(m)* uit losse elementen bestaande keukeninrichting **aanbouwsel** *o* [-s] het aangebouwde
aanbraden even braden **aanbranden** in of met een verbrande korst vast gaan zitten; *gauw aangebrand*, prikkelbaar
aanbreien aan iets breien **aanbreisel** *o* [-s] het aangebreide
aanbreken een deel afnemen; beginnen
aanbrengen brengen naar; plaatsen; veroorzaken; verklikken; werven **aanbrengst** *v* het aanbrengen; de aanbreng
aandacht *v(m)* [gmv] opmerkzaamheid **aandach'tig** *bn & bw* met aandacht

A

aandachtspunt zaak die bijzondere aandacht krijgt of nodig heeft **aandachtsstreep** streep als leesteken **aandachtsveld** een der gebieden waaraan men bijzondere aandacht moet geven
aandeel *o* [-delen] persoonlijke bijdrage; toekomend deel; deel dat iem. bijdraagt tot het kapitaal; bewijs van deelneming in kapitaal v.e. NV **aandeelbewijs** bewijs dat men aandeel heeft, bewijs v. deelneming in het kapitaal v.e. NV **aandeelhebber**, **aandeelhouder** [-s] eigenaar v.e. aandeel **aandelenkapitaal** in aandelen bestaand kapitaal
aandenken *o* [gmv] herinnering, herinneringsgeschenk **aandienen** iemands komst melden **aandikken** dikker worden; dikker maken, overdrijven
aandoen aantrekken; berokkenen; aantasten; ontroeren; kort bezoeken; aansteken; treffen; de indruk wekken van
aandoening *v* ziekelijke toestand; ontroering
aandoen'lijk *bn* ontroerend, licht ontroerd
aandraaien vaster draaien; door draaien in werking stellen **aandragen** ergens heen dragen; te berde brengen
aandrang *m* [gmv] het aandringen
aandrift *v(m)* [gmv] innerlijke drang
aandrijfas as die machine aandrijft **aandrijven** drijvend naderen; vaster doen sluiten; aansporen, sneller doen gaan **aandrijving** *v* wijze waarop apparaten en motoren in beweging worden gezet
aandringen voorwaarts dringen; krachtig aansporen; met klem vragen **aandrukken** vaster drukken **aanduiden** enigszins onrechtstreeks aanwijzen **aandurven** durven aan te pakken **aanduwen** krachtig vastduwen; door duwen verplaatsen **aandweilen** een beetje dweilen
aaneen' *bw* zonder tussenruimte, achter elkaar; *in sk in bet.*: aan elkaar **aaneen'flansen** slordig verbinden **aaneen'geschakeld** *bn* verbonden; zonder onderbreking voortgaande; *(taalk.)* nevengeschikt zonder oorzakelijk of tegenstellend verband
aaneen'hangen losjes aan elkaar hangen; *van leugens ~*, uit leugens bestaan
aaneen'schakelen (met schakels) verbinden **aaneen'schakeling** *v* het aaneenschakelen; reeks
aaneen'sluiten dicht tegen elkaar aankomen; dicht met elkaar verbinden; *zich ~*, een verbond sluiten
aanfloepen *gez. van licht*: plotseling gaan branden
aanfluiting *v* [gmv] wat iets belachelijk maakt
aanfruiten zachtjes fruiten
aangaan *h/z* gaan naar, bezoeken, beginnen, ondernemen; beginnen te branden; sluiten; betreffen; raken; tieren; *niet ~*, niet mogen **aangaan'de** *vz* betreffende
aangapen dom en nieuwsgierig aanstaren; zich dreigend openen
aangebonden *bn kort ~*, snel boos **aangeboren** *bn* natuurlijk, ingeschapen; bij de geboorte aanwezig **aangebrand** *bn* vastgebrand; boos **aangedaan** *bn* bewogen
aangeërfde [-n] wiens grond aan het betreffende gelegen is
aangehuwd *bn* aangetrouwd **aangekleed** *een aangeklede boterham*, boterham met veel beleg; *een ~ borrel*, borrelfeestje met hapjes; *~ gaat uit!*, zegsw. over iem. die zich overdreven mooi heeft gemaakt **aangeknipt** *bn (v.e. mouw)* niet ingezet
aangelande [-n] aangeërfde
aangelegd *bn* de aanleg hebbend tot
aangelegen *bn* ertegen grenzend **aangele'genheid** *v* [-heden] zaak, belang
aangenaam *bn & bw* prettig
aangenomen **I** *vgw* ondersteld **II** *bn het is geen ~ werk*, er is geen voltooiingstermijn bepaald **aangepast** *bn* geschikt gemaakt; *~e woonruimte*, woning die berekend is op invaliden **aangeschoten** *bn* getroffen; licht dronken; *(sp.) gez. van hands*: onopzettelijk **aangeschreven** *bn goed ~ staan*, als goed bekend zijn **aangeslagen** *bn* gedemoraliseerd
aangestoken *bn* wormstekig; met een begin v. rotting; besmet **aangetekend** *~ versturen*, met recht op schadeloosstelling bij verloren gaan versturen **aangetrouwd** *bn* aangehuwd
aangeven aanreiken; aanduiden; *de toon ~*, *(fig.)* de leider zijn; *zich ~*, zich bij de politie als schuldige melden; *(sp.)* passen
aangewezen *bn* meest geschikt, meest bevoegd; *~ zijn op*, als enige keus hebben **aangewind** *bn (alleen predikatief)* zo dat de wind er heen waait
aangezicht *o* gezicht; *uit iemands ~ gesneden zijn*, sterk lijken op iem. **aangezichtspijn** zware pijn in de zenuwen van het gezicht
aangezien *vgw* omdat
aangieten aan iets vastgieten
aangifte *v* [-n] het aangeven; verklaring waarin dit is gedaan **aangiftebiljet** biljet waarmee men aangifte doet
aangorden om het middel binden; *zich ~*, zich gereedmaken
aangren'zend *bn* belendend, naburig
aangrijnzen vals aankijken
aangrijpen met kracht aanpakken, aanvallen; hevig ontroeren **aangrij'pend** *bn* roerend **aangrijpingspunt** punt waar op een lichaam volgens natuurkundige berekening een kracht werkt
aangroei *m* [gmv] het toenemen **aangroeien** toenemen
aanhaken met een haak vastmaken; *~ bij*, doorgaan op
aanhalen aantrekken, liefkozen; in beslag nemen; citeren **aanha'lerig** *bn & bw* te aanhalig **aanhalig** *bn & bw* lief doend **aanhaling** *v* het aanhalen; het aangehaalde **aanhalingsteken** leesteken om geciteerde woorden van die v.d. auteur te onderscheiden; leesteken om op bijzondere woorden een speciale aandacht te vestigen

aanhang *m* [gmv] helpers; volgelingen; partners; vrienden **aanhangen** toegedaan zijn; hangend blijven vastzitten; *met ~d water koken*, koken zonder extra water toe te voegen **aanhanger** [-s] volgeling, medestander **aanhang'ig** *bn* in behandeling **aanhangmotor** niet ingebouwde motor **aanhangsel** *o* [-s, -en] toevoegsel **aanhangwagen** wagen die door een voorgaande wordt opgetrokken **aanhan'kelijk** *bn & bw* trouw, toegenegen
aanharken opharken
aanhechten vastmaken; een nieuwe of gebroken draad vasthechten **aanhechting** *v* het aanhechten; plaats waar aangehecht is
aanhef *m* [gmv] begin **aanheffen** beginnen
aanhikken *tegen iets ~*, ergens tegen opzien **aanhitsen** aanvuren
aan'horen horen naar iem.; horen aan; *ten ~ van*, zodat het gehoord wordt door **aanho'rig** *bn* aanbehorend **aanho'righeid** *v* [-heden] wat ergens toe behoort
aanhouden staande houden; arresteren; in beslag nemen; volhouden; voortduren; niet toewijzen, niet behandelen; *~ op*, gaan in de richting van **aanhou'dend** *bn & bw* zonder ophouden **aanhouder** [-s] volhouder; *de ~ wint*, wie volhoudt, krijgt zijn zin **aanhouding** *v* het aanhouden; *bij ~*, voortdurend
aanjagen op het lijf jagen; voortjagen; harder doen branden **aanjager** *m* [-s] pomp v. brandspuit; werktuig dat gasmengsel naar de motor voert; wie veranderingen voorbereidt
aankaarten door een bepaalde kaart uit te spelen een medespeler een aanwijzing geven; tot voorwerp van discussie maken **aankakken** *(pop.) komen ~*, met weinig energievertoon erbij komen **aankijken** aanzien; *de zaak nog eens ~*, afwachten; *~ op*, verdenken van, geringschatten om
aanklacht *v(m)* beschuldiging **aanklagen** beschuldigen **aanklager** *openbare ~*, officier van justitie
aanklampen enteren; aanspreken **aankleden** kleden; meubileren
aankleve *met al den ~ van dien*, met al wat er bij hoort **aankleven** aanhangen, eigen zijn
aankloppen kloppen om binnen te komen; door kloppen vaster maken **aanknippen** aansteken
aanknopen vastknopen; beginnen **aanknopingspunt** punt v. aanknoping
aankoeken met een koek bedekt worden
aankomeling beginner **aankomen** naderen; even bezoeken; treffen; aanraken; zwaarder worden; *~ op*, berusten op; *~ aan*, krijgen; *erop ~*, beslissend zijn, van belang zijn; *iem. zien ~*, iem. geen kans laten maken **aankomend** *bn* aanstaand; opgroeiend **aankomst** *v* het aankomen
aankondigen bekendmaken; voorspellen
aankoop *m* [-kopen] het kopen; het gekochte **aankoopkeuring** *v* onderzoek v.e. voertuig vóór de aankoop **aankoopsom** koopprijs **aankopen** kopen **aankoppelen** vastkoppelen **aankrijgen** (gez. v.e. kledingstuk) aan het lichaam krijgen; bereiken dat iets brandt **aankruisen** met een kruisje aanwijzen **aankunnen** baas kunnen
aankweek *m* [gmv] het kweken; het gekweekte **aankweken** kweken **aanlachen** toelachen, gunstig zijn; bekoren **aanlanden** belanden
aanlandig *bn* landwaarts waaiend
aanleg *m* [gmv] het aanleggen; plantsoen; geneigdheid, talent; instantie **aanleggen** *h* vastmaken; tegen het lichaam leggen; vastleggen; een wapen in de vereiste stand brengen om te schieten; maken; doen; aan de wal gaan liggen; een café aandoen; *een maatstaf ~*, een maatstaf gebruiken; *~ met*, zich inlaten met; *het erop ~*, ernaar streven **aanlegger** [-s] veroorzaker; eiser **aanlegplaats** plaats waar men aanlegt **aanlegsteiger** steiger waar men aanlegt
aanleidend *bn* de aanleiding zijnde **aanleiding** *v* omstandigheid die niet de oorzaak is maar de gelegenheid geeft
aanlengen verdunnen **aanleren** leren
aanleunen tegen iets leunen; *zich iets laten ~*, zich iets laten welgevallen **aanleunwoning** woning bij bejaardentehuis voor zelfstandig wonende bejaarden
aanleveren bezorgen
aanliggend *bn* ernaast liggend
aanlijnen *(inz. van honden)* aan de lijn doen **aanloeven** scherper tegen de wind zeilen
aanlok'kelijk *bn* verleidelijk **aan'lokken** lokken
aanloop *m* [-lopen] loop voor de sprong; inleiding; veel bezoek **aanloophaven** haven waar de schepen onderweg even aanleggen **aanloophuis** huis voor tijdelijke opvang van daklozen **aanloopkosten** aan het gaan fabriceren van iets nieuws verbonden kosten **aanloopperiode** periode tussen het inschakelen en voluit werken; periode waarin iets nog ontwikkeld moet worden **aanloopspreekuur** spreekuur zonder afspraak **aanlopen** *h/z* duren; sneller gaan lopen; beginnen te lopen, lopen naar, terloops bezoeken
aanmaak *m* vervaardiging; *als eerste deel v. ss in de bet.*: om ermee aan te maken **aanmaakhout** hout om vuur aan te maken **aanmaakkosten** kosten v.h. in voorraad maken **aanmaken** in voorraad maken; klaarmaken; doen branden
aanmanen aansporen, manen **aanmaning** *v* het aanmanen; *(fig.)* waarschuwing
aanmatigen *zich ~*, zich zonder recht toekennen **aanma'tigend** *bn & bw* verwaand
aanmelden opgeven **aanmengen** iets droogs met iets vloeibaars vermengen **aanmeren** (een schip) aanleggen
aanmer'kelijk *bn & bw* aanzienlijk **aanmerken** beschouwen; afkeuren **aanmerking** *v* het aanmerken; afkeurende opmerking; *in ~ komen*, geschikt geacht

A

worden; *in ~ nemen*, rekening houden met
aanmeten de maat nemen voor
aanmin'nig *bn & bw* bevallig
aanmodderen planloos te werk gaan
aanmoedigen moed inspreken **aanmoedigingsprijs** prijs ter aanmoediging
aanmonsteren (scheepsvolk) in dienst nemen **aanmunten** tot munt slaan **aannaaien** vastnaaien; *iem. een oor ~*, iem. voor de gek houden
aanname *v* [-n, -s] veronderstelling; hypothese
aan'neemsom som waarvoor iets aangenomen wordt **aanne'melijk** *bn* aan te nemen **aannemen** overnemen; geloven; goedkeuren; adopteren; een werk op de gestelde voorwaarden op zich nemen; opnemen in een vereniging; *(prot.)* toelaten tot alle rechten v.d. Kerk; *rouw ~*, rouw dragen; *goed van ~*, gemakkelijk lerend; *het is geen aangenomen werk*, er is geen haast bij **aannemer** [-s] wie een werk (inz. bouwwerk) uitvoert tegen bep. prijs
aanpak *m* [gmv] het aanpakken **aanpakken** aanvatten; in rechte vervolgen **aanpakkertje** *o* iets dat het mogelijk maakt hete voorwerpen vast te houden
aanpalend *bn* aangrenzend
aanpappen *~ met, (ong. pop.)* omgang hebben met
aanpassen aantrekken om te passen; aansluiten, voegen naar **aanpassing** *v* het aanpassen; het aangepast zijn
aanpezen hard rijden; hard doorwerken
aanplak- voor aanplakbiljetten **aanplakbiljet** aangeplakte afkondiging **aanplakken** vastplakken; met aanplakbiljetten meedelen
aanplant *m* het aanplanten; het aangeplante **aanplanten** (erbij) planten **aanplanting** *v* het aanplanten; jong plantsoen
aanporren aansporen **aanpoten** flink werken **aanpraten** doorpraten; overhalen tot **aanprijzen** door prijzen aanbevelen **aanpunten** een punt maken aan
aanraden raad geven om iets te doen **aanradertje** *o* iets wat sterk wordt aanbevolen
aanraken aanroeren **aanraking** *in ~ met*, te maken hebbend met
aanranden aantasten; verkrachten
aanrecht *o/m* vaste tafel met kastjes langs keukenwand **aanrechtblok** los v.d. wand staand aanrecht
aanreiken overreiken **aanrekenen** de schuld geven van; opvatten als **aanrichten** veroorzaken
aanrijden *h/z* rijden naar; tegen iets rijden **aanrijding** *v* botsing met een voertuig
aanrijgen aan een draad rijgen; vaster rijgen
aanrijroute ‹ou=oe› (beste) weg om ergens te komen
aanrimpelen kleine plooien maken **aanroepen** roepen; bidden tot **aanroeren** aanraken **aanrommelen** aanmodderen **aanrukken** komen; *~ op*, naderen
aanschaf *m* aanschaffing **aanschaffen** kopen; *zich ~*, kopen
aanschakelen door schakelen of met schakels verbinden aan **aanscherpen** scherper maken **aanschieten** licht raken; vlug aandoen; toesnellen; *(pop.) aangeschoten*, licht dronken; *iem. ~*, terloops naar iem. komen en hem aanspreken
aanschijn *o* uiterlijk, aangezicht
aanschikken aan tafel plaatsnemen; dichter bij elkaar gaan zitten **aanschoppen** *~ tegen*, kritiek leveren op
aanschouw *in ~ nemen*, overwegen **aanschouw'elijk** *bn & bw* helder voorgesteld; *~ onderwijs*, onderwijs waarbij de leerlingen aanschouwen **aanschouw'en** zien, gadeslaan; *ten ~ van*, in tegenwoordigheid van
aanschrijven ambtelijk schrijven naar; ... *aangeschreven*, als ... bekendstaand **aanschrijving** *v* toezending van ambtelijke mededeling of bevel; het stuk zelf
aanschroeven met een schroef vastmaken; (een schroef) vaster draaien **aanschuiven** schuivend dichtbij brengen of aanbrengen; aan tafel komen zitten om mee te eten **aansjorren** vastsjorren
aanslaan *h/z* even tegen iets slaan; op militaire wijze groeten; in beslag nemen; waarderen; aanplakken; ten verkoop bieden; waarschuwend blaffen; beginnen te lopen; *(v. kogel)* de grond raken; op een toets slaan; beslagen worden **aanslag** *m* het aanslaan; bedrag v.d. belasting; aanval; *(muz.)* wijze van aanslaan; korst afgezet vuil; *(mil.) in de ~ brengen*, tegen de wang leggen **aanslagbiljet** belastingbiljet
aanslepen nader slepen
aanslibben groter worden of ontstaan door slibben **aanslibbing** *v* het aanslibben; het aangeslibde **aanslibsel** *o* [-s] het aangeslibde
aansluiten dadelijk op elkaar volgen; zich voegen bij; telefonisch verbinden; *aangesloten zijn*, telefoon hebben **aansluiting** *v* verbinding; overstapmogelijkheid; het overgaan tot; *in ~ bij* of *aan*, aansluitende bij
aansmeren besmeren met iets; listig verkopen **aansnijden** eerste stuk afsnijden; beginnen over; *(sp.)* de bal met de binnen- of buitenkant v.d. voet naar een medespeler schieten **aansnoeren** vaster snoeren **aanspannen** voorspannen; strakker spannen; (een rechtszaak) beginnen **aansporen** opwekken
aanspraak *v(m)* [-spraken] recht om het bezit of genot van iets te vorderen; gelegenheid om te praten; *~ maken op*, zijn rechten laten gelden op **aanspra'kelijk** *bn* verantwoordelijk, om vergoeding of betaling kunnende aangesproken worden **aanspra'kelijkheid** *v* [-heden] vervolgbaarheid; verplichting om zich te verantwoorden **aanspra'kelijkheidsverzekering** verzekering tegen aansprakelijkheid

wegens veroorzaakte schade
aanspreek'baar *bn* toegankelijk **aanspreektitel** titel waarmee men aanspreekt **aanspreekvorm** woord waarmee men iem. aanspreekt **aanspreken** spreken tot om te krijgen of om terecht te wijzen of om rekenschap te vragen; beginnen uit de voorraad te gebruiken; *in rechte ~*, voor het gerecht dagen **aanspreker** aanzegger
aanstaan bevallen; een beetje openstaan; in werking zijn **aanstaand'** *bn* eerstvolgend **aanstaan'de** *m-v* [-n] verloofde
aanstalten toebereidselen
aanstampen vast stampen; stampend komen **aanstaren** starend aankijken
aansteekvlam vlammetje dat steeds blijft branden om groter vuur of licht aan te steken **aanste'kelijk** *bn & bw* gemakkelijk op anderen overgaand **aansteken** doen branden; met iets scherps vastmaken; beginnen uit iets te tappen; besmetten; met een begin v. rotting **aansteker** *m* [-s] apparaatje om vuur te maken
aanstellen benoemen; *zich ~*, zich gedragen; onecht doen **aanstel'lerig** *bn & bw* zich aanstellend **aanstellerij'** *v* het zich aanstellen **aanstelleri'tis** *v* [gmv] aanstellerij **aan'stelling** *v* benoeming
aansterken sterker worden
aanstichten veroorzaken **aanstichting** *op ~ van*, uitgaande van
aanstippen aanmerken; terloops vermelden; (een wond) vluchtig met penseel of watje bewerken **aanstoken** tot kwaad aanzetten
aanstonds *bw* dadelijk
aanstoot *m* ergernis; *~ nemen aan*, zich ergeren aan **aanstootgevend** *bn* ergerlijk **aansto'telijk** *bn & bw* aanstoot gevend, ergerlijk **aanstoten** stoten tegen; klinken
aanstrepen een streepje zetten bij **aanstrijken** langs iets strijken; voegen, dichtsmeren; doen ontbranden
aanstuiven ergens op een hoop stuiven; toesnellen **aanstuiving** *v* het aanstuiven; aangestoven zandophoping
aansturen ergens heen sturen
aantal *o* [-len] hoeveelheid
aantasten aanvallen, aangrijpen
aantekenboek notitieboek
aantekenen opschrijven; ondertrouw doen; verzenden met recht op schadeloosstelling bij verloren gaan; *verzet* of *protest ~*, protesteren; *appel* of *hoger beroep ~*, in hoger beroep gaan **aantekening** *v* het aantekenen; het aangetekende
aantijgen [toog aan, aangetogen] aantrekken; [teeg aan, aangetegen] aanwrijven **aantijging** *v* beschuldiging
aantikken *(inz. sport)* iem. of iets even verplicht tikken; flink oplopen *(bijv. v. kosten)*
aantocht *m* nadering; *in ~ zijn*, naderen
aantonen wijzen; bewijzen; *~de wijs*, werkwoordsvorm die een werkelijkheid uitdrukt **aantreden** *(inz. mil.)* in het gelid gaan staan; beginnen te werken **aantreffen** ontmoeten, vinden
aantrek'kelijk *bn* bekoorlijk; licht geraakt **aantrek'kelijkheid** *v* [-heden] bekoorlijkheid, attractie **aantrekken** tot zich trekken, aanlokken; vaster doen sluiten; aandoen; een gewenste of normale toestand bereiken *(v. prijzen, koersen)*; *zich iets ~*, ergens verdrietig of ontstemd over zijn; *zich iem. ~*, voor iem. zorgen; *zich ~ van*, geven om **aantrekkingskracht** *v(m)* kracht waarmee iets iets anders aantrekt
aanvaard'baar *bn* te aanvaarden **aanvaar'den** beginnen, ondernemen; in bezit nemen
aanval *m* [-len] aangrijpen, aanvallen **aanvallen** aangrijpen, aantasten **aanvallenderwijs**, **aanvallenderwijze** *bw* als aanvaller **aanvaller** *m* [-s] wie aanvalt; voorhoedespeler
aanval'lig *bn & bw* bekoorlijk
aanvalsfront front waarop de aanval plaats heeft **aanvalsoorlog** oorlog met nationale politieke bedoelingen **aanvalswapen** wapen voor aanval
aanvang *m* begin **aanvangen** *h/z* beginnen, doen **aanvangsniveau** ‹eau=oo› niveau waarop men met iets begint **aanvangssnelheid** beginsnelheid **aanvan'kelijk** *bn & bw* in het begin
aanvaren varend botsen op; varend naderen; aanbrengen; *(mar.)* binnenlopen **aanvaring** *v* botsing van twee schepen; *(fig.)* conflict
aanvatten aanpakken; ondernemen
aanvecht'baar *bn* betwistbaar **aanvechten** betwisten **aan'vechting** *v* sterke neiging, verleiding
aanvegen vegend reinigen
aanverwant *bn & m* verwant **aanverwantschap** *v* verwantschap
aanvliegen vliegend naderen; onstuimig afkomen op **aanvliegroute** vaste koers v. vliegtuigen voor de landing
aanvoe'gend *~e wijs*, werkwoordsvorm die een wens of veronderstelling uitdrukt
aanvoelen gevoel hebben voor, bij intuïtie begrijpen; opvatten als **aanvoelingsvermogen** vermogen tot aanvoelen
aanvoer *m* aanvoeren; het aangevoerde; *ook als eerste deel v.e. ss in de bet.*: voor aanvoer dienend
aanvoerder [-s] bevelhebber, leider **aanvoeren** bevel voeren over; aanbrengen; bijbrengen als bewijs **aanvoerhaven** haven waar veel goederen aangevoerd worden **aanvoering** *v onder ~ van ...*, terwijl ... aanvoert **aanvoerster** *v* [-s] vrouwelijke aanvoerder
aanvraag, **aanvrage** *v(m)* [-vragen] verzoek **aanvragen** (om telefonische verbinding) verzoeken; toezending verzoeken van
aanvullen het ontbrekende bijvoegen **aanvullend** *~ recht*, rechtsregels die slechts gelden wanneer niets is overeengekomen **aanvulling** *v* het aanvullen; het bijgevoegde **aanvullingsbegroting** aanvullende begroting **aanvullingsexamen**

A

aanvullend examen
aanvuren aanwakkeren **aanwaaien** erheen waaien; zonder moeite in iemands bezit raken; *komen* ~, onverwachts op bezoek komen **aanwakkeren** aansporen; sterker worden
aanwas *m* [-sen] het groter worden door aanslibbing; aangroei **aanwassen** aangroeien
aanwenden gebruiken
aanwennen *zich* ~, zich gewennen **aanwensel** *o* [-s, -en] hebbelijkheid
aanwerven in dienst nemen; *(van leden)* winnen
aanwe'zig *bn* tegenwoordig; ter beschikking
aanwijs'baar *bn* aantoonbaar **aanwijzen** door wijzen tonen **aanwijzing** *v* het aanwijzen; vingerwijzing
aanwinst *v* het aanwinnen; het aangewonnene
aanwippen kort bezoeken
aanwonenden *mv* wier woning aan het betreffende gelegen is
aanwrijven ten laste leggen **aanzeggen** enigszins plechtig laten weten
aanzet *m* [-ten] begin; aansporing; plaats waar een onderdeel v.e. constructie begint of aansluit **aanzetstaal** wetstaal
aanzetstuk verlengstuk **aanzetten** tegen iets plaatsen; op een kier zetten; vastmaken; scherpen; aansporen, op gang brengen; een korst afzetten; accentueren; *komen* ~, komen
aanzicht *o* aanblik, voorkomen **aanzien** kijken naar; beschouwen als; dulden; *voor een ander* ~, zich in de persoon vergissen; ~ *doet gedenken*, het zien maakt dat men er aan denkt; *zonder* ~ *des persoons*, zonder er op te letten wie iem. is; *van* ~, gezien; *ten* ~ *van*, met betrekking tot; *te dien* ~, daarover **aanziend** *bn (herald.)* naar de beschouwer of naar elkaar kijkend **aanzien'lijk** *bn & bw* voornaam, groot
aanzijn *o* tegenwoordigheid, bestaan **aanzitten** aan het maal zitten
aanzoek *o* verzoek; huwelijksaanzoek **aanzoeken** aanzoek doen
aanzuiveren het nog schuldige betalen **aanzwellen** langzaam zwellen **aanzwengelen** op gang brengen, stimuleren
aap *m* [apen] meest met de mens verwant vierhandig zoogdier uit de orde der primaten; *(scherts. of ong.)* mens; *iemands* ~ *zijn*, iem. getrouw nadoen; *voor de* ~ *houden*, voor de gek houden; ~ *wat heb je mooie jongen spelen*, vleien door iemands kinderen of hoedanigheden te prijzen; *de* ~ *kwam uit de mouw*, de heimelijke bedoeling bleek; *in de* ~ *gelogeerd zijn*, bedrogen uitkomen; *de* ~ *binnen* of *beet* of *weg hebben*, het geld hebben; *(pop.) zich een* ~ ..., erg ...; *wat van apen komt, wil luizen*, de appel valt niet ver van de boom; *voor* ~ *staan*, voor gek staan
aar *v(m)* [aren] bloeiwijze met kortgesteelde bloemen langs gemeenschappelijke spil, korenaar; ader
aard *m* wezen, natuur, karakter; *als eerste deel in ss*: met betrekking tot de aarde; *van die(n)* ~, zo; *uit de(n)* ~ *der zaak*, vanzelfsprekend; *dat het een* ~ *heeft*, hard; *een* ~*je naar zijn vaartje hebben*, de eigenschappen van zijn vader bezitten
aardappel *m* [-s, -en] plant v.d. soort Solanum tuberosum; eetbare knol van die plant; *als eerste deel in ss*: van of met betrekking tot aardappels **aardappelcampagne** geheel van met de aardappeloogst verband houdende werkzaamheden **aardappelkever** coloradokever **aardappelmeel** zetmeelhoudend product v. aardappelen **aardappelmoeheid** ziekte v.d. aardappel t.g.v. aaltjes **aardappelschiller** *m* [-s] apparaat om aardappels te schillen **aardappelziekte** door schimmel veroorzaakte ziekte bij aardappels
aardas denkbeeldige as v.d. aarde **aardbaan** baan v.d. aarde om de zon
aardbei *v(m)* plant v.h. geslacht Fragaria; eetbare vrucht van die plant **aardbeiencultuur** cultuur v. aardbeien **aardbeienjam** jam v. aardbeien
aardbeving *v* trilling v.d. aardkorst **aardbodem** aardoppervlakte **aardbol** aarde; globe **aarddraad** draad die een radiotoestel met de aarde verbindt
aarde *v(m)* wereld; grond; aardstof; aardsoort; *in goede* ~ *vallen*, goed opgenomen worden; *ter* ~ *bestellen*, begraven; *boven* ~ *staan*, nog niet begraven zijn **aardedonker** *bn* erg donker
aarden I *ww* de aard hebben van; gedijen; wennen; met de aarde verbinden II *bn* van aarde
aardewerk *o* van aarde gebakken vaatwerk
aardgas uit de aarde afkomstig gas **aardgasbel** ondergrondse gasvoorraad **aardgeest** *(myth.)* geest in de aarde **aard(ge)leiding** elektrische geleiding door de aarde **aardgordel** luchtstreek **aardhommel** onder de grond levende hommel
aardig I *bn* aangenaam; vrij groot II *bw* aangenaam; zeer **aardigheid** *v* [-heden] het aardige; klein geschenk; grapje
aarding *v* [gmv] aardleiding
aardkern *v(m)* het binnenste v.d. aarde **aardkorst** *v(m)* buitenste deel v.d. aarde
aardkunde *v* wetenschap over de aardkorst **aardkundig** *bn & bw* volgens of met betrekking tot de aardkunde **aardkundige** [-n] beoefenaar v.d. aardkunde
aardlaag *v(m)* laag v.d. aarde **aardleiding** *zie* **aardgeleiding**
aardlekschakelaar schakelaar die elektrische stroom bij lekkage of spanningsstijging afbreekt
aardmagnetisme verschijnsel v.e. magnetisch krachtveld in en rond de aarde **aardmannetje** *o* kabouter **aardnoot** pinda **aardolie** petroleum **aardoppervlakte** oppervlakte v.d. aarde **aardpeer** plant v.d. soort Helianthus tuberosus; eetbare knol

van die plant **aardpek** asfalt
aardrijk aarde **aardrijkskunde** *v* kennis v.d. aarde **aardrijkskundig** *bn* de aardrijkskunde betreffende
aards *bn* op of van de aarde
aardsatelliet *m* satelliet v.d. aarde **aardschok** plotselinge aardbeving **aardschors** aardkorst
aardsgezind *bn* aan het aardse gehecht
aardslak huisjesloze slak, Lat. Limax agrestis **aardsluiting** kortsluiting tussen geaarde en niet-geaarde delen v.e. elektrische installatie **aardstraal** aan bep. geologische eigenaardigheden toegeschreven verschijnsel
aardvarken mieren etend tandeloos zoogdier
aardvast *bn* in de aarde vastzittend, tak- of wortelvast
aardverklikker apparaat dat aardsluiting signaleert **aardverschuiving** *v* verschuiving van grond **aardvlo** metaalkleurig springend kevertje v.h. geslacht Haltica **aardvrucht** eetbaar deel v. plant in de grond **aardwetenschappen** geowetenschappen
aardwind *v(m)* dommekracht **aardworm** pier; *(plecht.)* mens
aars *m* [aarzen] anus **aarsvin** vin bij de aars
aarts- van hogere rang; voornaamste; *(ong.)* verstokt, onverbeterlijk
aartsbisdom gebied v. aartsbisschop **aartsbisschop** voornaamste bisschop v.e. kerkprovincie **aartsbisschoppelijk** *bn* v.e. aartsbisschop
aartsdiaken *(r.-k.)* priester met bijstand v.d. bisschop als taak **aartsengel** *m* hemelgeest in rang boven een engel
aartshertog hertog v. bijzonder hoge rang **aartshertogdom** gebied v. aartshertog
aartskanselier *(r.-k.)* grootkanselier v.h. pauselijk hof
aartsvader [-s, -en] eerbiedwaardig stamvader **aartsvaderlijk** *bn & bw* met de eerbiedwaardigheid v. aartsvader
aarzelen weifelen
aas I *o* voedsel v. dieren; lokspijs; kreng **II** *m/o* [azen] (in bep. spelen) één; *geen ~je*, geen ziertje **aasdier** dier dat zich voedt met aas **aaseter** *m* [-s] wie zich voedt met aas **aasgier** van aas levende kleine gier, Lat. Neophron percnopterus; wie profiteert van andermans ellende **aaskever**, **aastor** kever die eieren in dode lichamen legt **aasvlieg** bep. vlieg die op kadavers eieren legt
AAT aan- en afvoertroepen
a.a.u.b. antwoord alstublieft
AAW Algemene Arbeidsongeschiktheidswet
AAW'-voorziening voorziening in het kader van de AAW
ab *o* [-'s] alfabet; eerste beginselen
a.b. als boven; afstandsbediening
AB, **ABN** Algemeen Beschaafd Nederlands
abac'tis [-sen] secretaris
abacus *m* [-ci] dekplaat v. kapiteel
abandonne'ren afstaan
abattoir' ‹abatwaar› *o* [-s] slachthuis
abbrevia'tie [-s], **abbreviatuur'** *v* [-turen] afkorting
abc' *o* [-'s] *zie* **ab**; **abc'-boek** boek waaruit men het abc leert
abces' *o* [-sen] ettergezwel
ABC'-wapens *mv* atomaire, bacteriologische, chemische wapens
abdica'tie *v* [-s] afstand **abdice'ren** afstand doen van
abdij' *v* door abt of abdis bestuurd klooster
abdique'ren ‹qu=k› *zie* **abdiceren**
abdis' [-sen] *(r.-k.)* bestuurster v.e. abdij
abdo'men *o* [-s, -mina] onderbuik; achterlijf v.e. insect **abdominaal'** *bn* de onderbuik betreffende
abeel' *m* [-belen] zilverpopulier
aberra'tie *v* [-s] afdwaling; schijnbeweging der vaste sterren; afwijking
A-biljet aangifteformulier v. inkomstenbelasting
abituriënt' *m* wie een middelbare school of school voor voorbereidend wetenschappelijk onderwijs met het eindexamendiploma verlaat
abject' *bn* verachtelijk
abla'tie *v* [gmv] verwijderen v.e. orgaan; loslaten v.h. netvlies; slijtage
ablatief *m* [-tieven] zesde naamval v.d. Latijnse verbuiging
ablaut *m* in zeer oude tijd tot stand gekomen regelmatige klinkerafwisseling
ablu'tie *v* [-s, -tiën] religieuze wassing
abnormaal' *bn & bw* ongewoon; licht gek **abnormaliteit'**, **abnormiteit** *v* onregelmatigheid; misvorming
aboli'tie *v* afschaffing; tenietdoening v.d. vervolging van strafbare feiten; afschaffing van slavernij of alcoholmisbruik **abolitionist'** voorstander van abolitie
A-bom atoombom
abomina'bel *bn & bw* verfoeilijk
abondant' *bn* overvloedig **abondan'tie** *v* overvloed
abonnee' *m-v* [-s] wie zich geabonneerd heeft **abonnee'nummer** nummer v. telefoonaansluiting; registratienummer v. abonnee **abonnee'televisie** televisie met abonnement op bep. programma's **abonnement'** *o* prijs of bewijs voor het zich abonneren; het geabonneerd zijn **abonne'ren** *zich ~ op*, een som betalen om een aantal keren te gebruiken
ABOP Algemene Bond van Onderwijzend Personeel
abori'ginal ‹eporidzjinnul› *m-v* [-s] oorspronkelijke bewoner van Australië
aborte'ren een miskraam hebben; een ontijdige bevalling opwekken **abor'tus** *m* [-sen] afgebroken zwangerschap; miskraam **abor'tuskliniek** inrichting waar zwangerschap wordt afgebroken **abor'tuspil** abortus opwekkende pil
ABP Algemeen Burgerlijk Pensioenfonds
abracada'bra *o* wartaal
abraham *m* [-s] speculaaspop als geschenk voor mannen die vijftig jaar worden
Abraham, **Abram** *in ~s schoot zitten*, het goed hebben; *weten waar ~ de mosterd haalt*, op

A

de hoogte zijn
abri' *m* [-'s] schuilplaats bij halte
abrikoos' *v(m)* [-kozen] boom met oranjekleurige steenvruchten, Lat. Prunus armeniaca; de eetbare vrucht van die plant
abrupt' *bn & bw* plotseling; onsamenhangend
abs antiblokkeersysteem *(systeem om het blokkeren v.d. remmen v.e. auto tegen te gaan)*
abscis' *v(m)* [-sen] afstand tot de opstaande as v.e. coördinatenstelsel
abseilen ‹ei=ai› [abseilde, geabseild] met behulp v.e. touw v.e. steile wand afdalen
absen'ce ‹en=ân› *v* [-s] korte bewustzijnsvermindering
absent' *bn* afwezig; verstrooid **absenteïs'me** *o* het te veel afwezig zijn **absente'ren** *zich ~*, zich verwijderen **absen'tie** *v* [-s] afwezigheid; verstrooidheid
absi'de *v* [-s] koornis v. kathedraal
absint' *o/m* likeur op alsem
absis uitbouw aan koor van kerk
absolu'tie *v* [-s] zondevergeving
absolutis'me *o* onbeperkte alleenheerschappij **absolutist'** voorstander v.h. absolutisme
absoluut' *bn & bw* volstrekt; alleen gebruik makend v.d. eigen middelen v.d. betrokken kunst; ~ *gehoor*, vermogen een toon vast te stellen zonder vergelijking
absolve'ren *(r.-k.)* zonden vergeven; *(inz. voor tentamens)* vrijstelling verlenen
absorbe'ren opslorpen; geheel in beslag nemen **absorp'tie** *v* opslorping
absou'te ‹ou=oe› *v(m)* gebeden bij lijkkist
abstinent' *bn* matig **abstinen'tie** *v* het zich onthouden
abstract' *bn & bw* afgetrokken, niet concreet; verstrooid **abstrac'tie** *v* [-s, -tiën] afgetrokkenheid; afgetrokken begrip; verstrooidheid **abstrahe'ren** afleiden
absurd' *bn & bw* ongerijmd **absurditeit'** *v* dwaasheid
abt *m* hoofd v.e. abdij
abuis' **I** *o* [abuizen] misvatting **II** *bn* mis, verkeerd; ~ *zijn*, zich vergissen **III** *tw* mis **abusie'velijk** *bw* bij vergissing
ABVAKABO Algemene Bond van Ambtenaren-Katholieke Bond van Overheidspersoneel
ABVV *(Belg.)* Algemeen Belgisch Vakverbond
ABW Algemene Bijstandswet
Ac *(schei.)* actinium
A.C. *appellation contrôlée*, (kwaliteitsaanduiding v. Franse wijn); *alternating current*, wisselstroom
aca'cia *m* [-'s] peuldragende boom v.h. geslacht Acacia met geveerd blad en witte geurige bloem
acade'micus *m* [-ci] universitair gevormd iem. **acade'mie** *v* [-s, -miën] geleerd genootschap; hogeschool voor bep. vak of bep. stand; universiteit; *pedagogische ~*, opleiding voor onderwijs **acade'misch** *bn & bw* van of aan een academie; voor de praktijk onbelangrijk; weinig origineel, schools volgend; *een ~e kwestie*, een voor de praktijk onbelangrijke kwestie
acajou' ‹jou=zjoe› *o* hout v.e. tropische boom, Lat. Anacardium occidentale
acan'thus *m* [-sen] akant
a capel'la zonder instrumentale begeleiding **a-capel'lakoor** koor zonder begeleiding van instrumenten
accapare'ren beslag leggen op
acceleran'do ‹cc=tsj› *(muz.) bw* in versnellend tempo
accelera'tie ‹cc=ks› *v* versnelling **accelere'ren** ‹cc=ks› optrekken; versnellen
accent' ‹cc=ks› *o* klemtoon; (dialectische) eigenaardigheid
accent aigu' ‹aksañteeGuu› *o* [accents aigus] leesteken ´ in Franse spelling en leenwoorden **accent circonflexe'** ‹aksañsierkoñfleks› *o* [accents circonflexes] leesteken ˆ in Franse spelling en leenwoorden **accent gra've** ‹aksañGrave› *o* [accents graves] leesteken ` in Franse spelling en leenwoorden
accentua'tie ‹cc=ks› *v* [-s] het accent leggen **accentue'ren** de nadruk leggen op; nadruk verdelen over; klemtoon aangeven; sterk doen uitkomen **accent'vers** vers met vast aantal heffingen, maar onbepaald aantal lettergrepen
accept' ‹cc=ks› *o* verklaring dat men betalen zal **accepta'bel** *bn* aannemelijk **acceptant'** wie een wissel accepteert **accepte'ren** aannemen (om te betalen); aanvaarden; goedvinden **accept'giro** geponste kaart v.d. girodienst voor inz. periodieke betalingen **accep'tie** *v* [-s, -tiën] aanneming **accept'krediet** vertrouwen dat blijkt uit het accepteren van wissels zonder dekking
acces' ‹cc=ks› *o* [-sen] toegang **acces'sie** *v* [-s] toetreding; regeringsaanvaarding; bewijs v. toegang; *(jur.)* hulpzaak
accessoi'res ‹assesswaars› *mv* bijbehorende zaken
ac'cess time ‹eksestaim› *(comp.) v(m)* toegangstijd
accident' ‹cc=ks› *o* ongeval **accidenteel'** *bn & bw* toevallig, niet-essentieel
accijns' ‹cc=ks› *m* [-zen] belasting op levensmiddelen
acclama'tie *v* [-s] toejuiching
acclimatisa'tie ‹s=z› *v* het acclimatiseren **acclimatise'ren** *h/z* aan een ander klimaat of andere omgeving wennen
accola'de *v* [-s] omhelzing; verticaal geplaatst verbindingsteken
accommoda'tie *v* aanpassing; gerief **accommoda'tievermogen** *o* aanpassingsvermogen **accommode'ren** in orde brengen; aanpassen
accompagnateur' ‹gn=nj› *m* [-s] wie accompagneert **accompagnement'** *o* begeleiding **accompagne'ren** begeleiden
accordeon' *o/m* [-s] harmonica
accorde'ren overeenstemmen, overeenkomen
account' ‹ukkount› [-s] *m* bankrekening **II** *o* verzorging van reclame

accoun'tancy ‹ukkountensie› *v* werk v.e. accountant **accoun'tant** ‹a=u› *m* [-s] wie handelsboeken naziet **accoun'tantsverklaring** verklaring door accountant over beheer v.e. onderneming

accredite'ren krediet verschaffen; als gevolmachtigde erkennen **accreditief'** *o* [-ven] mededeling v.e. bank dat iets aan iem. kan worden uitbetaald

accres' *o* [-sen] aanwas

accu *m* [-'s] accumulator

accultura'tie *v* het zich aanpassen van of aan andere culturen

accumula'tie *v* [-s] opeenhoping **accumula'tor** *m* [-s, -en] toestel om elektriciteit te bewaren **accumule'ren** ophopen

accuraat' *bn & bw* nauwkeurig **accurates'se** *v* stiptheid

accusatief *m* [-tieven] vierde naamval v.d. Latijnse verbuiging

ace ‹ees› *m* [-s] niet geretourneerde tennisopslag

acetaat' *o* [-taten] azijnzuur zout; acetaatzijde **aceton'** *o/m* met azijnzure zouten bereid oplosmiddel **acetyleen'**, **acetyleen'gas** *o* voor verbranding gebruikte koolwaterstof in gasvorm **acetylsalicyl'zuur** *o* aspirine

ach *tw* och

à char'ge ‹asjarzje› *bw* ten laste

achil'leshiel kwetsbare plaats **achil'lespees** hielpees

achroma'tisch *bn* licht doorlatend zonder breking van kleuren

acht I *v(m)* cijfer 8; ~ *geven* of *slaan*, goed opletten; *in* ~ *nemen*, letten op; *zich in* ~ *nemen*, op zijn hoede zijn **II** *telw* zeven plus een; achtste **achtarm** *m* koppotig weekdier met acht armen, Lat. Octopus vulgaris **achtbaan** roetsjbaan met scherpe bochten en grote hoogteverschillen

achtbaar *bn* eerwaardig

achtbla'dig *bn* met acht bladen **achtdaags'** *bn* acht dagen durende, om de acht dagen

achteloos *bn & bw* met zeer weinig aandacht **achten** acht geven op; houden voor; hoogachten **achtenswaard'**, **achtenswaar'dig** *bn* achting verdienend

achter *vz & bw* het tegenovergestelde van vóór; bedekt wordend door; *ten* ~, achter; ~ *iets zitten*, de oorzaak zijn van; *er* ~ *zijn*, het weten; ~ *iets komen*, te weten komen; *in ss vaak in bet.*: achterste deel van, zich achteraan bevindend

achteraan *bw* aan de achterkant of het achtereinde **achteraan'blijven** niet vooruitkomen **achteraandrijving** *v* aandrijving v.h. achterwiel **achteraan'komen** als laatste komen

achteraf' *bw* afgelegen; na afloop

achterbak *m* bagageruimte achter in auto

achterbaks' *bn & bw* verborgen, stiekem

achterban *m* aanhangers op de achtergrond; *ban en* ~, alle mogelijke mensen

achterbank achterste bank v.e. voertuig; *(fig.)* daarop zittende personen

achterbankgeneratie generatie van kinderen die per auto naar school en clubs worden vervoerd en zeer beschermd worden opgevoed

achterblijven niet meekomen, talmen, achter anderen blijven; blijven leven

achterbout ham **achterbuurt** vervallen en armmoedige buurt **achterdeur** *een ~tje openhouden*, een uitweg of uitvlucht klaar hebben

achterdocht *v(m)* argwaan **achterdoch'tig** *bn & bw* argwanend

achtereen' *bw* zonder tussenpozen **achtereenvol'gend** *bn* onmiddellijk achter elkaar komend **achtereenvol'gens** *bw* na elkaar

achtereind *o* eind v.h. achterste deel van iets; achterste van mens of dier; *zo stom als het ~ van een varken*, erg dom

achterelkaar' *bw* achtereen

achteren *bw (met vz)* achter; *liever van ~ zien dan van voren*, liever zien gaan dan komen

achterflap *m* [-pen] achterste deel v.e. boekomslag

achtergrond verderop gelegen deel; *(fig.)* diepere oorzaak **achtergrondgeheugen** *(comp.)* aanvullende geheugeneenheid **achtergrondinformatie** *v* [gmv] beschouwingen over de verdere samenhang **achtergrondmuziek** zachte muziek om de sfeer te veraangenamen

achterhaald' *bn* niet meer waar of geldig **achterha'len** inhalen; opsporen

achterham (vlees v.d.) achterbout v.e. varken

achterhand *aan de ~ zitten*, de laatste speelbeurt hebben **achterhandsbeentje** beentje v.d. handwortel

achterheen' *bw ergens ~ zitten*, toezicht houden, aanzetten

achterhoede *v(m)* [-n, -s] laatste deel v. leger of vloot; verdedigende spelers van sportploeg; *(fig.)* laatst aankomenden **achterhoofd** achterste deel v.h. hoofd; *op zijn ~ gevallen*, gek; *in zijn ~ hebben*, als verre bedoeling hebben

achterhouden in zijn bezit houden, niet aangeven **achterhou'dend** *bn* niet openhartig

achterhuis *o* achterste deel v. huis; achter het huis gelegen bijgebouwen

ach'terin' *bw* in of op het achterste deel

ach'terklap *m* het kwaadspreken

achterkleindochter dochter v.e. kleinkind **achterkleinkind** kind v.e. kleinkind **achterkleinzoon** zoon v.e. kleinkind **achterklinker** achter in mond gevormde klinker **achterlader** *m* [-s] *(pop.)* homoseksueel **achterland** stuk land achter een ander; *inz.*: economische relaties

achterlaten ergens laten; nalaten

achterliggen achter een ander liggen; achterblijven (bij wedstrijden) **achterligger** [-s] wie achter een ander rijdt

achterlijk *bn* achter zijnde in ontwikkeling

achterlopen te langzaam lopen *(v.e. uurwerk)*; niet op de hoogte zijn van nieuwste ontwikkelingen

A

achtermid'dag namiddag
achterna' *bw* na afloop; achterop *(in deze laatste bet. ook in sk)*
achternaam familienaam
achterna'lopen *h/z* achternagaan; door gedienstigheid en voorkomendheid trachten iemands gunst te krijgen **achterna'rijden** *h/z* controleren; rijdend achternagaan **achterna'zetten** *h/z* achtervolgen **achterna'zitten** *h/z* achtervolgen; controleren
achterneef verre neef **achternicht** verre nicht
achterom' I *bw* langs de achterkant II *o* achterweg **achteron'der** *o* achterste deel v. schip onder dek
achterop' *bw* aan de achterzijde op iets **achterop'komen**, **achterop'lopen** achter iem. lopen en inhalen **achterop'raken** ten achter raken
achtero'ver *bw* naar achteren hellende *(ook in deze bet. in sk)* **achtero'verdrukken** stelen **achtero'verslaan** *steil ~*, erg verbaasd of geschrokken zijn; *een borrel ~*, een borrel drinken
achterpagina laatste pagina v. krant of tijdschrift **achterpand** rugdeel v. kledingstuk **achterplan** *o* achtergrond **achterplecht** *v(m)* achterdek
achterruitverwarming draadverwarming op achterruit v. auto
achterschip achterste deel v.e. schip; *in het ~ raken*, achteruit gaan
achterspeler *m* [-s] speler in achterhoede
achterst *bn* het meest naar achteren
achterstaan *~ bij*, onderdoen voor
achterstal'lig *bn* niet tijdig afgehandeld of betaald
achterstand *m* wat men achter is **achterstandsschool** school met veel leerlingen met sociale en maatschappelijke problemen
achterste *o* [-n, -s] achtereinde; zitvlak; *het ~ voren* of *voor*, met de voorzijde naar achteren, geheel verkeerd
achterstel achterste deel
achterstellen geringer schatten; minder gunstig behandelen
achtersteven achterdeel v. schip
achterstevo'ren *bw* zo dat de achterkant zich naar voren bevindt
achterstraat straat in achterbuurt
achteruit' I *bw* achterwaarts; *in sk met bet.*: achterwaarts, terug II *o/m* plaats achter huis **achteruit'boeren** achteruitgaan **achteruit'deinzen** terugdeinzen
achteruit'gang het teruggaan
achteruit'kachelen *(pop.)* achteruitgaan
achteruit'kijkspiegel spiegel om het verkeer achter zich te zien
achteruit'krabbelen *(fig.)* terugkrabbelen **achteruit'zetten** meer naar achteren zetten; achterstellen
achtervanger *m* [-s] speler die verre ballen vangt **achtervoegsel** *o* [-s] niet zelfstandig voorkomend deel met vage betekenis achter aan een woord
achtervol'gen *h/z* achternagaan om te pakken te krijgen
achtervol'gens *bw* achtereenvolgens
achtervol'ging *v* het achternagaan; bep. wielerwedstrijd **achtervol'gingswaan** ziekelijke angst voor achtervolging
achterwaarts *bw & bn* achteruit, naar achteren
achterweg achter een andere weg gelegen of aan de achterkant gelegen weg
achterwe'ge *bw* weg
achterwerk achterste deel; zitvlak
achterwielaandrijving *v* aandrijving v.e. automotor op de achterwielen
achterzijde achterkant
achthoek *m* figuur met acht hoeken **achthoe'kig** *bn* met acht hoeken
achting *v* waardering
achtja'rig *bn* van of om de acht jaar
achtkamp *m* uit acht delen bestaande turnwedstrijd voor dames
achtkant I *bn* met acht kanten II *o/m* figuur met acht kanten **achtkan'tig** *bn* achtkant
achtmaands *bn* van acht maanden
achtme'terklasse klasse van zeiljachten van acht meter
achtste *telw* nummer acht; 1/8; *~ wereldwonder*, iets zeer exceptioneels **achtste-eeuws** *bn* uit de 8e eeuw
achttien *telw* 18 **achttiende** *telw* nummer achttien; 1/18 **achttiende-eeuws** *bn* uit de 18e eeuw
achturig *bn* acht uur durende
achtvlak lichaam met acht vlakken **achtvlak'kig** *bn* met acht vlakken
achtvoud *o* achtmaal zo grote hoeveelheid
acid ‹a=è› *m* LSD **acid house** ‹essit hous› *m* soort elektronische dansmuziek
acidimeter *m* [-s] zuurmeter **aciditeit'** *v* zuurheidsgraad
acne' ‹aknee› *m(v)* [-s] vetpuistje
ACOD Algemene Centrale van de Overheidsdiensten
acoliet' *m* [-en] geestelijke met bep. kleine wijding; misdienaar
aconceptief *bn* vruchtbaarheid remmend
a conto op rekening
acquireren ‹aqui=akwie› klanten verwerven **acquisiteur'** ‹akwiezieteur› *m* [-s] klantenwerver **acquisi'tie** *v* [-s] aanwinst; het werven van klanten, het verkrijgen van bestellingen
acquit' ‹akkiet› *o* plaats op biljart waar bal opgezet wordt; *per ~*, voldaan **acquitte'ren** voor voldaan tekenen
acribie' *v* nauwkeurigheid
acrobaat' *m* [-baten] kunstenmaker **acroba'tisch** *bn* als (van) een acrobaat
acrofobie' *v* [-ën] hoogtevrees
acroniem' *o* letterwoord **acrony'misch** *bn & bw* van of betrekking hebbend op of met een letterwoord
acro'stichon *o* [-s] naamvers
acryl' ‹y=ie› *o* bep. kunstvezelstof II *bn* van acryl gemaakt
act ‹a=e› *m* [-s] optreden
acte de présence ‹en=â› *m* verplicht even aanwezig zijn

acte'ren toneelspelen **acteur'** [-s] toneelspeler; filmspeler
actie [-s, actiën] werkzaamheid; handeling; aandeel; rechtsvordering **actiecomité** comité dat voor iets actie voert **actief'** I *bn* werkzaam; in dienst; werkelijk; bedrijvend; niet contemplatief; *actieve fondsen*, fondsen waarin tijdens een beursdag doorlopend handel wordt gedreven II *o* [activa] werkelijk bezit
actiefilm stereotiepe film waarin veel gebeurt **actiefoto** foto van bewegend object **actiegroep** groep die voor iets actie voert **actieradius** *m* afstand waarop een vliegtuig of oorlogsschip werkzaam kan zijn zonder bijlading van brandstof
actie'veling *m (iron.)* zeer actief iem.
acti'nisch *bn* een chemische werking uitoefenend
ac'ti'va *mv* gezamenlijke baten, werkelijk bezit
active'ren werkzamer maken **activis'me** *o* streven v.d. activisten **activist'** wie voor de oplossing v.d. Vlaamse kwestie in 1914-1918 Duitse hulp aannam; wie met buitenparlementaire middelen een politiek doel nastreeft **activiteit'** *v* werkzaamheid
acti'vum *o* [-va] bedrijvende vorm v.e. werkwoord
actri'ce ‹ice=iese› [-s] toneelspeelster; filmspeelster
actualise'ren bijwerken tot de huidige stand van zaken **actualiteit'** *v* het actuele **actualitei'tenprogramma** radio- of tv-programma over actuele onderwerpen of gebeurtenissen
actua'ris [-sen] wiskundig adviseur
actueel' *bn* typerend voor *of* eigen aan *of* belangrijk voor de ogenblikkelijke toestand
acupressuur' *v* [gmv] bij acupunctuur aansluitende massagevorm
acupuncteur' *m* [-s] wie acupunctuur toepast **acupuncturist'** *m* acupuncteur **acupunctuur'** *v* geneeswijze of gevoelloos maken door naalden onder de huid te brengen
acuut' *bn* scherp; hevig, met snel verloop
ACV Algemeen Christelijk Vakverbond
ACW Algemeen Christelijk Werkgeversverbond
ad *vz* ten bedrage van; met betrekking tot
A.D. *Anno Domini*, in het jaar
ada'gio ‹gio=dzjo› *bw* langzaam II *o* [-gii, -gio's] langzaam muziekstuk
ada'gium *o* [-gia] spreuk
Adam *de oude ~*, de zondige natuur
adamsappel vooruitstekend deel v.h. strottenhoofd **adamskostuum** *in ~*, naakt
adapta'tie *v* [-s] aanpassing
adap'ter ‹eddeptur› *m* [-s] toestel waarmee twee aangesloten apparaten of systemen verbonden kunnen worden
adapte'ren aanpassen
adat *m (Ind.)* gewoonterecht
adden'da *mv* aanhangsels, toevoegsels
adder *v(m)* [-s] bep. gifslang; *een ~ in zijn boezem* of *aan zijn borst koesteren*, heel goed zijn voor iem. door wie men later zeer ondankbaar behandeld wordt; *een ~ onder het gras*, iets onaangenaams achter de schone schijn **addergebroed** *o* gemene mensen **adderwortel** *m* [-s] bep. plant
addi'tie *v* [-s] bijvoeging **additief'** I *o* [-tieven] toegevoegde stof II *bn* toegevoegd **additioneel'** *bn* toegevoegd
à decharge ‹a deesjarzje› *bw* om de beschuldiging te weerleggen
adel *m* stand der edelen; voortreffelijkheid
adelaar *m* [-laren, -s] arend; veldteken met beeltenis v.e. adelaar **adelaarsvaren** algemeen voorkomende varen met lange stelen, Lat. Pteridium aquilinum
adelborst marinecadet **adelbrief** bewijs van adeldom **adeldom** *m* het adellijk zijn; adellijke stand; edele gevoelens **adelen** in de adelstand verheffen; veredelen **adellijk** *bn & bw* van adel, als bij de adelstand behoort; *(van wild)* op het punt tot bederf over te gaan **adelstand** *m* [gmv] stand v.d. adel; *in (of tot) de ~ verheffen*, een adellijke titel geven met daarbij behorende rechten
adem *m* door levende wezens ingezogen en uitgeblazen lucht, ademhaling; *van lange ~*, breedvoerig, uitvoerig; *de laatste ~ uitblazen*, sterven **ademanaly'se** ‹lyse=lieze› ademtest **adembenemend** *bn & bw* zeer spannend, in hoge mate **ademen** ademhalen, inademen, uitademen; *(fig.)* doen gevoelen **ademhalen** [haalde adem, ademgehaald] lucht inzuigen en uitblazen **ademloos** *bn* zonder te ademen **ademnood** gebrek aan adem **ademtest** alcoholproef bij verkeersdeelnemers **ademtocht** *m* ademhaling
adenoï'de *bn* m.b.t. klierweefselwoekering in keel- en neusholte; *~ vegetatie*, **adenoom'** *o* [-nomen] goedaardig klierachtig gezwel
adept' *m* volgeling, ingewijde
adequaat' ‹qu=kw› *bn & bw* overeenkomstig, gelijkwaardig, gepast
ader *v(m)* [-en, -s] bloedvat; smalle kronkelige laag of streep; bron **aderise'ren** ‹s=z› in glad geworden autobanden nieuwe groeven aanbrengen **aderlaten** [adergelaten] bloed aftappen; veel geld doen betalen **aderlijk** *bn* naar hart en ademhalingsorganen stromend **aderverkalking** *v* [gmv] kalkafzetting tegen aderbinnenwand
ad fun'dum tot de bodem
ADHD *Attention Deficit Hyperactivity Disorder*, psychiatrische ziekte met concentratiestoornissen en hyperactiviteit
adherent' ‹er=eer› *bn* onafscheidelijk **adhe'sie** ‹es=eez› *v* moleculaire aantrekkingskracht; instemming
ad hoc' *bn* hiertoe; voor deze gelegenheid in het bijzonder **ad-hoc'beslissing** beslissing die voor een speciaal geval geldt
adieu' *tw* vaarwel
ad infini'tum tot in het oneindige
ad in'terim voorlopig
adj. adjunct; adjudant; adjectief
adjectief *o* [-tieven] bijvoeglijk naamwoord

A

adjecti'visch *bn & bw* als of van een adjectief
adjudant' *m* toegevoegd officier
adjunct' aan een hogere toegevoegd ambtenaar *(ook als eerste deel van copulatieve ss gevolgd door koppelteken)*
ad li'bitum zoals men wil
administrateur' *m* [-s, -en] beheerder; beherend ambtenaar; hoofdambtenaar **administra'tie** *v* [-s] beheer **administratief'** *bn* op de administratie betrekking hebbend **administra'tor** [-s, -en] administrateur; vervanger v.e. bisschop **administre'ren** beheren
admiraal' *m* [-s, -ralen] hoofd v. oorlogsvloot **admiraal'vlinder** bruinzwarte dagvlinder met gestreepte vleugels, Lat. Pyrameis atalanta **admiraliteit'** *v*, **admiraliteits'college** raad v. zeezaken
admira'tie *v* [-s] bewondering
admis'sie *v* toelating, vergunning **admis'sie-examen** toelatingsexamen
adolescent' ‹sc=ss› *m* jongeling **adolescen'tie** *v* [gmv] laatste periode v. volwassenwording; (15-21 jaar)
ado'nis *m* [-sen] schone jonge man; plantengeslacht uit de familie v.d. ranonkelachtigen, Lat. Adonis
adopte'ren aannemen inz. als kind; in bescherming nemen **adopt'ie** *v* [-s] aanneming inz. als kind
adoptief' *bn* aangenomen **adoptief'kind** aangenomen kind **adoptief'ouder** wie andermans kind als adoptiefkind neemt
adop'tieverlof betaald verlof voor adoptiefouders
adora'tie *v* [-s] aanbidding **adore'ren** aanbidden
ad rem' snedig
adrenali'ne *v(m) (med.)* preparaat uit bijnieren met vaatvernauwende werking
adres' *o* [-sen] naam en woonplaats; verzoekschrift; *(comp.)* genummerde plaats in computergeheugen **adres'kaart** kaart met adres **adressant'** *m* indiener v.e. adres **adres'senbank** bijeenhorende reeks van adressen **adresse'ren** v.e. adres voorzien; *zich ~ aan* of *tot*, zich wenden tot
ADSL *Asymmetric Digital Subscriber Line*, zeer snelle internetverbinding via de telefoonlijn
adspirant' *zie* **aspirant**
adstringe'rend *bn* samentrekkend
adstructie *v* toelichting, staving **adstrue'ren** toelichten, staven
adult' I *bn* volwassen II *v/m* volwassene
adv arbeidsduurverkorting
adv'-dag snipperdag; vrije dag
advent' *m* vier weken voor Kerstmis
adventief' *bn* bij toeval gekomen *(van planten)*
adventis'ten *mv* bep. prot. sekte
advents'krans in adventstijd in de kerken opgehangen krans v. dennengroen met vier kaarsen
adverbiaal' *bn & bw* bijwoordelijk **adver'bium** *o* [-biums, -bia] bijwoord
adverteer'der *m* [-s] wie adverteert **adverten'tie** *v* [-s] betaalde bekendmaking in krant of periodiek **adverten'tieblad** blad voor plaatsing v. advertenties **adverten'tiecampagne** reeks advertenties voor bep. product **adverte'ren** advertenties plaatsen; in advertenties aanbevelen
advies' *o* [-viezen] raadgeving; bericht **advies'prijs** door de fabrikant of importeur geadviseerde verkoopprijs **advise'ren** ‹s=z› raad geven, aanraden **adviseur'** *m* [-s] raadsman
advocaat' *m* [-caten] pleitbezorger; [gmv] eierbrandewijn; *~ van kwade zaken*, wie slechte dingen verdedigt **advocaat-fiscaal'** *m* [advocaten-fiscaal] aanklager bij het Hoog Militair Gerechtshof **advocaat'-generaal'** [advocaten-generaal] ambtenaar v.h. openbaar ministerie bij een gerechtshof of bij de Hoge Raad **advoca'tencollectief** *o* [-tieven] samenwerkende groep v. (sociale) advocaten **advoca'tenkamer** vereniging van advocaten **advocatuur'** *v* [gmv] stand v. advocaten
a.d.z. als daar zijn
aë'ro- ‹eeroo› lucht-
aero'biccen ‹eeroobikken› aerobics doen **aero'bics** [mv] training met oefeningen ter verbetering v.d. conditie
aëroclub club voor vliegsport **aërodyna'mica** *v* leer der luchtkrachten **aëroliet'** *m* meteoor **aërologie'** *v* wetenschap over hoge luchtlagen **aërome'ter** *m* [-s] luchtmeter **aëronau'tica**, **aëronautiek'** *v* luchtvaartkunde
aëroob' *bn & bw* zuurstofverbruikend
aërosta'tica *v* evenwichtsleer van gassen
AEX *Amsterdam Exchanges*, combinatie van Amsterdamse Effecten- en Optiebeurs
af *bw* vandaan, van, naar beneden; klaar; elders heen; onberispelijk; uit, van het toneel; (ook als eerste deel v. sk); *van zich ~ spreken*, zich doen gelden; *goed ~*, er goed aan toe; *bij ... ~*, bijna; *op ... ~*, nauwkeurig tot op een ...; *het kan er niet ~*, het is te duur; *terug naar ~*, niets verder dan bij het begin
afasie' ‹s=z› *v* [-sieën] verlies v. spraakvermogen
afb. afbeelding
afbakenen vaargeul of grenzen aangeven
afbeelden in beeld weergeven **afbeelding** *v* [-en] het afbeelden; beeld
afbekken afsnauwen **afbellen** bellen ten teken van einde of vertrek; per telefoon afzeggen **afbestellen** het bestelde afzeggen
afbetalen (in termijnen) de rest betalen **afbetalingsstelsel** stelsel van afbetaling
afbeulen uitputten **afbidden** door bidden trachten te verkrijgen of af te wenden; ten einde bidden
afbijten bijtend wegnemen; kort en nijdig spreken; *van zich ~*, flink van zich afspreken **afbijtmiddel** verfverwijderende vloeistof

afbikken bikkend verwijderen **afbinden** losmaken; door binden afscheiden, toebinden **afbladderen** afschilferen **afblaffen** afsnauwen
afblazen wegblazen; iets doen ophouden; *stoom ~*, zich ontspannen, zijn gemoed luchten **afblijven** ~ *van*, niet aanraken **afblussen** vloeistof aan braadvet toevoegen **afboeken** op de juiste plaats boeken; overboeken; afschrijven
afbouw *m* [gmv] geleidelijke beëindiging; voltooiing v.e. bouwwerk **afbouwen** langzaam minder laten worden; verminderen; stopzetten
afbraak *v(m)* het afbreken, wat bij afbreken overblijft **afbraakprijs** uiterst lage prijs **afbraakproduct** wat t.g.v. chemische ontleding ontstaat
afbranden wegbranden; door brand vernield worden **afbrassen** *z* de brassen aanhalen zodat de zeilen volstaan; wegzeilen
afbreken door breken gescheiden worden, breken; beëindigen; omverhalen; scherpe kritiek uitoefenen op; iemands gezag ondermijnen **afbrekingsteken** teken dat aangeeft dat het woord op de volgende regel doorgaat **afbreuk** *v(m)* schade; ~ *doen aan*, benadelen
afbrokkelen in kleine brokken afbreken; *(econ.)* gaandeweg lager worden **afbuigen** van richting veranderen of doen veranderen
AFCENT Allied Forces Central (Europe)
afd. afdeling
afdak afhellend dak tegen muur
afdalen naar beneden gaan **afdammen** (water) door een dam afsluiten
afdanken ontslaan; afzien van gebruik van **afdankertje** *o* [-s] afgedankt kledingstuk
afdekken geheel bedekken; slaag geven; *(pop.)* afranselen
afdeling *v* onderdeel, groep **afdelingschef** chef v.e. afdeling
afdingen minder bieden; aanmerken
afdoen uittrekken; afnemen; schoonmaken; volbrengen; betalen; *afgedaan hebben*, uitgediend zijn; *tot de zaak ~*, betekenen **af'doend**, **afdoen'de** *bn & bw* beslissend **afdoening** *v* [gmv] het afhandelen v.e. zaak; betaling
afdraaien er vanaf draaien; door draaien laten horen of vertonen; opdreunen
afdracht *m* wat men aan inkomsten afdraagt **afdragen** naar beneden dragen; door dragen afslijten; geld afgeven
afdrijven wegdrijven, stroomafwaarts drijven; metalen zuiveren; uit het lichaam verwijderen **afdrinken** *een twist ~* of *het ~*, zich onder drinken verzoenen **afdrogen** wissend drogen; *(pop.)* ransel geven
afdronk *m* [gmv] duur v.d. smaak na het drinken
afdruipen *z* naar beneden druipen; weggaan **afdruiprek** rek waarop de vaat kan afdruipen
afdruk *m* [-ken] het afdrukken; het afgedrukte **afdrukken** drukkend overbrengen; (gez. v.e. voorstelling) op speciaal papier overbrengen **afdruksel** *o* [-s] afdruk
afduvelen *(pop.)* afvallen; naar beneden smijten **afdwalen** *z* niet bij zijn onderwerp blijven **afdwingen** door dwang krijgen; inboezemen
af-fabrieks'prijs prijs zonder kosten van leveren en installeren
affai're ‹ai=è› *v(m)* [-s] zaak
affakkelen verbranden *(van afvalproducten)* boven aan een schoorsteen
affect' *o* aandoening v.h. gemoed, gevoelswaarde **affecta'tie** *v* [-s] gemaaktheid **affec'tie** *v* [-s] genegenheid; ziekelijke aandoening **affectief'** *bn* gevoels- **afferent'** *bn* prikkels naar de hersenen toe leidend
affi'che ‹affiesje› *o/v(m)* [-s] aanplakbiljet **affiche'ren** ‹affiesjeren› aanplakken; *(fig.)* aanprijzen, te koop lopen met
affilia'tie *v* aanneming als kind of lid
affiniteit' *v* verwantschap; neiging tot verbinding
affirme'ren instemmen met; bekrachtigen
affix' *o (taalk.)* voor- of achtervoegsel
affluiten d.m.v. fluitsignaal onderbreken of besluiten
affodil'le *v(m)* [-n] door de Grieken op begraafplaatsen gekweekte lelie, Lat. Asphodelus
affreus' *bn & bw* afschuwelijk
affront' *o* belediging **affronte'ren** beledigen
affuit' *v(m)* onderstel van kanon
afgaan naar beneden gaan, gaan naar, weggaan; afgeschoten worden; losgaan; verminderen; ontlasting hebben; een figuur slaan; ~ *op*, vertrouwen op; *het gaat hem goed af*, hij kan het goed **afgang** *m* stoelgang; slecht figuur dat iem. maakt
afgebrand *bn (fig.)* door werken uitgeput **afgedaan** *bn* verkocht; niet meer te gebruiken **afgedraaid** *bn (fig.)* doodmoe **afgeladen** geheel volgeladen; stomdronken; ~ *vol*, overvol
afgelasten [gelastte af, afgelast] een bevel of besluit herroepen
afgeleefd *bn* zeer zwak van ouderdom **afgelegen** *bn & bw* ver weg en eenzaam **afgelopen** *bn* verleden; ten einde **afgemat** *bn* uitgeput van vermoeidheid **afgemeten** *bn & bw* afgepast; stijfdeftig **afgepast** *bn & bw* afgemeten; stijfdeftig; de juiste waarde uitmakend **afgerond** *bn* een ronde vorm hebbend; klaar
afgescheiden ~ *van*, buiten beschouwing gelaten **afgescheidene** [-n] lid v.d. Christelijke Gereformeerde Kerk
afgesloten *bn* afgezonderd **afgestampt** ~ *vol*, boordevol
afgestorvene *m-v* [-n] overleden persoon
afgetakeld *bn* uitgeleefd, versleten **afgetrokken** *bn & bw* abstract; in gedachten verdiept; slecht uitziend
afgevaardigde *m-v* [-n] vertegenwoordiger
afgeven *h* verspreiden; kleurstof loslaten; ~ *op*, ongunstig spreken van; *zich ~ met*,

A

(ong.) zich inlaten met
afgewerkt *bn* het arbeidsvermogen verloren hebbend **afgewind** *bn (alleen predikatief)* zodat de wind er vanaf waait **afgezaagd** *bn* te vaak behandeld of gebruikt
afgezant afgezondene
afgezien ~ *van*, niet in aanmerking nemende
afgezonderd *bn & bw* eenzaam
afghaan' *m* [-ghanen] Afghaanse windhond; bep. kleed uit Afghanistan
afgieten het vocht eraf gieten; afbeeldend gieten **afgietsel** *o* [-s] door gieten verkregen afbeeldsel
afgifte *v* het afgeven
afgod *m* valse god; beeld daarvan; *(fig.)* zeer bemind iem. of iets **afgodendienaar** vereerder van één of meer afgoden **afgoderij'** *v* afgodendienst **afgo'disch** *bn & bw* afgoden betreffende; hartstochtelijk
afgraven weggraven; door graven gelijkmaken **afgrazen** het gras afeten van; volledig onderzoeken **afgrendelen** (door grendelen) afsluiten **afgrijpen** vlug ontnemen
afgrij'selijk *bn & bw* afschuwelijk, vreselijk **afgrijzen** *o* hevige afkeer
afgrissen snel afkapen
afgrond *m* steile diepte
afgunst *v* jaloersheid **afgun'stig** *bn & bw* jaloers
afhaalcentrum plaats waar maaltijden kunnen worden afgehaald **afhaalchinees** Chinees restaurant met afhaalmaaltijden **afhaalmaaltijd** maaltijd die afgehaald kan worden **afhaalrestaurant** *o* [-s] restaurant waar maaltijden afgehaald kunnen worden
afhaken van de haak nemen; niet meer meedoen **afhakken** afhouwen, in stukken hakken **afhalen** ergens halen; van vezels ontdoen; het beddengoed afnemen van **afhameren** snel afhandelen **afhandelen** beëindigen
afhan'dig ~ *maken*, afkapen
afhangen naar beneden hangen; afhankelijk zijn **afhan'kelijk** *bn & bw* geleid, bepaald wordend, niet zelfstandig
afharden langzaam (laten) wennen aan kou **afhechten** vastmaken **afhouden** weghouden; afnemen; verrekenen **afhouwen** houwend afscheiden **afhuren** iets huren zodat een ander er geen gebruik van kan maken
a'figuraal *bn* non-figuratief
afijn' *tw* enfin
afjakkeren uitputten
afk. afkorting **afkalven** afbrokkelen **afkammen** ongunstig beoordelen **afkanten** de kanten wegnemen; een kant om iets zetten **afkapen** ontstelen
afkappingsteken komma als weglatingsteken
afkatten iem. onvriendelijk berispen
afkeer *m* weerzin **afkeren** afwenden **afke'rig** *bn* een afkeer hebbend
afketsen verwerpen; verworpen worden
afkeuren ongeschikt verklaren; een ongunstig oordeel uitspreken over **afkeurenswaar'dig** *bn & bw* verdienende afgekeurd te worden
afkickcentrum centrum voor hulp bij het afkicken van drugsverslaafden **afkicken** een ontwenningskuur *(v. drugs)* doen
afkijken tot het einde toe bekijken of overzien; ongeoorloofd naschrijven; door kijken leren; nog eens afwachten **afklappen** met handgeklap een dans of speelbeurt beëindigen **afkleden** door het dragen v.h. betrokken kledingstuk de drager slanker doen schijnen **afklemmen** door klemmen kwijt worden **afklokken** de tijd v.e. sporter bij de finish registreren **afkloppen** door kloppen verwijderen of reinigen; een door roemen misschien opgeroepen ongeluk bezweren door een tik tegen hout **afkluiven** door kluiven vlees verwijderen van
afknappen knappend afbreken; plotseling fysiek en geestelijk machteloos worden **afknapper** *m* [-s] iets waarop men afknapt
afknellen afklemmen **afknibbelen** een kleine korting proberen te krijgen **afknijpen** knijpend verwijderen; van iem. langdurig het uiterste vragen **afknippen** knippend afscheiden **afknotten** v.e. uitstekend deel ontdoen
afko *v* [-'s] afkorting
afkoelen koeler maken of worden **afkoelingsperiode** *(fig.)* periode van bezinning voor elkaar bestrijdende partijen
afkoken door koken ontdoen van zekere stoffen; door koken losraken; *(v. aardappelen)* tot moes koken **afkoker** *m* [-s] aardappel die gemakkelijk afkookt
afkolven moedermelk m.e. kolf afnemen
afkomen afdalen; wegkomen; officieel bekend worden gemaakt; recht op iem. afgaan; langs iets aankomen; zijn oorsprong in iets hebben; ~ *van*, bevrijd worden van **afkomst** *v* afstamming, oorsprong **afkom'stig** *bn* geboortig; afgeleid; gemaakt; ~ *van*, komend van
afkondigen openbaar maken
afkoop *m* [-kopen] het los- of vrijkopen **afkoop'baar** *bn* af te kopen **afkopen** vrijkopen, zich door betaling vrijmaken van; kopen van
afkoppelen het aan- of vastgekoppelde losmaken
afkorten korter maken **afkorting** *v* afgekort woord **afkortingsteken** teken dat afkorting aangeeft; *(taalk.)* weglatingsteken
afkraken *(pop.)* vernietigend beoordelen **afkunnen** kunnen afmaken
afl. aflevering; afleiding
aflaat *m* [-laten] *(r.-k.)* kwijtschelding van straffen op zekere voorwaarden
afladen de lading wegnemen **aflakken** door lakken afmaken
aflan'dig *bn* zeewaarts
aflaten naar beneden of weg laten; ophouden
afleggen afdoen; afnemen en elders neerleggen; laten varen; ontkleden en wassen en met het doodskleed bekleden,

(in zegsw.) doen, geven, zweren; *een bezoek* ~, bezoeken; *het* ~, sterven, het onderspit delven; *planten* ~, ranken met grond bedekken om een nieuwe plant te krijgen **aflegger** *m* [-s] wie aflegt; afgelegde plant **afleggertje** *o* afgedankt kledingstuk
afleiden weg of naar beneden leiden; verstrooien, de opmerkzaamheid storen; de oorsprong verklaren; besluiten uit; woorden vormen met voor- of achtervoegsels of door klankwijziging **afleiding** *v* het afleiden; afgeleid woord **afleidingsmanoeuvre** opzettelijke handeling om aandacht af te leiden
afleren verleren; opzettelijk iets ontwennen
afleveren het gekochte bezorgen **aflevering** *v* het afleveren; het afgeleverde; afzonderlijk verschijnend deel van boek of tijdschrift **afleveringstermijn** termijn waarin iets moet worden afgeleverd
aflezen geheel voorlezen; openbaar bekendmaken; waarnemen (op een instrument) **aflikken** schoonlikken; *zijn vingers naar iets* ~, iets sterk verlangen **aflogen** met loog verwijderen of reinigen
afloop *m* [-lopen] einde; het aflopen **aflopen** *h/z* naar beneden lopen; verslijten of doen loslaten door lopen; tot het einde toe lopen, eindigen; *(v.e. wekker)* bellen; dikwijls bezoeken, alle(n) bezoeken
aflos'baar *bn* in te lossen **aflossen** vervangen; afbetalen **aflossing** *v* het aflossen; aflossende wacht; som ter aflossing **aflossingstermijn** termijn waarin een schuld wordt afgelost
afluisterapparatuur apparatuur om af te kunnen luisteren **afluisteren** heimelijk en opzettelijk luisteren naar
afmaaien maaiend afsnijden **afmaken** beëindigen; doden; zeer ongunstig beoordelen; *het* ~, het engagement verbreken; *zich* ~ *van*, zich vrijmaken van
afmars *m/v* aftocht
afmatten uitputten **afmelden** iemands vertrek of afwezigheid bekendmaken
afmeten opmeten; meten en daarna afsnijden **afmeting** *v* het afmeten; grootte, dimensie
afmieteren *(pop.)* afvallen; afsmijten **afmijnen** bij een verkoping bij afbod kopen of huren of verkopen of verhuren **afmonsteren** *h* scheepsvolk ontslaan; de scheepsdienst verlaten
afname *v* afzet; het afnemer zijn **afneem'baar** *bn* af te nemen **afnemen** van het hoofd nemen; verminderen; kopen; schoonmaken, verwijderen; ontnemen; *(de tafel)* ~, het eetgerei van tafel nemen; *(de kaarten)* ~, couperen; *een verhoor* ~, in verhoor nemen; *een examen* ~, examineren **afnemer** *m* [-s] wie iets afneemt; koper
afnokken *(pop.)* (met werken) ophouden, weggaan
afonie' *v* [gmv] heesheid
aforis'me *o* [-n] kernachtig geformuleerde levenswijsheid
a fortio'ri met te meer reden
afpakken ontnemen **afpalen** met palen afzetten **afpassen** nauwkeurig afmeten **afpeigeren** afmatten **afpellen** van de schil ontdoen **afperken** in perken verdelen; afbakenen **afpersen** door dwang verkrijgen **afpijnigen** door pijnigen uit iem. krijgen; hevig pijnigen **afpikken** *(pop.)* afkapen, wegpikken; *het* ~, op raken van vermoeidheid **afpingelen** afdingen **afplakken** plakkend afdekken; helemaal plakken
afplatten een bol aan twee tegenovergestelde zijden plat maken **afplatting** *v* het afplatten; het afgeplat zijn
afpoeieren *(pop.)* afschepen, afwimpelen **afpoetsen** wegpoetsen, schoonpoetsen **afprijzen** de prijs of prijzen verlagen (van) **afraden** ontraden **afraffelen** haastig en slordig doen of afmaken
aframmelen afraffelen, afranselen **aframmeling** *v* pak slaag
afranselen hard slaag geven
afrasie' ‹s=z› *v* [gmv] niet kunnen spreken in geordende zinnen
afraspen met een rasp afschrapen
afrasteren met rasterwerk afsluiten **afrastering** *v* het afrasteren; het rasterwerk; het afgerasterde
afreageren zich ontlasten van hevige aandoeningen door woorden of handelingen **afreizen** *h/z* vertrekken; geheel doorreizen
afrekenen de rekening betalen; *met iem.* ~, iem. zijn straf geven; *met het leven afgerekend hebben*, van het leven niets meer verwachten **afrekening** *v* het afrekenen; *op* ~, om later te verrekenen; *korte ~ maakt lange vriendschap*, spoedige afbetaling doet lang vrienden blijven
afremmen *h* de snelheid verminderen; *(fig.)* doen verzwakken **africhten** afwenden; dresseren, drillen **afrijden** weg of naar beneden of ten einde rijden of doorrijden; afjakkeren; door veel rijden doen slijten
afrikaan'tje samengesteldbloemige sierplant met geurende oranje bloem **Afrika'ner**, **Afrikaan'der** *m* [-s] in Z.-Afrika geboren blanke
afrissen, **afristen** van de rist afdoen
afrit *m* weg waarlangs men v.e. dijk of weg afrijdt
afrodiet' *m* mens zonder duidelijk geslacht
afrodisi'acum *o* [afrodisiaca] geslachtsdrift opwekkend middel
afroep *levering op* ~, levering v. bestelling na bericht v. koper **afroepen** naar beneden roepen; roepend noemen; afkondigen
afroffelen hout bewerken met roffelschaaf; haastig en slordig iets afwerken
afrokapsel *o*, **afrolook** ‹oo=oe› *m* sterk krullend kapsel **afromen** room afscheppen, het beste ergens afnemen; aanzienlijk verminderen door hoge belasting **afronden** de hoeken wegnemen; tot een geheel of rond maken; beëindigen
afrossen roskammen; afranselen
afruimen eetgerei wegnemen **afrukken** *(mil.)*

A

weggaan; lostrekken; met de hand seksueel bevredigen **afsappelen** *zich ~*, zich druk maken **afschaduwen** een vaag beeld geven van

afschaffen doen ophouden; niet meer houden **afschaffer** *m* [-s] geheelonthouder **afschaffing** *v van de ~ zijn*, geheelonthouder zijn

afschampen langs de oppervlakte wegglijden

afscheid *o* het uit elkaar gaan onder uiting van overeenkomstige gevoelens **afscheiden** scheiden; doen vrijkomen, afgeven; *zich ~*, uittreden en een nieuwe organisatie vormen **afscheiding** *v* het (zich) afscheiden; wat afscheidt; wat afgescheiden wordt **Afscheiding** *v* prot. scheuring in de Ned.-Herv. Kerk van 1834 **afscheids-** *als eerste deel in ss*: waarmee men afscheid neemt

afschepen per schip afzenden; zich van iem. afmaken zonder hem echt te helpen **afschermen** vrije uitstraling beletten; beveiligen **afschetsen** in hoofdlijnen beschrijven **afschieten** weg of naar beneden schieten; vlug op iem. afkomen; afschutten; *(van dieren)* doodschieten **afschilderen** levendig beschrijven; beschilderen met een deklaag **afschilferen** *h/z* in schilfers afvallen; schilfers afgeven **afschillen** schillend verwijderen, schillen **afschminken** ‹sch=sj› schmink verwijderen

afschot *o* [-ten] het doodschieten; doodgeschoten wild; hellend dakje; helling v. vlak van waterafvoer

afschrapen schrapend verwijderen of reinigen **afschrappen** schrappend verwijderen of ontdoen van

afschrift *o* schriftelijke kopie **afschrijven** waardevermindering van activa in mindering brengen, als oninbaar uit de boeken verwijderen en op de winst in mindering brengen; niet meer rekenen op; melden dat iets niet doorgaat; overschrijven; ten einde schrijven **afschrijving** *v* afboeking v. saldo; berekening van waardevermindering; schriftelijke afmelding

afschrik *m* angst **afschrikken** door schrik aanjagen weerhouden **afschrikwek'kend** *bn* afschrik inboezemend

afschudden door schudden laten vallen; *(fig.)* zich bevrijden van

afschuifsysteem systeem om iets op anderen af te schuiven

afschuimen schuim verwijderen; schuimend naar beneden stromen; zoeken naar iets van iemands gading; *de markt ~*, **afschuinen** schuin afwerken **afschuiven** wegschuiven; *(pop.)* betalen; *~ op*, een ander belasten met **afschutten** scheiden met een schut

afschuw *m* walging **afschu'welijk** *bn & bw* afschuwwekkend **afschuwwek'kend** *bn* afschuw inboezemend

afsjouwen *h* naar beneden sjouwen; aflopen; hard werken; *zich ~*, zeer hard werken **afslaan** verjagen; weigeren; terugslaan; door slaan doen vallen; plotseling van iets af vallen; minder in prijs stellen, minder in prijs worden; een andere richting inslaan; stil gaan staan; *van zich ~*, zich verdedigen **afslachten** slachten, doden

afslag *m* het afspoelen van grond; vermindering van straf of prijs; openbare verkoping, openbare verkoopplaats **afslager** [-s] wie bij een openbare verkoop de inzetbedragen noemt

afslanken slank worden; inkrimpen in het bedrijf **afsloven** *zich ~*, zich zwaar vermoeien

afsluiten sluiten, de eindrekening opmaken; de toevoer onmogelijk maken; beëindigen; tot stand brengen **afsluiting** *v* het afsluiten; hetgeen afsluit **afsluitpremie** extra toelage van verzekeringsagenten voor het afsluiten v.e. verzekering **afsluitprovisie** commissieloon bij het sluiten v.e. hypotheek

afsmeken smeken om **afsnauwen** snauwen tegen **afsnijden** snijdend afscheiden; versperren, de toevoer onmogelijk maken; *een vraag ~*, een vraag plotseling voorkomen; *de pas ~*, beletten verder te gaan **afsnoeien** het overtollige wegsnoeien **afsnoepen** eerder bemachtigen dan **afspannen** losmaken van trekdieren; met de hand overspannen **afspelden** met spelden de vereiste vorm geven **afspelen** draaien v. geluidsbanden, e.d.; ten einde spelen; door vaak bespelen ongeschikt maken; *(sp.)* de bal niet langer bij zich houden

afspiegelen weerspiegelen **afspiegeling** *v* het afspiegelen; spiegelbeeld **afspiegelingscollege** regeringsorgaan waarin de partijen hun afspiegeling vinden

afsplijten door splijten losmaken of losgaan **afsplitsen** door splitsen losmaken; *zich ~*, zich afscheiden **afsponsen** weg- en schoonsponsen

afspraak *v(m)* [-spraken] overeenkomst **afspraakje** *o* afspraak voor ontmoeting van verliefden **afspreken** *h/z* overeenkomen

afspringen weg of er naar toe springen; afgebroken worden **afstaan** afstand doen van

afstammeling *m* nakomeling **afstammen** *z ~ van*, zijn oorsprong ontlenen aan

afstand *m* het prijsgeven; kortste weg tussen twee punten, interval; *~ doen van*, afstaan; *op een ~ houden*, niet gemeenzaam laten worden; *zich op een ~ houden* of *de ~ bewaren*, *(fig.)* niet gemeenzaam worden **afstan'delijk** *bn* zich figuurlijk op een afstand houdend **afstandsbaby** baby die voor adoptie is afgestaan **afstandsbediening** *v* draadloze bediening op afstand **afstandsbedieningssensor** *(audio.)* ontvanger v. signalen voor afstandsbediening **afstandskind** voor adoptie afgestaan kind **afstandsmoeder** moeder die een baby heeft afgestaan **afstandsouders** [mv] ouders die een baby voor adoptie afstaan **afstandsrit** rit over grote afstand als sportprestatie **afstandsschot** schot van grote afstand **afstandstreffer** van verre afstand gescoord doelpunt **afstandsvlucht** *zie* **afstandsrit**

afstapje *o* [-s] verschil in hoogte v.d. vloer **afstappen** *z* naar beneden stappen; *op iem. ~*, naar iem. toegaan; *~ van*, laten varen

afsteken wegsteken; vertrekken; doen ontbranden; *een rede ~*, een rede houden; *~ tegen* of *bij*, zich duidelijk aftekenen tegen; *een visite ~*, een visite afleggen

afstel *o* afzien van **afstellen** nauwkeurig stellen

afstemmen bij stemming verwerpen; op de passende golflengte stellen **afstempelen** stempelen; *(van aandelen)* de nominale waarde verminderen **afsterven** sterven **afstevenen** snel en regelrecht afgaan **afstijgen** afstappen **afstoffen** van stof reinigen **afstompen** stomp maken of worden; geestelijk ongevoelig maken of worden

afstoppen dichtmaken; tegenhouden **afstoten** wegstoten; afkerig maken **afstraffen** stevig straffen, scherp terechtwijzen

afstriptang tang om bekleding v. kabels te verwijderen; tang om automatisch strips aan te brengen

afstropen stropen **afstruinen** zoekend doorlopen **afstuderen** *h/z* zijn studies voltooien aan een universiteit **afstuiten** *z* terugstuiten; door grote weerstand geen resultaat hebben

aft *v(m)* zweertje in het mondslijmvlies

aftaaien *(pop.)* weggaan **aftakelen** ontdoen van takelwerk; achteruitgaan **aftakken** afsplitsen

aftands' *bn* waarbij de tanden niet meer wisselen; seniel

aftappen laten uitvloeien **aftasten** (tastend) onderzoeken

afte *v(m)* [-n] aft

aftekenen tekenend nabootsen, schetsen; voor gezien tekenen; *zich ~*, duidelijk uitkomen

aftellen aftrekken; geheel tellen; tellen tot bep. tijdstip is bereikt **aftelrijmpje**, **aftelversje** *o* kinderrijm ter bepaling van iemands beurt

aftershave' ‹aftersjeef› *m* [-s] lotion voor na het scheren

aftiteling *v* namenlijst v. medewerkenden a.h. eind

aftobben uitputten

aftocht *m* het wegtrekken; *de ~ slaan* of *blazen*, sein geven tot terugtrekken; zich uit de voeten maken

aftoppen de toppen wegnemen van; *(fig.)* nivelleren

aftrap *m* eerste trap bij voetballen **aftrappen** de aftrap doen; weg- of plattrappen

aftreden *h/z* bedaard afstappen; zijn ambt neerleggen

aftrek *m* mindering; vraag naar iets **aftrekken** wegtrekken, lostrekken; aftreksel maken van; *(v.e. geweer)* afschieten; afwenden; verminderen; vocht v.e. lichaamsdeel naar een ander brengen; *de* of *zijn handen van iem. ~*, iem. aan zijn lot overlaten; *zich ~*, zich met de hand seksueel bevredigen *(v.e. man)* **aftrekker** *m* [-s] onderdeel om een geweer af te schieten; getal dat v.e. ander wordt afgetrokken **aftrekpost** post voor belastingaftrek **aftreksel** *o* [-s] vloeistof waarin men door verwarming stoffen heeft laten trekken **aftrektal** getal waarvan een ander moet worden afgetrokken

aftroeven door troeven behalen; raak antwoorden

aftroggelarij' *v* het aftroggelen **af'troggelen** listig (proberen te) krijgen

aftuigen ontdoen v. tuig; afranselen **afturven** met turven tellen; afranselen **afvaardigen** als vertegenwoordiger zenden **afvaardiging** *v* gezonden vertegenwoordiger(s)

afvaart *v(m)* het afvaren

afval **I** *m* het afvallen **II** *o/m* het afgevallene; wat na bewerking resteert; *in ss vaak in bet.*: bestemd voor afval **afvalcontainer** ‹ai=ee› verzamelbak v. afval

afvallen naar beneden of wegvallen; overschieten; ontrouw worden; mager worden; tegenvallen

afval'lig *bn* ontrouw

afvalproduct naast het eigenlijk bedoelde ontstaan product **afvalwedstrijd** wedstrijd waarbij steeds meer deelnemers afvallen

afvangen door vangen ontnemen; *(fig.)* handig ontnemen **afvegen** vegend reinigen of verwijderen **afvinken** met v-teken op lijst aangeven **afvlaggen** met vlag vertrek- of stopteken geven **afvlakken** vlakker maken; spanningsverschillen wegwerken

afvloeien wegvloeien; geleidelijk weggaan; droogmaken met vloei **afvloeiing** het afvloeien, het doen afvloeien, het ontslag **afvloeiingsregeling** geldelijke regeling bij gedwongen ontslag

afvoer *m* het ver- of wegvoeren; afvoerleiding **afvoeren** wegvoeren **afvoerend** *bn* ontlasting bevorderend

afvragen vragen; *zich ~*, bij zichzelf de vraag opwerpen **afvuren** afschieten

afwaarts *bw & bn* weg, naar beneden, naar de monding

afwachten wachten tot iem. komt of iets gebeurt; *een ~de houding aannemen*, voorlopig afwachten **afwachting** *in ~ van*, afwachtend

afwas *m* het afwassen; het af te wassene; *als eerste deel in ss*: om mee af te wassen **afwasmachine** *v* machine om af te wassen **afwassen** wegwassen; (de vaat) schoonwassen

afwateren het overtollige water lozen **afwateringskanaal** kanaal voor afvoer van water

afweer *m* het afweren **afweergeschut** geschut om aanvallende vliegtuigen te

A

beschieten **afweerstof** *v(m)* stof die werking v. ziektestoffen tegengaat
afwegen met zorg wegen, overdenken **afwenden** in een andere richting wenden; tegenhouden **afwennen** *h/z* afleren, afleggen v.e. gewoonte **afwentelen** *~ op*, overdragen op **afweren** afslaan, tegenhouden **afwerken** geheel afmaken; door te laten werken afmatten **afwerkplek** plaats waar prostituees zich beschikbaar stellen **afwerpen** afdoen; opleveren **afweten** *het laten ~, (pop.)* niet voor de dag komen; zijn plicht verwaarlozen
afwe'zig *bn* er niet zijnd; verstrooid
afwijken een andere richting nemen of hebben; niet overeenkomen **afwijking** *v* het afwijken; iets abnormaals; *in ~ van*, tegen
afwijzen niet toelaten, weigeren, afkeuren, niet ontvankelijk verklaren **afwikkelen** het slot v.e. zaak behandelen **afwimpelen** afwijzen **afwinden** los winden **afwinnen** met wapenen of spelen ontnemen
afwisselen om beurten vervangen (worden) **afwisselend** *bn & bw* veranderlijk; beurtelings **afwisseling** *v* verscheidenheid; verandering
afwissen wissend wegnemen of reinigen
afz. afzender
afzakken zakken; stroomafwaarts komen; *(scherts.)* weggaan **afzakkertje** *o* aan het eind v.e. feest genomen sterkedrank
afzanden zand afgraven **afzeggen** afbestellen; bedanken **afzeiken** *(pop.)* bespottelijk maken
afzenden wegzenden; versturen **afzending** *v* het afzenden; het afgezondene
afzet *m* verkoop; zich afzetten **afzetgebied** gebied dat veel goederen afneemt **afzetten** amputeren, afdoen; afbakenen; afsluiten; verkopen; omranden; uit een ambt of functie ontzetten; te veel laten betalen; stilzetten; doen uitstappen; *het geweer ~*, het geweer met de kolf op de grond zetten; *zich ~*, zich krachtig opwerpen voor een sprong **afzetterij'** *v* te veel laten betalen
afzich'telijk *bn & bw* afschuwelijk
afzien ten einde bezien; afkijken; verduren; *~ van*, opgeven **afzien'baar** *bn* af te zien; *binnen afzienbare tijd*, eerlang
afzij'dig *bn* neutraal
afzoenen door kussen goedmaken; wegkussen; vaak kussen
afzonderen afscheiden **afzondering** *v* afgescheidenheid **afzon'derlijk** *bn & bw* op zichzelf staand
afzuigen (met een man als object) met de mond seksueel bevredigen **afzuigkap** luchtjes en wasem afzuigende installatie boven fornuis
afzwaaien *h/z (pop.)* uit militaire dienst komen **afzwakken** verzwakken, verzachten **afzwemmen** wegzwemmen; voor diploma zwemmen **afzweren** onder ede verwerpen; zich voornemen niet meer te doen
Ag *(schei.)* argentum
agaat' *m (stofn. o)* [agaten] bep. veelkleurige edelsteen
agamie' *v* ongehuwde staat
aga'pe *v* [-n] gemeenschappelijk gedachtenismaal bij de eerste christenen
aga'ten *bn* van agaat
aga've *v(m)* [-n] op aloë lijkende tropische vetplant
agen'da *v(m)* [-'s] aantekenboekje met datums; punten ter bespreking **agen'da-inhoud** jaarlijks verwisselbare bladen v.e. agenda **agende'ren** op de agenda plaatsen; tot een agenda maken
agens *o* [agentia] ‹t=s of ts› chemisch werkzame stof
agent' *m* [-en] vertegenwoordiger; politieagent
agent-provocateur' ‹azjân› [agents-provocateurs] betaalde opruier
agent'schap *o* [-pen] betrekking van agent; kantoor v.e. agent **agentuur'** *v* [-turen] agentschap
age'ren handelend optreden; moeite doen
agglomeraat' *o* [-raten] opeenhoping **agglomera'tie** *v* [-s] opeenhoping; stad met aangegroeide gemeenten
agglutine'ren samenkleven; een taalsysteem vertonen met affixen i.p.v. buigingsuitgangen
aggrava'tie *v* [-s] verzwaring
aggregaat' *o* [-gaten] samenstel **aggrega'tietoestand** toestand v.e. stof
a'gio I *m/v* [-'s] assistent-geneeskundige in opleiding **II** *o* gunstig koersverschil; *~ doen*, een hogere koers hebben dan normaal **agiota'ge** ‹aagiejootaazje› *v* pogingen om de beurskoersen v.d. effecten te beïnvloeden
agita'tie ‹g=zj of g› *v* zenuwachtige opwinding **agita'tor** [-s, -en] onruststoker **agite'ren** opruien; zenuwachtig maken
agno'sie ‹s=z› *v* onvermogen tot herkenning v.h. waargenomene
agnosticis'me *o* leer v.d. agnostici **agnos'ticus** [-tici] wie beweert dat men van God of v.d. dingen niets kan weten
Agnus De'i ‹anjoes deejie› *o* [-'s] *(r.-k.)* met deze twee woorden beginnend deel v.d. mis
agogie' *v* het beroepshalve wensen te beïnvloeden v.h. handelen **agogiek'** *v* leer v.h. tempo **ago'gisch** *bn* betrekking hebbende op het tempo; betrekking hebbend op de agogie **agologie'** *v* wetenschap v.d. agogie
agonie' *v* doodsstrijd
agoog' *m* [agogen] wie beroepshalve het handelen wenst te beïnvloeden; welzijnswerker
agorafobie' *v* ruimtevrees
agrafie' *v* verlies v. schrijfvermogen
agra'riër *m* [-s] wie de landbouw beoefent **agra'risch** *bn & bw* betrekking hebbend op landbouw of landbezit
agres'sie *v* [-s] aanval **agressief'** *bn & bw* aanvallend, geneigd tot aanvallen **agressiviteit'** *v* het agressief zijn **agres'sor**

m [-s] aanvaller
agricultuur' *v* landbouw
A-griep sinds 1957 voorkomende hevige griepsoort
agrimo'nie bep. plant met gele bloemaar
agritoerisme toerisme op boerderijen **agro-industrie'** landbouwindustrie
agronomie' *v* landhuishoudkunde **agrono'misch** *bn* op de landhuishoudkunde betrekking hebbend **agronoom'** *m* [-nomen] landhuishoudkundige
ah *tw* och, ach
aha *tw* hé, ha **aha'-ervaring** *v* plotseling opkomend inzicht
ahob *m* [-s] automatisch beveiligde overweg met halve bomen
ahorn' *m* [-en, -s] esdoorn **ahor'nen** *bn* van ahornhout
a.h.w. als het ware
ai I *tw* au **II** *m* [-s] drietenig tandeloos zoogdier, Lat. Bradypus triactylus
a.i. *ad interim*, tussentijds; alles inbegrepen
AID Algemene Inspectiedienst
aids ‹eedz› *acquired immune deficiency syndrome*, ziekte waarbij het natuurlijke afweersysteem v.h. menselijk lichaam steeds slechter werkt **aidslijer** *m* [-s] *(scheldn.)* vervelend iem.
ai'kido *m* [gmv] bep. Japanse vechtsport
aima'bel ‹ai=è› *bn* beminnelijk
aio *m-v* [-'s] assistent in opleiding **aio-opleiding** opleiding v.e. universitair assistent in opleiding
air ‹èr› *o* [-s] verwaande houding; schijn **airbag** ‹èrbèG› *m* [-s] luchtkussen ter beveiliging tegen auto-ongelukken **airbrush** *m* verfspuit met hoge druk **airbrushtaart** taart met door airbrush aangebrachte afbeelding **airbus** passagiersvliegtuig voor korte afstanden
airco ‹èrko› *v(m)* [-'s], **airconditioning** ‹èrkundissjuning› *v* [-s] installatie waardoor de temperatuur en de kwaliteit v.d. lucht geregeld worden
airedale terriër ‹èrdeel› grote terriër met bruin en zwart kroezend haar
airhostess ‹ai=è› *v* [-es] stewardess **airmile** *wm* ‹èrmail› *m* [-s] spaarbedrag voor o.a. vliegtickets en vakantiereizen
aï's ‹ï=ie› *(muz.)* *v(m)* [-sen] met halve toon verhoogde a
ajak'kes *tw* bah
ajour', **à jour** ‹azjoer› *bn & bw* opengewerkt
aju', **ajuus'** *tw* tot ziens
ajuin' *m* bep. sterk geurend bolgewas
akant' *m* doornige plant met omkrullende bladeren, Lat. Acanthus; bladversiering van Corinthische zuil
ake'la *v* [-'s] welpenleidster
akelei' *v(m)* akolei
akelig *bn & bw* naar
aker *m* [-s] eikel, eikelvormig doosje; metalen putemmer
aki *m* [-'s] automatische knipperlichtinstallatie
akkefiet'je, **akkeviet'je** *o (pop.)* (onaangenaam) werkje
akker *m* [-s] stuk bouwland **akkerbouw** *m* landbouw **akkermaalshout** eiken hakhout voor afscheiding van akkers **akkertje** *o* kleine akker; *op z'n dooie ~*, op zijn gemak
akkeviet'je *zie* **akkefietje**
akkoord' I *o* vergelijk; samenklank van tonen; *het op een ~je gooien*, tot een schikking komen **II** *bn* in orde; *~ gaan*, het eens zijn **akkoord'loon** collectief stukloon
AKN samenwerkingsverband van AVRO, KRO en NCRV
ako *m* [-'s] krantenverkoper op station
akoepedie' *v* hulpverlening aan slechthorenden
akoestiek' *v* geluidsvoortplanting **akoes'tisch** *bn* met geluid werkzaam; geluidwerend; *akoestische gitaar*, niet-elektrische gitaar
akolei', **akelei'** *v(m)* plant met trechtervormige gespoorde bloemen, Lat. Aquilegia
akoniet' I *v(m)* vergiftige ranonkelachtige plant, Lat. Aconitum **II** *o* vergif daaruit
aks(t) *v(m)* aaks
akte *v* [-n, -s] bedrijf; wettig bewijsstuk; bewijs tot bevoegdheid voor het geven van lager of middelbaar onderwijs; *(r.-k.)* bep. gebed; optekening tijdens een rechtszitting; *~ van iets nemen*, nota van iets nemen **aktetas** platte tas voor boeken of papieren
AKW Algemene Kinderbijslagwet
al I *telw* geheel, elk **II** *o* het al, heelal **III** *bw* reeds, wel; al te, te; al maar, gedurig **IV** *vgw* ofschoon, zelfs als; *~ wat*, al hetgeen; *~ wie*, ieder die
al. alinea
Al *(schei.)* aluminium
à la *(pop.)* juist zoals
alaaf' uitroep bij carnavalsfestiviteiten
à la baisse ‹bes'› *zie* **baisse**
à la bonne heure ‹alla bon eur'› vooruit dan maar
à la carte' ‹a la kart› met keuze uit de menukaart
à la hausse' ‹a la oos› *zie* **hausse**
à la minute ‹a la minuut› *bw* ogenblikkelijk
alarm' *o* noodsein; opschudding; *als eerste deel v.e. ss vaak in bet.*: waarmee alarm gemaakt wordt; *~ maken* of *roepen* of *slaan*, waarschuwen voor gevaar; *~ blazen*, noodsein geven op de trompet **alarm'centrale** centrale waar men alarm slaat **alarme'ren** alarm roepen, schrik aanjagen **alarm'installatie** installatie waarbij alarm ontstaat bij ongewenst binnendringen **alarm'klok** *de ~ luiden*, alarmeren **alarm'nummer** telefoonnummer voor noodgevallen
albast' *o* bep. fijn doorschijnend marmer **albas'ten** *bn* van albast
albatros *m* [-sen] op meeuw lijkende grote zeevogel, Lat. Diomedea exulans
albe *v(m)* [-n] *(r.-k.)* wit koorhemd
albedil *m* [-len] bedilal
Albestuur *o* opperbestuur (v. God)
albinis'me *o* het albino zijn **albi'no** [-'s] mens

A

A

of dier zonder pigmentkleurstof
album *o* [-s] boek om in te plakken of in te schrijven of te tekenen; gedenkboek; boek met muziekstukken
albumi'ne *v* in het bloedplasma voorkomend eiwit
alcanta'ra *o* [gmv] *(stofn.)* op suède lijkende kunststof
alchemie', **alchimie'** *v* kunst v. goud te maken **alchemist'**, **alchimist'** *m* wie goud probeert te maken
alcohol *m* bep. vloeistof **alcoholcontrole** politiecontrole op alcoholgebruik **alcoho'lica** *mv* alcoholische dranken **alcoho'lisch** *bn* alcohol houdend **alcoholis'me** *o* drankmisbruik **alcoholist'** dronkaard **alcoholtest** proef om het alcoholgehalte in bloed of adem te bepalen **alcoholverbod** verbod om alcoholhoudende dranken te vervaardigen of te verhandelen **alcoholvrij'** *bn* zonder alcohol
alcomobilis'me *o* het rijden onder invloed van alcohol **alcopop** *m* [-s] alcoholhoudende frisdrank
al den'te *bw. verb.* bijna gaar
aldoor *bw* voortdurend **aldra'** *bw (plecht.)* spoedig **aldus'** *bw* zo **aleer'** *vgw* alvorens
alert' *bn* ergens sterk op bedacht
aleuron' *o* [gmv] eiwitachtige stof uit zaad van planten
alexandrijn' *m* zesjambisch vers
alexie' *v* woordblindheid
alfa [-'s] *v(m)* eerste letter v.h. Griekse alfabet **II** *m-v* leerling(e) v.d. alfa-afdeling; *de ~ en omega*, het begin en het einde, wat alles omvat **alfa-afdeling** afdeling van gymnasium met sterker accent op de klassieke talen
alfabet *o* [-ten] geheel v.d. letters v.e. taal in een vaste volgorde **alfabe'tisch** *bn & bw* naar de volgorde v.h. alfabet
alfagras *zie* **halfagras**
alfal'fa *v/m* [gmv] ontkiemd zaad v. luzerneklaver als groente
alfanumeriek' *bn* zowel met letters als met cijfers werkend
alfastralen *mv* bep. soort radioactieve stralen **alfawetenschap** taal- en letterkunde en geschiedenis en rechten en theologie en filosofie
alg, **alge** *v(m)* [-n] wier
alg. algemeen
algebra *v(m)* stelkunde; letterrekening **algebra'ïsch** *bn & bw* stelkundig
algeheel *bn & bw* geheel
algemeen' **I** *bn & bw* aan allen gemeen, alles of allen betreffend; zonder bijzonderheden, gewoon; bij iedereen; vaag **II** *o* het geheel, alle mensen; *in het ~*, niet in details; *over het ~*, doorgaans **algemeen'heid** *v* [-heden] het algemeen zijn; vaag gezegde
Algol *(comp.) Algorithmic Programming Language*, hogere programmeertaal
algorit'me *v(m)/o* [-n] voor de oplossing v.e. probleem in een beperkt aantal stappen voorgeschreven methode
alhier' *bw* in deze plaats **alhoewel'** *vgw* hoewel
alias **I** *bw* anders gezegd **II** *m* [-sen] bijnaam; kwibus
alibi *o* [-'s] bewijs dat men elders was tijdens het plegen v.e. misdrijf
aliëna'tie *v* [-s] vervreemding, verpanding; verstandsverbijstering
alignement' ‹alienjement› *o* richtingslijn; rooilijn
alikruik *v(m)* eetbare zeeslak, Lat. Littorina littorea
alimenta'tie *v* voeding, onderhoud
à l'improviste' ‹a lemproviest› *bw* zonder voorbereiding
ali'nea *v* [-'s] nieuwe regel, inspringing; tekstdeel tussen twee inspringingen
alk *v(m)* zwemvogel met korte vleugels en zijdelings afgeplatte snavel, Lat. Alca torda
alka'li *o* [-ën] verbinding van alkalimetaal met zuurstof en waterstof **alka'limetalen** *mv* bep. metalen **alkalisa'tie** ‹s=z› *v* het uitlogen **alka'lisch** *bn & bw* basisch **alkaloï'den** *mv* bep. basische plantaardige stoffen
alkoof' *v(m)* [-koven] afgescheiden slaapvertrek in kamer
Al'lah ‹ah=à› *m* naam van God bij de moslims
allang' *bw* al lang
alle *telw* geen uitgesloten **allebei'(de)** *telw* alle twee
alledaags' *bn* elke dag terugkerend, gewoon **alledaags'heid** *v* [-heden] wat gewoon is
alledag' *bw* iedere dag
allee' **I** *v* [-ën] laan **II** *tw (Belgned.)* komaan!
alleen' **I** *bn* zonder anderen of iets anders **II** *bw* slechts **alleen'handel** recht om de enige verkoper van iets te zijn **alleen'heerschappij** *v* monarchie, onbeperkte heerschappij **alleen'heerser** [-s] iem. met onbeperkte macht **alleen'recht** recht dat men als enige kan laten gelden **alleen'spraak** *v(m)* [-spraken] lange ontboezeming die men niet tot een bep. iem. richt
alleen'staand *bn* op zichzelf staand **alleen'staande** *m-v* wie geen vaste relatie heeft
alleen'verdiener *m* [-s] wie als enige voor het gezin verdient **alleen'verkoop** het recht de enige verkoper te zijn **alleen'wonende** *m-v* [-n] wie niet met iem. samenwoont
alleen'zaligma'kend *bn* enig juist
allegaar'tje *o* mengelmoes; gezelschapsspel, gezelschapsdans
allega'tie *v* [-s] aanvoering v. argumenten; aangehaald argument
allegorie' *v* [-ën] zinnebeeldige voorstelling, uitgewerkte beeldspraak **allego'risch** *bn & bw* zinnebeeldig
allegret'to *(muz.)* **I** *bw* tamelijk levendig **II** *o* [-'s] passage in dit tempo **alle'gro** *(muz.)* **I** *bw* levendig **II** *o* [-'s] passage in dit tempo
allelu'ja **I** *tw* **II** *o* [-'s] bep. godsdienstige juichkreet

allemaal *telw* altezamen

allemach'tig I *bw* in erge mate II *tw* goede hemel

alleman' *vnw* iedereen **allemans'gek** wie door ieder voor de gek wordt gehouden **allemans'vriend** vriend van iedereen

allengs'(kens) *bw* langzamerhand

aller- (voorvoegsel tot versterking v.d. overtreffende trap) **al'lerbest** *bn & bw* best; *op zijn* ~, hoogstens **al'lereerst'** *telw & bw* eerst

allergeen' *o* allergie verwekkende stof **allergie'** *v* [-ën] overgevoeligheid voor bep. stoffen **allergi'ne** *v* [-ginen] antistof tegen allergenen **aller'gisch** *bn* door allergenen veroorzaakt; lijdend aan allergie; ~ *voor*, een afkeer hebbend van

al'lerhan'de *bn* van alle soort

Allerhei'ligen *m* 1 november

Allerhei'ligste *o* wat als iets heiligs niet toegankelijk is; *(r.-k.)* heilige hostie **Allerhoog'ste** *m* God

allerijl' *in* ~, zeer gehaast

al'lerlei' I *bn* allerhande II *o* allerhande dingen; snippernieuws **al'lerminst'** *bw* geenszins **al'lerwegen** *bw* overal

Allerzie'len *m* 2 november

alles *vnw.* alle dingen, alle mogelijke mensen; *niet* ~, niet prettig **allesbehal've** *bw* volstrekt niet **allesbrander** kachel waarin allerlei brandbaars gestookt wordt **alleseter** *m* [-s] wezen dat zowel dierlijk als plantaardig voedsel gebruikt **alleszins** *bw* in elk opzicht

allia'ge ⟨g=zj⟩ *v of o* [-s] metaalmengsel

allian'ce-ring ⟨an=añ⟩ rondom met stenen bezette ring in bandvorm

allian'tie *v* [-s] verbond

allicht' *bw* wellicht; natuurlijk!

allië'ren samensmelten (v. metalen); een verbond sluiten

alliga'tie *v* [-s] legering

alliga'tor *m* [-s] krokodil

all-in' ⟨òl-in⟩ alles inbegrepen **all-in'prijs** prijs waarin alles is inbegrepen

allitera'tie *v* [-s] stafrijm **allitere'ren** een alliteratie vormen

alloce'ren toewijzen

allochtoon' I *bn* van elders afkomstig *(v. pers.)* II *m-v* [-tonen] allochtoon iem.

allocu'tie *v* [-s] toespraak

allodiaal' *bn* niet leenroerig **allo'dium** *o* [-dia, -s] niet leenroerig goed

allogeen' *bn* van elders komend (v. zaken)

allooi' *o* gehalte; *(fig.)* soort

allopaat' *m* [-paten] aanhanger v.d. allopathie, geneesheer die allopathie aanwendt **allopathie'** *v* geneeswijze met tegenwerkende geneesmiddelen

allotropie' *v (schei.)* het voorkomen v.e. stof in verschillende toestanden

all right' ⟨òl rait⟩ *bw* in orde

all-risk' ⟨òl-risk⟩ met inbegrip van alle risico's **all-risk'verzekering** verzekering tegen alle risico's

allround' ⟨òlround⟩ *bn* in alle opzichten bedreven

allude'ren toespelingen maken

allu're *v(m)* [-s] houding, voorkomen

allu'sie ⟨s=z⟩ *v* [-s] zinspeling

alluviaal' *bn* tot het Alluvium behorend; aangeslibd **allu'vie** *v* aanslibbing **alluvium** *o* aangeslibde grond **Alluvium** *o* jongste aardvorming

alm *v(m)* weide in de bergen

almacht *v(m)* onbeperkte macht; *de Almacht*, God **almach'tig** *bn* alvermogend; zeer machtig; *de Almachtige*, God

alma ma'ter *v* [-s] universiteit

almanak *m* [-ken] dagwijzer; jaarboekje

almo'gend *bn* almachtig; *de Almogende*, God

ALN Algemene Loterij Nederland

ALO Academie voor Lichamelijke Opvoeding

aloë ⟨ë=ee⟩ *v(m)* [-'s] tropische vetplant v.d. familie der lelieachtigen

al'om' *bw* overal **alomtegenwoordig** *bn* overal tegenwoordig **alomvattend** *bn* alles in zich hebbend

aloud' *bn* zeer oud

alp *m* berg uit de Alpen

alpaca I *v(m)* [-'s] bergschaap uit Zuid-Amerika; weefsel uit wol daarvan II *o* legering van koper en nikkel en zink III *bn* van die legering

alpenhoorn hoorn der alpenherders

alpien', **alpi'ne** *bn* van de Alpen, betrekking hebbend op het alpinisme **alpi'neskiën** skiën in het hooggebergte **alpinis'me** *o* bergsport **alpinist'** *m* bergsportbeoefenaar

alpi'no *m* [-'s] nauwsluitende baret **alpi'nopet** alpino

alras' *bw* spoedig

alruin' I *v* Germaanse wichelares II *v(m)* (wortel v.) mandragora

als *vgw* wanneer; zoals; in de hoedanigheid van; gelijk; *(pop.)* dan

ALS *amyotrofe laterale sclerose*, bep. verlammingsziekte **alsdan'** *bw* dan, op die tijd

al sec'co *bw & bn* op droge kalk geschilderd

alsem *m* samengesteldbloemige plant v.d. soort Artemisia absinthium; aftreksel v.d. knoppen ervan; grievend leed; *zijn pen in ~ dopen*, bittere woorden kiezen

alsjeblieft', **alstublieft** I *tw* ziehier!; en of!; nou zeg! II *bw* als u zo vriendelijk wilt zijn

alsmaar *bw* voortdurend **alsme'de** *vgw* en ook **alsnog'** *bw* nu nog **alsof'** *vgw* op een wijze of

alt I *v(m)* altstem II *v* zangeres met altstem III *als eerste deel v. ss met muziekinstrument*: met alttoon

al'taar, **au'taar** *o/m* [-taren] offertafel; *op het ~ des vaderlands*, voor het vaderland; *voor het* ~, bij het huwelijk; *naar het ~ geleiden*, huwen; *tot de eer der altaren verheven worden*, gecanoniseerd worden **al'taarstuk** *o (r.-k.)* kunstwerk boven een altaar

altera'tie *v* [-s] verandering; ontsteltenis

alter e'go ander ik; echtgenoot, echtgenote

alterna'tie *v* [-s] afwisseling; afwisseling van mannelijk en vrouwelijk rijm **alternatief'** I *o* [-tieven] gedwongen keus uit twee mogelijkheden; tweede mogelijkheid II *bn*

A

de keus biedend tussen verschillende mogelijkheden; afwijkend v.h. gewone patroon **alternatie'veling** *m-v* wie zich uit idealisme afwijkend gedraagt of kleedt **alterne'ren** afwisselen
althans' *bw* in elk geval, tenminste
althe'a *v(m)* [-'s] plant v.d. familie der kaasjeskruidachtigen
al'tijd' *bw* steeds; althans **al'tijd'durend** *bn* onafgebroken
altime'ter *m* [-s] hoogtemeter
al'toos' *bw* altijd
altruïs'me *o* liefde voor anderen, onzelfzuchtigheid **altruïst'** *m* onzelfzuchtig persoon **altruïs'tisch** *bn & bw* onzelfzuchtig
altsleutel c-sleutel op de middenlijn **altstem** lage vrouwenstem **altviool** viool met lager toon dan de gewone
aluin' *m (schei.)* delfstof van zwavelzure dubbelzouten **aluin'aarde** aluminiumoxide **alui'nen** met aluin bewerken
alumi'nium I *o* bep. licht metaal **II** *bn* van dit metaal **alumi'niumfolie** *o* [gmv] verpakkingsmateriaal van aluminium
alum'nus *m* [-ni] student; afgestudeerde
alvast' *bw* nu al
alvermogen *o* almacht
alvleesklier *v(m)* spijsverteringssap afscheidende zich bij de maag bevindende klier
alvo'rens I *bw* te voren **II** *vgw* voordat **alwaar'** *bw* overal waar **alwe'der** *(plecht.)*, **alweer'** *bw* nu reeds weer **alwe'tend** *bn* alles wetend; *de Alwetende*, God
alzheimer ⟨alts-haimer⟩ *ziekte van Alzheimer*, ziekte met verschijnselen van dementie
al'ziend *bn* alles ziend; *de Alziende*, God; *~ oog*, *(r.-k.)* oog in driehoek als zinnebeeld van Gods alwetendheid
al'zij'dig *bn & bw* op allerlei gebied
a.m. *ante meridiem*, voor de middag
Am *(schei.)* americium
AM amplitudemodulatie
ama *m-v* [-'s] alleenstaande minderjarige asielzoeker
amai' ⟨amaai⟩ *tw (Belgned.)* uiting van verbazing of teleurstelling
amalgaam' [-gamen], **amalga'ma** [-'s] *o* oplossing v.e. metaal in kwik; mengelmoes **amalgama'tie** *v* [-s] het legeren met kwik; het afscheiden van metalen met kwik; samensmelting **amalgame'ren** *h* met kwik behandelen; vermengen
aman'del I *m* [-s] boom met platte vrucht met eetbare pit **II** *v(m)* [-en, -s] de vrucht ervan **III** *mv* klier in de keel **aman'delboom** bep. boom **aman'delpars** *o/m*, **aman'delpas**, **aman'delpers**, **aman'delspijs** geperste amandelen met ei en suiker **aman'delstaaf** met amandelspijs gevulde reep van bladerdeeg
amanuen'sis *m-v* [-sissen, -ses] helper (helpster) in laboratorium
amaril'lo ⟨ll=lj⟩ *m* [-'s] licht gekleurde sigaar
amaryl'lis *v(m)* [-sen] narcisachtige kamerplant met lelieachtige bloemen
amateur' *m* [-s] wie uit liefhebberij iets beoefent *(ook als eerste deel van appositionele samenstellingen)* **amateuris'me** *o* beoefening uit liefhebberij **amateuris'tisch** *bn* als van of door een amateur; niet deskundig
amazo'ne *v* [-n, -s] dame te paard ***amazo'nenzit** *(Wdl. amazonezit)* zit met beide benen aan dezelfde kant v.h. rijdier
ambacht *o* handwerk; vrije heerlijkheid; rechtsgebied; *twaalf ~en en dertien ongelukken*, het ene mislukte middel van bestaan na het andere **ambach'telijk** *bn* van of met betrekking tot een ambacht **ambachtsman** [-lieden, -lui] zelfstandig handwerksman
ambassa'de *v* [-s] hoogste diplomatieke vertegenwoordiging **ambassadeur'** *m* [-s, -en] hoogste diplomatieke vertegenwoordiger **ambassadri'ce** ⟨ice=iese⟩ *v* [-s] vr. ambassadeur; vrouw v. ambassadeur
amber *m* welriekende harssoort; vettige substantie uit de darm v.e. potvis; barnsteen; goudbruine kleur
ambetant' *bn (Belgned.)* onaangenaam, vervelend
ambian'ce ⟨ãn⟩ *v(m)* sfeervolle omgeving
ambië'ren streven naar
ambigu' *bn* dubbelzinnig **ambiguïteit'** *v* dubbelzinnigheid
ambi'tie *v* eerzucht, lust, ijver **ambitieus'** *bn* eerzuchtig, hoogstrevend
ambivalent' *bn* met tegenstrijdige waarden; tegenstrijdig
ambo *m* [-'s] *(r.-k.)* lessenaar op priesterkoor
ambro'sia ⟨s=z⟩ *v(m)*, **ambrozijn'** *o* godenspijs
ambt *o* betrekking; geestelijke bediening **ambtelijk** *bn & bw* door ambtsregels voorgeschreven; krachtens een ambt geschiedend **ambteloos** *bn* zonder ambt **ambtenaar** *m* [-naren, -s] wie een ambt in overheidsdienst bekleedt; *~ van het Openbaar Ministerie*, ambtenaar belast met de vervolging van strafzaken bij kantongerechten **ambtenarengerecht** rechtbank voor geschillen tussen ambtenaren en overheid **ambtenares'** *v* [-sen] vr. ambtenaar **ambtenarij'** *v (min. of iron.)* bureaucratie **ambtgenoot** collega **ambtsaanvaarding** indiensttreding als ambtenaar **ambtsbroeder** ambtgenoot **ambtseed** eed die de ambtenaar aflegt bij ambtsaanvaarding **ambtsgeheim** geheimhouding waartoe een ambtenaar verplicht is; ingevolge v.e. ambt te bewaren geheim **ambts'hal've** *bw* krachtens het ambt **ambtsketen** *v(m)* [-s] keten als symbool v.h. ambt
ambtsmisdrijf *(jur.)* bij de uitoefening v.e. ambt gepleegd misdrijf **ambtsvoorganger** vorige bekleder v.e. ambt **ambtswege** *van ~*, ambtshalve **ambtswoning** bij zeker ambt behorende woning
ambulan'ce ⟨an=ã⟩ *v(m)* [-s] wagen voor vervoer van zieke en gewonde mensen en dieren
ambulant' *bn* niet bedlegerig *(v. patiënt)*;

zonder vaste plaats; zonder eigen klas
amech'tig *bn & bw* buiten adem
amen *tw* zo zij het
amendement' *o* wijziging v.e. wetsvoorstel **amende'ren** wijzigen
amenor'roe ‹roe=reu› *v* [gmv] het uitblijven van de menstruatie
amethist' *m (stofn. o)* violetkleurig halfedelgesteente
ametrie' *v* toestand met ongelijke delen; afwezigheid v.e. vast metrum in poëzie
ameublement' *o* stel meubels
amfetami'ne *v(m)/o* [-n] stimulerend middel
amfibie' *m* [-ën] tweeslachtig gewerveld dier dat op land en in water leeft **amfibie'vliegtuig** *o* vliegtuig dat op land en op water kan landen en opstijgen **amfibie'voertuig** voertuig voor op het water en op het land
amfibra'chisch *bn* met het karakter v.e. amfibrachys of v. amfibrachen **amfi'brachys** ‹chys=gus› *m* [-brachen] drielettergrepige versvoet waarvan de middelste beklemtoond is
amfitheater *o* [-s] halfrond theater met oplopende zitplaatsen; bep. lagere rang in schouwburg
amfoor' [-foren], **amfo'ra** [-'s] *v(m)* kruik met nauwe hals en twee oren
amfoteer' *bn (schei.)* met zure en basische eigenschappen
amicaal' *bn & bw* vriendschappelijk **amicaliteit'** *v* vriendschappelijkheid **ami'ce** ‹aamies› *(aanspr.)* vriend
amict' *m* schouderdoek v. priester
ami'nozuur *o* verbinding van een zuur met een basische groep
ammehoe'la *tw* kom nou! **ammenooit'niet** *tw* nooit!
ammo'nia, **ammoniak'** *m* uit waterstof en stikstof bestaand gas
ammoniet' *m* prehistorisch weekdier met spiraalvormige schelp
ammuni'tie *v* krijgsbehoefte
amnesie' ‹s=z› *v* geheugenverlies
amnestie' *v* [-ën] kwijtschelding van straf
amoe'be ‹oe=eu› *v(m)* [-n] eencellig slijmdiertje **amoe'bedysenterie** door amoeben veroorzaakte dysenterie
amok *o* razernij bij inlander waarbij hij ieder die hij ontmoet aanvalt; ~ *maken*, op die wijze optreden; ~ *slaan*, een waarschuwingssein geven tegen iem. die amok maakt
amontilla'do ‹ll=j› *m* [-'s] halfdroge sherry
amoreel' *bn* zonder zedelijke overweging
amorf' *bn* vormloos, niet uit kristallen
amortisa'tie ‹s=z› *v* [-s] delging van schulden door aflossingen **amortise'ren** waardeloos verklaren; delgen door aflossing
amoureus' ‹ou=oe› *bn* op de liefde betrekking hebbend
amove'ren verwijderen; uit ambt of functie ontzetten; afbreken
amp. ampère
ampel *bn & bw* breedvoerig
amper **I** *bw* ternauwernood **II** *bn & bw* zuur

ampè're *m* [-s] eenheid v. stroomsterkte **ampè're-uur** hoeveelheid in een uur verplaatste elektriciteit bij een stroomsterkte van één ampère
ampersand' ‹empersent› *m* [-s] het teken &
ampex *wm m* beeldrecorder
amplifica'tie *v* [-s] nadere uiteenzetting; vergroting
amplitu'de [-'s], **amplitu'do** [-s] *v* wijdte van slingering, afstand tussen op- en ondergangspunt van hemellichaam
ampul' *v(m)* [-len] dichtgesmolten buisje met steriele injectiestof; *(r.-k.)* bij de mis gebruikt kannetje
amputa'tie *v* [-s] afzetting v. lichaamsdeel **ampute'ren** afzetten
amsterdam'mertje *o* paaltje dat parkeren verhindert; borrel; standaard bierglas
amulet' *v* [-ten] voorwerp tegen ongeluk
amusant' ‹s=z› *bn & bw* vermakelijk
amuse-gueu'le ‹amuuz-Guije› *m* [-s] hapje voorafgaand aan diner in restaurant
amusement' ‹s=z› *o* vermaak, gelegenheid tot vermaak **amusements'hal** ruimte met flipperkasten en gelegenheid voor videospelletjes **amuse'ren** vermaken
amusie' ‹s=z› *v* afwezigheid v. muzikaal geheugen
AMvB Algemene Maatregel van Bestuur
AMX Amsterdam Midcap Exchanges
AN Algemeen Nederlands
an- a-
anaal' *bn* van of m.b.t. de anus
anabaptis'me *o* leer der wederdopers **anabaptist'** wederdoper
anabo'len, **anabo'le steroï'den** *mv* spierversterking bewerkende stoffen
anachoreet' *m* [-reten] kluizenaar
anachronis'me *o* [-n] wat in een bep. tijd niet past
anaëroob' *bn* geen zuurstof nodig hebbend
anafoor' [-foren], **ana'fora** [-'s] *v* herhaling van woorden aan het begin
anagram' *o* [-men] door letterverplaatsing uit een ander ontstaan woord
anakoloet' *v(m)* verkeerde voortzetting v.e. zin
analep'ticum *o* [-ca] oppepmiddel
analfabeet' *m* [-beten] wie niet kan lezen of schrijven **analfabetis'me** *o* het voorkomen van mensen die niet kunnen lezen of schrijven
analge'ticum *o* [-ca] pijnstillend middel
analist'(e) scheikundig werk(st)er
analogie' *v* [-ën] overeenkomst **analo'gisch** *bn & bw* naar analogie **analoog'** *bn & bw* overeenkomstig; ~ *signaal*, ingangssignaal met allerlei getalswaarden voor elektronische schakeling
analy'se ‹analieze› *v* [-s, -n] ontleding **analyse'ren** ontleden **analy'tisch** *bn & bw* ontledend
anamne'se ‹s=z› *v* [-s, -n] verslag v.d. medische voorgeschiedenis door de patiënt
ananas' *m/v* [-sen] tropische plant met stijve stekelige bladeren v.d. soort Ananas sativus; vrucht van die plant

A

anapest' *m* drielettergrepige versvoet waarvan de laatste beklemtoond is **anapes'tisch** *bn & bw* met het karakter v. anapest(en)

anarchie' *v* regeringloosheid, wanorde **anarchis'me** *o* stelselmatig streven naar anarchie **anarchist'** *m* wie naar anarchie streeft **anarchis'tisch** *bn* volgens of met betrekking tot het anarchisme

anasta'tisch *bn ~e herdruk*, procédé waarbij bestaand werk door clicheren opnieuw gedrukt wordt

anastro'fe *v(m)* omkering v.d. normale woordvolgorde

anathema ⟨th=t⟩ *o* [-ta] banvloek

anatomie' *v* ontleedkunde **anato'misch** *bn & bw* ontleedkundig **anatoom'** *m* [-tomen] ontleedkundige

ANBO Algemene Bond voor Ouderen

ANC Afrikaans Nationaal Congres

anciënniteit' ⟨ciën=sjen⟩ *v* rang volgens dienstjaren

ancien régi'me ⟨ãnsjĕreezjiem⟩ *o* koningschap voor de Fr. revolutie

andan'te *(muz.)* **I** *bw* gematigd langzaam **II** *o* [-s] langzaam deel uit een muziekstuk **andanti'no** *(muz.)* **I** *bw* zeer langzaam **II** *o* [-'s] zeer langzaam deel uit een muziekstuk

ander I *telw* tweede, volgende **II** *bn* niet dezelfde; *ten ~e*, ten tweede; *om de ~*, om beurten **anderdaags** *bn* om de andere dag komend **anderdeels** *bw* van de andere kant **anderhalf** *telw* een en een half **andermaal** *bw* voor de tweede maal **andermans** *vnw.* v.e. ander

anders *bw & bn* niet gelijk; op andere wijze; voorheen; op een andere tijd **andersden'kend** *bn* v. andere (godsdienstige) denkwijze **andersom'** *bw* omgekeerd

andersoortig *bn* v.e. ander soort

andersta'lig *bn* een andere taal sprekend **anderszins** *bw* anders

anderwerf *bw* andermaal **anderzijds** *bw* aan de andere kant

andij'vie *v(m)* als groente gekweekte plant v.d. soort Cichorium endivia; de plant als groente

andragogie' *v* vorming v. volwassenen **andrago'gisch** *bn* betrekking hebbend op of volgens de andragogie **andragologie'** leer v.d. andragogie **andragoog'** *m* [-gogen] beoefenaar v.d. andragogie

andre'askruis *o* kruis in X-vorm

androgeen' *bn* gunstig voor mannelijke geslachtskenmerken **androgyn'** ⟨y=ie⟩ *m-v* tweeslachtig wezen **andromaan'** *bn* (gezegd v.e. vrouw) met abnormaal sterke geslachtsdrift **andropauze** overgangsjaren v.d. man **andros'teron** *o* bep. mannelijk hormoon

anekdo'te *v(m)* [-n, -s] leuk verhaaltje **anekdo'tisch** *bn* op een anekdote lijkend; anekdoten bevattend

anemie' *v* bloedarmoede **ane'misch** *bn* lijdend aan bloedarmoede

anemome'ter *m* [-s] windmeter

anemoon' *v(m)* [-monen] ranonkelachtige plant v.h. geslacht Anemoon; bloem van die plant

anesthesie' ⟨anesteezie⟩ *v* gevoelloosheid **anesthesiologie'** *v* wetenschap betreffende de narcose **anesthesioloog'**, **anesthesist'** *m* wie de anesthesiologie beoefent

angel *m* [-s] vishaak; steekorgaan aan achterlijf; staart van mes of vijl

angelus ⟨ng=n+g⟩ *o (r.-k.)* gebed driemaal daags bij het luiden v.e. klokje **angelusklokje** klokje waarmee het angelus geluid wordt

angi'na ⟨ng=n+g⟩ *v(m)* keelontsteking; *angina pectoris*, hartbeklemming

anglicaan' ⟨ng=n+g⟩ *m* [-canen] lid v.d. anglicaanse Kerk **anglicaans'** *bn* tot de Engelse staatskerk behorend; *~e Kerk*, Eng. staatskerk **anglicanis'me** *o* officiële Eng. godsdienst

anglicis'me ⟨ng=n+G⟩ *o* [-n] barbarisme onder invloed v.h. Eng. **anglist'** taalgeleerde die het Eng. bestudeert **anglistiek'** *v* studie der anglisten **Anglo-Amerikaans** *bn* Engels-Amerikaans **anglofiel'** liefhebber van wat Eng. is; *bn* zeer gesteld op al wat Eng. is **anglofilie'** *v* het gesteld zijn op al wat Eng. is **anglofobie'** *v* sterke afkeer van al wat Eng. is **anglomaan'** *m* [-manen] aanbidder van al wat Eng. is **anglomanie'** *v* ziekelijke bewondering voor al wat Eng. is

ango'rageit ⟨ng=n+g⟩ geit met lang, zijdeachtig haar **ango'rakat** kat met lang, zijdeachtig haar **ango'rawol** wol v.d. angorageit

angst *m* vrees **angstbijter** *m* [-s] vriendelijke hond die gaat bijten als hij bang wordt **angstcomplex** neurotisch chronisch angstgevoel **angsthaas** bangerik **angstig** *bn & bw* met angst vervuld, angst uitdrukkend **angstpsychose** *v* abnormale angsttoestand

ångströmeenheid eenheid v. uiterst kleine lengte, 10^{-10}m

angstval'lig *bn & bw* vreesachtig; pijnlijk nauwgezet **angstwek'kend** *bn & bw* angst veroorzakend

angulair' ⟨anGulèr⟩ *bn* met hoeken

anijs' *m* schermbloemige plant v.d. soort Pimpinella anisum met pikant zaad; zaad van die plant; *als eerste lid v.e. ss vaak in bet.*: met anijszaad bereid

anili'ne *v(m)* kleurloze grondstof voor fabricage van kleurstof **anili'nepotlood** potlood met aniline

animaal' *bn* dierlijk

anima'tiefilm *v* [-s] film met een voor een opgenomen beelden

animeer'meisje meisje dat klanten tot consumpties moet brengen **anime'ren** opwekken; *(v. fantasiefiguren en poppen)* kunstmatig doen bewegen

animis'me *o* geloof dat alles bezield is **animo** *m/o* opgewekte geest; kooplust

animositeit' ⟨s=z⟩ *v* naijver

animo'so *(muz.) bw* levendig

an'ion *o* negatief geladen ion

aniset'te ‹s=z› *v(m)* anijslikeur
anisotroop' *bn (nat.)* met eigenschappen die van richting afhankelijk zijn
anjelier', **anjer** *v(m)* [-s] plant v.h. geslacht Dianthus met geurige bloem; bloem van die plant **anjerachtigen** [mv] tot het geslacht Dianthus behorende planten
anker *o* [-s] bep. wijn- en vismaat; ijzeren werktuig om een schip vast te leggen; onderdeel van uurwerk; onderdeel v.e. dynamo; muurhaak; *het ~ laten vallen* of *gooien* of *werpen*, zijn intrek nemen; *voor ~ liggen*, gelegen zijn; *voor zijn laatste ~ liggen*, het slecht maken; *ten ~ gaan*, het schip vastleggen; *zijn ~ lichten*, heengaan; *zijn ~ kappen*, zich overhaast uit de voeten maken **ankeren** *h/z* voor anker liggen of gaan; een muur van ankers voorzien **ankertros** *m* ankerketting
anklet ‹a=e› *m* [-s] korte sok met rekbare band
anna'len *mv* jaarboeken
annex' *bn* behorend bij **annexa'tie** *v* [-s] inlijving **annexe'ren** inlijven **annexionis'me** *o* streven naar annexatie **annexionist'** voorstander van annexatie **annexionis'tisch** *bn & bw* naar annexatie strevend
anno in het jaar
annon'ce ‹o=õ› *v(m)* [-s] aankondiging; advertentie; bod bij kaartspel **annonce'ren** aankondigen; adverteren; bieden bij het bridgen
annota'tie *v* [-s] verklarende aantekening **annote'ren** van annotaties voorzien
annuïteit' *v* jaarlijkse rente en aflossing
annule'ren opheffen, nietig verklaren **annule'ringsverzekering** verzekering waardoor bep. financiële verplichtingen onder bep. omstandigheden vervallen
Annunciatie *v* Maria-Boodschap
ano'de *v* [-n, -s] positieve elektrode
ano'feles *v(m)* [-sen] malariamug
anomalie' *v* [-ën] onregelmatigheid
anoniem' *bn* naamloos **anonimiteit'** *v* het anoniem zijn **ano'nymus** *m* [-mi] wie zijn naam verzwijgt
ano'rak *m* [-s] windjak zonder sluiting en met capuchon
anorex'ia nervo'sa, **anorexie'** *v* [gmv] ziekelijk gebrek aan eetlust
anorga'nisch *bn* niet levend, niet organisch
anosmie' *v* [gmv] onvermogen om geur waar te nemen
ANP Algemeen Nederlands Persbureau
ansicht *v(m)* prentbriefkaart
ansjo'vis *m* [-sen] haringachtig visje
antagonis'me *o* onderlinge strijd **antagonist'** tegenstander, tegenwerker; spier waarvan de werking die v.e. andere opheft, tegenoverstaande tand of kies
antarc'tisch *bn* v.h. zuidpoolgebied
ante **I** *vz* vóór **II** *v(m)* [-n] zich gedeeltelijk in de muur bevindende zuil **antecedent'** *o* vroeger gebeurd feit, vroeger leven; geval waar men zich op beroepen kan; woord waarop betrekkelijk vnw.. slaat
antedate'ren, **antidate'ren** een vroegere dagtekening dan de werkelijke plaatsen (op) **antediluviaal'**, **antediluviaans'** *bn* van vóór de zondvloed
anten'ne *v(m)* [-s, -n] vang- en zenddraad; voelspriet v. dieren **anten'nesysteem** *centraal ~*, systeem waarbij radio en/of tv centraal wordt opgevangen
anthologie' ‹th=t› *v* [-ën] bloemlezing
anthu'rium ‹th=t› *m* [-s] flamingoplant
anti *vz & bn* tegen, tegenover; *ook als eerste deel v.e. ss in bet.*: tegen
antibio'ticum *o* [-ca] stof die de groei van micro-organismen belemmert **antibio'tisch** *bn* met antibiotica werkend
anticham'bre ‹antiesjâmbre› *v(m)* [-s] wachtkamer **antichambre'ren** wachten tot men toegelaten wordt
antichrist ‹ch=k› *m* de duivel
anticipa'tie *v* [-s] het vooruitlopen op iets; het vooruit beschikken over iets; *bij ~*, vóór de vervaltijd **anticipe'ren** *h* vooruitlopen op; vooruitbeschikken
anticlimax *m* afname in hevigheid
anticoncep'tie *v* het voorkomen van zwangerschap
antidate'ren antedateren
anti'dotum *o* [-dota] tegengif
antiek' **I** *bn & bw* oud, ouderwets; betrekking hebbend op de Gr. en Rom. oudheid **II** *o* oud handwerk; *de antieken*, de kunstenaars en wijsgeren v.d. klassieke oudheid **antiek'beurs** markt v. antiekverkoop
antifoon' *v(m)* [-fonen] *(r.-k.)* beurtzang; liturgisch vers voor en na psalm
antigeen' **I** *bn* het afweersysteem activerend **II** *o*, **an'tigen** [-genen] stof die bij inspuiting vorming van afweerstoffen bewerkt
anti-klerikaal' *bn & m* [-alen] (iem. die) tegen de geestelijkheid (is) **anti-klerikalisme** *o* het tegen de geestelijkheid zijn
antikritiek *v* tegenkritiek
antilichaam deeltje v. antistof
antilo'pe *v(m)* [-n] verzamelnaam voor allerlei hertachtige dieren
antimakas'sar *m* [-s] kleedje op rugleuning
antimetrie' *v* opzettelijke afwijking v.h. metrum van poëzie
anti-militaris'me *o* het tegengestelde van militarisme **anti-militarist'** *m* wie tegen militarisme is **anti-militaris'tisch** *bn & bw* tegen militarisme
antimo'nium *o* blauwachtig-wit metaal
antinomie' *v* [-ën] strijdigheid in de wet(ten)
antioxidans' *o* [-ntia], **antioxidant'** *m* [-en] conserveringsmiddel in voedingswaren
anti-papis'me *o* vijandschap tegen de r.-k. Kerk **anti-papist'** *m* anti-papistisch iem. **anti-papistisch** *bn & bw* vijandig tegen de r.-k. Kerk
antipas'ta *v(m)* Italiaans voorgerecht
antipathie' ‹th=t› *v* [-ën] niet beredeneerde afkeer **antipathiek'** *bn & bw* afkeer inboezemend
antipode *m-v* [-n] tegenvoeter, tegenstander; wie met iem. een tegenstelling vormt
antipyri'ne *v(m)* geneesmiddel tegen koorts

A

en pijn
antiquaar' ‹qu=kw› *m* [-quaren] handelaar in oude boeken **antiquair'** ‹antiekèr› *m* [-s] handelaar in antiek **antiquariaat'** ‹qu=kw› *o* [-aten] handel in oude boeken **antiqua'risch** ‹qu=kw› *bn & bw* bij of van een antiquariaat **antiquiteit'** ‹qui=kie› *v* voorwerp uit vroeger tijd
anti-racisme *o* [gmv] het tegengaan van rassendiscriminatie
anti-revolutionair' ‹ai=è› *bn* tegen de Fr. revolutie **II** *m* aanhanger v.e. bep. prot. staatkundige partij in Ned.
anti-semiet' *m* vijand v.h. jodendom **anti-semi'tisch** *bn* vijandig tegen het jodendom **anti-semitis'me** *o* haat tegen het jodendom
antisep'ticum *o* [-ca] bederfwerend middel **antisep'tisch** *bn & bw* bederfwerend
antise'rum *o* [-s] serum met stoffen om ziekte te voorkomen
antislip'cursus slipcursus
antista'tisch *bn & bw* elektrostatische oplading verhinderend
antistof eiwit dat ziektestoffen of bacteriën afweert
antitank'geschut *o* geschut om op vijandelijke tanks te schieten
antithe'se ‹s=z› *v* [-n, -s] tegenstelling
antitoxi'ne *v(m)* [-n] tegengif
antivries' *o* vloeistof om het koelwater voor bevriezingsgevaar te vrijwaren
antoniem *o* woord met tegengestelde betekenis
anto'niuskruis *o* [-kruizen] kruis in T-vorm
antraciet' ‹c=s› *v* steenkool met 92% koolstof **II** *o* zwartgrijze kleur **III** *bn* zwartgrijs
antropofaag' *m* [-fagen] menseneter **antropofagie'** *v* het mensen eten
antropogene'tica *v* [gmv] leer v.h. ontstaan en zich ontwikkelen v.d. mens en v.d. erfelijkheid **antropoï'de** **I** *m* [-n] mensaap **II** *bn* mensvormig
antropologie' *v* leer v.d. mens **antropolo'gisch** *bn & bw* volgens of van de antropologie **antropoloog'** *m* [-logen] beoefenaar v.d. antropologie
antropometrie' *v* het bepalen v. afmetingen v.h. menselijk lichaam
antropomorf' *bn* mensvormig **antropomorfise'ren** vermenselijken **antropomorfis'me** *o* vermenselijking
antroponiem' *o* mensennaam **antroponymie'** *v* mensennaamkunde **antropony'misch** *bn* volgens of van de antroponymie
antroposofie' *v* door Steiner ontwikkelde levensbeschouwing over de mens in relatie tot het geestelijk wezen v.d. kosmos **antroposoof'** *m* [-sofen] aanhanger v.d. antroposofie
antwoord *o* weerwoord **antwoordapparaat** apparaat dat met tevoren ingesproken tekst antwoordt **antwoordcoupon** coupon waartegen men een postzegel voor buitenlands verkeer kan inwisselen **antwoorden** antwoord geven **antwoordenvelop(pe)** voor antwoord bijgesloten envelop **antwoordnummer** nummer v. instelling waaraan men portvrije post kan sturen
anurie' *v* ziekte waarbij de nieren geen urine maken
anus *m* [ani] aarsopening
ANVR Algemene Nederlandse Vereniging van Reisbureaus
ANW Algemene Nabestaandenwet; Algemene Natuurwetenschappen
ANWB Algemene Ned. Wielrijdersbond
A-omroep *m* omroep met meer dan 450.000 leden
aor'ta *v(m)* [-'s] grote lichaamsslagader
AOV Algemeen Ouderenverbond
AOW Algemene Ouderdomswet
AOW'er [-s] wie een AOW-uitkering ontvangt
AP Amsterdams peil
Apa'che *m* [-n] lid v.e. indianenstam ten noorden van Mexico **apa'che** *m* [-n] onderwereldfiguur
apaise'ren ‹apèzeren› kalmeren
apana'ge ‹g=zj› *o/v* [-s] toelage aan niet regerende leden v.h. vorstenhuis
à pari met een koerswaarde gelijk aan de nominale
apart' *bn & bw* afzonderlijk; bijzonder **apart'heid** *v* beginsel van rassenscheiding **apart'je** *o* [-s] onderhoud onder vier ogen
apathie' *v* onverschilligheid **apa'thisch** *bn & bw* onverschillig
apegapen *(pop.) op ~ liggen*, bijna dood zijn; zeer benauwd zijn
apekool *v(m) (pop.)* kletspraat
apelazarus **I** *bn* zeer dronken **II** *zn zich het ~ schrikken*, erg schrikken
***apenbroodboom** *(Wdl. apebroodboom) m* tropische boomsoort met eetbare vrucht v.d. familie v.d. Bombacaceae
ap- en dependen'ties *mv* al wat erbij hoort
apenkooien in een gymzaal met alle toestellen spelen **apenkop** *m* kwajongen **apenkuur** *v(m) (pop.)* dwaze streek, zotte vertoning **apenliefde** *v* onverstandige ouderliefde ***apennootje** *(Wdl. apenootje) o* olienootje **apenpak** *(scherts.)* zeer net pak **apenstaart** *(comp.)* bep. leesteken v.e. tekstverwerker
apepsie' *v* slechte spijsvertering
aperij' *v* zotte vertoning, gekheid; na-aperij
aperitief' *o/m* [-tieven] eetlust opwekkende borrel
apert' *bn* klaarblijkelijk
apertuur' *v* [-turen] kunstmatige opening i.h. lichaam; wijdte van lensopening
apetrots *bn* zeer trots **apezat** *bn* zeer dronken **apezuur** *zich het ~ zoeken*, intens zoeken
aphe'lium *o* [gmv] verst v.d. zon verwijderd punt in een baan
apicultuur *v* bijenteelt
apin' *v* [-nen] wijfjesaap
APK algemene periodieke keuring van auto's
APK'-keuring algemene periodieke keuring van auto's
aplana'tisch *bn* het beeld niet vertekenend of verkleurend
aplasie' *v* [gmv] het onvoldoende gevormd

zijn v. ledematen of organen
aplomb' ‹aplõ› *o* stelligheid
apneu *m* [-s] kortstondige ademstilstand
APO arbeidsplaatsenovereenkomst
apocalyp'tisch ‹y=i› *bn* als uit de Apocalyps (laatste boek uit Bijbel)
apo'cope ‹e=ee› *v(m)* weglating van letters a.h. woordeinde
apocrief' *bn* niet als echt erkend
apodic'tisch *bn & bw* onweerlegbaar, op stellige wijze alsof men de wijsheid in pacht heeft
apolitiek *bn* zonder politieke binding
apolli'nisch *bn* als van Apollo; beheerst
apologeet' *m* [-geten] geloofsverdediger **apologetiek'** *v* geloofsverdediging als studievak; boek hierover **apologe'tisch** *bn & bw* het christendom verdedigend **apologie'** *v* [-ën] verweerschrift
apoplec'tisch *bn* met aanleg voor een beroerte; een beroerte betreffend **apoplexie'** *v* beroerte
apostaat' *m* [-staten] afvallige **apostasie'** ‹sie=zie› *v* geloofsverzaking
apos'tel *m* [-en, s] een v.d. twaalf hoofdleerlingen van Christus; verkondiger v. nieuwe leer
a posterio'ri achteraf
apostil'(le) ‹ille=il *of* ille› *v(m)* [-illen, -illes] aantekening op de kant of aan het eind
apostolaat' *o* apostelschap **aposto'lisch** *bn & bw* de apostelen betreffend; pauselijk
apostrof' *v(m)* [-s, -fen] weglatingsteken; toespraak
apotheek' ‹th=t› *v(m)* [-theken] geneesmiddelenwinkel **apothe'ker** [-s] artsenijbereider
apotheo'se ‹aapooteejooze› *v* [-n] vergoding; slot met veel pracht en praal
apparaat' *o* [-raten] toestel; gezamenlijke hulpmiddelen en materialen; *(pop.)* mannelijk geslachtsdeel
apparat'sjik *m* [-s] *(scherts.)* bureaucraat
apparatuur' *v* de gezamenlijke apparaten
appartement' *o* vertrek, deel v.e. woning
***appel'** *(Wdl. appèl)* *o* [-s] hoger beroep; verzamelsein, het bijeenroepen ter controle; *op het ~ ontbreken*, afwezig zijn
ap'pel *m* [-s, -en] boom v.h. geslacht Malus; vrucht van die boom; pupil; bol aan de torenspits; knop aan zwaard; *een ~tje voor de dorst*, iets voor tijd van nood; *door de zure ~ heenbijten*, iets onaangenaams moeten doen; *voor een ~ en een ei*, goedkoop; *gouden ~en op zilveren schalen*, iets kostbaars naar vorm en inhoud; *een ~tje te schillen hebben*, iets onaangenaams hebben af te handelen; *de ~ valt niet ver van de boom*, de kinderen zijn meestal als de ouders **appelbeignet** *m* [-s] in deeg gebakken schijfje appel **appelbloesem** **I** *m* bloesem v.d. appelboom **II** *o* lichtroze kleur **appelbol** in banketdeeg gebakken appel **appelboom** boom waaraan appels groeien **appelflap** *v(m)* [-pen] driehoekig korstgebak met appel **appelflauwte** *v* [-n, -s] meestal voorgewende lichte bezwijming
appelig *bn* zich niet lekker voelend
appellant' *m* wie in appel gaat **appellan'te** *v* [-n] vrouw die in appel gaat **appelle'ren** appel aantekenen; *~ aan*, een beroep doen op
appelmoes *o/v(m)* moes van appels
***appel'rechter** *(Wdl. appèlrechter)* rechter die zaken in hoger beroep behandelt
appelschimmel grauwe schimmel met ronde vlekken
appelsien' *m (Belgned.)* sinaasappel **appelstroop** stroop uit appels **appeltaart** met appel bereide taart **appelwang** ronde en blozende wang
appenda'ges ‹ages=aazjes› *mv* inrichtingen voor bediening en controle en veiligheid
appendan'ce ‹ance=ãns› *v* [-s] bijgebouw
appendici'tis *v* blindedarmontsteking **appen'dix** **I** *o* [-dices] aanhangsel **II** *m* [-dices] blindedarm
appercep'tie *v* [-s] waarneming
appetijt' *m* eetlust **appetij'telijk** *bn & bw* eetlust opwekkend; aantrekkelijk
appetizer ‹eppetaizer› *m* [-s] hartig, eetlustopwekkend voorgerecht
applaudissement' *o* bijvalsbetuiging door handgeklap **applaudisse'ren** door handgeklap bijvallen **applaus'** *o* applaudissement
applica'tie *v* [-s] toepassing; vlijt; applicatiewerk **applica'tiecursus** cursus tot spoedige uitbreiding v.h. aantal bevoegden **applica'tiewerk** handwerk met versiering van figuren in andere stof
applicatuur' *v (muz.)* vingerzetting
appliqué'werk *zie* **applicatiewerk**
apporte'ren aanbrengen, (gez. v.e. hond) halen
apposi'tie ‹s=z› *v* [-s] aanhechting; bijstelling **appositioneel'** *bn & bw* als of van een appositie
apprecia'tie *v* [-s] waardering **appreciё'ren** waarderen
apprete'ren geschikt maken; doen glanzen **appretuur'** *v* het appreteren; de door appreteren verkregen glans
approba'tie *v* [-s] goedkeuring, vergunning
approviande'ren van proviand voorzien
approximatief' *bn & bw* bij benadering
apr april
apraxie' *v* het niet kunnen verrichten v. doelbewuste handelingen
après-ski' *m(o)* gezelligheidsleven na het skiën
april' *m* de 4e maand **april'grap** fopperij op 1 april
a prima vis'ta *(muz.)* v.h. blad
a prio'ri vooraf; alleen door redenering **aprioris'me** *o* [-n] vooropgezette mening **aprioris'tisch** *bn & bw* op de feiten vooruitlopend
apropos' ‹pos=poo› *bw* van pas **II** *o/m* onderwerp van gesprek; *van zijn ~*, van zijn stuk **à propos'** *tw* hoor eens, voor ik het vergeet
apsis, absis **I** *v* [-iden] uiteinde v. grote as v. ellipsvormige baan v. planeet **II** *v* [-sen]

A

A

abside
APV Algemene Politieverordening
APZ Algemeen Psychiatrisch Ziekenhuis
aquaduct' ‹qu=kw› *o* open waterleiding op bogen **aquafitness** *m* [gmv] conditietraining in een zwembad **aquajoggen** ‹j=dj› in het water joggen **aqualong'** *v(m)* zuurstofreservoir op de rug v.e. duiker **aquamarijn' I** *bn* zeegroen **II** *m (stofn. o)* zeegroene edelsteen **aquanaut'** *m-v* onderzoeker v.d. diepzee **aquaplaning** ‹pla=plee› *v* [gmv] slipgevaar door water
aquarel' *v(m)* [-len] waterverfschildering **aquarelle'ren** met waterverf schilderen **aquarellist'** aquarelschilder
aqua'rium *o* [-s, -ria] glazen bak om vissen levend in te houden; gebouw voor waterdieren
aquavit' *v(m)/o* Scandinavische brandewijn
ar I *v(m)* [-ren] winterpaardenslee **II** *bn in arren moede*, ten einde raad
Ar *(schei.)* argon
ara *m* [-'s] soort papegaai
arabesk' *v(m)* aan planten ontleend versieringsmotief
Arabier' *m* iem. uit Arabië **arabier'** *m* paard van Arabisch ras **Ara'bisch I** *bn* van Arabië; *~e cijfers*, de gewone cijfers **II** *o* taal v. Arabië **arabist'** beoefenaar v.h. Arabisch
arachi'deolie olie van aardnoten
arak' *m* rijstbrandewijn
arami'de *o* sterk soort lichte kunststofvezel
arbeid *m* (inz. moeizaam) werk, *(nat.)* uitwerking v.e. kracht **arbeiden** arbeid verrichten
arbeider [-s] werkman; *~ in de wijngaard des Heren*, geestelijke **arbeidersbeweging** *v* het streven ter bevordering v.d. belangen v.d. arbeiders **arbeidersbuurt** woonwijk v. arbeiders **arbeidersraad** adviserend of besturend college uit communistische arbeiders bestaande
arbeidsbemiddeling *v* overheidsdienst tot bemiddeling tussen werkgevers en werknemers **arbeidsbeurs** officieel bureau voor vraag naar en aanbod van werkkrachten **arbeidsbureau** arbeidsbeurs **arbeidscontract** arbeidsovereenkomst **arbeidscontractant** wie een arbeidscontract gesloten heeft **arbeidsduur** duur v.d. arbeidsdag **arbeidsextensief'** *bn* weinig arbeid vergend **arbeidsinspectie** toezicht op de uitvoering v.d. arbeidswet; gebied van wie dat toezicht heeft **arbeidsintensief** *bn* veel arbeid vergend **arbeidsintensiviteit** *v* mate waarin iets arbeidsintensief is **arbeidsklimaat** omstandigheden die invloed hebben op het werk in een bedrijf **arbeidskracht** arbeider; vermogen tot arbeid **arbeidsmarkt** uitwisseling v. vraag en aanbod betreffende de arbeid tussen werkgevers en arbeidzoekende arbeiders **arbeidsongeschikt** *bn* invalide **arbeidsonrust** neiging tot staking en/of demonstratie **arbeidsovereenkomst** overeenkomst tussen werkgever en werknemer **arbeidsplaats** mogelijkheid voor één persoon om betaalde arbeid te verrichten **arbeidsrecht** recht betreffende de verhoudingen tussen arbeiders en werkgevers en overheid **arbeidsregister** register v.d. namen v.d. arbeiders v.e. werkgever **arbeidsreserve** *(euf.)* werkloosheid **arbeidsschuw** *bn* niet gaarne werkend
arbeidster [-s] vr. arbeider
arbeidstherapeut *m* wie arbeidstherapie toepast **arbeidstherapie** het laten verrichten v. arbeid als therapie **arbeidstijdverkorting** *v* [gmv] vermindering van contractueel overeengekomen werkuren **arbeidsveld** gebied van werkzaamheid **arbeidsvergunning** papieren die allochtone werknemer verlof geven om te werken **arbeidsverloop** wisseling v. werknemers **arbeidsvermogen** *(nat.)* hoeveelheid arbeid die een lichaam verrichten kan **arbeidsvitaminen** [mv] *(fig.)* wat de werklust bevordert **arbeidsvoorwaarde** voorwaarde waarop een werknemer werkt **arbeidsvoorziening** regeringsmaatregelen ter bevordering van werkgelegenheid **arbeid'zaam** *bn* ijverig
ar'bi'ter *m* [-s] scheidsrechter **arbitraal'** ‹bi=bie› *bn* scheidsrechterlijk **arbitra'ge** ‹arbietraazje› *v* scheidsrechterlijke beslissing; *(econ.)* het voordeel trekken uit prijsverschillen op onderscheiden markten of beurzen **arbitrair'** ‹arbietrèr› *bn & bw* scheidsrechterlijk; willekeurig **arbitre'ren** ‹bi=bie› een zaak als arbiter beslissen; *(econ.)* arbitrage toepassen
arbore'tum *o* [-s, -reta] wetenschappelijke verzameling houtgewassen
Arbowet wet op de arbeidsomstandigheden
arca'de *v* [-n, -s] booggewelf; reeks bogen die op zuilen rusten
arca'disch *bn* als in Arcadië, landelijk
arce'ren met streepjes vullen of schaduwen
archaïse'ren ‹ch=g, s=z› ouderwets doen uitzien **archaïs'me** *o* [-n] verouderde uitdrukking **archaïs'tisch** *bn & bw* met archaïsmen
archeologie' *v* oudheidkunde **archeolo'gisch** *bn & bw* oudheidkundig **archeoloog'** *m* [-logen] oudheidkundige
archetype *o* oerbeeld, oertekst
archief' *o* [-chieven] verzameling of bewaarplaats v. uit geschiedkundig oogpunt belangrijke geschriften **archief'stuk** stuk uit archief **archief'wezen** alles wat op archieven betrekking heeft
archipel *m* [-s] eilandengroep
architect' ‹ch=ch *of* sj› *m* wie gebouwen ontwerpt en onder zijn leiding doet uitvoeren **architecto'nisch** *bn* bouwkundig **architectuur'** *v* bouwkunst
architraaf' *v(m)* [-traven] balk v. kroonlijst
archiva'lia *mv* archiefstukken **archiva'ris** [-sen] beheerder van archief
arctisch *bn* uit de noordpoolstreken
arduin' *o zie* **arduinsteen**; **ardui'nen** *bn* van

arduin **arduinsteen** *stofn. o & m* hardsteen
are *v(m)* [-n] 100 m^2
areaal' *o* [-alen] met gewassen bebouwde oppervlakte; door een munteenheid beheerst gebied
areligieus' *bn* zonder verband met of begrip of gevoel voor godsdienst
are'na *v(m)* [-'s] strijdperk; met zand bestrooid middendeel v.e. circus
arend *m* grote roofvogel, Lat. Aquila; uitsteeksel aan vijl of zeis om handvat of steel aan te bevestigen; *een ~ vangt geen vliegen*, een belangrijk iem. maakt zich niet druk over kleinigheden **arendsblik** doordringende blik **arendsnest** nest v. arend; hoog gelegen sterkte **arendsneus** gebogen neus **arendsoog** *(fig.)* uiterst oplettend oog **arendsvlucht** *(fig.)* het zich hoog verheffen v.d. geest
are'ola *v(m)* [-la's] plek; kring
areome'ter *m* [-s] toestel om s.g. te bepalen
argeloos *bn & bw* onschuldig, aan geen kwaad denkend
arglist *v(m)* boos opzet **arglis'tig** *bn & bw* boosaardig, listig
argon *o (schei.)* betrekkelijk zwaar edel gas
argot' ‹arGoo› *o* dieventaal, jargon
argument' *o* bewijsgrond **argumenta'tie** *v* [-s] bewijsvoering **argumente'ren** argumenten geven
argusogen *mv* alziende ogen
argwaan *m* achterdocht **argwa'nend** *bn* achterdochtig
aria *v(m)* [-'s] solozang uit opera
Ariaan' *m* [-anen] aanhanger v.d. leer van Arius **arianis'me** *o* leer van Arius
Ariër [-s] (bij de nazi's) blanke niet-jood **Arisch** *bn* in betrekking staand of behorend tot de Ariërs
aristocraat' *m* [-craten] wie behoort tot de aristocratie **aristocratie'** *v* [-ën] de voorname families; voornaamheid **aristocra'tisch** *bn & bw* kenmerkend voor de aristocratie, tot de aristocratie behorend
aritme'tica, **aritmetiek'** *v* rekenkunst **aritme'tisch** *bn & bw* rekenkundig
ark(e) *v(m)* [arken] vaartuig van Noach; *~ des verbonds*, kist met wet v.d. joden
arm I *m* elk der twee aan de schouder vastzittende ledematen v.d. mens; armvormig deel; tak v.e. rivier; bep. maat; *iem. in de ~ nemen*, v. iemands hulp gebruik maken; *de ~en binden*, machteloos maken; *de sterke ~*, de politie; *met open ~en*, zeer hartelijk **II** *bn* weinig hebbend; beklagenswaard
arma'da *v(m)* [-'s] sterke oorlogsvloot
armagnac' ‹gn=nj› *m* [gmv] op cognac lijkende Franse brandewijn
armatuur' *v* [-turen] bewapening, wapentooi, uitrusting; draagconstructie voor lamp; stuk ijzer aan de polen v.e. magneet
armband *m* sieraad om pols, band om de arm **armbandhorloge** polshorloge
armelijk *bn & bw* armoedig **armelui'** *mv* arme mensen **armetie'rig** *bn* armzalig
armoe(de) *v(m)* nooddruft; gering bezit; *als de ~ binnenkomt vliegt de liefde het venster uit*, bij armoede verdwijnt de liefde; *~ troef*, grote armoede; *van ~*, niets beters wetend te doen; *stille ~*, armoede die men niet bekend wil maken **armoedegrens** inkomensgrens waaronder men niet in zijn levensonderhoud kan voorzien **armoedeval** achteruitgang in netto-inkomen van iem. die met een uitkering en diverse inkomensgerelateerde subsidies gaat werken **armoe'dig** *bn & bw* behoeftig, schamel **armoedje** *o* klein bezit **armoedzaaier** [-s] zeer arm mens
armoriaal' *o* [-alen] boek met afbeeldingen en beschrijvingen v. familiewapens
armsgat *o* gat in kledingstuk waar een arm door kan
armslag *m* [gmv] gelegenheid om zich te ontplooien, *(fig.)* bewegingsvrijheid bij onderhandelingen **armstoel** stoel met armleuningen **armvol** *m* (armen vol) zoveel een arm kan dragen **armworstelen** worstelspel waarbij alleen de armen gebruikt mogen worden
armza'lig *bn & bw* machteloos; nietig; armoedig
AROB Administratieve Rechtspraak Overheidsbeschikkingen
aro'ma *o* [-'s] geur; middel om geurig te maken **aroma'tisch** *bn* aroma hebbende
aronsbaard *m* gevlekte aronskelk **aronskelk**, **aronsstaf** kamerplant v.h. geslacht Arum; bloem van die plant
arr. arrondissement
arrangement' ‹arãnzjement› *o* regeling; *(muz.)* gedrukte compositie **arrange'ren** regelen; zetten
arren met de ar rijden **arrenslede**, **arrenslee** ar
arrest' *o* verzekerde bewaring; uitspraak van gerechtshof of hoge raad **arrestant'** *m* gearresteerde; beslaglegger **arresta'tie** *v* [-s] het arresteren; beslaglegging **arreste'ren** in hechtenis nemen; *(v. notulen)* vaststellen
arrivé' *m* [-'s] wie een erkende maatschappelijke positie heeft bemachtigd **arrive'ren** aankomen **arrivist'** *m* wie er verwoed naar streeft vooruit te komen
arrogant' *bn & bw* aanmatigend **arrogan'tie** *v* aanmatiging
arrondissement' *o* onderdeel v.e. rechts- of bestuursgebied **arrondissements'commissaris** *(Belg.)* beambte voor het besturen van kleine en moeilijk te leiden gemeenten **arrondissements'rechtbank** hoogste rechtscollege v.e. arrondissement
arseen' *o* arsenicum
arsenaal' *o* [-nalen] wapenmagazijn
arse'nicum *o* bep. sterk vergif
arsis *v* [arses] toon- of stemverheffing; beklemtoonde lettergreep in versvoet
art. artikel
art deco' ‹aar deekoo› *m* kunststijl uit 1910-1920
art-director ‹art dairektur› *m* [-s] wie voor

het creatieve aspect v.e. zaak zorgt

artefact' *o* bewerkt prehistorisch voorwerp

arte'rie *v* [-riën, -ries] slagader **arterieel'** *bn* slagaderlijk **arteriosclero'se** *v* aderverkalking

arte'sisch *~e put*, put in een onder druk verkerende ondergrondse waterader

articula'tie *v* [-s] het articuleren **articula'tiebasis** *v* hoofdtrek van uitspraakeigenaardigheden **articule'ren** spraakklanken vormen

artiest' *m* kunstenaar; kunstenmaker; vreemde snuiter

artificieel' *bn & bw* kunstmatig, kunstig

arti'kel *o* [-en, -s] lid v.e. wet of contract; opstel; handelsvoorwerp; lidwoord; *de twaalf ~en des geloofs*, de twaalf grondwaarheden v.h. christendom

artillerie' ‹ll=l *of* j› *v* wat behoort bij de bediening v.h. geschut; geschut **artillerie'-eenheid** groep v. artilleriesoldaten **artillerie'vuur** beschieting door artillerie **artillerist'** kanonnier **artillerist'isch** *bn & bw* door artillerie

artisjok' *v(m)* [-ken] distelachtige plant, Lat. Cynara scolymus, met eetbare vruchtbodem; zo een vruchtbodem als groente

artisticiteit' *v* het artistiek zijn **artistiek'** *bn & bw* met aanleg om kunstenaar te zijn

art nouveau' ‹aar noevoo› *m* stijlperiode in het begin v.d. 20ste eeuw

artotheek *v* [-theken] verhuurinstelling voor kunst

artri'tis *v* gewrichtsontsteking **artrogram'** *o* [-men] röntgenfoto van gewricht **artro'se** ‹s=z› *v* door slijtage veroorzaakte gewrichtsaandoening

arts geneesheer **arts-assistent'** arts die ergens assisteert **artsenbezoeker** *m* [-s] vertegenwoordiger die artsen bezoekt **artsenij'** *v* geneesmiddel **artsenij'bereidkunde** *v* wetenschap betreffende de bereiding van geneesmiddelen

as *v(m)* [-sen] spil, middellijn; overblijfselen bij verbranden, stoffelijk overschot; *in de ~ leggen*, verbranden; halve toon lager dan a

a.s. aanstaande

As *(schei.)* arsenicum

asa [gmv] mate v. lichtgevoeligheid

asbak schaaltje voor as en rookwaar; vuilnisbak

asbest' **I** *o* vezelachtige onbrandbare stof **II** *bn* van asbest **asbesto'se** *v* bep. longziekte door het inademen van asbest

asblond *bn* lichtblond

asceet' *m* ‹sc=sk *of* s› [-ceten] ascetisch iem.

ascendant' ‹sc=ss› *m* opgaand teken v.d. dierenriem

ascenden'ten ‹sc=ss› *mv* bloedverwanten in opgaande lijn

asce'se ‹askeeze *of* asseeze› *v* het z. onthouden v. genoegens **asce'tisch** *bn & bw* als een asceet; de ascese betreffend **ascetis'me** *o* ascese

ASCII *American Standard Code for Information Interchange*, internationale digitale computertekenset v. 128 codes

aseksueel' *bn* niet gevoelig voor seksuele prikkeling; ongeslachtelijk

aselect *bn* waarbij niet op grond v.h. te onderzoeken kenmerk gekozen is

asem *m* [-s] *(pop.)* adem; *geen ~ geven*, niet antwoorden

Asen ‹s=z› *mv (myth.)* de goden

asepsie', **asep'sis** *v* bescherming tegen infectie **asep'tisch** *bn* zonder kiemen v. infectie

asfalt *o* aardhars, mengsel daarvan **asfalte'ren** met asfalt bestraten **asfaltjeugd** aan haar lot overgelaten grotestadsjeugd

asfyxia'tie ‹yx=iks› *v* verstikkingsdood **asfyxie'** *v* toestand v. schijndood; verstikking

asiel' ‹s=s *of* z› *o* toevluchtsoord, vrijplaats; opvanghuis voor bep. mensen of dieren **asiel'jongere** nog niet volwassen asielzoeker **asiel'recht** recht om asiel te verlenen of te vragen **asiel'zoeker** *m-v* wie het eigen land ontvlucht en in een ander land bescherming en opvang zoekt **asielzoekerscentrum** opvanghuis voor asielzoekers

asjeblief(t)' *zie* **alsjeblieft**

asjemenou *tw (pop.)* hoe is het mogelijk!

askruisje *o* kruisteken met as op Aswoensdag

aso **I** *bn & bw* asociaal **II** *m-v* [-'s] wie asociaal is **asociaal'** *bn & bw* zonder sociaal besef

asp. aspirant

aspect' *o* voorkomen, uitzicht, aanzicht; *(taalk.)* subjectieve categorie v. ww die al dan niet begrensd zijn uitdrukt

asper'ge ‹g=zj› *v(m)* [-s] plant v.d. soort Asparagus officinalis; jonge spruit van die plant als groente

as'pic ‹espik› *m* [-s] vlees- of visgelei

aspidis'tra *v* [-'s] kamerplant met brede bladeren uit de familie der lelieachtigen

aspirant', **adspirant** *m* dinger naar of leerling voor betrekking; *als eerste deel van sk in bet.*: aankomend of mogelijk

aspirateur' *m* [-s] zuigtoestel

aspira'tie *v* [-s] het aspireren

aspira'tor *m* [-s] zuigtoestel **aspire'ren** aanblazen; naar iets dingen

aspirien'tje *o* tablet aspirine **aspiri'ne** *wm v(m)* middel tegen pijn en koorts

assagaai', **assegaai'** *v(m)* houten werpspies uit Afrika

assembla'ge ‹g=zj› *v* [-s] samenvoeging van onderdelen **assembla'ge-industrie** geheel van bedrijven waar assemblage wordt uitgevoerd **assembla'gekoken** koken met voorbewerkte producten

assemblee' *v(m)* [-s] bep. bestuursorgaan

assemble'ren op verschillende plaatsen gemaakte delen bijeenvoegen; *(comp.)* een programma omzetten in machinetaal

assepoes(ter) als verschoppeling behandeld meisje; slons

asser'tie *v* [-s] verzekering **assertief'** *bn & bw* zelfverzekerd **assertiviteit'** *v* het assertief zijn **assertoir'** ‹toir=twaar›, **asserto'risch** *bn*

als waar aan te nemen, ter bevestiging
asses'sor *m* [-en, -s] bijzitter, helper v.d. voorzitter
assignaat' ‹ign=ienj› *o* [-naten] papieren geld ten tijde v.d. Fr. revolutie **assigna'tie** ‹ign=ienj› *v* [-s] schriftelijke opdracht tot betalen
assimila'tie *v* [-s] gelijkmaking, aanpassing; verwerking v. voedingsstoffen; gelijkwording v. medeklinkers **assimile'ren** gelijkmaken, aanpassen; verwerken v. voedingsstoffen
assi'senhof *(Belgned.)* gerechtshof met jury voor zware misdrijven
assistent' *m* helper **assisten'tie** *v* bijstand **assiste'ren** bijstaan
associa'tie *v* [-s] onderlinge verbinding; vennootschap **associatief'** *bn* in gedachten verbindend **associé'** *m* [-s] vennoot **associë'ren** *zich* ~, zich verenigen
assonan'tie *v* [-s] halfrijm **assone'ren** in klinker gelijk zijn
assorte'ren naar soorten bijeenzoeken; *zich* ~, zich voorzien van diverse soorten **assortiment'** *o* voorraad winkelgoederen; uitgezochte verzameling
assume'ren zich toevoegen **assumptie** *v* [-s] het aan zich toevoegen; veronderstelling
assuradeur' *m-v* [-en, -s] verzekeraar **assuran'tie** *v* [-s, -tiën] verzekering; *als eerste deel v.e. ss vaak in bet.*: verzekerings- **assure'ren** verzekeren
asta'tisch *bn* onbestendig
A-status formele plaats v.e. A-omroep
aster *v(m)* [-s] in de nazomer bloeiende samengesteldbloemige plant v.h. geslacht Aster; bloem van die plant
asterisk' *m* sterretje **asteroï'de** *v* [-n] kleine planeet
asthenie' *v* zwakke lichaamsgesteldheid
astigmatis'me ‹as=aas› *o* oogafwijking waardoor de beelden vervormd worden
astma *v* kortademigheid **astmasigaret** sigaret tot verlichting van astma **astma'ticus** *m* [-tici] astmalijder **astma'tisch** *bn* kortademig
astraal' *bn* de sterren betreffende **astraal'lichaam** *(theosofie)* het stoffelijke doordringend geestelijk lichaam
astrakan I *o* krullend bont v.e. pas geboren lam **II** *bn* van dit bont
astrant' *bn* te vrijmoedig
astringent' *bn* zuur; samentrekkend
astrofy'sica *v* [gmv] deel v.d. sterrenkunde betreffende de natuurlijke gesteldheid v.d. sterren **astrologie'** *v* sterrenwichelarij **astrolo'gisch** *bn & bw* de sterrenwichelarij betreffend **astroloog'** *m* [-logen] sterrenwichelaar **astronaut'** *m* ruimtevaarder **astronautiek'** *v* ruimtevaart **astronaviga'tie** *v* [gmv] navigatie v. schepen en vliegtuigen met behulp v. sterrenkunde; leer v.d. banen v. ruimteschepen **astronomie'** *v* sterrenkunde **astrono'misch** *bn & bw* sterrenkundig **astronoom'** *m* [-nomen] sterrenkundige
astublief(t) *zie* **alsjeblieft**

asurn *v(m)* urn voor as v.e. gecremeerde dode
asvang *v(m)* constructie om de beweging v.e. as te stoppen
Aswoens'dag *(r.-k.)* woensdag na Vastenavond
asymmetrie' ‹y=i› *v* het ontbreken v. symmetrie **asymme'trisch** *bn & bw* zonder symmetrie
asymptoot' ‹y=i› *m* [-toten] lijn die een andere steeds meer nadert maar nooit raakt
asynchroon' ‹y=i› *bn* niet gelijktijdig lopend
asynde'tisch ‹y=i› *bn* zonder voegwoorden **asyn'deton** *o* [-ta] weglating van voegwoorden
asystolie' ‹y=i› *v* [-ën] hartstilstand door onvoldoende samentrekking v.d. hartspier
At *(schei.)* astatium
atac'tisch *bn* onregelmatig
atalan'ta *v(m)* [-'s] admiraalvlinder
atavis'me *o* [-n] het opduiken v.e. kenmerk dat de voorouders hadden, kenmerk als bij iemands voorouders **atavis'tisch** *bn & bw* van of als gevolg v.h. atavisme
ataxie' *v* onzekerheid v. beweging
atechnisch *bn & bw* niet handig i.d. omgang met technische apparatuur; geen verstand hebbend van techniek
atelier' ‹ateljee› *o* [-s] werklokaal
a tem'po *(muz.) bw* naar vorig tempo terug
aterling *m* naar iem.
atheïs'me ‹th=t› *o* godloochening **atheïst'** *m* godloochenaar **atheïs'tisch** *bn* God loochenend
athene'um ‹th=t› *o* [-nea, -s] school voor vwo zonder klassieke talen
à titre personnel' op persoonlijke titel
atjar *m* [gmv] zoetzure ingelegde groente
Atlan'tisch *bn* betreffende de landen aan de Atlantische oceaan
atlas I *m* [-sen] boek met kaarten of afbeeldingen; eerste halswervel **II** *o* satijn **atlasvlinder** bep. tropische vlinder
atleet' *m* [-leten] wie atletiek beoefent; zwaargespierd man **atletiek'** *v* verzamelnaam v. bep. lichaamssporten **atle'tisch** *bn & bw* als of van een atleet
atm. atmosfeer
atmosfeer' *v(m)* [-feren] dampkring; eenheid van spanning; sfeer **atmosfe'risch** *bn* de atmosfeer betreffende, v.d. atmosfeer
atol' *o* [-len] ringvormig koraaleiland
atomair' ‹air=èr› *bn* atomen betreffende **atomis'me** *o* theorie dat alles uit atomen bestaat
atomi'zer ‹ettomaizer› *m* [-s] verstuiver
atonaal' *bn (muz.)* zonder toonsoort; *(lit.)* de taalregels veronachtzamend **atonaliteit'** *v* het atonaal zijn
atonie' *v* verslapping, zwakte v.h. lichaam
atoom' *o* [-atomen] deel v. molecule **atoom'bom** bom waarvan de explosieve kracht door splitsing van atomen vrijkomt **atoom'centrale** kerncentrale **atoom'centrum** instituut voor kernonderzoek **atoom'energie** energie die

A

vrijkomt bij atoomsplitsing **atoom'gewicht** gewicht v. atoom in het gewicht v. 1/16 zuurstofatoom uitgedrukt **atoom'kern** atoom zonder omringende elektronen **atoom'kop** kop v.e. atoombom **atoom'oorlog** oorlog met atoombommen **atoom'reactor** kernreactor **atoom'tijdperk** door toepassing v. atoomsplitsing beheerste tijd

atrium *o* binnenhof; *(med.)* boezem v.h. hart **atriumfibrille'ren** *zie* **boezemfibrilleren**

atrofie' *v* het wegkwijnen **atrofië'ren** wegkwijnen

atropi'ne *v* gif uit bep. planten v.d. nachtschadefamilie

attaché' ‹ch=sj› *m* [-s] ambtenaar bij gezantschap **attaché'koffer** kofferachtige aktetas

atta'que ‹attak› *v(m)* [-s] beroerte, hersenbloeding; het inzetten bij orkest of koor **attaque'ren** ‹qu=k› aanvallen; inzetten bij orkest of koor

attende'ren opmerkzaam maken **attent'** *bn & bw* oplettend; er op uit om attenties te bewijzen, opmerkzaam

attentaat' *o* [-taten] aanslag

atten'tie *v* [-s] oplettendheid, kleine beleefdheidsdienst; *~!*, opgelet!

attest' *o* getuigschrift **attesta'tie** *v* [-s] getuigschrift van lidmaatschap v.e. prot. Kerk **atteste'ren** getuigen; bekrachtigen

Attisch *bn* (als) van Attica; *~ zout*, geestigheid

attitu'de *v* [-s, -n] *(fig.)* houding v.d. geest

attrac'tie *v* [-s] aantrekkelijkheid; vermakelijkheid **attractief'** *bn* aantrekkelijk

attrape'ren betrappen

attributief' *bn & bw* bijvoeglijk **attribuut'** *o* [-buten] voorstelling die de herkenning mogelijk maakt; bijvoeglijke bepaling

atv arbeidstijdverkorting

atv'-dag vrije dag in het kader v.d. arbeidstijdverkorting

au *tw* uitroep v. pijn

Au *(schei.)* aurum

a.u.b. alstublieft

auba'de ‹oobaade› *v* [-s] ochtendhulde met muziek

au bain-marie' ‹oobê-marie› bereid in een pan die in een grotere pan met kokend water staat

aubergi'ne ‹ooberzjien› *v* [-s] plant met komkommerachtige vlezige vrucht; de vrucht zelf **II** *bn* donkerpaars

auctie *v* [-s] veiling bij opbod **auctiona'ris** *m* [-sen] ondernemer van veilingen

auctoriaal', **auctorieel'** *bn* waarin sprake is v.e. alwetende verteller **auctor intellectua'lis** geestelijke vader

aucu'ba *v(m)* [-'s] groenblijvende struik uit de kornoeljefamilie

audiën'tie ‹au *of* oo› *v* [-s] officieel gehoor

audioapparatuur apparatuur voor opname en/of weergave v. geluid **audiofoon'** *m* [-fonen] hoorapparaat **audiogram'** *o* [-men] grafische weergave v.d. analyse v. iemands gehoor **audiologie'** *v* wetenschap v.h. gehoor **audiome'ter** *m* [-s] meter voor scherpte v. gehoor **audiorack** ‹rack=rek› *o* [-s] complete geluidsinstallatie met kast **audiotheek'** *v* [-theken] plaats waar auditieve middelen als cd's, muziekcassettes e.d. bewaard worden **audiotoren** audiorack **audiovisueel'** *bn* langs de weg v.h. gehoor en het gezicht

auditeur-militair' ‹ai=è› [auditeurs-militair] aanklager bij militair gerechtshof **audi'tie** ‹au=ou *of* oo› *v* [-s] muziekuitvoering voor genodigden; rechtsgebied v.e. krijgsraad **auditief'** *bn* (vooral) met betrekking tot het gehoor, vooral langs het gehoor in zich opnemend **audi'tor** *m* [-en, -s] toehoorder **audito'rium** *o* [-s, -ria] gehoor

auerhoen *o* [-hoenders] wild hoen v.d. bossen van middelgebergten

au fond' ‹oo fõ› in de grond

aug augustus

augiasstal *de ~ reinigen*, verbetering aanbrengen in iets zeer slechts

augur *m* [-s, -en] vogelwichelaar **augu'renlach** lach van verstandhouding tussen bedriegers

augurk' *v(m)* kleine komkommer, Lat. Cucumis sativa; de groene vrucht ervan

augustijn' *m* kloosterling van door Augustinus gestichte orde

augus'tus *m* achtste maand

aula *v(m)* [-'s] gehoorzaal

au pair' ‹oo pèr› *bn* voor kost en inwoning huiselijke diensten verrichtend **II** *m-v* [-s] wie op deze voorwaarden werkt

aura *v* [-'s] uitstraling

aureool' *v(m)* [-olen] nimbus

au revoir' ‹oo revwaar› tot ziens

ausculta'tie *v* [-s] onderzoek door gehoor **ausculte'ren** auscultatie toepassen

au sérieux' ‹oo seriejeu› *~ nemen*, ernstig opvatten

auspi'ciën *mv* voortekenen; bescherming

ausputzer ‹u=oe› *m* [-s] vrije verdediger in achterhoede

austraal' *bn* zuidelijk **austraal'licht** zuiderlicht

au'taar *o* [-taren] altaar

autarchie' *v* zelfregering **autarkie'** *v* economische onafhankelijkheid, zelfvoorziening

auteur' ‹au=au *of* oo› *m-v* [-s] schrijver **auteur'schap** *o* het auteur zijn **auteurs'recht** recht op auteurschap **auteurs'wet** wet over auteursrecht

authenticiteit' ‹au=au *of* oo, th=t› *v* echtheid **authentiek'** *bn* echt

autis'me *o* toestand waarbij slechts innerlijke ervaringen als zodanig beleefd worden **autis'tisch** *bn & bw* waarbij niet of onvoldoende rekening gehouden wordt met de ervaringen der werkelijkheid

auto ‹au=au *of* oo› *m* [-'s] automobiel **autobaan** *(veel gebruikt germ.)* autosnelweg

autobiograaf' *m* [-grafen] beschrijver v. eigen leven **autobiografie'** *v* [-ën] beschrijving v. zijn eigen leven **autobiogra'fisch** *bn* een autobiografie bevattend

autobom van explosieven voorziene auto die op afstand tot ontploffing kan worden gebracht **autobus** *m/v* [-sen] auto als publiek vervoermiddel voor velen tegelijk **autocar** ‹ootookaar› *m/v* [-s] touringcar
autochto'nen *mv* oorspronkelijke bewoners **autochtoon'** *bn* van de oorspronkelijke bewoners
autocoureur ‹au=au *of* oo, ou=oe› wie deelneemt aan autoraces
autocraat' [-craten] alleenheerser **autocratie'** *v* onbeperkte heerschappij **autocra'tisch** *bn & bw* eigenmachtig
autocue ‹cue=kjoe› *m* [-s] scherm met de tekst als hulpmiddel voor een nieuwslezer of zanger
autodafe' ‹fe=fee› *o* ['s] plechtige terechtstelling of openlijke verzoening van ketters
autodicht'heid *v* relatieve hoeveelheid auto's in bep. gebied
autodidact' *m* wie zichzelf onderwezen heeft
autodroom' *m/o* [-dromen] gesloten baan voor autoraces of -tests
autogamie' *v* zelfbevruchting
autogas ‹au=au *of* oo› liquefied petroleumgas, LPG
autogeen' *bn & bw* met steekvlammen
autogiro *m* [-'s], **autogirovliegtuig** *o* [-en] vliegtuig met afzonderlijke aandrijving voor voorwaartse en opwaartse beweging
autogordel ‹au=au *of* oo› beveiligingsriem voor in de auto
autograaf' *m* [-grafen] eigenhandig schrift; kopieermachine **autogra'fisch** *bn* eigenhandig geschreven; door middel van of voor een autograaf **autogram'** *o* [-men] eigenhandig schrift
autohypnose zelfhypnose **auto-immuun'ziekte** aandoening waarbij het afweersysteem zich tegen het eigen lichaam keert
auto-instructeur ‹au=au *of* oo› wie les geeft in autorijden **autokerkhof** *o* bergplaats van afgedankte auto's **autoluw'** *bn & bw* beperkt toegankelijk voor auto's
automaat' ‹au *of* oo› *m* [-maten] toestel dat in werking treedt bij inwerping van munt(en); wie automatisch te werk gaat **automatiek'** *v(m)* [-s, -en] uit automaten bestaande winkel **automa'tisch** *bn & bw* uit zichzelf werkend; onwillekeurig **automatise'ren** ‹s=z› automatisch maken
automedicatie *v* het zonder medisch advies gebruiken van geneesmiddelen
automobiel' ‹au=au *of* oo› *m* auto **automobilis'me** *o* automobielsport **automobilist'** *m* iem. met een automobiel
autonomie' *v* zelfbestuur **autonomist'** *m* wie zelfbestuur wenst **autonomis'tisch** *bn* van autonomisten **autonoom'** *bn* zichzelf regerend, zelfstandig
auto-ongeluk ‹au=au *of* oo›, **auto-ongeval** ongeluk met auto **autopapieren** kentekenbewijs en verzekeringspapieren v.e. auto **autopark** *o* de gezamenlijke auto's
autopsie' *v* [-s, -ën] lijkschouwing
autorisa'tie ‹s=z› *v* [-s] machtiging **autorise'ren** machtigen
autoritair' ‹au *of* oo; tèr› *bn & bw* eigenmachtig **autoriteit'** ‹au *of* oo› *v* persoonlijk overwicht; gezaghebbend iem.; *(in het mv)* overheid
autoslaaptrein ‹au=au *of* oo› langeafstandstrein voor auto's en inzittenden **autosnelweg** voor auto's en motorfietsen gereserveerde weg zonder gelijkvloerse kruisingen
autosoom' *o* [-somen] *(bio.)* chromosoom dat niet specifiek voor de sekse is
autostop' *m (Belgned.)* het liften
autostop'per *m/v (Belgned.)* lifter
autostrada [-'s], **autostrade** [-s] *v* rechte weg voor auto's
autosuggestie *v* het suggereren van zichzelf
autotomie' *v* zelfverminking
autotypie' *v* bep. procédé voor clichés, rastercliché
autoweg ‹au=au *of* oo› voor auto's en motorrijwielen gereserveerde weg
avance'ren *h* opschieten; (in rang) vooruitgaan; voorschieten **avan'ces** ‹avãnses› *mv ~ maken*, toenadering zoeken
avant-gar'de ‹ant=ãn, g=G› *v(m)* [-s] voorhoede; groep vooruitstrevende kunstenaars **avant-gardist'** *m* lid v.d. avant-garde **avant-gardis'tisch** *bn* v.d. avant-garde
avant la lettre voor het begrip bestond
AVBB *(Belg.)* Algemene Vereniging voor Beroepsjournalisten in België
AVC Algemene Vakcentrale
avenue' ‹avenu› *v* [-s] brede laan of straat
aver *van ~ tot ~*, van ouder tot ouder
averecht *bn & bw* met bep. breisteek **averechts** *bn & bw* omgekeerd, verkeerd; averecht
averij' *v* zeeschade **averij-gros'se** *v* gemeenschappelijke schade van schip en lading **averij-particulier'** *v* particuliere schade aan schip of lading
A-verpleging *v* algemene verpleging v. zieken
avers' ‹a-vèr› *m* beeldenaarszijde
aver'sie ‹s=z› *v* tegenzin
aviatiek' *v* vliegkunst
avicultuur' *v* vogelteelt
A-vier'tje vel papier in A4-formaat
avifau'na *v(m)* fauna v.d. vogels
aviobrug verplaatsbare looptunnel op een luchthaven
avitamino'se ‹s=z› *v* [-n] ziekte als gevolg v. gebrek aan vitaminen
avo algemeen vormend onderwijs
avoca'do *v(m)* [-'s] boom met groene eetbare peervormige vrucht; de vrucht van die boom
avond *m* laatste deel v.d. dag; *hoe later op de ~ hoe schoner volk*, de meest gewenste personen komen het laatst; *'s avonds*, in de avond **avondblad** in de namiddag uitkomend dagblad **avonddienst** dienst in de avonduren **avondhandel** niet-officiële

A

handel in aandelen na het sluiten v.d. beurs **avondjapon** japon voor een feestelijke avondpartij **avondje** *o* avondpartijtje **avondklok** verplichting om vanaf een bep. uur niet meer op straat te zijn **avondland** *o* West-Europa **Avondmaal** *o (prot.)* sacramentele maaltijd **avondmens** wie 's avonds het energiekst is **avondrood** *o* rode lucht bij zonsondergang **avondschemer(ing)** schemering 's avonds **avondschool** 's avonds gehouden school **avondstond** *m (plecht.)* avonduur **avondtoilet** kleding voor feestelijke avondpartij **avondvierdaagse** *m* [-n] wandeltocht op vier opeenvolgende avonden

avontu'ren *(pop.)* wagen **avonturier'** *m* [-s] gelukzoeker **avontuur'** *o* [-turen] geval, zeldzaam geval; *op ~*, op goed geluk **avontuur'lijk** *bn & bw* vol avonturen; op avonturen uit

AVP aansprakelijkheidsverzekering voor particulieren

AVRO Algemene Vereniging Radio Omroep

a vue' ‹aavu› op zicht; v.h. blad

a.w. aangehaald werk

AWBZ Algemene Wet Bijzondere Ziektekosten

awel' *tw (Belgned.)* welnu

AWW Algemene Weduwen- en Wezenwet

axel *m* [-s] bep. draaiende sprong bij het kunstschaatsrijden

axiaal' *bn* volgens de as; mede de as vormend; om een as bewegend

axillair' ‹ai=è› *bn* betreffende de bladoksels v.e. plant

axio'ma *o* [-'s, -ta] zonder bewijs aangenomen stelling

axon' *o* [axonen] prikkels overbrengende uitloper v.e. zenuwcel

ayatol'lah ‹lah=là› *m* [-'s] Iraanse geestelijke leider

aza'lea *v(m)* [-'s] in winter of voorjaar bloeiende struik uit de familie der Ericaceeën

AZC asielzoekerscentrum

azen als prooi zoeken; *(ong.)* gretig verlangen; van aas voorzien

A-ziekte *v* [-n/-s] levensgevaarlijke, besmettelijke ziekte

azijn' *m* bep. zure vloeistof; *men vangt meer vliegen met honing dan met ~*, men bereikt meer met vriendelijkheid dan met hardheid

AZT *Azidothymidine*, aidsremmend middel

azu'ren *bn* hemelsblauw **azuur'** *o* hemelsblauwe kleurstof; hemelsblauwe verf; onbewolkte hemel **azuur'steen** *m (stofn. o & m)* steen waaruit blauwe verf bereid wordt

B

B *(schei.)* borium *(element dat zich in boorzuur bevindt)*; bloedgroep; Romeins teken voor 300

b *v(m)* [-'s] tweede letter van ons alfabet; met beide lippen gevormde stemhebbende plofklank; *(muz.)* zevende toon v.d. diatonische toonladder, si; *(muz.)* mol; het op de tweede plaats genoemde

B. *bachelor*, bep. Engelse academische graad

Ba *(schei.)* barium

baai **I** *m/o* dik wollen weefsel **II** *v(m)* zeearm **III** *m* baaitabak **baaien** *bn* van baai

baaierd *m* chaos

baaitabak fijn gesneden tabak

baak *v(m)* [baken] baken

baal *v(m)* [balen] zak; 5000 vel; *(fam.) de balen hebben van*, schoon genoeg hebben van

baaldag dag waarop men vrij neemt, omdat men geen zin in het werk heeft

baan *v(m)* [banen] in orde gebrachte weg; effen terrein voor bep. sport; door de ruimte afgelegd wordende weg; betrekking; gedeelte v. rok of japon tussen twee naden; trefpunt voor homo's; *ruim ~ maken*, de weg vrij maken; *van de ~*, voorgoed opgegeven; *iets op de lange ~ schuiven*, voor lange tijd uitstellen; *op de ~ lopen*, (gez. v.e. prostituee) tippelen **baanbrekend** *bn* nieuwe wegen openend **baancommissaris** wie bij wedstrijden op ijsbanen toezicht houdt **baanherstel** herstel van werkgelegenheid door het creëren van nieuwe banen **baanrecord** ‹kòr› snelste behaalde tijd op bep. baan **baanschuiver** *m* [-s] toestel aan tram of trein om obstakels opzij te schuiven **baansport** *v* wielersport op de baan **baantjesjager** [-s] wie naar baantjes dingt **baanvak** *o* deel van spoor- of trambaan **baanveger** [-s] wie ijs schoonveegt **baanwachter** [-s] wachter bij overweg **baanwedstrijd** wedstrijd op een baan

baar **I** *v(m)* [baren] staaf edel metaal; draagbaar; *(plecht., inz. mv)* golf **II** *m* [baren] onbevaren matroos; nieuweling **III** *bn* in levenden lijve; klinkklaar; *~ geld*, contanten; *bare zee*, volle zee

baard *m* haren rond kin en wang, baardachtig aanhangsel; puntige uitsteeksels; deel van sleutel dat in slot ronddraait; hoornplaten aan verhemelte van walvis; *de ~ in de keel*, stemverzwaring; *(v. bijen) ~ maken*, om het vlieggat bijeenkruipen; *een mop met een ~*, een oude mop **baardaap** aap met ringbaard; *(scheldn.)* iem. met lange baard **baardeloos** *bn* zonder baard; jong **baardig** *bn* met zware baard **baardmannetje** *o* in het riet levende mees met op baard lijkende zwarte veren, Lat. Panurus biarmicus **baardvin** *v(m)* ontsteking v.d. huid onder de baard

baarkleed kleed over een baar
baarkruk kruk om zittend te bevallen
baarlijk *bn ~e onzin*, volkomen onzin
baarmoeder *v(m)* deel v. vrouwenlichaam waarin de vrucht zich ontwikkelt **baarmoederhals** enigszins driehoekig deel v.d. baarmoeder **baarmoederkoek** weefsel dat in de baarmoeder via de navelstreng moeder en ongeboren kind verbindt
baars *m* [-baarzen] riviervis met stekelvinnen, Lat. Perca fluviatilis
baarstoel stoel om te bevallen
baarzen op baars vissen
baas *m* [bazen] leider, chef; knapperd; een hoge; *~ boven ~*, ieder heeft zijn meerdere; *zijn eigen ~*, onafhankelijk; *de ~ spelen*, heersen **baasje** *o* [-s] kleine baas; *het zo druk hebben als een klein ~*, het zeer druk hebben
baat *v(m)* [baten] voordeel; genezing; *ten bate van*, voor **baatzucht** *v(m)* eigenbaat **baatzuch'tig** *bn & bw* inhalig
babbel [-s] *m-v* wie graag babbelt **II** *m* babbelarij; *een vlotte ~ hebben*, gemakkelijk praten **babbelaar** *m* [-s] babbel; bep. zoet balletje **babbelachtig** *bn* gaarne babbelend **babbelarij'** *v* [-en] gebabbel **babbelbox** bep. telefoonnummer waarbij men tegen betaling met een groep kan praten **babbelen** onnodig praten; kwaadspreken; kouten **babbelkous** *v(m)* praatziek iem. **babbellijn** speciaal telefoonnummer waarbij men tegen betaling een groepsgesprek voert **babbeltje** *o* gezellig praatje; kleine notitie **babbelziek** *bn* gaarne babbelend
babi *m* [gmv] varkensvlees; *~ pan'gang*, geroosterd varkensvlees
baboe *v* [-s] Ind. kindermeid
baby ‹beebie› *m* [-'s] zuigeling **babyboom** ‹ou=oe› *m* [-s] korte periode met veel geboorten **babyboomer** [-s] wie tijdens de babyboom geboren is **babydoll** *m* [-s, -en] pyjama voor vrouwen of meisjes met korte pofbroek **babyface** ‹beebiefees› *m-v* [-s] gezicht als v.e. onvolwassene; iem. met zo'n gezicht **babyfoon** *m* [-s, -fonen] apparaat om naar kinderen vanuit een ander vertrek te luisteren **babylan'ce** ‹an=ãn› *v(m)* [-s,-n] ziekenwagen voor vervoer en verzorging van pasgeborenen **babysitten** als babysit optreden **babysit(ter)** *m-v* [-s] oppas bij een baby terwijl de ouders afwezig zijn **babyuitzet** *m/o* wat voor een baby nodig is
baccarat' ‹rat=ra› *o* kansspel met kaarten
bacchanaal' ‹cch=ch› *o* [-nalen] woest drinkgelag **bacchant'** *m* deelnemer aan Bacchusdienst; wie te veel wijn drinkt **bacchan'te** [-n] priesteres van Bacchus; schaamteloze dronken vrouw
bacil' *m* [-len] staafvormige bacterie **bacillair'** ‹ai=è› *bn* door bacillen veroorzaakt **bacil'lendrager** [-s] wie kan besmetten zonder dat hij zelf ziek is
back ‹bek› *m* [-s] speler uit de achterhoede **backen** als verdediger spelen; steunen; *(muz.)* begeleiden
backgam'mon ‹bekGemmun› *o* triktrakspel **backhand** ‹bekhend› *v* slag bij tennis waarbij de rug v.d. hand v.d. speler af is gekeerd **backing** ‹a=e› *v(m)* [-s] ondersteuning; begeleiding door een of meer zangers **backslash** ‹bekslesj› *m* [-es] *(comp.)* teken op toetsenbord **backspace** ‹bekspees› *m (comp.)* toets om het teken voor de cursor te wissen **back-up'** ‹a=e› *m* [-s] *(comp.)* reservekopie
ba'con ‹beeken› *o/m* licht gerookt spek
bacte'rie *v* [-riën] microbe; *als eerste deel van ss*: met betrekking tot of van een bacterie **bacte'riecultuur** voedingsbodem met daarop of daarin gekweekte bacteriën **bacterieel'** *bn* door bacteriën veroorzaakt **bacte'rie-infectie** door bacteriën veroorzaakte infectie **bacte'rievrij** *bn* vrij v. bacteriën **bacteriofaag'** *m* [-fagen] bacteriëndodende levende stof **bacteriologie'** *v* leer v.d. bacteriën **bacteriolo'gisch** *bn & bw* betreffende of volgens de leer v.d. bacteriën
bad *o* onderdompeling; badkuip; vloeistof waarin men iem. of iets dompelt **badcel** badkamertje
badderen spelen in het bad
baden een bad nemen **badgast** bezoeker v.e. badplaats
badge *m* [-s] ‹bèdzj› op kleding gedragen naamplaatje
badhanddoek handdoek van badstof **badhokje** kleedhokje **badhotel** hotel voor badgasten **badhuis** *o* [-huizen] inrichting om te baden
badine'ren schertsen
badinrichting gelegenheid tot baden **badkamer** kamer om te baden **badmantel** over badpak gedragen mantel **badmeester** [-s] wie toezicht houdt i.e. badinrichting
badminton ‹a=e› *o* soort tennisspel met een shuttle
badmuts muts voor bij het baden; *(jong.)* kaal persoon, dom persoon **badplaats** plaats die om de baden bezocht wordt **badschuim** middel om badwater te laten schuimen **badstoel** rieten huifstoel **badstof** vezelige zeer licht vloeistof opnemende stof **badwater** *met het ~ het kind weggooien*, met het verkeerde het goede verwerpen **badzeep** poreuze drijvende zeep; groot stuk toiletzeep **badzout** geparfumeerd zout voor badwater
baga'ge ‹ge=zje› *v* reisgoed **baga'gedepot** ‹ot=oo› ruimte waar men bagage in bewaring kan geven **baga'gedrager** *m* [-s] toestel aan vervoermiddel voor bagage **baga'gekluis** afsluitbare ruimte om bagage te stallen **baga'gespin** op spin lijkend voorwerp van elastische kabels met haken om bagage te bevestigen **baga'gewagen** aanhangwagen of treinwagon voor transport van bagage
bagatel' *v(m)/o* [-len] kleinigheid **bagatellise'ren** ‹s=z› tot een bagatel maken
bagel ‹beeGul› *m* [-s] compact soort broodje

B

bagger *v(m)* uit het water opgehaalde modder **baggereiland** kunstmatig eiland voor baggerwerk **baggeren** modder uithalen; door modder waden **baggermolen** *m* machine waarmee gebaggerd wordt **baggerschip** schip voor vervoer van opgebaggerd slib
baghe'ra *m-v* [-'s] assistent-welpenleid(st)er
bagijn' *zie* **begijn**
bague'tte ‹baGet› *m* [-s] stokbrood; bep. stuk zilver; in bep. vorm geslepen diamant
bah ontlasting; *tw* foei; *boe noch ~ zeggen*, zwijgen
Baha'sa Indone'sia *v* het Indonesisch
baileybrug *wm* ‹beelie› *v(m)* vlug te bouwen metalen sterke noodbrug
baisse ‹bes› *v* [-s] periode van koersdaling; *à la baisse*, op prijsdaling **baissier'** ‹besjee› [-s] wie op daling speculeert
bajes *v(m) (pop.)* gevangenis
bajonet' *v(m)* [-ten] geweerdolk **bajonet'fitting** bajonetsluiting **bajonet'sluiting** *v* sluiting zonder schroefdraad
bak *m* [-ken] ondiepe kist, wat daarop lijkt, broedbak; gevangenis; mop; groep schepelingen die gezamenlijk eten; *aan de ~ komen*, werk krijgen **bakbarometer** barometer met een kwikbak **bakbeest** *o* gevaarte **bakboord** *o* linkerboord
bakeliet' *wm o* hard soort kunsthars **bakelie'ten** *bn* van bakeliet
baken *o* [-s] teken dat de begrenzing v.h. vaarwater aangeeft; automatisch zendstation op vliegvelden; *de ~s verzetten*, zijn gedragslijn wijzigen; *een schip op strand een ~ in zee*, het ongeluk v.e. ander geldt als waarschuwing **bakenen** bakens leggen **bakengeld** geld voor onderhoud van bakens **bakenmeester** opzichter over de bakens
baker *v* [-s] verzorgster van pasgeboren kind en kraamvrouw **bakeren** baker zijn **bakermat** *v(m)* plaats van oorsprong **bakerpraat** *m*, **bakerpraatje** *o* [-s] beuzelpraat
bakfiets *m/v* bestelfiets
bakje *o* rijtuig; kleine bak; *~ koffie*, *(pop.)* kopje koffie
bakkebaard baard langs de wangen
bakkelei'en vechten
bakken [bakte, gebakken] verhitten tot iets een korst krijgt of hard is; voor een examen zakken; hard vriezen
bakkenist' *m* wie in het zijspan meerijdt; amateurzender
bakker *m* [-s] wie bakt; *warme ~*, bakker die zelf bakt; *voor de ~*, in orde **bakkerij'** *v* plaats waar men bakt **bakkerstor** kakkerlak
bakkes *o* [-en] *(pop.)* gezicht; mond
bakkie *o* [-s] *(pop.)* radiozendapparatuur; kop koffie; aanhangwagentje
baklava' [gmv] *m* zoet Turks gebak met honing
bakmeel tarwebloem met bakpoeder om te bakken **bakolie** olie om mee te bakken **bakpan** pan om in te bakken **bakpoeder** gistsurrogaat **baksteen** gebakken steen; *het regent bakstenen*, het regent zeer hard; *zinken als een ~*, onmiddellijk en snel naar de diepte zakken **bakstenen** *bn* v. baksteen
bakzeilhalen [haalde bakzeil, bakzeilgehaald] de zeilen zo trekken dat het schip achteruit gaat; terugkrabbelen
bal I *m* [-len] kleine bol, bolvormig deel aan hand of voet; *(scheldn.)* iem. die weinig waard is; zelfingenomen, ijdel persoon; *balletje*, bolletje gehakt; *(pop.) geen ~*, niets; *de ~ aan het rollen brengen*, iets aan de gang maken; *de ~ misslaan*, zich vergissen; *elkaar de ~ toekaatsen* of *toewerpen*, elkaar voordeeltjes bezorgen, elkaar dingen van dezelfde gezindheid zeggen; *een balletje opgooien*, het gesprek op iets brengen; *wie kaatst moet de ~ verwachten*, wie voor iem. onaangenaam is, moet iets onaangenaams terug verwachten **II** *o* [-s] danspartij
balalai'ka *v* [-'s] Rus. tokkelinstrument
balance'ren (zich) in evenwicht houden
balans' *v(m)* weegschaal; hefboom; staat van bezit en schuld; slotrekening **balans'indicator** *m* [-s, -en] instrument dat de verhouding tussen de geluidssterkte v.d. beide stereokanalen aangeeft **balans'opruiming** uitverkoop aan het eind v.h. jaar **balans'regeling** *v* [-en] iets waarmee de verhouding tussen de geluidsterkte v.d. twee stereokanalen wordt geregeld **balans'rekening** *v* het opmaken v.d. balans
bala'tum *wm o/m* vloerzeil
balda'dig *bn & bw* moedwillig
baldakijn' *o/m* [-s, -en] troonhemel
balein' I *o* uitgroeisel in de bek v.e. walvis **II** *v(m)* wat daarvan gemaakt is of enigszins daarop lijkt **balei'nen** *bn* v. balein
balen I *mv de ~ krijgen van, de ~ hebben van*, schoon genoeg hebben van **II** *tw* ik heb er genoeg van; *~ van*, schoon genoeg hebben van, walgen van
balg *m* afgestroopte huid; lederen blaas
balie *v* [-s] leuning; ruimte voor de advocaten; advocatenstand; rechtbank; kuip; toonbank **balie-employé** wie achter de balie de klant te woord staat
baliekluiver leegloper, los arbeider
baliemedewerker balie-employé
balk *m* langwerpig rechthoekig stuk hout of ijzer; horizontale rechte band dwars over het schild; notenbalk; *aan de ~ schrijven*, als iets zeldzaams opschrijven; *niet over de ~ gooien*, niet verkwisten; *met gouden ~ en*, met een hypotheek
balken *(v.e. ezel)* schreeuwen
balkenbrij *m* spijs van meel met vleesnat
balkijzer *o* ijzer in balkvorm
balkon' *o* [-s] open uitbouw aan bovenverdieping; platform op tram; eerste verdieping in schouwburg **balkon'kamer** kamer met balkon
balla'de *v* [-s, -n] episch-lyrisch strofisch gedicht
ballast *m* waardeloze lading voor voldoende

diepgang, waardeloze last; ballastschop **ballasten** met ballast bezwaren **ballastschop** grote schop

ballen met een bal spelen; tot een bal vormen **ballenjongen** wie ballen raapt bij een balspel **ballentent** lokaliteit met arrogante sfeer; bep. kermisattractie

balleri'na [-'s] balletdanseres; bep. damesschoen met zeer lage hak

ballet' *o* [-ten] figuurdans, toneeldans; de dansers daarvan; bep. damesschoen met zeer lage hak **ballet'danser** [-s] wie in een ballet danst

bal'letje-bal'letje *o* [gmv] illegaal straatgokspel **balletjessoep** soep met gehaktballetjes

ballet'meester leider v. ballet

balling *m* verbannen persoon **ballingschap** *v* het verbannen zijn

ballistiek' *v* leer v.d. kogelbaan

ballon' *m* [-s, -nen] met gas gevulde meestal verende bol **ballon'tent** tent waarbinnen men bij slechte weersomstandigheden buitenwerk verricht **ballon'varen** zich met een luchtballon verplaatsen

balloon' ‹oo=oe› *m* [-s] in de tekening opgenomen tekst v.e. stripverhaal

ballota'ge ‹g=zj› *v* [-s] stemming over toelating als lid **ballote'ren** stemmen door ballotage

ballpoint ‹bolpoint› *v(m)* [-s] kogelpuntpen

bal masqué' ‹qué=kee› *o* gemaskerd bal

bal'neotherapie *v* (medische) behandeling door baden

balo'rig *bn & bw* weerspannig

balpen [-nen] *v(m)* kogelpuntpen

balsa *o* [gmv] balsahout **balsahout** *o* [gmv] licht hout van Amerikaanse boomsoort v.d. familie der Bombaceeën

balsa'micoazijn soort azijn **balsamiek'**, **balsemiek'** *bn* zeer welriekend

balsami'ne, **balsemien'** *v* eenjarige plant v.h. geslacht Impatiens

balsem *m* [-s] van hars gemaakte welriekende zalf **balsemen** behandelen met balsem

balspel *o* spel met bal

balstu'rig *bn* onwillig; *(v. weer)* ruw

balts *m* paringsdans van vogels

balus'ter ‹u=uu› *m* [-s] spijl in balustrade **balustra'de** *v* [-n, -s] leuning met spijlen, hekwerk

bal'vast' *bn gez. v.e. doelman*: de bal vangend en vasthoudend **balzak** gemeenschappelijk omhulsel v.d. teelballen

bamboe I *o/m* [-s] Indisch riet **II** *m* [-boezen] wandelstok van Indisch riet **III** *bn* van Indisch riet

bami *m* Ind. gerecht van Chinese vermicelli met toevoegselen **bamischijf** hapje van gebakken bami in vorm v.e. schijf

bamzaaien, **banzaaien** loten door te raden naar het aantal kleine voorwerpen dat men in de gesloten hand heeft

ban *m* [-nen] verbanning, excommunicatie

banaal' *bn & bw* alledaags, onbeschaafd

banaan' *v(m)* [-nanen] tropische boom met eetbare gele vrucht v.h. geslacht Musa; vruchten van die boom

banaliteit' *v* gemeenplaats, platheid

bana'nenbal *(pop., sp.)* effectbal **bana'nenrepubliek** *(scherts.)* kleine republiek in Midden- en Zuid-Amerika met labiel politiek evenwicht **bananenstekker** eenaderige stekker

bancair' ‹bankèr› *bn* van of met betrekking tot een bank **banco** *o* gefingeerde geldswaarde waarnaar een bank rekent; tegoed bij een bank

band I ‹band› *m* reep; strook of gummiring om wiel; binnenbiljartrand; boekomslag met sterke rug; *(fig.)* wat bindt; *aan ~en leggen*, beteugelen; *uit de ~ springen*, zich niet aan de regels houden; *door de ~*, gemiddeld **II** ‹band› *o* lint **III** ‹bend› *m* [-s] muziekgroep

banda'ge ‹g=zj› *v* [-s] zwachtel, breukband **bandagist'** *m* handelaar in breukbanden

bandeloos *bn & bw* tuchtloos

bandenlichter *m* [-s] werktuig voor het afnemen v.e. buitenband **bandenpech** *m* lekke band **bandenspanning** luchtdruk in een band

bande'ren van een adresband voorzien

banderol' *v(m)* [-len] wimpel; belastingbandje voor tabakswaren **banderolle'ren** van een belastingbandje voorzien

bandgeheugen *(comp.)* magnetisch geheugen

bandiet' *m* schurk, schavuit

bandijk gerechtelijk geschouwde rivierdijk

bandijzer dun buigzaam staafijzer

banditis'me *o* georganiseerde misdaad

bandjir ‹i=ie› *m* [-s] *(Ind.)* plotselinge hevige watervloed

bandopname opname met een bandopnemer **bandopnemer** toestel waarmee geluid op een band wordt opgenomen

bandplooibroek broek met plooien onder de tailleband

bandrecorder ‹bandriekòde› *m* [-s] apparaat voor bandopname

bandstoot *m* stoot bij biljartspel waarbij de bal een band raakt

bandteller *m* [-s] teller die aangeeft hoe ver een band is afgespeeld

banen effenen; tippelen (van prostituees)

banenmarkt gelegenheid waarbij banen worden gezocht en aangeboden **banenplan** overheidsmaatregelen om werkgelegenheid te bevorderen **banenpoolen** ‹oo=oe› gezamenlijk één baan vervullen

bang *bn & bw* benauwend, benauwd **bangerd** [-s], **bangerik** *m* wie bang is **bangmaker** *m* [-s] iem. of iets om vrees aan te jagen **bangmakerij** *v* het bang maken **bangschijter(d)** *m* [-s] *(pop.)* bangerik

banier' *v(m)* vaandel **banistiek'** *v* kennis v. banieren en vlaggen

banjo *m* [-'s] snaarinstrument met ronde klankdoos

bank *v(m)* zitmeubel voor ten minste twee

B

personen; werktafel; ondiepte in zee; harde aardlaag; donkere massa wolken aan de horizon; handelshuis in geld en effecten, kredietinstelling, bankgebouw; speelbank; (bij hazardspelen) inzet van hoofdspeler tegen alle anderen; *in ss ook*: opslagplaats; *door de ~*, gemiddeld; *de ~ laten springen*, de bankhouder alles afwinnen **banka'bel** *bn* voor een bank aanvaardbaar **bankbiljet** door circulatiebank uitgegeven papiergeld **bankbreuk** *v(m)* benadeling v. schuldeisers door gefailleerd iem. **bankbreukige** [-n] wie bankbreuk pleegt **bankconto** bankrekening **bankdeposito** het in bewaring geven v. geld bij een bank; bij een bank in bewaring gegeven geld **banken** verblijven; op een bank komen vissen; bij een spel de bank beheren
banket' *o* [-ten] feestmaal; fijn gebak; verhoging langs binnenkant van borstwering **banket'bakkersspijs** spijs van gemalen perzik- of abrikozenpitten of witte bonen **banket'letter** *v(m)* [-s] letter van amandelgebak
bankgarantie door een bank gegeven borgstelling **bankgeheim** geheimhouding omtrent bankzaken **bankgeld** geld dat men op een bank heeft **bankgiro** geldverkeer tussen bankrekeningen
bankhamer kleine voorhamer v.e. bankwerker
bankhouder [-s] wie een speelbank houdt; wie bij het banken de bank heeft
bankier' *m* [-s] wie een bank heeft **bankiers'huis** zaak v.e. bankier
bankje *o* kleine bank; bankbiljet **bankloper** loopknecht bij een bank **bankoctrooi** aan een bank verleend octrooi **bankpapier** bankbiljetten **bankpas** legitimatiebewijs voor bankzaken **bankrekening** rekening-courant bij een bank; bedrag v.d. rekening-courant **bankroet'** **I** *o* faillissement, het niet meer kunnen betalen; *(fig.)* machteloosheid, verlies van betekenis **II** *bn* failliet **bankroetier'** *m* [-s] iem. die (frauduleus) bankroet maakt **banksaldo** tegoed bij een bank
bankschroef *v(m)* deel v.e. werkbank waarin een voorwerp vastgeklemd wordt **bankspeler** *m* [-s] reservespeler **bankstel** sofa met bijbehorende fauteuils
bank van lening [banken van lening] pandhuis
bankwerker wie metaal koud bewerkt
bankwezen *v* al wat tot de werkzaamheden v.d. banken behoort
banneling *zie* **balling**; **bannen** [bande, gebannen] verdrijven, uitwijzen
bantamgewicht gewichtsklasse v. boksers van 55 kg
banvloek *m*, **banvonnis** *o* vonnis tot uitbanning, excommunicatie
banzaaien *zie* **bamzaaien**
baobab *m* [-s] apenbroodboom
baptist' *m* iem. van prot. sekte waar alleen volwassenen gedoopt worden

bar **I** *bn & bw* onherbergzaam; erg **II** *m* ‹baar› [-en *of* bar] drukeenheid van 10 newton per m^2 **III** *m/v* [-s] buffet voor sterke dranken **IV** *v* [-s] muurbalk voor balletoefeningen
Bar. baron
barak' *v(m)* [-ken] gebouw voor lijders aan besmettelijke ziekte; houten hulpgebouw
barbaar' *m* [-baren] onbeschaafd ongevoelig iem. **barbaars'** *bn & bw* onbeschaafd en wreed **barbaris'me** *o* [-n] taaleigenaardigheid onder invloed v.e. andere taal (met uitzondering van leenwoorden)
barbecue ‹cue=kjoe› *m* [-s] toestel waarmee in de open lucht vlees geroosterd wordt; in de open lucht geroosterd vlees; party waarop in de open lucht vlees geroosterd wordt ***barbecueën** *(Wdl. barbecuen)* [barbecuede, gebarbecued] eten waarbij op een barbecue geroosterd wordt
barbeel' *m* [-belen] karperachtige riviervis met tastdraden, Lat. Barbus barbus
Barbertje *~ moet hangen*, de bewuste persoon moet nu eenmaal het slachtoffer zijn
barbier' *m* [-s] baardscheerder, kapper
bar-bistro' combinatie van bar en bistro
barbituraat' *o* [-raten] zout v. barbituurzuur (slaapmiddel)
barcarol'le *v(m)* [-s] gondellied
barcode streepjescode op de verpakking v.e. artikel
bard *m* zanger uit oude tijden
baren een kind ter wereld brengen; veroorzaken; *de tijd baart rozen*, de tijd brengt alles terecht **barensnood** toestand v.e. barende **barenswee** pijn v.e. barende
Bar.es(se) barones
baret' *v(m)* [-ten] plat (fluwelen) hoofdbedeksel zonder klep
Bargoens' **I** *o* taal van boeven en landlopers **II** *bn* van die taal
bariton *m* [-s] (zanger met) middelhoge mannenstem
barium *o* bep. chemisch element (Ba) **bariumpap** contrastvloeistof voor röntgenonderzoek
bark *v(m)* driemaster
barkeeper ‹ee=ie› *m* eigenaar of buffetknecht v.e. bar **barkruk** hoge stoel voor een bar
barmhar'tig *bn & bw* medelijdend
bar mits'wa *m* [-'s] feest bij gelegenheid v.d. kerkelijke meerderjarigheid v.e. joodse jongen
barmsijsje *o* soort sijs met roze kop en borst, Lat. Carduelis flammea
barn *m* [-s] eenheid van oppervlakte, 10^{-28} m^2
barnevelder *m* [-s] kip van in Barneveld gefokt ras
barnsteen *o/m* fossiele hars **barnsteenvernis** vernis van gesmolten barnsteen **barnstenen** *bn* van barnsteen
barograaf' *m* [-grafen] zelfregistrerende barometer **barogram'** *o* [-men] wat door een barograaf is geregistreerd
barok' **I** *bn & bw* grillig **II** *v(m)* barokstijl

barok'stijl op de renaissance volgende bouwstijl vol dynamiek en overdaad

barometer *m* [-s] luchtdrukmeter **barometerschaal** maatschaal op barometer

baron *m* [-s, -nen] iem. met adellijke titel tussen graaf en jonkheer; *als laatste deel v. ss. in de bet.*: belangrijke baas in de genoemde branche; *de ~ spelen*, de grote heer uithangen **barones'(se)** [-essen] vrouw of dochter v. baron **baronie'** *v* [-ën] gebied v. baron

baroscoop' *m* [-scopen] weger van gewichtsverlies in gas

barracu'da *m* [-'s] vraatzuchtige tropische vis

barra'ge ‹aazje› *v (sp.)* beslissende (extra) partij

barre *v* [-s] muurbalk voor balletoefeningen

barrel *aan ~s*, kapot

barrevoets *bw* blootsvoets

barrica'de *v* [-n] straatversperring **barricade'ren** versperren **barriè're** *v(m)* [-s] slagboom

bars *bn & bw* nors

barst, **berst** *m/v* scheur in hard voorwerp **barsten** *z* scheuren, uit elkaar springen; *laten ~*, in de steek laten; *~s vol*, overvol

Bartjens *volgens ~*, nauwkeurig berekend

barysfeer' *v(m)* aardkern

bar'zoi' *m* [-s] Russische hazewindhond

bas I *v(m)* [-sen] lage mannenstem; basviool **II** *m* [-sen] baszanger; *als eerste deel v. ss met muziekinstrument*: met bastoon

basaal' ‹s=z› *bn* tot de basis behorend; de grondslag betreffend

basalt' ‹s=z› *o* donkere, harde steen **basal'ten** *bn* v. basalt **basalti'ne** *(stofn.) v* samengeperst mengsel van vergruisd bazalt en nat cement **basalt'steen** basalt

bascu'le [-s] *v(m)* brugbalans ***bascuul'** *(Wdl. baskuul)* [-cules] *v(m)* brugbalans

base ‹s=z› *v* [-n] loog

baseball ‹beesbòl› *o* honkbalspel

ba'sedow ‹bazedof› *ziekte van Basedow*, door kropvorming gekenmerkte ziekte

baseline ‹beeslain› achterste lijn v.e. sportveld

basement' ‹s=z› *o* voetstuk, fundering **base'ren** grondvesten, gronden

Ba'sic ‹beesik› *(comp.) Beginners All-purpose Symbolic Instruction Code*, programmeertaal

basi'licum bep. als keukenkruid gebruikte plant

basiliek' ‹s=z› *v* klassiek langwerpig gebouw voor rechtspraak en handel; kerk met hoog middenschip; kerk met deze eretitel

basilisk' ‹s=z› *m* fabelachtige slangdraak, boomhagedis; *(herald.)* draak

basis ‹bazis› *v* [basissen, bases] grondslag, uitgangspunt voor mil. operaties; grondlijn; *als eerste element in ss*: aan de voet of ten grondslag liggend **basisbeurs** beurs zonder toeslagen

basisch ‹s=z› *bn* basehoudend

basiself ‹bazis-elf› *m (sp.)* de elf spelers die bij de aftrap klaar staan **basisinkomen** ‹bazis› inkomen zonder toeslagen; gegarandeerd minimum aan inkomen **basisloon** *o* loon zonder bijslagen **basisonderwijs** *o* eerste onderwijs **basisopleiding** *v* eerste opleiding als rekruut **basisopstelling** *(sp.)* opstelling aan het begin v.e. wedstrijd **basisschool** *v(m)* school voor basisonderwijs

basket ‹baaskut › *m* [-s] stalen ring met net aan een paal **basketbal I** *m* bal voor het spelen van basketbal **II** *o* [gmv] sport waarbij een bal in een basket gegooid moet worden **basketballen** basketbal spelen

basreflexkast *(audio.)* luidsprekerkast voor lage tonen

bas-reliëf ‹ba-reljef› *o* [-s] halfverheven beeldwerk

bassen blaffen; snauwen; een bas bespelen

bassin' *o* [-s] bekken; zwembad; dok

bassist' *m* basspeler, baszanger **bassleutel** muzieksleutel die de plaats v.d. f aanwijst

basso conti'nuo *(muz.) m* [gmv] doorgaande baspartij

basstem lage mannenstem

bast *m* deel tussen schors en spint; schors

basta *tw* genoeg

bastaard [-en, -s] *m* onecht kind; kruising uit verschillend ras of soort **bastaarduitgang** achtervoegsel uit vreemde taal **bastaardvloek** uit vloek gevormd ruw woord **bastaardwoord** gedeeltelijk aan het taaleigen aangepast vreemd woord

basterdsuiker niet geheel gezuiverde suiker

bastion' *o* [-s] vijfhoekig uitspringend deel v.e. vesting

basviool grootste strijkinstrument **baszanger** zanger met basstem

bat ‹bet› *o* [-s] slaghout bij spelen; slagplankje bij tafeltennis; rond bord met steel

bataat' *m* [-taten] eetbaar tropisch knolgewas

bataljon' *o* [-s] deel van regiment

batch ‹bètsj› *m* [-es] *(comp.)* verzameling te verwerken gegevens **batch file** ‹bètsj fail› *m/o* [-s] *(comp.)* lijst v. opdrachten voor het automatiseren v. het opstarten v. programma's

bate *v* [-n] baat **baten** helpen

bathometer toestel om diepte te meten **bathyscaaf'** *v(m)* [-scafen] duikapparaat voor diepzeeonderzoek **bathysfeer'** bol voor diepzeeonderzoek; diepste zeelaag

batig *~ slot* of *saldo*, winst

batik *m* [-s] *(Ind.)* gebatikt weefsel **batikken** *(Ind.)* weefsels verven waarbij delen die niet met een bep. verf behandeld mogen worden met was worden bedekt

batist' *o* fijn doorzichtig en zacht doek **batis'ten** *bn & bw* v. batist

baton' *m* [-s] stok; dirigeerstok; koekje in staafvorm; ordeteken v.e. onderscheiding in eenvoudige vorm

batterij' *v* groep kanonnen, stelling daarvan; toestel tot ontwikkeling v. elektriciteit; groot aantal gelijke voorwerpen; *(scherts.)* achterwerk **batterij'kip** kip in legbatterij

bauxiet' *o* grondstof voor aluminium

bavarois' ‹rois=rwa› *v* bep. schuimige

roompudding
baviaan' *m* [-anen] grote aap met vooruitstekende snoet v.h. geslacht Papio; lelijk mens
bazaar' *m* [-s] marktplaats; warenhuis
bazelen onzin praten
bazig *bn & bw* de baas willende spelen **bazin'** [-nen] vrouw v.d. baas, meesteres
bazoo'ka ‹oo=oe› *m* [-'s] draagbaar antitankwapen; soort vuurwerk
bazuin' *v(m)* koperen blaasinstrument met inschuifbaar deel
BB Bescherming Burgerbevolking; Belgische Boerenbond
BBC British Broadcasting Corporation
b.b.h.h. bezigheden buitenshuis hebbend
B-biljet aangifteformulier voor vermogensbelasting
BBK Beroepsvereniging van Beeldende Kunstenaars
BCD *Binary Coded Decimal*, computernoteercode in binaire cijfers
b.d. buiten dienst
bde bijnadoodervaring
Be *(schei.)* beryllium
beaat' ‹be=bee› *bn* gelukzalig
beachvolleybal ‹bietsjvolliebol› *o* op strand gespeeld volleybal
bea'demen adem of zuurstof doen toekomen
beamb'te *m-v* [-n] lage ambtenaar
bea'men instemmen met
beangst' *bn & bw* angstig **beang'stigen** angstig maken
beant'woorden antwoord geven; ~ *aan*, voldoen aan, overeenkomen met **beant'woording** *v* antwoord, het beantwoorden
beargumente'ren argumenten geven voor
bearnai'sesaus ‹aise=èze› *v* eiersaus op boterbasis
beat ‹ea=ie› *m* [gmv] sterk ritmische populaire muziek uit de jaren '60 **beatnik** *m-v* [-s] wie ook in gedrag zich voorstander van beat toont
beaufort'schaal ‹boofòr› schaal van 1-12 bij het meten van windkracht
beaujolais' ‹boozjoolè› *m* [mv idem maar met s uitgesproken] wijn uit de streek Beaujolais
beau mon'de ‹boomõnde› *m* mensen van hoge stand
beauty ‹bjoeti› [-'s] zeer mooie vrouw **beautycase** ‹bjoetiekees› *m* [-s] koffertje voor toiletspullen
bebloed' *bn* met bloed bedekt of bemorst
beboe'ten boete opleggen
bebop ‹bie› *m* [-s] jazz uit de jaren '40 en '50; stijl uit die jaren in kleding en haardracht
bebor'ding *v* het van verkeersborden voorzien
bebos'sen met bos beplanten **bebos'sing** *v* het bebossen; de op iets geplante bossen
bebouwd' *bebouwde kom*, deel van gemeente waar huizen en erven aan elkaar grenzen **bebou'wen** gewas verbouwen op; met gebouwen bezetten **bebou'wing** *v* het bebouwen; wat gebouwd is
bechamel'saus ‹beesjamel› bep. gebonden saus
becij'feren cijferend berekenen
becommentarië'ren van commentaar voorzien; commentaar leveren op
beconcurre'ren concurrentie aandoen
becquerel' *m* eenheid van intensiteit van radioactiviteit
bed *o* [-den] slaapplaats, slaapmeubel; perk; bedding; *iemands ~ spreiden*, iemands toekomst verzekeren; *met iem. naar ~ gaan*, geslachtsgemeenschap hebben; *het ~ moeten houden*, zo ziek zijn dat men in bed moet blijven
bedaagd' *bn* tamelijk oud **bedaard'** *bn & bw* kalm
bedacht' *bn* van plan, voorbereid **bedacht'zaam** *bn & bw* voorzichtig
bedank'brief dankbrief **bedan'ken** dank betuigen; ontslag nemen; ontslaan; lidmaatschap opzeggen **bedank'je** *o* dankend woord; afwijzing
beda'ren kalm worden of maken
beddengoed *o* goed dat op een bed ligt **beddenpan** bedverwarmer **beddentijk** **I** *m* overtrek van tijk v.e. matras **II** *o* tijk voor een overtrek
bedding *v(m)* rivierbed; geschutvloer
bede *v(m)* [-n] gebed, dringend verzoek; *ter ~*, tot wederopzeggens toe
bedeesd' *bn & bw* verlegen
bedehuis *o* kerk, kapel
bedek'ken toedekken, verbergen **bedek'king** *v* het bedekken, waarmee iets bedekt wordt
bedekt' *bn & bw* geheim **bedekt'zadigen** *mv* planten met zaadknoppen in vruchtbeginsel
bedelaar *m* [-s] wie bedelt **bedelares'** *v* [-sen] bedelaarster **bedelarij'** *v* het bedelen **bedelarmband** armband met kleine voorwerpjes **bedelbrief** brief om onderstand
bede'len [bedeelde, bedeeld] zijn deel geven; armen helpen
be'delen [bedelde, gebedeld] aalmoezen vragen; aanhoudend vragen
bede'ling *v* het geven aan armen; de giften
bedelmonnik lid v.e. bedelorde **bedelorde** orde die juridisch geen bezittingen heeft **bedelstaf** *m (fig.)* armoede **bedeltje** *o* een zilveren of gouden figuurtje dat hangt aan een bedelarmband
bedel'ven onder een massa bedekken
beden'kelijk *bn & bw* zorglijk **beden'ken** overdenken; verzinnen; ~ *met*, schenken; *zich ~*, nadenken; zijn besluit veranderen **beden'king** *v* beraad; bezwaar **bedenk'sel** *o* [-s] verzinsel **bedenk'tijd** tijd om zich te bedenken
bederf' *o* het bederven; verslechtering **beder'felijk** *bn* spoedig bedervend **bederf'werend** *bn* het bederf tegengaand **beder'ven** [bedierf, bedorven] onbruikbaar of slecht maken of worden, verwennen
bedevaart *v(m)* reis naar heilige plaats

bedevaartganger *m* [-s] wie ter bedevaart gaat **bedevaartplaats** plaats waarheen men ter bedevaart gaat
bedie'naar *m* [-s, -aren] ~ *des Evangelies* of *des Woords*, predikant; ~ *van begrafenissen*, doodbidder **bedien'de** *m-v* [-n, -s] wie in dienst is in winkel of op kantoor **bedie'nen** dienend helpen, geven wat iem. vraagt; vervullen; het werk doen dat ergens bij hoort; *(r.-k..)* de laatste H. Sacramenten toedienen; *het Evangelie* ~, predikant zijn; *zich* ~, spijs en drank nemen; *zich* ~ *van*, gebruiken **bedie'ning** *v* het bedienen; ambt **bedie'ningsgeld** toeslag voor bediening in horeca **bedie'ningspaneel** schakelbord met regel- en controleapparatuur **bedie'ningsstraat** straat voor aanvoer van goederen
bedij'ken van dijken voorzien **bedij'king** *v* het bedijken; de dijken; het ingedijkte
bedil'al *m* [-len] bemoeial **bedil'len** zich bemoeien met **bedil'ziek** *bn* gaarne bedillend **bedil'zucht** *v(m)* neiging tot bedillen
beding' *o* voorwaarde **bedin'gen** bij overeenkomst verkrijgen
bediscussië'ren, bediscute'ren discuteren over **bedis'selen** regelen
bedle'gerig *bn* ziek te bed
bedoeld' *bn (jur.)* genoemd **bedoe'len** op het oog hebben **bedoe'ling** *v* oogmerk
bedoe'ning *v* rompslomp, gedoe
bedompt' *bn* duf
bedon'derd *bn (pop.)* slecht, dwaas, gek **bedon'deren** *(pop.)* bedriegen
bedor'ven *bn* door bederf onbruikbaar; verwend
bedot'ten bedriegen
bedra'ding *v* het van draden voorzien (zijn)
bedrag' *o* som **bedra'gen** belopen
bedrei'gen dreigend bejegenen; dreigend boven het hoofd hangen
bedrem'meld *bn & bw* beteuterd **bedre'ven** *bn* geoefend
bedrie'gen [bedroog, bedrogen] misleiden, ontrouw zijn; verleiden; *zich* ~, zich vergissen; *bedrogen uitkomen*, teleurgesteld worden **bedriegerij'** *v* bedrog **bedrie'gertjes** *mv* met opzet verborgen watersproeiers in tuinen **bedrieg'lijk** *bn & bw* misleidend
bedrijf' *o* [-drijven] beroep; daden, onderneming; groep verwante ondernemingen, fabriek; hoofddeel v.e. toneelstuk; *onder de bedrijven door*, inmiddels **bedrijf'schap** *o* [-pen] organisatie v. verwante bedrijven
bedrijfs'chef chef in een bedrijf **bedrijfs'economie** economie v.d. bedrijfshuishoudkunde **bedrijfs'groep** groep van gelijke of verwante ondernemingen **bedrijfs'huishoudkunde** *v* leer over de bedrijfshuishouding **bedrijfs'kapitaal** voor een bedrijf beschikbaar kapitaal **bedrijfs'kunde** leer v.h. bedrijfsbeheer **bedrijfs'leider** [-s] wie in een bedrijf de algehele leiding heeft **bedrijfsleven** economisch leven in de praktijk; gezamenlijke bedrijven **bedrijfs'organisatie** ‹sa=za› samenwerking v.d. bij een bedrijf betrokkenen **bedrijfs'raad** college uit werkgevers en werknemers v.e. bedrijf **bedrijfs'risico** risico in het bedrijf **bedrijfs'spionage** spionage naar methoden etc. v.e. concurrent **bedrijfs'tak** onderdeel v. bedrijf; groep bedrijven met eenzelfde product **bedrijfs'vergunning** vergunning tot uitoefenen van bedrijf **bedrijfs'verzekering** verzekering tegen bedrijfsrisico **bedrijfs'voering** *v* exploitatie v.e. bedrijf of instelling
bedrij'ven doen; *(de) liefde* ~, geslachtsgemeenschap hebben **bedrij'vend** *bn (taalk.)* tot lijdend in oppositie staand **bedrij'venpark** gebied met uitsluitend bedrijfsruimten en kantoren **bedrij'vig** *bn* ijverig, druk **bedrij'vigheid** *v* werkzaamheid, drukte
bedrin'ken *zich* ~, te veel alcoholische drank drinken
bedroefd' *bn & bw* zeer droevig **bedroe'ven** bedroefd maken **bedroe'vend** *bn & bw* droevig; slecht; zeer
bedrog' *o* het bedriegen
bedrui'pen *zich* ~, in eigen onderhoud voorzien
bedrukt' *bn* neerslachtig; doordrukken van patroon voorzien (bij stof)
bedscène liefdesscène in film, theatervoorstelling, e.d. **bedsermoen** *o* terechtwijzing v.d. vrouw te bed aan de man **bedste(d)e** *v(m)* [-steden, -steeën] ingetimmerd bed **bedstel** *o* matras met kussen
beducht' *bn* bevreesd
bedui'den duidelijk maken; betekenen
bedui'dend *bn* aanzienlijk
bedui'melen vuile vingers achterlaten op
beduusd' *bn* bedremmeld
bedu'veld *(pop.)* gek **bedu'velen** *(pop.)* bedriegen, misleiden
bedwang' *o* het bedwingen; beheersing
bed'wateren in bed urineren
bedwel'men het bewustzijn doen verliezen; duizelig maken **bedwel'ming** *v* het bedwelmen; bewusteloosheid
bedwin'gen in bedwang houden
beë'digd *bn* onder eed **beë'digen** eed afnemen **beë'diging** *v* het bekrachtigen door een eed; het beëdigen
beëin'digen tot een einde brengen
beek *v(m)* [beken] kleine rivier **beekbezinking** *v* slib uit een beek
beeld *o* afbeelding op vsch. manieren; voorbeeld; uitbeelding, voorstelling; beeldspraak; *in het* ~, op het tv-scherm; *een* ~ *van* of *een* ~*je*, mooi **beeldband** *m* magnetische band voor registratie v. beelden **beeldbuis** (elektronenstraalbuis in) televisietoestel **beelddrager** datgene waarop beelden worden getoond **beeldenaar** *m* [-s] beeltenis op munt **beeldenbouwer** *m* [-s] wie artistieke

B

constructies vervaardigt **beeldend** *~e kunsten*, kunsten die het oog bevredigen **beeldendienst** verering v. beelden **beeldengalerij** galerij met beeldhouwwerken **beeldenstorm** *m (gesch.)* vernieling van beelden in kerken
beelderig *bn & bw* heel mooi
beeldgrafiek' grafische voorstelling met symbolen voor aantallen
beeldhouwen [beeldhouwde, gebeeldhouwd] een beeldwerk in harde stof maken **beeldhouwkunst** *v* kunst v.h. beeldhouwen
beeldig *bn & bw* beelderig
beeldmerk kenteken dat uit een beeld bestaat **beeldplaat** *v(m)* videoplaat **beeldradio** *m* televisie **beeldrijk** *bn* met veel beeldspraak **beeldroman** roman in prentjes met bijschriften **beeldruis** gelijkmatige storing op een tv-scherm **beeldscherm** scherm waarop beelden verschijnen
beeldschoon *bn* zeer schoon
beeldschrift schrift zonder letters doch met tekens voor de begrippen **beeldspraak** *v(m)* [-spraken] benoeming met de naam van iets anders **beeldstatistiek** statistiek met figuurtjes als symbolen **beeldtelefoon** telefonische verbinding in combinatie met televisie **beeldtelegrafie** het telegrafisch overbrengen van afbeeldingen **beeldtelegram** telegrafisch overgebrachte afbeelding **beeldverhaal** stripverhaal **beeldwoord** tekening waarbij de letters in hun vorm het betekende suggereren
beeltenis *v* [-sen] afbeelding
beemd *v* vlak weiland met water
been *o* [-deren, benen] bot; [benen] elk der twee ledematen waarop men loopt; wat daarop lijkt in vorm of functie of plaats; bovenstuk v. kous; *op het verkeerde ~ zetten*, *(sp.)* misleiden; *geen ~ hebben om op te staan*, geen middelen hebben om zich te handhaven; *ergens geen ~ in zien*, ergens niet voor terugschrikken; *benen maken of de benen nemen*, vlug weglopen; *met het verkeerde ~ uit bed gestapt*, slecht gehumeurd; *met één ~ in het graf*, bijna dood; *zijn beste ~tje voorzetten*, zijn best doen; *een ~tje lichten*, over een been doen vallen; *(fig.)* onderkruipen; *op de ~*, overeind, niet bedlegerig, op straat; *vlug ter ~*, vlug uit de voeten kunnend; *op hoge benen*, in volle verontwaardiging; met het plan flink de waarheid te zeggen; *het zijn sterke benen die de weelde kunnen dragen*, weinigen kunnen weelde verdragen **beenachtig** *bn* als v. been **beenbreuk** *v(m)* het breken of gebroken zijn v.e. been
beenderas as v. beenderen **beendergestel** *o* skelet **beendermeel** *o* poeder v. gemalen beenderen **beendroog** *bn* kurkdroog **beeneter** *m* tuberculose in beenderen
beenfractuur *v* beenbreuk
beenhouwer *m* [-s] *(Belgned.)* slager
beenkap bep. beenbedekking
beenmerg zachte stof in beenderen **beenmergpunctie** *v* [-s] beenmerg voor onderzoek wegnemen
beenslag zwembewegingen v.d. benen
beenvis vis met benig skelet **beenvlies** vlies om de beenderen
beenwarmer *m* [-s] voetloze onderbeenbekleding
beer *m* [beren] zoogdier v.d. familie der Ursidae; lomp mens; schuld; mannelijk varken; muurstut, waterkering; menselijke uitwerpselen; *~ op sokken*, plomp iem.; *ongelikte ~*, onbehouwen iem. **beerput** put voor uitwerpselen
beër'ven [beërfde, beërfd] erven
beest *o* dier inz. rund; ruw mens; *(biljartsp.)* per toeval geraakte bal; *de ~ spelen* of *uithangen*, zich onbeschoft gedragen; *het zit in de aard van het ~je*, het is zijn (of haar) aard; *dat is ~*, dat is prachtig **beestachtig** *bn & bw* als v.e. beest; erg **beestenbende** beestenboel **beestenboel** *m (pop.)* smerige of zeer wanordelijke toestand **beestjes** luizen
beet I *m* [beten] hap II *v(m)* [beten] biet; *~ hebben*, vast hebben; bedotten; begrijpen
beetje *o* [-s] weinig; hapje
beetkrijgen vast krijgen **beetnemen** grijpen; misleiden **beetpakken** vastpakken
beetwortel *m* [-s, -en] suikerbiet; *als eerste deel v. ss*: uit suikerbieten
bef *v(m)* [-fen] gesteven doekje onder de kin; *als eerste deel van ss als scheldn. met een zn in de bet.*: weinig waard, vervelend
BEF Belgische frank
befaamd' *bn* vermaard
beffen met de mond het geslachtsdeel aanraken
begaafd' *bn* begiftigd, talentvol **begaafd'heid** *v* [-heden] het begaafd zijn; talent
begaan' *h* gaan op; zijn gang gaan; bedrijven; *~ zijn*, medelijden hebben **begaan'baar** *bn* kunnende begaan worden
begeer'lijk *bn & bw* begeerte opwekkend of tonend **begeer'te** *v* [-n] verlangen
begees'tering *v* geestdrift
begelei'den vergezellen; *(muz.)* accompagneren
begena'digd *bn* met bijzondere aanleg **begena'digen** straf kwijtschelden
bege'ren verlangen **begerenswaard'**, **begerenswaar'dig** *bn* aanlokkelijk **bege'rig** *bn & bw* begerend, begeerte tonend
bege'ven schenken; in de steek laten; *zich ~*, gaan; *het ~*, stuk gaan **begie'ten** gietende bevochtigen **begif'tigen** beschenken
begijn' *v* in gemeenschap doch zonder orderegels levende vrouw **begijn'(en)hof** *o* woningcomplex voor begijnen
begin' *o* aanvang **begin'kapitaal** I *o* kapitaal om mee te beginnen II *m* hoofdletter aan begin v.e. woord of zin **begin'neling** *m* nieuweling **begin'nen** [begon, begonnen] *h/z* aanvangen **begin'rijm** *o* rijm van beginmedeklinkers
begin'sel *o* [-en, -s] eenvoudig grondbegrip; begin; principe **begin'selpartij** partij die

politiek voert op grond v.e. beginselverklaring **begin'selverklaring** het openbaar maken van principes
begin'snelheid snelheid aan het begin
begla'zing *v* het voorzien van glasruiten
beglu'ren tersluiks bespieden
bego'nia *v(m)* [-'s] plant uit het geslacht Begonia
begoo'chelen door schone schijn bedriegen
begraaf'plaats *v(m)* kerkhof
begraasd' *bn* met gras erop
begra'fenis *v* [-sen] het begraven; lijkstoet **begra'fenisfonds** fonds tot bekostiging van onkosten bij begrafenis **begra'fenisgezicht** strak en ernstig gezicht **begra'fenisonderneming** onderneming die begrafenissen verzorgt **begra'ven** in de aarde bergen; doodzwijgen; *~ zijn onder*, overstelpt zijn door; *zich ~*, vergeten gaan leven
begrensd' *bn* beperkt **begren'zen** met grenzen omgeven, insluiten; de grens vormen
begrij'pelijk *bn* te begrijpen **begrij'pen** inzien, bevatten; *het niet begrepen hebben op*, niet veel goeds verwachten van; *het op iem. begrepen hebben*, het op iem. gemunt hebben; *dat kun je ~*, natuurlijk; *begrepen zijn in een getal*, op een getal gaan; *erbij begrepen*, er bij gerekend **begrip'** *o* [-pen] bevatting, denkbeeld; verstand; kort overzicht **begrip'penapparaat** totaal van gebruikte begrippen
begrips'bepaling omschrijving v.e. begrip **begrips'verwarring** *v* het verwarren van begrippen
begroei'en groeiende bedekken **begroei'ing** het begroeien; wat in een bep. gebied groeit
begroe'ten verwelkomen; zijn opwachting maken bij
begro'telijk *bn* (te) duur **begro'ten** ramen; spijten; te duur voorkomen **begro'ting** *v* schatting v. uitgaven en inkomsten
begun'stigen bevoordelen, gunstig zijn voor **begun'stiger** *m* [-s] beschermer; klant; donateur
beha' ‹e=ee› *m* [-'s] bustehouder
behaag'lijk *bn & bw* genotvol **behaag'ziek** *bn & bw* koket **behaag'zucht** *v(m)* koketterie
behaard' *bn* met haar begroeid
beha'gen **I** *ww* bevallen **II** *o* genoegen
beha'len verwerven
behal've *vgw & vz* uitgenomen
behan'delen omgaan met; verzorgen; bespreken
behang' *o* [-sels] vaste muurbedekking **behang'en** hangen aan of tegen wanden; met behang bedekken; *door het ~ gaan*, voor schut gezet worden **behang'sel** *o* [-s], **behang'selpapier** behang
behap'pen *kunnen ~*, aankunnen
behar'tigen verzorgen **behar'tigenswaard'(ig)** *bn* waard om behartigd te worden
behavioris'me ‹bieheeviorisme› *o* psychologische richting die de gedragingen bestudeert
beheer' *o* het beheren **beheer'der** *m* [-s] wie beheert
beheer'sen meester zijn over **beheerst'** *bn* ingehouden
behek'sen betoveren **behel'pen** *zich ~ met*, het doen met **behel'zen** inhouden
behen'dig *bn & bw* handig
behen'digheidsspel spel waarbij winst afhangt v.d. behendigheid v.d. deelnemers
behept' *bn ~ met*, lijdend aan
behe'ren besturen, administreren
behoe'den beschermen **behoed'zaam** *bn & bw* omzichtig
behoef'te *v* [-n] gebrek; wat nodig is; verlangen; *zijn ~ doen*, zijn gevoeg doen **behoef'tig** *bn* armoedig **behoe've** *ten ~ van*, ten bate van **behoe'ven** nodig hebben, nodig zijn, moeten
behoor'lijk *bn & bw* fatsoenlijk; redelijk **beho'ren** toebehoren; gerekend worden tot; betamen, moeten, nodig zijn; *naar ~*, zoals past
behoud' *o* instandhouding, redding; behoudende richting **behou'den** **I** *ww* niet verliezen, bewaren; in leven houden **II** *bn* ongedeerd **behou'dend** *bn* veranderingen afwijzend **behou'dens** *vz* met voorbehoud van, uitgezonderd **behoud'zucht** *v(m)* conservatisme
behuild' *bn* sporen van schreien vertonend
behuisd' *bn* een woning hebbend **behui'zing** *v* huis(vesting)
behulp' *o met ~ van*, met **behulp'zaam** *bn* hulpvaardig
behuwd' *als eerste deel v.e. ss vóór een verwantschapsnaam in bet.*: aangetrouwd, schoon- **behu'wen** door huwelijk in het bezit komen van
beiaard *m* [-s, -en] klokkenspel **beiaardier'** *m* [-s] carillonbespeler
beide(n) *telw* alle twee **beider** *in u beider belang*, in het belang van u beiden **beiderhande**, **beiderlei** *bn* van beide soorten **beiderzijds** *bn & bw* van weerskanten
beieren luiden; slingeren
beige ‹bèzje› *bn* grijsbruin van kleur
beignet' ‹beinjee› *m* [-s] appelschijf in meelbeslag gebakken
beij'veren *zich ~*, zich bevlijtigen
beïn'vloeden invloed uitoefenen op
beitel *m* [-s] steekgereedschap voor houtbewerking **beitelen** met de beitel bewerken
beits *m/o* middel om hout te kleuren **beitsen** met beits kleuren
bejaagd' *bn* in de jacht ervaren
bejaard' *bn* tamelijk oud **bejaar'dencentrum** tehuis voor bejaarden **bejaar'denhulp** wie werkt in de bejaardenzorg **bejaar'denpartij** politieke partij van en voor bejaarden **bejaar'denpas** bewijs van bejaard zijn dat recht geeft op reductie **bejaar'denwoning** voor bejaarden bedoeld gelijkvloers huis **bejaar'denzorg** formeel geregelde verzorging van bejaarden

B

bejag' *o* het streven naar
beja'gen streven naar **bejam'meren** betreuren **beje'genen** *h/z* zich gedragen tegenover; overkomen
bek *m* [-ken] snavel; mond; muil; *op de ~ gaan, (jong.)* heftig zoenen
bekaaid' *bn* slecht
bekaf *bn* doodmoe
bekakt' *bn (pop.)* deftig doend
bekam'pen bevechten
bekap'ping *v* dakbinten; dak
bekeer'ling *m* wie bekeerd is
bekend' *bn* gekend; kennende; ruchtbaar; *zich ~ maken*, zeggen wie men is **beken'de** *m-v* [-n] kennis **bekend'heid** *v* het bekend zijn, vermaardheid **bekend'maken** openbaar maken, doen weten **bekend'staan** bekend zijn
beken'nen erkennen, toegeven; bemerken; de kleur spelen die uitgespeeld is **beken'tenis** *v* [-sen] belijdenis
beker *m* [-s] soort drinkgereedschap **bekerduel** *o* sportwedstrijd om (wissel)beker
beke'ren (doen) veranderen van inz. religieuze opvatting inz. tot het christendom; bereiken dat iem. zijn leven betert
bekerfinale beslissende wedstrijd om (wissel)beker
bekeu'ren verbaliseren **bekeu'ring** *v* het bekeuren; het proces-verbaal
bekijk' *o veel ~s hebben*, veler aandacht trekken **bekij'ken** kijken naar; overdenken
bekij'ven vinnig berispen
bekis'ten voorzien v.e. kisting **bekis'ting** *v* het bekisten; houtwerk dat met beton gevuld wordt
bekje *o* kleine bek, mondje; meisje
bekken *o* [-s] kom; koperen schijf als slaginstrument; komvormig beenderstelsel waaraan de achterste ledematen zijn bevestigd; komvormige bodeminzinking **bekkenist'** *m* bespeler van bekkens **bekkenslag** het slaan op bekkens **bekkenslager** [-s] bekkenist
bekkentrekken grimassen maken
beklaag'de [-n] beschuldigde **beklaag'denbank** bank waarin een verdachte tijdens een strafzaak zit **beklaag'lijk** *bn* te beklagen
beklad'den bevlekken, belasteren
beklag' *o* het zich beklagen; klacht **bekla'gen** klagen over; medelijden met iem. uiten; *zich ~*, klagen, zijn beklag doen, zijn ontevredenheid uiten
beklant' *bn* klanten hebbend
bekle'den overdekken; vervullen (ambt, plaats); *~ met*, opdragen **bekle'ding** *v* het bekleden, wat dient om te bekleden
beklemd' *bn* bedrukt; met het recht v. beklemming; (v. breuk) waarbij de darm niet terug kan **beklem'men** beknellen, benauwen **beklem'ming** *v* het onderworpen zijn aan of in het bezit zijn van beklemrecht; bedruktheid **beklem'recht** erfelijk recht op gebruik v.d. grond v.e. ander
beklem'tonen accentueren
beklij'ven *h/z* vast blijven **beklim'men** *h* klimmen op, bestijgen
beklon'ken *bn* vast afgesproken
beklop'pen percuteren **beknel'len** vastknellen, benauwen **beknib'belen** knibbelen op
beknopt' *bn* kort samengevat; nauw
beknor'ren berispen **beknot'ten** beperken
bekocht' *bn* (bij de koop bedrogen)
bekoe'len koel maken of worden **beko'gelen** met veel dingen gooien naar **bekok'stoven** bekonkelen **beko'men** krijgen; zich herstellen; goede gevolgen hebben
bekom'merd *bn* vol zorg **bekom'meren** *zich ~*, zich bezorgd maken **bekom'mernis** *v* [-sen] zorg
bekomst' *zijn ~*, genoeg
bekon'kelen geheim afspreken
bekoor'lijk *bn & bw* aanlokkend
beko'pen boeten voor **beko'ren** aanlokken, verleiden **bekor'ten** korter maken; *zich ~*, het korter maken **bekos'tigen** de kosten dragen van **bekrach'tigen** bevestigen, ratificeren **bekras'sen** krassen zetten op **bekreu'nen** *zich ~*, zich bekommeren **bekrim'pen** *zich ~*, minder uitgeven **bekritise'ren** ‹s=z› kritiek uitoefenen op
bekrom'pen *bn & bw* nauw; armelijk; niet ruim
bekro'nen *(inz. fig.)* de prijs toekennen; prachtig beëindigen **bekrui'pen** *h* kruipende naderen; opkomen bij **bekrui'sen** een kruis zetten op; *zich ~*, het teken des kruises maken
bekui'ping *v* waterdichte betimmering
bekvechten *(pop.)* intens redetwisten
bekwaam' *bn* in staat tot, geschikt; *(pop.)* nuchter; *met bekwame spoed*, met de nodige snelheid **bekwaam'heid** *v* [-heden] kunde, geschiktheid **bekwa'men** bekwaam maken
bel *v(m)* [bellen] schel, klokje; luchtblaas; oorhanger; groot glas; *belletje trekken*, aanbellen en weglopen
belab'berd *bn (pop.)* beklagenswaardig **bela'chelijk** *bn & bw* lachwekkend
bela'den bezwaren met een last **bela'gen** arglistig bedreigen **belan'den** terechtkomen
belang' *o* interesse; voordeel; *van ~*, van gewicht, groot **belang'eloos** *bn & bw* onbaatzuchtig
belang'en betreffen **belang'ende** *vz* betreffende
belang'engemeenschap samenwerking van zaken met dezelfde belangen **belan'genpartij** partij die v.d. belangen van haar aanhang uitgaat **belang'ensfeer** situatie waarin economische belangen een rol spelen **belan'genverstrengeling** *v* het niet uit elkaar houden van belangen **belang'heb'bende** *m/v* [-n] wie belang heeft in iets **belang'rijk** *bn* van belang; aanzienlijk
belang'stellen [stelde belang, belanggesteld]

~ *in*, aandacht schenken aan **belang'stelling** *v* aandacht, meeleven **belang'stellingsregistratieformulier** formulier om wensen t.a.v. loopbaan in kaart te brengen
belangwek'kend *bn* aandacht opwekkend
belast' *bn* beladen; ~ *en beladen*, zwaar beladen; *zwaar* ~, met een zware taak; met grote financiële last; *erfelijk* ~, overgeërfde gebreken hebbend **belast'baar** *bn* te belasten, aan belasting onderworpen **belast'en** beladen; belasting leggen op; bezwaren (met hypotheek); opdracht geven
belas'teren lasteren over
belas'ting *v* bezwaring met een last; verplichte bijdrage aan overheidskas; belastingdienst **belas'tingbiljet** aanschrijvingsbiljet met bedrag v.d. verschuldigde belasting **belas'tingbox** fiscale tariefklasse op grond van belastbaar inkomen **belas'tingconsulent** wie raad geeft in belastingzaken **belas'tingkamer** afdeling v.e. gerechtshof voor belastingzaken **belastingplich'tig** *bn* belasting moetende betalen
bela'tafeld *bn (pop.) ben je* ~, ben je gek
bela'zerd *bn (pop.)* slecht; gek **bela'zeren** *(pop.)* bedriegen
belbus op telefonische aanvraag rijdende bus
belcan'to *o* zang als kunst
bele'digen honen, iemands eer aanranden
beleefd' *bn & bw* welgemanierd **beleefd'heid** *v* [-heden] uiting van welgemanierdheid; *overlaten aan iemands* ~, overlaten aan iemands believen **beleefd'heidsbezoek** bezoek uit beleefdheid **beleefd'heidshalve** *bw* ter wille v.d. beleefdheid
beleg' *o* belegering; toespijs op brood; *staat van* ~, toestand waarbij het oppergezag in militaire handen berust
bele'gen *bn* lang gelegen hebbend
bele'geraar *m* [-s] wie belegert **bele'geren** insluiten met een leger
beleg'gen bedekken; tegen rente uitzetten; bijeenroepen **beleg'ging** *v* het beleggen; broodbeleg **beleg'gingsfonds** instelling die geld belegt; standvastige effecten **beleg'gingsmaatschappij** vereniging die kapitaal van anderen belegt
beleg'sel *o* [-s] oplegsel **beleg'stuk** *o* oplegstuk
beleid' *o* bestuur; omzichtigheid **beleids'lijn** richting van te ontwikkelen beleid **beleids'medewerker** *m* wie beleid mee bepaalt of uitwerkt **beleids'nota** schriftelijke uiteenzetting over aangelegenheden v. beleid **beleid'vol** *bn & bw* met beleid
belem'meren hinderen **belem'mering** *v* het belemmeren; wat belemmert
belen'dend *bn* aangrenzend
bele'nen in leen geven; in onderpand geven voor geld
belet' *o* verhindering; ~ *vragen*, vragen of men ontvangen kan worden; *iem.* ~ *geven*, iem. niet ontvangen
bel-eta'ge ‹g=zj› *v* [-s] eerste verdieping v.e. woning
belet'sel *o* [-en, -s] bezwaar **belet'selteken** enkele puntjes na elkaar **belet'ten** verhinderen
belet'tering *v* manier waarop letters worden of zijn aangebracht
bele'ven meemaken **bele'venis** *v* [-sen] wat iem. meemaakt
bele'vingswereld iemands bewuste ervaringen
bele'zen I *ww* bezweren, overhalen **II** *bn* veel gelezen hebbend
belgenmop grap over vermeende domheid v.d. Belgen
belgicis'me *o* [-n] taaleigenaardigheid van België
belhamel *m* [-s] raddraaier
beli'chamen concrete gestalte geven
belich'ten licht laten schijnen op
belich'tingsmeter toestel waarmee de belichting gemeten wordt
belie'gen voorliegen **belie'ven I** *ww* goeddunken; willen **II** *o* wens
belij'den [beleed, beleden] aanhangen, erkennen **belij'denis** *v* [-sen] het belijden; geloofsbetuigenis; *zijn* ~ *doen*, toetreden als lidmaat v.e. prot. Kerk **belij'der** *m* [-s] wie belijdt; aanhanger v. geloof; heilige niet-martelaar
belkaart *zie* **telefoonkaart**
belladon'na *v(m)* zeer giftige plant uit de familie der nachtschadeachtigen met klokvormige knikkende gesteelde bloemen
bellefleur' *m* [-s, -en] helder gekleurde appel
bellen teken geven met bel; telefoneren
bellenbaan *v(m)* rij luchtbellen boven baan v. torpedo **bellenblazen** luchtbellen vormen door in een in zeepsop gedoopt buisje te blazen
belletje *o* kleine bel; telefoontje
bellettrie' *v* schone letteren **bellettrist'** beoefenaar van bellettrie **bellettris'tisch** *bn* van de bellettrie, letterkundig
belof'te *v* [-n, -s] toezegging; *het land van* ~, Kanaän, plaats waar men het goed heeft; ~ *maakt schuld*, wat men beloofd heeft moet men volbrengen
belo'ken *bn (r.-k.)* ~ *Pasen*, eerste zondag na Pasen
belo'nen loon of voldoening geven **belo'ning** *v* het belonen, loon
beloop' *o* gang; bedrag; glooiing; *op zijn* ~ *laten*, zijn gang laten gaan **belo'pen** *h* gaan op; bedragen; overvallen (v.e. storm); *met bloed* ~, rood v.h. bloed
belo'ven toezeggen, doen verwachten
belroos *v(m)* huidontsteking met blaarvorming
belt *m/v* hoop, ashoop
beltegoed *kaart met* ~, kaart waarvoor is betaald om telefoonkosten te voldoen
beluis'teren afluisteren, luisteren naar; luisterend onderzoeken; bespeuren
belust' *bn* begerig
belvédè're *m* [-s] uitzichttoren
bemach'tigen in zijn macht krijgen **bema'len**

B

water malen uit
beman'nen van personeel voorzien
beman'ning *v* personeel v. schip of vliegtuig
beman'telen vergoelijken **bemen'sen** bemannen
bemerk'baar *bn* waarneembaar **bemer'ken** gewaarworden **bemer'king** *v (germ.)* opmerking
bemes'ten met mest vruchtbaar maken
bemid'delaar *m* [-s] wie bemiddelt
bemid'deld *bn* welgesteld **bemid'delen** als tussenpersoon een overeenkomst bewerken
bemid'deling *v* het bemiddelen, tussenkomst
bemin'naar *m* [-naren, -s] liefhebber
bemin'nelijk *bn & bw* lief, voorkomend
bemin'nen liefhebben
bemin'nenswaard'(ig) *bn* waard bemind te worden
bemoe'deren hinderlijk verzorging opdringen aan
bemoe'digen moed schenken
bemoei'al *m* [-len] wie zich overal mee bemoeit **bemoei'en** *zich* ~, moeite doen voor, zich inlaten **bemoei'enis** [-sen], **bemoei'ing** *v* het zich bemoeien **bemoei'lijken** hinderen **bemoei'sels** *mv (pop.)* zaken **bemoei'ziek** *bn* zich overal mee bemoeiend **bemoei'zucht** *v(m)* neiging om zich overal mee te bemoeien
bemor'sen knoeien op
bemost' *bn* met mos
ben *v(m)* [-nen] mand
bena'delen nadeel berokkenen
bena'deren nabijkomen; aanspreken; beslag leggen op; ongeveer berekenen; aanpakken **bena'dering** *v bij* ~, ongeveer
bena'drukken de nadruk leggen op
bena'ming *v* naam
benard' *bn & bw* zorgwekkend
benauwd' *bn & bw* belemmerd in de ademhaling; de ademhaling belemmerend; angstig **benau'wen** angstig maken, beklemmen **benau'wing** *v* druk, beklemming
bende *v(m)* [-n, -s] troep; wanordelijke toestand
bene'den *bw & vz* onder; gelijkvloers; ~ *iem.*, iem. onwaardig **bene'dendijks** *bw* onder aan de dijk **bene'denhuis** benedendeel v.e. huis **bene'denloop** *v* rivier door laagland **bene'denstad** *v(m)* lager gelegen deel v.e. stad **bene'denste** *bn* onderste **bene'denstrooms** *bw* stroomafwaarts **bene'denverdieping** laagste verdieping **bene'denwaarts** *bw* stroomafwaarts **bene'denwinds** *bw* aan lij; lager aan de wind gelegen **bene'denwoning** woning in benedenhuis
benedic'tie *v* [-s, -tiën] *(r.-k.)* zegening
benedictijn' monnik v.d. orde van Sint-Benedictus **benedictines'** [-sen] kloosterlinge v.d. orde van Sint-Benedictus
benefice ‹beenefiese› *v ter* ~, ten voordele
benefi'cevoorstelling ‹ice=iese› *v* benefiet
beneficiant' *m* voor wie een benefiet wordt gegeven **benefi'cie** *o* [-s, -ciën] uit gunst geschonken post; *onder* ~ *van boedelbeschrijving of inventaris*, slechts aansprakelijk voor de schulden tot de waarde v.d. erfenis **benefiet-'** *o als eerste deel van een ss*: voor een goed doel
Benelux' *m* aaneensluiting van België, Nederland en Luxemburg
bene'men ontnemen
benen I *bn* van been **II** *ww* lopen
benenwagen *met de* ~, *(scherts.)* te voet
benenwerk het bewegen v.d. benen tijdens sportbeoefening
bene'pen *bn* benauwd
bene'velen in nevel hullen, verduisteren; licht dronken maken
bene'vens *vz* alsmede, en nog
benevolen'tie *v* [gmv] welwillendheid
Bengaals' ~ *vuur*, hel vlammend kunstvuur
bengel *m* [-s] klepel, klok; rakker **bengelen** slingeren
benieuwd *bn* gaarne meer willende weten
benieu'wen benieuwd maken; *het zal mij* ~, ik ben benieuwd
benig *bn* been bevattend; de beenderen tonend
benijd'baar *bn* te benijden **benij'den** afgunstig zijn op, misgunnen
benij'denswaard'(ig) *bn* waard benijd te worden
benjamin *(fig.)* jongste lieveling
beno'digd *bn* nodig **beno'digdheid** *v* [-heden] *(inz. mv)* benodigde zaken
benoem'baar *bn* benoemd kunnende worden
benoemd' *bn* ~ *getal*, getal waarbij de naam der eenheden genoemd wordt
benoe'men een naam geven; aanstellen
benoe'ming *v* aanstelling
benoor'den *bw & vz* ten noorden (van)
bent *v(m)* kunstenaarsclub **bentgenoot** lid v.e. bent
benul *o (pop.)* begrip
benut'ten gebruiken
B en W Burgemeester en Wethouders
benzedri'ne *v* stimulerend middel
benzeen' *o* benzol
benzi'ne *v(m)* bep. koolwaterstof
benzi'neaccijns accijns op benzine
benzi'nemotor door benzine gedreven motor **benzi'nepomp**, **benzi'nestation** plaats waar benzine verkrijgbaar is
benzol' *o/m* koolwaterstof uit steenkolenteer
beo *m* [-'s] tropische vogel met oranje snavel die kan praten, Lat. Eulabes religiosa
beoe'fenaar *m* [-s] wie iets beoefent
beoe'fenen zich toeleggen op
beo'gen bedoelen
beoor'delen een oordeel uitspreken over
beoor'logen oorlog voeren tegen
beoos'ten *bw & vz* ten oosten (van)
bep. bepaald
bepaald' *bn & bw* nauwkeurig aangewezen of vastgesteld; zeker, stellig; *niet* ~, helemaal niet **bepaal'delijk** *bw* in het bijzonder; uitdrukkelijk **bepaald'heid** *v* stelligheid; *lidwoord van* ~, het lidwoord de of het

bepak'ken pakken laden op **bepak'king** *v* waarmee men bepakt is; het bepakken
bepa'len beperken; vaststellen; beïnvloeden; *(taalk.)* als bepaling dienen van **bepa'lend** *bn* als bepaling dienend **bepa'ling** *v* definitie, vaststelling, het vastgestelde; wat bepaalt
bepant'seren van pantserplaten voorzien **bepein'zen** overdenken
beper'ken bepalen, kleiner maken **beper'king** *v* het beperken; grens **beperkt'** *bn* binnen zekere grenzen; (betrekkelijk) klein, bekrompen
beplan'ten planten of bomen zetten op **beplan'ting** *v* het beplanten; het geplante
bepleis'teren pleisters leggen op; met pleister bestrijken **beplei'ten** verdedigen **beploe'gen** ploegend bewerken **bepo'telen** *(pop.)* wellustig betasten **bepra'ten** met praten overhalen; bespreken
beproefd' *bn* steeds goed gebleken **beproe'ven** op de proef stellen, proberen **beproe'ving** *v* zware tegenspoed
bep-woord woord in de beschrijving waarvan 'bep.' (= bepaald) voorkomt
beraad' *o* het zich beraden; *recht van ~*, recht een nalatenschap te onderzoeken alvorens omtrent aanvaarding te beslissen **beraad'slagen** met elkaar overleggen **beraad'slaging** *v* onderling overleg **bera'den I** *bn* bezonnen **II** *ww zich ~*, overleggen
bera'men schatten; bedenken **bera'ming** *v* begroting
bera'pen ruw bepleisteren
berber *m* [-s] handgeknoopt wollen vloerkleed uit Noord-Afrika
berberis *v(m)* [-sen] bep. doornige struik met rode bessen
berceau' ‹ceau=soo› *m* [-s] met looftakken overdekt tuinpad
berceu'se ‹s=z› *v* [-s] wiegelied; schommelstoel
berd *te ~e brengen*, ter sprake brengen
bere- *(voorv)* zeer
berech'ten rechtspreken over
bered'deren in orde brengen **bered'dering** *v* het beredderen, drukte
bere'den *bn* te paard
beredeneerd' *bn* zich door zijn verstand latende leiden; met toelichtingen **beredene'ren** over iets redeneren; met bewijzen aantonen, toelichten
bere'gelen regels opstellen voor
beregoed zeer goed
bereid' *bn* willende doen **berei'den** klaarmaken **bereids'** *bw* reeds **bereidvaar'dig** *bn & bw* willende helpen **bereid'verklaring** *v* verklaring dat men bereid is **bereidwil'lig** *bn & bw* bereidvaardig
bereik' *o (zegsw.)* mogelijkheid om iets te bereiken **bereik'baar** *bn* te bereiken **berei'ken** komen tot
bereisd' *bn* veel gereisd hebbend **berei'zen** reizend bezoeken
bere'kend *bn* vol berekening; *~ voor* of *op*, voldoende geschikt voor **bere'kenen** uitrekenen; beramen; in rekening brengen **bere'kening** *v* het berekenen; verwachting; bijbedoeling
beren met beer mesten
berenburg *m* [gmv] soort jenever uit Friesland
berenklauw *m/v* schermbloemige plant met huidirritatie verwekkende bladeren, Lat. Heracleum sphondylium **berenmuts** *v(m)* pelsmuts v. berenvel
berg I *m* bodemverheffing; grote hoeveelheid; *te ~e rijzen*, overeind gaan staan; *gouden ~en beloven*, onwaarschijnlijke rijkdommen voorspiegelen; *een geloof dat ~en kan verzetten*, een groot geloof; *de ~ heeft een muis gebaard*, van de grote verwachtingen is niets uitgekomen; *achter een zn*: overschot van het genoemde product in de EG **II** *o/m* korstjes op het hoofd van zuigelingen **bergachtig** *bn* met bergen **bergaf'waarts** *bw* langs de berg naar omlaag; achteruit
bergamot' *v(m)* [-ten] zekere bijna ronde peer; soort citrusvrucht, Lat. Citrus bergamotta; tuinplant, Lat. Monarda didyma
bergen [borg, geborgen] in veiligheid brengen; verlaten schepen binnenbrengen; in een ruimte opnemen; *geborgen zijn*, geen zorgen voor de toekomst meer hebben
bergengte *v* [-n, -s] smalle bergpas **bergformatie** vorming van bergen; berggroep
berggeld vergoeding voor het bergen
berging *v* bergruimte **bergingsmaatschappij** *v* maatschappij die zich belast met het bergen van schepen of goederen
bergkam denkbeeldige lijn over bergtoppen **bergketen** reeks bergen **bergklassement** klassement v.d. beste klimmers in een wielerronde **bergkristal** *o* zeer helder en doorzichtig kwarts **berglucht** lucht in bergstreken **bergmeer** meer in de bergen
bergmeubel meubel om iets in op te bergen
bergop'waarts *bw* langs de berghelling omhoog **bergpas** *m* pas in gebergte **bergrivier** rivier die uit een gletsjer komt **bergrug** bergkam **bergsport** het beklimmen van bergen als sport **bergstok** stok met ijzeren punt **bergstreek** streek in de bergen
bergteer pekachtige aardolie
bergwind koele wind die uit de bergen komt **bergziekte** ziekte op grote hoogte **bergzout** mijnzout
beribe'ri *v(m)* door gebrek aan vitamine B1 veroorzaakte tropische ziekte
bericht' *o* mededeling **berich'ten** mededelen **bericht'gever** *m* [-s] dagbladcorrespondent
berij'den rijden op; geslachtsgemeenschap hebben met **berij'men** op rijm zetten
berijpt' *bn* met rijp bedekt
beril' *m (stofn. o)* [-len] groene edelsteen

B

berin' *v* [-nen] wijfjesbeer
beris'pen terechtwijzen, afkeuren
berk *m* loofboom met witte schors en kleine spits toelopende blaadjes, Lat. Betula **berkenboom** berk
berkoen' *m* soort van dwarsbalk
berli'ner *m* met lever bereide boterhamworst
berm *m* grasstrook langs weg **bermlamp** zijlamp van auto om een zijkant v.d. weg te belichten **bermsloot** sloot langs de berm **bermtoerisme** het zich als toerist langs de wegen ophouden
bermu'da *m* [-'s] broek met pijpen tot de knie
beroemd' *bn* roemrijk, bekend **beroemd'heid** *v* [-heden] hoedanigheid van beroemd te zijn; wie of wat beroemd is **beroe'men** *zich* ~, roem dragen
beroep' *o* werkkring, aanzoek tot dienst als predikant; het zich wenden tot een hogere instantie om herziening v.e. uitspraak; *een ~ doen op*, de hulp inroepen van **beroe'pen** met zijn stem bereiken; aanzoeken als predikant; *zich ~ op*, wijzen op ... om zich te rechtvaardigen **beroeps'** *(pop.)* beroepsspeler of -speelster; *als eerste deel v.e. ss vaak in de bet.*: wie van het genoemde zijn beroep maakt **beroeps'bevolking** beroep uitoefenend deel v. bevolking **beroeps'bezigheid** bezigheid uit hoofde v. beroep **beroeps'brief** brief waarin een predikant wordt beroepen
beroep'schrift *o* brief waarmee men in beroep gaat
beroeps'deformatie ‹de=dee› *v* [-s] afwijking t.g.v. langdurige beroepsuitoefening **beroeps'geheim** geheimhoudingsplicht uit hoofde van beroep
beroeps'grond motief om in beroep te gaan
beroeps'keuze keus v.e. beroep **beroeps'keuzeadviseur** wie adviseert bij beroepskeuze **beroeps'misdadiger** wie herhaaldelijk misdrijven begaat **beroeps'officier** officier v. beroep **beroeps'opleiding** gespecialiseerde cursus of school die direct opleidt voor een beroep
beroeps'recht recht om in beroep te gaan
beroeps'voorlichting informatie in verband met beroepskeuze **beroeps'ziekte** door beroep veroorzaakte ziekte
beroerd' *bn & bw (pop.)* slecht, erg; *(pop.) nooit te ~ om*, steeds gaarne bereid om **beroer'(de)ling** *(ruw)* ellendeling **beroe'ren** troebel maken; aanraken; in beroering brengen **beroer'te** *v* [-n, -s] bloeduitstorting in de hersenen
berok'kenen veroorzaken
berooid' *bn* arm
berouw' *o* leedwezen over verkeerde daad **berou'wen** berouw veroorzaken; berouw hebben over **berouw'hebbend**, **berouw'vol** *bn* met berouw
bero'ven ontroven
berrie *v(m)* [-s] draagbaar
[b]erst *m/v* barst **bersten** barsten

berucht' *bn* ten kwade bekend
berus'ten zich neerleggen bij; bewaard worden; *~ op*, steunen op; *laten ~*, laten blijven **berus'ting** *v* gelatenheid; *onder ~ van*, bewaard door
bes [-sen] *v(m)* kleine ronde sappige vrucht; noot die een halve toon lager klinkt dan de b
beschaafd' *bn & bw* goed gemanierd; zekere ontwikkelingsnormen in acht nemend; *het Algemeen Beschaafd Nederlands*, de in zekere zin algemene Ned. omgangstaal **beschaamd'** *bn & bw* zich schamend, blozend van schaamte
bescha'digen schade toebrengen aan
bescha'men beschaamd maken; teleurstellen **bescha'ming** *v* het beschamen; schaamte
bescha'ven glad schaven; beschaafd maken **bescha'ving** *v* het beschaafd zijn **bescha'vingsziekte** welvaartsziekte
bescheid' **I** *o* bericht, antwoord **II** *mv* schriftstuk **beschei'den** **I** *ww* laten komen **II** *bn & bw* nederig, klein
beschen'ken een geschenk geven aan
bescher'meling wie beschermd of begunstigd wordt **bescher'men** behoeden; (v. kunst) bevorderen; *~de rechten*, tegen buitenlandse concurrentie gerichte invoerrechten **bescherm'engel** *m (r.-k.)* engelbewaarder **bescherm'heer** wie doorlopend hulp verleent aan een groep **bescherm'heilige** schutspatroon, schutspatrones **bescher'ming** *v* hoede **bescherm'vrouw(e)** *zie* **bescherm'heer**
besche'ten *bn & bw* slecht; niet gezond; laf
bescheu'ren *(pop.) zich ~*, uitbundig lachen **bescheur'kalender** scheurkalender met grappen
beschie'ten schieten naar; betimmeren
beschik' *o* bestel **beschik'baar** *bn* waarover beschikt kan worden **beschik'ken** regelen; beslissen; *afwijzend ~ op*, v.d. hand wijzen; *~ over*, voor zijn gebruik hebben; innen **beschik'king** *v (jur.)* beslissing v.e. rechter die (meestal) niet op een openbare zitting is genomen
beschil'deren schilderen op **beschil'dering** *v* het beschilderen; wat ergens op geschilderd is
beschim'melen beschimmeld worden
beschim'pen schimpen tegen
beschoei'en de kant met hout of steen versterken **beschoei'ing** *v* het beschoeien; wat beschoeid is; waarmee beschoeid wordt
beschon'ken *bn* dronken **bescho'ren** *bn* toebedeeld
beschot' *o* [-ten] houten afscheiding of bekleding; opbrengst
beschou'wen bekijken; overwegen **beschou'wend** *bn* contemplatief **beschou'wing** *v* het beschouwen; bespreking
beschrij'ven schrijven op, in woorden uitbeelden; schriftelijk vaststellen; ruimtefiguren op een plat vlak projecteren **beschrij'ving** *v* het beschrijven; de vorm

waarin beschreven is
beschroomd' *bn & bw* bedeesd
beschuit' *v(m)* licht en bros tweemaal gebakken tarweproduct **beschuit'je** *o* kleine beschuit; kneepje in de kin
beschul'digde *m-v* [-n] beklaagde **beschul'digen** de schuld geven **beschul'diging** *v* het beschuldigen; aanklacht
beschut'ten beschermen
besef' *o* begrip, bewustzijn **besef'fen** begrijpen
besjoemelen bedriegen
beslaan' met metaal bedekken; hoefijzers aandoen; met aanslag bedekt worden; een ruimte innemen; een vaste stof met vloeistof vermengen; *(v. dieren)* dekken; *goed beslagen*, goed voorbereid **beslag'** *o* aanhouding, arrest; bekleedsel van metaal, hoefijzers, oeverbekleding; mengsel van meel met vloeistof; *in ~ nemen*, aanslaan, eisen; *~ leggen op*, als onderpand in bezit nemen; vereisen; *zijn ~ krijgen*, geregeld worden **beslag'name** *v* [gmv] het in beslag nemen
besla'pen slapen op; coïtus plegen met; *zich ~ op*, eerst een nacht slapen alvorens te beslissen over **beslech'ten** vereffenen
beslijkt', **beslikt'** *bn* met modder bespat
beslis'sen vaststellen, de uitslag bepalen **beslis'sing** *v* het beslissen; uitspraak; uitslag **beslis'singswedstrijd** wedstrijd om de eindzege **beslist'** *bn & bw* vastbesloten; stellig
beslom'mering *v* zorg
beslo'ten *bn* afgesloten, niet voor vreemden toegankelijk; onbevaarbaar wegens ijs; waarin iets niet mag plaatshebben; *~ testament*, testament in verzegelde omslag **beslo'tenheid** *v* geringe toegankelijkheid
beslui'pen sluipende overvallen
besluit' *o* slot; gevolgtrekking; voornemen; beslissing **beslui'teloos** *bn* niet goed kunnende besluiten **beslui'ten** sluiten; een gevolgtrekking maken; voornemen **besluitvaar'dig** *bn* snel kunnend besluiten **besluit'vorming** *v* wijze waarop men tot een beslissing komt
besme'ren smeren op
besmet' *bn* met smetstof; bevuild; *(fig.)* bestaande uit smokkelwaar of vijandelijk bezit; *(fig.)* het effect van staking verminderend **besmet'telijk** *bn* licht op anderen overgaand; licht vuil wordend **besmet'ten** bezoedelen; ziektekiemen overbrengen **besmet'tingshaard** *m* centrum van besmetting
besmeu'ren bezoedelen
besmuikt' *bn & bw* heimelijk; onfris
besnaard' *bn fijn ~*, fijngevoelig **besna'ren** met snaren bespannen
besne'den *bn* bewerkt; de besnijdenis ondergaan hebbend; *fijn ~*, met fijne trekken **besneeuwd'** *bn* met sneeuw bedekt
besnij'denis *v* inwijdingsritus bij israëlieten en islamieten
besnoei'en snoeien; beperken **besnuf'felen** snuffelen aan
beso'demie'terd *bn (pop.)* dwaas, gek **besodemie'teren** *(pop.)* bedriegen
besog'ne ‹bezonje› *v(m)* [-s] bezigheid; *in ~*, bezig
bespan'nen doek of draden spannen over; trekdieren spannen voor **bespa'ren** overhouden; zorgen dat iem. iets niet te lijden heeft; bezuinigen **bespe'len** spelen op of in
bespeu'ren bemerken **bespie'den** beloeren, oplettend gadeslaan **bespie'gelen** overwegen **bespione'ren** bespieden **bespoe'digen** vlugger doen verlopen
bespot'telijk *bn & bw* spot verdienend **bespot'ten** spotten met
bespraakt' *bn* spraakvermogen bezittend; welsprekend **bespre'ken** spreken over; recenseren; reserveren **bespren'kelen** druppelsgewijze bevochtigen **besprin'gen** springen op, aanvallen; geslachtsgemeenschap hebben met; dekken
besproei'en begieten, irrigeren **besproei'ing** *v* irrigatie
bessenjenever met bessen bereide jenever **bessenstruik** struik waaraan bessen groeien
best *bn & bw* beter dan wat of wie ook, zeer goed; *naar mijn ~e weten*, voor zover ik weet; *niet al te ~*, niet gezond; *het ~e hopen*, hopen dat iets goed afloopt; *bovenste ~e*, zeer goed; *ten ~e* of *tot iemands eigen ~*, in iemands voordeel; *ten ~e geven*, voordragen, uitvoeren; *zijn ~ doen*, zich moeite geven
bestaan' **I** *ww* mogelijk zijn; wagen; standhouden; leven, zijn; verwant zijn; *~ uit* of *in*, gevormd worden door **II** *o* het zijn; kostwinning; *(plecht.)* waagstuk **bestaan'baar** *bn* kunnende bestaan; *(fig.)* verenigbaar **bestaans'minimum** minimum voor levensonderhoud **bestaans'mogelijkheid** mogelijkheid zich een levensonderhoud te verwerven **bestaans'recht** recht v. bestaan **bestaans'zekerheid** zekerheid van levensonderhoud
bestand' **I** *o* wapenstilstand; totaal aan bomen of personeel; bij elkaar horende informatie op computerschijf; verzameling gegevens voor computerverwerking **II** *bn* kunnende weerstaan **bestand'deel** samenstellend deel **bestands'beheer** het rangschikken en bijhouden v.e. (computer)bestand **bestands'lijn** bij wapenstilstand vastgelegde scheidingslijn **bestands'organisatie** rangschikking van bestandsgegevens
beste'den ten koste leggen; gebruiken; *het is goed aan hem besteed*, hij is het waard; uitgeven (v. geld) **beste'dingsbeperking** *(euf.)* bezuiniging **beste'dingspatroon** wijze van geld besteden
bestek' *o* [-ken] ruimte; nauwkeurige omschrijving van uit te voeren werk;

B

B

plaatsbepaling op zee; couvert
bestel' *o* regeling, bestuur; drukte
bestel'auto bestelwagen **bestel'brief** brief waarin men iets bestelt **bestel'dienst** onderneming om goederen te bezorgen
beste'len stelen van
bestel'goed goederen die snel verzonden en bezorgd worden **bestel'huis** zaak waar men goederen van andere firma's kan bestellen **bestel'kantoor** expeditiekantoor, bestelhuis **bestel'len** order geven om te leveren of te zorgen voor of te komen bezorgen **bestel'ler** *m* [-s] wie bestelt; postbode **bestel'ling** *v* het bestellen inz. van poststukken; het bestelde **bestel'wagen** auto voor bestelling van stukgoederen met gesloten carrosserie
bestemd' *bn* aangewezen, bedoeld, bepaald **bestem'men** aanwijzen, bedoelen, toedenken **bestem'ming** *v* bedoeling; doel; levenslot; *plaats van ~*, plaats waar iets of iem. heen moet **bestem'mingsplan** nauwkeurig uitbreidingsplan **bestem'mingsverkeer** verkeer dat beperkt is tot het rijden naar een bep. punt in de betrokken straat
bestem'pelen een stempel drukken op; noemen
besten'dig *bn & bw* duurzaam, vast **besten'digen** laten voortduren
bestens *bw (in de effectenhandel)* tegen zo voordelig mogelijke prijs **bestensorder** order om zo voordelig mogelijk effecten te kopen of te verkopen
bester'ven *z* sterven; hevig ontstellen; niet uitgesproken kunnen worden; na het slachten enige dagen rusten *(v. vlees)*; *het ~*, hevig ontstellen; *in de mond bestorven liggen*, geregeld gezegd worden
bestiaal' *bn & bw* beestachtig **bestialiteit'** *v* beestachtigheid **bestia'rium** *o* [-s, -ria] boek over dieren
bestij'gen *h* beklimmen, stijgen op; geslachtsgemeenschap hebben met **besto'ken** beschieten, aanvallen **bestor'men** met kracht en snelheid aanvallen; overstelpen
bestor'ven *bn* door sterfgeval geërfd hebbend; ouderloos; bedorven **besto'ven** *bn* met stof bedekt
bestraf'fen straffen, berispen
bestra'len stralen op; behandelen met geneeskrachtige stralen **bestra'lingstherapie** geneeswijze door middel van geneeskrachtige stralen
bestra'ten plaveien **bestra'ting** *v* het bestraten; plaveisel
bestrij'den strijden tegen; *(v. kosten)* betalen **bestrij'dingsmiddel** middel tegen ziekten of ongedierte of onkruid
bestrij'ken besmeren; met geschut beheersen, zich uitstrekken over
best'seller *m* [-s] boek dat zeer goed verkocht wordt
bestudeerd' *bn* (v.e. houding) opzettelijk aangenomen **bestude'ren** studeren op; scherp waarnemen
bestui'ven met stof of poeder of stuifmeel bedekken
bestu'ren sturen; leiding geven aan, regeren **bestu'ring** *v* stuurinrichting; het besturen v.e. voertuig; het hanteren v.e. werktuig **bestu'ringsorgaan** centraal computerdeel dat de gang van zaken v.d. onderdelen regelt **bestu'ringssysteem** systeem dat een computer bestuurt
bestuur' *o* [-sturen] het besturen; groep personen die besturen **bestuur'baar** *bn* te besturen **bestuurs'apparaat** met leiding belaste personen en instanties **bestuurs'kunde** wetenschap v.h. besturen **bestuurs'lichaam** *o* de bestuursleden **bestuurs'recht** *o* administratief recht **bestuurs'secretaris** *(Belgned.)* hoofdambtenaar **bestuurs'tafel** tafel waaraan het bestuur zit
bestwil *om iemands ~*, in zijn belang; *om ~*, met goede bedoelingen
bet. betekenis
bèta I *v (m)* tweede letter v.h. Griekse alfabet **II** *m-v* [-'s] leerling v.e. bèta-afdeling **bèta-afdeling** afdeling van gymnasium die toegang geeft tot academische studie in exacte vakken
betaal'automaat toestel waardoor men met bankpas kan betalen **betaal'baar** *bn* kunnende betaald worden **betaalbaarstelling** *v* bepaling v.d. dag waarop iets betaald wordt of moet worden **betaal'cheque** door een bank gegarandeerde cheque **betaal'kaart** betaalcheque v.d. postgirodienst **betaal'middel** middel om betalingen te doen **betaal'pas** legitimatiestuk voor een bankcheque **betaal'strook** deel v.e. autoweg waarop tegen betaling sneller gereden kan worden dan op de overige delen
bètablokker *m* [-s] hartritmevertragend geneesmiddel
bètaleerling leerling v.d. bèta-afdeling
beta'len het verschuldigde geld (doen) geven; *(fig.)* vergoeden, boeten voor; *betaald zetten*, wreken **beta'lingsbalans** *v(m)* staat van bedragen die met het buitenland verrekend moeten worden **beta'lingsconditie** regeling v.d. betaling in termijnen, afbetaling **beta'lingstermijn** termijn waarbinnen betaald moet worden; bedrag dat binnen een termijn betaald moet worden
betamax *wm m* soort videosysteem
beta'melijk *bn & bw* passend **beta'men** passen
betas'ten bevoelen
bètastralen *mv* negatief geladen radioactieve elektronen met grote snelheid
bètawetenschappen *mv* exacte wetenschappen
bete *v(m)* [-n] *(plecht.) zie* **beet**
bête *bn & bw* dom
bete'gelen met tegels bedekken
bete'kenen beduiden; aanzeggen bij deurwaardersexploot **bete'kenis** *v* [-sen]

zin, beduidenis; gewicht **bete'kenisleer** leer v.d. betekenis v.d. woorden **bete'kenisveld** geheel van zinverwante woorden
beten'geling *v* dun latwerk om er behang op aan te brengen
beter *bn & bw* in hogere mate goed; weer gezond; *aan de ~e hand*, aan de beterhand
bete'ren met teer bestrijken
be'teren beter maken of worden; *zich ~*, beter gaan oppassen
beterhand *aan de ~*, herstellende **betering**, **beterschap** *v* het beter worden
beteu'gelen bedwingen
betich'ten beschuldigen
betij'en *laten ~*, laten begaan
betim'meren timmerwerk aanbrengen tegen **betim'mering** *v* lambrisering
beti'telen benoemen
betoe'terd *bn* niet goed wijs
beto'gen trachten te bewijzen; een betoging houden **beto'ging** *v* propagandabijeenkomst of -optocht
beto'men beteugelen
beton' *o* hard geworden mengsel met cement
beto'nen doen blijken, bewijzen
beto'nie *v(m)* [-s] lipbloemige plant met rode bloemen, Lat. Stachys officinalis
beton'ijzer ijzer voor betonwapening **beton'molen** mengmachine voor beton
beton'nen I *ww* met tonnen de vaargeul aangeven II *bn* van beton
beton'ning *v* het betonnen; waarmee betond wordt
beton'rot *o* [gmv] roest in bewapening v. beton **beton'voetbal** *o* hard defensief voetballen
betoog' *o* [-togen] bewijsvoering **betoog'kracht** *v(m)* bewijskracht **betoog'trant** *m* trant van betogen
betoudovergrootmoeder [-s] grootmoeder v. overgrootmoeder of overgrootvader **betoudovergrootvader** *zie* **betoudovergrootmoeder**
beto'veren door toverij in een bep. toestand brengen; verrukken
betovergrootmoeder [-s] moeder van overgrootmoeder of van overgrootvader **betovergrootvader** *zie* **betovergrootmoeder**
betraand *bn* met tranen
betrach'ten in acht nemen **betrap'pen** verrassen **betre'den** treden op
betref'fen aangaan **betref'fende** *vz* aangaande
betrek'kelijk I *bn & bw* alleen onder bepaald opzicht geldend; *~ voornaamwoord*, niet-vragend vnw. aan begin v.e. bijzin; *~e bijzin*, bijzin ingeleid door betrekkelijk vnw. II *vz* betreffende **betrek'ken** *(v. koopwaar)* ergens vandaan halen; er bij halen; gaan bewonen; ontbieden; met wolken overdekt worden, versomberen **betrek'king** *v* verhouding, band; post; *(in het mv)* nabestaanden; *met ~ tot*, ten opzichte van; *~ hebben op*, verband houden met
betreu'ren treuren over, jammer vinden **betreu'renswaar'dig** *bn* waard betreurd te worden
betrok'ken *bn* bewolkt; flets; te maken hebbend, belast **betrok'kene** *m-v* [-n] wie de zaak aangaat
betrouw'baar *bn* te vertrouwen **betrouw'baarheidsrit** *m* rit waaruit kwaliteit van vervoermiddel moet blijken **betrou'wen** (toe)vertrouwen
bet'ten voorzichtig deppend bevochtigen
betui'gen verzekeren **betut'telen** kleine aanmerkingen maken (op)
bet'weter *m* [-s] wie alles beter meent te weten **bet'weterig** *bn & bw* menende alles beter te weten **bet'weterij'** *v* het menen dat men alles beter weet
betwij'felen twijfelen aan
betwist'baar *bn* te betwisten **betwist'en** twisten over recht of juistheid, strijden over het bezit
beu *bn* zat
beug *v(m)* vislijn met zijlijnen
beugel *m* [-s] hulpmiddel om de stand v.h. gebit te verbeteren; toestel tegen kromgroeien; stijgbeugel; U-vormige band of staaf; verend en scharnierend stuk metaaldraad om iets af te sluiten; *door de ~ kunnen*, er mee door kunnen **beugel-bh** bh met beugels onder de cups **beugelsluiting** sluiting met beugel **beugeltas** tas met beugel
beugen met een beug vissen **beuger** *m* [-s] schip voor beugvisserij
beuk I *m* loofboom v.h. geslacht Fagus met gladde stam en eetbare vruchtjes II *m/v* schip v. gebouw; *de ~ erin*, flink er tegenaan **beuken** I *ww* hard slaan II *bn* van beukenhout **beukenboom** beuk **beukennootje** vrucht v.d. beuk
beul *m* scherprechter; wreedaard **beulen** zwoegen; pijnigen
beuling *m* bep. worst
beun *v(m)* houder om gevangen vis levend te bewaren
beunen *(pop.)* beunhazen
beunhaas *m* [-hazen] wie onbevoegd een vak beoefent **beunhazerij'** *v* het onbevoegd een vak uitoefenen
beuren opheffen; innen
beurs I *v(m)* [beurzen] geldbuidel; studiebeurs; officieel erkende en gereglementeerde markt; beursgebouw; handelaarsbijeenkomst; *in de ~ blazen*, royaal zijn II *bn* overrijp, buikziek **beursagent** makelaar aan de beurs **beursbelasting** belasting op bezoekers v.d. beurs **beursberichten** *mv* bericht over beurskoersen **beursconditiën**, **beurscondities** *mv* voorwaarden bij koop en verkoop die op de beurs gelden **beursgang** aanvraag door een onderneming om op de effectenbeurs genoteerd te worden **beursindex** koersgemiddelde v.d. beursnoteringen op een bep. tijd **beursklimaat** stemming op de

B

beurs **beursnotering** *v* opgave v.d. prijzen op de beurs **beurspolis** *v(m)* polis v.e. aan de beurs gesloten verzekering **beursreglement** reglement voor beurshandel
beursstudent wie met een beurs studeert
beursvakantie tijd dat er geen beurs is **beurswaarde** bij verhandeling op de beurs blijkende werkelijke waarde van effecten
beurt *v(m)* met andere afwisselend voorval of handeling; omstandigheid dat iets naar bep. volgorde geschiedt; *om de ~* of *op de ~* of *om ~* of *om ~en*, afwisselend; *een ~ krijgen*, ondervraagd worden (in les); *te ~ vallen*, ten deel vallen; *een goede ~ maken*, goed voor de dag komen; *een goede ~ geven*, flink schoonmaken **beurtelings** *bw & bn* bij afwisseling **beurtgezang** door verschillende groepen om beurten uitgevoerde zang **beurtman** schipper die bij beurten vaart **beurtmelder** *m* [-s] telefonisch antwoordapparaat dat aantal wachtenden noemt **beurtschipper** schipper die op vaste dagen tussen twee of meer plaatsen vaart **beurtzang** beurtgezang
beuzelaar *m* [-s], **beuzelaarster** *v* [-s] wie beuzelt **beuzelachtig** *bn & bw* onbeduidend **beuzelarij'** *v* kleinigheid **beuzelen** kletspraat vertellen; onbetekenende dingen doen **beuzeling** *v* beuzelarij **beuzelpraat** geleuter **beuzeltaal** geleuter **beuzelwerk** beuzelarij
bevaarbaar *bn* te bevaren
beval'len *h/z* behagen, in de smaak vallen, vertrouwen inboezemen; een kind ter wereld brengen **beval'lig** *bn & bw* bekoorlijk **beval'lingsverlof** zwangerschapsverlof
bevan'gen **I** *ww* overmeesteren **II** *bn* schuchter **beva'ren** **I** *ww* varen op **II** *bn* veel gevaren hebbende
bevat'telijk *bn & bw* begrijpend, begrijpelijk **bevat'ten** inhouden; begrijpen **bevat'ting** *v* begrip, verstand **bevat'tingsvermogen** aanleg om te begrijpen
bevech'ten vechten tegen; vechtende behalen **bevei'ligen** in veiligheid stellen
bevel' *o* gebod, commando **beve'len** [beval, bevolen] gebieden, bevel voeren; toevertrouwen **bevel'hebber** *m* [-s] wie bevel voert **bevel'hebberschap** *o* bevelhebber zijn **bevel'schrift** *o* geschrift waarin iets bevolen wordt **bevel'voerder** *m* [-s] bevelhebber **bevel'voerend** *bn* bevel voerend **bevel'voering** *v* het bevel voeren
beven trillen
bever **I** *m* [-s] grootste Europese knaagdier, Lat. Castor fiber **II** *o* beverbont
beverig *bn* enigszins bevend
beves'tigen vast(er) maken; instemmen met; als juist doen kennen; volledige kracht geven; officieel aanstellen, plechtig tot lidmaat verklaren
bevind' *naar ~ van zaken*, zoals men de zaken bevindt **bevin'delijk** *bn (prot.)* uit godsdienstige ervaring ontstaan; op godsdienstige ervaring vertrouwend **bevin'den** na onderzoek vaststellen; *zich ~*, bemerken dat men in een bepaalde toestand is; zijn **bevin'ding** *v* slotsom
bevin'geren (met een vrouw als object) met de vingers seksueel bevredigen **bevlek'ken** bezoedelen
bevlie'gen vliegen over **bevlie'ging** *v* opwelling
bevloei'en irrigeren **bevloei'ingswerken** *mv* irrigatiewerken
bevloe'ren van een vloer voorzien
bevlo'gen *bn & bw* enthousiast
bevoch'tigen nat maken
bevoegd' *bn & bw* gerechtigd; met de vereiste bekwaamheid
bevoe'len betasten
bevol'ken van volk voorzien **bevol'king** *v* de gezamenlijk er verblijvenden **bevol'kingsbureau** afdeling v. gemeentesecretarie voor bevolkingsregistratie **bevol'kingscijfer** cijfer v.d. grootte v.d. bevolking **bevol'kingsdichtheid** aantal inwoners per oppervlakte-eenheid **bevol'kingsoverschot** het verschil tussen geboorte- en sterftecijfer waarbij het aantal geboorten het grootst is **bevol'kingspiramide** een driehoeksvorm vertonende grafiek van zekere hoedanigheden v.e. bevolking **bevol'kingsregister** lijst met namen en geboortedatums der ingezetenen v.e. gemeente **bevol'kingsstatistiek** statistiek met betrekking tot de bevolking **bevolkt'** *bn* bewoond met een talrijke bevolking
bevoog'den voorzien v.e. voogd; als een onmondige behandelen
bevoor'delen voordeel bezorgen
bevooroor'deeld *bn* met vooroordelen
bevoor'raden van voorraad voorzien **bevoor'rechten** voorrecht geven aan
bevor'deraar *m* [-s], **bevorderaarster** *v* [-s] wie bevordert **bevorderen** de ontwikkeling begunstigen; in rang verhogen **bevor'derlijk** *bn* gunstig
bevrach'ten van vracht voorzien **bevra'gen** *te ~*, gevraagd kunnende worden **bevre'digen** tevreden stellen; pacificeren; voldoen aan de seksuele behoefte van
bevreem'den verwonderen **bevreem'dend** *bn* verwonderlijk
bevreesd' *bn* bang **bevriend'** *bn* vriend zijnde; vriendschappelijk
bevrie'zen door bevriezen hard worden of veranderen; *(fig.)* koel worden; onveranderd laten *(lonen, prijzen bijv.)*
bevrij'den vrijmaken **bevrij'dingsbeweging** groep die zich inzet voor bevrijding v.e. bep. regime **bevrij'dingsdag** dag waarop de bevrijding herdacht wordt; dag v.h. bevrijden **bevrij'dingsfront** groepen die samen strijden om bep. gebied te bevrijden
bevroe'den begrijpen, vermoeden
bevro'ren *bn (fig.)* als voorlopig onveranderlijk bepaald
bevruch'ten een vrucht doen ontstaan **bevui'len** vuil maken

bewaar'der *m* [-s] bewaker; wie iets in bewaring heeft **bewaar'engel** engelbewaarder
bewaar'heiden als waar aantonen, waarmaken
bewaar'plaats plaats waar iets bewaard wordt
bewaasd' *bn* wazig
bewa'ken waken over, passen op **bewa'kingsdienst** particuliere instelling die tegen betaling bewaakt
bewan'delen wandelen op
bewa'penen van wapens voorzien **bewa'peningswedloop** *(mil.)* het wederzijds uitbreiden van bewapening
bewa'ren bij zich houden; behoeden, verzorgen; *het stilzwijgen ~*, zwijgen **bewa'ring** *v in verzekerde ~ nemen*, arresteren; *huis v. ~*, gevangenis; *in ~ geven*, aan iemands zorgen overlaten
bewas'sen begroeien
beweeg'baar *bn* te bewegen **beweeg'grond** beweegreden **beweeg'kracht** kracht die iets in beweging brengt **beweeg'lijk** *bn* levendig **beweeg'reden** motief **bewe'gen** van plaats of houding doen veranderen; ontroeren; brengen tot; *zich weten te ~*, zich juist weten te gedragen; *zich ~ op*, betreffen **bewe'ging** *v* het bewegen; drukte; gedrag; streven v.e. groep; aandrang **bewe'gingloos** *bn* zonder beweging **bewe'gingsapparaat** lichaamsdelen die noodzakelijk zijn voor het bewegen **bewe'gingsleer** leer v.d. bewegingen **bewe'gingsoorlog** oorlog met zich telkens verplaatsende aanvalslegers **bewe'gingsschakelaar** schakelaar die bewerkt dat bij een beweging een beveiligingslicht aanspringt **bewe'gingstherapie** geneeswijze met oefening i.h. bewegen **bewe'gingsvrijheid** gelegenheid om zich te bewegen **bewe'gingszenuw** zenuw die een spier tot beweging prikkelt
beweg'wijzering *v* het van wegwijzers voorzien (zijn)
bewei'den laten weiden op **bewe'nen** wenen over **bewe'ren** staande houden; *niets te ~ hebben*, niets te zeggen hebben
bewer'kelijk *bn* waar veel werk aan is **bewer'ken** versieren; klaarspelen; bearbeiden; trachten over te halen; veroorzaken; omwerken **bewer'ker** *m* [-s] wie een tekst bewerkt of omwerkt **bewer'king** *in ~*, in voorbereiding
bewer'kstelligen tot stand brengen
bewes'ten *vz & bw* ten westen van
bewie'roken wierook toezwaaien; overmatig prijzen
bewijs' *o* [-wijzen] wat iets bewijst; blijk; een klein beetje; schriftelijke of gedrukte verklaring; *ten bewijze*, als bewijs **bewijs'baar** *bn* kunnende bewezen worden **bewijs'grond** grond waarop men iets bewijst **bewijs'kracht** waarde als bewijsmiddel **bewijs'last** plicht om te bewijzen **bewijs'nummer** nummer ten bewijze van plaatsing **bewijs'plaats** ten bewijze aangehaalde woorden **bewijs'stuk** iets waarmee men iets wil bewijzen **bewijs'voering** *v* redenering om iets te bewijzen **bewij'zen** de waarheid aantonen; betonen; *een dienst ~*, iets voor iem. doen
bewil'ligen toestaan
bewind' *o (enigszins ong.)* bestuur, beheer, regering **bewind'hebber** *m* [-s] bestuurder **bewinds'man** *m* [-lieden], **bewinds'persoon** lid v. bewind; bestuurslid; minister **bewind'voerder** *m* [-s] beheerder
bewo'gen *bn* ontroerd
bewol'ken met wolken betrekken; versomberen (v.h. gezicht) **bewol'king** *v* wolkenlaag
bewon'deraar *m* [-s] wie bewondert **bewon'deren** eerbiedig als schoon beschouwen **bewonderenswaar'dig** *bn* waard om bewonderd te worden **bewon'dering** *v* gevoel bij het bewonderen
bewo'nen wonen in **bewoon'baar** *bn* te bewonen
bewoor'dingen *mv* termen
bewust' *bn & bw* besef hebbend; met opzet; waarover gesproken is **bewus'teloos** *bn* buiten kennis **bewust'heid** *v* het zich bewust zijn, volledig bezit van besef **bewust'zijn** besef (omtrent zichzelf); *het ~ verliezen*, bewusteloos worden **bewust'zijnsvernauwing** *v* toestand waarin bep. voorstellingen niet tot het bewustzijn doordringen
bezaai'en zaaien op, strooien op
bezaan' *v(m)* [-zanen] zeil a.d. achtermast **bezaans'mast** achterste mast op driemaster
beza'digd *bn & bw* kalm
bezat'ten *zich~*, zich bedrinken **beze'gelen** v.e. zegel voorzien; bekrachtigen
bezeild' *bn & bw* goed kunnende zeilen **bezei'len** zeilen op; zeilend bereiken; *er is geen land mee te ~*, hij of zij is geheel onhandelbaar
bezem *m* [-s] bep. werktuig om te vegen; *nieuwe ~s vegen schoon*, nieuwe personen voldoen in het begin goed **bezembinder** *m* [-s] wie bezems maakt **bezemwagen** auto die uitvallers vervoert
bezen'ding *v* zending; grote hoeveelheid
beze'ren pijn doen
bezet' *bn* niet vrij; het druk hebbend; zwaar verkouden; waar troepen gelegerd zijn; gevuld; *na ~te tijd*, na het sluitingsuur
beze'ten *bn* een boze geest hebbend
bezet'ten gaan zitten op; troepen leggen in, bedekken, bepleisteren; innemen, in beslag nemen; voorzien van spelers voor de verschillende partijen **bezet'ter** *m* [-s] wie bezet of bezet houdt **bezet'ting** *v* het bezetten; garnizoen; benauwdheid op de borst door te veel slijm; de personen die de rollen of partijen spelen of posten bekleden **bezet'tingsgraad** verhouding tussen feitelijk en mogelijk gebruik **bezet'tingsstaking** door stakers

B

uitgevoerde bezetting **bezet'tingszone** zone waar een bep. land bezetting heeft **bezet'toon** toon die aangeeft dat het telefoonnummer in gesprek is
bezich'tigen nauwkeurig bekijken
bezield' *bn* met een ziel; vol vuur **bezie'len** een ziel geven; geestdriftig maken **bezie'ling** *v* het bezielen; geestdrift
bezien' bekijken; *nog te ~ staan*, nog niet zeker zijn **bezienswaard'(ig)** *bn* waard bezien te worden **bezienswaar'digheid** *v* [-heden] wat bezienswaardig is
bezig *bn & bw* steeds aan het werk **bezigen** gebruiken **bezigheid** *v* [-heden] werk **bezigheidstherapie** geneeswijze door iem. werk te laten verrichten **bezighouden** [hield bezig, beziggehouden] iemands aandacht in beslag nemen of afleiden, maken dat iem. zich niet verveelt; *zich ~*, zich onledig houden
bezij'den I *vz* naast II *bw* ter zijde
bezin'gen zingen over
bezin'ken naar de bodem zakken; helder worden v. vloeistof doordat zwevende deeltjes naar beneden zakken; rustig in de geest verwerkt worden **bezin'king** *v* het bezinken; het bezonkene **bezink'sel** *o* [-s] droesem, neerslag
bezin'nen nadenken; *zich ~*, nadenken, van gedachten veranderen **bezin'ning** *v* het goed overdenken; bewustzijn
bezit' *o* het hebben; wat men heeft **bezit'neming** *v* het in bezit nemen **bezit'telijk** *bn ~ voornaamwoord*, vnw. dat attributief fungeert bij een persoonlijk voornaamwoord **bezit'ten** hebben **bezit'ting** *v* eigendom
bezoe'delen vuil maken, schandvlekken
bezoek' *o* visite; bezoekers; het bezoeken **bezoe'ken** gaan naar; beproeven
bezoe'kersvisum visum om een land kort te bezoeken
bezol'digen salaris geven **bezol'diging** *v* het bezoldigen; salaris
bezon'digen *zich ~*, zonde doen; zich te buiten gaan
bezon'ken *~ oordeel*, weldoordacht oordeel **bezon'nen** *bn* bedachtzaam, weloverdacht **bezo'pen** *bn (pop.)* dronken; dwaas
bezorgd' *bn* ongerust; zorgzaam
bezor'gen verschaffen, veroorzaken, brengen; verzorgen **bezor'ger** *m* [-s] wie goederen bezorgt
bezui'den I *bw* zuidwaarts II *vz* ten zuiden v.
bezui'nigen uitsparen **bezui'nigingswoede** zeer sterk aangepakte bezuiniging
bezu'ren boeten voor, lelijk opbreken
bezwaar' *o* [-zwaren] moeilijkheid, beletsel; bedenking; *buiten ~ van de schatkist*, zonder kosten voor de schatkist **bezwaard'** *bn & bw* bekommerd; berouw gevoelend; *zich ~ gevoelen*, bedenkingen hebben **bezwaar'lijk** *bn & bw* moeilijk; waartegen bezwaren zijn **bezwaar'schrift** *o* geschrift met bezwaren
bezwa'ren belasten, hinderen **bezwa'rend** *bn* lastig; schuld tonend
bezweet' *bn* met zweet bedekt
bezwe'ren smeken; met een eed bevestigen; oproepen of uitbannen van geesten; *een gevaar ~*, een gevaar afwenden **bezwe'ringsformulier** formulier om te bezweren
bezwij'ken [bezweek, bezweken] ineenzakken, het begeven; sterven
bezwij'men in zwijm vallen **bezwij'ming** *v* flauwte
b.g.g. bij geen gehoor
bh *m* bustehouder
bh'-sluiting sluiting v.e. bh
Bhagwanbeweging *v* religieuze groepering rond de goeroe Bhagwan
bi I *bn* biseksueel II *als voorvoegsel*: tweezijdig
b.i. bouwkundig ingenieur
Bi *(schei.)* bismut
biais'band ‹ais=ee› lint om naaiwerk v.e. boord te voorzien
biat'lon *m* [-s] sportwedstrijd in schijfschieten en langlaufen
bibbera'tie *v (scherts.)* het bibberen v. kou of angst; koorts **bibberen** rillen **bibberig** *bn & bw* gemakkelijk bevend
bibelot' ‹lot=loo› *o* [-s] snuisterij
bibliobus rijdende bibliotheek **bibliofiel'** *m* liefhebber v. fraaie en zeldzame boeken **bibliograaf'** *m* [-grafen] boekenkenner **bibliografie'** *v* [-ën] lijst van boeken en artikelen over een onderwerp **bibliogra'fisch** *bn* in verband met bibliografie **bibliomaan'** *m* [-manen] wie op boeken verzot is **bibliomanie'** *v* het verzot zijn op boeken **bibliothecares'se** [-n] beheerster v.e. bibliotheek **bibliotheca'ris** [-sen] beheerder v.e. bibliotheek **bibliotheek'** *v* [-theken] boekerij, boekenkast, uitleenbibliotheek
biblist' *m* bijbelkenner **biblistiek'** *v* bijbelkunde
bicarbonaat *o* [gmv] dubbelkoolzuur natriumzout
biceps ‹bieseps› *m* tweehoofdige opperarmspier
biconcaaf' *bn* aan beide zijden hol **biconvex'** *bn* aan beide zijden bol
bidbank knielbankje om te bidden **biddag** dag waarop in kerken bijzonder gebeden moet worden **bidden** [bad, gebeden] gebed doen; dringend vragen; stilstaan in de lucht **bidder** *m* [-s] wie bidt; aanspreker
bidet' *m/o* [-s] wasbekken voor zitbaden
bid'kleedje kleedje waarop de mohammedanen knielen tijdens het gebed
bidon' *m* [-s] waterflesje op een racefiets
bid'prentje *o (r.-k.)* rouwprentje **bid'snoer** kralenketting om mee te bidden **bid'stoel** zitstoel met knielbank **bid'stond** *m (prot.)* dienst buiten gewone kerkdienst
bie *bn (pop.) ik vond het niet zo ~*, ik vond het niet zo bijzonder
bieb *v(m) (pop.)* uitleenbibliotheek
biecht *v(m) (r.-k.)* sacrament waardoor de zonden vergeven worden; de te belijden of beleden zonden; *te ~e gaan*, biechten; *~ horen*, iemands biecht aanhoren; *~ spreken*,

zijn zonden belijden; *de ~ afnemen*, nauwgezet ondervragen **biechteling** *m* wie biecht **biechten** de biecht ontvangen; zonden bekennen **biechtgeheim** verplichte geheimhouding omtrent gebiechte zonden **biechtstoel** meubel waarin gebiecht wordt **biechtvader** priester bij wie men biecht

bieden [bood, geboden] aanbieden, geven; prijs noemen die men wil geven; aantal slagen of punten noemen dat men denkt te halen; *weerstand ~* of *het hoofd ~*, weerstaan

biedermeier *o* bep. burgerlijke stijl van 1815-1840 **biedermeiertje** stijf bolvormig bloemstukje in die stijl

biedkoers, **biedprijs** geboden prijs

bief *m* [bieven] biefstuk **biefburger** *m* [-s] tot een schijf samengeperst gemalen vlees; broodje daarmee **biefstuk** *m* dun stuk vlees v.d. bovenbil dat gebakken of geroosterd wordt

biels *v(m)* [bielzen] dwarsligger

biënna'le ‹biejennale› *v* [-s] tweejaarlijkse kunstmanifestatie

bier *o* uit hop en gerst gebrouwen alcoholhoudende drank **bierbuik** buik die dik is door bier drinken; iem. met zo'n buik

bierkaai *tegen de ~ vechten*, een onmogelijke strijd voeren

biermes voorwerp om boven de rand uitstekend schuim af te snijden **bierpomp** pomp om bier uit een vat op te pompen **biertje** *o* glas bier **bierviltje** *o* viltpapieren schijfje onder bierglazen **bierwacht** organisatie die regelmatig biertapinstallaties onderhoudt

bies *v(m)* [biezen] oeverplant uit de familie der Cyperaceeën; voor vlechtwerk gebruikte steel van die plant; smal boordsel; rechte versieringslijn; *zijn biezen pakken*, vluchten

bieslook als kruid gebruikt look v.d. soort Allium schoenoprasum

biest *v(m)* eerste melk v.e. kalfkoe

biet, **beet** *v(m)* [bieten, beten] plant v.d. soort Beta vulgaris; wortelknol van die plant

bietebauw *m* boeman

bietenkroot *v(m)* biet **biet(en)suiker** *m* suiker uit bieten

bietsen bedelen om; inpikken

biezen **I** *ww* wild en driftig in de wei rondlopen **II** *bn* van bies

bi'focaal' *bn* met twee brandpunten

bi'furca'tie *v* [-s] vorkvormige splitsing; vorkvorming

big *v(m)* [-gen] jong varken

bigamie' *v* met twee personen gehuwd zijn **bigamist'** *m* wie bigamie bedrijft

big boss ‹g=G› *m* [-es] invloedrijke leider

biggelen afrollen

biggen biggen werpen **biggenmerk** in het oor v.e. big aangebracht keurmerk

bigot *bn & bw* kwezelachtig **bigotterie'** *v* kwezelarij

bij **I** *v (m)* bruin vliesvleugelig insect v.d. familie der Apidae **II** *vz* nabij; met; in tegenwoordigheid van; tijdens; vergeleken met; in geval van; in; wegens; ongeveer; door; volgens; *~ uitzondering*, als een uitzondering; *~ de tijd*, aangepast aan de tijd en dienovereenkomstig handelend; *~ dezen*, hierbij **III** *bw* weer bij kennis; verstandig; handig; niet meer achter; *ten naaste ~*, ongeveer; *als voorvoegsel*: erbij; zodat men weer bij is; zodat iets weer in orde is

bijaldien' *vgw* ingeval

bijbaantje betrekking erbij **bijbank** bijkantoor v. bank **bijbedoeling** bedoeling naast die welke men voorgeeft **bijbegrip** toegevoegd begrip

bijbehorend *bn* erbij horend

bijbel *m* [-s] H. Schrift; *(pop.)* dik boek **bijbelkritiek** kritische bijbelstudie **bijbellezing** het lezen van stukken uit de bijbel; godsdienstoefening waarin dat gebeurt **bijbels** *bn* met betrekking tot de bijbel **bijbelvast'** *bn* goed met de bijbel bekend

bijbenen *(pop.)* bijhouden **bijbetalen** meer betalen

bijblad bijgevoegd blad

bijblijven bijhouden; niet vergeten worden

bijboek handelsboek naast grootboek en journaal **bijboeken** bij het overige boeken **bijbrengen** weer tot bewustzijn brengen; aan het verstand brengen; verschaffen

bijdehand' *bn* vlug, pienter

bijdetijds' *bn* modern

bijdraaien *z* de zeilen zo stellen dat het schip bijna stil ligt; een beetje toegeven

bijdrage *v* [-n] wat iem. bijdraagt; gave; opstel **bijdragen** *h* meebetalen; meedoen

bijeen' *bw* bij elkaar *(ook als eerste deel van sk in deze bet.)*

bijeen'komen *z* bij elkaar komen; bij elkaar passen **bijeen'komst** *v* samenkomst

bijencel *v(m)* [-len] cel in bijenkorf **bijenhouder** [-s] imker **bijenkast** kast voor een bijenvolk **bijenkoningin** moederbij **bijenkorf** mand waarin men bijen houdt **bijenstal** hok voor bijenkorven **bijenvolk** de bijen v.e. korf of kast **bijenwas** door bijen geproduceerde was **bijenzwerm** troep bijen die de korf verlaat om een nieuw volk te vormen

bijfiguur bijkomstig figuur

bijgaand *bn* met iets verzonden

bijgebouw hulpgebouw

bijgelegen *bn* aangrenzend

bijgeloof niet gemotiveerd geloof in de bovennatuurlijke kracht van iets **bijgelo'vig** *bn* met bijgeloof

bijgenaamd *bn* met de bijnaam

bijgerecht *o* klein gerecht bij hoofdschotel

bijgeval' **I** *vgw* indien **II** *bw* toevallig **bijgevolg'** *bw* dus

bijholte *v* holte achter de neusholte **bijholteontsteking** ontsteking v.d. bijholte

bijhouden met iets niet ten achter komen; zorgen dat men op de hoogte blijft; *iemands boeken ~*, iemands boekhouding voeren

B

B

bijkaart kleine kaart in hoek v.e. grote; kaart(en) buiten de troeven
bijkans' *bw* bijna
bijkantoor hulpkantoor **bijkeuken** bijvertrek bij keuken
bijkleuren meer kleur krijgen; extra kleur geven **bijknippen** door een beetje knippen in betere vorm brengen
bijkomen *z* erbij komen; erbij passen; weer tot bewustzijn komen; zich herstellen **bijkomend** *bn* extra; bijpassend **bijkom'stig** *bn* niet de hoofdzaak vormend **bijkom'stigheden** *mv* bijkomstige omstandigheden, bijzaken
bijl *v(m)* hakwerktuig; *er met de grove (*of *botte* of *brede) ~ in hakken*, grof verteren; ruw te werk gaan; pochen; *het ~tje erbij neerleggen*, het opgeven
bijl. bijlage
bijlage *v(m)* [-n] bijgevoegd stuk
bijlan'ge ~ *(na) niet*, op geen stukken na
bijleggen erbij leggen; onder klein zeil een schip bij de wind houden; toegeven, in der minne schikken **bijlegger** *m* [-s] artikel waarop men toegeeft; schip dat bij storm met de kop op de golven vaart; leeswijzer
bijles *v(m)* [-sen] extra (privé)les
bijlichten bij iem. een licht houden; inlichten
bijna *bw* op een beetje na
bijnaam toegevoegde naam, naam die men geeft in plaats v.d. eigenlijke
bijnadood'ervaring beleving v.e. moment waarop iem. bijna dood is geweest
bijnier *m* elk van beide boven de nieren gelegen klieren
bijoogmerk bijbedoeling
bijou' ‹biezjoe› *o/m* [-s] sieraad **bijouterie'** *v* [-ën] sieradenwinkel; sieraden
bijpassen het ontbrekende bijbetalen
bijplaneet om een planeet draaiende planeet, maan
bijpompen lucht erbij pompen **bijpraten** pratende weer op de hoogte komen of brengen
bijproduct bijkomstig product **bijrijder** *m* iem. die de vrachtwagenchauffeur begeleidt en helpt **bijrol** kleine rol in toneelspel
bijschaven schavend afwerken; kleine gebreken herstellen *(ook fig.)*
bijscholen volwassenen of reeds bevoegden meer vakkennis bijbrengen **bijscholingscursus** cursus om iem. bij te scholen
bijschrift het bij iets geschrevene **bijschrijven** door schrijven toevoegen; *(v. geld)* bij een rekening voegen **bijschrijving** *v* het bijschrijven; bijgeschreven som geld; bewijsstuk dat een bedrag is bijgeschreven
bijschuiven erbij schuiven; mee aan tafel gaan zitten
bijslaap *m* geslachtelijke gemeenschap **bijslag** *m* toeslag **bijsluiter** *m* [-s] bij geneesmiddel gevoegd papier met bep. aanwijzingen **bijsmaak** *m* wat de eigenlijke smaak wijzigt
bijspijkeren *h/z* voorlopig herstellen, opknappen; met geld ondersteunen; kennis aanvullen **bijspringen** *h/z* helpen
bijstaan helpen **bijstand** *m* hulp; gemeentelijke sociale dienst voor financiële hulp **bijstander** [-s] wie een bijstandsuitkering heeft; iem. die tegenwoordig is **bijstandsmoeder** alleenwonende vrouw met kind(eren) die een bijstandsuitkering heeft **bijstandsuitkering** uitkering ingevolge de Algemene Bijstandswet **bijstandtrekker** [-s] wie een bijstandsuitkering krijgt
bijstellen in de juiste stand zetten; een beetje aanpassen **bijstelling** *v* het bijstellen; *(taalk.)* omschrijvende bepaling
bijster I *bn (zegsw.)* kwijt II *bw* zeer
bijsturen koerswijziging aanbrengen
bijt *v(m)* opening in ijs
bijtanken ‹a=e› benzine enz. bijvullen; *(fig.)* kennis aanvullen **bijtekenen** *(fig.)* zich nog voor enige tijd verplichten
bijten [beet, gebeten] een bijt hakken; de tanden in iets zetten; aantasten; stekend gevoel veroorzaken; boos zeggen **bijtend** *bn* grievend; scherp aantastend
bijtijds' *bw* vroeg genoeg
bijtmiddel middel om verf af te bijten
bijtoon boventoon; bijaccent
bijtrekken naar zich toetrekken; minder worden *(v. pijn)*, overgaan
bijv. bijvoorbeeld
bijvak vak dat men minder uitgebreid naast een hoofdvak bestudeert
bijval *m* instemming **bijvallen** *z* instemmen met
bijverdienste extra verdienste **bijverschijnsel** bijkomend verschijnsel **bijvoeding** extra voeding
bijvoegen toevoegen **bijvoeg'lijk** *bn (taalk.)* zelfstandigheden nader bepalend **bijvoegsel** *o* [-s, -n] wat bijgevoegd wordt
bijvoet *m* alsem, Lat. Artemisia vulgaris
bijvoor'beeld *bw* als voorbeeld
bijvorm eveneens voorkomende vorm **bijwagen** aanhangwagen
bijwerk bijkomstig of versierend werk **bijwerken** aanvullen; opknappen; bijles geven
bijwij'len *bw* soms
bijwonen aanwezig zijn bij; wonen bij
bijwoord onverbuigbaar woord dat zin bepaalt **bijwoor'delijk** *bn* fungerend als bijwoord
bijz. bijzonder
bijzaak zaak van minder belang
bijzettafel tafeltje om bij een stoel te plaatsen **bijzetten** bij iets zetten; begraven; (van kracht of luister) geven
bij'zien'de *bn* slecht in de verte ziende
bijzijn *o* tegenwoordigheid **bijzin** *(taalk.)* aan een andere zin ondergeschikte zin
bijzit vrouw met wie men buiten huwelijk geregeld omgang heeft **bijzitter** [-s] toeluisterend examinator
bijzon'der I *bn* eigen, particulier; ongewoon; niet v.d. overheid uitgaande; in hoge graad II *bw* inzonderheid, zeer; *in het ~*,

afzonderlijk, tot in de bijzonderheden; vooral **bijzon'derheid** *v* [-heden] onderdeel; iets bijzonders
bik **I** *o/v(m)* afval v. steen **II** *m (pop.)* eten
biki'ni *m* [-'s] tweedelig badpak
bikkel *m* [-s] kootbeentje v.e. schapenpoot; er op lijkend speelgoed **bikkelen** met bikkels spelen; *(sp.)* hard spelen **bikkelhard** *bn* keihard
bikken afhakken; *(pop.)* eten
bil *v(m)* [-len] achterdeel van lichaam
bilabiaal' **I** *bn & bw* met beide lippen gevormd **II** *m* [-alen] met beide lippen gevormde klank
bilateraal' *bn* tweezijdig
bilinguaal' *bn* tweetalig **bilinguïs'me** ⟨gu=Gw⟩ *o* tweetaligheid
biljard' *telw* 10^{15}
biljart' *o* tafel voor bep. spel **biljart'bal** bal voor biljart **biljar'ten** biljart spelen **biljart'keu** *v(m)* biljartstok
biljet' *o* [-ten] kaartje, briefje
biljoen' *o* 10^{12}
billenkoek *(pop.)* slaag op de billen
billijk *bn & bw* redelijk, rechtmatig, rechtvaardig; *(germ.)* goedkoop **billijken** redelijk vinden, goedkeuren **billijkerwijs'**, **billijkerwij'ze** *bw* de billijkheid in aanmerking genomen
bilnaad scheiding tussen beide billen
bi'loca'tie *v* het tegelijk op twee plaatsen zijn
bimes'ter *o* [-s] twee maanden
bimetallis'me *o* stelsel v. dubbele standaard v. munten
BIN *(Belg.)* Belgisch Instituut voor Normalisatie
binair' ⟨ai=è⟩ *bn* tweedelig; tot het tweetallig stelsel behorend
binden [bond, gebonden] vastmaken; (v. vloeibare spijzen) dik maken; inbinden; verenigen; in zijn vrijheid belemmeren; *op het hart ~*, op het geweten drukken **binder** [-s] wie bindt **binderij'** *v* boekbinderij **bindgaren** garen om mee te binden **binding** *v* het gebonden zijn; het binden **bindvlies** slijmvlies aan de binnenkant v.d. oogleden **bindvliesontsteking** ontsteking aan het bindvlies **bindweefsel** *o* weefsel v.h. lichaam dat aan organen of andere weefsels steun en samenhang geeft
bine'ren op één dag tweemaal mis lezen
bingelkruid giftig plantengeslacht, Lat. Mercurialis, uit de wolfsmelkfamilie
bingo ⟨binGo⟩ *o/m* soort lottospel met voorbedrukte formulieren **bingoavond** avond waarop bingo wordt gespeeld
bink *m* lomperd; *(pop.)* politieagent
binnen *vz & bw* niet buiten; tijdens; *van ~*, inwendig; *van ~ en van buiten*, geheel; *te ~*, in de gedachte; *~ zijn*, zijn schaapjes op het droge hebben
binnenbad overdekte zwemgelegenheid **binnenband** dunne binnenste gummiband **binnenbocht** het dichtst bij het middelpunt gelegen deel v.e. bocht **binnenbraak** *v(m)* het bij diefstal openbreken van sloten en kasten **binnenbrand** brand in het huis
binnendijk dijk langs een binnenwater, slaper **binnendijks'** *bw & bn* binnen de dijk gelegen
binnendoor' *bw* langs een binnenweg; niet buitenom
binnendringen indringen **binnendruppelen** binnenkomen (v. druppels); een voor een bij tussenpozen binnenkomen
binnenduin *v(m) of o* duin landwaarts in
bin'nengaats' *bw* niet op zee
binnenhaven niet vlak aan zee of bij de rivier gelegen haven **binnenhof** binnenplaats **binnenhuis** interieur v.e. huis **binnenhuisarchitect** raadgever omtrent inrichting v.e. huis
bin'nenin' *bw* in afgesloten ruimte
binnenkamer kamer zonder buitenmuur **binnenkant** zijde van binnen
binnenkomen in een ruimte komen; ontvangen worden **binnenkomertje** *o* [-s] iets waarmee men zijn optreden begint; eerste vertering
binnenkort' *bw* spoedig
binnenkrijgen innen; *water ~*, water maken; *niets kunnen ~*, niets kunnen eten
binnenland land niet aan de kust; eigen land **binnenlands** *bn* voor of van het eigen land
binnenloodsen op de rede of in de haven brengen; handig binnenbrengen
binnenmuur muur aan de binnenzijde **binnenplaats** door een gebouw ingesloten plaats
binnenpraten vanuit de verkeerstoren een vliegtuig aanwijzingen voor het binnenkomen geven
binnenpretje *o* inwendige pret **binnenrijm** rijm binnen een versregel
binnenschip schip voor de binnenvaart **binnenschipper** schipper voor de binnenvaart
binnenshuis' *bw* binnen in het huis **binnenska'mers** *bw* niet openbaar **binnensmonds'** *bw* onduidelijk
binnenspeler wie midden op het veld moet spelen
binnenst *bn* meest naar binnen
binnenstad *v(m)* [-steden] binnendeel v.e. stad
binnenste *o* het inwendige; gemoed **binnenstebui'ten** omgekeerd
binnen(s)tijds' *bw* binnen de gestelde tijd
binnenvaart vaart op binnenwater
binnenvallen onverwacht binnenkomen
binnenveld gedeelte v.e. honkbal- of softbalveld binnen de honken **binnenvelder** *m* [-s] wie v.d. veldpartij in het binnenveld speelt
binnenvering *v* metalen veren i.e. matras **binnenvetter** *m* [-s] wie meer waard is dan men zou verwachten **binnenvisserij** visserij op binnenwater
binnenwaarts *bn & bw* naar binnen
binnenwater rivier of meer of kanaal **binnenweg** landweg, weg binnendoor
binnenwerk werk binnenshuis; het inwendige **binnenwerks** *bw* langs de

B

B

binnenkant gemeten
binnenwippen kort bezoeken
binnenzak zak aan de binnenkant **binnenzee** bijna geheel door land ingesloten zee **binnenzijde** binnenkant
bino'cle ‹bienokkel› *m* [-s] toneelkijker
binoculair' ‹ai=è› *o* [-s] veldkijker; binoculaire microscoop **II** *bn* geschikt voor beide ogen
bint *o* dwarsbalk
bintje *o* middelvroege aardappel
bintlaag laag v. binten
bio- *als eerste deel*: levens-; biologisch
bioafval uit organisch materiaal bestaand afval **biobak** bak voor bioafval
bioche'micus *m* [-ci] beoefenaar der biochemie **biochemie'** chemie die levende stof bestudeert **bioche'misch** *bn & bw* betreffend of volgens de biochemie
bioci'de *o* chemisch middel om levende organismen te doden **biodiversiteit** *v* verscheidenheid v. planten en dieren **bio-energetica** *v* studie v. omzetting v. energie in levende organismen **bio-ethiek** op biologisch onderzoek gerichte ethiek **biofy'sica** *v* natuurkundig onderzoek van levensverschijnselen
biogar'de *wm m* [gmv] yoghurt met zeer veel rechtsdraaiend melkzuur
biogeen' [bn] door levende organismen tot stand gebracht **biogene'tisch** *bn* volgens leer van ontwikkeling van leven uit leven
biograaf' *m* [-grafen] levensbeschrijver **biografie'** *v* [-ën] levensbeschrijving
bio-industrie *v* industrieachtige veehouderij
biologe'ren hevig boeien **biologie'** *v* leer der levensverschijnselen; het biologeren **biolo'gisch** *bn & bw* betreffende of volgens de biologie **biolo'gisch-dyna'misch** *bn* op natuurlijke wijze volgens antroposofische methoden verbouwd **bioloog'** *m* [-logen] beoefenaar der biologie
biomechanica kunde v.h. bewegingsapparaat van mens en dier **biometrie'** *v* wiskundige bewerking v. eigenschappen v. levende wezens **bionaut'** [m-v] wie in een kunstmatig ecosysteem leeft
bio'nica *v* [gmv] studie v.h. gedrag v. levende wezens in de ruimte; studie die kennis omtrent organismen toepast bij vervaardiging v. kunstorganen
bionomie' *v* leer v.d. wetmatigheid v.h. leven **biopsie'** *v* verwijdering v. weefsel voor onderzoek **bioritme** *o* natuurlijke regelmaat in biologische functies
bioscoop' *m* [-scopen] filmtoestel; filmtheater
biosfeer' *v(m)* [-sferen] lagen van aarde en dampkring waarin leven mogelijk is **biotechniek** *v* het gebruik van lage organismen in productie **biotechnologie** *v* wetenschap v.d. biotechniek **biotoop'** *v(m)/o* [-topen] levensmilieu v.e. diersoort
bips *v (euf.)* billen
bis ‹i=ie *of* bies› *bw* nog eens; bijgevoegd *(gez. v.e. artikel)* **II** *(muz.) v(m)* [bissen] met halve toon verhoogde b
bisam ‹biezam› *o* muskus; bont v.d. bisamrat
bisamrat knaagdier met muskusklier onder de staart, Lat. Fiber zibethicus
biscuit' ‹biskwie› *o of m (stofn. o)* [-s] dun hard koekje; ongeglazuurd porselein
bisdom *o* [-men] gebied van bisschop
biseksueel *bn* seksueel gericht op beide geslachten
bismut *o (schei.)* rood chemisch element Bi
bisschop *m* [-pen] hoofd v.d. geestelijkheid in een bisdom; bep. warme kruidenwijn **bisschop'pelijk** *bn* v.e. bisschop **bisschoppensynode** vergadering v.d. bisschoppen **bisschopwijn** warme kruidenwijn
bissectri'ce ‹biesektriese› *v(m)* [-s] lijn die een hoek middendoor deelt
bisse'ren bis roepen; herhalen
bistro' ‹i=ie› *m* [-'s] eenvoudige of eenvoudig uitziende kleine eetgelegenheid **bistro'bestek** bestek met niet-metalen handgrepen
bit I *o* [-ten] gebit **II** *v(m)* [-s] *(comp.)* kleinste informatie-eenheid van plus of min
bits(ig) *bn & bw* onvriendelijk, vinnig
bitter I *bn* scherp van smaak; grievend; *een ~ beetje*, een klein beetje **II** *bw* scherp van smaak; verbitterd; grievend; zeer **III** *m (stofn. o & m)* [-s] bitter toevoegsel voor sterkedrank; jenever met dit toevoegsel **bitterbal** gekruid warm vleesballetje voor bij de borrel
bitteren borrelen
bittergarnituur *v* zoute gerechten voor de borrel **bitterkoekje** koekje met bittere amandelsmaak **bitterkruid** samengesteldbloemige plant v.h. geslacht Picris hieracioides **bitterpraatje** *o* praatje aan de bittertafel **bittertafel** tafel om te bitteren **bittertje** *o* glaasje bitter **bittervoorn** karperachtig zoetwatervisje, Lat. Rhodeus amarus **bitterzoet** *o* giftige klimplant met paarse bloempjes, Lat. Solanum dulcamara **bitterzout** *o* magnesiumsulfaat
bitu'men *o* aardpek, asfalt **bitumineus'** *bn* hars of bitumen of aardolie bevattend
bivak *o* [-ken] nachtverblijf in open lucht; *zijn ~ opslaan*, zich voor een tijdje vestigen **bivakke'ren** in de openlucht legeren **bivakmuts** muts over het hele hoofd behalve de ogen
bivalent' *bn* tweewaardig
bival've *m* [-s, -n] tweeschalig schelpdier
BiZa ministerie v. Binnenlandse Zaken
bizar' *bn* eigenaardig, grillig
bizon *m* [-s] wisent, buffel
bj. bouwjaar
Bk *(schei.)* berkelium
blaadje *o* klein blad; *in een goed ~ staan*, goed aangeschreven staan
blaag *m-v* [blagen] brutale jongen of meisje
blaam *v(m)* afkeuring; smet
blaar *v(m)* [blaren] witte plek voor aan de kop; blein; dier met blaar **blaarkop** *m* [-pen] koe met blaar
blaartrekkend *bn* blaren veroorzakend
blaas *v(m)* [blazen] luchtbel; vliezige zak in

lichaam waarin de urine zich bevindt
blaasbalg *m* werktuig om vuur aan te blazen **blaasband** ‹a=e› met o.a. blaasinstrumenten spelende band **blaasinstrument** muziekinstrument waarop geblazen wordt
blaasjeskruid in het water zwevend vleesetend plantje v.h. geslacht Utricularia vulgaris
blaaskaak pocher **blaaskakerij** *v* het pochen **blaaskapel** muziekkorps met blaasinstrumenten **blaasorkest** orkest v. blaasinstrumenten **blaaspijp** *v(m)* buis waardoor men lucht of steentjes blaast **blaaspijpje** *v* ballonnetje waarin iem. die van te groot alcoholgebruik verdacht wordt moet blazen **blaasproef** verkeerscontrole op alcoholgebruik **blaasroer** *o* [-en, -s] buis waardoor vergiftige pijltjes worden geblazen
blaasworm *m* worm die lintworm wordt
blabla' *m* [gmv] nietszeggende woorden
black box ‹blèk› *m* apparaat dat vluchtgegevens v.e. vliegtuig registreert
blackjack' ‹blekdjek› *o* [gmv] kansspel met kaarten
black-out' ‹blek-out› *m* [-s] kortdurend verlies van bewustzijn of geheugen of concentratie
blad *o* [bladeren, bladen, blaren] gedeelte waarmee een plant vocht afgeeft; dun deel v.e. voorwerp; presenteerblad; twee bladzijden; krant, tijdschrift; *geen ~ voor de mond nemen*, rechtuit spreken **bladaarde** teelaarde **bladader** bladnerf
bladderen *h* blaasjes vormen
bladerdeeg niet compacte, uit platte luchtige schijfjes bestaand deeg
bladeren de bladen een voor een omslaan
bladerkrans krans v. bladeren
bladerloos *bn* zonder blad **bladerrijk** *bn* met veel bladeren
bladerzuiger toestel dat bladeren opzuigt
bladgoud *o* dun goud **bladgroen** *o* groene kleurstof v. planten **bladgroente** groente uit bladeren bestaande **bladkoper** *o* dun koper **bladluis** op planten levende luis **bladmoes** *o* gedeelte der bladeren tussen de nerven **bladmuziek** in notenschrift genoteerde muziek **bladoksel** hoek tussen blad en stengel **bladplant** plant om de bladeren gekweekt
bladpotig *(bio.)* [bn] met enigszins op bladeren lijkende poten
bladrolziekte ziekte waarbij de bladeren krullen **bladschede** aanhechting v. blad aan stengel **bladselderie** selderie met veel blad **bladspiegel** bedrukt vlak v.e. pagina **bladstand** stand v.d. bladeren
bladstil *bn* zeer stil
bladtin *o* dun tin **bladvulling** *v* klein stukje om de bladzijde vol te maken **bladwijzer** *m* [-s] inhoudsopgave; dun voorwerp dat aangeeft hoever men in een boek gekomen is **bladzij(de)** [-zijden] kant v.e. blad **bladzuiger** *m* [-s] bladerzuiger
blaffen bassen; luid hoesten **blaffer** *m (barg.)* revolver
blaken stralen; branden; uiterlijk goed zichtbaar zijn
blaker *m* [-s] lage kaarshouder **blakeren** schroeien, verzengen, door vuur of hitte aantasten
blama'ge ‹ag=aazj› *v* [-s] schande **blame'ren** te schande brengen
blanche'ren ‹ch=sj› kortstondig verhitten
blanco *bn & bw* onbeschreven, oningevuld; niet voor en niet tegen **blancoaandeel** aandeel niet op naam **blancokrediet** krediet waarbij de kredietgever niet gedekt is, onbeperkt krediet **blancovolmacht** volmacht om naar eigen inzicht te handelen
blank *bn & bw* blinkend; onbevlekt; helder wit, zacht wit; (v. wapenen) uitgetrokken; (v. verzen) rijmloos; met water bedekt; *~ trekken*, de sabel trekken **blanke** *m-v* [-n] wie tot het blanke ras behoort
blanket'sel *o* [-s] poeder om blank te maken **blanket'ten** met blanketsel poederen
blasé' ‹s=z› *bn* door oververzadiging ongevoelig voor genot
blasfemie' *v* [-ën] godslastering
blaten (v.e. schaap) blèren; onzinnig praten
blauw I *bn* tussen groen en violet; blauw geslagen; *~ bloed*, adellijk bloed; *onder de ~e hemel*, onder de blote hemel; *~e zone*, stadsgedeelte waar men alleen met een parkeerschijf mag parkeren **II** *o* blauwe kleur; blauwe verfstof; Delfts porselein; *een ~tje lopen*, in de liefde afgewezen worden
blauwbaard *m* vrouwenmoordenaar
blauwbekken [blauwbekte, geblauwbekt] koude lijden
blauwblauw' *bn iets ~ laten*, ergens niet meer over praten
blauwdruk *m* afdruk v.e. architectonische tekening op blauw papier; *(fig.)* schets
blauwen blauw worden of maken; opdoemen; blauw laten aanlopen
blauwere'gen *m* [-s] vlinderbloemige klimplant of heester met blauwe bloemtrossen, Lat. Wisteria chinensis **blauwhelm** *m-v* beroepsmilitair met bep. opdracht v.d. VN **blauwkous** *v (ong.)* vrouw die gestudeerd heeft
blauwsel *o* blauw poeder voor de was **blauwzucht** het blauwachtig worden v.d. huid bij hart- of longziekten **blauwzuur** *o* kleurloze zeer giftige vloeistof (cyaanwaterstof)
blazen [blies, geblazen] met kracht lucht laten stromen; blazen voortbrengen; door blazen bespelen; blazend laten horen; een damschijf wegnemen omdat de tegenpartij verzuimde te slaan; *in het oor ~*, influisteren; *geblazen zijn* of *'m geblazen hebben*, ervandoor zijn **blazer I** *m* [-s] speler op blaasinstrument **II** *m* ‹a=ee› [-s] sportjasje; *een blauwe ~*, een bobo
blazoen' *o* wapenschild **blazoene'ren** wapenbeschrijving geven
bleek I *bn & bw* zonder of met weinig kleur **II** *v(m)* [bleken] het bleken; het te bleken

B

linnen; bleekveld
bleekecht *bn* niet verkleurend door bleken
bleekgezicht *o* blanke **bleekneus** bleek zwak uitziend iem.
bleekpoeder *o/m* chloorkalk
bleekscheet *m(v) (pop.)* bleek iem. **bleekselderij**, **bleekselderie** *m* opzettelijk bleek gehouden selderie
bleekveld veld om te bleken **bleekwater** chloorkalkwater
bleekziekte *v*, **bleekzucht** *v(m)* bloedarmoede
blees *v(m)* [blezen] kafje
blei *v(m)* karperachtige zoetwatervis, Lat. Abramis blicca
blein *v(m)* blaasachtige opzwelling v.d. onderhuid; draaiziekte
bleken helder of wit (doen) worden
blende *v* zwavelmetaal; wieldop v.e. auto
blèren hard huilen (v.e. kind); blaten
bles **I** *v(m)* [-sen] witte plek op het voorhoofd **II** *m* [-sen] paard met bles **blespaard** paard met bles
blesse'ren wonden **blessure'** [-n], **blessuur** [-suren] *v* wonde **blessu'retijd**, **blessuur'tijd** extra speeltijd i.e. wedstrijd na blessures
bleu *bn & bw* verlegen; lichtblauw
bliek *m* blei
bliep *tw* weergave van kort elektronisch geluidssignaal **bliepen** het geluid bliep laten horen
blieven believen
blij, **blijde** *bn & bw* opgewekt, verheugd over; *blijde Boodschap*, Evangelie; *blijde gebeurtenis*, gezinsvermeerdering **blijdschap** *v* vreugde
blijf-van-mijn-lijf'huis opvanghuis voor mishandelde vrouwen
blijgees'tig *bn* opgeruimd (v. gemoed)
blijk *o* bewijs, teken **blijkbaar** *bn & bw* duidelijk, zoals blijkt **blijken** [bleek, gebleken] *z* duidelijk worden of zijn **blijkens** *vz* zoals blijkt uit
blijmoe'dig *bn & bw* opgewekt
blijspel vrolijk toneelspel **blijspeldichter** maker v. blijspel
blijven [bleef, gebleven] voortdurend zijn; overblijven; blijven steken, standhouden, volhouden; sneuvelen, vergaan; *gebleven zijn, (zegsw.)* zijn; *dood* ~, sterven; *achterwege* ~, niet geschieden; *in gebreke* ~, in zijn verplichting tekortschieten **blijvend** *bn* duurzaam **blijver** *m* [-s] wie blijft
blik **I** *m* [-ken] oogopslag, uitdrukking v.d. ogen; kijk **II** *o* [-ken] vertind ijzer; bus; stofblik; *in* ~, geconserveerd; *als eerste deel v. ss in de bet.*: in blikken geconserveerd
blikaars *m* [-aarzen] ontvelling bij de aars
blikgroente groente in blik **blikjesmelk** melk in blik
blikken **I** *bn* van blik; ~ *bruiloft*, 6,5-jarig huwelijksfeest **II** *ww* kijken; de schors verwijderen van; *zonder* ~ *of blozen*, onbeschaamd
blikkeren flikkeren, glinsteren
blikogen het wit v.d. ogen laten zien
blikopener *m* [-s] werktuig waarmee men blikjes opent **blikschade** schade aan de carrosserie v.e. auto
bliksem *m* [-s] hemelvuur; *hete* ~, gestoofde aardappelen met appels; *als eerste deel van ss*: zeer snel **bliksemactie** [-s, -tiën] *v* zeer snelle onverwachte actie **bliksemafleider** *m* [-s] toestel tegen blikseminslag; afleiding tegen een uitbarsting v. woede **bliksemcarrière** zeer snel stijgende carrière **bliksemen** flitsen (van of als de bliksem) **bliksemflits** *m* bliksemstraal
bliksems **I** *bw* erg **II** *tw & bn (pop.)* beroerd
bliksemschicht *m* bliksemflits
bliksemsnel *bn & bw* zeer snel
bliksemstraal [-stralen] *m/v* flikkering v.d. bliksem **II** *m* beroerling
blikslager *m* [-s] werker in blik **blikvanger** *m* [-s] voorwerp dat de aandacht trekt **blikveld** gezichtsveld **blikvoedsel** voedsel in blik **blikwerk** *o* blikken waren
blind **I** *bn & bw* niet kunnende (de waarheid) zien; onvoorwaardelijk; waarbij men niets kan zien; onzichtbaar; zonder de opening of bestemming of de opschriften die men verwacht; *zich* ~ *staren op*, niets anders zien dan; *~e kaart*, kaart zonder namen; *~e passagier*, verstekeling; *~e klip*, klip onder water; *in den ~e*, op goed geluk af; *~e sluiting*, van buiten niet zichtbare sluiting; *~bakken*, bakken met een voorlopige vulling **II** *o* vensterluik **blindaas'** *v(m)* [-azen] steekvlieg
blind date ‹ blaindeet› *m* [dates] romantische afspraak met onbekende
blinddoek doek voor de ogen; kinderspel waarbij de geblinddoekte de anderen moet vangen **blinddoeken** [blinddoekte, geblinddoekt] een blinddoek voorbinden **blinddruk** *m* ingedrukte maar nog niet gekleurde letter of figuren
blinde *m-v* [-n] wie blind is; *als een* ~ *over de kleuren spreken*, zonder kennis van zaken spreken; *in het land der ~n is éénoog koning*, onder onontwikkelde mensen is iem. met een beetje ontwikkeling een autoriteit
blindedarm' (wormvormig aanhangsel v.h.) uiteinde v.d. dikke darm **blindedarm'ontsteking** ontsteking aan de blindedarm
blindelings *bw* zonder te kijken; onvoorwaardelijk
blindeman [-nen] blinde **blindemannetje** *o* bep. kinderspel met blinddoek
blindengeleidehond voor het leiden v. blinden afgerichte hond **blindeninstituut** instituut voor blinden **blindenschrift** brailleschrift **blindenstip** stip in reliëf op vroegere bankbiljetten **blindenstok** witte stok met twee rode banden voor blinden
blinde'ren bepantseren
blindganger *m* [-s] niet ontploft projectiel **blindgebo'rene** [-n] wie blind geboren is **blindkap** kap over de ogen **blindslang** slang v.d. familie der Typhlopidae met schubben voor de ogen; hazelworm
blindvaren [voer blind, blindgevaren] zonder wantrouwen afgaan op iets **blindvliegen** *ww* vliegen zonder zicht

blink *m* glans **blinken** [blonk, geblonken] glanzen **blinkerd** *m* [-s] kale duintop; het kortstondig optrekken v. nevel
blisterverpakking verpakking van handelswaar op karton onder plastic
blits *bn & bw* hip; *de ~ maken*, opvallen
blizzard ‹a=u› *m* [-s] sneeuwstorm
bloc *en ~*, ‹ân blok› met zijn allen; totaal
blocnote *m* [-s] blok met boven verbonden velletjes papier
blode *bn & bw* bedeesd, vreesachtig
bloed I *o* rood lichaamsvocht; geslacht; *iem. het ~ onder de nagels uithalen*, iem. erg tergen; *het ~ spreekt*, de familieband laat zich horen; *kwaad ~ zetten*, verbittering veroorzaken; *nieuw ~*, nieuwe krachten; *in koelen ~e*, koelbloedig; *van den ~e*, van het vorstelijk huis; *goed en ~*, leven en bezittingen **II** *m-v* sukkel **III** *als voorvoegsel*: zeer **bloedarmoede** gebrek aan rode bloedlichaampjes **bloedbad** mensenslachting **bloedbank** centrale waar bloed wordt bewaard **bloedbeuling** *m* worst **bloedbezinking** *v* het zinken v.d. bloedlichaampjes **bloedblaar** met bloed gevulde blaar **bloedcel** bloedlichaampje **bloeddoop** gedood worden v.e. ongedoopte omwille v.h. geloof
bloeddoorlo'pen *bn* gesprongen rode adertjes hebbend
bloeddoping doping met verrijkt bloed
bloeddorst verlangen naar bloed, moordlust **bloeddor'stig** *bn* moordlustig
bloeddruk druk van bloed op aderwand
bloedeigen *bn* eigen **bloedeloos** *bn* weinig bloed hebbend
bloeden bloed laten vloeien, *(fig.)* boeten, betalen; *mijn hart bloedt*, ik treur
bloeder *m* [-s] iem. wiens bloed moeilijk stolt
bloederig *bn* vol bloed
bloederziekte *v* ziekte waarbij het bloed moeilijk stolt **bloedgang** zeer snelle gang **bloedgeld** *o* beloning voor misdaad; woekergeld; karig loon **bloedgetuige** *m-v* [-n] martelaar **bloedgever** *m* [-s] wie zijn bloed afstaat **bloedgroep** *v(m)* bloedsoort **bloedhond** in het volgen van bloedsporen getrainde hond; wreedaard
bloedig *bn & bw* met bloed bedekt; met bloed gepaard
bloedje *o* hulpeloos kind
bloedkoraal rood koraal; rode koraal **bloedkoralen** *bn* van bloedkoraal
bloedlichaampjes *mv* deeltjes v.h. bloed
bloedlink *bn* zeer riskant; woedend
bloedloop *m* bloedontlasting **bloedluis** luis met roodachtig lichaamsvocht **bloedneus** bloedende neus **bloedplaatje** element v.h. bloed dat met stolling te maken heeft **bloedplasma** bloed zonder bloedlichaampjes **bloedproef** onderzoek v.h. bloed inz. op het alcoholgehalte
bloedrood *bn* hoogrood
bloedschande huwelijksgemeenschap tussen nauwe verwanten **bloedschuld** moord **bloedsomloop** *m* kringloop v.h. bloed **bloedspiegel** [gmv] mate waarin bep. stof in het bloed zit **bloedspuwing** *v* het opgeven v. bloed **bloedsuikerspiegel** [gmv] suikergehalte v.h. bloed **bloedtransfusie** *v* overbrenging v. bloed in het lichaam v.e. zieke of gewonde **bloeduitstorting** *v* bloeding binnen het lichaam **bloedvat** bloedader **bloedvergieten** *o* [gmv] het doden v. mensen in een oorlog **bloedvergiftiging** vergiftiging v.h. bloed door bacteriën
bloedverwant verwant door afstamming **bloedverwantschap** het bloedverwant zijn
bloedworst uit bloed en meel bereide worst **bloedwraak** plicht om moord met moord te wreken **bloedzuiger** *m* [-s] bloedzuigende worm; uitzuiger
bloei *m* het bloeien **bloeien** bloemen dragen; zich flink ontplooien
bloeimaand mei **bloeitijd** tijd van bloei **bloeiwijze** stand v.d. bloemen
bloem *v(m)* bloesem; plant met bloesem; het beste; bloemfiguur; fijn meel **bloembed** bloemperk **bloembodem** bovenste v.d. bloemsteel **bloembol** bolvormig ondergronds stengeldeel v.e. plant **bloemdek** wat de bloemknop dekt of de bloem beschut, kelk en kroon in één kleur
bloemen na het koken kruimig zijn
bloemenbon cadeaubon waarmee men bloemen kan kopen **bloemencorso** *m/o* optocht v. met bloemen versierde voertuigen **bloemenhanger** *m* [-s] hangende bloempot **bloemenspraak, bloementaal** taal door middel van bloemen **bloemenspuit** waterfles met verstuiver om planten te besproeien **bloementuin** tuin met bloemen
bloemetje *o* boeket; bloempje; *de ~s buiten zetten*, pret maken
bloemig *bn* goed bloemende
bloemist' *m* kweker van of handelaar in bloemen **bloemisterij'** *v* bloemenkwekerij; bloemenwinkel **bloemkelk** *m* bladerkrans vlak bij bloem
bloemkool *v(m)* koolsoort met grote eetbare witte bloem; de bloem als groente **bloemkooloor** misvormd oor
bloemkroon de niet-groene bladen v.e. bloem
bloemlezen [bloemleesde, gebloemleesd] een bloemlezing maken (van) **bloemlezing** *v* verzameling uitgezochte teksten
bloemperk perk met bloemen **bloempot** pot voor bloem(en)
bloemrijk *bn (fig.)* met beelden of vergelijkingen
bloemschikken kunstig bloemen in een boeket bijeenbrengen
bloemstuk schilderstuk v. bloemen; samengesteld boeket **bloemtuil** *m* boeket; bloeiwijze waarbij de bloemen in één vlak staan
bloemzoet *bn & bw* heel lief
bloes *v(m)* [bloezen, bloezes], **blouse** [-s] ruim kledingstuk voor bovenlichaam; jongenskiel
bloesem *m* [-s] bloem, bloemen **bloesemen**

B

bloeien
blok I *o* [-ken] groot stuk; groep (van huizen); katrol; vierkante figuur; deel v.e. bouw- of weiland; *voor het ~*, in moeilijkheden II *m* [-ken] bep. speelgoed; *~ aan het been*, lastpost; *(comp.)* gemarkeerd stuk tekst waarop met een tekstverwerker een bep. bewerking wordt uitgevoerd **blokboek** boek in blokdruk **blokcursus** gedurende korte tijd in veel uren gegeven cursus **blokdruk** *m* het drukken met blokken waarin letters gesneden zijn **blokfluit** *v(m)* fluit zonder kleppen **blokhak** vierkante schoenhak **blokhoofd** *o* leider over een groep straten voor luchtbescherming **blokhuis** stevig houten wachthuis **blokhut** klein stevig houten bouwsel
blokka'de *v* [-s] het blokkeren
blokkeer'beugel beugel ter bescherming v.e. parkeerplaats
blokken *(stud.)* hard studeren
blokkendoos bouwdoos
blokke'ren de toegang beletten; maken dat men van iets geen gebruik kan maken
blokletter geschreven drukletter **blokschrift** schrift in blokletters **bloksnelheid** *(luchtvaart)* gemiddelde snelheid **blokuur** les van meer dan één uur **blokverwarming** *v* (centrale) verwarming v.e. wijk **blokvorming** aaneensluiting van staten
blom *v* [-men] *een jonge ~*, een jong meisje
blond *bn* lichtgeel **blonde'ren** blond maken
blondi'ne [-s] blonde vrouw
blondje [-s] blond meisje
bloodaard *m* [-s] lafaard
bloody' ma'ry ‹bloddie merrie› *m* [-'s] cocktaildrank van wodka en tomatensap
blooper ‹oo=oe› *m* [-s] domme fout bij tv- of filmopnamen
bloot *bn & bw* onbedekt; zonder meer; naakt; *blote eigendom*, eigendom zonder genot v.d. opbrengst; *met het blote oog*, zonder kijker; *onder de blote hemel*, in de open lucht; *in zijn* of *haar blootje*, naakt **blootgeven** *zich ~*, zijn zwakke zijde laten zien **blootleggen** laten zien; open leggen **blootliggen** openliggen, ongedekt liggen
bloots'hoofds' *bw* met ongedekt hoofd
blootstaan blootgesteld zijn **blootstellen** *~ aan*, laten inwerken door in gevaar brengen van
bloots'voets' *bw* barrevoets
blos *m* rode kleur (op het gelaat)
blotebil'lengezicht rond vlezig gezicht
blouse ‹oez› *v(m)* [-s] *zie* **bloes**
blouson' ‹ou=oe› *m* [-s] wijdvallend jak
blowen marihuana of hasj roken
blozen *h* een blos hebben of krijgen
blubber *m* modder
blubje *o* [-s] klein geluidje
blue chip' ‹bloe tsjip› *m* [-s] hoog geklasseerd aandeel
blue jeans' ‹bloe djiens› *m* [mv idem] spijkerbroek
blue mo'vie ‹bloe moevie› *m* [-s] pornofilm
blues ‹bloez› *v(m)* door negerslaven ontwikkelde muziekstijl die gekenmerkt wordt door een simpel akkoordenschema en een vaak melancholieke inslag
bluf *m* grootspraak; *~ slaan*, opsnijden; *Haagse ~*, nagerecht van geklopt eiwit met suiker en bessensap **bluffen** pochen, overbluffen **blufferij'** *v* snoeverij
blufpoker *o* kaartspel waarbij gebluft wordt; opschepperij
blunder *m* [-s] grove fout
blurren *(pop.)* op een bepaald moment v.d. dag een bepaalde snack eten
blusher ‹sh=sj› *m* [-s] rouge in poedervorm
blussen uitdoven; plotseling afkoelen; *kalk ~*, bij kalk water voegen
blut *bn* alles verloren hebbend
bluts I *bn* blut II *v(m)* buts **blutsen** een buil of deuk toebrengen
blz., **bladz.** bladzijde
BMR bof mazelen rode hond *(vaccin voor baby's)*
bmr'-prik *m* [-ken] inenting tegen bof en mazelen en rode hond
BN, **BN'er** *m* Bekende Nederlander
bnp bruto nationaal product
bnw. bijvoeglijk naamwoord
boa *m* [-'s] ronde halsbont **boa constrictor** *m* [-s] niet-giftige grote slang die het slachtoffer verstikt
board ‹bord, boord› *o* met kunsthars doordrenkt, in platen geperst vezelmateriaal
bob *v(m)* [-s, -ben] bobslee; *bewust onbeschonken bestuurder*, wie bewust geen alcohol nuttigt om de rest van een groep veilig te vervoeren *(bijv. na een avondje uitgaan)*
BOB Bijzondere Opsporingsbrigade
bobbel *m* [-s] opzwelling; vochtbel; luchtbel **bobbelen** *h* bobbels hebben of krijgen; borrelen **bobbelig** *bn* met bobbels
bobi'ne *v* [-s] spoel om de spanning in een bougie op te voeren
bobo *m* [-'s] *(ong.)* wie een hoge functie heeft
bobslee *v(m)* bestuurbare slee **bobsleeën** [bobsleede, gebobsleed] met een bobslee rijden
bobtail ‹ai=ee› *m* [-s] ruwharige herdershond uit Engeland
BOC *(Belg.)* Belgisch Olympisch Comité
bochel *m* [-s] bult, gebochelde
bocht I *v(m)* buiging, kromming; inham; *in de ~*, in volle actie; *door de ~ gaan*, toegeven II *o/m* slechte waar **bochtig** *bn* met bochten
bockbier zwaar en zoet donker bier
bod *o* het bieden; de geboden som; *een ~ doen*, bieden; *aan ~ komen*, gelegenheid tot bieden krijgen; *(fig.)* zijn kans krijgen
bode *m* [-n, -s] boodschapper, beroepsboodschapper; dienaar
bodega *m* [-'s] wijnhuis
bodem *m* [-s] grond(vlak); schip; onderste iets taaier deel v. gebak; *de ~ inslaan*, verijdelen; *een ~ in de markt leggen*, een minimumprijs bepalen **bodemarchief** voor de geschiedenis belangrijke gegevens in de grond **bodembedekker** *m* [-s] breed over

de grond uitgroeiende plant **bodembeslag** beslag v.d. fiscus op onroerend goed
bodemen v.e. bodem voorzien
bodemkunde *v* wetenschap omtrent de gesteldheid v.d. grond **bodemkun'dig** *bn* volgens of betreffende de bodemkunde
bodemloos *bn* zonder bodem
bodemmoeheid uitgeput raken v.d. bodem wegens langdurige eenzijdige verbouwing v. gewassen **bodempensioen** algemeen ouderdomspensioen **bodemprijs** minimumprijs
***bodenkamer** *(Wdl. bodekamer)* kamer v.d. boden in stadhuis
***bodenloon** *(Wdl. bodeloon)* loon v.e. bode
body ‹boddie› *o* [-'s] lichaam; nauw aansluitend kledingstuk; volume; deel v.e. camera zonder de lens **body-art** *v (m)* [gmv] vorm van kunst waarbij de kunstenaar het lichaam gebruikt om zijn artistieke visie uit te drukken **bodybuilding** ‹ui=i› *m* [gmv] ontwikkelen v. spieren **bodyguard** ‹boddieGad› *m* [-s] lijfwacht **bodypainter** ‹ai=ee› *m* [-s] wie een (naakt) lichaam beschildert **bodystocking** *m* [-s] bep. nauwsluitend kledingstuk **bodywarmer** ‹a=ò› *m* [-s] jack zonder mouwen
boe ~ *noch ba*, geen woord
boeddhis'me ‹ddh=dd› *o* leer van Boeddha **boeddhist'** *m* aanhanger v.h. boeddhisme **boeddhis'tisch** *bn* volgens het boeddhisme
boedel *m* [-s] het hele bezit; erfenis; inboedel **boedelafstand** het afstand doen van zijn goederen **boedelbeschrijving** *v* omschrijving v.e. boedel **boedelscheiding** *v* verdeling v.d. boedel onder de erfgenamen; akte daarvan
boef *m* [boeven] schurk **boefje** *o* deugniet
boeg *m* voorschenkelgewricht; schouders en borst; voorkant v. schip; *voor de* ~, nog te doen; *het over een andere* ~ *gooien*, iets op een andere wijze beproeven; van onderwerp veranderen **boeganker** derde anker **boegspriet** *m* uitstekend rondhout aan voorsteven
boegsprietlopen lopen over een liggende ronde mast
boegstag *o* steuntouwen van boegspriet
boei *v(m)* kluister; drijvend baken; ankerdobber; reddinggordel; *als een* ~, hoogrood **boeien** in boeien sluiten; de aandacht geheel in beslag nemen; het boord verhogen met losse planken **boeiend** *bn* de aandacht vasthoudend
boeienkoning atleet die zich uit boeien kan bevrijden
boeier *m* [-s] klein pleziervaartuig met voor en achter verhoogd boord
boek *o* verbonden verzameling beschreven of gedrukte bladen; hoofdafdeling uit een gedrukt of geschreven werk; opschrijfboek; bep. hoeveelheid papier; *het* ~ *der natuur*, de natuur; *als een* ~, van zelf; *een gesloten* ~, volkomen onbekend; *te* ~ *stellen*, opschrijven; *te* ~ *staan*, bekend staan; *een* ~*je opendoen*, veel verkeerds vertellen; *buiten zijn* ~*je gaan*, zijn bevoegdheden te buiten gaan **boekachtig** *bn & bw* als in een boek
boekanier' *m* [-s] zeerover
boekbinden een boek innaaien of inbinden **boekbinderij'** *v* boekbindersbedrijf
boekdeel *dat spreekt boekdelen*, dat is veelzeggend
boekdrukkerij *v* bedrijf v.e. boekdrukker **boekdrukkunst** kunst v.h. drukken van boeken
boeken inschrijven, opschrijven; *succes* ~, succes behalen; *vooruitgang* ~, vooruitgang behalen
boekenbeurs *v(m)* ruilhandel in boeken **boekenbon** *m* bon met aangegeven waarde, waarvoor men boek(en) kan kopen **boekenclub** postorderbedrijf in boeken **boekenkennis** niet-praktische kennis **boekenlegger** *m* [-s] leeswijzer **boekenlijst** *(inz.)* lijst v. aan te schaffen boeken **boekenmolen** *m* [-s] draaibare boekenstandaard **boekenstalletje** *o* boekenkraampje **boekensteun**, **boekenstut** *m* voorwerp om boeken te doen staan **boekentaal** *(ong.)* boekachtige taal **boekenweek** week waarin men bij aankoop v.e. boek boven een zeker bedrag een boek cadeau krijgt **boekenwijsheid** wijsheid uit de boeken **boekenwurm** *m* wie veel leest **boekerij'** *v* bibliotheek
boeket' *o/m* [-ten] ruiker
boekhandel handel in boeken; boekwinkel; boekhandelaars **boekhandelaar** wie in boeken handelt
boekhouden [hield boek, boek gehouden] aantekening houden van geldzaken; *creatief* ~, fraude plegen in de bedrijfsvoering **boekhouding** *v* administratie van geldzaken; boekhoudafdeling
boeking *v (sp.)* het noteren v.e. speler door de scheidsrechter
boekjaar *o* tijdsruimte tussen twee balansen
boeklong *v(m)* zakvormig ademhalingsorgaan v. sommige insecten **boekmaag**, **boekpens** afdeling v.d. maag bij herkauwers
boekstaven [boekstaafde, geboekstaafd] opschrijven, staven
boekvink vink
boekwaarde *v* waarde waarmee bezit op een balans wordt aangeduid
boekweit *v(m)* plant v.d. duizendknoopfamilie met melige korrels, Lat. Fagopyrum esculentum **boekweite-** *als eerste deel v. ss in bet.*: van boekweit
boekwerk boek **boekwinkel** winkel v. boekhandelaar
boel *m* inboedel; rommel, hoop; wanordelijke drukte; zaak **boeldag** veilingdag voor inboedel **boelgoed** *o* te veilen inboedel **boelhuis** huis waarvan de inboedel geveild wordt; venduhuis, veiling
boeman *m* [-nen] kinderschrik
boemel *m* [-s] boemeltrein; *aan de* ~ *zijn*, boemelen **boemelaar** *m* [-s] wie boemelt

boemelbus bus die rijdt als er geen lijndiensten zijn

boemelen veel fuiven; met de boemeltrein reizen

boemeltrein *(pop.)* stoptrein

boemerang *m* [-s] werphout dat naar de werper terugkomt **boemerangeffect** zich tegen de veroorzaker kerend effect

boender *m* [-s] borstel **boenen** glanzend wrijven

boenwas *m/o* was om te boenen

boer landman; lomperd; oprisping; bep. kaart; *op den* ~, op den buiten; *de* ~ *op gaan*, den buiten opgaan; *lachen als een* ~ *die kiespijn heeft*, zuurzoet lachen **boerachtig** *bn & bw* boers

boerderij' *v* boerenbedrijf **boerderij'boter** op de boerderij bereide boter

boeren **I** *ww h* het boerenbedrijf uitoefenen; al dan niet slagen; oprispen **II**(als eerste deel in scheldwoorden met versterkende betekenis)

boerenar'beider niet inwonende boerenknecht **boerenbedrog** doorzichtig bedrog **boerenbont'** *o* aardewerk met folkloristische motieven; katoen met blokpatroon **boerenbrui'loft** bruiloft in traditionele stijl **boerenfluit'jes** *op zijn* ~, slordig, onvoorbereid **boerenhoe've**, **boerenhof'stede** boerderij **boerenjon'gens** *mv* rozijnen op brandewijn **boerenkaas** op boerderij gemaakte kaas **boerenkapel** muziekgezelschap in landelijke stijl **boerenker'mis** kermis op een dorp; ruw feest **boerenkin'kel** [-s] lompe boer **boerenknecht'** [-s, -en] knecht op boerderij **boerenkool'** koolsoort met sterk krullende bladeren, Lat. Brassica oleracea laciniata; de plant als groentegerecht **boerenmeid'** meisje uit boerenstand; meid op boerderij **boerenmeis'jes** *mv* abrikozen op brandewijn **boerenomelet'** omelet met vulling van grofgesneden vlees en groenten **boerenpum'mel** [-s] boerenkinkel **boerenstand** stand v.d. boeren **boerenverstand** eenvoudig gezond verstand **boerenwa'gen** wagen voor boerenwerk **boerenworm'kruid** *o* samengesteldbloemige plant met gele knoopvormige bloempjes **boerenzwaluw** gewone zwaluw, Lat. Hirundo rustica

boerin' [-nen] vrouw uit boerenstand

boernoes *m* Arab. witte mantel met kap

boers *bn & bw* als (van) een boer

boert *v(m)* scherts **boerten** schertsen **boertig** *bn & bw* kluchtig

boete *v(m)* [-n, -s] genoegdoening; geldstraf; daden of versterving ten teken van berouw **boetebeding** bep. voorwaarde i.e. overeenkomst v.e. geldboete bij overtreding **boeteclausule** boetebepaling in overeenkomst **boetedoening** *v* boete **boetekleed** kleed v.e. boeteling **boeteling** wie boete doet

boeten boete doen; straf ondergaan; herstellen; bevredigen *(van lust)*

boetepreek tot boete opwekkende preek; *(scherts.)* vermaning

boetiek *v(m)* [-s] duur modewinkeltje

boetkleed *zie* **boetekleed**; **boetpleging** *v* boetedoening

boetpredikatie *zie* **boetepreek**; **boetprediker** wie een boetpredikatie houdt **boetpreek** *zie* **boetepreek**

boetpsalm psalm die om verzoening smeekt

boetse'ren vormen in kneedbare stof

boetvaar'dig *bn* berouwvol **boetvaar'digheid** *v sacrament van* ~, biecht

boevenstreek schurkenstreek **boeventaal** Bargoens **boeventronie** misdadigersgezicht **boeverij'** *v* boevenstreek

boezelaar *m* [-s] schort

boezem *m* [-s] borst, hart; ruimte tussen borst en kleed; inham; buitenwater van polders; deel v.h. hart; *uit de* ~ *v.d. vergadering*, uit de vergadering zelf **boezemfibrilleren** regelmatig te snel samentrekken v. hartboezems

boezemkade kade langs boezem **boezemland** land dat zonder bemaling afwatert naar de boezem **boezemmeer** meer voor afwatering van polder of rivier **boezempeil** geoorloofd peil v.e. boezem **boezemvriend** intieme vriend **boezemwater** water v. boezem

boezeroen' *o/m* [-s, -en] kiel

bof *m* [-fen] doffe slag, plons; buitenkansje; ontsteking v.d. oorspeekselklier; *op de* ~, op goed geluk **boffen** geluk hebben **boffer** *m* [-s] geluksvogel, bof **bofkont** *m-v (pop.)* boffer

bogaard, **bogerd** [-s, -en] *m* boomgaard

bogen trots zijn

bohémien ‹mjẽ› *m* [-s] zorgeloos kunstenaar

boiler *m* [-s] heetwatertoestel

bok *m* [-ken] mannetje v. versch. dieren; hijstoestel; voor springoefeningen dienend gymnastiektoestel; platboomd vaartuig; koetsiersbank; nors man; grote fout; *de ~ken van de schapen scheiden*, de slechten van de goeden scheiden; *een* ~ *schieten*, een flater begaan; *als een* ~ *op de haverkist*, zeer begerig; *een oude* ~ *lust nog wel een groen blaadje*, een oude man houdt nog van een jonge vrouw

bokaal' *m* [-kalen] grote beker, kom met wijde opening

bokbier *zie* **bockbier**

bok(je)springen een kinderspel spelen waarbij iem. voorovergebogen staat en de anderen over zijn rug springen

bokken nors zijn, koppig zijn

bokkenbaard *zie* **boksbaard**

bokkenfuif *(stud.)* fuif van vrijgezellen

bokkenpoot teerkwast met gebogen steel, stellage waarop gestreken mast rust **bokkenpootje** *o* bep. koekje

bokkenpruik *de* ~ *op hebben*, slecht gemutst zijn **bokkensprong** *m* rare gedraging; kluchtige sprong; *~en maken*, zich grillig gedragen; veel verteren **bokkentuig** leerwerk v. militaire uitrusting; riemenstel v.e. parachute **bokkenwagen** met bok bespannen wagen

bokkig *bn & bw* stuurs
bokking *m* gerookte haring; *een ~ krijgen, (pop.)* berispt worden **bokkinghang** loods om haring te roken
bokkraan kraan met brug voor een loopkat
boksbaard baard v.e. bok, sik; samengesteldbloemige plant v.h. geslacht Tragopodon
boks *m* (Belgned.) broek
boksbal oefenbal voor bokssport
boksbeugel *m* [-s] ijzeren vuistwapen met vier openingen voor de vingers
bokschip *o* platte schuit
boksen met de vuisten vechten; tegen de wind zeilen; *voor elkaar ~, (pop.)* klaarspelen **bokser** *m* [-s] vuistvechter; winkelier die beneden de vastgestelde prijs verkoopt
bokspoot poot v.e. bok; sater
bokspringen *zie* **bokjespringen**
bokswedstrijd wedstrijd in het boksen
boktor *v(m)* [-ren] kever met lange sprieten; kloptor
bol I *m* [-len] rond voorwerp; *(pop.)* hoofd; *uit zijn (of de) ~ gaan*, door het dolle heen raken; rond gebak; bloembol; bovendeel v. hoed; knappe kop; brede zijde v. hamer **II** *bn & bw* rond naar buiten; opgeblazen; pafferig; *(v. wind)* met vlagen, maar aangenaam aanvoelend; *~ staan van*, vol zitten met
bolder I *m* [-s] paaltje of klamp om touwen aan vast te maken **II** *v* [-s] gebak dat beschuit oplevert
bolderen *h* bol (gaan) staan; dof lawaai maken
bolderik *m* plant v.d. soort Agrostemma githago
bolderwagen niet verende wagen
boleet' *m* [-leten] vlezige eetbare buiszwam
bole'ro *m* [-'s] Sp. volksdans in driekwartsmaat; Sp. ronde hoed; kort loshangend damesjasje
bolgewas plant met bloembol **bolhoed** hoed met stijve bol
bol'hol' *bn gez. v.e. lens*: waarbij de holle kant meer gebogen is dan de bolle
boli'de *v* [-n, -s] meteoorsteen; raceauto
bolk *v(m)* zeevis met zwarte borstvlek, Lat. Gadus
bolkaf *o* kaf v. vlasbollen
bolknak *m* [-ken] aan de kop dikke sigaar
bolleboos' *m* [-bozen] intelligent iem.
bollen *h* vlas repelen; tochtig zijn; bol gaan staan; rund met hamer doden
bollenstreek streek waar bloembollen geteeld worden
bolletjesslikker *m* [-s] wie in plastic verpakte kleine hoeveelheden drugs door slikken in zijn lichaam verbergt **bolletjestrui** trui v.d. leider v.h. bergklassement in de Tour de France
bollewangenhap'snoet *(fam.)* kind met bolle wangen
bolplant bolgewas
bolrond *bn* rond als een bal
bolsjewiek' *m* Russische communist
bolsjewis'me *o* Russisch communisme **bolsjewist'** *m* bolsjewiek **bolsjewis'tisch** *bn & bw* van of volgens de beginselen v.d. bolsjewieken
bolster *m* [-s] schil, kaf; bulster; lichtgekleurd veen **bolsteren** van de bolster ontdoen
bolus *m* [-sen] bep. fijne vettige kleiaarde, slikbrok; rond stroopgebak
bolvlak boloppervlak **bolvorm** bolle vorm
bolwerk verdedigingswerk **bolwerken** [bolwerkte, gebolwerkt] klaar spelen
bom I *v(m)* [-men] kanjer; grote hoeveelheid; platboomde vissersschuit; spon; ontplofbaar projectiel; *de ~ is gebarsten*, het is tot een openlijk conflict gekomen **II** *v* bewust ongehuwde moeder **III** *tw* plof, bons **bomaanslag** aanslag met een bom **bomaanval** aanval met bombardementsvliegtuigen
bombardement' *o* het bombarderen **bombarde'ren** met bommen of granaten aanvallen; bestoken; onverwacht maken **bombardeur'** *m* [-s] bommenwerper
bomba'rie *v (pop.)* kouwe drukte
bombast *m* gezwollen taal **bombas'tisch** *bn & bw* met bombast
bombaynoot ‹ay=ee› *v(m)* [-noten] cashewnoot
bombazijn' *o* bep. sterk katoenen weefsel **bombazij'nen** *bn* van bombazijn
bombe'ren bol maken, opvullen
bomberjack ‹a=e› *o* [-s] kort jasje van donker leer of nylon
bombrief *m* brief die bij opening explodeert
bomen met een vaarboom varen; gezellig en breedvoerig praten
bomgat spongat; galmgat **bomijs** ijs waaronder het water uit is
bominslag *m* het getroffen worden door een bom **bomkrater** *m* kuil als gevolg van ontploffing v.e. bom **bommelding** *v* mededeling omtrent de aanwezigheid van bom(men)
bommen dof geluid maken; *(pop.)* schelen
bommenlast uit bommen bestaande vracht **bommenwerper** *m* [-s] bombardementsvliegtuig
***bommoeder** *(Wdl. bom-moeder)* bewust ongehuwde moeder
B-omroep omroepvereniging met meer dan 200.000 en minder dan 450.000 leden
bomscherf scherf v.e. bom
bomvol *bn* zeer vol **bomvrij** *bn* bestand tegen bominslag
bon *m* [-nen, -s] papiertje als bewijs van recht op iets; *op de ~ gaan*, bekeurd worden; *op de ~ slingeren*, bekeuren
bonafi'de *bn* te goeder trouw
bonboekje boekje waaruit bonnen te scheuren zijn
bonbon' *m* [-s] uit chocolade met een vulling bestaande lekkernij **bonbonniè're** ‹iè=jè› *v(m)* [-s] schaaltje voor bonbons; precieus ingericht huisje
bond *m* vereniging
bonda'ge ‹bondudzj› *v* seks met vastbinding
bondgenoot medelid in een bond;

B

medestander **bondgenootschap** *o* [-pen] verbond, bond **bondgenootschap'pelijk** *bn & bw* betrekking hebbende op of van een bondgenootschap
bondig *bn & bw* afdoende; zaakrijk, kort en krachtig, beknopt
bondscoach ‹bondskootsj› adviseur v.e. sportbond **bondsdag** wetgevend lichaam van Duitsland **bondshotel** door de ANWB aanbevolen hotel **bondslid** lid v.e. bond **bondsstaat** staat van nauwverbonden staten of gewesten
bonenkruid, **boonkruid** bij bonen gebruikt kruid, Lat. Satureja hortensis **bonenstaak** lange stok waarlangs de bonen opgroeien; lange magere persoon **bonenveld** veld met bonen
bongerd *m* [-s] *(plecht.)* boomgaard
bongo *m* [-'s] zonder trommelstokjes bespeeld trommeltje
bonhomie' ‹nh=n› *v* goedhartigheid **bonhom'me** ‹bonom'› [-s] goedmoedig iem.
bonifica'tie *v* [-s] vergoeding
bonis *in* ~, welgesteld
bonje *m (barg., pop.)* ruzie, herrie
bonjour' ‹bonzjoer› *o* [-s] goedendag **bonjou'ren** wegsturen
bonk *m* been; afgeleefd paard; brok; lomp iem.; *één ~ zenuwen*, *(pop.)* zeer zenuwachtig **bonken** beuken; bonk verwerken; *(pop.)* geslachtsgemeenschap hebben **bonkertje** *o* [-s] kort jasje van dikke wollen stof **bonkig** *bn* grof gebouwd
bon-mot' ‹bõmmoo› *o* [-s] geestig gezegde
bonnefooi' *op de ~*, op goed geluk
bonnet' *v(m)* [-ten] bep. hoofddeksel voor *(r.-k.)* geestelijken **bonnetterie'** *v* [-ën] winkel in gebreide en geweven goederen
bons I *tw* **II** *m* [bonzen] plof; *de ~ krijgen*, afgedankt of afgewezen worden; *de ~ geven*, afwijzen, afdanken
bonsai *m* [-s] gekweekt dwergboompje
bonsoir' ‹bonswaar› goedenavond
bont I *bn & bw* veelkleurig; gemengd; *het erg ~ maken*, zeer ver gaan; *~ en blauw slaan*, toetakelen **II** *o/m* kleurschakering; geruite stof; pelterij, voorwerp hiervan; *als eerste deel v.e. ss vaak in de bet.*: van bont **bonten** *bn* van bont
bontgoed *o* gekleurde stof **bontwerker** [-s] wie bont verwerkt of bereidt
bonus *m* [-sen] extra-uitkering **bonusaandeel** gratis uitgereikt aandeel
bon-vivant' ‹bõnvievãn› *m* [-s] wie luchthartig leeft
bonze *m* [-n] boeddhistisch priester; invloedrijk man
bonzen slaan, stoten; hevig kloppen
boobytrap ‹boebietrep› *m* [-s] met een gebruiksvoorwerp verraderlijk verbonden bommetje
boodschap *v* [-pen] het voor zakelijke doeleinden even bezoeken; kleine hoeveelheid gekochte waren; bericht; *grote ~*, zijn behoefte; *kleine ~*, het urineren; *geen ~ aan iets hebben*, met iets niets te maken hebben **boodschappen** als boodschap overbrengen
boog *m* [bogen] gebogen wapen voor het afschieten v. pijlen; allerlei dingen met gebogen vorm; smal gewelf, ronde overdekking; deel v.e. cirkelomtrek; kromming; *de ~ kan niet altijd gespannen zijn*, men mag wel eens rust nemen **boogbal** voetbalschot in een boog **booggraad** 1/360 cirkelomtrek
boogie-woo'gie ‹boeGie woeGie› *m* [woogies] snelle blues op de piano met basbegeleiding
booglamp elektrische koolspitsenlamp **boograam** raam met bovenste deel in boogvorm **boogscheut** *m* afstand v.e. boogschot
boogschutter *m-v* [-s] wie met een boog schiet **Boogschutter** *m* negende teken v.d. dierenriem; wie onder dat teken geboren is
boogvenster boograam
bookmaker ‹boekmeeker› *m* [-s] makelaar bij sportwedstrijden **bookmark** ‹oo=oe› *(comp.) m* [-s] elektronisch merkteken om snel een vindplaats of website terug te vinden
boom I *m* [bomen] houtachtige plant die zich pas een stuk boven de grond vertakt; voorwerp dat er op lijkt; lang hout aan allerlei voorwerpen; paal ter afsluiting; *als een ~*, fors; *een ~ opzetten*, gezellig en breedvoerig praten; *hoge bomen vangen veel wind*, hooggeplaatsten worden licht gekritiseerd; *men moet geen oude bomen verplanten*, oude mensen moeten niet meer verhuizen; *door de bomen het bos niet zien*, door de details het overzicht missen **II** *m* ‹boem› sterke koers- of prijsstijging, plotselinge vraag naar iets
boomdiagram diagram met boomstructuur **boomgaard** *m* stuk grond met vruchtbomen **boomgrens** grens waarvoorbij geen bomen groeien **boomkikvors** op bomen levende kikvors **boomklever** *m* [-s] omhoog en omlaag klauterende vogel, Lat. Sitta europaea **boomkruiper** *m* [-s] alleen omhoog kruipende kleine soort klimvogel, Lat. Certhia brachydactula **boomkweker** *m* [-s] wie bomen kweekt **boomleeuwerik** kleine inlandse leeuwerik, Lat. Lulula arborea **boommarter** bruine marter, Lat. Mustela martes **boompieper** *m* [-s] zangvogel v.d. soort Anthus trivialis **boomvalk** kleine valk, Lat. Falco subbuteo **boomvaren** eikvaren, Lat. Polypodium vulgare; tropische op palmboom lijkende varensoort **boomzwam** *v(m)* [-men] zwam aan boom of paal
boon *v(m)* [bonen] vlinderbloemige plant met peulen; de vrucht van die plant; *honger maakt rauwe bonen zoet*, bij honger smaakt alles; *in de bonen*, in de war; *blauwe ~*, kogel; *~tje komt om zijn loontje*, hij krijgt zijn straf; *heilig ~tje*, zich braaf voordoend iem. **boonkruid** *zie* **bonenkruid**
boor *v(m)* [boren] gereedschap om er al draaiend gaten mee te maken **booras**

boorspil **boorbank** werkbank om te boren
boord I *m/o* rand; bep. kledingstuk **II** *m* oever **III** *o* opstaande scheepsrand; *aan~*, op het schip; *over ~*, in het water; *over ~ werpen*, opgeven **boordcomputer** computer aan boord ter besturing
boorden omzomen
boordevol *bn* geheel vol
boordschutter schutter in vliegtuig **boordsel** *o* [-s] waarmee men iets boordt **boordwerktuigkundige** mecanicien in vliegtuig
booreiland kunstmatig eiland voor boringen **boorkever** in oud hout levende kever **boormachine** machine om mee te boren **boormossel** mossel v.d. familie der Lamellibranchia die zich in harde stof boort **booromslag** *m/o* zwengel van handboor **boorplatform** kunstmatig booreiland
boort *o* diamantafval
boortol *m* [-len] elektrische handboor **boortoren** stelling voor grondboring
boorwater met water verdund boorzuur **boorzalf** zalf van boorzuur en vaseline **boorzuur** *(schei.)* verbinding van borium
boos *bn & bw* kwaad; kwaadaardig; slecht **boosaar'dig** *bn & bw* boos van aard
boosdoener *m* [-s] misdadiger
booster ‹oo=oe› *m* [-s] versterker
booswicht *m* schurk
boot *m/v* [boten] vaartuig; *de ~ is aan*, de maat is vol
booten ‹oo=oe› *(comp.)* opstarten
boothals halsuitsnijding in vorm van boot **bootmotor** motor voor motorboot **bootshaak** stok met punt en weerhaak om een schip af te zetten **bootsman** [-lieden, -lui] onderofficier ter zee met zeer uiteenlopende taken **boottocht** tocht met boot **boottrailer** ‹ai=ee› aanhangwagen voor een boot **boottrein** op een boot aansluitende trein **bootvluchteling** vluchteling per boot **bootwerker** werkman bij lossen en laden van schepen
boraat' *(schei.) o* [gmv] zout v. boorzuur
borat', **brat** *o* soort sajet
borax *m* natriumzout v.e. boorzuur
bord *o* schoolbord; etensbord; plank; *de ~jes zijn verhangen*, de omstandigheden zijn gewijzigd
bordeaux' ‹eaux=oo› *m* [-s] wijn uit de streek rond Bordeaux
bordeel' *o* [-delen] huis met prostituees **bordeel'sluiper** *m* [-s] herenschoen met zachte zool
bordenwasser *m*, **bordenwasmachine** *v* [-s] machine om borden te wassen
border *m* [-s] bloemenrand
bordes' *o* [-sen] verhoogde stoep met treden
bordpapier karton **bordpapieren** *bn* van karton
bordspel op een bord te spelen spel
bordu'ren met de naald figuren werken op stoffen **borduur'gaas** gaas om op te borduren **borduur'garen** garen om mee te borduren **borduur'raam** raam waarop het borduurgaas gespannen wordt **borduur'sel** *o* [-s] borduurwerk **borduur'werk** wat geborduurd is; waaraan geborduurd wordt
boreaal' *bn* noordelijk
boreling *m (plecht. Belgned.)* pasgeborene
boren met een puntig voorwerp een gat maken; door iets heendringen; een monster nemen van; *door de neus ~*, listig afhandig maken; *in de grond ~*, torpederen
borg *m* wie voor iem. instaat; onderpand **borgen** lenen; op krediet (ver)kopen
borgketting, **borgkoppeling** veiligheidsverbinding **borgsom** tot waarborg te storten bedrag **borgstelling** *v* (het geven v.) borgtocht **borgtocht** *m* het zich borg stellen; waarborgsom
borrel *m* [-s] glaasje sterkedrank; gelegenheid waarbij sterkedrank geschonken wordt **borrelen** *h* borrels drinken; opwellen
borrelgarnituur schotel met hapjes voor bij de borrel
borreltafelpraat kletskoek
borsali'no *m* [-'s] gleufhoed met grote rand
borst I *v(m)* lichaamsdeel tussen hals en middenrif, borstkas; longen; borstbekleding; borststuk; *een hoge ~ zetten*, zich hoogmoedig gedragen; *tegen de ~ stuiten*, tegenstaan; *uit volle ~*, met volle kracht; *maak je ~ maar nat*, bereid je er maar op voor **II** *m* jonkman **borstbeeld** beeld v. hoofd en borst **borstbeen** plat been in de borst **borstcrawl** crawlslag waarbij de zwemmer op zijn borst ligt
borstel *m* [-s] stekelig haar; schuier **borstelbaan** kunstmatige skihelling
borstelen schuieren; fors schilderen
borstelig *bn* met borstels bezet; als een borstel
borstholte holte in de borst **borstkas** *v(m)* [-sen] ribbenkast **borstkind** met moedermelk grootgebracht kind **borstkruis** kruis voor op de borst **borstplaat** kurasplaat; rond gegoten (plaatje van) suiker **borstrok** hemdrok **borstslag** slag bij borstzwemmen **borststuk** borstbedekkend kledingstuk; middendeel v.h. lijf v.e. insect; stuk vlees v.d. borst **borstvlies** vlies in borstholte **borstvoeding** voeding met moedermelk **borstwering** *v* muur of wal tot beschutting of leuning **borstzwemmen** *o* gewoon zwemmen
bos I *m* [-sen] bundel; *bij ~jes, (pop.)* in menigte **II** *o* [-sen] woud **bosachtig** *bn* met veel bos
bosanemoon ranonkelachtige bosplant met witte bloempjes, Lat. Anemona nemerosa **bosbes**, **bosbezie** in bos groeiende heester, Lat. Vaccinium myrtillus; klokvormige kleine vrucht v. die heester **bosbloem** bloem die vnl. in het bos groeit **bosbouw** *m* het laten groeien v. bossen **bosbrand** het branden v. bos **boscultuur** *v* bosbouw **bosduif** houtduif, ringduif **bosduivel** slingeraap; iem. die er slordig (en vuil) uitziet **bosgod** faun, sater **boskat** wilde kat

bospeen *m* [gmv] tot een bosje samengebonden worteltjes **bosproduct** voortbrengsel uit het bos

Bosjesman *m* iem. v.e. dwergvolk in zuidelijk Afrika

bossele'ren drijfwerk maken

bosui in bosjes verkochte jonge ui **bosuil** bep. uil met dikke kop **boswachter** wie toezicht op een bos houdt

bot I *m* [-ten] in brak water voorkomende platvis, Lat. Pleuronectes flesus **II** *v(m)* [-ten] knop **III** *o* [-ten] eind touw; knook; *(mv)* lichaam; *zijn ~ten kunnen tellen*, zeer mager zijn; *~ geven* of *vieren*, ruimte geven, de vrije loop laten; *~ vangen*, niet slagen **IV** *bn & bw* stomp; dom; niet glad; plotseling; vlak, kortweg

bota'nicus *m* [-ci] plantkundige **botanie'** *v* plantkunde **bota'nisch** *bn* plantkundig; wild als sierplant gekweekt

botaniseer'trommel ‹s=z› *v(m)* [-s] plantenbus **botanise'ren** ‹s=z› planten verzamelen en determineren

botel' *o* [-s] drijvend motel

boter *v(m)* door karnen afgescheiden melkproduct; *~ bij de vis*, contante betaling; *het is ~ aan de galg gesmeerd*, het is vergeefse moeite; *~ op zijn hoofd hebben*, in een glazen huis wonen; *boter-kaas-en-eieren*, spel waarbij men drie kruisjes of nullen op een rij moet krijgen **boterberg** overschot aan boter in de EG **boterbiesje** *o* boterkoekje **boterbloem** weideplant v.h. geslacht Ranunculus **boterbriefje** *o (iron.)* officieel document, trouwakte

boteren *h* met boter besmeren; karnen; tot boter worden; vlotten, goed gaan

boterham *m/v* [-men] een of twee sneetjes brood met boter **boterkoek** met boter bereide koek **boterletter** banketletter **botermerk** rijksmerk op boter **botermijn** *v(m)* afslag van boter **boterolie** olie uit rundvet of zaden **botersprits** met boter toebereide sprits **botervloot** *v(m)* bakje met deksel voor boter

botheid *v* stompheid; domheid, lompheid; het niet glad zijn

botje *~ bij ~ leggen*, met inzet van alle middelen de hele som betalen

botontkalking *v* het verminderen v.h. kalkpercentage in botten

bots *m* stoot **botsautootje** *de ~s*, kermisattractie met elektrische voertuigjes die tegen elkaar botsen

botsen *h/z* stoten; met elkaar in strijd komen

bottel *v(m)* [-s] schijnvrucht v.d. roos

bottelaar, **bottelier'** *m* [-s] keldermeester **bottelarij'** *v* inrichting waar men op flessen tapt **bottelen** op flessen tappen

botten *h/z* uitlopen, botten zetten

botter *m* [-s] eenmaster

botterik *m* domoor

bottleneck ‹bottelnek› *m* [-s] knelpunt

bottom-up' *bn & bw* werkend met ruimte voor initiatief vanuit de basis

botuit *bw* botweg

botulis'me *o* bep. voedselvergiftiging; in stilstaand water optredende vogelziekte

botvieren [vierde bot, botgevierd] de vrije loop laten

botweg *bw* kortweg

bouclé' ‹boeklee› *o/m & v* los geweven stof

boud *bn & bw* stout, moedig

boudoir' ‹boedwaar› *o* [-s] damesvertrekje

boudweg *bw* stoutweg, ronduit

bougainvil'le, **bougainvil'lea** ‹boeGenviel› *v(m)* [-'s] tropische (klim)plant met bloemen met felgekleurde schutbladeren

bougie' ‹boezjie› *v* [-s] kaars; ontstekingsonderdeel in explosiemotor; sonde voor onderzoek van lichaamskanalen

bouillabais'se ‹boejabes› *v(m)* bep. vissoep

bouilli' ‹boejie› *o/m* soepvlees

bouillon' ‹boe(l)jon› *m* vleesnat **bouillon'blokje** *o* stukje geperst vleesextract

boulevard' ‹boelevaar› *m* [-s] brede straat **boulevard'blad**, **boulevardkrant** roddelkrant

bouli'mia, **boulimie** ‹ou=oe› *v* [gmv] ziekelijke neiging tot eten

bouquet' ‹boekè› *o/m* wijngeur

bourgeois' ‹boerzjwa› *m* [mv idem] burgerman **II** *bn & bw* burgerlijk **bourgeoisie'** ‹boerzjwaazie› *v* burgerstand

bourgog'ne ‹boerGonje› *m* [-s] wijn uit Bourgondië **bourgog'newijn** bourgogne

bout *m* staaf; soldeerijzer; strijkijzer; deel v. wild of slachtdier, vogel- of wildgebraad; *(barg.) je kunt me de ~ hachelen*, ik heb lak aan je

bouta'de ‹ou=oe› *v* [-s] gril, spottende uitval

bouten *(plat)* zijn behoefte doen

bouvier' ‹boevjee› *m* [-s] ruwharige herdershond

bouw *m* het bouwen; bouwtrant; samenstelling **bouwbedrijf** bouwvak **bouwboer** landbouwende boer **bouwdoos** blokkendoos

bouwen land bearbeiden, beploegen; verbouwen; oogsten; kneden (v. boter); een bouwwerk maken, construeren; bevaren; *~ op*, steunen of vertrouwen op

bouwgrond grond om op te bouwen **bouwjaar** jaar v. fabricage **bouwkeet** tijdelijke verblijfsruimte tijdens de bouw

bouwkunde *v* wetenschap over het bouwen **bouwkun'dig** *bn* met betrekking tot of volgens de bouwkunde **bouwkun'dige** *m-v* [-n] wie verstand van bouwen heeft **bouwkunst** kunst v.h. bouwen

bouwlaag geheel van op dezelfde hoogte gelegen ruimten **bouwland** land voor landbouw **bouwmaatschappij** maatschappij die bouwt **bouwmeester** bouwkunstenaar **bouwnijverheid** het bouwbedrijf **bouworde** *v(m)* [-n, -s] bouwstijl **bouwpakket** pakket van onderdelen die men zelf in elkaar zet **bouwpastoor** pastoor die een kerk bouwt **bouwplaat** op karton afgebeelde constructie **bouwpolitie** politieafdeling voor naleving v. woningwet **bouwpremie**

premie van overheidswege bij woningbouw **bouwput** voor ondergrondse werkzaamheden aan een bouwwerk gegraven put
bouwrijp *bn* voor bebouwing gereed
bouwsteen steen om mee te bouwen; steen uit een blokkendoos; *(fig.)* wat aan de basis ligt **bouwstijl** stijl v. bouwkunst **bouwstof** *v(m)* [-fen] materiaal **bouwtrant** wijze v. bouwen
bouwvak tot bouwen in betrekking staand vak **bouwvakarbeider** arbeider uit een bouwvak **bouwvakker** *m* [-s] bouwvakarbeider
bouwval *m* [-len] ruïne **bouwval'lig** *bn* bijna instortend
bouwverbod verbod tot bouwen **bouwvergunning** vergunning voor het bouwen **bouwverordening** verordening omtrent het bouwen **bouwvolume** toegewezen aantal m^3 voor woningbouw **bouwwerk** gebouw
BOVAG Bond Van Autohandelaren en Garagehouders
boven *vz & bw* hoger dan, over; stroomopwaarts; ten noorden van; ouder dan; *~ de wind*, in de richting vanwaar de wind waait; *naar ~*, omhoog, de trappen op; *te ~ komen*, overwinnen; *te ~ gaan*, overtreffen; *van ~*, van omhoog, de trappen af; *~ de wet*, niet aan de wet gebonden **bovenaan'** *bw* aan de bovenkant
bovenaards' *bn & bw* hemels
bovenal' *bw* vooral
bovenarm bovenste stuk v.d. arm **bovenarms** *bw* met de hand boven de schouder
bovenbed bovenste bed v.e. stapelbed
bovenbedoeld *bn* waarvan zojuist sprake was
bovenbeen been boven de knie **bovenblad** bovenste blad **bovenbouw** bovenste gedeelte v.e. bouwwerk; gedifferentieerde klassen v.e. lyceum **bovendek** rijvoering; bovenlaken met dekens; opperdek
bovendien' *bw* daarenboven **bovendijks'** *bw* op de dijk
bovendrijven bovenop drijven **bovendrijvend** *bn* heersend
bovendruk bloeddruk bij pompend hart **boveneinde** hoogste deel; ereplaats aan tafel
bovengemeentelijk *bn & bw* van hoger orde dan gemeentelijk **bovengemeld** *bn* reeds genoemd **bovengenoemd**, **bovengezegd** *bn* reeds gezegd **bovengronds** *bn* boven de grond
bovenhand *de ~ hebben*, de meeste invloed hebben **bovenhands** *bn & bw* met boven de schouder geheven hand
bovenhuis deel van huis boven de benedenverdieping **bovenkaak** opperkaak **bovenkamer** kamer op een bovenverdieping; *(min.)* hoofd **bovenkant** bovenzijde **bovenkleren** *mv* niet rechtstreeks op de huid gedragen kleren
bovenkomen aan de oppervlakte komen; op een hogere verdieping komen; boven iem. komen; opwellen
bovenlaag opperlaag **bovenlader** *m* [-s] machine waar alleen van boven iets ingestopt kan worden **bovenland** hoger gelegen land **bovenlander** *m* [-s] bewoner v.e. bovenland; bep. paard; vaartuig dat de Noord-Duitse rivieren bevaart **bovenleer** leer v.h. bovendeel v.e. schoen **bovenleiding** bovengrondse leiding **bovenlicht** licht dat door de zoldering komt; hoog gelegen raam; hoog licht aan lamp
bovenliggen boven op iets of iem. liggen
bovenlijf bovenste helft v.h. lichaam; bovenste helft v.e. jurk **bovenlip** bovenste lip **bovenloop** *m* rivierdeel in het bergland
bovenmaats *bn* meer dan de normale maat **bovenma'te** *bw* uitzonderlijk
bovenmen'selijk *bn & bw* van hoger orde dan een mens; buitengewoon **bovennatuur'lijk** *bn & bw* het geschapene te boven gaand
bovenop' *bw* op de bovenzijde; *er ~*, te boven, weer op de been; weer in goede doen; onmiddellijk daarna **boveno'ver** *bw* er boven over heen
bovenrivier rivierdeel zonder getijen
bovenst *bn* het hoogst gelegen; *~e beste*, beste; *je bent een* of *de ~e beste*, ik dank je zeer
bovenstad hoger gelegen deel v. stad **boventand** tand in bovenkaak **boventoon** toon die boven de andere klinkt; bijtoon; *de ~ voeren*, de meeste invloed hebben, het duidelijkst waarneembaar zijn
bovenuit' *bw* boven het hoogste punt uitkomend
bovenverdieping boven gelijkvloers gelegen verdieping
bovenvermeld *bn* bovengemeld
bovenvlak bovenkant
bovenwaarts *bn & bw* naar boven; stroomopwaarts
bovenwarmte warmte die in een oven naar boven gevoerd wordt **bovenwater** water aan de oppervlakte of afkomstig van hoger gelegen streken; het hoogste van twee waterspiegels
bovenwind wind in de hogere luchtlagen **bovenwinds** *bn* aan de kant waar de wind vandaan komt; hoger aan de wind gelegen
bovenwoning bovenhuis **bovenzaal** zaal op bovenverdieping **bovenzijde** hoogst gelegen zijde
bovenzin'nelijk *bn & bw* geestelijk
bowl ⟨o=oo⟩ *m* [-s] kom; drank uit wijn en vruchten
bowlen ⟨o=oo⟩ kegelen; *Am. variant*
box *m* afdeling v. stal voor één paard, exemplaar uit een rij garages, afgeschoten zitgelegenheid in café; looprek v.e. kind; postbox; geluidsbox; tariefklasse voor de belastingdienst op grond van belastbaar inkomen; *als laatste deel v.e. ss ook*: telefoonlijn
boxcalf *o* fijn kalfsleer
boxenstelsel fiscaal stelsel waarin de verschillende inkomsten worden belast

B

tegen verschillende tarieven in een aantal tariefboxen

boxer *m* [-s] op buldog lijkende hond

boxershort ‹sh=sj› *m* [-s] wijde herenonderbroek

boxspring *m* [-s] onderstel v.e. bed met springveren

boycot *m* [-ten] het boycotten **boycotten** zich tegenover iem. gedragen alsof hij niet meer bestaat; niet meer kopen van

boze **I** *m* [-n] duivel **II** *o* kwaad; *uit den ~*, van de duivel afkomstig, slecht

BPM *(muz.)* beats per minute *(aantal tellen per minuut, tempo)*

Br *(schei.)* bromium

braadpan pan om in te braden **braadsle(d)e** langwerpige braadschotel **braadworst** worst om te braden

braaf *bn & bw* rechtschapen, oppassend, zoet; *(alleen als bw)* zeer

braak **I** *v(m)* [braken] breekwerktuig; inbraak; het verbreken v.e. afsluiting **II** *bn* onbebouwd; niet beoefend, niet onderzocht **braakland** braakliggend land **braakmiddel** middel om te braken

braam [bramen] *m* zoetwatervis, Lat. Rubus fruticosus **II** *v(m)* rand; braambes; braamstruik **braambes**, **braambezie** vrucht v.d. braamstruik **braambos** *o* braambessenstruiken **braamsluiper** *m* bep. mus **braamstruik** doornige struik met sappige besachtige vruchten

brabbelen verward of onduidelijk spreken

brabbeltaal wartaal; onverstaanbaar gepraat

brabo *(jong.)* *m* [-'s] Brabander

brace ‹brees› *m* [-s] band ter bescherming v.e. gekwetst lichaamsdeel

brachycefaal' ‹brachieseefaal› *bn* kortschedelig **II** *m-v* [-falen] kortschedelige **brachygrafie'** *v* het schrijven in afkortingen

braden [braadde, gebraden] bruin maken op vuur

braderie' *v* [-ën] enigszins feestelijke markt

bradertjes krielaardappels om te bakken

bradycardie' *v* [gmv] aandoening waarbij het hart zeer langzaam werkt

brahmaan' *m* [-manen] lid v.d. hoogste kaste v.d. hindoes

brailledruk ‹braije›, **brailleschrift** blindenschrift met tastbare letters

braindrain ‹breejndreejn› *m* het naar elders vertrekken van de intelligentsia

brainstorm ‹ai=eej› *m* plotselinge inval **brainstormen** plotseling een probleem van alle kanten bespreken

braintrust ‹ai=eej› *m* [-s] aaneensluiting van knappe deskundigen **brainwave** ‹breejnweejv› *m* [-s] slimme inval

brak **I** *m* [-ken] jachthond met goed reukorgaan; bengel **II** *bn* zilt; uit zilt water gebaggerd

braken met de braak bewerken; overgeven; uitspuwen

brallen snoeven

bramsteng *v(m)* tweede verlengstuk v.d. mast **bramzeil** vierkant zeil aan bramsteng; *de ~en bijzetten*, alle krachten inspannen

brancard' ‹brankaar› *m* [-s] draagbaar

branche ‹brãnsj(e)› *v(m)* [-s] tak; afdeling, vak **brancheververvaging** *v* het vervagen v.d. grenzen tussen takken van bedrijf of handel

brand *m* vuur; het branden; verbranding; huidontsteking; gloed; brandstof; graanziekte; *(zegsw.)* moeilijkheden; *in ~ vliegen*, plotseling ontbranden **brandalarm** waarschuwing dat er brand is

branda'ris *m* [-sen] vuurtoren

brandassurantie verzekering tegen brandschade **brandblaar** blaar t.g.v. branden **brandblusapparaat** apparaat om brand te blussen **brandbom** bom die brand veroorzaakt **brandbrief** felle maanbrief **branddetector** *m* [-s] toestel om brand op te sporen **branddeur** nooddeur in geval van brand

branden in brand (doen) staan; heet zijn; fel schijnen; gloeiend prikkelen; hevig verlangen; met vuur bewerken of bezeren; cd's kopiëren; *niet gebrand zijn op*, niet gesteld zijn op; *~ de kwestie*, dringende kwestie; *zich aan iets ~*, zich ergens mee benadelen; *zich ~*, ergens vlak bij zijn

brander *m* [-s] toestel dat aan de vlam een bepaalde vorm geeft; stoker van geestrijke drank **branderig** *bn* als bij brand; ontstoken **branderij'** *v* stokerij van sterkedrank

brandewijn bep. sterkedrank **brandgang** *m* doorgang bij eventuele brand **brandgevel** stenen gevel tegen brandgevaar **brandglas** lens **brandhaard** beginplaats v.e. brand; plaats waar veel conflicten zijn **brandhout** hout als brandstof **brandijzer** werktuig om merken in te branden

branding *v* het schuimend breken v.d. golven op strand of ondiepte

brandkast brandvrije kast **brandkastkraker** *m* [-s] wie een brandkast openbreekt

brandklok klok voor brandgevaar **brandkraan** grote waterkraan voor brand **brandladder** ladder voor geval v. brand **brandlucht** lucht t.g.v. brand **brandmeester** leider v. brandweerlui **brandmelder** *m* [-s] telefoon voor brand

brandmerk ingebrand merk **brandmerken** [brandmerkte, gebrandmerkt] een merk inbranden; schandvlekken

brandnetel *v(m)* [-s] plant v.h. geslacht Urtica die bij aanraking jeuk veroorzaakt **brandoffer(en)** offer(en) door verbranding **brandpolis** polis v. brandverzekering **brandpunt** verenigingspunt van stralen die door een lens gebroken of door een holle spiegel teruggekaatst worden; bep. punten in hyperbool of ellips; middelpunt **brandschade** schade door brand

brandschatten [brandschatte, gebrandschat] oorlogsschatting afpersen

brandscherm ijzeren toneelscherm; scherm tegen vonken v. openhaardvuur

brandschilderen [brandschilderde, gebrandschilderd] schilderingen in glas branden

brandschoon *bn* zeer schoon

brandslang slang v.e. brandspuit **brandspiegel** spiegel die als brandglas werkt **brandspuit** pomp met waterstraal om te blussen **brandstapel** houtmijt om inz. mensen op te verbranden

brandstichter wie opzettelijk brand veroorzaakt **brandstichting** *v* het stichten v. brand

brandstof stoffen waarmee men stookt **brandtrap** vluchttrap bij brand **brandverf** email **brandverzekering** verzekering tegen brandschade **brandvrij** *bn* beschermd tegen brand

brandwaarborg *m* brandverzekering **brandwaarborgmaatschappij** brandverzekeringsmaatschappij

brandwacht I *v(m)* groep ordebewaarders bij brand **II** *m* ordebewaarder bij brand

brandweer *v(m)* dienst om brand te blussen **brandweerman** [-lieden] lid v.d. brandweer

brandwond(e) wonde t.g.v. brand

brandy ‹brendi› *v(m)* brandewijn; cognac

brandzalf zalf voor brandwonden

branie I *bn* dapper, kranig, blufferig **II** *m* onverschrokkenheid, bluf **III** *m-v* [-s] durfal, bluffer **branieachtig** *bn & bw* met enige branie

branieschopper [-s] opschepper

bras *m* [-sen] touw waarmee men de raas omhaalt of in een horizontaal vlak draait

brasem *m* [-s] olijfkleurige karperachtige riviervis, Lat. Abramis brama

brasmaal, **braspartij** slemppartij

brassband ‹bent› *m* [-s] band met overwegend koperen blaasinstrumenten en slagwerk

brassen slempen; de raas of zeilen richten naar de wind **brasserij'** *v* het brassen

brassiè're [-s] bustehouder tot in de taille

brat *zie* **borat**

bravis'simo *tw* uitmuntend

bravo' *tw* goed zo **bravo'geroep** het bravo roepen

bravou're ‹ou=oe› *v(m)* zelfverzekerde vaardigheid **bravou'rearia** aria om bravoure te tonen

braziel' I *o* brazielhout **II** *m* [-s] Braziliaanse sigaar **braziel'hout** *o* pernambukhout

break ‹ea=ie› *m* [-s] *(sp.)* winst v.e. game; tussenkomst door scheidsrechter

breakdance ‹breekdèns› *m* dans met snelle hoekige bewegingen

breakdown *m* instorting

breakpoint ‹ea=ee› *(sp.)* *m* [-s] moment in een wedstrijd waarbij de speler die niet aan slag is, nog maar één punt moet krijgen om te winnen

breed *bn & bw* niet smal; breedte bezittend; uitvoerig; ruim, wijd; *dat is zo ~ als het lang is*, er is evenveel voor als tegen; *het niet ~ hebben*, bekrompen moeten leven; *in den brede*, uitvoerig; *de brede weg*, de weg der zonde; *die het ~ heeft laat het ~ hangen*, wie veel heeft kan veel besteden

breedbeeldtelevisie televisie met breder dan normaal beeld

breedgebouwd *bn* breed van borst en schouders **breedgetakt** *bn* met wijd uitgroeiende takken

breedspec'trumantibioticum *o* [-ca] op veel fronten werkzaam antibioticum

breedspra'kig *bn & bw* wijdlopig

breedte *v* [-n, -s] afmeting loodrecht op de lengteas; afstand tot de evenaar in graden **breedtecirkel** evenwijdig met de evenaar getrokken cirkel **breedtegraad** 1/360 meridiaan

breed'uit' *bw* in volle breedte; uitvoerig; zonder reserve **breedvoe'rig** *bn & bw* wijdlopig

breekbaar *bn* gemakkelijk kunnende breken

breekijzer ijzeren staaf om iets open te breken **breekpunt** punt waar iets breekt of kan breken; *(fig.)* punt waarop besprekingen (kunnen) afspringen

breeuwen de naden waterdicht maken

breeveer'tien *de ~ opgaan*, te royaal of verkeerd gaan leven; verongelukken

breidel *m* [-s] teugel **breidelen** beteugelen

breidelloos *bn* onbeteugeld

breien knopen; met rijs omvlechten; (met naalden) draden tot een vlechtwerk maken **breigaren** voor breien geschikt garen **breikatoen** katoenen breigaren **breimachine** machine om mee te breien

brein *o* [gmv] hersenen, verstand

breinaald puntig staafje waarmee men breit

breinbreker *m* [-s] lastige puzzel

breipen breinaald **breiwerk** werk waaraan men breit; gebreid goed; vlechtwerk van rijs

brekebeen *m-v* [-benen] wie een bep. vak niet goed meester is **breken** [brak, gebroken] stuk maken; stuk gaan; knakken; te niet doen; schenden; stuiten; van richting veranderen (van stralen); omploegen; *uit de gevangenis ~*, uit de gevangenis uitbreken; *met iem. ~*, ophouden met iem. vriend te zijn; *~ met*, opgeven **breker** *m* [-s] hoge golf die over het schip heen slaat **breking** *v* het breken

brem *m* struik met vlinderachtige gele bloemen, Lat. Genista

brems [bremzen], **bremze** *v(m)* [-n] daas

bremzout, **brijnzout** *bn* zeer zout

brengen [bracht, gebracht] ergens heen bewegen of leiden of doen komen; komen aanbieden; geven; veroorzaken; *tot stand ~*, presteren; *aan het licht ~*, openbaren; *onder het oog* of *de ogen ~*, nadrukkelijk wijzen op; *het ver ~*, ver komen; *in aanraking ~ met*, doen leren kennen; *om het leven ~*, doden; *aan het verstand ~*, doen inzien; *onder woorden ~*, uitdrukken; *een offer ~*, offeren, zich opofferen; *ten offer ~*, vrijwillig afstaan; *morgen ~!*, geloof het maar niet

brengun ‹g=G› *m* [-s] lichte mitrailleur

bres *v(m)* [-sen] gat in verdedigingswerk; *in de ~ springen* of *op de ~ staan*, verdedigen

bretel' I *v(m)* [-s, -len] broekdraagband over

B

de schouders II *mv* in dezelfde bet.
breuk *v(m)* het breken; scheur; darmuitpuiling uit buikholte; gebroken getal **breukband** band bij breuk **breukvlak** plaats waarop iets gebroken is of kan breken
breve *v(m)* [-n] kort pauselijk schrijven met benoemingen of gunstverleningen
brevet' *o* [-ten] diploma; octrooi; ~ *van onvermogen*, verklaring dat iem. onvermogend is; bewijs van onbekwaamheid **brevette'ren** een brevet geven
breviatuur' *v* [-turen] afkorting
brevier' *o (r.-k.)* getijdenboek
bric-à-brac'winkel ‹ic=iek› winkel voor verkoop van oude spullen
bricole'ren over de band spelen; oneerlijk zijn
bridge ‹bridzj› *o* kaartspel met 52 kaarten voor vier personen **bridge-drive** ‹draiv› *m* [-s] bridgewedstrijd **bridgen** [bridgede, gebridged] bridge spelen
brie *m* romige kaassoort uit Brie
brief *m* [brieven] geschreven of getypte boodschap; *~je*, korte brief; bankbiljet; *op een ~je geven*, verzekeren; *een Engelse ~ schrijven*, een uiltje knappen **briefgeheim** verbod om brieven te openen **briefhoofd**, **brievenhoofd** gedrukt opschrift v.e. brief
briefing *v* mondeling instructieoverleg; het geven van inlichtingen
briefkaart kaartbrief **briefroman** roman in vorm v. briefwisseling **briefweger**, **brievenweger** weegschaal voor brieven **briefwisseling** *v* elkaar schrijven
bries *v(m)* zachte frisse wind **briesen** snuiven
brievenboek kopieboek; boek met brievenmodellen
brievenbus bus voor poststukken **brievenbusfirma** firma met alleen een postadres **brievenmaal** *v(m)* brievenzak
briga'de *v* [-s, -n] bep. afdeling politie of militairen **brigadier'** *m* [-s] iem. met rang tussen hoofdagent en adjudant
brij *m* dikke pap **brijig** *bn & bw* als brij
brijnzout *bn* zeer zout
brik *v(m)* [-ken] zeilboot met twee masten; vierwielig open rijtuig; *(scherts.) een ouwe ~*, een oud voertuig
briket' *v(m)* [-ten] blokje geperste brandstof
bril *m* [-len] stel kijkglazen in montuur; wc-zitting; *door een gekleurde ~*, bevooroordeeld; *door een donkere ~*, pessimistisch **brilduiker** *m* [-s] eend met witte wangvlek, Lat. Bucephala clangula **briletui** ‹bril-eetwie› brilomhulsel
briljant' I *m* op bepaalde wijze geslepen diamant II *bn & bw* schitterend **briljan'ten** *bn* van briljant
brillanti'ne ‹briejantine› *v(m)* smeermiddel om haren te doen glanzen
brillen een bril dragen **brilslang** slang met brilvormige tekening
brink *m* erf; grasland om boerenwoning; dorpsplein **brinkdorp** dorp met brink
brioche ‹briosje› *m(v)* [-s] Frans zoet broodje
brisant' ‹s=z› *bn* snel ontploffend **brisant'bom** hevig ontploffende bom
brits *v(m)* slaapbank; *(pop.)* achterste
broccoli *m* Italiaanse bloemkoolachtige groente
broche ‹brosj(e)› *v(m)* [-s] doekspeld
broche'ren ‹ch=sj› innaaien
brochette ‹brosjèt› *v* [-s] roosterspies
brochu're ‹ch=sj› *v(m)* [-s] vlugschrift
broddelaar *m* [-s] knoeier **broddelarij'** *v*, **broddelwerk** geknoei **broddelen** knoeien
brodeloos ~ *maken*, de bestaansmiddelen afnemen van
broed *o* broedsel **broeden** door warmte eieren doen uitkomen; beramen; peinzen
broeder *m* [-s, -en] *(plecht.)* broer; kloosterling zonder priesterwijding; ziekenverpleger; *(plecht.)* geloofsgenoot; medemens; medelid v.e. genootschap; iem. met laagste rang i.e. ridderorde; bep. gebak; *zwakke ~*, iem. die niet goed kan studeren **broederdienst** het gediend hebben v.e. oudere broer; gratis preekbeurt voor een ander **broederlijk** *bn & bw* als broers, als van broeders **broeder-o'verste** hoofd v.e. huis v. broeders **broederschap** *v* [-pen] *(r.-k.)* lekenvereniging op religieus gebied; kerkgenootschap; vereniging van beroepsgenoten; ~ *drinken*, onder een dronk beloven dat men elkaar als broeders beschouwt
broedhen *v* [-nen] broedse hen **broedmachine** machine voor kunstmatig uitbroeden **broedplaats** *(fig.)* broednest **broeds** *bn* geneigd tot broeden **broedsel** *o* [-s] gebroed **broedstoof** toestel om kunstmatig uit te broeden
broeibak kweekbak met glas erop **broeien** *h* met heet water behandelen; heet worden door gisting; benauwd heet zijn; *er broeit wat*, er dreigt wat **broeierig** *bn* benauwd heet
broeikaseffect algemene temperatuurstijging door vorming van veel kooldioxide in de dampkring **broeikas(t)** kas
broeinest *(fig.)* kweekplaats
broek I *v(m)* kledingstuk met twee pijpen om het onderlijf te bedekken; bevederd bovenbeen v.e. vogel; *voor (of op) zijn ~*, slaag; *aan zijn ~ krijgen*, krijgen; *de ~ aanhebben*, de baas zijn; *achter de ~ zitten*, geregeld aanmanen; *het in zijn ~ doen*, zijn ontlasting of plas laten lopen II *o* drassig land **broekje** *o* kleine broek; onervaren kereltje **broekland** drassig grasland **broekpak** uit jasje en broek met lange pijpen bestaande deskleding **broekriem** *de ~ aanhalen*, *(fig.)* minder verteren **broekrok** korte op een rok lijkende broek met wijde pijpen **broekspijp** deel v.e. broek dat één been bekleedt **broekzak** zak in een broek
broer *m* [-s] zoon met betrekking tot andere kinderen van dezelfde ouders; *een ~tje dood hebben aan*, een hekel hebben aan
broes *v(m)* [-zen] tuittrechter met gaatjes

brogue ‹brooG› *m* [-s] schoen met veters en gaatjes ter versiering
brok *m/v of o* [-ken] stuk; suikerkussentje
brokaat' *o* zijden stof met goud- en zilverdraad doorwerkt **broka'ten** *bn* v. brokaat
broker *m* [-s] makelaar op de beurs
brokkelen *h/z* in stukjes (doen) breken **brokkelig** *bn* gemakkelijk brokkelend **brokken** brokkelen **brokkenmaker** *m* [-s] wie ongelukken veroorzaakt
brokstuk deel
brombeer mopperpot **bromfiets** rijwiel met hulpmotor; licht soort motorfiets
bromi'de *(stofn.)* *o* verbinding met broom **bromium** *o* roodbruine vergiftige vloeistof
brommen dof grommend geluid maken; boos praten; gevangen zitten; *wat ik je brom!*, wat ik zeg! **brommer** *m* [-s] wie bromt; bromvlieg; bromfiets **brommobiel'** *m* overkapte bromfiets met vier wielen **brompot** mopperpot **bromscooter** ‹oo=oe› bromfiets met het model v.e. scooter **bromtol** gonzende tol **bromvlieg** blauwe vleesvlieg, Lat. Calliphora erythrocephala
bron *v(m)* [-nen] wel; oorzaak; mededeling of geschrift waaruit men zijn gegevens heeft **bronader** waterader; *(plecht.)* oorsprong
bronchiën *(med.)* [mv] luchtpijptakken **bronchi'tis** *v* ontsteking v.d. luchtpijptakken **bronchoscopie'** *v* inwendig onderzoek v.d. bronchiën
broncode nog niet naar machinetaal omgezet programma **bronnenstudie** studie v.d. bronnen
brons *o* [bronzen] legering van koper en tin; metaalpoeder om te bronzen; bronskleur
bronst *v(m)* paringsdrift **bronstig** *bn* paringsdrift voelend **bronsttijd** paartijd
brontosau'rus *m* [-sen] voorwereldlijk reuzenreptiel
bronwater uit de grond borrelend water
bronzen **I** *ww* bronskleur geven **II** *bn* (als) van brons
brood *o* [broden] voedsel van gebakken deeg; levensonderhoud; in kegelvorm gegoten geperste klomp v. stoffen; *om den brode*, om de kost; *op zijn ~ krijgen*, als verwijt te horen krijgen; *op zijn ~ geven*, verwijten; *zoete ~jes bakken*, met behulp van meer inschikkelijkheid iets proberen te krijgen; *geen ~ eten*, niets aan onderhoud kosten; *wiens ~ men eet, diens woord men spreekt*, men kiest de zijde van hem van wie men afhankelijk is; *als warme ~jes over de toonbank gaan*, vlot verkocht worden **broodbeleg** toespijs op brood **broodboom** boom v.h. geslacht Artocarpus met naar brood smakende vruchten **brooddeeg** deeg om brood van te bakken; boetseermateriaal van bloem, water en zout **brooddieet** dieet waarbij men de ene dag uitsluitend brood en de andere dag normaal eet
brooddronken *bn & bw* tuchteloos
broodheer werkgever **broodje gezond'** met kaas of vlees en rauwe groente belegd broodje **broodkruimel** *de ~s steken hem*, hij kan de weelde niet verdragen
broodmager *bn* zeer mager
broodmes mes om brood te snijden **broodnijd** afgunst wegens de kostwinning
broodnodig *bn* onmisbaar
broodplank plank om brood te snijden **broodroof** iem. zijn inkomsten ontnemen **broodrooster** toestel om brood te roosteren **broodschrijver** wie leeft v.h. schrijven en daarvoor soms benedenmaatse teksten produceert
broodwinner kostwinner **broodwinning** *v* nering
broodwortel(plant) cassave
broom *o* bromium; broomkali **broomka'li(um)** verbinding van broom en kalium **broomzilver** verbinding van broom en zilver
broos **I** *v(m)* [brozen] *(vero.)* toneellaars **II** *bn & bw* licht stuk gaand; zwak
bros **I** *v(m)* [-sen] leerwerkerspriem **II** *bn & bw* hard en licht brokkelend of breekbaar
brosser *m* [-s] *(Belgned.)* spijbelaar
brouille'ren ‹broejeeren› *zich ~* of *gebrouilleerd zijn*, onenigheid hebben
brouwen [brouwde, gebrouwen, gebrouwd] berokkenen; [brouwde, gebrouwen] bier maken; de r in de keel uitspreken **brouwerij'** *v* fabriek v. bier; *dat brengt leven in de ~*, dat brengt levendigheid **brouwsel** *o* [-s] *(min.)* bereide drank
browning *wm* ‹ow=ouw› *m* [-s] automatisch pistool
browser ‹brouwzer› *m* [-s] software voor het surfen op het internet
BRT bruto registerton
BRTN Belgische Radio en Televisie Nederlands gesproken
brug *v(m)* [-gen] verbinding over diepte; daarop gelijkend voorwerp; gymnastiektoestel met horizontale bomen; loopplank met leuningen; commandobrug; verbinding van brillenglazen; *over de ~ komen*, betalen **brugbalans** *v(m)* weegtoestel **brugfunctie** bemiddelende functie **bruggengeld** geld voor het ophalen v.d. brug **bruggenhoofd** metselwerk voor het einde v.e. brug; militair steunpunt over een water **brug(gen)wachter** wie voor een brug moet zorgen **brugjaar**, **brugklas** eerste leerjaar bij voortgezet onderwijs **brugkraan** kraan op een brug
Brugman *praten als ~*, welbespraakt zijn
brugpensioen *(Belgned.)* VUT **brugpieper** *m-v* [-s] leerling v.d. brugklas **brugwachter** *zie* **bruggenwachter**
brui *m* boel; *de ~ hebben aan* of *van*, maling hebben aan; *de ~ geven van* of *aan*, niet meer te maken willen hebben met
bruid *v* verloofde in ondertrouw of tijdens de bruiloft; vrouw die jubileum v. haar bruiloft viert; *~ des Heren*, kloosterlinge **brui(de)gom** *m* [-s] ondertrouwde man; man op trouwdag; wie jubileum v. zijn bruiloft viert **bruidje** *o* in het wit gekleed

meisje bij processie **bruidsboeket** boeket dat de bruid draagt **bruidsdagen** *mv* dagen tussen ondertrouw en trouwdag **bruidsjapon** kleed dat de bruid draagt **bruidsjonker** jongen die de bruidegom behulpzaam is **bruidsmeisje** meisje dat de bruid behulpzaam is **bruidspaar** bruidegom en bruid **bruidsschat** geld dat de bruid meebrengt **bruidssluier** sluier v.e. bruid; sterk woekerende klimplant met witte bloemtrosjes, Lat. Polygonum alberti **bruidsstoet** stoet met het bruidspaar **bruidssuiker** *m* [-s] door de bruid uit te delen snoepgoed **bruidstranen** *mv* tijdens de bruidsdagen geschonken drank **bruigom** *zie* **bruidegom**

bruikbaar *bn* voor gebruik geschikt

bruikleen *o/m*, **bruiklening** *v* uitlening zonder rente; het zo geleende

bruiloft *v(m)* (jubileum v.e.) trouwfeest

bruin *bn & bw* van uit rood en geel en blauw of zwart samengestelde kleur; *een ~ leven*, een goed leven; *te ~*, te erg; *het ~*, het donker (op schilderij); *dat kan Bruintje niet trekken*, dat kan ik niet betalen **bruinebo'nensoep** soep v. bruine bonen met groente en vlees **bruinen** bruin worden of maken

bruine'ren polijsten

bruingoed *o* [gmv] verkoopterm voor apparatuur als radio en televisie **bruinkool** brandstof tussen turf en steenkool **bruinsteen** *o/m* delfstof met mangaanperoxide **bruinvis** *m* donker walvisachtig zoogdier v.d. familie der Phocaenidae

bruisen hoorbaar schuimen **bruispoeder**, **bruispoeier** *o* bep. bruismiddel **bruistablet** *o* tablet dat in water bruisend oplost

brulaap aap v.d. familie der Cebidae; *(pop.)* schreeuwerig persoon **brulboei** dof dreunende boei **brullen** krachtige doffe geluiden voortbrengen; *(pop.)* luid schreien

brunch ‹ch=sj› *m* [-en, -es] ontbijt dat tevens als lunch gebruikt wordt

brunel' *v(m)* [-len] bep. lipbloemige plant met blauwviolette bloemaar

brunet'te [-s] vr. iem. met donkerbruin haar

brut ‹bru› *bn* nauwelijks gezoet

brutaal' *bn & bw* onbeschaamd, vermetel **brutaal'weg** *bw* zomaar brutaal **brutalise'ren** ‹s=z› bruut of brutaal bejegenen **brutaliteit'** *v* onbeschaamdheid

bruto *bn & bw* met de verpakking; zonder aftrek v.d. onkosten; onzuiver, met vreemd metaal vermengd **bruto-inkomen** inkomen zonder aftrek v. onkosten

bruusk *bn & bw* kort; eensklaps **bruuske'ren** onvriendelijk bejegenen, toesnauwen, forceren

bruut I *bn* lomp II *m* [bruten] beestachtig ruw mens

BS burgerlijke stand; Binnenlandse Strijdkrachten

BSE *bovine spongiform encephalopathy*, gekkekoeienziekte

bso bijzonder secundair onderwijs; (Belg.)beroeps secundair onderwijs; buitenschoolse opvang *(opvang van kinderen buiten schooltijd)*

btw belasting toegevoegde waarde

btw'-tarief tarief v.d. belasting over de toegevoegde waarde

bubbelbad door een kunstmatige stroom sterk borrelend bad **bubbelen** met steeds bewegend achterste dansen

bucentaur' *m (myth.)* stiermens

buco'lisch *bn* herderlijk, herder-

buddy *m* [-'s] wie een aidspatiënt vrijwillig bijstaat

bud'get' ‹bud'zjet *of* budzjet'› *o* [-ten, -s] begroting; *als eerste deel van ss*: met lage prijzen **budgettair'** ‹ai=è› *bn* begrotings-

budgette'ren onderbrengen in een begroting

budo *o* geheel v. Japanse vecht- en zelfverdedigingssporten

buffel I *m* [-s] rund uit moerasachtige (sub)tropische gebieden; *(fig.)* lompe kerel II *o* buffelleer **buffelen** *(pop.)* schransen

buffer *m* [-s] stootkussen; tijdelijke opslagplaats v. gegevens in een computergeheugen **bufferen** uit de bufferkas nemen; als buffervoorraad opslaan

bufferkas geld waarmee men kleine kastekorten kan aanzuiveren **bufferstaat** kleine staat tussen twee grote **buffervoorraad** reservevoorraad

buffet' *o* [-ten] dressoir met hoge opstaande kast; tapkast, schenktafel; *koud ~*, koude eetwaren

bug ‹buG› *m* [-s] fout in computerprogramma

bugel *m* [-s] bep. koperen blaasinstrument

buggy *m* [-'s] inklapbaar babywagentje

bühne *m* [gmv] podium, toneel

bui *v(m)* vlaag; luim

buidel *m* [-s] beurs, zak; huidplooi **buideldier** zoogdier v. onderklasse Marsupialia met een buidel aan de buik

buigbaar *bn* te buigen **buigen** [boog, gebogen] krom maken of worden; nijgen; zich onderwerpen, zich vernederen **buigzaam** *bn* gemakkelijk buigende

bui'ig *bn* met buien **bui'ïgheid** *v* weersgesteldheid met veel regenbuien; humeurigheid

buik *m* (bij mensen) voorste deel v.h. onderlijf; (bij dieren) onderkant v.d. romp; *(pop.)* maag; op een buik gelijkend deel; plaats van grootste uitwijking bij trilling; *van zijn ~ een afgod maken*, erg gesteld zijn op lekker eten; *ergens zijn ~ van vol hebben*, ergens meer dan genoeg van hebben; *iets wel op zijn ~ kunnen schrijven*, iets wel niet meer betaald krijgen **buikband** band om de buik; smal, los bandje om een boek met opvallende informatie **buikdans** *m* dans met ritmische bewegingen van vrijwel alleen heupen en buik **buikdanseres** *v* de buikdans uitvoerende vrouw **buikgriep** epidemische buikloop **buikholte** lichaamsholte met buikingewanden

buikig *bn* met een dikke buik
buiklanding landing op de onderkant v. romp **buikloop** waterachtige ontlasting **buikpijn** pijn in de buik
buikpotig *bn* met een schijf in plaats van poten als bewegingsorgaan
buikriem riem om de buik; *de ~ aanhalen*, zich met minder voeding moeten tevreden stellen **buikspreken** spreken zonder de lippen te bewegen **buikvin** vin aan de buik **buikvlies** vlies a.d. binnenkant v.d. buikholte **buikvulling** *v* onvoedzame spijs
buikziek *bn* beurs
buil I *v(m)* gezwel II *m* papieren zakje; builmolen
builen van de zemelen ontdoen
builenpest pest met builen
buis I *v(m)* [buizen] pijp; radiolamp; tv; elektronenbuis; haringschip II *o* [buizen] kiel
buiswater water dat over een schip spat
buit *m* het veroverde
buitelen *h/z* over de kop gaan
buiten I *bn & vz* niet binnen; niet in de stad; behalve, zonder; *van ~*, aan de buitenkant; uit het hoofd; *zich te ~ gaan*, onmatig zijn, zich niet beheersen; *~ verwachting*, boven verwachting; *ergens ~ staan*, ergens niet bij betrokken zijn; *~ iem. om*, zonder hem er in te kennen; *~ zichzelf*, zich niet meer beheersend II *o* [-s] buitenplaats
buitenaards' *bn* van buiten de aarde afkomstig of z. daar bevindend
buitenaf' *bw* aan de buitenzijde; afgelegen
buitenbeentje *o* onecht kind; afwijkend iem. **buitenbocht** bocht met de langste voerstraal **buitenboord'motor** aanhangmotor v.e. boot **buitendeur** deur naar buiten
buitendien' *bw* bovendien
buitendijks' *bw & bn* tussen het water en de dijk
bui'tenech'telijk *bn & bw* buiten het huwelijk
buitengaats' *bw* in volle zee **buitengemeen'** *bn & bw* zeldzaam
buitengemeente aan een stad grenzende plattelandsgemeente
buitengerech'telijk *bn & bw* waar het gerecht buiten blijft **bui'tengewoon'** *bn & bw* ongewoon; meer dan gewoon; zeer; *~ onderwijs*, onderwijs voor abnormale kinderen
buitengoed landgoed
buitenhaven haven in directe verbinding met zee of rivier **buitenhuis** (zomer)huis buiten de stad
buitenis'sig *bn* excentriek
buitenkans *v(m)* meevaller
buitenker'kelijk *bn* niet tot een kerkgenootschap behorend
buitenland ander land dan het eigen land **buitenlander** *m* [-s] iem. uit het buitenland **buitenlands** *bn* van of uit het buitenland
buitenleven leven op het platteland **buitenlucht** lucht buitenshuis; frisse lucht **buitenman** [-lui] dorpeling
buitenmate, **buitenmatig** *bw* in zeer hoge mate
buitenmens dorpeling; wie v.h. buitenleven houdt
buitenom' *bw* langs de buitenkant om
buitenplaats buiten **buitenplaneet** planeet met baan buiten de aardbaan **buitenpolder** buitendijks gelegen polder
bui'tenshuis' *bw* niet in huis
buitensluiten niet laten binnenkomen; buiten iets houden
buitenspel' *o & bw* spel buiten de bepaalde grenzen
buitenspo'rig *bn & bw* onmatig, onredelijk **buitenspo'righeid** *v* [-heden] overdrijving; onbehoorlijkheid
buitenstaander *m* [-s] wie niets met de zaak te maken heeft; oningewijde, ondeskundige
buitenste *bn* het verste naar buiten
bui'ten(s)tijds' *bw* buiten de gewone tijd
buitentekst'plaat plaat op een afzonderlijke bladzijde **buitenverblijf** buitenplaats
buitenwaarts *bn & bw* naar buiten
buitenwacht buitenpost; personen die er niet bij betrokken zijn **buitenwater** water in open verbinding met zee **buitenweg** weg buiten de bebouwde kom **buitenwereld** personen die buiten een bep. gemeenschap staan; het grote publiek **buitenwijk** [-en] *v(m)* aan de buitenkant v.e. stad gelegen wijk **buitenzijde** buitenkant
buitenzintuig'lijk *bn* buiten de zintuigen om (verkregen)
buitmaken [maakte buit, buitgemaakt] veroveren
buizen drinken; boegwater in de boot krijgen; *(jong.)* naar de televisie kijken
buizerd *m* [-s] valkachtige roofvogel v.h. geslacht Buteo
bukken *(zich) ~*, buigen
buks I *v(m)* kort geweer II *m* bep. palmpje **buksboom** altijdgroen glanzend heestertje v.d. soort Buxus sempervirens
bul [-len] *v(m)* lor, prul; *(mv. fam.)* spullen; oorkonde, diploma; open pauselijke brief II *m* stier; *een ~ van een kind*, een zeer dik kind
bulderaar *m* [-s] wie raast **bulderbaan** startbaan voor grote vliegtuigen **bulderen** een geweldig geluid voortbrengen; razen
buldog *m* [-gen] hond met stompe snuit
bulk *m* onverpakt goed; grootste deel; *in ~*, onverpakt **bulkartikelen** *mv* artikelen die zonder verpakking ingeladen worden **bulkboek** zeer goedkoop vervaardigd boek **bulken** hard schreeuwen; *~ van het geld*, *(pop.)* heel rijk zijn
bull'dozer *m* [-s] ‹u=u *of* oe› rupswagen om terrein te egaliseren
bullebak *m* [-ken] bulderbast, nijdas
***bullenbijter** *(Wdl. bullebijter)* *m* [-s] Engelse dog; grote kwaadaardige hond; bullebak ***bullenpees** *(Wdl. bullepees)* *v(m)* geseltouw
bulletin' ‹bulletẽn› *o* [-s] nieuwsbericht
bullshit ‹boelsjit› *(pop.)* kletspraat, rotzooi
bully ‹boelie› *m* [-'s] ritueel waarmee een

hockeywedstrijd wordt begonnen of hervat

bult *m* bochel; buil; bultenaar; *zich een ~ lachen*, onbedaarlijk lachen **bultenaar** *m* [-s] gebochelde **bultig** *bn* met één of meer bulten

buma *m* [-'s] burgermannetje; burgerlijk persoon

BUMA Bureau voor muziekauteursrecht

bumper *m* [-s] autobuffer **bumperkleven** te dicht achter een andere auto rijden

bun *v(m)* [-nen] viskaar

bundel *m* [-s] pakje; verzameling gedrukte stukken **bundelen** tot een bundel verenigen

bunder *o* [-s] hectare

bungalow ‹ng=n+g *of* nG, ow=oo› *m* [-s] (houten) landhuis van één verdieping **bungalowpark** verzorgde wijk met bungalows of vakantiehuizen **bungalowtent** tent met vertrekken

bungeejumpen ‹bunGie-djumpen› *v(m)* aan een elastieken band in een diepte springen waarbij de val op tijd gebroken wordt

bungelen slingeren

bunker *m* [-s] brandstofbergplaats op schip; golfspelholletje; betonnen verdedigingsstelling **bunkeren** brandstof innemen; schransen **bunkerhaven** haven waar gebunkerd wordt **bunkerkolen** *mv* kolen voor een schip

bunzing *m* [-s, -en] marterachtig roofdier dat stank verspreidt als het aangevallen wordt, Lat. Putorius foetidus

buo buitengewoon onderwijs

bups *(pop.) m de hele ~*, de hele boel, iedereen

burcht *m/v* kasteel

bureau' ‹eau=oo› *o* [-s] schrijftafel; kantoor; dagelijks bestuur

bureaucraat' *m* [-craten] eigenmachtig kleingeestig ambtenaar **bureaucratie'** *v* ambtenaarsheerschappij; gedrag v.e. bureaucraat **bureaucra'tisch** *bn & bw* van of als een bureaucraat

bureaulist', **bureauredacteur** ‹eau=oo› *m* wie kopij zetklaar maakt

bureel' *o* [-relen] kantoor

burengerucht omwonenden hinderend rumoer

buret' *v(m)* [-ten] buisje om vloeistof te meten

burg *m-v* burcht

burgemees'ter *m-v* [-s] hoofd v.e. gemeente **burgemees'terschap** *o* burgemeester zijn, ambt v. burgemeester

burger *m* [-s] inwoner v.e. stad of staat; *in ~*, in burgerkleding; *dat geeft de ~ weer moed*, dat geeft een gewoon iem. weer moed; *als tweede deel v.e. ss*: gepaneerde schijf v. gemalen vlees **burgerbevolking** de burgers **burgerdienst** dienst ter vervanging van militaire dienst **burgerij'** *v* de burgers **burgerkleding**, **burgerkleren** niet-uniformkleding

burgerlijk *bn & bw* niet militair; van burgers; tot de burgerstand behorend; *(ong.)* niet fijn, alledaags; *burgerlijke stand*, bureau met bep. gegevens over de bevolking; *~ huwelijk*, huwelijk voor de ambtenaar v.d. burgerlijke stand; *~ recht*, recht tussen burgers onderling; *~ wetboek*, wetboek voor burgerlijk recht

burgerluchtvaart, **burgerluchtverkeer** niet-militaire luchtvaart **burgeroorlog** binnenlandse oorlog **burgerplicht** plicht voor burger **burgerpot** maaltijd als in een burgergezin **burgerrecht** recht als burger; *~ krijgen*, ingang vinden **burgerschap** **I** *o* het burger zijn **II** *v* de gezamenlijke burgers **burgerva'der** burgemeester **burgerwacht** bewakingsdienst van vrijwilligers; lid van die dienst **burgerzin** besef van plicht als burger

burijn' *m* graveernaald

burlen loeien (van herten) in de bronsttijd

burlesk' *bn* koddig

burn-out'syndroom uitputting ten gevolge van stress

bursaal' ‹s=s *of* z› *m-v* [-salen] iem. met studiebeurs

bus [-sen] *v(m)* cilindervormige trommel; brievenbus, armenbus, collectebus; zieken- of begrafenisfonds; *in de ~ blazen*, flink betalen **II** *m/v* autobus **busbak** diepgelegen stuk weg voor openbaar vervoer

bush-bush ‹boesj-boesj› *m* oerwoud; afgelegen plaats

business ‹bisnis› *m* [gmv] zaken

buskruit bep. ontplofbare stof; *het ~ niet uitgevonden hebben*, dom zijn

buso
buitengewoon secundair onderwijs

bussel *m/v* [-s] bos, bundel

bus'te ‹u=uu› *v(m)* [-s, -n] borstbeeld; boezem **bustehouder** *m* [-s] kledingstuk om de buste te steunen

bu'tagas in cilinders geperst butaangas

but'ler *m* [-s] (chef-)huisknecht

buts *v(m)* deuk

but'ton ‹o=u› *m* [-s] speldje met afbeelding of opschrift, boord v. overhemd met knoopsgaatjes **buttonbar** *(comp.)* *m* [-s] afbeelding of groep v. verschillende afbeeldingen die verwijzen naar belangrijke delen v.e. site

button-down ‹o=u› voorzien van kraag of boord met knoopsgaatjes

buur *m* [buren] wie naast of vlak bij iem. woont **buurjongen** jongen die naast of vlak bij iem. woont **buurman** [-lui, -lieden] mannelijk persoon die naast iem. zit of woont **buurmeisje** meisje dat naast of vlak bij iem. woont **buurpraatje** praatje (met de buren) **buurschap** **I** *o* betrekkingen als buur **II** *v* [-pen] buurtschap, buurt

buurt *v(m)* deel v.e. wijk; nabijheid **buurtbus** door vrijwilligers bestuurde bus **buurtcentrum**, **buurthuis** activiteitencentrum voor bewoners v.e. buurt **buurten** een buur bezoeken **buurtschap** *v* [-pen] gehucht **buurtspoorweg** spoorlijn tussen kleinere plaatsen **buurtvereniging** vereniging van bewoners v.e. zelfde buurt **buurtverkeer**

treinverkeer tussen kleine plaatsen **buurtweg** binnenweg **buurtwerk** sociaal-cultureel werk in een bep. gebied **buurtwerker** *m* [-s] wie buurtwerk als beroep uitoefent

buurvrouw vr. buur

buut *o* eindpunt of meldpunt bij kinderspelen; carnavalstoespraak

BuZa ministerie v. Buitenlandse Zaken

buzzer *m* [-s] vibrerend zakapparaat voor telefonische oproep

bv. bijvoorbeeld

BV besloten vennootschap; *(Belgned.)* Bekende Vlaming

bvb bijzondere verbruiksbelasting

BVBA *(Belg.)* besloten vennootschap met beperkte aansprakelijkheid

BVD Binnenlandse Veiligheidsdienst

B-verpleging *v* verpleging v. psychiatrische patiënten

BW Bijstandswet; Burgerlijk Wetboek

B-weg weg voor voertuigen met beperkt gewicht

bypass ‹baipaas› *m* [-es] nieuw stuk ader

byte ‹bait› *m* [-s] *(comp.)* acht bit

BZ (Ministerie van) Buitenlandse Zaken

b.z.a. biedt zich aan

BZN Bond Zonder Naam

C

c *v(m)* [-'s] derde letter van ons alfabet; *(muz.)* eerste toon v.d. diatonische toonladder, do

C Celsius; Romeins teken voor 100; coulomb

ca centiare; *circa*, ongeveer

c.a. *cum annexis*, met het bijbehorende

Ca *(schei.)* calcium

cabaret' *o* [-s] amusement met toneel en zang en dans en voordracht; zaal waar dat gegeven wordt **cabaret'gezelschap** groep die cabaret geeft

cabaretier' ‹ier=jee› *m* [-s] cabaretartiest **cabaretiè're** *v* ‹ière=jèrre› [-s] vrouwelijke cabaretartiest

cabi'ne *v* [-s] passagiersverblijf in een vliegtuig; voorstuk v.e. vrachtauto; ruimte waar film wordt gedraaid; kleedkamertje

cabota'ge ‹ag=aazj› *v(m)* kusthandel

cabrio *m* [-'s] cabriolet **cabriolet'** *m* [-ten] auto met opvouwbaar dak

cacao' ‹kakou› *m* de hoofdgrondstof v. chocolade; chocolademelk **cacao'boon** zaad v. cacaoboom **cacao'boter** vet uit cacaobonen

cache-pot ‹kasjpoo› *m* [-s] papieren omhulsel v.e. bloempot

cachet' ‹kasje(t)› *o* [-ten] lakzegel; kenmerk; stempel; bijzonder karakter **cachette'ren** ‹ch=sj› dichtlakken

cachot' ‹kasjot› *o* [-ten] gevangenis

cactacee'ën, cactee'ën *mv* cactusachtigen

cactus *m* [-sen] plant met vlezige stengel met stekels **cactusdahlia** dahlia met lintbloemen

CAD Consultatiebureau voor Alcohol en Drugs; *(comp.) Computer Aided Design*, met behulp v.e. computer gemaakt ontwerp

cadance'ren maat brengen in **cadans'** *v(m)* maat; ritme

caddie ‹keddie› *m* [-s] bediende die de slagstokken draagt bij het golfspel

cadeau' ‹eau=oo› *o* [-s] geschenk; ~ *geven (*of *krijgen)*, ten geschenke, voor niets **cadeau'bon** als geschenk gegeven waardebon **cadeau'stelsel** geven v. cadeaus bij koopwaar

cadens' *v(m)* virtuoze solistische slotpassage

cadet' *m* [-ten] aspirant-beroepsofficier

cadmium *o (schei.)* chemisch element Cd

café *o* [-s] koffiehuis; *bruin* ~, café met ouderwetse inrichting **café-chantant'** ‹kaffee-sjāntān› *o* [-s] café met muziek en zang **café'houder** eigenaar of exploitant v.e. café

cafeï'ne *v(m)* bep. stof in koffie

café-restaurant' *o* [-s] café met eetgelegenheid **cafeta'ria** *wm v(m)* [-'s] goedkoop restaurant met snelbuffet

cahier' ‹kajee› *o* [-s] schrift

CAI centrale antenne-inrichting

caissiè're *v* [-s] kassajuffrouw

caisson' ‹kesson› *m* [-s] munitiewagen; metalen duikerklok met samengeperste lucht; zinkkuip voor funderingen onder

water **caisson'ziekte** ziekte v. duikers als gevolg van te plotseling drukverschil
cake ‹keek› *m* [-s, *(dim.)* cakeje] zachte koek
cakewalk ‹keekwòk› *m* kermisvermakelijkheid met bewegende vlakken
cal calorie
calamiteit' *v* ramp **calamiteus'** *bn* in nood; rijkssubsidie nodig hebbend
calcifica'tie *v* [-s] verkalking **calcina'tie** *v* [-s] verkalking **calcine'ren** *h* verkalken; uitgloeien
calcium *o (schei.)* wit chemisch element Ca **calciumcarbid** *o* carbid
calcula'tie *v* [-s] berekening **calcula'tor** *m* [-s] rekenmachine **calcule'ren** berekenen
calè'che ‹kalesj› *v* [-s] open rijtuig
caleçon' *m* [-s] *(Belgned.)* legging
caleidoscoop' *m* [-scopen] kijker met weerkaatste verspringende beelden
calembour' ‹kalãmboer› *m* [-s] woordspeling
calgon *wm o (schei.)* waterontharder
callane'tics ‹e=è› fitness d.m.v. duurtraining v. spieren
callgirl ‹kolGurl› *v* [-s] (luxe) prostituee
call-optie ‹a=ò› *v* [-s] optie op koop v.e. aandeel tegen voorafgesproken prijs en binnen bep. tijd
calorie' *v* [-ën] warmte-eenheid; eenheid van voedingswaarde **calorie'arm** *bn* arm aan calorieën **calorime'ter** warmtemeter **calo'risch** *bn* betrekking hebbend op warmteontwikkeling, warmtegevend
calque ‹kalk› *v(m)* [-s] overgetrokken tekening **calqueer'papier** doortrekpapier **calque'ren** een tekening overtrekken
calumet' *m* [-ten] vredespijp
calvados' *m* alcoholische drank uit appels
calvinis'me *o* geloof volgens Calvijn **calvinist'** *m* aanhanger v.h. calvinisme **calvinis'tisch** *bn & bw* volgens de leer v. Calvijn; het calvinisme aanhangend
caly'pso *m* [-'s] danslied v.d. Caraïbische eilanden
cama *m-v* [-'s] kruising van kameel en lama
cambiaal'recht wisselrecht **cambië'ren** wisselhandel drijven
cambio *o* [-'s] wisselbrief
Cambrium *o* vroegste periode v.h. Paleozoïcum
camcorder ‹a=e› *m* [-s] videocamera met ingebouwde recorder
camee' *v* [-ën] in reliëf gesneden steen
camel ‹kemmel› *bn* licht beigebruin
came'lia *v(m)* [-'s] kamerplant met donkergroen blad en bloemen, Lat. Camellia japonica
camembert' ‹kamembèr› *m* romige kaassoort uit Normandië
camera *v(m)* [-'s] fototoestel, filmtoestel **cameraman** [-nen] filmoperateur
camerlen'go [-'s] kamerheer of schatmeester v.d. paus
camion' *m* [-s] *(Belgned.)* vrachtwagen **camioneur'** *m* [-s] *(Belgned.)* vrachtwagenchauffeur
camoufla'ge ‹kamoeflaazje› *v* het camoufleren **camoufla'ge-uitrusting** benodigdheden voor camouflage **camoufle'ren** onopvallend maken
campag'ne ‹gn=nj› *v(m)* [-s] veldtocht; werkseizoen; actie; *plan de* ~, werkplan **campag'nevervoer** vervoer tijdens een campagne
campa'ri *m* bep. rode bittere drank
camper ‹kemper› *m* [-s] kampeerauto **camping** ‹kemping› *m* [-s] kampeerterrein **campingbedje** *o* opvouwbaar kinderbed **campinggas** kleine cylinder met geperst gas voor koken en verlichting bij het kamperen **campingvlucht** goedkope vliegreis zonder hotelreservering
campus *m* [-pussen] universiteitsterrein; georganiseerde huisvesting op dat terrein
canada *m* [-'s] Canadese populier
canail'le ‹kana(l)je› *o* gespuis **II** *o/v* [-s] gemeen vrouwspersoon
canapé' *m* [-s] bep. verende rustbank
canard' ‹kanaar› *m* [-s] verzonnen nieuwsbericht
canas'ta *o* kaartspel met twee spellen v. 52 kaarten en vier jokers
cancan' *m* [-s] negentiende-eeuwse Franse revuedans
cancelen ‹kenselen› annuleren
cand. kandidaat
can'did-ca'mera ‹kendid kemra› *v(m)* [gmv] het fotograferen of filmen van mensen die zich daarvan niet bewust zijn
candybar ‹kendiebar› *m* [-s] gevulde reep chocola
cannabis *v* hennep
cannele'ren groeven maken
cannello'ni [mv] gerecht van pasta in de vorm van buisjes met een vulling van groente en gehakt en met kaassaus
cannelu're *v(m)* [-s] zuilgroef
canon *m* [-s] regel; deel v.d. mis vanaf Sanctus tot paternoster; kettingzang; jaarlijkse pachtsom; canonieke boeken **canoniek'** *bn* overeenkomstig de kerkelijke wet; als geïnspireerd beschouwd; ~ *recht*, *(r.-k.)* kerkrecht **canonisa'tie** ‹s=z› *v* [-s] het canoniseren **canonise'ren** heilig verklaren
Canos'sa *naar ~ gaan*, na een aanvankelijk fier verzet zich onderwerpen
canta'te *v(m)* [-n, -s] zangdichtstuk met aria's en koren
cantharel' ‹th=t› *m* [-len] eetbare gele paddestoel
cantile'ne *v(m)* [-n, -s] zangerige melodie
cantil'le ‹kantie(l)je›, **kantielje** *v(m)* [-s] gedraaid goud- of zilverdraad
cantor *m* [-s] voorzanger **cantorij'** *v* kerkkoor
canu'le *v(m)* [-s] buisje om wonden open te houden
canvas, **kanefas** *o* bep. grof weefsel
canyoning ‹kenjonning› *v* [gmv] het via een waterstroom in een bergkloof afdalen
canzo'ne ‹kantzònne› *v(m)* [-s, -n] lyrisch strofisch gedicht
cao collectieve arbeidsovereenkomst
caout'chouc ‹kaoetsjoek› *o/m & bn* rubber
cap ‹kep› *m* [-s] met stof beklede helm voor

paardrijden

capa'bel *bn* bekwaam

capaciteit' *v* laadvermogen; vermogen, kracht; geschiktheid

cape ‹keep› *v(m)* [-s] schoudermantel

capillair' ‹kapielèr› *bn* zo fijn als een haar **II** *o* haarvat **capillariteit'** *v* adhesie in capillaire vaten

capitonne'ren met verende laag bekleden; opvullen

capitula'tie *v* [-s, tiën] (verdrag over) de overgave **capitule'ren** zich overgeven

cappucci'no ‹kapoetsjieno› *m* [-'s] kopje koffie met gestoomde melk en cacaostrooisel

capri'ccio ‹kaprietsjo› *o* [-'s] grillig overkomend instrumentaal muziekstuk

capri'ce ‹kaaprietsje› *v(m)* [-s] gril

capriool' *v(m)* [-olen] bokkensprong

capsu'le *v(m)* [-s] dopje over een kurk; medicijnbolletje; bemand toestel voor ruimteonderzoek

captain ‹keptun› *m* [-s] *(sp.)* aanvoerder; ~ *of industry*, wie een groot bedrijf opzet of leidt

captie(s) *mv (pop.)* kapsones

capuchon' ‹kapuusjon› *m* [-s] kap

caput *o* [-pita] hoofdstuk

caquelon' *m* [-s] aardewerken kookpan

cara *chronische aspecifieke respiratoire aandoeningen*, ademhalingsmoeilijkheden

caram'bola *m* [-'s] bep. tropische vrucht in stervorm

carambo'le *m* [-s] *(bij biljartspel)* het raken met de speelbal v.d. twee andere ballen **carambole'ren** een carambole maken

caravan ‹kerreven› *m* [-s] door auto getrokken kleine luxe woonwagen

carbid' ‹karbiet› *o/v* [gmv] verbinding van koolstof met calcium **carbid'gas** acetyleen **carbid'lamp**, **carbid'lantaarn** met carbid brandende lamp of lantaarn

carboche'misch *bn* betrekking hebbend op de chemische verwerking van steenkool

carbol' *o/m* soort ontsmettingsmiddel

carboline'um *wm* ‹eum=eejum› *o* houtbeschermende vloeistof

carbonaat' *o* koolzuurzout **carbonisa'tie** ‹s=z› *v* verkoling **carbonise'ren** verkolen

carbon'lint overdruklint **carbon'papier** overdrukpapier

Carboon' *o* steenkoolformatietijdperk

carburateur' [-s], **carbura'tor** [-en, -s] *m* vergasser **carbure'ren** gas vermengen om het lichtgevend of explosief te maken

carcinogeen' **I** *o* kankerverwekkende stof **II** *bn* kankerverwekkend **carcinoom'** *o* [-nomen] kankergezwel

cardan'as *v* [-sen] as die de beweging v.d. motor overbrengt op de wielen

cardiaal' *bn* met het hart te maken hebbend

cardigan *m* [-s] *(Belgned.)* bep. gebreid damesjasje

cardiofitness *m* oefeningen ter versterking v. hart- en longspieren **cardiograaf'** *v(m)* [-grafen] apparaat dat de beweging v.h. hart registreert **cardiogram'** *o* [-men] grafiek v.d. hartslag

cardiologie' *v* hartkunde **cardioloog'** *m* [-logen] hartspecialist

cardulan'ce ‹an=ân› *v(m)* [-s] ambulance voor hartpatiënten

carf ‹ar=aa› *m* [-s] gemotoriseerde stelt **carfen** ‹kafen› met carfs rijden

carga *v(m)* [-'s] lading; ladingfactuur

cargadoor' *m* [-s] scheepsbevrachter

cargo *m* [-'s] vrachtschip; scheepslading

cariës *v(m)* tandbederf **carieus'** *bn* aangestoken door tandbederf

carillon' ‹karie(l)jon› *o/m* [-s] klokkenspel

caritas *zie* **charitas**; **caritatief** *zie* **charitatief**

carjacking ‹jack=djek› *v* [gmv] onder bedreiging iemands auto opeisen

carnaval' *o* [-s] Vastenavond; vastenavondfeest **carnavalesk'** *bn & bw* als van of bij een carnaval

car'navals-'hit, **car'navals'kraker** *m* [-s] populair lied tijdens carnaval **car'navals'optocht** stoet met praalwagens tijdens carnaval

carnivoor' *m* [-voren] vleeseter

caroteen' *o* [gmv] gele of oranje organische kleurstof; provitamine A

carpa'ccio *m* [-'s] gerecht van zeer dun gesneden rauw vlees of rauwe vis

carpoolen ‹kaa(r)poelen› [carpoolde, gecarpoold] met een of meer personen beurtelings de eigen of de ander zijn auto gebruiken **carpoolwisselstrook** plaats waar men voor carpooling bijeenkomt

carport ‹kaapòt› *m* [-s] afdak voor auto

carré' *o/m* [-s] vierkant; vierhoekige slagorde

car'rier ‹kerriejur› *m* [-s] lichte rupswagen

carriè're *v(m)* [-s] loopbaan; ~ *maken*, snel promotie maken

carrosserie' *v* [-ën] koetswerk

carrousel' ‹ou=oe› *o/m* [-s] draaimolen; bep. type diaprojector; ronddraaiende band voor vervoer v. bagage op een luchthaven

carte blan'che ‹kart blânsj› *v* volmacht

cartel' *o* [-s] uitdaagbriefje

carter *o* [-s] krukkast v. verbrandingsmotoren

cartograaf' *m* [-grafen] tekenaar v. landkaarten **cartografie'** *v* kaarttekenkunst **cartogra'fisch** *bn & bw* de cartografie betreffende

cartoon' ‹oo=oe› *o* [-s] spotprent; animatiefilm **cartoonist'** *m* tekenaar v. cartoons

cartotheek' *v* [-theken] verzameling trefkaarten

cartou'che ‹kartoesj› *v(m)* [-s] schild met sierlijke rand; bijsieraden; patroonhuls

carveklapschaats ‹carve=kaaf› klapschaats met in het midden versmald glij-ijzer

CAS Centraal Antenne Systeem

casca'de *v* [-n, -s] kleine waterval

casco *o* [-'s] romp van voertuigen en constructies **cascoverzekering** verzekering alleen met betrekking tot het casco

case ‹kees› *m* [-s] praktijkvoorbeeld

caseï'ne ‹s=z› *v(m)* kaasstof

cash ‹kèsj› *bw* contant **cash-and-carry** *m* [-'s] ‹a=e› zaak die goedkoop levert maar geen extra diensten verleent **cashdividend**

uitkering van dividend in contanten
cashewnoot ⟨kesjoe⟩ [-noten] *v(m)* eetbare niervormige noot v.e. tropische boom
cashflow ⟨kesjfloo⟩ *m* [gmv] na aftrek van belasting resterende winst met inbegrip v.d. afschrijving
casi'no ⟨kazieno⟩ *o* [-'s] sociëteit; gelegenheid waar men kansspel kan beoefenen **casi'nobrood** fijn wittebrood
cassa'ta *m* [-'s] vruchtenijs
cassa'tie *v* [-s] vernietiging v. vonnis
cassa've *v(m)* [-n] maniok
casselerrib' gezouten varkensribstuk
casse'ren nietig verklaren; ontslaan
cassero'le *zie* **kasserol**
casset'te *v(m)* [-n, -s] geldkistje; sierdoos voor tafelgerei; cassetteband **casset'teband** smalle geluidsband, gemonteerd in klein, plastic doosje **casset'tedeck**, **casset'terecorder** *m* [-s] instrument voor het afspelen en opnemen van cassettes **casset'tescoop** *m* [-scopen] toestel voor het tegelijk afspelen v.d. geluidsband en film
cassis ⟨i=i *of* ie⟩ *m* [gmv] zwartebessendrank
cast *m* [-s] rolbezetting **casten** de rolbezetting verzorgen
castagnet' ⟨gn=nj⟩ *v* [-ten] dansklepper
castige'ren tuchtigen; zuiveren
castorolie wonderolie
castre'ren ontmannen, lubben
casualis'me ⟨su=zu⟩ *o*, **casualistiek'** *v* leer dat alles van toeval afhangt **casualist'** *m* aanhanger v. casualisme **casualiteit'** *v* toevalligheid
casueel' ⟨s=z⟩ *bn & bw* toevallig; *(fam.)* merkwaardig **casuïst'** *m* wie zich met casuïstiek bezighoudt **casuïstiek'** *v* leer v.d. oplossing v. gewetensvragen **ca'sus** *m* [casus(sen)] naamval; geval; *casu quo*, in welk geval
cat. catalogus, categorie
cataclys'me ⟨kataklisme⟩ *o* [-n] grote ramp
catacom'be *v* [-n] onderaardse grafkamer v.d. eerste christenen; *catacomben*, verblijfsruimte voor spelers onder de tribunes
catalepsie' *v* verstarring
catalogiseren ⟨s=z⟩ in een catalogus ordenen **cata'logus** *m* [-sen, -gi] geordende lijst **cataloog'** *m* [-logen] catalogus
catama'ran *m* [-s] boot met twee evenwijdige rompen met dwarsverbinding
cataract' *v(m)* waterval; staar
catarraal' *bn* catarre betreffende **catarr'e** ⟨katar⟩ *v(m)* ontsteking van slijmvlies
catastrofaal' *bn* als een catastrofe **catastro'fe** *v(m)* [-s, -n] ramp; noodlottige ontknoping
catcher ⟨kètsjer⟩ *m* [-s] speler die niet-weggeslagen ballen vangt; vrij worstelaar
catecheet' ⟨ch=g⟩ *m* [-cheten] godsdienstonderwijzer **cateche'se** ⟨s=z⟩ *v* godsdienstonderwijs **cateche'tisch** *bn & bw* in vraagvorm; ~ *onderwijs*, catechisatie **catechisant'** *m* wie de catechisatie bijwoont **catechisa'tie** *v* [-s, -iën] godsdienstonderwijs **catechise'ren** godsdienstonderwijs geven of volgen **catechis'mus** *m* [-sen] vragenboekje over de godsdienst; godsdienstonderwijs **catechist'** *m* leekmedehelper v. priester; lid v.d. catechisten v.d. Eucharistische Kruistocht
catechumeen' *m* [-menen] doopleerling
categoraal' *bn* uitsluitend bij één categorie horend **categorie'** *v* [-ën] afdeling **catego'risch** *bn & bw* stellig; onvoorwaardelijk
cateraar ⟨keteraar⟩ *m* [-s] wie catering verzorgt **catering** *v(m)* het leveren en verzorgen van maaltijden
catgut ⟨ketGut⟩ *o* [gmv] *(med.)* van darmen vervaardigde hechtdraad
cathar'sis *v* [-sen] reiniging, loutering
***catheter** *(Wdl. katheter)* *m* [-s] buis om urine af te tappen
CAT-scan *computerised axial tomographic scan*, door computer gemaakte opname v. doorsnee v. orgaan
catwalk ⟨ketwòk⟩ *m* [-s] lang en smal podium met publiek eromheen
causaal' ⟨s=z⟩ *bn* oorzakelijk **causaliteit'** *v* oorzakelijk verband **causatief'** **I** *o* [-tieven] woord dat het doen geschieden v.e. handeling uitdrukt **II** *bn* het doen geschieden v.e. handeling uitdrukkend
causerie' ⟨koozerie⟩ *v* [-ën] vlotte voordracht **causeur'** [-s] gezellig prater
cauterise'ren uitbranden
cautie *v* [-s] zekerheidstelling **cautione'ren** borg stellen; borg staan
cavalca'de *v* [-s, -n] ruiteroptocht **cavalerie'** *v* paardenvolk; wapen v. tanks **cavalerist'** soldaat v.d. cavalerie
cavalier' ⟨kavaljee⟩ *m* [-s] galante heer
caver'ne *v(m)* ziekte waarbij er een gat in de long ontstaat; gat in de long
cavia *m* [-'s] Guinees biggetje
cayen'nepeper *m* Spaanse peper
CBR Centraal bureau rijvaardigheidsbewijzen
CBS Centraal bureau voor de statistiek
cc kubieke centimeter
cd *compact disc*, plaat met geluidsinformatie d.m.v. laserstralen
Cd *(schei.)* cadmium
CD corps diplomatique
CDA Christen-Democratisch Appel
CDA"er *m-v* [-s] lid v.h. CDA **CDA'-fractie** vertegenwoordiging v.h. C.D.A. in een bestuursorgaan
cd-foon'gids cd-rom met nummers v. telefoon- en faxgids
cd-i' *compact disc-interactive*, *m* [-'s] cd met data die interactief gebruikt kunnen worden **cd-i'-speler** *m* [-s] apparaat voor het gebruiken van cd-i's
cd-rom' *m* [-s] compact disc met informatie die door de computer gelezen kan worden **cd-rom'-speler** *m* [-s] apparaat voor het gebruiken van cd-roms
cd'-speler *m* [-s] apparaat voor het afspelen van compact discs
Ce *(schei.)* cerium
cedel [-s] *zie* **ceel**
ceder *m* [-s] naaldboom v.h. geslacht Cedrus
cede'ren afstand doen van; zwichten

ce'deren *bn* van cederhout
cedil'le ‹seedieje› *v(m)* [-s] typografisch teken *(soort komma)*; *c~*, ç
ceel, **cedel** *v(m)/o* [celen] schriftelijk bewijs (van opslag in een veem); lijst; huurcontract
ceintuur' ‹sentuur› *v* [-turen, -tuurs] gordel **ceintuur'baan** ringbaan
cel *v(m)* [-len] kamertje v. kloosterling; gevangenishok; badcel; telefooncel; vakje v. honingraat; grondbestanddeel v. organisme; deel v. elektr. batterij dat een element bevat; groepje propagandisten; violoncel; *de grijze ~len*, de hersenen **celdeling** splitsing v. cellen
celebrant' wie de mis opdraagt **celebre'ren** de mis opdragen; vieren
celibaat' *o* ongehuwde staat **celibatair'** ‹ai=è› *m* [-s, -en] ongehuwde man
cellist' cellobespeler **cel'lo** *m* [-'s] violoncel
cellofaan' *wm o* doorzichtige folie van geregenereerde cellulose
cellulair' ‹ai=è› *bn* met cellen; in een cel
celluli'tis *v* ontsteking v. onderhuids bindweefsel
celluloid' *o* hard en buigzaam plastic v. celluloseverbindingen; *(meton.)* film **cellulo'se** ‹s=z› *v(m)* plantencelwandstof
Cels. Celsius
Celsius op een stelsel van honderd graden gebaseerde aanduiding v. temperatuur
celstof cellulose **celtherapie** met inspuiten v. cellen opererende geneeswijze **celvocht** vocht in plantencellen **celwagen** wagen voor het vervoer van gevangenen met afzonderlijke cellen
cement' **I** *o* metselspecie **II** *m* bindmiddel; benige laag om tandwortel **cemen'ten** **I** *bn* van cement **II** *ww* met cement behandelen **cemente'ren** cementen **cement'ijzer** gewapend beton
cenotaaf' *m* [-tafen] grafmonument zonder lijk
censor ‹s=z› *m* [-s, -en] ambtenaar belast met censuur **censure'ren** kerkelijke straffen opleggen; aan censuur onderwerpen
census *m* belasting
censuur' *v* keuring door kerkelijke of wereldlijke overheid; kerkelijke straf
cent *m* [-s, -en] honderdste deel v.e. gulden; honderdste deel v.e. euro; munt van deze waarde; *(pop.) ~en hebben*, rijk zijn; *op de ~en*, gierig; *geen rooie ~*, niets; *anderhalve ~*, een grote naast een kleine
centaur', **kentaur'** *m* paardmens
centenaar *m* [-s] 100 kg; (in Engeland en Amerika) 50 kg
centen'nium *o* [-nia] eeuw
centerboor boor voor grote gaten
cen'teren de bal overgeven aan speler van eigen partij; in een draaibank vastklemmen
centesimaal' *bn* honderddelig **centesimaal'balans** grote bascule
centi- 1/100
centi'me [-s], **centiem'** [-en] *m* 1/100 franc
centimeter *m* [-s] 1/100 meter; meetlint
centraal' *bn & bw* in het centrum, het middelpunt vormend; van één punt uit **centraal'station** hoofdstation
centra'le *v(m)* [-s] hoofdpost; *elektrische ~*, fabriek van elektrische stroom
centraleverwar'mingsinstallatie het stelsel van de centrale verwarming
centralisa'tie ‹s=z› *v* het centraliseren **centralise'ren** bijeenbrengen in één centrum
centre court ‹sènterkòòt› *o* [-s] hoofdbaan v.e. tenniscomplex
centre'ren in het middelpunt stellen
centrifugaal' *bn* middelpuntvliedend **centrifugaal'machine** centrifuge **centrifugaal'pomp** pomp met middelpuntvliedende kracht **centrifu'ge** ‹g=zj› *v(m)* [-s] machine met middelpuntvliedende kracht; droogtrommel voor wasgoed **centrifuge'ren** ‹g=g› met een centrifuge behandelen
centripetaal' *bn* middelpuntzoekend
centrum *o* [-tra, -s] middelpunt; rond het middelpunt gelegen gedeelte; plaats v. samenkomst **centrum-links'** *bn gez. v.e. regering*: waar zowel een of meer centrum- als linkse partijen aan deelnemen **centrum-rechts'** *bn gez. v.e. regering*: waar zowel een of meer centrum- als rechtse partijen aan deelnemen **centrumspits** *m (sp.)* wie als midvoor speelt
ceramiek' *zie* **keramiek**; **cera'misch** *zie* **keramisch**; **ceramist'** *zie* **keramist**
cerebel'lum *o* [gmv] *(med.)* kleine hersenen **cerebraal'** *bn* hersens betreffende; verstandelijk **cerebrum** *o* [gmv] *(med.)* grote hersenen
ceremo'nie *v* [-niën, -nies] plechtigheid; plichtpleging **ceremonieel'** **I** *o* de vereiste gebruiken **II** *bn & bw* plechtstatig als bij een ceremonie **ceremo'niemeester** wie de plechtigheden of het feest regelt **ceremonieus'** *bn & bw* vormelijk
ceri'se ‹s=z› *o* frisdrank met kersensmaak **II** *bn* rood als een kers
cert. certificaat
certificaat' *o* [-caten] bewijsschrift; effect dat aandelen of obligaties vertegenwoordigt **certifice'ren**, **certifië'ren** verklaren
cervelaat'worst gekruide worstsoort
cervicaal'kraag kraag ter ondersteuning van beschadigde nekwervels
cesaropapis'me *o* vereniging van wereldlijk en geestelijk gezag
cesse'ren *h* ophouden, vervallen **ces'sie** *v* [-s] afstand, overdracht
cesuur' ‹s=z› *v* [-suren] pauze in vers
cetacee'ën *mv* walvisachtige dieren
cf. *confer*, vergelijk
Cf *(schei.)* californium
cfk chloorfluorkoolwaterstof
cg centigram
cgs centimeter-gram-seconde
cha-cha-cha ‹ch=tsj› *m* [-'s] snelle Latijns-Amerikaanse dans met gesyncopeerd ritme
chador ‹ch=sj› *m* [-s] grote omslagdoek van

islamitische vrouwen

chagrijn' ‹ch=sj› *o* Turks leer; verdriet **II** *m-v* chagrijnig iem. **chagrij'nig** *bn & bw* slecht gehumeurd

chaise longue ‹sjèz lônGe› *v* [chaises longues] luie stoel

chalce'don ‹galgeedoon› *m (stofn. o)* witachtige halfedelsteen

chalet' ‹sjalè› *m/o* [-s] huis in Zwitserse stijl

chambre'ren ‹ch=sj› wijn op kamertemperatuur brengen

champag'ne ‹sjãmpanje› *m* [-s] witte schuimende wijn uit Champagne **champag'neglas** glas voor champagne

champignon' ‹sjãmpienjon› *m* [-s] witte eetbare paddestoel, Lat. Agaricus campestris

change ‹tsjeenzj *of* sjãnzje› *v* [-s] ruil; wisselbankkantoor

changeant' ‹sjãnzjãn› *bn* met v.d. lichtval afhankelijke weerschijn **II** *o* weefsel met v.d. lichtval afhankelijke weerschijn

change'ren ‹sjanzjeeren› *h* veranderen; ruilen

chanou'kalamp ‹ganoekalamp› joodse achtarmige luchter

chanson' ‹sjãnsõn› *v & o* [-s] liedje met poëtische tekst **chansonnier'** ‹ier=jee› [-s] zanger v. chansons **chansonniè're** ‹nière=njère› [-s] zangeres v. chansons

chanta'ge ‹sjãntaazje› *v* afpersing **chante'ren** afpersen

chanteu'se ‹sjãnteuze› *v* [-s] zangeres

chaoot' ‹ch=g› *m* [chaoten] warhoofd **chaos** *m* verwarde boel **chao'tisch** *bn & bw* volslagen verward

chapelle arden'te ‹sjapel' ardãnte› *v* [chapelles-ardentes] met kaarsen verlichte rouwkapel of -kamer

chaperon' ‹ch=sj› *m* [-s] geleider v.e. dame **chaperon'ne** *v* [-s] vr. chaperon **chaperonne'ren** een dame ter bescherming geleiden

chapi'ter ‹ch=sj› *o* [-s] hoofdstuk; onderwerp

chara'de ‹ch=sj› *v* [-s] raadsel waarin sprake is van lettergrepen

charge ‹sjarzje› *v(m)* [-s] aanval; overdrijving; *à charge*, bezwarend **charge'ren** belasten; overdrijven; een aanval doen

charis'ma ‹ch=sj› *o* [-'s] genadegift; uitstraling

c(h)a'ritas ‹ch=g› *v* liefdadigheid **c(h)aritatief'** *bn* liefdadig

charlatan' ‹ch=g *of* sj› *m* [-s] kwakzalver; pocher **charlatanerie'** *v* [-s] kwakzalverij; opschepperij

charleston ‹tsjààlstun› *m* Amerikaanse dans uit de jaren '20

charmant' ‹ch=sj› *bn & bw* bekoorlijk **charme** *m* [-s] bekoorlijkheid **charme'ren** bekoren **charmeur'** *m* [-s] wie probeert een vrouw te bekoren

charta ‹ch=g› *v* [-'s] oorkonde

charter ‹ch=tsj› *o* [-s] handvest; grondwet; grootte v. schip

charteren ‹ch=sj› voor korte tijd huren; de hulp inroepen van **chartervliegtuig** afgehuurd vliegtuig **chartervlucht** vlucht met gehuurd vliegtuig

chartreu'se *wm* ‹sjartreuze› *v(m)* oorspronkelijk door kartuizer monniken gestookte likeur

chassidis'me ‹ch=sj› *o* joodse mystieke stroming

chassis' ‹sjassie› *o* [chassis] ‹sjassies› onderstel met motor; sleuf voor fotografische plaat

chateaubriand' ‹sjatoobriejãn› *m* [-s] biefstuk v. ossenhaas

chatten ‹tsjetten› per computer gesprekken voeren

chauffe'ren ‹chau=sjoo› een auto besturen **chauffeur'** *m* [-s] autobestuurder

chauvinis'me ‹chau=sjoo› *o* overdreven vaderlandsliefde **chauvinist'** *m* overdreven vaderlandslievend iem. **chauvinis'tisch** *bn & bw* overdreven vaderlandslievend

checken ‹ch=tsj› verifiëren **checklist** *m* controlelijst

cheddar ‹tsjeddaa› *m* bep. harde Engelse kaas

cheeseburger ‹tsjiesburger› *m* [-s] broodje hamburger met een plak kaas

cheeta ‹tsjieta› *m* [-'s] jachtluipaard

chef ‹ch=sj› *m* [-s] (afdelings)hoofd; stationschef **chef de bureau** [chefs de bureau] eerste ambtenaar; kantoorchef **chef-staf'** *m* [-s] chef v.e. legereenheid

chela'tietherapie ‹ch=g› *(med.)* geneeswijze bij aderverkalking

chemica'liën ‹ch=g› *mv* scheikundig bewerkte stoffen **chemicus** *m* [-ci] scheikundige **chemie'** *v* scheikunde **chemisch** *bn & bw* scheikundig

chemobak, **chemobox** ‹ch=g› bak voor klein chemisch afval **chemokuur**, **chemotherapie** geneeskundige behandeling met chemische stoffen

chenil'le ‹sjenie(l)je› *v* [-s] plucheachtig garen

cheque ‹sjek› *m* [-s] stuk waarop door een bank het genoemde bedrag uitbetaald moet worden

cherrytomaat ‹ch=tsj› tomaat met de omvang van een grote kers

cherub [-s], **cherubijn'** ‹ch=sj› *m* engel v.d. tweede rang

chesterfield *m* [-s] ‹ch=tsj› stoel of bank met dikke bekleding en hoge rechte zijkanten en rugleuning

chevreau' ‹sjevroo› *o* geitenleer

chevron' ‹ch=sj› *m* [-s] mouwstreep bij militairen

chian'ti ‹ch=k› *m* [-'s] droge wijn uit Toscane

chias'ma [-'s], **chias'me** [-n] ‹ch=g› *o* kruisstelling

chic ‹sjiek›, **sjiek I** *m* zwier; zwierig geklede mensen **II** *bn & bw* [chique] elegant; *op ~ gaan*, chic gekleed uitgaan

chica'ne ‹ch=sj› *v(m)* [-s] vitterige tegenwerking, vitterij **chicane'ren** vitten, vitterig tegenwerken **chicaneur'** *m* [-s] wie chicaneert

chiffonniè're ‹sjiefonjère› *v(m)* [-s] ladekast

chignon' ‹sjienjõn› *m* [-s] valse haarwrong

chihua'hua ‹sjiewawa› *m-v* [-'s] zeer kleine Mexicaanse hond met ronde kop

chijl ⟨ch=g⟩ *v(m)* vocht uit de spijsbrij in het spijsverteringskanaal
chilia'de *v* [-n] duizendtal **chilias'me** *o* geloof in duizendjarig vrederijk
chili con car'ne ⟨ch=sj⟩ gekruid gerecht met bruine bonen **chilipoeder** ⟨ch=sj⟩ gemalen cayennepeper
chimae'ra ⟨giemeere⟩ [-'s], **chimè're** ⟨sjiemèrre⟩ [-s] *v(m)* droombeeld, hersenschim
chim'pansee ⟨ch=sj⟩ *m* [-s] zwarte mensaap uit Afrika, Lat. Pan troglodytes
chinchil'la ⟨sjinsjilla⟩ *v(m)* [-'s] klein konijnachtig Zuid-Amerikaans dier **II** *o* bont ervan **III** *bn* van dat bont
chine'zen ⟨ch=sj⟩ in een Chinees restaurant gaan eten; verdampte heroïne opsnuiven
chintz ⟨ch=tsj⟩ *o* met was behandeld bedrukt katoen
chip ⟨ch=tsj⟩ *m* [-s] gebakken dun reepje aardappel; miniplaatje met elektronische schakelingen **chipkaart** kaart met persoonlijke gegevens voor elektronische verwerking **chipknip** *m* [-pen] met virtueel geld opgeladen chipkaart als elektronische portemonnee
chipola'tapudding ⟨ch=tsj⟩ pudding met o.a. biscuit en likeur
chippen ⟨ch=tsj⟩ betalen met chipknip (banken) of chipper (Postbank) **chipper** *m* [-s] chipknip v.d. Postbank
chiromantie' ⟨ch=g⟩ *v* waarzeggerij uit de figuren in de hand
chiroprac'tor ⟨ch=g⟩ *m* [-s] zeer krachtig masserende therapeut
chiroteken ⟨ch=g⟩ door elkaar getekende hoofdletters X en P als symbool voor Christus
chirurg' ⟨ch=sj *of* zj⟩ *m* heelkundige **chirurgie'** ⟨g=zj of g⟩ *v* heelkunde **chirur'gisch** *bn* heelkundig
chlamy'dia ⟨ch=g⟩ *m* wijd verbreide geslachtsziekte
chloor ⟨ch=g⟩ *m/o (schei.)* scheikundig element Cl.; prikkelend groengeel gas; chloorkalk **chloorkalk** *m* uit kalk en chloor gevormd poeder om te bleken **chlori'de** *o* zout van zoutzuur **chloroform'** *m* zeer vluchtig bedwelmingsmiddel **chlorofyl'** *o* [gmv] bladgroen **chloroplast'** *m* bladgroenkorrel
chocola' ⟨ch=sj⟩ *m* chocolade **chocolaat'je** *o* plaatje van chocolade **chocola'de** *m* cacaopoeder; daarmee bereide lekkernij; *geen ~ kunnen maken van*, niet begrijpen
choke *m* [-s] ⟨sjook⟩ onderdeel v. carburator om benzinegehalte van gasmengsel te verhogen **choken** de choke gebruiken
cholera ⟨ch=g⟩ *v(m)* gevaarlijke darmziekte
chole'ricus ⟨ch=g⟩ *m* [-ci] opvliegend iem. **choleriek', chole'risch** *bn* opvliegend
cholesterol' ⟨ch=g⟩ *m* in alle dierlijk vet voorkomende stof
choque'ren ⟨ch=sj⟩ aanstoot geven
choreograaf' ⟨ch=g⟩ *m* [-grafen] ontwerper v. dansen **choreografie'** *v* het ontwerpen van dansen **choreogra'fisch** *bn* de choreografie betreffende
chori'zo ⟨goriedzo⟩ Spaanse knoflookworst
chow(-chow) ⟨sjoo(sjoo)⟩ *m* [-s] Chinese keeshond met bruine vacht en blauwe tong
Chr. Christus
chrestomathie' ⟨ch=g *of* k, th=t⟩ *v* [-ën] bloemlezing
chr.-hist. christelijk-historisch
chrisma ⟨ch=ch *of* k⟩ *o (r.-k.)* gewijde olie
christelijk ⟨ch=k *of* ch⟩ *bn & bw* volgens het christendom **christelijk-histo'risch** *bn (vero.)* v. bep. staatkundige partij
christen ⟨ch=g *of* k⟩ *m* volgeling van Christus **christen-democraat'** *m* [-craten] lid v.e. confessionele democratische partij **christendom** *o* de christelijke godsdienst **christenheid** *v* de christenen **christenmens** *m (fam.)* christen; *geen ~*, niemand
Christen-Unie *de* pol. partij
christenziel *v (fam.)* christen; *geen ~*, niemand **christin'** *v* [-nen] vr. christen
christologie' ⟨ch=g *of* k⟩ *v* wetenschap omtrent Christus
Christus ⟨ch=g *of* k⟩ degene naar wie de christenen zich noemen **Christusbeeld** kruisbeeld **christusdoorn** *m* [-en, -s] kamerplant met doorns en kleine rode bloemen, Lat. Euphorbia milii
chroma ⟨ch=g⟩ *v(m)* [-'s] kleur; verhogingsteken; interval v.e. halve toon **chromatiek'** *v* kleurenleer **chroma'tisch** *bn* in halve tonen opgaand of afdalend; waarbij aan de randen kleuren ontstaan
chrome'ren ⟨ch=g⟩ met chroom bedekken
chromo ⟨ch=g⟩ *m* [-'s] door chromolithografie verkregen prent **chromolithografie** *v* kleurensteendruk **chromosoom'** ⟨s=z⟩ *o* [-somen] (staafachtig) lichaampje in de celkern
chroni'que scandaleu'se ⟨kroniek-skandaleuze⟩ *v* de schandaaltjes
chronisch ⟨ch=g⟩ *bn* slepend **chronograaf'** *m* [-grafen] instrument om tijdwaarneming te registreren **chronogram'** *o* [-men] jaartalvers
chronologie' ⟨ch=g⟩ *v* tijdrekenkunde **chronolo'gisch** *bn & bw* naar tijdsorde **chronome'ter** tijdmeter
chroom ⟨ch=g⟩ *o (schei.)* zeer hard wit chemisch element Cr **chroomle(d)er** met chroomzuur bewerkt leer **chroomleren** *bn* van chroomleer
chrysant' ⟨ch=k *of* g, s=z⟩ *v(m)* samengesteldbloemige in de herfst bloeiende sierplant, Lat. Chrysanthemum
chutney ⟨sjutnie⟩ *m* [-s] kruidige zoetzure moes van groente of vruchten
c.i. civiel-ingenieur
ciabat'ta ⟨tjsabatta⟩ *v(m)* [-'s] spontaan gerezen Italiaans brood
ciao ⟨tsjau⟩ *tw* daag!; tot ziens
cibo'rie *v* [-s, -riën] hostiekelk met deksel
cicero *v(m)* [-'s] drukletter; typografische maat
cichorei' *m/v* samengesteldbloemige plant met blauwe bloem, Lat. Cichorium intybus;

C

uit cichorei bereid surrogaat voor koffie
cider *m* appelwijn
cie. compagnie
c.i.f., **cif** *cost, insurance, freight*, prijs met vracht en verzekering inbegrepen
cigaril'lo ‹ll=lj› *m/v* [-'s] klein sigaartje
cijfer *o* [-s] getalteken; *de rode cijfers*, schuld **cijferen** rekenen **cijferkunst** *v* kunst v. cijferen **cijferlijst** lijst met behaalde cijfers **cijfermateriaal** gegevens in cijfers **cijferschrift** geheimschrift in cijfers **cijferslot** slot met cijfercode
cijns *m* [cijnzen] belasting **cijnsbaar** *bn* schatplichtig
cilinder *m* [-s] kokervormig lichaam; buis waarin zuiger **cilin'derbureau** bureau met oprolbare gebogen klep **cilin'derglas** bep. brillenglas
cimbaal' [-balen], **cim'bel** [-s] *v(m)* slagbekken; orgelregister
cineac *wm m* doorlopende filmvoorstelling v. actueel nieuws **cineast'**, **kineast'** *m* maker v. films; filmspeler, filmkunstenaar **cinefiel'** **I** *m* filmliefhebber **II** *bn* van films houdend
cinema, **kinema** *m* [-'s] bioscoop **cinemascope'** [-n], **kinemascoop** *v* projectie van film op een hol vlak **cinematograaf'**, **kinematograaf** *m* [-grafen] filmtoestel **cinematogra'fisch**, **kinematografisch** *bn & bw* op het filmen betrekking hebbend
cinera'ma *m* systeem om film met drie projectors op het doek te brengen
cinera'ria *v(m)* [-'s] samengesteldbloemige sierplant in veel kleuren, Lat. Senecio cruentus
cinna'ber *o* vermiljoen
cipier' *m* [-s] gevangenbewaarder
cipres' *m* [-sen] altijdgroene naaldboom uit Zuid-Europa v.h. geslacht Cupressus
circa *bw & vz* ongeveer
circuit' ‹si(e)rkwie(t)› *o* [-s] baan **circulai're** ‹ai=è› *v(m)* [-s] rondschrijven
circula'tie *v* [-s] omloop **circula'tiebank** instelling die bankbiljetten in omloop mag brengen **circula'tiestoornis** stoornis in de bloedsomloop **circule'ren** in omloop zijn, rondgaan
circumflex' *m/o (taalk.)* het teken ‸ boven een klinker
circus *o/m* [-sen] voorstelling met clownerie, acrobatiek en dressuur; situatie die aan een circus doet denken **circusvertoning** situatie die aan een circus doet denken
cirkant' **I** *m* half ronde en half vierkante verpakking **II** *bn* half rond en half vierkant
cirkel *m* [-s] zuiver ronde kring; *vicieuze ~*, cirkelredenering; gang van zaken waarbij men ongewenst op het uitgangspunt terugkomt **cirkelboog** deel v. cirkellijn **cirkelen** zich cirkelvormig bewegen **cirkelgang** kringloop **cirkelmaaier** *m* [-s] maaimachine met horizontaal draaiende messen **cirkelredenering** redenering waarbij men verkeerdelijk het te bewijzene als bewezen aanneemt **cirkelsector** deel v. cirkelvlak begrensd door twee stralen en een boog **cirkelsegment** door koorde en een cirkelboog begrensd deel v.e. cirkelvlak **cirkelvlak** vlak door cirkel ingesloten **cirkelzaag** ronddraaiende zaag
cirrocu'mulus *m* [-li] schapenwolkjes **cirro'se** ‹s=z› *v (med.)* verschrompeling
cirrostra'tus *m* [-ti] sluierachtige bewolking
cirrus *m* [-ri] vederwolk
cis ‹i=ie› *v(m)* [cissen] *(muz.)* met halve toon verhoogde c
cisele'ren metaal met steekbeitel bewerken; *(fig.)* fijnzinnig vormgeven **ciseleur'** *m* [-s] wie ciseleert
cisterciën'zer *m* [-s] kloosterling van in Citeaux gestichte orde
citaat' *o* [-taten] aanhaling
citadel' *v(m)* [-len] sterkte die een stad beheerst
citer *v(m)* [-s] instrument met door middel v.e. plectrum getokkelde snaren
cite'ren aanhalen; dagvaarden
cito *bw* met spoed
CITO Centraal Instituut voor Toetsontwikkeling
CITO-toets bep. proefwerk voor toelating tot brugklas van middelbaar onderwijs
citroen' *m/v* boom met gele zure vruchten, Lat. Citrus limonia of medica; vrucht van die boom; brandewijn op citroenschillen **citroen'melisse** *v(m)* [gmv] naar citroen geurend keukenkruid, Lat. Melissa officinalis **citroen'tje** *o* glas brandewijn op citroen
citruspers apparaat om citrusvruchten uit te persen **citrusvrucht** citroen of daarmee nauw verwante vrucht
city ‹sitti(e)› *v(m)* binnenstad **citybag** ‹sittiebeG› *v(m)* [-s] handreistas **cityhopper** *m* [-s] vliegtuig voor dienstregeling tussen nabijgelegen steden **citykid** *m-v* [-s] tot de stadsjongeren behorend iem. **cityshopper** ‹sh=sj› *m* [-s] kleine auto met elektromotor voor kleine afstanden
civet'kat roofdier met welriekende afscheiding
civiel' *bn & bw* burgerlijk; schappelijk; *~e partij*, benadeelde partij **civiel-ingenieur'** [-s] waterbouwkundig ingenieur **civielrech'telijk** *bn* volgens het burgerlijk recht
civilisa'tie ‹s=z› *v* beschaving **civilise'ren** beschaven
CJP Cultureel Jongerenpaspoort
ckv culturele en kunstzinnige vorming als verplicht vak in de Tweede Fase van havo en vwo.
cl centiliter
c.l. *citato loco*, op de aangehaalde plaats; *cum laude*, met lof
Cl *(schei.)* chloor
claim ‹kleem› *m* [-s] aanspraak; recht tot exploitatie; voorkeursrecht; nieuw aandeel; bewijs van voorkeursrecht **claimemissie** *v* [-s] uitgifte van nieuwe aandelen **claimen** eisen, vorderen
clair-obscur' ‹klèr-obskuur› *o* het werken met licht- en schaduweffect

clairvoyant' ‹klèrvwajãn› *bn* helderziende **II** *m* [-s] helderziende
clan ‹klen› *m* [-s] familiestam
clandestien' *bn & bw* heimelijk
claque ‹klak› *v(m)* [-s] de claqueurs **claqueur'** [-s] gehuurde applaudisseur
claris' *v* [-sen] kloosterzuster v.d. door St.-Clara gestichte orde
clashen ‹klesjen› hevig botsen; in conflict komen
classicaal' *bn & bw* op de classis betrekking hebbend
classicis'me *o* navolging v.d. klassieken **classicus** *m* [-ci] kenner v.d. Gr. en Rom. oudheid
classifica'tie *v* [-s] rangschikking **classifice'ren** in afdelingen rangschikken
claus *v(m)* [-en, clauzen] passage waarop een speler wacht om aan te sluiten
claustrofobie' *v* angst als men zich in een besloten ruimte bevindt
clausu'le ‹s=z› *v(m)* [-s] uitbreiding; beperkende bepaling, beding; zinsnede
clausuur' ‹s=z› *v* [-suren] niet voor ieder toegankelijk deel v.e. klooster
claviger *m* [-s] conciërge v. gymnasium
claxon *m* [-s] elektr. autotoeter **claxonne'ren** toeteren
clean ‹ea=ie› *bn* geheel schoon; *(fig.)* rechtlijnig; niet meer verslaafd aan of onder invloed van drugs
cleaner ‹ea=ie› *m* [-s] chemisch reinigingsmiddel
clearing ‹klering› *v(m)* verrekening v. deviezen **clearinginstituut** *o* verrekeningsinstelling voor deviezen
clema'tis *v(m)* [-sen] klimplant v.h. geslacht der ranonkelachtigen
clement' *bn* niet streng **clemen'tie** *v* goedertierenheid
clementi'ne *v* [-s] mandarijn zonder pitten
clerus *m (r.-k.)* geestelijkheid
clever ‹klevver› *bn* schrander
cliché' ‹kliesjee› *o* [-s] drukvorm voor illustraties; afgezaagde zegswijze **clichéma'tig** *bn* afgezaagd **cliche'ren** een cliché maken van
cliënt' klant van advocaat of notaris **clientèle'** *v(m)* de cliënten
cliffhanger ‹a=e› *m* [-s] problematische situatie die pas later opgelost wordt
clignoteur' ‹ign=ienj› *m* [-s] knipperlicht aan auto als richtingaanwijzer
climacte'rium *o* menopauze
climax *m* opklimming in kracht
clinch ‹ch=sj› *m in de ~*, in onenigheid
clip *m* [-s] papierknijper; metalen klem; sierspeld; videoclip
clitoridectomie' *v* [gmv] *(med.)* het wegsnijden v.d. clitoris **clitoris** *v* [-tores] kittelaar
clivia *v(m)* [-'s] kamerplant met lange stijve bladeren en oranje bloemen
cloa'ca *v(m)* [-'s] riool; opening waar endeldarm en urineleider en eileider samenkomen
clochard' ‹klosjaar› *m* [-s] dakloze
close fi'nish ‹kloos finnisj› *m* finish waarbij nauwelijks bepaald kan worden wie wint
close har'mony ‹kloos harmonie› *m* zang met dicht op elkaar volgende stemmen
close rea'ding ‹kloos rieding› *o* vooral op tekst gerichte methode v. literatuuranalyse
closet' ‹s=z› *o* [-s, -ten] vertrekje waar men zijn behoefte doet **closet'papier** papier ten gebruike op closet **closet'rol** rol voor closetpapier
close-up' ‹kloos up› *m* [-s] foto of filmbeeld v.e. klein onderdeel
clou ‹kloe› *m* het aardige; datgene waar het om gaat
clown ‹klauwn› *m* [-s] grappenmaker in een circus; pias
club [-s] *v(m)* besloten gezelschap of kring, vereniging; *(euf.)* bordeel **II** *m* clubfauteuil **clubfauteuil** gemakkelijke lage leren herenstoel **clubgeest** geest van clubleden **clubverband** *in ~*, als club
cluster *m* [-s] geheel; groep; verzameling **clusteren** in een groep bijeenvoegen
cm centimeter
Cm *(schei.)* curium
CNV Christelijk Nationaal Vakverbond
Co *(schei.)* kobalt
Co. compagnon
COA Centrale Opvang Asielzoekers
coach ‹kootsj› *m* [-es] *(Eng., sp.)* trainer, adviseur **coachen** trainen, als opleider begeleiden
coadju'tor *m* [-s, -en] helper v.e. bisschop
coagule'ren *h* stremmen
coali'tie *v* [-s] verbond **coali'tiepartner** politieke partij waarmee men de regering vormt
coassistent *m* medisch student die stage loopt in een ziekenhuis
coaster ‹oa=oo› *m* [-s] kustvaarder
coat ‹oa=oo› *m* [-s] jas **coaten** v.e. deklaag voorzien **coating** *v* [-s] deklaag
coaxiaal' *bn* met dezelfde as; met twee geleiders waarvan de buitenste de binnenste omhult **coax'kabel** *m* [-s] antennekabel met een gevlochten metalen buitenmantel
Cobol *o Co(mmon) b(usiness) o(riented) l(anguage)*, hogere programmeertaal
cobra *v(m)* [-'s] brilslang
COC Cultuur- en Ontspanningscentrum
cocaï'ne *v(m)* verdovend genotmiddel
coccus *m* [coccen] bolvormige bacterie
cockerspaniël ‹kokkerspenjul› *m* [-s] klein soort spaniël
cockpit *m* [-s] stuurcabine in vliegtuig
cocktail ‹kokteel› *m* [-s] mengsel van sterkedrank; *als laatste deel v. ss in bet.*: gerecht met het in het eerste lid genoemde **cocktailjurk** korte uitgaansjurk
cocktailprikker ‹ai=ee› *o* [-s] prikker voor borrelhapjes
cocon' *m* [-s] weefseltonnetje v. rups
cocoo'nen ‹oo=oe› het zich thuis gezellig maken
cod. codex
coda *v(m)* [-'s] slot v. muziekstuk

C

code *m* [-s] wetboek; stelsel v. afgesproken tekens en cijfers en woorden **code'ren** in een code brengen
codex *m (r.-k.)* kerkelijk wetboek
codicil' *o* [-len] toevoegsel aan testament
codifica'tie *v* [-s] het opstellen v.e. wetboek
co-educatie *v* opvoeding van beide geslachten samen
coëfficiënt' ⟨ko-effiesjent⟩ *m* gegeven constante factor v.e. veranderlijke of niet bekende grootheid
coeliakie' ⟨oe=eu⟩ *v* [gmv] spijsverteringsziekte v. jonge kinderen
coërci'tie *v* [gmv] bedwinging
coëxistentie *v* het naast elkaar kunnen bestaan van staten met verschillende systemen
coffeeshop ⟨koffiesjop⟩ *m* [-s] gelegenheid waar men koffie kan drinken; gelegenheid waar men drugs kan kopen en gebruiken
coffeïne *v(m)* cafeïne
cognac' ⟨konjak⟩ *m* in Cognac gestookte brandewijn
cogni'tie *v* leervermogen; kennisname v.e. zaak
cognitief' *bn* het kennen betreffende; niet op theorie maar op kennis berustend; *cognitieve semantiek*, semantiek die ervan uitgaat dat een woord voor iem. betekent wat hij erover geleerd heeft
cognossement' ⟨gn=g+n⟩, **connossement'** *o* zeevrachtbrief
cohabite'ren geslachtelijke omgang hebben
coherent' *bn* samenhangend **cohe'sie** *v* kracht die stof bijeenhoudt
cohort'(e) *v(m)* [-(e)n] afdeling v. legioen; krijgsbende
coiffe'ren ⟨oi=wa⟩ kappen **coiffeur'** [-s] kapper **coiffeu'se** ⟨s=z⟩ [-s] kapster **coiffu're** *v* [-s] kapsel
coïnciden'tie *v* [-s] samenloop v. omstandigheden
coïte'ren geslachtsgemeenschap hebben **co'ïtus** *m* paring **co'ïtus interrup'tus** voor de zaadlozing opzettelijk onderbroken paring
coke ⟨kook⟩ *m* [-s] cola; cocaïne
cokes ⟨kooks⟩ *v(m)* ontgaste kolen
col *m* [-s] opstaande kraag; bergpas
cola *m* [-'s] uit kolanoten bereide frisdrank; glas met deze drank **cola-tic'** *m* [-s] glas cola met scheutje sterkedrank
colbert' ⟨kolbèr⟩ *m/o* [-s] korte herenjas **colbert'kostuum** pak met colbert als jas
collaborateur' *m* [-s] wie met de bezetter samenwerkt **collabora'tie** *v* het collaboreren **collaboratri'ce** ⟨ice=iese⟩ *v* [-s] vr. collaborateur **collabore'ren** met de bezetter samenwerken
colla'ge ⟨kollaazje⟩ *v* [-s] samenvoeging van ongelijksoortige elementen of tot geheel bijeengeplakte knipsels
collageen' *o* [gmv] lijmvormende stof in bindweefsel
collaps' *m* ineenstorting
collateraal' *bn* zijdelings, in de zijlinie
colla'tie *v* [-s] vergelijking van afschrift en het oorspronkelijke stuk; begevingsrecht (inz. v.e. geestelijk ambt); licht avondmaal **collatione'ren** afschrift en oorspronkelijk stuk vergelijken **colla'tor** *m* [-s, -en] wie het begevingsrecht heeft
collectant' wie collecteert **collec'te** *v* [-n, -s] inzameling; uitgifte v. loten; *(r.-k.)* bep. deel v.d. mis **collecte'ren** inzamelen **collecteur'** *m* [-s] inzamelaar; van regeringswege aangestelde verkoper van loten
collec'tie *v* [-s] verzameling
collectief' **I** *bn & bw* gezamenlijk, gemeenschappelijk **II** *o* [-tieven] verzamelnaam; met elkaar samenwerkende groep
collectioneur' *m* [-s] verzamelaar
collectivis'me *o* systeem waarin de productiemiddelen als eigendom v.d. gemeenschap beschouwd worden; optreden als gemeenschap **collectivist'** *m* voorstander v. collectivisme **collectivis'tisch** *bn & bw* het collectivisme aanhangend of betreffend
collectiviteit' *v* gemeenschap
collectri'ce ⟨ice=iese⟩ *v* [-s] vr. collecteur
colle'ga *m-v* [-'s] ambtgenoot
colle'ge ⟨kolleezje⟩ *o* [-s] bestuurslichaam; academische les; *(r.-k.)* school voor middelbaar en voorbereidend wetenschappelijk onderwijs (met internaat); *heilig ~*, de kardinalen **colle'gegeld** bedrag om de academische lessen te volgen **colle'gezaal** zaal waar college gegeven wordt
collegiaal' *bn & bw* als collega's; door een rechterscollege **collegialiteit'** *v* goede gezindheid (als) onder collega's
colli *o* [-'s] collo
collide'ren botsen
collie [-s] *m* Schotse herdershond
collier' ⟨koljee⟩ *o* [-s] halssnoer, halsketting
collo *o* [colli] stuk ter verzending
colloca'tie *v* [-s] *(taalk.)* vaste combinatie van woorden
colloï'de *v(m)/o* [-n] schijnbare oplossing
collo'quium ⟨kollookwiejum⟩ *o* [-quia] *~ doctum*, bijzondere toetsing voor toelating tot een universiteit
collu'sie ⟨s=z⟩ *v* [-s] *(jur.)* heimelijke verstandhouding met de overheid o.a. om het opsporen van strafbare feiten te belemmeren
colofon' *o/m* [-s] slotwoord met vermelding v. bijzonderheden over de druk
colon *o* [-s] dikke darm; dubbele punt
colonna'de *v* [-s] zuilenrij
colon'ne *v(m)* [-n, -s] opstelling van soldaten achter elkaar; stoet; *de vijfde ~*, de heimelijke helpers in een ander land
colora'dokever bep. op aardappelen voorkomende kever
coloratuur' *v* [-turen] versiering v. solozang **coloratuur'zangeres** zangeres die speciaal de coloratuur beoefent
***coloriet'** *(Wdl. koloriet) o* kleurmenging, kleurschakering **colorist'** *m* schilder met

mooi coloriet
coloscopie' *v* [-pieën] *(med.)* onderzoek v.d. dikke darm
colporta'ge ‹ag=aazj› *v* het colporteren **colporte'ren** geschriften venten **colporteur'** *m* [-s] wie colporteert
colt *m* [-s] bep. type revolver
coltrui trui met hoge kraag
columba'rium *o* [-s, -baria] bewaarplaats voor urnen
column ‹kollum› *m* [-s] regelmatig terugkerende (kritische) rubriek in dagblad of tijdschrift **columnist'** *m* schrijver v.e. column
coma *o* bewusteloosheid **comateus'** *bn* buiten bewustzijn
combattant' *m* wie metterdaad strijdt
combi *m* [-'s] stationcar; televisietoestel met ingebouwde videorecorder **combikachel** allesbrander **combiketel** cv-ketel met warmwatervoorziening in één apparaat
combina'tie *v* [-s] verbinding, vereniging **combina'tieslot** slot dat slechts door combinatie van handgrepen zich opent **combina'tietang** tang voor veel dingen
combi'ne I *v(m)* ‹kombain› [-s] maaidorser II *v* ‹kombiene› [-s] samenwerkende groep **combi'nen** ‹i=ai› [combinede, gecombined] met de combine werken
combine'ren verenigen, in verband brengen
combo *o/m* [-'s] kleine band
comeback' ‹kombek› *m* [-s] terugkeer
comesti'bles *mv* fijne eetwaren
comfort' ‹komfòr› *o* gemak, gerief **comforta'bel** *bn & bw* geriefelijk
comité' *o* [-s] groep personen die organiseert **comité'-generaal'** geheime zitting
commandant' *m* bevelhebber **commande'ren** bevelen; aanvoeren **commandeur'** *m* [-s] iem. van bep. rang
commanditair' ‹ai=è› *bn ~e vennoot*, stille vennoot
comman'do I *o* [-'s] bevel; eenheid van speciaal geoefende soldaten; opdracht aan computer tot het uitvoeren v.e. handeling II *m* [-'s] lid van eenheid speciaal geoefende soldaten **comman'dobrug** plaats v.d. commandant op het schip **comman'dotroepen** legeronderdeel met speciaal opgeleide soldaten
comme il faut' ‹kommielfoo› zoals het hoort
commensaal' *m* [-salen, -s] kostganger **commensa'lenhuis** kosthuis
commentaar' *m/o* [-taren] uitleg **commentarië'ren** toelichten **commenta'tor** *m* [-s, -en] wie het vertoonde toelicht
commer'cial ‹kommursjul› *m* [-s] reclameboodschap op radio of televisie
commercialise'ren zakelijk maken **commer'cie** *v* [gmv] handel **commercieel'** *bn & bw* gericht op of behorend tot de handel
commies' *m* [-miezen] ambtenaar bij belastingen of posterijen e.d.; tolbeambte
commissariaat' *o* [-aten] ambt of bureau v.e. commissaris **commissa'ris** *m* [-sen] gevolmachtigde; wie toezicht uitoefent; hoofdbestuurslid; *~ der Koningin*, hoofd v.e. provincie; *~ van politie*, hoofdambtenaar v. politie
commis'sie *v* [-s, -siën] opdracht om iets voor een ander te (ver)kopen; loon hiervoor; groep met bep. opdracht **commissionair'** *m* ‹ai=è› [-s] wie op eigen naam voor anderen (ver)koopt **commissoriaal'** *bn* bij of van een commissie
committent' *m* opdrachtgever **committe'ren** met opdracht of volmacht afvaardigen
commo'de *v* [-s] latafel; aankleedmeubel voor baby's
commodo're *m* [-s] gezagvoerder over eskader of konvooi
commo'tie *v* [-s] beroering
communauteit' ‹au=o› *v* kloostergemeenschap; genootschap
commu'ne *v* [-s] bep. revolutionair socialistisch bewind; woongemeenschap
communicant' *m* wie (voor het eerst) de communie ontvangt; parochielid met plicht tot communiceren
communica'tie *v* [-s, -tiën] kennisgeving; gemeenschap, verbinding **communica'tiemiddel** verkeersmiddel **communica'tiesatelliet** satelliet voor het overbrengen van berichten **communica'tiestoornis** verstoring v.d. communicatie **communice'ren** *h* in verbinding staan; te communie gaan; deelnemen aan het Avondmaal
commu'nie *v* [-s, -iën] (het ontvangen van) het Sacrament des Altaars; nuttiging tijdens de mis; gebed daarna; H. Hostie; *te ~ gaan*, de communie ontvangen; *zijn ~ doen*, voor de eerste maal communiceren
communiqué' ‹que=kee› *o* [-s] officiële mededeling
communis'me *o* stelsel v. gemeenschappelijk bezit **communist'** aanhanger v. communisme **communis'tisch** *bn & bw* volgens het communisme
communiteit' *v* gezamenlijke kloosterlingen v.e. klooster
commuta'tie *v* [-s] verwisseling
Comp. Compagnie
compact' *bn & bw* dicht
compact' disc *m* [-s, -en] met laserstraal af te spelen informatiedrager **compact'discspeler** *m* [-s] apparaat voor afspelen v.e. compact disc
compagnie' ‹gn=nj› *v* [-s, -ën] vennootschap; onderafdeling v. bataljon
compagnon' ‹gn=nj› *m* [-s] vennoot
comparant' *m* in rechten verschijnende partij; *trouwe ~*, wie trouw komt
comparatief' *m* [-tieven] vergrotende trap
compare'ren *h* in rechten verschijnen **compari'tie** *v* [-s] verschijning in rechten
compartiment' *o* coupé
compas'sie *v* medelijden
compati'bel *bn* verenigbaar; ook te gebruiken met andere computermerken
compen'dium *o* [-s, -dia] samenvattend wetenschappelijk handboek
compensa'tie ‹s=z› *v* [-s] vergoeding;

tegenwicht **compensa'tieslinger** slinger waarop temperatuurwisseling geen invloed heeft **compensa'tie-uurwerk** uurwerk met compensatieslinger **compense'ren** ‹s=z› vergoeden; (doen) opwegen tegen

C

competent' *bn* bevoegd; toekomend **competen'tie** *v* [-s] bevoegdheid; kwaliteit; bekwaamheid **competen'tiebeloning** extra beloning voor werknemers met gebleken bijzondere kwaliteiten

compete'ren *h* toekomen

competi'tie *v* [-s] mededinging; reeks wedstrijden om kampioenschap **competi'tiewedstrijd** wedstrijd om kampioenschap

compila'tie *v* [-s] het compileren; door compilatie ontstaan werk **compila'tie-cd** cd met van andere cd's bijeengebrachte tracks **compila'tiewerk** door compilatie ontstaan werk **compila'tor** *m* [-s, -en] wie compileert

compi'ler ‹i=ai› *m* [-s] programma dat hogere programmeertaal omzet in machinetaal

compile'ren samenstellen uit delen van verschillende herkomst; een werk schrijven door uit andere over te schrijven

compleet' *bn & bw* volledig

complement' *o* aanvulsel tot rechte hoek **complementair'** ‹ai=è› *bn* aanvullend; *~e kleuren*, kleuren die samen wit geven; *~ vennoot*, beherende vennoot

complet' ‹komplè› *m/o* [-s] mantelkostuum

comple'ten *mv (r.-k.)* kerkelijk avondgebed

complete'ren voltallig maken

complex' **I** *bn* samengesteld **II** *o* samengesteld geheel; groep; hinderlijk geheel v. voorstellingen in iemands geest **complex'ie** *v* gesteldheid; aard

complica'tie *v* [-s] verwikkeling; ongunstige samenloop **complice'ren** ingewikkeld maken

compliciteit' *v* medeplichtigheid

compliment' *o* plichtpleging; groet; woord v. lof; *geen ~en maken met*, niet ontzien; *zonder ~en*, zonder omslag **complimente'ren** vormelijk begroeten; gelukwensen; prijzen **complimenteus'** *bn & bw* vol complimenten

complot' *o* [-ten] samenzwering **complotteren** samenspannen

component' *m* samenstellend deel **componen'tenlijm** lijm met afzonderlijke harder

compone'ren samenstellen; toondichten **componist'** *m* wie muziekstukken maakt

compo'sersysteem *o* zetsysteem met magneetbandschrijver(s)

composie'ten ‹s=z› *mv* samengesteldbloemigen

composi'tie *v* [-s] samenstelling; muziekstuk **composi'tiefoto** uit verschillende delen samengevoegde foto

compo'situm *o* [-ta] samengesteld woord

compost' *o/m* [gmv] grotendeels plantaardige gemengde mest **composte'ring** *v* omzetting v. afval in meststof

compo'te ‹kompot› *m/v* [-s] vruchtenmoes

compound'dynamo *m* [-'s] dynamo waarvan de magneten twee verschillende omwikkelingen hebben **compound'machine** stoommachine met cilinders van ongelijke grootte

compres'sie *v* [-s] samendruk **compres'sor** *m* [-en, -s] toestel dat gassen samenperst **comprime'ren** in bedwang houden; samenpersen, compact maken; *(comp.)* computerbestanden verkleinen

compromis' ‹is=ie *of* is› *o* [-sen of onveranderd] schikking

compromittant' *bn & bw* in opspraak brengend **compromitte'ren** in opspraak brengen

compta'bel *bn* rekenplichtig; boekhoudkundig **comptabiliteit'** *v* rekenplichtigheid; boekhouding

compu'ter ‹u=joe› *m* [-s] elektronische ordenmachine **compu'tercriminaliteit** ongeoorloofd gebruik van computer(gegevens) **compu'tergeheugen** opslagplaats v. gegevens in computer

compu'tergestuurd *bn* door een computer bestuurd en gecontroleerd

compu'terkraak *m* [-kraken] inbraak in geheugen of bestand v.e. computer **compu'terlinguïstiek** ‹gu=gw› *v* op rekenprocessen gebaseerde taalkunde **compu'tertaal** taal waarin computerprogramma's worden geschreven **compu'teruitvoer** *m* wat uit de computer komt **compu'tervirus** schadelijk computerprogramma dat zich kopieert naar andere programma's

C-omroep *m* omroep met minder dan 200.000 leden

comtoi'se ‹komtwaze› *v* [-s] Franse klok met hangslinger

con amo're met liefde, met toewijding, graag

concaaf' *bn* holrond

concentra'tie *v* [-s] samentrekking op één punt; vereniging; sterkte v.e. oplossing **concentra'tiekamp** *o* kamp voor politieke gevangenen **concentre'ren** samentrekken; verenigen op één punt; het gehalte v.e. oplossing hoog maken; *zich ~*, zijn aandacht sterk op één punt richten

concen'trisch *bn* met hetzelfde middelpunt; van alle zijden op één punt gericht; waarbij de leerstof enkele malen steeds uitgebreider wordt gegeven

concept' *o* ontwerp **concept'ie** *v* [-s] ontvangenis; bevatting, vinding **concept'-reglement** ontwerp voor reglement

concern' ‹konseurn› *o* [-s] grote onderneming met dochterondernemingen

concert' *o* muziekuitvoering **concerte'ren** concert geven; als solist op concert spelen **concert'meester** leider v. eerste violen

conces'sie *v* [-s] vergunning met uitsluiting v. anderen; stuk land waarvoor men vergunning tot ontginning heeft; het gedeeltelijk toegeven **concessief'** *bn* toegevend **concessiona'ris** *m* [-sen] wie een concessie heeft

conciër'ge ‹konsjerzje› *m-v* [-s] portier

concies' *bn* bondig
conciliant' *bn & bw* verzoeningsgezind
conci'lie *o* [-liën, -s] *(r.-k.)* kerkvergadering
concipië'ren ontvangen; ontwerpen
conclaaf *o* [-claven] vergadering v. kardinalen voor pauskeuze
conclude'ren een gevolgtrekking maken; *(jur.)* eisen **conclu'sie** ‹s=z› *v* [-s] gevolgtrekking; *(jur.)* dingtaal, gedingstuk; ~ *nemen*, eisen
concordaat' *o* [-daten] overeenkomst tussen paus en staat over godsdienstzaken
concordan'tie *v* [-tiën, -s] alfabetische lijst van alle woorden v. auteur of werk **concorde'ren** overeenstemmen
concours' ‹konkoer› *o/m* wedstrijd **concours' hippi'que** ‹konkoer ippiek› *o* [-s] feestelijke wedstrijd met paarden
concreet' *bn* als vorm voorstelbaar; stoffelijk; werkelijk bestaand; ter aanduiding v.e. stoffelijk iets **concretise'ren** ‹s=z› een concrete (vaste) vorm geven aan
concubinaat' *o* buitenechtelijke samenleving **concubi'ne** *v* [-s] vrouw die in concubinaat leeft
concurrent' **I** *bn (jur.)* zonder voorrang **II** *m* mededinger inz. in de handel **concurren'tie** *v* het concurreren **concurren'tievervalsing** het leveren van goederen of diensten door instellingen of personen die daarbij geen ondernemersrisico dragen **concurre'ren** wedijveren inz. door betere bediening of lagere prijzen
condens' *m* condensatiewater
condensa'tie ‹s=z› *v* [-s] verdichting v. gas tot vloeistof **condensa'tiestreep** streep van uitlaatgassen v.e. vliegtuig in zeer koude lucht **condensa'tor** ‹s=z› *m* [-s, -en] toestel dat de afgewerkte stoom condenseert; toestel om elektriciteit te verzamelen
condens'droger apparaat voor het drogen van was waarbij het vocht als condenswater wordt opgevangen
condense'ren gas tot vloeistof maken; indampen
condens'vermogen vermogen om vocht te behouden en waterdamp uit de lucht te verdichten
condi'tie *v* [-tiën, -s] voorwaarde; toestand; *in* ~, in goede toestand **condi'tietraining** training ter verbetering v.d. lichamelijke conditie
condi'tio ‹t=ts› ~ *sine qua non*, onvermijdelijke voorwaarde **conditiona'lis** *m (taalk.)* voorwaardelijke wijs
conditioneel' *bn & bw* voorwaardelijk **conditione'ren** als voorwaarde stellen; onderhouden
condoléan'ceregister ‹ance=ãnce› register voor wie deelname wil betuigen
condolean'tie *v* [-s] rouwbeklag **condole'ren** rouwbeklag betuigen
condomaat' *m* [-maten] condoomautomaat
condomi'nium *o* gemeenschappelijke soevereiniteit
condoom' *o* [-s] rekbare huls als voorbehoedmiddel
condor *m* [-s] grote Amerikaanse gier, Lat. Sarcoramphus gryphus
conducteur' *m* [-s] bep. trein- of trambeambte
conduc'tor *m* [-s, -en] geleider v. warmte of elektriciteit
condui'telijst, **condui'testaat** ‹dui=dwie› gedragslijst
confec'tie, **confec'tiekleding** *v* in voorraad gemaakte kleding **confec'tiepak** pak uit confectiemagazijn
confedera'tie *v* [-s] statenbond; verbond
conferen'ce ‹konferãnse› *v* [-s] voordracht v.e. conferencier **conferencier'** ‹konferãnsjee› *m* [-s] wie de verschillende scènes onderhoudend verbindt
conferen'tie *v* [-s] bespreking; godsdienstige toespraak **conferen'tieoord** ruimte of gebouw voor vergaderingen **confere'ren** een bespreking houden
confes'sie *v* [-s] geloofsbelijdenis **confes'sioneel'** *bn* kerkelijk; orthodox; op de geloofsbelijdenis betrekking hebbend
confet'ti *m* bonte ronde papiersnippers
confiden'tie *v* [-s] vertrouwelijkheid; vertrouwelijke mededeling **confidentieel'** *bn & bw* vertrouwelijk
configura'tie *v* [-s] onderlinge stand v.d. planeten; formatie; samenstelling v. computerapparatuur
confirma'tie *v* [-s] bevestiging als lid in prot. Kerk **confirme'ren** bevestigen als lid in prot. Kerk
confisca'tie *v* [-s] verbeurdverklaring
confiserie' *v* [-s] banketbakkerij **confiseur'** [-s] banketbakker
confisque'ren ‹qu=k› verbeurdverklaren
confi'teor *o* schuldbelijdenis
confitu'ren *mv* gekonfijte vruchten **confituur** *m(v)* [-turen] *(Belgned.)* jam
conflict' *o (fig.)* botsing **conflict'model** opstelling waarbij conflict gezocht wordt **conflictueus'** *bn* vol botsingen
conform' **I** *bn* gelijkluidend; in orde **II** *vz* overeenkomstig **conformis'me** *o* het zich schikken naar de heersende opvatting **conformiteit'** *v* gelijkvormigheid, overeenstemming
confra'ter, **confrè're** *m* [-s] ambtgenoot
confronta'tie *v* [-s] het confronteren, (vijandige) opstelling tegenover elkaar; wedstrijd **confronte'ren** in elkaars tegenwoordigheid brengen of verhoren; vergelijken
confuus' *bn & bw* verward; beschaamd
congé' ‹konzjee› *o/m* [-s] ontslag; afscheid; *(Belgned.)* verlof
congeniaal' ‹ng=n+g› *bn* naar de geest verwant
congenitaal' *bn* aangeboren
conges'tie ‹ng=n+g› *v* [-s] bloedaandrang
conglomeraat' ‹ng=n+g› *o* [-raten] samenklontering, opeenhoping
conglutine'ren ‹ng=n+g› samenlijmen
congreganist' ‹ng=n+g› *m* lid v.e. lekencongregatie **congrega'tie** *v* [-s]

vereniging van kloosterlingen; lekenbroederschap; permanente groep kardinalen
congres' ⟨ng=n+g⟩ *o* [-sen] grootscheepse bijeenkomst; wetgevend lichaam **congressist'** *m* deelnemer aan congres
congruent' ⟨ng=n+g⟩ *bn* overeenstemmend; gelijk en gelijkvormig; zich in vorm naar iets richtend **congruen'tie** *v* [-s] het congruent zijn; overeenkomst in persoon **congrue'ren** *h* congruent zijn
conifeer' *m* [-feren] naaldboom
conisch *bn & bw* kegelvormig
conjectuur' *v* [-turen] gissing
conjugaal' *bn* echtelijk
conjuga'tie *v* [-s] vervoeging **conjuge'ren** vervoegen **conjunc'tie** *v* [-s] verbinding; voegwoord; samenstand van sterren in dezelfde meridiaan **conjunctief'** *m* [-tieven] aanvoegende wijs
conjunctuur' *v* [-turen] economische omstandigheden, tijdelijke economische gesteldheid **conjunctuurgevoe'lig** *bn* gevoelig voor conjunctuurschommelingen
conjura'tie *v* [-s] samenzwering
connaisseur' ⟨ai=e⟩ *m* [-s] kenner
connec'tie *v* [-s] verbinding; relatie **connec'tor** [-s, -en] verbindingsvoorziening
connex' *bn* samenhangend
connossement' *zie* **cognossement**
connota'tie *v* [-s] gevoelswaarde
con'rector *m* wie de rector ter zijde staat
consacre'ren inwijden; consecratie verrichten
consciën'tie ⟨konsjensie⟩ *v* [-s] geweten **consciëntieus'** *bn & bw* gewetensvol, nauwgezet
conscrip'tie *v* verplichte inschrijving voor militaire dienst
consecra'tie *v* [-s] wijding; *(r.-k.)* verandering van brood en wijn in het lichaam en bloed van Christus tijdens de mis **consecre'ren** *zie* **consacreren**
consecutief' *bn & bw* opvolgend; uit elkaar voortkomend; gevolgaanduidend
consen'sus *m* eenstemmigheid
consent' *o* toestemming, vergunning
consequent' ⟨qu=kw⟩ *bn & bw* in overeenstemming met principes of voorafgaande handelingen **consequen'tie** *v* [-s] onvermijdelijk gevolg; het consequent zijn
conservatief' ⟨s=z⟩ *bn & bw* behoudend **conservatis'me** *o* behoudzucht **conserva'tor** *m* [-s, -en] beheerder v. verzameling **conservato'rium** *o* [-s, -ria] hogere muziekschool
conser'ven *mv* geconserveerde levensmiddelen **conserve'ren** in goede toestand houden; verduurzamen **conserve'ringsmiddel** middel om bederf v. voedingsstoffen tegen te gaan
consi'derans *v(m)* overweging; opgaaf v. beweegredenen **considera'tie** ⟨s=s *of* z⟩ *v* [-s] overweging; toegeeflijkheid **considere'ren** in aanmerking nemen
consigna'tie ⟨ign=ienj⟩ *v* [-s] toezending v. goederen tot verkoop voor rekening v. afzender **consigne** *o* [-s] opdracht; wachtwoord **consigne'ren** ter bewaring geven; goederen toezenden tot verkoop voor rekening van afzender; soldaten bevel tot zich gereed houden geven
consi'lium abeundi ⟨eu=eeju⟩ *o* dringende raad om weg te gaan of de studie te staken
consistent' *bn* vast; duurzaam **consisten'tie** *v* vastheid; duurzaamheid
consistoriaal' *bn & bw* het consistorie betreffend **consisto'rie I** *o* [-s] kerkenraad; vergadering v. kardinalen met paus als voorzitter **II** *v(m)* [-s] consistoriekamer **consisto'riekamer** vergaderzaal v. kerkenraad
consol'baken radiobaken
conso'le *v(m)* [-s] vooruitspringend steunstuk; wandtafeltje; standaard
consolida'tie *v* het consolideren **consolide'ren** duurzaam maken; omzetten van vlottende in vaste schuld; reorganiseren
consolsysteem systeem v. plaatsbepaling door radiopeiling
consommé' *v* bouillonsoep
con'sonant ⟨s=s *of* z⟩ *v(m)* medeklinker
consor'ten *mv* genoten; *(ong.)* soortgenoten
consor'tium ⟨t=ts⟩ *o* [-s] vereniging van bankiers, industriëlen of handelspartners
conspira'tie *v* [-s] samenzwering **conspire'ren** samenzweren
constant' *bn & bw* onveranderlijk, voortdurend **constan'te** *v(m)* [-n] onveranderlijke grootheid
constate'ren vaststellen
constella'tie *v* [-s] stand van hemellichamen; sterrenbeeld; gesteldheid
consterna'tie *v* [-s] opschudding
constipa'tie *v* [-s] verstopping van het darmkanaal
constituan'te ⟨an=ãn⟩ *v* vergadering die een grondwet moet maken **constituent'** *m* [-en] *(taalk.)* syntactisch element waaruit een taalbouwsel is opgebouwd **constitue'ren** verordenen, vaststellen; *~de vergadering*, grondwetgevende vergadering; *~de delen*, bestanddelen; *zich ~*, zich wettig en voltallig verklaren **constitu'tie** *v* [-s] het constitueren; staatsregeling; grondwet; gestel **constitutioneel'** *bn & bw* met een constitutie; grondwettelijk
constringe'rend ⟨ng=n+g⟩ *bn* samentrekkend
constructeur' *m* [-s] bouwmeester
construc'tie *v* [-s, -ën] werkstuk; samenstelling; bouw; woordgroep **construc'tiebankwerker** wie metalen constructies maakt
constructief' *bn & bw* opbouwend **construe'ren** samenstellen; meetkundige figuren naar gegevens tekenen; kunstmatig vormen
consul ⟨s=z *of* s⟩ *m* [-s] hoogste magistraat in Rome vóór de keizertijd; regeringsvertegenwoordiger voor niet-politieke belangen; gevolmachtigde v.e. vereniging in een bep. district **consulaat'** *o*

[-laten] ambt of bureau v. consul **consulair'** ‹ai=è› *bn* van of met betrekking tot consul of consulaat
consulent' *m* deskundige raadgever
consul-generaal' [consuls-generaal] hoofdconsul
consult' ‹s=z *of* s› *o* raadpleging; beraadslaging
consul'tancy ‹konzultunsie› *v* [gmv] beroepsmatige advisering
consulta'tie *v* [-s] consult **consulta'tiebureau** bureau voor gratis advies in (para)medische zaken
consulte'ren raadplegen; beraadslagen
consument' ‹s=z *of* s› *m* verbruiker **consumen'tenelektronica** [mv] voor de particuliere markt geproduceerde audiovisuele apparatuur en hardware
consume'ren nuttigen; verbruiken
consump'tie ‹s=z› *v* [-s] verbruik; vertering **consump'tiebon** bon waarmee men een consumptie kan krijgen **consump'tie-ijs** ijs om op te eten **consump'tiemaatschappij** op bezit en verbruik van goederen gerichte maatschappij
contact' *o* aanraking; verbinding; voeling **contact'advertentie** advertentie over contact m.b.t. een (seksuele) relatie **contact'doos** *v* stopcontact
contactgestoord' *bn* niet in staat om contact te leggen
contact'lens op de oogbol zelf aangebrachte lens **contact'lijm** bep. snel hechtende lijm **contact'persoon** wie contacten verzorgt; wie in aanraking is geweest met drager v.e. besmettelijke ziekte **contact'sleutel** sleutel met behulp waarvan men een auto kan starten
contactueel' *bn* met betrekking tot contacten
contai'ner ‹ai=ee› *m* [-s] grote laadbak van standaardformaat **contai'nerpark** verzameling containers voor verschillende soorten afval **contai'nerwoning** ‹ai=ee› v.e. container gemaakte tijdelijke woning
contamina'tie *v* [-s] besmetting; *(taalk.)* dooreenhaspeling van woorden of uitdrukkingen
contant' *bn & bw* in gereed geld **contan'ten** *mv* gereed geld
contempla'tie *v* [-s] beschouwing **contemplatief'** *bn* beschouwend
contemporain' ‹ai=èn› *bn* hedendaags
content' *bn* tevreden, vergenoegd
con'terfort' ‹fort=fòr *of* fort› *o* [-s, -en] steunmuur; hielstuk
contesta'tie *v* verzet
con'text' *m* samenhang
continent' **I** *o* vasteland **II** *bn* in staat om de ontlasting te beheersen **continentaal'** *bn* vastelands
contingent' ‹ng=n+g› *o* verplicht of toegestaan aandeel **II** *bn* door omstandigheden bepaald **contingente'ren** van regeringswege beperken van invoer of productie of uitvoer
continu' *bn & bw* onafgebroken **continua'tie** *v* voortzetting; uitstel
continu'bedrijf bedrijf waarin dag en nacht wordt doorgewerkt
continue'ren voortzetten **continuïteit'** *v* samenhang; onafgebroken duur; voortduring; eenheid
continu'rooster rooster v. schooltijden met korte middagpauze
conto *o* [-ti, -'s] rekening; *a ~*, op rekening
contour' ‹ou=oe› *m* omtrek
contra *bw & vz* tegen **contrabande** *v(m)* smokkelwaar **contrabas** grote bas(viool) **contracep'tie** *v* anticonceptie
contract' *o* overeenkomst **contractant'** *m* wie zich bij contract verbindt **contract'breuk** het niet naleven v.e. contract **contracte'ren** een contract aangaan
contrac'tie *v* [-s] samentrekking
contractueel' *bn & bw* volgens contract
contradic'tie *v* [-s] tegenspraak **contradic'tio in ter'minis** tegenspraak in woorden **contradictoir'** ‹toir=toor *of* twaar› *bn* tegenstrijdig; op tegenspraak gewezen
contra-expertise tegenonderzoek
contrafilet ‹let=lè of lee› filet van het midden v.d. runderrug
contra-indicatie *v* [-s] iets wat op het tegendeel wijst
contrair' *bn* tegengesteld
contramerk bewijs dat men een geldig kaartje heeft
contramine *v(m)* tegenactie; poging om effecten te doen dalen; zij die dat doen; *in de ~*, dwars
contraprestatie tegenprestatie
contrapunt harmonisch samengaan van melodieën
Contrareformatie *v* tegenreformatie **contraremonstrant** tegenstander v. remonstranten **contrarevolutie** tegenrevolutie
contra'rie *bn & bw* tegen(overgesteld) **contrarië'ren** tegenwerken
contraseign ‹gn=n› *o* medeondertekening **contrasigne'ren** ‹gn=nj› medeondertekenen
contraspionage het bespioneren van vijandelijke spionage
contrast' *o* tegenstelling
contrastekker toestel aan vrije draad waarin een stekker past
contraste'ren een tegenstelling vormen
contrast'vloeistof vloeistof die contrast op bijv. röntgenfoto's moet laten zien
contratenor countertenor
contravisite tegenbezoek
contrecoeur' ‹coeur=keur› *à ~*, met tegenzin
contrefilet ‹et=ee› langwerpig stuk rundvlees uit de bil
con'trefort' *zie* **conterfort**
contrei'(e) *v* [-en] streek
contribuant' *m* schatplichtige; bijdrager **contribue'ren** bijdragen; medewerken **contribu'tie** *v* [-s] vaste bijdrage
contro'le ‹o=ò *of* oo› *v(m)* [-s] toezicht; plaats waar gecontroleerd wordt **contro'legroep** groep v. personen of zaken die afwijkt v.d. proefgroep v.e. onderzoek doordat hij niet

C

onder invloed v.d. onderzochte factor staat **controle'ren** toezicht houden op; *(ang.)* beheersen, gaan over **controleur'** *m* [-s] wie toezicht uitoefent

controver'se *v* [-s, -n] verschil v. mening **controversi(on)eel'** *bn* een twistpunt vormend

convalescent' ‹sc=s› *bn* herstellend **II** *m* een herstellende

convec'tor *m* [-s] verwarmingsapparaat

convenant' *o* [-s] overeenkomst, afspraak

convenië'ren gelegen komen

convent' *o* vergadering van kloosterlingen; klooster

conven'tie *v* [-s] verdrag; aangenomen vormen

conventi'kel *o* [-s] godsdienstige bijeenkomst in besloten kring

conventioneel' *bn & bw* volgens vaste vormen; ~ *wapen*, niet-nucleair wapen

converge'ren *h* in één punt samenkomen; kleiner worden

conversa'tie ‹s=z› *v* [-s] gezellig gesprek; vriendschappelijke omgang **conversa'tieles** les in vreemde taal door middel van praten in die taal

converse'ren ‹s=z› gezellig praten; omgaan

conver'sie *v* [-s] omwisseling; verandering v.e. schuld in een v. lagere rente; *(comp.)* omzetten v. gegevens naar ander formaat; het omschakelen naar ander computersysteem **converteer'baar** *bn* inwisselbaar **converte'ren** omkeren; bekeren; schuld vervangen door een met lagere rente

convertiet' *m* bekeerling

convex' *bn* bolrond

convocaat' *o* [-caten] brief met convocatie **convoca'tie** *v* [-s] oproep voor vergadering **convoce'ren** bijeenroepen

convul'sie ‹s=z› *v* [-s] stuiptrekking **convulsief'** ‹s=z› *bn & bw* krampachtig

cool ‹oo=oe› *tw* geweldig!

cooling-down' ‹koeling dauwn› *m* [-s] langzaam afbouwen v. lichamelijke inspanning door oefeningen na sport

coöp. coöperatie(f)

coöpera'tie *v* [-s] samenwerking; vereniging v. afnemers **coöperatief'** *bn & bw* op coöperatie berustend **coöpere'ren** samenwerken

coopertest ‹oo=oe› *m* [-s] bep. test om lichamelijke conditie aan te tonen

coöpta'tie *v* het kiezen v. nieuwe leden door de zitting hebbende **coöpte'ren** door coöptatie kiezen

coördina'ten *mv* lijnen of vlakken die de ligging v. iets bepalen **coördina'tie** *v* [-s] nevenschikking; het in verband of samenwerking brengen; gelijkstelling **coördina'tor** *m* [-s, -en] wie vsch. activiteiten bijeenbrengt **coördine'ren** nevenschikken; in onderling verband of samenwerking brengen

co-ouder ieder v.h. paar ouders die na een scheiding voor hun kind(eren) zorgen

COPD *chronic obstructive pulmonary disease*, verzamelnaam v. chronische longziekten

copieus' *bn & bw* overvloedig

copiloot tweede piloot

copla *v* [-'s] Spaans gedicht van vier regels

coproductie *v* gezamenlijke productie

copule'ren verbinden; enten; coïteren

copyright ‹kop'pierait› *o* recht tot uitgave

copyshop ‹koppiesjop› *m* [-s] winkel voor fotokopiëren en eenvoudig drukwerk

copywriter ‹koppieraiter› *m* [-s] tekstschrijver

coqui'lles Saint-Jacques ‹kookieje sên zjak› *mv* gerecht v. in schelp opgediende, gestoofde weekdieren

cordiaal' *bn & bw* hartelijk; hartsterkend

cordon bleu' ‹on=ŏn› *m* met kaas en ham gevuld gebraden stuk vlees

corduroy' *o/m & bn* (van) ribfluweel

cornedbeef ‹kòndbief, *ook vaak* kornètbief› *m* ingeblikt rundvlees

corner *m* [-s] hoekschop; hoekslag; opkoping om de prijs te doen stijgen

cornflakes ‹kònfleeks› *mv* geroosterde maïsvlokken

coro'na *v(m)* [-'s] lichtkrans; recht afgesneden cilindervormige sigaar; *(universitair)* in een halve cirkel rond het sprekersgestoelte opgestelde stoelen in de aula **coronair'** *bn* van de kransslagaderen (v.h. hart)

corpora'le *o* [-n] doekje waar het H. Sacrament op rust

corpora'tie *v* [-s] gilde, vak- of standsvereniging **corporatief'** *bn* v.d. corporatie; georganiseerd volgens corporaties

corporeel' *bn* lichamelijk

corps ‹kòr› *o* [corpora] officiële studentenvereniging; ~ *diplomatique*, de gezamenlijke gezanten bij een regering; ~ *de ballet*, alle dansers en danseressen v.e. ballet bij elkaar

corpulent' *bn* zwaarlijvig **corpulen'tie** *v* zwaarlijvigheid

corpus I *o* [-pora] lichaam; dikte v.e. drukletter; verzameling documenten; verzameling teksten; ~ *delicti*, voorwerp waarmee het misdrijf gepleegd is **II** *o* [-sen] lichaam aan kruis

correct' *bn & bw* zonder fout, onberispelijk; *(ang.) dat is* ~, dat is juist

correc'tie *v* [-s] verbetering; het nazien; werk met het nazien; ambtelijke berisping **correctief'** *o* [-tieven] middel tot verbetering of onschadelijk maken **correctioneel'** *bn & bw* tot verbetering kunnende of moetende dienen **correc'tor** *m* [-s, -en] verbeteraar van drukproeven

correla'tie *v* [-s] wederzijdse relatie; onderlinge afhankelijkheid; bep. taalkundige betrekking **correlatief'** *bn & bw* in correlatie staande

correspondent' wie correspondeert; berichtgever **corresponden'tie** *v* [-s] briefwisseling; de brieven; overeenstemming, aansluiting **corresponden'tieschaak** *o* [gmv] schaakspel waarbij zetten per brief worden uitgewisseld **corresponden'tievriend(in)**

iem. met wie men regelmatig correspondeert **corresponde'ren** *h* briefwisseling houden; aansluiten
corridor' ‹dor=dòr› *m* [-s] gang; smalle strook grond die communicatie moet verschaffen; verbinding door de lucht
corrigen'da *mv* lijst v. verbeteringen **corrige'ren** ‹g=g *of* zj› verbeteren; nazien; ambtelijk berispen
corro'sie ‹s=z› *v* [-s] aantasting v. metalen; verwering
corrumpe'ren bederven; *(fig.)* corrupt maken **corrupt'** *bn* bedorven; omkoopbaar **corrup'tie** *v* [-s] bederf; omkoping
corsa'ge ‹korsaazje› *v & o* [-s] versiersel van kunstbloemen op japon
corselet' *o* [-ten, -s] combinatie v. bh en korset
corso ‹s=s *of* z› *m/o* [-'s] optocht v. versierde voertuigen
cortison' ‹s=z› *o (stofn.)* hormoon uit de bijnierschors
corvee' *v* [-s] karwei, werkdienst
corvee'ër *m* [-s] wie corvee verricht
coryfee' *m-v* [-ën] uitblinker, leider
co-schap *o* [-pen] coassistentschap
cosecans *v(m) (wisk.)* secans v.h. complement v.e. hoek **cosinus** *m* [-sen] *(wisk.)* sinus v.h. complement v.e. hoek
cosmetica *mv* schoonheids- en hygiënische middelen **cosmetiek'** *v* schoonheidsmiddel **cosmetisch** *bn* cosmetica betreffend
costumiè're *v* [-s] kostuumnaaister
cotangens *m (wisk.)* tangens v.h. complement
coterie' *v* [-s, -ën] kliek
cothurn' *v(m)* hoge toneellaars
cottage ‹kottidzj› *v* [-s] landelijk huisje in Engelse stijl **cottagecheese** ‹kottidzjtsjies› *m* korrelige kaas
couchet'te ‹koesjette› *v* [-s] slaapplaats op schip of in trein
coulan'ce ‹koelãns› *v* tegemoetkomendheid **coulant'** *bn & bw* tegemoetkomend
coulis'se ‹koeliese› *v* [-n, -s] beweegbaar toneelscherm; *achter de ~n*, niet publiek; *achter de ~n kijken*, de werkelijke toestand zien **coulisselandschap** ‹i=ie› door hoger groeiend gewas in vakken verdeeld landschap
coulomb' ‹koelom› *m* [-s] eenheid van elektrische lading
counselen een patiënt adviseren in zijn psychische problemen
counter *m* [-s] onverwacht snelle uitval **counteren** overgaan tot tegenaanval
countertenor *m* [-s, -en] hoge mannenstem **countervoetbal** verdedigend voetbal met snelle aanvallen
country (volks)muziek, oorspr. uit het zuiden v.d. Verenigde Staten
countrydansen in passende kleding dansen op countrymuziek
coup ‹koep› *m* [-s] staatsgreep
coupe ‹koep› *v(m)* [-s] schaal; wijd glas; kapsel; snit
coupé' ‹koepee› *m* [-s] afdeling v.e. wagon v.e. trein; rijtuig voor 2 personen
coupenaad ‹koepnaad› vormgevende naad **coupe'ren** ‹ou=oe› bekorten; verhinderen; wegsnijden v. lichaamsdelen v. dieren; kaarten afnemen; troeven
coupero'se ‹koeperooze› *v* aandoening v.d. gezichtshuid met gesprongen adertjes
coupe soleil' ‹koepsolei› *m* kapsel met hier en daar geblondeerd haar **coupeur'** ‹ou=oe› *m* [-s] kleermaker **coupeu'se** ‹s=z› *v* [-s] kleermaakster
couplet' ‹ou=oe› *o* [-ten] gelijkvormig deel v. gedicht of lied
coupon' ‹ou=oe› *m* [-s] toegangsbewijs; dividend- of rentebewijs; stuk stof **coupon'blad** uit coupons bestaand blad **coupon'boekje** boekje met toegangsbewijzen
coupu're ‹ou=oe› *v(m)* [-s] afsnijding; weglating v. deel; grootte waarin bankpapier en obligaties worden uitgegeven
coura'ge ‹koeraazje› *m* moed
courant' ‹ou=oe› *bn* gangbaar; in officiële prijscourant opgenomen; geregeld gevraagd **II** *o* betaalmiddel **III** *v(m) (arch.)* krant
coureur' ‹ou=oe› *m* [-s] renner
courget'te ‹koerzjet› *v(m)* [-s] plant met op komkommer lijkende vrucht; de vrucht als groente
courta'ge ‹koertaazje› *v* makelaarsloon
courtisa'ne ‹koertiezane› *v* [-s] dame v. lichte zeden
courtoisie' ‹koertwaazie› *v* hoffelijkheid
couscous *zie* **koeskoes**
coûte que coûte ‹koet ke koet› tot elke prijs
couturier' ‹koetuurjee› *m* [-s] ontwerper van modekleding
couvert' ‹koevèr *of* koevert› *o* [-s, -en] eetgerei voor één persoon; enveloppe; *per ~*, per persoon
couveu'se ‹koeveuze› *v* [-s] toestel waarin zuigelingen verblijven die speciale medische zorg behoeven **couveu'sekind** kind dat in de couveuse moet of geweest is
cover ‹o=a› *o/m* [-s] omslag; hoes v.e. grammofoonplaat; nieuwe versie v. eerder opgenomen lied; losse bekleding v.e. meubelstuk; *(comp.)* eerste pagina v.e. site **coverstory** *m* [-'s] bij de omslag aansluitend verhaal; belangrijkste artikel i.e. tijdschrift
cowboy *m* [-s] veedrijver in de Verenigde Staten
CP Communistische Partij; Code Pénal; Centrumpartij
CPB Centraal Planbureau
CPN Communistische Partij Nederland
CPNB (Stichting) Collectieve Propaganda van het Nederlandse Boek
CPN''er *m-v* [-s] lid van de Communistische Partij Nederland **CPN'-fractie** vertegenwoordiging v.d. CPN in een bestuursorgaan
CPU ‹siepiejoe› *central processing unit*, centrale verwerkingseenheid v.e. computer

C

C

c.q. *casu quo*, in het zich voordoende geval; zo nodig; als het geval ertoe leidt
Cr *(schei.)* chromium
crack ‹a=e› *m* [-s] uitblinker; zwaar verslavend cocaïnederivaat **cracker** ‹a=e› *m* [-s] biscuit van bladerdeeg
cran'berry ‹krenberrie› *v(m)* [-s] veenbes
craniologie' *v* [gmv] schedelleer
crank ‹a=e› *m* [-s] stuk tussen trapper en trapas
crapaud' ‹aud=oo› *m* [-s] lage brede leunstoel
crapuul' *o* gespuis
craquelé' ‹qu=k› *bn* vol kleine barstjes **II** *o* glazuur of vernis met barstjes
crash ‹kresj› *m* [-es] zwaar ongeluk door botsingen; beurscrisis **crashen** [crashte, gecrasht] botsen; failliet gaan
crawl(slag) ‹kròwl› *m* bovenarmse zwemslag
crayon' ‹krajon› *o/m* [-s] tekenkrijt; potlood
crea'tie *v* [-s] schepping; vertolking; ontwerp **creatief'** *bn* oorspronkelijk denkend of scheppend
creatuur' *o* [-turen] schepsel
crèche ‹kresj› *v(m)* [-s] instelling voor collectieve kinderopvang
credens'tafel dientafel voor de benodigdheden voor de mis
cre'dit *o* schuld; schuldenkolom; *in zijn ~*, in zijn voordeel
cre'ditcard ‹e=è› *m* [-s] kaart waarmee men op krediet kan kopen
credite'ren als schuld boeken; borgen **crediteur'** schuldeiser **cre'ditnota** tegoednota
credo *o* [-'s] geloofsbelijdenis
creë'ren [creëerde, gecreëerd] scheppen; instellen; ontwerpen
crema'tie *v* [-s] lijkverbranding **cremato'rium** *o* [-s, -ria] inrichting voor lijkverbranding
crème I *v(m)* [-s] room; likeur; zalf; gebonden soep; *~ de la ~*, het beste; *~ fraiche*, ‹fresj› dikke lichtzure room **II** *bn* roomkleurig
creme'ren lijkverbranden
creolise'ring ‹s=z› *v* verbastering **creool'** *m* [-olen] kind v. Europese ouders in tropisch Amerika geboren **creool'se** [-n] vrouwelijke creool
creosoot' ‹s=z› *m/o* olieachtige bederfwerende vloeistof **creosote'ren** behandelen met creosoot
crêpe ‹krèp› *m* korrelig weefsel; korrelige rubber **II** *v* zeer dun flensje
crepeer'geval uitzichtloze toestand
crêpepapier ‹ê=è› dun rimpelig papier
crepe'ren *z* van ellende omkomen
cresc. crescendo
crescen'do ‹sc=sj› *bw* aanzwellend
cretin' ‹tin=tĕn› *m* [-s] onvolwassen gebleven misvormd iem.; *(fig.)* idioot
creton'ne *o* henneplinnen; bedrukt katoen **creton'nen** *bn* v. cretonne
crew ‹kroe› *m* [-s] bemanning; technische ploeg
CRI Centrale Recherche Informatiedienst
criant' *~ vervelend*, erg vervelend
cricket *o* slagbalspel van 2 elftallen waarbij het wicket verdedigd wordt **cricketen** [crickette, gecricket] cricket spelen
crime ‹kriem› *een ~*, een ramp; ergerlijk
criminalist' *m* kenner v. strafrecht of criminaliteit **criminaliteit'** *v* strafbaarheid voor de rechter; misdadigheid **crimineel' I** *m-v* [-nelen] misdadiger **II** *bn & bw* met de criminaliteit verband houdend; strafrechterlijk; verschrikkelijk **criminologie'** *v* leer v.d. criminaliteit
crinoli'ne *v* [-s] hoepelrok
crisis ‹sis=zis *of* zus› *v* [-sen, crises] keerpunt; bedenkelijke toestand; ernstige stoornis; tijdelijke welvaartsachteruitgang **crisiscentrum** centrum in noodsituaties
crite'rium *o* [-ria, -s] beslissend kenmerk, maatstaf; wielerwedstrijd op de weg
criticas'ter *m* [-s] vitter **criticus** *m* [-ci] beoordelaar
croissant' ‹krwassãn› *m* [-s] halvemaanvormig baksel van bladerdeeg
croonen ‹oo=oe› neuriënd zingen **crooner** *m* [-s] wie voor de microfoon zeer zacht zingt
croque-monsieur' ‹krokmesjeu› *m* [-s] *(Belgned.)* tosti
croquet ‹krokket› *o* spel met bal en hamer
cross [-en, -es], **cross-coun'try** [-'s] *v(m)* snelheidswedstrijd in het vrije veld en op gewone wegen **crossen** over een terrein met natuurlijke hindernissen rijden; wild rijden **crossfiets** stevige fiets met kleine wielen om te crossen
crosspass ‹a=aa› *m* [-es] *(sp.)* diagonaal toespelen v.d. bal
croupier' ‹kroepjee› *m* [-s] spelleider bij speelbank
crouton' ‹ou=oe› *m* [-s] stukje in vet gebakken brood
crowdsurfen ‹o=ou› [alleen onbep. wijs] zich over hoofden en handen v. medepubliek naar een podium begeven
cru I *o* [-s] wijnoogst m.b.t. plaats en jaar **II** *bn & bw* grof, onverbloemd
cruciaal' *bn* moeilijk oplosbaar; beslissend
crucife'ren *mv* kruisbloemigen
crucifix' *o* kruis
cruise ‹kroez› *m* [-'s] vakantietocht met een groot schip langs verschillende havens
cruise control ‹kroez kontrool› *m bij auto's*: snelheidsbegrenzer
cruisen een cruise maken
crux ‹kruks *of* kroeks› *v* [cruces] ‹kroetsjès› moeilijk punt
cryo- ‹kriejoo-› koude- **cryogeen' I** *o* koolzuur in vaste vorm **II** *bn* koude verwekkend
crypt(e) ‹kript(e)› *v(m)* [-(e)n] onderkerk; grafkelder **cryptisch** *bn* (tamelijk) ondoorzichtig **crypto-** ‹kripto-› *als eerste woorddeel*: in het geheim iets zijnde **cryptofoon'** *m* [-fonen, -s] uitzendapparaat dat niet opgespoord kan worden; toestel dat radiogolven vervormt
cryptoga'men *mv* sporeplanten
cryptogram' *o* [-men] stuk in geheimschrift; puzzel met raadselachtige woordomschrijvingen
c.s. *cum suis*, met de zijnen
Cs *(schei.)* cesium

CS Centraal Station
csardas ‹tsjardasj› *m* [-sen] Hongaarse dans
CSE Centraal Schriftelijk Eindexamen
CS-gas traangas, braakgas
C.ss.R. *Congregationis sanctissimi Redemptoris*, redemptorist
ct. cent
CT computertomografie (*het computergestuurd röntgenfoto's van dwarsdoorsneden van het lichaam maken*)
cts cents
CT'-scan CAT-scan
culinair' ‹ai=è› *bn* lekker eten betreffend
culmina'tie *v* [-s] grootste hoogte **culmina'tiepunt** punt waar een ster culmineert; toppunt **culmine'ren** in het culminatiepunt staan; het toppunt bereiken
cultivar *v(m)* [-s] kunstmatig gekweekte variëteit v.e. plant
cultiva'tor *m* [-s, -en] veelscharige ploeg
cultivéparel door menselijke ingreep ontstane parel **cultive'ren** bebouwen, aanplanten; veredelen
cultu're *v* [-s] Ind. verbouw; bouwland
cultureel' *bn & bw* wat de cultuur betreft **cultus** *m* [culten] verering van God; eredienst
cultuur' *v* [-turen] (hoogte)punt van beschaving; in de tropen op grote schaal verbouwd product; *in ~ brengen*, ontginnen **cultuur'barbaar** wie niets voor cultuur voelt **cultuur'drager** wie deel heeft aan de cultuur **cultuur'gewas** aangekweekt gewas **cultuur'pessimist** wie somber denkt over de toekomstige ontwikkeling v.d. cultuur **cultuur'product** cultuurgewas **cultuur'schok** morele schok door confrontatie met vreemde cultuur **cultuur'staat** beschaafde staat **cultuur'taal** taal v.e. beschaafd volk; beschaafdentaal **cultuur'volk** beschaafd volk **cultuur'woord** niet-volkswoord
cum *(een)* ~, het predikaat cum laude; ~ *annexis*, met het bijbehorende; ~ *grano salis*, niet al te letterlijk; ~ *laude*, met lof; ~ *suis*, met de zijnen
cumpref *m* [-s] cumulatief preferent aandeel
cumula'tie *v* [-s] opeenhoping (van ambten) **cumulatief'**, **cumulatief preferent'** *bn* waarvan een achterstallig vast dividend vóór het dividend aan gewone aandelen moet worden uitbetaald **cumule'ren** ophopen (v. ambten)
cumulus *m* [-li] stapelwolk
cup *v(m)* [-s] beker als wedstrijdprijs; bol gedeelte v.e. bustehouder **cupfinale** eindwedstrijd om een beker **cupje** *o* kunststof verpakkinkje met zeer kleine portie voedsel
cura'bel *bn* geneselijk
curaçao' ‹çao=sou› *m* sinaasappellikeur
cura're *o* bep. Zuid-Amerikaans vergif
curate'le *v(m)* voogdij **curatief'** *bn* op genezing gericht; ~ *boekhouden*, *(euf.)* fraude in de bedrijfsvoering plegen **cura'tor** *m* [-s, -en] boedelredder; wie curatele uitoefent; lid v.e. raad v. toezicht op gymnasium of universiteit **curato'rium** *o* [-ria] de curatoren
cure'ren genezen
curette'ren schoonmaken (v.e. lichaamsholte)
curie *v* pauselijke regering; *(vero.)* eenheid v. sterkte v. radioactiviteit
curieus' *bn* merkwaardig **curiositeit'** ‹s=z› *v* merkwaardigheid **curio'sum** ‹s=z› *o* [-sa] iets zeldzaams
curling ‹ur=èù› *o* spel op ijs met platronde stenen
curri'culum *o* [-cula] leerplan **curri'culum vitae** *o* [curricula vitae] levensbeschrijving
cursief' *bn & bw* schuin gedrukt **cursief'je** *o* kort luchtig stukje i.e. krant, cursief gezet
cursist' *m* wie een cursus volgt
cursive'ren schuin drukken
cursor *m* [-s, -en] lichtgevend teken dat op computerscherm aangeeft waar getypt wordt
curso'risch ‹s=s *of* z› *bn & bw* zonder onderbrekende verklaringen
cursus *m* [-sen] leergang; schooljaar
curve *v(m)* [-n] kromme lijn
custard ‹a=u› *v(m)* [-s] poeder voor het maken van pudding
custo'de *v* [-n] lettergreep aan voet v. bladzij
custos *m* [custodes] koster; bewaker in museum; custode
cutter *m* [-s] technisch medewerker bij de definitieve samenstelling v.e. film
cv centrale verwarming; *curriculum vitae*, levensbeschrijving
CV coöperatieve vereniging; commanditaire vennootschap
CVA *cerebro vasculair accident*, storing in de bloedvaten v. de hersenen; beroerte
CVE *(comp.)* centrale verwerkingseenheid
CVP *(Belg.)* Christelijke Volkspartij
cyaanka'li ‹y=ie› *m* zeer giftig zout dat door maagsap in blauwzuur wordt omgezet
cyano'se ‹sieaanoze› *v* [-s en -n] blauwe verkleuring v. huid en slijmvliezen
cyberchipper ‹y=ai;ch=ts› *m* [-s] op de computer aan te sluiten chipper **cyberfraude** ‹y=ai› fraude via het internet
cyberne'tica ‹y=ie› *v* besturingswetenschap **cyberne'tisch** *bn* betrekking hebbend op de cybernetica
cyberspace ‹saiberspees› *m* virtuele ruimte in relatie tot het internet
cyclaam' ‹y=ie› [-clamen], **cycla'men** [-s] *v(m)* plant v.e. geslacht v. sleutelbloemigen, Lat. Cyclamen persicum
cyclamaat' ‹y=ie› *o* [-maten] kunstmatige zoetstof
cyclisch ‹y=ie› *bn* tot een cyclus behorend; *~e waarden* of *fondsen*, effecten met vrij veel koersstijging en -daling
cycloon' ‹y=ie› *m* [-lonen] hevigste storm in de Indische oceaan
cycloop' ‹y=ie› *m* [-clopen] eenogige reus **cyclo'pisch** *bn* reusachtig
cyclus ‹y=ie› *m* [-sen, cycli] kring; tijdkring; samenhangende reeks

cynicus ‹y=ie› *m* [-ci] cynisch iem. **cynisch** *bn & bw* verbitterd; sarcastisch **cynis'me** *o* [-n] bijtend pessimisme
cypers ‹y=ie› *~e kat*, zwartbruine kortharige kat met grijze strepen
cyril'lisch ‹y=ie› *~ schrift*, schrift v. Russen en Slavische volkeren
cyste ‹kiste› *v(m)* [-n] week gezwel
cytologie' ‹y=ie› *v* celleer **cytosta'tica** *mv* celdodende medicijnen
cytotox'isch *bn* celdodend

D

d *v(m)* [-'s] vierde letter van ons alfabet; bij de tandkassen gevormde stemhebbende plofklank; *(muz.)* tweede toon v.d. diatonische toonladder, re
D Romeins teken voor 500
D66 Democraten '66
D66"er *m-v* [-s] lid van D66 **D66'-fractie** vertegenwoordiging van D66 in een bestuursorgaan
daad *v(m)* [daden] handeling; *de ~ bij het woord voegen*, doen wat men aankondigde **daadkracht** flinke aanpak
daadwer'kelijk *bn* feitelijk
daags I *bw* per dag, op de dag **II** *bn* van of voor iedere dag
daalder *m* [-s] vroegere munt ter waarde van *ƒ* 1,50
daar I *bw* op de plaats, er; *vormt met voorzetsels samenstellingen in de bet.*: die persoon of die zaak **II** *vgw* omdat; *tot ~ aan toe*, er nog even mee doorkunnend **daaraanvol'gend** *bn & bw* daarna **daar'door'** *bw* door die ruimte, dientengevolge **daarenbo'ven** *bw* bovendien **daarente'gen** *bw* aan de andere kant **daare'ven** *bw* zoëven **daargin'der**, **daarginds'** *bw* ginder **daarheen'**, **daarhe'nen** *bw* naar die plaats
daarlaten buiten beschouwing laten
daar'na' *bw* na die tijd, na die zaak **daar'om'** *bw* om die reden **daartoe'** *bw* tot dat, tot dat doel **daarvandaan'** *bw* van die plaats af; daarom
daas I *v(m)* [dazen] steekvlieg v.h. geslacht Tabanus **II** *bn* in de war
dabben *gez. van paarden*: met de voorbenen stampen
da ca'po *(muz.)* **I** *o* [-'s] herhalend stuk **II** *bw* opnieuw
dactylograaf' *m* [-grafen] typist **dactylologie'** *v* vingertaal **dactyloscopie'** *v* onderzoek v. vingerafdrukken
dactylus *m* [-ylen, -yli] versvoet van eerst één lange (of betoonde) en dan twee korte (of onbetoonde) lettergrepen
dadaïs'me *o* bep. kunstrichting die primitieve vormen zoekt
dadel [-s] *m* dadelpalm **II** *v(m)* vrucht v. die boom
dadelijk *bn & bw* zich in daden uitend, werkelijk; onmiddellijk
dadeloos *bn* zonder iets te doen
dadelpalm hoge vederpalm v.d. soort Phoenix dactylifera
dader *m* [-s] bedrijver; *de ~ ligt op 't kerkhof*, de dader is onbekend
dading *v* minnelijke schikking
dag I *m* bep. tijdperk; daglicht; *(mar.)* eind touw **II** *tw* goedendag; *aan de ~*, aan het licht; *aan de ~ leggen*, tonen; *aan de orde v.d. ~ zijn*, geregeld voorkomen; *kort ~ zijn*, spoed vergen; *~ en nacht*, steeds; *~ en nacht schelen*, veel schelen; *voor de ~*, te

voorschijn; *voor ~ en dauw*, zeer vroeg; *oude ~*, ouderdom; *heden ten ~e*, tegenwoordig; *alle ~en een draadje is een hemdsmouw in het jaar*, vele kleintjes maken een grote; *zeg maar ~ met je handje*, vergeet het maar **dagaanvoer** aanvoer per dag **dagafschrift** formulier dat na verandering per dag het saldo vermeldt **dagblad** krant
dagblind *bn* overdag slechter ziende
dagboek boek met aantekeningen v. gebeurtenissen v. elke dag, memoriaal **dagboog** deel v. breedtecirkel dat een hemellichaam boven de horizon v.e. plaats doorloopt **dagbouw** bovengrondse ontginning v.e. mijn **dagdeel** halve werkdag **dagdief** wie in dienst zijn tijd niet besteedt **dagdienst** dienst overdag
dagdieven [dagdiefde, gedagdiefd] lijntrekken **dagdieverij'** *v* het lijntrekken
dagdroom fantasiebeeld buiten slaap
dagelijks *bn & bw* (van) iedere dag; *~e zonde*, kleine zonde; *~ bestuur*, bestuursdeel dat de gewone zaken regelt; B en W
dagen voor het gerecht roepen; dag worden
dag-en-nacht'evening *v* gelijke duur van dag en nacht
dager *m* [-s] eiser in een proces
dageraad *m* begin (van de morgen)
daggeld op een dag verdiend loon; van dag tot dag opzegbare lening **daggelder** [-s] dagloner
dagjesmens wie een reisje van één dag maakt **dagkaart** kaart die een dag geldig is **daglicht** (zon)licht; *het ~ niet kunnen zien of verdragen*, geheim moeten blijven wegens onbehoorlijkheid; *in een kwaad ~ stellen*, ongunstig voorstellen **dagloner** [-s] wiens loon per dag berekend wordt **dagopleiding** opleiding overdag **dagorde** lijst van te behandelen of af te werken punten **dagorder** *v(m) (mil.)* afkondiging **dagpauwoog** *m* [-ogen] vlinder met kleurige oogvormige tekening, Lat. Vanessa io **dagregister** dagboek **dagreis** afstand in een dag af te leggen **dagretour** retour dat één dag geldig is **dagschool** overdag gehouden school **dagschotel** niet te duur gerecht dat op een bep. dag voorradig is **dagtaak** taak v.d. dag; dagelijkse taak **dagtekenen** [dagtekende, gedagtekend] dateren **dagteller** *m* [-s] installatie die totaal v.e. dag aangeeft **dagtocht** tocht van één dag
dagvaarden [dagvaardde, gedagvaard] voor het gerecht roepen
dagverblijf verblijf voor overdag
dagvers dagelijks vers bereid en aangevoerd
dagwaarde waarde op een bepaald tijdstip **dagwerk** werk dat men geregeld doet of dat de hele dag vult; *~ hebben*, voortdurend bezig (moeten of willen) zijn
dagzomen *(geol.) (fig.)* [dagzoomde, h. gedagzoomd] aan de oppervlakte zichtbaar worden
dahlia ‹ah=aa› *v(m)* [-'s] samengesteldbloemige sierplant met wortelknol
dak *o* bedekking v.e. gebouw; *op zijn ~ krijgen*, (iets onaangenaams) krijgen; *onder één ~*, in hetzelfde huis; *van een leien ~je*, vlot; *onder ~ zijn*, huisvesting hebben, geborgen zijn; *van de ~en*, overal; *uit je ~ gaan*, buiten zinnen raken **dakhaas** *(scherts.)* kat; *~ dakhaas*, sukkel **dakkapel** uitspringend raam in een dak **daklook** huislook
dakloos *bn* zonder onderdak **daklozenkrant** door daklozen aangeboden krant waarvan de opbrengst voor henzelf is
dakpan gebakken tegel voor dakbedekking **dakruiter** torentje op dak als luchtkoker **dakstoel** kapgebint
dal *o* laagte
dalai la'ma *m* geestelijk en wereldlijk leider v. de Tibetaanse boeddhisten
dalen naar beneden gaan
dalgrond ondergrond van afgegraven hoogveen
dalmatiek' *v* opperkleed van (sub)diaken
dalma'tiër, dalmati'ner *m-v* [-s] witte hond met kleine zwarte vlekken
daltonise'ren ‹s=z› daltonsysteem toepassen
daltonis'me *o* kleurenblindheid
daltononderwijs bepaalde vorm van onderwijs met aangewezen of zelfgekozen taken
dalurenkaart kaart waarmee men tijdens daluren met korting mag reizen **daluur** periode met gering reizigersvervoer
dalwind uit een dal opstijgende wind
dam I *m* [-men] waterkering; toegang over water tot een perceel; *een ~ opwerpen tegen*, tegengaan **II** *v(m)* [-men] dubbele damschijf
damasce'ner ‹sc=s› *bn* gedamasceerd **damasce'ren** met gevlamde figuren versieren, met goud of zilver inleggen
damast' *o* bep. duur weefsel met figuren **damas'ten** *bn* van damast **damast'papier** op damast gelijkend papier
dambord bord voor damspel
dame *v* [-s] vrouw (v. zekere stand of beschaving); tafeldame; koningin in het schaakspel **dame blanche** ‹dam blãnsj› *v* roomijs met warme chocoladesaus
damesdubbel *o* [gmv] tennispartij van twee tegen twee speelsters **damesenkel** *o* [gmv] tennispartij tussen twee speelsters **damesfiets** rijwiel voor vrouw **dameskapper** kapper voor dames
damhert hert met laag gewei, Lat. Dama vulgaris
damlijn verst van speler gelegen lijn van vijf vakken van gelijke kleur op dambord
dammen damspelen
damp *m* wasem, nevelige massa, rook; *de dampen aandoen*, sarren **dampen** damp afgeven; roken **dampig** *bn* mistig, dampend; kortademig **dampkring** atmosfeer **dampspanning** door een damp bij bep. temperatuur uitgeoefende druk
damschijf steen v.h. damspel **damsluis** sluis in een dam, sluis als dam **damspel** spel

D

met schijven op een bord **damwand** rij damplanken of dampalen
dan **I** *bw* op die tijd; daarna; in dat geval; toch **II** *vgw* behalve, als **III** *m* [-nen] graad van behendigheid in judo
dancing ‹an=ãn› *m* [-s] dansgelegenheid
dandy ‹dendie› *m* [-'s] modegek
danig *bn* geducht
dank *m* erkentelijkheid, zin; *iem. ~ weten*, iem. dankbaar zijn **dankbaar** *bn & bw* erkentelijk; voldoening gevend
dankbetoon *o* het tonen van dankbaarheid **dankbetuiging** dankbetoon **dankdag** *(prot.)* dag om God te danken
danken dank betuigen; verschuldigd zijn; een dankgebed uitspreken; ergens geen zin in hebben; *aan iem. te ~ hebben*, door toedoen van iem. gekregen hebben **dankgebed** gebed tot dank **danklied** lied om te danken **dankoffer** offer tot dank
dankzeggen [dankzegde/zei dank, dankgezegd] danken
dankzij *vz* door
dans *m* zich ritmisch verplaatsen op muziek; figuren die men dansende vormt; stuk muziek ter begeleiding v.h. dansen; *de ~ ontspringen*, aan het gevaar ontkomen **dansclub** club van personen die met elkaar dansen
dansen zich ritmisch verplaatsen op muziek; huppelen **danseres'** *v* [-sen] dansende vrouw of dansend meisje **dansles** les in het dansen **dansmarieke** *v* [-s] majorette **dansmuziek** muziek om op te dansen **dansvloer** vloer om op te dansen **danswoede** overdreven zin om te dansen **danszaal** zaal waarin gedanst wordt
dapper *bn & bw* flink, moedig
dar *m* [-ren] mannetjesbij
darcy' ‹daasi› *m* [gmv] eenheid v. doordringbaarheid v. vocht in poreus materiaal
darm *m* spijsverteringskanaal **darmcatarre**, **darmkatar** *v(m)* darmontsteking **darmflora** bacteriën in het darmkanaal **darmkanaal** geheel v. darmen **darmsap** door de darmen afgescheiden vocht
dartel *bn & bw* speels **dartelen** zich dartel gedragen; rondhuppelen
darten ‹ar=aa› darts spelen **darts** *o* [gmv] werpspel met pijltjes
darwinis'me *o* door Darwin opgestelde evolutietheorie
das **I** *m* [-sen] in burchten levend marterachtig zoogdier, Lat. Meles taxus **II** *v(m)* [-sen] bep. soort kledingstuk; *(pop.) iem. de ~ omdoen*, iem. zwaar nadeel berokkenen
dashboard ‹desjbòd› *o* [-en, -s] instrumentenbord in voer- of vliegtuig
dashond taks **dassenburcht** hol v.e. das **dasspeld** sierspeld voor das
dasyme'ter ‹s=z› *m* [-s] luchtdichtheidsmeter
dat *vnw.* onzijdige vorm van die; *vgw voor onderschikking, ook in de bet.*: voor zover; *je dát*, je ware; *niet dát*, niets
dat digital audio tape
data *mv* gegevens, feiten **databank** [-en], **database** ‹base=bees› [-s] opslagplaats voor gegevens **datacommunicatie** datatransmissie **dataprocessing** *v* [gmv] verwerking v. gegevens per computer **datastructuur** vorm waarin gegevens in een computer zijn opgenomen **datatransmissie** *v* overdracht v. computergegevens **datatypiste** *v* typiste voor computer
date'ren een datum geven of dragen; *~ van*, uit de tijd zijn van
datge'ne *vnw.* dat
datief **I** *m* [-tieven] 3e naamval **II** *bn* door de rechter benoemd
dato *bw de ~*, daterend van
dat-recorder *m* [-s] digitale cassetterecorder
datum *m* [-s, data] dagtekening
dauw *m* zich 's nachts afzettende nevel **dauwen** *het dauwt*, er is dauw **dauwtrappen** op bep. wijze zich op hemelvaartsdag of tweede pinksterdag 's morgens buiten ontspannen
dauwworm huiduitslag op het hoofd van heel jonge kinderen
d.a.v. daaraanvolgend
daveren dreunen **daverend** *bn* geweldig, enorm
davidster uit 2 elkaar kruisende driehoeken gevormde zespuntige ster
davit *m* [-s] stang waaraan de sloep hangt
dazen *(pop.)* onzin praten
dB decibel
DB dagelijks bestuur
dcc digital compact cassette
dcc'-speler *m* [-s] apparaat voor het afspelen van dcc's
d.d. *de dato*, gedateerd
DDR Deutsche Demokratische Republik
DDT *dichlorodiphenyltrichloorethaan*, bep. insectendodende stof
de lidwoord; *dé*, de beste **de-** ‹dee› *voorvoegsel*: ont-
deadline ‹dèdlain› *m* [-s] uiterste termijn
deal ‹diel› *m* [-s] transactie **dealen** handelen; drugs verkopen **dealer** [-s] districtsverkoper; handelaar in drugs
deb. debet
debacle ‹debaakel› *v(m)/o* [-s] ondergang, mislukking
deballote'ren door stemming als lid afwijzen
debarke'ren ontschepen
debat' *o* [-ten] redetwist
debat'er ‹diebeeter› *m* [-s] wie een debat voert **debat'ingclub** ‹diebeeting› club v. debaters
debatte'ren redetwisten
debet ‹deebet› *o* tegoed, vorderingskolom; *ergens ~ aan zijn*, ergens schuld aan hebben
debiel' *bn* achterlijk
debiet' *o* afzet
debite'ren als debet boeken; (in het klein) verkopen, *(fig. min.)* vertellen **debiteur'** schuldenaar **debiteu'rensaldo** uitstaande schulden
deblokke'ren ‹de=dee› blokkade opheffen,

vrijgeven
debraye'ren ‹de=dee› de motor ontkoppelen
debriefen ‹diebriefen› diepgaand nabespreken
debug'gen ‹diebuGGen› de fouten uit iets verwijderen
debutant' wie debuteert **debute'ren** *h* voor het eerst optreden **debuut'** *o* eerste optreden
dec december
deca- tien (maal)
decaan' *m* [-canen] faculteitsvoorzitter; wie leerlingen of studenten officieel bijstaat
decadent' ‹de=dee› *bn* verfijnd maar met tekenen van verval **II** *m* kunstenaar met kenmerken v.h. vervaltijdperk **decaden'tie** *v* verval
decaë'der *m* [-s] uit tien vlakken bestaand lichaam
decafé' *m* koffie zonder cafeïne
decagram 10 gram **decaliter** 10 liter **decameter** 10 meter
decanaat', **dekenaat'** *o* [-naten] waardigheid of gebied v.e. deken
decante'ren ‹de=dee› (wijn) in de karaf gieten
decatlon ‹de=dee› *m* [-s] uit tien wedstrijddelen bestaande sport
decem'ber ‹de=dee› *m* de twaalfde maand
decen'nium ‹de=dee› *o* [-nia, -cenniën] tien jaar
decent' ‹de=dee› *bn & bw* eerbaar **decen'tie** *v* fatsoen
decentralisa'tie ‹de=dee, s=z› *v* het decentraliseren **decentraliseren** veel bevoegdheden aan lagere lichamen geven
decep'tie ‹de=dee› *v* [-s] teleurstelling
dechar'ge ‹deesjarzje› *v(m) à ~*, in het voordeel v.d. beschuldigde; *~ verlenen*, dechargeren **decharge'ren** iemands beleid goedkeuren en hem van verdere verantwoording ontheffen
deci- een tiende van
decibel *m* [-s] eenheid v. geluidssterkte
decide'ren ‹dee› besluiten, beslissen
decigram 1/10 gram **deciliter** 1/10 liter
decimaal I *bn* tiendelig **II** *v(m)* [-malen] eenheid kleiner dan één in het tientallig stelsel **decimaal'cijfer** cijfer achter punt of komma **decimaal'komma** komma als decimaalteken **decimaal'punt** punt als decimaalteken **decimaal'teken** punt of komma in decimale getallen
decime'ren iedere tiende man doden; in groten getale doden, ontvolken
de'cimeter *m* [-s] 1/10 meter
deci'sie ‹s=z› *v* [-s] beslissing **decisief'** *bn & bw* beslissend
deck *o* [-s] band- of cassetterecorder zonder ingebouwde versterker en luidspreker
declama'tie ‹de=dee› *v* [-s] voordracht **declama'tor** [-s, -en] voordrachtskunstenaar **declamatri'ce** ‹ice=iese› [-s] voordrachtkunstenares **declame'ren** voordragen
declarant' ‹de=dee› *m* wie declareert **declara'tie** *v* [-s] aangifte bij douane; opgave v. reis- en verblijfkosten; rekening van honorarium en onkosten **declare'ren** (goederen) aangeven; (gemaakte onkosten) opgeven, kostenrekening indienen
declasse'ren ‹de=dee› uit lijst of rangorde schrappen
declina'tie ‹de=dee› *v* [-s] afwijking v.d. magneetnaald; verbuiging **decline'ren** *h* afwijken; verbuigen
deco'der ‹de=die› *m* [-s] toestel voor het omzetten v. codeschrift in gewoon schrift of van elektronische signalen in visuele
decode'ren ‹de=dee› ontcijferen
decolleté' ‹deekoltee› *o* [-s] laag uitgesneden hals
decompositie ‹de=dee› ontleding; het uiteenvallen
decompres'sieziekte ‹de=dee› caissonziekte
deconcentre'ren ‹de=dee› bij mandaat zekere bevoegdheden aan lagere organen delegeren
deconfessionalise'ring ‹de=dee› *v* de aansluiting bij een godsdienst verliezen of verloren doen gaan
deconstruc'tie ‹de=dee› *v* [-s] interpretatie waarbij ook rekening wordt gehouden met wat niet in de tekst staat
decor' ‹deekòr› *o* [-s] toneeluitrusting; versiering
decora'tie *v* [-s] versiering; decors; ordeteken **decoratief' I** *bn* versierend **II** *o* [-tieven] versiering; decors **decora'tieschilder** sierschilder **decore'ren** versieren; een ridderorde verlenen
deco'rum *o* het uiterlijk waardige, fatsoen
decoupeer'zaag ‹de=dee, ou=oe› figuurzaag **decoupe'ren** in stukken snijden of knippen
decreet' *o* [-creten] besluit
decrescen'do ‹de=dee, sc=sj› *bw* afnemend
decrete'ren verordenen
decu'bitus *m (med.)* het doorliggen
dédain' ‹deedẽ› *m/o* minachting
dedica'tie ‹de=dee› *v* [-s] toewijding, opdracht
dedju' *tw (Belgned.)* verdomme
deduc'tie ‹de=dee› *v* [-s] afleiding v.h. bijzondere uit het algemene **deductief'** *bn & bw* op deductie berustend
deeg *o* [degen] mengsel om te bakken
deejay ‹diedjee› *m* [-s] diskjockey
deel I *o* [delen] aandeel, gedeelte; boekdeel; *ten dele*, voor een deel **II** *v(m)* [delen] plank; dorsvloer **deelach'tig** *bn* hebbende
deelarbeid arbeid voor slechts een deel v.d. normale werkweek
deelbaar *bn* kunnende gedeeld worden
deelcertificaat [-caten] verklaring dat men voor enkele onderdelen v.e. examen geslaagd is **deelcontract** overeenkomst waarbij de werknemer een deel v.d. winst v.e. bedrijf krijgt **deelgemeente** deel v.e. gemeente met eigen bestuur **deelgenoot** *m* [-genoten] wie ook aandeel heeft
deelgerechtigd *bn* rechthebbend op een deel v.d. winst
deellijn lijn die een lijn of hoek deelt
deelname *v* het deel nemen **deelnemen**

[nam deel, deelgenomen] meedoen; meegevoelen; aandeel hebben **deelnemersveld** zij die deelnemen **deelneming** *v* het meedoen; het medegevoelen, rouwbeklag

deelpacht pacht waarbij een evenredig deel v.d. opbrengst moet worden afgestaan **deelpunt** punt waar een lijn gedeeld wordt **deelraad** bep. door inwonenden voor een deel v.e. gemeente gekozen bestuursorgaan

D

deels *bw* voor een deel **deelsom** som waarbij men moet delen **deelstaat** een deel v.e. bond **deelstudie** studie over een gedeelte v.e. probleem **deeltal** *o* [-len] te delen getal **deelteken** teken dat aangeeft dat gedeeld moet worden; twee puntjes naast elkaar boven het teken v.e. klinker **deeltijdbaan** baan voor slechts een deel v.d. normale werkweek

deeltijds *bn* voor een gedeelte v.d. tijd

deeltje *o* [-s] klein gedeelte; kerndeeltje **deeltjesversneller** *m* [-s] installatie voor het op elkaar afschieten v. kernen van waterstofatomen om energie op te wekken

deelwoord vorm v.h. werkwoord die o.a. voltooide tijden vormt

deemoed *m* nederigheid **deemoe'dig** *bn & bw* nederig

deerlijk *bn & bw* jammerlijk

deernis *v* medelijden **deerniswek'kend** *bn* medelijden opwekkend

de fac'to ‹de=dee› *bw* feitelijk

defaitis'me ‹deefettisme› *o* stemming om het op te geven **defaitist'** defaitistisch iem. **defaitis'tisch** *bn & bw* in een stemming om het op te geven

defect' **I** *bn* stuk **II** *o* gebrek **defec'tief'** *bn* onvolledig, niet alle vormen hebbend

defen'sie ‹deefenzie› *v* verdediging **defensief'** **I** *bn & bw* verdedigend **II** *o* [-sieven] verdedigende strijd **defen'sie-uitgaven** uitgaven voor de landsverdediging

defibrilla'tor *m* [-s, -en] toestel om d.m.v. stroomstoten het hartritme te herstellen

deficiënt' *bn* tekortschietend **deficiën'tie** *v* het tekortschieten **deficiën'tieziekte** *v* ziekte door tekort aan voedingsstoffen

de'ficit *o* [-s] tekort

defilé' ‹deefielee› *o* [-s] het defileren; defilerende stoet **defile'ren** voorbij marcheren

definië'ren ‹de=dee› een begripsbepaling geven **defini'tie** *v* [-s] begripsbepaling

definitief' *bn & bw* uiteindelijk

deflagra'tor ‹de=dee› *m* toestel om metalen te smelten

defla'tie ‹de=dee› *v* [-s] verhoging v.d. waarde v.h. geld **deflationis'tisch** *bn* op deflatie gericht

deflex'ie ‹de=dee› *v* het verdwijnen van flexieverschijnselen

deflore'ren ontmaagden

deforme'ren misvormen, vervormen

deftig *bn & bw* voornaam, (plecht)statig

degelijk *bn & bw* goed, betrouwbaar, flink; *wel* ~, zeker

degen *m* [-s] lang smal steekwapen

dege'ne *vnw.* hij

degenera'tie ‹de=dee› *v* [-s] ontaarding

dégénéré' [-s] gedegenereerde

degenere'ren *z* ontaarden

degenslikker [-s] wie een degen in zijn slokdarm kan steken

degoutant' ‹gou=Goe› *bn* onsmakelijk

degrada'tie ‹de=dee› *v* [-s] verlaging in rang of klasse **degrade'ren** in rang verlagen

degressief' *bn* afnemend naar mate iets anders toeneemt

deiktisch *bn* aanwijzend

deinen langzaam op en neer gaan **deining** *v* het deinen; opschudding

deinzen [deinsde, gedeinsd] terugwijken

deïs'me *o* geloof in God op grond v.d. rede **deïst'** aanhanger v.h. deïsme

déjà vu' ‹deezja vu› *o* idee dat men iets eerder heeft beleefd

dejeuner' ‹deezjeunee› *o* [-s] ontbijt; ontbijtservies

de jure ‹de=dee› rechtens

dek *o* [-ken] bedekking; dekblad; verdek

dekartellise'ren ‹de=dee, s=z› kartels ontbinden

dekbed met isolerende stof of dons gevulde deken **dekblad** buitenblad v.e. sigaar; *(geol.)* afdekkende gesteentelaag

deken **I** *m* [-s] hoofd v. bep. groep; wie toezicht heeft over enkele parochies **II** *v(m)* [-s] bedbedekking tegen de kou; dekkleed; *onder één ~ liggen*, het eens zijn **dekenaat'** *o* [-naten] decanaat

dekgeld bedrag voor het dekken v.e. huisdier **dekhengst** hengst voor de fok; *(neg.)* zeer vaak coïtus bedrijvende man **dekken** bedekken, een beschuttende laag op iets leggen; tegen een aanval of overlast beschutten; bevruchten; de tafel klaar maken; vergoeden; met geld of edel metaal de inwisselbaarheid veilig stellen; *(sp.)* een tegenspeler bewaken **dekking** *v* het dekken; bedekking; beschutting; edel metaal waartegen bankbiljetten gewisseld kunnen worden; zekerheid voor een crediteur **dekkleed** dekkend kleed, kleed over een dier **deklaag** bovenste laag **deklading**, **deklast** goederen op het dek **dekmantel** voorwendsel **dekschaal** schaal met deksel **dekschild** vleugelschild **deksel** *o/m* [-s] wat tot dekking dient

deksels *bn, bw & tw* drommels

deksteen steen(laag) tot afdekking **dekstoel** ligstoel op dek **dekverf** ondoorzichtige verf **dekzeil** beschermend zeil

del [-len] *v(m)* laagte; vod **II** *v* slons, slet

delega'tie *v* [-s] afvaardiging; overdracht v. bevoegdheid of v. schuld **delege'ren** afvaardigen; overdragen

delen in (gelijke) stukken splitsen; deelnemen **deler** *m* [-s] getal dat men op iets anders deelt

delete' ‹dieliet› *m (comp.)* wistoets **dele'ten** [deletete, gedeletet] *(comp.)* wissen

delfstof *v(m)* uit de aarde gegraven stof

delfstof(fen)kunde leer v.d. delfstoffen

delfts **I** *bn* ~ *aardewerk* of ~ *blauw*, bep. fijn aardewerk **II** *o* dat aardewerk

delgen te niet doen; afbetalen

delibera'tie ‹de=dee› *v* [-s] beraadslaging **delibere'ren** beraadslagen

delicaat' ‹de=dee› *bn & bw* lekker; teer; kies

delicates'se ‹de=dee› *v* [-n] lekkernij **delicieus'** *bn & bw* heerlijk

delict' ‹de=dee› *o (jur.)* strafbaar feit

deling het delen

delinquent' ‹qu=kw› schuldige; *politieke* ~, wie een politiek misdrijf heeft gepleegd

deli'rium *o* waanzin

deloyaal' ‹deeloojaal› *bn & bw* oneerlijk

delta *v(m)* [-'s] vierde letter v.h. Griekse alfabet; land in gesplitste riviermond; deltavleugel; vliegtuig met deltavleugels **deltaslaap** diepe droomloze slaap **deltavleugel** driehoekige vliegtuigvleugel

deltavliegen zweefvliegen in een deltavliegtuig **deltavliegtuig** vliegtuig met deltavleugels

delven [dolf, gedolven] (uit)graven

demagogie' ‹de=dee› *v* volksmennerij **demago'gisch** *bn & bw* als (van) een volksmenner **demagoog'** *m* [-gogen] volksmenner

demarca'tie ‹de=dee› *v* [-s] afbakening **demarca'tielijn** grenslijn bij verdrag **demarque'ren** ‹qu=k› afbakenen; afgrenzen

demarra'ge ‹deemarraazje› *v* [-s] het demarreren **demarre'ren** *(wielersp.)* weg sprinten (uit peloton)

demaske'ren ‹de=dee› ontmaskeren **demasqué'** ‹qué=kee› *o* [-s] ontmaskering, het afdoen der maskers

dement' *bn* kinds **demen'tie** ‹deemen(t)sie› *v* vermindering van geestelijke vermogens

demi' *m* [-'s] dunne overjas

demi'-finale voorlaatste ronde of wedstrijd

demilitarisa'tie ‹de=dee, s=z› *v* het demilitariseren **demilitarise'ren** ontdoen v. militair karakter; troepen wegnemen

demi-mon'de ‹o=õ› *v* chique, lichtzinnige mensen

demi sec' *bn gez. v. wijn*: halfzoet

demis'sie ‹de=dee› *v* [-s] ontslag **demissionair'** ‹ai=è› *bn* aftredend

demo *m* [-'s] ter demonstratie gebruikte geluids- of filmopname

demobilisa'tie ‹de=dee, s=z› *v* opheffing v.d. mobilisatie **demobilise'ren** de mobilisatie opheffen; de mil. dienst na een mobilisatie (doen) verlaten

democraat' ‹de=dee› *m* [-craten] voorstander v. democratie **democratie'** *v* [-ën] regering door volk **democra'tisch** *bn & bw* overeenkomstig de democratie, als een democraat **democratise'ren** ‹s=z› democratisch maken

demografie' ‹de=dee› *v* beschrijving v.d. bevolking **demogra'fisch** *bn & bw* overeenkomstig de demografie

demon *m* [-s, -en] boze geest **demo'nisch** *bn & bw* duivels

demonstrant' ‹de=dee› *m* wie aan politieke demonstratie meedoet **demonstra'tie** *v* [-s] vertoning v.d. werking; betoging **demonstratief'** *bn & bw* willende opvallen; aanwijzend **demonstre'ren** de werking vertonen; een betoging houden

demonte'ren uit elkaar nemen

demoralisa'tie ‹de=dee, s=z› *v* ontreddering v.d. zeden; *(mil.)* moedeloosheid **demoralise'ren** het zedelijk bewustzijn vernietigen; *(mil.)* moedeloos maken

demota'pe ‹tape=teep› *m* [-s] demo

demo'tie *v* [-s] het bewust kiezen voor een lagere functie

demotiva'tie ‹de=dee› *v* het ongemotiveerd worden **demotive'ren** de motivatie wegnemen bij

dempen onderdrukken; dichtgooien; temperen **demper** *m* [-s] sourdine; knalpot; toestel om vuur te temperen

den *m* [-nen] naaldboom v.h. geslacht Pinus **denappel**, **dennenappel** vrucht v.e. den

denationalise'ren ‹de=dee, s=z› de nationaliteit ontnemen

denature'ren ‹de=dee› voor consumptie ongeschikt maken

denbuterol' *wm o* groei bevorderende stof

denderen dreunend schokken **denderend** *bn & bw* geweldig

dendriet' *m* boomvormig oxidatieproduct op steen; vertakking v.e. zenuwcel

dendroliet' *m* versteende boomstam **dendrologie'** *v* boombeschrijving

denier' ‹denjee› *m* gewichtseenheid v. garen in grammen per 9000 m

denigre'ren ‹de=dee› minachtend spreken

denim ‹dennim *of* deenim› *o* [gmv] stevige katoenen stof

denivelle'ren ‹de=dee› nivellering ongedaan maken; verschil vergroten

denkbaar *bn* wat men zich denken kan, mogelijk

denkbeeld gedachte(beeld), mening **denkbeel'dig** *bn* slechts in de verbeelding bestaande

denkelijk *bn & bw* waarschijnlijk **denken** [dacht, gedacht] zijn verstand gebruiken; menen **denkfout** fout in het denken **denkkracht** vermogen om goed te denken **denkraam** brein, denktrant **denksport** oplossen van puzzels **denktank** team v. mensen die proberen oplossingen voor problemen te bedenken **denkvermogen** denkkracht **denkwijs**, **denkwijze** manier v. denken; mening **denkwolkje** *o* tekstballon v. stripverhalen waarin iemands gedachten worden beschreven

dennenappel *zie* **denappel**; **dennenboom** den

dennenhouten *bn* uit hout v. den

dennennaald naaldvormig blad v.e. den

denota'tie *v* [-s] aanduiding, betekenis

densime'ter ‹s=z› *m* [-s] dichtheidsmeter

densiteit' ‹s=z› *v* dichtheid

dentaal' **I** *bn & bw* bij de tanden gevormd **II** *v(m)* [-talen] tandletter **dentist'** *m* tandheelkundige zonder artsdiploma

D

D

denuclearisa'tie ‹de=dee› *v* verwijderen of niet toelaten v. kernwapens
deodorant' ‹de=dee› *m* [-en, -s] middel dat onaangename geur verdrijft **deodorise'ren** ‹s=z› onaangename geur verdrijven
deontologie' *v* plichtenleer
Dep., Dept. Departement
departement' *o* ministerie; provincie **departementaal'** *bn* v.e. departement
dependan'ce ‹deepãndãnse› *v* [-s] bijgebouw **dependen'tie** ‹de=dee› *v* [-s, -iën] afhankelijkheid
deplora'bel ‹de=dee› *bn* betreurenswaardig
deponent' wie deponeert **depone'ren** neerleggen; ter inzage leggen; in bewaring geven; getuigen; bij de overheid inleveren
deporta'tie *v* [-s] het deporteren **deporte'ren** naar ballingsoord of strafkolonie brengen
depo'sito ‹s=z› *o* [-'s] het in bewaring geven; het in bewaring gegeven geld **depo'sitobank** bank die geld in bewaring neemt **depo'sitorekening** bankrekening waarop geld voor een vaste periode wordt vastgezet
depot' ‹deepoo› *o/m* [-s] magazijn, bewaarplaats; bewaargeving; opslag; filiaal van winkelbedrijf; plaats van verzameling en uitrusting van troepen
deppen betten
deprecia'tie ‹de=dee› *v* [-s] waardevermindering; geringschatting **depreciё'ren** de waarde verminderen; geringschatten
depres'sie ‹de=dee› *v* [-s] (gebied van) geringe luchtdruk; aanhoudende neerslachtigheid **depressief'** *bn* van de aard v.e. depressie; in een depressie **depri** *bw (jong.)* neerslachtig **deprime'ren** ‹de=dee› ontmoedigen
depriva'tie ‹de=dee› *v* [-s] gemis aan gevoel en ervaringen
deprivatise'ren ‹de=dee, s=z› particuliere taken naar de overheid overhevelen
deputa'tie ‹de=dee› *v* [-s] afvaardiging
deraillement' ‹deerajjement› *o* ontsporing **deraille'ren** ontsporen **derailleur'** *m* [-s] versnellingsmechanisme aan fiets
deran' *zie* **derop**
derange'ren ‹deeranzjeren› storen
derby ‹durbie› *m* [-'s] wedstrijd tussen naburige teams
derde *telw* nummer 3; 1/3; *derden*, personen die buiten twee partijen staan; ~ *orde*, geestelijke vereniging die een verzachte orderegel volgt; ~ *stand*, burgerij; ~ *wereld*, ontwikkelingslanden **derde-eeuws** *bn* uit de 3e eeuw
derdegraadsverbranding *v* verbranding v.d. huid in de hoogste graad **derdegraadsverhoor** *o* [-horen] verhoor met zware lichamelijke en geestelijke dwangmiddelen
der'demacht' *m (wisk.)* product van drie dezelfde factoren
derdendaags *bn* om de drie dagen terugkerend **derderangs'** *bn* van slechte kwaliteit
derdewe'reldland ontwikkelingsland **derdewe'reldwinkel** winkel met producten uit ontwikkelingslanden
deregule'ring *v* [-en] vereenvoudiging van regels en procedures
deren schaden, leed doen
derg. dergelijke
dergelijk *vnw.* zulk
derhal've *bw* daarom
derivaat' ‹de=dee› *o* [-vaten] het afgeleide; wat uit andere stoffen verkregen is **deriva'tie** *v* [-s] afwijking; afleiding
dermate *bw* in die mate
dermati'tis *v (med.)* huidontsteking **dermatologie'** *v* leer v.d. huidziekten
derop' *met alles ~ en deran*, met al wat erbij hoort
derrie *v(m)* kleiachtig laagveen, modder
derrière *v(m)* [-s] achterste
dertien *telw* 13; *zo gaan er ~ in een dozijn*, dat is niet veel bijzonders
dertiende *telw* nummer 13; 1/13 **dertiende-eeuws** *bn* uit de 13e eeuw
dertig *telw* 30 **dertiger** *m* [-s] iem. tussen 30 en 40 jaar **dertigste** *telw* nummer 30; 1/30
derven *(plecht.)* missen **derving** *v* gemis
derwaarts *bw* daarheen
derwisj *m* bedelmonnik
des *bw ~ te meer*, zoveel te meer
des *diëthylstilbesterol*, bep. gevaarlijk synthetisch hormoonpreparaat ter voorkoming van miskramen
desa *v(m)* [-'s] *(Ind.)* dorp
des'alniettemin' *bw* evenwel
desastreus' ‹deezastreus› *bn* rampspoedig
desavoue'ren ‹deezavoeweeren› niet erkennen
desbetreffend *bn* daarop betrekking hebbend **desbewust** *bn* zich daarvan bewust
descendant' ‹sc=ss› *m* neergaand teken v.d. dierenriem **descendent'** *m* afstammeling
descriptief' ‹de=dee› *bn & bw* beschrijvend
des-dochter dochter v. vrouw die tijdens haar zwangerschap het groeihormoon des heeft gebruikt, waardoor de dochter mogelijk onvruchtbaar is
desem *m* zuurdeeg **desemen** zuurdeeg doen in
deserte'ren uit krijgsdienst weglopen **deserteur'** *m* [-s] wegloper **deser'tie** *v* [-s] het deserteren
desgelijks' *bw* insgelijks **desgevraagd'** *bw* wanneer het iem. gevraagd wordt **desgewenst'** *bw* wanneer het gewenst is
desidera'tum ‹de=dee› *o* [-ta] gewenste
design ‹diezain› *m* [-s] ontwerp; industriële vormgeving **II** *bn als eerste deel v.e. ss*: fraai vormgegeven
desillu'sie ‹sie=zie› *v* [-s] ontgoocheling
desinfecte'ren ontsmetten **desinfec'tie** *v* ontsmetting
desintegra'tie *v* het uiteenvallen
desinteresse *v* gebrek aan belangstelling
desk *m* [-s] bureau, balie, toonbank
desktop publishing ‹sh=sj› *v(m)* [gmv]

grafische vormgeving met behulp v.e. computer
deskun'dig *bn* er verstand van hebbend
desniettegenstaan'de *bw* evenwel **desniettemin'** *bw* evenwel **desnoods'** *bw* zo nodig
desolaat' ‹deez› *bn* troosteloos; failliet
des'ondanks' evenwel
desorganisa'tie ‹sa=za› *v* ontreddering **desorganise'ren** ‹s=z› in de war sturen
desoriënta'tie *v* het ontbreken van oriëntatievermogen; geestelijke verwarring
desperaat' *bn & bw* wanhopig
despera'do *m* [-'s] niets ontziend tot het uiterste gebracht iem.
despoot' *m* [-poten] dwingeland **despo'tisch** *bn & bw* als (van) een dwingeland **despotis'me** *o* dwingelandij
dessert' ‹dessèr› *o* nagerecht
dessin' ‹dessẽn› *o* [-s] tekening, patroon
destabilise'ren ‹de=dee;se=zee› onstabiel maken of worden
destalinisa'tie ‹de=dee, sa=za› *v* de strenge voorschriften als die van Stalin verzachten
des'tijds' *bw* in die tijd
destill- *zie* **distill-**
destine'ren bestemmen
destructief' ‹de=dee› *bn & bw* vernietigend **destruc'tor** *m* [-s] inrichting tot vernietiging v. kadavers
des'wege *bw* daarom
detachement' ‹deetasjement› *o* afgezonderde afdeling soldaten **detache'ren** tijdelijk elders onderbrengen, indelen of aanstellen
detail' ‹deetaj› *o* [-s] onderdeel; bijzonderheid; *als eerste deel v. ss vaak in bet.*: met betrekking tot of in details **detail'handel** handel in het klein **detaille'ren** ‹deetajjeeren› in bijzonderheden beschrijven **detaillist'** ‹deetajjist› kleinhandelaar **detail'prijs** prijs in detailhandel
detec'tiepoort poort met apparatuur voor het opsporen van gestolen goederen of wapens
detec'ti've ‹deetektie've *of* dietek'tiv› *m* [-s] opspoorder v. misdadigers; roman of film waarin een misdadiger wordt opgespoord **detec'ti'veroman** roman waarin een misdadiger opgespoord wordt
detec'tor ‹de=dee› *m* [-s, -en] opsporingstoestel
deten'te ‹ten=tãn› *v* [gmv] ontspanning tussen staten
deten'tie *v* hechtenis
detergent' ‹de=dee› *m* middel om vet in water op te lossen
determinant' ‹de=dee› *m* factor die een ontwikkeling bepaalt; *(wisk.)* formule voor de oplossing van vergelijkingen **determina'tie** *v* [-s] bepaling **determinatief'** *bn* bepalend **determine'ren** de kenmerkende naam bepalen (van) **determinis'me** *o* leer dat de menselijke wil niet vrij is **determinist'** aanhanger v. determinisme
detesta'bel ‹de=dee› *bn & bw* verfoeilijk
detine'ren gevangen houden
detona'tie *v* [-s] ontploffing; het afwijken v.d. toon **detona'tor** *m* ontplofbare stof; apparaat om tot ontploffing te brengen **detone'ren** ontploffen; uit de toon vallen
detriment' *o ten ~e van*, ten nadele van
deuce ‹djoes› *o* gelijkstand v. 40 punten i.h. tennisspel
deugd *v(m)* goede eigenschap; braafheid; *lieve ~!*, goede hemel; *~ doen*, goeddoen **deugdelijk** *bn & bw* degelijk, goed **deugdzaam** *bn & bw* braaf **deugen** geschikt of braaf of goed zijn **deugniet** schelm
deuk *v(m)* indrukking; *in een ~ liggen, (pop.)* schaterlachen **deukdijen** [mv] aan de voorkant afgeplatte bovenbenen doordat onderhuids vet is verdwenen **deuken** een deuk in iets maken **deukhoed** hoed met gleuf
deun I *m* wijsje **II** *bn & bw* gierig, armoedig **deunen** zich doen horen
deur *v(m)* bep. afsluitend deel; *met de ~ in huis vallen*, direct over iets beginnen; *met gesloten ~en*, niet publiek; *dat doet de ~ toe*, dat beslist, dat geeft de doorslag; *de ~ openzetten voor*, gelegenheid bieden voor; *voor de ~ staan*, op handen zijn; *open ~en inlopen* of *intrappen*, betogen wat reeds bewezen is; *daar is de ~*, u kunt gaan; *politiek van de open ~*, vrijhandel; *de ~ platlopen*, ergens veel komen **deurdranger** *m* [-s] apparaat dat een deur automatisch sluit **deurspion** doorkijkglaasje in deur **deurwaarder** *m* [-s] bep. ambtenaar bij gerecht met bevoegdheid om beslag te leggen
deus ex ma'china ‹deejoes ex maagiena› *m* onnatuurlijke oplossing van verwarde toestand
deuvik *m* stop in spongat
deux-chevaux' *m* ‹deusjevoo› kleine auto v. 2 pk
deux-piè'ces ‹deupjès› *o, m* [mv idem] uit jasje en rok bestaand kostuum
devalua'tie ‹de=dee› *v* [-s] verlaging van goudwaarde **devalue'ren** de goudwaarde verminderen
deviant' ‹de=dee› *bn* afwijkend **devia'tie** *v* [-s] afwijking; koersverandering
devies' *o* [-viezen] leus; geldswaarde voor betaling in het buitenland
Devoon' *o* vierde periode v.h. Paleozoïcum
devoot' *bn & bw* vroom **devo'tie** *v* [-s] vroomheid; *Moderne Devotie*, vorm v. geloofsverdieping aan het eind v.d. ME
devotiona'lia *mv* speciale godsdienstige verering uitdrukkende voorwerpen
dextri'ne *v(m)* uit zetmeel ontstane gomachtige stof **dextro'se** ‹s=z› *v(m)* druivensuiker
deze *vnw.* bij deze(n), met deze brief; *in* of *te dezen*, in dit opzicht; *~ en gene*, sommigen **dezelf'de** *m-v vnw. dat gelijkheid of identiteit aangeeft* **dezerzijds** *bw* van deze of onze kant
dg decigram

D

D

dgl. dergelijke
dhr. de heer
d.i. dat is *of* dit is
dia *m* [-'s] doorzichtig voor projectie bedoeld fotootje **dia-avond** avond waarop dia's worden vertoond
diabeet' *m* [-beten] iem. die aan suikerziekte lijdt **diabe'tes** *m* suikerziekte **diabe'tica** [-ticae] lijderes aan suikerziekte **diabe'ticus** [-tici] lijder aan suikerziekte
diabo'lisch *bn & bw* duivels
diabo'lo *m* [-'s] uit een dubbele kegel bestaand speelgoed
diachro'nisch *bn & bw* historisch beschouwend
diaconaat' *o (r.-k.)* wijding van diaken; *(prot.)* diaconie **diacones'** *v* [-sen] prot. ziekenzuster **diacones'senhuis** ziekenhuis met diaconessen **diaconie'** *v* [-ën] prot. armbestuur
diadeem' *m/o* [-demen] kostbare hoofdband
diafaan' *bn* doorschijnend
dia'fora *v* [-'s] herhaling v.e. woord maar in andere betekenis als stijlfiguur
diafrag'ma *o* [-'s] middelrif; lichtinvalregelaar
diagno'se ‹s=z› *v* [-n, -s] het onderkennen v.d. aard v.e. ziekte **diagnos'ticus** *m* [-ci] de diagnose stellende arts
diagonaal' **I** *v(m)* [-nalen] hoekpuntslijn **II** *bn & bw* overhoeks **diagonaal'vlak** vlak dat een regelmatig lichaam in gelijke helften verdeelt
diagram' *o* [-men] grafiek, schema
dia'ken [-s, -en] *(r.-k.)* geestelijke met 2 v.d. 3 hogere wijdingen; *(prot.)* armenzorger
diaklankbeeld presentatie van dia's met geluid
diakri'tisch *bn* onderscheidend; *(taalk.) ~e tekens*, tekens die de juiste uitspraak aangeven
dialect' *o* tongval **dialect'atlas** atlas v. dialectkaarten **dialect'geografie** *v* taalgeografie
dialec'ticus *m* [-ci] wie de dialectiek beoefent **dialectiek'** *v* logica, redeneerkunst **dialect'isch** *bn & bw* tot een (*of* het) dialect of de dialectiek behorende
dialectis'me *o* [-n] taalverschijnsel dat een bep. dialect kenmerkt; uit een dialect door de standaardtaal overgenomen woord of zegswijze **dialect'kaart** kaart die dialectverschillen vertoont **dialectologie'** *v* dialectkunde **dialectoloog'** *m* [-logen] beoefenaar v.d. dialectkunde
dialoog' *m* [-logen] tweespraak
dialysa'tor *m* [-toren] apparaat voor dialyse **dialy'se** ‹dialieze› *v* [-n] scheiding v. stoffen d.m.v. een membraan; scheiding v. afvalstoffen uit het bloed
diamagne'tisch *bn* door een magneet afgestoten wordend
diamant' *m (stofn. o)* uit gekristalliseerde koolstof bestaand zeer hard doorzichtig edelgesteente **diamantair'** ‹ai=è› *m* [-s] handelaar in diamanten **diaman'ten** *bn* van diamant of met diamant; 60-jarig **diamant'klover** splijter v. diamant **diamant'mijn** mijn waaruit diamanten gedolven worden
di'ame'ter *m* [-s] doorsnede **diametraal'** *bn & bw* volgens de middellijn; lijnrecht
diapason' *m* [-s] toonomvang; stemvork
diapositief' ‹s=z› *m* [-tieven] dia **diaprojector** *m* toestel om dia's te vertonen
diarree' *v* buikloop
dia'spora *v(m)* verstrooiing; verspreid wonende geloofsgenoten; het verspreid tussen andersdenkenden wonen
diasto'le *v(m)* rustfase v.h. hart **diasto'lisch** *bn ~e bloeddruk*, verlaagde bloeddruk
diatheek' *v* [-theken] verzameling dia's, bewaarplaats voor dia's
diato'nisch *bn & bw* in hele of halve tonen voortschrijdend
diatri'be *v* [-s, -n] scherpe kritiek
dicht **I** *bn* (aaneen)gesloten; moeilijk doordringbaar **II** *o (bijz. t.)* poëzie **dichtader** *v(m) (scherts.)* dichtvermogen; *zijn ~ vloeit*, hij dicht
dichtbij' *bw* vlakbij
dichtdoen sluiten
dichten dichtmaken; verzen maken, in dichtvorm zetten **dichter** *m* [-s] wie gedichten maakt **dichteres'** [-sen] vr. dichter **dichterlijk** *bn & bw* als (van) een dichter
dichtklappen *(fig.)* zich niet meer kunnen uiten
dichtkunst kunst v. dichten **dichtregel** versregel
dichtslaan met een klap dichtgaan; *(fig.)* dichtklappen
dichttrant wijze v. dichten **dichtwerk** omvangrijk gedicht; gezamenlijke gedichten
dichtzitten afgesloten zijn; door mist onzichtbaar zijn
dictaat' *o* [-taten] het gedicteerde; uitgewerkte aantekeningen v.h. in een les behandelde; het dicteren **dictafoon'** *wm m* [-s] dicteermachine
dicta'tor *m* [-en, -s] niet vorstelijk alleenheerser **dictatoriaal'** *bn & bw* als of van een dictator **dictatuur'** *v* [-turen] niet-vorstelijke alleenheerschappij
dictee' *o* [-s] oefening in het foutloos spellen v.e. gesproken tekst **dicte'ren** voorzeggen om op te schrijven; opleggen **dictie** *v* zeggingswijze
dictionai're ‹diksjonèr› *m* [-s] woordenboek
didac'ticus *m* [-ci] leerdichter **didactiek'** *v* onderwijskunst; onderrichtende kunst **didac'tisch** *bn* onderrichtend
die *aanwijzend of betrekkelijk of bepalingaankondigend vnw. van dien*, daarvan
dieet' *o* [diëten] leefregel betreffende voeding
dief *m* [-dieven] wie steelt; onproductieve scheut; ombuigende vezel v. kaarspit **diefachtig** *bn & bw* geneigd tot stelen; als een dief **diefje-met-verlos'** *o* [gmv] tikspel van kinderen **diefjesmaat** *dief en ~*, allen

even diefachtig **diefstal** *m* [-len] het stelen
diege'ne *zelfstandig bepalingaankondigend vnw*daaihaart› *m* [-s] fanatiekeling
dien'aangaande *bw* daarover
dienaar *m* [-s, -naren] wie dient **dienares'(se)** [-essen] vrouw die dient **dienblad** presenteerblad voor spijzen **diender** [-s] politieagent
dienen in dienst zijn (van), van dienst zijn; dienstig zijn; ~ *te*, moeten; *van iets niet gediend zijn*, ergens niets van moeten hebben; ~ *van*, geven
dienovereenkom'stig *bw* overeenkomstig dat
dienst *m* het dienen; functie; werking; betrekking; openbare instelling; godsdienstoefening; werk ten behoeve van anderen; *onder* ~, in militaire dienst; *de* ~ *uitmaken*, de baas zijn **dienstauto** auto ter beschikking van openbaar lichaam
dienstbaar *bn* in dienst zijnde, bevorderlijk, in onderwerping
dienstbetoon *o* hulpbetoon **dienstbetrekking** *v* functie **dienstbode** vrouw die huishoudelijk werk voor iem. tegen betaling verricht **dienstbrief** ambtelijke brief
dienstdoend *bn* in functie
dienstensector deel v.d. economie buiten de materiële productie **dienster** [-s] vr. kelner **dienstfiets** fiets voor gebruik in dienst; *(fig.)* eenvoudige bril met kleine ronde glazen
dienstig *bn & bw* geschikt
dienstjaar elk jaar van dienst of beheer; boekjaar **dienstklopper** [-s] wie door overdreven uitoefening van zijn functie het anderen lastig maakt **dienstknecht** *(plecht.)* dienaar **dienstlijn** lijn voor de dienst **dienstmaagd** *(plecht.)* dienares **dienstmeisje** dienstbode **dienstplicht** verplichting tot militaire dienst
dienstplich'tig *bn* moetende dienen
dienstregeling *v* regeling v.d. loop v.e. vervoermiddel **dienstreis** reis in opdracht van openbaar lichaam **diensttijd** tijd waarin dienst verricht wordt of is
dienstvaar'dig *bn & bw* gedienstig
dienstverlenend *bn* dienstverlening verrichtend **dienstverlening** het niet rechtstreeks produceren maar diensten verlenen
dienstweigeraar [-s] wie weigert als militair te dienen
dienstwil'lig *bn & bw* dienstvaardig
dienstwoning woning uit hoofde van iemands functie
dientengevol'ge *bw* ten gevolge van dat
diep I *bn & bw* ver naar beneden; *(fig.)* ver, erg; *-e duisternis*, dikke duisternis; *-e slaap*, vaste slaap **II** *o* diep water, vaart **diepdruk** procédé waarbij de drukvorm verdiept in een vlak ligt
diepgaan *(sp.)* ver naar het doel oprukken; alle beschikbare energie aanwenden **diepgaand** *bn* diep in het water liggend; grondig **diepgang** diepte v. vaartuig in water; grondigheid
diepgravend *bn* ver in een zaak doordringend
dieplader *m* [-s] vrachtwagen met bij de grond liggende laadbodem **dieplood** peillood **diepspoeler** toiletpot zonder plateau
diepte *v* [-n, -s] het diep zijn; diepe plaats, afgrond **dieptebom** bom die in zee ontploft **diepte-interview** indringend interview **diepte-investering** investering om arbeid te besparen **dieptelijn** lijn die punten van gelijke diepte verbindt **dieptepass** *m* [-es] *(sp.)* verre pass in de richting v.h. doel v.d. tegenstander **dieptepsychologie** psychologie die de diepgelegen zielenroerselen onderzoekt **dieptepsycholoog** beoefenaar der dieptepsychologie **dieptepunt** diepste punt **dieptestructuur** *(taalk.) v* [-turen] latente structuur waaruit met behulp van regels de waar te nemen verschijnselen kunnen worden afgeleid
diepvries *m* installatie voor het diepvriezen of voor het bewaren van diepgevroren etenswaren; het diepvriezen of diepgevroren zijn; diepgevroren etenswaren **diepvriesartikelen** ter conservering bevroren groente en fruit **diepvriesbaby** baby uit tijdelijk ingevroren embryo
diepzee'onderzoek onderzoek v.d. zee beneden 200 m
diepzin'nig *bn & bw* diep denkend; diep doordacht
dier I *o* beest **II** *bn & bw (plecht.)* duur, dierbaar
dierbaar *bn* bemind
dierenactivist wie zich met acties inzet voor de bevrijding van dieren **dierenarts** veearts **dierenbescherming** *v* opkomen voor goede behandeling van dieren; vereniging met dat doel **dierenepos** epos over dieren **dierenfabel** fabel over dieren **dierenpark** dierentuin met weinig kooien **dierenriem** gordel van twaalf sterrenbeelden **dierenrijk** *o* de dieren **dierensymboliek** verzinnebeelding door afgebeelde dieren **dierentuin** diergaarde **dierenwereld** dierenrijk **diergaarde** *v(m)* [-n, -s] tuin met vreemde dieren in hokken **dierkunde** *v* zoölogie
dierlijk *bn & bw* (als) van dieren
dierpsychologie leer over het bewustzijn der dieren **diersoort** soort van dier
dies I *bw (plecht.)* daarom **II** *m* ‹diejès› stichtingsdag van universiteit of hogeschool of vereniging uit studentenwereld
diesel *m* [-s] met gasolie werkende explosiemotor **dieselaar** *m* [-s] op dieselolie rijdend voertuig **dieselen** doordraaien v.e. motor na uitschakeling v.d. ontsteking; een auto met dieselmotor rijden **dieselmotor** explosiemotor die met olie werkt **dieseltrein** trein met dieselmotor
diëtetiek', diëtiek' *v* [gmv] voedingsleer **diëtis'te** *v* [-n, -s] bevoegd samenstelster

D

van diëten
Diets *bn* Groot-Nederlands; *diets maken*, wijs maken
dieveg'ge *v* [-n] vr. dief **dieven** wegkapen **dievenbende** bende dieven **dievenklauw** in een stijl of kozijn verdwijnende pin tegen inbraak **dievenlantaarn** lantaarn met aan één zijde licht **dievenpoortje** *o* poortje in winkels e.d. met alarminstallatie tegen diefstal **dieventaal** geheime taal v. misdadigers **dieverij'** *v* diefstal
different' *bn & bw* verschillend
differentiaal' *v(m)* [-alen] oneindig kleine aangroeiing v.e. grootheid **differentiaal'rekening** nagaan v.d. betrekking van grootheden bij oneindig kleine veranderingen **differentiaal'thermometer** thermometer voor kleine temperatuurverschillen
differentia'tie *v* [-s] verscheidenheid **differen'tie** *v* [-s, -tiën] (koers)verschil
differentieel' *o* [-ëlen] tandwielconstructie om ongelijke snelheden v.d. aangedreven wielen op te vangen **differentië'le rech'ten** *mv* naar gelang de herkomst verschillende invoerrechten **differentië'ren** (zich) verschillend ontwikkelen; onderscheid aanbrengen
diffrac'tie *v* [-s] *(nat.)* buiging v. stralen
diffu'sie ‹s=z› *v* vermenging van ongelijksoortige niet vaste stoffen; ongelijkmatige terugkaatsing **diffuus'** *bn* door onregelmatige terugkaatsing egaal; duister (van stijl)
difterie', **difteri'tis** *v* besmettelijke ontsteking v.h. slijmvlies
diftong' *v(m)* tweeklank
diges'tie *v* spijsvertering **digestief'** **I** *o* [-tieven] middel dat spijsvertering opwekt **II** *bn* spijsvertering bevorderend
diggelen, **diggels** *aan ~*, aan scherven
digibeet' *m* [-beten] wie moeite heeft met het bedienen v. elektronische apparaten
digitaal' *bn* cijferverwerkend; *~ horloge*, horloge dat niet met wijzers maar met verspringende cijfers werkt
digitali'ne ‹g=zj› *v* extract van digitalis **digita'lis** *v(m)* ‹g=g› vingerhoedskruid
digitalise'ren ‹s=z› omzetten in binaire getallen
diglossie' *v* tweetaligheid
dignita'ris ‹gn=g+n› *m* [-sen] waardigheidsbekleder
digres'sie *v* [-s] afwijking; uitweiding
dij *v(m)* bovenbeen **dijbeen** been in de dij **dijenkletser** *m* [-s] uitbundige hilariteit veroorzakende grap
dijk *m* bep. waterkering; *aan de ~ zetten*, ontslaan **dijkbreuk** *v(m)* doorbraak v.e. dijk **dijkgraaf** voorzitter v.h. bestuur v.e. dijk of waterschap **dijkleger** wie bij watersnood aan de dijk moet werken **dijkraad** *m* [-raden] lid v. dijkbestuur; dijkbestuur **dijkrechten** *mv* recht betreffende de dijken **dijkschouw** *m* inspectie v.d. dijken **dijkval** *m* verzakking v.e. stuk dijk **dijkwacht** **I** *v(m)* groep personen die bij gevaar de dijk bewaken **II** *m* hoofd v. zo'n groep
dijn *vnw. het ~*, het uwe
dik **I** *bn & bw* gezet, zwaar; dicht; weinig vloeibaar; gezwollen; *zich ~ maken*, zich boos maken; *er ~ in zitten*, rijk zijn; wel te voorzien zijn; *~ke vrienden*, boezemvrienden; *het ligt er ~ op*, het is zeer goed te doorzien; *~ doen*, meer willen schijnen dan men is; *(vóór hoofdtelw.) een ~ke*, ruim; *~ke pret*, veel pret **II** *o* wat dik is; dik gedeelte; bezinksel; *door ~ en dun*, ondanks alles **dikdoenerig** *v* poeha **dikhui'dig** *bn* ongevoelig
dikkerd *m* [-s] dik iem. **dikkop** iem. met dikke kop; kikkervisje; grote borrel
dikte *v* [-n, -s] dikheid; zwelling
dikwerf, **dikwijls** *bw* vaak
dikzak [-ken] *(pop.)* dik iem.
dilata'tievoeg speling die voor het uitzetten v.e. gebouw gelaten wordt
dilatoir' ‹toir=twaar› *bn (jur.)* opschortend
dildo *m* [-'s] kunstpenis
dilem'ma *o* [-'s] moeilijke keus uit twee
dilettant' *m* wie iets uit liefhebberij beoefent **dilettantis'me** *o* geliefhebber
diligen'ce ‹dilizjânse› *v(m)* [-s] post- of reiswagen
diligent' *bn & bw* ijverig, op iets blijvende letten
dille *v(m)* [gmv] als keukenkruid gekweekte schermbloemige plant, Lat. Anethum graveolens
diluviaal' *bn* van het Diluvium **Dilu'vium** *o* periode vóór het Alluvium
dimen'sie ‹s=z› *v* [-s] afmeting
diminuen'do *bw (muz.)* afnemend
diminutief' *o* [-tieven] verkleinwoord
dimlicht gedempt licht
dimmen zwakker licht laten schijnen; *~!*, rustig aan!
dimorf' *bn* in twee vormen voorkomend
DIN Deutscher Industrie-Norm
dinar *m* [-s] munt en munteenheid in Irak, Jordanië, Tunesië en voormalig Joegoslavië
diner' ‹er=ee› *o* [-s] *(enigsz. deftig)* warme maaltijd; feestmaal met gasten **dine'ren** het diner gebruiken
ding *o* zaak, voorwerp; kind, meisje; *(pop.)* geslachtsorgaan
dingen [dong, gedongen] *~ naar*, proberen te krijgen
dinges *m-v (pop.)* iem. wiens naam men niet kan of wil zeggen
dingo *m* [-'s] Australische wilde hond
dingsigheidje *o* snuisterij
dinky m-v; ['s] *double income no kids*, elk v.h. paar verdienende partners zonder kinderen
dinky toy *m* [-s] kleine speelgoedauto
dinosau'riër [-s], **dinosau'rus** [-sen] *m* voorwereldlijke reuzenhagedis; *(fig.)* ouderwets persoon
dinsdag *m* derde dag v.d. week **dinsdags** *bw & bn* op dinsdag
diocees' *o* [-cesen] bisdom **diocesaan'** ‹s=z› *bn* v.e. diocees **II** *m* [-sanen] lid v.e. diocees **dioce'se** *v* [-n] bisdom

dio'de *v* [-n, -s] uit twee elektroden bestaande elektronische component die slechts in één richting stroom doorlaat
diop'ter *o* [-s] kijkspleet bij instrumenten
dioptrie' *v* [-ën] sterkte-eenheid v. lenzen **dioptriek'** *v* leer v.d. stralenbreking
diora'ma *o* [-'s] schildering op doorschijnend materiaal
dioxi'ne *o* [-n] gechloreerde koolwaterstof
dip *(jong.) in een ~*, op een dieptepunt
diplegie' *v* dubbelzijdige verlamming
diplo'ma *o* [-'s] getuigschrift
diplomaat' *m* [-maten] staatsman, inz. wie in het buitenland vertegenwoordigt; wie voorzichtig spreekt **diploma'tenkoffertje** *o* koffertje voor boeken en papieren
diplomatie' *v* de diplomaten; het zich voorzichtig uiten **diplomatiek'** **I** *bn & bw* betrekking hebbende op de diplomatie; handig-voorzichtig; op oorkonden berustend; gelijk aan het oorspronkelijk stuk **II** *v* oorkondeleer **diploma'tisch** *bn & bw* diplomatiek **diplo'ma-uitreiking** *v* uitreiking v. diploma's
dippen even indopen **dipsaus** kruidige koude saus om stukjes eten in te dopen
dir. directeur, directie
direct' *bn & bw* onmiddellijk
directeur' *m* [-s, -en] bestuurder, hoofd **directeur'-generaal'** *m-v* [-teuren of -teurs-generaal] algemeen directeur
direc'tie *v* [-s] bestuur
directief' *o* [-tieven] richtlijn
direct mail ‹i=ai, ai=ee› *m* klantenwerving per brief **direct-mail'campagne** actie met reclame via direct mail
directoraat' *o* [-raten] directeurschap
directo'rium *o* [-ria] bestuurslichaam
direc'tory ‹dairektorie› *m* inhoudsopgave v.e. schijf
directri'ce ‹ice=iese› *v* [-s] vr. directeur
dirigeer'stok maatstok v.d. dirigent **dirigent'** *m* orkest- of koorleider **dirige'ren** een orkest of koor leiden; sturen **dirigis'me** *o* het sterk leiden
dirty mind ‹deùrtie maind› *m* dubbelzinnige denkwijze
dis *m* [-sen] tafel waaraan men eet
dis ‹dies› *v(m) (muz.)* met halve toon verhoogde d
disa'gio *o* ongunstig verschil met de nominale waarde; verlies bij wisselen
disci'pel ‹sc=s› *m* [-en, -s] leerling
disciplinair' ‹ai=è› *bn & bw* tucht-, met betrekking tot de tucht **discipli'ne** *v* tucht **discipline'ren** aan tucht wennen
disco *m* [-'s], **discobar** *m-v* [-s] drink- en dansgelegenheid waar een diskjockey de muziek verzorgt
disconte'ren *(v. wissels)* vóór de vervaldag kopen
discontinu' *bn & bw* onderbroken **discontinuïteit'** *v* het discontinu zijn
discon'to *o* korting wegens vervroegde betaling; rente die de centrale bank tegenover de commerciële banken berekent **discon'tobank** bank die disconteert
discotheek' ‹th=t› *v* [-theken] verzameling grammofoonplaten; discobar
dis'count' *m* [-s] weinig service biedende zeer goedkope winkel **dis'count'prijs** sterk verlaagde prijs **dis'count'zaak** discount
discours' ‹diskoer› *o* gesprek
discreet' *bn & bw* bescheiden; kies; geheim moetende blijven; wetende te zwijgen
discrepan'tie *v* verschil
discre'tie *v* het discreet zijn; geheimhouding
discrimina'tie *v* discrimineren; *positieve ~*, voorkeursbehandeling **discriminatoir'** ‹toir=twaar› *bn* op discriminatie gegrond, op discriminatie gericht **discrimine'ren** verschillend behandelen
disculpa'tie *v* buiten vervolging stellen **disculpe'ren** van schuld vrij pleiten
discus *m* [-sen] werpschijf
discus'sie *v* [-s] gedachtewisseling **discus'sienota** nota met de bedoeling dat erover gediscuteerd wordt **discussië'ren** discuteren **discuta'bel** *bn* betwistbaar **discute'ren** v. gedachten wisselen
disgenoot tafelgenoot
disharmonie *v* gebrek aan harmonie
disk *m* [-s] magneetschijf voor computer **diskdrive** ‹diskdraiv› *m* [-s] onderdeel in computer waarmee een diskette gelezen en beschreven kan worden **disket'te** *m* [-s] magneetschijf t.b.v. computer **diskfax** *m* het draadloos versturen van computerbestanden of floppy
diskjockey ‹dzjokkie› *m-v* [-s] wie een radioprogramma met muziek presenteert **diskman** *wm* ‹a=e› *m* [-s] draagbare cd-speler
diskrediet *o* het geen vertrouwen genieten; *in ~ brengen*, verdacht maken
diskwalifica'tie *v* [-s] het diskwalificeren **diskwalifice'ren** (uitsluiten bij wedstrijden) ongeschikt verklaren; wraken
***dislokatie** *(Wdl. dislocatie)* *v* [-s] ontwrichting, verplaatsing
dispariteit' *v* ongelijkheid
dispensa'tie ‹s=z› *v* [-s] ontheffing
dispen'ser *m* [-s] houder waaruit iets in een afgemeten portie gehaald kan worden
dispense'ren ‹s=z› ontheffen
disper'sie ‹s=z› *v* kleurschifting
display' ‹ay=ee› *m* [-s] beeldscherm v.e. computer; uitstalling v. waren; reclamebord
dispone'ren beschikken **disponi'bel** beschikbaar
dispo'sable ‹dispoozubul› *bn* uit wegwerpmateriaal bestaande
disposi'tie ‹s=z› *v* [-s] beschikking; aanleg; gesteldheid (v.h. gemoed)
dispropor'tie *v* [-s] wanverhouding
disputa'tie *v* [-s] redetwist **dispute'ren** redetwisten **dispuut'** *o* [-puten] redetwist; studentenclub
dissec'tie *v* [-s] lijkopening
dissel *m* [-s] dwarsbijl **disselboom** boom tussen de paarden v.e. tweespan
dissen'ter [-s] iem. met afwijkende

opvattingen
disserta'tie *v* [-s] proefschrift
dissident' *m* andersdenkende; wie zich verzet tegen het regime van zijn of haar land
dissimila'tie *v* [-s] het aan een volgende medeklinker (meer) ongelijk worden
dissonant' *m* wanklank
distantië'ren *zich* ~, zich terugtrekken, afstand nemen
distel *m/v* [-s, *(plecht.)* -en] samengesteldbloemige plant met stekelige stengels en bladeren, Lat. Carduus **distelvink** putter
distichon *o* [-s, -cha] tweeregelige strofe
distillaat', **destillaat'** *o* [-laten] product van distillatie **distillateur'**, **destillateur'** *m* [-s] wie distilleert **distilla'tie**, **destilla'tie** *v* [-s] het distilleren **distilleerderij'**, **destilleerderij'** *v* inrichting waar gedistilleerd wordt **distille'ren**, **destilleren** door verdamping en condensatie scheiden; sterkedrank stoken; gezocht afleiden
distinc'tie *v* onderscheiding; fijne beschaafdheid **distinctief'** *o* [-tieven] rangteken **distinge'ren** ‹ng=n+g› onderscheiden
distor'sie ‹s=z› *v* [-s] verdraaiing; verstuiking
distract' *bn & bw* verstrooid **distrac'tie** *v* [-s] verstrooidheid; verkoop
distribue'ren verdelen, uitdelen **distribu'tie** *v* uitdeling; officiële verdeling van levensbehoeften **distribu'tiekanaal** weg waarlangs een product wordt verspreid
district' *o* gebied volgens bep. ambtelijke of administratieve indeling **districts'klasse** klasse v. sportteams uit eenzelfde district
dit *vnw.* onzijdig bij deze
dithyram'be ‹dietierambe› *v(m)* [-n] hartstochtelijke lofzang
ditje *~s en datjes*, kleinigheden
ditmaal *bw* deze keer
dito *bn & bw* hetzelfde, evenzo, zelfde
dittografie' *v* [-ën] dubbelschrijving
diure'se ‹s=z› *v* [gmv] productie v. urine en de lozing ervan **diure'ticum** *o* [-ca] urineproductie bevorderend geneesmiddel
div. dividend
diva *v* [-'s] gevierde zangeres of actrice
divan *m* [-s] lage rustbank
diverge'ren uiteenlopen
divers' *bn* verschillend **diver'sen** *mv* verschillende dingen **diversifica'tie**, **diversiteit'** *v* verscheidenheid
diverte'ren vermaken
divertimen'to *o* [-'s] klein samengesteld muziekstuk
divertissement' *o* vermakelijkheid
dividend' *o* winstaandeel **dividend'belasting** belasting op dividenden **dividend'bewijs** coupon van aandeel
divina'tie *v* [-s] voorspellingsgave
divi'sie ‹s=z› *v* [-s] leger- of vlootafdeling; voetbalklasse, afdeling in organisatie
dixieland ‹a=e› *v* [gmv] conservatieve blanke jazz
dizzy *bn* draaierig
dj diskjockey
djahé *m* gemberpoeder
djatiboom Indische teakboom **djatihout** hout v.d. djatiboom
djella'ba *m* [-'s] islamitisch kledingstuk met kap
djinn *m* [-s] *(myth.)* boze of goede Arabische geest
dktp'/hb (vaccin tegen) difterie, kinkhoest, tetanus, polio en hersenvliesontsteking
dktp-prik *m* [-ken] inenting tegen difterie, kinkhoest, tetanus en polio
dl deciliter
dm decimeter
DM Deutsche Mark
d.m.v. door middel van
dn dyne
DNA *desoxyribo nucleic acid*, dubbele spiraal als basis van genen en chromosomen
DNA-'patroon voor ieder mens uniek patroon v. DNA-structuur met behulp waarvan iem. geïdentificeerd kan worden **DNA-recombinant'techniek** het technisch veranderen v. erfelijke eigenschappen door manipulatie v. genetisch materiaal
DNB De Nederlandsche Bank
do *v(m)* [-'s] eerste toon v.d. diatonische toonladder
dobbelen met dobbelstenen spelen **dobbelspel** spel van dobbelen **dobbelsteen** teerling
dobber *m* [-s] drijver, drijver met snoer en haak; moeilijk karwei **dobberen** drijvend op en neer gaan; niet vast zijn; *tussen hoop en vrees ~*, beurtelings vrezen en hopen
dobermannpincher ‹ch=sj› *m* [-s] grote kortharige donkere terriër
docent' *m* leraar **doce'ren** mondeling onderwijzen
doch *vgw* maar
dochter [-s, -en] vr. kind **dochtermaatschappij** filiaal **dochtertaal** uit andere voortgekomen taal
dociel' *bn* gedwee **dociliteit'** *v* volgzaamheid
doctor *m-v* [-en, -s] iem. met hoogste academische graad; ~ *honoris causa*, doctor eershalve **doctoraal'** **I** *bn* doctors- **II** *o* doctorsexamen **doctoraat'** *o* [-raten] doctorschap **doctoran'dus** *m-v* [-di] wie doctoraal gedaan heeft doch niet gepromoveerd is **doctore'ren** *h* promoveren **doctorsbul** doctorsgetuigschrift
doctrinair' ‹ai=è› *bn & bw* leerstellig, streng **doctrinarisme** *o* doctrinair zijn **doctri'ne** *v* [-s] leer, leerstelling
docudrama gedramatiseerde documentaire met zo waarheidsgetrouw mogelijke weergave van de feiten
document' *o* oorkonde, gedrukt of geschreven bewijsstuk **documentair'** ‹ai=è› *bn* als document, met documenten; ter documentatie of onderrichting dienend **documentai're** *m* [-s] *(in de filmwereld)* niet actuele dingen werkelijkheidsgetrouw registrerende film; *(bij de tv)* voorstelling die verbanden legt **documenta'tie** *v* het

documenteren **documente'ren** bewijsstukken v. iets geven
dodaars *m* [-en] klein soort fuut, Lat. Podiceps ruficollus
dodderig *bn & bw* slaperig; doddig **doddig** *bn & bw* lief, snoezig
dodehoek'spiegel spiegel waarmee men links naast en vlak achter de auto kan kijken
dodekop *o/m* bep. rode verfstof
dodelijk *bn & bw* de dood veroorzakend; met de dood gepaard; erg
dodemansknop *m* veiligheidsinrichting in trein
doden doen sterven; vernietigen; *de tijd* ~, de tijd verdrijven
dodenakker *(plecht.)* kerkhof **dodencel** cel voor ter dood veroordeelden **dodendans** uitbeelding dat de dood allerlei mensen naar het graf leidt **dodenherdenking** *v* het herdenken v.d. gevallenen in de Tweede Wereldoorlog **dodenmars** treurmars **dodenmasker** gipsafdruk v. gezicht v. lijk **dodenrijk** verblijfplaats van doden **dodenrit** levensgevaarlijke rit
dodo *m* [-'s] plompe, uitgestorven, duifachtige vogel met rudimentaire vleugels, Lat. Raphus Cucullatus
doe *als eerste lid v. ss*: praktisch ingesteld
doedel [-s], **doedelzak** *m* pijpzak; gedachteloos gemaakt tekeningetje **doedelen** op de doedelzak spelen
doeg, doei *tw* dag!
doe-het-zelf'zaak winkel voor doe-het-zelvers
doe-het-zel'ver *m* [-s] knutselaar
doek I *o* linnen om op te schilderen; schilderstuk; (toneel) gordijn; zeil; *witte* ~, projectiescherm, inz. in een bioscoop **II** *m* stuk lap of doek; *~je voor het bloeden*, uitvlucht; *er geen ~jes om winden*, voor iets uitkomen; *open ~je*, applaus bij open gordijn; *uit de ~en doen*, ophelderen
doel *o* beoogde, eindpunt; schietschijf, mikpunt, goal **doelbewust** *bn* zich van zijn doel bewust
doeleinde *o* [-n] doel, bestemming
doelen zinspelen
doelgericht' *bn* met een doel voor ogen
doelgroep door hetzelfde doel verbonden groep **doellijn** lijn waarachter de goal is
doelloos *bn & bw* zonder doel
doelman [-nen] keeper
doelma'tig *bn* geschikt voor het doel
doelpunt goal **doelschop** vrije schop voor de verdedigende partij bij voetbal nadat de bal langs of over het doel is gegaan **doelstelling** *v* bedoeling **doeltrap** doelschop
doeltref'fend *bn & bw* waarmee het doel bereikt wordt
doelverdediger keeper; [-s]doelvrouw vr. keeper
doelwachter *m (Belgned.)* doelverdediger, keeper **doelwit** *o* doel
doem *m* vloek; *daar rust een ~ op*, dat zal zeker verkeerd aflopen **doemdenken** *o & ww* pessimistisch denken **doemen** veroordelen; noodzaken
doen [deed, gedaan] handelen, verrichten, werken; laten; maken; kosten; *doe maar* of *doet u maar*, (gez. tegen verkoper of verkoopster) geef maar; *het* ~, de gewenste uitwerking hebben, functioneren; *in goede(n)* ~, welgesteld; *doen (en laten)*, levenswijze; *zijn gewone doen*, zijn gewone levenswijze; *voor zijn* ~, voor iem. van zijn vermogens; *er is geen ~ aan*, er is geen beginnen aan; *te* ~, werk; medelijden; *het* ~, geslachtsgemeenschap hebben **doende** *bn & bw* bezig **doenlijk** *bn* te doen
doerak *m* [-ken, -s] *(pop.)* smeerlap
doetje *o* onnozele ziel
doevakantie actieve vakantie
doezelaar *m* [-s] tekengereedschap om te doezelen **doezelen** droge kleurstof dun uitwrijven; vervagen; soezen **doezelig** *bn* vaag; soezerig
dof *bn & bw* mat, gesmoord; lusteloos
doffer *m* [-s] mannetjesduif
dog *m* [-gen] aanhankelijke, grote, kortharige hond met brede kop en staande oren
doge *m* [-s, -n] hoofd v.h. oude Venetië
dogma *o* [-mata, -'s] leerstuk **dogma'ticus** *m* [-ci] wie aan dogma's vasthoudt **dogmatiek'** *v* leer der dogma's **dogma'tisch** *bn & bw* leerstellig
dojo *m* [-'s] instructielokaal voor judo
dok *o* [-ken] afgesloten ligplaats voor niet in dienst zijnde schepen; toestel waarin schepen drooggelegd kunnen worden; laad- en losbassin
doka *m* [-'s] donkere kamer om foto's te ontwikkelen
dokken *h* in het dok brengen of (gaan) liggen; *(pop.)* betalen
doksaal *zie* **oksaal**
dokter *m-v* [-s, -toren] arts **dokteren** onder behandeling v.e. dokter zijn; het doktersberoep uitoefenen; *(fig.)* trachten te verbeteren **doktersroman** boek over liefdesbetrekkingen in de medische wereld
dokwerker [-s] havenwerker
dol I *m* [-len] roeipen; handvat v. zeis; rib die in een sleuf past; pin op rad of schijf om beweging over te brengen **II** *bn & bw* dwaas; razend, waanzinnig; versleten (v. schroefdraad); aan watervrees lijdend; *~ zijn op*, erg veel houden van; *als eerste deel in afl. in de bet.*: zeer
dolby *m (audio.)* systeem v. ruisonderdrukking
doldraaien niet meer pakken (*(v.e. schroef)*); de controle over zichzelf verliezen
doldriest *bn & bw* onbezonnen driest
dolean'tie *v (gesch.)* afscheiding v. dolerenden
dolen dwalen
dole'rende [-n] *(gesch.)* wie behoort tot de richting v.d. in 1886 afgescheiden protestanten
dolfijn' *m* tandwalvis v.h. geslacht Delphinus **dolfina'rium** *o* [-s, -ria] bassin met dolfijnen
dolichocefaal' I *bn* langschedelig **II** *m* [-falen]

langschedelige
dolik *v(m)* giftig gras v.d. soort Lolium temulentum
dolk *m* kort stootwapen **dolkmes** mes in dolkvorm **dolksteek** steek met dolk **dolkstoot** stoot met dolk
dollar *m* [-s] Am. munteenheid
dolleker'vel *m* naam van uiteenlopende schermbloemige planten

D

dolleman onbesuisd iem. **dollemanswerk** gekkenwerk
dolly *v(m)* [-'s] wendbaar en verrijdbaar onderstel
dolmen *m* [-s] prehistorisch stenen grafmonument met één deksteen
dolzin'nig *bn & bw* onzinnig, onbezonnen
dom **I** *bn & bw* met weinig verstand; *zich van de(n) ~me houden*, zich onnozel voordoen **II** *m* [domkerken] kathedraal; grote kerk **III** *m* [-s] benedictijn
domaniaal' *bn* tot het domein behorend **domein'** *o* staats- of kroon- of vorstelijk goed; *(fig.)* terrein
domheer kanunnik **domheid** *v* [-heden] dom zijn; domme streek
domici'lie *o* [-liën, -s] woonplaats **domicilië'ren** woonachtig zijn, als domicilie kiezen; betaalbaar stellen aan een ander adres
domina *v* [-'s, -ae] vrouwelijke dominee
dominant' **I** *bn* overheersend **II** *v(m)* dominante **dominan'te** *v* [-n] overheersende kleur of toon of erfelijke factor
dominee *m-v* [-s] predikant; *daar gaat een ~ voorbij*, gezegd als er in een gezelschap een stilzwijgen valt **domineese** [-n] domineesvrouw
domine'ren overheersen; dominospelen
dominicaan' *m* [-canen] monnik v.d. orde van St.-Dominicus **dominicaans'** *bn* van de dominicanen **dominica'ner** *bn* van de dominicanen **dominicanes'** [-sen] dominicaner zuster
domi'nion ‹dominjen› *o* [-s] zelfstandig deel v. Brits imperium
domino *o* [-'s] spel met dominostenen **domino-effect** effect dat in een rij dominostenen een steen door zijn val de overige doet vallen; onbedoelde maar niet te voorkomen serie van reacties op iets wat zich voordoet **dominoën** [dominode, gedominood] domino spelen
domkerk kathedraal
domkop domoor
dommekracht bep. hefwerktuig
dommel *m* doezel **dommelen** doezelen **dommelig** *bn* soezig
dommerik *m* domoor **dommigheid** *v* [-heden] domme streek **domoor** *m-v* [-oren] dom iem.
dompelaar *m* [-s] zuiger v. perspomp; toestel dat ter verhitting in vloeistof wordt geplaatst **dompelen** in vloeistof steken; doen verzinken
dompen omslaan; uitdoven **domper** *m* [-s] doofkapje; wie de ontwikkeling v.h. volk tegenwerkt; *de ~ op iets zetten*, de vreugde of geestdrift verminderen
dompig *bn* bedompt; nevelig
dompteur' *m* [-s] temmer v. wilde dieren
domweg *bw* gedachteloos
donata'ris *m-v* [-sen] begiftigde **donateur'** *m-v* [-s] begunstiger **donat'ie** *v* [-s] schenking **donatri'ce** ‹ice=iese› [-s] begunstigster
donder *m* [-s] gerommel bij onweer; *(pop.)* lichaam; *(pop.) geen ~*, niets; *ergens ~ op kunnen zeggen*, ergens zeker van kunnen zijn **donderaal** aalachtige vis die bij naderend onweer aan de oppervlakte komt, Lat. Misgurnus fossilis **donderbeestje** *o* bij broeierig weer op de huid komend zeer klein zwart insect **donderbui** onweersbui
donderdag *m* vijfde dag v.d. week **donderdags** *bn & bw* op donderdag
donderen rommelen (v.d. donder); plagen **donderjagen** uitvaren tegen; sarren, zaniken
donderkop ronde kop v. stapelwolk; kikkervisje **donderpreek** heftige redevoering om iem. te straffen of te berispen
donders **I** *bn & bw* beroerd, erg **II** *tw* verdraaid
donderslag *m* éénmaal donderen; *als een ~ bij heldere hemel*, onverwacht **dondersteen** *m* prehistorische beitelvormige steen; beroerling **donderstraal** *m* deugniet **donderwolk** onweerswolk
donjon' *m* [-s] hoofdtoren
don ju'an' ‹ju=goe› *m* [don juans] vrouwenjager
donker **I** *bn & bw* duister **II** *o* duisternis **donkeren** donker worden **donkerte** *v* duisternis
donor *m-v* [-s] wie iets van zijn lichaam ter beschikking stelt **donorcodicil** papier waarop iem. verklaart na de dood zijn of haar organen of weefsels ter beschikking te stellen voor transplantatie **donorvraag** wettelijk verplichte vraag om toestemming voor donororganen v.e. overledene
donquichotterie' ‹qui=kie, ch=g *of* sj› *v* [-ën, -s] dwaas-idealistisch optreden
dons *o* fijne veertjes, zeer zachte haartjes; poederdons **donzen** *bn* van dons **donzig** *bn* donsachtig
dood **I** *m/v* het sterven; figuur die dit verzinnebeeldt; toestand van levenloosheid; *er uitzien als de ~ van Ieperen*, er slecht uitzien; *duizend doden sterven*, zeer veel angst doorstaan; *het is er de ~ in de pot*, er is niets te beleven; *de een zijn ~ is de ander zijn brood*, van de een zijn nadeel wordt de ander beter; *als de ~*, zeer bang; *de zwarte ~*, de pest; *om de (dooie) ~ niet*, volstrekt niet **II** *bn* overleden; niet levend; saai; renteloos; *dode stad*, stad die alle vertier verloren heeft; *het dode punt*, stand waarin een wiel niet in beweging kan raken, toestand waarin verschillende krachten elkaar opheffen; *dode talen*, niet meer gesproken talen; *~ spoor*, spoor dat

niet doorloopt; ~ *tij*, door de stand der hemellichamen zeer lage vloed; *goederen in de dode hand*, bezittingen v. instellingen; *als eerste lid vaak in de bet.*: zeer **doodaf** *bn* uitgeput
doodbidder aanspreker; saai persoon
doodblijven sterven; *op een halve cent* ~, zeer gierig zijn; *op kleinigheden* ~, erg vitten **doodbloeden** sterven door bloedverlies; in vergetelheid raken
dooddoener *m* [-s] nietszeggend argument dat verdere gedachtewisseling onmogelijk maakt
doodeng *bn* zeer eng, angstig
doodgaan sterven
doodgeboren *bn een* ~ *kindje*, iets zonder levensvatbaarheid **doodgemoedereerd'** *bw* kalmweg
doodgooien ~ *met*, overstelpen met
doodgraver *m* [-s] wie de doden begraaft; aastor **doodkist** lijkkist **doodklap** klap die de dood veroorzaakt; *(fig.)* oorzaak v. ondergang; zeer harde klap
doodleuk *bw* kalmweg
doodliggen op commando stil liggen (gez. v.e. huisdier) **doodlopen** geen uitgang hebben; op niets uitlopen; *zich* ~, zich buitengewoon met lopen vermoeien
doodnuchter *bw* droog-leuk **doodop** *bw* uitgeput
doodpraten *iem* ~, zolang tegen iem. praten dat hij er door versuft; *iets* ~, volledig bespreken
doods *bn* zonder leven; akelig **doodsakte** akte v. overlijden **doodsangst** *(fig.)* vreselijke angst **doodsbeenderen** *mv* beenderen v.e. mensengeraamte
doodsbenauwd *bn* zeer benauwd
doodsbericht bericht v. overlijden
doodsbleek *bn* zo bleek als een dode
doodschop trap die de dood veroorzaakt; zeer harde trap **doodschuld** schuld die iems dood kost kosten v.e. begrafenis **doodsgevaar** levensgevaar
doodshoofd schedel v.e. geraamte **doodshoofdvlinder** vlinder met een op een doodshoofd lijkende tekening, Lat. Acherontia atropos
doodskist doodkist **doodskleed** lijkkleed **doodskleur** lijkkleur **doodsklok** klok die luidt als er iem. dood is
doodslaan slaan dat iem. sterft; tot zwijgen brengen **doodslag** het opzettelijk doden
doodsmak *m* [-ken] val waardoor iem. sterft; zware val **doodsnood** het zieltogen; uiterste nood
doodspelen *(muz.)* zo dikwijls spelen dat het niet meer mooi wordt gevonden
doodsschrik hevige schrik **doodssnik** laatste snik v. stervend iem. **doodsstrijd** zieltogen **doodsstuip** stuip onmiddellijk vóór de dood **doodsteek** steek met dood als gevolg, wat doodt **doodstraf** straf bestaande in dood **doodstroom** *m* doodtij; geen bedrijvigheid **doodsuur** *o* stervensuur **doodsverachting** *v* het minachten v.d. dood **doodsvijand** aartsvijand **doodszweet** zweet bij het sterven **doodtij** gering verschil tussen eb en vloed
doodvallen een dodelijke val maken; vallen en doodblijven **doodverven** [doodverfde, gedoodverfd] in grondverf schilderen; voor iets bestemd beschouwen **doodvissen** alle vis vissen uit
doodvonnis veroordeling tot de dood **doodzonde** zware zonde
doodzwijgen niet antwoorden; niet spreken over
doof *bn* niet of slecht kunnende horen **doofpot** pot waarin men brandstof dooft; *in de* ~ *stoppen*, om ruchtbaarheid te voorkomen niet verder op de zaak ingaan **doofstom** *bn* doof en stom
dooi *m* het dooien **dooien** niet meer vriezen
dooier *m* [-s] geel van ei
dooiwater water ontstaan door dooi **dooiweer** dooiend weer
dook *v(m)* [doken] staaf of bout om hout of steen aan steen te bevestigen
doolhof *m* labyrint; strak aangelegde tuin met heggen en paden; *(fig.)* warboel
doop *m* [dopen] het dopen; inzegening (v.e. klok); feestelijke naamgeving (v.e. schip) **doopbelofte** bij het doopsel afgelegde belofte **doopboek** register van gedoopten **doopceel** *iemands* ~ *lichten*, al het kwaad vertellen dat men van iem. weet **doopfeest** feest bij doop **doopformulier** bij het doopsel uit te spreken woorden **doopgeloften** *mv* doopbelofte **doopgetuigen** *mv* peter en meter **doopjurk** jurk voor jonge dopelingen **doopleerling** wie zich op het doopsel voorbereidt **dooplid** protestant die wel gedoopt doch nog niet aangenomen is **doopnaam** voornaam **doopregister** doopboek **doopsel** *o* doop
doops'gezind' *bn* behorend tot een bep. kerkgenootschap **doops'gezin'de** *m-v* [-n] baptist
doopvont *v(m)* doopbekken
door I *vz & bw* door iets heen; ten gevolge van, door middel van; ~ *en* ~, zeer, zeer goed; ~ *zijn*, versleten zijn, doorgebroken zijn; *als eerste deel van ss in bet.*: voortdurend, verder, in tweeën, stuk, doorheen, volkomen **II** *m* [doren] dooier
doora'derd *bn* met aders **doorbak'ken** *bn* goed gaar gebakken **doorbenen** stevig doorlopen **doorberekenen** berekenen in de verkoopprijs **doorbijten** stukbijten; *(fig.)* doorzetten **doorbladeren** in zijn geheel vluchtig doorzien **doorborduren** ~ *op*, blijven praten of denken over **door'boren** [boorde door, doorgeboord] voortgaan met boren; borend in iets doordringen; (met een boor) door iets dringen **doorbo'ren** [doorboorde, doorboord] met een boor gaten maken in; diep dringen in
doorbraak *v(m)* [-braken] het doorbreken; het aanleggen v.e. weg over reeds bewoond deel **door'breken** [brak door, doorgebroken] openbreken; door iets heenbreken; opvallend naar voren komen

D

doorbre'ken [doorbrak, doorbroken] een opening *of* een weg breken door; *(fig.)* tijdelijk een einde maken aan **doorbrengen** verkwisten; besteden; beleven
doordacht' *bn* goed overdacht
doordat', **doordien'** *vgw* uit oorzaak dat
doordenkertje *o* gezegde waarover de toegesprokene even moet nadenken
doordeweeks' *bn* niet bij een zondag horend
doordouwer *m* [-s] wie doorzet
doordraaien verder draaien; op de veiling niet verkopen; verkwisten; doldraaien **doordrammen** aandringen **doordraven** *h/z* ondoordacht verder redeneren **doordrijven** tegen andermans zin doorzetten **door'dringen** [drong door, doorgedrongen] met inspanning ergens doorheen komen; *tot iem.* ~, iem. bewust worden **doordrin'gen** [doordrong, doordrongen] in alle delen van iets dringen; overtuigen **doordrukken** met alle kracht doordrijven **doordrukstrip** strip met tabletjes die men eruit moet drukken
dooreen' *bw* door elkaar
doorgaan door iets heengaan; verder gaan; passeren; stukgaan; toch plaatshebben; beschouwd worden **doorgaand** *bn* aanhoudend; algemeen; tot het eind v.h. traject doorlopend; de plaats van verkeer niet aandoend **doorgaans** *bw* in de regel **doorgang** plaats van doorgaan; *geen ~ hebben*, niet doorgaan **doorgangshuis** inrichting die tijdelijk verblijf aan zwervelingen verschaft
doorgeefluik luik tussen keuken en kamer
doorgefourneerd ‹ou=oe› *bn* in merg en been **doorgestoken** ~ *kaart*, afgesproken
doorgeven verder geven; overbrengen
doorgewinterd *bn* met veel ervaring
doorgroeien verder groeien; promotie maken
doorgron'den [doorgrondde, doorgrond] geheel kennen **doorhalen** schrappen; spoelen; ergens doorheen trekken; berispen, hekelen; *er* ~, tot mikpunt van vriendelijke spot nemen **doorhaling** *v* doorschrapping
doorhebben doorgronden
doorheen' *bw* erdoor
doorkiesnummer *v* telefoonnummer dat zonder tussenkomst v.e. telefoniste gedraaid kan worden
doorkijk *m* gelegenheid of opening om door te kijken **doorkijkbloes, doorkijkblouse** *v(m)* doorzichtige bloes **doorkijkspiegel** glasruit die aan de ene kant als een spiegel werkt en waar men aan de andere kant door kan kijken
doorkneed' *bn* ~ *in*, zeer goed op de hoogte van
doorknoopjurk jurk met knoopsluiting van boven tot onder
doorkomen erdoor komen; de plaats van bestemming of de waarnemers bereiken; *er is geen ~ aan*, men kan er niet doorheen, men krijgt het niet op of af

doorkrui'sen [doorkruiste, doorkruist] gaan door; tegenwerken
doorlaat *m* [-laten] plaats waar water doorgelaten wordt **doorlaatbrug** brug om water door te laten bij hoge waterstand **doorlaatpost** plaats waar men na controle kan verder gaan
doorleefd' *bn* door het leven getekend **door'leven** [leefde door, doorgeleefd] verder leven **doorle'ven** [doorleefde, doorleefd] meemaken
doorlichten met röntgenstralen onderzoeken **doorliggen** *z* wonden krijgen v.h. liggen
doorloop ruimte of plaats waar men doorloopt; steegje **door'lopen** *h/z* [liep door, doorgelopen] verder lopen; stuklopen; vluchtig beschouwen **doorlo'pen** *h* [doorliep, doorgelopen] geheel afleggen, ten einde toe volgen; vluchtig beschouwen; doorkruisen **door'lopend** **I** *bn* aan één stuk **II** *bw* altijd door **door'loper** *m* [-s] kruiswoordpuzzel met alleen witte vakjes; bep. schaats; postzegel die met andere samen een beeld vormt
doorluch'tig *bn* aanzienlijk **doorluch'tigheid** *v* [-heden] (bep. titel)
doormaken beleven
doormid'den *bw* in tweeën
doorn [-en, -s] *m* stekel; ~ *in het oog* of *in het vlees*, wat ergert
doornemen inz. bij herhaling in zijn geheel bestuderen; in zijn geheel bespreken **doorneuzen** doorkijken
doornhaai haai met uitsteeksels voor de rugvinnen, Lat. Squalus acanthias
doornig *bn* met doornen **doorre'gen** *bn* met afwisselend vet en mager
doorreis reis met de betrokken plaats niet als eindpunt **doorrit** opening om door te rijden **doorroker** *m* [-s] pijp die door het roken een tekening gaat vertonen
doorschemeren *laten* ~, vaag laten merken **door'schieten** *h/z* [schoot door, doorgeschoten] verder schieten; te sterk groeien en gaan bloeien **doorschie'ten** *h* [doorschoot, doorschoten] blanco papier tussen de bladzijden aanbrengen
doorschij'nend *bn* licht doorlatend
doorslaan *h/z* verder slaan; stuk slaan; hard slaan; vocht doorlaten; ondoordacht spreken; uit de evenwichtsstand raken; bekennen **doorslaand** *bn* afdoend **doorslag** kopie met carbonpapier; het doorslaan; overwicht; drevel; vergiet; *de ~ geven*, beslissen **doorslaggevend** *bn* beslissend
doorsmeerbeurt onderhoudsbeurt v.e. auto **doorsmeren** opnieuw smeren
doorsnede [-n], **doorsnee** [-sneden] *v(m)* doorsnijvlak; grootste afmeting in het doorsnijvlak; tekening op het doorsnijvlak; *als eerste lid van ss in de bet.*: gemiddeld; *in* ~, gemiddeld **doorsnij'den** [doorsneed, doorsneden] door iets heen gaan **door'snijden** [sneed door, doorgesneden] verder snijden; in twee stukken snijden

doorspek'ken [doorspekte, doorspekt] rijkelijk doormengen **doorspelen** voortgaan met spelen; spelend doornemen; in het geheim doorgeven **doorstaan'** [doorstond, doorstaan] met goed gevolg ondergaan; verduren **door'starten** een motor opnieuw starten wanneer het voertuig nog enige vaart heeft; in plaats van een faillissement opnieuw met een bedrijf beginnen **door'steken** [stak door, doorgestoken] dwars door iets gaan; door of in een opening brengen; stekend openen; *(v.e. buis)* ontstoppen door een lang voorwerp erdoor te halen **doorste'ken** [doorstak, doorstoken] met een wapen doorboren

door'stromen stromend verder gaan; *(fig.)* soepel verlopen; verhuizen van kleinere naar grotere woning; van lager naar hoger onderwijs gaan

door'stroom *v* het doorstromen **doortas'tend** *bn & bw* met kracht ingrijpend, flink

doortikken effectief zijn

doortim'merd *bn* goed gebouwd

doortocht het doortrekken; doorgang **doortrapper** *m* [-s] fiets zonder freewheel

doortrapt' *bn & bw* ervaren in het kwaad

doortrek doortocht **doortrekken** verdergaan met trekken; doorspoelen *(v. wc)* **doortrok'ken** doordrenkt

doorvaart het doorvaren; plaats om door te varen

doorverbinden een verdergaande verbinding tot stand brengen **doorverbinding** *v* het doorverbonden zijn

doorvoed' *bn* goed gevoed **doorvoeld'** *bn* innig gevoeld

doorvoer *m* doorgevoerde waren **doorvoerbrief** geleibrief voor doorgevoerde goederen **doorvoeren** door het land voeren; consequent ten uitvoer brengen **doorvoerhandel** in doorvoer bestaande handel

doorweekt' *bn* kletsnat **doorwe'ken** [doorweekte, doorweekt] geheel week maken

door'werken voortgaan met werken; voortgang maken met het werk; zijn werking langzaam verder doen voelen; ten einde toe bestuderen **doorwerkpak** beschermende werkkleding tijdens vorst **doorwerkt'** *(v. stof)* waarin een andere stof is verwerkt

doorwrocht' *bn* waar hard op gestudeerd is

doorzagen in tweeën zagen; doorzeuren, tot vervelens toe (over) iets vragen **doorzakken** in het midden verzakken; *(fig.)* lang doordrinken

doorzetten krachtiger worden; zich spoeden; volhouden; voortgang doen vinden **doorzettingsvermogen** vermogen om vol te houden

doorze'ven [doorzeefde, doorzeefd] op veel plaatsen doorboren

doorzicht *o* scherpzinnigheid **doorzich'tig** *bn* waar men doorheen kan zien; te doorzien **doorzien'** [doorzag, doorzien] doorgronden **door'zien** [zag door, doorgezien] vluchtig nazien

doorzitten door lang zitten kapot gaan **door'zoeken** [zocht door, doorgezocht] verder zoeken **doorzoe'ken** [doorzocht, doorzocht] zoekend nakijken

doorzonkamer kamer met tegenover elkaar liggende vensters

doos *v(m)* [dozen] bep. zeer licht vat; gevangenis; *(pop.)* wc; *zwarte ~*, technisch registratieapparaat in vliegtuigen zodat men na een ramp technische gegevens heeft; *uit de oude ~*, van vroeger, ouderwets **doosvrucht** droge veelzadige openspringende vrucht

dop *m* [-pen] erover sluitend deksel; eierschaal; *(pop.)* hoed; *in de ~*, in eerste ontwikkeling; *pas uit de ~ komen*, pas komen kijken; *uit zijn ~pen*, uit zijn ogen

dope ‹doop› *m* [-s] pepmiddel

dopeling wie gedoopt wordt **dopen** indompelen; aanlengen; doopsel toedienen; noemen

doperwt jong uit de peul gegeten erwt **dophei(de)** *v(m)* heide met dopvormige bloemen, Lat. Erica **dophoed** bolhoed

doping *v* toedienen of gebruik van stimulerende middelen; pepmiddel

dopluis schadelijk insect met hard schild, Lat. Pulvinaria vitis

doppen van de peul ontdoen **dopper** *m* [-s] doperwt

dopplereffect *(nat.)* verandering van toonhoogte bij nadering resp. verwijdering van de geluidsbron

dop-regeling regeling ten behoeve van doorstroming bij onderwijspersoneel

dopsleutel sleutel met hoekige kop voor het aandraaien v. bouten en moeren **dopvrucht** droge eenzadige niet-openspringende vrucht

dor *bn & bw* met tekort aan vocht; saai

dora'do *zie* **eldorado**

Dorisch *bn* met gecanneleerde zuilen zonder voetstuk en met vierkant kapiteel

dorp *o* plattelandsgemeente

dorpel *m* [-s] drempel

dorpeling *m* bewoner v.e. dorp

dorps *bn & bw* als in een dorp **dorpshuis** huis in een dorp; verenigingsgebouw in een dorp **dorpskom** centrum v.e. dorp

dorren *z* dor worden

dorsaal' *bn* van de rug; aan de rugzijde

dorsen het graan uit de aren slaan **dorsmachine** machine waarmee gedorst wordt

dorst *m* verlangen om te drinken; hevig verlangen **dorsten** hevig verlangen; dorst hebben **dorstig** *bn* dorst hebbend **dorstlessend** *bn* dorst verdrijvend

dorsvlegel *m* [-s] werktuig om te dorsen

dos *m* fraaie kleding

DOS *disk operating system*, soort computerbesturingssysteem

dose'ren ‹s=z› dosis bepalen **dosis** ‹doozis› *v* [-sen, doses] toe te dienen hoeveelheid

dossen uitdossen

D

dossier' ‹dosjee› *o* [-s] verzameling stukken over één zaak
dot *m/v* [-ten] pluk; schattig iem. of iets
dota'tie *v* [-s] schenking **dote'ren** begiftigen
dotter *v(m)* [-s], **dotterbloem** boterbloemachtige oeverplant zonder kroonbladeren, Lat. Caltha palustris **dotteren** met een ballonnetje aderen verwijden
douairiè're ‹doewèrjère› *v* [-s] adellijke weduwe
doua'ne ‹ou=oe› *v(m)* [-n] (kantoor v.d.) dienst voor in- en uitvoerrechten **II** *m* [-s, -n] ambtenaar v.d. dienst v. in- en uitvoerrechten **douanier'** *m* [-s] douaneambtenaar
doublé ‹doeblee› *o & bn* (van) verguld metaal
double-breas'ted ‹dubbelbrèsted› *bn* met over elkaar vallende voorpanden en twee rijen knopen
double'ren ‹ou=oe› *h* verdubbelen; een doublet bieden; nog eens doorlopen; voeren; verdoeken; een carambole maken na eerst tegen de band gespeeld te hebben **doublet'** *o* [-ten] schot waarmee twee stuks wild getroffen worden; dubbelvorm; worp met gelijke ogen op beide dobbelstenen; bod waardoor winst of verlies dubbel telt **doubleur'** *m* [-s] wie de klas doubleert **doublu're** *v(m)* [-s] voering; plaatsvervangend toneelspeler; het vervullen v.e. dubbele rol
douceur' ‹ou=oe› *v(m)* [-s] fooi
douche ‹doesj(e)› *v(m)* [-s] stortbad; toestel voor stortbad; *koude ~*, ontgoocheling **douchecel** hokje met een douche **douchegel** ‹g=dj› *m* [-s] gel om mee te douchen **douchekop** spuitstuk v.e. douche **douchen** [douchte, gedoucht] een douche nemen
douw *m* duw; *(mil.) een ~ krijgen*, gestraft worden **douwen** duwen
doveman *aan ~s deur kloppen*, geen gehoor krijgen **dovemansoren** *mv voor ~ spreken*, geen gehoor krijgen
doven uitdoven
dovene'tel op brandnetel lijkende plant met niet-brandende bladeren, Lat. Lamium
doventolk tolk die met gebarentaal weergeeft wat hij hoort **doverik** *m* doof iem.
Dow-Jo'nesindex ‹dauwdjoons› *m* [-en, -ices] indexcijfers die worden vastgesteld aan de hand v.d. dagelijkse koersgemiddelden op de beurs van New York
down ‹doun› *bn* neerslachtig; *(bridge)* slagen te weinig
downloaden ‹ow=ou, oa=oo› [downloadde, gedownload] *(comp.)* een bestand kopiëren v.e. andere computer *(bijv. via het internet)*
downslag te weinig gemaakte slag
Down-syndroom mongolisme
doxologie' *v* [-ën] *(r.-k.)* lofprijzing van God
doza *m(v)* [-'s] verkoper die alleen op donderdagavond en zaterdag werkt
dozijn' *o* twaalftal
dr. dienaar; doctor
dra *bw* spoedig
draad *m (stofn. o & m)* [draden] spinsel; erop gelijkend fabrikaat; lengterichting; houtvezels; schroefdraad; verband; *tot op de ~*, volkomen; *geen droge ~ aan het lijf hebben*, kletsnat zijn; *aan een zijden ~ hangen*, in groot gevaar zijn; *tegen de ~ in*, dwars; *voor de ~ komen*, zijn gevoelens zeggen; *de ~ v.h. verhaal opnemen*, aansluiten bij waar men gebleven is **draadgaas** gaas v. metalen draden **draadglas** glas waarin ijzerdraad is gewalst **draadharig** *bn (v.e. hond)* met stug haar **draadjesvlees** *(pop.)* gestoofd rundvlees **draadloos** *bn & bw* zonder draad **draadnagel** machinaal vervaardigde spijker **draadomroep** radiodistributie **draadplastiek** uit draad, stang, buis of T-ijzer gesmede plastiek **draadversperring** prikkeldraadversperring
draagbaar I *bn* te dragen **II** *v(m)* baar om er iets op te dragen, brancard **draagbalk** steunbalk **draagband** band waarin of waaraan men iets draagt **draagkarton** kleine draagbare kartonnen houder **draagkracht** vermogen om (financiële) lasten te dragen **draaglijk** *bn & bw* te verdragen, tamelijk **draagmoeder** vrouw die zich laat insemineren om een andere vrouw het kind te geven **draagmuur** muur met steunende functie **draagriem** riem waaraan men iets draagt **draagstoel** gedragen vervoermiddel **draagtas** *v(m)* lichte tas om iets in te vervoeren **draagverband** doek om pols of arm te ondersteunen **draagvermogen** draagkracht **draagvlak** vlak waarop iets gedragen wordt; ondersteunende groep **draagvleugelboot** boot die zich varend hoog op het water heft **draagwijdte** *v* door een projectiel te halen afstand; portee **draagzak** installatie om baby op buik of rug te dragen
draai *m* bocht, wending; klap; schik; *een ~ geven*, op een bepaalde manier uitleggen; *zijn ~ niet kunnen vinden*, niet op de juiste manier aan het werk komen; *aan de(n) ~ houden*, bezig houden **draaibaar** *bn* te draaien **draaibank** werktuig waarop draaiende bewegingen worden gemaakt **draaibeitel** beitel v.d. draaibank **draaiboek** regieaanwijzingen voor film; *(fig.)* uitgewerkt programma v.h. verloop **draaiboom** draaibare afsluitboom **draaibrug** brug die in een horizontaal vlak open gedraaid wordt **draaicirkel** kleinste cirkel die een voertuig kan beschrijven **draaideur** deur met vleugels om één spil **draaien** in het rond bewegen; keren; aan de draaibank werken; draaiend maken; onoprecht zijn; goed gaan; (v.e. film) vertonen of vertoond worden; (v.e. telefoonnummer) kiezen **draaier** *m* [-s] wie draait; onoprecht iem.; tweede halswervel **draaierig** *bn* duizelig **draaierij'** *v* werkplaats v. draaier; onoprechtheid, vals voorwendsel **draaigewricht** gewricht

waarbij het ene been om het andere wentelt **draaihals** *m* spechtachtige grijsbruine vogel, Lat. Jynx torquilla **draaikolk** kolk **draaikont** *m-v (pop.)* beweeglijk iem.; *(ong.)* onoprecht iem. **draaikruk** krukarm v.e. wiel **draailier** vioolachtig muziekinstrument met van onder een met hars te bestrijken draaibaar wieltje **draaimolen** mallemolen **draaiorgel** vervoerbaar orgel dat bespeeld wordt door een draaiende beweging **draaischijf** draaibare schijf aan toestel **draaistroom** wisselstroom met faseverschuiving van 120° **draaitafel** *v(m)* toestel om grammofoonplaten af te draaien, platenspeler **draaitol** beweeglijk of veranderlijk iem. **draaitoneel** draaibaar toneel **draaitrap** trap die rond een as draait

draak *m* [draken] legendarisch monster; onhebbelijk iem.; lelijk melodrama; *de ~ steken met*, bespotten

drab *v(m)/o* droesem **drabbig** *bn* vol drab

drachme **I** *v(m)* [-n] vroegere Gr. munt en munteenheid **II** *o* oud medicinaal gewicht

dracht *v(m)* te dragen hoeveelheid; kleding; zwangerschap; draagwijdte **drachtig** *bn (v. dieren)* zwanger

draco'nisch *bn* zeer streng

draderig, **dradig** *bn* met draden, vezelig

draf *m* draven; spoeling **drafsport** sport v.h. harddraven met voor sulky's gespannen paarden

dragee' ‹g=zj› *v* [-s] suikergoed, versuikerde pil, pit met suiker of chocola

dragen [droeg, gedragen] omhooghouden; aan zijn lichaam hebben; in de schoot hebben; hebben; op zich nemen; verdragen; reiken; vruchten geven; etteren; *haat ~*, haten; *kennis ~*, weten; *de schuld ~*, schuldig zijn; *zorg ~*, zorgen **drager** *m* [-s] wie of wat iets draagt

dragline ‹dreGlain› *m* [-s] graafmachine

dragon' *m* keukenkruid v.d. soort Artemisia dracunculus

dragon'der *m* [-s] lichte ruiter; manwijf

dragoniet' *o* bergkristal

drain ‹ai=ee› *m* [-s] slangetje om wondvocht weg te laten lopen **draine'ren** ‹ai=è› overtollig water afvoeren

dralen talmen

drama *o* [-'s] toneelwerk, treurspel; droevige gebeurtenis **dramatiek'** *v* dramaturgie, toneelkunst; het dramatische **drama'tisch** *bn & bw* op het drama betrekking hebbende, als (van) een drama, toneel-; aangrijpend **dramatise'ren** ‹s=z› er een drama van maken

dramaturg' toneelkenner; toneelspelschrijver **dramaturgie'** *v* leer v.d. dramatische kunst

drammen onaangenaam (zeurend) aanhouden **drammerig** *bn* onaangenaam (zeurend) aanhoudend

drang *m* het dringen; aandrang **dranger** *m* [-s] deurdranger **dranghek** *v* [-ken] hek om een opdringende massa tegen te houden

drank *m* wat men drinkt; sterkedrank; *als verkleinwoord*: vloeibare medicijn **drankbestrijding** *v* het tegengaan v. sterkedrank **drankje** *o* glaasje drank; vloeibaar geneesmiddel **drankmisbruik** onmatig gebruik van sterkedrank **drankorgel** dronkaard; *(scherts.)* wie graag veel drinkt **drankvergunning** vergunning om drank te verkopen **drankwinkel** winkel waar men sterkedrank verkoopt **drankzucht** *v(m)* ziekelijke neiging tot alcohol

drape'ren omhangen met draperieën; in wijde plooien schikken **draperie'** *v* [-ën] versiering of bekleding met wijd geplooid doek

dras **I** *v(m)* weke aarde **II** *bn* doorweekt **drasland** moerassige grond **drassig** *bn* moerassig

drastisch *bn & bw* krachtig en snel werkend

draven in draf of snel lopen **draver** *m* [-s] wie draaft; dravend paard **draverij'** *v* harddraverij

dreadlocks [mv] in elkaar gedraaide lokken van kroezend haar

dreef *v(m)* [dreven] laan; landouw; *op ~*, goed op gang

dreg(ge) *v(m)* [dreggen] werpanker om iets uit water te halen **dreggen** met dreg zoeken

dreigbrief brief waarin men onder bedreiging eist **dreigement'** *o* bedreiging **dreigen** iets onaangenaams in het vooruitzicht stellen; te wachten staan; gevaar lopen; op het punt zijn

dreinen klaaglijk huilend zeuren

drek *m* uitwerpselen

drempel *m* [-s] dorpel; ondiepte; *de ~ platlopen*, ergens overdreven vaak komen; *over de ~ komen*, aan huis komen **drempelvrees** uit sociaal bewustzijn voortkomende aarzeling om ergens binnen te gaan

drenkeling *m* in het water gevallene

drenken te drinken geven; bevochtigen; doortrekken met vloeistof **drenkplaats** plaats waar men drenkt

drentelen heen en weer wandelen

drenzen [drensde, gedrensd] dreinen **drenzerig** *bn* dreinerig

dressboy *m* [-s] standaard voor herenkleding

dresse'ren africhten, aan tucht gewennen

dressing *m* [-s] saus voor sla en salades

dressman ‹a=e› mannelijke mannequin

dressoir' ‹dreswaar› *o/m* [-s] buffet zonder opstand

dressuur' *v* het africhten

dreumes *m* peuter

dreun *m* het dreunen; dreunend geluid; eentonige voordracht; flinke klap **dreunen** schudden met dof geluid

dreutel *m* [-s] klein mens; onhandig iem. **dreutelen** treuzelen, onhandig bezig zijn

drevel *m* [-s] drijfijzer, ijzer waarmee men spijkers indrijft of gaten slaat; verbindingspen **drevelen** met een drevel in- of doorslaan

dribbel **I** *v* [-s] het dribbelen **II** *m-v* [-s] wie

D

D

dribbelt **dribbelen** met kleine snelle passen lopen
drie I *telw* 3; nummer 3 **II** *v(m)* [-ën] cijfer 3 **driebaansweg** weg met drie rijstroken
drieban'denspel bep. biljartspel **driedaags** *bn* drie dagen durend; drie dagen oud; om de drie dagen; *~e koorts*, derdedaagse koorts **driedik** *bn* in drie lagen **driedimensionaal** *bn* van drie afmetingen **drie'dub'bel** *bn & bw* drievoudig
drie-eenheid *v* uit drie zelfstandige onderdelen bestaande eenheid; *H. Drie-eenheid*, H. Drievuldigheid **drie-enig** *bn* een drie-eenheid vormend
drieëntwintig *telw* 23 **drieëntwintigste** *telw* nummer 23; 1/23
drie'ërhan'de, drie'ërlei' *bn* v. drie soorten
driehoek *m* door drie lijnen ingesloten vlak; plaats v. vrouwenschaamhaar **driehoe'kig** *bn* in de vorm v.e. driehoek, met drie hoeken **driehoekshandel** handel met een tussenkoper in een ander land dan dat v.d. koper en de verkoper **driehoeksmeting** *v* berekening v.d. elementen v.e. driehoek; opmeting van land met triangulatie **driehoeksruil** woningruil onder drie partijen **driehoeksverhouding** (liefdes)verhouding tussen drie personen
driehonderd *telw* 300 **driehonderdste** *telw* nummer 300; 1/300
driehoog' *bw* op de derde verdieping; *driehoog voor*, driehoog aan de voorkant **drie-in-de-pan** *v(m)* [-nen] kleine pannenkoekjes **drieklank** *m* samenklank van drie tonen **drieklapper** *m* [-s] vuurwerk dat driemaal knalt; drie zoenen **driekleur** *v(m)* vlag met drie kleuren
Drieko'ningen *m* 6 januari **drieko'ningenbrood, drieko'ningenkoek** koek met boon erin
driekwart *o* drie vierde **driekwartsmaat** *v(m) (muz.)* maatindeling in drie kwarten
drieledig *bn* uit drie delen **drieling** *m* drie uit één zwangerschap geboren kinderen **drieluik** *o* schilderstuk uit drie verbonden panelen
driemaandelijks *bn & bw* om de drie maanden **driemaands** *bn* v. drie maanden
driemanschap *o* [-pen] drie samenwerkende personen **driemaster** *m* [-s] schip met drie masten **drie'mij'lenzone, drie'mijls'zone** *v(m)* territoriale wateren **driemotorig** *bn* met drie motoren **driepits** *bn* met drie pitten **drieploe'genstelsel** *o* [-s] verdeling v. arbeiders in drie na elkaar werkende ploegen **driepoot** *m* [-poten] voorwerp met drie poten
driepuntsgordel aan drie punten bevestigde autogordel **driepuntslanding** landing waarbij het vliegtuig vlak neerkomt
drieslagstelsel *o* [-s] bep. over drie jaar afwisselende teelt v. gewassen **driespan** span van drie trekdieren **driesprong** *m* plaats waar drie wegen bijeenkomen
driest *bn & bw* vermetel, onbeschaamd
driestemmig *bn & bw* in drie samenklinkende melodieën **driesterrenhotel, driesterrenrestaurant** zeer goed hotel of restaurant **drietal** *o* [-len] aantal van drie **drietand** drietandige vork **drietonner** *m* [-s] vrachtauto met laadvermogen v. drie ton **drietrapsraket** uit drie delen opgebouwde raket **drievoet** driepoot
drievoud *o* door drie deelbaar getal; al wat driemaal zo veel of zo groot is; *in ~*, uit drie exemplaren bestaande **drie'vou'dig** *bn* in drievoud
Drievul'digheid *v de H. ~*, uit drie personen bestaande God **drievuldigheidsdag** *(r.-k.)* eerste zondag na Pinksteren
driewegstekker stekker met drie aansluitpunten **driewerf** *bw* driemaal **driewieler** *m* [-s] vervoermiddel met drie wielen **driezits(bank)** *v(m)* bank voor drie personen
drift *v(m)* stroom; het drijven; het afdrijven; woede, hartstocht **driftbui** drift **driftig** *bn & bw* los drijvend, in drift; opvliegend **driftkikker** *m* driftig iem. **driftkop** *m* [-pen] driftig iem.
drijfanker drijvend toestel als steun tegen wegdrijven **drijfas** as die aandrijft **drijfgas** vloeibaar gas in een spuitbus **drijfhout** aandrijvend hout **drijfijs** drijvend ijs **drijfjacht** jacht waarbij het wild door drijvers wordt opgejaagd **drijfkracht** kracht die in beweging brengt **drijfmest** dunne mest **drijfnat** *bn* doornat **drijfnet** drijfwant **drijfriem** leren riem die beweging overbrengt **drijfstang** stang tussen zuigerstang en kruk **drijfveer** beweegreden **drijfwant** *o* op kurk drijvend net **drijfwerk** gedreven werk; metaal drijven; geheel v. toestellen dat een machine in beweging brengt **drijfwiel** wiel waarover drijfriem loopt **drijfzand** zand dat onder druk wegzakt **drijven** [dreef, gedreven] niet zakken; zich door de stroom laten voortbewegen; voortstuwen, wild opjagen; zeer nat zijn; bedrijven; aanhoudende drang uitoefenen; hameren, ciseleren; *(sp.)* vooruitgaan met de bal aan de voet en zonder de tegenstander te omspelen **drijver** *m* [-s] wie of wat drijft; dweper; wildopjager; voorwerp dat de stand van vloeistof aangeeft; toestel waarop watervliegtuig drijft
dril I *m* [-len] drilboor **II** *v(m)* gestold vleesnat, lil **III** *o* bep. driedraads weefsel **drilboor** door een klos met schroefdraad in beweging gebrachte boor **drillen** heen en weer bewegen om te mikken; africhten, klaarstomen; boren **drilpudding** trillende gelatinepudding
dringen [drong, gedrongen] duwen, met geweld voortgaan; noodzaken **dringend** *bn & bw* geen uitstel duldend; met aandrang
drinkbaar *bn* te drinken **drinkebroer** wie te veel sterkedrank drinkt **drinken** [dronk, gedronken] vloeistof tot zich nemen; (te veel) sterkedrank gebruiken **drinker** *m* [-s] alcoholist **drinkgelag** drinkpartij **drinkgeld** fooi **drinkwater** water om te drinken

drive ‹draiv› *m* [-s] slag over de grond; slag over het net; grote bridgewedstrijd
drive-in'woning ‹ive=aiv› woning met ingebouwde garage
droedelen zonder na te denken krabbels tekenen
droef *bn & bw* droevig **droefenis** *v* droefheid **droefgees'tig** *bn & bw* zwaarmoedig
droes *m* ontsteking v.h. neusslijmvlies bij paarden; duivel; bezinksel
droesem *m* [-s] bezinksel
droevig *bn & bw* treurig
droezig *bn* vol droesem
drogbeeld *o* bedrieglijk beeld
droge *o* droge plek, zandbank; *op het ~ zitten*, geen geld hebben **drogen** droogmaken; droog worden
droge'ren stimulerende middelen geven
drogerij' *v* het drogen; gedroogde kruiden; plaats waar gedroogd wordt
drogist' verkoper van drogerijen **drogisterij'** *v* winkel v.e. drogist
drogreden *v(m)* valse reden of redenering
drol *m* [-len] vast stuk drek
drom *m* [-men] menigte
dromeda'ris *m* [-sen] eenbultige kameel, Lat. Camelus dromedarius
dromen een droom hebben; zich vol verlangen voorstellen; mijmeren **dromer** *m* [-s] fantast; suffer **dromerig** *bn & bw* mijmerend; in de verbeelding levend **dromerij'** *v* het dromen; mijmering; droombeeld
drommel *m* [-s] stakker; (in krachtuitdrukkingen) duivel **drommels** *bn, bw & tw* verduiveld
dronk *m* teug; *een kwade ~ hebben*, dronken zijn en kwaad geluimd **dronkaard** *m* [-s, -en] drinkebroer **dronken** *bn* beschonken; opgetogen ***dronkenlap** *(Wdl. dronkelap)* [-pen] drinkebroer ***dronkenman** *(Wdl. dronkeman)* [-nen] wie (herhaaldelijk) dronken is **dronkenschap** *v* het dronken zijn
droog *bn & bw* zonder of met weinig vocht; zonder smeer; zonder boter en beleg; saai; zonder uit de gewone spreektoon te vallen; geen melk gevend; *nog niet ~ achter de oren zijn*, pas komen kijken; *droge hoest*, door een droge keel voortgebrachte hoest; *droge humor*, humor die niet pretendeert komisch te zijn (*als eerste lid v. samenstellingen vaak aangevend dat het door het tweede element benoemde gebruikt wordt om iets te drogen* **droogbloeier**); *m* [-s] plant die zonder water en aarde bloeit **droogbloem** bij droging mooi blijvende bloem; droogbloeiende Araceaesoort, Lat. Sauromatum guttamum **droogdok** dok dat kan worden leeggepompt **drooggeilen** *(pop.)* zonder coïtus seksueel opwinden **droogje** *o op een ~ zitten*, niets te drinken krijgen of hebben **droogjes** *bw* koel; nuchter **droogkap** bep. installatie om haar te drogen **droogkloot** saai iem.; droogkomiek **droogkomiek** *m, bn & bw* (die zijn grappen) droog maar leuk (zegt)
droogkuis *m* [gmv] *(Belgned.)* stomerij **droogleggen** droogmalen, draineren; de verkoop van alcoholische dranken verbieden
droogmaken afdrogen; droogmalen **droogmakerij'** *v* het droogmalen, het drooggemaakte
droogmalen het water wegmalen **droogmolen** toestel om was aan op te hangen **droogpruim**, **droogpruimer** [-s] wie weinig drinkt bij het eten; saai iem. **droogshampoo** middel om haar te ontvetten **droogstaand** *bn* geen melk meer gevend **droogstoppel** droog iem. **droogte** *v* [-n] erg droog weer; het droog zijn; droge plek **droogtrommel** apparaat om was te drogen **droogvoets** *bn* met droge voeten **droogzwemmen** buiten het water zwembewegingen maken; oefenen; zich behelpen **droogzwierder** *m* [-s] *(Belgned.)* centrifuge
droom *m* [dromen] voorstelling in de slaap; schoon toekomstbeeld; iets zeer moois; *uit de ~ helpen*, beter inlichten **droombeeld** hersenschim **droomgezicht** beeld in droom
drop I *m* [-pen] drup; plaats waar het drupt; *van de regen in de ~*, van de wal in de sloot **II** *v(m)/o* ingedampt aftreksel van zoethout **dropje** *o* stukje drop
dropkick *m* [-s] *(sp.) (voetbal)* een bal die de grond raakt meteen wegtrappen; *(rugby)* een opstuitende bal wegtrappen
droplul *m (pop.)* sullig iem.
drop-out' *m* [-s] mislukt iem., uitvaller; daling v. geluidssterkte op een band
droppel(en) *zie* **druppel(en)**
droppen druppen; uit een vliegtuig doen neerkomen; in betrekkelijke eenzaamheid geïsoleerd een voertuig doen verlaten **dropping** *v* [-s] speurtocht vanuit onbekende startplaats
drops *mv* drups
dropshot ‹sh=sj› *o* [-s] bep. tennisslag
drossen deserteren
drs. doctorandus
drugs ‹g=G› *mv* verdovende middelen; *hard ~*, ‹haad› sterke verdovende middelen; *soft ~*, zwakkere verdovende middelen **drug(s)baron** *(pop.)* wie door drugshandel rijk is geworden; grote leider in drugshandel **drug(s)container** ‹ai=ee› container voor opvang v. drugsverslaafden **drug(s)gebruiker** *m* [-s] gebruiker van drugs **drug(s)handel** handel in drugs **drug(s)koerier** wie op bestelling drugs aflevert **drug(s)runner** *m* [-s] wie verslaafden doorstuurt naar de dealer voor wie hij werkt **drug(s)toerisme** toerisme dat zich richt op handel in en gebruik van drugs
druïde *m* [-n] Keltische priester
druif *v(m)* [druiven] vrucht v.d. wijnstok; raar iem.; *blauwe ~jes*, geslacht v. bolgewassen met blauwe bloemtros, Lat. Muscari; *de druiven zijn te zuur*, men neemt de schijn aan iets niet te wensen omdat men de onbereikbaarheid inziet

D

druil I *m* klein driehoekig zeil achter op een schip II *m-v* wie druilt **druilen** lusteloos zijn; dommelen; naar regen staan **druilerig**, **druilig** *bn* slaperig, lusteloos; stil maar regenachtig **druiloor** *m-v* wie druilt
druipen [droop, gedropen] in druppels neervallen; zo zijn dat er druppels vanaf vallen; zakken **druiper** *m* [-s] gonorroe; hoeveelheid verf die onbedoeld niet is uitgesmeerd **druipnat** *bn* kletsnat **druipneus** (iem. met) druipende neus **druipstaarten** de staart tussen de poten trekken **druipsteen** door afdruiping ontstane kalksteen
druisen een dof geraas voortbrengen
druivennat wijn **druivensuiker** in bep. planten voorkomende suiker
druk I *m* [-ken] duwen, drukken; kracht waarmee gedrukt wordt, luchtdruk; last, belemmering; oplaag; wijze v. drukken; drukwerk II *bn & bw* veel werk vragend; onrustig; (te) levendig, met veel vertier; goed beklant; *een ~ gebruik maken van*, veel gebruiken; *het ~ hebben*, veel werk hebben; in levendig gesprek zijn; *~ bezocht*, door velen bezocht; *zich ~ maken over*, zich veel aantrekken van **drukbezet** *bn* met veel bezigheden
drukcabine cabine in vliegtuig met constante druk
drukdoenerij' *v* zich druk gedragen om op te vallen
drukfeil, **drukfout** *v(m)* fout in drukwerk **drukinkt** inkt om te drukken **drukken** met kracht duwen; bezwaren; (van prijzen) laag houden; het moeilijk maken voor; terneerslaan; met een (druk)pers vermenigvuldigen; de nadruk leggen; *(sp.)* zo trappen dat de bal niet omhoog vliegt; *liegen of het gedrukt staat*, brutaal liegen; *zich ~*, zich aan verplichtingen (trachten te) onttrekken
drukkend *bn & bw* benauwd, afmattend; zwaar
drukker *m* [-s] boekdrukker; drukknop **drukkerij'** *v(m)* inrichting waar gedrukt wordt
drukknoopje knoopje bestaande uit knopje en holte die in elkaar passen **drukknop** knop waarop gedrukt moet worden
drukkosten kosten voor het drukken **drukkunst** kunst van drukken **drukletter** letter om er mee te drukken, letter v.e. vorm die meestal bij het drukken gebruikt wordt **drukpan** snelkookpan **drukpers** werktuig om te drukken; *vrijheid van ~*, vrijheid tot drukken mits niet in strijd met de wet **drukproef** proefafdruk voor correctie **drukschakelaar** schakelaar waarop men moet drukken
drukte *v* [-n, -s] veel bezigheden; vertier; ophef **druktemaker** levenmaker, opschepper
druktoets *m* toets die ingedrukt moet worden (om apparaat in te schakelen) **drukverband** knellend aangelegd verband **drukwerk** werk dat in drukken bestaat; gedrukt(e) stuk(ken)
drum *v(m)* [-s] trom in een jazzband; ijzeren ton **drumband** ‹a=e› muziekkorps van trommelaars en hoornblazers **drummer** *m* [-s] wie de drum bespeelt **drumstick** *m* [-s] kippenboutje
drup, **drop** [-pen], **druppel**, **droppel** [-s] *m* afgescheiden peervormige hoeveelheid vloeistof; (in mv) druppelsgewijze in te nemen medicijn; borrel; *een ~ op de gloeiende plaat*, iets wat weinig verlichting brengt; *als twee ~s water*, precies **druppelen** in druppels vallen; druppels laten vallen **druppelfles** fles waaruit de vloeistof druppelsgewijze moet komen **druppelsgewijs** *bw* in druppels; met kleine beetjes **druppelvanger** *m* [-s] ring om druppels op te vangen **druppen**, **droppen** druppelen, druipen
drups, **drops** *mv* bep. snoepjes met vruchtensmaak
dry ‹drai› *bn* sec, droog
ds. *Dominus*, dominee
dtp desktop publishing
dtp"en [dtp'de, gedtp'd] met desktop publishing werken
D-trein trein waarvoor speciale toeslag geldt
duaal' *bn* tweevoudig; *~ onderwijs*, onderwijs dat zodanig is dat men daarnaast ervaring als werknemer opdoet **dua'lis** *m (taalk.)* tweevoud **dualis'me** *o* leer dat er twee beginselen zijn; tweeslachtigheid **dualist'** *m* aanhanger v.h. dualisme
dub *m* [dubben, dubs] later aan een band toegevoegd geluid
dubbel *bn & bw* tweevoudig, tweemaal; *~ en dwars*, volkomen; *~e punt*, dubbelpunt; *zijn tong slaat ~*, hij kan niet goed meer spreken; *~ glas*, twee lagen glas met vacuüm ertussen ter isolatie **dubbelblank'** *bn & bw (sp.)* waarbij door geen v.d. partijen een doelpunt gemaakt werd **dubbelblind** *bn & bw* waarbij zowel proefpersoon als arts niet weet welke stof een placebo is **dubbelboeking** *v* boeken v. wat al op naam v.e. ander is gereserveerd **dubbel-cd** twee bijeenhorende cd's in één verpakking **dubbeldakstent** tent met dak in twee lagen **dubbeldekker** *m* [-s] bus of trein met twee verdiepingen; vliegtuig met een dubbel stel vleugels **dubbelganger** [-s] wie sprekend op iem. lijkt **dubbelhar'tig** *bn & bw* geveinsd **dubbelklikken** *(comp.)* [dubbelklikte, gedubbelklikt] twee keer achter elkaar de muis indrukken **dubbelkruis** kruis met twee dwarsbalken; teken waardoor een toon twee halve tonen verhoogd wordt **dubbelloop(s)** *m*, **dubbelloopsgeweer** geweer met twee lopen **dubbelmol** *(muz.)* teken waardoor een toon twee halve tonen verlaagd wordt **dubbelop'** *bw* één keer te veel **dubbelparkeren** naast een geparkeerde auto gaan staan **dubbelpunt'** het teken : **dubbelrijm** het rijmen van twee lettergrepen **dubbelspel** spel van twee tegen twee; werk voor twee partijen

dubbelspion spion voor twee partijen **dubbelspoor** dubbel stel rails **dubbelster** ster bestaande uit twee of meer sterren die om een gemeenschappelijk zwaartepunt wentelen **dubbeltal** *o* [-len] tweetal op een voordracht
dubbeltje I *o* munt van 10 (euro)cent; in **II** *mv* geld; *een ~ op zijn kant*, zeer onzeker **dubbeltjeskwestie** kwestie m.b.t. het beschikbaar zijn van geld; kwestie met weinig kosten
dubbelzin'nig *bn* op twee wijzen uit te leggen; met onzedelijke toespelingen
dubben weifelen; piekeren; film of plaat met weer een andere stem opnemen
dubieus' *bn* twijfelachtig
dubio *in ~*, in twijfel
duchen'ne ‹ch=sj› *ziekte van Duchenne*, soort spierziekte
duchten vrezen **duchtig** *bn & bw* geducht
duecen'to ‹doeweetsjento› *o* 13e eeuw als cultuurperiode
duel' *o* [-len, -s] tweegevecht; *(sp.)* wedstrijd **duelle'ren** een tweegevecht houden
duet' *o* [-ten] tweestemmig gezang; spel van twee instrumenten
duf *bn & bw* niet fris, muf; bekrompen
duffel *o* dikke wollen stof **duffels** *bn* v. duffel
dug-out' ‹g=G› *m* [-s] overdekte bank voor trainers en reservespelers
duidelijk *bn & bw* gemakkelijk te begrijpen; goed te onderscheiden **duiden** wijzen, doelen; verklaren; *ten kwade* of *euvel ~*, kwalijk nemen
duif *v(m)* [duiven] vogel v.d. orde der Columbae; middenzijkegel; *de gebraden duiven vliegen hem in de mond*, hij krijgt alles zonder er iets voor te doen; *onder iemands duiven schieten*, op iemands terrein voordeel zien te behalen
duig *v(m)* gebogen zijplank v.e. vat; *in ~en vallen*, mislukken
duik *m* het duiken **duikbommenwerper** *m* [-s] vliegtuig dat bommen in duikvlucht werpt
duikboot onderzeeër **duikbootjager** *m* [-s] oorlogsvaartuig voor het bestrijden v. duikboten
duikelaar *m* [-s] buitelpopje; *slome ~*, sloom mens **duikelen** buitelen
duiken [dook, gedoken] *h/z* zich ineenbuigen; onder water gaan; beschutting zoeken **duiker** *m* [-s] wie onder water duikt voor zijn beroep; zwemvogel v.h. geslacht Gavia; watergang onder een weg **duikerklok** toestel waarin men onder water werkt **duikersluis** door een dijk lopende uitwateringssluis **duikersziekte** caissonziekte
duikvlucht snel en steil naar beneden schieten v. vliegtuig
duim *m* kortste en dikste vinger; deel v.d. handschoen voor die vinger; 2,54 cm; rechthoekige haak; pen voor scharnier; uitholling in een handgreep; *op zijn ~pje kennen*, uitstekend kennen; *uit zijn ~ zuigen*, verzinnen; *onder de ~ hebben*, beheersen **duimbreed** *o geen ~*, niets **duimdik** *bn & bw* heel dik **duimelot** *m* [-ten] duimeling **duimen** op de duim zuigen; bep. beweging met de duim maken om gevaar af te wenden **duimendraaien** *(fig.)* nietsdoen **duimschroef** folterwerktuig voor de duimen; *de duimschroeven aanleggen* of *aanzetten*, door vragen in het nauw brengen **duimstok** opvouwbare maatstok **duimzuigen** zuigen op de duim; fantaseren
duin *v(m) (verzameln. o)* zandheuvel inz. aan zee **duinpan** komvormig dal in het duin **duinpieper** *m* [-s] in de duinen levende kwikstaartachtige vogel, Lat. Anthus campestris **duinroos** in de duinen groeiende dwergroos, Lat. Rosa pimpinellifolia **duinslag** *o* voetgangerspad door het duin
duinwater drinkwater uit de duinen afkomstig **duinwaterleiding** waterleiding van duinwater
duister I *bn & bw* donker; moeilijk te begrijpen, onduidelijk **II** *o* duisternis; *in het ~ tasten*, geen aanwijzingen hebben; *~e Middeleeuwen*, bijgelovige Middeleeuwen **duisternis** *v* [-sen] afwezigheid v. licht; *(christendom)* ongeloof, kwaad, hel
duit *m/v* vroegere munt van geringe waarde; *(mv)* geld; *een ~ in het zakje doen*, het zijne ook laten horen; *geen rooie ~*, niets **duitendief** gierigaard
Duits *bn* (als) van Duitsland; *~e biefstuk*, licht gebakken gehakte biefstuk
duivekater *m* [-s] bep. zoet brood
duivel *m* [-s, -en] boze geest, drommel; *loop naar de ~*, loop naar de pomp; *dat mag de ~ weten*, dat weet ik niet; *bij de ~ te biechte*, aan het verkeerd adres om iets te vragen; *wat ~*, verduiveld; *te dom om voor de ~ te dansen*, zeer dom; *geen ~*, niets **duivelachtig** *bn* duivels **duivelbanner**, **duivelbezweerder** [-s] wie duivels uitbant **duivelin'** *v* [-nen] boze vrouw **duivels** *bn, bw & tw* als (van) een duivel; boosaardig; vervloekt; erg; woedend; (als eerste deel van ss o.a. van vsch. plantennamen) **duivelsadvocaat** *(r.-k.)* prelaat die gronden tegen de canonisatie moet aanvoeren; wie het verkeerde laat zien **duivelskunsten** toverkunst **duivelskunstenaar** [-s] zeer handig mens **duivelsnaaigaren** *o* bep. woekerplant **duivelstoejager** [-s] wie allerlei karweitjes moet opknappen
duivenklok klok om de aankomsttijd v. duiven bij wedstrijden te registeren **duivenmelker** [-s] beoefenaar v. duivensport **duivenplat** *o* [-ten] vloertje vóór duivenhok **duivenslag** *o* sluitinrichting aan duivenhok **duivensport** wedstrijdvliegen met duiven **duiventil** *m* [-len] op iets anders staand duivenhok
duizelen *h* draaierig worden; verward draaien **duizelig** *bn* draaierig **duizeling** *v* draaierigheid **duizelingwek'kend** *bn* draaierig makend

D

D

duizend *telw & o* tienmaal honderd; zeer veel; ((in ss als eerste deel van vsch. plantennamen)) **duizendblad** *o* samengesteldbloemig plantengeslacht met gevederd blad, Lat. Achillea **duizend-en-één-nacht'** oosterse raamvertelling met verzameling verhalen en sprookjes **duizendgul'denkruid** *o* gentiaanachtige plant met rose bloemen, Lat. Centaurium umbellatum **duizendjarig** *bn* duizend jaar standhoudend **duizendje** *o* (bankbiljet van) duizend gulden **duizendkunstenaar** [-s] duivelskunstenaar **duizendpoot** *m* geleedpotig diertje met veel geelachtige pootjes, Lat. Lithobius forficatus; handig persoon **duizendschoon** *v(m)* [-schonen] anjelier v.d. soort Dianthus barbatus **duizendste** *telw* nummer 1000; 1/1000

dukaat' *m* [-katen] oude gouden munt

dukdalf' *m* [-dalven] zwaar paalwerk in water om te meren of waterwerken te beschermen **dulden** verdragen

dumdum'kogel geslepen kogel die in het lichaam uiteenspat

dummy *m* [-'s] blinde bij kaartspel; onbedrukt monster v.e. boek

dump *m* [-s] tijdelijk magazijn van legergoederen; de voorraden daaruit **dumpen** (goederen) buitensporig laag verkopen **dumpgoederen** goederen die beneden de kostprijs verkocht worden **dumpprijs** sterk verlaagde prijs

dun *bn & bw* niet dik; min **dundoek** *o* vlag **dundruk** *m* zeer dun drukpapier; uitgave op zeer dun drukpapier **dun'gezaaid'** *bn (fig.)* weinig voorkomend

dunk *m* mening; [-s] sprong waarbij de bal van bovenaf in de basket wordt gegooid **dunken** [docht, gedocht] voorkomen; [dunkte, gedunkt] met een dunk een doelpunt maken

dunnen dunner maken of worden; minder dicht doen groeien **dunnetjes** *bw* tamelijk dun; *het ~ overdoen*, het op een gematigde manier overdoen **dunschiller** *m* [-s] mesje om dun te schillen **dunsel** *o* jonge bij het dunnen uitgetrokken plantjes

duo I *o* [-'s] duet, tweetal bij elkaar behorende personen **II** *m* duozitting **duobaan** door twee personen gedeelde baan **duobak** bak met twee afdelingen voor gescheiden keukenafval **duoblok** toiletpot met waterreservoir aan één stuk

duodecimaal *bn* twaalfdelig **duode'cimo** *o* [-'s] boekformaat waarbij het vel in twaalven is gevouwen; boekje in dit formaat

duopassagier wie meerijdt op een duozitting **duozitting** zitplaats voor tweede persoon

dupe *m-v* [-s] wie de onaangename gevolgen ondervindt **dupe'ren** tot de dupe maken

duplex *bn* tweevoudig **duplexwoning** woning die tijdelijk voor twee gezinnen is in te richten

duplicaat' *o* [-caten] tweede exemplaar, afschrift **duplice'ren** een repliek beantwoorden **dupliek'** *v* antwoord op repliek

duplo tweevoud

duppie *(pop.) o* [-s] dubbeltje

dur ‹u=oe› *(muz.)* majeur

duratief' I *bn & bw* de handeling uitdrukkend zonder aandacht voor begrenzing in tijd **II** *o* [-tieven] wat de handeling uitdrukt zonder aandacht voor begrenzing in tijd

durf *m* moed; iets dat moed vraagt **durfal** *m* [-len] waaghals **durven** [durfde, dorst, gedurfd] wagen

dus *bw* daarom; *(plecht.)* zo **dus'da'nig** *vnw.* zulk

duster *m* [-s] korte ochtendjas voor vrouwen

dus'ver(re) *bw tot ~*, tot nog toe

dut *m* lichte slaap **dutten** een dut doen

duur I *m* tijd dat iets duurt; duurzaamheid; *op de(n) ~*, wanneer het lang duurt **II** *bn & bw* veel kostend; streng bindend **duurkoop** *bn* duur; *goedkoop is ~*, aan wat goedkoop is, heeft men niet veel

duurloop training v. uithoudingsvermogen **duursporter** *m* [-s] wie een sport beoefend die uithoudingsvermogen beproeft

duurte *v* het duur zijn **duurzaam** *bn & bw* lang kunnende meegaan; blijvend

duvel *m* [-s] *(pop.)* duivel; *op zijn ~*, een afstraffing **duvelen** *(pop.)* razen; vallen; gooien **duvelstoejager** [-s] duivelstoejager **duveltje** *o (pop.)* bep. kacheltje

duw *m* stoot **duwbak** door een duwboot voort te bewegen vrachtvaartuig **duwboot** vaartuig tot voortduwing v. andere **duweenheid** geheel v.e. duwboot met een of meer duwbakken **duwen** door druk voortbewegen, drukken, dringen **duwformatie** duweenheid **duwvaart** vrachtvaart met duwboten

D.V. *Deo volente*, als God het wil

dvd *digital versatile disc*, schijfje als opslagmedium voor digitale informatie

dw. dienstwillig, deelwoord

dwaal *v(m)* [dwalen] witlinnen altaardoek

dwaalbegrip vals begrip **dwaalgast** vogelsoort die ergens bij uitzondering wordt waargenomen **dwaalgeest** iem. met dwaalbegrippen **dwaalleer** onjuiste leer **dwaallicht** vlammetje v. verbrandend moerasgas; verkeerde leider **dwaalspoor** *op een ~ brengen*, misleiden; *op een ~ zijn*, zich vergissen **dwaalweg** verkeerde weg

dwaas *bn & bw & m* [dwazen] gek (iem.) **dwaasheid** *v* [-heden] dwaas zijn, dwaas iets

dwalen op de verkeerde weg zijn; zonder doel rondlopen; zich vergissen **dwaling** *v* verkeerd begrip; vergissing

dwang *m* het dwingen

dwangarbeid arbeid als straf **dwangarbeider** wie dwangarbeid moet verrichten

dwangbevel bevel tot betaling van achterstallige belasting **dwangbuis** *o* [-buizen] jak om krankzinnigen en gevangenen in bedwang te houden **dwangmaatregel** maatregel om te dwingen **dwangma'tig** *bn & bw* van binnenuit opgedrongen **dwangmiddel**

middel om te dwingen **dwangneurose** neurose waarbij men aan iets geen weerstand meer kan bieden **dwangsom** geldboete als dwangmiddel **dwangverzekering** bij de wet voorgeschreven verzekering **dwangvoorstelling** idee-fixe

dwarrelen wervelend zweven

dwars *bn & bw* (ongeveer) loodrecht op iets anders; zich verzettend; ~ *zitten*, hinderen; (als eerste deel v.e. ss geeft het vaak aan dat het genoemde zich loodrecht op het geheel bevindt **dwarsbomen**); [dwarsboomde, gedwarsboomd] tegenwerken **dwarsdraads** *bn & bw* dwars op de draad

dwarsdrijven dwarsbomen **dwarsdrijverij'** *v* het dwarsbomen

dwarsdrukcompensatie *v* mechanisme aan een platenspeler dat ter compensatie v.d. (door wrijving tussen naald en plaat ontstane) naar binnen gerichte kracht een naar buiten gerichte kracht op de arm uitoefent **dwarsfluit** fluit die dwars tegen de mond bespeeld wordt **dwarsgebakken** *bn* van op een bepaalde wijze gekneed deeg; *(fig.)* dwaas **dwarsheid** *v* het tegenstribbelen **dwarskijker** *m* [-s] spion **dwarskop** *m* [-pen] wie anders wil **dwarslaesie** ‹aes=eez› *v* [-s] onderbreking v.d. zenuwgeleiding in het ruggenmerg **dwarsligger** *m* [-s] biels; wie medewerking weigert **dwarsschip** dwarsbeuk **dwarste** *in de ~*, overdwars

dweepziek *bn & bw* geneigd tot dwepen

dweepzucht *v(m)* geneigdheid tot dwepen **dweepzuch'tig** *bn & bw* dweepziek

dweil **I** *m* lap waarmee vloeren nat schoongemaakt worden; slecht levend mens; dronkenman **II** *v* slet, straatmeid **dweilen** met een dweil schoonmaken; doelloos op straat rondzwerven

dwepen overdreven bewondering of aanbidding hebben **dweperij'** *v* het dwepen

dwerg *m* zeer klein mens; (als eerste lid van ss geeft het een kleine variëteit aan) **dwergachtig** *bn* als een dwerg; zeer klein **dwergvolk** volk van kleine mensen

dwingeland tiran **dwingelandij** *v* tirannie

dwingen [dwong, gedwongen] noodzaken, forceren; zijn zin trachten door te drijven **dwingend** *bn* waarvan niet mag worden afgeweken; overtuigend **dwingerig** *bn & bw* proberend zijn zin door te drijven **dwingerij'** *v* het dwingen

d.w.z. dat wil zeggen

Dy *(schei.)* dysprosium

dyna'mica ‹y=ie› *v* leer v.d. bewegingsverschijnselen **dynamiek'** *v* vaart; leer en gebruik v.d. sterktegraden

dynamiet' ‹y=ie› *o* bep. ontploffingsstof

dyna'misch ‹y=ie› *bn* wat de kracht(enleer) betreft; vol beweging, vol kracht; met toestellen die zwaarder zijn dan de lucht

dyna'mo ‹y=ie› *m* [-'s] toestel dat elektriciteit opwekt **dyna'mome'ter** *m* [-s] krachtmeter

dynastie' ‹y=ie› *v* [-ën] vorstenhuis; regerende familie **dynastiek'** *bn* het vorstenhuis betreffend

dyne ‹y=ie› *m* [-s] krachtseenheid

DYNO ‹y=ie› *dynamisch open verlichting*, alleen tijdens spitsuren en bij slechte weersomstandigheden brandende verlichting

dys- ‹y=i› (als eerste woorddeel); slecht **dysartrie'** *v* spraakstoornis **dysenterie'** ‹y=i› *v* diarree met bloedige ontlasting **dysfasie'** ‹sie=zie› *v* onvermogen om woorden en zinnen te vormen **dysfemie'** uitdrukking waarmee men een begrip grover en platter omschrijft

dyslec'tisch ‹y=i› *bn* aan dyslexie lijdend **dyslexie'** *v* stoornis in het vermogen om te lezen **dyspepsie'** *v* slechte spijsvertering **dysplasie'** *v* ontwikkelingsstoring door te weinig weefselvorming; abnormale celgroei; afwijking **dyspneu'**, **dyspnoe'** ‹pneu› *v* kortademigheid **dystrofie'** ‹y=i› *v* onderontwikkeling door stoornis in de voedseltoevoer

E

e *v* [-'s] vijfde letter van ons alfabet; halverwege boven in de mond gevormde voorklinker; derde toon v.d. diatonische toonladder, mi
e.a. en andere(n)
eau de colog'ne ‹oodeklonje› *v(m)* met oliën bereid reukwater **eau-de-colog'nefles** fles voor eau de cologne
eau de toilette' ‹oodetwalet› *v(m)* [eaux de toilette] reukwater met geringere concentratie dan parfum
eb(be) *v(m)* laagtij
ebben I *ww* eb worden, na de vloed afgaan; achteruitgaan **II** *bn* (als) van ebbenhout
ebbenboom boom die ebbenhout levert
ebbenhout hard hout v.d. Diospyros ebenum **ebbenhouten** *bn* van ebbenhout
eboniet' *o* gevulkaniseerd caoutchouc **ebonie'ten** *bn* v. eboniet
e-business ‹ie-biznis› *de* [-es] zaken doen via internet; bedrijf dat zaken doet via internet
ecarte'ren opzij schuiven, verwijderen
ECB Europese Centrale Bank
ecce-ho'mo ‹cc=tsj› *o* [-'s] afbeelding van Jezus met de doornenkroon; zie de mens
e.c.g. elektrocardiogram
echec' ‹eesjek› *o* [-s] mislukking; *in ~*, in bedwang
echelon' ‹eesjelon› *m* [-s] kleine zelfstandig optredende troepenafdeling die door andere wordt gevolgd; organisatieniveau **echelonne'ren** in echelons opstellen
echo *m* [-'s] weerklank; echogram **echoën** [echode, geëchood] een echo geven, als echo nazeggen **echogedicht** gedicht waarin het slot v.e. regel als echo wordt herhaald **echografie'** [-ën] methode om v.e. foetus of v.e. inwendig orgaan door middel van geluidsgolven een afbeelding te maken **echogram'** *o* [-men] door middel van echografie gemaakte afbeelding **echolalie'** *v* geestesziekte waarbij de woorden v.e. ander herhaald worden **echolood** *o* toestel om met behulp v.e. echo te peilen **echoput** put met flinke echo **echoscopie'** *v* [-ën] het verkrijgen v.e. beeld v.e. ongeboren kind of v. inwendige organen door middel van geluidsgolven
echt I *m (plecht.)* huwelijk; *in den ~ verbinden*, trouwen **II** *bn & bw* huwelijks-; werkelijk, waar, onvervalst; prettig; uit een wettig huwelijk **echtbreken** echtbreuk plegen **echtbreuk** *v* overspel **echtelieden** *mv* echtgenoten **echtelijk** *bn & bw* betrekking hebbende op het huwelijk
echten wettig (laten) verklaren; officieel opnemen
echter *bw* evenwel
echtgenoot getrouwde man **echtgenote** [-s] getrouwde vrouw **echtpaar** gehuwd paar
echtscheiding *v* ontbinding v. huwelijk **echtscheidingsconvenant** *o* [-s] door beide partijen gemaakte afspraken bij een echtscheiding
echtschennis overspel **echtverbintenis**, **echtvereniging** huwelijk
éclat' ‹eeklà› *o* luister; opzien, schandaal **eclatant'** *bn & bw* schitterend; verbluffend
eclec'ticus *m* wie uit verschillende stelsels de beste bestanddelen kiest **eclec'tisch** *bn & bw* het beste uitkiezend
eclips' *v(m)* verduistering **eclipse'ren** *h/z* verduisteren; zich uit de voeten maken
eclip'tica *v* aardbaan
ec'loge ‹eklogee› *v* [-'s] herdersgedicht
eco- *als eerste deel van ss*: om aan te duiden dat het in het tweede deel genoemde betrekking heeft op het natuurlijk milieu of op een milieuvriendelijke manier wordt vervaardigd
ecoduct' *m/o* doorgang waarlangs wild een autoweg kan passeren
ecologie' *v* leer v.d. betrekkingen tussen levende wezens onderling en met de levenloze omgeving **ecolo'gisch** *bn & bw* volgens of betreffende de ecologie
e-commerce ‹ie-kommeurs› het elektronisch handel drijven
econometrie' *v* wiskundige beoefening v.d. economie
economie' *v* welvaartsleer; zuinigheid, doelmatigheid **econo'misch** *bn & bw* staathuishoudkundig; bedrijfs-; zuinig, doelmatig **economise'ren** ‹s=z› bezuinigen, zuinig te werk gaan **economist'** [-en], **econoom'** [-nomen] *m* staathuishoudkundige; die belast is met de huishouding
eco'nomy class ‹iekonnomie klàs› goedkoopste klasse in personenvervoer **ecoprogramma** wasmachineprogramma waarbij minder energie voor het opwarmen wordt gebruikt **ecostroom** elektriciteit uit zonlicht of windkracht of waterkracht **ecosysteem** wisselwerking van planten en dieren in een bep. gebied **ecotaks** *m* [gmv] heffing om energieverbruik terug te dringen
ecru' *bn* ongebleekt, geelachtig wit
ecstasy ‹ekstasie› *v(m)* [gmv] met benzedrine vervaardigd hallucinerend middel
e.c.t. elektroconvulsietherapie, elektroshock
ecu *m* [-'s] *European currency unit*, Europese munteenheid
eczeem' *o* huiduitslag
e.d. en dergelijke(n)
edam'mer *m* [-s] bolronde kaas
edel *bn & bw* hoogstaand; adellijk; voortreffelijk; (v. metaal) niet roestend; (v. gas) zich niet met andere stoffen verbindend; *~e delen*, levensorganen; mannelijke voortplantingsorganen **edelacht'bare** aanspreekvorm voor rechters; **edelgesteente** *o* [-n] kostbaar gesteente dat harder is dan kwarts **edelgrootacht'baar** *bn* (bep. titel) **edelhert** hert v.d. soort, Lat. Cervus elaphus **edelhoogacht'baar** *bn* (bep. titel) **edelman** [-lieden] man v. adel **edelmoe'dig** *bn & bw*

edel; onzelfzuchtig **edelsmid** vervaardiger v. kunstvoorwerpen in edel metaal **edelstaal** *o* zeer goed, roestvrij staal **edelsteen** stuk edelgesteente **edelvrouw** vrouw v. adel

edelweiss *o* in het hooggebergte groeiende witviltige plant v.d. soort Leontopodium alpinum

edict' *o* verordening

edison *m* [-s] Nederlandse onderscheiding voor muziekopnames

edi'tie *v* [-s] uitgave, druk

edoch' *vgw (plecht.)* doch

educatief' *bn* opvoedings-

educt' *o* door technisch bewerken v.e. grondstof ontstaan product

eed *m* [eden] het zweren; het gezworene **eedbreuk** *v(m)* het schenden v.d. eed

eedgenoot bondgenoot bij ede **eedgenootschap** bondgenootschap

e.e.g. elektro-encefalogram

EEG Europese Economische Gemeenschap

eega *m-v* [-a's, -aas] echtgenoot, echtgenote

eekhoorn *m* [-s] klein knaagdier v.h. geslacht Sciurus **eekhoorntjesbrood** eetbare paddestoel v.d. soort Boletus edulis

EEL *extra extra large*, uitzonderlijk groot

eelt *o* verharding v.d. opperhuid **eelt(er)ig** *bn* met eelt

een **I** *telw* 1; nummer 1 **II** *v(m)* [enen] cijfer 1 **III** *bn* onafscheidelijk; *ene*, een zekere; *een-twee-drie*, terstond **eenakter** *m* [-s] spel in één bedrijf **eenbes** *v(m)* [-sen] lelieachtige bosplant met per stengel één zwarte bes, Lat. Paris quadrifolia

eend *v(m)* algemene benaming voor zwemvogel uit de familie der Anatinae; *(fig.)* domoor; bep. autotype; *een vreemde ~ in de bijt*, een vreemde

eendaags *bn* eens per dag; één dag geldig, één dag durend **eendagsvlieg** haft; *(fig.)* wat slechts korte tijd blijft

eendekker *m* [-s] vliegmachine met één paar vleugels

eendelig *bn* uit één deel bestaand

eendenkooi inrichting om wilde eenden te vangen

***eendenkroos** *(Wdl. eendekroos)* *o* [gmv] een of meer eenjarige groene plantjes aan het oppervlak van stilstaand water

eender *bn & bw* gelijk

eendracht *v(m)* eensgezindheid **eendrach'telijk** *bw* eendrachtig **eendrach'tig** *bn & bw* eensgezind

eendui'dig *bn* ondubbelzinnig

eendvogel eend als spijs

eeneiig *bn* uit dezelfde eicel voortgekomen

eenender'tigen bep. kaartspel spelen waarbij men met 31 punten wint **eenentwin'tigen** bep. kaartspel spelen waarbij men met 21 punten wint

een-en-twintigste-eeuws' *bn* uit de 21e eeuw

eengezins'woning woning voor één gezin

eenheid *v* [-heden] het niet verdeeld zijn; aangenomen maat voor grootte of hoeveelheid; gelijkheid; wat niet verdeeld is; legerafdeling; groep die voor een bijzonder doel samenwerkt; oorlogsvaartuig **eenheidsformaat** algemeen toegepast formaat **eenheidsprijs** prijs per eenheid; voor alles gelijke prijs **eenheidstarief** voor alles of allen gelijk tarief **eenheidsworst** *v(m) (fig.)* iets wat door volstrekte gelijkvormigheid als onaantrekkelijk wordt beschouwd

eenhelmig *bn* met één meeldraad **eenhoevig** *bn* met één hoef aan elke poot **eenhokkig** *bn* met slechts één holte voor het vruchtbeginsel **eenhoorn** *m* [-s] fabelachtig paard met gedraaide hoorn op het hoofd **een'hui'zig** *bn* met mannelijke en vr. bloemen aan dezelfde plant **eenjarig** *bn* één jaar oud; één jaar durende **eenken'nig** *bn* bang voor vreemden **eenling** enkeling; eenzelvig iem.

eenmaal *bw* één keer; (ter aanduiding dat iets niet te veranderen is) **een'ma'lig** *bn & bw* slechts één keer voorkomend; voor één keer bestemd **eenmanszaak** door één persoon gedreven zaak **eenoog** *m-v* [-ogen] persoon met één oog **eenou'dergezin** gezin zonder of vader of moeder **eenpansmaaltijd** maaltijd in één pan klaargemaakt **eenpa'rig** *bn & bw* gelijkmatig; eenstemmig **eenpersoons** voor één persoon **eenpitter** *m* [-s] kooktoestel met één pit; eenmanszaak **eenponder** *m* [-s] voorwerp v. één pond; kanon voor kogels v. één pond **eenrichtingsverkeer** voor voertuigen slechts in één richting toegestaan verkeer

eens **I** *bw* éénmaal; in zekere tijd; (ook ter verzachting bij bevelen); *niet ~*, zelfs niet; *~ zo*, tweemaal zo **II** *bn het ~ zijn*, van dezelfde mening zijn; *het met zichzelf niet ~ zijn*, nog weifelen **eensdeels** *bw* voor één deel; van de ene kant **eens'gezind'** *bn* eendrachtig **eensklaps** *bw* plotseling

eenslach'tig *bn* van één geslacht of mannelijk of vrouwelijk

eensluidend *bn* gelijkluidend

eenspan voertuig met één paard **eensteens** *bn* ter dikte v.d. lengte v.e. steen **eensteensmuur** muur met dikte v.d. lengte v. één steen **eenstem'mig** *bn & bw* met voor allen dezelfde melodie; eenparig, met algemene stemmen **eentje** kleine een, een; *in* of *op zijn ~*, alleen **eento'nig** *bn & bw* met weinig afwisseling (v. toon)

een-twee-drie *bw* vlug **een-twee'tje** *o (sp.)* meevoeren v.d. bal door twee medespelers die de bal telkens aan elkaar toespelen

eenverdiener *m* [-s] alleenverdiener **eenvor'mig** *bn* gelijkvormig; eentonig

eenvoud *m* natuurlijkheid; soberheid **eenvou'dig** *bn & bw* ongekunsteld, niet-ingewikkeld, gemakkelijk; weinig ontwikkeld; wars van vertoon; niet voornaam; zonder meer **eenvou'digweg** *bw* gewoon

eenwording *v* het samengaan tot één geheel

eenzaam *bn & bw* alleen; stil **eenzaamheid** *v* het alleenzijn

eenzelf'de *m/v* vnw.. dat overeenkomst aangeeft **eenzel'vig** *bn & bw* teruggetrokken **eenzij'dig** *bn & bw* van één kant (beschouwend)
eer I *bw* vroeger **II** *vgw* voordat **III** *v(m)* lof, aanzien, achting; bezit van achting, wat iem. achting verschaft; eerbetoon; *de laatste ~ bewijzen*, de begrafenis bijwonen (van); *in alle ~ en deugd*, netjes **eerbaar** *bn* kuis, zedig **eerbetoon** *o* blijken v. verering **eerbewijs** blijk v. hoogachting
eerbied *m* gevoel v. bewondering, hoogachting, ontzag **eerbie'dig** *bn* eerbied koesterend of tonend; *op ~e afstand*, op door vrees of eerbied ingegeven afstand **eerbie'digen** eerbied tonen voor **eerbiedwaar'dig** *bn* eerbied verdienend; met een titel beneden die van zalig **eerbiedwek'kend** *bn* eerbied afdwingend
eerdaags *bw* eerstdaags
eerder *bw* liever
eergevoel besef van wat de eer vergt
eergisteren *bw* de dag vóór gisteren
eerherstel herstel van eer; ereboete
eerlang' *bw* binnenkort
eerlijk *bn* te vertrouwen; (v. dieren) zonder verborgen gebreken **eerlijkheidshal've** *bw* om eerlijk te zijn
eerloos *bn & bw* zonder eer, laag **eerroof** het schade toebrengen aan iemands goede naam
eerst I *telw & bn* voorste, voornaamste; best **II** *bw* voor alle anderen; vroeger; in het begin; van tevoren; pas; *in het ~*, aanvankelijk; *voor het ~*, voor de eerste keer; *ten ~e*, het eerst **eerstaanwe'zend** *bn* de eerste onder de aanwezigen **eerstbegin'nend** *bn* pas beginnend **eerst'daags'** *bw* binnenkort **eerstecommunicant'** wie zijn eerste communie doet **eerstedag'envelop** envelop met op de dag van uitgifte afgestempelde postzegel(s) **eerstegraads** *bn* van of in de eerste graad **eerstehulp'verlening** *v* eerste hulp bij ongelukken; dienst die eerste hulp verleent
eerstejaars' *bn & m-v* [mv idem] (student) in het eerste studiejaar **eerstejaars'student** eerstejaars
Eerste Ka'mer *v(m)* één der twee delen v.d. Staten-Generaal **Eerste-Ka'merlid** lid v.d. Eerste Kamer
eersteklas'ser *m* [-s] wie deel uitmaakt v.e. eerste klas, wie in de hoogste afdeling werkt of speelt **eer'stelijns'gezondheidszorg** gezondheidszorg door o.a. huisarts **eersteling** *m (Bijb.)* eerstgeboren stuk vee; eerste vrucht **eersterangs'** *bn ook als eerste deel van ss*: eerste klas **eerstesteen'legging** *v* het leggen v.d. eerste steen
eerstgeboor'te het eerst geboren zijn **eerstgeboor'terecht** recht dat met eerstgeboorte rekening houdt **eerst'geboren** *bn* het eerst geboren
eerst'genoemd' *bn* waarvan het eerst gesproken is **eerst'ko'mend** *bn* die het eerst komt; eerstvolgend
eertijds *bw* vroeger
eervol *bn & bw* met eer; eer bezorgend; *~le vermelding*, bep. onderscheiding; *~ ontslag*, ontslag niet door iets afkeurenswaards veroorzaakt
eervorig *bn* vóór de of het vorige
Eerw. Eerwaarde
eerwaard' *bn* (eenvoudigste titel voor een religieus) **eerwaar'dig** *bn* door ouderdom eerbied afdwingend
eerwraak moord na gezichtsverlies **eerzaam** *bn* braaf
eerzucht zucht naar eer **eerzuch'tig** *bn* vol eerzucht
eest *m* droogvloer **eesten** drogen op een eest
eetbaar *bn* te eten **eetcafé** gelegenheid waar een hoofdmaaltijd wordt verstrekt met niet meer dan 2 warme componenten **eetgelegenheid**, **eethuis** goedkoop restaurant **eetgerei** vaatwerk en gereedschap dat bij het eten gebruikt wordt **eethoek** hoek van kamer om in te eten **eetkamer** kamer om in te eten **eetlepel** lepel om mee te eten **eetlust** trek **eetservies** servies voor diner **eetstokjes** *mv* stel stokjes waarmee Chinezen eten **eettent** eenvoudige eetgelegenheid **eetwaar** voedsel voor mensen **eetzaal** *zie* **eetkamer**
eeuw *v(m)* honderd jaar **eeuwenoud** *bn* zeer oud **eeuwfeest**, **eeuwgetijde** feest als iets een eeuw bestaat of honderd jaar geleden is
eeuwig *bn & bw* altijddurend; erg; *ten ~en dage*, voor altijd **eeuwigheid** *v* [-heden] duur zonder begin of einde; hiernamaals; *van ~ tot amen*, altijd
eeuwwisseling *v* het overgaan naar een volgende eeuw
efemeer', **efeme'risch** ‹fe=fee› *bn & bw* één dag durend; kortstondig
effect' *o* uitwerking; geldswaardig papier; afwijking v.e. bal na aanraking met iets anders ten gevolge van draaiing om de as **effect'bal** *(sp.)* schot of slag waarbij de bal v.d. te verwachten lijn afwijkt **effect'bejag** *o* streven om indruk te maken **effec'tenbeurs** beurs waar effecten worden verhandeld **effec'tenportefeuille** (bezit v.) pakket van effecten **effectief' I** *bn & bw* uitwerking hebbend; werkelijk **II** *o* [-tieven] werkelijk beschikbare manschappen; werkelijk aanwezig geld **effectue'ren** bewerkstelligen
effen *bn & bw* vlak, even; van één kleur; vereffend, quitte; (v.e. gezicht) strak, uitgestreken **effenen** effen maken **effentjes** *(pop.) bw* eventjes
efferent' *bn* wegleidend
effi'ciency ‹effissjensie› *v* doelmatigheid; meest doelmatige inrichting v.e. bedrijf
efficiënt' *bn* doelmatig
effi'gie ‹gie *of* giejee› *in ~*, in afbeelding
EFTA *European Free Trade Association*, Europese Vrijhandelsorganisatie
eg *v(m)* [-gen] landbouwwerktuig met schuin

naar beneden gerichte pinnen
e.g. *exempli gratia*, bijvoorbeeld
EG Europese Gemeenschap
egaal' *bn & bw* effen, gelijkmatig, hetzelfde **egalisa'tie** ‹s=z› *v* [-s] gelijkmaking, vereffening **egalise'ren** gelijkmaken, vereffenen **egalitair'** ‹ai=è› *bn & bw* op voet v. gelijkheid
egard' ‹eeGaar› *m/o* [-s] eerbied, ontzag; bewijs v. beleefdheid
EG'-beleid beleid v.d. Europese Gemeenschap
egel *m* [-s] spitsmuisachtig zoogdier met stekelpantser, Lat. Erinaceus
egelantier' *m* [-s, -en] klimroos met aangenaam ruikend blad, Lat. Rosa rubiginosa
egelstelling ingesloten alzijdig verdedigbare stelling
egelvis tropische vis met stekels v.h. geslacht Diodon
egge *v(m)* [-n] eg **eggen** met de eg werken; *er is met hem te ~ noch te ploegen*, men kan met hem niets beginnen
EGKS Europese Gemeenschap voor Kolen en Staal
EG'-land land dat deel uitmaakt v.d. Europese Gemeenschap
ego *alter ~*, tweede ik **egocen'trisch** *bn & bw* zichzelf tot middelpunt makend **egodocument** geschrift waarin een schrijver iets over zichzelf zegt **egoïs'me** *o* zelfzucht **egoïst** *m* zelfzuchtig iem. **egoïs'tisch** *bn & bw* zelfzuchtig **egotis'me** *o* zelfzucht
egotrip *m* [-s] fantasie waarin de betrokkene de hoofdrol speelt **egotripper** *m* [-s] wie zich in zijn fantasie een hoofdrol toedenkt
Egyp'tisch *bn ~e duisternis*, dikke duisternis
eh, uh hapering uitdrukkend tw
EHBO Eerste Hulp bij Ongelukken
EHBO'-doos trommel met materiaal voor het verlenen v. eerste hulp bij ongelukken **EHBO''er** *m-v* [-s] wie eerste hulp bij ongelukken verleent **EHBO'-post** plaats waar men eerste hulp bij ongelukken verleent
ei I *tw* hé **II** *o* [eieren] cel waaruit embryo ontstaat; vogelei; wat daarop lijkt; doetje; onnozel iem.; *zacht gekookt ~tje*, een kleine moeilijkheid; *eieren voor zijn geld kiezen*, met iets genoegen nemen; *het ~ van Columbus*, een moeilijk probleem met een eenvoudige oplossing; *beter een half ~ dan een lege dop*, liever een beetje dan niets **III** *v(m) korte ~*, combinatie v.d. letters e en i
e.i. elektrotechnisch ingenieur
eiber *m* [-s] *(plecht.)* ooievaar
eicel cel waaruit een organisch wezen ontstaat **eiceladoptie** *v* [-s] het bij zichzelf laten inplanten v.e. bevruchte eicel
eider *m* [-s] eidereend **eiderdons** *o* dons v.d. eidereend **eidereend** duikeend uit Noord-Europa, Lat. Somateria mollissima
eide'ticus [-ci] wie zich scherp visuele waarnemingen herinnert **eide'tisch** *bn* betrekking hebbend op aanschouwing
ei(er)dooier *m* [-s] het geel v.e. ei **eierdop** *m* [-pen] eierschaal **eierdopje** *o* houdertje voor gekookt ei **eier(en)eten** *o dat is het hele ~*, daarop komt het slechts aan **eierkoek** met eieren gebakken, zachte koek **eierkool** steenkool in eivorm **eiermijn** eierveiling **eierpoeder** poeder v. gedroogde eieren **eierpruim** eivormige pruim **eierschaal** schil om een ei; eierschaalporselein **eierschaalporselein** zeer dun porselein **eierstok** orgaan waarin eieren zich ontwikkelen **eierstruif** omelet **eierwekker** wekker voor koken v. eieren
eig. eigenlijk **eigeel** *bn* geel als een eidooier
eigen *bn* van of over iem. of iets zelf; kenmerkend; vertrouwd; met een voorafgaand bez vnw. heeft het in de volkst. de waarde v.e. wederkerend vnw.; *van eigen(s)*, van zelf
eigenaar *m* [-s, -naren] van wie iets is **eigenaar-bewo'ner** *m* [eigenaren-bewoners] wie zowel eigenaar als bewoner v.e. huis is
eigenaar'dig *bn & bw* bijzonder, opmerkelijk; gepast; zonderling
eigenbaat *v(m)* baatzucht **eigenbelang** eigen voordeel
eigendom I *o* [-men] bezit **II** *m* eigendomsrecht **eigendomsrecht** uiteindelijk recht om over iets te beschikken
eigendunk hoge dunk van zichzelf
eigengebakken *bn* door iem. zelf gebakken **eigengebrouwen** *bn* door iem. zelf gebrouwen **eigengemaakt** *bn* door iem. zelf gemaakt **eigengerech'tig** *bn & bw* naar eigen oordeel handelend **eigengereid'** *bn* eigenwijs **eigenhan'dig** *bn & bw* met eigen hand (geschreven)
eigenheimer *m* [-s] bep. aardappel
eigenliefde overdreven liefde tot of ingenomenheid met zichzelf
eigenlijk *bn & bw* echt, werkelijk; welbeschouwd
eigenmach'tig *bn & bw* op eigen gezag
eigennaam individuele naam
eigenschap *v* [-pen] kenmerk
eigenste *bn* zelfde
eigentijds' *bn* van de tijd waarin men leeft
eigenwaan *m* verwaandheid **eigenwaarde** *gevoel van ~*, gevoel van wat men betekent
eigenwijs' *bn & bw* niet van anderen geleerd willende worden
eigenwo'ningforfait *zie* **huurwaardeforfait**
eigenzin'nig *bn & bw* te sterk zijn eigen wil of inzicht volgend
eik *m* inheemse loofboom, Lat. Quercus robur
eikel *m* [-s] vrucht v.d. eik; voorste deel v. mannelijk lid; *(pop.)* onnozel iem.
eikelen *(pop.)* vervelend doen
eiken *bn & o* (van) eikenhout
eikenbladsla roodbruine sla met ingesneden blad **eikenboom** eik **eikenhout** hout v.d. eiken; uit eiken bestaand geboomte **eikenprocessierups** in aaneengesloten rij vooral op eiken kruipende rups
eiland *o* geheel door water omringd land

eilandenrijk uit eilanden bestaand rijk **eilander** *m* [-s] bewoner v.e. eiland **eilandsraad** vertegenwoordigend lichaam op de Nederlandse Antillen

eileider *m* [-s] lichaamskanaal waardoor rijpe eieren gaan

eind *o* uiterste stuk, slot, laatste stuk; dood; besluit; *aan het langste (kortste) ~ trekken*, iets winnen (verliezen); *het bij het goede ~ hebben*, iets goed inzien; *de ~en aan elkaar knopen*, rond komen met het inkomen; *het ~ is er van zoek*, het houdt niet op; *als eerste deel in ss*: aan het eind **eindaccent** accent op het eind **eindcijfer** resultaatcijfer v. berekening **einddiploma** aan het eind v. leergang afgegeven diploma **einddoel** uiteindelijk doel

E

einde *o* [-n] eind; *het ~*, het allerbeste; *te dien ~*, met dat doel; *ten ~ lopen*, aflopen; *ten ~ brengen*, afmaken; *ten ~ raad*, radeloos

eindejaars'uitkering *v* uitkering aan het eind v.h. jaar

eindelijk *bn & bw* aan het einde

eindeloos *bn & bw* zonder einde

einden *h/z* eindigen

einder *m* [gmv] gezichtseind of horizon

eindexamen examen aan het eind van (inz.) m.o.

eindig *bn* met een einde

eindigen *h/z* een einde maken (aan); aflopen, uitlopen; *(taalk.)* uitgaan

eindoordeel uiteindelijk oordeel **eindoorzaak** uiteindelijke oorzaak **eindproduct** wat na vsch. bewerkingen ten slotte verkregen wordt **eindpunt** eind; einddoel **eindrijm** rijm aan het eind v.e. versregel of aan het woordeind **eindsnelheid** snelheid na het doorlopen v.e. bep. baan **eindstand** stand aan het eind v.e. wedstrijd **eindstation** station waar men eindigt **eindverslag** uiteindelijk verslag **eindzege** eindoverwinning

eirond *bn & bw* eivormig

eis *m* wat men vergt; verlangen; voorwaarde; rechtsvordering; wat het openbaar ministerie verlangt

eïs' ‹i=ie› *v(m)* [-sen] met halve toon verhoogde e

eisen vorderen; van de rechter verlangen; vereisen

eisprong *m* het loskomen v.d. eicel uit de eierstok

eivol *bn* propvol

eiwit *o* vloeistof rond dooier; bep. organische stof

ejacula'tie *v* zaadlozing

e.k. eerste kwartier; eerstkomend

EK Europese Kampioenschappen

ekster *v(m)* [-s] kraaiachtige vogel met blauwzwarte en witte veren, Lat. Pica pica **eksteroog** likdoorn

el *v(m)* [-len] oude lengtemaat (69 cm); meetstok v. die lengte

elan' ‹eelãn› *o* vuur; aanloop

eland *m* groot hert uit de poolstreken

elasticiteit' *v* veerkracht

elastiek' *o* gummi; weefsel met gummidraden erin; ringvormig stuk gummi **elastie'ken I** *bn* van elastiek **II** *ww* kinderspel waarbij over strak gespannen elastiek gesprongen wordt **elastiek'je** elastieken bandje **elastiek'springen** bevestigd aan een elastiek v.e. grote hoogte springen **elast'isch** *bn* veerkrachtig

elastomeer' *m* synthetische rubbersoort

elders *bw* op een andere plaats

eldora'do *o* [-'s] *(fig.)* ideaal land, paradijs

elec'tie *v* [-s] keuze, verkiezing **electoraal'** *bn* verkiezings-; keurvorstelijk **electoraat'** *o* [-raten] waardigheid v. keurvorst; de kiezers

elegant' *bn & bw* sierlijk, bevallig

elegie' *v* [-ën] klaaglied **ele'gisch** *bn & bw* als een elegie, klagend

elektricien' ‹cien=sjên› *m* [-s] werkman op het terrein v.d. elektriciteit

elektriciteit' *v* bep. kracht **elektriciteits'centrale** *v* fabriek v. elektrische stroom

elektrifica'tie *v* elektrificeren **elektrifice'ren** inrichten voor elektrische drijfkracht

elek'trisch *bn & bw* door elektriciteit bewogen of veroorzaakt; elektriciteit voortbrengend; elektriciteit betreffende

elektriseer'machine ‹s=z› machine om elektriciteit op te wekken of mee te delen

elektrise'ren ‹s=z› elektriciteit meedelen; werking v. elektriciteit doen ondergaan; schokken, bezielen

elektrocardiogram' *o* [-men] grafiek v.d. beweging v.h. hart **elektrochemie'** *v* wetenschap v.h. verband tussen chemische en elektrische verschijnselen **elektrocu'tie** *v* [-s, -tiën] dood *of* doodstraf door elektriciteit **elektro'de** *v* [-s, -n] metalen toeleiding v. elektriciteit in elektrolyten **elektrodyna'mica** leer v.d. elektrische stromen **elektro-encefalogram'** *o* [-men] registratie v.h. functioneren v.d. hersenen **elektroly'se** ‹lyse=lieze› *v* [-n, -s] ontleding v. chemische verbindingen door elektriciteit **elektrolyt'** ‹y=ie› *m* stof die door elektriciteit ontleed wordt **elektromagneet'** ijzer dat door eromheen geleide elektriciteit magnetisch wordt **elektromagne'tisch** *bn & bw* op werking v. elektromagneten berustend of ermee verband houdend **elektromagnetis'me** *o* (leer v.) verband tussen elektriciteit en magnetisme **elek'tromonteur** elektricien **elek'tromotor** machine die elektriciteit omzet in mechanische kracht **elektromoto'risch** *bn & bw* met elektrische beweegkracht, elektromotoren betreffende

elek'tron *o* elementair deeltje met kleinste hoeveelheid negatieve elektriciteit; bep. legering van aluminium en magnesium **elektro'nenflitser** met elektriciteit werkende flitser

elektronica wetenschap over de verschijnselen v. elektronen in verdunde gassen

elektro'nisch *bn* door elektronen werkend

elektroscoop' *m* [-scopen] toestel voor het

constateren v. elektriciteit **elektroshock** ‹sh=sj› door stroomstoot verwekte shock **elektrosta'tica** *v* leer v.d. elektrische ladingen in rust **elektrotech'nicus** [-ci] beoefenaar v.d. elektrotechniek **elek'trotechniek** *v* met elektriciteit werkende techniek **elek'trotherapie** geneeswijze met elektriciteit

element' *o* bestanddeel, grondstof; toestel waarin chemisch elektriciteit wordt opgewekt; omgeving waar men zich thuis voelt; zitelement; *(mv)* eerste beginselen; *de ~en gaan te keer*, het is noodweer; *de strijd der ~en*, noodweer **elementair'** ‹ai=è› *bn* waar men van uit moet gaan, aanvangs-

eleva'tor *m* [-s, -en] inrichting voor het lossen of hijsen v. goederen

elf I *telw* 11 **II** *v(m)* [elven] teken voor 11 **III** *m-v* [-en] mythisch wezen in de gestalte v.e. boze geest of dwerg of kleine vrouw **elfde** *telw* nummer 11, 1/11

elfenbankje *o* bep. steelzwam

elfender'tigst *op zijn ~e*, langzaam

elfmeter *(Belgned.) (sp.) m* [-s] strafschop

elfste'dentocht schaatswedstrijd langs elf Friese steden

elftal *o* [-len] verzameling v. elf; ploeg v. elf voetballers

elide'ren uitstoten, uitlaten

elimina'tie *v* [-s] elimineren **elimine'ren** verwijderen

eli'sie ‹s=z› *v* [-s] weglating inz. v.e. onbeklemtoonde klinker

elitair' ‹ai=è› *bn* kenmerkend of uitsluitend bedoeld voor een elite; gericht op de elite **eli'te** *v(m)* keur; bevoorrecht deel v.d. maatschappij

eli'xer, **eli'xir** *o* [-s] stroperig aftreksel v. kruiden; soort likeur

elk *vnw.* ieder

elkaar', **elkan'der** *wederkerig vnw.* met een vz samen wordt vaak een onderlinge aansluiting uitgedrukt; *in ~*, ineengedrongen; *in elkaar slaan*, door slaan; zwaar mishandelen; *voor elkaar*, klaar **elkeen** *vnw.* ieder

elleboog *m* [-bogen] tussen bovenarm en benedenarm gelegen stuk v.h. lichaam; deel v. mouw bij dit lichaamsdeel; rechthoekig gebogen pijp; *het achter de ~ hebben*, stiekem zijn; *zijn ellebogen gebruiken* of *met de ellebogen werken*, zijn mededingers op niet faire wijze verdringen

ellen'de *v(m)* [-n] rampspoed **ellen'delaar** *m* [-laren] ellendeling **ellen'deling** *m* schurk **ellen'dig** *bn & bw* rampzalig, beroerd

ellenlang *bn* zeer lang

ellepijp *v(m)* dikste v.d. onderarmbeenderen

ellie *m* [-s] *(sp.)* stoot met de elleboog

ellips' *v(m)* langwerpig-ronde kegelsnede; uitlating v. woorden **ellipsoï'de** *v* [-n] lichaam met een ellips als doorsnede **ellip'tisch** *bn* ellipsvormig; een ellips bevattend

elm(u)svuur bij onweerachtige atmosfeer waargenomen vlammetjes aan de top v.e. spits voorwerp

elocu'tie *v* uitspraak; welbespraaktheid

eloquent' ‹qu=kw› *bn* welsprekend **eloquen'tie** *v* welsprekendheid

elpee' *m* [-s] langspeelplaat

elpenbeen *(plecht.)* ivoor **elpenbenen** *bn* ivoren

els I *m* [elzen] loofboom v.h. geslacht Alnus **II** *v(m)* [elzen] gebogen priem **elzen** *bn* elzenhouten **elzen-** v.e. els **elzenhouten** *bn* v. elzenhout **elzenkatje** *o* bloeiwijze v.d. els **elzenprop** *v(m)* vruchtkegel v.d. els

em., **emer.** emeritus

Em. Eminentie

e-mail ‹ie-meel› *m* elektronische post, post per computer **e-mailadres** virtueel adres op internet waar men e-mail kan ontvangen en versturen

email' ‹eemaj› *o* smeltglas, brandverf; tandglazuur **emaille'ren** ‹eemajeren› met email dekken

emana'tie *v* [-s] uitvloeiing, uitstraling **emanatis'me** *o* leer dat alles door emanatie is ontstaan

emancipa'tie *v* gelijkstelling voor de wet; vrijmaking **emancipato'risch** *bn* met betrekking tot of gericht op emancipatie **emancipe'ren** vrijmaken; gelijkstellen

emballa'ge ‹ãmballaazje› *v* verpakking **emballe'ren** verpakken, inpakken

embar'go *o* beslag op schepen

embarke'ren ‹em *of* ãm› *h/z* inschepen

embleem' *o* [-blemen] zinnebeeld

embolie' *v* verstopping v.e. bloedvat

embonpoint' ‹ãmbõnpwẽn› *o* [-s] buikje

embouchu're ‹amboesjure› *v* [-s] mondstuk v.e. blaasinstrument; vaardigheid om op zo'n mondstuk te blazen

embras'se *v* [-s] band om een gordijn schuin te hangen

em'bryo *o* [-'s] wezen in het eerste stadium **embryologie'** *v* wetenschap betreffende het embryo **embryonaal'** *bn* als v.e. embryo; in kiem **embryotransplantatie** het overplaatsen v.e. embryo van de baarmoeder v.d. ene vrouw in die v.e. andere

emelt' *v(m)* larve v.d. langpootmug

emenda'tie *v* [-s] emenderen; geëmendeerde plaats **emende'ren** verbeteren

emerald' I *o* smaragd **II** *bn* smaragden

emeritaat' *o* ambtsrust met pensioen **eme'ritus I** *bn* rustend **II** *m* [-ti] rustend iem.

emfa'se ‹emfaaze› *v* nadruk **emfa'tisch** *bn & bw* met nadruk

emfyseem' ‹ys=iez› *o* [-semen] zwelling

emigrant' *m* wie emigreert **emigra'tie** *v* [-s] emigreren **emigre'ren** *z* als landverhuizer wegtrekken

eminent' *bn* voortreffelijk **eminen'tie** *v* [-s] voortreffelijkheid; titel van kardinalen

emir *m* [-s] Arabische vorst

emis'sie *v* [-s] uitgifte van waardepapieren; lozing; uitstoot v. gassen **emis'siebank** bank die emissies verzorgt

emittent' *m* bank die effecten aan de markt brengt **emitte'ren** effecten uitgeven

E

emmentaler *m* harde zoetige Zwitserse kaas
emmer *m* [-s] vat met hengsel
emmeren zeuren
emoe *m* [-s] drietenige Australische struisvogel, Lat. Dromaeus Novae Hollandiae
emolumen'ten *mv* bijverdiensten
emo'tie *v* [-s] gemoedsbeweging **emotioneel'** *bn* vatbaar voor emoties; vol emotie
empathie' *v* zich in anderen invoelen
empi're *bn* volgens de stijl onder Napoleon
empi'ricus *m* [-ci] wie alleen op ervaring afgaat **empirie'** *v* ervaring **empi'risch** *bn & bw* op ervaring steunend **empiris'me** *o* het alleen op de ervaring afgaan
emplacement' ‹ãmplassemẽn› *o* terrein
emplooi' *o* gebruik; betrekking, werk
employabiliteit' ‹ãmplwaja-› *v* zorg voor geschikte werkkrachten **employé'** ‹ãmplwajee› *m* [-s] beambte **employee'** *v* [-s] vrouwelijke beambte **employe'ren** gebruiken
EMS Europees Monetair Stelsel
EMU Europese Monetaire Unie
emulga'tor *m* [-en, -s] voor emulsie gebruikte stof
emul'sie ‹s=z› *v* [-s] mengsel met vloeistof
en *vgw* benevens; ~ *of!*, stellig!
en bloc' ‹en=ãn› in zijn geheel
encadre'ren omlijsten; in de kaders verdelen
encanaille'ren ‹ãnkanajeeren› *zich* ~, zich inlaten met mensen van minder allooi of beneden zijn stand
encefali'tis *v* hersenontsteking **encefalograaf'** *m* [-grafen] voltmeter voor de elektrische activiteit der hersenen **encefalogram'** *o* [-men] het door een encefalograaf geregistreerde
encla've ‹en=ãn *of* en› *v(m)* [-s] rondom door vreemd gebied ingesloten gebied
encli'se, encli'sis ‹s=z› *v (taalk.)* nauwe aansluiting aan het voorafgaand woord gepaard gaande met accentverlies **encli'tisch** *bn & bw* in enclisis
encycliek' *v* pauselijke zendbrief
encyclopedie' *v* [-ën] zaakwoordenboek; oriënterende inleiding tot bep. studie **encyclope'disch** *bn & bw* veelzijdig; als in een encyclopedie
end *zie* **eind**
endeldarm eind v.h. darmkanaal
endemie' *v* [-ën] aan een bep. streek gebonden ziekte **ende'misch** *bn* aan bep. streek gebonden
en depot' ‹ãn deepoo› in bewaring voor verkoop
en detail' ‹ãn deetaj› in het kleine, in kleinigheden
endocardi'tis *v* ontsteking v.d. binnenbekleding v.h. hart
endocrien' *bn* met inwendige afscheiding **endocrinologie'** *v* leer over vorming en werking v.d. afscheidingsproducten v.d. endocriene klieren
endogamie' *v* zede een vrouw te kiezen uit eigen stam
endogeen' *bn* van binnen afkomstig
endoplas'ma vloeibaar binnenste deel v.e. cel
endoscoop' *m* [-scopen] bep. instrument om het inwendige van organen te bekijken
endotherm' *bn (schei.)* warmte opnemend
endossa'bel ‹en=ãn› *bn* overdraagbaar **endossement'** *o* endosseren **endosse'ren** wissel aan ander overdragen
enenmale *ten* ~, geheel en al
energe'tica *v* [gmv] leer v.h. arbeidsvermogen
energie' ‹g *of* zj› *v* [-ën] geestkracht; arbeidsvermogen; *elektrische* ~, arbeidskracht v. elektriciteit **energie'bedrijf** bedrijf waarin energie wordt opgewekt en/of afgeleverd **energie'crisis** kritieke situatie door te geringe beschikbaarheid v. bronnen v. energie **energie'drank** drank die extra energie verschaft **energie'heffing** *v* toeslag op gebruik van fossiele brandstof **energiek'** ‹g=zj› *bn & bw* vol geestkracht **energie'verbruik** gebruik v. brandstof en elektriciteit
enerve'rend *bn* zenuwslopend; opwindend
enerzijds *bn & bw* van één kant
en fa'ce ‹ãn fas› met het gezicht erheen
en famil'le ‹ãn famieje› in de huiselijke kring
enfant terri'ble ‹ãnfãn terrieble› *o* [enfants terribles] vervelend kind; indiscreet persoon
enfin' ‹ãnfẽn› *tw* kortom; toe dan maar
eng *bn & bw* nauw, beperkt; akelig
engagement' ‹ãn-gaazjement› *o* contract; verloving **engage'ren** in dienst nemen; *zich* ~, zich verbinden; zich verloven
engel *m* hemelgeest; lief iem. **engelbewaarder** *m* [-s] engel om een bep. mens te beschermen **engelenbak** goedkoopste rang in theater **engelengeduld** *o (fig.)* groot geduld **engelenhaar** witte haarachtige kerstboomversiering van glaswol **engelenmis** mis voor overleden kind
Engels *bn* van Engeland; *~e ziekte*, rachitis; *~e sleutel*, schroefsleutel met verstelbare opening; ~ *zout*, magnesiumsulfaat
engelwortel *m* schermbloemige plant met witte bloemen, Lat. Angelica archangelica
engerd *m* [-s] eng iem.
engerling *m* larve v. meikever
en gros' ‹ãn Groo› in het groot **en-gros'handel** handel in het groot
engte *v* [-n, -s] het eng zijn; nauwe doorgang **engtevrees** claustrofobie
enharmo'nisch *bn (muz.)* gelijk van hoogte
enig *bn, bw & vnw.* waarvan geen tweede bestaat; onvergelijkelijk; een of ander, welke ook; *(inz. in het mv.)* sommige **enigerlei** *bn* van een of andere soort **enigerma'te** *bw* enigszins **enigerwijs'**, **enigerwij'ze** op een of andere manier **eniggeboren** *bn* waarvan er slechts één geboren is
enig'ma *o* [-'s, -mata] raadsel **enigma'tisch** *bn & bw* raadselachtig
e'nigszins' *bw* enigermate

enjambement' ‹enj=ânzj *of* enj› *o* het doorlopen v.e. woordgroep op de volgende versregel **enjambe'ren** enjambement vormen
enk *m* bouwland, bijeenliggend bouwland **enkdorp** dorp met enken of met een enk
enkel I *m* [-s] gewricht dat voet en been verbindt **II** *bn, bw, vnw. & telw* niet dubbel, niet samengesteld, alleen **enkeldakstent** tent met dak v. één laag
enkeling individu
enkelkous elastische kous om de enkel te verstevigen
enkelspel spel van één tegen één **enkelspoor** één stel rails voor verkeer in beide richtingen **enkeltje** *o* biljet voor een enkele reis **enkelvoud** *o* categorie die uitdrukt dat het aantal één is **enkelvou'dig** *bn* niet samengesteld; *(jur.) ~e kamer*, zitting met één rechter **en'kelzij'dig** *bw* aan één kant
en mas'se ‹ân mas› in menigte
enorm' *bn & bw* geweldig **enormiteit'** *v* buitensporige grootte; grote domheid
en passant' ‹ân passân› terloops
en petit' comité' ‹ân ptie› in intiem gezelschap
en plein public' ‹ân plèn publiek› in het openbaar
en profil' ‹ân proofiel› van ter zijde gezien
enquê'te ‹ânkète› *v(m)* [-s] onderzoek waarbij aan veel personen vragen gesteld worden **enquête'ren** e. enquête houden **enquêteur'** *m* [-s] wie een enquête houdt **enquêtri'ce** ‹ice=iese› *v* [-s] vr. enquêteur
enscene'ren ‹ânsenneeren› in scène zetten, voor het toneel gereedmaken
ensem'ble ‹ânsâmble› *o* [-s] gezelschap; geheel
ent *v(m)* loot die in een andere boom wordt gehecht
entame'ren ‹en=ân› beginnen
enten een ent aanbrengen
enten'te ‹ântânte› *v(m)* vriendschappelijke verstandhouding
enter *m* [-s] éénjarig dier; *(comp.)* toets om de invoer van gegevens te bevestigen
enteren *h* (gez. v.e. schip) aanvallenderwijze betreden, in het tuig klimmen **enterhaak** haak om mee te enteren
enteri'tis *v* darmontsteking
enterokok' *m* [-ken] vooral in darmen voorkomende streptokok
entertai'ner ‹ai=ee› *m* [-s] wie het publiek vermaakt
enthousias'me ‹antoeziasme› *o* geestdrift **enthousiasme'ren** enthousiast maken **enthousiast'** *bn, bw & m* geestdriftig (iem.) **enthousias'teling** enthousiast iem.
entiteit' *v* wezen, wezenlijkheid
entomograaf' *m* [-grafen] beschrijver van insecten **entomografie'** *v* insectenbeschrijving **entomoliet'** *m* versteend insect **entomologie'** *v* insectenkunde **entomoloog'** *m* [-logen] insectenkenner
entoura'ge ‹ântoeraazje› *v* [-s] omgeving
entr'ac'te ‹ântrakt› *v(m)* [-s, -n] pauze tussen bedrijven; muzikaal tussenspel; sigaartje
entreco'te ‹ântrekot› *v(m)* [-s] biefstuk met randje vet
entre-deux' ‹ântredeu› *o/m* [-s] kanten tussenzetsel
entree' ‹ântree› *v* [-s] toegang; toegangsprijs; voorgerecht
entremets' ‹ântremè› *o/m* tussengerecht
entrepot' ‹ântrepoo› *o* [-s] opslagplaats (van nog niet ingeklaarde goederen)
entresol' ‹ântresol› *m* [-s] lage tussenverdieping
entstof stof waarmee geënt wordt
enure'sis *v* onwillekeurige lozing van urine
envelop'(pe) ‹en=ân› *v(m)* [-pen] omslag
enz. enzovoort
enzovoort(s)' en dergelijke
enzym' *o* ferment
e.o. *ex officio*, ambtshalve; en omstreken
EO Evangelische Omroep
EOE-index *European options exchange*, beursindex v.h. koersgemiddelde v.d. optiebeurzen in de EG
eoliet' *m* voor-paleolithische steen
Eozoïcum *o* tweede geologisch hoofdtijdperk
e.p. *ex professo*, beroepshalve; *en personne*, in eigen persoon; *extended play*, verlengde speelduur
EP Europees Parlement
epac'ten *mv* op 1 jan. sinds de laatste nieuwe maan verlopen aantal dagen
epate'ren verbluffen
epaulet' *v(m)* [-ten] *(mil.)* schouderbelegsel
e-pay ‹ie-pee› betalen met creditcard via het internet
epen'thesis ‹th=t, s=z› *v* inlassing v. medeklinker **epenthe'tisch** *bn* ingelast
epibre'ren onder een schijn van belangrijkheid met onbelangrijk werk bezig zijn
epicen'trum *o* aardbevingshaard
epicondyli'tis *v* tennisarm
epicu'risch *bn & bw* epicurisme aanhangende, genotzuchtige **epicuris'me** *o* leer van Epicurus; genotzucht **epicurist'** *m* aanhanger v. epicurisme **epicuris'tisch** *bn & bw* epicurisch
epidemie' *v* [-ën] verbreid optredende besmettelijke ziekte **epide'misch** *bn & bw* met karakter v. epidemie
epider'mis *v(m)* opperhuid
epidiascoop' *m* projectielantaarn ook voor niet doorschijnende afbeeldingen
epiek' *v* (leer van) epische gedichten
epify'se *v* [-n, -s] groeischijf
epifyt' *v(m)* gastplant
epigoon' *m* [-gonen] weinig begaafd volgeling in de kunst
epigraaf' *m* [-grafen] opschrift
epigram' *o* [-men] puntdicht **epigramma'tisch** *bn & bw* als in een epigram, epigram-
epilepsie' *v* vallende ziekte **epilep'ticus** *m* [-ci] lijder aan vallende ziekte
epile'ren ontharen
epiloog' *m* [-logen] nawoord
epineus' *bn* netelig

E

episch *bn & bw* verhalende poëzie uitmakend of dichtend
episcoop' *zie* **epidiascoop**
episcopaal' *bn* bisschoppelijk; anglicaans **episcopaat'** *o* [-paten] bisschoppelijke waardigheid; bisdom; de bisschoppen
episo'de *v* [-n, -s] deel v. verhaal
epis'tel *o of m* [-s] brief; *(r.-k.)* lezing v.e. brief v.d. apostelen of een ander deel v.h. Nieuwe Testament tijdens de mis
epistemologie' *v* wetenschap v.d. kennis

E

epistolair' ⟨ai=è⟩ *bn* het schrijven v. brieven betreffend
epitaaf' [-tafen], **epitafium** [-s, -fia] *o* grafschrift; tombe
epithalaam' [-lamen], **epithala'mium** [-mia] *o* bruiloftsgedicht
epitheel' *o* opperste laag v. bekleedsel v. organen
epi'theton or'nans *o* [epitheta ornantia] steevaste bijvoeglijke bepaling
epizo'ën *mv* op andere dieren levende dieren **epizoötie'** *v* ziektegolf bij dieren
eponiem' *o* op basis v.e. eigennaam gevormd woord
epos *o* [epen, -sen] heldendicht
epo'xyhars bep. bij verhitting hard wordende kunsthars
EPU Europese Politieke Unie
equali'zer ⟨iekwulaizur⟩ *m* [-s] *(audio.)* apparaat voor manipulatie v. geluidsweergave
equa'tor ⟨qu=kw⟩ *m* evenaar **equatoriaal'** *bn* de equator betreffende
equilibrist' ⟨qu=kw *of* k⟩ evenwichtskunstenaar
equinoc'tium ⟨qu=kw⟩ *o* [-tia], **equinox'** *m* dag- en nachtevening
equipa'ge ⟨eek(w)iepaazje⟩ *v* [-s] eigen paard met rijtuig; scheepsbemanning; uitrusting v.e. officier
equi'pe ⟨eekiep'⟩ *v(m)* [-s] groep personen **equipement'** *o* uitrusting **equipe'ren** uitrusten; bemannen
equivalent' ⟨qu=kw⟩ *bn & o* gelijkwaardig (iets)
er *bw* ervan; daar; (deel v. werkwoordelijke uitdrukkingen en voornaamwoordelijke bijwoorden); ~ *komen*, het doel bereiken
Er *(schei.)* erbium
era ⟨eera⟩ *v(m)* [-'s] tijdperk; jaartelling
eraan' *bw* doodmoe; op het punt v. sterven
erbar'melijk *bn & bw* medelijden wekkend **erbar'men I** *ww zich* ~, zich ontfermen **II** *o* medelijden
erbij' *bw* gesnapt
ere *v(m)* eer; *in ~ houden*, waarde blijven hechten aan; eren; (als eerste lid van ss geeft het vaak aan dat men met het door het tweede lid uitgedrukte iem. eert **ereambt**); ambt dat meer eer dan inkomsten geeft **erebaantje** ereambt **ereburger** iem. met bep. door een gemeentebestuur geschonken titel **erecode** geheel van fatsoensregels
erec'tie *v* het z. oprichten, opgericht zijn v.h. mannelijk lid
eredienst *m* godsdienstoefening **eredivisie** hoogste sportafdeling **eredoctoraat** doctoraat honoris causa **erekruis** bep. ridderordeteken **erelid** iem. wien het lidmaatschap eershalve is opgedragen **eremetaal** *o* [gmv] medaille
eremiet' *zie* **heremiet**
eremitage *zie* **hermitage**
eren eer bewijzen
ereplaats voornaamste plaats **erepodium** platform waarop iem. als eerbewijs wordt geplaatst **ereprijs I** *v(m)* [-prijzen] plant v.h. geslacht Veronica **II** *m* [-prijzen] prijs waarmee iem. geëerd wordt **ereraad** commissie die als laakbaar geachte gedragingen moet beoordelen **ereronde** *v(m)* [-n, -s] ronde v.e. overwinnaar na de wedstrijd **ereschuld** iets waartoe men eershalve verplicht is **ereteken** onderscheidingsteken **eretribune** tribune voor de meest vooraanstaanden **erevoorzitter** iem. die eershalve de titel van voorzitter draagt **erewoord** verzekering als man van eer
erf *o* [erven], **erve** *v(m)* [-n] *(vero.)* erfdeel; terrein bij een huis **erfdeel** deel uit een erfenis **erfdienstbaarheid** *v* [-heden] op onroerend goed rustende last **erfdochter** vrouw die (alles) erft
erfelijk *bn & bw* door vererving of overerving overgaande **erfelijkheidsleer** leer v.h. erfelijke
erfenis *v* [-sen] nalatenschap
erfgenaam *m* [-namen] wie erft of zal erven **erfgename** *v* [-n] vrouwelijke erfgenaam **erfgerechtigde** *m-v* [-n] wie recht heeft om te erven **erfgoed** geërfd goed **erfhuis** huis v.e. overledene waar zijn inboedel wordt verkocht; de verkoop zelf **erflaatster** [-s] vr. erflater **erflater** [-s] persoon die bezit als erfenis nalaat **erflating, erfmaking** *v* het nalaten aan erfgenamen **erfoom** oom van wie men erft **erfopvolging** *v* opvolging krachtens erfrecht **erfpacht** erfelijke pacht **erfportie** erfdeel **erfprins** prins die in de regering zal opvolgen **erfprinses** prinses die in de regering zal opvolgen **erfschuld** schuld die overerft **erfsmet** smet v.d. erfzonde **erfstelling** *v* het aanwijzen v. erfgenamen **erfstuk** familiestuk **erftante** tante van wie men erft **erfvijand** doodsvijand
erfvredebreuk ongeoorloofd een erf betreden
erfwoord niet ontleend woord **erfzonde** zondeschuld v. Adam op alle mensen overgegaan
erg I *bn & bw* zeer onaangenaam; zeer **II** *o* eenheid v. arbeid; *zonder* ~, zonder verkeerde bedoeling; onwillekeurig; ~ *hebben in*, in de gaten hebben
ergens *bw* op een plaats; in een of ander opzicht; *met een bw.*: iets
ergeren aanstoot geven; *zich* ~, aanstoot nemen **ergerlijk** *bn & bw* aanstoot gevend **ergernis** *v* [-sen] aanstoot
ergo *bw* dus

ergocen'trisch *bn* het werk betreffende
ergometer *m* [-s] apparaat voor het meten van spierspanning
ergonomie' *v* leer v.d. arbeid
ergostaat' *m* [-staten] krachtmeter
ergotherapie arbeidstherapie
erica *v(m)* [-'s] dopheide
erken'nen [erkende, erkend] inzien, toegeven, aanvaarden **erken'telijk** *bn & bw* dankbaar **erken'tenis** *v* het erkennen
erker *m* [-s] uitgebouwd venster
ermita'ge ‹age=aazje› *v* [-s] kluizenaarswoning
ernaar' *bw* naar hem of haar of het ding; navenant
ernaast' *bw* naast hem of haar of het ding; mis
ernst *m* het niet schertsen of voorwenden of lichttillend zijn; wat ernstig maakt **ernstig** *bn & bw* vol ernst; niet licht te schatten
erode'ren [erodeerde, geërodeerd] wegslijten
erogeen' *bn* gevoelig voor erotische prikkels; lust opwekkend
eronderdoor' ~ *gaan*, niet tegen iets opgewassen zijn
eropna' ~ *houden*, hebben
eropuit' ~ *gaan*, gaan met de bedoeling om iets te krijgen; ~ *zijn*, hebberig zijn, een bep. doel nastreven
eroscentrum gebouw waar prostitutie voor een bep. plaats geconcentreerd is
ero'sie ‹s=z› *v* [-s] uitslijting of afslijting
erotiek' *v* het geheel der liefdegevoelens en liefdesverschijnselen **ero'tisch** *bn & bw* de (zinnelijke) liefde betreffende, minne-
erotomaan' *bn* geneigd tot buitensporig seksueel gedrag **erotomanie'** *v* buitensporige drift tot geslachtsgemeenschap
erra'tisch *bn* zwervend, zwerf-
erra'tum *o* [-ta] drukfout
ertegenaan' *hard* ~ *gaan*, flink aanpakken
erts *o* metaalbevattende delfstof **ertsader** laag met erts **ertslaag** laag met erts
ertussenuit' ~ *knijpen*, stiekem weggaan
erudiet' *bn* met veel algemene ontwikkeling **erudi'tie** *v* geleerdheid
eruit'zien *met een bepaling*: het voorkomen hebben dat in de bepaling genoemd wordt
erup'tie *v* [-s] uitbarsting **eruptief'** *bn* door eruptie gevormd
ervandoor' ~ *gaan*, weggaan
ervanlangs ~ *geven*, slaag geven
erva'ren **I** *ww* ondervinden **II** *bn* bekwaam door ondervinding **erva'ring** *v* ondervinding
erve *v(m)* [-n] erf
erven **I** *mv* erfgenamen **II** *ww* [erfde, geërfd/orf, georven] uit een nalatenschap verkrijgen; van (voor)ouders krijgen
erwt ‹ert› *v(m)* rond zaadje v.e. plant v.h. geslacht Pisum; de plant zelf **erwtensoep** uit erwten bereide soep
erytheem' ‹erieteem› *o* rode vlekkerige huiduitslag
es **I** *v(m)* [-sen] *(muz.)* halve toon lager dan e **II** *m* [-sen] loofboom v.h. geslacht Fraxinus
Es *(schei.)* einsteinium
ESA *European Space Agency*, Europese organisatie voor ruimteonderzoek
esbattement' *o* klucht v.d. rederijkers
escadril'le ‹eskaadrie(l)je› *v(m)/o* [-s] klein eskader
escala'tie *v* stapsgewijze verergering (v.e. conflict) **escale'ren** zich uitbreiden en intensiveren
escalope' ‹lope=lop› *m* [-s] kalfsoester
escapa'de *v* [-s] slippertje; dwaze streek
escape'toets ‹cape=keep'› toets om bep. situatie bij het werken met een computer te beëindigen
escapis'me streven naar vlucht uit werkelijkheid
escargot' ‹got=Goo› *m* [-s] wijngaardslak
eschatologie' *v* leer v.d. uitersten **eschatolo'gisch** *bn & bw* de uitersten betreffende
escortdame prostituee die op bestelling aan huis komt
escor'te *o* [-s] gewapend geleide **escorte'ren** gewapend begeleiden
escu'do ‹u=oe› *m* [-'s] vroegere munt en munteenheid in Portugal
esculaap' *m* [-lapen] arts; symbool v. diens ambt op voertuigen
esdoorn *m* [-s] loofboom v.h. geslacht Acer
eska'der *o* [-s] smaldeel; groep oorlogsvliegtuigen
eskadron' *o* [-s] afdeling cavalerie
eskimo *m/v* Inuit
esmerald, **esmeraud'** *o/v (vero.)* smaragd **esmeral'den**, **esmerau'den** *bn* van esmerald
esote'risch *bn* voor ingewijden
esp *m* ratelpopulier
espadri'lle ‹espaadrie'je› *m* [-s] linnen schoen met zool v. touw
espalier' *m* [-s, -en] latwerk; leiboom
espen *bn* v. espenhout **espenblad** *trillen als een* ~, hevig trillen
esperantist' beoefenaar v. Esperanto **Esperan'to** *o* bep. kunstwereldtaal
esplana'de *v* [-n, -s] plein
espres'so *m* [-'s] boven stoom bereide koffie **espres'soapparaat** apparaat om espresso te maken
esprit' ‹esprie› *m* geest; geestigheid; ~ *de clocher*, ‹klosjee› bekrompenheid; ~ *de l'escalier*, ‹eskaljee› te laat invallende geestigheid; ~ *fort*, ‹fòr› vrijdenker
essaai' *o* onderzoek naar gehalte aan edel metaal
essay' ‹essee› *o* [-s] korte verhandeling
essaye'ren, **essaaie'ren** het gehalte onderzoeken aan edel metaal
essayist' *m* schrijver v. essays
essen *bn* van essenhout
essen'ce ‹en=ãn› *v(m)* [-s] geurig aftreksel, bereide stof met geconcentreerde smaak
essen'tie *v* wezen **essentieel'** *bn & bw* wezenlijk
esta'blishment ‹esteblisj› *o* gevestigde orde
estafet'te *v(m)* [-n, -s] estafetteloop **estafet'tedienst** dienst met elkaar

aflossende koeriers **estafet'teloop**, **estafet'tewedstrijd** bep. wedloop met elkaar aflossende lopers

esthe'tica *v* schoonheidsleer **esthe'ticus** *m* [-ci] beoefenaar v.d. esthetica **esthetiek'** *v* esthetica **esthe'tisch** *bn & bw* volgens de esthetica

estra'de *v* [-n, -s] verhoogde plaats in vertrek

estrik *m* geglazuurde gebakken vloertegel

ET *elektronisch toezicht*, huisarrest onder elektronisch toezicht

ETA *Euzkadi ta askatasuna*, Baskische onafhankelijkheidsorganisatie

etablissement' *o* inrichting, gebouw

eta'ge ‹ag=aazj› *v* [-s] verdieping **etagè're** ‹ag=aazj› *v(m)* [-s] open wandkastje **eta'geviaduct** geheel van boven elkaar gebouwde viaducten **eta'gewoning** bovenhuis

etala'ge ‹ag=aazj› *v* [-s] uitstalkast **etala'gebenen** [mv] aandoening v.d. bloedcirculatie van de benen waardoor men bij het lopen telkens moet stilstaan om te herstellen

etale'ren uitstallen **etaleur'** *m* [-s] wie het etaleren verzorgt

etalon' *m* [-s] standaardmaat bij ijk

etap'pe *v(m)* [-n, -s] afstand tussen rustpunten; bezet punt achter front **etap'pezege** *v* het winnen v.e. etappe in een wielerwedstrijd

etc. *et cetera*, enzovoort

et ce'tera *bw* enzovoorts

eten [at, gegeten] verorberen; *(bij spelletjes)* kopen; *o* spijs; (middag)maal (dan na vz. met lidw. den) **etensbak** bak om uit te eten **etenstijd**, **etensuur** tijd voor het eten **etenswaar** voedsel v. mensen **etentje** *o* [-s] klein feestmaal **eter** *m* [-s] wie (mee-)eet

eterniet' *wm o* asbestcement **eternie'ten** *bn* v. eterniet

ethaan *o (schei.)* verzadigde koolwaterstof

etheen *o (schei.)* onverzadigde koolwaterstof

ether ‹eeter› *m* [-s] lucht; (vroeger) denkbeeldige stof die alles vult, (thans) natuurkundige ruimte; bep. bedwelmingsmiddel **ethe'risch** ‹eeteeries› *bn* ijl, licht, vluchtig **etherpiraat** piratenzender **etherreclame** reclame via radio en tv

ethica ‹eetieka›, **ethiek'** ‹eetiek› *v* moraalfilosofie, zedenkunde **ethisch** ‹eeties› *bn & bw* zedelijk, zedenkundig; minder dogmatisch prot.

ethologie' *v* gedragsleer

ethos *o* [gmv] morele houding

ethyl' *(schei.)* koolwaterstofgroep

etiket' *o* [-ten] aanhechtbriefje, opplakbriefje

etiologie' *v* [gmv] oorzakenleer

etiquet'te ‹qu=k› *v(m)* beleefdheidsgebruiken

etmaal *o* [-malen] 24 uur

etnisch *bn* betrekking hebbend op of van de volken; behorend tot een bep. volk

etnograaf' *m* [-grafen] volkenbeschrijver **etnografie'** *v* volkenbeschrijving **etnogra'fisch** *bn & bw* etnografie betreffend **etnologie'** *v* volkenkunde **etnolo'gisch** *bn & bw* etnologie betreffend **etnoloog'** *m* [-logen] volkenkundige

ets *v(m)* geëtste plaat; afdruk ervan **etsen** op een kalkstenen of metalen plaat een figuur aanbrengen door inbijting v.e. zuur **etsijzer** *o* etsnaald **etskunst** kunst v.h. etsen **etsnaald** stift om te etsen **etsplaat** plaat voor een ets

et-teken ampersand, het teken &

ettelijke *telw* enige, verscheidene

etter *m* pus; *(pop.)* zeer vervelend iem.; *samengesteld met een substantief betekent het*: zeer vervelend of verachtelijk iem. of iets **etterbak** *m* [-ken] *(scheldn.)* vervelend persoon **etterbuil** *v(m)* etterend gezwel **etteren** pus afscheiden; treiteren

etu'de *v* [-s] studie, schets; oefeningsstuk

etui' ‹eetwie› *o* [-s] koker, foedraal, schede

etymologie' ‹y=ie› *v* leer v.d. afleiding v.d. woorden, afleiding **etymolo'gisch** *bn & bw* betreffende de etymologie **etymologise'ren** ‹s=z› de etymologie beoefenen **etymoloog'** *m* [-logen] wie de etymologie beoefent

Eu *(schei.)* europium

EU Europese Unie

eubiotiek' ‹eu=ui› *v* kunst om gezond en gelukkig te leven

eucalyp'tus ‹eu=ui, y=i› *m* [-sen] bep. hoge boom met leerachtig blad

eucharistie' ‹eu=ui› *v* H. Sacrament des Altaars **eucharis'tisch** *bn* de eucharistie betreffende

eucli'disch ‹eu=ui› *bn* in platte vlakken

eudiome'ter ‹eu=ui› *m* [-s] toestel om mengsel scheikundig te onderzoeken

eufemis'me ‹eu=ui *of* eu› *o* [-n] verzachtende uitdrukking **eufemis'tisch** *bn & bw* verzachtend

eufonie' ‹eu=ui› *v* welluidendheid **eufo'nisch** *bn & bw* welluidendheidshalve; welluidend

euforie' ‹eu=ui› *v* [gmv] gevoel van welbehagen

eugene'se ‹uigeeneeze›, **eugene'tica**, **eugenetiek'** *v* (studie v.d.) verbetering v.h. menselijk ras **eugene'tisch** *bn & bw* de eugenese betreffende

EU'-lidstaat bij Europese Unie aangesloten staat

eunuch ‹uinug› *m* [-s] harembewaker; ontmande

Euratom *o* Europese Atoomgemeenschap

euritmie' ‹eu=ui› *v* bep. bewegingskunst

euro *m* [-'s] Europese munt en munteenheid

euro- verband houdend met (het verenigd) Europa

Eurobank centrale bank v.d. EG

eurocent een honderdste deel van een euro; munt van die waarde

eurocheque *m* [-s] cheque die door verschillende landen geaccepteerd wordt **eurocommunisme** communisme in landen die niet tot het Warschaupact horen **eurodollars** *mv* dollartegoed van niet-dollarlanden **euromarkt** *v(m)* Europese economische eenheid **europarlementariër** *m-v* [-s] lid v.h. Europees parlement

Europol *m* Europese politiedienst
Eusta'chius ‹uistaagius› *buis van ~*, gang tussen keel en oor
euthanasie' ‹uitanaazie› *v* het bevorderen v.e. pijnloze dood, het doden tot verlossing uit lijden **euthanasie'verklaring** schriftelijke verklaring dat iem. euthanasie op zichzelf toestaat
eutrofie' ‹eu=ui› *v* voedselrijkdom
euvel I *o* [-s, -en] kwaal, kwaad **II** *bn & bw* kwalijk, ten kwade; *~ duiden*, kwalijk nemen; *de ~e moed*, de vermetelheid **euveldaad** *v(m) (plecht.)* boze daad
ev. eventueel
e.v. *en ville*, alhier; eerstvolgende; en volgende
eV elektrovolt
e.v.a. en vele anderen; en volgens afspraak
EVA Europese Vrijhandelsassociatie
evacua'tie *v* [-s, -tiën] ontruiming **evacué'** *m* [-'s] geëvacueerde **evacue'ren** *h/z* ontruimen; zijn woonplaats veiligheidshalve verlaten
evalua'tie *v* [-s] bepaling v.d. waarde; beoordeling **evalue'ren** de waarde bepalen van; beoordelen
evange'lical ‹ievunzjelliekul› *m-v* [-s] niet bij een kerkgenootschap aangesloten christen
evange'lie *o* [-liën, -s] leer van Christus; (elk van de) vier bep. boeken v.d. H. Schrift die Christus' leer en leven beschrijven; bep. deel v.d. mis waarin een stuk uit die boeken wordt voorgelezen; ontwijfelbare waarheid **evange'liedienaar**, **evange'lieprediker** verkondiger v.h. Evangelie **evangelisa'tie** ‹s=z› *v* het evangeliseren **evange'lisch** *bn* volgens het evangelie; van een bep. hervormde richting **evangelise'ren** ‹s=z› het evangelie verkondigen **evangelist'** *m* schrijver v. evangelie; evangelieprediker, wie evangeliseert
evapora'tie *v* [-s] verdamping
eva'sie ‹s=z› *v* [-s] ontwijking, voorwendsel **evasief'** *bn* ontwijkend
EVD Economische Voorlichtingsdienst
even I *bn* door twee deelbaar, gelijk; onverschillig; *om het ~*, onverschillig **II** *bw* een ogenblik; een beetje; pas; (verzachtende functie bij imperatief); *zo ~*, zojuist
evenaar *m* [-s, -naren] tongetje v. weegschaal; equator
evenals' *vgw* gelijk
evena'ren *h* gelijk komen met
evenbeeld wie of wat sprekend op de of het betrokkene lijkt
eveneens' *bw* evenzo
evenement' *o* gewichtige gebeurtenis
e'vengoed' *bw* evenzeer **evenhoe'vig** *bn* met een even aantal hoeven aan de poot
evenknie *v(m)* [-ën] gelijke
evenma'tig *bw* evenredig
evenmens medemens
evenmin' *bw* evenzeer niet, ook niet
evennaas'te [-n] medemens
evenre'dig *bn & bw* in gelijke verhouding, in de juiste verhouding **evenre'dige** *v(m)* [-n] grootheid die tot andere in evenredigheid staat **evenre'digheid** *v* [-heden] gelijkheid v. verhoudingen, gelijke verhouding
eventjes *bw* amper, een korte tijd
eventualiteit' *v* mogelijk voorval **eventueel'** *bn & bw* mogelijk, mogelijkerwijze
e'venveel *telw* net zo veel; *voor ~*, als niet meetellend
evenwel' *bw* toch
evenwicht *o* stabiele toestand doordat inwerkende krachten elkaars uitwerking opheffen **evenwicht'ig** *bn & bw* een evenwicht vormend; in geestelijk evenwicht **evenwichtsbalk** gymnastiektoestel voor evenwichtsoefeningen **evenwichtsorgaan** orgaan om in evenwicht te blijven **evenwichtsstoornis** stoornis in het gevoel van evenwicht
evenwij'dig *bn & bw* overal even ver van elkaar lopend
e'venzeer' *bw* in even sterke mate
e'venzo' *bw* net zo, op dezelfde wijze
e'venzogoed' *bw* net zo goed; desondanks
ever *m* [-s] wild zwijn, Lat. Sus scrofa
evergreen' ‹evverGrien› *m* [-s] gedurende lange tijd populair blijvend boek of lied
everzwijn wild zwijn
evident' *bn & bw* klaarblijkelijk **eviden'tie** *v* klaarblijkelijkheid
evoca'tie *v* [-s] het oproepen **evoce'ren** oproepen
evolue'ren *h/z* zich ontwikkelen; zwenken
evolu'tie *v* [-s] ontwikkeling; zwenking **evolu'tieleer**, **evolu'tietheorie** leer v.d. ontwikkeling van hogere vormen uit lagere
EVP Evangelische Volkspartij; Europese Volkspartij
EVRM Europees Verdrag inzake de Rechten v.d. Mens
evt. eventueel
EVV Europees Verbond v. Vakverenigingen
E-weg autosnelweg door Europa
ex *m of v* degene van wie men zich heeft laten scheiden **ex-** oud-, gewezen
exact' *bn & bw* nauwkeurig; *~e wetenschappen*, wis- en natuurkunde
ex ae'quo *bw* op hetzelfde niveau; tegelijk
exalta'tie *v* [-s] geestvervoering **exalte'ren** in vervoering brengen
exa'men *o* [-s, examina] ondervraging naar iemands bekwaamheid
examinan'da [-andae] vrouw die geëxamineerd wordt **examinan'dus** *m* [-di] wie geëxamineerd wordt **examina'tor** *m* [-en, -s] wie examen afneemt **examinatri'ce** ‹ice=iese› [-s] vr. examinator **examine'ren** examen afnemen
exantheem' ‹th=t› *o* [-themen] tijdelijke huiduitslag
Exc. Excellentie
excavateur' *m* [-s] graafmachine
excellent' *bn & bw* voortreffelijk **excellen'tie** *v* [-s] bep. titel **excelle'ren** uitmunten
excentriciteit' *v* buitenissigheid **excentriek' I**

bn & bw zonderling **II** *o* toestel dat een draaiende beweging in een op- en neergaande omzet **excentrie'keling** *m* wie excentriek is **excen'trisch** *bn & bw* buiten het middelpunt

excep'tie *v* [-s] uitzondering; tegenwerping **exceptioneel'** *bn & bw* bij wijze v. uitzondering

excerpe'ren een uittreksel maken (van) **excerpt'** *o* uittreksel

exces' *o* [-sen] uitspatting **excessief'** *bn & bw* buitensporig

E

exci'sie *v* [-s] uitsnijding

excl. exclusief

exclama'tie *v* [-s] uitroep **exclame'ren** uitroepen

excla've *v(m)* [-s] afgescheiden liggend gebied

exclu'sie ‹s=z› *v* [-s] uitsluiting **exclusief'** *bn & bw* uitsluitend, de fooi niet inbegrepen; chic **exclusivis'me** *o* streven om (anderen) uit te sluiten

excommunica'tie *v* [-s] kerkelijke ban **excommunice'ren** in de kerkelijke ban doen

excreet' *o* [-creten] uitscheiding

excrement' *o* uitwerpsel **excre'tie** *v* [-s] excreet

excur'sie ‹s=z› *v* [-s] leerzame uittocht in groepsverband; uitweiding

excuse'ren ‹s=z› verontschuldigen **excuus'** *o* [-cuses] verontschuldiging **excuus'-Truus** *v* [-Truzen] om de schijn v. discriminatie te vermijden benoemde vrouw

executant' *m* uitvoerder **execute'ren** terechtstellen; door rechtsdwang eigendom doen verkopen **executeur'** *m* [-s, -en] uitvoerder **executeur'-testamentair'** ‹ai=è› [executeurs-testamentair] uitvoerder v.e. testament **execu'tie** *v* [-s] het ten uitvoer brengen v.e. straf of maatregel; *uitstel van ~*, verschuiving v.h. onaangename **execu'tiepeloton** groep belast met terechtstellen v.e. tot de kogel veroordeelde **executie've** *v(m)* uitvoerend bewind

exe'cutive class ‹eksekjoetif› *m* klasse in personenvervoer tussen economy en business class

executoir' ‹toir=twaar› *bn* volgens rechterlijk vonnis uitvoerbaar **executoriaal'** *bn* tot uitvoering v. of tengevolge v. vonnis

exegeet' *m* [-geten] bijbelverklaarder **exege'se** ‹s=z› *v* [-n] bijbelverklaring **exege'tisch** *bn & bw* de bijbelverklaring betreffend

exem'pel *o* [-s, en] voorbeeld; middeleeuws stichtelijk verhaal

exemplaar' *o* [-plaren] elk afzonderlijk van gelijksoortige dingen **exempla'risch** *bn & bw* voorbeeldig

exerce'ren *(mil.)* bewegingsoefeningen uitvoeren **exerci'tie** *v* [-tiën, -s] militaire oefening

exhaus'tor *m* [-s] machine die gassen opzuigt

exhibe'ren tentoonstellen, vertonen **exhibi'tie** *v* [-s] tentoonstelling, vertoning **exhibitionis'me** *v* neiging tot ontbloten v.d. geslachtsdelen **exhibitionist'** *m* wie aan exhibitionisme doet **exhibitionis'tisch** met betrekking tot exhibitionisme, alsof v.e. exhibitionist

exhi'bitum *o* [-s, -ta] stempel met dagtekening en nummer; voor gezien getekend ingekomen stuk

existentialis'me *o* existentiefilosofie; bep. hierdoor beïnvloede kunstrichting

existen'tie *v* het bestaan **existen'tiefilosofie** filosofie waarbij het zijn het uitgangspunt vormt

existe'ren bestaan

exit *bw* weg, uit de gratie

ex-li'bris *o* [ongewijzigd *of* -sen] eigendomsmerk v.e. boek

exobiologie *v* leer der levensverschijnselen buiten de aarde en haar dampkring

exocet *m* [-ten] tegen schepen gebruikte raket

exocrien' *bn* (gez. v. klieren) met uitwendige afscheiding

exodus *m* uittocht

exogamie' *v* zede een vrouw te kiezen buiten de stam

exogeen' *bn* van buiten komend

exorbitant' *bn & bw* buitensporig

exorcise'ren ‹s=z› de duivel uitbannen **exorcis'me** *o* duiveluitbanning **exorcist'** *m* duiveluitbanner

exor'dium *o* begin v.e. rede

exosfeer' *v(m)* luchtruim boven 1000 km

exote'risch *bn* ook voor oningewijden

exotherm' *bn (schei.)* warmte ontwikkelend tijdens het ontstaan

exo'tisch *bn & bw* uitheems; ongewoon

expan'der ‹a=e› *m* [-s] spiraalveer voor rekoefeningen **expande'ren** (zich) uitbreiden **expan'sie** ‹s=z› *v* uitbreiding, uitzetting **expansief'** *bn* tot expansie geneigd; zich gaarne uitend **expan'sievat** vat voor opslag van overtollig vocht dat door expansie ontstaat

expatrië'ren *h/z* uit het vaderland (doen) gaan

expediënt' **I** *m-v* bevrachter **II** *o* redmiddel **expedië'ren** verzenden, wegsturen

expediteur' *m* [-en, -s] vrachtondernemer, verzender **expedi'tie** *v* [-s] verzending; afdeling voor verzending; eensluidend afschrift; verre wetenschappelijke onderzoekingstocht; militaire verre tocht

experiment' *o* proefneming **experimenteel'** *bn & bw* proefondervindelijk; *(van kunst)* zich kenmerkend door spontane directe expressie **experimente'ren** proefnemingen doen

expert' ‹ekspèr› *m* [-s] deskundige **experti'se** ‹ekspertieze› *v* [-s, -n] deskundig onderzoek

expira'tie *v* [-s] uitademing; afloop, vervaltijd; dood **expire'ren** *h* uitademen; aflopen, verlopen

explanta'tie *v zie* **vitrocultuur**

explicateur' *m* [-s] uitlegger **explica'tie** *v* [-s] verklaring **explice'ren** uitleggen

expliciet' *bn & bw* uitdrukkelijk **explicite'ren**

uitdrukkelijk onder woorden brengen **explique'ren** ‹qu=k› uitleggen
explode'ren *z* ontploffen, klappen
exploitant' ‹oi=wa› *m* wie exploiteert **exploita'tie** *v* [-s] het exploiteren **exploite'ren** winstgevend maken; ontginnen; uitbuiten, betekenen
exploot' *o* [-ploten] akte van aanzegging door deurwaarder
explora'tie *v* [-s] doorzoeking **explore'ren** doorzoeken, inz. naar bodemschatten
explo'sie ‹s=z› *v* [-s] ontploffing, uitbarsting **explosief'** ‹s=z› *bn* licht ontploffend **II** *m* [-sieven] plofklank; bom
exponent' *m* machtsaanwijzer; vooraanstaand vertegenwoordiger v.e. partij
expone'ren blootstellen; uiteenzetten
export *m* uitvoer **exporte'ren** uitvoeren **exporteur'** *m* [-s] wie exporteert **exporthandel** uitvoerhandel
exposant' ‹s=z› *m* wie iets op een tentoonstelling vertoont
exposé' ‹s=z› *o* [-s] uiteenzetting
expose'ren ‹s=z› op tentoonstelling inzenden, tentoonstellen **exposi'tie** ‹s=z› *v* [-s] uiteenzetting; tentoonstelling
expres' **I** *bn & bw* met opzet, met de bep. bedoeling **II** *m* [-sen] expresse **expres'brief** ogenblikkelijk en dus buiten de gewone post te bezorgen brief **expres'goed** goed dat per reizigerstrein verzonden wordt **expres'se** **I** *m* [-n] bijzondere ijlbode **II** *v* [-n] spoedbestelling **expres'selijk** *bw* expres
expres'sie *v* [-s] uitdrukking **expressief'** *bn & bw* met uitdrukking
expressionis'me *o* kunstrichting die persoonlijke beleving uitdrukt **expressionist'** *m* aanhanger v. expressionisme **expressionis'tisch** *bn & bw* van of volgens expressionisme
expres'trein sneltrein voor lange afstand
expropria'tie *v* onteigening
exquis' ‹ekskies› *bn & bw* uitgelezen **exquisiet'** ‹ekskwieziet› *bn & bw* uitgelezen
exta'se ‹s=z› *v* geestvervoering **exta'tisch** *bn & bw* (als) in extase
exten'sie ‹s=z› *v* uitgestrektheid; toevoeging aan bestandsnaam v. maximaal drie tekens **extensief'** ‹s=z› *bn* naar de uitgestrektheid, veel omvattend; weinig kostend voor een groot terrein; uitbreidend **extensive'ren** ‹s=z› extensiever maken **exten'so** ‹s=z› *in ~*, in zijn geheel
exterieur' **I** *bn* uiterlijk, uitwendig **II** *o* [-s] de buitenzijde, het uiterlijk, het uitwendige
extern' *bn & bw* niet inwonend; het uiterlijk of uitwendige betreffend
exterritoriaal' *bn* buiten het staatsgebied **exterritorialiteit'** *v* het exterritoriaal zijn; recht van gezantschappen om naar de wetten v. eigen land te leven
extirpateur' *m* [-s] extirpator **extirpa'tie** *v* uitroeiing, het wegnemen of uitsnijden **extirpa'tor** *m* [-s] wiedmaaimachine **extirpe'ren** uitroeien, wegnemen, wegsnijden
extra **I** *bw & bn* boven het gewone; bijzonder (goed); *ook gevolgd door koppelteken als eerste deel van ss in de bet.*: buiten de of het gewone om **II** *o* [-'s] gift buiten de gewone regel **extraatje** *o* buitengewone gift; buitenkansje
extract' *o* uittreksel; aftreksel **extrac'tie** *v* uittrekken; bereiden v. aftreksels
extrahe'ren uittrekken; een uittreksel maken van; stof v.e. mengsel apart nemen
extra large ‹extra lardzj› *bn* zeer groot
extramuraal' *bn, bw* buiten het betrokken gebouw plaatshebbend
extra'neus ‹ekstraneejus› [-nei,-neï] wie eindexamen aflegt zonder de school bezocht te hebben
extraordinair' ‹ai=è› *bn & bw* buitengewoon
extraparlementair' ‹ai=è› *bn* niet steunend op een meerderheid in de Tweede Kamer
extrapole'ren uit bekende termen v.d. reeks daarbuiten gelegen termen berekenen; *(fig.)* uit andere gegevens mechanisch afleiden
extravagant' buitensporig **extravagan'tie** *v* [-s] buitensporigheid
extravert', **extrovert'** *bn* naar buiten gewend, op de buitenwereld gericht
extreem' *bn & bw* tot het uiterste gaand **extreem-links'** *bn* politiek zeer links denkend **extreem-rechts'** *bn* politiek zeer rechts denkend
extremist' *m* wie tot het uiterste gaat **extremis'tisch** *bn & bw* (als) van extremisten **extremiteit'** *v* uiterste; een v.d. uiterste ledematen; uiteinde
extrinsiek' *bn* uiterlijk
extrovert *zie* **extravert**
exuberant' *bn* overvloedig **exuberan'tie** *v* overvloed
ex-vo'to *o/m* [-'s] ingevolge belofte in kerk of kapel opgehangen geschenk
eyeliner ‹ailainer› *m* [-s] cosmetisch middel dat de oogranden accentueert
eye-opener *m* [-s] ‹eye=ai› nieuw gezichtspunt
EZ ministerie van Economische Zaken
ezel *m* [-s] eenhoevig dier uit het geslacht der paarden met slappe oren en dikke lippen, Lat. Equus asinus; domoor; standaard voor schilderijen of schoolborden **ezelachtig** *bn & bw* als een ezel, dom **ezelachtigheid** *v* [-heden] domme streek **ezelin'** *v* [-nen] vr. ezel **ezelsbrug** hulpmiddeltje om iets op te lossen of te onthouden **ezelsoor** omgeslagen of opgekrulde hoek v. blad **ezelsrug** (v.e. paard) opwaarts gebogen rug; schuine afdekking v. vrijstaande muren; accoladeboog **ezelwoord** woord dat gevormd wordt met een klinkerafwisseling i-a of ie-aa

F

f *v(m)* [-'s] zesde letter van ons alfabet; tussen lippen en tanden gevormde stemloze wrijfklank; *(muz.)* vierde toon v.d. diatonische toonladder, fa
F *(schei.)* fluor
F. frank(en)
fa firma
fa *v(m)* [-'s] vierde toon v.d. diatonische toonladder
faalangst angst om het verkeerd te doen
faam *v(m)* roep, (goede) reputatie
fabel *v(m)* [-en, -s] over dieren of dingen verzonnen leerrijk verhaal; verzinsel; samenvatting v. handeling of inhoud v.e. literair werk **fabelachtig** *bn & bw* ongeloofwaardig, ongelofelijk (groot)
fabrica'ge ‹ag=aazj›, **fabrica'tie** *v* het fabriceren **fabrice'ren** vervaardigen, aanmaken; *(min.)* knutselen
fabriek' *v* inrichting om in het groot te fabriceren; kerkfabriek **fabrie'ken** in elkaar knutselen **fabriekma'tig** *bn* machinaal, als in een fabriek gemaakt **fabrieks'aardappel** aardappel geschikt voor verwerking in een fabriek **fabrieks'fout** in de fabriek in een product gemaakte fout **fabrieks'geheim** geheim betreffende vervaardiging **fabrieks'goed** uit een fabriek afkomstige waren **fabrieks'merk** onderscheidingsteken door de fabrikant op zijn waren aangebracht **fabrieks'plaats** plaats met fabrieken **fabrieks'prijs** prijs die aan de fabriek betaald moet worden **fabrieks'stad** stad met fabrieken **fabrieks'waar** *v(m)* fabrieksgoed **fabrieks'werk** het werken in een fabriek; machinaal vervaardigd goed
fabrikaat' *o* [-katen] fabrieksproduct, maaksel **fabrikant'** eigenaar v. fabriek
fabuleus' *bn* fabelachtig
faça'de *v* [-s, -n] voorgevel, voorzijde; schijn
face *zie* **en face**
face-à-main' ‹fas-a-mẽn› *m* [-s] lorgnet met handvat
facelift ‹feeslift› *m* [-s] chirurgisch oprekken v.d. huid; *(fig.)* modernisering, verfraaiing
facet' *o* [-ten] geslepen vlak op edelsteen; aspect; vakje v.e. samengesteld insectenoog **facet'(ten)oog** veelvlakkig oog
facie *o/v* [-s] *(pop.)* gezicht
facilitair' ‹ai=è› *bn* voorzieningen verlenend **faciliteit'** *v* tegemoetkoming; voorziening; *(Belgned.)* *~en*, voorzieningen voor een taalminderheid
facsi'mile ‹le=lee› *o* [-'s] getrouwe nabootsing van iets geschrevens of getekends **facsi'mile-uitgave** uitgave in facsimile
facto *zie* **de facto**
factoor' *m* [-toren] handelsagent
factor *m* [-en] getal waardoor een product deelbaar is; medebepalende omstandigheid, medeoorzaak; [-s] leider v.e. factorij; factoor; bep. functionaris in een rederijkerskamer
factorij' *v* handelskantoor in vreemd land; walvisvaarder die tegelijk dient als traanfabriek
facto'tum *o/m* [-s] duvelstoejager, assistent die voor alles zorgt
facture'ren de rekening opmaken **facturist'** wie belast is met factureren **factuur'** *v* [-turen] rekening, makelij
facultatief' *bn* naar keuze
faculteit' *v* hoofdafdeling v.e. universiteit **faculteits'raad** college dat de faculteit bestuurt
fading ‹a=ee› *m* sluiereffect
fado *m* [-'s] droefgeestig Portugees lied
fagocyt' wit bloedlichaampje dat bacteriën kan vernietigen
fagot' *m* [-ten] houten blaasinstrument met bastoon; orgelregister met klank v.e. fagot
Fahr. Fahrenheit
Fahrenheit ‹ah=aa› op een stelsel van 180 graden gebaseerde aanduiding van temperatuur
faien'ce ‹fajãnse› *v(m)* niet doorschijnend beschilderd en geglazuurd aardewerk
faille'ren ‹aill=ai(j)› *z* failliet gaan **failliet'** **I** *o* faillissement **II** *m* wie failleert **III** *bn* in staat van faillissement **faillissement'** *o* toestand waarbij iem. niet aan zijn verplichtingen kan voldoen waardoor er beslag wordt gelegd op zijn vermogen
fair ‹fèr› *bn & bw* eerlijk; *~ play*, ‹pleej› eerlijk spel
fait accompli' ‹fet akkõmplie› *o* voldongen feit
fake ‹feek› *m* bedrog, namaak
fakir ‹i=ie› *m* [-s] brahmaanse yogi; mohammedaanse boetende monnik **fakirbed** v. spijkers voorzien bed voor een fakir
fakkel *v(m)* [-s] van boven in licht brandbare stof gedrenkt stuk hout **fakkeloptocht** optocht met fakkels
falafel' *m* [-s] in broodje geserveerde gefrituurde bollen van kikkererwten
falanx *v(m)* dichte slagorde
falderap'pes *o* [gmv] geboefte; tuig
falen *h* ontbreken; niet slagen
falie *v* [-s] zwarte sluierdoek; mantel zonder mouwen; *op zijn ~*, *(pop.)* een pak slaag
faliekant *bn & bw* verkeerd, mis; *~ verkeerd*, volkomen verkeerd
fallisch *bn* betrekking hebbend op de fallus
fallocratie' *v* [-ën] het maatschappelijk overheersen door mannen
fall-out' ‹a=ò› *m* radioactieve neerslag
fallus *m* [-sen] penis
falsa'ris *m* [-sen] vervalser, oplichter
falset' *m/o* [-ten] geforceerde kopstem
falsifica'tie *v* [-s] vervalsing **falsifice'ren**, **falsifië'ren** vervalsen; aantonen dat iets onjuist is
fameus' *bn & bw* befaamd; verbazend
familiair' ‹ai=è›, **familiaar'** *bn & bw* gemeenzaam, vertrouwelijk, zonder omslag; te vrij **familiariteit'** *v* familiare handelwijze
fami'lie *v* [-s] verwanten; gezin; onderdeel

v.e. orde; *Heilige Familie*, Jezus met Maria en Jozef; bep. aartsbroederschap; *als eerste deel in ss in bet.*: van of met betrekking tot een familie **fami'lieaangelegenheid** *v* [-heden] zaak die de familie betreft **fami'liealbum** album met of voor foto's v.e. familie **fami'liebericht** aankondiging inzake geboorte of huwelijk of overlijden in de krant **fami'liebetrekking** *v* verwantschap; verwant **fami'liekring** kring v.d. leden v.e. familie of v.e. gezin **fami'liekwaal** kwaal die in een familie veel voorkomt **fami'lienaam** achternaam **fami'lieomstandigheden** *wegens ~*, wegens een gebeurtenis in de familie **fami'lieraad** beraadslaging door en over de familie **fami'lieroman** roman rond een familie **fami'liestuk** geschilderd portret v.e. familie; erfstuk; wie lang bij een familie heeft gediend **fami'lieziek** *bn* hechtend aan familieleden

fan ‹fen› *m* [-s] geestdriftig liefhebber; ventilator

fanaal' *m/o* [-nalen] scheepslicht, vuurbaken; seinlicht

fanaat' **I** *bn* fanatiek **II** *m* [-naten] fanatiekeling **fana'ticus** *m* [-ci], **fanatie'keling** dweper **fanatiek'**, **fana'tisch** *bn & bw* dweepziek **fanatis'me** *o* dweepzucht

fanclub ‹a=è› *v(m)* vereniging van fans

fancy ‹fensie› *v* fantasie, gril **fancyartikel** modieus weeldeartikel **fancy-fair'** ‹ai=è› *m* [-s] bazar ten behoeve v.e. goed doel **fancyprijs** zeer hoge prijs

fandan'go *m* [-'s] met handgeklap begeleide Spaanse volksdans

fanfa're *v(m)* [-s, -n] muziekstuk voor koper; fanfarekorps; grote woorden **fanfa'rekorps** muziekkorps met uitsluitend slag- en koperen instrumenten

fanmail ‹fenmeel› brieven van fans

fantase'ren ‹s=z› zijn gedachten vrij laten gaan; verzinnen; improviseren op een muziekinstrument **fanta'sia** *v(m)* [-'s], **fantasie'** ‹s=z› *v* [-ën] verbeelding; verzinsel; improvisatie op muziekinstrument **fantasie'stof** niet-effen stof

fantasmagorie' *v* [-ën] schijngeestenoproeping, toverbeeld

fantast' *m* onpraktisch iem. met een levendige fantasie **fantast'isch** *bn & bw* aan fantasie ontsproten; met veel fantasie; wonderlijk

fantoom' *o* [-tomen] spook, angstaanjagend droombeeld; model v.e. lichaamsdeel **fantoom'pijn** pijn na amputatie alsof het betrokken lichaamsdeel er nog is

FAO *Food and Agricultural Organisation*, Wereldlandbouw- en voedselraad; Fonds voor Arbeidsongevallen

faq ‹a=e› frequently asked question

farao *m* [-'s] *(gesch.)* Egyptische koning

farce ‹fars› *v(m)* [-n, -s] vleesvulsel; klucht **farce'ren** met farce vullen

farizee'ër *m* [-s] huichelaar **farizees'**, **farize'ïsch** *bn & bw* schijnheilig **farizeïs'me** *o* huichelarij

farm *m/v* [-s] boerenbedrijf

farmaceut' ‹eu=ui› *m* apotheker; student in de farmacie **farmaceu'tica** *v* apothekerskunst; farmaceutische producten **farmaceu'tisch** *bn* artsenijkundig **farmacie'** *v* artsenijkunde; apotheek **farmacologie'** *v* artsenijleer **farmacon'** *o* [-ca] geneesmiddel **farmacopee'** *v* [-s] boek met voorschriften voor de bereiding v. geneesmiddelen

farmer *m* [-s] Am. of Australische boer

fascine'ren betoveren, boeien

fascis'me ‹fasjisme› *o* ondemocratisch en ultranationalistisch politiek stelsel **fascist'** *m* aanhanger v.h. fascisme **fascist'isch** *bn* volgens het fascisme **fascistoï'de** *bn* naar fascisme neigend

fase ‹s=z› *v* [-n, -s] schijngestalte; ontwikkelingstrap; voorbijgaande toestand **fase'ren** ‹s=z› in fasen doen verlopen of indelen

fastfood' ‹fàstfoed› *o* snel te bereiden voedsel

fat *m* [-ten] dandy

fataal' *bn* noodlottig; uiterste **fatalis'me** *o* geloof in noodlot **fatalist'** *m* aanhanger v. fatalisme **fatalis'tisch** *bn & bw* volgens fatalisme; fatalisme aanhangend **fataliteit'** *v* noodlot, (voorbeschikt) ongeluk

fata morga'na *v* luchtspiegeling

fatsoen' *o* model; goede manieren; aanzien; *zijn ~ houden*, niet te ongemanierd zijn; *met goed ~*, zonder aanstoot te geven **fatsoene'ren** een model geven **fatsoen'lijk** *bn & bw* net(jes) **fatsoens'halve** *bw* om het fatsoen **fatsoens'rakker** wie voor zichzelf en anderen strenge fatsoensnormen hanteert

fatterig, **fattig** *bn & bw* als een fat

fatum *o* [-ta] noodlot

faun *m* bos- en veldgod

fauna *v(m)* dierenwereld

fauteuil' ‹footui› *m* [-s] leunstoel

faux pas' ‹foopà› *m* misstap

faveur' *v(m)* [-s] gunst; *onder ~ van*, met beroep op; *ten ~e van*, ten gunste van

favora'bel *bn* gunstig

favoriet' **I** *bn* geliefd, lievelings- **II** *m* gunsteling; lieveling; paard of persoon waaraan men bij een wedstrijd de meeste kansen geeft **favorise'ren** ‹s=z› begunstigen

favus *m* hoofdzeer

fax *m* apparaat of systeem waarmee men per telefoon facsimile's kan overseinen, per telefoon verzonden facsimile **faxen** [faxte, gefaxt] per fax verzenden **faxpost** fax als systeem

fazant' *m* hoenderachtige vogel met lange staart, Lat. Phasianus colchicus **fazan'tenjacht** jacht op fazanten

FBO Federatie v. Betaald-voetbalorganisaties

FC voetbalclub

FDF Front Démocratique des Francophones

Fe *(schei.)* ijzer

feb(r) februari
februa'ri *m* 2e maand v.h. jaar
feca'liën ‹fe=fee›, **fe'ces** ‹feetsjes *of* feeses› *mv* uitwerpselen
fecunda'tie *v* bevruchting
federaal' *bn* het verbond betreffende, bondgenootschappelijk **federalis'me** *o* (streven naar) statenbondgenootschap **federalist'** *m* voorstander v. federalisme **federalis'tisch** *bn & bw* federatief **federa'tie** *v* [-s] bond **federatief'** *bn & bw* (v.d. aard) v.e. federatie; een federatie beogend
fee *v* [-ën] tovergodin

F

feedback' ‹fiedbek› *m* terugkoppeling, doorgeven v. informatie
feeërie' *v* [-s] sprookjestoneel **feeëriek'** *bn & bw* toverachtig mooi
feeks *v* venijnige vrouw
feeling ‹ee=ie› *m* het aanvoelen
feest *o* blijde viering **feestbundel** bundel gedrukte opstellen aan een geleerde jubilaris opdragen **feestcomité** comité om het feest te organiseren **feestdronk** dronk bij een feest **feestelijk** *bn & bw* als bij een feest; ~ *danken*, beslist danken **feestelijkheid** *v* [-heden] (gebeurtenis v.h. karakter v.e.) feest **feesten** feestvieren **feestneus** namaakneus v. feestvierders; wie graag of dikwijls feest viert **feestnummer** aan een feest gewijd (bijzonder) nummer; *(scherts.)* wie van feesten houdt **feestredenaar** wie de feestrede houdt **feestvarken** *o (scherts.)* voor wie een feest gevierd wordt **feestvieren** feesten
feil *v(m)* fout **feilbaar** *bn* kunnende feilen **feilen** mistasten **feilloos** *bn* zonder fout
feit *o* daad; gebeurtenis, wat gebeurd is; wat vast staat; *een persoonlijk* ~, iets wat iem. zelf aangaat; *in* ~*e*, in werkelijkheid **feitelijk** *bn & bw* werkelijk; welbeschouwd **feitelijkheid** *v* [-heden] gewelddaad; werkelijkheid
fel *bn & bw* heftig; ~ *op*, verzot op
felicita'tie *v* [-s] gelukwens **felicite'ren** gelukwensen
fella'tie *v* zuigen aan mannelijk lid
felonie' *v (gesch.)* leenbreuk
felsen door het ombuigen en aandrukken van randen aaneenhechten
femelaar *m* [-s, -laren] wie femelt **femelachtig** *bn & bw* als of van een femelaar **femelarij'** *v* kwezelachtigheid **femelen** zoetsappige praat verkopen, kwezelen
feminien' *bn* vrouwelijk
feminis'me *o* vrouwenbeweging **feminist'** voorstander van feminisme **feminis'te** *v* voorstandster v. feminisme **feminis'tisch** *bn & bw* het feminisme betreffende of voorstaande
femme fata'le ‹fam fatal› *v* [femmes fatales] verleidster **femme savan'te** ‹fam savañt› *v* [femmes savantes] geleerde vrouw
femto duizendbiljoenste deel van *(als eerste lid van ss)*
fenegriek' *m/o* bep. sterk riekende vlinderbloemige plant
feniks *m (myth.)* vogel die telkens uit zijn as herrees
fenol' *o* carbol
fenologie' *v* leer v.d. invloed v.h. klimaat op verschijnen van planten en dieren
fenomeen' *o* [-menen] (zeldzaam) verschijnsel; genie **fenomenaal'** *bn & bw* buitengewoon, verwonderlijk **fenomenalis'me**, **fenomenologie'** *v* (wijsgerige) leer dat alleen veranderlijke verschijnselen bestaan **fenomenolo'gisch** *bn & bw* van of volgens de fenomenologie
fe'notype *v & o* verschijningsvorm
fenyl'alcohol *m* carbolzuur
feodaal' *bn & bw* het leenstelsel betreffende; waarbij de adel heerst; leen- **feodalis'me** *o* leenstelsel **feodaliteit'** *v* leenroerigheid, leenstelsel
ferm *bn & bw* flink
ferment' *o* organische stof die een andere kan omzetten zonder zelf te veranderen **fermenta'tie** *v* [-s] gisting; beroering **fermente'ren** *h* gisten; in beroering komen
fermeteit', **fermiteit'** *v* flinkheid
fernambuk'hout brazielhout
ferro- ijzer- **ferromagnetis'me** *o* het ontvankelijk zijn voor een magnetisch veld
ferry [-'s], **ferryboot** *m/v* veerboot
fertiel' *bn* vruchtbaar **fertilisa'tie** ‹s=z› *v* [-s] bevruchting; (gez. v. land) het vruchtbaar maken
fervent' *bn* vurig
fes *v(m)* [-sen] *(muz.)* met een halve toon verlaagde f
festijn' *o* (groots) feest
festival *o* [-s] muziekfeest
festiviteit' *v* feestelijkheid
festoen' *o/m* guirlande
feston' *o/m* [-s] geschulpte geborduurde rand **festonne'ren** van een feston voorzien
feta ‹fètta› *v(m)* van oorsprong Griekse geitenkaas
fête'ren feestelijk onthalen, vieren
fetisj *m* afgodisch vereerd klein voorwerp **fetisjdienst** *m*, **fetisjis'me** *o* verering (als) van fetisjen
feudaal' ‹eu=eu *of* ui› *bn & bw* feodaal **feudalis'me** *o* feodalisme **feudaliteit'** *v* feodaliteit
feuilletee'deeg ‹fuijetee› *o* [gmv] bladerdeeg
feuilleton' ‹fuijeton› *o/m* [-s] vervolgverhaal in afleveringen in een blad
feut *m* aspirant-lid v.e. studentenvereniging
fez *m* [-zen] Turkse ronde stijve muts zonder klep
ff, **fff** fortissimo
fg. fungerend
fias'co *o* [-'s] mislukking; ~ *maken* of *lijden*, mislukken
fiat **I** *tw* het zij zo **II** *o* inwilliging **fiatte'ren** van fiat voorzien
flamboyant vurig, gloedvol
fiber **I** *o/m* uit inz. voor koffers geprepareerde katoenvezel of papier gemaakt materiaal **II** *bn* van die stof

fibreus' ‹i=ie› *bn* vezelachtig; bindweefselachtig
fibrilla'tie ‹i=ie› *v* het samentrekken v.d. vezels in de hartspier, onregelmatig ritme v.d. hartwerking
fibri'ne ‹i=ie› *v(m)* bloedvezelstof; plantenvezelstof
fibromyalgie' ‹i=ie› *v* [gmv] pijn in het bindweefsel door dysfunctie v.d. gewrichtskapsels
fibroom' ‹i=ie› *o* [-bromen] goedaardig gezwel v.h. bindweefsel
fibro'se ‹i=ie, s=z› *v* [-n, -s] woekering v.h. bindweefsel
fiche ‹fiesje› *o/v(m)* [-s] speelpenning; kaart voor kaartsysteem
fictie *v* [-s, -tiën] verdichtsel, verzinsel, denkbeeldige voorstelling, niet-werkelijkheid **fictief'** *bn* verzonnen, denkbeeldig
ficus *v(m)* [-sen] vijgenboom
fideel' *bn & bw* trouwhartig; vrolijk **fideliteit'** *v* trouwhartigheid; gezelligheid
fiduciair' ‹ai=è› *bn* als vertrouwensman; *~ geld*, papiergeld **fidu'cie** *v* vertrouwen
fiedel *m* [-s] *(pop.)* viool **fiedelen** vioolspelen
fielt *m* ploert **fieltachtig** *bn & bw* schurkachtig **fielterig** *bn & bw* fieltachtig
fier *bn & bw* trots
fier'ljeppen *in Friesland*: polsstokspringen
fiets *m/v* rijwiel; *(pop.) wat heb ik nou aan m'n ~ hangen?*, wat is er nu aan de hand? **fietsblok** parkeertegel **fietsen** wielrijden; *(pop.) ~ zijn*, zoek zijn **fietsenrek** rek voor fietsen; *(scherts.)* gebit met spleten tussen de tanden **fietspooling** ‹oo=oe› *v (Belgned.)* met een groepje een plaats afspreken om vandaar gezamenlijk naar school te fietsen
FIFA Fédération Internationale de Football Associations
fifty-fif'ty ‹y=ie› *bw (fam.)* zo dat ieder v.d. twee de helft krijgt
fig. figuur(lijk)
figurant' *m* wie een zwijgende of onbeduidende rol vervult; orgelsierpijp **figura'tie** *v* [-s] versiering van hoofdthema **figuratief'** *bn* ter versiering; met beelden werkend **figure'ren** *h* een plaats innemen
figuur' *v(m)/o* [-guren] gedaante; lichaamsmodel, tekening; danstoer; persoon; *een ... ~ slaan*, een ... indruk maken **figuur'lijk** *bn & bw* in beeldspraak **figuur'naad** naad om een kledingstuk beter passend te maken **figuur'rijden** *o* met het rijden figuren beschrijven **figuur'schilderen** *o* mensen schilderen **figuur'zaag** zeer fijne zaag
fijn *bn & bw* niet-grof; heerlijk; van goede kwaliteit; smal, dun, tenger; nauwgezet godsdienstig; zeer fijngevoelig; zuiver; tot mijn genoegen; *het ~e van de zaak*, waar het op aan komt **fijnbesnaard'** *bn* gevoelig **fijngevoe'lig** *bn* getuigend van fijn gevoel, met fijn gevoel **fijngoed** goed dat in de was bijzondere aandacht vraagt **fijnheid** *v* [-heden] het fijn zijn; wat fijn is **fijnproever** [-s] iem. met fijne smaak **fijnschilder** *m* [-s] wie zeer gedetailleerd en realistisch schildert **fijnschrijver** *m* [-s] stift of pen voor dun schrift **fijnstampen** stampend fijn maken **fijnte** [-n, -s] graad v. fijnheid **fijntjes** *bw* netjes; slim **fijnzin'nig** fijngevoelig
fijt *v(m)/o* ontsteking aan vingertop
fik *m* [-ken] keeshond; *(fam.)* brand; mannelijk geslachtsdeel **fikken I** *m mv* vingers; **II** *onoverg.* geslachtsgemeenschap hebben; branden
fiks *bn & bw* flink, gezond **fiksen** *(pop.)* klaarspelen
filagram' *o* [-men] watermerk
filantroop' *m* [-tropen] weldoener **filantropie'** *v* menslievendheid **filantro'pisch** *bn & bw* menslievend
filatelie' *v* het postzegels verzamelen; postzegelkennis **filatelist'** postzegelverzamelaar **filatelis'tisch** *bn* postzegelverzamelaars-
file I ‹fiele› *v(m)* [-s] rij, *(inz.)* lange rij stilstaande of langzaam voortbewegende personen of voertuigen **II** ‹fajl› *m/o* hoeveelheid bijeen horende informatie op computerschijf
fileparkeren ‹file=fiele› parkeren tussen twee achter elkaar staande auto's
file'ren tot filet maken
filet' ‹et=è *of* ee› *m/o* [-s] netvormig weefsel; dun gesneden stuk vlees of vis; lijnversiering **filet américain'** ‹filee americẽn› *m/o* gemalen rauw rundvlees
filharmo'nisch *bn ~ orkest*, symfonieorkest
filiaal' I *bn* kinderlijk; tussen ouders en kinderen **II** *o* [-alen] bijwinkel, bijkantoor
filia'tie *v* afstamming(sverwantschap)
filigraan', **filigrein'** *o* werk van zilver- of gouddraad
filigram' *o* [-men] filagram
filip'pica *v* [-'s] strafrede
filippi'ne *v* [-s] amandel met twee pitten; afspraak bij niet-nakoming waarvan een cadeautje moet worden gegeven
filis'ter [-s] iem. met bekrompen opvattingen **filisterij'** *v* hebben v. bekrompen opvattingen
filistij'nen *naar de ~*, stuk; niet meer te gebruiken
film *m* [-s] celluloid voor fotografische of cinematografische opnamen; de hierop opgenomen en hiermee vertoonde beelden **filmacademie** school waar inzicht in filmkwesties bijgebracht wordt **filmacteur** speler voor de film **filmactrice** speelster voor de film **filmdiva** beroemd filmactrice **filmdruk** bedrukken v.e. stof met verf door dun weefsel heen **filmeditie** editie met foto's uit een naar het betrokken boek vervaardigde film **filmen** een film opnemen; *niet te ~!*, ongelofelijk! **filmfestival** *o* internationaal feest waarop nieuwe films vertoond worden **filmhuis** niet-commerciële bioscoop **filmindustrie** industrie die films vervaardigt **filmisch** *bn & bw* overeenkomstig het wezen v.d. film **filmjournaal** *o* film van actualiteiten

F

filmoperateur [-s] wie films opneemt **filmotheek'** *v* [-theken] verzameling v. films; kantoor dat kopieën v. films verhuurt **filmploeg** groep v. mensen die een film opnemen **filmrol** rol als filmspeler; materiaal voor filmopname **filmrolletje** op een spoel gewikkeld materiaal voor foto-opnamen **filmster** beroemde filmartiest(e) **filmtoestel** toestel om films op te nemen of af te draaien **filmviewer** ‹ie=joe› *m* toestel waardoor films zonder geprojecteerd te worden bestudeerd kunnen worden

filologie' *v* [-ën] wetenschap die zich richt op bep. voor de cultuurgeschiedenis belangrijke tekst **filolo'gisch** *bn & bw* filologie betreffende **filoloog'** *m* [-logen] beoefenaar v. filologie

filosofe'ren wijsgerig denken **filosofie'** *v* [-ën] wijsbegeerte **filoso'fisch** *bn & bw* wijsgerig **filosoof'** *m* [-sofen] wijsgeer; jachtschotel

filter *o/m* [-s] zijgtoestel; lichtfilter; sigaret met zuiveringselement in mondstuk **filterdoek** filtreerdoek **filterkoffie** met een filter te zetten of gezette koffie **filterpot** pot voor het filtreren van koffie **filtersigaret** sigaret met filtrerend mondstuk **filterzakje** voor het filtreren van koffie dienend zakje

filtraat' *o* [-traten] wat door filtreren verkregen is **filtreer'-** *als eerste deel v. ss in bet.*: om mee te filtreren **filtre'ren** door een filter doen gaan

finaal' *bn & bw* eind-, volkomen

fina'le *v(m)* [-s] beslissend laatste deel v. wedstrijd **finalist'** *m* wie aan een finale deelneemt

financieel' *bn & bw* wat het geld betreft **finan'ciën** *mv* geldmiddelen; departement v.d. geldmiddelen **financier'** *m* [-s] geldman, geldbeheerder, geldschieter **financie'ren** geldschieten; geldelijk verzorgen **financie'ringsbank** bank die ondernemingen langlopende kredieten verleent **financie'ringstekort** tekort op de begroting **finan'ciewezen** geldwezen

fineer'blad oplegblad van fijn hout

fineliner ‹fainlainer› *m* [-s] fijnschrijver

fine'ren houtwerk met fineerblad beleggen; zuiveren

fines'se *v* [-s] fijne bijzonderheid; *(inz. mv)* het fijne

finge'ren ‹ng=n+g› verzinnen, voorwenden

fingerspitzengefühl ‹fiengersjpietsenGefuul› *o* [gmv] scherp gevoel voor passend gedrag of optreden

finish ‹finnisj› *v(m)* eindpunt; slot v. wedstrijd **finishing touch'** ‹touch=tatsj› *m* laatste hand die men aan iets legt

FIOD Fiscale inlichtingen- en opsporingsdienst

Fiom *v* bureau voor alleenstaande vaders en moeders

fiool' *v(m)* [-olen] wijdbuikig of langhalzig flesje; *de fiolen van zijn toorn uitstorten*, hevig uitvaren

Firato Fabrikanten en Importeurs van Radiotoestellen en Technische Onderdelen

firma *v(m)* [-'s] handelszaak, handelsnaam

firmament' *o (plecht.)* uitspansel

firmant' lid v.e. firma

firn *m* korrelig sneeuwijs boven sneeuwgrens

fis ‹i=ie› *v(m)* [-sen] *(muz.)* met halve toon verhoogde f

fiscaal' I *bn & bw* wat de belasting betreft, ten bate v.d. schatkist; inhalig II *m* [-calen] openbare eiser **fiscaal'jurist** in belastingrecht gespecialiseerde jurist **fis'cus** *m* schatkist; dienst v.d. belastingen

fissuur' *v* [-suren] barst, scheur

fistel *v(m)* [-s] etterkanaal; kunstmatige etterafleider

fit *bn* in goede lichamelijke conditie

fitness *m* [gmv] verzamelnaam v. activiteiten om uithoudingsvermogen en spierkracht en lenigheid te versterken **fitnesscentrum** gebouw voor training v.d. conditie

fitter *m* [-s] werkman aan buisleidingen

fitting *m* [-s, -en] houder van elektr. lamp; hulpstuk voor buisleidingen

fixa'tie *v* [-s] het fixeren; het bovenmatig sterk gebonden zijn aan vroegere ervaringen **fixatief'** *o* [-tieven] fixeermiddel; haarplakmiddel

fixeer'(bad) *o* vloeistof om foto's te fixeren **fixe'ren** bepalen; strak aankijken; licht- of beeldvast maken; vastmaken

fjord *m* grillige smalle diepe inham met steile wanden **fjordenkust** kust met fjorden

fl. florijn (gulden)

flabberen klapperen

flacon' *m* [-s] sierlijke fles met metalen of glazen stop

fladderak' *m* citroenbrandewijn

fladderen onregelmatig vliegen; wapperen

flagellant' *m* laat-middeleeuws rondtrekkend en zich uit boete geselend iem.

flageolet' ‹geo=geo *of* zjo› *m* [-ten] fluit met hoge tonen; orgelregister met klank v.e. flageolet; platte boon **flageolettist'** *m* flageoletbespeler **flageolet'toon** bep. zeer lichte toon voor snareninstrument

flagrant' *bn & bw* zeer duidelijk

flagstone ‹fleGstoon› *m* platte rode natuurstenen tuintegel

flair ‹flèr› *o/m* handigheid in de omgang

flakkeren onrustig bewegend branden

flambard' ‹ard=aar› *m* [-s] slappe hoed met brede rand

flambe'ren met brandende alcoholische drank opdienen

flambouw' *v(m)* fakkel

flamboyant' ‹flambwaajant› *bn & bw* met vlamvormige tekeningen; vurig, gloedvol **flamboyant'stijl** laat-gotische stijl

flame ‹fleem› met lichtgekleurd glas *(van gloeilamp)*

flamen'co *m* [-'s] Spaanse zigeunerdans; muziek bij die dans

flamingant' ‹ng=n+g› *m* voorstander v.d. Vlaamse beweging

flamin'go ‹g=G› *m* [-'s] grote roze steltpotige

waadvogel met in het midden neergebogen snavel, Lat. Phoenicopteris ruber **flamin'goplant** bep. sierplant

flandricis'me *o* [-n] Vlaamse uitdrukking in het Nederlands

flanel' *o* geruwde wollen of katoenen stof; hemd daarvan **flanel'len** *bn* van flanel

flane'ren *h* rondslenteren **flaneur'** *m* [-s] wie flaneert

flank *v(m)* zijde **flanke'ren** *h* aan één kant dekken of begeleiden; *v.e. jachthond*: aan beide kanten voor de jager uit zoeken **flanklanding** landing van terzijde **flankvuur** beschieting v.d. flank

flansen *in* of *bij elkaar* ~, slordig in elkaar zetten

flap **I** *m* [-pen] slag; flapkan; papieren strookje met plakkende rand; *(pop.)* bankbiljet **II** [-s] rand v. boekomslag **III** *tw* pats

flapdrol *m* [-len] slap of raar iem.

flaphoed hoed met brede rand **flapkan** kan met deksel **flaporen** *mv* wijd uitstaande oren **flap-o'ver**, **flip-o'ver** *m* [-s] op een standaard bevestigde bundel papieren die men kan omslaan

flappen *er uit* ~, zonder nadenken zeggen

flappentap(per) *m* [-s] *(pop.)* geldautomaat

flapper *m* [-s] flapkan; papieren strookje met plakkende rand

flaptekst tekst op flap v. boek

flapuit' *m-v* wie alles eruit flapt

flard *v(m)* gescheurde lap

flashback' ‹flesjbek› *m* [-s] terugblik

flat ‹flet› *m* [-s] eenverdiepingswoning in groot gebouw, flatgebouw; damesschoen met lage hak zonder veters of riempjes

flater *m* [-s] blunder

flatgebouw ‹a=e› gebouw met woonlagen **flatneurose** ‹s=z› neurose t.g.v. het wonen op een flat

flatte'ren goed staan; vleien; mooier maken dan het is **flatteus'** *bn* vleiend; flatterend

flatulen'tie *v* winderigheid

flatwoning woning in de vorm v.e. flat

flauw *bn & bw* niet zout of gekruid; zwak, vaag; lichtelijk onwel; kinderachtig; niet geestig; onaardig; (v. beursberichten) niet levendig **flauwekul'** *m* kletspraat **flauwerd** [-s], **flauwerik** *m* wie flauw is **flauwhar'tig** *bn* niet dapper **flauwheid** *v* [-heden] het flauw zijn; flauwe daad; flauwigheid **flauwigheid** *v* [-heden] flauwheid **flauwiteit'** *v* flauwe grap, flauwe praat **flauwte** *v* [-s, -n] bezwijming **flauwvallen** bezwijmen

flecte'ren *h (taalk.)* verbuigen, vervoegen; verbogen/vervoegd worden

fleece ‹flies› *o* [gmv] zachte isolerende synthetische stof met veloursstructuur

flegma *o* onverstoorbare rustigheid, onaandoenlijkheid **flegma'ticus** *m* [-ci] iem. met flegma **flegmatiek'**, **flegma'tisch** *bn & bw* met flegma

flemen mooipraten **flemerij'** *v* gefleem

flens *m* [flenzen] rand aan einde van buizen of aan spoorwagenwielen **flensbuis** buis met flens

flensen *(pop.)* geslachtsgemeenschap hebben

flensje *o* dun pannenkoekje

fles *v(m)* [-sen] bep. van boven nauw toelopend vat; fles wijn; zuigfles; *Leidse* ~, bep. elektriciteitscondensator; *op de* ~, failliet **flesjeswaterpas** *o* toestel met twee flesjes om te waterpassen **fles(sen)kind** kind dat met zuigfles wordt gevoed **flessen** *h* oplichten; voor de gek houden; voor een examen laten zakken; *z* zakken **flessenmelk** gepasteuriseerde melk in flessen **flessentrekker** *m* [-s] oplichter **flessentrekkerij'** *v* oplichterij

flets *bn & bw* niet helder, met onfrisse kleur

fleur **I** *m/v* bloei **II** *v(m)* vistuig met opgerolde lijn **fleuren** vissen met een fleur; overhalen tot lidmaatschap **fleuret'** *zie* **floret**; **fleurig** *bn & bw* bloeiend; blozend van gezondheid; vrolijk **fleuron'** *m/o* [-s] bloemvormig ornament; vignet op een bladzijde; gebakje v. bladerdeeg als garnering

flexcontract contract voor werk op flexibele basis

flexi'bel *bn* buigzaam, gedwee

flexie *v* [-s] verbuiging, vervoeging

flexwerker *m* [-s] wie op flexibele basis werkt; wie binnen zekere grenzen zelf zijn werktijd kan bepalen **flexwet** wet voor regeling v.d. rechtspositie v. tijdelijke werknemers

flierefluiten pierewaaien

flightsimulator ‹flaitsiemulleetur› *m* [-s] vluchtnabootsmachine

flik *m* [-ken] flikje; *(Belgned.)* politieagent

flikflak *m* [-ken] *(sp., gymn.)* achterwaartse sprong

flikflooien vleien, aanhalig liefkozen

flikje *wm o* schijfje chocolade met een platte en een bolle kant

flikken verstellen; handig klaarspelen

flikker *m* [-s] luchtsprong; *(ruw)* lichaam; homoseksueel; *geen* ~, niets

flikkeren *h/z* onrustig schijnen; *(pop.)* vallen of gooien **flikkerlicht** met tussenpozen helder werkend licht

flink *bn & bw* ferm, vrij groot, aanzienlijk

flinter *m* [-s] afgescheurd lapje, dun plakje

flip [-s] *m* averechts effect van druggebruik

flip-o'ver *m* [-s] verzameling afhangende vellen schrijfpapier

flippen een flip krijgen

flipper *m* [-s] bep. gokautomaat; bij een gokautomaat te hanteren handeltje **flipperen** met een flipper spelen **flipperkast** bep. gokautomaat

flippo *m* [-'s] kartonnen plaatje met afbeelding als verzamelobject; rare snuiter

flipside ‹side=said› *m* [-s] kant v.e. grammofoonplaat met de minder gevraagde muziek **flipstick** *m* [-s] wandelstok waarop men ook kan zitten

flirt ‹fleùrt› *m* niet ernstig bedoelde verliefdheid **II** *m-v* wie gaarne flirt **flirten** verliefd doen zonder ernstige bedoelingen

flit *m* insectendodende vloeistof

flits *m* (bliksem)schicht **flitsblokje** blokje met flitslampjes **flitsen** zich bliksemsnel bewegen (ook van gedachten); fotograferen met flitslicht; op heterdaad een snelheidsovertreder fotograferen **flitser** *m* [-s] apparaat voor flitslicht; naaktloper **flitspaal** installatie langs de weg waarmee snelheidsovertredingen geregistreerd worden **flitslamp** kort maar sterk licht gevend lampje bij fotograferen gebruikt

flitspuit spuit om te flitten

flitstrein hogesnelheidstrein

flitten met een insectendodend middel spuiten

FLO Functioneel Leeftijdsontslag

flobert' *wm* ‹bert=bèr› *m* [-s] licht geweer

flodder *v(m)* [-s] loszittend kledingstuk; slonzige vrouw; modder; *(sp.)* dwarrelend verlopend schot; *losse ~*, losse patroon **flodderaar** *m* [-s] knoeier; slordig gekleed iem. **flodderbroek** **I** *v(m)* wijde kniebroek **II** *m* flodderaar **flodderen** te ruim zitten; knoeien, modderen **flodderjurk** flodderig zittende jurk

floep **I** *tw* (klanknabootsing of -schildering) **II** *m* snelle beweging **floepen** *h/z* schielijk schieten

floers *o* zwart krip; sluier, opstaande draden van fluweel

flonkeren rustig schitteren **flon'kerlicht** flonkerend licht **flon'kerster** flonkerende ster; uitblinker, uitblinkster

floodlight ‹flodlait› *o* spreidlicht

floorshow ‹flòrsjoo› *m* [-s] zang- en dansvoorstelling in een nachtclub

flop *m* mislukking

floppy *m* [-s] floppydisk **floppydisk** *m* [-s] verwisselbare magnetische schijf met computergegevens

flora *v(m)* plantenwereld; boek met de opsomming en beschrijving daarvan

flore'ren bloeien

floret' **I** *o* zijde uit het binnenste v.d. cocon **II** *v(m)/o* [-ten] schermdegen

florissant' *bn* bloeiend, welvarend

floristiek' *v* leer v.d. verspreiding der planten

flossen met bep. draad tussen de tanden reinigen **floszijde** *v(m)* zijde v.d. cocon die niet afgewikkeld kan worden; zijde om te flossen

flottiel'je *v(m)* [-s] kleine vloot van gelijksoortige schepen **flottiel'jeleider** *m* vaartuig dat flottielje aanvoert

flowchart ‹floowtsjaat› *v(m)* stroomschema

flox *m* geslacht v. sierplanten met witte of roze bloem, Lat. Phlox

fluctua'tie *v* [-s] schommeling **fluctue'ren** schommelen

fluïditeit' *v* vloeibaarheid; magnetische uitstraling **flu'ïdum** *o* [-da] magnetische uitstraling

fluim **I** *v(m)* opgegeven stuk slijm **II** *m-v* verachtelijk persoon **fluimen** fluimen opgeven

fluisteraar *m* [-s] wie fluistert **fluisterasfalt** geluiddempend asfalt **fluisterboot** boot met zeer stille motor **fluistercampagne** kwaadsprekerij **fluisteren** zacht spreken met gesloten stemspleet; in het geheim vertellen **fluistergaanderij** gaanderij waar men op verre afstand het gefluisterde verstaat **fluistergewelf** *zie* **fluistergaanderij**

fluit *v(m)* lang dun muziekinstrument dat aangeblazen wordt; fluitglas; geluid v.e. fluit; smal brood; fluitschip; *geen ~*, *(pop.)* niets; *een ~je van een cent*, heel eenvoudig; *(pop.)* geslachtsorgaan **fluitconcert** concert van muziek voor een fluitist; uitfluiting **fluiteend** smient **fluiten** [floot, gefloten] fluitgeluid voortbrengen; *ergens naar kunnen ~*, iets niet terug krijgen; *laten ~*, vergeefs laten wachten **fluitenkruid** schermbloemige plant met holle stengel, Lat. Anthriscus sylvestris **fluiter** *m* [-s] wie fluit; kleine zangvogel, Lat. Phylloscopus sibilatrix **fluitglas** bep. lang glas **fluitist'** *m* fluitspeler **fluitketel** waterketel met fluitsignaal **fluitschip** bep. lang schip **fluitspeler** wie de fluit bespeelt

fluks *bw* vlug

fluor *o* bep. gasvormig element **fluorescen'tie** ‹sc=ss› *v* het fluoresceren **fluorescen'tielamp** buislamp **fluoresce'ren** ‹sc=ss› licht uitstralen van andere kleur dan de stof zelf heeft; lichten **fluoride'ren** zout van fluorwaterstof toevoegen

flut *v(m)* iets van geen waarde; (vaak als eerste lid van ss)

flûte ‹fluut› *m* [-s] fluitglas

flutter *m* [-s] ongewenste vlugge verandering v. toonhoogte bij geluidsweergave

fluviatiel' *bn* ontstaan door stromend water

fluviome'ter *m* stroomsnelheidsmeter

fluweel' *o* glanzende zachte stof met aan de bovenkant opstaande haartjes **fluwe'len** *bn* van of als fluweel **fluwe'lig** *bn* fluweelachtig; schijnbaar zacht

fluwijn' *o* steenmarter

flux *m* [gmv] stroom; dichtheid v. elektrische of magnetische stroom; eenheid van die stroom

flux de bouche ‹fluudeboesj› *o* welbespraaktheid

flyer ‹y=ai› *m* [-s] strooibiljet

fly-o'ver ‹y=ai› *m* [-s] knooppunt van wegen die over elkaar heenlopen

Fm *(schei.)* fermium

FM frequentiemodulatie

FNP Frysk Nasjonale Partij

fnuiken de kracht breken, vernietigen

FNV Federatie Nederlandse Vakbeweging

f.o.b. *free on board*, levering vrachtvrij tot aan boord

fobie' *v* [-ën] onredelijke vrees

focus *m* [-sen, -ci] brandpunt **focussen** scherp stellen; de aandacht richten

foedraal' *o* [-dralen] overtreksel; koker, schede

foef *v(m)* voorwendsel, truc

foei *tw* bah **foeilelijk** *bn & bw* erg lelijk

foelie *v(m)* [-s] bast v.d. muskaatnoot; zeer dun bladtin

foera'ge ‹age=aazje› *v* voeder; leeftocht

foerage'ren foerage halen **foerier'** *m* [-s] onderofficier die voor foerage en uitrusting zorgt
foeteren mopperen
foetsie *bw (pop.)* weg
foetus ‹oe=eu› *m/o* [-sen] ongeboren vrucht
foeyonghai' ‹y=j› Chinese omelet met garnalen en tomatensaus
foezel *m* jenever v. slechte kwaliteit
föhn ‹feun› *m* warme valwind; *wm* haardroger
fok I *v(m)* [-ken] voorzeil, onderste zeil aan voormast; *(scherts.)* bril, neus **II** *m* [-ken] fokken
fokbedrijf bedrijf waar men fokt
fokken aankweken
fokkenmast voorste mast
fokkerij *v* het fokken **fokstation** plaats waar fokdieren samen worden gebracht **fokvee** vee voor de fok; aangefokt vee
fol. folio
folder *m* [-s] opgevouwen reclamedrukwerk
foliant' *m* boek in folioformaat **folie** *v(m)/o* zeer dun bladmetaal **folië'ren** de bladen nummeren **folio** *o* [-'s] grootst boekformaat; blad **foliovel** vel in folio
folklo're *v(m)* volksoverleveringen; volkskunde **folklorist'** bestudeerder van folklore **folkloris'tisch** *bn & bw* de folklore betreffende
folkmuziek op oude volksliedjes gebaseerde muziek
folli'kel *m* [-s] *(med.)* zakje; blaasje
follow-up' *m* [-s] vervolg; nabehandeling
folteraar *m* [-s] wie foltert **folterbank** pijnbank **folteren** martelen, kwellen **folterkamer** vertrek voor de foltering **folterkoord** koord waarmee gefolterd wordt **folterpaal** martelpaal **folter(werk)tuig** martelwerktuig
fond ‹fõn› *o* grond, achtergrond; *au ~*, in de grond v.d. zaak **II** *m* [-s] ingekookte bouillon
fondament' *o* ondergronds metselwerk
fondant' *m* [-s, -en] zacht suikergoed; kleurloos en transparant email
fonds *o* (voor bep. doel bijeengebracht) kapitaal; verzekeringsvereniging; effect; goederenvoorraad; wisselrecht **fondscatalogus** lijst van bij een uitgever verschenen werken **fondsenlijst, fondslijst** lijst van al de uitgaven v.e. uitgever; beurslijst **fondspatiënt** bij een fonds verzekerde patiënt
fondue' ‹fonduu› *v(m)* gerecht met in hete olie te dompelen stukjes vlees; gerecht waarbij men brood in hete vloeibare kaas dompelt **fonduen** (gezamenlijk) fondue eten **fondue'stel** apparatuur om mee te fonduen
foneem' *o* [-nemen] taalklank
fonetiek' *v* leer v.d. vorming en eigenschappen der klanken **fone'tisch** *bn & bw* betrekking hebbende op de fonetiek; de uitspraak weergevend
foniatrie' *v* geneeskunde v.d. spraakorganen; stem- en spraakverbetering
foniek' *v* wetenschap die fonetiek en fonologie omvat
fon'kelen levendig stralen **fon'kelnieuw'** *bn* gloednieuw
fonograaf' *m* [-grafen] toestel om klanken op te vangen en later weer te geven **fonogra'fisch** *bn & bw* met behulp v.e. fonograaf **fonogram'** *o* [-men] plaat of rol v.d. fonograaf **fonologie'** *v* wetenschap v.d. fonemen **fonoscoop'** *m* [-scopen] instrument waarmee geluiden waargenomen worden **fonotheek'** ‹th=t› *v(m)* [-theken] verzameling geluidsdragers
fontanel' *v(m)* [-len] nog niet tot been verhard deel v. schedel v. jonge kinderen
fontein' *v(m)* springbron **fontein'tje** *o* kleine fontein; kraantje met wasbakje; drinkglas aan vogelkooi
foodprocessor ‹oo=oe› *m/v* [-s] keukenmachine
fooi *v(m)* vrijwillige gift aan dienstbaar persoon; *(fig.)* te geringe beloning **fooienstelsel** stelsel waarbij fooien gegeven worden
fop *m* [-pen] het foppen; fopspeen **foppen** schertsend beetnemen **fopperij'** *v* het foppen **fopspeen** los zuigspeentje
FOR fiscale oudedagsreserve
force ~ *majeure*, ‹fors mazjeur› overmacht
force'ren dwingen, doordrijven; openbreken; boven zijn kracht laten werken
fore'hand ‹fòrhend› *v (sp.)* onderhandse tennisslag met naar voren gerichte handpalm
forel' *v(m)* [-len] zalmachtige kleinere riviervis, Lat. Salmo fario **forel'schimmel** wit paard met rode vlekken
forens' *m* [-en, -enzen] wie woont buiten de gemeente waar hij werkt **foren'sisch** *bn* op justitie betrekking hebbend, in dienst v.h. gerecht **foren'zen** pendelen als forens
forfait' ‹forfè› *o* overeengekomen geschat bedrag **forfaitair'** ‹forfettèr› *bn* voor een bedrag ineens
forint' *m* [-s] munt en munteenheid van Hongarije
formaat' *o* [-maten] grootte en vorm samen; *van ~* of *van groot ~*, van veel betekenis
formali'ne *v(m)* desinfectiemiddel
formalise'ren ‹s=z› vastleggen; regelen **formalis'me** *o* vormendienst **formalist'** *m* vormendienaar
formaliteit' *v* voorgeschreven regel en gebruik; wat alleen om de vorm gebeurt
forma'liter *bw* voor de vorm
formant' *m (taalk.)* voor een spraakklank karakteristieke boventoon
format *m* [-s] *(comp.) (audio.)* opzet v.e. programma
formateur' *m* [-s] samensteller; kabinetsformateur
forma'tie *v* [-s] vorming; *(mil.)* opstelling; *(geol.)* laag; popgroep **forma'tieberaad** beraad om een regering te vormen **forma'tieplaats** officiële arbeidsplaats **forma'tievliegen** vliegen in bep. opstelling
formatte'ren *(comp.)* diskette geschikt maken

F

voor gebruik

formeel' I *o* [-melen] houten vorm om metselwerk bij de bouw te steunen II *bn & bw* (slechts) naar de vorm; uitdrukkelijk, echt

forme'ren vormen

formica I *o* harde zuurbestendige kunststof II *bn* van die stof

formida'bel *bn & bw* geweldig

formula'rium *o* [-s, -ria] handleiding voor voorschrijven van medicamenten

formu'le *v(m)* [-s] in letters of cijfers uitgedrukte waarde of scheikundige samenstelling; geijkte uitdrukking; formulering v. compromis

formule'ren onder woorden brengen

formu'lewagen aan zekere eisen voldoende raceauto

formulier' *o* gedrukt invulpapier; vaststaande bewoordingen

fornuis' *o* [-nuizen] kookkachel

fors *bn & bw* krachtig

forsy'thia *v(m)* [-'s] vroege sierheester met heldergele bloemen

fort I *o* permanente losstaande vesting; *vliegend ~*, bep. grote bommenwerper II ‹fòr› *o/m* sterke kant

forte *bw (muz.)* luid

fortifica'tie *v* [-ën, -s] vestingwerk

fortio'ri *a ~*, des te eerder

fortis I *bn (taalk.)* met energieke spiersamentrekking gesproken; [-tes] *v(m)* met energieke spiersamentrekking gesproken medeklinker **fortis'simo** *bw (muz.)* zeer krachtig **forto** *o* [-'s, -ti] *(muz.)* luid gespeeld of gezongen stuk

fortuin' I *o* geluk; bezit, vermogen; *~ maken*, voorspoed hebben, bezit verwerven II *v(m)* lot, noodlot **fortui'nig**, **fortuin'lijk** *bn* geluk hebbend **fortuin'zoeker** [-s] gelukzoeker

forum *o* [-s] discussiegelegenheid vóór een groep deskundigen; deze groep; plein in het oude Rome; *voor het ~ brengen*, ter bespreking voorleggen **forumdiscussie** georganiseerde discussie tussen deskundigen en publiek na een inleiding

fosburyflop ‹ry=rrie› *m (sp.)* [-s] hoogtesprong met de rug over de lat

fosfaat' *o* [-faten] fosforzuur zout

fosfor *m/o (schei.)* zeer licht brandbaar chemisch element (P) **fosforbom** brandbom met fosfor **fosforescen'tie** *v* het fosforesceren **fosforesce'ren** zwak licht uitstralen

fossiel' I *bn* in de aarde versteend II *o* in de aarde versteend organisme

fot *m* eenheid v. verlichtingssterkte

foto *v(m)* [-'s] fotografie **fotoalbum** album om foto's te bewaren **fotobacterie** lichtgevende bacterie **fotochemie'** leer v.d. scheikundige werking van licht **fotoche'misch** *bn & bw* onder invloed van licht scheikundig werkend **foto-elek'trisch** *bn & bw* onder invloed van licht elektrisch werkend **foto-elek'tron** *o* elektron dat foto-elektrisch is vrijgemaakt **fotofinish** ‹sh=sj› finish waarbij de winnaar d.m.v. een foto wordt vastgesteld **fotofoon'** *m* [-fonen] lichttelefoon **fotogeniek'** ‹g=g *of* zj› zich goed latende fotograferen

fotograaf' *m* [-grafen] wie fotografeert **fotografe'ren** afbeelden door licht te laten inwerken op een bep. plaat **fotografie'** *v* [-ën, -s] fotografisch beeld; kunst van fotograferen **fotogra'fisch** *bn & bw* door middel van fotografie; de fotografie betreffende

fotogravu're mechanisch v.e. foto gemaakte gravure **fotokopie'** *v* fotografisch gemaakte copie **fotokopiëren** fotografisch vermenigvuldigen **fotolithografie** *v* lichtsteendruk **fotometer** *m* [-s] lichtmeter **fotometrie'** *v* het meten v.d. lichtsterkte **fotomodel** beroepsmatig voor foto's poserende vrouw **fotomontage** ‹age=aazje› *v* [-s] het samenvoegen v. foto's tot een geheel

foton *o* [-en] kleinste lichteenheid **foto'nica** *v* leer v. toepassing v. fotonen bij overdracht v. informatie

fotopaal paal langs de weg met apparatuur om verkeersovertredingen te fotograferen **fotoreportage** reportage met foto's **fotosafari** safari waarbij alleen foto's gemaakt worden **fotosfeer'** *v(m)* [-sferen] deel v.d. zonneatmosfeer dat wij als zonsoppervlak waarnemen **fotosynthese** omzetting van koolzuur en water in koolhydraten onder invloed van licht **fototheek'** [-theken] *v* verzameling foto's **fototherapie'** *v* genezing door licht **fototoestel** camera **fototropie'** *v* het zich wenden naar of van het licht **fototypie'** *v* [-ën] het overbrengen van foto's op een plaat; afdruk van zo'n cliché **fotozinkografie'** *v* [-ën] fototypie op zinkplaat

fouille'ren ‹foe(l)jeeren› aan den lijve onderzoeken

foulard' ‹foelaar› *m* [-s] lichtgekleurde zijde; halsdoek van die zijde; *grand ~*, ‹grã› grote doek om over een stoel of bank te leggen

founda'tion ‹foundee'sjun› *v* [gmv] vrouwenondergoed; crème als basis voor make-up

fourne'ren verschaffen; overleggen; bijbetalen **fournissement'** *o* inleg, storting; bijbetaling **fournituur'** *o* [-turen] *(inz. mv)* benodigdheden voor het afwerken v. kleren

fourragè're ‹foeraazjère› *v(m)* schouderkwast

fout I *v(m)* misslag; gebrek; onjuistheid in werk; *zonder ~*, zonder mankeren II *bn & bw* verkeerd **foutief'** *bn & bw* verkeerd **foutloos** *bn & bw* zonder fouten **foutparkeren** parkeren waar het niet is toegestaan

foxter'riër *m* [-s] kleine glad- of draadharige hond

foxtrot *m* [-s] licht stappende dans in vierkwartsmaat **foxtrotten** foxtrot dansen

foyer' ‹fwajee› *m* [-s] koffiekamer

FPU Flexibel Pensioen en Uittreding

fr. franco; frank

Fr *(schei.)* francium; frater

fraai *bn & bw* sierlijk **fraaiigheid** *v* [-heden] mooidoenerij, niet van harte gemeende daad

frac'tie *v* [-s] breuk; deel; aanhangers v. partij in vertegenwoordigend lichaam **fractieoverleg** overleg binnen een fractie **fractioneel'** *bn* slechts een fractie uitmakend

fractuur' *v* [-turen] beenbreuk; Duitse drukletter

fragiel' ‹g=zj› *bn* broos **fragiliteit'** *v* broosheid

fragment' *o* stuk **fragmenta'risch** *bn & bw* broksgewijze, uit fragmenten bestaande

fragmenta'tiebom splinterbom

fraise ‹frèèze› *bn* aardbeikleurig

framboos *v(m)* [-bozen] struik uit de fam. der Rosaceeën, Lat. Rubus idaeus; vrucht van die plant

frame ‹freem› *o* [-s] fietsraam; raamwerk; kader

franc ‹frãn› *m* Franse frank

franchi'se ‹frensjaiz› *v* [-s] vrijstelling van vracht of invoerrechten; niet-verplichting tot uitkering beneden zeker schadebedrag; inkomensdeel waarvoor geen pensioenpremie verschuldigd is; ondernemingsvorm waarin een bedrijf zich in beperkte mate bij een groter aansluit

franciscaan' *m* [-canen] kloosterling v.d. orde van Sint-Franciscus **franciscaans'** *bn* v.d. franciscanen **francisca'ner** *bn* franciscaans **franciscanes'** *v* [-sen] kloosterlinge v.d. orde van Sint-Franciscus

franc-maçon' ‹frammaason› [francs-maçons] vrijmetselaar **franc-maçonnerie'** *v* vrijmetselarij

franco *bn & bw* met betaling v.d. vracht door de afzender

francofiel' **I** *bn* gesteld op al wat Frans is **II** *m* wie gesteld is op al wat Frans is **francofoon'** *bn* Frans sprekend

franc-tireur' ‹frãn-tiereur› *m* [francs-tireurs] vrijschutter; partizaan

franje *v(m)* [-s] reeks afhangende draden of koorden als versiersel; bijkomstigheden

frank **I** *bn* vrijmoedig; *~ en vrij*, vrij **II** *m* vroegere munt en munteenheid van o.m. België en Frankrijk *(nu nog in Zwitserland)*

frankeer'kosten portokosten **frankeer'machine** toestel dat een stempel plaatst in plaats v. postzegel **frankeer'stempel** stempel dat postzegel vervangt **franke'ren** de vracht vooruit betalen

Frans **I** *m vrolijke ~*, vrolijk zorgeloos iem. **II** *o* de Franse taal; *daar is geen woord ~ bij*, dat is duidelijk **III** *bn* (als) van Frankrijk; *~e titel*, verkorte vóór het eigenlijke titelblad geplaatste titel; *met de ~ slag*, oppervlakkig; *~e toer*, *(pop.)* bep. seksuele stand **franskiljon'** *m* [-s] Vlaming die aan het Frans de voorkeur geeft

frappant' *bn & bw* treffend **frappe'ren** treffen; met ijs koelen

frase ‹fraze› *v* [-n, -s] zin; zinledige uitdrukking; in één adem te zingen deel

fraseologie' *v* [-ën] verzameling zegswijzen; iemands woordenkeus en zinsbouw; het bezigen van frasen **frase'ren** indeling en ritme duidelijk laten uitkomen

frater *m* [-s] kloosterbroeder **fraterhuis** klooster voor fraters **fraternise'ren** ‹s=z› zich verbroederen **fraterschool** school onder leiding van fraters

fratsen *mv* kuren, grimassen

fraude *v(m)* [-s] bedrog; smokkelarij **fraude'ren** fraude plegen; spieken **fraudeur'** *m* [-s] wie fraude pleegt **frauduleus'** *bn & bw* bedrieglijk; de wet ontduikend

freak ‹ea=ie› *m* [-s] vreemd of extreem persoon; gebruiker van harddrugs; *als laatste lid v.e. ss*: enthousiast liefhebber van

freekick' ‹ee=ie› *m* [-s] vrije trap

freelance ‹frielãns› *bn* niet vast verbonden

freeman *m* eenheid v. plagiaat of tekstoverlapping

frees *v(m)* [frezen] geplooide halskraag; ronddraaiende schijf met scherpe tanden

freewheel ‹friewiel› *o* [-s] fietswiel waarbij men niet steeds behoeft te trappen **freewheelen** in vrijloop fietsen; *(fig.)* kalm aandoen

fregat' *o* [-ten] klein oorlogsschip bij escortedienst; *(gesch.)* snelle driemaster **fregat'schip** fregat

frêle ‹frèl(e)› *bn & bw* broos

frenesie' ‹s=z› *v* waanzin **frenetiek'** *bn & bw* waanzinnig

frenologie' *v* schedelleer, hersenbouwleer

frequent' ‹qu=kw› *bn & bw* veelvuldig **frequentatief'** *bn & o* [-tieven] herhaling uitdrukkend **frequente'ren** veelvuldig bezoeken **frequen'tie** *v* [-s] menigvuldigheid; aantal keren per tijdseenheid; *(elektr.)* aantal perioden per seconde

frequen'tiemodulatie *v* modulatie v. trillingsgolven met gevarieerde frequentie

fresco *o* [-'s] schilderwijze of schilderij op natte kalk

fresia ‹s=z› *v(m)* [-'s] knolgewas met zoetgeurende bloemen; bloem van die plant

fret **I** *o* [-ten] albinobunzing **II** *m* [-ten] schroefboor **fretten** met fretten jagen **frette'ren** *zie* **fretten**

freule ‹frùlle› *v* [-s] adellijke ongehuwde dame

frezen met een frees bewerken

fricandeau' ‹eau=oo› *m* [-s] mager stuk kalfs- of varkensvlees

fricassee' *v* [-ën, -s] fijn gesneden gestoofd vlees

fricatief' *m* [-tieven] *(taalk.)* wrijfklank

frictie *v* [-s] wrijving **frictiewerkloosheid** tijdelijke door bijzondere omstandigheden veroorzaakte werkloosheid

friemelen peuteren

fries **I** *v(m) of o* [friezen] vlak tussen architraaf en kroonlijst; versierde strook **II** *o* langharige grove wollen stof

friet, *(Belgned.)* **frit** *v(m)* patates frites

frigidai're *wm* ‹friezjiedèr(e)› *v* [-s] koelkast
frigi'de ‹g=g› *bn* koud, koel, ijzig; seksueel ongevoelig
frigo *m* [-'s] *(Belgned.)* ijskast **frigorie'** *v* [-ën] eenheid voor meting v. koude
frijnen steen van groefjes voorzien
frik *m-v* [-ken] schoolmeester; onderwijzeres
frikadel' *v(m)* [-len] gehaktbal
fris I *bn* vers; koel; helder; zonder sporen van bederf; opwekkend; niet benauwd; geen vermoeidheid voelend; *(iron.)* gemeen **II** *m* [gmv] frisdrank
frisbee ‹ee=ie› *m/v* [-s] ronde platte werpschijf **II** *o* werpspel met zo'n schijf
frisdrank niet-alcoholische mousserende drank **frisheid** *v* het fris zijn
frites ‹friet›, *(Belgned.)* **frit** ‹frit› *mv* friet
friteu'se ‹s=z› *v* [-s] pan om mee te frituren
fritkot *o (Belgned.)* patatkraam
fritu'ren bakken in kokend vet
frituur' *v* [-turen] toestel om mee te frituren; *(Belgned.)* patatkraam
frivolité' *o* bep. dameshandwerk **frivoliteit'** *v* lichtzinnigheid **frivool'** *bn & bw* lichtzinnig
fröbelen zich al spelend geestelijk ontwikkelen; doelloos bezig zijn **fröbelschool** ‹eu› *(arch.)* kleuterschool waar gefröbeld wordt
frommelen kreukend ineendrukken of wegstoppen; rommelig bewegen
fronde'ren in de oppositie zijn **frondeur'** *m* [-s] lid v.d. oppositie
frons *v(m)* [-en, fronzen] rimpel **fronselen**, **fronsen** in rimpels trekken
front *o* voorgevel; gevechtslijn; los linnen borststuk; scheiding tussen warme en koude lucht; ~ *maken*, de manschappen zo opstellen dat de voorzijde de langste linie vormt; zich tot verweer of aanval klaarmaken; *voor het* ~, voor de aangetreden militairen; te voorschijn **frontaal'** *bn* voor het front, tegen het front gericht, waarbij men recht op elkaar inrijdt **frontaanval** aanval op vijandelijk front **frontbalkon** balkon recht tegenover toneel **frontlijn**, **frontlinie** lijn waarlangs zich het front bevindt **frontloge** loge tegenover toneel
fronton' *o* [-s] driehoekige of segmentvormige of spits toelopende versiering boven gevels of deuren of ramen of kasten
frontpagina voorpagina **frontvlak** hellend scheidingsvlak tussen luchtsoorten
frotté' *o* van boven ruw weefsel
frotte'ren (in)wrijven
frou-frou' *wm* ‹froe-froe› *o/v(m)* biscuit met crème
fructivoor' *m* [-voren] plantenetend dier
fructo'se ‹s=z› *v(m)* vruchtensuiker
fructua'rius [-rii] vruchtgebruiker
frugaal' *bn & bw* sober **frugaliteit'** *v* soberheid
fruit *o* eetbare vruchten **fruitautomaat** gokautomaat met afbeeldingen van vruchten **fruiten** bruin braden **fruitig** *bn* een frisse fruitsmaak hebbend **fruitmachine** fruitautomaat **fruitsap** *(Belgned.)* vruchtensap **fruitwinkel** winkel waar men fruit verkoopt
frunniken frutselen, futselen
frustra'tie het frustreren **frustre'ren** verijdelen; psychisch hinderen
frutselen futselen
f-sleutel *(muz.)* teken dat plaats v.d. f aangeeft
ft *foot, feet*, voet
fuchsia ‹ch=k› *v* [-'s] sierplant met afhangende klokvormige bloemen, Lat. Fuchsia hybrida
fuck- *(vulg.) als eerste deel v.e. ss met een zn*: weinig waard, vervelend
fuga *v(m)* [-'s] muziekstuk waarin een thema door één stem wordt ingezet en achtereenvolgens door de andere stemmen overgenomen wordt
fuif *v(m)* [fuiven] jolig besloten feest **fuifnummer** *o* wie gaarne fuift
fuik *v(m)* korfvormig visnet met afdelingen; *in de* ~, in de val, getrouwd, verloofd
fuiven jolig besloten feestvieren; onthalen
fullereen' *m* [-renen] *(nat.)* voetbalmolecule; molecule van 60 atomen koolstof
fullspeed ‹foel spied› *bw* met volle kracht **fulltime** ‹foeltaim› *bn* voltijds **fullti'meaanstelling** aanstelling in een volledige betrekking
fulminant' *bn* heftig uitvarend **fulmine'ren** heftig uitvaren
functie *v* [-s] ambt, dienst; werking; nawerking der herinnering; afhankelijke grootheid **functieanalyse** analyse v. taken en verantwoordelijkheden v.e. functie **functietoets** *(comp.)* toets voor het geven v. opdrachten anders dan van schrifttekens **functiewoord** woord dat inhoudswoorden in een zin verbindt **functionaliteit'** *v* doelmatigheid; *(comp.)* geheel van functies van een applicatie **functiona'ris** *m* [-sen] bekleder v.e. functie **functioneel'** *bn* de functie betreffend **functione'ren** zijn functie verrichten
fund *o* [-s] beleggingsfonds
fundament', **fondament'** *o* grondslag; *(euf.)* aars **fundamentalis'me** *o* extreme godsdienstige opvatting inz. bij de islam **fundamentalist'** *m* wie het fundamentalisme aanhangt **fundamenteel'** *bn & bw* de grondslag betreffend of vormend **funda'tie** *v* [-ën, -s] stichting **funde'ren** grondvesten, gronden; (v.e. lening) garanties stellen voor **funde'ring** *v* het funderen; grondslag voor bouwwerk; kunstmatige ondergrond
fundraising ‹ais=eez› *v* het zoeken naar geldmiddelen
funest' *bn & bw* noodlottig
funge'ren (waarnemend) dienst doen
funk *m* [gmv] muziek met opzwepend basritme
funshoppen ‹sh=sj› winkelen als vrijetijdsbesteding
furie *v* [-s, -ën] razende vrouw, helleveeg; razernij **furieus'** *bn & bw* razend

furo're ~ *maken*, opgang maken
furun'kel *m* [-s] steenpuist
fuselier' ‹s=z› *m* infanterist
fuse'ren ‹s=z› een fusie aangaan
fusie ‹s=z› *v* [-s] samensmelting
fusilla'de ‹fuuzie(l)jaade› *v* [-s] geweervuur; het fusilleren
fusille'ren doodschieten
fusione'ren ‹s=z› een fusie aangaan
fust *o* vat, verpakking, baal; *op* ~, in vaten **fusta'ge** ‹ag=aazj› *v* verpakking
fut *m/v* energie
futiel' *bn* nietig **futiliteit'** *v* beuzeling
futloos *bn & bw* zonder fut
futon' *m* [-s] met katoen gevulde Japanse slaapmat
futselaar [-s] prutser, knoeier, treuzelaar **futselen** peuteren
futurisme *o* zich extreem tegen het bestaande verzettende kunstrichting **futurist'** *m* voorstander v. futurisme **futuris'tisch** *bn & bw* futurisme aanhangend **futurologie'** *v* wetenschap omtrent de toekomst **futu'rum** *o* [-s, -ra] *(taalk.)* toekomende tijd
fuut *m* [futen] zwemvogel zonder zichtbare staart v.h. geslacht Podiceps
fylogenie', **fylogene'se** ‹y=ie, s=z› *v* ontwikkeling v. planten- of dierenstam
fysiatrie' ‹y=ie› *v* natuurgeneeskunde
fysica ‹y=ie› *v* [gmv] natuurkunde **fysicus** ‹si=zi› *m* [-ci] natuurkundige **fysiek'** ‹s=z› *bn & bw* lichamelijk **II** *o* gestel **fysico-chemicus** *m* [-ci] wie de natuurkundige kanten v.d. scheikunde bestudeert
fysiocraat' ‹s=z› *m* [-craten] aanhanger v. fysiocratisme **fysiocratie'** *v* natuurkracht **fysiocratis'me** *o* leer dat de landbouw de bron van alle welvaart is
fysiognomie' *v* fysionomie
fysiologie *v* wetenschap v.d. levensverrichtingen **fysiolo'gisch** *bn & bw* van of betreffende de fysiologie
fysionomie' *v* [-ën] gelaat
fysiotherapeut *m* wie fysiotherapie toepast **fysiotherapie** *v* geheel van heilgymnastiek en massage
fysisch ‹fiezies› *bn & bw* natuurkundig; overeenkomende met de natuur
fytochemie' ‹y=ie› *v* leer v.d. stoffen in planten **fytofaag'** *m* [-fagen] planteneter **fytografie'** *v* [-ën] plantenbeschrijving **fytologie'** *v* plantenleer **fytopathologie'** *v* leer v.d. plantenziekten **fytopatholoog'** [-logen] beoefenaar v.d. fytopathologie **fytotherapie** *v* therapie met behulp v. kruiden

G

g *v* [-'s] zevende letter van ons alfabet; bij het zachte gehemelte gevormde stemhebbende wrijfklank; *(muz.)* vijfde toon v.d. diatonische toonladder, sol
g gram
G8 de acht meest invloedrijke staten in de wereld
Ga *(schei.)* gallium
GA gewijzigde aansprakelijkheid
ga *m-v* [-den] gade
gaaf I *v* [gaven] gave **II** *bn & bw* ongeschonden; *(bio.)* zonder insnijdingen (gez. v.e. blad); *(jong.)* leuk, aardig; *te* ~, prachtig
gaai *m* meerkol; houten vogel waar men op schiet **gaaischieten** *o* schieten naar een gaai
gaal *v(m)* [galen] kale of dunne streep in stof
gaan [ging, gegaan] zich (te voet) voortbewegen, lopen; mogelijk zijn; functioneren; zich begeven; verzonnen worden; in beweging zijn, zich verwijderen v.e. punt; gespeeld worden; goed gaan; geschieden; geoorloofd zijn; begrepen zijn; *zich laten* ~, zich door zijn gevoelens laten meeslepen; ~ *in*, gekleed zijn in; *te gronde* ~, zijn ondergang vinden; *uit de weg* ~, ontwijken; *op de vlucht* ~, vluchten; *onder dienst* ~, militair worden; *het gaat hem goed*, hij maakt het goed; ~ *vóór*, eerder gekozen worden dan; ~ *voor*, zich positief opstellen ten opzichte van; *door de ziel* ~, diep schokken; *door het hoofd* ~, vergeten worden; *om kort te* ~, in het kort; *vast* ~, zeker zijn; *het gaat op een*, men begint te; ~ *over*, betreffen, de zorg hebben over; ~ *om*, gelden; *eraan* ~, doodgemaakt worden, sterven; *door je rug* ~, plotseling rugpijn krijgen als gevolg v.e. verkeerde beweging **gaande** *bn* wie of wat gaat; in gang, gebeurend; ~ *maken*, opwekken; *het ~ werk*, wat een uurwerk doet lopen
gaanderij' *v* galerij
gaandeweg *bw* langzamerhand
gaap *m* [gapen] geeuw
gaar *bn & bw* voor consumptie voldoende gekookt of gebakken of gebraden of gestoofd; slim; beu van iets; *niet goed* ~, niet goed wijs; *halve gare*, niet goed wijs iem.
gaard *m*, **gaarde** *v(m)* [-n] *(bijz. t.)* tuin
gaarkeuken *v(m)* [-s] van overheidswege georganiseerde eetgelegenheid *(ook fig.)*
gaarne *bw* graag
gaas *o* [gazen] tamelijk open weefsel of vlechtwerk **gaasje** stukje gaas als verband **gaasvlieg** bep. insect
gaatje klein gat; ruimte; plaats; *een ~ in zijn hoofd hebben*, niet goed snik zijn **gaatjesboorder** *m* [-s] wie probeert in te breken door het boren van gaatjes in kozijnen
GAB Gewestelijk Arbeidsbureau

gabardi'ne I *v(m)* voor regenkleding gebruikte waterdichte stof II *v* [-s] jas daarvan III *bn* van die stof
gabber *m (barg.)* kameraad; liefhebber v.e. bep. vorm van housemuziek **gabberhouse** *m* bep. housemuziek
gade *m-v* [-n] gelijke, echtgenoot, echtgenote
gader *te* ~, samen
gadeslaan [sloeg gade, gadegeslagen] oplettend beschouwen; zorgen voor
gadget ‹ Gètzjud› *o* [-s] handig dingetje; overbodig luxe voorwerpje
gading *v* zin
gado-ga'do *m* Indonesisch gerecht van diverse groenten met pindasaus
gadsie *tw* vloek

G

gadver, **gadverdamme** *tw* vloek
gaffel *v(m)* [-s] tweetandige (hooi)vork; gaffelvormige stam of tak; daarop gelijkend ding **gaffelanker** boeganker **gaffelbok** driejarige reebok **gaffeldissel** gaffelvormige disselboom voor één paard **gaffeler** *m* [-s], **gaffelhert** driejarig hert **gaffelschoener** schoener met twee masten **gaffelzeil** zeil aan gaffel
gag ‹GeG› *m* [-s] grappig gezegde
gaga' ‹GaGa› *bn* niet goed snik; dement
gage ‹gaazje› *v(m)* [-s] loon van scheepsvolk en acteurs
gagel *m* [-s] heester met tot katjes verenigde bloemen, Lat. Myrtica gale
gaggelen snateren
GAI gemeenschappelijke antenne-inrichting
gajes *o (barg.)* mensen; *(pop.)* schorremorrie
GAK Gemeenschappelijk Administratiekantoor
gakken, **gakkeren** het geluid v.e. gans maken
gal *v(m)* [-len] blaasachtige knobbel; door de lever afgescheiden vocht; *zijn ~ uitspuwen*, zijn toorn luchten; *overloop van ~*, het zich uiten van toorn
gala *o* [-'s] groot hoffeest; staatsiekledij; *als eerste deel van ss vaak in bet.*: staatsie **gala-avond** avondbijeenkomst met hoge gasten **galabal** hofbal; bal in gala
galactiet' *m (stofn. o)* melksteen **galactome'ter** *m* [-s] zuivelgehaltemeter **galacto'se** ‹s=z› *v* melksuiker
galant' I *bn & bw* hoffelijk II *m* [-en, -s] *(pop. of spot.)* vrijer **galanterie'** *v* [-ën] hoffelijkheid; *(inz. mv)* snuisterij
galanti'ne *v(m)* fijn gehakt vlees met toevoegsels; koud vlees met dril
galappel *zie* **galnoot**
gala-uniform uniform voor feestelijke gelegenheden **galavoorstelling** door aanwezigheid van hoge gasten opgeluisterde voorstelling
galbak *(pop.)* zeurderig mens **galbeker** lijdensbeker **galblaas** blaas waarin gal komt **galbult** huidbultje
galei *v(m) (gesch.)* door misdadigers geroeid lang oorlogsvaartuig **galei'slaaf** roeier op galei **galei'straf** het voor straf roeier zijn op een galei
galerie' *v* [-s, -ën] lokaal voor tentoonstelling en verkoop van kunst
galerij' *v* overdekte zuilengang; mijngang; zaal voor tentoonstelling van beeldende kunst; goedkoopste schouwburgplaatsen **galerij'flat** aan een galerij gelegen flat
galerist' *m* houder v.e. galerie
galg *v(m)* gestel om op te hangen; *voor ~ en rad opgroeien*, in ondeugd opgroeien **galgenhumor** spot of scherts door iem. in ellende **galgenmaal** afscheidsmaal **galgenveld** veld waar galg staat
galigaan' *v(m)* [-ganen] scherp gezaagd gras met pluimen
galjoen' *o* [-s, -en] driemaster met meerdere dekken
galjoot' *v(m)* [-joten] kleine galei met razeilen
galkanaal buisje waardoor de gal uit de lever uitgescheiden wordt **gallen** ontdoen v.d. gal
gallicanis'me *o* Frans nationaal katholicisme
gallicis'me *o* [-n] barbarisme onder invloed v.h. Frans
gallig *bn* lijdende aan te veel gal; gemelijk
gallisch *bn (pop.)* kwaad, boos
gallofiel' *m* vriend van Frankrijk **gallofobie'** sterke afkeer van al wat Frans is **gallomaan'** [-manen] aanbidder van wat uit Frankrijk komt **gallomanie'** het gallomaan zijn
galm *m* zwaar geluid; weerklank **galmbord** bord in galmgat; klankbord v. preekstoel
galmei' *o* zinkhoudend erts
galmen galm voortbrengen, weergalmen, uitgalmen **galmgat** klankgat in toren
galmug niet stekende op planten eitjes leggende mug, Lat. Cecidomyida **galnoot** gal op eikenbladeren
galon' *o/m* [-s, -nen] lint- of koordvormig boordsel **galonne'ren** met galon beleggen
galoog geel doorlopen oog
galop' *m* [-s] draf met sprongen; *(fig.)* snelle loop; levendige Hongaarse dans **galoppe'ren** in galop gaan; de galop dansen
galspat *v(m)* gezwel aan pootgewricht v.e. paard **galsteen** in galblaas of galwegen gevormde steenachtige zelfstandigheid **galsteenvergruizer** *m* [-s] apparaat voor het vergruizen v. galstenen
galsterig *bn* ranzig
galvanisa'tie ‹s=z› *v* het galvaniseren **galvan'isch** *bn & bw* door of met behulp van galvanisme **galvanise'ren** ‹s=z› galvanische stroom leiden door; galvanisch met metaal bedekken **galvanis'me** *o* chemisch opgewekte elektriciteit **galva'no** *m* [-'s] elektrisch verkregen cliché **galvanocaustiek'** *v* het elektrisch wegbranden **galvanochromie'** *v* het galvanisch kleuren **galvanome'ter** instrument dat zwakke elektrische stromen aanwijst **galvanoplastiek'** *v* het galvanisch verkrijgen v. metaalafdrukken of -vormen **galvanoplas'tisch** *bn & bw* (verkregen) door toepassing v. galvanoplastiek **galvanoscoop'** *m* [-scopen] toestel dat

zwakke galvanische stromen aantoont **galvanostegie'** *v* galvaniseren **galvanotherapie'** *v* geneeswijze met galvanisme **galvanotypie'** *v* drukken met galvano's

galvet *o* cholesterol **galweg** weg die afgescheiden gal naar de galblaas leidt **galwesp** gallen veroorzakende wesp

gamba [-'s] *v(m)* tussen de knieën gehouden grote viool **II** *m* grote garnaal

gambiet' *o* misleidende zet in schaakspel die een pion opoffert

game ‹Geem› spel, set

gameet' *v(m)* [-meten] voortplantingscel

gamel' *v(m)* [-len] eetketel

gamelan' *m* [-s] Javaans orkest

gamma *v(m)/o* [-'s] derde letter v.h. Griekse alfabet; toonladder; *(fig.)* geordende reeks **gammastralen** *mv* radioactieve stralen met zeer korte golflengte **gammawetenschap** *v* noch als alfa noch als bèta te beschouwen wetenschap

gammel *bn (pop.)* vervallen, wrak, slap

gamogene'se ‹s=z› *v (bio.)* geslachtelijke voortplanting

gander *m* [-s] mannetjesgans

gang *m* vaart; onderdeel van menu; het gaan; weg; slop; bep. deel v.e. gebouw; *(inz. mv)* gedragingen; *aan de ~*, geschiedende, bezig; *op ~*, begonnen; *zijn ~ gaan*, doen wat men wil; *~ van zaken*, beloop; *'t gaat zo zijn ~etje*, het gaat tamelijk goed

gangbaar *bn* in omloop; gewild, in zwang

gangboord *o/m* pad langs het boord

ganglion *o/m* [-glia, -gliën] zenuwknoop **ganglioom'** *o* [gangliomen] gezwel van zenuwcellen

gangloper los tapijt i.d. gang

gangmaker [-s] voorrijder bij wielerwedstrijd; aanstichter

gangpad voetpad; pad door blokken zitplaatsen

gangreen' *o* koudvuur **gangreneus'** *bn* lijdend aan gangreen

gangster ‹Gengstur› *m* [-s] lid v. misdadigersbende

gangwerk raderwerk in uurwerk **gangwiel** vliegwiel

gannef *m* [-en, -neven] schelm, dief

gans I *v(m)* [ganzen] grote watervogel v.d. familie Anser; onnozel persoon; *als de ganzen*, één voor één achter elkaar; *op een ~je vallen*, meevallen; *de ~ rijden met*, voor de gek houden **II** *bn & bw (vooral Belgned.)* heel, zeer

ganselijk *bw* geheel

gansknuppelen, gansrijden, ganssabelen, gansslaan, ganstrekken *o* bij wijze van volksvermaak de kop v.e. gans proberen af te trekken of te slaan

***ganzenbloem** *(Wdl. ganzebloem)* gele samengesteldbloemige plant v.h. geslacht Chrysanthemum **ganzenbord** van afbeeldingen met een gans voorzien bord om er een gezelschapsspel mee te spelen; dit spel **ganzenborden** ganzenbord spelen **ganzenei** ei v.e. gans **ganzenmars** *(scherts.)* precies achter elkaar lopen **ganzenoogjes** *mv* ronde geweven figuurtjes **ganzenpen** pen of veer v.e. gans die gebruikt wordt om te schrijven of als dobber **ganzenroer** *o* jachtgeweer met lange loop **ganzenvoet** plant met hoekige bladeren, Lat. Chenopodium

ganzerik I *m* gent **II** *v(m)* roosachtige plant v.h. geslacht Potentilla met gele bloempjes

gapen geeuwen, de mond ver openen; dom nieuwsgierig kijken; zich wijd openen **gaper** *m* [-s] gapend iem; uithangteken in de vorm v.e. kop met uitgestoken tong **gaping** *v* opening, leemte

gappen *(pop.)* stelen

gara'ge ‹garaazje› *v* [-s] autostalling **gara'gebox** garage die deel uitmaakt v.e. rij aaneengebouwde garages **garagist'** *m (Belgned.)* garagehouder

garande'ren waarborgen **garant'** borg **garan'tie** *v* [-s] waarborg; borgstelling; *als eerste deel v.e. ss*: ter garantie of gegarandeerd

gard *v(m)* roede **garde** *v(m)* [-n] gard; [-s] lijfwacht, keurbende; *de oude ~*, de aan een bep. traditie gehechte ouderen

garde'nia *v(m)* [-'s] plant met glanzend stijf blad en geurende witte bloemen

gardero'be *v(m)* [-s] kleerkast; klerenvoorraad; klerenbewaarplaats

gardiaan' *m* [-anen] overste v.e. klooster v. franciscanen of capucijnen

gareel' *o* [-relen] halsjurk of halsgordel van trekdier, de trekstrengen; *(fig.)* juk, boei; *in het ~ slaan*, inspannen; *in het ~ spannen*, flink a.h. werk zetten; *in hetzelfde ~ lopen*, samenwerken; *in het ~ lopen*, regelmatige arbeid verrichten

garen I *o* [-s] gesponnen draad **II** *bn* van garen **III** *ww* verzamelen

garf *v(m)* [garven] schoof

gargouil'le ‹GarGoeje› *v* [-s] monsterkop als afvoerbuis v. dakgoten aan gotische kerken

garnaal' *m* [-nalen] schaaldier v.h. geslacht Crangon; zeer klein iem.; *verstand als een ~*, weinig verstand **garna'lenbroodje** broodje met garnalen **garna'lencocktail** ‹ai=ee› voorgerecht met o.a. garnalen

***garna'lenplant** *(Wdl. garnaleplant)* bep. plant met op garnalen lijkende rozewitte bloempjes **garnalenverstand** klein verstand

garneer'sel *o* [-s] boordsel; oplegsel **garne'ren** boorden, voeren; sieren met oplegsels; met toespijzen opmaken **garne'ring** *v* het garneren; garneersel **garnituur'** *o* [-turen] garneersel; fraai bijeenhorend stel

garnizoen' *o* legerdeel dat ergens zijn vaste standplaats heeft; *(mil.)* standplaats **garnizoens'plaats** stad met garnizoen

garoe'da *m* [-da's] Indische mythologische vogel

garstig *bn & bw* ranzig, onaangenaam

garve *v(m)* [-s] garf **garven** het koren in garven binden; de garven binnenhalen

gas *o* [-sen] luchtvormige stof; lichtgas; gaslicht; gastoestel; ~ *geven*, harder gaan rijden **gasaanleg** aanleg van gasleidingen **gasaansteker** *m* [-s] toestel waarmee men door middel v.e. vonk gas aansteekt **gasaanval** aanval met vergiftige gassen **gasautomaat** muntgasmeter; automatische geiser **gasbek** mondstuk van gasbuis waar gas brandt **gasbel** met gas gevulde blaas in vloeistoffen; ondergrondse hoeveelheid aardgas **gasbenzine** *v(m)* uit gas verkregen benzine **gasboei** met gas verlichte boei **gasbrander** *m* [-s] installatie op het mondstuk v.e. gasbuis waar het gas wordt ontstoken; op gas werkend kooktoestelletje **gasbuis** buis van gasleiding

gascokes cokes **gasdicht** *bn* geen gas doorlatend **gasfabriek** fabriek waar gas bereid wordt **gasfitter** *zie* **fitter**; **gasfornuis** met gas gestookt fornuis **gasgenerator** toestel dat uit hout of steenkool gas opwekt voor motoren **gashaard** met gas gestookte haard **gashouder** *m* [-s] reservoir voor gas bij gasfabriek **gasje** *o* klein gasstel **gaskachel** met gas gestookte kachel **gaskamer** ruimte waar mensen of dieren worden gedood met gifgas; ruimte voor oefening met gasmaskers **gaskraan** sluitstuk v.e. gasleiding **gasleiding** *v* buizen voor gastoevoer **gaslicht** door verbranding van gas ontstaan licht **gasmasker** masker tegen gasaanvallen **gasmeter** toestel om de hoeveelheid verbruikt gas te meten **gasmotor** door ontploffende gassen gedreven motor **gasohol** *m* mengsel v. benzine en alcohol **gasolie** petroleumproduct voor het aandrijven v. oliemotoren **gasoli'ne** *wm v(m)* gasbenzine; uit bestanddelen v. petroleum bestaand mengsel **gasome'ter**, **gazome'ter** *m* [-s] gashouder; gasmeter **gasontlading** ontlading in een met gas gevulde ruimte **gasoorlog** oorlog met gifgas als wapen **gaspatroon** *v(m)* patroon die met verdovend gas werkt **gaspedaal** pedaal voor gastoevoer

gaspeldoorn *m* [-s] vlinderbloemige struik met doornen, Lat. Ulex europaeus

gaspenning penning voor muntgasmeter **gaspit** *v(m)* gasbek; gasvlam **gasradiator** door verbrandende gassen te verwarmen radiator **gassen** met gifgas doden of bewerken **gasslang** gummislang waardoor gas geleid wordt **gasstel** kookstel voor gas

gast *m* bezoeker; kerel; niet tot het vaste gezelschap behorende toneelspeler of -speelster

gastank ‹gastenk› metalen reservoir voor gas

gastarbeider niet blijvende, uit het buitenland aangetrokken arbeider **gastcollege** college v.e. tijdelijke docent **gastdirigent** een orkest tijdelijk leidend buitenlands dirigent **gastenboek** boek voor registratie v. gasten; boek met handtekeningen v. bezoekers **gastendoekje** *o* handdoekje voor één persoon **gastenkwartier** afdeling in klooster waar gasten verblijven **gastenpater** met verzorging v.d. gasten belaste pater **gastgezin** gastvrijheid biedend gezin; pleeggezin **gastheer** bij wie men te gast is **gasthuis** ziekenhuis **gastland** land dat gasten ontvangt bij een manifestatie; land dat vluchtelingen ontvangt **gastmaal** aan gasten aangeboden feestelijke maaltijd

gastoestel gasstel

gastouder *m* wie een kind v. werkende ouders (tegen betaling) opvangt **gastplant** op een andere plant levende maar niet parasiterende plant

gastrectomie' *v* verwijdering v.d. maag

gastriloog' *m* [-logen] buikspreker **gastrisch** *bn* wat maag of buik betreft **gastri'tis** *v (med.)* maagontsteking

gastro-enteri'tis *v (med.)* maag-darmcatarre

gastrol rol waarin een speler of speelster als gast optreedt

gastronomie' *v* fijne kookkunst; lekkerbekkerij **gastrono'misch** *bn & bw* de gastronomie betreffende; fijnproevend **gastronoom'** *m* [-nomen] lekkerbek

gastroscoop' *m* [-scopen] apparaat voor inspectie van de binnenzijde v.d. maag

gastspreker spreker op uitnodiging

gasturbine met gas gedreven turbine

gast'vrij' *bn & bw* goed onthalend **gastvrij'heid** *v* het opnemen van gasten; gulheid t.a.v. gasten **gastvrouw** zij bij wie men te gast is

gat I *o* opening; *(pop.)* kleine plaats; *(pop.)* vrouwelijk geslachtsdeel; *het zwarte* ~, donkere plek in de ruimte als gevolg van materiaaldichtheid zodat het licht niet kan ontsnappen; *er geen ~ in zien*, er geen oplossing voor weten; *praatjes vullen geen gaatjes*, woorden helpen niet; *een ~ in de dag slapen*, laat opstaan; *in de gaten*, in het oog; *niet voor één ~ te vangen*, niet gemakkelijk te vangen; *een ~ in de lucht slaan*, opgewonden de armen in de lucht slaan; *een ~ stoppen*, een tekort aanvullen **II** [-ten] *(pop.)* zitvlak

gate ‹Geet› *m* [-s] luchthaventerminal; *(comp.)* schakeling

gatenkaas kaas met grote gaten **gatenplant** tropische plant met diep ingesneden bladeren, Lat. Monstera deliciosa

gatlikken *(pop.)* kruiperig vleien

gatsie *tw* vloek

gatsometer *m* [-s] snelheidsmeter

GATT ‹Get› *m General Agreement on Tariffs and Trade*, algemene overeenkomst over tarieven en handel

gauge ‹Goodzj› *m* maat v.d. fijnte v. weefsel

gauss ‹g=G› *m* [gmv] *(nat.)* eenheid v. magnetische inductie

gauw *bn & bw* vlug **gauwdief** behendige dief **gauwdieverij'** *v* het behendig stelen **gauwigheid** *v* [-heden] behendigheid; haast; *in de* ~, inderhaast **gauwte** *v in de* ~, inderhaast

gave *v(m)* [-n] gift; talent

gaviaal' *m* [-alen] krokodil met smalle bek
gavot'te *v(m)* [-s] Franse dans in tweekwartsmaat
g.a.w.v. gunstig antwoord wordt verwacht
gay ⟨Geej⟩ *m* [-'s] homoseksuele man **II** *bn* homoseksueel **gay scene** ⟨Geej sien⟩ *v* [gmv] geheel van plaatsen waar homo's elkaar ontmoeten
gazel'(le) *v(m)* [-len] herkauwend zoogdier v.h. geslacht der Antilopen, Lat. Antilope dorcas
gazen *bn* (als) van gaas
gazet' *v (Belgned.)* krant
gazeus' *bn* koolzuurhoudend **gazeu'se** ⟨s=z⟩ *v* koolzuurhoudende limonade
gazome'ter *zie* **gasometer**
gazon' *o* [-s] verzorgd grasperk
gazpa'cho ⟨Gaspatsjo⟩ *v(m)* koude Spaanse soep met o.a. tomaat
g.b. gedaan en bieden; omdat de vraag het aanbod v.h. beursfonds overtrof, konden niet alle kooporders worden uitgevoerd
gB gigabyte *(miljard bytes)*
gcal gramcalorie; eenheid v. warmte
gcm gramcentimeter; eenheid v. arbeid
Gd *(schei.)* gadolinium
Ge *(schei.)* germanium
ge *vnw (Belgned., vero.)* gij
geaard' *bn* voorzien v.e. aardleiding; van aard
geaccidenteerd' ⟨cc=ks⟩ *bn* heuvelachtig
geaccrediteerd' ⟨cc=k⟩ *bn* vertrouwen genietend, kredietwaardig; officieel erkend
geacht' *bn* in achting staande
gea'derd *bn* met aderen
geadresseer'de *m-v* [-n] aan wie het schrijven of het pakket gericht is
geaffecteerd' *bn & bw* gemaakt
geagiteerd' ⟨gi=gie *of* zjie⟩ *bn & bw* opgewonden
geallieerd' *bn* op militair terrein samenwerkend
geanimeerd' *bn* levendig, opgewekt
geappelleer'de *m-v* [-n] gedaagde in beroep
gearmd' *bn* arm in arm
gearticuleerd' *bn & bw* (van klanken) duidelijk en nauwkeurig
geaspireerd' *bn* met aspiratie
geassocieer'de *m-v* [-n] vennoot
geassorteerd' *bn* van alles voorzien
geassureer'de *m-v* [-n] verzekerde
geavanceerd' *bn* vooruitstrevend; vooruitgeschoven; zeer modern
geb. geboren, gebonden
GEB Gemeentelijk Energiebedrijf
gebaar' *o* [-baren] beweging met een lichaamsdeel als uiting of mededeling; *(fig.)* handeling die iets uitdrukt
gebaard' *bn* met een baard
gebak' *o* [-ken] het bakken; gebakken lekkernijtjes
geba'kerd *haastig* of *heet* ~, driftig
gebak'je *o* taartje
gebak'ken ~ *zijn*, voor elkaar zijn, er goed aan toe zijn **gebak'stel** bijeenbehorende gebakschalen en -schoteltjes
geba'ren gebaren maken **geba'renkunst** kunst om passende gebaren te maken **geba'renspel** geheel van gebaren **geba'rentaal** het zich uiten door gebaren
gebbetjes ~ *maken*, geintjes maken
gebed' *o* het bidden; wat men bidt of vraagt; bep. bewoording bij het bidden **gebeds'dienst** *(r.-k.)* in plaats v.e. mis gehouden dienst zonder consecratie **gebeds'genezer** *m* [-s] wie met bidden zieken probeert te genezen **gebeds'molen** draaibare trommel met gebeden **gebeds'riem** riem met joodse gebeden v.h. ochtendgebed
gebeen'te *o* [-n] de beenderen, geraamte; *wee je* ~, pas op voor (flinke) lijfstraf
gebeft' *bn* met een bef
gebeid' *bn* op jeneverbessen overgehaald
gebei'teld *bn* met een beitel bewerkt; *dat zit* ~, dat verkeert in een gunstige positie
gebekt' *bn* met een bek; *goed* ~ *zijn*, zich goed kunnen verdedigen
gebelgd' *bn* boos
geberg'te *o* [-n, -s] groep bijeenliggende bergen
gebe'ten *bn* verbitterd; *de* ~ *hond, (fig.)* door ieder geschuwd of verstoten
gebeu'ren I *ww z* geschieden; overkomen **II** *o* alles wat met iets samenhangt **gebeur'lijk** *bn* mogelijk **gebeur'lijkheid** *v* [-heden] mogelijkheid, eventualiteit **gebeur'tenis** *v* [-sen] (belangrijk) feit, voorval
gebied' *o* streek, grondgebied; gezag; terrein van wetenschap of kunst
gebie'den bevelen
gebiesd' *bn* met een bies of met biezen
gebint' *o* balkwerk, dakstoelen
gebit' *o* [-ten] tanden en kiezen; kunstgebit; bit **gebit'plaat** tegen het verhemelte aansluitende plaat v.e. kunstbovengebit **gebits'regulatie** behandeling voor het rechtzetten v. tanden
geblaard' *bn* (gez. v. koeien) met een witte vlek voor aan de kop
gebla'derte *o* de bladeren
gebla'zen *bn* weg
geblèr' *o* gehuil; luidruchtig gezang
gebloemd' met bloemen versierd **gebloem'te** *o* bloemen
geblokt' *bn* met blokjes; stevig gebouwd
gebo'cheld *bn* met een bochel
gebod' *o* bevel; wettelijke of kerkelijke huwelijksaankondiging; *onder de ~en*, ondertrouwd; *de tien ~en*, de goddelijke wet; *(scherts.)* de vingers **gebods'bepaling** voorgeschreven gebod **gebods'bord** een gebod aanduidend verkeersbord
geboef'te *o* gespuis
gebo'gen *bn* krom
gebon'den *bn* bezet; ingebonden; iets dikker gemaakt; op de condensator aanwezig; latent; ~ *stijl*, poëzie
geboom'te *o* bomen
geboord' *bn* omboord
geboor'te *v* [-n] het geboren-worden; aanvang; afkomst **geboor'teakte**, **geboor'tebewijs** verklaring van ambtenaar v.d. burgerlijke stand omtrent iemands

G

geboorte **geboortebeperking** *v* streven naar afname v.h. aantal geboorten **geboortecijfer** aantal geboorten **geboor'tedag** dag van iemands geboorte; verjaardag **geboortegolf** bijzonder groot aantal geboorten in een bepaalde periode **geboor'tegrond** grond waar iem. geboren is **geboor'teheilige** heilige wiens naam men bij de doop krijgt **geboor'tekaartje** *o* kaartje waarin een geboorte wordt meegedeeld **geboor'tenummer** nummer dat aangeeft het hoeveelste kind v.e. gezin iem. is **geboorteoverschot** aantal geboorten min aantal sterfgevallen **geboortepiek** grootst aantal geboorten over langere tijd **geboor'terangnummer** geboortenummer **geboor'terecht** recht krachtens geboorte **geboor'teregeling** beperking v.h. aantal geboorten **geboorteregister** officieel register v.d. geboorten **geboor'tig** *bn* geboren, afkomstig **gebo'ren** *bn & bw* ter wereld gebracht; ontstaan; van nature, van geboorte; ~ *worden*, ter wereld komen; ~ *en getogen*, ter wereld gebracht en opgevoed

G

gebor'gen *bn* veilig
geborneerd' *bn* bekrompen
gebouw' *o* bouwwerk; het bouwen **gebouwd'** *bn* v. lichaamsbouw
gebr. Gebroeders
gebraad' *o* gebraden vlees
gebral' *o* gezwets, gesnoef
gebrand' ~ *zijn op*, sterk wensen
gebrek' *o* het niet (genoeg) aanwezig zijn; armoede, ongemak; fout; *bij ~(e) van*, bij ontstentenis of gemis van; *in ~e blijven* of *zijn*, tekortschieten; *in ~e stellen*, doen constateren dat iem. tekortschiet **gebre'kig** *bn* in gebreke blijvend **gebrek'kelijk**, **gebrek'kig** *bn & bw* met een gebrek, onvolkomen
gebroed' *o* broedsel; geboefte
gebroe'ders *mv* broers
gebro'ken *bn* met een breuk, kapot; niet levenskrachtig meer, verzwakt; (v.e. taal) gebrekkig; ~ *getal*, breuk
gebronsd' *bn* bronskleurig
gebrouilleerd' ‹gebroe(l)jeert› *bn* in onmin
gebruik' *o* het gebruiken; gewoonte; ~ *maken van*, gebruiken; *in ~ hebben*, gebruiken; *in* ~, in zwang; *buiten* ~, niet meer gebruikt wordende **gebrui'kelijk** *bn* gewoon **gebrui'ken** zich bedienen van, nuttigen; besteden; aanwenden; *zijn verstand* ~, verstandig zijn **gebrui'ker** *m-v* [-s] wie iets gebruikt; *(jur.)* wie het zakelijk recht v. gebruik van iem. anders' zaak heeft; wie geregeld alcohol of drugs inneemt **gebrui'kersinterface** ‹face=fees› *m* [gmv] *(comp.)* concrete manier waarop de functionaliteit van een programma kan worden bediend door een gebruiker **gebruikersvrien'delijk** *bn* afgestemd op behoeften en gemak v.d. gebruiker **gebruik'making** *met ~ van*, gebruikende **gebruiks'aanwijzing** *v* aanduiding hoe men iets moet gebruiken **gebruiks'goederen** goederen bestemd om er zich herhaaldelijk van te bedienen **gebruiks'voorwerp** *zie* **gebruiks'goederen**
gecanneleerd' *bn* met canneluren
gecharmeerd' ‹ch=sj› *bn* bekoord; verliefd
geciviliseerd' ‹s=z› *bn* beschaafd
gecommitteer'de [-n] met bep. volmacht afgevaardigde persoon
gecompliceerd' *bn* ingewikkeld
geconcentreerd' *bn* met volle aandacht; waaraan vocht is onttrokken
geconditioneerd' *bn* in een toestand; bedongen; *goed* ~, goed op dreef, goed gezond
geconfedereer'den *mv* verbondenen, staten die e. bondgenootschap hebben gesloten
geconstipeerd' *bn* hardlijvig
gedaagde *m-v* [-n] gedagvaarde
gedaan' *bn* klaar, afgelopen, afgedaan, verricht; ~ *krijgen*, ontslag krijgen; ... ~ *krijgen*, ... verkrijgen; *gedane zaken nemen geen keer*, als iets gedaan is valt er niets meer aan te veranderen
gedaan'te *v* [-n, -s] gestalte, uiterlijk; schim **gedaan'teverandering**, **gedaan'teverwisseling** overgang in andere vorm
gedach'te *v* [-n] wat men denkt; inval, voornemen; het denken; denkbeeld, mening; vermoeden; herinnering; *in ~n*, in gepeins; *in ~n nemen*, overwegen; *in zijn ~n*, in zijn geest **gedach'tebepaling** voorlopige meningsvorming **gedach'tegang** opeenvolging v. gedachten **gedach'tekring**, **gedach'televen** geheel van dingen waarover iem. denkt **gedach'tekronkel** *m* [-s] vreemde gang v. iemands gedachten **gedach'telezen** iemands onuitgesproken gedachten kennen **gedach'telezer** [-s] wie gedachtelezen kan **gedach'teloos** *bn & bw* niet nadenkend **gedach'tenis** *v* [-sen] herinnering, aandenken **gedach'tenisrede** redevoering ter gedachtenis **gedach'tesprong** plotselinge overgang van gedachten **gedach'testreep** pauzestreep **gedach'testroom** het op elkaar volgen v. gedachten **gedach'tevlucht** ontwikkeling v.d. gedachten; het voortdurend afgeleid worden v.d. gedachte **gedach'tewereld** gedachtekring **gedach'tewisseling** wederkerige mededeling van gedachten over iets **gedach'tig** *bn* denkende aan
gedag' *tw (fam.)* goedendag
gedecideerd' *bn & bw* vastbesloten
gedecolleteerd' *bn* met ver blote hals
gedecoreerd' *bn* geridderd
gedeeld' *dw & bn* verdeeld; door een dwarslijn in twee gelijke vakken verdeeld
gedeel'te *o* [-n, -s] deel **gedeel'telijk** *bn & bw* ten dele
gede'gen *bn* zuiver; degelijk
gedegenereer'de *m-v* [-n] ontaard of erfelijk belast iem.
gedeisd' *(pop.) zich ~ houden*, zich kalm houden

gedekt' *bn* met een hoofdbedekking; beschut; tamelijk donker; van risico gevrijwaard; *(taalk.)* door een volgende medeklinker kort afgebroken
gedelegeer'de *m-v* [-n] afgevaardigde
gedemotiveerd' *bn* zonder motivatie meer
gedempt' *bn* getemperd, dof, zacht
gedenk'blad historieblad **gedenk'boek** bij een jubileum uitgegeven boek **gedenk'dag** herinneringsdag **geden'ken** denken aan, zich herinneren **gedenk'jaar** jaar waarin men iets herdenkt **gedenk'naald** smal en enigszins spits oprijzend gedenkteken **gedenk'penning** medaille ter gedachtenis van iets **gedenk'plaat** gedenksteen **gedenk'schrift** geschrift waarin gebeurtenissen ter herdenking zijn opgeschreven, *(inz. mv)* memoires **gedenk'spreuk** spreuk die een herinnering bevat aan een belangrijk feit; zinrijk gezegde **gedenk'steen** stenen plaat ter herinnering **gedenk'teken** monument **gedenkwaar'dig** *bn* waard herdacht te worden **gedenk'zuil** zuil ter herinnering
gedeporteer'de ‹gede=gedee› *m-v* [-n] wie (inz. naar een strafkolonie) weggevoerd is **gedepossedeer'de** ‹gede=gedee› *m-v* [-n] wie zijn bezit is ontnomen
gedeprimeerd' ‹de=dee› *bn* bedrukt
gedeputeer'de ‹gede=gedee› *m-v* [-n] afgevaardigde; lid v. Gedeputeerde Staten **Gedeputeerde Sta'ten** dagelijks bestuur v. provincie
gederangeerd' ‹gedeeranzjeerd› *bn* in de war; in slechte financiële omstandigheden
gedesequilibreerd' ‹gedeezeekwieliebreerd› *bn* uit het evenwicht **gedesillusioneerd'** ‹des=dès› *bn* ontgoocheld **gedesoriënteerd'** ‹des=dès› *bn* de weg kwijt; iets niet kunnende herkennen
gedetailleerd' ‹gedeetaijeerd› *bn* met details
gedetermineerd' ‹de=dee› *bn* door beschikking bepaald
gedetineerd' ‹de=dee› *bn* gevangen
gedicht' *o* uit verzen bestaand geheel
gedien'stig *bn & bw* graag diensten bewijzend
gedier'te *o* [-n, -s] de dieren; *(min.)* dier
gedij'en *h/z* voorspoedig groeien; strekken; *(zegsw.)* vrucht opleveren
geding' *o* rechtsgeding, proces; geschil, behandeling; *kort ~*, geding met korte procedure voor spoedgevallen
gediplomeerd' *bn* met een diploma
gedisciplineerd' *bn* onder tucht staand
gedisponeerd' *dw & bw* geschikt, gestemd, gesteld
gedistilleerd' **I** *bn* overgehaald **II** *o* sterkedrank
gedistingeerd' *bn* zich door manieren onderscheidend
gedocumenteerd' *bn* met bewijzen (gestaafd)
gedoe' *o (min.)* drukte
gedo'gen dulden, toestaan
gedomicilieerd' *bn* woonachtig; betaalbaar gesteld aan de woonplaats v.e. ander
gedon'der *o* het donderen; *(pop.)* gezeur, gedonderjaag; *daar heb je het ~ in de glazen*, daar breken de moeilijkheden los **gedon'derjaag** *o (ruw)* gedoe, vervelende dingen
gedoog'beleid beleid waarbij niet gerechtelijk vervolgd wordt **gedoog'ruimte** plaats waar drugsgebruik wel verboden is, maar niet vervolgd wordt **gedoog'zone** zone waar straatprostitutie niet vervolgd wordt
gedrag' *o* wijze waarop men zich gedraagt **gedra'gen** **I** *ww zich ~*, optreden, zich voordoen **II** *bn* enigsz. plechtstatig **gedra'gingen** *mv* gedrag **gedrags'lijn** vooraf vastgestelde handelwijze **gedrags'patroon** vast stelsel van gedragingen **gedrags'regel** gewoonte waardoor het gedrag bepaald wordt **gedrags'wetenschap** wetenschap v. menselijke gedragingen
gedrang' *o* het dringen; dringende mensenmenigte; *in het ~*, in het nauw, in de verdrukking
gedre'ven *bn* met diepe innerlijke aandrang
gedrie'ën *telw* drie personen samen
gedrocht' *o* monster **gedroch'telijk** *bn* wanstaltig
gedron'gen *bn* kort en breed gebouwd; beknopt veel uitdrukkend
gedruis' *o* geraas, lawaai
gedrukt' *bn* laag gebouwd; niet opgewekt, neerslachtig
Ged. St. Gedeputeerde Staten
geducht' *bn & bw* gevreesd; geweldig, zeer
geduld' *o* lijdzaamheid **gedul'dig** *bn & bw* lijdzaam; bedaard; volhoudend **geduld'oefening** het geduldig zijn; wat geduld vereist **geduld'werkje** bezigheid die geduld vereist
gedupeer'de *m-v* [-n] wie de dupe geworden is
gedu'rende *vz* tijdens
gedurfd' *bn* gewaagd, vermetel
gedu'rig *bn & bw* voortdurend, telkens; *~ product*, product van meer dan twee factoren
gedu'vel *o (pop.)* vervelend gedoe
gedver, **gedverder'rie** *tw* verdorie
gedwee' *bn & bw* volgzaam, mak
gedwon'gen *bn & bw* onnatuurlijk, stijf
geëerd' *bn* geacht
geef *m* het geven; *te ~*, gratis
geëi'gend *bn* geschikt
geel **I** *bn* van bep. kleur; *gele koorts*, tropische galkoorts; *gele kaart*, door de scheidsrechter ter berisping gegeven gele kaart; *(fig.)* berisping **II** *o* gele kleur of kleur- of verfstof; dooier **geelblond** *bn* geelachtig blond **geelfilter** *m* [-s] violette en blauwe stralen absorberend glaasje **geelgieten** *o* geel koper gieten **geelgieterij'** *v* geelgieten; bedrijf of werkplaats van geelgieter **geelgors** *v(m)* [-gorzen] geelkleurige zangvogel met roodbruine stuit v.d. soort Emberiza citrinella **geelhart** bep. van binnen geel hout **geelijzersteen** ijzererts waaruit gele

G

oker bereid wordt **geelkoper** met zink verbonden koper **geeloker** gele oker; geelijzersteen **geelsel** *o* gele kleur- of verfstof **geeltje** *o (pop.)* (bankbiljet van) vijfentwintig gulden; geel notitieblaadje met klevende rand **geelvink** *v/m* geelgroene vink, Lat. Serinus hortulanus **geelwortel** wortelstok v.d. plant Curcuma longa; uit die wortel bereide gele kleurstof **geelzucht** *v(m)* ziekte waarbij men geel wordt

geëmailleerd' *bn* met emaille bedekt

geëmancipeerd' *bn* gelijk gesteld; zich niet langer onderdanig gedragend

geëm'mer *o (pop.) zie* **gezeur**

geëmotioneerd' *bn* met hevige gevoelens

geëmployeer'de ‹geamplwaijeerde› *m-v* [-n] kantoorbediende, beambte

geen *telw, vnw & bw* niet een, niet, niet de, niet het; *(zegsw.)* slecht; ~ *mens*, niemand **geeneens'** *bw (pop.)* niet eens

geëngageerd' ‹geängaazjeerd› *bn* verloofd; er zich sterk bij betrokken voelend; er zich maatschappelijk sterk bij betrokken gevoelend

geënquêteer'de ‹geänketteerd› *m* degene op wie zich een enquête richt

geens'zins' *bw* volstrekt niet

geep *v(m)* [gepen] zeevis met lange onderkaak, Lat. Belone vulgaris

geëquilibreerd' ‹qu=kw› *bn & bw* in evenwicht

geer *v(m)* [geren] schuin toelopend stuk, scheve zijde

geërf'de *m-v* [-n] bezitter van erf of grond

geest *m* onstoffelijk persoonlijk wezen; schim; het denkende en voelende en willende mens, levensbeginsel v.d. mens, levendig vernuft, esprit; geheel van denkwijzen en neigingen, trant; vluchtige stof; zandgrond tussen duin en polderland; *Heilige Geest*, Derde persoon v.d. H. Drievuldigheid; *in iemands* ~, volgens iemands bedoelingen; *een gedienstige* ~, wie wil helpen; *boze* ~, duivel; slechte raadgever; *de* ~ *geven*, sterven; *de* ~ *is gewillig maar het vlees is zwak*, men wil eigenlijk wel goed maar geeft vaak toe aan het lagere; *hoe groter* ~ *hoe groter beest*, hoe meer begaafd hoe liederlijker; ~ *van brandewijn*, wijngeest; ~ *van zout*, zoutzuur; *de* ~ *is uit de fles*, de zaak is niet meer in de hand te houden **geest'do'dend** *bn* afstompend **geestdrift** *v(m)* bezieling **geestdrif'tig** *bn & bw* met geestdrift **geestdrijverij'** *v* dweepzucht **geestelijk** *bn & bw* de geest betreffend, v.d. geest, niet-lichamelijk; godsdienstig, kerkelijk; priesterlijk **geestelijke** *m* [-n] mannelijke religieus (inz. priester) **geestelijkheid** *v* de geestelijken **geesteloos** *bn & bw* zonder geest, dom; geen verstandsinspanning eisend **geestenbanner** [-s] wie boze geesten bant **geestenbezweerder** [-s] wie geesten bezweert **geestenuur** spookuur **geestesarbeid** hersenwerk **geesteskind** door iem. bedacht en uitgevoerd plan **geestesoog** innerlijke aanschouwing **geestesrichting** denkwijze **geesteswetenschappen** *mv* wetenschappen die de processen en objecten van geestelijke werkzaamheid onderzoeken **geestesziek** *bn* krankzinnig **geestesziekte** krankzinnigheid **geestgrond** zandgrond tussen duin en polderland **geestig** *bn & bw* met gevoel voor humor, leuk en gevat **geestigheid** *v* [-heden] het geestig zijn; geestig gezegde **geestland** geestgrond **geestrijk** *bn* met veel geest; met veel alcohol **geestverheffend** *bn* tot hogere gedachten brengend **geestverheffing** *v* hoge gemoedsstemming **geestvermogen** verstand **geestverrui'mend** *bn* de werking v.h. bewustzijn ruimer makend **geestverrukking** *v* extase **geestverschijning** verschijning v.e. geest **geestvervoering** *v* extase **geestverwant** gelijkgezinde **geestverwantschap** het gelijk gezind zijn **geestvol** *bn* met veel geest

geeuw *m* gaap **geeuwen** gapen **geeuwerig** *bn* gaperig **geeuwhonger** ziekelijke plotselinge honger

geëxalteerd' *bn* opgewonden

gefailleer'de ‹gefa(l)jeerde› *m-v* [-n] failliete partij

gefingeerd' *bn* verzonnen

gefixeerd' *bn* ~ *op*, in de ban van

geflipt' *bn (pop.)* niet goed wijs

geforceerd' *bn* onnatuurlijk; veel inspanning vergend

gefortuneerd' *bn* rijk

gega'digde *m-v* [-n] belanghebbende; belangstellende, wie ergens zin in heeft

gegaf'feld *bn* zich telkens gaffelvormig splitsend

gegalonneerd' *bn* met galons

gegarandeerd' *bw* volgens garantie; stellig

gegeerd' *bn (herald.)* met driehoekige vlakken langs de rand

gegeneerd' ‹gezjeneerd› *bn* verlegen

gege'ven **I** *o* [-s] wat bekend is **II** *bn* bekend, bepaald **gege'vensbank, gege'vensopslag** *(comp.)* databank

gegij'zelde *m-v* [-n] wie gegijzeld wordt

geglazuurd' *bn* met glazuur bedekt

gegoed' *bn* welgesteld

gegolfd' *bn* met golven of golfjes

gego'ten *bn* door gieten verkregen; (van kleren) precies passend

gegradueerd' *bn* met academische of militaire graad

gegroefd' *bn* met gleuven of groeven

gegrond' *bn* op goede grond rustend, deugdelijk; (v. behang) voor het bedrukken gegrondverfd

gehaaid' *bn (pop.)* sluw

gehaast' *bn & bw* met haast

gehakt' *o* fijngehakt of gemalen vlees **gehakt'bal** *m* [-len] bal gehakt; *(pop.)* onnozel iem., laf iem.

gehal'te *o* [-n, -s] mate waarin iets waardevols in iets anders aanwezig is; delen fijn;

innerlijke waarde
gehan'dicapt ‹gehendikept› *bn* in zijn bewegingen belemmerd; *(sp.)* t.o.v. de mededingers achtergesteld
gehandicapte *m-v* [-n] wie een geestelijke of lichamelijke handicap heeft **gehan'dicaptenzorg** medische en sociale zorg voor gehandicapten
gehar'nast *bn* met een harnas; *(fig.)* weerbaar
gehar'rewar *o* gekrakeel
gehas'pel *o* onhandig gedoe; gekibbel; moeite
geha'vend *bn* toegetakeld, overal beschadigd
gehecht' *bn ~ aan*, houdende van
geheel' **I** *bn* heel; *~ getal*, geen breuk **II** *bw* volkomen; *~ en al*, in elk opzicht **III** *o* [-helen] eenheid, alles samen; *in 't ~ niet*, volstrekt niet **geheel'onthouder** *m* [-s] wie geen alcoholische drank gebruikt **geheel'onthouding** *v* het zich onthouden van alcoholische drank
geheid' *bn (fam.)* zeer stevig; bedreven en slim; stellig
gehei'ligd *bn* aan een godheid toegewijd; als heilig erkend
geheim' **I** *bn & bw* verborgen gehouden; geheimzinnig **II** *o* verborgen gehouden feit; verborgenheid, moeilijk te doorgronden feit; *publiek ~*, wat verborgen moest zijn maar algeheel bekend is **geheim'houden** [hield geheim, geheim gehouden] verborgen houden **geheim'schrift** alleen voor ingewijden te begrijpen schrift **geheim'schrijver** met geheime of bijzondere correspondentie belaste secretaris **geheimzin'nig** *bn & bw* raadselachtig; met geheime betekenis
gehelmd' *bn* met een helm
gehe'melte *o* [-n, -s] dak v. mondholte; *het ~ strelen*, lekker smaken
geheu'gen **I** *ww* heugen **II** *o* herinnering; herinneringsvermogen; capaciteit in het registreren v.e. computer; *plastisch ~*, eigenschap dat een stof bij bep. behandeling zijn oude vorm terugkrijgt; *(comp.) intern ~*, deel v. computer waar gegevens tijdelijk bewaard worden om te worden bewerkt; *extern ~*, bewaarplaats voor gegevens voor opslag voor langere tijd **geheu'genkennis** in van buiten geleerd hebben bestaande kennis **geheu'genkunst**, **geheu'genleer** kunst om zich iets te herinneren **geheu'gensteuntje** *o* eenvoudig hulpmiddel om iets te onthoudem **geheu'genvak** vak waarbij het vooral op het geheugen aankomt
gehoofd' *bn ~ en gehuisd*, huis en hof bezittend
gehoor' *o* het horen; vermogen om te horen; blijk dat men gehoord wordt of aandacht heeft; aandacht; toehoorders; audiëntie; *~ geven*, luisteren; *~ weigeren*, niet willen aanhoren **gehoor'apparaat** toestel om beter te horen **gehoor'been** bep. beentje in gehoororgaan **gehoor'buis** gehoorgang **gehoor'centrum** deel van hersenen waar het gehoor zich bevindt **gehoor'gang** *m* buis van Eustachius **gehoor'gestoord** *bn & bw* met slecht of geen gehoor
gehoornd' *bn* met hoorns
gehoor'opening opening v. uitwendige gehoorgang **gehoors'afstand** afstand waarop men nog iets kan horen **gehoor'trechter** binnenste deel v. gehoorgang **gehoor'vlies** trommelvlies **gehoor'weg** gehoorgang **gehoor'zaal** zaal voor academische plechtigheden; audiëntiezaal; zaal waar men muziekinstrumenten en platen voor klanten laat spelen
gehoor'zaam *bn* gewillig om bevelen op te volgen, onderworpen aan **gehoor'zamen** gehoorzaam zijn, doen wat een meerdere verlangt; luisteren naar
gehoor'zenuw zenuw die geluidstrillingen overbrengt
geho'rig *bn* zo gebouwd of gelegen dat geluiden uit de nabijheid daar goed te horen zijn
gehou'den *bn* verplicht
gehucht' *o* buurtschap
gehuisd' *bn* behuisd, een huis bewonend
gehumeurd' *bn* gestemd
gehuwd' *bn & bw* getrouwd
gei *v(m)* geitouw **geien** zeil inhalen of inkorten met geitouwen
geigerteller *m* toestel voor het meten van radioactiviteit
geijkt' *bn* met een ijk; algemeen gangbaar
geil **I** *o* [gmv] mannelijk zaad; vrouwelijke afscheiding **II** *bn & bw* wulps; te vet; weelderig groeiend **geilbekken** obscene taal gebruiken **geilen** *~ op*, sterk begeren
gein *m (pop.)* grappigheid; lol
geïncrimineerd' *bn* aanleiding gevend tot vervolging, voor strafbaar gehouden
geïndigneerd' ‹gn=nj› *bn* verontwaardigd
geinig *bn & bw* leuk, grappig **geinlijn** telefoonnummer waarmee men een mop kan beluisteren **geinponem** *m* [-s] *(pop.)* grapjas
geïnteresseerd' *bn* belanghebbend, belangstellend
geïnverteer'de *m* [-n] homoseksueel
geire *bw (Belgned.)* graag
geïrriteerd' *bn* geprikkeld
geiser ‹s=s *of* z› *m* [-s] hete springbron; bep. waterverwarmingstoestel
geisha ‹Geisja› *v* [-'s] Japanse gastvrouw in een theehuis
geïsoleerd' ‹s=z› *bn & bw* afgezonderd; op zichzelf staand
geisslerse buis' *v(m)* glazen buis met gas waardoor elektrische stroom geleid wordt die als lichtbundel gezien wordt
geit **I** *v(m)* bep. dier **II** *v* wijfje v. bok of hert of gems; *(pop.)* aanstellerig meisje; *vooruit met de ~*, vooruit **geitenbok** mannetje v.d. geit **geitenbreier** *m* [-s] sul **geitenstal** stal voor geit(en) **geitenwol** wol v. geiten **geitenwollensokkenfiguur** wereldvreemd maar wereldhervormingsgezind persoon
geitouw lopend touw waarmee een zeil

G

wordt ingehaald of ingekort
gejaag' *o* het jagen **gejaagd'** *bn & bw* onrustig, haastig; zenuwachtig
gejeremieer' *o* aanhoudend klagen
gek I *bn & bw* dwaas, krankzinnig; koddig, raar; ~ *op* of *met*, veel houdend van **II** *m* [-ken] gek iem.; verwaand iem.; grappenmaker; draaiende kap op schoorsteen; knie of mik v.e. pomp; bep. pal voor deurklink; *de ~ steken met*, spotten met; *voor ~ lopen*, voor spot lopen; *voor de ~ houden*, spotten met, foppen
gekamd' *bn* met een kam; met een kam bewerkt
gekant' *bn ~ tegen*, heftig tegen
gekanteeld' *bn* met kantelen
gekar'teld *bn* met ronde inkepingen
geke'perd *bn* met een keper geweven; met kepers bedekt
gekheid *v* [-heden] het gek zijn; onverstand; iets grappigs, scherts; ~ *maken*, schertsen; *alle ~ op een stokje*, in ernst **gekke** *het is van de ~*, het moest niet mogen **gekkekoe'ienziekte** besmettelijke hersenziekte met dodelijke neurologische afwijkingen bij koeien **gekkemanswerk** *zie* **gekkenwerk**; **gekken** schertsen **gekkengetal** elf **gekkenhuis** *(pop.)* krankzinnigengesticht **gekkennummer** elf **gekkenpraat** dwaze praat **gekkenwerk** dwaasheid **gekkigheid** *v* [-heden] gekheid
gekko *m* [-'s] tropische nachthagedis uit de familie der Geckonidae
geklauwd' *bn* met klauwen (van een andere kleur dan het lichaam afgebeeld.)
gekleed' *bw & bn* zijn kleren of de vereiste kleren aanhebbend; *geklede jas*, lange zwarte jas; ~ *staan*, deftig staan
gekleurd' *bn* van een bep. kleur; met overdrijvingen, tendentieus voorgesteld
geklon'ken *bn* beklonken; door klinkwerk bevestigd
geklun'gel *o* knoeiwerk
gekne'veld *bn* met een knevel
geknikt' *bn* met knievormige geledingen
geknipt' *bn* volkomen geschikt
gekostumeerd' *bn* verkleed **gekrab'bel** *o* het krabbelen; slordig schrift
gekrakeel' *o* gekijf, gekibbel
gekrioel' *o* druk gewoel, gewemel
gekroesd' *bn* dicht ineengekruld
gekroond' *bn* een kroon dragend
gekruist' *bn* elkaar kruisend; (v. rijm) waarbij de regels om de andere rijmen **Gekruis'te** Christus
gekruld' *bn* met een krul, krullend
gekscheren [gekscheerde, gegekscheerd] gekken **gekskap** *v(m)* zotskap **gekskolf** *v(m)* scepter v.e. nar **gekte** *v (pop.)* het gek zijn
gekuifd' *bn* met kuif of kuifvormig uitsteeksel
gekuist' *bn* (van taal of smaak) kies
gekun'steld *bn & bw* gemaakt, onnatuurlijk
gekwalificeerd' *bn* met een zekere kwaliteit; bevoegd; hoog gewaardeerd; *(jur.)* met bezwarende omstandigheden
gekwartierd', **gekwartileerd'** *bn* in vieren verdeeld
gekweb'bel *o* druk gepraat
gel ‹zjel *of* djel› *o/m* [-len,-s] geleiachtige of vlokkige neerslag uit colloïdale oplossing; geleiachtig middel *(bv. voor lichaamsverzorging of om het haar te modelleren)*
gelaagd' *bn* uit lagen bestaande
gelaarsd' *bn* met laarzen; ~ *en gespoord*, reisvaardig
gelaat' *o* [-laten] *(plecht.)* aangezicht **gelaat'kunde** *v* kunst om uit de gelaatstrekken iemands karakter te kennen **gelaat'kundige** [-n] beoefenaar v.d. gelaatkunde **gelaats'hoek** hoek tussen twee rechte lijnen waarvan de ene getrokken wordt v.h. midden der bovenste snijtanden naar de gehooropening en de andere naar de neuswortel **gelaats'trekken** [mv] kenmerkende lijnen in het gezicht
gelach' *o* het lachen
gela'den *bn* van lading voorzien; elektrische spanning dragend, gespannen
gelaedeer'de *m* tegen wie een misdrijf is gepleegd
gelag' *o* vertering; eetpartij, drinkpartij; *het ~ betalen*, voor anderen boeten; *een hard ~*, een hard lot **gelag'kamer** herbergkamer
geland' *bn* land in eigendom hebbend **gelan'de** *m-v* [-n] eigenaar van land in bep. gebied
gelang' *vz, vgw & bw naar ~ van*, overeenkomstig, naar mate, in evenredigheid, in overeenstemming
gelas'ten [gelastte, gelast] bevelen
gelas'tigde *m-v* [-n] iem. met bep. opdracht
gela'ten *bn & bw* berustend
gelati'ne ‹g=zj› *v(m)* uit dierlijke bestanddelen gevormde geleiachtige stof
gela'zer *o* gezeur, gezanik
geld *o* algemeen gangbaar betaalmiddel tevens waardemeter en waardereservoir; vermogen; geldmiddelen; prijs; *half ~*, halve prijs; ~ *uit iets slaan*, aan iets weten geld te verdienen; *goed ~ naar kwaad ~ gooien*, vergeefs trachten met geld een catastrofe tegen te houden; ~ *ruiken*, merken dat ergens aan te verdienen is **geldautomaat** *zie* **geld(uitgifte)automaat**; **geldboete** in het betalen van geld bestaande boete **geldcirculatie** omloop v. geld **gelddorst** geldzucht **geldduivel** geldzucht, vrek **geldelijk** *bn & bw* geld betreffend, in geld bestaand **gelden** [gold, gegolden] waarde hebben, geldig zijn, van kracht zijn; kosten; beschouwd worden; betreffen; in rekening gebracht worden; *laten ~*, doen erkennen; ~ *van*, slaan op **geldhandel** handel in geld en geldswaardige papieren **geldhandelaar** wie geldhandel drijft
geldig *bn* van kracht; aannemelijk; wettig **geldigheidsduur** *m* termijn waarbinnen iets geldig is **geldigverklaring** verklaring dat iets geldig is
gelding *v* het gelden **geldingsdrang** neiging

om zich te laten gelden
geldkas *v(m)* [-sen] kas, geldvoorraad
geldkist kist om geld en geldswaardige papieren te bergen **geldklopperij'** *v* [gmv] poging om geld los te krijgen **geldkraan** *de ~ dichtdraaien*, financiële steun beëindigen **geldloper** *m* [-s] wie geld vervoert **geldmagnaat** geldkoning **geldmakerij'** *v* onderneming waarmee men grof verdient **geldman** [-nen] financier **geldmarkt** (plaats voor) handel in geld en geldswaardig papier **geldmiddelen** *mv* financiën **geldontwaarding** *v* het verliezen van waarde v.h. geld **geldsanering** *v* beperking v.d. hoeveelheid in omloop zijnde bankbiljetten ter bestrijding v.d. inflatie **geldschaarste** *v* geldnood **geldschieter** [-s] wie geld leent **geldsom** hoeveelheid geld **geldstuk** muntstuk **geldswaarde** in geld uitgedrukte waarde **geldswaar'dig** *bn* geldswaarde hebbend **geld(uitgifte)automaat** toestel waarmee men automatisch geld v. zijn bankrekening kan opnemen **geldwezen** alles wat met geld samenhangt; financiële toestand **geldwinning** *v* zaak die veel geld oplevert **geldwisselaar** wisselaar **geldwolf** zeer geldzuchtig iem. **geldzaak** geldelijke aangelegenheid; zaak die met geld afgedaan kan worden **geldzorg** zorg door geldgebrek **geldzucht** *v(m)* sterke begeerte naar geld
gele'den *bn* voorbij, verlopen
gele'deren *mv* van gelid)
gele'ding *v* onderlinge verbinding; gewricht; stengeldeel tussen twee knopen; kunstinsnijding
geleed' *bn* met geledingen, met insnijdingen **geleed'potig** *bn (bio.)* met gelede poten
geleerd' *bn & bw* wie met vrucht veel gestudeerd heeft; moeilijk **geleer'de** *m-v* [-n] geleerd iem. **geleerd'heid** *v* [-heden] kennis t.g.v. studie; geleerd iets
gele'gen *bn* liggend; passend, gesteld; van pas, van belang; *zich aan iets ~ laten liggen*, zich ergens om bekommeren; *er is mij ... aan ~*, het betekent ... voor mij
gele'genheid *v* [-heden] gunstige toestand; mogelijkheid; inrichting; middel; gebeurtenis; ligging; *bij ~*, als er aanleiding toe bestaat; *de ~ bij de haren grijpen*, de kans waarnemen **gele'genheidsdichter** wie bij een bep. gelegenheid een gedicht maakt **gele'genheidsdief** wie op goed geluk probeert te stelen **gele'genheidsgedicht** bij een bep. gelegenheid gemaakt gedicht **gele'genheidskleding** kleding om bij speciale evenementen te dragen
gelei' ‹g=zj› *m/v* verdikt gekookt sap; gestold vleesnat
gelei'biljet verlof tot vervoer van accijnsgoederen inhoudend biljet **gelei'brief** bewijs van vrijgeleide, paspoort **gelei'de** *o* het ter bescherming of beleefdheidshalve begeleiden; als zodanig begeleidende personen **gelei'debiljet** geleibiljet **gelei'debrief** geleibrief **gelei'dehond** om blinden te geleiden gedresseerde hond **gelei'delijk** *bn & bw* langzamerhand voortgaand **gelei'den** beleefdheidshalve of ter bescherming begeleiden; leiden; (warmte of elektriciteit) doorlaten **gelei'der** *m* [-s] wie geleidt; stof die warmte of elektriciteit in sterke mate geleidt **gelei'ding** *v* het geleiden; dat wat de elektrische stroom geleidt; *(v.d. verwarming)* buizen
gelen *h/z* geel worden; geel maken
gele'ren ‹g=zj› tot gelei worden
geletrui'drager *m (sp.)* [-s] aanvoerder in het algemeen klassement van de Tour de France
gelet'terd *bn* in letteren bedreven, letterkundig; belezen, geleerd
gele'zen *bn (r.-k.) ~ mis*, niet gezongen mis
gelid' *o* [-lederen] lid; gewricht; rij
geliefd', **gelief'koosd** *bn* bemind, dierbaar **gelief'de** *m-v* [-n] beminde; *(mv)* beminde verwanten **gelie'ven** **I** *mv (plecht.)* minnaar en minnares **II** *ww* believen; *(u) gelieve*, wees zo goed
gelig *bn* enigszins geel
gelijk' **I** *bn & bw* zoals de ander(en), zoals het andere; de juiste tijd aanwijzend; effen; gelijkelijk; even ver, evenzeer; tegelijk *(ook als eerste deel van sk waar het het resultaat v.d. handeling aangeeft)* **II** *o het ~ van de vismarkt hebben*, vanzelfsprekend gelijk hebben; *~ hebben*, de billijkheid voor zich hebben, het juiste inzicht hebben in een bep. geval; *in het ~ stellen*, verklaren dat iem. goed gehandeld heeft of dat zijn bewering juist is; *van 's gelijken*, hetzelfde **III** *vgw* zoals **gelijkbe'nig** *bn* met twee gelijke zijden **gelijkbete'kenend** *bn* van gelijke betekenis **gelijkdrach'tig** *bn* overal met dezelfde draagkracht **gelij'ke** **I** *m-v* [-n] iem. van dezelfde stand, macht of bekwaamheid **II** *o zijns ~*, iets wat er aan gelijk is **gelij'kelijk** *bw* gelijk **gelij'ken** lijken **gelij'kenis** *v* [-sen] overeenkomst; zinnebeeldig verhaal, parabel **gelijk'gerechtigd** *bn* met dezelfde rechten **gelijkgestemd'** *bn* met dezelfde gedachte bezield **gelijkgezind'** *bn* van dezelfde gezindheid **gelijk'heid** *v* volkomen overeenkomst; het gelijk zijn **gelijk'lopen** gelijk gaan **gelijklui'dend** *bn & bw* eensluidend **gelijk'maker** *m* [-s] doelpunt waardoor de stand gelijk wordt **gelijkma'tig** *bn & bw* steeds of overal gelijk **gelijkmoe'dig** *bn & bw* steeds kalm **gelijkna'mig** *bn* met dezelfde naam; uit eenheden bestaande van dezelfde naam; met dezelfde noemer **gelijk'richter** *m* [-s] toestel om wisselstroom in gelijkstroom om te zetten **gelijk'schakelen** in een zelfde elektr. stroomketen opnemen; doen aansluiten bij een totalitair regime **gelijkslach'tig** *bn* van dezelfde soort, van dezelfde hoedanigheid; zelfslachtig; met termen van dezelfde graad **gelijksoor'tig** *bn* van dezelfde soort; met eenzelfde

grondtal **gelijkspel'** spel met gelijke eindstand **gelijk'staan** in waarde of stand overeenkomen; hetzelfde zijn **gelijk'stellen** op één lijn stellen **gelijk'stroom** elektrische stroom met steeds dezelfde sterkte en richting **gelijk'teken** teken = **gelijktij'dig** *bn & bw* op of in dezelfde tijd **gelijkvloers'** *bw & bn* op dezelfde hoogte als de begane grond **gelijkvor'mig** *bn* gelijk van gedaante **gelijkwaar'dig** *bn* gelijk van waarde **gelijk'zetten** (gez. v. uurwerken) op dezelfde of de juiste tijd zetten; (v. barometers) de losse wijzer in stand laten samenvallen met de andere **gelijkzij'dig** *bn* met gelijke zijden

G

gelijnd' *bn* van lijnen voorzien; *(herald.)* met een lijntje omrand

gelikt' *bn* gladgemaakt; vlak

gelinieerd' *bn & bw* van lijnen voorzien

gelobd' *bn (bio.)* met diepe insnijdingen die niet verder dan het midden gaan

gelof'te *v* [-n] plechtige belofte inz. tegenover God of een heilige

geloof' *o* [-loven] het vertrouwen in de waarheid v. iets, vertrouwen op God, vertrouwen in de waarheid v.d. openbaring; het aannemen op gezag; godsdienst; ~ *slaan* of *hechten*, geloven; ~ *vinden*, geloofd worden; ~ *weigeren*, niet geloven; *op goed* ~, op goed vertrouwen; *de 12 artikelen des geloofs*, de geloofsbelijdenis v.d. apostelen **geloofs'artikel** geloofswaarheid **geloofs'belijdenis** het belijden van zijn geloof; beknopt samengevat geheel v. geloofswaarheden **geloofs'brieven** *mv* bewijsstukken van benoeming of verkozen zijn **geloofs'genoot** iem. van hetzelfde geloof **geloofs'getuige** martelaar **geloofs'ijver** ijver voor het geloof **geloofs'leven** beleving v.h. religieuze **geloofs'overtuiging** overtuiging inzake het geloof; leerstellingen v.h. geloof **geloofs'vertrouwen** uit geloof voortkomend vertrouwen **geloofs'vervolging** vervolging om het geloof **geloofwaar'dig** *bn* vertrouwen verdienend

gelo'ven vertrouwen; op gezag aannemen; voor waar houden; vertrouwen in de waarheid v.d. goddelijke openbaring; menen; een bep. (inz. de christelijke) godsdienst aanhangen; *er aan moeten* ~, zich moeten onderwerpen aan iets onaangenaams **gelo'vig** *bn & bw* gelovend; blijk gevend v.h. geloof; *(r.-k.) ~e zielen*, zielen in het vagevuur **gelo'vige** *m-v* [-n] belijder v.e. geloof

gelui' *o* het luiden

geluid' *o* klank; *iemands ~ niet horen*, iem. niet horen spreken; *een ander ~*, iets anders **geluid'dempend** *bn* het geluid verzwakkend **geluid'dicht** *bn* geen geluid doorlatend **geluid'gevend** *bn* klanken voortbrengend **geluid'loos** *bn* zonder geluid **geluids'band** strook met erop geregistreerd geluid **geluids'barrière** grens v.d. snelheid v.h. geluid **geluids'behang** achtergrondmuziek in koopcentra e.d. **geluids'box** kastvormige luidspreker **geluids'bron** voorwerp dat geluid veroorzaakt **geluids'camera** [-s] camera die fotografeert en tegelijkertijd het geluid vastlegt **geluids'cassette** [-s] cassette met een geluidsband **geluid(s)'drager** band of plaat waarop geluid wordt vastgelegd **geluids'film** film waarop tevens het geluid is opgetekend **geluids'foto** door echografie verkregen afbeelding **geluid(s)'hinder** door geluid veroorzaakte hinder **geluids'installatie** inrichting om geluid elektromagnetisch op te nemen en weer te geven **geluids'kop** onderdeel v.e. apparaat dat het geluid v.e. grammofoonplaat opneemt voor ogenblikkelijke weergave **geluid(s)'scherm** scherm tegen geluidshinder **geluids'trog** trogvormig geluid met veel geluidshinder **geluid(s)'versterker** *m* [-s] apparaat om geluidssignalen te versterken **geluid(s)'wagen** omroep- of reportagewagen **geluids'wal** geluidsscherm

geluimd' *bn* gestemd

geluk' *o* fortuin, voorspoed; gunstig toeval; aangenaam gevoel daarbij; *meer ~ dan wijsheid*, niet aan eigen overleg te danken voorspoed; *~ er mee*, succes; *van ~ mogen spreken*, nog tevreden mogen zijn; *op goed ~ af*, in de hoop dat het goed afloopt **geluk'je** *o* buitenkansje **geluk'ken** *z* lukken **geluk'kig** *bn & bw* in een toestand v. geluk; met geluk gepaard; van geluk vervuld; voorspoedig, geslaagd; aan geluk te danken **geluks'bode** wie een gelukstijding brengt **geluks'dag** dag die geluk brengt **geluks'getal** gelukbrengend getal **geluks'kind** wie boft **geluks'nummer** nummer dat geluk brengt **geluks'poppetje** popje waarvan men verwacht dat het geluk brengt **geluks'spel** kansspel **geluks'ster** gesternte waarvan iemands lot afhankelijk is **geluks'teken** voorteken dat geluk aanduidt **geluks'telegram** telegram op bep. formulier voor gelukwensen **geluks'treffer** *m* [-s] treffer bij toeval **geluks'vogel** boffer **geluk'wens** felicitatie **geluk'wensen** [wenste geluk, gelukgewenst] feliciteren **gelukza'lig** *bn & bw* uiterst gelukkig; zalig verklaard **gelukza'lige** *m-v* [-n] zalige in de hemel; zalig verklaarde **gelukza'ligheid** *v* hoogste geluk (in het hiernamaals) **geluk'zoeker** [-s] avonturier

gelul' *o* onzinnig gepraat

gemaakt' *bn & bw* kunst-; gekunsteld

gemaal' **I** *m* [-malen, -s] echtgenoot **II** *o* [-malen] gezanik; het malen; inrichting tot bemalen van polders; graan bestemd om gemalen te worden; belasting daarop

gemach'tigde *m-v* [-n] gevolmachtigde, lasthebber

gemak' *o* [-ken] geen moeite kostende vaardigheid; gemakkelijkheid, gerief; *op* *zijn dooie ~*, kalm, zonder inspanning; *zijn ~ houden*, kalm blijven **gemak'kelijk** *bn & bw* van gemak houdend; niet moeilijk; geriefelijk; weinig inspanning vergend; behaaglijk, rustig **gemaks'halve** *bw* om het gemak **gemaks'voeding** *v*, **gemaks'voedsel** bij de bereiding weinig tijd en moeite vragend voedsel **gemak'zucht** *v(m)* begeerte naar gemak **gemakzuch'tig** *bn* gemakzucht bezittend

gemalin' *v* [-nen] echtgenote

gemaniëreerd' *bn & bw* gekunsteld

gemar'merd *bn* marmerachtig gemaakt

gemas'kerd *bn* met een masker

gema'tigd *bn & bw* maathoudend; tussen keerkringen en poolcirkels

gember *m* als bijgerecht en geneesmiddel gebruikte scherp smakende wortelstok v.d. tropische plant Zingiber officinale; de plant zelf **gemberkoek** koek met gember

gemeen' **I** *bn & bw* laag, vals, schunnig; gewoon, algemeen; gemeenschappelijk, openbaar; *gemene zaak*, algemeen belang, staat; *gemene zaak met iem. maken*, met iem. meedoen; *in het ~*, gewoonlijk **II** *o* gepeupel **gemeen'goed** goed dat iedereen toebehoort; wat algemeen aangenomen wordt **gemeen'heid** *v* [-heden] laagheid, schunnigheid, gemene daad **gemeen'landshuis** vergaderhuis van polderbestuur **gemeen'lijk** *bw* gewoonlijk **gemeen'plaats** veel gebezigd gezegde **gemeen'schap** *v* maatschappij; de gezamenlijke personen die een maatschappij vormen; het gemeenschappelijk hebben; betrekking, verkeer, verbinding; geslachtsvereniging; *~ der heiligen, (r.-k.)* geestelijke vereniging van allen die de heiligmakende genade bezitten **gemeenschap'pelijk** *bn & bw* in gemeenschap, gezamenlijk, waaraan alle betrokkenen deel hebben **gemeen'schapsgeld** openbare geldmiddelen **gemeen'schapshuis** gemeenschappelijk verenigingsgebouw **gemeen'schapszin** gevoel voor de gemeenschap **gemeenslach'tig** *bn (taalk.)* van beide geslachten

gemeen'te *v* [-n, -s] kleine bestuurseenheid; kerkgenootschap; *de goe(de)~*, het goedgelovige publiek; *de spraakmakende ~*, het taalgebruik; *als eerste deel v. ss in bet.*: van of behorend bij de gemeente **gemeen'teadministratie** *v* het beheer v.e. gemeente **gemeen'tebelasting** door de gemeente geheven belasting **gemeen'tedienst** door de gemeente verzorgde dienst; dienstbetrekking bij een gemeente **gemeen'tegarantie** door de gemeente gegeven garantie **gemeen'tehuis** raadhuis **gemeen'telijk** *bn* de gemeente betreffende **gemeen'teontvanger** wie voor de gemeente belastingen int en uitbetaalt **gemeen'tepils** *(scherts.)* water **gemeen'tepolitie** politie in dienst v.e. gemeente **gemeen'teraad** bep. door de gemeentenaren gekozen bestuursorgaan **gemeen'teraadslid** lid v.e. gemeenteraad **gemeen'tereiniging** *v* gemeentelijk bedrijf voor de reiniging **gemeen'teschool** door de gemeente opgerichte en onderhouden school **gemeen'teverordening** *v* door de gemeenteraad vastgesteld voorschrift **gemeen'tewerken** *mv* dienst of kantoor voor vanwege een gemeente ondernomen werken **gemeen'tewet** wet betreffende de gemeentebesturen

gemeen'zaam *bn & bw* vertrouwelijk, vertrouwd; eigen, familiair; niet stijf

geme'ier *o (pop.) zie* **gezeur**

gemêleerd' *bn* gemengd

gemelijk *bn & bw* knorrig

gemenebest' *o* republiek

geme'nerik *m* gemeen persoon

gemengd' *bn* uit een mengsel bestaande, niet enkelvoudig; ongelijksoortig; van ongelijksoortige personen; van of voor personen van beiderlei geslacht; *~ huwelijk*, huwelijk van mensen van verschillend geloof of ras; *met ~(e) gevoelen(s)*, niet onverdeeld prettig gestemd; *~ bedrijf*, bedrijf met landbouw en veeteelt; bedrijf waarin zowel particulieren als de overheid aandeel hebben; *~e rechtsvordering*, rechtsvordering van persoonlijke en zakelijke aard

geme'nigheid *v* [-heden] gemeenheid

gemerkt' *bn* met een merk

gemeubileerd' *bn* met meubels; belegd

gemid'deld *bn & bw* het midden houdend, dooreengenomen **gemid'delde** *o* [-n, -s] wat het midden houdt

gemier' *o* gepruts; geknoei

gemina'tie *v* [-s] *(taalk.)* verdubbeling v. medeklinkers

gemis' *o* het missen, het gevoel dat iets dat er moet zijn, er niet is

gemma, **gemme** [-n] *v* edelsteen met aangebrachte figuren

gemodereerd' *bn & bw* gematigd, kalm

gemoed' *o* [-eren] innerlijk, gevoel, hart; *in ~e*, op het geweten af **gemoe'delijk** *bn & bw* niet van uit de hoogte, niet stijf **gemoedereerd'** *bw* kalm en brutaalweg **gemoeds'aandoening** *v* gevoel opwekkende indruk op het gemoed **gemoeds'bezwaar** gewetensbezwaar **gemoeds'leven** innerlijk leven **gemoeds'rust** kalmte ten gevolge van zuiver geweten

gemoeid' *bn* betrokken; *ermee ~ zijn*, kosten

gemotiveerd' *bn* motivatie bezittend

gems *v(m)* [gemzen] herkauwend zoogdier uit het Zuid-Europese hooggebergte, Lat. Rupicapra rupicapra **gemsbok** mannelijke gems

gemuil'band *bn* met een muilband

gemunt' *bn ~ op*, bedoeld tegen

gemutst' *bn* geluimd

gemzenbok gemsbok **gemzenleer** gemsleer

gen. genitief

Gen. Genesis

gen *o* reeds in de cel aanwezige drager van

G

erfelijke eigenschap
genaak'baar *bn* te genaken; minzaam
genaamd' *bn* met name
gena'de *v(m)* barmhartigheid inz. van God; vergiffenis; door God om niet geschonken gunst; *op ~ of ongenade*, onvoorwaardelijk **gena'debeeld** wonderdoend beeld **gena'debrood** uit barmhartigheid ontvangen levensonderhoud **gena'demiddel** middel om Gods genade te verkrijgen **gena'deschot** schot als genadeslag **gena'deslag**, **gena'destoot** de laatste slag die de dood of ondergang ten gevolge heeft **gena'dig** *bn & bw* vol genade; goedgunstig, goedertieren; minzaam uit de hoogte; niet te streng; zonder veel straf of nadeel; *(vero.)* (als adellijke titel)

G

gena'ken naderen; *niet te ~*, ongenaakbaar
gênant' ‹g=zj› *bn* hinderlijk; zo dat men zich er voor geneert
gendar'me ‹gen=zjän› *m* [-s, -n] politiesoldaat **gendarmerie'** *v* de gendarmen; kazerne v.d. gendarmen
genderdysforie ‹g=dj, dys=dis› *v* [gmv] (diepgaande) onvrede van iem. over het geslacht waartoe hij of zij behoort
gene *vnw* gindse
gêne ‹g=zj› *v(m)* verlegenheid
genealogie' *v* [-ën] geslachtrekenkunde; stamboom **genealo'gisch** *bn & bw* geslachtrekenkundig; in de vorm v.e. stamboom **genealoog'** *m* [-logen] beoefenaar der genealogie
genees'heer arts **genees'heer-directeur** *m* [geneesheren-directeur] arts die directeur v.e. ziekenhuis is **genees'kracht** genezende kracht **geneeskrach'tig** *bn* met geneeskracht **genees'kunde** *v* wetenschap omtrent de ziekten **geneeskun'dig** *bn & bw* betreffende of volgens de geneeskunde **geneeskun'dige** *m-v* [-n] beoefenaar of uitoefenaar v.d. geneeskunde; *forensisch ~*, lijkschouwer **genees'kunst** bekwaamheid om te genezen, geneeskunde **genees'lijk** *bn* te genezen **genees'middel** middel ter genezing **genees'wijze** wijze van genezen
gene'gen *bn* gunstig gezind; geneigd tot, bereid tot **gene'genheid** *v* [-heden] lust; goedgunstige gezindheid; liefde
geneigd' *bn* overhellende tot, neiging tot iets hebbende **geneigd'heid** *v* bereidheid
genenbank plaats waar genen worden opgeslagen **genenpaspoort** schriftelijk overzicht v.d. erfelijke eigenschappen
generaal' I *m* [-s] opperofficier, generaal-majoor, luitenant-generaal, veldheer; *(r.-k.)* algemeen hoofd v.e. orde II *bn* algemeen; opper- *(ook als tweede deel van ss)*; *generale staf*, groep officieren met algemene leiding; *generale biecht*, herhaling van vroegere biechten; *generale repetitie*, laatste repetitie vóór de uitvoering **generaal'-majoor'** iem. v.d. rang boven kolonel **generaals'bewind** dictatuur door militairen **generaal'schap** *o* waardigheid of rang v. generaal **generalisa'tie** *v* [-s] het generaliseren **generalise'ren** ‹s=z› veralgemenen, alle gevallen over één kam scheren **generalist'** *m* wie zich met een geheel vakgebied bezighoudt **Generaliteits'landen** *mv (gesch.)* gewesten die tijdens de Republiek onzelfstandig waren
genera'tie *v* [-s] voortplanting; geslacht; mensen van ongeveer dezelfde leeftijd die tegelijk leven **genera'tieconflict** botsing tussen naast elkaar levende generaties
generatief' *bn generatieve grammatica*, grammatica die ervan uitgaat dat met een beperkt aantal regels onbeperkt zinnen gemaakt kunnen worden
genera'tiekloof verschil in denkwijze tussen generaties **genera'tiewisseling** *v (bio.)* afwisseling v. geslachtelijke en ongeslachtelijke voortplanting
genera'tor *m* [-s, -en] machine die gas of elektrische stroom opwekt; deel v.d. ijsmachine waarin ijs ontstaat
gene'ren ‹g=zj› hinderen; verlegen maken; *zich ~*, zich schamen, zich ontzien iets te doen
genere'ren voortbrengen; hinderlijke bijgeluiden doen ontstaan
genereus' *bn* edelmoedig
generiek' *bn* generisch **gene'risch** *bn* het geslacht of de soort betreffende
generlei *bn* van geen soort, hoegenaamd geen, volstrekt geen
generositeit' ‹s=z› *v* edelmoedigheid
gene'se ‹s=z› *v* het ontstaan
gene'tica *v* erfelijkheidsleer **gene'tisch** *bn* de wording en ontwikkeling tonend of betreffend
geneug'te *v* [-n] genoegen
gene'zen [genas, genezen] beter worden of maken, helen; *~ van*, kwijtraken, afhelpen v. iets
geniaal' *bn & bw* met genie; als v.e. genie, getuigend v. genie **genialiteit'** *v* geniaal zijn
genie' ‹g=zj› *o* [-ën] buitengewone begaafdheid, scheppingsvermogen; iem. met deze eigenschappen; *(pop.)* lust II *v* bouwkundige afdeling v.h. leger **genie'-eenheid** deel v.d. troepenmacht v.h. wapen der genie
geniep' *in het ~*, stiekem **genie'perig** *bn & bw* enigszins geniepig **genie'pig** *bn & bw* heimelijk het verbodene of schade doend **genie'pigerd** *m* [-s] geniepig iem.
geniet'baar *bn* kunnende genoten worden **genie'ten** [genoot, genoten] genot smaken; ontvangen; hebben **genie'ting** *v* het genieten, geneugte
genist' ‹g=g *of* zj› militair bij de genie
genita'liën *mv* geslachtsorganen
genitief *m* [-tieven] tweede naamval
genius *m* [-niën] beschermgeest
genmodificatie *v* [-s] genetische manipulatie
genoci'de *v* het uitmoorden v.e. volk of volksgroep
geno'digde *m-v* [-n] wie genodigd is, gast
genoeg' *telw & bw* voldoende, meer dan

voldoende; zeer
genoeg'doening *v* eerherstel, schadeloosstelling
genoe'gen I *o* [-s] vermaak; wat aangenaam is; voldoening, tevredenheid; ~ *nemen met*, tevreden zijn met; *met alle (soorten van)* ~, gaarne; *tot* ~, het was mij aangenaam **II** *ww* passen; *zich* ~, zich tevreden stellen **genoeg'lijk** *bn & bw* aangenaam, plezierig, gezellig **genoeg'zaam** *bn & bw* voldoende, toereikend **genoeg'zaamheid** *v (jur.)* voldoende bewijskracht
genoemd' *bn* zo even vermeld
genoom' *o* geheel v. genen
genoot' *m* [-noten] gezel **genoot'schap** *o* [-pen] vereniging
genopathie' *v (med.)* ontwikkelingsstoornis door een afwijking in de genen
genot' *o* het genieten; wat iem. doet genieten **genot'middel** weinig voedende lekkernij **genot'vol** *bn* veel genot verschaffend
genotype *v & o* [-n] erfelijke aanleg
genot'teren *(pop.)* genieten
genot'ziek *bn* steeds gesteld op genot **genot'zoeker** [-s] wie steeds op genot uit is **genot'zucht** overdreven begeerte naar genot
genre ‹zjänre› *o* [-s] soort **genreschilder** schilder v. genrestukken **genrestuk** schilderstuk van dagelijks tafereeltje
gent *m* mannelijke gans
gentechnologie genetische modificatie van voedingsmiddelen **gentherapie** *v* herstel van afwijkingen op chromosomen door het inbrengen van genen
gentiaan' ‹gentsiaan› *v(m)* [-anen] plant v.h. geslacht Gentiana met helderblauwe bloem
gentleman ‹dzjentulmen› [-men] man van fatsoen en eerlijkheid **gentlemanlike** ‹like=laik› *bn & bw* als een gentleman **gentleman's agree'ment** ‹gree=Grie› niet officieel bevestigde overeenkomst
genuanceerd' *bn* geschakeerd, verschillend
genus *o* [-nera] geslacht, soort **genuskoop** koop van goederen bij het gewicht of het getal of de maat
genvoedsel genetisch gemanipuleerd voedsel
geoccupeerd' *bn* bezig; het druk hebbende
geocen'trisch *bn* met de aarde als middelpunt
geochemie' deel v.d. chemie dat zich met de verschijnselen op de aarde bezighoudt
geodeet' *m* [-deten] beoefenaar v.d. geodesie **geodesie'** ‹s=z› *v* landmeetkunde **geode'tisch** *bn & bw* landmeetkundig
geoe'fend *bn* door oefening bedreven
geofy'sica *v* natuurkunde v.h. binnenste v.d. aarde
geofy'ten *mv* planten die overwinteren door in de grond zittende delen
geogenie' *v* leer v.d. wording v.d. aarde
geograaf' *m* [-grafen] aardrijkskundige **geografie'** *v* aardrijkskunde **geogra'fisch** *bn & bw* aardrijkskundig **geolinguïstiek** *v* linguïstiek die rekening houdt met aardrijkskundig bepaalde verschillen v.d. taalverschijnselen
geo'lied *bn & bw* met olie ingesmeerd; *(fig.)* soepel verlopend
geologie' *v* aardkunde **geolo'gisch** *bn & bw* aardkundig **geoloog'** *m* [-logen] aardkundige **geometrie'** *v* meetkunde **geome'trisch** *bn & bw* meetkundig **geomorfologie'** *v* wetenschap v.d. terreinvormen **geomorfolo'gisch** *bn & bw* betreffende of volgens de geomorfologie **geonomie'** *v* wiskundige aardrijkskunde
geoor'loofd *bn* toegestaan
geopolitiek' *v & bn* (van of betreffende de) wetenschap die de aardrijkskundige achtergrond v.d. staatkundige vraagstukken bestudeert
georganiseerd' ‹s=z› *bn* goed geregeld; van organen voorzien; bij een (vak)organisatie aangesloten
geosta'tica *v* leer v.h. evenwicht v. vaste lichamen **geothermisch** ‹th=t› *bn & bw* betrekking hebbende op de aardwarmte **geothermometer** thermometer ter bepaling v. warmte op grote diepte
geoutilleerd' ‹ge-oetiejeerd› *bn* voorzien van werktuigen en verdere benodigdheden
geouwehoer' *o (pop.) zie* **gezeur**
geowetenschappen wetenschappen betreffende de kennis v.d. aardbol
gepaard' *bn* paren vormend; gehuwd; bijeenbehorend; waarbij twee op elkaar volgende regels rijmen; ~ *met*, vergezeld van **gepaard'hoevigen** *mv* dieren met een even aantal hoeven aan elke poot
gepakt' ~ *en gezakt*, volledig op de reis toegerust
gepant'serd *bn* met (een stevige bedekking als) een pantser, met pantserplaten
gepa'reld *bn* met parels of parelvormige versieringen; als parels, parelvormig; *(muz.)* waarbij alle tonen zuiver en duidelijk te horen zijn; *~e gerst*, parelgerst
geparenteerd' *bn* verwant
gepassioneerd' *bn* verzot op, hartstochtelijk
gepast' *bn & bw* geschikt; betamelijk; afgepast
gepatenteerd' *bn* van een patent voorzien; ~ *leugenaar*, erge leugenaar
gepeins' *o* [-peinzen] het peinzen; gedachte
gepensioneerd' *bn* met pensioen
gepe'perd *bn* met peper toebereid; bijtend, zeer pikant; (v.e. rekening) zeer hoog
gepersonifieerd' *bn* als persoon voorgesteld, belichaamd
gepeu'pel *o* het gemene volk
gepikeerd' *bn & bw* op de tenen getrapt
gepocheerd' ‹ch=sj› *bn* uit de schaal in heet water gekookt
gepoft' *bn* met poffen droog verhit
gepokt ~ *en gemazeld*, ervaren
geporteerd' *bn* ~ *voor iem. zijn*, met iem. veel op hebben, iemands belangen voorstaan
geposeerd' ‹s=z› bezadigd, bedaard
gepreoccupeerd' *bn* door zorgen in beslag genomen; vooringenomen

gepresseerd' *bn* gehaast
geprofest' *bn* plechtig de kloostergelofte afgelegd hebbende
gepromoveerd' *bn* tot de doctorsgraad bevorderd
geprononceerd' *bn & bw* uitgesproken; sterk sprekend of uitkomend; beslist
geproportioneerd' *bn* geëvenredigd, met juiste proporties
gepunt' *bn* met een of meer punten
geraakt' *bn* gepikeerd
geraam'te *o* [-n, -s] samenstel v.d. voornaamste constructiedelen; skelet; rif; zeer mager mens; schema
geraas' *o* het razen; lawaai
geraas'kal *o* het raaskallen; gezwets

G

gerad'braakt *bn* overal pijn voelend en zeer vermoeid
gera'den *bn* raadzaam
geraffineerd' *bn* gezuiverd; doortrapt
gera'ken raken
geramd' ~ *zitten*, in gunstige positie verkeren
gera'nium *v(m)* [-s] sierplant v.h. geslacht Pelargonium of v.d. plantenfamilie der Geraniaceae
gerant' ‹zjeerãn› *m* [-s] verantwoordelijk beheerder
gerbera *v(m)* [-'s] bep. snijbloem
gerbil *v(m)* [-s] klein knaagdier met lange achterpoten en lange staart, Lat.Gerbillus
gerecht' **I** *o* rechters, rechtbank, justitie; tegelijk opgediende spijs **II** *bn* rechtvaardig, billijk **gerech'telijk** *bn & bw* op het gerecht betrekking hebbende, voor of vanwege het gerecht, in recht geschiedende; *~e moord*, doodvonnis zonder voldoende rechtsgrond; *~e geneeskunde*, deel v.d. geneeskunde dat van nut is bij strafzaken **gerech'tigd** *bn* (het) recht hebbend **gerech'tigheid** *v* [-heden] rechtvaardigheid, recht, uiting van gerechtigheid **gerechts'auditeur** *m* [-s] assistent v.e. rechter **gerechts'bode** bode in dienst v.h. gerecht, deurwaarder **gerechts'dienaar** politieagent **gerechts'hof** hogere rechtbank **gerechts'kosten** kosten v.e. proces
gere'delijk *bw* bereidwillig; gemakkelijk, vlug
gereed' *bn* klaar, bereid; contant; geredelijk, zonder bezwaar; (v. geld) waarover men direct kan beschikken; *als eerste deel van sk ook in bet.*: klaar **gereed'heid** *v* het klaar zijn; *in ~*, klaar; *in ~ brengen*, klaarmaken
gereed'schap *o* [-pen] nodige werktuigen
gereformeerd' *bn* orthodox calvinistisch
gere'geld *bn & bw* naar een vaste regel bestuurd; geordend, ordelijk; regelmatig, telkens (terugkerend)
gerei' *o* gereedschap
gerekt' *bn & bw* lang aanhoudend; verlengd; langdradig
gerekwireer'de *m-v* [-n] *(jur.)* gedaagde
geremd'heid *v* schroom
geren schuin toelopen
gerenommeerd' *bn* vermaard
gereserveerd' ‹s=z› *bn & bw* besproken; terughoudend
geresigneerd' ‹gereezienjeerd› *bn & bw* gelaten
geresolveerd' ‹s=z› *bn* vastberaden
geria'ter *m* [-s] arts voor ouderdomskwalen **geriatrie'** *v* ouderdomskwalenartsenijkunde
geribd' *bn* met ribbels
gericht' *o (Bijb., bijz.t.)* gerecht, oordeel
gerief' *o* benodigdheden; gemak; *aan zijn ~ komen, (pop.)* een orgasme hebben **gerie'felijk** *bn & bw* met veel gerief **gerie'ven** helpen, van dienst zijn
gerij' *o* het rijden; rijtuig
gerij'mel *o (min.)* het rijmen; rijmelarij
gerim'peld *bn* met rimpels
gering' *bn* klein, onaanzienlijk, onbeduidend; *in het ~ste niet*, volstrekt niet **gering'achten**, **gering'schatten** [schatte gering, geringschatte, geringgeschat] van weinig betekenis achten
germanis'me *o* [-n] barbarisme onder invloed v.h. Duits **germanist'** wie studie maakt v.h. Duits of andere Germaanse talen **germanistiek'** *v* Germaanse taalwetenschap
geroe'pen *bn* bestemd
geroerd' *bn* aangedaan
geroe'zemoes *o* geluid van druk gewoel, gegons
gerond' *bn (taalk.)* met stulping v.d. lippen gevormd
geron'nen *bn* gestold; *zo gewonnen zo ~*, wat vlug verkregen is, is soms snel weer weg
gerontis'me *o* zwakheid v. geest als gevolg v.d. ouderdom **gerontologie'** *v* wetenschap over oudedagsproblemen
geroutineerd' ‹ou=oe› *bn* handig door het veel doen
gerst *v(m)* bep. graansoort **gerstekorrel** *(fig.)* zweertje op ooglid; korrelig weefselpatroon; witgoed met korrelvormige tekening **gerstenat** bier
gerucht' *o* onzekere tijding; geluid, lawaai; opschudding **gerucht'makend** *bn* opzienbarend
gerug'gensteund *bn* flink gesteund
geruim' *bn* nogal lang
geruis' *o* het ruisen; *(taalk.)* verward aandoende klank **geruis'loos** *bn & bw* zonder geruis, onhoorbaar
geruit' *bn* met ruiten of blokken
gerust' *bn & bw* zonder onrust, rustig, vreedzaam; vrijelijk, stellig **gerust'heid** *v* het gerust zijn; reden tot gerust zijn **gerust'stellen** vrees wegnemen; *stel u ~*, wees niet bezorgd **gerust'stelling** *v* het geruststellen of gerust gesteld worden
ges *v(m) (muz.)* halve klanktrap verlaagde g
gesatineerd' *bn & bw* als satijn bewerkt, satijnig gemaakt
geschaard' *bn* in een rij; met schaarden
geschakeerd' *bn (herald.)* in kleine vierkantjes verdeeld; met schakeringen
gescha'pen *bn* gesteld; zeer geschikt
geschenk' *o* gave
geschept' *bn* (v. papier) met de hand vervaardigd
geschied'boek boek waarin de

gebeurtenissen staan opgetekend; *~en*, geschiedenis **geschied'bron** authentieke gegevens als materiaal voor de historicus **geschie'den** gebeuren; overkomen; gedaan worden **geschie'denis** *v* [-sen] gebeurtenis, feit; verhaal; vak van wetenschap over het verleden, toedracht; *een ... ~*, iets ...s **geschie'denisboek** handboek over geschiedenis **geschied'kunde** wetenschap omtrent de geschiedenis **geschiedkun'dig** *bn* betrekking hebbend op de geschiedenis **geschiedkun'dige** *m-v* [-n] kenner v.d. geschiedenis **geschied'schrijver** wie over geschiedenis schrijft **geschied'verhaal** verhaal over een belangrijke gebeurtenis **geschied'vervalsing** *v* onjuiste voorstelling v. feiten uit het verleden **geschied'vorser** [-s] wie studies verricht in de geschiedbronnen

geschift' *bn (pop.)* niet goed wijs

geschikt' *bn* prettig in de omgang; bruikbaar, passend; juist; goedkoop

geschil' *o* [-len] onenigheid **geschil'punt** punt waarover onenigheid ontstaat

geschoeid' *bn* met schoeisel

geschoold' *bn* met vakopleiding; vakopleiding vereisend

geschreeuw' *o veel ~ en weinig wol*, veel drukte voor niets

geschrift' *o* geschreven en al dan niet gedrukt schrift; *bij ~e, in ~e*, schriftelijk

geschrijf' *o* schrijven

geschubd' *bn* met schubben

geschuind' *bn (herald.)* door een schuine lijn in twee helften verdeeld

geschut' *o* kanonnen, zware mitrailleurs; *stuk ~*, vuurmond; *met grof ~*, met grote of ongepaste woorden; zo krachtig mogelijk optredend **geschut'koepel** geschuttoren op vliegtuigen **geschut'poort** opening voor kanonsloop **geschut'toren** toren voor het geschut op oorlogsschepen

gesel *m* [-s, -en] tuchtigingszweep, tuchtigingsroe; *(fig.)* plaag **geselen** met een gesel slaan; hekelen; pas geoogst koren v.d. korrels ontdoen door het op een blok te slaan **geselkolom** kolom voor geselstraf **geselkoord** gesel **geselpaal** paal voor geselstraf **geselroede** gesel **geselslag** slag met gesel **geselstraf** in geseling bestaande straf **geselzweep** gesel

geserreerd' *bn* beknopt, gedrongen

geset'teld *bn* goed op zijn plaats terecht gekomen en zich zo voelend

gesitueerd' *bn* in een bep. maatschappelijke klasse; *beter ~*, meer vermogend

gesjoch'ten *bn (pop.)* arm, er slecht aan toe

geslacht' *o* familie; gelijktijdig levende mensen; sekse; schaamdeel; groep v. verwante soorten; *(taalk.)* verbuigingsklasse, bep. werkwoordelijke categorie; geslachtsorgaan **geslach'telijk** *bn* het geslacht betreffende **geslacht'kunde** *v* wetenschap v.d. verwantschapsbetrekkingen **geslachts'boom** stamboom **geslachtscel** cel voor voortplanting **geslachts'deel** *o* [-delen] penis; *geslachtsdelen*, mannelijke of vrouwelijke geslachtsorganen **geslachts'drift** drift tot geslachtsgemeenschap **geslachts'gemeenschap** het paren **geslachts'lijst** lijst v.d. leden v.e. geslacht; lijst van zn met geslachtsopgave **geslachts'naam** familienaam **geslachts'regel** *(taalk.)* regel voor het geslacht der zn

geslachtsrijp *bn* waarbij het geslachtelijk onderscheid volledig functioneert **geslachts'verkeer** geslachtsgemeenschap **geslachts'wapen** familiewapen **geslachts'ziekte** ziekte t.g.v. geslachtelijke omgang

G

gesla'gen *bn* gesmeed; onverzoenlijk

gesle'pen *bn* listig

geslo'ten dicht; niet mededeelzaam; *(taalk.)* met de geringste graad van opening; *~ huis*, huis zonder winkel of kantoor; *~ tijd*, tijd waarin niet gejaagd of gevist mag worden; *~ beroep*, beroep waartoe men niet vrij kan toetreden; *~ stamboek*, stamboek v. dieren van reeds ingeschreven ouders

geslui'erd *bn* met een sluier; nevelig, dof

gesmeerd' *bw* vlot

gesnaard' *bn* met snaren; van het nodige voorzien

gesodemie'ter *o* lawaai; ruzie

gesorteerd' *bn* in soorten bijeengevoegd; verschillende soorten hebbend

gesp *m/v* bep. beugeltje met pin als sluitstuk of als sieraad

gespan' *o* paar, koppel **gespan'nen** *bn* in spanning, met grote aandacht

gespeend' *~ van*, zonder

gespen met een gesp vastmaken

gespierd' *bn* met stevige spieren; (v.d. stijl) kernachtig

gespik'keld *bn* met spikkeltjes

gesple'ten *bn* met een spleet; innerlijk verdeeld, schizofreen

gespreid' *bn (taalk.)* zonder lippenronding gevormd

gesprek' *o* [-ken] mondeling onderhoud; bespreking om de opvattingen der andere partij te leren kennen **gespreks'groep** groep die door gesprekken een bep. situatie of probleem wil doorgronden of oplossen **gespreks'stof** onderwerpen v.e. gesprek **gesprek'toon** toon die aangeeft dat het telefoontoestel in gesprek is

gespuis' *o* geboefte

gestaag', **gesta'dig** *bn & bw* voortdurend, bestendig; volhoudend, telkens herhaald; bezadigd

gestal'te *v* [-n, -s] lichaamsgedaante; postuur, uiterlijke vorm

gestand' *~ doen*, houden

gestationeerd' *bn* een standplaats hebbend

geste ‹g=zj› *v(m)* [-s] gebaar

gesteeld' *bn (bio.)* met een steel

gesteen'te *o* [-n, -s] kostbare stenen; steen als bestanddeel v.d. aardkorst

gestel' *o* [-len] lichaamsgesteldheid; samenstelling, bouw; stelsel
gesteld' **I** *bn* in een toestand; het gewenste hebbend; *~ op*, ingenomen met, wensend; *~e machten*, overheid **II** *vzw* ondersteld **gestel'de** *o* wat bewezen moet worden **gesteld'heid** *v* [-heden] toestand; *bepaling van ~*, tegelijk bijvoeglijke en bijwoordelijke bepaling **gestel'tenis** *v* [-sen] toestand
gestemd' *bn* in een stemming
gestern'te *o* [-n] sterrenbeeld; de sterren; stand v. sterren als voorteken; *onder een gelukkig ~ geboren*, voor het geluk voorbestemd

G

gesticht' *o* inrichting voor verpleging of verbetering
gesticula'tie ‹g=g *of* zj› *v* [-s] het gesticuleren **gesticule'ren** gebaren maken
gestileerd' *bn* in vereenvoudigde karakteristieke trekken afgebeeld; van stijl
gestoel'te *o* [-n, -s] kerkbanken; erezetel
gestoffeerd' *bn* (v. meubels) bekleed; (v. kamers) met vloerbedekking en gordijnen
gestoord' *bn* met storing; *geestelijk ~*, waarbij de geest abnormaal functioneert
gestreept' *bn* met strepen
gestrekt' *bn* lang met nagenoeg rechte verschansing; met zo groot mogelijke sprongen; van 180 graden
gestreng' *bn & bw* streng **gestren'gelijk** *bw* streng
gestrikt' *bn* versierd met strik of strikje; (met een strik) gevangen
gestroom'lijnd *bn* met stroomlijnvorm
gestudeerd' *bn* gestudeerd hebbend
gesubordineerd' *bn* ondergeschikt
gesui'kerd *bn* met suiker zoet gemaakt
get. getekend
getaand' *bn* taankleurig; in taan gekookt
getailleerd' ‹aill=ai› *bn* met duidelijk aangebrachte taille, met een taille zoals de bepaling aangeeft
getakt' *bn* met takken
getal' *o* [-len] hoeveelheid, aantal; voorstelling v.e. hoeveelheid; *(taalk.)* categorie die met het aantal samenhangt; *ten getale van ...*, ... in aantal **getal'lenleer** rekenkunde **getal'lenreeks** bep. geordende rij van getallen **getal'lensymboliek** *v* toekennen van zinnebeeldige waarde aan de getallen **getal'lenwaarde** waarde v.d. cijfers in een getal **getal'merk** *o* cijfer **getal'sterkte** aantal manschappen **getals'waarde** getallenwaarde
getand' *bn* met tanden; zo dat de tanden scherp zijn en de inhammen rond
getapt' *bn* in de smaak vallend
getei'sem *o* schooiers, tuig
gete'kend *bn* met figuren of fraaie kleurverdeling; mismaakt en opgevat als gevaarlijk
getij' [-en], **getij'de** [-n] *o* tij; jaargetijde; *(mv)* dagelijkse liturgische gebeden voor bep. tijden voorgeschreven; *ieder vist op zijn ~*, iedereen maakt gebruik v.h. beste ogenblik **getij'centrale** op verschil tussen eb en vloed werkende elektrische centrale **getij'de** *zie* **getij**; **getij'denboek** brevier **getij'haven** slechts bij vloed toegankelijke haven **getij'licht** lichtsignaal om t.g.v. het getij wisselende waterstand aan te geven **getij'rivier** rivier die onder invloed v.d. getijden staat **getij'stroom** met het getij van richting wisselende kuststroom **getij'tafel** tabel met de tijden van eb en vloed
getikt' *bn (pop.)* niet goed wijs
getint' *bn* met een bep. kleur
geti'teld *bn* met een titel, met de titel van
geto'gen *bn* grootgebracht
getourmenteerd' ‹ou=oe› *bn* gekweld, van kwelling getuigend
getouw' *o* gareel, weeftoestel; *in het ~*, aan het werk; *op het ~ zetten*, een plan opzetten
getra'lied *bn* met tralies
getrapt' *bn* onrechtstreeks
getroebleerd' ‹ou=oe› *bn* geestelijk in de war
getrof'fen *bn* geroerd
getrok'ken *bn* (v.e. loop) van binnen met groeven; (v. metaaldraad) door trekken gevormd
getroost' *bn* gesterkt, berustend; *zijn lot ~ zijn*, berusten in zijn lot **getroos'ten** *zich ~*, ervoor over hebben
getrouw' *bn & bw* betrouwbaar **getrou'welijk** *bw* nauwgezet
getto *o* [-'s] jodenwijk; *(fig.)* woonkwartier v.e. niet geïntegreerde groep **gettoblaster** ‹g=G› *m* [-s] draagbare radio met enorm volume
getuigd' *bn* van tuig of tuigage voorzien
getui'ge [-n] *m-v* wie iets waargenomen heeft of moet waarnemen en eventueel hierover een verklaring kan afleggen; *~ à charge*, ‹sjarzje› *(jur.)* door de officier van justitie opgeroepen getuige, meestal om bewijs bij te brengen; *~ à decharge*, ‹deesjarzje› *(jur.)* door de verdediging opgeroepen getuige, meestal om bewijs te ontzenuwen **II** *o* [-n] getuigenis **III** *vz* blijkens **getuige-deskundige** *m-v* [-n] voor het gerecht als zodanig opgeroepen deskundige **getui'gen** een getuigenis afleggen; laten blijken; pleiten, meespreken **getui'gengeld** geld dat getuigen ontvangen **getui'genis** *o/v* [-sen] verklaring v.e. getuige; bewijs **getui'genverhoor** verhoor v.e. getuige **getuig'schrift** verklaring over iemands bekwaamheid en dienstvervulling
getwee'ën *telw* met z'n tweeën
geul *v* smal en diep (deel v.e.) water; gleuf
geünieerd' *bn* verenigd, inz. met de r.-k. Kerk
geur *m* aangename reuk; *in ~en en kleuren*, levendig en met alle bijzonderheden; *in een ~ van heiligheid*, als heilige **geuren** geur verspreiden; pronken **geurig** *bn & bw* lekker ruikend **geurtje** *o* parfum **geurvlag** [-gen] het aanbrengen van urine of afscheidsel tot afbakening van terrein **geurvreter** [-s] middel tegen ongewenste geuren; zweetgeur wegnemende binnenzool
geus **I** *m* [geuzen] *(gesch.)* Ned. tegenstander

van Philips II; protestant; geuzelambiek **II** *v(m)* [geuzen] vlaggetje aan de boegspriet of voor op het schip; gieteling **geuzelambi(e)k** *m* natuurlijk gegist zwaar Belgisch bier

gevaar' *o* [-varen] kans op ongeluk; hachelijke toestand; *op ~ af*, met het risico; *~ lopen*, in gevaar zijn **gevaar'lijk** *bn & bw* gevaar opleverend **gevaar'te** *o* [-n, -s] reusachtig iets **gevaar'vol** *bn* vol gevaar

gevaccineerd' ‹cc=ks› *bn* ingeënt

geval' *o* [-len] voorval; toestand, lotgevallen; *(pop.)* ding; omstandigheid, toeval; *het ~ zijn*, voorkomen; *ten gevalle*, ten genoegen; *in geen ~*, nooit; *in allen gevalle, in alle* of *elk ~*, wat er ook gebeure **geval'len** *(plecht.)* *z* voorvallen; welgevallen

gevang' *o* gevangenis **gevan'genbewaarder** *m-v* [-s] cipier **gevan'gene** *m-v* [-n] wie gevangen is genomen, wie in verzekerde bewaring wordt gehouden **gevan'genhouding** *v (jur.)* vorm v. voorlopige hechtenis **gevan'genis** *v* [-sen] gevangenschap; gebouw om gevangenen op te sluiten **gevan'geniscomplex** gebouwen v.e. gevangenis **gevan'genisstraf** als straf verplicht verblijf in gevangenis **gevan'geniswezen** alles wat gevangenissen betreft **gevan'gennemen** tot gevangene maken **gevan'genschap** *v* het gevangen zijn **gevan'genwagen** wagen voor het vervoer van gevangenen **gevan'kelijk** *bw* als gevangene

geva'rendriehoek tot waarschuwing bij autopech uit te zetten driehoek **geva'rengeld** extra loon voor gevaarlijk werk **geva'renklasse** groep waarin men door een verzekeringsmaatschappij wordt ingedeeld met het oog op de grootte v.h. gevaar

gevarieerd' *bn* met variatie

gevat' *bn & bw* snedig, slagvaardig

gevecht' *o* strijd; *buiten ~ stellen*, maken dat iem. niet meer kan vechten **gevechts'eenheid** zelfstandig optredend legeronderdeel **gevechts'klaar** *bn* klaar voor gevecht **gevechts'pak**, **gevechts'tenue** militair uniform dat te velde wordt gedragen **gevechts'toren** pantserkoepel **gevechts'vliegtuig** oorlogsvliegtuig **gevechts'waarde** waarde voor gevecht **gevechts'wagen** gepantserde motorwagen, tank

geve'derd *bn* met veren **geve'derte** *o* de veren

geveerd' *bn gez. v.e. samengesteld blad*: met even hoog aan de steel zittende blaadjes

geveinsd' *bn* huichelachtig

gevel *m* [-s] voormuur, buitenmuur

geveling *v(m)* los schot in ruim

gevelkachel tegen een gevelmuur geplaatste gaskachel **gevellijst** lijst boven langs de gevel **gevelsteen** bep. baksteen; steen met afbeelding of inschrift in de gevel **geveltoerist** inbreker die klimmend langs de gevel probeert binnen te komen

geven [gaf, gegeven] schenken; aanreiken, in iemands nabijheid plaatsen; toeschrijven; van zich doen uitgaan; *(zegsw.)* slaan; (bij kaartspel) ronddelen; opvoeren; (op)leveren; uitvaardigen; *vuur ~*, vuren; *zijn woord ~*, op erewoord beloven; *er aan ~*, prijsgeven; *~ om*, zich aantrekken van; *acht ~*, acht slaan; *~ en nemen*, schipperen; *gegeven zijn*, vergund of mogelijk zijn; *dat geeft niets*, dat helpt niet, hindert niet, levert niets op; *een klap ~*, slaan; *acte de présence ~*, ‹ence=âns› verplicht (even) aanwezig zijn

gevest' *o* handvat

geves'tigd *bn* vaststaand; sinds jaren bestaand; degelijk; voor lange duur aangegaan

G

gevierd' *bn* beroemd

gevie'rendeeld *bn (herald.)* in vier rechthoekige vakken verdeeld

gevind' *bn (bio.)* met vinnen; met blaadjes langs de algemene bladsteel

gevlamd' *bn* met vlamfiguren

gevleu'geld *bn* met vleugels; *~e woorden*, veel gebruikte uitdrukking van historische oorsprong

gevlij' *bij iem. in het ~ komen*, doen wat iem. graag heeft

gevlo'gen *bn* weg

gevoeg'lijk *bw* gepast; zonder bezwaar

gevoel' *o* [-ens] tastzin; wat men gevoelt; gemoedsbeweging, gemoed, aandoening; besef; vermogen om schoonheid te waarderen; *met ~*, gevoelig **gevoe'len I** *ww* voelen **II** *o* [-s] mening **gevoe'lig** *bn & bw* ontvankelijk voor aandoeningen, op de geringste indrukken of inwerking of gewaarwordingen reagerend; kleine verschillen aanwijzend; duidelijk voelbaar, hevig; *~e plaat*, fotografische plaat **gevoe'ligheid** *v* [-heden] het gevoelig zijn; punt waarop men zeer gevoelig is **gevoel'loos** *bn & bw* zonder gevoel **gevoels'argument** door het gemoed ingegeven argument **gevoels'arm** *bn* met weinig gevoel **gevoels'cultus** *m* te hoge waarde toekennen aan het gevoel **gevoels'leven** innerlijk leven **gevoelsma'tig** *bn* vanuit het gevoel **gevoels'mens** wie zich laat leiden door zijn gevoel

gevoels'temperatuur het ervaren v.d. buitentemperatuur **gevoels'waarde** gevoelens die een woord vergezellen **gevoels'zenuw** gevoelsindrukken overbrengende zenuw **gevoels'zin** zintuig v.h. gevoel **gevoel'vol** *bn & bw* met veel gevoel

gevoerd' *bn* met een voering

gevo'gelte *o* de vogels; eetbare vogel

gevolg' *o* vorstelijke personen begeleidend gezelschap; wat uit iets voortvloeit, resultant; *~ geven aan*, gehoor geven aan, volvoeren; voor de rechter brengen; *ten ~e van*, door **gevolg'aanduidend** *bn (taalk.)* consecutief **gevolg'lijk** *bw* bijgevolg **gevolg'trekking** *v* conclusie

gevol'machtigd *bn* met volmacht

gevor'derd *bn* een vrij hoge trap bereikt hebbend; *op ~e leeftijd*, niet zo jong meer; *het ~e uur*, het tamelijk laat zijn
gevorkt' *bn* de vorm v.e. vork hebbend; *(bio.)* aan de top gespleten; *(herald.)* met gespleten uiteinden
gevraagd' *bn* gezocht
gevreesd' *bn* waarvoor men vreest
gevuld' *bn* met vulsel; vlezig
gewaad' *o* [-waden] kleding
gewaagd' *bn* gevaarlijk; niet geheel gepast; *aan elkaar ~*, niet voor elkaar onderdoend
gewaand' *bn* vermeend
gewaar'digen *zich ~*, de goedheid hebben
gewaar'worden [werd gewaar, gewaargeworden] bemerken **gewaar'wording** *v* het bewust worden v. indrukken; aandoening, indruk

G

gewag' *~ maken*, gewagen **gewa'gen** melding maken van
gewa'pend *bn* met wapens; met bijzondere versterkingen; ziende door een vergrootglas of bril; versterkt met ijzeren staven; met ijzeren banden; met sterke bewapening; met een sluitstuk of anker; *er op ~*, voorbereid **gewa'penderhand'** *bw* met geweld van wapens
gewas' *o* [-sen] de planten; plant; oogst, teelt
gewast' *bn* met was bestreken
gewa'terd *bn* gevlamd, gegolfd, moiré
gewatteerd' *bn* met watten gevuld
geweer' *o* [-weren] draagbaar vuurwapen dat men schoudert; *in het ~*, onder de wapens; in actie **geweer'kamer** deel v. geweer waarin zich de lading bevindt **geweer'lade** houten schacht waarin de geweerloop is bevestigd **geweer'vuur** schieten met geweren
gewei' *o* getakte hoorns **gewei'(de)** *o* ingewand v. dieren; *(jagerst.)* uitwerpselen
geweld' *o* het ruw of onrechtmatig aanwenden van kracht; kracht; lawaai, onstuimigheid; *zinloos ~*, onbeteugeld, niet selectief geweld; *met alle ~*, zonder naar bezwaren te luisteren; *zichzelf ~ aandoen*, zich krachtig inspannen, zich bedwingen **geweld'daad** daad v. geweld **geweldda'dig** *bn & bw* met geweld **geweld'delict** misdrijf waarbij geweld is gepleegd **gewel'denaar** *m* [-s, -naren] dwingeland, tiran; iem. van grote kracht of bekwaamheid **geweldenarij'** *v* geweldpleging **gewel'dig** *bn & bw* hevig; zeer, zeer groot; verbazend; prachtig **geweld'pleging** *v* het plegen van geweld
gewelf' *o* [-welven] holgebogen zolderwerk; overwelfde ruimte **gewelfd'** *bn* boogsgewijze gebouwd; met een gewelf; gebogen
gewend' *bn* gewoon **gewen'nen** wennen
gewer'veld *bn* wervels hebbend
gewest' *o* streek, provincie **gewes'telijk** *bn & bw* v.e. streek; dialectisch
gewe'ten *o* [-s] zedelijk bewustzijn; *op zijn ~ hebben*, aan iets schuldig zijn; *vrijheid van ~*, geloofsvrijheid; *tegen zijn ~*, tegen zijn overtuiging **gewe'tenloos** *bn & bw* zonder geweten **gewe'tensangst** wroeging **gewe'tensbezwaar** gemoedsbezwaar **gewe'tensbezwaarde** *m-v* [-n] wie gewetensbezwaren heeft **gewe'tensconflict** toestand waarin men voelt dat het voorgestelde of geëiste in strijd met zijn geweten is **gewe'tensdwang** geloofsdwang **gewe'tensonderzoek** onderzoek naar wat het geweten drukt **gewe'tensvol** *bn & bw* zich bewust van zijn verantwoordelijkheid **gewe'tensvraag** vraag die men alleen met zijn geweten kan beantwoorden **gewe'tensvrijheid** recht van vrije gedachte, geloofsvrijheid **gewe'tenswroeging** ernstig besef van schuld **gewe'tenszaak** zaak waarin men zijn geweten moet volgen
gewet'tigd *bn* gerechtvaardigd
gewe'zen *bn* vroeger geweest, voormalig
gewicht' *o* zwaarte; voorwerp waarmee men weegt; zwaar voorwerp waarmee iets in beweging gebracht wordt; last; belangrijkheid, waarde, aanzien; *~ in de schaal leggen*, van invloed zijn **gewicht'heffen** *o* opheffen van zware gewichten **gewich'tig** *bn & bw* belangrijk; met gevoel van eigen belangrijkheid **gewichtigdoenerij'** *v* het gewichtig doen **gewich'tigheid** *v* belang; gewichtigdoenerij **gewicht'illusie** zinsbedrog waarbij voorwerpen bij het oppakken lichter of zwaarder blijken te zijn dan men tevoren dacht
gewichtloos'heid *v* toestand waarin iets of iemand zich bevindt wanneer er geen aantrekkingskracht van buitenaf op inwerkt **gewichts'eenheid** eenheid waarin het gewicht wordt uitgedrukt **gewichts'klasse** klasse waarin beoefenaars van krachtsport naar het gewicht verdeeld worden **gewichts'verlies** afneming in gewicht
gewiekst' *bn & bw* slim
gewiekt' *bn* met vleugels
gewijd' *bn & bw* godsdienstige wijding ontvangen hebbende, geheiligd, gezegend, plechtig, op de godsdienst betrekking hebbend
gewijs'de *o* [-n] vonnis waarbij geen verzet of hoger beroep of cassatie mogelijk is
gewild' *bn* in trek; geforceerd **gewil'lig** *bn & bw* willig, volgzaam, zonder verzet
gewin' *o* opbrengst **gewin'nen** winnen, krijgen **gewin'zucht** *v(m)* zucht naar winst
gewis' *bn & bw* zeker
gewoel' *o* het woelen; drukte
gewon'de *m-v* [-n] wie gewond is
gewon'nen *dw ~ geven*, opgeven; *zich ~ geven*, toegeven
gewoon' I *bn* gewend; gebruikelijk; niet bijzonder, alledaags; ordinair, vulgair; *meer dan ~*, buitengewoon II *bw* op de gebruikelijke wijze; gewoonweg **gewoon'heid** *v* het gewoon zijn; gewoonte; alledaagsheid **gewoon'lijk** I *bn* gewoon II *bw* doorgaans **gewoon'te** *v* [-n,

-s] wat men gewoon is; wat gebruikelijk is; *~ is een tweede natuur*, men kan aan iets zo gewoon worden dat men het bijna vanzelf doet **gewoon'tedier** wie vaste gewoonten vertoont **gewoon'terecht** ongeschreven op gewoonte berustend recht **gewoon'weg** *bw* eenvoudig

gewor'den *z* te beurt vallen; ter hand komen; zijn gang gaan

gewor'teld *bn* met wortels vaststaand; ingeworteld

gewricht' *o* scharnier tussen beenderen **gewrichts'muis** vrij bewegend vormsel in een gewricht **gewrichts'reumatiek** reumatiek in de gewrichten

gewrijf' *zie* **geschrijf**

gewrocht' **I** *dw* gemaakt **II** *o* kunstwerk

gewron'gen *bn* verdraaid, onnatuurlijk

gez. gezusters; gezang

gezaagd' *bn (bio.)* met spitse insnijdingen en uitsteeksels

gezag' *o* macht over anderen; overheid; autoriteit **gezag'drager** [-s] gezaghebber **gezag'hebbend** *bn* met gezag; wiens woord gezag heeft **gezag'hebber** [-s] wie met gezag bekleed is **gezags'crisis** kritieke toestand voor het gezag **gezags'getrouw** *bn & bw* met eerbied voor gezag **gezag'voerder** [-s] scheepskapitein; eerste piloot

gezakt' *zie* **gepakt**

gezalf'de *m* [-n] wie gezalfd is tot een ambt

geza'menlijk *bn & bw* verenigd, alle, samen

gezang' *o* het zingen; zangstuk **gezang'boek**, **gezang'bundel** boek met gezangen

gezant' *m* afgezant; diplomatieke vertegenwoordiger **gezant'schap** *o* [-pen] ambt van gezant; staatkundige zending; gezant(en) met toegevoegde personen; gezantschapsgebouw

geza'pig *bn & bw* bezadigd; gemoedelijk

gezegd' *bn* genaamd; gemeld

gezeg'de *o* [-n, -s] *(taalk.)* alles v.d. zin buiten het onderwerp; uitlating; spreekwoord **gezeg'dezin** zin die de dienst verricht v.e. gezegde

geze'geld *bn* met een zegel

geze'gend *bn* zegenrijk; gelukkig, begenadigd; *~e omstandigheden*, blijde verwachting

gezeg'gen *zich laten ~*, zich laten raden; gehoorzamen **gezeg'lijk** *bn* gehoorzaam

gezel' *m* [-len] makker; reisgenoot; knecht

gezel'lig *bn & bw* genoeglijk; onderhoudend **gezel'ligheidsdier** *o* wie van gezelligheid houdt **gezel'schap** *o* [-pen] het bij iem. zijn; samen optredende personen; samenzijnden, vereniging **gezel'schapsdame**, **gezel'schapsjuffrouw** dame die gezelschap moet houden **gezel'schapsregel**, **gezel'schapsrekening** wijze om een getal in delen naar een gegeven verhouding te verdelen **gezel'schapsspel** spel dat door een aantal personen binnenshuis gespeeld kan worden

gezet' *bn & bw* zwaarlijvig; geregeld; grondig

geze'ten *bn* een vaste woonplaats hebbend; vast werk hebbend; welgesteld

gezeur' *o* het langdurig zeuren

gezicht' *o* het zien; gezichtsvermogen; aangezicht; uitzicht; droomgezicht; *uit of in het ~*, uit of in het oog; *(pop.) het is geen ~*, het is niet om aan te zien; *van ~*, van uiterlijk; *(pop.) hou je ~*, zwijg; *in zijn ~*, ronduit; *~en trekken*, grimassen maken; *vreemd ~*, vreemde; *zijn ~ verliezen*, zijn prestige verliezen **gezichts'afstand** afstand waarop men nog duidelijk ziet **gezichts'bedrog** bedrog of vergissing bij het zien **gezichts'bepalend** *bn* beslissend voor het voorkomen **gezichts'einder** horizon, gezichtskring **gezichts'hoek** hoek gevormd door lichtstralen die uitgaan v.d. uiterste punten v.e. voorwerp en in het oog v.d. waarnemer vallen; standpunt **gezichts'kring** kring van iemands kennen **gezichts'masker** (cosmetisch) masker voor het gezicht **gezichts'punt** standpunt; kijk **gezichts'scherpte** scherpte v.h. zien **gezichts'veld** ruimte welke men overziet **gezichts'verlies** verlies van gezichtsvermogen; verlies van prestige **gezichts'vermogen** het vermogen om te zien **gezichts'zenuw** zenuw die lichtprikkels overbrengt naar de hersens

gezien' **I** *bn* in aanzien; na kennisneming bekrachtigd **II** *vz* met het oog op

gezin' *o* [-nen] man en/of vrouw met kind(eren)

gezind' *bn* geneigd, genegen; van plan **gezind'heid** *v* [-heden] stemming; overtuiging **gezind'te** *v* [-n, -s] kerkgenootschap

gezins-' (eerste deel van ss met een zn dat op verpakkingsmateriaal op grote omvang wijst) **gezins'hoofd** hoofd v.e. gezin; wie door de kinderrechter wordt aangewezen voor de zorg v.e. kind **gezins'hulp** vrouw die voor een gezin huishoudelijk werk verricht **gezins'leven** leven in een gezin **gezins'planning** ⟨a=e⟩ planning v.d. grootte v.e. gezin **gezins'verpleging** verpleging in een gezin **gezins'vervangend** *~ tehuis*, kleine, op een gezin lijkende woonsituatie voor bijv. gehandicapten **gezins'verzorgster** [-s] door een instelling betaalde vrouw die in gezinnen huishoudelijke en opvoedende hulp verleent **gezins'zorg** georganiseerde zorg voor gezinnen met problemen

gezocht' *bn* met de haren erbij gesleept

gezond' *bn & bw* niet ziek; stevig, welvarend; gaaf, deugdelijk; goed voor de gezondheid, heilzaam; juist; *(econ.)* niet tijdens het vervoer beschadigd; *~ verstand*, natuurlijk verstand; *de zaak is ~*, de zaak is in orde; *~ en wel*, ongedeerd **gezond'heid** *v* het gezond zijn; *officier van ~*, militair arts **gezond'heidscentrum** gebouw voor uitoefening v. diverse takken v. gezondheidszorg **gezondheidshal've** *bw*

G

om de gezondheid **gezond'heidsleer** wetenschap die de voorwaarden voor gezondheid bestudeert **gezond'heidsredenen** *mv* op gezondheid gegronde redenen **gezond'heidszorg** geneeskundige verzorging
gezou'ten *bn* gepekeld; kras
gezus'ters, **gezus'teren** *mv* zusters
gezwa'tel *o* [gmv] hoogdravend gepraat
gezwel' *o* [-len] ziekelijke opzetting
gezwind' *bn & bw* vlug
gezwol'len *bn* opgezwollen; hoogdravend
gezwo'ren *bn* beëdigd; onverzoenlijk; zeer trouw **gezwo'rene** [-n] beëdigde v. jury
gft groente-, fruit- en tuinafval
gft'-bak bak voor groente-, fruit- en tuinafval
G.G. Gouverneur-Generaal
g.g.d. grootste gemene deler
GGD Gemeentelijke Geneeskundige Dienst
GG en GD Gemeentelijke Geneeskundige en Gezondheidsdienst
ghostwriter ‹Goostraiter› *m* [-s] wie anoniem teksten voor anderen schrijft
gibbon *m* [-s] staartloze aap v.h. geslacht Hylobates
gids leidsman of -vrouw; boekje met aanwijzingen; *gouden ~*, commercieel adressenboek **gidsfossiel** fossiel dat aanwijzing geeft omtrent de ouderdom v.h. gesteente waarin het voorkomt **gidsland** land dat pretendeert het voorbeeld te geven
giebelen giechelen
giechelen gesmoord lachen op een hoge toon
giek *m* lange smalle snelle roeiboot; gijk
gier I *m* alg. naam v.e. aasetende valkachtige dagroofvogel; gil; zwaai, draai **II** *v(m)* mestvocht **gierbrug** uit twee aan elkaar verbonden schepen bestaande gierpont **gieren** gillen, fluiten, gillen v.h. lachen; geren; zwierend voortgaan, slingeren, heen en weer wenden, geen rechte streek houden, zwenken; met gier bemesten
gierig *bn* vrekkig **gierigaard** *m* [-s] vrek
gierkabel kabel over rivier voor gierpont of gierbrug **gierketting** ketting waarmee een gierpont bestuurd wordt **gierpont** pont die door de werking v.d. stroom aan een ketting naar de overkant drijft
gierst *v(m)* benaming voor verschillende graangewassen
gierstroom sterke stroom bij springtij **giertij** springtij **giervalk** valkachtige dagroofvogel zonder gezichtstekening, Lat. Falco rusticolus **gierzwaluw** bruinzwarte op zwaluw lijkende vogel, Lat. Apus apus
gietbui stortbui **gietcokes** cokes voor hoogovens **gieteling** *m* stuk gegoten ruw ijzer **gieten** [goot, gegoten] uitstorten, schenken; vloeibaar gemaakte stof in een vorm laten stromen om er de bedoelde vorm aan te geven; door gieten doen ontstaan; hard regenen; *in een andere vorm ~*, anders inkleden; *als gegoten*, goed passend **gieter** *m* [-s] sproeiwerktuig; wie metaal giet **gieterij'** *v* het gieten; werkplaats waar men metaal giet **gietijzer** ruw ijzer **gietnaad** verhevenheid op gietwerk waar de delen v.d. gietvorm niet volkomen aaneensloten **gietstaal** bep. gegoten staal **gietvorm** voor het gieten van metaal gebruikte vorm
gif, **gift** *o* [giffen, giften] vergif **gifbak** bak voor chemisch afval **gifbeker**, **giftbeker** beker met giftige drank **gifbelt**, **giftbelt** stortplaats van giftige afvalstoffen **gifblaas**, **giftblaas** *v(m)* blaas met gif bij bep. dieren **gifgas**, **giftgas** vergiftig gas **gifgrond**, **giftgrond** door giftige stof verontreinigde grond **gifkikker** *m* venijnig iem. **gifklier**, **giftklier** klier waaruit vergif wordt afgescheiden **gifmenger**, **giftmenger** *m* [-s] wie gif bereidt **gifslang**, **giftslang** slang met gifklieren **giftand**, **gifttand** holle, gif uitlatende tand **gifvrij**, **giftvrij** *bn* zonder vergif
gift *v(m)* schenking, geschenk; gif **gift-** *zie* **gif-**; **giftig** *bn & bw* vergiftig; nijdig **gifvang** *m* inrichting om giftige dampen af te voeren **gifwijk** wijk met vergif in de grond **gifwolk** wolk v. gifgas
giga- een miljard maal de genoemde eenheid; *(als eerste deel van ss)*
gigantesk', **gigan'tisch** *bn & bw* reusachtig
gigawatt *m* miljoen kilowatt
gi'golo' ‹dzjiGooloo› *m* [-s] beroepsdanser in danshuizen; prostitué
gigue ‹zjieGe› *v(m)* [-s] dans met kleine pasjes
gij *vnw (vero.)* u; *(Belgned.)* je, u
gijk, **giek** *m* uitstekend hout
gijn *o* [-en, -s] sterke takel **gijnloper** *m* [-s] door een gijnblok geschoren touw
gijpen *h* (gez.v.d. bezaan) omslaan bij het voor de wind zeilen; naar adem snakken
gijzelaar *m* [-s, -laren] wie met zijn lijf borg blijft **gijzelen** tot gijzelaar maken; weigerachtige(n) gevangen zetten **gijzelhouder** *m* [-s] wie iem. tot gijzelaar maakt **gijzeling** *v* het gijzelen, het gegijzeld zijn **gijzelnemer** *m* [-s] gijzelhouder
gil *m* [-len] doordringende kreet
gild *o* gilde **gilde** *o/v(m)* [-n] vereniging van vakgenoten, vakvereniging **gildealtaar** altaar v. patroon v.e. gilde **gildebeker** beker waaruit op gildemalen werd gedronken ***gildeboek** *(Wdl. gildenboek)* boek met alle gegevens betreffende het gilde **gildebrief** geschrift met de rechten v.h. gilde; bewijs van lidmaatschap v.e. gilde ***gildebroeder** *(Wdl. gildenbroeder)* lid v.h. gilde ***gildehuis** *(Wdl. gildenhuis)* verenigingsgebouw van gilde **gildekeuren** *mv* rechten v.h. gilde **gildemaal** feestmaal v.h. gilde ***gildemeester** *(Wdl. gildenmeester)* deken v. gilde ***gildeproef** *(Wdl. gildenproef)* het afleggen v.e. proef om lid v.h. gilde te worden; dit proefstuk ***gildewezen** *(Wdl. gildenwezen)* al wat op gilden betrekking heeft
gilet' ‹g=zj› *o* [-letten] vest zonder mouwen
gillen schel schreeuwen; *om te ~*, belachelijk
giller *m* [-s] lachwekkend iets

gilling *v* schuin afgesneden stuk v.e. zeil of een balk of een plank; ronding
gimmick *m* [-s] bewust aangewend middel om de aandacht te trekken
gin ‹djin› *m* jenever uit Engeland
ginder *bw* ginds **ginds** *bw & bn* daar, in de verte
gingerale ‹djindjer-eel› *o* gemberbier
gingivi'tis *v (med.)* tandvleesontsteking
ginkgo ‹ginko› *m* [-'s] aan naaldbomen verwante boom met op waaier lijkende bladeren
ginnegappen onderdrukt spotachtig lachen
ginseng' *m* geurige wortel v.e. Chinese klimopachtige plant met geneeskrachtige eigenschappen; uit die wortel bereide drank
gin-to'nic ‹djin-tonnik› *m* [-s] kinine bevattend koolzuurhoudend water met gin
gips *o* zwavelzure kalk; gipsverband **gipsafgietsel** [-s] afgietsel in gips **gipsen I** *bn* van gips **II** *ww* met gips bepleisteren of bemesten of behandelen **gipsmodel** model in gips **gipsplaat** dunne plaat v. gips als bouwmateriaal **gipsverband** verband van in gips gedrenkte zwachtels **gipsvlucht** speciale chartervlucht voor het naar huis brengen v. wintersporters met gebroken ledematen
giraal' *bn* de giro betreffende; zonder hoedanigheid v. wettig betaalmiddel
giraf'(fe) ‹g *of* zj› *v(m)* [-fen, -fes] langhalzig herkauwend zoogdier, Lat. Giraffa camelopardis; naam v.e. sterrenbeeld **giraf'fehals** lange hals
giran'de ‹g=zj› *v* [-s] springfontein; bundel vuurpijlen
girando'le ‹g=zj› *v* [-s] veelarmige kandelaar; diamanten sieraad; kunstvuurzon
gire'ren overschrijven, per giro betalen
giro *m* [-'s] systeem van betaling door overboeking op andere bankrekening; overschrijving **girobetaalkaart** cheque die per giro wordt betaald **girobiljet** overschrijvingsformulier voor rekeninghouders **giroblauw** *o* blauw als symbolisch voor de Postbank **girocheque** ‹ch=sj› girobetaalkaart **girofoon'** *m* [-s en -fonen] systeem v. gireren per telefoon **giromaat'** *m* [-maten] elektronische betaal- en geldautomaat **giromaat'pas** *m* [-sen] legitimatiebewijs voor elektronisch geldverkeer **gironummer** nummer v. iemands girorekening **giro-overschrijving** *v* betaling per giro **giropas** legitimatiebewijs bij giroverkeer **girorekening** rekening bij een giro **girotel'** *m* systeem voor elektronisch giroverkeer **giroverkeer** betalingsverkeer per giro
gis I *v(m)* gissing; *uit de ~ vallen*, tegenvallen **II** *bn (pop.)* gevaarlijk sluw **III** ‹gies› *v(m) (muz.)* halve noot hoger dan g
gispen laken, hekelen
gissen ramen, raden
gist *m* organismen die gisting veroorzaken en bij gisting afgescheiden worden **gisten** opbruisen bij gisting; *(fig.)* woelen, in beroering zijn
gister(en) *bw* de dag vóór vandaag; *niet van ~*, goed bij **gister(en)a'vond** *bw* op de avond v. gisteren **gister(en)mid'dag** *bw* op de middag van gisteren **gister(en)nacht'** *bw* in de nacht v. gisteren **gister(en)och'tend** *bw* op de morgen v. gisteren
gisting *v* door een ferment veroorzaakte werking **gistvlokken** [mv] gist in gedroogde vorm
git I *o* uit gebituminiseerd hout ontstane zwarte delfstof; *(fig.)* het zwart **II** *v(m)* [-ten] kraal van git of zwart glas
gitaar' *v(m)* [-taren] zessnarig tokkelinstrument **gitarist'** *m* wie gitaar speelt
gitten *bn* van git; gitzwart **gitzwart** *bn* zwart als git
GKN Gereformeerde Kerken in Nederland
g.l. gedaan en laten; omdat er meer aanbod van dan vraag naar het beursfonds was, konden niet alle verkooporders worden uitgevoerd
GL Groen Links
glaasje *o* stukje glas; klein glas; *onder een ~*, gezamenlijk drinkend; *te diep in 't ~ kijken*, te veel sterkedrank drinken
glacé' I *o* geglansd leer **II** *m* [-s] handschoen van glacé **glacé'papier** geglansd papier **glace'ren** blinkend maken; met glanzende laag bedekken; met laag suiker bedekken; tot gelei laten verkoken; doen bevriezen
glaciaal' *bn* ijskoud; de poolstreek of ijstijd betreffende
glad I *bn* zonder oneffenheden; glibberig; slim; *nogal ~*, vanzelfsprekend **II** *bw* vlot; geheel; *niet ~ zitten*, niet meelopen **gladaf'** *bw* rondweg **gladakker** [-s] slimmerik **gladden** glanzen, pletten; gladstrijken, gladmaken **gladdigheid** *v* glibberigheid; het gladde **glad'ha'rig** *bn* met gladde haren
gladia'tor *m* zwaardvechter
gladiool' *v(m)* [-olen] geslacht van knolgewassen met zwaardvormige bladeren, Lat. Gladiolus
gladjanus *m* [-sen] handig iem. **gladmachine** machine om te gladden **gladschaaf** schaaf met dubbele beitel **gladuit**, **gladweg** *bw* ronduit; totaal
glamour ‹Glemmer› *m* [gmv] op uiterlijk vertoon gerichte schittering
glanduleus' *bn* klierachtig
glans *m* [-en, glanzen] zachte schittering; luister; poetsmiddel; loodglans; *met ~*, schitterend **glansmachine** machine om papier te glanzen **glansperiode** bloeitijd **glanspunt** hoogtepunt **glansrijk** *bn & bw* schitterend **glansrol** opvallende rol v.e. speler **glansverf** verf die als ze gedroogd is glanst **glanzen** zacht blinken; doen blinken **glanzig** *bn & bw* zacht glanzend
glas *o* [glazen] voornamelijk uit silicaten bestaande harde doorschijnende breekbare stof; voorwerp daarvan; brillenglas; horlogeglas; drinkglas; kerkraam, ruit;

glazen voorwerp om tijd te meten, halfuurglas; halfuur; *zijn eigen glazen ingooien*, zijn eigen zaak bederven; *onder* ~, in kas of bak geteeld; *plat* ~, lage bak met ramen om groente onder te kweken; *staand* ~, kas met hoge zijwanden; *glas-in-loodraam*, raam van glas gevat in dunne roeden van lood **glasachtig** *bn* op glas gelijkend; wezenloos **glasbak** container voor afvalglas **glasblazen** *o* blazend glazen voorwerpen maken **glasblazerij'** *v* werkplaats of bedrijf van glasblazer **glascoating** ‹coa=koo› *v* [-s] (het aanbrengen v.e.) beschermende of isolerende glaslaag; glas met ingebouwde verwarming **glascultuur** teelt onder glas **glasdiamant** valse diamant **glasdicht** *bn* van ruiten voorzien **glasdraad** tot draden uitgetrokken glas **glasfiber** *m* [-s] glasvezel **glasgordijn** vitrage **glashard** *bn & bw* onaandoenlijk **glasharmonica** muziekinstrument waarbij tonen worden voortgebracht door slaan tegen glas **glashelder** *bn & bw* zeer helder **glashopper** *m* [-s] machine om glas te vergruizen

G

glasnost *v(m)* Russische op openheid gerichte politiek

glasoven smeltoven van glas **glaspapier** schuurpapier; doorzichtige papierachtige stof **glasplaat** glazen plaat **glasraam** raam met ruiten **glasruit** vensterruit **glasschilder** glazenier **glasteelt** teelt onder glas **glasverzekering** verzekering tegen breken v. glas **glasvezel** zeer dunne glasdraad **glasvezelkabel** informatie doorgeleidende bundel glasvezels **glaswerk** voorwerpen van glas; vensterruiten **glaswol** gekruld glasdraad **glaszuiver** *bn & bw* volkomen zuiver

glauberzout *o* natriumsulfaat in kristalvorm

glauco'ma, **glaucoom'** *o (med.)* oogziekte t.g.v. te hoge druk in de oogbol

glazen *bn* van glas; glazig starend; *in een ~ huis wonen*, aan kritiek bloot staan **glazenier'** *m* [-s] wie gebrandschilderde ramen maakt **glazenkast** kast met glazen deuren; kast voor glazen **glazenmaker** wie ruiten inzet **glazenwasser** wie ruiten reinigt; werktuig aan lange steel om ruiten te reinigen; grote libel **glazig** *bn* glasachtig, doorschijnend en hard; wezenloos

glazu'ren met glazuur bestrijken **glazuur'**, **glazuur'sel** *o* glasachtige stof op aardewerk; tandemail; mengsel van poedersuiker en water

gld. gulden

Gld. Gelderland

glee *v(m)* [-ën] dunne slijtplek in weefsels

gleiergoed, **gleierwerk** verglaasd aardewerk

gleis *o* pottenbakkersaarde **gleiswerk** gleiwerk, gleiergoed **gleizen** ww glazuren; *bn* van gleis

glenbuterol' *wm* bep. groeibevorderend middel

gletsjer *m* [-s] langzaam neerschuivend ijsveld **gletsjerpoort** opening aan de gletsjervoet waaruit het smeltwater stroomt **gletsjerrivier** v.e. gletsjer haar water krijgende rivier **gletsjertong** eind v. gletsjer

gleuf *v(m)* [gleuven] sleuf, groeve, spleet; *(pop.)* vrouwelijk geslachtsdeel **gleufhoed** deukhoed

glibberen herhaaldelijk uitglijden, wegglijden **glibberig** *bn* glad

glider ‹Glaider› *m* [-s] zeilvliegtuig

glijbaan *v(m)* [-banen] baan om spelend op te glijden **glijboot** *m/v* kleine boot voor snelheidswedstrijden met hellende bodem; vaartuig met propellers **glijden** [gleed, gegleden] *h/z* zonder merkbare wrijving voortschuiven, sullen; *glijdende werktijden*, werktijden waarvan de werknemer begin en eind bepaalt, mits de totale omvang blijft **glijder** *m* [-s] *(taalk.)* door vernauwing v.h. spreekkanaal gevormde medeklinker **glijklank** *(taalk.)* verzamelnaam voor de klanken j en w **glijmiddel** middel dat de coïtus vergemakkelijkt **glijvlucht** het met afgezette motor dalen; zweefvlucht van vogels of vliegtuigen

glimlach flauwe onhoorbare lach **glimlachen** [glimlachte, geglimlacht] flauw, onhoorbaar lachen

glimmen [glom, geglommen] flauw gloeien; flauw blinken **glimmer** *o* mica **glimmeren** *(bijz. t.)* fonkelen, schitteren

glimp *m* lichte schijn; bedrieglijke schijn, voorwendsel

glimworm insect v.d. familie der Lampyridae dat licht bij duisternis geeft

glinsteren blinken, schitteren

glippen *z* wegglijden; (door gladdigheid) ontsnappen, ontschieten

glissan'do *bw (muz.)* zo dat de tonen in elkaar vervloeien; waarbij de toetsen in één razendsnelle beweging geraakt worden; zonder te accentueren

glit *o* loodoxide

glitter *m* iets fonkelends van weinig waarde

globaal' *bn & bw* ruw geschat, ongeveer; *~ lezen*, het lezen van zinnen in hun geheel (niet letter voor letter); *globale methode*, methode die lezen en schrijven leert uitgaande van zinnetjes **globalise'ren** ‹s=z› in grote lijnen bezien of voorstellen **globalise'ring** *v* afstemming van de markt op de hele wereld

globe *v(m)* [-s] kunstmatige hemel- of aardbol **globetrotter** *m* [-s] wereldreiziger

globi'ne *v* eiwitachtig deel v. rode bloedkleurstof

globuli'ne *v* eiwitachtige stof in het bloedplasma

gloed *m* uitstralende hitte; glans; vuur, bezieling **gloednieuw** *bn* fonkelnieuw

gloeidraad draad in elektr. lamp **gloeien** lichtend heet zijn; schitteren; in gloed (doen) staan; blaken, sterk verhitten **gloeiend** *bn & bw* zeer heet, in gloed staande; vurig; erg; *er ~ bij zijn*, niet kunnen ontkomen **gloeierig** *bn* enigszins

gloeiend **gloeihitte** sterke hitte; temperatuur waarbij iets gloeit **gloeikousje** hulsje dat in brandend gas wit gloeit **gloeilamp** elektr. lamp **gloeiwijn** met kaneel bereide warme wijn
glooien zacht afhellen **glooiing** *v* helling
gloor *m* glans, luister
gloren *(bijz. t.)* glanzen, glimmen
gloria *v (r.-k.)* lofzang in de mis die met dit woord begint
glorie *v* [-s, -ën] roem, luister; trotse vreugde; nimbus **glorië'ren** pralen **glorierijk**, **glorieus'** *bn & bw* roemrijk **glorietijd** tijd van bloei **glorifica'tie** *v* verheerlijking **glorio'le**, **gloriool'** *v(m)* [-olen, -oles] stralenkrans
glos, **glosse** *v* [-sen] verklarende kanttekening; hekelende aanmerking **glossa'rium** *o* [-s, -ria] verklarende woordenlijst **glosse** *v* [-n] glos **glosseem'** *o* [-semen] *(taalk.)* kleinste betekenis dragende taaleenheid **glosse'ren** aantekeningen maken bij
glossy ‹Glossie› *bn* glad; glanzend; ~ *tijdschrift*, op glanzend papier gedrukt tijdschrift **II** *m* [-'s] glossy tijdschrift
glottis *v* [-sen] stemspleet
gloxi'nia *v(m)* [-'s] kamerplant v.d. soort Sinningia speciosa met viltige bladeren en klokvormige bloemen
gluco'se ‹s=z› *v(m)* druivensuiker
glühwein ‹Gluuwain› *m* met kruiden bereide warme wijn
glui *o* dekriet, dekstro
gluipen loeren **gluiper**, **gluiperd** *m* [-s] valsaard **gluiperig** *bn & bw* vals
glunder *bn & bw* stralend opgewekt **glunderen** glunder kijken
gluren stiekem kijken; stiekem kijken naar zich ontkledende of ontklede personen
glutami'ne *v & o* [-n] aminozuur in eiwitten
gluten *o* kleefstof uit eiwit v. graan **glutenbrood** bep. brood voor suikerzieken **gluti'ne** *v(m)* beenderlijm **gluton** *wm o/v* plakmiddel van zetmeel
gluurder *m* [-s] wie gluurt **gluurogen** gluren
glyceri'ne, **glycerol** ‹y=ie› *v(m)* oliezoet
glycogeen' ‹gliekogeen› *o* dierlijk zetmeel
glyfiek' ‹y=ie›, **glyptiek'** ‹y=i› *v* kunst om in steen beelden te houwen of te snijden **glypten** ‹y=i› *mv* gesneden stenen **glyptotheek'** *v* [-theken] verzameling gesneden stenen of beeldhouwwerk
GM genetische manipulatie
GMT *Greenwich Mean Time*, gemiddelde tijd van Greenwich
GM'-voedsel genetisch gemanipuleerd voedsel
gnathologie' *v* tandheelkunde v.d. kauworganen
gniffelen heimelijk lachen
gnoe *m* [-s] Zuid-Afrikaanse soort antilope, Lat. Gorgon tauricus
gnome *v* [-n] zinrijke spreuk **gnomisch** *bn & bw* in spreuken; spreuken dichtend
gnoom *m* [gnomen] geest, kabouter
gnosis *v* openbaring, diepere kennis v.d. godsdienst; gnosticisme **gnosticis'me** *o* leer v.d. gnostici **gnosticus** *m* [-ci] bep. theosoof (eerste eeuwen na Chr.)
gnotobiologie *v* wetenschap met kiemvrije dieren als object
gnuiven gniffelen
GO Georganiseerd Overleg
goal ‹Gool› *m* [-s] doel; doelpunt **goalgetter** ‹get=Get› *m* [-s] wie veel doelpunten maakt **goalie** *m* [-s] *(pop.)* doelman
gobelin' ‹Goobelĕn› *o/m* [-s] wandtapijt of meubelbekleding met ingewerkte figuren
gocart *zie* **go-kart**
God *m* het Opperwezen; ~ *noch (zijn) gebod vrezen; om geen ~ of gebod geven; van ~ noch (zijn) gebod weten*, goddeloos leven; ~ *betere het*, o schande; *Gods water over Gods akker laten lopen*, de zaken op hun beloop laten; *als ~ in Frankrijk*, onbezorgd **god** *m* afgod; *grote ~en*, goede hemel; *mindere ~en*, minder belangrijke figuren **goddank'** *tw & bw* gelukkig **goddelijk** *bn & bw* de natuur v.e. godheid hebbend; van God; heerlijk; *(r.-k.) ~e deugden*, geloof en hoop en liefde **goddeloos** *bn & bw* ongodsdienstig; erg slecht **goddeloos'heid** *v* [-heden] ongodsdienstigheid; slechtheid, slechte daad **goddom'me** godverdomme **godendom** *o* de goden **godendrank** drank voor goden, nectar **godenleer** mythologie **godenschemering** *v* ondergang v. goden en wereld **godenspijs** voedsel voor goden, ambrozijn **godgans'** *bn (pop.)* heel **godgan'selijk** *(pop.)* heel **godgeklaagd** *bn* schandelijk **godgeleerd** *bn* met kennis v. God en godsdienst **godgeleerde** [-n] beoefenaar v.d. godgeleerdheid **godgeleerdheid** *v* wetenschap van God en godsdienst **godheid** *v* [-heden] goddelijk wezen, afgod **Godheid** *v* goddelijke natuur, God **godin'** *v* [-nen] vr. godheid **godloo'chenaar** *m* [-s] wie het bestaan v. God ontkent **godloo'chening** *v* ontkenning v. bestaan van God **Godmens** *m* Christus **godsadvocaat** prelaat die bij heiligverklaring verdedigt, wie het goede bepleit **god(s)allemachtig I** *bw* in hoge mate **II** *tw* (bastaardvloek) **godsamme** *tw* (bastaardvloek) **godsbegrip** begrip omtrent God
godsdienst godsverering, geloof **godsdiensthaat** geloofshaat **godsdien'stig** *bn & bw* vroom; op godsdienst betrekking hebbende **godsdienstijver** geloofsijver **godsdienstleer** geloofsleer **godsdienstleraar** geestelijke die de godsdienstleer onderwijst; dominee **godsdienstoefening** kerkdienst **godsdienstonderwijs** onderricht in godsdienstleer **godsdienstoorlog** oorlog om het geloof **godsdienstplechtigheid** godsdienstige plechtigheid **godsdienstplicht** plicht inzake godsdienst **godsdiensttwist** twist inzake godsdienst **godsdienstvrijheid** vrijheid om godsdienst openbaar te belijden **godsdienstwaanzin** waanzin gepaard gaande met onjuiste

godsdienstige opvattingen **godsdienstwetenschap** wetenschap over de godsdienst(en)

godsgenadig *bn & bw* godganselijk, heel **godsgericht** oordeel of straf van God; godsoordeel **godsgeschenk** geschenk van God **godsgru'welijk** *bn & bw* buitengewoon **godshuis** *o* kerk, liefdegesticht **godslamp** altijd vóór het tabernakel brandende lamp **godslas'teraar** wie God hoont **godslas'tering** *v* het honen v. God, vloek **godslas'terlijk** *bn & bw* God honend **godslie'derlijk** *bn & bw* zeer liederlijk; verschrikkelijk **godsnaam** *in ~*, in 's hemels naam **godsna'kend** *bn* verschrikkelijk **godsonmo'gelijk** *bn* onmogelijk **godsoordeel** proef waarbij men verwachtte dat God de waarheid openbaarde **godsvrede** schorsing van veten of vijandelijkheden op gezette tijden, tijdelijke vrede tussen politieke partijen **godsvrucht** *v(m)* vroomheid **Godswege** *van ~*, uit naam van God **godswil** *om ~*, voor niets; in 's hemelsnaam **godswonder** zeer groot wonder **godverdom'me** (vloek) **godverge'ten** I *bn* goddeloos; gruwelijk II *bw* zeer **godverla'ten** *bn* eenzaam of achteraf liggend; door God verlaten; slecht **godvre'zend**, **godvruch'tig**, **godza'lig** *bn & bw* vroom

goe *bn (Belgned.)* goed

goegemeente *v* het volk

goed I *bn & bw* zoals het behoort, geschikt; deugdzaam, heilzaam; flink; veel winst opleverend, voordeel opleverend; ruim; *~e familie*, aanzienlijke familie; *op een goede* of *goeie dag*, op een keer; *dat is ~*, dat is uitstekend, dat is toegestaan; *die is ~*, dat is grappig; *niet ~*, niet wel, niet wijs; *zo ~ niet zijn of ...*, moeten; *wees zo ~*, (beleefdheidsformule); *zo ~ als*, bijna; *~ in*, goed op de hoogte van; *ergens ~ voor zijn*, iets kunnen betalen; *zich ~ houden*, niets laten merken; *te ~er trouw*, zonder kwade bedoeling; *de Goede Week*, de week voor Pasen; *Goede Vrijdag*, vrijdag voor Pasen; *~e werken*, daden uit liefde tot God of de naaste II *o* [-eren] hoedanigheid van goed; wat goed is, iets goeds; bezitting, vermogen, grondbezit; koopwaar; textiel, stoffen en daaruit vervaardigde voorwerpen, spullen; stof; levende wezens; *te ~*, te vorderen; *te ~ houden*, als te vorderen houden, later nog wel eens willen krijgen; *ten ~e houden*, niet kwalijk nemen; *zich te ~ doen (aan)*, genieten van; *ten ~e komen*, tot voordeel strekken **goedaar'dig** *bn & bw* niet gevaarlijk; goedig **goedachten** voor goed houden **goeddeels** *bw* voor een groot deel **goeddoen** weldoen; deugd doen **goeddunken** I *ww* behagen, wenselijk voorkomen II *o* welgevallen, believen **goedemid'dag** *tw* ter begroeting 's middags **goedemor'gen** *tw* ter begroeting 's morgens **goedenacht'** *tw* ter begroeting bij het slapen gaan **goedena'vond** *tw* ter begroeting 's avonds **goedendag'** I *m* [-s] puntige knots II *tw* ter begroeting; *~ zeggen*, groeten, vaarwelzeggen

goederen- *als eerste deel v. ss vaak in bet.*: voor goederenvervoer of voor goederen **goederenafgifte** *v* afgeven van goederen; plaats voor het afgeven **goederenpad** doorgaande spoorwegverbinding voor goederenvervoer **goederentrein** trein waarin alleen niet-personen vervoerd worden

goederhand *van ~*, van betrouwbare zijde **goedertie'ren** *bn* lankmoedig, genadig

goedgebouwd *bn* welgevormd **goedgeefs'** *bn* mild **goedgehumeurd'** *bn* opgeruimd **goedgelo'vig** *bn* lichtgelovig **goedgemutst'** *bn* in een goed humeur **goedgewicht'** korting bij inkoop v. gewogen goederen **goedgezind'** *bn* welwillend gestemd **goedgun'stig** *bn & bw* gunstig gezind, welwillend **goedhar'tig** *bn & bw* goed van hart **goedhei'lig** *~ man*, Sinterklaas

goedhouden *zich ~*, in goede conditie blijven, lang goed blijven; niets laten merken **goedig** *bn & bw* zachtaardig, vriendelijk **goedkeuren** verklaren dat men geen bezwaren heeft; goedvinden **goedkoop'** *bn* voor geringe prijs, niet duur; weinig waard; met weinig inspanning of geest verkregen; *op een ~je*, om er goedkoop van af te komen **goedlachs'** *bn* gemakkelijk lachend **goedleers'** *bn* gemakkelijk lerend **goedmaken** ongedaan maken, doen vergeten; vergoeden, dekken **goedmoe'dig** *bn & bw* goedhartig **goedpraten** vergoelijken **goedschiks** *bw* gewillig; met fatsoen; *~ of kwaadschiks*, volgens of tegen iemands zin **goeds'moeds'** *bw* welgemoed **goedvinden** I *ww* nuttig achten; goedkeuren, geen bezwaar maken II *o* goeddunken, welnemen **goedwil'lig** *bn & bw* dienstvaardig, gewillig; welwillend **goedzak** *m* goeierd

goegemeen'te *v* het volk

goeierd *m* [-s] goedhartig iem. **goeiig** *bn & bw* goedhartig

goelag *m* [-s] interneringskamp

goeroe *m (Ind.)* (godsdienst) onderwijzer; leermeester

goesting *v (Belgned.)* zin, begeerte

gogo I *v* [-'s] animeermeisje II *bw à ~*, in overvloed; *(muz.)* ononderbroken

goj *m-v* [-im, -ims] niet-jood

gok *m* het gokken; waagstuk; *op de ~ doen*, wagen; *een gokje wagen*, een kans wagen

go'-kart ‹Go-kàt› *m* [-s] skelter

gokautomaat toestel om te gokken **gokkast** gokautomaat **gokken** kansspel doen om geld; speculeren, gissen **gokker** *m* [-s] hazardspeler **gokspel** hazardspel om geld

golden deli'cious ‹Goldun dielisjus› *m* soort v. goudgele appels

golden retrie'ver ‹Golden rietriever› *m* [-s] grote blondharige jachthond

golem ‹g=G› *m* [-s] tot leven gewekte kleipop

uit joodse sagen
golf I *v(m)* [-ven] gulp, zeeboezem; ethergolf, golflengte; golving; *de golven*, de zee; *de groene ~*, gedurende bep. tijd alleen groene verkeerslichten passeren II *o* spel waarbij men met zo weinig mogelijk slagen een bal in een aantal kuiltjes moet slaan; golfspel **golfbaan** terrein om golf te spelen **golfbad** bad met kunstmatige golven **golfbeweging** beweging zoals in golven **golfbreker** *m* [-s] pier om golfslag te breken **golfclub** vereniging v. golfspelers; golfstok **golfcourse** ‹course=kòrs› *m* [-s] *zie* **golfbaan**; **golfen** het golfspel spelen **golfkarton** bep. geribd verpakkingsmateriaal **golflengte** afstand tussen golfkammen inz. bij radio-uitzending **golflijn** golvende lijn **golfperiode** tijd tussen het verschijnen v. elk van twee opeenvolgende golven **golfplaat** plaat v. gegolfd ijzer **golfslag** deining v.d. zee **golfspel** spel dat golf heet **golfspeler** wie golf speelt **golfstok** slagstok voor golf **golven** zo bewegen dat er golven ontstaan; stromen; gebogen lijnen vertonen
gom I *m* [-men] uit sap v. bomen bereide kleverige stof II *o* vlakgom **gombal** snoepje v. Arabische gom **gomboom** boom die gom levert **gomelastiek'** *o* caoutchouc, rubber, vlakgom **gommen** met gom bestrijken; met gom vegen
gondel *v(m)* [-s] puntige boot in Venetië; cabine v.e. kabelbaan; langs een gevel verschuifbare bak; schuitje v.e. luchtballon **gondelier'** *m* [-en, -s] gondelroeier **gondellied** lied v.d. gondelier **gondellift** kabelbaan met gondels
gong *m* [-s] hangend slagbekken **gongslag** het slaan of de slag op de gong; klokslag als v.e. gong
gonio *v* goniometrie **goniome'ter** *m* [-s] hoekmeter **goniometrie'** *v* hoekmeetkunde **goniome'trisch** *bn & bw* hoekmeetkundig
gonorroe' ‹oe=eu› *v* bep. geslachtsziekte
gons *m* suizende slag; gonzend geluid **gonzen** brommend klinken
goochelaar *m* [-s] wie goochelt **goochelarij'** *v* het goochelen, goochelkunst **goochelen** met trucjes verwonderlijke dingen doen **goochelkunst** vaardigheid om te goochelen **goochelkunstje** *o* kunststuk v.e. goochelaar **goocheltoer** goochelkunstje
goochem *bn & bw (fam.)* slim **goochemerd** *m* [-s] wie goochem is
goodwill ‹goo=Goe› *m* goede naam en relaties v.e. handelszaak
goog *m/v (iron.)* iem. met beroep waarvan de naam op -goog eindigt
gooi *m* worp; *een ~ doen naar*, proberen, gissen; *gooi- en smijt'werk*, ruwe lawaaierige activiteiten **gooien** werpen; *het op iets anders ~*, het gesprek op iets anders brengen; *op het papier ~*, haastig neerschrijven; *tegen iets aan ~*, besteden aan iets; *gooi het maar in je pet*, er komt toch niks van
goor *bn* vuil, bedorven
goot *v(m)* [goten] afvoerkanaal voor vloeistof, afvoerbuis; *uit de ~ opgeraapt*, van lage afkomst; *in de ~*, zedelijk diep vervallen, stomdronken **gootgat** opening v.d. afvoergoot v.h. afwaswater **gootpijp** afvoerpijp v.e. dak **gootsteen** *m* stenen bak om de vaat te doen **gootwater** water uit de (goot)steen
goped *m* [-s] step met motor
gordel *m* [-s] band om het middel; kring, zone **gordeldier** met schubben bedekt tandarm zoogdier v.d. familie der Dasipodidae **gordelriem** gordel **gordelroos** *v(m)* huidontsteking met blaasjes die een gordel vormen **gorden** met een gordel vastmaken, omgorden
gordiaan'se knoop *de ~ doorhakken*, een moeilijkheid door een krachtig besluit uit de weg ruimen
gordijn' *o/v(m)* voorhangsel (inz. v. toneel); *in de ~en klimmen*, boos worden; *in de ~en vliegen*, tot wanhoop vervallen **gordijn'valletje** *o* [-s] gordijnstrook
gording *v* [-en, -s] dwarshout, dwarsbalk lopend touw tot opkorting v.e. zeil
gorgel *m* [-s] strottenhoofd, keel **gorgeldrank** geneesmiddel om de keel te spoelen **gorgelen** de keel spoelen
gorgo'nisch *bn & bw* ijzingwekkend
gorgon'zo'la *m* [-'s] vette Italiaanse schimmelkaas
gorig *bn* enigszins smerig
goril'la *m* [-'s] grootste mensaap, Lat. Gorilla gorilla
gors I *v(m)/o* [-zen] aangeslibd land II *v(m)* [-zen] op vink lijkende vogel v.h. geslacht Emberiza **gorsdijk** lage dijk op een gors **gorsland** gors, aanslibbing
gort *m* gepelde gerst; varkensziekte waarbij korrels in het vetweefsel voorkomen; *in de ~*, in het honderd **gortdroog** *bn* kurkdroog **gortig** *bn* aan blaasworm lijdend; vuil; bont
GOS Gemenebest van Onafhankelijke Staten
gospel *o* [-s] Amerikaans religieus negerlied
gossie, **gossiemij'ne** *tw* bastaardvloek
goteling *m* gegoten metaal, gietijzer; voorwerp van gegoten ijzer, staaf gietijzer
gotiek' I *bn* met de kenmerken v.d. spitsbogenstijl II *v* spitsbogenstijl **gotisch** *bn & bw* gotiek; (v. letters) Duits **Gotisch** I *o* taal v.d. Goten II *bn* van die taal
gotspe *m* brutaliteit
goua'che ‹Goewasj› *v(m)* [-s] dekkende waterverf; daarmee gemaakte prent
goud *o* voornaamste edelmetaal; wat uit goud gemaakt is; goudgeld, rijkdom; *eerlijk als ~*, volkomen eerlijk; *het is niet alles ~ wat er blinkt*, schijn bedriegt **goudader** [-s] met goud gevulde ader **goudbad** onderdompeling in oplossing van goud; die oplossing zelf **goudblad** bladgoud, lovertje **goudblond** *bn* goudkleurig **goudbrons** I *o* fijngewreven bladgoud II *bn* v. kleur tussen goud en brons **goudbruin** *bn* goudkleurig bruin **goudclausule** *v(m)*

G

[-s] bepaling dat betaling in goudwaarde moet geschieden **gouddekking** dekking door goud **gouddorst** dorst naar goud **gouddraad** tot draad getrokken goud **gouddruk** drukken in goudkleur **goudeerlijk** *bn* zeer eerlijk **gouden** *bn* van goud; met goud doorweven; veel waard; goudgeel; (v. feesten) na 50 jaar; *de ~ eeuw*, tijdperk van ongestoord geluk, tijd van hoogste bloei; *~ handdruk*, financieel gunstige regeling bij gedwongen heengaan **goudenre'gen** heester met gele in trossen hangende bloemen, Lat. Laburnum anagyroides **gouderts** goudhoudend erts **goudfazant** goudkleurige fazant **goudgeel** *bn* goudachtig geel **goudgerand** *bn* met een gouden rand; *(van fondsen)* zeer solide **goudgroen** *bn* goudachtig groen **goudgroeve** goudmijn **goudhaantje** *o* zeer kleine zangvogel, Lat. Regulus cristatus; ovale bladkever, Lat. Chrysomela **goudhamster** *m(v)* [-s] als huisdier gehouden hamster v.d. soort Mesocricetus auratus **goudhoudend** *bn* goud bevattend **goudkarper** gekweekte goudkleurige karper v.d. soort Cyprinus auratus **goudklomp** klomp goud **goudkoorts** hartstocht om goud te zoeken **goudkust** kustgebied waar goud gevonden wordt; *(fig.)* straat of wijk met rijke bewoners **goudlaken** laken met gouddraad doorweven **goudle(d)er** verguld leer **goudlening** lening met goudclausule **goudmijn** mijn waar goud gewonnen wordt; wat veel winst oplevert **goudpapier** verguld papier **goudpariteit** pariteit van gouden munten **goudplevier**, **goudpluvier** grootste soort in Europa voorkomende plevier, Lat. Charadrius pluvialis apricarius **goudpunt** grens van wisselkoersen wanneer de gouden standaard bestaat en het goud vrij mag worden uitgevoerd **goudpurper** kleurstof met goud en tinzouten **goudrenet** *v(m)* [-ten] oude soort appel **goudrente** naar de goudwaarde berekende rente

G

goudsbloem samengesteldbloemige plant met oranje bloemen, Lat. Calendula offinalis **goudschaal** goudbalans; *op een ~tje wegen* of *leggen*, zeer voorzichtig afwegen **goudsmid** wie gouden voorwerpen maakt **goudstuk** gouden geldstuk **goudvernis** goudkleurig vernis **goudvink** vink met zwarte kop en rode borst, Lat. Pyrrhula pyrrhula; rijke vrijer of vrijster **goudvis** uit China afkomstige goudkleurige zoetwatervis, Lat. Carassius auratus; *(fig.)* rijke vrijster **goudwolf** jakhals; vrek **goudzand** zand met stofgoud of goudkorrels **goudzoeker** gouddelver

goulash *m* (Hongaarse) hachee

gourmand' ‹Goermãn› *m* [-s] lekkerbek

gourmet'stel ‹gou=Goe› toestel om te gourmetten **gourmet'ten** ‹ou=oe› met kleine pannetjes zelf aan tafel zijn gerecht bereiden

gouvernan'te ‹ou=oe› [-s] landvoogdes; inwonende onderwijzeres **gouvernement'** *o* regering, bestuur; afdeling van bestuur onder een gouverneur; door een gouverneur bestuurd gebied; gebouw of bureau waar dit bestuur zetelt **gouvernementeel'** *bn* het gouvernement betreffende **gouverneur'** *m* [-s, -en] bestuurder; *(Belg.)* commissaris v.e. provincie; bevelhebber v.e. stad; huisonderwijzer **gouverneur-generaal'** [gouverneurs-generaal] landvoogd in voorm. N.O.-Indië

gouw *v(m)* landstreek

gouwe *stinkende ~*, papaverachtige plant met geel melksap

gozer *m (barg.)* kerel, vent

GPV Gereformeerd Politiek Verbond

GPV"er *m-v* [-s] lid v.h. Gereformeerd Politiek Verbond **GPV'-fractie** vertegenwoordiging v.h. GPV in een bestuursorgaan

gr gram; graad, graden

graad *m* [graden] 1/360 deel van cirkelomtrek; deel van schaalverdeling; trap, mate, rang; trap van verwantschap; aantal letterfactoren v.e. algebraïsche eenterm; hoogste exponent v.d. onbekenden **graadmeter** *m* wie een graadmeting doet; wat de graad aangeeft; maatstaf **graadmeting** *v* het bepalen van lengte- of breedtegraad **graadverdeling** verdeling in graden

graaf *m* [graven] iem. met bep. adellijke titel **graafschap** *o* [-pen] gebied of waardigheid v. graaf **graafwerk** grondwerk **graafwesp** wesp die gangen in de grond graaft

graag **I** *bn* hongerig, begerig **II** *bw* gaarne **graagte** *v* begeerte; *met ~*, gaarne

graaien in iets tasten; schoonmaken

graalridder ridder die de graal of beker v.h. Laatste Avondmaal zocht **graalroman** middeleeuws gedicht over graalridder

graan *o* [granen] koren; *(inz. als dim.)* korrel van koren; *een ~tje*, een borreltje; *een ~tje meepikken*, met anderen voordeel behalen; *een ~tje pikken*, een borrel drinken **graanalcohol** uit graan gestookte alcohol **graanjenever** uit graanalcohol bereide jenever **graansilo** opslagplaats voor graan **graanzuiger** machine die graan uit het scheepsruim zuigt

graat *v(m)* [graten] visbeen; *niet zuiver op de ~*, niet betrouwbaar; *van de ~ vallen*, sterk vermageren, in zwijm vallen; *geen graten in iets vinden*, ergens geen zwarigheid in zien **graatachtig** *bn* met veel graten

grabbel *te ~ gooien*, weggooien, vergooien, verkwisten **grabbelen** zoekend rond grijpen (naar wat op de grond valt) **grabbelton** ton waaruit moet worden gegrabbeld

gracht *v* gegraven water in een stad of rond een vesting; de straat of de bebouwing of de bewoners daarlangs **grachtenpand** *o* huis aan een gracht

gracieus' *bn & bw* met gratie

grada'tie *v* trapsgewijze opklimming

gradenboog halve cirkel met graadverdeling
grade'ren van gehalte verbeteren
gradiënt' *m* grootheid die richting en graad v.h. verval v.e. andere grootheid bepaalt
gradua'le **I** *v(m)* [-n] boek met door het koor te zingen misgezangen **II** *o* [-s] deel v.d. mis na het epistel
gradua'tie *v* [-s] verdeling in graden; het verlenen v.e. graad **gradueel'** *bn & bw* in graad, trapsgewijs **gradue'ren** in graden verdelen; een graad verlenen
graecis'me *o* [-n] barbarisme onder invloed v.h. Grieks **graecomaan'** *m* [-manen] aanbidder v.d. Griekse beschaving **graecus** *m* [-ci] kenner van of (hoog)leraar in het Grieks
graf *o* [graven] begravingsplaats; *ten grave*, naar het graf, maar de dood; *ten grave dalen*, sterven; *zijn eigen ~ graven*, zijn eigen ondergang bewerken; *zich in zijn ~ omkeren*, zich na zijn dood vreselijk ergeren; *iemand het ~ in prijzen*, iem. overdreven lofprijzen zodat het averechts werkt; *over het ~ heen regeren*, na overlijden of vertrek nog invloed uitoefenen; *aan de rand van het ~ brengen*, bijna te gronde richten
grafeem' *o* [-femen] letters die tezamen één foneem weergeven; letter
grafelijk *bn* v.e. graaf, v. graven **grafelijkheid** *v* grafelijke macht; graafschap
graffi'ti *mv* opschriften op muren **graffi'to** *o* [-ti] afbeelding waarbij het wit tegen een zwarte achtergrond weggekrast wordt; het maken v. zulke figuren
grafgesteente stenen grafteken **grafgift** wat in het graf wordt meegegeven **grafheuvel** heuvel op een graf
graficus *m* [-ci] grafisch vakman **grafiek'** *v* schrijf- en tekenkunst; grafische voorstelling
grafiet' *o* bep. vorm van zuivere koolstof
grafisch *bn & bw* de grafiek betreffende; met de grafiek in betrekking staand; tot het drukkersbedrijf behorend; schriftelijk; door schrijftekens of figuren
grafkelder kelder als begraafplaats **grafkist** doodkist **grafkuil** graf **graflegging** *v* in het graf leggen (inz. v. Christus)
grafmonument gedenkteken op graf
grafologie' *v* schriftkunde **grafolo'gisch** *bn & bw* schriftkundig **grafoloog'** *m* [-logen] schriftkundige
grafrede bij de begrafenis uitgesproken rede
grafschenner *m* [-s] wie graven beschadigt
grafschennis *v* het beschadigen van graven
grafschrift opschrift op grafsteen
grafsteen grafzerk, grafmonument
grafstem holle stem **grafteken** gedenkteken op graf **grafterp** grafheuvel
graftombe tombe op een graf **grafurn** vaas met as v.e. overledene **grafzerk** liggende grafsteen **grafzuil** zuilvormig grafteken
gram *o* [-men] 1/1000 kg; *zijn ~ niet kunnen halen*, machteloos woedend zijn
gramatoom *o* zoveel gram als zijn atoomgewicht aangeeft **gramcalorie** benodigde warmte om één gram water 1° Celsius te verhitten
graminologie' *v* [gmv] studie v.d. grassen
grammai're ‹Grammèr› *v* [-s] spraakkunst
gramma'tica *v* [-'s] spraakkunst
gramma'ticaal' *bn & bw* spraakkunstig
gramma'ticus *m* [-ci] spraakkunstkenner
gramma'tisch *bn & bw* spraakkunstig
grammofoon' *wm m* [-fonen, -foons] voorwerp dat op platen opgenomen klanken weergeeft **grammofoon'plaat** schijf met in groeven opgenomen geluid
grammolecule zoveel gram als het moleculair gewicht aangeeft
gramschap *v* toorn **gramsto'rig** *bn & bw* boos
granaat' **I** *v(m)* [-naten] vrucht v. granaatboom; projectiel met springlading **II** *m* [-naten] bep. rode edelsteen; granaatboom **III** *o* bep. rood edelgesteente
granaat'appel vrucht v. granaatboom
granaat'boom heester uit de familie der Punicaceae met vruchten vol rode pitten
granaat'trechter door ontploffing v. granaat trechtervormig gat **granaat'vuur** schieten met granaten **grana'ten** *bn* van granaat
grand café' ‹Grãn kaffee› [grands cafés] groot en fraai ingericht café waar men kan eten
grande ‹g=G› *m* [-s] iem. v.d. hoogste Spaanse adel **grandeur'** ‹Grãndeur› *m* grootheid, grootsheid **grandez'za** ‹Grandedza› *v(m)* waardigheid of deftigheid v.e. grande; adeltrots
grandioos' *bn & bw* groots
grand prix' ‹Grãnprie› grote jaarlijkse wedstrijd **grandprix'wedstrijd** *zie* **grand prix**
grand seigneur' ‹Grãnsenjeur› [grand(s) seigneurs] grote heer
grand slam' ‹Grènd slèm› *o/m* [slams] het in één seizoen winnen van vier grote tennistoernooien; groot slem, alle dertien slagen bieden en maken bij bridge
graniet' *o* korrelige steensoort; *van ~*, zeer hard **graniet'blok** *o* blok graniet **granie'ten** *bn* van graniet **grani'to** *o* uit marmerblokjes en cement vervaardigde steen
granol' *o* pleister met grove korrels voor muren
granula'tie *v* [-s] korrelvorming; h. korrelig zijn **granuleus'** *bn* met korreltjes
grap *v(m)* [-pen] iets mals; aardigheid, kwinkslag
grapefruit ‹Greepfroet› *m* bitter smakende vrucht v.e. citrussoort, Lat. Citrus maxima uvacarpa
grapjas *m* [-sen] *(fam.)* grappenmaker
grappa ‹g=G› *v* [-'s] uit afval v. druiven gemaakte alcoholische drank
grappenmaker *m* [-s] wie grappen maakt
grappig *bn & bw* kluchtig, koddig, vol grappen
gras *o* in weiden groeiend groen kruid met knopige stengel en lange smalle bladeren; [-sen] plant(en) v.d. familie Gramineae; *Engels ~*, zoutminnend plantje met roze

bloemen, Lat. Armeria maritima; *zo groen als ~*, onervaren; *het ~ voor de voeten wegmaaien*, juist zeggen wat een ander wilde zeggen; *er geen ~ over laten groeien*, iets dadelijk aanpakken; *het ~ kunnen horen groeien*, verwaand zijn **grasbol** in plastic verpakt gras als veevoer **grasboter** boter van vee dat in de wei loopt **grasduinen** [grasduinde, gegrasduind] zich vermeien; zich oppervlakkig bezighouden met **grasgroen** *bn* groen als gras; jong en onervaren **grashalm** grasspriet **graskaas** *zie* **grasboter**; **graskalf** kalf dat oud genoeg is voor de wei **graskant** met gras begroeide walkant **graskantsteker** *m* [-s] toestel om de rand v.e. gazon af te steken **grasklokje** *o* klokjesachtige plant met op gras lijkend blad, Lat. Campanula rotundifolia **graskuil** onder plastic bewaarde hoop gras waar veel lucht uitgedrukt is **grasland** weide- of hooiland **graslinnen I** *o* weefsel uit het Chinese gras of van gebeukte katoen **II** *bn* van dit weefsel **grasmaaier** *m* [-s] machine om het gras te maaien **grasmaand** *v(m)* april **grasmachine** grasmaaimachine **grasmat** *o/m* met gras begroeide grond **grasmeel** gemalen gras **grasmus** slank vogeltje v.e. geslacht v. insectenetende zangvogels, Lat. Sylvia communis **grasperk** met gras begroeid perk **graspieper** weidevogel uit de familie v.d. kwikstaarten, Lat. Anthus pratensis **grasrol** rol om het gras effen te rollen **grasroller** *m* [-s] grasmachine **grasschaar** schaar om het gras te knippen **grasspriet** *m* stengel v. gras **grasveld** met gras begroeid veld **grasvlakte** met gras begroeide vlakte **graszaad** zaad v. gras **graszode** uitgestoken stuk grasgrond

G

graterig *bn* met veel kleine graten
gratie *v* bevalligheid; gunst, genade; ontheffing van straf **gratië'ren** genade schenken **gratifica'tie** *v* [-s, -tiën] gift boven het vastgestelde loon
gratig *bn* graterig
gratine'ren met een korstje bereiden
gratis *bn & bw* zonder te hoeven betalen **gratis admissie** *v* toelating om gratis te procederen
gratuit' ‹Graatwiet› *bn & bw* ongemotiveerd
grauw I *m* snauw **II** *o* donkergrijs; gepeupel **III** *bn* donkergrijs **grauwbruin** *bn* vaalbruin
grauwen snauwen
grauwgeel *bn* grijsgeel **grauwig** *bn & bw* enigszins grauw **grauwschildering** schildering in verschillende tinten van dezelfde bruingrijze kleur **grauwsluier** grijs waas; onduidelijkheid
grauwtje *o* ezel
grauwvuur *o* mijngasontploffing
graveel' *o* blaas- of niersteen **graveel'zand** *o* nier- of blaasgruis
graveer'der *m* [-s] wie graveert **graveer'kunst** kunst v.h. graveren **graveer'mes** mes om te graveren **graveer'naald** graveerstift **graveer'sel** *o* [-s *of* -en] het gegraveerde **graveer'staal** *o* graveerijzer **graveer'stift** stift om mee te graveren
gra'vel ‹Grevvel› *o* gruis v. dakpannen
graven [groef, gegraven] delven
gravenhoed zinnebeeld v.d. grafelijke macht **gravenhuis** geslacht v. graven
grave'ren met de graveernaald ingriffen
graverij' *v* het graven, het afgraven; plaats waar afgegraven wordt
graveur' *m* [-s] plaat- of stempel- of zegelsnijder
graviditeit' *v* zwangerschap
gravime'ter *m* [-s] zwaartemeter **gravimetrie'** *v* het bepalen v.e. stof door gewichtsanalyse; meting v. zwaartekracht **gravime'trisch** *bn & bw* met behulp van gravimetrie
gravin' *v* [-nen] grafelijke landsvrouwe, echtgenote of weduwe of dochter v. graaf
gravita'tie *v* zwaartekracht **graviteit'** *v* plechtstatigheid **gravite'ren** zich door zijn zwaarte voortbewegen
gravu're *v(m)* [-s] gegraveerde tekening; afdruk daarvan
grazen weiden; tussen de maaltijden door een hapje eten; *te ~ nemen*, beetnemen **grazig** *bn* grasrijk; afkomstig van weidend vee:; *~e boter*, grasboter
green I *m* [grenen] grove den **II** *m* ‹Grien› [-s] kort gemaaid grasveld rond een hole op de golfbaan
greenhouten *bn* van grenenhout
greenkeeper ‹Grienkieper› *m* [-s] terreinknecht op golfbaan
Greenwichtijd ‹Grienidzjtijd› tijdmeting die geldt in Greenwich (Eng.)
greep I *m* [grepen] het grijpen; grijpende beweging; manier v. grijpen; handigheid **II** *v(m)* [-epen] handvol; handvat; mestvork
gregoriaans' *o* gregoriaans gezang
grein *o* korrel; bep. klein gewicht; weefsel van kemels- of geitenhaar en wol; *geen ~tje*, geen zier **greinen I** *bn* van grein **II** *ww* greineren **greine'ren** oneffen maken, kartelen **greinig** *bn* korrelig **greintje** beetje
gremium *o* [-mia] vertegenwoordigend lichaam
grenadier' *m* [-s] militair v.h. regiment grenadiers
grenadi'ne *v(m)* roodbruine limonade
grendel *m* [-s, -en] ijzeren schuifbout tot afsluiting, bout om een geweer af te sluiten **grendelen** met een grendel sluiten
grenen, **grenenhouten** *bn* van grenenhout **grenenhout** hout van grenenboom
grens I *v(m)* [-zen] scheidingslijn; uiterste kant, einde **II** *m (sp.)* grensrechter; *over de ~ of grenzen*, uit het land; *geen grenzen kennen*, uitermate groot zijn **grensbedrijf** marginaal bedrijf **grensbewaker** commies **grensbewoner** wie in het grensgebied woont **grenscorrectie** kleine grenswijziging; *(euf.)* annexatie **grensdorp** dorp in het grensgebied **grensgemeente** gemeente in het grensgebied **grensgeschil** geschil over loop v. grens **grensgeval** overgangsgeval

grenshospitium tijdelijk onderkomen voor asielzoekers **grensincident** incident aan grens waarbij beide landen betrokken zijn **grenskantoor** douanekantoor a.d. grens **grenslijn** lijn die de grens aangeeft **grenslinie** grenslijn **grensloos** *bn & bw* grenzeloos **grensoverschrij'dend** *bn & bw* over een grens gaand **grenspaal** als grensscheiding dienende paal **grenspost** plaats aan de grens met bewaking of verkeerscontrole **grensrechter** wie toeziet of de bal de grenslijnen v.e. speelveld passeert **grensrivier** rivier die de grens vormt **grensscheiding** wat de grens vormt **grensstation** station aan de grens waar bep. formaliteiten te vervullen zijn **grenssteen** steen die de grens aangeeft **grensverkeer** verkeer over een grens op korte afstand **grensverleggend** *bn & bw* naar wezenlijk nieuwe aspecten zoekend **grensvesting** vesting aan de grens **grenswaarde** van de beschikbare hoeveelheid afhankelijke waarde; waarde die steeds dichter benaderd maar nooit bereikt wordt **grenswacht** militaire bewakers v.d. grens **grenswachter** douanebeambte; grensbewaker **grenzeloos** *bn & bw* onmetelijk groot; zonder grenzen **grenzen** palen; nabijkomen

grep *v(m)* [-pen] greppel **greppel** *v(m)* [-s] ondiepe en smalle sloot

gres *o* Belgische kiezelzandsteen

gretig *bn & bw* begerig

gribus *m* [-sen] krot; achterbuurt; gevangenis

grief *v(m)* [-ven] leed; belediging; bezwaar

Grieks I *bn* v.d. Grieken; ~ *kruis*, kruis met vier even lange armen; ~ *vuur*, zelfs in water brandend mengsel **II** *o* Gr. taal; *dat was ~ voor hem*, hij verstond er niets van

griend *v(m)* waard, inz. rijswaard **griendhout** rijshout **griendkade** dijk langs een griend **griendland** moerassig land met griendhout **griendwaard** *v(m)* griend

grienen, grijnen *(pop.)* schreien

griep *v(m)* influenza **griepen** zaniken, mopperen **grieperig** *bn* met lichte griep **griepprik** *m*, **griepspuit** *v(m)* injectie ter voorkoming v. griep

gries *o* kiezelzand, gruis; gebroken graan **griesmeel** *o* grof meel

griet I *v* meisje **II** *v(m)* brede platvis v.d .soort Scophthalmus rhombus **III** *m* grutto **grietje** *o* bovenkruiszeil; meisje

grieve *v(m)* [-n] grief **grieven** smarten, krenken **grieventrommel** *(Belgned.)* totaal van klachten v.e. bevolkingsgroep tegen de Belgische overheid

griezel I *m* huivering, afkeer; engerd **II** *v(m)* [-s] ziertje **griezelen** huiveren **griezelfilm** film om te doen griezelen **griezelig** *bn & bw* huiveringwekkend, huiverig **griezelstuk** stuk om te doen griezelen **griezelverhaal** verhaal om te doen griezelen

grif I *bn & bw* vlot; handig; volmondig **II** *m* [-fen] griffel **griffel** *v(m)* [-s] schrijfstift voor lei; entrijs **griffelen** inkrassen; enten **griffen** inkrassen; *(fig.)* stevig inprenten **griffie** *v* [-s] secretaris v. vsch. openbare lichamen; *ter ~ deponeren*, op de lange baan schuiven **griffier'** *m* [-s] secretaris v. vsch. openbare lichamen **griffier'schap** *o* ambt van griffier

griff(i)oen' *m (myth.)* dier met het bovenlijf v.e. arend en het onderlijf v.e. leeuw

grifweg *bw* vlotweg

grijns *v(m)* [-zen] valse en spottende gelaatsuitdrukking; lelijke tronie **grijnslach** hatelijke lach **grijnslachen** [grijnslachte, gegrijnslacht] hatelijk lachen **grijnzaard** *m* [-s] knorrepot; wie grijnst **grijnzen** vals en spottend lachen

grijp *m* griffioen; het grijpen; vrek **grijpen** [greep, gegrepen] vlug en krachtig pakken; *om zich heen ~*, zich uitbreiden **grijper** *m* [-s] wie grijpt; grijpend deel v.e. graafmachine **grijpstaart** staart om mee te grijpen **grijpstuiver** bijverdienste **grijpvogel** griffioen; hebberig iemand

grijs *bn* lichtgrauw; *(fig.)* aloud; *(pop.)* meer dan erg; *grijze markt*, koopkracht van bejaarden; ~ *draaien*, door vaak afspelen de kwaliteit sterk verminderen van; *het grijze circuit*, de groep mensen die te weinig voor de belasting opgeeft **grijsaard** *m* [-s] oude man **grijsblauw** *bn* grijsachtig blauw **grijsbruin** *bn* grijsachtig bruin **grijsgeel** *bn* dofgeel **grijsgrauw** *bn* vaalgrauw **grijsgroen** *bn* vaalgroen **grijsheid** *v* het grijs zijn; ouderdom **grijsrijden** op tram en bus te weinig strippen afstempelen; minder belasting betalen door de personenauto uiterlijk tot vrachtauto te bestempelen **grijzen** grijs worden **grijzig** *bn* enigszins grijs

gril I *v(m)* [-len] inval, kuur, nuk, zonderling idee **II** *m* [-len] rilling

grill *m* [-s] toestel om mee te grilleren **grillen** huiveren; grilleren **grille'ren** in stralende hitte roosteren

grillig *bn & bw* wispelturig, zonderling

grillroom ‹Grilroem› *m* [-s] (gedeelte v.) restaurant waar men vlees uitsluitend gegrild serveert

grim I *v(m)* gramschap **II** *bn* onvriendelijk; boos

grimas' *v(m)* [-sen] grijns, lelijk gezicht; zonderling gebaar; kuur

grime *v(m)* [-s] uiterlijke verandering v.h. hoofd voor het toneel; bij het grimeren gebruikte middelen **grime'ren** grime aanbrengen **grimeur'** *m* [-s] wie grimeert

grimlach bittere of valse lach **grimlachen** [grimlachte, gegrimlacht] vals of bitter lachen **grimmig** *bn & bw* boos, wrevelig; vreeswekkend

grind, grint *o* kiezel; meel waaruit de bloem gezift is **grindbank, grintbank** bep. opeenhoping v. grind **grinden** met grind bestrooien **grinderig** *bn* met veel grind **grindgrond, grintgrond** grond met grind **grindhorde, grinthorde** grindzeef **grindweg, grintweg** met grind verharde

G

weg
gringo *m* [-'s] Zuid-Amerikaan van niet-romaanse herkomst
grinniken ingehouden snokkend spottend lachen **grinnikerd** *m* [-s] wie grinnikt
grint *o* grind **grinten** grinden **grinterig** *bn* grinderig
griot'je *o* dobbelsteenvormig dropje
griot'te *v* [-n] morel
grip *m* houvast; handvat; h. pakken v.d. banden op de weg **gripzakje** *o* plastic zakje met een sluiting van in elkaar grijpende ribbels
grisail'le ‹griezajje› *v(m)/o* grijs schilderwerk, grijze tekening
grissen weggrijpen
grit *o* [gmv] fijngemalen schelpen **gritstralen** [gritstraalde, gegritstraald] reinigen met een straal v. grit
grizzlybeer grote grijze beer, Lat. Ursus arctos horribilis
groef [-ven], **groeve** [-n] *v(m)* graf, kuil; rimpel, gleuf **groefrail** ‹ai=ee› rail met gleuf
groei *m* het groeien; groeikracht, wasdom; *nog in de ~ zijn*, nog groeien; *op de ~*, ruim omdat de gebruiker nog groeit; *als eerste deel v.e. ss*: in de toekomst in grootte toenemend **groeiaandeel** groeifonds **groeien** *z* groter worden; *(fig.)* voortkomen; *~ in*, zich verheugen over **groei-explosie** plotselinge sterke groei **groeifonds** aandeel v.e. onderneming met bep. snel stijgende winst **groeihormoon** hormoon dat groei en stofwisseling beïnvloedt **groeikern** plaats van welke men verwacht dat ze snel groeit **groeikracht** kracht die doet groeien **groeimarkt** afzetgebied dat in de toekomst groter zal worden **groeipunt** deel waarvan de cellen door deling volwassen weefsels en nieuwe organen doen ontstaan **groeiremmer** *m* [-s] onkruidbestrijdingsmiddel dat de plantengroei afremt **groeischijf** kraakbeenachtige schijf aan uiteinde van bot **groeistuip** stuip ten gevolge van groei **groeizaam** *bn* groeikracht hebbend; groei bevorderend
groen I *bn* van bep. kleur; onrijp; onervaren; vriendelijk voor het milieu; *~e tafel*, bestuurstafel, ministertafel; speeltafel; *~e haring*, groenharing; *het werd hem ~ en geel voor de ogen*, hij duizelde; *~e weduwe*, vrouw v.e. forens **II** *o* groene kleur; groene verf; blad v. planten en struiken; gras; *openbaar ~*, plantsoen **III** *m (stud. o)* groentje **groenbak** bak voor groente- en tuinafval **groenbeheer** zorg voor plantsoenen **groenbemesting** bemesting met onder te ploegen planten **groene** [-n] lid v. partij voor milieubescherming **groenen** groen worden; ontgroenen **groenfonds** fonds dat investeert in milieuvriendelijke bedrijfsvoering **groengordel** beplant gebied in dichtbevolkte streek **groengrond** aanslibsel langs rivieren **groenharing** verse haring **groenhout** levend hout **groenig** *bn & bw* groenachtig **groenland** grasland **groenling** *m* groene vogel v.d. familie der vinken, Lat. Chloris chloris; groene boomkikker
GroenLinks *het* pol. partij
GroenLinks'er *m* lid van GroenLinks
GroenLinks-fractie vertegenwoordiging van GroenLinks in een bestuursorgaan
groenmarkt groentemarkt **groensel I** *o* waarmee men groen kleurt **II** *m* [-s] groenvink **groenstrook** voor beplanting gereserveerd gebied
groente *v* [-n, -s] als bijspijs gebruikt plantaardig voedsel **groentebed** tuinbed met groente **groenteboer** handelaar in groente **groenteburger** *m* [-s] gefrituurde snack met vulsel v. groente **groentehandel** handel in groente **groenteman** groenteboer **groentesoep** soep met groente er in **groentewinkel** winkel waar groente verkocht wordt
groentijd tijd dat men ontgroend wordt **groentje** *o* nieuweling **groenvoer** vers plantaardig veevoeder **groenvoorziening** *v* het aanleggen of aanwezig zijn van groen
groep *v(m)* verzameling (v. enigsz. geordende of op elkaar lijkende eenheden); partij **groepa'ge** ‹ag=aazj› *v* samen laden en verzenden **groepa'gedienst** dienst voor groepage **groepen** groeperen, een groepje vormen **groepe'ren** bijeenschikken, tot een groep verzamelen, schikken dat een gewenste indruk gewekt wordt **groepe'ring** *v* het groeperen; wat gegroepeerd is, partij **groepsbelang** belang v.e. groep **groepsgewijze** *bn & bw* in groepen **groepspraktijk** gezamenlijke praktijk v. samenwerkende artsen **groepsseks** seks tussen meer dan twee personen **groepstaal** schakering v.e. taal die eigen is a.e. groep **groepsverband** *in ~*, met een troep bij elkaar horende of zijnde personen of zaken
groet *m* gebaar of woord waarmee men iem. bij een ontmoeting eert of vriendschap betuigt **groeten** een groet uiten; afscheid nemen
groeve *zie* **groef**; **groeven** een groef maken
groezelig *bn & bw* smoezelig **groezig** *bn* vuilgrauw, vaal, dof
grof *bn & bw* niet fijn; onbeschoft; groot, erg; waarmee grote bedragen gemoeid zijn; *~ geschut*, zwaar geschut, grote woorden; *grove kost*, gewone kost; *~ brood*, bruin brood; *~ wild*, groot wild; *al te ~*, te kras **grofgebouwd** *bn* stevig gebouwd **grofheid** *v* [-heden] het grof zijn; uiting daarvan **grofkorrelig** *bn* uit grove korrels bestaand **grofte** *v* mate van fijnheid of grofheid **grofweg** *bw* niet precies; ongeveer; openlijk **grofwild** groot wild **grofzand** grofkorrelig zand
grog *m* [-s] sterkedrank met warm water en suiker **groggy** *bn* onvast op de benen **grogstem** schorre stem
grol *v(m)* [-len] grap, frats **grollen** knorren **grollig** *bn & bw* grappig

grom **I** *o* ingewand van vis **II** *m* [-men] grommend geluid **grommen** brommen, pruttelen, knorren; van grom ontdoen **grommerig** *bn & bw* grommig **grommig** *bn & bw* knorrig

grond *m* bodem, aardoppervlak; aarde; ondergrond; beginsel, motief, reden; kern; *(mv)* beginsel; *laag bij de ~*, ordinair, oppervlakkig, benepen; *van de koude ~*, niet veel waard; *vaste ~ onder de voeten hebben*, weten waar men aan toe is; *te ~e richten*, ruïneren; *met de ~ gelijk maken*, slechten; *te ~e gaan*, ten onder gaan; *in de ~ boren*, doen zinken; ten ondergang brengen, doen mislukken; *geen ~ houden*, geen steek houden **grondachtig** *bn* naar de grond smakende **grondakkoord** akkoord op de grondtoon **grondbedrijf** koop en verkoop v. bouwgrond **grondbeginsel** richtsnoer, hoofdregel; *(mv)* hoofdzaken **grondbegrip** fundamenteel begrip **grondbelasting** belasting op grondeigendommen **grondbestanddeel** hoofdbestanddeel **grondbetekenis** oorspronkelijke betekenis **grondbezit** bezit v. grond; grond die men bezit **grondboring** *v* onderzoek v.d. grond door boring **gronddienst** door niet-vliegend personeel op vliegveld verricht werk **grondeigenaar** grondbezitter **grondeigendom** **I** *m* bezit van grond **II** *o* grond die men bezit **grondeigenschap** *v* axioma

grondel *m* [-s] familie v. zeevissen, Lat. Gobiidae; geslacht van grondelachtigen, Lat. Gobius; zoetwatervisje, Lat. Gobius fluviatilis **grondelen** (gez. v. eenden) op de kop onder water voedsel tot zich nemen **grondeling** *m* grondel

grondeloos *bn* bodemloos, onpeilbaar, onmetelijk **gronden** grondvesten, baseren; peilen; grondverven **gronderig** *bn* grondachtig **grondgebied** rijk, staat **grondgedachte** hoofdgedachte **grondig** *bn* diepgaand; met gronddeeltjes; naar de grond smakend **grondigheid** *v* degelijkheid

grondkamer overheidsinstelling voor pachtgeschillen **grondkleur** kleur v.d. grondverf; primaire kleur **grondkrediet** krediet tegen onderpand van grond **grondlaag** onderste laag grondverf; fundament; laag grond

grondlak grondverf **grondlasten** *mv* grondbelasting **grondlegger** stichter **grondlegging** het leggen v.d. grondslag **grondlijn** basis; hoofdlijn **grondoefening** gymnastiekoefening op de vloer **grondoorzaak** eerste oorzaak **grondpersoneel** personeel v.d. gronddienst **grondrecht** fundamenteel recht **grondregel** hoofdbeginsel **grondrente** renteopbrengst v.d. grond; schuldplichtigheid op stuk grond **grondschot** schot onder de waterlijn **grondslag** fundament; beginsel **grondsop** droesem **grondspeculant** wie in grond speculeert **grondstelling** *v* axioma **grondstewardess** stewardess die op een vliegveld werkt **grondstof** ruw materiaal; element **grondstrijdkrachten** *mv* grondtroepen **grondtaal** taal t.o.v. andere die eruit voortgekomen zijn **grondtal** getal dat de grondslag v.e. talstelsel vormt **grondtekst** oorspronkelijke tekst **grondtoon** laagste toon v.e. akkoord; begintoon v.e. toonladder; laagste toon die aan iets eigen is; leidende gedachte **grondtrek** hoofdtrek **grondtroepen** *mv* voor gevechten te land bestemde strijdkrachten **grondverf** onderste verflaag **grondverklikker** toestel dat tijdig aangeeft dat een schip in ondiep water komt **grondverven** [grondverfde, gegrondverfd] in de grondverf zetten **grondverzetmachine** machine voor het verplaatsen van aarde **grondvesten** **I** *mv* fundamenten **II** *ww* [grondvestte, gegrondvest] stichten **grondvlak** ondervlak, bodemvlak **grondwaarheid** voornaamste waarheid **grondwater** water in de grond **grondwaterstand** peil v.h. grondwater **grondwerk** graafwerk **grondwerker** wie grondwerk verricht **grondwerktuigkundige** *m* [-n] wie vliegtuigen nakijkt en repareert

grondwet hoofdwet die de grondslag v.d. organieke wetten vormt; grondregel **grondwetgever** vaststeller v. grondwet **grondwetsartikel** artikel uit grondwet **grondwetsherziening** wijziging v. grondwet **grondwet'telijk** *bn & bw* tot de grondwet behorend, in de grondwet omschreven; met grondwet **grondwet'tig** *bn & bw* volgens de grondwet, met grondwet **grondwoord** aan afl. ten grondslag liggend woord; woord uit grondtekst **grondzee** op een ondiepte brekende golf **grondzeil** op de grond te leggen zeil **grondzicht** vanuit de lucht de aarde kunnen zien

groot **I** *bn & bw* meer dan middelmatig, niet klein van afmetingen; van veel betekenis; volwassen; *grote vaart*, zeevaart naar verre streken; *~ met*, zeer bevriend met; *de grote hoop*, het merendeel; *een grote*, grote boodschap **II** *o in het ~*, op ruime schaal; *~ en klein*, groten en kleinen **grootbedrijf** bedrijf in het groot **grootbeeld** *o* [gmv] televisietoestel met een groot beeldscherm **grootboek** hoofdboek; register v.d. staatsschulden **grootbrengen** opkweken **grootdoen** zich rijk of gewichtig voordoen **grootdoenerij'** *v* het groot doen **grootgrond'bezit** bezit van zeer veel grond **grootgrutter** *m* [-s] kruideniersbedrijf met winkels in diverse plaatsen **groothandel** handel in het groot **groothandelaar** grossier **groothar'tig** *bn & bw* edelmoedig **grootheid** *v* [-heden] het groot zijn; voortreffelijkheid, *(scherts.)* belangrijk iem.; wat voor vermeerdering of vermindering vatbaar is **grootheidswaan** zelfoverschatting **grootheidswaanzin**

G

waanzinnige gedachte omtrent eigen grootheid **groothertog** wie in rang boven hertog staat **groother'togdom** *o* [-men] gebied of waardigheid v. groothertog **groot'hertogin** vrouw of weduwe v. groothertog; vrouw die over groothertogdom regeert **groothoeklens** *v(m)* lens met grote beeldhoek; wijdhoeklens **groothoekopname** opname met een groothoeklens **groothouden** *zich ~*, zich gedragen of men er geen last van heeft **grootindustrie** grote fabrieken **grootje** *o* grootmoeder; oudje; *naar zijn ~ sturen*, van kant maken; *naar zijn ~*, kapot; *loop naar je ~*, loop naar de maan **grootkanselier** opperzegelbewaarder **grootkapitaal I** *bn* met grote hoofdletters **II** *o* de grote kapitalen; wie het grote kapitaal hebben **grootkruis** versiersel dat verbonden is aan de hoogste klasse van sommige ridderorden **grootmaken** prijzen **grootmama** grootmoeder **grootmeester** hoogste titel bij dammen en schaken; opperbestuurder van sommige ordes; hoge beambte v.h. Huis v.d. Koningin; voornaamste persoon in een bep. kring **grootmetaal** *m* de grote staalbedrijven **grootmoeder** vaders of moeders moeder **grootmoe'dig** *bn & bw* edelmoedig **Groot-Ne'derland** alle gebieden waar Nederlands gesproken wordt, inz. Nederland met Vlaams-België en Z.-Afrika **Groot-Ne'derlander** [-s] voorstander v.d. eenheid van Groot-Nederland **Groot-Ne'derlands** *bn* betrekking hebbend op of van Groot-Nederland **groot-octavo** groot papierformaat **grootofficier** bep. waardigheidsbekleder a.h. hof; rang lager dan grootkruis **grootouderlijk** *bn* van of als de grootouders **grootouderparticipatie** opvang v. kleinkinderen door grootouders **grootouders** *mv* ouders van ouders **grootpapa** grootvader **groots** *bn & bw* prachtig; fier, trots **grootscha'lig** *bn & bw* in het groot **grootscheeps'** *bn & bw* prachtig, op grote schaal **grootschrift** schrift in grote letters **grootsig** *bn & bw* hooghartig **grootspraak** *v(m)* bluf **grootspra'kig** *bn* blufferig **grootspreken** *o* bluffen **grootsprekerij'** *v* het bluffen **grootsteeds'** *bn & bw* als in een grote stad **grootte** *v* [-n, -s] het groot zijn; afmeting; (v.e. ster) helderheid **grootvader** vaders of moeders vader **grootvaderlijk** *bn & bw* van of als grootvader **grootverbruik** verbruik in het groot **grootvisserij** haringvisserij, zeevisserij **grootvorst** vorst met bijzondere titel **grootvorstendom** gebied of waardigheid v. grootvorst **grootvorstin** vrouw of weduwe van grootvorst; vr. grootvorst **grootwaar'digheidsbekleder** [-s] iem. met hoge waardigheid **grootwaterschap** *o* [-pen] vereniging van waterschappen **grootwin'kelbedrijf** winkel met veel filialen **grootze'gelbewaarder** [-s] bep. hoogwaardigheidsbekleder

gros *o* [-sen] 144; *het ~*, de meesten **groslijst** voorlopige kandidatenlijst

grosse *v* [-n] officieel afschrift van ambtelijk stuk **grosse'ren** een grosse maken

grossier' *m* [-s] groothandelaar **grossierderij'** *v* groothandel

grosso mo'do *bw* ruw geschat, ongeveer

grot *v(m)* [-ten] in gesteente ontstaan hol

grotelijks *bw* zeer **grotemens'achtig** *bn & bw* als een groot mens **grotendeels** *bw* hoofdzakelijk

grotesk' *bn & bw* grillig; lachwekkend **grotes'ke** *v(m)* [-n] grillig beeldwerk of schilderwerk

grotestads'manieren manieren als v.e. inwoner v.e. grote stad

groupie ‹Groepie› *v* [-s] aan een popmusicus verslingerd meisje

grovelijk *bw* grof **grovigheid** *v* [-heden] lompheid

gruis I *o* door verbrijzeling ontstane kleine steentjes **II** *v(m)/o* [-zen] gruisijzer **gruizel** *v(m)* [-s, -en] scherfje **gruizelemen'ten** *mv* scherfjes **gruizelen** *h/z* verbrijzelen; tot gruizels vallen; gruizen **gruizemen'ten** *mv* gruizelementen

grut *o* klein goedje; kleine kinderen

grutto *m* [-'s] steltloper uit de familie der strandvogels (Scolopacidae), Lat. Limosa limosa

gruwel I *m, v & o* watergruwel **II** *m* afschuw; misdaad; verschrikking **gruweldaad** afschuwelijke misdaad **gruwelen** gruwen **gruwelijk** *bn & bw* afschuwelijk; geweldig **gruwelkamer** vertrek met afbeeldingen van gruwelen **gruwelpropaganda** propaganda door het tonen van gruwelen v.d. tegenpartij **gruwen** ijzen **gruwzaam** *bn & bw* gruwelijk

gruyè're *m* [-s] gatenkaas zoals die in La Gruyère wordt bereid

gruzelemen'ten *mv* gruizelementen

GS Gedeputeerde Staten

GSD Gemeentelijke Sociale Dienst

g-sleutel *(muz.)* figuur die aangeeft dat het teken op de tweede lijn de g aanduidt

gsm *global system for mobile communication*, systeem voor mobiele telefoon

gsm' *m* [-'s] mobiele telefoon

g-snaar *(muz.)* laagste vioolsnaar

guacamo'le *m* [-s] dikke koude saus v. avocado

gua'no *m* vogelmest

gueridon' ‹Geeridòn› *m* [-s] siertafeltje op één poot

guerril'la ‹Gerrielja› *m* [-'s] ongeregelde bendeoorlog **guerril'la-eenheid** eenheid v. guerrillatroepen **guerril'laoorlog** guerrilla **guerril'lastrijder** wie in een guerrilla meedoet **guerril'latactiek** tactiek die eigen is aan guerrilla's **guerril'latroepen** troepen v. guerrillastrijders

guichelheil *o* plant v.h. geslacht Anagallis, Lat. Anagallis arvensis

guichet'lening niet door banken overgenomen staatslening

guilloti'ne ‹Gie(l)jotiene› *v* [-s] toestel waarbij men met een vallend mes onthoofdt

Guinees big'getje ‹gui=g(w)ie› *o* [Guinese biggetjes] bep. op marmot lijkend knaagdier
guirlan'de ‹Gierlande› *v(m)* [-s] bloemslinger
guit schalk **guitenstreek** ondeugende streek **guitig** *bn & bw* schalks **guitigheid** *v* [-heden] het guitig zijn; grap
gul I *v(m)* [-len] onvolwassen kabeljauw **II** *bn* royaal; hartelijk
gulden I *bn (bijz.t.)* gouden; schitterend; veel waard; *Gulden Mis*, *(r.-k.)* vroege mis op quatertemperwoensdag in de advent **II** *m* [-s] vroegere munt en munteenheid van Nederland **guldenboek** boek waarin hoge bezoekers hun naam schrijven **guldengetal** getal dat het jaar v.d. lopende maancirkel aangeeft **guldenroe'de** *v(m)* plant v.d. composietenfamilie Solidago met gele bloemen
gulhar'tig *bn & bw* openhartig; gul **gulheid** *v* openhartigheid; het gul zijn
gullen zich in 't mulle zand koesteren
gulp *v(m)* brede straal; split voor in de broek **gulpen** *h/z* gutsen
guluit, **gulweg** *bw* ronduit
gulzig *bn & bw* schrokkig, onmatig, zeer begerig **gulzigaard** *m* [-s] wie gulzig is
gum *o* vlakgom, gom **gummi** *m/o* gom; rubber **gummiknuppel**, **gummistok** wapenstok v. gummi
gunnen niet benijden; toestaan; toewijzen; *(zegsw.)* schenken
gunne'ra *v(m)* [-'s] sierplant met zeer grote bladeren, Lat. Gunnera tinctoria
gunst *v* niet verplichte goedheid; gunstige gezindheid; blijk van genegenheid; *ten ~e van*, voor **gunstbejag** het najagen van iemands gunst **gunstbetoning**, **gunstbetoon** betoning van welwillendheid **gunstbewijs** blijk van gunstige gezindheid **gunsteling** *m* wie bijzonder in de gunst staat, troetelkind **gunstig** *bn & bw* welwillend; geschikt, voordelig; voorspoedig, aangenaam; vertrouwen wekkend; *~ bekend staan*, een goede naam hebben; *~ beschikken*, toestemmen
gup *m* [-pen], **guppy** *m* [-'s] levendbarend tropisch aquariumvisje, Lat. Lebistes reticulatus; klein onnozel iem.; jong iem. die alleen aan studie denkt
gust *bn* niet drachtig; droogstaand, schraal
gut *tw* uitroep v. verwondering of meeleven
guts *v(m)* steekbeitel met holle bek; gulp **gutsen** tappelings stromen; gulpen; uithollen met guts
guttaper'cha ‹Goetapersja› *m/o* rubber
gutturaal' I *bn & bw* in de keel gevormd; velaar **II** *v(m)* [-ralen] gutturale klank
guur *bn & bw* schraal, bar
gvd godverdomme
GVO *(jur.)* gerechtelijk vooronderzoek
gW gigawatt *(miljard watt)*
GW Gemeentewerken
GWK Grenswisselkantoren
gym ‹gim› *o (pop.)* gymnasium **II** *v* gymnastiek
gymka'na ‹y=i› *m* [-'s] behendigheidswedstrijden waarbij deelnemers in hun bewegingen gehinderd worden
gymmen ‹y=i› gymnastiek beoefenen, gymles hebben
gymn. ‹y=i› gymnasium; gymnastiek
gymnasiaal' ‹y=i, s=z› *bn & bw* v.h. gymnasium **gymnasiast'** *m* leerling v.e. gymnasium **gymna'sium** *o* [-s, -ia] opleidingsschool voor universiteit
gymnast' ‹y=i› *m* beoefenaar v.d. gymnastiek **gymnastiek'** *v* lichamelijke oefeningen; les in deze oefeningen **gymnastiek'leraar** leraar in de gymnastiek **gymnastiek'les** les in gymnastiek **gymnastiek'onderwijs** onderwijs in gymnastiek **gymnas'tisch** *bn* het lichaam oefenend
gympen ‹y=i› gymnastiekschoenen **gympie**, **gympje** *o (pop.)* gymnastiekschoen
gynaecologie' ‹gynae=gienee› *v* wetenschap v. vrouwenziekten **gynaecoloog'** *m* [-logen] vrouwenarts
gyrokompas ‹y=ie› kompas dat werkt door middel v.e. ronddraaiende tol **gyroscoop'** *m* [-scopen] sneldraaiend vliegwiel om vrij beweeglijke as **gyrovliegtuig** door luchtstroom aangedreven combinatie v. vliegtuig en helikopter

H

h *v(m)* [-'s] achtste letter van ons alfabet; in het strottenhoofd gevormde stemloze wrijfklank; *de drie h's meegeven*, duidelijk maken dat men iem. niet terugverwacht; *de drie h's op de rug hebben*, niet weg kunnen komen
H *(schei.)* hydrogenium
H. Heilig(e)
ha I *tw* hoera!; wacht! **II** *v(m)* [-'s] letter h
ha hectare
h.a. *hoc anno*, in dit jaar; van dit jaar
haag *v(m)* [hagen] heg **haagbeuk** voor heggen gebruikte beuk, Lat. Carpinus betulus **haagdoorn**, **hagendoorn** *m* [-s] meidoorn **haageik** steeneik
Haags *bn ~e wind*, bluf
haagschaar schaar om heg te snoeien **haagwinde** plant v.h. geslacht winde, Lat. Convulvulus sepium
haai *m* roofvis v.d. afdeling Selachii v.d. kraakbeenvissen; hebzuchtig persoon; haaibaai; *voor de ~en*, verloren; *naar de ~en*, kapot, te gronde; *er zijn ~en op de kust*, er dreigt gevaar **haaiachtig** *bn & bw* van de familie der haaien; op een haai gelijkend **haai(e)baai**, **heibei** bazige vrouw **haaientanden** *mv* strook witte driehoeken die e. voorrangsweg of -kruising aankondigt **haaienvinnensoep** soort Chinese soep
haak I *m* [haken] krom gebogen voorwerp dat dient om iets vast te houden of er iets aan te hangen, winkelhaak, zethaak, haakvormig streepje; *aan de ~ krijgen* of *slaan*, te pakken krijgen; *schoon aan de ~*, geslacht en uitgehakt, *(scherts.)* zonder kleren gewogen; *haken en ogen*, moeilijkheden, ruzie; *in de ~*, in orde; *tussen ~jes*, terloops **II** *m* [-s, haken] zandplaat **haakgaren** garen om mee te haken **haakladder** ladder met omgebogen bovenkant **haaknaald** haakpen **haakneus** kromme neus; wie zo'n neus heeft **haakpatroon** patroon voor haakwerk **haakpen** naald met haakje om te haken **haaks** *bn & bw* rechthoekig; *hou je ~*, hou je goed! **haakwerk** wat men haakt of gehaakt heeft
haal [halen] *m* het halen, het trekken; streep, trek; nageboorte v.e. dier; *aan de ~*, er van door **II** *v(m)/o* haalketting **haalbaar** *bn* bereikbaar **haalboom** dwarsbalk waaraan de haalketting hangt **haalketting** ketting waaraan een ketel boven het vuur gehangen wordt **haalmes** trekmes met twee handvatten, gebogen mes aan lange steel
haam [hamen] *m* zakvormig net **II** *o* raamvormig halsjuk, trekjuk **III** *v(m)* knieboog van paard
haan [hanen] mannetje v. hoenderachtige vogels; bazig iem.; windwijzer in de vorm v.e. haan; geweeronderdeel dat het schot doet afgaan; *~tje de voorste*, belhamel; *zijn ~ koning willen laten kraaien*, de baas willen zijn; *daar kraait geen ~ naar*, dat zal nooit uitkomen; *de rode ~ laten kraaien*, brand stichten; *de gebraden ~ uithangen*, grof uitgeven
haar I *o* alle haren op de huid; hoofdhaar; erop lijkend deel v. plant of vrucht; kleinigheid; *elkaar in het ~ vliegen*, twist krijgen; *elkaar in het ~ zitten*, twisten; *~ op de tanden hebben*, van zich af weten te spreken **II** *o(m)* [haren] uit de huid groeiend draadvormig iets; *grijze haren krijgen van*, veel verdriet of zorg hebben v.; *een ~ in de boter*, ruzie; *geen ~ op mijn hoofd die of dat eraan denkt*, ik denk er in het geheel niet aan; *vreemde haren*, vreemde streken; *zijn wilde haren verliezen*, wat meer bezonnen worden bij het ouder worden; *met de haren erbij slepen*, ten onrechte erbij te pas brengen; *alles op haren en snaren zetten*, hemel en aarde bewegen; *tegen de haren strijken*, weerstand opwekken bij; *op een ~*, tot in de kleinste bijzonderheden **III** *vnw* ze **IV** *bw* links; *van hot naar haar*, nu hierheen en dan daarheen **haarband** sierband in het haar **haarbos** *m* [-sen] dik hoofdhaar
haarbreed *geen ~*, niets **haarbuis** *v(m)* haarfijne buis
haard *m* bep. kachel; stookplaats op de vloer; broeinest; *(fig.)* huis; *eigen ~ is goud waard*, niet met anderen hoeven samenwonen is veel waard **haardkachel** kachel die er uitziet als een haard
haardos hoofdhaar
haardplaat plaat onder of achter de haard
haardracht manier om het haar te dragen **haardroger** *m* toestel om haar te drogen
haardscherm scherm tegen de hitte van haard of kachel **haardstede** stookplaats; woning **haardstel** standaard met gereedschap voor haard
haarfijn *bn & bw* uiterst fijn, zeer nauwkeurig **haarföhn** ‹föhn=feun› *m* haardroger **haarinplant** *m* manier waarop het haar op de hoofdhuid is geplant **haarkleursel** preparaat om haar te kleuren **haarklover** *m* [-s] vitter **haarkloverij'** *v* het vitten **haarlak** middel om het kapsel te beschermen **haarlijn** dunne lijn **haarlok** lok haar **haarpijn** pijn boven op het hoofd, katterigheid **haarscherp** *bn* zeer scherp **haarscheur** fijne scheur **haarspeld** tweebenige speld voor haar, sierspeld voor haar **haarspeldbocht** wegbocht in de vorm v.e. haarspeld **haarspray** ‹ay=ee› haarlak in een spuitbus **haarstilist** *m* kapper **haarstuk(je)** pruik voor een deel v.h. haar **haarvat** zeer fijn bloedvat **haarversteviger** *m* [-s] middel om het haar model te laten houden **haarworm** huidziekte met uitval v. haar; draadworm **haarwortel** deel v. haar onder de huid **haarzakje** *o* instulping v.d. huid rond de haarwortel **haarzeef** bep. fijne zeef
haas *m, (bij jagers o)* [hazen] grijsbruin

knaagdier met lange oren, Lat. Lepus europaeus; vlees v.e. haas; bang persoon; malse magere spier; als gangmaker fungerende atleet; *als de hazen*, vlug; *als een ~*, zeer snel; *het ~je*, de dupe; *mijn naam is haas*, ik weet nergens van en wil niet in de zaak betrokken worden **haasje-o'ver** *o* bep. springspel **haaskarbonade** karbonade v.d. haas v.e. varken

haast I *v(m)* spoed; drang tot spoed; *in der ~*, overhaast **II** *bw* spoedig; bijna **haasten** tot haast aansporen; gehaast zijn, haast hebben; *zich haasten*, zich spoeden **haastig** *bn & bw* met haast; te snel; driftig; *~ zijn*, haast hebben **haastje-rep'je** zeer haastig **haastklus** haastwerk **haastwerk** haastig verricht of te verrichten werk

haat *m* gevoel van hevige vijandige afkeer **haatdra'gend** *bn* vol haat; onverzoenlijk **haat-lief'deverhouding** *v* afwisseling van gevoelens van afkeer en sympathie

habbekra(t)s *m (pop.)* kleinigheid, krats

habberdegrieks' *bn & bw (pop.)* met de Franse slag

habijt' *o* opperkleed v. kloosterling; *het ~ aannemen*, in een klooster gaan

habitat *(m)* normaal gebied v. voorkomen v.e. organisme of groep; de daarop inwerkende milieufactoren

habitué' *m* [-s] vast bezoeker, stamgast **habitus** *m* houding, gedrag

hachee' ⟨ch=sj⟩ *o/m* met uien en peper en azijn gestoofde blokjes rundvlees

hachelen *je kunt me de bout ~*, je kunt me nog meer vertellen!

hachelijk *bn* gevaarlijk

hachje *o* [-s] leven; lichaam; waaghals; onbeschaamd iem.

hacker ⟨hekker⟩ *m* [-s] wie in een computersysteem inbreekt door wederrechtelijk gebruik v.d. toegangscode

hadj ⟨haadzj⟩ *m* pelgrimstocht of pelgrimsweg naar Mekka **hadji** *m* [-'s] Mekkaganger

haf *o* [-fen] inham achter landtong

haft *o* insect v.e. geslacht van netvleugeligen, Lat. Ephemera

hagedis' *v(m)* [-sen] langstaartig reptiel v.d. familie Lacertidae **Hagedis'** *v(m)* zich tussen Zwaan en Andromeda bevindend sterrenbeeld

hagel *m* bevroren regendruppels; loden balletjes om op wild te schieten; menigte **hagelbui** hagelvlaag; overstelpende menigte **hagelen** in hagelkorrels of zo dicht als hagelkorrels vallen **hagelgieterij** *v* fabriek v. hagel **hageljacht** hagelbui met zeer veel wind **hagelkorrel** hagelsteen; korrel schiethagel **hagelnieuw** *bn* fonkelnieuw **hagelschade** schade door hagel **hagelslag** hagelschade; inslaan of neerslaan v. hagel; *wm* strooisel v. chocolade of anijssuiker **hagelsnoeren** *mv* draden aan dooier v. ei **hagelsteen** brok hagel **hagelverzekering** verzekering tegen hagelschade **hagelwit** *bn* helderwit

hagendoorn *m* [-s] haagdoorn **hagenroos**, **haagroos** hondsroos, wilde roos

hagiograaf' *m* [-grafen] levensbeschrijver v. heiligen **hagiografie'** *v* [-ën] levensbeschrijving v. heiligen **hagiogra'fisch** *bn* met levensbeschrijving v. heiligen, hagiografie betreffende

haiku ⟨u=oe⟩ *m* [-'s] gedicht van vijftien of zeventien lettergrepen, verdeeld over drie versregels

hairspray ⟨hèrspreej⟩ *m* [-s] ter versteviging v.h. kapsel op de haren te verstuiven vloeistof **hairstyler** [-s], **hairstylist** ⟨y=ai⟩ kapper

hak I *m* [-ken] het hakken, houw; afgehakt stuk; kerf, wond; *een ~ zetten*, in een moeilijke positie brengen; *op de ~ nemen*, beetnemen; *van de ~ op de tak springen*, geregeld van onderwerp veranderen **II** *v(m)* [-ken] hiel, hielstuk; werktuig om mee te hakken; *met de hakken over de sloot*, precies het doel bereikt; *niet veel om de hakken*, *(fam.)* niet veel te betekenen **hakbank** langwerpig hakblok **hakbeitel** zware kapbeitel **hakbijl** kleine bijl **hakblok** *o* blok om op te hakken **hakbord** plankje om op fijn te hakken

haken met een haak grijpen of vastmaken; *(sp.)* doen struikelen; aan een haak blijven hangen; haakwerk maken; hevig verlangen

hakenkruis gelijkarmig kruis met rechthoekig omgebogen armen **hakenkruisvlag** vlag met hakenkruis

hakhout akkermaalshout **hakje** *o* schop tegen de bal met de achterzijde v.d schoen **hakkebord** *o* met hamertjes bespeeld ouderwets muziekinstrument; *(fig.)* slechte piano

hakkelaar *m* [-s] stotteraar **hakkelen** stotteren, stamelen **hakkelig** *bn & bw* hakkelend

hakken met de hak of bijl bewerken; kappen, houwen; vitten; *er in ~*, een grote uitgave vormen

hakkenbar *m* [-s] kleine zaak voor schoenreparatie

hakketakken, **hakkete'ren** [hakketakte, gehakketakt] kibbelen, vitten

hakmes kapmes **haksel** *o* wat fijn gehakt is **hakselaar** *m* [-s] machine om te versnipperen

hal I *v(m)* [-len] overdekte marktplaats; hoge zaal; ruime vestibule **II** *o* hardheid v.d. grond door vorst; bevroren aardkorst

halal *bn & bw* in overeenstemming met de islamitische wetten

halen naar zich trekken of laten komen, inhalen, afhalen; optrekken; het toneelscherm optrekken; verwerven; bereiken; (v. gewicht) zwaar zijn; kopen; blijven leven of in stand blijven tot; *niets te ~*, niets te krijgen; *niet ~ bij*, veel minder zijn dan; *het ergens vandaan ~*, erbij komen; *de voorpagina ~*, zo belangrijk zijn dat men of het in de krant op de voorpagina komt

half I *bn & bw* de helft vormend; voor de

helft; voor een groot deel, gedeeltelijk; zich gedragend als; *voor de naam v.e. maand of voor: de week*: in het midden van; *voor een telwoord*: een half uur; voor; *halve wees*, wie een van zijn ouders verloren heeft; *halve maatregel*, weinig afdoende maatregel; *met een ~ oor*, onoplettend; *maar een ~ mens*, niet erg fit; *een halve gare*, een dwaas; *~ en ~*, half **II** *o* [-ven] helft **III** *bw* ten halve, voor de helft; niet geheel, niet goed; halfweg **halfaap** aapachtig zoogdier met tamelijk spitse snuit v.d. onderorde der Prosimii

halfagras, alfagras steppegras

half'automa'tisch *bn & bw* gedeeltelijk automatisch **halfbak'ken** *bn* halfgaar, halfslachtig; gebrekkig in zijn kennis **halfbloed I** *m-v* afstammeling v. Europeaan en inheemse vrouw; dier waarvan slechts één der ouders volbloed is **II** *bn* v. dieren waarvan slechts één v.d. ouders volbloed is **halfbroer** broer met betrekking tot slechts één v.d. eigen ouders **halfdonker** *o & bn* schemerdonker **halfdood'** *bn* bijna dood; erg moe **halfdron'ken** *bn* enigszins dronken **half'duister** *o & bn* schemerdonker **halfedelsteen** kostbare steen die niet zo hard is als edelsteen **halfelf'je** *o* rond 10.30 uur gedronken kopje koffie of borrel **halffabrikaat** ten dele afgewerkt fabrikaat **halfgaar'** *bn* half gaar; niet goed wijs **halfgeleider** *m* [-s] stof met v.d. temperatuur afhankelijk geleidvermogen **halfgod** afstammeling v.e. god en een vrouw **halfhar'tig** *bn* niet geheel gemeend; met een zwakke overtuiging **halfheid** *v* slapheid **halfjaar** de helft v.e. jaar **halfjaar'lijks** *bn & bw* een half jaar durend; elk half jaar **halfje** *o* helft v.e. bepaalde maat **halfklinker** medeklinker die vaak de waarde v.e. klinker heeft **halflinnen** *o & bn* (weefsel) v. linnen en katoen **halfluid** *bn & bw* gedempt **half'maan'delijks** *bn & bw* elke halve maand **half'naakt'** *bn & bw* bijna naakt **half-om-half'** *o/m* bep. likeur; deels uit rundvlees en varkensvlees samengesteld (gehakt) **halfproduct** voor vervaardiging van eindproduct dienend product **halfrond I** *o* halve aard- of hemelbol, halve cirkel **II** *bn* de vorm v.e. halve cirkel of halve bol hebbend **halfschaduw** schaduw rondom de kernschaduw; overgangstint v. licht en schaduw **halfslach'tig** *bn* noch tot het een noch tot het ander behorend; besluiteloos; zonder besliste mening **halfslag I** *m* slag v.h. halve uur **II** *o* wezen van gemengd ras; wat niet voor vol kan gelden **halfsleet, halfsleets, halfsleten** *bn* half versleten **halfspeler** *m* [-s] wie op het middenveld speelt **halfsteens'** *bn & bw* ter dikte v.d. breedte v.e. steen **halfsteensmuur** muur met de dikte v.d. breedte v.e. steen **halfstok'** *bw* halverwege de stok **halftij** stand tussen eb en vloed; gemiddelde hoogte van hoog en laag water **halftime** ‹haaf taim› *o/m* pauze op de helft v.d. wedstrijd **halfuur** [halve uren, halfuren] 30 minuten **halfvas'ten** 4e zondag v.d. vasten **halfverheven** *bn* bas-reliëf waarbij de figuren niet geheel los v.h. achtervlak zijn aangebracht **halfvol** *bn* tot de helft vol **halfwaardetijd** voor halvering v.d. werking benodigde tijd **half'was** aankomend werkman **half'was'sen** *bn* half volwassen **half'weg** *bw & vz* halverwege; half klaar **halfwijs'** *bn* niet goed wijs **halfwind** wind v. opzij **halfwollen** *bn* van wol en katoen **halfzacht'** *bn* tussen hard en zacht; niet goed wijs; zachtzinnig **halfzijde** stof voor de helft uit zijde **halfzijden** *bn* van halfzijde **halfzuster** zuster met betrekking tot slechts één v.d eigen ouders **halfzwaargewicht** *m* vechtsporter met gewicht van 72-79 kilo

halito'se ‹s=z› *v (med.)* stinkende adem

hall *m* [-s] hal

hallelu'ja *tw* godsdienstige juichkreet **hallelu'jastemming** overdreven optimistische stemming

hallenkerk gotische kerk met middenschip en zijschepen van gelijke hoogte

halletje *o* [-s] *Haarlemmer ~*, plat kaneelkoekje

hallo' *tw* hé; *(pop.)* dag

hallucinair' ‹ai=è› *bn* hallucinatorisch **hallucina'tie** *v* [-s] zinsbegoocheling **hallucinato'risch** *bn* van de aard van hallucinaties **hallucine'ren** hallucinaties hebben; *ov ww* begoochelen **hallucinogeen'** *o* hallucinaties opwekkend middel

halm *m* stengel van gras of graan; *op de ~*, te velde

halma(spel) *o* bordspel met pionnen

halo *m* [-'s] kring om zon of maan **halofyt'** *m* op zouthoudende grond levende plant **halogeen'** *o* [-genen] element v.d. 7e groep v.h. periodiek systeem **halogeen'lamp** met halogeengas gevulde lamp **halome'ter** *m* [-s] meter v. zoutgehalte **haloscoop'** *m* [-scopen] toestel om halo's te bestuderen; halometer voor zeewater

hals *m* [-zen] lichaamsdeel tussen hoofd en romp; opening waardoor de hals steekt; op een hals gelijkend voorwerp; touw om het zeil uit te spannen of neer te trekken; onnozel iem.; vissers of zwemmers belemmerende waterplant; *(fig.)* leven; *~ over kop*, voorover, in allerijl; *om ~ brengen*, doden; *zich op de ~ halen*, zich berokkenen; *de ~ breken* of *omdraaien*, doden, doen mislukken; *op de ~ krijgen*, last krijgen van; *op de ~ schuiven*, bezwaren met; *zich van de ~ houden*, afweren; *de schrik op de ~ jagen*, doen schrikken **halsband** band rondom de hals **halsbrekend** *bn* gevaar opleverend **halsmisdaad** met de dood te straffen misdaad **halsslagader** door de hals lopende slagader **halssnoer** om de hals te dragen sieraad **halsstar'rig** *bn & bw* hardnekkig

halster *m* [-s] halsriem voor paarden

halsuitsnijding *v* decolleté **halswervel** wervel

in de hals **halszaak** halsmisdaad
halt *tw* sta stil; ~ *houden* of *maken*, stil blijven staan
HALT-afdoening *v (jur.)* lichte werk- of leerstraf voor minderjarigen
halte *v(m)* [-n, -s] stopplaats
halter *m* [-s] korte aan weerszijden verzwaarde handstaaf
halva een laag vet- of suikergehalte hebbend *(als eerste lid van ss)* **halvanai'se** ‹ais=èz› *v* halfvette mayonaise **halvari'ne** *v(m)* halfvette margarine **halvemaan'** maan in het eerste of laatste kwartier; Turkse macht **halvemaan'tje** *o* broodje in de vorm van halvemaan **halve'ren** in twee gelijke stukken delen **hal'verhoogte** *bw* op halve hoogte **hal'verwe'ge** *vz & bw* op de helft v.d. weg **halverwind'** *bw* met de wind dwars **halvezool'** voorstuk v.d. zool
ham *v(m)* [-men] achterbout v.e. varken **hamburger** *m* [-s] plat stuk gebraden gehakt; broodje daarmee
hamel I *v(m)* [-s] emelt II *m* [-s] gesneden ram
hamer *m* [-s] klop- of slagwerktuig; stamper in papiermolen; bep. gehoorbeentje; *tussen ~ en aanbeeld*, in grote moeilijkheden **hameren** slaan of kloppen met de hamer; ~ *op*, sterk de nadruk leggen op, sterk aandringen op **hamerkop** deel v.d. hamer waarmee men slaat **hamerslag** I *m* slag met de hamer II *o* bij het smeden afspringende schilfers; weefsel met normale ketting en op een speciale wijze gedraaide inslag **hamerstuk** voorstel dat in een vergadering vlug wordt aangenomen **hamerteen** naar beneden verkromde teen
hamlap varkenslap uit de ham
hammondorgel ‹a=e› *o* elektronisch orgel
hamschijf schijfvormig stuk varkensvlees met bot uit de ham
hamster *v(m)* [-s] elk der knaagdieren v.h. geslacht Cricetus **hamsteraar** *m* [-s] wie hamstert **hamsteren** voorraad aanleggen bij dreigende schaarste
hamstring ‹a=è› *m* [-s] pees opzij v.d. knieholte
hamvraag *v(m)* belangrijkste en moeilijkste vraag
Hand. Handelingen
hand *v(m)* lichaamsdeel met vingers; werktuig dat er overeenkomst mee vertoont; handschrift; *schenking met de warme ~*, schenking terwijl men nog leeft; *de levende ~*, de in leven zijnde erfgenamen; *~en, (zegsw.)* macht; *de ~ boven 't hoofd houden*, beschermen; *~ in ~ gaan*, samengaan; *met ~ en tand*, met alle kracht; *zijn ~en in onschuld wassen*, ergens geen schuld aan hebben; *ergens de ~ in hebben*, ergens aandeel aan hebben; *uit de ~*, door onderlinge overeenkomst; *de laatste ~ leggen aan*, voltooien; *de ~ leggen op*, weten te krijgen; in beslag nemen, arresteren; *de ~ lenen tot*, helpen; *de ~ met iets lichten*, niet scherp toezien; *er zijn ~ niet voor omdraaien*, het gemakkelijk doen; *onder ~en nemen*, de les lezen, aanpakken, terdege opknappen; *ter ~ stellen*, overhandigen; *ter ~ nemen*, nemen, ondernemen; *in ~en*, ter behandeling; *de ~en opleggen*, wijden; *op de ~en gedragen worden*, zeer gezien zijn; *het zijn twee ~en op een buik*, zij zijn het altijd eens; *de ~ over het hart strijken*, toegeven; *de ~ in eigen boezem steken*, zijn geweten onderzoeken; *met de ~ op het hart*, eerlijk; *met de ~en in het haar*, in grote verlegenheid; *de ~ houden aan*, zorgen voor, handhaven; *aan de ~*, gaande; *aan de ~ van*, met behulp van; *aan de betere* of *beterende ~ zijn*, genezen; *aan ~en en voeten gebonden*, geheel gebonden; *aan de ~ doen*, verschaffen; *achter de ~*, onzichtbaar in voorraad; *naar zijn ~ zetten*, naar zijn wil doen handelen; *de ~ en slaan aan*, ontwijden; *op eigen ~je*, eigenmachtig; *~ over ~*, hoe langer hoe meer; *de ~en uit de mouwen steken*, flink aanpakken; *de ~ aan de ploeg slaan*, het werk aanpakken; *de ~ aan zichzelf slaan*, zelfmoord plegen; *van de ~ slaan*, afwijzen; *de ~en in de schoot*, werkeloos; *er geen ~ voor uitsteken*, er niets voor doen; *in de ~ werken*, bevorderen; *om ~en hebben*, veel werk hebben; *~en wassen, (euf.)* het toilet bezoeken; *op iemands ~ zijn*, iem. steunen; *onder de ~*, intussen; *uit de eerste ~*, rechtstreeks v.d. bron; *zwaar op de ~*, zwaartillend; *van de ~ wijzen*, afwijzen; *van de ~ in de tand*, onbezorgd zonder te sparen; *vele ~en maken licht werk*, als velen meewerken gaat het gemakkelijker; *geen ~ voor ogen zien*, volstrekt niets zien; *als de ene ~ de andere wast worden ze beide schoon*, bij wederzijdse hulp hebben beide partijen nut of wordt de taak gemakkelijk; *een ~je van iets hebben*, de gewoonte hebben; *een ~je helpen*, wat helpen; *zijn ~(en) overspelen*, in onderhandelingen te veel eisen en daardoor niet slagen **handappel** rauw te eten appel **handarbeider** wie met zijn handen werkt **handbagage** lichte bagage **handbal** I *m* bal v. hand; bal voor handballen II *o* handbalspel **handballen** [handbalde, gehandbald] handbalspel spelen **handbalspel** bep. balspel **handbereik** *onder ~*, bereikbaar **handboek** handleiding **handboog** met de hand gespannen boog **handboogschutter** wie met een handboog schiet **handboor** kleine boor **handbreed** *o* breedte v.e. hand **handbreedte** handbreed **handdadig** *bn* medeplichtig, schuldig **handdoek** doek om zich af te drogen; *de ~ in de ring gooien* of *werpen*, de strijd opgeven **handdouche** douche aan een slang **hand'droog'** zo droog dat de verf niet afgeeft bij aanraking met de hand **handdruk** het drukken v.d. rechterhand, afdruk met handkracht; *gouden ~*, royaal geldgeschenk bij afscheid of ontslag
handel *m* kopen en verkeer; ~ *en wandel*, gedrag **handelaar** *m* [-s, -laren] wie handel drijft **handelbaar** goed te bewerken; inschikkelijk **handelen** daden van

H

koophandel drijven; doen; onderhandelen; tot onderwerp hebben **handeling** *v* daad; het in een vergadering afgehandelde; geschrift met verslag hiervan; het handelen door de personen v. toneelstuk; hoofdgebeurtenis(sen) v. toneelstuk **handelingsbekwaam'** *(jur.) bn* bevoegd om rechtshandelingen te verrichten **handelmaatschappij** handelsbedrijf **handelsagent** vertegenwoordiger in de handel **handelsartikel** koopwaar **handelsbalans** balans v.e. koopman; verschil tussen uitvoer en invoer **handelsbank** bank die handelszaken doet **handelscorrespondentie** briefwisseling over handelszaken **handelseditie** voor verkoop bedoelde uitgave **handelsgeest** aanleg tot handel **handelshuis** *o* handel drijvend persoon of lichaam **handelskennis** bekendheid met handelsgebruiken **handelsmaatschappij** handelsbedrijf **handelsman** [-lui, -lieden] handelaar **handelsmerk** merk v.e. koopman of firma **handelsmissie** bezoek v. experts om buitenlandse handelsrelaties aan te knopen **handelsmonopolie** recht van alleenverkoop **handelsnaam** naam of firma waaronder een handelszaak wordt gedreven **handelsonderneming** handelsbedrijf **handelsonderwijs** onderwijs in handelswetenschappen **handelspapier** geldswaardig kredietpapier **handelspolitiek I** *v* politiek betreffende de handel; beleid v.e. handelsonderneming **II** *bn* betreffende de politiek op handelsgebied **handelsrecht** in de handel geldende rechten **handelsregister** officieel register van alle in Nederland gevestigde ondernemingen **handelsreiziger** wie voor zijn patroon reist en verkoopt **handelsrekenen** *o* in de handel gebruikelijk rekenen **handelsstatistiek** statistiek v.d. staat v.d. handel **handelstraktaat** handelsverdrag **handelsvennootschap** vennootschap tot het drijven van handel **handelsverdrag** verdrag over de handel **handelsverkeer** verkeer ten gevolge van handel **handelsvlag** koopvaardijvlag **handelsvloot** koopvaardijvloot **handelswaarde** waarde als koopwaar **handelswereld** de handelaars **handelswetenschap** voor een koopman vereiste kennis **handelszaak** handelshuis; aangelegenheid betreffende de handel; rechtszaak over een handelsdaad **handelwijs**, **handelwijze** manier van handelen

handen *h* passen, gemakkelijk afgaan

handenarbeid werk met de handen (als vorm v. onderwijs) **handenbinder** waardoor men erg gebonden is **hand- en span'diensten** *mv (fig.)* handlangersdiensten **handenwringen** *o* het wringen v.d. handen

handgaren stevig naaigaren **handgebaar** gebaar met de hand **handgeklap** applaus **handgeld** geld dat iem. bij het aangaan v.e. verplichting ontvangt; eerste geld dat een neringdoende op een dag ontvangt **handgemeen I** *bn* in gevecht **II** *o* gevecht van man tegen man **handgeschakeld** *bn gez. v. auto's*: zonder automatische schakeling **handgeschilderd** *bn* met de hand geschilderd **handgetouw** weefgetouw voor handwerk **handgift** handgeld **handgranaat** granaat die met de hand gegooid wordt **handgreep** [-grepen] *m* greep met de hand; *(mil., mv)* exercities met draagbare wapenen; handigheid **II** *v(m)* handvat, kruk; handvol

handhaven [handhaafde, gehandhaafd] in stand houden; steunen; *zich handhaven*, zich staande houden

handicap ‹hendiekep› *m* [-s] wedstrijd met voorgift; belemmering **handicappen** belemmeren **handicaprace** ‹race=rees› wedstrijd met voorgift

handig *bn & bw* vaardig; gemakkelijk te hanteren; knap; slim **handigheidje** *o* foefje

handje kleine hand; *van 't ~ zijn*, homofiel zijn **handjeklap**, **handjeplak** *o* [gmv] in de hand slaan bij loven en bieden; homoseksualiteit; kinderspel waarbij men met de handpalmen tegen die v.e. ander kletst; *~ spelen*, samenzweren **handjevol** *o* handvol

handkar duwkar **handkoffer** gemakkelijk te dragen koffer **handkus** zoen op de hand **handlanger** *m* [-s] *(ong.)* medeplichtige, helper (ook v.e. handwerksman) **handleiding** *v* leidraad **handlezen** karaktertrekken uit de lijnen v.e. hand aflezen; de toekomst uit de handlijnen voorspellen **handlichting** *v* toekenning v. bevoegdheden van meerderjarigen aan minderjarigen **handlijnkunde** *v* het handlezen **handomdraai** *in een ~*, in een ogenblik **handopening** vrijheid voor kerkenraad om predikant te beroepen **handoplegging** wijding door opleggen der handen **handopsteken** opsteken v.d. hand om hiermee zijn mening te kennen te geven

hand-out' ‹a=e› *m* [-s] papier met samenvatting v.e. lezing

handpalm *m* binnenvlak v.d. hand **handpeer** rauw te eten peer **handpers** met de hand te draaien pers **handreiking** *v* hulp **handrem** met de hand te bedienen rem **hands** ‹hendz› *bw* in de toestand waarbij de bal met de hand is aangeraakt **handschoen** *m/v* kledingstuk voor de hand met afzonderlijke vingers; *de ~ toewerpen*, uitdagen; *de ~ opnemen*, de uitdaging aannemen; *met de ~ trouwen*, terwijl de bruidegom afwezig is trouwen **handschrift** manier van schrijven; met de hand geschreven stuk **handslag** slag in de hand tot bekrachtiging **handstand** op handen staan **handtam** *bn* zo tam dat het dier in de hand genomen kan worden **handtas** damestas **handtastelijk** *bn* duidelijk; *~ worden*, handgemeen worden, zijn handen niet thuis houden **handtas'telijkheid** *v* [-heden] het handtastelijk zijn

handtekenen tekenen met de vrije hand **handtekening** eigenhandige ondertekening **handtekeningenactie** actie om door middel van het inzamelen van handtekeningen iets gedaan te krijgen **handvaar'digheid** bedrevenheid met de handen; behendigheid **handvat** [-ten], **handvatsel** [-s] *o* een uitsteeksel waarbij men iets aanvat **handveger** *m* [-s] handstoffer **handvest** *o* ondertekende oorkonde **handvleu'geligen** *mv* vleermuisachtigen **handvol** *v(m)* [handen vol] een hand vol; klein aantal **handwarm** *bn* iets warmer dan lauw **handwas** *m* was die men met de handen doet **handweefstof** *v(m)* met de hand geweven stof **handwerk** werk met de handen; ambacht; werk waarbij met garen iets gemaakt wordt; voortbrengsel v. handenarbeid **handwerken** [handwerkte, gehandwerkt] handwerk maken **handwerksman** [-lieden, -lui] ambachtsman **handwijzer** *m* [-s] wegwijzer **handwoordenboek** beknopt middelmatig groot woordenboek **handwortel** deel tussen voorarm en middelhand **handzaag** gewone zaag **handzaam** *bn* gedwee; handig, gemakkelijk te hanteren

hanenbalk hoogste dwarsbalk; *in de ~en*, onder de dakpannen **hanengevecht** gevecht tussen hanen **hanenkam** kam v. haan; kapsel in de vorm van zo'n kam; kamvormig deel v. zeefbeen; cantharel **hanenpoot** poot v. haan; slecht geschreven letter **hanentrede** *v(m)* [-n], **hanentree** [-ën] stap v. haan; kleine afstand; paardengebrek waarbij het dier een poot te snel hoog optrekt; kiemblaasje in ei

hang *m* voorwerp om iets aan op te hangen; rokerij; neiging

hangaar', **hangar'** ‹ng=nG› *m* [-s] loods voor vliegmachines

hangbrug brug waarvan het dek opgehangen is aan gespannen kabels **hangbuik** doorhangende buik **hangcultuur'** het groepsgewijs vertonen v. gedrag en uiterlijk dat kenmerkend is voor hangjeugd; het hangend kweken **hangen** [hing, gehangen] aan iets hogers bevestigen of vastzitten, ophangen; overhangen; gehecht zijn; neerhangen; nog niet afgedaan zijn; ergens aan gebonden zijn; het haasje zijn; een heel luie houding hebben; als groep doelloos bijeen zijn; *ergens blijven ~*, ergens blijven; *blijven ~*, onthouden worden; *aan iets blijven ~*, tegen zijn bedoeling koper worden; *tussen ~ en wurgen*, netelig; *aan elkaar ~ van*, vol zitten van; *~ en verlangen*, sterk verlangen **hangende** *vz* gedurende **hang- en sluit'werk** ijzerwaren om voorwerpen draaibaar te verbinden of te sluiten **hanger** *m* [-s] voorwerp dat hangt of waarin of waaraan iets hangt **hangerig** *bn* lusteloos

hangglider ‹hengGlaider› *m* [-s] toestel waaraan men hangend kan zweven

hangijzer ijzer waaraan iets hangt, haal; *heet ~*, netelige zaak **hangjeugd** groep jongeren op straat **hangkast** kast om kledingstukken in op te hangen **hangklok** hangende klok **hangkompas** hangend kompas aan de zoldering **hanglamp** hangende lamp **hang-leg'kast** kast om kleding in op te hangen en neer te leggen **hanglip** (iem. met) hangende onderlip **hangmap** in rek hangende map **hangmat** *v(m)* opgehangen doek of net om in te liggen **hangoor** [-oren] *o* neerhangende oorschelp **II** *m-v* lummel **III** *v(m)* hangoortafel **hangoortafel** tafel met afhangende bladen, klaptafel **hangop'** *m* gerecht van uitgelekte karnemelk **hangplant** naar beneden groeiende sierplant **hangplek** ontmoetingsplaats voor jongeren **hangslot** beugelslot

hang-up' ‹a=e› *m* [-s] aanknopingspunt

hangwieg in een gestel hangende wieg

hanig *bn* geil; vinnig, fel, kattig

hannekemaaier [-s] *(gesch.)* maaier uit oostelijke streken; lomperd

hannes sukkel **hannesen** treuzelen; prullen

hansaplast *m* pleister

hansop' *m* [-pen] nachtkleding met broek en lijf aan elkaar

hansworst' *m* potsenmaker

hanteer'baar *bn* gemakkelijk te hanteren **hante'ren** omgaan met; optillend verplaatsen

hap *m* [-pen] beet; afgehapt stuk; *in een ~ en een snap*, spoedig

hapax *m* in een tekst of taal éénmaal gevonden woord

haperen *h* mankeren; blijven steken

hapje *o* beetje; mondjevol, kleine portie; borrel; onaangenaam werkje **hapjespan** koekenpan met deksel **hapklaar** *bn* klaar voor onmiddellijk gebruik

haplografie' *v* [-ën] overslaan van gelijke letters bij het schrijven

haploïd' *bn (bio.)* slechts één stel chromosomen bezittend

haplologie' *v* [-ën] overslaan van gelijke klanken bij het spreken

happen met open mond grijpen naar; op een uitdagend gezegde het verwachte verdedigende antwoord geven; *(jong.)* snel wat eten; *naar lucht ~*, naar adem snakken; *een luchtje ~*, even naar buiten gaan

happening ‹a=e› *v* [-s] enigszins geïmproviseerd gebeuren (met artistiek of ludiek karakter)

happig *bn* verlangend

happy ‹heppie› *bn (alleen predikatief)* gelukkig (met iets) **happy end'** *m* [-s] gelukkige afloop **happy few'** ‹few=fjoew› [mv] kleine groep van bevoorrechten **happy hour'** ‹hour=ouwer› *o* [-hours] tijdstip in café met verlaagde prijzen

hapsnap *bw* snel en niet doordacht

haptisch *bn* de tastzin betreffend

haptonomie' bep. therapie die zich richt op beheersing v. spanning **haptotherapeut** ‹eu=ui› *m* wie haptotherapie beoefent

haptotherapie *v* geneeskundige behandeling door middel van aanraking of nabijheid
har, harre, her(re) *v(m)* [-ren] scharnier v. hengsel; *op een ~*, op een kier
haraki'ri *o* zelfmoord door zich de buik open te snijden
haram *bn & bw* niet in overeenstemming met de islamitische wetten
hard *bn & bw* niet zacht; streng, hardvochtig; hevig, erg; verdrietig; luid; vlug; *(van valuta)* met vaste waarde t.o.v. het goud; *~ tegen ~*, fel tegenover elkaar
hardboard ‹oa=ò› *o* plaat v. bep. vezelstof
hardcourt ‹haardkòrt› *m* tennisvloer van kunststof **hardco'ver** ‹hardkuvver› *m* [-s] boek met stijve kaft **harddisk** *m* [-s] harde schijf als intern computergeheugen
harddraven te paard rennen **harddraver** *m* [-s] renpaard; vluggerd **harddraverij'** wedstrijd in harddraven
harddrugs ‹haarddruGz› zware drugs
harden hard maken, gehard maken; uithouden
harder *m* [-s] karperachtige vis, Lat. Mugil ramada
hardglas bep. hard glas **hardgroen** *bn* fel groen **hardhan'dig** *bn & bw* ruw **hardheid** *v* [-heden] het hard zijn; harde behandeling **hardhoof'dig** *bn* koppig **hardho'rend, hardho'rig** *bn* slecht horend **hardhout** bep. harde houtsoort **hardhui'dig** *bn* met een harde huid; ongevoelig **hardleers'** *bn* moeilijk lerend **hardlij'vig** *bn* lijdend aan verstopping **hardlopen** om het hardst lopen; lang snel lopen **hardloper** wie het hardlopen beoefent, wie vlug opschiet; snelle motorvrachtboot; vluggerd; willig artikel; *~s zijn doodlopers*, wie te geestdriftig begint houdt niet vol **hardloperij'** *v* wedstrijd in hardlopen **hardmaken** overtuigend de noodzaak bewijzen van; overtuigend bewijzen; *niet kunnen ~*, niet aan alle verlangens direct kunnen voldoen **hardnek'kig** *bn & bw* tot het uiterste volhoudend **hard'op'** *bw* luid
hardporno ‹a=aa› *v* sterk op seksuele handelingen met geslachtsdelen gerichte pornografie
hardrijden rijden om het hardst **hardrijder** snelrijder **hardrijderij'** *v* wedstrijd in hardrijden
hardrock *m* luide aggressieve rock
hardrood *bn* fel rood **hardsteen** *m/o* harde natuursteen **hardstenen** *bn* van hardsteen
hardtop *m* [-s] (auto met) hard autodak
hardvallen [viel hard, hardgevallen] verwijten **hardvoch'tig** *bn & bw* zonder medelijden **hardvoer** graanvoer
hardware ‹haardwèr› *m* elektronische en mechanische computerapparatuur
hardzeilen om het hardst zeilen **hardzeiler** *m* [-s] snelzeilend schip **hardzeilerij'** *v* wedstrijd in hardzeilen
harem *m* [-s] mohammedaans vrouwenverblijf; de vrouwen v.d. mohammedaan **harembroek** broek zoals vrouwen in een harem die dragen
haren I *ww* de zeis scherpen; haar verliezen **II** *bn* van haar gemaakt
haricots verts' ‹arieko vèr› [mv] soort sperziebonen
harig *bn* ruig
haring *m* zijdelings afgeplatte zilvergrijze zeevis, Lat. Clupea harengus; houten pen; *zijn ~ braadt daar niet*, hij is er niet gezien; *~ of kuit willen hebben van*, het rechte willen weten van; *als ~en in een ton*, dicht op elkaar **haringkaken** *o* haring ontdoen v. bederfelijke delen en dan inzouten **haringrace** wedstrijd welk schip het eerst de nieuwe haring aan wal brengt **haringschool** groep zwemmende haringen **haringsla** koud gerecht met stukjes haring **haringslaatje** schoteltje haringsla **haringvijver** *(scherts.)* Noordzee **haringvloot** de schepen die op haringvangst gaan
hark *v(m)* rijf; houterig iem. **harken** met een hark bewerken; krampachtig fietsen **harkerig** *bn & bw* houterig
har'lekijn' *m* [-s] hansworst in veelkleurig pak **harlekina'de** *v* [-s] klucht met een harlekijn; kluchtige vertoning
harmo'nica *v* [-'s] accordeon **harmo'nicawand** wand die ineengevouwen kan worden
harmonie' *v* [-ën, -s] overeenstemming, goede verstandhouding; aangename combinatie van tonen; muziekgezelschap met blaas- en slaginstrumenten **harmonie'leer** leer over verbinding van akkoorden **harmonie'model** opstelling waarbij men conflict wil vermijden **harmonië'ren** *h* goed samen klinken; overeenstemmen, het goed met elkaar kunnen vinden **harmonieus'** *bn & bw* harmonisch **harmonisa'tiewet** wet die bepaalt dat een hbo- of wo-student na vijf of zes jaar studie zijn studiebeurs verliest **harmo'nisch** *bn & bw* welluidend; eendrachtig, met goede verhoudingen **harmonise'ren** ‹s=z› bij elkaar passen; tot een goed passend of welklinkend geheel maken **harmo'nium** *o* [-s] kamerorgel
harnas *o* [-sen] wapenrusting van metalen platen; *in het ~ jagen*, tot verzet prikkelen; *het ~ aantrekken*, zich ten strijde rusten **harnassen** harnas aandoen; *zich ~, (fig.)* zich wapenen, zich harden
harp *v(m)* driehoekig staand snareninstrument
harpij' *v* stormgodin; boos wijf
harpist' harpspeler
harpoen' *m* werpspies met weerhaken **harpoe'nen, harpoene'ren** werpen met een harpoen **harpoenier'** *m* [-s] wie harpoeneert
harpspel spel op een harp **harpspeler** [-s] wie op een harp speelt
harrewarren [harrewarde, geharreward] kibbelen
hars *o/m* vooral van naaldbomen afkomstig

kleverig plantensap **harsen** ontharen met behulp v. hars **harsig** *bn & bw* harshoudend, naar hars ruikend

hart *o* hoofdorgaan voor de bloedsomloop; gemoed; liefde; moed; toewijding; hartvormig voorwerp; *als eerste deel v. ss in bet.*: van of met betrekking tot het hart; *in ~ en nieren*, door en door; *het ~ op de rechte plaats hebben*, rechtschapen zijn; *zijn ~ vasthouden*, bezorgd zijn; *op het ~ hebben*, willen zeggen; *het ~ hoog dragen*, trots zijn; *het ~ op de tong dragen* of *van zijn ~ geen moordkuil maken*, loslippig zijn; *iem. een ~ onder de riem steken*, bemoedigen; *het* of *zijn ~ ophalen aan*, zich verlustigen in; binnenste, middelste, kern; hartvormig; *een goed* of *kwaad ~ toedragen*, goedgezind of kwaadgezind zijn; *op het ~ binden* of *drukken*, met nadruk aanbevelen; *met de hand over het ~ strijken*, niet te streng zijn; *om het ~ slaan*, plotseling bevangen; *met ~ en ziel*, met alle toewijding; *ter ~e nemen*, behartigen; *ter ~e gaan*, iemands liefde hebben, deernis wekken; *van ~e*, gemeend; *van ganser ~e*, geheel oprecht, met volle zin; *waar het ~ vol van is, loopt de mond van over*, men kan niet zwijgen over datgene waar men voortdurend aan denkt; *aan het ~ gebakken*, dierbaar; *het groene ~ van Nederland*, het nog niet verstedelijkte middenstuk v.d. Randstad **hartaanval** acute hartaandoening **hartader** slagader v.h. hart; kern; zetel v.d. levenskracht; voorname verkeersweg **hartambulance** ziekenauto met apparatuur voor hartpatiënten **hartbeklemming** samenpersing v.h. hart; ontsteltenis **hartbewaking** voortdurende controle v. werking v. hart **hart'brekend** *bn & bw* deerniswekkend ***hartcatheterisatie** *(Wdl. hartkatheterisatie)* ‹s=z› *v* het inbrengen v.e. buis in een ader voor onderzoek v.e. hartpatiënt **hartcentrum** centrum voor behandeling van hartpatiënten **hartdood** *m* toestand waarin het hart niet meer klopt, maar reanimatie nog wel succes kan hebben **hartelap**, **hartlap** hartendief **hartelijk** *bn & bw* vol genegenheid, innig; oprecht **harteloos** *bn & bw* onmeedogend **harten** *v(m)* [harten, -s] kaart met hartvormig figuur *(ook als eerste deel van ss met als tweede deel een kaartsoort)* **hartenbloed** het beste wat iem. heeft; *~ kosten*, diep grieven **hartenbreker** wie vrouwen bekoort **hartendief** lieveling **hartenklop**, **hartklop** hartslag **hartenleed** innig leed **hartenlief** *o* beminde ***hartenlust** *(Wdl. hartelust)* genoegen; *naar ~*, zoveel men wil **hartenwens** innige wens **hartgron'dig** *bn & bw* oprecht, uit de grond van zijn hart **hartig** *bn & bw* pittig; zout; *(fig.)* niet mals, gepeperd **hartinfarct** verstopping in de kransslagader **Hartjesdag** in Amsterdam en Haarlem maandag na 15 augustus **hartjesjagen** feestvieren op Hartjesdag **hartkamer** holte in het hart **hartklep** klep tussen boezem en hartkamer; klep die de zuigbuis v.e. pomp afsluit **hartklop**, **hartenklop** klop v.h. hart **hartklopping** het versneld kloppen v.h. hart **hartkramp** samenkrimping v.h. hart **hartkuil** kuiltje beneden het borstbeen **hartlijn** een v.d. lijnen in de handpalm **hart-long'machine** machine die de functie van hart en longen tijdelijk overneemt **hartroe'rend** *bn & bw* aandoenlijk **hartscheur** barst in het inwendige v.h. hout **hartsgeheim** liefdesgeheim, diep geheim **hartslag** klop v.h. hart **hartsterkend** *bn & bw* opwekkend, versterkend

hartstikke *bw (pop.)* zeer

hartstocht *m* heftige neiging of liefde; zinnelijke liefde **hartstoch'telijk** *bn & bw* met hartstocht, vurig **hartstreek** deel v.d. borstwand dat het hart bedekt **hartsverlangen** innig verlangen **hartsvriend** boezemvriend **hartsvriendin** boezemvriendin **hartvergroting** *v* te sterke ontwikkeling v.h. hart; verwijding v.h. hart **hartverheffend** *m* edel **hartverlamming** plotselinge stilstand v.h. hart **hart'verscheu'rend** *bn* ontzettend **hartversterking** wat weer opwekt **hartvormig** *bn* in de vorm v.e. hart **hartzeer** groot verdriet **hartziekte** ziekte aan het hart

has hogere agrarische school

hasj *m* hasjiesj **hasjhond** hond voor het opsporen v. hasj **hasjiesj**, **hasj**, **haschisch** *m* drug uit hennep **hasjtaxi** onderneming die op bestelling hasj thuis bezorgt

haspel *m* [-s, -en] werktuig om strengen te maken, garenwinder; windas; sukkel **haspelaar** *m* [-s] wie haspelt; knoeier; twistzoeker **haspelarij'** *v* gehaspel **haspelen** op een haspel winden; twisten; verwarren, prutsen **haspelwerk** knoeiwerk, prutswerk

H

hassebassie *o* [-s] *(volkst.)* blootje; jenever

hatchback ‹hetsjbek› *m* [-s] auto met verhoogde achterkant

HAT'-eenheid woning voor huisvesting van alleenstaanden en tweepersoonshuishoudens

hatelijk *bn & bw* boosaardig **hatelijkheid** *v* [-heden] het hatelijk zijn; krenkend woord **haten** haat toedragen, afkeer hebben van

hatsekiedee' *tw* uitroep bij een plotselinge beweging

hatsjie' *tw* nabootsing v.h. geluid v. niezen

hattrick ‹a=è› *m (Eng.)* [-s] drie doelpunten op rij van één speler

hausmacher *m* bep. soort grove leverworst

hausse ‹oos› *v* prijsstijging; periode v. koersstijgingen

hautain' ‹ootên, hootên› *bn & bw* hooghartig

haute coutu're ‹oot koetuur› *v* belangrijkste modeontwerpers; door dezen ontworpen kleding

haut-reliëf' ‹oo-reljef› *o* [-s] meer dan voor de helft naar voren tredend beeldhouwwerk

hauw *v(m)* uit twee openspringende vruchtbladen bestaande vrucht

havan'na **I** *o* bruine kleur als van sigaren **II** *v(m)* [-'s] havannasigaar **III** *bn* bruin als sigaren **havan'nasigaar** sigaar uit Havana
have *v(m)* bezitting; *~ en goed*, bezit **haveloos** *bn & bw* armoedig en verwaarloosd
haven *v(m)* [-s] veilige ligplaats; havenstad; *in behouden* of *veilige ~*, in veiligheid **havenarbeider** bootwerker
havenen beschadigen, toetakelen
havengeld liggeld **havenhoofd** pier v.e. haven **havenmeester** ambtenaar die het beheer heeft over een haven **havenpolitie** met toezicht op haven belaste dienst **havenschap** *o* [-pen] lichaam ter behartiging v.d. havenbelangen **havenstad** stad met een haven **havenstaking** staking v.d. havenarbeiders **havenwerken** *mv* havens met los- en laadinrichtingen

H

haver *v(m)* [-s] gras v.h. geslacht Avena; de vrucht ervan; *van ~ tot gort*, door en door **haverdegort'**, **havergort'** pap van gepelde haver **havergras** pluimgras
haverklap *om de ~* of *een ~*, ieder ogenblik **ha'vermout'** *m* meel (of pap) van gepelde haver **haverstro** lege haverhalmen
havik *m* dagroofvogel met korte vleugels, Lat. Astur gentilis; *(fig.)* voorstander van krachtig optreden **havikskruid** *o* bep. plant **haviksneus** kromme neus
havo hoger algemeen voortgezet onderwijs
havo *v* [-'s] school voor hoger algemeen voortgezet onderwijs **havo'er** *m-v* [-s] wie les krijgt aan een havo **havo-leerling** *zie* **havo'er**
hawa'ïshirt ‹shirt=sjeurt› felkleurig bedrukt hemd
hazardspel ‹zard=zaar› kansspel
hazelaar *m* [-s, -laren] hazelnootstruik
hazelmuis kleinste slaapmuis, Lat. Muscardinus avellanarius **hazelnoot** *v(m)* noot v.d. hazelaar; hazelaar **hazelnotenboom**, **hazelstruik** struik die hazelnoten oplevert, Lat. Corylus avellana **hazelworm** slangvormige hagedis, Lat. Anguis fragilis
hazenhart *o* bange aard; bang iem. **hazenjacht** jacht op hazen **hazenlip** **I** *v(m)* gespleten bovenlip **II** *m-v* iem. met zo'n lip **hazenpad** *het ~ kiezen*, vluchten **hazenpastei** pastei v. haas **hazenpeper** *m* gekruid gerecht v. haas **hazenpluim** staart v.d. haas **hazenprent** indruksel v. hazenpoot **hazenslaap** lichte slaap **hazewind'**, **hazewind'hond** *m* snelle jachthond
H-balk balk in de vorm v.e. H
h.b.b.h.h. hun of haar bezigheden buitenshuis hebbende
HBE hartbewakingseenheid
hbo hoger beroepsonderwijs; hoger bouwkundig onderwijs; hogere beroepsopleiding
hbo''er *m-v* [-s] wie les krijgt aan een hbo **hbo'-instelling** *v* school voor hoger beroepsonderwijs
H-bom waterstofbom
hbo-student *m-v* hbo'er
hbs hogereburgerschool
h.c. *honoris causa*, eershalve
Hd. Hoog-Duits
hdo halvedagopvang
hdtv *high-definition television*, televisie met zeer scherp beeld
h.e. *hoc est*, dit is
He *(schei.)* helium
he *tw* **I** ‹hee› (uitroep van verwondering); (aanroep) **II** ‹hè› (uitroep bij krachtsinspanning, pijn, schrik, opluchting, bewondering, verwondering, plezier, teleurstelling)
headbangen ‹hèdbengen› bij luidruchtige muziek met het hoofd slingeren **headhunter** ‹ea=èè› *m* [-s] wie beroepshalve gegadigden zoekt voor topfuncties
heao hoger economisch en administratief onderwijs
heao' *v* [-'s] school voor hoger economisch en administratief onderwijs **heao''er** *m-v* [-s] wie les krijgt aan een heao
heao-student *m-v* heao'er
hearing ‹ea=ie› *v* [-s] gelegenheid waarbij alle betrokkenen hun mening kunnen zeggen
heat ‹ea=ie› *m* [-s] race als onderdeel v.e. wedstrijd
heavy me'tal ‹hèvvie mètul› *m* extreme vorm van hardrock
heb *m (zegsw.)* het hebben
hebbeding *o* luxe voorwerp dat men erg graag te pakken wil krijgen
hebbelijk *bw* fatsoenlijk **hebbelijkheid** *v* [-heden] aanwensel
hebben [had, hadden, gehad] *ww* bezitten; inhouden, houden; krijgen; lijden aan; mankeren; (ook als hulpww. van tijd en omschrijvend woord voor vele uitdrukkingen); *het ~ over*, spreken over; *niets moeten ~ van*, niet houden van; *het ... ~*, in een bep. toestand zijn; *willen ~*, verlangen; *niet willen ~*, niet toestaan; *niet kunnen ~*, niet verdragen; *het tegen iem. ~*, op iem. de pik hebben; *het niet op iem. ~*, het niet op iem. begrepen hebben; *hoe laat heb je het*, hoe laat is het op je horloge; *ergens mee ~*, pesten; *~ aan*, voordeel hebben van; moeten denken van; *~ van*, lijken op; *~ te*, moeten; *het niet meer ~*, z'n gevoelens niet langer kunnen bedwingen **II** *o ~ en houden*, bezit **hebberig** *bn* hebzuchtig
hebbes *tw* daar heb ik hem (*of* het) beet
Hebr. Hebreeër, Hebreeuws
hebraïs'me *o* [-n] barbarisme onder invloed v.h. Hebreeuws
hebzucht *v(m)* inhaligheid **hebzuch'tig** *bn* inhalig
hecatom'be *v(m)* [-n, -s] plechtig offer; bloedbad
hecht **I** *o* heft **II** *bn & bw* stevig; duurzaam **hechtdraad** draad waarmee gehecht wordt **hechten** vastmaken, vastnaaien, vastkleven; toekennen; *~ aan*, gesteld zijn

op, waarde toekennen aan; *gehecht zijn aan*, gesteld zijn op; *zich ~ aan*, gaan houden van **hechtenis** *v* lichte vrijheidsstraf **hechting** *v* hechten; hechtdraad **hechtpleister** kleefpleister **hechtrank** rank waarmee plant zich vasthecht **hechtsel** *o* [-s] hechtdraad **hechtwortel** worteltje waarmee een klimplant zich vasthecht

hec'ta're *v(m)* [-n] 100 are

hectisch *bn* druk, gejaagd, koortsachtig; *~e koorts*, hardnekkige koorts

hectograaf' *m* [-grafen] pers om geschreven stukken te vermenigvuldigen **hectogram** *o* [-men] 100 gram **hectoliter** *m* [-s] 100 liter **hectometer** *m* [-s] 100 meter

heden I *bw* vandaag, nu **II** *o* de tegenwoordige tijd **III** *tw* bastaardvloek **hedena'vond** *bw* vanavond **hedendaags'** *bn & bw* tegenwoordig **hedenmid'dag** *bw* vanmiddag **hedenmor'gen** *bw* vanmorgen **hedennacht'** *bw* vannacht **hedenoch'tend** *bw* vanmorgen

hederik *m* herik

hedonis'me *o* leer die het genot boven alles stelt

hedsjra *v* vlucht v. Mohammed op 15 juli 622

heel I *bn* ongeschonden; terwijl geen deel ontbreekt; groot **II** *bw* totaal; zeer; *~ wat*, veel **heelal'** *o* de schepping **heelhuids** *bw* ongedeerd

heelkracht genezende kracht **heelkruid** geneeskrachtig kruid **heelkunde** wondheelkunde **heelmeester** wondheler; *zachte ~s maken stinkende wonden*, met halve maatregelen bereikt men niets

heem *o* [hemen] huis, erf

heem- *zie* **hem-**

heemkunde *v* kennis v.d. omgeving **heemraad** *m* lid van dijk- of polderbestuur **heemraadschap** *o* [-pen] college of ambt of gebied v.d. heemraden

heemst malveachtige plant met roze bloemen

heemtuin park(je) met inheemse planten voor publieke instructie

heen *bw* van hier; naar toe; *als eerste deel van ss in de bet.*: weg **heen-en-weer'** *het ~ krijgen*, nerveus worden; *krijg het ~*, lazer op! **heengaan** weggaan; verstrijken; *(bijz. t.)* sterven **heenkomen** *een goed ~ zoeken*, zien te ontsnappen **heenlopen** weggaan; *loop ~*, wees wijzer **heenreis** reis naar een plaats **heenweg** weg of reis ergens heen **heenzenden** *(jur.)* tijdelijk vrijlaten van verdachten in voorlopige hechtenis of van veroordeelden die hun straf bijna hebben uitgezeten

Heer *m* God, Christus; *God de ~* of *Onze-Lieve-~* of *de ~ der Heren*, God; *de dag des Heren*, zondag; *het jaar onzes Heren ...*, het jaar ... na Christus' geboorte; *Ons ~*, de H. Communie; *Het Hoogwaardig ~*, abt van bep. orden

heer I *m* [heren] man; aanzienlijk persoon; iem. met manieren, *(kaartspel)* koning; meester; *~ en meester*, de baas; *gevulde ~*, rond zandgebak met vulling v. amandelspijs; *ouwe ~*, vader; *het ~tje zijn*, zich een heer voelen, in zijn nopjes zijn; *met grote heren is het kwaad kersen eten*, van omgang met aanzienlijken hoeft men niet veel voordeel te verwachten; *de grote ~ uithangen*, doen alsof men aanzienlijk is; *nieuwe heren nieuwe wetten*, met nieuwe overheidspersonen komen er veranderingen; *langs 's heren straten of wegen*, buiten; *niemand kan twee heren dienen*, men kan maar één ding goed doen, men kan geen twee partijen aanhangen; *strenge heren regeren niet lang*, strenge vorst duurt kort **II** *o* leger; *(iron.)* heerschap **heerachtig** *bn & bw* als een heer **heerbaan** *v(m)* grote weg **heerboer** herenboer

heerlijk *bn & bw* van de heer; prachtig; heel lekker **heerlijkheid** *v* [-heden] pracht; iets lekkers; bezitting v.e. heer

H

heermoes *zie* **hermoes**

heeroom oom die geestelijke is; pastoor **heerschaar** legerschaar **heerschap** *o* [-pen] het heer zijn, waardigheid van heer; *(iron.)* heer **heerschappij'** *v* gezag; *de heerschappijen*, bep. engelenkoor

heersen heerschappij voeren; zijn macht doen gelden; aanwezig zijn, voorkomen **heerser** *m* [-s] gebieder **heerseres'** *v* [-sen] gebiedster **heerszucht** *v(m)* zucht om te heersen **heerszuch'tig** *bn & bw* vol heerszucht

heerweg heerbaan

hees *bn* schor

heester *m* [-s] struik

heet *bn & bw* heel warm; hevig; seksueel geprikkeld of prikkelbaar; *~ van de naald*, juist klaar **heetgeba'kerd** *bn* driftig **heethoofd** *m-v* driftkop **heethoof'dig** *bn* driftig **heetlopen** warmlopen

hefboom bep. hefwerktuig met lange en korte arm **hefbordes** beweegbaar platform aan de achterkant v.e. vrachtwagen **hefbrug** brug die horizontaal kan worden opgeheven

heffe *v(m) ~ des volks*, grauw

heffen [hief, geheven] oplichten, omhoog brengen; doen betalen **heffing** *v* inning v. belastingen **hefschroefvliegtuig** helikopter

heft *o* handvat; *het ~ in handen*, de macht

heftig *bn & bw* onstuimig, driftig, hevig

heftruck *m* [-s] wagen om lasten te heffen **hefvermogen** gewicht dat opgetild kan worden

heg *v(m)* [-gen] haag; *~ noch steg weten*, in het geheel geen weg weten

hegeliaan' *m* [-anen] aanhanger v.d. wijsbegeerte van Hegel

hegemonie' *v* overwicht

heggenmus zangvogel v.d. soort Prunella modularis **heggenrank** *v(m)* wilde wingerd **heggenschaar** schaar om een heg te knippen

hei I *v(m)* [-en] heiblok, heitoestel **II** *v(m)* [-den] heide **III** *tw* hela

heia *tw* uitroep om schaatsers aan te moedigen

heibei, **haai(e)baai** bazige vrouw **heibeien** drukte maken
heibel *m* [-s] *(pop.)* drukte, getier; ruzie
heiblok blok van heitoestel
heide *v(m)* [-n] heidekruid; daarmee begroeide vlakte **heideachtig** *bn* lijkend op hei **heidebloem** op de hei groeiende bloem **heidebrand** het afbranden v.d. hei; heidedamp **heidekruid** gewone of struikheide, Lat. Calluna vulgaris, of fijne of dopheide, Erica tetralix
heiden I *m* [-en] een afgodendienaar, ongodsdienstig iem. II *m* [-s] *(gesch.)* zigeuner; *aan de ~en overgeleverd*, in de macht van niets ontziende mensen **heidendom** *o* heidenen; afgodendienst **heidens** *bn & bw* als van of bij de heidenen; *(zegsw.)* geweldig
heideveld stuk heide

H

heien palen slaan met het heiblok; weerlichten na een hete dag
heiig *bn* mistig, dampig
heikel *bn* hachelijk
heikneuter [-s] heiboer; *(fig.)* iem. met weinig beschaving
heil *o* geestelijk welzijn; voorspoed, redding **heilbede** bede om geluk
heilbot grootste Europese platvis uit de fam. der Pleuronectidae
heildronk toast **heilgymnastiek** lichaamsoefeningen voor de gezondheid
heilig *bn & bw* zonder zonde; met de dienst van God verband houdend; verheven; heilig verklaard; onverbreekbaar; vroom; zeer oprecht, vast; *~ zijn bij*, gunstig afsteken bij **heiligbeen** driehoekig bot onderaan de wervelkolom **heiligdom** *o* [-men] heilige plaats, tempel; heilig voorwerp, reliek **heiligdomsvaart** bedevaart naar relieken, plechtige toning en het in processie ronddragen van relieken **heilige** I *m-v* wie heilig is verklaard; wie Christus toebehoort II *o het ~ der heiligen*, bep. deel v. tempel te Jeruzalem; slechts voor enkelen toegankelijk vertrek **heiligedag** kerkelijke feestdag; bij het verven of witten overgeslagen plek **heiligen** wijden; heilig doen zijn; als heilig erkennen **heiligenbeeld** beeld v.e. heilige **heiligenleven** levensbeschrijving v.e. heilige **heiligheid** *v* het heilig zijn; *Zijne Heiligheid*, de paus **heiligmaker** *m* [-s] wie heiligt; hijlikmaker **heiligschen'nend** *bn* het heilige onterend **heiligschen'ner** *m* [-s] wie heiligschennis pleegt **heiligschen'nis** *v* [-sen] ontering van heilige personen of dingen **heiligverklaring** *v* het verheffen tot de eer der altaren
heilloos *bn & bw* verderfelijk, slecht
heilsgebeuren *o* verlossing door Christus **heilsleger** *o* Leger des Heils **heilsoldaat** lid v.h. heilsleger **heilsoldate** [-n] vr. lid v.h. heilsleger **heilstaat** volmaakte staat **heilwens** gelukwens **heilzaam** *bn* genezing of geluk aanbrengend
heim *o* heem
heimachine heitoestel
heimelijk *bn & bw* in het geheim
heimwee *o* verlangen naar huis of geboortegrond
Hein *vriend ~* of *magere ~*, de dood; *~tje Pek*, de duivel
heinde *~ en ver*, overal
heining *v* schutting
heipaal funderingspaal
heir ‹heer› *o* leger
heisa I *tw* lustig II *m* omhaal
heistelling toestel waarin het heiblok hangt
heitje *o (fam.)* kwartje
hek *o* [-ken] afscheiding of omheining van hout of metaal; draaibaar deel van zo'n afscheiding; bovenachterkant v.e. schip; *het ~ is van de dam*, men kan zijn gang gaan
hekel *m* [-s] vlaskam; afkeer; *over de ~ halen*, hekelen **hekeldicht** satire **hekeldichter** schrijver van hekeldichten **hekelen** over de hekel halen; gispen **hekelig** *bn* stekelig **hekelschrift** spotschrift **hekelvers** hekeldicht
hekkensluiter [-s] de laatste v.e. groep of stoet **hekkenspringer** [-s] wilde knaap, kerel
heklicht achterlicht v.e. varend schip
heks *v* toverkol; lelijk oud wijf; valse vrouw; zeer bijdehand meisje **heksen** toveren; *niet kunnen ~*, niet aan alle verlangens direct kunnen voldoen **heksenbezem** door schimmels veroorzaakte takkenbundel in bomen **heksenjacht** *(gesch.)* vervolging v. heksen; *(fig.)* hetze tegen andersdenkenden **heksenketel** gevaarlijke verwarde toestand **heksenkring** kring van paddestoelen **heksensabbat** heksenfeest **heksentoer** moeilijk werk **heksenwaag**, **heksenweegschaal** weegschaal om heksen te wegen **heksenwerk** hekserij; schier onmogelijk werk **hekserij'** *v* het heksen
hekwerk wat een hek vormt; achterwerk v.e. schip
hel I *v(m)* plaats van eeuwige straf; wrede kwelling II *bn & bw* fel stralend; helder; schel
hela *tw* let eens op; pas op
helaas' *tw & bw* jammer genoeg
helco'se *v* [-s] *(med.)* verzwering
held dapper iem.; uitblinker; hoofdpersoon; wie algemeen in de belangstelling staat **heldendaad** roemvolle heldhaftige daad **heldendicht** gedicht over heldhaftige daden **heldendichter** schrijver v.e. heldendicht **heldendood** dood van of als een held **heldenmoed** moed als v.e. held **heldensage** sage over een held **heldentenor** tenor voor de heldenrol **heldenzang** heldendicht
helder *bn & bw* sonoor; glanzend, licht; duidelijk; scherpzinnig; zuiver; niet betrokken **helderziend'** *bn* verborgen dingen ziende
heldhaf'tig *bn & bw* dapper **heldin'** *v* [-nen] vr. held
heleboel *een ~*, *(fam.)* veel **helemaal** *bw*

geheel
helen gestolen goed kopen of bewaren; *(plecht.)* verbergen; genezen **heler** *m* [-s] wie heelt
helft *v(m)* het halve deel; een v.d. twee delen; *betere ~* of *andere ~*, echtgenote
heli *m* [-'s] helikopter **helihaven** heliport
helikopter *m* [-s] hefschroefvliegtuig met slechts één stel schroefbladen
heliocen'trisch *bn & bw* met de zon als middelpunt **helioscoop'** *m* [-scopen] zonnekijker **heliotherapie** *v* geneeswijze met zonnestralen **heliotroop'** **I** *m* [-tropen] met terugkaatsing v. zonnestralen werkend toestel; blauwgroen gesteente **II** *v(m)* [-tropen] sierplant v.h. geslacht Heliotropium met geurige bloemen
heliplat *o* landingsplaats voor helicopters op een gebouw **heliport** *m* luchthaven voor helikopters
helium *o* chemisch element v.d. edele gassen
hellebaard *v(m)* piek met dwarsbijl **hellebaardier'** *m* [-s, -en] met een hellebaard gewapend iem.
hellen overhangen; schuin aflopen; neigen
hellenis'me *o* Griekse beschaving na Alexander **hellenist'** kenner v.h. hellenisme of v.d. oude Griekse cultuur
hellevaart afdaling van Christus in het voorgeborchte, afdaling in de onderwereld of hel **helleveeg** *v* [-vegen] feeks
helling *v* hellen; glooiing; glooiend deel v. werf; *op de ~*, in reparatie, in reorganisatie **hellingproef** proef v.h. rijexamen waarbij men een auto moet laten stilstaan en optrekken op een helling
hell's an'gels ‹hels eenzjuls› *mv* agressief geaarde groep motorrijders
helm **I** *m* leren of metalen hoofddeksel; vlies over het gezicht v.e. pasgeboren kind; *met de ~ geboren*, met voorspellingsgave; *(Belgned.)* altijd geluk hebbend **II** *v(m)* duingras **helmbloem** plant met gele of roze bloem en geveerd blad v.h. geslacht Corydalis **helmdraad** steel van meeldraad **helmknop** knop van meeldraad **helmstok** stok waarmee roer bewogen wordt
helo'sis *v (med.)* het lijden aan likdoorns
helpdesk *m* service bij storingen v.e. computer
helpen [hielp, geholpen] bijstaan; baten; dienen; *(zegsw.)* brengen; *~ aan*, bezorgen; *het niet kunnen ~*, er niets aan kunnen doen; *ik help je dat wensen*, ik wens dat ook
helpscherm scherm dat de functies v.e. computerprogramma aangeeft
hels *bn & bw* van de hel; afschuwelijk; *(pop.)* woedend
hem *vnw* voorwerpsvorm v. hij; *~ zijn*, de gezochte zijn, degene zijn die een ander moet vangen
hematogeen' *o* bloedvorming bevorderend middel **hematologie'** *v* leer v.h. bloed **hematoom'** *o* [-tomen] bloeduitstorting **hematozo'ën** *mv* parasieten in het bloed
hemd *o* bep. onderkledingstuk; *Engels ~*, overhemd; *het ~ v.h. lichaam vragen*, van alles vragen; *het ~ is nader dan de rok*, men helpt zichzelf en zijn familie het eerst; *in zijn ~ staan*, te schande staan, niets meer hebben **hemdjurk** niet getailleerde de lichaamsvormen nauwelijks aanduidende japon **hemdsmouw** mouw v.e. hemd **hemdsslip** slip v.e. hemd
hemel **I** *m* [-en] verblijf van God en de zaligen; uitspansel **II** *m* [-s] bep. overkapping; geschilderde hemel; *~ en aarde bewegen*, alles in het werk stellen; *in de zevende ~*, buitengewoon gelukkig; *onder de blote ~*, in de open lucht; *ten ~ schreien, schreeuwen*, om wraak of herziening roepen **hemelbed** bed met overkapping **hemelbestormer** *m* [-s] wie revolutionaire ideeën heeft **hemelboog** hemelgewelf **hemelen** sterven **hemelgewelf** uitspansel **hemelglobe** bol met sterrenhemel **hemelhoog** *bn & bw* zeer hoog **hemellichaam** zich van nature in de kosmos bevindend vast geheel **hemelrijk** hemel **hemels** *bn & bw* van de hemel; zeer schoon; verheven **hemelsblauw** *bn & o* azuur **hemelsbreed** *bn & bw* zeer groot; in rechte lijn **hemelsnaam** *in ~*, alsjeblieft **hemelstreek** luchtstreek, windstreek **hemelter'gend** *bn & bw* onduldbaar **he'meltjelief'** *tw* uitroep van schrik of verwondering **Hemelvaart** opgang naar de hemel **hemelvaartsdag** 40e dag na Pasen **hemelvuur** bliksem **hemelwaarts** *bn & bw* naar de hemel **hemelwater** regen
hemi- eenzijdig; halfzijdig *(als eerste lid van ss)* **hemiplegie'** *v* halfzijdige verlamming **hemisfeer'** *v(m)* [-sferen] halfrond, halve bol **hemisti'che** *v(m)* [-n, -s] halve alexandrijn
hemmen, **hummen** even kuchen
hemodialyse ‹s=z› *v* nierdialyse **hemofilie'** *v* bloedziekte **hemoglobi'ne** *v* eiwit in de rode bloedlichaampjes
hemorroï'den *mv* aambeien
hemosta'tica *mv* bloedstelpende middelen
hen **I** *vnw* ze **II** *v* [-nen] kip
hendel *m/o* [-s] handvat, hefboom, kruk
hendiadys' ‹y=i› *v(m)* stijlfiguur met twee nevengeschikte znw waarbij het ene naar de betekenis het andere bepaalt
hendrik *m brave ~*, zoete jongen
henen *bw* heen
hengel *m* [-s] visroede met lijn en haak; daarop lijkend toestel voor wie leert zwemmen; op een vishengel lijkende stok met een microfoon **hengelaar** *m* [-s] wie hengelt; geluidstechnische helper in tv-studio **hengelen** met de hengel vissen; in een woning binnendringen door via de brievenbus met een werktuig de deur te openen; *~ naar*, vissen naar
hengsel *o* [-s] draagbeugel; scharnier
hengst *m* mannelijk paard; klap **hengsten** zeer hard studeren; hard slaan **hengstenbron** *uit de ~ gedronken hebben*, dichter zijn
henna *v(m)* roodbruin kleurmiddel

H

hennengat opening voor roerschacht; stuurstoel, cockpit
hennep *m* plant met zeer taaie vezels, Lat. Cannabis sativa **hennepen** *bn* van hennep
henry *v(m)* eenheid v. elektrische zelfinductie
hens *mv alle* ~, iedereen
hepati'tis *v* leverontsteking
hepivakantie vakantie in de periode waarin Hemelvaart en Pinksteren vallen
heptagonaal' *bn* zevenhoekig **hepta'meter** bep. zevenvoetig vers
her I *bw* ~ *en der*, in verschillende richtingen; *van ...* ~, sinds ...; *van ouds* ~, van ouds; *als voorvoegsel in bet.*: opnieuw **II** *v(m)* [-ren] har **III** *o* [-ren] herexamen **hera'demen** weer op adem komen
heral'dicus *m* [-ci] wapenkundige **heraldiek' I** *v* wapenkunde **II** *bn* van de wapenkunde
heraut' *m* wapenbode; *(fig.)* aankondiger
herba'rium *o* [-s, -ria] verzameling gedroogde planten
herberg *v(m)* café **herbergen** [herbergde, geherbergd] huisvesting geven **herbergier'** *m* [-s] waard **herberg'zaam** *bn & bw* gastvrij; bewoonbaar
herbici'de *o* [-n] onkruidbestrijdingsmiddel
herbivoor' *m* [-voren] plantenetend dier
herbo'ren *bn* wedergeboren, geestelijk vernieuwd
hercu'lisch *bn* sterk gespierd
herden'ken [herdacht, herdacht] weer denken aan; de herinnering vieren (van)
herder *m* [-s] hoeder van dieren; zielzorger; herdershond; *de Goede Herder*, Christus **herderin'** *v* [-nen] vr. herder **herderlijk** *bn* van een geestelijke herder **herdersdicht** idyllisch gedicht over het landleven, pastorale **herdershond** hond v.e. ras dat ter bewaking van kudden en als huisdier wordt gebruikt **herdersknaap** jonge herder **herdersspel** idyllisch toneelstuk over het landleven **herderstasje** *o* plant v.h. geslacht Capsella met op herderstassen lijkende hauwtjes
herdruk *m* [-ken] nieuwe druk v.e. oud geschrift; exemplaar v.e. nieuwe druk; nieuwe oplage
Here *m (prot.)* Heer
hereditair' ‹ai=è› *bn & bw* erfelijk **herediteit'** *v* erfelijkheid
heremiet', **eremiet'** kluizenaar
heremijntijd' *tw* goede hemel
herenakkoord overeenkomst met wederzijds vertrouwen **herenboer**, **heerboer** rijke boer die zelf geen handenarbeid verricht **herendub'bel** *o* [-s] wedstrijd tussen twee paar spelers **herenen'kel** *o* [-s] wedstrijd tussen twee spelers **herenhuis** deftig woonhuis
here'nigen [herenigde, herenigd] herenen
herenleventje gemakkelijk leven
heresie' *v* [-ën] ketterij
herexamen verlengd examen
herfst *m* najaar; *in ss in bet.*: van of behorend bij de herfst **herfstachtig** *bn* als in de herfst **herfstdraad** zwevende spinragdraad **herfstig** *bn* herfstachtig **herfstmaand** september **herfsttijloos** *v(m)* [-lozen] in de herfst bloeiende plant met op krokus lijkende roze bloemen, Lat. Colchium autumnale
herhaald' *bn* meer dan eens gebeurd **herhaal'delijk** *bw* bij herhaling **herha'len** [herhaalde, herhaald] nog eens zeggen of doen; *zich* ~, in herhaling vervallen; opnieuw gebeuren **herha'lingsgetal** bijwoord dat aangeeft hoe vaak iets herhaald wordt **herha'lingsoefening** inz. mil. oefening ter herhaling **herha'lingsteken** teken dat aangeeft dat iets herhaald moet worden
herin'neren [herinnerde, herinnerd] weer in het geheugen roepen; *zich* ~, nog weten **herin'nering** *v* het herinneren, het zich herinneren; wat men zich herinnert; aandenken; geheugen
herintreden na afwezigheid uit het arbeidsproces opnieuw gaan werken
herkan'sing *v* gelegenheid om alsnog in finale te komen, gelegenheid om een tentamen of examen opnieuw af te leggen
her'kapitalisatie ‹s=z› *v* vergroting v.h. kapitaal
herkau'wen [herkauwde, herkauwd] opnieuw kauwen; tot vervelens toe herhalen **herkau'wer** *m* [-s] herkauwend dier
herken'nen [herkende, herkend] terugkennen; onderkennen **herken'ningsteken** teken tot herkenning
herkomst *v* afkomst, oorsprong
herlei'den [herleidde, herleid] in eenvoudiger vorm uitdrukken
herle'ven [herleefde, herleefd] opnieuw leven; opleven
hermafrodiet' *m-v* tweeslachtig wezen
herman'dad *v(m) (scherts.) heilige* ~, politie
hermelijn' I *m* in de winter wit roofdier uit het geslacht der wezels met zwarte staartpunt, Lat. Mustela erminea aestiva **II** *o* bont daarvan **hermelijn'en** *bn* van hermelijn **hermelijn'vlinder** grijswitte vlinder met zwarte stippen
hermeneu'tica, **hermeneutiek'** ‹eu=ui› *v* uitlegkunde
herme'tisch *bn & bw* luchtdicht
hermita'ge, **ermita'ge** ‹g=zj› *v* [-s] kluizenaarshuis
hermoes, **heermoes** *o* (akker)paardenstaart
herne'men [hernam, hernomen] opnieuw krijgen; heroveren; weer spreken; antwoorden
hernia *v(m)* uitstulping v.d. weke kern der tussenwervelschijf **herniaoperatie** operatie v.e. hernia
hernieu'wen [hernieuwde, hernieuwd] weer nieuw maken; opnieuw doen, opnieuw afleggen
heroïek' I *bn & bw* heroïsch **II** *v* het heroïsche
heroï'ne *v(m)* uit morfine bereid narcoticum **heroï'nehoer** aan heroïne verslaafde hoer **heroï'nehond** hond voor het opsporen v. heroïne
hero'ïsch *bn & bw* heldhaftig, helden-

heroïs'me *o* heldhaftigheid **heros** *m* [-roën] vergode held, halfgod
hero'veren [heroverde, heroverd] terugwinnen
herpes *m* acute ontsteking van huid en sommige slijmvliezen, ook als geslachtsziekte
herrie *v(m)* twist; opschudding, lawaai **herriemaker, herrieschopper** [-s] wie herrie maakt
herrij'zen [herrees, herrezen] verrijzen, herleven
herroe'pen [herriep, herroepen] intrekken
herschep'pen [herschiep, herschapen] veranderen
herschrij'ven [herschreef, herschreven] opnieuw schrijven; omwerken; *(taalk.)* met hulp van symbolen een transformatie formuleren
hersen- *als eerste deel v. ss in bet.*: van of met betrekking tot de hersenen **hersenbloeding** *v (med.)* bloeding in de hersenen **hersenbreker** *m* [-s] moeilijk probleem; puzzel **hersendood** toestand waarin het lichaam niet meer ademhaalt of beweegt of reageert **hersenen, hersens** *mv* hersenmassa; *(fig.)* verstand; schedel **hersengymnastiek** *v* oefening v.h. verstand **herseninfarct** *(med.)* verstopping v.e. bloedvat in de hersenen **hersenkronkel** *(fig.)* vreemde gedachte **hersenloos** *bn* zonder verstand **hersenpan** schedeldeel boven de hersenen **hersenschim** droombeeld **hersenschimmig** *bn* ingebeeld **hersenschudding** *v* hersenaandoening t.g.v. een schok **hersenspinsel** *o* [-s] droombeeld **hersenspoeling** *v* het beïnvloeden van iemands geestvermogen door psychische druk **hersenverweking** *v* hersenziekte die de zenuwwerking verlamt **hersenvliesontsteking** ontsteking v.h. weke hersenvlies
herstel' *o* vergoeding; beterschap; het herstellen **herstel'betaling** *v* [-en] plicht om bij een ander veroorzaakte schade te vergoeden **herstel'len** [herstelde, hersteld] repareren, vernieuwen; (v.e. beweging) overdoen; beter worden **herstel'ling** *v (Belgned.)* reparatie; restauratie **herstel'lingsteken** *(muz.)* teken dat een mol of kruis opheft
herstructureren [herstructureerde, geherstructureerd] een nieuwe structuur geven
hert *o* herkauwend zoogdier met gewei v.d. fam. der Cervidae; *vliegend ~*, grote kever met op gewei lijkende bovenkaken, Lat. Lucanus cervus
herta'len een oudere Nederlandse tekst vertalen in modern Nederlands
hertenbok mannetjeshert **hertenkamp** *m* afgesloten voor herten bestemd stuk grond
hertog *m* iem. met de adellijke titel in rang boven graaf **hertogdom** *o* [-men] gebied v. hertog **herto'gelijk** *bn* v.e. hertog **hertogin'** *v* [-nen] vr. hertog; gemalin v. hertog
hertshooi *o* bep. plant met gele bloemen en bundels van meeldraden **hertshoorn, hartshoorn** *m (stofn. o & m)* hoorn v.e. hert; hertshoornvaren **hertshoornvaren** *m* varen met op gewei lijkend blad, Lat. Platycerium alcicorne **hertsleer, hertsleder** leer uit hertenvel **hertsleren, hertslederen** *bn* van hertsleer
hertz *m* eenheid v. trillingsfrequentie
Herv. Hervormd
hervat'ten [hervatte, hervat] hernemen
herverzekering *v* het verzekeren tegen de door de verzekeraar te lijden schade
Hervormd' *bn* van bep. prot. Kerk **hervorm'de** *m-v* [-n] lid v.d. Hervormde Kerk **hervor'men** [hervormde, hervormd] reorganiseren **hervor'ming** *v* het hervormen **Hervor'ming** *v* bep. beweging om de Kerk te hervormen **Hervor'mingsdag** 31 okt
herwaarts *bw* hierheen
herzien' [herzag, herzien] na opnieuw overwegen wijzigen **herzie'ning** *v* het herzien
hes *v(m)* [-sen] blauwe kiel; onderbloes; kort jasje
het I *lidwoord* **II** *vnw ~ zijn*, de verwachte zijn
heteluchť'kanon toestel dat een ruimte verwarmt door het blazen v. veel warme lucht
heten [heette, geheet] heet maken; [heette, geheten] noemen; de naam dragen; beweerd worden; bevelen; *welkom ~*, verwelkomen; *iem. iets ~ liegen*, beweren dat iem. iets liegt
heterdaad *op ~ betrappen*, betrappen terwijl de daad gepleegd wordt
heterochtoon' *bn* niet inheems **heterodox'** *bn* ketters, onrechtzinnig **hetero(fiel') I** *bn* zich tot het andere geslacht aangetrokken voelend **II** *m* [-ro's, -fielen] wie zo is **heterofyt'** *m* plant die van andere organismen leeft **heterogeen'** *bn* ongelijksoortig **heterogeniteit'** *v* het heterogeen zijn **heteroniem'** *o* [-en] woord dat in een andere taal of een ander dialect gebruikt wordt om hetzelfde aan te duiden als een bepaald woord dat doet **heteroseksueel' I** *bn* erotisch aangetrokken tot het andere geslacht **II** *m-v* [-elen] persoon die erotisch aangetrokken is tot het andere geslacht **heterozygoot'** *bn* met verschillende erfelijkheidsfactoren in de geslachtscellen
hetgeen', hetge'ne *vnw* dat, wat
hetwelk' *vnw* dat
hetze *v* [-s] hatelijke campagne
hetzelf'de *vnw* onzijdige vorm van dezelfde
hetzij' *vgw* of
heug *tegen ~ en meug*, met tegenzin
heugel *m* [-s] ijzeren staaf met tanden; haal
heugen in het geheugen voortleven **heugenis** *v* herinnering **heuglijk** *bn* verheugend
heul I *o* hulp, toevlucht **II** *v(m)* duiker, brug **heulen** samenspannen
heup *v(m)* lichaamsdeel boven dijen; *het op de (of zijn) ~en hebben (of krijgen)*, grillig of

H

humeurig zijn *of* worden **heupfles** bep. fles in zakformaat **heupgordel** over de heupen vast te maken veiligheidsriem in auto om de heupen gedragen gordel **heupwiegen** [heupwiegde, geheupwiegd] heen en weer bewegen met de heupen **heupzwaai** vechtworp die ingezet wordt met een beweging v.d. heupen
heur *vnw (plecht.)* haar II
heuristiek' ‹eu=ui› *v* leer v.h. methodisch vinden **heuris'tisch** *bn & bw* zelfvindend
heus *bn & bw* beleefd; echt **heuselijk** *bw* beleefd **heusheid** *v* [-heden] hoffelijkheid
heuvel *m* [-s, -en] kleine berg **heuvelachtig**, **heuvelig** *bn* vol heuvels **heuvelland** land met heuvels **heuvelrug** langgerekte bovenzijde v.e. heuvel; rij v. heuvels
hevel *m* [-s] omgebogen overtapbuis **hevelen** met een hevel overtappen
H
hevig *bn & bw* fel
hexaë'der *m* [-s] kubus **hexagonaal'** *bn* zeshoekig **hexagram** *o* [-grammen] figuur met zes hoeken **hexa'meter** *m* [-s] bep. zesvoetig vers
Hf *(schei.)* hafnium
hg hectogram
Hg *(schei.)* hydrargyrum
Hgd. Hoog-Duits
H.H. Hare Hoogheid; Heren; Heiligen
h.i. haars of huns inziens
hiaat' *o/m* [-aten] leemte; het op elkaar stoten van klinkers
hibis'cus *m* [-sen] met klokvormige bloemen bloeiende kamerplant of tuinstruik uit de kaasjeskruidfamilie
hidden file ‹fail› *(comp.)* onzichtbaar bestand
hiel *m* achtereinde van voet of kous of sok of schoeisel; achterdeel of ondergedeelte van bep. voorwerpen; *op de ~en zitten*, van nabij achtervolgen; *de ~en lichten* of *de ~en laten zien*, ervandoor gaan; *naar zijn ~en omzien*, aan vluchten denken **hielenlikker** onderdanige vleier
hiep *~ ~, hoera!*, uitroep v. blijdschap
hier *bw* alhier; *vormt ook met voorzetsels en bijwoorden samenstellingen met de bet.*: deze *of* dit
hiërarch' *m* Grieks aartspriester **hiërarchie'** *v* [-ën] rangvolging van waardigheidsbekleders; priesterschap; hoofdgroep van engelen **hiërarchiek'**, **hiërar'chisch** *bn & bw* volgens rangorde
hiëra'tisch *bn* priesterlijk
hierbene'den *bw* onder deze plaats; op aarde **hier'bij'** *bw* bij dit, hierdoor **hierbo'ven** *bw* boven dit; in de hemel **hiernaast'** *bw* naast dit; bij de buren
hierna'maals **I** *bw* na de dood **II** *o* wat na de dood komt
hiëro'glief' *v(m)* [-en] beeldschriftteken; *(fig. mv)* onontcijferbaar schrift **hiërogli'fisch** *bn & bw* betrekking hebbend op hiërogliefen
hier'on'der *bw* onder deze plaats, verderop onder dit of deze **hier'op'** *bw* op dit; hierna **hier'over** *bw* aangaande dit **hier'o'ver** *bw* tegenover deze plaats **hier'tegeno'ver** *bw* tegenover dit of deze plaats **hier'toe'** *bw* tot dit doel **hier'voor** *bw* met dit doel **hier'voor'** *bw* voor dit
hifi ‹haifai› high fidelity, natuurgetrouwe geluidsweergave **hifi-installatie** set v. bijeenhorende geluidsapparatuur
high ‹hai› *bn* met verhoogd bewustzijn en verhevigde waarneming **highbrow** geleerd **highlight** ‹hailait› *o* [-s] hoogtepunt **high society** ‹hai sosaajetie› *v* rijke en/of vooraanstaande laag v.d. maatschappij **hightech** *bn* technologisch hoogontwikkeld
hij **I** *vnw* **II** *m* mannelijk persoon
hijab' *m* [-s] hoofddoekje v. moslimmeisjes
hijgen zwaar ademhalen **hijger** *m* [-s] wie telefonisch obsceen benadert
hijlikmaker, **heiligmaker** *m* [-s] voor een bruiloft bedoelde koek
hijs *m* het hijsen; hijstoestel; zwaar werk **hijsblok** katrol voor het hijsen v. goederen **hijsen** [hees, gehesen] optrekken; stevig drinken **hijskraan** werktuig voor het hijsen v. zware goederen
hik *m* kenmerkende geluiden voortbrengende kramp v.h. middenrif
hiker ‹i=ai› *m-v* [-s] wie een trektocht maakt
hikken geluiden maken t.g.v. de hik; *ergens tegenaan ~*, ergens tegen zijn en dit laten blijken
hilariteit' *v* vrolijkheid
hinde *v* [-n] vr. hert
hinder *m* overlast, letsel; verdriet **hinderen** belemmeren; overlast aandoen, ergeren **hinderlaag** *v(m)* verdekte opstelling, valstrik **hinderlijk** *bn & bw* hinderend **hindernis** *v* [-sen] belemmering **hindernisloop** loopwedstrijd met hindernissen **hinderpaal** *m* hindernis **hinderwet** wet volgens welke men iets kan trachten tegen te houden op grond v. verwachte hinder
hindoe *m-v* [-s] wie het hindoeïsme aanhangt **hindoeïs'me** *o* bep. godsdienst
hinkelen hinken **hinken** mank gaan; op één been voortspringen; *op twee gedachten ~*, inconsequent zijn **hinkepink** *m* manke **hink-stap-sprong** *m* combinatie van hinksprong en stap en vertesprong
hinniken het geluid v.e. paard maken
hint *m* [-s] wenk
hip **I** *bn* ook in de uiterlijke verschijning uiterst antitraditioneel **II** *m* [-pen] *(pop.)* klant v.e. prostituee **III** *v* snol
hiphop *m* in Amerika ontstane stroming in de popmuziek met o.a. scratch en rap
hipo ‹i=ai› *m-v* [-'s] *high potential*: door grote ondernemingen voor hen als veelbelovend beschouwd student
hippen huppelen, huppen
hippie *m-v* [-s] volkomen tegen de huidige gemeenschap ingaand vredelievend iem.
hippisch *bn* paarden- **hippodroom'** [-dromen] *m/o* renbaan voor paarden; paardenspel, rijtent **hippopo'tamus** *m* [-sen] nijlpaard
hirsutis'me *o* overbeharing bij vrouwen
hispanist' *m* wie Spaans en de Spaanse cultuur bestudeert **hispanoloog'** *zie* **hispanist**

histami'ne bloedvaten verwijdende stof
histologie' *v* weefselleer
historiciteit' *v* het werkelijk gebeurd zijn
histo'ricus *m* [-ci] beoefenaar der geschiedenis **histo'rie** *v* [-s, -riën] geschiedenis; *natuurlijke ~*, plant-, dier- en delfstofkunde **histo'riestuk** schilderstuk met historisch onderwerp **historiograaf'** *m* [-grafen] geschiedschrijver **historiografie'** *v* geschiedschrijving **histo'risch** *bn & bw* betrekking hebbend op de geschiedenis, met geschiedkundige ondergrond, geschiedkundig; werkelijk gebeurd
hit I *m* [-ten] klein paard II *m* [-s] *(muz.)* succesnummer **hitlijst** lijst van meest verkochte grammofoonplaten en cd's **hitparade** *v* lijst v. in een bep. periode meest verkochte grammofoonplaten
hitsen opstoken **hitsig** *bn* vurig
hitte *v* grote warmte; onstuimigheid **hittegolf** *v(m)* aaneengesloten periode van minstens tien dagen met maximale temperaturen van gemiddeld minstens 28°hittepetit [-ten] bedrijvig persoontje
hitteschild beschermend schild v.e. ruimtevaartuig
hiv *m* [gmv] *human immunodeficiency virus*: virus dat aids veroorzaakt
h.k. hoogste koers
H.K.H. Hare Koninklijke Hoogheid
H.K.M. Hare Koninklijke Majesteit
hl hectoliter
hls hogere landbouwschool
hm hectometer
H.M. Hare Majesteit
hm *tw* hela, zo zo
HMG Hoog Militair Gerechtshof
hno huishoud- en nijverheidsonderwijs
h.o. hoger onderwijs
Ho *(schei.)* holmium
ho *tw* halt!; kalmpjes aan!
hobbel *m* [-s] oneffenheid **hobbelen** zacht op en neer gaan; over hobbels rijden **hobbelig** *bn* oneffen **hobbelpaard** bep. speelgoed
hobbezak *m* [-ken] flodderig kledingstuk; flodderig gekleed iem.; onbehouwen iem. **hobbezakkig** *bn & bw* flodderig gekleed
hobby ⟨y=ie⟩ *m* [-'s] favoriete vrijetijdsbesteding **hobbybeurs** beurs voor knutselaars **hobbyis'me** *o* beoefenen v.e. hobby; niet-professioneel aanpakken
hobo' *m* [-'s] met een dubbelriet aangeblazen muziekinstrument; bep. orgelregister **hoboïst'** *m* hoboblazer
hobu hoger onderwijs buiten de universiteit
hockey ⟨ey=ie⟩ *o* door 2 elftallen met hockeysticks en een harde bal gespeelde sport **hockeyen** [hockeyde, gehockeyd] hockey spelen **hockeystick** *m* slaghout voor hockey
hocus-po'cus *o/m* toverformule; geheimzinnig gedoe
hodeldebo'del *bn* hoteldebotel
hodgkin ⟨g=zj⟩ *ziekte van Hodgkin*, ziekte v.h. lymfsysteem
hodometer, odometer *m* [-s] wegmeter
hoe *bw* op welke wijze; in welke mate
hoed I *m* bep. hoofddeksel; wat er op lijkt II *o* inhoudsmaat; *onder een ~je te vangen*, erg tam; *onder één ~je spelen*, samenspannen; *zich een ~je lachen*, heel erg om iets lachen
hoeda'nig *vnw* wat voor **hoeda'nigheid** *v* [-heden] kwaliteit; aard; functie
hoede *v(m)* bescherming; *op zijn ~*, waakzaam **hoeden** passen op, bewaken, beschermen; *zich ~*, zich in acht nemen
hoedenplank plank om hoeden op te leggen
hoef I *m* [-ven] hoornachtige massa aan de voet bij hoefdieren; hoefijzer II *v(m)* [-ven] hoeve **hoefbeslag** *o* het beslaan v. hoeven; de hoefijzers **hoefblad** *groot ~*, samengesteldbloemige plant met grote hartvormige bladen, Lat. Petasites officinalis; *klein ~*, samengesteldbloemige plant met gele bloem, Lat. Tussilago farfara **hoefdier** dier met hoeven **hoefijzer** ijzeren beslag voor een hoef **hoefijzermagneet** hoefijzervormige magneet **hoefslag** *m* aandeel in dijkonderhoud; slag met de hoef; spoor v.e. hoef **hoefsmederij'** smederij v.d. hoefsmid **hoefsmid** smid die beslaat
hoegenaamd' *bw* volstrekt; *~ niet*, geenszins; een beetje
hoek *m* ruimte tussen samenkomende lijnen of vlakken; deel van effectenbeurs; streek; vishaak, haak; verborgen plaats; puntig uitsteeksel; stoot van opzij; *uit alle ~en en gaten*, van overal; *de ~* of *het ~je om*, dood; *zich in de ~ laten duwen*, zich laten verdringen; *uit de ~*, voor de dag; *korte ~*, deel van goal tussen doelman en doelpaal dat zich het dichtst bij de bal bevindt; *lange ~*, deel van goal tussen doelman en doelpaal dat zich het verst van de bal bevindt
hoeker *m* [-s] breed vaartuig voor visserij of transport
hoekhuis huis op de hoek v.e. straat **hoekig** *bn* met hoeken; stroef **hoeklijn** hoekpuntslijn **hoekman** [-lieden, -nen] wie voor eigen rekening aan de beurs een of meer fondsen verhandelt **hoekpunt** hoek **hoekpuntslijn** lijn die twee niet opeenvolgende hoekpunten verbindt **hoeks** *bn* een hoek vormend **hoekschop** vrije schop uit een hoek v.h. terrein, corner **hoekslag** stoot van opzij; vrije slag uit een hoek **hoeksteen** sluitsteen; steunpilaar **hoektand** tussen snijtanden en kiezen staande tand
hoelahoep' *m* spel met om de heupen draaiende hoepel
hoe'lang' *bw tot~*, tot wanneer
hoempa *m* [-'s] straatmuzikant
hoen *o* [-deren, -ders] kip; *(jagerst.)* patrijs; *zo fris als een ~tje*, zonder een spoor van vermoeidheid **hoender-** *als eerste lid van ss*: kippen- **hoenderachtigen** *mv* met de kip verwante vogels **hoenderpark** kippenfokkerij **hoenderpest** vogelpest
hoep *m* hoepel **hoepel** *m* [-s] gesloten band; ringvormig speelwerktuig **hoepelen** met

de hoepel spelen **hoepelrok** door middel van hoepels wijduitstaande rok
hoepla *tw* hup
hoer vrouw die tegen betaling seksuele omgang heeft
hoera' *tw* uitroep van vreugde **hoera'stemming** *v* overwinningsstemming
hoerenjong onvolledige regel boven aan een pagina **hoerenkast**, **hoerentent** *v(m)* bordeel **hoerenloper** *m* [-s] wie vaak hoeren bezoekt **hoerenwaard** *m* exploitant v.e. bordeel **hoere'ren** hoererij plegen **hoererij'** *v* het tegen betaling hebben van seksuele omgang **hoerig** *bn* hoerachtig
hoes *v(m)* [-zen] overtrek **hoeslaken** als een hoes over een matras getrokken laken
hoest *m* plotselinge uitstoting van lucht uit de luchtpijp; het hoesten **hoestbui** *v(m)* aanval van hoest **hoesten** een hoest uitstoten, een hoest hebben **hoestpastille** tablet tegen hoest
hoeve *v(m)* [-n] boerderij
hoe'veel' *telw* welk aantal **hoeveel'heid** *v* [-heden] aantal; deel **hoeveel'ste** *telw* welke in rangorde
hoeven moeten
hoe'ver'(re) *in ~*, tot op welke hoogte
hoewel' *vgw* ofschoon
hoezee' *tw* hoera!
hoezeer' *vgw* hoewel
hoezo' *tw* uitroep v. verwondering
hof *o* [hoven] woning v. vorst; hofhouding; begijnhof; gerechtshof; *het ~ maken*, attenties bewijzen **hofdame** dame v. hofhouding **hoffelijk** *bn & bw* wellevend, hoofs **hofhouding** *v* vorstelijke huishouding met de hovelingen **hofje** *o* om een pleintje liggende huizen (als liefdadige instelling) **hofkapel** kapel in een hof; muziekkorps v.e. hof **hofleverancier** vorstelijk onderscheiden bedrijf **hofmaarschalk** bestuurder v.d. vorstelijke huishouding **hofmeester** wie aan boord logies en voeding verzorgt; opperceremoniemeester aan het hof **hofnar** aan een hof verbonden nar **hofstad** *v(m)* [-steden] residentie **hofste(d)e** *v(m)* [-steden] boerderij
hogedruk'gebied gebied met hoge barometerstand **hogedruk'pan** snelkookpan **hogedruk'reiniger** *m* [-s] apparaat waarmee vuil met water onder hoge druk wordt verwijderd **hogedruk'spuit** spuit waarmee onder hoge druk wordt gespoten
hogelijk *bw* zeer **hogen** verhogen; doen uitkomen; kleuren (v.e. prent) **hogepries'ter** opperpriester **hogeremachts'vergelijking** vergelijking v.d. derde of hogere graad **ho'gerhand'** *v(m)* rechterkant, ereplaats; *van ~*, van overheidswege **hogerop'** *bw* hoger, verderop; vooruit; in hoger beroep; bij een hogere instantie **hogeschool'** inrichting voor hoger onderwijs in beperkte groep v. vakken met recht op promotie; hogere dressuur v. paarden **hogesnelheidstrein** trein met zeer grote snelheid
hoi *tw (pop.)* dag!
hok *o* [-ken] kot; vak; bundel garven; *(sp.)* doel **hokjesgeest** *m* bevooroordeelde mentaliteit
hokkeling *m* éénjarig kalf
hokken dicht opeen zitten; haperen; ongetrouwd samenleven **hokkerig** *bn* met kleine kamers **hokstok** stok met inrichting voor het verwijderen van hondenuitwerpselen **hokvast** *bn* ongaarne verhuizend of uitgaande
hol I *bn & bw* niet gevuld; ingezonken; naargeestig; met hoge golfslag; klankloos; niets zeggend **II** *o* spelonk, holle ruimte; verblijfplaats van wild dier in de grond; ruim; schuilhoek; *in het holst* of *het holle van de nacht*, in het diepst van de nacht; *zich in het ~ van de leeuw wagen*, het gevaar tegemoet treden; *op ~*, niet meer naar de teugel luisterend, van streek; *op een holletje*, hollend
hola *tw* ho!
holbeinwerk fijn borduurwerk met gelijkheid v. voor- en achterkant
holbeitel guts
holderdebolder *bw* hals over kop; rommelig
holding ‹o=oo› *m* [-s] vennootschap die aandelen bezit in werkmaatschappijen
hole ‹hool› *m* [-s] kuiltje bij golfspel; punt bij golfspel
holenmens *m* in holen levende mens
holhoornigen *mv* herkauwers
holis'me *o* theorie die het totaal hoger acht dan de som v.d. afzonderlijke verschijnselen
Holland *~ in last*, grote nood, grote opwinding om niets **hollandai'sesaus** ‹aise=èèze› warme lichtzure eiersaus **Hollander** *m* [-s] iem. uit Holland; *vliegende h~*, met hefboom voort te bewegen kinderkarretje **hollandi'tis** *v* uit Nederland op andere landen overgeslagen en daar in leidende kringen ongewenste maatschappelijke beweging
hollen hard lopen; *~ of stilstaan*, van het ene uiterste in het andere vervallen
holocaust' *m* totale mensenmoord
Holoceen' *o* jongste tijdvak v.h. Quartair
holografie' *v* [gmv] techniek waardoor driedimensionale beelden ontstaan **hologra'fisch** *bn* eigenhandig geschreven; met behulp van of betrekking hebbend op holografie **hologram'** *o* [-men] driedimensionale afbeelding
holrond *bn* rond ingebogen, concaaf
holster *m* [-s] pistoolfoedraal; aan een riem onder de kleding gedragen leren opbergzakje
holte *v* [-n, -s] holle ruimte; indeuk; hol
hom *v(m)* [-men] voortplantingsvocht van mannetjesvis; mannetjesvis
home ‹hoom› *o* tehuis **homecomputer** kleine computer
homeopaat' *m* [-paten] voorstander v. homeopathie **homeopathie'** *v* geneeswijze met wat de ziekte veroorzaakt

homeopa'thisch *bn & bw* met wat de ziekte veroorzaakt **homeosta'se** ‹s=z› *v* [-s, -n] zelfregulerend vermogen
homepage ‹hoompeedzj› *(comp.)* *m* [-s] eerste pagina v. website, vaak met inhoudsopgave
homer *m* [-s] homerun
home'risch *bn ~ gelach*, onbedaarlijk gelach; *~e strijd*, reuzenstrijd
homerun ‹hoomrun› *m* [-s] loop van honkbalspeler om alle honken
homespun ‹hoomspun› *m/o* grofharig weefsel **hometrainer** ‹hoomtreener› *m* [-s] toestel voor fietsbewegingen
homilie' *v* [-ën] kanselrede; tekstverklaring
homini'de *m-v* [-n] de menselijke eigenschappen vertonend zoölogisch wezen
homma'ge ‹ommaazje› *m* [-s] eerbetoon
hommel *v(m)* [-s] mannetje v.d. honingbij; op een bij lijkend maar groter insect v.d. onderfamilie der Bombinae
hommeles *het is ~*, er is ruzie; het is mis
hommer *m* [-s] mannetjesvis; zeekreeft, Lat. Homarus vulgaris
homo *m* [-'s] homofiel; *als eerste deel v.e. ss*: gelijk, van gelijke soort of gelijk geslacht **homofiel'** I *bn* homoseksueel II *m* homoseksueel iem. **homofoon'** *bn* gelijkklinkend; met slechts één stem als melodie **homogeen'** *bn* gelijksoortig; van dezelfde beginselen **homogeniteit'** *v* het homogeen zijn **homograaf'** I *bn* op dezelfde wijze geschreven II *m* [-grafen] op dezelfde wijze geschreven woord **homohuwelijk** huwelijk tussen seksegenoten **homokine'tisch** *bn* gelijk bewegend
homologa'tie *v* [-s] gerechtelijke bekrachtiging **homologe'ren** homologatie verlenen **homoloog'** *bn* gelijkluidend **homoniem'** I *bn* gelijkluidend II *o* gelijkluidend woord **homonymie'** *v* verschijnsel dat bep. woorden homoniemen zijn
homoscene ‹scene=sien› *v zie* **gay-scene**; **homoseksueel'** I *bn* erotisch aangetrokken tot seksegenoten II *m* persoon die erotisch aangetrokken is tot seksegenoten
homozygoot' I *bn* met dezelfde erfelijkheidsfactoren II *m* [-goten] homozygote entiteit
homp *v(m)* dik stuk
hompelen strompelen
homvis *m* [-sen] mannetjesvis
hond *m* huisdier v.d. soort Canis familiaris; verachtelijk wezen; *geen ~ of kat*, geen sterveling; *bekend als de bonte ~*, berucht; *geen slapende ~en wakker maken*, geen argwaan wekken; *als een ~ behandelen*, slecht behandelen; *vliegende ~*, bep. grote vleermuis; *rode ~*, bep. huidziekte; *mechanische* of *rijdende ~*, langzaam rijdend rondbezorgerskarretje; *Mexicaanse ~*, geluid v.e. genererend radiotoestel; *de ~ in de pot vinden*, alle eten op vinden; *van het ~je gebeten*, trots; *wie een ~ wil slaan heeft licht een stok gevonden*, voor iets kwaads vindt men gemakkelijk een voorwendsel; *blaffende ~en bijten niet*, wie dreigt is ongevaarlijk; *komt men over de ~, dan komt men ook over de staart*, als de grootste moeilijkheden maar overwonnen zijn volgt de rest ook wel; *met onwillige ~en is het kwaad hazen vangen*, met tegenwerkende mensen bereikt men niets **hondenbaan** slechte baan **hondenbelasting** gemeentelijke belasting op het houden v. een of meer honden **hondenbrokken** [mv] tot brokken geperst voer voor honden **hondenhok** hok v.e. hond **hondenkop** kop v.e. hond; treinstel met op een hondenkop lijkend front **hondenleven** ellendig leven **hondenpenning** belastingpenning v.e. hond **hondenwacht** wacht van middernacht tot 4 uur v.m. **hondenweer** slecht weer **hondenziekte** bep. ziekte v. jonge honden
honderd I *telw* 10 maal 10; zeer veel; *nummer ~*, wc; *ten ~*, % II *o* honderdtal; *in het ~*, in de war, in het wilde weg; *~uit*, zeer druk **honderddui'zend** I *telw* honderdmaal duizend II *m* prijs van 100.000 gld. in een loterij **honderddui'zendste** *telw* nummer 100.000; 1/100.000 **honderdman** [-nen] hoofdman over 100 soldaten **honderdste** *telw* nummer 100; 1/100
hondje *o* kleine hond; *een ~ van een ...*, een aardig ... **honds** *bn & bw* onbeschoft *(ook als eerste deel van vsch. plantnamen)*; *als eerste deel van ss met een bn*: zeer **hondsdagen** *mv* warmste tijd v.h. jaar tussen 19 juli en 18 augustus **hondsdol'** *bn* aan de hondsdolheid lijden **hondsdol'heid** *v* ziekte door beet v.e. dolle hond **hondsdraf** *v(m)* kruipend plantje met paarsblauwe lipbloemen **hondstong** *v(m)* ruwbehaarde plant met donkerrode bloem **hondsvot** *v(m)/o* [-ten] ellendeling
honen smaden, bespotten
honger *m* behoefte om te eten; hevig verlangen; *~ is een scherp(snijdend) zwaard*, honger voert tot misdaden; honger is een hevige kwelling **hongerdoek** in de vastentijd in kerken gehangen doek met toepasselijke voorstellingen **hongerdood** dood door gebrek aan voedsel **hongeren** honger hebben **hongerig** *bn & bw* met honger **hongerklop** *m* [gmv] *(sp.)* terugslag tijdens wedstrijd als gevolg van niet tijdig eten **hongerkuur** geneeswijze waarbij men weinig voedsel tot zich neemt **hongerlijder** armoedzaaier **hongerloon** laag loon **hongeroedeem** ‹oe=eu› door langdurige honger ontstaan oedeem **hongersnood** algemeen voedselgebrek **hongerstaking** het voedsel weigeren uit protest **hongerwinter** *m* winter met hongersnood, *(inz.)* winter 1944-1945 in Holland **hongerzucht** *v(m)* anorexia nervosa
honi(n)g *m* door bijen bereide suikerstof v. bloemen; *~ om de mond smeren* of *strijken*,

vleien; (als eerste lid van plantnamen duidt het de geur aan) **honi(n)gbij** gewone bij **honi(n)gdauw** *m* door bladluizen afgescheiden stof **honi(n)gdrank** mede **honi(n)graat** door bijen gemaakt cellenbouwsel voor opslag v. honing **honi(n)gzeem** *o/m* ongepijnde honing **honi(n)gzoet** *bn* zoet als honing; vleierig, lief

honk *o* vrijplaats bij spel; huis **honkbal(spel)** *o* slagbalspel tussen twee negentallen waarbij men probeert tijdig een honk te bereiken **honkloper** *m* [-s] speler v.d. partij aan slag die langs de honken loopt **honkslag** slag waardoor de betrokken speler een honk kan bereiken

honneponnig *bn & bw* snoezig

honneurs' *mv* eerbewijzen; *de ~ waarnemen*, als gastvrouw of gastheer optreden; gepaste eer bewijzen

H

honora'bel *bn & bw* eervol, deftig **honorair'** ⟨ai=è⟩ *bn* ere-; onbezoldigd **honora'rium** *o* [-ria, -s] loon **honore'ren** eren; betalen; erkennen; honorarium geven **hono'ris causa** eershalve

hoofd *o* bovenste deel v.h. lichaam boven de hals; het bovenste of voorste of hoogste; verstand, inzicht; voornaamste leider; aanlegsteiger, pier; persoon; (in ss betekent het: bep. lichaamsdeel of vooral een bep. rang of voornaamste of boven andere(n) staand); *zoveel ~en zoveel zinnen*, zoveel mensen zoveel zienswijzen; *boven het ~ hangen*, bedreigen; *het ~ buigen*, het opgeven, zich onderwerpen; *het ~ laten hangen*, moedeloos zijn; *naar het ~ gooien* of *slingeren*, verwijten; *het ~ boven water houden*, niet ten onder gaan; *een hard* of *zwaar ~ in iets hebben*, iets donker inzien; *het ~ hoog dragen*, fier zijn; *uit ~e van*, wegens; *uit dien ~e*, daarom; *uit zijn ~*, van buiten; *uit het ~ praten*, van iets doen afzien; *uit het ~ zetten*, afzien van; *het in het ~ hebben*, krankzinnig zijn; *niet wel bij het ~*, krankzinnig; *over* of *boven het ~ groeien*, langer *of* de baas worden; *over het ~ zien*, niet opmerken; *het ~ opsteken*, in verzet komen, zich weer doen merken; *het ~ in de schoot leggen*, berusten; *zijn ~ met* of *over iets breken*, ergens zwaar over peinzen; *voor het ~ stoten*, kwetsen; *zijn ~ stoten*, niet slagen; *met het ~ tegen de muur lopen*, het onmogelijke trachten te doen; *naar het ~ stijgen*, bloedsaandrang naar het hoofd veroorzaken, verwaand doen worden; *aan het ~ staan van*, het bevel voeren over; *het is mij door het ~ gegaan*, ik ben het vergeten; *het ~ kwijt*, niet meer wetend wat te doen **hoofdakte** *(arch.)* diploma dat de rang van hoofdonderwijzer geeft **hoofdarbeider** wie met het hoofd werkt **hoofdartikel** voornaamste artikel of bepaling **hoofdbreken** *o* [-s] diep peinzen **hoofddeksel** bedekking voor hoofd **hoofddocent** universitair docent in één rang onder de hoogleraar **hoofddoek** doek rond het hoofd te dragen **hoofdeinde** deel waar het hoofd ligt **hoofdelijk** *bn & bw* per hoofd, per persoon **hoofdgerecht** belangrijkste schotel bij maaltijd **hoofdig** *bn & bw* koppig **hoofdje** *o* klein hoofd; titel; korte samenvatting voorafgaand aan een tekst; geplooid randje bovenaan een gordijn **hoofdkaas** *m* zult **hoofdkwartier** verblijf v. legerleiding **hoofdletter** bijzondere beginletter **hoofdlijnen** *mv* voornaamste trekken **hoofdman** [-nen] kapitein, hoofd **hoofdofficier** officier in hogere rang bij de krijgsmacht; hoofd v.e. arrondissementsparket **hoofdonderwijzer** onderwijzer met volledige bevoegdheid voor basisonderwijs **hoofdpijn** pijn in het hoofd **hoofdrekenen** *o* rekenen uit het hoofd **hoofdschotel** het belangrijkste **hoofdschudden** *o* het schudden v.h. hoofd ter afkeuring of weigering **hoofdsom** kapitaal, totaal bedrag; belasting zonder opcenten **hoofdstad** hoofdplaats v. land of provincie **hoofdsteun** steun voor het hoofd **hoofdstuk** samenhangend deel v. geschrift **hoofdtoon** grondtoon; voornaamste klemtoon **hoofdvak** belangrijk of voornaamste vak v.e. studie **hoofdwas** belangrijkste wasprogramma **hoofdwerk** hoofdzaak; hersenwerk **hoofdzaak** het voornaamste **hoofdza'kelijk** *bw* vooral **hoofdzeer** uitslag op het behaarde hoofd **hoofdzin** deel v. zin zonder bijzinnen **hoofdzonde** *(r.-k.)* elk v.d. zeven zware zonden; voornaamste gebrek

hoofs *bn & bw* wellevend, hoffelijk

hoog *bn & bw* zich naar boven uitstrekkend, niet laag, verheven; *(voorafgegaan door een hoofdtelwoord)* op een verdieping; ver v.d. evenaar; aanzienlijk; erg; *komt ook voor als eerste deel van vsch. titels, en als eerste deel v. kleurnamen met bet.*: hel of helder; *hoge rug*, kromme rug; *hoge zee*, zee met grote golven; *hoge eer*, grote eer; *hoge woorden*, twist; *~ en droog*, veilig; *te ~ gaan*, het begrip te boven gaan; *hoger*, bovennatuurlijk; *hoogst*, zeer; *ten ~ste*, ten zeerste, op zijn meest; *~ste tijd*, meer dan tijd; *~ opnemen*, ernstig opvatten; *~ lopen met*, zeer gesteld zijn op; *bij ~ en laag*, krachtig; *den hoge(n)*, de hemel; *een hoge*, een hooggeplaatste **hoogaltaar** hoofdaltaar **hoogbejaard** *bn* zeer oud **hoogblond** *bn* goudblond **hoogbouw** wijze waarbij zeer hoog gebouwd wordt **hoogconjunctuur** *v* tijd van grote voorspoed **hoogdra'vend** *bn* gezwollen **hoogdruk** druktechniek in reliëf **hoogfrequent** *bn* met veel perioden per tijdseenheid **hooggaand** *bn* hevig **hooggebergte** gebergte hoger dan 2000 meter **hooggeëerd** *bn & bw* zeer geëerd

hooggel. hooggeleerde **hooggeplaatst** *bn* met een hoge positie **hooggeschat** *bn* zeer gewaardeerd **hoogharʼtig** *bn & bw* fier, trots **hoogheem'raad** lid v. hoofdpolderbestuur **hoogheem'raadschap** gebied onder hoofdpolderbestuur **hoogheid** *v* [-heden] voornaamheid, trots;

hoge rang; aanzien, gezag; (ook titel voor vorsten of prinsen) **hooghouden** *(sp.)* trainingsoefening waarbij de bal de grond niet raakt **hoogkoor** priesterkoor **hoogland** uitgestrekte bergstreek, hooggelegen land **hoogle'raar** leraar in bep. rang aan universiteit **hooglijk** *bw* zeer **hooglopend** *bn* hevig **hoogmis** plechtig gezongen mis **hoogmoed** trots **hoogmoe'dig** *bn & bw* trots **hoogmoedswaanzin** ziekelijke trots **hoognodig** *bn & bw* dringend nodig **hoogoven** hoge smeltoven voor ijzererts **hoogrendement'ketel** cv-installatie met een hoog rendement **hoogschatten** [schatte hoog, hooggeschat] achten **hoogseizoen** drukste tijd **hoogslaper** *m* [-s] verhoogd bed **hoogspanning** spanning boven 500 volt; *onder ~*, met inspanning van alle krachten **hoogspanningsmast** mast voor leidingen met hoogspanning **hoogspringen** *o* springen om het hoogst **hoogstaand** *bn* edel **hoogstam** boom met hoge stam **hoogstand** *m*, **hoogstandje** *o* [-s] oefening waarbij men zich op de handen zet en het lichaam naar boven strekt; opvallende prestatie **hoogstbiedende** [-n] wie het meeste biedt **hoogsteigen** *bn in ~ persoon*, zelf **hoogstens** *bw* ten hoogste; in het uiterste geval

hoogte *v* [-n, -s] verhevenheid; heuvel; het hoog zijn; afstand; van top tot basis *op de ~*, ingelicht; *op de ~ stellen*, inlichting verschaffen; *uit de ~*, trots; *de ~ hebben* of *krijgen*, dronken zijn *of* worden; *ergens geen ~ van krijgen*, ergens niet uit wijs worden **hoogtecirkel** breedtecirkel **hoogtelijn** loodlijn uit het toppunt op de basis **hoogtemeter** toestel om de geografische breedte te bepalen **hoogtepunt** toppunt **hoogteroer** toestel ter regeling v.d. hoogte **hoogtestralen** *mv* kosmische stralen **hoogtevrees** vrees wegens de hoogte **hoogtezon** booglamp met veel ultraviolette stralen

hoogtij *o* hoog water; bloeitijd; *~ vieren*, *(meestal ong.)* bloei beleven **hoog'uit'** *bw* op zijn meest **hoogveen** boven de grondwaterspiegel ontstaan veen **hoogverraad** misdaad tegenover het vaderland **hoogvlakte** hooggelegen vlakte **hoogvlieger** *geen ~*, iem. met weinig verstand **hoogwaar'dig** *bn* verheven **hoogwaar'digheidsbekleder** *m* [-s] wie een hoog ambt vervult **hoogwa'ter** hoge waterstand; het hoogst v.d. vloed **hoogwerker** rijdend toestel om op meerdere hoogten te werken **hoog'zwanger** *bn* in de laatste periode v.d. zwangerschap

hooi *o* gedroogd gras; *te veel ~ op zijn vork nemen*, te veel ondernemen; *te ~ en te gras*, op ongeregelde tijden **hooiberg** hoge hoop hooi **hooiboter** boter van melk van met hooi gevoerde koeien **hooibouw** hooioogst **hooien** hooi winnen; *~ als de zon schijnt*, de gunstigste gelegenheid gebruiken **hooikaas** kaas van melk van met hooi gevoerde koeien **hooikist** kist om eten warm te houden of gaar te stoven **hooikoorts** allergische aandoening v.d. slijmvliezen **hooiland** grasland om hooi te winnen **hooimaand** juli **hooimijt** *v(m) zie* **hooiberg**; **hooischuur** opslagplaats v. hooi; *(fig.)* grote mond **hooiwagen** wagen voor vervoer v. hooi; spinachtig dier met lange poten v.d. orde der Opiliones

hoo'ligan ‹hoelieGun› *m* [-s] voetbalvandaal

hoon *m* smaad **hoongelach** smadelijk gelach

hoop I *m* [hopen] stapel, menigte; *te ~*, samen; *de grote ~*, de meerderheid **II** *v(m)* verwachting, vertrouwen **hoopvol** *bn* vol hoop, vol belofte

hoorapparaat toestel voor slechthorenden **hoorbaar** *bn & bw* te horen **hoorbril** bril met ingebouwd hoorapparaat **hoorcollege** college waarbij alleen de docent actief optreedt **hoorcommissie** commissie door welke men gehoord wordt

hoor en we'derhoor *o (jur.)* het luisteren naar beide partijen

hoorn I *m* [-en, -s] spits uitsteeksel op kop van dieren, daarop gelijkend uitsteeksel of voorwerp; koperen blaasinstrument; telefoonhoorn; *de ~s laten zien*, zich vijandig tonen; *de ~s opsteken*, zich verzetten; *te veel op zijn ~s nemen*, te veel op zich nemen **II** *o* stof van dat spitse uitsteeksel **hoornachtig** *bn* als hoorn **hoornblazer** wie op een hoorn blaast **hoornbloem** muurachtige plant met witte bloemen, Lat. Cerastium caespitosum **hoorndol** kolderig; woedend **hoorndrager** *m* [-s] seksueel bedrogen echtgenoot **hoornen** *bn* v. hoorn **hoornist'** *m* hoornblazer **hoornlaag** bovenste laag v.d. huid **hoorntje** *o* broodje of gebakje in de vorm v.e. halve maan; spits toelopende ijswafel **hoornvee** vee met hoorns **hoornvlies** doorschijnend vlies voor het oog

hoorspel radiotoneelstuk **hoorzitting** openbare zitting om burgers gelegenheid te geven tegenover de overheid hun mening te zeggen

hoos *v(m)* [hozen] wervelwind; schep om te hozen; hoge vissерslaars **hoosgat** diepte in een klein schip waaruit men hoost **hoosvat** schepper met steel om te hozen

hop I *v(m)* bitterstof voor bier leverende klimplant, Lat. Humulus lupulus **II** *m* [-pen] gele vogel met kuif en lange snavel, Lat. Upupa epops **III** *tw* spring! **hopbel** vruchtkegel v.d. hop **hopbitter** *o* uit hop afgescheiden bittere stof

hopelijk *bw* naar ik hoop **hopeloos** *bn & bw* zonder hoop, erg **hopen** stapelen; hoop hebben

hopje *wm o Haags ~*, suikerwerkblokje met koffiesmaak

hopla *tw* uitroep bij het springen

hopman *m* [-lieden] verkennersleider

hoppen met hop vermengen en koken; in

H

trance springen

hopper *m* [-s] trechtervormige laadbak met losklep; vaartuig met zo'n laadbak

hopsa *tw* (uitroep bij het springen); ~, *heisasa*,

hor *v(m)* [-ren] inzetraam v. gaas

horde *v(m)* [-n] bende; welpeneenheid; vlechtwerk van rijshout; houten raam voor hordeloop **hordeloop** wedloop met horden als hindernis

horeca *m* bedrijfstak voor hotels en restaurants en cafés

horen I *mv (r.-k.)* biduren; *(myth.)* de godinnen v.d. jaarge tijden **II** *ww* een gehoor hebben, met het oor waarnemen; gehoorzamen; vernemen, verhoren, luisteren naar; *zich ~ laten*, aannemelijk zijn; *dat ~ en zien vergaat*, geweldig

horig *bn (gesch.)* als halfvrije onder een heer staande; afhankelijk

horizon(t) *m* [-zonten, -zonnen] gezichtseinder, gezichtskring **horizontaal'** *bn* waterpas; evenwijdig aan de horizon, niet verticaal **horizonvervuiling** ontsiering v.h. landschap door technische producten

horlepiep, **horlepijp** *v(m)* beweeglijke solodans

horlo'ge ‹og=oozj› *o* [-s] draagbaar uurwerk; *staand ~*, op de grond staande klok

hormonaal' *bn* van of betrekking hebbend op hormonen **hormo'nen** *mv* stoffen uit klieren met inwendige afscheiding **hormoon'ring** voorbehoedmiddel in de vorm v.e. ring met hormonen die in de vagina wordt geplaatst

horoscoop' *m* [-scopen] sterrenstand bij geboorte; *de ~ trekken*, levensloop voorspellen uit de sterren **horoscoop'trekker** wie levensloop uit de sterren voorspelt

horrelvoet *m* (iem. met) misvormde voet

horri'bel *bn & bw* afgrijselijk

horri'bile dictu ‹u=oe› vreselijk om te zeggen

horror *m* [-s] kunstwerk met griezeleffect

hors *o/v(m)* [horzen] met vloed onderlopende zandplaat

hors concours' ‹òòr konkoer› buiten mededinging

hors d'oeu'vre ‹hor deùvre› *o* [-s] koud voorgerecht; toegift

horse ‹hòs› *m* heroïne

horst *m* verheffing v. bodem; nest v. roofvogel

hort I *tw* voort **II** *m* stoot

horten stoten, haperen

horten'sia ‹s=z› *v(m)* [-'s] sierheester met bolvormige bloeitros

hor'ticultuur' *v* tuinbouw

hortus *m* academische plantentuin

horzel *v(m)* [-s] tweevleugelig insect v.d. familie der Oestridae met parasitair levende larven

hosan'na, **hosian'na** ‹s=z› *tw* heil

hospes *m* [-sen, -pites] gastheer, waard, kostbaas; wezen dat een parasiet onderhoudt **hospice'** ‹hospies› *o* [-s] huis voor verzorging v. stervenden **hospik** *m* [-ken] wie deel uitmaakt v.d. Geneeskundige Troepen **hospita** *v* [-'s] kostjuffrouw

hospitaal *o* [-talen] militair ziekenhuis **hospitaallinnen** met rubber doorwerkt linnen **hospitaalschip** drijvend hospitaal **hospitaalsoldaat** soldaat die verpleegt **hospitaaltrein** trein voor vervoer en eerste behandeling v. gewonden **hospitalise'ren** ‹s=z› zo gewend raken aan de verzorging in een ziekenhuis dat men v.h. eigen milieu vervreemd raakt **hospitaliteit'** *v* gastvrijheid **hospitant'** *m* wie hospiteert **hospite'ren** lessen bijwonen als aspirant-leraar **hospi'tium** *o* [-s, -tia] klooster dat gastvrijheid verleent; tehuis

hos'selen zich met illegale praktijken inlaten

hossen in rijen gearmd en zingend lopen

hos'tess ‹o=o *of* oo› *v* [-es] betaalde gastvrouw

hostie *v* [-s, -tiën] *(r.-k.)* voor de H. Communie bestemd offerbrood

hostiel' *bn & bw* vijandig **hostiliteit'** *v* vijandelijkheid, vijandigheid

hot *tw (tot trekdier)* naar rechts; *van ~ naar haar*, heen en weer

hotdog ‹g=G› *m* broodje met worst

hotel' *o* [-s] gebouw om te logeren **hotel'cake** eenvoudige cake

hoteldebotel *bn* van de kook; verliefd, verrukt; geestelijk in de war

hotel'houder eigenaar of exploitant v. hotel

hôtelier' ‹ier=jee› *m* [-s] hotelhouder

hotel'keten reeks hotels van dezelfde eigenaar **hotel'-restaurant'** hotel dat tevens restaurant is **hotel'schakelaar** schakelaar waarbij het licht op twee plaatsen kan worden aan- of uitgedraaid **hotel'school** instituut voor opleiding van hotelpersoneel **hotel'sluiting** sluiting van kussenslopen zonder knopen maar met brede inslag **hotel'vliegreis** reis waarbij vliegen en hotels in de kosten zijn inbegrepen

hotemetoot *(pop.) m/v* [-toten] hooggeplaatst persoon

hot is'sue ‹hot isjoe›, **hot item** ‹i=ai› *o* [-s] actueel onderwerp

hotjazz ‹jazz=djez› *m* wilde grillige jazz **hotline** ‹line=lain› *m* [-s] rechtstreekse telefoonverbinding tussen belangrijke instanties **hotpants** ‹a=e› *mv* nauw sluitend zeer kort damesbovenbroekje

hotsen schokken

hot spot *m* [-s] warmste plaats op kookplaat

hotten *z* (v. melk) schiften, stremmen

hou *~ en trouw*, trouw

houdbaar *bn* verdedigbaar; te handhaven; te bewaren

houden [hield, gehouden] behouden, vasthouden, inhouden; gestand doen; volgen; aanzien voor; nemen; er op nahouden; volhouden; draagkracht hebben; vastgrijpen; vast blijven zitten; verzorgen; onderhouden; uitspreken; *zich ~*, doen alsof; *zich ~ aan*, zich richten naar; *zich ~ bij*, blijven bij; *zich goed ~*, zich bedwingen; goed blijven; ~ *van*, beminnen, gaarne hebben; *niet te* ~, onbedwingbaar; *het zal erom* ~, het staat te bezien; *slepende* ~, geen voortgang doen vinden; *voor zich* ~, niet zeggen **houder** *m* [-s] wie iets heeft; bestuurder; wat iets houdt, tank **houdgreep** *m* bep. greep waardoor de tegenstander wordt uitgeschakeld **houding** *v* aan het lichaam gegeven vorm; gedragslijn; voorkomen

houdoe *tw (volks.)* afscheidsgroet, vooral in Noord-Brabant

houdstermaatschappij *v* [-en] maatschappij die slechts zaken doet met aandelen van andere maatschappijen

house ‹hous› *m* elektronische vaak instrumentale dansmuziek **housen** dansen op housemuziek **houseparty** ‹y=ie› feest waarop men houst; demonstratie v. diverse artikelen bij iem. thuis om ze te verkopen

house-warming party ‹houswòmingpartie› *v* [-'s] feest om nieuw huis in te wijden

hout *o* langzaam hard wordend deel v. plantenweefsel; houtgewas; houten blaasinstrumenten in een orkest; *geen* ~ *snijden*, niets bewijzen; *van dik* ~ *zaagt men planken*, royaal; *van het ~je*, katholiek; *op eigen ~je*, op eigen gezag; *alle* ~ *is geen timmerhout*, men kan niet ieder *of* alles gebruiken; *van zijn ~je vallen* of *gaan*, flauwvallen; *op een ~je bijten*, weinig te eten hebben **houtblazer** wie uit hout gemaakte blaasinstrumenten bespeelt **houtdruk** druk met houten lettervormen **houtduif** duif v.d. soort Columba palumbus **houten** *bn* van hout; ~ *klaas*, houterig iem. **houterig** *bn & bw* stijf; onhandig **houtgas** gas uit hout **houtgeest** methylalcohol **houtgewas** bomen en struiken **houtgravure** houtsnede **houtig** *bn* houtachtig **houtje-touw'tjejas** jas met stokjes en lussen als sluiting **houtlijm** *m* [gmv] plakmiddel voor hout **houtluis** in hout levend insect, Lat. Atropos pulsatorius **houtopstand** het staand hout **houtpulp** houtcellulose **houtring** jaarring **houtschroef** schroef om in hout gedraaid te worden **houtsculptuur** stuk houtsnijkunst **houtskool** *v(m)* [-kolen] verkoold hout, ook als staafje tekenmateriaal **houtsnede** in hout gesneden tekening; afdruk daarvan **houtsnijder** houtgraveur, wie houtsnijwerk maakt **houtsnijkunst** kunst v.d. houtsnijder **houtsnijwerk** kunstig uit hout gesneden dingen **houtsnip** in het bos levende steltvogel met lange snavel, Lat. Scolopax rusticola; sneetje wittebrood en roggebrood met kaas daartussen **houttuin** opslagplaats van hout **houtvester** *m* [-s] bosopzichter **houtvesterij'** *v* bosopzicht **houtvlotter** *m* [-s] wie hout in vlotten vervoert **houtvrij'** *bn* zonder hout **houtwal** met bomen en struiken beplante wal **houtwerk** houten gedeelte **houtwerker** *m* [-s] houtbewerker, witwerker **houtwesp** insect uit de families Xiphydriidae en Siricidae dat zijn eieren in naaldbomenhout legt **houtwol** fijne krullen **houtworm** in hout levende insectenlarve

hou'vast' *o* steun; zware kram; *van (de)* ~ *zijn*, gierig zijn

houw I *m* slag met scherp ding **II** *v(m)* houweel **houwdegen** grote degen; vechtersbaas **houweel'** *o* [-welen] werktuig om los te hakken **houwen** [hieuw, gehouwen] hakken

houwit'ser *m* [-s] kanon met tamelijk korte loop

hovaar'dig *bn & bw* trots **hovaardij'** *v* trots

hoveling *m* iem. v.d. hofhouding; *(fig.)* vleier

hovenier' *m* [-s] *(bijz. t.)* tuinman

hovercraft ‹o=oe› *v(m)* [-s] luchtkussenvaartuig, luchtkussenvoertuig

hozen water uit een boot scheppen

HP *horse power*, paardenkracht

hr. Heer

H.R. Hoge Raad

hr'-ketel hoogrendementketel *(energiezuinige cv-ketel)*

hs handschrift

H.S. Heilige Schrift

hsao hoger sociaal-agogisch onderwijs

hsg hogere school voor gezondheidszorg

HSL hogesnelheidslijn

hspo hoger sociaal-pedagogisch onderwijs

HST hogesnelheidstrein

h.t. *hoc tempore*, in deze tijd; op dit moment

html *hypertext markup language*, opmaakconventies van World Wide Web

htno hoger technisch en toegepast natuurwetenschappelijk onderwijs

hto hoger technisch onderwijs

htp hogeschool voor theologie en pastoraat

hts hogere technische school

hts"er *m-v* [-s] wie les krijgt aan een hts

http *hypertext transfer protocol*, protocol voor World Wide Web

hu *tw* brr!; ho!; vooruit!

hufter *(scheldn.) m* [-s] lomp persoon; opschepper

hui *v(m)* vocht dat na het kazen overblijft

huichelaar *m* [-s, -laren] wie huichelt **huichelachtig** *bn & bw* geveinsd **huichelarij'** *v* het huichelen **huichelen** veinzen

huid *v(m)* vel, vlies; buitenbekleding; *(zegsw.)* leven; *een dikke* of *harde* ~ *hebben*, ongevoelig zijn voor beledigingen of terechtwijzingen; *de* ~ *vol schelden*, met scheldwoorden overladen; *op zijn* ~, ervan langs; *in een slechte* ~, ziekelijk; *met* ~ *en haar*, helemaal; *de* ~ *van de beer verkopen voor hij geschoten is*, niet voldoende rekening houden met de onzekerheid van iets wat men in de toekomst verwacht

huidig *bn* hedendaags

huidkleur kleur v. huid; kleur als die v.d. huid **huidskleur** ras **huiduitslag** vlekken en puistjes op de huid

huif *v(m)* [-ven] kap **huifkar** kar met huif

huig *v(m)* lelletje in de keel **huig-r** *v(m)* [-'s] uitspraak van de r met trillende huig

huik *v(m)* lange kapmantel; *de ~ naar de wind hangen*, veranderen naar de omstandigheden
huilbaby baby die in de eerste maanden abnormaal veel huilt **huilbui** uitbarsting v. huilen **huilebalk** *m* veel huilend kind **huilen** janken; gieren; schreien; *het ~ staat iem. nader dan het lachen*, iem. is er erg bedroefd onder **huiler** *m* [-s] moederloos zeehondje **huilerig** *bn & bw* naar huilen staand, alsof men gaat huilen
huis *o* [-zen] woning; kasteel; aanzienlijke woning; wat op een huis gelijkt; familie, geslacht; firma; *als eerste lid van diernamen betekent het vaak*: tamme *of* gewone; *huizen bouwen op*, vast vertrouwen op; *er is geen ~ met hem te houden*, hij is erg lastig; *om over naar ~ te schrijven*, om enthousiast over te zijn; *het Witte Huis*, de ambtswoning v.d. president v.d. Verenigde Staten; de regering v.d. Verenigde Staten **huis-aan-huis'blad** gratis bij ieder huis bezorgd blad met advertenties **huisapotheek** geneesmiddelen voor het gebruik in de huishouding; kistje of kastje daarvoor **huisarbeid** thuis verrichte arbeid **huisarbeider** wie huisarbeid verricht **huisarrest** verbod om buitenshuis te gaan **huisarts** arts met algemene vorming **huisbaas** verhuurder v.h. huis **huisbak'ken** *bn* in huis gebakken, alledaags **huisbewaarder** wie het huis bewaakt **huisbezoek** bezoek aan huis **huisbijbel** bijbel voor het gezin **huisbraak** *v(m)* inbraak **huisbrandolie** olie als brandstof voor gebruik in huis **huiscomputer** kleine computer **huisdealer** ‹ea=ie› *m* [-s] verkoper v. drugs binnen een sociaal-culturele instelling **huisdeur** voordeur **huisdier** tam dier **huiselijk** *bn & bw* het huishouden betreffende; meestal en gaarne thuis blijvend; gezellig **huisgenoot** lid v.h. gezin, medebewoner v.h. huis **huisgezin** gezin **huisheer** heer des huizes, huisbaas
huishoudbeurs beurs met huishoudgeld; beurs voor allerlei huishoudelijke zaken **huishoudboek** aantekenboek v. huiselijke uitgaven **huishou'delijk** *bn & bw* het huishouden betreffende; met aanleg en neiging voor het huishouden; *~e vergadering*, vergadering waarbij de inwendige aangelegenheden ter sprake komen; *~ reglement*, in bijzonderheden tredend reglement **huishouden I** *ww* [hield huis, huisgehouden] het huis beheren; ruw optreden **II** *o* [-s] beheer v.h. huisgezin; gezin; huisraad; *~ van Jan Steen* of *van Kea*, slordige boel **huishoudfolie** doorzichtig folie voor keukengebruik **huishoudgeld** geld voor de huishouding **huishouding** *v* huishouden; *als tweede deel v.e. ss*: regeling **huishoudschool** school om te leren huishouden **huisindustrie** huisarbeid **huisjas** kort kamerjasje **huisje** *o* klein huis; wat daarop lijkt; schelp v. slak; zaadhulsel; bep. omsluiting; *heilig ~*, café, zaak waarop geen kritiek geduld wordt; *elk ~ heeft zijn kruisje*, geen enkel gezin is zonder leed **huisje-boompje-beest'je** *als eerste deel v.e. ss*: burgerlijk **huisjesmelker** [-s] *(min.)* wie zeer goedkope woningen zo duur mogelijk verhuurt **huisjesslak** slak met huisje **huiskamer** woonkamer **huiskapel** kapel in huis **huisknecht** knecht voor huiselijk werk **huislook** vaak op het dak groeiende vetplant v.h. geslacht Sempervirum **huisman** [-nen] man in gezin die voor de huishouding zorgt **huismeester** conciërge in een gebouw met appartementen **huismerk** [-en] eigen merk van grootwinkelbedrijf **huismiddel** eenvoudig geneesmiddel niet op medisch advies **huismijt** in huis levende mijt, Lat. Glycyphagus domesticus **huismoeder** moeder **huismus** gewone mus; wie altijd thuis is **huisorde** door een vorst verleende ridderorde **huisplaag** lastige echtgenote, lastpost in huis **huisprelaat** priester die voor de eer deze titel draagt **huisraad** *o* meubels, inboedel **huisschilder** wie als beroep huizen enz. verft **huistiran** lastige vader **huistoe** *bw* huiswaarts **huis-, tuin- en keuken-** (in ss); heel gewoon **huisvader** vader **huisvesten** [huisvestte, gehuisvest] doen wonen **huisvesting** *v* inwoning **huisvlijt** in het huis verricht knutselwerk **huisvredebreuk** het wederrechtelijk zijn in iemands woning **huisvriend** vriend v.h. gezin; trouw bezoeker **huisvrouw** vrouw aan het hoofd v.e. huishouding; echtgenote **huisvuil** *o* afval v.e. huishouden **huiswerk** werk om het huis in orde te houden; thuis te maken schoolwerk **huiswijn** onder eigen merknaam in een winkel verkochte wijn; eenvoudige in een restaurant aanbevolen wijn **huiszoeking** *v* gerechtelijk onderzoek in woning
huiven met een huif dekken
huiveren rillen; terugdeinzen **huiverig** *bn* aarzelend; bang; rillerig **huivering** *v* [-en] rilling **huiveringwek'kend** *bn* huivering teweegbrengend
huizen wonen
huizenhoog *bn & bw* zeer hoog
hulde *v* eerbetoon **huldebetoon** *o*, **huldebetoning** *v* eerbetoon **huldeblijk** bewijs v. hulde **huldigen** eerbetoon betuigen; als heer erkennen; inhuldigen; toegedaan zijn
hulk *v(m) (vero.)* groot koopvaardijschip; schip; onttakeld schip als opslagruimte
hullen omhullen
hulp *v(m)* bijstand; helper, helpster; *in ss met persoonsnamen is de betekenis*: tot bijstand toegevoegd; *met andere namen vaak*: nood-*óf* ondergeschikt **hulpbehoe'vend** *bn* hulp nodig hebbend **hulpbetoon** *o* bijstand **hulpbron** iets waar de welvaart althans gedeeltelijk op berust **hulpeloos** *bn* zich niet kunnende helpen **hulplijn** verduidelijkende lijn; lijn buiten notenbalk **hulpmiddel** middel **hulpmotor** motor die de gewone beweegkracht vervangt of

H

steunt **hulpofficier** ambtenaar met bevoegdheid van officier v. justitie **hulpstof** stof die voor de productie dient zonder bestanddeel v.h. product te worden **hulpstuk** extra onderdeel voor speciaal gebruik **hulptroepen** troepen tot aanvulling **hulpvaar'dig** *bn* tot hulp bereid **hulpverlener** *m* [-s] wie professioneel hulp verleent **hulpwerkwoord** werkwoord dat logisch ondergeschikt is aan de bijbehorende onvervoegde vorm **hulpwetenschap** wetenschap in dienst v.e. andere

huls *v(m)* [-zen] omhulsel, koker; tweekleppige vrucht **hulsel** *o* [-s] omhulsel

hulst *m* altijdgroene heester met harde en stekelige bladeren en rode bessen, Lat. Ilex aquifolium

hum *v (scherts.)* humeur; *(pop.)* wc

humaan' *bn & bw* menslievend, welwillend **humanio'ra** *mv* studie v.d. Griekse en Latijnse klassieken **humanis'me** *o* studie v.d. letterkunde en oude wijsbegeerte; streven naar humaniteit **humanist'** *m* aanhanger v.h. humanisme **humanis'tisch** *bn* van de humanisten; van de humaniora **humanitair'** ‹ai=è› *bn & bw* menslievend **humanitaris'me** *o* streven naar humaniteit **humaniteit'** *v* het humaan zijn

humbug *m* bluf, schijn, vertoon

humeur' *o* luim **humeu'rig** *bn* ongelijk van humeur

humilia'tie *v* [-s] vernedering

hummel *m* [-s] dreumes

hummen, **hemmen** kuchen, roepen

hummer *m* [-s] hommer

humor *m* vrolijkheid met weemoed **humores'ke** *v(m)* [-n] humoristisch verhaal; luimig muziekstuk **humorist'** *m* iem. met humor; luimig schrijver of voordrager **humoris'tisch** *bn & bw* met humor

humus *m* teelaarde

hun *vnw* hen; aan hen; van hen

hunebed *o* [-den] prehistorisch graf v. zeer grote stenen

hunkeren sterk verlangen

hup, **hupla** *tw* vooruit **huplakee** *tw* hupsakee **huppeldepup** *tw* snel en onverwacht; wacht eens even!; gebruikt in plaats v.e. naam die niet te binnen schiet

huppelen onregelmatig springend voortgaan; vrolijk rondspringen **huppelkut** *(pej.) v* onnozel of naïef meisje **huppen** met beide benen tegelijk springen

hups *bn & bw* aardig, vrolijk; beleefd

hupsakee *tw* hup!

huren voor geld ten gebruike of in dienst nemen

hurken **I** *ww* met doorgezakte knieën zitten **II** *mv op zijn* of *de ~*, gehurkt **hurksprong** *(sp.)* sprong in hurkhouding over de lat **hurktoilet** ‹toi=twa› wc zonder closetpot waarop men op de hurken zit

HUS *Hemolytisch Uremisch Syndroom*, (hamburgerziekte)

husky *m(v)* [-'s] poolhond

husselen door elkaar gooien of mengen

hut *v(m)* [-ten] armelijke woning; scheepsverblijf voor afzonderlijke personen

hutje ~ *bij mutje leggen*, gezamenlijk betalen; *met ~ en mutje*, met heel de boel

hutjemut'je *bw* dicht op elkaar **hutkoffer** grote kist voor bagage

hutselen, **hutsen** dooreenschudden **hutspot** *m* door elkaar gestampte aardappelen, wortelen, uien en vlees

Hüttenkäse ‹huutenkeeze› *m* [gmv] korrelig kaasproduct met weinig vet

huur *v(m)* [huren] het huren; huursom; *als eerste lid van ss vaak*: gehuurd **huurbeding** door hypotheekhouder gemaakt beding dat verhuur zonder zijn toestemming niet mag plaatsvinden **huurbescherming** wettelijke bescherming v.e. huurder tegen huuropzegging **huurceel** huurcontract **huurcontract** overeenkomst over huur en verhuur **huurder** *m* [-s] wie huurt **huurharmonisatie** *v* het overeen laten stemmen v.d. huurprijs van oude en nieuwe huizen door die v.d. oude huizen op te trekken **huurkoop** koop op afbetaling waarbij de betaalde termijnen als huur worden beschouwd **huurleger** leger v. huurlingen **huurling** *m* gehuurd iem., gehuurd soldaat **huurprijs**, **huursom** som waarvoor men huurt **huursubsidie** bijdrage van overheid in huur **huurwaarde** huur als belastinggrondslag **huurwaardeforfait** ‹ait=è› bedrag dat een huiseigenaar voor de belasting bij zijn inkomen moet optellen

huwbaar *bn* volwassen **huwelijk** **I** *o* formele echtverbintenis **II** *bn ~se staat*, huwelijk **huwelijksadvertentie** advertentie waarbij iem. ten huwelijk wordt gevraagd **huwelijksafkondiging** voorgeschreven bekendmaking v.e. voorgenomen huwelijk **huwelijksbootje** huwelijkse staat **huwelijksbureau** bureau dat bemiddelt bij het zoeken v.e. partner **huwelijksreis** plezierreis na de bruiloft **huwelijksvoltrekking** *v* twee personen in de echt verbinden; *(r.-k.)* eerste bijslaap in een huwelijk **huwelijksvoorwaarden** *mv* voorwaarden omtrent eigendom bij het huwelijk **huwelijkszegen** bij het huwelijk uitgesproken zegen; kinderen **huwen** trouwen, uithuwen

huzaar' *m* [-zaren] cavalerist **huza'rensalade**, **huzarensla** *v(m)* koud gerecht met o.a. vlees en aardappelen en schijfjes ei **huza'renstukje** *o* kranige daad

HV Humanistisch Verbond

H.W. hoog water

hyacint' **I** *m (stofn. o)* geelachtig-rode halfedelsteen **II** *v(m)* bolgewas met zeer geurige trosbloem, Lat. Hyacinthus **hyacin'tenglas** glas om een hyacintenbol in bloei te trekken

hybri'de *m* [-n] bastaard; kruising; soort fiets **hybri'disch** *bn* van tweeërlei herkomst, bastaardachtig **hybridise'ren** ‹y=ie, s=z› kruisen

hydra ‹y=ie› *v(m)* [-'s] zoetwaterpoliep;

schrikgedrocht **hydraat'** *o* [-aten] verbinding v. bep. stof met water **hydrau'lica** *v* leer v.d. waterkracht **hydrau'lisch** *bn* door waterkracht bewogen

hydro- ‹y=ie› *als eerste deel van ss*: met betrekking tot water **hydrocefaal'** **I** *m* waterhoofd **II** *bn* een waterhoofd bezittend **hydrocultuur** cultuur met water en een voedingsbodem van gebakken kleikorrels **hydrodyna'mica** *v* leer v.d. beweging v.d. vloeistoffen **hydro-elektriciteit** door waterkracht opgewekte elektriciteit **hydrofiel'** *bn* vocht aantrekkend **hydrofobie'** *v* watervrees **hydrofoil'boot** draagvleugelboot **hydrofyt'** *m* waterplant **hydrogeen'** *o* waterstof **hydrogra'fisch** *bn* water- **hydrometer** vochtweger; snelheidsmeter van water **hydroplaan'** *m* [-planen] door een luchtschroef snel voortbewogen boot; watervliegtuig **hydropsie'** *v* waterzucht **hydrosta'tica** *v* leer omtrent evenwicht v.d. vloeistoffen **hydrosta'tisch** *bn & bw* op de hydrostatica berustend **hydrotechniek** waterbouwkunde **hydrotherapie** *v* geneeswijze met water **hydroxide** *o* [-n, -s] base

hye'na ‹y=ie› *v(m)* [-'s] lijken etend roofdier met gestreepte of gevlekte vacht; wie de nood v.e. ander misbruikt

hygië'ne ‹y=ie› *v(m)* gezondheidsleer; gezondheidstoestand **hygië'nisch** *bn & bw* overeenstemmende met of over de hygiëne

hygrometer ‹y=ie› *m* [-s] vochtmeter **hygrometrie'** *v* leer v.d. bepaling v.d. waterdamp **hygroscoop'** *m* [-scopen] hydrometer **hygrosco'pisch** *bn* vochtaantrekkend

hymen ‹y=ie› *o* [-s] maagdenvlies

hymne ‹himne› *v(m)* [-n] lofzang

hype ‹haip› *m* [-s] verschijnsel zonder inhoud; rage **hypen** ‹y=ai› [hypete, gehypet] *(fig.)* opblazen

hyper- ‹y=ie› *in ss*: in sterke of overdreven mate; te veel **hyperbo'lisch** *bn & bw* buitensporig; vergrotend, overdreven; hyperboolvormig **hyperbool'** *v(m)* [-bolen] overdrijving; bep. kegelsnede **hypercorrect'** *bn & bw* door vrees voor onjuistheid fout

hyperlink ‹y=ai› *m* [-s] *(comp.)* verbinding tussen computerbestanden

hypermarkt ‹y=ie› supermarkt van ten minste 2500 m^2 waarvan een derde voor levensmiddelen dient **hypermetropie'** *v* verziendheid **hyperoniem'** *o* woord dat tegenover een ander woord een betekeniselement minder bevat **hyperso'nisch**, **hypersoon'** *bn* vijfmaal zo snel als het geluid **hyperten'sie**, **hypertonie** *v* hoge bloeddruk

hypertext ‹y=ai› *m* [-s] *(comp.)* tekst met hyperlinks

hyperthermie' ‹y=ie› *v* bevanging door warmte **hypertrofie'** *v* [-ën] abnormale toeneming in omvang en gewicht zonder celvermeerdering **hyperventilatie** *v* [gmv] te snel en te diep ademhalen

hypno'se ‹hiepnooze *of* hipnooze› *v* toestand v. kunstmatig verhoogde suggestibiliteit; het veroorzaken van die toestand **hypno'ticum** *o* [-tica] slaapmiddel **hypno'tisch** *bn* hypnose verwekkend; bedwelmend **hypnotise'ren** ‹s=z› onder hypnose brengen **hypnotiseur'** ‹s=z› *m* [-s] wie hypnotiseert **hypnotis'me** *o* kennis en wezen v. hypnose

hypo ‹y=ie› *o* fixeerzout

hypocentrum ‹y=ie› haard v.d. aardbeving

hypochon'der ‹y=ie, ch=g› *bn* zwaarmoedig; [-s] hypochondrist **hypochondrie'** *v* zwaarmoedigheid **hypochondrist'** *m* wie aan hypochondrie lijdt

hypocoris'tisch ‹y=ie› *bn* een vleinaam gebruikend, het karakter v.e. vleinaam dragend

hypocriet' ‹y=ie› *m* huichelaar **hypocrisie'** ‹s=z› *v* huichelarij **hypocri'tisch** *bn & bw* gehuicheld

hypoder'mis ‹y=ie› *m* lederhuid

hypofy'se ‹y=ie, s=z› *v* [-s, -n] klier onder aan de hersenen

hypoglycaemie' ‹hiepoogliekeemie› *v (med.)* te sterk gedaalde bloedsuikerspiegel

hyponiem' ‹y=ie› woord dat tegenover een ander woord een betekeniselement meer bevat

hypoten'sie ‹y=ie› *v* te lage bloeddruk

hypotenu'sa ‹y=ie, s=z› *v(m)* [-'s] schuine zijde v. rechthoekige driehoek

hypothecair' ‹y=ie, ai=è› *bn* van of met een hypotheek **hypotheek'** *v* [-theken] lening op onroerend goed **hypotheek'bank** bank die geld op hypotheek leent **hypotheek'gever** geldnemer op hypotheek **hypotheek'houder** hypotheeknemer **hypotheek'kantoor** kantoor waar hypotheken worden ingeschreven **hypotheek'nemer** geldgever op hypotheek **hypotheke'ren** als hypotheek stellen

hypothermie' ‹y=ie› *v* [gmv] te lage lichaamstemperatuur

hypothe'se ‹y=ie, s=z› *v* [-n, -s] onderstelling **hypothe'tisch** *bn & bw* verondersteld

hysop ‹hissop› *m/v* lipbloemige heester met als geneesmiddel en voor rituele handelingen gebruikte bloem, Lat. Hyssopus officinalis

hysterectomie' ‹hys=his› *v* het operatief wegnemen v.d. baarmoeder

hyste'rica ‹hys=his› *v* [-'s] aan hysterie lijdende vrouw **hysterie'** *v* zich in gemaakt en overspannen gedrag uitende ziels- en zenuwziekte **hyste'risch** *bn & bw* aan hysterie lijdend

hysterotomie' *v zie* **hysterectomie**

Hz hertz

I

I Romeins teken voor 1
i *v(m)* [-'s] negende letter van ons alfabet; zonder lippenronding gevormde vrije of gedekte gesloten voormondklinker
ia (nabootsing v. geluid v. ezel)
IAO Internationale Arbeidsorganisatie
IATA *International Air Transport Association*, internationale organisatie voor de (burger)luchtvaart
iatrogeen' *bn* door medische handeling veroorzaakt **iatrosoof'** *m* [-sofen] alternatief genezer met op antroposofie gebaseerde ideeën
ib., **ibid.** *ibidem*, op dezelfde plaats
i.b.d. in buitengewone dienst
ibi'dem *bw* ter zelfder plaatse
ibis *m* [-sen] nijlreiger
ibo individueel beroepsonderwijs
i.b.v. in bezit van
i.c. *in casu*, in dit geval
IC *(comp.)* Integrated Circuit; *intercity*, trein die vrijwel alleen in grote steden stopt
ICD *implantic cardiatic defribillator*, geïmplanteerd apparaat ter behandeling v. hartritmestoornissen
ICE hogesnelheidstrein
ichtyologie' *v* kennis v.d. vissen **ichtyolo'gisch** *bn* de ichtyologie betreffende **ichtyoloog'** *m* [-logen] beoefenaar v.d. ichtyologie
icon', **icoon'** *v(m)* [iconen] op hout geschilderde religieuze voorstelling in de oostelijke kerkelijke kunst; teken dat lijkt op datgene wat het nabootst; voorbeeldige representant **iconoclast'** *m* beeldenstormer **iconografie'** *v* leer v.d. afbeeldingen, beschrijving v.d. afbeeldingen **iconologie'** *v* verklaring van uitbeelding op grond v.d. voorstelling **iconoscoop'** *m* [-scopen] apparaat dat een beeld omzet in elektr. stroom **iconosta'se** ‹se=ze› *v* [-s, -n] wand tussen priesterkoor en schip **icoon'** *m* [iconen] *zie* **icon**
ICT Informatie- en Communicatietechnologie
ICTO Interkerkelijk Comité voor Tweezijdige Ontwapening
id. *idem*, hetzelfde, dezelfde
ideaal **I** *bn* volmaakt **II** *o* [-alen] wat men zich als 't beste voorstelt; droombeeld **idealise'ren** ‹s=z› als ideaal voorstellen **idealis'me** *o* idealist zijn; kunstrichting die ideeën wil belichamen; stelsel dat ideeën als werkelijkheid beschouwt **idealist'** *m* wie idealen nastreeft; aanhanger v. idealisme **idealis'tisch** *bn & bw* v.e. idealist **idea'liter** *bw* als ideaal bezien
idee **I** *o* [-ën] gedachte, voorstelling, begrip, inval, plan, illusie **II** *v(m)* [gmv] (filosofisch) verondersteld grondbeeld **ideëel'** *bn* alleen in gedachten; bovenzinnelijk **idee'ënbus** door instellingen geboden gelegenheid om nieuwe ideeën onder de aandacht te brengen
idee-fi'xe ‹idee-fieks› *o/v* [-n] dwangvoorstelling
idem dezelfde; hetzelfde; ~ *zoveel*, heel wat
identiek' *bn & bw* geheel gelijk, samenvallend **identifica'tie** *v* [-s] het identificeren **identifice'ren** vereenzelvigen; de identiteit vaststellen; *zich* ~, zijn identiteit bewijzen **identiteit'** *v* eenheid v. persoon of wezen; het identiek zijn; wat eigen is aan een bep. persoon **identiteits'bewijs** bewijs waaruit identiteit blijkt **identiteits'crisis** toestand van twijfel over het eigen zijn
ideografie' *v* schrift met begriptekens
ideogram' *o* [-men] een bepaald begrip uitdrukkende afbeelding
ideologie' *v* [-ën] beginselen v.e. stelsel **ideolo'gisch** *bn & bw* van of volgens een ideologie
idiogra'fisch *bn & bw* het karakteristieke beschrijvend
idiolect' *o* [-en] door één individu gerealiseerde taal
idioma'tisch *bn* taaleigen betreffend **idioom'** *o* [-omen] taaleigen
idioot' **I** *bn* **II** *m* [-oten] stompzinnig(e), stom(kop)
idiopa'thisch *bn (med.)* niet door andere ziekten ontstaan
idiosyncrasie' ‹syn=sin, sie=zie› *v* aangeboren overgevoeligheid; eigenaardigheid, hebbelijkheid **idiosyncra'tisch** *bn (taalk.)* als afzonderlijk geval optredend
idioterie' *v* [-ën] iets idioots
idio'ticon *o* [-s, -ca] dialectwoordenboek
idiotis'me *o* [-n] idioot zijn; domme daad; eigenaardige spreekwijze
idolaat' *bn & bw* afgodisch; ~ *van*, zeer verliefd *of* verzot op **idolatrie'** *v* afgoderij **idool'** *o* [-olen] afgod
idyl'le ‹y=i› *v(m)* [-s, -n] bekoorlijk tafereeltje (ook in dichtvorm) **idyl'lisch** *bn & bw* lieflijk als een idylle
i.e. *id est*, dat is
iebel *bn* kregel
ieder *vnw* elk **ie'dereen'** *vnw* elkeen
iegelijk *vnw een* ~, ieder
iel *bn & bw* ijl, teer
iemand *vnw* een persoon
iemker *zie* **imker**
iep *m*, **iepenboom** olm **iepen** *bn* v. iepenhout
iet *vnw (zegsw.)* iets **iets** **I** *vnw* wat, ietwat **II** *bw* een beetje **ietsepietsie**, **ietsepietsje** *o* beetje **ietwat** *bw* enigszins
i.e.w. in één woord
iezegrim *m* [-men] gemelijk iem. **iezegrim'mig** *bn & bw* gemelijk
iglo *m* [-'s] ijshut
ignorant' ‹ign=ienj *of* inj› *bn* onwetend **ignore'ren** niet weten; niet willen kennen
i-grec' ‹ie-Grek› *v(m)* [-s] y
i.h.a. in het algemeen
i.h.b. in het bijzonder
IHS *Iesus hominum salvator*, Jezus, de Heiland der mensen
ij *v(m)* [-'s] *lange* ~, verbinding v.d. letters i en j

ijdel *bn & bw* ledig; met zichzelve ingenomen; praalziek; gevoelig voor vleierij; onbeduidend; doelloos, vruchteloos **ijdelheid** *v* [-heden] vergankelijkheid; het ijdel zijn; onbelangrijke zaak **ijdeltuit** ijdel iem.
ijk *m* het ijken; merkteken op maten en gewichten **ijken** maten en gewichten merken; als gangbaar erkennen **ijker** [-s] ambtenaar voor het ijken **ijkmeester** ijker **ijkpunt** graadmeter **ijkwezen** wat met de ijk in verband staat
ijl *bn van lucht*, dun; *in aller ~*, met de grootste haast **ijlbode** renbode **ijlen** snellen; in koorts wartaal spreken **ijlgoed** per sneltrein te vervoeren goed **ijlharing** haring zonder hom of kuit **ijlings** *bw* snel **ijlkoorts** koorts waarbij men ijlt **ijltempo** *in ~*, met hoge snelheid
ijs *o* bevroren water; consumptieijs; *het ~ breken*, toenadering bewerken; *zich op glad ~ wagen*, iets gevaarlijks doen; *beslagen ten ~ komen*, goed voorbereid zijn; *niet over ~ van één nacht gaan*, zich eerst bedenken **ijsafzetting** *v* ontstaan v. ijs op oppervlak **ijsbaan** schaatsbaan **ijsbeer** witte poolbeer **ijsberen** [ijsbeerde, geijsbeerd] rusteloos op en neer lopen **ijsberg** drijvende ijsmassa **ijsbergsla** bep. knapperige sla **ijsbloemen** *mv* bloemvormige ijskristallen op ruiten **ijsbreker** *m* [-s] schip om in ijs een vaargeul te maken **ijsclub** club voor ijsvermaak **ijsco** *m* [-'s] portie ijs **ijselijk** *bn & bw* afgrijselijk **ijsgang** beweging van drijfijs **ijsheiligen** *mv* heiligen na wier feestdagen (11-14 mei) nachtvorst praktisch niet meer voorkomt **ijshockey** hockey op het ijs **ijsje** *o* portie ijs **ijskast** koelkast met ijs; *in de ~ zetten*, op de lange baan schuiven **ijskelder** ondergrondse ruimte waarin ijs bewaard wordt; *(fig.)* heel onaangenaam koude ruimte **ijskoud** *bn & bw* koud als ijs; ongevoelig, onverstoorbaar **ijslolly** waterijsje op stokje **ijsmachine** machine om kunstijs te maken **ijssalon** gelegenheid waar men ijs kan eten **ijsspeedway** ‹ijsspiedwee› *o* [-s] wedstrijd met speciale motoren op een ijsbaan **ijstijd** periode dat het noordelijk halfrond veel kouder was dan nu **ijsvogel** kleurige zich met vis voedende langsnavelige vogel, Lat. Alcedo atthis ispida **ijsvrij I** *bn* zonder blijvend ijs **II** *o* vrij wegens ijs **ijswafel** wafel met ijs **ijswater** water van gesmolten ijs of met smeltend ijs **ijszak** zak met ijs **ijszee** poolzee
ijver *m* vlijt **ijveraar** *m* [-s, -raren] wie ijvert **ijveren** [ijverde, geijverd] met overgave werken **ijverig** *bn & bw* vlijtig **ijverzucht** *v(m)* naijver **ijverzuch'tig** *bn & bw* naijverig
ijzel *m* rijp; het bevriezen van neerslag
ijzen [ijsde, geijsd] rillen; gruwen; in ijs zetten
ijzer *o* met Fe aangeduid metaal; ijzeren voorwerp; hoefijzer; boei; *~ met handen breken*, het onmogelijke doen; *van ~ en staal*, ijzersterk; *het ~ smeden als het heet is*, de gunstige gelegenheid gebruiken; *een heet ~ om aan te pakken*, een lastige zaak **ijzeraarde** ijzerhoudende aarde **ijzerboor** boor om in ijzer te boren **ijzeren** *bn* van ijzer; sterk **ijzererts** ijzerhoudend erts **ijzergaren** zeer sterk garen **ijzergieterij'** *v* werkplaats waar ijzer gegoten wordt **ijzerglans** *o* gekristalliseerd ijzeroxide **ijzerhout** bep. hard hout **ijzeroer** *o* moerasijzererts **ijzersterk** *bn* sterk als ijzer
ijzertijd(perk) tijd waarin men de snijdende voorwerpen van ijzer maakt **ijzervitriool** *o/m* ijzersulfaat **ijzervreter** [-s] onverschrokken militair
ijzig *bn & bw* ijskoud; ijzingwekkend
ijzing *v* huivering **ijzingwek'kend** *bn* huiveringwekkend
ik *vnw tweede ~*, echtgenote; *beter ~*, het goede in iem.
ikeba'na *o* Japanse bloemschikkunst
IKON Interkerkelijke Omroep Nederland
IKV Interkerkelijk Vredesberaad
ik-vorm vorm waarbij de auteur zichzelf met ik aanduidt **ikzucht** *v(m)* zelfzucht
illegaal' *bn & bw* onwettig; verboden **illegaliteit'** *v* het illegaal zijn; de deelnemers aan de illegale werken
illegitiem' *bn* onwettig; onecht **illegitimiteit'** *v* onwettigheid
illiciet' *bn* ongeoorloofd
illumina'tie *v* [-s] feestverlichting **illumine'ren** feestelijk verlichten; versieren; doorschijnende kleuren aanbrengen
illu'sie ‹s=z› *v* [-s] hersenschim; *zich ~s maken*, te hoge verwachtingen hebben; *de ~ benemen*, ontgoochelen **illusionist'** *m* [-en] najager van illusies; goochelaar **illusoir'** ‹ieluuswaar› *bn* hersenschimmig
illus'ter *bn* beroemd, doorluchtig
illustra'tie *v* [-s] verluchting; toelichting **illustre'ren** verluchten; verduidelijken
i.m. *in margine*, in de kantlijn; *in memoriam*, ter nagedachtenis
image ‹immudzj› *o* [gmv] onder de mensen levend beeld **imagebuilding** ‹immudzjbilding› *m* opbouw v. image **imagemap** ‹immudzj-mep› *m (comp.)* afbeelding met overzicht van verschillende links naar delen v.e. site
imaginair' ‹imaazjienèr› *bn* denkbeeldig, onbestaanbaar
imagina'tie *v* verbeeldingskracht **imagine'ren** *zich ~*, zich inbeelden
ima'go *o* [-'s] image; ontwikkeld insect
imam *m* [-s] wereldlijk en geestelijk hoofd v.d. islamieten; hoofd v.e. moskee
imbeciel' I *bn & bw* zwakzinnig, onnozel **II** *m-v* zwakzinnige; stommeling **imbeciliteit'** *v* stompzinnigheid; domheid
IMF Internationaal Monetair Fonds
imita'tie *v* [-s] nabootsing **imite'ren** nabootsen
imker, iemker *m* [-s] bijenhouder
immanent' *bn* inwonend, innerlijk **immanen'tie** *v* het immanent zijn
immaterieel' *bn* onstoffelijk; geestelijk
immatuur' *bn* nog niet rijp

immens' *bn & bw* onmetelijk; zeer **immensiteit'** ‹s=s *of* z› *v* onmetelijkheid

immer, **immermeer** *(bijz.t.) bw* altijd

immers *bw* want

immigrant' *m* wie immigreert **immigra'tie** *v* [-s] het immigreren **immigre'ren** in een ander land dan dat van herkomst gaan wonen

imminent' *bn* dreigend

immobiel' *bn* onbeweeglijk **immobi'lia** [mv] onroerende goederen **immobi'liën** *(Belgned.) zie* **immobilia**

immoraliteit' *v* zedeloosheid **immoreel'** *bn & bw* onzedelijk

immortel'le *v(m)* [-n] strobloem

immuniteit' *v* het immuun zijn **immunogeen'** *bn* immuniteit veroorzakend **immunologie'** *v* leer v.d. immuniteit **immunoloog'** *m* beoefenaar v.d. immunologie **immu'notherapie** therapie met medicijnen die de natuurlijke afweer v.e. patiënt stimuleren **immuun'** *bn* vrij van bep. verplichtingen; onschendbaar; niet vatbaar voor ziekte **immuun'systeem** systeem dat lichaamsvreemde stoffen afweert

impact ‹a=e› *m* [-s] draagwijdte; effect

impa'la *m* [-'s] Afrikaanse antilopesoort

impas'se *v* [-s, -n] netelige toestand; slop

impedan'tie *v* weerstand van wisselstroom

impediё'ren beletten **impediment'** *o* beletsel

impenetra'bel *bn* ondoordringbaar

imperatief' **I** *bn* gebiedend, bindend **II** *m* [-ven] gebiedende wijs

imperfect' *bn & bw* onvolkomen **imperfec'tie** *v* onvolmaaktheid **imperfec'tum** *o* [-s, -ta] onvoltooid verleden tijd

imperiaal' **I** *o/v(m)* [-alen] van zitbanken voorzien bovendeel van tram of bus; bagagerek op autodak **II** *o* papierformaat van 55 bij 74 cm **III** *bn* keizerlijk **imperialis'me** *o* streven naar machtsuitbreiding **imperialist'** voorstander v. imperialisme **imperialis'tisch** *bn & bw* strevend naar machtsuitbreiding **impe'rium** *o* [-ria, -s] opperheerschappij; wereldrijk

impermea'bel *bn* ondoordringbaar, waterdicht

impertinent' *bn & bw* onbeschaamd **impertinent'ie** *v* [-s, -tiën] onbeschaamdheid

imperturba'bel *bn & bw* onverstoorbaar

impeti'go *(med.) v* [gmv] krentenbaard

impetuo'so ‹s=z› *bw (muz.)* stormachtig

implantaat' *o* [-taten] ingebrachte stof of weefsel **implante'ren** in levend weefsel inplaatsen

implementa'tie *v* [-s] toepassing; invoering **implemente'ren** in praktijk brengen

implica'tie *v* [-s] wat in het bedoelde opgesloten ligt **implice'ren** betrekken, inhouden **impliciet'** *bn & bw* er onder begrepen

implo'sie *v (taalk.)* naar binnen gerichte ontploffing

imponderabi'lia *mv* het onweegbare

impone'ren indruk maken (op)

impopulair' ‹ai=è› *bn* niet populair, tegenzin wekkend **impopulariteit'** *v* het impopulair zijn

im'port *m* invoer

important' *bn* belangrijk **importan'tie** *v* belang

importe'ren invoeren **importeur'** *m* [-s] invoerhandelaar

importuniteit' *v* ongelegenheid **importuun'** *bn* ongelegen

imposant' ‹s=z› *bn & bw* indrukwekkend

im'post *m* accijns

impotent' *bn* seksueel onmachtig; geestelijk onbekwaam **impoten'tie** *v* onmacht

impr. imprimatur

impregna'tie *v* [-s] doordrenking **impregne'ren** doordrenken

impresa'rio *m* [-'s] ondernemer v. publieke vermakelijkheden

impres'sie *v* [-s] indruk **impressief'** *bn* indrukwekkend; sterk **impressiona'bel** *bn* vatbaar voor indrukken **impressionis'me** *o* kunstrichting die streeft naar weergave v. onmiddellijke indruk **impressionist'** *m* aanhanger v. impressionisme **impressionis'tisch** *bn* van of volgens impressionisme

impres'sum *o* [-s] het in een uitgave vermelden v. redactie of drukker of uitgever

imprima'tur *o* [-s] kerkelijk verlof tot druk

imprimé' **I** *o* bedrukte stof; japon daarvan; drukwerk **II** *bn (van weefsel)* bedrukt

improductief' *bn* niet voortbrengend **improductiviteit'** *v* het improductief zijn

impromptu' *o/m* [-'s] voor de vuist gemaakt of vertolkt muziekstuk

improvisa'tie ‹s=z› *v* [-s] het improviseren **improvisa'tor** *m* [-s, -en] wie improviseert **improvise'ren** ‹s=z› onvoorbereid voordragen; onvoorbereid musiceren; snel maken met gebrekkige middelen

improvist'e ‹ĩmprooviest› *à l'~*, zonder voor te bereiden

impuls' *m* aandrift, eerste stoot; opwelling **impuls'aankoop** aankoop waarover niet lang is nagedacht **impul'sie** ‹s=z› *v* [-s] impuls **impulsief'** *bn & bw* aandrijvend; impulsen volgend

imputa'tie *v* [-s] aantijging; verrekening van vorderingen **impute'ren** toeschrijven, aantijgen

In *(schei.)* indium

in *vz & bw* binnen; gedurende; in de mode; *~ vertraging*, vertraging hebbend; *er helemaal ~ zijn*, er geheel in opgaan; *... ~ ... uit*, ieder(e) ...; *tegen ... ~*, tegen; *in ss met bn. en bw. heeft het de bet. van*: door en door; *voor vreemde bn. bet. vaak*: on-; *voor werkwoorden vaak*: erin

inaccepta'bel ‹cc=ks› *bn* onaanvaardbaar

inacht'neming *v* nakoming

inactief' *bn* werkloos

inademen (met) de adem inhalen

in'adequaat' *bn* niet passend

inas inrichtingsassistente

inauguraal' *zie* **inaugureel**; **inaugura'tie** *v* [-s] bevestiging in een waardigheid **inaugureel'** *bn* behorend bij een inauguratie **inaugure'ren** [inaugureerde, geïnaugureerd] plechtig bevestigen, inwijden
inbaar *bn* te innen
inbakeren warm instoppen, warm kleden
inbeelden *zich* ~, zich iets onwaars voorstellen; te hoge dunk van zichzelf hebben **inbeelding** *v* hersenschim; verwaandheid
inbedrijf'stelling *v* het in bedrijf stellen
inbegrepen meegerekend **inbegrip** *met ~ van*, meegerekend
inbelspel tv-spel waaraan men kan deelnemen door tegen extra betaling te bellen
inbeslag'neming *v* het beslag leggen
inbewa'ringgeving *v* het in bewaring geven **inbewa'ringhouding** *v* het bewaren **inbewa'ringstelling** *v (jur.)* vorm v. voorlopige hechtenis
inbezit'neming *v* het in bezit nemen
inbijten invreten; een schip in een haven brengen door een weg door het ijs te maken
inbinden in een band bijeen doen; door binden kleiner maken; lagere toon aanslaan
inblazen influisteren, ingeven
inblikken in blik conserveren
inboedel *m* [-s] boedel aan roerend goed
inboeken in het grootboek schrijven
inboeten door iets anders vervangen; verliezen
inboezemen vervullen met
inboorling *m* wie in het betrokken land geboren is
inborst *v(m)* karakter
inbouwen in iets anders bouwen; *(fig.)* in iets anders opnemen, verwerken
inbraak *v(m)* het inbreken **inbraakvrij** *bn* bestand tegen inbraak
inbranden erin of naar binnen branden
inbreken *h/z* zich door vernieling toegang verschaffen; zich onrechtmatig toegang verschaffen tot een computerbestand
inbreng *m* inleg; wat men inbrengt **inbrengen** geld aanbrengen, thuisbrengen; aanvoeren; *niets in te brengen*, niets te vertellen **inbrengst** *v* wat ingebracht wordt
inbreuk *v(m)* schending; ~ *maken op*, schenden
inbuigen naar binnen buigen
inburgeren opgenomen worden in een gemeenschap, niet langer als vreemd beschouwd worden
inbusbout bout met cilindrische kop met zeshoekig gat **inbussleutel** op inbusbouten passende sleutel
incalculeren mee opnemen in de berekening
incanta'tie *v* [-s] bezwering
incapa'bel *bn* onbekwaam
incarna'tie *v* vleeswording, menswording; belichaming **incarne'ren** *h* belichamen, vlees doen worden
incasse'ren innen; *(fig.)* moeten verduren **incasse'ringsvermogen** vermogen om tegenvallers te verwerken **incas'so** *o* [-'s] het incasseren; kassiersloon voor het innen **incas'sobank**, **incas'sobedrijf** instelling die wissels int
in ca'su ‹s=z› in dit geval
incest' *m* seksuele omgang tussen bloedverwanten **incestueus'** *bn* incest-
inch ‹ch=sj› 2,54 cm
inchecken aan een balie bagage afgeven en instapkaarten afhalen
incident' *o* storende gebeurtenis **incidenteel'** *bn & bw* toevallig, bijkomstig, terloops
inci'sie ‹s=z› *v* insnijding, snede
incl. inclusief
inclina'tie *v* [-s] helling; neiging; hoek v. vrijhangende magneet met horizontaal vlak; genegenheid
incluis' *bw* ingesloten **inclusief'** ‹s=z› *bw* incluis; met inbegrip v.d. fooi
incog'nito I *bw* onder vreemde naam **II** *o* het verbergen van naam of rang
incoherent' *bn* onsamenhangend **incoheren'tie** *v* gemis aan samenhang
incompatibiliteit' *v* onverenigbaarheid
incompeten'tie *v* onbevoegdheid, onbekwaamheid
in'compleet' *bn* onvolledig
in concre'to *bw* in feite
incongruent' *bn* ongelijkvormig, niet overeenstemmend
inconsequen'tie ‹qu=kw› *v* [-s] niet consequent zijn
inconsisten'tie *v* gebrek aan samenhang
incontesta'bel *bn* onbetwistbaar
incontinent' *bn* de ontlasting of urine niet kunnende ophouden
inconveniënt' *o* ongemak **inconvenië'ren** niet gelegen komen
incorpora'tie *v* [-s] opneming, inlijving **incorpore'ren** opnemen, inlijven
incourant' ‹ou=oe› *bn* niet gangbaar, weinig gevraagd
incrimine'ren ten laste leggen, als strafbaar beschouwen
incrowd *m* [-s] tamelijk gesloten groep
incrusta'tie *v* het met een korst omgeven; het vatten v. edelstenen in edel metaal; *(med.)* verharding v. weefsels
incuba'tietijd tijd dat men de ziekte onopgemerkt onder de leden heeft
inculture'ren in een andere cultuur integreren
incuna'bel *m* wiegendruk
incura'bel *bn* ongeneeslijk
IND Immigratie- en Naturalisatiedienst
indach'tig *bn* denkend aan
indagen dagvaarden
indalen *gez. v.e. ongeboren kind*: tot de bekkenbodem dalen
indammen met een dam insluiten
indecent' *bn & bw* onwelvoeglijk, onzedig **indecen'tie** *v* [-s] onwelvoeglijkheid
indekken *zich* ~, zich vrijwaren
indelen in delen splitsen; onderbrengen
indenken *zich ~ (in)*, zich in heel zijn

betekenis voorstellen
independent' *bn* onafhankelijk
independen'tie *v* [-s] onafhankelijkheid
in depo'sito ‹s=z› in bewaring tegen rente
inderdaad' *bw* werkelijk **inderhaast'** *bw* met haast **indertijd'** *bw* vroeger
indeuken een deuk in iets maken; een deuk krijgen
index *m* [-en, indices] register; lijst v. verboden boeken **indexa'tie** *v* [-s] verbinding aan een index **indexcijfer** cijfer dat de koopkracht v.h. geld uitdrukt **indexe'ren** een index maken; in een index opnemen; koppelen aan het algemene prijsniveau
indiaan *m* iem. van inheemse volkeren in Noord-, Midden- of Zuid-Amerika
indianenverhaal *o* verzinsel
indica'tie *v* [-s] aanwijzing **indicatief'** *m* [-ven] aantonende wijs; formeel en gevoelloos het oordeel uitend **indica'tor** *m* [-s, -en] instrument dat iets aangeeft, iets wat iets aanwijst; stof die aanwijst hoe een chemische reactie verloopt; atoom dat de aanwezigheid v.e. isotoop aangeeft **indice'ren** wijzen op
indic'tie *v* [-s] kerkelijke oproeping; tijd van 15 jaren
indien' *vgw* ingeval
indienen inleveren, aanbieden
indienst'treding *v* het in dienst treden
indifferent' *bn & bw* onverschillig; onschadelijk **indifferentis'me** *o* onverschilligheid
indiges'tie *v* gestoorde spijsvertering
indigo I *m* donkerblauwe kleurstof; indigoplant **II** *o* donkerblauw **III** *bn* donkerblauw **indigoblauw** *o* indigo **indigoplant** *v(m)* plant die indigo oplevert
indijken bedijken
indikken door koken dikker maken
indirect *bn & bw* niet rechtstreeks
indiscre'tie *v* [-s] onbescheidenheid; loslippigheid
indium *o* in 1863 ontdekt wit week metaal
individu' *o* [-en, -'s] wezen; enkeling; *(ong.)* kerel **individualis'me** *o* streven naar persoonlijke onafhankelijkheid **individualist'** *m* iem. die een onafhankelijke persoonlijkheid wil zijn **individualis'tisch** *bn & bw* naar persoonlijke onafhankelijkheid strevend **individualiteit'** *v* persoonlijkheid, eigen aard **individueel'** *bn & bw* persoonlijk
indoctrina'tie een leer onweerstaanbaar opdringen
***Indo-Europees'** *(Wdl. Indo-europees)* **I** *o* taalfamilie die naast het Nederlands vele Europese en Voor- en Midden-Aziatische talen omvat **II** *bn* tot die taalfamilie behorend
indolent' *bn & bw* lusteloos, vadsig **indolen'tie** *v* lusteloosheid, traagheid
indologie' *v* studie v. Indonesië **indolo'gisch** *bn* de indologie betreffende **indoloog'** *m* [-logen] beoefenaar v.d. indologie
indommelen insluimeren
indoor ‹oo=ò› *bn* overdekt; binnenshuis **indoorbaan** overdekte baan
indraaien met een draai in iets brengen; met een draai doen komen in; *de bak ~*, in de gevangenis terechtkomen
indringen *zich ~*, onbescheiden zich toegang verschaffen tot een gezelschap **indringend** *bn* doordringend; *(germ.)* diepgaand; onbescheiden **indringer** *m* [-s] wie binnendringt; wie zich indringt
indrogen opdrogen, door drogen gewicht verliezen
indruisen ~ *tegen*, in strijd zijn met
indruk *m* spoor v. druk; werking op geest of gemoed **indrukken** induwen **indrukwek'kend** *bn & bw* wat indruk maakt
in du'bio in twijfel
induce'ren door inductie opwekken **induc'tie** *v* [-s] besluit v.h. bijzondere tot het algemene; opwekking van stroom door beweging v.e. geleider **inductief'** *bn & bw* met of door inductie **induc'tieklos** draadklos waarin men inductiestroom kan brengen **induc'tiekoken** koken waarbij elektromagnetische trilling in de pan wordt opgewekt **induc'tiemotor** elektromotor voor wisselstroom **induc'tiestroom** door inductie opgewekte stroom **induc'tor** *m* [-s, -en] toestel tot het opwekken van inductiestroom
indulgent' *bn* toegevend **indulgen'tie** *v* [-s, -tiën] toegeeflijkheid; kwijtschelding v. straf; aflaat
indult' *o* uitstel van betaling; dispensatie
industrialisa'tie *v* het industrialiseren **industrialise'ren** ‹s=z› ergens industrieën brengen **industrie'** *v* [-ën] nijverheid; fabrieksbedrijf; *als eerste deel v.e. ss vaak*: voor de nijverheid **industrieel'** **I** *bn & bw* de nijverheid betreffende **II** *m* [-ëlen] fabrikant **industrie'gebied** streek met veel fabrieken **industrie'plant** grondstoffen voor de industrie leverende plant **industrie'stad** stad met veel fabrieken
indutten indommelen
ineen *bw* in elkaar, samen; kapot *(ook als eerste deel van ss)*
ineens' *bw* in één keer; plotseling
ineffectief' niet effectief
inefficiënt' *bn* ondoelmatig
in- en in- in-
inenten [entte in, ingeënt] immuun maken door smetstof in te brengen
inert' *bn & bw* traag **iner'tie** *v* traagheid
in exten'so ‹s=z› *bw* uitvoerig
inf. infinitief; infanterie
infaam' *bn & bw* schandelijk
infanterie' *v* voetvolk **infanterie'eenheid** deel v.d. troepenmacht v.h. onderdeel infanterie **infanterist'** voetsoldaat
infantiel' *bn* nog kinderlijk; abnormaal kinderachtig **infantilis'me** *o* kinderlijkheid bij volwassenen **infantiliteit'** *v* infantilisme; symptoom van infantilisme; kinderachtigheid
infarct' *o* weefseldegeneratie t.g.v. ernstige

I

belemmering van bloedtoevoer

infecte'ren besmetten **infec'tie** *v* [-s] besmetting **infec'tiehaard** punt van waaruit infectie zich verbreidt

inferieur' **I** *bn* ondergeschikt; minder; minderwaardig **II** *m* ondergeschikte **inferioriteit'** *v* ondergeschiktheid; minderwaardigheid

infernaal' *bn & bw* hels, duivels

infiltra'tie *v* [-s] infiltreren **infiltre'ren** langzaam of heimelijk binnendringen

infinitesimaal'rekening *(wisk.)* rekening met oneindig kleine en dito grote eenheden

in'finitief' *m* [-ven] onbepaalde wijs

infirmerie' *v* [-s, -ën] ziekenzaal, hospitaal

infla'tie *v* [-s] geldontwaarding door prijsstijging **infla'tiespiraal** het elkaar beïnvloeden van waardevermindering v.h. geld en kostenstijging **inflationis'tisch**, **inflatoir'** ‹toir=twaar› *bn & bw* inflatie bevorderend of veroorzakend

inflex'ie *v* [-s] buiging, afwijking

influence'ren beïnvloeden

influen'tie *v* beïnvloeding; inductie

influen'za *v(m)* met koorts gepaarde infectie v.d. ademhalingsorganen **influen'za-epidemie** epidemie v. influenza

influisteren in het oor fluisteren, inblazen

info *m* informatie **infolijn** lijn voor informatie

informant' zegsman

informateur' *m* iem. die de mogelijkheden tot het vormen v.e. regering onderzoekt

informa'tica *v(m)* leer v.d. automatische informatieverwerking

informa'tie *v* [-s] inlichting; boodschappen voor de computer **informa'tiebalie** balie voor het geven van inlichtingen **informa'tiebureau** kantoor voor inlichtingen **informa'tiedrager** *m* [-s] medium waarop of waarin gegevens kunnen worden vastgelegd **informatief'** *bn* tot informatie dienend **informa'tiemaatschappij** door mogelijkheden van informatie sterk beheerste maatschappij **informa'tietoon** toon die aangeeft dat het gedraaide nummer niet verbonden wordt, maar ook niet in gesprek is

in'formeel' *bn* onvormelijk; voorlopig

informe'ren inlichten; inlichtingen vragen

infostress stress als gevolg v. te veel informatie **infozuil** zuil met informatie en reclame

infrac'tie *v* [-s] inbreuk

infrageluid geluid met onder de gehoordrempel liggende frequentie **infrarood'** *bn* met frequentie lager dan van rood **infrasoon'** *bn* met frequentie lager dan v.h. hoorbare geluid **infrastructuur** *v* geheel van blijvende onroerende voorzieningen

infu'sie ‹s=z› *v* [-s] het maken v.e. aftreksel door opgieting v.e. vloeistof; het zo ontstane aftreksel; infuus **infu'siediertje** *o* bep. eencellig diertje

infuus' *o* [-fuzen] inspuiting gedurende enige tijd in het bloed

ing. ingenieur zonder diploma TH

ingaan ‹ng=n+g› binnengaan; aanvangen; ~ *op*, inwilligen, beantwoorden; ~ *tegen*, zich verzetten tegen; strijden met **ingaande rechten** *mv* belasting op invoer

ingang ‹ng=n+g› *m* toegang; weerklank; aanvang; middel om iets tot stand te brengen; benaderingswijze; *(in een woordenboek)* trefwoord, woord als onderdeel v.d. nomenclatuur, lemma

ingebakken ‹ng=n+g› *bn* vastzittend **ingebeeld** *bn* denkbeeldig; verwaand **ingeboren** *bn* aangeboren **ingebouwd** *bn* in het gebouw opgenomen; hinderlijk door nabije gebouwen omgeven; *(fig.)* erin opgenomen

ingebre'kestelling ‹ng=n+g› *v* het in gebreke stellen

ingebruik'neming ‹ng=n+g› *v* het in gebruik nemen

ingeburgerd ‹ng=n+g› *bn zie* **inburgeren**; **ingehouden** *bn* beheerst **ingekankerd** *bn* diep ingeworteld

ingeland grondbezitter in bedijkt gebied **ingemeen** *bn* door en door gemeen

ingenieur' ‹ng=n+g *of* nzj› *m* [-s] aan een technische of agrarische universiteit afgestudeerde

ingenieus' ‹ng=n+g› *bn & bw* vernuftig

ingenomen ‹ng=n+g› *bn* ~ *met*, gesteld op; ~ *tegen*, afkeer hebbend van **ingeroest** *bn* *(fig.)* moeilijk uit te roeien **ingeschapen** *bn* ingeboren **ingeschreven** met de hoekpunten op de omtrek v.e. zelfde cirkel; alle zijden v.e. omgevende figuur rakend **ingespannen** *bn* van het nodige voorzien; met inspanning

ingesprek'toon ‹ng=n+g› telefoonsignaal dat aangeeft dat het gekozen nummer in gesprek is

ingetogen ‹ng=n+g› *bn & bw* zedig

ingeval' ‹ng=n+g› *vgw* indien

ingeven ‹ng=n+g› doen innemen; doen indenken **ingeving** *v* inspiratie

ingevoerd ‹ng=n+g› *bn* op de hoogte

ingevol'ge ‹ng=n+g› *vz* als gevolg van

ingewanden ‹ng=n+g› *mv* inwendige organen **in'gewandsstoornis** *v* diarree

ingewijde ‹ng=n+g› *m-v* [-n] wie in een geheim deelt

ingewik'keld ‹ng=n+g› *bn & bw* moeilijk te begrijpen **ingeworteld** *bn* moeilijk uit te roeien **ingezet** *bn* (gez. v.e. mouw) aan voor- en achterpand genaaid

ingezetene ‹ng=n+g› *m-v* [-n] inwoner

ingooi ‹ng=n+g› *m* inworp **ingooien** kapot gooien; in iets gooien; de inworp verrichten

ingraven ‹ng=n+g› begraven; *zich* ~, zich door ingraven beveiligen

ingrediënt' ‹ng=n+g› *o* bestanddeel

ingreep ‹ng=n+g› *m* [-grepen] het ingrijpen

ingrijpen ‹ng=n+g› met kracht tussenbeide komen, zijn macht doen gelden **ingrij'pend** *bn* vérstrekkend

ingrossa'tie ‹ng=n+g› *v* [-s, -tiën] inschrijving

op het hypotheekkantoor
inh. inhoud
inhaalmanoeuvre handeling om een voorligger te passeren **inhaalverbod** verbod om een ander voertuig in te halen
inhaken de arm steken door de gebogen arm v.e. ander; *~ op*, aanknopen bij
inhakken kapot hakken; *er ~*, veel kosten; *erop ~*, erop losslaan
inhala'tie *v* [-s] inhaleren **inhala'tieapparaat** apparaat voor inademing v. medicinale stoffen
inhalen binnen halen; feestelijk ontvangen; intrekken; achternagaand bereiken; terugwinnen
inhale'ren inademen
inha'lig *bn* schraapzuchtig
inham *m* [-men] kleine baai; kale plek op het hoofd door zich terugtrekkende haargrens
inhech'tenisneming *v* in verzekering stellen na aanhouding
inheems' *bn* van het eigen land
inherent' *bn* onafscheidelijk verbonden **inheren'tie** het inherent zijn
inhoud *m* wat iets inhoudt; grootte; inhoudsopgave **inhou'delijk** *bn* naar de inhoud **inhouden** bevatten, behelzen; tegenhouden, bedwingen, onderdrukken; korten **inhouding** *v* het inhouden; wat gekort wordt **inhoudsmaat** maat om inhoud uit te drukken **inhoudsopgave** lijst van wat in een boek behandeld is **inhoudswoord** woord dat zelf betekenis draagt, inhoud heeft *(in tegenstelling tot een functiewoord)*
inhout *o* balk(en) v.h. geraamte v.e. schip
inhuldigen bij de aanvaarding v.e. regering of ambt hulde bewijzen
inhumaan' *bn* onmenselijk
inhuren tijdelijk in dienst nemen
initiaal' **I** *v(m)* [-alen] beginletter **II** *bn* begin-
initia'tie *v* [-s, -tiën] inwijding
initiatief' *o* [-ven] ondernemingsgeest; eerste stoot; *recht van ~*, recht om wetsvoorstellen te doen; *op ~ van*, op voorstel of aanstichting van; *het ~ nemen*, de aanzet geven **initia'tor** *m* [-s, -en] wie iets in beweging zet **initieel'** *bn* het begin betreffend **initië'ren** inwijden; voor het eerst instellen
injecte'ren inspuiten; (mest) onder de graszode brengen **injec'tie** *v* [-s] inspuiting **injec'tiemotor** motor waarbij de benzine zo wordt ingespoten dat hij geheel verbrandt
inkankeren *z* voortwoekeren, invreten
inkapselen in een omhulsel insluiten
inkarnaat' *o* vleeskleur, hoog rood **inkarna'ten** *bn* vleeskleurig rood
inkeep *m* [-kepen] inkerving
inkeer *m* intrek; bezinning **inkeren** zijn intrek nemen; *tot zichzelf ~*, zich bezinnen
inkerven kerven maken in; kerven krijgen
inkijk *m* het inkijken; gelegenheid om in te kijken **inkijken** naar binnen kijken; inzien **inkijkoperatie** operatie om in het lichaam te kunnen kijken
inkjetprinter *m* [-s] printer die met inktpatronen werkt
inklappen instorten (ook fig.)
inklaren invoerrechten betalen van
inkleden plechtig bekleden met het ordekleed; een bep. vorm geven aan
inklinking *v* lager worden door indroging
inkoken door koken minder worden
inkom *m (Belgned.)* (plaats van) toegang; toegangsprijs **inkomen** **I** *ww* binnenkomen; *~de rechten*, belasting op invoer; *ergens kunnen ~*, iets begrijpen; *daar kan niets van ~*, dat zal niet gebeuren **II** *o* [-s] verdienste **inkomensgrens** bedrag v.h. inkomen waarboven men zich niet verplicht kan verzekeren of waarboven men geen premie hoeft te betalen **inkomensplaatje** *o* beeld v.d. ontwikkeling v.h. inkomen
inkomst *v* intocht
inkomsten *mv* wat ontvangen of verdiend wordt **inkomstenbelasting** *v* belasting op inkomen
inkoop *m* [-kopen] het inkopen; het gekochte; inkoopsprijs **inkoopboek** kantoorboek waarin de inkopen worden opgetekend **inkoop(s)prijs** prijs bij inkoop **inkopen** inslaan; *zich ~*, zich door betaling bepaalde aanspraken verschaffen
inkorten korter (doen) worden
inkrimpen kleiner (doen) worden
inkt *m* inz. zwarte vloeistof waarmee geschreven wordt **inktappel** galnoot **inktkoker** *m* inktpot **inktlap** lap om de pen aan te drogen **inktlint** inkthoudend lint **inktpatroon** *v(m)* vulling voor inktpen **inktrol** rol waarmee de inkt op de letterrol wordt gebracht **inktstel** inktpot met toebehoren **inktvis** koppotig weekdier
inkuilen in een kuil bedekt opslaan
inkwartieren bij burgers inlegeren **inkwartiering** *v* het inkwartieren; de ingekwartierden
inl. inleiding; inlichtingen
inlaag *v(m)* [-lagen] het inleggen; ingelegde som
inlaat *m* [-laten] opening voor het inlaten **inlaatduiker** *m* [-s] duiker om water in te laten
inlander *m* [-s] inboorling **inlands** *bn* uit het land
inlassen invoegen
inlaten *zich ~ met*, zich bemoeien met
inlay ‹ay=ee› *m* [-s] vulling v. kies of tand
inleg *m* inslag; binnenste v.e. sigaar; ingelegd geld **inlegblad** inlegvel
inlegeren in garnizoen leggen, inkwartieren
inleggeld ingelegd kapitaal, inleg, potgeld **inleggen** erin leggen, tussenvoegen; nauwer of korter maken; inmaken; inzetten; stukjes aanbrengen in anders gekleurd materiaal; *eer ~*, eer behalen **inlegkruisje** *o* bep. minimaandverband **inlegvel** in een boek tussen te leggen los blad papier
inleiden naar binnen leiden; beginnen te behandelen **inleider** *m* [-s] wie een onderwerp inleidt **inleiding** *v* begin;

voorbericht; inleiden
inleven *zich* ~, zich met zijn gedachten verplaatsen
inleveren afgeven; minder gaan ontvangen of verdienen
inlezen *zich* ~, zich laten informeren door te lezen; *(v.e. programma)* in de computer brengen
inlichten opheldering geven **inlichting** *v* opheldering
inlijsten in een lijst doen
inlijven in een groter geheel opnemen
inlikken *zich* ~, in de gunst proberen te komen
inloggen verbinding bewerken met een centrale computer via modem of toetsenbord op afstand
inloopspreekuur spreekuur zonder afspraak **inlooptijd** tijd waarin men zich kan inwerken
inlopen ingaan, binnengaan; inhalen; (v. schoenen) door ermee te lopen het dragen makkelijker maken; forceren door ertegen te lopen; *er* ~, beetgenomen worden
inlossen door geld terug krijgen; gestand doen
inloten door loting toegelaten worden
inluiden (door klokgelui) aankondigen
inmaak *m* het inmaken; het ingemaakte **inmaken** konfijten; zouten, pekelen; *(pop., sp.)* verpletterend overwinnen
in memo'riam ter gedachtenis
inmengen door mengen invoegen; *zich* ~, zich ongevraagd met iets bemoeien
inmeten door te ruim meten de maat verkleinen
inmid'dels *bw* intussen
innaaien door naaien nauwer of korter maken; de bladen v.e. boek aan elkaar vasthechten; de genaaide vellen in een omslag zetten
inname *v* het innemen
in natu'ra in voortbrengselen v.d. natuur
innemen binnenhalen; vernauwen; gebruiken; inladen; opnemen; bemachtigen; beslaan; *voor* of *tegen zich* ~, gunstig of ongunstig stemmen; *een standpunt* ~, een standpunt hebben; *goed van* ~ *zijn*, flink eten en drinken **inne'mend** *bn & bw* genegenheid opwekkend
innen invorderen, ontvangen
inner circle ‹inner sèùrkel› *m* [-s] groep van ingewijden
innerlijk I *bn & bw* van binnen; echt **II** *o* binnenste
innig *bn & bw* vurig
inning I *v* het innen **II** *m* [-s] slagbeurt bij cricket of honkbal
innova'tie *v* [-s] nieuwigheid; vernieuwing
inocula'tie *v* [-s] inenting **inocule'ren** inenten
in op'tima forma in topvorm
inpakken in iets pakken; pakken; weggaan
inpalmen langzaam naar zich toe halen; zich gaandeweg toe-eigenen; voor zich winnen
inpand'geving *v* het geven als onderpand
in'pan'dig *bn & bw* door panden omsloten, zich in een pand bevindend
inpeperen doen bezuren
inperken beperken
in petto in voorraad
inpikken inrichten; veroveren; arresteren
inplanten planten; toerusten met, inprenten
inpolderen indijken **inpoldering** *v* het inpolderen; het ingepolderde
inpompen *(fig.)* met veel inspanning en herhaling leren
inprenten diep in het gemoed drukken
input ‹u=oe› *m* toegevoegde gegevens *(bijv. welke op een computer worden ingevoerd)*
inquisiteur' ‹inkwiezieteur› *m* [-s] rechter bij de inquisitie **inquisi'tie** *v* ketterijrechtbank **inquisitoir'** ‹toir=toor› *bn* onderzoekend, ondervragend
inramen inschatten; (dia's) in een raampje zetten
inregenen regen doorlaten
inrekenen onder de as bedelven; arresteren
INRI *Jesus Nazarenus Rex Judaeorum*, Jezus v. Nazareth, koning der joden
inrichten in orde brengen; stofferen; regelen; *zich* ~, zijn woning inrichten; *niet ingericht zijn op*, niet de nodige hulpmiddelen hebben voor **inrichting** *v* het inrichten; toestel; gesticht voor geestelijk gestoorden **inrichtingsassistent** gediplomeerde hulp in een inrichting
inrij *m* inrit **inrijden** binnenrijden; rijdend forceren; een vertraging verminderen **inrijhek** hek om er langs binnen te rijden **inrijpoort** poort om erdoor binnen te rijden **inrit** *m* [-ten] het inrijden; plaats waar men inrijdt
inroepen vragen
inroosteren in een werk- of lesrooster opnemen
inruilen door ruiling verkrijgen; inwisselen tegen iets anders; iets ouds inleveren bij aankoop van iets nieuws **inruilwaarde** bedrag dat men krijgt bij inruil v.e. oud product
inruimen plaats maken, ontruimen
inrukken binnenrukken; afmarcheren, heengaan
inschakelen invoegen, (ook) doen werken
inschalen invoegen in de loonschaal
inscharen binnenwaarts afnemen door werking v.d. stroom; vee in een (schaar)weide brengen
inschatten op zijn juiste waarde schatten
inschenken ingieten
inschepen aan boord (doen) gaan; *zich* ~, aan boord gaan
inscherpen inprenten
inscheuren uit elkaar scheuren; door scheuren verwonden
inschieten naar binnen schieten; verliezen; verloren gaan; in de gedachte komen; door schieten geschikt maken; dof worden
inschik'kelijk *bn & bw* toegevend, meegaand
inschrift *o* wat in iets gegraveerd is, inscriptie
inschrijfgeld geld dat men moet betalen als men zich laat inschrijven **inschrijven** optekenen; intekenen; prijs opgeven

inschrijvingsbiljet formulier om in te schrijven
inschuifladder ladder waarvan de delen in elkaar geschoven kunnen worden **inschuiven** opschuiven
inschuld te innen vordering
inscrip'tie *v* [-s] opschrift
insect' *o* dier met in drie delen verdeeld lichaam **insec'tenei** ei v.e. insect **insec'teneter** *m* [-s] dier dat van insecten leeft **insec'tenkunde** kennis v.d. insecten **insec'tenpoeder** poeder tot verdelging v.d. insecten **insec'tici'de** *o* [-n] insectendodend middel
inseinen *(pop.)* inlichten
insemina'tie *v* het inbrengen van zaadcellen in vrouwelijk geslachtsorgaan
inser'tie *v* inlassing
insgelijks' *bw* evenzo
inside-information ‹insaid informeesjun› *m* door een ingewijde gegeven inlichtingen
insider ‹insaideur› *m* [-s] ingewijde
insig'ne ‹gn=nj› *o* [-s] kenteken, onderscheidingsteken
insinua'tie *v* [-s] het insinueren **insinue'ren** bedekte zinspelingen uiten
insiste'ren aandringen
inslaan *h/z* erin slaan; stuk slaan; met een slag in iets neerkomen; indruk maken; opdoen; opwandelen; inkorten **inslag** *m* dwarsdraden v. weefsel; het ingeslagene; inleg; trek
inslapen in slaap vallen; *(plecht.)* sterven
inslikken naar binnen slikken; *zijn woorden ~*, onduidelijk spreken
insluimeren in lichte slaap vallen; *(plecht.)* sterven
insluipen binnensluipen
insluiten erin sluiten, opsluiten in iets; afsluiten; inhouden
insmeren smerend inwrijven
insneeuwen *h/z* naar binnen sneeuwen; door sneeuw omringd worden, in de sneeuw blijven steken
insnijden een snede in iets maken; door snijden aanbrengen in; snoeien
insnoeren door snoeren een plaatselijke vernauwing aanbrengen
insolven'tie *v* onmacht tot betalen
inspannen trekdieren voor een voertuig spannen; gebruiken; *zich ~*, zijn best doen **inspannend** *bn* vermoeiend **inspanning** *v* aanwending (van krachten)
in spe' toekomstig
inspecte'ren toezicht houden op; nazien; monsteren **inspecteur'** *m* [-s] opziener **inspecteur-generaal'** [-teurs-generaal] algemeen hoofdinspecteur **inspecteur'schap** *o* [-pen] ambt v.h. inspecteren **inspec'tie** *v* [-s, -tiën] monstering; het inspecteren; gebied v. inspecteur **inspectoraat'** *o* [-raten] ambt of gebied v. inspecteur **inspectri'ce** ‹ice=iese› *v* [-s] vr. inspecteur
inspelen *h/z* spelende beter leren spelen
inspiciënt' *m* wie toezicht houdt op de rekwisieten
inspira'tie *v* [-s] bezieling; ingeving **inspire'ren** bezielen; ingeven, aanzetten
inspraak *v(m)* ingeving; gelegenheid om zijn mening te zeggen over de zaak waarbij men betrokken is
inspreken spreken in een apparaat voor opname; *moed ~*, door spreken bemoedigen
inspringen *z* erin springen; achteruit wijken; groter zijn dan 180°; invallen
inspuiten een injectie geven
instaan *ww ~ voor*, borg zijn voor
instabiel *bn* zonder evenwicht
installateur' *m* [-s] wie installeert **installa'tie** *v* [-s] het monteren van toestellen; de gemonteerde toestellen **installe'ren** plechtig bevestigen in een ambt; in een vereniging opnemen; inrichten; stellen; *zich ~*, zich vestigen en inrichten, op zijn gemak gaan zitten
instampen erin stampen; stampend forceren; inpompen
instand'houding *v* het doen blijven bestaan
instant *als eerste deel v. ss in de bet.*: snel te bereiden; klaar voor gebruik; *~koffie*, in koude melk oplosbaar mengsel van koffiepoeder
instan'tie *v* [-s] aanleg, aandrang; overheidsorgaan, gezagdragend ambtenaar; *in laatste ~*, ten slotte; *in eerste ~*, vooreerst
instapkaart kaart die recht geeft in een bep. vliegtuig toegelaten te worden **instappen** binnengaan; instijgen **instapper** *m* [-s] lage schoen zonder sluiting
insteek *m* [-steken] insteekkamer **insteekblad** inlegblad **insteekkamer** kamer tussen twee verdiepingen; entresol
instellen oprichten; stichten, doen plaats hebben; voor het gebruik gereed maken; uitbrengen **instelling** *v* het instellen; inrichting, stichting
instemmen mee gaan zingen; het eens zijn **instemming** *v* het ermee eens zijn; goedkeuring
instiga'tie *v* aansporing **instige'ren** aandrijven
instinct' *o* ingeschapen aandrift **instinctief'**, **instinctma'tig** *bn & bw* volgens instinct; onwillekeurig
instinken *~ met*, bedrogen uitkomen met **instinker** *m* [-s] moeilijkheid in een opgave die men vaak over het hoofd ziet
institue'ren instellen **institu'tie** *v* [-s, -tiën] instelling
institutionalise'ren ‹se=ze› tot een formele regeling maken
instituut' *o* [-tuten] instelling; kostschool; gesticht; genootschap
instomen binnenstomen
instoppen warm onderdekken; stoppen, inpakken
instorten neerstorten, in elkaar vallen; opnieuw ziek worden; afknappen
instromen stromend binnengaan; ergens gaan werken
instroom *m* het instromen **instroom-**

door'stroombaner *m-v* [-s] gesubsidieerde arbeidskracht
instructeur' *m* [-s] oefenmeester **instruc'tie** *v* [-s] onderricht; voorschrift, dienstorder; opdracht aan computer; gerechtelijk vooronderzoek; *rechter van ~*, met een vooronderzoek belaste rechter **instruc'tiebad** zwembad voor zwemlessen **instructief'** *bn & bw* leerzaam **instrue'ren** onderrichten; voorschriften geven
instrument' *o* werktuig; speeltuig; *(pop.)* mannelijk geslachtsdeel **instrumentaal'** *bn* van muziekinstrumenten **instrumenta'tie** *v* het instrumenteren **instrumen'tenbord** bord tot bediening v.d. instrumenten **instrumente'ren** een muziekstuk zetten voor andere instrumenten dan de oorspronkelijke **instrument'vliegen** uitsluitend met behulp van instrumenten vliegen
instuderen leren spelen
instuif *m* [-ven] informele feestelijke ontvangst
insturen inzenden; naar binnen sturen; binnen een plaats sturen
insubordina'tie *v* verzet in dienst
insufficiënt' *bn* onvoldoende functionerend
insulair' ‹ai=è› *bn* eiland(en)-
insuli'ne *v(m)* hormoon uit alvleesklier **insuli'ne-injectie** injectie met insuline
insult' *o* belediging; aanval **insulte'ren** beledigen
insurgent' *m* opstandeling **insurrec'tie** *v* [-s, -tiën] opstand
inswinger *m (sp.)* met een boog op het doel afgaande schop
intact' *bn* ongerept
intakegesprek ‹take=teek› gesprek tussen cliënt en hulpverlenende instantie vóór verdere behandeling
intapen ‹a=ee› [tapete in, ingetapet] met rekbaar zelfklevend verband omwikkelen
intar'siawerk in leer of hout aangebrachte anderskleurige versiering
inteelt *v(m)* voortplanting binnen kleine groep
inte'gendeel *bw* juist omgekeerd
inte'ger *bn* rechtschapen
integraal' **I** *bn & bw* geheel **II** *v(m)* [-gralen] staatsschuldbrief met gegarandeerde rente; *(wisk.)* functie die overeenstemt met een gegeven afgeleide functie **integraal'helm** valhelm met kinbescherming ineen **integraal'rekening** *v* berekening van integralen
integra'tie *v* het integreren **integre'ren** in een groter geheel opnemen en dat versterken; in een groter geheel opgenomen worden **integre'rend** *bn* wezenlijk
integriteit' *v* onschendbaarheid; onkreukbaarheid
intekenaar *m* [-s, -naren] wie intekent **intekenbiljet** formulier om in te tekenen **intekenen** inschrijven; op een lijst zijn gift zetten; vóór verschijning bestellen **inteken(ings)lijst** lijst v. intekenaars **inteken(ings)prijs** prijs voor intekenaars
intellect' *o* verstand; de intellectuelen **intellectualis'me** *o* eenzijdige waardering v. verstand **intellectualis'tisch** *bn* eenzijdig het verstand waarderend **intellectueel'** **I** *bn & bw* verstandelijk **II** *m* [-elen] ontwikkelde
intelligent' *bn* verstandig, schrander **intelligen'tie** *v* verstand, schranderheid **intelligen'tieleeftijd** verstandelijke leeftijd **intelligen'tieonderzoek** *o*, **intelligen'tietest** *m* onderzoek naar intelligentie **intelligen'tiequotiënt** verhouding van intelligentieleeftijd en kalenderleeftijd **intelligent'sia** *v* de intellectuelen als stand
intendan'ce ‹a=ã› *v(m)* [-s] *(mil.)* verzorging en administratie; rentmeesterschap **intendant'** officier v.d. intendance; rentmeester
intens' *bn & bw* hevig, erg **intensief'** ‹s=z› *bn & bw* krachtig; met hoog opgevoerde productiviteit **intensiteit'** *v* kracht, sterkte
inten'sive care ‹intenzif kèr› *v(m)* (afdeling voor) constante zorg voor zeer ernstig zieken **intensivecare'afdeling** afdeling v. intensive care
intensive'ren ‹s=z› intensiever maken
inten'tie *v* [-s] bedoeling **inten'tieverklaring** voorlopige verklaring **intentionaliteit'** *v* [gmv] gerichtheid
inter *als eerste deel v. afl. vaak in bet.*: tussen ... onderling **in'terac'tie** *v* wederkerige invloed **in'teractief'** *bn (comp.)* elkaar beurtelings beïnvloedend **interactioneel'** *bn & bw* met wederkerige invloed **interbancair'** ‹ai=è› *bn* tussen banken plaatshebbend **interbel'lum** *o* [-s] tijdperk tussen twee oorlogen inz. tussen de Eerste en Tweede Wereldoorlog **intercedent'** *m-v* bemiddelaar **intercede'ren** bemiddelen **intercep'tiemiddel** voorbehoedmiddel **interces'sie** *v* bemiddeling **interci'ty** *m* [-'s] trein voor binnenlands verkeer die alleen in grotere plaatsen stopt **intercom** *m* [-s] samenstel van communicatieapparaten **intercommunaal'** *bn & bw* tussen gemeenten onderling **intercommunautair'** ‹nautair=nootèr› *bn & bw* binnen de Europese Gemeenschap **intercommu'nie** *v* het deelnemen aan elkaars eucharistie en avondmaalsviering **intercontinentaal'** *bn* verschillende continenten verbindend of omvattend **intercurrent'** *bn & bw* onregelmatig **interdict'** *o* ban, verbod **interdic'tie** *v* [-s] ban **interdisciplinair'** ‹sc=s, ai=è› waarbij meer dan één wetenschap betrokken is
in'teren *h/z* door te groot verbruik kleiner maken; achteruit gaan
interessant' *bn & bw* belangwekkend **interes'se** *v* [-n, -s] belang; belangstelling **interesse'ren** belangstelling wekken; bij iets betrekken; *zich ~*, belangstelling hebben voor
interest, **intrest** *m* rente
interface ‹face=fees› *m* verbinding tussen twee onderdelen v. computersysteem
interfacultair' ‹ai=è› *bn* behorend tot of

verband houdend met een interfaculteit **interfaculteit** *v* faculteit voor studierichtingen die de grenzen v.d. oude faculteiten overschrijden **interferen'tie** *v* [-s] tussenkomst; wederzijdse beïnvloeding

interieur' *o* [-s] het inwendige; binnenhuisje **interieur'verzorgster** *v* [-s] werkster, vrouw die h. huis onderhoudt

interim *o* tussentijd; *als eerste lid v.e. ss:* tussentijds; *ad ~*, waarnemend, voorlopig

interjec'tie *v* [-s] tussenwerpsel **interlandwedstrijd** wedstrijd tussen landen **interlineair'** ‹eai=ee-è› *bn* tussen de regels **interli'nie** *v* [-s] ruimte tussen twee regels **interlock** *o/m* dubbel breigoed met de lussen op verschillende hoogte; ondergoed van die stof **interlocutoir'** ‹toir=toor› *bn ~ vonnis*, tussenvonnis **interlokaal'** *bn & bw* tussen gemeenten **intermediair'** ‹ai=è› *o* bemiddeling **interme'dium** *o* [-dia, -s] tijd tussen twee termijnen; wie of wat een verbinding teweegbrengt **intermez'zo** ‹zz=dz› *o* [-'s] tussenspel, tussenbedrijf **intermitte'rend** *bn & bw* met tussenpozen **intermodaal'** *bn ~ vervoer*, diverse soorten verkeersmiddelen gebruikend vervoer

intern' *bn & bw* inwendig, innerlijk; van binnen; inwonend **internaat'** *o* [-naten] kostschool

internationaal' *bn & bw* tussen naties; van verschillende naties

interna'tional ‹internesjonul› *m/v* sporter die internationale wedstrijden speelt **internationalis'me** *o* streven naar internationale samenwerking

interne'ren verplicht verblijf aanwijzen **interne'ringskamp** kamp voor geïnterneerden

internet *wm o* [gmv] internationale verzameling v. computernetwerken **internetcafé** gelegenheid waar men tegen betaling kan internetten **internetten** met het internet werken **internetprovider** ‹vi=vai› *m* [-s] onderneming die toegang tot internet aanbiedt **internetsite** ‹site=sait› *m* [-s] website, plaats waar informatie zich op het world wide web bevindt

internist' arts voor inwendige ziekten

internun'tius pauselijke gezant bij een kleine staat

interpellant' *m* wie interpelleert **interpella'tie** *v* [-s] het interpelleren **interpelle'ren** in de volksvertegenwoordiging opheldering vragen

Interpol internationale organisatie voor de criminele politie

interpola'tie *v* [-s] inlassing **interpole'ren** invoegen

interpreta'tie *v* [-s] uitlegging **interprete'ren** uitleggen

interpunc'tie *v* plaatsing van leestekens **interpunge'ren** leestekens plaatsen **interreg'num** *o* [-na, -s] tussenregering **interrogatief'** **I** *bn & bw* vragend **II** *o* [-ven] vragend vnw **interrumpe'ren** onderbreken **interrupt'** *m* [-s, -en] *(comp.)* onderbreking aangevend signaal **interrup'tie** *v* [-s] onderbreking **interrup'tor** *m* [-s] stroomonderbreker **intertekstualiteit'** *v* verwevenheid

in'terval' *o* [-len] tussenruimte, tussenpoos; toonafstand **in'tervaltraining** *v* training met regelmatige afwisseling van activiteit

intervenië'ren bemiddelen **interven'tie** *v* [-s] bemiddeling **interven'tiemacht** voor interventie ingezette legertroepen

in'terview' ‹intervjoew› *o* [-s] vraaggesprek **in'tervie'wen** ‹intervjoewen› een interview afnemen

intervi'sie *v* overleg tussen collega's die samenwerken

intestaat' *m* [-taten] zonder testament gestorvene

intiem' *bn & bw* zeer vertrouwelijk (ook in toepassing op seksueel verkeer), innig; huiselijk **intiem'spray** ‹ay=ee› *m* [-s] deodorant voor de geslachtsdelen

intifa'da *v(m)* [gmv] Palestijnse verzetsbeweging

intijds' *bw* op tijd

intimida'tie *v* [-s] het bang maken **intimide'ren** bang maken

intimiteit' *v* vertrouwelijkheid, innigheid; huiselijkheid **intimus** *m* [-mi] boezemvriend

intocht *m* plechtige inkomst

intoetsen met een toetsenbord invoeren

intoleran'tie *v* onverdraagzaamheid

intomen bedwingen

intonatie *v* [-s] toon; toonaangeving; stembuiging **intone'ren** de toon aangeven; met bep. stembuiging spreken; stemmen, op het vilt v.d. piano prikken voor een doffer geluid

intoxica'tie *v* [-s] vergiftiging

intr. interest

intramuraal' *bn* binnen de muren v.e. gezondheidsinstelling plaatsvindend **intramusculair'** ‹ai=èè› *bn* in de spier plaatsvindend **intranet** *wm o* [gmv] communicatienetwerk v. computers binnen een organisatie **intransigent'** *bn* onverzoenlijk

intransitief' **I** *bn* onovergankelijk **II** *o* [-ven] onovergankelijk werkwoord

intrappen trappend forceren; door trappen ergens binnen brengen

intraveneus' *bn (med.)* in een ader (plaatsvindend) **intrazonaal'** *bn* zich binnen een bepaalde zone bevindend

intre(d)e *v(m)* plechtige inkomst; begin

intreden binnengaan

intrek *m* verblijf **intrekken** naar binnen halen, naar zich toe trekken; binnentrekken, betrekken; vervallen verklaren

intrest *m* interest

intrigant' **I** *bn & bw* konkelend **II** *m* konkelaar **intri'ge** *v(m)* [-s] gekonkel; verwikkeling **intrige'ren** konkelen; nieuwsgierigheid opwekken

intrinsiek' *bn & bw* innerlijk, wezenlijk

intro *v & o* [-'s] introductie;

aandachttrekkend begin; blokje vet of cursief gedrukte tekst boven een artikel
introducé' *m* [-s] wie geïntroduceerd wordt **introduce'ren** toegang verschaffen; inleiden; in een gezelschap brengen **introduc'tie** *v* [-s] het introduceren; bewijs of brief waarmee men toegang verkrijgt; inleiding
introï'tus *m/o* inleiding v.d. mis
introspec'tie *v* zelfbeschouwing
introvert' *bn* in zichzelf gekeerd
intuinen *er* ~, erin lopen
In'uit ‹ienwiet› **I** *m/v* volk op de noordelijke poolcirkel, eskimo's **II** *mv* iem. v.h. volk de Inuit **III** *o* taal v.h. volk de Inuit
intuï'tie *v* [-s] onmiddellijk begrip **intuïtief'** *bn & bw* bij intuïtie
intus'sen *bw* inmiddels
inunda'tie *v* [-s] onderwaterzetting **inunde'ren** onder water zetten
inval *m* [-len] het invallen; invallende gedachte; *de zoete* ~, een gastvrij huis
I
invali'de I *bn* door ongeval of ziekte niet in staat te werken **II** *m-v* [-n] zulk iem. **invali'denwagen** wagentje voor invalide **invaliditeit'** *v* het invalide zijn
invalkracht *m* wie tijdelijk het werk v.e. ander overneemt **invallen** instorten; een haven binnenkomen; beginnen; te binnen schieten; vermageren; later inzetten; ~ *voor*, tijdelijk vervangen **invalshoek** hoek van inval; gezichtspunt van waaruit men een zaak benadert **invalsweg** weg v.e. grote verkeersweg naar een woonplaats
inva'sie ‹s=z› *v* [-s] vijandelijke inval
invectief' *o* [-tieven] scheldwoord
inventa'ris *m* [-sen] (lijst v.) voorhanden voorwerpen **inventarisa'tie** ‹s=z› *v* [-s] het inventariseren **inventarise'ren** ‹s=z› inventaris opmaken
inven'tie *v* [-s] (uit)vinding; verdichtsel **inventief'** *bn* vindingrijk
inver'sie ‹s=z› *v* [-s] omkering inz. v. volgorde van subject en predikaat **inver'siestroom** luchtstroom op grote hoogte die bij kou de vervuiling verhindert op te stijgen **inverte'ren** zo ontleden dat de polarisatiehoek draait **invert'suiker** mengsel van evenveel vruchtensuiker als druivensuiker
inverze'keringstelling *v (jur.)* het opsluiten v.e. verdachte ten behoeve v.e. onderzoek
investe'ren beleggen, steken in; bevestigen in een ambt
investituur' *v* [-turen] plechtige bevestiging in ambt inz. v.e. bisschop
invetten met vet insmeren
invita'tie *v* [-s] uitnodiging **invite'ren** uitnodigen
in-vi'trofertilisatie *v* [-s] bevruchting in een reageerbuis
invlechten door vlechten inbrengen; invoegen
invliegen *h/z* erin of erop af vliegen; vliegend beproeven; *er* ~, zich laten beetnemen
invloed *m* inwerking; gezag; overwicht; *onder* ~, te veel alcohol gebruikt hebbend **invloedrijk** *bn* veel gezag hebbend **invloedssfeer** kring waarbinnen iem. of iets invloed heeft
invoca'tie *v* [-s, -tiën] aanroeping
invochten vochtig maken
invoegen inlassen; zich via een aparte rijstrook bij het verkeer op e. autoweg voegen **invoeging** *v* het invoegen; wat ingevoegd wordt **invoegstrook** smal stuk weg voor het invoegen op een autoweg
invoelen aanvoelen
invoer *m* het invoeren; ingevoerde goederen; input **invoeren** in het land brengen; in zwang brengen, instellen; ten tonele brengen **invoerrecht** belasting op invoer
involve'ren inhouden; verwikkelen in
invor'derbaar *bn* in te vorderen **invorderen** betaling eisen; innen
invreten *h/z* inbijten; ingebeten worden; steeds erger worden
invriezen bevriezend conserveren
invrij'heidstelling *v* het teruggeven v.d. vrijheid
invullen schrijven op een opengelaten plaats; *(fig.)* de details uitwerken van; *vul maar in*, ga zo maar door **invuloefening** *v* taaloefening door invulling
inwaarts *bn & bw* naar binnen
inwachten afwachten
inwateren *z* door insijpelend water nat worden
inwegen door overwicht in de kleinhandel verliezen; wegen bij het binnenbrengen
in'wen'dig *bn & bw* van binnen; binnenlands
inwerken *h* werking of invloed uitoefenen; op de hoogte brengen v.d. werkwijze; *zich* ~, op de hoogte komen v. werkwijze; *goed ingewerkt*, goed op de hoogte
in werking treden I *o*, **inwer'kingtreding II** *v* beginnen te werken of te gelden
inwijden inzegenen; in gebruik nemen; ~ *in*, geheel bekend maken met
inwikkelen in een omslag doen; in iets betrekken
inwilligen toestaan
inwinnen vragen; terug winnen
inwisselen omwisselen; inruilen
inwonen niet in een eigen huis wonen **inwoner** *m* [-s] wie woont binnen een bestuurlijke eenheid **inwoning** *v* het inwonen v.e. ander; huisvesting
inworp de over de zijlijn gespeelde bal weer terugwerpen
inwortelen *z* diep wortel schieten
inwrijven wrijvend insmeren
inz. inzonderheid
inzage *v(m)* (gelegenheid tot) zien
inza'ke *vz* betreffende
inzakken *z* wegzakken; in elkaar zakken
inzamelen verzamelend bijeenbrengen **inzamelingsactie** het gezamenlijk bijeenbrengen v. geld of goederen voor een goed doel
inzegenen door zegenen inwijden
inzenden toezenden

inzepen met zeep(schuim) insmeren

inzet *m* [-ten] eerste bod; inleg **inzetsel** *o* [-s] ingezet stuk **inzetten** erin zetten, vatten, inleggen; het eerste bod doen; aanheffen

inzicht *o* mening, begrip **inzien** **I** *ww* inkijken; begrijpen; beoordelen **II** *o* mening; beschouwing

inzinken *z* verslappen; achteruitgaan **inzinking** *v* het inzinken; toestand van lichamelijke of geestelijke slapte; laagte

inzitten *ergens mee* ~ of *over* ~, ergens zorg over hebben **inzittende** *m-v* [-n] wie in een voertuig zit

inzon'derheid *bw* vooral

inzoomen ‹oo=oe› te filmen situatie in het beeld dichterbij krijgen

inzouten met zout conserveren

inzwelgen gulzig opeten; *(fig.)* verzwelgen

i.o. in oprichting

IOAW Wet Inkomensvoorziening voor Oudere en gedeeltelijk Arbeidsongeschikte Werkloze Werknemers

IOAZ Wet Inkomensvoorziening voor Oudere en gedeeltelijk Arbeidsongeschikte gewezen Zelfstandigen

IOC Internationaal Olympisch Comité

ion *o* elektrisch geladen deeltje **io'nenraket** door uitstoting van ionen in beweging gezette raket **ionisa'tie** ‹s=z› splitsing in ionen

Io'nisch *bn* met krullen aan het kapiteel

ionise'ren ‹s=z› in ionen splitsen

i.p.i. *in partibus infidelium*, zonder diocees

ippon *o* [-s] *(sp.)* heel punt *(bij judo)*

IPU interparlementaire unie

i.p.v. in plaats van

IQ intelligentiequotiënt

ir. ingenieur

Ir *(schei.)* iridium

IRC *Internet Relay Chat, (comp.)* op het internet gebaseerd systeem waarmee men over de hele wereld met anderen kan babbelen

ire'nisch *bn & bw* vredestichtend, verzoeningsgezind

iri'dium *o* moeilijk smeltbaar wit metaal

iris *v(m)* [-sen] regenboogvlies v.h. oog; lisbloem **iriscopie'** *v* het bekijken v.d. iris om de ziekte vast te stellen **irise'ren** ‹s=z› regenboogkleuren vertonen

Irish coffee ‹airisj koffie› *m* koffie met whisky en slagroom

ironie' *v* het spottend andersom zeggen **iro'nisch** *bn & bw* spottend het tegengestelde zeggend

irrationeel' *bn & bw* in strijd met de rede; slechts bij benadering berekenbaar

irreëel' *bn* onwerkelijk

irregulier' *bn* onregelmatig, ongeregeld

irrelevant' *bn* niet van belang

irriga'tie *v* [-s] kunstmatige bevloeiing **irriga'tor** *m* [-s, -en] medisch reinigingstoestel **irrige'ren** bevloeien

irrita'tie *v* geprikkeldheid; prikkeling; branderigheid **irrite'ren** prikkelen

IRT Interregionaal Rechercheteam

ISBN Internationaal Standaardboeknummer

ischias ‹isgiejas› *v(m)* heupzenuwontsteking

ISDN *Integrated Services Digital Network*, snelle telefoonverbinding

islam' ‹a=a *of* aa› *m* mohammedaanse godsdienst **islamiet'** *m* aanhanger v.d. islam **islami'tisch** *bn & bw* mohammedaans

i.s.m. in samenwerking met

ISO Interstedelijk Studentenoverleg

iso- *als eerste deel in ss*: gelijk **isobaar'** ‹s=z› *m* [-baren] lijn die plaatsen met gelijke barometerstand verbindt **isoglos'** *v* [-sen] grens v.e. taalverschijnsel **isogram'** *o* [-grammen] woord waarin iedere letter slechts één keer voorkomt

isola'tie ‹s=z› *v* [-s] het isoleren of geïsoleerd zijn; stof waarmee iets geïsoleerd is **isola'tieband** band van niet-geleidende stof **isola'tiecel** isoleercel **isolationis'me** *o* neiging om zich buiten internationale politiek te houden **isola'tor** *m* [-s, -en] voorwerp dat isoleert

isoleer'cel cel waarin men alleen gezet wordt **isoleer'kan** thermoskan **isolement'** *o* afzondering **isole'ren** afzonderen; niet geleidend maken

isome'ren [mv] scheikundige verbindingen met hetzelfde aantal atomen maar met verschillende moleculaire structuren **isotherm'** ‹th=t› *m* lijn die plaatsen met gelijke temperatuur verbindt **isotoon'** *bn* met gelijke spanning **isotoop'** *m* [-topen] vorm v.e. element met dezelfde scheikundige doch andere fysische eigenschappen

Isr. Israëlitisch

israëliet' jood **israëli'tisch** *bn* joods **Israëli'tisch** *bn* van het volk Israël

issue ‹isjoe› *m* [-s] (actueel) onderwerp

it. *item*, op dezelfde wijze

IT Informatietechnologie

Italiaans' ~ *boekhouden*, dubbel boekhouden

italiek' *v* cursieve letter

item **I** *bw* insgelijks **II** ‹aitem› *o* [-s] post, punt

iteratief' **I** *bn* herhalend **II** *o* [-ven] ww dat een herhaling aanduidt

ito individueel technisch onderwijs

i.t.t. in tegenstelling tot

IUR Islamitische Universiteit Rotterdam

i.v. *in voce*, op dat woord

ivo individueel voortgezet onderwijs

ivf *in-vitrofertilisatie*, reageerbuisbevruchting

ivf'-behandeling *(med.)* behandeling met in-vitrofertilisatie

i.v.m. in verband met

ivo individueel voortgezet onderwijs

ivoor' *o* witte stof uit slagtand v. olifant **ivo'ren** *bn* van ivoor

izabel' *o*, **izabel'kleur** geelbruin

i.z.g.st. in zeer goede staat

I

J

J *(schei.)* jodium; *(nat.)* joule

j *v(m)* [-'s] de tiende letter van ons alfabet; stemhebbende palatale glijklank

ja **I** *bw & tw* het is zo; sterker nog; wel? **II** *o* bevestiging, toestemming, jawoord; ~ *en amen zeggen*, instemmen

jaaghout verlengstuk v.d. boegspriet **jaaglijn** touw waaraan de trekschuit wordt getrokken **jaagpad** pad voor jaagpaarden

jaap *m* [japen] *(fam.)* diepe snee

jaar *o* [jaren] 12 maanden; leeftijd; studiejaar; ~ *en dag*, lange tijd; *van het ~ nul*, ouderwets; *op jaren komen*, ouder worden **jaarbericht** jaarverslag **jaarbeurs** jaarlijkse of tweemaal per jaar gehouden verkooptentoonstelling v. handel en nijverheid; gebouw daarvoor **jaarboek** kroniek, jaarlijkse publicatie **jaarcijfer** jaartal; *(mv)* in cijfers uitgedrukt financieel resultaat v.e. jaar **jaarclub** club v. degenen met wie men in hetzelfde jaar is aangekomen **jaardicht** jaartalvers **jaardienst** jaarlijkse mis **jaargang** *m* in één jaar verschenen afleveringen **jaargeld** jaarlijkse toelage **jaargenoot** student v. hetzelfde jaar **jaargetij(de)** seizoen; jaardienst **jaarkaart** gedurende een jaar geldige abonnementskaart **jaarkring** *(plecht.)* jaar **jaarlijks** *bn & bw* ieder jaar; per jaar **jaarloon** loon per jaar **jaarmarkt** eens per jaar gehouden markt **jaarring** kring op doorsnede v. boom **jaartal** *o* [-len] getal v.h. jaar **jaartalvers** vers waarvan de letters die tevens romeinse cijfers zijn een jaartal vormen **jaartelling** *v* tijdrekening **jaarvergadering** algemene jaarlijkse vergadering **jaarverslag** verslag over een jaar **jaarwisseling** *v* overgang v.h. oude in het nieuwe jaar

jabroer [-s] wie met alles instemt

JAC jongerenadviescentrum

jacht **I** *v(m)* het jagen, jachtpartij; jaagrecht; jaagterrein; jaagtijd; vangst; haast **II** *o* bij zeilwedstrijden gebruikt snel vaartuig; luxueus pleziervaartuig **jachtakte** wettelijke vergunning om te jagen **jachtbommenwerper** bommenwerper die als jachtvliegtuig kan dienen **jachtclub** club v. zeilliefhebbers **jachtdelict** overtreding v.d. jachtwet **jachten** aanzetten tot haast; zich haasten **jachtgeweer** geweer om mee te jagen **jachthaven** haven speciaal voor jachten **jachtig** *bn & bw* gejaagd **jachtluipaard** in India voor de jacht afgericht katachtig roofdier **jachtopziener** wie erop toeziet dat de jachtwet nageleefd wordt **jachtpartij** het gezamenlijk jagen **jachtrecht** voor de jacht geldend recht; recht om te jagen **jachtschotel** ovengerecht met vlees en aardappelen en appels **jachtslot** slot voor verblijf tijdens de jacht **jachtsneeuw** snel voortwaaiende fijne sneeuw **jachtspin** spin die geen web maakt **jachtstoet** jachtgezelschap **jachttrofee** buit v.d. jacht **jachtveld** gebied waar men jaagt; *de eeuwige ~en*, het hiernamaals **jachtvlieger** piloot v. jachtvliegtuig **jachtvliegtuig** snel militair vliegtuig

jack ‹jek *of* djek› *m/o* [-s] jasje

jacket ‹djekket› *o* [-s] papieren omslagvel voor een boek; over een tand aangebrachte kroon

jackpot ‹djekpot› *m* [-s, -ten] pot bij diverse spellen; gokkast

JAC-medewerker *m* -s; medewerker v.e. jongerenadviescentrum

Jacob *zie* **Jakob**

jacquard' ‹zjakaar› *o* bep. stof met ingeweven patronen

jacquet' ‹zjaket› *o/v(m)* [-s, -ten] pandjas

jacuz'zi ‹jakoezie› *m* [-'s] bubbelbad

jade *o* tamelijk hard bleekgroen gesteente **jaden** *bn* van jade

jaeger ‹jeeGer› *o* wollen weefsel voor ondergoed

jaffa *m* [-'s] sinaasappel uit Israël met dikke schil

jagen [jaagde, joeg, gejaagd] streven naar; jacht maken; aandrijven; zich haastig voortbewegen; *op onkosten ~*, onnodige uitgaven bezorgen **jager** *m* [-s] wie jaagt; infanterist; scheepsjager; agressieve meeuwachtige vogel; jachtvliegtuig **jagerslatijn** *o* snoeverij van jagers

jaguar ‹djeGoewaar› *m* [-s] Zuid-Amerikaans katachtig roofdier, Lat. Pantera onca

Jahweh' ‹jaawè *of* jaawee› *m (Isr.)* God

jajem *(barg.)* jenever

jak **I** *o* [-ken] eenvoudig vrouwenlijfje **II** *m* [-ken] Tibetaanse buffel

jakhals *m* [-zen] hondachtig nachtroofdier, Lat. Canis aureus; haveloos iem.

jakkeren overmatig aandrijven; onbehoorlijk hard rijden; haastig werken

jakkes *tw* uitroep van tegenzin of afkeer

jaknikker *m* [-s] wie met alles instemt; pomp met op en neer gaande balans (inz. voor oliewinning)

Jakob, **Jacob** *de ware ~*, de man naar wie uitgezien werd

jako'bagoed [gmv] geglazuurd bruin aardewerk **jako'bakannetje** bruin geglazuurd kannetje

jakobskruiskruid samengesteldbloemige plant met oranjegele bloemen **jakobsladder** over schijven lopende riem of ketting voor mechanisch transport **jakobsmantel**, **jakobsschelp** waaiervormig geribde schaal v. oester

jaloers' *bn & bw* afgunstig **jaloezie'** ‹j=j *of* zj› *v* [-ën] jaloersheid; zonneblind

jalon' ‹j=zj› *m* [-s] bakenstok **jalonne'ren** (met bakenstokken) afbakenen

jam ‹zjem› *m/v* [-s] vruchtengelei

jambe *v(m)* [-n] versvoet die bestaat uit eerst een onbeklemtoonde lettergreep en dan een beklemtoonde; jambisch vers **jambisch** *bn* in jamben gedicht

jamboree ‹djemborie› *m* [-s] om de 4 jaar

gehouden internationaal padvinderskamp
jammer I *o/m* leed, ellende II *bn & tw* spijtig **jammeren** weeklagen **jammerklacht** weeklacht **jammerlijk** *bn & bw* treurig
jamsession ‹djemsesjun› *m* [-s] onvoorbereide muzikale groepsactiviteit
jan *m* [-nen] matroos; ober; kanjer **Jan** *boven ~*, de moeilijkheden te boven; *~ en alleman*, ieder; *~ (Pet en Piet) Boezeroen*, de arbeiders; *~ Doedel*, sul; *~ Rap en zijn maat*, het gewone volk; *~ Publiek*, het publiek; *~ Gat*, jangat; *~ Klaassen*, hansworst; de komedie; *~ Lul*, sukkel; *~ Modaal*, wie een modaal inkomen heeft; *~ Salie*, slappeling; *~, Piet en Klaas*, iedereen; *beter blode ~ dan dode ~*, beter wat voorzichtig dan gedupeerd; *van ~ Pet*, niets waard **janboel** *m* rommel **janboerenfluit'jes** *op zijn ~*, slecht door slordigheid **jandoe'del** *m* [-s] borrel; sukkel **jando'rie** *tw* verdorie **janha'gel** I *m* koekje met suikerbrokjes II *o* gepeupel **janhen'** *m* [-nen] sukkel; keukenpiet **jan-in-de-zak'** *m* bep. au bain-marie bereide koek
janken jammerend huilen; *(ruw)* schreien
janklaas'sen *m* [-s] *zie* **Jan**; **janmaat** *m* [-s] matroos **Jan Modaal'** *zie* **Jan**; **janplezier'** *m* [-en, -s] tentwagen **Jan Rap'** *zie* **Jan**; **Jan Sa'lie** *zie* **Jan**
jansenis'me *o* Jansenius volgende godsdienstige sekte
janslot, **jansschot** zich na 24 juni ontwikkelende scheut
jantje *o* matroos; klein bedkussentje; *zich met een jantje-van-leiden van iets afmaken*, iets met een smoesje afdoen **Jantje** *~ Beton*, tot op straat spelen gedoemde stadsjeugd; *~ Secuur*, pietluttig voorzichtig iem.; *~ Contrarie*, wie in de contramine is
janua'ri *m* 1e maand
januskop hoofd met twee gezichten
jan-van-gent' *m* [-s] pelikaanachtige zwemvogel, Lat. Sula bassana
japan'ner *m* [-s] in Japan vervaardigd voertuig of apparaat
japen diep snijden
japon' *m* [-nen] jurk
jappenkamp tijdens de Tweede Wereldoorlog door Japanners ingesteld concentratiekamp
jarenlang *bn & bw* (van) vele jaren
jargon' *o* [-s] vaktaal; dieventaal; koeterwaals
jarig *bn* één jaar oud; zijn verjaardag vierend; *nog niet ~ zijn*, nog heel wat te verduren krijgen
jarretel'(le) ‹zjarretel› *v(m)* [-s] kousophouder, sokophouder **jarretel'(le)gordel** gordel met jarretelles voor dameskousen
jas I *m/v* [-sen] colbertjas; overjas; *(fam.)* mantel; *(pop.)* condoom II *m* [-sen] troefboer; *~ en nel*, het voornaamste wat men nodig heeft **jasbeschermer** *m* [-s] scherm aan het achterwiel v.e. fiets opdat de kleren het wiel niet raken
jasmijn' *v(m)* heester met geurige witte bloemen uit het geslacht Philadelphus
jaspis *m (stofn. o)* [-sen] ondoorzichtige veelkleurige kwarts
jasschort huishoudschort in de vorm v.e. jas
jassen kaartspelen met boer als hoofdtroef; aardappelen schillen; *(pop.)* geslachtsgemeenschap hebben
jasses *tw* ajakkes
jatten I *ww (barg., pop.)* gappen II *mv (pop.)* handen
jawel' *bw* ja
jawoord *o* aanvaarding v. huwelijksvoorstel
jazz ‹djez› *m* rond 1900 ontstane improviserende dansmuziek met onregelmatige beklemtoning en syncopen **jazzballet** ballet op jazzmuziek **jazzband** ‹band=bend› *m* [-s] jazzorkest **jazzrock** *m* op jazz geënte rock **jazzzanger** wie jazz zingt
J.C. Jezus Christus
je *vnw* jij, jou, jouw
jeans ‹djiens› *ev & mv* spijkerbroek
jee *tw* och; *o ~*, och
jeep ‹djiep› *m* [-s] kleine sterke legerauto
jeetje *tw* uitroep v. schrik of verbazing
jegens *vz* tegenover
Jeho'va *m* naam van God bij de joden; *~'s getuigen*, godsdienstige adventistische beweging sinds 1884
jekker *m* [-s] korte zware overjas
jelui' *vnw* jullie
jeminee'(tje), **jemie** *tw* uitroep v. schrik of verbazing
jene'ver *m* [-s] met jeneverbessen bereide sterkedrank; jeneverstruik; jeneverbes **jene'verbes** (bes v.) jeneverstruik **jene'verfles** fles voor of met jenever **jene'verstoker** wie jenever uit graan stookt **jene'verstruik** groenblijvende struik met blauwzwarte bessen, Lat. Juniperus communis
jengelen dreinen
jennen *(pop.)* sarren
jenzen [jensde, gejensd] trekken; smijten
jeremia'de *v* [-n, -s] klaaglied **jeremië'ren** klagen
jerrycan ‹djerrieken› *m* [-s] draagbaar vloeistofreservoir met handvat
jersey ‹djeürsie› *m* [-s] nauwsluitend tricotachtig weefsel; trui daarvan
Jeru'zalem *het hemels ~*, de hemel
jet ‹djet› *m* [-s] straalvliegtuig
jetje *'m van - geven*, slaag geven; zich inspannen
jetlag ‹djetleG› *m* zich onwel voelen t.g.v. het lang van west naar oost vliegen of omgekeerd
jetset ‹j=dj› *m* toonaangevende groep
jetski ‹j=dj› *m* [-'s] waterscooter **jetskiën** [jetskiede, gejetskied] zich op jetski's voortbewegen
jetstream ‹djetstriem› *m* [-s] krachtige luchtstroom onder de stratosfeer
jeu ‹zjeu› *v* aardigheid, fleur
jeu de boules ‹zjeu de boel› *o* Frans balspel
jeugd *v(m)* het jong zijn; jonge leeftijd; jonge mensen **jeugdbeweging** *v* georganiseerd streven v.d. jeugd **jeugdherberg** goedkope logeergelegenheid voor rondtrekkende

jeugd **jeugdig** *bn & bw* jong; (als) van jeugd **jeugdjournaal** tv-journaal voor jonge kijkers **jeugdkerk** kerkdienst voor de jongeren **jeugdleider** leider v.e. jeugdorganisatie **jeugdportret** portret van iem. op jonge leeftijd **jeugdpuistjes** *mv* acne in de puberteitsperiode **jeugdsentiment** nostalgische jeugdherinnering **jeugdwerk** het zich wijden aan het organiseren van jonge mensen; werkstuk uit iemands jeugd **jeugdzonde** zonde uit de jeugd; *(scherts.)* wat men in de jeugd gemaakt heeft, maar wat men nu niet goed meer vindt

jeuïg ‹j=zj› *bn & bw* fleurig

jeuk *m* kriebeling **jeuken** kriebelen; *mijn vingers* ~, ik heb zin om te slaan; *mijn maag jeukt*, ik heb honger **jeukerig** *bn* jeuk veroorzakend; jeuk gevoelend; verlangend

je wel'ste *van* ~, zeer erg of zeer groot

jezuïet' lid v.e. door Ignatius gestichte orde **jezuïe'tenstijl** door de jezuïeten gebruikte religieuze barokke bouwstijl **jezuï'tisch** *bn & bw* van of op de wijze v.d. jezuïeten **jezuïtis'me** *o* geest v.d. jezuïeten

J

Jezus Christus

jg. jaargang

Jhr. jonkheer

jicht *v(m)* gewrichtspijn **jichtig** *bn* met jicht **jichtknobbel** *m* [-s] door jicht veroorzaakte zwelling aan de gewrichten

Jiddisch ‹jiddiesj› *o* joden-Duits

jiffy ‹djiffie› [-'s], **jiffybag** ‹bag=beG› [-s] *m* met luchtkussentjes gevoerde envelop

jiffypotje *o* plantenpotje v. geperste turf

jihad' ‹zjiehaad *of* djiehaad› *m* heilige oorlog

jij *vnw* je **jijbak** geestloos beantwoorden v. aardigheid met de opmerking dat die op de spreker zelf toepasselijk is **jijen** met jij toespreken; ~ *en jouen*, met jij en jou toespreken

jingle ‹djinGul› *m* [-s] herkenningsmelodie

jingo ‹djinGo› *m* [-'s] Eng. chauvinist **jingoïs'me** *o* Eng. chauvinisme

jioe-jit'soe *o* Japans worstelen **jioe-jit'soeka** *m-v* [-'s] wie jioe-jitsoe beoefent

jive ‹djaiv› *m* [-s] levendige dans op jazzmuziek of rock-'n-roll **jiven** [jivede, gejived] de jive dansen

Jkvr. jonkvrouw

jl. jongstleden

JNF Joods Nationaal Fonds

job ‹djob Belgned.: dzjob› *m* [-s] baan; karwei **jobhoppen** [jobhopte, gejobhopt] dikwijls van baan veranderen

jobsbode ongeluksbode **jobsgeduld** taai geduld **jobstijding** ongelukstijding

jobstudent *(Belgned.)* werkstudent

joch(ie) *o* [-ies] jongetje

jockey ‹djokkie› *m* [-s] berijder v.e. renpaard

jodelen zingen met snelle overgang van borsttonen in koptonen

joden- *als eerste lid van ss*: op joden betrekking hebbend, maar vaak aan het geheel een negatieve inhoud gevend **jodenchristen** christen geworden jood **jodendom** *o* joden; joodse leer **jodenfooi** zeer kleine fooi; zeer laag loon **jodenkerk** toestand waarbij allen door elkaar schreeuwen **jodenster** Davidster **jodin** [-nen] joodse

jodium *o* met J aangeduid metalloïde **jodiumtinctuur** *v* jodium in alcohol **jodoform'** *wm m* verbinding van jodium met waterstof en koolstof **jodoform'gaas** in jodoform gedrenkt gaas

joe *tw (pop.)* ja

joekel *m* [-s] groot exemplaar

joelen luidruchtig vrolijk zijn

joepie *tw* uitroep v. vreugde

joetje *o* (bankbiljet van) tien gulden

jofel *bn* aardig; fijn

joggen ‹j=j *of* dj› trimmen zonder prestatie als doel **joggingpak** pak om in te joggen

joh *tw* let op; pas op

johannie'ter *m* [-s] lid v.e. geestelijke orde tijdens de kruistochten; lid v.e. liefdadige adellijke orde

joint ‹j=dj› *m* [-s] gezamenlijk te roken met drug gevulde pijp of sigaret

joint ven'ture ‹djoint ventjeur› *v* [-s] samengaan van bedrijven voor het uitvoeren v.e. bep. plan

jojo *m* [-'s] speeltuig met langs een koord lopende diabolo **jojobeleid** onstandvastig beleid **jojoën** [jojode, gejojood] met e. jojo spelen

joker *m* [-s] 53ste kaart van kaartspel; grappenmaker; *voor ~ staan*, voor gek staan **jokeren** een kaartspel met een joker spelen

jokkebrok *m-v* [-ken] leugenachtig kind **jokken** schertsen; *(verzachtend)* liegen

jol *v(m)* [-len] lichte sloep of zeilboot

jolen plezier maken **jolig** *bn & bw* uitgelaten plezierig **jolijt'** *v(m) of o* vreugde

jonagold ‹g=G› *m* [-s] appelsoort

jonassen horizontaal heen en weer slingeren

jong I *bn & bw* jeugdig; niet oud; vers; uit de laatste tijd; *de ~ste dag*, de dag v.h. laatste oordeel; *de ~eren*, de schrijvers v.d. laatste tijd; leerlingen **II** *o* jongen; jong dier **jongs** *van ~ af*, vanaf de jeugd **jongbejaard** *bn* tussen 65 en 75 jaar **jonge** *m* [-s] jonge klare **jongeda'me** [-s] jong meisje **jongeheer'** jongen van gegoede ouders; penis **jongejuf'frouw** meisje van gegoede ouders **jongelie'den** *mv* jongelui **jongeling** jonge man **jongelui'** *mv* jonge mensen **jongeman'** [-nen] jonge man

jongen I *m* [-s] knaap; vrijer; *(mv)* soldaten; *~s van Jan de Wit*, flinke kerels **II** *ww* jongen werpen **III** *tw* tjonge **jongensachtig** *bn & bw* als (van) een jongen **jongensgek** *v* wie jongens achterna loopt **jongenskop** kapsel met zeer kort haar

jongere *m-v* [-n] jonge man of vrouw **jongerejaars'** *m-v* [mv idem] student uit de eerste studiejaren **jongerenpaspoort** *cultureel ~*, kortingskaart voor jongeren voor culturele evenementen **jongerenwerk** vormingswerk en cultureel werk onder jongeren

jongetje *o* kleine jongen

jonggebo'rene *m-v* [-n] pasgeborene **jonggehuw'de** *m-v* [-n] pas getrouwd iem. **jonggezel'** vrijgezel
jongle'ren jongleurskunsten vertonen **jongleur'** *m* [-s] evenwichtskunstenaar, vangkunstenaar **jongmens'** *o* [jongelieden, jongelui] jonge man
jongs *van ~ af*, v.d. jeugd af **jongsbeen** *van ~ af*, van jongs af
jongst'le'den *bn* laatstleden
jongvee *o* onvolwassen vee **jongvolwassene** *m-v* [-n] iem. tussen 18 en 30 jaar
jonk *m* Chinees vaartuig met drie masten
jonker *m* [-s] jong edelman; cadet, adelborst; *(pop.)* jonkheer; *kale ~*, samengesteldbloemige plant met bijna kale stengel en paarse bloemhoofden
jonkheer edelman v.d. laagste rang
jonkie *o* [-s] jeugdig mens of dier; glas jonge jenever
jonkvrouw dame v.d. laagste adellijke rang
jood *m* [joden] Israëliet **joods** *bn* van de joden
jool *m* [jolen] luidruchtig feest, pret
Joost *~ mag het weten*, ik weet het volstrekt niet
joppen *(pop.)* knokken
jopper *m* [-s] jekker voor zeilsport
Joris *~ goedbloed*, sul; *bij Sint ~ in de kost zijn*, ergens kosteloos eten of drinken
jota *v(m)* [-'s] Griekse i; *geen ~* of *niet een ~*, niets
jou *vnw* je
joule ‹j=zj› *m* [-s] eenheid van arbeid
jour ‹zjoer› *à ~*, opengewerkt
journaal' ‹zjoernaal› *o* [-nalen] dagregister; naar de volgorde der dagen opgezet hoofdboek v.d. koopman; dagboek; uitzending van nieuws en actualiteiten **journalise'ren** ‹s=z› in het journaal schrijven **journalist'** *m* dagbladschrijver **journalistiek'** **I** *v* vak van journalist **II** *bn & bw* van een journalist of de journalistiek
jouw *vnw* van jou
jouwen naschreeuwen
jouwerzijds *bw* van jouw kant
JOVD Jongerenorganisatie Vrijheid en Democratie
joviaal ‹j=j *of* zj› *bn & bw* gulhartig **jovialiteit'** *v* gulhartigheid
joyriden ‹djoiraiden› wederrechtelijk met andermans auto rijden **joystick** ‹djoistik› *m* [-s] hendel v. computerspel
Jozef *m* [-s] *de ware ~*, de man die het meisje geschikt lijkt; de man naar wie uitgezien werd
JPY Japanse yen
jr. *junior*, de jongere
ju *tw* (tot een paard) vooruit!
jubee' *o* [-s] zanggalerij
jubel *m* gejuich **jubelen** juichen **jubelfeest** jubileum **jubeljaar** elk vijftigste jaar in de tijd v.h. Oude Testament; jaar met een jubelfeest; *(r.-k.)* jaar waarin op voorwaarden aflaat wordt verleend **jubeltenen** *mv* omhoogstaande tenen
jubilares'se *v* [-n] vr. jubilaris **jubila'ris** *m* [-sen] wie een jubilee viert **jubilee'** *o* [-s] jubileum **jubile'ren** juichen; een jubileum vieren **jubile'um** ‹eum=eejum› *o* [-ea, -s] jubeljaar; feestelijke herdenking dat iets een rond aantal jaren geleden tot stand kwam
juchtle(d)er *o* soepel leer van jonge runderen **juchtleren** *bn* van juchtleder
judas *m* [-sen] verrader; plager **judasgeld** verradersloon **judasgroet** valse groet **judasje** *o* kijkgaatje **judaskus** verraderlijke kus **judasloon** verradersloon **judasoog** *zie* **judasje**; **judaspenning** sierplant met hauwtjes waarvan de later zilverachtige tussenschotjes op hun stelen in droogboeketten gebruikt worden, Lat. Lunaria annua **judassen** treiteren
judicieel' *bn* gerechtelijk **judi'cium** *o* [-dicia] vonnis; faculteitsbeoordeling
judo *o* bep. zelfverdediging als wedstrijdsport **judoën** [judode, gejudood] judo beoefenen **judo'ka** *m* [-'s] beoefenaar v.h. judo
juf *v* [-s, -fen] juffrouw; kinderjuffrouw **juffer** *v* [-s, -en] juffrouw; lange paal; straatstamper; bep. slank insect **juffershondje** schoothondje **juffertje** dametje, nufje **juffertje-in-'t-groen'** *o* [juffertjes-in-'t-groen] plant met fijn blad en opvallende zaaddozen, Lat. Nigella damascena; bep. likeur **juf'frouw'** *v* burgervrouw; ongehuwde vrouw, jonge dame; kinderjuffrouw, onderwijzeres, huishoudster, vr. bediende; kostjuffrouw; vroedvrouw
jugendstil ‹joeGundsjtiel› *m* Duitse sierlijke kunststijl omstreeks 1900
juichen (luidruchtig) vreugde uiten **juichkreet** vreugdekreet **juichtoon** vreugdekreet
juist *bn & bw* nauwkeurig; zoals het zijn moet; waar
jujube ‹djoedjoebie› *m/v* [-s] gomachtige en zoetige hoestpastille
juk *o* [-ken] trekblok; dwang; koppel trekdieren; kraagvormig draagblok; *onder het Caudijnse ~ doorgaan*, zich op vernederende wijze moeten onderwerpen
jukbeen onder aan de oogkas gelegen bot
jukebox ‹djoekboks› *m* grammofoonplatenautomaat
juli *m* 7de maand
julien'ne ‹zjuliejenne› *v(m)* fijngesneden groente; groentesoep
jullie *vnw* aangesproken personen of aangesproken persoon en een ander of anderen
jumbo [-'s], **jumbojet** ‹jet=djet› [-s] *m* kolossaal vliegtuig
jumela'ge ‹zjumelaazje› *v* [-s] vriendschapsbetrekking
jumper ‹j=dj› *m* [-s] damestrui
jumpsuit ‹djumpsoet› *m* nauw aansluitend kledingstuk
junctie *v* [-s] verbinding
jungle ‹djungGul› *v(m)* [-s] tropische wildernis; moderne snelle dansmuziek
juni *m* 6de maand

junior *m* [-es, -en] de jongere; jong lid v.e. sportvereniging **junio'rencompetitie** *(sp.)* competitie voor jongere leden
junk ‹j=dj› *m-v* [-s] druggebruiker **II** *m* heroïne
junkfood ‹djunkfoed› *o* eten zonder voedingswaarde
junkie ‹j=dj› *m-v* [-s] druggebruiker
junkmail ‹djunkmeel› ongevraagde post via het internet
junta ‹goenta› *v(m)* [-'s] uit hoge militairen bestaande dictatoriale regering
jupon' ‹j=zj› *m* [-s] onderrok
jure'ren ‹j=zj› als (lid v.d.) jury optreden
juri'disch *bn & bw* rechtskundig, rechtsgeleerd
jurisdic'tie *v* [-s, -tiën] rechtspraak; rechtsgebied; rechtsmacht **jurispruden'tie** *v* rechtsopvatting blijkens genomen beslissingen **jurist'** rechtsgeleerde; student in de rechten **juristerij'** *v (ong.)* rechtsgeleerdheid; juristenspitsvondigheid
jurk *v(m)* meisjeskleed, japon
jury ‹zjurie› *v(m)* [-'s] lekenrechtbank; commissie van beoordeling **juryuitspraak** uitspraak v.e. jury
jus I *o* [jura] recht **II** *m* ‹zjuu› vleesnat; *~ d'orange*, ‹zjuudoorãnzj› sinaasappelsap **jusblokje** *o* blokje samengeperst vleesextract
justifica'tie *v* [-s] rechtvaardiging, verdediging **justificatoir'** ‹toir=toor *of* twaar› *bn* tot bewijs **justifice'ren** rechtvaardigen
justitia'bel *bn* vallend onder bep. rechtspraak **justi'tie** *v* rechterlijke macht; rechtspleging **justi'tieapparaat** personen en inlichtingen waarover het gerecht beschikt **justitieel'** *bn* gerechtelijk
jut I *v(m)* [-ten] sappige zeer smakelijke peer met harde schil **II** *m* [-ten] boom met deze peren
Jut *hoofd* of *kop van ~*, toestel waarop men slaat als kermisattractie; *als ~ voor de haakmand staan*, beteuterd staan; *Jut en Jul*, een raar stel; iedereen
jute I *v(m)* Indische hennep **II** *bn* van Indische hennep **jutezak** van jute vervaardigde zak
jutten stranddieverij plegen
***juttepeer** *(Wdl. juttenpeer)* jut
jutter *m* [-s] stranddief
juut *(schimpn.) m* [juten] agent
juveniel' *bn* jeugdig
juweel' *o* [-welen] kostbaar sieraad, edelsteen; iets voortreffelijks **juwe'len** *bn* met juwelen bezet; van juweel **juwelier'** *m* [-s] juweelwerker; handelaar in juwelen
juxtapositie *v* [-s] het naast elkaar plaatsen of op dezelfde lijn geplaatst zijn; toename door aangroei
JW Jachtwet
JWG Jeugdwerkgarantiewet
Jy *(nat.) Jansky*, fysische eenheid

J

K

k kaars, eenheid van lichtsterkte; kilo
k *v(m)* [-'s] elfde letter van ons alfabet; bij het zacht gehemelte gevormde stemloze plofklank
K *(schei.)* kalium
kA kiloampère
ka I *v(m)* [-den] kaai, kade **II** *v* [-'s] kauw; bazige vrouw
kaag *v(m)* [kagen] platboomd binnenvaartuig; stuk buitendijks land
kaai *v(m)* kade, kaan; *tussen ~ en schip raken* of *verloren gaan*, ongemerkt verloren gaan, aan de strijkstok blijven hangen **kaaien** *h* aanleggen; *(pop.)* gappen, smijten **kaaiman** *m* [-s, -nen] krokodil
kaak *v(m)* [kaken] been waarin het gebit staat; voorwerp dat daarop lijkt; wang, kieuw; schandpaal; scheepsbeschuit; *zijn kaken (op elkaar) houden*, zwijgen; *aan* of *op de ~ stellen*, hekelen
kaakje droog koekje
kaakslag slag op de wang; belediging
kaal *bn & bw* met weinig of geen haar of veren; onbegroeid; armoedig; glad en glimmend geworden; bekaaid; bladerloos **kaalkop** *(scheldn.)* iem. met een kaal hoofd **kaalslag** *m* [gmv] het vellen van alle betrokken bomen; afbraak
kaan *v(m)* [kanen] uitgebakken stukje vet
kaap *v(m)* [kapen] zeeroof; in zee stekende hoge landpunt, voorgebergte; *de ~ halen* of *te boven zijn*, er bovenop komen of zijn **kaapstander** *m* [-s] verticale windas **kaapvaart** het varen op buit in opdracht v.e. staat
kaar *v(m)* [karen] beun
kaarde *v(m)* [-n] distel waarvan de vruchthoofdjes van weerhaakjes voorzien zijn, Lat. Carduus; kaardebol; ijzeren wolkam ***kaardebol** *(Wdl. kaardenbol)* bol v.d. kaarde **kaarden** met een kaarde bewerken, rouwen
kaars *v(m)* om een pit aangebrachte brandbare staaf; eenheid van lichtsterkte; bloempiramide v. wilde kastanje **kaarsenpit** *v(m)* draad in een kaars **kaars(en)snuiter** *m* [-s] stok met kapje om kaarsen te doven **kaarsrecht** *bn* recht als een kaars **kaarsvet** grondstof voor kaarsen
kaart *v(m)* speelkaart; spel kaarten; landkaart; stuk karton; toegangskaart; *geen haalbare ~*, iets wat men niet van anderen gedaan kan krijgen; *alles op één ~ zetten*, alles laten afhangen van één kans; *een ~je leggen*, kaartspelen; *in de ~ kijken*, doorzien; *open ~ spelen*, niets verbergen; *in iemands ~ spelen*, iemands plannen bevorderen; *de ~ leggen*, de toekomst voorspellen; *de ~ van het land kennen*, op de hoogte zijn; *van de ~ zijn*, de kluts kwijt zijn, niet meer van betekenis zijn; *(sp.) rode ~*, teken v.d. zwaarste overtreding; *(sp.) gele ~*, waarschuwing bij overtreding; *groene ~*,

bewijs van verzekering tegen WA; *kleine ~*, spijskaart met eenvoudige gerechten; *(sp.) op ~*, in theorie **kaarten** kaartspelen **kaartenhuis** huisje v. speelkaarten; wat gemakkelijk teniet gaat **kaarthouder** *m* [-s] houder voor een of meer kaarten; wie een abonnementskaart heeft **kaartlegster** [-s] vrouw die uit kaarten de toekomst voorspelt **kaartlezen** aardrijkskundige kaarten gebruiken **kaartprojectie** *v* [-s] wijze v.h. in kaart brengen v. aardoppervlak of hemel **kaartruitertje** *o* afneembaar naamstrookje op een map of kaart in een kaartenbak **kaartsysteem** verzameling v. gerangschikte kaarten met gegevens; stelsel dat zulke kaarten gebruikt **kaarttelefoon** openbare telefoon die in werking wordt gesteld door een elektronische kaart

kaas *m* [kazen] gestremd melkdik; *zich de ~ niet v.h. brood laten eten*, voor zijn rechten opkomen; *ergens geen ~ van gegeten hebben*, ergens geen verstand van hebben **kaasboer** wie kaas maakt of verkoopt **kaasburger** gepaneerde en gebakken kaasplak **kaasdoek** doek voor kaasbereiding **kaasdomino** *m* [-'s] in de vorm v.e. domino gesneden hapje van laagjes donker roggebrood met een smeersel van kaas ertussen **kaasfondue** [-s] gerecht v. gesmolten kaas **kaasfonduen** [kaasfonduede, gekaasfondued] kaasfondue eten **kaasjeskruid** malve met zaadhuisjes in de vorm van kaasjes **kaaskop** persvorm voor kaas; *(scheldn.)* Noord-Nederlander **kaasplateau** ‹eau=oo› schaal met verschillende soorten kaas **kaasschaaf** schaaf om kaas te snijden; kaasschaafmethode **kaasschaafmethode** methode v. evenredige vermindering v. arbeidsplaatsen **kaasstof** wrongel, caseïne **kaasstolp** stolp om kaas te bewaren **kaasstremsel** stof die melk doet stremmen **kaaswaag** *v(m)* grote weegschaal voor kaas

kaatsbal bal voor het kaatsspel; gummi bal

kabaal' *o* lawaai

kabba'la *v(m)* joodse geheime leer **kabbalis'tisch** *bn* de kabbala betreffende

kabbelen zachtjes golven

kabberdoes' *v(m)* [-zen] *(Belgned.) (fam.)* kroeg

kabel *m* [-s] dik touw; dikke metalen draad; geleidingen samen in één omhulsel; distributie voor kabeltelevisie **kabelaansluiting** *v* aansluiting op het kabelnet **kabelbaan** luchtspoor

kabeljauw *m* schelvisachtige zeevis, Lat. Gadus morrhua

kabelkrant over het kabelnet uitgezonden mededelingen **kabellas** inzetsel in een kabel **kabellengte** lengte v.d. kabel; *(zeew.)* 225 m **kabelnet** net v. kabeltelevisie; samenstel v. elektrische kabels **kabelschoen** voorwerpje om een draad aan een elektrisch apparaat te bevestigen **kabelspoorweg** spoortrein óf met kabel voortgetrokken óf hangende aan kabel **kabelsteek** breisteek die een op kabels lijkend patroon oplevert **kabeltelevisie** gesloten televisiesysteem dat programma's doorgeeft aan deelnemende toestellen **kabeltouw** dik touw; staaldraadtouw

kabinet *o* [-ten] ouderwetse fraaie ladekast; zaal voor kostbare verzameling; zijvertrek; werkvertrek v.e. regeringspersoon; de ministers **kabinet'formaat** *(fot.)* 16 bij 11 cm **kabinets'crisis** ministeriële crisis **kabinets'formateur**, **kabinets'formeerder** [-s] vormer v. ministerie **kabinets'kwestie** *de ~ stellen*, mededelen dat bij afstemming van regeringsvoorstel de regering aftreedt **kabinets'periode** periode waarin een kabinet aan het bewind is **kabinets'raad** vergadering v. ministers **kabinets'schrijven** aanschrijving vanwege een hoog regeringslichaam **kabinets'voorstel** voorstel door de ministers

KABO Katholieke Bond van Overheidspersoneel

kabou'ter *m* [-s] aardmannetje; padvindster tussen 8 en 11 jaar; voorstander v.e. ludieke maatschappij **kabou'termuts** muts v.e. kabouter; kegelvormig voorwerp om een wegafbakening aan te geven

kachel I *v(m)* [-s] verwarmingstoestel met gesloten vuur **II** *bn (pop.)* dronken **kachelhoutje** *o* aanmaakhoutje **kachelpijp** *v(m)* buis voor afvoer van rook; hoge hoed **kachelplaat** plaat onder of voor de kachel

kadas'ter *o* [-s] grondbeschrijving, grondregister **kadastraal'** *bn & bw* van of volgens of in het kadaster **kadastre'ren** in het kadaster opschrijven; een kadaster maken van

kada'ver *o* [-s] dood lichaam; *~ zijn*, stomdronken zijn **kadavereus'** *bn* lijkkleurig; sterk vermagerd **kada'vergehoorzaamheid** *v* het blindelings gehoorzaam zijn

kaddisj *v(m)* gebed in de synagoge voor een overledene

kade *v(m)* [-n] aanlegplaats; straat erlangs; lage waterkering

kader *o* [-s] lijst, omlijsting; officieren en gegradueerden; geheel van bestuurders binnen een organisatie **kaderdag** studiedag voor leden v.h. kader **kaderlid** wie tot het kader behoort **kaderspel** biljartspel met bijzondere regels binnen de kadervakken **kadervak** elk v.d. vakken waarin een biljart bij het kaderspel is verdeeld **kadervertelling** raamvertelling **kaderwet** hoofdlijnen aangevende wet

kadetje klein gegleufd broodje

kadre'ren in een lijst of kader plaatsen

kaduuk', **kadu'kig** *bn* bouwvallig, versleten

kaf *o* dor schutblaadje v.d. korrel; afval van gedorst graan; *het ~ van het koren scheiden*, het kwade van het goede scheiden; *~ onder het koren*, wat waardeloos is

kaffer [-s] *(scheldn.)* pummel

kaft *o/v(m)* omslag v.e. boek

kaftan *m* [-s] oosters wijd opperkleed

kaften van een kaft voorzien

Kaïnsmerk, Kaïnsteken teken van laagheid
kajak kano van de Inuit
kajuit' *v(m)* scheepskamer **kajuits'poort** raampje v.e. kajuit
kak *m (pop.)* mensendrek; bluf
kakado'ris *m* [-sen] kwakzalver
kakdoos *(pop.)* toilet
kakebeen [-beenderen, -benen] kaak
kakelaar *m* [-s] kwebbel
kakelbont *bn* heel bont
kakelen het geluid van kippen voortbrengen; *(fig.)* luid en druk praten
kakelvers *bn* zeer vers (v. eieren)
kakement' *o (pop.)* mond
kakemo'no *m* [-'s] schilderij uit Japan op een rol afhangende zijde of papier
kaken een deel v.d. ingewanden verwijderen (van)
kaketoe *m* [-s] papegaai met hoogopstaande kuif
kaki I *o* grauwgele stof of kleur **II** *m* [-'s] soldaat in grauwgele stof **kakiuniform** uniform in kakistof **kakivrucht** zachte oranje uit Azië afkomstige vrucht
kakken *(pop.)* zich ontlasten; *te ~ zetten*, voor gek zetten **kakker(d)** *m* [-s] *(pop.)* bangerik; wie bekrompen is; wie bekakt is
kakkerlak *m* [-ken] bakkerstor
kakkies [mv] *(pop.)* zweetvoeten; blote voeten
kakkinet'te *v(m)* [-s] wagentje om hondenuitwerpselen op te halen
kakkineus' *bn (pop.)* bekakt **kakmadam** *v* [-men] *(pop.)* deftig doende vrouw
kakofonie' *v* [-ën] onwelluidend lawaai **kakografie'** *v* [-ën] geschrift met veel fouten
kalan'choë *v(m)* [-'s] als kamerplant gekweekt geslacht v. vetplanten
kalan'der I *m* [-s] korentor **II** *v(m)* [-s] glansmachine **kalan'deren** glanzend maken **kalanderij'** *v* glanzerijwerkplaats
kal(e)bas' *v(m)* [-sen] hengselmand; klimplant met grote ronde vrucht waarvan de schil als kom gebruikt wordt, Lat. Cucurbita lagenaria; vrucht daarvan
kalefa'ten, kalefa'teren kalfaten
kalen'der *m* [-s] dagwijzer; tijdrekening **kalen'derjaar** jaar van 1 januari t/m 31 december
kales' *zie* **calèche**
kalf I *o* [kalveren] jong rund of hert; sul; *het gemeste ~ slachten*, een feestmaal aanrichten; *als het ~ verdronken is dempt men de put*, men neemt te laat maatregelen **II** *o* [kalven] afgezakte aarde; dwarshout
kalfaat'dok reparatiedok **kalfaat'ijzer** breed ijzer met wigvormig blad **kalfa'ten, kalfa'teren, kalefa'ten, kalefa'teren** de scheepsnaden dichten; herstellen
kalfs- *als eerste deel v. ss*: van kalfsvlees **kalfsborst** vlees v.h. borststuk v.e. kalf **kalfskop** vleesspijs v.d. kop v.e. kalf **kalfsleder, kalfsleer** leer van kalfshuid **kalfslederen, kalfsleren** *bn* van kalfsleer **kalfsmedaillon** ‹ll=j› plat en rond stukje kalfsvlees **kalfsoester** *v(m)* rond gepaneerd lapje **kalfsoog** uitpuilend oog; op kokend water gestold ei; in het midden met gelei bedekt koekje **kalfspoelet** *o/m* kalfssoepvlees
kali *o* kaliumzout
kali'ber *o* [-s] middellijn van geschut; grootte, dikte; gehalte; mal, gleuf
kalibre'ren ijken; sorteren; controleren
kalief *m* opvolger v.d. profeet **kalifaat'** *o* [-faten] rijk of regering v.e. kalief
kali-industrie kali verwerkende industrie
kalium *o* met K aangeduid chemisch element **kaliumzout** verbinding van kalium en zuur
kalk *m* calciumoxide; metselspecie; witkalk, stuc **kalkaanslag** afgezette kalklaag **kalkei** in kalk bewaard ei **kalken** met kalk bestrijken of bestrooien, met kalk behandelen; in kalk inleggen; met kalk of krijt schrijven **kalkgebergte** gebergte v. kalkgesteente **kalkgroeve** kuil waarin kalk gegraven wordt **kalkgrond** kalkhoudende grond **kalknagel** brokkelige nagel
kalkoen' *m* eetbare hoenderachtige vogel met lellen, Lat. Meleagris gallopavo; omgebogen uitsteeksel **kalkoens'** *bn ~e haan*, mannelijke kalkoen; *~e hen*, vr. kalkoen **kalkoen'tje** *o* flesje wijn v. 1/5 liter
kalkoven inrichting om kalk te branden **kalkpoot** kippenpoot met kalkachtige afscheiding **kalksteen** steen waaruit kalk gebrand wordt **kalkwater** oplossing van kalk in water **kalkzandsteen** *m* uit kalk en zand geperste steen
kalligraaf' *m* [-grafen] schoonschrijver **kalligrafe'ren** schoonschrijven **kalligrafie'** *v* schoonschrijfkunst; schoongeschreven stuk
kalm *bn & bw* rustig, bedaard **kalme'ren** bedaren
kalmoes *m* waterplant met aromatische als specerij gebruikte wortelstok, Lat. Acorus calamus
kalmpjes *bw* kalm **kalmte** *v* het kalm zijn
kalomel' *o* chloorkwik
kalot' *v(m)* [-ten] plat mutsje
kalven *h* een kalf werpen; inzakken **kalverachtig** *bn & bw* onbeholpen **kalverig** *bn & bw* onnozel **kalverknieën** [mv] naar binnen gebogen knieën **kalverliefde** de kenmerken van vroege jeugd vertonende verliefdheid
kam *m* [-men] getand werktuig; getande uitwas; met tanden bedekt vlak v. rad; weverskam; helmkam; hout waarop snaren v.e. strijkinstrument rusten; overeindstaand ijzer ter geleiding v.d. trossen; door de hoogste toppen gevormde lijn; *de ~ opsteken* of *opzetten*, zich verzetten; *in de* of *in zijn ~ pikken*, beledigen, prikkelen; *over één ~ scheren*, op dezelfde manier beoordelen of behandelen
kam'ba'la *o* uit Afrika afkomstig rood hout
kameel' I *m* [-melen] tweebultig zoogdier **II** *o* [-melen] scheepslichter **kameel'schaap** lama
kameleon' *o/m* [-s] kleurveranderend hagedisachtig dier; wie vaak van richting verandert **kameleon'tisch** *bn & bw* veranderlijk als een kameleon

kamen *z* kamig worden
kamenier' *v* [-en, -s] kamerjuffer **kamenie'ren** als kamenier dienen **kamenier'ster** [-s] kamenier
kamer *v(m)* [-s] vertrek; vergaderlokaal; college v.e. rechtbank, wetgevend lichaam; ruimte met springstof; deel v.h. hart; *meervoudige ~*, door drie of meer rechters voorgezeten deel v. rechtbank; *enkelvoudige ~*, door politierechter voorgezeten rechtbank; *K~*, college van afgevaardigden der Staten-Generaal
kameraad' *m-v* [-s, -raden] vriend(in) **kameraad'schap** *v* vriendschap **kameraadschap'pelijk** *bn & bw* als of van kameraden
kamerarrest verbod om uit te gaan **kamerbreed** *bn* zo breed als een kamer **kamercloset** verplaatsbare wc **kamercommissie** door en uit Eerste of Tweede Kamer gekozen commissie voor speciale taken **kamerdebat** debat in de Kamers v.d. Staten-Generaal **kamerdienaar** bediende **kamerfractie** alle tot één politieke partij behorende kamerleden **kamergeleerde** weinig praktisch geleerde **kamergenoot** met wie men een kamer deelt **kamergymnastiek** lichte gymnastiek waarbij geen gebruik gemaakt wordt van gymnastiektoestellen **kamerheer** iem. met deze door de paus verleende eretitel **kamerkoor** klein koor **kamerlid** lid v.d. Tweede (of Eerste) Kamer **kamerling** kamerheer **kamermeisje** meisje dat voor de kamers zorgt **kamermuziek** muziek voor klein ensemble **kamerolifant** *(spot.)* dik iem. **kameroverzicht** verslag v.h. in de Kamer behandelde **kamerplant** plant voor in de kamer **kamerreces** vakantie v. Eerste en Tweede Kamer **kamerscherm**, **kamerschut** *o* tochtscherm **kamertemperatuur** 17 à 18° **kamerverslag** kameroverzicht **kamervotum** uitspraak v.d. meerderheid v.e. Kamer **kamerzetel** lidmaatschap v.d. Eerste of Tweede Kamer **kamerzitting** zitting v.e. der Kamers v.d. Staten-Generaal
kamfer *m* typisch ruikende kristallijnen stof **kamferspiritus** spiritus met kamfer
kamgaren **I** *o* [-s] garen uit kamwol; weefsel daarvan **II** *bn* van dat weefsel
kamig *bn* schimmelig
kamika'ze *m* Japans zelfmoordkorps **kamikazeactie** roekeloze actie
kamil'le *v(m)* [-n] plant met samengestelde bloemen, Lat. Matricaria chamomilla **kamil'lethee** van kamille getrokken drank
kamizool' *o* [-zolen] vest; borstrokje, tricot dameshemd
kammen met een kam ontwarren of zuiveren
kamp **I** *o* groep tenten of barakken, legerplaats; *(fig.)* partij **II** *o/m (Ind.)* wijk **III** *m* afgepaald stuk grond; strijd **IV** *bn & bw* onbeslist; *~ op*, gelijk; *geen ~ geven*, niet gewonnen geven
kampan'je *v(m)* [-s] bovenste of verhoogd achterdek
kampbeheerder, **kampbeheerster** [-s] wie een kampeerterrein beheert
kampeer'- *als eerste deel v. ss*: behorend bij of geschikt voor het kamperen **kampeer'centrum** kampeerterrein voor velen **kampeer'der** *m* [-s] wie kampeert **kampeer'paspoort** vergunningsbewijs om te kamperen **kampeer'plaats**, **kampeer'terrein** plaats om te kamperen **kampement'** *o* kamp **kampen** strijden, wedijveren **kampe'ren** in tenten of barakken legeren
kamperfoe'lie *v(m)* [-s] slingerplant uit het geslacht Lonicera
kampernoe'lie, **kampernoel'je** *v(m)* [-s] champignon
kampioen' *m* voorvechter; overwinnaar in wedstrijden **kampioen'schap** *o* [-pen] het kampioen zijn; wedstrijd om kampioen te worden
kamplaat plaat met tanden aan het eind v.e. roltrap
kampong *m* [-s] *(Ind.)* dorp, wijk
kamprechter wie bij wedstrijden beslist **kampvechter** kampioen **kampvuur** vuur bij kamperenden of padvinders
kamrad rad met tanden **kamwol** lange wol die gekamd wordt
kan *v(m)* [-nen] vat met oor of handvat om te schenken; *de ~ aanspreken* of *in de ~ kijken*, drinken; *in ~nen en kruiken*, voor elkaar
kanaal' *o* [-nalen] gegraven waterweg; pijp; deel v. frequentieband bij radio of televisie; *(fig.)* bron
Kanaän *de tale Kanaäns*, hoogdravende traditionele predikantentaal
kanalisa'tie ‹s=z› *v* [-s] aanleg v. buizen en geleidingen, buizennet **kanalise'ren** bevaarbaar maken; als een kanaal maken; van kanalen voorzien
kana'rie *m* [-s] gele vinkachtige zang- en kamervogel, Lat. Serinus canarius **kana'riegeel** *o & bn* hel geel **kana'riepiet** *m* kanarie **kana'rieslag** zang v. kanarie
kandeel' *v(m)* warm wijngerecht voor kraambezoeken
kandelaar *m* [-s, -laren] kaarsdrager
kandela'ber *m* [-s] kandelaar **kandela'beren** tot de hoofdtakken inkorten
kandidaat' *m* [-daten] wie iets ambieert; iem. met laagste academische graad; wie geëxamineerd wordt **kandidaat-nota'ris** *m* [-sen] wie het notarieel examen heeft afgelegd maar nog geen notaris is **kandidaats'examen** *o* examen waardoor men kandidaat wordt **kandidaat'stelling** *v* het voorstellen van iem. als kandidaat **kandidatuur'** *v* [-turen] het kandidaat zijn of maken
kandij' *v(m)* klontjessuiker **kandij'klontje** klontje kandij **kandij'suiker** klontjessuiker
kandjes *o (fam.)* kandidaatsexamen
kaneel' *m/o* zoetsmakende bruine specerij **kaneel'appel** appel met een kaneelgeur; boom met zulke appels; Surinaamse heester met vruchten met kaneelgeur **kaneel'boom** boom die kaneel levert

kaneel'kleurig *bn* bruin als kaneel **kaneel'stok** staafje suiker met kaneelsmaak **kaneel'water** aftreksel van kaneel; *om ~ lopen*, van het kastje naar de muur gestuurd worden
kanefas *zie* **canvas**
kanen *(pop.)* schransen
kangoeroe *m* [-s] langstaartig op de achterpoten steunend Australisch buideldier, Lat. Macropus **kangoeroebal** skippybal
kanis **I** *v(m)* [-sen] viskorf; eetketeltje **II** *m* *(pop.)* kop; bek
kanjer *m* [-s] een grote
kanker *m* kwaadaardig woekergezwel; verwoestende plantenziekte; *(fig.)* voortwoekerend kwaad **kankeraar** *m* [-s] voortdurende mopperaar **kankerachtig** *bn & bw* gelijkende op kanker; door kanker aangetast, met aanleg voor kanker **kankeren** voortwoekeren; de kanker hebben; *(pop.)* voortdurend mopperen **kankerpit** *m* [-ten] wie altijd kankert
kannenkijker *m* [-s] dronkaard
kannibaal *m* [-balen] menseneter **kannibaals'** *bn* mensenetend; onmenselijk wreed **kannibalis'me** *o* het menseneten
kano *m* [-'s] licht bootje dat men pagaait **kanoën** [kanode, gekanood] met een kano varen
kanon' **I** *o* [-nen, *(mil. -s)*] stuk geschut **II** *m* grootste lettertype **III** *bn* stomdronken **kanon'gebulder** *o* gedreun van kanonschoten **kanonna'de** *v* [-s] beschieting met kanonnen **kanonneer'boot** klein oorlogsschip **kanon'nenkoorts** angst voor het gevecht **kanon'nenvlees** *(spot.)* soldaten **kanonne'ren** met kanonnen beschieten **kanonnier'** *m* [-s] soldaat bij het geschut **kanons'kogel** kogel v. kanon
kans *v(m)* mogelijkheid, waarschijnlijkheid; goede hoop; *de ~ lopen*, in de mogelijkheid verkeren van **kansarm** *bn* met weinig kansen
kansel *m* [-s] preekstoel **kanselarij'** *v* griffie v.e. kanselier; bureau v. gezantschap of consulaat **kanselarij'stijl** ambtelijke stijl **kanselier'** *m* [-s, -en] hoge ambtenaar op diverse posten **kanselstijl** gezwollen stijl
kanshebber *m* [-s] wie kans heeft om te winnen **kansrekening** waarschijnlijkheidsrekening **kansspel** hazardspel
kant **I** *bn & bw* flink; klaar **II** *o* speldenwerk **III** *m* zijde, rand, uiteinde; oever, zoom; smalle zijde; *~ en klaar*, geheel klaar; *~ zetten*, gespannen doen staan; *aan ~*, klaar; *aan de ~ doen*, van de hand doen; *~ noch wal raken*, ongerijmd zijn; *iets over zijn ~ laten gaan*, zich niet tegen iets verzetten; *van ~ maken* of *helpen*, doden; *van ... kant*, ...-erzijds; *de koude ~*, het aangetrouwde deel v.d. familie
kanteel' *m* [-telen] getand metselwerk op muur
kantelbed bed dat op zijn kant gezet kan worden **kanteldeur** om een horizontale as draaiende deur **kantelen** op een andere kant zetten; omvallen
kanten **I** *ww* behakken; omwentelen; *zich ~ tegen*, zich verzetten tegen **II** *bn* van kant
kant-en-klaar *bn* klaar voor gebruik; geheel klaar **kant-en-klaar'maaltijd** maaltijd die men slechts hoeft warm te maken
kanthouwen [kanthouwde, gekanthouwd] met scherpe zijden houwen
kantig *bn* hoekig
kanti'ne bij een instelling behorend lokaal waar men goedkoop consumpties kan krijgen
kantje *o* ton haring; bladzijde; *~ boord, op het ~ (af)*, ternauwernood; *er de ~s aflopen*, iets oppervlakkig doen
kantjil *m* [-s] dwerghert
kantklossen kant vervaardigen met klossen
kantkoek afgesneden koekrand
kantkussen kussen voor maken v. gekloste kant
kantlijn lijn links op de kant v. papier; ribbe
kanton' *o* [-s] deel v. weg; deel v. arrondissement; Zwitserse bondsstaat **kanton'gerecht** rechtbank in kanton **kantonnaal'** *bn* v. kanton; bij een kantonrechter **kantonne'ren** troepen legeren over een groot gebied **kantonnier'** *m* [-s] wegwerker; kwartiermeester **kanton'rechter** rechter v.h. kanton
kantoor' *o* [-toren] schrijfkamer, werkkamer; kamer v.d. patroon; zetel v.e. handelshuis; *aan een goed* of *verkeerd ~*, aan een goed *of* verkeerd adres **kantoor'boekhandel** winkel in bedrukte kantoorbehoeften **kantoor'tijd** werktijd op een kantoor **kantoor'tuin** geheel van door planten gescheiden kantoorruimten
kantrechten haaks afzagen **kanttekenen** van handtekening of paraaf voorzien **kanttekening** aantekening op de rand; opmerking **kantwerk** maaksel van kant **kantwerkster** [-s] vrouw die kant maakt
kanun'nik *m* wie deel uitmaakt v.h. kapittel
kap **I** *m* [-pen] het kappen **II** *v(m)* [-pen] hoofddeksel; dekkend voorwerp; bovendeel; *de ~ aannemen*, de kloostergelofte doen; *de ~ op de tuin werpen* of *hangen* of *over de haag smijten*, uit het klooster treden, zijn ambt neerleggen; *met ~ en keuvel*, met alles; *onder de ~ zijn*, het dak op het huis hebben
kapbeitel steekbeitel, koubeitel
kapel' *v(m)* [-len] klein bidhuis; kleine niet parochiale kerk; deel v. kerk met eigen altaar; uitgebouwd spits toelopend dakvenster; muziekkorps; vlinder; *(iron.)* herberg **kapelaan'** *m* [-s] hulpgeestelijke voor pastoor; huisgeestelijke **kapelanie'** *v* [-ën] woning voor kapelaan **kapel'meester** hoofd v. muziekkorps
kapen jacht maken op schepen v.d. vijand, zeeroof plegen; gappen; overmeesteren en de inzittenden gijzelen **kaper** **I** *v(m)* [-s] muts **II** *m* [-s] wie kaapt; kaperschip; *er zijn ~s op de kust*, er is meer liefhebberij voor

kaperbrief machtiging tot uitoefening v.d. kaapvaart
kapgebint dakgebint **kapgewelf** gewelfde kap, bolsegmentvormig gewelf
kapitaal' I *v(m)* [-talen] hoofdletter; grote letter II *o* [-talen] hoofdsom; grote som gelds; benodigd fonds; vermogen; de vermogenden III *bn & bw* hoofd-, voornaam, groot, voortreffelijk; ergerlijk **kapitaal'goederen** *mv* goederen die als kapitaal dienen **kapitaalkrach'tig** *bn* met veel kapitaal **kapitaal'krediet** krediet waarbij de rente afhangt v.d. winst **kapitaal'markt** handel in langlopend krediet **kapitaal'verzekering** verzekering waarbij na de overeengekomen tijd een bedrag ineens wordt uitgekeerd **kapitaal'vlucht** brengen v. kapitaal naar een ander land **kapitalisa'tie** ‹s=z› *v* het kapitaliseren **kapitalise'ren** bij het kapitaal voegen, kapitaal vormen, tot kapitaal herleiden **kapitalis'me** *o* stelsel van particulier bezit v.d. productiemiddelen; overmacht v.h. geld **kapitalist'** *m* kapitaalbezitter, voorstander v. kapitalisme **kapitalis'tisch** *bn & bw* van het kapitalisme, het kapitalisme voorstaande; door het kapitaal beheerst
kapiteel' *o* [-telen] bovendeel v.e. zuil
kapitein' *m* [-s] hoofdman; bevelhebber over compagnie of batterij; scheepsgezagvoerder **kapitein'-adjudant'** [-s-adjudanten] kapitein en tevens adjudant **kapitein'-ingenieur'** [-s-ingenieurs] kapitein bij de genie **kapitein'-kwartier'meester** [(-s)-kwartiermeesters] kapitein bij de mil. administratie **kapiteins'rang** rang v. kapitein **kapiteins'sterren** *mv* op de kledij de hoedanigheid v. kapitein aangevende sterren **kapitein'-ter-zee'** [kapiteins-ter-zee] zeeofficier v. bep. rang
kapit'tel *o* [-s] hoofdstuk, onderwerp; vergadering v. kloosterlingen **kapit'telbank** koorstoel **kapit'telen** berispen **kapit'telheer** kanunnik **kapit'telkamer** vertrek waarin kapittel gehouden wordt **kapit'telkerk** kerk waaraan kapittel verbonden is **kapit'telstokje** staafje (eventueel met linten) als bladwijzer; dwarsstaafje tot sluiting aan een kettinkje **kapit'telzaal** kapittelkamer
kapjaar jaar dat het betrokken hout gekapt kan worden
kapje kleine kap, ^-teken; buitenste snee v.e. brood
kaplaars minstens tot aan de knie komende laars **kaplaken** *o* fooi (aan vrachtschippers), meevaller **kapmantel** mantel met kap **kapmeeuw** kokmeeuw **kapmes** hakmes
kapoen' *m* gesneden haan
kapoe'res, **kapoe'rewiet** *bn (pop.)* kapot
kapok' *m* zaadpluis v.d. kapokboom; kapokboom **kapok'boom** boom die kapok levert **kapok'kussen** kussen met kapok gevuld **kapok'matras** met kapok gevulde matras **kapok'molen** toestel om de pitten uit de kapok te halen **kapok'olie** olie uit de kapokpitten
kapot' *bn* stuk, gebroken; afgemat, onbekwaam tot iets; erg veel waarde hechten aan; *(van dieren en plat)* dood; *niet ~ zijn van*, niet onder de indruk zijn van; *~ zitten*, aan het eind van iemands krachten zijn **kapot'gaan** stuk gaan; *(van dieren en plat)* sterven **kapot'je** *o* condoom **kapot'maken** stuk maken; *(van dieren en plat)* doden
kappa *tw* Griekse letter; *(onder piloten)* akkoord (als verkorting van 'capito')
kappen hakken, afhakken; toppen; het haar opmaken; ophouden; *(jong.) ~!*, schei uit! **kapper** I *m* [-s] wie haren kapt en verzorgt II *v(m)* [-s] Zuid-Europese struik met kleine als specerij gebruikte vruchten **kapperssalon** kapsalon **kapperszaak** kapsalon **kappertje** [-s] in azijn ingelegde bloemknop v.d. kapperstruik **kapsalon** bedrijfsruimte v.d. kapper
kapseizen *z* [kapseisde, gekapseisd] omslaan
kapsel *o* [-s] hoofdtooi, manier van kappen; het gekapte haar; omhulsel
kaps(j)ones aanmerkingen, koude drukte
kapspant *o* dakgebint **kapspiegel** kleine spiegel om zich te kappen **kapstok** klerenhanger; aanknopingspunt **kapstokartikel** wetsartikel dat zo ruim is geformuleerd dat men het bij allerlei zaken kan gebruiken **kaptafel** tafel om zich aan te kappen
kaptein' *m* [-s] *(volkst.)* borrel
kapucijn' *m* lid v.d. jongste zelfstandige tak v.d. door Franciscus gesticht orde voor mannen **kapucijn'aap** aap met geel gezicht en zwart kophaar v.h. geslacht Cebus **kapucij'ner** *m* [-s] bep. erwt
kapverbod verbod om bomen te vellen **kapvlag** vlag die men hijst als v.e. te bouwen huis het hoogste punt bereikt is
kar *v(m)* [-ren] tweewielig voertuig, tweewielig rijtuig
kar. karaat
karaat' *o* [-raten, -s] gewicht van diamanten en parels; gehalte van goud; *achttien karaats*, van het beste, zuiver
karabijn' *v(m)* kort geweer **karabinier'** [-s] karabijndrager
karaf' *v(m)* [-fen] wijdbuikige tafelfles
karak'ter *o* [-s] kenmerk, aard, inborst; sterke zedelijke persoonlijkheid; zielskracht; letter; persoon in een letterkundig werk; *zonder ~*, banaal **karak'terdans** dans die iets uitbeeldt **karakterise'ren** ‹s=z› kenschetsen **karakteristiek'** I *bn* kenmerkend II *v* kenschetsende beschrijving **karak'terloos** *bn & bw* laf; banaal **karakterologie'** *v* karakterkunde; karakterbeschrijving **karak'terrol** rol die een karakter uitbeeldt **karak'tertrek** bestanddeel v.h. karakter
karamel' *v(m)* [-s, -len] gebrande suiker
karao'ke *o* [gmv] het zingen v. op een scherm vertoonde teksten met muziek
kara'te *o* sport waarbij geweldige kracht door

K

geweldige snelheid ontwikkeld wordt **kara'teka** *m-v* [-'s] karatebeoefenaar

karavaan' *v(m)* [-vanen] (Oosterse met kamelen reizende) troep **karavan'sera** [-'s], **karavan'serai** [-s] *m* herberg voor karavanen

karbeel' *zie* **korbeel**

karbies' *v(m)* [-zen] handtas met twee oren

karbona'de *v* [-s, -n] ribstuk

karbon'kel *m (stofn. o)* [-s, -en] felrode robijn; negenoog **karbon'kelneus** neus vol rode puisten; glimmend rode neus

karbouw' *m (Ind.)* tamme buffel

kardemom *m* [gmv] gemberachtige specerij

kardinaal' **I** *m* [-nalen] lid v.d. pauselijke raad die belast is met de pauskeuze; kardinaalvogel **II** *bn* voornaamste **kardinaal'-bis'schop** [-pen] kardinaal v.d. hoogste rang **kardinaal'-dia'ken** [-s] kardinaal v.d. laagste rang **kardinaal'-pries'ter** [-s] kardinaal v. lagere rang **kardinaals'hoed** hoed v.e. kardinaal **kardinaals'muts** heester met karmijnrode doosvruchten, Lat. Euonymus europaea **kardinaal'vogel** papegaai met rode veren

kardoes' **I** *m* [-doezen] krulhond **II** *v(m)* [-doezen] patroon; huls v.e. patroon

karekiet' *zie* **karkiet**

kariati'de *v* [-n] vrouwenbeeld als pilaster

kariboe' *m* [-s] rendier uit Noord-Amerika

karig *bn & bw* schriel, weinig

karikaturise'ren ‹s=z› e. karikatuur maken van **karikaturist'** tekenaar v. spotprenten **karikatuur'** *v* [-turen] spotprent

karkas' *o/v(m)* [-sen] geraamte; *(pop.)* ribbenkast; uitgeteerd gestel

karkiet', **karekiet'** *m* in riet nestelende bruine zangvogel, Lat. Acrocephalus

karma *o* lotsbepaling door het geheel v. iemands daden in zijn succesievelijke bestaansvormen

karmeliet' *m* lid v.e. op de Karmel ontstane orde **karmelietes'** *v* [-sen] vr. lid v.d. karmelieten

karmijn' *o* wijnrode verfstof **karmij'nen** *bn* als karmijn **karmozijn'** *o* purperrood, purperverf **karmozij'nen** *bn* van karmozijn

karn *v(m)* karnton **kar'nemelk'** gekarnde melk **ka'rnemelks'** *bn* v. karnemelk **kar'nemelk(s)'pap** pap van karnemelk **karnen** boter maken

karon'je *o/v* [-s] kreng, feeks

karos' *v(m)* [-sen] staatsiekoets; mantel van dierenvellen

karpa'tenkop (iem. met een) dom en koppig gezicht

karper *m* [-s] eetbare zoetwatervis, Lat. Cyprinus carpio

karpet' *o* [-ten] vloerkleed

karren met een kar vervoeren; fietsen **karrenpaard** paard voor de kar; sterk paard **karrenvracht** vracht voor de kar

kart ‹a=aa› *m* [-s] gemotoriseerde skelter

kartel' *o* [-s] overeenkomst van ondernemers om concurrentie te onderdrukken

kar'tel *m* [-s] kerf, keep, randinkerving **kar'teldarm** kronkeldarm **kar'telen** *h/z* inkerven; schiften **kar'telig** *bn* gekarteld; geschift **kar'teling** *v* het kartelen; gekartelde rand of lijn **kar'telrand** rand met kartels **kartelschaar** schaar om gekartelde randen te knippen

karte'ren, **kaarte'ren** in kaart brengen

karting *o en v(m)* rit of wedstrijd met karts

karton' *o* [-s] bordpapier, stuk bordpapier, bordpapieren verpakking; modelblad, verbeterblad; bijkaartje; schets **kartonna'ge** ‹ag=aazj› *v* maken v. karton; innaaien in karton **kartonna'gefabriek** fabriek waar karton verwerkt wordt **karton'nen** *bn* v. karton **kartonne'ren** in karton inbinden of innaaien

kartui'zer *m* [-s] lid v. kartuizerorde **kartui'zermonnik** kartuizer **kartui'zerorde** strengste contemplatieve religieuze orde

karveel'werk gladde constructie v. scheepshuiden

karwats' *v(m)* rijzweep

karwei' *v(m)/o* herendienst; zwaar of vervelend werk

karwij' *v(m)* schermbloemig specerijgewas met geveerde bladeren, Lat. Carum carvi

kas *v(m)* [-sen] glazen kweekhuis; beschuttend omhulsel; holte; geldbergplaats, kassa, geldvoorraad **kasbloem** in een kas gekweekte bloem **kasboek** boek voor ontvangsten en uitgaven **kascheque** postcheque op eigen naam **kasdruif** in een kas gekweekte druif **kasgeld** gereed geld **kasgroente** in een kas gekweekte groente

kasjmier' *o* stof v.h. haar v. in Kasjmir levende langharige geit

kasplant in een kas gekweekte plant; al te zorgzaam grootgebracht iem. **kasregister** telmachine aan kassa

kassa *v(m)* [-'s] betaalloket, kas **kassabank** installatie waarover gecodeerde goederen worden geschoven waardoor de bedragen automatisch worden aangeslagen **kassabon** bon met te betalen bedrag

kassei' *m/v* straatsteen met afgeronde bovenkant

kassen inzetten (v. edelstenen)

kasserol' *v(m)* [-len] grote braadpan

kassier' *m* [-s] kashouder, wie voor een ander betaalt en ontvangt

kassucces drukbezochte voorstelling

kast *v(m)* van voren te openen opbergmeubel, afgesloten bergruimte; omhulsel; gevangenis; *(stud.)* kamer; groot gebouw; *van het ~je naar de muur*, heen en weer zonder succes; *uit de ~ komen*, zijn of haar homoseksualiteit bekendmaken

kastan'je **I** *m* [-s] boom met handvormige bladeren en kegelvormige bloemenstelsels **II** *v(m)* [-s] vrucht daarvan; *de ~s uit het vuur halen*, voor een ander het gevaarlijke werk doen **kastan'jeboom** kastanje **kastan'jebos** bos v. kastanjes **kastan'jebruin** *bn* bruin als een kastanje **kastan'jechampignon** champignon met bruine hoed

kaste *v(m)* [-n] gesloten stand

kasteel' *o* [-telen] burcht, slot; *(vero.*

schaakterm) toren
***kastegeest** *(Wdl. kastengeest) (ong.)* het laatdunkend slechts willen omgaan met mensen uit zijn stand
kastekort in de kas gemist bedrag
kastelein' *m* [-s] herbergier; *(gesch.)* slotvoogd
kasteloos *bn* niet tot een kaste behorend
***kastestelsel** *(Wdl. kastenstelsel)*, **kastewezen** stelsel van verdeling v.d. maatschappij in kasten
kastie *o* slagbalspel
kastij'den tuchtigen
kastoor' I *o* beverhaar, bevervilt II *m* [-toren] kastoren hoed **kasto'ren** *bn* van beverhaar
kastpapier papier om op kastplanken te leggen **kastrandje** papieren of gehaakt strookje voor aan een plank v.e. kast
kastrol' *v(m)* [-len] braadpan
kasua'ris *m* [-sen] op een struis lijkende grote zwarte loopvogel
kat *v(m)* [-ten] huisdier met zeer scherpe nagels, Lat. Felis ochreata domestica; vinnig meisje; snibbige opmerking; snauw; *(mil.)* standje; katanker; *zich weren als een ~ in de krullen*, zich geducht weren; *de ~ uit de boom kijken*, een afwachtende houding aannemen; *een ~ in de zak kopen*, bij een koop bedrogen worden; *er omheen draaien als een ~ om de hete brij*, om de zaak heenpraten ten einde conflicten te vermijden; *de ~ de bel aanbinden*, het gevaarlijkste werk doen; *als ~ en hond*, in voortdurende ruzie; *de ~ in het donker knijpen*, heimelijk kwaad doen; *de ~ bij het spek zetten*, iem. in de verleiding brengen; *de ~ sturen*, wegblijven; *in het donker zijn alle ~jes grauw*, in het donker ziet men geen verschil tussen mooi en lelijk; *de ~ zal met mijn maag niet weglopen*, ik heb veel gegeten; *als de katjes muizen, miauwen ze niet*, wie eet praat niet; *als de ~ van honk is, dansen de muizen op tafel*, als er geen toezicht is doet men wat men wil
katabolie' *v* [-liën], **katabolis'me** *o* [-n, -s] chemische afbraak
katafalk' *v(m)* opstand in de vorm v.e. doodkist, opstand waarop een lijkkist wordt tentoongesteld
katalysa'tor ⟨y=ie, s=z⟩ *m* [-s, -en] reactieversneller; deel v. uitlaat dat de schadelijke uitstoot sterk beperkt **kataly'se** *v* [-s] werking v.e. katalysator **kataly'tisch** *bn & bw* onder invloed v.e. katalysator
ka'tapult' *m* lanceerinrichting voor vliegtuigen; kinderschiettuig met elastiek
kat-en-muis'spel relatie waarbij een der partners lang aarzelt voordat een beslissing wordt genomen
katenspek *o* gekookt gerookt spek
kater *m* [-s] mannetjeskat; gevoel van lamlendigheid na alcoholgebruik; zwaar gevoel van onbehagen
katern' *v(m)/o* bedrukt vel als deel v.e. boek, enige in elkaar gelegde gevouwen vellen
kathe'der *m* [-s] spreekgestoelte; bisschopszetel
kathedraal' I *v(m)* [-dralen] bisschoppelijke kerk II *bn* hoofd- **kathedraal'glas** dik gekleurd glas
kathe'ter *m* [-s] buis voor aan- en afvoer van vocht in het lichaam **katheterise'ren** ⟨s=z⟩ een katheter inbrengen
katho'de *v* [-n, -s] negatieve elektrode
katholicis'me *o* godsdienst met de paus als hoofd; zich zodanig noemend christendom **katholiek'** I *bn & bw* volgens of van het katholicisme II *m* wie het katholicisme belijdt **katholise'ren** ⟨s=z⟩ overhellen tot het katholicisme
kation *(nat.)* positief geladen ion
katjang *v(m)* [-s] *(Ind.)* peulvrucht, aardnoot
katje *o* aar van eenslachtige bloem; kleine kat; hoorn van porseleinslak; *het ~ van de baan*, haantje de voorste; *geen ~ om zonder handschoenen aan te pakken*, wie zich weet te weren **katjesdrop** drop in de vorm van katjes
katoen' I *o/m* boomwol; plant die boomwol oplevert; van boomwol geweven stof of gesponnen draad; pit in een olielamp II *bn* bedaard; *ze* of *'m van ~ geven*, zich inspannen, er van langs geven **katoen'boom** katoen voortbrengende plant **katoe'nen** *bn* van katoen **katoen'struik** katoenplant **katoen'tje** katoenen japon of weefsel
katoog *m (stofn. o)* naam voor groenachtige halfedelgesteenten; reflector; afstemoog
katrol' *v(m)* [-len] hijstoestel, katrolschijf
kattebelletje *o* [-s] klein briefje
katten gekochte goederen weigeren; een overeenkomst breken; het anker ophijsen; hatelijke opmerkingen maken
kattenbak zandbak voor kat; bak met zitplaats achter in een rijtuig of auto **kattenbelletje** belletje rond de hals v.e. kat **kattengat** opening voor een kat **kattengespin** *eerste gewin is ~*, winst aan het begin blijft niet **kattenkop** *m* kop v.e. kat; vinnige vrouw ***kattenkruid** *(Wdl. kattekruid)* bep. lipbloemige plant met voor katten aantrekkelijke geur **kattenkwaad** kwajongensstreken **kattenoog** oog v.e. kat; reflector **kattenpis** *(pop.) geen ~*, niet iets gerings **kattenstaart** staart v.e. kat; rode pluimbloem **kattentong** tong v.e. kat; dun lang koekje, dun en lang chocolaatje **kattenwas** *m* oppervlakkig wassen **katterig** *bn* beetje ziek; onwel daags na alcoholgebruik **kattig** *bn & bw* snibbig **katuil** uil zonder oorpluimen **katvanger** *m* [-s] wie illegale of criminele opdrachten uitvoert waarbij de eigenlijke dader buiten schot blijft **katvis** *m* kleine vis **katzwijm** lichte flauwte; *in ~ vallen*, flauwvallen
kauscher *zie* **koosjer**
kauw *v(m)* kleinste soort kraai
kauwen malen met tanden **kauwgom** gomachtige te kauwen lekkernij met pepermuntsmaak **kauwmaag** voormaag van enige dieren
kaval'je *o* [-s] vervallen huis of schip
kavel *m* [-s, -en] deel **kavelen** verdelen; berekenen; *(tijd en) tij ~*, het goede

K

ogenblik weten te kiezen **kaveling** *v* het kavelen; partij, perceel
kaviaar' *m* gezouten kuit van steur
kazemat' *v(m)* [-ten] bomvrij gewelf, bunker
kazemir *zie* **kasjmier**
kazen *h/z* zuur worden; kaas maken
kazer'ne *v(m)* [-s, -n] soldatenhuis; groot blok woninkjes **kazerne'ren** in kazernes legeren
kazui'fel ‹z=s› *m* [-s] opperkleed van priester bij de mis
kb *(comp.)* kilobyte
KB Koninklijk Besluit; Koninklijke Bibliotheek
KBAB *(Belg.)* Koninklijke Belgische Atletiekbond
KBVB *(Belg.)* Koninklijke Belgische Voetbalbond
KBWB *(Belg.)* Koninklijke Belgische Wielrijdersbond
kca klein chemisch afval
kca'-box bak voor klein chemisch afval
kcal kilocalorie
kcv klassieke culturele vorming, als nieuw verplicht vak in de Tweede Fase voor gymnasiasten
kebab' *m* [gmv] aan pennen geroosterde stukjes vlees
K
keek *m* [keken] *(sp.)* schop v.e. tegenstander
keel I *v(m)* [kelen] voorste deel v.d. hals, strot; keelgat; (v.e. vuurpijl) hals; (v.e. fuik) trechtervormig binnennet; (v.e. eendenkooi) pijp; *een ~ opzetten*, hard schreeuwen; *de ~ uithangen*, erg vervelen; *de ~ smeren* of *spoelen*, drinken **II** *mv* jonge raapstelen; *kelen (en lippen)*, borsttongspieren v.d. kabeljauw **III** *o (herald.)* rood **keelamandel** derde amandel **keelband** kinband **keelgat** *het verkeerde ~*, de luchtpijp; *door het ~ jagen*, verbrassen; *(fig.) in het verkeerde ~ schieten*, niet in goede aarde vallen **keelholte** *v* ruimte achter de mondholte **keelklank** in de keel gevormde klank **keel-, neus- en oor'arts** arts voor keelziekten en neusziekten en oorziekten **keelspiegel** instrument om in de keel te zien **keelstem** diepe stem **keeltjes** *mv* raapstelen
keen *v(m)* [kenen] kloof; kiem
keep I *m* [kepen] bergvink **II** *v(m)* [kepen] insnijding; *~ houden*, volhouden
keepen ‹ee=ie› keeper zijn **keeper** [-s] doelman **keepster** vr. keeper
keer *m* [keren] wending, terugkeer; beurt; zwengel; maal; *een ~ nemen*, veranderen; *tegen de ~*, dwars; *te ~ gaan*, bestrijden; tieren; *binnen* of *in* of *met de kortste keren*, zo snel mogelijk **keerdam** stuwdam **keerdicht** *o* refrein; retrograde; rondeel **keerkring** parallel op 23° 27' **keerkringslanden** *mv* de tropen **keerpunt** punt v. wending **keersluis** enkele sluis **keervers** keerdicht **keerzijde** achterzijde; minder mooie kant
kees *m* [kezen] keeshond; *klaar is Kees*, het is klaar; *van luie Kees*, traag **keeshond** langharige hond met spitse snuit
keet *v(m)* [keten] zoutbak, zoutziederij; loods; plezier; ruzie; warboel
keffen schel blaffen; tekeergaan, kijven **keffer** *m* [-s] keffend hondje; druktemaker
kefir *m* [gmv] door gisting met de yoghurtplant ontstaan melkproduct
keg *v(m)* [-gen] wig; homp brood
kegel *m* [-s] in een spits uitlopend lichaam met een cirkelachtig grondvlak; stuk van kegelspel; naar sterkedrank ruikende adem **kegelbaan** baan of gelegenheid voor kegelspel **kegeldragenden** *mv* coniferen, naaldbomen **kegelen** kegelspel spelen; gooien; vallen **kegelmantel** gebogen oppervlak v. kegel **kegelsnede** gebogen lijn op de snede v. kegelmantel met plat vlak **kegelspel** spel met kegels; stel kegels en ballen
kei *m* rolsteen, straatkei; bolleboos; hard schot, harde worp; *als eerste deel v.e. ss: (jong.)* in hoge mate; *op de ~en*, zonder middelen van bestaan **keihard** *bn & bw* zeer hard; meedogenloos
keilbout metalen staaf voor tapse plug
keileem mengsel van leem en zand en grind en keien
keilen kleine steentjes zodanig over water gooien dat ze opspringen
keiler *m* [-s] mannetjeseverzwijn
keislag *o* brokjes natuursteen **keisteen** kei
keizer *m* [-s] vorst v.d. hoogste rang; loper; *om 's keizers baard*, om niet **keizerin'** *v* [-nen] vorstin v.d. hoogste rang, vrouw v.d. keizer **keizerlijk** *bn & bw* als of van een keizer **keizerschap** *o* het keizer zijn **keizershuis** stamhuis v. keizers **keizerskroon** keizerlijke kroon; lelieachtige plant met grote bloemen, Lat. Fritillaria imperialis **keizersne(d)e** operatieve verlossing
kek *bn* kittig
keker *v(m)* [-s] grauwe erwt
kelder *m* [-s] ondergrondse bergruimte, keldertje; *naar de ~ gaan*, vergaan; op de fles gaan; zinken **kelderen** in de kelder bergen; (doen) vergaan; verworpen worden, verwerpen; in waarde dalen **kelderkast** iets lager gelegen kast **kelderkeuken** keuken in souterrain **keldermot** *v(m)* [-ten] pissebed **keldertje** *o* kistje met vakken voor flessen
kelen I *bn (herald.)* rood **II** *ww* doden
kele're *zie* **klere**
kelim *m (stofn. o)* [-s] tapijt(stof) met rechtlijnige patronen
kelk *m* beker; bloemkelk
kelner *m* [-s] bediende in een hotel of café **kelnerin'** *v* [-nen] vr. kelner
Kelvin eenheid v. temperatuur, gerekend v.a. het absolute nulpunt
KEMA Keuring v. Elektrotechnische Materialen te Arnhem
KEMA-keur keurmerk v.d. KEMA
kemel *m* [-s] *(bijz. t.)* kameel **kemelgeit** angorageit **kemelsgaren** garen v. haar v. angorageit of v. kameel **kemelshaar** haar v. kameel of v. kemelgeit **kemelsharen** *bn* v. kemelshaar
kemphaan *m* snipachtige waadvogel;

vechtersbaas
kenau *v* [-s] manwijf
kenbaar *bn* te kennen; ~ *maken*, doen kennen; ~ *worden*, zich openbaren; *zich* ~ *maken*, zich bekend maken
kendo *o* [gmv] *(sp.)* Japans schermen met een stok
kenen *z* openspringen, ontkiemen
kengetal netnummer bij automatisch telefoonnet
kenlijk *bn & bw* kennelijk
kenmerk *o* kenteken, karaktertrek **kenmerken** van een kenteken voorzien; karakteriseren **kenmerkend** *bn & bw* karakteristiek
kennel *m* [-s] hondenhuis, hondenfokkerij
kennelijk *bn & bw* herkenbaar, duidelijk bekend; blijk gevend; te onderscheiden
kennen bekend zijn met, herkennen, erkennen; *iem. in iets* ~, iemands oordeel of goedkeuring vragen; *geen geluk* ~, steeds ongelukkig zijn; *geen vrees* ~, onbevreesd zijn; *te* ~ *geven*, mededelen, doen verstaan, laten zien; *zich laten* ~, zijn ware aard laten blijken; *zich niet laten* ~, zich flink houden **kenner** *m* [-s] wie verstand van iets heeft **kennersblik** *met een* ~ *bekijken*, als expert bekijken **kennis I** *v* [-sen] het kennen, bekendheid; bewustzijn; wat iem. weet; ~ *dragen*, op de hoogte zijn **II** *m-v* [-sen] bekende; ~ *hebben*, verkering hebben **kennisgeving** *v* bekendmaking; *voor* ~ *aannemen*, naast zich neerleggen **kennismaking** *v* het leren kennen, het in aanraking komen **kennisneming** *v* inzage; onderzoek **kenniswinkel** instelling waar kleinere bedrijven technologische voorlichting kunnen krijgen
kenschetsen [kenschetste, gekenschetst] karakteriseren **kenspreuk** *v(m)* zinspreuk
kentaur *zie* **centaur**
kenteken *o* [-s, -en] kenmerk, herkenningsteken **kentekenbewijs** bewijs dat de kentekens juist zijn **kentekenen** [kentekende, gekentekend] kenmerken **kentekenplaat** plaat met kentekens
kenteren kantelen, omrollen, omslaan; veranderen **kentering** *v* ommekeer
kenvermogen vermogen om te kennen
kepen insnijdingen maken
keper *m* [-s] *(herald.)* twee schuin op elkaar staande banden of strepen; diagonaal weefsel; *op de* ~, nauwkeurig **keperband** sluitband, met keper geweven linnen band
keppeltje *o* kruinmutsje v. joodse mannen
keramiek', **ceramiek** *v* [gmv] het vervaardigen van aardewerk en dergelijke **kera'misch**, **ceramisch** *bn* de keramiek betreffende **keramist'** *m* wie keramiek maakt
kerati'ne *v (stofn.)* stof waaruit o.a. nagels en haar ontstaan
kerel *m* [-s] man
keren wenden, draaien, afwenden; veranderen; het binnenste buiten brengen; terugkeren; vegen; *in zichzelf gekeerd*, teruggetrokken; *per kerende post*, per omgaande; *zich* ~ *aan*, zich storen aan
kerf *v(m)* [-ven] keep; tabak voor de kerverij **kerfstok** *op zijn* ~, op zijn geweten
kerk *v(m)* bedehuis; godsdienstoefening daarin; kerkgenootschap; *de* ~ *in het midden laten*, niet overdrijven, naar beide zijden iets toegeven; *in geen* ~ *of kluis komen*, nooit in de kerk komen **kerkasiel** vrijplaats in een kerk **kerkban** kerkelijke ban **kerkboek** gebedenboek; kerkelijk register **kerkdorp** dorp met parochiekerk **kerkelijk** *bn & bw* van of vanwege de kerk, de kerk betreffende **kerken** naar de kerk gaan **kerkenraad** (vergadering v.) bestuur v.e. prot. gemeente **kerkenzakje**, **kerkzakje** collectezakje in de kerk
kerker *m* [-s] *(plecht.)* gevangenis **kerkeren** *(plecht.)* in een kerker opsluiten
kerkfabriek *v (r.-k.)* kerkbestuur; kerkvermogen **kerkganger** *m* [-s] wie naar de kerk gaat **kerkgenootschap** allen die een zelfde godsdienst belijden **kerkgezang**, **kerkzang** zingen in de kerk; kerkelijk gezang **kerkhof** *o* begraafplaats; *op het* ~ *liggen*, begraven zijn ***Kerk-Latijn** *(Wdl. kerklatijn)* in de r.-k. Kerk gebruikt latijn **kerkleraar** kerkelijk leraar die door de r.-k. Kerk als heilig, geleerd en zuiver in de leer is erkend; predikant **kerkmeester** *(r.-k.)* lid v. kerkbestuur **kerkmuziek** kerkelijke muziek **kerkprovincie** gebied v.e. aartsbisschop met de enigszins aan hem onderhorige bisschoppen **kerkraam** kerkvenster; geslepen deel v.e. wijnglas **kerkrat** *zo arm als een* ~, heel arm **kerkrecht** kerkelijk recht, canoniek recht **kerkrech'telijk** *bn & bw* volgens of betreffende het kerkrecht **kerkroof** diefstal in een kerk **kerks** *bn & bw* veel naar de kerk gaande **kerkschip** schip voor de geestelijke verzorging v.d. vissers **kerkstoel** bidstoel in een r.-k. kerk **kerkuil** torenuil **kerkvader** schrijver uit de eerste eeuwen die door de r.-k. Kerk als heilig, geleerd en zuiver in de leer is erkend **kerkvergadering** concilie, synode **kerkvisitatie** inspectie v.d. parochie of de hervormde gemeente **kerkvoogd** kerkvorst; beheerder van kerkelijk goed **kerkvoogdij** de kerkvoogden **kerkvorst** hoge r.-k. geestelijke **kerkzakje** *zie* **kerkenzakje**; **kerkzang** *zie* **kerkgezang**
kermen kreunen
kermis *v(m)* [-sen] jaarlijks terugkerend volksfeest; plaats waar het gehouden wordt; geschenk ter gelegenheid v. dit feest; *van een koude* ~ *thuis komen*, er slecht vanaf komen **kermisbed** noodbed op vloer **kermistent** tent v. kermisvermakelijkheid **kermisvolk** kermisbezoekers; wie kermisvermakelijkheden exploiteren
kern *v(m)* pit; het binnenste; het middelste; hoofdzaak; hoofdgroep; centraal atoomdeel **kernachtig** *bn & bw* pittig **kernafval** radioactief afval **kernbewapening** bewapening met kernwapens **kernbrandstof** voor het

K

opwekken v. kernenergie gebruikte splijtstof **kerncentrale** centrale voor kernenergie **kerndeling** splitsing v. cellen **kernenergie** atoomenergie **kernexplosie** explosie v.e. atoombom **kernfusie** het samenvoegen v. twee atoomkernen tot een zwaardere **kernfysica** *v* natuurkunde v.d. atoomkern **kerngezond** *bn* geheel gezond
kernhem *m* [gmv] *(stofn.)* Nederlandse pittige vette kaassoort
kernhout binnenste hout **kernkop** kop v.e. kernbom **kernploeg** groep v. beste sporters **kernprobleem** essentieel probleem **kernpunt** essentie **kernreactie** verandering van atoomkernen volgens e. natuurkundig proces **kernreactor** *m* [-s] apparaat tot vrijmaking van atoomenergie **kernschaduw** slagschaduw **kernspreuk** pittig gezegde **kernstop** het niet verder gaan met kernbewapening en kernproeven **kernwapen** atoomwapen **kernwetenschap** kernfysica
kerosi'ne ‹s=z› *v(m)* zuivere petroleum als vliegtuigbrandstof
kerrie *m* groengele specerij uit India
kers I *m* kersenboom **II** *v(m)* ronde sappige steenvrucht; tuinkers **kersenbloei** *m*, **kersenbloesem** het bloeien v.d. kersen **kersenbonbon** bonbon met kers zonder pit en met brandewijn **kersenboom** kers **kersenboomgaard** aanplant v. kersenbomen **kersenhout** hout v. kersenboom **kersenpit** *(pop.)* hoofd
kerst *v(m)* Kerstmis **kerstavond** avond vóór Kerstmis **kerstboodschap** toespraak op Kerstmis **kerstboom** voor Kerstmis versierde of te versieren boom **kerstboter** in de kersttijd verkrijgbare goedkope boter **kerstdag** dag v.h. kerstfeest **kerstenen** dopen; tot christen maken, verchristelijken **kerstfeest** Kerstmis **kerstkind** op Kerstmis geboren kind **Kerstkind** het kind Jezus **kerstkrans** ringvormig gebak met amandelvulling **kerstlied** op Kerstmis betrekking hebbend lied **kerstmannetje** *o* sprookjesachtige gever v. geschenken met Kerstmis **kerstmis** mis bij gelegenheid v. Kerstmis **Kerstmis** *m* feest ter herinnering aan de geboorte van Christus **kerstnacht** nacht van 24 op 25 dec **kerstnummer** aflevering voor Kerstmis
kerstomaat tomaatje met het formaat v.e. kers
kerstroos rond Kerstmis bloeiende boterbloemachtige sierplant, Lat. Helleborus niger **kerststal** plastische voorstelling van Kerstmis **kerstster** bep. in de kersttijd populaire kamerplant **kerststol** *m* [-len] luxebrood met amandelspijs **kerststukje** *o* bloemstukje voor Kerstmis; kerstspel **kersttijd** tijd van Kerstmis, octaaf van Kerstmis **kerstvakantie** vakantie omstreeks Kerstmis **kerstweek** octaaf van Kerstmis
kersvers *bn & bw* geheel vers
kervel *m* als keukenkruid gebruikte schermbloemige plant, Lat. Anthriscus; *dolle ~*, scheerling
kerven [kerfde, korf, gekerfd, gekorven] insnijden, in reepjes snijden; op de draad breken
keryg'ma *o* [gmv] christelijke heilsboodschap
ketch'up ‹ch=sj› *v(m)* met tomatenpuree bereide pikante saus
ketel *m* [-s] metalen vat waarin vloeistof verhit wordt; menageketeltje; uitholling **keteldal** ketelvormig dal **ketelhuis** gebouw waarin stoomketels staan **ketelmuziek** lawaai met ketels om iets te bespotten **ketelpak** overall **ketelruim** ruim voor de ketels **ketelsteen** *o/m* afzetting in ketels **keteltrom** pauk
keten I *v(m)* [-s, -en] ketting; boei; reeks **II** *ww (pop.)* keet maken **ketenen** met een ketting vastmaken, boeien **ketengebergte** rij(en) bergen
ketjap *m* kruiderij van sojabonen
ketsen *h* afschampen; niet afgaan; afwijzen, afspringen
ketter *m* [-s] van de leer afwijkend christen **ketteren** razen **ketterij'** *v* ketterse leer; grove dwaling **ketterjager** fanatiek speurder naar en vervolger v. ketters **ketters** *bn & bw* met ketterij besmet
ketting *m/v* samenstel v. schakels; schering **kettingbotsing** reeks door één veroorzaakte botsingen **kettingbrief** brief die iem. moet overschrijven en doorzenden **kettingbrug** ophaalbrug **kettinghandel** handel met veel tussenhandelaren **kettinghond** hond aan ketting **kettingkast** omhulsel v. fietsketting **kettingpapier** lange strook zich telkens andersom vouwend papier **kettingrad** tandrad **kettingreactie** steeds verder doorwerkende reactie **kettingroker** *m* wie voortdurend rookt **kettingslot** slot met scharnierende tussengeleding; ketting met slot **kettingsteek** steek waarbij kettingvormige versiering ontstaat **kettingzaag** niet heen en weer bewegende maar ronddraaiende zaag
keu *v(m)* [-s, -en] biljartstok **keuen** biljarten
keuken *v(m)* [-s] plaats waar het eten bereid wordt; wijze v. spijsbereiding; kost **keukenblok** *o* geheel van aanrecht en spoelbak en kastjes **keukenbrigade** personeel in de keuken v.e. eetgelegenheid **keukenfrans** slecht Frans **keukengeheim** recept dat men geheim houdt **keukenmachine** bij kookwerkzaamheden te gebruiken machine **keukenmeid** dienstbode die moet koken; *gillende ~*, voetzoeker **keukenmeidenlectuur** lectuur zonder literaire waarde **keukenpiet** zich sterk met de keuken bemoeiende man **keukenprinses** keukenmeid **keukenrol** rol gemakkelijk vloeistof opnemend papier **keukenwagen** wagen die als keuken dient **keukenzout** zout
Keulen *kijken of men het in ~ hoort donderen*, verbaasd kijken; *~ en Aken zijn niet op een dag gebouwd*, men kan niet alles tegelijk; *op dat mes kun je naar ~ rijden*, dat mes is

zeer bot
keur *v(m)* merk; keuze; puik; *(gesch.)* handvest **keurbende** voortreffelijke troep soldaten **keurder** *m* [-s] wie keurt **keuren** onderzoeken, proeven; achten **keurig** *bn & bw* niet gemakkelijk voldaan; smaakvol; in de puntjes; zich fijn gedragend **keuringsdienst** dienst die nagaat of iets of iem. aan gestelde eisen voldoet **keurkorps** keurbende **keurmeester** ambtenaar die moet keuren **keurmerk** merk als bewijs van keuring; kwaliteit aanduidend merk
keurs *o* [-zen, -sen] lijfje, korset; knellend bedwang
keurslager bij een bep. vereniging aangesloten slager met kwaliteitsproducten
keurslijf korset; knellend bedwang
keurteken teken v.d. keur **keurtekenen** het keurteken zetten **keurvorst** *(gesch.)* vorst die de Duitse keizer meekoos
keus [keuzen], **keuze** [-n] *v(m)* het kiezen; het kunnen of mogen kiezen; voorkeur; waaruit men kiezen kan
keutel *m* [-s] hard stuk drek; dreumes **keutelachtig** *bn & bw* pietluttig **keutelen** beuzelen, treuzelen
keuterboer kleine boer
keuvel *v(m)* [-s] (kleed met) kap **keuvelen** kouten
keuze *v(m)* [-n, -s] keus **keuzemenu** menu met gangen naar keuze; mogelijkheden in een computerprogramma ter keuze **keuzepakket** geheel v. te kiezen vakken voor een examen **keuzevak** niet verplicht vak
kevel *m* [-s] tandeloze kaak
kever *m* [-s] schildvleugelig insect; domoor; *(scherts.)* paard **keveren** maffen
keyboard ‹kieboord› *o* [-s] elektronisch muziekinstrument; bedieningspaneel v.e. computer **keycard** ‹kiekard› *m* [-s] kaart met magneet om deur te openen
kezen *(pop.)* coïteren
kg kilogram
KGB *Komitet Gosudarstvennoe Bezopasnosti*, geheime politie v.d. voormalige USSR
kgf *kilogramforce*, kilogramkracht
kgm kilogrammeter
k.g.v. kleinste gemene veelvoud
kHz kilohertz
KI kunstmatige inseminatie
kibbelarij' *v* gekibbel **kibbelen** **I** *ww* twisten over kleinigheden **II** *mv* kibbeling **kibbeling** *v* ingezouten of gebakken wangetjes v.e. kabeljauw **kibbelpartij** *v* ruzie
kibboets *m* leef-werkgemeenschap in Israël
kick *m* [-s] enthousiast gevoel; gevoel van welbehagen door druggebruik **kickboksen** [kickbokste, gekickbokst] uit boksen en karate en judo samengestelde vechtsport beoefenen **kicken** een kick krijgen; *~ op*, geestdriftig worden door
kickeren *(Belgned.)* tafelvoetbal spelen
KID KI met sperma v.e. donor
kidnapper *m* ‹a=e› [-s] mensenrover
KIE Kunstmatige Inseminatie Echtgenoot
kiek *m* kiekje **kiekeboe** *tw* uitroep bij het zich vertonen na zich verborgen te hebben **kieken** fotograferen **kiekendief** *m* bep. valkachtige roofvogel **kiekje** *o* foto
kiel **I** *v(m)* bodembalk of onderste deel v. schip; schip **II** *m* kort werkkleed, jongensbloes
kiele-kie'le **I** *tw* uitroep bij kietelen **II** *bw* *(pop.)* op het nippertje
kielgoot goot tussen twee daken of muren **kielhalen** [kielhaalde, gekielhaald] de kiel boven water brengen voor reparaties; onder de kiel doortrekken **kielwater** schuimspoor v.e. schip; *(fig. zegsw.)* nabijheid, gevaarlijke invloed; *in iemands ~ zeilen*, iem. nadoen **kielzog** *o* kielwater
kiem *v(m)* waaruit iets ontspringt, oorsprong **kiemblaasje** *o* eicel in het stadium v.e. blaasje **kiemen** *z* ontspruiten, ontbotten **kiemkracht** kracht om te ontkiemen **kiemvrij** *bn & bw* zonder bacteriën
kien *bn* pienter; *~ zijn op*, goed letten op **kienen** het kienspel spelen **kienhout** fossiel hout **kienspel** soort lotto
kiepauto auto met laadbak die kan kantelen **kiepen** omslaan; een anker langs het boord ophalen en vastsjorren; (neer)gooien **kieperen** *(pop.)* gooien; vallen **kiepkar** kar op rails met kantelbare bak
kier *m/v* reet
kierewiet *bn* stapelgek
kies **I** *v(m)* [-zen] maaltand; *een ~ uittrekken*, een flink verlies bezorgen; *achter de kiezen*, in zijn mond; *dat kan ik wel in m'n holle ~ stoppen*, ik krijg weinig **II** *o* verbinding van zwavel en metaal **III** *bn & bw* fijngevoelig, gepast, kieskeurig, delicaat
kiesbaar *bn* kunnende gekozen worden **kiesbevoegd** *bn* gerechtigd om te stemmen **kiescollege** zelfgekozen kiezers **kiesdeler** quotiënt v.d. uitgebrachte stemmen en het aantal zetels **kiesdrempel** voor het behalen v.e. zetel vereist minimum aantal stemmen **kiesgerechtigd** *bn* kiesbevoegd
kieskauw wie aanmerkingen op het eten heeft **kieskauwen** [kieskauwde, gekieskauwd] met lange tanden eten; zaniken **kieskeu'rig** *bn & bw* moeilijk te bevredigen **kieskring** afdeling bij verkiezing **kiesman** lid v.e. kiescollege
kiespijn pijn in een kies
kiesplicht stemplicht **kiesrecht** stemrecht **kiesschijf** draaiende schijf v.e. telefoontoestel **kiesstelsel** stelsel voor verkiezingen **kiestoon** toon van telefoon die aangeeft dat men het nummer kan kiezen **kiesvereniging** vereniging van kiezers **kieswet** *v(m)* wet betreffende het kiesstelsel
kietelaar *m* kittelaar
kietelen plekken v.d. huid aanraken waardoor spiersamentrekkingen ontstaan
kieuw *v(m)* ademhalingsorgaan van vissen **kieuwdeksel** plaat die de kieuwen beschermt **kieuwspleet** spleet bij de

kieuwen
kieviet *m* waadvogel met lange kuif, Lat. Vanellus vanellus **kievietsbloem** bolgewas met gestippelde bloem, Lat. Fritillaria meleagris **kievietsei** ei v. kieviet
kiezel *m (stofn. m & o)* [-s] grind; silicium **kiezelaarde** verbinding van kiezel met zuurstof **kiezelpad** bekiezeld pad **kiezelsteen** kiezel **kiezelweg** met kiezel verharde weg **kiezelzuur I** *o* verbinding v. kiezel en zuurstof **II** *bn* met die verbinding
kiezen [koos, gekozen] keuze doen; nemen; bij keuze of bij stemmen aanwijzen; *~ of delen, ~ of kavelen*, kiezen **kiezer** *m* [-s] kiesgerechtigde; *zwevende ~*, kiezer die niet kan beslissen op welke partij hij zal stemmen **kiezeres'** *v* [-sen] vr. kiesgerechtigde **kiezersvolk** de kiesgerechtigden
kif I *o* gebruikte run **II** *v(m)* kift **kift** *v(m) (pop.)* naijver, twist **kiften** twisten
kijf *buiten ~*, ongetwijfeld **kijfachtig** *bn* twistziek
kijk *m* inzicht, zicht, gezicht, uitzicht; *een kijkje nemen*, even zien; *te ~*, voor iedereen te zien; *tot ~*, *(pop.)* tot ziens **kijkbuis** televisietoestel **kijkcijfer** cijfer dat de kijkdichtheid v.e. tv-uitzending uitdrukt **kijkdag** gelegenheid om te verkopen goederen te bezichtigen **kijkdichtheid** grootte v.h. aantal kijkers voor bep. uitzendingen **kijken** [keek, gekeken] de ogen gebruiken, de blik richten, zien; te zien zijn; *ervan te ~ staan*, zich ergens zeer over verwonderen; *nauw ~*, het zeer nauw nemen; *er komt heel wat ~*, het is heel moeilijk, er komt veel aan het licht; *pas komen ~*, onervaren zijn; *naar iets mogen ~*, van iets moeten afblijven; *~ naar*, letten op; *~ op*, zuinig zijn met; *op een cent ~*, zeer zuinig zijn; *niet op een kleinigheid ~*, niet schriel zijn; *laat naar je ~*, je bent niet goed wijs **kijk- en luis'tergeld** verplichte geldelijke bijdrage v. radio- en tv-bezitters **kijker(d) I** *m* [-s] toeschouwer; wie naar de tv kijkt; verrekijker **II** *mv* ogen; *in de kijkerd* of *kijkers*, in de gaten **kijkgat** opening om door te zien **kijkgeld** verplichte bijdrage voor televisieaansluiting **kijkglas** glas om door te zien; vergrootglas, kijker **kijkkast** *v(m)* rarekiek; huis met veel ramen **kijkoperatie** operatie voor een juiste diagnose **kijkspel**, **kijkspul** vertoning die het oog veel biedt; rarekiek
kijven [keef, gekeven] krakelen; met schelle stem uitvaren
kik *m* [-ken] flauw geluid **kikken** zich doen horen, reppen
kikker *m* [-s] kikvors; wervel; klamp om touw op te winden; automatisch werkende bodemstamper **kikkerbad** ondiep kinderzwembad **kikkerbeet** *m* waterplant met witte bloempjes en ronde blaadjes, Lat. Hydrocharis morsus ranae **kikkerbilletjes** [mv] achterboutjes v.e. kikker als gerecht **kikkerbloed** *~ hebben*, het nooit koud hebben **kikkerdril** kikkereieren **kikkeren** gehurkt springen **kikkererwt** keker **kikkerland** land met veel kikkers **kikkerproef** in onbruik geraakte proef op kikker tot vaststelling van zwangerschap **kikkerrit**, **kikkerschot** *o* kikkereieren **kikkerspog** *o* schuim op planten **kikkervisje** *o* dikkopje **kikvors** *m* amfibie v.d. familie Ranidae **kikvorsman** [-nen] duiker in waterdicht pak met zwemvliezen **kikvorsperspectief** opname van zeer dicht bij de grond naar boven
kil I *v(m)* [-len] watergeul **II** *bn & bw* huiverig; (vrij) koud; onhartelijk **kilkoud** steenkoud
killen *h* slap hangen, klapperen; koud worden; doden **killercel** *(med.)* tegen ziekten geprogrammeerde natuurlijke afweercel **killersinstinct** vermogen v.e. sporter om doelbewust te werk te gaan
killig *bn & bw* kil
kilo *o* [-'s] kilogram; *als voorvoegsel in bet.*: duizendvoud **kiloampère** 1000 ampère **kilobyte** ‹kilobaait› *m* [-s] *(comp.)* 1024 bytes **kilocalorie** 1000 calorieën **kilocurie** 1000 curie **kilocy'cle** ‹kilosaaikul› 1000 hertz **kilogram** *o/m* [-men] 1000 gram **kilogramme'ter** eenheid van arbeidsvermogen **kilohertz** 1000 hertz **kilojou'le** 1000 joule **kilometer** 1000 m **kilometerpaal** mijlpaal **kilometerprijs** prijs per km **kilometerraai** *v(m)* aangeving van afstand op waterwegen **kilometerteller** *m* [-s] toestel dat afgelegde afstand aangeeft **kilometervergoeding** per afgelegde kilometer berekende vergoeding v. reiskosten **kilometervreter** *m* [-s] wie veel of hard rijdt **kilometra'ge** ‹ag=aazj› *v* [-s] aantal afgelegde kilometers **kilo-ohm** 1000 ohm **kilovolt** 1000 volt **kilowattuur'** 1000 watt per uur
kilt *m* [-s] Schotse geruite rok met plooien
kilte *v* waterkoude
KIM Koninklijk Instituut voor de Marine
kim *v(m)* [-men] kaam; rand aan buitenkant v. bodem; ronding v. scheepsbuik; groef waar een bodem ingelaten wordt; *(bijz.t.)* rand v. glazen, bovenrand; horizon **kimkiel** *v(m)* strook hout aan kim v. schip **kimmen** *h* slagzij krijgen
kimo'no *m* [-'s] (Japans) ochtendgewaad
kin *v(m)* [-nen] voorste ronding v. onderkaak
kina *v(m)* uit de bast v.d. kinaboom bereid koortswerend middel **kinaboom** kina leverende boom
kina'se ‹s=z› *o* [-nasen] soort enzym
kinawijn wijn met kina
kind *o* [-eren] onvolwassen mens; afstammeling (ten opzichte van zijn ouders); meisje; vrouwtje; *(zegsw.)* de zaak; *(zegsw.)* onvolleerd; *het ~ v.d. rekening zijn*, de dupe zijn; *het ~ met het badwater wegwerpen*, bij de opruiming van het verkeerde ook het goede prijsgeven; *~ noch kraai*, geen naaste verwanten; *een ~ van zijn tijd*, iem. onder de invloed van zijn tijd; *~ des doods*, ten dode opgeschreven; *een dood ~ met een lam handje*, een nietswaardige zaak; *het ~ bij zijn naam*

noemen, onbevangen zeggen wat men ervan denkt; *het zal je ~ maar wezen*, wat een vreselijk iem.

kinder- *als eerste lid v.e. ss vaak*: v.e. kind, v. kinderen, voor kinderen **kinderachtig** *bn & bw* flauw, laf; als een kind; op kinderen gesteld **kinderachtigheid** *v* [-heden] het kinderachtig zijn, kinderachtige daad **kinderaftrek** vermindering van belasting als gevolg van kinderaantal **kinderbed** bed voor kinderen; kraambed **kinderbijslag** kindertoeslag **kinderboerderij** verzameling kleine dieren voor bezoek door kinderen **kinderdagverblijf** verblijf voor kinderen v. werkende ouders overdag **kinderhoofd** ronde straatkei **kinderjaren** *mv* eerste jaren **kinderkerk** *(prot.)* godsdienstoefening voor de kinderen **kinderkorting** korting voor kinderen op de entreeprijs of bij reizen **kinderliefde** liefde van ouders voor hun kinderen en omgekeerd **kinderlie'vend** *bn* van kinderen houdend **kinderlijk** *bn & bw* van een kind, eigen aan een kind; naïef, onbedorven **kinderlokker** *m* [-s] wie kinderen meelokt om ze seksueel te misbruiken **kinderloos** *bn* zonder kinderen **kindermeisje** vrouw die de kinderen verzorgt **kindermoord** het doden v.e. kind of kinderen **kinderne'vendienst** op kinderen afgestemde kerkdienst als onderdeel v.d. gewone dienst **kinderopvang** opvang v. kinderen v. werkende ouders **kinderpokken** *mv* pokken **kinderpolitie** politieafdeling voor kinderzaken **kinderporno** *v* pornografie met kinderen **kinderpostzegel** postzegel met toeslag ten bate v.h. noodlijdende kind **kinderpraat** gebabbel v.e. kind; kinderachtig gebeuzel **kinderpsychologie** psychologie betreffende het kind **kinderrecht** recht v.e. kind; rechtsregels betreffende het kind **kinderrechter** rechter voor kinderzaken **kinderrijk** *bn* met veel kinderen **kinderschaar** groep kinderen; schaartje met ronde punten **kinderschoen** schoen voor een kind; *in de ~en*, in het begin van ontwikkeling; *de ~en ontwassen*, de eerste groei voorbij **kinderslot** *o*, **kindersluiting** *v* beveiliging op slot v. autoportier **kinderspel** spel van kinderen; onbeduidend iets, kleinigheid **kindertelefoon** telefoon als speelgoed; telefonische hulpdienst voor kinderen **kindertoeslag**, **kindertoelage** toeslag wegens minderjarige kinderen **kinderverlamming** besmettelijke aandoening v.h. ruggenmerg **kinderverzorgster** vrouw met diploma kinderverzorging **kindervoeding** het voeden v.e. kind; voedselverstrekking aan behoeftige kinderen **kindervriend** wie veel van kinderen houdt **kinderwereld** de kinderen; levensgebied v.d. kinderen **kinderwerk** werk v. kinderen; onbetekenend werk **kinderwet** wet betreffende minderjarige kinderen **kinderzegen** het hebben van kinderen **kinderziekte** ziekte in de kinderlijke leeftijd; beginmoeilijkheden

kindlief' lief kind **kinds** *bn & bw* suf door ouderdom **kindsbeen** *van ~ af*, sedert de prille jeugd **kindsdeel**, **kindsgedeelte** deel v.d. erfenis waarop men als kind recht heeft **kindsheid** *v* kinderjaren; het kinds zijn **kindskinderen** *mv* kleinkinderen **kindsoldaat** *m* [-daten] minderjarige soldaat **kindvrouwtje** vrouw die nog half kind is

kineast' *(Belgned.) zie ook* **cineast**; **kinema** *(Belgned.) zie ook* **cinema**

kinesiatrie' ‹s=z› *v* heilgymnastiek **kinesie'** *(Belgned.) v* fysiotherapie **kinesietherapie'** *(Belgned.)* fysiotherapie **kinesiologie'** ‹s=z› *v* bewegingsleer v.h. lichaam **kinesist'** *(Belgned.) m* fysiotherapeut **kinesthe'tisch** *bn* met betrekking tot het bewegen **kine'tica** *v* [gmv] leer v. door krachten voortgebrachte bewegingen

kingsize ‹size=saiz› *bn* zeer groot

kini'ne *v(m)* extract van kina

kink I *m* stomp **II** *v(m)* kronkel; *een ~ in de kabel*, een beletsel

kinkel *m* [-s] pummel

kinken *h/z* klinkend slaan; klinken; kinken krijgen

kinketting ketting om de onderkaak

kinkhoest *m* zich in benauwd hoesten uitende ziekte

kinkhoorn zeehoorn

kinnebak *v(m)* [-ken] onderkaak, kaak, wang

kinnesin'ne *m (pop.)* jaloezie

kinnetje *o* [-s] 39 l; vat van 39 l

kiosk' *v(m)* licht, rond gebouwtje

kip I *v* [-pen] hoen; meisje **II** *v(m)* [-pen] band, hoepeltje; vogelknip; kiep; lattenkist; door het hoepeltje bijeen gehouden hoeveelheid **III** *tw* pak; *er als de ~pen bij*, er vlug bij; *lekker als ~*, lekker; *als een ~ zonder kop*, gedachteloos, zonder inzicht; *als een ~ op Dirk slaan*, nergens op slaan; *met de ~pen op stok*, vroeg naar bed **kipfilet** ‹let=lee› *m* [-s] stuk kip zonder vel en bot **kiplekker** *bn* (zich) zeer wel (voelend) **kippen** *h/z* uitpikken **kippenborst** borst v.e. kip; borst met vooruitstekend borstbeen **kippendraf** sukkeldraf **kippeneindje** klein eindje **kippengaas** gaas voor kippenhok **kippenkoorts** pip; zenuwachtige opwinding **kippenkuur** aanstellerige gril **kippenplank** met dwarslatjes bespijkerde loopplank **kippensoep** soep van kip **kippenvel** huid met kleine pukkels door plotselinge schrik of kou **kippetje** *o (pop.)* meisje **kippig** *bn* bijziend, slechtziend

kir ‹kier› *m (stofn.)* droge witte wijn met scheut zwartebessenlikeur

kirren trillend roepen

kirsch ‹kiersj› *m* kersenbrandewijn

kiskassen keilen

kissebissen ruziën

kist *v(m)* (inz. houten) verplaatsbaar bergmeubel; pakkist; doodkist; koffer; ruimte tussen de wanden v.e. dam; ruimte tussen paalwerken; *(pop.)* vliegtuig; *(pop.)* lompe schoen **kistdam** uit twee evenwijdige wanden met vulling bestaande dam **kisten** in de doodkist leggen; een kist(ing) maken; *zich laten ~*, de baas over zich laten spelen **kisting** *v* het kisten; noodkistdam; beschermende rand bladaarde om broeibak; broeibak daarmee **kistkalf** in zeer klein hok gemest kalf

kit I *v(m)* [-ten] kan; kolenemmer, wateremmer; kroeg, opiumkit **II** *v(m)/o* vulmiddel, kleefmiddel

kitchenet'te ‹ch=sj› *v(m)* [-s] ingebouwd keukentje

kitpistool apparaat in de vorm v.e. pistool om kit aan te brengen

kits I *v(m)* grindhoop; eendeks plezierjacht met twee masten **II** *bn* in orde

kitsch ‹kietsj› *m* schijnkunst

kittelaar *m* bolvormig deel van vrouwelijk geslachtsorgaan **kittelachtig** *bn* geen kitteling kunnende verdragen, lichtgeraakt **kittelen** kietelen; zachtjes kriebelen; behaaglijk aandoen **kittelig** *bn* kittelachtig **kitteling** *v* kittelen of daardoor veroorzaakte prikkeling v.d. huid, strelend-prikkelende geestelijke aandoening **kittelo'rig** *bn & bw* lichtgeraakt

kitten met kit aaneenlijmen

kittig *bn & bw* levendig, pittig, aardig, vurig; puntig; tuk

kiwi *m* [-'s] vrucht met groen vruchtlichaam en harige bruine schil, Lat. Actinidia chinensis; loopvogel met lange snavel en bijna zonder vleugels, Lat. Apterix australis

kJ kilojoule

k.k. kopers keur; kosten voor de koper

KKK *Ku Klux Klan*, agressief nazistische organisatie in de VS

kl kiloliter

kl. klas, klasse

KL, KLu. Koninklijke Luchtmacht

klaaf *v(m)* [klaven] halsbout voor hoornvee

klaagbrief brief waarin men klaagt **klaagdicht** gedicht dat klacht uit **klaaglied** treurzang **klaaglijk** *bn & bw* klagend **klaagrede** rede waarin men klaagt **klaagschrift** schriftelijke klacht **klaagstem** klagende stem **klaagtoon** klagende toon; klacht **klaagvrouwen** *mv* om misbaar bij een lijk te maken gehuurde vrouwen **klaagzang** klaagdicht

klaar I *bn & bw* helder, duidelijk; gereed; onvermengd **II** *o* wit (v.e. ei); *~ wakker*, zonder de minste slaperigheid **klaarblij'kelijk** *bn & bw* duidelijk blijkende **klaarheid** helderheid; *tot ~ komen*, tot een helder inzicht komen; *tot ~ brengen*, ophelderen **klaarhelder** *bn & bw* volkomen helder, onbewolkt **klaarkomen** gereedkomen; afstuderen; zijn doel bereiken; het gewenste vinden; een orgasme hebben **klaarkrijgen** gereedkrijgen; weten te bewerken **klaarleggen** gereedleggen **klaarlicht** *bn* volkomen licht **klaarliggen** gereedliggen **klaarmaken** gereedmaken; seksueel bevredigen **klaar-o'ver** *m* [-s] schoolkind als verkeersagentje **klaarspelen** met goede uitslag verrichten; voor elkaar krijgen **klaarstaan** gereedstaan; bereid staan om te helpen **klaarstomen** in korte tijd voor examen africhten **klaarzetten** gereed zetten

klaas *m* [klazen] *(fig. zegsw.)* iem.; *Klaas Vaak*, de slaap

klabak' *m* [-ken] *(pop.)* politieagent

klacht *v(m)* geklaag; aanklacht, beklag; reden tot klagen **klachtdelict** misdrijf dat alleen na aanklacht vervolgbaar is **klachtenboek** boek waarin klachten geschreven kunnen worden

klad I *v(m)* [-den] kleine samenklevende massa; spat; losgeraakt stuk; inktvlek; *(fig.)* laster, blaam; *de klad zit er in*, het wordt slecht verkoopbaar **II** *o* ruw ontwerp, nog niet in het net gesteld stuk; *bij zijn kladden*, bij zijn kraag **kladblok** blok kladpapier **kladboek** aantekenboek **kladden** kladschilderen; smeren, knoeien; tot kladden worden; vlekken doen ontstaan **kladd(er)ig** *bn & bw* vol kladden, morsig **kladpapier** papier om een klad te maken **kladschilder** prulschilder **kladschilderen** *on ww* slecht schilderen **kladschrift** schrift voor kladwerk, slordig schrift **kladschrijver** wie knoeierig schrijft; prulschrijver **kladwerk** knoeiwerk; werk op klad

klagen zijn beklag doen; aanklacht indienen; droefheid of ontevredenheid uiten **klagerig** *bn & bw* geneigd tot klagen; klaaglijk

klak *v(m)* [-ken] *(Belgned.)* pet, klakhoed **klakhoed** opvouwbare hoge hoed **klakkelings** *bw* eensklaps, onverwachts **klakkeloos** *bn & bw* zonder nadenken, zo maar **klakken** klappende of kletsende klank geven

klam *bn* kleverig door zweet; vochtig koud

klamboe *(Ind.) m* [-s] muskietennet om slaapplaats

klamp *m/v* beleg of verbindingsstuk; haak; schelf, stapel **klampen** *h* met klampen aan elkaar hechten; in klonters vastkleven; klampen maken; stapelen; *aan boord ~*, enteren

klandi'zie *v* het geregeld bij iem. kopen; de klanten

klank *m* het geluid; *een goede ~ hebben*, als gunstig bekend staan **klankbeeld** opname van geluiden om een beeld te geven **klankbodem** geluidsversterkend dun blad **klankbord** plankenvlak boven een spreekgestoelte **klankexpressie** gevoelsuiting door klank **klankfiguur** in poeierige stof door klank veroorzaakte figuur **klankgeslacht** toongeslacht **klankleer** *v(m)* fonetiek; historische beschrijving v. taalklanken **klankloos** *bn & bw* zonder klank; met doffe of zwakke klank **klankmethode** leesmethode die de letters fonetisch laat noemen **klanknabootsend** *bn* het geluid in spraakklanken weergevend **klanknabootsing** *v* klanknabootsend woord **klankregisseur** wie de regie heeft

K

bij muziekopnames **klankrijk** *bn* vol klank **klankschrift** schrift met tekens voor de klanken **klankstelsel** stelsel v. spraakklanken **klankwet** *v(m)* regel voor klankverandering **klankwet'tig** *bn* in overeenstemming met een klankwet

klant *m* vaste koper of bezoeker; persoon **klantenbinding** *v* maatregelen om bep. artikelen steeds van dezelfde winkel te betrekken **klantenservice** dienstverlenende afdeling v.e. winkel **klantgericht** *bn* gericht op wat de klant wil **klantvrien'delijk** *bn zie* **klantgericht**

klap *m* [-pen] geluid van iets dat barst; slag; geluid v.e. slag; gepraat; opklapbaar stuk v.e. brug; neerslaande klep; *geen* ~, niets; ~ *op de vuurpijl*, sloteffect; *een* ~ *van de molen gehad hebben*, niet goed snik zijn **klapband** pech bestaande in een geklapte band **klapbankje** opklapbaar bankje **klapbes** kruisbes; vrucht v.d. sneeuwbes **klapbrug** ophaalbrug **klapbus** proppenschieter **klapdeur** doordraaiende deur; deur die met een klap vanzelf dichtgaat **klapekster** babbelkous; bep. klauwier, Lat. Lanius excubitor **klaphek** schuingeplaatst vanzelf dichtvallend hek **klaplong** lucht tussen long en wand v.d. borstholte **klaplopen** op de beurs v. anderen teren **klaploper** *m* [-s] wie altijd van iem. anders profiteert

klappei' *v* babbelaarster, kwaadspreekster **klappei'en** kwaadspreken, kletsen **klappen** een klap geven; een klap laten horen; uiteenspringen **klapper** *m* [-s] klepper; met een knal ontploffend vuurwerk; explosieve medeklinker; babbelaar; alfabetisch register; toestel aan de molen om de graanbak te schudden; kokosnoot; klapperboom; zeer succesvolle persoon of zaak **klapperboom** kokospalm **klapperen** klepperen **klappermelk** kokosmelk **klappernoot** kokosnoot **klapperolie** kokosolie **klappertanden** [klappertandde, geklappertand] met de tanden klapperen **klappertje** *o* beetje kruit tussen twee stukjes papier dat door een klap ontploft **klapraam** raam dat om een horizontale as draait **klaprib** korte rib **klaproos** papaverachtige plant met rode bloem, Lat. Papaver rhoeas **klapschaats** schaats die alleen aan de teen v.d. schoen vastzit **klapsigaar** sigaar met ontplofbare stof **klapskeeleren** ⟨ee=ie⟩ [klapskeelerde, geklapskeelerd] skeeleren op skeelers met klapschaatsmechanisme **klapstoel** stoel met opklapbare zitting, vouwstoel **klapstuk** vlees van klapribben **klaptafel** hangoortafel **klaptegel** tegel die omhoog klapt als men eroverheen rijdt **klapwieken** [klapwiekte, geklapwiekt] met de vleugels klappen **klapzak** airbag **klapzand** te fijn en voor fundering ongeschikt zand **klapzoen** klappende zoen

klare *m* klare jenever

klaren *h* helder worden of maken; klaar maken; in het reine brengen, opknappen; inklaren, uitklaren; *de klus* ~, het werk tot een goed eind brengen **klarigheid** gereedheid; helderheid

klarinet' *v(m)* [-ten] houten blaasinstrument met rieten mondstuk en brede tessituur **klarinettist'** *m* klarinetspeler

klaroen' *v(m)* schelle trompet **klaroen'geschal** *o* klinken van klaroenen

klas *v* [-sen] leerjaar; groep leerlingen die gelijk les heeft; klaslokaal **klasse** *v* [-n] afdeling, rang, kwaliteit, maatschappelijke groep ***klassehaat** *(Wdl. klassenhaat)* haat tussen klassen v.d. maatschappij ***klassejustitie** *(Wdl. klassenjustitie)* justitie die hogere standen bevoordeelt **klasseloos** *bn* zonder maatschappelijke klassen **klassement'** *o* het tussentijds opmaken v.d. stand v.e. wedstrijd **klas(sen)boek** aantekenboek voor schoolklas **klas(sen)genoot** iem. v. dezelfde klas **klassenleraar** leraar die de belangen v.e. speciale klas behartigt **klas(sen)oudste** *m-v* [-n] wie de belangen v.e. schoolklas vertegenwoordigt

klassepatiënt patiënt in een kamer v.d. eerste of tweede klasse **klasse'ren** rangschikken in een klasse; *(Belg.)* op de monumentenlijst plaatsen **klassespeler** zeer goede speler ***klassestrijd** *(Wdl. klassenstrijd)* strijd v.d. lagere tegen de hogere standen

klassiek' *bn* van de Gr. of Rom. oudheid; evenwichtig; van blijvende waarde; voorbeeldig **klassie'ker** *m* [-s] steeds weer vertoond kunstwerk of wedstrijdnummer

klassikaal' *bn & bw* voor een hele klas

klateren helder zich snel herhalend geluid geven **klatergoud** vals bladgoud; lovertjes daarvan; schone schijn

klauter *m* het klauteren **klauteraar** *m* [-s] wie klautert **klauteren** met handen en voeten klimmen **klauterpartij** het klauteren

klauw *m/v* grijpnagel; poot met grijpnagel; hoef, hoefdeel; het klauwen; hark; gespleten uiteinde v. gereedschap; verbindingsstuk voor steen; *(pop.)* hand **klauwen** met de klauwen slaan, graaien **klauwhamer** hamer met gespleten bek **klauwier'** *m* hand; haakvormig voorwerp, haakvormig stengelaanhangsel; grijze zangvogel met omgebogen bovensnavel **klauwijzer** hoefijzer; koevoet; ijzer met klauwen **klauwslot** slot waarvan de schieter een klauw heeft

klavarscri'bo *o* [gmv] *(muz.)* van boven naar onder te lezen notenschrift voor piano

klavechor'dium *zie* **klavichordium**; **klavecim'bel** *o* [-s] tokkelend klavierinstrument

klaver *v(m)* [-s] vlinderbloemige plant met drietallige bladeren, Lat. Trifolium; *ook als eerste deel v. ss in de bet.*: klaveren **klaverblad** blaadje v.d. klaver; drietal bij elkaar passende personen; klaverbladvormig samenstel van op- en afritten **klaveren** *v(m)* [klaveren, klaverens] kaart met klaverfiguren *(ook als eerste deel*

K

v. ss met als tweede deel een kaartsoort) **klaverjassen** [klaverjaste, geklaverjast] een op kruisjassen lijkend spel spelen **klavertjevier'** *o* klavervier

klavichor'dium, klavechor'dium *o* [-s] oud snaarinstrument met toetsen in e. platte kast

klavier' **I** *m (pop.)* hand **II** *o* toetsenbord v.e. muziekinstrument

kledder *m* [-s] kloddertje; brij **kledderig** *bn* modderig, brijachtig **kleddernat** *bn* zeer nat

kleden omkleden; kleren aandoen; van kleren voorzien; aan het lichaam staan; *(fig.)* een vorm geven; *gekleed worden*, het religieuze kleed aankrijgen **klederdracht** *v(m)* kledij **kledij'** *v* kleding; manier van gekleed gaan **kleding** *v* kleden; kleren; kledij **kledingmagazijn** magazijn van kleren, winkel in kleren **kledingstuk** *o* stuk kleren

kleed **I** *o* [gmv] gewaad **II** *mv* [kleren, klederen] kledingstuk; *dat gaat je niet in de* of *je koude kleren zitten*, dat raakt je terdege; *langs zijn koude kleren laten (af)glijden*, zich er niets van aantrekken; *iemands koude kleren niet raken*, iem. onverschillig zijn; *de kleren maken de man*, men wordt naar zijn kledij beoordeeld **III** *o* [kleden] dekkleed, tafelkleed, tapijt **kleedgeld** geld om zich te kleden **kleedkamer** kamer om zich te verkleden

kleefkruid plant met borsteltjes op de vruchtjes die aan iemands kleren blijven kleven, Lat. Galium aparine **kleefpleister** hechtpleister **kleefrijst** rijst die na bereiding aan elkaar plakt **kleefstof** *v(m)* plakmiddel

kleer- *als eerste deel v.e. ss vaak in bet.*: van of voor kleren **kleerhanger, klerenhanger** *m* [-s] kapstok **kleerkast** bergplaats v. kleren; *(fig.)* brede borst **kleermakerszit** *in* ~, met opgetrokken en gekruiste benen **kleerscheuren** *zonder* ~, zonder schade

klef *bn* kleverig, klam; niet goed doorbakken **klefferig, kleffig** *bn* enigszins klef

klei *v(m)* zeer kneedbare en plakkerige en vruchtbare grondsoort; *er is ~ aan de knikker*, er is iets niet pluis; *in de ~ gereden hebben*, teleurgesteld zijn; *uit de ~ getrokken*, boers **kleiaardappel** op klei geteelde aardappel **kleien** boetseren met klei **kleigrond** klei

klein **I** *bn & bw* niet groot; kleingeestig; onaanzienlijk; niet geheel; (van mil. uniform) gewoon; *~e vaart*, vaart in de Noordzee **II** *o in het* ~, in detail; op kleine schaal **kleinachten** gering achten **kleinbedrijf** bedrijf op kleine schaal **kleinbeeldcamera** camera voor goed vergrootbare kleine opnamen **kleinbehuisd'** *bn* over een kleine woonruimte beschikkend **kleinbur'gerlijk** *bn & bw* bekrompen **kleindochter** kindsdochter **kleine** **I** *m-v* [-n] kind **II** *o* het geringe **kleine'ren** onbeduidend doen voorkomen; verachtelijk behandelen **kleingees'tig** *bn & bw* benepen **kleingeld'** pasmunt **kleingelo'vig** *bn* weinig geloof hebbend **kleingoed** kleine artikelen; klein gebak; kindertjes **kleinhandel** detailhandel, kleinhandelaars **kleinhar'tig** *bn & bw* laf **kleinigheid** *v* [-heden] iets van geen belang **kleinindustrie** industrie op kleine schaal **kleinkind** kindskind **kleinkrijgen** erin slagen iets klein te maken; voor klein geld wisselen; gedwee maken **kleinkunst** cabaret **kleinmaken** vernederen; uitgeven; in stukjes verdelen; wisselen **kleinmen'selijk** *bn* benepen **kleinmetaal** *v(m)* geen halfproducten vervaardigende metaalindustrie van kleine bedrijven **kleinmoe'dig** *bn* laf **klein'ood'** *o* [-noden, -nodiën] iets kostbaars **kleinschrift** schrift in kleine letters **kleinsteeds'** *bn & bw* bekrompen **kleintje** *o* klein iem.; kind; klein iets; jong dier; *(zegsw.)* klein bedrag; *voor geen ~ vervaard*, onverschrokken; *~ koffie*, klein kopje koffie **kleinvee** schapen, geiten of varkens **kleinze'rig** *bn* licht pijn gevoelend; bang voor pijn; licht geprikkeld **kleinzie'lig** *bn & bw* kleingeestig **kleinzoon** kindszoon

kleitablet *o* plaatje van klei waarop inscripties

klem **I** *v(m)* [-men] klemmend voorwerp, prang; toeslaande val; klemmende kracht; nadruk; stijfkramp **II** *bn* vastgeklemd, vast; *in de* ~, beklemd, in het nauw **klemband** *m* boekband met klem die losse bladen bijeenhoudt **klemhaak** gereedschap om iets vast te zetten **klemmap** map met klem in de rug **klemmen** knellen, sterk drukken; door knelling bezeren; bekneld vastzitten; (vlas) beuken; (rijs) vast aandrijven; niet genoeg ruimte hebben; van betekenis zijn, overtuigende kracht hebben; vast blijven zitten **klemschroef** met een schroef sluitende klem **klemspot** lichtspot die aan iets vastgeklemd kan worden **klemtoon** accent **klemtoonteken** klemtoon aanduidend teken

klep **I** *m* [-pen] een keer kleppen **II** *v(m)* [-pen] luif; klepper; overslaande sluiting; vastzittend deksel; *(pop.)* mond

klepel *m* [-s] tong v.d. klok; *(fig.)* tong

klepkooi kooi met klep voor vogelvangst

kleppen klepperen; geluid geven door de klepel tegen de wand v.e. klok te laten slaan; babbelen **klepper** *m* [-s] draver; klaphoutje **klepperen** aanhoudend klappen

kleptofobie' *v* ziekelijke angst om bestolen te worden **kleptomaan'** *m* [-manen] lijder aan kleptomanie **kleptomanie'** *v* ziekelijke steelzucht

klere-, kole're- vervelend

kleren- *zie* **kleer-**

klerikaal' *bn* kerkelijk **klerk** schrijver

klessebessen [klessebeste, geklessebest] kletsen

klets **I** *v(m)* klap; onzin; kletser; kwak **II** *bn* kletsnat **kletsbui** stortbui **kletsen** klinkend klappen; smijten; babbelen, bazelen

kletserig *bn* babbelziek **kletserij'** *v* geklets **kletskoek** *m* geklets **kletskop** zeer hoofd; hard bruin suikerkoekje met stukjes amandel; kaalkop, iem. met een kaal hoofd **kletskous** babbelaarster **kletslus** als uit de mond v.e. stripfiguur komend getekende woorden **kletsmajoor**, **kletsmeier** kletser **kletsnat** *bn* doornat **kletspraat** klets **kletsregen** stortregen **kletstante** kletskous
kletteren snelle heldere korte geluiden geven; hard vallen
kleumen stijf zijn van kou, kou lijden; kouwelijk zijn **kleumerig**, **kleums** *bn* kouwelijk
kleun *m* dreunende slag **kleunen** hard slaan, vechten; *(fig.) ernaast ~*, zich misrekenen
kleur *v(m)* van de golflengte afhankelijke visuele eigenschap; gelaatskleur, blos; figuursoort in kaartspel; kleurig onderscheidingsteken; *(mv)* vlag; richting; kleurstof; ~ *bekennen*, dezelfde figuur bijspelen, zijn mening laten blijken; *met levendige ~en*, levendig **kleurbad** bad om het positief een bep. kleur te geven **kleurbal** suikerbal die bij het zuigen van kleur verandert **kleurboek** prentenboek om in te kleuren **kleurecht** *bn* kleurhoudend **kleuren** een kleur geven of krijgen; blozen; subjectief voorstellen **kleurenbeeld** spectrum **kleurenblind** *bn* slecht of geen kleuren kunnende onderscheiden **kleurendia** dia in kleuren **kleurendruk** druk met verschillende kleuren **kleurenfilm** film in kleur **kleurenfoto** foto in kleuren **kleurenfotografie** het fotograferen in kleuren **kleurenspectrum** bij ontleding v.h. zonlicht ontstaand kleurenbeeld **kleurenzin** vermogen om kleuren te onderscheiden **kleurfixeerbad** kleurbad **kleurhoudend** *bn* niet verschietend **kleurig** *bn & bw* met sprekende kleuren; met de goede kleur; blozend **kleurkatern** in kleur gedrukt katern v.e. krant of tijdschrift **kleurklem** apparaatje ter voorkoming van winkeldiefstal dat bij verwijdering onuitwisbare kleur verspreidt **kleurkrijt** gekleurd krijt **kleurling** afstammeling v.e. blanke en niet-blanke **kleurloos** *bn* zonder kleur; zonder glans; zonder karakter; zonder politieke mening **kleurmiddel** middel om te kleuren **kleurpotlood** gekleurd potlood **kleurrijk** *bn* rijk aan kleuren **kleursel** *o* [-s] middel om te kleuren **kleurshampoo** ‹sh=sj› shampoo met lichte verfbehandeling **kleurspoeling** spoeling met kleurstof voor het haar **kleurstof** *v(m)* kleurgevende stof **kleurversteviger** *m* [-s] middel om het hoofdhaar enigszins te kleuren
kleuter *m* [-s] kind tussen zuigelingen- en schoolleeftijd **kleuteronderwijs** onderwijs aan kleuters
kleven plakken; *(spot.)* een tegenstander van vlakbij constant in de gaten houden **kleverig** *bn* plakkerig
kliederboel morsboel **kliederen** morsen **kliederig** *bn* nat-morsig
kliek *v(m)* gesloten groep; etensrest **kliekgeest** neiging om een kliek te vormen **kliekjesdag** dag waarop men kliekjes eet
klier *v(m)* orgaan dat vocht uit het bloed afscheidt; *(scheldn.)* mispunt; *(mv)* aandoening der halsklieren **klierachtig** *bn* met gezwollen klieren **klieren** zich onuitstaanbaar gedragen **klierig** *bn* treiterig
klieven *(plecht.)* vaneenscheiden
klif *o* [-fen] *(plecht.)* steilte
klik *m* [-ken] kort en plotseling afgebroken i-achtig geluid; voorslag v.e. klok; onderstuk v.e. geweerkolf; achterstuk v.h. roer **klikken** een klik laten horen; verklappen; *(comp.)* de muisknop indrukken; met elkaar overweg kunnen **klikker** *m* [-s] klikspaan **klikklakken** het geluid klikklak voortbrengen
kliko *m* [-'s] afvalcontainer **klikspaan** *v(m)* [-spanen] wie pleegt te klikken
klim I *m* het klimmen II *o* klimop
klimaat' *o* [-maten] gemiddelde weersgesteldheid **klimaat'kast** kast waarin een vaste temperatuur wordt bewaard **klimaat'koepel** bep. leefruimte met klimaatregulering **klimatologie'** *v* klimaatleer **klimatolo'gisch** *bn & bw* op het klimaat betrekking hebbend; volgens de klimatologie
klimijzer ijzer om mee te klimmen **klimmen** [klom, geklommen] klauteren; rijzen, stijgen; *(fig.)* toenemen; *(herald.)* zich op achterpoten heffen **klimmer** I *m* [-s] wie klimt of kan klimmen II *v(m)* klimplant, klimop **klimmuur** muur met uitsteeksels om te oefenen in het klimmen **klimop'** *m/o* groenblijvende klimplant met hechtworteltjes, Lat. Hedera helix **klimpartij** geklim **klimplant** tegen iets omhoog klimmende plant **klimrek** rek voor gymnastiekoefeningen; speeltoestel voor kinderen **klimroos** *zie* **klimplant**; **klimspoor** *v(m)* [-sporen] klimijzer **klimvis** klautervis **klimvoet** vogelpoot met twee tenen naar voren en twee naar achteren **klimvogel** vogel met klimvoeten
kling *v(m)* lemmet; kaal duin; *over de ~ jagen*, neerhouwen
klingel *m* [-s] bel **klingelen** herhaald licht klinken
kliniek' *v* geneeskundig onderricht op patiënten; inrichting voor geneeskundige behandeling **klinisch** *bn & bw* op een kliniek of bedlegerige zieken betrekking hebbend; kil
klink I *v(m)* vallend sluitijzer; ring of kruk waarmee men dit vallend sluitijzer oplicht; pal II *m* inklinking **klinkdicht** sonnet **klinken** [klonk, geklonken] geluid geven; een indruk geven; tegen iemands glas aanstoten; tegen elkaar slaan om de gaafheid te onderzoeken; vastsmeden inz. door uitstekende punten vlak te slaan; met klinknagels vastmaken; door indroging compact worden; *~de munt*, contanten; *~de*

K

namen, indrukwekkende namen
klinker *m* [-s] harde baksteen; *(taalk.)* klank waarbij de lucht ongehinderd naar buiten stroomt **klinkerweg** beklinkerde weg
klinket' *o* [-ten] kleine deur in grote; schuif in sluitdeur, loket
klinkhamer hamer om mee te klinken **klinkklaar** *bn* zuiver **klinkklank** holle frasen **klinknagel** bout om mee te klinken
klip *v(m)* [-pen] rots in zee; oorzaak van ondergang; moeilijkheid; *tegen de klippen op*, onbeschaamd **klipgeit** gems
klipper *m* [-s] lang schip met drie masten
klipvis gedroogde kabeljauw **klipzout** steenzout
klis *v(m)* (knop van) kliskruid; verwarde knoop **klissen** in de war zitten **klis(sen)kruid** samengesteldbloemige plant met paarse stekelige bloemhoofdjes v.h. geslacht Lappa
klisteer' *v* [-teren] lavement **klisteer'spuit** lavementspuit **klister** *m* [-s] bijbol, bolknop **kliste'ren** een lavement zetten
klit *v(m)* [-ten] klis **klitten** als klitten aan elkaar kleven; dooreengeward zitten **klittenband** als klitten sluitend band

K

KLM Koninklijke Luchtvaart Maatschappij
klodder *m* [-s] brijachtig klompje **klodderaar** *m* [-s] knoeier **klodderen** knoeien
kloek I *v* klokhen **II** *bn & bw* fors, flink; moedig; *~ en gezond*, gezond **kloekmoe'dig** *bn & bw* dapper
kloet *m* kluit; schippersboom; zijhout aan springstok of vaarboom **kloeten** bomen
kloffie *o* [-s] kostuum
klojo *m* [-'s] onnozel iem.
klok *v(m)* [-ken] uurwerk; grote bel; stolp; klokbloem; *de grote ~ luiden*, luidruchtig bekendheid geven; *aan de (grote) ~ hangen*, rondvertellen; *de ~ hebben horen luiden maar niet weten waar de klepel hangt*, wel iets maar niet het fijne weten **klokbeker** klokvormige prehistorische beker **klokbekercultuur** door klokbekers gekenmerkte cultuur **klok-en-ha'merspel** bep. gezelschapsspel; *(pop.)* mannelijke geslachtsdelen **klokhen** hen die broedt of kuikens heeft **klokhuis** deel v. appel of peer waar zich de zaden bevinden **klokken** hoorbaar slikken; een klokvorm hebben; bij wedstrijden tijden opnemen; bij prikklok op werk inchecken **klokkengalg** *v(m)* klokkenstoel **klokkengieter** *m* [-s] wie klokken giet **klokkenhuis** deel v.d. toren waar de klokken hangen **klokkenist'** beiaardier **klokkenluider** *m* [-s] wie een klok luidt; *(fig.)* wie een misstand in een organisatie rapporteert **klokkenreep**, **klokreep** klokkentouw **klokkenspel** *o* [-len] verzameling klokken waarop muziek voortgebracht wordt; *(pop.)* mannelijke geslachtsdelen **klokkenstoel** stellage voor de torenklok **klokkentoren** toren met klok **klokkentouw** touw waarmee klok geluid wordt **klokluider** klokkenluider **klokradio** radio met klok **klokrok** klokvormige rok **kloksignaal** sein met een klok **klokslag I** *m* slaan v.e. klok **II** *bw* precies om **klokslot** fietsslot met wijzerplaten **klokspijs** metaalmengsel waarvan klokken gegoten worden; lichte kost
klokuur uur van 60 minuten **klokzeel** klokkentouw; *aan het ~ hangen*, rondvertellen
klomp *m* plomp stuk, klont; houten schoen; *nu breekt mijn ~*, ik sta stomverbaasd **klompendans** dans op klompen **klompenmakerij'** *v* het maken van klompen; werkplaats v.d. klompenmaker **klomphoogte** *vorst op ~*, vorst aan de grond **klompschoen** schoen met houten zool, er als een klomp uitziende schoen **klompspijker** spijker met brede kop **klompvoet** (iem. met) horrelvoet
klonen, klone'ren een kloon vormen **klonisch** *~e kramp*, kramp met elkaar snel afwisselende bewegingen
klont *m/v* kluit **klonter** *m* [-s] gestolde brok **klonterachtig** *bn* klonterig **klonteren** *z* klonters worden **klonterig** *bn* met klonters; klonters vormend **klontje** *o* kleine klont; brokje kandij; *zo klaar als een ~*, overduidelijk
kloof *v(m)* [kloven] spleet; verwijdering, afstand **kloofhamer** moker om een wig in te drijven **kloofhout** hout om te kloven; gekloofd hout **kloofwig** wig om hout te doen splijten
klooien *(pop.)* vervelend doen
kloon *m* [klonen] door ongeslachtelijke deling uit een cel ontstaan wezen of nakomelingschap
klooster *o* [-s] huis voor reguliere geestelijken; *naar het ~ gaan* of *in het ~ treden*, kloosterling worden **kloosterbroeder** religieus die geen priesterwijding ontvangt **kloostergang** overdekte gang rond de binnenhof v.e. klooster **kloostergelofte** gelofte van iem. als kloosterling **kloostergewaad** speciaal gewaad v. kloosterling **kloosterlijk** *bn* van of in klooster **kloosterling** *m-v* lid v. kloosterorde **kloostermop** bep. baksteen **kloosterorde** orde v. kloosterlingen **kloosterregel** voorschriften in een klooster **kloosterschool** aan een klooster verbonden school **kloostertucht** tucht in een klooster **kloosterwezen** wat op kloosters betrekking heeft **kloosterzuster** religieuze zuster
kloot *m* [kloten] bol; zaadbal; *(pop.)* vervelende kerel; *als eerste deel v.e. ss als scheldn. met een zn*: weinig waard, vervelend **kloothommel** *(pop.)* klootzak **klootjesvolk** *(pop.)* armoedigste soort mensen **klootzak** vervelende kerel
klop *m* [-pen] doffe tik; slag; in een munt geslagen merk; slaag; verlies; *de ~ is er op*, ze is al 28 jaar **klopboor** boor die kloppend en draaiend beweegt **klopgeest** zich door kloppen kenbaar makende geest **klophamer** hamer voor regelmatige slagen **klopjacht** grote drijfjacht **klopje** *o* [-s] *(gesch.)* begijntje **kloppartij** vechtpartij **kloppen** doffe tikken geven, op de deur

tikken; (v.e. ader) slaan; (v.h. hart) slaan; doen verliezen; klutsen; een klop geven; overeenstemmen, uitkomen; verbrijzelen; *geld uit de zak ~*, veel laten betalen; *wachtjes ~*, *(mil.)* wachtdienst verrichten **klopper** *m* [-s] wie klopt; werktuig waarmee men klopt **kloptor** insect waarvan de larve al kloppend gaten in hout boort

kloris [-sen] *(scherts.)* vrijer; sukkel

klos *m/v* [-sen] rond stuk hout; spoel; *(fam.) de ~*, de dupe **kloskant** gekloste kant **klossen** plomp lopen; op een klos winden; met klossen vervaardigen

klote *(vulg.) bw* beroerd; *als eerste deel in ss*: beroerd **kloterig**, **klotig** *bn* onhandig; onnozel; ellendig

klotsen botsen, slaan

klove *v(m)* [-n] kloof **kloven** splijten

KLOZ Kontaktorgaan Landelijke Organisaties Ziektekostenverzekeraars

klucht *v(m)* klein blijspel; grap **kluchtig** *bn & bw* koddig **kluchtspel** klucht

kluif I *m* het kluiven, zwaar werk II *v(m)* [-ven] klauw; been met vlees eraan

kluis *v(m)* [-zen] eenzame woning; brandvrij vertrek; kluisgat **kluisgat** opening voor ankerketting; *(mv fig.)* ogen; *door het ~ aan boord komen*, alle rangen doorlopen

kluister *v(m)* [-s] boei **kluisteren** boeien

kluit *m/v* bonk; *uit de ~en gewassen*, flink gegroeid **kluitje** *o* stukje; *met een ~ in het riet sturen*, afschepen

kluiven [kloof, gekloven] vlees v.e. been afknagen; *(fig.) daar is wat aan te ~*, dat is moeilijk **kluiver** *m* [-s] driehoekig zeil aan boegspriet

kluizenaar *m* [-s, -aren] bewoner v. kluis; *(fig.)* eenzelvig levend iem. **kluizenaarsleven** leven v. kluizenaar; eenzelvig leven

klunen waar het ijs slecht is met de schaatsen onder over de wal lopen

klungel I *v(m)* [-s] vod, prul II *m-v* [-s] knoeier **klungelen** knoeien, verknoeien **klungelwerk** knoeiwerk

kluns *m-v* [-zen] waardeloos iem.

klus *m* [-sen] karwei; hoeveelheid **klusje** *o* [-s] kleine klus, kliekje **klusjesman**, **klusjesvrouw** man resp. vrouw die allerlei karweitjes opknapt tegen vergoeding **klussen** met kleine karweitjes verdienen; karweitjes verrichten

kluts *v(m)* kleine hoeveelheid; *de ~ kwijt*, in de war **klutsen** (eieren) kloppen

kluut *m* [kluten] hoogpotige waadvogel, Lat. Recurvirostra avocetta

kluwen *o* [-s] opgewonden bol

klysma ‹y=i› *o* [-'s] lavement

km kilometer

KM Keizerlijke of Koninklijke Majesteit; Koninklijke Marine

KMA Koninklijke Militaire Academie

knaagdier zoogdier met aangroeiende snijtanden

knaak *v(m)* [knaken] *(barg.)* rijksdaalder

knaap *m* [knapen] jongen; kerel; groot exemplaar; klerenstander

knaapje kleerhanger

knabbelen stukjes afbijten

KNAC Koninklijke Nederlandse Automobielclub

knäckebröd *o* knappend dun Zweeds brood

knagelijn'tje *o* [-s] *(in kinderverhalen)* muis **knagen** langzaam afbijten; aanhoudend pijn doen

knak I *m* [-ken] breuk; geluid bij breuk; schade; sigaar met knakmodel II *bn* gekrenkt **knakken** *h/z* een knak laten horen; met een knak breken; breken **knakker** *m* [-s] rare vent **knakworst** dunne worst (met insnoeringen)

knal I *m* [-len] ontploffingsgeluid II *bw* reuze; *als eerste deel van ss*: reuze-, schreeuwend **knaldemper** [-s] knalpot **knaleffect** goedkoop effect **knalgas** ontplofbaar gasmengsel van waterstof en zuurstof **knallen** *h* een knal geven; schieten **knaller** *m* [-s] iets dat knalt; zeer groot succes **knalpot** motoronderdeel dat het geluid v.d. afgewerkte gassen dempt

knap I *m* [-pen] geluid v.e. knappend of brekend voorwerp II *bn & bw* mooi; bekwaam, geleerd; netjes; nogal **knaphan'dig** *bn & bw* behendig, handig **knappen** *h/z* een knap of knappen laten horen, met een knap barsten; afbreken; verorberen

knapperd *m* [-s] knap iem.

knapperen herhaald knappen

knapzak etenszak

knar *m* [-ren] boomstronk; oud iem. of iets; *(volkst.)* hoofd

knarsen sterk schurend geluid doen horen **knarsetanden** [knarsetandde, geknarsetand] met de tanden knarsen

KNAU Koninklijke Nederlandse Atletiekunie

knauw *m* harde beet; beschadiging **knauwen** kauwen, voortdurend krachtig bijten; schaden

knecht *m* [-en, -s] bediende; dienst doend voorwerp; *de oude ~ blijven*, niet vóór of achteruitgaan **knechten** onderwerpen, onderdrukken

kneden knijpend of drukkend bewerken **kneedbaar** *bn* te kneden; te beïnvloeden **kneedbom** bom van kneedbare springstof

kneep *v(m)* [knepen] neep, plooi; kunstgreep, streek; *daar zit ('m) de ~*, dat is de truc, dat is de moeilijkheid

knel I *v(m)* verlegenheid II *bn* bekneld **knellen** klemmen, pijnlijk drukken; benauwen **knelpunt** *(fig.)* plaats waar de moeilijkheid zit

knerpen krakend knarsen **knersen** knarsen

knetter *bn (pop.)* gek **knetteren** scherpe knappende geluiden laten horen **knettergek** *bn* stapelgek

kneu *v(m)* zangvogeltje met rood voorhoofd en witte borst, Lat. Carduelis cannabina

kneukel *m* [-s] knokkel, vingergewricht

kneus *m* [-zen] gekneusde plek; gekneusd ei; mislukt iem.

kneuter *m* [-s] mopperaar; kneu **kneuteren** neuriën; knorren; gezellig praten

kneuterig *bn & bw* gezellig; knorrig

kneuzen drukkend kwetsen **kneuzing** *v* het kneuzen; gekneusde plek

knevel *m* [-s] snor; spanstok, dwarshout, sluithoutje; mondprop **knevelaar** *m* [-s] wie knevelt **knevelarij'** *v* afpersing **knevelen** vastbinden, afbinden; afpersen

knibbelen haarkloven, afdingen

knickerbocker ‹kn=n› *m* [-s] kniebroek met dicht te strikken pijpen

knie *v(m)* [-ën] gewricht tussen boven- en onderbeen; bocht; zwaar kromhout; *onder de ~ hebben*, beheersen; *over de ~ leggen*, voor de broek geven; *een ~tje geven*, een duw met de knie geven **knieband** band om de knie; band waarmee gekniepoot wordt **knieboog** knieholte **kniebroek** korte broek **kniekous** kous tot de knie; kous om de knie

knielbank bank waar men op knielt **knielbus** bus die ver door de wielen kan zakken om gemakkelijk te laten instappen **knielen** op de knieën (gaan) zitten **knielkussen** kussen om op te knielen

knier *v(m)* scharnier

knieschijf rond beentje vóór op kniegewricht

kniesoor *m-v* [-oren] wie kniest

kniestuk *o* steunbalk; deel v. harnas voor de knie; portret tot aan de knieën **knietje** *o* *(sp.)* geblesseerde knie; stoot met de knie; h. buigen v.d. knie om een steunpunt te geven **knieval** voetval

kniezen kleinhartig treuren **kniez(er)ig** *bn & bw* gemelijk **kniezerij'** *v* geknies

knijp **I** *v(m)* kroeg; knel **II** *bn ook fig.*: in de knel **knijpen** [kneep, geknepen] fel klemmend drukken; afzetten; afpersen; *(sp.) gez. v.e. aan de zijkant spelende verdediger*: naar het centrum v.h. veld lopen; *hem ~*, bang zijn; *de kat in het donker ~*, schijnheilig handelen **knijper** *m* [-s] wie knijpt; klemmetje; knijpbril; schaar v.e. kreeft **knijperig** *bn* gierig, inhalig; bekrompen **knijpkat** licht met handdynamo **knijptang** nijptang

knik *m* [-ken] knap; scherpe bocht; snelle buiging v.h. hoofd **knikkebenen** [knikkebeende, geknikkebeend] met knikkende knieën lopen **knikkebollen** [knikkebolde, geknikkebold] het hoofd gedurig laten voorovervallen **knikken** (door)buigen; knakken; een knik geven, met een knik groeten of toestemmen

knikker *m* [-s] hard rond balletje; *(fam.)* hoofd; *aan de ~*, aan de hand **knikkeren** met knikkers spelen; *(fig.)* gooien, duwen

KNIL Koninklijk Nederlands-Indisch Leger

knip **I** *m* [-pen] knippen; *geen ~ voor de neus waard*, niets waard **II** *v(m)* [-pen] val, vogelklem; grendeltje; knipbeugel; verdachte kroeg; *de hand op de ~*, de portemonnee dicht **III** *o* knipbrood **knipbeugel** metalen randstuk met dichtknippend slot **knipbeurs** beurs met knipbeugel **knipbrood** langwerpig brood met gleuf **knipkaart** abonnementskaart die telkens geknipt moet worden **knipmes** zakmes; *buigen als een ~*, diep buigen **knipogen** knipoogjes geven **knipoogje** wenk door oog te sluiten en weer te openen **knippen** met een schaar snijden, met de schaar de juiste vorm geven; met een knip raken of doen wegvliegen; (in een knip) vangen; snel sluiten en openen

knipperbol knipperlicht in bol **knipperen** herhaaldelijk snel knippen **knipperlicht** knipperend licht

knipplaat patroon voor het knippen **knipsel** *o* [-s] afval bij het knippen; uitgeknipt iets **knipselkrant** montage van knipsels uit de pers **kniptor** langwerpige knipgeluid makende kever v.d. familie der Elateridae

knisteren licht knetteren of ritselen

knittelvers *o* dilettantenvers, onregelmatig vers

knix *m* buiging met lichte kniebuiging

KNMG Koninklijke Nederlandsche Maatschappij ter bevordering der Geneeskunst

KNMI Koninklijk Nederlands Meteorologisch Instituut

KNMP Koninklijke Nederlandse Maatschappij ter bevordering der Pharmacie

KNO keel-, neus- en oorheelkunde

kno'-arts arts voor keel-, neus- en oorziekten

knobbel *m* [-s] bobbel; bijzondere aanleg voor iets bepaalds **knobbelig** *bn* met knobbels **knobbeljicht** met knobbels gepaard gaande jicht

knock-out' ‹nok-out› bewusteloos geslagen *(bij boksen)*; verslagen

knoedel *m* [-s] deegbal; knot

knoei *m* vieze rommel; verlegenheid **knoeiboel** rommel; slecht werk; zwendel **knoeien** morsen; slordig werken; bedrieglijk handelen **knoeierij'** *v* het knoeien

knoeper(d) *m* [-s] *(pop.)* kanjer

knoer(t) *als eerste element in bep. ss met bijvoeglijke naamwoorden in de bet.*: zeer; *bn* geweldig; zeer leuk

knoest *m* kwast, uitwas **knoest(er)ig** *bn* vol knoesten

knoet *m* karwats, op achterhoofd gebundeld haar

knoflook *o/m* uiachtige plant met scherpe geur, Lat. Allium sativum

knokig *bn* met stevige knoken

knokkel, kneukel *m* [-s] vingergewricht

knokken *(pop.)* vechten **knokpartij** vechtpartij **knokploeg** *v(m)* [-en] afdeling van groep of partij die de tegenstanders te lijf moet gaan

knol *m* [-len] dik ondergronds stengeldeel; raap; *(fam.)* paard; ouderwets horloge; gat in de kous **knollentuin** *in zijn ~*, blij **knolraap** *v(m)* raap **knolselderie** selderie met verdikte wortel **knolzwam** bep. paddestoel met knolvormige voet

knook *m/v* [knoken] bot, been

knoop *m* [knopen] voorwerp dat in een spleet kleren kan doen sluiten; toegehaalde strik; vloek; verdikking v.d. stengel bij een blad; verwikkeling;

snelheidsmaat op zee; rustpunt tussen golfberg en golfdal; *(zegsw.)* moeilijkheid; *van de blauwe ~*, afschaffer, geheelonthouder; *in de ~*, in de war; *achter de knopen hebben*, op hebben; *de ~ doorhakken*, in een moeilijk geval beslissen **knooppunt** verenigingspunt; verkeersknooppunt **knoopsgat** spleet voor knoop **knoopsluiting** sluiting met knopen

knop *m* [-pen] rond lichaam als uitsteeksel; beginsel van blad of bloem; *(pop.)* tepel; *naar de knoppen*, kapot, geheel bedorven **knopen** met een knoop vastmaken, met knopen ineenvlechten; *aan elkaar ~*, verbinden **knopendraaier** *m* [-s] wie knopen draait; bedrieger **knopenhaak** haakje om knopen door knoopsgaatjes te halen **knopenschaar** plank met openingen om knopen te poetsen

knoppen knoppen krijgen

knor *m* [-ren] knorrend geluid; kraakbeen; knobbel; student die geen lid is v.e. vereniging

knorf *m* [-ven] knoop in stengel

knorhaan *m* [-hanen] knorrend geluid voortbrengende rode zeevis v.h. geslacht Trigla **knorren** grommen **knorrepot** *m* [-ten] knorrig mens **knorrig** *bn* brommig, gemelijk

knot *v(m)* [-ten] kluwen

knots I *v(m)* breed uitlopende stok; *(plat)* mannelijk geslachtsdeel; *een ~ van een*, een geweldig grote **II** *bn & bw (fam.)* zot; *als eerste element in bep. ss met bijvoeglijke naamwoorden in de bet.*: zeer **knotszwaaien** [alleen onbep.wijs] met knotsen zwaaien als gymnastiek

knotten de top eraf slaan, fnuiken; tot een knot ineendraaien **knotwilg** lage waterwilg

knowhow' ‹noohouw› *m* praktische kennis

KNSB Koninklijke Nederlandse Schaakbond; Koninklijke Nederlandse Schaatsenrijdersbond

knudde *(pop.)* geknoei; niets gedaan

knuffel *m* [-s] liefkozing; wie graag knuffeltof geknuffeld wordt; speelgoedbeest **knuffeldier** speelgoeddier v. zacht materiaal; wie graag knuffelt of geknuffeld wordt **knuffelen** liefkozend beetpakken

knuist *m/v* vuist

knul [-len] lummel, jonge vent **knullig** *bn & bw* sullig

knuppel *m* [-s] dikke stok; knul; *een ~ in het hoenderhok gooien*, opschudding veroorzaken **knuppelen** met een knuppel slaan

knurft *m (scheldn.)* sufferd

knus, knussig *bn & bw* gezellig

knutselaar *m* [-s] wie knutselt **knutselen** kleine dingen zelf maken **knutselwerk** werk dat geduld eist

knuttel *m* [-s] bos uit de hand gedraaid touw

knutterig *bn & bw* knus

KNVB Koninklijke Nederlandse Voetbalbond

KNWU Koninklijke Nederlandse Wielrijdersunie

k.o. knock-out

koa'la *m* [-'s] op beer lijkend buideldier uit Australië

kobalt' *o* met Co aangeduid blauwgrijs metaal **kobalt'blauw** *o & bn* ultramarijn **kobalt'bom** *v(m)* [-men] apparaat voor bestraling met kobalt **kobalt'erts** kobalt bevattend erts

ko'bold *m* [-en, -s] aardmannetje

kodak'ske *o (Belgned.)* kiekje

koddebeier *m* [-s] bos- of veldwachter

koddig *bn & bw* kluchtig

koe *v* [-ien] wijfjesrund; *de ~ bij de hoorns pakken*, de moeilijkheden niet ontwijken; *oude koeien uit de sloot halen*, oprakelen wat lang geleden gebeurd is; *over koetjes en kalfjes*, over gewone dingen; *veel koeien, veel moeien*, veel bezit geeft veel zorg; *men noemt geen ~ bont, of er is een vlekje aan*, van een gerucht is altijd wel iets waar; *koeien met gouden hoorns beloven*, onwaarschijnlijke rijkdommen voorspiegelen; *koeien van*, zeer grote **koebrug** ladingsbrug voor vee **koedoe** *m* [-s] antilope met grote hoorns **koehandel** *(ong.)* politieke afspraak waarbij men sommige dingen toegeeft om andere te winnen **koeiendrijver** *m* [-s] wie koeien voortdrijft **koeienkop** kop v. koe **koeienletter** grote letter **koeienogen** *mv* grote ogen **koeienvlaai** uitwerpselen v.e. koe

koeione'ren treiteren; voortdurend bevelen

koek *m* speciaal lekker gebak; aan elkaar gekookte massa; praatjes; *voor zoete ~ opeten*, zich laten welgevallen; *gesneden ~*, zeer gemakkelijk; *~ en ei*, volmaakte vriendschap; *oude ~*, *(min.)* oude wijsheid; *een ~je van eigen deeg*, iets wat uit iemands eigen koker komt

koekalf *o* [-veren] wijfjeskalf

koekbakker koekenbakker **koekdenken** het nationaal inkomen gelijkmatig willen verdelen

koekeloe'ren werkeloos zitten kijken

koekenbakker bakker v. koeken; rare snuiter **koekenpan** *v(m)* bakpan **koek-en-zo'pie** *o* [-s] kraam met versnaperingen voor schaatsers

koekoek *m* naar zijn roep genoemde trekvogel, Lat. Cuculus canorus; uitstekend dakvenster; luik voor licht; *~ één zang*, steeds hetzelfde; *dank (of haal) je de ~*, mij niet gezien **koekoeksbloem** muurachtige plant met roze bloemen **koekoeksjong** jong v. koekoek; wie zich ten koste v.e. ander ontwikkelt **koekoeksklok** klok die met het geluid v. koekoek slaat **koekoeksspog** schuimklodder aan plant

koekplank plank met koekfiguren

koel *bn & bw* fris; onhartelijk; bedaard; *als eerste deel v.e. ss*: waarin gekoeld wordt **koelbak** bak om te koelen of koel te houden **koelbloe'dig** *bn* kalm, onaangedaan **koelbox** koelbak **koelcel** kleine koelkamer **koelelement** houder met koelvloeistof **koelen** koel maken;

bevredigen **koelhuis** inrichting om iets koel te bewaren **koelhuisboter** boter die in koelhuis bewaard is

koelie *m* [-s] Ind. gehuurde sjouwer **koeliedienst** slafelijke dienst

koeling *v* het koelen; koelruimte; bep. worstelgreep

koelkamer *zie* **koelhuis**; **koelkast** *zie* **koelhuis**; **koelkelder** *zie* **koelhuis**; **koeltas** tas v. isolerend materiaal om drank koel te houden **koelte** *v* frisheid; frisse plaats; wind **koeltechnicus** specialist in de koeltechniek **koeltechniek** *v* wijze van koelen **koeltje** *o* lichte frisse wind **koel-vries'combinatie** apparaat voor het koelen en diepvriezen of diepgevroren bewaren v. voedsel

koen *bn & bw* dapper

koepel *m* [-s] enigsz. rond dak; huisje met zulk een dak; draaibare overkoepeling voor geschut **koepeldak** koepel **koepelgewelf** half-bolvormig gewelf **koepelgraf** graf met koepeldak **koepelkerk** kerk met koepel **koepelorganisatie** overkoepelende organisatie

koepok *v(m)* pok bij een koe **koepokinenting** inenting met koepokstof

K

koeren dof kirren

koerier' *m* [-s] ijlbode **koeriers'dienst** dienst voor het bezorgen van brieven of pakketten **koerier'ster** *v* [-s] vr. koerier

koers I *v(m)* snelheidswedstrijd **II** *m* looprichting; beursprijs van geld en effecten **koersen** zijn koers nemen; klaarspelen; ramen; aan een wielerwedstrijd deelnemen **koersnotering** vastgestelde koers **koersrekening** berekening naar de koers v.d. dag **koersverschil** *o* verschil tussen de hoogste en de laagste koers **koerswaarde** waarde volgens de geldende koers **koers-winst'verhouding** prijs v.e. aandeel gedeeld door de nettowinst

koeskoes, **couscous** ‹koeskoes› *m* klimmend buideldier uit de tropen, Lat. Phalangista **II** *v(m)* [gmv] Noord-Afrikaans gerecht van gierst en vlees en groente

koest I *tw* stil **II** *bn* rustig

koestal stal voor koeien

koesteren verwarmen; voeden; vol liefde verzorgen

koet *m* zwemvogel v.h. geslacht Uria

koeteren kromspreken **koeterwaals I** *bn* onverstaanbaar **II** *o* kromtaal **koeterwalen** koeterwaals spreken

koets *v(m)* bed; rijtuig; *uit de ~ vallen*, ontnuchterd worden **koetshuis** *o* bergplaats v.e. koets **koetsier'** *m* [-s] voerman v.e. koets **koetswerk** gedeelte v.e. voertuig boven de wielen

koevoet *m* hefijzer

koffer *m* [-s] reiskist, valies; *(pop.)* bed; *(pop.)* geslachtsorgaan v.d. vrouw **kofferbak** bagageruimte v.e. auto **kofferbakverkoop** verkoop op een parkeerplaats vanuit een auto **kofferen** *(pop.)* geslachtsgemeenschap hebben **koffergrammofoon** grammofoon in koffer **kofferwoord** uit delen van twee of meer woorden samengesteld woord

koffie *m* van gebrande bonen getrokken genotmiddel; die bonen zelf; *op de ~ komen*, slecht terecht komen; *geen zuivere ~*, niet te vertrouwen **koffiebaal** baal voor verzending van koffie; baal met koffie **koffieboom** boom die koffie oplevert **koffieboon** *v(m)* [-bonen] zaad van koffieboom; *(pop.)* vrouwelijk geslachtsdeel **koffiebrander** *m* [-s] wie koffie roostert **koffiebranderij'** *v* inrichting waar koffie geroosterd wordt **koffiebroodje** *o* zoet krentenbroodje met glazuur **koffieconcert** concert in de voormiddag **koffiecreamer** ‹ea=ie› *m* [-s] melkpoeder voor gebruik in koffie **koffiedik** *o* koffiebezinksel; *(ong.) zo helder als ~*, duister; *~ kijken*, de toekomst voorspellen **koffiedrinken** koffie drinken, lunchen **koffie-extract** zeer sterke koffie waarbij warm water wordt gegoten **koffiekamer** foyer **koffieleut** wie graag koffie drinkt **koffiemolen** werktuig om koffie te malen **koffiepauze** rustpoos om koffie te drinken **koffiepraatje** gezellig praatje **koffieshop** ‹sh=sj› *m* [-s] gelegenheid waar men koffie kan drinken; gelegenheid waar (soft)drugs gekocht en gebruikt kunnen worden **koffiestroop** gebrande stroop als koffiesurrogaat **koffietafel** maaltijd met koffie; het koffiedrinken **koffie-uur** vast tijdstip waarop men koffie drinkt

kofschip *(gesch.)* rond gebouwde tweemaster; hulpmiddel voor het vaststellen v.d. schrijfwijze van werkwoordsvormen

kogel *m* [-s] bal; projectiel; *de ~ is door de kerk*, de beslissing is genomen **kogelbiefstuk** biefstuk v.d. dijspier v.e. rund **kogelen** hard gooien **kogelgewricht** gewricht met één bolrond uiteinde **kogellager**, **kogelkussen** *o* bus met kogeltjes om een as **kogelpen** ballpoint **kogelrond** *bn* bolrond **kogelslingeren** *o & onbep. wijs* als sport een kogel aan een staaldraad wegslingeren **kogelstoten** *o & onbep. wijs* als sport een kogel wegstoten **kogelvanger** *m* [-s] heuvel rond een schietschijf **kogelvrij** *bn* geen kogels doorlatend

kohier' *o* lijst van aangeslagenen

koine *v(m)* [-'s] algemene omgangstaal

kok *m* [-s] wie kookt; *het zijn niet allen ~s die lange messen dragen*, niet ieder heeft de vaardigheid die hij schijnt te bezitten

kokan'jemast gladgemaakte klimpaal als kermisattractie

kokar'de *v(m)* [-s] strikje met nationale of partijkleuren

koken in verhitte toestand zijn of brengen waarbij overal dampbellen ontstaan; (in kokend water) bereiden; sterk bruisen; inwendig woedend zijn; *iemands bloed kookt*, men is woedend **kokendheet** *bn* zeer heet

koker *m* [-s] doos in een vorm v. rol; *uit iemands koker*, uit iemands brein **kokerrok**

zeer smalle rok
koket' *bn* behaagziek, behaagzucht uitdrukkend; behaaglijk **kokette'ren** trachten te behagen **koketterie'** *v* [-ën] behaagzucht
kokhalzen [kokhalsde, gekokhalsd] dreigen te braken
kokin'je *v(m)* [-s] gesmolten suiker, suikerstroopballetje; dropje in de vorm v.e. half bolletje
kokkel *m* [-s] ondiep levend schelpdier, Lat. Cardium edule **kokkelkorrel** *m* [-s] giftig exotisch zaad
kokker(d) *m* [-s] kanjer
kokkerel'len met bijzondere aandacht koken **kokkin'** *v* [-nen] vr. kok
kokmeeuw meeuw met donkerbruine bovenkop, Lat Larus ridibundus
kokos *v & o* kokosvezel **kokosbast** bolster v.d. kokosnoot **kokosbrood** met kokos bereid beleg **kokosmelk** vocht uit de kokosnoot **kokosnoot** vrucht v.d. kokospalm **kokosolie** olie uit kopra; **kokospalm** palm met grote eetbare schaalvruchten **kokosvezel** vezel rond de kokosbast **kokosvlees** inwendige van kokosnoot
koksjongen, **koksmaat** helper v.d. kok
kol I *m* [-len] kleine witte plek; klaproos; lange lijn om kabeljauw te vangen **II** *v* [-len] heks
kola I *m* [-'s] tropisch gewas, Lat. cola **II** *v(m)* [-'s] zaad ervan **kolanoot** zaad v.d. kola
kolbak *m* [-ken, -s] huzarenberenmuts
kolder *m* [-s] kuras; dolheid v. paarden; dwaasheid **kolderen** kolder krijgen; dwaas doen
kolenbedding kolenlaag **kolenbekken** kolengebied **kolenbrander** [-s] maker van houtskool **kolenbunker** kolenruim **kolendamp** koolmonoxide **kolenschop** schop om kolen te scheppen **kolenvergasser** centrale voor elektriciteitswinning uit steenkool
kolere *zie* **klere**; **koleriek'** *zie* **choleriek**
kolf *v(m)* [-ven] stok voor kolfspel; ondereinde v.e. geweer; dikke aar; uit een bal en een hals bestaand glazen toestel; *de ~ naar de bal werpen*, het opgeven **kolfbaan** baan voor kolfspel **kolfbal** bal voor kolfspel **kolfje** *o* kleine kolf; *een ~ naar zijn hand*, iets wat hem aanstaat **kolfspel** *o* spel met kolf en kolfbal
kolgans gans met witte plek aan de kop, Lat. Anser albifrons
kolibrie *m* [-s] klein Am. sierlijk vogeltje met lange snavel en staart uit de familie der Trochilidae
koliek' *o/v* onderbuikkramp
kolk *m/v* waterdiepte; draaikolk; vijver; ruimte binnen de sluisdeuren **kolkenzuiger** wagen met installatie voor het opzuigen v. afval
kollergang *m* fijnwrijvend werktuig
kolokwint' *m* bittere en voor purgeerdoel gebruikte vrucht v.e. komkommerachtige plant, Lat. Citrullus colocynthis; die plant

kolom' *v(m)* [-men] verticale rij v.e. bladzijde; zuil
kolombijn'tje *o* zacht gebakje
kolom'kachel kachel in de vorm v.e. kolom **kolom'titel** titel boven kolom **kolom'toets** tabulator
kolonel' *m* [-s] hoofdofficier v. hoge rang
koloniaal' I *bn* van of met of betreffende koloniën **II** *m* [-alen] *(gesch.)* Europees soldaat in Indonesië **kolonialis'me** *o* systeem waarbij staten koloniën hebben **kolo'nie** *v* [-s, -niën] volksplanting; overzees gebied; verblijf voor landlopers en bedelaars; koloniehuis; gezamenlijke landslieden in een stad; groep bijeenlevende dieren **kolo'niehuis** vakantieoord voor kinderen **kolonisa'tie** ‹s=z› *v* [-s] het koloniseren **kolonise'ren** volksplantingen stichten **kolonist'** *m* volksplanter; bewoner v.e. kolonie
kolos' *m* [-sen] gevaarte; man van grote betekenis of kracht **kolossaal'** *bn & bw* geweldig
kolven met e. kolf e. balspel spelen
kom *v(m)* [-men] bakje; komvormige diepte; bassin; kleine haven; bebouwde kring
komaan' *tw* welaan **komaf'** *m* afkomst
kombaars' *v(m)* [-baarzen] scheepsdeken, velddeken
kombuis' *v(m)* [-buizen] scheepskeuken, kachel of fornuis a. boord
komediant' *m* veinzer, aansteller **kome'die** *v* [-s] blijspel; schouwburg; vertoning; schijnvertoning **kome'diespel** opvoering v. toneelstuk; geven v. schijnvertoning **kome'diestuk** blijspel
komeet' *v(m)* [-meten] staartster
komen [kwam, gekomen] *z* zich ergens begeven; geraken; worden; naderen; gebeuren; afkomstig zijn; *~ aan*, verkrijgen; *~ te*, in een toestand geraken, toevallig ...; *~ in*, krijgen; *te stade ~*, van pas komen; *om het leven ~*, sterven; *~ achter*, te weten komen; *~ bij*, bezoeken; *er ~*, slagen, rondkomen, toekomen; *~ op*, kosten; *ergens toe ~*, besluiten; *eruit kunnen ~*, tot een oplossing raken; *ergens in ~*, begrijpen; *(zo) ~*, het aangeduide gebaar maken **komend** *bn* volgend; *(econ.)* toekomend
komfoor' *o* [-foren] verwarmingsstel
komiek' I *bn & bw* koddig **II** *m* grappenmaker **komie'keling** komiek
komijn' *m* plant met sterk smakende zaden, Lat. Cuminum cyminum **komij'nekaas** kaas met komijnzaad
Komintern' *m* communistische internationale
komisch *bn & bw* komiek
komkom'mer *v(m)* [-s] langwerpige eetbare vrucht, Lat. Cucumis sativus **komkom'mertijd** slappe tijd in de journalistiek
komma *v(m) of o* [-'s] uit een punt met een aanhangsel bestaand leesteken **kommaneuker** *m-v* [-s] wie overdreven op kleinigheden let **kommapunt'** *v(m)/o* punt

met komma eronder
kommer *m* verdriet; nood; ~ *en kwel*, ellende **kommerlijk** *bn* zorglijk; armoedig **kommervol** *bn* zorgvol
kompas' *o* [-sen] instrument ter bepaling v.d. (magnetische) windstreken, windroos **kompas'beugel** ring waarin het kompas hangt **kompas'roos** windroos **kompas'streek** elk v.d. 32 windstreken v.e. kompas
kompres' **I** *o* [-sen] natte omslag **II** *bn & bw* dicht ineengedrukt
komst *v* het komen; *op* ~, komende
Kon. Koninklijk
kond ~ *doen*, bekendmaken **kondschap** *v* [-pen] bericht
konfij'ten in suiker inleggen
kongeraal *m* [-alen] zeepaling
kongsie *m* [-s] kliek, geheime vereniging
konijn' *o* op een haas lijkend maar gedrongener knaagdier uit het geslacht Oryctolagus; *met de ~en door de tralies kunnen eten*, mager zijn; *bij de ~en af*, meer dan erg **konij'nenberg** kunstmatige heuvel voor tamme konijnen **konij'nenhok** hok voor konijn(en) **konij'nenhol** *o* hol waarin een konijn verblijft **konij'nenvel** huid v. konijn **konij'nenvlees** *o* vlees v. konijn

K

koning *m* als zodanig gekroond vorst; voornaamste stuk v.h. schaakspel; *de ~ te rijk*, zeer gelukkig **koningin'** *v* [-nen] draagster v. koningschap; vrouw v. koning; de eerste; op een na voornaamste stuk v.h. schaakspel; eierlegster van vsch. insectensoorten **koningin-moe'der** moeder v. regerende koning of koningin **Koningin'nedag** verjaardag v. koningin **koningin'nensoep** [v(m)] gebonden kippensoep **koningin-we'duwe** weduwe v.e. koning **koningsarend** grote arend **koningsblauw** kobaltblauw **koningschap** *o* staat v. koning; regeringsvorm met koning **koningschieten** *o & onbep. wijs* boogschieten om de koningstitel **koningsgezind** *bn* vóór de koning **koningsmantel** mantel v.e. koning; prachtige donkere vlinder, Lat. Vanessa antiopa **koningsslang** boa **koningstijger** gestreepte tijger; Bengaalse tijger **koningsvaren** hoge varen, Lat. Osmunda regalis **koningswater** zoutzuur met salpeterzuur **koningszeer** *o* kropgezwel **koninklijk** *bn & bw* als of van of als van een koning; met die eretitel **koninkrijk** rijk met een koning(in)
konkelaar *m* [-s] wie konkelt **konkelarij'** *v* het konkelen **konkelen**, **konkelfoe'zen** [konkelfoesde, gekonkelfoesd] knoeien, intrigeren, kwaadspreken
kont *v(m) (pop.)* zitvlak, gat; *op zijn* ~, kapot; *mopperkont*, wie veel moppert; *de ~ tegen de krib gooien*, weerspannig zijn
konterfei'ten afbeelden **konterfei'tsel** *o* [-s] portret
kontje *o* duwtje tegen iemands zitvlak als steun; kapje v. brood **kontlikker** *m* [-s] *(vulg.)* vleier **kontneuken** [alleen onbep. wijs] *(vulg.)* met de penis in de anus v.d. partner geslachtsgemeenschap hebben **kontzak** achterzak
konvooi' *o* beschermend geleide; schepen onder geleide **konvooie'ren** gewapend begeleiden
kooi *v(m)* afgesloten verblijfplaats voor dieren; slaapplaats; eendenkooi; werkplaats voor vlassers; (mijnwerkers)lift **kooiconstructie** versterkt autodeel waarbinnen de passagiers zitten, **kooien** in een kooi sluiten **kooigevecht** wedstrijdgevecht v. twee mensen in een kooi waarbij bijna alles is toegestaan **kooihouder**, **kooiker** *m* [-s] kooiman, eendenkooihouder
kooikertje *o* langharig wit hondje met bruine vlekken
kooivogel in kooi levende vogel
kook *v(m)* het koken; *aan de* ~, kokend; *van de* ~, van de wijs **kookboek** receptenboek **kookeiland** fornuis midden in de keuken **kookerwten** *mv* erwten die goed koken **kookhitte** hitte waarbij iets kookt **kookkunst** kunst v.h. koken **kooknat** *o* [gmv] vocht waarin iets is gekookt **kookplaat** elektrisch kooktoestel **kookpunt** temperatuur waarbij een vloeistof kookt **kooksel** *o* [-s] *(min.)* het gekookte **kookstel** toestel om te koken **kookwas** was met bijna kokend water
kool *v(m)* [kolen] uit dikke bladeren bestaande groente; uitgebrand hout; onzin; *(mv)* steenkool; *op hete kolen zitten*, zeer ongeduldig zijn; *vurige kool* of *kolen op iemands hoofd stapelen*, iem. door onverdiend vriendschapsvertoon beschamen; *om de* ~, voor de grap; *een ~ stoven*, een poets bakken; *de ~ en de geit willen sparen*, beide partijen tevreden willen stellen; *kolen branden*, hout tot houtskool branden; *met een zwarte ~ getekend*, ongunstig bekend **kooldioxide** *o* gas dat ontstaat door verbranding v. koolstof **kooldruk** methode om praktisch niet verblekende afdrukken te maken; praktisch niet verblekende afdruk **koolhydraat** *o* uit koolstof en zuurstof en waterstof bestaande verbinding **koolmees** zangvogeltje met zwarte kop en geelgrijs lijf, Lat. Parus major **koolmonoxide** *o* zeer vergiftige kolendamp **kooloxide** *zie* **koolmonoxide**; **koolraap**, **koolra'bi** *v(m)* [-'s] raapkool **koolstof** *v(m)* bep. chemisch element **koolteer** uit steenkolen gewonnen teer **kooltekening** tekening in houtskool **koolvis** bep. kabeljauwachtige vis **koolwa'terstof** *v(m) (schei.)* uit koolstof en waterstof opgebouwde verbinding **koolwitje** *o* geelwitte zwartgevlekte vlinder, Lat. Pieris brassicae **koolzaad** om de olie in het zaad gekweekte plant, Lat. Brassicanapus; haar zaad **koolzuur** *o* verbinding v. koolstof en zuurstof **koolzuurhoudend** *bn* koolzuur bevattend **koolzwart** *bn* zeer zwart
koon *v(m)* [konen] wang; viskieuw

koop *m* [kopen] aankoop; het gekochte; kavel; *te ~*, kunnende gekocht worden; *te ~ lopen met*, iedereen doen weten; *op de ~ toe*, bovendien; *wat er in de wereld te ~ is*, hoe de ware aard v.d. wereld is; *iem. een koopje leveren*, iets doen wat iem. onaangenaam is **koopakte** schriftelijk bewijs v. koop **koopavond** avond waarop de winkelsluitingswet kopen in winkels toestaat **koopcontract** koopakte, overeenkomst betreffende koop **koopdag** dag v. veiling **koopgraag** *bn* graag kopend **koophandel** handel **koophuis** huis dat gekocht kan worden of gekocht is **koopje** *o* kleine koop; wat niet duur is; *op een ~*, zo goedkoop mogelijk; *een ~ leveren*, een moeilijkheid bezorgen, beetnemen **koopkracht** het in staat zijn om te kopen **kooplust** zin om te kopen **kooplus'tig** *bn* gaarne kopend **koopman** [-lieden, -lui] handelsman **koopmansbeurs** handelsbeurs **koopmansboek** handelsboek **koopmanschap** *v* handel; goederen **kooppenningen** *mv* koopsom **koopprijs** prijs **koopsom** prijs **koopsompolis** polis als bewijs dat alle premies ineens betaald zijn **koopvaarder** *m* [-s] koopvaardijschip **koopvaardij'** *v* handelsvaart **koopvaardij'kapitein** kapitein v.e. koopvaardijschip **koopvaardij'schip** handelsschip **koopvaardij'vloot** handelsvloot **koopvaart** *v(m)* koopvaardij **koopvrouw** kleinhandelaarster **koopwaar** *v(m)* handelswaar **koopziek** *bn* overdreven graag kopend **koopzucht** *v(m)* overdreven kooplust

koor *o* [koren] verhoogde plaats voor het hoogaltaar; zangkoor; zangers; veelstemmig gezang; *in ~*, uit aller mond **koorbank** kanunnikenbank

koord *o/v(m)* touw, ineengewerkte draden; *de ~en v.d. beurs in handen hebben*, beschikken over het geld **koorddansen** zich bewegen op strak touw of metalen draad **koorddanser** wie koorddansen beoefent

koorde *v(m)* [-n] rechte lijn die twee punten v.e. cirkelomtrek verbindt **koordeveelhoek** veelhoek met alle hoekpunten op dezelfde cirkelomtrek

koordschrift steeds even dik schrift

koorgestoelte *o* [-n, -s] koorbanken **koorheer** kanunnik **koorhemd** kort priesterhemd **koorkap** mantelvormig priesterkleed **koortoon** met een halve toon verhoogde stemming v.d. instrumenten

koorts *v(m)* verhoging v.d. lichaamstemperatuur; hartstocht; *de ~ op het lijf jagen*, hevig doen schrikken **koortsachtig** *bn & bw* koortsig **koortsig** *bn* met koorts; gejaagd **koortsmiddel** middel tegen koorts **koortsthermometer** thermometer voor de lichaamstemperatuur **koortsuitslag** uitslag aan de lippen als gevolg van koorts **koortsvrij** *bn* zonder koorts **koortswerend** *bn* koorts tegenhoudend

koorvenster *o* [-s] venster in koor **koorzang** koorgezang; rei

Koos *o zo ~*, wat ik maar zeggen wou

koosjer, **kousjer**, **kauscher** ⟨koosjer⟩ *bn & bw* in overeenstemming met de joodse spijswetten; *niet ~*, niet pluis

koot *v(m)* [koten] hielbeen; bikkel; lid van vinger of teen

kop *m* [-pen] hoofd; bovenste; *inz. rond deel*: drinkschaal; bekervormig deel v.e. pijp; man v. talent; verstand; liter; mens; krantenopschrift; *~je onder*, geheel te water; *daar is ~ noch staart aan te vinden*, daar is niet wijs uit te worden; *over de ~ gaan*, failliet gaan; *met de ~ tegen de muur lopen*, het onmogelijke willen; *op de ~ tikken*, na veel zoeken krijgen; *de ~ indrukken*, doden, onderdrukken; *op zijn ~ geven*, ervan langs geven; *op zijn ~ zitten*, ervan langs geven, de baas spelen over; *van ~ tot teen*, geheel en al; *op de ~ af*, precies; *een ~je kleiner maken*, onthoofden, klein maken; *op ~*, vooraan; *de ~ nemen*, voorop gaan; *op ~ staan*, bovenaan staan

kopal' *o/m* fossiel barnsteenkleurig hars

kopbal *(sp.)* verplaatsing v.d. bal met het hoofd **kopblad** dagblad dat v.e. ander alleen door de kop verschilt

kope'ke *m* [-n] Rus. munt, een honderdste deel v.e. roebel

kopen [kocht, gekocht] door koop verwerven

koper I *m* [-s] wie koopt **II** *o* geelrood tamelijk week metaal; koperen blaasinstrument; koperwerk; koperen geld **koperblazer** *m* [-s] wie een koperen instrument bespeelt **koperdiepdruk** diepdruk met koperen platen of cilinders **koperdraad** *m (stofn. o & m)* draad v. koper **koperdruk** kopergravure **koperen** *bn* van koper; als van koper; 12½-jarig **kopererts** koper bevattend erts **kopergoud** legering van koper en zink **kopergravure** *v(m)* [-s, -n] gegraveerde koperen plaat; afdruk daarvan **kopergroen I** *o* koperroest; malachiet; kleur als van koperroest **II** *bn* met de kleur van koperroest **koperkleurig** *bn* de kleur hebbende van koper **koperlazuur** *o* blauw kopererts **kopermijn** mijn waaruit kopererts wordt gedolven **koperpletterij** *v* fabriek waar koper geplet wordt **koperpoets** *m* stof om koper te poetsen **koperroest** *o/m* kopergroen **koperrood** *o & bn* (met) de rode kleur van koper **koperslager** [-s] vervaardiger en hersteller van koperen voorwerpen **koperslagerij'** *v* zaak van koperslager

kopersmarkt markt met door kopers bepaalde prijzen

kopervitriool *o/m* kopersulfaat **koperwerk** voorwerpen van koper **koperwiek** *v(m)* lijsterachtige koperkleurig gevlekte vogel, Lat. Turdus iliacus

kopglas *o* [-glazen] laatkop

kopgroep *(sp.)* groep atleten, wielrijders die aan de kop lopen, rijden

kop-hals-romp'boerderij boerderijtype met een verbindend deel tussen het

K

voorgelegen huis en de achterliggende schuur

kopie' *v* [-ën] wat naar iets anders is vervaardigd; afschrift; kopij **kopie'boek** boek waarin wordt gekopieerd **kopieer'boek** kopieboek **kopieer'inkt** inkt voor een kopieerinrichting **kopieer'pers** toestel om te kopiëren **kopië'ren** een kopie maken van; afschrijven; nabootsen **kopiist'** *m* wie een kopie maakt

kopij' *v* handschrift voor de pers; stof om over te schrijven; kopie **kopij'recht** recht om een werk te drukken en uit te geven

kopjeduikelen een koprol maken **kopje-on'der** *bw* helemaal onder water

kopklep klep in de kop v.e. cilinder **koplaag** bovenrand **koplamp** koplicht **koplas'tig** *bn* te zwaar aan de kop **koplicht** lamp aan de voorzijde **koploper** wie voorop loopt *(ook fig.)* **koplozen** *mv* dieren zonder duidelijk te onderscheiden kop

koppel I *m/v* [-s] draagband **II** *o* [-s] paar **koppelaar** *m* [-s] huwelijksmakelaar **koppelaarster** *v* [-s] vrouw die huwelijken of liefdesbetrekkingen tot stand brengt **koppelarij'** *v* het koppelen **koppelbaas** ploegbaas v.e. groep losse arbeiders **koppelen** verbinden; huwelijk doen ontstaan **koppeling** *v* koppelen; verbinding van assen; verbindingsstuk **koppelings-vaak** *in bet.*: voor de koppeling **koppelriem** koppel **koppelstang** stang voor koppeling **koppelteken** verbindingsstreepje **koppelverkoop** verkoop waarbij artikelen alleen in combinatie met andere worden verkocht **koppelwedstrijd** wedstrijd tussen koppels **koppelwerkwoord** *ww* dat onderwerp en predikaat verbindt

K

koppen de bal met het hoofd terugstoten; koppig zijn; koppen zetten; de kop afsnijden

koppensnellen *o* hoofden afslaan en meenemen **koppensneller** *m* [-s] koppensnellend iem.

koppie *~, ~!*, slim!

koppig *bn & bw* eigenzinnig, halsstarrig; (v. wijn) zwaar

koppoter *m* [-s] kindertekening **koppo'tigen** *mv* dieren met armen rond de mond

kopra *v(m)* gedroogd vlees v.d. kokosnoot

koprol buiteling over het hoofd

kops *bn* het kleinste vlak tonend

kopschuw *bn* wantrouwend **kopspiegellamp** gloeilamp met spiegelende laag in de kop **kopspijker** spijker met ronde of vierkante kop **kop-staart'botsing** kettingbotsing **kopstation** station aan het begin v.e. spoorlijn **kopstem** hoge mannenstem die vrouwenstem nabootst **kopstoot** combinatie van bier met andere sterkedrank **kopstuk** *o* leider **koptelefoon** hoofdtelefoon **kopzorg** *v(m)* zware zorg

kor *v(m)* [-ren] korre

koraal' I *o* [-ralen] kerkelijke koorzang; door koraaldiertjes afgescheiden stof **II** *m* [-ralen] koorknaap **III** *v(m)* kraal **koraal'diertjes** *mv* dieren die koraalstof afscheiden **koraal'eiland** eiland v. koraalstof **koraal'muziek** soort kerkmuziek **koraal'rif** rif v. koraal **koraal'rood** *bn* rood als koraal **kora'len** *bn* van koraal; koraalrood **koralijn'** *o* bep. op koraal lijkende stof

koran' ‹a=aa› *m* boek met de openbaringen v. Mohammed

korbeel', karbeel' *m* [-belen, -s] uit de muur vooruitspringende steen tot steun v.e. balk

kordaat' *bn & bw* onverschrokken

kordon' *o* [-s] band, keten van posten

koren *o* graan; *zijn ~(tje) groen eten*, zijn inkomen tevoren verteren; *~ op zijn molen*, in zijn kraam te pas komend; *het ~ van de molen zenden*, klanten wegsturen, zichzelf benadelen **korenaar** het bovenste deel v.e. korenhalm waarin de korrels zitten; korenhalm **korenblauw I** *bn* blauw als de korenbloem **II** *o* de kleur v. korenbloemen **korenbloem** samengesteldbloemige plant met blauwe bloemen, Lat. Centaurea cyanus **korenhalm** stengel v. graan **korenmaat** maat om graan te meten **korenmijt** stapel korenschoven **korenmolen** molen om graan te malen **korenschoof** schoof korenaren **korenwolf** soort hamster

korf *m* [-ven] mand; aalkorf; bijenkorf; *een ~ krijgen*, afgewezen worden; *eten uit de ~ zonder zorg*, zorgeloos kunnen leven **korfbal** *o* balspel waarbij de bal in een korf zonder bodem gegooid wordt **korfballer** *m* [-s] wie korfbal speelt **korffles** fles in matwerk

korhaan mannelijk korhoen **korhen** vr. korhoen **korhoen** hoenderachtige vogel met sterk gewelfde snavel en veren op de poten, Lat. Lyrurus tetrix

korian'der *m* schermbloemige plant met anijsachtig smakend zaad, Lat. Coriandrum sativum; het zaad ervan

korist' *m* koorzanger

kornak' *m* [-s] oppasser v. olifant

kornet' [-ten] *m* aspirant-officier **II** *v(m)* neepjesmuts; kromme hoorn

kornis' *v(m)* [-sen] kroonlijst

kornoel'je *v(m)* [-s] heester v.d. familie Cornaceae met rode zurige steenvruchten **kornoel'jen** *bn* v. kornoeljehout

kornuit' *m* makker

korporaal' *m* [-s] militair boven soldaat **korporaals'strepen** *mv* herkenningsteken van korporaal

korps *o* vereniging; dikte v.e. drukletter

korre, kor *v(m)* [-n] schrobnet

korrel *m* [-s] rondachtig vast lichaampje; decigram; vizierkorrel; *met een ~tje zout*, niet al te letterlijk; *op de ~ nemen*, mikken op **korrelen** *h* aan korrels vallen, tot korrels worden of maken **korrelig** *bn* uit korrels bestaande; met korrels

korren met een kor vissen

korsakovsyndroom geheugendefect door ongezonde levensomstandigheden

korset' *o* [-ten] rijglijf

korst *v(m)* hardere bovenlaag; stuk van zoiets

korstdeeg bladerdeeg **korstig** *bn* met harde korst **korstjes** *mv* op korst gelijkend gebak **korstmos** door in symbiose levende zwammen en algen gevormde plant
kort I *bn & bw* niet lang; beknopt; *korte jacht*, jacht met geweer en staande honden; *~ houden*, (geldelijk) niet veel vrijheid geven; *~ en klein*, kapot; *om ~ te gaan*, in het kort; *te ~ komen*, schade lijden; *te ~ schieten*, niet aan de verwachtingen beantwoorden; *te ~ doen*, benadelen, te weinig geven; *zich te ~ doen*, zelfmoord plegen; *te ~*, te weinig; ontbrekend **II** *o in het ~*, beknopt **kortaan'gebonden** *bn* heetgebakerd **korta'demig** *bn* gauw de adem kwijt **kort'af'** *bw* kortweg **korteaf'standloper, korteafstandsloper** *m* [-s] *(sp.)* wie hardloopt over korte afstanden **kortegolf'** radiogolf v.e. geringe lengte **kortegolf'ontvanger** ontvangtoestel voor korte golven **kortegolf'zender** *m* [-s] zender van korte golven **kortelings** *bw* onlangs **korten** *h/z* korter maken of worden; doorbrengen; aftrekken **kortetermijn'planning** ⟨a=e⟩ planning voor een korte periode; **kort'ha'rig** *bn* met kort haar **kort'heidshal've** *bw* om kort te gaan **korting** *v* aftrek, vermindering **kortingkaart** op korting recht gevend bewijs **kortlopend** *bn* met korte looptijd **kort'om'** *bw* om kort te gaan **kortparkeerder** *m* [-s] wie kort parkeert **kortschaaf** kleine schaaf **kortsluiten** kortsluiting veroorzaken; overeen laten stemmen **kortsluiting** aanraking van positieve en negatieve draden; *(fig.)* tot conflict leidend onbegrip **kortstaarten** de staart korten **kortston'dig** van korte duur
kortswijl *v(m)* scherts
kortverbander *m* [-s] *(mil.)* wie een contract voor korte duur sluit **kortverband'vrijwilliger** wie als militair een contract voor korte tijd sluit **kortvoer** veevoer zonder halmen **kortweg** *bw* eenvoudigweg **kortwieken** [kortwiekte, gekortwiekt] de vleugels korten; *(fig.)* iemands macht beperken **kortzicht'** korte termijn **kortzich'tig** *bn & bw* bijziende; beperkt van blik
koru'na *v(m)* [-'s] kroon *(munt en munteenheid van Tsjechië en Slowakije)*
korund' *m (stofn. o)* van aluminiumoxide gevormd edelgesteente
korven in korven doen
korvet' *v(m)* [-ten] licht klein oorlogsschip inz. ter begeleiding van konvooi
korzelig *bn & bw* lichtgeraakt
kosmisch *bn* de kosmos betreffend, v.d. kosmos **kosmogonie'** *v* leer v.h. ontstaan v.d. wereld **kosmografie'** *v* leer v.d. verschijnselen v.h. heelal **kosmologie'** leer omtrent het heelal **kosmonaut** *m* ruimtevaarder **kosmopoliet'** *m* wereldburger **kosmopoli'tisch** *bn & bw* **kosmopolitis'me** *o* wereldburgerschap **kosmos** *m* [gmv] heelal
kossem *m* [-s] halskwab van rund
kost *m* voedsel; levensonderhoud; *(mv)* uitgaven; *op ~en jagen*, uitgaven bezorgen; *op ~en van ongelijk*, zo dat wie ongelijk heeft betaalt **kostbaar** *bn & bw* duur; veel waard **kostbaarheid** *v* [-heden] het kostbaar zijn; kostbaar voorwerp **kostbaas** *m* [-bazen] bij wie men in de kost is **koste** *ten ~*, tot schade; *ten ~ leggen*, besteden **kostelijk** *bn & bw* heerlijk **kosteloos** *bn & bw* gratis **kosten** te staan komen op **kosten-ba'tenanalyse** ⟨lyse=lieze⟩ analyse v. kosten die gemaakt moeten worden tegenover de geldelijke opbrengst **kostendek'kend** *bn* waarbij de kosten niet hoger zijn dan de inkomsten **kostenplaatje** berekening wat het kost
koster *m* [-s] kerkbewaarder **kosteres'** *v* [-sen] kerkbewaarster **kosterij'** *v* woning v.d. koster
kostganger *m* [-s] wie in de kost is; *Onze-Lieve-Heer heeft rare ~s*, er zijn zonderlinge mensen **kostgeld** geld voor kost en inwoning **kosthuis** huis waar men in de kost is **kostprijs** wat iets de producent kost **kostschool** school waar leerlingen ook eten en overnachten
kostume'ren op ongewone wijze kleden **kostuum'** *o* [-s] pak, klederdracht
kostwinner *m* [-s] wie voor een ander de kost verdient **kostwinning** *v* nering
kot *o* [-ten] krot, hok
kotelet' *v(m)* [-ten] opzij v.d. ruggengraat gesneden vlees
kotsen overgeven **kotsmisselijk** *bn* erg misselijk **kotspak** *(stud.)* niet-officieel kostuum
kotter *m* [-s] eenmaster; werktuig om een gat van binnen te bewerken **kotteren** met een kotter werken
kou *v* koude; *geen ~ aan de lucht*, geen gevaar **koubeitel** beitel om koud ijzer te hakken
koud *bn & bw* niet warm; onverschillig; dood; nauwelijks; *er ~ van worden*, ervan rillen; *~e drukte*, drukte om niets; *~e bakker*, broodhandelaar die zijn brood v.d. fabriek betrekt; *om ~*, dood; *~e oorlog*, voortdurende sterk vijandige houding **koudbloed** *m* koudbloedpaard **koudbloedfokkerij** *v* fokkerij van koudbloedpaarden **koudbloedig** *bn* met niet standvastige lichaamstemperatuur **koudbloedpaard** niet-raspaard **koude** *v* het koud zijn; verkoudheid **koudegolf** toestroming van koude **koudgeperst'** *bn* *gez. van olie*: waarbij de olie of het zaad voor het persen niet verwarmd wordt **koudgreep** handgreep van slecht warmte geleidend materiaal **koudheid** *v* het koud zijn; onverschilligheid **koudijs** kunstmatig gemaakt ijs van -60 °C **koudslachter** [-s] vilder **koud'vuur'** afsterving van weefsels **koudwa'terbad** bad in koud water, ontnuchtering **koudwa'tervrees** angst voor koud water; overdreven angst **koufront** grensgebied van warme en koude lucht **koukleum** *m-v* kouwelijk iem.

K

kous *v(m)* been en voet bedekkend kledingstuk; *met de ~ op de kop*, het verloren hebbend **kousenband** band om kous op te houden **kousenvoet** *op ~en*, op kousen **kousenwinkel** winkel waar kousen verkocht worden **kousje** *o* [-s] kleine kous; hulsje voor gasgloeilicht
kout *m* gezellige praat **kouten** *on ww* gezellig praten **kouter I** *m* [-s] gezellige prater **II** *o* [-s] ploegmes
kouvatten door koude ziek worden **kouwelijk** *bn* kleums, slecht tegen de kou kunnend
kozak' *m* [-ken] lid v. Zuid-Russische volksstam
kozijn' *o* raamwerk v. deur of venster
K.P. knokploeg
kpc duizend parsec
KPN Koninklijke Post Nederland
Kr *(schei.)* krypton
kraag *m* [kragen] hals; halsbekleedsel; omgeslagen jasrand; wat op een kraag lijkt **kraagbeer** beer met witte bef **kraagsteen** *m* [-stenen] korbeel
kraai *v(m)* op een raaf lijkende maar kleinere zangvogel, Lat. Corvus; aanspreker; *de ~en zullen het uitbrengen*, het zal uitkomen **kraaien** het geluid v.e. haan of vreugdegeluid van kinderen voortbrengen **kraaienbek** nijptang met ronde punten **kraaienmars** *de ~ blazen*, sterven **kraaiennest** nest v.e. kraai; uitkijkplaats in de mast **kraaienpoot** puntig ijzeren voorwerp voor het vernielen v. autobanden **kraaienpootjes** *mv* rimpels bij de ooghoek

K

kraak *m* [kraken] gekraak; *(luchtvaart)* ongeval met veel schade; *(barg.)* inbraak **kraakamandel** amandel in de bolster **kraakbeen** veerkrachtig steunweefsel **kraakbenzine** door kraken verkregen benzine **kraakbeweging** groep die zich met kraken bezighoudt **kraakhelder** *bn* zeer schoon **kraakinstallatie** installatie voor het kraken v. aardolie **kraakpand** gekraakt pand **kraakporselein** Chinees fijn porselein **kraakstem** krakende stem **kraakwagen** samenpersende vuilniswagen **kraakwoning** gekraakte woning **kraakzindelijk** *bn & bw* zeer zindelijk
kraal *v(m)* [kralen] bolletje; omsloten ruimte voor vee **kraaloog** oog als een kraal
kraam *v(m)/o* [kramen] verkooptent; bevalling; *in mijn ~ te pas*, van pas; *in de ~*, bevallen **kraambed** bed met pas bevallen vrouw **kraambezoek** bezoek aan kraamvrouw **kraamheer** vader van pasgeborene **kraamvrouw** vrouw die kort geleden moeder werd
kraan I *v(m)* [kranen] tap; sluiter in een leiding; hijswerktuig **II** *m* [kranen] reigerachtige vogel met mooie staartveren, Lat. Grus grus **kraanbalk** balk waarover het anker wordt ingehaald **kraandrijver** *m* [-s] wie een kraan bestuurt **kraantje-lek'** *o* tapperij **kraanvogel** kraan **kraanwagen** wagen met hijstoestel
krab *v(m)* [-ben] krauw; zich zijwaarts voortbewegend schaaldier **krabbe** *v(m)* [-n] krab **krabbel** *v(m)* [-s] kleine krab; haal; onduidelijke letter; schets **krabbelen** krabben; slecht schrijven, slecht schaatsenrijden **krabbelig** *bn & bw* slecht geschreven **krabbeltje** *o* snel geschreven briefje **krabben** iets scherps over een oppervlak naar zich toe halen **krabber** *m* [-s] wie krabt; waarmee men krabt **krabbetje** *o* kleine krab; stukje varkensvlees met been **krabcocktail** ⟨ai=ee⟩ voorgerecht met stukjes gekookte krab **krabpaal** paal om aan te krabben
krach *m* [-s] onverwachts komend bankroet, ineenstorting
kracht *v(m)* sterkte, vermogen, geweld; persoon; aard; *van ~*, geldig **krachtbron** motor; stuwende kracht **krachtcentrale** centrale voor het opwekken v. energie **krachtda'dig** *bn & bw* krachtig **krachteloos** *bn* zonder kracht **krachtens** *vz* uit kracht van, ingevolge **krachtig** *bn & bw* kracht hebbend; met kracht **krachtinstallatie** elektrische centrale **krachtlijn** lijn die de richting v.e. kracht aangeeft **krachtmens** krachtpatser **krachtmeter** dynamometer **krachtpatser** *m* [-s] sterk iem. **krachtsinspanning** *v* het aanwenden van kracht **krachtsport** sport waarbij het op kracht aankomt **krachtterm** sterk affectief woord met bedoeling om te imponeren **krachttoer** kracht vergende prestatie **krachtvoe(de)r** krachtig veevoer
kraf *v(m)* [-fen] karaf
krak *m* [-ken] het kraken; *(fig.)* knak
krakeel' *o* [-kelen] twist **krakeel'zucht** *v(m)* zucht tot krakelen
krakeend soort wilde eend
krake'len twisten
kra'keling *m* koekje in 8-vorm
kraken gekraak laten horen; openbreken; *(van leegstaande gebouwen)* wederrechtelijk gaan wonen in; krakend breken; met kracht masseren; (v.e. fles) drinken; in een recensie afmaken; splitsen van organische verbindingen door hoge temperatuur in eenvoudiger verbindingen; in een vreemd computersysteem inbreken **krakepit** *m* [-ten] wie altijd sukkelt **krakepitten** *ik zal je ~, (scherts.)* ik zal je krijgen **kraker** wie een huis kraakt of gekraakt heeft; wie met kracht masseert
krakkemik'kelig, **krakkemik'kig** *bn & bw* krikkemikkig
krakken met een krak breken
kralen I *bn* van kralen **II** *ww* parelen
kram *v(m)* [-men] U-vormig haakje
kramen in het kraambed liggen; zorgen voor een kraamvrouw
kramer *m* [-s] venter **kramerij'** *v* kramerswaar
krammat *v(m)* [-ten] tegen een dijk vastgemaakte beschermende laag glui of riet
krammen met een kram herstellen
kramp *v(m)* ziekelijke spiersamentrekking **krampach'tig** *bn & bw* als in kramp; met hevige krachtsinspanning **kramphoest**

krampachtige hoest
kramsvogel winterlijster
krang *bn* binnenste buiten
kranig *bn & bw* flink
krank *bn (vero.)* ziek; gering **krankjo'rum** *bn* krankzinnig **krankzin'nig** *bn* gek, geestesziek **krankzin'nigengesticht** gesticht voor verpleging van krankzinnigen **krankzin'nigheid** *v* waanzin
krans *m* in elkaar gevlochten ring; vriendenkring; bekisting **kransen** met een krans versieren **kransslagader** slagader die het hart van bloed voorziet
krant *v(m)* dagblad, nieuwsblad **krantenartikel** artikel in een krant **krantenbericht** bericht in een krant **krantenknipsel** uitgeknipt stuk uit een krant **krantenman** man die kranten rondbrengt of vent **krantenwijk** wijk waarin iem. de krant moet bezorgen
krap **I** *v(m)* [-pen] meekrap; boekslot **II** *bn & bw* nauw; schraal, amper
kras **I** *v(m)* [-sen] schrap **II** *bn & bw* flink; zeer krachtig, sterk **kraslot** lot waarop de gewonnen prijs staat gedrukt onder een weg te krassen beschermlaag **krassen** krassen maken; een rauw geluid maken
krat *o* [-ten] achterschot v.e. wagen; kist van open latwerk
krater *m* [-s] trechter v.e. vulkaan **kratermeer** met water gevulde krater
krats *v(m) (pop.)* kleine som geld
krauw *v(m)* krab **krauwel** *m* [-s] haak met gebogen tanden; klauw met kromme nagels **krauwen** krachtig krabben
krediet *o* goede naam in zaken; toegezegd geld; vertrouwen; *op ~*, zonder dadelijk te hoeven betalen; *een ~ openen*, geld beschikbaar stellen **krediet'bank** bank die kredieten geeft **krediet'benoeming** *v* benoeming v. iem. die zijn waarde nog niet geheel getoond heeft **krediet'brief** brief waarbij men verzoekt aan iem. te betalen van zijn eigen krediet **krediet'instelling** kredietbank **krediet'kaart** pasje dat toont dat de houder of houdster geld mag afschrijven **krediet'kas** voorschotkas **krediet'vereniging** vereniging die aan eigen leden kredieten verstrekt **krediet'waar'dig** *bn* waaraan men zonder veel risico krediet kan schenken
kreeft *m-v* schaaldier met scharen aan de eerste poten **Kreeft** **I** *m* wie onder dat teken geboren is **II** *m-v* vierde teken v.d. dierenriem **kreeftdicht** *o* gedicht waarvan de woorden ook van achteren naar voren kunnen worden gelezen **kreeftengang** *m* achteruitgang **kreeftenschaar** knijper v.e. kreeft **kreeftensla** sla met kreeft **kreeftskeerkring** noorderkeerkring
kreek *v(m)* [kreken] smalle diepe inham
kreet *m* [kreten] schreeuw; ongefundeerde leus
kregel *bn & bw* nijdig, prikkelbaar **kregelig** *bn & bw* kregel
krekel *m* [-s] eentonig sjirpend insect v.h. geslacht Gryllus
Kremlin *o* slot in Moskou, regering v.h. GOS
kreng *o* dood dier; valse vrouw
krengen een schip op zijde halen **krenggier** aasgier
krenken beledigen; beschadigen
krent *v(m)* kleine gedroogde pitloze druif; opgedroogde uitslag; zitvlak; gierigaard **krenten** druiven dunnen **krentenbaard** uitslag aan de kin **krentenbol** broodje met krenten **krentenbrood** brood met krenten **krentenkakker** *m* [-s] *(pop.)* gierigaard **krentenweger** *m* [-s] krenterig iem. **krentenweg(ge)** *v(m)* [-gen] groot krentenbrood met veel vulling **krenterig** *bn & bw* gierig; kleingeestig
krepijzer *o* [-s] ijzer om het haar van paarden te krullen **kreppen** doen krullen **kretologie'** *v (spot.)* het uiten van ongefundeerde leuzen
kreuk, **kreukel** [-s] *v(m)* valse vouw **kreukelen** kreuken **kreukelig** *bn* vol kreuken **kreukelzone** deel v.e. auto dat bij aanrijding in elkaar kreukelt om de schok te breken **kreuken** kreuken maken; kreuken krijgen; krenken **kreukherstellend** *bn* na het wassen vanzelf glad wordend **kreukvrij** *bn* niet kreukend
kreunen zacht kermen
kreupel *bn & bw* mank; *(fig.)* slecht **kreupelbos** bos v. kreupelhout **kreupelhout** laag hout
krib(be) *v(m)* [kribben] voederbak; eenvoudige slaapplaats; hoofd in een rivier ***kribbebijter** *(Wdl. kribbenbijter)* *m* [-s] nijdas **kribbebijtster** *v* [-s] twistzieke vrouw **kribbig** *bn & bw* lichtgeraakt
kriebel *m* [-s] jeuk, kriebeling **kriebelen** jeuken; kittelen; klein schrijven **kriebelhoest** door kriebel in keel veroorzaakte hoest **kriebelig** *bn & bw* klein; narrig **kriebelschrift** kriebelig schrift
kriegel(ig) *bn* kregel
kriek *v(m)* boom met kleine kersen; zwarte kers; *zich een ~ lachen*, zich een bult lachen
krieken *het ~ van de dag(eraad)*, het aanbreken van de dag(eraad)
kriel **I** *m-v* klein iem. **II** *m* krielaardappel; krielhaan **III** *o* kleine aardappelen; kleingoed **krielen** krioelen **krielhaan** kleine soort haan **krielhen**, **krielkip** kleine soort kip
krieuwel *m* jeuk **krieuwelen** krioelen; kriebelen, jeuken **krieuwelig** *bn* jeukerig; prikkelbaar
krijg *m* oorlog; het ontvangen **krijgen** [krijgde, gekrijgd] oorlog voeren; [kreeg, gekregen] verwerven, ontvangen; oplopen; pakken; straffen; veroordeeld worden tot; *er toe ~*, ertoe brengen; *elkaar ~*, met elkaar trouwen **krijger** *m* [-s] soldaat **krijgertje** *o* nalopertje **krijgsartikelen** voorschriften voor militairen **krijgsbanier** oorlogsvlag **krijgsbedrijf** oorlogshandelingen **krijgsdans** oorlogsdans **krijgsdienst** militaire dienst **krijgsgevangen** *bn* door de vijand

gevangen genomen **krijgsgevangenschap** *v* het krijgsgevangen zijn **krijgshaf'tig** *bn* dapper toegerust tot de strijd **krijgskans** mogelijkheid om de oorlog te winnen **krijgskunde** wetenschap v.h. oorlogvoeren **krijgslist** list in de strijd **krijgsmacht** strijdkrachten **krijgsman** [-lieden] soldaat **krijgsraad** militaire rechtbank; vergadering van bevelhebbers **krijgsschool** school voor officieren **krijgstocht** veldtocht **krijgstucht** militaire tucht **krijgsverrichting** oorlogshandeling **krijgsvolk** soldaten **krijgswetenschap** wetenschap omtrent oorlogvoering **krijgszuch'tig** *bn* oorlogszuchtig

krijs *m* schreeuw **krijsen** [krijste, krees, gekrijst, gekresen] schreeuwen

krijt *o* zachte gemakkelijk afgevende kalkachtige stof; strijdperk **Krijt** *o* jongste periode v.h. Mesozoïcum; het geheel v.d. in die tijd gevormde gesteenten; *in het ~ staan*, schuld hebben; *met dubbel ~ schrijven*, te veel rekenen

krijten [kreet, gekreten] schreien **krijtstreep** met krijt getrokken streep; donkere stof met smalle lichte streep; pak van die stof **krijttekening** tekening met krijt **krijtwit I** *bn* zeer bleek **II** *o* krijtpoeder

K

krik *v(m)* [-ken] autovijzel; dommekracht

krik(ke)mik *v(m)* [-ken] driepotig hijswerktuig; nietigheid **krik(ke)mik'kig** *bn & bw* kaduuk, wankel van gezondheid

krimi *m* [-'s] detectiveroman; *(Duits)* (aflevering van) Duitstalige misdaadserie

krimp I *m* gebrek; het krimpen; *~ geven*, toegeven, het opgeven **II** *bn* levend; vers *(ook als eerste lid v. ss* **krimpen***)*; [kromp, gekrompen] kleiner (doen) worden, samentrekken; tegen de zon draaien **krimpfolie** verpakkingsmateriaal dat na het inpakken krimpt **krimpvers** *van vis*: nog levend **krimpvrij** *bn* niet krimpend

kring *m* gesloten ronde lijn; groep bijeenhorende personen, stand

kringelen kronkelen

kringloop cirkelgang; *als eerste deel v.e. s.s.*: voor hergebruik vervaardigd **kringlooppapier** uit reeds gebruikt materiaal gemaakt papier **kringring** ring die warm om iets wordt gelegd en dit na afkoeling vast omsluit **kringspier** kringvormige spier v.d. anus

krinkel *m* [-s] kronkel, oprolling v.d. bladeren **krinkelen** kronkelen

krioe'len wemelen

krip *o* doorzichtige gekrulde textiel **krippapier** op krip lijkend papier **krippen** *bn* van krip

kris *v(m)* [-sen] Ind. dolk; *bij ~ en kras*, bij hoog en laag **kriskras** *bw* verward door elkaar **kriskrassen** verward door elkaar schrijven **krissen** met een kris doden

kristal' *o* [-len] door regelmatige vlakken begrensd lichaam; zuiver kwarts; fijn geslepen glas of glaswerk **kristal'glas** fijn glas **kristal'helder** *bn & bw* zeer helder **kristal'len** *bn* van kristal **kristallijn' I** *o* kristal **II** *bn* van kristal; als kristal; helder **kristallij'nen** *bn* **kristallisa'tie** ⟨s=z⟩ *v* [-s] het kristalliseren **kristallise'ren** ⟨s=z⟩ *z* tot kristal worden **kristallografie'** *v* leer der kristallen **kristal'suiker** gewone suiker **kristal'water** waterbestanddeel in kristallen

kritiek' I *bn* hachelijk **II** *v* beoordeling; het aanwijzen van gebreken **kritisch** *bn & bw* (scherp) beoordelend; op grond van maatschappijkritiek veranderingen nastrevend op eigen werkterrein; *(v. temperatuur)* waarboven een gas niet meer vloeibaar kan zijn; *(v.e. toestand)* waarbij onderscheid tussen vloeistof en damp ophoudt; *(v.e. uitgave)* met verbeteringen **kritise'ren** ⟨s=z⟩ beoordelen; kritiek uitbrengen

KRO Katholieke Radio-omroep

krocht *v(m)* onderaardse spelonk, crypte

kroeg *v(m) (ong.)* café; *(stud.)* sociëteit **kroeglopen** *o* het bezoeken v.d. kroeg **kroegloper** [-s] wie te veel de herberg bezoekt **kroegtijger** kroegloper

kroelen vrijend tegen elkaar zitten of liggen

kroep *m* acute keelontsteking

kroepia *v(m)* [-'s] pannenkoekje met vulling v. nasi

kroepoek *m (Ind.)* in olie knappend gebraden koekje

kroes I *m* [-zen] beker **II** *bn & bw* fijn gekruld **kroeshaar** kroezend haar **kroeskop** hoofd met kroeshaar; iem. met kroeshaar **kroesziekte** krulziekte **kroezelig** *bn* enigszins kroes **kroezen** kroes zijn of maken **kroezig** *bn* enigszins kroes

kroket' *m* [-ten] bep. rolvormig pasteitje

krokodil' *m/v* [-len] groot hagedisachtig stevig gepantserd reptiel **krokodillenleer** leer v.d. huid v.e. krokodil **krokodil'lentranen** *mv* gehuichelde tranen

krokus *m* [-sen] irisachtig knolgewas met lijnvormige bladeren **krokusvakantie** vakantie rond carnaval

krollen huilen in de paartijd (v. katten) **krols** *bn* hitsig

krom *bn & bw* scheef; verkeerd **krombaangeschut** geschut voor gevecht op korte afstand **krombeen** *m-v* iem. met kromme benen **krombek** *m* bep. doperwt of snijboon; werktuig om sloten open te breken; bep. tang **kromgroeien** groeiend krom worden **kromhals I** *m-v* iem. met scheve nek **II** *m* onkruid met kromme buis v.d. bloemkroon **kromhout** gebogen stuk hout **kromliggen** tijdelijk zuinig leven **kromlopen** krom lopen **kromme I** *m-v* [-n] krom iem. **II** *v(m)* [-n] gebogen lijn **krommen** krom maken; krom worden **kromming** *v* het krommen, bocht **krompraten** *o* gebrekkig spreken **kromsluiten** boeien tot een gebogen houding **kromstaf** staf v.e. bisschop of abt; *onder de ~*, onder een bisschop of abt of abdis **kromte** *v* [-n, -s] buiging, bocht **kromtrekken** krom worden door samentrekking **kromzwaard** kromme sabel

kronen een kroon opzetten
kroniek' *v* geschiedverhaal; jaarboek; bespreking v. gebeurtenissen uit de laatste tijd **kroniek'achtig** *bn & bw* als een kroniek **kroniek'schrijver** schrijver van kroniek(en)
kronkel *m* [-s] herhaalde kromming; *(fig.)* vreemd denkbeeld **kronkeldarm** laatste deel v.d. dunne darm **kronkelen** (in) kronkels vormen **kronkelig** *bn* met kronkels **kronkeling** *v* het kronkelen; kronkel **kronkelpad**, **kronkelweg** kronkelende weg; slinkse handeling **kronkelredenering** kromme redenering naar gewenste conclusie
krontjong *m* [-s] met westerse elementen vermengde Ind. muziek
kroon *v(m)* [kronen] krans; vorstelijk hoofddeksel; vorstelijke waardigheid; de vorst(in); munt en munteenheid in versch. landen; lichtkroon; bovenste rand, bovenste deel, kruin; *naar de ~ steken*, wedijveren; *de ~ op het werk zetten*, het werk gelukkig voltooien; *de ~ spannen*, alles overtreffen **kroondocent** door de kroon benoemd of te benoemen hoogleraar **kroondomein** vorstelijk domein **kroongetuige** voornaamste getuige; wie in ruil voor strafvermindering een getuigenis aflegt van doorslaggevende betekenis voor de bewijsvoering in e. proces **kroonglas** loodvrij glas **kroonjaar** jaar waarin een bestaan herdacht wordt **kroonjuweel** juweel dat iem. als vorst draagt **kroonkandelaar** luchter **kroonkolonie** Britse kolonie rechtstreeks onder de kroon **kroonkurk** metalen sluiting v.e. fles **kroonlid** door de kroon benoemd of te benoemen lid **kroonlijst** *v(m)* lijst die goot draagt **kroonluchter** lichtkroon **kroonpretendent** *m* wie aanspraak maakt op de troon **kroonprins** vermoedelijke troonopvolger **kroonprinses** *v* vermoedelijke troonopvolgster **kroonsteentje** blokje waarin elektrische draden verbonden zijn
kroos I *o* eendenkroos **II** *v(m)* [krozen] inkeping in duig
kroosje *o* [-s] kleine pruim; *om ~s gaan*, sterven
kroost *o* kinderen **kroostrijk** *bn* met veel kinderen
kroot *v(m)* [kroten] biet
krop I *m* [-pen] kropslaplant, opeengepakte bladeren van kool of sla; voormaag; halsgezwel, kropgezwel; *in de ~ steken*, hinderen **II** *o* ongebuild tarwemeel; kropbrood **kropader** halsader **kropbrood** brood van krop **kropduif** kropper **kropgezwel** zwelling v.d. schildklier **kroppen** *h/z* mesten; in de krop blijven steken; kroppen vormen **kropper(d)** *m* [-s] duif met dikke krop **kropsalade**, **kropsla** sla in kropvorm
krot *o* [-ten] volkomen vervallen woning
kruid *o* gewas; specerij; *er is geen ~ tegen gewassen*, het is ongeneeslijk **kruiden** specerij bij iets doen; geestig maken **kruidenbitter** bittere (alcoholische) drank met kruiden **kruidenier'** *m* [-s] winkelier in koloniale en grutterswaren; bekrompen mens **kruideniers'geest**, **kruideniers'mentaliteit** bekrompen mentaliteit **kruidentuin** tuin met geneeskrachtige kruiden **kruidenwijn** gekruide wijn **kruiderij'** *v* specerij **kruidig** *bn & bw* specerijachtig; pittig **kruidje-roer'-mij-niet** *o* [kruidje-roer-mij-nieten, kruidjes-roer-mij-niet] bij aanraking de bladeren dichtslaand plantje, Lat. Mimosa pudica; lichtgeraakt iem. **kruidkaas** gekruide kaas **kruidkoek** peperkoek **kruidnagel** *m* [-s] uit gedroogde bloemknoppen bestaande specerij **kruidnagelboom** boom die kruidnagels oplevert **kruidnoot** muskaatnoot
kruien per kruiwagen vervoeren; (v.e. bevroren rivier) losraken; (v.h. ijs) over elkaar schuiven **kruier** *m* [-s] vervoerder van vrachtjes
kruik *v(m)* aarden fles; bedverwarmer; urn; *de ~ gaat zolang te water tot zij barst*, het loopt eenmaal mis **kruikenzak** zak voor kruik
kruim *v(m)/o* zacht binnenste; fijngekookte aardappel; pit **kruimel** *m* [-s] stukje kruim **kruimelaar** *m* [-s] kleingeestig iem. **kruimeldief** wie kleinigheden steelt; handstofzuigertje **kruimeldiefstal** *m* het stelen van kleinigheden **kruimelen** *h/z* tot kruimels maken of worden **kruimelig** *bn* gemakkelijk kruimelend
kruin *v(m)* bovenste v.h. hoofd; geschoren plek achter op het hoofd; top, bovenste deel; *(zegsw.)* hoofd **kruinschering** het scheren v.d. kruin
kruipen [kroop, gekropen] zich laag langs de grond voortbewegen; zeer langzaam gaan; zeer onderdanig zijn **kruiperig** *bn & bw* kruipend **kruiperij'** *v* het kruipen **kruipolie** olie voor het losmaken v. vastgeroeste delen **kruippak** pak voor nog kruipend kind **kruipruimte** ruimte onder de vloer waar men kan kruipen **kruipspoor** rijbaan voor zeer langzaam rijdende auto's
kruis I *o* [-en] van e. dwarshout voorziene strafpaal; symbolische voorstelling daarvan; figuur van twee elkaar snijdende lijnen; leed; kruisteken **II** [-en *of* -zen] plaats waar de achterpoten of de benen of pijpen samenkomen; stuit, hoger achterdeel v.d. rug v.e. rijdier; verhogingsteken in de muziek; bovenhoek van goal, waar lat en paal samenkomen; *Rode Kruis*, internationale organisatie voor hulpverlening bij oorlogen en rampen; *het ~ nageven*, blij zijn dat iem. vertrekt; *~jes achter de rug hebben*, tientallen jaren oud zijn; *~ noch munt hebben*, geen geld hebben **kruisafneming** *v* afneming van kruis v. Christus; schilderij daarvan **kruisband** dwars over elkaar gelegde stroken papier **kruisbeeld** crucifix **kruisbek** *m* vogel met gekruiste snavel uit het geslacht Loxia **kruisbes** doornige

K

bessenstruik, Lat. Ribes uva-crispa; vrucht daarvan **kruisbestuiving** bestuiving met stuifmeel v. andere planten **kruisbeuk** beuk v. dwarsschip **kruisbloem** steenbloem in kruisvorm **kruisbloe'migen** *mv* bloemen met vierbladige bloemkroon **kruisboog** kruisvormige boog **kruisdood** dood aan kruis **kruiselings** *bn & bw* elkaar kruisend **kruisen** elkaar snijden; dwars over elkaar plaatsen; rassen mengen; heen en weer varen; kruisigen; elkaar passeren; *zich ~*, een kruis maken; *de degens ~*, met de degens strijden **kruiser** *m* [-s] snelvarend oorlogsschip **kruisgang** gaanderij met kruisgewelven, zuilengang om binnenplaats **kruisgewelf** twee rechthoekig op elkaar geplaatste tongewelven **kruisgewijs'** *zie* **kruiswijs**; **kruisheer** lid v. tot verheerlijking van Christus' Kruis gestichte orde **kruishout** dwarshout; Jezus' kruis **kruisigen** aan het kruis slaan **kruising** *v* kruispunt; het elkaar kruisen; vermenging v. rassen; product van kruising **kruisingwoord** samengesteld woord waarvan de delen aan bestaande woorden zijn ontleend zonder dat die delen als los woord in de taal voorkomen **kruisjassen** [kruisjaste, gekruisjast] met vier personen kaartspel spelen waarbij de boer de hoogste troef is **kruiskerk** kerk in kruisvorm **kruiskoppeling** *v* kruisvormige koppeling; beweeglijke verbinding v. assen **kruiskruid** plant v.h. geslacht Senecio **kruislings** *bn & bw zie* **kruiselings**; **kruisnet** visnet aan twee gekruiste stokken **kruisoffer** offer door de kruisdood **kruispaal** draaikruis **kruispand** deel v. kruiskerk waar de kruisarmen elkaar snijden **kruispunt** snijpunt van lijnen of wegen **kruisraket** middellangeafstandsatoomwapen **kruisridder** ridder die ter kruistocht ging **kruissnelheid** gemiddelde snelheid **kruisspin** spin met kruis op de rug **kruisstaf** staf met bovenop een kruis **kruisstation** station waar spoorlijnen elkaar kruisen **kruissteek** kruiselingse steek **kruisstelling** in spiegelbeeld staan v. zinsdelen of zinnen **kruisteken** gebaar dat een kruis symboliseert **kruistocht** *(gesch.)* krijgstocht om het H. Land te bevrijden **kruisvaarder** *m* [-s] deelnemer aan een kruistocht **kruisvaart** kruistocht **kruisverband** kruisvormige verbinding, kruisvormig verband **kruisvereniging** bep. vereniging voor ziekenverpleging **kruisverhoor** verhoor waarbij verschillende personen vragen stellen **kruisverwijzing** onderlinge doch niet verder inlichtende verwijzing **kruisvuur** vuur uit verschillende richtingen; *~ van vragen*, van verschillende kanten komende vragen **kruisweg** over 14 staties verdeelde r.-k. godsdienstoefening; reeks voorstellingen daartoe **kruiswijs**, **kruiswijze**, **kruisgewijs** *bw* in kruisvorm **kruiswoord** door Christus aan het kruis gesproken woord **kruiswoordpuzzel**, **kruiswoordraadsel** letterpuzzel

K

kruit *o* ontplofbaar mengsel van salpeter en zwavel en houtskool; *zijn ~ droog houden*, zich gereed houden voor de strijd; *al zijn ~ verschoten hebben*, geen middelen meer hebben tot verweer **kruitdamp** rook van kruit **kruitkamer**, **kruitmagazijn** bergplaats van kruit **kruitslijm** *o* aanslag na het schieten **kruitvat** *(fig.)* plaats of situatie met groot gevaar voor gewelduitbarsting

kruiven *h/z (plecht.)* krullen

kruiwagen *m* [-s] handwagen op één wiel; *(fig.)* wie iem. in z'n loopbaan vooruit helpt

kruizemunt' *v(m)* lipbloemige welriekende plant, Lat. Mentha aquatica

kruk *v(m)* [-ken] dwarsstuk; steunstok voor kreupelen; deurknop; stoeltje zonder leuning; knoeier **krukas** as met kruk **krukken** sukkelen **krukkig** *bn & bw* sukkelachtig

krul *v(m)* [-len] bocht in het haar; gekrulde lok; schaafsel; gebogen versiersel; krulziekte **krulhaar** krullend haar **krulkop**, **krullenbol**, **krullenkop** hoofd met krulhaar; iem. met krulhaar **krullen** *h* krullen hebben; krullen maken **krullenjongen** timmermansleerling **kruller** *m* [-s] krulspeld **krulletter** met krullen versierde letter **krulpeterselie** peterselie met gekruld blad **krulspeld** speld om het haar te krullen **krulstaart** *m (scherts.)* varken **krultang** krulijzer **krulziekte** ziekte waarbij de bladeren krullen

kryoliet' *o* op ijs lijkend mineraal

KSG Kolen- en staalgemeenschap

kso *(Belg.)* kunst secundair onderwijs

kst *tw* uitroep om een dier weg te jagen

kt karaat

KTH Katholieke Theologische Hogeschool

KTHA Katholieke Theologische Hogeschool Amsterdam

KTHU Katholieke Theologische Hogeschool Utrecht

KUB Katholieke Universiteit Brabant

kub. kubieke

kube'ren tot de 3e macht verheffen; inhoud berekenen **kubiek'** **I** *bn* dobbelsteenvormig; derdemachts- **II** *o* derdemacht **kubis'me** *o* beeldendekunstrichting die de natuurlijke vormen herleidt tot hun geometrisch skelet **kubist'** aanhanger v.h. kubisme **kubis'tisch** *bn* volgens het kubisme **kubus** *m* [-sen] regelmatig zesvlak

kuch **I** *m* droge korte hoest **II** *o* soldatenbrood **kuchen** kort en droog hoesten

kudde *v(m)* [-n, -s] troep dieren **kuddedier** *o* onzelfstandige volgeling **kuddegeest** het met de massa meedoen **kudde-instinct** *zie* **kuddegeest**

kuier *m* wandeling **kuieren** wandelen **kuierlatten** *de ~ nemen*, maar gaan lopen

kuif *v(m)* [-ven] opstaand haar of vederbos; (in dierennamen geeft het aan dat het dier dat heeft)

kuiken *o* [-s] jong hoen; dom iem. **kuikensekser** wie het geslacht van kuikens vaststelt

kuil *m* gat in de grond; zakvormig visnet (-deel); *wie een ~ graaft voor een ander valt er zelf in*, men ondervindt zelf de nadelige gevolgen v.d. manier waarop men een ander wilde benadelen **kuildek** dek met laagte in het midden **kuilen** in een kuil bergen **kuiler** *m* [-s] schip dat met kuil vist **kuilgras** gekuild gras **kuilharing** met een kuil gevangen haring **kuilvisser** wie met een kuil vist **kuilvoer** ingekuild voer

kuip *v(m)* vat; *(fig.)* voetbalveld in stadion **kuipbad** bad in kuip **kuipen** kuipen maken; in de kuip doen; intrigeren **kuiper** *m* [-s] wie kuipen maakt; intrigant **kuiperij'** *v* kuipen; werkplaats v. kuiper **kuipstoel** stoel in de vorm v.e. kuip

kuis I *bn & bw* rein (ook van zeden) **II** *m* *(Belgned.)* schoonmaak

kuisen *(Belgned.)* schoonmaken

kuisvrouw *v (Belgned.)* schoonmaakster

kuit *v(m)* achterdeel van onderbeen; viszaad **kuitbeen** been achter scheenbeen **kuitbroek** korte broek **kuitenflikker** *m* [-s] sprong waarbij de voeten in de lucht tegen elkaar klappen; rare sprong **kuiter** *m* [-s] kuitvis **kuitschieten** kuit afscheiden **kuitvis** *m* wijfjesvis

kukeleku' (nabootsing v.h. geluid v.e. haan)

kukelen vallen

kul *m* nonsens; *flauwe ~*, onzin

kummel *m* komijn, karwij; likeur uit karwijzaad **kummelolie** karwijolie

kum'quat *m* [-s] heel klein sinaasappelachtig vruchtje

KUN Katholieke Universiteit Nijmegen

kunde *v* kennis

kundig *bn* knap, bekwaam **kundigheid** *v* [-heden] kennis, knapheid

kungfu' ‹koeng-foe› *o* [gmv] Chinese zachtmoedige levensbeschouwing waaraan een methode van zelfverdediging verbonden is

kunne *v(m)* geslacht

kunnen [kon, konden, gekund] in staat zijn, mogelijk zijn; *~ tegen*, kunnen verdragen; *ergens niet uit ~*, iets niet begrijpen

kunst *v* het kunnen, vaardigheid; het scheppen van schoonheid; schone werken; (inz. *dim.*) aangeleerd vaardigheidsstukje; *(mv)* frats; *met ~ en vliegwerk*, met allerlei middeltjes; *als eerste lid van ss*: niet door de natuur gemaakt, nagemaakt **kunstbroeder** wie eenzelfde kunst beoefent **kunstdrukpapier** zeer glad papier **kunstenaar** *m* [-s] maker van kunst **kunstenaarshand** vermogen v.e. kunstenaar **kunstenares'** *v* [-sen] maakster v. kunst **kunstenmaker** *m* [-s] wie toeren verricht **kunstgenot** genieten van kunst **kunstgeschiedenis** geschiedenis v.d. schone kunsten **kunstgevoel** gevoel voor kunst **kunstgreep** handgreep; list **kunsthandel** handel in kunst **kunsthistoricus** beoefenaar v.d. kunstgeschiedenis **kunstig** *bn & bw* knap **kunstijsbaan** baan van kunstmatig verkregen ijs **kunstkenner** *m* [-s] wie verstand heeft v. kunst **kunstlicht** niet v. hemellichamen afkomstig licht **kunstlie'vend** *bn* veel van kunst houdend **kunstma'tig** *bn & bw* niet volgens de natuur, nagemaakt; *~e intelligentie*, vermogen van computer tot overnemen van sommige taken v.d. intelligentie **kunstmest** kunstmatig verkregen mest **kunstmiddel** niet natuurlijk middel; truc **kunstmoeder** deel v.e. broedmachine dat de kuikens verwarmt **kunstnier** toestel dat de functie v.e. nier overneemt **kunstnij'verheid** combinatie van kunst en nijverheid **kunstrijden** *o* het bij het rijden mooie figuren maken **kunstrijder** *m* [-s] beoefenaar v.h. kunstrijden **kunstschaats** schaats voor kunstrijden **kunstschat** in kunst bestaande schat **kunstschilder** beoefenaar v. schilderkunst **kunststof** scheikundig verkregen grondstof **kunststoten** biljartspel waarbij de bal bepaalde banen moet volgen **kunststuk** knap stuk **kunsttaal** kunstmatig uitgedachte taal; technische taal **kunstterm** technische term **kunstuitleen** *m* instelling die kunst uitleent **kunstvaar'dig** *bn & bw* bedreven **kunstvliegen** *o* het met een vliegtuig acrobatische toeren maken **kunstvlieger** *m* [-s] wie met een vliegtuig acrobatische toeren maakt **kunstvoorwerp** voorwerp dat een voortbrengsel van kunst is **kunstwaarde** artistieke waarde **kunstwerk** voorwerp of zaak van kunst **kunstwoord** vakwoord **kunstzij(de)** op zijde lijkende uit cellulose vervaardigde stof **kunstzijden** *bn* van kunstzij **kunstzin** kunstgevoel **kunstzwemmen** zwemmend bep. figuren uitvoeren

kür *m* [-s] *(sp.)* verplicht maar vrij gekozen schaatsnummer

kuras' *o* [-sen] borstharnas **kurassier'** [-s] cavalerist met helm en kuras

kuren een kuur doen; kuren krijgen of uithalen

kurk *v(m) (stofn. o & m)* weefsel v.d. kurkeik; stop; stuk kurk aan een visnet; *de ~ waarop de zaak drijft*, een voor het blijven bestaan noodzakelijk iets; *iets onder de ~ hebben*, alcoholische drank in huis hebben

kurkuma *m* [gmv] wortelstok v.e. plant waaruit gele kleurstof wordt gemaakt

kurkdroog *bn* zeer droog **kurkeik** eik die kurk levert **kurken I** *ww* een kurk doen op **II** *bn* van kurk **kurkengeld** aan een restaurant betaald geld voor zelf meegebrachte wijn **kurkentrekker** *m* [-s] werktuig om te ontkurken; spiraalvormige lok **kurkenzak** kurken stootkussen

kus *m* [-sen] zoen **kushandje** *o* groet door de eigen groetende hand te kussen **kussen I** *ww* een kus geven **II** *o* [-s] gevulde zak als zacht rustmateriaal; *op het ~*, in het bestuur **kussenkast** kast met als kussens bewerkte panelen

kust *v(m)* strand, oever, land langs de zee; verkiezing; *te ~ en te keur*, naar verkiezing **kustbatterij** batterij tot verdediging der

kust **kuster** *m* [-s] kustvaarder
kusting *v* hypotheek **kustingbrief** hypotheekakte, pandbrief
kustlicht vuurtoren **kuststreek** streek aan de kust **kustvaarder** *m* [-s] koopvaardijschip dat tussen kustplaatsen vaart **kustvaart** vaart tussen kustplaatsen **kustversterking** verdedigingswerken aan de kust **kustwacht** bewaking v.e. kust
kut [-ten] *v(m)* *(pop.)* vrouwelijk geslachtsdeel; *(scheldn.)* vrouw; *als eerste deel van scheldn.*: weinig waard **kuttenkop** *v* scheldwoord voor meisje of vrouw
kuub *m* [gmv] kubieke meter
kuur *v(m)* [kuren] geneeswijze; gril **kuuroord** plaats met geneeskrachtige baden; plaats waar men kan herstellen v.e. ziekte
kV kilovolt
kVA kilovoltampère
KvK en F Kamer van Koophandel en Fabrieken
kvv''er *m-v* [-s] kortverbandvrijwilliger; kortverbander
kW kilowatt
kwaad I *bn & bw* slecht, boos **II** *o* [kwaden] het slechte; kwade handeling; ~ *doen*, benadelen; *geen ~ kunnen*, geen schade of nadeel veroorzaken; *ten kwade duiden*, kwalijk nemen; *van ~ tot erger*, steeds slechter **kwaadaar'dig** *bn & bw* boosaardig, gevaarlijk **kwaaddoener** *m* [-s] boosdoener **kwaadschiks** *bw* tegen zijn zin **kwaadspreken** [sprak kwaad, kwaadgesproken] opzettelijk het slechte van iem. vertellen **kwaadwil'lig** *bn & bw* met boze gezindheid, zonder wettige oorzaak **kwaaiigheid** *v* slecht humeur

K

kwaal *v(m)* [kwalen] slepende ziekte; bederf; kwelling
kwab *v(m)* [-ben] weke klomp vet of vlees **kwabbe** *v(m)* [-n] kwab **kwabbig** *bn* met kwabben **kwabwangen** *mv* hangwangen
kwadraat' *o* [-draten] vierkant; tweede macht; *in het* ~, in de tweede macht; in hoge mate **kwadraats'getal** *(wisk.)* getal dat een tweede macht is **kwadraats'wortel** *zie* **vierkantswortel**; **kwadrant'** *o* 1/4 cirkel; werktuig om breedtebepaling uit te voeren **kwadrate'ren** *(wisk.)* in het kwadraat verheffen **kwadratuur'** *v ~ van de cirkel*, het veranderen v.e. cirkel in een vierkant van gelijke grootte; iets onmogelijks **kwadre'ren** in het vierkant brengen; de oppervlakte berekenen
kwajon'gen [-s] deugniet **kwajon'gensachtig** *bn & bw* als een kwajongen **kwajon'gensstreek** kattenkwaad
kwak I *m* [-ken] geluid v.e. neerploffend lichaam; hoeveelheid; *(pop.)* mannelijk zaad; op een reiger lijkende naar zijn geluid genoemde nachtvogel, Lat. Nycticorax nycticorax **II** *v(m)* [-ken] groot soort botter
kwaken het geluid kwaak voortbrengen; luid babbelen
kwakkel *m/v* [-s] kwartel
kwakkelen sukkelen; niet doorvriezen **kwakkelwinter** slappe winter
kwakken *h/z* ploffend werpen; ploffen
kwakzalver *m* [-s] wie onbevoegd minderwaardige geneeskunde uitoefent **kwakzalverij'** *v* boerenbedrog; kwakzalversmiddelen
kwal *v(m)* [-len] klok- of parapluvormig zwemmend holtedier v.d. groep Scyphozoa; onsympathiek iem.
kwalifica'tie *v* [-s] betiteling; deugdelijkheid **kwalificatief'** *bn* bepalend **kwalifica'tiewedstrijd** wedstrijd die beslist wie aan een competitie mag deelnemen **kwalifice'ren** betitelen; geschikt maken
kwalijk *bn & bw* niet goed, niet wel; met moeite; ~ *nemen*, euvel nemen; *neem me niet kwalijk*, pardon! ik ben het er helemaal niet mee eens
kwalitatief' *bn & bw* naar de hoedanigheid **kwaliteit'** *v* hoedanigheid **kwaliteitsproduct** product van bijzonder goede kwaliteit
kwalster *m* [-s] fluim
kwanselaar [-s] sjacheraar **kwanselen** sjacheren, knoeierig ruilen
kwansuis' *bw* zogenaamd; schijnbaar
kwant *m* snaak
kwantifice'ren in hoeveelheden uitdrukken **kwantitatief'** *bn & bw* naar de hoeveelheid **kwantiteit'** *v* hoeveelheid
kwantum *o* [-s, -ta] hoeveelheid, dosis; *(nat.)* quant **kwantumchemie** op de chemie toegepaste kwantumleer **kwantummecha'nica** wetenschap die de wetten inzake atomen en moleculen **kwantumtheorie** bep. natuurkundige theorie over stralingsverschijnselen
kwar *m* [-ren] houtknoest; niet uitgegroeide vrucht; niet uitgegroeid dier
kwark *m* wrongel
kwarrel *m* [-s] kwar
kwart I *o* vierde deel; kwartier **II** *v(m)* 1/4 noot; vierde toon v.d. grondtoon af; interval van vier trappen **kwartaal'** *o* [-talen] 1/4 v.e. jaar **kwartaalstaat** overzicht aan het eind v.e. kwartaal **kwartanker** *o* [-s] elf flessen
kwartel *m/v* [-s] bruine hoenderachtige vogel, Lat. Coturnix coturnix **kwartelkoning** ralachtige vogel, Lat. Crex crex
kwartet *o* [-ten] vierstemmig stuk; wie een vierstemmig stuk uitvoeren; kinderkaartspel waarbij men een viertal bijeenhorende kaarten moet proberen te krijgen; viertal bijeenbehorende kaarten daarbij
kwartfinale stadium in afvaltoernooien vóór de halve finale; elk v.d. wedstrijden in dit stadium **kwartier'** *o* 15 minuten, vierde deel v. uur; schijngestalte v.d. maan; tijdelijke huisvesting v. soldaten **kwartier'maker** wie voor kwartier moet zorgen **kwartier'meester** met zorg voor kwartieren en intendance belast officier **kwartier'stand** elk der standen v.d. maan t.o.v. zon en aarde **kwartijn'** *m* boek in

kwarto **kwartje** *o* vroegere munt van 25 cent **kwartjesvinder** [-s] oplichter, valse speler **kwarto** *in ~*, in vieren gevouwen; *o* [-'s] boek van in vieren gevouwen vellen
kwarts *o* verbinding van kiezel en zuurstof **kwartshorloge** horloge met kristal als tijdsbepalend element **kwartsiet'** *o* uit zandsteen met kiezelcement bestaande stof
kwartslag draaiende beweging van 90°
kwartslamp lamp v. kwarts
kwast *m* knoest; bundel draden of haren of tressen; dik penseel; zot; citroensap met water **kwasterig** *bn & bw* als een kwast **kwastig** *bn* knoestig
kwatrijn' *o* gedicht of strofe van 4 regels
KWB *(Belg.)* Kristelijke Werknemersbeweging
kwebbel **I** *m* [-s] mond **II** *v* [-s] vrouw die veel kletst, kletskous **kwebbelen** kletsen
kwee **I** *m* [-ën] roze bloeiende boom met gele vruchten, Lat. Cydonia oblonga **II** *v(m)* [-ën] zijn vrucht **kweeappel** kwee **kweeboom** kwee
kweek **I** *v(m)* kweekgras **II** *m* het kweken; het gekweekte **kweekbed** bed waarop gekweekt wordt **kweekgras** kruipende tarwe **kweekproef** onderzoek naar ziekte door enting **kweekreactor** *m* [-en of -s] kernreactor waarin meer splijtstof ontstaat dan verloren gaat **kweekschool** voormalige opleiding tot onderwijzer(es) **kweekvijver** vijver waarin vis wordt gekweekt; plaats waar jong talent wordt opgeleid
kweepeer *v(m)* kwee
kweken doen groeien, doen ontstaan; opvoeden **kwekerij'** *v* het kweken; bedrijf of inrichting waar gekweekt wordt
kwekken druk en luid praten
kweldam dam tot kering v. kwelwater
kwelder *v(m)* [-s] schor
kwelduivel [-s] plaaggeest
kwelen liefelijk zingen
kwelgeest plaaggeest **kwellen** plagen, lastig vallen; pijn doen **kwelwater** door de dijk sijpelend water **kwelzand** welzand
kwestie *v* [-s] vraag; zaak; geschil; *geen ~ van*, geen sprake van **kwestieus'** *bn* waarover geschil is
kwets *v(m)* langwerpige blauwe pruim
kwetsbaar *bn* kunnende gekwetst worden; *(bridgespel)* zo dat verlies dubbel telt **kwetsen** verwonden, kneuzen, krenken **kwetsuur'** *v* [-suren] wonde
kwetteren (v. vogels) schetteren
kwezel *v* [-s] overdreven vrome vrouw **kwezelaar** *m* [-s] femelaar; beuzelaar **kwezelachtig** *bn & bw* als een kwezel; beuzelachtig **kwezelarij'** *v* het kwezelen; beuzelarij **kwezelen** overdreven vroom doen; beuzelen
kWh kilowattuur
kwibus *m* [-sen] kwast, dwaas
kwiek *bn & bw* levendig
kwijl *v(m)/o* uit de mond lopend speeksel **kwijlen** slijm uit de mond laten lopen; zeuren
kwijnen niet tieren, uitteren
kwijt *bn* verloren **kwijten** [kweet, gekweten] voldoen; *zich ~ van*, vervullen **kwijting** *v* voldoening; kwitantie **kwijtraken** verliezen **kwijtschelden** ontheffen van, vergeven
kwik **I** *bn & bw* kwiek **II** *v(m)* [-ken] opsiering **III** *o* kwikzilver **kwikbak** bak met kwik **kwikbarometer** met kwik werkende barometer **kwikdamplamp** met kwikdamp gevulde booglamp **kwikstaart** *m* priemsnavelig zangvogeltje v.h. geslacht Motacilla met aanhoudend op en neer wippend staartje **kwikthermometer** met kwik werkende thermometer **kwikzalf** met kwik bereide zalf **kwikzilver** *o* bep. metaal
kwinkele'ren met trillend geluid zingen
kwinkslag *m* geestig gezegde
kwint *v(m)* vijfde toon; hoogste snaar **kwintaal'** *o* [-talen] centenaar **kwintakkoord** drieklank
kwintessens *v(m)* kern; het fijnste
kwintet' *o* [-ten] vijfstemmig stuk; spelers of zangers daarvoor
kwispedoor' *o/m* [-s, -doren] spuwbakje
kwispelen (de staart) heen en weer bewegen **kwispelstaarten** [kwispelstaartte, gekwispelstaart] kwispelen
kwistig *bn & bw* zeer mild, verkwistend
kwitan'tie *v* [-s] bewijs van ontvangst **kwite'ren** voor voldaan tekenen
kyanise'ren ‹y=ie, s=z› met kwikzilverchloride hout verduurzamen
kyfo'se ‹kiefoze› *v* [-n] ruggengraatsverkromming
kynoloog' ‹y=ie› *m* [-logen] hondenkenner
KZ'-syndroom ‹syn=sin› ziekte waarbij ervaringen in een concentratiekamp nog als dagelijkse realiteit worden beleefd
KZ-verklaring krankzinnigheidsverklaring

L

l liter; *(v. kledingmaat) large*, groot
l. lees; links; lire
L Romeins teken voor 50; pond sterling
l *v(m)* [-'s] twaalfde letter van ons alfabet; langs beide zijden v.d. tong (soms slechts één daarvan) gevormde stemhebbende vloeiklank
la *v(m)* [-'s] zesde toon v.d. diatonische toonladder; [-'s, laas, laden] lade; *aan het laatje zitten*, het beheer over de financiën hebben
la *lambert*, eenheid v. lichtsterkte
La lanthanium, lanthaan
laadbak *m* bak als vervoermiddel **laadboom** *m* kraan **laadbrug** loswerktuig op rails **laaddag** dag waarop geladen wordt **laadruim** ruim voor goederen **laadstroom** stroom waarmee een accu wordt geladen **laadvermogen** maximale belasting
laag I *bn & bw* niet hoog; onedel; gering; *lager onderwijs*, beginonderwijs; *lagere akte*, akte voor l.o. **II** *v(m)* [lagen] wat boven elkaar ligt; bedekking; hinderlaag; rij kanonnen; *lagen leggen*, strikken spannen; *de volle ~*, zeer krachtige aanval **laag-bij-de-gronds** *bn* platvloers **laagbouw** *m* wijze waarbij laag gebouwd wordt **laagdrem'pelig** *bn* gemakkelijk toegankelijk **laaghar'tig** *bn & bw* gemeen **laagheid** *v* [-heden] het laag zijn; gemeenheid, gemene daad **laagland** laag gelegen land **laagseizoen** rustige tijd **laags'(ge)wijs', laags'(ge)wij'ze** *bw* in lagen **laagspanning** *v* spanning van 380 volt of lager **laagstam** fruitboom met lage stam **laagte** *v* [-n, -s] het laag zijn; diepte; vallei; *naar de ~*, naar beneden **laagtij** *o* eb **laag'veen'** onder de waterspiegel gelegen veen **laagvlakte** laagland
laaie *in lichter ~*, in felle brand **laaien** vlammen **laaiend** *bn* woedend
laakbaar *bn & bw* te laken
laan *v(m)* [lanen] weg met aan iedere kant bomen; *de ~ uit*, weg
laars *v(m)* [-zen] (hoge) schoen; *aan zijn ~ lappen*, zich niets aantrekken van; *geen ~*, niets **laarzenknecht** *m* [-en, -s] voorwerp om laarzen uit te trekken
laat *bn & bw* niet vroeg; na de tijd; in tijd gevorderd; *hoe ~ het is*, hoe het ermee staat; *laatste*, jongste **laatbloeier** *m* [-s] laatbloeiende plant; wie op latere leeftijd tot prestaties komt **laatdun'kend** *bn & bw* aanmatigend **laatkoers** gevraagde prijs **laatkomer** *m* [-s] wie (te) laat komt **laatkop** kop voor het aderlaten **laatmes** lancet
laatst *bw* als laatste; onlangs **laatstelijk** *bw* ten laatste; de laatste maal **laatst'gebo'rene** [-n] jongste **laatst'gemel'de, laatst'genoem'de** [-n] wie het laatste genoemd is **laatst'le'den** *bn* jongstleden **laatstmaal** *bw* laatst
lab *o* [-s] laboratorium
labbekak *m* [-ken] babbelaar; bangerik; sul
labberdaan' *m* zoute vis **labberdoe'das** *m* klap **labberen** zacht waaien, flodderen **labberkoelte** *v*, **labberkoeltje** *o* flauwe wind
label ‹a=ee› *m* [-len, -s] adreskaartje; etiket; grammofoonplatenmerk **labelen** van een etiket voorzien
labeur' *o (Belgned.)* arbeid
labiaal' I *o* [-alen] mondstuk van orgelpijp **II** *v(m)* [-alen] lipklank **III** *bn & bw* met de lippen gevormd **labia'ten** *mv* lipbloemigen
labiel' *bn* onstandvastig
laborant' wie in een laboratorium werkt **laborato'rium** *o* [-s, -ria] werkplaats van natuur- en scheikundigen
labore'ren lijden
Labour ‹leebeur› *v* Eng. sociaal-democratische partij
labrador *m* [-s] grote harige jachthond
labyrint' *o* doolhof; ingewikkelde kwestie; inwendige gehoorgang
lacet' *o* [-ten] rijgveter
lach *m* het lachen **lachbui** onbedwingbaar gelach **lachebek** *m* [-ken] wie veel lacht **lachen** [lachte, gelachen] met vertrekking van z'n mond of met geluid zijn vrolijkheid uiten; *~ met*, spotten met **lacher** *m* [-s] wie lacht; iets om over te lachen **lachertje** *o* [-s] iets om over te lachen **lachgas** voor zeer korte tijd bewusteloos makend gas **lachlust** zin om te lachen **lachspiegel** lachlust opwekkende vervormende spiegel **lachspier** spier die bij het lachen werkt **lachstuip** hevige lachbui **lachwek'kend** *bn* lachen veroorzakend
laconiek' *bn & bw* kernspreukig; doodkalm
lacta'tie *v* melkafscheiding **lactoferri'ne** *v* tegen infecties beschermend eiwit in moedermelk van dieren **lactogeen** *bn* melkvorming stimulerend **lactometer** *m* [-s] melkmeter **lactoscoop'** *m* [-scopen] lactometer **lacto'se** ‹s=z› *v* melksuiker **lactovegetariër** *m-v* [-s] vegetariër die wel bepaalde dierlijke producten gebruikt
lacu'ne *v(m)* [-s] weglating, leemte
ladder *v(m)* [-s] klimtoestel; kapotte plek t.g.v. kapotte steek; toonschaal **ladderen** *h/z* een ladder krijgen **laddervrij** (gez. v. kousen) niet kunnen ladderen **ladderwagen** wagen met ladder; wagen met losse zijstukken **ladderzat** *(pop.)* volkomen dronken
lade *v(m)* [-n] schuifbak **ladelichter** [-s] wie geld uit laden steelt
laden [laadde, geladen] iets in of op iets brengen; met kruit en kogels vullen; elektriciteit brengen in; *op zich ~*, op zich nemen; *geladen*, woedend, gemunt
lading *v* het laden; vracht; waarmee een vuurwapen gevuld is; voorhanden elektriciteit **ladingmeester** [-s] opzichter bij het laden
lady ‹leedie› *v* [-'s] dame **ladykiller** *m* [-s] vrouwen bekorende man **ladylike** ‹laik› *bn* kenmerkend voor een dame **ladyshave** *wm* ‹leediesjeev› *m* [-s] scheerapparaat voor

vrouwen
laede'ren ‹ae=ee› benadelen; verwonden
laesie ‹leezie› *v* verwonding, beschadiging
laf *bn & bw* loom; flauw; zonder moed **lafaard** [-s], **lafbek** [-ken] *m* laf iem.
lafenis *v* [-sen] verkwikking
lafhar'tig *bn & bw* laf **lafheid** *v* [-heden] het laf zijn; laffe daad
lagedruk'gebied gebied met lage luchtdruk
lager *o* [-s] kogellager **lager(bier)** *o* licht bier **lagereind** minder eervol eind **lagere-in'komensgroepen** groepen met een lager inkomen **lagerhand** linkerhand **Lagerhuis** Tweede Kamer in Engeland **lagerwal'** oever waar de wind op staat; *aan ~*, in slechte omstandigheden geraakt
lagu'ne *v(m)* [-n, -s] strandmeer
laïcise'ren ‹s=z› aan de bemoeienis van geestelijken onttrekken
lak I *o/m* [-ken] uit film vormende stoffen bereide harsachtige stof **II** *m* lastering, blaam **III** *o* maling, onzin
lakei' livreiknecht
laken I *o* [-s] viltachtige effen wollen stof; tafellaken, beddenlaken; *van hetzelfde ~ een pak*, iets dergelijks; *de ~s uitdelen*, de baas zijn **II** *ww* afkeuren **lakens** *bn* van laken **lakenvelder I** *m* [-s] rund of hoen met brede witte streep in het midden **II** *bn* in het midden wit **lakenvelds** *bn* in het midden wit **lakenzak** *m* laken in zakvorm
lakfilm laagje lak **lakken** met lak sluiten of vernissen **lakmoes** *o* paarsige verfstof waarmee men zuren en basen onderscheidt **lakprofiel** verticale doorsnede bij een opgraving
laks *bn & bw* onverschillig, traag
lakschoen schoen v. verlakt leer **lakverf** sterk glanzende verf **lakvernis** oplossing van hars in olie
lala' middelmatig
lallen ongearticuleerde klanken voortbrengen
lam I *o* [-meren] jong schaap **II** *bn & bw* verlamd; verlopen; erg vervelend
lama *m* [-'s] met de kameel verwant eeltpotig zoogdier; boeddhistisch priester **lamaïs'me** boeddhisme in Tibet
lamba'da *m* [-'s] snelle Zuid-Amerikaanse dans
lambiek' *m* zwaar Brabants bier
lambrisering *v* houten wandbekleding
lamé *o* weefsel met goud- of zilverdraad
lamel' *v(m)* [-len] dunne strook stof; dun plaatje **lamel'vloer** parketvloer met in elkaar grijpende delen
lamenta'bel *bn & bw* beklagenswaardig **lamenta'tie** *v* [-s] jammerklacht **lamente'ren** weeklagen
laminaat' *o* [-naten] bep. plaatvormige kunststof
lamleggen stilleggen **lamlen'dig** *bn & bw* krachteloos, akelig **lammeling** beroerdeling **lammena'dig** *bn* lamlendig
lammeren lammeren werpen **lammergier** grote gier, Lat Gypaëtus barbatus **lammetjespap** bloempap
lammycoat ‹lemmiekoot› *m* [-s] schapenleren jas
lamoen' *o* inspan, tweearmige disselboom
lamp *v(m)* verlichtingswerktuig; radiolamp; *tegen de ~ lopen*, betrapt worden; *de ~ hangt scheef*, er is geldgebrek; *naar de ~ rieken*, te theoretisch zijn **lampenglas** glas om de vlam v.e. lamp **lampenist'** verzorger v. lampen **lampenkap** kap over een lamp
lampet' *o* [-ten] lampetkan **lampet'kan** kan v.e. wasstel **lampet'kom** kom v.e. wasstel
lampion' *m* [-s] papieren kaarslantaarn
lamprei' I *v(m)* prik **II** *o* jong konijn
lamsbout bout v.e. lam **lamskop** kop v.e. lam
lamslaan machteloos slaan of maken
lamsoor *v(m)* [-oren] eetbare op zilte klei groeiende plant met blauwviolette bloem, Lat. Statice limonium **lamstraal** *m* [-stralen] lammeling **lamzak** *m* [-ken] sloom iem. **lamza'lig** *bn* akelig
LAN *Local Area Network*, computernetwerk binnen een organisatie
lancas'ter *o* [-s] gepapt dicht weefsel; gordijn daarvan
lanceer'buis inrichting voor het lanceren van torpedo's **lanceer'raket** raket die een projectiel in de ruimte brengt **lance'ren** afschieten; *(fig.)* naar voren brengen, in zwang brengen
lancet' *o* [-ten] tweesnedig operatiemes
land *o* vaste grond; grond, bouw- of weiland, platteland; staat; streek; *het ~ hebben aan*, een hekel hebben aan; *in het ~ der levenden*, levend; *er is met hem geen ~ te bezeilen*, hij is onhandelbaar; *Heilig Land*, Palestina **landaard** volksaard; nationaliteit **landadel** op landgoederen wonende adel
lan'dau'er *m* [-s] vierwielige koets met neerslaande kappen **landaulet'** *v(m)* [-s] kleine landauer; auto met neerslaande kap
landbouw *m* akkerbouw; *als eerste deel v. ss in bet.*: van of met betrekking tot landbouw **landbouwbedrijf** landbouwonderneming **landbouwconsulent** consulent voor de landbouw **landbouwer** [-s] wie de landbouw beoefent **landbouwhuishoudschool** huishoudschool voor a.s. boerinnen **landbouwkun'dig** *bn* in de theorie v.d. landbouw **landbouwproefstation** inrichting voor proeven op het gebied v. landbouw
landdag landelijke vergadering; *(gesch.)* statenvergadering; *een Poolse ~*, een rumoerige vergadering **landdrost** bestuurder v.e. nog niet in of als een provincie opgenomen gewest **landeigenaar** grondbezitter **landelijk** *bn & bw* dorps; over het hele land verspreid **landen** *h/z* aan land komen; op de grond neerkomen, aan land zetten **landengte** *v* [-n, -s] door zee omgeven verbindingsstrook **landenklassement** klassement van landen naar hun prestatie in de sport **land- en vol'kenkunde** kennis van land en volk **land- en zee'macht** leger en vloot **landerig** *bn* futloos **landerij'en** *mv* akker- en weiland **landgenoot** iem. van hetzelfde land

L

landgoed groot landeigendom **landheer** eigenaar v.e. verpacht eigendom; heer op een landgoed **landhoofd** bruggenhoofd; pier **landhuis** villa **landhuishoudkunde** kennis v.h. landbouwbedrijf **landhuishoudkun'dig** *bn* **landhuisstof** dubbeldraadse stof voor overgordijnen **landhuur** pacht

landingsstrip terrein voor het starten en landen v. vliegtuigen

land'in'waarts *bw* het land in **landjuweel** *(Belgned.)* jaarlijkse wedstrijd tussen toneelgezelschappen in de Middeleeuwen **landkaart** geografische kaart **landklimaat** klimaat met hete zomers en strenge winters **landleven** leven op het land **landloper** [-s] zwervende bedelaar **landloperij'** *v* bedelend rondzwerven **landmacht** troepen te land **landman** [-lieden] landbouwer **landmeter** [-s] met opmeting belaste ambtenaar v.h. kadaster **landmijl** 1609 m **landmijn** ondergegraven explosiemijn **landname** *v(m) (gesch.)* het in bezit nemen van land in oude tijden **landouw'** *v(m)* landstreek, land **landpaal** grens, grenspaal **landrot** [-ten] niet-zeeman

landrover ⟨a=e⟩ *m* [-s] terreinauto

landsadvocaat voor de staat optredende advocaat **landschap** *o* [-pen] streek; natuurtafereel **landschapschilder** schilder van landschappen **landschapspark** uit cultuurgronden, natuurgebied en bebouwing bestaand beschermd gebied **landsdienaar** rijksambtenaar **landsheer** vorst **landsheer'lijk** *bn* v.d. landsheer **landskampioen** wie een landelijke competitie wint **landskind** iem. wiens voorouders reeds in het land woonden **landsman** [-lieden, -lui] landgenoot; iem. uit een bep. land **landstaal** taal v.h. land **landstreek** streek **landsverdediger** soldaat **landsvrouwe** *v* [-n] *(plecht.)* vorstin **landtong** in zee uitstekend smal stuk land **landverhuizer** wie in een ver land voorgoed gaat wonen **landverraad** samenspannen met vijand **landverrader** wie landverraad pleegt **landvoogd** bestuurder voor de vorst **landvoogdes'** *v* bestuurster voor de vorst **landvoogdij'** *v* waardigheid van landvoogd; ambtsduur v.e. landvoogd **landweer** *v(m)* [-weren] verdediging v.h. land; wal met gracht **landweg** niet bestrate weg, weg over land **landwijn** eenvoudige wijn **landwind** v.h. land komende wind **landwinning** *v* inpoldering **landzijde** naar het land gekeerde zijde

L

lang *bn & bw* van tamelijk grote lengte; in lengte; niet kort; *het is zo ~ als het breed is*, het maakt weinig verschil; *~ van stof*, langdradig; *een ~ gezicht trekken* of *zetten*, misnoegd zijn; *~ en breed*, zeer uitvoerig; *al ~ en breed*, al lang; *hoe langer hoe*, steeds meer; *~ niet*, helemaal niet; *bij ~e niet*, op geen stukken na; *in het ~*, *(van dames)* met een lange en (bijna) slepende japon; *~e bal*, *(sp.)* over grote afstand gespeelde bal; *~e kleur*, veel speelkaarten van een zelfde soort **langbeen** I *m-v* [-benen] iem. met lange benen II *m* dier met lange poten **langdra'dig** *bn & bw* wijdlopig, vervelend **langdu'rig** *bn* lang van duur **langeaf'stand(s)loper** *m* [-s] hardloper met een traject van meer dan 1500 meter **langebaan'wedstrijd** *m* [-en] schaatswedstrijd op de lange baan **langen** aangeven **langetermijn'planning** planning voor de verre toekomst of op lange termijn **langgestrafte** *m-v* [-n] iem. met een gevangenisstraf van meer dan één jaar **langhals** I *m-v* [-zen] persoon met lange hals II *m* [-zen] dier of ding met lange hals **lang'ha'rig** *bn* met lange haren **langlaufen** [langlaufte, gelanglauft] op korte ski's zich met twee stokken voortbewegen **langlopend** *bn* wat lange tijd loopt; voor een lange periode vastgesteld

langoesti'ne *v* [-s] kleine soort kreeft

langoor I *m-v* [-oren] iem. met lange oren II *m* [-oren] ezel, haas **langparkeerder** wie lang parkeert **langpoot** *m* [-poten] langbeen; langpootmug; hooiwagen **langpootmug** mug met lange poten

langs *vz & bw* in de lengte; naast; voorbij; bezijden *(ook als eerste deel van sk met een ww van beweging)*; *er van ~ krijgen* of *geven*, slaag krijgen *of* geven

langslaper *m* [-s] wie lang slaapt **langspeelplaat** grammofoonplaat met lange speelduur **langspeler** *m* [-s] langspeelplaat

langs'scheeps' *bn & bw* in de lengte v.h. schip lopend

langst'le'vende [-n] wie het langst leeft

langszij' *bw* aan de zijde v.h. schip

langtand *m* lekkerbek **lang'uit'** *bw* in volle lengte **langvoer** hooi en stro **langwer'pig** *bn & bw* meer lang dan breed **langzaam** *bn & bw* niet snel **langzaam-aan'-actie** lijntrekkerij als dwangmiddel **langzamerhand'** *bw* van lieverlede

lanital' *v(m)* melkwol

lankmoe'dig *bn & bw* toegeeflijk

lanoli'ne *v(m)* wolvet

lans *v(m)* spies, speer; *een ~ breken*, een goed woord doen **lansier'** *m* [-s] met lans gewapende ruiter **lansknecht** *(gesch.)* soldaat te voet

lantaarn' *v(m)* [-s] verlichtingstoestel in omhulsel; toren met aan alle kanten ramen op een koepel; *met een ~(tje) te zoeken*, zeer zeldzaam **lantaarn'paal** paal met lantaarn **lantaarn'plaatje** plaatje voor projectie

lanterfant wie lanterfant **lanterfanten** leeglopen

lap *m* [-pen] stuk doek of wat er op lijkt; dronkaard, slappeling; bankbiljet; stuk (grond); klap; het passeren; plat stuk vlees van niet bijzondere kwaliteit; stuk leer; *van oude ~pen*, lelijk; *voor het ~je*, voor de gek, met de wind v. achter, voorspoedig; *op de ~pen*, wat opgeknapt

laparoscoop' *m* [-scopen] apparaat voor

medisch onderzoek v.d. buikholte **laparoscopie'** kijkoperatie in de buikholte
lapidair' ⟨ai=è⟩ *bn* in steen gehouwen; kort en krachtig
lapis lazu'li ⟨u=oe⟩ bep. blauwe edelsteen
lapjeskat driekleurige kat **lapmiddel** niet afdoende verbetering **lappen** verstellen, in orde brengen; zemen; vóórkomen; (geld) bijeenbrengen; *'m ~*, klaarspelen; *er door ~*, verbrassen **lappendeken** bont geheel **lappenmand** *in de ~*, onwel
lapsus *m* [lapsus, -sen] fout
laptop ⟨a=e⟩ *m* [-s] schootcomputer
lapwerk niet afdoende verbetering
lapzalf kwakzalversmiddel **lapzalven** tuig insmeren; kwakzalven
lapzwans *m* [-en, -zen] prul v.e. man
larde'ren met reepjes spek doorsteken of vullen, spekken
larf *zie* **larve**
larghet'to ⟨gh=g *of* G⟩ *bw* enigszins statig **II** *o* [-'s] enigszins statig stuk **largo** ⟨g=g *of* G⟩ *bw* statig **II** *o* [-'s] statig stuk
larie *v* [-s] onzin; slechte vrouw **lariefarie** *o/v*, **lariekoek** onzin **lariemoer** *v* [-s] kletskous
lariks *m* alleen 's zomers groene naaldboom
larmoyant' ⟨larmwajant⟩ *bn* huilerig
larve *v(m)* [-n] insect zoals het uit het ei komt
laryngaal' **I** *v(m)* [-galen] strottenhoofdmedeklinker **II** *bn* in strottenhoofd **laryngi'tis** *v* ontsteking v.h. strottenhoofd **laryngoscoop'** *m* [-scopen] keelspiegel **larynx** *m* strottenhoofd
las *v(m)* [-sen] stuk waarmee men aaneenlast **las'aggregaat** apparatuur voor autogeen lassen
lasag'ne ⟨lazan'je⟩ *m* [gmv] deeg van brede vellen voor Italiaanse gerechten; Italiaans ovengerecht
lascief' ⟨sc=ss *of* sk⟩ *bn* dartel, wulps
laser ⟨as=eez⟩ *m* [-s] *light amplification by stimulated emission of radiation*, toestel waarin met een geconcentreerde smalle bundel licht wordt gewerkt **laserkanon** laserstralen uitzendend wapen **laserpen** pennetje dat een smalle laserstraal uitzendt waarmee men iets kan aanwijzen **laserprinter** *(comp.)* afdrukmachine met behulp v. laserstralen
laskaar' [-karen, -s], **laskar'** [-ren] inlands Indisch matroos
lasnaad naad waar de las is **lassen** door samen te smelten verbinden
lasso *m* [-'s] werpstrik
last *m* vracht; druk, drukkende zorg; overlast; bevel; *ten laste leggen*, beschuldigen **lastbrief** schriftelijk bevel **lastdier** voor vrachten bestemd dier **lastenaftrek** het aftrekken v. zekere lasten bij belastingaangifte
laster *m* kwaadsprekerij **lasteraar** *m* [-s] wie lastert **lastercampagne** georganiseerde kwaadsprekerij **lasteren** kwaad spreken; *God ~*, God zwaar beledigen **lasterlijk** *bn* laster sprekend; God zwaar beledigend **lasterpraatje** lasterlijk praatje
lastex *m/o* rubberdraad voor elastische weefsels; weefsel v. die draad
lastgeld naar scheepsinhoud verschuldigd geld **lastgever** [-s] opdrachtgever **lastgeving** *v* opdracht, lastbrief **lasthebber** [-s] wie een lastgeving bezit **lastig** *bn & bw* hinderlijk, moeilijk; veeleisend; *~ vallen*, storen, ongelegen zijn
last-mi'nuteboeking ⟨laastminnut⟩ *v* het vlak voor vertrek boeken v.e. daardoor goedkopere reis
lastpak *o* lastig kind **lastpost** *m* lastig iem. **lastvrij** *bn* vrij van belasting of verplichting
lat *v(m)* [-ten] lang en smal en dun hout; *(mil., pop.)* sabel; *op de ~*, op de pof
lat (in afkortingen); *living apart together*, relatie waarbij de partners op zichzelf wonen
Lat. Latijn(s)
latafel lage kast met enkele laden
latei' *v(m)* draagstuk, draagbalk **latei'hout** draagbalk **latei'steen** draagsteen
laten [liet, gelaten] toestaan; niet veranderen; nalaten; overlaten; aderlaten; achterlaten; maken dat iets geschiedt; doen blijven; (ook als hulpwerkwoord van wijze); *het erbij ~*, erin berusten; *het leven ~*, sterven
latent' *bn* verborgen; gebonden
lateraal' **I** *bn & bw* (van) ter zijde; parallel; in de zijlijn; *~ denken*, op onconventionele manier en vanuit een heel andere hoek een probleem benaderen **II** *v(m)* [-ralen] langs beide zijden v.d. tong of langs één daarvan gevormde medeklinker
lateren riet aanbrengen over de panlatten
latertje *o* wat laat afgelopen is
latex *o/m* melksap v.d. rubberboom; grondstof van synthetisch vervaardigde rubber; latexverf **latexverf** verf op waterbasis
lathyrus *m* [-sen] pronkerwt
Latijn' *dat is ~ voor mij*, ik versta dat niet **Latijns'** *bn* van de Latijnen; *~ kruis*, kruis met korte dwarsbalk **latinise'ren** ⟨s=z⟩ Latijns maken **latinis'me** [-n] barbarisme onder invloed v.h. Latijn
laton' *o* met stof of papier omwikkeld metaaldraad
lat-relatie *v* het niet samenwonen v. partners
latri'ne *v* [-s] privaat
lattenbodem constructie van latten ter ondersteuning v.e. matras
latuw *v(m)* samengesteldbloemig plantengeslacht (Lat. Lactuca); gewone sla
latwerk hekwerk
lauda'num *o* opiumpreparaat
lauda'tie *v* [-s] lofprijzing
laurier' *m* altijdgroene sierboom met dik blad v.d. familie Lauraceae; lauwer **laurier'bes** bes v.d. laurier **laurier'drop** harde bittere drop **laurier'kers** *m* sierheester met bladeren als v.e. laurier en op kersen lijkende vruchten, Lat. Prunus laurocerasus **laurier'roos** oleander
lauw *bn & bw* enigszins warm; onverschillig
lauwer *m* [-en] krans van laurier; zegekrans, *(mv fig.)* roem **lauweren** met lauwer

L

kronen, verheerlijken **lauwerkrans**, **lauwerkroon** lauwer

lauwheid I *v*, **lauwte II** *v* het lauw zijn

lava *v(m)* vloeibare vulkanische stoffen

lavabo' *m (Belgned.)* wastafel

lavas' *m* [-sen] maggiplant

laveloos *bn (pop.)* stomdronken

lavement' *o* darmspoeling

laven met drank verkwikken

laven'del *v(m)* lipbloemige specerijachtige heester, Lat. Lavandula vera

lave'ren *h/z* zigzagsgewijs tegen de wind zeilen; onvast lopen; schipperen

lavet' *o* [-ten] korte badkuip met verhoog

lavo lager algemeen voortgezet onderwijs

lavo *v* [-'s] school met lager algemeen voortgezet onderwijs

lawaai' *o* geraas **lawaai'(er)ig** *bn & bw* met lawaai **lawaai'saus** dunne saus **lawaai'schopper** *m* [-s] wie lawaai maakt

lawi'ne *v* [-s, -n] sneeuwstorting; overstelping **lawi'nereactie** snel en steeds verder verlopend proces

lawntennis ‹a=ò› *o* tennis

laxans [-tia], **laxatief'** [-ven] *o*, **laxeer'middel** purgeermiddel **laxe'ren** stoelgang bevorderen

lay-out' ‹ay=ee› *m* [-s] opmaak v. drukwerk **lay-ou'ten** [layoutte, gelayout] de lay-out maken van

lazaret' *o* [-ten] veldhospitaal **lazarist'** *m* lid v. door Vincentius a Paulo gestichte congregatie **lazarus** *bn (pop.)* gek; dronken

lazer, **lazerij'** *(vulg.) op zijn ~ geven*, uitschelden; slaan **lazerstraal** *m (scheldn.)* vervelend persoon

lazu'ren *zie* **azuren**; **lazuur'** *zie* **azuur**

lb. pond

L.B. loco-burgemeester; *Lector benevole*, welwillende lezer

l.c. *loco citato*, op de aangehaalde plaats

LCD *Liquid Crystal Display*, op basis van vloeibare kristallen werkend beeldscherm

lead ‹ea=ie› *m* [-s] eerste alinea v.e. krantenbericht **leader** *m* [-s] hoofdartikel in een krant; herkenningsmelodie **leadzanger** *m* voornaamste zanger in groep

lease-auto ‹lies-auto› op lange termijn gehuurde auto **leasen** ‹liesen *of* liezen› [leaste/leasde, geleast/geleasd] *inz. van productiemiddelen of duurzame bedrijfsmiddelen*: op lange termijn huren of verhuren **lease-overeenkomst** overeenkomst over huur op lange termijn

leb, **lebbe** *v(m)* [-ben] lebmaag; stremsel **lebaal** dikke paling **lebberen** zacht slobberend drinken **lebbig** *bn & bw* naar leb smakend; boosaardig **lebmaag** vierde maag

lector *m-v* [-s, -en] docent a.e. universiteit; bep. geestelijke rang; wie voor een uitgeverij manuscripten leest; wie tijdens een kerkdienst lezingen verzorgt **lectoraat'** *o* [-raten] ambt v. lector **lectuur'** *v* leesstof; lezing

le(d)ebraak *v(m)* het radbraken; zwaar werk

ledematen *mv* armen en benen **ledenkapitaal** inlegsommen **ledenpop** pop met beweegbare leden; *(fig.)* willoos werktuig

leder *o* stof v. bewerkte huid **lederen** *bn* leren **lederhuid** huidlaag onder de opperhuid

ledig, **leeg** *bn & bw* niet gevuld; onbezet **ledigen**, **legen** leeg maken **lediggang** *m* het nietsdoen **ledigheid** *v* het leeg zijn; werkloosheid

ledikant' *o* losstaand bed

leed I *o* verdriet **II** *bn* onaangenaam, spijtig **leedvermaak** *o* vermaak in leed **leedwezen** *o* verdriet, spijt

leefbaar *bn* gezellig en geschikt om erin of ermee te leven **leefeenheid** wooneenheid; groep v. samenwonenden **leefhoek** *m* geheel v. woonkamermeubels **leefklimaat** *o* sfeer waarin men leeft **leefkuil** *m* verlaagde zithoek **leefmilieu** door de mens gevormd milieu **leefnet** net om vis levend te bewaren **leefregel** regel volgens welke iem. leeft **leeftijd** aantal jaren **leeftijdsgrens** grens bij bep. leeftijd **leeftijdsontslag** ontslag wegens het bereiken v.e. leeftijdsgrens **leeftocht** *m* proviand **leefwijze** wijze van leven

leeg *bn & bw* ledig **leeggoed** lege verpakking waarop statiegeld is gegeven **leegheid** niet werken **leeghoofd** ijdel en dom iem. **leegloop** *m* het in werking zijn zonder dat arbeid wordt geleverd; het weggaan v. bewoners uit een bep. gebied **leeglopen** leeg worden; niets uitvoeren **leegmaken** ledigen **leegstaan** niet gebruikt worden, niet bewoond worden **leegstand** *m* het leegstaan **leegte** *v* ledige ruimte **leegverkoop** uitverkoop

leek [leken] niet-geestelijke; niet-vakman

leem *o/m* taaie aardsoort die weinig water doorlaat

leeman *m* [-s, -nen] ledenpop

leemgroeve, **leemkuil**, **leemput** groeve waar men leem graaft

leemte *v* [-n, -s] gebrek; lacune

leen *o* [-lenen] het lenen; *(gesch.)* geleend goed **leengoed** geleend goed **leenmoeder** draagmoeder **leenspreuk** overdrachtelijke uitdrukking, zinspreuk **leenspreu'kig** *bn* figuurlijk **leentjebuur** *~ spelen*, telkens lenen **leenvertaling** ontleend woord in letterlijke vertaling **leenwoord** *o* aan een andere taal ontleend woord

leep *bn & bw* slim; sluw; druipogig; *van de ~*, slaag **leepogig** *bn* met druipogen

leer I *v(m)* lering, les; stelsel, theorie **II** *o* leder; *(sp.)* bal v. voetbalspel; *van ~ trekken*, zich verweren; opspelen; *~ om ~*, met gelijke munt **leerbegrip** systeem v. leer **leerboek** boek voor studie **leerdicht** als onderrichting bedoeld gedicht **leerdoek** wasdoek **leergang** *m* cursus; methode **leergeld** geld voor onderwijs; *~ betalen*, met schade wijs worden **leergie'rig**, **leergraag** *bn* gaarne lerend **leerhuis** afdeling v.e. school waar leerlingen leren

zelfstandig te studeren **leerjaar** schoolklas, schooljaar **leerkracht** onderwijzer, leraar **leerling** wie onderwijs ontvangt; volgeling **leerlingenschaal** aantal vereiste of toegestane leerlingen **leerlingenstelsel** *o* stelsel van vakopleiding met leertijd
leerlooien *o* het bereiden van huiden tot leer **leerlooierij'** *v* werkplaats of bedrijf v.d. leerlooier
leermeester wie onderwijs geeft **leermiddel** hulpmiddel bij onderwijs **leerplan** verdeling v.d. leerstof over de leertijd **leerplicht** plicht om lager onderwijs te volgen **leerplich'tig** *bn* wettelijk verplicht om onderwijs te volgen **leerrede** preek **leerrijk** *bn* leerzaam **leerschool** gelegenheid waar men iets leert **leerstel'lig** *bn* dogmatisch, doctrinair **leerstelling** beginsel v.e. leer **leerstelsel** leer **leerstoel** hoogleraarsambt **leerstof** te onderwijzen stof **leerstraf** *(jur.)* als straf opgelegde cursus in vaardigheden **leerstuk** geloofswaarheid
leertje *o* stukje leer **leertouwen** *o* het leerbereiden
leervak vak v. onderwijs **leerzaam** *bn* leergierig; vol lering
leesbaar *bn & bw* te lezen **leesbeurt** beurt om voor te lezen **leesbibliotheek** uitleenbibliotheek **leesblind** *bn* niet in staat letters met begrippen te verbinden **leesboek** boek waaruit men leert lezen; boek met leeslessen; *(pop.)* romanachtig boek **leesdienst** kerkdienst waarbij een door een ander gemaakte preek wordt voorgelezen **leeshonger** behoefte om te lezen **leeskring** groep v. personen met wie men boeken leest **leesmoeder** bij leesles helpende moeder van leerling **leesonderwijs** onderwijs in het lezen **leespen** elektronisch apparaat voor het interpreteren v. symbolen **leesplank** plankje met afbeeldingen en letters voor leesonderwijs **leesportefeuille** voor korte tijd circulerende map met tijdschriften
leest *v(m)* vorm; gestalte; vorm van schoenen; *zijn buik* of *maag op de ~ slaan*, onmatig eten; *op dezelfde* of *een andere ~ schoeien*, naar hetzelfde *of* een ander model maken
leestafel tafel met tijdschriften en kranten **leesteken** teken om het lezen te vergemakkelijken **leestoon** toon waarop gelezen wordt **leesvenster** display **leesvoer** niet diepgaande lectuur **leeswijzer** *m* [-s] bladwijzer **leeszaal** grote leeskamer
leeuw *m* katachtig roofdier waarvan het mannetje lange manen heeft
Leeuw **I** *m* vijfde teken v.d. dierenriem **II** *m-v* wie onder dat teken geboren is **leeuwenaandeel** grootste deel **leeuwenbek** *m* [-ken] leeuwenmuil; plant met op bek v.e. leeuw lijkende bloem v.d. geslachten Antirrhinum en Linaria **leeuwendeel** grootste deel **leeuwenhuid** *een ~ aantrekken*, zich moedig voordoen **leeuwenklauw** *m* plant v.h. geslacht Alchemilla **leeuwenkuil** kuil met leeuw(en) **leeuwenmoed** grote moed **leeuwenmuil** *m* leeuwenbek, Lat. Antirrhinum
leeuwerik *m* steil opstijgende zangvogel in akker- en weiland, Lat. Alauda arvensis
leeuwin' *v* [-nen] wijfjesleeuw **leeuwtje** *o* kleine leeuw; nevenras van Maltezer hond; *(pop.)* ridderorde v.d. Ned. Leeuw
leewater vocht tussen de gewrichten **leewieken** de vleugels van kuikens schroeien zodat ze niet meer groeien, de pees waarmee de vliegspieren vastzitten doorsnijden
lef *o/m* branie, durf; *op ~*, zonder betaling
LEF landbouwegalisatiefonds **lefdoekje** *o* pocket **lefgozer** *(pop.) m* [-s] branieschopper
leg *m* leggen v. eieren; leggen v.e. visnet
legaal' *bn & bw* wettig, wettelijk geoorloofd
legaat' **I** *m* [-gaten] *(inz.)* pauselijk gezant **II** *o* [-aten] schenking bij uiterste wil
legalisa'tie ⟨s=z⟩ *v* [-s] het legaliseren **legalise'ren** ⟨s=z⟩ wettig maken; geldig maken, voor echt verklaren **legaliteit'** *v* wettigheid **legaliteits'beginsel** beginsel dat illegale feiten niet worden toegestaan
legata'ris *m* [-sen] wie een legaat krijgt **legate'ren** als legaat vermaken **lega'tie** *v* [-s] gezantschap
lega'to *bw (muz.)* gebonden
legbatterij *v* verzameling kleine kooien voor kippen **legboor** *v(m)* [-boren] uitsteeksel om gaatjes voor eieren te boren v. insect
legen ledigen
legen'da *v(m)* [-'s] verklaring v. tekens op een plattegrond e.d.; verklarende tekst op een schilderij e.d.
legenda'risch *bn & bw* tot een legende behorend, fabelachtig **legen'de** *v(m)* [-n, -s] ged. verzonnen verhaal inz. over een heilige; randschrift; verklaring bij een landkaart
leger *o* [-s] ligplaats; kamp; menigte (inz. soldaten) **Leger des Heils** door W. Booth gestichte, praktisch christendom nastrevende organisatie
lege'ren [legeerde, gelegeerd] legateren; metalen samensmelten
le'geren [legerde, gelegerd] (doen) kamperen; gaan liggen **legergroen** *bn* groen in de kleur van kleding en materiaal die in het leger gebruikt worden
lege'ring *v* metaalmengsel; het legeren
le'gering *v* het legeren, plaats waar men gelegerd is **legerkorps** *o* legerafdeling **legermacht** krijgsmacht **legerplaats** kamp **legerschaar** *v(m)* heerschaar **legerstede** *v(m)* [-n] bed **legertrein**, **legertros** bagagestoet v. leger
leges ⟨g=g *of* zj⟩ *mv* rechten wegens schrijfkosten
leggen [legde, lei, gelegd] doen liggen, plaatsen **legger** *m* [-s] onderste molensteen; vloerbalk die ligt; 582 liter; register
legging *m* [-s] (nauwsluitende) maillot zonder voet

L

leghorn *m* [-s] witte zeer goed leggende kip
legio *bw* zeer veel
legioen' *o* legerafdeling; gezamenlijke voetbalsupporters
legionairs'ziekte ‹ai=è› veteranenziekte **legionel'la** *v(m)* [-'s] bacterie die de veteranenziekte veroorzaakt; veteranenziekte
legislatief' *bn* wetgevend **legislatuur'** *v* wetgevende macht
legitiem' *bn* wettelijk, wettig, rechtmatig **legitima'tie** *v* [-s] het (zich) legitimeren **legitima'tiebewijs**, **legitimatiekaart** papier waarmee men zich legitimeert **legitime'ren** wettigen, voor echt verklaren; *zich ~*, documenten tonen die aangeven wie men is **legitimiteit'** *v* echtheid, wettigheid
legkaart, **legpuzzel** aaneen te passen afbeelding als speelgoed **legkast** kast met planken **legkelder** *m* kelder waarin men bier enige tijd laat liggen **legkip** voor het leggen gehouden kip
lego *wm o/m* uit in elkaar passende bouwstenen bestaand speelgoed
legpenning medaille **legpuzzel** legkaart **legtijd** tijd waarin de kippen leggen
leguaan' *m* [-anen] kamhagedis; stootkussen
lei **I** *o* donkergrauwe dunbladige delfstof **II** *v(m)* plaat daarvan voor dakbedekking en om te schrijven; *een schone ~*, niets op zijn kerfstok **III** *m* [-s] munt en munteenheid van Roemenië **leiband** *aan iemands ~*, zich naar iem. richtend **leiboom** boom waarvan de takken langs latten geleid worden **leidekker** *m* [-s] wie met leien bedekt
leiden doen gaan; rondvoeren; besturen; doorbrengen; voeren
Leiden ~ *in last*, men is in nood
leidersprincipe principe waarbij men een leider heeft
leiding *v* het leiden; bestuur; lang, meestal cylindrisch voorwerp waardoor of waarlangs iets wordt geleid; *de ~ nemen*, de eerste zijn **leidingwater** water uit de leiding
leidmotief *(muz.)* grondmotief; grondgedachte
leidraad *m* [-draden] beknopte handleiding; wat leidt
leidsel *o* [-s] teugel **leidsman** [-lieden] geleider, gids; *(sp.)* scheidsrechter **leidster** *v(m)* [-s] poolster; gids **leidsvrouw** vr. leider, *(fig.)* gids
leien *bn* van lei **leigroeve** groeve waar lei gewonnen wordt
leis *v(m)* koppelriem voor jachthonden; middeleeuwse beurtzang
leisel *o* [-s] leidsel
leisteen *o/m* lei; leiachtige steen
leisurepark ‹lèzjur› amusementspark
lek **I** *bn* niet waterdicht, gebarsten **II** *o* [-ken] plaats waar iets lek is; plaats waar een geheim uitlekt **III** *m* het lekken **lekbakje** *o* bakje voor uitlekken **lekbier** uitgelekt bier
lekenapostolaat apostolaat door leken **lekenbroeder** kloosterling die geen priester is **lekenspel** toneelspel met spreekkoren voor niet-beroepsspelers
lekgat plaats waar een lek is **lekhoni(n)g** *m* honing uit raat zonder persing **lekka'ge** ‹ag=aazj› *v* [-s] lekking **lekken** vochtdruppels doorlaten; een lek hebben; geheime informatie verstrekken
lekker *bn & bw* aangenaam; kieskeurig; vol verwachting; *niet ~*, onwel; niet goed snik; *(jong.) gaat 'ie ~?*, lukt het goed? **lekkerbek** *m* [-ken] wie van lekker eten houdt; gefrituurde schelvisfilet **lekkernij'** *v* iets lekkers **lekkers** *o* iets lekkers; *wat ~*, iets fraais **lekkertje** *o* stukje lekkers; lieverdje
leksteen water doorlatende steen **lekstroom** verloren gaande elektriciteit
lel *v(m)* [-len] afhangend lapje; klap; del
lelie *v(m)* [-s, -liën] plant v.h. geslacht Lilium **lelieachtigen** bep. planten **lelietje-der-da'len** [lelietjes-der-dalen], **lelietje-van-da'len** [lelietjes-van-dalen] *o* plantje met klokvormige witte bloempjes, Lat. Convallaria majalis
lelijk *bn* niet schoon **lelijkerd** *m* [-s] wie lelijk is of doet
lellebel *v* [-len] *(pop.)* onfatsoenlijke of slordige vrouw
lellen *(pop.)* zaniken
lemen **I** *ww* met leem besmeren **II** *bn* van leem; met leem bedekt
lemma *o* [-ta, -'s] trefwoord in woordenboek; hulpstelling; leus
lemmer *o* [-s] kling
lemmet *o* kaarsenpit, lampenkous; kling
lemming *m* Noord-Europese en Siberische marmot, Lat. Lemmus lemmus
lende *v(m)* [-n, -nen] benedendeel v.d. rug; *de ~n smeren*, afrossen ***lendedoek** *(Wdl. lendendoek)* om de lendenen gedragen doek **lendekussen** kussen voor in de lenden **lendepijn** pijn in de lenden ***lendestuk** *(Wdl. lendenstuk)* stuk uit de lenden
lenen tijdelijk geven of krijgen; *(plecht.)* leunen; *zich ~ tot*, zich laten gebruiken voor
leng **I** *m* lange kabeljauw met kleine kop **II** *o* strop om te hijsen; draadvormig bederf in graan of brood
lengen *h/z* langer maken of worden **lengte** *v* [-n, -s] het lang zijn; afstand tot de nulmeridiaan; *in ~ van tijd*, op de duur; *tot in ~ van dagen*, nog lang; *het moet uit de ~ of uit de breedte*, het moet ergens vandaan komen **lengteas** as in de lengte **lengtecirkel** meridiaan **lengte-eenheid** eenheid waarin lengte wordt uitgedrukt **lengtegraad** 1/360 v.d. equator of v.e. parallel **lengtemaat** eendimensionale maat
lenig *bn & bw* buigzaam
lenigen verzachten
lening *v* het lenen; geleende geldsom
lens **I** *v(m)* [lenzen] doorzichtig lichaam met gebogen vlakken; pen tegen wagenrad **II** *v(m)* [-en] spiets, harpoen **III** *bn* leeg; *(pop.)* krachteloos, lam **lensen** met lens doorsteken **lenskop** beneden de

oppervlakte aan te brengen bolle kop van schroef **lenspomp** pomp om water te lozen
lente *v(m)* 21 maart tot 21 juni; voorjaar; *(zegsw.)* jaar; *als eerste deel v.e. ss ook in bet.*: (als) in de lente **lentemaand** maart **lentenachtevening** 21-22 maart **lente-uitje** *o* kleine langwerpige ui met eetbaar blad
lento *bw (muz.)* langzaam
lenzen leegmaken; met weinig zeil voor de wind varen
lenzenvloeistof vloeistof om contactlenzen in te bewaren
lepel *m* [-s] schepwerktuig om iets vloeibaars naar de mond te brengen; *(jagerst.)* oor v.e. haas **lepelaar** *m* [-s, -laren] steltloper met lepelvormige snavel, Lat. Platalea leucorodia **lepelblad** blad v.e. lepel; deel van boor waarin boorijzer zit; plant v.h. geslacht Cochlearia **lepelen** met een lepel eten **lepelexcavateur** *m* [-s] graafmachine met op lepel lijkende graafemmer **lepelrek** rek voor lepels **lepeltje lepeltje** in lepeltjeshouding **lepeltjeshouding** houding waarbij men gekromd naar iemands rug gewend ligt **lepelvaasje** *o* bekertje voor lepeltjes
leperd *m* [-s] slimmerd, sluwerd
leplazarus *zich het ~ schrikken*, erg schrikken
leppen met kleine teugen drinken, opslorpen met de tippen v.d. lippen
lepra *v(m)* melaatsheid **leproos'** I *bn* melaats II *m* [-prozen] melaatse **lepro'zenhuis** gesticht voor melaatsen
lepton *o (nat.)* in verhouding tot een waterstofatoom klein elementair deeltje
leptosoom' ‹s=z› *bn* van lange en magere bouw II *m* [-somen] wie zo is
leraar *m* [-raren, -s] wie onderwijs geeft **leraarschap** *o* het leraar zijn **lerares'** [-sen] vr. leraar
leren I *ww* kennis of vaardigheid verwerven; onderwijzen; africhten tot II *bn* van leer **lering** *v* catechisatie; onderrichting
les *v(m)* [-sen] onderricht; wat men moet leren; gedeelte uit een religieus geschrift; leerzaam voorbeeld; *de ~ lezen* of *een les(je) geven*, berispen **lesauto** auto om te leren autorijden
lesbevoegdheid bevoegdheid om les te geven
lesbien'ne ‹lesbiejenne› *v* [-s] homosexuele vrouw **lesbisch** *bn & bw gezegd van vrouwen*: homosexueel **lesbo** *v* [-'s] lesbienne
lesbrief les in de vorm v.e. brief **lesgeven** *o* onderwijzen **lesrooster** rooster v.d. lessen **lessen** stillen, blussen; les nemen **lessenaar** *m* [-s] schrijf- of leestoestel met schuin blad
lest *ten langen ~e*, eindelijk; *~ best*, het laatste is het beste
lestoestel vliegtuig om te leren vliegen **lesuur** uur waarin les gegeven wordt
letaal' *bn* dodelijk **letaliteit'** *v* dodelijkheid; sterfte
lethargie' ‹leetargie› *v* slaapzucht, diepe slaap; onverschilligheid **lethar'gisch** *bn* slaapzuchtig; ongevoelig; (v. slaap) diep
letsel *o* [-s] verwonding
letten verhinderen; *~ op*, acht geven op
letter I *v(m)* [-s] klankteken; voorwerp in die vorm; formulering; brief; *naar de ~*, letterlijk; *~s eten*, studeren; *op de ~*, met spellinguitspraak II *mv* [-en] letterkunde, taal en letterkunde **letterbak** bak voor opbergen van letters en nu ook opgehangen voor etaleren v. snuisterijen **letterdief** wie plagiaat pleegt **letteren** met letters merken **lettergieten** *o* het gieten v. letters **lettergieterij'** *v* kunst of bedrijf of werkplaats v.d. lettergieter **lettergreep** *v(m)* [-grepen] met één ademstoot uit te spreken klankgroep **letterkeer** *m* [-keren] anagram **letterknecht** wie zich aan de letter houdt **letterkunde** *v* schone taal; wetenschap daarvan **letterkundig** *bn & bw* met betrekking tot of behorende tot de letterkunde **letterkundige** [-n] kenner van letterkunde; schrijver van letterkundig werk **letterlie'vend** *bn* van letterkunde houdend **letterlijk** *bn & bw* naar de letter; werkelijk **letterplank** plank met letters voor leesonderricht **letterraadsel** in letters vervat raadsel **letterroof** plagiaat **letterschrift** uit letters bestaand schrift **letterslot** met letters werkend slot **lettersoort** soort v. letters **lettertang** apparaat voor het aanbrengen v. letters op plakstrips **letterteken** letter **lettertje** *o* kleine letter **lettervers** acrostichon
lettervreter *m* [-s] wie alles leest wat hij te pakken krijgt **letterwoord** uit beginletters gevormd woord **letterzetten** *o* zetten **letterziften** *o* kleingeestig vitten
leugen *v(m)* [-s] opzettelijk onware mededeling **leugenaar** *m* [-s] wie liegt **leugenachtig** *bn* liegende; gelogen **leugenbeest** I *o*, **leugenbrok** II *m-v* wie grof liegt **leugencampagne** lastercampagne **leugendetector** *m* [-s] apparaat dat leugens aantoont **leugentaal** leugens **leugenzak** *m* leugenbrok
leuk *bn & bw* aardig; quasi-onverschillig; quasi-onnozel
leukemie' ‹eu=ui› *v* bloedziekte met een teveel aan witte bloedlichaampjes
leukerd *m* [-s] leuk iem.
leukocyt' *m* wit bloedlichaampje **leukoder'mia**, **leukodermie'** *v* verbleking v.d. huid **leukoplast** *m/o* hechtpleister van rubber en zinkoxide
leukweg *bn* kalm, laconiek
leunen steunen **leuning** *v* voorwerp om op te steunen **leuningstoel**, **leunstoel** armstoel
leur *v(m)* prul, vod; prikje **leuren** venten, te koop lopen
leus *v(m)* [-zen] wachtwoord, devies; *voor de ~*, voor de schijn
leut *v(m)* pret; *(pop.)* koffie
leuteraar [-s] talmer, kletskous **leuteren** loszitten; kletsen; peuteren; talmen **leuterkous** *v(m)* kletskous **leuterpraat** kletspraat
leuze *v(m)* [-n] leus
leven I *ww* bestaan, niet dood zijn; *~ en laten*

~, anderen wat gunnen, anderen niet tot last zijn; *hoe laat ~ we?*, hoe laat is het? **II** *o* [-s] bestaan, het niet dood zijn; levend vlees; aard; lawaai; levensschets; levendigheid; *om het ~ komen*, verongelukken; *geen teken van ~ meer geven*, dood zijn; *het lieve ~tje gaande*, de poppen aan het dansen; *~ in de brouwerij*, drukte; *bij het ~*, uit alle macht **levend** *bn* in leven zijnd; (v. taal) nog door een volk gesproken; *~e strijdkrachten*, soldaten; *~e beelden*, tableau vivant; *~e have*, vee; *geen ~e ziel*, mens noch dier **levendbarend** *bn* rechtstreeks jongen barend **levendig** *bn & bw* druk, vrolijk, vlug; *(v. verbeelding)* krachtig **levenloos** *bn* dood; mat **levenmaker** [-s] druktemaker, bluffer **levens-** *in ss*: met betrekking tot het leven **levensbaan** leven **levensbedrei'gend** *bn* met gevaar voor het leven **levensbehoeften** *mv* wat voor het leven nodig is **levensbericht** korte levensschets **levensbeschouwing** *v* levensopvatting **levensboom** afbeelding v.d. boom uit het aards paradijs **levensdagen** *mv* leven **levensdelict** delict met dodelijk slachtoffer **levensdraad** leven; *iemands ~ afsnijden*, iem. doden **levensduur** duur **levenselixer** *o* [-s] *(gesch.)* drank waarmee men meende het leven te kunnen verlengen **levensgeesten** *mv* leven **levensgeluk** door het leven geschonken geluk **levensgevaar** gevaar voor het leven **levensgezel** man met wie men het leven deelt **levensgezellin** vrouw met wie men het leven deelt **levensgroot** *bn & bw* overeenkomstig de werkelijke grootte **levenshouding** gedragslijn in het leven **levenskracht** kracht waardoor zich het leven uit **levenskrach'tig** *bn* met levenskracht **levenskunst** kunst om goed te leven **levenskunstenaar** wie het leven als een kunst beoefent **levenslang'** *bn & bw* het hele leven durend **levenslicht** *het ~ aanschouwen*, geboren worden **levenslied** sentimenteel lied over alledaagse menselijke zaken **levenslijn** bep. lijn in de hand; loop v.h. leven **levenslust** opgewektheid **levenslus'tig** *bn* opgewekt **levensmiddelen** *mv* etenswaren **levensmoe(de)** *bn* wensende te sterven **levensopvatting** beschouwing over het bestaan **levenspad** leven **levenspeil** levensstandaard **levensschets** korte levensbeschrijving **levensstandaard** niveau v. leven i.e. bep. gemeenschap **levensvat'baar** *bn* kunnende bestaan **levensverwachting** gemiddelde nog te verwachten levensduur **levensverzekering** verzekering krachtens welke op een bep. tijd een som uitgekeerd wordt; levensverzekeringmaatschappij **leven(s)verzekering(s)maatschappij** maatschappij voor levensverzekeringen **levensvoorwaarde** voorwaarde om te kunnen leven; levensomstandigheid **levenswandel** *m* zedelijk leven **levensweg** leven **levenswerk** werk waaraan men het grootste deel van zijn leven wijdt **levenswijsheid** wijsheid omtrent het leven **le'venwek'kend** *bn* bezielend; leven tot uiting brengend

lever *v(m)* [-s] klier die gal afscheidt; *de ~ schudden*, lachen; *een droge ~ hebben*, dorstig zijn; *op zijn ~ hebben*, willen zeggen of vragen

leverancier' *m* [-s] wie levert **leveran'tie** *v* [-s] levering; het geleverde **leverbaar** *bn* te leveren **leveren** bezorgen; verschaffen; doen; *slag ~*, vechten; *geleverd zijn*, verloren zijn **levering** *v* het leveren; het geleverde; overdracht aan een ander **leveringscontract** contract waar volgens in gedeelten geleverd wordt **leveringstermijn** voor levering bepaalde termijn

leverkaas *m* bep. van lever bereide vleeswaar **leverkleurig** *bn* geelbruin **leverpastei** met lever bereide pastei

levertijd tijd die nodig is om te leveren

levertraan *m* uit vissenlever gewonnen olie **levervlek** leverkleurige vlek op de huid **leverworst** met lever bereide worst

levi'athan *m* [-s] monsterlijk (water)gedrocht

leviet' *de ~en lezen*, streng berispen

leviraats'huwelijk zwagerhuwelijk

levita'tie *v* gaan zweven

lexeem' *o* [lexemen] als fractie uit de vormen v.e. woord

lexicaal' *bn* met betrekking tot de woordenschat **lexicograaf'** [-grafen] woordenboekschrijver **lexicografie'** *v* het schrijven v. woordenboeken **lexicogra'fisch** *bn* met betrekking tot de lexicografie **lexicologie'** *v* leer v.d. woordenschat **lexicon** *o* [-s, lexica] wetenschappelijk woordenboek, encyclopedie

lezen [las, gelezen] schrift interpreteren; voorlezen; een leesbeurt houden; *(fig.)* zien; verzamelen, uitzoeken; *kunnen ~ en schrijven*, tegen alles bestand zijn; *mis ~*, *(r.-k.)* de handelingen v.e. mis verrichten **lezenaar** *m* [-s] lessenaar **lezer** *m* [-s] wie leest **lezeres'** [-sen] *v* vrouw die leest **lezing** *v* het lezen; voordracht; voorstelling

l.i. landbouwkundig ingenieur

Li *(schei.)* lithium

liaan' *zie* **lia'ne**

liaison' ‹lie-èzõn› *v(m)* [-s] (ongeoorloofde) liefdesbetrekking

lia'ne, liaan' *v(m)* [lianen] tropische slingerplant

lias' *m* [-sen] snoer om papier aaneen te rijgen; bundel verbonden of aangeregen papieren

libel' **I** *o* [-len] schotschrift **II** *v(m)* [-len] luchtbelwaterpas; waterjuffer **libellist'** schrijver v. schotschriften

liberaal' **I** *bn & bw* mild; vrijzinnig; vrijheidlievend **II** *m* [-ralen] vrijzinnige; iem. v.d. liberale partij **liberalisa'tie** ‹s=z› *v* het liberaliseren **liberalise'ren** ‹s=z› liberale beginselen toepassen op **liberalis'me** *o* vrijzinnigheid; vrijheidlievendheid **liberalis'tisch** *bn & bw* vrijzinnig

liberaliteit' *v* vrijzinnigheid, onbevooroordeeldheid, onbekrompenheid
libero *m* [-'s] verdedigingsspeler die ook aanvalt
libertijn' vrijdenker **libertijns'** *bn* wulps
libidineus' *bn* met betrekking tot de lust **libi'do** *m* geslachtsdrift, levensdrift
librettist' schrijver v.e. libretto **libret'to** *o* [-'s, -etti] tekst v.e. opera
librium *wm o* spanningen wegnemend geneesmiddel
lic. licentiaat
licentiaat' **I** *m* [-aten] iem. met onderwijsbevoegdheid **II** *o* academische graad die onderwijsbevoegdheid geeft **licen'tie** *v* [-s] patent; verlof, vergunning, volmacht
lichaam *o* [-chamen] lijf, romp; iets van drie dimensies; vereniging **lichaamsbeweging** het bewegen v.h. lichaam (ter verbetering v.d. conditie **lichaamsruis** aan een ernstige lichaamsaandoening voorafgaande onbeduidende klacht **lichaamstaal** communicatie door lichaamsbewegingen **licha'melijk** *bn & bw* naar het lichaam
licht **I** *o* schijnsel; zonnelicht, daglicht; leven; ontstoken licht; gezichtsvermogen; venster; opheldering; openbaarheid; helder verstand; *het groene ~*, verlof om iets te doen; *geen ~ zonder schaduw*, alles heeft zijn voor en tegen **II** *bn & bw* helder; niet zwaar, niet log; luchtig; gemakkelijk, gemakkelijk te bewerken, gemakkelijk te verteren; gering; lichtzinnig; lichtgewapend; gauw, lichtvaardig; allicht, misschien; in ieder geval; *als eerste deel v.e. sk voor kleurnamen in de bet.*: helder, zacht; *het ~ in de ogen niet gunnen*, erg jaloers zijn op; *~ zien in*, begrijpen; *aan het ~ komen*, bekend worden; *in het ~ geven*, uitgeven; *in het ~ stellen*, duidelijk maken; *het ~ zien*, geboren worden, verschijnen; *het ~ uitblazen*, *(fig.)* doden; *zijn ~ onder de korenmaat zetten*, wat men weet voor zichzelf houden; *het ~ betimmeren*, verhinderen te schitteren, het uitzicht belemmeren; *~ in het hoofd*, duizelig **lichtbak** blikken voorwerp met een of meer lampen om wild of kopers te lokken; bak met doorschijnende plaat en lamp om tekeningen over te trekken **lichtbeeld** uit optisch toestel komend beeld **lichtboei** baken met licht **lichtbron** wat licht uitzendt **lichtbundel** bundel lichtstralen **lichtdruk** afdruk door licht
lichtekooi prostituee
lichtelijk *bw* enigszins, nogal; gemakkelijk
lichten aanbreken; weerlichten; licht laten schijnen; *(fig.)* schitteren; fosforesceren; opheffen; zich een afschrift laten geven van; in dienst nemen; ledigen; boven water heffen; *het anker ~*, het anker ophalen; *de lade ~*, geld uit de lade halen **lichter** *m* [-s] voorwerp met brandend licht; luchter, kandelaar; scheepslantaarn; verkenningsvaartuig; vaartuig waarin de lading van grotere schepen overgeladen wordt; vaartuig om een schip over een ondiepte te tillen; hefboom **lichte(r)laa'ie** *bw* met heldere vlammen; *in ~*, lichterlaaie **lichterschip** lichter **lichtgas** voor verlichting dienend gas **lichtgebouwd** *bn* licht van constructie **lichtgelo'vig** *bn* te gemakkelijk iem. gelovend **lichtgeraakt'** *bn* gauw geraakt, gekrenkt **lichtgevend** *bn* lichtstralen uitzendend **lichtgevoe'lig** *bn* gevoelig voor licht; veranderend door licht **lichtgewicht** gewichtsklasse van 61-66 kg **lichthart** *m-v* zorgeloos iem. **lichting** *v* het lichten; lening; de gelichte soldaten; lediging v.e. brievenbus **lichtjaar** door het licht in een jaar afgelegde afstand **lichtkegel** kegelvormige bundel lichtstralen **lichtkoepel** lichtopening in koepelvorm **lichtkogel** lichtgevende kogel **lichtkrant** nieuws in lichtgevende letters **lichtmast** hoge paal voor verlichting **lichtmatroos** aankomend matroos **lichtmis** *m* [-sen] losbol **Lichtmis** *m* 2 februari **lichtnet** samenstel v. elektrische leidingen
lichtpunt punt waar een lamp te bevestigen is; iets gunstigs **lichtreclame** reclame d.m.v. felle verlichting **lichtschip** schip met lichtstellage als baken **lichtschuw** *bn* het licht vermijdend **lichtstad** *v(m)* stad met veel licht; stad die een beschavingscentrum is **lichtstraal** straal licht **lichttherapie** *v* geneeswijze door licht **lichtvaar'dig** *bn & bw* zonder grond, ondoordacht **lichtval** wijze waarop het licht ergens valt **lichtvoe'tig** *bn* met lichte gang **lichtzijde** in het licht liggende zijde, *(fig.)* mooie kant **lichtzin'nig** *bn & bw* zonder ernst, onberaden
lick *m* [-s] *(muz.)* basisthema
lid *o* [leden] deksel; klep v.d. oogbol; (beweegbaar) lichaamsdeel; mannelijk geslachtsdeel; deel; wie deel uitmaakt v.e. vereniging of Kerk; gewricht; *(iron.)* mens, verwantschapsgraad; *onder de leden hebben*, een ziekte hebben zonder de verschijnselen **lidcactus** cactus met gelede bladeren **lidmaat** **I** *o* [ledematen] lid v.h. lichaam **II** *m-v & o* [lidmaten] wie tot een christelijke Kerk behoort **lidmaatschap** *o* [-pen] het lidmaat of lid zijn **lidstaat** *m* staat als lid v.e. internationale organisatie **lidwoord** alleen met een zn te verbinden woord
lied *o* [-eren] melodisch geluid; gedicht (dat gezongen kan worden); *zijn hoogste ~ zingen*, zeer vrolijk zijn; *het einde v.h. ~je*, de afloop; *het oude ~je*, de oude geschiedenis; *het ~je van verlangen zingen*, zeuren om op te mogen blijven **liedboek** liederboek
lieden *mv* mensen
liederboek, liederbundel boek met liederen **liederlijk** *bn & bw* ontuchtig; *(fig.)* geweldig
liedjeszanger wie liedjes zingt
lief **I** *bn & bw* beminnelijk; bemind, dierbaar, waard, aardig; gaarne **II** *o* [-ven] beminde; geluk; *voor ~ nemen*, genoegen nemen met; *net zo ~* of *wel zo ~*, liever; *lieve*, (in uitroepen) goede **liefda'dig** *bn* aan

L

behoeftigen gevend **liefde** *v* [-s, -n] warme genegenheid; opofferingsgezindheid; warme belangstelling; *(fig.)* geliefde **liefdedienst** uit liefde bewezen dienst **liefdegave**, **liefdegift** aalmoes **liefdeleven** *o* erotische zijde v. iemands leven **liefdeloos** *bn & bw* zonder medegevoel **liefderijk** *bn & bw* vol liefde **liefdesaffaire** *v(m)* liefdesgeschiedenis **liefdesband** gebondenheid v. beminden **liefdesbetrekking** heimelijke minnarij **liefdesbrief** minnebrief **liefdesdrama** droevige gebeurtenis tengevolge v.e. liefdesverhouding **liefdesroman** roman over liefde **liefdesverhouding** heimelijke minnarij **liefdesverklaring** verklaring dat men iem. liefheeft **liefdevol** *bn & bw* vol liefde **liefdewerk** werk van liefdadigheid **lief(e)lijk** *bn & bw* aanminnig, bekoorlijk **lief(e)lijkheid** *v* [-heden] het liefelijk zijn; *(iron.)* scheldwoord **liefhebben** houden van **liefhebber** *m* [-s] wie van iets houdt of iets graag doet of wenst **liefhebberen** voor zijn plezier iets doen **liefhebberij'** *v* plezier, wat iem. voor plezier doet; *dure ~*, duur iets **liefje** *o* lief meisje; beminde **liefjes** *bw* op lieve manier; poeslief **liefkozen** [liefkoosde, geliefkoosd] aaien, aanhalen **liefst** *bn & bw* meest lief; meest gaarne, bij voorkeur; let wel **liefste** *m-v* [-n] beminde **liefta'lig** *bn & bw* bevallig

L

lieg(e)beest *(scheldw.)* wie liegt **liegen** [loog, gelogen] bewust onwaarheid spreken; zich verloochenen; een kaartspel spelen dat gebaseerd is op de onzekerheid of iemand de waarheid zegt

lier *v(m)* snaarinstrument v.d. oude Grieken; draaiorgel; draaiorgelman; hijswerktuig met horizontale windas; *als een ~*, zeer fel **lierdicht** lyrisch gedicht, lyrische poëzie

lië'ren verbinden

lierstaart liervormige staart; liervogel **liervogel** vogel met liervormige staart **lierzang** lierdicht

lies **I** *v(m)* [-zen] plooi tussen buik en been **II** *o* aan of in het water groeiende plant, Lat. Glyceria aquatica **liesbreuk** het naar buiten komen v.d. ingewanden in de liesstreek **liesje** *o vlijtig ~*, zeer lang bloeiende kamerplant, Lat Impatiens sultanii; *gouden ~*, bep. handappel **lieslaars** tot de liezen reikende laars **liesstreek** deel bij de liezen

lieveheers'beestje *o* onzelieveheersbeestje

lieveling meest bemind iem. **lievelings-** *als eerste deel van ss*: meest geliefd **lievemoe'deren** *daar helpt geen ~ aan*, daar is niet aan te ontkomen **liever** *bw* meer lief; veeleer; grager **lieverd** *m* [-s] lief iem. **lieverdje** *o (iron.)* deugniet **lieverkoekjes** *~ worden niet gebakken*, wees tevreden met wat je krijgt **lieverlede** *van ~*, langzamerhand **lievevrouwebed'stro** *o* onzelievevrouwebedstro **lievig** *bn & bw* zich lief voordoend **lievigheid** *v* [-heden] het zich lief voordoen; lievige daad

liflaf *m* [-fen] lekkere doch slappe kost; flauw praatje **liflaffen** flauw praten; liefkozen

lift *m* hijshokje; *(luchtvaart)* opwaartse druk; het iem. gratis laten meerijden; *in de ~ zitten*, stijgen **liftboy** [-s] liftjongen **liftcentrale** centraal meldpunt voor wie wil liften of lifters wil meenemen **liften** gratis (laten) meerijden met auto **liftjongen** bediende bij lift **liftkoker** ruimte voor lift

liga *v(m)* [-'s] verbond **ligament'** *o* zwachtel; verbinding van twee letters, inzetsel **ligatuur'** *v* [-turen] verbinding of rekking van noten v.d. ene maat in de andere; afbinding v.e. ader of gezwel; ligament

ligbad *o* bad om in te liggen **ligboxenstal**, **ligboxstal** stal met voor elke koe een afgeschoten ligplaats **ligdag** dag dat een schip blijft liggen; dag dat men in een ziekenhuis ligt **ligfiets** fiets waarop men half liggend zit **liggeld** havengeld **liggen** [lag, gelegen] horizontaal uitgestrekt zijn; rusten op; in bed zijn; zijn; bij iem. passen; ~ **te ...**, hinderlijk ...; *gaan ~* (gez. v.d. wind), stil worden; *~ aan*, afhangen van; *er aan gelegen zijn*, waard zijn; *het lelijk laten ~*, een slecht figuur slaan **ligger** *m* [-s] onderste molensteen; draagbalk **ligging** *v* plaats waar iets gelegen is; slaapgelegenheid; het liggen **ligkuur** het liggen voor genezing **ligplaats** plaats voor ligging **ligstoel** stoel om in te liggen **ligstuur** de ellebogen steunend stuur v.e. racefiets

ligus'ter *m* [-s] altijdgroene olijfachtige heester v.h. geslacht Ligustrum

ligwei(de) wei om in de zon te liggen

lij *v(m)* van de wind afgewende zijde

lijdelijk *bn & bw* geduldig, niet handelend, zonder verzet **lijden** **I** *ww* ondergaan, dulden, last hebben van; verdragen; smart voelen; nadeel ondervinden; voorbijgaan; *schipbreuk ~*, het vergaan v.e. schip meemaken; *(fig.)* mislukken **II** *o* smart, pijn; *het kan wel ~*, er is geen gebrek; *mogen ~*, graag hebben; *lijdend voorwerp*, direct voorwerp; slachtoffer; *lijdende vorm*, gebruik van voltooid deelwoord met uitgedrukt of bij te denken hulpwerkwoord worden; *~de kerk*, zielen in het vagevuur; *geen twijfel ~*, zeker zijn **lijdendvoor'werpszin** zin die dienst doet als lijdend voorwerp **lijdensbeker** als te ledigen beker gedacht lijden **lijdensgeschiedenis** Jezus' lijden; gesukkel **lijdensweg** *(fig.)* lijdensgeschiedenis **lijder** *m* [-s] wie lijdt, patiënt **lijdzaam** *bn & bw* gelaten **lijdzaamheid** *v zijn ziel in ~ bezitten*, zich niet ergeren

lijf *o* [-ven] leven; lichaam; onderlijf; jakje; bovendeel v.e. japon; middelste of dikste deel; *uit zijn ~ laten*, niet wagen; *op het ~ vallen*, overvallen; *te ~ gaan*, aanvallen; *om het ~*, te betekenen; *tegen het ~ lopen*, toevallig ontmoeten; *op het ~ jagen*, in hevige mate bezorgen; *aan den lijve*, lichamelijk **lijfarts** dokter v. vorst of hooggeplaatste **lijfblad** krant waaraan men verknocht is **lijfeigene** *m(v)* [-n] onvrije **lijfeigenschap** *v* toestand v.d. lijfeigene

lijfelijk *bn* bloedeigen **lijfrente** levenslang jaargeld **lijfsbehoud** behoud v.h. leven **lijfsdwang** het dwingen door gijzeling **lijfsgevaar** levensgevaar **lijfspreuk** *v(m)* devies **lijfstraf** pijniging v.h. lichaam **lijfwacht** persoonlijke wacht

lijk *o* dood lichaam; stomdronken lichaam; lege fles; boordsel v. zeil; *uit de ~en geslagen*, in de war; *~ slaan*, stomdronken neervallen; *over ~en gaan*, niets ontzien **lijkbaar** baar voor doodkist **lijkbezorger** *m* [-s] begrafenisondernemer **lijkbezorging** *v* het begraven of cremeren **lijkbleek** *bn* zeer bleek **lijkbus** urn voor de as v.e. gecremeerde **lijkdienst** kerkdienst voor overledene

lijken [lijkte, gelijkt] met touwwerk omboorden; [leek, geleken] overeenkomst vertonen; schijnen; bevallen; *nergens naar ~*, helemaal niet deugen

lijkenhuisje huisje als tijdelijke bergplaats van lijken **lijkhuisje** lijkenhuisje **lijkkist** doodkist **lijkkleed** **I** *o* [-kleden] kleed over doodkist **II** *o* [-kleren] kleed voor dode **lijkkoets** lijkwagen **lijkmis** lijkdienst **lijkoven** inrichting tot lijkverbranding **lijkrede** grafrede **lijkroof** het beroven van lijken **lijkschennis** *v* [-sen] ontering v.e. lijk **lijkschouwing** geneeskundig onderzoek naar doodsoorzaak **lijkstoet** begrafenisstoet **lijkwa(de)** *v(m)* [-waden] lijkkleed **lijkwit** *bn* doodsbleek

lijm *m* enigszins vloeibaar plakmiddel **lijmband** band met lijm **lijmen** met lijm vasthechten of herstellen of bestrijken; in lijmverf schilderen; overhalen; zeuren; rijmen **lijmerig**, **lijmig** *bn & bw* kleverig; zeurig **lijmklem**, **lijmknecht** klem om gelijmde delen tegen elkaar te persen **lijmkwast** kwast om mee te lijmen **lijmpers** lijmklem **lijmstang**, **lijmstok** met lijm bestreken stok voor het vangen van vogels; *op het ~je vliegen*, zich laten verlokken **lijmtang** gereedschap om gelijmde stukken op elkaar te drukken **lijmverf** dunne lijm met krijtwit

lijn *v(m)* teugel, touw, metalen draad; streep; plooi aan de binnenkant v.d. hand; trek; omtrek; reeks punten, verbinding van punten; uitgebreidheid met één afmeting; richting; wijze van doen; opeenvolging v. graden v. bloedverwantschap; verkeersverbinding; slankheid; op elkaar afgestemde reeks producten; *de harde ~*, handelwijze waarbij niet geschipperd wordt; *één ~ trekken*, allen eenzelfde houding aannemen; *aan het ~tje*, in zijn macht, aan de praat; *met een zoet* of *zacht ~tje*, met vriendelijkheid; *op één ~ stellen*, als gelijk beschouwen; *de ~ trekken*, luieren; *een ~ aan iets hebben*, ergens een gemakkelijke betrekking aan hebben; *langzaam aan dan breekt het ~tje niet*, langzaamheid is geboden **lijnbaan** touwslagerij **lijnboot** boot met regelmatige dienst **lijnbus** bus voor lijndienst **lijncliché** cliché v. tekening zonder tussentinten **lijndienst** regelmatige boot- of vliegdienst **lijnen** lijnen trekken op; slank proberen te worden

lijnkoek koek van lijnzaad **lijnolie** olie uit lijnzaad **lijnrecht** *bn & bw* volkomen recht **lijnrechter** *m* grensrechter **lijntaxi** voertuig dat een combinatie is van bus en taxi **lijntekenen** *o* tekenen met passer en liniaal **lijntoestel** lijnvliegtuig **lijntrekken** *o* luieren **lijnvaart** vaste vaart **lijnvliegtuig** vliegtuig met regelmatige dienst **lijnvlucht** vaste vlucht tussen luchthavens **lijnwaad** *o* [-waden] linnen **lijnwerker** [-s] arbeider aan spoorlijn of aan een ander soort lijn **lijnzaad** vlaszaad

lijp **I** *m* [-en] *(pop.)* sufferd, gek **II** *bn (pop.)* gek; *~ met*, dol op **lijper(d)** *m* [-s] wie veel drinkt; sufferd **lijpo** *m* [-'s] *(jong.)* gek

lijs *v(m)* [-zen] sukkel; lange pop; lange vrouw

lijst *v(m)* rand, omlijsting, kader; reeks; formulier waarop men onder elkaar intekent; *civiele ~*, jaarlijks inkomen v.d. kroon **lijstaanvoerder** *m* [-s] lijsttrekker; eerstgenoemde op een ranglijst **lijsten** in een lijst zetten

lijster *v(m)* [-s] zangvogel v.d. familie Turdidae; *als een ~*, helder en vrolijk **lijsterbes** **I** *m* boom met koraalrode bittere vruchten, Lat. Sorbus aucuparia **II** *v(m)* vrucht ervan

lijsttrekker *m* [-s] wie als eerste op kandidatenlijst voor verkiezingen staat

lijvig *bn* dik

lijwaarts *bw* van de wind af

lijzig *bn & bw* saai, temerig

lijzijde *v(m)* van de windrichting afgekeerde zijde

lik **I** *m* [-ken] het likken; kleine hoeveelheid; slag; *~ uit de pan*, schimpscheut; *~ op stuk krijgen*, bot vangen; *~ op stuk geven*, terstond betaald zetten; snel van repliek dienen **II** *m (barg.)* gevangenis

likdoorn *m* [-s] eksteroog **likdoornpleister** op te plakken middel om likdoorns te verwijderen

likeur' *v(m)* fijne alcoholische drank **likeur'stel** fles met glaasjes voor likeur **likeur'stoker** [-s] likeurbereider

likkebaarden zijn lippen smullend aflikken, watertanden

likken met de tong over iets gaan, tot zich nemen met de tong; vleien; glanzen, polijsten **likmevestje** *van ~*, van geen waarde **lik-op-stuk'beleid** beleid met snelle actie **liksteen** glanssteen

lil *o/m* dril; gestold vleesnat

lila *o & bn* lichtpaars

lillen trillen, stuiptrekken **lillig** *bn* als lil

lilliputter *m* [-s] dwerg

limbo *m* [-'s] *(jong.)* Limburger

limbus *m* rand; voorgeborchte

limerick *m* [-s, -en] grappig vijfregelig vers met rijmschema aabba

limiet' *v(m)* [-en] grens, grenswaarde

limit ‹limmut› *m* [gmv] einde

limita'tie *v* [-s] beperking **limitatief'** *bn*

beperkend **limite'ren** beperken, begrenzen
limo *v* [-'s] limousine
limoen' *m* citroen
limona'de *v(m)* [-s] vruchtensap met water, namaaksel daarvan
limousi'ne ‹liemoeziene› *v* [-s] gesloten auto
linde *v(m)* [-n] loofboom v.h. geslacht Tilia **lindeboom** linde **lindehouten**, **linden** *bn* van lindehout
lineair' ‹eai=ee-è› *bn* lijnvormig; van de eerste graad
lineamen'ten [mv] gelaatstrekken; lijnen in de hand
linea rec'ta in rechte lijn
lingerie' ‹lìnzjerie› *v* [-s, -ën] linnengoed, ondergoed
linguafoon' ‹gua=Gwa› *m* [-s] grammofoon met taallessen
lingua fran'ca *v* tussen gemeenschappen met verschillende taal gebruikte taal
linguïst' ‹gw› taalkundige **linguïstiek'** *v* taalkunde **linguïs'tisch** *bn & bw* taalkundig
liniaal' *v(m)/o* [-alen] houten voorwerp waarlangs rechte lijnen getrokken worden
linie *v* [-s] lijn; evenaar; opstelling van schepen of troepen; rij stellingen, verdedigingswerken; rij; *de ~ gepasseerd zijn*, over de 50 zijn, zich niets laten wijsmaken; *Heilige ~*, oriëntatie v.e. kerk **linieer'machine** machine om te liniëren **linieer'pen** pen om te liniëren **linië'ren** lijnen trekken op **linieschip** slagschip
link I *v(m)* striem **II** *m* verband; *(comp.)* verwijzing naar andere documenten van dezelfde of een andere site **III** *bn & bw* slim; riskant
linker I *bn* aan de hartzijde *(ook als eerste deel van ss)* **II** *m* linkerhand, linkervoet **linkerbeen** *met het ~ uit bed gestapt*, slecht gehumeurd **linkerhand** *met twee ~en*, zeer onhandig **linkeroever** oever links als men stroomafwaarts ziet **linkervleugel** vleugel links; linkerzijde **linkerzijde** linkerkant; de vooruitstrevende of niet-kerkelijke partijen
links *bn* aan of naar de linkerzijde; met de linkerhand (handelend); onhandig; *~ laten liggen*, negeren **links'af'** *bw* naar de linkerzijde **linksbin'nen I** *bw* links van middenvoor **II** *m* [-s] wie daar speelt **linksbui'ten I** *bw* links van linksbinnen **II** *m* [-s] wie daar speelt **linksdraaiend** *bn (schei.)* waarbij de isomeren naar links draaien; tegen de wijzers van de klok in draaiend *(gez. v.e. deur* **linkse***)*; *v* [-s] slag met de linkervuist **linkshalf** *m* [-s] speler op de linker vleugel v.h. middenveld **linkshandig** *bn* van een aanleg dat men beter de linkerhand dan de rechter gebruikt **links'om'** zich naar links wendend
linnen I *o* weefsel v. vlas; linnengoed **II** *bn* v. linnen **linnengoed** goederen v. linnen of erop lijkende stof **linnenkast** kast voor linnen; huislinnen
lino *m* [-'s] linoleumsnede **lino'leum** *wm o/m* kurktapijt **lino'leumsnede** afdruk van in linoleum gesneden figuur
linol'zuur vetzuur
lint *o* geweven band; stuk ervan; *door het ~ gaan*, zijn zelfbeheersing verliezen **lintbebouwing** lintvormige bebouwing langs hoofdwegen **lintbloemigen** [mv] planten met lintvormige bloemen **lintcontrole** snelheidscontrole met op regelmatige afstand van elkaar geplaatste radarposten **lintje** *o* klein lint; decoratie **lintjesregen** jaarlijkse toekenning v. decoraties **lintworm** lintvormige ingewandsworm **lintzaag** zaag zonder eind
linze *v(m)* [-n] plant met eetbare platte erwtachtige zaden; haar peulvrucht
lip *v(m)* [-pen] rand v.d. mond; wat erop lijkt; lapje leer op de wreef; *de ~ laten hangen*, pruilen; *het op de ~pen hebben*, op het punt staan het te zeggen; *aan iemands ~pen hangen*, aandachtig naar iem. luisteren; *~pen en kelen*, stukjes van kop en tong van kabeljauw; *zich op de ~pen bijten*, zijn lachlust of zijn toorn inhouden **lip'bloe'migen** *mv* planten met tweelippige bloemen
lipi'de *o* [-s] *(stofn.)* alg. benaming voor vetten en aanverwante stoffen
lipletter met de lippen gevormde klank **liplezen** *o en onbep. wijs* naar iemands lippen kijken om te weten wat hij zegt
lipoï'de *o* [-s] *(stofn.)* alg. benaming voor op vet lijkende of daarmee gemengd voorkomende stoffen
liposoom' ‹s=z› *m* [somen] vetachtig deeltje in een weefsel
liposuc'tie *v* [-s] *(med.)* het wegzuigen van menselijk vet
lippen *(v.e. makelaar)* voor eigen rekening handelen; gebruik makend v. iemands nood goedkoop van hem kopen; met lippen verbinden **lippendienst** *m* niet gemeende steun **lippenstift** (pijpje) lippenrood
lippiza'ner ‹z=ts› *m* [-s] schimmelpaard van bep. ras
lipstick *m* [-s] lippenstift **lipvis** aan baarzen verwante vis met vlezige lippen, Lat. Labrida
liquidateur' ‹liqui=liekwie› [-s] wie een liquidatie regelt en uitvoert, vereffenaar **liquida'tie** *v* [-s] het liquideren, het tegelde-maken van goederen **liquida'tie-uitverkoop** uitverkoop bij opheffing v.e. zaak **liqui'de** ‹liekiede› *bn* onmiddellijk vereffenbaar
liquide'ren ‹liqui=liekwie› afwikkelen, vereffenen; beëindigen; vermoorden **liquiditeit'** *v* vermogen of vatbaarheid voor liquidatie
lire [-s] *v(m)* vroegere munt en munteenheid van Italië
lis I *v(m)* [-sen] strik, lus **II** *m/o* [-sen] bij water voorkomende plant met zwaardvormig blad v.h. geslacht Iris **lisdodde** *v(m)* [-n] moerasplant met kolf
lispe(le)n s en z sissend uitspreken; fluisteren
list *v(m)* slimheid, sluwheid; slimme vondst **listig** *bn & bw* slim, sluw
litanie' *v(m)* [-ën] vaste reeks

gebedsaanroepingen met antwoorden; *(fig.)* reeks
liter *m* [-s] inhoudsmaat v. 1000 cl^2
literair' ‹ai=è› *bn & bw* letterkundig; uit een letterkundig oogpunt **litera'tor** *m* letterkundige; student in de letteren **literatuur'** *v* [-turen] letterkunde; wat over iets geschreven is **literatuur'geschiedenis** geschiedenis van literatuur; boek erover **literatuur'lijst** lijst van gelezen boeken
literfles fles van 1 liter inhoud **literflesglas** glas van 1 liter inhoud
lithium *o* [gmv] *(stofn.)* soort alkalimetaal **lithiumbatterij** op lithium werkende batterij
litho *v* [-'s] steengravure **lithochromie'** *v* steendrukkunst met kleuren **lithograaf'** [-grafen] tekenaar op steen; steendrukker **lithografe'ren** steendrukken **lithografie'** *v* [-ën] steendrukkunst; steendrukplaat **lithogra'fisch** *bn* de steendrukkunst betreffend **lithosfeer'** *v(m)* [-sferen] buitenste vaste korst v.d. aarde
litoraal' I *bn* kust- II *o* kustland
litotes *v(m)* verkleining als stijlfiguur
lits-jumeaux' ‹liezjuumoo› *o* [mv idem] verbinding v. twee eenpersoonsledikanten
litteken *o* [-s, -en] wondteken
liturgie' *v* [-ën] wat voor de eredienst is voorgeschreven **litur'gisch** *bn* behorende bij of volgens de liturgie
live ‹laiv› *bn* op hetzelfde moment gebeurend; ter plekke gespeeld *(van muziek* **livemuziek***)*; ter plekke gespeelde muziek **liveopname** opname van livemuziek **live-uitzending** simultane uitzending via radio of tv
living ‹livving› *v(m)* [-s] *(Belgned.)* woonkamer
livrei' *v(m)* speciale kleurige kleding v. bediende
l.k. laagste koers; laatste kwartier
L-kamer kamer in de vorm v.e. L
ll. laatstleden
lm *lumen*, eenheid van lichtsterkte
LNG *Liquefied Natural Gas*, vloeibaar aardgas
LNV ministerie v. Landbouw, Natuurbeheer en Visserij
l.o. lager onderwijs; lichamelijke oefening
loafer ‹oa=oo› *m* [-s] lage schoen zonder veters
lob I *v(m)* [-ben] kwab; deel van blad tussen twee ondiepe insnijdingen II *m* [-s] hooggespeelde bal **lobberig** *bn & bw* te wijd; te weinig vloeibaar **lobbes** sul **lobbig** *bn & bw* loshangend
lobby *v(m)* [-'s] wandelgangen; vertrouwelijk voorafgaand gesprek om een beslissing te beïnvloeden; groep personen die beslissingen tracht te beïnvloeden **lobbyen** [lobbyde, gelobbyd] vertrouwelijke voorafgaande gesprekken voeren om beslissingen te beïnvloeden
lobe'lia *v(m)* [-'s] sierplantje met trossen kleurige bloempjes
lobotomie' *v (med.)* operatie in de grijze hersenen
loc *m* [-s] *zie* **locomotief**
locker *m* [-s] afsluitbaar kastje om bezittingen tijdelijk op te bergen
lock-out' *o/v(m)* [-s] uitsluiting
loco op de plaats; *m* [-'s] locopreparaat **loco-** *als eerste deel v. ss*: (potentieel) plaatsvervangend **locohandel** handel in goederen die ter plaatse aanwezig zijn **locomobiel'** *m* verplaatsbaar stoomwerktuig **locomotief'** *v(m)* [-ven] treintrekker **locopreparaat** geneesmiddel dat in de plaats v.e. duurder gebruikt wordt
lodderig *bn & bw* slaperig
loden I *bn* van lood; als lood, van loden II *ww* peilen; van loden voorzien; in lood zetten III *m/o* ruige waterdichte stof; *met ~ schoenen*, met tegenzin
loeder *o/m* [-s] gemeen iem.
loef *v(m)* windzijde; *de ~ afsteken*, overtreffen **loefwaarts** *bw* aan de loefzijde **loefzijde** loef
loei *m* iets groots; *(sp.)* loeier; *als eerste deel in afleidingen met een bn*: zeer **loeien** bulken, huilen **loeier** *m* [-s] hard schot of harde klap
loempia *m* [-'s] met vlees en groente gefrituurd pannenkoekje
loens *bn & bw* scheel; onoprecht **loensen** scheel kijken
loep *v(m)* [-en] handvergrootglas; *onder de ~ nemen*, nauwkeurig bestuderen
loer *v(m)* het loeren; *op de ~*, loerend; *een ~ draaien*, foppen **loeren** scherp uitkijken; *~ op*, trachten te krijgen
loet *v(m)* krabber
loeven *h/z* de voorsteven naar de wind brengen, dichter bij de wind komen **loever(t)** *te ~*, aan de loefzijde
lof I *m* lofspraak; eer, onderscheiding II *o* [loven] r.-k. middag- of avondgodsdienstoefening; bladeren; *Brussels ~*, witlof **lofbazuin** loftrompet **lofdicht** gedicht tot lof **loffelijk** *bn & bw* eervol, met lof; waard te loven **loflied** lied tot lof **lofpsalm** psalm ter verheerlijking Gods **lofrede** rede tot verheerlijking **lofredenaar** wie een lofrede houdt **lofspraak** *v(m)* [-spraken] het spreken van lof; woorden van lof **loftrompet** *de ~ steken*, zeer prijzen **loftuiting** *v* lof **lofwaar'dig** *bn & bw* lof verdienende **lofwerk** bladervormige versierselen **lofzang** lied ter verheerlijking
log I *bn & bw* plomp, traag II *v(m)* [-gen] toestel waarmee de snelheid v.e. schip gemeten wordt
log logaritme
LOG landelijk overleg grondraden
loganbes ‹g=G› kruising v.e. braam en een framboos; vrucht v. zo'n struik
logarit'me *v(m)* [-n] exponent v.d. macht waartoe een getal moet verheven worden om een ander op te leveren **logarit'metafel** lijst v. logaritmen
logboek dagboek over zeevaartkundige waarnemingen
loge ‹lòzje› *v(m)* [-s] zithokje;

L

vergadergebouw van vrijmetselaars; vrijmetselarij, vrijmetselaarsafdeling
logé' ‹loozjee› *m* [-s] wie logeert **logee'** [-s] vr. logé **logeer'kamer** kamer voor logés **logement'** ‹g=zj› *o* eenvoudig hotel **logement'houder** wie een logement houdt
logen met loog behandelen; *v(m)* [-s] *(plecht.)* leugen **logenstraffen** als zijnde onwaar doen blijken
loge'ren ‹loozjeeren› gast zijn; als gast huisvesten
logger *m* [-s] snel kustvaartuig
loggia ‹lodzja› *v(m)* [-'s] gesloten veranda aan de voorgevel, overdekte galerij langs bovenverdieping
logica *v* denkleer; juiste redenering; juiste opeenvolging van oorzaak en gevolg
logies' ‹g=zj› *o* nachtverblijf
logisch *bn & bw* volgens de logica; natuurlijk **logistiek'** I *v* leer v.d. logische gevolgtrekking; mathematische logica; *(mil.)* wetenschap omtrent de voorziening in het benodigde; *(mil.)* aan- en afvoer en verzorging te velde II *bn* de aan- en afvoer en verzorging te velde betreffend
logo *o* [-'s] uit letters bestaand beeldmerk; gebruikersvriendelijke computertaal **logogram'** *o* [-men] logo **logogrief'** *v(m)* letterraadsel **logopedie'** *v* onderricht in stemgebruik en spreken **logopedist'** stem- en spraakkundige

L

loipe *m* [-s] baan voor langlaufers
lok *v(m)* [-ken] hangend bosje haar; *(mv)* haren; *(mv)* vlasafval
lokaal' I *bn & bw* plaatselijk II *m* [-kalen] lokaaltrein III *o* [-kalen] vertrek **lokaal'spoorweg**, **lokaal'trein** buurtspoorweg
lokaas *o* [-azen] verloksel, lokspijs
lokalisa'tie ‹s=z› *v* het aanpassen aan de omgeving **lokalise'ren** ‹s=z› tot een plaats beperken; aanpassen aan een omgeving **lokaliteit'** *v* vertrek
***lokatie** *(Wdl. locatie)* *v* [-s] afbakening; afgebakend terrein; *op ~ filmen*, buiten de studio filmen
lokduif duif waarmee men lokt **lokeend** eend waarmee men lokt
loket' *o* [-ten] kastvakje; raampje waardoor men het publiek helpt **lokettist'** beambte voor loketbediening
lokfluitje *o* fluitje om te lokken **lokken** verleiden te komen **lokkertje** *o* wat dient om publiek of kopers te krijgen **lokkig** *bn* met (veel) lokken **lokmiddel** middel waarmee men lokt
lokspijs verlokkende spijs **lokstem** verlokkende stem **lokvink** vink waarmee men lokt; verlokker; koket meisje **lokvogel** vogel waarmee men lokt; verlokker
lol *v(m)* *(pop.)* plezier **lolbroek** wie voortdurend leuk wil zijn **lollen** schreeuwerig zingen; krollen **lollig** *bn & bw (pop.)* prettig
lolly *wm m* [-'s] stuk suikergoed op stokje
lom (onderwijs voor kinderen met) leer- en opvoedingsmoeilijkheden
lombok *m* [-s] Spaanse peper
lommer *o* schaduw; gebladerte **lommerachtig** *bn* lommerig
lommerd *m* [-s] pandjeshuis
lommerig, **lommerrijk** *bn* schaduwrijk; bladerrijk
lomp I *v(m)* vod; halfrot tabaksblad II *bn & bw* onbehouwen, grof, onbeschaafd, plomp, onhandig, vlegelachtig **lompenkoopman** handelaar in vodden **lompenpapier** papier uit lompen **lompenproletariaat** allerarmsten **lomperd** [-s], **lomperik** *m* lomp iem. **lompigheid** *v* lompheid
lom-school school voor kinderen met leer- en opvoedingsmoeilijkheden
lonen vergelden; opwegen tegen moeite en kosten
long *v(m)* ademhalingsorgaan; *ijzeren ~*, apparaat voor kunstmatige ademhaling; *~ en lever uitspuwen*, hevig braken; *~ en lever verteren*, alles opmaken **longaandoening** longziekte
longdrink *m* [-s] frisdrank met scheut sterkedrank
longembolie *v* verstopping v.d. longslagader **longemfyseem** ‹fys=fiez› *o* [-zemen] het uitzetten v.d. long door verminderde rekbaarheid
longitu'de *v* lengte **longitudinaal'** *bn & bw* in de lengterichting; over een lange (of de hele) periode
longkanker *m* kanker in de longen **longkruid** ruwbladige plant met van roze naar blauw verkleurende bloem, Lat. Pulmonaria officinalis **longoedeem** ‹oe=eu› *o (med.)* ziekelijke ophoping v. vocht in de longblaasjes **longontsteking** aandoening v.d. longen **longpijp** vertakking v.d. luchtpijp **longtering**, **longtuberculose** tering aan de longen **longvis** vis die door een of twee blazen kan ademhalen
lonk *m* lokkende blik **lonken** verlokkend kijken
lont *v(m)* ontstekingskoord; *~ ruiken*, onraad bespeuren; *de ~ in het kruit steken*, de zaak aan de gang brengen
loochenen ontkennen; niet erkennen; het bestaan ontkennen van
lood *o* [loden] met Pb aangeduid zacht grijsblauw metaal; voorwerp daarvan; peillood; kogels; schietlood; decagram; *uit het ~*, scheef; *te ~*, loodrecht; *uit het ~ geslagen*, onthutst; *in het ~*, rechtstandig; *met ~ in de schoenen*, schoorvoetend; *het is ~ om oud ijzer*, het is beide even slecht; *het ~je leggen*, onderdoen; *de laatste ~jes wegen het zwaarst*, het eind is het moeilijkst **loodcapsule** dop v. lood over een flesopening **looderts** lood bevattend erts **loodgieter** *m* [-s] wie buisleidingen repareert **loodkleurig** *bn* grijsblauw **loodkoord** koord voor het verzwaren van vitrages **loodlijn** lijn die loodrecht op een lijn of vlak staat **loodoxide** *o* loodroest **loodrecht** *bn & bw* rechtstandig,

rechthoekig
loods I *m* loodsman II *v(m)* keet, houten bergplaats
loodschort schort met lood erin als bescherming tegen röntgenstraling
loodsen loodsdienst verrichten; voorzichtig en deskundig leiden
loodsman [-nen] wie als deskundige een schip door een vaarwater brengt **loodsmannetje** steeds bij een haai voorkomend visje **loodsvlag** vlag om een loods te vragen **loodswezen** loodsdienst
loodverf lood bevattende verf **loodvergiftiging** vergiftiging door lood **loodveter** loodkoord **loodvrij** *bn* geen lood bevattend **loodzwaar** *bn & bw* zeer zwaar
loof *o* bladeren **loofboom** *m* boom met bladeren **Loofhut'tenfeest** isr. feest in begin oktober
loog *v(m)/o* base, bijtende vloeistof **loogas** as om loog te maken
looi *v(m)* fijngemalen eikenschors
looien leer bereiden **looierij** *v* werkplaats of bedrijf v.d. looier; het looien **looistof**, **looizuur** *o* stof waarmee men looit
look *o/m* [loken] plant v.h. geslacht Allium
loom *bn & bw* futloos
loon *o* [lonen] vergoeding, vergelding **loonactie** actie voor loonsverhoging **loonarbeid** werk voor overeengekomen loon **loonarbeider** wie loonarbeid verricht **loonbelasting** door de werkgever op het loon ingehouden en aan de fiscus af te dragen belasting **loonbeslag** beslag op loon **loonbriefje** loonstrookje **loondienst** werken voor overeengekomen loon **loon-en-prijs'spiraal** het elkaar beïnvloeden v. lonen en prijzen **loonlijst** lijst v. werknemers en uitbetaalde lonen **loonpauze** pauze in het stijgen of dalen v.d. lonen **loonplafond** maximumloon **loonpolitiek** maatregelen tot beheersing van lonen **loonronde** verhoging v.d. lonen van overheidswege **loonschaal** maatstaf voor berekening v.d. lonen **loonsom** door het bedrijfsleven aan de werknemers betaald bedrag dat gedeeld wordt door het aantal werknemers **loonstaat** formulier dat betaald loon en loonbelasting aangeeft **loonstandaard** peil v.h. loon **loonstop** verbod van loonsverhoging **loonstrookje** *o* specificatie van iemands loon **loontrekkend** *bn* vast loon ontvangend **loontrekker** [-s] loontrekkend iem. **loonzakje** zakje met afgepast loon **loonzetterij'** *v* voor drukkers of uitgevers tegen betaling werkende zetterij
loop *m* [lopen] het lopen; aanloop; (voort)beweging; buikloop; (voort)gang; richting; verloop; buis aan vuurwapen; *op de ~*, op de vlucht; *de vrije ~ laten*, niet belemmeren **loopafstand** *op ~*, gemakkelijk lopend te bereiken **loopbaan** *v(m)* carrière; weg v.e. hemellichaam; sintelbaan **loopbrug** brug voor voetgangers **loopgips** *o* lopen mogelijk makend gipsverband **loopgraaf** *v(m)* [-graven] lange uitgegraven stelling **loopgravenoorlog** stellingoorlog
looping ‹oo=oe› *v* [-s], **looping the loop'** acrobatische toer v.e. vliegtuig
loopje *o* kleine loop; kunstje; *een ~je nemen met*, voor de mal houden **loopjongen** boodschappenjongen **loopkat** *v(m)* verschuifbare katrol **loopkraan** kraan op rails **looplamp** draagbare lamp met lang snoer en afgeschermde gloeilamp **loopneus** verkoudheid waarbij vocht uit de neus komt **loopoor** verkoudheid waarbij vocht uit het oor komt **looppas** zeer snelle pas met gebogen knieën **loopplank** plank naar de wal **looprek** toestel waarmee mensen kunnen lopen
loops *bn* in de paardrift
loopsluis doorgang voor passagiers op luchthaven **loopstal** stal waarin het vee kan rondlopen **looptijd** geldigheidstijd **loopvlak** deel v. wielband dat de straat raakt **loopvogel** vogel met weinig vliegvermogens
loor *te ~*, verloren
loos *bn & bw* (van slaap) los; sluw, bedrieglijk, slim; leeg, ijdel; niet echt; zonder kogels; waarloos **loosheid** *v* [-heden] het loos zijn; loze streek **loospijp** *v(m)* afvoerbuis
loot *v(m)* [loten] boomscheut
lopen [liep, gelopen] snel gaan, gaan, zich voortbewegen; stromen; vare; functioneren; zich uitstrekken; raken; (colleges) volgen; (doorlopen) worden; (gevaar of risico) bezitten; *~ naar de*, bijna ... bedragen, bijna ... jaar oud zijn; *druk ~*, druk zijn; *storm ~*, druk zijn; *loop (heen)*, och kom; *in* of *door elkaar ~*, moeilijk te scheiden zijn; *erin ~*, zich beet laten nemen; *ertegenaan ~*, gesnapt worden, toevallig ontmoeten; *ertussen door ~*, niet opgemerkt worden, nu en dan erbij zijn; *het op een ~ zetten*, weglopen **lopend** *bn* (v. patiënt) die niet ligt; die of dat loopt; etterend; los; niet stilstaand; strekkend; nog niet vervallen; viervoetig; (v. schrift) vlug; *~e band*, bedrijfssysteem waarbij het op een transportband geplaatste werkstuk vsch. arbeiders passeert; *~e prijs*, koers van de dag; *~e rekening*, rekening-courant, nog niet vereffende rekening; *~e hand*, vlotte hand; *als een ~ vuurtje*, snel **loper** *m* [-s] wie loopt; boodschapper; smalle vloer- of meubelbekleding; valse sleutel; snel paard; verschuifbaar deel van werktuig; bovenste molensteen; dikke big; *(jagers)* poot; alleen diagonaal te verplaatsen schaakstuk
lor *o/v(m)* [-ren] prul, vod; *geen ~*, niets
lord *m* [-s] Eng. titel van edelen of hoogwaardigheidsbekleders of hoge ambtenaren of als bijzondere onderscheiding; *~ wanhoop*, sukkel
lordo'se ‹s=z› *v* [-s] voorwaarts gerichte ruggengraatskromming
lorentzkracht door een bewegende lading in een magnetisch veld ondervonden kracht
lorgnet' ‹gn=nj› *v(m)/o* [-ten] knijpbril

lork, **lorkenboom** *m* lariks

lorre *m* [-s] papegaai

lorrie *v* [-s] werk- of dienstwagentje op rails; kiepkarretje

lorrig *bn & bw* prullig

lorum *in de ~*, in de war; dronken

los I *m* [-sen] lynx **II** *bn & bw* niet vast, afzonderlijk; onsamenhangend; ongedwongen; bandeloos; onzeker; niets dan; niet gehecht aan; (v.e. teugel) niet strak; (v. geld) niet vastgezet; (v. schuld) niet gedekt; *~ krijgen*, weten te krijgen; *erop ~*, erop af, onbeschaamd; *al(les) wat ~ en vast is*, alles **losbaar** *bn* gelost kunnende worden **losban'dig** *bn & bw* zedeloos **losbarsten** door barsten losgaan; uitbarsten **losbol** *m* lichtzinnig iem. **losbranden** afschieten; afgeschoten worden **losbreken** door breken losmaken of losgaan; uitbarsten **losce(d)el** vergunning om te lossen

loser ‹o=oe› *m-v* [-s] mislukkeling

losgaan los worden; *~ op*, afgaan op, aanvallen **losgeld** losprijs; geld voor het lossen **loskomen** vrij worden, vrijkomen; van de grond komen; zich uiten **loskopen** vrijkopen **loslaten** vrijlaten; niet meer houden; mededelen; *niet ~*, aanhouden **loslip'pig** *bn* gemakkelijk geheimen verradend **loslopen** vrij lopen; los worden; terecht komen; *te gek om los te lopen*, dwaas **loslopend** *bn* vrij rondlopend; ongehuwd **losmaken** maken dat iem. of iets los wordt; ter beschikking weten te krijgen; *de tongen ~*, spraakzaam maken **lospeuteren** met moeite losmaken; door overreding of aandrang proberen te verkrijgen of te weten te komen **losplaats** plaats om te lossen **losprijs** vrijkoopgeld **losraken** vrijkomen; onopgemerkt losgaan **losrijden** de andere wielrenners achter zich laten **losrukken** rukkend losmaken

löss *v(m)* vruchtbare leemsoort als in Zuid-Limburg

lossen een pand inlossen; afschieten, ontladen; ontladen worden; loslaten; (v.e. woord) gestand doen **losstraat** deel v.e. weg waarop vrachtauto's kunnen laden of lossen **los-vast** *bn* los verbonden; ontslagen kunnende worden **losweg** *bn* vluchtig, zo maar **loswerken** met moeite losmaken **loszin'nig** *bn & bw* lichtzinnig

lot *o* [loten] loot, teengewas; voorwerp waarmee geloot wordt, aandeel in een loterij; fortuin; levenslot; *~ uit de loterij*, meevaller **loten** door loten verkrijgen; een lot trekken **loterij'** *v* instelling waarbij aan enkele door het lot aan te wijzen deelnemers een prijs wordt toegekend **loterij'briefje** *o* lot **loterij'lijst** lijst van prijzen of nieten **lotgenoot** wie in dezelfde omstandigheden verkeert **lotgeval** *o* [-len] wat iem. beleeft

lotion' ‹loot(t)sjon› *v(m)* [-s] haarwassing; haarwater

lotje *van ~ getikt*, niet goed wijs

lotsbedeling *v* lot **lotsbestel** *o* bepaling hoe het lot beslist **lotsverbetering** verandering v. levensomstandigheden **lotsverbondenheid** het door overeenkomstige omstandigheden verbonden zijn

lotto *o* [-'s] loterij met getallen, kienspel **lottospel** lotto

lottotrekking *v* lottocijfers trekken

lotus *m* [-sen] oosterse waterlelie **lotusbloem** lotus **lotushouding** zit met voor zich gevouwen benen

louche ‹loesj› *bn* scheel; onguur

loudspeaker ‹ea=ie› *m* [-s] luidspreker

lounge ‹lawnzj› *m* [-s] hal v. hotel; koele dansmuzak

louter *bn & bw* zuiver **louteren** zuiveren, raffineren; beter maken

louvredeur ‹ou=oe› deur met schuin geplaatste horizontale latjes

louwmaand *v(m)* januari

love ‹lov› nul punten *(bij tennis)*

loven prijzen; een prijs vragen

lover *o* gebladerte

loverboy ‹lovverboi› *m* [-s] man die doet alsof hij een serieuze relatie wil onderhouden met een meisje, maar haar daarna aanzet tot prostitutie

lovertje *o* glinsterend blaadje

low bud'get ‹g=zj› *bn* met zeer lage middelen en kosten

loyaal' ‹lwajaal *of* loojaal› *bn & bw* trouw, eerlijk **loyaliteit'** *v* trouw, rechtschapenheid **loyaliteits'verklaring** *v* verklaring v. trouw

lozen slaken; spuien, afwateren; zich ontdoen van; zaad afscheiden

lp *long playing*, langspeelplaat

LPF Lijst Pim Fortuyn

LPF'er *m* lid v.d. LPF

LPF-fractie vertegenwoordiging van de LPF in een bestuursorgaan

LPG *Liquefied Petroleum Gas*, autogas

Lr *(schei.)* lawrencium

L.S. *Lectori salutem*, de lezer heil

LSD *lysergsäurediäthylamid*, bep. harddrug

LSK Luchtstrijdkrachten

lt. luitenant

lts lagere technische school

Lu *(schei.)* lutetium

LU, **LUW** Landbouwuniversiteit (Wageningen)

lubben de mannelijke geslachtsdelen wegnemen *(bij dieren)*

lubberen wijd hangen

Luc. Lucas

lucht I *v(m)* gasmengsel v.d. atmosfeer; klimaat; buitenlucht; wolkgevaarte; hemel; geur; adem **II** *bn* luchtig, licht; *in de ~ vliegen*, door een ontploffing omhoog geslingerd worden of uiteenbarsten; *in de ~ zitten*, algemeen zijn; *in de ~ hangen*, onzeker zijn, weldra zullen gebeuren; *uit de ~ komen vallen*, onverwachts komen; *uit de ~ grijpen*, verzinnen; *de ~ krijgen van*, in de gaten krijgen; *~ geven aan*, luchten; *een ~je scheppen*, even naar buiten gaan; *er is een ~je aan*, de zaak is niet zuiver **luchtaanval** aanval met vliegtuigen

luchtactie militaire actie met vliegtuigen **luchtafweergeschut** geschut tegen vliegtuigen **luchtalarm** alarm wegens luchtgevaar **luchtballon** ballon waarmee men opstijgt **luchtband** holle rubberband **luchtbasis** basis voor vliegtuigen **luchtbed** *o* met lucht gevulde matras **luchtbel** luchtblaasje **luchtbescherming** maatregelen tegen luchtaanvallen **luchtbevochtiger** *m* [-s] apparaat om het waterdampgehalte v.d. lucht in een ruimte te verhogen **luchtboot** luchtkussenvaartuig **luchtbrug** hoge overgang boven terrein; vliegdienst wanneer transport over land wordt belemmerd **luchtbus** groot vliegtuig voor passagiersvervoer op korte routes **luchtdicht** *bn & bw* geen lucht doorlatend **luchtdoelgeschut** luchtafweergeschut **luchtdoop** het voor de eerste maal vliegen **luchtdrukhamer** luchthamer **luch'ten** uitstorten; geuren met; aan de buitenlucht blootstellen of blootstaan; zwavelen; *niet kunnen ~*, niet kunnen uitstaan **luchter** *m* [-s] kandelaar **luchtfoto** *v(m)* foto vanuit de lucht **luchtgat** opening waar lucht door kan **luchtgevecht** gevecht tussen vliegtuigen **luchthamer** door luchtdruk gedreven hamer **luchthart** *m-v* zorgeloos iem. **luchthar'tig** *bn & bw* zorgeloos **luchthaven** vliegveld **luchtig** *bn & bw* niet dicht; fris; waar veel lucht in en tussen kan komen; licht, vlot, luchthartig **luchtje** *o* [-s] windje; onaangename geur; *er zit een ~ aan*, het is verdacht **luchtkartering** *v* in kaart brengen met behulp van vliegtuigen **luchtkasteel** hersenschim **luchtkoeling** *v* afkoelen v.e. motor door langsstromende lucht **luchtkoker** buis om lucht te verversen **luchtkussen** met lucht gevuld kussen **luchtkussenvaartuig** zich op een luchtkussen voortbewegend vaartuig **luchtlaag** laag lucht van zekere dichtheid **luchtlanding** troepenlanding v.d. lucht uit **luchtlandingstroepen** *mv* troepen die uit vliegtuigen landen **luchtle'dig** **I** *bn* geen lucht bevattend **II** *o* luchtledige ruimte **luchtlijn** regelmatige vliegdienst **luchtmacht** mil. luchtvloot **luchtmobiel'** *bn* door de lucht verplaatsbaar; *~e brigade*, bep. snel verplaatsbare brigade **luchtoorlog** oorlog in de lucht **luchtperspomp** toestel om lucht te verdichten **luchtpijp** in- en uitademingsbuis **luchtpomp** toestel om lucht te verdunnen of te verdichten **luchtpost** vliegpost **luchtreis** reis door de lucht **luchtruim** *o* dampkring **luchtschip** zeppelin **luchtschroef** propeller **luchtslag** gevecht tussen veel vliegtuigen **luchtspiegeling** *v* bedrieglijk beeld in de lucht **luchtsprong** hoge sprong **luchtstreek** aardgordel, klimaat **luchtstrijdkrachten** *mv* luchtmacht **luchttaxi** klein huurvliegtuig **luchtvaart** luchtverkeer **luchtvaartmaatschappij** maatschappij voor luchtverkeer **luchtvaartuig** toestel om zich door de lucht te bewegen **luchtverfrisser** *m* [-s] houder met geurstof om vieze geuren te onderdrukken **luchtvervuiling** *v* verontreiniging v.d. lucht **luchtvloot** de vliegtuigen **luchtwaar'dig** *bn* deugdelijk voor de luchtvaart **luchtwapen** luchtstrijdkrachten **luchtweg** weg door de lucht; *(mv)* organen waardoor de in- en uitademingslucht stroomt **luchtwortel** [-s] wortel boven de grond **luchtzak** airbag **luchtziek** *bn* onwel op luchtreis

luci'de *bn* helder **luciditeit'** *v* helderheid

lucifer *m* [-s] vlamhoutje **lucifersdoosje** doosje met of voor lucifers

lucratief' *bn* winstgevend

lucul'lus *m* lekkerbek **lucul'lusmaal** heerlijk maal

ludiek' *bn* betrekking hebbend op het spel; speels

lugu'ber *bn & bw* akelig

lui **I** *mv* mensen **II** *bn & bw* traag; zich niet gaarne inspannend **luiaard** *m* [-s] lui iem.; Zuid-Amerikaans drietenig tandarm zoogdier v.d. familie der Bradypodidae

luid **I** *o naar ~ van*, volgens **II** *bn & bw* zeer hoorbaar, hard klinkend **luide** *bw* luid **luiden** klinken, doen klinken; de klok trekken; behelzen; de genoemde inhoud bevatten **luidens** *vz* volgens **luidkeels** *bw* luid **luidruch'tig** *bn & bw* met veel lawaai **luidspreker** *m* [-s] mechanische geluidsversterker

luien luiden

luier **I** *m* [-s] wie luidt **II** *v(m)* [-s] kinderdoek **luierbroekje** luier in vorm v. broek

luieren niets uitvoeren **luierik** luiaard

luifel *v(m)* [-s] afdak aan gebouw

luiigheid *v* luiheid

luik *o* valdeur; met een schot te sluiten opening; blind; draaibaar schilderijdeel

luiken [look, geloken] *(plecht.)* sluiten

luilak *m* [-ken] luiaard **luilakken** luieren

luilebol *m* [-len] *(scheldn.)* onnozel iem.

luilek'kerland sprookjesland waar men lui en lekker kan leven

luim *v(m)* gemoedsgesteldheid; scherts; *op zijn ~en (luipen)*, op de loer **luimig** *bn & bw* grillig; slecht geluimd; grappig

luipaard *m* gevlekt katachtig roofdier, Lat. Panthera pardus

luis *v(m)* [luizen] op mensen en zoogdieren parasiterend insect zonder vleugels, Lat. Pediculus; *er loopt hem een ~ over de lever*, hij windt zich op over een kleinigheid; *een ~ in iemands pels poten* of *zetten*, iem. last berokkenen **luisbos** *zie* **luizenbos**

luister *m* schittering

luisteraar *m* [-s] wie (inz. naar de radio) luistert **luisterdichtheid** grootte v.h. aantal luisteraars voor bep. uitzendingen **luisteren** toehoren; trachten te horen; gehoorzamen; *naar de naam ~ van*, heten; *nauw ~*, nauwkeurigheid vereisen **luistergeld** *o* verplichte bijdrage voor bezit van radio **luisterlied** lied om naar te luisteren zonder dat men meezingt **luisterpost** om te bespieden vooruitgeschoven post

luisterrijk *bn & bw* schitterend
luisterspel radiotoneelstuk
luistervergunning vergunning voor een radio-ontvangtoestel **luistervink** *m/v* (stiekeme) luisteraar **luistervinken** stiekem afluisteren
luit *v(m)* tokkelinstrument met lange hals
luitenant *m* [-s] officier onder kapitein **luitenant-adjudant'** [-s-adjudanten] als adjudant toegevoegd luitenant **luitenant-admiraal'** [-s] plaatsvervangend admiraal **luitenant-generaal'** [-s] plaatsvervangend generaal, officier onder generaal **luitenant-ingenieur'** [-s-ingenieurs] luitenant bij de genie **luitenant-kolonel'** [-s] plaatsvervangend kolonel, officier onder kolonel **luitenant-kwartier'meester** [-s-kwartiermeesters] luitenant van administratie en inkwartiering **luitenant-ter-zee'** [-s-ter-zee] marineluitenant
luiwagen *m* [-s] bezem aan lange steel
luiwammes *m* luiaard **luiwammesen** luieren
luizen luizen vangen; ontfutselen; *erin ~*, *(pop.)* erin lopen **luizenbaantje** *o* gemakkelijk en prettig baantje **luizenbos**, **luisbos** *m* iem. vol luizen **luizenmarkt** vlooienmarkt **luizenstreek** *m/v* gemene streek **luizig** *bn & bw* vol luizen; *(pop.)* reusachtig

L

lukken gelukken
lukraak *bn & bw* in het wilde
lul *m* [-len] *(vulg.)* penis; klungel; onbenul; *voor ~ staan*, voor gek staan; *in ss*: onbenullig **lulkoek** *(vulg.)* kletskoek **lullen** *(vulg.)* kletsen **lullig** *bn (vulg.)* stom, slap **lullo** *m* [-'s] *(stud.)* sukkel **lulmeier** *m* [-s] *(vulg.)* kletskous
lumbaal'punctie *v* [-s] ruggenmergvocht aftappen **lumba'go** *m* spit
lumberjack ‹jack=jek *of* djek› wijd jack met rits
lumen *o* lichteenheid **lumenseconde** hoeveelheid licht van 1 lumen in 1 seconde **luminescen'tie** *v* lichtuitstraling zonder aanwezige warmte **lumineus'** *bn* schitterend
lummel *m* [-s] lomperd; ijzeren pen; tijdelijk niet medespelende **lummelachtig** *bn* als een lummel **lummelen** lanterfanten **lummelig** *bn & bw* lummelachtig
lumpsum *m* [gmv] eenmalig bedrag
lunair' ‹ai=è› *bn* de maan betreffende **lunapark** terrein met kolossale kermisvermakelijkheden **luna'ticus** *m* [-ci] maanzieke **lunatiek'** *bn & bw* maanziek; grillig
lunch ‹ch=sj› *m* [-en, -es] tweede ontbijt, koffiemaal **lunchen** de lunch gebruiken **lunchpakket** ingepakte lunch **lunchroom** ‹oo=oe› *m* [-s] gelegenheid waar men een kleinigheid eet en drinkt
lunet' *v(m)* [-ten] (half) ronde vorm; halfrond afzonderlijk deel v.e. vestingwerk
lupi'ne *v(m)* [-n] als groenbemesting gebruikte vlinderbloemachtige plant, Lat. Lupinus
lupus *m* huidtuberculose
luren *in de ~ leggen*, beetnemen
lurex *wm m-o* uit metaal vervaardigd garen; stof met dit garen
lurk *m* zuigdot; lummel **lurken** hoorbaar zuigen of drinken
lurven *bij zijn ~*, beet
lus *v(m)* [-sen] lis; *aan de ~ hangen*, in de tram moeten staan
lust *m* begeerte, hartstocht; wat iem. genot geeft, plezier; *iemands ~ en (iemands) leven zijn*, voor iem. iets zijn waar hij graag mee bezig is **lusteloos** *bn & bw* futloos, slap **lusten** houden van; begeren; niet bang zijn voor; *(onpersoonlijk)* zin hebben in; *ervan ~*, ervan langs krijgen
luster ‹u=uu› *m* [-s] kroonkandelaar
lusthof heerlijke tuin **lustig** *bn & bw* flink, opgewekt **lustmoord** *m* moord in de seksuele sfeer **lustobject** middel tot seksuele bevrediging **lustoord**, **lustprieel** heerlijk oord
lustre ‹u=uu› *o* dunne glanzende stof
lustrum *o* [-tra] vijf jaren; lustrumfeest **lustrumfeest** herdenking v. elke 5e verjaardag
Luth. Luthers
lutheraan' ‹uth=uut› [-ranen] volgeling van Luther **luthers** *bn* volgens Luther
luttel *bn & bw (plecht.)* weinig, gering
luw I *bn* windvrij; tamelijk warm **II** *o* luwte
LUW Landbouw Universiteit Wageningen **luwen** stiller worden, afnemen **luwte** *v* windvrije plaats; zacht weer; *in de ~ vallen*, zijn toon matigen
lux *v* lichteenheid
luxaflex *wm m* uit lamellen bestaande zonnewering
luxe ‹u=uu› *m* weelde; *ook als eerste deel van ss in de bet.*: weelde- of fijn **luxe-uitvoering** *v* zeer fraaie uitvoering **luxueus'** ‹uu› *bn & bw* weelderig
luzer'ne ‹u=uu› *v(m)* voor veevoeder gekweekte vlinderbloemige plant, Lat. Medicago sativa
LVT Landelijke Vereniging voor Thuiszorg
LVV *(Belg.)* Liberaal Vlaams Verbond
LW laagwater, eb
lwoo leerweg ondersteunend onderwijs
lx *lux*, lichteenheid
lyceïst' ‹y=ie› leerling v. lyceum **lyce'um** *o* [-cea, -s] combinatie van gymnasium en atheneum met een of twee gemeenschappelijke leerjaren
lychee ‹litsjie› *m* [-s] zoete subtropische vrucht met stekelige schil, Lat. Litchi chinensis
lycra *wm* ‹y=ie› *m-o* dunne elastische kunststof
lymfa'tisch ‹lym=lim› *bn* betrekking hebbend op de lymfe; met weinig weerstandsvermogen **lymf(e)** ‹limf› *v(m)* weefselvocht **lymfklier** klier in lymfevaten **lymfocyt'** *m* in de lymfklieren gevormd antilichamen producerend wit bloedlichaampje **lymfosarcoom** kwaadaardig gezwel v.d. lymfklieren **lymfvat** vat waardoor de lymfe stroomt

lynchen ‹linsjen› eigenmachtig terechtstellen
lynx ‹links› *m* katachtig roofdier met korte staart en oorkwasten, Lat. Felis lynx
lyriek' ‹y=ie› *v* gevoelsuitstorting in taal **lyrisch** *bn & bw* gevoelig, stemmig, sentimenteel; enthousiast
lysi'ne ‹lieziene› *v (stofn.)* bep. aminozuur
lysol' *wm* ‹liezol› *o/m* bruingele ontsmettende stof

M

m *v(m)* [-'s] dertiende letter van ons alfabet; neusklank met sluiting v.d. lippen
m meter
m. minuut, mannelijk
M *(v. kledingmaat) medium*, midden; Mark; *(nat.)* molecuulgewicht; Romeins teken voor 1000
M. Mijnheer
ma *v* [-'s] mama
mA milliampère
maag I *m-v* [magen] bloedverwant **II** *v(m)* [magen] orgaan tussen slokdarm en dunne darm; *iem. iets in de ~ splitsen, stoppen*, iem. iets aansmeren; *met iets in zijn ~ zitten*, iets niet kwijt kunnen, met iets verlegen zitten; *zwaar op de ~ liggen*, zwaar vallen **maagbitter** maagversterkend middel **maagbloeding** *v* bloeding v.d. wand v.d. maag **maagcatarre** ontsteking v.h. maagslijmvlies
maagd *v* vrouw die geen seksuele omgang gehad heeft **Maagd I** *v* zesde teken v.d. dierenriem **II** *v-m* wie onder dat teken geboren is
maag-darm'kanaal het hele spijsverteringskanaal
maagdelijk *bn* van of als een maagd; zuiver; ongehuwd; ongerept **maagdenhoni(n)g** ongepijnde honing **maagdenpalm** *m* altijdgroene plant v.h. geslacht Vinca **maagdenpeer** zoete saprijke bruine peer **maagdenvlies** *o* vlies dat de vr. schede afsluit **maagdom** *m* het maagd zijn
maagelixer, **maagelixir** maagbitter **maagkanker** kanker in de maag **maagkramp** hevige maagpijn **maaglijder** iem. met een maagkwaal **maagmond** ingang v.d. maag **maagpijn** pijn in de maag **maagsap** voor de spijsvertering in de maag aanwezig vocht **maagschap I** *v* familie **II** *o/v* verwantschap **maagsonde** slang om de maag door keel en slokdarm te ledigen of te vullen **maagvulling** *v* weinig voedzaam maar honger verdrijvend voedsel **maagzuur** *o* brandend gevoel in maag t.g.v. afgescheiden zuur **maagzweer** verzwering in de maag
maaidorsen werken met de maaidorser **maaidorser**, **maaidorsmachine** [-s] machine die maait en dorst **maaien** met de zeis afsnijden; een maaibeweging maken **maaier** *m* [-s] wie maait, maaimachine **maai-harktrekker** *m* [-s] soort maaimachine achter tractor **maaimachine** machine om te maaien **maaiveld** hoogte v.h. grasland; bovenkant v.h. omgevend terrein; *boven het ~ uitsteken*, opvallen
maak *m* maken of repareren **maakloon** geld voor maken **maaksel** *o* [-s] constructie; vorm; voortbrengsel **maakwerk** werk op bestelling
maal I *v(m)* [malen] vlek; brievenzak **II** *v(m)/o* [malen] keer **III** *o* [malen] maaltijd; *ten*

M

enen male, volstrekt; *ten anderen male*, vervolgens
maalderij' *v* inrichting waar gemalen wordt **maalpeil** hoogste peil in een boezem **maalstroom** kolk **maaltand** kies **maalteken** vermenigvuldigingsteken
maaltijd het eten; *als eerste deel v.e. ss*: die als volledige maaltijd kan dienen
maan *v(m)* [manen] wachter (v.d. aarde); *naar de* ~, weg, naar de drommel; *tegen de ~ blaffen*, vergeefs protesteren of dreigen **maanblind** *bn* lichtschuw **maanblindheid** *v* periodieke oogontsteking **maanbrief** brief waarin gemaand wordt
maand *v(m)* 1/12 jaar
maandag *m* tweede dag v.d. week; *een blauwe* ~, maar even; ~ *houden*, op maandag niet werken **maandags** *bn & bw* op maandag
maandblad maandelijks verschijnend tijdschrift **maandelijks** *bn & bw* (van) iedere maand **maandenlang** *bn & bw* (van) vele maanden **maandgeld** loon voor een maand **maandstaat** staat over een maand **maandstonden** *mv* menstruatie **maandverband** *o* bij menstruatie gedragen verband
maaneclips maansverduistering **maangestalte** *v* [-n, -s] schijngestalte v.d. maan **maanjaar** tijdperk v. 12 maanomlopen **maankop** **I** *m* kop v.d. papaver **II** *v(m)* papaver **III** *o* heulsap **maanlander** *m* [-s] toestel dat losgekoppeld v.e. moederschip op de maan wordt neergezet **maanlanding** landing op de maan **maansteen** wit of blauwachtig halfedelgesteente **maansverduistering** het onzichtbaar worden v.d. maan doordat ze in de schaduw v.d. aarde komt **maanvis** klompvis **maanzaad** papaverzaad **maanziekte** aan de maanfase toegeschreven zenuwziekte
maar **I** *v(m)*, **mare** [maren] tijding **II** *o* [maren] bedenking **III** *vgw* doch **IV** *bw* slechts
maarschalk officier boven generaal **maarschalksstaf** [-staven] staf v.e. maarschalk
maart *m* 3e maand **maarts** *bn* van of in maart
maas *v(m)* [mazen] opening in een net; *door de mazen der wet kruipen*, listig de wet ontduiken **maasbal** bal om mee te mazen **maaswerk** het mazen; het gemaasde; geometrische figuren in gotische boogvelden
maat **I** *m* [-s] makker **II** *v(m)* [maten] meetmiddel; meeteenheid; afmeting; eenheid v. ritme, regelmatige opeenvolging van betoonde en onbetoonde lettergrepen; indeling naar tijdruimte; *de ~ is vol*, het is genoeg; *met twee maten meten*, partijdig zijn; ~ *houden*, niet in uitersten vervallen; *met mate*, niet te veel **maatbeker** *m* voor de maat te gebruiken beker **maatge'vend** *bn* toonaangevend *(germ.)* **maatgevoel** gevoel voor maat **maatglas** glas waarmee men meet **maathouden** in de maat blijven **maatje** *o* kleine maat; mama; *goede ~s*, goede vrienden **maatjesharing** jonge haring **maatkostuum** op maat gemaakt kostuum
maatregel *m* [-en, -s] schikking
maatschap *v* [-pen] vennootschap **maatschap'pelijk** *bn & bw* van een of de maatschappij, voor de maatschappij **maatschappij'** *v* gemeenschap; vereniging; handelsvereniging **maatschappij'leer** leer en studie v.d. samenleving **maatschappij'wetenschap** wetenschap m.b.t. economische en juridische en sociologische aspecten v.d. maatschappij
maatslag het maat slaan; maat **maatstaf** *m* [-staven] norm waarnaar men iets beoordeelt **maatstok** duimstok; stok om maat te slaan **maatvast** *bn & bw* goed maat kunnende houden **maatwerk** op maat gemaakte kleding en schoeisel
maca'ber *bn* griezelig; *danse macabre*, dodendans
macadam' *o/m* steenslag **macadamise'ren** ‹s=z› verharden met macadam **macadamweg** met macadam verharde weg
macaro'ni *m* deegwaar in verschillende vormen **macaro'nisch** *bn* met dooreenhaspeling v. verschillende talen
macedoi'ne ‹masedwan› *v* [-s] groentemengsel, vruchtenmengsel
mach ‹mag› *m* eenheid v. geluidssnelheid
mache'te ‹ch=sj› *m* [-s] licht gebogen kapmes
machiavellis'me ‹ch=kk› *o* stelsel met staatsbelang als enige norm **machiavellist'** aanhanger v.h. machiavellisme **machiavellis'tisch** *bn & bw* volgens het machiavellisme
machinaal' ‹ch=sj› *bn & bw* met machines; werktuigelijk **machina'tie** ‹ch=gg› *v* [-s] kuiperij **machi'ne** ‹ch=sj› *v* [-s] samengesteld toestel; locomotief; naaimachine; *helse* ~, bom **machi'nebankwerker** *m* [-s] wie onderdelen v. machines of motoren koud bewerkt aan een bank **machi'negeweer** automatisch geweer **machi'nekamer** vertrek voor machine(s) **machi'nepark** *o* de gezamenlijke machines **machinerie'** *v* [-ën] machine; samenstel v. machines **machi'neschrift** schrift v. schrijfmachine **machi'neschrijven** *o* schrijven op schrijfmachine **machinist'** bediener v. machine
machis'me, **machis'mo** *o* het zich stoer gedragen **macho** ‹matsjoo› *bn* zich stoer gedragend **II** *m* [-'s] zich stoer gedragende man
macht *v(m)* kracht, vermogen; machtiging; betekenis; gezagdragend lichaam; menigte; cijfer dat aangeeft hoe dikwijls een getal met zichzelf moet worden vermenigvuldigd; *uit al zijn ~* of *uit alle ~*, zo hard men kan; *bij ~e*, in staat **machteloos** *bn & bw* zonder macht

M

machthebbende [-n], **machthebber** [-s] wie macht heeft **machtig** *bn & bw* met macht; kunnende beschikken over; kennende; krachtig, zwaar, groot, zeer; *het wordt hem te* ~, hij kan er zich niet meer bij beheersen **machtigen** volmacht geven **machtiging** *v* volmacht **machtsaanwijzer** *m* [-s] exponent **machtsbetoon** *o* het laten zien v. macht **machtsblok** *o* krachtige groep van staten of ondernemingen of personen **machtsevenwicht** evenwicht in macht **machtsmiddel** middel om macht uit te oefenen **machtsmisbruik** misbruik van macht **machtspolitiek** op macht steunende politiek **machtspositie** positie als gevolg v. macht **machtspreuk** *v(m)* dooddoener **machtssfeer** invloedssfeer **machtsstaat** staat waarin macht boven recht gaat **machtsstrijd** strijd om de macht **machtsverheffing** *v* het in een macht verheffen **machtsvertoon** *o* machtsbetoon **machtswellust** *m* tirannie **machtswellusteling** tiran **macht(s)woord** woord dat beslist

maçon' ‹masõn› [-s] vrijmetselaar **maçonnerie'** *v* vrijmetselarij **maçonniek'** *bn & bw* vrijmetselaars-, in verband met de vrijmetselarij

macramé' *o* met diverse garens vervaardigd knoopwerk

macro *m* [-'s] *(comp.)* reeks toetsaanslagen die opgeborgen kan worden voor later gebruik; *(als eerste woorddeel)* groot **macrobioot'** *m* [-bioten] wie de beginselen van macrobiotiek volgt **macrobiotiek'** *v* op evenwicht tussen yin en yang gebaseerde levensbeschouwing **macrobio'tisch** *bn in verbinding met woorden voor voedsel*: niet bespoten met chemicaliën; *in verbinding met woorden voor eten*: met gebruikmaking van niet met chemicaliën bespoten voedsel **macro-economie** economie op uitgebreide schaal **macrokosmos** *m* heelal; wereld v.h. grote **macromoleculair'** ‹ai=è› *bn* uit zeer grote moleculen bestaand **macropsie'** *v (med.)* oogafwijking waarbij men alles vergroot ziet **macroscopisch** *bn* met het blote oog zichtbaar of waargenomen **macrostructuur** *v* uitwendig zichtbare grove structuur **macrovirus** *(comp.)* aan een document gekoppeld computervirus

maculatuur' *v* misdruk, waardeloos geworden drukwerk

mac-'waarde maat voor maximaal aanvaardbare concentratie v. schadelijke stoffen

madam' [-men, -s] would-be dame

made *v(m)* [-n] pootloze larve inz. van vliegen

madeliefje *o* weideplantje met witte bloemen met gele hartjes, Lat. Bellis perennis

made'ra *m* [-'s] van Madeira afkomstige wijn

madon'na *v* [-'s] H. Maagd; madonnabeeld **madon'nabeeld** *o* beeld van de H. Maagd

madras' *o* gordijnstof van katoen en kunstzijde

madrigaal' *o* [-galen] innig herdersminnedicht; meerstemmig lied

maf I *m (fam.)* slaap II *bn* vadsig, onbenullig, *(van een toestand)* stom

maffen *(pop.)* slapen **maffer** [-s] onderkruiper

maffia *v(m)* net v. geheime misdadige organisaties **maffio'so** ‹s=z› *m* [-si] lid v.d. maffia

mafkees *m* [-kezen] suffer

mag. magister

magazijn' *o* pakhuis; warenhuis; ruimte voor patronen **magazijn'meester** opzichter

ma'gazine ‹mèGezin› populair tijdschrift

mager *bn & bw* niet vet; armzalig **magerman** mager iem.; schraalhans **magerte** *v* magerheid

maggi *wm m* (samengeperst) extract voor soep **maggiplant** bep. naar maggi smakend keukenkruid

magie' *v* toverkunst **magiër** [-s] tovenaar

magi'rusladder *wm* uitschuifbare ladder op wagen

magisch *bn & bw* tover-, op de wijze v.e. tovenaar

magis'ter *m* [-s] meester; doctor; novicenmeester **magistraal'** *bn* meesterlijk **magistraat'** *m* [-straten] overheid; overheidspersoon; rechter **magistraats'persoon** overheidspersoon **magistratuur'** *v* overheid; overheidsambt; rechterlijke macht; *staande* ~, strafvorderende groep bij de rechtspraak; *zittende* ~, rechtsprekende groep bij de rechtspraak

magma *o* vloeibaar vulkaangesteente

magnaat' *m* [-naten] rijksgrote; invloedrijk iem.

magneet' *m* [-neten] ijzeraantrekkend stuk ijzer **magneet'band** plastic band met ijzerdeeltjes voor registratie v. geluid of beeld **magneet'ijzer** magnetisch ijzer **magneet'ijzersteen** magnetisch ijzererts **magneetkaart** kaart met magnetische strip met gegevens voor een computer **magneet'kracht** aantrekkende kracht v.e. magneet **magneet'naald** ruitvormige kunstmagneet

magne'sia ‹s=z› *v(m)* talkaarde, magnesiumoxide **magne'sium** ‹s=z› *o* bij verbranding fel licht gevend metaal

magne'tisch *bn* ijzer aantrekkend, aantrekkingskracht bezittend; door magnetisme veroorzaakt; met betrekking tot magnetisme **magnetise'ren** ‹s=z› magnetisch maken; door aanraking genezend werken; bezielen **magnetiseur'** wie door aanraking kan genezen **magnetis'me** *o* magneetkracht; wat met magnetische kracht en magnetiseren samenhangt **magnetofoon'** *m* [-s, -fonen] toestel dat door magnetisering v. draad of band geluid registreert **magneton'** *o (nat.)* maat voor het magnetisch moment v.e. elektron

magnetron' *m* [-s] door gebruik van ultrakorte golven snel werkende oven

magnifiek' ‹gn=nj› *bn & bw* prachtig

magno'lia *v(m)* [-'s] boom met tulpachtige

M

bloemen
magnum *m* [-s] zeer grote wijnfles
mahjong' bep. uit China afkomstig spel met stenen
mahomedaan' mohammedaan
mahomedaans' *bn* mohammedaans
mahomedanis'me *o* mohammedanisme
maho'nie *o* hout v. mahonieboom
maho'nieboom uit Amerika afkomstige boom met bruinrood hout, Lat. Swietenia mahagoni **maho'niehout** mahonie
maho'niehouten *bn* van mahoniehout
maidenparty ⟨meedenpartie⟩ *v* [-'s] vrijgezellenfeest voor een aanstaande bruid **maidenspeech** ⟨meedenspietsj⟩ *m* [-es, -en] eerste redevoering
mail ⟨meel⟩ *v(m)* [-s] e-mail; overzeese postdienst, hiermee verzonden post **mailboot** zeeboot met post **mailbox** virtuele postbus voor e-mail **mailbrief** per e-mail verzonden boodschap **mailing** *v* berichtgeving per brief op grote schaal
mailen [mailde, gemaild] een e-mail sturen
maillot' ⟨majjoo⟩ *o* elastisch broekje met kousen
mailpapier ⟨ai=ee⟩ zeer dun postpapier **mailtje** *o* e-mailtje **mailtrein** trein die mailbrieven vervoert
mainframe ⟨meejnfreem⟩ *m* [-s] computer met grote capaciteit
maintene'ren ⟨mēn⟩ handhaven; beschermen; onderhouden
maïs *m* graan met gele korrels in kolven, Lat. Zea mays
maisonnet'te ⟨ais=èz⟩ *m* [-s] uit twee woonlagen bestaand huis als deel v. groot woongebouw
maître d'hôtel' ⟨mètre dootel'⟩ *m* hofmeester
maîtres'se ⟨ai=è⟩ *v* [-s, -n] meesteres; minnares
maïze'na *wm* fijn maïsmeel
maj. majoor
majesteit *v* luister, hoogheid **majestei'telijk** *bn* majestueus **majesteitsschennis** belediging v.d. soeverein **majestueus'** *bn & bw* groots
majeur' ⟨aj=aj *of* aazj⟩ *v(m)* grote terts
majolein' *zie* **marjolein**
majo'lica *o/v(m)* aardewerk met tinglazuur
majoor' [-s] hoofdofficier v.d. laagste rang; sergeant-majoor; tamboer-majoor
majoraan' *v(m)* [gmv] marjolein
majoraat' *o* [-raten] erfrecht v.d. oudste zoon; onverdeeld erfgoed voor de oudste zoon
majore'ren met het oog op mogelijke overtekening bij een emissie v. effecten inschrijven op meer stukken dan men wil hebben
majoret'te *v* [-n] meisje dat in een groep soortgenoten in fantasie-uniform in optochten voor de show meeloopt
majoriteit' *v* meerderheid; meerderjarigheid
majus'kel *v(m)* [-s] hoofdletter in oud geschrift
mak *bn & bw* tam, gedwee
makaron' [-s], **makroon'** *m* [-kronen, -s] kokoskoek
makelaar [-s, -laren] tussenpersoon; zaakbezorger **makelaardij'**, **makelarij'** *v* het beroep van makelaar
makelij' *v* maaksel, bouw
maken vervaardigen; vormen, doen ontstaan, veroorzaken; doen; herstellen; in zekere toestand brengen; *het ~, (ang.)* succes hebben; *het ... ~*, ... gesteld zijn; *het niet lang meer ~*, spoedig sterven; *te gelde ~*, verkopen; *werk van iem. ~*, iem. attenties bewijzen, het druk met iem. hebben; *kunnen ~ en breken*, ver overtreffen; *te ~ hebben met*, horen bij, uitstaande hebben met; *de kleren ~ de man*, men beoordeelt iem. naar zijn kleding; *~ dat men wegkomt*, ijlings heengaan
make-up' ⟨meek-up⟩ *m* [-s] cosmetica
maki *m* [-'s] halfaap met lange staart en snuit als v.e. vos uit de familie der Lemuridae
makje *o* [-s] iets gemakkelijks
makke *m/v* moeilijkheid
makkelijk *bn & bw* gemakkelijk
makken *niets te ~ hebben*, geen invloed hebben, geen geld hebben
makker *m* [-s] kameraad
makkie *o* [-s] gemakkelijk iets
makreel' *m* [-krelen] stekelvinnige trekvis, Lat. Scomber scombrus
makroon *zie* **makaron**
mal I *m* [-len] model **II** *bn & bw* dwaas; *voor de ~*, voor de gek; *malletje naar malletje*, alles precies eender; *oud ~ gaat bovenal*, hoe ouder hoe gekker
malachiet' *o* donkergroen kopererts
malafi'de *bn* onbetrouwbaar
malaga *m* [-'s] zoete Sp. wijn; ijssoort met rum en rozijnen
malai'se ⟨maalèze⟩ *v* slapte
malapropis'me *o* verhaspeld woord, verhaspelde uitdrukking
mala'ria *v(m)* moeraskoorts **mala'ria-infectie** door malariamicroben veroorzaakte infectie **mala'riamug** mug die malaria overbrengt
maledic'tie ⟨t=s⟩ *v* [-s] vloek
malen [maalde, gemaald] zeuren; niet wijs zijn; [maalde, gemalen] fijndraaien; met een molen verwijderen
malentendu' ⟨enten=ãntã⟩ *o* [-'s] misverstand
malheur' ⟨maleur⟩ *o* [-en, -s] ongeluk, pech; gebrek
malicieus' *bn & bw* kwaadaardig; ondeugend
malie *v* [-s, -liën] ringetje v. maliënkolder; oogje voor schoenveter, stiftje v. veter; houten kolfhamer **maliënkolder** *(hist.) (mil.) m* [-s] hemd v.ijzeren ringetjes
malig'ne ⟨gn=gn *of* nj⟩ *bn* kwaadaardig
maling *v in de ~*, in de war, in het ootje; *~ hebben aan*, zich niets aantrekken van
malkaar', **malkan'der** *vnw* elkaar
mallejan' *m* [-s] boomwagen **mallemoer'** *(pop.) geen ~*, niets; *naar z'n ~*, kapot **mallemoe'ren** vernielen **mallemolen** draaimolen
mallen dwaas doen **mallepraat** zottenpraat **malligheid** *v* [-heden] dwaasheid **malloot'**

m-v [-loten] mal wicht, gekkin; kwast
malro've *v(m)* lipbloemige plant met witte bloempjes, Lat. Marrubium vulgare
mals *bn & bw* weeksappig; wasdom gevend; zachtzinnig
malt *o* alcoholvrij bier
malte'zerhond bep. kleine keeshond
malthusianis'me *o* streven naar geboortebeperking
maltraite'ren ‹ai=è› mishandelen
maluwe *v(m)* [-n] malve
malva, **malve I** *v(m)* [-n] kaasjeskruid **II** *bn* lichtpaars
malversa'tie ‹s=z› *v* [-s, -tiën] verduistering; knoeierij
mama *v* [-'s] moeder
mambo *m* [-'s] bep. Zuid-Amerikaanse dans
mamma *v* [-'s] moeder; borstklier van zoogdieren en mensen **mammaprothese** borstprothese **mammectomie'** *v* borstamputatie
mammie *v* [-s] *(liefkozend)* moeder
mammoet *m* [-en, -s] soort voorwereldlijke olifant; *als eerste deel van ss in bet.*: reuzen- **Mammoetwet** wet op voortgezet onderwijs
mammografie' röntgenonderzoek v.e. vrouwenborst
mammon *m de ~ dienen*, slaaf v.h. geld zijn
mams *(pop.)* moeder
man [-nen] persoon, mens; mannelijk iem.; iem. v. karakter; echtgenoot; soldaat; *~ met de hamer*, inzinking tijdens het duursporten; *op de ~ af*, zonder omwegen; *zijn ~ staan*, tegenstanders aankunnen; *aan de ~ brengen*, verkopen; *als de nood aan de ~ komt*, als er grote nood is; *met ~ en muis*, zonder dat iem. gered is; *~ en paard*, alle bijzonderheden; *de derde ~ brengt de spraak aan*, een derde houdt het gesprek gaande; *een ~ een ~ een woord een woord*, een eerlijk man houdt zijn woord
ma'nagement ‹mennudzjment› *v* op praktisch werken gerichte leiding v.e. organisatie **ma'nagement-consul'tant** *m-v* [-management-consultants] wie adviseert bij bestuurlijke aangelegenheden **managen** [managede, gemanaged] als manager leiden; voor elkaar brengen **ma'nager** ‹mennudzjur› [-s] leider, bestuurder; theaterdirecteur; wie de zakelijke belangen in bep. beroepen behartigt **ma'nager(s)ziekte** burn-outsyndroom
manche ‹mãnsj› *v(m)* [-s] deel v.e. partij of wedstrijd; achter een vliegtuig hangende windzak als schietdoel
manchester ‹mentsjiste *of* mansjester› *o* geribbeld katoenfluweel
manchet' ‹ch=sj› *v(m)* [-ten] handboord; *(scherts.)* handboei
manco *o* [-'s] tekort
mand *v(m)* gevlochten stuk vaatwerk; *door de ~ vallen*, niet langer kunnen ontkennen
mandaat' *o* [-daten] volmacht; bevelschrift tot betalen; lastbrief; toezicht vanwege de Volkenbond **mandaat'gebied** vanwege de Volkenbond bestuurd gebied
mandag arbeid van één persoon gedurende één dag
mandarijn' Chinese hoge ambtenaar; zoete kleine citrusvrucht
mandata'ris [-sen] gevolmachtigde; bestuurder van mandaatgebied
mandekking *v* speltechniek waarbij een speler iem. v.d. tegenpartij doorlopend in het oog houdt
mandement' *o (r.-k.)* herderlijk schrijven
mandenmaker *m* [-s] wie manden maakt **mandenwagen** gevlochten kinderwagen; rijtuigje met dak of bak van mandenwerk **mandenwerk** voorwerpen v. gevlochten teen **mandfles** fles met aansluitend vlechtwerk
mandoli'ne *v* [-s] klein tokkelinstrument in gedeeltelijke peervorm
mandor'la *v(m)* [-'s] amandelvormige stralenkrans rondom een afbeelding v. Christus of Maria
mandrago'ra *v(m)* Zuid-Europees bedwelmend kruid
mandril' *m* [-s] West-Afrikaanse baviaan met opvallende kleuren in het gezicht
mandvol *v(m)* hoeveelheid die een mand vult
mane'ge ‹eg=eezj› *v(m)* [-s] rijbaan; rijschool **mane'gepaard** schoolpaard, gedresseerd paard
manen I *mv* lange nekharen **II** *ww* aan een schuld herinneren, aansporen (tot betaling)
maneschijn maanlicht
maneu'ver *zie* **manoeuvre**
maneuvre'ren *zie* **manoeuvreren**
mangaan' *o* wit broos met Mn aangeduid metaal **mangaan'erts** *o* mangaan bevattend erts **mangaan'staal** staal met mangaan
mangat opening om in een stoomketel te komen
mangel I *m* [-s] toestel om te mangelen **II** *o* gebrek; *bij ~ van*, bij gebrek aan **mangelen** met tegen elkaar draaiende cilinders linnen glad maken; ontbreken **mangelwortel** voederbiet
mango *m* [-'s] geelgroene sappige tropische vrucht
mangro've *m* [-n] tropisch vloedbos
manhaf'tig *bn & bw* dapper
maniak' *m* [-ken] wie een manie heeft **maniakaal'** *bn* als v.e. maniak
manicu're I *m-v* [-n] handverzorger of -verzorgster **II** *v(m)* voorwerpen om handen en nagels te verzorgen; handverzorging **manicu'ren** de handen verzorgen
manie' *v* [-niën] overdreven zucht
manier' *v(m)* wijze van handelen; wijze van gedrag; gebruik **maniëris'me** *o* gekunsteldheid **manier'tje** truc; enigszins gemaakte gewoonte
manifest' I *o* openlijke bekendmaking; gemerkte vrachtlijst **II** *bn* duidelijk **manifestant'** betoger **manifesta'tie** *v* [-s] betoging **manifeste'ren** uiten, openbaren; betogen
manil'la *v(m)* [-'s] van de Filippijnen afkomstige tabakssoort; sigaar daarvan

manil'lahennep vezel v. wilde banaan

maniok' *m* cassave

mani'pel *m* [-s] *(r.-k.)* liturgische armstrook

manipula'tie *v* [-s] handgreep; handelwijze **manipule'ren** slinks beïnvloeden

manisch *bn* ziekelijk opgewekt; *manisch-depressief'*, afwisselend in ziekelijk opgewekte of terneergeslagen stemming verkerend

manis'me *o* dodenverering (v. bep. negers)

manjaar *o* arbeid van één persoon gedurende één jaar

mank *bn & bw* kreupel; ~ *gaan*, een gebrek vertonen **mankement'** *o* gebrek, letsel **manke'ren** *h* ontbreken, schelen, failliet gaan; *(pop.)* missen; *zonder* ~, zeker

mankracht menselijke arbeidskracht; arbeiders **manlief** *m* lieve man **manlijk** *bn & bw* mannelijk **manmoe'dig** *bn & bw* moedig

manna *o* in de woestijn aan de joden gegeven hemelbrood

mannelijk, **manlijk** *bn & bw* van mannelijk geslacht; eigen aan de man; kloek

mannen beheersen, aan kunnen

mannenkracht mannelijke kracht **mannenmoed** mannelijke moed **mannenpil** anticonceptiepil voor mannen **mannenstem** stem v.e. man **mannentaal** krachtige taal **mannenwerk** werk voor mannen

mannequin' ‹quin=kĕn› [-s] *m* kleedpop **II** *v* vrouw die kleding aan haar lichaam tentoonstelt

mannetje *o* kleine man; mannelijk dier; helper; *het ~ in de maan*, maanvlekken **mannetjes-** *als eerste deel van ss*: mannelijk dier **mannetjesmaker** *m* [-s] adviseur bij mediatraining **mannetjesmakerij'** *v* aanstellerij; uitbeelding v. stereotypen **mannetjesputter** *m* [-s] flink iem.

manoeu'vre ‹oeu=eu›, **maneu'ver** *v(m)/o* [-s] wending; krijgsoefening; handgreep; listige handelwijze **manoeuvreren**, **maneuvre'ren** bewegingen maken; oefening houden, het handig aanleggen

manometer *m* [-s] drukmeter **manostaat'** *m* [-staten] apparaat voor het behouden v.e. constante druk

manou' ‹ou=oe› *o* grof soort rotan voor meubels

mans *wat* ~, heel flink; ~ *genoeg*, voor zichzelf kunnende zorgen

mansar'de *v(m)* [-s, -n] zolderkamertje **mansar'dedak** wolfsdak

manschap I *v* [-pen] bemanning **II** *mv* soldaten

manshemd hemd voor een man **manshoog** zo hoog als een man lang is **manshoogte** *op* ~, hoog ter lengte v.e. man **manskerel** (flinke) man **manslag** doodslag **manslengte** lengte v.e. man **mansmoeder** schoonmoeder v.d. echtgenote **manspersoon** *m* [-sonen] man

mantel *m* [-s] overkleed; bovenrugveren of -haren v. andere kleur; *(r.-k.)* smalle strook zwarte stof bij een soutane; achterkleed v. schild; bekleding (v. schoorsteen); hoofddeel v. effect; *houten* ~, katheder; *onder de ~ van*, onder de schijn van; *met de ~ der liefde bedekken*, uit liefde vergeten; *de ~ (uit)vegen*, vinnig berispen **mantelaap**, **mantelbaviaan** baviaan met mantel **mantelmeeuw** meeuw met mantel **mantelorganisatie** ‹s=z› door politieke partij beheerste organisatie **mantelpak** rok en mantel v. dezelfde stof **mantelzorg** niet-beroepshalve verzorging v. zieken en bejaarden

mantil'le ‹mantielje› *v(m)* [-s] manteltje zonder mouwen

mantis'se *v* [-n] decimale breuk v.e. logaritme

mantoux'test ‹oux=oe› test voor het opsporen van tuberculose

mantra *v(m)* [-'s] gebedsformule, meditatiespreuk

manuaal' *o* [-alen] dagregister; toetsenrij; handgebaar **manueel'** *bn & bw* van, met de handen

manufactu'ren *mv* textielwaren **manufacturier'** [-s] handelaar in manufacturen **manufactuur'winkel**, **manufactu'renwinkel** winkel v. textielwaren

manuscript' *o* handschrift

manusje-van-alles *o* [manusjes-van-alles] factotum

manuur arbeid van één persoon gedurende één uur **manvolk** mannen **manwijf** ruwe forse vrouw

manzanil'la ‹nilla=nielja› *v* [-'s] droge sherry

manziek zich erg tot mannen aangetrokken voelend

map *v(m)* [-pen] kartonnen omslag

maquet'te ‹qu=k› *v(m)* [-s] ruimtelijk schaalmodel

maraboe *m* [-s] Ind. ooievaar

maraskijn', **maraski'no**, **marasquin'** ‹quin=kĭn› *m* fijne kersenlikeur

marathon *m* [-s] wedloop van 42.195 m; *als eerste deel v.e. ss*: langdurig **marathonschaatsen** schaatswedstrijd over zeer grote afstand

marc ‹maar› *m* [gmv] uit schillen en pitten v. druiven bereide alcoholische drank

Marc. Marcus

marchande'ren ‹ch=sj› loven en bieden

marche ‹ch=sj› *v* [-n] mars **marche'ren** te voet gaan; oprukken; vlotten

marconist' radiotelegrafist

marcotte'ren (v. planten) een tak met aarde of mos omgeven om op die plaats wortels te doen ontstaan

mare, **maar** *(bijz. t.)* *v(m)* [-n] tijding

marechaussee' ‹chau=sjoo› *v* militaire politie **II** *m* [-s] lid daarvan

maren maar zeggen

maretak altijd groene op bomen parasiterende plant met lichtgroene bes

margapatroon patroon voor oefeningen op korte afstand

margariet' I *o* parelglimmer **II** *v(m)* margriet

margari'ne *v(m)* kunstboter

marge 〈g=zj〉 *v(m)* [-s] rand; verschil tussen bedragen; speelruimte **marginaal'** 〈g=g〉 *bn* op de rand; nog juist rendabel

margriet' *v(m)* op een madelief lijkende grote ganzenbloem, Lat. Chrysanthemum leucanthemum

Mari'abeeld beeld v. Maria **Mari'a-Bood'schap** 25 maart **Mari'adag** feestdag van Maria **Mari'a-Geboor'te** 8 sept **Mari'a-He'melvaart**, **Mari'a-Tenhe'melopneming** 15 aug **Mari'a-Licht'mis** 2 februari **Mari'alied** lied voor Maria

marien *bn* m.b.t. zee

marifoon' *m* [-s, -fonen] mobilofoon voor schepen

marihua'na *v(m)* met hennep bereide drug

marim'ba *v(m)* [-'s] xylofoon met klankbuizen

marina'de *v* [-s] marineergerecht, marineersaus

mari'ne *v* zeemacht; krijgswezen ter zee; zeegezicht **mari'nebasis** punt van waaruit de marine opereert **mari'neblauw** *bn & o* donkerblauw **mari'neofficier** officier bij de zeemacht

marine'ren inleggen in azijn met kruiden

mari'newerf werf voor oorlogsschepen **marinier'** [-s] zeesoldaat **mariniers'kapel** muziekkorps van de marine

marinis'me *o* gekunstelde schrijftrant

mariolein' *zie* **marjolein**

marionet' *v(m)* [-ten] poppenkastpop; *(fig.)* willoos werktuig **marionet'tenregering** slechts in schijn onafhankelijke regering **marionet'tenspel** poppenspel **marionettentheater** toneel met marionetten

maritiem' *bn* zee-, de zeevaart betreffende

marjolein', **mariolein'**, **majolein'** *v(m)* lipbloemige heester met ovale blaadjes v.h. geslacht Origanum; het gedroogde blad ervan als keukenkruid

mark **I** *v(m)* vanouds onverdeelde gronden **II** *m* vroegere munt en munteenheid van Duitsland en andere landen

markant' *bn* opvallend

markeer'stift stift die een lichtgekleurde doorzichtige streep op bep. passages zet **marke'ren** aanduiden; met bewegingen v.d. staart de nabijheid v. wild aangeven; *de pas ~*, de voetbeweging maken zonder vooruit te gaan **marke'ring** *v* aanduiding v. verkeersbanen door witte strepen

marketent'ster [-s] het leger vergezellende verkoopster van eetwaren aan soldaten

marketing *v(m)* verkoopbevordering

marketperformer 〈màrkitpeurfòrmeur〉 *m* [-s] fonds dat zich vermoedelijk in lijn met de markt zal bewegen

markies' [-kiezen] *m* markgraaf **II** *v(m)* opvouwbaar zonnescherm **markies'linnen** linnen voor markiezen **markiezin'** [-nen] vrouw v. markies; erfdochter v. markies **markizaat'** *o* [-zaten] waardigheid of gebied v. markies

markt *v(m)* openbare handelsplaats buiten; bijeenkomst v. kooplieden; marktprijs; afzetgebied; uitwisseling v. producten; *van alle ~en thuis*, zeer bijdehand; *van een kale of koude ~ thuiskomen*, met de kous op de kop thuiskomen; *bij 't scheiden van de ~ leert men de kooplui kennen*, bij het afrekenen of bij de afloop leert men iemands karakter kennen; *op de ~ werpen*, aanbieden; *de ~ bederven*, voor te lage prijs verkopen **marktaandeel** aandeel in de omzet **marktbericht** mededeling over de marktprijs **marktdag** dag waarop markt gehouden wordt **markteconomie** niet of weinig door de overheid geleide economie **markten** naar de markt gaan **marktmechanisme** prijsontwikkeling zonder ingrijpen v.d. overheid **marktmeester** opzichter v. markt **marktnotering** dagelijkse marktprijs **marktplaats** plaats waar markt gehouden wordt **marktprijs** prijs op de markt **marktsegmentering** spreiding v.h. aanbod v. producten voor een betere concurrentie **marktstrategie** geheel v. plannen om de verkoop van zijn producten te verkopen **marktwaarde** prijs bij verkoop

marlen de zeilen met marling aan de lijken vastmaken; iets met marling omwinden **marlijn** *v(m)*, **marling** *v* sterk driedraads touw **marlpen**, **marlpriem** priem om touw te splitsen en gaten in het zeil te prikken **marlreep** touw om zeilen aan ra vast te maken

marmela'de *v(m)* [-s, -n] bittere vruchtengelei

marmer *o* [-s] fijnkorrelige kalksteen; imitatie ervan **marmeren** **I** *ww* marmerkleurig verven **II** *bn* (als) van marmer **marmerslag** *m* het geaderd zijn v. marmer; stukjes marmer

marmot' *v(m)* [-ten] grauw knaagdier uit het hooggebergte, Lat. Marmota marmota; *slapen als een ~*, vast slapen

marokijn' *o* fijn geitenleer **marokij'nen** *bn* van fijn geitenleer

marot' *v(m)* [-ten] gril

marqueterie' *v* [gmv] inlegwerk in hout of marmer

mars **I** *v(m)* rugbak, rugkorf; mastkorf **II** *m/v* het regelmatig oprukken; voetreis; muziekstuk daarvoor **III** *bw* voorwaarts; *in zijn ~ hebben*, kennis hebben

marsepein *m/o* gebak van suiker en amandelen **marsepeinen** *bn* van marsepein

marshmallow 〈marsjmelloo〉 *m* [-s] sponsachtig zoet snoepje

marskramer [-s] venter met mars

marsmannetje *o* denkbeeldige bewoner v. Mars

marsorder aanwijzing voor een mars

martelaar *m* [-s, -laren] bloedgetuige; *(fig.)* wie lijdt **martelares'** [-sen] *v* **martelarij'** *v* gemartel **marteldood** dood door foltering **martelen** folteren; sukkelen **martelgang** lijdensweg **martelpaal** paal waaraan men martelt **marteltuig** werktuig waarmee men martelt

marter **I** *m* [-s] klein roofdier, Lat. Mustela **II** *o* zijn bont **marterachtigen** *mv* familie

waartoe de marter behoort
martiaal' *bn & bw* krijgshaftig
martyrolo'gium *o* [-ia, -s] martelaarsboek
maru'la *v* [-'s] exotische gele bitterzoete vrucht met leerachtige schil
Marva *v* Marine-Vrouwenafdeling **marva** [-'s] lid van de Marva
marxis'me *o* revolutionair socialisme **marxist'** aanhanger van marxisme **marxis'tisch** *bn & bw* volgens het marxisme
masca'ra *v(m)* voor oogwimpers gebruikte cosmetische stof
mascarpo'ne *m* Italiaanse schimmelkaas
mascot'te *v(m)* [-s] gelukspop, geluksaanbrenger
masculien' *bn* mannelijk **masculinis'me** *o* beweging voor emancipatie v.d. man
maser ⟨a=ee⟩ *m* [-s] microgolfversterker
masker *o* [-s] mom; gemaskerde; larve; *het ~ afdoen* of *afwerpen*, zijn ware gezindheid tonen **maskera'de** *v* [-s, -n] gemaskerd feest; gemaskerde of gekostumeerde optocht **maske'ren** verhullen, vermommen
masochis'me *o* neiging om in eigen pijn seksuele bevrediging te vinden **masochist'** *m* [-en] lijder aan masochisme **masochis'tisch** *bn* aan masochisme lijdend
massa *v(m)* [-'s] grote hoop, menigte; hoeveelheid stof **massaal'** *bn & bw* in massa; door de massa; een samenhangend geheel vormend, onverdeeld **massa-artikel** in massa verkocht artikel **massacommunicatie** het overbrengen v. informatie d.m.v. massamedia
massacre'ren vermoorden
massa'ge ⟨ag=aazj⟩ *v* [-s] het masseren
massagoed *o* in massa van dezelfde soort verhandelde en vervoerde goederen **massagraf** graf voor velen **massamedium** communicatiemiddel waarmee zeer velen worden bereikt **massamoord** massaal gepleegde moord **massaproduct** in massa vervaardigd product **massaproductie** het produceren v. hetzelfde in massa **massapsychologie** zielkunde v. massa en massavorming **massapsychose** abnormale psychische toestand v.e. grote groep mensen **massaregie** het regisseren v.e. massa **massasprint** *(sp.)* sprint met een grote groep wielrenners
masse *en ~*, ⟨en=ân⟩ in massa
masse'ren heelkundig spieren bewerken; met de keu rechtstandig stoten; geestelijk voorbereiden **masseur'** *m* [-s] wie masseert **masseu'se** ⟨masseuze⟩ [-s] *v* vrouw die masseert
massief' I *bn* niet hol; onvermengd II *o* [-sieven] berggroep **massifica'tie** *v* massaal worden of maken
mast *m* hoge paal; pijnboom; *(plat)* mannelijk geslachtsdeel; varkensvoer; *er dienen geen twee ~en op één schip*, één moet de baas zijn; *de ~ opkrijgen*, het klaarspelen; *voor de ~ zitten*, zijn eten niet op kunnen **mastboom** pijnboom **mastbos** bos v. mastbomen (ook *fig.*)
mastectomie' *v* het amputeren v.e. vrouwenborst
masteluin' *m/o* mengsel v. tarwe en rogge
masterclass ⟨màsterklàs⟩ *m* [-classes] niet-reguliere, openbare les v.e. uitvoerend kunstenaar voor gevorderde leerlingen
mastiek' *m/o* dure harssoort; mengsel van harsachtige stoffen; gegoten asfalt; *~ maken*, de dagelijkse opruim- en schoonmaakbeurt geven
mastklimmen *o* het klimmen in een mast **mastkorf** kraaiennest
mastodont' *m* voorwereldlijk olifantachtig dier met rechte stoottanden
masturba'tie *v* het masturberen **masturbe'ren** zich seksueel bevredigen zonder de eigenlijke geslachtsdaad
mastworp *m* bep. knoop
mat I *m* [-ten] vroeger gebruikt Spaans zilverstuk II *v(m)* [-ten] vloerbedekking of kleed of scherm of zitting of mandje van biezen of riet of bast of touwwerk; *de groene ~*, het voetbalveld III *bn* afgemat; *(schaakspel)* vastgezet; slap; (v.e. kogel) niet doordringend; dof; *zijn ~ten oprollen*, ervandoor gaan; *op het ~je roepen*, ontbieden voor een berisping
matador' *m* [-s] stierendoder; hoofdtroef in ombre- en quadrillespel; steen met 7 ogen in bep. dominospel; kraan
mataglap' *bn* in verblinde moordzucht
match ⟨metsj⟩ *m/v* [-es, -en] wedstrijd **matchpoint** *(sp.)* punt waarop een wedstrijd kan worden beslist
mate *v(m)* maat, hoeveelheid; *in die ~*, zo zeer **mateloos** *bn & bw* zeer groot
matelot' ⟨lot=loo⟩ *m* [-s] strooien matrozenhoed
matennaaier *(vulg.) m* [-s] wie zijn kameraden verraadt
materiaal' *o* [-alen] gereedschap; grondstof, bouwstof **materialis'me** *o* stofvergoding; platvloerse gezindheid **materialist'** aanhanger v.h. materialisme; iem. met platvloerse gezindheid **materialis'tisch** *bn & bw* **mate'rie** *v* [-riën, -s] stof **materieel'** I *bn* stoffelijk; *materiële schade*, schade die direct in geld is uit te drukken II *o* materiaal **mate'rieschilder** kunstschilder die op zijn schilderij ook andere stoffen dan verf aanbrengt
materniteit' *v* moederschap
matgeel *bn* dofgeel **matglas** dofgemaakt glas **matglazen** *bn* van dofgemaakt glas
mathematica *v* wiskunde **mathematicus** *m* [-ci] wiskundige **mathematisch** *bn & bw* wiskundig, wiskunstig **mathe'sis** ⟨mateezis⟩ *v* wiskunde
matig *bn & bw* middelmatig; sober; *maar ~*, maar zo zo; *als tweede lid in afleidingen*: overeenkomstig met **matigen** intomen
matinee' *v* [-s] voor- of namiddagvoorstelling; ochtendjapon **matineus'** *bn* vroeg op
matje *o (pop.)* in de nek vallende haardracht v.e. man; iem. met die haardracht
matrak' *m (Belgned.)* wapenstok
matras' *v(m)/o* [-sen] onderbed
matriarchaal' *bn* v.h. matriarchaat

matriarchaat' *o* ordening met sterke voorkeur voor de vrouwelijke linie

matrijs' *v(m)* [-trijzen] gietvorm of snij-ijzer voor metalen voorwerpen

matri'kel *v(m)* [-s] register v. inschrijving; register v. inkomsten

matrix *v* [-trices, -en] rechthoekig getallen- of symbolenschema; moedervel v.e. stencil **matrixbord** bord waarop een afwisselende snelheid geadviseerd wordt afhankelijk v.d. verkeerssituatie **matrixprinter** *(comp.)* apparaat dat letters als verzamelingen van punten produceert

matro'ne *v* [-s, -n] bedaagde dame

matroos' [-trozen] zeeman v.d. laagste rang **matro'zenbroek** wijde broek **matro'zenpak** pak in de trant v. matrozendracht

mats *v* knots; slag

matse *m* [-s] joods paasbrood

matsen bevoordelen; *(barg.)* klaarspelen, knoeien

matten I *ww* van een mat voorzien; *(vulg.)* vechten **II** *bn* van matten of biezen **mattenklopper** voorwerp om matten te kloppen **mattenvlechter** *m* [-s] wie matten vlecht

matte'ren mat maken

Matth. Mattheus

matting I *o* weefsel met blokjesfiguren **II** *bn* van dat weefsel

mausole'um *o* [-s, -lea] praalgraf

mauve ‹au=oo› *bn* zacht paars

mauwen miauwen

mavo middelbaar algemeen voortgezet onderwijs

mavo *v* [-'s] school voor middelbaar algemeen voortgezet onderwijs **mavo'er** *m-v* [-s] leerling v.e. mavo **mavo-leerling** *zie* **mavo'er**

m.a.w. met andere woorden

max. maximum, maximaal

maxi I *in verbindingen*: zeer groot, lang **II** *v(m)* [gmv] kleding met (half)lange rok **maximaal'** *bn & bw* grootst mogelijk; hoogstens **maximalise'ren** ‹s=z› zo groot mogelijk maken **maxi'me** *v* [-n, -s] grondstelling; leerspreuk **maximum** *o* [-ma] het hoogste **maximumsnelheid** grootst toegestane snelheid **maximumthermometer** thermometer die de hoogste temperatuur aanwijst die binnen een bepaalde tijd is voorgekomen

mayo *(jong.)* mayonaise

mayonai'se ‹maajoonèze› *v* [-s] met olie en zout en eieren bereide slasaus

mazelen I *mv* door rode vlekjes gekenmerkte kinderziekte **II** *ww* die ziekte hebben

mazen breiwerk herstellen door de breisteek na te bootsen

mazur'ka ‹u=uu› *m/v* [-'s] Poolse volksdans; door die dans geïnspireerd pianostuk

mazzel *m* [-s] *(barg.)* buitenkansje, geluk **mazzelen** boffen; geluk hebben; met handel verdienen **mazzelkont** *(pop.) m-v* wie boft

Mb *(comp.)* megabyte

mbar millibar

MBD-kind kind met leer- en gedragsstoornissen door een gebrekkig functionerend centraal zenuwstelsel

mbo middelbaar beroepsonderwijs

mbo *v* [-'s] school voor middelbaar beroepsonderwijs **mbo''er** *m-v* [-s] leerling v.e. mbo **mbo'-leerling** *zie* **mbo'er**

m.b.t. met betrekking tot

m.b.v. met behoud van

mc musicassette

Mc *megacycle*, megahertz

Mcal megacalorie

m.d. met dank; met deelneming

Md *(schei.)* mendelevium

me *vnw* onbeklemtoonde verbogen naamval v. ik

ME Middeleeuwen; mobiele eenheid; myalgische encephalomylitis

mean'der *m* [-s] kronkelende lijn **mean'drisch** *bn* kronkelend

meao middelbaar economisch en administratief onderwijs

meao *v* [-'s] school voor middelbaar economisch en administratief onderwijs **meao''er** *m-v* [-s] leerling v.e. meao **meao'-leerling** *zie* **meao'er**

mecanicien' ‹cien=sjēn› *m* [-s] werktuigkundige

mecca'no *wm* ‹meekaano› *m* [-'s] type constructiespeelgoed **mecca'nodoos** doos met meccano

mece'nas ‹meeseenas› *m* [-sen, mecenaten] kunstbeschermer

mecha'nica ‹ch=g› *v* werktuigkunde **mecha'nicus** [-ci] werktuigkundige **mechaniek'** *v & o* wat de beweging doet ontstaan **mecha'nisch** *bn & bw* werktuigkundig; kunstmatig; werktuiglijk **mechanise'ren** ‹s=z› arbeidskrachten door machines vervangen **mechanis'me** *o* inwendige samenstelling; mechaniek

medail'le ‹meedà(l)je› *v(m)* [-s] erepenning; gedenkpenning; penning met godsdienstige afbeelding

medaillon' ‹meedaljon› *o* [-s] sierlijk doosje met foto of aandenken op lichaam gedragen

mede, mee I *v(m)* gegiste honigdrank; meekrap **II** *bw* met iem. of iets; *niet ~ hebben*, niet in zijn voordeel hebben; *ook als eerste lid van werkwoordelijke ss in bet.*: met iem. of iets; *vóór zn in de bet.*: met anderen **medeaanspra'kelijk** *bn* samen met iem. anders aansprakelijk **me(d)ebrengen** met zich brengen; veroorzaken **medebroeder** ambtgenoot, deelgenoot; evenmens **mededeel'zaam** *bn* geneigd tot geven; spraakzaam **me(d)edelen** deel hebben in; berichten **me(d)edingen** wedijveren **mededogen** *o* medelijden **mede-eigenaar** wie met een of meer anderen iets gemeenschappelijk bezit **me(d)egeven** geven aan vertrekkende; doorbuigen **medegevoel** met iem. meevoelen **medehelper** helper **medeklinker** taalklank die geen klinker is **medelander** *m-v* [-s] in een land wonende

M

buitenlander **me(d)eleven** in medegevoelen leven **me(d)elijden** *o* gevoel van deernis **me(d)elijdend** *bn & bw* medelijden voelend of tonend **me(d)elijdenswaar'dig** *bn* deernis verdienend **medemens** evennaaste **medemen'selijkheid** *v* naastenliefde

Meden *wet van ~ en Perzen*, wet zonder uitzonderingen

me(d)enemen met zich voeren; profiteren van; tegelijkertijd behandelen of verrichten **medeplich'tig** *bn* met anderen schuldig **medeschepsel** natuurgenoot **me(d)eslepen** met zich slepen; met drift doen volgen; achter iem. of iets aan slepen **medestander** [-s] helper, partijgenoot **me(d)etellen** mederekenen; van belang zijn **me(d)ewerken** helpen; samenwerken **medewerker** medehelper; wie geregeld in krant of tijdschrift schrijft; werkkracht; *wetenschappelijk ~*, iem. met onderzoeks- en onderwijsfunctie aan universiteit **medewerking** *v* het meewerken; hulp **medeweten** *o* voorkennis **medezeg'genschap** *v & o* recht van mede te regelen **medezeg'genschapsraad** overlegorgaan om medezeggenschap uit te oefenen

media *mv* organen als pers en radio en tv ter verspreiding van informatie en kennis

mediaan' **I** *o* middelmatig formaat **II** *v(m)* [-anen] middelmatig grote drukletter; zwaartelijn

mediabestel *o* regeling v.d. massacommunicatiemiddelen **mediatheek'** *v* [-theken] documentatiecentrum met bladen, video- en geluidsbanden en nieuwe media

media'tor *m* [-toren, -tors] bemiddelaar in echtscheidingszaken

medicament' *o* geneesmiddel **medicijn'** **I** *v(m)* geneesmiddel **II** *mv* geneeskunde **medicinaal'** *bn* geneeskrachtig; in de geneeskunde gebruikelijk **medicus** *m* [-ci] geneesheer; student in de medicijnen

mediëvist' specialist in middeleeuwse geschiedenis

medio in het midden

medio'cre *bn* middelmatig **mediocriteit'** *v* middelmatigheid

medisch *bn & bw* geneeskundig; in de medicijnen

medita'tie *v* [-s, -tiën] overweging, lijdenspreek **medite'ren** diepe waarheid overwegen

mediterraan' *bn* v.d. Middellandse Zee

medium **I** *o* [-s] tussenpersoon bij spiritistische seance; te hypnotiseren iem. **II** *o* [media] middenstof **medium shot** ⟨e=ie, sh=sj⟩ *m* [-s] filmopname van iem. tot en met zijn middel

mediwiet *m* door een arts voorgeschreven wiet

medley *m* [-s] potpourri

medoc' *m* [-s] naar de streek van herkomst aldus genoemde bordeauxwijn

medu'sahoofd ⟨s=z⟩ angstwekkend hoofd

mee *zie* **mede**; **meebrengen** *zie* **me(d)ebrengen**; **meedelen** *zie* **me(d)edelen**; **meedogend** *bn* medelijdend **meedo'genloos** *bn & bw* zonder medelijden **meedraaien** tegelijk met iem. of iets draaien; *(fig.)* in een bep. patroon meedoen **mee-eter** *m* [-s] wormpje in de gelaatshuid; verstopt talgkliertje in huid **mee'gaand'** *bn* inschikkelijk **meegenomen** *bn* een buitenkansje, iets wat je alvast hebt

meekrap *v(m)* sterbladige verfplant, Lat. Rubia tinctorum; eruit verkregen verfstof

meekrijgen krijgen om mee te nemen of mee te brengen; overhalen

meel *o* gemalen zaden **meeldauw** *m* witte aanslag op planten **meeldraad** stuifmeelvormend orgaan **meelfabriek** malerij

meeligger *m* [-s] wat in dezelfde richting vaart of rijdt **meelij** *o* medelijden

meelkalk *m* fijngestampte kalk **meelkost** spijs uit grutterswaren

meelokken verlokken om mee te gaan **meeloper** *m* [-s] wie met anderen meeloopt

meelspijs meelkost **meeltor** in oud meel voorkomend insect, Lat. Tenebrio molitor **meelworm** larve v.d. meeltor

meemaken met anderen volbrengen; beleven **meenemen** *zie* **me(d)enemen**

meent *v(m)* gemeenteweide; wie daarin gerechtigd zijn

meeprater [-s] vleier, jabroer

meer **I** *o* [meren] ingesloten waterbekken **II** *telw & bw* (comparatief van veel); *naar ~ smaken*, het verlangen naar meer opwekken

ME'er *m* [-s] lid v.d. ME

meeraal zeepaling

meerdaags *bn* voor de duur van meer dan één dag

meerder *bn & bw* groter, verhevener **meerdere** [-n] wie boven iem. staat **meerderen** vermeerderen; *zeil ~*, zeil bijzetten; *steken ~*, aantal steken vermeerderen **meerderheid** *v* groter aantal; geestelijk overwicht; overmacht **meerderheidskabinet** kabinet dat gesteund wordt door de meerderheid v.h. parlement **meerderja'rig** *bn* mondig door leeftijd **meerderja'rigverklaring** *v* het meerderjarig verklaren **meerderman** *waar ~ komt moet minderman wijken*, een mindere moet onderdoen voor een meerdere

meergemeld, **meergenoemd** *bn* al vaker genoemd **meergevor'derd** *bn* verder gevorderd **meergezegd** *bn* al vaker gezegd **meerja'renplan** economisch plan voor enkele jaren tegelijk **meerja'rig** *bn* meer dan een jaar durend of geduurd hebbend

meerkabel kabel om schip te meren

meerkamp *m* wedstrijd met verschillende onderdelen voor elke deelnemer

meerkat *v(m)* [-ten] aap met lange staart, Lat. Cercopithecus

meerkeu'zetoets *m* toets waarbij tussen meer dan twee antwoorden gekozen moet

worden
meerkoet *m* watervogel met groene poten, Lat. Fulica atra
meerkosten [mv.] extra kosten **meerle'dig** *bn* uit meer dan twee leden of delen bestaand **meerling** *m* meer dan één kind uit een zwangerschap **meerlingzwangerschap** het zwanger zijn van meer dan één kind tegelijk **meermaals, meermalen** *bw* dikwijls **meermanskaart** dagkaart voor een groep van 2 tot 6 personen waarop men één dag in heel het land met de trein mag reizen
meermin *v* [-nen] zeemeermin
meeropbrengst wat meer opgebracht wordt
meerpaal paal om een schip aan te meren
meerpartij'enstelsel stelsel met meerdere politieke partijen
meerschuim *o* poreus gelig mineraal **meerschuimen** *bn* van meerschuim
meerslach'tig *bn* meer dan één geslacht hebbend **meerstem'mig** *bn & bw* voor meer dan één zangstem **meerta'lig** *bn* met of in meer dan één taal
meertouw touw om een schip te meren
meertrapsraket raket die uit na elkaar te ontsteken trappen bestaat
meertros touw om schip te meren
meerval *m* [-len] grote rivierroofvis, Lat. Siluris glanis
meervoud *o* categorie die uitdrukt dat het aantal meer dan een is **meervou'dig** *bn & bw* in het meervoud; *(jur.) ~e kamer*, uit drie rechters bestaande kamer **meervoudsvorm** vorm v.h. meervoud
meerwaarde grotere waarde **meerwaar'digheidsgevoel** gevoel van meer te betekenen dan anderen
mees *v(m)* [mezen] zangvogeltje met priemsnavel v.d. fam. Paridae
meeslepend *bn* in vervoering brengend
meesmuilen schamper lachen, grimlachen
meespreken deelnemen aan een gesprek; meebeslissen; ook van belang zijn
meest *telw & bw* (overtreffende trap van veel); meestal **meest'al** *bw* gewoonlijk **meestbegunstigd** *bn* de gunstigste voorwaarden krijgend **meestbegun'stiging** *v* het bevoorrechten v.e. partij **meestbie'dende** [-n] wie het meeste biedt **meestendeels** *bw* voor het grootste deel **meestentijds** *bw* meestal, meesttijds
meester [-s] leermeester, onderwijzer; baas, meerdere; machinist; iem. met doctoraal examen in de rechten; groot kunstenaar; schaker of dammer met bep. prestatietotaal; *zich ~ maken van*, bemachtigen **meesteres'** [-sen] gebiedster; vrouw des huizes **meesterkeur** keur van gouden of zilveren voorwerpen **meesterknecht** eerste knecht **meesterlijk** *bn & bw* voortreffelijk **meesterschap** *o* het meester zijn **meesterstitel** titel v. meester **meesterstuk** voortreffelijk werk; *(gesch.)* proefstuk voor meesterstitel **meesterwerk** voortreffelijk werk
meesttijds, meestentijds *bw* meestal
meet *v(m)* beginstreep; *(Belgned.)* eindstreep; *van ~ (af) aan*, van het begin af
meetbaar *bn* te meten **meetband** metalen meetlint **meetbrief** certificaat van beëdigd scheepsmeter
meeting ‹ee=ie› *v(m)* [-s] openluchtbijeenkomst
meetketting ketting v.e. landmeter **meetkunde** leer v. afmetingen en figuren **meetkun'dig** *bn & bw* betreffende meetkunde **meetlijn** meetband **meetlood** schietlood
meetronen meelokken
meetsnoer meetlijn
meeuw *v(m)* langvleugelige watervogel v.h. geslacht Larus
meevallen beter zijn of aflopen dan men verwacht had **meevaller** *m* [-s] wat meevalt
meewa'rig *bn & bw* medelijdend-vriendelijk
meewerkendvoorwerpszin zin met functie v.e. meewerkend voorwerp
meezinger *m* [-s] gemakkelijk mee te zingen lied
meezitten gunstig zijn
mega *als eerste deel v.e. ss*: miljoen; zeer groot **megabyte** ‹y=ai› 1.048.576 bytes **megafoon'** *m* [-s, -fonen] trechter ter versterking v. stemgeluid **megahit** zeer populair lied **megaliet'** *m* reusachtige steen **megalomaan'** I *m* [-manen] door grootheidswaan bezeten iem. II *bn* door grootheidswaan bezeten **megaton** *v(m)* 1 miljoen ton **megohm** *o/m* 1 miljoen ohm
mei *m* 5e maand; tak met bladeren, meidoorntak **meiboom** afgezaagde versierde boom, mei
meid *v* meisje; jonge vrouw; ordinaire vrouw; dienstbode **meidenhuis** huis voor de opvang van meisjes of vrouwen in moeilijkheden; (studenten)huis waar uitsluitend meisjes wonen
meidoorn *m* [-s] haagdoorn
meier *(fam.)* (bankbiljet van) honderd gulden **meieren** *(pop.)* zaniken
meikers vroege kers **meikever** *m* [-s] in mei verschijnende kever, Lat. Melolontha vulgaris
meine'dig *bn* schuldig aan meineed **meineed** valse eed
meisje *o* [-s] kind v.h. vrouwelijke geslacht; ongehuwde jonge vrouw; dienstbode; verloofde; *Arnhemse ~s*, bep. koekjes **meisjesachtig** *bn* als v.e. meisje **meisjesboek** boek voor meisjes **meisjesgek** wie gek is op meisjes **meisjesnaam** naam v. meisje; eigen familienaam v. gehuwde vrouw **meisjesschool** school voor meisjes **meisjesstudent** vr. student **meiwijn** witte wijn met bloesem van lievevrouwebedstro **meizoentje, meizoetje** *o* madelief
mejonk'vrouw freule
mej. mejuffrouw **mejuf'frouw** juffrouw
mekaar', mekan'der *vnw (pop.)* elkaar
mekken, mekkeren blaten; zeuren
melaats' *bn* lijdend aan melaatsheid **melaats'heid** *v* lepra
melancho'licus ‹ch=g *of* k› [-ci] melancholisch iem. **melancholie'** *v* zwaarmoedigheid

M

melancholiek', **melancho'lisch** *bn & bw* zwaarmoedig
melan'ge ‹meelãnzje› *m/o* [-s] mengsel
melanoom' *o* [-nomen] zeer kwaadaardige huidkanker
melas'se *v(m)* suikerstroop
melde *v(m)* ganzenvoetachtige plant v.h. geslacht Atriplex
melden berichten **meldenswaard'**, **meldenswaar'dig** *bn* waard vermeld te worden **melder** *m* [-s] wie of wat iets meldt **melding** *v* ~ *maken van*, vermelden **meldingsgebied** gebied waaraan men verplicht is voorgenomen wijzigingen te melden **meldkamer** *v(m)* punt waar onregelmatigheden meegedeeld kunnen worden **meldpunt** instantie waar men zich voor klachten kan aanmelden
mêle'ren ‹ê=è› mengen
melig *bn & bw* meelachtig; flauw-grappig
meliora'tie *v* grondverbetering
me'lis *m* witte suiker
melis'(se) *v(m)* citroenmelisse
melk *v(m)* moedervloeistof uit de zogklieren; wit plantenvocht; *van ~ en honing*, v. overvloed; *in de ~ te brokken*, te vertellen; *als ~ en bloed*, zeer gezond **melkboer** zuivelverkoper **melkboerenhon'denhaar** lichtblond piekhaar **melkbrood** met melk bereid brood **melkchocola(de)** met melk bereide chocolade **melkdistel** melkachtig sap bevattende distel **melken** [molk, melkte, gemolken] de melk onttrekken; *(pop.)* treuzelen; om wille v.d. melk houden; *huisjes ~*, kleine woningen duur verhuren; *duiven ~*, duiven fokken
melkeppe *v(m)* schermdragende plant met witte bloemen, Lat. Peucedanum palustre
melkerij' *v* het houden van melkvee; plaats waar gemolken wordt **melkgebit** eerste gebit **melkglas** melkwit glas **melkkies** kies v.h. melkgebit **melkkoe** *v* wat geregeld geld opbrengt **melkkruid** op strandvlakten groeiende sleutelbloemachtige plant, Lat. Glaux maritima **melkmuil** *m* lafbek; onervaren jonge man **melkpoeder** melk in poedervorm **melkquotering** *v* (maatregel van) maximaal toegestane melkproductie per hectare **melkrijder** wie melk voor anderen naar de fabriek brengt **melksap** melkachtig vocht **melksuiker** in melk voorkomende suiker **melktand** tand v.h. melkgebit **melkvee** om de melk gehouden vee **melkwagen** wagen om melk te vervoeren **melkweg** *m* [gmv] strook met bijzonder veel sterren over de hele hemel **melkweger** *m* [-s] werktuig tot bepaling v.h. watergehalte v. melk **melkwit** *bn* wit als melk **melkwol** uit melk vervaardigde kunstwol **melkzuur** o.a. in zure melk voorkomend zuur
melodie' *v* [-dieën] reeks van geordende tonen; zangwijs; welluidendheid **melodiek'** *v* leer v.d. melodievorming **melodieus'**, **melo'disch** *bn & bw* welluidend
me'lodrama sentimenteel droevig toneelstuk **melodrama'tisch** *bn & bw* drakerig
meloen' *m/v* plant met zoetige sappige ronde of ovale komkommerachtige vruchten, Lat. Cucumis melo; vrucht ervan
melomaan' [-manen] muziekgek **melomanie'** *v* overdreven muziekliefde
membraan' *o/v(m)* [-anen] dun vlies
memmen *(pop.)* zaniken
memo *o/m* [-'s] korte nota; notitie **memoblok** notitieblok
memoi'res ‹meemwaares› *mv* gedenkschriften **memora'bel** *bn* gedenkwaardig **memoran'dum** *o* [-s, -da] zakboekje; diplomatieke nota; rekening; gedenkboek **memore'ren** in herinnering brengen; vermelden, optekenen ter herinnering **memo'rie** *v* [-s] geheugen, herinnering; gedenkschrift; verhandeling; verzoekschrift; *pro ~*, om niet te vergeten; *post pro ~*, post zonder invulling v.h. bedrag; *kort van ~*, alles snel vergetend; ~ *van toelichting*, toelichtende verklaring; ~ *van antwoord*, antwoord **memorisa'tie** ‹s=z› *v* het memoriseren **memorise'ren** van buiten leren
men *vnw* de mensen; iemand
menagerie' ‹ag=aazj› [-ën, -s] beestenspel, verzameling wilde dieren
meneer' [-neren] mijnheer
menen denken; bedoelen; van plan zijn
menens ernst
mengeldichten *mv* ordeloos verzamelde gedichten
mengelen mengen **mengeling** dooreen gemengd zijn; mengsel **mengelmoes** *o/v(m)* lelijk mengsel **mengelwerk** letterkundig werk van verschillende inhoud
mengen door elkaar doen; in betrekking brengen; *zich ~ in*, zich bemoeien met, meedoen aan **mengkraan** kraan waar warm en koud water bij elkaar komen **mengpaneel** schakelpaneel om verschillende geluiden te regelen **mengsel** *o* [-s] wat gemengd is **mengsmering** *v* smering waarbij de smeerstof met de brandstof wordt vermengd **mengtaal** taal met zeer veel ontleningen
menhir *m* [-s] voorhistorische grafzuil
menie *v(m)* rood als kleurstof dienend loodoxide **meniën** met menie bestrijken
menig *telw* nogal veel **menigeen** *vnw* nogal velen **menigerhande**, **menigerlei** *bn* van veel soorten **menigmaal** *bw* nogal dikwijls **menigte** *v* [-n, -s] groot aantal; *de grote ~*, de grote hoop **menigvoud** *bw* nogal dikwijls **menigvou'dig**, **menigvul'dig** *bn & bw* vaak; talrijk **menigwerf** *bw* nogal dikwijls
mening *v* oordeel; bedoeling
meningi'tis ‹ng=n+g› *v* hersenvliesontsteking
meningococ'cus [-ci], **meningokok** [-ken] *de* [ng=n+g] bacterie die hersenvliesontsteking veroorzaakt
menis'cus *m* [-sen] kraakbeenschijf in kniegewricht
menist' **I** *m* doopsgezinde **II** *bn* doopsgezind
mennen met teugels besturen

M

mennoniet', **mennonist'** menist
menopauze overgangsjaren v.d. vrouw
meno'ra *m* [-'s] joodse zevenarmige kandelaar
menorragie' *v* langdurige of buitensporige menstruatie **menosta'se** ‹se=ze› *v* ontijdig ophouden v.d. menstruatie
mens I *m* redelijk aards wezen **II** *o* vrouw; *geen ~*, niemand; *een ~*, iemand; *de oude ~ afleggen* of *de nieuwe ~ aandoen*, zich zedelijk beteren; *de inwendige ~ versterken*, eten
mensa ‹s=z› *v* gesubsidieerde eetgelegenheid voor studenten
mensaap veel op mens gelijkende aap **mensdom** *o* menselijk geslacht, de mensen **menselijk** *bn & bw* van de mens, de mens betreffende; mens zijnde; welwillend; *~ opzicht*, vrees voor andermans oordeel **menselijkerwijs**, **menselijkerwijze** *bw* volgens menselijke vermogens
mensendieck *o* bep. oefentherapie met praktische bewegingen
menseneter *m* [-s] wie mensenvlees eet **mensengedaante** gedaante v.e. mens **mensengeslacht** mensdom; generatie **mensenhaai** mensen etende grote haai **mensenhater** *m* [-s] wie vooral het slechte in de mensen ziet **mensenheugenis** *sinds ~*, voor zover men zich kan herinneren **mensenkenner** *m* [-s] wie mensenkennis heeft **mensenkennis** inzicht in de aard v.e. mens **mensenkind** *o* mens **mensenkin'deren** *tw* (bij verwondering) **mensenliefde** liefde tot de mensen **mensenoffer** offer waarbij mensen worden gedood **mensenpaar** man en vrouw **mensenras** ras onder de mensen **mensenrechten** *mv* rechten die naar veler opvatting ieder mens toekomen **mensenrechtenactivist** strijder voor mensenrechten **mensenschuw** *bn* opziende tegen omgang met mensen **mensenvrees** het mensenschuw zijn **mensenvriend** wie probeert anderen goed te doen **mensenwerk** werk v. een of meer mensen (en daardoor onvolmaakt) **mensheid** *v* het mens zijn; menselijke natuur; mensdom **mensjaar** manjaar **menskunde** mensenkennis; leer v.h. menselijk lichaam **menskun'dig** *bn & bw* van mensenkennis getuigende **menslie'vend** *bn & bw* met liefde voor anderen **mensonte'rend** *bn* mensonwaardig **mensonwaar'dig** *bn* in strijd met de waardigheid v.d. menselijke natuur
menstrua'tie *v* [-s] bij vrouwen en geslachtsrijpe meisjes maandelijks optredende bloeding **menstrue'ren** de menstruatie hebben
mensuur' ‹s=z› *v* maat; verhouding v.d. tonen, maatverhouding van orgelpijpen; afstand tussen de tegenstanders bij schermen en duelleren
mens'uur *o* hoeveelheid werk die een mens in een uur doet **menswaar'dig** *bn & bw* overeenkomstig de waardigheid v.d. menselijke natuur **menswetenschappen** *mv* gammawetenschappen **menswording** *v* het mens worden
mentaal' *bn* in de geest, van de geest **mentaliteit'** *v* geestesgesteldheid
menthol *m* pepermuntolie
mentie ‹t=s› *v* gewag; aanstalten
mentor *m* [-s] [-en] studiebegeleider; gids **mentoraat'** *o* [-raten] studiebegeleiding **mentrix** *v* [-trices] studiebegeleidster
menu' *o/m* [-'s] spijslijst; overzicht van keuzemogelijkheden op een computerbeeldscherm
menuet' *o/m* [-ten] statige ouderwetse Franse dans; muziekstuk daarvoor
mep *m/v* [-pen] slag **meppen** slaan; stelen
meran'ti *o* [gmv] tropisch hardhout uit Oost-Azië
mercantiel' *bn* wat de handel betreft, koopmans- **mercantilis'me** *o* stelsel dat de goudvoorraad zo groot mogelijk wil maken
merci' *bw* dank je
merel *m/v* [-s] zwarte lijster
meren vastleggen
merendeel grootste deel **merendeels** *bw* voor het grootste deel
merg *o* vettige stof in holle beenderen; het binnenste; het beste; *door ~ en been*, overal door; *in ~ en been*, door en door
mergel *m* uit kalk en klei of zand bestaande delfstof **mergelaarde** mergel **mergelkalk** kalk gebrand uit mergel **mergelput** mergelgroeve **mergelsteen** natuursteen met mergel als bestanddeel
mergpijp been met merg **mergstraal** dwars door de jaarringen lopende bundel houtcellen
meridiaan' *m* [-anen] cirkel door de polen; bij acupunctuur denkbeeldig over lichaam getrokken lijn **meridionaal'** *bn & bw* van noord naar zuid; zuidelijk
merin'gue ‹meerẽnGù› *v* [-s] gebakje van schuim
meri'nos *o* [-sen] Spaans schaap met fijne wol; stof van die wol **merinossen** *bn* van merinoswol
meri'te *v(m)* [-s] verdienste; goede hoedanigheid
merk *o* kenteken, stempel; keur; soort **merkartikel** van bep. merk voorzien artikel **merkbaar** *bn & bw* waarneembaar **merken** bemerken; van een merk voorzien **merklap** lap met oefeningen in borduurwerk **merknaam** wettig beperkte naam v. product **merkteken** kenteken **merk'vast'** *bn* altijd een product van een bep. merk gebruikend **merkwaar'dig** *bn & bw* opmerkelijk **merkwaar'digerwijs** *bw* hetgeen merkwaardig is **merkwaar'digheid** *v* [-heden] het merkwaardig zijn; merkwaardig iets
merrie *v* [-s] vr. paard **merrieveulen** vr. veulen
mes *o* [-sen] snijwerktuig; schijfje waarop balans zich beweegt; *het ~ snijdt aan twee kanten*, het voor- of nadeel komt van twee kanten; *onder het ~ zitten*, geschoren

worden; een examen ondergaan, ondervraagd worden; *voor het* ~, in het vooruitzicht; *het* ~ *op de keel zetten*, onder bedreiging dwingen
mesallian'ce ‹meezallieãns› *v(m)* [-s] huwelijk beneden iemands stand **mesallië'ren** *zich* ~, beneden zijn stand huwen
mescali'ne *v(m)* hallucinogeen middel
mesjog'ge, mesjo'che, mesjok'ke *bn & bw (pop.)* gek
meso ‹s=z› *als eerste deel v. ss*: midden **mesoli'thicum** ‹mezolietiekum› *o* tijdperk tussen de oude en jonge steentijd
meson *o* instabiel materiedeeltje met een massa tussen die van elektronen en protonen **mesosfeer'** ‹so=zo› *v(m)* tussen stratosfeer en ionosfeer gelegen deel v.d. dampkring
mespunt punt v. mes; zoveel als op de punt v.e. mes kan
mess *m* gemeenschappelijke eetgelegenheid
messenlegger *m* [-s] standaardje om tafelmes op te doen rusten **messenslijper** *m* [-s] wie messen slijpt; klein slijptoestel **messentrekker** *m* [-s] wie gauw met z'n mes vecht
Messiaans' *bn* op de Messias betrekking hebbend **Messi'as** *m* de verwachte Verlosser
messing I *o* geelkoper **II** *v(m)* deel op de kant v.e. plank dat in een groef sluit

M

mest *m* drek, vruchtbaarmakende stof **mestbank** organisatie voor het innemen en verdelen v. mest **mesten** vruchtbaar maken met mest; vet voeren **mestheffing** *v* belasting op het storten v. mest **mesthoop** stapel mest
mesties' *m-v* [-stiezen] iem. van indiaanse en blanke afstamming
mestinjector *m* [-toren,-tors] werktuig om mest direct in de grond te spuiten **mestkalf** kalf dat vetgemest wordt of is **mestkever** mesttor **mestkuur** *v(m)* geneeswijze door veel voedsel te geven **meststof** wat als mest dient **mestvaalt** *v(m)* mesthoop **mestvarken, mestvee** *zie* **mestkalf**
met I *vz* in gezelschap van, bij; door middel van; tegen; ~ *vrede*, in vrede; *bezig* ~, bezig aan **II** *bw* op hetzelfde ogenblik
M.E.T. Midden-Europese tijd
metaal' I *o* [-talen] klasse van elementen met geleidingsvermogen en een eigen glans **II** *v(m)* metaalindustrie **metaal'detector** ‹de=dee› *m* [-s] apparaat om metalen voorwerpen op te sporen **metaal'industrie** verwerking van metaal in fabrieken **metaalmoeheid** *v* achteruitgang van kwaliteit van metaal door langdurig gebruik **metaal'waren** metalen voorwerpen
metable'tica *v* leer der veranderingen
metabolis'me *o* stofwisseling
metafoor' *v(m)* [-foren] vergelijkingsbeeldspraak **metafo'risch** *bn & bw* overdrachtelijk
metafy'sica *v* leer v.h. bovenzinnelijke
metafy'sisch ‹fys=fiez› *bn & bw* bovenzinnelijk
meta'len *bn* van metaal
metal'lic ‹meetèllik› *zie* **metalliek**; **metalliek'** *bn* metaalachtig, metalen- **metallofoon'** *m* [-s en -fonen] van metaal vervaardigd muziekinstrument **metalloï'de** *o* [-n] niet-metaal **metallurgie'** *v* wetenschap v.d. ertsen **metallur'gisch** *bn* de ertsen betreffende
metamorfo'se ‹s=z› *v* [-n, -s] gedaanteverandering **metamorfose'ren** van gedaante (doen) veranderen
metaplas'ma *o* deel v.h. protoplasma met de vormende stof
metasta'se ‹se=ze› *v* [-n] verplaatsing van ziektekiemen in het lichaam
metataal taal waarin taalvormen besproken worden; geformaliseerde taal; geformaliseerde computertaal voor vertaalprogramma's
metathesis *v* [-sen] klankomwisseling
meteen' *bw* tegelijk; dadelijk
meten [mat, gemeten] de maat bepalen; de maat hebben; *met de ogen* ~, strak aankijken; *zich met iem.* ~, zijn krachten tegen iem. beproeven
meteoor' *m* [-oren], lichtstreep door meteoriet **meteoriet'** *m* brok materie dat op de aarde neerstort; **meteoriet'inslag** het op aarde neerkomen v.e. meteoriet **meteorograaf'** *m* [-grafen] toestel dat meteorologische verschijnselen registreert **meteorologie'** *v* weerkunde **meteorolo'gisch** *bn & bw* weerkundig **meteovlucht** *v(m)* vlucht voor weerkundige waarnemingen
meter I *v* [-s] doopmoeder **II** *m* [-s] wie meet; eenheid van lengte; voorwerp waarmee men meet **meterkast** kast voor elektriciteits- of gas- of watermeter **meteropnemer** *m* [-s] wie de stand v.d. meter opneemt
metgezel [-len] gezel
methaan' *o* bep. gas zonder kleur en geur
methadon' *m/o* ontwenningsmiddel voor drugsverslaafden **methadon'bus** bus waarin heroïneverslaafden gratis methadon kunnen krijgen
methode *v* [-n, -s] leerwijze; werkwijze **methodiek'** *v* methodologie **methodisch** *bn & bw* volgens een methode **methodist'** volgeling v.e. strenge Engelse en Noord-Amerikaanse godsdienstige sekte **methodologie'** *v* methodeleer **methodolo'gisch** *bn & bw* betreffende de methodologie
methyl'alcohol ‹thyl=tiel› houtgeest
metier' ‹meetjee› *o* [-s] beroep
metony'mia *v(m)* [-'s] beeldspraak als gevolg van onderlinge betrekking **metony'misch** *bn & bw* door of als metonymia
metriek' I *bn* de maten betreffende; tiendelig **II** *v* leer v.d. maten **metrisch** *bn & bw* de metriek betreffende; in maatverzen
metro *m* [-'s] ondergrondse spoorweg
metrometer [-s], **metronoom'** [-nomen] *m*

toestel dat het tempo aangeeft
metrony'micum *o* [-ca] v. moedernaam afgeleide naam
metropoliet' *m* aartsbisschop aan het hoofd v.e. kerkprovincie **metropolitaan'** **I** *m* [-tanen] metropoliet **II** *bn* metropolitaans **metropolitaans'** *bn* v. metropoliet **metropool'** *v(m)* [-polen] hoofdstad v. kerkprovincie; moederstad; wereldstad
metrum *o* [-s, -tra] maat
metselaar *m* [-s] wie metselt **metselbij** *v(m)* bij die haar cel in het zand graaft **metselen** met specie stenen aan elkaar voegen **metselkalk** kalk om mee te metselen **metselspecie** *v(m)* mortel **metselwerk** te metselen of gemetseld werk; werk v.e. metselaar
metten *mv* eerste v.d. zeven kerkelijke getijden; *de ~ lezen*, berispen; *korte ~*, weinig omslag
metterdaad' *bw* werkelijk **metterhaast'** *bw* in haast **mettertijd'** *bw* op den duur **metterwoon'** *bw* om te wonen
metworst worst v. varkensgehakt
meubel *o* [-en, -s] stuk huisraad; *(ong.)* persoon **meubelen** meubileren **meubelmaker** [-s] schrijnwerker **meubelplaat** *m/o* [gmv] gefineerd spaanplaat **meubelstuk** meubel **meubilair'** ‹ai=è› *o* huisraad **II** *bn* tot het huisraad behorend **meubile'ren** v. meubels voorzien, stofferen **meublement'** *o* ameublement
meug *m* zin
meuk *m* rommel; *in de ~*, te weken **meuken** *h/z* zacht (doen) worden
meun *m* bronskleurige zeevis, Lat. Onos mustelus
meuren *(pop.)* winden laten, stinken
meute *v(m)* troep jachthonden
mevr. mevrouw
mevrouw' aanspreektitel voor een volwassen vrouw **mevrou'wen** met mevrouw toespreken
mezelf' *vnw (met enige nadruk)* mij
mezzo ‹zz=dz› *bn & bw* half **mezzosopraan** stem tussen sopraan en alt
m.f. mezzo-forte
mg milligram
m.g. met groet; met gelukwensen
MGD Militaire Geneeskundige Dienst
mgr. monseigneur
m.g.v. met gebruik van
m.h.d. met hartelijke dank; met hartelijke deelneming
m.h.g. met hartelijke groet *of* gelukwens
MHz megahertz
mi *v(m)* [-'s] derde toon v.d. diatonische toonladder
m.i. mijns inziens; mijnbouwkundig ingenieur
mias'ma *o* [-'s] uitdamping van rottende stoffen
miauw' *tw* geluid v.e. kat **miau'wen** geluid voortbrengen zoals een kat dat doet
mica *o/m* glasachtig mineraal; [-'s] voorwerp ervan
micel' *v(m)* [-cellen] deeltje v. macromoleculaire stoffen
microbalans zeer gevoelige balans **micro'be** *v(m)* [-n] bacil **microbiologie** *v* leer v.h. leven van kleine organismen **microcefaal'** **I** *m* [-falen] kleinschedelige **II** *bn* kleinschedelig **microchemie'** *v* scheikunde die met zeer kleine hoeveelheden werkt **micro-economie** economie van afzonderlijke economische verschijnselen **microfiche** zeer klein doorzichtig plaatje voor projectie **microfilm** foto op zeer smalle film **microfoon'** *m* [-s, -fonen] toestel om geluid in elektriciteit om te zetten **microfoon'hengel** op hengel lijkend apparaat om een microfoon te verplaatsen **microfoto** foto v. klein voorwerp of klein beeld **microfotografie** het fotograferen van kleine voorwerpen of met klein beeld; microfoto **microgolf** *v(m)* zeer kleine elektromagnetische golf; *o zie* **midgetgolf**; **microgolfoven** *(Belgned.)* magnetron
microgram miljoenste deel v.e. gram **microkos'mos** *m* wereld v.h. kleine; *(fig.)* mens **micrometer** *m* [-s] toestel om kleine afmetingen te meten
micron *o/m* [-s] 1/1000 mm
micro-organisme zeer klein organisme **microscoop'** *m* [-scopen] samengesteld vergrootglas **microsco'pisch** *bn & bw* met de microscoop; alleen door de microscoop waar te nemen **microseconde** een miljoenste seconde **microstructuur** zeer fijne structuur; structuur v.d. onderdelen **microtoom'** *m* [-tomen] toestel om dunne laagjes te snijden
middag midden v.d. dag; namiddag; middagmaal; *~ van het leven*, middelbare leeftijd; *in ss bet. vaak*: in de (na)middag; *'s ~s*, in de middag **middagdienst** kerkdienst in de namiddag **middageten** *o* warm eten **middaghoogte** hoogste stand v.d. zon; toppunt **middaglijn** meridiaan **middagmaal** warm eten **middagmalen** het middagmaal gebruiken
middel **I** *o* [-s] het middelste deel v.h. lichaam **II** *o* [-en] wat men aanwendt **III** *mv* geld; *in ss vaak in bet.*: in het midden
middelaar [-s] bemiddelaar **middelaarschap** *o* het middelaar zijn **middelares'** [-sen] bemiddelares
middelbaar *bn* het midden houdend tussen lager en hoger; rond 40 jaar; *middelbare tijd*, naar de gemiddelde duur v.d. zonnedagen berekende tijd; *middelbare akte*, akte voor het geven van middelbaar onderwijs
Middeleeuwen *mv* 476~1492 n. Chr. **middeleeuwer** *m* [-s] iem. uit de Middeleeuwen **middeleeuws** *bn & bw* (als) v.d. Middeleeuwen
middelevenre'dig *bn* evenveel maal groter dan het ene als kleiner dan het andere **middelevenre'dige** *v(m)* middelevenredig getal **middelgebergte** gebergte v. 2000 m **middelgewicht, middengewicht** 72~79 kg **middelgroot** *bn* tussen groot en klein in **middelhand** hand tussen pols en vingers;

M

op of *aan de ~ zitten*, niet de eerste en niet de laatste speelbeurt hebben
middelhandsbeenderen *mv* beenderen uit de middelhand **Middel-Hoog-Duits'** *bn & o* Duits v.d. 12e tot de 16e eeuw
middelkleur, middenkleur tussenkleur
middellang *bn* tussen lang en kort in
middellangeaf'standsraket raket voor middellange afstand **middellijk** *bn & bw* niet rechtstreeks **middellijn** rechte lijn door het middelpunt v.e. meetkundige figuur
middelloon gemiddeld verdiend loon
middelmaat maat tussen grote en kleine; juiste midden; *~ versiert de straat*, de meeste mensen zijn middelmatig
middelma'tig *bn & bw* niet bijzonder; de middelmaat hebbend **middelma'tigheid** *v* [-heden] het middelmatig zijn; middelmatig iem. **middelmoot, middenmoot** *v(m)* het middelste deel
***Middel-Nederlands** *(Wdl. Middelnederlands) bn & o* Nederlands v.d. 12e tot op het eind v.d. 15e eeuw
middelpunt punt in het midden; voornaamste persoon of plaats
middelpuntvlie'dend *bn* van het middelpunt weggaand
middelpuntzoe'kend naar het middelpunt toe gaand

middels *vz (germ.)* door middel van

middelschot, middenschot tussenschot
middelslag *o*, **middelsoort, middensoort** *v(m)* soort tussen groot en klein

M

middelste *bn* in het midden

middelstuk, middenstuk middelste gedeelte
middelterm *zie* **middenterm**; **middelvinger, middenvinger** middelste vinger **middelvoet** voet tussen enkelgewricht en tenen
middelvoetsbeenderen [mv] beenderen van de middelvoet

midden I *o* [-s] middeldeel, middelste deel of punt; *te ~ van*, rondom tussen; *in het ~ laten*, zich niet uitspreken over; *in het ~ brengen*, opperen **II** *bw* in het midden
middenbedrijf middelmatig groot bedrijf
middenberm ruimte tussen rijbanen met tegengesteld verkeer
middenbermbeveiliging *v* [-en] vangrail tussen rijbanen met tegengesteld verkeer
middencirkel *(sp.)* cirkel op het midden v.e. sportveld **middending** iets tussenin
middendoor' *bw* doormidden
middengewicht *zie* **middelgewicht**; **middengolf** *v(m)* golflengte tussen 175 en 585 m **middenhand** *zie* **middelhand**; **middenhandsbeenderen** *zie* **middelhandsbeenderen**; **mid'denin'** *bw* in het midden **middenkader** personeel tussen hoger en lager **middenklasse** klasse tussen hoog en laag **middenklasser** *m* [-s] product uit de middenklasse, vooral op het gebied van auto's **middenkleur** *zie* **middelkleur**; **middenkoers** gemiddelde tussen hoogste en laagste koers **middenlang** *bn* tussen kort en lang in **middenlijn** *(sp.) v(m)* lijn over het midden v.h. veld **middenlinie** spelers die in het middenveld staan opgesteld
middenmoot *zie* **middelmoot**;
middenoor'ontsteking ontsteking v.d. oorholte achter het trommelvlies
middenprijs gemiddelde v.d. prijzen
middenrif *o* [-fen] vlies tussen borst- en buikholte **middenrijm** rijm in een versregel
middenschip hoofdbeuk v.e. kerk
middenschool op het basisonderwijs volgende voor allen gelijke school met drie- of vierjarige cursus **middenschot** *zie* **middelschot**; **middensoort** *zie* **middelsoort**; **middenstand** niet-kapitalistische burgerij **middenstander** *m* [-s] wie tot de middenstand behoort
middenstandsbedrijf kleinbedrijf
middenstandsdiploma voor leiders van middenstandsbedrijven vereist diploma
middenstandsexamen examen voor het middenstandsdiploma **middenstem** stem tussen sopraan en bas **middenstip** stip midden op sportveld **middenstof** stof waarin een verschijnsel v.h. ene punt naar het andere overgaat **middenstuk** *zie* **middelstuk**; **middenterm, middelterm** een der middelste termen v.e. evenredigheid
middenveld middengedeelte v. sportveld; de spelers daarop **middenvinger** *zie* **middelvinger**; **middenvoet** *zie* **middelvoet**; **middenvoetsbeenderen** *zie* **middelvoetsbeenderen**; **middenvoor'** *zie* **midvoor**; **middenweg** *de gulden ~ bewandelen* of *houden*, uitersten vermijden

middernacht' 0 uur **middernach'telijk** om 0 uur **middernacht'zendeling** lid v.d. middernachtzending **middernacht'zending** *v* beweging tegen het 's nachts plegen van ontucht **middernacht'zon** zon die ook te middernacht schijnt

midgetgolf ‹midzjitGolf› *o* golf op miniatuurterrein

midi *bn* tamelijk lang

MIDI *Musical Instruments Digital Interface*, systeem waarmee elektronische muziekinstrumenten onderling of met een computer data uitwisselen

midlifecrisis ‹midlaifkraisis› periode midden in het leven waarin men twijfelt aan het nut van wat men bereikt heeft

midscheeps' *bn & bw* in of naar het midden
midvoor' **I** *bw* voor in het midden **II** *m* [-s] wie voor in het midden speelt
midweekarrangement regeling voor verblijf in hotel voor enkele dagen niet in het weekend **midwin'ter** 22 dec **midzo'mer** 21 juni

mie *m* [-s] Chinese meelspijs in sliertjes

mier *v(m)* zeer klein vliesvleugelig insect v.d. familie Formicidae; *(pop.)* hekel **mieren** *(pop.)* peuteren; piekeren, zeuren; schelen
mierenegel Australisch vogelbekdier
miereneter tandeloos met zijn tong mieren vangend zoogdier v.d. familie der Myrmecophagidae **mierengast** insect dat in een mierennest leeft **mierenhoni(n)g** door bladluizen afgescheiden vocht
mierenhoop door mieren gevormde hoop

mierenneuker *m* [-s] *(pop.)* muggenzifter **mierenzoet** mierenhoning **mierenzuur** door mieren afgescheiden zuur **mierik(s)wortel** *m* scherp smakende vlezige wortel v.e. lepelblad **mierzoet** *bn* bovenmatig zoet

miet *m* homo

mieter *(pop.)* sodemieter **mieteren** *(pop.)* gooien **mieters** *bn* heel prettig

mietje *o* [-s] mnl. homo; pietlut; *elkaar geen ~ noemen*, rechtuit spreken

miezelen, **miezeren** stofregenen **miezer** *m* [-s] klein exemplaar *(ook als eerste lid van ss in die bet.)* **miezeren** *zie* **miezelen**; **miezerig** *bn* druilerig; onfris; onaangenaam klein

migrai'ne ‹mieGrène› *v(m)* schele hoofdpijn **migrai'neaanval** periode waarin iem. lijdt aan migraine

migrant' *m* wie migreert **migra'tie** *v* [-s] het zich verplaatsen; het trekken v. vogels **migre'ren** van of naar een ander gebied verhuizen; trekken (van trekvogels)

mihoen' *m* Chinees gerecht v. rijstebloem in sliertjes

mij *vnw* me

Mij Maatschappij

mijden [meed, gemeden] ontwijken

mijl *v(m)* 1609 m; *de ~ op zeven*, omslachtig **mijlpaal** afstandspaal; *(fig.)* belangrijke gebeurtenis **mijlschaal** schaal op kaart

mijmeraar *m* [-s] wie mijmert **mijmeren** (inz. weemoedig) peinzen, soezen **mijmerij'** *v* het mijmeren

mijn I *v(m)* plaats waar de delfstoffen gedolven worden; mijnbouwmaatschappij; onderaardse gang met ontplofbare stoffen; ontploffingstoestel; veiling **II** *vnw* van mij; *het ~ en het dijn*, elks eigendom **mijnbedding** *v(m)* steenkolenlaag, ertslaag **mijnbouw** het ontginnen v. mijnen **mijnbouwkunde** kennis omtrent mijnbouw **mijnbouwkun'dig** *bn* in of van of volgens de mijnbouwkunde

mijnen bij afslag kopen

mijnenlegger *m* [-s] schip dat mijnen in zee legt **mijnenveger** *m* [-s] schip dat mijnen uit zee opruimt **mijnenveld** gebied waar mijnen gelegd zijn

mijnerzijds *bw* van mijn kant

mijngalerij *v*, **mijngang** *m* gang in mijn **mijngas** gas dat zich in een mijngang ophoopt

mijnheer' [mijnheren, mijne heren] heer; de heer, de heer des huizes **mijnhe'ren** mijnheer zeggen

mijningenieur mijnbouwkundig ingenieur **mijnlamp** veiligheidslamp voor mijnwerkers **mijnstreek** streek waar mijnen zijn **mijnwerker** arbeider in mijn; schansgraver **mijnwerkerslamp** mijnlamp **mijnwerkersziekte** silicose **mijnwormziekte** vooral bij mijnwerkers voorkomende ingewandsziekte

mijt *v(m)* stapel; vooral parasitisch levend spinachtig diertje zonder geleding v.d. orde der Acari

mijter *m* [-s] bisschopsmuts

mik *v(m)* [-ken] iets dat gaffelvormig uitloopt; bloem van meel; brood ervan; *dat is dikke ~*, dat gaat goed samen

mika'do I *m* [-'s] titel v.d. keizer v. Japan **II** *o* spel met stokjes

mikken scherp kijken om te raken, turen, doelen

mikmak *m (pop.)* boel

mikpunt *o* doelwit

mil. militair

mild *bn & bw* zacht; genadig; vrijgevig **mildda'dig** *bn & bw* vrijgevig

milicien' ‹cien=sjěn› [-s] soldaat

milieu' ‹miljeu› *o* [-s] omgeving; omstandigheden voor levende wezens **milieu'activist** strijder voor de milieubeweging **milieu'beweging** beweging tot bescherming v.h. milieu **milieu'bewust** *bn* zich bewust v.d. waarde van en de bedreigingen voor het milieu **milieu'box** afvalemmer voor het milieu aantastend afval **milieu'container** ‹ai=ee› milieubox **milieu'heffing** belasting op vervuiling v.h. milieu **milieu'hygiëne** toestand v.h. milieu; zorg voor het milieu **milieu'officier** met opsporing v. milieudelicten belaste officier van justitie **milieuon'vriendelijk** *bn & bw* schadelijk voor het milieu **milieu'straat** plaats binnen een gemeente waar het milieubelastend afval afgegeven kan worden **milieuvrien'delijk** *bn & bw* niet schadelijk voor het milieu

militair' ‹ai=è› *m* soldaat **II** *bn & bw* het krijgswezen betreffende; als bij de soldaten **militant'** *bn & bw* strijdlustig **militarise'ren** ‹s=z› op militaire wijze inrichten of besturen **militaris'me** *o* overwegende invloed v.d. militairen, gericht zijn op militaire kracht; geest die dat wenst **militarist'** aanhanger v. militarisme **militaris'tisch** *bn & bw* van of als of betreffende militarisme **military** ‹milliterri› *m* [-'s] zware paardensportwedstrijd met diverse onderdelen **mili'tie** *v* gezamenlijke burgers die in krijgsdienst zijn; krijgswezen

miljard' *o* duizend miljoen **miljardair'** ‹ai=è› [-s] wie een miljard bezit

miljoen' *o* duizend maal duizend **miljoe'nennota** jaarlijkse rijksbegroting **miljonair'** ‹ai=è› [-s] wie minstens een miljoen bezit

milkshake ‹milksjeek› *m* [-s] drank van ijs, gemengd met melk

mille ‹miel› *o* duizend **millefleurs'** ‹mielfleur› *o* patroon van veel kleine bloempjes **millen'nium** *o* [-nia] duizend jaar

milli- *als voorvoegsel in namen v. maten en eenheden*: een duizendste **millia'de** *v* [-n, -s] duizend jaar **milliampè're** 1/1000 ampère **millibar** 1/1000 bar, eenheid van luchtdruk **milligram** 1/1000 gram **millimeter** 1/1000 meter **millimeteren** zeer kort knippen

milt *v(m)* zich links in de buikholte bevindend bloedrijk orgaan **miltvuur** bacteriële veeziekte

M

Milva Militaire Vrouwenafdeling
mime *v(m)* gebarenspel **mimicry'** *v(m)* camouflage, beschermende kleur- en vormaanpassing **mimicus** *m* [-ci] gebarenspeler **mimiek'** *v* gebaren- en gelaatsspel **mimisch** *bn* betreffende of van de mimiek
mimitafeltje *o* één v.e. stel in elkaar schuivende bijzettafeltjes
mimo'sa ‹s=z› *v(m)* [-'s] roze- of geelbloemige acaciasoort
min I *bn & bw* nietig; zwak, gering; verachtelijk; weinig, minder; beneden nul; *~ of meer*, enigszins **II** *v* [-nen] zoogster **III** *v(m)* liefde; *in der minne schikken*, vriendschappelijk regelen
min minuut
min. minuut; minuten; minimaal; minimum
Min. minister, ministerie
Mina *dolle ~*, actieve voorvechtster van vrouwenemancipatie
minachten [minachtte, geminacht] trots neerzien op, gering achten
minaret' *v(m)* [-ten] slanke moskeetoren
minder *bn & bw* kleiner; in enig opzicht achterstaande; geringer; niet zo veel; slechter, lager; *in ~ dan geen tijd*, zeer vlug **minderbegaafd'** *bn* met weinig verstandelijke vermogens **minderbroeder** [-s] franciscaan **minderen** minder worden of maken; het aantal steken kleiner maken **minderhedenbeleid** beleid t.o.v. minderheden in een staat **minderheid** *v* [-heden] het kleiner getal stemmen of stemmenden; vreemd en relatief weinig talrijk volk in een staat; het minder zijn; *in de ~ zijn*, minder zijn **minderheidskabinet** kabinet dat niet op een meerderheid in de volksvertegenwoordiging kan rekenen **mindering** *v* het minderen; plaats waar geminderd is; *in ~ brengen*, aftrekken **minderja'rig** *bn* niet meerderjarig **mindervalide** *bn* lichamelijk of geestelijk gehandicapt **minderwaar'dig** *bn* van minder waarde; gemeen **minderwaar'digheidscomplex** minderwaardigheidsgevoel, dwangvoorstelling dat men minder kan dan anderen
mineraal' I *o* [-ralen] delfstof **II** *bn* delfstof zijnde; delfstof bevattende **mineraal'water** bronwater met minerale stoffen **mineralogie'** *v* delfstofkunde **mineralo'gisch** *bn* delfstofkundig **mineraloog'** [-logen] delfstofkundige
minestro'ne *v(m)* Italiaanse dikke groentesoep
mineur' I *m* [-s] mijngraver, soldaat v.d. genie **II** *v(m)* kleine terts; *in ~*, somber
mini *in verbindingen*: zeer klein **I** *v(m)* [gmv] kleding met zeer korte rok **II** *wm v(m)* [-'s] zeer kleine auto **III** *m-v* [-'s] spelertje v.d. jongste categorie
miniatuur' *v* [-turen] zeer klein (schilder)stuk; *in ~*, in het klein **miniatuur'schilder** *m* [-s] wie miniaturen schildert
minibar karretje met drank en eetwaren in een trein; koelkastje op een hotelkamer **minicomputer** computer met beperkt geheugen
miniem' *bn* zeer klein
minigolf *o* midgetgolf **mini-jurk** jurk met zeer korte rok
minima *mv* mensen met allerlaagste inkomens **minimaal'** *bn & bw* zeer klein; zo klein mogelijk; ten minste **minimalise'ren** ‹s=z› de betekenis te gering voorstellen van **minimalist'** *m* wie niet meer doet dan het noodzakelijke **minimawinkel** winkel met waren waarvan de houdbaarheidsdatum nog net niet is verstreken
minimum *o* [-ma] het minste, het laagste; *een ~ van tijd*, zeer korte tijd; *tot het* of *een ~ terugbrengen*, zo gering mogelijk maken **minimuminkomen** volgens de officiële loonschaal vastgesteld laagste inkomen **minimumlijder** [-s] *(scherts.)* wie een minimumloon geniet **minimumloner** *m-v* [-s] wie het minimumloon krijgt **minimumloon** laagst door de overheid vastgesteld loon; laagste trap v.e. loonschaal **minimumthermometer** thermometer die de laagste temperatuur aanwijst die binnen een bepaalde tijd is voorgekomen
minipil anticonceptiepil met zeer weinig progestageen **minirette** *v* [-n] kleine majorette **minirok** zeer kort rokje
minis'ter [-s] eerste staatsdienaar, hoofd v. departement **ministe'rie** *o* [-s] functie van minister, ambtsvervulling als minister; afdeling van bestuur; gebouw waar die afdeling gevestigd is; de ministers; ambtsverrichtingen; (ambtelijke) hulp; de predikanten v.e. grote plaats; *openbaar ~*, openbare aanklager **ministerieel'** *bn* van een of de minister of van een of het ministerie **minis'ter-president'** [ministers-presidenten] voorzitter v.d. ministerraad **minis'terraad** de ministers; ministervergadering **minis'terschap** *o* het minister zijn **minis'ter(s)portefeuille** ministerschap
minitel *m* [-s] kleine terminal voor wie aan videotex deelneemt **minivoetbal** *o* zaalvoetbal; voetbal voor de jongste spelers
mink I *m* [-s] nerts **II** *o* bont van dat dier
minkukel *m* [-s] domoor
minnaar *m* [-s, -naren] iem. met wie een vrouw een liefdesverhouding buiten het huwelijk heeft; liefhebber **minnares'** *v* [-sen] vrouw die een man liefheeft; liefhebster
minne *in der ~ schikken*, een voor elk aannemelijke schikking treffen **minnedicht** liefdesgedicht **minnedichter** maker van minnedichten **minnekozen** verliefd doen **minnelijk** *bn & bw* lief; *~e schikking*, schikking met instemming v. beide partijen **minnen** houden van, beminnen **minnenijd** *m* jaloezie
minneo'la *m* [-'s] oranje citrusvrucht
minnetjes *bn* zwak
minoriteit' *v* minderheid; minderjarigheid

minpunt wat in het nadeel pleit
minst *bn & bw* geringst (in aantal); inschikkelijkst; *ten ~e* of *voor het ~*, zo min mogelijk gerekend; althans; *in het ~(e) niet* of *niet in het ~*, helemaal niet; *op zijn ~*, zo min mogelijk gerekend **minstens** *bw* ten minste
minstreel', **meistreel'**, **menestreel'** [-strelen] troubadour
mint *bn* lichtgroen
minteken aftrekkingsteken
minus **I** *bw* min; onder nul **II** *o* tekort
minuscuul' *bn & bw* zeer klein
minus'kel *v(m)* [-s] kleine letter
minuspool negatieve elektrische pool
minuterie' *v* installatie waarbij een licht maar kort brandt
minutieus' *bn & bw* uiterst nauwkeurig
minuut' *v(m)* [-nuten] 1/60 uur; 1/60 graad; korte tijd; het oorspronkelijke v.e. stuk **minuut'wijzer** *m* [-s] grote wijzer
minvermo'gend *bn* weinig bezittend
minzaam *bn & bw* vriendelijk
minziek *bn* gemakkelijk verliefd
mirabel' *v(m)* [-len] geelgroene pruim
miraculeus' *bn* wonderbaar; wonderdadig **mira'kel** **I** *o* [-s, -en] wonder; *(scheldn.)* schepsel **II** *bw (pop.)* zeer; *voor ~*, bewusteloos; *(pop.) een ~*, buitengewoon **mira'kelspel** spel met een wonder
mirliton' *m* [-s] rietfluitje met vliesjes
mirre *v(m)* bitter welriekend gomhars
mirt(e) *m* [mirten] altijdgroene heester, Lat. Myrtus communis ***mirtekrans** *(Wdl. mirtenkrans)* krans van mirtebladeren
mis **I** *v(m)* [-sen] altaarofferande; gezangen en gebeden en muziek daarvoor **II** *bw & bn* niet raak; verkeerd, mislukt; slecht
misantroop' ‹s=z› [-tropen] mensenhater **misantropie'** *v* mensenhaat **misantro'pisch** *bn & bw* mensenschuw; terugstotend
misbaar' *o* luid geschreeuw, luid gehuil, lawaai
misbak *o* [-ken] mislukt baksel **misbak'ken** *bn* mislukt in het productieproces **misbaksel** *o* [-s] wat slecht is uitgevallen; mispunt
misboek boek met misgebeden
misbruik *o* verkeerd of overdadig gebruik **misbrui'ken** verkeerd of overdadig gebruik maken van **misdaad** slechte daad **misda'dig** *bn & bw* een misdaad zijnde of plegende **misdadiger** *m* [-s] wie een misdaad gedaan heeft **misdeeld'** *bn* slecht bedeeld
misdienaar, **misdiener** [-s] koorknaap **misdinet'te** *v* [-s] vrouwelijke misdienaar
misdoen' verkeerd doen **misdra'gen** *zich ~*, zich slecht gedragen **misdrijf** *o* [-drijven] ernstig strafbaar feit **misdrij'ven** misdoen **misdruk** *m* mislukt drukwerk **misdui'den** ongunstig uitleggen, kwalijk nemen
mise ‹mieze› *v* [-n] inzet bij spel; botteling v. wijn **mise-en-scè'ne** ‹miezänsènne› *v* toneelschikking
misera'bel ‹s=z› *bn & bw* ellendig, beroerd **misè're** ‹s=z› *v(m)* [-s] ellende; het halen van geen enkele slag
misere're ‹s=z› *o* [-s] 50e psalm; darmbeknelling
mise'rie ‹s=z› *v* [-s] ellende
mis'gaan [ging mis, misgegaan] verkeerd gaan **misgaan'** [misging zich, h. zich misgaan] *zich ~*, zich misdragen **misgewas** mislukte oogst, mislukte agrarische producten **misgreep** dwaling **mis'grijpen** verkeerd grijpen; er niet in slagen iets te pakken **misgrij'pen** *zich ~*, zich vergrijpen **misgun'nen** niet gunnen **misha'gen** niet bevallen **mishan'delen** ergerlijk kastijden; slecht behandelen, radbraken, ruw behandelen **misken'nen** niet waarderen **miskleun** *m* fout, misgreep **miskleunen** mislukken; falen **miskleur** *(inz. van sigaren)* niet gewaardeerde kleur **miskocht'** *bn* bekocht **miskoop** later tegenvallende koop **miskraam** *v(m)/o* [-kramen] het te vroeg baren v.e. niet levensvatbare vrucht **mislei'den** bedriegen **mislopen** verkeerd lopen; niet treffen; niet krijgen **misluk'keling** wie mislukt **misluk'ken** niet gelukken; niet worden wat iem. of iets moest worden, niet slagen **misluk'king** *v* het mislukken; wat mislukt is **mismaakt'** *bn* misvormd **misma'ken** ontsieren **mismoe'dig** *bn* mistroostig **misnoegd'** *bn* ontevreden en verdrietig **misnoe'gen** *ww* verdrietige ontevredenheid bezorgen **mis'noegen** *o* ontevredenheid
misoffer *o* [-s] mis
misogaam' ‹miezoogaam› *bn* het huwelijk hatend **II** *m* [-gamen] huwelijkshater **misogamie'** *v* afkeer v.h. huwelijk
misogyn' **I** *bn* vrouwenhatend **II** *m* vrouwenhater
misoogst mislukte oogst **mispas** misstap
mispel **I** *m* [-s, -en] appelachtige boom waarvan de vruchten overrijp gegeten worden, Lat. Mespilus **II** *v(m)* [-s, -en] zijn vrucht
misplaatst' *bn* niet op zijn plaats **misprij'zen** laken **mispunt** mislukte keustoot; beroerling **misraden** verkeerd raden **mis'rekenen** verkeerd rekenen **misre'kenen** *zich ~*, teleurgesteld uitkomen
miss *v* [-es, -en] als eerste geselecteerd mooi meisje
missaal' *o* [-salen] misboek
misschien' *bw* mogelijk
misselijk *bn & bw* onpasselijk; weerzinwekkend
missen *h* niet halen; niet treffen; afstaan; niet hebben; het ontbreken voelen; zonder iets zijn; verkeerd uitkomen; *te ~ hebben*, kunnen missen; *kunnen ~ als kiespijn*, er niet op gesteld zijn **misser** *m* [-s] wat misgaat, mislukking
missie *v* [-s, -siën] *(r.-k.)* zending; de missionarissen; gebied waar zij werken; boetprediking van enige dagen in een parochie; opdracht **missiegebied** gebied dat als missie beschouwd wordt **missiehuis** stichting tot opleiding van missionarissen **missiekruis** kruis ter herinnering aan een missie

missing link' *m* [links] ontbrekende schakel
missiona'ris [-sen] *(r.-k.)* zendeling
missi've *v(m)* [-s, -n] dienstbrief
misslaan niet raken met slaan **misslag** dwaling **misstaan'** niet staan **misstand** wantoestand **misstap** verkeerde stap, verkeerde daad **misstelling** verkeerde plaatsing; vergissing; fout, drukfout
missverkiezing *v* schoonheidswedstrijd
mist *m* dikke nevel; *de ~ ingaan*, spoorloos verdwijnen, mislukken
mistasten zich vergissen
mistbank *v(m)* laag mist
misteltak maretak
misten mistig zijn **misthoorn** scheepshoorn voor mist **mistig** *bn* met mist
mistletoe ‹misseltoo› *v(m)/o* maretak
mistral' *m* [-s] koude NW-wind in ZO-Frankrijk
mistroos'tig *bn & bw* neerslachtig **mistrou'wig** *bn & bw* wantrouwend **misvatting** *v* verkeerde opvatting **misverstand** *o* verkeerd begrijpen **misvormd'** *bn* wanschapen **misvor'men** een verkeerde vorm geven; lelijk maken **miswas** *o/m* [-sen] mislukte oogst; verkeerd gegroeid wezen **miswijzen** verkeerd wijzen; v.h. noorden afwijzen **miszeg'gen** iets verkeerds zeggen
mitai'ne ‹ai=è› *v(m)* [-s] handschoen tot de vingers
mitel'la *v(m)* [-'s] draagdoek voor de arm
mitige'ren verzachten, matigen
mito'se ‹s=z› *v* [gmv] deling v.e. cel in identieke nieuwe cellen
mitraille'ren ‹aill=ajj› met mitrailleurs beschieten **mitrailleur'** *m* [-s] machinegeweer **mitrailleur'schutter** bedienaar v. mitrailleur **mitrailleurs'nest** plaats waar mitrailleurs staan opgesteld **mitrailleur'vuur** schoten uit mitrailleur
mits *vgw* indien
m.i.v. met ingang van
mix *m* [-en of -es] mengsel; aaneenschakeling van dansmuziek **mixed grill** ‹mikst Gril› *m* gerecht met verschillende soorten gegrilleerd vlees **mixed pickles** ‹mikst pikkels› *mv* ingelegde jonge groente en vruchten; pittige gezegden **mixen** mengen **mixer** *m* [-s] toestel om spijzen en dranken te mengen **mixtuur'** *v* [-turen] mengsel, artsenijmengsel; orgelregister met een mengsel van geluiden
MKB Midden- en Kleinbedrijf
MKZ mond- en klauwzeer
ml milliliter
mld miljard
mln miljoen
mm millimeter
m.m. *mutatis mutandis*, met de nodige veranderingen; *memento mori*, gedenk te sterven
M.M.H.H. Mijne Heren
m.m.k. magnetomotorische kracht
mmo middelbaar middenstandsonderwijs
m.m.v. met medewerking van
m.n. met name

M

Mn *(schei.)* mangaan
mnemoneutiek' ‹eu=ui›, **mnemoniek'**, **mnemotechniek'** *v* geheugenkunst, geheugenleer
m.o. middelbaar onderwijs
Mo *(schei.)* molybdeen
mobiel' I *bn & bw* beweeglijk; marsvaardig, gereed om te velde te trekken; (i.v.m. telefoneren) draadloos; *~e eenheid*, afdeling oproerpolitie II *o* [-s] vederlicht ophangbaar licht beweeglijk plastiek **mobilisa'tie** ‹s=z› *v* het op voet v. oorlog brengen **mobilise'ren** ‹s=z› op voet v. oorlog brengen, aan het werk zetten **mobiliteit'** *v* beweeglijkheid; vluchtigheid **mobilofoon'** *v(m)* [-s] apparaat om draadloos te telefoneren
mocassin' *m* [-s] riemschoen v.d. indianen; pantoffel van gekleurd leer
m.o.d. met oprechte deelneming
modaal' *bn* modaliteit uitdrukkend; *(in verbinding met bijv. werknemer, inkomen)* gemiddeld, doorsnee- **modaliteit'** *v* voorstellingswijze; gevoelsinhoud; richting
modder *m* natte aarde met vuil; *door de ~ halen*, belasteren; *figuur als ~*, mal figuur; *hemelse ~*, nagerecht van ei en gesmolten chocolade **modderaar** [-s] baggerman; wie alle partijen tevreden wil houden; knoeier **modderbad** bad of val in modder **modderen** in modder waden; baggeren; schipperen, knoeien **modderfiguur** *v(m)/o* [gmv] pleefiguur **modderig** *bn* vol modder **modderpoel** poel **modderpraam**, **modderschuit** schuit voor modder **moddersloot** modderige sloot **moddervet** *bn* zeer vet **moddervulkaan** modder spuwende vulkaan
mode *v(m)* [-s] tijdelijk heersende smaak; *(mv)* kleding als de mode eist; *vaak als eerste deel v.e. ss in bet.*: tijdelijk in trek zijnd **modeartikel** *o* [-en, -s] artikel dat in de mode is of aan de mode onderhevig **modegril** *v(m)* [-len] gril v.d. mode **modehuis** *o* zaak in (dames)kleding **modekleur** in de mode zijnde kleur
model' I *o* [-len] vorm; voorbeeld; formulier II *bn & bw* voorbeeldig; volgens voorschrift; *als eerste deel van ss vaak in de bet.*: als model kunnende dienen **model'actie** stiptheidsactie **model'bouw** het vervaardigen v.e. model op schaal **model'kamer** vertrek waarin modellen zijn uitgestald; kamer die als model dient **modelle'ren** een vorm geven **modelleur'** [-s] modelmaker, boetseerder **model'tekenen** naar een voorbeeld tekenen **model'zaal** zaal waarin modellen zijn uitgestald
modem *o/m* [-s] apparaat aan beide zijden v.e. telefoon om informatie van computer naar computer te versturen
modemagazijn grote modewinkel **modeplaat** plaat met afbeelding v. kleding die in de mode is
moderaat' *bn* gematigd
modera'men *o* dagelijks bestuur (v. classis)
modera'tie *v* matiging **modera'tor** [-s, -en]

moderateur; (geestelijk) adviseur; leider v. debatingclub **modere'ren** matigen

modern' *bn & bw* hedendaags, nieuwerwets; niet orthodox **moderneta'lenonderwijs** onderwijs in talen die nog gesproken worden **modernise'ren** ‹s=z› modern inrichten **modernis'me** *o* uiting v. moderne geest; vrijzinnigheid; richting die het leergezag v.d. paus verwerpt **modernist'** aanhanger v.h. modernisme **moderniteit'** *v* het modern zijn

modeshow ‹modesjoow› *m* [-s] vertoning v.d. nieuwe mode **modesnufje** *o* klein modieus verschijnsel

modest' *bn & bw* zedig; bescheiden **modestie'** *v* zedigheid; bescheidenheid

modezaak iets dat afhankelijk is v.d. mode; zaak in modeartikelen

modieus' *bn & bw* volgens de mode

modifica'tie *v* [-s] wijziging; andere vorm **modifice'ren** wijzigen

modinette *v* [-s] naaister in een atelier of modehuis

modulair' ‹ai=è› *bn & bw* in modulen te geven

modula'tie *v* [-s] stembuiging; overgang in andere toonsoort

modu'le *m* [-n, -s] modulus **module'ren** de stem buigen; in een andere toonsoort overgaan

modulus *m* [-sen], **moduul** [-dulen] maatstaf; muntmaat; gietvorm

modus *m* [-di] wijze

moduul' *m* [-dulen] maatstaf; afzonderlijk deel v. computersysteem of computerprogramma; in bep. tijdvak te geven hoeveelheid leerstof

moe I *bn & bw* [moeër, moest] moede **II** *v* moeder

moed *m* dapperheid; *te ~e*, gestemd

moede, moe *bn & bw* vermoeid; beu

moedeloos *bn & bw* zonder hoop

moeder [-s] vrouw die kinderen heeft; vr. hoofd v.e. gesticht **moederbedrijf** bedrijf van waaruit een of meer andere zijn gesticht **moederbinding** *v* h. zich verbonden voelen met de moeder **moederbrigade** verkeersbrigade v. moeders **moederdag** tweede zondag in mei **moederdier** wijfjesdier met jong **moeder-doch'terrelatie** verhouding tussen moeder en dochter **moederen** de rol v. moeder spelen **moedergek** *m* wie erg van moeder houdt **moederhuis** klooster waar het hoofdbestuur is; eerste klooster **moederkerk** *(r.-k.)* de Kerk **moederklooster** eerste klooster; moederhuis **moederkoek** placenta **moederkoren** *o* in korenhalmen zwarte korrels vormende zwam, Lat. Claviceps purpurea **moederland** land m.b.t. zijn overzeese bezittingen **moederliefde** liefde v.d. moeder **moederlijk** *bn & bw* als een moeder; van de moeder **moederloos** *bn* zonder moeder **Moedermaagd** H. Maria **moedermaatschappij** maatschappij ten opzichte van andere van haar afhankelijke **moedermavo** *o/m* mavo voor volwassenen **moedermelk** *met de ~ ingezogen hebben*, al heel vroeg geleerd hebben **moedermoord** moord op zijn moeder **moedernaakt** *bn* geheel naakt **moeder-o'verste** vr. overste **moederplant** plant waarvan andere afstammen; behaarde kamerplant die gemakkelijk uitlopers vormt, Lat. Saxifraga sarmentosa **moederschap** *o* het moeder zijn **moederschip** schip als basis voor onderzeeboten of vliegtuigen **moederskant** *van ~*, van de kant v.d. moeder **moederskind** lievelingskind v. moeder **moedersleutel** op veel sloten passende sleutel **moederszijde** moederskant **moedertaal** iemands eerste taal; oorspronkelijke taal tegenover de dochtertaal **moedertjelief** *daar helpt geen ~ aan*, daar is niets aan te doen **moedervel** papier dat men kopieert **moedervlek** aangeboren vlek **moederziel** *~ alleen*, geheel alleen; *geen ~*, niets

moedig *bn & bw* dapper

moedwil *m* opzet; baldadigheid, willekeur **moedwil'lig** *bn & bw* opzettelijk kwaad doende; met opzet **moedwil'ligheid** *v* [-heden] boos opzet

moeflon *m* [-s] muffeldier

moefti *m* [-'s] islamitisch schriftgeleerde

moeheid *v* toestand v. (iets) moe te zijn

moei *v* tante

moeial *m* [-len] bemoeial **moeien** lastig vallen; betrekken; *zich ~*, zich bemoeien; *er mee gemoeid zijn*, kosten

moeilijk *bn & bw* niet gemakkelijk **moeilijkheid** *v* [-heden] het moeilijke; bezwaar

moeite *v* [-n] inspanning, last **moeizaam** *bn & bw* met veel inspanning

moer I *v(m)* droesem; op een bout passende ring **II** *v (pop.)* moeder; moederkonijn; moederplant met afleggers; *geen ~*, *(pop.)* niets **III** *o* veengrond

moeras' *o* [-sen] drasland; *(fig.)* modder **moeras'gas** *o* methaan **moeras'koorts** koorts t.g.v. in moerassen levende muggen, malaria **moeras'sig** *bn* drassig **moeras'veen** op drassige grond ontstaan veen

moerbalk balk waarop andere rusten

moerbei, moerbes, moerbezie I *m* moerbeiboom **II** *v(m)* schijnvrucht v.d. moerbeiboom **moerbeiboom, moerbezieboom** boom met op bramen lijkende schijnvruchten, Lat. Morus

moerbint *o* moerbalk in het dak **moerbout** bout met schroefdraad **moeren** kapot maken; gappen **moergrond** moerassige bodem **moerhaas** *o (jagerst.)* wijfjeshaas

moerig *bn* venig

moerplant plant waarvan gestekt wordt **moerschroef** moer; in een moer passende schroef **moersleutel** sleutel voor moeren en bouten **moerstaal** *spreek je ~*, zeg het eenvoudig

moes I *o* tot brij gekookte groente of vruchten **II** *v* moeder **moesappel** *m* appel

om gekookt te worden
moesje *o* moedertje; mouche
moeskruid *o* groente
moesson *m* [-s] halfjaarlijks wisselende wind; jaargetijde met zo'n wind
moestuin groentetuin
moet I *v(m)* vlek; indruksel; litteken **II** *m* noodzaak
moeten [moest, gemoeten] verplicht zijn, gedwongen zijn, in de noodzaak zijn; verlangen *(ook als hulpww v. modaliteit)*; *iem. niet ~*, iem. niet mogen **moetje** *o* in verband met zwangerschap enigszins noodzakelijk geworden huwelijk
moezel moezelwijn **moezelwijn** wijn van langs de Moezel geteelde druiven
mof I *v(m)* [-fen] warme bedekking voor beide handen; recht verbindingsstuk v. buizen **II** *m* [-fen] *(schimpn.)* Duitser
moffelen stiekem wegstoppen; lakken, emailleren
mogelijk *bn & bw* kunnende geschieden, uitvoerbaar; misschien **mogelijkheid** *v* [-heden] het mogelijk zijn; wat mogelijk is; *(fam.) met geen ~*, onmogelijk
mogen [mocht, gemogen/gemoogd] kunnen; verlof hebben; geoorloofd zijn; houden van; er goed aan doen met; (hulpww v. wenselijkheid); *er zijn ~*, voor de dag kunnen komen; *mag het?*, heb je er soms iets op tegen?
mogendheid *v* [-heden] staat
mohair' ‹ai=è› *bn* van angorawol **II** *o* angorawol
mohammedaan' [-danen] volgeling van Mohammed **mohammedaans'** *bn* van de of volgens de islam **mohammedanis'me** *o* islam
mohika'nen *de laatste der ~*, de laatste van zijn soort
moiré' ‹mwaaree› *bn* gevlamd **II** *o* gevlamde zij
mok *v(m)* [-ken] kroes; kokoskoekje
moker *m* [-s] zware vierkante hamer
Mokerhei' *naar de ~ wensen*, verwensen
mokka, mokkakoffie *m* geurige zwarte koffie
mokkel *v* [-s] dikke vrouw; *(pop.)* meisje
mokken zich misnoegd tonen
mok-school school voor moeilijk opvoedbare kinderen
mol I *m* [-len] ondergronds levend zoogdier met spitse snuit, Lat. Talpa europaea; spion; infiltrant in e. organisatie **II** *v(m)* [-len] *(muz.)* verlagingsteken, mineur
molaar' *m* [-laren] echte kies
moleculair' ‹ai=è› *bn* van of betreffende moleculen **moleculair'gewicht** gezamenlijke relatieve gewichten van alle atomen in een molecule **molecu'le** *v(m)/o* [-n] kleinste deel waarin een stof verdeeld kan worden zonder scheikundig te veranderen **molecu'legewicht** *zie* **moleculairgewicht**
molen *m* [-s] inrichting of voorwerp waarmee men maalt; stokje met vier wiekjes; *met ~tjes lopen* of *~tjes zien*, gek zijn; *de ~ is* of *loopt door de vang*, de zaak is in de war, er is geen houden aan; *die ~ maalt langzaam*, dat werkt langzaam **molenaar** *m* [-s] wie molen bedient of bezit **molenbeek** beek die een molen doet draaien **molengang** rij watermolens **molenpaard** paard v.e. molenaar; sterke grote vrouw **molensteen** steen waarmee men in een molen maalt **molenvang** *v(m)* klem om de molen stil te zetten **molenzeil** zeil aan molenwiek
molest' *o* overlast; beschadiging (door oorlogsgeweld) **molesta'tie** *v* [-s] overlast door geweldpleging **moleste'ren** gewelddadig overlast aandoen **molest'verzekering** verz. tegen molest
moliè're *m* [-s] lage veterschoen
mollen *(fam.)* van kant maken; *(fam.)* kapotmaken; met een molploeg ploegen
mollengat molsgat **mollenpoot** poot v.e. mol **mollenrit** *v(m)* door een mol gegraven gang **mollenvel** vel v. mol
mollig *bn & bw* poezelig
mollusk' *m* weekdier
molm *m/o* stof van turf of vergaan hout; vermolming **molmen** molm worden
moloch *m* [-s] *(fig.)* iets waarvoor men alles opoffert
molotovcocktail met benzine vervaardigde bom
molploeg ploeg die gangen trekt voor drainage **molsgat, mollengat** pijpgat v. mollen **molshoop** door mol opgeworpen aardhoopje **molsla** *v(m)* bladen v. paardenbloem **molteken** mol 2
molton I *o* aan beide zijden geruwd weefsel **II** *bn* moltonnen **moltonnen** *bn* van molton
mom *v(m)/o* masker; *(fig.)* schijn **momaangezicht, mombakkes** *o* masker
moment' *o* ogenblik; belangrijke gebeurtenis; bewegende kracht; *du ~ dat*, ‹ment=mān› van het ogenblik dat; *moment suprême*, hoogtepunt **momenteel'** *bn & bw* voor het ogenblik, ogenblikkelijk **moment'opname** in een moment genomen foto **moment'sluiter** sluiter voor momentopname
mompelen binnensmonds dof spreken; in het geheim spreken
monachaal' *bn* monniken betreffende
mona'de *v* [-n] ondeelbaar bestanddeel v. stof; infusiediertje
monarch' alleenheerser **monarchaal'** *bn & bw* met of voor een monarch **monarchie'** *v* [-chiën] erfelijke alleenheerschappij **monarchist'** voorstander v.d. monarchie **monarchis'tisch** *bn & bw* betreffende of van de monarchisten
mond *m* door de lippen omgeven opening in het gezicht; uitmonding, opening; kind; *zijn ~ houden* of *geen ~ open doen*, zwijgen; *de ~ vol hebben van*, voortdurend spreken over; *zijn ~ voorbij praten*, te veel zeggen; *met open ~*, verbaasd; *met twee ~en*, dubbelhartig; *de ~ snoeren* of *stoppen*, doen zwijgen; *zijn ~ staat nooit stil*, hij spreekt altijd door; *zijn ~je roeren*, druk praten; *naar de ~ praten*, vleien; *niet op zijn ~je gevallen zijn*, weten te spreken; *een grote ~*

M

hebben of *opzetten*, brutaal zijn; *bij ~e van*, gezegd door; *met de ~ vol tanden*, sprakeloos; *dat ligt hem in zijn ~ bestorven*, dat zegt hij voortdurend
mondain' ‹ain=èn› *bn & bw* werelds **mondaniteit'** *v* wereldsgezindheid
mondbehoeften *mv* levensmiddelen **monddood** *bn* in een toestand dat men geen kritiek kan uitbrengen **mondeling I** *bw* door middel v.h. gesproken woord **II** *bn* niet schriftelijk **III** *o* mondeling examen **mond- en klauw'zeer** *o* ziekte aan bek en klauwen bij runderen **mond- en voet'schilderkunst** schilderkunst van wie met de mond of de voeten schilderen **mondharmonica** *v* [-'s] blaasharmonica **mondhygiënist** *m* wie patiënten voorlicht en behandelt m.b.t. onderhoud v.h. gebit **mondhygiëniste** *v* [-n] vrouwelijke mondhygiënist
mondiaal' I *bn* wereld- **II** *bw* over de hele wereld
mondig *bn* meerderjarig
monding *v* mond, opening **mondingsvuur** bij het vuren ontstaande vlam
mondjesmaat *v(m) & bw* amper genoeg **mondjevol** *o* beetje **mondkapje** *o* tijdens behandelingen en operaties gedragen masker **mondklem** stijfheid in kaken, kaakkramp **mondkost** levensmiddelen **mond-op-mond'beademing** *v* bep. techniek om de ademhaling weer op gang te brengen **mondorgel** mondharmonica **mondspoeling** *v* het spoelen v.d. mond; iets om de mond te spoelen **mondstuk** bit; deel voor in de mond **mond-tot-mond'reclame** reclame door gebruikers onderling **mondvol** *m* [-len] wat in een mond kan **mondvoorraad** voorraad levensmiddelen
monetair' ‹ai=è› *bn & bw* het muntstelsel of het geld betreffend **monetaris'me** *o* idee van beheersing v. economie door controle op het geldwezen
mongolis'me *o* [gmv] (aangeboren) zwakzinnigheid met Mongoolse trekken **mongool'** *m-v* [-golen] zwakzinnig iem. met Mongoolse trekken
monis'me *o* stelsel dat alles uit één beginsel verklaart **monist'** aanhanger v. monisme
monitor *m* [-s, -en] *(o.a. medisch)* controleapparaat; *(comp.)* beeldscherm **monitoraat'** *(Belgned.) o* [-raten] instantie die eerstejaarsstudenten begeleidt; plaats waar deze instantie is gehuisvest **monitoren** in de gaten houden
monnik kloosterling; *gelijke ~en gelijke kappen*, mensen v.e. zelfde soort moeten op dezelfde manier behandeld worden **monnikenwerk** (inz. weinig opleverend) geduldwerk **monnikskap** *v(m)* kap v.e. monnik; (schoorsteen) gek; akoniet **monnikspij** pij
mono *als eerste woorddeel*: enkel, alleen; (bij muziekweergave) over één kanaal **monochroma'tisch** *bn* in één kleur; van één golflengte; geheel kleurenblind **monochroom** *bn* in één kleur
mono'cle ‹monokkel› *m* [-s] ooglas
monocultuur het kweken van één soort **monocyt'** ‹monosiet› *m* een der soorten witte bloedlichaampjes **monoftong'** *v(m)* enkele klinker **monogamie'** *v* het trouwen van één man met één vrouw **monografie'** *v* [-fiën] verhandeling over één onderwerp **monogram'** *o* [-men] in elkaar gevlochten beginletters **monokini** *m* [-'s] bikinislipje zonder bovenstuk **monoliet'** *m* zuil uit één stuk **monoloog'** *m* [-logen] alleenspraak **monomaan'** [-manen] lijder aan monomanie **monomanie'** *v* [-niën] het overdreven vervuld zijn v.e. denkbeeld **monopo'lie** *o* [-s, -liën] alleenhandel; *het ~ van iets hebben, (ook fig.)* alleen kunnen of bezitten **monopolist'** *m* wie een monopolie heeft **monorail** spoorweg met maar één rail **monoski** brede ski waarop men met beide voeten staat tijdens een afdaling **monosylla'be** *v(m)* [-n] eenlettergrepig woord **monosylla'bisch** *bn* eenlettergrepig **monotheïs'me** ‹th=t› *o* geloof in één God **monotonie'** *v* eentonigheid **monotoon'** *bn & bw* eentonig
Monroeleer Amerika voor de Amerikanen
monseigneur' ‹monsenjeur› [-s] bisschop; prelaat
monster *o* [-s] proefje; gedrocht; *het bruine ~*, voetbal **monsterachtig** de aard v.e. monster hebbend **monsteren** keuren, bekijken; zich tot scheepsdienst verbinden **monsterlijk** *bn* afschuwelijk **monsterproces** proces tegen zeer velen **monsterrol** naamlijst v.d. bemanning **monsterverbond** tegennatuurlijk verbond **monsterzege** zeer grote overwinning
monstrans' *m/v (r.-k.)* vaatwerk voor uitstalling v.h. H. Sacrament
monstrueus' *bn & bw* monsterachtig **monstruositeit'** ‹s=z› *v* monsterachtigheid; monster; afwijking v.h. normale
monta'ge ‹g=zj› [-s] montering; het aan elkaar voegen van beelden voor een bepaald effect **monta'gebouw** bouw waarbij praktisch alle onderdelen elders zijn gemaakt **monta'gefoto** uit meerdere foto's samengestelde foto; op grond v. beschrijvingen ‹v.e. verdachte› gemaakte afbeelding **monta'gewoning** *zie* **montagebouw**
monter *bn & bw* vrolijk, opgewekt
monte'ren ineenzetten; vatten; aankleden v.e. toneelstuk; opwinden
montesso'rischool school volgens stelsel dat uitgaat v.d. spontane bezigheid der leerlingen
monteur' *m* [-s] wie monteert
montignac'cen ‹gn=nj› een vermageringsdieet volgen van Montignac waarbij o.a. vetten en koolhydraten niet bijeen gebruikt worden
montuur' *o/v* [-turen] omlijsting v.e. bril, invatting
montycoat ‹montiekoot› *m* [-s] korte overjas met tressen

monument' *o* gedenkteken; zaak van bijzondere documentaire of kunstwaarde **monumentaal'** *bn & bw* zeer groot; op monumenten betrekking hebbend **monumen'tenzorg** georganiseerde zorg tot behoud en restauratie v. waardevolle monumenten

mooi *bn & bw* behagend aan het gehoor of het gezicht; goed; *(kindertaal) het ~e handje*, de rechterhand **mooiigheid** *v* [-heden] mooiheid; schone schijn **mooipraten** mooi voorstellen; vleien **mooizitten** op de achterpoten zitten

moonboot ‹moenboet› *m* [-s] dikke lichte kunststof laars

moord *m/v* het doden met voorbedachten rade; *~ en brand schreeuwen*, luid misbaar maken, zich erg beklagen; *er komt ~ en doodslag van*, het loopt op vreselijke ruzie uit **moordaanslag** poging tot moord **moordbrigade** georganiseerde groep personen die politieke moorden pleegt; politieafdeling voor het oplossen v. moordzaken **moordda'dig** *bn & bw* met moord; die veel moordt; wat veel mensenlevens kost; erg **moordda'digheid** *v* het moorddadig zijn; moorddadige handeling **moorden** moord begaan; doden **moordenaar** *m* [-s, -naren] wie een moord begaat of begaan heeft **moordenares'** *v* [-sen] vrouw die een moord begaat of begaan heeft **moordenarij'** *v* het moorden **moordgriet** *(pop.)* zeer aantrekkelijk meisje **moordkuil** *van zijn hart geen ~ maken*, zeggen wat men denkt **moordlust** lust tot moorden **moordpartij** slachting **moordtuig**, **moordwapen** *o* middel om te moorden

M

moorkop met chocola bedekte soes

moot *v(m)* [moten] schijf vis

mop *v(m)* [-pen] stuk; deuntje; rond koekje; rond stuk gebakken metselsteen; geld; grap; mops; stok met repen stof om e. vloer nat te reinigen **mopneus** stompe neus; iem. met een stompe neus **moppentrommel** trommel voor of met moppen; *(fig.)* verzameling grappen; geldkist

mopperaar *m* [-s] wie moppert **mopperen** brommend zijn ontevredenheid luchten **mopperkont**, **mopperpot** *m-v (pop.)* mopperaar(ster)

moppig *bn & bw* grappig

mops *m*, **mopshond** dog met stompe snuit

moquet'te ‹moket› *v(m)* fluweelachtig trijp **II** *bn* van fluweelachtig trijp

moraal' *v(m)* zedenleer, zedenles, zedenkundige strekking **moraal'filosofie** wetenschappelijke zedenleer

morai'ne ‹ai=è›, **more'ne** *v(m)* [-s, -n] puinrand bij gletsjer

moralisa'tie ‹s=z› zedenkundige beschouwing, zedenpreek **moralise'ren** ‹s=z› zedenkundige beschouwingen houden; zedenpreken **moralist'** schrijver over moraal; boetprediker **moraliteit'** *v* zedelijkheid; zinnespel **mora'liter** *bw* zedelijkerwijze

morato'rium *o* [-s, -ria] verleend uitstel v. betaling; besluit tot uitstel

morbi'de *bn* ziekelijk **morbiditeit'** *v* ziekelijkheid; talrijk voorkomen v. ziekten

mordicus *bw* stug volhoudend; *~ tegen*, absoluut tegen

moreel' **I** *bn & bw* zedelijk **II** *o* vertrouwen op zijn waarde

morel' [-len] *v(m)* zure donkerrode kers **II** *m* morellenboom

more'ne *v(m)* [-n, -s] moraine

mores *~ leren*, onder handen nemen

morfeem' *o* [-femen] kleinst betekenisdragend woorddeel

morfi'ne *v(m)* opiumpreparaat **morfi'nespuitje** inspuiting met morfine **morfinist'** *m* wie verslaafd is aan morfine

morfologie' *v* leer omtrent vorm en bouw v. organismen; leer omtrent de vormen v.d. aarde; leer v.d. vorming v. woorden **morfolo'gisch** *bn & bw* de vorm betreffende; van of volgens de morfologie

morgana'tisch *~ huwelijk*, vorstelijk huwelijk beneden de stand waarbij bep. rechten niet overerven

morgen **I** *m* [-s] ochtend; *~ des levens*, *(bijz. t.)* jeugd; *'s ~s*, in de morgen **II** *m/o* naar de streek verschillende landmaat **III** *bw* dag na vandaag **morgena'vond** *bw* in de avond van morgen **morgenblad** krant die 's morgens verschijnt **morgeneditie** 's morgens verschijnend nummer **morgenkrieken** *o* [gmv] dageraad **morgenland** oosten **morgenlicht** dageraad **morgenmid'dag** *zie* **morgenavond**; **morgenoch'tend** *zie* **morgenavond**; **morgenrood** *o* rood bij zonsopgang **morgenschemering** schemering vlak vóór zonsopgang **morgenster** knots met ijzeren punten **Morgenster** Venus **morgenstond** vroege morgen; *de ~ heeft goud in de mond*, vroeg opstaan is veel waard **morgenwijding** stichtelijke radio-uitzending 's morgens

moriaan' *m* [-anen] zwarte; *het is de ~ gewassen* of *geschuurd*, het is vergeefs werk

moril'le ‹morielje› *v(m)* [-s] eetbare paddestoel, Lat. Morchella esculenta

mormel *o* [-s] lelijk wezen

mormoon' *m* [-monen] lid v. naar de profeet Mormon genoemde Noord-Amerikaanse sekte

morning-af'terpil pillenkuur na geslachtsgemeenschap (ter voorkoming van zwangerschap)

Morpheus ‹morfuis› *in ~' armen*, in slaap

morrelen wroeten, peuteren

morren knorrig klagen

morsdood *bn* volkomen dood

morse(alfabet) *o* tekens in de telegrafie

morsen knoeien; per ongeluk storten; *~ met*, verknoeien

morsesleutel seingever bij de telegraaf

morsig *bn & bw* vuil **morspot** *m* [-ten] knoeier

mortadel'la *m* bep. worst met knoflook

mortaliteit' *v* sterfte; sterftecijfer **mortaliteits'coëfficiënt** aantal sterfgevallen per jaar per 1000 mensen
mortel *m* metselspecie; gruis
mortier' *m/o* vijzel; korte vuurmond
mortifica'tie *v* [-s] doding, versterving; krenking; boetedoening; kastijding; vernietiging **mortifice'ren** kastijden; krenken; te niet doen
mortua'rium *o* [-ria] ruimte waar overledenen bewaard worden; rouwcentrum; lijst v. overledenen
morzel *m* [-s, -en] brok; *te ~* of *aan morzels*, tot gruis, stuk
mos I *o* [-sen] dicht bijeen groeiende sporeplantjes **II** *m (stud.)* gewoonte
mosasau'rus *m* [-russen] prehistorische maashagedis
mosgroen *bn* bronsgroen
moskee' *v* [-ën] mohammedaans bedehuis
moslim [-s] mohammedaan
mossel *v(m)* [-s, -en] weekdier in onregelmatig driehoekige schelp, Lat. Mytilus edulis **mosselbank** plaats waar mosselen worden geraapt **mosselman** *m* [-nen] mosselverkoper; schip voor mosselvangers **mosselplaat** mosselbank **mosselzaad** jonge te zaaien mossels
mossig *bn* bemost
most *m* ongegist vruchtensap
mosterd *m* plant v.h. geslacht Sinapis uit welker zaad bruingele kruiderij bereid wordt; bedoelde kruiderij; *~ na de maaltijd*, te laat; *dure ~*, duur; *door de ~ halen*, hekelen, gispen **mosterdgas** blaartrekkende vloeistof **mosterdpleister** trekpleister waarin mosterd verwerkt is **mosterdpot** vaatje voor mosterd; gereedschap om hout te verplaatsen
mot I *v(m)* [-ten] voor meerdere stoffen schadelijk vlindertje met smalle vleugels v.d .familie Tineidae; *(fam.)* ruzie; *de ~ in de maag hebben*, altijd honger hebben **II** *o* turfmolm, afval
motel' *o* [-s] logies voor automobilisten
motet' *o* [-ten] meerstemmig kerkelijk zangstuk
motie *v* [-s] uit een vergadering voortkomend voorstel waarin een wens of verklaring vervat is
motief' *o* [-tieven] beweeggrond; onderwerp; onderdeel v.e. melodie **motiva'tie** *v* [-s] beweegreden, aandrift **motive'ren** met redenen omkleden; de reden opgeven van; stimuleren
motje *o* moetje
motor *m* [-en, -s] niet met stoom werkende krachtmachine; motorfiets **motoragent** agent op motor **motorblok** gegoten geheel v.e. motor **motorboot** door motor voortbewogen boot **motorbrigade** *v* [-s, -n] op motoren rijdende afdeling **motorcross** cross met motoren **motorfiets** door motor voortgedreven tweewieler met cilinderinhoud boven 50 cc **motoriek'** *v* geheel v. lichaamsbewegingen **moto'risch** *bn* beweginggevend; bewegend; beweeg- **motorise'ren** ‹s=z› met motorvoertuigen doen plaatshebben of uitrusten **motorjacht** *zie* **motorboot**; **motorrijder** berijder v.e. motor **motorrijtuig** door motor voortbewogen voertuig **motorrijwiel** motorfiets **motortractie** *v* [-s] voortbeweging door een motor **motorvoertuig** motorrijtuig
motregen *m* [-s] fijne regen **motregenen** [motregende, gemotregend] fijntjes regenen
mots *m* hond of paard met gekorte oren en staart **motsen** knotten, couperen, een dier een stuk van oor of staart afsnijden
motsneeuw heel fijne sneeuw
mottenbal balletje v. kamfer om mottenlarven te doden **mottig** *bn* door mot beschadigd; pokdalig; mistig
motto *o* [-'s] kernspreuk, leus **mottobord** bord langs de weg met aanbeveling tot veilig rijden
motvrij *bn & bw* beschermd tegen motten
mouche ‹moesje› *v* [-s] pronkpleistertje; stipje in weefsel
mouille'ren ‹moejeren› week uitspreken
mountainbike ‹mountunbaik› *m* [-s] voor moeilijk terrein bestemd rijwiel **mountainbiken** [mountainbikete, gemountainbiket] op een mountainbike rijden
moussa'ka ‹ou=oe› *m* [gmv] Grieks gerecht met gemalen vlees, aubergines en tomatensaus
mousse ‹moes› *v(m)* [-s] gerecht van stijfgeklopte room of eiwit
mousseli'ne ‹ou=oe› *v(m)/o* fijn neteldoek **mousselinen** *bn* van fijn neteldoek
mousse'ren ‹ou=oe› *h* opbruisen
mout *o/m* gedroogde graankiemen **mouten** mout maken **mouterij'** *v* bedrijf of plaats waar men mout
mouw *v(m)* deel v. kleding voor de arm; lange ondiepe bak; *op de ~ spelden*, wijs maken; *ze achter de ~ hebben*, onoprecht zijn; *uit de* of *zijn ~ schudden*, zomaar verzinnen, zonder nadenken iets kunnen zeggen; *ergens geen ~ aan weten te passen*, met iets geen raad weten; *gemaakte ~*, verzinsel
moven ‹o=oe› [movede, gemoved] *(jong.)* weggaan
move'ren aanzetten; voorstellen
moyen'ne ‹mwajenne› *v & o* [-s] gemiddelde; gemiddeld aantal punten
mozaïek' *o* inlegwerk; bonte mengeling **mozaïek'tegel** tegel met mozaïek, tegel voor mozaïekvloer **mozaïek'werk** mozaïek
mozara'bisch *bn* v.e. in de 10e en 11e eeuw in Spanje bloeiende stijl, met vooral islamitische en visigotische elementen
Mozes *~ en Aäron*, Kerk en Staat; *~ en de profeten*, geld
mozzarel'la ‹zz=dz› *m* It. kwarkachtige kaas
m.p. mezzo piano
MP Militaire Politie; Minister-President; mijlpaal; maalpeil
mr. meester in de rechten

M

m.r. met rouwbeklag
MR middelbare rivierstand
MRI *magnetic resonance imaging*, techniek die door middel van magnetische velden een afbeelding maakt v.d. binnenkant v.h. lichaam
MRSA-bacterie *Multiple Resistent Staphylococcus Aureus*, bep. bacterie die resistent is tegen veel antibiotica
mrt maart
ms. manuscript; motorschip
MS multiple sclerose; metriek stelsel
MS-DOS *wm Microsoft Disk Operating System, (comp.)* besturingssysteem
msn'en [msn'de, ge-msn'd] chatten met wie on line is en geselecteerd
mss. manuscripten
mSv *(schei.) millisievert*, eenheid v. radioactieve straling
mto middelbaar technisch onderwijs
mts middelbare technische school
mts"er *m-v* [-s] wie les krijgt aan een mts **mts'-leerling** *zie* **mts'er**
mud *o/v(m)* [-den] 1 hl **mudvol** *bn* stampvol
muf *bn & bw* vunzig, onfris
mug *v(m)* [-gen] tweevleugelig insect met lange poten v.d. fam. Culicidae; *van een ~ een olifant maken*, overdrijven; *de ~ uitzijgen* of *uitzuigen en de kameel doorzwelgen*, over kleinigheden vallen en in het grote zondigen **muggenbeet** beet v. mug **muggenbult** zwelling v.d. huid t.g.v. muggensteek **muggensteek** beet v. mug **muggenstift** stift met stof tegen muggen **muggenziften** [muggenziftte, gemuggenzift] haarkloven **muggenzifterij'** *v* het muggenziften
mui *v(m)* [-en] diepte tussen zandbanken
muil I *m* muilezel; muildier; bastaard tussen zalm en forel; bek **II** *v(m)* pantoffel zonder achterleer **muilband** leren muilkorf **muilbanden** muilband aandoen; beletten zijn mening te uiten **muildier** kruising van mannelijke ezel en merrie **muilezel** kruising van hengst en ezelin **muilkorf** toestel om bek van hond **muilkorven** muilkorf aandoen; muilbanden **muilpaard** muildier **muilpeer** oorvijg
muis I *v(m)* [muizen] knaagdiertje met lange staart en spitse snuit, Lat. Mus; apparaat voor de bediening van functies v.e. computer; lichaamsdeel onder de duim; *(pop.)* vrouwelijk geslachtsorgaan **II** *mv* langwerpig soort vroege aardappel; *dat ~je zal een staartje hebben*, die zaak heeft nog gevolgen; *de muizen sterven er voor de kast*, het is er een arme boel **muisarm** peesonsteking door te veelvuldig gebruik v.e. computermuis **muisgrijs** *bn* muiskleurig **muisjes** *mv* gesuikerde anijskorrels **muisstil** *bn* doodstil
muiteling wie muit **muiten** oproer maken *(inz. van schepelingen en militairen)* **muiterij'** *v* muiten **muitziek** *bn* geneigd tot muiten
muizen muizen proberen te vangen; *het muist al wat van katten komt*, de aard verandert niet; *als de katjes ~ mauwen ze niet*, als de kinderen eten babbelen ze niet **muizenkeutel** uitwerpsel v. muis **muizennesten, muizenissen** *mv ~ in het hoofd*, getob over kleinigheden **muizenstaart** *m* staart v.e. muis; ranonkelachtige plant, Lat. Myosurus minimus ***muizentarwe** *(Wdl. muizetarwe)* vergiftigde tarwe **muizenval** *v(m)* [-len] val voor muis
mul I *v(m)/o* fijn poeder, poeierige aarde **II** *o* dun katoenen weefsel **III** *m* [-len] baarsachtige zeevis, Lat. Mullus **IV** *bn* pulverig
mulat' *m* [-ten] kind van neger(in) en blanke **mulattin'** *v* [-nen] vr. mulat
mulchen tussen planten een deklaag van organisch materiaal aanbrengen
mulo(school) *v(m)* school voor ulo (niet meer bestaande vorm van onderwijs)
multidisciplinair' ‹sc=s, ai=è› *bn* waarbij meer vakken of takken v. wetenschap betrokken zijn **multifunctioneel** *bn* geschikt voor versch. doeleinden **mul'ti-interpreta'bel** *bn* voor verschillende uitleg vatbaar **multilateraal** *bn* veelzijdig **multimedia** [mv] geïntegreerde toepassing v. tekst en beeld en geluid **multimiljonair** *m* ‹ai=è› [-s] wie miljoenen bezit **multina'tional** ‹multienesjonul› *m* [s] in meerdere landen gevestigde onderneming
multi'ple *bn* veelvoudig **mul'tiple choice** ‹multippel tsjois› examineersysteem waarbij men uit meerdere antwoorden laat kiezen **multiplechoice'test** test met meerkeuzevragen **multi'ple sclero'se** ‹multieple skleerooze› ziekte waaarbij verlamming optreedt met chronische weefselverharding op diverse plaatsen
multiplex *o* hout van meer (dan drie) laagjes **multiplica'tie** *v* [-s] vermenigvuldiging **multiplica'tor** *m* [-s] vermenigvuldiger **multiplice'ren, multiplië'ren** vermenigvuldigen
multomap *wm* map met ringband voor geperforeerde bladen
mum *in een ~ van tijd*, in een minimum van tijd
mummelen zonder tanden praten
mummie *v* [-s, -miën] in droge toestand geconserveerd lijk **mummifice'ren** tot een mummie maken
muni'tie *v* schietvoorraad
munt *v(m)* geldstuk; metalen geld; stempel op achterkant ervan; gebouw waarin munt geslagen wordt; slaan v. munten; lipbloemige plant v.h. geslacht Mentha; *~ uit iets slaan*, voordeel uit iets trekken; *voor goede ~ aannemen*, geloven; *met gelijke ~ betalen*, hetzelfde terugdoen **munten** geld slaan; doelen; *het gemunt hebben op*, het voorzien hebben op **muntenkabinet** munt- en penningverzameling; bewaarplaats ervan **munt- en pen'ningkunde** wetenschap omtrent munten en penningen **muntgas** gas v.e. muntmeter **muntgasmeter** op penningen of munten werkende gasmeter **muntmeester** hoofd

M

v.d. Rijksmunt **muntmeter** op penningen of munten werkende meter **muntpariteit** verhouding der geldstelsels **muntslag** het slaan v. munt; uiterlijk v.e. geslagen munt **muntspecie** *v* [-ciën] gemunt geld **muntstelsel** geheel van munten en hun onderlinge waarde **muntstuk** munt **munttelefoon** publieke telefoon die werkt op munten **muntvoet** muntstelsel **muntwezen** alles wat betrekking heeft op de munt

muon *o* [-en] onzichtbaar deeltje van kosmische straal

mupi *m* [-'s] vitrine voor grote affiches

murmelen zacht ruisen; mompelen

murmure'ren morren

murw *bn* week, met gebroken weerstandskracht; ~ *slaan*, afrossen

mus *v(m)* [-sen] bruin en grijs zangvogeltje; *blij met een dode* ~, blij met iets onbeduidends

musculatuur' *v* de spieren

muset'te ⟨s=z⟩ *v(m)* [-n] doedelzak; trekharmonica

muse'um ⟨muuzeejum⟩ *o* [-s, -sea] gebouw waarin voorwerpen worden bewaard en tentoongesteld **muse'umstuk** *(iron.)* ouderwets voorwerp

musical ⟨mjoezikkul⟩ *m* [-s] theaterstuk op lichte muziek **musicassette** *v(m)* [-s] voorbespeelde cassetteband **musice'ren** ⟨s=z⟩ muziek maken **music-hall** ⟨mjoezik hòl⟩ *m* [-s] variétéschouwburg **musicoloog'** [-logen] kenner v.d. geschiedenis v.d. toonkunst **musicus** [-ci] toonkunstenaar

muskaat' **I** *v(m)* [-katen] muskaatnoot **II** *m* [-katen] wijn uit muskaatdruiven **muskaat'noot** vrucht v.d. muskaatboom

muskadel' *v(m)* [-len] vroegrijpe geurige druif

musket' *o* [-ten] vuurroer **musketier'** [-s] met een musket gewapende soldaat

musketon'haak haakje met veer

muskiet' *m* soort steekmug **muskie'tengaas**, **muskie'tennet** net tot wering van muskieten

muskus *m* sterk geurende afscheiding v.e. muskusdier **muskusdier**, **muskushert** Centraal-Aziatisch hertachtig dier, Lat. Moschus moschiferus **muskusrat** muskusgeur verspreidende rat

müsli *m* gerecht van zuivel met graanvlokken en vruchten

must *m* iets wat men gezien of ondervonden moet hebben

mustang *m* [-s] verwilderd Am. paard

muta'bel *bn* veranderlijk **mutageen'** **I** *o* [-genen] stof die veranderingen in de erfelijke eigenschappen veroorzaakt **II** *bn* verandering v. erfelijke eigenschappen veroorzakend **mutant'** *m* door mutatie ontstaan levend wezen; klank die voor een andere in de plaats treedt; ingrijpende wijziging **muta'tie** *v* [-s] verandering; overplaatsing; wisseling; overgang v. stem; sprongsgewijze verandering v. soorten **muta'tietheorie** theorie volgens welke plotseling nieuwe soorten ontstaan **muta'tis mutan'dis** met de nodige veranderingen **muteren** veranderen; verandering vertonen

mutile'ren verminken

muts *v(m)* slap hoofddeksel; netmaag; onnozele vrouw; *(zegsw.)* humeur; *met de ~ gooien naar*, met de pet gooien naar

mutsaard, **mutserd** *m* [-s] takkenbos; *naar de ~ rieken*, naar ketterij zwemen

mutualis'me *o* het elkaar economisch steunen; samenleving tot wederzijds voordeel **mutualiteit'** *v* wederkerigheid; *(Belgned.)* ziektekostenverzekering **mutueel'** *bn* wederzijds

muur **I** *m* [muren] stenen wand **II** *v(m)* plant v.h. geslacht Stellaria; *tussen de vier muren*, in de gevangenis; *de muren hebben hier oren*, men wordt hier beluisterd; *uit de ~ eten*, uit een automaat eten **muurachtigen** *mv* plantenfamilie v.d. Caryophyllaceae **muuranker** ijzer om balken in de muur te bevestigen **muurbloem** kruisbloemige plant, Lat. Cheiranthus cheiri; dame die niet ten dans gevraagd wordt **muurkrant** nieuwsmededeling op een muur **muurpeper** plant met eivormige naar peper smakende bladen **muurpijler** halfpijler **muurschildering** schildering op gekalkte muur **muurtje** *o (sp.)* vlak naast elkaar zich opstellende verdedigende spelers bij een vrije trap **muurvast** *bw* zeer vast

m.u.v. met uitzondering van

muzak' *m* [gmv] *(ong.)* achtergrondmuziek

muze *v* [-n] godin van kunst en wetenschap

muzelman [-nen] mohammedaan

muzenzoon dichter; student

muziek' *v* toonkunst; muziekgezelschap; *er zit ~ in*, er is wat van te verwachten **muziek'avond** samenkomst in de avond met muziek **muziek'behang** achtergrondmuziek **muziek'cassette** voorbespeelde cassetteband **muziek'doos** speeldoos **muziek'gezelschap** vereniging tot onderlinge beoefening van muziek **muziek'instrument** instrument waarop muziek gemaakt wordt **muziek'je** *o* stukje muziek **muziek'korps** muziekgezelschap zonder strijkinstrumenten **muziek'noot** *v(m)* toonteken **muziek'papier** papier met notenbalken **muziek'school** school voor muzieklessen **muziek'sleutel** toonsleutel **muziek'stuk** werk voor muzikale uitvoering **muziek'tent** overdekt podium voor muziek in de open lucht **muziek'theater** gebouw voor toneel- en muziekuitvoeringen **muzikaal'** *bn & bw* wat de muziek betreft, van of door muziek; met gevoel voor muziek **muzikaliteit'** *v* het muzikale **muzikant'** *m* wie muziek maakt

mv. meervoud

MvA Memorie van Antwoord

MvD ministerie v. Defensie

MvF ministerie v. Financiën

MvJ ministerie v. Justitie

MvT Memorie van Toelichting

M

mw. mevrouw
MWO Militaire Willemsorde
myalgie' ‹y=ie› *v* spierpijn **myal'gische encephalomylitis** *v* chronisch vermoeidheidssyndroom
myeli'tis ‹y=ie› *v* ontsteking v.h. ruggenmerg; ontsteking v.h. beenmerg
myc(et)ologie' ‹y=ie› *v* leer v.d. paddestoelen **myc(et)olo'gisch** *bn & bw* de mycologie betreffende **myc(et)oloog'** [-logen] paddestoelkundige
myoom' ‹y=ie› *o* [-omen] vleesboom
myoop' ‹y=ie› *m* bijziende **myopie'** *v* bijziendheid
myosi'tis ‹y=ie› *v* spierontsteking
myria'de ‹y=ie› *v* [-n] tienduizendtal **my'riagram** 10 kg **my'riameter** 10 km
myste'rie ‹mys=mis› *o* [-s, -riën] geheimenis; eredienst voor ingewijden in de oudheid; mysteriespel **myste'riespel** middeleeuws toneelstuk op Christus **mysterieus'** *bn & bw* geheimzinnig **mysticis'me** *o* neiging tot mystiek; neiging tot geloof in wonderlijke dingen **mysticus** [-ci] beoefenaar v. mystiek **mystiek'** **I** *bn & bw* geheimzinnig; behorend tot mystiek **II** *v* innige vereniging v. ziel met God **mystifica'tie** *v* [-s] fopperij **mystisch** *bn & bw* mystiek
mythe ‹yth=iet› *v(m)* [-n] godenverhaal; ongegronde praat **mythisch** *bn & bw* verdicht **mythologie'** *v* godenleer **mytholo'gisch** *bn* de godenleer betreffende
mytyl'school ‹mietielschool› school voor kinderen met lichamelijke handicap
myxomato'se ‹miksomatoze› *v* meestal dodelijke zeer besmettelijke konijnenziekte

N

n onbepaald getal
N *(schei.)* nitrogenium; *(nat.)* newton
N. noord
n *v(m)* [-'s] veertiende letter van ons alfabet; neusklank met sluiting van tong en boventanden; onbepaald getal; *de n-de macht*, product v.e. getal dat een aantal keren met zichzelf vermenigvuldigd is
na **I** *bw* dichtbij; erachter **II** *vz* volgend op; *te ~ komen*, beledigen; *bij lange ~ niet*, op geen stukken na; *op ... na*, behalve; *als eerste deel van samengestelde ww in bet.*: achterna, later
Na *(schei.)* natrium
naad *m* [naden] plaats waar twee delen samenkomen of aaneengehecht zijn; wijze van aan elkaar naaien; *het ~je van de kous*, het fijne; *zich uit de ~ ...*, zeer hard of veel ...; *zijn ~(je) naaien*, zijn slag slaan, zijn gang gaan **naadloos** *bn* zonder naad
naaf *v(m)* [naven] voor de as bestemde opening midden in e. wiel
naaidoos kistje met naaigerei **naaien** met naald en draad werken of vastmaken of helen of maken; geslachtsgemeenschap hebben; *(vulg.) maten ~*, kameraden bedriegen **naaigaren** garen om mee te naaien **naaigarnituur** etui met benodigdheden voor het naaien
naakt **I** *bn* bloot, onbedekt, kaal; zonder huisje; (v. waarheid) echt **II** *o* het naakte lichaam; afbeelding ervan **naaktcultuur** beoefenen van sport en spel zonder enige kleding **naaktfiguur** afbeelding v.e. naakt **naaktloper** *m* [-s] wie (nagenoeg) naakt loopt **naaktschilderij** schilderij v.e. naakt **naaktstrand** *o* (gedeelte v.e.) strand waar men naakt mag verblijven **naakt'zadigen** *mv* planten waarbij de zaden niet bedekt zijn
naald *v(m)* stift met oog; grammofoonnaald; etsnaald; kompasnaald; torenspits; zuil; blad v.e. kegeldragende boom; *van (de) ~ tot (de) draad*, met alle bijzonderheden; *met een hete ~*, erg haastig; *heet van de ~*, terstond; *een ~ in een hooimijt zoeken*, hopeloos zoeken **naaldboom** kegeldragende boom **naaldbos** *o* [-sen] bos v. naaldhout **naaldenkoker** koker voor naalden **naaldhak** dunne hoge hak aan damesschoen **naaldhout** *o* hout v. naaldbomen **naaldvak** *o* vak waarin de naald gebruikt wordt
naam *m* [namen] waarmee men noemt; roep; *zijn ~ eer aandoen*, aan de verwachtingen beantwoorden; *geen ~ mogen hebben*, niet de moeite waard zijn; *in ~ van*, op gezag van; *van ~*, algemeen bekend; *in ~*, zoals het heet; *uit ~ van*, vanwege; *met ~ en toenaam*, zeer volledig; *te goeder ~ en faam bekend*, gunstig bekend; *~ maken*, bekend worden; *vrij op ~ kopen*, kopen zo dat overschrijvingskosten voor

verkoper zijn **naambellen** telefoneren waarbij een deel v.e. telefoonnummer wordt vervangen door een naam **naambord** plaatje met naam **naamcijfer** monogram **naamdicht** naamvers **naamgenoot** iem. v. dezelfde naam **naamheilige** *m-v* [-n] patroonheilige **naamkaartje** visitekaartje **naamkunde** *v* [gmv] wetenschap over eigennamen **naamloos** *bn* zonder naam, anoniem; *(fig.)* overstelpend; *naamloze vennootschap*, handelsonderneming op aandelen waarvan de houders niet persoonlijk aansprakelijk zijn **naamplaat** naambord **naamsbekendheid** het bekend zijn v.d. naam v.e. persoon of product **naamval** *m* [-len] vorm v.e. naamwoord of voornaamwoord dat de verhouding tot andere woorden aangeeft **naamvers** gedicht waarin de beginletters v.d. regels een naam vormen **naamwoord** woord dat een zelfstandigheid of hoedanigheid noemt

na-apen [aapte na, nageaapt] nadoen

naar I *bn & bw* akelig **II** *vz* in de richting van; volgens; wat betreft *(ook achter bep. ww met vage bet.)* **III** *vgw* zoals **naardien'** *vgw (plecht.)* omdat **naargees'tig** *bn & bw* somber **naargelang' I** *vz* overeenkomstig; *~ van*, overeenkomstig **II** *vgw* naarmate; *~ dat*, naarmate **naarling** naar iem. **naarmate** *vgw* hoe meer

naarstig *bn & bw* ijverig **naarstiglijk** *bw* naarstig

naast I *bn & bw* het meest nabij, kortst, intiemst, meest verwant, laagst **II** *vz* aan de zijde van, op één lijn met, onmiddellijk na; *te ~e bij*, ongeveer **naastbestaande** [-n] nabestaande **naastbij'gelegen** *bn & bw* het dichtst nabij zijnde **naaste** [-n] evenmens **naasten** in bezit nemen **naastenliefde** liefde tot de naaste **naastgelegen** *bn* dichtstbijliggend

naatje *dat is ~ pet*, dat is waardeloos

nabauwen honend napraten **naberouw** berouw **nabeschouwing** *v* beschouwing achteraf **nabestaande** [-n] bloedverwant **nabestaandenpensioen** uitkering na dood v.e. naast familielid **nabestellen** na een levering nogmaals bestellen **nabeurs** beurs na officiële beurstijd

nabij' *bw & vz & bn* dichtbij **nabij'gelegen** *bn* in de nabijheid **nabij'heid** *v* het dichtbijzijn, tegenwoordigheid; omgeving **nabij'komen** bijna bereiken **nabij'zijnd** *bn* in de nabijheid zijnde; ophanden zijnde

nablijven langer blijven; schoolblijven **nabloeier** *m* [-s] laatbloeiende plant; epigoon **nabootsen** [bootste na, nagebootst] namaken, nadoen **naborduren** uitvoerig achteraf bespreken; naar model borduren

nabu'rig *bn* in de buurt **nabuur** [-buren] buur **nabuurschap I** *o* het nabuur-zijn **II** *v* nabijheid

nachecken ⟨ch=tsj⟩ nagaan

nacht *m* tijd dat de zon onder is; *bij ~ en ontij*, ongewoon laat; *~ en dag*, steeds; *'s ~s*, in de nacht **nachtarbeid** arbeid bij nacht **nachtasiel** slaapstee voor zwervers **nachtbel** bel voor 's nachts **nachtblind** *bn* slecht ziende bij de duisternis **nachtbloem** bloem die 's nachts opengaat **nachtboot** boot die 's nachts vaart **nachtbraken** [nachtbraakte, genachtbraakt] zeer laat naar bed gaan **nachtbrakerij'** *v* het nachtbraken **nachtcafé** café dat 's nachts open is **nachtclub** *v(m)* club die alleen 's nachts open is **nachtcrème** cosmetische crème die de huid 's nachts voedt **nachtdienst** dienst 's nachts **nachtdier** 's nachts voedsel zoekend dier

nachtegaal *m* [-galen] ook 's avonds zingende vogel, Lat. Luscinia megarhynchos

nachtelijk *bn* als v.d. nacht; in de nacht **nachtevening** *v* 21 maart en 23 september **nachtjager** *m* [-s] jachtvliegtuig voor het vliegen in de nacht **nachtkaars** *als een ~*, langzamerhand afnemend **nachtkastje** *o* kastje bij het bed **nachtkijker** *m* [-s] verrekijker om 's nachts te gebruiken **nachtkluis** kluis in een buitenmuur v.e. bank voor het deponeren van geld of waardepapieren in sluitingstijd **nachtleven** *o* uitgaan 's nachts **nachtmaal** *o* H. Avondmaal **nachtmaalsbeker** Avondmaalsbeker **nachtmens** wie bij voorkeur 's nachts functioneert **nachtmerrie** *v(m)* [-s] benauwende droom; wat verbijstert **nachtmis** 's nachts opgedragen mis **nachtpauwoog** *m* kleurrijke grote nachtvlinder, Lat. Saturnia pavonia **nachtpermissie** vergunning voor cafés om 's nachts open te zijn; verlof voor militairen om 's nachts buiten de kazerne te slapen **nachtploeg** 's nachts werkende arbeiders **nachtpon** *m* [-nen] nachtjapon, nachtkleed **nachtpost** post per nachttrein **nachtrust** slaap in de nacht **nachtschade** *v(m)* [-n] plantenfamilie met giftige bessen, Lat. Solanum **nachtschone** *v(m)* [-n] plantengeslacht met 's nachts opengaande zoetgeurende bloemen, Lat. Mirabilis **nachtschuit** *met de ~ komen*, laat komen; oud nieuws vertellen **nachtslot** *o* sluiting voor de nacht **nachtspiegel** po **nachtstroom** in de nacht beschikbare goedkopere elektrische stroom **nachttrein** trein die 's nachts rijdt **nachtverblijf** onderkomen voor de nacht **nachtvergunning** verlof voor horecagelegenheden om 's nachts open te zijn **nachtvlinder** vlinder die 's avonds te voorschijn komt **nachtvogel** vogel die 's nachts uitvliegt **nachtvorst** vorst in de nacht **nachtwaak, nachtwake** *v(m)* [-waken] het 's nachts waken; deel v.d. nacht **nachtwacht I** *m* persoon die 's nachts wacht houdt **II** *v(m)* het houden v.d. wacht in de nacht, het nachtwachten **nachtwaker** [-s] wie 's nachts wacht houdt **nachtwerk** werk in de nacht; *er ~ van maken*, laat opblijven

N

nacijferen narekenen **nacompetitie** beslissende competitie na de eigenlijke competitie **nadagen** *mv* laatste periode
na'dat' *vgw* na de tijd dat
na da'to na dagtekening
nadeel *o* [-delen] schade; ongunstige kant **nade'lig** *bn & bw* schadelijk; ~ *saldo*, verlies
nadenken denken; de gevolgen overwegen
nader *bn & bw* meer nabij; korter; nauwer; verder; nauwkeuriger; *tot ~ order*, tot weer anders voorgeschreven wordt; *het schreien staat hem ~ dan het lachen*, hij heeft meer neiging om te schreien dan om te lachen **naderbij'** *bw* meer nabij **naderen** naderbij komen **naderhand'** *bw* later
nade'zen *bw* later **nadien'** *bw* daarna
nadir *o* voetpunt
nadoen doen wat een ander heeft voorgedaan **nadorst** dorst na gebruik van veel alcohol **nadragen** kwalijk blijven nemen
nadruk *m* [-ken] het nadrukken; wat door nadruk is vervaardigd; klem, klemtoon; *de ~ leggen op*, speciaal onder de aandacht brengen **nadruk'kelijk** *bn & bw* met nadruk **nadrukken** bijdrukken; hetzelfde drukken
nafluiten fluitend nadoen; fluitend spot tonen; fluitend de aandacht trachten te trekken van
nafta *m* bep. brandbare aardolie **naftaleen'** *o* witte koolwaterstof uit steenkolenteer
n.a.g. niet afzonderlijk genoemd
nagaan volgen; letten op; onderzoeken, door onderzoek vaststellen; te langzaam gaan
nagalm *m* weerklank **nageboorte** *v* [-n] na de geboorte uitgestoten weefsel **nagedachtenis** herinnering aan dode
nagel *m* [-s, -en] hoornachtig deel aan vinger of teen; spijker; houten pin; *een ~ aan iemands doodkist*, een oorzaak van veel verdriet voor iem. **nagelbed** huid onder de nagel **nagelbijter** *m* [-s] wie op zijn nagels bijt **nagelborstel** borstel voor nagels **nagelen** spijkeren **nagelgarnituur** etui met benodigdheden voor de verzorging v.d. nagels **nagelgruis** gemalen kruidnagels **nagelkaas** kaas met kruidnagels **nagellak** lak waarmee nagels versierd worden **nagelriem** huid op de nagel **nagelschaartje** *o* schaar voor nagels **nagelvast** *bn* vastgespijkerd
na'genoeg' *bw* bijna, ongeveer
nagerecht *o* dessert **nageslacht** *o* nakomelingen
nageven lovend of afkeurend zeggen van
nagras gras na de eerste maaiing **naheffing** *v* belasting achteraf **naherfst** overgang v. herfst en winter **nahooi** hooi v.h. nagras **nahouden** doen nablijven; blijven aanrekenen; *erop ~*, hebben
naïef' *bn & bw* eenvoudig, onnozel **naïe'veling** al te naïef iem.
naijver jaloersheid, wedijver **naij'verig** *bn* jaloers, wedijverend
naïviteit' *v* het naïef zijn; uiting daarvan
najaar herfst **najaarsstorm** storm zoals in het najaar

N

naja'de *v* [-n] waternimf; soort v. waterplanten zoals zeegras
najagen jagen op, proberen te krijgen
najool napret **najouwen** honend naroepen **nakaarten** wat al gebeurd is nog eens bespreken
NAK Nederlandse Algemene Keuringsdienst
naken *(plecht.)* naderen
nakie *in z'n ~*, naakt
nakijken nazien
nakomeling afstammeling **nakomelingschap** *v* de nakomelingen **nakomen** later komen; naleven **nakomertje** *o* jongste kind dat veel later dan de andere geboren is **nakroost** *(plecht.)* nakomelingen
nalaten achterlaten; uit slordigheid niet doen **nala'tenschap** *v* [-pen] erfenis **nala'tig** *bn & bw* uit slordigheid nalatende iets te doen, onachtzaam
naleven nakomen **nalezen** overlezen **nalopen** achter iem. lopen; toezien op; achter lopen
namaak *m* nabootsing **namaaksel** *o* [-s] wat nagemaakt is **namaken** nabootsen
name *met ~*, uitdrukkelijk; genaamd; bepaaldelijk; *ten ~ van*, op naam van **namelijk** *vgw & bw* immers; met name **nameloos I** *bn* overstelpend **II** *bw* onuitsprekelijk
namens *vz* uit naam van
nameten overmeten **namid'dag** tijd na 12 uur overdag **nanacht** laatste deel v.d. nacht
nano *(als eerste deel v.e. woord)* miljardste
naogen nazien **naoogst** tweede oogst **naoorlogs** *bn* van na de oorlog
nap *m* [-pen] houten kom, schotel
NAP Normaal Amsterdams Peil
napalm *o/m* geleiachtige benzine
napjesdragenden *mv* bomen of heesters waarvan de vruchten in een nap groeien
napluizen nauwkeurig nagaan
nappa(leer) *o* uit lamsvel bereid sterk leer
nappe'ren *gez. v. gerechten*: bedekken
napraten zeggen wat een ander zegt; na afloop nog blijven praten **napret** pret na afloop
nar [-ren] zot
narcis' *v(m)* [-sen] geslacht v. bolgewassen met bijkroon in de bloem, Lat. Narcissus **narcis'me** ziekelijke liefde en bewondering voor zichzelf **narcis'tisch** *bn* aan narcisme lijdend
narco'se ‹s=z› *v* [-n, -s] verdoving
narco'tica-agent lid v.e. narcoticabrigade **narco'ticabrigade** politieafdeling voor bestrijding van handel in verdovende middelen **narco'ticum** *o* [-ca] verdovend middel, drug **narco'tisch** *bn* verdovend **narco'tise'ren** ‹s=z› onder narcose brengen
narede *v(m)* [-s] woord achteraf **narekenen** berekenen; overrekenen
narigheid *v* [-heden] naarheid
narijden achterna rijden; streng toezicht houden op **naroepen** achter iem. aan roepen; najouwen
narratief' *bn* verhalend

narrenbel bel aan zotskap v. nar **narrenkap** zotskap v. nar **narrenpak** pak v. nar
narrig *bn & bw* gemelijk
NASA *National Aeronautics and Space Administration*, nationale dienst v. ruimteonderzoek v.d. Verenigde Staten
nasaal' ‹s=z› *bn & bw* door de neus gesproken **II** *v(m)* [-salen] neusklank **nasale'ren** ‹s=z› door de neus spreken
naschilderen een schilderij kopiëren **nascholen** bijscholen **naschrift** toevoegsel aan het geschrevene **naseizoen** periode na het seizoen
nasi *m* gekookte rijst **nasibal** gefrituurde bal nasi goreng **nasiburger** *m* [-s] schijf v. gebakken varkensgehakt met Indische kruiden **nasi go'reng** *m* oosters rijstgerecht met fijn gesneden vlees
naslaan opzoeken in een boek **naslag** een of meer noten na een triller **naslagwerk**, **naslawerk** boek waarin men iets opzoekt **nasleep** gevolg **nasmaak** smaak na iets gegeten te hebben **nasnuffelen** nauwkeurig onderzoeken **nasonorise'ren** ‹se=ze› achteraf geluid op een film aanbrengen **naspel** op het eigenlijke toneelstuk volgend kort stuk; muziek als slot; wat volgt als vervolg van iets anders; liefdesspel na orgasme **naspelen** hetzelfde spelen; dezelfde kleur spelen als men reeds speelde **naspeuren** [speurde na, nagespeurd], **nasporen** [spoorde na, nagespoord] nauwkeurig onderzoeken; trachten te vinden **nastaar** *v(m)* [gmv] het beslagen raken v.d. kunstlens enige tijd na een staaroperatie **nastreven** *h* streven naar; trachten te evenaren **nasynchronise'ren** ‹syn=sin, se=ze› een film in een andere taal overbrengen met behulp van andere gelijktijdig met de acteurs sprekende personen
nat I *bn* niet droog; *met de ~te vinger*, zeer gemakkelijk **II** *o* vloeistof; *~je en droog(je)*, spijs en drank
nat. natuurkunde; natuurkundig
nataal' *bn* met betrekking tot de geboorte
natafelen na het eten aan tafel blijven praten
nataliteit' *v* geboortecijfer
nateelt naseizoen **natekenen** hetzelfde tekenen **natellen** nog eens tellen
nathals *m* [-halzen] wie veel drinkt
natie *v* [-s, -tiën] volk; *van de ~*, Israëliet
nationaal' *bn & bw* van het volk; het volk betreffend **nationaal'-socialis'me** nationalistisch staatsstelsel onder een dictator **nationaal'-socialist'** aanhanger van dat stelsel **nationaal'-socialis'tisch** *bn & bw* van of volgens dat stelsel **nationalisa'tie** ‹s=z› *v* [-s] het nationaliseren **nationalise'ren** ‹s=z› tot eigendom v.d. natie maken; naturaliseren **nationalis'me** *o* sterke voorliefde voor eigen volk **nationalist'** vurige vaderlander **nationaliteit'** *v* volk; het behoren tot zekere natie; volkskarakter **nationaliteits'beginsel** beginsel dat iedere natie van nature het recht heeft een zelfstandige staat te vormen **nationaliteits'bewijs** bewijs dat iets of iem. v.e. zekere natie is **nationaliteits'gevoel** vaderlandsliefde
native ~ *speaker*, ‹neetiv spiekeur› moedertaalspreker
nativiteit' *v* geboortecijfer; lotsbestemming
natmaken *de borst ~*, zich op iets moeilijks voorbereiden
NATO *North Atlantic Treaty Organization*, Noord-Atlantische Verdragsorganisatie
natrappen *(sp.)* met opzet schoppen om wraak te nemen; *(fig.)* zich laatdunkend uitlaten over iem. die al in een vervelende situatie verkeert **natrekken** *(fig.)* nagaan **natrekking** *v* [-en] het overtrekken; het checken; h. verkrijgen v. eigendom v.e. zaak doordat deze met een andere een geheel wordt; trekking voor een extra prijs in een loterij
natrium *o* met Na aangeduid wit metaal **natriumbicarbonaat** *o* zuiveringszout **natriumcarbonaat** *o* soda **natriumchloride** *o* keukenzout **natriumlamp** lamp met natriumdamp
natron *o* natronloog **natronloog** *v(m)/o* natriumhydroxide
natscheren [alleen onbep.wijs] zich scheren met water en zeep of schuim
natten bevochtigen; afkoelen **nattevin'gerwerk** oppervlakkige berekening **nattig** *bn & bw* enigszins nat **nattigheid** ~ *voelen*, onraad bespeuren
natu'ra *in ~*, in goederen **natura'liën** *mv (inz.)* (zeldzame) natuurvoortbrengselen **naturalisa'tie** ‹s=z› het naturaliseren **naturalise'ren** ‹s=z› tot staatsburger maken **naturalis'me** *o* uiterst realistische en deterministische kunstrichting **naturalist'** aanhanger v.h. naturalisme **naturalis'tisch** *bn & bw* overeenkomstig het naturalisme
naturel' I *m-v* [-len] inboorling **II** *o* witte katoenbatist **III** *bn* in natuurlijke kleur
naturis'me *o* beweging om natuurlijk te leven, nudisme **naturis'tenstrand** *zie* **naaktstrand**; **naturopathie'** *v* natuurgeneeswijze
natuur' *v* [-turen] heelal; de aard; buiten; wat zich uit zichzelf ontwikkeld heeft buiten inwerking v.d. mens; *als eerste deel v.e. ss vaak in bet.*: natuurlijk, niet kunstmatig; *tweede ~*, door gewoonte vaste trek **natuur'azijn** op natuurlijke wijze verkregen azijn **natuur'bad** bad in de vrije natuur **natuur'behoud** zorg en maatregelen om de natuur te beschermen **natuur'constante** onveranderlijk iets in de natuur **natuur'drift** instinct **natuur'geneeskunde**, **natuur'geneeswijze** geneeswijze met zo min mogelijk artsenij **natuur'getrouw'** *bn* de werkelijkheid weergevend **natuur'histo'risch** *bn & bw* van of volgens natuurlijke historie **natuur'kunde** wetenschap over onbezielde natuur **natuurkun'dige** [-n] kenner v. natuurkunde **natuur'lijk** *bn & bw* van of

volgens of betreffende de natuur; eenvoudig; vanzelfsprekend; buitenechtelijk; in overeenstemming met de werkelijkheid **natuurlijkerwij'ze** *bw* vanzelfsprekend **natuur'mens** mens in de natuurstaat; liefhebber v.d. natuur **natuur'monument** beschermd stuk natuur **natuur'pad** wandelpad met borden met biologische informatie **natuur'ramp** door de natuur veroorzaakte ramp **natuur'recht** natuurlijk recht **natuur'reservaat** natuurmonument **natuur'schoon** het mooie in de natuur **natuur'staat** niet door mensen of beschaving beïnvloede staat **natuur'steen** in de natuur gevonden steen **natuurtalent** *o* (iem. met) aangeboren talent **natuur'techniek** technisch ingrijpen voor behoud van natuurgebieden of voor landschapsschoon **natuur'verschijnsel** verschijnsel in de natuur **natuur'volk** volk in natuurstaat **natuur'vorser** [-s] natuuronderzoeker **natuur'vriend** beminnaar v.d. natuur **natuur'wet** algemene zedenleer; regelmatigheid v. dezelfde natuurverschijnselen **natuur'wetenschap** wetenschap omtrent het stoffelijke **natuurwetenschap'pelijk** *bn & bw* betrekking hebbend op of volgens de natuurwetenschappen **natuur'wol** ongeverfde wol

nautafoon' *m* [-fonen] seintoestel op schepen

nautiek' *v* scheepswezen, scheepvaartkunst **nautisch** *bn & bw* de nautiek betreffende

N

nauw I *bn & bw* eng; nauwelijks; nauwkeurig, nauwgezet **II** *o* verlegenheid; zee-engte **nauwelijks** *bw* ternauwernood **nauwgezet'** *bn & bw* stipt **nauwkeu'rig** *bn & bw* precies **nauwlet'tend** *bn & bw* zeer oplettend **nauwne'mend** *bn* op kleinigheden lettend; lichtgeraakt **nauwte** *v* engte; doorvaart, invaart, zee-engte

n.a.v. naar aanleiding van

navel *m* [-s] litteken van navelstreng op buik **navelbandje** *o* bandje om navel van zuigelingen **navelbreuk** breuk bij de navel **navelsinaasappel** sinaasappel met aan de top een onvolgroeid sinaasappeltje **navelstaren** [alleen onbep. wijs] opgaan in zelfbeschouwing **navelstreng** snoer tussen vrucht en placenta

navenant' *bw (pop.)* naar evenredigheid; even erg

naverbrander *m* [-s] installatie in de motor v.e. auto voor verbranding v. schadelijke gassen **navertellen** vertellen wat men gehoord of beleefd heeft; *het niet meer kunnen ~*, inmiddels overleden zijn

naviga'bel *bn* bevaarbaar; zeewaardig **naviga'tie** *v* scheepvaart; stuurmanskunst **naviga'tielicht** licht aan vleugels en staart v. vliegtuig **naviga'tor I** *m-v* [-s & -en] wie een bestuurder informeert over positie en koers v.e. schip of vliegtuig **II** *m* [-s & -en] automatische piloot **navige'ren** met kennis v. zaken varen; schipperen

navlooien napluizen **navoelen** wat een ander voelt later ook voelen **navolgen** volgen, nadoen **navolgenswaard'** *bn* de moeite van het navolgen waard

NAVO Noord-Atlantische Verdragsorganisatie

NAVO-overleg overleg tussen bij de NAVO aangesloten landen

navordering *v* [-en] belasting achteraf **navorsen** onderzoeken **navraag** informatie; vraag naar

navrant' *bn & bw* schrijnend

nawee *o* [-ën] napijn; *(fig.)* kwade gevolgen **nawerken** nog achteraf zijn uitwerking doen voelen **nawinter** laatste deel v.d. winter **nawoord** narede **nazaat** *m* [-zaten] nakomeling, nakomelingschap **nazeggen** zeggen wat een ander zegt **nazenden** aan iem. die vertrokken is of als vervolg op eerdere zending zenden **nazetten** achtervolgen

nazi ‹naatsie *of* nazie› [-'s] nationaal-socialist

nazien nakijken

nazis'me nationaal-socialisme **nazist'** *m* aanhanger v.h. nazisme

nazitten nazetten **nazoeken** onderzoeken; in een boek opzoeken **nazomer** laatste deel v. zomer **nazorg** zorg voor genezen patiënten

Nb *(schei.)* niobium

NB noorderbreedte; *nota bene*, let wel

N.-B. Noord-Brabant

NBC met nucleaire, biologische of chemische wapens

NBP Nederlandse Bond voor Pensioenbelangen

NBW Nieuw Burgerlijk Wetboek

n. Chr. na Christus

NCMV *(Belg.)* Nationaal Christelijk Middenstandsverbond

NCRV Nederlandse Christelijke Radio-Vereniging

NCW Nederlands Christelijk Werkgeversverbond

Nd *(schei.)* neodymium

Ndd. Neder-Duits

Ndl. Nederlands

Ne *(schei.)* neon

Nean'derthaler *m* [-s] iem. v.e. prehistorisch kinloos mensenras

neb, nebbe *v(m)* [-(be)n] snavel; mond; vooruitstekende punt

necessai're ‹ai=è› *m* [-s] toiletdoosje, handwerkdoosje

nec plus ul'tra *o* het hoogste

necro- *(als eerste deel v. ss)* lijken betreffend **necrofilie'** *v* ziekelijke liefde voor lijken of stervenden **necrologie'** *v* [-ën] bij gelegenheid van iemands overlijden opgestelde levensschets; lijst v. gestorvenen **necroloog'** [-logen] schrijver v. necrologie **necromantie'** *v* waarzegging door bezwering v. doden **necro'polis** *v(m)* [-sen] dodenstad **necropool'** *v(m)* [-polen] *zie* **necropolis**; **necro'se** ‹s=z› *v* [-s] afsterving van weefsel

nectar *m* godendrank **nectari'ne** *v(m)* [-s] kruising van perzik en pruim

Ned. Nederlands

neder(-) *zie* **neer(-)**

Neder *als eerste deel v.e. ss*: Nederlands, uit Nederland afkomstig **Nederbelg** *m/v* in België wonende Nederlander
nederig *bn & bw* deemoedig; gering **nederlaag** *v(m)* [-lagen] verlies; depot **nederpop** *m* [gmv] popmuziek uit Nederland **nederwaarts** *bn & bw* naar omlaag **nederwiet** *m* [gmv] Ned. marihuana **nederzetten** neerzetten; *zich ~*, gaan zitten; zich vestigen **nederzetting** *v* kolonie
Ned.-Herv., **NH** Nederlands Hervormd
nee *bw* neen
neef *m* [neven] zoon v. broer of zuster of oom of tante **neefschap** *o* het neef zijn
neen *tw* het is niet zo; och; ik wil het niet
neep *v(m)* [nepen] het nijpen; plooi; schade; knel, kneep
neer I *v(m)* [neren] kolk; *in de ~*, er slecht aan toe **II** *bw* omlaag **neerbui'gend** *bn & bw* uit de hoogte, genadig **neergang** achteruitgang **neergooien** omlaag gooien, weggooien; *het* of *de boel erbij ~*, met iets ophouden **neerhalen** naar beneden trekken; overdreven bekritiseren **neerhurken** *h/z* op de hurken (gaan) zitten **neerkijken** *~ op*, minachten **neerknallen** *(pop.)* neerschieten **neerkomen** omlaag komen; vallen; *~ op* gedaan moet worden door, betekenen; blijven volhouden; rusten op **neerkrabbelen** slordig opschrijven
neerlan'dicus [-ci] beoefenaar van of leraar of student in de Ned. taal- en letterkunde **neerlandis'me** *o* typisch Nederlandse zegswijze **neerlandistiek'** *v* Nederlandse taal- en literatuurwetenschap
neerlaten laten zakken; *(meetk.)* doen uitgaan uit een punt naar een lijn **neerleggen** leggen op iets; op de grond leggen; niet langer uitoefenen of hanteren; *(zegsw.)* betalen; doodschieten; deponeren; *zich ~ bij*, berusten in **neerpennen** haastig opschrijven **neerpoten** *(pop.)* neerzetten **neersabelen** [sabelde neer, neergesabeld] met een sabel doden; vernietigend recenseren **neerschieten** naar beneden storten; doodschieten **neerschrijven** opschrijven **neerslaan** omslaan; neervallen; bezinken; zich doen afzetten; *de ogen ~*, de oogleden laten zakken **neerslach'tig** *bn & bw* moedeloos **neerslag I** *m* het neerslaan; uit de dampkring neerslaand vocht **II** *m/o* bezinksel **neersteken** met een steek doden of zwaar verwonden **neerstrijken** *z* in zweefvlucht neerdalen; zich vestigen **neertellen** betalen **neerzien** *~ op*, minachten
neet *v(m)* [neten] luizenei; *kale ~*, armoedzaaier
neetoor *m-v* [-oren] humeurig iem.
nefast' *bn* funest
nefriet' *o* doorschijnende groenachtige delfstof
nefri'tis *v* nierontsteking
nefrologie' *v* wetenschap v.d. nierziekten
neg *v(m)* [-gen] scherpe kant; zelfkant
nega'tie *v* [-s] ontkenning **negatief' I** *bn & bw* ontkennende, niet positief; waarvan de lichtwaarden omgekeerd zijn aan die der natuur **II** *o* [-tieven] negatief beeld **negativis'me** *o* neiging tot ontkenning en verzet
negen *telw* 9; *zie ook* **acht**; **negende-eeuws** *bn* uit de 9e eeuw **negenoog** *v(m)* [-ogen] lamprei, prik; kwaadaardige bloedzweer **negenponder** *m* [-s] voorwerp van negen pond; kanon voor kogels van negen pond **negenproef** proef op de vier hoofdbewerkingen **negentien** *telw* 19 **negentiende-eeuws** *bn* uit de 19e eeuw **negentig** *telw* 90 **negentiger** *m* [-s] iem. van 90 jaar
neger *m* [-s] zwarte
nege'ren [negeerde, genegeerd] ontkennen; niet willen kennen
ne'geren [negerde, genegerd] sarren
negerij' *v* negorij
negerin' [-nen] vr. neger **negerzoen** *m* met chocola bedekte roomsoes
negligé' ‹gé=zjee› *o* [-s] huiskledij
neglige'ren ‹neegliezjeeren› verwaarlozen
negorij', **negerij'** *v* kleine plaats
nego'tie *v* [-s] handel; venterswaar **negotië'ren** handel drijven; onderhandelen
nègre *bn* donkerbruin
negroï'de *bn* negerachtig **negrospiritual** ‹nieGrospiritjoewul› *m* [-s] religieus lied van Am. negers
negus [-sen] keizer van Ethiopië
neigen *h* hellen; wenden; naar beneden buigen **neiging** *v* gezindheid, lust; genegenheid; aandrift
nek *m* [-ken] achterdeel v.d. hals; *op zijn ~*, er van langs; *met de ~ aanzien*, minachtend bejegenen; *in de ~ zien*, bedriegen; *een harde ~ hebben*, onbuigzaam zijn; *de ~ omdraaien*, doden; *over zijn ~ gaan*, *(pop.)* walgen, overgeven; *zijn ~ uitsteken*, iets wagen **nek-aan-nek'race** race waarbij de mededingers vlak achter elkaar aan zitten **nekken** doden; breken; iemands krachten breken **nekkramp** *v(m)* meningitis **nekslag** slag op de nek; genadeslag
nekton *o* zwemmende waterorganismen
nel *v(m)* [-len] troef negen (in kaartspel)
nemen [nam, namen, genomen] pakken; beetnemen; zich laten welgevallen; veroveren; gebruiken; zich verschaffen; *in bescherming ~*, beschermen; *de vrijheid ~*, zich veroorloven; *kwalijk ~*, euvel duiden; *voor lief ~*, tevreden zijn met; *op zich ~*, zich belasten met; *ertussen ~*, beetnemen; *een bocht ~*, een bocht juist passeren; *een foto ~*, een foto maken; *het ervan ~*, het zich gemakkelijk en gezellig maken; *ter hand ~*, aanpakken; *het woord ~*, beginnen te spreken; *wraak ~*, zich wreken; *te baat ~*, zijn voordeel doen met; *in acht ~*, letten op; *de overhand ~*, overheersend worden; *onder handen ~*, beginnen; *dienst ~*, in mil. dienst gaan **nemer** [-s] koper; hij aan wiens order een wissel moet worden betaald

N

NEN Nederlandse norm

neo- in nieuwe vorm optredend **neofiet'** nieuweling; wie pas monnik is; nieuwbekeerde, nieuw lidmaat **Neoli'thicum** *o* jongere steentijd **neologis'me** *o* [-n] taalnieuwigheid **neomist'** pasgewijde

neon *o* met Ne aangeduid gas

neonatologie' *v* wetenschap v.d. ziekten v. pasgeborenen **neonazi** *m-v* wie nationaal-socialistische beginselen op de huidige tijd toepast

neonbuis buisvormige lamp met neon

nep *m (barg.)* bedrog; *als eerste deel v. ss*: vervalst; niet echt

nepotis'me *o* begunstiging van familieleden en vrienden

neppen *(barg.)* bedriegen

nerf *v(m)* [nerven] oneffenheid op huid of hout; draad v.h. hout; bladader

nergens *bw* op geen enkele plaats; *~ zijn*, kansloos zijn

nering *v* bedrijf, winkel **neringdoende** [-n] winkelier

nerts **I** *m* marterachtig dier met kostbare pels, Lat. Lutreola lutreola **II** *o* bont ervan

nervatuur' *v* geheel v.d. nerven v.e. blad of v.d. vleugel v.e. insect

nerveus' *bn & bw* zenuwachtig **nervositeit'** ‹s=z› *v* zenuwachtigheid

nest *o* eigengemaakte dierenwoning; bed; jongen die een dier tegelijk heeft geworpen; speleenheid v. zes welpen; jonge visjes; gat; nuffig meisje; in elkaar passend stel; *(mv)* moeilijkheden; *(fig.)* familie **nestbevuiler** *m* [-s] wie het eigen nest bevuilt; *(fig.)* wie over iem. of iets waar hij of zij nauw bij betrokken is kwaadspreekt **nestblijver** [-s] nestzitter **nestei** ei in een nest; nagebootst kippenei

nestel *m* [-s] veter, rijgsnoer; schouderversiersel op uniform **nestelen** met een nestel toerijgen; talmen; een nest bouwen; *zich ~*, zich vestigen **nesteling** **I** *m* kale nestvogel **II** *v* het nestelen

nestgeur *(fig.)* vertrouwde sfeer v.h. milieu waar men vandaan komt **nesthaar** eerste haar **nestkastje** *o* kastje om in te nestelen **nestkeus**, **nestkeuze** recht v. keuze uit een nest

nestor [-s] eerwaardige grijsaard; oudste

nestveren *mv* eerste veren **nestvlieder** *m* [-s] vogel die vroeg het nest verlaat **nestwarmte** *v (fig.)* v.h. gezin uitgaande genegenheid **nestzitter** *m* [-s] vogel die pas volwassen het nest verlaat

net **I** *o* [-ten] gestrikt werk met mazen; samenstel van kruisende draden of lijnen; bagagenet; netschrift; internet; *zijn ~ten spannen* of *uitzetten*, in de val lokken; *achter het ~ vissen*, te laat komen voor een voordeel **II** *bn & bw* proper, schoon; wellevend; juist **netbal** *(sp.)* bal die het net raakt

netel *v(m)* [-s, -en] brandnetel **netelachtigen** *mv* plantenfamilie v.d. Urticacaeën **neteldier** dier met brandende pijn veroorzakende organen **neteldoek** *o/m* los weefsel **neteldoeken**, **neteldoeks** *bn* van neteldoek

netelig *bn* korzelig; hachelijk

netelkoorts *v(m)* door het prikken van brandnetels ontstane koorts **netelroos** *v(m)* door allergie ontstane hevig jeukende uitslag

netetiquette *v(m)* (ongeschreven) omgangsregels voor het internet

netjes *bw* net

netmaag tweede maag **netmeloen** meloen met netwerk van lijnen op de schil **netnummer** nummer v.h. telefoonnet **netpanty** ‹netpentie› als net geweven panty **netschrift** schrift voor netwerk; het in het net schrijven **netstroom** stroom uit het elektrische net

netsuke ‹netskee› *m* [-s] gesneden kunstvoorwerpje uit Japan dat aan het eind v.e. koord werd gedragen

netsurfen informatie zoeken op internet

netten natmaken

nettenboeter [-s] nettenhersteller

netto *bn & bw* zuiver; *~ contant*, contant zonder korting; ook als eerste deel van ss **netto-opbrenst** opbrengst na aftrek van alle onkosten **nettowinst** winst na aftrek van afschrijvingen en belastingen

netversperring versperring met netten **netvleugeligen** *mv* insectenorde met zeer vertakt aderstelsel op vleugels **netvlies** binnenste oogvlies **netwerk** de netten; vlechtwerk; samenweefsel; samenwerkingsverband; met elkaar verbonden computers **netwerken** [alleen onbep. wijs] zakelijke contacten leggen **netwerkprotocol** *(comp.)* afspraak over codering v. bestanden op e. netwerk

neuken *(pop.)* beslapen; geslachtsgemeenschap hebben

neuralgie' *v* zenuwpijn **neurasthe'nicus** [-ci] zenuwzwakke **neurasthenie'** *v* zenuwzwakte **neurasthe'nisch** zenuwzwak

neuriën binnensmonds zingen

neuriet' *m* uitloper v.e. zenuwcel **neuri'tis** *v* ontsteking v. zenuwen

neurochirurgie ‹neurosjierurzjie› chirurgie v.h. zenuwstelsel **neurologie'** *v* leer der zenuwen en zenuwziekten **neuroloog'** [-logen] zenuwarts **neuron** *o* [-en, -s] zenuwcel **neuroot'** *m-v* [-roten] *(ook als scheldn.)* neurotisch iem. **neuropaat'** *m* [-paten] zenuwlijder **neuro'se** ‹s=z› *v* [-n, -s] zenuwziekte **neuro'tisch** *bn* van een neurose (afkomstig)

neus *m* [neuzen] reukzintuig; vooruitstekende punt; *(fig. mv)* de aanwezigen; *bij de ~ hebben* of *nemen*, beetnemen; *met de ~ erop*, vlak erbij; *een fijne ~ hebben*, een goed speurzintuig hebben; *met de ~ in de boeken zitten*, studeren; *met zijn ~ in de boter vallen*, een buitenkansje hebben; *op zijn ~ kijken*, teleurgesteld zijn; *een wassen ~*, iets voor de schijn; *langs zijn ~ weg* of *tussen ~ en lippen*, terloops, laconiek; *onder de ~*

wrijven, verwijten; *de ~ ophalen* of *optrekken*, minachting tonen; *aan zijn ~ hangen*, vertellen; *zijn ~ krult*, hij glundert; *het ~je v.d. zalm*, het fijnste; *wie zijn ~ schendt, schendt zijn aangezicht*, wie van zijn eigen kring kwaad vertelt, deelt zelf in de schande **neusbloeding** het bloeden uit de neus **neusdoek** *m* zakdoek **neusdruppels** *mv* vloeibaar geneesmiddel tegen neusverkoudheid **neusgat** opening v. neusholte **neusholte** ruimte in de neus **neushoorn** *m* [-s] dikhuidig zoogdier met een grote hoorn op de neus **neus-keel'holte** in elkaar overlopende holte v. neus en keel **neusklank** klank waarbij de lucht door de neus stroomt **neusstem** stem van iem. die door de neus spreekt **neusverkouden** *bn* verkouden in de neus **neusvleugel** zijwand v.e. neusgat **neuswijs** *bn & bw* eigenwijs **neuswortel** bovenste deel v.d. neus

neut I *v(m)* knop in het midden van verwulfsel; blokje steen onder kozijn; klein ding; *(pop.)* borrel **II** *v* kleine vrouw

neutel *m* [-s] klein mannetje

neutraal' *bn & bw* onzijdig; waarvan de oplossing niet zuur of basisch reageert **neutralisa'tie** ‹s=z› *v* [-s] neutraliseren **neutralise'ren** ‹s=z› de uitwerking opheffen **neutraliteit'** *v* onzijdigheid

neutri'no *m* [-'s] deeltje dat bij kernreactie energie behoudt **neutron** ‹eu=eu *of* ui› *o* ongeladen atoomdeeltje **neutro'nenbom** *v(m)* bom die werkt met neutronenstraling **neutro'nenster** ster met zeer dicht opeengehoopte neutronen

neutrum ‹eu=eu *of* ui› *o* [-tra] onzijdig geslacht; onzijdig woord

neuzelen snuffelen; door de neus praten; zaniken

neuzen snuffelen; vluchtig kijken

nevel *m* [-s, -en] lage wolken, damp **nevelachtig** *bn* net nevel; vaag **nevelblusser** *m* [-s] nevel verspreidend blusapparaat **nevelen** misten; door rook maskeren **nevelig** *bn* nevelachtig **nevelvlek** nevelachtige plek aan sterrenhemel

nevenfunctie bijkomstige functie **nevengeschikt** *bn (taalk.)* als gelijke naast elkaar gesteld **nevenschikkend** *bn* nevengeschikte delen verbindend **nevenschikking** *v* het nevengeschikt zijn

new age' ‹noew eedzj› *m* stroming sinds het eind v.d. jaren '70, gekenmerkt door enigszins mystieke pacifistische idealen en alternatieve leefwijze

newfound'lander ‹noewfoundlender› *m* [-s] sterke hond met brede kop en korte snuit en kleine driehoekige oren

newton ‹noewtun› *m (nat.)* eenheid van kracht

new wa've ‹noew weev› *m* alternatieve popmuziek uit de jaren '70 en '80

N.-H. Noord-Holland

Ni *(schei.)* nikkel

NIAD Nederlands Instituut voor Alcohol en Drugs

nicht dochter van broer of zus of oom of tante; mannelijke homo **nichtenkit** ontmoetingsplaats voor homoseksuelen **nichterig** *bn* zich opvallend als homo gedragend

nicoti'ne *v(m)* in tabak aanwezig vergif **nicotinearm'** *bn* weinig nicotine bevattend **nicoti'nepleister** pleister met dosis nicotine om lichamelijk af te kicken **nicoti'nevergiftiging** vergiftiging door nicotine

niëlle'ren in metaal graveren en de groeven met niëllo vullen **niël'lo** *o* bep. zwartsel; geniëlleerd metaal

niemand *vnw* geen mens **niemandsland** terrein tussen vijandige machten

niemendal' I *vnw* niets **II** *m* kleinigheid, iets zonder waarde

nier *v(m)* urine vormende boonvormige klier **nierbed** vettig weefsel rondom de nieren **nierbekken** deel v.d. nier waar de urine samenkomt **nierbroodje** *o* broodje met nierragout **nierdialyse** ‹lyse=lieze› *v* [-s, -n] zuiveren v. bloed met behulp v.e. kunstnier **niersteen** steen in de nieren; nefriet **nierstuk** opgerold lendestuk met een nier erin

niesbui aanval van niezen **niesen** niezen **nieskruid** *o* plant v.h. geslacht Helleborus **niespoeder** niezen veroorzakend poeder **nieswortel** *m* wortel v.h. nieskruid; nieskruid

niet I *m* klinknageltje, hechtkram; geen prijs **II** *o* iets zonder waarde; het niet zijn; *in het ~ zinken*, zijn waarde verliezen **III** *vnw (zegsw.)* niets; *om ~* of *voor ~*, gratis, te vergeefs; *te ~*, teniet **IV** *bw* het tegengestelde van wel

N

nieten met nieten aaneenhechten

nietes *tw* nee **nietig** *bn* zonder waarde, zonder kracht; klein **nietigheid** *v* [-heden] kleinigheid; het nietig zijn **nietigverklaring** *(jur.)* oordeel v.e. rechter dat een vorige uitspraak v.e. lagere rechter of een dagvaarding v.h. Openbaar Ministerie niet geldig is

nietje *o* hechtkram

niet-ontvan'kelijkheid *v (jur.)* het niet vatbaar zijn voor berechting

nietpistool apparaat om nietjes in iets te schieten

niet-roker *m* [-s] wie nooit rookt

niets I *vnw* geen ding; *voor ~*, te geef, tevergeefs; *van ~*, van geen waarde **II** *o* iets van geen betekenis **III** *bw* volstrekt niet **nietsnut** *m* [-ten] wie nergens voor deugt **nietswaar'dig** *bn* zonder waarde; *(fig.)* gemeen **nietszeg'gend** *bn* niets bewijzend

niettegenstaan'de I *vz* ondanks **II** *vgw* hoewel **niettemin'** *bw* evenwel **nietwaar'** *tw* niet?;

s **nieuw I** *bn & bw* niet oud; weer een ander(e); nog maar pas; *ook als eerste deel van ss met een bn in de bet.*: pas; *de ~e geschiedenis*, 1492-1789; *de nieuwe wereld*, Amerika **II** *o in het ~*, in nieuwe kleren **nieuwbak'ken** *bn* vers; die het pas is

nieuwbekeer'de [-n] pas bekeerde **nieuwbouw** *m* het bouwen v. huizen; huis of huizen in aanbouw; pasgebouwde huizen **nieuweling** beginner **nieuwemaan'** donkere maan **nieuwerwets'** *bn & bw* naar de laatste mode **nieuwetijds'kind** hypergevoelig en vaak paranormaal begaafd kind **nieuwigheid** *v* [-heden] iets nieuws; het nieuwe **nieuwjaar'** *o* 1 januari **nieuwjaars'dag** 1 januari **nieuwjaars'kaart** kaart met nieuwjaarswens **nieuwjaars'wens** gelukwens op nieuwjaar **nieuwkoop** *m* [-kopen] wat pas gekocht is **nieuwlichter** [-s] iem. met veel nieuwe denkbeelden **nieuwprijs** nieuwwaarde

nieuws *o* bericht; wat nieuw is **nieuwsagentschap** *o* [-pen] bureau dat aan de pers nieuws verschaft **nieuwsblad** krant **nieuwsbulletin** *zie* **bulletin**; **nieuwsdienst** organisatie die nieuws verschaft voor de media **nieuwsgaring** *v* het verzamelen v. nieuws **nieuwsgie'rig** *bn & bw* begerig naar nieuws

nieuwtje *o* het nieuw zijn; (iets) nieuws **nieuwvorming** *v* taalnieuwigheid **nieuwwaarde** prijs waarvoor men het nieuw kan aanschaffen **nieuwzilver** mengsel van zink en koper en nikkel

niezen met kracht hoorbaar door de neus lucht uitstoten

nigromantie' ‹t=s› *v* zwarte kunst

nihil *vnw* niets **nihilbeding** afspraak dat geen alimentatie gegeven wordt **nihilis'me** *o* verwerping van elke fundamentele waarde **nihilist'** aanhanger v.h. nihilisme; student die van geen studentenorganisatie lid is

N

nijd *m* afgunst

nijdas [-sen] nijdige vent **nijdig** *bn & bw* vinnig, boos

nijdnagel *m* [-s] nijnagel

nijgen [neeg, genegen] buigend groeten **nijging** *v* buiging

nijlpaard *o* evenhoevig groot dikhuidig zoogdier

nijnagel *m* [-s] losgescheurd nagelvelletje

nijpen [neep, genepen] knijpen; dringen; snerpen **nijpend** *bn* fel, dringend **nijptang** spijkeruittrekker

nijver *bn & bw* arbeidzaam **nijverheid** *v* industrie **nijverheidsonderwijs** onderwijs vnl. tot opleiding voor de nijverheid **nijverheidsschool** school voor nijverheidsonderwijs

nikkel *o* zilverkleurig met Ni aangeduid metaal **nikkelen** *bn* van nikkel

nikker *m* [-s] boze geest; *(scheldn.)* neger

niks *vnw (spreekt.)* niets **niksen** niets doen **niksnut** *m* [-ten] nietsnut

nimbostra'tus *m* [-tussen] laaghangende, donkere bewolking

nimbus *m* [-sen] stralenkrans; *(fig.)* luister

nimby *not in my backyard*, wie zelf geen hinder wil ondervinden van iets waarmee hij in principe instemt

nimf *v* halfgodin; larve v. insect met onvolkomen gedaanteverwisseling

nimmer *bw* nooit **nimmermeer** *bw* nooit meer

nimrod [-s] groot jager

nippel *m* [-s] verbindingsstuk of uiteinde met schroefdraad

nippen even de mond zetten aan

nippertje *o* laatste ogenblik

NIPO Nederlands Instituut voor de Publieke Opiniepeiling

nipt *bn & bw* op het kantje

nirwa'na *o* toestand van volmaakte rust

NIS Nationaal Instituut voor de Statistiek

nis *v(m)* [-sen] uitholling in muur

nitraat' *o* [-traten] zout van salpeterzuur **nitriet'** *o (schei.)* zout van salpeterig zuur

ni'troglycerine *v(m) (schei.)* bep. vloeibare springstof

nitwit *m* [-s] onnozel iem.

niveau' ‹eau=oo› *o* [-s] peil

nivelle'ren (inkomens) gelijkmaken

nixe *v* [-n] vrouwelijke boze geest

NJHC Nederlandse Jeugdherbergcentrale

NK Nederlandse Kampioenschappen; Nationale Kampioenschappen

NKV Nederlands Katholiek Vakverbond

nl. namelijk

n.l. *non liquet*, onopgelost

NL Nederland

NLG Nederlandse Gulden

n.m. namiddag

N.M. nieuwe maan

NMBS *(Belg.)* Nationale Maatschappij der Belgische Spoorwegen

n.m.m. naar mijn mening

N.N. *nomen nescio*, een ongenoemde

NNI Nederlands Normalisatie Instituut

NNO noordnoordoost

NNT-onderwijs onderwijs aan niet-Nederlandstaligen

NNW noordnoordwest

no. numero, nummer

No *(schei.)* nobelium

NO noordoost

NOB Nederlands Omroepproduktie Bedrijf

nobel *bn & bw* edelmoedig, edel **nobiliteit'** *v* adeldom, adel **nobles'se** *v* adel

NOC Nederlands Olympisch Comité

noch *vgw* en niet **nochtans'** *bw* evenwel

no-claim'korting ‹ai=ee› *v* korting door geen schadevergoeding te vragen

noctur'ne *v(m)* **I** [-s] dromerig muziekstuk **II** [-n] voornaamste deel v.d. metten

node *van ~*, nodig; *bw* ongaarne **nodeloos** *bn & bw* onnodig **noden** uitnodigen **nodig** *bn & bw* niet te missen, noodzakelijk; *~ hebben*, moeten hebben; *ergens niet(s) mee ~ hebben*, ergens niets mee te maken hebben **nodigen** uitnodigen

noedels *mv* met eieren behandelde meelballetjes

noemen een naam geven; de naam zeggen **noemenswaard'**, **noemenswaar'dig** *bn* belangrijk

noemer *m* [-s] benedendeel v.e. breuk

noen *m (plecht.)* middag **noenmaal** *o (Belg. + plecht.)* warme maaltijd 's middags

noest **I** *m* kwast **II** *bn & bw* ijverig

noëtiek' *v* kennisleer **noë'tisch** *bn* het

kennen betreffende

nog *bw* bovendien; zelfs; tot nu; later

noga *m* taaie amandellekkernij

nog aan toe' *bw vervloekt ~*, vervloekt!

nogablok *o/m* stuk noga met chocola eromheen

nogal' *bw* tamelijk

nog'maals *bw* nog eens

no-i'ron ‹i=ai› *v(m)/o* katoenen stof die niet gestreken moet worden **II** *bn* van die stof

nok *v(m)* [-ken] bovenste dakrand; uitsteeksel om iets tegen te houden

nol *v(m)* [-len] zandheuvel, verhevenheid; hoofd; brok dijk

n.o.m. naar onze mening

noma'den *mv* zwervend herdersvolk **noma'disch** *bn* zwervend

nomencla'tor *m* [-s] naamregister **nomenclatuur'** *v* [-turen] naamgeving; naamregister

nominaal' *bn* volgens de naam, volgens het opschrift; in geldswaarde uitgedrukt; *(taalk.)* naamwoordelijk **nominalis'me** *o* het loochenen van werkelijkheidswaarde v. algemene begrippen

nomina'tie *v* [-s] (recht v.) benoeming; voordracht

nominatief' *m* [-tieven] eerste naamval

nomine'ren kandidaat stellen; voordragen

non *v* [-nen] kloosterzuster

non-actief' *bn* buiten dienst; *op ~*, niet in werkelijke dienst **non-agres'siepact** niet-aanvalsverdrag

nonchalan'ce ‹ch=sj› *v(m)* achteloosheid; nalatigheid **nonchalant'** *bn & bw* achteloos; nalatig

non-combattant' niet strijder **non-conformis'me** *o* het non-conformistisch willen zijn **non-conformist'** wie geen lid is v.d. staatskerk, wie geestelijk zelfstandig wil staan **non-conformis'tisch** *bn & bw* geestelijk zelfstandig willende zijn

nondeju', *(Belgned.)* **nondedju** *tw* verdomme

non-descript' *bn* moeilijk te omschrijven; vaag

none *v(m)* [-n] 9e toontrap; interval van negen tonen; breviergebed voor 3 uur n.m

non-fer'rometaal ander metaal dan ijzer **non-fic'tion** ‹non-fiksjun› *v(m)* informatie zonder fictie **non-figuratief'** *bn* niet afbeeldend **non-food'afdeling** ‹oo=oe› afdeling v.e. supermarkt met wat geen levensmiddelen zijn **non-interven'tie** *v* het niet tussenbeide komen

nonius *m* [-sen] voor nauwkeurige metingen gebruikt verschuifbaar meetinstrument

nonnetje *o* non; bep. schelpdier; bep. zaagbekeend; bep. vlinder

no-non'sense ‹sense=suns› verstandig denkend

non-paschant' *m* wie zijn pasen niet houdt **non-pro'fit** ‹f=ff› geen winst beogend **non-profitinstelling** niet naar winst strevende instelling, instelling zonder winstoogmerk

nonsens *m* onzin **nonsensicaal'** *bn & bw* onzinnig

non-stop'vlucht vlucht zonder tussenlanding **non-valeur'** *v(m)* [-s] oninbare schuld; waardeloos papier; onbekwaam iem.; waardeloos iets

nonvlinder *m* zwartgevlekte vlinder met rose ringen, Lat. Lymantria monacha

nood *m* [noden] zorgelijke omstandigheden; *als de ~ aan de man komt*, als het nodig wordt; *van de ~ een deugd maken*, iets ongunstigs zo goed mogelijk gebruiken; *als eerste deel van ss voor zn betekent het vaak*: om zich mee te behelpen in tijd van nood **noodaggregaat** *o* [-gaten] noodinstallatie om elektriciteit op te wekken **nooddruft** *m/v* levensbehoeften; nood **nooddruf'tig** *bn* behoeftig **nooddwang** hoge noodzaak **noodgang** zeer grote snelheid **noodgedwongen** *bn & bw* door de nood gedwongen **noodgreep** maatregel uit nood **noodhulp** *v(m)* wie tijdelijk helpt **noodjaar** rampjaar **noodklok** alarmklok **noodkreet** angstkreet **noodlanding** door nood gedwongen landing **noodlij'dend** *bn* behoeftig; niet geregeld rente betalend **noodlot** *o* wat door hogere macht bepaald is **noodlot'tig** *bn & bw* ongelukkig, ongeluk veroorzakend **noodrem** verzegelde rem voor geval van nood **noodsein** teken dat men in nood is **noodslachting** slachting wegens ziekte of ongeval v.h. dier **noodvulling** voorlopige vulling v. tand of kies **noodweer I** *o* vreselijk weer **II** *v(m) (jur.)* geweldpleging om zichzelf of een ander te beschermen tegen onmiddellijk en dreigend geweld **noodweerexces** *(jur.)* overschrijding v.d. grenzen v.d. noodweer **noodweg** weg over particuliere grond naar een anders niet te bereiken perceel **noodwen'dig** *bn & bw* noodzakelijk **noodwen'digheid** *v* [-heden] noodzakelijkheid; wat noodzakelijk of onmisbaar is **noodzaak** *v(m)* het noodzakelijk zijn; dwang v. omstandigheden **noodza'kelijk** *bn & bw* volstrekt nodig **noodzaken** dwingen

nooit *bw* op geen enkele tijd; niet; *(pop.) aan mijn ~ niet* of *aan je ~ niet*, geen sprake van!

noor *m* [noren] lange schaats met niet gebogen ijzer

noord I *o/v* het noorden, noordelijke streken **II** *bn & bw* in het noorden **noord-** *zie* **zuid-**; **noordelijk** *bn & bw* in of naar het noorden **noordelijken** naar het noorden draaien **noorden** *o* bep. windstreek **noorden-** *zie* **zuiden-**; **noorder-** *zie* **zuider-**; **noorderkeerkring** kreeftskeerkring **noorderzon** *met de ~*, heimelijk **noordnoordoost'** *bw* tussen N. en NO **noordnoordwest'** *bw* tussen N. en NW **noordoost'** *bw* tussen N. en O. **noordoos'telijk** *bn & bw* naar of in het noordoosten **noordoos'ten** streek tussen noorden en oosten **noordoos'ter** *m* [-s] wind uit het noordoosten **noordoos'teren** naar het NO lopen **noordpool** *v* noordelijk einde v. aardas of hemelas; gebied rond dat punt; (voor ss zie **zuidpool**)

Noordpoolster Poolster **noords** *bn* van of uit het noorden **Noordster** Poolster **noordwest'** *bw* tussen N. en W. **noordwes'telijk** *bn & bw* naar of in het noordwesten **noordwes'ten** streek tussen N. en W. **noordwes'ter** *m* [-s] wind uit het NW **noordwes'teren** naar het NW lopen **noord-zuid'verbinding** verbinding tussen het noorden en het zuiden

Noorman *m* [-nen] viking

noot *v(m)* [noten] toonteken; aantekening; boomvrucht met schaal; notenboom; *veel noten op zijn zang hebben*, veel eisen hebben **nootmuskaat'** [v(m)] muskaatnoot **nootmuskaatboom** boom die muskaatnoten oplevert

NOP Noordoostpolder

nop *v(m)* [-pen] dop v. schoenzool; stofversiering; *de ~pen van de kleren houden*, veel kosten

nopen noodzaken **nopens** *vz* betreffende

nopjes *in zijn ~*, in zijn schik

noppen van oneffenheden zuiveren

noppenfolie *o/v(m)* isolatiemateriaal v. kunststof met luchtkussentjes

noppes *voor ~*, gratis

nor *v(m) (pop.)* gevangenis

norbertijn' lid v. door de H. Norbertus gestichte kloosterorde **norbertines'** [-sen] vr. norbertijn

noriet' *wm o* actief koolpoeder

norm *v(m)* maatstaf

normaal' **I** *bn & bw* gewoon; *niet ~*, niet wel bij het hoofd; *~ gesproken*, als het overeenkomstig de regel zou zijn **II** *v(m)* [-malen] loodlijn **normalisa'tie** ‹s=z› het normaliseren **normalise'ren** regelmatig maken; een regelmatige loop aan een rivier geven; eenvormig maken **normaliteit'** *v* het normaal zijn **norma'liter** *bw* volgens de regel

N

normatief' *bn* een norm bevattend of stellend; recht scheppend

normbesef besef dat er normen gelden

nors *bn & bw* stuurs

nortonbuis, **nortonpijp** buis met van gaatjes voorzien boveneind die in de grond wordt gedreven tot men water ontmoet **nortonpomp** zuigpomp op nortonbuis

NOS Nederlandse Omroepstichting

nosologie' ‹s=z› *v* ziekteleer

nostalgie' *v* heimwee **nostal'gisch** *bn* met heimwee, met betrekking tot heimwee, herinnerend aan een nog mede beleefd verleden

NOT Nederlandse Onderwijstelevisie

nota *v(m)* [-'s] schriftelijke uiteenzetting; rekening; *~ nemen van*, kennis nemen van

nota'bel *bn* voornaam **nota'belen** *mv* aanzienlijke burgers

nota be'ne *bw* let wel

notariaat' *o* [-aten] ambt of werkkring of standplaats of praktijk v. notaris **notarieel'** *bn & bw* voor een notaris (verleden) **nota'ris** [-sen] tot het opmaken van akten bevoegd ambtenaar **nota'riszak** grote binnenzak in colbert

nota'tie *v* [-s] notering

not done' ‹done=dan› *bw* niet gebruikelijk; ongepast

notebook ‹nootboek› schootcomputer

noten *bn* van notenhout

notenbalk lijnen voor muziekschrift

notenboom boom die noten oplevert **notendop** schil v.e. noot; *(fig.)* klein schip **notenhout** hout van notenboom **notenhouten** *bn* van notenhout **notenkraker** *m* [-s] tang om noten te kraken; vooral zich met noten voedende bruine zangvogel met witte vlekjes, Lat. Nucifraga caryocatactes **notenmuskaat'**, **nootmuskaat'** *v(m)* [-katen] muskaatnoot **notenmuskaat'boom** boom die muskaatnoten oplevert

notenpapier muziekpapier **notenschrift** muziekschrift

note'ren optekenen; *(beurstaal)* doen **note'ring** *v* optekening; vermelding van prijs of koers; bepaalde prijs; prijscourant, koerslijst

notie *v* [-s] idee **notifica'tie** *v* [-s] kennisgeving, bekendmaking **notifice'ren**, **notifië'ren** bekendmaken

noti'tie *v* [-s] aantekening; *~ nemen van*, aandacht schenken aan **noti'tieboekje** optekenboekje

n.o.t.k. nader overeen te komen

notoir' ‹toir=toor *of* twaar› *bn* algemeen bekend; klaarblijkelijk

notulant' *m* wie de notulen maakt **notulen** *mv* verslag v.e. vergadering **notule'ren** notulen maken; in de notulen opnemen **notulist'** *m* wie de notulen maakt

nou **I** *bw zie* **nu**; **II** *tw* om diverse gevoelens zoals ongeduld en verbazing uit te drukken

nouveau riche' ‹noevoo riesj› *m-v* [nouveaux riches] parvenu

nouveauté' ‹noevootee› *v(m)* [-s] nieuwigheid

nouvel'le cuisi'ne ‹noevel kwiezien› *v* op moderne voedingsinzichten stoelende en met kleine porties werkende kookkunst

nov november

nova *v* [-s, -vae] plotseling zeer heldere (nieuwe) ster

NOVA Nederlandse Orde van Advocaten

noveen' *v(m)* [-venen] novene

novel'le *v(m)* [-n] episodische vertelling; wijzigingswet **novel'lebundel** bundel met novellen **novellist'** novelleschrijver

novem'ber *m* 11e maand

nove'ne *v(m)* [-n] 9 dagen durende gebedsoefening

NOVIB Ned. Organisatie voor Internationale Bijstand **novi'ce** ‹ice=ies› *m-v* [-n, -s] kloosterling(e) in de proeftijd **noviciaat'** *o* proeftijd voor kloosterlingen

noviet' *m-v (stud.)* groen **noviteit'** *v* nieuwigheid **novitiaat'** *o* groentijd

novum *o* [nova] nieuwigheid

nozem *(gesch.)* [-s] opgeschoten jonge mens die zijn onwil tot aanpassing demonstreert

Np *(schei.)* neptunium

NPS Nederlandse Programmastichting

nr. nummer
NRS Nederlands Rundveestamboek
N.R.T. nettoregisterton
NS Nederlandse Spoorwegen
NSB *(gesch.)* Nationaal Socialistische Beweging
NSF Nederlandse Sportfederatie
NSR Nederlandse Studentenraad
NT Nieuwe Testament
nu **I** *bw* thans; ~ *en dan*, soms **II** *vgw* aangezien, terwijl **III** *tw* welaan **IV** *o* heden
nuan'ce ‹nuãnse› *v(m)* [-s, -n] schakering **nuance'ren** schakeren
nubuck *o* bep. fluweelachtig leer
nuchter *bn & bw* niets gebruikt hebbend; niet dronken; verstandig, kalm; zonder opsiering
nucleair' ‹nuklee-èr› *bn* met atoomsplitsing in verband staand **nucleï'nezuur** *(schei.) (bio.)* bep. o.a. in chromosomen voorkomende samengestelde verbinding **nucleon'** *o* kerndeeltje **nucleoom'** *o* [-omen] totale kernsubstantie v.e. levende cel **nucleoproteï'ne** *v(m)/o (schei.)* bep. verbinding v. nucleïnezuren en eiwitten **nucleus** ‹nuuklee-us› *m* [-clei] kern
nudis'me *v* naaktcultuur **nudist'** *m* beoefenaar van nudisme **nudis'tisch** *bn & bw* volgens of betrekking hebbend op het nudisme **nuditeit'** *v* naaktheid; naakte figuur
nuf *v* [-fen] preuts meisje **nuffig** *bn & bw* als (van) een nufje
nuk *v(m)* [-ken] gril **nukkig** *bn & bw* vol nukken
nul *v(m)* [-len] 0; nulpunt; niets; onbeduidend mens; ~ *op het rekest*, weigering; *van ~ en gener* of *generlei waarde*, niets waard; ~ *komma* ~, helemaal niets **nulde** *tw* rangtelwoord van nul **nulgroei** stationaire toestand in de economie **nullijn** *v(m)* lijn die ook het nulpunt aangeeft; stilstand in groei **nulliteit'** *v* nietigheid **nulmeridiaan** meridiaan van waaraf geteld wordt voor de bepaling v.d. lengte v.e. plaats
nulnummer proefnummer v.e. blad **nuloptie** *v* het willen blijven bij het bestaande aantal **nulpunt** nul graden; niets **nulstand** stand op 0-0 **06-nummer** met 06 beginnend telefoonnummer voor mobiele aansluitingen
numerair' ‹ai=è› *bn* naar het getal **II** *o* in omloop zijnd geld **numere'ren** nummeren, tellen **numeriek'** *bn & bw* in aantal
numero *o* [-'s] nummer **numerologie'** *v* leer v.d. betekenis v. getallen **numerote'ren** van nummers voorzien **numerus clau'sus**, **numerus fi'xus** ‹u=oe› beperking tot een aantal personen
numisma'ticus [-ci] munt- of penningkenner **numismatiek'** *v* munt- en penningkunde
nummer *o* [-s] reekscijfer; getalmerk; aflevering; programmanummer; fijn iem., raar iem.; *op zijn ~ zetten*, terechtwijzen **nummerbord** bord met nummers op auto; toestel met nummers die aangeven waar een sein vandaan komt **nummeren** nummers geven **nummerschijf** schijf met nummers op telefoontoestel
nummertje *o (pop.)* bijslaap; *een ~ maken*, geslachtsgemeenschap hebben
nuncha'kuwapen twee stokken met een koord dat aan een uiteinde van elk ervan vast zit
nuntiatuur' *v* [-turen] paleis of waardigheid v.d. nuntius **nuntius** [-sen, -tii] pauselijk vertegenwoordiger
nurks **I** *bn* knorrig, hatelijk **II** *m* knorrig of hatelijk iem.
nurse ‹neurs› *v* [-s] kinderjuffrouw
nut **I** *o* voordeel **II** *bn* nuttig, waard, wetende te gebruiken
nuta'tie *v* zwenking v.d. aardas; beweging van plantentoppen langs een spiraal
nutriënt' *v(m)/o* noodzakelijk voedingsmiddel dat het lichaam niet zelf kan leveren
nutsbedrijf bedrijf voor openbare voorzieningen
nutteloos *bn & bw* vruchteloos **nuttig** *bn & bw* van nut
nuttigen verorberen **nuttiging** *v (r.-k.)* laatste hoofddeel v.d. mis
NV naamloze vennootschap
NVSH Ned. Vereniging voor Seksuele Hervorming
NVV Nederlands Verbond van Vakverenigingen
NW noordwest
NWO Nederlands Wetenschappelijk Onderzoek
NWW Nieuwe Werkeloosheidswet
nymfomaan' ‹nym=nim› *bn* (v. vrouwen) met abnormaal sterke geslachtsdrift
nylon ‹y=ai› *o/m* [-s] *wm* tegen hoge temperaturen bestand zijnde kunststof **II** *v(m)* [-s] kous van deze stof
NZf Nederlandse Zorgfederatie

O

o I *v(m)* [-'s] vijftiende letter van ons alfabet; met lippenronding halverwege boven in de mond gevormde achterklinker **II** *tw* hé
O *(schei.)* oxygenium *(zuurstof)*; bloedgroep
o. onzijdig
O. oost, oosten
o.a. onder andere(n)
OAE Organisatie v. Afrikaanse Eenheid
OAS Organisatie v. Amerikaanse Staten
oa'se ‹s=z› *v* [-n, -s] vruchtbare streek in de woestijn; *(fig.)* verkwikkend iets
oa'sis *v* voor bloemschikken gebruikte poreuze kunststof
o.b. omzetbelasting
obduc'tie *v* [-s] lijkschouwing
obelisk' *m* spitszuil
o-benen *mv* o-vormige benen
ober [-s] kelner
object' *o* voorwerp **objec'tie** *v* [-s] tegenwerping **objectief' I** *bn & bw* onbevooroordeeld, zakelijk **II** *o* [-tieven] naar het voorwerp gerichte lens **objective'ren** objectief zijn; objectief behandelen **objectiviteit'** *v* het objectief zijn
oblaat' *m* [-laten] wie een toewijding afgelegd heeft
oblie' *v* [-s, -ën] opgerold wafeltje; dun plaatje v. chocolade **oblie'ijzer** tang om oblieën te bakken
obligaat' I *o* [-gaten] obligatist **II** *bn* verplicht **III** *bw* met begeleiding **obliga'tie** *v* [-s] schuldbekentenis v.e. lening aan overheid of onderneming tegen vaste rente **obliga'tiehouder** eigenaar v.e. obligatie **obliga'tielening** lening door uitgifte van obligaties **obligatoir'** ‹toir=toor *of* twaar›, **obligato'risch** *bn & bw* verplicht, verplichtend **oblige'ren** verplichten
oblong' *bn* langwerpig **oblong'formaat** langwerpig formaat
obsceen' ‹bsc=ps› *bn* onzedelijk; schunnig **obsceniteit'** *v* ontucht; schunnigheid
obscurant' wie het volk dom wil houden **obscurantis'me** *o* het dom willen houden v.h. volk **obscurantist'** obscurant **obscuriteit'** *v* duisternis; vergetelheid; onbekend persoon **obscuur'** *bn* duister; onbekend; van weinig aanzien
obsede'ren de geest voortdurend kwellen
observan'tie *v* [-s, -tiën] in kloosters zich streng aan de regels houden
observa'tie *v* [-s] waarneming **observa'tieafdeling** afdeling (in een inrichting) waar mensen voor onderzoek worden opgenomen **observa'tor** [-s] waarnemer; sterrenkundige **observato'rium** *o* [-s, -ria] waarnemingsplaats; sterrenwacht **observe'ren** gadeslaan, waarnemen; naleven
obses'sie *v* [-s] dwangvoorstelling
obsigna'tie *(jur.)* *v* gerechtelijke inbeslagneming
obsoleet' *bn* verouderd
obsta'kel *o* [-s] hinderpaal
obstetrie' *v* verloskunde
obstinaat' *bn* hardnekkig
obstipa'tie *v* hardlijvigheid; *(med.)* verstopping
obstruc'tie *v* [-s] dwarsdrijverij
obstruent' *m* medeklinker waarbij er in het spraakorgaan een vernauwing of even een volledige afsluiting is
OBU *On Board Unit*, installatie in voertuig voor elektronische tolbetaling
OC *Onderzoekscentrum*, ter beoordeling van asielaanvragen
ocari'na *v(m)* [-'s] enigszins bolvormig blaasinstrument
occa'sie *v* [-s] gelegenheid, geschikte tijd
occa'sion' ‹okkee'zjun *of* ookaaziõn'› *v* [-s] koopje; tweedehands artikel; [bn] tweedehands **occasioneel'** ‹okkazioneel› *bn & bw* toevallig, bij gelegenheid, niet stelselmatig
occidentaal' ‹cc=ks› *bn* westelijk; westers
occlu'sie *v* [-s] afsluiting; het optillen v. warme lucht door koude **occlusief' I** *bn* afsluitend **II** *m* [-sieven] ploffer
occult' *bn* geheim **occultis'me** *o* het werken met het occulte
occupa'tie *v* [-s] bezigheid; inbezitneming **occupe'ren** bezetten; bezighouden; optreden
oceaan' *m* [-anen] wereldzee **oceaan'reus** reusachtige oceaanboot **oceaan'tanker** ‹tan=ten› zeer groot tankschip **oceaan'woestijn** deel v. oceaan zonder plankton **ocea'nisch** *bn* de oceaan betreffende; van de eilanden in de Zuidzee **oceanografie'** *v* [-ën] diepzeeonderzoek; beschrijving v.d. oceanen
ocelot' *m* [-ten] katachtig roofdier uit Amerika
och *tw* kom, ach **ocharm'**, **ochar'me** *tw* ach
ochlocraat' [-craten] volksmenner **ochlocratie'** *v* regering door de massa
ochtend *m* morgen; *'s ~s*, in de ochtend **ochtendblad** 's morgens verschijnende krant **ochtendgloren** *o (plecht.)* dageraad **ochtendmens** wie 's morgens het best functioneert **ochtendspits** grote verkeersdrukte in de ochtend
octaaf' *o/v(m)* [-taven] 8e toon v.d. grondtoon af; omvang van 8 tonen; tijdperk van 8 dagen tot viering v. kerkelijk feest; twee kwatrijnen v.e. sonnet **octaan'** *o* verzadigde koolwaterstof met acht koolstofatomen **octaë'der** *m* [-s] achtvlak **octant'** *m* werktuig om de zonshoogte op te nemen **octa'vo** *o* [-'s] boekformaat van 16 blz. in een vel **octet'** *o* [-ten] stuk voor 8 partijen **octogoon'** *m* [-gonen] achthoek **octopus** *m* [-sen] inktvis met 8 armen
octrooi' *o* handelsmachtiging, vergunning; gegarandeerd recht op resultaten van uitvinding **octrooi'aanvraag** aanvraag bij de overheid om een octrooi te krijgen **octrooi'brief** akte waarin octrooi verleend

wordt **octrooie'ren** octrooi verlenen **octrooi'gemachtigde** vertegenwoordiger voor de behandeling van octrooi **Octrooi'raad** *m* lichaam voor octrooiaanvragen
oculair' ‹ai=è› *bn* het oog betreffend **II** *o* [-s] naar het oog gerichte lens in kijker, oogglas
ocula'tie *v* [-s] het oculeren **ocule'ren** op bep. wijze enten
oculist' oogarts
OCW (Ministerie van) Onderwijs, Cultuur en Wetenschappen
odalisk' *v* kamenier in harem
ode *v(m)* [-n] lofdicht
odeur' *m* [-s] reuk; reukwater
odium *o* het hatelijke; haat
odome'ter *zie* **hodometer**
odonti'tis *v* [gmv] ontsteking aan het gebit
odorant' *m/o* aan iets toe te voegen reukstof
OECD *Organization for Economic Co-operation and Development, zie* **OESO**
oecume'ne ‹eukoemeene› *v* als ideaal nagestreefde eenheid der christenen; oecumenische beweging **oecume'nisch** *bn* de hele aarde betreffend; *~e beweging*, streven naar het elkaar naderen v.d. christelijke Kerken
oedeem' ‹oe=eu› *o* [-demen] waterophoping in onderhuids weefsel
Oedipuscomplex ‹eudiepoeskompleks› onderbewuste liefde van zoon voor moeder
oef *tw* hoe warm! wat een zwaar werk!
oefenaar [-s] *(prot.)* persoon die bij godsdienstig oefenen en bidden voorgaat **oefenen** uitoefenen; betrachten; bekwamen; *(prot.)* godsdienstige bijeenkomsten houden **oefening** *v* het oefenen; opgave **oefenperk** worstelperk **oefenschool** school of gelegenheid waar men zich oefent **oefentherapie** fysiotherapie d.m.v. het uitvoeren van bep. oefeningen
oehoe *m* [-s] ooruil
oei *tw* uitroep v. pijn of schrik
oeka'ze *v(m)* [-n, -s] keizerlijk bevel, hoog bevel
oelewapper *m* [-s] onnozel iem.
oemiak *zie* **kajak**
oen *m/o* onbenullig iem.
oenologie' ‹oe=eu› *v* leer v.d. wijn en v.d. wijnbouw
O. en W. (Ministerie van) Onderwijs en Wetenschappen
oeps *tw* (uitroep van verbazing of schrik)
oer *o* ijzerhoudende grond
oer- *voorvoegsel* (de oorsprong of iets primitiefs aangevend); *voor bn ook in de bet.*: *(fam.)* zeer **oerbank** laag oer **oerdier** eencellig dier **oergrond** oer bevattende grond **oerknal** hypothetische explosie als begin v.h. heelal **oermens** mens in de oertijd **oertaal** oorspronkelijke taal **oertekst** gereconstrueerde oorspronkelijke tekst **oertijd** voortijd **oervolk** volk in de oertijd **oervorm** eerste vorm **oerwoud** maagdelijk woud
OESO organisatie voor economische samenwerking en ontwikkeling
oester *v(m)* [-s] weekdier met één platte en één bolle schelp, Lat. Ostrea; *gapen als een ~*, zeer wijd gapen; *leven als een ~*, eenzaam leven **oesterbaard** orgaan waarmee oesters zich vasthechten **oesterbank**, **oesterplaat**, **oesterput** bank waar oesters gekweekt of gevonden worden **oesterzaad** jonge te zaaien oesters
oestrogeen' ‹oe=eu *of* ui› *bn* paardrift verwekkend, vruchtbaarheid bevorderend **oestron** ‹oe=eu *of* ui› *o* vrouwelijk geslachtshormoon
OETC Onderwijs in Eigen Taal en Cultuur
oeuvre ‹ùvre› *o* gezamenlijk werk
oever *m* [-s] walkant **oeverloos** *bn* eindeloos **oeverloper** *m* [-s] strandloper **oeverstaat** door rivier of zee begrensde staat **oeverval** *m* wegzinken van dijk en aangrenzend land **oeverzwaluw** aan waterkanten nestelende zwaluw, Lat. Riparia riparia
of *vgw* dan wel, anders gezegd; indien; ofschoon; alsof; (ook grammatisch verbindend); *en of!*, ja
offday ‹òfdeej› *m* [-s] dag waarop men niet in vorm is
offensief' **I** *bn & bw* aanvallend **II** *o* [-sieven] aanval
offer *o* [-s] gave, offerande; slachtoffer; opoffering; *ten ~ gaan*, bij begrafenis na het offertorium gaan offeren **offeraar** *m* [-s] wie offert **offerande** *v(m)* [-n] het offeren; offergave; eerste hoofddeel v.d. mis; gebed hierbij **offerblok** *o* kistje voor aalmoezen **offerdier** dier als offer **offeren** een offer brengen of aanbieden; prijs geven; *aan Bacchus ~*, (wijn) drinken **offergave** *v(m)* [-n] wat men offert **offerschaal** schaal voor offerdrank of offergave **offersteen** steen waarop men offert
offer'te *v(m)* [-s, -n] aanbieding
offerto'rium *o* [-s, -ria] *(r.-k.)* offerande **offervaar'dig** *bn* tot offeren bereid
offi'cial ‹offisjul› *m* [-s] afgevaardigd iem.
officiant' dienstdoend ambtenaar; priester in bediening **offi'cie** *o* [-s] ambt; betrekking; dienst; *Heilig ~*, inquisitie
officieel' *bn & bw* van regeringswege, ambtelijk; door een bevoegde gegeven
officier' *m* iem. met de rang v. luitenant of hoger; stuurman of machinist; iem. met een bep. onderscheiding; *~ van gezondheid*, militair arts; *~ van justitie*, openbare aanklager **officiers'mess** *m* [-es] eetzaal v. officieren
officieus' *bn & bw* half officieel
officinaal' *bn* in de apotheek voorhanden; geneeskrachtig
offi'cio *ex ~*, ambtshalve
off li'ne ‹òf lain› *bw* niet verbonden met een netwerk *(van computer)*
offre'ren aanbieden
offsetdruk *m* vlakdruk met gummicilinder
offshore ‹òfsjoor› *bn & bw* buitengaats
offsi'de ‹òfsaaid› *bw (sp.)* buitenspel

off the re'cord ‹òf de rekord› onofficieel
offwhite ‹òfwaait› *bn & o* gebroken wit
ofiet' *o* serpentijn
ofschoon' *vgw* hoewel
oftalmologie' *v* leer v.d. oogziekten **oftalmoscopie'** *v* [-ën] omderzoek met behulp v.e. oogspiegel
ofte *(vgw in bep. verbindingen)* of **of'te wel'**, **of'wel'** *vgw* of
o.g. onroerend goed
ogen kijken; een mooie indruk maken; ~ *op*, streven naar
ogenblik *o* [-ken] zeer korte tijd; *op het* ~, thans **ogenblik'kelijk** *bn & bw* zeer kort van duur; terstond
ogendienaar kruiper **ogendienst** kruiperij **ogenschijn'lijk** *bn & bw* schijnbaar **ogenschouw** *in ~ nemen*, bekijken **ogenzwart** *o* mascara
ogief' *o* [ogieven] kruisboog, spitsboog **ogief'boog** ogief **ogivaal'** *bn* spitsboog
oha'ën [ohade, geohaad] ouwehoeren
ohm *o/m* [-s] eenheid v. elektrische weerstand
oho *tw* o!
o.i. onzes inziens
o.i.d. of iets dergelijks
oio *m-v* [-'s] onderzoeker of onderzoekster in opleiding **oio-opleiding** opleiding v.e. oio
oir ‹oor› *v (vero.)* nakroost
ojief' *o* [ojieven] ogief; lijst waarvan de kromming in dwarsdoorsnede half hol en half bol is
o.k. operatiekamer
oka'pi *m* [-'s] giraffeachtig dier uit Afrika
oké *tw* in orde
oker *m* gele aardsoort, berggeel
okido', **okidoki** *tw (pop.)* in orde
okka'sie *v (Belgned.)* occasion
okkernoot *v(m)* walnoot; notenboom
okra *m* [-'s] West-Afrikaanse langwerpige bittere vrucht
oksaal', **doksaal'** *o* [-salen] tribune voor zangkoor
oksel *m* [-s] holte onder de arm; hoek tussen tak en bladsteel
okshoofd *o* (vat van) 6 ankers
okt. oktober
okto'ber *m* 10e maand
OL oosterlengte
old fi'nish ‹oold finnisj› *bn* in antieke stijl gemaakt
oldtimer ‹ooldtaaimer› *m* [-s] antieke auto
oleaat' *o (schei.)* zout v. oliezuur
olean'der *m* [-s] laurierroos
oleï'ne *v(m)* olievetstof **oleografie'** *v* reproductie in olieverfsteendruk
olie *v(m)* [oliën] vette vloeistof; vloeibare brandstof en smeerstof; ~ *in* of *op het vuur*, wat de driften nog aanwakkert; ~ *op de golven*, iets kalmerends; *H. Olie*, bep. zalving als sacrament; *in de* ~, dronken; *geen ~ meer in de lamp hebben*, uitgeput zijn; ~ *drijft boven*, de waarheid komt aan het licht **oliebaron** wie invloedrijk is in de oliehandel **oliebol** *m* [-len] bolvormige oliekoek **oliebollenkraam** *v(m)/o* [-kramen] kraam waar oliebollen verkocht worden **oliebron** petroleumbron **oliebunker** bergplaats voor stookolie **oliecrisis** grote moeilijkheden rond voorziening v. aardolie **oliedom** *bn & bw* zeer dom **olie-en-azijn'stel** stel voor olie en azijn **oliefilm** *m* [-s] zeer dunne laag olie **oliehoudend** *bn* olie bevattend **olie-industrie** industrie v. winnen en verwerken v. aardolie **oliekoek** ronde in olie gebakken koek **olielamp** met olie gevoede lamp **oliemolen** pletmolen voor lijn- of raapzaad **oliën** met olie bewerken **olienoot** aardnoot **oliesel** *o* sacrament der stervenden **olieslager** fabrikant van plantaardige olie **olieslagerij'** fabriek v. plantaardige olie **oliespuit** spuit om mee te oliën **oliesteen** zachte gladde slijpsteen **oliestook** *v(m)* met olie gestookte centrale verwarming **olieveld** terrein met oliebronnen **olieverf** met olie bereide verf **olievlek** door olie veroorzaakte vlek; op water verspreide olie
olifant *m* dikhuidig veelhoevig slurfdier met ivoren slagtanden **olifantshuid** *een ~ hebben*, ongevoelig zijn voor belediging **olifantstand** stoottand v. olifant, spiraalvormige snijtand **olifantsziekte** waterzuchtige zwelling onder de opperhuid
oligarchie' *v* [-ën] regering van enkele voornamen **oligar'chisch** *bn & bw* met of van of voor de oligarchie
oligo- *als eerste woorddeel*: weinig; klein **oligofrenie'** *v* zwakzinnigheid
olijf' *v(m)* [olijven] olijfboom, olijftak; vrucht v. olijfboom **olijf'boom** bep. vruchtboom **olijf'groen** *o & bn* (in) geelachtig groene kleur **olijf'krans** krans van olijfbladen **olijf'olie** olie uit olijven **olijf'tak** tak v.d. olijfboom
olijk *bn & bw* guitig; slim **olijkerd** [-s] slimmerd; guit
olim *bw in de dagen van* ~, voorheen
ollekebolleke *o* [-s] gedicht in dactylen van tweemaal vier regels waarvan de zesde regel één woord bevat
olm *m* iep **olmenhout** hout v.d. olm
oloro'so ‹s=z› *m* [-'s] ietwat zoete donkergekleurde sherry
o.l.v. onder leiding van
OLV Onze-Lieve-Vrouw
olympia'de *v* [-n, -s] 4 jaar; Olympische Spelen **Olym'pisch** *bn ~e Spelen*, om de vier jaar gehouden internationale sportwedstrijden
om I *vz* rondom, omstreeks; te; naar; wegens; ten einde; telkens na; ~ *strijd*, in onderlinge wedijver; ~ *en(de) bij*, ongeveer; ~ *het even*, gelijk; ~ *het (+ superlatief)*, wedijverende in (+ *abstractum*); *als eerste deel v. samengekoppelde ww in de bet.*: rond of omver; ~ *het leven komen*, omkomen **II** *bw* ergens omheen; veranderd; voorbij; niet gericht; ~ *en* ~, ieder op de beurt; *'m ~ hebben*, *(pop.)* dronken zijn
o.m. onder meer
O.M. Openbaar Ministerie

oma *v* [-'s] grootmoeder **omafiets** ouderwetse damesfiets
omar'men omhelzen
omber I *m* donkerbruine kleurstof **II** *o* met veertig kaarten gespeeld kaartspel **III** *m-v* [-s] tegen wie twee partners spelen
ombladeren een blad omslaan **ombocht** *v(m)* omgebogen kant **omboord'** *bn* met boordsel omgeven **ombouw** *m* om iets geconstrueerd iets **ombrassen** zeilen en raas met een bras omhalen **ombrengen** doden; rondbrengen
ombrome'ter *m* [-s] regenmeter
ombudsman, ombudsvrouw persoon die klachten behandelt tegen of van de overheid
ombuigen *(fig.)* wijzigen; *(euf.)* bezuinigen **omcir'kelen** zich in cirkels bewegen om; met een cirkel omlijnen
omdat' *vgw* dewijl
omdij'ken met een dijk omsluiten **omdoen** rond het lichaam doen **omdopen** ~ *tot*, van naam veranderen in **omdraai** keer, draai **omdraaien** achterstevoren draaien; op een andere zijde draaien; veranderen **omdragen** rond dragen
ome *m* [-s] *(pop.)* oom; ~ *Hein*, de dood; *hoge* ~, hoge Piet; ~ *Jan*, de lommerd
o'mega *v(m)* [-'s] laatste letter v.h. Griekse alfabet
omelet' *v(m)* [-ten] eierpannenkoek
omen *o* [omina] voorteken
omfloer'sen met floers omhangen
omgaan rondgaan; om iets gaan; voorbij gaan; omgang hebben; zich afspelen; verkocht worden; ~ *met*, op een draaglijke manier leven met **omgaand** *bn & bw* per kerende post, zo snel mogelijk **omgaande** *per* ~, met de eerstvolgende post **omgang** *m* processie; het omgaan; gezellig verkeer; galerij **omgangsregeling** regeling voor gescheiden ouders omtrent de omgang met de kinderen **omgangstaal** gewone spreektaal **omgangsvormen** *mv* vormen in de omgang
omgekeerd *bn & bw* omgedraaid, andersom, tegengesteld **omgelanden** *mv* die om een bep. punt land hebben **omgelegen** *bn* rondom gelegen
omge'ven omringen **omge'ving** *v* nabijheid; milieu; streek
omgooien omverwerpen; vlug omwenden; (gez. v. bladzijden) haastig omslaan **omgor'den** om de heupen vastbinden; omgeven met **omhaal** *m* [-halen] onnodige drukte; krul van letter **omhakken** door hakken vellen, loshakken **omhalen** omverhalen
omheen *bw* rondom
omhei'nen met een heining omgeven **omhei'ning** *v* het omheinen; heining om iets
omhel'zen om de hals vallen; (v.e. godsdienst) aannemen
omhoog' *bw* boven; naar boven **omhoog'schieten** snel groeien; snel omhoog gaan; naar boven schieten **omhoog'vallen** *(iron.)* ondanks geringe capaciteiten promotie maken **omhoog'varen** met het voorschip omhoog stranden **omhoog'zitten** met het voorschip omhoog gestrand zijn; *(fig.)* in moeilijkheden zijn
omhul'len wikkelen in **omhul'sel** *o* [-s] wat omhult; *stoffelijk* ~, lichaam
omie *v* [-s] oma
omineus' *bn* onheilspellend
omis'sie *v* [-s] weglating; verzuim **omitte'ren** weglaten, overslaan
omka'den met een kade omsluiten **omka'deren** omlijnen **omkantelen** v.d. ene kant op de andere (doen) vallen; kantelend omvallen **omkatten** van een uit een autowrak gehaald nummer voorzien **omkeren** omdraaien **omkiepen, omkieperen** *(fam.)* omvallen **omkijken** achter zich kijken; omzien, uitkijken **omkle'den** [omkleedde, omkleed] (met een kleed) omgeven; *met redenen omkleed*, met vermelding v.d motieven **om'kleden** [kleedde om, omgekleed] verkleden **omkleed'sel** *o* [-s] omhulsel, waarmee iets omkleed is **omklem'men** met gekromde hand stevig omvatten **omkomen** het leven verliezen, verstrijken; rondkomen
omkoop'baar *bn* kunnende omgekocht worden **omkopen** met geld of geschenken overhalen tot afwijking v.e. plicht **omkoperij'** *v* het omkopen
omkukelen *(pop.)* omvallen
omlaag' *bw* naar beneden; in de laagte
omleggen om iets heen leggen; andersom leggen; een andere richting geven **omlegsel** *o* [-s] omboordsel
omleiden over een andere weg leiden **omliggend** *bn* omgelegen **omlij'nen** (als) met een lijn omgeven; afbakenen **omlijs'ten** als met een lijst omgeven
omloop *m* [-lopen] het omlopen; kringloop, rondgang; circulatie; om vinger of nagel lopende zweer; rondlopende galerij **omloopsnelheid** snelheid waarmee geld circuleert; tijd waarin een hemellichaam zijn rondgang maakt **omlopen** langs een omweg lopen; rondlopen; ronddraaien; ondersteboven lopen; bijna in de war raken
ommegang *m* omgang **om(me)keer** *m* verandering **ommestaand** *bn* omstaand
ommetje *o* straatje om
ommezien *o* ogenblik **ommezijde** keerzijde **om(me)zwaai** *m* omkeer
ommu'ren met een muur omgeven
omnibus *m/v* [-sen] openbaar rijtuig met vaste tijden; *als tweede lid v.e. ss met een schrijversnaam als eerste lid*: verzamelde werken **omnipluriaal** *m* [-rialen] woord met zoveel mogelijk verschillende letters **omnipotent'** *bn* almachtig **omnipoten'tie** *v* almacht **omnivalent'** *bn* algemeen geldig **omniver'sum** *o* [-s] theater waar men zich in tijd en ruimte bij het voorgestelde aanwezig waant **omnivoor'** *m* [-voren] alleseter

ompa'len met palen afzetten, omringen **ompa'ling** *v* het ompalen; paalwerk rondom
omploegen met ploeg omwerken; zo ploegen dat het onder de oppervlakte komt **ompraten** door te praten van inzicht doen veranderen **omran'den** met een rand omgeven **omras'teren** met rasterwerk omgeven **omras'tering** *v* het omrasteren; rasterwerk rondom **omrekenen** herleiden **omrijden** langs een omweg rijden; omver rijden **omrin'gen** omgeven
omroep *m* bedrijf van radio en tv **omroepbestel** regeling en organisatie v.d. omroep **omroepbijdrage** verplichte geldelijke bijdrage aan kosten v.d. omroep **omroepen** bekend maken; uitzenden **omroeper** [-s] wie voor radio en televisie mededelingen doet **omroepster** vrouwelijke omroeper **omroepvereniging** vereniging die radio- en tv-uitzendingen verzorgt
omroeren dooreenroeren, rondroeren **omruil** *m* het omruilen **omruilen** inwisselen **omschakelen** door een schakelaar om te draaien van werking laten veranderen; anders aanpakken **omschieten** omverschieten; snel om iets heen komen **omscholen** voor een ander vak opleiden dan waarvoor men zich reeds bekwaamd heeft **omschrij'ven** afbakenen, nauwkeurig beschrijven **omschudden** schuddend ledigen; dooreenschudden **omsin'gelen** aan alle kanten omsluiten **omslaan** omverslaan; snel omdoen; omdraaien; omvouwen; omklinken; omgaan; gelijkelijk verdelen; plotseling veranderen **omslach'tig** *bn & bw* wijdlopig
omslag **I** *m* drukte; belasting; per hoofd te betalen bijdrage **II** *m/o* omkleedsel; kompres; zwengel **omslagartikel** op de omslag onder de bijzondere aandacht gebracht artikel **omslagdoek** schouderdoek **omslaghaven** haven waar goederen v.h. ene schip in het andere geladen worden **omslagstelsel** regeling voor het bepalen van omslagen
omslui'eren als met een sluier omgeven **omslui'ten** insluiten, bevatten; omklemmen **omslui'ting** *v* het omsluiten; omheining **omsmelten** opnieuw smelten **omspan'nen** omvatten met de vingers; spannend omgeven **omspe'len** *gez. v.e. tegenstander*: *(sp.)* dribbelend passeren **omspellen** een oude tekst in moderne spelling zetten **omspelling** *v* het omspellen **omspitten** omgraven **omspoelen** schoonspoelen **omspringen** omgaan
omstaan ~ *om*, met afgewend gezicht raden naar; ~ *leren*, drillen **omstaand** *bn* rondom staande; aan de keerzijde **omstander** [-s] toeschouwer
omstan'dig *bn & bw* breedvoerig **omstan'digheid** *v* [-heden] breedvoerigheid; bijzonderheid; gelegenheid, gesteldheid; *onder geen enkele ~*, onder geen voorwaarde

O

omstebeurt' *(spreekt.) bw* om beurten
omstre'den waarover gevochten wordt
om'streeks *bw & vz* ongeveer; nabij
omstreken *mv* omgeving
omstren'gelen strengelend omvatten of omwinden **omstu'wen** in dichte drom omgeven **omtollen** omvallen
omtrek *m* [-ken] omlijning; omgeving **omtrekken** omvertrekken; om iets heen trekken **omtrekshoek** *(meetk.)* hoek die ontstaat wanneer twee koorden in een cirkel elkaar buiten het middelpunt snijden
omtrent' **I** *bw* in de buurt; ongeveer **II** *vz* nabij; aangaande
omturnen van inzicht of levenswijze doen veranderen **omvallen** omvervallen, omvergeslagen raken
omvang *m* omtrek; grootte, uitgestrektheid **omvan'gen** omvatten **omvang'rijk** *bn* van grote omvang
omvaren omver varen; om iets heen varen; varende een omweg maken **omvat'ten** omsluiten, inhouden
omver' *bw* ondersteboven
omvliegen snel verstrijken **omvormen** een andere vorm geven aan **omvouwen** (binnenste buiten) vouwen **omvraag** stemming op de rij af; rondvraag **omwal'len** met wal omgeven **omwal'ling** *v* het omwallen; de wal **omwandeling** *v* rond iets heen wandelen; verkeer onder de mensen **omwassen** schoonwassen **omweg** langere weg; *zonder omwegen*, rechtstreeks **omwenden** omkeren **omwenteling** *v* draaiing; verandering, revolutie **omwentelingslichaam** lichaam dat ontstaat door draaiing v.e. lijn om een as **omwentelingstijd** voor een omwenteling nodige tijd **omwerken** flink veranderen; ploegen, spitten; dooreenwerken **omwik'kelen** om het lichaam wikkelen; inwikkelen **omwik'keling** *v* het omwikkelen; dat waarmee iets omwikkeld is
omwil'le ~ *van*, voor
omwin'den omwikkelen **omwin'ding** *v* het omwinden; omwindsel **omwisselen** verwisselen, ruilen **omwoelen** loswoelen; stevig omwinden **omwonend** *bn* rondom wonend **omwoners** *mv* omwonenden; tegenvoeters **omwroeten** loswroeten, rondwroeten **omzei'len** [omzeilde, omzeild] ontwijken **om'zeilen** [zeilde om, omgezeild] zeilen om; rondzeilen; zeilende een omweg maken **omzendbrief** circulaire, openbare rondgezonden brief; herderlijk schrijven
omzet *m* [-ten] verkoop **omzetbelasting** belasting op betaling van goederen of diensten **omzetpremie** korting of premie bij zekere omzet **omzetprovisie** wat een bank voor haar diensten berekent **omzetten** anders zetten; verhandelen; transponeren; veranderen door inwerking v.e. andere stof; in een andere vorm zetten
omzich'tig *bn & bw* behoedzaam

omzien I *ww* omkijken; rondzien, hier en daar zien II *o* ommezien **omzo'men** met een zoom omgeven **omzwaaien** van richting veranderen, van studierichting veranderen **omzwach'telen** met een zwachtel omwinden

on- *als eerste deel van ss (vnl.) in de bet.*: slecht; niet

onaan'genaamheid *v* [-heden] wat onaangenaam is; *(mv)* twist

on'aan'gepast *bn* zich niet naar de maatschappij willende voegen

onaccepta'bel *bn* onaanvaardbaar

onacht'zaam *bn & bw* weinig oplettend **onacht'zaamheid** *v* [-heden] onoplettendheid

on'af'gebroken *bn & bw* aaneengeschakeld, voortdurend

onafhan'kelijk *bn* zelfstandig; aan niemand ondergeschikt; niet van anderen afhankelijk

onafscheid'baar *bn & bw* niet afgescheiden kunnende worden, innig verbonden **onafschei'delijk** *bn & bw* innig verbonden

onafwijs'baar *bn* niet af te wijzen **onafzien'baar** *bn & bw* waarvan het einde niet te zien is

ona'ger *m* [-s] wilde woudezel

onane'ren onanie bedrijven **onanie'** *v* zelfbevrediging; zaadverspilling bij geslachtelijke gemeenschap

onbaatzuch'tig *bn & bw* niet op eigenbaat bedacht, belangeloos

onbarmhar'tig *bn & bw* zonder meedogen, ongenadig

onbedaar'lijk *bn & bw* niet tot bedaren te brengen **onbedacht'** *bn & bw* **onbedacht'zaam** *bn & bw* onbezonnen **onbedor'ven** *bn (fig.)* onschuldig **onbedui'dend** *bn & bw* weinig betekenend **onbegon'nen** *bn* zonder begin; ondoenlijk **onbegrensd'** *bn* zonder grenzen, oneindig groot **onbegre'pen** *bn* niet begrepen **onbegrip** *o* [gmv] niet begrijpen **onbeheerd'** *bn* zonder toezicht; niet opgeëist; zonder bekende eigenaar **onbehol'pen** *bn & bw* onhandig **onbehoor'lijk** *bn* niet welvoeglijk; niet passend **onbehou'wen** *bn & bw* lomp, ongemanierd **onbekookt'** *bn* onbezonnen **onbekwaam'** *bn* niet bekwaam; niet bevoegd tot rechtshandelingen; dronken **onbeleefd** *bn* tegen de beleefdheid, niet beleefd **onbeleefd'heid** *v* [-heden] ongemanierdheid, onbeleefde bejegening **onbelem'merd** *bn* ongehinderd **onbemerkt'** *bn & bw* niet gezien **onbenul** *m-v* [-len] iem. met weinig verstand of kennis van zaken **onbenul'lig** *bn* dom; onbelangrijk **onbepaald'** *bn & bw* niet begrensd, niet vastgesteld; onduidelijk; *~e wijs*, infinitief; *~ vnw*, vnw met vage bet.; *~ lidwoord*, een **onbera'den** *bn & bw* onbezonnen **onbere'den** *bn* waarop nog niet gereden is; onbedreven in het rijden; zonder paard **onbere'kenbaar** *bn & bw* niet te berekenen, wisselvallig **onberis'pelijk** *bn & bw* waar niets op aan te merken valt **onbeschaamd'** *bn & bw* brutaal **onbeschoft'** *bn & bw* lomp **onbeschrijf'(e)lijk** *bn & bw* niet te beschrijven; vreselijk **onbesla'gen** *bn* zonder beslag; niet goed voorbereid **onbeslecht'** *bn* onbeslist **onbespoten** *bn* niet met chemische middelen besproeid **onbespreekbaar** *bn* taboe **onbespro'ken** *bn & bw* onberispelijk **onbestemd'** *bn (germ.)* onbepaald **onbestor'ven** *bn* waarvan de echtgenoot of echtgenote langere tijd afwezig is **onbesuisd'** *bn & bw* woest **onbetaal'baar** *bn* niet betaald kunnende worden; onschatbaar; kostelijk **onbete'kenend** *bn* onbeduidend **onbetuigd'** *bn zich niet ~ laten*, flink meedoen **onbetwist'baar** *bn & bw* niet te betwisten **onbevan'gen** *bn & bw* zonder vooroordeel, onpartijdig; zonder schroom **onbeva'ren** *bn* niet bevaren; niet veel gevaren hebbende **onbevlekt'** *bn ~e ontvangenis*, *(r.-k.)* verwekking zonder de smet v.d. erfzonde **onbewaakt'** *bn* zonder bewaking; waarin men onbezonnen te werk gaat **onbeweeg'lijk** *bn & bw* roerloos; onverzettelijk **onbewim'peld** *bn & bw* ronduit, onverholen **onbewo'gen** *bn & bw* onwrikbaar; roerloos; onaandoenlijk **onbewoon'baarverklaring** *v* het onbewoonbaar verklaren **onbezon'nenheid** *v* [-heden] het onbezonnen zijn; iets onbezonnens **onbezorgd'** *bn & bw* niet besteld; zonder zorg, onverzorgd **onbezwaard** *bn* door geen bezwaren tegengehouden; onbezorgd; vrij van lasten **onbezwe'ken** *bn & bw* stand houdend **onbreek'baar** *bn* niet kunnende breken

onbruik *in ~ raken*, niet meer gebruikt worden

oncogeen' *bn* kankerverwekkend **oncogen** *o* [-ge'nen] kankerverwekkend stukje DNA **oncologie'** *v* leer v.d. ziekelijke gezwellen

ondank *m* afwezigheid van dank; *zijns ~s*, tegen zijn wil **ondanks** *vz* niettegenstaande

ondeel'baar *bn & bw* niet te delen; niet in gedeelten te vervullen; uiterst klein

onder *vz & bw* beneden; tussen; tijdens *(zegsw.)* met; *~ zich hebben*, bij zich in berusting hebben; *~ de wind*, van de windrichting af; *~ meer*, ook **on'deraan'** *bw* aan de onderkant, aan het benedeneinde **onderaannemer** wie v.d. eig. aannemer aanneemt **onderaards'** *bn* onder de grond **on'deraf'** *bw* van de onderkant af **onderafdeling** kleinere afdeling **onderarm** benedenarm **onderarms** *bw* met de hand onder de schouder; van onder naar boven **onderbaas** I *m* [-bazen] ploegbaas II *v(m)* [-bazen] voetstuk v. pilaar **onderbelicht'** *bn* te kort belicht **onderbetalen** te weinig betalen **onderbevelhebber** wie vlak onder de opperbevelhebber staat **onderbevolking** te geringe bevolking **onderbewust'** *bn & bw* deel uitmakend

O

v.h. onderbewustzijn; als niet geheel heldere neerslag van vroegere ervaringen **onderbewustzijn** *o* zielsleven waarvan men zich niet bewust is **onderbezet'** *bn* te weinig bezet **onderbezetting** onderbezet zijn **onderbinden** onder de voeten binden **onderbouw** bouwwerk als steun; gemeenschappelijk begin v. lyceum **onderbou'wen** van argumenten voorzien **onderbre'ken** tijdelijk doen ophouden, afbreken **onderbrengen** onderdak bezorgen, een passende plaats geven **onderbroek** broek onder een andere broek **onderbroekenlol** pret om schunnige dubbelzinnigheden **onderbuik** onderste deel v.d. buik **ondercurate'lestelling** *v* gerechtelijk vonnis waarbij iem. met zijn bezittingen onder toezicht v.e. curator wordt gesteld **onderdaan** [-danen] iem. in betrekking tot zijn vorst; *(scherts.) onderdanen*, benen, voeten **onderdak** huisvesting **onderda'nig** *bn & bw* zich onderworpen betonend **onderdeel** deel **onderdekken** bedekken **onderdeks'** *bw* in de kajuit **onderdeur** benedenhelft v.e. afzonderlijke deur **onderdeurtje** *o* klein iemand **onderdoen** de mindere of de minste zijn; onderbinden **onderdompelen** onder een vloeistof houden **onderdoor'** *bw* van onder door iets heen; *er ~*, onopgemerkt ertussen; *er ~ gaan*, het afleggen **onderdruk** bloeddruk bij niet-pompend hart **onderdruk'ken** onder dwang doen leven; bedwingen **onderduiken** duikende verdwijnen; *(gesch.)* zich schuil houden voor de bezetter **ondereen'** *bw* dooreen **ondereinde** onderkant, benedeneind **onderen** *bw* onder **on'dergaan** [ging onder, ondergegaan] verdwijnen, te gronde gaan **ondergaan'** [onderging, ondergaan] verduren, doorstaan **ondergang** *m* het ondergaan, verderf **ondergeschikt'** *bn* onder een bevel staand; niet zelfstandig; van minder betekenis **ondergeschoven** *bn* bedrieglijk in de plaats gesteld; valselijk voor echt uitgegeven **ondergete'kende** [-n] ondertekenaar; *(scherts.)* ik **ondergewicht** te laag lichaamsgewicht **ondergoed** onderkleren **ondergra'ven** ondermijnen **ondergrond** grond onder de oppervlaktelaag; grondslag **ondergronds'** *bn* onder de grond; illegaal, geheim **ondergrond'se** *v (gesch.)* illegale organisatie **onderhand'** *bw* intussen **onderhan'delaar** [-s, -laren] wie onderhandelt **onderhan'delen** besprekingen voeren om tot een overeenkomst te geraken **onderhands'** *bn & bw* niet in het openbaar; zonder tussenkomst v.e. openbaar ambtenaar **onderha'vig** *bn* waarvan sprake is **onderhe'vig** *bn* bloot staand, vatbaar **onderho'rig** *bn* ondergeschikt, afhankelijk **onderho'righeid** *v* [-heden] het onderhorig zijn; land dat ergens bij hoort

onderhoud *o* verzorging, voeding, levensonderhoud; gesprek **on'derhouden** [hield onder, ondergehouden] onder iets houden; onder water houden; onder de voeten houden **onderhou'den** [onderhield, onderhouden] spreken; bijhouden, in stand houden, verzorgen; bezighouden; betrachten; *zich ~*, spreken **onderhou'dend** *bn & bw* gezellig **onderhoudsbeurt** behandeling voor het onderhoud **onderhoud(s)plich'tig** *bn* verplicht te onderhouden

onderhout kreupelhout **onderhuid** huid onder opperhuid **on'derhuids'** *bn & bw* onder de huid; niet uitgesproken **onderhuis** benedenhuis **onderhuren** door meer geld te geven huren in de plaats. v.e. ander; huren v. iem. die het zelf gehuurd heeft **onderhuur** het onderhuren **onderhuurder** *m* [-s] wie onderhuurt; huurder v.e. andere huurder **on'derin'** *bw* van onderen erin **onderjurk** *v(m)* onder bovenkleding gedragen jurk **onderkaak** onderste kaak **onderkant** benedenzijde **onderkastletter** gewone, niet cursieve, niet vette letter **onderken'nen** uit elkaar kennen; herkennen **onderkin** dikke huidplooi onder de kin **onderklasse** klasse binnen een klasse **onderknuppel** *m (spot.)* onbetekenend persoon **onderkoeld'** *bn* beneden het stollingspunt maar toch niet vast; *(fig.)* ongeëmotioneerd **on'derkomen** **I** *ww* onderdak komen **II** *o* [-s] huisvesting; ondergrondse schuilplaats **onderko'men** *bn* in verval door verwaarlozing **onderkoning** landvoogd **onderkrui'pen** listig en oneerlijk verdringen **onderkruiper** *m* [-s] wie onderkruipt; *(min.)* wie het werk van stakers overneemt **onderkruipsel** *v* [-s] kleine persoon **onderlaag** laag waarop iets ligt; *(mv)* planken waarop het beddengoed rust **onderlaken** laken waarop men ligt **on'derlangs'** *bw* van onderen langs **onderlegd'** *bn* goed voorbereid, geschoold **onderlegger** *m* [-s] wat onder iets wordt gelegd; dekentje waarop baby ligt **onderliggend** *bn* verliezend **onderlijf** onderste deel v.d. romp; onderbuik **onderlijfje** *o* wat onder het lijfje gedragen wordt **onderlij'nen** onderstrepen; benadrukken

onderling *bn & bw* onder elkaar; wederzijds

onderlopen overstroomd worden **onderlosser** *m* [-s] vaartuig dat gelost wordt door het naar beneden slaan v.e. luik in de bodem **ondermaan'se** *o* aarde; het aardse **ondermaat** *v(m)* vermindering in maat in de loop v.d. tijd **ondermaats'** *bn* beneden de maat **ondermelk** taptemelk **ondermij'nen** ondergraven; verzwakken

onderne'men beginnen; wagen **onderne'mend** *bn* niet bang om te ondernemen **onderne'mer** *m* [-s] wie voor eigen rekening zaken doet **onderne'ming** *v* het ondernemen; bedrijf **onderne'mingsgeest** neiging om te ondernemen **onderne'mingsraad** organisatie voor overleg tussen werknemers en werkgevers in ondernemingen

onderofficier iem. in rang vlak onder officier **onderofficiersstrepen** *mv* distinctief van onderofficier **onderons'je** *o* [-s] intiem huiselijk feestje; onderling gekonkel **onderontwik'keld** *bn* met te weinig ontwikkeling **on'derop'** *bw (fig.)* in een ongunstige positie; *van ~*, uit het lagere **onderpacht** *v(m)* verpachting door een pachter **onderpand** zekerheidstelling **onderpastoor** *(Belgned.)* kapelaan **onderproductie** te geringe productie

onderricht *o* onderwijs **onderrich'ten** onderwijzen; inlichten

onderrok rok onder bovenste rok **onderschat'ten** te gering schatten **onderscheid** *o* verschil; verstand; uitzondering **onderschei'den** I *ww* verschil maken; verschil zien; verschil tonen; onderkennen; *zich ~*, zich doen kennen II *bn* verschillend, verscheiden **onderschei'denlijk** *bw* respectievelijk **onderschei'ding** *v* het onderscheiden; eervolle vermelding; eerbied; decoratie **onderschei'dingsteken** teken van iemands rang of waardigheid **onderschei'dingsvermogen** inzicht

onderschep'pen [onderschepte, onderschept] opvangen **onderschikkend** *bn & bw* een verhouding van kern en bepaling uitdrukkend **onderschikking** *v* onderschikkend verband **onderscho'ren** ondersteunen met een schoor, staande houden **onderschra'gen** loodrecht ondersteunen; *(fig.)* steunen **onderschrift** wat ergens onder staat; ondertekening **onderschrij'ven** zich eens verklaren met **onderschui'ving** *v* het bedrieglijk in de plaats stellen **ondershands'** *bw* niet in het openbaar **ondersneeuwen** door sneeuw bedekt worden; *zich niet laten ~*, *(fig.)* niet over zich heen laten lopen **onderspan'nen** verbinden **onderspanning** te lage spanning **onderspit** *o het ~ delven*, overwonnen worden; *in het ~*, overwonnen **onderst** *bn* laagst gelegen; *het ~e uit de kan willen hebben*, het uiterste eisen **onderstaand** *bn* hieronder of hierachter **onderst(e)bo'ven** *bw* omver **ondersteek** *m* [-steken], **ondersteekbekken** bekken dat men een zieke onderschuift om hem zijn gevoeg te laten doen **onderstel** *o* toestel waarop iets rust; onderlichaam en benen **ondersteu'nen** van onderen steunen; helpen **ondersteu'ning** *v* het ondersteunen; geldelijke steun **onderstre'pen** onderlijnen; de nadruk leggen op **onderstroom** stroom onder de oppervlakte **onderstuk** benedendeel **onderstut'ten** onderschragen, ondersteunen **onderstuurd'** *bn gez. v. auto's*: de neiging hebbend een bocht te ruim te nemen **onderteelt** *v(m)* het telen onder iets anders **onderte'kenaar** *m* [-s, -naren] wie ondertekent **onderte'kenen** zijn handtekening onder iets zetten **ondertemperatuur** lichaamstemperatuur beneden 36,5 graden **ondertitel** bijtitel **onderti'telen** *(v.e. film)* teksten zetten onder **ondertoe'zichtstelling** *v* het onder toezicht stellen v.e. kind door de kinderrechter **ondertoon** onder iets anders waarneembare toon *(ook fig.)* **ondertrouw** *m* [gmv] het tegenover de burgerlijke stand verklaren dat men wil trouwen **ondertrou'wen** in ondertrouw opnemen; in ondertrouw opgenomen worden

ondertus'sen *bw* intussen

onderuit' *bw* naar onderen en tegelijk naar buiten, van onder iets uit; *ergens niet ~ kunnen*, zich aan iets niet kunnen onttrekken, aan iets niet kunnen ontkomen **onderuit'gaan** vallen **onderuit'halen** *(sp.)* laten struikelen

ondervan'gen van onderen opvangen; onderstutten; onderscheppen; voorkomen; opheffen; tegemoet komen aan **onderverdelen** de delen delen **onderverhuren** als huurder verhuren **onderverzekering** verzekering beneden volle waarde **ondervin'den** ervaren **ondervin'ding** *v* ervaring **ondervoed'** *bn* lang te weinig gevoed **ondervoe'ding** *v* het ondervoed zijn **ondervoorzitter** tweede voorzitter **ondervra'gen** een verhoor afnemen **onderwaarderen** te weinig waarderen, te laag waarderen **onderwarmte** warmte waarmee het onderste deel v.e. oven verhit wordt **onderwa'tercamera** camera waarmee men onder water kan fotograferen of filmen **onderweg'** *bw* op weg **onderwereld** schimmenrijk; misdadigerswereld

onderwerp *o* deel dat met persoonsvorm de zinskern vormt; punt **onderwer'pelijk** *bn* onderhavig **onderwer'pen** onder gezag brengen; de beslissing opdragen over; doen ondergaan; *zich ~*, het gezag erkennen **onderwerpszin** zin met de functie van onderwerp

onderwicht te weinig gewicht

onderwijs *o* onderricht **onderwijsbevoegdheid** bevoegdheid om onderwijs te geven **onderwijsinrichting** inrichting voor onderwijs **onderwijskracht** wie onderwijs geeft of geven kan **onderwijskunde** leer v. kennisoverdracht **onderwijsman** [-nen] in het onderwijs ervaren iem. **onderwij'zen** onderrichten **onderwij'zer** *m* [-s] wie bevoegd is tot het geven van l.o. **onderwijzeres'** [-sen] *v* vrouw die bevoegd is tot het geven van l.o. **onderwij'zersakte** akte v. bevoegdheid tot het geven van l.o.

onderwind wind langs de oppervlakte **onderwor'pen** *bn* ondergeschikt; deemoedig; onderhevig **onderzaat** [-zaten] onderdaan **onderzee'boot** *m/v*, **onderzee'ër** [-s] *m* duikboot **onderzees'** *bn* onder de oppervlakte v.d. zee **onderzet'ten** met hypotheek bezwaren **on'derzetten** onder water zetten **onderzetter** *m* [-s] voorwerp om ter bescherming onder iets

vuils of heets te gebruiken **onderzet'ting** *v* hypotheek **onderzijde** onderkant
onderzoek *o* het onderzoeken **onderzoe'ken** nagaan **onderzoe'ker** *m* [-s] wie onderzoekt **onderzoe'kingstocht** tocht om te onderzoeken **onderzoeksschool** onderwijsinstelling voor het opleiden van academisch afgestudeerden tot onderzoeker
ondeugd *v(m)* gebrek; verdorvenheid; schalksheid; schalks iem. **ondeug'delijk** *bn* niet goed samengesteld; onbruikbaar **ondeu'gend** *bn & bw* niet deugend; stout; schalks
on'dicht *o* proza **ondicht'** *bn* niet dicht
ondienst *m* slechte dienst **ondien'stig** *bn & bw* nutteloos
ondiepte *v* [-n, -s] niet diepe plek
ondier monster
onding prul; iets verkeerds
ondoordring'baar *bn* niet te doordringen **ondoorgron'delijk** *bn* niet te doorgronden
ondula'tie *v* [-s] het onduleren **ondule'ren** (doen) golven
onecht' *bn* niet echt; niet wettig; met een teller die groter is dan de noemer
one'del *bn & bw* niet-edel, laaghartig
oneer *v(m)* schande
onef'fen *bn* niet effen, ruw **onef'fenheid** *v* [-heden] oneffen plaats
onei'genlijk *bn & bw* niet letterlijk; met een teller die een veelvoud is v.d. noemer
onein'dig *bn & bw* zonder einde; buitengewoon groot
oneliner ⟨wanlaainer⟩ *m* [-s] kernachtige (komische) opmerking
one-man'-show ⟨wan-mèn-sjoow⟩ *m* [-s] cabaretoptreden van één man
one'nig *bn & bw* niet eensgezind; in twist **one'nigheid** *v* [-heden] tweedracht, twist
onereus' *bn* drukkend
onesthe'tisch *bn & bw* lelijk
one-wo'man-show ⟨wan-woemen-sjoow⟩ *m* [-s] cabaretoptreden van één vrouw
onfeil'baar *bn & bw* vrij van dwaling, nooit falend
ongans' ⟨ng=n+g⟩ *bn* onwel; garstig
on'geacht' ⟨ng=n+g⟩ *bn* niet in aanzien **II** *vz* niettegenstaande **ongebaand'** *bn* niet effen **ongebon'den** *bn* niet gebonden; losbandig **ongebrei'deld** *bn* niet beteugeld **ongedaan'** *bn* niet gedaan; ~ *maken*, de gevolgen wegnemen van; vernietigen **ongedeerd'** *bn* zonder letsel **ongedekt'** *bn & bw* zonder hoofddeksel; zonder tafelkleed; zonder zekerheid v. betaling; *(taalk.)* vrij uitklinkend; *(sp.)* zonder afgeschermd te worden door een medespeler **ongedierte** *o* schadelijk gedierte **ongeduld** *o* gebrek aan geduld **ongedu'rig** *bn & bw* onrustig **ongeëvenaard'** *bn & bw* zonder weerga **ongegeneerd'** ⟨on-gezjèneerd⟩ *bn & bw* erg onfatsoenlijk; zonder plichtplegingen **ongehe'veld** *bn* niet met heffe of gist toebereid **ongehin'derd** *bn & bw* zonder gehinderd te worden **ongehoord'** *bn & bw* vreemd, buitensporig
ongein ⟨ng=n+g⟩ flauwe pret
ongekend' ⟨ng=n+g⟩ *bn & bw* zo als nog nooit is voorgekomen **ongekreukt'** *bn* ongeschonden
ongel *v(m)* uitgesmolten dierlijk vet
ongeldig ⟨ng=n+g⟩ *bn* niet geldend **ongel'digverklaring** verklaring dat iets ongeldig is
ongele'gen ⟨ng=n+g⟩ *bn* niet schikkend **ongele'genheid** *v* [-heden] ongunstige toestand, moeilijkheid **ongelet'terd** *bn* met weinig geleerdheid
ongelijk' ⟨ng=n+g⟩ *bn & bw* niet gelijk; verschillend; oneffen **on'gelijk** *o* onrecht; verkeerde mening; ~ *hebben*, zich vergissen; niet in zijn recht staan; *iem. ~ geven*, vinden dat iem. onjuist handelt; *in het ~ stellen*, iemands mening of handelen veroordelen **ongelijkbe'nig** *bn (wisk.)* (v.e. driehoek) waarvan geen twee zijden gelijk zijn
ongelijmd' ⟨ng=n+g⟩ *bn* niet met lijm bewerkt **ongelikt'** *bn* ongemanierd **ongelinieerd'** *bn* ongelijnd **ongelo'felijk**, **ongeloof'lijk** *bn & bw* niet te geloven; zeer **on'gelo'gen** *bn & bw* zonder te liegen **ongeloof** *o* het niet geloven **ongelo'vig** *bn* niet gelovend; niet gelovig
ongeluk ⟨ng=n+g⟩ *o* [-ken] ramp; ongeval; tegenspoed; ongunstige omstandigheden; mispunt; *bij* of *per* ~, zonder opzet; *een ~ begaan aan*, zwaar mishandelen, doden; *zich een ~ schrikken*, heel erg schrikken **ongeluk'kig** *bn & bw* niet gelukkig; een lichaamsgebrek hebbend; jammer **ongeluk'kigerwijs**, **ongelukkigerwijze** *bn* bij of door een ongeluk
ongeluksbode ⟨ng=n+g⟩ brenger v. slecht nieuws **ongeluksgetal** 13 **ongelukskind** pechvogel **ongeluksprofeet** wie ongeluk voorzegt **ongeluksvogel** iem. wie alles tegenloopt
ongemak ⟨ng=n+g⟩ *o* [-ken] hinder, ongerief **ongemak'kelijk** *bn & bw* last veroorzakend; moeilijk; geducht
ongemanierd' ⟨ng=n+g⟩ *bn & bw* zonder manieren **ongemeen** *bn & bw* buitengewoon **ongemerkt'** *bn & bw* zonder dat men het merkt; zonder merk **ongemoeid'** *bn & bw* ongehinderd; met rust **ongemunt'** *bn* zonder muntstempel **ongenaak'baar** *bn* niet te genaken; trots
ongenade ⟨ng=n+g⟩ *v(m)* meedogenloze toorn; *in* ~, uit de gunst **ongena'dig** *bn & bw* zonder genade; verschrikkelijk
ongenees'lijk ⟨ng=n+g⟩, **ongene'selijk** *bn & bw* niet te genezen **ongeniet'baar** *bn* slecht geluimd **ongeno'digd** *bn* niet genodigd
ongenoegen ⟨ng=n+g⟩ *o* [-s] ontevredenheid; onenigheid
on'genood ⟨ng=n+g⟩ *bn* niet genodigd **ongeorganiseerd'** ⟨s=z⟩ *bn & bw* niet volgens een plan; niet bij een organisatie aangesloten **ongepermitteerd'** *bn & bw* onbehoorlijk; niet toe te laten **ongepijnd'** *~e honing*, lekhoning

ongerech'tigheid ⟨ng=n+g⟩ *v* [-heden] onrechtvaardige daad; klein gebrek; vuil
ongerede ⟨ng=n+g⟩ *in het ~*, zoek, onbruikbaar, in de war
ongere'geld ⟨ng=n+g⟩ *bn & bw* niet geregeld, wanordelijk; losbandig; door volksbewapening op de been gebracht **ongere'geldheden** *mv* relletjes
ongerekend ⟨ng=n+g⟩ *vz* niet meegerekend **on'geremd'** *bn & bw* zonder psychische matiging **ongerept'** *bn* onaangeraakt; onbesmet; ongeschonden, maagdelijk
ongerief ⟨ng=n+g⟩ *o* ongemak
ongerijmd' ⟨ng=n+g⟩ *bn* dwaas **on'geschoeid'** *bn* zonder schoeisel **on'geschokt'** *bn* onwankelbaar **ongeschon'den** *bn* ongedeerd, ongekrenkt; zuiver **on'geschoold'** *bn* niet geschoold **on'gescho'ren** *bn* niet geschoren **ongeslachtelijk** *bn (bio.)* zonder bevruchting **on'gesla'gen** *bn* niet overwonnen **ongesta'dig** *bn* onbestendig, telkens veranderend **ongesteeld'** *bn* zonder steel **ongesteld'** *bn* de menstruatie hebbend **ongestoffeerd'** *bn* zonder gordijnen of meubels of vloerbedekking **ongestoord** *bn & bw* niet afgebroken; zonder stoornis **ongestraft'** *bn & bw* zonder straf, straffeloos **ongetekend** *bn* niet ondertekend **ongetwijfeld** *bw* zonder twijfel
ongeval ⟨ng=n+g⟩ *o* [-len] toevallig ongeluk **ongeval'lig** *bn* onaangenaam
ongeveer' ⟨ng=n+g⟩ *bw* ten naaste bij
on'geveinsd' ⟨ng=n+g⟩ *bn & bw* oprecht **ongevoeg'lijk** *bn* onbehoorlijk **ongevraagd** *bn & bw* zonder dat het gevraagd is **ongewa'pend** *bn* zonder wapens; zonder ijzeren versterking **ongewenst'** *bn* niet gewenst **ongewerveld** *bn* zonder skelet **ongewijd'** niet gewijd **ongewild'** *bn & bw* ongewenst; zonder dat men het wil **ongewis'** *bn & bw* onzeker; onbetrouwbaar; *in het ~ se*, in onzekerheid **ongewraakt** *bn* niet afgekeurd **ongezeg'lijk** *bn* niet gehoorzaam **ongezien'** *bw* zonder dat iem. het ziet **ongezocht'** *bn* zich vanzelf voordoend; natuurlijk **ongezouten** *bn & bw* ruw, zonder verschoning **ongezuurd** *bn* ongedesemd
ongunst ⟨ng=n+g⟩ *v* wangunst
onguur' ⟨ng=n+g⟩ *bn* afschuwelijk; schrikwekkend; haveloos; bar
onhan'delbaar *bn* moeilijk te hanteren; onwillig
onheb'belijk *bn & bw* ongepast; onaangenaam
onheil *o* ramp **onhei'lig** *bn* profaan, laag **onheilspel'lend** *bn* onheil voorspellende **onheilsprofeet** wie onheil voorspelt
onherroe'pelijk *bn & bw* waar niets meer aan te doen is **onherstel'baar** *bn & bw* zo dat het niet te herstellen is
onheug'lijk *bn & bw* langer geleden dan de herinnering reikt
on'heus' *bn & bw* het tegendeel van hoffelijk
onhoud'baar *bn* niet te verdedigen; zo niet kunnende blijven
onker'kelijk *bn* niet tot een Kerk behorende
on'klaar' *bn & bw* niet helder; in het ongerede
onkosten *mv* kosten
onkreuk'baar *bn* niet te kreuken; ongerept, volslagen eerlijk
onkruid *o* vanzelf opschietend waardeloos kruid **onkruidbestrijdingsmiddel** middel om omkruid tegen te gaan
onkuis' *bn* onrein
onkunde *v* onwetendheid **onkun'dig** *bn* niet op de hoogte
onlangs *bw* niet lang geleden
onle'dig *bn* niet ledig; bezig
onlees'baar *bn & bw* niet te lezen; ongenietbaar
onles'baar *bn* niet te lessen
on line' ⟨on laain⟩ *bw* verbonden met een netwerk *(van computer)* **on-line'verbinding** verbinding met een netwerk
onloo'chenbaar *bn* niet te loochenen
onlosma'kelijk *bn* onverbrekelijk
onlust *m* onbehaaglijk gevoel; *(mv)* woelingen
onmaatschap'pelijk *bn* geen rekening houdende met de maatschappelijke orde
onmacht *v(m)* machteloosheid; bezwijming **onmach'tig** *bn* machteloos, buiten machte
onma'tig *bn & bw* zonder maat, buitensporig
onmeedo'gend *bn & bw* meedogenloos
onmeet'baar *bn* waarvan de grootte niet naar een traditionele maatstaf uit te drukken is
onmens *m* wreed iem. **onmen'selijk** *bn & bw* barbaars
onme'telijk *bn & bw* niet te meten groot
onmid'dellijk *bn & bw* rechtstreeks; ogenblikkelijk
onmin *v(m)* vijandschap
onmis'baar *bn* onontbeerlijk
onmisken'baar *bn & bw* onloochenbaar
onmo'gelijk *bn & bw* niet mogelijk, met geen mogelijkheid; zo dat men ongewenst is **onmo'gelijkheid I** *v* [-heden] het niet mogelijk zijn **II** *mv* onmogelijke dingen
on'mon'dig *bn* minderjarig; niet in staat voor zichzelf op te komen of te zorgen
onnaden'kend *bn & bw* onbedachtzaam **onnaspeur'baar**, **onnaspeur'lijk** *bn* ondoorgrondelijk **onnatuur** *v* onnatuurlijkheid **onnavolg'baar** *bn* niet kunnende nagevolgd worden
on-Ne'derlands *bn* tegen het wezen v.d. Ned. taal of de aard v.d. Nederlanders
onneem'baar *bn* niet kunnende ingenomen worden
onnoem'baar *bn & bw* zeer groot **onnoe'melijk** *bn & bw* zeer veel, zeer
onno'zel *bn & bw* zonder boosheid; licht te bedriegen; onbeduidend **Onnozele-Kin'deren** *m* 28 december
onnut' *bn* zonder nut **on'nut** *m/v* [-ten] onbeduidend iem.
onomastiek' *v* naamkunde **onomas'tisch** *bn* naamkundig **onomatopee'** *v* [-ën]

klanknabootsing
onomstoot'baar, **onomsto'telijk** *bn & bw* onweerlegbaar **onomwon'den** *bn* onverbloemd
onontbeer'lijk *bn* onmisbaar **onontkoom'baar** *bn* waaraan niet te ontkomen is
onoog'lijk *bn & bw* zeer lelijk
onoor'baar *bn* onbetamelijk
onop'gemerkt *bn & bw* zonder opgemerkt te worden **onop'gevoed** *bn* niet of slecht opgevoed; onbeschaafd **onophou'delijk** *bn & bw* zonder ophouden **onoplos'baar** *bn* niet op te lossen
onor'delijk *bn & bw* wanordelijk
onoverko'melijk *bn* niet te boven te komen **onovertrof'fen** *bn* niet overtroffen **onoverwin'baar**, **onoverwin'(ne)lijk** *bn* niet te overwinnen
onpaar *bn* oneven
onparlementair' ‹ai=è› *bn* onbeschaafd
onpas *te ~*, ongelegen **onpas'selijk** *bn* misselijk
onpeil'baar *bn* niet te peilen
onpersoon'lijk *bn* geen zelfbewust wezen zijnde; zonder eigen aard
onraad *o* gevaar
onrecht *o* ongelijk; onrechtvaardigheid; *ten ~e*, niet te recht **onrechtma'tig** *bn (jur.)* in strijd met het recht; *~ bewijs*, bewijs dat het Openbaar Ministerie niet volgens de regels v.h. recht heeft gekregen
onregelma'tigheden *mv* fraude
onrijm *o* proza
onroe'rend *bn* niet verplaatsbaar **onroerendgoed'belasting** belasting op het bezit van onroerende goederen
O
onrust *v(m)* drukte; gejaagdheid **onrustba'rend** *bn & bw* onrust verwekkend **onrus'tig** *bn & bw* in voortdurende beweging, ongedurig, woelig; gespannen, angstig **onruststoker**, **onrustzaaier** *m* [-s] wie twist of opstandigheid teweegbrengt
ons I *o* 100 gram **II** *vnw* (voorwerpsvorm en bezittelijk vnw bij wij); *de onzen*, ons leger, onze partij; *~ kent ~*, we kennen elkaar zo goed dat we niet op vormelijkheden en drgl. letten; *~ aller*, de aan ons zo bekende; *onzes inziens*, *~ inziens*, naar onze mening
onsamenhan'gend *bn & bw* zonder samenhang
onscha'delijk *bn* niet schadelijk; *~ maken*, verhinderen kwaad te doen; doden
onschat'baar *bn* onwaardeerbaar
onscheid'baar *bn & bw* niet te scheiden; waarvan de leden in de vervoeging niet gescheiden worden
onschend'baar *bn* niet ter verantwoording kunnende geroepen worden
onschuld *v(m)* het onschuldig zijn **onschul'dig** *bn* zonder schuld; zonder besef van goed en kwaad; niet kwaad bedoeld; onschadelijk
onsma'kelijk *bn & bw* onaangenaam van smaak; ongenietbaar
onstabiel' *zie* **instabiel**
onster'felijkheid *v* het onsterfelijk zijn; leven na de dood
onstich'telijk *bn & bw* ergernis verwekkend
onstui'mig *bn & bw* stormachtig; hartstochtelijk, wild
onstuit'baar *bn* niet te stuiten
onszelf' *vnw zie* **mezelf**
ontaard' *bn* verbasterd; verdorven **ontaar'den** *z* minder goed worden dan het voorgeslacht; verbasteren **ontbe'ren** missen **ontbe'ring** *v* gemis **ontbie'den** laten komen
ontbijt' *o* ochtendmaal **ontbij'ten** zijn ontbijt gebruiken **ontbijt'koek** koek voor op de boterham **ontbijt'spek** spek voor op de boterham
ontbin'den losmaken, bevrijden; opheffen; ontleden; *in factoren ~*, de factoren bepalen van **ontbin'ding** *v* het ontbinden; rotting **ontbloot'** *bn* verstoken; onbedekt **ontblo'ten** bloot maken; ontdoen, beroven **ontboe'zeming** *v* uiting van gevoelens **ontbol'steren** van de bolster ontdoen; beschaven **ontbos'sen** ontdoen van bossen **ontbran'den** in brand geraken; losbreken; ontsteken **ontbre'ken** mankeren **ontcij'feren** iets moeilijk leesbaars lezen **ontdaan'** *bn* ontsteld **ontdek'ken** vinden; te weten komen **ontdek'kingsreis** met het doel onbekende dingen tegen te komen ondernomen reis **ontdek'kingsreiziger** [-s] wie ontdekkingsreizen doet **ontdoen'** ontlasten **ontdooi'en** weer vloeibaar (doen) worden; inbaar (doen) worden; minder stijf en koel (doen) worden **ontdui'ken** zich onttrekken aan
ontegenspre'kelijk, **ontegenzeg'(ge)lijk** *bn & bw* onbetwistbaar
ontei'genen het eigendomsrecht ontnemen
ontel'baar *bn & bw* niet te tellen
ontem'baar *bn* onbedwingbaar
onte'ren de eer ontnemen; schenden **onter'ven** [onterfde, onterfd] niet laten erven **ontfer'men** *zich ~*, zich erbarmen **ontfut'selen** handig ontnemen **ontgaan'** ontkomen; ontsnappen aan iemands geheugen of opmerkzaamheid **ontgel'den** bezuren **ontge'ven** *zich ~*, zich uit het hoofd zetten **ontgin'nen** [ontgon, ontgonnen] geschikt maken voor bebouwing of exploitatie **ontgin'ning** *v* het ontginnen; ontgonnen grond **ontglip'pen** ontsnappen **ontgloei'en** gaan gloeien; in geestdrift geraken; doen ontbranden **ontgoo'chelen** illusies ontnemen **ontgren'delen** losgrendelen, openmaken **ontgroei'en** voor iets te groot worden **ontgroe'nen** reglementair kleineren als voorbereiding voor opname in het corps **ontgron'den** grond wegnemen van
onthaal' *o* ontvangst **ontha'len** ontvangen als gast; trakteren
onthand' *bn* ontriefd **ontha'ren** van het haar ontdoen **onthecht'** *bn* zich onthecht hebbend **onthecht'en** *zich ~*, zich geestelijk losmaken v.h. aardse **onthech'ting** *v* het onthecht zijn **ontheem'de** [-n] vluchteling of verdrevene zonder nieuwe woonplaats

onthef'fen ontslaan, vrijstelling geven **onthei'ligen** de heiligheid schenden **onthoof'den** het hoofd afslaan
onthou'den in het geheugen houden; niet geven; *zich* ~, niet meedoen **onthou'der** *m* [-s] wie zich onthoudt; geheelonthouder **onthou'ding** *v* het niet gebruiken van vlees of spek of jus; het afzien van geslachtsgemeenschap; blanco stem **onthou'dingsdag** dag waarop het verboden is vlees of spek of jus uit vlees te gebruiken
onthul'len van het omhulsel ontdoen; aan het licht brengen **onthut'sen** ontstellen
ontieg'(e)lijk *bw* zeer
ontij(d) *bij nacht en* ~, heel laat **ontij'dig** *bn & bw* op ongelegen tijd; te vroeg
ontken'nen niet erkennen; niet bekennen **ontken'nend** *bn* niet toestemmend **ontker'stenen** ongelovig maken **ontke'tenen** losmaken; doen losbreken **ontkie'men** uit de kiem te voorschijn komen, ontstaan **ontkle'den** uitkleden **ontkleu'ren** de kleur ontnemen **ontkno'ping** *v* afloop v.d. verwikkeling **ontko'men** ontsnappen **ontkop'pelen** loskoppelen; *(fig.)* een verbinding opheffen (van) **ontkrach'ten** krachteloos maken **ontkur'ken** de kurk er af halen **ontla'den** van een last of lading of elektriciteit ontdoen **ontla'der** *m* [-s] werktuig tot ontlading van elektriciteit **ontlas'ten** ontdoen v.e. last, verlichten; ontheffen; lucht geven **ontlas'ting** *v* het ontlasten; stoelgang **ontle'den** in delen scheiden, ontbinden **ontle'digen** bevrijden **ontleed'kamer** anatomisch laboratorium **ontleed'mes** mes om lichaam te ontleden **ontle'nen** ontvangen; putten uit **ontle'ning** *v* het ontlenen; uit een andere taal overgenomen taalelement **ontlok'ken** doen uiten **ontlo'pen** door weglopen ontsnappen; *elkaar* ~, verschillen **ontlui'ken** openen; opengaan, zich ontwikkelen **ontluis'teren** van luister beroven **ontlui'zen** van luizen reinigen **ontmaag'den** de maagdelijkheid ontnemen aan **ontman'nen** onvruchtbaar maken **ontman'telen** van vestingwallen ontdoen, van machines ontdoen **ontmas'keren** de ware aard laten zien **ontmoe'digen** de moed ontnemen **ontmoe'digingsbeleid** beleid om overtredingen te voorkomen **ontmoe'ten** [ontmoette, ontmoet] *h/z* tegenkomen; aantreffen **ontmoe'ting** *v* het ontmoeten; gevecht **ontmun'ten** (gez. v. munten) opnieuw smelten **ontne'men** afnemen **ontne'ming** *v (jur.)* het beslag leggen op winsten die een veroordeelde met het plegen v. misdrijven heeft verdiend **ontnuch'teren** nuchter maken; ontgoochelen **ontnuch'tering** *v* ontgoocheld worden; nuchter worden
ontogene'se ⟨s=z⟩ *v* ontwikkelingsgeschiedenis v.e. organisme van eicel tot volwassen wezen **ontologie'** *v* leer v.h. zijn **ontolo'gisch** *bn* volgens de ontologie
ontplof'fen ploffend uit elkaar barsten **ontplof'fingsmotor** explosiemotor **ontplooi'en** gladstrijken; ontrollen, ontwikkelen; *zich* ~, zich breeduit opstellen **ontpop'pen** *zich* ~, uit de pop kruipen; zich ontwikkelen **ontraad'selen** verklaren **ontra'den** afraden **ontred'derd** *bn* gehavend; in de war **ontred'dering** *v* ontredderd zijn **ontre'gelen** in de war brengen **ontrie'ven** gemak ontnemen **ontroerd'** *bn* bewogen **ontroe'ren** treffen; getroffen worden **ontroe'ring** *v* het ontroerd zijn **ontrol'len** *zich* ~, zich vertonen **ontro'men** van de room ontdoen
ontroost'baar *bn* niet te troosten
ontrouw I *v(m)* trouweloosheid; oneerlijkheid **II** *bn & bw* niet trouw; oneerlijk
ontro'ven (door roof) ontnemen **ontrui'men** ruimte maken; doen verlaten; verlaten **ontruk'ken** (rukkend) ontnemen **ontsche'pen** aan land brengen **ontschie'ten** ontglippen; uit het geheugen gaan **ontsie'ren** de schoonheid benadelen **ontslaan'** niet langer in dienst houden; loslaten; vrijstellen **ontslag'** *o* het ontslaan; vrijstelling **ontslag'neming** *v* het weggaan uit een betrekking **ontslag'regeling** *v zie* **afvloeiingsregeling**; **ontsla'pen** sterven **ontslip'pen** ontsnappen **ontslui'eren** de sluier wegnemen; verklaren **ontslui'ten** openen; openbaren; toegankelijk maken **ontslui'ting** *v* het ontsluiten; het zich openen v.d. baarmoedermond bij een geboorte **ontsmet'ten** reinigen van smetstoffen **ontsnap'pen** ontkomen, ontglippen **ontsnap'pingsclausule** clausule die mogelijkheid schept aan de voorwaarden te ontkomen **ontspan'nen** de spanning wegnemen; losmaken; afleiding bezorgen **ontspan'ner** *m* [-s] contactknop voor het bedienen v.d. sluiter v.e. camera **ontspan'ning** *v* het ontspannen; verpozing **ontspan'ningslectuur** lectuur ter verpozing **ontspa'ring** *v* verschijnsel dat bij spaarbanken meer afgehaald dan ingelegd wordt **ontspin'nen** *zich* ~, zich ontwikkelen **ontspo'ren** uit het spoor raken **ontsprin'gen** (springend) ontkomen; zijn oorsprong nemen **ontsprui'ten** uitspruiten; afkomstig zijn; ontstaan **ontstaan'** beginnen te zijn **ontste'ken** (doen) ontbranden; rood opzwellen **ontste'king** *v* het ontsteken; het ontstoken zijn **ontste'kingsmechanisme** *o* [-s, -n] mechanisme waarmee ontplofbare stoffen onstoken worden **ontsteld'** *bn* ontzet **ontste'len** stelen van **ontstel'len** (doen) schrikken **ontstel'lend** *bn & bw* verschrikkelijk
ontstel'tenis *v* schrik **ontstemd'** *bn* vals van toon; uit zijn humeur **ontstem'men** vals van toon maken of worden; uit zijn humeur brengen **ontsten'tenis** *v* gebrek; afwezigheid; *bij ~ van*, indien ... er niet is **ontstich'ten** ergeren **ontstop'pen** de

O

verstopping verwijderen (van) **ontta'kelen** aftuigen **onttrek'ken** ontnemen; *zich* ~, zich afzijdig houden **onttro'nen** van de troon stoten; uit een machtspositie verdringen
ontucht *v(m)* onkuisheid **ontuch'tig** *bn & bw* zedeloos
ontuig *o* uitschot, afval; slecht volk
ontval'len ontglippen; verloren gaan; ontzinken; ontsnappen; door de dood wegvallen
ontvang'dag dag waarop men wenst te ontvangen **ontvan'gen** in ontvangst nemen, krijgen; bezoek wachten **ontvan'genis** *v* bevruchting **ontvan'ger** *m* [-s] wie iets ontvangt; ambtenaar die belastingen int; ontvangtoestel **ontvang'kamer** kamer waarin bezoekers ontvangen worden **ontvangst'** *v* het ontvangen; wat men ontvangt; het opvangen v.e. radio-uitzending **ontvangst'bewijs** bewijs dat iets ontvangen is **ontvang'toestel** toestel waarmee men uitzendingen of telegrammen opvangt **ontvan'kelijk** *bn* vatbaar voor indrukken; vatbaar voor berechting
ontvein'zen als niet bestaande doen voorkomen; *zich niet* ~, wel moeten aannemen **ontvel'len** het vel verliezen **ontvet'ten** van vet ontdoen **ontvlam'baar** *bn* snel vlam vattend; snel in vuur **ontvlam'men** in vuur geraken **ontvlek'ken** de vlekken verwijderen **ontvlie'den** *(plecht.)* ontvluchten **ontvluch'ten** door vluchten (trachten te) ontkomen **ontvoe'ren** wegroven; schaken **ontvol'ken** zonder volk maken **ontvou'wen** [ontvouwde, ontvouwd, ontvouwen] los vouwen; verklaren **ontvreem'den** ontstelen **ontwa'ken** wakker worden **ontwa'penen** ontdoen van wapenen; leger en vloot geheel of gedeeltelijk afschaffen; weerloos maken; *(fig.)* doen bedaren **ontwa'ren** in de gaten krijgen **ontwar'ren** ophelderen **ontwas'sen** ontgroeien **ontwa'teren** de overvloed v. water doen verdwijnen (van) **ontwei'en** ontdoen v.h. ingewand **ontwen'nen** afwennen **ontwen'ningskuur** kuur om iem. zijn verslaving af te wennen
ontwerp' *o* planschets **ontwerp'-contract** voorstel voor de tekst v.e. contract **ontwer'pen** een planschets maken
ontwij'den schenden, ontheiligen
ontwij'felbaar *bn* stellig
ontwij'ken uit de weg gaan
ontwik'kelaar *m* [-s] vloeistof waarmee men ontwikkelt **ontwik'kelcentrale** bedrijf voor het ontwikkelen v. foto's en films **ontwik'keld** *bn* volle wasdom bereikt hebbend; door studie gevormd **ontwik'kelen** tot volle wasdom brengen of komen; op een belichte gevoelige plaat het beeld doen verschijnen; uitwerken; door studie vormen; ontplooien; uiteenzetten; (v. kracht) doen blijken **ontwik'keling** *v* het ontwikkelen; wasdom; voortgang; vorming **ontwik'kelingsgebied**, **ontwik'kelingsland** in economische ontwikkeling sterk achtergebleven gebied (of land) **ontwik'kelingshulp** hulp aan ontwikkelingsgebied of ontwikkelingslanden **ontwik'kelingsland** land met sterke achterstand in industriële ontwikkeling **ontwik'kelingspsychologie** psychologie v.d. ontwikkeling inz. van kind tot volwassene **ontwik'kelingswerker** *m* [-s] wie voor hulp in ontwikkelingslanden uitgezonden wordt
ontwor'stelen worstelend ontrukken **ontwor'telen** uit de grond rukken; *(fig.)* het bewustzijn van samenhang met iets doen verliezen **ontwrich'ten** uit het gewricht rukken, uit het verband rukken; krachteloos maken **ontwrin'gen** met moeite loskrijgen
ontzag' *o* het als zijn meerdere voelen **ontzag'lijk** *bn & bw* zeer groot **ontzagwek'kend** *bn & bw* ontzag inboezemend
ontzeg'gen weigeren; niet toekennen; *zich* ~, afstand doen van **ontzeg'ging** *v (jur.)* (gerechtelijke) beslissing dat iem. niet langer mag beschikken over eerder toegekende rechten **ontze'nuwen** krachteloos maken **ontzet'** **I** *o* bevrijding **II** *bn* ontsteld **ontzet'ten** uit zijn verband brengen; ontslaan, afzetten; een recht ontnemen; beroven; belegeraars verjagen; hevig verschrikken
ontzet'tend *bn & bw* verschrikkelijk
ontzet'ting *v* het ontzetten; hevige schrik **ontzield'** *bn* dood **ontzien'** vrezen; sparen; *zich* ~, zich sparen; *zich niet* ~, er geen bezwaar in zien **ontzind'** *bn* zinneloos **ontzin'ken** begeven
onuitput'baar, **onuitput'telijk** *bn* waaraan geen einde schijnt te komen **onuitspreek'baar** *bn* niet uit te spreken **onuitspre'kelijk** **I** *bn* niet in woorden uit te drukken **II** *bw* zeer **onuitstaan'baar** *bn & bw* niet uit te staan
onva'derlands *bn & bw* niet eigen aan het vaderland; niet als v.e. goed vaderlander **onvaderlandslie'vend** *bn & bw* niet vaderlandslievend
onveran'derd *bn* niet veranderd **onveran'derlijk** *bn & bw* niet aan verandering onderhevig; steeds **onverantwoor'delijk** *bn* niet aansprakelijk; niet verschoonbaar **onverbe'terlijk** *bn & bw* voor verbetering onvatbaar; onovertrefbaar **onverbid'delijk** *bn & bw* niet te vermurwen; *(fig.)* onvermijdelijk **on'verbloemd'** *bn & bw* niet verbloemd, rondweg **onverbreek'baar** *bn* niet te verbreken **onverbre'kelijk** *bn & bw* niet verbroken kunnende worden **onverde'digbaar** *bn* niet te verdedigen **onverdeel'baar** *bn* niet te verdelen **onverdeeld'** *bn & bw* (nog) niet verdeeld; volledig **onverdraag'lijk** *bn* niet te verdragen **onverdro'ten** *bn & bw* ijverig volhardend **on'verflauwd'** *bn* niet

verzwakkend **onvergeef'lijk onverge'felijk** *bn* niet te vergeven **onvergelij'kelijk** *bn & bw* ongeëvenaard **onverge'telijk** *bn & bw* om nooit te vergeten **onvergol'den** *bn* onbeloond; niet uitbetaald **onverhoeds'** *bn & bw* onverwacht **onverho'len** *bn & bw* openlijk, zonder poging tot verbergen **onverhoopt'** *bn & bw* onverwacht; niet te hopen **on'verkort'** *bn* niet verkort, niet verminderd **onverkwik'kelijk** *bn* onfris

onverlaat *m* [-laten] booswicht

onverlet' *bn* ongedeerd, onbelemmerd; ~ *laten*, niet gewagen van

onvermijd'baar, onvermij'delijk *bn & bw* niet te vermijden **onvermin'derd** **I** *bn & bw* niet verminderd **II** *vz* behoudens **onvermoei'baar, onvermoeid'** *bn & bw* niet vermoeid (kunnende worden)

onvermogen *o* onmacht; het niet kunnen betalen

onverricht *~er zake*, zonder het doel bereikt te hebben **onversaagd'** *(plecht.) bn* onverschrokken **onverschil'lig** *bn & bw* koel, zonder belangstelling; geen verschil opleverend **onverschrok'ken** *bn & bw* moedig **on'versne'den** *bn* onvermengd

onverstand *o* domheid; *(fig.)* dwaas iem.

onverstoor'baar *bn & bw* niet te storen **onverto'gen** *bn* onbehoorlijk **onvervaard'** *(plecht.) bn* onverschrokken **on'vervalst'** *bn & bw* zuiver **onvervreemd'baar** *bn & bw* niet het eigendom van anderen kunnende worden

onverwachts' *bw* zonder dat het verwacht was

onverwijld' *bn & bw* onmiddellijk **onverwoest'baar** *bn* niet te verwoesten **onverza'delijk** *bn* niet te verzadigen **onverza'digd** *bn & bw* niet verzadigd; *(nat.)* met minder opgeloste stof dan in de situatie mogelijk is; *(schei.)* zich gemakkelijk met andere stoffen verbindend; *onverzadigde vetzuren*, doorgaans olieachtig vet bevattende stoffen **onverzet'telijk** *bn & bw* onbuigzaam **onverzoen'lijk** *bn & bw* niet te verzoenen **on'verzorgd'** *bn* niet of slecht verzorgd **onverzwakt'** *bn* nog even sterk

onvind'baar *bn* niet te vinden

onvoeg'zaam *bn & bw* onbetamelijk

on'volko'men *bn & bw* onvolledig, (v.e. gezin) waaraan de vader of moeder of beiden ontbreekt of ontbreken

onvoorwaar'delijk *bn & bw* onder beperking

onvoorzich'tigheid *v* [-heden] het niet voorzichtig zijn; niet voorzichtige handeling

onvoorzien' *bn & bw* onverwacht **onvoorziens'** *bw* plotseling

onvrede *m/v* onenigheid

onwaar' *bn* niet waar; ~ *maken*, logenstraffen **onwaarach'tig** *bn* vals

onwaarde *v van ~*, waardeloos

onwaardeer'baar *bn* niet genoeg te waarderen

onwaar'heid *v* [-heden] het niet waar zijn; leugen

onwan'kelbaar *bn & bw* onwrikbaar, vast

onweer [onweren], **onweder** [-s] *o* storing in de dampkring met donder en bliksem

onweerleg'baar, onwederlegbaar *bn & bw* niet te weerleggen

onweersbui *v(m)* onweer **onweerslucht** lucht die onweer aankondigt

onweerstaan'baar, onwederstaanbaar *bn & bw* niet of moeilijk te weerstaan

onweersvlaag *v(m)* [-vlagen] onweersbui **onweerswolk** dreigende donderwolk

onwel' *bn* ongesteld, ziek

onwen'nig *bn & bw* niet geheel gewend

onweren donderen en bliksemen

onwer'kelijk *bn* onwezenlijk

onwe'tend *bn & bw* onkundig, geen kennis bezittend; zonder het te weten **onwe'tendheid** *v* onkunde; het onbekend zijn met iets; onnozelheid **onwe'tens** *bw* zonder het te weten

onwijs' **I** *bn & bw* dwaas **II** *bw (jong)* zeer

onwil *m* het niet willen **onwillekeu'rig** *bn & bw* niet opzettelijk **on'wil'lens** *bw* zonder te willen; kwaadschiks

onwraak'baar *bn* niet te wraken; waar niets tegen ingebracht kan worden

onwrik'baar *bn & bw* rotsvast

onyx *m (stofn. o)* halfedelsteen met strepen

on'zacht' *bn & bw* hard

onza'lig *bn & bw* ongelukkig

onze'delijk *bn & bw* in strijd met de zedelijke beginselen

onze'delijkheid *v* [-heden] het onzedelijk zijn; onzedelijke daad

onze'ker *bn & bw* niet zeker; onvast; onbetrouwbaar; *in het ~e*, in de onzekerheid

Onze-Lieve-Heer' *m* God **onzelieveheers'beestje** *o* [-s] rood kevertje met zwarte stipjes, Lat. Coccinella duodecimpunctata **Onze-Lieve-Vrouw'** *v* Maria **onzelievevrouwebed'stro** *o* geurige plant, Lat. Asperula odorata

onzent *te(n) ~*, *(arch.)* bij ons thuis

onzerzijds *bw* van onze kant

onzeva'der *o* [-s] gebed des Heren

onzij'dig *bn* geen partij kiezend; niet in een strijd betrokken; v.e. neutrale mogendheid; noch mannelijk noch vrouwelijk

onzin *m* nonsens

onzin'delijk *bn* niet zindelijk; *(fig.)* niet helder denkend; afkeurenswaardig

onzin'nelijk *bn* bovenzinnelijk

onzin'nig *bn & bw* dwaas

onz. onzijdig

onzui'ver *bn & bw* niet zuiver; bruto

o.o. onderofficier

ooft *o* fruit **ooftbouw** het kweken v. vruchtbomen

oog *o* [ogen] gezichtsorgaan; zicht; gezicht, uiterlijk; mooi voorkomen; oogvormig iets, oogvormige opening; stip op dobbelsteen; vetdeeltje op soep; zwart glanspunt op pauwenveer; middelpunt v.e. hoos of orkaan; *glazen ~*, kunstoog; *de ogen uitsteken*, jaloers maken; *geheel ~*, een en al aandacht; *zijn ogen uit het hoofd*, zeer; *in het ~ lopen*, opvallen; *in het ~ houden*, voortdurend letten op; *een ~ luiken*, doen alsof men iets niet ziet; *in het ~ springen*, dadelijk opgemerkt worden; *in het ~ krijgen*, bespeuren; *naar de ogen zien*, letten op iemands wensen en wenken; *onder vier ogen*, zonder getuigen; *zijn ogen niet kunnen geloven*, niet kunnen geloven wat men ziet; *~ hebben*, kijk hebben, gevoel hebben; *ogen van achteren en van voren hebben*, alles zien; *de ogen luiken, (fig.)* sterven; *zijn ogen in zijn zak hebben*, niets opmerken; *zijn ogen de kost geven*, goed opletten; *de ogen openen*, de waarheid doen zien; *grote ogen opzetten*, verbaasd zijn; *geen ~ dichtdoen*, niet slapen; *zijn ogen zijn groter dan zijn maag*, hij neemt van gulzigheid zo veel, dat hij het niet op kan; *het ~ van de meester maakt het paard vet*, als de baas erbij is worden de zaken beter behartigd; *uit het ~ uit het hart*, wanneer men iem. niet meer ziet vergeet men hem snel; *zijn ogen uitkijken*, vol verwondering toekijken; *in mijn ~* of *ogen*, volgens mij; *het ~ van de wereld*, de mensen; *onder de ogen zien*, goed bekijken; *op het ~ hebben*, bedoelen; *uit het ~ verliezen*, niet denken aan; *voor ogen houden*, steeds denken aan; *schele ogen*, jaloezie; *met schele* of *scheve ogen aankijken*, benijden; *een ~je hebben op*, wel mogen; *een ~(je) in het zeil houden*, goed opletten; *een ~je houden op*, letten op; *door het ~ van de naald kruipen*, ternauwernood aan een gevaar ontsnappen; *dertien ogen gooien*, een onmogelijk groot geluk hebben; *een ~(je) dichtknijpen*, iets door de vingers zien, vergoelijken **oogappel** pupil; oog; grootste schat **oogarts** dokter voor oogziekten **oogbad** bakje voor oogwassingen; oogwassing **oogbal**, **oogbol** oog **oogdruppels** *mv* druppels om in de ogen gebracht te worden **ooggetuige** wie het gezien heeft **ooggetuigenverslag** verslag v. iem. die erbij was **ooghaar** wimper **oogheelkunde** *v* wetenschap v.d. oogarts **oogheelkun'dig** *bn* betreffende de oogheelkunde **oogheelkun'dige** [-n] oogarts **oogholte** holte waarin het oog ligt **ooghoogte** *op ~*, zo hoog als het oog v.d. waarnemer **oogkas** *v(m)* [-sen] oogholte **oogklep** *v(m)* klep opzij v.d. ogen bij een paard; *~pen voor hebben*, blind zijn voor iets **ooglid** oogdeksel **ooglijder** wie aan een oogziekte lijdt **ooglijk** *bn* goed van voorkomen **ooglui'kend** *bw* alsof men het niet ziet **oogmerk** *o* bedoeling **oogopslag** *m* blik **oogpunt** *o* standpunt **oogschaduw** om de ogen aangebrachte kleur **oogspiegel** werktuig voor onderzoek v.h. oog

oogst *m* inzameling van te velde staand gewas; te velde staand gewas; het geoogste; opbrengst **oogsten** oogst binnenhalen of verzamelen; verwerven **oogstmaand** augustus

oogtand hoektand **oogverblin'dend** *(fig.)* schitterend **oogwenk** *m* ogenblik **oogwit** *o* wit v.d. oogbol; doel **oogzenuw** gezichtszenuw

ooi *v* vr. schaap **ooibos** moerassig bos bij een rivier

ooievaar *m* [-s, -varen] witte langpotige met gestrekte hals vliegende vogel, Lat. Ciconia; *benen als een ~*, lange benen; *eten als een ~*, veel eten; *de ~ komt*, er wordt een baby verwacht **ooievaarsbeet** rode vlek op het hoofd v.e. pasgeborene **ooievaarsbek** plant v.h. geslacht Geranium **ooievaarsbloem** gele lis

ooilam wijfjeslam; dierbaarste bezit

ooit *bw* te eniger tijd; *als versterking v.e. superlatief*: *de snelste tijd ~*, de tot nu toe snelste tijd

ook *bw & vgw* bovendien; evenzo; weliswaar; zelfs; dienovereenkomstig; bijgeval; *dan ~*, dienovereenkomstig

oom *m* [-s] broer van vader of moeder **oomzegger** [-s] neef **oomzegster** [-s] nicht

oor *o* [oren] gehoororgaan; oorvormig voorwerp; *het ene ~ in en het ander uit gaan*, spoedig vergeten zijn; *in de oren knopen*, onthouden om er te zijner tijd zijn voordeel mee te doen; *ter ore komen*, toevallig vernomen worden; *het ~* of *de oren scherpen* of *spitsen*, scherp luisteren; *het ~ hebben* of *bezitten*, het vertrouwen bezitten; *het ~ lenen*, luisteren naar; *ergens oren naar hebben*, er zin in hebben, ergens naar luisteren; *zijn oren laten hangen*, moedeloos zijn; *geheel ~ zijn*, aandachtig luisteren; *tot over de oren*, diep; *zijn oren zullen tuiten*, er wordt druk over hem gesproken; *de oren wassen*, duchtig de waarheid zeggen; *iem. de oren van het hoofd eten*, ten koste van iem. veel eten; *een open ~*, bijval; *om zijn oren*, ervanlangs; *oren aannaaien* of *aan de oren naaien*, wijsmaken; *op één ~ liggen*, slapen; *het ~ strelen*, aangenaam klinken; *op een ~ na gevild*, bijna klaar; *'t zit tussen de oren*, de oorzaak is psychisch **oorarts** arts voor oorziekten **oorbaar** *bn* gepast **oorbel** oorsieraad **oorclip** *m* [-s] sieraad dat aan het oor geklemd wordt

oord *o* plaats

oordeel *o* [-delen] mening; verstand; rechtspraak van God; *een leven als een ~*, veel lawaai **oordeelkun'dig** *bn & bw* met oordeel **oordeelsdag** dag v.h. laatste oordeel **oordelen** rechtspreken; menen; achten; zich een mening vormen; *te ~ naar*, afgaande op

oorflap geel oormerk voor de registratie v.e. koe **oorhanger** [-s] lange oorbel **oorijzer** hoofdsiersel **oorklep** klep over de oren **oorkonde** *v(m)* [-n] aan vormvoorwaarde voldoend schriftelijk getuigenis **oorkussen** *(Belgned.)* hoofdkussen; *een goed geweten is een zacht ~*, met een goed geweten kan men rustig slapen; *ledigheid is des duivels ~*, luiheid is een doodzonde **oorlam** *o* [-men] borrel **oorlel** afhangend deel van het oor

oorlog *m* strijd, krijg; *koude ~*, voortdurende, vijandige gezindheid **oorlogen** oorlog voeren **oorlogsbelasting** belasting voor de oorlogvoering; oorlogsschatting **oorlogsbodem** oorlogsschip **oorlogscorrespondent** correspondent op het oorlogsterrein **oorlogseconomie** economische oorlogsvoorbereiding **oorlogsgevaar** gevaar voor oorlog; gevaar ten gevolge van oorlog **oorlogshaven** haven voor oorlogsschepen **oorlogsinvalide** tengevolge v.d. oorlog verminkte **oorlogsmisdadiger** wie het recht in de oorlog zwaar geschonden heeft; verantwoordelijke voor een oorlog **oorlogsmolest** *o* schade door oorlogsgeweld **oorlogsmonument** monument ter herinnering aan de oorlog **oorlogspad** *het ~ opgaan*, de strijd aanbinden **oorlogspotentieel** *o* het voor een oorlog vereiste **oorlogspsychose** ‹-psiegooze› *v* psychotische toestand t.g.v. oorlog of oorlogsgevaar **oorlogsrecht** rechtsregel voor oorlogstoestand **oorlogsreporter** oorlogscorrespondent **oorlogsschatting** belasting die de overwinnaar aan de verliezer oplegt **oorlogsschip** schip voor oorlogsdoeleinden **oorlogsverklaring** aanzegging van oorlog of strijd **oorlogsverleden** *o* compromitterend gedrag tijdens voorbije oorlog **oorlogsvloot** vloot van oorlogsschepen **oorlogswinst** winst tengevolge van oorlog **oorlogszuch'tig** *bn* begerig naar oorlog **oorlogvoering** *v* voeren van oorlog

oormerken van een oormerk voorzien; een speciale bestemming aanduiden bij de toekenning van **oorpijn** pijn in het oor **oorprop** prop van oorsmeer op het trommelvlies **oorring** ring in het oor **oorrob** rob met kleine oren **oorsmeer** vettige oorstof **oorspiegel** spiegel om het inwendige oor te onderzoeken

oorsprong *m* begin; bron, afkomst, herkomst **oorspron'kelijk** *bn & bw* in oorsprong; niet nagevolgd, geen anderen navolgend; niet vertaald

oorsteker [-s] oorsieraad dat door de lel wordt gestoken **oortje** *als iem. die zijn laatste ~ versnoept heeft*, sip; *geen ~*, niets; *voor een ~ thuisliggen*, niets in te brengen hebben **ooruil** uil met pluimen bij het gehoororgaan **oorveeg** *v(m)* [-vegen] klap om de oren **oorverdovend** *bn & bw* zo dat men er doof van wordt **oorvijg** *v(m)* oorveeg **oorvlies** trommelvlies **oorwarmer** *m* [-s] klep om oren tegen kou te beschermen **oorworm** bep. insect **oorwurm** *een gezicht als een ~*, een zeer ontevreden gezicht

oorzaak *v(m)* [-zaken] waardoor iets geschiedt **oorza'kelijk** *bn* de oorzaak betreffend

oost **I** *v(m)* het oosten **II** *bn & bw* in het oosten, naar het oosten **oost-** *zie* **zuid-, west-**; **oostelijk** *bn & bw* in of naar het oosten, ten oosten **oosten** *o* bep. windstreek; de oosterse landen **ooster-** *zie* **zuider-**; **oosteren** *z* oostelijk worden; afwijken naar het oosten **oosterlengte** afstand in graden ten oosten v.d. nulmeridiaan **oosterling** Aziaat **oosters** *bn* van het oosten **Oost-In'disch** *~ doof*, zich doof houdend; *~e kers*, uit Peru afkomstige sierplant, Lat. Tropaeolum majus **oostnoordoost'** *bw & o* tussen O. en NO **oost-west'verbinding** *v* verbinding tussen het oosten en het westen

ootje *o* kringetje; *in het ~*, in de maling

ootmoed *m* nederigheid **ootmoe'dig** *bn & bw* nederig

o.o.v. onvoorziene omstandigheden voorbehouden

op **I** *vz* aan de bovenzijde van; gedurende; voor; met niets anders dan; volgens; *~ ... na*, behalve **II** *bw* naar omhoog; verbruikt, uitgeput; uit bed; opgegaan; *~ en neer*, heen en weer; *~ en top*, volkomen; *als eerste deel van samengestelde ww vaak in bet.*: naar boven, bijeen; *~ kunnen*, kunnen opeten

op. opus

opa [-'s] grootvader

opaal' *m (stofn. o)* [opalen] melkachtig witte halfedelsteen

op-art ‹op-àrt› *m* op optische effecten gerichte kunst

opbaren op een baar leggen

opbellen telefoneren; wakker bellen

opbergen wegbergen, wegsluiten

opbeuren optillen; bemoedigen; *het hoofd ~*, weer moed vatten

opbeuring *v* het opbeuren; troost

opbiechten bekennen

opbieden meer bieden

opbinden binden zodat het omhoog staat; op de pakkendrager binden

opblazen blazende doen zwellen; in de lucht doen vliegen; te erg of te belangrijk voorstellen

opblijven niet naar bed gaan

opbloei *m* het opbloeien **opbloeien** tot bloei komen

opbod het opbieden

opboksen *~ tegen*, krachtig strijden tegen

opborrelen borrelend naar boven komen

opbouw *m* het opbouwen; bevordering; uitbreiding **opbouwen** bouwen; op middelen ter verbetering wijzen **opbouwwerk** maatschappelijk werk ten behoeve v.e. bep. gebied **opbouwwerker** *m* [-s] wie opbouwwerk als beroep uitoefent

opbranden door branden geheel vernietigd worden *(ook fig.)*

opbrassen de raas met de brassen meer vierkant halen

opbreken openbreken; afbreken; vertrekken; eindigen; oprispingen veroorzaken; slecht bekomen

opbrengen omhoog brengen; op tafel brengen; grootbrengen; opleveren, voortbrengen; betalen; naar het politiebureau voeren; naar het vijandelijk doel brengen; dwingen naar een haven te varen **opbrengst** *v* het opgebrachte

opbruisen bruisende omhoog gaan; opstuiven

opcenten *mv* percentsgewijze verhoging

op.cit. in het aangehaalde werk

opdagen *h/z* verschijnen

opdat' *vgw* met het doel dat

opdelven opgraven; door navorsen weer vinden

opdienen opdissen

opdiepen uit de diepte halen; uitdiepen; met moeite vinden

opdikken dikker worden; dikker maken

opdirken opzichtig opschikken

opdissen het eten op tafel zetten; vertellen

opdoeken weg doen; weggaan

opdoemen *z* te voorschijn komen

opdoen inslaan; krijgen; vernemen; opdienen; schoonmaken; *zich* ~, te voorschijn komen

opdoffen oppoetsen; *(pop.)* mooi maken **opdoffer**, **opdonder** *m* [-s] opstopper

opdonderen *(pop.)* snel weggaan **opdondertje** *o* [-s] klein kereltje

opdraaien omhoog draaien; opwinden; ~ *voor*, boeten voor, betalen, het werk doen voor, aansprakelijk gesteld worden voor

opdracht *v(m)* last, taak; toewijding **opdragen** naar boven dragen; opdienen; dragen tot het versleten is; gelasten; toewijden

opdraven *(fig.)* op bevel verschijnen

opdreunen eentonig opzeggen

opdrijven doen stijgen

opdringen voorwaarts dringen; met nadruk aanbieden; *zich* ~, op lastige wijze iem. een dienst aanbieden of iemands gezelschap zoeken **opdrin'gerig** *bn & bw* zich opdringend

opdrinken drinkend opmaken

opdrogen droogmaken; droog worden

opdruk *m* [-ken] wat over iets is gedrukt; postzegel met nieuw opgedrukte waarde of informatie **opdrukken** vanuit een liggende houding zich met behulp van zijn armen omhoogtillen

opduikelen opdiepen **opduiken** boven water komen of halen; te voorschijn komen; opdiepen

opduvel *m* [-s] opdoffer **opduvelen** weggaan

opdweilen schoon dweilen; dweilende wegnemen

OPEC organisatie van aardolie exporterende landen

opeen' *bw* op elkaar; ook als eerste deel van ww

opeens' *bw* plotseling

opeisen opvorderen; de overgave eisen van; verklaren dat men verantwoordelijk is voor

open *bn & bw* niet dicht; openhartig; met een wonde; vlak; niet met ijs bedekt; onbelemmerd; onbezet; voor ieder toegankelijk; niet met sluizen afgesloten; zonder versterkingen; ~ *en bloot*, voor ieder zichtbaar; *uit een ~ reden*, zonder aanleiding; ~ *brief*, voor publiciteit bestemde brief; *in de ~ lucht*, buiten; ~ *zee*, volle zee; ~ *vraag*, onbeantwoorde vraag; ~ *wijn*, wijn niet in flessen; *in een ~ hoek*, waarbij de transacties ook buiten de hoeklieden om tot stand komen; ~ *doel*, onverdedigd doel; ~ *spel*, spel met verreikende schoten; *ook als deel v. ss vaak in bet.*: ontsloten

openbaar' I *bn & bw* voor ieder toegankelijk; publiek, algemene aangelegenheid betreffend II *o in het ~*, in het publiek; ~ *maken*, algemeen bekend maken; *(sp.) ~ doel*, onverdedigd doel **openbaar'heid** *v* publiciteit **openbaarvervoer'kaart** OV-jaarkaart **openba'ren** [openbaarde, geopenbaard] doen kennen **openba'ring** *v* het openbaren; het geopenbaarde; *(fig.)* verrassend nieuws

opendeur'dag *(Belgned.)* dag waarop instellingen en scholen vrij toegankelijk zijn voor geïnteresseerde buitenstaanders **opendeur'politiek** handelspolitiek met voor alle landen de garantie v. gelijke behandeling **opendoen** openen; *zijn hand ~*, mild geven **openduwen** met een duw openen **openen** open maken; beginnen **opener** *m* [-s] werktuig om mee te openen **opengaan** zich openen; *zijn hart ging open*, hij werd heel blij **opengewerkt** *bn* met gaatjes **opengooien** met kracht openen **openhar'tig** *bn & bw* rondborstig **openhart'operatie** hartoperatie waarbij de borstkas geopend wordt **openheid** *v* openhartigheid; ontvankelijkheid **opening** *v* het openen; gat; wijze waarop een partij geopend wordt; ~ *geven van*, op de hoogte brengen van **openingskoers** koers direct na opening v.d. beurs **openingsrede** redevoering bij de opening **openingszet** eerste zet **openlaten** *(fig.)* zich niet uitspreken over **openleggen** opengeslagen neerleggen; laten zien **openlijk** *bn & bw* onverholen; in het openbaar **openlucht'museum** *o* verzameling oude gebouwen **openlucht'spel** spel of toneelspel buiten **openlucht'theater** plaats voor openluchtspelen **openmaken** openen **openrijten** openscheuren **openslaan** (met een slag) opendoen of opengaan **openslaand** *bn* naar binnen of buiten opendraaiend **opensluiten** ontsluiten **openspalken**, **opensperren** wijd openen **openspringen** met kracht opengaan **openstaan** open zijn; niet vereffend zijn; vacant zijn **openstellen** openen

op-en-top *bw* geheel en al

openvallen vallend opengaan; vacant worden

opera *m* [-'s] gezongen toneelspel; de uitvoerders ervan; operagebouw

opera'bel *bn* geopereerd kunnende worden

operateur' *m* [-s] wie opereert; de filmprojector bedienende technicus; aanstoker

opera'tie *v* [-s] chirurgische ingreep; onderneming; (krijgs)verrichting

opera'tiebasis basis voor krijgsoperaties **operatief'** *bn & bw* op een operatie betrekking hebbend; door een operatie **opera'tiekamer** vertrek voor operaties
operating system ‹oppereeting sistum› besturingssysteem v.e. computer
operationalise'ren ‹s=z› operationeel maken **operationeel'** *bn & bw* met krijgsoperaties in verband staande; klaar voor gebruik; geschikt voor toepassing, praktisch bruikbaar
opera'tor ‹oppereetur› *m* [-s] wie een apparaat bedient
opera-uitvoering het uitvoeren v.e. opera
opere'ren een operatie verrichten; te werk gaan
operet'te *v(m)* [-s] vrolijke opera
opeten door eten opmaken
opfleuren opfrissen; opvrolijken; opgevrolijkt worden
opflikkeren opvlammen; *(pop.)* opdonderen
opfokken grootbrengen; *(pop.)* opjutten; (met een motor als object) opvoeren
opfrissen fris maken; fris worden; *iemands geheugen* ~, iem. zich iets weer doen herinneren
opgaaf *v(m)* [-gaven] opgave
opgaan naar boven gaan, opkomen; geheel verbruikt worden; geen rest overlaten; juist zijn; ~ *in*, geheel in beslag genomen worden door; ~ *voor*, gaan afleggen **opgaand** *bn* opkomend; hoogstammig **opgang** *m* het opgaan, trap; ~ *maken*, in de mode komen, succes hebben
opgave, **opgaaf** *v(m)* [-n] mededeling; het opgegevene; oefening; taak
opgeblazen *bn* opgezet; verwaand
opgebruiken geheel gebruiken **opgelaten** *bn* in een moeilijke toestand; opgescheept
opgeld *o* agio; percentsgewijze verhoging v.e. prijs; ~ *doen*, in trek zijn
opgelegd *bn* zeker; met fineer belegd **opgeprikt** *bn* overdreven keurig gekleed **opgeruimd** *bn & bw* ordelijk gemaakt; vrolijk **opgescheept** *bn* ~ *met*, tot zijn last hebbende **opgeschoten** *bn* bijna volwassen **opgeschroefd** *bn* gekunsteld **opgesloten** *bn* vervat **opgetogen** *bn* verrukt
opgeven in de hoogte geven; afgeven; braken, spuwen; opdragen; opleggen; verliezen; in de steek laten, als hopeloos beschouwen; vermelden; aanmelden; *het* ~, niet meer volhouden; *hoog van iets* ~, snoeven
opgewassen *bn* ~ *tegen*, even krachtig als, berekend voor **opgewekt** *bn & bw* vrolijk **opgewonden** *bn* in hevige gemoedsbeweging **opgezet** *bn* gezwollen
opgooi *m* toss **opgooien** in de hoogte gooien; open op tafel leggen
opgraven uit de grond graven
opgroeien groot worden
ophaal *m* [-halen] opgaand lijntje v.e. letter **ophaalbrug** brug die als een klep opengaat
ophakken bluffen
ophalen omhoog halen; afhalen; inzamelen; opfrissen, in herinnering brengen; verbeteren, beter doen uitkomen; *het* ~, vooruit gaan
ophan'den *bw* nabij, op til
ophangen in de hoogte hangen; met een strop doden
ophebben op iets hebben; opgemaakt of opgegeten of opgedronken hebben; ~ *met*, houden van
ophef *m* overdreven lof; overdreven drukte **opheffen** optillen; op hoger peil brengen; doen eindigen **opheffingsuitverkoop** uitverkoop wegens beëindiging v.d. zaak
ophelderen helder worden; verduidelijken; opgewekter worden
ophemelen [hemelde op, opgehemeld] zeer prijzen
ophikken gedwongen betalen
ophitsen opstoken, aanvuren
ophoepelen *(pop.)* weggaan
ophoesten *(scherts.) geld* ~, geld ter beschikking stellen
ophogen hoger maken
ophopen op elkaar stapelen
ophouden *h/z* omhoog houden, hoog houden; tegenhouden, belemmeren; eindigen; niet verkopen voor de geboden prijs; *zich* ~, verblijven, zich inlaten; *zonder* ~, onophoudelijk
opiaat' *o* [-aten] met opium bereid geneesmiddel
opi'nie *v* [-s] mening **opi'nieblad** blad dat een richting toont **opi'nieonderzoek** enquête naar de publieke opinie **opi'niepeiling** *v* opinieonderzoek met steekproeven **opinië'ren** met zijn eigen standpunt de openbare mening beïnvloeden
opium *m/o* slaapbol; hieruit bereid verdovingsmiddel **opiumkit** *v(m)* [-ten] inrichting waar men opium kan schuiven **opiumschuiver** [-s] roker v. opium
opjagen voor- of naar boven jagen; ophitsen
opjuinen opjutten
opjutten *(pop.)* aanzetten; opdrijven; tot te grote spoed aanzetten
opkal(e)fateren opknappen
opkamer iets hoger gelegen kamer
opkammen in de hoogte kammen; overdreven prijzen
opkijken opzien; ophoren
opkikkeren [kikkerde op, opgekikkerd] *(pop.)* opvrolijken; vrolijker worden; opknappen **opkikkertje** *o* [-s] wat iem. opkikkert; borreltje
opklapbed *o* bed dat tegen de wand opgedraaid kan worden
opklaren helder maken; helder worden
opklimmen klimmen; tot een betere staat komen
opkloppen door kloppen luchtig maken; overdrijven
opknapbeurt *v(m)* eens opknappen **opknappen** mooi maken, beter maken; beter worden; in orde brengen
opknippen (hoofdhaar) geleidelijk korter knippen

opknopen ophangen
opkoken nog eens koken
opkomen omhoog komen; opgaan; opvaren; opgroeien; herstellen; verschijnen, ten tonele komen; zich verzetten; ~ *voor*, verdedigen **opkomst** *v* het opkomen; eerste ontwikkeling; het verschijnen op een vergadering e.d.; het opkomen op toneel
opkopen alles v.e. artikel kopen **opkoper** *m* iem. die opkoopt
opkrabbelen krabbelend zich oprichten; zich langzaam herstellen
opkrassen [kraste op, opgekrast] *(pop.)* weggaan
opkrikken (met een krik) omhoogbrengen
opkroppen verkroppen, inhouden
opkweken grootbrengen
oplaaien opvlammen
opladen bevrachten; weer elektrisch laden
oplage, **oplaag** *v(m)* [-lagen] aantal te drukken exemplaren
oplagecijfer cijfer dat de omvang v.e. oplage aangeeft
oplappen repareren
oplaten de lucht in laten gaan
oplawaai, **oplawaaier** *m (pop.)* opstopper
oplazeren *(pop.)* snel weggaan
opleggen plaatsen op iets; verplichten tot iets; opbergen; tijdelijk buiten gebruik stellen; een oplaag maken **oplegger** *m* [-s] volgwagen met één as **oplegsel** *o* belegsel
opleiden voorbereiden tot; begeleiden **opleidingsschip** schip om leden v.d. marine op te leiden
oplepelen met een lepel opeten of opscheppen; vlot opzeggen
opletten aandachtig zijn **oplet'tend** *bn & bw* aandachtig
opleuken leuker maken
opleven tot nieuw leven komen, opfleuren
opleveren afleveren; voortbrengen **oplevering** *v* voltooiing van aangenomen werk
opleving *v* herleving
oplezen voorlezen
oplichten helderder worden; optillen; bedrieglijk benadelen **oplichterij'** *v* bedrieglijke benadeling
oploeven *z* meer tegen de wind zeilen
oploop *m* [-lopen] samenscholing **oplopen** naar boven lopen; voortlopen; opzetten; duur worden, hoger worden; opdoen **oplopend** *bn & bw* driftig
oplossen (zich) homogeen vermengen met een vloeistof; verklaren; het antwoord vinden op; tot een bevredigend einde brengen; tot een welluidend akkoord maken **oplossing** *v* het oplossen; antwoord op vraagstuk; homogeen mengsel met vloeistof
opluchten opfrissen, verlichten **opluchting** *v* bevrijding van zorg
opluisteren [luisterde op, opgeluisterd] glans verlenen; helder worden
opmaak *m* het opmaken; make-up
opmaat *v(m)* [gmv] aanloop; inleiding
opmaken opeten; doorbrengen; samenstellen; berekenen; mooi maken, versieren; optellen en uitschrijven; het zetsel verdelen; opschriften boven de rubrieken plaatsen; besluiten; *zich* ~, zich klaar maken
opmarcheren ⟨ch=sj⟩ marcherend weggaan
opmars *m/v* het opmarcheren
opmer'kelijk *bn & bw* merkwaardig
opmerken waarnemen; een opmerking maken **opmerkenswaar'dig** *bn* waard opgemerkt te worden **opmerking** *v* het opmerken; het opgemerkte **opmerkingsgave** gave om op te merken **opmerk'zaam** *bn & bw* goed oplettend; *op iets ~ maken*, aandacht op iets vestigen
opmeten meten
opmieter *(pop.) m* [-s] flinke klap **opmieteren** *(pop.)* weggaan
opmonteren [monterde op, opgemonterd] opvrolijken
opnaaien op iets vastnaaien; *(vulg.)* aanzetten tot een onverstandige daad; bedriegen
opname *v(m)* [-n] opneming, het opnemen; het opgenomen worden; foto; grammofoonplaat **opnemen** oplichten, opvatten; verzamelen; vaststellen en noteren; meten en in tekening brengen; fotograferen; tegen rente lenen; toegang verlenen; wegnemen, schoonvegen; bekijken; succes hebben; korter maken; *het ~ voor*, verdedigen; *het ~ tegen*, als tegenstander optreden tegen
opnieuw' *bw* nog eens
opnoemen opsommen **opnoemer** *m* [-s] woord dat in een woordenboek alleen genoemd wordt zonder dat verdere bijzonderheden gegeven worden
opoe [-s] grootmoeder; zeurige vrouw; *(euf.)* menstruatie **opoefiets** omafiets
opofferen offeren **opofferingsgezind'** *bn* zich willende offeren
oponthoud *o* vertraging; verblijf
opos'sum **I** *o* [-s] buidelrat; bont daarvan **II** *bn* van dat bont
oppakken optillen, oprapen; inrekenen; goed gebruik maken van
oppas *m* [-sen] huiswachter; verzorging **oppascentrale** centrale voor de regeling van opvang van kinderen **oppassen** verzorgen; opletten; zich goed gedragen **oppas'send** *bn* plichtmatig, braaf **oppasser** *m* [-s] wie oppast; ziekenverpleger; soldaat in dienst van officier
oppeppen lichamelijk weer opwekken
opper *m* [-s] stapel gemaaid gras; opperwachtmeester; *als eerste deel v.e. ss vaak in bet.*: hoogste **opperarm** bovenarm **opperbest** *bn & bw* uitstekend **opperbevel** bevel over het geheel **opperbevelhebber** *m* [-s] wie het opperbevel heeft **opperen** als opperman werken; hooi in oppers zetten; te berde brengen **opperhoofd** *o* algemeen hoofd **opperhuid** buitenste huidlaag **oppermach'tig** *bn* de hoogste macht hebbend **opperman** [-mannen, -lui,

-lieden] helper van metselaar of straatmaker **opperofficier** officier boven de rang van kolonel of van kapitein-ter-zee **opperpriester** hogepriester
oppersen met een persijzer bewerken; in de hoogte persen
opperst *bn* hoogst; voornaamst, machtigst
oppervlak *o* [-ken] begrenzing v.e. lichaam **oppervlak'kig** *bn & bw* niet ernstig; niet grondig **oppervlakte** *v* [-n, -s] bovenvlakte; uitgebreidheid **oppervlaktestructuur** *v (taalk.)* waarneembare (zins)structuur
opperwachtmeester sergeant-majoor bij de rijkspolitie of de bereden wapens
Opperwezen *het ~*, God
oppeuzelen op zijn gemak en smakelijk opeten
oppiepen met behulp v.e. piepertje oproepen
oppijpen opspelen; opscheppen; overdreven voorstellen
oppikken met de snavel opnemen; meenemen; inrekenen; aan boord nemen
oppoetsen poetsend opknappen
oppompen vol lucht pompen; omhoog pompen
opponent' tegenstander in een debat **oppone'ren** tegenwerpingen maken
opporren oprakelen; aansporen
opportunis'me *o* het handelen naar de omstandigheden **opportunist'** aanhanger v.h. opportunisme **opportunis'tisch** *bn & bw* blijk gevend van of uit opportunisme **opportuniteit'** *v* het opportuun zijn **opportuniteits'beginsel** *(jur.)* uitgangspunt dat een officier van justitie op grond v.h. algemeen belang kan beslissen niet iedere verdachte te vervolgen **opportuun'** *bn* van pas
opposant' ‹s=z› tegenstander
opposi'tie *v* [-s] tegenstand; partij die tegen de regerende meerderheid is; *(jur.)* verzet; tegenovergestelde stand van twee hemellichamen; *in de ~ zijn*, tot de tegenpartij behoren; *~ voeren*, de leiding of regering tegenwerken
oppotten opsparen; in een pot planten
oppres'sie *v* onderdrukking, druk
opproppen overmatig vullen
opraapsel *o* [-s] verzinsel
oprakelen door poken of schudden vuur feller doen branden; weer ophalen
oprapen van de grond opnemen; *voor het ~*, in overvloed
oprecht' *bn* eerlijk, echt
oprekken uitrekken
oprichten rechtop zetten; stichten; *(meetk.)* doen uitgaan uit een punt in een lijn
oprijden rijdend opgaan **oprijlaan** brede laan als toegangsweg
oprijzen opstaan; omhoog gaan
opril *m* [-len] oprit
oprispen dampen opgeven; plotseling als idee uiten
oprit *m* [-ten] hellende weg
oproeien tegen stroom of wind roeien; *(fig.) ~ tegen*, met moeite te boven komen
oproep *m* oproeping **oproepcontract** arbeidsovereenkomst voor tijdelijk werk met uurloon **oproepen** te voorschijn doen komen; ontbieden; bijeenroepen **oproepkracht** *m-v* wie wordt opgeroepen voor tijdelijk werk
oproer *o* volksverzet **oproe'rig** *bn & bw* tot oproer geneigd; in oproer **oproerkraaier** [-s] ophitser tot oproer **oproerling** oproermaker **oproermaker** [-s] wie oproer maakt **oproerpolitie** speciale politie om oproer te bestrijden
oprollen naar boven rollen, tot een rol maken; onschadelijk maken
oprotpremie *(pop.)* premie als men vertrekt **oprotten** *(pop.)* ophoepelen
opruien ophitsen **opruiing** *v* het opruien
opruimen wegdoen; netjes maken; de bal wegwerken uit het eigen verdedigingsgebied
oprukken optrekken
OPS *organopsychosyndroom*, ziekte door inademing van bep. gassen en dampen; schildersziekte
opscharrelen *(pop.)* zoekende bijeenhalen of te voorschijn halen
opschenken water schenken op thee of koffie
opschepen [scheepte op, opgescheept] ten laste van iem. maken
opscheppen [schepte op, opgeschept] opdissen; pochen; *opgeschept liggen*, in overvloed voorhanden zijn; *het voor het ~ hebben*, in overvloed hebben **opschepper** [-s] pocher **opschep'perig** *bn & bw* pocherig **opschepster** [-s] *v* vrouw die pocht
opscherpen scherper maken
opschieten *h/z* naar boven schieten; vorderen; overweg kunnen; in bochten opwinden
opschik *m* bonte tooi **opschikken** tooien; plaats maken
opschonen zuiveren
opschorten in de hoogte gorden; uitstellen
opschrift wat op iets geschreven staat
opschrijfboekje aantekenboekje **opschrijven** aantekenen; op de rekening schrijven
opschrikken schrikken
opschroeven naar boven schroeven; opdrijven; bovenmatig roemen
opschudden schuddend zacht maken
opschudding *v* verwarring
opschuiven omhoog schuiven; opzij schuiven; voortschuiven; uitstellen
opsieren sieren **opsiersel** *o* [-s, -en] tooi
opslaan opwaarts slaan; openen; oprichten; duurder maken; duurder worden; tijdelijk opbergen; inslaan **opslag** *m* het opslaan; omslag; opbod; opslagplaats; verhoging van prijs of loon **opslagplaats** pakhuis
opslokken verzwelgen
opslorpen, **opslurpen** slurpend drinken; in zich opnemen
opsluiten vastzetten; *(mil.)* weer aaneensluiten
opsmuk *m* tooi **opsmukken** mooi maken

opsnijden pochen **opsnijderij'** *v* bluf **opsnij'erig** *bn & bw* blufferig
opsnorren opscharrelen
opsnuiven door de neus ophalen
opsodemieteren *(pop.)* weggaan
opsommen [somde op, opgesomd] opnoemen
opsouperen ‹ou=oe› opmaken
opsparen bijeen sparen
opspelen razen; beginnen te spelen
opsporen zoeken; door zoeken vinden **opsporingsambtenaar** ambtenaar voor opsporingsdienst **opsporingsdienst** dienst voor opsporing v. delfstoffen of misdadigers
opspraak *v(m)* gepraat onder de mensen
opspringen omhoogspringen; op iets springen
opspuiten omhoog spuiten; vloeiend opzeggen; ophogen door er water met grond op te spuiten
opstaan gaan staan; uit bed komen; in opstand komen; op het vuur staan
opstal *m* [-len] het boven de grond gebouwde; masten en want
opstand *m* oproer, verzet; tekening v.d. vooraanblik; de hele inrichting; opstaande rand; rek **opstandeling** oproermaker **opstan'dig** *bn & bw* in opstand **opstanding** *v* verrijzenis
opstap *m* stap omhoog; trede
opstapelen op een stapel zetten, verzamelen
opstappen heengaan; voortstappen; op iets stappen
opstarten in gang zetten; bedrijfsklaar maken
opsteken in de hoogte steken; bij zich steken; leren; opstrijken; aansteken; gaan waaien; losmaken **opsteker** *m* [-s] voordeeltje; compliment; hooivork
opstel *o* [-len] verhandeling, stijloefening over een onderwerp **opstellen** ontwerpen; schrijven; plaatsen; *zich* ~, een standpunt innemen
opstijgen (te paard of in een rijtuig) stijgen
opstijven stijf worden of maken; aanwakkeren
opstoken harder doen branden; verbranden; ophitsen **opstokerij'** *v* ophitserij
opstomen *z* in een bep. richting stomen
opstootje *o* relletje
opstoppen volstoppen **opstopper** *m* [-s] klap; stomp **opstopping** *v* situatie waarbij men t.g.v. drukte niet verder kan
opstrijken omhoogstrijken; strijken; krijgen
opstropen terugschuiven
opstuiven opvliegen
opsturen zenden over grotere afstand
opstuwen omhoog stuwen
optakelen met een takel ophijsen; optuigen; opdirken
optant' wie opteert
optater *m* [-s] opdonder
optatief' *m* [-tieven] wensende wijs
optekenen opschrijven
optellen bijeentellen **optelsom** berekening door optelling

O

opte'ren zijn voorkeur verklaren **op'teren** verbruiken, opmaken
optica *v* [gmv] natuurkunde betreffende het licht **opticien'** ‹cien=sjẽn› [-s] wie brillen of contactlenzen aanmeet of verkoopt; maker v. optische instrumenten
optie *v* vrije keus; voorkeur; recht tot het (ver-)kopen van effecten; *in ~ hebben*, het recht op koop of huur hebben van **optiebeurs** deel v. beurs waar opties verhandeld worden
optiek' *v* optische instrumenten; leer v.h. zien en v.h. licht; gezichtspunt
optimaal' *bn* gunstigst **optimalise'ren** ‹s=z› optimaal maken
optimis'me *o* het alles rooskleurig zien **optimist'** *m* wie alles rooskleurig ziet **optimis'tisch** *bn & bw* alles rooskleurig ziende
optioneel' *bn* de mogelijkheid van keus openlatend
optisch *bn* gezichtkundig, gezichts-; ~ *lezen*, door middel van lichtgevoelige elementen op papier aangebrachte tekens machinaal herkennen
optocht *m* het optrekken, stoet
optometer *m* [-s] apparaat voor het meten v.h. gezichtsvermogen
optooien opsieren
optornen [tornde op, opgetornd] opwerken
optrede *v(m)* [-n] opstap, verhevenheid; hoogte v.d. treden
optreden in het openbaar iets doen; handelen
optrekje *o* klein buitenverblijf
optrekken omhoog trekken; stroomopwaarts trekken; voorttrekken; doen opstijgen; hoger maken; bouwen; zorgen voor; snelheid krijgen; langzaam verdwijnen
optrommelen (met tromgeroffel) bijeenroepen
optuigen het tuig aandoen; uitdossen
optutten opdoffen; zijn uiterlijk even verzorgen
opulent' *bn* buitengewoon rijk
opus *o* [-sen, opera] werk; ~ *magnum, magnum* ~, zeer groot werk
opvallen in het oog lopen
opvang *m* [gmv] hulp bij overgang in een nieuwe situatie **opvangen** in de vaart vangen; tegenhouden; in iets verzamelen; ondervangen, onderscheppen; in zich opnemen; toevallig horen; helpen bij overgang in een nieuwe situatie
opvarende [-n] zich aan boord bevindend iem.
opvatten opnemen; gaan voelen; vormen **opvatting** *v* mening
opvijzelen met vijzels opwinden; overdreven prijzen
opvissen ophalen; opdiepen
opvlammen meer gaan vlammen
opvliegen in de hoogte vliegen; driftig worden **opvlie'gend** *bn* driftig **opvlieger** *m* [-s] plotselinge aandrang van bloed naar het gezicht
opvoeden grootbrengen **opvoedkunde** leer

v.d. opvoeding **opvoedkun'dig** *bn & bw* betrekking hebbend op of volgens de opvoedkunde **opvoedkun'dige** [-n] wie de opvoedkunde beoefent
opvoeren omhoog voeren; verhogen; vertonen **opvoerset** *m* [-s] stel vervangende onderdelen om de kracht v.e. motor op te voeren
opvolgen *h/z* nakomen; volgen op; in de plaats komen van **opvolger** *m* [-s] wie opvolgt
opvorderen opeisen
opvouwen in elkaar vouwen, toeslaan
opvragen terugvragen; (gegevens) uit een computergeheugen halen
opvreten opeten; *zich ~*, zich hevig ergeren
opvriezen *h/z* omhoog komen door de vorst; opnieuw gaan vriezen
opvrijen door vrijen prikkelen
opvrolijken opmonteren
opvullen vol maken **opvulsel** *o* [-s] wat opvult
opwaarderen hogere waarde toekennen aan
opwaarts *bn & bw* omhoog
opwachten wachten op **opwachting** *v* beleefdheidsbezoek
opwarmen (opnieuw) warm maken
opwegen *~ tegen*, evenveel waard zijn als
op'wekken wekken, aansporen; doen ontstaan **opwek'kend** *bn & bw* prikkelend, bemoedigend; opvrolijkend; stichtelijk
opwellen opborrelen **opwelling** plotselinge aandrift of gemoedsaandoening
opwerken hoog doen komen; bijwerken; afwerken; *zich ~*, met moeite overeind komen, door werken vooruitkomen, naar boven komen
opwerpen omhoogwerpen; opperen; aanleggen, maken
opwieberen *(pop.)* weggaan
opwinden oprollen; optrekken; de veer spannen; zenuwachtig maken; *zich ~*, boos worden **opwinding** *v* het opwinden; opgewondenheid
opwrijven door wrijven doen glanzen
opzadelen een zadel opleggen; *(fig.) ~ met*, opschepen met
opzeggen uit het hoofd zeggen; zeggen dat men niet langer zich aan iets houdt; zeggen
opzenden opsturen
opzet I *m* [-ten] opstand; opzetteugel; het op touw zetten van iets **II** *o* toeleg; kwade bedoeling **opzet'telijk** *bn & bw* met opzet **opzetten** op iets zetten; opstoken; de huid v.e. dood dier opstoppen; zwellen; wagen; beginnen, aanzetten
opzicht *o* toezicht; betrekking; *menselijk ~*, angst voor wat anderen denken; *ten ~e van*, wat betreft **opzichter** *m* [-s] wie toezicht uitoefent **opzich'tig** *bn & bw* te veel de aandacht trekkend
opzichzelf'staand *bn* apart
opzien I *ww* omhoog zien; opkijken; *~ tegen*, bang zijn voor; achting hebben voor **II** *o* verbazing **opzienba'rend** *bn* verbazingwekkend **opziener** *m* [-s] wie toezicht heeft; *(prot.)* ouderling
opzij' *bw* aan de kant, uit de weg
opzitten rechtop zitten; opblijven; te paard gaan zitten; *~ en pootjes geven*, onderdanig zijn **opzittende** *m-v* [-n] wie een motor of voertuig berijdt
opzoeken zoeken; bezoeken
opzouten inzouten; voor later bewaren; *(fam.)* oprotten, opdonderen; *zich ~*, *(fam.)* het opgeven
opzuigen inzuigen
opzwepen opjagen, aanvuren
o.r. ondernemingsraad
oraal' *bn & bw* in de mond; mondeling
ora'kel *o* [-s, -en] godsspraak; plaats waar godsspraken werden gegeven; vraagbaak **ora'kelen** als wijsheid verkondigen **ora'keltaal** raadselachtige taal
orangea'de ‹ge=zj› *v(m)* [-s] sinaasappellimonade
orang-oe'tan(g) *m* [-s] op Borneo en Sumatra voorkomende mensaap, Lat. Symia satyrus
oran'je *o & bn* roodgeel **oran'jeappel** vrucht v.d. oranjeboom **oran'jebitter** *m/o* jenever met aftreksel van oranjeschil **oran'jeboom** boom v.d. familie Citrus **oranjegevoel** *o* positief gevoel voor Nederland in het algemeen en Nederlandse producten in het bijzonder **oranjerie'** *v* [-riën, -s] grote broeikas, wintertuin
oran'te *v* [-n] biddende staande vrouwenfiguur
ora'tie *v* [-s] redevoering; gebed; inaugurele rede **ora'tor** [-s, -en] redenaar **orato'risch** *bn & bw* redekunstig; als een redenaar **orato'rium** *o* [-s, -ria] bidvertrek; dramatische muzikale compositie zonder toneelschikking; *(r.-k.)* geestelijke vereniging
orbiculair' ‹ai=è› *bn* in de vorm v.e. kring (ronddraaiend)
orchidee' *v(m)* [-ën] plant v.d. familie Orchidaceae
orde *v(m)* [-n, -s] regelmatige schikking, regelmaat; geregelde toestand; rust in de klas; groep dieren of planten; vereniging van personen die aan regels gebonden zijn; rangorde; ridderorde; hiërarchie; bouwstijl **ordebroeder** lid v.e. orde **ordedienst** organisatie voor het handhaven v.d. orde **ordelie'vend** *bn & bw* gesteld op orde **ordelijk** *bn & bw* in orde, met orde **ordeloos** *bn & bw* zonder orde **ordenen** regelen **orden'telijk** *bn & bw* fatsoenlijk; redelijk
order *v(m)/o* [-s] bevel; bestelling; dienst; wie iem. vervangt; *tot iemands ~*, tot iemands dienst **orderbriefje** *o* betaalbriefje **orderportefeuille** ‹feuille=fui-je› totaal aantal orders v.e. bedrijf
ordeteken *o* [-s, -en] te dragen versiersel v.e. ridderorde
ordinaat' *v(m)* [-naten] coördinaat
ordinair' ‹ai=è› *bn & bw* onbeschaafd; gewoon
ordinan'tie *v* [-s -tiën] bevel; plan
ordina'rius *m* [-rii] met gewone kerkelijke

rechts- en bestuursmacht bekleed persoon; gewoon hoogleraar
ordner *m* [-s] map voor zakelijke correspondentie
ordonnans' overbrenger v. bevelen
ordonnan'tie *v* [-s, -tiën] bevel; schikking
ordonne'ren bevelen; schikken
öre *v(m)* [-s] Scandinavische munt, een honderdste deel v.e. kroon
orega'no *v(m)* [-'s] geurige gedroogde bladeren v. wilde marjolein
ore'mus *o* [-sen] ruzie, narigheid
orenmaffia de opvatting v.e. groep medici en verpleegkundigen dat de oorzaak v.e. ziekte ligt in het denken v.d. patiënt
ore'ren een redevoering of inaugurele rede houden; druk praten
orgaan' *o* [-ganen] werktuig; zintuig; deel van mens of dier of plant voor bep. functie; stem, spreekbuis; blad v. partij
organiek' *bn* uit de grondwet voortvloeiend
organigram', **organogram** *o* [-grammen] schema v.d. structuur v.e. organisatie; beschrijving v.d. ligging en bouw v.d. organen
organisa'tie ‹s=z› *v* [-s] het organiseren; bewerktuiging; georganiseerd lichaam
organisa'tor *m* [-s, -en] wie organiseert, wie goed kan organiseren **organisato'risch** *bn* wat de organisatie betreft
orga'nisch *bn* v. organen voorzien; levend; betrekking hebbend op lichamen met een organisme
organise'ren ‹s=z› regelen, inrichten
organis'me *o* [-n] organische bouw; georganiseerd lichaam; systematisch samenstel
organist' orgelspeler
organ'za *v (stofn.)* geweven, doorzichtige stof
orgas'me *o* [-n] seksuele bevrediging
orgel *o* [-s] gemechaniseerd muziekinstrument met klavieren en pijpen **orgelbouwer** maker v. orgels **orgelconcert** concert op een orgel **orgeldraaier** [-s] man v.e. draaiorgel **orgelman** orgeldraaier **orgelmuziek** muziekstuk voor of van een orgel **orgelpijp** pijp v.e. orgel; pijpvormige holte **orgelregister** rij pijpen in een orgel **orgelspel** het spelen op een orgel
or'gie' *v* [-giën] slempmaal; overdadige weelde
oriëntalist' beoefenaar van oosterse talen
oriënta'tie *v* het oriënteren **oriënta'tieloop** *m* [-lopen] dropping **oriënte'ren** bouwen met het koor naar het O.; inlichtingen geven; *zich ~*, zijn plaats bepalen **oriënte'ringspunt** punt waarnaar men zich oriënteert
origa'mi *o* Japanse vouwtechniek
originaliteit' ‹origi= orgie *of* orzjie› *v* oorspronkelijkheid **origi'ne** ‹g=zj› *v* oorsprong, afkomst **origineel'** ‹orgieneel *of* orzjieneel› *bn & bw* oorspronkelijk; eigenaardig **II** *o* [-nelen] oorspronkelijk stuk **III** *m-v* zonderling
orka *m* [-'s] zwaardwalvis
orkaan' *m* [-kanen] hevigste storm in de Atlantische oceaan
orkest' *o* de muzikanten; plaats ervoor
orkest'bak ruimte voor orkest
orkest'meester *m* leider v.e. orkest
orkestre'ren een muziekstuk zetten voor de verschillende instrumenten **orkes'trion** *o* [-s] kabinetorgel dat een orkest nabootst
orkest'toon met een halve toon verhoogde stemming v.d. instrumenten
orlon *wm o* [gmv] soort op wol lijkende kunstvezel; stof daarvan
ornaat' *o* [-naten] plechtig gewaad; ambtsgewaad; *in vol ~*, in ambtskledij met alle officiële aanhangsels; opgesmukt
ornament', **ornement** *o* sieraad, versiersel
ornamente'ren met ornamenten sieren
ornamentiek' *v* versieringskunst
ornithologie' *v* vogelkunde
orograaf' *m* [-grafen] bergbeschrijver
orografie' *v* bergbeschrijving **orogra'fisch** *bn* bergbeschrijvend
orthodontie' zich op regelmatig gebit specialiserende tandheelkunde
orthodox' *bn & bw* rechtzinnig; streng gelovig **orthodoxie'** *v* rechtzinnigheid
orthografie' *v* [-ën] spelling **orthogra'fisch** *bn & bw* spelling-
orthopedagogie' *v* heilpedagogie
orthopedie' *v* leer der middelen tot herstel van verkrommingen **orthope'disch** *bn* betrekking hebbend op de orthopedie
orthopedist' beoefenaar v. orthopedie, orthopedisch arts **orthopeed'** *m* [-peden] orthopedist
ortolaan' *m* [-lanen] gorsachtig trekvogeltje, Lat. Emberiza hortulana
os *m* [-sen] gesneden stier; *slapen als een ~*, diep slapen; *van de ~ op de ezel*, van de hak op de tak
Os *(schei.)* osmium
OS Olympische Spelen; Oude Stijl; Operating System
Oscar *m* [-s] Amerikaanse filmprijs
oscilla'tie ‹sc=ss› *v* [-s] slingering, schommeling **oscille'ren** slingeren; trillen
oscillograaf' *m* [-grafen] toestel voor het registreren van trillingen
osmium *o* blauwwit metaal, vaak bij platina gevonden
osmo'se ‹ose=ooze› *v* vermenging van vloeistoffen door een wand
ossenbloed *o* bloed v.e. os; donkere wijnrode kleur **ossengebraad** *o* gebraden ossenvlees **ossenhaas** *m* [-hazen] lendestuk v. rund **ossenkopstuur** fietsstuur met naar boven gekromde handvaten **ossenleer** leer v. ossenhuid **ossenleren** *bn* v. ossenleer **ossenstaartsoep** van een ossenstaart getrokken soep **ossentong** tong v. os; plant met bladeren als rundertongen, Lat. Anchusa
ossobu'co *m* [-'s] volgens Italiaans recept gestoofde kalfsschenkel
ossua'rium *o* [-ria] *zie* **knekelhuis**
ostentatief' *bn & bw* met opzettelijk vertoon
osteoartri'tis *v* chronische ontsteking van bot of kraakbeen **osteologie'** *v* leer v.d.

beenderen **osteoporo'se** ‹se=ze› *v* skeletaandoening als gevolg van ontkalking **osteosarcoom'** botkanker

ostracis'me *o* rechtspraak waarbij men zijn oordeel op een scherf krast

OT Oude Testament

oti'tis *v* oorontsteking

otofoon' *m* [-fonen] hoorntje voor hardhorenden **otoscoop'** *m* [-scopen] oorspiegel

otter *m* [-s] in en bij water levend marterachtig roofdier, Lat. Lutra lutra **otteren** moeizaam werken

OU Open Universiteit

oublie' ‹ou=oe› *v* [-s] opgerold dun wafeltje; dun chocoladeplaatje **oublie'-ijzer** apparaat om oublies te bakken

oubol'lig *bn* koddig

oud *bn* niet jong; van gevorderde leeftijd; voormalig; lang geleden; hetzelfde als vroeger; *~e talen*, Latijn en Grieks; *het ~e volk*, de joden; *mijn ~e lui*, vader en moeder; *~e geschiedenis*, historie tot 476 n.C.; *~ en nieuw vieren*, op oudejaarsavond opblijven; *~ nieuws*, allang bekend nieuws **oud-** *als eerste deel v. ss in de bet.*: voormalig **oudbak'ken** *bn* niet vers; ouderwets **oudchris'telijk** *bn* uit de eerste eeuwen v.h. christendom **oude** [-n] vader; kapitein; directeur; *(pop.)* oude klare; *de ~n*, Grieken en Romeinen **oudedagsvoorziening** regeling voor de periode dat men van ouderdom niet meer kan werken **oudeheer'** *(fam.)* vader **oudejaar'** *o* 31 dec **oudejaarsa'vond** avond van 31 dec **oudejaarsnacht'** nacht na oudejaarsavond **oudelui'** *mv (fam.)* ouders **oudeman'nenhuis** gesticht voor oude mannen

ouder [-s] vader of moeder; *van ~ tot ~*, van geslacht op geslacht; *bn* vergrotende trap van 'oud' **ouderavond** avondvergadering van ouders van leerlingen **ouderdom** *m* (hoge) leeftijd, oude mensen **ouderdomsklasse** leeftijdsklasse **ouderdomskwaal** door ouderdom veroorzaakte kwaal **ouderdomspensioen** pensioen wegens hoge leeftijd **oudere** *m-v* [-n] bejaarde **ouderejaars'** [mv idem] niet-eerstejaars **ouderenbond** bond v. bejaarden **ouderhart** liefde van ouders **ouderliefde** liefde v. kinderen of ouders **ouderlijk** *bn* van de ouders **ouderling** regerend lid v.d. kerkenraad **ouderloos** *bn* zonder ouders **ouderpaar** de ouders **ouderparticipatie** *v* hulp v. ouders bij het inrichten en uitvoeren v. onderwijs **ouderplicht** plicht v. ouders **ouderraad** raad v. ouders **ouders** *mv* vader en moeder **ouderschap** *o* ouder zijn **ouderschapsverlof** *o* verlof wegens de geboorte van zijn of haar kind of om meer tijd aan opgroeiende kinderen te besteden **ouderwets'** *bn & bw* uit de mode; (als) van vroeger

oudevrou'wenhuis gesticht voor oude vrouwen **oudewij'venpraat** kletspraat

oudgast wie lang in Indonesië is geweest **oudgedien'de** [-n] gewezen soldaat **oudheid** *v* [-heden] antiquiteit; oude geschiedenis; ver verleden; ouderdom **oudheidkamer** museum met lokale oudheden **oudheidkunde** wetenschap der oudheden **oudheidkun'dige** [-n] kenner v. antiquiteiten, beoefenaar v.d. oudheidkunde ***Oud-Hol'lands** *(Wdl. Oudhollands) bn* als bij de oude Hollanders; met de hand geschept **oudje** *o* oude man of vrouw; oud voorwerp **oud-katholie'ken** *mv* in 1723 of na 1870 v.d. rooms-katholieken afgescheiden Kerkformatie **oudkomer** *m* [-s] allochtoon die al langere tijd in een gastland woont **oudoom** oom van vader of moeder **oudovergrootmoeder** moeder v. overgrootmoeder of overgrootvader **oudovergrootvader** vader v. overgrootmoeder of overgrootvader **oudpapier'handel** handel in gebruikt papier **oudroest'** *o* afgedankt ijzer **oudro'ze** verbleekt roze **ouds'her'** *bw van ~*, sinds lang **oud-soldaat'**, **oud-strij'der** gewezen soldaat **oudtante** tante van vader of moeder **oudtestamen'tisch** *bn & bw* van het OT **oudtijds** *bw* eertijds **oudva'derlands** *bn* van ouds in het vaderland gebruikelijk

outcast ‹a=aa› [-s] verworpeling

outdoor ‹oo=ò› *bn* in de buitenlucht

outfit *m* [gmv] uitrusting

outilla'ge ‹oetie(l)jaazje› *v* uitrusting **outille'ren** uitrusten

outlook ‹oo=oe› *m* [gmv] uiterlijk; toekomstverwachting

outperformer ‹outpuffòmur› *m* [-s] *(econ.)* fonds waarvan de waarde zich vermoedelijk voorlopig boven het gemiddelde van de koersverandering op de beurs zal ontwikkelen

outplace'ment ‹ace=ees› *o* [-s] het bij een ander bedrijf onderbrengen van personeel

output ‹outpoet› *m* productie, prestatie; door een computer verstrekte informatie, uitvoer

outsider ‹i=aai› [-s] buitenstaander

ouvertu're ‹ou=oe› *v* [-s, -n] voorspel, openingsstuk

ouvreu'se ‹oevreuze› *v* [-s] juffrouw die plaatsen aanwijst

ouwehoer' *m-v (pop.)* wie veel zanikt **ouwehoeren** *(pop.)* zaniken; vrijblijvend praten; *(onoverg.)* vervelen

ouwejongenskren'tenbrood *dat is ~*, dat gaat als bij goede vrienden onder elkaar

ouwel *m* [-s] dun baksel van bloem en water; ongeconsacreerde hostie; ronde sluitzegel

ouwelijk *bn & bw* oudachtig

ouzo ‹ou=oe› *m* [-'s] sterkedrank met anijs

OV openbaar vervoer

ovaal' **I** *bn* eivormig **II** *o* [-valen] eivormige figuur

ova'tie *v* [-s] toejuiching

oven *m* [-s] verhittingsruimte; *tegen een (hete) ~ gapen*, vergeefse moeite doen **ovenpaal**

schop om brood in oven te schuiven **ovenplaat** plaat die men in oven schuift **ovenschotel** in bakoven bereid gerecht **ovenvast** *bn* tegen verhitting in een oven bestendig

over **I** *vz* op; boven; langs; gedurende; voorbij; tegenover; betreffende; *iets ~ zich,* zekere manieren **II** *bw* voorbij; overgebleven; overgegaan; overgekomen; *te ~,* in overvloed; *als eerste deel v.e. ss vóór bn vaak in bet.*: meer dan, meer, te zeer

overal', overall' *m* [-s] werkpak over gewone kleding **o'veral'** *bw* op alle plaatsen

overbekend *bn* alom bekend

overbelasten te zwaar belasten

overbeleefd *bn* overdreven beleefd

overbelichten te sterk belichten

overbevolking te grote bevolking

overblijfmoeder vrijwilligster die op overblijvende schoolkinderen past **overblijfsel** *o* [-s, -en] het overgeblevene **overblijven** overschieten; in de winter niet sterven; in de middagpauze op school blijven

overbloezen *gez. v.e. kledingstuk*: ruim over band of ceintuur hangen

overbluf'fen uit het veld slaan

overbo'dig *bn* onnodig

o'verboeken [boekte over, overgeboekt] overschrijven in een ander koopmansboek **overboe'ken** [overboekte, overboekt] meer dan één keer verhuren

overboord' *bw* te water

o'verbrengen v.d. ene plaats of persoon naar een andere brengen; overboeken; verklikken; vertalen

overbrieven verklikken

overbrug'gen met een brug overspannen; een tijdelijke oplossing bezorgen **overbrug'ging** *v in de ~ zijn,* overbruggingsgeld trekken

overbuur buur a.d. overkant

overcompleet *bn* te veel

overdaad onmatigheid **overda'dig** *bn & bw* overmatig; onmatig

overdag' *bw* bij dag

overdek'ken bedekken **overdekt'** *bn* van een dak voorzien

overden'ken overwegen

overdoen opnieuw doen; verkopen tegen de kostende prijs

overdon'deren overbluffen

overdone' ‹overdon› *bn* overdreven

overdosis *v* te grote dosis

overdracht het overdragen; overgave; overdrachtelijk gebruik **overdrach'telijk** *bn & bw* figuurlijk **overdrachtsbelasting** belasting bij verhandeling van onroerend goed

overdragen afstaan, overgeven; overbrengen

overdre'ven *bn & bw* vergroot, al te (groot)

o'verdrijven [dreef over, overgedreven] naar de overzijde drijven, voorbijdrijven **overdrij'ven** [overdreef, overdreven] te ver gaan; te groot voorstellen

overdrive ‹overdraiv› *m* inrichting waardoor een motor op minder kracht gaat lopen

overdruk **I** *m* [-ken] afzonderlijke afdruk; spanning groter dan de lucht; wat over iets is heen gedrukt **II** *bn* te druk **overdrukken** opnieuw drukken

overduidelijk *bn & bw* zeer duidelijk

overdwars' *bn & bw* dwars; minachtend

overeen' *bw* over of op elkaar; gelijk **overeen'brengen** met elkaar in overeenstemming brengen **overeen'komen** overeenstemmen; afspreken **overeen'komst** *v* overeenstemming; afspraak **overeenkom'stig** **I** *bn* overeenkomend **II** *vz* volgens **overeen'stemmen** overeenkomst vertonen **overeen'stemming** *v* gelijkheid (v. mening)

overeind' *bw* rechtop

over en weer' heen en weer; wederkerig

overer'felijk *bn* overgeërfd wordend **overerven** bij erfenis overgaan; door afstamming krijgen

overflow ‹ow=oow› *m* [-s] te boven gaan v.d. capaciteit v.e. computer

overgaan naar een andere plaats gaan; over iets gaan; bevorderd worden; overgegeven worden; een ander geloof of gevoelen aannemen; voorbijgaan; overgehaald worden en geluid geven; veranderen; *~ tot,* beginnen met; besluiten tot **overgang** *m* het overgaan; verandering; beëindiging v.d. geslachtsrijpheid v.d. vrouw **overgangsbepaling** bepaling voor de tijd v. overgang **overgangsexamen** examen voor een hogere klasse **overgangsjaren** *mv* leeftijd tussen 45 en 50 jaar **overgangsrapport** rapport aan het eind v.h. schooljaar **overgangstijd** tijd tussen twee opeenvolgende toestanden **overgan'kelijk** *bn & bw* met een lijdend voorwerp verbonden (kunnende zijn)

overgave *v(m)* het zich overgeven; overhandiging, uitlevering, overdracht; toewijding; berusting **overgeven** overreiken, ter hand stellen, overdragen; braken; overwonnen verklaren, ter beschikking v.d. overwinnaar stellen; *zich ~,* zich laten beheersen

overgewicht te hoog lichaamsgewicht

o'vergieten [goot over, overgegoten] in iets anders gieten; opnieuw gieten **overgie'ten** [overgoot, overgoten] gietend bedekken

overgooier *m* [-s] over een bloes te dragen kledingstuk zonder mouwen

overgordijn gordijn over een ander

overgrootmoeder moeder v. grootmoeder of grootvader **overgrootvader** vader v. grootmoeder of grootvader

overhaast' *bn & bw* overhaastig **overhaas'ten** te zeer haasten, te haastig doen **overhaas'tig** *bn & bw* al te haastig **overhaas'ting** *v* te grote haast

overhalen overtrekken; overreden; spannen; distilleren

overhand *v(m)* meerderheid

overhan'digen [overhandigde, overhandigd] overreiken, ter hand stellen

overhands' *bn & bw* met bep. naaisteek

overhead'kosten ‹ea=è› *mv* indirecte kosten **overhead'projector** toestel waar iem. iets inlegt om het achter zich te projecteren **overhead'sheet** ‹sheet=sjiet› *m* [-s] transparant vel voor projectie met een overheadprojector
overhebben overhouden, meer hebben dan nodig is, kunnen missen; willen doen
overheen' *bw* erover; *ergens ~ stappen*, iets van geringe bet. achten; *zich er ~ zetten*, het trachten te vergeten; *er ~ gaan*, behandelen; *ergens ~ lezen*, iets bij het lezen niet opmerken; *er ~*, het te boven
overheer'sen beheersen, sterker zijn dan iets anders
overheid *v* [-heden] de gezagdragers **overheidsambt** ambt bij de overheid **overheidsbedrijf** door overheid geleid bedrijf **overheidsbemoeiing** *v* het ingrijpen v. overheid **overheidsdienst** dienst geleid door overheid **overheidssteun** steun vanwege overheid
overhellen hellen; *~ naar*, overeenkomst vertonen met
overhemd bep. kledingstuk voor bovenlijf met voorsluiting en kraag
overhevelen (met een hevel) overplaatsen
overhoeks' *bn & bw* schuin v.d. ene hoek naar de andere
overhoop' *bw* dooreen, in de war; *ook als eerste deel van ss in bet.*: door elkaar of dood **overhoop'halen** wanorde aanrichten in; te pas of te onpas ter sprake brengen
overho'ren laten opzeggen **overho'ring** *v* proefwerk
overhouden als overschot of gevolg houden; 's winters in leven houden; *niet ~*, beter kunnen
overig *bn* overgebleven; *het ~e*, de rest **overigens** *bw* voor de rest
overij'len overhaasten **overij'ling** *v* te grote haast
o'verjagen [jaagde/joeg over, overgejaagd] jagen over **overja'gen** [overjaagde/overjoeg, overjaagd] afjakkeren
overja'rig *bn* meer dan een jaar oud; overblijvend; achterstallig; ouderwets
overjas over de andere kleren gedragen jas
overkant tegenovergestelde zijde
overkap'pen met een kap overdekken **overkap'ping** *v* het overkappen, kap
overkijken nog even inzien; overheen kijken
overklas'sen *(sp.)* beter zijn dan
overkleed over een ander te dragen kleed
overkoe'pelen als organisatie andere organisaties onder zich hebben
overkoken over de rand koken
overko'melijk *bn* te boven te komen **o'verkomen** over iets heen komen; van elders komen; *(van berichten)* overgebracht worden **overko'men** gebeuren; te boven komen **overkomst** *v* het overkomen
overlaadhaven haven waar overgeladen wordt
overlaat *m* [-laten] plaats waar men een rivier laat overstromen
o'verladen [laadde over, overgeladen] in een ander vaar- of voertuig laden **overla'den** [overlaadde, overladen] te zwaar belasten
overland' *bw* te land
overlangs' *bw & bn* in de lengte
overlap'pen gedeeltelijk samenvallen, in elkaar grijpen
overlast *m* hinder
overlaten laten overblijven; laten zorgen voor; over iets heen laten gaan; *aan zijn lot ~*, zich niet bekommeren om
overle'den *bn* gestorven
overleg' *o* beraad **o'verleggen** [legde over, overgelegd] ter zijde leggen; tonen, de ene voet over de andere plaatsen bij het schaatsen **overleg'gen** [overlegde, overlegd] beraadslagen
overle'ven langer leven
overleveren overgeven; van geslacht op geslacht vertellen **overlevering** *v* het overleveren; het overgeleverde
overle'vingstocht tocht onder barre omstandigheden om uithoudingsvermogen te trainen of te testen
overlezen nog eens lezen
overligdag dag die schip te lang ligt bij laden en lossen **overliggeld** geld voor overligdagen
overlij'den sterven **overlij'densverklaring** door een arts opgestelde verklaring v.d. doodsoorzaak v.e. overledene
overloop *m* [-lopen] het overstromen; doorloop; bovenportaal **o'verlopen** [liep over, overgelopen] over iets lopen, over de rand stromen; overgaan; deserteren; *~ van*, overmatig aan de dag leggen **overlo'pen** [overliep, overlopen] te dikwijls bezoeken **overloper** [-s] deserteur
overluid' *bw* hardop
overmaat *v(m)* te ruime maat; *tot ~ van smart* of *ramp* of *ellende*, bij al het andere
overmacht meerdere macht; onmacht om het nodige te verrichten **overmach'tig** *bn* veel meer macht hebbend
overmaken opnieuw maken; zenden
overman'nen overweldigen
overma'tig *bn & bw* buitensporig; met een halve toon vermeerderd
overmees'teren overweldigen
overmoed *m* vermetelheid **overmoe'dig** *bn & bw* vermetel; hoogmoedig
overmorgen *bw* de dag na morgen
overnaads' *bn* met de planken trapsgewijs over elkaar
overnach'ten de nacht doorbrengen
overname *v(m)* het overnemen **overnemen** aannemen v.e. ander; navolgen; kopen
overnieuw *bn (pop.)* opnieuw
overoud *bn* zeer oud
overpad pad over andermans bezit
overpein'zen overdenken
overplaatsen verplaatsen
overplanten verplanten
overprik'kelen te sterk prikkelen
overproductie te grote productie
overre'den [overreedde, overreed] weten te bewegen **overre'dingskracht** vermogen om te overreden

O

overreiken aanreiken
o'verrijden [reed over, overgereden] naar de andere zijde rijden; over iets rijden; nog eens rijden **overrij'den** [overreed, overreden] omverrijden
overrijp' te rijp; *ook fig.*: licht rottend
overrok bovenrok
overrom'pelen [overrompelde, overrompeld] overvallen
overru'len ⟨u=oe⟩ [overrulede, overruled] een eerdere uitspraak overstemmen; overheersen
oversamp'ling ⟨a=e⟩ *v (audio.)* repeterend controlemechanisme v. geluidsweergave v. cd-speler
overscha'duwen met schaduw bedekken; overtreffen; bedekken
overschakelen anders stellen; op een andere versnelling brengen; zich aanpassen
overscha'rig *bn* overschietend
o'verschatten opnieuw schatten **overschat'ten** te hoog schatten
overschenken overgieten
overschepen in een ander schip laden
overschieten overblijven
o'verschilderen [schilderde over, overgeschilderd] opnieuw schilderen
overschil'deren [overschilderde, overschilderd] over schilderwerk heen schilderen
overschoen rubberschoen over een andere
overschoon *bn & bw (plecht.)* zeer schoon
overschot *o* [-ten] het overgeblevene; *stoffelijk ~*, lijk
overschreeu'wen harder schreeuwen dan; *zich ~*, zijn stem forceren door te luid te schreeuwen
overschrij'den stappen over
overschrijven opnieuw schrijven; afschrijven; per giro overmaken; op naam v.e. ander zetten
overseinen door seinen meedelen
oversekst' *bn* overdreven gericht op seks
oversiz'ed ⟨oversaaizd⟩ *bn* boven de normale grootte
overslaan weglaten; voorbijgaan; verzuimen; overgaan; naar de andere zijde slaan; onnatuurlijk gaan klinken **overslag** omslag; slag boven het geboden aantal; berekening, raming; het overbrengen van goederen v.h. ene schip in het andere; toetsencombinatie v.e. tekstverwerker **overslagijzer** overslaand ijzer voor deurbevestiging **overslagrok** rok die wordt omgeslagen
oversluiten opnieuw sluiten v.e. hypotheek tegen lagere rente
overspan'nen I *ww* over iets spannen; te sterk spannen, te veel inspannen **II** *bn* overdreven; overprikkeld, overwerkt **overspan'ning** *v* het overspannen zijn; afstand tussen twee pijlers
oversparen overleggen
overspel seksuele relatie met een ander dan de eigen partner **overspe'len** *je hand ~*, met (te)veel risico gokken **overspe'lig** *bn & bw* schuldig aan overspel
overspringen op iets anders springen; over iets springen; overslaan
overstaan *ten ~ van*, in bijzijn van **overstaand** *bn (wisk.)* door het verlengde v. elkaars benen gevormd; ertegenover gelegen
overstag' *bw* over een andere boeg; *~ raken*, de wind van voren krijgen; *~ werpen*, van gevoelen doen veranderen, in verwarring brengen; *~ helpen*, laten vallen
overstappen in een ander publiek vervoermiddel stappen
overste *m-v* [-n] hoofd v. klooster; luitenant-kolonel
oversteek *m* [-steken] het oversteken; plaats om over te steken
overstek *o* [-ken] overhangend deel v.e. bouwwerk
oversteken *h/z* naar de overkant gaan; ruilen
overstel'pen overladen
o'verstemmen [stemde over, overgestemd] opnieuw stemmen **overstem'men** [overstemde, overstemd] (bij stemming) de overhand krijgen; luider klinken dan
overstij'gen hoger gaan dan; groter zijn dan
o'verstromen [stroomde over, overgestroomd] overlopen **overstro'men** [overstroomde, overstroomd] onder water zetten; overstelpen
oversturen overzenden
overstuur' *bn & bw* van streek
o'vertekenen [tekende over, overgetekend] opnieuw tekenen **overte'kenen** [overtekende, overtekend] voor een hoger bedrag inschrijven dan het gevraagde
overtocht over iets trekken
overtol'lig *bn & bw* meer dan moet
overtraind' ⟨ai=ee⟩ *bn* te sterk getraind
overtre'den schenden **overtre'ding** *v (jur.)* licht strafbaar feit
overtref'fen te boven gaan **overtref'fend** *~e trap*, superlatief
overtrek *o/m* [-ken] wat over iets heen getrokken is **o'vertrekken** [trok over, overgetrokken] naar de andere zijde trekken; voorbij gaan; overhalen; spannen; op doorschijnend papier natekenen **overtrek'ken** [overtrok, overtrokken] bekleden, v. omhulsel voorzien; (v.e. vliegtuig) door te scherpe stijging onbestuurbaar maken, chargeren **overtreksel** *o* [-s] overtrek
overtroe'ven zich de meerdere betonen van
overtrok'ken *bn* overdreven (in de voorstelling)
overtui'gen [overtuigde, overtuigd] doen geloven; brengen tot erkentenis v.e. schuld **overtui'ging** *v* het overtuigen; besef omtrent de juistheid van zijn gevoelens; datgene waarvan iem. overtuigd is **overtui'gingskracht** vermogen om te overtuigen
overuur werkuur boven de gewone
overvaart overtocht
overval *m* [-len] onvoorziene aanval **overvalcommando** afdeling v.d. politie voor het uitvoeren v.e. overval **overval'len**

onverwachts aanvallen **overvalwagen** auto waarin de politie een overval doet
o'vervaren [voer over, overgevaren] naar de andere kant varen **overva'ren** [overvoer, overvaren] er overheen varen
oververhitten te sterk verhitten; verhitten tot een hogere temperatuur dan met de spanning overeenkomt
oververtellen overbrengen
oververzadigd *bn* meer dan verzadigd; met te veel waterdeeltjes vermengd
oververzekering verzekering voor meer dan de waarde
overvleu'gelen over het hoofd groeien
overvliegen over iets heen vliegen
overvloed *m* grotere hoeveelheid dan nodig is; grote hoeveelheid; *ten ~e,* daarenboven; ofschoon het overbodig is **overvloe'dig** *bn & bw* in overvloed
overvloeien overlopen
overvoe'den te veel voedsel geven
o'vervoeren [voerde over, overgevoerd] naar de andere kant brengen **overvoe'ren** [overvoerde, overvoerd] te veel aanvoeren; te veel voer geven
overvol *bn* te vol
overvracht meer dan toegestaan vrachtgoed; de kosten daarvan
overvra'gen te veel vragen
overwaaien naar de andere kant waaien; overgaan; onverwachts aankomen
overwaard *bn* meer dan waard **overwaarde** grotere waarde dan vereist wordt
o'verweg *m* kruising v. spoor- of tramweg met gewone weg **overweg'** *bw ~ kunnen,* kunnen omspringen
overwe'gen [overwoog, overwogen] overdenken; de doorslag geven **o'verwegen** [woog over, overgewogen] opnieuw wegen; overwicht geven **overwe'gend** *bn* doorslaggevend
overwel'digen [overweldigde, overweldigd] verbijsteren; met geweld bemachtigen
overwelf'sel *o* [-s] gewelf **overwel'ven** met een gewelf overdekken
overwerk werk in overuren **o'verwerken** [werkte over, overgewerkt] langer werken dan bepaald is **overwer'ken** [overwerkte, overwerkt] *zich ~,* door te langdurige arbeid zijn gezondheid schaden
overwicht *o* doorslag; grotere invloed
overwin'naar *m* [-s, -naren] wie overwonnen heeft **overwin'nen** de zege behalen; te boven komen **overwinst** winst minus rente of dividend
overwin'teren de winter doorbrengen
overwippen overheen wippen; even bezoeken
overwoe'keren sterk groeiend bedekken en overmeesteren
overzee' *bw* aan de andere kant v.d. oceaan **overzees'** *bn* overzee gelegen; *~e gebiedsdelen,* aan de overkant v.d. zee gelegen delen v.h. land
o'verzeilen opnieuw zeilen; naar de andere kant zeilen
overzet *m* [-ten] veer **overzetten** overvaren; vertalen; opnieuw zetten **overzetveer** *o* veer
overzicht *o* het overzien; kort begrip **overzich'telijk** *bn & bw* gemakkelijk te overzien **overzichtstentoonstelling** tentoonstelling met overzicht v.h. werk v.e. bep. kunstenaar of uit een bep. periode
o'verzien [zag over, overgezien] nazien **overzien'** [overzag, overzien] in zijn geheel zien; berekenen
overzij(de) overkant
OV-jaar'kaart jaarabonnement voor openbaar vervoer
OVSE Organisatie voor Veiligheid en Samenwerking in Europa
ovula'tie *v* [-s] het loskomen v.d. eicel uit de eierstok **ovula'tieremmer** *m* [-s] anticonceptiemiddel dat de ovulatie uitstelt
o.v.v. onder vermelding van
OW Openbare Werken
owee'ër *m* [-s] wie in een oorlog grote winsten gemaakt heeft, parvenu
oxer *m* [-s] hindernis bij een concours hippique
oxidant' *o (schei.)* smog veroorzakende verbinding van ozon en stikstofoxiden **oxida'tie** *v* [-s] het oxideren **oxi'de** *o* [-n] verbinding met zuurstof **oxide'ren** (zich) met zuurstof verbinden; roesten
ozb onroerendezaakbelasting
ozon *o/m* uit moleculen van 3 zuurstofatomen bestaand gas **ozonisa'tor** ‹s=z› *m* [-s] toestel voor bereiden van ozon **ozonise'ren** met ozon zuiveren **ozonlaag** luchtlaag met veel ozon

P

p *v(m)* [-'s] zestiende letter van ons alfabet; met beide lippen gevormde stemloze plofklank; *de p inhebben*, zeer slecht gehumeurd zijn
P parkeren; *(schei.)* fosfor
p. pagina; *piano*, zacht; *(fam.)* pest
pa *m* [-'s] papa
p.a. per adres
Pa *(schei.)* protactinium; *(nat.) Pascal*, eenheid per druk of spanning
paadje *o* [-s] klein pad
paaien tevredenstellen, sussen; paren **paaitijd** paartijd
paal *m* [palen] lang staand stuk hout of steen of ijzer; *(pop.)* mannelijk geslachtsdeel; loodrechte streep over wapen, grens; ovenschop; *als een ~ boven water*, vast; *~ en perk stellen*, beteugelen; *~tje verwisselen*, stuivertje-wisselen **paalbewoner** bewoner v.e. paalwoning **paaldorp** dorp v. paalwoningen **paalfundering** fundering op palen **paalgording** *v* [-en, -s] rij meerpalen; eiken plank met rongen aan paalwerk **paalvast** *bn & bw* onwrikbaar **paalwoning** op palen gebouwde woning **paalworm** zich in hout vastborend wormvormig dier, Lat. Teredo navalis **paalzitten** *(sp.)* zo lang mogelijk op een paal of platform blijven zitten
paander *m* [-s] korf
paap *m* [papen] *(min.)* r.-k. geestelijke; rooms-katholiek **paaps** *bn (min.)* rooms
paar I *o* [paren] twee bijeenhorende mensen of dieren of zaken, stel; echtpaar **II** *bn* even **III** *telw een ~*, enkele
paard *o* groot eenhoevig zoogdier, Lat. Equus caballus; gymnastiekwerktuig op vier poten; stoel voor leidekkers; *als een ~*, grote, zeer; *Fries ~*, Friese ruiter; *de ~en achter de wagen spannen*, de zaak volkomen verkeerd aanpakken; *te ~ helpen*, helpen; *over het ~ tillen*, te zeer prijzen zodat hij verwaand wordt; *het beste ~ struikelt wel eens*, ook de deugdzaamste en bekwaamste faalt wel eens; *het hinkende ~ komt achteraan*, de bezwaren komen achterop; *de ~en die de haver verdienen krijgen ze niet*, de verdienste blijft vaak onbeloond; *een gegeven ~ moet* (of *mag*) *men niet in de bek kijken*, men moet tegenover geschenken niet te kritisch zijn; *een oud ~ van stal halen*, wat men vroeger al eens heeft laten horen nog eens ten beste geven; *op zijn ~je*, boos ***paardenbloem** *(Wdl. paardebloem)* samengesteldbloemige plant met gele bloem, Lat. Taraxacum officinale **paardendeken** dekkleed v.e. paard **paardengebit** gebit v.e. paard; gebit met vooruitstekende voortanden **paardenhaar** haar v. paard **paardenhorzel** *v(m)* [-s] roestbruin insect waarvan de larve in de maagwand van paarden parasiteert, Lat. Gasterophilus equi **paardenkoers** draverij **paardenkracht** eenheid v. arbeidsvermogen **paardenmiddel** gevaarlijk sterk werkend middel **paardensport** met paarden beoefende sport **paardensprong** sprong v. paard; loop van schaakstuk paard **paardenstaart** staart v.e. paard; daaraan herinnerende meisjeshaardracht; plant v.h. geslacht Equisetum **paardenstal** stal voor paarden **paardentram** door een paard getrokken tram **paardentuig** tuig voor een paard **paardenvijg** *v(m)* uitwerpsel v.e. paard **paardenvlees** vlees v.e. paard; bep. houtsoort; *~ gegeten hebben*, woelig zijn **paardenvoet** voet v.e. paard; horrelvoet **paardjerijden** op de knie rijden **paardmens** *(myth.)* wezen dat half mens en half paard is
paardrift geslachtsdrift
paardrijden *o* te paard rijden **paardspringen** springen over bep. gymnastiekwerktuig
paarlemoer', **parelmoer** *o* zilverachtig inwendige v.e. oester **paarlemoe'ren** *bn* van paarlemoer **paarlemoer'vlinder**, **parelmoervlinder** bep. vlinder
paars *bn & o* purperachtig violet; *~e coalitie*, coalitie van liberaal en socialistisch
paarsgewijs, **paarsgewijze** *bn & bw* bij paren
paartijd tijd v.h. paren
paasavond avond voor Pasen **paasbest** *op zijn ~*, in zijn mooiste kleren **paasbiecht** vóór de paascommunie gesproken biecht **paascommunie** communie rond Pasen **paasdag** paasfeest **paasei** met Pasen gegeten ei; nagemaakt eetbaar ei **paasfeest** Pasen **paashaas** haas die volgens oud geloof bij de kinderen paaseieren brengt; snoepgoed in de vorm v.e. paashaas **paaskaars** op paasavond gewijde speciale kaars **paaslam** met Pasen geofferd lam **paasplicht** verplichting om gedurende de paastijd te communiceren **paastijd** tijd rond Pasen **paasvakantie** vakantie omtrent Pasen **paasvuur** in de paastijd ontstoken vreugdevuur **paasweek** week vóór Pasen; met Pasen beginnende week **paasza'terdag** zaterdag vóór Pasen **paaszon'dag** eerste paasdag
PAAZ Psychiatrische Afdeling Algemeen Ziekenhuis
pabo pedagogische academie voor basisonderwijs **pabostudent** *m-v* wie les krijgt aan een pabo
pacemaker ‹peesmeeker› *m* [-s] apparaat dat de hartslag regelt
pachometer ‹ch=gg› apparaat om dikte te meten
pacht *v(m)* het huren; huur; pachttijd; *de wijsheid in ~ menen te hebben*, menen alleen wijs te zijn **pachtboer** pachter **pachten** in pacht nemen **pachter** [-s] wie pacht **pachtgeld** pacht **pachthoeve** gepachte boerderij
pacifice'ren tot vrede brengen **pacifis'me** *o* streven naar blijvende vrede **pacifist'** *m* aanhanger v. pacifisme **pacifis'tisch** *bn & bw* van of overeenkomstig het pacifisme

P

pact *o* verbond
pad **I** *o* (smalle) weg **II** *v(m)* [padden] wrattig op een kikvors lijkend dier v.h. geslacht Bufo
paddel *m* [-s] peddel
paddentrek jaarlijkse trek van padden naar hun geboorteplek
paddestoel *m* zwam; verkeerspaddestoel; *als ~en uit de grond*, vlug en veelvuldig **paddo** *m* [-'s] hallucinatie verwekkende paddestoel **paddoën** [paddode, gepaddood] paddo's consumeren **paddotaxi** dienst die op bestelling paddo's thuisbezorgt
padvinder *m* [-s] lid v. padvindersbeweging **padvinderij'** *v* padvindersbeweging
pael'la *m* [-'s] Spaans gerecht van rijst met vis en groente
paf **I** *tw* pang **II** *m* [-fen] kort ontploffingsgeluid; klap **III** *bn & bw* versteld; loom, opgeblazen **paffen** paffend geluid maken; schieten; roken **pafferig**, **paffig** *bn & bw* opgeblazen, loom; loom makend **pafzak** dik persoon
pagaai' *m* schepriem **pagaai'en** met de pagaai roeien
paganis'me *o* heidendom **paganist'** *m* heiden **paganis'tisch** *bn & bw* heidens
page ‹paazje› *m* [-s] edelknaap; kleine dagvlinder v.h. geslacht Thecla
pagina *v(m)* [-'s] bladzijde **pagina-indeling** wijze waarop een tekst op een pagina is gerangschikt **pagine'ren** de bladzijden nummeren
pago'de *v* [-n, -s] oosterse tempel; afgodsbeeld in een dergelijke tempel
paillette' ‹pa(l)jet› *v(m)* [-n] lovertje
pain de luxe' ‹pèn de luuks› *o* fijn brood
pais, **peis** *v(m)* *~ en vree*, vrede
pak **I** *m* het pakken **II** *o* [-ken] bijeengepakt of ingepakt iets; kostuum; grote hoeveelheid; stel slagen; *met ~ en zak*, met alles wat men heeft; *een ~ van het hart*, een zorg minder; *bij de ~ken neerzitten*, de moed opgeven
pak polycyclische aromatische koolwaterstof
PAK Progressief Akkoord **pakezel** lastezel **pakhuis** gebouw voor het opslaan van goederen **pakijs** over elkaar geschoven ijsschotsen **pakjesavond** vooravond van Sint-Nicolaas **pakka'ge** ‹ag=aazj› *v* bagage **pakkans** kans om op een strafbaar feit betrapt te worden **pakken** een pak maken; grijpen, vatten; boeien; nemen; zich vastzetten; zich vastgrijpen; *zich ~*, weggaan; *het te ~ krijgen* of *hebben*, er handig in worden of zijn; *te ~*, beet **pakker(d)** *m* [-s] stevige kus **pakkerij'** *v* het pakken; pakafdeling
pakket' *o* [-ten] klein pak; *(fig.)* geheel van gecoördineerde zaken **pakket'boot** *m/v* postboot **pakket'polis** polis met meer verzekeringen **pakket'post** afdeling v.d. post voor postpakketten **pakket'vaart** dienst v. pakketboten
pakkie-an' *dat is niet mijn ~*, dat is niet mijn zorg
pakking *v* materiaal voor afsluiting; dikke laag crème
pakpapier papier om in te verpakken
paksoi *v(m)* bep. Chinese bladgroente
pakweg' *bw* ongeveer
pakzadel zadel waarop lasten gepakt worden
pal **I** *m* [-len] pen waartegen bewegend werktuigdeel steunt **II** *bw* onbeweeglijk; juist
paladijn' *(gesch.)* hofedelman; voorvechter
palankijn' *m* [-s] draagstoel
palataal' **I** *v(m)* [-talen] tegen het harde gehemelte gevormde klank **II** *bn & bw* tegen het harde gehemelte gearticuleerd **palatalisa'tie** ‹s=z› het palataal maken v.e. klank
pala'veren lang onderhandelen
paleis' *o* [-leizen] vorstelijk verblijf; woning v.e. bisschop; weids gebouw **paleis'revolutie** omwenteling binnen de top v.e. organisatie
palen grenzen
paleo *als eerste deel v.e. woord in de bet.*: oud **paleograaf'** *m* [-grafen] kenner v.d. paleografie **paleografie'** *v* kennis van oud schrift **Paleoli'thicum** *o* oudere steentijd **paleologie'** *v* oudheidkunde **paleontografie'** *v* beschrijving v. fossielen **paleontologie'** *v* wetenschap v.d. fossielen **paleozo'ën** *mv* dieren uit het Paleozoïcum **Paleozoïcum** *o* primair tijdperk **paleozoölogie'** *v* paleontologie
palet' *o* [-ten] verfbord v. schilder
palfrenier' [-s] koetsbediende
palimpsest' *m* voor de tweede maal beschreven perkament
palindroom' *o* [-s] zowel naar achteren als naar voren te lezen tekst
paling *m* slangvormige vis, Lat. Anguila anguila **palingfuik** *v(m)* fuik om paling te vangen **palingworst** *m* worst die gerookt spek bevat
palissa'de *v* [-n, -s] omheining v. palen **palissade'ren** met palissaden omringen
palissan'derhout *o* voor meubels gebruikt tropisch hout v.h. geslacht Dalbergia **palissan'derhouten** *bn* van palissanderhout
paljas *m* [-sen] strozak; stro; hansworst
pallet ‹a=e› *m* [-s] houten platform voor lading **palletstelling** open bergplaats met pallets
palliatief' *o* [-tieven] middel dat de pijn verzacht; lapmiddel; uitvlucht
pallium *o* [-lia, -s] liturgische witte band met zes zwarte kruisjes
palm *m* tot de familie Palmacae horende boom; buks; palmtak; binnenvlak v.d. hand; *de ~ wegdragen*, overwinnaar zijn **palmboom** palm **palmen** hand over hand grijpend naar zich toe halen; *zich ~*, hand over hand grijpend vooruit proberen te komen **palmet'** *v(m)* [-ten] op een palmblad gelijkende versiering; boomvorm waarbij de takken naar boven gericht worden **palmhout** hout v. palm **palmi'ne** *v* plantenboter, kokosvet **palmolie** olie uit vruchten van oliepalm **palmpaas'** *m* op

palmzondag rondgedragen versierde stok **Palmpaas'**, **Palmpa'sen** *m* palmzondag **palmslag** handslag **palmstruik** buks **palmwijding** het wijden van palm op palmzondag **palmwijn** gegist palmsap **palmzon'dag** zondag vóór Pasen

palpa'tie *v* [-s] medisch onderzoek door bekloppen en betasten v.h. lichaam **palpita'tie** *v* [-s] hartklopping, polsslag

palter *m* [-s] voor het kantelen van balken gebruikt gereedschap

paltrok *m* [-ken], **paltrokmolen** houtzaagmolen die op rollen kan draaien

paltsgraaf persoon met enkele rechten v.e. soeverein

pamflet' *o* [-ten] vlugschrift, schotschrift **pamflettist'** *m* pamfletschrijver

pampa *v(m)* [-'s] grasvlakte in Z.-Amerika **pampagras** *o* bep. siergras met hoge pluimen

pampus *voor ~ liggen*, uitgeteld liggen

pan *v(m)* [-nen] metalen keukengereedschap om in te koken of te braden; duinvallei; dakpan; kabaal; rommel; deel van slot waarin het kruit wordt gedaan; *in de ~ hakken*, vernietigen; *aan de ~*, gevangen, er bij; *onder de ~nen*, op zolder; *te veel ~nen op het dak*, te veel hoorders; *zilveren ~nen*, hypotheek; *de ~ uit vliegen* of *uitrijzen*, in hoge mate stijgen

panacee' *v* [-s, -ën] wondermiddel

pana'che ‹ch=sj› *v(m)* [-s] vederbos

panama *m* [-'s], **panamahoed** hoed v. panamastro

pan-Amerikaans' *bn* betrekking hebbend op alle Amerikaanse staten **pan-Amerikanis'me** *o* streven naar samenwerking van alle Am. staten **pan-Ara'bisch** *bn* betrekking hebbend op alle Arabische staten **pan-Arabis'me** *o* streven naar samenwerking van alle Arabische staten

P

panari'tium *o* ontsteking rond de nagel

panchroma'tisch *bn* gevoelig voor alle kleuren

pancra'tium *o* [-s, -tia] combinatie van worstelen en boksen

pancreas *m/o* alvleesklier

pand *o* waarborg, onderpand; gebouw; kostbaar bezit; afdeling; slip

panda *m* [-'s] zwart-wit getekende beer

pandbeslag beslag op iets als pand **pandbrief** schuldbewijs op vast onderpand; door e. hypotheekbank uitgegeven obligatie

pandemie' *v* [-ën] algemene volksziekte **pande'misch** *bn* over het hele volk verbreid

pandemo'nium *o* verblijf der demonen; hels lawaai

panden beslag leggen op goed v.e. schuldenaar **pandgeving** *v* het geven v.e. pand **pandhof** binnenplaats **pandhouder** *m* [-s] pandbezitter

pandit ‹i=ie› *m* [-s] in wetenschap opgeleide hindoe

pandjeshuis bank van lening **pandjesjas** jacquet

pandoer *o/m* kaartspel waarbij iem. alle slagen moet winnen; *opgelegd ~*, volkomen duidelijk, doorgestoken kaart **pandoe'ren** pandoerkaartspel spelen

pandspel, **pandverbeuren** *o* gezelschapsspel waarbij men panden moet inlossen

paneel' *o* [-nelen] rechthoekig vak; houten blad om op te schilderen; schilderstuk op hout; schakelbord **paneel'deur** deur met panelen **paneel'raam** lijst om een paneel

paneer'meel fijngemaakte beschuit of geroosterd brood

panegyriek' *v* lofrede **panegyrist'** *m* lofredenaar

panel ‹a=è› *o* [-s] leidende groep deskundigen

pane'ren met paneermeel bestrooien

pan-Europees' *bn* betrekking hebbend op alle Europese staten

panfluit pansfluit

panharing *m* groene haring

pan-Hellenis'me *o* streven naar samenwerking van alle Griekse staten

paniek' *v* algemene en plotselinge schrik **panie'kerig** *bn* in paniek **paniek'stemming** sfeer van paniek **paniek'voetbal** *o* in paniek ordeloos gespeeld voetbal **paniek'zaaier** *m* [-s] wie paniek verwekt

pani'keren *(Belgned.)* in paniek raken **panisch** *bn ~e schrik*, enorme schrik

panislamis'me *o* streven naar samenwerking van alle islamitische staten

panklaar *bn* gereed voor de pan

panlat lat waarop de dakpannen rusten

panlikken, **pannenlikken** [pan(nen)likte, gepan(nen)likt] vleien om het voordeel, klaplopen **panlikker**, **pannenlikker** *m* [-s] etensrestenschraper; vleier **panlikkerij'**, **pannenlikkerij'** *v* het panlikken

panne *v(m)* pech; *in ~*, kapot

pannenbakker maker v. dakpannen **pannenbakkerij'** plaats of bedrijf waar dakpannen gemaakt worden **pannenbier** traktatie aan werklui als het dak v.e. te bouwen huis onder de pannen is **pannendak** *o* bedekking met pannen; met pannen gedekt dak **pannenkoek** in een pan gebakken ronde platte koek **pannenlap** lap om pannen te reinigen of aan te pakken **pannenlik-** *zie* **panlik-**; **pannenvis** *zie* **panvis**

panop'ticum *o* [-s, -ca] verzameling wassen beelden

panora'ma *o* [-'s] een geheel omvattend gezicht; schildering daarvan

pansfluit herdersfluit

pan-Slavis'me *o* streven naar samenwerking van alle Slavische staten **pan-Slavis'tisch** *bn & bw* volgens het pan-Slavisme

pantalon' *m* [-s] lange broek

panter *m* [-s] roofdier met zwart gevlekte gele vacht, Lat. Panthera pardus

pantheïs'me *o* leer dat alles God is **pantheïst'** *m* aanhanger van pantheïsme **pantheïs'tisch** *bn & bw* van of volgens het pantheïsme

pantheon *o* tempel voor alle goden;

eregebouw voor overleden beroemdheden
pantof'fel *v(m)* [-s] huisschoen; *onder de ~*, onder de plak; *het op zijn ~tjes af kunnen*, het gemakkelijk afkunnen **pantof'feldiertje** *o* eencellig diertje, Lat. Paramaecium caudatum **pantof'felheld** *m* wie onder de pantoffel zit **pantof'felparade** *v* [-s] het wandelen op vaste plaats en tijd om gezien te worden en elkaar te zien
pantograaf' *m* [-grafen] tekenaap
pantomi'me *v(m)* [-s, -n] gebarenspel **pantomi'misch** *bn & bw* volgens of van het gebarenspel
pantry ‹pentrie› *v(m)* provisiekamer; aanrechtkamer
pantser *o* [-s] harnas; ijzeren bekleedsel **pantserauto** gepantserde auto **pantserdek** pantser onder de waterlijn **pantserdekschip** schip met pantserdek **pantseren** met een pantser bekleden **pantserkoepel** draaibare gepantserde geschutsopstelling **pantserplaat** plaat voor pantsering **pantserschip** gepantserd schip **pantservuist** antitankgranaat **pantserwagen** gepantserde auto
panty ‹pentie› *m* [-s] geheel van nylonkousen en -broekje **pantykous** dun nylon kniekousje
panvis, **pannenvis** *m* vis om te bakken; met rijst en aardappelen bereid visgerecht
pao postacademiaal onderwijs
pap I *v(m)* [-pen] dunne brij, brij; *de ~ in de mond geven*, duidelijk het gewenste antwoord laten voelen; *geen ~ meer kunnen zeggen*, doodop zijn **II** *m (kindertaal)* vader
pa'pa' *m* [-'s] vader
papa'ja *m* [-'s] meloenachtige boomvrucht
paparaz'zo ‹zz=ts› *m* [-razzi] op schandalen beluste, zeer opdringerige persfotograaf
papa'ver *v(m)* [-s] klaproos; hiermee verwante plant **papa'verachtigen** planten met zaaddozen met verdovende eigenschappen **papa'verolie** olie uit papaverzaad
papegaai' *m* kleurige tropische vogel v.h. geslacht Psitacidae; naprater; houten vogel voor schutters **papegaai'enziekte** op longontsteking lijkende met droge hoest en koorts gepaard gaande ziekte
papendom *o (min.)* r.-k. geestelijkheid, r.-k. Kerk **papenvreter** [-s] fel anti-rooms iem.
paper ‹a=ee› *o* [-s] (wetenschappelijke) verhandeling
paperas'sen *mv (min.)* papieren
paperback ‹peeperbek› *m* [-s] ingenaaid boek van klein formaat
paperclip ‹a=ee› *m* [-s] papierbinder
papier' *o* vezelachtige beschrijfbare stof; stuk of vel daarvan; geldswaardig stuk; document; *goede ~en hebben*, goede getuigschriften hebben, goed bekend zijn; *op het ~ brengen*, neerschrijven; *het ~ is geduldig*, men kan schrijven wat men wil; *in de ~en lopen*, duur zijn; *zijn ~en dalen (stijgen)*, zijn kansen of invloed worden minder (groter) **papier'binder** *m* [-s] papierklemmetje **papie'ren** *bn* van papier; op papier; zwak; *~ geld*, papiergeld **papier'geld** geldswaardig papier **papier'handel** handel in papier; effectenhandel **papier'klem** klemmetje om papier bijeen te houden **papier'-maché'** ‹papier- *of* papjee-masjee› *o* hard papierdeeg **II** *bn* van die stof **papier'mand** prullenmand **papier'molen** met wind of waterkracht gedreven papierfabriek **papier'winkel** massa papieren
papil' *v(m)* [-len] zenuweind op bovenkant v.d. tong
papillair'lijn ‹papiejèrlijn› lijn in de huid v. hand en vingers
papillot' ‹ill=ie(l)j› *v(m)* [-ten] krulpapiertje; papier om het been van koteletten
papiniaan'se pot *m* ijzeren pot die hermetisch gesloten kan worden
papi'sme *o (min.)* katholicisme **papist'** katholiek **papisterij'** *v* katholicisme
papkind met pap gevoed kind; slap iem. **paplepel** kinderlepel; *met de ~ ingegeven*, van jongs af geleerd
pap'pa *m* [-'s] vader
pappen tot pap worden; met pap bestrijken, met pap stijfmaken; *~ en nathouden*, volhouden
pappenheimer *m* [-s] *zijn ~s kennen*, zijn luitjes kennen
papperig *bn* papachtig **pappig** *bn* dik maar niet stevig; week; met te veel pap **pappot** *bij moeders ~*, thuis
paprika *v(m)* Hongaarse rode peper
paps *(pop.)* papa
papy'rus *m* [-sen] riet v.d. soort Cyperus papyrus; hieruit bereide stof; tekst op deze stof **papy'rusrol** beschreven rol v. papyrus
papzak *m* pafferige dikkerd
par. paragraaf
para *m* [-'s] parachutist
paraaf' *m* [-rafen] verkorte handtekening
paraat' *bn* gereed; waarvan men zich direct kan bedienen; onmiddellijk
para'bel *v(m)* [-s, -en] gelijkenis **parabo'lisch** *bn & bw* in de vorm v.e. parabool of parabel **paraboloï'de** *v* [-n] bij wenteling v. parabool om haar as ontstaande kegel **parabool'** *v(m)* [-bolen] kegelsnede waarvan het vlak evenwijdig loopt met de mantel
paracentrum oefenplaats voor parachutespringers
parachu'te ‹ch=sj› *m* [-s] scherm van licht doek om een val te breken **parachu'tespringer** parachutist **parachu'tesprong** sprong met parachute **parachu'tetroepen** *mv* parachutisten **parachutist'** *m* ‹ch=sj› wie met een parachute springt
para'de *v* [-s] wapenschouw; vertoon; paradeplein; het paraderen **para'demars** *m/v* [-n] in parades uitgevoerde mars; muziek daarvoor
paradentologie', **paradontologie'**, **parodontologie'** *v* [-gieën] wetenschap v.d. ziekten v.h. tandvlees

P

para'depaard *o* iets waarmee men pronkt **para'depas** gestrekte stap voor een parade **parade'ren** parade houden; pronken

paradig'ma *o* [-'s, -ta] verbuigingsrij, vervoegingsrij; model

paradijs' *o* [-dijzen] Eden; hemel; heerlijk oord **paradijs'kostuum** adamskostuum **paradijs'vogel** kleurige tropische vogel v.d. familie Paradiseidae

paradontologie' *zie* **paradentologie**; **paradontose** ‹s=z› *v* aandoening waarbij het tandvlees zich terugtrekt van de tandhalzen

paradox' *m* schijnbare tegenstrijdigheid **paradoxaal'** *bn & bw* een paradox bevattend

parafe'ren van een paraaf voorzien

paraferna'lia [mv] persoonlijke bezittingen; wat met iem. of iets in nauw verband staat

paraffi'ne *v(m)* [-n] uit aardolie bereide wasachtige stof

parafra'se ‹as=aaze› *v* [-n, -s] verklarende omschrijving **parafrase'ren** ‹s=z› een parafrase maken van

parafy'sica leer v.d. paranormale fysische verschijnselen

paragnost' *m* helderziende

paragraaf' *m* [-grafen] onderdeel v. geschrift of v. wetsartikel **paragrafe'ren** paragrafen aanbrengen

parallel' **I** *bn & bw* evenwijdig; overeenkomstig **II** *v(m)* [-len] breedtecirkel; parallel lopende lijn of vlak; vergelijking **parallel'klas** klas met hetzelfde onderwijs als een andere **parallellepi'pedum** *o* [-s, -da] prisma met parallellogram tot grondvlak **parallellie'** *v* parallellisme **parallellis'me** *o* het parallel zijn **parallellogram'** *o* [-men] vierhoek met evenwijdige zijden **parallel'markt** niet-officiële markt voor aandelen **parallel'weg** parallel lopende weg

paralogie' *v* [-ën] dwaling **paralogis'me** *o* [-n] valse redenering

Paralym'pics ‹y=i› [mv] Paralympische Spelen *(Olympische Spelen voor gehandicapte sporters)*

paralyse'ren ‹y=ie, s=z› verlammen **paralysie'** *v* [-ën] verlamming; beroerte

parame'disch *bn* niet medisch maar wel ermee samenhangend

parament', **parement'** *o* sieraad; liturgisch gewaad

para'meter veranderlijke of variabele grootheid waarvan de constanten v.e. vergelijking als functies worden beschouwd; voor toetsing relevant feit

paramilitair' ‹ai=è› *bn* half-militair

paranimf' *m* bruidsjonker; begeleider van iem. die promoveert

parano'ia *v* zich in waandenkbeelden uitende ziekte **paranoï'de** *bn* aan paranoia lijdend

paranoot olie bevattende noten dragende Zuid-Amerikaanse boom; noot daarvan

paranormaal' *bn & bw* naast het normale

parapen'ten van een berghelling met een parachute het dal inzweven

paraplu' *m* [-'s] regenscherm **paraplu'antenne** antenne in parapluvorm **paraplu'plant** *v(m)* als kamerplant gekweekte grassoort, Lat. Cyperus alternifolius

parapsychologie *v* leer v.d. paranormale verschijnselen

parasailen ‹ai=ee› *v* zeilvliegen achter auto of raceboot

parasiet' *m* woekerdier; woekerplant; klaploper **parasitair'** ‹ai=è› *bn* door parasieten veroorzaakt; parasitisch **parasite'ren** ten koste van anderen leven **parasi'tisch** *bn & bw* als een parasiet woekerend **parasitis'me** *o* het leven ten koste van anderen

parasol' *m* [-s] zonnescherm

parathion' *o* bep. dodelijk landbouwgif

paratroepen parachutist-militairen

paratuberculose *v* op tuberculose lijkende veeziekte

paratyfus *m* op tyfus lijkende ziekte

paravaan' [-vanen], **parava'ne** [-n] *v* voorziening aan schip ter beveiliging tegen mijnen

parcours' ‹parkoer(s)› [mv idem], **parkoers'** *o* af te leggen weg

pardoes' *tw & bw* halsoverkop, plotseling

pardon' **I** *o* vergiffenis, kwijtschelding, genade **II** *tw* neem me niet kwalijk **pardonna'bel** *bn* vergeeflijk **pardonne'ren** vergeven

parel *v(m)* [-s, -en] in een schelp ontstaan en tot sieraad te bewerken bolletje; het beste; kleine lettersoort groter dan diamant; *(fig.)* druppel; *~s of paarlen voor de zwijnen werpen*, weldaden of woorden verspillen aan wie het niet waard zijn **parelbank** bank met pareloesters **parelduiken** *o* duiken naar pareloesters **parelduiker** [-s] parelvisser **parelen** kralen, belletjes vormen; een reeks heldere tonen vormen **parelgerst** fijne gerst **parelgort** parelgerst **parelgrijs** *bn & o* blauwachtig grijs **parelhoen** *o* kalkoenachtige vogel met hoornachtige helm, Lat. Numida meleagris **parelmoer'** *zie* **paarlemoer**; **parelmossel** rivierparels producerende mossel **pareloester** oester die parels oplevert **parelsnoer** snoer van parels **parelvisser** wie naar parels duikt **parelvisserij** *v* het duiken naar parels

parement' *zie* **parament**

paren *h* twee aan twee rangschikken; (zich) verenigen, een paar vormen; huwen; een paar maken

parenta'ge ‹ag=aazj› *v* bloedverwantschap

parente'le *v(m)* [-n] bloedverwanten als afstammelingen v. één ouder of ouderpaar

parenthe'se ‹these=teeze› [-n, -s], **paren'thesis** ‹sis=zis› [-ses] *v* tussenzin; teksthaakje

pare'ren sieren; afweren; een paard tot stilstand brengen

parergie' *v* in de natuur voorkomende paranormale verschijnselen

pare'se ‹s=z› [-n, -s] partiële spierverlamming
paresthesie *v* onjuiste waarneming van het gevoelszintuig
parfait' ‹parfè› *o* [-s] bep. ijsgerecht
parfum' *o/m* [-s] geur; geconcentreerd reukwerk **parfume'ren** welriekend maken **parfumerie'** *v* [-ën, -s] het maken van parfum; handel in parfum
parhe'lium *o* [-s] bijzon; bijmaan
pari I *bw* gelijk (aan de nominale waarde) II *o* nominale waarde
paria *m-v* [-'s] onreine; verstoteling
parikoers *m* koers van 100%
pariteit' *v* gelijkheid; uit de notering aan twee beurzen afgeleide koers; overeenkomst met de nominale waarde; waardeverhouding tussen muntsoorten van verschillend metaal **paritei'tentabel**, **paritei'tentafel** lijst met overeenkomstige wisselkoersen
park *o* grote bomentuin; depot van materieel; dijkwerk; *als laatste deel v. ss*: verzameling v. voorwerpen die een geheel vormen
parka *m* [-'s] jack of trui met bontkap
parkeer'automaat toestel waaruit men tegen betaling parkeervergunning krijgt **parkeer'dek** bovengrondse parkeergarage in verdiepingen **parkeer'garage** garage uitsluitend voor parkeren **parkeer'haven** korte verbrede strook v.e. weg om te parkeren **parkeer'klem** klem waarmee bij verkeerd parkeren het wiel vastgezet wordt **parkeer'meter** installatie met klok op parkeerplaats **parkeer'schijf** schijf die begin v.h. parkeren aangeeft **parkeer'studie** studie die men onderneemt totdat men een andere studie kan beginnen **parkeer'vak** vak dat aangeeft binnen welke grenzen geparkeerd moet worden **parkeer'wacht(er)** bewaker v. parkeerterrein **parke'ren** auto's opstellen op een aangewezen plaats in de open lucht
parket' *o* [-ten] zitplaats v.d. rechters; zitplaatsen in de schouwburg tussen stalles en parterre; openbaar ministerie; parketvloer; moeilijkheden **Parket-Generaal'** *o* [gmv] hoofdkantoor v.d. landelijke leiding v.h. Openbaar Ministerie **parket'vloer** ingelegde houten vloer **parket'wacht** *v(m)* hulp- en ordedienst in een gebouw v.h. Openbaar Ministerie
parkiet' *m* kleine papegaaiachtige vogel
parking *m* [-s] parkeergelegenheid
parkoers' *zie* **parcours**
parlan'do *(muz.)* I *bw* meer sprekend dan zingend II *o* [-'s] stuk dat parlando wordt gezongen
parlement *o* volksvertegenwoordiging **parlementair'** ‹ai=è› *bn & bw* v.e. parlement; beleefd II *m* [-s, -en] onderhandelaar **parlementa'riër** *m-v* [-s] lid v.d. volksvertegenwoordiging **parlementaris'me** *o* het regeren met een volksvertegenwoordiging **parlemente'ren** onderhandelen; redekavelen **parlements'zitting** vergadering v.h. parlement
parlevin'ken venten; koeterwalen **parlevin'ker** *m* [-s] wie voor verkoop met bootje langs schepen vaart
parmant'(ig) *bn & bw* met meer uiterlijke houding dan men verwacht; deftig; fier
parmezaan' *m* [-zanen] zeer droge Italiaanse kaas **Parmezaans'** *bn ~e kaas*, parmezaan
Parnas'(sus) *(bijz.t.) de ~ bestijgen*, dichten **Parnas'(sus)taal** hoogdravende dichtertaal
parochiaal' *bn* van of betreffende een parochie; in parochies **parochiaan'** *m* [-anen] lid v.e. parochie **paro'chie** *v* [-s, -chiën] r.-k. kerkelijke gemeente **parochieel'** *bn & bw* parochiaal
parodie' *v* [-ën, -s] spottende nabootsing **parodië'ren** tot bespotting nabootsen
parodontologie' *zie* **paradentologie**
parodontose *zie* **paradontose**
parool' *o* [-rolen] wachtwoord; erewoord; leus
paroxis'me *o* hoogste graad, heftige uitbarsting
parsec' *v(m)* [gmv] eenheid om afstand v. sterren aan te geven
pars pro to'to *m* [-s] het noemen v.e. deel voor het geheel
part *o* deel; *~ noch deel*, geen deel; *voor mijn ~*, wat mij betreft; *~en spelen*, bedriegen
parter're ‹er=èr› *o/m* [-s] benedenverdieping; gelijkvloerse zitplaatsen; bloemperk
parthenogene'se, **parthenogene'sis** ‹s=z› *v* voortplanting zonder bevruchting
participant' *m* deelhebber, aandeelhouder **participa'tie** *v* het deel hebben **participa'tiemaatschappij** instelling die geld steekt in jonge bedrijven om haar belang na verloop v. tijd met winst te verkopen **participa'tieonderwijs** onderwijs in combinatie met werk of stage **participe'ren** deel hebben **partici'pium** *o* [-s, -pia] deelwoord
particularis'me *o* het stellen van bijzonder belang boven het algemene **particularist'** *m* aanhanger v. particularisme
particulier' I *bn & bw* bijzonder; privaat; onder vier ogen II *m* [-en] ambteloos burger, niet-handelaar
partieel' *bn & bw* gedeeltelijk
partij' *v* hoeveelheid; groep; gedeelte; gedeelte voor een stem of instrument; feest; aanhang; groep die naar hetzelfde streeft; spel; huwelijk; aanklager of gedaagde; persoon of groep die een overeenkomst sluit; huwelijkspartner; groep spelers; voordeel; *zijn ~ (behoorlijk) meeblazen*, flink meedoen; *van de ~ zijn*, meedoen; *iemands ~* of *voor iem. ~ kiezen* of *nemen* of *trekken*, iem. verdedigen; *~ kiezen* of *nemen*, een beslissing nemen; *de beste* of *verstandigste ~ kiezen*, de verstandigste houding aannemen **partij'convent** *o* samenkomst v.d. afdelingsbesturen v.e. politieke partij **partij'dig** *bn & bw* eenzijdig; vooringenomen **partij'ganger** *m* [-s]

P

aanhanger v.e. politieke partij **partij'geest** partijzucht **partij'genoot** iem. v. dezelfde partij **partij-ideoloog** *m* [-logen] wie de ideologie v.e. politieke partij ontwikkelt en uitdraagt **partij'man** [-nen] partijganger; wie voor zijn partij opkomt
partij'orgaan blad v.e. politieke partij **partij'schap** *v* [-pen] verdeeldheid **partij'zucht** zucht om partijbelangen op de voorgrond te stellen
parti'kel *o* [-s] onbuigbaar rededeel
parti'ta *v(m)* [-'s] *(muz.)* suite
partituur' *v* [-turen] alle partijen bijeen
partizaan' *m* [-zanen] guerrillastrijder
partner *m* [-s] medespeler; maat; degene met wie men een exclusieve seksuele relatie heeft; deelhebber **partnerpensioen** nabestaandenuitkering m.b.t. ongehuwd samenwonenden **partnerruil** tijdelijke wisseling van seksuele partner
parttime ‹paarttaaim› slechts voor een deel v.d. werktijd in dienst **parttimefunctie** baan in deeltijd **partti'mer** *m-v* [-s] wie parttime werkt
partuur' *o* [-turen] evenknie; gelijke
party ‹partie› *m* [-'s] feest
parvenu' *m* [-'s] wie sociaal-economisch opgekomen is zonder de erbij behorende cultuur over te nemen
pas I *m* [-sen] stap; bergengte; paspoort **II** *o* het passen; juist tijdstip; *in de ~*, met anderen gelijke tred houdend, in een goed blaadje; *de ~ afsnijden*, de voortgang verhinderen; *~ op de plaats maken*, afgeremd worden in de ontwikkeling; *op dat ~*, op die tijd; *van ~*, passend, goed gelegen; *te ~*, gelegen, dienstig, ter sprake, te rechter tijd ter sprake, eraan toe; *ergens bij te ~ komen*, erbij behoren; *aan te ~ komen*, helpen; *kwalijk te ~ zijn*, er slecht aan toe zijn; *geen ~ geven, niet te ~ komen*, niet gepast zijn; *~ geven*, zo uitkomen **III** *bn & bw* passend; kort geleden; eerst
pasar *m* [-s] Ind. markt(plaats)
pascal' *m* [-s] *(comp.)* bep. hogere programmeertaal; *(nat.)* eenheid newton per vierkante meter
Pasen *m* feest v.d. verrijzenis v. Christus; paascommunie; *als ~ en Pinksteren op één dag vallen, als ~ op Goede Vrijdag valt*, nooit
pasfoto foto voor paspoort
pasgeboren *bn* juist geboren
pasgeld kleingeld
pasja *m* [-'s] hoge Turkse ambtenaar
pasje *o* kleine pas; legitimatiebewijs
pasjes *bw* zoëven; nauwelijks
paskamer vertrek om te passen **pasklaar** *bn & bw* klaar om te passen; passend, aangepast
paskwil' *o* [-len] bespottelijk iets
paslood *o* schietlood, waterpas **pasmunt** *v(m)* [gmv] kleingeld
paspoort *o* verlof tot passeren verlenend document; ontslag
pass ‹paas› *m* [-es] schot dat precies bij een medespeler belandt
passaat' *m* [-saten] steeds in dezelfde richting waaiende wind **passaat'gordel** streek waar passaten waaien **passaat'wind** passaat
passa'bel *bn* passeerbaar; draaglijk
passa'ge ‹ag=aazj› *v* [-s] doortocht; passagebiljet; verkeer; overtocht; overdekte winkelstraat; plaats in literair werk **passa'gebiljet** plaatsbewijs voor passagier v.e. schip **passa'gebureau** kantoor waar men passage bespreekt
passagier' ‹ag=aazj› *m* [-s] reiziger **passagie'ren** *h* aan wal gaan **passagiers'boot** boot voor personenvervoer **passagiers'trein** trein voor personenvervoer **passagiers'vlucht** reis v.e. passagiersvliegtuig
passant' *m* voorbijganger; doorreizende; reepje aan kledingstuk waar een band of riem onderdoor gestoken kan worden **passan'tenhuis** doorgangshuis
passeer'slag *(sp.)* slag waarbij de bal onhoudbaar langs de tegenstander wordt gespeeld
passement' *o* belegsel, garnering van goud- of zilverdraad **passement'werker** maker van passementen
passen afpassen; voegen; schikken; aanmeten; zijn beurt laten voorbijgaan; letten; van pas zijn, de juiste grootte en vorm hebben; *ervoor ~*, ervoor bedanken **passen** ‹a=aa› [passte, gepasst] de bal naar een teamgenoot schieten of werpen **passend** *bn* geschikt, behoorlijk
passe-partout' ‹paspartoe› *m* [-s] loper; doorlopende kaart; kartonnen rand binnen lijst
passer *m* [-s] pasar; werktuig om cirkels te trekken
passerel'le *v(m)* [-s] loopbrug
passe'ren *h/z* overtrekken; doortrekken; voorbijgaan; gebeuren; overslaan; doorbrengen; verlijden
passie *v* [-s] hartstocht; het laatste lijden van Jezus **passiebloem** vooral in Amerika voorkomende klimplant v.h. geslacht Passiflora
passief' I *bn & bw* niet actief; lijdelijk, lijdend; waarbij de invoer de uitvoer overtreft **II** *o* [-siva] gezamenlijke schuld
passiepreek preek over het lijden v. Jezus **passiespel** toneelspel over het lijden v. Jezus **passietijd** *(r.-k.)* veertigdaagse vasten; de 14 dagen vóór Pasen **passiezondag** tweede zondag vóór Pasen
passim *bw* op verschillende plaatsen
passiviteit' *v* het passief zijn **passi'vum** [-va] *o* lijdende vorm **II** *mv* financiële schulden
passus *m* zinsnede
password ‹paaswurd› *o* [-s] wachtwoord
pasta *m/o* [-'s] dik mengsel v. vaste stof en vloeistof; It. deegwaar
pastei' *v(m)* gehakt vlees in fijne korst; *in de ~ vallen*, mislukken
pastel' *o* [-s] kleurstift; pasteltekening **pastel'tekening** met pastels gemaakte tekening **pastel'tint** zachte kleur
pasteurisa'tie ‹sa=zaa› *v* het pasteuriseren **pasteurise'ren** ‹se=ze› van bacteriën

P

zuiveren door verhitting

pasti'che ‹pastiesj› *m* [-s] bedrieglijke navolging **pastiche'ren** nabootsen

pastil'le ‹pastie(l)je› *v(m)* [-s] tabletje

pastinaak' *v(m)* [-naken] schermbloemige plant met eetbare wortel, Lat. Pastinaca sativa

pastis' ‹i=ie› *m* alcoholische drank met anijssmaak

pastoor' *m* [-s] hoofd v.e. parochie **pastor** *m-v* [-es] in de zielzorg werkzaam functionaris **pastoraal'** *bn* herderlijk; v.d. pastoor of predikant; landelijk **pastoraat'** *o* [gmv] pasto(o)r zijn **pastora'le** *v(m)* [-n, -s] herdersspel **pasto'res** *mv* de pastoor en de kapelaan(s) **pastorie'** *v* [-s, -ën] woning van pastoor of predikant; pastoorsplaats

pasvorm *m* snit

pat **I** *v(m)* [-ten] opgenaaide lap **II** *o* *(schaakspel)* toestand waarin moet gespeeld worden en men dit niet kan zonder zich schaak te zetten **III** *bn* in die toestand

patat' *m* patates frites; *als eerste deel van ss*: slap, niet serieus **patates fri'tes** ‹patatfriet› *mv* gebakken reepjes aardappel **patat'generatie** gemakzuchtige generatie jongeren

patchwork ‹petsjwurk› *o* naaldwerk van lapjes

paté' *m* [-s] stijve pastei met gehakt vlees

pateen' *v(m)* [-tenen] schaaltje voor hostie

patent' **I** *o* vergunningsbrief, octrooi **II** *bn & bw* uitstekend **patent'bloem** *o* meel v.h. binnenste v.d. graankorrel **patente'ren** patent verlenen **patent'geneesmiddel** zonder doktersvoorschrift verkrijgbaar geneesmiddel **patent'sluiting** sluiting waar patent op is

pater *m* [-s] geestelijke v.e. orde **paternalis'me** *o* bevoogdend stelsel **paternos'ter** **I** *o* [-s] onzevader **II** *m* [-s] rozenkrans; band zonder eind met bakken; hengelsnoer met lood onderaan en zijlijnen **III** *mv* handboeien **patersbier** best bier **paterskerk** door paters bestuurde kerk **paterstuk** tussenribstuk **patersvaatje** *o* beste vat

pathetiek' *v* het pathetische **pathe'tisch** *bn & bw* hartstochtelijk, hoogdravend

pathogeen' *bn* ziekte verwekkend **pathologie'** *v* ziekteleer **patholo'gisch** *bn & bw* betreffende de ziekteleer; ziekelijk **patholoog'** *m* [-logen] ziektekundige **patholoog-anatoom'** *m* [-tomen] wie bij zieken of doden secties verricht **pathos** *o* hartstochtelijkheid; hoogdravendheid

patien'ce ‹pasjäns› *o* kaartspel voor één persoon **patien'cespel** patience

patiënt' *m* iem. onder doktershanden; iem. die iets onaangenaams moet ondergaan **patiën'tie** *v* geduld

patina *o* oxidatielaag op koper en tin **patine'ren** met patina bedekken

patio *m* [-'s] binnenplaats

patisserie' *v* [-ën] banketbakkerij; gebak **patissier'** ‹ier=jee› *m* [-s] banketbakker

patjakker *m* [-s] patjepeeër

patjepeeër *m* [-s] protserig iem.

patres *ad* ~, dood

patriarch' aartsvader; iem. v.e. rang hoger dan aartsbisschop **patriarchaal'** *bn & bw* aartsvaderlijk; van of betreffende een patriarch **patriarchaat'** *o* [-chaten] waardigheid of gebied v. patriarch; ordening met voorkeur voor de man

patriciaat' *o* de patriciërs; het patriciër zijn **patri'ciër** *m* [-s] *(gesch.)* adellijk burger; aanzienlijke **patri'cisch** *bn & bw* (als) van patriciërs

patrijs' **I** *m/v* **II** *o* [-trijzen] *(jagerst.)* om de smaak zeer gewaardeerd hoen met hoefijzervormige vlek op buik; patrijshond **III** *m* [-trijzen] stempel waarmee men matrijs vervaardigt **patrijs'hond** hond voor patrijzenjacht **patrijs'poort** kajuitsraampje **patrij'zenjacht** jacht op patrijzen

patrimoniaal' *bn* v.h. patrimonium **patrimo'nium** *o* [-s, -nia] vaderlijk erfdeel

patriot ‹peetriejot› *m* [-s] in de Golfoorlog tegen vliegtuigen en raketten gebruikte afweerraket **patriot'** *m* [-ten] vaderlandslievende **patriot'tisch** *bn* vaderlandslievend; van de patriotten **patriottis'me** *o* vaderlandsliefde

patristiek', **patrologie'** *v* kennis v.d. kerkvaders

patronaat' *o* [-naten] beschermheerschap; op gezelligheid gerichte r.-k. jeugdvereniging **patrone'ren** beschermen, begunstigen **patrones'** [-sen] beschermvrouw; vr. beschermheilige **patroniem'**, **patrony'micum** *o* [-s, -ca] van de naam v.d. vader afgeleide naam

patroon' **I** *m* [-s, -tronen] beschermheer; patroonheilige **II** *m* [-s] *(vooral Belgned.)* baas, werkgever **III** *v(m)* [-tronen] huls met kruit en kogel **IV** *o* [-tronen] model; decoratieve figuur **patroon'heilige** *m-v* [-n] heilige wiens naam men draagt **patroon'riem** riem voor patronen **patroon'tas** tas voor patronen

patrouil'le ‹patroe(l)je› *v(m)* [-s] het patrouilleren; loopwacht; verkenningstroep; speleenheid van 6-8 verkenners **patrouille'ren** verkennen; wacht lopen

pats *tw & v(m)* klets **patsen** kletsen; smijten **patser** *m* [-s] ploert; druktemaker; doordraaier **patserig** *bn & bw* als een patser

patsituatie, **patstelling** toestand van verstarring en evenwicht van tegenstrijdige krachten

pauk *v(m)* keteltrom **pauken** op de pauk slaan **paukenist'** *m* wie de pauk slaat **paukenpaard** paard met pauken en paukenist **paukenslager** [-s] paukenist

pauper *m* [-s] arme **pauperis'me** chronische armoede

paus *m* hoofd v. r.-k. Kerk; heerszuchtig iem. **pausdom** *o* rooms-katholicisme; pausschap; regeringstijd v.e. paus **pauselijk** *bn & bw* van of betrekking hebbend op paus **pausin'** *v* [-nen] vr. paus **pauskeuze**

het kiezen v.e. paus **pausmobiel** *m* auto met één zitplaats voor de paus **pausschap** *o* waardigheid van paus, het paus zijn
pauw *m* vogel met prachtige staart, Lat. Pavo; trots iem. **pauw(en)oog** oog v.e. pauw; mooie vlek in pauwenstaart; pauwoog **pauwin'** *v* [-nen] wijfjespauw **pauwstaart** *m* duif met waaiervormige staart
pauze *v(m)* [-n, -s] rustpoos; rustteken **pauze'ren** rustpoos houden
pava'ne *v(m)* [-s] statige Italiaanse dans
paviljoen' *o* tent voor voorname personen; bijgebouw, bij een groot complex behorend afzonderlijk gebouw; achterdek
pavoise'ren ‹vois=vwaaz› met vlaggetjes sieren
paying guest' ‹peejing Gest› [-s] betalend logé
Pb *(schei.)* plumbum *(lood)*
PBC Provinciale Bibliotheekcentrale
PBO Publiekrechtelijke Bedrijfsorganisatie
pc *personal computer*, kleine computer
p.c. *pour condoléance*, tot rouwbeklag
PCB *(schei.)* polychloorbifenyl
PCGD postcheque- en girodienst
pc'-gebruiker *m* [-s] wie met een pc werkt
pct percent
p.d. per dag; per deel
Pd *(schei.)* palladium
PD *Posttraumatische Dystrofie*, slecht functioneren van lichaamsweefsel als gevolg van letsel
P.D. *pro Deo*, voor niets; Plantenziektekundige Dienst
peanuts ‹ea=ie› *mv (pop.)* onbelangrijke zaken *(letterlijk:pinda's)*
peau de pê'che ‹poo de pèsje› *o/v(m)* katoenen weefsel **peau de suè'de** *o/v(m)* met de vleeskant boven gedragen fijn leer
pecannoot bep. dessertnoot
pech *m* tegenslag **pechvogel** ongelukkig iem.
pecti'ne *v(m)/o* bep. geleivormende stof in planten
pectoraal' I *bn* de borst betreffende II *o* [-ralen] borstmiddel; pectorale **pectora'le** *o* [-n] borstkruis
pecuniair' ‹ai=è› *bn & bw* geldelijk
pedaal' *o/m* [-dalen] met de voet bewogen hefboom; voetklavier; trapper **pedaal'emmer** emmer met door pedaal bewogen deksel
pedagogie' *v* opvoeding, opvoedkunde **pedagogiek'** *v* opvoedkunde **pedago'gisch** *bn & bw* opvoedkundig **pedagoog'** *m* [-gogen] opvoedkundige
pedant' *bn & bw* waanwijs **pedanterie'** *v* [-ën] waanwijsheid **pedantis'me** *o* [-n] pedanterie
peddel *m* [-s] roeiriem met breed blad; roeispaan met twee bladen (ook paddel) **peddelen** pagaaien; kanoën; fietsen
pedel' *m* [-len, -s] bode aan een universiteit
pederast' *m* wie pederastie bedrijft **pederastie'** als volwassen man geslachtelijke omgang met jongens hebben
pedestal' *zie* **piëdestal**
pediatrie' *v* kindergeneeskunde
pedicu're I *m-v* [-s] voetverzorger(ster) II *v(m)* voetverzorging **pedicu'ren** iemands voeten verzorgen
pedofiel' *m-v* iem. met seksuele neiging tot kinderen **pedofilie'** *v* seksuele neiging tot kinderen **pedologie'** *v* bodemkunde; studie van psychisch gestoorde kinderen **pedoloog'** *m* [-logen] beoefenaar v.d. pedologie
pedome'ter *m* [-s] schredeteller
pedoseks seks met kinderen **pedotherapie'** geneeskundige begeleiding v.h. gehandicapte kind
pee *de ~ in hebben* of *de ~ erin hebben*, zeer slecht gehumeurd zijn
peekoffie *m* cichoreikoffie
peeling ‹ee=ie› *v(m)* [-s] het wrijvend verwijderen v. huidcellen
peen *v(m)* [penen] schermbloemige plant met rode of gele penwortel; de wortel zelf; *de ~tjes opscheppen*, lawaai maken; *~tjes zweten*, in zijn rats zitten **peenhaar** lelijk geel haar
peepshow ‹ee=ie› *m* [-s] erotische voorstelling, te zien vanuit een cabine
peer *v(m)* [peren] perenboom; vrucht v. perenboom; peervormig voorwerp, peervormige gloeilamp; oorvijg; *(sp.)* flinke trap tegen de bal; *met de gebakken peren zitten*, gedupeerd zijn
peerdrops *mv* peervormige zuurtjes
peergroup ‹ou=oe› *m* [-s] groep gelijkgezinden
pees *v(m)* [pezen] zenuw; taai uiteinde v.e. spier; streng, snoer **peeshamer** *m* [-s] instrument om bep. reflexen v.d. kniespieren op te wekken **peeskamertje** *(pop.)* werkruimte van prostituee **peesschede** koker v. bindweefsel om een pees **peesschedeontsteking** ontsteking v.d. peesschede
peet *m-v* [peten] doopgetuige; doopvader, doopmoeder **peetoom** doopvader **peettante** doopmoeder **peetvader** mannelijke peet
Pegasus *m (myth.)* gevleugeld dichterros
pegel *m* [-s] peilteken in vloeistofmaat; ijskegel; *(pop.)* gulden **pegelen** *(sp.)* de bal met kracht op het doel schieten
peignoir' ‹penjwaar› *m* [-s] ochtendjapon
peil *o* waterstand; hoogte; *beneden ~*, diep onvoldoende; *geen ~ kunnen trekken*, geen staat kunnen maken; *op laag ~*, zeer min; *op ~*, op normale stand **peildatum** voor tellingen bepalende datum **peilen** diepte opnemen; doorgronden; alcoholgehalte bepalen; door contact met een zendstation de plaats bepalen **peilglas** glas om het peil op te nemen **peillood** dieplood **peilloos** *bn* zeer diep **peilschaal** waterhoogtemeter **peilstift** *v(m)* sonde **peilstok** *m* meetstok om mee te peilen
peinzen diep nadenken
pejoratief' *bn* met ongunstige betekenis

P

pek, **pik** *o/m* uit teer bereide zwarte harsachtige stof **pekdraad** *m (stofn. o & m)* schoenmakersdraad
pekel *m* water met zout; *in de ~*, in geldverlegenheid, in angst; *het vlees onder de ~ houden*, stevig drinken **pekelen** in pekel leggen, met pekel begieten; zout worden **pekelharing** gezouten haring **pekelvlees** gepekeld vlees **pekelwagen** wagen met pekel **pekelzonde** oude zonde
pekinees' *m* [-nezen] langharige hond v.e. Chinees ras
pekken, **pikken** met pek insmeren
pel *v(m)* [-len] vlies; bep. gestreepte kip
pelargo'nium *v(m)* [-s] officiële naam v.e. plantengeslacht v. ooievaarsbekken dat vaak ten onrechte geranium genoemd wordt
pêle-mê'le I *o* mengelmoes **II** *bw* dooreen
pelen ontharen
peleri'ne *v(m)* [-s] schoudermanteltje
pelgrim *m* [-s] bedevaartganger **pelgrima'ge** ‹ag=aazj› *v* [-s] bedevaart
pelikaan' *m* [-kanen] tropische zwemvogel met zak aan de onderkaak v.d. fam. Pelecanidae
pellen I *ww* van de pel ontdoen **II** *o* [-s] weefsel in blokpatroon
peloton' *o* [-s] kleine afdeling soldaten; *(sp.)* hoofdgroep in wedstrijd
pels *m* [-pelzen] dichtbehaarde dierenhuid; bont, bontjas, bontkraag **pelsdier** dier met pels **pelsjager** jager op pelsdieren **pelsjas** met bont gevoerde jas **pelsmuts** bontmuts **pelswerk** bontwerk
pelterij' *v* bontwerk
peluw *v(m)* [-s, -en] onderkussen
pen *v(m)* [-nen] schrijfpen; pin; klem; breinaald; slagveer; vederschacht; *(fig.)* stijl, het schrijven; *in de ~*, in overweging, niet ten uitvoer gebracht; *in de ~ klimmen* of *naar de ~ grijpen*, zich tot schrijven zetten; *zijn ~ in gal dopen*, bitter schrijven
PEN *poets, essayists, novelists*, internationale schrijversorganisatie; Provinciaal Electriciteitsnet
penaal' *bn* straf-, boete- **penaliteit'** *v* straf(bepaling); strafbaarheid; strafwetgeving
penalty *m* [-'s] strafschop
penant' *o* muurvlak of brede stijl tussen twee openingen of vensters
pena'rie *v* nood
pena'ten *mv* Romeinse huisgoden; *zijn ~ opzoeken*, naar huis gaan
pendant' *o/m* tegenstuk, tegenhanger
pendel *m* [-s] slinger; het pendelen; *als eerste lid v. ss in de bet.*: regelmatig heen en weer gaand over korte afstand **pendelaar** *m* [-s] wie pendelt **pendelen** regelmatig heen en weer reizen over korte afstand
pendu'le *v(m)* [-s] staande klok
penetrant' *bn & bw* doordringend **penetra'tie** *v* [-s] doordringing **penetre'ren** doordringen (in)
penhouder, **pennenhouder** *m* [-s] houder voor schrijfpen
peni'bel *bn* hachelijk
penicilli'ne *v(m)* uit de penseelschimmel bereid geneesmiddel voor infectieziekten **penicilli'ne-injectie** injectie met penicilline
penis *m* [-sen] mannelijk geslachtsdeel
penitent' *m* boeteling, biechteling **penitentiair'** ‹ai=è› *bn ~ recht*, recht betreffend de strafmaat; *~e inrichting*, gevangenis of huis van bewaring **peniten'tie** *v* [-s, -tiën] boetedoening **pennen** schrijven **pennenhouder** *m* [-s] *zie* **penhouder**; **pennenlikker** *m (min.)* klerk **pennenmes** *o* knipmesje **pennenstreek** *v(m)* haal met pen **pennenstrijd** strijd in geschrifte **pennenvrucht** wat iem. geschreven heeft
penning *m* munt; geld; metalen belastingbewijs; gedenkpenning; *op de ~* of *van ~ 16*, gierig **penningkabinet** verzameling penningen en munten **penningkruid** *o* kruipende plant met gele bloemen en ronde blaadjes v.d. soort Lysimachia nummularia **penningkunde** wetenschap van munten en penningen **penningmeester** beheerder v.d. gelden
penologie' *v* wetenschap met betrekking tot gerechtelijke straffen
penopauze het minder worden v.d. potentie v.d. man
peno'ze *m (barg.)* onderwereld v.d. misdaad
pens *v(m)* eerste maagafdeling
penseel' *o* [-selen] zachte kwast **pense'len** met een penseel bevochtigen; schilderen
pensioen' *o* jaargeld wegens trouwe dienst **pensioen'breuk** verandering in pensioenrechten t.g.v. verandering v. betrekking **pensioen'fonds** fonds waaruit pensioenen betaald worden **pensioen'gerechtigd** *bn* recht hebbend op pensioen **pensioen'regeling** regeling voor uitkering van pensioen **pensioen(s)'aanvraag** aanvraag om pensioen **pensioen(s)'korting** korting voor pensioen **pensioen'verhaal** door de werkgever op het salaris ingehouden premie voor pensioenvoorziening
pension' *o* [-s] kostgeld; kost en inwoning; kosthuis **pensionaat'** *o* [-naten] kostschool
pensiona'do *m* [-'s] wie na zijn pensioen in Spanje gaat wonen
pensionai're ‹pãnsjonnère› *v* [-s] kostleerlinge
pensione'ren op pensioen stellen
pension'gast wie in pension is **pension'houder** [-s] wie pension houdt
pentagonaal' *bn* vijfhoekig **pentagoon'** *m* [-gonen] vijfhoek **pentagram'** *o* [-men] in één trek als vijfpuntige ster getekende figuur **penta'meter** *m* [-s] vijfvoetig dactylisch vers **Pentateuch'** ‹eu=ui› *m* [gmv] eerste vijf boeken v.d. bijbel **pentatlon** *m* [-s] vijfkamp
pentekening tekening met de pen
penter *m* [-s] talie waarmee het anker op scheepsboord gelegd wordt
penthouse ‹se=s› *o* afdak, schuin aflopende loods; op een plat dak aangelegde

bungalow
penwortel onvertakte kegelvormige wortel; hoofdwortel v.e. boom
pep *m* pit; pepmiddel
peper *m* specerij met hete smaak; ~ *en zout*, grauw **peperboompje** vroeg bloeiende heester met roze bloemen, Lat. Daphne mezereum **peperbus** strooibus voor peper **peperduur** *bn & bw* zeer duur **peperen** met peper bestrooien; duur maken **peper-en-zout'stel** set van een potje voor zout en een voor peper **peperkoek** *m* zoete gekruide koek **pepermunt'** *v(m)* naar kamfer smakende plant, Lat. Mentha piperita; olie ervan; met pepermuntolie toebereid suikertabletje **pepernoot** *v(m)* dobbelsteentje van peperkoek **peperstruik** struik waarvan de vrucht peper levert
pepmiddel tijdelijk de prestatie verhogend middel
peppel *m* [-s] populier **peppelen** *bn* v. peppelhout
pepperspray ‹ay=ee› *m* [-s] agressieve spray in spuitbus als wapen of ter verdediging
peppil pil met stimulerend middel
pepsi'ne *v(m)* ferment uit de maag
peptalk ‹al=ò› *m* opwekkend praatje
pepti'de *v & o (schei.)* bep. verbinding van aminozuren
pepton *o* met behulp v. pepsine uit eiwitten gevormde stof
per *vz* door; met; op; met ingang van
per'acuut' ‹e=e› *bn & bw* zeer snel
perceel' *o* [-celen] stuk grond; pand; persoon
percent' *o* aantal per honderd **percenta'ge** ‹age=aazje› *o* [-s] percentsgewijze berekend aantal of bedrag **percents'gewijs**, **percents'gewijze** *bn & bw* in percenten uitgedrukt
percep'tie *v* [-s] ontvangst; waarneming; resultaat v.h. waarnemen **percipië'ren** ontvangen; waarnemen
percola'tor *m* [-s] filtreerapparaat
percus'sie *v* [-s] beklopping voor geneeskundig onderzoek; botsing **percus'siehamertje** *o* hamertje om te percuteren **percute'ren** bekloppen voor geneeskundig onderzoek
peredrups *mv* peerdrops
peremptoir' ‹toir=twaar› *bn & bw* afdoend; laatst
perenboom *m* peer **perenhout** *o* hout v.d. perenboom **perenstroop** stroop v. peren **perenvuur** *o* bep. bacterieziekte v. bomen en struiken
perestroj'ka *v* politieke en economische verandering in de Sovjet-Unie
perfect' *bn & bw* volmaakt **perfec'tie** volkomenheid **perfectief'** *bn* de handeling uitdrukkend met betrekking tot de voltooiing **perfectione'ren** vervolmaken **perfec'tum** *o* [-ta, -s] voltooid tegenwoordige tijd
perfi'de *bn* trouweloos
perforateur' [-s], **perfora'tor** [-s, -en] *m* toestel om te perforeren **perfore'ren** gaatjes maken in

P

perfor'mance ‹purfòrmuns› *v(m) (taalk.)* voorstelling; toepassing v. kennis v.e. taal; niveau van prestatie
perfusionist' *m-v* wie tijdens een operatie de hart-longmachine bedient
pergola *v(m)* [-'s] overgroeide booggang, prieel
pericar'dium *o* [-dia] hartzakje **pericardi'tis** *v* ontsteking v.h. hartzakje
periculeus' *bn* gevaarlijk **peri'culum** ~ *in mora*, uitstel is gevaarlijk
peridot' *m (stofn. o)* onechte smaragd
perifeer' *bn* van of aan de periferie **periferie'** *v* cirkelomtrek; buitenrand **perife'risch** *bn* perifeer
perifra'se ‹s=z› *v* [-n, -s] omschrijving
perihe'lium *o* naaste stand bij de zon
peri'kel *o* [-s, -en] avontuur
perikoop' *v(m)* [-kopen] deel uit bijbel dat deel uitmaakt v.e. vastgestelde reeks
perio'de *v* [-s, -n] tijdvak, tijdkring; volzin; bij een repeterende breuk terugkerende cijfergroep **periodiciteit'** *v* periodieke terugkeer **periodiek'** **I** *bn & bw* geregeld (terugkerend of verschijnend) **II** *v & o* tijdschrift **periodise'ring** ‹s=z› *v* het in perioden verdelen
peripetie' *v* beslissende wending
periscoop' *m* [-scopen] toestel om terwijl men zelf gedekt is toch te kunnen zien
peristal'tisch *bn* ~*e bewegingen*, samentrekkende en uitrekkende bewegingen
peristy'le *o* [-n] zuilenhof, zuilengang
peritoni'tis *v* buikvliesontsteking
perk *o* afgezet veld; bed; grens
perkament' *o* o.a. voor beschrijving bereide dierenhuid; daarop geschreven stuk **perkamen'ten** *bn* van perkament; als perkament **perkament'papier** op perkament lijkend papier
perkoen' *m* [-s] paal van 1.20-1.60 m lengte
permafrost *m* altijd bevroren grond
permanent **I** *bn & bw* blijvend **II** *m* langdurige haargolf **permanen'ten** langdurige haargolf aanbrengen **permanen'tie** *v* het blijvend zijn
permea'bel *bn* doordringbaar
per mil'le ‹per miel› per duizend, met de duizend
permis'sie *v* verlof **permissiviteit'** *v* neiging om (te) veel toe te staan **permit** *m* ‹purmut› toelatings- of doorgangsbewijs **permitte'ren** toestaan
permuta'tie *v* [-s] verwisseling
pernambuk'hout bep. hout uit Brazilië
pernicieus' *bn* verderfelijk
perora'tie *v* [-s] slotwoord
peroxide *o (schei.)* bep. zuurstofverbinding
perpendiculair' ‹ai=è› *v(m)* [-en, -s] loodlijn **II** *bn & bw* loodrecht
perpetueel' *bn* bestendig **perpetue'ren** bestendigen **perpe'tuum mo'bile** *o* [perpetua mobilia] [perpetuüm mobiles] het eeuwig bewegende
perplex' *bn* onthutst
perquisi'tie *v* [-s] onderzoek, huiszoeking

perron' *o* [-s] verhoogde stoep op station; stenen voetstuk; bordes, platform **perron'kaartje** *o* toegangsbewijs voor perrons
pers **I** *v(m)* perswerktuig; drukpers; de dagbladen; journalisten; journalistiek **II** *m* [perzen] Perzisch tapijt **persagentschap** nieuwsbureau
per sal'do ter vereffening; ten slotte
persbericht bericht aan de pers; via de media verstrekt bericht **persbureau** bureau dat berichten levert **perscampagne** via de media gevoerde actie **persconferentie** conferentie voor journalisten **persdelict** delict met de pers of tegen de wetgeving op de pers
per se' beslist; nodig
persecute'ren vervolgen
persen sterk drukken; door te drukken glad maken; noodzaken **persgas** sterk geperst gas
persia'ner **I** *o* astrakan **II** *bn* van astrakan
persico ⟨s=z⟩ *m* likeur uit alcohol op perzikpitten
persifla'ge ⟨ag=aazj⟩ *v* [-s] het persifleren **persifle'ren** belachelijk maken
persiste'ren volharden
perskaart journalistenkaart **persklaar** *bn* klaar om gedrukt te worden **persmuskiet** *(ong.)* journalist
persona'ge ⟨ag=aazj⟩ *o/v* [-s] persoon, rol **perso'na gra'ta** *m(v)* gezien iem. **persona non grata** *m(v)* ongewenst iemand
personal compu'ter ⟨pursonnul kompjoeter⟩ *m* [-s] huiscomputer
persona'lia *mv* bijzonderheden over personen
personalis'me *o* systeem met waardering voor de persoonlijkheid **personalist'** *m* aanhanger v.h. personalisme **personalis'tisch** *bn* volgens het personalisme **personaliteit'** *v* persoonlijkheid; persoonlijke belediging
personeel' **I** *bn & bw* persoonlijk **II** *o* de bedienden of beambten; personele belasting **personeels'bezetting** aantal op een bep. moment fungerende personeelsleden **personeelszaken** afdeling voor wat het personeel betreft
perso'nenregister register v. in een boek genoemde personen; register met gegevens over bep. personen
personifica'tie *v* [-s] persoonsverbeelding **personifië'ren** als personen voorstellen
persoon *m* [-sonen] individu; speler; figuur; lichaam; persoonlijkheid; klasse bij de persoonlijke voornaamwoorden en persoonsvormen; *in ~*, zelf **persoon'lijk** *bn & bw* een persoon zijnde; de persoon (zelf) betreffende, zelf, het persoonlijk leven betreffende; met eigen karakter, eigen; personeel, door iem. in persoon verricht; een persoon aanduidend; ten opzichte van hem zelf **persoon'lijkheid** *v* [-heden] karakter; persoon; persoonlijke belediging **persoons'bewijs** identiteitsbewijs **persoons'register** bevolkingsregister **persoons'verbeelding** voorstelling als een persoon **persoons'vorm** vorm van ww die v.d. persoon afhankelijk is **persoon'tje** *mijn ~*, bescheiden aanduiding van degene die spreekt
perspectief' **I** *o* [-tieven] doorzicht, verschiet, uitzicht **II** *v(m)* doorzichtkunde **perspecti'visch** *bn & bw* volgens of van de perspectief
perspex **I** *o* [gmv] doorzichtig plastic **II** *bn* van doorzichtig plastic
perspira'tie *v* het (onzichtbaar) uitwasemen v.d. huid; *(fig.)* doorsijpelen
perspomp door samenpersing werkende pomp
perspot zelfverterende bloempot van geperst materiaal
persuade'ren overreden **persuasief'** *bn* overtuigend
persvoer kuilvoer
persvrijheid vrijheid v. drukpers
persweeën *mv* laatste weeën bij het baren v.e. kind
pertang' *bw (Belgned.) (fam.)* toch
pertinent' *bn & bw* beslist, nadrukkelijk; onbeschaamd
perturba'tie *v* [-s] storing, verwarring
perubalsem *m* lichtbruine geurige zalf
pervers' *bn & bw* tegennatuurlijk; verdorven **perver'sie** *v* het pervers zijn **perversiteit'** *v* (uiting van) verdorvenheid
perzik *v(m)* perzikboom; zijn vrucht; *(pop.)* vrouwelijk geslachtsorgaan **perzik(en)boom** zoete vruchten met fluweelachtige schil dragende boom **perzikhuid** zacht aanvoelende huid **perzikkruid** *o* bep. plant met roze bloemaren
pese'ta *m* [-'s] vroegere munt en munteenheid van Spanje
peso *m* [-'s] munt en munteenheid op de Filippijnen en in enkele landen v. Midden- en Zuid-Amerika
pessa'rium *o* [-s, -ria] anticonceptiering die om baarmoederwand wordt aangebracht
pessimis'me *o* zwartgalligheid **pessimist'** *m* zwartgallig iem. **pessimis'tisch** *bn & bw* zwartgallig
pest *v(m)* snel verlopende zeer gevaarlijke besmettelijke ziekte; iets verderfelijks, verderf; verderfelijk iem.; *de ~ injagen*, treiteren; *de ~ inhebben*, zeer slecht gehumeurd zijn; *als de ~*, *(fam.)* zeer; *de ~ aan iets (gezien) hebben*, een hekel aan iets hebben; *als eerste lid van ss vaak in bet.*: beroerd **pestbacil** pest veroorzakende bacil **pestblaar**, **pestbuil** door de pest veroorzaakte etterbuil **pestbui** slecht humeur **pesten** *(pop.)* treiteren **pestepidemie** het epidemisch heersen v.d. pest **pesterij'** *v (fam.)* getreiter **pestici'de** *o/v* [-n] scheikundig bestrijdingsmiddel van schadelijke organismen **pesticide'ren** met scheikundige middelen schadelijke organismen bestrijden **pestilent'** *bn & bw (fam.)* onaangenaam; verderfelijk **pestilen'tie** *v* [-s, -tiën] pest **pestkop**

P

treiteraar **pestlijder** lijder a.d. pest **pestlucht** lucht v.e. pestlijder; verpeste lucht
pesto *m* [-'s] koude saus van o.a. basilicum en parmezaanse kaas
pestvogel zangvogel met lange kuif, Lat. Bombycilla garrulus
pet *v(m)* [-ten] hoofddeksel met klep voor mannen; *(pop.)* knudde; *er met zijn ~ niet bij kunnen*, het niet begrijpen; *dat gaat mijn ~ te boven*, dat begrijp ik niet; *met de ~ naar iets gooien*, zonder goede gronden gissen; *geen hoge ~ op hebben van*, geen hoge dunk hebben van; *onder de ~ blijven, houden*, niet bekend worden, maken
PET *Positron Emissie Tomografie*, het maken v. plaatjes v. plakjes hersens door uitzending v. positief geladen elektronen
petan'que ‹puttãnk› *o* [gmv] jeu de boules
petat' *m (Belgned.)* **aardappel; klap**
petekind kind waarover men peter of meter is **peter** *m* [-s] peetoom
peterse'lie, pieterse'lie *v(m)* schermbloemige als keukenkruid gebruikte plant, Lat. Petroselinum sativum
petfles herbruikbare kunststof fles
petie'terig *bn & bw* nietig
petitfour' ‹petiefoer› *m* [-s] klein gebakje
peti'tie *v* [-s, -tiën] verzoekschrift **petitione'ren** een verzoekschrift indienen **petitionnement'** *o* het petitioneren; verzoekschrift
petoet' *m (fam.)* gevangenis
petomaan' *m-v* [-manen] wie veel winden laat
petrefact' *o* versteend voorwerp **petrifice'ren** verstenen
petrochemie' *v* chemische industrie rond aardgas en aardolie en steenkool **petroche'misch** *bn* betrekking hebbend op de petrochemie **petrografie'** *v* beschrijving v.d. gesteenten
petrol ‹pètrul› *bn* grijsblauw
petro'leum *m* aardolie **petro'leumstel** kooktoestel waarin petroleum verbrand wordt
petrologie' *v* wetenschap v.d. gesteenten **petroloog'** *m* [-logen] beoefenaar v.d. petrologie
pets *v(m)* helder klinkende klap **petsen** petsen geven
petticoat ‹pettiekoot› *m* [-s] wijd uitstaande onderrok
petto *in ~*, klaar voor als het nodig mocht zijn
petu'nia *v(m)* [-'s] eenjarige tuinplant met trechtervormige bloemen
peuk *m* eindje; (eindje v.e.) sigaret
peul *v(m)* eenhokkige doosvrucht; peulerwt; *moet (of lust) je nog ~tjes*, wat zeg je daarop **peul(en)schil** *v(m)* [-len] kleinigheid **peulerwt** met de schil gegeten erwt **peulgewas** peulvrucht **peulvrucht** peul, gewas waaraan erwten of bonen groeien
peur, poer *v(m)* tros wormen als vistuig **peurder** *m* [-s] wie peurt **peuren** met een peur vissen; wroeten
peut I *m* zware benzine **II** *m (pop.)* stomp; *(scherts)* therapeut
peuter *m* [-s] pijpenwroeter; klein iem.; kind tussen 2 en 4 jaar; slag **peuteraar** *m* [-s] wie veel tijd aan beuzelarijen besteedt **peuterdag'verblijf** plaats waar peuters v. werkende ouders overdag kunnen verblijven **peuteren** wroeten, morrelen, pulken, prutsen **peuterig** *bn & bw* prutserig, klein **peuterwerk** prutswerk
peuzelen bij beetjes op zijn gemak eten
pex *m-v* partner van de ex
pezen hard lopen; hard rijden; hard werken; *(pop.)* geslachtsgemeenschap hebben; tippelen (v. prostituees) **pezerik** *m* bullenpees **pezig** *bn* met sterke pezen
p.f. *pour féliciter*, als gelukwens
pfeiffer ‹ei=ai› *v(m) ziekte van Pfeiffer*, bep. virusinfectieziekte
pg partijgenoot, medesocialist
P.G. protestantse godsdienst; procureur-generaal
pgb persoonsgebonden budget
PGD *pre-implantatie genetische diagnostiek*, reageerbuisbevruchting met op een bep. erfelijke afwijking onderzochte embryo's
pH *potentiaal Hydrogenium*, symbool van zuurgraad
pH'-meter toestel om de zuurgraad te meten
pi *v(m)* [-'s] getal dat verhouding tussen omtrek en middellijn v.e. cirkel uitdrukt
pianis'simo *bw* zeer zacht **pianist'** *m* pianospeler **pia'no I** *v(m)* [-'s] snaarinstrument met klavier **II** *bw* zacht **pia'noconcert** *o* muziek voor piano met orkest; uitvoering van pianomuziek **piano'la** *v(m)* [-'s] met geperforeerde bladrollen te bespelen piano **pia'nospel, pia'nospelen** *o* het op piano spelen **pia'nostemmer** *m* [-s] wie de piano stemt
pias *m* [-sen] kwibus **piasserig** *bn & bw* als een pias
pia vo'ta *mv* vrome wensen
picador' *m* [-s] wie met lanssteken de stier prikkelt
picaresk' *bn* schelmen-
piccalil'ly *m* in gekruide zure saus ingemaakte groenten
pic'colo I *m* [-'s] kleine dwarsfluit; geüniformeerde jonge bediende **II** *m/o* pico
pickles ‹pikkels› *mv* scherpe spijzen in het zuur
picknick *m* [-s] maaltijd in open lucht **picknicken** een picknick houden
pick-up' *m* [-s] toestel om grammofoonplaten weer te geven; kleine vrachtauto
pico *m (kaartspel)* het na aankondiging slechts één slag halen; *als eerste deel v.e. woord in de bet.*: biljoenste deel van
***picobel'lo** *(Wdl. pico bello) bn & bw* in de puntjes
pic-packnoop knoop uit twee delen waartussen de stof geklemd wordt
picri'nezuur met salpeterzuur werkende ontploffingsstof
pictogram' *o* [-grammen] aanduiding door een afbeelding **picturaal'** *bn & bw*

schilderachtig; de schilderkunst betreffende
picture ⟨piktjeur⟩ *in de ~*, in de belangstelling
pidgin ⟨g=zj⟩ *o* vereenvoudigde omgangstaal tussen twee taalgemeenschappen
pied-à-ter're ⟨pjee-aa-ter⟩ *o* vaste gelegenheid om te verblijven
piëdestal' ⟨pjeedestal⟩, **pedestal'** *o/m* [-len] voetstuk
pief *m* man
piek I *v(m)* hoge rotspunt; soort houweel; iets met spitse punt; deel v.h. achterschip en/of voorschip; *~- en daluren*, uren met grote en met geringe drukte **II** *m (fam.)* gulden **piekautomaat** gokkast waar veel geld omgaat **pieken** *(van haar)* uitstekende plukjes hebben; op de juiste momenten in topvorm zijn **piek-en-dal'tarief** tarief dat afhangt van periodes met veel en weinig gebruik
piekeren peinzen, tobben; *er niet over ~*, het beslist niet doen
piekervaring bijzonder prettige ervaring **piekfijn** *bn & bw* keurig **piekuur** uur v. hoogste verbruik, uur waarop het verkeer het drukst is
piel *m* [-en] *(pop.)* mannelijk geslachtsdeel; *de ~ zijn*, de dupe zijn **pielen** ⟨pop.⟩ prutsen; geslachtsgemeenschap hebben; *(sp.)* onduidelijke dingen met de bal doen
piemel *m* [s] *(pop.)* mannelijk geslachtsdeel **piemelnaakt** *bn* geheel naakt
pienter *bn & bw* schrander
piep *m* piepend geluid; *bn* piepjong **piepen** fijn schril geluid maken; slapen; stelen; even te voorschijn komen; poffen; *gepiept*, klaar; *'m ~*, er stilletjes vandoor gaan **pieper** *m* [-s] wie of wat piept; aardappel; patroon; kwikstaartachtige vogel v.h. geslacht Anthus; oproepapparaatje met pieptoon **pieperig** *bn & bw* piepend **piepjong** *bn* erg jong **piepklein** *bn* erg klein **piepkuiken** jong slachtkuiken **piepschuim** *o* bep. brosse kunststof **piepstem** piepende stem **piepzak** *m (fam.) in de ~ zitten*, bang zijn
pier *m* aardworm; in zee uitstekende dam, wandelhoofd; *de kwade ~*, de zondebok
piercen [piercete, gepiercet] doorboren v.e. lichaamsdeel om een sieraad aan te brengen **piercing** *v* het piercen; door piercen ingebracht voorwerp; door piercen ontstaan gat
pierement' *o* straatorgel
pieren *(fam.)* foppen ***pierenbad** *(Wdl. pierebad)* zwembad voor beginnelingen
pierewaaien boemelen, fuiven
pierlala *m: een dooie ~*, een saai iemand
pierrot' ⟨pjerroo⟩ *m* [-s] tragische figuur
piesen *(pop.)* urineren
Piet *hele ~*, hele meneer, kraan; *hoge ~en*, hoge heren; *zwarte ~*, knecht van Sinterklaas; schoppenboer; *er voor ~ Snot bij zitten*, niet meetellen; *voor ~ Snot staan*, een mal figuur slaan **piet** *m* vogel, kanarie
piëta' *v(m)* [-'s] voorstelling van Maria met haar dode zoon over haar schoot **piëteit'** *v* vroomheid; verering; eerbiedige herinnering
pietepeu'terig *bn & bw* pietluttig; erg klein **pieterig** *bn & bw* min
pieterman *m* [-nen] stekelige zeevis v.d. fam. Trachinidae
piëtis'me *o (gesch.)* innige vroomheid **piëtist'** aanhanger v. piëtisme **piëtis'tisch** *bn & bw* volgens het piëtisme
pietje *o (fam.)* luis; kanarie **Pietje Precies'** *m-v* [Pietjes Precies] overdreven precies iemand
pietlut' *m-v* [-ten] pietluttig mens; koude drukte **pietlut'tig** *bn & bw* kleinzielig
pietsje *o (pop.)* beetje
pieus' *bn* vroom
pië'zo-elektriciteit het elektrisch worden v. bep. kristallen door druk
pigment' *o* kleurstof **pigmenta'tie** *v* vorming v. pigment
pigskin ⟨g=G⟩ *o & bn* varkensleer, varkensleren
pij *v(m)* opperkleed van mannelijke kloosterlingen
pijl *m* schicht; pijlvormig aanwijsteken; afstand van koorde tot boog; *als een ~ uit de boog*, snel; *~en in zijn koker* of *op zijn boog*, middelen om tot het doel te raken
pijler *m* [-s] steunpilaar
pijlinktvis inktvis met e. romp in de vorm v.e. gevleugelde pijlspits, Lat. Loligo **pijlkruid** *o* plantengeslacht met pijlvormige bladeren, Lat. Sagittaria **pijlsnel** *bn* zeer snel **pijlstaart** *m* achtereinde v.e. pijl; staart als een pijl; versch. diersoorten met een pijlvormige staart **pijltjestoets** *(comp.)* toets waarmee men een niet op het scherm getoond deel van een tekst zichtbaar kan maken
pijn I *m* pijnboom **II** *v(m)* straf; smart **pijnappel** vrucht v.d. pijn **pijnbank** folterbank **pijnboom** den **pijndrempel** beginpunt v. pijngevoel **pijnen** pijnigen; persen *(van honing)* **pijngrens** punt waarop men bij voortdurende inspanning pijn voelt **pijnigen** folteren, kwellen **pijnlijk** *bn & bw* pijn doende; onaangenaam; pijn voelend; zeer nauwkeurig **pijnloos** *bn & bw* zonder pijn **pijnstillend** *bn* pijnverzachtend **pijnstiller** *m* [-s] medicijn dat pijn onderdrukt zonder te genezen
pijp *v(m)* bep. rookwerktuig; buis; broekspijp; orgelpijp; lang vat; hol; staaf; fluit; rolronde plooi; *(pop.)* mannelijk geslachtsdeel; *een lelijke ~ roken*, zijn bekomst krijgen; *de ~ uit*, weg; *de ~ aan Maarten geven*, sterven; niet meer meedoen **pijpaarde** blauwachtige klei **pijpbeen** pijpvormig been **pijpen** fluiten; met de mond seksueel bevredigen; *naar iemands ~ dansen*, doen wat iem. wil **pijpenkop** kop v.e. pijp **pijpenkrul** spiraalvormige haarkrul **pijpenla(de)** [-laden, -laas, -la's] smal huis of vertrek **pijpenrek** rekje voor pijpen **pijpensteel** steel v.e. pijp **pijper** *m* [-s] fluitspeler **pijp-etui** ⟨etui=eetwie⟩ etui om pijp in op te bergen **pijpje** *o* [-s] kleine pijp; zeer klein en smal bierflesje

P

pijpkaneel *m/o* kaneel in pijpvorm **pijpkruid** *o* versch. planten **pijpleiding** buisleiding **pijporgel** orgel **pijpzweer** fistel

pik I *m* [-ken] wrok; *de ~ op iem. hebben*, iem. niet mogen lijden **II** *o/m* pek **III** *v(m)* [-ken] houweel met punt en gebogen beitel **IV** *v(m)* [-ken] *(pop.)* mannelijk geslachtsdeel; man; *op zijn ~ trappen*, kwetsen, beledigen **V** *v(m)* [-ken] *fijne ~*, iets fijns

pikant' *bn & bw* prikkelend op de tong; gewaagd; bits **pikanterie'** *v* [-riën] iets pikants

pikbroek *m* zeeman **pikdonker**, **pikkedonker I** *bn* erg donker **II** *o* volkomen duisternis **pikdraad** *zie* **pekdraad**

pike'ren stikken, doornaaien; met een steekje vastzetten; met een streepje aanschrappen; africhten; prikkelen; pas uit zaad opgekomen plantjes verplanten

piket' *o* [-ten] veldwacht, brandpiket; bep. kaartspel; piketpaal **piket'paal** paaltje **piket'ten** piket spelen

pikeur' *m* [-s] paardenafrichter, rijleraar

pikhaak stok met haak **pikhouweel** houweel met een punt en een gebogen beitel **pikkedonker** pikdonker

pikken met de snavel of een puntig voorwerp steken of pakken; prikken; naaien; nemen; genoegen nemen met; met pek besmeren; kleven

pikketa'nis *m* [-sen] *(pop.)* borrel

pi'kol *m* [-s] iets meer dan 61,76 kg; schouderlast

pikzwart *bn & o* diep zwart

pil I *v(m)* [-len] geneesmiddel in balletjesvorm; voorbehoedmiddel in pilvorm; dikke boterham; schop; *bittere ~*, iets onaangenaams; *de ~ vergulden*, iets onaangenaams met zachte woorden omkleden **II** *m* [-len] *(pop.)* apotheker; dokter

P

pilaar' *m* [-laren] steunzuil **pilaar'bijter** *m* [-s] schijnheilige kerkloper **pilaar'heilige** *(gesch.)* zuilheilige; *als een ~*, bewegingloos

pilas'ter *m* [-s] niet vrijstaande pilaar

pilav *v(m)* gekruide gekookte rijst met schapenvlees

pilcontrole medische controle van wie de anticonceptiepil gebruikt

pillen samenklonteren

pillendoos doos voor pillen **pillendraaier** *m* [-s] *(scherts.)* apotheker

pilo I *o* halfkatoenen en tegelijk halflinnen gekeperde stof **II** *bn* van die stof gemaakt

piloot' *m* [-loten] vliegtuigbestuurder; *automatische ~*, zelfwerkende stuurinrichting

pilotstudie ‹pi=paai› vooronderzoek

pils *m/o* naar Pilsen als plaats van fabricage genoemd licht bier

piment' *o* uit West-Indië afkomstige specerij **piment'boom** boom die piment levert **piment'olie** olie uit piment

pimpel *aan de ~*, aan de drank **pimpelaar** *m* [-s] wie pimpelt **pimpelen** veel drinken **pimpelmees** mees met blauwe kop en vleugels, Lat. Parus caeruleus **pimpelpaars'** *bn* blauwachtig paars

pimpernel' *v(m)* [-len] plant met purperrode bloemen v.h. geslacht Pimpinella **pimpernoot** *v(m)* pistachenoot

pin *v(m)* [-nen] betrekkelijk kort puntig voorwerp

pin persoonlijk identificatienummer

pinacotheek' *v* [-theken] schilderijenverzameling

pina'kel *m* [-s] siertorentje

pinang I *m* [-s, -en] betelpalm **II** *v(m)* [-s, -en] betelnoot **pinangnoot** noot v.d. pinang

pinauto huurauto die met pincode in gebruik kan worden genomen

pince-nez' ‹pēns-nee› *m* [-s] knijpbril

pincet' *o/m* [-ten] tangetje

pincher ‹ch=sj› *m* [-s] ook voor de jacht gebruikte gezelschapshond

pincode code met persoonlijk identificatienummer

pinda *v(m)* [-'s] apennootje **pindakaas** *m* broodsmeersel van gemalen olienoten **pindarotsje** *o* snoepje v. pinda's met chocolade

pineut' *de ~*, *(pop.)* de dupe

pingel *(sp.)* *m* [-s] strafschop

pingelaar *m* [-s] wie graag pingelt **pingelen** afdingen; een blikachtig geluid geven t.g.v. rijden in te hoge versnelling; de voetbal te lang bij zich houden

ping-ping' *m* *(pop.)* geld

pingpong *o* tafeltennis **pingpongen** pingpong spelen **pingpongspel** pingpong spelen

pinguïn ‹pinGwin› *m* [-s] Antarctische rechtop gaande watervogel v.d. fam. Spheniscidae

pink' *m* kleinste vinger; eenjarig rund; vissersboot met platte bodem en ronde boeg en één mast

pinkelen flonkeren; een spel met een puntig stokje spelen

pinken *bij de ~*, bij de hand; *ww* de pinken in elkaar haken; met de pink wegnemen; met de ogen knipperen; flikkeren

pinkogen met de ogen knipperen

Pinkster *m* Pinksterfeest **pinksterbeweging** een herhaling v.d. ervaring van Pinksteren nastrevende godsdienstige beweging **pinksterbloem** bep. plant **pinksterdag** dag van Pinksteren **Pinksteren** *m* 50e dag na Pasen **Pinksterfeest** Pinksteren **pinkstervakantie** vakantie met Pinksteren **pinkstervuur** met Pinksteren ontstoken vuur; vuur dat op het pinksterfeest op de apostelen neerdaalde; vurige godsdienstijver **pinksterweek** met Pinksteren beginnende week

pinkstier *m* eenjarige stier **pinkvaars** *v* eenjarige koe

pinnen van pinnen voorzien; met pinnen vastmaken; betalen met een pincodepas

pinnig *bn* *(pop.)* erg zuinig

pinot' ‹ot=oo› *m* [-s] in veel variëteiten voorkomende wijnstoksoort

pinpas pas met pincode

pinsbek *o* goudkleurig mengsel van koper en

zink **pinsbekken** *bn* van pinsbek
pint *v(m)* inhoudsmaat van 6 dl; glas; *(vooral Belgned.)* biertje
pin-up' *v* [-s] afbeelding v. sexy jonge vrouw voor wandversiering
pioen' *v(m)* ranonkelachtige plant met bolronde grote bloemen, Lat. Paeonia officinalis **pioen'roos** pioen
pion *m* [-nen, -s] boer in schaakspel
pionier' *m* [-s] schansgraver; baanbreker **pionie'ren** baanbrekend werk verrichten **pionier'ster** *v* [-s] vr. pionier
pip *v(m)* bekziekte van vogels
pipet' *v(m)/o* [-ten] zuigbuis
pippeling *m* bep. zoete appel
pips *bn* bleekjes
piqué' ‹piekee› *o* verhoogd katoenweefsel **II** *bn* van dat weefsel
piraat' *m* [-raten] zeeschuimer; *als tweede deel v.e. ss in de bet.*: zich onverantwoordelijk of onwettig gedragend iem.; illegale radiozender
piramidaal' *bn & bw* (als) v.e. piramide **pirami'de** *v* [-n, -s] spits toelopend koningsgraf; lichaam met driehoekige in één punt samenkomende zijvlakken; constructie om autoverkeer te weren **pirami'despel** spel met kettingbrieven waarbij men anderen aanzet om geld naar een als eerste afzender genoemde persoon te zenden en op continue doorzending speculeert
piran'ha ‹h=j› *m* [-s] ongeveer 30 cm lange in scholen levende zeer gevaarlijke roofvis
pira'tenzender illegale radiozender **piraterij'** *v* zeeroverij, plagiaat
pirouet'te ‹ou=oe› *v(m)* [-n, -s] het draaien om eigen as **pirouette'ren** een pirouette maken
pis *m* urine
pisang I *v(m)* [-s] banaan **II** *m* [-s] bananenboom; dupe; *rare ~*, rare snuiter **pisangboom** bananenboom
pisbak urinoir
piscicultuur' ‹sc=ss› *v* kunstmatige visteelt **pisci'ne** *v* [-n, -s] vijver voor kunstmatige visteelt; waterbekken naast het altaar
pisnijdig *bn & bw* zeer nijdig **pispaal** *(fig.)* persoon op wie ieder het gemunt heeft **pissebed** *v(m)* [-den] keldermot **pissen** urineren **pissig** *bn & bw* nijdig
pista'che ‹piestasj(e)› *v(m)* [-s] groene amandel; knalbonbon **II** *bn* bruingroen
piste ‹i=ie› *v(m)* [-s, -n] loopbaan voor paarden in circus of arena; wielerbaan; baan (voor sportbeoefenaars); geprepareerde sneeuwhelling om op te skiën
pistolet' ‹pis=pis *of* pies› *m* [-s, -ten] langwerpig rond broodje
piston' ‹i=ie› *m* [-s] zuiger; luchtklepje bij koperen blaasinstrument; blaasinstrument met luchtklepjes **pistonist'** *m* pistonblazer
pistool' *o* [-stolen] handvuurwapen voor kleine afstand; *als laatste deel van ss*: apparaat om ergens vloeibaar materiaal in te spuiten **pistool'schot** schot uit pistool
pit I *v(m)* [-ten] kern v.e. vrucht; wiek, brander v. gaslicht; *op de ~ leunen*, op de souffleur vertrouwen, voorschot vragen op salaris; *op een laag* of *klein pitje zetten*, niet hard werken aan; *op een laag pitje staan*, weinig behartigd worden **II** *o/v(m)* merg; energie
pitabroodje klein broodje dat warm bij shoarma wordt geserveerd
pitbull *m* [-s] vechtlustige hond **pitbullsmoking** joggingpak van glanzende stof **pitbullterriër** pitbull
pitcher ‹ch=sj› *m* [-s] werper bij honkbal
pitchpine ‹pitsjpain› *m* [-s] Noord-Amerikaanse den **II** *o* hout daarvan **III** *bn* v. hout v.d. Noord-Amerikaanse den
pitriet *o* als vlechtriet gebruikt binnenste v. bamboestengel
pits *m* [mv idem] verzorgingspost langs racebaan
pitspoes zich bij het autorennen ophoudende mooie vrouw
pitten van de pitten ontdoen; op de souffleur vertrouwen; *(fam.)* slapen
pittig *bn & bw* kernachtig, krachtig, flink
pittoresk' *bn & bw* schilderachtig
pitvis *m* schelvisduivel **pitvrucht** vrucht met klokhuis
PIW''er *m-v* [-s] Penitentiair Inrichtingswerker; *gevangenisbewaker met speciale taken*
pixel *m* [-s] kleinste element waaruit een computerschermbeeld is opgebouwd
pizza ‹piedzaa› *v(m)* [-'s] It. gerecht van hartigheden op een deegbodem **pizzakoerier** bezorger v. pizza's **pizzeri'a** *v(m)* [-s] eetgelegenheid speciaal voor pizza's
pizzica'to *bw (muz.)* waarbij de snaren niet gestreken maar getokkeld worden
p.j. per jaar
pk paardenkracht
pkh paardenkrachtuur
pl. *pluralis*, meervoud
plaag *v(m)* [plagen] bezoeking, kwelling; plaaggeest **plaagduivel**, **plaaggeest** wie plaagt **plaagziek** *bn* gaarne plagend **plaagzucht** *v(m)* lust tot plagen
plaat *v(m)* [platen] zandbank; prent; plat hard stuk; *de ~ poetsen*, ervandoor gaan **plaatdruk** het afdrukken of afdruk v. gegraveerde plaat **plaatijzer** ijzer in plaatvorm **plaatje** *o* [-s] kleine plaat; weergave v.d. structuur; prothese met een of twee kunsttanden; *een ~ schieten*, een foto nemen; *geen ~ maken*, niet fotogeniek zijn; *(als) een ~*, beeldig
plaats *v(m)* punt in de ruimte; ruimte; post; binnenplaats, afgesloten ruimte achter het huis; plek; bewoond deel v.d. ruimte; zit- of staanplaats; passage; *in ~ van*, in stede van; *op zijn ~*, waar het hoort, in de geschikte functie of omgeving; *~ nemen*, gaan zitten **plaatsbekleder** *m* [-s] plaatsvervanger **plaatsbewijs** plaatskaart **plaatselijk** *bn & bw* slechts op bep. plaats; v.e. plaats **plaatsen** een plaats geven;

P

zetten; beleggen; een betrekking bezorgen **plaatsgeld** staangeld **plaatsgrijpen** [greep plaats, plaatsgegrepen], **plaatshebben** [had plaats, plaats gehad] gebeuren **plaatskaart** briefje dat recht geeft op een plaats **plaatsnaamkunde** *v* wetenschap omtrent betekenis en herkomst van plaatsnamen
plaatsnijder *m* [-s] graveur
plaatsruimte ruimte om iets te plaatsen
plaatstaal *o* staal in platen
plaatsvervangend *bn* waarnemend **plaatsvervanger** *m* [-s] wie de plaats v.e. ander inneemt **plaatsvinden** [vond plaats, plaatsgevonden] gebeuren **plaatszin** gave om zich te oriënteren
plaatwerk boek met platen; platen; het werken in plaatijzer; plaatijzeren voorwerpen
place'bo *m* [-'s] op medicijn lijkend middel zonder werkzame bestanddelen
placemat ‹pleesmet› *m* [-s] gekleurde onderlegger i.p.v. tafellaken voor één persoon
placen'ta *v(m)* [-'s] nageboorte
pla'cet *o* vorstelijke toestemming
plafon(d)' ‹fond=fon› *o* [-s] zoldering, hoogtegrens **plafonne'ren** een plafond maken **plafonniè're** *v*, **plafonnier'** ‹ier=jee› *m* [-s] vlak tegen plafond aangebrachte lamp
plag, **plagge** *v(m)* [-gen] zode
plagen kwellen; lastig vallen **plagerig** *bn & bw* plaagziek **plagerij'** *v* het plagen; iets waarmee men plaagt
plagge *zie* **plag**
plagiaat *o* [-aten] overschrijven v.e. ander zonder bronvermelding **plagia'ris** *m* [-sen], **plagia'tor** *m* [-s] wie zich aan plagiaat schuldig maakt
plaid ‹pleed› *m* [-s] reisdeken
plak *v(m)* [-ken] dunne schijf; stok met rond plankje; aanslag op de tanden; wat ergens aan plakt; *onder de ~*, in bedwang **plakband** *o* smal gompapier **plakboek** boek om in te plakken
plaket' *v(m)* [-ten] plaquette
plakkaat' *o* [-katen] groot stuk papier; grote vlek **plakkaat'verf** zeer dikke dekkende waterverf
plakken *h* kleven; lang blijven **plakker** *m* [-s] iets om opgeplakt te worden; wie lang blijft zitten **plakkerig** *bn* kleverig **plakplaatje**, **plakprentje** plaatje om op te plakken **plakpleister** kleefpleister; plakker **plakstift** kleefmiddel in kokertje **plakstrip** zelfklevend strookje **plakzegel** zegel om op te plakken; belastingzegel
plamu'ren glad maken **plamuur'** *m/o* mengsel van lijnolie met pijpaarde en loodwit of zinkwit **plamuur'sel** *o* plamuur
plan **I** *o* [-nen] opzet; ruimteafdeling; peil, graad van belangrijkheid **II** *o* [-s, -nen] schets, plattegrond
planchet' *o* [-ten] instrument om hoeken te tekenen; smalle, plankvormige plaat boven wastafels voor toiletartikelen
planeconomie geleide economie

P

planeer'hamer slechthamer
planeet' *v(m)* [-neten] dwaalster; planetenbriefje; *zijn ~ lezen*, de toekomst voorspellen
plane'ren *h* glad maken, pletten; in glijvlucht dalen; over een waterlaagje op de weg rijden
planeta'rium *o* [-s, -ria] toestel om beweging v. hemellichamen voor te stellen; lijst v. planeten **plane'tenstelsel** *o* bijeenbehorende planeten **planetoï'de** *v* [-n] kleine planeet
planime'ter *m* [-s] vlaktemeter **planimetrie'** *v* vlakke meetkunde **planisfeer'** *v(m)* voorstelling v.e. halfrond op een plat vlak
plank *v(m)* gezaagd plat stuk hout; *van de bovenste ~*, eerste klas; *de ~ misslaan*, zich vergissen **planken** *bn* van planken **plankenkoorts** zenuwachtigheid voor het optreden **planket'** [-ten], **planket'sel** [-s] *o* plankenvloer; plankenbeschot; latwerk voor leibomen **plankgas** zoveel gas als mogelijk is **plankier'** *o* houten vloer
plankton *o* in water drijvende organismen
plankzeilen surfen
planma'tig *bn* volgens plan
plannen ‹a=e› ontwerpen, een plan opzetten **planning** ‹a=e› *v* het plannen
plano *in ~*, in ongevouwen vellen
planologie' *v* leer v.d. ruimtelijke ordening **planolo'gisch** *bn & bw* de planologie betreffende; volgens de planologie **planoloog'** *m* [-logen] beoefenaar v. planologie
plansier' *o* deel van kroonlijst of dakgoot
plant *v(m)* gewas met stengel en bladeren **plantaarde** tuinaarde **plantaar'dig** *bn* uit planten bestaande of daarvan afkomstig **planta'ge** ‹ag=aazj› *v* [-s] terrein in tropen voor verbouw v. gewassen **planten** (in de grond) plaatsen, aanplanten **plantenalbum** herbarium **plantenboter** boter van plantenvet **plantenetend** *bn* zich met planten voedend **planteneter** *m* [-s] wezen dat zich met planten voedt **plantengeografie** leer v. verspreiding v. gewassen **plantengeogra'fisch** *bn & bw* volgens of van de plantengeografie **plantengroei** het groeien v. planten; de planten **plantenleven** leven v. planten, leven als v.e. plant **plantenrijk** planten **plantenziektekun'dig** *bn* betreffende de ziekten v.d. planten **planter** *m* [-s] wie plant; ondernemer v.e. plantage; poter **planteur'** *m* [-s] op de plantages zelf vervaardigde sigaar **plantgoed** *o* wat geplant moet worden **plantkunde** *v* wetenschap der planten **plantkun'dige** *m* [-n] beoefenaar der plantkunde **plantluis** bladluis **plantpijl** strip met bestrijdingsmiddel om bij een potplant te steken
plantsel *o* [-s] wat geplant is **plantsoen'** *o* aanplant, openbare tuin
plaque ‹plak› *m* [gmv] tandaanslag
plaquet'te ‹qu=k› *v(m)* [-s] plaatje; gipsafbeelding, reliëfafbeelding;

gedenkplaat; kleine fraaie uitgave
plas *m* [-sen] uitgespreide vloeistof; meertje; watervlak; grote hoeveelheid vocht; plassend geluid; *een ~(je) doen*, urineren **plasberm** *m* bedekking v. grond tegen overstromend water
plasma *o* kleurloze bloedvloeistof; sterk verhit gas binnen elektrische velden
plasregen stortregen **plasregenen** [plasregende, geplasregend] stortregenen
plassen *h* met water knoeien; in water slaan of bewegen met klaterend geluid; klaterend stromen; urineren **plasser** *m* [-s] penis
plastic ‹a=e› *o* synthetisch bereide stof **II** *bn* van die stof
plasticiteit' *v* het plastisch zijn
plastiek' *v* [-en] beeldvormende kunst; uitbeeldingsvermogen; product v. modelleer of boetseerkunst; *(Belgned.)* plastic, kunststof
plastie'ken *bn (Belgned.)* van plastic, kunststof
plastifice'ren kneedbaar maken; met plastic overdekken
plas'tisch *bn & bw* vorm kunnende geven; de groei of vorming van natuurlijke delen v.e. levend organisme bevorderend; kneedbaar; aanschouwelijk; tot de plastiek behorend; ter verfraaiing v.h. uiterlijk v.d. mens
plastron' *o/m* [-s] beschermend borststuk; gesteven front; versierd voorstuk; brede geplooide herendas
plaswekker wekker die afloopt bij eerste druppels van wie in bed plast
plat I *o* [-ten] plat deel; plat dak; *(volkst.)* dialect; corrupt **II** *bn & bw* vlak; ondiep; dun; nog niet kunnende lopen; onbeschaafd; duidelijk; leeg (v.e. beurs); liggend (v. glas); *(volkst.)* dialectisch; *~ liggen*, in een toestand van staking zijn; *~ leggen*, staken (in)
plataan' I *m* [-tanen] loofboom v.h. geslacht Platanus met in platen loslatende bast **II** *o* plataanhout
platbodem *m* [-s] bep. type schip met platte bodem **platboomd** *bn* met platte bodem
plat du jour' ‹pla du zjoer› *o* [plats du jour] dagschotel
plateau' ‹eau=oo› *o* [-s] hoogvlakte; presenteerblad **plateau'zool** zeer dikke zool
plateel' *o* [-telen] vlakke schotel; schenkblad; in faience of majolica vervaardigd vaatwerk **plateel'goed** *o* plateel
platenatlas groot boek met platen **platenbon** cadeaubon voor grammofoonplaat **platenspeler** *m* toestel om grammofoonplaten af te draaien, draaitafel
plateservice ‹pleetsurvus› (het serveren van) op één bord opgediende maaltijd of gang
platform *o* [-s, -en] plateau; terras; balkon v.e. wagon
platgaan door staking getroffen worden; *(pop.)* naar bed gaan **platheid** *v* [-heden] het plat zijn; grofheid, alledaagsheid
platina I *o* edel metaal; *~ bruiloft*, 70-jarige bruiloft **II** *bn* van platina
plating *v(m)* walbeschoeiing
platitu'de *v* [-s] zeer alledaagse opmerking
platje *o* klein plat dak; platluis
platluis *v(m)* schaamluis
plato'nisch *bn & bw* volgens de leer van Plato; geestelijk; onbaatzuchtig
platrond *bn* plat en rond **platschieten** tot een puinhoop schieten **platslaan** pletten, door slaan plat maken **platspuiten** met een waterkanon bedwingen; met injecties geheel kalmeren
plattegrond' grondtekening **platteland'** land buiten de steden **plattelan'der** *m* [-s] iem. v.h. platteland
plattrappen door trappen plat maken **plattreden** plattrappen; *platgetreden wegen of paden*, oude sleur **platuit** *bw* ronduit **platvis** bep. vis met plat lichaam **platvloers'** *bn* ordinair **platvoet** platte voet; iem. met platte voeten **platvoetwacht** *v(m)* wacht aan boord van 4 tot 8 uur 's avonds **platweg** *bw* ronduit **platwerk** plat zetsel **platzak** *bn* zonder geld; zonder buit **platzetter** *m* [-s] wie platwerk zet
plausi'bel ‹s=s *of* z› *bn* geloofwaardig klinkend
plavei'en bestraten **plavei'sel** *o* [-s] bestrating
plavuis' *m* [-vuizen] vloertegel
playback' ‹pleebek› *m* het zonder geluid nadoen v.e. idool of diens muziek; het afspelen v. geluid in passende omgeving **playback'en** [playbackte, geplaybackt] doen alsof men muziek maakt terwijl men toch geen geluid voortbrengt
playboy ‹pleeboi› *m* [-s] bemiddelde en elegante en oppervlakkig levende man
play-off' ‹ay=ee› *m* [-s] beslissende wedstrijd; nacompetitie
plebaan' *m* [-banen] pastoor v.e. bisschoppelijke kerk
plebe'jer *m* [-s] onbeschaafd iem.; *(gesch.)* niet-patriciër **plebe'jisch** *bn & bw* van de plebejers; grof **plebisciet'** ‹sc=ss› *o* [-en, -s] volksstemming **plebs** *o* gepeupel
plecht *v(m)* voor- of achterdek **plechtanker** laatste redmiddel; noodanker; toevlucht
plechtig *bn & bw* statig, ernstig; volgens de vereiste vorm **plechtigheid** *v* [-heden] het plechtig zijn; ceremonie; plechtige bijeenkomst **plechtsta'tig** *bn & bw* statig
plectrum *o* [-s, -tra] plaatje om mee te tokkelen
plee *m* [-s] *(pop.)* wc **pleeborstel** *(fig.)* rechtopstaande korte haren
pleeboy *m* [-s] standaard voor wc-papier **pleefiguur** *o een ~ slaan*, slecht figuur slaan
pleegbroeder broeder-ziekenverpleger **pleegbroer** iem. die als broer mee is opgevoed **pleegdochter** *zie* **pleegbroer**; **pleeggezin** gezin met of voor pleegkind **pleegkind** opgenomen kind **pleegmoeder** vrouw tegenover pleegkind **pleegouders** *mv* die een kind opnemen **pleegvader** *zie* **pleegmoeder**; **pleegzoon** *zie* **pleegbroer**;

P

pleegzuster *zie* **pleegbroeder**
pleet *o* verzilverd koper
plegen begaan; verrichten; bedrijven; [placht] gewoon zijn; *overleg* ~, overleggen
pleidooi' *o* pleitrede
plein *o* door bebouwing omgeven ruimte **pleinvrees** angst om pleinen over te steken
pleister I *o* gips (kalk) **II** *v(m)* [-s] heelmiddel dat men ergens op kleeft; ~ *op de wond*, verzachting **pleisterafgietsel** afgietsel in gips **pleisteren I** *bn* van pleister **II** *ww* met pleister bestrijken; korte rust houden **pleisterkalk** gebrande gips; specie waarmee men pleistert **pleisterplaats** plek waar men zijn tocht onderbreekt (om te rusten) **pleisterwerk** het pleisteren; bepleistering, werk v. pleister
pleit *o* rechtsgeding, geschil; pleidooi; *het* ~ *beslissen* of *beslechten*, beslissen; *het* ~ *winnen (verliezen)*, het winnen (verliezen) **pleitbezorger** *m* [-s] procureur, advocaat
pleite *bw (barg.)* weg; bankroet; platzak
pleiten met woorden verdedigen; van de rechtbank door een pleidooi trachten te verkrijgen **pleitnota** samenvatting v.d. pleitrede ten behoeve v.d. rechter **pleitrede** betoog v.e. advocaat voor de rechter **pleitzaak** zaak waarin pleidooien gevoerd worden
plek *v(m)* [-ken] vlek; plaats; *ter plekke*, ter plaatse **plekkerig** *bn* met vlekken
plempen volwerpen
plenair' ‹ai=è› *bn* voltallig
plengen *(bijz.t.)* vergieten, uitstorten **plengoffer** het plengen van vloeistof als offer
plens *m* [plenzen] scheut vocht **plensbui** stortbui
plenty *telw* in overvloed
plenzen [plensde, geplensd] hard regenen; plassen
pleonas'me *o* [-n] woordovertolligheid **pleonas'tisch** *bn & bw* pleonasme bevattend
pletmolen werktuig om te pletten **pletten** verbrijzelen; plat maken; plat worden **pletter** *m* [-s] machine die schroot of afval samenperst; *te* ~, geheel vermorzeld **pletterij'** *v* het pletten; inrichting waar geplet wordt
pleura *v* [-'s] borstvlies **pleuren** *(pop.)* smijten **pleuris** *v(m)/o*, **pleuri'tis** *v & o* borstvliesontsteking **pleuri'tisch** *bn* door of als v. pleuris
plevier' *m* pluvier
plexiglas *o* glas vervangende kunststof
plexus *m* [gmv] vlechtwerk v. zenuwen of bloedvaten
plezant' *bn (Belgned.)* plezierig, aangenaam
plezier' *o* genoegen; blijdschap; pret; vermaak; *zijn* ~ *wel op kunnen*, het niet prettig hebben **plezier'boot** boot met plezierreizigers **plezie'ren** plezier doen **plezie'rig** *bn & bw* plezier verschaffend; prettig **plezier'jacht** *o* jacht voor plezierreisjes **plezier'maker** *m* [-s] pretmaker **plezier'reis** reis voor iemands genoegen **plezier'vaart** boottocht als ontspanning
plicht *m/v* een zedelijk moeten **plichtma'tig** *bn & bw* volgens plicht **plichtpleging** *v* beleefdheidsvorm **plicht(s)besef** besef van wat plicht is **plicht(s)betrachting** *v* het doen van zijn plicht **plicht(s)getrouw** *bn & bw* trouw aan zijn plicht **plicht(s)gevoel** plichtsbesef **plichtshal've** *bw* omdat de plicht het vordert **plicht(s)verzuim** het verwaarlozen van zijn plicht **plichtvergeten** *bn* zijn plicht verwaarlozend
plint *v(m)* vlakke lijst onder langs de wand
plissé' ‹i=ie› *o* [-s] machinaal geplooide strook of stof **plisseer'machine** machine om te plisseren **plisse'ren** fijn plooien
plm. plus minus
PLO *Palestinian Liberation Organization*, Palestijnse Bevrijdingsorganisatie
ploeg I *m/v* voort te trekken landbouwwerktuig om de grond om te leggen **II** *v(m)* ploegschaaf; groef; afdeling; groep **ploegbaas** hoofd v.e. ploeg **ploegen** met de ploeg bewerken; *(plecht.)* moeizaam vooruitkomen; *(jong.)* in groepsverband verkrachten; *de zee* ~, *(plecht.)* de zee bevaren **ploegendienst** over ploegen verdeelde dienst **ploegenstelsel** het in ploegen werken **ploegijzer** ploegschaar; ploegmes **ploegleider** leider v.e. ploeg (wielrenners) **ploegschaaf** schaaf om een groef in een plank te maken **ploegschaarbeen** schedelbeen **ploegstaart** stuur v.d. ploeg
ploert schoft; *de koperen* ~, de hete zon **ploertachtig** *bn & bw* gemeen **ploertendoder** *m* [-s] stok met loden knop **ploertenstreek** gemene streek **ploerterij'** *v* ploertige streek **ploertig**, **ploerterig** *bn & bw* gemeen
ploeteraar *m* [-s] wie ploetert **ploeteren** hard werken; plassen
plof I *m* [-fen] doffe klap **II** *tw* paf **ploffen** met plof (doen) vallen; ploffend geluid laten horen **ploffer** *m* [-s] met ontsluiting v.d. mondholte gevormde medeklinker **plofklank** *(taalk.)* ploffer **plofkoffer** koffer bij opening waarvan door een onbevoegde geld waardeloos gemaakt wordt **plokgeld** strijkgeld
plokworst *v(m)* rookworst met stukjes vet
plombe *v(m)* [-s] lood; zegellood; tandvulling **plombeer'sel** *o* [-s] datgene waarmee geplombeerd wordt **plombe'ren** met lood verzegelen; holle tanden of kiezen vullen
plombiè're *v* [-s] portie ijs met geconfijte vruchten
plomp I *bn & bw* log, onbehouwen, lomp **II** *m* doffe slag **III** *v(m)* waterboterbloem **IV** *tw* plof **plompen** met een plomp (doen) vallen **plompverloren** *bw* zonder zich te bedenken **plompweg** *bw* botweg, zonder zich te bedenken
plons I *m* [plonzen, -en] geluid van val in water **II** *tw* plof **plonzen** plons doen horen
plooi *v(m)* vouw; model; wending; *in de* ~

P

zetten, ernstig trekken; *uit de ~*, niet ernstig; *de ~en gladstrijken*, verbeteringen aanbrengen **plooibaar** *bn* te plooien; meegaande **plooien** plooien maken; schikken **plooiing** *v* het plooien; plooi **plooikies** kies met geplooide kroon **plooirok** rok met plooien **plooisel** *o* [-s] stukje geplooide stof
ploot *v(m)* [ploten] schapenvel zonder wol **plootwol** wol van schapenvel
plopper *m* [-s] apparaat om verstopping te verhelpen
plot *m* [-s] intrige
ploten schapenvellen v.d. wol ontdoen **ploterij'** *v* het ploten; werkplaats waar men ploot
plots *bw & bn* plotseling **plotseling** *bn & bw* onverwacht **plotsklaps** *bw* plotseling
plotten met een computer kaarten en grafieken tekenen **plotter** *m* [-s] computergestuurde tekenmachine
plu *m* [-'s] *(pop.)* paraplu
pluche ‹pluusj› *o/m* wolfluweel **pluchen** ‹pluusjen› *bn* v. wolfluweel
plug *v(m)* [-gen] wig- of kegelvormig voorwerp **plugfitting** *m* schroeffitting **pluggen** van een plug voorzien; een liedje of muziekstuk vaak op de radio laten horen om verkoop van cd's te bevorderen
pluim *v(m)* veer; kwastje; staart; piramidevormige bloeiwijze; compliment **pluima'ge** ‹ag=aazj› *v* [-s] gevederte; soort **pluimbal** bal met pluimen **pluimen** plukken; v. pluimen voorzien **pluimgras** beemdgras, windhalm **pluimontlading** ontlading in vorm v. pluim **pluimriet** struisriet **pluimstaart** staart met pluim **pluimstrijken** [pluimstrijkte, gepluimstrijkt] vleien **pluimstrijkerij'** *v* vleierij **pluimvee** tam gevogelte **pluimveehouderij** *v* bedrijf in pluimvee
pluis I *bn* veilig; zoals behoort **II** *v(m)* [pluizen] vlok **III** *o* vlokken; geplozen stof **pluizen** pluisjes afgeven; [ploos, geplozen] uitrafelen; napluizen; peuzelen; van ongedierte reinigen **pluiz(er)ig** *bn* vol pluisjes
pluk *m* [-ken] het plukken; de oogst; zware taak; bosje **plukharen** [plukhaarde, geplukhaard] handgemeen hebben **plukken** delen v.d. planten halen; van veren ontdoen; geld afzetten; deeltjes aftrekken, peuteren **pluksel** *o* [-s] bep. tabak; tot draden uitgehaald linnen of katoen **pluktijd** tijd voor plukken **pluk-ze-wetgeving** *v* wettelijke regeling ter ontneming van wederrechtelijk verkregen voordeel
plumeau' ‹eau=oo› *m* [-s] veren stoffer
plumper *m* [-s] apparaat om te ontstoppen
plumpudding *m* [-en, -s] lang tevoren bereide feestelijke pudding met o.a. veel rozijnen
plunderaar *m* [-s] wie plundert **plunderen** roven, beroven
plunje *v(m)* kleding **plunjezak** zak voor kleren
plura'lis *m* [-sen, -ralia] meervoud; *~ majestatis*, spreken over zichzelf als 'wij' **pluraliteit'** veelheid, meervoudigheid
pluriform' *bn* veelvormig **pluriformiteit'** *v* veelvormigheid
plurk *m* bot iem. **plurkerig** *bn & bw* bot
plus I *bw* en, boven **II** *o/m* [-sen] plusteken
plusfour' ‹ou=ò› *m* [-s] broek waarvan de pijpen net onder de knieën sluiten
plusmi'nus *bw* ongeveer **plusmi'nusteken** het teken ± **pluspool** *m* positieve elektrische pool **pluspunt** wat in het voordeel pleit **plussen** piekeren, nadenken **plusteken** teken +
plutocraat' *m* [-craten] kapitalist **plutocratie'** *v* [-ën] regering v. kapitalisten **plutocra'tisch** *bn & bw* van de kapitalisten, met kapitalisten
pluto'nisch *bn* uit het binnenste v.d. aarde **plutonis'me** *o* leer die de vervormingen v.d. aardkorst aan het vuur toeschrijft **pluto'nium** *o* met Pu aangeduid radioactief scheikundig element
pluvia'le *v* [-n] *(r.-k.)* koorkap
pluvier', **plevier'** *m* snipachtige vogel v.h. geslacht Charadrius
pluviometer regenmeter
p.m. plus minus; *pro memoria*, ter herinnering; *pro mille*, per duizend; *post meridiem*, namiddag; per meter; per maand
Pm *(schei.)* promethium
pms premenstrueel syndroom
PMS Psycho-Medisch-Sociale dienst
pnd postnatale depressie
pneumatiek' *v* leer v. beweging en druk v.d. luchtsoorten **pneuma'tisch** *bn & bw* de pneumatiek betreffende; door luchtdruk gedreven; met lucht opgevuld wordende; lucht- **pneumokok'** *m* [-kokken] bacterie die longontsteking veroorzaakt **pneumonie'** *v* longontsteking
po *v(m)* [-'s] kamerpot; pispot
p.o. per order; per omgaande; periodieke onthouding
Po *(schei.)* polonium
pochen bluffen
pocheren *zie* **gepocheerd**
pochet' ‹posjè(t)› *v(m)* [-ten], **pochet'te** ‹posjet(te)› *v* [-n, -s] lefdoekje
pochhans *m* [-hanzen] opsnijer
pocket *m* [-s] goedkoop boek in zakformaat **pocketboek** [pockets] pocket **pocketeditie** editie als pocketboek
podagra *o* voetjicht
podium *o* [-s, -dia] verhoging om voor publiek op te treden; deel v.h. toneel voor het gordijn
podotherapeut therapeut voor voetklachten
poe *tw* uitroep v. verwondering of moeheid
poedel *m* [-s] kroesharige hond; misschot, misgooi **poedelen** onhandig doen; *(sp.)* een strafschop missen **poedelhond** poedel **poedelnaakt** *bn* spiernaakt **poedelprijs** prijs voor wie de meeste poedels maakt
poeder, **poeier I** *o/m* verpulverde stof **II** *v(m)* [-s] geneesmiddel in poedervorm **poederchocola(de)** chocolade in

poedervorm **poederdonsje** *o* donsje voor het poederen **poederdoos** doos met toiletpoeder **poederen** met poeder bestrooien **poederkoffie** tot fijn poeder gemalen koffie
poëem' *o* [-ëmen] gedicht **poëet'** *m* [-ëten] dichter
poef *m* [-s] dik rond vloerkussen
poe'ha' *o/m* drukte om niets
poeier *o/m of v(m)* poeder; *in de ~*, kapot **poeier-** *zie* **poeder-**; **poeieren** *(pop.)* de bal hard schieten
poel *m* moerassig water; kolk
poelet' *o/m* stukjes soepvlees
poelie *v(m)* [-s] schijf waarover een drijfriem loopt
poelier' *m* [-s] handelaar in gevogelte en wild
poelsnip in moerassen levende watervogel, Lat. Capella media
poema *m* [-'s] Zuid-Amerikaanse leeuw
poen *m* geld **poenig** *bn & bw* als een poen
poep *m (pop.)* veest; vaste uitwerpselen van mens of dier; *een ~ laten ruiken*, te grazen nemen; versteld doen staan; *een ~je dagen*, een paar dagen **poepdoos** *v(m)* [-dozen] *(pop.)* wc **poepen** *(pop.)* zijn gevoeg doen **poeper**, **poeperd** *m* [-s] *(pop.)* achterwerk
poer *v(m)* peur **poeren** peuren
Poerim *o (Isr.)* feest v.d. loten
poerim *o (Isr.)* ophef
poes I *v(m)* [-en, poezen] kat; op grond v.h. uiterlijk aantrekkelijke vrouw; vagina; *mis~*, lekker mis; *niet voor de ~*, niet mis; *voor de ~*, verloren; *als ~*, zeer II *v(m)/o* salpeterachtige uitslag **poesje** *o* [-s] kleine kat; (kooswoord); hoer; *(pop.)* vrouwelijk geslachtsdeel; pousse-café
poesjenel'lenkelder marionettentheater
poeslief *bn & bw* overdreven lief **poespas** *m* omhaal; rommeltje, mengelmoes
poesta *v(m)* [-'s] Hongaarse steppe
poëtas'ter *m* [-s] rijmelaar **poëtasterij'** *v* rijmelarij **poë'tica**, **poëtiek'** *v* leer der dichtkunst **poë'tisch** *bn* dichterlijk
poets *v(m)* grap; *een ~ spelen* of *bakken*, voor de gek houden **poetsdoek** doek om mee te poetsen **poetsen** glimmend maken; *hem ~*, hem smeren **poetskatoen** katoen om mee te poetsen
poezel, **poezelachtig**, **poezelig** *bn* mollig
poëzie' *v* dichtkunst; het dichterlijke; dichtwerk **poëzie'album** album voor versjes
pof I *m* [-fen] krediet; doffe klap II *v(m)* [-fen] bol staande plooi **pofbroek** plusfour **poffen** paffen; op krediet kopen; op krediet verkopen; in hete as of op een hete plaat braden
poffertje *o* [-s] met boter en suiker gegeten rond meelbakseltje **poffertjeskraam** kraam waarin poffertjes gebruikt kunnen worden **pofmaïs** maïs die goed gepoft kan worden **pofmouw** mouw met pof
pogen proberen
pogo *m* [-'s] wilde dans in punkstijl **pogoën** [pogode, gepogood] een pogo dansen
pogrom *m* [-s] jodenvervolging

P

poinset'tia *v(m)* [-'s] kerstster
point d'honneur' ‹pwẽn donneur› *o* eergevoel **point d'or'gue** ‹pwẽn dorG› *o* [points d'orgue] orgelpunt **pointe** ‹pwẽnt› *v(m)* [-s] strekking van verhaal of gedicht
pointer *m* [-s] patrijshond
pointe'ren ‹pwẽnteeren› aanstippen; opzetten, richten **pointeur'** *m* [-s] geschutrichter
pointille'ren ‹pwẽntie(l)jeeren› in stippels schilderen **pointillis'me** *o* het pointilleren
pok I *v(m)* [-ken] blaar t.g.v. een ziekte II *mv* kleine blaartjes veroorzakende ziekte **pokda'lig** *bn* mottig
poken rakelen
poker *o* kaartspel waarbij dikwijls gewed wordt **pokeren** poker spelen
pokhout zeer hard West-Indisch hout
pokken *gepokt en gemazeld hebben* of *zijn*, de pokken en de mazelen gehad hebben; veel gesukkeld hebben; *(als eerste deel v.e. ss ook pokke)* vervelend **pokkenbriefje** vaccinatiebewijs **pokput** *m* litteken v. pok **pokstof** *v(m)* koepokstof
pol *m* [-len] samengegroeide klomp planten
polair' ‹ai=è› *bn* van de pool; met polen; tegenovergesteld **polarisa'tie** ‹s=z› *v* het meedelen of aannemen van polariteit; *(fig.)* het ongeschikt maken van stralen om in bep. richting te worden teruggekaatst of gebroken; het vormen of ontstaan van scherpe tegenstellingen **polarise'ren** ‹s=z› polariteit doen aannemen; stralen ongeschikt maken om in bep. richting te worden teruggekaatst of gebroken; uiterste tegenstellingen doen ontstaan **polariteit'** *v* het polair zijn; het zoeken v.d. magnetische polen
polaroid'camera onmiddellijk na de opname afdruk leverende camera
polder *m* [-s] ingedijkt laag land; waterschap **polderen** poldernederlands spreken **poldergast**, **polderjongen** dijkwerker **polderland** land met polders; land in polder **polderlasten** *mv* polderbelasting **poldermodel** bep. model van overleg voor het bereiken van consensus **poldernederlands** *o* hedendaagse aan de winnende hand zijnde door klinkerverlaging gekenmerkte variant van het Nederlands met o.a. ai voor ij en ei **polderpeil** vastgesteld peil voor polderwater **polderwerker** *m* poldergast
pole'micus *m* [-ci] wie veel polemiseert **polemiek'** *v* pennenstrijd **pole'misch** *bn* twistend **polemise'ren** ‹s=z› een polemiek voeren **polemist'** polemicus **polemologie'** *v* leer v.d. oorlog
polen'ta *v* pap van maïsproducten
pole'ren polijsten; glad uitboren
poli *v* polikliniek
poliep' *v(m)* neteldier; vleesuitwas; slijmvliesgezwel
polijs'ten doen glanzen; verfijnen **polijst'papier** schuurpapier **polijst'staal** *o* [-stalen] staal om mee te polijsten **polijst'steen** steen om mee te polijsten

polikliniek' *v* centrale gelegenheid tot geneeskundige hulp zonder dat men voor de nacht wordt opgenomen **polikli'nisch** *bn* in of van een polikliniek
po'lio, poliomyeli'tis *m* kinderverlamming **polio-epidemie'** epidemie van polio
polis *v(m)* [-sen] akte v. verzekering
politicas'ter *m* [-s] onbeduidend politicus **politicologie'** *v* leer v.d. politiek
poli'ticus *m* [-ci] wie aan politiek doet; listig iem.; staatsman
poli'tie I *v* dienst voor openbare orde en veiligheid; de daartoe aangestelde ambtenaren **II** *m* [-s] politieagent **poli'tieagent** lagere rang bij de politie **poli'tiebericht** radiobericht vanwege en voor de politie **poli'tieblad** blad voor de politie **poli'tiecommissaris** hoofdambtenaar van politie **poli'tiedienaar** agent **poli'tie-eenheid** samen opererende groep politiemensen **politieel'** *bn & bw* vanwege de politie
politiek' I *bn & bw* staatkundig; slim, handig **II** *v* wetenschap v.h. staatsbeleid, parlementaire beginselen; (slimme) tactiek; burgerkleding
poli'tiekamer strafkamer in kazerne; in het aldaar moeten verblijven bestaande straf **poli'tiemacht** politie **poli'tieovertreding** het overtreden v. politieverordening **poli'tierechter** rechter voor vlugge behandeling van strafzaken **poli'tiestaat** absolutistische staat **poli'tiezaak** zaak waarin politie betrokken wordt
politise'ren ‹s=z› aan politiek doen; tot een politieke aangelegenheid maken: in de politiek betrekken; politiek bewust maken
politoer' *o/m* glansmiddel **politoe'ren** met politoer doen glanzen **politoer'sel** *o* politoer
polka *m/v* [-'s] oorspr. Boheemse snelle dans in 2/4 maat
pollen *o* stuifmeel **pollenkoorts** *zie* **hooikoorts**; **pollenweerbericht** weersverwachting voor mensen die aan hooikoorts lijden
pollepel *m* [-s] keukenlepel met lange steel
polo *o* balspel te paard of op rijwielen of op schaatsen of te water **poloën** [polode, gepolood] polo spelen **polohemd** tricot sporthemd **polokraag** openvallende kraag
polonai'se ‹aise=èze› *v* [-s] gezelschapsloopdans; met slagroom gevulde schuimtaart; *aan mijn lijf geen* ~, daar wil ik niets mee van doen hebben
poloshirt ‹pooloosjeurt› *zie* **polohemd**
pols *m* lichaamsdeel tussen arm en hand; polsslag; polsstok; karnpols **polsader** slagader bij de pols aan oppervlakte **polsen** met pols in water roeren; iemands mening te weten trachten te komen **polshorloge** armbandhorloge **polsstok** springstok; stok om vis op te jagen **polstasje** tasje met lus voor om de pols
polyami'de ‹y=ie› *o* [-s] stikstofhoudende kunststof **polyandrie'** *v* huwelijk met meer dan één man **polychrome'ren** veelkleurig maken **polychromie'** *v* veelkleurigheid
polye'der *m* [-s] veelvlak **polyes'ter** *m* [-s] bep. harde kunststof **polyethyleen** *zie* **polytheen**; **polyfonie'** *v* veelstemmigheid **polyfoon'** *bn* veelstemmig **polygamie'** *v* veelwijverij **polyglot'** *m* [-ten] wie veel talen kent **polyglot'(te)** *v(m)* [-glotten] geschrift met een tekst in vsch. talen naast elkaar **polyglot'tisch** *bn* veeltalig **polygoon'** *m* [-gonen] veelhoek **polyinterpretabel** *bn* voor veel uitleg vatbaar **polymeer'** *m/o* [-meren] verbinding v. gelijksoortige moleculen; met gelijksoortige moleculen vervaardigde kunststof **polysyn'deton** ‹poliesindeton› *o* [-s] verbinding met meer dan het gewone aantal voegwoorden **polytechniek** hogere theoretische en praktische technische kennis **polytheen'**, **polyethyleen** *o* door polymerisatie van etheen verkregen elastische stof **polytheïs'me** *o* veelgodendom **polytheïst'** *m* aanbidder van veel goden **polyvalent'** *bn* met meer dan één werking of waarde
pomerans' ‹m=mm› *v(m)* dop v. keu of degen; bitteroranjeappel; pomeransbitter, glaasje jenever met pomeransbitter **pomerans'bitter** *o* elixer van pomeransschillen
pomma'de *v(m)* [-s] toiletzalf, haarzalf
pomologie' *v* ooftkunde
pomp I *m* verandering aan confectiewerk, verstelwerk **II** *v(m)* werktuig om op te zuigen of weg te persen; *loop naar de* ~, ik wil niets met je te maken hebben
pompadoer' *o* gebloemde japonstof **pompadoe'ren** *bn* van pompadoer
pompbediende bediende aan benzinepomp
pompelmoes *v(m)* [-moezen] boom die een grote soort grapefruit oplevert; de vrucht zelf
pompen met een pomp zuigen of wegpersen; uit het hoofd leren; *(pop.)* geslachtsgemeenschap hebben; *(pop.)* zichzelf bevredigen
pompernikkel *m* [-s] zwart ongegist brood
pompeus' *bn & bw* pralerig, zwierig
pomphouder *m* [-s] wie een benzinepomp exploiteert
pompoen' *m* ronde komkommerachtige vrucht, Lat. Cucurbita
pompon' *m* [-s] wollige bol ter versiering **pompon'dahlia** dahlia met kleine, bolronde bloemen
pompstation gebouw waar water voor waterleiding wordt opgepompt; tankstation voor auto's
poncho ‹sj› *m* [-'s] vierkante doek met opening voor het hoofd
pond *o* 500 gram; *het volle* ~, al wat toekomt; ~ *sterling*, munt en munteenheid van Groot-Brittannië **pondsponds'gewijs**, **pondsponds'gewijze** *bw* naar evenredigheid
ponem *o* [-s] *(barg.)* (gemeen) gezicht
pone'ren stellen; voordragen
ponjaard *m* [-en, -s] *(gesch.)* dolk

pons I *v(m)* punch **II** *m* drevel, werktuig om gaten in metaal te slaan **ponsband** *m* band die van ponsgaten voorzien wordt voor een computer **ponsen** gaten in metaal slaan **ponsgat** *o* door ponsen gevormd gaatje **ponskaart** kaart die van ponsgaten voorzien is voor een opbergsysteem
ponsoen' *m* steekpriem; keurstempel
pont *v(m)* platboomd overzetvaartuig
pontificaal' I *o* (priesterlijk) plechtgewaad **II** *bn & bw* priesterlijk, bisschoppelijk, pauselijk; zeer plechtig
pontificaat' *o* [-caten] opperpriesterschap; bisschoppelijke of pauselijke ambtsvervulling of ambtsduur
Pontius *van ~ naar Pilatus*, van het kastje naar de muur
ponton' *m* [-s] bruggenschuit; ijzeren bak als aanlegsteiger **ponton'brug** schipbrug **pontonnier'** *m* [-s] schipbrugmaker
pony *m* [-'s] hit; ponyhaar **ponyhaar** over het voorhoofd gekamd en boven de wenkbrauwen afgeknipt haar
pooier *m* [-s] souteneur
pook *m/v* [poken] ijzer om te poken; op de vloer v.d. auto aangebrachte hendel voor het schakelen; *(pop.)* geslachtsdeel **pooknet** driewandig visnet
pool I *m* [polen] lange duffelse overjas **II** *v(m)* [polen] eindpunt v. aard- of hemelas; eind v. magneet; opstaande haren **III** *m* ‹oo=oe› [-s] kartel; voetbalpool **poolbeer** ijsbeer **poolcirkel** parallel op $23^1/_2$° v.d. pool
poolen ‹oo=oe› carpoolen; geld in een gezamenlijke pot doen
poolexpeditie expeditie naar de poolstreken **poolijs** ijs uit de poolstreken **poollicht** *o* zuider- of noorderlicht **poolreiziger** wie naar de poollanden reist
Pools *bn ~e landdag*, lawaaierige vergadering; *het ging er ~ toe*, ruzieachtig
poolschip voor tocht naar de pool gebouwd schip **poolshoogte** *v* hoogte v.d. pool boven de horizon; *~ nemen*, zich op de hoogte stellen **Poolster** ster dichtbij de noordelijke hemelpool **poolstreken** *mv* poollanden **poolvos** witte vos **poolzee** ijszee
poon *m* [ponen] zeevis v.h. geslacht Trigla
poort *v(m)* grote gemetselde door- of ingang; doorgang tussen de bergen; *(pop.)* vrouwelijk geslachtsdeel; *voor de poorten van de hel weghalen*, uit het grootste gevaar redden **poortader** *v(m)* ader v.d. darmen naar de lever
poos *v(m)* [pozen] tijdje; *bij pozen*, nu en dan
poot I *v(m)* [poten] stekje **II** *m* [poten] lidmaat v.e. dier waarop het loopt; voetafdruk; steunsel; *(ruw)* voet, been, hand, handtekening; *(pop.)* homofiel; *op zijn ~ spelen*, uitvaren; *op zijn achterste poten gaan staan*, zich hevig verzetten; *op (zijn) poten zetten* of *stellen*, in orde maken; *op (zijn) poten staan*, in orde zijn; *vijf poten aan een schaap* of *kalf zoeken*, het onmogelijke willen; *op hoge poten*, zeer verontwaardigd; *een ~ uitdraaien*, afzetten; *zie ook* **pootje**; **pootaan'** *bw ~ spelen*, flink aanpakken **pootaardappel** aardappel om te poten **pootgoed** goed dat men poot **pootje** *o* kleine poot; voetjicht; *op zijn ~s terechtkomen*, goed terechtkomen; *met hangende pootjes*, zeer deemoedig **pootjebaden** met blote voeten door het water lopen **pootvis** *m* visbroedsel
pop *v(m)* [-pen] nagebootste mens; ontwikkelingsvorm v. insect binnen een omhulsel; wijfjesvogel; prop; binnenste v. sigaar; popmuziek; *(pop.)* gulden; *als eerste deel v.e. ss in de bet.*: met betrekking tot popmuziek; *de ~pen aan het dansen*, herrie; *een teer poppetje*, iem. van zwakke constitutie; *poppetje gezien kastje dicht*, ik laat het nu verder niet meer zien **pop-art** *m* ‹pop-àrt› alledaagse zaken gebruikende kunstvorm
popcorn *o* gepofte maïs
pope *m* [-n, -s] Grieks-orthodox priester
popelen snel kloppen; een kloppend hart hebben
popeli'ne *wm o/m & bn* (van) zijig glanzend weefsel
popi *(jong.) bn & bw* populair
popiejo'pie I *m (pop.)* paus Johannes Paulus II **II** *m-v* [-s] zich populair voordoend persoon
popmuziek *v* hedendaagse populaire muziek **popopera** opera in popmuziek
poppen gegevens uit een computergeheugen halen
poppengoed kleren voor pop; popachtig klein goed **poppenhuis** popperig huis **poppenkast** *v(m)* marionettenspel; poppenkasterij **poppenkasterij'** *v* komedie **poppenkraam** kraam met kinderspeelgoed; prutswerk **poppenspel** poppenkast; kinderspel **popp(er)ig** *bn & bw* klein en overladen
populair' ‹ai=è› *bn & bw* volks-, bij het volk geliefd; voor het volk verstaanbaar **populair'-wetenschap'pelijk** *bn* een wetenschappelijk onderwerp voor een groot publiek begrijpelijk besprekend **popularise'ren** ‹s=z› voor leken verstaanbaar maken **populariteit'** *v* het populair zijn
popula'tie *v* [-s] bevolking; verzameling waaruit men een steekproef neemt
populier' *m* loofboom v.h. geslacht Populus **populie'ren** *bn* van een populier **populie'renhout** hout v. populier
populis'me *o* volksbeweging; het zich aansluiten bij het gewone volk **populis'tisch** *bn & bw* met de neiging zich te richten naar de massa van de bevolking
pop-up'boek boek waar bij openslaan afbeeldingen loodrecht uitklappen
por *m* [-ren] duw, steek
poreus' *bn* met veel poriën
porfier' *o* purpersteen **porfie'ren** *bn* van porfier
porie *v* [-riën] fijne opening
porno *v(m) (pop.)* pornografie **pornograaf'** *m* [-grafen] vervaardiger v. pornografie **pornografie'** *v* zeer sterk seksueel

prikkelende tekst, film of afbeelding **pornogra'fisch** *bn & bw* pornografie tonend

porren duwen, stoten; aanzetten; wekken; poken

porselein' *o* fijn doorschijnend aardewerk **porselein'aarde** grondstof v. porselein **porselei'nen** *bn* van porselein

port I *m* portwijn **II** *o/m* porto

portaal' *o* [-talen] voorhal; overloop

portable ‹portubbul› *v* [-s] draagbare machine

porte-brisée' ‹s=z› *v* [-s] dubbel openslaande deur; uit uiteen te schuiven helften bestaande deur

portee' *v* draagwijdte, strekking

portefeuil'le ‹portefuije› *m* [-s] dubbele tas voor geldswaardige papieren; brieventas, map; bezit aan effecten; verzameling waardevolle papieren; ministerambt; *minister zonder ~*, minister niet aan het hoofd v.e. departement; *in ~*, ongepubliceerd, niet uitgegeven **portefeuil'lekwestie** *de ~ stellen*, aftreden bij ongunstige stemming aankondigen

portemonnee' *m* [-s] geldbeurs

portie ‹t=s› *v* [-s] deel, toebedeelde hoeveelheid

portiek' *v* overdekte gemetselde ingang

portier' I *m* [-s] deurwachter **II** *o* deur v. vervoermiddel **portier'ster** *v* [-s] vr. portier

porto *o/m* [-'s, -ti] vervoerloon voor postzendingen

portofoon' *v(m)* [-s, -fonen] draagbaar telecommunicatietoestelletje

portret' *o* [-ten] afbeelding v. iem.; persoon **portrette'ren** een portret maken van

portuur' *v & o* [-turen] gelijkwaardige tegenpartij

portvrij *bn* vrij van port **portvrij'dom** *m* het portvrij zijn

portwijn uit omgeving van Oporto afkomstige zoete wijn

portzegel *m* [-s] strafpostzegel

pos, post *v(m)* [-sen] baarsachtige vis

pose ‹pooze› *v* [-s, -n] houding, aanstellerij **pose'ren** ‹s=z› voor zijn portret zitten; zich een air geven **poseur'** ‹s=z› *m* [-s] wie zich aanstelt

posi'tie *v* [-s] houding; stelling; toestand, ligging van zaken; voetplaatsing; houding v. linkerhand bij bespelen van strijkinstrument; betrekking, rang in de maatschappij; *in ~*, in blijde verwachting

positief' I *bn & bw* stellig, groter dan nul; dubbelbol; niet negatief; orthodox **II** *o* [-tieven] afdruk (v. foto) **III** *m* [-tieven] stellende trap

posi'tiejurk japon voor vrouw in positie **posi'tiekleding** kleding voor vrouw in positie **posi'tiespel** (voetbal) spelen zonder bal **posi'tiesysteem** *(wisk.)* cijfersysteem waarin de waarde v.e. teken afhangt van zijn plaats in het getal

positie'ven *mv* bewustzijn; *bij zijn ~ blijven*, tegenwoordigheid v. geest behouden

positione'ren een bep. plaats in de markt geven; opvallend onder de aandacht brengen

positivis'me ‹si=zie› *o* het alleen aannemen v.h. zinnelijk waarneembare; stellige wijsbegeerte **positivist'** *m* aanhanger v. positivisme **positivis'tisch** *bn & bw* volgens het positivisme **positi'vo** *m-v* [-'s] wie alles (te) optimistisch ziet

positron' *o* [-tronen] elementair deeltje met kleine hoeveelheid positieve elektriciteit

post I *m* (deur)stijl; (uitgezette) wacht; ambt, taak; postbode; deel v. rekening of begroting of boekhouding; *op zijn ~ blijven*, zijn plicht blijven doen; *~ houden*, standhouden; *~ vatten*, zich vestigen **II** *v(m)* postdienst; postkantoor; de met postdienst ontvangen of verzonden stukken; pos **III** *o* postpapier; *als eerste deel v.e. woord vaak in de bet.*: volgend op **postabonnement** abonnement door bemiddeling v.d. post **post'academiaal', post'acade'misch** *bn* na de universitaire opleiding plaatsvindend **postagentschap** *o* klein hulppostkantoor **postambtenaar** ambtenaar bij de posterijen **postbode** wie de post rondbrengt vanuit het postkantoor **postbox, postbus** *v(m)* eigen brievenbus in postkantoor **postcheque** cheque vanwege rekeninghouder bij de post **postcode** codering v. adressering voor postbestelling **postdate'ren** [postdateerde, gepostdateerd] later dagtekenen **postdienst** vervoerdienst per post **postdoc** *m-v* [-s] wie na zijn doctoraal als onderzoeker werkt **post'doctoraal'** *bn* na het doctoraal examen plaatsvindend **postduif** voor overbrengen v. berichten en voor snelheidswedstrijden gefokte duif

postelein' *m* als groente gebruikte plant, Lat. Portulaca oleracea

posten op de post doen; op post staan of zitten inz. om werkwilligen tegen te houden

poster *m* [-s] wie post; ‹pooster› grote als wandversiering dienende plaat

poste'ren plaatsen

poste restan'te *bw* om op het postkantoor afgehaald te worden

posterieur' *bn* later

posterij'en *mv* post

posterio'ri *a ~*, achteraf **posterioriteit'** *v* het later of achteraf komen

postformaat formaat v. gewone brieven **postfris** *bn gez. v. postzegels*: nog niet gebruikt **postgirobiljet** girobiljet v. postcheque- en girodienst

posti'che ‹ch=sj› *bn* nagemaakt **posticheur'** *m* [-s] haarwerker

postiljon' *m* [-s] *(gesch.)* postrijder

postincunabel *m* [-s] tussen 1500 en 1541 gedrukt boek

postkamer vertrek voor behandeling v.d. post **post'kandidaats'** *bn* volgend op het kandidaatsexamen **postkantoor** kantoor v. posterijen **postkwitantie** door posterijen aangeboden kwitantie **postlading** uit poststukken bestaande lading **postloket**

loket in postkantoor **postmerk** poststempel **postmodernisme** *o* eclectische antistructuralistische en negativistische cultuurstroming **postnataal** *bn* na de geboorte **postorder** bestelling en levering per post **postpakket** per post verzonden pak **postpapier** papier om brieven op te schrijven **postrekening** rekening bij de post **postscrip'tum** *o* [-s, -ta] naschrift bij brief **poststuk** per post verzonden stuk

postulaat' *o* [-laten] als juist ondersteldestelling; proeftijd vóór noviciaat **postulant'** *m* nieuweling die in een orde wil intreden **postule'ren** vooropstellen; dingen naar

postuum' *bn & bw* na de dood uitgegeven

postuur' *o* [-turen] lichaamsbouw; houding

postvak kastje waar iemands post in wordt gelegd **postverkeer** verkeer per post **postvlucht** vlucht waarbij post vervoerd wordt **postwezen** al wat met de post samenhangt **postwissel** per post verzonden wissel **postzegel** *m* [-s] zegel waarmede men frankeert; *(pop.)* grimas, gezicht **postzegelalbum** album waarin men postzegels verzamelt **postzegelautomaat** automaat die postzegels verschaft

pot I *m* [-ten] vaatwerk; algemene inzet; bijeengebracht geld; glas; *(mil.)* provoost; marihuana; *(pop.)* vrouwelijk geslachtsdeel **II** *v* lesbische vrouw; *potje*, spelletje; *een ~je te vuur*, te verwachten onaangenaams; *een ~je kunnen breken*, een streepje vóór hebben; *wat de ~ schaft*, het gewone eten; *kleine ~jes hebben ook oren*, kleine kinderen horen soms wat ze niet mogen horen; *er een ~je van maken*, er de gek mee steken; *de ~ verwijt de ketel dat hij zwart ziet*, men verwijt een ander zijn eigen gebreken; *één ~ nat*, eender; *de ~ op kunnen*, gestolen kunnen worden **potaarde** voor potbloemen geschikte aarde

potas *v(m)* kaliumcarbonaat

pot-au-feu' ‹au=oo› *m* [-s] stoofschotel

potdicht *bn* geheel dicht **potdoof** *bn* zeer doof **potdo'rie**, **potdo'sie** *tw* bastaardvloek

poteling *m* te poten plant of vis; *(fam.)* potig iem. **poten** planten; straatprostitutie bedrijven door homofielen

potenrammen homo's afranselen **potenrammer** *m* [-s] wie homofielen als zodanig afranselt

potent' *bn* potentie bezittend **potentaat'** *m* [-taten] machthebber; baas; vent **potentiaal'** *m* [-alen] elektrische kracht **potentiaal'verschil** verschil tussen de potentialen in twee punten **poten'tie** *v* [-s] macht; seksueel vermogen tot geslachtsgemeenschap; vermogen v.d. man om te copuleren **potentieel' I** *bn & bw* in aanleg aanwezig, vrijgemaakt kunnende worden **II** *o* vermogen; het aanwezige waarmee iets gedaan kan worden

poter *m* [-s] wie iets poot; pootaardappel

potgeld spaargeld **potgrond** potaarde **pothuis** laag huis half onder de grond of leunend tegen een hoog huis

potig *bn & bw* fors

potjeslatijn apothekerslatijn; slecht Latijn **potkachel** kachel zonder bekleding **potkijker** *zie* **pot(ten)kijker**

potloden [potloodde, gepotlood] met potlood poetsen **potlood** *o* [-loden] mengsel van grafiet en leem; poetsmiddel voor kachels; in hout gevatte schrijfstift **potloodtekening** tekening in potlood **potloodventer** *m* [-s] *(scherts.)* exhibitionist

pot'pourri' ‹ou=oe› *m/o* [-'s] mengelmoes; muzikaal allegaartje; mengsel van gedroogde bloemen en/of kruiden

pots *v(m)* grap **potsenmaker** *m* [-s] grappenmaker

potsier'lijk *bn & bw* kluchtig

potstal stal waar het vee op de mest staat

potten geld bewaren; in potten doen **pottenbakker** bakker van potten **pottengoed** aardewerk **pot(ten)kijker** zich met keukenzaken bemoeiende man; ongewenst toeschouwer; lamp vlak boven kookplaats

potteus' *bn* lesbisch

potverdikke, **potverdikkie**, **potverdomme**, **potverdorie**, **potverdriedubbeltjes** *tw* bastaardvloek

potverteerder *m* [-s] wie uit potverteren gaat **potverteren** *o* feestvieren v.e. gemeensch. pot **potvis** *m* walvisachtig zoogdier met enorme kop, Lat. Physeter macrocephalus

poule ‹poel› *v(m)* [-s] op grond v.d. resultaten v.e. voorronde ingedeelde groepen spelers

pourparlers' ‹poerparlees› *mv* onderhandelingen

pousse-café' ‹ou=oe› *m* [-s] likeur na de koffie

pousse'ren ‹ou=oe› afgeven; iemands aanstelling bevorderen

pover *bn & bw* armzalig

powerdrink ‹o=au› *m* [-s] drankje met sterk oppeppend bestanddeel **powerliften** krachtsport waarbij met halters wordt geoefend

pozen rust houden

p.p. per procuratie; *piu piano*, zachter; per persoon; per post

PPD Provinciale Planologische Dienst

ppp *pianissimo*, zeer zacht

p.p.p.d. per persoon per dag

P+R Parkeer en Reis *(parkeerplaats bij station voor lange duur)*

PPR Politieke Partij Radikalen

pr public relations

pr. priester

p.r. *pour remercier*, om te bedanken; partnerruil; poste restante

praaien een schip op zee toespreken **praairapport** rapport over bij het praaien ontvangen berichten

praal *v(m)* luister **praalbed** pronkbed **praalgraf** graftombe **praalhans** [-hanzen] opschepper **praalwagen** opgesierde wagen in optocht **praalziek** *bn* pronkziek **praalzucht** *v(m)* pronkzucht

praam *v(m)* [pramen] klein plat vaartuig; neusknijper

praat *m* gepraat; taal; *praats*, aanmatiging **praatachtig** *bn* gaarne pratend **praatal** *m-v* [-len] babbelaar(ster) **praatgraag I** *bn* gaarne pratend **II** *m* [-gragen] babbelaar **praatgroep** discussiegroep **praatje** *o* [-s] gesprekje; gerucht **praatjesmaker** *m* [-s] bluffer **praatpaal** telefoonzuil langs de weg **praatpapier** stuk ter voorbereiding v.e. discussie **praatstoel** *op zijn ~ zitten*, druk praten **praatziek** *bn* babbelachtig **praatzucht** *v(m)* babbelachtigheid

pracht *v(m)* luister; *als voorvoegsel in de bet.*: fraai uitgevoerd *of* voortreffelijk **prachtig** *bn & bw* zeer schoon; uitstekend **prachtlie'vend** *bn* van pracht houdend

practicum *o* [-s, -ca] praktische oefening v. studenten **practicus** *m* [-ci] ervaren iem.

pr'-afdeling afdeling v.e. bedrijf waarin de betrekkingen naar buiten worden behartigd

pragmatiek', **pragma'tisch** *bn & bw* feitelijk; leerzaam **pragmatis'me** *o* het alles laten afhangen van praktische bruikbaarheid

prairie ‹ai=è› *v* [-riën, -s] uitgestrekte grasvlakte **prairiehond** blaffend Noord-Amerikaans knaagdier v.h. geslacht Cynomys **prairiewolf** in de prairies levende soort van wolf, Lat. Canis latrans

prak *m* [-ken] kliekje; *(pop.) in de ~*, kapot **prakken** eten met vork fijnmaken en mengen

prakkese'ren, **prakkiseren** *(fam.)* peinzen; uitdenken

praktijk' I *v(m)* toepassing; clientèle; de patiënten; vakuitoefening **II** *mv* streek **praktisch I** *bn & bw* op de praktijk gegrond; doelmatig **II** *bw* vrijwel **praktise'ren** praktijk uitoefenen; de kerkelijke plichten vervullen

pralen prijken; snoeven

prali'ne *v* [-s] chocoladebonbon

prang *v(m)* klemming; nood **prangen** *(plecht.)* knellen, benauwen **pranger** *m* [-s] klem

prat *~ gaan op*, trots zijn op

praten kouten; spreken **prater** *m* [-s] wie gemakkelijk praat

prauw *v(m)* lang en smal vaartuig

pre *m/o* voorrang, voorkeur

preadvies ‹pre=pree› deskundig advies **preadvise'ren** ‹s=z› een preadvies uitbrengen **preadviseur'** *m* [-s] wie preadviseert

preala'bel *bn* vooraf te behandelen

preambu'le *v* [-s] lange inleiding; preludium

preben'de ‹pre=pree› *v(m)* [-n] inkomen uit kerkelijk goed of kerkelijke titel of bediening

precair' ‹preekèr› *bn* bedenkelijk; tot wederopzegging

preca'rio I *bw* tot wederopzegging **II** *o* [-'s] precariobelasting **preca'riobelasting** belasting op gebruik v. gemeentegrond

precau'tie *v* [-s] voorzichtigheid, voorzorg

precedent' *o* beslissing van vroeger waarop iem. zich beroepen kan

precies' *bn & bw* nauwkeurig, juist

precieus' *bn & bw* gekunsteld

precio'sa ‹s=z› *mv* kostbaarheden

precipite'ren neerslaan

precise'ren ‹s=z› nauwkeuriger omschrijven **preci'sie** *v* nauwkeurigheid **preci'sie-instrument** nauwkeurig werkend instrument

precode'ren van tevoren een code opstellen voor

preconisa'tie ‹s=z› *v* [-s] aanprijzing; bevoegdheidsverklaring door de paus

preda'tor *m* [-s] roofdier

predestina'tie ‹pre=pree› *v* voorbeschikking **predestine'ren** voorbeschikken

predic'tortest ‹pre=pree› bep. zwangerschapstest

predikaat' ‹pre=pree› *o* [-katen] titel; gezegde; beoordeling

predikambt ambt v. predikant **predikant'** *m* dominee; kanselredenaar **predika'tie** *v* [-s, -tiën] preek

***predikatief'** *(Wdl. predicatief) bn & bw* met de functie van predikaat

prediken (inz. de christelijke leer) verkondigen door te spreken; aanzetten tot **predikheer** dominicaan

predisposi'tie *v* aanleg

predomine'ren overheersen

preek *v* [preken] leerrede; zedenpreek **preekbeurt** beurt om te spreken **preekstoel** kansel **preektoon** zalvende toon

pref *v(m)* [-s] preferent aandeel

prefab ‹priefeb› *m* [-s] montagewoning **II** *bn* tevoren in onderdelen vervaardigd; *~ woning*, montagewoning **prefabrice'ren** in de fabriek te voren klaarmaken in grote delen die daarna ter plaatse in elkaar gezet worden

prefa'tie *v* [-s, -tiën] voorrede; inleidend gebed tot de consecratie

prefect' hoofd v. departement; wie de tucht handhaaft op internaat

prefera'bel *bn* te verkiezen **preferent'** *bn* de voorrang hebbend, preferabel; *~ aandeel*, aandeel waaraan voorrechten zijn verbonden, bijv. t.a.v. de winstverdeling **preferen'tie** *v* [-s] voorkeur, voorrang **prefere'ren** verkiezen boven

prefix' ‹pre=pree› *o* voorvoegsel

pregnant' *bn & bw* met meer betekenis dan gewoonlijk; zinvol

prehistorie ‹pre=pree› *v* vóórhistorie **prehistorisch** *bn & bw* voorhistorisch

prei *v(m)* bep. lookachtige groentesoort

prejudi'ce ‹j=j *of* zj, ice=ies› *v* prejudicie **prejudi'cie** *v* [-s] vooroordeel; nadeel; afstand v. enig recht **prejudicieel'** *bn* te voren in rechtsgang op te lossen; vooruitlopend op de uiteindelijke beslissing **prejudicië'ren** op een oordeel vooruitlopen en daardoor schaden

preken een (zeden)preek houden **prekerig** *bn & bw* als (van) iem. die preekt

prelaat' *m* [-laten] geestelijke v. hoge rang

preliminair' ‹preeliminèr› *bn* voorafgaand **preliminai'ren** *mv* voorlopige beschikkingen

prelu'de *v* [-s] voorspel **prelude'ren** een voorspel spelen; ~ *op*, vooraf aanvoeren **prelu'dium** ‹pre=pree› *o* [-s, -dia] voorspel

prematuur' ‹pre=pree› *bn* voorbarig; te vroeg geboren

premenstrueel' ‹pre=pree› ~ *syndroom*, aan de menstruatie voorafgaande lichamelijke en geestelijke klachten

premie *v* [-s] prijs, bijprijs; verzekeringsgeld, extra toelage **premiebouw** bouw met rijkssubsidie **premielening** lening waarbij bij het aflossen premies vallen **premieloon** loon met premies voor bijzondere prestatie **premielot** aandeel in premielening **premie-obligatie** obligatie met laag rentepercentage waaraan de uitloting v.e. geldprijs is verbonden

premier' ‹prumjee› *m* [-s] eerste; minister-president

premiè're ‹preemjère› *v* [-s] eerste vertoning

premier-ris'queverzekering ‹prumjee-riesk-› verzekering waarbij de schade wordt vergoed zonder te letten op de verhouding v. werkelijke en verzekerde waarde

premiespaarplan manier v. sparen die na enige tijd een premie oplevert **premiestelsel** stelsel met premies **premieverzekering** verzekering waarbij ook de te betalen premie verzekerd wordt **premievrij** *bn* zonder dat premie behoeft betaald te worden **premiewoning** met regeringssteun gebouwde woning

premis'se ‹pre=pree› *v* [-n] vooropgestelde stelling

premolaar' ‹pre=pree› *m* [-laren] valse kies

prenataal' ‹pre=pree› *bn* van voor de geboorte

prent *v(m)* gedrukte plaat; voetafdruk; weinig toeschietelijke vrouw; bekeuring **prentachtig** *bn* als (op) een prent; stijf **prentbriefkaart** briefkaart met erop gedrukte prent **prenten** drukken **prentenboek** boek met platen **prentenkabinet** bewaarzaal van prenten **prenterig** *bn & bw* prentachtig

prenumera'tie ‹pre=pree› *v* [-s] vooruitbetaling

preoccupa'tie *v* [-s] bezorgdheid; vooringenomenheid

preparaat' ‹pre=pree› *o* [-raten] toebereid iets **prepara'tie** *v* [-s], **preparatief'** *o* [-tieven] voorbereiding **prepare'ren** voorbereiden

preponderan'tie *v* overwicht

preposi'tie ‹preepoozietie› *v* [-s] voorzetsel; vooropplaatsing

prerogatief' ‹pre=pree› *o* [-tieven] voorrecht

presbyopie' ‹y=ie› *v* vérziendheid

presbyte'rium ‹y=ie› *o* [-s, -ria] priesterkoor; priestercollege

prescrip'tie *v* [-s] voorschrift; verjaring

préséan'ce ‹an=ãn› *v* voorrang

presens ‹preezens› *o* [-sentia] tegenwoordige tijd

present' ‹s=z› *o* geschenk **II** *bn* aanwezig, bij **presenta'bel** *bn* toonbaar **presenta'tie** *v* [-s] het voorstellen; aanbieding; het tot een geheel maken v.e. tv- of radioprogramma **presenta'tor** *m* [-s, -en] wie van tv- of radioprogramma's een geheel maakt **presenteer'blad** schenkblad **presente'ren** voorstellen; aanbieden; indienen; het geweer vóór houden; *(van radio- of tv-programma's)* tot een geheel maken; *zich* ~, zich voordoen **present'exemplaar** gratis verstrekt exemplaar **presen'tie** *v* tegenwoordigheid **presen'tiegeld** zitgeld **presen'tielijst** door ter vergadering aanwezigen getekende lijst

preserve'ren ‹pre=pree› behoeden voor

preses *m* ‹s=s *of* z› [-sen, -sides] voorzitter

president ‹s=s *of* z› *m* voorzitter; hoofd van republiek **president'-directeur** voorzitter van het directorium **presidentieel'** *bn* van de president **president'schap** *o* [-pen] het president zijn; waardigheid v. president **preside'ren** ‹s=z› voorzitten **presidiaal'** *bn* van de voorzitter **presi'dium** *o* [-s, -dia] voorzitterschap

preskop *m* samengeperst gehakt en gekruid vlees v.e. varkenskop

pressant' *bn* dringend **pressen** nopen, dwingen, met geweld verwerven

presse-papier' ‹pres-papjee› *m* [-s] voorwerp om op papierbladen te leggen

presse'ren haasten, dringen **pressie** *v* [-s] druk **pressiegroep** druk uitoefenende groep

presta'tie *v* [-s] verrichting; vervulling; levering **presta'tieangst** angst om te moeten presteren **presta'tiebeurs** van studieprestatie afhankelijke beurs **presta'tielening** van studieprestatie afhankelijke lening **presta'tieloop** tocht om te presteren, maar niet om te winnen **preste'ren** vervullen; verrichten; tot stand brengen; leveren

presti'ge ‹prestiezje› *o* aanzien **presti'geobject** iets wat vooral ter verhoging v.h. prestige wordt uitgevoerd

prestis'simo *(muz.) bw* zeer snel

presto *(muz.) bw* snel

presume'ren ‹s=z› veronderstellen

presumptie *v* [-s] vermoeden; verdenking, argwaan **presumptief'** *bn* vermoedelijk

pret *v(m)* plezier

pretendent' *m* ‹pre=pree› wie op iets aanspraak maakt **pretende'ren** aanspraak maken op; beweren **preten'tie** *v* [-s] aanspraak; aanmatiging **pretentieus'** *bn & bw* aanmatigend; ingebeeld

preter'itum ‹pre=pree› *o* [-s, -ta] *(taalk.)* verleden tijd

pretext' ‹pre=pree› *o* voorwendsel

pretje *o* plezierig iets **pretogen** van pret getuigende ogen **pretpakket** *(pop.)* combinatie v. gemakkelijke schoolvakken **pretpark** groot particulier terrein voor vermakelijkheden **prettig** *bn & bw* plezierig

preuts *bn & bw* gemaakt zedig

prevale'ren voorrang hebben, meer gelden

prevelen zacht binnensmonds spreken

prevenië'ren ‹preeveenjeeren› voorkomen; waarschuwen **preven'tie** ‹preevensie› *v* [-s]

voorkoming; vooroordeel; waarschuwing **preventief'** ‹preeventief› *bn & bw* voorkomend; voorlopig
preview ‹prievjoew› *m* [-s] voorvertoning
prieel' *o* [-ëlen] loofhuisje, tuinhuisje
priegelen ingespannen peuterwerk doen
priem *m* els, prikpen; dolk **priemen** met priem steken; doorboren **priemgetal** ondeelbaar getal
priester *m* [-s] ambtelijk bedienaar v.d. godsdienst **priester-arbeider** priester die als arbeider werkt **priesteres'** *v* [-sen] vr. priester **priesterkoor** verhoogd deel v. kerk vóór hoogaltaar **priesterlijk** *bn & bw* als of van een priester **priesterorde** orde v. priesters **priesterschap I** *o* sacrament waardoor men priester wordt; waardigheid van priester **II** *v* de priesters **priesterstudent** *m* wie voor priester studeert **priesterwijding** wijding tot priester
prietpraat kletspraat
prijk *te ~*, om te prijken **prijken** pronken
prijs I *v(m)* [prijzen] buit **II** *m* [prijzen] wat men voor iets moet betalen; uitgeloofde beloning; wat men op een lot verwerft; ereprijs; lof; *op ~ stellen* of *~ stellen op*, zeer waarderen **prijsbeheersing** *v* tegengaan v. prijsstijging door overheid **prijsbewust'** *bn* zich goed rekenschap gevend of de prijs juist is **prijscompensatie** loonsverhoging t.g.v. gestegen levensonderhoud **prijscourant** prijslijst **prijselijk** *bn & bw* loffelijk **prijsgeven** [gaf prijs, prijsgegeven] weerloos overgeven; afstand doen van **prijshoudend** *bn* waarbij de koersen gelijk blijven **prijsindexcijfer** cijfer dat de verhouding v.d. som v. prijzen v.e. aantal goederen met de overeenkomstige op een tijdstip in het verleden uitdrukt **prijskaartje** kaartje dat de prijs vermeldt **prijsklas(se)** groep v. prijzen **prijslijst** lijst met prijzen **prijsopgave**, **prijsopgaaf** het opgeven v.d. prijs **prijsstop** *m* van overheidswege vastgesteld maximum van prijzen **prijsvraag** vraag of opgave met de beantwoording waarvan een prijs te winnen is
prijzen de prijs erbij vermelden; [prees, geprezen] loven **prijzenbeschikking** *v* bepaling van prijzen van overheidswege
prijzengeld geld dat als prijs uitgedeeld kan worden **prijzenslag** korte felle strijd tussen concurrenten in de vorm van forse prijsverlagingen **prijzenswaard'(ig)** *bn* loffelijk **prijzig** *bn* duur
prik *m* [-ken] lichte steek; lamprei; spotprijsje; *op een ~*, nauwkeurig **prikactie** kort durende staking **prikbord** bord waarop mededelingen geprikt worden
prikkel *m* [-s, -en] puntig voorwerp, stekel; inwerking op de zintuigen of zenuwen; wat zulk een inwerking bewerkstelligt **prikkelbaar** *bn* lichtgeraakt **prikkeldraad** *o/m* ijzerdraad met prikkels **prikkelen** prikken geven; scherp branden; invloed van buitenaf uitoefenen; opwekken; irriteren
prikken steken met een puntig voorwerp **prikklok** controleklok waarin men moet prikken **prikpil** anticonceptionele injectie **prikslee** met stokken voortbewogen slee **prikstaking** korte tijd durende staking **priktol** werptol
pril *bn* in zijn eerste staat
prima I *bn & bw* uitstekend **II** *v(m)* [-'s] eerste exemplaar v. wissel of cheque
primaat' I *m* [-maten] aartsbisschop; paus; samenvattende term voor apen en halfapen en mensen **II** *o* oppergezag **primaat'schap** *o* ambt van primaat
prima don'na *v* [-'s] eerste toneelspeelster of operazangeres
primair' ‹ai=è› *bn* eerst, in de eerste plaats; oudst; voornaamste; ondeelbaar; grond-; *het ~e tijdperk*, Palaeozoïcum; *~e functie*, ogenblikkelijke hevige reactie; *~e kleur*, blauw of geel of rood
prima vis'ta *a ~*, op vertoon te betalen; op het eerste gezicht
prime *v(m)* [-s] eerste interval; grondtoon v. toonladder **prime'ren** *h* voorgaan; bekronen **primeur'** *v(m)* [-s] het eerste; eerste bericht; *de ~ hebben van*, als eerste hebben
primitief' *bn & bw* oorspronkelijk; eenvoudig; gebrekkig; onbeschaafd **primitie'ven** *mv* kunstenaars vóór de renaissance **primitiviteit'** *v* het primitief zijn
primo *bw* ten eerst
primordiaal' *bn* oorspronkelijk; in eerste aanleg
primula *v(m)* [-'s] sleutelbloem
primus *m* [-sen] eerste; *wm* petroleumvergasser
princiep' *zie* **principe**
principaal' I *m* [-palen] opdrachtgever, patroon **II** *bn & bw* hoofdzakelijk, voornaamst; *ten principale*, wat de hoofdzaak betreft
princi'pe *o* [-s], **princiep'** *o* beginsel **princi'peakkoord** akkoord dat nog uitgewerkt moet worden **principieel'** *bn & bw* beginsel-, in beginsel
prins *m* vorstenzoon; vorst; *van de ~ geen kwaad weten*, onschuldig of argeloos zijn; *de ~ gesproken hebben*, lichtelijk dronken zijn; *de ~ te rijk*, overgelukkig **prinsdom** *o* [-men] gebied v.e. prins **prinselijk** *bn & bw* van of als een prins **prinses'** *v* [-sen] vrouw v.e. prins; vorstendochter; vorstin **prinses'senboon** sperzieboon **prinsgemaal'** *m* echtgenoot v.e. regerend vorstin **prinsheerlijk** *bn & bw* heel heerlijk **prinsjesdag** openingsdag v.d. Kamers
printen automatisch afdrukken van digitaal vastgelegde informatie **printer** *m* [-s] afdrukapparaat voor computerinformatie
prion' *o* infectueus eiwit dat allerlei ziekten veroorzaakt
prior *m* [-s] overste **priores'** *v* [-sen] vr. prior
prio'ri *a ~*, (van) vooraf
priorij' *v* klooster met prior of priores
prioriteit' *v* kerk van priorij; voorrang, het

vooraf gaan **prioriteits'aandeel** preferent aandeel **prioriteits'lening** lening met voordelen **priorite'ren** prioriteit geven
prisma *o* [-'s, -mata] *(meetk.)* lichaam met twee evenwijdige vlakken en ten minste drie zijvlakken met evenwijdige snijlijnen **prismakijker** kijker met prismatische lenzen **prisma'tisch** *bn* de vorm v.e. prisma hebbend; door een prisma ontstaan
privaat' *bn* particulier **privaat'docent** onbezoldigd docent aan universiteit **privaat'les** particuliere les **privaat'recht** recht betreffende de betrekkingen tussen de burgers **privaatrech'telijk** *bn & bw* volgens of van het privaatrecht
pri'vacy ‹privvussie *of* praivussie› *v* het onopgemerkt voor anderen kunnen zijn
privatief' *bn* anderen uitsluitend; een ontdoen van uitdrukkend
privatise'ren aan particulieren overdoen
privatis'simum *o* [-s, -ma] college voor weinigen
privé' *bn & bw* particulier **privé'-auto** auto voor persoonlijk gebruik **privé'leven** leven buiten iemands werkkring
privile'ge ‹eg=eezj› [-s], **privile'gie** ‹eg=eezj› [-s, -giën] *o* voorrecht **privilegië'ren** ‹eg=eezj› een privilege verlenen
PRL *(Belg.)* Parti Réformateur Libéral
pro *vz & zn & bn* voor; ~ *Deo*, gratis; ~ *memorie*, ter herinnering; *gevolgd door koppelteken*, voelend voor dat waar het bn op doelt
probaat' *bn* beproefd
probeer'sel *o* [-s] proef **probe'ren** beproeven
probleem' *o* [-blemen] vraagstuk; moeilijkheid **probleem'drinken** door problemen aan drinken verslaafd raken **probleem'stelling** *v* (wijze van) stellen v.e. probleem **problematiek'** **I** *v* probleemstelling **II** *bn* problematisch **problema'tisch** *bn* twijfelachtig; moeilijk op te lossen

P

procédé' *o* [-s] werkwijze; productiemethode **procede'ren** een proces voeren **procedu're** *v(m)* [-s] procédé; rechtsgeding **procedureel'** *bn* de procedure betreffende **procedu'refout** fout in de procedure
procent' *o* percent **procentueel'** *bn & bw* percentsgewijze
proces' *o* [-sen] rechtspraak; verloop
proces'sie *v* [-s] plechtige kerkelijke optocht; lange rij **proces'sierups** rups die in een aaneengesloten rij over weg of boom kruipt en waarvan de haren irritatie veroorzaken, Lat. Cnethocampa processionea
proces'sor *m* [-s] elektronisch reken- en bedieningsorgaan
proces'stuk *o* document dat betrekking heeft op een proces **processueel'** *bn* van of in het proces **proces-verbaal'** *o* [processen-verbaal] ambtelijk verslag; (akte van) bekeuring
proclama'tie *v* [-s] openlijke afkondiging **proclame'ren** uitroepen; afkondigen
procli'sis ‹sis=zis› *v* [-sen, -clises] aansluiting aan het onmiddellijk volgende woord **procli'tisch** *bn & bw* aansluitend aan het onmiddellijk volgend woord
procrus'tesbed *op het ~ leggen*, grofweg verkorten of verlengen
procura'tie *v* [-s] volmacht om zaken te verhandelen **procura'tiehouder** *m* [-s] gevolmachtigde **procura'tor** *m* [-s, -en] beheerder v. geldzaken in klooster **procureur'** *m* [-s] vertegenwoordiger v. procederende partij **procureur-generaal'** [procureurs-generaal] vertegenwoordiger v.h. OM bij de Hoge Raad der Nederlanden of een gerechtshof
prodeaan' *m* [-anen] kosteloos procederende
pro-democratisch *bn* de democratische beginselen aanhangend
pro Deo *bw* gratis **pro-De'oadvocaat** advocaat voor gratis bijstand **pro-De'ozaak** rechtszaak met gratis bijstand v.e. advocaat
producent' *m* voortbrenger **produ'cer** ‹du=djoe› *m* [-s] zakelijk en/of technisch leider *(in de amusementssector)* **produce'ren** voortbrengen
product' *o* voortbrengsel; uitkomst v.e. vermenigvuldiging **produc'tie** *v* voortbrenging **produc'tiebedrijf** bedrijf dat met mechanische middelen een product in grote aantallen maakt **productief'** *bn* vruchtbaar; winstgevend **produc'tielijn** volgorde v.d. bewerkingen **productiviteit'** *v* het productief zijn **product'schap** *o* politiek-rechtelijk lichaam voor ondernemingen die bij bep. producten verschillend betrokken zijn
proef *v(m)* [proeven] onderzoek; bewijs; monster; drukproef; *op de ~ stellen*, beproeven; *op ~*, voor proefneming; *de ~ op de som*, het overtuigend bewijs **proefbalans** balans om te zien of het grootboek sluit **proefballon** ballon om de wind te leren kennen; middel om andermans zienswijze te leren kennen **proefboring** *v* boring om delfstoffen te zoeken **proefdier** dier waarop proeven genomen worden **proefdraaien** op proef draaien **proefdruk** eerste afdruk als proef **proefjaar** jaar op proef **proefkonijn** konijn waarop proeven genomen worden; iem. op wie iets nieuws geprobeerd wordt **proefles** les als proef **proeflokaal** tapperij **proefneming** *v* proef **proefnummer** nummer op proef **proefondervin'delijk** *bn & bw* op waarnemingen gegrond **proefpreek** preek als proef **proefproces** proces om een principiële uitspraak te krijgen **proefrit** *m* eerste rit als proef **proefschrift** geschrift voor het verkrijgen v.d. doctorstitel **proefstation** landbouwproefstation **proeftermijn**, **proeftijd** tijd op proef; *(jur.)* tijd dat een straf niet hoeft te worden ondergaan **proeftuin** tuin voor proefnemingen **proefvlucht** vlucht als proef **proefwerk** werk tot vaststelling v. vorderingen
proesten hard niezen; zijn lach niet kunnen bedwingen; *(v. paarden)* snuiven

proeve *v(m)* [-n] verhandeling; proef

proeven onderzoeken hoe iets smaakt; de smaak v. iets waarnemen; leren kennen

prof *m* [-fen, -s] professor; beroepsspeler

prof. *professor*,

profaan' *bn & bw* werelds **profana'tie** *v* [-s] het profaneren **profane'ren** ontwijden; met het heilige spotten

profcircuit ‹cuit=kwie› *o* vaste kring v. beroepsspelers in bep. sport

profeet' *m* [-feten] ziener; *~ die brood eet*, iem. wiens voorspellingen niets waard zijn

profes'sie *v* [-s] beroep; het afleggen van kloostergeloften **profes'sional** ‹profesjunnul› [-s] beroepsspeler **professioneel'** *bn & bw* volgens het beroep; handig

profes'sor *m-v* [-en, -s] hoogleraar **professoraal'** *bn & bw* van of als een professor **professoraat'** *o* [-raten] hoogleraarsambt

profete'ren voorspellen **profetes'** [-sen] vr. profeet **profetie'** *v* [-ën] voorspelling **profe'tisch** *bn & bw* voorspellend; als of van een profeet

profi'ciat *tw* wel bekome het u

profiel' *o* zijdebeeld; verticale doorsnede; randversiering; karakterschets, persoonsbeschrijving; beschrijving v.d. eigenschappen die van gegadigden voor een bepaalde functie verwacht worden; *een laag ~ houden*, zich koest houden **profiel'schets** geheel v. hoedanigheden die een te benoemen kandidaat moet bezitten **profiel'tekening** tekening v.e. dwarsdoorsnede **profiel'zool** door insnijdingen niet-gladde zool

profijt' *o* voordeel **profijt'beginsel** *(pol.)* beginsel waarbij gebruiker betaalt **profij'telijk** *bn & bw* voordelig

profile'ren het eigen karakter doen uitkomen; *zich ~*, duidelijk maken waarin men zich onderscheidt

profite'ren voordeel trekken van **profiteur'** *m* [-s] wie op immorele wijze v. iets profiteert

pro for'ma *bw* voor de leus; *(jur.) pro-formazitting*, zitting waarop een zaak niet inhoudelijk wordt behandeld

profronde wegwedstrijd voor beroepswielrenners

profylac'tisch *bn* voorbehoedend **profyla'xe**, **profyla'xis** *v* voorkoming v. ziekten

progesteron' *o* hormoon dat de groei v.e. bevruchte eicel bevordert

prognathis'me *o*, **prognathie'** *v* vooruitspringen v. onderste deel v. gezicht

progno'se ‹prognooze› *v* [-s] voorspelling v.d. vermoedelijke loop v. ziekte **prognostice'ren** voorspellen; schatten

program' *o* [-s] programma **program'college** bestuurscollege waarvan alle leden een politiek program onderschrijven

program'ma *o* [-'s] lijst van wat er te doen is; beginselverklaring; systeem v. opdrachten in elektronische rekenmachine **program'mamuziek** muziek ter uitdrukking v.e. zeer concrete inhoud **programma'tisch** *bn & bw* volgens het programma **programmatuur'** *v (comp.)* bijeenhorende programma's

programmeer'taal *(comp.)* volgens een regel gebruikte coderingen voor het samenstellen v.e. programma **programme'ren** het programma ontwerpen; een systeem ontwerpen om bepaalde gegevens in de computer te brengen **programmeur'** *m* [-s] wie programmeert

progres'sie *v* [-s] opklimming **progressief'** *bn & bw* vooruitstrevend; voortgaand, trapsgewijze toenemend

prohibi'tie *v* [-s] verbod; alcoholverbod **prohibitief'** *bn* verbiedend **prohibitionist'** *m* voorstander van prohibitie

project' *o* plan **project'bureau** onderneming die grond koopt, daarop gebouwen zet en deze weer verkoopt **projecte'ren** ontwerpen; in projectie voorstellen; lichtbeelden vertonen **projec'tie** *v* [-s] afbeelding in plat vlak; projecteren; het onbewust zijn eigen zielenleven in anderen zien **projectiel'** *o* wat weggeworpen of geschoten wordt **projec'tiescherm** scherm waarop men beelden kan projecteren **project'onderwijs** onderwijs met benadering uit meerdere vakgebieden **project'ontwikkelaar** *m* [-s] wie grondexploitatie of bouwprojecten organiseert **projec'tor** *m* [-s, -en] toestel waarmee films e.d. worden geprojecteerd

prol *m* [-len] proleet **proleet'** *m* [-leten] zeer onbeschaafd iem.

prolep'sis *v* het vóór de zin plaatsen v.e. voorstellingsbeaming die in de zin hervat wordt **prolep'tisch** *bn & bw* bij wijze v. prolepse

proletariaat' *o* de proletariërs **proleta'riër** *m* [-s] bezitloze **proleta'risch** *bn* van of als een proletariër; *~ winkelen*, met politieke bedoelingen in winkels artikelen ontvreemden

prolifera'tie *v* snelle vermeerdering, woekering, verbreiding

prolonga'tie *v* [-s] verlenging van betalingstermijn; belening op korte termijn **prolonge'ren** (de vervaltermijn) verlengen

proloog' *m* [-logen] voorrede, inleidingsrede; wat aan iets voorafgaat

prolurk' *m* onbehouwen en waardeloos iem.

promena'de *v* [-s] wandelweg **promena'deconcert** informeel concert in de open lucht **promena'dedek** wandeldek

promes'se *v* [-n, -s] schuldbekentenis

promilla'ge ‹promielaazje› *o* [-s] in duizendsten uitgedrukt gedeelte

pro mil'le ‹pro miel› per duizend

prominent' *bn* vooraanstaand

promiscuïteit' *v* ordeloze vermenging; maatschappelijke toestand v. vrij seksueel verkeer

promo'ten [promootte, gepromoot] reclame maken voor **promo'tie** *v* [-s] bevordering;

het verwerven v.d. doctorsgraad; stimulering v. verkoop **promo'tiecampagne** reclamecampagne **promo'tiediner** diner ter gelegenheid v. promotie **promo'tieklasse** op één na hoogste klasse in bep. sportcompetitie **promo'tiewedstrijd** wedstrijd om in een hogere klas te komen **promo'tor** *m* [-s, -en] bevorderaar; professor onder wiens leiding men promoveert

promoven'da *v* [-'s, -dae] vrouw die gaat promoveren **promoven'dus** *m* [-di] wie gaat promoveren **promove'ren** *h/z* bevorderen; de doctorsgraad verwerven of verlenen

prompt *bn & bw* vlot; stipt

pronk *m* het pronken; opschik **pronken** pralen **pronker** *m* [-s] wie pronkt, pronkboon **pronkerig** *bn & bw* pronkend; opgedirkt **pronkjuweel** *o* kleinood; uitmuntend iets of iem. **pronkkamer** salon **pronkstuk** iets of iem. waarmee men pronkt **pronkziek** *bn* gaarne pronkend **pronkzucht** *v(m)* neiging tot pronken **pronkzuch'tig** *bn* pronkziek

prono'men *o* [-mina] voornaamwoord **pronominaal'** *bn & bw* voornaamwoordelijk

prooi *v(m)* buit

proosdij' *v* woning of ambt v. proost **proost I** *m* voorzitter v. kapittel **II** *tw* prosit, santé

prop I *v(m)* [-pen] samengeknepen bal; gedrongen iem.; *op de ~pen*, voor de dag **II** *m (pop.)* door een propeller voortbewogen vliegtuig

prop. propedeutisch

propaan' *o* C_3H_8; gasmengsel daarmee

propagan'da *v(m)* het trachten aanhang te winnen **propagande'ren** propageren **propagandist'** *m* wie propaganda maakt **propagandis'tisch** *bn & bw* propaganda makend

propage'ren ingang trachten te doen vinden

propedeu'se ⟨propeeduize⟩, **propedeu'tica** *v* algemeen voorbereidend onderwijs aan universiteit **propedeu'tisch I** *bn* voorbereidend **II** *o* propedeutisch examen

propeen *o* gasvormige koolwaterstof

propeller *m* [-s] schroef om vliegtuig voort te stuwen

proper *bn & bw* zindelijk; *(Belgned.)* schoon, netjes

propjes *o (stud.)* propedeutisch examen

proponent' *m* kandidaat-predikant **proponents'plaats** gemeente waar een proponent voorganger is

propor'tie *v* [-s] verhouding; afmeting **proportioneel'** *bn & bw* naar verhouding

propos' ⟨propoo⟩ *à ~*, ter zake (van)

proposi'tie *v* [-s] voorstel; hoofdstelling; uiteenzetting

proppen ineenduwen **proppenschieter** *m* [-s] klapbus **propvol** *bn* stampvol

pro ra'to naar verhouding

proroga'tie *v* [-s] uitstel; het ogenblikkelijk voor een hogere rechtbank procederen

prosec'tor *m* [-s, -en] assistent in anatomie

prosecu'tie *v* [-s] vervolging

proseliet' *m* nieuwbekeerde **proselie'tenmaker** *m* [-s] zieltjeswinner **proselietenmakerij'** *v*, **proselitis'me** ⟨s=z⟩ *o* zieltjeswinnerij

prosit, **proost** *tw* wel bekome het u

prosodie' ⟨s=z⟩ *v* ritmeleer **proso'disch** *bn* de ritmeleer betreffend

prospect' *o* verschiet **prospec'tus** *o/m* [-sen] voorlopige aankondiging; verzameling gegevens

prosperiteit' *v* bloei

prostaat' *m* [-staten] klier aan bovendeel v.d. urinebuis

prostitué' *m* [-s] man die prostitutie pleegt **prostituee'** *v* [-s] vrouw die prostitutie pleegt; hoer **prostitu'tie** *v* betaalde seksuele omgang

Prot. Protestants

protagonist' *m* hoofdrolspeler

protami'ne *o* [-n] sterk basische eiwitstof

protec'tie *v* bescherming, begunstiging, protectionisme **protectionis'me** *o* stelsel van beschermende invoerrechten **protectionist'** *m* voorstander van protectionisme **protectionis'tisch** *bn & bw* volgens het protectionisme **protec'tor** *m* [-s/-en] beschermer; *(sp.)* voorwerp ter bescherming v.d. schaamdelen **protectoraat'** *o* [-raten] beschermheerschap; gebied onder beschermheerschap **protégé'** ⟨g=zj⟩ *m* [-s] beschermeling **protege'ren** ⟨eg=eezj⟩ vooruithelpen

proteï'ne *v(m)* [-n] eiwitstof

protest' *o* tegenspraak; verzet in woord of daad; schriftelijke verklaring dat een wissel geweigerd wordt **protestant'** *m* hervormde **protestantis'me** *o* protestants geloof **protestants'** *bn & bw* hervormd **proteste'ren** verzet aantekenen; de verklaring dat een wissel geweigerd wordt opstellen

prothe'se ⟨teeze⟩ *v* [-n, -s] iets dat dient om de functie van een ontbrekend lichaamsdeel te vervullen

prothe'sis ⟨prooteezis⟩ *v* [-sen, -ses] voorvoeging v.e. klank

protocol' *o* [-len] ambtelijk bericht; voorgeschreven ceremoniën; gezelschapsspel waarbij men met een opgegeven woord een zin moet maken; *(comp.)* afspraak **protocollair'** ⟨ai=è⟩ *bn* volgens protocol **protocol'len** protocol spelen

protohistorie periode na de prehistorie, met weinige, vaak fragmentarische bronnen

proton *o* positief geladen deel van atoomkern

protoplas'ma *o* levende stof v.d. cellen

prototype *o* [-n, -s] voorafbeelding; oorspronkelijk model

protozo' [-ën], **protozo'ön** *o* [-zoa] eencellig diertje

protserig *bn & bw* blufferig; pralend

protuberan'tie *v* [-s] uitwas, uitsteeksel

provenu' *o* [-'s] opbrengst

P

proviand' *m/o* mondvoorraad **proviande'ren** van leeftocht voorzien
providen'tie *v* voorzienigheid; voorzorg **providentieel'** *bn* vooruitziend; door de Voorzienigheid beschikt
provider ‹i=aai› *m* [-s] bedrijf dat toegang tot het internet verschaft
provinciaal' **I** *bn & bw* gewestelijk; van of betreffende de provincie **II** *m* [-alen] dorpeling; hoofd v.e. orde in een kerkprovincie **provincialis'me** *o* [-n] gewestelijke uitdrukking; te grote zucht voor de eigen provincie **provin'cie** *v* [-s, -ciën] deel v.e. land; provinciale overheid; kerkelijke afdeling; het land buiten de hoofdstad
provi'sie ‹s=z› *v* [-s] voorraad; commissieloon **provi'siebasis** *op* ~, zo dat men provisie krijgt **provi'siekamer** voorraadkamer **provi'siekast** voorraadkast **provi'siekelder** voorraadkelder
provisioneel' ‹s=z› *bn & bw* bij voorbaat; voorlopig **provisoir'** ‹soir=swaar› *bn & bw* voorlopig **provi'sor** *m* [-s, -en] geestelijk verzorger; beheerder van apotheek **proviso'risch** *bn & bw* voorlopig
provitami'ne stof die door het organisme in vitamine kan worden omgezet
provo *m* [-'s] *(hist.)* de maatschappij uitdagend mens
provocateur' *m* [-s] wie provoceert **provoca'tie** *v* [-s] het provoceren **provoce'ren** uittarten, uitlokken
provoost' *v(m)* militair straflokaal
Prov. St., **PS** Provinciale Staten
proza *o* ongebonden stijl, ongebonden taal; het alledaagse **proza'ïsch** *bn & bw* in proza; alledaags **prozaïst'** *m* prozaschrijver **prozaverhaal** verhaal in proza
prudent' *bn & bw* wijs
pruden'tie *v* verstandig oordeel
pruik *v(m)* valse haardos; verward haar; ouderwets iem.; *de ~ staat* of *zit hem scheef*, hij is slecht gemutst **pruikenbol** houten kop waarop een pruik gemaakt wordt; iem. met verward haar **pruikenmaker** *m* [-s] wie pruiken maakt
pruilen mokken
pruim *v(m)* pruimenboom; vrucht v.d. pruimenboom; plokje kauwtabak; *(pop.)* vrouwelijk geslachtsdeel **pruimedant'** *v(m)* blauwe gedroogde pruim **pruimen** tabak kauwen; smakelijk eten; velen **pruimenboom** boom waaraan pruimen groeien, Lat. Prunus domestica **pruimenmond** preuts mondje **pruimtabak** kauwtabak
Pruisisch *bn & bw* heftig; *~ blauw*, paarsblauw; *~ zuur*, blauwzuur
prul *o* [-len] nietswaardig iets of iem.; *als eerste deel van ss in bet.*: nietswaardig **prulla'ria** *mv* prullen **prullenmand** papiermand; *zo leeg als een volle ~*, volkomen leeg *(inz. fig.)* **prull(er)ig** *bn* nietswaardig **prullerij'** *v* vod
prune *bn & o* roodpaars
prunel' *v(m)* [-len] gedroogde pruim
prunus *m* [-sen] Japanse kers
prut *v(m)* dikke brijachtige stof
prutsding ondeugdelijk iets **prutsen** knoeien
pruttelaar *m* [-s] mopperaar **pruttelen** borrelend koken; mopperen **pruttelig** *bn* knorrig
przewal'skipaard bep. in het wild levend bruin tot geelbruin paard
ps picoseconde *(biljoenste seconde)*
Ps. psalm
PS *postscriptum*, naschrift; *(Belg.)* Parti Socialiste
psalm *m* Bijbels godsdienstig lied **psalmberijming** *v* het op rijm stellen v.d. psalmen **psalmboek** boek met psalmen **psalmbord** kerkbord **psalmdichter** dichter v. psalmen **psalmgezang** het zingen v.e. psalm; psalm **psalmist'** *m* psalmdichter **psalmodie'** *v* [-ën] psalmgezang **psalmodië'ren** psalmen zingen; opdreunen **psalmvertaling** vertaling v. psalm(en) **psalmzingen** psalmen zingen; het dek schrobben
psalter *o* [-s], **psalte'rion**, **psalte'rium** [-s, -ria] psalmboek
PSC *(Belg.)* Parti Social Chrétien
pseudo ‹eu=eu *of* ui› *voorvoegsel* vals, in schijn **pseudoniem'** *o* schuilnaam
psoria'sis *v* huidziekte zich uitend in verhoornde huidschilfers
PSP Pacifistisch-Socialistische Partij
p.st. per stuk; pond sterling
PSU *(mil.)* Persoonlijke Standaarduitrusting
psyche ‹ych=ieg› *v(m)* ziel, gemoedsaard
psyché ‹ych=ieg› *m* [-s] draaispiegel
psychede'lisch ‹ych=ieg› *bn* de werking v.h. bewustzijn (schadelijk) beïnvloedend; geestverruimend
psychia'ter ‹ych=ieg› *m* [-s] dokter voor zielsziekten **psychiatrie'** *v* zielgeneeskunde **psychia'trisch** *bn & bw* zielgeneeskundig
psychisch ‹ych=ieg› *bn & bw* de ziel betreffende
psychoanaly'se ‹ych=ieg› *v* genezing met studie v.h. onderbewustzijn **psychoanaly'tisch** *bn & bw* op grondslag van psychoanalyse
psychofarmaceu'tica ‹ych=ieg› *mv* geneesmiddelen ter beïnvloeding v. iemands psychische gesteldheid **psychogeriatrie'** *v* psychiatrie v.d. oudere mens **psychohistorie** toepassing van psychologie op de geschiedenis **psychokine'se** ‹s=z› *v* het door z'n geest materieel in beweging brengen **psycholinguïstiek** *v* taalkunde vanuit psychologisch gezichtspunt
psychologie' ‹ych=ieg› *v* zielkunde **psycholo'gisch** *bn & bw* zielkundig **psycholoog'** *m* [-logen] zielkundige **psychonomie'** ‹ych=ieg› *v* studie van algemene menselijke psychische functies met behulp van formaliserende methoden en technieken **psychono'misch** *bn* betrekking hebbend op de psychonomie **psychonoom'** *m* beoefenaar v.d. psychonomie

P

psychoot' ⟨ych=ieg⟩ *m* [-choten] lijder aan psychose **psychopaat'** *m* [-paten] geesteszieke **psychopathie'** geestesziekte
psycho'se ⟨ych=ieg, s=z⟩ *v* [-n, -s] zielsziekte; over een groep verbreide neurose
psychosoma'tisch ⟨ych=ieg⟩ *bn* ziel en lichaam als een geheel betreffend of beschouwend
psychotechniek' ⟨ych=ieg⟩ *v* toegepaste psychologie **psychotech'nisch** *bn & bw* van of volgens de psychotechniek
psychotherapie' ⟨ych=ieg⟩ *v* medische behandeling van geesteszieken
psycho'tisch ⟨ych=ieg⟩ *bn* betrekking hebbend op, lijdend aan een psychose
PTA Spaanse peseta
PTE Portugese escudo
PTSS Posttraumatisch Stresssyndroom *(ziektebeeld dat optreedt na een niet-verwerkte schokkende ervaring)*
PTT Posterijen Telegrafie Telefonie
Pu *(schei.)* plutonium
puber *m-v* [-s] iem. tussen kind en volwassene **puberaal'** *bn* (als) v.e. puber **puberen** in de puberteit zijn; zich als een puber gedragen **puberteit'** *v* tijd tussen kindertijd en volwassenheid
publica'tie *v* [-s] bekendmaking; uitgave **publice'ren** bekendmaken; uitgeven **publicist'** *m* schrijver over openbare zaken, journalist **publiciteit'** *v* bekendheid; openbaarmaking **publiciteits'campagne** campagne om iets of iemand in de publieke belangstelling te brengen
public rela'tions ⟨pubblik rieleesjuns⟩ *mv* (het verzorgen v.) betrekkingen naar buiten
publiek' **I** *o* de mensen; het openbaar **II** *bn & bw* openbaar **publie'kelijk** *bw* openbaar **publiekrech'telijk** *bn & bw* volgens of van het publiek recht **publieks'prijs** door publiek toegekende prijs **publieks'theater** theater voor het grote publiek **publieks'wissel** *m* [-s] *(sp.)* vervanging v. een zeer goede speler aan het eind v.e. wedstrijd om hem te kunnen toejuichen
puck *m* [-s] schijf voor ijshockey
puddelen door ontkoling ruw ijzer veranderen in smeedijzer of staal
pudding *m* [-en, -s] nagerecht van melk en meel **puddingbroodje** *o* met banketbakkersroom gevuld broodje **puddingvorm** vorm om pudding in te laten stijf worden
puf *geen ~ in*, geen trek in **puffen** blazen v.d. warmte **pufferig** *bn* benauwd v.d. warmte
pugilist' *m* bokser **pugilistiek'** *v* bokssport
pui *v(m)* ondergevel; gevel; bordes
puik **I** *o* het beste **II** *bn & bw* best **puikbest** *bn & bw* allerbest **puikjuweel** pronkjuweel
puilen bol uitsteken
puimen met puimsteen gladwrijven; afrossen **puimsteen** *m (stofn. m & o)* lichte poreuze vulkanische steen
puin *o* afval of resten v. steen **puinhoop** hoop puin; chaotische toestand
puissant' ⟨pwiesant⟩ *bw ~ rijk*, geweldig rijk
puist *v(m)* gezwel

P

puk *m* [-ken] klein iem.
pukkel *v(m)* [-s] puistje; zeer ruime maar niet omvangrijke tas met draagriem
pul *v(m)* [-len] kannetje, vaas
pulken peuteren
pulli *m* [-'s] dunne trui met kol
pullmantrein ⟨u=oe⟩ trein met salonrijtuigen **pullmanwagen** salonrijtuig v. trein
pullo'ver ⟨u=oe⟩ *m* [-s] trui zonder kraag
pulp *v(m)* fijngehakte uitgekookte stof; houtpap; waardeloos spul
pulsar *m* [-s] enorm snel ronddraaiende neutronenster **pulsa'tie** ⟨s=z⟩ *v* [-s] het kloppen **pulsatief'** *bn* kloppend **pulse'ren** *h* kloppen; voortdurend aan- en uitgaan of af- en toenemen
pulver *o (dicht.)* poeder **pulverisa'tor** ⟨s=z⟩ *m* [-s] verstuiver; sproeier **pulverise'ren** ⟨s=z⟩ verpoederen
pummel *m* [-s] lomperd; steunijzer **pummelachtig**, **pummelig** *bn & bw* als een pummel
pump *m* [-s] nauwe damesschoen met hoge hak en zonder sluiting
punai'se ⟨punèze⟩ *v* [-n, -s] metalen stiftje met brede platte kop
punch ⟨punsj⟩ *m* hete met wijn of rum bereide drank
punctie *v* [-s] prik om vocht uit het lichaam te verwijderen
punctualiteit' *v* stiptheid
punctua'tie *v* interpunctie
punctueel' *bn & bw* stipt
punctuur' *v* [-turen] punctie, gaatje
punk **I** *v(m)* stroming van jongeren die zich rond 1980 ook in kleding en gedrag tegen de maatschappij afzetten **II** *m-v* wie daaraan meedoet **III** *bn* er zo uitziend **punker** *m-v* [-s] wie aan punk meedoet **punkhaar** *o* kleurrijke rechtopstaande haardracht
punniken pulken; een koord maken op een klosje of kurk met vier spijkers
punt **I** *m* spits; deel v.e. ronde taart **II** *v(m)* kleinste leesteken; *er een ~(je) aan zuigen*, er een voorbeeld aan nemen; *in de ~jes*, keurig; *als ~je bij paaltje komt*, als het er op aan komt; *de ~jes op de i zetten*, nauwkeurigheid eisen **III** *o* plaats; onderwerp; merk; maat waarin winst of verlies wordt uitgedrukt; waarderingscijfer; *~ van eer*, eergevoel; *op het ~ staan* of *zijn*, gereed zijn; *dubbele ~*, : **puntbaard** puntige baard **puntboord** *o/m* boord met omgeslagen punten **puntdicht** kort kernachtig gedicht **puntdichter** maker van puntdichten **puntdraad** *o/m* prikkeldraad **punten** een punt maken aan; de punten afknippen **puntenklassement** tussentijdse stand v.d. in een wedstrijd te behalen bijzondere punten **puntenslijper** *m* [-s] instrument om potloden te slijpen **punter** *m* [-s] puntige schuit; *(sp.)* trap tegen de voetbal met de schoenpunt **punte'ren** stippelen; de voorlopige voorwaarden vaststellen **puntgaaf** *bn* volkomen gaaf **punthoofd** hoofd van

puntige vorm; *een ~ krijgen van*, tureluurs worden van **puntig** *bn & bw* spits; snedig; net **puntkom'ma** kommapunt **puntlassen** techniek v. lassen waarbij met puntvormige elektroden gewerkt wordt **puntlijn** lijn v. puntjes **puntsgewijs**, **puntsgewijze** *bw* punt voor punt **puntzak** zak in vorm v.e. punt

pup *m/o* [-s] nesthond

pupil' **I** *v(m)* [-len] oogappel **II** *m-v* [-len] pleegkind; kostleerling; zeer jonge speler in bep. sporten

puppy *m* [-s] pup

puree' *v* brij v. aardappelen of vruchten; narigheid; *in de ~*, in de moeilijkheden

purgatief' *o* [-tieven] purgeermiddel **purgeer'middel** middel om te purgeren **purge'ren** laxeren

purifica'tie *v* reiniging **purifice'ren**, **purifië'ren** reinigen

puris'me *o* [-n] taalzuivering; opzettelijk vertaald vreemd woord **purist'** *m* taalzuiveraar

puriteins' *bn & bw* streng godsdienstig

purper *o & bn* paarsrood **purperen** *bn* purperkleurig **purperreiger** reiger met roodbruine veren, Lat. Ardea purpurea **purperslak** slak die vroeger voor kleurstof werd gebruikt

pur sang ‹puur sã› *bn & m* [-s] volbloed; *(fig.)* echt

purser *m* [-s] hoofd v.d. hofmeesters

pus *o/m* etter

pushen ‹poesjen› aansporen; naar voren schuiven; door goedkoop aan te bieden behoefte wekken aan; *(sport)* de bal lang bij zich houden **push-up'** *m* [ups] zich liggend met gestrekt lichaam op de armen opdrukken **push-up'beha** beha die de borsten optilt

pussen *h* etteren

put *m* [-ten] kuil; *in de ~*, terneergeslagen **putbaas** baas over polderjongens **putboor** aardboor **putgalg** toestel boven een put om water te putten **puthaak** stok waaraan de putemmer bevestigd is; *over de ~ getrouwd*, in concubinaat **putjesschepper** *m* [-s] lediger van rioolputten

put-optie recht om aandelen of valuta's in een bep. periode te verkopen tegen een vastgestelde prijs

puts *v(m)* putse

putsch ‹poetsj› *m* staatsgreep

putse, **puts** *v* [putsen] scheepsemmer **putsen** met een puts water scheppen

putten (water) halen uit

putter *m* [-s] distelvink; ploegbaas v.e. groep losse arbeiders

putwater water uit de put

puur *bn & bw* zuiver

puzzel *m* [-s] moeilijke opgave voor tijdverdrijf; probleem **puzzelaar** *m* [-s] wie puzzels oplost **puzzelen** zich met puzzels bezig houden

PVBA personenvennootschap met beperkte aansprakelijkheid

pvc polyvinylchloride

PvdA Partij van de Arbeid

PVDA"er *m-v* [-s] lid v.d. Partij van de Arbeid **PVDA'-fractie** vertegenwoordiging v.d. Partij van de Arbeid in een bestuursorgaan

PVV *(Belg.)* Partij voor Vrijheid en Vooruitgang

PW Publieke Werken; Provinciale Waterstaat

pycnicus ‹pyc=pik› *m* [-ci] pyknisch mens

pygmee ‹pigmee› *m-v* [-ën] iem. v.e. dwergvolk

pyja'ma ‹piejama› *m* [-'s] uit ruime broek en jas bestaande nachtkleding

pyknisch ‹piknies› *bn* kort en rond

pylon' ‹y=ie› *m* [-en] verplaatsbare verkeerskegel

pyloon' ‹y=ie› *m* [-lonen] toren; hoge constructie; gedenkzuil

pyrex *wm* ‹y=ie› *o* hittebestendig en chemisch resistent glas

pyriet' ‹y=ie› *o* zwavelhoudend erts

pyromaan' ‹y=ie› *m* [-manen] wie aan pyromanie lijdt **pyromanie'** *v* ziekelijke neiging om brand te stichten **pyrome'ter** *m* [-s] hittemeter **pyrotech'nicus** vuurwerkmaker **pyrotechniek'** vuurwerkerskunst

Pyrrusoverwinning ‹Pyr=pir› schijnoverwinning

pythagorisch ‹pytha=pieta› *bn* van of volgens de leer van Pythagoras; *~e tafel*, tafel v. vermenigvuldiging; *~ zwijgen*, langdurig zwijgen

python ‹pieton› *m* [-s] bep. niet-giftige wurgslang

Q

q *v(m)* [-'s] zeventiende letter van ons alfabet

q kwintaal

qat *m* [-s] struik uit Jemen waarvan het blad wordt gekauwd; **q.e.** *quod est*, wat betekent

q.e.d. *quod erat demonstrandum*, hetgeen bewezen moest worden

q.l. *quantum libet*, zoveel men wil

q.q. *qualitate qua*, als zodanig; ambtshalve

qua *bw* als, wat betreft

quad *m* [-s] vierwielige motor

quadrafonie' *v* vierkanaals stereofonie

quadrageen' *v(m)* [-genen] *(r.-k.)* 40 dagen boete; kwijtschelding van aan deze boete beantwoordende straffen in het hiernamaals

quadrangulair' ⟨ng=nG, ai=è⟩ *bn* vierhoekig

quadriljard' ⟨kwadrieljart⟩ *o* duizendmaal quadriljoen **quadriljoen'** ⟨kwadrieljoen⟩ *o* miljoen in de 4e macht

quadril'le ⟨kadrie(l)je⟩ *m/v* [-s] dans met even aantal in een vierkant tegenover elkaar geplaatste paren; troep stierenvechters; omberspel met vier personen **quadrille'ren** quadrille spelen; in een quadrille opstellen

quadriplegie' *v* verlamming v. zowel armen als benen

quadri'vium *o* de vier hogere kunsten

quadrugby ⟨kwodruGbie⟩ rugby voor rolstoelers

quadrupe'den *mv* viervoetige dieren

quadru'pel *bn* viervoudig

quaestor ⟨quae=kwee⟩ *m* [-es, -en, -s] penningmeester **quaestrix** *v* [-trices] penningmeesteres **quaestuur'** *v* ambt v. quaestor; ambtsperiode v.e. quaestor; *(Belg.)* presidium v. Kamer en Senaat

quaker ⟨kweeker⟩ *m-v* [-s] aanhanger v.e. in de 17e eeuw gestichte godsdienstige pacifistische groepering

qualifier ⟨kwollifaaier⟩ *m* [-s] wie een kwalificatiewedstrijd doorstaan heeft

qualita'te qua ambtshalve, als zodanig

quant *o* quantum; *(nat.)* kleinste eenheid v.e. natuurkundige grootheid

quarantai'ne ⟨karantène⟩ *v(m)* gedwongen verblijf in afzondering bij verdenking van besmetting **quarantai'ne-inrichting** gebouw waar personen of zaken in quarantaine moeten blijven

quark ⟨kwark⟩ *m* [-s] zeer klein atoomdeeltje van onverklaarde aard

quartair' ⟨ai=è⟩ *bn* vierde; *~e sector*, niet-commerciële dienstverlening

quasar ⟨s=z⟩ *m* [-s] onzichtbaar radiostraling gevend hemellichaam

quasi ⟨kwazie⟩ *bw* in schijn

quatertem'perdag vasten- en onthoudingsdag op woensdag en vrijdag en zaterdag bij het begin der jaargetijden

quatre-mains' ⟨katre-mẽn⟩ *m* [mv idem maar met s uitgesproken] pianostuk voor vier handen **II** *bw* met vier handen

quatsch ⟨sch=sj⟩ *m* onzin

quattrocen'to ⟨c=tsj⟩ *o* 15e eeuw als cultuurtijdperk in Italië

queeste *v* [-n] *(dicht.)* speurtocht

querulant' *m* ruziemaker

questionai're ⟨kestionèr⟩ *m* [-s] vragenlijst v.e. enquête

queue I ⟨keu⟩ *v(m)* [-s, -ën] achter uitstaand deel v.e. rok; rij v. wachtenden **II** ⟨kjoe⟩ *m* [-s] rij v. nog te behandelen gegevens **queuen** ⟨kjoewen⟩ [queude, gequeud] in een rij staan wachten

quiche ⟨kiesj⟩ *v(m)* [-s] hartige taart

quickservice ⟨kwiksurvus⟩ *als eerste deel v.e. samenstelling*: met snelle bediening of hulp **quickstep** *m* [-s] snelle eenvoudige dans in vierkwartsmaat

quidam ⟨kwiedam⟩ *m* [-s] zeker iem.; kwibus

quiëtis'me *o* passieve overgave nastrevende richting **quiëtist'** aanhanger v.h. quiëtisme

quie'to ⟨kwiejeeto⟩ *bw (muz.)* kalm

Quinquage'sima ⟨s=z⟩ *m* 7e zondag voor Pasen

quintiljard ⟨kwintieljard⟩ *o* duizendmaal quintiljoen

quintiljoen ⟨kwintieljoen⟩ *o* miljoen in de 5e macht

quitte ⟨kiet⟩ *bn & bw* gelijk

qui-vi've ⟨kievieve⟩ *op zijn ~ zijn*, op zijn hoede zijn

quiz ⟨kwiz⟩ *m* [-zen] wedkamp in kennis **quizmaster** ⟨a=aa⟩ *m* [-s] wie een quiz leidt **quizzen** [quizde, gequizd] meedoen aan een quiz; een quiz doen plaatshebben

quodlibet *o* [-s] allegaartje; flauwe woordspeling

quorum *o* [-s] minimumaantal

quota *v(m)* [-'s] evenredig aandeel

quota'tie *v* [-s] aanhaling; citaat **quote I** *v(m)* [-n] quota **II** ⟨kwoot⟩ *v* [-s] citaat **quote'ren** evenredig verdelen; merken

quotiënt' ⟨koosjent⟩ *o* delingsuitkomst

quotisa'tie ⟨s=z⟩ *v* [-s] berekening van ieders deel **quotise'ren** evenredig verdelen, ieders aandeel bepalen **quo'tum** *o* [-s, -ta] evenredig aandeel

R

r *v(m)* [-'s] achttiende letter van ons alfabet; ratelklank of daaruit ontwikkelde medeklinker
R Réaumur; *registered trade mark*, gedeponeerd handelsmerk
ra *v(m)* [ra's, raas] hout waaraan het zeil hangt
Ra *(schei.)* radium
R.A. registeraccountant
raad *m* [raden] raadgeving, oplossing; raadgevend of besturend lichaam; plaatsvervangend lid v.e. hoog militair gerechtshof; *met voorbedachten rade*, volgens een vooraf beraamd plan; *te rade gaan*, raadplegen, beraadslagen; *geen ~ weten met*, niet weten wat men moet beginnen met; *ten einde ~*, niet meer wetend wat men moet beginnen; *toen was goede ~ duur*, toen was er niet veel meer aan te verhelpen **raadadviseur** departementsambtenaar onder secretaris-generaal **raadgevend** *bn* adviserend **raadgever** *m* [-s] wie raad geeft **raadgeving** *v* raad **raadhuis** gemeentehuis
raadje *o* [-s] klein rad
raadkamer vergaderzaal of vergadering v.d. rechters **raadpensionaris** [-sen] eerste ambtenaar in Holland tijdens republiek **raadplegen** [raadpleegde, geraadpleegd] raad vragen **raadsbesluit** besluit v.e. raad; beschikking
raadsel *o* [-s, -en] wat men moet raden; duistere zaak **raadselachtig** *bn & bw* duister
raadsfractie geheel v.d. tot dezelfde partij horende leden v.d. gemeenteraad **raadsheer** *m* lid v. Hoge Raad der Nederlanden of v.e. gerechtshof; *(vero. schaakterm)* loper **raadskelder** café onder raadhuis **raadsman** [-lieden] raadgever; advocaat **raadsverslag** verslag v. raadszitting **raadsvrouw(e)** vrouwelijke raadgever; vrouwelijke advocaat **raadszetel** plaats in de gemeenteraad **raadzaal** vergaderzaal v. raad **raadzaam** *bn & bw* aan te raden
raaf *v(m)* [raven] grote zwarte kraaiachtige zangvogel met wigvormig eind v.d. staart, Lat. Corvus corax; *de raven zullen het uitbrengen*, het komt toch voor de dag; *als de raven*, brutaal; *een witte ~*, een zeldzaamheid
raagbol, **ragebol** *m* [-len] borstel aan lange stok; verward haar
raai *v(m)* uitgezette lijn **raaien** peilingen doen op een rivier **raaigras** uitstekende grassoort, Lat. Lolium perenne
raak *bn & bw* het doel treffend; hard aankomend; treffend uitgedrukt; *maar ~*, er op los; *~ gooien*, treffen met het gooien; *~ slaan*, treffen bij het slaan **raakcirkel** cirkel die met een andere één punt gemeen heeft **raaklijn** lijn die een cirkel in één punt raakt **raakpunt** punt waar een lijn een kromme raakt **raakschieten** treffen bij het schieten **raakvlak** vlak v.d. rechte lijnen die een kromme in een punt raken
raam I *o* [ramen] omlijsting; venster; houtwerk; hoofdvorm; broeiraam; kader **II** *m* raming **raamakkoord** overeenkomst in hoofdlijnen **raamantenne** antenne in raamvorm **raambiljet** affiche om voor de ramen gehangen te worden **raamprostitutie** het opvallend achter een raam zitten v.e. prostituee **raamstok** stok voor het bedienen van klepramen **raamvertelling** verhaal als omlijsting **raamwerk** *(fig.)* grote lijn **raamwet** wet die de grote lijnen aangeeft
raap *v(m)* [rapen] koolraap, knol; *(pop.) (zegsw.)* lichaam; *nu zijn de rapen gaar*, nu is de boot aan; *op zijn ~*, slaag; *voor zijn ~ schieten*, neerschieten; *recht voor zijn ~*, zonder omhaal **raapbord** bord voor pleisterwerk **raapolie** olie uit raapzaad **raapstelen** *mv* als groente gegeten bladeren v.d. meiraap **raapwerk** pleisterwerk
raar *bn & bw* eigenaardig
raasdonders *mv* grauwe erwten
raaskallen [raaskalde, geraaskald] onzin uitslaan
raat *v(m)* [raten] door bijen vervaardigd cellenbouwsel
rabar'ber *v(m)* als groente gegeten plant met grote zurig smakende bladeren en stengels v.h. geslacht Rheum
rabat' *o* [-ten] korting; smal tuinbed; sponning **rabat'ijzer** klein kalfaatijzer
rabaut', **rabauw'** *m* schooier; deugniet; grauwe renet
rabbi *m* [-'s] joods geestelijke **rabbijn'** *m* joods geestelijke **rabbijns'** *bn* van de rabbijnen; Nieuw-Hebreeuws **rabbinaal'** *bn & bw* v.e. rabbijn **rabbinaat'** *o* [-naten] waardigheid of gebied v.e. rabbijn; de rabbijnen
rabdomant' *m* wichelroedeloper **rabdomantie'** *v* kunst v. wichelroedelopen
rabiaat' *bn* razend
rabiës *v* hondsdolheid
race ‹rees› *m* [-s] snelheidswedstrijd **raceauto** wedstrijdauto **racebaan** renbaan **racefiets** wedstrijdfiets **racekak** *m (pop.)* diarree **racen** ‹reesen› [racete, geracet] zich snel voortbewegen **racestuur** fietsstuur met laag zittende handvatten
rachel, **rachter**, **rafter**, **raggel** *m* [-s] smalle plank
rachi'tis *v* bij kinderen optredende misvorming v.h. beendergestel **rachi'tisch** *bn* de verschijnselen van rachitis vertonend
rachter *zie* **rachel**
raciaal' *bn* het ras betreffende **racis'me** *o* racistisch stelsel, racistische mentaliteit **racist'** *m* met racisme behept iem. **racis'tisch** tegenover andere rassen vijandig
racket ‹rekkit› *o* [-s] van snaren voorzien slagvoorwerp bij sommige balspelen

raclet'ten als maaltijd aan tafel kaas grillen
rad I *o* [-eren] wiel; strafwerktuig om te radbraken; *een ~ voor de ogen draaien*, misleiden; *het vijfde ~ aan de wagen*, te veel II *bn & bw* snel
RAD Rijksaccountantsdienst
radar *m* waarneming door radiogolven **radarcontrole** controle v.d. snelheid v. weggebruikers met radar
radbraken [radbraakte, geradbraakt] de leden breken op een rad; verhaspelen **raddraaier** *m* [-s] belhamel
radeer'mesje *o* mesje om te raderen
radeloos *bn* wanhopig
raden [raadde, ried, geraden] raadgeven; gissen **radenrepubliek** republiek met een bestuur van vertegenwoordigers van soldaten en arbeiders
raderboot boot met schepraderen **raderdiertje** microscopisch diertje met trilhaartjes rond de bek, Lat. Rotatoria
rade'ren wegkrabben; etsen **raderwerk** in elkaar grijpende raderen; *(fig.)* inrichting **raderwieltje** *o* apparaatje om een naaipatroon over te nemen
radiaal' *bn & bw* straalsgewijs **radiaal'band** bep. autoband
radiateur' *m* [-s] radiator **radia'tie** *v* [-s] uitstraling; doorhaling v.e. post **radia'tor** *m* [-s, -en] verwarmingselement van cv; koeler v. verbrandingsmotor
radicaal' I *bn & bw* grondig, tot het uiterste gaand II *m* [-calen] wie het meest vooruitstrevend is III *o* [-calen] hoofdvereiste, grondeigenschap; diploma; *(scheik.)* in verschillende verbindingen voorkomende groep atomen **radicalis'me** *o* het tot het uiterste gaan
radi'cchio *m* ‹radiekiejo› rode slasoort
radiësthesie' *v* met een wichelroede opsporen v. stralen of water
radijs' *v(m)* [-dijzen] groente met bitter rood of wit knolletje
radio *m* [-'s] draadloze omroep; ontvangtoestel **radioactief'** *bn & bw* met radioactiviteit **radioactiviteit'** *v* uitstraling v. energie zonder uitwendige oorzaak **radiobaken** radiozendstation voor vliegtuigen **radiocarboon'methode** methode om de ouderdom van voorwerpen te bepalen op grond v.h. gehalte aan radioactieve koolstof **radiocasset'terecorder** *m* [-s] radio met ingebouwde cassetterecorder **radiochemie'** *v* scheikunde v.d. radioactieve elementen **radiografe'ren** fotograferen met radioactieve stoffen **radiografie'** *v* [-ën] fotografie met radioactieve stoffen **radiogram'** *o* [-men] radiografie; per radio overgezonden telegram **radiolamp** *v(m)* bij radio gebruikte elektronenbuis **radiologie'** *v* wetenschap v.d. radioactiviteit **radio-omroep** *m* berichtenuitzending per radio, vereniging die radioprogramma's uitzendt **radiopeiling** *v* plaatsbepaling per radio **radiopositie** plaats t.o.v. de verbinding met een radiostation **radioscopie'** *v* doorlichting met röntgenstralen **radiostation** plaats waar radio-uitzending plaats vindt **radiostilte** het niet kunnen uitzenden of ontvangen v. radiosignalen; afspraak om geen informatie te geven aan media **radiotelegrafie'** draadloze telegrafie **radiotherapie'** *v* geneeswijze door bestraling **radiotoestel** *o* ontvangtoestel
radium *o* met Ra aangeduid radioactief element; bep. lichtgevend preparaat **radiumtherapie** medische behandeling met radiumstralen
radius *m* [-sen, -dii] halve middellijn v.e. cirkel
radix *m* [-dices] *(wisk.)* wortelgetal
radja *m* [-'s] Indisch vorst
radon *o* uit radium ontstaan radioactief edelgas
radslag *(sp.) m* zijdelings ronddraaiende beweging met gespreide armen en benen **radvenster** er enigszins als spakenwiel uitziend venster
RAF *Royal Air Force*, Engelse luchtmacht; Rote Armee Fraktion
rafel *v(m)* [-s] losgeraakte draad **rafelen** loslaten; losse draden uithalen **rafelig** *bn* met rafels
raffelen schielijk en onverstaanbaar spreken
raffia *m/o* van bladeren v.e. op Madagascar voorkomende palm afkomstig vezelig product
raffinaderij' *v* inrichting om te raffineren **raffinadeur'** *m* [-s] zuiveraar **raffina'ge** ‹ag=aazj› *v* het raffineren **raffinement'** *o* te grote verfijning; sluwheid **raffine'ren** zuiveren; verfijnen
raften ‹a=aa› [raftte, geraft] met een rubberboot op een snelstromende rivier varen
rafter *zie* **rachel**
rag *o* spinrag
rage ‹raazje› *v(m)* woede; bevlieging
ragebol raagbol **ragen** schoonmaken met een raagbol
ragfijn *bn* fijn als spinrag
raglanmouw ‹reGlenmouw› mouw die tot de hals doorloopt
ragout' ‹ragoe› *m* [-s] brokjes vlees met gekruid saus
ragtime ‹reGtaim› *v(m)* [-s] gesyncopeerde dansmuziek
RAI Rijwiel- en Automobielindustrie
raid ‹reed› *m* [-s] strooptocht, expeditie; snelle aanval
rail ‹reel› *v(m)* [-s] spoorstaaf; richel; gordijnroede waar wieltjes over kunnen lopen **railauto** op rails lopende auto
raille'ren ‹rajjeeren› spotten **raillerie'** *v* [-ën, -s] scherts
raio *m-v* [-'s] rechterlijk ambtenaar in opleiding
raison' ‹rèzõn› *v* reden, recht; *à ~ van*, tegen betaling van **raisonna'bel** ‹rais=rèz› *bn* redelijk **raisonne'ren** redeneren; tegenspreken **raisonneur'** *m* [-s] tegenspreker
rak *o* [-ken] recht stuk v.e. vaarwater

R

rakelen oppoken
rakelings *bw* bijna rakend **raken** *h/z* treffen, in aanraking komen met; betreffen; geraken **rakende** *vz* betreffende
raket' *v(m)* [-ten] kruisbloemige plant met tegen de stengel liggende hauwen v.h. geslacht Sisymbrium; vuurpijl; raketbom **raket'bom** door ontploffende stoffen voortgedreven bom **raket'motor** door raketten voortgestuwde motor **raket'vliegtuig** door raketten voortgedreven vliegtuig
raki *m* brandewijn uit Turkije
rakker *m* [-s] deugniet
ral *m* [-len] loopvogel v.d. familie Rallidae
rallentan'do *bw* langzamer wordend
rally ‹rellie› *m* [-'s] sterrit; ononderbroken serie tennisslagen
ram *m* [-men] mannelijk schaap; *(pop.)* mannelijk geslachtsdeel
Ram I *m* eerste teken v.d. dierenriem **II** *m-v* [-men] wie onder dit teken geboren is
RAM *(comp.) Random Access Memory*, direct toegankelijk computergeheugen
ramadan *m* vastenmaand v. islam
rambler ‹a=e› *m* [-s] klimroos met zeer lange takken en kleine bloemen
ramen begroten
ramkraken door het met een auto rammen v. deur of pui een inbraak plegen
rammel *m* [-s] wie steeds rad praat; slaag **rammelaar** *m* [-s] kinderspeelgoed met enkele balletjes erin die kunnen rammelen; mannelijke haas, mannelijk konijn **rammelen** met schudden lawaai maken; almaar rad praten; slecht in elkaar zitten; paren **rammeling** *v* slaag **rammelkast** oud voertuig; oude piano
rammen stoten; dwarsscheeps varen op; met kracht aanrijden
rammenas' *v(m)* [-sen] grote zwarte radijs
ramp *v(m)* groot ongeluk **rampendeken** voor allerlei diensten te gebruiken stuk molton **ramp(en)toerisme** *o* het uit nieuwsgierigheid massaal bij een ramp gaan kijken
rampetampen *(pop.)* geslachtsgemeenschap hebben
rampspoed *m* tegenslag **rampspoe'dig** *bn & bw* vol tegenslag **rampza'lig** *bn & bw* noodlottig; ellendig
ramsj *m* [gmv] ongeregelde handel; handel onder de officiële prijs
ranch ‹ren(t)sj› *m* [-es] Am. grote boerderij **rancher** ‹ren(t)sjer› [-s] bewoner v.e. ranch **rancho** ‹ran(t)sjo› *m* [-s] ranch
rancu'ne *v(m)* [-s] wrok **rancuneus'** *bn & bw* haatdragend
rand *m* boord; kant; omtrek; *als eerste deel van ss in de bet.*: aan de rand voorkomend; *aan de ~ van het graf staan*, bijna dood zijn **randaarding** *v* aarding aan contactdozen **randdebiel** *m (jong.)* sufferd **randfiguur** slechts marginaal erbij horend iem. **randgebergte** gebergte aan de rand v.e. hoogvlakte **randgemeente** gemeente aan de rand v.e. grote stad **randkerkelijk** *bn* nauwelijks nog aan het kerkelijk leven deel nemend
random *ad* ~, willekeurig **randomise'ren** ‹s=z› willekeurig onderbrengen in een groep
randschrift wat op de rand te lezen is **randstaat** staat op de grens v.e. grote staat **randstad** aan de rand liggende stad of stedencomplex **randzee** grote inham in vasteland
rang *m* rij; orde; rangschikking; waardigheid; stand **rangcijfer** rangnummer
rangeerder ‹g=zj› *m* [-s] wie moet rangeren **rangeer'emplacement**, **rangeer'terrein** terrein voor het rangeren **range'ren** regelen, ordenen; van spoor wisselen
ranggetal rangtelwoord **ranglijst** volgens de rang opgestelde lijst **rangnummer** nummer dat de rang aanduidt **rangorde** orde naar de rang **rangschikken** [rangschikte, gerangschikt] ordenen **rangtelwoord** telwoord dat de plaats in een reeks aangeeft
ranja *m* [gmv] *(oorspronkelijk trademark)* oranje limonade
rank I *v(m)* klauwier; kronkelige stengel **II** *bn & bw* slank **ranken** ranken vormen; van ranken ontdoen
ranon'kel *v(m)* [-s] boterbloemachtige plant **ranon'kelachtigen** tot de familie der ranonkelachtigen horende planten
rans *zie* **ranzig**
ransel *m* rugzak v. soldaat; rug, buik, lijf; slaag **ranselen** geducht slaan
ransuil katuil met lange oorpluimen, Lat. Asio otus
rantsoen' *o* voor beperkte tijd toegekend gedeelte v.e. beperkte voorraad **rantsoene'ren** op rantsoen stellen
ranzig *bn* sterk smakend
rap I *bn & bw* vlug **II** ‹a=e› *m* [-s] (popmuziek met) ritmisch uitgesproken tekst
rapail'le ‹rappa(l)je› *o* gepeupel
rapen oprapen
rapier' *o* degen
rappel' *o* [-s] terugroeping; herinnering **rappelle'ren** terugroepen; herinneren
rappen ‹a=e› op de maat v.d. muziek tekst voordragen
rapport' *o* verslag **rapporte'ren** verslag uitbrengen, melden **rapporteur'** *m* [-s] verslaggever
rapsodie' *v* [-ën, -s] compositie op volksmelodie
rapun'zel *o/m* [-s] klokjesachtige plant, Lat. Campanula rapunculus
rarefac'tie *v* verdunning v.d. lucht door de warmte
rarigheid *v* [-heden], **rariteit'** *v* zeldzaamheid; raar iets **raritei'tenkabinet**, **raritei'tenkamer** kamer met rariteiten
ras I *o* [-sen] genetisch verwante groep; geslacht, soort; *als eerste deel van ss voor persoonsnamen in de bet.*: echt; *als eerste deel van ss voor diernamen in de bet.*: van zuiver ras **II** *bn & bw* vlug **rasecht** *bn* van zuiver

ras
rase'ren ‹s=z› met de grond gelijk maken; scheren over
rasp *v(m)* vijlwerktuig met schubbig oppervlak
raspaardje *(fig.) o* zeer knap iemand
raspen met rasp bewerken; een geluid geven als een rasp
rassendiscriminatie *v* iem. anders behandelen omdat hij v.e. ander ras is **rassenhaat** het haten v.e. ander ras **rassenjustitie** onder invloed v.h. ras v.d. beklaagde staande justitie **rassenstrijd** strijd tussen rassen
rasta(fa'ri) *m* [-'s] cultuurbeweging op Jamaica **rastahaar** kapsel met lange dunne vlechten v. ongekamd haar
raster *o/m* [-s] brede lat; rasterwerk; door lijnen of punten verdeeld vlak **rastering** *v* het rasteren; rasterwerk **rasterwerk** latwerk
raszuiver *bn* van zuiver ras
rat *v(m)* [-ten] groot muisachtig knaagdier; *van de ~ten besnuffeld* of *gebeten*, gek
rata *v(m)* evenredig deel
rataplan *m* rommel
ratatouil'le ‹ratatoeje› *v* [gmv] Frans pittig groentegerecht
ratel *m* [-s] rond een as te draaien houten klepper; mond; rammel **ratelaar** *m* [-s] ratel; plant met rammelende zaaddozen v.h. geslacht Rhinanthus **ratelconsonant** klank als de 'r' **ratelen** klepperen **ratelklikker** *m* [-s] toestel dat bij een stoplicht een ratelend geluid geeft **ratelpopulier** esp **ratelslang** Amerikaanse slang die met de staart ratelend geluid maakt **rateltikker** *m* [-s] ratelklikker
ratifica'tie *v* [-s] bekrachtiging **ratifice'ren** bekrachtigen
ratiné' **I** *o* dik krullig weefsel **II** *bn* van dat weefsel
ratio *v* rede; oorzaak, grond **rationaal'** *bn* ten volle uitrekenbaar **rationalisa'tie** *v* [-s] het rationaliseren **rationalise'ren** rationeel benaderen **rationalis'me** *o* het alleen aanvaarden van wat met de rede te achterhalen is **rationalist'** *m* aanhanger v. rationalisme **rationalis'tisch** *bn & bw* v.e. rationalist **rationeel'** *bn* redelijk
ratjetoe *m/o* stamppot; mengelmoes
rato *naar ~*, naar verhouding
rats *in zijn* (of *de*) *rats zitten*, benauwd zijn; *bw (pop.)* geheel
rattengif(t) rattenkruit **rattenklem** klem om ratten te vangen **rattenkoning** *m* nest in elkaar verwarde ratten; onontwarbaar kluwen **rattenkop** kort onregelmatig dameskapsel **rattenkruit** *o* arsenicum **rattenstaart** staart v. rat; ronde vijl **rattenval** *zie* **rattenklem**; **rattenvanger** *m* [-s] wie ratten vangt **rattenvergif(t)** rattengif
rauhfaser ‹s=z› *o* [gmv] ruw behangpapier met houtvezels
rausjen *(barg.)* stelen; hard en wild rijden
rauw *bn & bw* ongekookt; zonder huid; ruw; schor **rauwigheid** *v* [-heden] iets rauws **rauwkost** rauw toebereide groenten of vruchten
rava'ge ‹ag=aazj› *v* [-s] verwoesting
raven ‹a=ee› [ravede, geraved] aan een houseparty meedoen
ravenzwart *bn* glanzend zwart
ravigote'saus ‹gote=Got› koude saus van mayonaise en tuinkruiden
ravijn' *o* kloof
ravio'li *m* [gmv] gerecht van gevulde deegkussentjes
ravitaille'ren ‹taill=ta(l)j› v. levensmiddelen voorzien
ravot'ten stoeien
rawlplug ‹ròlpluG› *m* [-gen of -s] soort plug voor bevestiging in steen
rayon' ‹raaion› *o/m* [-s] werkterrein; gebied binnen het bereik; afdeling **II** *v & o* kunstzijde
razen tekeergaan; koken; veel lawaai maken **razend** *bn & bw* woedend; erg **razernij'** *v* dolheid
razzia ‹zz=dz› *v(m)* [-'s] klopjacht
Rb *(schei.)* rubidium
RBB Raad voor Binnenlands Bestuur
RCC Reclame Code Commissie
re *v(m)* [-'s] tweede noot v.d. diatonische toonladder
Re *(schei.)* renium
REA Raad voor Economische Aangelegenheden
reac'tie ‹re=ree› *v* [-s] het reageren; terugwerking; conservatief streven **reac'tiemotor** straal- of raketmotor **reactionair'** ‹ai=è› *m, bn & bw* conservatief
reactive'ren ‹re=ree› weer tot leven brengen
reac'tor *m* [-s, -en] toestel waarin reacties plaatsvinden
reader ‹ea=ie› *m* [-s] verzameling gepubliceerde artikelen over een onderwerp
reageer'buis ‹re=ree› buisje voor proeven **reageer'buisbaby** in een reageerbuis verwekte baby **reage'ren** terugwerking vertonen; ingaan op
rea'lia ‹re=ree› *mv* concrete zaken
realisa'tie ‹re=ree, s=z› *v* [-s] het realiseren **realise'ren** verwezenlijken; te gelde maken **realis'me** *o* werkelijkheidsleer; het weergeven v.d. werkelijkheid **realist'** *m* realistisch iem. **realis'tisch** *bn & bw* het realisme huldigend; nuchter-zakelijk **realiteit'** *v* werkelijkheid **rea'liter** *bw* werkelijk
reanima'tie ‹re=ree› *v* beademing van bewustelozen of genarcotiseerden **reanime'ren** reanimatie toepassen (op)
rebbe *m* [-n] joods godsdienstleraar of onderwijzer
rebbelen druk praten
rebel' *m* [-len] opstandeling **rebelle'ren** *h* opstandig zijn **rebellie'** *v* opstandigheid **rebels'** *bn* opstandig
rebound ‹re=rie› *m* [-s] *(sp.) in de ~*, nadat de bal was teruggesprongen
rebus *m* [-sen] beeldraadsel

R

rec. recensent
recalcitrant' ‹re=ree› *bn* weerspannig
recapitula'tie ‹re=ree› *v* [-s] het recapituleren **recapitule'ren** herhalend samenvatten
recei'ver ‹riesiever› *m* [-s] combinatie v. tuner en versterker
recensent' ‹re=ree› *m* beoordelaar **recense'ren** beoordelen **recen'sie** *v* [-s] beoordeling **recen'sie-exemplaar** *o* exemplaar voor recensent
recent' ‹re=ree› *bn* van jonge datum **recen'telijk** *bw* pas geleden
recepis' *o/v(m)* [-sen] stortingsbewijs
recept' ‹re=ree› *o* voorschrift **recep'tenboek** boek met recepten **recepte'ren** recepten klaarmaken of voorschrijven **recep'tie** *v* [-s, -tiën] plechtige ontvangst; plaats waar men de gasten of bezoekers ontvangt **recep'tiealbum**, **receptieboek** boek waarin zij die een receptie bezoeken hun handtekening plaatsen **receptief'** *bn* ontvankelijk **receptionist'** *m* [-en] wie beroepsmatig de bezoekers of gasten ontvangt en hun inlichtingen verstrekt **receptionis'te** *v* [-n, -s] vrouwelijke receptionist **receptiviteit'** *v* ontvankelijkheid **recep'tor** *m* [-s, -to'ren] eindorgaan v.e. zenuw; plaats of apparaat waar iets kan worden ontvangen
receptuur' *v* artsenijbereiding
reces' ‹re=ree› *o* tijdelijk uiteengaan **reces'sie** *v* teruggang **recessief'** *bn* overerfelijk maar niet naar voren tredend als een andere eigenschap overheerst
recet'te *v(m)* [-s] entreegelden
rechaud' ‹reesjoow› *m/o* [-s] plat toestel om warm te houden
recher'che ‹rusjerzje› *v(m)* opsporingsdienst **rechercheur'** *m* [-s] speurder
recht I *bn & bw* niet krom, gestrekt; juist, eigenlijk; van 90°; ~ *door zee gaan*, oprecht zijn; ~ *en slecht*, eerlijk en eenvoudig **II** *o* wettelijke voorschriften; toepassing ervan; wat iem. toekomt; het gerechtigd zijn; belasting; rechtswetenschap; *vast* ~, vast bedrag voor gebruik van elektriciteit of gas; *met* ~, terecht; *in en buiten ~e(n)*, voor de rechtbank en in de maatschappij **rechtaan'** *bw* rechtuit **rechtbank** *v(m)* college van rechters **rechtbuigen** buigend rechtmaken **recht'door'** *bw* recht vooruit; zonder onderbreking **recht'draads'** *bn & bw* volgens de draad; waarvan de draad doorloopt **rechte I** *v(m)* [-n] rechte lijn **II** *o* het juiste **rechteloos** *bn* zonder rechten **rechten** recht maken **rechtens** *bw* volgens recht
rechter I *m-v* [-s, *(bijz.t. -en)*] wie recht spreekt **II** *bn* niet-linker; *als eerste lid van sk in de bet.*: aan de rechterkant **rechter-commissa'ris** *m-v* [-s-commissarissen] *(jur.)* rechter die in strafzaken vooronderzoek verricht **rech'terhand'** hand v. rechterarm; steun **rechterlijk** *bn* v.d. rechter, v.d. rechtsprekende lichamen **rechterschap** *o* het rechter zijn **rechterstoel** zetel v.e. rechter **rechterzijde** rechterkant; rechtse politieke partijen
rechtgeaard *bn* rechtschapen **rechtgelo'vig** *bn* streng gelovig **rechthebbende** *m-v* [-n] wie recht heeft **rechthoek** *m* rechthoekige figuur **recht'hoe'kig** *bn & bw* met rechte hoeken, met een rechte hoek **rechthoekszijde** zijde aan de rechte hoek **recht'lij'nig** *bn & bw* een rechte lijn vormend; ongenuanceerd in het denken **rechtma'tig** *bn & bw* volgens recht **recht'op'** *bw* recht overeind **recht'op'staand** *bn* recht overeind staand
rechts I *bn & bw* van of aan of naar de rechterzijde; politiek behoudend **II** *zn zonder lidwoord* politiek behoudende groep; van de rechterkant komend verkeer **rechts'af'** *bw* naar de rechterzijde af **rechtsback** ‹a=è› *m* [-s] wie rechts in de achterhoede speelt **rechtsbedeling** ‹de=dee› *v* toepassing v.h. recht **rechtsbegrip** begrip aangaande het recht **rechtsbewustzijn** rechtsgevoel **rechtsbij'stand** hulp v.e. rechtsgeleerde **rechtsbin'nen I** *bw* rechts v.d. middenvoor **II** *m* wie rechts v.d. middenvoor speelt **rechtsbui'ten I** *bw* rechts v.d. rechtsbinnen **II** *m* wie rechts v.d. rechtsbinnen speelt
rechtscha'pen *bn & bw* eerlijk
rechtsdraaiend *bn* met de wijzers v.d. klok mee draaiend; *(scheik.)* waarbij het licht naar rechts draait; *gez. v.e. deur*: naar links openend **rechtsdwang** dwang door de rechterlijke macht **rechts-extremist** wie radicale rechtse politieke ideeën aanhangt **rechtsgebied** gebied waarover een rechtscollege de rechtspraak uitoefent **rechtsgeding** *o* proces **rechtsgel'dig** *bn & bw* wettig **rechtsgeleerd** *bn* betrekking hebbend op de studie v.h. recht **rechtsgeleerdheid** wetenschap v.h. recht **rechtsgelijkheid** hebben van gelijke rechten voor de wet **rechtsgevoel** gevoel voor recht **rechtsgrond** *m* grond voor rechtsgeldigheid **rechtshalf'** *m* [-s] speler op de rechter vleugel v.h. middenveld **rechtshandeling** daad met bedoeld rechtsgevolg **rechtshandig** *bn* van een aanleg dat men gemakkelijker de rechterhand dan de linkerhand gebruikt **rechtsherstel** herstel in rechten **rechtshulp** hulp bij verkrijgen v. recht **rechtsingang** *m* ingaan in rechten **rechtskun'dig** *bn* rechtsgeleerd, de rechtswetenschap betreffende **rechtsmacht** *v(m)* bevoegdheid v.e. rechtbank of rechter **rechtsmiddel** *o* gerechtelijk middel **rechts'om'** *bw* rechts **rechtsomkeer(t)'** *bw* naar rechts om; ~ *maken*, naar rechts omkeren **rechtsongelijkheid** *v* ongelijkheid volgens de wet **rechtsorde** ordening v.d. samenleving **rechtspersoon** *m* iets met rechtsbevoegdheid **rechtspersoonlijkheid** *v* het rechtspersoon zijn **rechtspleging** *v* uitoefening van recht **rechtspositie** positie uit juridisch oogpunt **rechtspraak** *v(m)* het rechtspreken **rechtspraktijk** *v* praktijk v. advocaat; toepassing v. recht **rechtspreken**

R

[sprak recht, rechtgesproken] gerechtelijk uitspraak doen **rechtssoevereiniteit** onafhankelijkheid v.h. recht t.o.v. de staat **rechtsstaat** staat waar recht heerst **rechtsstelsel** systeem v. rechtsregels **rechtstaal** taal v. rechtsgeleerden **rechtstan'dig** *bn & bw* loodrecht **rechtsterm** term v. rechtsgeleerden **rechtstitel** grond voor rechtsgeldigheid
recht'streeks' *bn & bw* regelrecht
rechtsvervolging het vervolgen in rechte **rechtsvordering** eis, aanklacht; stelsel v. regels die voor processen gelden **rechtswege** *van ~*, rechtens **rechtsweigering** weigering om recht te doen **rechtswezen** alles wat betrekking heeft op recht **rechtswinkel** juridisch informatiebureau op idealistische grondslag **rechtszaak** proces **rechtszaal** zaal voor rechtszittingen **rechtsze'kerheid** zekerheid dat er recht heerst **rechtszitting** zitting v. rechterlijk college
recht'toe' *bw* recht vooruit; naar behoren **recht'uit'** *bw* recht vooruit; ronduit
rechtvaar'dig *bn & bw* volgens het recht; eerlijk, deugdzaam **rechtvaar'digen** [rechtvaardigde, gerechtvaardigd] de rechtvaardigheid aantonen van **rechtverkrijgende** *m-v* [-n] wie opvolgt in andermans rechten **rechtzetten** *(fig.)* een verkeerde voorstelling vervangen door een juiste **recht'zij'dig** *bn* met één rechte zijde **rechtzin'nig** *bn & bw* streng gelovig
recidief'klachten zich herhalende klachten **recidi've** *v(m)* [-s] herhaling v. strafbaar gedrag; terugkeer v. ziekte **recidivist'** *m* misdadiger bij herhaling
recipiënt' ‹re=ree› *m* klok v. luchtpomp; ontvanger bij distillatie **recipië'ren** opnemen in een gezelschap; receptie houden; ontvangen
reciproce'ren ‹re=ree› beantwoorden **reciprociteit'** *v* wederkerigheid **recipro'que** ‹que=k› *bn & bw* wederzijds, wederkerig; waarvan het product één is

R

reci'tal ‹riesai'tul› *o* [-s] solo-uitvoering **recitatief'** **I** *o* half sprekend gezongen stuk **II** *bn & bw* half sprekend gezongen **recite'ren** opzeggen
reclamant' *m* wie klaagt, wie opeist, wie terugvordert, wie bezwaren indient **reclama'tie** *v* [-s] het reclameren
recla'me *v(m)* [-s] terugvordering; publieke aanprijzing; beklag, klacht **recla'meartikel** artikel waarmee men reclame maakt **recla'meblok** reeks van achter elkaar uitgezonden reclamespotjes
reclame'ren terugvorderen; bezwaren maken, klagen
recla'mespotje kort filmpje met reclame **recla'metekenaar** tekenaar v. reclameplaten
reclassent' voor wie de reclassering zorg draagt **reclasse'ring** *v* instantie die veroordeelden na het uitzitten van hun straf helpt terug te keren in de maatschappij en zorgt voor de begeleiding v. taakstraffen v. meerderjarigen
recogni'tie *v* [-s, -tiën] betaling voor erkenning van recht **recogni'tiegeld** geld voor recognitie
recombinant' *m* bacterie of cel met stukje DNA
recommanda'tie *v* [-s] aanbeveling **recommande'ren** aanbevelen
reconstruc'tie *v* [-s] het reconstrueren; het gereconstrueerde **reconstrue'ren** herbouwen; uit enige gegevens het vroegere geheel voorstellen
reconvalescent' ‹sc=ss› *bn* weer beter wordend **II** *m* weer beter wordend iem. **reconvalescen'tie** *v* het weer beter worden
record ‹rèkkord› *m* [-s] *(comp.)* eenheid v. bij elkaar horende gegevens
record' ‹rekòr *of* rekord› *o* [-s] het hoogste
recor'der ‹re=rie› *m* [-s] apparaat voor weergave van geluid en/of beeld
record'houder ‹rekòr-› *m* [-s] wie een record behaald heeft **record'tijd** kortste tijd **record'vlucht** vlucht in recordtijd
reco'very ‹riekuverrie› *v* [-s] verkoeverkamer
recreant' ‹re=ree› *m* [-en] wie ergens voor recreatie vertoeft **recrea'tie** *v* [-s] ontspanning **recreatief'** *bn* de recreatie betreffend **recrea'tiepark** voor recreatie ingericht terrein **recrea'tieschap** *v* [-pen] schap voor de behartiging v.d. recreatie **recrea'tiesport** niet in competitieverband beoefende sport **recreë'ren** zich verpozen
recta- *als eerste deel van ss in de bet.*: onoverdraagbaar
rectaal' *bn & bw* in of betreffende de endeldarm
rectifica'tie *v* [-s] verbetering; herhaalde distillatie **rectifice'ren** verbeteren; verder zuiveren
rector *m* [-en, -s] directeur v. school voor middelbaar onderwijs; geestelijk leider v. klooster **rectoraal'** *bn & bw* van of als de rector **rectoraat'** *o* [-raten] ambt of waardigheid of ambtsduur v. rector **rector magnificus** [rectores magnifici] voorzitter v. college v. decanen v.e. universiteit
rectoscoop' *m* [-scopen] spiegel om in de endeldarm te kijken
rectri'ce ‹ice=iese›, **rectrix** *v* [-trices] vr. rector
rectum *o* [-ta] endeldarm
reçu' **I** *o* [-'s] ontvangstbewijs **II** *bn* aanvaard
recupere'ren terugwinnen; opnieuw gebruiken; weer op krachten komen
recy'clen ‹riesaaiklen› in hergebruik brengen
red. redacteur, redactie
redacteur' *m* [-en, -s] leider v. periodiek **redac'tie** *v* [-s] de redacteuren; het onder woorden brengen; leiding v. periodiek **redactioneel'** *bn* van of betreffende de redactie **redactri'ce** ‹ice=iese› *v* [-s] vr. redacteur
reddeloos *bn & bw* niet te redden **redden** behouden; *zich ~*, het klaarspelen, in orde komen; *het ~*, het klaarspelen **redderen** op orde brengen, regelen, rangschikken **redding(s)boei** kurken ring voor redding **redding(s)boot** boot voor redding v.

schipbreukelingen
rede I *v(m)* [-n] ree II *v(m)* [-s] redevoering; uitdrukking in woorden; verstand; verstandige woorden; *in de ~ vallen*, onderbreken; *in de ~ liggen*, vanzelf spreken; *tot ~ brengen*, verstandig doen zijn **rededeel** woordsoort **redekavelen** disputeren, redeneren **redekunde** welsprekendheid **redekun'dig** *bn & bw* ontledend in zinsdelen **redelijk** *bn & bw* met verstand; billijk; tamelijk **redelijkerwijs'**, **redelijkerwij'ze** *bw* met recht **redeloos** *bn* zonder verstand
redemptorist' *m* lid v. door H. Alfonsus van Liguori gestichte congregatie
reden I *v(m)* [-en] beweeggrond, aanleiding II *v(m)* [-s] verhouding III *ww* gereedmaken, uitrusten
redenaar *m* [-s] spreker
redena'tie *v* [-s] redenering **redeneer'trant** wijze v. redenering **redene'ren** betogen, gedachten ontwikkelen
redengevend *bn & bw* reden of oorzaak of gevolg aanduidend
reder *m* [-s] scheepseigenaar **rederij'** *v* vennootschap die schepen laat varen
rederijk *bn* woordenrijk, welbespraakt **rederijker** *m* [-s] lid v. rederijkerskamer **rederijkerskamer** als gilde ingerichte vereniging met letterkundig doel
redetwist woordentwist **redetwisten** disputeren **redevoering** *v* toespraak
redhibi'tie *v* vernietiging van koop **redhibitoir'** ‹reediebietoor *of* reediebietwaar› *bn* tot vernietiging van koop
redige'ren de redactie voeren; onder woorden brengen, opstellen
redmiddel middel tot behoud
redouble'ren ‹ou=oe› een doublet verdubbelen
redres' ‹re=ree› *o* herstel **redresse'ren** herstellen
reduce'ren ‹re=ree› verminderen, herleiden **reduc'tie** *v* [-s] korting; herleiding **reduc'tieprijs** verminderde prijs
redundant' ‹re=ree› *bn* overbodig
reduplica'tie ‹re=ree› *v* [-s] verdubbeling
redzaam *bn* zich kunnende redden; handig
ree I *v(m)* [-ën] veilige ligplaats II *v(m)/o* [-ën] klein hert waarvan het mannetje weinig gewei heeft, Lat. Capreolus capreolus **reebok** mannetjesree
reeds *bw* al
reëel *bn* werkelijk; zakelijk
reef *o* [reven] *zie* **rif**
reegeit wijfjesree **reekalf** jonge ree
reeks *v(m)* rij
reep *m* [repen] strook; staaf; stuk chocola; zwaar touw, kabel
reeschaaf *zie* **reischaaf**
reet *v(m)* [reten] spleet; achterste; *geen ~*, *(pop.)* niets
ref. referent
refac'tie ‹re=ree› *v* rafactie
refecto'rium *o* [-s, -ria] eetzaal in klooster
referaat' *o* [-raten] verslag; aan een discussie voorafgaande voordracht
referee' ‹reffurrie› *m-v* [-s] *(Belgned.,sp.)* scheidsrechter
referenda'ris *m* [-sen] hoofdambtenaar
referen'dum *o* [-s, -da] volksstemming, stemming van alle leden
referent' *m* verslaggever **referen'tie** *v* [-s, -tiën] getuigenis, inlichting **referen'tiekader** geheel v. beginselen binnen een groep **refere'ren** verslag uitbrengen; *~ aan*, verwijzen naar **refer'te** *v(m)* [-s, -n] verwijzing
refla'tie *v* [-s] het vergroten v. geldcirculatie om inflatie of deflatie tegen te gaan
reflectant' *m* gegadigde **reflecte'ren** terugkaatsen; schrijven op **reflec'tie** *v* [-s] terugkaatsing; overweging **reflec'tor** *m* [-s, -en] straal- of lichtkaatser; spiegelkijker
reflex' *m* terugwerking; weerkaatsing; reflexbeweging **reflex'beweging** onwillekeurige spierbeweging **reflex'camera** camera met spiegel achter het objectief **reflexief'** I *bn* wederkerend II *o* [-flexieven] wederkerend ww
reform' *v(m)* verbetering; *op ~ stellen*, afdanken **reformateur'** *m* [-s] hervormer **reforma'tie** *v* [-s] hervorming **reformato'risch** *bn* betrekking hebbend op de reformatie **reform'beweging** beweging voor gezonde voeding en hygiëne **reforme'ren** hervormen **reform'huis** reformwinkel **reformist'** *m* wie hervorming wenst **reform'voeding** voeding volgens de reformbeweging **reform'winkel** winkel met door de reformbeweging aanbevolen waren
refractair' ‹ai=è› *bn* weerspannig II *m* [-s] dienstweigeraar **refrac'tie** *v* [-s] straalbreking **refrac'tor** *m* [-s, -en] kijker waarin licht gebroken wordt, lenzenkijker
refrein' *o* telkens herhaalde slotregel; gedicht daarmee; herhaling v. woorden
refter *m* [-s] eetzaal in klooster
refugié' ‹gié=zjee› *m* [-s] uitgewekene
refute'ren weerleggen
reg. regel; regiment
regaal' I *o* [-galen] grote drukletter II *bn* koninklijk **regale'ren** onthalen
regat'ta *v(m)* [-'s] roei- of zeilwedstrijd
regeer'akkoord overeenkomst tussen partijen die samen een regering aanvaarden **regeer'der** *m* [-s] wie regeert
regel *m* [-s, -en] schrijflijn; woorden op een lijn; gewoonte; voorschrift; *in de ~*, gewoonlijk; *tussen de ~s door lezen*, het niet gezegde uit het gezegde opmaken **regelaar** *m* [-s] iem. die of iets dat regelt **regelen** schikken; bepalen; op officieuze wijze in orde brengen; *(jong)* verleiden **regelmaat** *v(m)* orde **regelma'tig** *bn & bw* volgens vaste regels, ordelijk, gelijkmatig; op gezette tijden **regelneef**, **regelnicht** wie handig en graag organiseert **regelrecht** *bn & bw* rechtstreeks
regen *m* [-s] in druppels neerkomend water; *(fig.)* grote hoeveelheid; *na ~ komt zonneschijn*, na tegenspoed komt voorspoed

regenachtig *bn* met regen **regenbak** bak voor regenwater **regenboog** na regen verschijnende veelkleurige boog **regenboogforel** gekweekte zoetwaterforel, Lat. Salmo irideus **regenboogjacht** *o* wedstrijdjacht met het nummer onder een boog **regenboogtrui** *(sp.)* kleurige trui v. wereldkampioen wielrennen **regenboogvlies** iris **regenbui** regenvlaag **regendag** dag met veel regen **regendruppel**, **regendroppel** druppel regen **regenen** (v. regen) neervallen; regen doen neerdalen; druk neerkomen

regenera'tie ‹reegeeneraa(t)sie› *v* [-s] wedergeboorte; weer aangroeien van verloren gegane lichaamsdelen; het weer ontstaan **regenera'tor** *m* toestel om afgewerkte producten weer te gebruiken

regenfront begin van wolken waaruit het regent **regenjas** jas tegen regen **regenmantel** mantel tegen regen **regenmeter** *m* [-s] werktuig ter bepaling v.d. grootte v.e. regenval **regenpijp** buis voor afvoer v. regenwater **regenput** put voor regenwater **regenscherm** paraplu

regent' *m* bestuurder **regen'tenkamer** kamer voor de regenten **regen'tenstuk** schilderstuk waarop regenten of regentessen zijn afgebeeld **regentes'** *v* [-sen] vr. regent

regentijd tijd waarin het veel regent **regenton** ton voor regenwater

regent'schap *o* [-pen] waardigheid of ambtstijd v.e. regent; *(Ind.)* gebied v.e. regent

regenval *m* regen **regenverlet** verlet wegens regen **regenverzekering** verzekering tegen regen **regenvlaag** regenbui met wind **regenwater** regen **regenwolk** wolk waaruit het regent **regenworm** aardworm **regenwulp** snipachtige trekvogel met opwaarts gebogen snavel, Lat. Numenius phaeopus **regenzon** bleke bep. regenvoorspellende zonneschijn

R

rege'ren heersen, besturen; vereisen (v.e. naamval) **rege'ring** *v* bestuur; *(inz.)* staatshoofd met ministers; kabinet **rege'ringscoalitie** *v* [-s] nauw samenwerkende partijen in een regering **rege'ringscommissaris** door regering met een bijzondere opdracht belast iem.; wie namens de regering zitting heeft in een raad v. commissarissen v.e. BV **rege'ringspartij** partij die de regering steunt **rege'ringswege** *van ~*, door de regering

reggae ‹reGGee› *v* [gmv] Caraïbische popmuziek

regie' ‹g=g *of* zj› *v* [-s] artistieke spelleiding; staatsmonopolie **regie'assistent** helper v.d. regisseur

regi'me ‹reezjiem› *o* [-s] regeringsstelsel; leefregel

regiment' ‹reg=reeg *of* reezj› *o* legerdeel; *(fig.) een heel ~*, een groot aantal

regio ‹re=ree› *v* [-'s, -nen] gebied; streek; omgeving; provincie; sociale kring; *in hogere ~*, in hogere sociale kringen; in diepe gedachten; *de hogere ~*, de hoog op de ranglijst geplaatste sportclubs **regiolect'** *o* regionaal beperkte tussenvorm tussen vroeger dialect en standaardtaal **regionaal'** *bn & bw* gewestelijk, streek- **regionalis'me** *o* het cultiveren v. gewestelijke waarden **regionalist'** *m* aanhanger van regionalisme **regionalis'tisch** *bn & bw* volgens de beginselen v.e. regionalist **regio'nen** *mv* gebieden, streken

regisse'ren de regie hebben **regisseur'** *m* [-s] wie regisseert **regisseurs'stoel** van opzij inklapbare lichte stoel **regisseu'se** ‹euse=euze› *v* [-s] vrouwelijke regisseur

regis'ter *o* [-s] inschrijvingsboek, akteboek; inhoudsopgave; geluidsoort; *(taalk.)* niveau, taalsoort, stijl; *schoon ~*, vlekkeloos verleden **regis'teraccountant** bij het Nederlands Instituut voor registeraccountants toegelaten accountant **regis'terton** *v(m)* 2,83 m^3

registra'tie *v* het registreren; dienst daarvoor **registre'ren** inschrijven bij de registratie; geregeld aantekenen; (beschrijvend) vastleggen

reglement' ‹re=ree› *o* verordening **reglementair'** ‹ai=è› *bn & bw* volgens het reglement **reglemente'ren** aan regels onderwerpen

regres' ‹re=ree› *o* teruggang; verhaal **regres'sie** *v* [-s] teruggang **regressief'** *bn & bw* teruggaand, terugwerkend

regulair' ‹ai=è› *bn* regelmatig **regularisa'tie** ‹s=z› *v* [-s] het regulariseren **regularise'ren** regelmatig maken, reguleren; in overeenstemming brengen met de voorschriften **regulariteit'** *v* regelmatigheid **regulateur'** *m* [-s] regulator; goed gaande hangklok **regula'tie** *v* het reguleren; het corrigeren v. onregelmatigheden v.e. gebit **regulatief'** **I** *o* [-tieven] richtsnoer **II** *bn & bw* regelend **regula'tor** *m* [-s, -en] regelaar **regule'ren** regelen, regulariseren **regulier'** **I** *bn* regelmatig; tot de kloosterlingen behorend **II** *m* kloosterling

rehabilita'tie *v* [-s] het rehabiliteren **rehabilite'ren** in eer of rechten herstellen

rei **I** *m* koor, reizang; reidans, rondedans **II** *v(m)* meetlat **reidans** rondedans **reien** in koor zingen of dansen

reiger *m* [-s] ooievaarachtige vogel v.h. geslacht Ardua **reigersbek** *m* plant met op een reigerhals lijkend vruchtbeginsel v.h. geslacht Erodium

reiken aanreiken; zich uitstrekken tot **reikhalzen** zeer verlangen **reikwijdte** afstand waarover men kan reiken; *(fig.)* draagwijdte

reilen *zoals het reilt en zeilt*, met al wat erbij komt

rein *bn & bw* zuiver; *in het ~e*, in orde

reïncarna'tie *v* [-s] wedergeboorte

reine-clau'de ‹ei=è, au=oo› *v(m)* [-s] zoete geelgroene pruim

reinigen zuiveren **reiniging** *v* het reinigen; reinigingsdienst

reïnterpre'teren een nieuwe uitleg geven
reis *v(m)* [reizen] tocht; maal; *als eerste deel van ss vaak in de bet.*: voor op reis **reisbeurs** beurs voor studiereis **reisbiljet** bewijs van betaling voor een reis **reisbureau** bureau dat reizen regelt
reischaaf, **reeschaaf** grote lange schaaf
reis- en krediet'brief gewaarborgde cheques ter betaling bij pech onderweg **reisgelegenheid** vervoermiddel voor reizigers **reisgenoot** *m* wie mee reist **reisgezelschap** personen die samen een reis maken of met wie men reist **reisgids** boekje met gegevens voor een bep. reis **reiskostenforfait** ‹ai=è› *o* als reiskosten geschat bedrag dat men volgens de fiscus mag aangeven **reisleider** *m* [-s] wie tijdens een groepsreis praktische zaken regelt en informatie geeft **reisleidster** *v* [-s] vrouwelijke reisleider **reispas** paspoort **reisvaar'dig** *bn* klaar voor de reis **reisvereniging** vereniging die voor de leden reizen organiseert **reiswijzer** *m* [-s] reisgids
reizen een reis maken; handelsreiziger zijn **reizend** *bn* van plaats tot plaats gaand **reiziger** *m* [-s] wie reist; handelsreiziger
rek **I** *m* [-ken] rekbaarheid, veerkracht; lange poos **II** *o* [-ken] latwerk om iets op te plaatsen of in te hangen; rekstok **rekbaar** *bn* te rekken
rekel *m* [-s] mannelijke hond of vos of wolf; vlegel
rekenaar *m* [-s] wie rekent **rekenboek** boek waaruit men leert rekenen **rekenbord** bord voor rekenwerk **rekencentrum** plaats waar voor anderen met computers gewerkt wordt **rekeneenheid** eenheid waarvan men zich bij berekeningen bedient **rekenen** sommen maken; beschouwen; geld vragen; ~ *op*, vertrouwen op; *door elkaar gerekend*, gemiddeld **rekenfout** fout in de berekening
rekening *v* nota; verantwoording; ~ *houden met*, in acht nemen; *per slot van* ~, ten slotte; *op* ~, in mindering; *in* ~ *brengen*, doen betalen; *voor* ~, ten laste, ter verantwoording; ~ *en verantwoording afleggen*, zich verantwoorden voor zijn geldelijk beheer **rekening-courant'** ‹ou=oe› *v* [-en-courant] lopende rekening **rekeninghouder** *m* [-s] wie een rekening heeft **rekeningrijden** *o* systeem waarbij elektronisch een bedrag voor deelname aan het verkeer berekend wordt
Rekenkamer staatscollege voor financiële controle **rekenkunde** *v* wetenschap van of werken met getallen **rekenkun'dig** *bn & bw* betreffende of volgens de rekenkunde **rekenles** les in rekenen **rekenliniaal** schuifliniaal voor rekenkundige bewerkingen **rekenmachine** machine voor berekeningen **rekenmunt** niet bestaande munt waarin geldswaarden worden uitgedrukt **rekenplich'tig** *bn* financieel verantwoordelijk **rekenraam** telraam **rekenschap** *v* verantwoording; *zich* ~ *geven van*, zich de betekenis duidelijk maken van **rekenschijf** schijf met draaibaar middenstuk om mee te rekenen **rekenschrift** schrift voor sommen **rekensom** som **rekenvel** *(comp.)* boekhoudkundig programma
rekest', **rekwest** *o* verzoekschrift **rekestrant'**, **rekwestrant** *m* indiener v.e. rekest **rekestre'ren**, **rekwestreren** een rekest indienen
rekkelijk *bn & bw* rekbaar; inschikkelijk **rekken** *h/z* uitrekken; lang laten duren; harddraven
rekrute'ren werven **rekruut'** *m* [-kruten] onafgericht soldaat
rekstok horizontale staaf voor gymnastische oefeningen **rekverband** verband om een lichaamsdeel gerekt te houden
rekwest- *zie* **rekest-**
rekwirant' ‹re=ree› *m* wie iets eist **rekwire'ren** eisen, opeisen
rekwisie'ten ‹reekwiezieten› *mv* benodigdheden **rekwisiteur'** *m* [-s] wie voor de rekwisieten zorgt **rekwisi'tie** *v* [-s] het rekwireren
rekwisitoor' *zie* **requisitoir**
rel *m* kwaadwillige actie om opschudding te veroorzaken
relaas' *o* [-lazen] verslag, verhaal, vermelding
relais' ‹relè› *o* [mv idem] pleisterplaats, wisselplaats; toestel voor inschakeling van stroom **relais'zender** zender om te relayeren
relate'ren ~ *aan*, in verband brengen met **rela'tie** *v* [-s] vaste verhouding; betrekking; verband; samenhang **relatief'** **I** *bn & bw* betrekkelijk **II** *o* [-tieven] betrekkelijk voornaamwoord **rela'tiegeschenk** geschenk ter bevordering v.e. goede zakelijke relatie
relative'ren de betrekkelijkheid inzien van **relativis'me** *o* leer of houding die alle kennis als betrekkelijk ziet **relativiteit'** *v* betrekkelijkheid; *(nat.)* het alleen bestaan t.o.v. iets anders
rela'xen ‹rieleksen› zich lichamelijk geheel ontspannen; een prostituee bezoeken
relaye'ren een uitzending opvangen en versterkt doorgeven
release' ‹rielies› *m* uitgifte van nieuwe grammofoonplaat of cd of film **relea'sen** [releaste, gereleast of releasde, gereleasd] (een cd of film) uitbrengen
relevant' *bn* belangrijk
releve'ren doen uitkomen; ontheffen; vrijspreken
relict' *o* overblijfsel
reliëf' *o* het uitkomen boven; het op de voorgrond treden; uitspringend beeldhouwwerk; ~ *geven*, doen uitkomen **reliëf'druk** brailledruk **reliëf'kaart** in reliëf uitgevoerde plattegrond **reliëf'stip** blindenstip
reliek' *v & o* relikwie **reliek'schrijn** *o/m* mooie kist met relieken
reli'gie *v* [-s, -giën] godsdienst **religieus'** *bn & bw* godsdienstig **religieu'ze** *v* [-n, -s]

(klooster)zuster

relikwie' *v* [-ën] vereerd overblijfsel

reling *v(m)* leuning v.d. verschansing v.e. dek v.e. schip

relipop religieuze popmuziek **relizapper** *m* [-s] wie kort en hevig verschillende godsdiensten aanhangt

relschopper *m* [-s] wie een rel veroorzaakt

rem *v(m)* [-men] toestel om te remmen; belemmering; eenheid van radioactieve straling

REM Reclame- en Exploitatiemaatschappij; *rapid eye movement*, snelle oogbewegingen (tijdens de slaap) **remafstand** afstand waarbinnen een voertuig bij remmen tot stilstand komt **rembekrachtiging** remvermogen vergrotend remonderdeel **remblok** *o* [-ken] blok om mee te remmen

rembours' ‹rãmboers› *onder ~*, zo dat bij ontvangst waarde en vracht moeten worden voldaan

reme'dial teacher ‹rummiediejul tietsjer› *m* [-s] leraar met therapeutische oogmerken **reme'dial teaching** *v* het leren met therapeutische oogmerken

reme'die *v & o* [-s] middel; speelruimte voor munten

remgeld *(Belgned.)* eigen bijdrage

remigrant' ‹re=ree› *m* naar het vaderland terugkerende emigrant

remin'der ‹riemainder› *m* [-s] wat iemand aan iets moet herinneren

reminiscen'tie *v* [-s] herinnering

remi'se ‹remieze› *v* [-s] overmaking; onbesliste partij; wagenloods

remis'sie *v* [-s] korting; terugzending; opheffing v.e. verbod; vermindering

remittent' overmaker van geld; eerste wisselhouder of ontvanger **remitte'ren** terug- of overzenden, overmaken; kwijtschelden; minderen

remlicht licht dat aangaat bij remmen **remmen** de beweging verminderen; *(fig.)* belemmeren **remming** *v* psychische belemmering

remonstrant' *m* volgeling van Arminius **remonstrants'** *bn & bw* van of volgens de leer v.d. remonstranten

remoula'desaus ‹ou=oe› saus v. mayonaise met mosterd en tuinkruiden

remous' ‹remoe› *m* [mv idem maar met s uitgesproken] luchtstoot

remover ‹riemoever› *m* [-s] vloeistof om nagellak of oogmake-up te verwijderen

remplaçant' ‹em=ãm› *m* plaatsvervanger

remschoen boogvormig remblok **remschoenspoor** spoor v.e. geremd wiel **remschoenvoering** *v* bekleding v.d. binnenkant v.e. remblok of remschoen

remslaap slaap met snelle oogbewegingen

remweg afstand die men nog aflegt voor een voertuig bij remmen stilstaat

ren I *m* [-nen] snelle loop **II** *v(m)* [-nen] hok om in te lopen

renaissan'ce ‹renessãnse› *v(m)* herleving; stijlvernieuwing in en rond de 15e eeuw

renbaan plaats voor wedrennen **renbode** koerier

renda'bel *bn* voldoende winstgevend **rendabiliteit'** *v* het rendabel zijn **rendement'** *o* winst; nuttig effect **rende'ren** rendabel zijn

rendez-vous' ‹rãndeevoe› *o* [mv idem] afgesproken ontmoetingsplaats of bijeenkomst

rendier hertachtig dier uit noordelijke streken, Lat. Rangifer tarandus **rendiermos** grijsgroen korstmos met vertakte steeltjes, Lat. Cladonia rangifera

renegaat' *m* [-gaten] afvallige, overloper

renet' *v(m)* [-ten] goudrenet

rennen hard lopen **renner** *m* [-s] wie als sport hard rent of rijdt

renommee' *v* reputatie

renon'ce *v (kaartspel)* het niet hebben v.d. gevraagde kleur **renonce'ren** de gevraagde kleur niet hebben; van iets afzien

renova'tie *v* [-s] vernieuwing **renove'ren** vernieuwen

renpaard paard voor wedrennen

rens *bn* rins

renstal stal met renpaarden; iemands verzameling renpaarden

rentabiliteit' *v* het rente of winst opleveren

rente *v(m)* [-n, -s] periodieke opbrengst v. geleend geld **renteaftrek** *m* fiscaal aftrekbaar bedrag aan rente **rentegevend** *bn* rente opleverend **renteloos** *bn & bw* zonder rente op te leveren **renten** rente opleveren **rentenier'** *m* [-s] wie van zijn renten leeft **rentenie'ren** van zijn rente leven; niets uitvoeren **renteschuld** onbetaalde rente **rentespaarbrief** obligatie die na een bep. tijd met steeds hogere rente wordt afgelost **rentestandaard**, **rentevoet** rentebedrag **rentesubsidie** overheidssubsidie in de vorm v.e. dikwijls gedeeltelijke rentebetaling

rentmeester [-s] beheerder v.e. landgoed **rentmeesterschap** *o* het rentmeester zijn

rentree' ‹rãntree› *v* [-s] hervatting van werkzaamheden

renuncia'tie *v* [-s] afstand

renvooi' ‹rãnvooi› *o* verwijzing, kanttekening **renvooieren** verwijzen

reorganisa'tie ‹re=ree, s=z› *v* [-s] het reorganiseren **reorganise'ren** anders inrichten

rep *in ~ en roer*, in opschudding

repara'bel *bn* herstelbaar **reparateur'** *m* [-s] hersteller **repara'tie** *v* [-s] herstelling **repare'ren** herstellen

reparti'tie *v* [-s] omslag

repasse'ren doorlopen; regelen

repatrië'ren *h/z* naar het vaderland (doen) terugkeren

repel *m* [-s] vlaskam; reppel; smalle strook **repelen** hekelen

repercus'sie *v* [-s] terugkaatsing; tegenmaatregel

repertoi're ‹toir=twaar› *o* [-s] lijst v. stukken **repertoi'restuk** stuk v. vast repertoire **reperto'rium** *o* [-ria, -s] register; beknopt naslagwerk

repeteer'geweer snelvuurgeweer **repeteer'wekker** wekker die met tussenpozen enkele malen afloopt **repetent'** *m* zich herhalende factor; wie bij een repetitor studeert **repete'ren** herhalen; instuderen; een repetent bezitten **repeti'tie** *v* [-s] herhaling; oefening voor een opvoering; proefwerk **repeti'tor** *m* [-s, -en] wie met een student voor een examen repeteert

replay ‹rieplee› *m* [-s] *(sp.)* opnieuw gespeelde wedstrijd om tot een beslissing te komen; het opnieuw vertonen v.e. beeld- of geluidsfragment

re'plica *v* [-'s] door de kunstenaar gemaakte kopie **replice'ren** ‹re=ree› antwoorden **repliek'** *v* antwoord

reporta'ge ‹ag=aazj› *v* [-s] verslaggeving; werkelijkheidsgetrouw overzicht van actuele gebeurtenissen **reporta'gewagen** wagen voor reportage **repor'ter** ‹rieporter› *m* [-s] verslaggever

repoussoir' ‹reepoeswaar› *o* [-s] wat op een schilderij iets anders meer doet uitkomen

reppen vlug bewegen; gewagen; *zich* ~, zich haasten

represail'le ‹repreeza(l)je› *v(m)* [-s], **represail'lemaatregel** wraakmaatregel

representant' ‹s=z› *m* vertegenwoordiger **representa'tie** *v* [-s] vertegenwoordiging **representatief'** *bn* vertegenwoordigend; typerend; geschikt om te vertegenwoordigen **represente'ren** vertegenwoordigen

repres'sie *v* [-s] onderdrukking **repressief'** *bn & bw* beteugelend

repriman'de *v(m)* [-s] berisping

repri'se ‹reprieze› *v* [-s] herhaling

repro ‹reepro› *m* [-'s] reproductie

reproba'tie *v* [-s] afkeuring

reproduce'ren opnieuw voortbrengen; nabootsen **reproduc'tie** *v* [-s] het reproduceren; nabootsing **reproductief'** *bn* reproducerend **reprografie'** *v* reproductie van wat geschreven of gedrukt is **reprorecht** regelgeving betreffende het fotokopiëren v. boeken en tijdschriften

reptiel' *o* kruipend dier

republiek' *v* regeringsvorm of staat zonder vorst **republikein'** *m* voorstander van republiek **republikeins'** *bn & bw* als v.e. republiek of de republikeinen

repuls' *v(m)* afwijzing **repul'sie** ‹s=z› *v* [-s] afwijzing

reputa'tie ‹re=ree› *v* [-s] naam; faam

requiem ‹reekwiejem› *o* [-s] eeuwige rust **requiemmis** dodenmis

requisitoir' ‹toir=toor› *o* [-s] eis v.h. Openbaar Ministerie

rescript' *o* schriftelijk bescheid **rescrip'tie** *v* [-s] schriftelijke last tot inning of uitbetaling

research ‹riesurdzj› *m* wetenschappelijk onderzoek

reseda ‹s=z› *v(m)* [-'s] bep. plant met gele bloemtros **II** *o* grijsachtig groen

reservaat' ‹s=z› *o* [-vaten] gebied waarop iets oorspronkelijks in stand gehouden wordt

reser've ‹s=z› *v(m)* [-s] noodvoorraad; voorbehoud; *als eerste deel van ss in de bet.*: om als reserve te dienen, opzij gelegd **reser'vebank** bank voor reservespelers; *op de ~ zitten*, niet zijn opgesteld in het spelende team **reser've-eenheid** groep die gereed wordt gehouden om voor diensten ingezet te worden **reserve'ren** voorlopig achterhouden; bespreken; bewaren **reservist'** *m* iem. v.d. reservetroepen **reservoir'** ‹rezervwaar› *o* [-s] vergaarbak

reshuf'felen ‹riesjuffelen› [reshuffelde, gereshuffeld] opnieuw ordenen of verdelen

resident' *m* ‹s=z› gevolmachtigde; voormalig vanwege het Nederlands gezag aangesteld bestuursambtenaar in Indonesië **residen'tie** ‹s=z› *v* [-s] thuisplaats; residentiestad; ambtsgebied v.e. resident **residen'tiestad** hofstad **resident'schap** *o (gesch.)* waardigheid of ambtsgebied v.e. resident **reside'ren** verblijf houden

residu' ‹s=z› *o* [-'s, -en] overblijfsel, overschot

resigna'tie ‹gn=nj› *v* [-s] berusting; ontslagindiening **resigne'ren** berusten; ontslag indienen; *zich* ~, berusten

resi'ne *v & o* hars

resistent' ‹res=reez› *bn* weerstand kunnende bieden, niet te verdelgen **resisten'tie** *v* weerstandsvermogen; resistent zijn **resiste'ren** weerstaan

resolu'tie ‹s=z› *v* [-s] besluit; mate van beeldfijnheid **resoluut'** *bn & bw* beslist **resolve'ren** beslissen

resonan'tie ‹s=z› *v* [-s] het resoneren **resona'tor** *m* [-s, -en] toestelletje ter versterking v. bijtonen **resone'ren** meeklinken

resorbe'ren ‹s=z› opslorpen **resorp'tie** *v* het resorberen

resp. respectievelijk

respect' *o* ontzag **respecta'bel** *bn & bw* achtenswaardig **respecte'ren** eerbiedigen **respectief'** *bn* onderscheiden **respectie'velijk** *bw* onderscheidenlijk

respijt' *o* uitstel; *zonder* ~, zonder onderbreking

respira'tie *v* [-s] ademhaling; verademing **respira'tor** *m* [-s, -en] toestel om de ademhaling beter te doen geschieden **respire'ren** ademhalen

respondent' wie respondeert **responde'ren** antwoorden op vragen, inz. bij enquête of college

respons' *o/v(m)* weerklank **responsa'bel** ‹s=z› *bn* verantwoordelijk **responsabiliteit'** ‹s=z› *v* verantwoordelijkheid

ressentiment' *o* wrok

ressort' **I** ‹ort=òr› *o* [-s] springveer **II** ‹ort=ort› *o* (gezags)gebied **ressorte'ren** ~ *onder*, behoren tot gebied of werkkring van **ressorts'parket** *o (jur.)* kantoor v.h. O.M. bij een gerechtshof

rest *v(m)* overschot; het overige **restant'** *o* overschot

restaurant' ‹restoorãn *of* -rant› *o* [-s] eethuis,

eetgelegenheid **restaurateur'** *m* [-s] hersteller; houder van restaurant **restaura'tie** *v* [-s] herstel, herstelling; eet- en drinkgelegenheid **restaura'tiewagen** voor consumpties ingericht spoorrijtuig **restaure'ren** herstellen

resten, **reste'ren** *z* overblijven

restgetal *(wisk.)* rest na deling v.e. getal

restitue'ren vergoeden **restitu'tie** *v* [-s] terugbetaling, vergoeding

restor'no *m* [-'s] ristorno

restric'tie *v* [-s] beperking, voorbehoud **restrictief'** *bn* beperkend

restzetel op grond v. stemmenoverschot toegekende zetel

resultaat' ‹s=z› *o* [-taten] uitslag **resultaat'voetbal** *o* niet op een aantrekkelijk kijkspel, maar uitsluitend op een zo gunstig mogelijke uitslag gerichte speelwijze **resultan'te** *v(m)* [-n] door samenwerking v. krachten ontstane kracht **resulte'ren** *h ~ in*, uitlopen op

resumé' ‹s=z› *o* [-s] overzicht **resume'ren** ‹s=z› kort samenvatten **resump'tie** ‹s=z› *v* [-s] korte samenvatting

resusfactor ‹s=z› *m* antigeen in het bloed **resusnegatief'** *bn* zonder de resusfactor **resuspositief'** *bn* met de resusfactor

reta'bel *v(m)/o* [-s] achteropstand v. altaar

retarde'ren vertragen

reten'tie *v* recht om de zaak die men van iem. anders vasthoudt pas terug te geven wanneer die ander zijn schuld voldoet; het in het lichaam vasthouden v. stoffen die eigenlijk afgescheiden moeten worden

reticen'tie *v* verzwijging

retina *v(m)* [-'s] netvlies

retiniet' *o* gele aardhars

retira'de *v* [-s] terugtocht, vlucht; wc **retire'ren** *zich ~*, zich terugtrekken

retor *m* [-s, -en] redenaar **reto'rica**, **retoriek'** *v* leer der welsprekendheid **reto'risch** *bn* redekunstig; bombastisch

retor'sie ‹s=z› *v* [-s] vergelding

R

retort' *v(m)* distilleervat; gloeibuis

retou'che ‹retoesj› *v(m)* [-s] bijwerking, verbetering; bijgewerkte plaats **retouche'ren** opwerken

retour' ‹ou=oe› *m* [-s] terugvracht, terugreis, terugzending **II** *o* [-s] retourbiljet **III** *bw* terug **retour'biljet** kaartje voor heen- en terugreis **retour'handel** ruilhandel **retour'kaartje** retourbiljet **retourne'ren** terugzenden **retour'vracht** vracht voor terugreis

retraitant' ‹ai=è› *m* deelnemer a. retraite **retrai'te** *v(m)* [-s] terugtocht; tijdelijke afzondering **retrai'tehuis** inrichting voor retraites

retribue'ren vergoeden **retribu'tie** *v* [-s] vergoeding; betaling voor overheidsdiensten

retrie'ver *m* [-s] Engels veehoedershonden- en jachthondenras

retroflec'tie *v* weerkaatsing v. licht **retrofle'xie** *v* het achterover buigen **retrogra'de I** *v* [-s] kreeftdicht, vers dat ook achterstevoren gelezen kan worden **II** *bn* terugwerkend, waarbij de woorden van achter naar voor zijn gealfabetiseerd **retrogres'sie** *v* [-s] terugval **retrospectief'** *bn* terugblikkend

retsi'na *m* harswijn uit Griekenland

rettich ‹rettieg› *m* [-s] witte langwerpige rammenas

return' ‹re=rie› *m* [-s] het terugslaan v.e. bal; tweede wedstrijd tegen dezelfde tegenstander

reu *m* mannelijke hond of vos of wolf

reuk *m* reukzin; geur; roep; *als eerste deel van ss vaak in de bet.*: (bep.) welriekend; *er is ~ noch smaak aan*, er is niets aantrekkelijks aan; *in de ~ staan van*, de naam hebben van **reukaltaar** altaar waarop reukoffers ontstoken worden **reukoffer** verbranding v. welriekende stof als offer **reukwerk** welriekende stof

reuma *o*, **reumatiek'** *v* ziekelijke spier- en gewrichtspijn **reuma'tisch** *bn* aan reumatiek lijdend; tengevolge van reumatiek **reumatologie'** *v* specialisme inzake reumatische aandoeningen

reünie' *v* [-s] gezellige bijeenkomst na geruime tijd **reünist'** *m* oud-lid dat een nauwe band wenst

reus *m* [-reuzen] abnormaal groot iem. of iets **reusach'tig** *bn & bw* buitengewoon groot

reut *(pop.) ouwe ~*, oude rommel; *de hele ~*, de hele boel; *met de hele ~*, met zijn allen

reutel *m* [-s] het reutelen; *op de ~*, op krediet **reutelen** rochelen; zeuren

reutemeteut *(pop.) de hele ~*, de hele zwik; allen

reuze *(pop.) bn & bw* (ook als voorvoegsel); reusachtig fijn

reuzel *m* bladvet; gesmolten bladvet

reuzen- *als eerste deel v.e. ss in de bet.*: van een bep. grote variëteit of zeer groot **reuzenrad** *o* groot wiel met zitmogelijkheden als kermisvermakelijkheid **reuzenzwaai** *m* het geheel gestrekt omzwaaien aan de rekstok

reuzin' *v* [-nen] abnormaal grote vrouw

revalida'tie ‹re=ree› *v* het lichamelijk geschikt maken v.e. invalide voor de maatschappij **revalide'ren** weer valide worden; weer valide maken

revalua'tie *v* [-s] opwaardering v.h. geld

revan'che ‹revânsj› *v(m)* [-s] wraak; kans om het verlorene terug te winnen; genoegdoening voor een nederlaag **revanche'ren** *zich ~*, revanche nemen

reveil' ‹ruvvij› *o* opwekking tot vernieuwing **reveil'le** ‹ruvvije› *v(m)* weksignaal

revela'tie *v* [-s] onthulling, ontdekking

reven (de zeilen) inkorten of geheel inplooien

revenu' I *o* [-en, -'s] opbrengst **II** *mv* inkomsten

reveren'tie *v* [-s] eerbied; eerbiedige buiging; eerbiedsbetuiging

revers' ‹ruvvèr› *m* [revers] ‹ruvvèrs› achterzijde; omgeslagen rand **reversi'bel** *bn* omkeerbaar

revide'ren herzien
revier' *o* terrein **revie'ren** een terrein afzoeken
revindica'tie *v* [-s] opvordering van eigendom
revise'ren ‹s=z› nazien en zo nodig herstellen **revi'sie** ‹s=z› *v* [-s] herziening; tweede drukproef **revisionis'me** *o* streven naar herziening **revisionist'** *m* aanhanger v.h. revisionisme **revisionis'tisch** *bn & bw* van of kenmerkend voor het revisionisme **revi'sor** *m* [-s, -en] naziener
revi'val ‹rievaivul› *m* herleving
revoca'tie *v* herroeping
revoir' *au* ~, ‹oo revwaar› tot ziens
revoltant' *bn* weerzinwekkend **revol'te** *v* [-s] opstand **revolte'ren** *h* in opstand komen of brengen
revolu'tie *v* [-s] omwenteling **revolu'tiebouw** onsolide bouw **revolutionair'** ‹ai=è› *bn & bw* omwentelingsgezind **II** *m* omwentelingsgezinde
revol'ver *m* [-s] pistool met draaiend magazijn; draaibare verstelinrichting **revol'verspuit** op een revolver lijkende spuit om mee te verven **revol'vertang** werktuig om mee te ponsen
revue' ‹revu› *v(m)* [-s] wapenschouw; tijdschrift; los samenhangend en gevarieerd en op actualiteiten zinspelend toneelspel; *de ~ laten passeren*, achtereenvolgens bekijken
rez-de-chaussee' ‹ree-de-sjoosee› *m* [-s] gelijkvloerse verdieping
RGD Rijksgebouwendienst; Rijks Geneeskundige Dienst
Rh *(schei.)* rodium
RIAGG Regionaal Instituut voor de Ambulante Geestelijke Gezondheidszorg
riant' *bn & bw* gunstig, schitterend gelegen
rib, **ribbe** *v(m)* [ribben] boogvormig been v.d. borstkas; ribstuk; gebogen stuk hout v.e. scheepsromp; dunne balk; kantlijn; *een ~ uit iemands lijf*, een grote uitgave
ribbel *v(m)* [-s] verhoogde streep
ribbenkast de ribben; *(pop.)* lichaam; *op de ~*, slaag **ribbenstoot** stoot in de ribben **ribbenstuk** *zie* **ribstuk**
ribbroek broek van ribfluweel **ribcord** *m&o (stofn.)* ribfluweel met grove ribbels
ribes *m* [-sen] sierheester met rozerode bloemen
ribfluweel stof met ribbeltjes
ribstuk, **ribbenstuk** runderrib
richel *v(m)* [-s] lat; strook, rand
richtdatum datum die men voor de voltooiing nastreeft **richten** recht maken; in een rechte lijn komen of brengen; naar een bep. kant stellen; wenden, keren, zenden; *zich ~*, zich schikken; *het woord ~ tot*, toespreken
richting *v* het richten; stand of beweging naar een bep. kant; te volgen weg; wending; zijde; gezindheid, partij **richtingaanwijzer** *m* [-s] knipperlicht aan auto's om verandering v. richting aan te geven
richtlijn lijn om de richting aan te geven; aanwijzing hoe men te werk moet gaan **richtlood** schietlood **richtprijs** prijs waarnaar men zich moet richten **richtsnoer** iets waarnaar men zich richt
rici'nus *m* [-sen], **rici'nusboom** wolfsmelkachtige plant waarvan de zaden een purgerende olie opleveren
ricoche'ren ‹ch=sj› *h* op- en verder springen **ricochet'schot** schot waarbij de kogel ricocheert
ridder *m* [-s, *(bijz.t. -en)*] wie de ridderslag gekregen heeft; wie een ridderorde gekregen heeft; iem. met de laagste adellijke titel; wie zich tegenover een vrouw hoffelijk gedraagt **ridderen** tot ridder slaan; een ridderorde verlenen **ridderkruis** kruis als ereteken v.e. ridderorde **ridderlint** lint aan een ridderorde; ridderorde **ridderorde** *v(m)* [-n, -s] door het staatshoofd verleende onderscheiding; vereniging van ridders **ridderroman** *(gesch.)* gedicht over ridderavonturen **ridderschap I** *v* [-pen] de ridders **II** *o* het ridder zijn **ridderslag** slag waarmee men iem. in de ridderstand opneemt **ridderspoor** *v(m)* [-sporen] ranonkelachtige plant met blauwe of witte of roze bloemen, Lat. Delphinium **ridderzaal** grote zaal in een kasteel
ridiculise'ren belachelijk maken **ridicuul'** *bn & bw* belachelijk
riedel *m* [-s] melodietje; geregeld terugkerende leus
riek *m* in de landbouw en veeteelt gebruikte vork met meer dan twee tanden
rieken *(plecht.)* ruiken
riem *m* leer; roeispaan; 480 of 500 vel; *het is goed ~en snijden uit andermans leer*, het is gemakkelijk op kosten v.e. ander gul te zijn; *men moet roeien met de ~en die men heeft*, men moet zich weten te behelpen **riemen** met riemen vastmaken; riemen maken **riemschijf** schijf waarover een riem zonder eind loopt **riemslag** slag met een riem
riesling *m* [-s] witte wijn uit Moezelstreek
riet *o* in water of moeras hoger dan gras groeiende stevige schilferige plant; *in het ~*, in de war **rietdekker** *m* [-s] wie rieten daken maakt **rieten** *bn* van riet; met rieten zitting **rietgans** wilde gans met donkere kop, Lat. Anser fabalis **rietgors I** *v(m)/o* [-gorzen] met riet begroeid gors **II** *v(m)* [-gorzen] vinkachtig vogeltje met zwarte kop, Lat. Emberiza schoeniclus **rietgras** op riet lijkende plant, Lat. Phalaris arundinacea **rietje** *o* stukje rietstengel of wat er op lijkt **rietkolf** knobbel waaruit het riet komt **rietkraag** rand v. riet **rietsuiker** suiker uit suikerriet **rietvoorn** ruisvoorn **rietzanger** [-s] in riet nestelende zangvogel, Lat. Acrocephalus schoenobaenus **rietzodde**, **rietzudde** *v(m)* [-n] drijvende klomp omhooggekomen waterplanten
rif I *o* [-fen] klip, koraalbank; geraamte **II** *o*

[reven] inslag v.e. zeil
rigi'de *bn & bw* star **rigoris'me** *o* overstrenge opvatting **rigoureus'** ‹ou=oo *of* oe› *bn & bw* streng **rigueur'** ‹rieGeur› *v(m)* strengheid; *de ~*, strikt noodzakelijk
rij *v(m)* reeks; reeks zetels; lat; gelid; *huis in een rijtje*, ingesloten niet-karakteristiek huis
rijbaan baan om op te rijden **rijbewijs** bewijs v. rijvaardigheid **rijbroek** nauwe broek voor paardrijders **rijdek** dek voor voertuigen **rijden** [reed, gereden] zich met een dier of voertuig voortbewegen; zich als voertuig voortbewegen; geankerd stampen; slechte antwoorden geven; (v. Sinterklaas) brengen; *~ en omzien*, twee dingen tegelijk doen; *visites ~*, rondrijden om bezoeken af te leggen; *~ en rossen*, verkwistend leven **rijder** *m* [-s] wie rijdt; oude munt met de afbeelding v.e. ruiter **rijdier** dier dat dient om op te rijden **rijexamen** examen dat de rijvaardigheid t.a.v. motorrijtuigen toetst
rijgen [reeg, geregen] aan of met een snoer hechten; snoeren; voorlopig in elkaar naaien; *aan de degen ~*, doorsteken **rijglaars** hoge schoen met veters **rijgnaald** naald om te rijgen **rijgschoen** schoen met veters **rijgsnoer** veter
rij-instructeur wie rijles geeft
rijk I *bn & bw* veel bezittend of opleverend; kostbaar, kostelijk; gelukkig **II** *o* heerschappij; staat, gebied; *het ~ alleen hebben*, alleen zijn; *het hemelse ~*, China **rijkaard** *m* [-s] rijk iem. **rijkdom** *m* [-men] het rijk zijn; rijk bezit; de rijken; overvloed; nuttig goed **rijkelijk** *bn & bw* ruim **rijkelui'** *mv* rijken **rijkeluis'kind** kind v. rijkelui **rijkeluis'wens** twee kinderen en wel jongen en meisje
rijknecht paardenknecht
rijks- *als eerste deel v.e. ss in de bet.*: v.h. rijk, voor het rijk, door het rijk gesticht en onderhouden, in dienst v.h. rijk **rijksadvocaat** wie in belastingzaken voor het rijk optreedt **rijksappel** gouden bol met kruis **rijksbemiddelaar** ambtenaar om te bemiddelen tussen werkgevers en werknemers **rijksbouwmeester** bouwmeester voor rijksgebouwen **rijksdaal'der** *m* [-s] vroegere munt ter waarde van *f* 2,50 **rijksdag** volksvertegenwoordiging **rijksgenoot** *m* iem. uit een buiten Europa liggend rijksdeel **rijksgrote** *m* hooggeplaatst landbestuurder **rijksinsignes** *mv* zinnebeelden v.d. soevereine macht **rijkskanselier** hoofd v.d. regering **rijksmunt** in het rijk gangbare munt **rijkswacht** *(Belgned.)* rijkspolitie **rijkswege** *van ~*, door het rijk
rijkunst kunst v. rijden **rijkwaliteit** kwaliteit betreffende het rijden **rijlaars** laars voor paardrijders **rijles** les in het rijden
rijm I *m* bevroren dauw **II** *o* gelijkheid van klank; berijmd gedicht **rijmelaar** *m* [-s] pruldichter **rijmelarij'** *v* het rijmelen **rijmelen** prulverzen maken **rijmen** *h* rijmen maken; rijm vertonen; overeenkomen; in overeenstemming brengen **rijmklank** rijmende klank **rijmloos** *bn* zonder rijm **rijmprent** geïllustreerd vel papier met gedicht **rijmwoord** rijmend woord
rijnaak *m/v* [-naken] lange platte vrachtboot
rijp I *m* bevroren dauw **II** *bn & bw* volle wasdom of ontwikkeling bereikt hebbend; weloverwogen, ernstig; voldoende gevorderd; *~ en groen*, geschikt en ongeschikt
rijpaard paard om bereden te worden **rijpad** pad om op te rijden
rijpelijk *bw* aandachtig
rijpen rijp maken; rijp worden, tot ontwikkeling komen; rijp vormen **rijpheid** *v* het rijp zijn
rijplaat *v(m)* plaat om over te rijden **rijproef** vaardigheidsproef in het rijden
rijs *o* [rijzen] takje, staak, takken
rijschool school om te leren paardrijden of autorijden
rijshout dunne taaie takken
rijst *m* witkorrelige graansoort, Lat. Oryza sativa; gerecht daarvan **rijstebrij** in melk gekookte rijst **rijst(e)meel** gemalen rijst **rijst(e)pap** pap v. rijst **rijstpapier** van rijststro gemaakt papier **rijstpellerij'** *v* inrichting waar rijst gepeld wordt **rijstpelmolen** rijstpellerij **rijstrand** ring v. gekookte rijst rond een gerecht; vorm om dat gerecht te maken
rijstrook baan voor één rij auto's achter elkaar
rijsttafel rijstmaaltijd met div. bijgerechten **rijsttafelen** rijsttafel eten **rijstvogeltje** *o* vinkachtig vogel, Lat. Munia oryzivora
rijswaard *v(m)* met wilg begroeide waard **rijswerk** bekleding van rijs
rijten [reet, gereten] scheuren
rijtijd tijd waarin iem. een voertuig bestuurt; duur v.e. rit **rijtijdenbesluit** wettelijke regeling v.d. rijtijd v. beroepsbestuurders
rijtjeshuis aan beide kanten niet vrijstaand huis
rijtoer toer al rijdende **rijtuig** *o* paardenwagen voor personenvervoer; spoorwagen **rijvaar'digheid** vaardigheid i.h. rijden **rijvereniging** vereniging voor paardensport **rijvoering** bovendek v.e. brug **rijweg** weg om op te rijden **rijwiel** *o* fiets **rijzadel** *m/o* [-s] zadel om op te rijden
rijzen [rees, gerezen] stijgen, opkomen **rijzig** *bn* lang en slank
rijzweep zweep v. ruiter
rikken bep. kaartspel spelen
rikketik *tw* tiktik; *(fam.)* hart; *in zijn ~*, in de piepzak **rikketikken** regelmatig tikken
riks *m (pop.)* rijksdaalder
riksja *m* [-'s] door persoon getrokken karretje
ril I *m* [-len] rilling **II** *v(m)* [-len] groef, geul **III** *bn* schuw **rillen** huiveren **rillerig** *bn* huiverig **rillijn** perforatielijn
rimboe *v(m)* [-s] wildernis
rimpel *m* [-s] plooi; groef; lichte golving **rimpelen** rimpels doen krijgen **rimpelig** *bn*

gerimpeld
rimram *m* bombast, onzin
RIN Rijksinstituut voor Natuurbeheer
ring I *m* cirkelvormig voorwerp; kring; district; strijdperk **II** *mv* aan touwen bevestigde ijzeren ringen voor hang- en zwaaioefeningen; *om door een ~etje te halen*, keurig **ringagenda** agenda met ringen in de rug en losse blaadjes **ringbaan** ringvormige baan **ringbaard** tamelijk smalle kortgeknipte baard **ringband** band met rug van ringen **ringdijk** dijk rond een poldercomplex **ringduif** ringelduif
ringelduif houtduif **ringelen** rinkelen; een ring door neus of oor doen **ringeloren** op zijn kop zitten **ringelrups** ringrups
ringen ringelen; ring of banderol aandoen; aan ring vastleggen **ringfazant** fazant met ringkraag **ringgebergte** ringvormig gebergte **ringkraag** *(gesch.)* ijzeren halskraag; ringvormige vlek om de hals **ringleiding** rondgaande elektrische leiding met verschillende verdeelpunten; geluidsversterkingsinstallatie op verschillende punten in grote ruimte voor gehoorgestoorden **ringmap** opbergmap met rug van bevestigingsringen **ringmerel** beflijster **ringmus** mus met witte ringkraag **ringmuur** ringvormige muur **ringrijden** *o* spel waarbij men rijdende een ring moet afhaken **ringrups** kleurige rups, Lat. Malacosoma neustria **ringslang** slang met witte halskraag **ringsleutel** sleutel met een de moer omvattende zeshoekige ring voor het aandraaien v. e. moer **ringsteken** *o* ringrijden **ringvaart** brede sloot om droogmakerij **ringvinger** vinger naast pink **ringvuur** door ronde kringen gekenmerkte schimmelziekte v. vee; door een zwam veroorzaakte ziekte van aardappelplanten **ringworm** worm v.d. stam Annelida; door schimmel veroorzaakte huidziekte
rinkel *m* [-s] metalen plaatje om mee te rinkelen **rinkelbel** rammelaar, rinkelende bel **rinkelbom** tamboerijn **rinkelen** helder klinken **rinkin'ken** rinkelen
rino'ceros *m* [-sen] neushoorn
rinologie' *(med.)* *v* specialisme betreffende neus-, keel- en oorziekten
rins, **rens**, **rijns** *bn* zurig
rio *m* [-'s] kleine onderbroek met smalle zijkanten
RIOD Rijksinstituut voor Oorlogsdocumentatie
rio'ja ⟨j=gg⟩ *m* [-'s] bep. Spaanse wijn
riole'ren van riolen voorzien **riole'ring** *v* het rioleren; rioolstelsel **riool'** *o/v(m)* [-olen] ondergrondse afvoerbuis **riool'journalistiek** lasterlijk schrijven in dag- en weekbladen
R.I.P. *requiescat in pace*, hij *of* zij ruste in vrede
riposte'ren tegenstoot doen; raak antwoorden
rippen stelen van onrechtmatig verkregen goederen **ripper** *m* [-s] wie ript
rips *o* weefsel met ribbels
ris *v(m)* [-sen] reeks, rist
risee' ⟨s=z⟩ *v* onderwerp van spot
risico ⟨s=z⟩ *o/m* [-'s] gevaarlijke factor **risicoclub** club die als ze een wedstrijd speelt gevaar voor rellen oplevert **risicogen** gen waarvan de drager het risico loopt om een bep. ziekte te krijgen **risicogroep** groep die extra risico's loopt **risicotrein** trein waarin gevaar voor grote baldadigheid bestaat **risicowedstrijd** wedstrijd waarbij ernstig gevaar voor rellen bestaat
riskant' *bn* gewaagd **riske'ren** gevaar lopen, wagen
risot'to *m* [-'s] rijstgerecht met saffraan
rissen *zie* **risten**
rist, **ris** *v(m)* reeks, bussel **risten**, **rissen** aaneenrijgen; van de tros afhalen
ristor'no, **restor'no** *m* [-'s] herstel van foutief geboekte post
rit I *m* [-ten] het rijden; afstand; gang **II** *o* kikkerrit
rite *v(m)* [-n, -s] ritus
ritme *o* [-n] regelmatige doch niet volkomen gelijke beweging
ritmeester [-s] kapitein v.d. cavalerie
ritmiek' *v* ritme; leer v.h. ritme **ritmisch** *bn & bw* met of betreffende het ritme
ritnaald *v(m)* larve van kniptor
rits *v(m)* kras; scheur; ritssluiting; reeks
ritselen een amper hoorbaar geluid maken; slinks bewerkstelligen
ritsen een rits maken; half doorkerven; snel wegkomen; om de beurt op een rijbaan invoegen
ritsig *bn* tot paren geneigd
ritsijzer werktuig om inkervingen te maken **ritssluiting** *v* sluiting met in elkaar grijpende uitsteekseltjes
ritstaat administratie v. taxiritten
rituaal' *o* [-alen] voorschrift voor rituele handelingen **ritueel' I** *bn & bw* betreffende of volgens de ritus **II** *o* ritus **ritus** *m* [ritussen] vorm v. eredienst
rivaal' *m* [-valen] mededinger **rivalise'ren** ⟨s=z⟩ *h* mededingen **rivaliteit'** *v* wedijver
rivier' *v(m)* stroom; *als eerste deel v.e. ss vaak in de bet.*: levend in een rivier, uit of van of aan of voor of omtrent een rivier **rivier'correspondentie** verstandhouding bij hoog water of bij ijsgang **rivier'duin** heuvel langs rivieren **rivier'stand** waterstand in rivier **rivier'vaart** vaart op rivieren **rivier'werk** werk voor verbetering v.e. rivier
RIVM Rijksinstituut voor Volksgezondheid en Milieuhygiëne
rizofoor' *m* [-foren] boom met luchtwortels
r.-k. rooms-katholiek
RL Rijksuniversiteit Limburg
RLD Rijksluchtvaartdienst
RMS *Republik Moluku Selatan*, Republiek der Zuid-Molukken
Rn *(schei.)* radon
RNA *ribo nucleic acid, (schei.)* ribonucleïnezuur

roadie ‹oa=oo› *m-v* [-s] technisch assistent v.e. popgroep e.d.

roastbeef ‹roostbief› *zie* **rosbief**

rob I *m* [-ben] zeehond, zeehondachtig dier **II** *v(m)* [-ben] vismaag; vruchtenmoes, dik gekookt vruchtensap **robbedoes** *m-v* [-doezen] wild kind **robbedoezen** zich wild gedragen **robbenjacht** jacht op robben **robbenjager** wie op robben jaagt **robbenschip** robbenjager

robber *m* [-s] drie partijen waarvan men er twee moet winnen; twee manches

robe ‹o=ò› *v(m)* [-s] japon

robijn' *m (stofn. o)* rode edelsteen **robij'nen** *bn* van robijn; rood als robijn

robot *m* [-s] kunstmens **robotfoto** op grond v. beschrijving samengestelde afbeelding v. door de politie gezocht persoon **robo'tica** *v* leer v.d. robot; *(med.)* wetenschap en kunde van kunstledematen

robuust' *bn & bw* stoer

ROC *Regionaal Opleidingscentrum*

rocail'le ‹roka(l)je› *v(m)/o* grotwerk

rochel *m* [-s] reutel; fluim **rochelaar** *m* [-s] wie rochelt **rochelen** fluimen; reutelen

rochet' ‹ch=sj› *v(m)* [-ten] kort koorhemd met nauwe mouwen

rock *m* moderne Amerikaanse popmuziek **rock-'n-roll'** *m* sterk ritmische dans(muziek) **rock-'n-rol'len** [rock-'n-rolde, gerock-'n-rold] rock-'n-roll dansen **rockopera** opera op rockmuziek

ro'coco' *o* uit de barok ontwikkelde krullige stijl **rococo'-interieur** interieur in de stijl van rococo

roddel *m* [-s] kwaadsprekerij **roddelaar** [-s] *m* kwaadspreker **roddelblad** blad met roddels **roddelcircuit** ‹cuit=kwie› maatschappelijke kring waarin roddels circuleren **roddelen** kwaadspreken **roddelpraat** kwaadspreken

rodehond' *m* met vlekken gepaard gaande aandoening v.d. bovenste luchtwegen **rodekool'** paarsrode kool **Rode-Kruis'post** plaats waar het Rode Kruis hulpverlening organiseert

rodelen een helling af sleeën

rodeloop' *m* dysenterie

rode'o *m* [-'s] Noord-Amerikaanse show met cowboys en wilde paarden

rododen'dron *m* [-s] wintergroene heester met leerachtig blad

roe *v(m)* [-den] roede

roebel *m* [-s] Rus. munt en munteenheid

roede *v(m)* [-n] gard, twijgenbundel, twijg; staaf, peilstok; naar de streek verschillende lengtemaat en vlaktemaat; (gezegd van turf); ± 1300 stuks; paal; mannelijk geslachtsdeel

roedel *v/m* [-s] kudde van sommige dieren

roedeloper [-s] wichelroedeloper

roef I *v(m)* [roeven] kajuitje **II** *tw* vlug

roeibank bank voor de roeier **roeiboot** boot om voort te roeien **roeidol** *m* [-len] pen voor roeiriem **roeien** met roeispanen een boot voortbewegen; zwaaien met ledematen; peilen **roeipen** roeidol **roeiriem, roeispaan** stok om mee te roeien **roeisport** het roeien als sport **roeistrop** strop voor roeispaan **roeivereniging** vereniging voor roeisport **roeivoet** voet met zwemvlies tussen tenen **roeiwedstrijd** wedstrijd in roeien

roek *m* blauwzwarte kraai met grijswitte snavelwortel, Lat. Corvus frugilegus

roekeloos *bn & bw* vermetel

roem *m* oorzaak v. lof; lof; punten opleverende kaartencombinatie; ~ *dragen*, groot gaan **roemen** loven, de roem bekend maken; groot gaan

roemer *m* [-s] groot rijnwijnglas

roemrijk *bn & bw* met veel roem **roemruch'tig** *bn* beroemd **roemvol** *bn & bw* roemrijk **roemzucht** begeerte naar roem **roemzuch'tig** *bn* begerig naar roem

roep *m* roepen; schreeuw; huwelijksgebod; gerucht, faam **roepen** [riep, geroepen] schreeuwen; met de stem teken geven om te komen; wekken; ~ *over*, prijzen; *in het leven* of *aanzijn* ~, doen ontstaan **roeper** *m* [-s] spreektrompet; wie roept

roepia *m* [-s] Ind. munt en munteenheid **roepie** *m* [-s] munt en munteenheid v. diverse Zuid-Aziatische landen

roeping *v* Gods voornemen, innerlijke drang

roepletter elk v.d. letters die dienen om een zender op te roepen **roepnaam** korte naam **roepstem** aanmanende stem

roer I *o* [-en, -s] stuurinrichting v. schepen en vliegtuigen; leiding; geweer; buis v.e. pijp **II** *v in rep en* ~, in opschudding; *aan het* ~ *zitten*, besturen **roerbakken** (roerbakte, roergebakken) roerend smoren of bakken **roerdomp** *m* reigerachtige moerasvogel **roerei** gerecht van roerend gesmoorde eieren **roeren** met iets in iets rondbewegen; bewegen; spelen op; aanroeren; ontroeren **roerend** *bn & bw* ontroerend; niet vast; ~ *eens*, geheel eens **roerganger** *m* [-s] wie aan het roer zit of staat **roerig** *bn* beweeglijk, druk **roering** *v* beweging, opschudding **roerloos** *bn & bw* beweginglooss **roerpen, roerpin** helmstok **roersel** *o* [-en, -s] drijfveer **roerspaan** spaan om te roeren; roerpen **roerstaafje** *o* als lepeltje dienend staafje **roerstel** toestel waarmee het roer hangt **roervink** *m/v* lokvink; opruier

roes *m* [roezen] bedwelming; opgewonden toestand; *bij* of *in de* ~, alles door elkaar **roesje** *o* lichte narcose

roest *m/o* het roesten, wat verroest is, afzetsel tengevolge van roesten; op planten roestkleurige sporen vormende schimmel; zitstok voor kippen **roestbruin** *bn* roodbruin **roesten** *z* oxideren; *oude liefde roest niet*, liefde verdwijnt nooit geheel **roestig** *bn* met roest **roestplaats** rust- of slaapplaats van vogels **roestvrij** *bn* niet kunnende roesten

roet *o* zwart afzetsel door verbranding; ~ *in het eten gooien*, de zaak bederven **roetmop** *v(m)* [-pen] zwart iem.

roetsjbaan kronkelige glijbaan **roetsjen** op een roetsjbaan glijden

roetzwart *bn* zwart als roet
roezemoezen rumoeren, dof gonzen **roezemoezig** *bn* rumoerend, dof gonzend; stormachtig **roezen** ongeteld kopen of verkopen; rumoer maken **roezig** *bn & bw* rumoerig; stormachtig
roffel *m* [-s] roffelschaaf; snelle trommelslagen; standje; *er met de ~ overheen gaan*, met de Franse slag afwerken **roffelaar** *m* [-s] wie roffelt **roffelen** ruw afschaven; slordig werken; een roffel slaan **roffelwerk** afgeroffeld werk
rog **I** *m* [-gen] kraakbeenvis **II** *v(m)* rogge
rogge *v(m)* graan met lichte langgerekte korrel en lange stengel, Lat. Secale cereale
rohypnol' roesverwekkend slaapmiddel
rok *m* [-ken] jas met slippen; kledingstuk van vrouwen voor het onderlichaam; *(fig.)* omhulsel; bekleedsel v.e. bloembol
roka'de *v* [-s] *(schaakspel)* omwisseling van koning en toren
rokbeschermer *zie* **jasbeschermer**
roken rook afgeven; dampen; brandoffers brengen; in de rook hangen; rook van tabakswaren inzuigen en uitblazen
roke'ren koning en toren van plaats verwisselen
rokerig *bn & bw* naar rook riekend of smakend **rokerij'** *v* inrichting om te roken; iets om te roken **rokershoest** hoest v. wie te veel rookt
rokken **I** *o* [-s] spinrokken **II** *ww* rokkenen **rokkenen** vlas op spinrokken doen; bewerken
rokkostuum *o* kostuum met rok
rol **I** *m* zwier **II** *v(m)* [-len] opgerold iets, cilindervormig iets, cilindervormige verzameling; register bijv. van opeenvolgende rechtszaken; aandeel v.e. toneelspeler, aandeel in een werk; wijze van zingen; *een ~ spelen*, aandeel hebben; *de ~len omdraaien*, de verhouding veranderen; *op ~letjes*, gesmeerd; *uit zijn ~ vallen*, zijn aangenomen houding niet volhouden; *zijn ~letje(s) laten aflopen*, volop genieten **rolaap** aap die zich vastklemt door zijn staart op te rollen **rolbandmaat** *v(m)* [-maten] afrolbaar metalen meetlint **rolberoerte** *zich een ~ schrikken*, hevig schrikken **rolblind** oprolbaar blind **rolblok** rol waarmee het land plat gedrukt wordt, lager waarin een as op rollen loopt **rolfilm** opgerold negatief **rolgordijn** valgordijn **rolklaver** vlinderbloemige plant met gele bloem en rolronde peul, Lat. Lotus corniculatus **rollaag** uitstekende rij gemetselde stenen **rolla'de** *v* [-s, -n] opgerold rundvlees **rolla'tor** *m* [-s] looprek op wieltjes **rollebollen** vrijen **rollen** wentelend voortbewegen of vallen; op rollen of wielen voortbewegen; vallen; gemakkelijk gaan; luid weerklinken, rommelend geluid laten horen; tot een rol maken; met een rol pletten; uit de zak stelen **rollenspel** spelen van sociale rollen **roller** *m* [-s] krulspeld; breker; rollend geluid; zakkenroller **rollerskate** ‹rollerskeet› *m* [-s] rolschaats met vaste schoen **rolluik** rolblind **rolmaat** *v(m)* [-maten] rolbandmaat **rolmops** *m* opgerolde haring met kruiderijen in azijn **rolpaal** paal waarlangs de jaaglijnen geleid worden **rolpatroon** aan een maatschappelijke rol eigen gedragspatroon **rolpens** gevuld opgerold stuk pens **rolprent** film **rolrond** *bn* geheel rond **rolschaats** schaats op wieltjes **rolski** ski op wieltjes **rolsteen** ronde afgesleten steen **rolstoel** stoel op wieltjes **rolstoeler** *m* [-s] wie zich voortbeweegt in een rolstoel **roltrap** *m* over rollen omhooglopende trap **rolveger** *m* [-s] apparaat met ronddraaiende borstels om te vegen **rolzitting** rechtszitting waarin op de rol staande zaken zonder pleidooi worden behandeld **rolzoom** zoom v. opgerolde stof
ROM *(comp.) read only memory*, slechts tijdens computerbewerking toegankelijk geheugen
Romaans' *bn* van of betreffende de Romanen; met rondbogen
roman' *m* [-s] lang verdicht prozaverhaal
roman'ce ‹românse› *v(m)* [-s, -n] idyllische liefdesgeschiedenis; aandoenlijk lied of gedicht
romancier' ‹românsjee› *m* [-s] romanschrijver **romanciè're** *v* [-s] romanschrijfster **romanesk'** *bn & bw* als in een roman
romanise'ren ‹s=z› onder Romaanse of Romeinse invloed brengen
romanist' *m* wie de Romaanse talen inz. het Frans bestudeert
roman'ticus *m* [-ci] romantisch iem. **romantiek'** *v* kunstrichting met cultivering v. gevoel **roman'tisch** *bn & bw* als in een roman, sterk sprekend tot de verbeelding, te onwerkelijk; volgens de geest v.d. romantiek **romantise'ren** ‹s=z› romantisch voorstellen **romantis'me** *o* romantiek
romboï'de *v* [-n] parallellogram met scheve hoeken
Rome *in ~ geweest zijn en de paus niet gezien hebben*, ergens het voornaamste niet gezien hebben; *~ is niet op één dag gebouwd*, een groot werk kost tijd **romein'** gewone, rechtopstaande drukletter **Romein'** *m* burger v. Rome
romer *m* [-s] roemer
römertopf *m* poreuze aardewerken schaal
rommel *m* prullen, boel; *als eerste lid voor namen van ruimten in de bet.*: om rommel op te bergen **rommelen** dof dreunen; zoekend overhoop halen **rommelhok** schuurtje met rommel; vertrek om te knutselen **rommelig** *bn & bw* wanordelijk **rommelmarkt** markt in tweedehands goederen **rommelpot** met een blaas overspannen pot als begeleidingsinstrument **rommelzooi** *v(m)* rommel
romp *m* lichaam zonder ledematen; *(fig.)* geraamte; slechte muskaatnoot **rompertje** *o* babyhemdje en -broekje aan elkaar **rompslomp** *m* onnodige drukte

R

RON Regionale Omroep Noord
rond I *bn & bw* cirkelvormig, bolvormig, cilindervormig; in de ronde; vol, afgerond; ongeveer; openhartig; *~ zijn, (van een auto)* 100.000 km. afgelegd hebben II *o* rond iets; *in het ~*, in een cirkel, in de omtrek, in alle richtingen, overal III *vz* om ... heen; ongeveer; *als eerste lid van ss in de bet.*: in de ronde; volgens de rij af; in alle richtingen **rondbanjeren** [banjerde rond, rondgebanjerd] doelloos heen en weer lopen **rondbazuinen** zonder enige terughoudendheid rondvertellen **rondboog** halfcirkelvormige boog **rondbor'stig** *bn & bw* openhartig **rondbreien** cirkelvormig breien; *(fig.)* met moeite voor elkaar krijgen **rondbrieven** rondbazuinen
ronde *v(m)* [-n, -s] rondgang, patrouille; vastgesteld deel v.e. wedstrijd; eenmaal rondrijden; partij; *(fig.) de ~ doen*, rondgaan **rondedans** *m* dans in het rond
rondeel' *o* [-delen] rond buitenwerk; ronde vestingtoren; strofe van 13 regels met slechts twee rijmklanken
ronden rond maken
rondeta'felconferentie conferentie op voet van gelijkwaardigheid
rondhangen zich doelloos ophouden **rondhout** niet bezaagd hout
ronding *v* het rond zijn, ronde vorm
rondje *o* rond voorwerp of figuurtje; beurt voor ieder; traktatie aan een groep
rondkomen *z* genoeg hebben **rondkop** spijker met ronde kop **rondlummelen** rondhangen **rondneuzen** speurend rondkijken
rondo *o* [-'s] muziekstuk met herhaling; *m* [-'s] ronde gevulde koek
rond'om' *bw & vz* rond **rondreis** reis waarbij men veel bezoekt **rondschrift** schoonschrift met dikke ronde letters **rondschrijven** circulaire **rondspelen** *(sp.)* de bal aan spelers v.h. eigen team toespelen **rondspoken** op diverse plaatsen bezig zijn **rondstrooien** *(fig.)* verspreiden **rondstruinen** zoekend rondlopen
rondte *v* [-n, -s] omtrek, kring; rondheid
ronduit *bw* openlijk **rondvaart** rondreis per plezierboot **rondvlucht** rondreis in de lucht **rondvraag** mogelijkheid tot discussie als laatste agendapunt v.e. vergadering **rondwaren** rondspoken, als een spook rondzwerven **rondweg** *bw* ronduit
rong *v(m)* zware nagel; staander
ronken zwaar snorren; snorken
ronselaar *m* [-s] wie ronselt **ronselen** werven
röntgenapparaat toestel voor behandeling met röntgenstralen **röntgenfoto** foto met röntgenstralen **röntgenologie'** *v* toepassing v. röntgenstralen **röntgenoloog'** *m* [-logen] met x-stralen werkende arts **röntgenonderzoek** onderzoek met röntgenstralen **röntgenstralen** *mv* X-stralen
ROO Regionale Omroep Oost
rood I *bn* met de kleur van bloed; socialistisch; communistisch; *de rode haan*, brand; *~ worden*, blozen; *over de rooie*, overspannen II *o* rode kleur; blos; rode stof; bessenjenever; roest **roodaarde** roodbruine aarde **roodbont** *bn & o* wit met roodbruine plekken **roodborstje** *o* zangvogeltje met rode borst en keel, Lat. Erithacus rubecula **roodgloeiend** *bn* rood van hitte **roodhuid** indiaan **roodkoper** *o* donker koper **roodkoperen** *bn* van roodkoper **roodkoraal** bloedkoraal **roodvonk** *v(m)/o* zich met rode vlekken openbarende besmettelijke huidziekte **roodvos** roodbruin paard
roof I *m* het roven; het geroofde, wat geroofd wordt II *v(m)* [roven] wondkorst **roofbij** bij die de honing uit andere korven haalt **roofbouw** uitputtende bewerking v.d.grond, meedogenloze exploitatie **roofdier** verscheurend dier **roofdruk** uitgave v.e. boek met inbreuk op reproductierecht **roofgie'rig** *bn* begerig naar roof **roofgoed** geroofd goed **roofmoord** beroving met moord **roofnest** roververblijf **roofoverval** overval met roof als doel **roofridder** ridder die van roof leeft **rooftocht** het uittrekken op roof **roofvogel** vleesetende vogel **roofziek** *bn* roofgierig **roofzucht** *v(m)* begeerte naar roof **roofzuch'tig** *bn* roofgierig
rooi *v(m)* het mikken, schatting; *op de ~ af*, op de gis af; *geen ~*, geen kijk, geen slag **rooien** in de rooilijn zetten; klaarspelen; vinden; ramen; uitdoen **rooilijn** *v(m)* richtlijn voor gebouwen
rook I *v(m)* [roken] hooistapel II *m* damp van brandende stoffen; *in ~ opgaan*, vervliegen; *onder de ~ van*, vlakbij **rookbom** bij ontploffing rook verbreidende bom **rookcoupé** wagoncoupé waarin gerookt mag worden **rookgordijn** scherm v. rook **rookhol** ruimte met veel rook **rookkanaal** afvoerpijp voor rook **rooklucht** rook bevattende lucht **rookmelder** *m* [-s] apparaat dat ontwikkeling v. rook in een gebouw aangeeft **rookpluim** sliert rook **rookscherm** vuurscherm, rookgordijn **rookspek** gerookt spek **rookvang** *m* inrichting om de rook op te vangen **rook'vlees'** gerookte spier **rookworst** gerookte worst
room *m* vet v.d. melk **roomboter** boter **roomhoorn** hoornvormig gebakje met room **roomijs** met room bereid ijs **roomkaas** volvette kaas
rooms *bn & bw* rooms-katholiek
roomservice ‹roemsùrvus› *m* mogelijkheid om eten of drinken op zijn hotelkamer te laten brengen
rooms-katholiek' I *bn & bw* van de Kerk van Rome II *m* rooms iem.
roomsoes met room gevuld gebakje **roomstel** servies voor room of melk en suiker **roomvers** *bn* heel vers
roos *v(m)* [rozen] plant v.h. geslacht Rosa; bloem van die plant; mikpunt v. schietschijf; kompasschijf; diamant met

plat grondvlak en van boven met facetten; hoofdhuidschilfertjes; *slapen als een ~*, vast slapen; *op rozen*, in voorspoed; *onder de ~*, in het geheim; *geen rozen zonder doornen*, er is niets volmaakt **roosachtigen** tot de familie der Rosaceae behorende planten **rooskleu'rig** *bn* gunstig

rooster *m/o* [-s] raamwerk van evenwijdige staven; lijst v. werkzaamheden **roosteren** op een rooster braden **roostervrij** *bn* verplicht vrij

roosvenster radvenster

root ‹roet› *m* [-s] *(comp.)* laagste index op een schijf

roots ‹oo=oe› *mv* oorsprong van mensen

roquefort' ‹rokfòr› *m* sterk smakende schapenkaas met blauwe aderen

rorschachtest ‹ròrsjagtest› psych. test met vlekken

ros I *o* [-sen] *(dicht.)* paard; *stalen ~*, fiets; *(pop.) broodje ~*, broodje met rosbief **II** *m* slaag; *(zegsw. fam.) geen ~*, niets **III** *bn* roodachtig, roodbruin; *~se buurt*, buurt v. prostitutie

rosa'rium ‹s=z› *o* [-s] rozentuin

rosbief, **roastbeef** ‹roostbief› *m* gebraden lendestuk

rosé' ‹s=z› *m* lichtrode wijn

rose'ola *v(m)* huiduitslag met rode vlekjes

roskam *m* [-men] paardenkam **roskammen** met een roskam reinigen; hekelen

rosmarijn' *zie* **rozemarijn**

rosmolen door een paard voortbewogen molen, tredmolen

rossen ranselen; woest rijden; *(sp.)* zonder duidelijke bestemming hard tegen de bal schoppen; *rijden en ~*, verkwistend leven

rossig *bn* enigszins ros

rossinant' *m* slecht paard

rösti *m* gerecht v. geraspte aardappel en ui

rostrum *o* [-stra] podium v.e. dirigent

rot I *v(m)* [-ten] rat; *oude ~*, deskundige met veel ervaring **II** *o* [-ten] troep; achter elkaar staande manschappen; geweerpiramide; bederf, bedorven deel, het rot zijn **III** *bn* bedervend, bedorven; *ook als eerste deel van ss (plat)* : beroerd

rotan I *m (stofn. o & m)* [-s] rotting **II** *bn* van rotting

rota'tie *v* [-s] wenteling **rota'tiepers** met cilinders werkende pers

roten de bast los weken van vlas en hennep; die bewerking ondergaan

rote'ren wentelen

rotgang grote snelheid **rotgans** *v(m)* [-ganzen] wilde gans met zwarte kop en hals en borst en witte halsvlek, Lat. Branta bernicula

rotisserie' *v* [-rieën] in geroosterd vlees gespecialiseerd restaurant

rotje *o* [-s] voetzoeker; plat beschuitje; *zich een ~ lachen*, zich een bult lachen

roton'de *v(m)* [-n, -s] rond bouwsel; rond verkeersplein

rots *v(m)* stenen berg **rotsachtig** *bn* met rotsen **rotsbeen** stuk v.h. slaapbeen rond het inwendige deel v.h. oor **rotsblok** *o* [-ken] stuk rots **rotsgevaarte** grote rots **rotsig** *bn* rotsachtig **rotsklimmen** [alleen onbep.wijs] *(sp.)* over rotsen klimmen; op een muur met moeilijkheden als op rotsen klimmen

rotstraal *m* verrotting in de hoef

rotsvast *bn & bw* onwankelbaar

rotten in ontbinding verkeren **rottig** *bn* enigszins rot

rotting I *m* Spaans riet; wandelstok daarvan **II** *bn* van Spaans riet

rottweiler ‹ei=ai› *m* [-s] bep. kortharige hond

rotzak *m* [-zakken] *(pop.)* gemene vent **rotzooi** *v(m) (pop.)* rommel, zwik; wantoestand **rotzooien** rotzooi maken; onpraktisch werken; *(pop.)* geslachtsgemeenschap hebben

rouge ‹roezje› *m/o* rood kleursel

roula'de ‹ou=oe› *v* [-s] toonroller

roula'tie ‹ou=oe› *in (de) ~*, in omloop **rouleer'systeem** stelsel waarbij elk een beurt krijgt **roule'ren** in omloop zijn; om beurten waargenomen worden **roulet'te** *v(m)* [-s] kansspel met een draaibord; draaibord voor kansspel

route ‹roete› *v(m)* [-s, -n] koers, weg

routi'ne ‹ou=oe› *v* bedrevenheid; gewone gang van zaken **routi'ne-inspectie** *zie* **routineonderzoek**; **routi'neklus** werk waarmee men veel ervaring heeft **routi'neonderzoek** tot de gewone gang v. zaken behorend onderzoek **routineus'** *bn* (nonchalant) bedreven

rouw *m* smart over overlijden, uiting daarvan; rouwstof; rouwkledij **rouwauto** auto als lijkwagen **rouwbeklag** het deelneming betuigen **rouwbrief** zwart of paars omrande brief met bericht van overlijden

rouwdouw *m-v* [-s, -en] lomp iemand **rouwdouwer** *m-v* [-s] rouwdouw

rouwen berouwen, rouw gevoelen; in de rouw zijn **rouwfloers** zwart krip **rouwig** *niet ~ om*, niet bedroefd om **rouwkamer** kamer met rouwtekenen bij het lijk **rouwkapel** ruimte voor opgebaard lijk **rouwklacht** uiting van rouw **rouwklagen** weeklagen om overlijden **rouwmoe'dig** *bn & bw* berouwvol **rouwnagel** *(scherts.)* vuile nagel **rouwrand** zwarte rand; vuile nagel

roux ‹roe› *m* [roux] saus v. gebruinde boter met bloem en melk of bouillon

roven met geweld ontnemen of nemen **rover** *m* [-s] wie rooft **roverij'** *v* roof

royaal' ‹rooiaal› *bn & bw* mild, onbekrompen; ruim **II** *o* royaalpapier **royaal'papier** papier van 50 bij 65 cm **royalis'me** *o* koningsgezindheid **royalist'** *m* koningsgezinde **royalis'tisch** *bn & bw* koningsgezind **royaliteit'** *v* mildheid

royalty ‹rojjultie› *v(m)* [-'s] percentsgewijs honorarium

royement' ‹roy=rwaj› *o* het royeren **roye'ren** (als lid) schrappen

ROZ Regionale Omroep Zuid

roze ‹ròze› *bn & o* lichtrood

rozemarijn', **rosmarijn'** *m* lipbloemige

altijdgroene heester met bleekblauwe bloem, Lat. Rosmarinus officinalis
rozenbed perk met rozen **rozenblad** blad v.e. roos **rozenboom** stamroos **rozenbottel** *v(m)* [-s] vrucht v.d. roos **rozengeur** *~ en maneschijn*, volmaakt geluk **rozenhoed'je** *o* [-s] 1/3 v.e. rozenkrans **rozenkrans** 15 tientjes; bidsnoer ervoor **rozenolie** reukolie uit rozen **rozenperk** perk met rozen **rozenrood** *bn & o* rood als (van) een roos **rozenstok** knobbel op voorhoofdsbeen v.e. hert, waaruit het gewei komt **rozenstruik** struik waaraan rozen groeien **rozenwater** aftreksel van rozenbladeren
rozet' *v(m)* [-ten] roosvormig sieraad of versiersel; ronde knoop; plaat met gaatjes; diamant met plat grondvlak en van boven facetten; bladerkrans onder aan stengel **rozig** *bn* rooskleurig; roos hebbend of verwekkend
rozijn' *v(m)* bep. gedroogde druif
RPF Reformatorische Politieke Federatie
RPI Rijks Psychiatrische Inrichting
rsg rijksscholengemeenschap
RSI *Repetitive Strain Injury*, aandoening door overbelasting v. handen en pols en nek en schouders als gevolg van kleine repeterende bewegingen bijv. bij computergebruik
r.s.v.p. *répondez s'il vous plaît*, verzoeke om antwoord
RSZ Rijksdienst voor Sociale Zekerheid
RTL Radio et Télévision du Luxembourg
Ru *(schei.)* ruthenium
RU Rijksuniversiteit
rubber I *m/o* [-s] gummi, rubberboom **II** *bn* van gummi
rube'ola [mv] rodehond
rubrice'ren indelen, onderbrengen **rubriek'** *v* afdeling; liturgisch voorschrift
ruche ‹ruusje› *v(m)* [-s] geplooid oplegsel
ruchtbaar *bn* wereldkundig **ruchtbaarheid** *v* brede bekendheid
rücksichtslos ‹ruukziegtsloos› *bn & bw* niets ontziend
rudiment' *o* eerste beginsel; onontwikkeld orgaan **rudimentair'** ‹ai=è› *bn* niet ontwikkeld
rug *m* [-gen] (gez. v. mensen) achterdeel v.d. romp; (gez. v. dieren) bovendeel achter kop (en hals); achterzijde; bovenzijde; verhoging in het midden; *de ~ toekeren*, vluchten, zich niet inlaten met; *achter de ~*, voorbij; *achter iemands ~*, in iemands afwezigheid; *een brede ~ hebben*, veel kunnen verdragen; *ze kunnen mijn ~ op*, ik wil er niets mee te maken hebben
rugby ‹rugbie *of* ruGbie› *o* spel met een ovale bal **rugbyen** [rugbyde, gerugbyd] rugby spelen
rugcrawl ‹rugkròl › crawl waarbij de zwemmer op de rug ligt **ruggelings** *bn & bw* achterover, achterwaarts; met de ruggen tegen elkaar **ruggengraat** *v(m)* [-graten] wervelkolom; *(fig.)* flinkheid **ruggenmerg** merg in de wervelkolom; *(fig.)* flinkheid **ruggensteun** steun in de rug, hulp **ruggenstreng** ruggengraat **ruggenwervel**, **rugwervel** wervel in de rug **ruggespraak** *v(m)* overleg (inz. met lastgever) **rugnummer** bij wedstrijden op de rug gevoerd nummer **rugslag** bep. slag bij rugzwemmen **rugsluiting** sluiting op de rug **rugtitel** titel op de rug **rugwaarts** *bn & bw* achterwaarts **rugwervel** ruggenwervel **rugzak** ransel **rugzwemmen** op de rug zwemmen
rui *m* het ruien **ruien** van veren of haren verwisselen
ruif *v(m)* [ruiven] getraliede voederbak
ruig *bn & bw* harig; ruw, onbeschaafd **ruigte** *v* [-n, -s] ruigheid; wild gewas
ruiken [rook, geroken] geur inademen; geur verspreiden; met de reuk gewaarworden, de lucht krijgen van; weten zonder dat het verteld is; *~ naar*, lijken op **ruiker** *m* [-s] bos bloemen
ruil *m* het ruilen **ruilen** onderling verwisselen **ruilhandel** handel zonder geld **ruilhart** getransplanteerd hart **ruilmiddel** iets waardoor men ruilt **ruilverkaveling** *v* betere verkaveling door ruil **ruilverkeer** het geregeld ruilen **ruilvoet** koers in ruilverkeer **ruilwaarde** waarde bij het ruilen
ruim I *bn & bw* wijd, uitgebreid; overvloedig; vrij, open; lang; groot, groter of meer dan; niet bekrompen, het niet nauw nemend; door het W. naar het N. draaiend; *het niet ~ hebben*, bekrompen moeten leven; *~ baan maken*, de weg vrij maken **II** *o* ruimte onder het benedenste dek; *(dicht.)* hemelruim; (in prot. kerk) ruimte voor vrouwen **ruimen** *h* ledigen; opruimen; verlaten; door het W. naar het N. draaien; *uit de weg ~*, wegnemen, van kant maken; *het veld ~*, het opgeven **ruimschoots** *bn & bw* in ruime mate
ruimte *v* [-n, -s] plaats; hemelruim; kubieke inhoud; overvloed; opluchting; *in de ~*, zonder zin **ruimtecabine** afgesloten ruimte voor ruimteproeven **ruimtecapsule** voor onderzoek in de ruimte gelanceerd toestel **ruimtelijk** *bn & bw* de ruimte betreffende; *~e ordening*, planologische ordening **ruimtelijkeordeningsbeleid** beleid betreffende ruimtelijke ordening **ruimtemaat** inhoudsmaat **ruimteschip** voertuig voor de ruimtevaart **ruimtesonde** niet bemand toestel voor onderzoek in het heelal **ruimtestation** permanent om de aarde draaiende kunstmaan **ruimtevaarder** *m* [-s] wie een tocht maakt in de ruimte **ruimtevaart** verkeer buiten de aardatmosfeer **ruimteveer** *o* [-veren] vliegtuig voor vluchten van en naar ruimtestation **ruimtevrees** pleinvrees **ruimtewagen** zeer ruime personenauto met 6 tot 7 plaatsen **ruimtewerking** effect waardoor voorstelling van (grotere) ruimte ontstaat **ruimteziekte** in een toestand v. gewichtloosheid ontstane ziekteverschijnselen
ruin *m* gesneden hengst

ruï'ne *v* [-s, -n] bouwval; ondergang **ruïne'ren** de ondergang bezorgen, verwoesten; arm maken **ruïneus'** *bn* ruïnerend

ruis *m* [ruizen] rietvoorn; [-en] *(vaak ook zonder lidwoord gebruikt)* het ruisen; ruisend geluid; *(inz.)* ongewenst vaag bijgeluid **ruisen** krachtig suizen **ruisfilter** *v(m)* iets waarmee ruis teruggedrongen wordt **ruisvoorn** ruis

ruit *v(m)* stuk vensterglas; gelijkzijdige vierhoek; ruiten vierkantje; plant v.h. geslacht Ruta met grijsgroen blad; *zijn eigen ~en inslaan* of *ingooien*, het voor zichzelf bederven **ruiten I** *v(m)* [-s *of* onveranderd] ruitvormige kaartfiguur *(in deze bet. ook als deel van ss)* **II** *bn* van geruite stof **III** *ww* ruiten maken; plunderen **ruitensproeier** *m* [-s] toestelletje om ruiten te besproeien **ruitenwisser** *m* [-s] toestelletje om voorruit schoon te houden

ruiter *m* [-s] paardrijder, cavalerist; stellage om gewassen aan te laten drogen; nokgording; *Friese ~* of *Spaanse ~*, van pinnen voorziene verplaatsbare versperring **ruiterij'** *v* paardenvolk, cavalerie **ruiterlicht** aan de arm gedragen verlichtingsapparaat **ruiterlijk** *bn & bw* openhartig **ruiterstandbeeld** standbeeld v. iem. te paard

ruitertje *o* opzetstukje in een kaartsysteem; bep. gewichtje; stukje spek of geroosterd brood

ruitijd tijd v.h. ruien

ruitjespapier papier met ruitjespatroon

ruk *m* [-ken] het rukken; lange afstand, lange tijd v. inspanning **rukken** *h/z* (met schokken) trekken **rukwind** uitschietende wind

rul *bn* poederachtig; oneffen **rulijs** ijs met veel hobbels

rum *m* alcoholische drank uit suikerriet

rumba ‹u=oe› *m* [-'s] wiegende Zuid-Amerikaanse dans

rumboon *v(m)* chocolaatje met rum

rummikub *wm o* gezelschapsspel met 106 genummerde stenen **rummikuppen** [rummikupte, gerummikupt] rummikub spelen

rumoer' *o* lawaai; opschudding **rumoe'rig** *bn* vol rumoer; druk

run I *v(m)* eikenschors **II** *m* [-s] stormloop; punt in cricketspel

rund *o* [-eren] holhoornig herkauwend zoogdier; *als een ~*, hevig **runderdaas** *v(m)* [-dazen] op runderen azende steekvlieg **runderhaas** zeer malse spier v.e. rund **runderhorzel** *v(m)* [-s] vlieg waarvan de larven in runderen parasiteren, Lat. Hypoderma bovis **runderlap** plat stuk rundvlees **rundvee** runderen **rundvlees** vlees v. rund(eren)

rune *v(m)* [-n] Oud-Germaans schriftteken **runen-** *als eerste lid van ss vaak in de bet.*: met of in runen

runnen exploiteren (v.e. bedrijf); een computerprogramma draaien **runner** *m* [-s] lid v. sleepdienstpersoneel; colporteur voor logement of hotel; over rail lopend gordijnwieltje **running** *in de ~*, aan het werk; hersteld

rups *v(m)* larve v.e. vlinder **rupsauto** auto met rupsbanden **rupsband** geribbelde over meer wielen lopende band **rupsenei** *o* [-eren] vlinderei **rupsennest** ingesponnen rupseneieren **rupsenplaag** veel rupsen als plaag

ruptuur' *v* [-turen] breuk; vredebreuk

ruraal' *bn* landelijk

rus *m* [-sen] bies; wandluis; *(barg.)* rechercheur

rush ‹rusj› *m* [-s] stormloop, snelle ren; nog niet gemonteerd stuk film

russifice'ren Russisch maken **Russisch** *~ ei*, slaatje met ei; *~ zilver*, legering van koper en zink en nikkel **russofiel'** *m* vriend v. Rusland **russofobie'** *v* sterke afkeer van wat Russisch is **russomanie'** *v* ziekelijke bewondering voor wat Russisch is

rust *v(m)* het niet actief zijn; slaap; vrede; (teken v.) pauze; verssnede; inkerving waarin iets rust; onder het want aan te brengen balk; *~ noch duur hebben*, zich niet stil houden; *~ roest*, stilstand brengt bederf; *in ruste*, rustend **rustaltaar** altaar op processieweg **rustdag** dag waarop niet gewerkt wordt **rusteloos** *bn & bw* zonder rust **rusten** rust houden, niet meer werken; slapen; liggen; stil liggen; drukken; gericht zijn op; gebaseerd zijn op; uitrusten; *laten ~*, zich niet bezig houden met **rusthuis** inrichting waar men rust kan nemen **rustiek'** *bn* landelijk, boers; de indruk v.e. natuurtoestand gevend **rustig** *bn & bw* zonder zorg, zonder vrees; kalm, stil **rustkuur** kuur door veel rust **rustplaats** plaats waar men rust; *laatste ~*, kerkhof **rustpunt** plaats waar men rust; steunpunt; rustteken **ruststand** stand van rust, stand bij de rust **ruststoel** leunstoel

rut *bn zie* **blut**

ruw I *bn & bw* wild; bars; ruig; oneffen, grof; onbewerkt; onbeschaafd; niet gevoelig; brusk **II** *o* ruwe diamant **ruwaard** *m* [-s] *(gesch.)* regent **ruwbouw** *m* [-en] skelet v.e. bouwwerk **ruwen** kaarden; een ruw oppervlak geven **ruwglas** niet geslepen of gepolijst glas **ruwharig** *bn* met ruig haar **ruwijzer** pas gewonnen ijzer

ruzie *v* [-s] twist **ruzieachtig** *bn* twistziek **ruziemaker** *m* [-s] wie ruzie maakt **ruziën** ruzie maken **ruzietoon** twistende toon **ruziezoeker** *m* [-s] twistzoeker

RvA Raad van Arbeid

RVA Rijksdienst van Arbeidsvoorziening

RvB Raad van Beheer

RVD Rijksvoorlichtingsdienst

RVI Rijksverkeersinspectie

rvs roestvrij staal

RvS Raad van State

RVV Reglement Verkeersregels en Verkeerstekens

RW Rijkswaterstaat

RWW Rijksgroepsregeling Werkloze Werknemers

S

s *v(m)* [-'en] negentiende letter van ons alfabet; stemloze bij de tanden gevormde wrijfklank; s-vormig voorwerp
S *Sverige*, Zweden; *(v. kledingmaat) small*, klein; *(schei.)* sulfur
S. *Sanctus*, heilige
SA *Sturmabteilung*, *(gesch.)* nazi-organisatie
SARS *Severe Acute Respiratory Syndrome* ernstige acute ziekte aan de luchtwegen
saai I *o/m* licht wollen keperweefsel **II** *bn & bw* doods, vervelend **saaien** *bn* van saai
saam *bw* samen **saamho'righeid** *v* het bij elkaar horen en dienovereenkomstig handelen **saampjes** *bw* samen
sabayon' *m* gerecht van o.a. schuimig geklopte eidooier en zoete wijn
sabbat [-ten], **sabbatdag** *m* rustdag v.d. joden **sabba'tical year** ‹subbettikul jeer› *o* [-s] sabbatsjaar **sabbat(s)jaar** jaar dat in de tijd van het Oude Testament een periode van zeven jaar afsloot; arbeidsvrij jaar voor onderzoeksverlof **sabbat(s)rust** rust op de sabbat
sabbelen zuigen
sabberen kwijlen; zuigen; knoeien; kletsen
sabel I *o* sabelbont; *(herald.)* zwart **II** *m/o* [-s] sabeldier **III** *m* [-s] gebogen zwaard **sabeldier** marterachtig zoogdier uit ZO-Azië **sabelhouw** houw met sabel
sabota'ge ‹ag=aazj› *v* tegenwerking, het moedwillig bederven **sabote'ren** sabotage plegen **saboteur'** *m* [-s] wie sabotage pleegt
sachari'ne ‹ch=gg› *v(m)* zoetstof voor diabetici
sachertaart ‹sach=zagg› fijn chocoladegebak uit Wenen met vulling van jam
sachet' ‹ch=sj› *o* [-s] zakje met kruiden; zakje met poedermedicijn; stoffen zakje als opbergplaats
sacraal' *bn* uit de sfeer v.h. heilige
sacrament' *o* genademiddel; *H. S~ des Altaars*, herhaling v.h. laatste avondmaal van Christus **sacramenta'le** *o* [-taliën] wijding of zegening en wat daarbij gebruikt wordt **sacramenteel'** *bn* de sacramenten betreffende **Sacraments'dag** 2e donderdag na Pinksteren **sacre'ren** heiligen, wijden
sacrifice'ren, **sacrifië'ren** offeren **sacrifi'cie** *o* [-s, -ciën] offer **sacristie'** *v* [-ën] kamer met benodigdheden voor kerkdienst **sacrosanct'** *bn* zeer heilig; onaantastbaar
sadis'me *o* genieten van kwellen **sadist'** *m* wie sadisme beoefent **sadis'tisch** *bn & bw* met of uit sadisme
sadomasochis'me *o* seksuele lustbeleving op grond van pijn **sadomasochist'** *m* wie sadomasochisme beoefent **sadomasochis'tisch** *bn* met of uit sadomasochisme
safa'ri *v(m)* [-'s] (jacht)tocht in natuurgebied met wilde dieren **safa'rilook** ‹oo=oe› *m* beige katoen in de stijl van tropenkleding **safa'ripark** te bezichtigen terrein met loslopende exotische dieren
safe ‹seef› *bn* veilig **II** *m* [-s] safe-deposit **safe-deposit** *v(m)* [-s] bewaarkluis **safehip** *m* [-s] broekje met aan de zijkanten een ingenaaide bescherming tegen fractuur **safeloket** loket in een safe-deposit
saffiaan' *o & bn* (van) fijn marokijn
saffie *o* [-s] *(pop.)* sigaret
saffier' *m (stofn. o)* blauwe edelsteen
saffis'me *o* lesbische liefde
saffloer' *o* samengesteldbloemige plant met rode en gele bloempjes, Lat. Carthamus tinctorius
saffraan' I *m* gele kleurstof leverende krokus; uit die plant bereide gele kleurstof **II** *bn* saffraankleurig **saffraan'melk** met toevoeging van saffraan gekookte melk **saffra'nen** *bn* van saffraan; geel als saffraan
sage *v(m)* [-n] verzonnen verhaal met historische kern
sago *m* palmmeel **sagopalm** palm die sago levert
saillant' ‹sa(l)jant› *bn* vooruitspringend; opvallend **II** *m/o* vooruitspringend deel v.e. linie
sajet' *m* [-ten] niet gekamd wollen garen
sake, **saki** *m* Japanse alcoholische rijstdrank
sakkeren mopperen
sakkerju', **sakkerloot** *tw* bastaardvloek
sala'de *v(m)* sla; uit of met koude groente en olie bereid gerecht
salaman'der *m* [-s] op e. hagedis lijkend tweeslachtig dier v.d. orde Salamandrinae; bep. kleine ronde kachel
sala'mi *m* gerookte worst met knoflook
salangaan' *m* [-ganen] tropische rotszwaluw
salarië'ren een salaris geven **sala'ris** *o* [-sen] loon v. inz. ambtenaren **sala'risschaal** schaal volgens welke de salarissen berekend worden
salde'ren het saldo opmaken en vereffenen, rekeningen afsluiten **saldo** *o* [-'s, -di] verschil tussen credit en debet; *per* ~, ten slotte **saldo-overzicht** overzicht v. iemands saldo
salep' *v(m)* drank uit de wortel v. standelkruid
sales manager ‹seels mennudzjur› *m-v* [-s] wie de verkoop in een zaak leidt **sales promotor** *m-v* [-s] wie de bevordering v.d. verkoop in een zaak tot taak heeft
salicyl'- *als eerste deel v.e. ss vooral in de bet.*: met salicylzuur bereid **salicyl'zuur** *o* als antiseptisch en conserverend gebruikt zuur
salie *v(m)* grijsbladige lipbloemige plant v.h. geslacht Salvia; saliemelk **saliemelk** op saliebladeren getrokken melk
sali'ne *v* [-n, -s] zoutmijn, zoutziederij **sali'nometer** *m* [-s] zoutmeter
salmiak', **salmoniak'** *m* ammoniakzout
salmonel'la *v(m)* [-'s] div. ziekten veroorzakende bacterie **salmonel'la-infectie** infectie door salmonellabacterie
salmoniak' *zie* **salmiak**
Salomonsoordeel goed bedachte beslissing

in moeilijk geschil **salomonszegel** *m* [-s] lelieachtig in het wild groeiend plantengeslacht, Lat. Polygonatum

salon' *m/o* [-s] ontvangkamer; gezelschapszaal **salon'boot** mooi ingerichte passagiersboot **salon'communist** communist alleen in theorie **salon'held** in de salons gevierd iem. **salon'muziek** amusementsmuziek **salon'rijtuig** salonwagen **salon'socialist** *zie* **salon'communist**; **salon'wagen** als salon ingerichte spoorwagen

saloon'deuren ‹oo=oe› [mv] halfhoge naar twee kanten klappende deuren

salopet'te ‹salopet› *v(m)* [-s] broek met voorschoot en bretels

salpe'ter *m/o* kaliumnitraat **salpe'terzuur** **I** *o* uit salpeter verkregen zuur **II** *bn* dit zuur bevattend

salsa *m* sterk ritmische muziek uit Latijns-Amerika

SALT *Strategic Arms Limitation Talks*, gesprekken over wapenbeperking

salto *m* [-'s] sprong **salto morta'le** *m* [-s] buitelsprong; *(fig.)* waagstuk

salue'ren groeten **saluut'** **I** *o* [-luten] groet **II** *tw*, **salut'** ‹saluu› heil, dag **saluut'schot** schot als eerbewijs

salvia *v* [-'s] bep. lipbloemige plant

salvo *o* [-'s] reeks schoten

samba *m* [-'s] Zuid-Amerikaanse dans in vierkwartsmaat

sambal *m* [-s] bij rijst gebruikte scherpe toespijs met Spaanse peper

samen *bw* bij elkaar, met elkaar; *als eerste deel van ss in de bet.*: bijeen, ineen **samendrommen** een dichte menigte vormen **samengaan** gepaard gaan; in elkaars gezelschap gaan **samengesteld** *bn* uit meer delen bestaande; uit meer zinnen bestaande; met meer blaadjes aan één steel; *~e interest*, interest op interest; *~ oog*, facetoog **samengesteldbloe'migen** *mv* planten waarvan de bloemen uit vele zijn samengesteld **samengezworene** *m-v* [-n] samenzweerder **samenhang** *m* verband **samenhangen** in verband staan **samenhokken** in een kleine ruimte bij elkaar wonen; ongehuwd samenwonen **samenkomst** *v* samenkomen **samenkoppeling** uit syntactische groep gevormd woord **samenleving** *v* het samen leven; maatschappij; het bij elkaar komen **samenloop** *m* plaats waar rivieren of wegen bij elkaar komen; *~ van omstandigheden*, samenwerking van verschillende omstandigheden **samenpakken** opeenhopen, samenpersen **samenraapsel** *o* [-s] mengelmoes **samenrotten** [rotte samen, samengerot], **samenscholen** in groepen bijeenkomen **samenspannen** een complot smeden **samenspanning** *v* complot **samenspel** *o* het elkaar ondersteunend spelen **samenspraak** *v(m)* gesprek **samenstel** *o* toestel, inrichting **samenstellen** maken **samenstelling** *v* het samenstellen; het samengesteld zijn; samengesteld iets; uit meer woorden gevormd woord **samentreffen** ontmoeten; samenvallen **samentrekken** op een punt bijeenbrengen, samenvoegen; van twee zinnen een gemeenschappelijk deel slechts éénmaal uitdrukken **samenvallen** tegelijk geschieden; één worden **samenvatten** kort herhalen **samenweefsel** ingewikkeld samenstel **samenwerken** met elkaar werken **samenwerkingsschool** fusie v. bijzondere en openbare school die afzonderlijk dreigen te verdwijnen **samenwonen** (ongehuwd) bij elkaar wonen; samen één woning in gebruik hebben **samenzang** met meerderen tegelijk zingen **samenzweerder** *m* [-s] wie een complot smeedt **samenzweren** [zwoer samen, samengezworen] een complot smeden **samenzwering** *v* complot

samoerai' [mv] krijgsadel uit Japan

samowa(a)r' *m* [-s] Rus. theeketel

sample ‹sempel› *m* [-s] steekproef; stukje gedigitaliseerd geluid of beeld **samplen** [samplede, gesampled] ‹a=è› geluid of beeld digitaliseren **sampler** *m* [-s] machine om geluid digitaal op te nemen en te bewerken

samsam' *bw* zodat beide partijen evenveel betalen

sanato'rium *o* [-s, -ria] herstellingsoord

sanctie *v* [-s] bekrachtiging; dwangmiddel **sanctione'ren** bekrachtigen, goedkeuren

sanctus *o/m* slot v.d. prefatie

sandaal' *v(m)* [-dalen] uit een zool met een bandenstelsel bestaand schoeisel

sandelboom zwaar en voor fijne meubelen geschikt hout leverende boom **sandelhout** hout v. sandelboom

sandwich ‹sendwitsj› *m* [-es] sneetjes brood zonder korst met gevarieerd hartig beleg; *in de ~ nemen*, tussen twee spelers v.d. tegenpartij klem zetten **sandwichman** [-nen] reclameloper met bord voor en achter

sane'ren weer op orde stellen **sane'ringskaart** kaart met gegevens omtrent gebitscontrole

sanforise'ren ‹is=iez› krimpvrij maken

sangfroid' ‹sãnfrwa› *o* koelbloedigheid

sangria ‹sanGrieja› *m* koele rode wijn met stukjes fruit

sangui'nicus ‹sanGwieniekus› *m* [-ci] sanguinisch iem. **sangui'nisch** *bn* met fel temperament

sanhedrin *o* joodse Hoge Raad

sanitair' ‹ai=è› *bn* de gezondheid betreffend; *~e stop*, stop om het toilet te gebruiken **II** *o* bad, douche, toilet en wat daarmee samenhangt

sans, sans atout' ‹sãnzatoe› zonder troef

sanseve'ria, sansevieria *v* [-'s] lelieachtige plant met puntige en stijve bladeren

sans gêne ‹sãn zjen'› *bw* ongedwongen, ongegeneerd **II** *o* ongedwongenheid, ongegeneerdheid

Sanskriet' *o* oude Voor-Indische taal

sanskritist' *m* beoefenaar v.h. Sanskriet
santé' *tw* gezondheid
santen *v(m)* dikke kokosmelk
santenkraam *de hele ~*, alles bijeen
santjes *tw* gezondheid
sap *o* [-pen] levensvocht
SAP Socialistische Arbeiderspartij
sapfis'me *o* saffisme
sapje *o* [-s] niet-alcoholische drank uit vruchtensap
sappel *(pop.) zich te ~ maken*, ploeteren; zich druk maken over iets **sappelen** *(pop.)* ploeteren
sapperloot' *tw* bastaardvloek
sappig *bn* met veel sap; levendig **saprijk** *bn* rijk aan sap
sapristi' *tw* sapperloot
saprofyt' *m* van rottende stoffen levende plant **saprozo'ën** *mv* van dierlijk organisch afval levende dierlijke organismen
sapverf doorschijnende verf
saraban'de *v(m)* [-s] statige Spaanse dans in driekwartsmaat
sarcas'me *o* [-n] bijtende spot **sarcas'tisch** *bn & bw* met bijtende spot
sarcofaag' *m* [-fagen] stenen doodskist
sarcoom' *o* [-comen] kwaadaardige tumor
sardi'ne, **sardien'** *v(m)* [-s] kleine haringachtige vis, Lat. Alosa of Sardina pilchardus ***sardi'neblikje** *(Wdl. sardienenblikje)* blikje met of voor sardines
sardo'nisch *bn* boosaardig spottend
sardo'nyx ‹sardoniks› *m (stofn. o)* veelkleurig edelgesteente
sarong *m* [-s] Ind. omslagrok
sarren gemeen plagen **sarrig** *bn & bw* sarrend
sas *v(m)* [-sen] bij vuurwerk snel verbrandend mengsel; *in zijn ~*, in zijn schik
sassen *(pop.)* plassen
Satan *m* [-s] duivel **sata'nisch** *bn & bw* duivels **satans** *bn & bw* duivels, vervloekt **satanskind** zeer slecht persoon **satanswerk** *o* lastig werk; gemeen gedoe
saté' aan een stokje geregen stukjes geroosterd vlees
S **satelliet'** *m* wachter, trawant; om een planeet wentelend hemellichaam; kunstmatig hemellichaam **satelliet'foto** foto vanuit een satelliet **satelliet'staat** in werkelijkheid afhankelijke staat **satelliet'stad** nieuwe stad die het bevolkingsoverschot v.e. grote stad moet opvangen **satelliet'telefonie** *v* het telefoneren via een satelliet
sater *m* [-s] geile bosgod met bokkenpoten
satijn' *o* glanzende zijden of halfzijden stof **satij'nen** *bn* van satijn **satine'ren** glanzend maken **satinet'** *o/m* satijnachtige katoenen stof
sati're *v(m)* [-n, -s] hekeldicht **sati'ricus** *m* [-ci] hekeldichter, spotter **satiriek'**, **sati'risch** *bn & bw* hekelend
satisfac'tie *v* [-s] voldoening, genoegdoening
satura'tie *v* verzadiging
saucijs' ‹au=oo *of* au› *v(m)* [-cijzen] gedroogd worstje **saucij'zenbroodje** *o* worstenbroodje v. bladerdeeg
saumon' ‹soomoñ› *bn* zalmkleurig
sauna *v(m)* [-'s] stoombad
saus *v(m)* [-en, sauzen] toebereid nat voor gerechten; *als eerste deel van ss in de bet.*: voor saus **sausen**, **sauzen** met saus behandelen; regenen
saute'ren ‹au=oo› snel bruin braden
sauve'ren ‹au=oo› redden, voor onaangenaams behoeden
sauzen sausen
savan'ne *v(m)* [-n, -s] grasvlakte met enkele bomen
saven ‹a=ee› [savede, gesaved] *(comp.)* gegevens opslaan
savoir-fai're ‹savwaar fèr'› *o* weten hoe te handelen **savoir-vi'vre** *o* vlotheid, levenskunst
savooi'(e)kool kool met enigszins gekruld blad
savoure'ren met smaak tot zich nemen
sawa *m* [-'s] rijstveld
sax *m* saxofoon **saxofonist'** *m* wie saxofoon speelt **saxofoon'** *m* [-s, -fonen] met een riet aangeblazen koperen blaasinstrument
Sb *(schei.)* stibium
sc. *scilicet*, namelijk; *sculpsit*, heeft gegraveerd
Sc *(schei.)* scandium
S-bocht twee aaneensluitende bochten in tegengestelde richting
scabiës ‹skaabiejès› *o/v(m)* schurft
scabreus' *bn* schunnig
scafan'der *m* [-s] zwemgordel; duikerspak
scala *v(m)* [-'s] toonladder; schaal
scalp *m* schedelhuid **scalpeer'mes** mes om te scalperen **scalpel'** *o* [-s] operatiemes **scalpe'ren** de schedelhuid aftrekken
scampi, **scampi's** *mv* grote garnalen
scandaleus' *bn & bw* schandaleus
scande'ren in versvoeten indelen; met evenveel klemtoon op iedere lettergreep uitroepen
scannen ‹a=è› een röntgenopname maken van; aftasten; elektronisch kopiëren en opslaan voor verdere bewerking **scanner** *m* apparaat waarmee wordt gescand
scapulier', **schapulier'** *o/m* [-en, -s] schouderkleed; bijeengedragen lapjes gewijde stof
scarabee' *v(m)* [-ën] mestkever; voorstelling ervan als amulet
scena'rio ‹sc=s› *o* [-'s] schema v.e. film
scene ‹sien› *m* sociale omgeving
scène ‹sc=s› *v(m)* toneel; emotioneel heftig optreden
scepsis ‹sc=sk› *v* twijfel
scepter ‹sc=s *of* sk› *m* [-s] heersersstaf; *de ~ zwaaien*, heersen
scepticis'me ‹sc=s *of* sk› *o* twijfelzucht **scepticus** *m* aanhanger v. scepticisme; twijfelaar **sceptisch** *bn & bw* twijfelzuchtig
scha *v(m)* [-den] schade
schaaf *v(m)* [schaven] werktuig om effen te maken **schaafbank** tafel waarop men schaaft **schaafsel** *o* het afgeschaafde **schaafwond** ontvelling

schaak **I** *o* schaakspel **II** *bw* zodat koning of koningin genomen kan worden **schaakbord** bord om te schaken **schaakcomputer** computer waartegen men kan schaken **schaakklok** dubbele klok die de speeltijd v. twee schakers aangeeft **schaakmat'** *bn* overwonnen, verloren **schaakmeester** zeer bekwaam schaker **schaakpartij** partij schaak **schaakprobleem** opgave om bij gegeven stand de partij schaak uit te spelen **schaakspel** spel op schaakbord; schaakbord met stukken **schaakspelen** schaak spelen **schaaktoernooi** wedstrijd tussen verscheidene schaakmeesters

schaal *v(m)* [schalen] schotel; balansbord; dierlijk kalkomhulsel; weegschaal; lijn met maatverdeling; verhoudingsmaatstaf; toonladder; *op grote ~*, in het groot **schaalcollecte** collecte met open schaal **schaaldier** dier met een schaal **schaalverdeling** schaal **schaalvergroting** uitbreiding in omvang en intensiteit **schaalvrucht** noot

schaamachtig *bn* verlegen **schaambeen** *o* [-deren, -benen] (gez. bij mensen) met darmbeen en zitbeen vergroeid bekkendeel **schaamdeel** uitwendig geslachtsdeel **schaamhaar** haar bij de geslachtsdelen **schaamlip** plooi bij ingang vr. schede **schaamluis** in het schaamhaar voorkomende luis **schaamrood** **I** *o* schaamteblos **II** *bn* rood van schaamte **schaamspleet** ingang v. vr. schede **schaamstreek** streek v.d. schaamdelen **schaamte** *v* het zich schamen **schaamteloos** *bn & bw* zonder schaamte

schaap *o* [schapen] woldragend tweehoevig herkauwend dier, lat. Ovies aries; weerloos of onnozel iem., bloed; *zijn ~jes op het droge hebben*, kunnen gaan rentenieren; *het verloren ~*, iets dat zoek was; *als er één ~ over de dam is volgen er meer*, als een het voorbeeld geeft volgen er meer; *de schapen scheren*, winst behalen; *de schapen van de bokken scheiden*, de goeden apart van de kwaden zetten; *er gaan veel makke schapen in een hok*, met inschikkelijke mensen is er voor velen plaats; *een schurftig ~ steekt de hele kudde aan*, één verkeerd element bederft alles **schaapachtig** *bn & bw* dom **schaapherder** hoeder v. schapen **schaapjes** *mv* schapenwolkjes **schaapkameel** *o/m* lama **schaapsklederen**, **schaapskleren** *in ~*, zich onschuldig voordoend **schaapskooi** stal voor schapen **schaapskop** lomperik **schaapsle(d)er**, **schapenleer** leer v. schapenhuid **schaapsvacht**, **schapenvacht** vacht v. schaap

schaar *v(m)* [scharen] knipwerktuig; ploegblad; knijper; menigte *(ook* **schare**); *daar hangt de (gouden) ~ uit*, het is er duur

schaarde *v(m)* [-n] kerf, scherf **schaarden** kerven maken of krijgen

schaardijk dijk zonder uiterwaarden **schaarlamp** lamp met een scharende arm

schaars *bn & bw* gering in hoeveelheid; krap; zelden

schaarsliep *zie* **scharensliep**

schaarste *v* schaars zijn

schaats *v(m)* voor glijden op ijs bestemd ijzer; *een vreemde* of *rare* of *scheve ~ rijden*, vreemde dingen doen **schaatsen**, **schaatsenrijden** [reed schaatsen, schaatsengereden] op schaatsen glijden

schacht **I** *v(m)* steel; bovenstuk v. zuil of laars of anker; buis, koker; mijnput; *(dicht.)* pijl, vleugel **II** *m-v (Belgned.)* eerstejaarsstudent **schachtkooi** mijnlift

schade *v(m)* [-n] nadeel; beschadiging, waardevermindering **schadecorrespondent** wie voor verzekeringen schade afhandelt **schade-expert** *m* [-s] schadecorrespondent **schadelijk** *bn & bw* schade doend; onvoordelig **schadeloos** *bn & bw* onschadelijk **schadeloosstellen** maken dat iem. geen schade lijdt; het onaangename vergoeden **schaden** benadelen **schadeplich'tig** *bn* verplicht tot het vergoeden v. schade **schadepost** onverwacht nadeel **schade-uitkering** *v* het uitbetalen v. geleden schade **schadevergoeding** *v* vergoeding v. geleden schade **schadevrij** *bn* zonder schade te lijden of te veroorzaken

schaduw *v(m)* plaats waar geen licht valt; door onderschepping v.h. licht ontstane figuur; schim van iem.; *niet in iemands ~ kunnen staan*, ver de mindere zijn **schaduwadministratie** kopie v.e. administratie **schaduwbeeld** silhouet **schaduwen** *h* schaduw aanbrengen; ongemerkt volgen **schaduwkabinet** potentieel kabinet v. oppositie **schaduwplek** plaats in de schaduw **schaduwrijk** *bn* met veel schaduw **scha'duwverkiezingen** als officiële verkiezingen uitgevoerde verkiezingen om een beeld te krijgen v. stemgedrag **schaduwzijde** zijde in de schaduw; keerzijde

schaffen bezorgen, opleveren

schaft *v(m)* schacht; schoft, schafttijd **schaften** het werk afbreken voor een maaltijd **schaftlokaal** lokaal om te schaften **schafttijd**, **schaftuur** tijd om te schaften

schakel *m/v* [-s] schalm; verbindingsstuk; schakelnet **schakelaar** *m* [-s] toestel om in en uit te schakelen **schakelarmband** uit in elkaar grijpende schakels bestaande armband **schakelbord** bord met elektrische schakelaars **schakelen** verbinden; met een schakel vissen **schakeling** *v* het schakelen; schakelbord **schakelkast** kast met schakelaars **schakelklas** klas ter overbrugging **schakelklok** *v(m)* klok die stroom in- of uitschakelt **schakelmeubel** meubel uit standaardonderdelen **schakelnet** drievoudig visnet **schakelvilla** tegen een deel v.d. zijmuur v.e. andere villa aangebouwde villa **schakelwoning** met de zijkant gedeeltelijk tegen een andere woning staande woning

schaken schaakspelen; ontvoeren
schake'ren met afwisseling schikken of samenstellen; afwisselen **schake'ring** *v* verscheidenheid (van kleur)
schalk I *m* guit II *bn & bw (vero.)* guitig **schalks** *bn & bw* guitig
schallebijter *m* [-s] grote loopkever, Lat. Scarabaeus auratus
schallen luid weerklinken
schalm *m* schakel
schalmei' *v(m)* herdersfluit
schamel I *m* [-s] bankje, bok, houten driepoot II *bn & bw* armoedig
schamen *zich ~*, schaamte voelen
schampen *h/z* even raken; afglijden
schamper *bn & bw* geringschattend, spottend **schamperen** schamper zeggen
schamppaal beschermende paal **schampschot** even rakend schot
schandaal' *o* [-dalen] opspraakgevend feit; *voor ~*, zo dat men er schande van spreekt **schandaal'pers** op het publiceren v. roddels en schandalen gerichte journalistiek **schandaleus'**, **scandaleus'**, **schanda'lig** *bn & bw* schandelijk **schandalise'ren** ⟨s=z⟩ ergernis geven; te schande maken; erg beschadigen **schanddaad** *v(m)* [-daden] schandelijke daad **schande**, **schand** *v(m)* oneer; *~ spreken van*, zich met verontwaardiging uiten over; *te ~ maken*, logenstraffen **schandelijk** *bn & bw* schandalig **schandknaap** homofiele prostitué **schandpaal** paal waaraan veroordeelden werden tentoongesteld **schandvlek** smet **schandvlekken** [schandvlekte, geschandvlekt] schande aandoen
schans *v(m)* veldsterkte **schansspringen** [onvervoegd] vanaf een schans springen
schap I *o/v(m)* [-pen] plank om iets op te zetten II *o* [-pen] publiekrechtelijke bedrijfsorganisatie
schapendoes *m* [-doezen] bep. hond v.e. Nederlands herdersras **schapenkaas** kaas v. schapenmelk **schapenras** *o* [-sen] variëteit v. schaap **schapenscheerder** *m* [-s] wie schapen scheert **schapenvacht** vacht v.e. schaap **schapenwolkjes** *mv* kleine in rijen gegroepeerde wolkjes **schaper** *m* [-s] schaapherder
schappelijk *bn & bw* redelijk
schapulier' *o/m* scapulier
schar *v(m)* [-ren] kleine platvis, Lat. Pleuronectes limanda
schare, **schaar** *v(m)* [scharen] menigte
scharen rangschikken; iemands aandeel toewijzen; in de gemeenschappelijke weide brengen; *(van gekoppelde wagens)* dwars op elkaar gaan staan **scharensliep**, **schaarsliep**, **scharenslijp** [-en], **scharenslijper** *m* [-s] wie messen en scharen slijpt
scharla'ken *o & bn* helderrood (laken) **scharla'kens** *bn* van scharlaken
scharmin'kel *o/m* [-s] lang en mager mens of dier
scharnier' *o* draai-inrichting **scharnie'ren** om een scharnier draaien **scharnier'gewricht** gewricht waarbij de beenderen in één vlak draaien
scharrebijter *m* [-s] schallebijter
scharrel I *m* losse verkering II *v* [-s] meisje waarmee men scharrelt **scharrelaar** *m* [-s] wie scharrelt; bosvogel, Lat. Coracias garrulus **scharrelei** ei v. scharrelkip **scharrelen** zich onzeker voortbewegen; omwoelen; ongeregelde handel drijven; losse verkering hebben **scharrelkip** in een niet te kleine ruimte levende kip **scharrelvarken** varken dat niet in de bio-industrie gefokt is **scharrelvlees** vlees van dieren die in een voorgeschreven minimale beweegruimte hebben geleefd
schat *m* [-ten] kostbaar bezit; veel geld, overvloed; liefste **schatekster** grauwe klauwier
schateren schaterlachen, schallen **schaterlach** luidklinkende lach **schaterlachen** [schaterlachte, geschaterlacht] luid lachen
schatgraver *m* [-s] wie naar schatten graaft **schatkamer** *v(m)* [-s] plaats waar de schatten bewaard worden **schatkist** *v(m)* staatsfinanciën **schatkistbiljet** *o* [-ten] staatsschuldbewijs met korte looptijd **schatkistpapier** schatkistbiljet of schatkistpromesse **schatkistpromesse** *v* [-n, -s] staatsschuldbewijs met bij de uitgifte verrekende rente **schatmeester** [-s] bewaarder v. gelden **schatplich'tig** *bn* belastingplichtig **schatrijk** *bn* zeer rijk **schattebout** *m* lieverd
schatten ramen; achten
schattig *bn & bw* lief
schatting *v* heffing; het schatten
schaven (met een schaaf) gladmaken; ontvellen; *(fig.)* verbeteren
schavot' *o* [-ten] stellage voor lijfstraffen
schavuit' *m* boef
schede *v(m)* [-n] omhulsel; vagina
schedel *m* [-s] hersenpan; doodshoofd **schedelbasisfractuur** breuk in de schedelbasis **schedeldak** bovenzijde v.d. schedel **schedeontsteking** *v* ontsteking v.d. vagina
scheef I *v(m)* [scheven] stengelschilfer van hennep of vlas II *bn & bw* schuin; *(fig.)* verkeerd **scheefbloem** kruisbloemige voorjaarsplant v.h. geslacht Iberis **scheefhoek** *m* parallellogram met scheve hoeken
scheel I *o* [schelen] deksel II *bn & bw* met ongelijk gerichte ogen; ongelijk gericht; (v. hoofdpijn) aan één kant; *~ kijken*, scheel zijn **scheeloog** *m-v* [-ogen] iem. die scheel kijkt **scheelzien** scheel zijn
scheen *v(m)* [schenen] voorzijde v.h. onderbeen; reep hout of metaal; *een blauwe ~*, een blauwtje; *(gezegd van personen) tegen de schenen schoppen*, kwetsen **scheenbeen** *o* [-deren, -benen] been aan de voorzijde v.h. onderbeen
scheep *bw* aan boord **scheeps-** *als eerste deel v.e. ss vooral in de bet.*: van een schip

scheepsarts arts op een schip **scheepsbeschuit** lang goedblijvende harde beschuit **scheepsblok** *o* hijsblok **scheepsbouw** het bouwen van schepen **scheepsbouwkun'dig** *bn* verstand van scheepsbouw hebbend **scheepsdokter** scheepsarts **scheepsgelegenheid** gelegenheid tot reizen of vervoer per schip **scheepshelling** helling waarop schepen gebouwd of hersteld worden **scheepsjongen** leerjongen op een schip **scheepsjournaal** op een schip gehouden dagboek **scheepskameel** *o* toestel om schepen over ondiepten te brengen **scheepskost** kost aan boord **scheepslading** zoveel als in een schip kan **scheepslast** 2000 kg **scheepsmaat** *m* [-s] scheepsjongen **scheepspapieren** *mv* documenten voor een schip **scheepsraad** raad van scheepsofficieren **scheepsrecht** recht voor schepen **scheepsroeper** *m* [-s] spreekhoorn op schepen **scheepsruimte** ruimte voor vervoer per schip; inhoud v.e. schip **scheepston** m^3, kubieke meter; *inhoudsmaat v. schepen*: registerton **scheepsvolk** bemanning **scheepswerf** werf waar schepen gebouwd worden **scheepvaart** vervoer te water **scheepvaartlijn** regelmatige bootverbinding

scheer *v(m)* [scheren] klein rotseiland

scheer- *als eerste deel van ss vaak in de bet.*: bij het scheren gebruikt **scheerapparaat** toestel waarmee men zich scheert **scheerder** *m* [-s] wie scheert **scheerkop** bovenste deel v. scheerapparaat **scheerlijn** tussen twee punten gespannen lijn **scheerlings** *bw* rakelings **scheerschuim** in spuitbus verkrijgbaar middel om te scheren **scheerwol** v.d. schapenhuid geschoren wol

scheet *m* [scheten] *(pop.)* wind; iets bijzonder aantrekkelijks; bijzonder aantrekkelijk persoon; *van een ~ een donderslag maken*, geweldig overdrijven

scheg(ge) *v(m)* [scheggen] versterkt middengedeelte v.e. steven **scheg(gen)beeld** aan de scheg aangebrachte figuur

schei *v(m)* dwarshout, dwarsijzer

scheidbaar *bn & bw* waarvan de delen te scheiden zijn **scheiden** [scheidde, gescheiden] van elkaar doen of houden; van elkaar gaan, vertrekken; het huwelijk ontbinden **scheiding** *v* het scheiden; het gescheiden zijn; loutering; grenslijn; haarscheiding **scheidpaal** grenspaal

scheids *m (pop., sp.)* scheidsrechter **scheidsgerecht** college v. scheidsrechters **scheidslijn** scheilijn **scheidsman** *m* [-lieden] bemiddelaar **scheidsmuur** een scheiding vormende muur; wat mensen scheidt **scheidsrechter** scheidsman; wie voor de naleving der wedstrijdregels zorgt **scheidsrech'terlijk** *bn* v.e. scheidsrechter **scheidsrechtersstoel** hoge stoel waarop een scheidsrechter een wedstrijd leidt

scheikunde *v* leer v.d. samenstelling der stoffen **scheikun'dig** *bn* betrekking hebbend op de scheikunde **scheikun'dige** *m-v* [-n] kenner of beoefenaar v.d. scheikunde

schel I *v(m)* [-len] bep. schil; *de ~len zijn hem van de ogen gevallen*, hij ziet de ware toedracht **II** *bn & bw* hard en hoog klinkend, al te helder

schelden [schold, gescholden] heftig lelijke dingen zeggen **scheldkanonnade** *v* [-s] lange serie scheldwoorden **scheldnaam** naam waarmee men scheldt **scheldwoord** woord waarmee men scheldt

schelen haperen; *niet ~*, gelijk zijn

schelf *v(m)* [schelven] stapel

schellak *o/m* gomlak

schellen bellen

schellinkje *o* bovengalerij

schelm *m* deugniet **schelmenroman** *(lit.)* roman over avontuurlijk persoon **schelms** *bn & bw* schelmachtig

schelp *v(m)* schaal v.e. weekdier; gerecht daarin; schelpvormig iets **schelpdier** in een schelp levend dier **schelpenvisser** *m* wie schelpen vist **schelpkalk** uit schelpen gebrande kalk **schelpnet** net om schelpen te vissen

schelvis *m* [-sen] kabeljauwachtige zeevis, Lat. Gadus aeglefinus **schelvisoog** oog v.e. schelvis; dof uitpuilend oog

schema *o* [-'s, -mata] vereenvoudigde voorstelling; ontwerp **schema'tisch** *bn & bw* schetsmatig **schematise'ren** ‹s=z› schematisch voorstellen

schemel *m* [-s] voetenbank

schemer *m* tussen licht en donker **schemerachtig** *bn & bw* tussen licht en donker **schemeravond** schemer 's avonds **schemerdonker**, **schemerduister** *bn & o* halfduister **schemeren** tussen licht en donker zijn; in schemer zitten; voor de ogen warrelen; vaag zichtbaar zijn **schemerig** *bn & bw* tussen licht en donker **schemering** *v* schemer **schemerlamp** lamp die schemerig maakt **schemertoestand** toestand met verlaagd bewustzijn

schenden [schond, geschonden] kwetsen; ontwijden; beschadigen; verkrachten; zich niet houden aan

S

schenkblad presenteerblad

schenkel, **schinkel** *m* [-s] been tussen knie en voet; dij(been); overeenkomstig lichaamsdeel bij dieren

schenken [schonk, geschonken] geven; vloeistof overgieten; te drinken bieden; v.e. verplichting ontslaan, laten houden; drank verkopen **schenking** *v* het schenken; geschenk **schenkkurk** met een buisje doorboorde kurk

schennis *v* [-sen] schending

schep I *v(m)* [-pen] iets waarmee men schept **II** *m* [-pen] zoveel als in één keer opgeschept kan worden; grote hoeveelheid; *er een ~je opdoen*, bod of eis verhogen, harder gaan werken, overdrijven **schepbord** schoep v.e. waterrad

schepel *o/m* [-s] 10 decaliter

schepeling *m* lid v.d. bemanning
schepen I *ww* inschepen, scheepgaan **II** *m* *(gesch.)* lid v.d. vroedschap; *(Belg.)* wethouder
scheper, **schaper** *m* [-s] schaapherder
schepijs uit een bak geschept consumptieijs **schepnet** net waarmee vis geschept wordt **scheppen** putten, met voorwerp omhoog brengen, tot zich trekken; met de vorm de nodige papierstof opnemen; overbrengen in een bijenkorf; [schiep, geschapen] van niets iets maken; vormen; *adem* ~, verademen; *moed* ~, moed verzamelen; *vreugde* ~, zich verheugen **schepper** *m* [-s] wie schept; schepgereedschap **schepping** *v* scheppen; geschapene **scheppingsdrang** aandrang tot scheppen **scheppingskracht** scheppingsvermogen **scheppingsvermogen** vermogen om te scheppen
scheprad wiel met schoepen
schepsel *o* [-en, -s] geschapen wezen
scheren I *ww* [schoor, geschoren] zeer kort afsnijden, het uitstekende op gelijke lengte afsnijden; rakelings vliegen langs; [schoor, scheerde, geschoren] spannen; de schering v.e. weefsel leggen; *zich* ~, zich snel verwijderen **II** *mv* in sloten en plassen voorkomend groen plantje, Lat. Stratiotes aloides
scherenkust kust met kleine rotseilanden ervoor
scherf *v(m)* [scherven] onregelmatig afgebroken stuk aardewerk of glas of steen
schering *v* lengtedraden; ~ *en inslag*, iets heel gewoons
scherm *o* verplaatsbaar schut; toneelgordijn; deel van televisietoestel waar de beelden op verschijnen; coulisse; parapluachtige bloeiwijze; *achter de ~en zien* of *kijken*, de ware bedoelingen of verhoudingen te zien krijgen; *achter de ~en*, verborgen **schermbloe'migen** *mv* planten met scherm **schermdegen** degen voor schermen **schermen** met blanke wapens een spiegelgevecht leveren; druk zwaaien; ~ *met*, met ophef (als argument) gebruiken **schermhandschoen** handschoen gebruikt bij schermen **schermmasker** masker gebruikt bij schermen
schermut'selen een klein doch niet beslissend gevecht leveren
scherp I *bn & bw* goed snijdend; met een (fijne) punt; prikkelend, pijnlijk, bijtend; streng; fijn onderscheidend, duidelijk; kleiner dan 90°; doordringend; heftig, raak, onvriendelijk; met slechts kleine winst; zo dat de hoek met de windrichting zo klein mogelijk is; *(op)* ~ *zetten*, punten aan de hoefijzers hebben **II** *o* scherpe kant, punt; snijdende of puntige voorwerpen; echte kogels; punten voor onder de hoefijzers **scherpen** scherp maken; op scherp zetten **scherphoe'kig** *bn* met hoeken kleiner dan 90° **scherpkort** *bn* kort en helder **scherplang** *bn* lang en helder **scherprechter** beul **scherpschutter** uitstekend schutter **scherpslijper** *m* [-s] wie iets gaarne toespitst **scherpslijperij'** *v* het iets gaarne toespitsen **scherpsnijdend** *bn* scherp van snede **scherpte** *v* [-n, -s] scherpheid; scherpe kant of punt **scherpziend** *bn* scherp ziend; nauwkeurig toeziend **scherpzin'nig** *bn & bw* vernuftig
scherts *v(m)* welwillende spot **schertsen** welwillend spotten **schertsfiguur** niet in ernst genomen iem.
scherzan'do ‹sjerdzando› *bw (muz.)* schertsend **scherzo** *o* [-'s] *(muz.)* vrolijk muziekstuk
schets *v(m)* ontwerp, vluchtige tekening; kort overzicht; kort verhaal **schetsboek** boek om schetsen in te maken **schetsen** een schets maken van; beschrijven **schetskaartje** kaartje dat slechts een schets geeft **schetsma'tig** *bn & bw* in schets
schetteren schel klinken; lawaaierig praten
scheur *v(m)* barst, spleet, plaats waar iets gescheurd is; *(pop.)* vrouwelijk geslachtsdeel **scheurbuik** *m/o* tandvleesziekte als gevolg van onvoldoende vitamine C **scheuren** *h/z* een smalle opening trekken; scheuren of een scheur krijgen; verscheuren, afscheuren; van weiland bouwland maken; hard en roekeloos rijden **scheuring** *v* scheuren; verdeeldheid, splitsing **scheurkalender** kalender waarvan men dagelijks een blaadje afscheurt **scheurmaker** *m* [-s] wie een scheuring verwekt, wie zich v.e. Kerk afscheidt
scheut *m* steek; loot; een weinig; het snel groeien; ~ *geven*, vieren **scheutig** *bn* rijzig; royaal
schibbo'let ‹sch=sch *of* sj›, **sjibbo'let** *o* [-s] herkenningswoord
schicht *m (dicht.)* pijl, straal; spiraalvormige bloeiwijze; ploeg mijnwerkers; laag
schichtig *bn & bw* schrikachtig
schiedam'mer *m* [-s] jenever
schielijk *bn & bw* haastig, vlug
schier *bw* bijna **schiereiland** bijna geheel door water omgeven land
schietbaan baan voor schieten naar een schietschijf **schietcabine** cabine die bij gevaar v.d. rest kan losraken
schieten [schoot, geschoten] een projectiel werpen; treffen; doorzien; uitwerpen, uitzetten; over grote afstand schoppen; snel bewegen; maken, plotseling geraken; ontkiemen; zaad vormen; *aan het lijf* ~, haastig aantrekken; *van het lijf* ~, haastig uittrekken; *om (er)op te* ~, aartslelijk; *te binnen* ~, plotseling in de herinnering komen; *laten* ~, loslaten, ervan afzien; *de zon* of *de sterren* ~, de hoogte bepalen; *tekort*~, in gebreke blijven; *in de lach* ~, ineens beginnen te lachen; *wel kunnen* ~, zich zeer ergeren aan **schieter** *m* [-s] schietspoel; wie schiet; bep. knikker; snel opgroeiende plant **schietgat** gat om door te schieten **schietgebed** kort gebed **schietkatoen** *o/m* tot ontplofbare stof bewerkt katoen **schietlood** paslood

schietmasker toestel om vee snel te doden **schietpen** pen waarmee men kan schieten **schietschijf** figuur met cirkels waarop men voor oefening of wedstrijd schiet **schietschouw** *v(m)* vlet met glijders voor op ijs **schietspoel** spoel met inslaggaren **schietstoel** zitplaats die uit toestel kan worden geschoten **schiettent** kermistent om in te schieten **schietwilg** niet geknotte wilg

schiften *h/z* (inz. het goede) afzonderen; klonteren; uiteenwijkende draden krijgen

schijf *v(m)* [schijven] platrond voorwerp; geldstuk; draaiend deel v.e. katrol; damstuk; afgesneden plat stuk; schietschijf; vlak deel; belastingtarief; *het loopt over veel schijven*, er zijn veel tussenpersonen of instanties; *harde ~*, in computer gemonteerde niet verwisselbare schijf met gegevens **schijffrees** frees voor het maken v.e. gleuf **schijfgeheugen** direct toegankelijk geheugen op computerschijf **schijfrem** rem met schijfvormige werkende delen **schijfschieten** op een schietschijf schieten

schijn *m* bedrieglijk uiterlijk, beetje, zweem, glans; *als eerste deel v.e. ss vaak in de bet.*: in schijn **schijnbaar** *bn & bw* naar de schijn **schijnbeeld** bedrieglijk beeld **schijnbeweging** beweging in schijn, misleidende beweging **schijnen** [scheen, geschenen] licht uitstralen, schijnbaar zijn **schijngestalte** afwisselend uiterlijk van maan **schijnhei'lig** *bn* zich vromer voordoend dan men is **schijnsel** *o* [-s] flauw licht **schijntje** beetje **schijnvertoning** misleidende vertoning **schijnwerper** *m* [-s] zoeklicht

schijt *(vulg.) m* poep; *~ hebben aan*, zich niets aantrekken van **schijten** [scheet, gescheten] *(pop.)* zich ontlasten **schijtgat** *o (pop.)* bangerik **schijthuis** *o (pop.)* plee; *(pop.)* bangerik

schijveneenheid *(comp.)* extern geheugen waarin gegevens zijn opgeslagen op schijven **schijventarief** vorm v. inkomstenbelasting waarbij trappen met stijgend belastingpercentage onderscheiden worden

schik *m* plezier; *in mijn ~*, blij

schikgodin noodlotsgodin

schikkelijk *bn & bw* schappelijk

schikken *h/z* regelen, ordenen, passen; behoorlijk gaan; *zich ~*, berusten, in orde komen **schikking** *v* ordening, rangschikking; overeenkomst met wederzijdse tegemoetkoming

schil, **schel** *v(m)* [-len] velletje

schild *o* bord ter verdediging; wapenschild; bescherming(smiddel), hoornachtig bedeksel; uithangbord; *in het ~ voeren*, beogen; *op het ~ verheffen*, tot leider uitroepen **schildboor'tig** krachtens geboorte een wapenschild mogende voeren **schilddak** dak van vier schuine vlakken

schilder *m* [-s] wie schildert **schilderachtig** *bn & bw* waard geschilderd te worden **schilderen** verven; met verf afbeelden; beschrijven; op schildwacht staan; staande en lopende wachten **schilderes'** *v* [-sen] vr. schilder **schilderij'** *o/v* geschilderd stuk; levendige beschrijving **schildering** *v* het schilderen; het geschilderde **schilderkunst** kunst v.h. schilderijen maken **schilderschool** groep in kunst verwante schilders **schildersezel** toestel waarop schilder zijn werkstuk zet **schilderslinnen** linnen om op te schilderen **schilderstuk** schilderij **schilderwerk** wat een schilder moet doen; het geschilderde

schildje in de baarmoeder als anticonceptiemiddel aan te brengen plaatje

schildklier klier aan de voorkant v.h. strottenhoofd **schildknaap** edelknaap **schildluis** onder een schildje op planten voorkomend insect, Lat. Coccides **schildpad** **I** *v(m)* [-den] reptiel met een beenachtig rugschild v.d. orde der Chelonia **II** *o* rugbekleedsel van dit dier **schildpadden** *bn* van schildpad **schildpadsoep** soep van schildpaddenvlees; imitatie daarvan **schildpadverband** verband voor gewrichten in gebogen stand **schildrecht** recht om niet beschadigd te worden **schildwacht** **I** *m* [-en, -s] soldaat op wacht **II** *v(m)* wacht houden

schilfer *m* [-s] los deeltje v.e. laag **schilferen** schilfers afgeven **schilferig** *bn* met schilfers, schilfers vormend

schillen van de schil ontdoen

schillerhemd ‹sjielerhemd› overhemd met opengeslagen kraag **schillerkraag** kraag v.e. schillerhemd

schilletje *o* aftreksel v. citroenschillen op brandewijn

schilling ‹sjielieng› *m* vroegere Oostenrijkse munt en munteenheid

schim *v(m)* [-men] schaduwbeeld, vage gedaante; als geest v.e. overledene beschouwde figuur

schimmel *m* [-s] wit paard; uit zwammen bestaande uitslag **schimmelen** *z* beschimmelen; *h* het schimmelspel spelen **schimmelig** *bn* enigszins beschimmeld

schimmenrijk onderwereld **schimmenspel** vertoning v. schaduwbeelden **schimmetje** *o* schijntje **schimmig** *bn* onduidelijk

schimp *m* hoon **schimpdicht** hekeldicht **schimpen** honen **schimpscheut** hatelijke opmerking **schimpschrift** schotschrift **schimpwoord** honend woord

schinkelhaak touw met haken

schip *o* [schepen] vaartuig; hoofdbeuk; *schoon ~ maken*, opruiming houden; *~ der woestijn*, kameel; *~ van staat*, staat; *zijn schepen achter zich verbranden*, de terugkeer voor zich onmogelijk maken; *~ met zure appelen*, dreigende bui; *zinkt het ~ dan zinkt ook de lading*, de broodwinner neemt alles mee in het graf; *het zinkende ~ verlaten*, iets of iem. die in moeilijkheden is de rug toekeren **schipbreuk** *v(m)* het

S

vergaan v.e. schip **schipbreukeling** *m* wie schipbreuk geleden heeft **schipbrug** brug op schepen **schipper** *m* [-s] gezagvoerder v. schip; oudste onderofficier **schipperen** schikken, geven en nemen **schippertje** *o* waakzaam zwart hondje; korte hangklok

schisma *o* [-'s, -mata] scheuring **schisma'ticus** *m* [-ci] scheurmaker **schismatiek'** *bn* scheuring makend

schitteren fel en beweeglijk stralen; uitblinken **schitterend** *bn & bw* fel en beweeglijk stralend; prachtig **schitterlicht** schitterend licht; als signaal telkens even schitterend licht

schizofreen' ⟨schiedzoofreen⟩ *bn* betrekking hebbend op, lijdend aan schizofrenie **schizofrenie'** *v* pathologische gespletenheid

schlager ⟨sjlaaGer⟩ *m* [-s] populair lied

schlemiel' ⟨sch=sj⟩ *m* [-s, -en] ongeluksvogel; lummel

schmink ⟨sjmienk⟩ *m* gelaatsverf **schminken** grimeren

schnabbel ⟨sjnabbel⟩ *m* [-s] werk v.e. beroepsmusicus voor bijverdienste; bijbaantje **schnabbelen** bijbaantjes uitoefenen

schnaps ⟨sch=sj⟩ *m (volkst.)* jenever; borrel

schnitt ⟨sjniet⟩ *m* gebak in lagen

schnitzel ⟨sjnietsel⟩ *o/m* [-s] lapje gepaneerd vlees

schobbejak *m* [-ken] schurk **schobber(d)** *m* [-s] schooier **schobberdebonk'** *op (de) ~ lopen*, klaplopen

schoeien van (hand)schoenen voorzien; schoeiing aanbrengen; *(op een bep. leest) ~*, vormen, inrichten **schoeiing** *v* het schoeien; oeverbekleding **schoeisel** *o* [-s] leren voetbekleedsels

schoelje *m* [-s] schoft

schoen *m* meestal over sok of kous gedragen voetbekleding van stevigere stof; wat daarop lijkt; *wie de ~ past trekke hem aan*, wie zich schuldig voelt trekke het zich aan; *de stoute ~en aantrekken*, zich verstouten; *in iemands ~en staan*, in iemands plaats zijn; *in de ~en schuiven*, betichten van; *vast in zijn ~en staan*, karaktervast zijn, zich verantwoord weten; *op een ~ en een slof*, zonder iets te bezitten; *in de ~en zinken*, ontzinken; *met loden ~en*, met weinig moed, ongaarne; *waar de ~ wringt*, waar de moeilijkheid zit; *op* of *in zijn laatste ~en lopen*, dicht bij zijn dood zijn; *oude ~en wegwerpen voor men nieuwe heeft*, het oude afdanken voor men iets anders heeft **schoenborstel** borstel om schoenen te poetsen **schoencrème** schoensmeer **schoenenwinkel** schoenwinkel

S

schoener *m* [-s] schip met twee achteroverhellende masten en alleen gaffelzeil en stagzeil

schoenklomp klomp met bovenstuk van leer **schoenlappen** schoenen herstellen **schoenlapper** *m* [-s] wie schoenen lapt; bonte vlinder **schoenlepel** voorwerp om gemakkelijk schoenen aan te trekken **schoenmaker** *m* [-s] schoenlapper **schoenmakerij'** *v* bedrijf of werkplaats v.e. schoenmaker **schoenpoets** *m* [gmv] schoensmeer **schoenpoetser** *m* [-s] wie schoenen poetst **schoensmeer** *o/m* smeersel voor schoenen **schoenveter** rijgsnoer voor schoenen **schoenwinkel** winkel waar men schoenen verkoopt

schoep *v(m)* bord v.e. waterrad **schoepen** *(pop.)* stelen

schoffel *v(m)* [-s] ongetand voort te schuiven of naar zich toe te trekken wiedwerktuig **schoffelen** met een schoffel werken; *(sp.)* meedogenloos spelen

schoffe'ren brutaal behandelen; verkrachten

schoffie *o* [-s] kleine boef

schoft I *v(m)* schouder v.e. dier; ononderbroken werktijd, rusttijd tussen het werk **II** *m* schurk **schoftachtig** *bn & bw* schurkachtig

schoften rusttijd houden tussen het werk

schoft(er)ig *bn & bw* schurkachtig

schofttijd schafttijd **schoftuur** schaftuur

schok I *m* [-ken] stoot; schrik **II** *o* [-ken] zestigtal; twintigtal **schokbestendig** *bn* schokken kunnende verdragen **schokbeton** onder schokken vervaardigd beton **schokbreker** *m* [-s] toestel om schok op te vangen **schokbuis** inrichting om projectielen te doen exploderen **schokdemper** *m* [-s] schokbreker **schokeffect** effect als v.e. schok **schokgolf** opeenvolging v. geluidsgolven achter een lichaam dat sneller beweegt dan de geluidssnelheid **schokken** *h* stoten; hevig schudden; doen wankelen; *(pop.)* betalen; *z* hevig ontroeren

schokker *m* [-s] vissersscheepje met oplopend voorschip en één mast; bep. erwt

schokschouderen de schouders ophalen

schol I *m* [-len] platvis met stompe bultjes aan de kop, Lat. Pleuronectes platessa **II** *v(m)* [-len] ijsschots

scholas'ticus *m* [-ci] beoefenaar v. scholastiek **scholastiek' I** *v* middeleeuwse combinatie van theologie en filosofie **II** *m* theologant **III** *bn & bw* van of volgens die wijsbegeerte

scholekster zwart-witte pluvierachtige vogel, Lat. Haematopus

scholen groepen vormen; opleiden **scholengemeenschap** geheel v. scholen v. verschillend type **scholier'** *m* leerling v.e. school

schommel I *m/v* [-s] toestel waarin men schommelt **II** *v* [-s] dikke vrouw **schommelen** in een schommel heen en weer zweven; wiegelen, op en neer gaan; onregelmatig verleggen **schommelstoel** stoel om in te schommelen

schompes *(pop.) zich het ~*, erg

schonen zuiveren; van waterplanten ontdoen

schonk *v(m)* bot **schonkig** *bn* met dikke botten

schoof *v(m)* [schoven] 500 stuks; garf

schooien bedelen **schooier** [-s] *m* bedelaar **schooieren** bedelen **schooister** *v* [-s] vrouw die bedelt

school *v(m)* [scholen] onderwijsinrichting, lesgebouw; onderwijs; kunstrichting; leerlingen v.e. meester; troep vissen; *als eerste deel van ss vaak in de bet.*: voor gebruik in school; *uit de ~ klappen*, verklappen; *op ~ liggen*, op een kostschool zijn **schoolarts** geneesheer die de gezondheid van leerlingen inspecteert **schoolbezoek** het bezoeken v.e. school **schoolblijven** voor straf in school nablijven **schoolboekhandel** handel in schoolboeken **schoolbrigade** verkeersbrigade voor schoolkinderen **schooldag** dag dat er school is **schooletui** ‹schooleetwie› etui met schrijfbenodigdheden **schoolexamen** door de leerkrachten v.e. school afgenomen examen **schoolgaan** op school gaan **schoolgeld** geld voor schoolonderwijs **schooljaar** leerjaar **schooljuffrouw** onderwijzeres **schoolkennis** kennis ten gevolge van schoolbezoek **schoolkind** schoolgaand kind **schoolkrant** blad voor de leerlingen v.e. bep. school **schoolmeester** onderwijzer **schoolmeesterachtig** *bn & bw* pedant **schoolmuseum** museum v. alles wat op onderwijs betrekking heeft **schoolonderwijs** onderwijs in schoolverband **schoolonderzoek** door de school afgenomen deel v.h. eindexamen **schoolplein** bij een school behorende recreatieplaats **schoolplicht** verplichting om kinderen naar school te zenden **schoolplich'tig** *bn* verplicht de school te bezoeken **schoolreis** reis in schoolverband **schoolrijden** *o* leren rijden; een gedresseerd paard bep. passen laten maken **schools** *bn & bw* precies zoals op school geleerd wordt **schoolschip** opleidingsschip **schoolslag** borstslag **schoolstrijd** strijd over het onderwijs **schooltuin** tuin voor onderwijs aan leerlingen **schoolverband** *in ~*, met de (gehele) school **schoolvereniging** vereniging tot beheer v.e. school; vereniging van scholieren **schoolverlater** *m* [-s] wie voor eindexamen geslaagd is **schoolverzuim** het verzuimen v.d. school **schoolvoeding** op school verstrekte voeding **schoolvoorbeeld** vast voorbeeld **schoolwijsheid** op school verworven kennis **schoolziek** *bn* onder het voorwendsel van ziekte de school verzuimende of willende verzuimen **schoolzwemmen** zwemmen als deel v. schoolprogramma

schoon I *bn & bw* mooi; zuiver; netto; geheel **II** *o* het mooie **III** *vgw* ofschoon; *het schone geslacht*, de vrouwen; *de kans ~ zien*, een goede kans zien **schoonbroer** zwager **schoondochter** behuwddochter **schoonfamilie** aangetrouwde familie

schoonheid *v* [-heden] het schoon zijn; iets schoons; knappe vrouw **schoonheidscommissie** adviescommissie voor toezicht op de esthetische hoedanigheid **schoonheidsfout** niet ernstige fout **schoonheidsgevoel** gevoel voor schoonheid **schoonheidsinstituut** inrichting tot verzorging van lichamelijke schoonheid **schoonheidskoningin** winnares in een schoonheidswedstrijd **schoonheidsmiddel** cosmetisch middel **schoonheidssalon** schoonheidsinstituut **schoonheidsspecialiste** verzorgster v. lichamelijke schoonheid **schoonheidswedstrijd** concours waarbij iem. tot de mooiste wordt uitgeroepen **schoonheidszin** schoonheidsgevoel

schoonhouden zorgen dat iets schoon blijft **schoonklinkend** *bn* mooi klinkend **schoonmaak** *m* het schoonmaken v.h. hele huis **schoonmaakbedrijf** bedrijf dat zich belast met de schoonmaak **schoonmaakwoede** onbedwingbare drang naar de schoonmaak **schoonmaken** reinigen; schoonmaak houden

schoonmama schoonmoeder **schoonmoeder** behuwdmoeder **schoonouders** behuwdouders **schoonpapa** schoonvader

schoonrijden sierlijk schaatsen **schoonschijnend** *bn* mooi schijnend **schoonschrift** fraai verzorgd schrift **schoonschrijven** *o* schoonschrift schrijven **schoonspringen** vanaf een springplank met bijzondere sprongen te water gaan

schoonvader behuwdvader **schoonzoon** behuwdzoon **schoonzus(ter)** behuwdzuster

schoor *m* [schoren] stut **schoorbalk** stuttende balk **schoormuur** aangebouwde muur **schoorpaal** steunende paal

schoorsteen *m* [-stenen] inrichting waarlangs de rook verdwijnt; schoorsteenmantel; *daar moet de ~ van roken*, zo moet men de kost verdienen **schoorsteenbrand** brand in de schoorsteen **schoorsteenmantel** iets lagere ombouw v.e. schoorsteen **schoorsteenveger** *m* [-s] reiniger v. schoorstenen

schoorvoetend *bn & bw* ongaarne

schoot *m* [schoten] ruimte vlak boven de dijen v.e. zittend persoon; ruim deel v. kledingstuk onder het middel; binnenste; gemeenschap; touw om iets vast te zetten; tong v.e. slot; scheut; *in de ~ werpen*, goedgunstig schenken **schoothond** heel klein hondje **schootkind** troetelkind; kind dat (graag) op schoot zit

schootsafstand draagwijdte **schootshoek** hoek waaronder geschoten wordt **schootsruimte** terrein dat men met een vuurwapen bestrijkt **schootsvel** leren voorschoot **schootsveld** schootsruimte **schootvrij** *bn* beveiligd tegen schoten

schop I *m* [-pen] trap (met voet) **II** *v(m)* [-pen] schepwerktuig, spa; zoveel erop gaat; schoppen **schoppen I** *v(m)* [-s of onveranderd] zwarte hartvormige figuur **II** *ww* trappen; *(in zegsw.)* maken of brengen; *het ver ~*, het ver brengen; *het niet ver (in de wereld) ~*, het niet ver brengen; *tegen iets (aan) ~*, tekeer gaan tegen iets **schopschijf** met de voet bediende pottenbakkersschijf

schopstoel *op de ~ zitten*, elk ogenblik ontslagen kunnen worden
schor I *bn & bw* hees **II** *v(m)* [-ren], **schorre** gors
schorem I *o* geboefte **II** *bn & bw* haveloos
schoren steunen
schorpioen' *m-v* spinachtig dier met gifstekel; gesel met stekels
Schorpioen' I *m* achtste teken v.d. dierenriem **II** *m-v* wie onder dat teken geboren is **schorre** *zie* **schor**
schorr(i)emor'rie *o* geboefte
schors *v(m)* bast
schorsen tijdelijk staken, uitstellen; tijdelijk uit zijn bediening zetten; tijdelijk sluiten, tijdelijk opheffen
schorseneel' [-nelen], **schorseneer'** *v(m)* [-neren] plant met van buiten zwarte maar van binnen witte eetbare wortel, Lat. Scorzonera hispanica
schort *v(m)/o* ter bescherming v.e. ander kledingstuk gedragen kledingstuk
schorten mankeren
schot I *v(m)* [-ten] zeeforel **II** *o* [-ten] niet dragende wand; afgeschoten ruimte **III** *o* [schoten] het schieten, keer dat men schiet; wond tengevolge v.h. schieten; lading, het laten springen van gesteenten; het ontkiemen van geoogste zaden, plotselinge groei, uitspruitsel; voortgang; *~ geven*, laten schieten, doen opschieten; *in het ~ vallen*, te vroeg starten maar zo dat het niet bewijsbaar is; *buiten ~*, veilig; *er een ~je voor schieten* of *schuiven* of *steken*, het beletten **schotdeur** valdeur in een sluis
schotel *m/v* [-s] schaal; gerecht; *vliegende ~*, vliegende mysterieuze glanzende schijf **schotelantenne** antenne in schotelvorm **schoteltje** *o* bakje onder kopje; kleine schotel
schots I *v(m)* Schotse drie; ijsschol **II** *bn* met kleurige ruiten en strepen; *~ en scheef*, in wanorde; *Schotse drie*, in Schotland bekende volksdans **schotsbont** *bn* bontgeruit
schotschrift schimpschrift **schotvarken** mestvarken **schotvrij** *bn* schootvrij **schotwilg** *m* schietwilg **schotwond** kogelwond
schouder *m* [-s] deel tussen hals en voorste ledematen; kledingstuk dat dit deel bedekt; *zijn ~s onder iets zetten*, krachtig aan iets meedoen; *brede ~s hebben*, veel kunnen verdragen; *over de ~*, minachtend; *op iemands ~s staan*, op iemands werk voortbouwen; *de ~s ophalen*, te kennen geven dat men iets negeert of niet weet **schouderband** band over de schouder **schouderblad** driehoekig been in de schouder **schouderbreedte** breedte van rug ter hoogte v.d. schouders **schouderen** tegen of op de schouders nemen **schouderhoogte** hoogte ter plaatse v.d. schouder **schouderklopje** *o* [-s] bemoedigende geste **schoudermantel** korte mantel over de schouders **schouderophalen** *o* optrekken v. schouder als uiting dat men het onbelangrijk vindt **schoudertas** *v(m)* [-sen] over de schouder gedragen tas **schoudervulling** opvulling v.d. schouder v. kledingstuk **schouderworp** *(sp.)* worp waarbij de tegenstander over de schouder wordt geworpen
schout *m (gesch.)* hogere gerechtsambtenaar; dijkgraaf **schout-bij-nacht'** *m* [schouten-bij-nacht, schout-bij-nachts] iem. onder de vice-admiraal
schouw I *v(m)* vaak als pont gebruikte platte schuit; schoorsteen **II** *m* inspectie **III** *bn & bw* schuin **schouwburg** *m* gebouw voor toneel **schouwen** inspecteren; in de geest zien **schouwspel** toneel, vertoning **schouwtoneel** schouwburg; plaats waar iets vertoond wordt of zich afspeelt
schoven in schoven binden
schraag *v(m)* [schragen] toestel van ongeschaafd hout met twee paar elkaar kruisende poten; *als eerste deel v.e. ss in de bet.*: schragend
schraal *bn & bw* niet vet; sober; koud en droog; armelijk; dun; ruw **schraalhans** *~ is keukenmeester*, het is geen vetpot
schraapachtig *bn* schraperig **schraapijzer** *o* [-s] ijzer om te schrapen **schraapmes** mes om te schrapen **schraapsel** *o* [-s] afkrabsel **schraapzucht** *v(m)* inhaligheid **schraapzuch'tig** *bn* inhalig
schrab *v(m)* [-ben] streep; schram **schrabben** krabben **schrabber** *m* [-s] schraapijzer, schrapwerktuig **schrabsel** *o* [-s] schraapsel
schragen ondersteunen
schram I *m* [-men] gesneden jong varken **II** *v(m)* [-men] lichte huidverwonding **schrammen** een schram oplopen
schrander *bn & bw* scherpzinnig
schranken scheef trekken; kruiselings over elkaar leggen
schransen zich te goed doen
schrap I *v(m)* [-pen] schrab **II** *bw* onwankelbaar; tot tegenweer gereed
schra'pen afkrabben; hebzuchtig bijeenzamelen; van slijm trachten te ontdoen **schra'per** *m* [-s] schraapijzer; wie schraapt **schra'perig** *bn* vrekkig **schrap'ijzer** *o* [-s] schraapijzer
schrapnel, **shrapnel** ‹sjrepnul› *m* [-s] granaatkartets
schrappen doorstrepen, krabben
schrede [-n] *v(m)* stap
schreef *v(m)* [schreven] streep; *over* of *buiten de ~*, te ver
schreeuw *m* kreet **schreeuwen** krijten; luid roepen of spreken; *(pop.)* wenen; (v. kleuren) een lelijke combinatie vormen **schreeuwend** *bn & bw* krijtend; vreselijk **schreeuwer(d)** *m* [-s] wie een grote mond opzet, opschepper **schreeuwerig** *bn & bw* (gedurig) krijtend **schreeuwlelijk** schreeuwer
schreien wenen, schreeuwen
schriel *bn & bw* mager
schrift *o* de schrifttekens; wijze van schrijven; schrijfboek; *op ~*, geschreven **Schrift** *v(m) Heilige Schrift*, bijbel **schriftelijk I** *o*

S

schriftelijk examen **II** *bn & bw* in of op schrift **schriftgeleerde** kenner v.d. Schrift **schriftkenner** schriftgeleerde, paleograaf **schriftkunde** *v* paleografie; grafologie **schriftkun'dige** *m* [-n] grafoloog **schriftma'tig** *bn & bw* overeenkomstig de bijbel **schriftuur'** *v* [-turen] geschrift; bijbel **schriftuur'lijk** *bn & bw* bijbels

schrijden [schreed, geschreden] statig lopen

schrijfblok blok schrijfpapier **schrijfbureau** bureau **schrijffout** verschrijving **schrijfkramp** *v(m)* kramp als gevolg van te veel schrijven **schrijfletter** bij het schrijven gebruikte letter **schrijfmachine** toestel om machinaal te schrijven **schrijfmap** map voor schrijfbehoeften **schrijfpapier** papier om op te schrijven **schrijfster** [-s] vrouw die schrijft **schrijftaal** bij het schrijven gebruikte taal **schrijftalig** *bn & bw* van of uit of in de schrijftaal **schrijftrant** stijl **schrijfwerk** *o* wat geschreven moet worden of is **schrijfwijze** manier van schrijven; spelling

schrijlings *bn & bw* met aan iedere kant een been

schrijn *o/m* fraai bewerkte kist

schrijnen pijnlijk zijn door schaven v.d. huid **schrijnend** *bn* grievend

schrijnwerker *m* [-s] meubelmaker

schrijven I *ww* [schreef, geschreven] (iets) in schrift brengen; (v.e. datum) beleven; *~ om*, schriftelijk vragen; *uren ~*, aan werk bestede tijd noteren **II** *o* brief **schrijver** *m* [-s] wie schrijft of geschreven heeft **schrijverscollectief** groep v. met elkaar samenwerkende schrijvers **schrijvertje** *o* zich over het wateroppervlak bewegend kevertje, Lat. Gyrinus natator

schrik *m* plotselinge angst, verschrikking **schrikaanjagend** *bn & bw* schrik veroorzakend **schrikachtig** *bn & bw* gemakkelijk schrikkend **schrikba'rend** *bn & bw* geweldig **schrikbeeld** schrikaanjagende voorstelling **schrikbewind** met streng geweld regerend bestuur **schrikdraad** *m (stofn. o & m)* onder lichte stroom staande afrasteringsdraad

schrikkeldag 29 februari **schrikkeldans** dans waarbij de dame de heer vraagt

schrikkelijk *bn & bw* verschrikkelijk

schrikkeljaar jaar met een schrikkeldag **schrikkelmaand** maand met een schrikkeldag

schrikken [schrikte, schrok, geschrikt, geschrokken] ontstellen; schoksgewijze bijvieren; plotseling afkoelen; *laten ~*, *(fig.)* (van iets dat vastzit) door kloppen losmaken; (van kalk) met water het blussingsproces verstoren; plotseling van temperatuur doen veranderen **schrikwek'kend** *bn* verschrikkelijk

schril *bn & bw* schel

schrobben met water en bezem reinigen **schrobber** *m* [-s] bezem, boender

schrobbe'ring *v* uitbrander

schrobnet sleepnet **schrob(net)visserij** vissen met schrobnet **schrobzaag** puntig toelopende zaag

schroef *v(m)* [schroeven] bout met uitgesneden spiraalomloop; combinatie van gebogen bladen die draaien kan; bloeiwijze met de bloemen alleen aan één kant v.e. stengel; *als eerste deel van ss vaak in de bet.*: met schroefdraad; *op losse schroeven*, niet vast; *op losse schroeven zetten*, wankelend maken **schroefbank** werkbank **schroefboor** boor om moeren hun vorm te geven **schroefdeksel** op te schroeven deksel **schroefdop** op te schroeven dop **schroefdraad** *m* [-draden] spiraalvormige windingen v.e. schroef of schroefmoer **schroeflijn** schroefdraad **schroefloos** *bn* zonder schroef **schroefmoer** moerschroef **schroefoog** schroef met ring van boven **schroefsleutel** sleutel voor moeren

schroeien zengen ***schroei-ijzer** *(Wdl. schroeiijzer)* ijzer om mee te schroeien

schroeven met schroef of schroeven vastmaken **schroevendraaier** *m* [-s] beitelvormig werktuig om schroeven vast of los te draaien

schrok *m* [-ken] vraat **schrokken** gulzig eten **schrokker(d)** *m* [-s] gulzig iem. **schrokkerig**, **schrokkig** *bn & bw* gulzig **schrokop** *m* [-pen] schrokker

schromelijk *bn & bw* vreselijk **schromen** vrezen

schrompelig *bn* rimpelig

schroom *m* vrees, beschroomdheid, aarzeling **schroomachtig**, **schroomval'lig** beschroomd

schroot I *o* afval v. metaal, brokjes waarmee men schiet, schiethagel **II** *m* [schroten] smalle plankjes **schroothoop** *goed voor de ~*, kunnende afgedankt worden

schrot *o* uitschot v. fruit

schub(be) *v(m)* [schubben] huidplaatje; wat erop lijkt **schubben** van de schubben ontdoen **schubbig** *bn* met schubben **schubdier** tandeloos met schubben bedekt zoogdier, Lat. Pholidota **schubvleugelig** *bn* vleugels met schubben hebbend

schuchter *bn & bw* schroomvallig

schuddebollen [schuddebolde, geschuddebold] het hoofd enige tijd heen en weer schudden **schudden** enigszins krachtig heen en weer bewegen; daveren; hutselen; *(pop.) het wel kunnen ~*, van iets moeten afzien **schudgoot** voor vervoer schuddende goot

schuier *m* [-s] borstel **schuieren** borstelen

schuif *v(m)* [schuiven] lade; verschuifbaar schot; schep; knip; *het ~je*, weigering van absolutie **schuifdak** open te schuiven deel v. autodak **schuifdeur** deur die open en toe geschoven wordt

schuifelen zich als een slang of sleepvoetend voortbewegen; *(Belgned.)* fluiten; langzaam en intiem met iem. dansen

schuifladder uitschuifbare ladder **schuifpui** gevel met schuifdeuren **schuifraam** *zie* **schuifdeur**; **schuiftafel** tafel met inschuifbladen **schuiftrompet** trompet waarvan een deel bij het bespelen in- en uitgeschoven wordt **schuifwand** wand die als een harmonica open en dicht kan worden geschoven

schuilen [schuilde, school, geschuild, gescholen] zich verbergen; zich beschutten; te vinden zijn **schuilevinkje** *o* verstoppertje **schuilgaan** *z* zich verbergen **schuilhoek** plaats waar men zich verschuilt **schuilhouden** *zich ~*, zich verborgen houden **schuilhut** hut om te schuilen; hut om vogels en wild te bespieden **schuilkelder** ondergrondse schuilplaats tegen luchtaanvallen **schuilkerk** *(gesch.)* kerk die uiterlijk haar karakter niet mocht laten blijken **schuilnaam** pseudoniem **schuilplaats** plaats waar men zich verschuilt

schuim *o* laag blaasjes; bij koken of smelten bovenkomend vuil; luchtig baksel van suiker en eiwit; tuig **schuimaarde** uit suikerfabrieken afkomstige meststof **schuimbekken** [schuimbekte, geschuimbekt] het schuim op de mond hebben **schuimblusser** *m* [-s] met schuim werkend blusapparaat **schuimen** schuim vormen; van schuim ontdoen **schuimig** *bn* met veel schuim **schuimkop** schuim op een golf **schuimkraag** rand v. schuim **schuimlepel** lepel om schuim af te scheppen **schuimpje** *o* gebakje van schuim **schuimplastic** sponzig plastic **schuimrubber** sponzige rubber **schuimspaan** schuimlepel

schuin *bn & bw* scheef; onwelvoeglijk **schuinen** schuin maken **schuins** *bn & bw* schuin **schuinschrift** schrift in schuine richting **schuinsmarcheerder** *m* [-s] iemand die vreemdgaat **schuinte** *v* [-n, -s] schuine richting; helling

schuit *v(m)* boot; zich ergens onderaan bevindende bak; vormeloos plomp exemplaar; *~en van schoenen*, plompe schoenen; *in iemands ~je komen*, het met iem. eens zijn; *in hetzelfde ~je varen*, van dezelfde opvatting zijn, in dezelfde omstandigheden verkeren; *met iemands ~je varen*, iemands partij kiezen; *in het ~je zitten en mee moeten varen*, zich niet meer kunnen terugtrekken **schuitjevaren** *o* spelevaren

S

schuiven [schoof, geschoven] *h/z* voortduwen; voortglijden; *(gezegd v. opium)* roken; *(zegsw.)* gaan; *wat schuift het?*, wat levert het op? **schuiver** *m* [-s] opiumschuiver; plotselinge heftige beweging; bal die rakelings langs de grond gaat **schuivertje** *o* bep. eetgerei v. kinderen

schuld *v(m)* het aan iets schuldig zijn; het iets veroorzaakt hebben; het verschuldigde; verplichting **schuldbekentenis** schriftelijke verklaring hoeveel geld men schuldig is; bekennen v. schuld **schuldbewust'** *bn & bw* met het besef schuldig te zijn **schuldbrief** schuldbekentenis, obligatie **schuldeiser** iem. aan wie men schuld heeft **schuldeloos** *bn & bw* zonder schuld **schuldenaar** *m* [-s, -naren] wie schuld heeft **schuldenares'** *v* [-sen] vr. schuldenaar **schuldenlast** schulden **schuldig** *bn* schuld hebbend; verschuldigd; *het antwoord ~ blijven*, niet weten wat te antwoorden; *des doods ~ zijn*, de dood verdienen **schuldvordering** *v* vordering v. schuld, te innen schuld **schuldvraag** vraag wie de schuld heeft

schulp *v(m)* schelp; *in zijn ~ kruipen*, terugkrabbelen **schulpen** met schelpen versieren; schelpvormig bewerken **schulpzaag** spanzaag

schunnig *bn & bw* armzalig; gemeen; schuin

schuren *h/z* hard wrijven met iets ruws; langs iets wrijven; in de schuur brengen

schurft **I** *v(m)/o* door de schurftmijt veroorzaakte besmettelijke huidziekte; *de ~ hebben aan*, een hekel hebben aan **II** *bn* schurftig **schurftig** *bn* schurft hebbend **schurftmijt** *v(m)* schurft veroorzakend diertje

schurk *m* booswicht **schurkachtig** *bn & bw* gemeen

schurken hard wrijven **schurkpaal** wrijfpaal

schut *o* [-ten] scherm, beschot, stuwdeur; *(bijz. t.)* bescherming **schutblad** dekblad; papieren omslag; vel aan de binnenkant v.d. boekband **schutdeur** deur v.e. sluis **schutgeld** geld voor het schutten **schutkleur** kleur waardoor het dier minder opgemerkt wordt **schutkolk** kolk v.e. schutsluis **schutsengel** beschermengel **schutsheer** beschermheer **schutsheilige** *m-v* patroon **schutsluis** *v(m)* sluis om te schutten **schutspatroon** beschermheilige **schutten** beschutten, opsluiten; tegenhouden; opkomen tegen; door middel v.e. sluis een schip in water met ander peil brengen **schutter** *m* [-s] wie schiet; wie schut; wie bij de schutterij is; onbeholpen iem. **schutteren** schutterig doen **schutterig** *bn & bw* onbeholpen **schutterij'** *v* burgerwacht; schietvereniging **schutterskoning** kampioen op een schuttersfeest **schuttersputje** *o* diepe put ter bescherming v. soldaten **schuttersstuk** schilderij met schutters **schutterszilver** *o* [gmv] versierselen v.e. schutterskoning

schutting *v* planken afsluiting **schuttingtaal** onwelvoeglijke taal **schuttingwoord** onwelvoeglijk woord

schuur *v(m)* [schuren] gebouw voor bergruimte **schuurlinnen** met glas of amarilpoeder of zand bestreken linnen **schuurpaal** wrijfpaal **schuurpapier** *zie* **schuurlinnen**; **schuurspons** spons v. kunststof met ruwe bovenlaag; spons v. metaaldraad met vulling v. zeep om te schuren **schuurzand** zand om mee te schuren

schuw *bn & bw* vreesachtig; *(pop.)* erg **schuwen** uit angst of afkeer vermijden

schwung ⟨sjwoeng⟩ *m* [gmv] bezieling

sciencefic'tion ⟨saaijunsfiksjun⟩ *m* verbeelding van een technisch verder

ontwikkelde wereld **sciencepark** instituut waar wetenschappelijk onderzoek commercieel wordt geëxploiteerd
sclero'se ‹skleerooze› *v* weefselverharding
scolio'se ‹skooliooze› *v* achterwaartse ruggengraatsverkromming
scone ‹skoon› *m* [-s] rond cakeje
scooter ‹skoeter› *m* [-s] lage motorfiets met kleine wielen
scootmobiel ‹oo=oe› *m* elektrisch aangedreven scooter met drie wielen
scope ‹skoop› *m* aandachtspunt in de media, primeur; bep. vorm van telefoonabonnement
score ‹skore› *m* [-s] resultaat **scoren** *m* resultaat boeken; punten maken; een shot nemen
scotch ‹skotsj› *m* [gmv] whisky **scotchterriër** kleine, zwarte, langharige terriër
scout *m* [-s] verkenner, padvinder **scouting** *v* internationale verkennersorganisatie
SCP Sociaal Cultureel Planbureau
scrabbelen ‹ a=è› [scrabbelde, gescrabbeld] scrabble spelen **scrabble** ® *wm* ‹skrebbel› *o* [-s] gezelschapsspel waarbij op een bord woorden gevormd worden
screenen ‹ee=ie› degelijk onderzoeken
scriba [-bae, -'s] secretaris **scribent'** schrijver **scribograaf'** *m* [-grafen] machine om kinderen met motorische problemen te leren schrijven
scrip *m* [-s] bewijs van nog niet betaalde rente; bewijs v. storting
script *o/m* [-s] uitgeschreven handeling en tekst voor toneelstuk of film; stuk dat onder voorwaarden recht geeft op aandeel
scriptie *v* [-s] verhandeling door student
scrofuleus' *bn* klierachtig
scrollen *(comp.)* door een bestand bladeren; e. tekst op h. scherm laten opschuiven
scrotum *o* balzak
scrupel *o* [-s] gewetensbezwaar **scrupu'le** *v(m)* [-s] gewetensbezwaar **scrupuleus'** *bn & bw* angstvallig nauwgezet
scud *m* [-s] scudraket, bep. ballistische raket
sculler *m* [-s] eenpersoonsroeiboot; de roeier zelf
sculptuur' *v* het maken van beelden, beeldwerk
Scylla ‹skilla› *v van ~ in Charybdis*, van de regen in de drop
SDI Strategisch Defensie Initiatief
Se *(schei.)* selenium
sealen ‹ea=ie› [sealde, geseald] luchtdicht verpakken in plastic
sealskin ‹ea=ie› *o & bn* (van) robbenbont
sean'ce ‹seeãnse› *v(m)* [-s] (spiritistische) bijeenkomst
SEATO *South-East Asian Treaty Organization*, Zuidoost-Aziatische Verdragsorganisatie
sec *bn* droog; onvermengd; niet zoet
sec. seconde
secans *v(m)* [-en, -canten] snijlijn
seces'sie *v* afscheiding
secondair' ‹ai=è› *bn & bw* secundair **secondant'** *m* getuige bij een duel; hulponderwijzer
secon'de *v(m)* [-n] 1/60 minuut; diatonische toontrap
seconde'ren bijstaan, secondant zijn
secon'dewijzer wijzer die de seconden aangeeft
secreet' *o* [-creten] *(pop.)* wc; afscheiding, afscheidsel; *(scheldn.)* verachtelijk wezen
secretai're ‹taire=tèr› *m* [-s] schrijfkast
secretares'se *v* [-n] met schrijfwerkzaamheden belaste in dienstverband staande vrouw **secretariaat'** *o* [-aten] waardigheid of ambt of bureau v.d. secretaris **secretarie'** *v* [-s, -rieën] gebouw en personeel voor administratie v. publiekrechtelijk lichaam **secreta'ris** *m* [-sen] met schrijfwerkzaamheden belast iem.; eerste ambtenaar v.e. gemeentebestuur **secreta'ris-generaal'** [secretarissen-generaal] hoogste ambtenaar aan een departement **secretaris'-penningmeester** bestuurslid met functie van secretaris en penningmeester
secre'tie ‹sukreesie› *v* [-s] afscheiding
sectair' ‹ai=è› *bn (Belgned.)* onverdraagzaam
sectie *v* [-s, -tiën] lijkopening; afdeling (v.e. gemeente); helft v.e. peloton **sector** *m* [-s, -en] deel v. cirkel tussen twee stralen; afdeling (v. gebied)
seculair' ‹ai=è› *bn* honderdjarig; per eeuw, in een eeuw; wereldlijk **secularisa'tie** ‹sa=za› *v* [-s, -tiën] het seculariseren **secularise'ren** wereldlijk maken; aan de staat trekken **seculier'** **I** *bn* wereldlijk **II** *m* wereldlijk geestelijke
secundair', **secondair'** ‹ai=è› *bn & bw* in de tweede plaats komend, bijkomstig; niet aanstonds reagerend; door vereniging van primaire kleuren gevormd; *secundaire productie*, verwerking v.d. grondstoffen
securiteit' *v* zekerheid, veiligheid **secuur'** *bn & bw* precies; zeker, veilig
seda'tie *v* [-s] lichte narcose **sedatief'** **I** *bn* kalmerend **II** *o* [-tieven] kalmerend middel
sedert *vz & vgw & bw* sinds **sedertdien'** *bw* sedert
sediment' *o* neerslag; afzetting **sedimentair'** ‹ai=è› *bn* bezinkings-
seersucker ‹ee=ie› *o/m* op crèpe lijkend fijn weefsel
sefar'den, **sefar'dim** *mv* Zuid-Europese joden
seffens *bw (Belgned.)* nu direct; straks
segment' *o* deel v. cirkel tussen koorde en boog; geleding **segmenteren** in segmenten onderverdelen
segrega'tie *v* afscheiding
segrijn' *o*, **segrijn'le(d)er** hard korrelig leer
sein *o* teken; voorwerp om een sein te geven; *als eerste deel v.e. ss vaak in de bet.*: om seinen te geven, tot het geven v.e. sein **seinboek** boek met seinen **seinbord** bord waarmee seinen gegeven worden **seinen** tekens geven **seingever** *m* [-s] wie seinen geeft; deel v. telegraaftoestel om seinen te geven **seinhuis** huis voor seingever **seinontvanger** deel v. telegraaftoestel waarmee seinen worden ontvangen **seinpost** *m* standplaats voor seingever

seinregister seinboek **seinsleutel** hefboom aan telegraaftoestel om seinen over te brengen **seintoren** toren van waaruit seinen worden gegeven

seismisch *bn* aardbevingen betreffende **seismograaf'** *m* [-grafen] toestel tot registrering van aardbevingen **seismologie'** *v* leer v.d. aardbevingen **seismolo'gisch** *bn & bw* van of betreffende de seismologie

seizen vastsjorren **seizing** *v* [-s] sjortouw

seizoen' *o* drukke of geschikte tijd; jaargetij **seizoen(s)'arbeid** aan een seizoen gebonden arbeid **seizoen'arbeider** wie seizoenarbeid verricht **seizoen'kaart** toegangsbewijs voor één seizoen **seizoen'opruiming** opruiming aan het einde v.e. seizoen **seizoen'werkloosheid** normale werkloosheid in bep. seizoenen

seks *v(m)* wat op zinnenprikkeling uit is; geslachtsverkeer **seksblad** *v* [-en] aan seks gewijd periodiek blad **seksbom** vrouw met een groot sex-appeal (inz. filmster) **sekse** *v* [-n] geslacht; *derde ~*, homofielen **seksen** mannelijke en vrouwelijke eendagskuikens scheiden; seks bedrijven **sekseneutraal'** *bn* geen specifieke sekse aangevend **seksfilm** *m* film waarin seksuele scènes een overwegende rol spelen **seksindustrie** *(fig.)* bedrijfstak waarin seks het te verhandelen product is **seksis'me** *o* het niet als gelijkwaardig beschouwen van de seksen **seksist'** *m* wie de seksen niet als gelijkwaardig beschouwt **seksis'tisch** *bn* seksisme tonend **seksleven** *o* het geslachtelijk leven **sekslijn** telefoondienst voor erotisch gesprek **sekssymbool** iem. met sex-appeal **seksualiteit'** *v* geslachtelijkheid **seksueel'** *bn & bw* geslachtelijk **seksuologie'** *v* wetenschap v.h. geslachtsleven v.d. mens

sekta'riër *m* [-s] aanhanger v.e. sekte **sekta'risch** *bn & bw* van een sekte; sektevormend **sektaris'me** *o* neiging tot het vormen van sekte(n) **sekte** *v* [-n] kleine afgescheiden (godsdienstige) groep **sektegeest** sektarisme

S

sekwes'ter I *m* [-s] rechterlijk beslaglegger **II** *o* sekwestratie **sekwestra'tie** *v* [-s] rechterlijke inbeslagneming **sekwestre'ren** rechterlijk beslag leggen op

selderie, selderij *m* schermbloemige als groente gegeten plant

select' *bn* uitgezocht **selecte'ren** uitzoeken, uitlezen **selec'tie** *v* [-s] keus, uitlezing **selectief'** *bn* uitkiezend **selec'tiewedstrijd** wedstrijd waarin het niveau v.e. speler of ploeg getest wordt **selectiviteit'** *v* het selectief zijn

self-fulfilling prophecy *v(m)* voorspelling die doordat ze uitgesproken wordt haar vervulling bevordert

selfmade ‹selfmeed› *bn* eigengevormd

selfservice zelfbediening

selfsup'port'ing *bn* in eigen behoeften voorziend

selva *v* [-'s] Zuid-Amerikaans oerwoud

semafoon' *m* [-s] toestel waarmee draadloos codes worden doorgegeven en ontvangen

semantiek' *v* betekenisleer; leer v. interpretatie v. formele systemen **seman'tisch** *bn & bw* de semantiek betreffende **semasiologie'** ‹si=zie› *v (vero.)* betekenisleer **semasiolo'gisch** *bn & bw* de semasiologie betreffende

semes'ter *o* [-s] halfjaar **semi-** half- **semi-arts** wie voor het eerste deel v.h. artsexamen geslaagd is

semi-bungalow niet geheel tot één verdieping beperkte bungalow

seminar ‹semminar› *o* [-s] studieconferentie

semina'rie *o* [-s] opleidingsschool voor geestelijken **seminarist'** *m* student aan seminarie **semina'rium** *o* [-ria, -s] lokaal voor praktische oefeningen aan universiteit

semi-officieel' *bn* officieus

semiotiek' *v* wetenschap die de algemene principes v.d. structuur der als tekensystemen opgevatte talen bestudeert

semi-overheidsbedrijf particulier bedrijf waarin de overheid gedeeltelijk financieel deelneemt **semi-permanent** *bn* voor een langere periode tijdelijk

Sen. senior

senaat' *m* [-naten] bestuurslichaam van universiteit of studentencorps; Eerste Kamer **sena'tor** *m* [-en, -s] lid v.e. senaat

seneplant seneblad

seniel' *bn* aan ouderdom eigen; afgetakeld **seniliteit'** *v* het seniel zijn; verschijnsel daarvan

senior I *m* [-en, -es] iem. v.e. andere generatie of jaargang; iem. boven 60; *(sp.)* speler uit de middelbare leeftijdscategorie **II** *bn* de oudste **senio'renpas** bejaardenpas

sensa'tie ‹sa=zaa› *v* [-s] opschudding; (sterke) gewaarwording, prikkeling v.d. zintuigen; *als eerste deel v.e. ss vaak in de bet.*: sensationeel; op sensatie belust **sensa'tiepers** op sensatie beluste bladen **sensationeel'** *bn & bw* sensatie verwekkend

sensi'bel ‹si=zie› *bn* gevoelig **sensibilise'ren** ‹seren=zeren› *(Belgned.)* belangstellend maken **sensibiliteit'** *v* gevoeligheid **sensitief'** *bn* overgevoelig **sensitivis'me** *o* overgevoelige kunstrichting **sensitiviteit'** *v* overgevoeligheid **sensiti'vitytraining** ‹senzitivitie treening› in groepsverband oefenen in ongeremd discussiëren

sensomoto'risch *bn* betreffende zintuiglijke bewegingsimpulsen

sensor ‹senzor› *m* [-en, -s] gevoelig instrument voor waarneming

sensualis'me ‹su=zu› *o* leer die uitsluitend v.h. door de zinnen waargenomene uitgaat **sensualiteit'** *v* zinnelijkheid **sensueel'** *bn & bw* zinnelijk

senten'tie *v* [-s, -tiën] uitspraak; zinspreuk **sententieus'** *bn* kernachtig

sentiment' *o* gevoel **sentimentaliteit'** *v* overdreven gevoeligheid **sentimenteel'** *bn & bw* overdreven gevoelig

Sep Samenwerkende elektriciteits-

produktiebedrijven
separaat' I *bn* afzonderlijk II *o* [-raten] afzonderlijk stuk **separa'tie** *v* [-s] afscheiding **separatis'me** *o* streven om zich af te scheiden **separatist'** *m* voorstander van afscheiding **separatis'tisch** *bn & bw* v. separatisme **separa'tor** *m* [-s, -en] toestel waarmee iets afgescheiden wordt **separe'ren** afscheiden
sepia *v(m)* [-'s] inktvis; zwartbruine verf uit blaas v. inktvis; de kleur van deze verf
sepone'ren *(jur.)* niet doorzetten, niet vervolgen **sepot'** ‹seepoo› *o* [-s] het seponeren, geseponeerde zaak
sepsis *v* rotting, bederf, ontbinding; infectie
sept september
septem'ber *m* herfstmaand
septet' *o* [-ten] stuk voor 7 instrumenten of stemmen; de uitvoerenden hiervoor
septic tank ‹a=e› *m* [septic tanks] chemisch toilet; opvangbak v.e. closet
septi'me, **septiem'** *v(m)* [septimes, septiemen] afstand van zeven tonen; zevende toon v.d. grondtoon af
septisch *bn & bw* bedervend
Septuage'sima ‹si=zie› *m* 3e zondag vóór de vasten
sequens' *v(m)* herhaling v.e. motief in een andere toontrap; lofzang na alleluja
sequoi'a *m* [-'s] reusachtige oorspronkelijk in Amerika groeiende naaldboom
SER Sociaal-Economische Raad
seraf [-s], **serafijn'** *m* hoofdengel **serafijns'** *bn & bw* (als) v.e. serafijn
serafi'ne *v*, **serafi'neorgel** *o* [-s] klein orgel
serail' ‹seeraj› *o* [-s] sultanspaleis
sereen' *bn & bw* helder, ongestoord kalm
serena'de *v* [-s] muzikale huldiging bij avond
serendipiteit' *v* het door toeval en scherpzinnigheid iets vinden terwijl men iets anders zoekt
sereniteit' *v* helderheid, kalmte
sergeant' ‹ge=zj› *m* [-en, -s] laagste onderofficier; lijmknecht **sergeant-majoor'** [-s] iem. v.e. rang hoger dan sergeant **sergeants'strepen** *mv* distinctieven v. sergeant
serie *v* [-s, -riën] reeks **seriebrief** *m* aan velen met gelijke inhoud geschreven brief **serieel'** *bn* een reeks vormend **serieproductie** *v* fabricatie in middelgrote aantallen **serieschakeling** schakeling waarbij de stroom achtereenvolgens door alle elektrische elementen of weerstanden loopt
serieus' *bn & bw* ernstig **sérieux'** *au ~ nemen*, ‹oo-seriejeu› ernstig opvatten, met de nodige ernst behandelen
sering' *v(m)* heester met geurende bloemen v.h. geslacht Syringa; zijn bloem
sermoen' *o* preek
serolo'gisch *bn & bw* sera betreffend
seropositief' *bn* antistoffen inz. tegen het aidsvirus in het lichaam hebbend
serpent' *o* slang **serpen'tig** *bn* venijnig **serpentijn'** *o*, **serpentijn'steen** *o/m* bep. als een slang gevlekte steen **serpenti'ne** *v* [-s] rolletje gekleurd dun papier
serre ‹sère› *v(m)* [-s] broeikas; veranda
serum *o* [-s, sera] entstof **serumtherapie** geneeswijze met serum **serumziekte** ziekte na seruminspuiting
SERV *(Belg.)* Sociaal-Economische Raad voor Vlaanderen
serval' *m* [-s] tijgerkat
serveer'boy *m* [-s] verrijdbaar dientafeltje **serveer'ster** *v* [-s] vrouw die aan tafel bedient
serven ‹sùrven› [servede, geserved] *(bij sommige sporten)* de eerste bal spelen
server ‹sùrvur› *m* [-s] centrale computer
serve'ren opdienen; serven
servet' *o* [-ten] tafeldoek; *te groot voor ~ en te klein voor tafellaken*, tussen volwassen en onvolwassen; nergens voor deugend **servet'ring** ring voor opgerold servet
service ‹sùrvus› *m* bediening **serviceabonnement** abonnement op een periodieke servicebeurt **servicebeurt** onderhoudsbeurt **serviceflat** flat met recht op beperkte voorzieningen **servicekosten** *mv* kosten voor centrale voorzieningen **servicestation** benzinestation waar kleine mankementen kunnen worden hersteld
serviel' *bn & bw* slaafs
servies' *o* [-viezen] stel vaatwerk
serviliteit' *v* slaafsheid
servituut' *o* [-tuten] erfdienstbaarheid
sesam ‹seezam› *m* (sub)tropisch oliehoudend gewas; zaad ervan **sesambrood** brood met sesamzaad erop
sessie *v* [-s] zitting
set *m* [-s] deel v. tennispartij; garnituur **setpoint** *v(m)* [-s] *(sp.)* punt waarop een set bij tennis beslist kan worden
settelen *zich ~*, zich vestigen
setter *m* [-s] langharige Engelse staande jachthond
setting *v(m)* [-s] achtergrond; situatie
set-up' *v(m)* [set-ups] *bij volley*: bovenhandse bal langs het net naar een aanvallende medespeler
sèvres ‹sèvre› *o* porselein uit Sèvres
Sexage'sima ‹si=zie› *m* zondag na Septuagesima
sex-appeal' ‹seks-uppiel› *v/m* seksuele aantrekking **sexshop** ‹sh=sj› *m* [-s] winkel voor seksbladen, -boeken en -artikelen
sext *v(m)* 6e toon van de grondtoon af; toonafstand van 6 noten **sextant'** *m* hoogtemeter **sextet'** *o* [-ten] stuk voor 6 instrumenten of stemmen; de uitvoerenden hiervoor; twee terzinen
sexy *bn* seksueel prikkelend
SF science fiction
sfagnum *o* [gmv] veenmos
sfeer *v(m)* [sferen] bol; hemelkring; gebied; hemelbol; stemming, omgeving; *uit hoger sferen*, verheven **sfeervol** *bn & bw* met veel sfeer **sferisch** *bn* bolvormig **sferoïdaal'** *bn* in de vorm v.e. sferoïde **sferoï'de** *v* [-n] afgeplatte bol
sfinx *m* vrouw met leeuwenlichaam; ondoorgrondelijk iem. **sfinxachtig** *bn & bw*

raadselachtig
sforzan'do *bw (muz.)* sterker wordend
sfuma'to I *bw* met vervloeiende omtrekken **II** *o* het zo schilderen
s.g. soortelijk gewicht
S.G. secretaris-generaal
sgo studentgericht onderwijs
SGP Staatkundig Gereformeerde Partij
sh. shilling
s.h. slechthorend; *salvo honore*, behoudens de eer
shabby ‹sjebbie› *bn* armoedig
shag ‹sjeG *of* sjek› *m* sigarettentabak
shaker ‹sjeeker› *m* [-s] toestel om dranken in te schudden
shampone'ren ‹sh=sj› met shampoo wassen **shampoo** *m* sterk schuimend haarwasmiddel **shampooën** [shampoode, geshampood] met shampoo wassen
shantoeng ‹sh=sj› *o/m & bn* (van) dof zijdeachtig weefsel
shedbouw ‹sh=sj› bouw met sheddaken **sheddak** zaagvormig dak
sheet ‹sjiet› *m* [-s] doorzichtig blad voor overheadprojector
shell ‹sh=sj› *m* [-s] *(comp.)* overkoepelend programma
shelter ‹sh=sj› *m* [-s] tent
sheriff ‹sjerrif› *m* [-s] Am. hoofd v.d. politie
sherpa ‹sh=sj› *m* [-'s] lid v.e. stam v. berggidsen uit Nepal **II** *v* [-'s] vr. scout
sherry ‹sjerrie› *m* Zuid-Spaanse wijn
shift ‹sh=sj› *m* [-s] ploegendienst; toets op computer die de functie van andere toetsen verandert
shii-ta'ke ‹shii=sji(j)i› *v(m)* [-s] bep. Japanse paddestoel
shilling ‹sh=sj› *m* [-s] 1/20 pond sterling
shintoïs'me ‹sh=sj› *o* Japanse voorboeddhistische godsdienst
shirt ‹sjurt› *o* [-s] overhemd **shirtreclame** reclame via een tekst op een sportshirt
shit ‹sjit› *m* rotzooi; hasj **II** *tw (vulg.)* bah, verdomme; *als eerste deel v.e. ss*: weinig waard
shoarma ‹sjwarma› *m* gerecht v. geroosterd schapenvlees
shock ‹sjok› *m* [-s] zenuwschok **shocken** voor medische doeleinden een shock toedienen **shocking** *bn* aanstotelijk **shocklong** *m* longaandoening t.g.v. beschadigde longblaasjes
shoppen ‹sh=sj› winkelen **shopper** ‹sh=sj› *m* [-s] wagentje voor boodschappen
shorts ‹sjorts› *mv* korte broek
short sto'ry ‹sjòrt stòrri› *v(m)* [-'s] kort verhaal
shorttrack ‹sjòrttrek› ‹a=è› *m* [-s] wedstrijd op kleine baan
shot ‹sh=sj› ‹sj› *o/m* [-s] prik met drug; filmopname
shovel ‹sjovvul› *m* [-s] laadmachine op rupsbanden **shovelrijder** berijder v.e. shovel **shovelrit** tocht met een shovel
show ‹sjoo› *m* [-s] tentoonstelling; mode-show; uiterlijk vertoon; *de ~ stelen*, het meeste succes hebben **showbink** *m* opschepper **showbusiness**, **showbizz** ‹sjoowbizzinis› *m* [gmv] de wereld v.h. amusementsbedrijf **showen** een show houden, in een show vertonen **showroom** ‹oo=oe› *m* [-s] vertrek waarin men koopwaar etaleert
shredder ‹sh=sj› *m* [-s] machine om papier te versnipperen; machine om auto's te pletten
shuttle ‹sjuttel› *m* [-s] pluimbal
si *v(m)* [-'s] zevende noot v.d. diatonische toonladder
Si *(schei.)* silicium
Siamees' I *m* [-mezen] lichtgekleurde kat met donkere kop en poten **II** *bn Siamese tweeling*, aan elkaar gegroeide tweelingen
***sibbekunde** *(Wdl. sibbenkunde) v* genealogie
Sibe'risch *bn & bw* van Siberië; ijskoud
sibil'le *v* [-n] profetes **sibillijns'** *bn* profeterend
sic *tw* zo staat er woordelijk
siccatief' *o* [-tieven] droogmiddel in verf
sickbuil'dingsyndroom ‹sikbildingsindroom› ziekte door ongezonde werkomgeving in kantoorgebouwen
sidderaal *m* [-alen] schokken toebrengende lange Zuid-Amerikaanse vis, Lat. Gymnotis electricus **sidderen** hevig beven; hevig bang zijn
sideraal', **side'risch** *bn* de sterren betreffende
sief *(pop.) m/o* [gmv] syfilis
siepelen sijpelen
sier *v(m)* opschik; *goede ~ maken*, het ervan nemen; *als eerste deel v.e. ss vaak in de bet.*: voor verfraaiing **sieraad** *o* [-raden] iets waarmee men zich siert; iets waarop men trots is **sieren** opschikken; tooien **sierkers** kersenboom met mooie bloesem en oneetbare vruchten **sierkunst** kunst v. sierlijk maken **sierkunstenaar** beoefenaar v. sierkunst **sierlijk** *bn & bw* fraai **siersel** *o* [-s] versiersel, tooi **sierteelt** teelt v. siergewassen
siës'ta *v(m)* [-'s] middagslaapje
sifon' *m* [-s] spuitwaterfles; rioolkolk
sigaar' *v(m)* [-garen] in dekblad gerolde tabak; *de ~ zijn*, de dupe zijn **siga'renbandje** bandje om een sigaar **siga'renkistje** kistje met sigaren; kistje voor sigaren
sigaret' *v(m)* [-ten] rolletje tabak in papier **sigaret'tenpijpje** pijpje voor sigaret **sigaret'tenvloei** *o* papier voor sigaretten
sightseeing ‹saitsiejing› *o* het bezichtigen van bezienswaardigheden
signaal' ‹sign=sinj *of* sienj› *o* [-nalen] sein **signalement'** *o* beschrijving **signale'ren** iemands aanwezigheid constateren **signatuur'** *v* [-turen] handtekening; volgcijfer v.e. vel; kenmerkende trek **signe'ren** v.e. handtekening voorzien **signet'** *o* [-ten] zegelring, cachet; titelvignet
signi'fica ‹gn=g+n› *v* leer v.d. verstandhoudingsverschijnselen **significant'** *bn* statistisch overtuigend **signi'fisch** *bn & bw* de significa betreffend

sijpelen lekkend druipen
sijs I *v(m)* [sijzen] *(meestal dim.)* geelgroen zangvogeltje v.d. familie der vinken, Lat. Carduelis spinus **II** *m* [sijzen] kwant
sik *v(m)* [-ken] geit; spitse kinbaard; *er een ~ van krijgen*, er genoeg van krijgen
sikkel I *m* [-en, -s] 1/60 mine **II** *v(m)* [-s] rond mes
sikkeneu'rig *bn & bw (pop.)* gemelijk, vitterig
sikkepit *v(m)* beetje
sile'ne *v(m)* [-n, -s] anjerachtige plant met opgeblazen bloemkelk
silex *m (stofn. o)* vuursteen
silhouet' ‹silloewet› *v(m)/o* [-ten] schaduwbeeld
silicaat' *o* [-caten] kiezelzuur zout
silicon' *o* [-conen] bep. tegen hoge temperaturen bestendige en als smeerstof gebruikte siliciumverbinding **silico'nengel** ‹g=zj *of* dj› *v(m)* materiaal voor het onderhuids kunstmatig vergroten v. bijv. borsten of lippen **silico'nenkit** *v(m)/o* bep. middel om kieren te vullen
silico'se ‹se=ze› *v* aandoening door kalk of kiezelstof in de longen v. steenhouwers en mijnwerkers
silo *m* [-'s] graanpakhuis; veevoerkuil
Silves'teravond oudejaarsavond
sim *v(m)* [-men] aap; hengelsnoer, dobber; *onder de ~*, onder de duim
simili- *als eerste deel v.e. ss in de bet.*: nagemaakt **similor'**, **semilor'** *o* half goud
simofoon' *m* [-fonen] met optische signalen werkende mobilofoon
simonie' *v* handel in geestelijke goederen **simonist'** *m* wie simonie pleegt **simonis'tisch** *bn & bw* simonie plegend
simpel *bn & bw* eenvoudig; onnozel **simpliciteit'** *v* eenvoud, ongekunsteldheid **simplifice'ren** (te zeer) vereenvoudigd voorstellen **simplis'tisch** *bn & bw* al te eenvoudig
simulant' *m* wie simuleert **simula'tie** *v* [-s] het simuleren **simula'tor** *m* [-s, -en] toestel dat situaties of functies of verrichtingen nabootst **simule'ren** ziekte voorwenden
simultaan' *bn & bw* gelijktijdig **simultaan'partij** *v* partij v. één speler tegen verscheidene anderen **simultaan'speler** *m* [-s] wie verscheidene partijen tegelijk speelt
sinaasappel *m* [-en,-s] zuidvrucht met oranje schil, Lat. Citrus aurantium
sinas *m* [gmv] bep. koolzuurhoudende sinaasappeldrank
sinds *bw & vgw & vz* sedert **sindsdien'** *bw* sinds die tijd
sinecu're, **sinecuur'** *v(m)* [-cures, -curen] iets gemakkelijks
sing. *singularis*, enkelvoud
singel *m* [-s] omringende gracht, weg daarlangs; buikriem, gordel, steunband
single ‹sinGul› [-s] *m* enkelspel; geluidsdrager met één of twee tracks; wie geen vaste partner heeft
singlet ‹ng=n+G› *m* [-s] mouwloos hemd
singula'ris ‹ng=n+g› *m* [-sen, -ria] enkelvoud **singulariteit'** *v* zonderlingheid **singulier'** *bn* zonderling
sinis'ter *bn & bw* onheilspellend
sinjeur' *m* [-s] heerschap
sinologie' *v* wetenschap v. Chinese taal en letteren **sinolo'gisch** *bn & bw* de sinologie betreffend **sinoloog'** *m* [-logen] beoefenaar van sinologie
sint *m* heilige; *de goede Sint*, Sinterklaas
sint- *als eerste deel v.e. ss in de bet.*: heilig
sint-an'drieskruis schuin geplaatst kruis met twee gelijke balken **sint-anto'niuskruis** T-vormig kruis **sint-anto'niusvuur** gordelroos, vlekziekte **sint-ber'nard** *m* [-s], **sint-ber'nardshond** vroeger voor het opsporen van verdwaalden gefokte hond
sintel *m* [-s] half verbrand stuk kool **sintelbaan** met sintels verharde baan
sint-elms'vuur elmsvuur
Sinterklaas' *m* [-klazen] H. Nicolaas **sinterklaas'** *m* feest v.d. H. Nicolaas; geschenk op dat feest **sinterklaas'a'vond** avond van 5 dec **sinterklaas'je** *o* speculaasje **sinterklaas'pop** pop v. speculaas **sinterklaas'pret** pret op sinterklaas
sint-ja'kobsschelp schelpdier waarmee het gerecht coquilles Saint-Jacques wordt bereid **sint-jans'kruid** hertshooiachtige plant met gele bloemen en bundels v. meeldraden, Lat. Hypericum perforatum **sint-jut'(te)mis** *met ~*, nooit **Sint-Pie'terspenning** bijdrage voor de paus **sint-vi'tusdans**, **sint-veits'dans** door spastische bewegingen gekenmerkte ziekte
sinus *m* [-sen] boezem; rechthoekszijde tegenover betrokken hoek gedeeld door schuine zijde **sinusi'tis** *v* ontsteking v. kaak- of voorhoofdsholte
sip *bn & bw* beteuterd
Sire (aanspreektitel); koning, keizer
SIRE Stichting Ideële Reclame
sire'ne I *v* [-n] zeemeermin **II** *v(m)* [-n, -s] toestel voor geluidssignalen **sire'nen-** *als eerste deel v.e. ss soms in de bet.*: onweerstaanbaar verlokkend
sirih ‹sierie› *m* in Indonesië gekauwd genotmiddel
siroc'co *m* [-'s] hete ZO-wind in Italië
siroop' *v(m)* [-ropen] stroop
sirta'ki *m* [-'s] volksdans uit Griekenland
sisal *m* agavevezels
sisklank s-achtige klank **sissen** een scherp blazend geluid maken **sisser** *m* [-s] wie sist; sissend stuk vuurwerk; *met een ~ aflopen*, geen ernstige gevolgen hebben
***sisyfusarbeid** *(Wdl. Sisyfusarbeid)* zware op mislukking uitlopende arbeid
sitcom *m* [-s] situation comedy *(komische film of televisieserie)*
***sit-down'staking** *(Wdl. sitdownstaking)* staking waarbij de stakers in de werkplaats blijven
site *m* [-s] ‹sait› locatie; verzameling pagina's op een internetadres
sit-in' *m* [-s] actie waarbij een groep mensen ergens gaat zitten uit protest

S

sits *o* bont bedrukt katoen **sitsen** *bn* van sits
sitspapier *o* bont bedrukt of effen gekleurd en sterk geglansd papier
situa'tie *v* [-s, -tiën] ligging; toestand
situe'ren plaatsen
S.J. *Societatis Jesu*, aanduiding v.e. jezuïet
sjaal *m* [-s] omslagdoek
sjabloon', **sjablo'ne** ‹sjaabloon› *v(m)* [-blonen] mal, uitgesneden model, vast model
sjabrak' ‹sjaabrak› *v(m)/o* [-ken] zadelkleed
sjacheraar *m* [-s] wie sjachert **sjacheren** kwanselen
sjah *m* [-s] vorst
sjakes *zich ~ houden*, zich van de domme houden, zich koest houden
sjako' *m* [-'s] soldatenhoofddeksel met klep
sjalom', **sjaloom'** *tw* vrede *(joodse groet)*
sjalot' *v(m)* [-ten] kleine ui met twee tegen elkaar aangedrukte bolletjes, Lat. Allium ascalonicum
sjamaan' *m* [-manen] tovenaar-priester uit Siberië
sjamberloek' *m* [-s] kamerjas
sjanker *m* [-s] syfilitische zweer
sjans *m* kortstondige, oppervlakkige seksuele relatie **sjansen** flirten
sjappie *o* [-s] baliekluiver
sjasliek *m* uit geroosterde stukjes vlees en groenten bestaand gerecht
sjees *v(m)* [sjezen] tweewielig rijtuig
sjeik *m* [-s] Arab. opperhoofd
sjekkie *o* [-s] zelfgemaakte sigaret
sjerp *m* band dwars over de borst
sjezen *z* afgewezen worden; ophouden met de studie; er van door gaan; hard rijden
sjibbo'let *o* [-s] *zie* **schibbolet**
sjiek *zie* **chic**
sjiiet' *m-v* islamiet die behoort tot hen die Ali als enige rechtmatige kalief na de dood v.d. profeet erkennen
sjilpen tjilpen
sjirpen het geluid van krekels maken
sjoege *geen ~ hebben van*, geen verstand hebben van; *geen ~ geven*, niets laten merken
sjoel *m* [-s] synagoge **sjoelbak** bak met vakjes voor een spel met schijven **sjoelbakken** met de sjoelbak spelen **sjoelen** sjoelbakken
sjoemelen oneerlijk doen
sjofel *bn & bw* armoedig; zich slecht latende bewerken
sjokken met doorzakkende knieën lopen
sjokkerig *bn & bw* sjokkend
sjoos *de hele ~*, de hele zaak
sjorren vastmaken, met krachtsinspanning vastmaken of trekken; scheepsladingen losen vastmaken **sjorring** *v*, **sjortouw** touw om vast te sjorren
sjouw *m* karwei; *aan de ~*, aan de zwier; *in ~*, gedeeltelijk opgerold; *op ~ zijn*, met een inspannende tocht bezig zijn **sjouwen** met inspanning vervoeren of werken aan; rondslenteren, aan de zwier zijn
sjouwerman *m* [-lui, -lieden] sjouwer, wie zware lasten draagt
sjwa *m* [-'s] zwak uitgesproken u-achtige klinker
skaat *o* kaartspel voor drie personen waarbij iedere speler met 10 kaarten speelt
skai *o* [gmv] kunstleer
skald *m* oud Scandinavisch dichter
skate ‹skeet› *m* [-s] rolschaats **skateboard** ‹skeetbòrd› *o* [-s] plank met rolschaatswielen **skateboarden** [skateboardde, geskateboard] zich op een skateboard voortbewegen **skaten** [skatete, geskatet] met skates schaatsen; skateboarden
skeeler ‹ee=ie› *m* [-s] rolschaats met de wieltjes achter elkaar **skeeleren** op een skeeler rijden
skelet' *o* [-ten] geraamte **skelette'ren** ontvlezen; het geraamte in elkaar zetten
skelter *m* [-s] laag autootje
sketch ‹sketsj› *v/m* [-es] kort toneelstuk
ski ‹skie› *m* [-'s] lange lat waarop men zich op sneeuw voortbeweegt **skiën** [skiede, geskied] op ski's glijden
skiff *m* [-s] lange eenpersoonsroeiboot
skiffeur' *m* [-s] wie met een skiff roeit
ski-jack jack om in te skiën **skileraar** leraar voor skiën **skilift** voor skiërs bestemde kabelbaan **skilopen** *o* skiën
skinhead ‹ea=è› *m* [-s] jongere uit een subcultuur met zeer kort of zonder hoofdhaar
skipiste helling om te skiën
skippybal *m* bal met handvat waarop men zich springend kan bewegen
skischans springschans voor skiërs
skispringen skiënd sprongen maken
SKON Stichting Kinderopvang Nederland
skunk **I** *m* [-s] Amerikaanse bunzing, Lat. Mephitis **II** *o* zijn bont **III** *bn* van bont v.e. bunzing
skybox ‹y=aai› afgeschoten hoog gelegen luxe loge in stadion **skyline** ‹skaailaain› *m* [-s] silhouet v.e. stad
sla, **sala'de** *v(m)* als groente gekweekte plant, Lat. Lactuca sativa; gerecht ervan
slaaf *m* [slaven] lijfeigene; onderworpene
slaaflijk *zie* **slafelijk**; **slaafs** *bn & bw* onderworpen; als (van) een slaaf; onzelfstandig
slaag *m* klappen **slaags** *bw* in gevecht
slaan [sloeg, geslagen] *h/z* een klap of klappen geven; hameren, kloppen; maken; straffen; verslaan; met een slag (doen) terechtkomen; plotseling komen; bep. geluid geven; richten; vouwen, omleggen; stukken winnen; *het record ~*, boven het record uitkomen; *geloof aan iets ~*, geloven; *op de vlucht ~*, vluchten; *tot ridder ~*, in de ridderstand opnemen; *~ aan*, beginnen; *~ op*, betreffen; *appel ~*, het verzamelsein geven; *bankroet ~*, failliet gaan; *~de ruzie*, hevige ruzie
slaap *m* [slapen] zijwand v.h. hoofd; het slapen; lust tot slapen **slaapbank** ook als bed te gebruiken bank **slaapbeen** *o* [-deren] been v.d. slaap **slaapbol** *m* [-len] maankop **slaapcoupé** coupé om in te slapen **slaapdrank** slaap bevorderende

drank **slaapdronken** *bn* door slaap bedwelmd **slaapgelegenheid** slaapplaats **slaapje** *o* iem. naast wie men slaapt **slaapkamer** kamer om te slapen **slaapkop** wie veel slaapt; suffer **slaapkuur** psychiatrische behandeling door lange tijd te laten slapen **slaapliedje** liedje om te doen inslapen **slaapmiddel** slaap bevorderend middel **slaapmuts** nachtmuts; borrel voor het naar bed gaan; suffer **slaapplaats** plaats om te slapen **slaappoeder** *v(m)* slaap bevorderend poeder **slaapschok** in de schemertoestand tussen waken en slapen optredende spiertrekking in de benen en het gevoel v.e. plotselinge val **slaapstad** woongebied waar ieder overdag uit werken is **slaapster** *v* [-s] slapende vr. persoon **slaapvertrek** slaapkamer **slaapwagen** wagon om in te slapen **slaapwandelaar** *m* [-s] wie slaapwandelt **slaapwandelen** [slaapwandelde, geslaapwandeld] in zijn slaap rondlopen **slaapzaal** zaal waar velen kunnen slapen **slaapzak** zak om in te slapen **slaapziekte** door een steek v.d. tseetseevlieg veroorzaakte dodelijke ziekte

slaatje *o* koud groentegerecht; *ergens een ~ uit slaan*, ergens van profiteren

slab [-ben], **slabbe** [-n] *v(m)* morsdoekje

slabak bak om sla klaar te maken

slabak'ken luieren **slabak'ker** *m* [-s] wie slabakt

slabbe *v(m)* [-n] slab

slaboon prinsessenboon **slacentrifuge** apparaat om gewassen sla droog te slingeren

slacht *v(m)* slachttijd; het slachten; wat het slachten oplevert **slachtafval** *o/m* afval bij het slachten **slachtbank** bank waarop vee geslacht wordt **slachten** vee doden; bloedig doden; doden voor het bemachtigen v.d. honing **slachter** *m* [-s] slager **slachterij'** *v* slagerij **slachthuis** inrichting waar vee geslacht wordt **slachting** *v* het slachten; *(scherts.)* opruiming **slachtmaand** *v(m)* november **slachtmasker** toestel waarmee men schietend slacht **slachtoffer** *o* offer (dat geslacht wordt); wie het ontgelden moet **slachtofferen** een slachtoffer brengen **slachtplaats** plaats waar geslacht wordt **slachttijd** voor het slachten geschikte tijd **slachtvee** voor het slachten bestemd vee

sladood' *m* slungel

slafelijk, **slaaflijk** *bn & bw* als v.e. slaaf; zwaar

slag I *m* wijze van slaan, het slaan; gevecht; handigheid, draai; (gewonnen) ronde bij kaartspel **II** *o* soort; vogelknip; karrenspoor; *aan ~*, aan de beurt om te slaan; *met een ~*, ineens; *een ~ slaan*, gissen; *zijn ~ slaan*, zijn kans waarnemen; *op ~*, dadelijk; *op ~ van*, precies; *van ~ zijn*, niet het juiste aantal keren slaan; in de war zijn; *met de Franse ~*, slordig; *een ~ om de arm houden*, de mogelijkheid tot veranderen open houden; *zonder ~ of stoot*, zonder strijd; *~ op slag*, keer op keer; *een ~ van de molen beet hebben*, gek zijn **slagader** hoofdader waar het bloed kloppend door loopt **slagaderlijk** *bn* van een slagader **slagbal** *o* spel waarbij een bal wordt weggeslagen **slagboom** balk voor afsluiting **slagcirkel** *(sp.)* halve cirkel om het doel v.e. hockeyveld

slagen *z* een examen behalen; lukken, zijn doel bereiken

slager *m* [-s] wie slacht; wie vlees verkoopt **slagerij'** *v* bedrijf v. slager **slagersbank** slachtbank, vleesbank

slaghamer plethamer; hamer om stempels te slaan **slaghoedje** *o* kruitdopje **slaghout** hakhout; hout waarmee men een bal slaat **slaginstrument** instrument dat slaande bespeeld wordt **slagkooi** kooi om vogels te vangen **slagkruiser** oorlogsschip tussen kruiser en slagschip **slagkwik** ontplofbare stof in slaghoedjes **slaglinie** slagorde **slagnet** dichtslaand net **slagorde** opstelling voor de slag **slagpen** sterke vleugelveer; *de ~ uittrekken*, kortwieken **slagregen** hevige regen **slagregenen** hevig regenen **slagrijm** rijm van (bijna) alle regels v.e. strofe **slagroom** te kloppen of geklopte room **slagschaduw** kernschaduw **slagschip** zwaarbewapend schip **slagtand** uitstekende tand; scheurtand **slaguurwerk** slaand uurwerk **slagvaar'dig** *bn & bw* voor de strijd gereed; gevat **slagveer** veer die de haan doet overgaan, slagpen **slagveld** terrein v.h. gevecht **slagwerk** werk dat een uurwerk doet slaan; de slaginstrumenten **slagwerker** *m* bespeler v.d. slaginstrumenten **slagzee** over het schip stortende golf **slagzij(de)** het overhellen; *~ maken*, overhellen **slagzin** reclameleus **slagzwaard** groot zwaard

slak *v(m)* [-ken] buikpotig weekdier, Lat. Gastropoda; metaalschuim; samengesmolten sintel; *op alle ~ken zout leggen*, vitten

slaken losmaken; uiten

slakkengang schroeflijn; zeer geringe voortbewegingssnelheid **slakkenhuis** schaal v.e. slak; spiraalvormig deel v.h. oor **slakkenmeel** kunstmest v. gemalen ijzerslakken **slakkenzand** bep. uit slakken verkregen vlokkige stof

slalom *m* [-s] afdaling met hindernissen in zigzag

slampam'pen niets uitvoeren

slang I *v(m)* reptiel zonder poten; gummibuis **II** *o* ⟨a=e⟩ voor een bepaalde groep kenmerkend taalgebruik **slangenbezweerder** *m* [-s] wie slangen bezweert **slangengif(t)** gif v.e. slang ***slangenkruid** *(Wdl. slangekruid)* ruwbladige plant met van rood naar blauw verkleurende bloemen **slangenle(d)er** leer v. slangenhuid **slangenmens** buitengewoon lenig iem. **slangentong** tong v.e. slang; kwaadspreekster; pijlkruid

slank *bn & bw* rijzig

slaolie *v(m)* olie om sla of salade mee aan te maken

slap *bn & bw* niet strak, los; flauw; niet sterk; niet stijf; niet streng; niet druk; niet kooplustig; *de slappe lach hebben* of *krijgen* of *zich ~ lachen*, onbedaarlijk lachen inz. om een kleinigheid
slapeloos *bn & bw* zonder slaap **slapen** [sliep, geslapen] niet waken; tintelend gevoel geven; *~ op* of *over*, zich nog een dag bedenken; *~de rijk worden*, zonder moeite rijk worden; *~ bij* of *~ met*, geslachtsgemeenschap hebben met **slaper** *m* [-s] wie slaapt; slaperdijk; standaardmaat; ligger **slaperdijk** binnendijk **slaperig** *bn & bw* slaap hebbend; vervelend **slapie** *o* [-s] iem. naast wie men zijn bed heeft
slapjanus *m* [-sen] slap iem. **slappeling** *m* slap iem.
slapstick ‹a=e› *m* [-s] film of toneelstuk met gooi- en smijtwerk
slapte geringheid v. omzet
slaven zwoegen **slavenarmband** stijve onversierde armband **slavendrijver** *m* [-s] wie de slaven aanzet **slavenhandel** handel in slaven **slavenhandelaar** handelaar in slaven **slavenleven** leven van zeer hard werken **slavernij'** *v* het slaaf zijn **slavin'** *v* [-nen] vr. slaaf
slavink *m* [-en] rolletje gehakt in een lapje spek
slavist' *m* bestudeerder v. Slavische cultuur **slavistiek'** *v* wetenschap v. Slavische cultuur
s.l.e.a. *sine loco et anno*, zonder plaats en jaartal
slecht I *bn & bw* niet goed; *~ en recht*, onomwonden **II** *v(m)* slechthamer
slechten effenen, slopen; bijleggen
slechterik *m* slecht iem. **slechtheid** *v* [-heden] het slecht zijn; iets slechts **slechtho'rend** *bn* enigszins doof
slechts *bw* enkel
slechtvalk *m/v* voor de jacht gebruikte valk, Lat. Falco peregrinus
slechtweg *bw* eenvoudigweg
slede *v(m)* [-n] slee **slee I** *v(m)* [-ën] voertuig niet op wielen maar op ribben; *(fam.)* grote auto; sleepruim **II** *m* [-ën] sleedoorn **III** *bn* sleeuw **sleedoorn** doornachtige heester met blauwe vruchten, Lat. Prunus spinosa **sleeën** met een slee rijden **sleehak** met de zool één geheel vormende hak
sleep *m* [slepen] het slepen; wat ergens achteraan sleept; schepen achter een sleepboot; gevolg; reeks; werktuig om de grond te effenen **sleepantenne** buiten boord gehangen antenne **sleepasperge** slierasperge **sleepboot** boot die grotere voorttrekt **sleepcontact** over een geleider slepend contact **sleepdienst** sleepbootmaatschappij; het slepen van schepen **sleephelling** helling waarop schepen gerepareerd worden
sleep-in' ‹ee=ie› *m* [-ins] goedkoop onderdak voor jonge toeristen
sleepkabel *zie* **sleeptouw**; **sleeplift** lift die skiërs staand verplaatst **sleeploon** loon voor sleepdienst **sleepnet** net dat men voorttrekt **sleepruim** *v(m)* sleedoorn; de vrucht ervan **sleepschip** schip dat wordt gesleept **sleeptekst** achter een vliegtuig gesleepte tekst **sleeptouw** touw waaraan iets wordt gesleept; *op ~ nemen*, tot iets meeslepen; *op* of *aan het ~ houden*, aan het lijntje of slepende houden **sleeptros** sleeptouw **sleepvaart** vaart met sleepboten **sleepvisserij** visserij met sleepnet **sleepvliegen** met een vliegtuig doeken voortslepen met een reclametekst **sleepvoeten** sloffen **sleepwagen** wagen die auto's wegsleept
sleet *v(m)* slijtage **sleetje** *o* [-s] versleten plek **sleets** *bn* veel verslijtend
sleeuw, slee *bn* stroef; bot; wrang
sleg(ge) [sleggen], **slei** *v(m)* houten hamer
slem *o/m groot ~*, alle slagen v.h. bridgespel; *klein ~*, alle slagen op één na
slemp *m* brasserij; met o.a. saffraan en kaneel bereide melkdrank **slempen** brassen **slempmaal**, **slemppartij** braspartij
slenk *v(m)* bodeminzinking
slenteraar *m* [-s] wie slentert **slenteren** wandelen zonder doel **slentergang** gang v.iem. die slentert
slepen *h* over iets heentrekken of voortgetrokken worden, sleuren, sjouwen; als of met een sleepboot voortslepen; met een sleepnet vangen of vissen; traag verlopen; *~ door*, met moeite brengen door; *~ met zich* of *na zich*, ten gevolge hebben **slepend** *bn* traag; langdurig; onafgedaan; *~ rijm*, rijm met nog een onbeklemtoonde lettergreep na de rijmende **sleper** *m* [-s] wie sleept; sleepboot, sleeptros; vrachtrijder; sleperswagen
slet *v* [-ten] zedeloze vrouw
sleuf *v(m)* [sleuven] gleuf, groef
sleur *m* onberedeneerde gewoonte
sleuren ruw slepen of voorttrekken **sleurhut** *(pop.)* caravan
sleutel *m* [-s] werktuig tot sluiting; belangrijk toegang verlenend punt; werktuig om op te draaien; iets waarmee men iets bereikt; teken voor aan notenbalk dat de toonhoogte bepaalt **sleutelbedrijf** bedrijf waarvan de welvaart v.e. land afhangt **sleutelbeen** been van schouderblad naar borstbeen **sleutelbloem** voorjaarsbloem v.h. geslacht Primula **sleutelbloemachtigen** *mv* tot het geslacht Primula behorende planten **sleutelbos** bos sleutels aan een ring **sleutelen** aan een motor reparatiewerk verrichten; proberen te verbeteren; van partner ruilen door verloting v. huissleutels **sleutelfiguur** iem. om wie alles draait **sleutelgat** opening in slot voor sleutel **sleutelgeld** steekpenningen om een huis te krijgen **sleutelkind** kind waarvan de ouders overdag uithuizig zijn en dat daarom de huissleutel meekrijgt **sleutelpaal** met een sleutel te openen barrière **sleutelpositie** beheersende positie **sleutelrol**

belangrijkste rol **sleutelroman** roman over bestaande personen onder andere namen **sleutelwoord** voor het begrip v.d. tekst essentieel woord
slib *o* achtergebleven slijk; ~ *vangen*, bot vangen **slibberachtig** *bn* modderig **slibberen** glijden **slibberig** *bn* modderig
slicen ‹i=ai› [slicete, geslicet] een tennisbal zo slaan dat hij tegen de slagrichting in draait
slichten effen maken, afschaven
slick *m* [-s] profielloze band v.e. voertuig
sliding ‹i=aai› *m* [-s] *(sp.)* glijdend proberen de bal te krijgen of e. honk te bereiken; glijdend zitbankje in een wedstrijdroeiboot
sliepuit *tw* lekker puh!
slier *m* sliert; slungel, opgeschoten meisje **slierasperge** heel opgediende asperge **slieren** *h* slingeren (met lange halen); slepen; glijden; slenteren **sliert** *m* lange rij; lang en dun iets
sliet *v(m)* staak
slijk *o* modder; *door het ~ halen*, kwaad zeggen van; ~ *der aarde*, geld; *zie ook* **slik**; **slijkerig** *bn* modderig **slijkgrond** slikgrond **slijkvis** in slijkerig water levende vis **slijkvulkaan** modder uitwerpende vulkaan
slijm *o/m* taai afgescheiden vocht **slijmafdrijvend** *bn* het slijm tegengaand **slijmberoerte** het stikken in slijm **slijmbeurs** vlies dat gewrichtsslijm afscheidt **slijmdiertje** *o* amoebe **slijmen** slijm vormen, flemen **slijmer(d)** *m* [-s] overdreven vriendelijk iemand **slijmerig** *bn* met slijm **slijmhoest** kinkhoest **slijmig** *bn* slijmerig **slijmklier** slijm afscheidende klier **slijmvlies** slijm afscheidend vlies
slijp *o* slijpsel **slijpen** [sleep, geslepen] scherp of glad schuren; langzaam en intiem met iem. dansen; *de straat* ~, doelloos veel op straat lopen **slijperij'** *v* inrichting waar geslepen wordt **slijpmolen** toestel om te slijpen **slijpplank** wetplank **slijppoeder** poeder om te slijpen **slijpsel** *o* [-s] wat door slijpen ontstaat **slijpstaal** wetstaal **slijpsteen** wetsteen
slijtachtig *bn* sleets **slijta'ge** ‹ag=aazj› *v* het slijten **slijta'geslag** gevecht waarbij het er om gaat wie het langst kan volhouden **slijten** [sleet, gesleten] door gebruik of wrijving (doen) afnemen of stuk gaan; minderen; in het klein verkopen; (v. tijd) doorbrengen **slijterij'** *v* drankhandel **slijtlaag** bovenste laag v.h. wegdek
slik *o* [-ken] slijk; natte aangeslibde grond
slikken doorslikken, in de slokdarm brengen; zonder protest aanhoren en geloven
slikkerig *bn* slijkerig **sliknat** kletsnat
slim *bn & bw* schrander; erg **slimheid** *v* [-heden] het slim zijn; slimme daad **slimmerd** *m* [-s], **slimmerik**, **slimmeling** slim iem. **slimmigheid** *v* [-heden] slimheid
slinger *m* [-s] zwaai; slingerende lijn; draai; zwengel; toestel dat heen en weer gaand de gang v.e. klok regelt; werptuig om mee te slingeren; slap hangende lintvormige versiering **slingeraap** aap met grijpstaart; slungel **slinger(de)slang(er)** *bw* slingerend **slingeren** heen en weer zwaaien; wegwerpen; slingers maken; winden; kronkelen; ordeloos liggen **slingerhoni(n)g** uit de raten geslingerde honing **slingerpad** kronkelpad **slingerplant** plant die zich om iets heen slingert **slingeruurwerk** uurwerk met slinger **slingerwijdte** wijdte van slingering
slinken [slonk, geslonken] verminderen, krimpen
slinks *bn & bw* loos, bedrieglijk
slip *v(m)* [-pen] afhangende punt; uitstekend deel v.e. stof; [-s] pijploos onderbroekje; uitglijding; vergissing; ~ *vangen*, bot vangen; ~ *of the pen*, verschrijving; ~ *of the tongue*, verspreking **slipcursus** cursus om het slippen te leren beheersen **slipgevaar** gevaar voor slippen
slip-o'ver *m* [-s] trui zonder mouwen
slippen *h/z* glippen; uitglijden **slipper** *m* [-s] pantoffel met open hiel **slippertje** *o* ongeoorloofde seksuele omgang voor een enkele keer
slipstream ‹ea=ie› *m* [-s] zuigende luchtstroom achter voer- of vliegtuig
sliptong ondermaatse tong
slissen lispelen
slivovitsj ‹vo=bo› *m* pruimenbrandewijn v.d. Balkan
slobber *m* modder; varkensvoer **slobberen** slurpen; door iets nats waden; te ruim zitten; met veel water schoonmaken **slobbroek** wijde lange broek met de pijpen ook om de voeten **slobkous** met een riempje onder de voet bevestigd beenbekleedsel
slodder *m-v* [-s] slordig iem. **slodderachtig** *bn* slordig **slodderen** slobberen; morsen **slodderig** *bn & bw* slordig **slodderkous**, **sloddervos** slordig iem.
sloeber *m* [-s] stakker; smeerlap
sloep *v(m)* kleine boot **sloependek** dek voor sloepen **sloepenrol** lijst m.b.t. de bemanning v.d. sloepen
sloerie *v* [-s] slons, slet
slof I *m* [-fen] muil, pantoffel; treuzelaar; schip zonder scherpe voorsteven; onderste deel v. strijkstok; briket; aardbeienmandje; pak van enkele doosjes; sleestuk; *uit zijn ~ schieten*, uitvallen, in actie komen; *op zijn ~fen*, op zijn gemak; *op ~fen*, vervallen **II** *bn & bw* nalatig, laks **sloffen** met de voeten schuivend lopen; veronachtzamen; talmen **sloffig** *bn & bw* sloffend; laks
slogan ‹slooGun› *m* [-s] leus
slok *m* [-ken] het slikken; teug; *dat scheelt (of maakt) een ~ op een borrel*, dat scheelt heel wat **slokdarm** buis van keel naar maag **slokken** (gulzig) slikken **slokker(d)** *m* [-s] slokop **slokop** *m* [-pen] gulzigaard
slons *v* [slonzen] dievenlantaarn; slordige vrouw **slonsachtig** *bn & bw* slordig **slonzen** slonzig te werk gaan **slonzig** *bn & bw* slordig
sloof I *v(m)* [sloven] voorschoot; dekbalk **II** *v* [sloven] vrouw die hard moet werken
sloom *bn & bw* traag, suf; *slome duikelaar*, sul

S

sloop I *v(m)/o* [slopen] kussenovertrek II *m* het slopen **sloopauto** auto die gesloopt moet worden
sloot *v(m)* [sloten] smal gegraven water; *in geen zeven sloten tegelijk lopen*, zijn verstand gebruiken **slootjespringen** over sloten springen
slop *o* [-pen] doodlopend steegje; gangetje; *in een ~ raken*, in een impasse komen
slopen afbreken; ondermijnen; hellen
sloppenbuurt, **sloppenwijk** buurt met zeer armoedige sloppen
slordig *bn & bw* onverzorgd, onordelijk; flink; *een ~e duit*, tamelijk veel geld; *een ~e ...*, het aanzienlijke bedrag van ...
slorp *zie* **slurp**; **slorpen**, **slurpen** hoorbaar opzuigen
slot *o* sluittoestel; deel v.e. vuurwapen dat dient om het af te schieten; kasteel; besluit; saldo; clausuur; *als eerste deel v.e. ss vaak in bet.*: laatste; *een ~ op de mond leggen*, de mond snoeren; *achter ~ (en grendel)*, afgesloten; *op ~*, gesloten; *per ~ van rekening*, alles wel beschouwd; *~ noch zin*, geen reden **slotkoers** koers bij het sluiten v.d. beurs **slotsom** einduitkomst; besluit, gevolg **slotzuster** non in een klooster v.e. contemplatieve orde
sloven zwoegen
slow mo'tion ‹slo moosjun› vertraagd tempo
sluier *m* [-s] doorzichtig weefsel; nevelige bovenlaag; bedekking; *de ~ aannemen*, in het klooster treden; *de ~ oplichten*, het geheim openbaren **sluierbewolking** zeer dunne bewolking **sluiereffect** wegzakken v. geluid **sluieren** met sluier bedekken **sluierstaart** subtropisch aquariumvisje
sluif *v(m)* gleuf; foedraal; overtrek
sluik *bn* glad liggend; *als eerste deel v. ss vaak in bet.*: illegaal **sluiken** [slook, gesloken] smokkelen **sluikhandel** smokkelhandel **sluikpers** *(Belgned.)* het clandestien laten verschijnen v. drukwerk **sluikreclame** onrechtmatig aangebrachte reclame
sluimer *m* sluimering **sluimeren** licht slapen **sluimerig** *bn* slaperig **sluimerrol** slaaprol
sluipen [sloop, geslopen] *h/z* zich langzaam voortbewegen met de wens onopgemerkt te blijven, onopgemerkt gaan **sluiphol** hol om in weg te sluipen **sluipkoorts** ongeregelde binnenkoorts **sluipmoord** verraderlijke moord **sluipmoordenaar** *m* wie sluipmoord pleegt **sluippatrouille** patrouille voor verkenning **sluiproute** sluipweg **sluipschutter** verdekt staande scherpschutter **sluipweg** heimelijke weg; niet voor doorgaand verkeer bestemde maar toch gekozen weg **sluipwesp** in andere insecten eieren leggende wesp
sluis *v(m)* [sluizen] beweegbare waterkering; *de sluizen des hemels zijn geopend*, het stortregent **sluisdeur** beweegbare waterkering v.e. sluis **sluisgeld** geld voor het varen door een sluis **sluismeester**, **sluiswachter** *m* wie een sluis moet bedienen
sluitboom afsluitboom **sluiten** [sloot, gesloten] dichtdoen, op slot doen; wegsluiten; beëindigen; aangaan; dichtgaan; passen, kloppen; *de gelederen ~*, de manschappen dicht bij elkaar brengen **sluiter** *m* [-s] deel van camera dat belichting regelt **sluitgewicht** pijlgewicht **sluiting** *v* het sluiten; waarmee iets gesloten wordt **sluitingstijd** tijd waarop gesloten wordt **sluitkool** kool met gesloten krop **sluitlaken** laken dat nauw om het lichaam gespeld wordt **sluitpost** *(fig.)* wat het eerst opgeofferd wordt **sluitrede** in de vorm van twee stellingen tot een conclusie leidende redenering **sluitspeld** veiligheidsspeld **sluitspier** spier die een opening afsluit **sluitsteen** centrale steen in gewelf; steen die aan een zijkant afsluit **sluitstuk** voorwerp dat afsluit **sluitzegel** *m* [-s] zegel tot sluiting
sluizen door een schutsluis laten varen; (geblokkeerd geld) overbrengen
slum *m* [-s] achterbuurt
slump *m* [-s] plotselinge daling van effecten
slungel *m* [-s] onbehouwen jongen; lang mager iem. **slungelen** lummelachtig slenteren **slungelig** *bn & bw* als een slungel
slurf *v(m)* [slurven] snuit v.e. olifant
slurp, **slorp** *m* teug; slurf **slurpen** slorpen
slurry *m* [gmv] halfvloeibaar afval
sluw *bn & bw* listig **sluwigheid** *v* [-heden] sluwheid, het sluw zijn
Sm *(schei.)* samarium
SM sadomasochisme
smaad *m* hoon **smaadrede** smadelijke woorden **smaadschrift** beledigend geschrift
smaak *m* [smaken] zintuig waarmee men proeft; eigenschap die men proeft; trek; schoonheidsgevoel; mode **smaakcel** cel als zintuig v.d. smaak **smaakje** bijsmaak, smaak gevend toevoegsel **smaakloos** *bn* zonder smaak **smaakmaker** [-s] toevoegsel dat lekker doet smaken; *(fig.)* wie of wat de toon aangeeft, de attractie is **smaakstof** *v(m)* [-fen] wat smaak geeft **smaakvol** *bn & bw* met smaak
smachten hevige dorst hebben; wegkwijnen, erg verlangen
smadelijk *bn & bw* vernederend **smaden** smaad aandoen
smak *m* [-ken] het smakken, val, bons
smakelijk *bn & bw* lekker; aantrekkelijk; leuk **smakeloos** *bn & bw* zonder smaak **smaken** proeven, genieten; (aangename) smaak hebben
smakken *h/z* hard vallen; hard neerwerpen; met tong of lippen klakken
smal *bn & bw* niet breed, mager; weinig bezittend; *op zijn smalst*, zo bekrompen mogelijk **smaldeel** eskader **smaldelen** verdelen
smalen geringschattend spreken (over)
smalfilm film van 16 mm breedte **smalspoor** spoor met dicht bij elkaar liggende rails
smalt *v(m)* kobaltglas
smalte *v* het smal zijn; smalle plek
smaragd' *m (stofn. o)* groene edelsteen

smarag'den *bn* van smaragd
smart *v(m)* verdriet; pijn; ongeduldig verlangen
smartcard ‹smàrtkàrd› *m* [-s] kaart met microchip voor financiële handelingen **smartdrug** [-s] geestverruimend middel
smartelijk *bn & bw* pijnlijk ongeduldig **smarten** smart veroorzaken; touwwerk tegen slijtage omwinden; door broeiing (doen) rotten **smartengeld** vergoeding van niet in geld uit te drukken schade **smartlap** vals sentimenteel lied of stuk
smash ‹smesj› *m* [-es] *(sp.)* harde slag naar beneden **smashen** [smashte, gesmasht] een smash maken
smeden metaal gloeiend bewerken; *(fig.)* maken, ontwerpen **smederij'** *v* smidse **smedig** *bn* buigzaam, smeuïg **smeedbaar** *bn* te smeden **smeedijzer** week ijzer **smeedkunst** kunst v. smeden **smeedwerk** smidswerk
smeekbede *v(m)* [-n] smekend verzoek **smeekgebed** smekend gebed **smeekschrift** ootmoedig verzoekschrift
smeer *o/m* vet, smeersel; slaag; *om de wille van de ~ likt de kat de kandeleer*, men vleit meestal met bijbedoelingen **smeerboel** vuile boel **smeerbol** oliebol **smeergeld** geld om om te kopen **smeerkaars** vetkaars **smeerkaas** smeerbare smeltkaas **smeerkanis** [-sen], **smeerkees** [-kezen] *m* smeerpoets **smeerlap** smeerpoes; gemeen iem. **smeerlapperij'** *v* vuiligheid; gemeenheid **smeerpijp** *m* smeerlap **smeerpijperij'** *v* vuiligheid **smeerpoes**, **smeerpoets** vuil iem. **smeersel** *o* [-s] waarmee men smeert **smeerwortel** plant v.h. geslacht Sedum purpureum; plant v.h. geslacht Symphytum officinale
smegma *o* door clitoris of voorhuid afgescheiden smeer
smekeling *m* wie smeekt **smeken** dringend en ootmoedig vragen
smelleken *o* [-s] grijsblauwe kleinste soort van valk, Lat. Falco columbarius aesalon
smelt I *v(m)* zandaal **II** *m* het smelten **smeltbaar** *bn* te smelten **smelten** [smolt, gesmolten] door verwarming vloeibaar worden of maken; in vloeistof overgaan; (van ogen) vochtig worden; *(fig.)* slinken, week worden; *~de kleuren*, ineenvloeiende kleuren **smelterig** *bn* sentimenteel **smelterij'** *v* werkplaats v.d. smelter **smeltkroes** pot om in te smelten **smeltoven** oven om in te smelten **smeltpatroon** *v(m)* zekering **smeltpunt** graad waarbij iets smelt **smeltstop** zekering **smeltwater** door smelting ontstaan water
smeren met iets vettigs bestrijken; trachten om te kopen; *hem ~*, weggaan
smergel *m* amaril
smerig *bn & bw* vuil; gemeen
smeris *m* [-sen] *(volkst.)* politieagent
smet *v(m)* [-ten] vlek; schandvlek **smetlijn** slaglijn **smetstof** besmetting veroorzakende stof **smetteloos** *bn & bw* zonder smet **smetten** *h* bevlekken; branderig worden **smetvrees** ziekelijke angst voor iets wat vuil is
smeuïg *bn & bw* zacht en vettig; smakelijk
smeulen zonder vlam branden; *(fig.)* dreigen
smid *m* [smeden] wie metaal bewerkt **smidse** [-n], **smis(se)** *v(m)* [smissen] werkplaats v.d. smid
smiecht *m* gemeen iem.
smient *v(m)* fluiteend; lang mager iem.
smiespelen fluisteren
smiezen *(fam.) in de ~*, in de gaten
smijdig *bn* lenig, buigzaam
smijten [smeet, gesmeten] (hard) gooien; *~ met*, verkwisten
smikkelen smullen
smis(se) *v(m)* [smissen] smidse
smoes *v(m)* [smoezen] uitvlucht, praatje
smoezelig *bn & bw* beduimeld
smoezen *(fam.)* heimelijk praten; smoesjes vertellen
smog ‹smoG› *m* verontreinigde dikke mist **smogalarm** waarschuwing bij smog voor mensen met ademhalingsmoeilijkheden om binnen te blijven
smoken roken **smokerig** *bn* vol rook
smoking *m* [-s] geklede jas zonder panden
smokkel *m* sluikhandel **smokkelaar** *m* [-s] wie smokkelt **smokkelarij'** *v* het smokkelen **smokkelen** met ontduiking v.d. voorschriften in- of uitvoeren; oneerlijk zijn **smokkelhandel** sluikhandel **smokkelwaar** gesmokkelde waar
smokken smokwerk aanbrengen **smokwerk** bep. borduurwerk op plooitjes v.e. weefsel
smook *m* dikke rook
smoor I *m (pop.) de ~ in hebben*, zeer slecht gehumeurd zijn **II** *bn* smoorlijk verliefd; smoordronken **smoordronken** *bn* erg dronken **smoorheet** *bn* erg heet **smoorlijk** *bw* erg **smoorverliefd** *bn* heel verliefd
smoren *h/z* stikken, verstikken; boven een zacht vuur gaar laten worden
smørrebrød ‹smurrebreut› *m* Scandinavische sandwich
smous ‹ou=au› *m* [-en, smouzen] *(min.)* jood; smoushond **smoushond** kleine hond met bebaard gezicht
smout *o* vet **smouten** invetten
smoutwerk klein zetwerk **smoutzetter** zetter van smoutwerk
sms short message service *(techniek voor het uitwisselen v. tekstberichten tussen mobiele telefoons)*
sms''en [sms'te, ge-sms't] bericht per sms versturen
smukken tooien
smul *v(m)* [-len] het smullen; trek; plezier **smulbroer** lekkerbek **smullen** lekker eten; genieten **smulpaap** smulbroer **smulpartij** feest waar men smult
smurf *m-v* kabouterachtige stripfiguur
smurrie *v(m)* natte vuiligheid
smyrna *o* met de naam van Smyrna verbonden tapijt(stof)
Sn *(schei.)* stannum
snaai *m* voordeel **snaaien** wegnemen

snaak *m* [snaken] guit, kerel **snaaks** *bn & bw* grappig
snaar *v(m)* dunne draad v. metaal of darmen; *(fig.) gevoelige ~*, gevoelige plek **snaarinstrument** muziekinstrument met snaren
snack ‹snek› *m* [-s] kleine hartige hap **snackbar** *m* [-s] gelegenheid om een hartige hap te eten
snakerig *bn & bw* snaaks **snakerij'** *v* grap
snakken hijgend verlangen; hijgen
snap *m* vlugge greep **snapachtig** *bn* gaarne babbelend
snappen (vlug) pakken; begrijpen; babbelen
snapshot ‹snepsjot› *o* [-s] momentopname
snarenspel *o* spel op snaarinstrumenten
snars *geen ~*, geen zier
snater *m* [-s] mond **snateren** schreeuwen; babbelen
snauw *m* het snauwen, grauw **snauwen** bits spreken
snavel *m* [-s] vogelbek; *(pop.)* mond, neus
sneb(be) *v(m)* [snebben] voorsteven; snavel **snebbig** *bn* snibbig
snede *v(m)* [-n] snee; *ter ~*, van pas **snedig** *bn & bw* gevat, schrander **snee** *v(m)* [-ën] het snijden; snijwond; afgesneden plat stuk; snit; het scherp; cesuur; door het afsnijden der vellen verkregen vlak; *een ~ in het oor hebben*, dronken zijn
sneep *m* [snepen] karperachtige vis met opvallend vooruitstekende snuit, Lat. Chondrostoma nasus
sneer, **snier** ‹snier› *m* [sneren, -s] hatelijke opmerking **sneeren** hatelijke opmerkingen maken
sneeuw I *v(m)* tot vlokken bevroren waterdamp; op een sneeuwstorm lijkend tv-beeld door storing **II** *v(m)/o* grijs haar, blankheid **sneeuwbal** bal van sneeuw; balroos; *~letje*, borrel met suiker **sneeuwbaleffect** steeds verder doorwerkende uitwerking **sneeuwballen** met sneeuwballen naar elkaar gooien **sneeuwbalsysteem** systeem waarbij iem. een zeker aantal personen bewerkt en ieder van die weer een gelijk aantal en dit steeds doorgaat **sneeuwbes** *v(m)* heester met witte bessen, Lat. Symphoricarpus racemosus **sneeuwblind** *bn* door blinkende sneeuw verblind **sneeuwbril** bril tegen sneeuwblindheid **sneeuwbui** bui sneeuw **sneeuwen I** *ww* vallen (v. sneeuw) **II** *bn (dicht.)* (als) van sneeuw **sneeuwgans** witte gans met zwarte vleugelpunten **sneeuwgrens** grens v.d. eeuwige sneeuw **sneeuwhoen** 's winters wit hoen **sneeuwig** *bn* vol sneeuw **sneeuwjacht** sneeuw met veel wind **sneeuwketting** het door sneeuw rijden vergemakkelijkende ketting **sneeuwklokje** *o* vroegbloeiend bolgewas met witte klokjes, Lat. Galanthus nivalis **sneeuwlucht** met sneeuw dreigende lucht **sneeuwman** [-nen] sneeuwpop **sneeuwploeg** sneeuw opzij werpend voertuig **sneeuwpop** van sneeuw gemaakt man **sneeuwschoen** voetbekleding om gemakkelijk over sneeuw te lopen **sneeuwstorm** storm met sneeuw **sneeuwsurfen** over een sneeuwvlakte surfen **sneeuwvlaag** sneeuwbui **sneeuwwater** gesmolten sneeuw **sneeuwwit** *bn* wit als sneeuw **Sneeuwwitje** hoofdfiguur uit gelijknamig sprookje

S

snek *v(m)* [-ken] slakvormig kettingradertje in uurwerk **snekrad** door de snek in beweging gebracht wieltje
snel *bn & bw* vlug **snelbinder** *m* [-s] gummiriem op bagagedrager **snelbuffet** buffet waar men staande iets gebruikt **snelbus** bus die weinig stopplaatsen aandoet **sneldicht** puntdicht **snelfilter** apparaat dat snel koffie filtert **snelheid** het snel zijn; binnen zekere tijd afgelegde weg **snelheidsbegrenzer** *m* [-s] apparaat dat de snelheid van auto's beperkt **snelheidsovertreding** het rijden boven de toegestane snelheid **snelkoker** *m* [-s] toestel om vlug te koken **snelkookpan** grote pan waarin men in zeer korte tijd vsch. gerechten tegelijk kan koken **snellen** ijlen; koppensnellen **snelrecht** rechtspraak direct na misdrijf of overtreding **snelschrift** tekensysteem om snel te schrijven **snelschrijven** in snelschrift schrijven **sneltekenaar** *m* wie snel portretten tekent **sneltram** tram voor snel interlokaal vervoer **sneltrein** trein die alleen bij hoofdstations stopt **snelverband** vlug aan te leggen verband **snelverkeer** verkeer met grote snelheden **snelvuur** het snel vuren **snelwandelen** *o* snel wandelen als sport **snelweg** weg voor snelverkeer; *elektronische, digitale ~*, het internet, voorgesteld als snel transportsysteem v. elektronische data **snelweger** *m* [-s] weegschaal waar een wijzer het gewicht aangeeft **snelzeilend** *bn* snel zeilend
snep *v(m)* [-pen] snip
snerpen fel pijn doen
snert *v(m) (fam.)* erwtensoep; rommel; *als eerste deel van ss*: nietswaardig
sneu I *bn & bw* teleurstellend, teleurgesteld **II** *v(m)* dwarslijn der beuglijn
sneuvelen *z* op het slagveld sterven; stuk gaan
snibben snibbig zeggen **snibbig** *bn* vinnig
snieren *zie* **sneeren**
snijbiet biet waarvan het loof gegeten wordt **snijbloem** bloem die geschikt is om afgesneden in een vaas gezet te worden **snijbonenmolen** molen om snijbonen te snijden **snijboon** lange platte boon; raar iem. **snijbrander** *m* [-s] apparaat om door te branden te snijden **snijden** [sneed, gesneden] met iets scherps kerven of scheiden; een snijpunt of snijlijn hebben met; afzetten; scherpe pijn veroorzaken; een lagere kaart spelen in een positie dat het effect v.e. hogere bereikt wordt; versnijden; op een onjuiste manier inhalen; *(om) te ~*, enorm **snijding** *v* het snijden, smalle opening; scheurende pijn

snijer *m* [-s] snijder **snijkamer** *v(m)* [-s] ontleedzaal **snijkoek** peperkoek **snijlijn** lijn die een andere snijdt **snijmachine** machine waarmee gesneden wordt **snijplank** plank waarop brood of vlees gesneden wordt **snijpunt** punt waar twee lijnen elkaar snijden **snijtafel** operatietafel **snijtand** voortand **snijvlak** vlak waarlangs iets wordt (door)gesneden; vlak v. snijdend iets **snijwerk** *o* uit of in hout gesneden versiering **snijwond** wond ten gevolge van snijden
snik I *m* [-ken] krampachtige ademtocht, inz. bij schreien **II** *bn niet goed ~*, niet goed wijs **snikheet** *bn* smoorheet
snikkel *m* [-s] *(pop.)* penis
snikken met snikken schreien
snip *v(m)* [-pen] loopvogel met zeer lange snavel; bankbiljet van honderd gulden
snipper *m* [-s] dun afsnijdsel; reepje gesuikerde sinaasappelschil **snipperdag** vakantiedag **snipperen** snippers maken **snippermand** prullenmand **snipperuur** verloren uur
snipsnaarderij'en *mv* beuzelingen
snipverkouden *bn* erg verkouden
snit *m/v* [-ten] pasvorm
snob *m* [-s] parvenu **snobis'me** *o* snobistische aard **snobis'tisch** *bn* (als) v.e. snob
snoei *m* het snoeien; snoeisel; *als eerste woorddeel ook*: zeer **snoeien** takken inkorten; *de vleugels ~*, de vleugels korten **snoeihard** *bn & bw* zeer hard **snoeiheet** *bn* smoorheet **snoeimes** mes om te snoeien **snoeischaar** schaar om te snoeien
snoek *m* roofvis met platte kop en veel puntige tanden, Lat. Esox lucius; misslag bij roeien; *een ~ vangen*, in het water vallen; *een ~ op zolder zoeken*, vergeefs werk doen; *als een ~ op zolder*, slecht op zijn gemak **snoekachtig** *bn* op een snoek lijkend **snoekbaars** *m* [-baarzen] vis met donkergevlekte rugvin, Lat. Stizostedium lucioperca **snoeken** snoek vissen; misslagen maken bij roeien **snoeksprong** sprong waarbij men het lichaam buigt en dan weer strekt
snoep *m* het snoepen; snoepgoed **snoepachtig** *bn* gaarne snoepend **snoepen** zoetigheid eten; heimelijk eten of drinken **snoeper** *m* [-s] wie snoept; *oude ~*, minzieke oude man **snoeperig** *bn* aardig **snoeperij'** *v* het snoepen; snoepgoed **snoepgoed** lekkers **snoepje** *o* stukje snoep **snoeplust** lust tot snoepen **snoeplus'tig** *bn* snoepzuchtig **snoepreisje** *o* plezierreisje **snoepwinkel** winkel waar snoep verkocht wordt **snoepzucht** snoeplust
snoer *o* koord, meetsnoer; *aan zijn ~*, tot volgeling; *de ~en zijn mij in lieflijke plaatsen gevallen*, mij is iets goeds toebedeeld **snoeren** een snoer rijgen; met snoer vastmaken; *de mond ~*, doen zwijgen
snoes *m-v* [snoezen] lieverd; mooi iets **snoeshaan** *m* [-hanen] kwant
snoet *m* snuit, gezicht
snoeven pochen **snoeverij** *v* gesnoef
snoezelen in een ruimte met speciale dingen verblijven om aangenaam gestemd te worden **snoez(el)ig** *bn & bw* lief
snokken zich met rukken bewegen; *(sp.)* het tempo plotseling versnellen
snol *v* [-len] hoer
snood *bn & bw* boosaardig **snoodaard** *m* [-s] booswicht **snoodheid** *v* [-heden] slechtheid
snooker ‹oo=oe› *o* spel met 21 biljartballen **snookeren** snooker spelen
snor I *v(m)* [-ren] niet afgeschoren haar op bovenlip; *een ~ aan hebben*, enigszins beschonken zijn; *zijn ~ drukken*, *(pop.)* spijbelen **II** *bn (fam.) dat zit ~*, dat zit goed **snorbaard**, **snorrenbaard** snor; man met zware snor
snorder *m* [-s] wie snort; taxichauffeur die zonder officiële vergunning klanten ronselt **snorfiets** *m/v* bromfiets die max. 20 km per uur mag rijden
snorkel *m* [-s] toestel waardoor men onder water zuurstoftoevoer heeft **snorkelen** met een snorkel zwemmen
snorken *zie* **snurken**
snorren hard gonzen; passagiers trachten te krijgen; *(pop.)* speuren, snappen
snorrenbaard snorbaard
snorscooter ‹oo=oe› snorfiets in scootermodel
snot *o/m* neusvocht; snotziekte **snotaap** *(pop.)* snotjongen **snotje** *in het ~*, in de gaten **snotjongen** *(pop.)* kwajongen **snotneus** *m* [-neuzen] vieze neus; kwajongen; olielamp met tuit **snotteren** snot lozen; schreien **snotziekte** pluimveeziekte aan de ademhalingsorganen
snowboard ‹snoowbòrd› *o* [-s] plank waarop men over sneeuw naar beneden glijdt **snowboarden** [snowboardde, gesnowboard] zich met een snowboard voortbewegen
snuffelaar *m* [-s] napluizer **snuffelen** de reuk opsnuiven; doorzoeken **snuffelpaal** mast voor registratie van luchtverontreiniging **snuffelstage** ‹ag=aazj› korte stage om kennis te maken met de praktijk
snufferd *m* [-s] neus
snufje *o* nieuwigheid; klein beetje
snugger *bn & bw* pienter
snuif *m* snuiftabak **snuifje** beetje snuif **snuiftabak** tabak voor het snuiven
snuisterij' *v* weinig waardevol siervoorwerp
snuit I *m* bek, neus, slurf **II** *m/o* gezicht **III** *v(m)/o* afval van vlas **snuiten** [snoot, gesnoten] de neus reinigen; (gez. v.e. kaars) het uiteinde wegnemen **snuiter** *m* [-s] kwant; voorwerp om een kaars te knippen
snuiven [snoof,gesnoven] snuif gebruiken; hoorbaar door de neus ademen
snurken, **snorken** ronken; pochen
soa *seksueel overdraagbare aandoening(en)*, geslachtsziekte(n)
soap ‹oa=oo› *m* [-s] sentimentele serie op radio of tv
sober *bn & bw* matig; karig, zeer eenvoudig

sociaal' **I** *bn & bw* maatschappelijk **II** *m* [-alen] *(pop.)* socialist **sociaal'-democraat'** [-craten] voorstander v.d. sociaal-democratie **sociaal'-democratie'** *v* stelsel dat de productiemiddelen langs democratische weg aan de gemeenschap toekent **sociaal'-democra'tisch** *bn & bw* volgens de sociaal-democratie **socia'bel** *bn* van prettige omgang **socialeverze'keringsrechter** rechter die oordeelt over zaken v. sociale verzekeringen **socialisa'tie** ‹sa=zaa› *v* [-s] het socialiseren **socialise'ren** onder de gemeenschap brengen **socialis'me** *o* stelsel dat de productiemiddelen aan de gemeenschap toekent **socialist'** *m* aanhanger v.h. socialisme **socialis'tisch** *bn & bw* van of volgens of betreffende het socialisme

sociëteit' *v* vereniging voor gezellig verkeer; haar gebouw; *de S~ van Jezus*, de jezuïeten

soci'ety ‹soosaajutti› *v(m)* hogere maatschappelijke kringen

socio *m* [-'s] *(scheldn.)* onnozel zachtgeaard iem.

sociodrama het bij opleiding en onderzoek in toneelvorm weergeven v. sociale situaties **sociografie'** *v* [-ën] sociaal-economische beschrijving v.e. gebied of groep **sociogra'fisch** *bn & bw* de sociografie betreffend **sociolect'** *o* door de sociale groep bepaalde taal **sociolinguïstiek** ‹gu=Gw› *v* linguïstiek die rekening houdt met sociale factoren en bestudeert welke rol taal speelt in het sociaal verkeer **sociologie'** *v* maatschappijleer **sociolo'gisch** *bn & bw* betreffende of volgens de sociologie **socioloog'** *m* [-logen] beoefenaar v.d. sociologie **sociotherapie** op aanpassing aan de gemeenschap gerichte behandeling

SOCUTERA Stichting tot bevordering v. Sociale en Culturele doeleinden door Televisie en Radio

soda *m/v* natriumcarbonaat **sodawater** water met koolzuur of soda

sodemie'ter *m (pop.)* lichaam; *(pop.) geen ~*, niets

S

sodomie' *v* als tegennatuurlijk beschouwde geslachtsdrift

soebatten vleiend vragen

soefis'me *o* ascetische en mystieke islamitische beweging

soelaas' *o* verlichting

soenniet' *m-v* orthodoxe islamiet

soep *v(m)* vloeibaar meestal hartig gerecht; *(pop.)* rommel; *in de ~*, kapot; *niet veel ~s*, weinig waard; *als eerste deel v. ss*: weinig waard **soepballetje** balletje gehakt voor soep

soepel *bn & bw* meegaand; buigzaam, lenig

soepjurk flodderige jurk **soepvlees** vlees waarvan soep gekookt wordt of is **soepzootje** rommeltje

soes **I** *m* [soezen] dommel; dromer **II** *v(m)* [soezen] heel luchtig gebakje met vulling

soesa *m* drukte

soeverein' **I** *bn* oppermachtig, verheven **II** *m* vorst **soevereiniteit'** *v* oppermacht

soezen suffen **soez(er)ig** *bn* suf

sof *m* pech; *als eerste deel van ss*: snert

sofa *m* [-'s] met stof beklede rustbank

sofinummer registratienummer voor de sociale en fiscale instanties

sofis'me *o* [-n] drogredenering **sofist'** *m* drogredenaar **sofisterij'** *v* spitsvondigheid, drogredenering **sofis'tisch** *bn & bw* spitsvondig, bedrieglijk van redenering

softbal *o* spel met zachte bal **softdrug** *m* [-s] geen of weinig gewenning veroorzakende drug

softenonbaby baby met aangeboren misvormingen doordat de moeder tijdens de zwangerschap het medicijn softenon gebruikte

softie *m-v* [-s] zachtgeaard en onnozel iem. **softijs** consumptieijs **softporno** pornografie waarbij de geslachtsdaad niet rechtstreeks wordt getoond **software** ‹softwèr› *(comp.)* programmatuur

soigne'ren ‹swanjeeren› verzorgen

soiree' ‹swaaree› *v* [-s] avondpartij

soit ‹swa› *tw* het zij zo

soja *m* uit de peulvrucht v.d. Glycine hispida gegist extract **sojaboon** vrucht v. sojaplant **sojaplant** plant die soja oplevert **sojavlees** van sojabonen gemaakt gerecht

sok *v(m)* [-ken] korte kous; sukkel; onderste stuk v. paardenbeen; verbindingsstuk van buizen; *de ~ken erin zetten*, hard gaan lopen; *van de ~ken*, omver, in onmacht

sokkel *m* [-s] voetstuk

sokophouder *m* [-s] band die sok ophoudt

sol *v(m)* [-len] vijfde noot v.d. diatonische toonladder

sola'rium *o* [-ria, -s] toestel of ruimte voor kunstmatig zonnebad

soldaat' *m* [-daten] militair (inz. zonder rang); *~ maken*, opeten, opdrinken **soldaat'je** *o* kleine soldaat; speelgoedsoldaat; geroosterd stukje brood **soldatesk'** *bn & bw* als (van) soldaten

soldeer' *o/m* soldeersel **soldeer'bout**, **soldeer'ijzer** ijzer om mee te solderen **soldeer'lamp** lamp om soldeerbout te verwarmen **soldeer'sel** *o* [-s] stof waarmee men soldeert

solden [mv] *(Belgned.)* opruiming a.h. eind v.h. seizoen

solde'ren met gesmolten metaal aan elkaar vastmaken

soldij' *v* loon v. soldaten

solemneel' *bn* plechtig **solemniteit'** *v* plechtigheid

solex *wm m* bromfiets met voorwielaandrijving

solfè'ge ‹g=zj› *m (muz.)* vocale gehooroefening **solfè'geklas(se)** onderwijs vooral in solfège **solfegië'ren** zich oefenen in solfège

solidair' ‹ai=è› *bn & bw* elkaar trouw blijvend, eensgezind **solidariteit'** *v* het solidair zijn

soli'de *bn & bw* degelijk, betrouwbaar **soliditeit'** *v* degelijkheid; betrouwbaarheid

solied' *bn & bw* solide
solist' *m* solozanger, solospeler **solis'tisch** *bn & bw* als (van) een solist
solitair' ‹ai=è› *m* kluizenaar; buiten de kudde levend dier; afzonderlijk gezette diamant; ring met een steen; afzonderlijk geplaatste boom of plant **II** *bn & bw* eenzaam
sollen spelenderwijs (inz. trekkend) met iets bezig zijn; een loopje nemen
sollicitant' *m* wie solliciteert **sollicita'tie** *v* [-s] het solliciteren **sollicita'tiebrief** brief waarin men solliciteert **sollicitatiegesprek** gesprek van een sollicitant met wie hem moet beoordelen **sollicite'ren** dingen naar (een ambt)
solmië'ren, **solmise'ren** ‹se=zee› de tonen aanduiden met do re mi enz.
solo I *bw* alleen **II** *m/o* [-'s] alleenzang, alleenspel **soloklas(se)** onderwijs in solo **solo-optreden** muzikaal optreden van één persoon soms met een begeleider **solopartij** solo **soloseks** *m (euf.)* masturbatie **solospel** alleenspel **solotoer** *op de ~ gaan*, alleen verder gaan **solovlucht** vlucht waarbij de vliegenier alleen in het vliegtuig zit **solozang** alleenzang
solsleutel g-sleutel
solsti'tium *o* [-tia] zonnestilstand
solu'tie *v* [-s] oplossing; plakmiddel voor rijwielbanden
solva'bel *bn* kunnende betalen **solvabiliteit'** *v* solvabel zijn
solvent' I *bn* solvabel **II** *o* [-s] oplosmiddel **solven'tie** *v* het solvent zijn
som *v(m)* [-men] uitkomst v.e. optelling; wiskunstige opgave; bedrag
soma'tisch *bn* lichamelijk **somatise'ring** ‹se=ze› *v* uit psychische aandoeningen ontstane vage lichamelijke klachten **somatologie'** *v* leer v.h. lichaam
somber *bn & bw* donker; treurig
sombre'ro *m* [-'s] hoed met brede rand
somma *v(m)* bedrag; *in ~*, in totaal
somma'tie *v* [-s] het sommeren
sommelier' ‹ier=jee› *m* [-s] kelner voor wijn en/of kelder
somme'ren aanmanen; eisen; dagvaarden
sommige *vnw & telw* enkele
somnambu'le *m-v* [-s] helderziende; slaapwandelaar
somptueus' *bn & bw* weelderig
soms, **somtijds'**, **somwij'len** *bw* nu en dan; misschien
sonar *m* [gmv] inrichting voor navigatie op geluid
sona'te *v(m)* [-s, -n] muziekstuk voor één instrument, soms met een kleine begeleiding **sonati'ne** *v* [-s] kleine sonate
sonde *v(m)* [-s] peilstift; buisje om vocht in of uit het lichaam te voeren; onbemand ruimtevaartuig **sonde'ren** peilen
song *m* [-s] populair lied
sonnet' *o* [-ten] gedicht van twee kwatrijnen en twee terzinen **sonnet'tenkrans** reeks van 15 met elkaar samenhangende sonnetten
sonograaf' *m* [-grafen] toestel dat spraakklanken zo ontleedt dat de formanten zichtbaar worden **sonogram'** *v* [-men] door een sonograaf getoond beeld
sonoor' *bn & bw* helder klinkend **sonoriteit'** *v* het sonoor zijn
soort *v(m)/o* groep met gemeenschappelijk kenmerk; *~ van ...*, op ... gelijkend **soortelijk** *bn & bw* van de soort; *~ gewicht*, betrekkelijke zwaarte **soortement'** [gmv] *o* soort **soortgelijk** *vnw* dergelijk **soortgenoot** iem. v. dezelfde soort **soortgetal** woord op -lei of -hande **soortkoop** koop van goederen bij het gewicht of het getal of de maat **soortnaam** naam v. voorwerpen v. een zelfde soort
soos *v(m) (pop.)* sociëteit
sop *o* [-pen] vloeibaar mengsel; zeepsop; *met hetzelfde ~ overgoten*, met dezelfde eigenschappen; *in zijn eigen ~ gaar laten koken*, zich niet bemoeien met; *het ruime ~*, de zee; *het ~ is de kool niet waard*, de zaak is te onbelangrijk
sophis'ticated ‹a=ee› *bn & bw* geraffineerd
soporatief' I *bn & bw* slaapverwekkend **II** *o* [-tieven] slaapmiddel
soppen indopen
sopraan' I *v(m)* [-pranen] hoogste vrouwenstem, hoogste kinderstem **II** *v* [-pranen] sopraanzangeres
sorbet' *m* [-s] alcohol bevattende zeer koele vruchtendrank
sordi'no *v* [-'s, -ni] sourdine
sores [mv] zorgen; leed
sorry *tw* pardon
sorte'ren soort bij soort leggen, uitzoeken; *effect ~*, uitwerking hebben **sorte'ring** *v* het sorteren; verscheidenheid
sortie' *v* [-s] contramerk
sortiment' *o* assortiment
SOS save our souls *(noodsein)*
sote'risch *bn* zaligmakend
sou ‹soe› *m* [-s] vroegere munt van geringe waarde; *geen ~*, niets
soubret'te ‹ou=oe› *v* [-s] zangeres v. lichte rollen
soufflé ‹ou=oe› *m* [-s] luchtig warm met eiwit bereid gerecht
souffle'ren ‹ou=oe› toneelrollen voorzeggen **souffleur'** *m* [-'s] wie souffleert
soul ‹sool› *m* muziek met blues en gospel
sound *m* [-s] geluid **soundmixen** *o* verschillende geluidsbronnen mengen; bekende liedjes zingen begeleid door een instrumentale versie van het origineel **soundtrack** ‹saundtrek› *m* bij film horende geluidsband of weerslag hiervan op een andere geluidsdrager
souper' ‹soepee› *o* [-s] avondeten **soupe'ren** het souper gebruiken
souples'se ‹ou=oe› *v* buigzaamheid, plooibaarheid
sourdi'ne ‹ou=oe› *v* [-s] *(muz.)* geluiddemper
sousafoon' ‹soezafoon› *m* [-s en -fonen] groot koperen blaasinstrument
sousmain ‹soemēn› *m* [-s] onderlegger **souspied'** ‹soepjee› *m* [-s] slobkous;

voetriempje aan slobkous of broek
souta'ne ‹ou=oe› *v(m)* [-s] toog
souteneur' ‹ou=oe› *m* [-s] man die prostituees voor zich laat werken
souterrain' ‹soeterrên› *o* [-s] kelderverdieping
souvenir' ‹soevenier› *o* [-s] aandenken
souvla'ki ‹ou=oe› *m* [-'s] aan een pen gespietste stukjes geroosterd vlees
sovjet *m* [-s] (Russische) bestuursraad
sowieso' ‹soowiezoo› *bw (germ.)* in elk geval
SP Socialistische Partij
spa I *v(m)* [spaden] spitwerktuig **II** *m* ® bronwater uit Spa **III** *bn & bw* laat
spaak *v(m)* [spaken] spijl in wiel; hefboom; *een ~ in het wiel steken*, hinderen, beletten; *~ lopen*, mis lopen **spaakbeen** *o* [-beenderen] de hand dragend bot v.d. onderarm
spaan *v(m)* [spanen] dikke splinter; *geen ~*, niets **spaander** *m* [-s] spaan **spaan(der)plaat** *v(m)* plaat v. geperste houtvezel
Spaans *bn & bw* van Spanje; *het gaat er ~ toe*, het gaat er ruw toe; *het ~ hebben*, armoede hebben; *~ klinken*, vreemd klinken; *~ riet*, rotan; *~ groen*, verf uit kopergroen; *~e peper*, vrucht van Capsicum annuum; *~e ruiter*, op kruishouten rustende balk tot afweer; *~e zeep*, witte harde zeep; *~e vlieg*, tot een blaartrekkend poeder te verwerken insect
spaarbank geen bedrijfskrediet verstrekkende bank **spaarbankboekje** boekje dat iemands tegoed op een spaarbank aangeeft **spaarbekken** reservoir voor drinkwaterwinning **spaarboekje** *o* spaarbankboekje **spaarbrander** *m* [-s] zuinige gasbrander **spaarcent**, **spaarduit**, **spaargeld** opgespaard geld **spaarkas** *v (Belgned.)* spaarbank **spaarlamp** zuinig brandende lamp **spaarpenning** spaargeld **spaarpot** busje waarin men spaart; spaargeld **spaarrekening** met het oog op sparen bedoelde rekening **spaarvarken** spaarpot in de vorm v. varken **spaarzaam** *bn & bw* zuinig; schaars **spaarzegel** *m* [-s] spaarbankzegel
S
spaat *o* ruitvormig mineraal
spacecake ‹speeskeek› met hasj bereide cake **spaceshuttle** ‹speessjuttel› *m* [-s] vliegtuig voor verbinding met ruimtestations
spade *v(m)* [-n] spa
spagaat' *m* spreidzit
spaghet'ti ‹gh=gg of *G*› *m sliertig meelproduct*
spalier' latwerk; leiboom **spalier'boom** leiboom
spalk *v(m)* voorwerp om te spalken **spalken** tegen iets stevigs verbinden; open doen staan
span I *v(m)* [-nen] verst mogelijke afstand tussen de toppen van pink en duim **II** *o* [-nen] gespan; paar **spanbeton** voorgespannen beton **spandoek** *o/m* uitgespannen doek met leus erop
spanen *bn* van spaan
spang *v(m)* gesp
spaniël ‹spenjul› *m* [-s] langharige kleine jachthond met lange oren
spanjolet' *v(m)* [-ten] draairoede voor sluiting
spankeren hard weglopen
spankracht *v(m)* elasticiteit; uitzettingskracht
spanne *v(m)* [-n] korte tijd
spannen [spande, gespannen] uittrekken, strak trekken, strak zetten; knellen; getuigd voor de wagen zetten; hoog opvoeren; er heet toegaan; *zich voor een zaak ~*, zich beijveren om een zaak te doen slagen
spannend *bn* de aandacht bezig houdend
spanner *m* [-s] vlinder waarvan de rups beurtelings het lichaam strekt en kromt
spanning *v* het gespannen zijn; druk; onrustige verwachting; dreigende vijandschap; afstand tussen steunpunten; potentiaalverschil; geraamte v.e. overkapping **spanningsrail** ‹ai=ee› rail met lichtspotjes **spanningsveld** veld waarbinnen een spanning bemerkbaar is; conflictueuze sfeer
spanrib gording
spant *o* raamwerk; balk van scheepskiel **spantrib** rib ter ondersteuning van panlatten
spanwijdte afstand tussen de vleugeluiteinden; afstand tussen de steunpunten v.e. overspanning **spanzaag** in een raam of beugel gezette en daarna gespannen zaag
spar *m* [-ren] naaldboom met vierkante naalden, Lat. Picea abies; lang rond dakhout **sparappel** vrucht v.d. spar
sparen uitzuinigen; ontzien; achterwege laten
spareribs ‹spèribs› [mv] stuk varkensrib met gebraden vlees
sparkelen vonkelen
sparren ‹a=a *of* e› trainen in bep. sporten; een oefenbokspartij spelen
sparrenboom spar **sparrengroen** *o* naalden v.d. spar **sparrenkegel** vrucht v.d. spar
sparringpartner ‹spar=spar *of* sper› tegenstander bij een oefenwedstrijd
Spartaans' *bn & bw* zeer streng
spartelen zich of zijn ledematen heftig bewegen
spasme *o* [-n, -s] kramp **spasmisch**, **spasmo'disch** *bn & bw* krampachtig **spastisch** *bn & bw* aan krampen lijdend; emotioneel zeer gespannen
spat *v(m)* [-ten] wegspringend vochtig deeltje; gewrichtsziekte bij paarden; aderspat; *geen ~*, niets **spatader** plaatselijk uitgezet bloedvat **spatbord** gebogen plaat om spatten te voorkomen
spatel *v(m)* [-s] strijkmes, tempermes
spatie *v* [-s] tussenruimte **spatiebalk** langwerpige lat onderaan een toetsenbord om spaties te maken **spatië'ren** meer ruimte tussen letters aanbrengen
spatje *o* [-s] borrel
spatlap lap onder aan spatbord **spatscherm** *o* spatbord **spatten** *h/z* (in) spatten of deeltjes (doen) neerkomen
spawater® mineraalwater uit Spa

speaker ⟨ea=ie⟩ *m* [-s] luidspreker; wie mededelingen doet via geluidsinstallatie

specerij' *v* kruid

specht *m* klimvogel v.h. geslacht Picidae met sterke snavel

speciaal' *bn & bw* bijzonder; vooral **speciaal'zaak** gespecialiseerde winkel

special ⟨spèsjul⟩ *m* [-s] aan thema gewijd programma van radio of tv, editie v.e. tijdschrift of katern v.e. krant

specialise'ren ⟨se=zee⟩ bijzonderheden noemen; *zich ~*, zich bijzonder toeleggen **specialis'me** *o* [-n] afzonderlijk beoefend deel v.e. tak wetenschap; gebied waarop men bijzonder thuis is **specialist'** *m* wie een onderdeel (inz. v.d. geneeskunde) bijzonder beoefent **specialiteit'** *v* bijzonderheid waarin iem. zich specialiseert

specie *v* [-s, -iën] klinkende munt; metaalmengsel; met zand vermengde metselkalk

specifica'tie *v* [-s, -iën] opgave in bijzonderheden **specifice'ren** in bijzonderheden omschrijven **specifiek'** *bn & bw* kenmerkend; bijzonder geschikt; soortelijk gesplitst

specimen *o* [-s, speci'mina] voorbeeld

spectaculair' ⟨ai=è⟩ *bn & bw* opzienbarend

spectrome'ter *m* [-s] toestel om de afstand tussen twee lijnen v.e. spectrum te meten **spectroscoop'** *m* [-scopen] spectrumkijker **spectrum** *o* [-s, -tra] kleurenbeeld van door een prisma ontleed licht

speculaas' *m (stofn. m & o)* [-lazen] knapperige platte gekruide koek

speculant' *m* wie speculeert **specula'tie** *v* [-s] handelsonderneming met veel risico; bespiegeling **speculatief'** *bn & bw* bespiegelend; met kans op veel winst of verlies **specule'ren** zaken doen met kans op veel winst of verlies; kansberekeningen maken, rekenen

speculum *o* [-s, -la] instrument om met weerkaatsend licht in een lichaamsopening te kijken

speech ⟨spietsj⟩ *m* [-es, -en] toespraak **speechen** een toespraak houden

speed ⟨ee=ie⟩ *m* wekamine als genotmiddel **speedboot** zeer snelle boot **speedway** ⟨way=weej⟩ *o* [-s] motorsport op een sintelbaan

speeksel *o* mondvocht **speekselklier** speeksel afscheidende klier

speelautomaat automaat voor kansspel **speelbal** weerloos slachtoffer **speelbank** inrichting voor hazardspel **speelbeen** als niet het lichaamsgewicht dragend voorgesteld been **speeldoos** muziekdoos **speelduivel** hartstochtelijk verlangen naar hazardspel **speelfilm** film waarin geacteerd wordt **speelgenoot** *m*, **speelgenote** *v* met wie men speelt **speelgoed** zaken waar kinderen mee mogen spelen **speelhal** hal met speelautomaten **speelhelft** helft waarop gespeeld wordt; helft v.d. speelduur **speelhol** *(min.)* speelhuis, speelbank **speelhuis** huis waar om geld gespeeld wordt **speelkaart** kaart v. spel **speelkwartier** vrij kwartier **speelmakker** kameraad met wie men speelt **speelplaats** terrein v. spel **speelruimte** bewegingsruimte; reserveruimte **speels** *bn & bw* gaarne spelend **speelschuld** bij het spel gemaakte schuld **speeltafel** tafel waaraan gespeeld wordt **speeltje** stukje speelgoed **speeltuig** *o* speelgoed; muziekinstrument **speeltuin** omheinde speelplaats met extra attracties **speelwerk** mechanisme dat muziek of klokkenspel doet horen **speelziek** *bn* zeer speels **speelzucht** hartstocht tot hazardspel

speen *v(m)* [spenen] tepel; gummidop op zuigfles **speenkruid** ranonkelachtige plant met enigszins niervormige bladeren, Lat. Ficaria verna **speenvarken** heel jong varken

speer *v(m)* [speren] lans **speerhaak** klein aanbeeld; *als een ~*, heel vlug **speerpunt** punt waaraan prioriteit geschonken wordt **speerwerpen** *o* werpen met een speer

speet *v(m)* [speten] voorwerp waaraan men vis rijgt **speetaal** *m* aan een speet geregen aal

spek *o* onderhuids vet; *met ~ schieten*, opscheppen; *voor ~ en bonen*, voor niets, zonder iets te betekenen te hebben; *uit het ~ vallen* of *springen*, zijn geluk niet achten **spekbokking** vette gerookte bokking **spekboon** sperzieboon met lange vlezige peul **spekglad** *bn* zeer glad **spekhaak** haak om vlees op te hangen **spekjood** *(scheldn.)* jood die zich niet meer aan zijn godsdienst houdt **spekken** larderen; goed met geld voorzien **spekkie** *o* [-s] snoepgoed in de vorm v.e. (ruitvormig) stukje spek **spekkoek** gebak van Indonesië met donkere en lichte lagen; spekpannenkoek **spekkoper** rijk iem. **speklaag** laag spek; laag natuursteen tussen metselsteen **speknek** dikke nek; iem. met een dikke nek **spekpannenkoek** pannenkoek met spek **spekslager** varkensslager **spekslagerij** varkensslagerij **speksteen** *m (stofn. o & m)* vet aanvoelende steen

S

spekta'kel *o* [-s] lawaai, drukte **spekta'kelstuk** bombastisch toneelstuk

spekvet uit spek gebraden vet **spekzool** dikke rubberen zool

spel I *o* [-len] stel speelvoorwerpen; gespeelde of te spelen partij **II** *o* [-en] vermaak; bezigheid tot ontspanning; toneelspel; het bespelen v.e. instrument; geen ernst; iets uitdrukkende bewegingen; *op het ~ staan*, gevaar lopen; *op het ~ zetten*, wagen; *vrij ~*, volle vrijheid; *in het ~ zijn*, mede veroorzaken; *hoog ~ spelen*, veel wagen; *buiten ~*, tussen doel en verdedigingslinie v. tegenpartij bij toegespeelde bal **spelbederf** *o* [gmv] gedrag of handeling waardoor een wedstrijd wordt gehinderd **spelbreker** *m* [-s] wie het plezier bederft

speld *v(m)* priempje; *er is geen ~ tussen te*

krijgen, hij praat al maar door, de redenering klopt; *men kan een ~ horen vallen*, het is muisstil **spelden** *ww* met een speld vastmaken; *als eerste deel v.e. ss*: voor spelden **speldenknop** kop v. speld **speldenprik** prik met een speld; kleine hatelijkheid **speldje** (bij collecte aangeboden) insigne of vlaggetje; *een ~ bij iets steken*, met iets ophouden

spelemeien voor plezier de natuur ingaan

spelen spel beoefenen; (zich) luchtig bewegen; zich afspelen; lichtzinnig met iets handelen; vleiend zeggen; zich voordoen als; *~ met*, roekeloos wagen; *mooi weer ~*, profiteren; *naar binnen ~*, opeten **spelenderwijs**, **spelenderwijze** *bw* bij wijze van spel

speleologie' *v* grottenkunde

speler *m* [-s] wie deelneemt aan een sportwedstrijd of spel; wie verslaafd is aan gokken; wie toneel speelt **spelershonk** plaats waar spelers in een stadion elkaar ontmoeten

spelevaart pleziertocht op het water **spelevaren** [spelevaarde, gespelevaard] voor plezier roeien of varen gaan

spelfout fout tegen de spelling

speling *v* speelruimte; wending; afwijking in de natuur

spelkunst kunst v.h. spellen

spelleider wie het spel leidt

spellen in letters weergeven; de letters noemen van; zorgvuldig lezen; voorspellen **spelling** *v* wijze v. spellen **spelling(s)beeld** beeld volgens de gebruikelijke spelling **spelling(s)commissie** commissie om voorstellen omtrent de spelling te doen **spellinguitspraak** door spelling veroorzaakte uitspraak

spelonk' *v(m)* grot

spelotheek' *v* [-theken] plaats waar speelgoed wordt uitgeleend

spelregel regel v. spelling; regel voor spel

spelt *v(m)* gewas dat sterk op tarwe lijkt maar e. kleinere korrel heeft

spelverdeler *m* [-s] wie in een sportteam het spel bepaalt

S

spencer ‹spènsur› *m* [-s] trui zonder mouwen

spende'ren besteden

spenen van de borst afnemen; onthouden; *gespeend van*, zonder

SP''er *m-v* [-s] lid v.d. Socialistische Partij

sperboom slagboom

sperma *o* mannelijk zaad **spermabank** centrale waar sperma bewaard wordt **spermatozo'ön** *o* [-zoa] zaadcel v.e. dierlijk wezen

sperren openspannen

spertijd gesloten tijd **spervuur** versperringsvuur

sperwer *m* [-s] roofvogel met korte afgeronde vleugels, Lat. Accipiter nisus

sperzieboon prinsessenboon

spetten spatten **spetter I** *m* [-s] spat; versiering in de vorm v.e. spat; *(sp.)* harde trap in de richting v.h. doel **II** *m-v* [-s] *(pop.)* mooi iem. **spetteren** spatten

speurder *m* [-s] rechercheur **speuren** opsporen, het spoor zoeken; bespeuren **speurhond** hond voor speuren **speurtocht** onderzoekingstocht **speurzin** aanleg tot speuren

SP'-fractie vertegenwoordiging v.d. SP in een bestuursorgaan

SPI Standaard Product Informatie

spichtig *bn* smal en puntig; mager

spie *v(m)* [-ën] wig, bout, pin; geer; *(pop.)* cent, geld

spieden loerend opletten

spiegel *m* [-s] voorwerp om beelden te weerkaatsen; gladde oppervlakte; achtersteven; *als laatste deel v. ss ook*: gehalte **spiegelbeeld** schijnbeeld; weerspiegeld beeld **spiegelei** gebakken ei met hele dooier; *(scherts.)* seinvoorwerp v.d. stationschef **spiegelen** licht weerkaatsen; *zich ~*, zich in een spiegel bezien; een spiegelbeeld vormen; een voorbeeld nemen **spiegelgevecht** schijngevecht **spiegelglad** *bn* zeer glad **spiegelglas** volkomen glad geworden glas **spiegelhars** hars voor strijkstokken **spiegeling** *v* weerkaatsing **spiegelkast** kast met spiegelglas of spiegels in de deuren **spiegellamp** lamp met reflector **spiegelnet** wijdmazig net **spiegelreflexcamera** camera met spiegel achter het objectief **spiegelruit** ruit v. spiegelglas **spiegelschrift** schrift in spiegelbeeld **spiegeltelescoop** telescoop met spiegels **spiegelzool** dunne zool onder een andere

spiekbriefje *o* papiertje met aantekeningen om te frauderen **spieken** afkijken op school of bij examen

spier *v(m)* orgaan dat zich kan samentrekken; halm; dunne lange paal; *geen ~ vertrekken*, niets v. aandoening laten merken **spieratrofie** *v* [-fieën] afname v.d. omvang v. spieren **spierbal** bol staande spier **spierballentaal** taal met forse uitdrukkingen **spierdystrofie** *v* afname v. volume en kracht v.e. spier

spiering *m* kleine zilverwitte vis v.d. Noordzee; mager iem.; *een ~ uitgooien om een kabeljauw te vangen*, iets van weinig waarde besteden om veel te verkrijgen

spierkracht kracht v.d. spieren **spiermaag** tweede maag **spiernaakt** geheel naakt **spierpijn** pijn in de spieren **spierstuk** vlees onder de platte bil v.e. slachtrund **spierverlamming** verlamming v. spieren **spierwit** *bn* zeer wit

spies *v(m)* lichte speer; eerste gewei

spiets *v(m)* spies **spietsen** met een spiets doorsteken

spijbelaar *m* [-s] wie spijbelt **spijbelen** stiekem (van school) wegblijven

spijer *m* [-s] stenen gootje aan een dak, waterspuwer aan een gebouw; *~s zijn dijers*, baby's die spuwen worden wel groot

spijker *m* [-s] puntig metalen staafje; *~s op laag water zoeken*, vitten; *de ~ op de kop slaan*, het juiste treffen; *~s met koppen slaan*, doortasten; *zo hard als een ~*, onmeedogend, onverzettelijk **spijkerbroek** sportieve broek met koperbeslag **spijkeren** met spijkers bevestigen; spijkers slaan **spijkerhard** *bn* zeer hard v. karakter **spijkerjack** ‹jack=jek *of* djek› jack v. spijkerstof **spijkerschoen** schoen met spijkerkoppen **spijkerschrift** schrift met wigvormige tekens **spijkerstof** *v* denim **spijkervast** *bn* met spijkers bevestigd

spijl *v(m)* staaf

spijs *v(m)* [spijzen] voedsel; specie; gemalen amandelen **spijsbrij** tot brij geworden voedsel **spijskaart** prijslijst v.d. spijzen **spijsoffer** voedsel als offer **spijsolie** olie voor bereiding van spijzen **spijsvertering** het omzetten v. spijs in voedende stof **spijsverteringskanaal** geheel v. delen v.h. lichaam waarin de spijsvertering plaats vindt

spijt *v(m)* leedwezen, berouw; wrevel; *ten* of *in ~ van*, in weerwil van **spijten** [speet, gespeten] verdriet doen; berouwen **spijtig** *bn & bw* jammer; wrevelig **spijtoptant** *m* Nederlander die zijn Ind. nationaliteit voor de Ned. wil omruilen; wie aanvankelijk v.e. mogelijkheid geen gebruik gemaakt heeft, maar later wel; wie spijt heeft v.e. eerder genomen besluit

spijzen spijzigen **spijzigen** *(bijz. t.)* te eten geven

spike ‹spaik› *m* [-s] lichte sportschoen met punt aan de zool; spijkertje in een autoband; puntig gemodelleerd haar

spikkel *m* [-s] stipje **spikkelen** spikkels aanbrengen **spikkelig** *bn* met spikkels

spiksplinternieuw *bn* geheel nieuw

spil I *v(m)* [-len] as waar alles om draait; middelste v.d. middenspelers **II** *o* [-len] kaapstander; spillage **spilkoers** gemiddelde koers voor valuta met een bepaalde toegestane marge

spilla'ge ‹ag=aazj› *v* wat onder de verzending verloren gaat

spillebeen I *o* [-benen] mager been **II** *m-v* [-benen] iem. met magere benen **spilleleen** *o* [-lenen] leen waarin ook vrouwen konden opvolgen **spillemaag** *m-v* [-magen] bloedverwant van moeders kant

spillen verspillen

spiltrap wenteltrap waarbij de treden aan één zijde vastzitten **spilziek** *bn* niet zuinig

spin I *v(m)* [-nen] geleedpotig dier v.d. orde der Araneidae; losse snelbinder **II** *m* [-s] effect v.e. tennisslag; *nijdig als een ~*, zeer nijdig; *bij de wilde ~nen af*, bar

spinaal' I *o* schoenmakersgaren **II** *bn* ruggenmergs-

spinachtig *bn* tot de spinnen behorend; op een spin lijkend

spinaker, spinnaker *m* [-s] soort bijzeil

spina'zie *v(m)* groente met spiesvormige bladeren, Lat. Spinacia oleracea

spindel *o* [-s] weefspoel

spinet' *o* [-ten] instrument met snaren dwars onder de toetsen

spinhuis tuchthuis; gevangenis

spinmachine machine waarmee gesponnen wordt **spinnen** [spon, gesponnen] een draad maken; snorren; ineendraaien **spinnenweb** vangnet v.e. spin **spinnerij'** *v* fabriek waar gesponnen wordt **spinnetje** kleine spin; netwerk v. garen bij een split **spinnewiel** toestel om te spinnen **spinnig** *bn & bw* nijdig **spinnijdig** *bn* erg nijdig

spin-off' *m* [-s] afgeleide toepassing; winstgevend bijproduct; winstgevend afgesplitst bedrijf

spinrag spinnenwebdraden **spinrok** [-ken], **spinrokken** [-s] *o* stok op spinnewiel voor vlas of wol **spinsel** *o* [-s] het gesponnene

spint *o* zacht hout onder schors; 1/50 ha; door spintmijt veroorzaakte plantenziekte

spion' *m* [-nen] bespieder; buitenspiegeltje **spiona'ge** ‹ag=aazj› *v* het spioneren **spione'ren** bespieden

spiraal' *v(m)* [-ralen] kromme lijn met steeds groter wordende straal; schroeflijn; voorwerp met gedaante v. schroeflijn **spiraal'binding** gewonden metaaldraad op de rug **spiraal'lijn** schroeflijn **spiraal'matras** matras met spiraalveren **spiraal'nevel** spiraalvormig sterrenstelsel **spiraal'tje** *o* [-s] bep. voorbehoedsmiddel **spiraal'veer** veer in spiraalvorm

spirant' *m* glijder

spire'a *m* [-'s] sierplant v.h. geslacht Spireae

spirit ‹spirrit› *m* fut **spiritis'me** *o* het in contact trachten te komen met de zielen v.d. gestorvenen **spiritist'** *m* aanhanger v.h. spiritisme **spiritis'tisch** *bn & bw* het spiritisme betreffend **spiritua'liën** *mv* sterke dranken **spiritualis'me** *o* stelsel dat de stof als een verschijningsvorm v.d. geest beschouwt **spiritualiteit'** *v* onstoffelijkheid, geestelijkheid **spiritueel'** *bn & bw* geestelijk; geestig **spiritueus'** *bn* geestrijk

spiritus *m* voor consumptie ongeschikte alcohol

spit I *o* [speten, -ten] braadspit **II** *o* [-ten] spadesteek **III** *o* plotselinge lendepijn

spits I *bn & bw* met scherpe punt; met scherpe trekken; scherpzinnig **II** *v(m)* puntig einde; top; tijd waarop het het drukst is; onvertakte hoorn; smal voorfront; *(sp.)* midvoor **III** *m* spitshond; *aan de ~*, vooraan; *op de ~ drijven*, tot tegenweer dwingen, te ver doorvoeren, te ver doordrijven; *het* of *de ~ afbijten*, zich als eerste in het gevaar begeven **spitsbaard** spitse baard **spitsboef** boef **spitsbogenstijl** gotische stijl **spitsboog** met een punt eindigende boog **spitsbroeder** krijgsmakker, kameraad **spitsbus** autobus in de spitsuren **spitsen** spits maken; opsteken; scherpen; *zich ~*, zich erg verheugen **spitsgids** automobilist die inlichtingen over files doorbelt naar een verkeersinformatiecentrum **spitsig** *bn* tamelijk spits; met spitsen **spitskool** kool met spits toelopende krop **spitsmuis** op een muis lijkende insecteneter v.d. fam. Soricidae **spitsneus** iem. met spitse neus **spitsroeden** *mv ~ lopen*, tussen twee rijen soldaten met puntige roeden lopen;

verneederd worden **spitsstrook** rijbaan die alleen tijdens spitsuren mag worden gebruikt **spitsuur** drukste uur **spitsvondig** *bn & bw* vernuftig
spitten met spade graven of grond omwerken
spitzen ‹i=ie› dansschoenen met verharde punt
spleen ‹ee=ie› *o* zwaarmoedigheid
spleet *v(m)* [spleten] smalle opening; *(pop.)* vrouwelijk geslachtsdeel **spleetbreuk** breuk in de vorm v.e. scheur **spleetoog** spleetvormig oog
splijten [spleet, gespleten] *h/z* plotseling vaneenscheiden **splijtstof** *v(m)* stof voor kernsplijting **splijtzwam** bacterie die zich splijtende vermenigvuldigt; oorzaak van verdeeldheid
splinter *m* [-s] puntig afgespleten deeltje **splinterbom** in kleine scherfjes uiteen springende bom **splinterbreuk** *v(m)* breuk met splintering **splinteren** *h/z* splinters afgeven; tot splinters breken **splinterig** *bn* met splinters **splinternieuw** *bn* fonkelnieuw **splinterpartij** kleine politieke partij
split I *o* [-ten] insnijding **II** *o* [gmv] steenslag **III** *m* zit met zijwaarts gespreide benen **spliterwten** *mv* gesplitte erwten **split-level** ‹ev=evv› gedeeltelijk in twee verdiepingen **splitring** gespleten sleutelring **splitrok** rok met spleetvormige opening
splitsbaar *bn* te splitsen **splitsen** verdelen; uiteenhalen **splitshamer** hamer voor het splitsen van touw **splitsing** *v* het splitsen; plaats waar iets gesplitst is
spo sociaal-pedagogisch onderwijs
spoed *m* snelle voortgang; *als eerste deel v.e. ss vaak*: spoed eisend of zo snel mogelijk **spoedarts** arts voor spoedgevallen **spoedbestelling** ogenblikkelijk uit te voeren bestelling **spoedcursus** stoomcursus **spoedeisend** *bn* dringend **spoeden** (zich) haasten **spoedgeval** spoed vereisend geval **spoedig** *bn & bw* met spoed, vlug **spoedshalve** *bw* omdat er haast bij is
S
spoel *v(m)* schacht v.e. veer; weversklos; metalen garenklosje in naaimachine, draadklos; kantklos **spoelbak** bak om in te spoelen **spoeldrank** gorgeldrank **spoelen** op een spoel winden; reinigen door (het) door een vloeistof te bewegen, reinigen met een stromende vloeistof; met bewegende vloeistof verplaatsen, stromen **spoeling** *v* het spoelen; vloeibaar tot veevoeder dienend afvalproduct **spoelmachine** garenwinder **spoelsel** *o* [-s] waarmee men spoelt **spoelworm** in darmen levende worm v.d. orde v.d. Ascaridida
spoiler *m* [-s] voorziening aan vliegtuigen en auto's om de luchtstroom te breken; voorziening tegen het kopiëren van cd's
spoken (als een spook) rondwaren; *het spookt er*, er is een spook; het gaat er wild aan toe **spokerij'** *v* het spoken
spon *v(m)* [-nen] tap
sponde *v(m)* [-n] *(schrijft.)* bed
sponde'ïsch *bn* met spondeeën **sponde'us** ‹spndeejus› *m* [-deeën] versvoet van twee lange of twee beklemtoonde lettergrepen
spondyli'tis ‹y=ie› *v* ontsteking v.e. ruggenwervel
sponning *v(m)* groef waarin iets kan schuiven of waarin iets vastzit
spons *v(m)* [-en, sponzen] lage diersoort, Lat. Porifera; gebruiksvoorwerp van zijn skelet of imitatie daarvan; *er de ~ overhalen*, er niet meer aan denken **sponsachtig** *bn* als een spons **sponsen**, **sponzen** met een spons reinigen **sponsig**, **sponzig** *bn* sponsachtig
sponsor ‹sponzor› *m* [-s] verzorger, persoon of instelling die geld ter beschikking stelt voor een onderzoek of evenement **sponsoren** ‹sponzurrun› geld ter beschikking stellen voor een onderzoek of evenement **sponsoring** ‹sponzurring› *v* het sponsoren **sponsorloop** hardloopwedstrijd waarbij men geld inzamelt voor een goed doel
sponsrubber week, poreus rubber **sponsvisser**, **sponzenvisser** *m* [-s] wie sponsen opvist **sponsvisserij'**, **sponzenvisserij'** het opvissen van sponsen
spontaan' *bn & bw* uit eigen beweging; zonder zich in te houden; vanzelf optredend **spontaneïteit'**, **spontaniteit'** *v* het spontaan-zijn
sponzen sponsen
spoof ‹oo=oe› *m* [-s] zeer grappige film
spook *o* [spoken] terugkerende geest; angstaanjagend beeld; onaangename vrouw; *spoken zien*, bang zijn voor niet bestaande gevaren **spookachtig** *bn & bw* griezelig **spookbeeld** angstaanjagende gedachte **spookbeller** *m* [-s] wie op andermans kosten en buiten diens medeweten telefoneert **spookdier** soort halfaapje met ogen als die v.e. uil, Lat. Tarsius spectrum **spookhuis** huis waar het spookt **spookrijder** wie op een autosnelweg tegen het verkeer in rijdt **spooksel** *o* [-s] spook **spookstad** verlaten uitziende stad **spookuur** tijd van 12~1 uur 's nachts **spookverschijning** spook **spookwoord** alleen in woordenboeken voorkomend woord
spoom ‹oo=oe› *m* [-s] verfrissend tussengerecht
spoor I *v(m)* [sporen] prikkel aan ruiterlaars; puntig uitsteeksel aan hanenpoot; spore **II** *o* [sporen] nagelaten indruk (van een in beweging zijnd iets); karspoor; nagelaten blijk van aanwezigheid; weg; rails, trein; kleine hoeveelheid; *(fig.)* voorbeeld; *de sporen*, een prik met de sporen; *zijn sporen verdiend hebben*, zijn bekwaamheid getoond hebben; *op het ~ zijn*, de weg weten om ... te vinden; *er is ~ noch hoefslag van te vinden*, er is niets van te ontdekken **spoorbaan** weg van rails voor treinen **spoorboekje** *o* spoorgids; chronologisch schema van plannen **spoorboom** installatie

waarmee spoorwegovergang afgesloten wordt **spoorbreedte** spoorwijdte **spoordijk** hoge spoorbaan **spoorelement** in zeer kleine hoeveelheid in iets aanwezige stof **spoorkaartje** bewijs dat men voor de treinreis betaald heeft **spoorlijn** spoorwegverbinding **spoorloos** *bn & bw* zonder spoor **spoorslag** krachtige prikkel **spoorslags** *bw* met grote haast **spoorstaaf** rail **spoorstudent** student die elke dag per trein naar de stad van zijn universiteit gaat **spoortrein** trein **spoorverbinding** verbinding per trein **spoorvorming** *v* aanwezigheid v. in de lengte verlopende uithollingen in een weg **spoorweg** spoorbaan; *vaak als eerste deel v. ss in de bet.*: van de spoorwegen **spoorwegen** *mv* maatschappij tot exploitatie van treinen **spoorwegnet** net v. spoorlijnen **spoorzoeken** *o* het volgen v.e. spoor als spel

spora'disch *bn & bw* verstrooid, zeldzaam

spore *v(m)* [-n] voortplantingscel bij lagere planten en dieren

sporen de sporen geven; per spoor reizen

***sporeplant** *(Wdl. sporenplant)* plant die zich door sporen voortplant

sport *v(m)* trede, dwarsspaak; lichaamsbeweging als ontspanning in de open lucht, ontspanning met wedstrijdkarakter; *vaak als eerste deel van ss in bet.*: geschikt voor sportbeoefening; vlot uitziend **sportblad** aan sport gewijd blad **sportclub** club waar men een sport beoefent **sporten** aan sport doen **sportfeest** feest met sport **sportfondsenbad** uit een sportfonds gefinancierd bad **sporthart** door sport vergroot hart **sporthemd** overhemd met slappe boord **sportief'** *bn & bw* veel van sport houdend; fair; flink **sportiviteit'** *v* het sportief zijn **sportkous** kniekous **sportnieuws** sportuitslagen **sportpark** bij elkaar liggende sportterreinen **sportterrein** veld voor sportbeoefening **sportuitslagen** *mv* uitslagen v. wedstrijden **sportvisser** wie vist voor de sport of ontspanning **sportvlieger** wie vliegt voor de sport of ontspanning **sportvliegtuig** licht vliegtuig v. particulier **sportwagen** snelle vlot uitziende wagen **sportwereld** kringen v. sportbeoefenaars

spot I *m* [-s] afzonderlijk beeld bij film of televisie; filmpje inz. reclamefilmpje; lamp met op een klein oppervlak gerichte lichtbundel **II** *m* [gmv] het spotten; *de ~ drijven met*, bespotten; *voor ~*, zo dat men er mee spot **spotachtig** *bn & bw* spottend **spotdicht** hekeldicht **spotgoedkoop** *bn & bw* zeer goedkoop **spotkoopje** koopje tegen spotprijs **spotlach** spottende lach

spotlight ‹spotlaait› *o* [-s] geconcentreerd sterk licht v.e. schijnwerper

spotlust lust tot spotten **spotnaam** naam waarmee men bespot **spotprent** prent die belachelijk voorstelt **spotprijs** zeer lage prijs **spotschrift** hekelschrift **spotten** (oneerbiedig) schertsen; (gez. v. vliegtuigen) aandachtig bekijken; *~ met*, zich niets aantrekken van **spottenderwijs'**, **spottenderwij'ze** *bw* bij wijze v. spot **spotternij'** *v* spottend gezegde; daad ter bespotting; scherts **spotvogel** geluiden nabootsende vogel; spotter **spotziek** *bn* graag spottend **spotzucht** lust om te spotten

spouw *v(m)* luchtruimte in spouwmuur **spouwmuur** dubbele muur met luchtruimte

spraak *v(m)* spreekvermogen; het spreken, wijze v. spreken; *de ~ aanbrengen*, het gesprek op gang brengen **spraakafzien** liplezen **spraakcentrum** deel v.d. hersenen waar zich de zenuwen v.d. spraakorganen bevinden **spraakgebrek** gebrek in spraakwerktuigen **spraakgebrekkig** met spraakgebrek **spraakgebruik** wijze van taalgebruik **spraakklank** taalklank **spraakkunst** regels v.e. taal; leerboek daarvoor **spraakleraar** *m* wie spraaklessen geeft **spraaklerares** vrouw die spraaklessen geeft **spraakmakend** *bn* het algemeen spraakgebruik makend **spraakorgaan** spraakwerktuig **spraakverwarring** niet begrijpen waar de ander het over heeft **spraakwater** drank die spraakzaam maakt; neiging tot veel spreken **spraakwaterval** stortvloed v. woorden **spraakzaam** *bn* veel sprekend

sprake *ter ~*, in bespreking, ter tafel; *(er is) geen ~ van*, dat gebeurt niet, dat is niet zo; *er is ~ van*, men zegt, men is van plan **sprakeloos** *bn* verstomd

sprank *v(m)* vonk; smal waterloopje; beetje **sprankelen** vonken afgeven

spray ‹spreej› *m* [-s] te verstuiven vloeistof **sprayen** [sprayde, gesprayd] vloeistof verstuiven

spread ‹sprèd› *m* [-s] hartig smeersel voor de boterham

spread'sheet ‹sprèdsjiet› *m* [-s] administratief softwareprogramma

spreekbeurt *v(m)* beurt om te spreken **spreekbuis** buis om door te spreken; iem. die andermans mening verkondigt **spreekcel** telefoonkamertje **spreekgestoelte** gestoelte voor redenaar **spreekkamer** kamer om iem. te woord te staan **spreekkoor** groep die een bepaalde tekst gezamenlijk spreekt; aldus gesproken tekst **spreekster** *v* [-s] vrouw die spreekt **spreektaal** mondelinge omgangstaal **spreektijd** tijd die men krijgt om te spreken **spreektrant** wijze van spreken **spreektrompet** (trompetvormige) spreekbuis **spreekuur** tijd waarop men voor zaken te spreken is **spreekwoord** bondige formulering van volkswijsheid **spreekwoor'delijk** *bn & bw* algemeen bekend

spreeuw *m/v* donkere zangvogel met spikkels, Lat. Sturnus vulgaris

sprei *v(m)* sierdek; *in de ~*, uitgespreid

spreiden uitspreiden, verspreiden **spreiding**

v gelijkmatige verdeling in ruimte of tijd **spreidlicht** krachtige lichtbron om buiten te verlichten **spreidsprong** sprong met gespreide benen **spreidvoet** voet met doorgezakte voorste boog **spreidzit** zit met de benen in elkaars verlengde

spreken [sprak, gesproken] taal uiten, zeggen; met iem. een gesprek voeren; een rede houden; getuigen; zich uiten, geluid geven; (v. talen) beheersen; *te ~ zijn*, gelegenheid bieden tot een zakelijk gesprek, tevreden zijn; *van zelf ~*, geen toelichting behoeven; *~ tot*, spreken tegen, weerklank vinden bij; *van zich af ~*, zich met woorden verdedigen; *~ voor*, pleiten voor **sprekend** *bn & bw* het spreken nabootsend of weergevend; treffend, duidelijk; sterk afstekend

spreng *m* bron v.e. beek

sprenkel I *m* [-s] klem **II** *v(m)* [-s] sprank; spat **sprenkelen** licht besproeien **sprenkelinstallatie** bep. automatische installatie om brand te blussen

spreuk *v(m)* zinrijk gezegde

spriet *m* kwartelkoning; spiertje; uitstekend haar; voelhoorn; rondhout voor vierhoekig zeil, jachtspriet; *~je*, klein sigaartje **sprietig** *bn* spichtig **sprietsen** met een dun straaltje uitspuwen

springbak met zand gevulde bak voor springers **springbalsemien** *m* bep. plant met wegspringend zaad **springbok** Zuid-Afrikaanse antilope, Lat. Antidorcas marsupialis **springbron** fontein **springconcours** wedstrijd in het springen met paarden **springen** [sprong, gesprongen] zich met afzetten bewegen; met kracht te voorschijn komen; barsten, exploderen; kloven krijgen; failliet gaan; *ergens uit~*, een uitzondering vormen; *eruit gesprongen zijn*, aan een financieel gevaar ontsnapt zijn **springer** *m* [-s] wie springt; snuiter **springerig** *bn* gemakkelijk springend **spring-in-'t-veld** *m* [-en, -s] beweeglijk iem. **springkever** kever die op de rug liggend overeind kan springen **springlading** ontplofbare lading **springlevend** *bn* vol leven **springmatras** matras met springveren **springmuis** knaagdier v.h. geslacht Dipus **springplank** plank om van af te springen; middel om hogerop te komen **springriem** buikriem tegen het steigeren **springschans** hindernis waarover skiërs springen **springslot** slot met springveer **springspin** haar prooi bespringende spin **springstof** ontplofbare stof **springstok** polsstok **springtij** springvloed **springtouw** touw om in de bocht te springen of om over heen te springen **springveer** spiraalveer, veer die kan uitspringen **springveermatras** springmatras **springveren** *bn* met springveren **springvloed** hoge vloed **springvorm** bakvorm met losse rand

sprinkhaan *m* [-hanen] rechtvleugelig insect dat ver kan springen, Lat. Saltatoria; mager iem. **sprinkhanenplaag** plaag met sprinkhaanzwermen; het bezocht worden door klaplopers

sprinklerinstallatie sprenkelinstallatie

sprint *m* [-en, -s] wedstrijd op korte afstand **sprinten** over korte afstand en op volle kracht proberen de eerste te zijn **sprinter** wie sprint; snel optrekkende trein

sprits *v(m)* koekje waarvan het deeg gespoten wordt

sproeien straalsgewijs gieten **sproeier** *m* [-s] wie sproeit; dop om mee te sproeien **sproei-installatie** apparatuur om gewassen te besproeien **sproeikanon** installatie die met korte onderbrekingen sproeit **sproeikop** broes **sproeimiddel** over planten te sproeien stof ter bestrijding van ziekte **sproeistof** sproeimiddel **sproeiwagen** wagen om straten te besproeien

sproet *v(m)* bruin plekje op huid **sproet(er)ig** *bn* met sproeten

sprokkelaar *m* [-s] wie sprokkelt **sprokkelen** afgevallen hout verzamelen **sprokkelhout** gesprokkeld hout **sprokkelmaand** *v(m)* februari

sprong *m* het springen; ruimte die men overspringt; been uit achterpoot v. haas; *met ~en*, vlug; *op (de) ~*, klaar; *kromme ~en maken*, iets buitensporigs doen; *een ~ in het duister*, iets onzekers **spronggewricht** hielgewricht **sprongsgewijze** *bn & bw* met sprongen

sprookje *o* verzonnen vertelling met onnatuurlijke dingen **sprookjesachtig** *bn & bw* zo mooi als in een sprookje

sprot *m* [-ten] haringachtig visje, Lat. Clupea sprattus

sprouw *v(m)* ontsteking van slijmvlies in de mond

spruit I *v(m)* loot, kiem **II** *m-v (fig.)* kind **spruiten** [sproot, gesproten] *z* ontspruiten, loten schieten **spruitjes** *mv*, **spruitkool** kool met eetbare kropjes

spruw *v(m)* sprouw

spugen [spoog, spuugde, gespogen, gespuugd] spuwen

spui *o* kolk, sluis **spuien** water lozen; frisse lucht binnenlaten **spuigat** gat in scheepsdek voor afvoer v. water; *de ~en uitlopen*, te bar zijn **spuisluis** spuidok; sluis waardoor men water loost

spuit *v(m)* werktuig om mee te spuiten, injectiespuit; *(pop.)* geweer, paraplu; *~ elf geeft ook modder*, hij zei ook wat **spuitbus** bus waaruit verstuivend gespoten wordt **spuiten** [spoot, gespoten] met kracht in een straal te voorschijn brengen of komen; op deze wijze vormen; *(pop.)* zaad lozen **spuitfles** fles waaruit vloeistof gespoten kan worden **spuitgast** wie een brandspuit bedient **spuitgieten** *o* het met een machine gietend vervaardigen v. kunststoffen voorwerpen **spuitje** *o* inspuiting **spuitpoep** *(vulg.)* diarree **spuitvliegen** vanuit een vliegtuig gewassen met een bestrijdingsmiddel besproeien **spuitwater** water met kunstmatig

aangebracht koolzuurgas
spul *o* [-len] gereedschap, kleren, goed; geharrewar; spel
spurrie *v(m)* als veevoer dienende plant, Lat. Spergula arvensis
spurt *m* [-en, -s] korte en plotselinge inspanning bij een wedstrijd **spurten** zich aan het eind plotseling erg inspannen
sputteren pruttelend spatten; mopperen
sputum *o* spuwsel
spuug *o* speeksel **spuuglelijk** *bn* zeer lelijk **spuuglok** tegen voorhoofd of wang geplakte haarlok **spuugzat** echt beu
spuwen speeksel uitwerpen; overgeven, opgeven; uitwerpen, te voorschijn brengen; ~ *op*, verachten
squad ‹skwod› *m* [-s] brommer op 4 wielen
squash ‹skwosj› *o* kaatsspel met rackets en een zacht balletje **squashen** [squashte,gesquasht] squash spelen
squaw ‹skwò› *v* [-s] indiaanse vrouw
Sr senior; *(schei.)* strontium
SS *Schutzstaffel*, *(gesch.)* nazi-organisatie
ss stoomschip
sst *tw* stil
s.s.t.t. *salvis titulis*, behoudens de titels
s.t. *salvo titulo*, behoudens de titel
St. *Sint*, heilige
sta *zie* **stade**
staaf *v(m)* [staven] stang; *als eerste deel v.e. ss vaak in bet.*: in staven, in staafvorm **staafdiagram** grafische weergave v.d. verhouding tussen gegevens door naast elkaar staande staafjes **staafgrafiek** staafdiagram
staag *bn & bw* gestadig
staak *m* [staken] paal, tak
staakt-het-vu'ren *o* stopzetten v.e. gevecht in afwachting v.e. officiële wapenstilstand
staal I *o* [stalen] koolstof bevattend hard ijzer; voorwerp daarvan; ijzerhoudend middel; proef, lapje stof, voorbeeld; *als eerste deel v.e. ss vaak*: als staal; *~tje van zijn plicht*, plicht **II** *m* [stalen] grondslag; *op ~*, op goede ondergrond, zonder paalfundering **staalbeton** gewapend beton **staalblauw** *bn & o* blinkend blauw **staalboek**, **stalenboek** boek met monsters **staalboom** staand kuilnet **staalbron** bron met ijzerhoudend water **staaldruppels** *mv* staal bevattend drankje **staalgraveur** wie staalgravures maakt **staalgravure** het graveren op staal; op staal gegraveerde plaat, afdruk ervan **staalkaart** kaart met stalen; bonte mengeling **staalpil** staal bevattende pil **staalplaat** plaat v. staal, staal in platen; gravure op staal **staalwater** ijzerhoudend bronwater **staalwol** krulletjes staal als schuurmiddel
staan [stond, gestaan] zich overeind bevinden; zich niet bewegen, rusten; zich bevinden; passen; blijven; in functie zijn; het tegen iem. uithouden; zijn; *(jacht)* bewegingloos de plaats v.h. wild aanduiden; *laten ~*, onaangeroerd laten, laten groeien; *(ik) laat ~*, ik spreek niet van; *te doen ~*, gedaan moeten worden; *staande houden*, volhouden; *zich staande houden*, zich handhaven; *waar het op staat*, de waarheid; *~ aan*, de taak zijn van; *~ op*, op het punt staan; eisen; erop gesteld zijn; *~ naar*, streven naar, trachten te ontnemen; *~ tot*, zich verhouden tot; *mijn hoofd staat er niet naar*, ik heb er geen trek in ten gevolge v.d. omstandigheden **staand** *bn* zich overeind bevindend; niet hangend; niet-lopend; niet-stromend; vastzittend; bewegingloos de plaats v.h. wild aanduidend; waarbij het decor niet verandert; mannelijk (v. rijm); *~ leger*, leger dat steeds ter beschikking is; *(jur.) ~e magistratuur*, de leden v.h. Openbaar Ministerie; *op ~e voet*, ogenblikkelijk **staande** *vz* gedurende **staander** *m* [-s] stander; paard dat goed blijft staan **staangeld** geld voor het mogen staan; statiegeld; waarborgsom tegen te vroeg vertrekken **staanplaats** plaats waar men mag staan
staar I *v(m)* naam v. vsch. oogziekten; *grijze* of *grauwe ~*, lensvertroebeling; *groene ~*, oogziekte t.g.v. te hoge druk; *zwarte ~*, ziekelijke aandoening v.h. netvlies **II** *m* [staren] melkton
staart *m* uitstekend achtereinde; verlengstuk; afhangend uiteinde; nasleep; overschot; wit blijvende strook onderaan **staartbalk** balk die niet van muur tot muur doorloopt **staartbeen** stuitbeen **staartbijten** *onbep.wijs v. varkens*: elkaars staart bijtend verwonden **staartdeling** deling van groot deeltal door kleine deler **staarthamer** hamer in de vorm v.e. hefboom met een lange en een korte arm **staartklok** hangklok met een verlengstuk aan het achterschot **staartletter** letter met een deel onder de regel **staartlicht** licht aan de staart v.e. vliegtuig **staartloos** *bn* zonder staart **staartmees** mezensoort met zeer lange staart, Lat. Aegithalus caudatus **staartmolen** watermolen met afhangend windbord **staartpagina** pagina waarop stuk wit overblijft **staartpen** staartveer **staartpiano** vleugelpiano **staartpruik** pruik met afhangende vlecht **staartster** komeet, hemellichaam met staart **staartstuk** stuk v.d. staart; deel dat een staart vormt **staartvin** vin bij de staart **staartvlak** vlak aan de staart
staat I *m* [staten] toestand; rijk; stand, rang; staatsie; lijst **II** *mv* bep. bestuurslichaam; *~ maken op*, rekenen op; *~ van dienst*, ambtelijke loopbaan; *in ~*, kunnende; *in alle staten*, zeer onthutst
staathuis'houdkunde *v* economie **staathuishoudkun'dig** *bn & bw* economisch **staathuishoudkun'dige** *m-v* [-n] kenner v.d. economie
staatkunde *v* politiek, staatsmanskunst **staatkun'dig** *bn & bw* politiek, in overeenstemming met de staatkunde **staatkun'dige** *m-v* [-n] politicus
staatloos, **stateloos** *bn* zonder nationaliteit
staatsalmanak almanak met officiële

informatie over staatsinstellingen en daarbinnen werkzame personen **staatsbedrijf** door de staat geëxploiteerd bedrijf **staatsbegroting** begroting v. inkomsten en uitgaven v.d. staat **staatsbeleid** regeringsbeleid **staatsbemoeiing** inmenging v.d. staat **staatsbesluit** regeringsbesluit **staatsbestel** staatsbestuur **staatsbetrekking** betrekking in staatsdienst **staatsbewind** staatsbestuur **staatsbezoek** officieel buitenlands bezoek v. staatshoofd **staatsblad** van staatswege uitgegeven blad waarin o.a. alle wetten worden bekend gemaakt **staatsbos** bos v.d. staat

staatsburger wie burgerrechten in een staat heeft **staatsburgerlijk** *bn* v.e. staatsburger **Staatscourant** van overheidswege uitgegeven blad met mededelingen v.d. regering **staatsdienaar** staatsambtenaar **staatsdienst** werkzaamheid voor de staat, dienstbetrekking ten opzichte v.d. staat **staatsdomein** aan de staat behorend onroerend goed **staatsexamen** van staatswege afgenomen examen (inz. toelatingsexamen tot de universiteit) **staatsgeheim** geheim betreffende staatszaken **staatsgevaar'lijk** *bn* de staat in gevaar brengend **staatsgodsdienst** als officieel erkende godsdienst **staatsgreep** poging tot omverwerpen v. staatsbestuur

staatsie *v* [-s] praal **staatsiedegen** eredegen **staatsiegordijn** prachtig gordijn

staatskerk *zie* **staatsgodsdienst**; **staatslening** door de staat uitgeschreven lening **staatsloterij** door de staat gehouden loterij **staatsman** [-lieden] politicus, belangrijk lid v.d. regering **staatsmisdadiger** wie een misdaad bedreven heeft tegen de staat **staatspapier** staatsstuk **staatspartij** politieke partij **staatspensioen** uit de staatsinkomsten bekostigd pensioen **staatsraad** raad van State; lid daarvan **staatsrecht** publiek recht; recht inzake de organisatie v.d. staat **staatsrech'telijk** *bn & bw* van of volgens het staatsrecht **staatsregeling** regeling v.h. staatsbestuur **staatsruif** *uit de ~ eten*, bij de overheid in dienst zijn **staatssecretaris** functionaris onder de minister **staatssocialisme** stelsel waarbij de staat het economisch leven beheerst **staatsstuk** door de staat uitgegeven obligatie; officieel stuk over staatszaken **staatswege** *van ~*, vanwege het staatsbestuur **staatswetenschap** wetenschap betreffende de staat **staatszaak** zaak betreffende het bestuur v.e. staat

stabiel' *bn* standvastig

stabij' *m* [-s] langharige jachthond uit Friesland

stabilisa'tie ‹sa=zaa› *v* [-s] het stabiliseren **stabilise'ren** ‹se=zee› duurzaam maken, vaststellen **stabiliteit'** *v* standvastigheid; vastheid; duurzaamheid

stacaravan ‹stakèrùven› grote caravan met vaste staanplaats

stacca'to *bw (muz.)* kort

stad *v(m)* [steden] niet-plattelandsgemeente; *de ~ van David*, Bethlehem, Jeruzalem; *de eeuwige ~* of *de ~ der zeven heuvelen*, Rome; *het kan beter van een ~ dan van een dorp*, een bemiddelde kan beter betalen dan een arme

stade, sta *te ~*, van pas

stadgenoot *m* iem. uit dezelfde stad **stadhouder** *m* [-s] *(gesch.)* plaatsvervanger v.e. vorst **stadhouderlijk** *bn* met of van een stadhouder **stadhouderloos** *bn* zonder stadhouder **stadhouderschap** *o* [-pen] waardigheid v. stadhouder; tijd dat er een stadhouder is **stadhuis'** gemeentehuis **stadhuis'achtig** *bn & bw* vormelijk **stadhuis'bode** bode op het stadhuis **stadhuis'stijl, stadhuis'taal** vormelijke taal **stadhuis'term, stadhuis'woord** woord uit de stadhuistaal

stadie *v* [-diën] Oud-Griekse maat v. 182 m

stadig *bn & bw* gestadig

stadion *o* [-s] renbaan; sportterrein met hoge tribunes

stadium *o* [-s, -dia] toestand v. ontwikkeling

stads *bn & bw* steeds **stadsbeeld** uiterlijk v.e. stad **stadsdeelraad** raad over een stadsdeel met beperkte bevoegdheid **stadsdienst** *m* dienst v. vervoer per autobus in de stad **stadsgemeente** gemeente met een stad **stadsgenoot** stadgenoot **stadsgewest** agglomeratie van aan elkaar grenzende gemeenten met bestuursbevoegdheid **stadsgezicht** gezicht op een stad of stadsdeel **stadskind** kind uit de stad **stadslicht** klein autovoorlicht **stadslucht** lucht in de stad **stadsmanier** manier v. stedeling **stadsmens** mens die in de stad aardt **stadsnieuws** nieuws over wat in de stad gebeurt **stadstaat** uit een stad met klein omringend gebied bestaande staat **stadswacht** gemeentelijk functionaris met bep. taken op het terrein van openbare orde en hulpverlening aan publiek **stadswege** *van ~*, vanwege de stad **stadszending** *(prot.)* werk van zendeling in een grote stad **stadwaarts** *bw* naar de stad

staf *m* [staven] stok; steun; legerleiding, leiding; stafmuziek; naaste medewerkers; *(pop.)* mannelijk geslachtsdeel; *de ~ zwaaien*, heersen; *de ~ breken over*, veroordelen

staffel *m* [-s] renteberekening volgens de staffelmethode; *(sp.)* aanvalspatroon bij volleybal **staffelen** boekhouden volgens de staffelmethode; een staffel uitvoeren bij volleybal **staffelmethode** berekening v. rente over de saldi

stafkaart legerkaart **stafmuziek** muziekkorps v.e. staf; daardoor gespeelde muziek **stafmuzikant** lid v. stafmuziek **stafrijm** beginrijm

stafylokok' *m* [-ken] etterende ontstekingen veroorzakende bacterie

stag *o* steuntouw

stage ‹staazje› *v(m)* [-s] oefenproeftijd

stage'diven ‹steedzjdaaiven› [stagedivede,

gestagedived] van het podium in het publiek springen
stageld staangeld
stagfla'tie *v* [-s] met inflatie gepaard gaande economische stagnatie
stagiair' ‹staazjèr› [-s] man die stage loopt **stagiai're** [-s] vrouw die stage loopt
stagna'tie *v* [-s] stilstand **stagne'ren** stilstaan
stagzeil zeil zonder ra
sta-in-de-weg *m* [-s] wie steeds in de weg staat; belemmering
stakelen lichtsignalen geven met stakellicht
stakellicht licht op een staak
staken *h* van staken voorzien; op staken binden; ophouden; *z* uit protest het werk tijdelijk neerleggen; schorsen; *(van stemmen)* gelijkelijk verdeeld zijn
staket' [-ten], **staket'sel** [-s] *o* paalwerk, hek
stakingsbreker *m* [-s] werknemer die niet aan een staking deelneemt **stakingskas** kas v.e. vakbond voor onderhoud v. stakende arbeiders
stakker(d) *m* [-s] stumper
stal *m* [-len] verblijfplaats voor vee; vee; zetel in koorbank; *(dim.)* kraampje; afbeelding v.d. stal v. Bethlehem; *van ~ halen, (fig.)* opnieuw gebruiken; *de ~ ruiken*, haast krijgen om thuis te komen; *op ~ zetten*, opbergen
stalactiet' *m* hangende druipsteenkegel **stalagmiet'** *m* staande druipsteenkegel
stalboter hooiboter
stalen I *bn* van staal, van smelt- of vloei-ijzer; onbewogen; ijzersterk **II** *ww* tot staal maken; harden, sterken **stalenboek** *zie* **staalboek**
stalhouder *m* [-s] rijtuigverhuurder **stalhouderij'** *v* rijtuigverhuurderij
stalken ‹al=ò› *v* opzettelijk en langdurig inbreuk maken op iemands persoonlijke levenssfeer om die ander tot iets te dwingen of vrees aan te jagen **stalker** *m-v* [-s] wie stalkt
stallantaarn voor werk in de stal geschikte lantaarn **stallen** op stal zetten of staan, in een stalling zetten of staan; in prolongatie geven
stalles *mv* voorste of middelste rijen in een theater enz.
stalling *v* het stallen; ruimte om te stallen **stalmeester** opzichter v.d. stallen **stalmest** uit een stal afkomstige mest **stalnet** palingnet; vogelnet **stalpaal** repel **stalziek** *bn* ziek door te lang op stal te staan; naar de stal verlangend, heimwee hebbend
stam *m* [-men] rechtopstaand deel v.e. boom; geslacht, volk; deel v. woord zonder de uitgangen; *op ~*, te velde staande; *op ~ laten*, niet verkopen **stambewustzijn** gevoel dat men tot één stam behoort **stamboek** register omtrent afstamming of afkomst van mensen of dieren, register **stamboeknummer** nummer waaronder een mens of dier in een stamboek is vermeld **stamboekvee** in het stamboek opgenomen vee **stamboom** figuur die de onderlinge verwantschappen aangeeft **stamboon** boon die niet langs een staak groeit **stamcafé** café van stamgasten **stamcel** cel uit zeer klein embryo
stamelen niet uit zijn woorden kunnen komen
stamgast vast bezoeker v.e. café **stamgenoot** iem. v. dezelfde stam **stamgoed** goed v.d. stamvader, erfgoed **stamhouder** *m* [-s] oudste zoon **stamhout** bomen **stamhuis** geslacht **stamkaart** kaart met gegevens in een registratiesysteem **stamkapitaal** *o* grondkapitaal **stamkroeg** stamcafé **stamland** land waar men vandaan komt **stammen** *z* afkomstig zijn **stammoeder** vrouw in verhouding tot haar nageslacht **stamouders** *mv zie* **stammoeder**
stamp I *m* het stampen; stamppot **II** *bn* stampvol **stampblok** voor het stampen gebruikt blok
stampei' *v* herrie
stampen *h* stoten; op de grond trappen; hevig op en neer gaan; *erin ~*, moeizaam memoriseren; *stampend vol*, stampvol **stamper** *m* [-s] wie stampt; werktuig waarmee men stampt; vr. voortplantingsorganen v. bloem
stampij' *v* stampei
stamppot met groente erdoor gestampte aardappelen **stampvoeten** [stampvoette, gestampvoet] met de voet stampen **stampvol** *bn* propvol **stampwerk** in stampen bestaand werk; wat gestampt is; inrichting tot stampen; wat van buiten geleerd moet worden
stamregister geslachtsregister **stamroos** roos met opstaande stam **stamslot** slot v.d. stamvader **stamtafel** geslachtslijst; tafel in publieke gelegenheid waaraan men geregeld zit **stamtijd** vorm v.e. werkwoord waarvan men andere vormen kan afleiden **stamvader** *zie* **stammoeder**; **stamverwant I** *bn* v. dezelfde stam **II** *m* iem. van dezelfde stam **stamwoord** woord waarvan een ander is afgeleid
stand *m* wijze van staan; groep volgens aanzien; ligging, plaats t.o.v. de omgeving; hoogte; gesteldheid; toestand; *tot ~ komen*, ontstaan; *tot ~ brengen*, verrichten; *in ~*, in wezen; *Burgerlijke ~*, bureau met bep. gegevens over de bevolking; *(sp.) uit ~ schieten*, zonder aanloop tegen de bal trappen; ‹stend› [-s] plaats op tentoonstelling; kraam
standaard *m* [-en, -s] vaandel, brede wimpel, vaandelstok; draagtoestel; model, maatstaf; slaper; graad v. voortreffelijkheid; *gouden ~*, stelsel waarbij h. geld wettelijk door goud gedekt is; *als eerste deel v. ss vaak in bet.*: model **standaardisa'tie** ‹sa=zaa› *v* het standaardiseren **standaardise'ren** ‹se=zee› maken naar een vaste maatstaf **standaardmolen** molen op een voetstuk **standaardmunt** munt v. hetzelfde metaal als de muntstandaard **standaardtaal** als norm geldende taal **standaardwerk** groot gezaghebbend boek

standbeeld op een voetstuk gezet beeld

stand-by' ‹stendbaai› *bn* klaar voor ogenblikkelijk gebruik; in reserve gehouden **II** *m* [-s] invaller

stander *m* [-s] staander, stutpaal; spil; standaard; zware verticale pijler waarop de romp v.d. standaardmolen rust; staande kapstok; paraplubak; kuip **standerd** *m* [-s] standaard **standerdmolen** standaardmolen

standgeld staangeld **standhoek** hoek tussen twee vlakken **standhouden** [hield stand, standgehouden] blijven bestaan; niet bezwijken, blijven staan

stand-in' ‹a=è› *m* invaller voor een rol

standing ‹a=è› *v(m)* aanzien

standje berisping; relletje; druk persoon; zaakje; bep. houding bij de geslachtsdaad

standpenning standaardmunt, wettig betaalmiddel **standplaats** plaats waar men of iets staat; ambtelijke woonplaats **standpunt** gezichtspunt; opvatting **standrecht** snelle militaire berechting **standrech'telijk** *bn & bw* volgens het standrecht

standsbesef, **standsbewustzijn** bewustzijn dat men tot een bep. stand behoort

standvas'tig *bn & bw* volhoudend

standvis niet trekkende vis **standvogel** niet trekkende vogel **standwerker** *m* [-s] wie een oploop moet veroorzaken; straatventer, marktkoopman; op straat werkend beeldend artiest

stang *v(m)* ronde staaf; bit; *op de ~ rijden*, scherp controleren; *op ~ rijden* of *jagen*, boos maken **stangen** *(pop.)* op stang jagen

staniol', **stanniool'** *o* dun bladtin

stank *m* onaangename reuk; *~ voor dank*, ondank **stankafsluiter** *m* [-s] toestel dat de stank belet

stanleymes *wm* ‹stenliemes› mes met vervangbaar lemmet

stanniool' *zie* **staniol**

stansen ponsen

stanza *v(m)* [-'s] couplet met rijmschema abababcc

stap *m* [-pen] schrede, tred; poging; voetspoor; *op ~*, aan de wandel, weg; *~ voor ~*, langzaam; *ergens geen ~ voor verzetten*, ergens geen moeite voor doen

stapel I *m* [-s] hoop; scheepshelling; staafje in strijkinstrument; dikte v. vacht of wollaag **II** *bn* stapelgek; *op ~ leggen*, de kiel leggen van; *op ~ zetten*, beginnen; *van ~ lopen*, verlopen; *hard van ~ lopen*, vlug te werk gaan; *van lange ~*, langvezelig **stapelbed** meer bedden boven elkaar **stapeldoos** doos met lade die op een andere past **stapelen** ophopen **stapelgek** *bn* volkomen gek **stapelloop** het van stapel lopen **stapelmarkt**, **stapelplaats** plaats waar handelswaar opgeslagen wordt **stapelwolk** op een berg lijkende wolk **stapelzot** *bn* stapelgek

stappen met stevige passen lopen; een stap nemen; stapvoets gaan; *(pop.)* uitgaan, cafés bezoeken; *over iets heen ~*, ergens verder niet meer aan denken **stapper** *m* [-s] wie stapt; paard dat stapvoets gaat; schoen; wie uitgaansgelegenheden bezoekt **stapvoets** *bw* stap voor stap, langzaam; terwijl het paard stapt

star *bn & bw* stijf

staren strak en wezenloos kijken

starna'kel *bn & bw* volkomen dronken; zeer

starogen met opengespalkte ogen staren

start *m* [-s] vertrek; *van ~ gaan*, starten, beginnen **startbaan** baan om op te stijgen **startblokken** *in de ~*, op het punt van beginnen **starten** *h/z* vertrekken; op gang komen; aanzetten; beginnen **starter** *m* [-s] wie het sein tot de start geeft; aanzetter, beginner **startgeld** bedrag voor meedoen aan een wedstrijd **startkapitaal** beginkapitaal **startklaar** *bn* klaar om te beginnen **startmotor** kleine motor met behulp waarvan de eigenlijke motor in beweging wordt gebracht **startnummer** nummer tijdens wedstrijd **startonderbreker** *m* [-s] voorziening die voorkomt dat onbevoegden de motor starten **startschot** schot als sein voor het vertrekken

stateloos *bn zie* **staatloos**

statement ‹steetmunt› *o* [-s] krachtige bewering

statenbond bond van vrijwel onafhankelijke staten **Staten-Generaal'** *mv* volksvertegenwoordiging

statica *v* leer v.h. evenwicht

statie *v* [-s, -tiën] tafereel v.d. Kruisweg; *(Belgned.)* station

statief' *o* [-tieven] uitschuifbaar voetstuk

statiegeld waarborggeld

statig *bn & bw* deftig, plechtig

station ‹stasjon› *o* [-s] grote stopplaats; inrichting met toestellen; radiozender

stationair' ‹staa(t)sjonèr› *bn* stilstaand

sta'tioncar ‹steesjunkàr› *m* [-s] personenwagen met mogelijkheid van goederenvervoer

statione'ren een standplaats hebben of geven

stations'chef hoofd v.e. station **stations'emplacement** ‹-ãmplassemẽn› *o* laad- en losterrein bij een station

statisch *bn* het evenwicht betreffend; rustig; *~ orgaan*, evenwichtsorgaan

statis'ticus *m* [-ci] beoefenaar v. statistiek **statistiek'** *v* overzicht v. gegevens in cijfers **statistiek'recht** recht dat wordt geheven bij in- en uitvoer van goederen **statis'tisch** *bn & bw* volgens of van de statistiek

statoscoop' *m* [-scopen] instrument dat het rijzen en dalen aangeeft

statten *(spreekt.)* in de stad gaan winkelen

status *m* toestand; maatschappelijk aanzien; positie in administratief of juridisch opzicht **status-quo'** *m/o* toestand v.h. ogenblik; *~ ante*, toestand zoals die te voren was **statusregel** *(comp.)* onderste regel op beeldscherm met informatie voor de gebruiker **statussymbool** iets waaruit iem. welstand moet blijken

statutair' ‹ai=è› *bn & bw* volgens de statuten

statuut' I *o* [-tuten] reglement II *mv* grondreglement
staurotheek' *v* [-theken] relikwiehouder voor een deel v.h. H. Kruis
stavast' *van* ~, ferm
staven bevestigen, bewijzen, bekrachtigen
stayer ‹steejer› *m* [-s] wielrenner achter motorrijder **stayeren** als wielrenner achter een motorrijder rijden
Stbl. Staatsblad
Stct. Staatscourant
steak ‹steek› *m* [-s] moot vis; stuk geroosterd rundvlees **steakhouse** ‹steekhous› *o* [-s] restaurant dat speciaal biefstukken serveert
steari'ne *v(m)* gezuiverde talk
stede *v(m)* [-n] plaats, stad **stedehouder** *m* [-s] plaatsbekleder **stedelijk** *bn* stads **stedeling** *m* wie in een stad woont **stedenbouw** het aanleggen en uitbreiden van steden **stedenbouwkun'dig** *bn & bw* met verstand van stedenbouw **stedenmaagd** stad als maagd **stedenschoon** *o* wat een stad mooi maakt
stee *v(m)* [-ën] plaats
steeds I *bw* altijd II *bn & bw* als in de stad
steeg *v(m)* [stegen] nauwe straat
steek *m* [steken] hevige prik, pijnlijke scheut; bedekte hatelijkheid; doorhaling met een naald; ondersteek; hoed met hoeken; *op ~ staan*, op de juiste afstand staan; *geen ~*, niets; *~ houden*, stand houden; *in de ~ laten*, niet meer omzien naar; *er is een ~ aan los*, het is niet helemaal in orde **steekbeitel** smalle beitel **steekdoos** *v(m)* offic. naam voor stekkerdoos **steekhevel** bep. buis om vloeistofmonster te nemen **steekhoudend** *bn* degelijk **steekkar** handkar **steekmug** mug die kan steken **steekpartij** vechtpartij met messen **steekpenning** geld waarmee iem. zich laat omkopen **steekproef** willekeurig genomen proef **steeksleutel** niet verstelbare moersleutel met open pijp **steekspel** toernooi **steekvlam** extra heet gemaakte vlam **steekvlieg** vlieg die kan steken **steekwagen** handwagen **steekwapen** wapen om mee te steken **steekwond** met steek toegebrachte wond **steekzak** schuine zak zonder klep
steel *m* [stelen] mondstuk v.e. pijp; lang handvat; stengel van blad of bloem; raapsteel
steelband ‹stielbend› *m* [-s] muziekgroep met holle metalen olievaten
steelpan pan met steel
steels *bn & bw* heimelijk **steels(ge)wijs**, **steels(ge)wijze** *bw* heimelijk
steelsteek voor contouren en vlakvulling gebruikte borduursteek
steen I *o/m* onbrandbare niet als metaal te karakteriseren delfstof II *m* [stenen] brok daarvan, baksteen, edelsteen; voorwerp v. steen; pit; nier- en blaassteen; *helse ~*, zilvernitraat; *van ~*, gevoelloos; *~ en been*, erg; *de ~ der wijzen*, het middel om goud te maken; *een ~tje bijdragen*, een kleine bijdrage leveren; *geen ~ op de andere laten*, alles verwoesten; *dat is een ~ van mijn hart*, dat verlicht me **steenachtig** *bn* op steen lijkend; met stenen **steenarend** op rotsen nestelende grote arend, Lat. Aquila chrysaëtos **steenbakker** wie stenen bakt **steenbakkerij'** fabriek v. bakstenen **steenbikker** wie stenen bikt **steenblok** blok steen **steenbok** hoog in de bergen in het wild levende geitensoort, Lat. Capra ibex **Steenbok** tiende teken v.d. dierenriem; wie onder dat teken is geboren **steenbokskeerkring** zuiderkeerkring **steenbreek** *v(m)* [-breken] plant v.h. geslacht Saxifraga **steendruk** vanaf steen gedrukte platen **steendrukken** steendruk maken **steengaas** gaas van metaal met bedekking v. steen **steenglooiing** met brokken natuursteen bezette glooiing **steengoed** I *o* verglaasd aardewerk II *bn* zeer goed **steengrill** steen om voedsel op te roosteren **steengrillen** [steengrilde, gesteengrild] een maaltijd aan tafel op een steen bereiden **steengroeve** groeve waar steen gewonnen wordt **steenhard** *bn* hard als steen **steenhouwer** *m* [-s] wie steen loskapt of bewerkt **steenhouwerij'** *v* werkplaats v. steenwerker **steenkalk** uit kalkgesteente gewonnen kalk **steenklomp** brok steen **steenkolenbedding**, **steenkoolbedding** laag met steenkool **steenkolenbekken**, **steenkoolbekken** gebied met steenkolen **steenkolenengels**, **steenkoolengels** slecht Engels **steenkool** *v(m)* harde uit plantenresten gevormde delfstof; *witte ~*, elektriciteit uit stromend water **steenkoud** *bn* zeer koud **steenmarter** bep. in huizen nestelende marter **steenpuist** harde puist **steenrood** I *bn* helder rood II *o* gruis van baksteen **steenrots** rots **steenslag** *o* keislag **steenslagweg** met keislag verharde weg **steenstort** *o/m* plaats voor het storten van steen **steentijd** *m*, **steentijdperk** *o* tijd v.d. stenen werktuigen **steenuil** kleinste inheemse uil **steenvrucht** vrucht met harde pit **steenwoestijn** groot gebied met alleen gebouwen; woestijngebied met rotsen **steenwol** bep. wolachtig isolatiemateriaal **steenworp** *op een ~ afstands*, vlakbij **steenzager** *m* [-s] steenzaag **steenzetter** *m* [-s] wie bij een aanleg de stenen op hun uiteindelijke plaats zet **steenzout** in de natuur in vaste toestand aangetroffen zout
steeplechase ‹stiepultsjees› *m* [-s] wedren met hindernissen
steevast *bn & bw* geregeld
steg *zie* **heg**
steiger *m* [-s] stellage bij bouwwerk; aanlegplaats **steigeren** *h* op achterpoten gaan staan
steil *bn & bw* zich recht verheffend of dalend; star, stijf **steiloor** I *m* ezel II *m-v* stijfkop **steilte** *v* [-n, -s] steile helling; het steil zijn
stek *m* [-ken] afgesneden takje; vaste aasplek
stekeblind *bn* volkomen blind
stekel *m* [-s] prikkend uitsteeksel; stekelbaars

stekelachtig *bn & bw* spits, scherp; borstelig **stekelbaars** visje met stekels op rug en buik **stekelhui'dig** *bn* met stekelachtige huid **stekelig** *bn & bw* met stekels; stekelachtig **stekeligheid** *v* [-heden] hatelijk gezegde **stekeltje** *o* stekelbaars **stekelvarken** met stekels bezet knaagdier v.h. geslacht Hystrix
steken [stak, staken, gestoken] *h* (hevig) prikken; delven; pijn doen; naar voren bewegen; blazen op; vastzitten; zijn, zitten; doen **steker** *m* [-s] iets waarmee men steekt; stekker; sieraad met pinnetje om door het oor te steken
stekken stekken planten
stekker *m* [-s] steekcontact **stekkerdoos** *v(m)* met een stopcontact verbonden toestelletje waar elektrische stekkers in gestoken kunnen worden
stekkeren balen
stekkie *o* [-s] aasplek
stel *o* [-len] bijeenbehorende groep, paar; toestel, onderstel; *(dim.)* zootje; *op ~*, in orde; *op ~ en sprong*, onmiddellijk
stelen [stal, stalen, gestolen] diefachtig wegnemen; *iemands hart ~*, iemands genegenheid verwerven; *gestolen kunnen worden*, niet in de smaak vallen; *om te ~*, lief
stelkunde *v* algebra **stelkun'dig** *bn & bw* algebraïsch **stelkunst** kunst van stellen
stella'ge ‹ag=aazj› *v* [-s] getimmerte, steiger
stellen zetten; doen, maken; richten, bepalen; veronderstellen; opstellen; schriftelijk zinnen maken; *zich ~*, berusten; *het ~*, het vinden, het goed maken; *te ~*, last; *er een eer in ~*, er een eer in zien; *~de trap*, trap die geen vergelijking uitdrukt **stellig** *bn & bw* werkelijk, zeker, bepaald, vast; *~e wijsbegeerte*, positivisme **stelligheid** beslistheid **stelling** *v* steiger; te verdedigen mening; positie, groep verdedigingswerken **stellingmolen** hoge windmolen met omloop **stellingname** *v(m)* houding, standpunt **stellingoorlog** oorlog waarbij men lang in dezelfde stellingen blijft

S

stelmonteur wie in de bouw de onderdelen op hun plaats zet **steloefening** oefening in het stellen
stelpen doen ophouden
stelpost niet-reële begrotingspost **stelregel** grondregel **stelschroef** richtschroef
stelsel *o* [-s] geordend geheel **stelselloos** *bn & bw* zonder stelsel **stelselma'tig** *bn & bw* volgens een aangenomen regel
stelt *v(m)* stok om op te lopen; *op ~en zetten*, in beroering of in wanorde of in de war brengen **steltloper** *m* [-s] vogel op lange poten **steltwortel** luchtwortel
stem *v(m)* [-men] spreekgeluid, zanggeluid, zangstem, trilling v.d. stembanden; uiting v. gevoelen; *zijn ~ verheffen*, spreken; *~ in het kapittel hebben*, iets te vertellen hebben **stemadvies** advies voor het stemmen **stemband** vlies boven in strottenhoofd **stembiljet**, **stembriefje** papier om op te stemmen **stembuiging** in de stem gelegde uitdrukking **stembureau** bureau waar men moet stemmen; personen die de stemmen opnemen **stembus** bus waarin de stembiljetten verzameld worden **stemcijfer** stemmencijfer **stemdistrict** afdeling v. kieskring **stemgedrag** partij kiezen bij een stemming **stemgember** uit eenjarige wortelstokken tot ovale stukken gesneden gember **stemgerech'tigd** *bn* gerechtigd om te stemmen **stemhebbend** *bn* stemgerechtigd; *(taalk.)* met trilling v.d. stembanden gevormd **stemhokje** voor stemmen bestemd hokje **stemkaart** kaart waarmee men wordt opgeroepen om te stemmen **stemlokaal** lokaal waar gestemd wordt **stemloos** *bn (taalk.)* zonder trilling v.d. stembanden gevormd **stemmen** zijn stem uitbrengen; een juiste klank doen geven; maken **stemmenaantal** aantal uitgebrachte stemmen **stemmencijfer**, **stemcijfer** aantal stemmen op een lijst **stemmig** *bn & bw* ingetogen, zedig **stemming** *v* het stemmen; gemoedsgesteldheid; heersende denkwijze; toonhoogte **stemmingmakerij'** *v* aansturen v.e. positieve of negatieve gezindheid
stempel I *o/m* [-s] indruk, inktopdruk, gereedschap om dit te maken; merk, soort, kenmerk; *van de oude ~*, ouderwets degelijk **II** *m* [-s] bovenstuk v.d. stamper; *zijn ~ op iets drukken*, het karakter v. iets bepalen **stempelaar** *m* [-s] wie stempelt; steuntrekker **stempelband** band met ingedrukte versiering **stempelen** een stempel zetten, zegelen; karakteriseren; zich als werkloze dagelijks aanmelden **stempellokaal** lokaal waar gestempeld wordt **stempelmachine** stempelende machine **stempelmerk** keur **stempelsnijkunst** kunst om stempels te snijden **stempelvlag** naast de datumstempel op poststukken gestempelde tekst
stemplicht *m/v* plicht tot stemmen
STEMRA Stichting tot Exploitatie van Mechanische Reproduktierechten der Auteurs **stemrecht** recht om te stemmen **stemspleet** spleet tussen stembanden **stemverheffing** het luider laten klinken v. zijn of haar stem **stemverklaring** openlijke verklaring waarom men een bep. stem uitbrengt **stemvork** U-vormig voorwerp om te stemmen
sten *m* [-s] stengun
stencil *o/m* [-s] met een waslaag bedekt papier voor vermenigvuldiging; afdruk ervan **stencilen** met een stencil vermenigvuldigen **stencilmachine** toestel om te stencilen
stenen I *bn* (als) van steen **II** *ww* kreunen
steng *v(m)* stang, staak
stengel *m* [-s] steel; *~s*, gebak in staafjesvorm
stengun ‹ng=nG› *m* [-s] automatisch pistool met steun
stenig *bn* steenachtig **stenigen** met stenen doden

stennis *m* herrie, ruzie
steno *o/m* stenografie
stenocardie' *v* [gmv] hartbeklemming
stenograaf' *m* [-grafen] snelschrijver **stenografe'ren** in snelschrift schrijven **stenografie'** *v* snelschrift **stenogra'fisch** *bn & bw* door of van de stenografie **stenogram'** *o* [-men] stenografisch geschreven stuk **stenotypist'** stenograaf die tevens typen kan
stentorstem zeer luide stem
step *m* [-s, -pen] autoped; voetsteun voor duopassagier; dans met schuivende passen
step-in' *m* [-s] korset zonder sluiting
steppe *v(m)* [-n] droge grasvlakte **steppegordel** gordel der aarde met veel steppen
steppen een step dansen; op een step rijden
steps [mv] oefeningen ter verbetering v.d. conditie met behulp v.e. bankje
ster *v(m)* [-ren] hemellichaam; wat op een ster gelijkt; stervormig ordeteken; iem. die schittert; distinctief van officieren
STER stichting etherreclame **sterallures** [mv] allures (als) v.e. artiest **sterappel** appel met rode adertjes **sterbladigen** *mv* plantenfamilie met de bladeren meestal in kransen
stère *v(m)* [-s, -n] m^3, kubieke meter
stereo *v (pop.)* stereometrie; stereofonie; stereo-installatie **stereoapparatuur** apparatuur voor stereo **stereochemie'** *v* wetenschap over bouw v. moleculen **stereoche'misch** *bn & bw* van of betreffende de stereochemie **stereofonie'** *v* (leer van) het wekken van ruimtelijke geluidsindruk **stereofo'nisch** *bn & bw* waarbij een ruimtelijke geluidsindruk gewekt wordt **stereografie'** *v* perspectivische tekening **stereo-installatie** *v* [-s] installatie waardoor men het geluid stereofonisch laat klinken **stereometrie'** *v* ruimtelijke meetkunde **stereoscoop'** *m* [-scopen] werktuig dat indrukken v.e. reliëf doet ontstaan **stereosco'pisch** *bn & bw* van of met een stereoscoop, volgens het beginsel v.e. stereoscoop **stereotiep** *bn* vast; steeds terugkerend; kenmerkend **stereotoren** *m* [s] boven elkaar gemonteerde stereoapparaten **stereotype** *v(m)/o* [-s, -n] vaste drukvorm; vaste karakterisering **stereotypie'** *v* maken v. vaste drukvormen, plaatletterdruk **stereo-uitzending** stereofonische uitzending op radio of tv
sterfbed bed waarop iem. sterft; dood **sterfdag** dag v. sterven **sterfelijk** *bn* kunnende sterven **sterfgeval** sterven **sterfhuis** huis met dode **sterfhuisconstructie** gedeeltelijke liquidatie v. concern in moeilijkheden **sterfjaar** jaar van sterven **sterflijk** *zie* **sterfelijk**; **sterfte** *v* het sterven **sterftecijfer** sterfgevallen per 1000 inwoners **sterfuur** uur v. overlijden
steriel' *bn* onvruchtbaar; vrij v. (ziekte)kiemen **sterilisa'tie** ‹sa=zaa› *v* het steriel maken **sterilisa'tor** toestel om te steriliseren **sterilise'ren** ‹se=zee› steriel maken **steriliteit'** *v* onvruchtbaarheid
sterk *bn & bw* stevig, krachtig; geconcentreerd; in getale; scherp v. smaak; kras; met wisselende klinker; in hoge mate; *het ~e geslacht*, de mannen; *~e hand*, politie; *~ staan*, goede argumenten hebben; *zich ~ maken*, stellig geloven **sterkedrank'** drank met meer dan 20% alcohol **sterken** sterk maken, kracht geven; stijven
sterkers, **sterrenkers** *v(m)* bitterkers
sterksmakend *bn* een krachtige smaak hebbend; ranzig
sterkte *v* [-n, -s] kracht; talrijkheid; versterkte plaats, geestelijke kracht **sterkte-zwak'teanalyse** een overzicht v. sterke en zwakke eigenschappen v.e. zaak of situatie **sterkwa'ter** salpeterzuur; spirituszuivere alcohol
sterlet' *m* [-ten] kleine steur
sterlingzilver ‹sturling› metaal met 925/1000 percentage zilver
stermerrie betere stamboekmerrie
stern *v(m)* zeezwaluw, meeuwachtige vogel
steroï'den [mv] *(schei.)* verzamelnaam v. van koolwaterstof afgeleide organische verbindingen
sterrenbeeld figuur v. vaste sterren **sterrenbos** stervormig plantsoen **sterrenhemel** hemel met sterren **sterrenjaar** jaar **sterrenkaart** kaart v.d. sterrenhemel **sterrenkers** *v(m)* sterkers **sterrenkijker** *m* [-s] toestel om mee naar ster(ren) te zien; wie naar de sterren kijkt **sterrenkunde** *v* wetenschap omtrent de hemellichamen **sterrenkun'dig** *bn* van of voor of volgens of over de sterrenkunde; astronomisch; *~ jaar*, tussen twee gelijke standen v.d. aarde ten opzichte v.d. zon gelegen tijdsruimte **sterrenkun'dige** *m* [-n] beoefenaar v.d. sterrenkunde **sterrenregen** grote hoeveelheid vallende sterren **ster(ren)restaurant** restaurant dat met een of meer sterren is onderscheiden **sterrenwacht** *v(m)* instelling tot bestudering v.d. sterren **sterrenwichelaar** *m* [-s] wie uit de sterren voorspellingen doet **sterrenwichelarij'** *v* het voorspellen uit de sterren
sterrit rit van vsch. plaatsen naar één punt
sterveling *m* mens **sterven** [stierf, gestorven] ophouden te leven **stervensdruk** *bn* zeer druk **stervensnood** doodsnood
stervlucht *zie* **sterrit**
stethoscoop' *m* [-scopen] hoorbuis v.e. medicus
steun *m* hulp **steunbalk** stutbalk **steunbeer** beer tot steun **steunblad** blad onderaan de steel **steunen** leunen; ondersteunen; stenen **steunfonds** fonds voor geldelijke steun **steunfraude** fraude bij het verwerven v.e. werkloosheidsuitkering **steunpilaar** persoon waarop men steunt **steunpunt** ondersteuningspunt, punt waarop iets steunt; basis **steuntrekkende**

[-n], **steuntrekker** wie werklozenondersteuning geniet **steunzender** zender die de ontvangst v.e. verwijderde zender verbetert **steunzool** zool tot ondersteuning van platvoeten
steur *m* riviervis waarvan de kuit voor kaviaar gebruikt wordt, Lat. Acipenser sturio **steuren** ongekaakt inzouten **steurharing** ongekaakte gezouten haring
steven *m* [-s] uiteinde v. schip; *de ~ wenden*, een andere richting nemen, koersen **stevenen** *z* varen; *(fig.)* lopen
stevig *bn & bw* hecht; sterk, flink, krachtig
steward ‹stjoewurd› *m* [-s] hofmeester **stewardess'** *v* hofmeesteres
St.-Gen. Staten-Generaal
sticht klooster **stichtelijk** *bn & bw* opbouwend, godsdienstig verheffend; feestelijk **stichten** tot vroomheid opwekken; grondvesten, doen ontstaan; *niet gesticht over*, niet te spreken over **stichting** *v* het stichten; godsdienstige ontroering; lichaam met rechtspersoonlijkheid dat gesticht is tot een bepaald doel
stick *m* [-s] hockeystok; zelfgedraaide drugssigaret
sticker *m* [-s] plakplaatje
stickie *o* [-s] drugssigaret
stiefbroe(de)r zoon v. stiefvader of stiefmoeder uit vroeger huwelijk **stiefdochter** dochter uit vroeger huwelijk v. echtgenoot of echtgenote
stiefelen snel lopen
stiefkind *zie* **stiefdochter**; **stiefmoeder** latere vrouw v. vader **stiefmoe'derlijk** *bn & bw* liefdeloos, karig **stiefvader** *zie* **stiefmoeder**; **stiefzoon** zoon v.d. huwelijkspartner uit een vroeger huwelijk **stiefzuster** dochter v. stiefvader of stiefmoeder uit vroeger huwelijk
stiekem *bn & bw (pop.)* heimelijk **stiekemerd** *m* [-s] wie stiekem te werk gaat
stier *m* mannelijk rund; *als een ~ balen*, meer dan genoeg van iets hebben
Stier I *m* tweede teken v.d. dierenriem **II** *v-m* wie onder dat teken geboren is **stieren** *(dicht.)* sturen; gedekt worden; onder de stier brengen ter dekking; rumoerig optreden **stierengevecht** gevecht met een stier **stierennek** zeer stevige nek **stierenvechter** *m* [-s] wie tegen stieren vecht **stierkalf** mannelijk kalf **stierlijk** *bw* in hoge mate

S

stift I *v(m)* potloodstaafje **II** *o* klooster **stiften** *(sp.)* met de schoenpunt onder tegen de voetbal trappen **stifttand** kunsttand in echte wortel
stigma *o* [-'s, -mata] wondteken, merkteken; ademopening bij insect; stempel v.e. plant **stigmatisa'tie** ‹sa=zaa› *v* [-s] het ontvangen v.d. wondtekens **stigmatise'ren** brandmerken; toedienen v. wondtekens
stijf *bn & bw* niet buigzaam, verstijfd; vast; stram; straf; (v. markt) willig; (v. prijs) hoog; niet vlot; strak; *een stijve hebben*, een erectie hebben **stijfhoofd** *m-v* koppig iem. **stijfkop** *m* koppig iem. **stijfsel** *m/o* mengsel van water en zetmeel **stijfselen** met stijfsel bewerken **stijfte** *v* stijfheid
stijgbeugel voetbeugel aan zadelriem; bep. gehoorbeentje **stijgen** [steeg, gestegen] *z* omhoog gaan; van iets afkomen **stijgkracht** vermogen om te stijgen **stijgsnelheid** snelheid v.h. stijgen **stijgvermogen** stijgkracht
stijl *m* uitdrukkingswijze; levenswijze; manier; tijdrekening; deel tussen vruchtbeginsel en stempel; post, spijl **stijlbloempje** *o* dwaze beeldspraak **stijldansen** met vaste figuren dansen **stijlfiguur** stijlmiddel **stijlkamer** als model voor een vroegere stijl aanwezige kamer **stijlloos** *bn & bw* niet van goede stijl; onbehoorlijk **stijloefening** oefening ter verkrijging van goede stijl **stijlvol** *bn & bw* met veel gevoel voor stijl
stijven [steef, gesteven] met stijfsel bewerken; [stijfde, gestijfd] sterken; voller maken; aanzetten; sterk worden **stijvig** *bn* enigszins stijf
stikdonker *bn & o* pikdonker **stikheet** *bn* zeer heet
stikken *h/z* smoren; sterven; het benauwd krijgen v.h. lachen; met een steek naaien; *(ruw) laten ~*, aan zijn lot overlaten **stikkend** *bn & bw* om te stikken **stiksel** *o* [-s] rij steken **steek** recht aansluitende steek **stikstof** *v(m)* als N aangeduid gas **stikvol** *bn* stampvol
stil *bn & bw* zonder beweging; zonder geluid; niet druk; rustig; *~le mis*, gelezen mis; *~le week*, week voor Pasen; *~le omgang*, omgang in stilte; *~le vennoot*, alleen geldelijk deelhebbende vennoot **stilaan** *bw* langzamerhand
stile'ren goede stijl geven; in vereenvoudigde grondvorm voorstellen
stilet' *o* [-ten] kleine dolk; instrument voor puncties; graveerstift **stilet'to** *m* [-'s] kleine dolk **stilet'tohak** zeer hoge dunne hak v.e. damesschoen
stilhouden *h* stil doen zijn; stil blijven staan; verborgen houden; *zich ~*, zwijgen
stilistiek' *v* stijlleer **stilis'tisch** *bn & bw* van of betreffende stijl of stijlleer
stille *m-v* [-n] rechercheur; zwijgzaam iem.
stilleesmethode leesmethode waarbij de leerling niet hardop leest en de aandacht op het begrijpen v.h. gelezene valt **stilleggen** doen stilliggen
stillen doen stil zijn, dempen; bevredigen; bedaren
stille'ven *o* [-s] schilderij van onbeweeglijke dingen **stillezen** *o* toepassen v.d. stilleesmethode **stilliggen** niet functioneren; op dezelfde plaats blijven liggen **stilstaan** blijven staan **stilstaand** *bn* niet stromend **stilstand** *m* het stilstaan **stilte** *v* [-n, -s] het stil zijn; *in ~*, heimelijk **stiltecentrum** ruimte voor bezinning of gebed in publiek gebouw **stiltecoupé** coupé waar men de stilte moet bewaren
stilton *m* bep. Engelse schimmelkaas

stilzitten stil zitten, rusten **stilzitter** *m* [-s] straatartiest die lange tijd roerloos dezelfde houding aanneemt; wie op zijn beurt aan het spel niet deelneemt **stilzwijgen** zwijgen **stilzwijgend** *bn & bw* zwijgend; hoewel niet genoemd toch bedoeld

stimulans *m* [-en, -lantia] prikkel **stimula'tie** *v* [-s] prikkeling **stimule'ren** prikkelen **stimule'ringsgebied** speciale overheidssteun genietend gebied **stimulus** *m* [-li] prikkel

stinkbom stank verspreidende bom **stinkdier** skunk **stinken** [stonk, gestonken] onaangenaam ruiken; *(pop.) er in ~*, er in lopen **stinkend** *bw* hinderlijk **stinker(d)** *m* [-s] wie stinkt; *in zijn ~*, in de rats; *rijke ~, (ong.)* rijkaard **stinkstok** slechte sigaar

stins *v(m) (gesch.)* Fries kasteel **stinsenplant** ‹sen=zen› kenmerkende plant voor oude buitenplaatsen en parken

stip *v(m)* [-pen] puntje; *(sp.)* witte stip van waaraf een strafschop moet worden genomen; *met ~*, met speciale vermelding

stipen'dium *o* [-s, -dia] studiebeurs; misgeld

stippel *v(m)* [-s] stip **stippelen** stippels maken **stippellijn** lijn v. stippels **stippen** stippelen; indopen

stipt *bn & bw* nauwkeurig **stiptheidsactie** protestactie waarbij stipt gewerkt wordt om vertraging te veroorzaken

stipula'tie *v* [-s] beding **stipule'ren** bedingen

stobbe *v(m)* [-n] boomstronk; turfhoop

stochastiek' *v* statistisch onderzoek naar samenhangen **stochas'tisch** *bn* waarschijnlijk

stock I *m* [-s] voorraad; beginkapitaal **II** *mv* aandelen **stockcar** ‹a=à› *m* [-s] gewone personenauto voor races **stockdividend** dividend in de vorm van aandelen

stocke'ren *(Belgned.)* opslaan

stoeien wild spelen **stoeipoes** sexy vrouw

stoel *m* zitmeubel voor één persoon; preekstoel; stellage ter ondersteuning; stronk, plant met veel stengels; *elektrische ~*, toestel voor elektrocutie; *H. Stoel*, paus, Roomse curie; *op een ~ en een stoof*, op zijn dooie gemak; *tussen twee ~en in de as zitten*, er slecht afkomen; *voor ~en en banken*, zonder dat men luistert; *niet onder ~en of banken steken*, er duidelijk voor uitkomen **stoelen** gegrond zijn **stoelendans** rondedans om een v.d. stoelen te bemachtigen; *(fig.)* hevig pogen een v.d. hoge posten te bemachtigen **stoelenmatter** *m* [-s] wie stoelmatten repareert **stoelgang** *m* ontlasting **stoeltjesklok** hangklok met het werk op vier pootjes **stoeltjeslift** berglift met open stoeltjes **stoelvast** *bn* gemakkelijk kunnende blijven zitten

stoempen *(sp.)* meer met kracht dan met soepelheid wielrennen; *(fig.)* zeer hard werken

stoep *m/v* stenen opstap; geplaveide verhoging langs gevel

stoepa *m* [-'s] bolvormig boeddhistisch bouwwerk

stoepkrijten [onbep.wijs] met krijt op een trottoir tekenen **stoepranden** [onbep.wijs] kinderspel waarbij een bal zodanig tegen een trottoirband wordt gegooid dat hij terugspringt

stoer *bn & bw* stevig; *~ doen, (pop.)* vervelend doen

stoet *m* optocht, rij **stoeterij'** *v* paardenfokkerij

stoethaspel *m* [-s] onhandig iem.; *vreemde ~*, iemand die niet in het milieu past

stof I *v(m)* [-fen] weefsel; grondstof; onderwerp **II** *o* wat stuift; *kort van ~*, kort aangebonden; *lang van ~*, breedsprakig; *veel ~ opjagen*, opspraak verwekken **stofbril** bril tegen stof **stofdeeltje** *o* stofje **stofdoek** doek om stof af te vegen **stoffeerder** *m-v* [-s] iem. die (kamers) stoffeert **stoffeerderij'** *v* werkplaats of zaak v. stoffeerder **stoffelijk** *bn & bw* van stof; de stof betreffende; een stof noemend **stoffen I** *ww* pochen; stof afnemen **II** *bn* van stof **stoffer** *m* [-s] werktuig om te stoffen; kleine handveger **stoffe'ren** met stof bekleden; van gordijnen en vloerbedekking (soms ook: van meubelen) voorzien, aankleden **stofferig** *bn* stoffig **stoffe'ring** *v* het stofferen; waarmee gestoffeerd is, aankleding **stoffig** *bn* vol stof **stofgoud** goudpoeder **stofjas** lange dunne bij het werk beschermende jas **stofkam** zeer fijne haarkam **stoflong** door inademing van stof aangetaste long **stofnaam** zelfstandig naamwoord dat een stof noemt **stofnest** plaats of ding waar gemakkelijk stof komt **stofwisseling** *v* omzetting van voedingsstoffen in een organisme **stofzuigen** [stofzuigde, gestofzuigd] met een stofzuiger reinigen **stofzuiger** *m* [-s] elektrisch apparaat dat stof opzuigt

stoïcijn' *m* onverstoorbaar iem. **stoïcijns'** *bn & bw* onverstoorbaar; van de stoïcijnen **stoïcis'me** *o* onverstoorbaarheid

stok *m* [-ken] hanteerbaar cilindervormig stuk hout; roest; na het rondgeven overblijvende kaarten of dominostenen; blok met gat voor misdadigers; houten bijenhok; *ergens een ~je voor steken*, iets verhinderen; *van zijn ~je*, flauw; *het met iem. aan de ~ hebben*, ruzie hebben met iem.; *met geen ~*, met geen geweld; *een ~ achter de deur*, iets ter bedreiging **stokbrood** lang en dun Frans brood met harde korst **stokdoof** *bn* volslagen doof

stoken vuur doen branden; distilleren; aanwakkeren, opruien; reinigen **stokerij'** *v* likeurfabriek

stokje *o* bep. haaksteek

stokken *h* blijven steken

stokk(er)ig *bn & bw* houterig, stijf

stokoud *bn* zeer oud **stokpaard** paardenkop op stok; lievelingsonderwerp, lievelingsbezigheid **stokroos** malveachtige sierplant, Lat. Althaea rosea **stokslag** slag met stok **stokstijf** *bn & bw* heel stijf **stokvis** hard gedroogde kabeljauw **stokvoering**

wijze v.d. strijkstok te bewegen
stol *m* [-len] bep. luxe brood met spijs
stola *v(m)* [-'s] stool; lange brede sjaal
stollen *z* vast worden
stolp *v(m)* glazen klok; stolphuis **stolphuis** boerderij onder één piramidevormig dak **stolpkraag** hoge geplooide kraag
stolsel *o* [-s] wat gestold is
stom *bn* niet kunnende spreken; dom; *geen ~ woord*, niets; *als eerste deel v. sk*: erg
stoma *m* [-'s, -ta] chirurgisch aangebrachte lichaamsopening
stomen stoom van zich geven; met waterdamp gaar of schoon maken, met een stoomvoertuig gaan **stomerij'** *v* inrichting waar gestoomd wordt
stomkop *m* domoor
stommelen stampend dof geraas maken
stommeling I *v* stampend dof geluid **II** *m* domoor **stommerd** [-s], **stommerik** [-en] *m* domoor **stommetje** *~ spelen*, niets zeggen **stommigheid** *v* [-heden] het stom zijn; domme daad, dom gezegde **stommiteit'** *v* domheid
stomp I *m* stoot met de vuist; afgeknot deel **II** *bn & bw* niet spits, niet scherp; van meer dan 90° **stompen** een stomp geven **stompje** *o* eindje **stompzin'nig** *bn & bw* bot
stomweg *bn* gewoonweg
stond I *m*, **stonde** [-n] *v(m) (dicht.)* tijd, uur; *op tijd en ~*, op de geschikte tijd
stoned ‹stoond› *bn* onder invloed van drugs
stonewashed' ‹stoonwosjt› *bn van spijkerkleding*: kunstmatig versleten door wasbeurt met steentjes tijdens het productieproces
stoof *v(m)* [stoven] meubel om voeten te verwarmen **stoofappel** appel die alleen gestoofd gegeten wordt **stoofpot**, **stoofschotel** gerecht dat gestoofd wordt
stookgat opening voor de brandstof **stookgelegenheid** gelegenheid om te stoken **stookolie** olie om machines te stoken
stool *m* [stolen] schouderband v. priesters bij liturgische handelingen
stoom *m* damp v. kokend water; walm; *als eerste deel van ss*: door stoom gedreven **stoombad** h. door middel v. stoom tot transpireren brengen **stoombootdienst** vaste verbinding door stoomboot **stoomcursus** korte maar intensieve cursus **stoomfluit** met stoom werkende fluit **stoomketel** ketel voor stoommachine **stoomkracht** door stoom ontwikkelde kracht **stoompan** pan om spijzen in te stomen **stoomvaart** vaart met stoomschepen
stoornis *v* [-sen] verstoring, hinder **stoorzender** met opzet storende geluiden uitzendend radiostation
stoot I *m* [stoten] duw, schok; kort geluid; *de eerste ~ geven*, de zaak aan het rollen brengen; *de eerste ~ opvangen*, de kracht v.d. eerste aanval doorstaan **II** *m-v* [stoten] *(pop.)* knappe vrouw of man **stootband** *o* band onder aan broekspijpen **stootblok** *o*, **stootbok** *m* paalwerk aan einde v. spoorlijn **stootbord** staande kant v. trede **stootje** *tegen een ~ kunnen*, wel wat kunnen verdragen **stootkant** versterkte onderrand v. rok **stootkussen** buffer **stootplaatje** plaatje dat iets tegenhoudt **stoottroep** troep die doorbraak moet forceren **stootvast** *bn* tegen stoten bestand
stop I *m* [-pen] in te klemmen sluiting v.e. fles; zekering; herstelde plaats in weefsel of breiwerk; *sanitaire ~*, het stoppen om naar het toilet te gaan; *de ~pen slaan door*, er is geen zelfbeheersing meer **II** *tw* sta stil, houd op **stopbord** tot stoppen verplichtend verkeersbord **stopcontact** inrichting om een toestel op een elektrische geleiding aan te sluiten **stopfles** fles met glazen stop **stopgaren** garen om mee te stoppen **stophorloge** stopwatch **stoplap** uitdrukking als aanvulsel in versregel **stoplicht** *o* lichtsein dat men moet of wil stoppen **stop-loss'-order** *m* opdracht om een beursfonds te verkopen als de koers onder een bep. grens daalt **stopmes** mes om stopverf aan te brengen **stopmiddel** middel tegen te veel ontlasting **stopnaald** naald om kousen mee te stoppen
stoppa'ge ‹ag=aazj› *v* stopwerk
stoppel *m* [-s, -en] halmoverblijfsel(s) na het maaien; kort baardhaartje; *als eerste deel v.e. ss vaak*: op een stoppelveld te zaaien *of* met stoppels **stoppelbloot** *bn* met alleen nog stoppels **stoppelig** *bn* vol stoppels
stoppen *h* dichtmaken; vullen, induwen; tegenhouden, tot stilstand brengen; stilhouden; doen zwijgen; buikloop tegengaan; stoppen aanbrengen
stoppengeld geld dat men betaalt aan iem. die een maaltijd verzorgt als men zelf de dranken levert **stoppenkast** kast voor zekeringen in het elektriciteitsnet
stopplaats halte **stopsein**, **stopsignaal** teken om te stoppen **stopstreep** verkeersstreep die aangeeft waar men moet stoppen **stoptrein** boemeltrein **stopverbod** verbod om te stoppen **stopverf** deeg v. krijt en lijnolie **stopwatch** ‹stopwotsj› *m/o* [-es] combinatie van chronometer met horloge **stopwerk** te stoppen goed **stopwet** wet die een bepaalde ontwikkeling beëindigt **stopwol** *zie* **stopgaren**; **stopwoord** door iem. vaak gebruikt woord **stopzetten** [zette stop, stopgezet] doen stilstaan **stopzijde** *zie* **stopgaren**
storax *m* geurige bruinrode harssoort
store *v(m)* [-s] rolgordijn
storen hinderen, verstoren; *zich ~*, zich bekommeren **storing** *v* h. gestoord worden; h. tijdelijk niet goed functioneren
storingsdienst dienst om storingen op te sporen **storingsfilter** instrument om storingen weg te werken
storm *m* zeer harde wind; heftige opwinding; ernstige wederwaardigheden; *~ in een glas water*, drukte om niets; *~ lopen*, druk zijn **stormaanval** snelle aanval **stormachtig** *bn & bw* met storm; onstuimig

stormbaan baan voor militaire oefeningen **stormbal** bij dreigende storm gehesen zwarte bal **stormband** *m* kinband **stormen** zeer hard waaien; vlug lopen **stormenderhand** *bw* met een bestorming **stormig** *bn* stormachtig **stormklok** alarmklok **stormladder** ladder voor bestorming **stormlamp** lamp die niet uitwaait **stormloop** stormaanval **stormlopen** [liep storm, stormgelopen] een stormaanval doen; zeer druk zijn **stormram** hangende balk om te rammeien **stormschade** schade ten gevolge van storm **stormsein** sein dat er storm dreigt **stormtroep** stoottroep **stormvloed** hoge vloed bij storm **stormvogel** zwemvogel met zeer lange vleugels v.d. familie der Procellariiformes **stormwaarschuwingsdienst** dienst om voor storm te waarschuwen **stormweer** weer met storm **stormwind** storm

storne'ren een fout verbeteren door terugboeking **storno** *m* [-'s] terugboeking ter verbetering

stort *o/m* stortplaats **stortbad** bad door een sproeier **stortbak** reservoir van toilet; bak waarin of waaruit iets gestort wordt **stortbeek** neerstortende beek **stortbui** hevige bui **stortebed** constructie tegen uitspoeling **storten** (doen) vallen; vergieten; betalen **storting** *v* het storten v. geld **stortkar** kiepkar **stortkoker** koker waardoor gestort wordt **stortplaats** plaats waar gestort wordt **stortregen** hevige regen **stortregenen** [stortregende, gestortregend] hevig regenen **stortsteen** *m* steen voor stortwerk **stortvloed** sterke ondiepe stroom; grote hoeveelheid **stortwerk** bezetting v. gestorte steen **stortzee** in het schip slaande golf

stoten [stootte, stiet, gestoten] hevig duwen; botsen, pijnlijk treffen; *~ op*, aantreffen **stoterig** *bn & bw* haperend

stotteraar *m* [-s] wie stottert **stotteren** t.g.v. spraakgebrek of emotie spraakklanken herhalen

stout **I** *m/o* krachtig donker Eng. bier **II** *bn & bw* ondeugend; stoutmoedig **stouterd** [-s], **stouterik** *m* stout kind **stoutheid**, **stoutigheid** *v* [-heden] het stout zijn; stoute daad **stoutmoe'dig** *bn & bw* moedig

stouwa'ge *zie* **stuwa'ge**; **stouwen** goederen in het ruim bergen; *(pop.)* veel verorberen

stoven langzaam gaar worden; *(fig.)* koesteren

straal **I** *m* [stralen] uitschietend licht; dunne stroom; halve middellijn **II** *bw* recht, volkomen **straalaandrijving** aandrijving met een straalmotor **straalbezopen** *bn* volkomen dronken **straalbuismotor** straalmotor **straaldier** eencellig dier, Lat. Radiolaria; dier met straalsgewijze bouw **straaljager** jager met straalmotor **straalkachel** kachel met reflector **straalkapel** transkapel **straalmotor** motor die stuwkracht krijgt door reactiewerking van ontwijkende gassen **straalsgewijs**, **straalsgewijze** *bn & bw* in de vorm v. stralen **straalstroom** luchtstroom in de bovenlaag v.d. atmosfeer **straalverbinding** telecommunicatie tussen straalzenders **straalvliegtuig** vliegtuig met straalmotor **straalzender** zender die met smalle stralenbundels werkt

straat *v(m)* [straten] geplaveide weg; zee-engte; *op ~ brengen*, in opspraak brengen; *op ~ zetten*, ontslaan, uit zijn huis zetten; *op ~ zitten* of *staan*, ontslagen of zonder onderdak zijn; *op ~* of *over ~*, buiten; *op iemands ~je komen*, dingen zeggen die iem. te pas komen **straatarm** *bn* heel arm **straatbeeld** uiterlijk v.e. straat **straatbelasting** belasting voor huiseigenaren **straatgeld** straatbelasting **straatgevecht** gevecht op straat **straathoekwerker** welzijnswerker voor op straat zwervenden **straathond** veel op straat lopende hond; hond v. onzuiver ras **straatjeugd** veel op straat lopende kinderen **straatjongen** *zie* **straatjeugd**

straatlantaarn lantaarn voor de straatverlichting **straatmadelief** *(euf.)* prostituee **straatmaker** *m* [-s] wie straten plaveit **straatmuzikant** wie voor geld op straat muziek maakt **straatorgel** op straat spelend draaiorgel **straatschender** *m* [-s] wie straatschenderij pleegt **straatschenderij'** *v* baldadigheid op straat **straatslijper** *m* [-s] leegloper op straat **straattaal** *(onder jongeren)* mengtaal van Nederlands, Engels en door allochtonen ingebrachte talen **straattoneel** iets zoals men het op straat kan zien **straattype** veel op straat lopend merkwaardig iem. **straatverbod** verbod om in een nauwkeurig bepaald gebied op de openbare weg te zijn **straatwaarde** waarde bij verkoop op straat **straatweg** geplaveide weg

stradiva'rius *m* [-sen] door Stradivari gebouwde viool

straf **I** *v(m)* [-fen] vergelding voor kwaad; *werk- en leer~*, straf i.d. vorm van onbetaalde arbeid en het volgen v.e. leerproject **II** *bn & bw* streng; krachtig, sterk **strafbaar** *bn* gestraft kunnende worden **strafbal** vrije op het doel gerichte bal als strafmaatregel **strafbank** bank waar een speler een straf van enkele minuten moet uitzitten **strafbepaling** bepaling v.d. straf **strafblad** register v. veroordelingen **strafcorner** *m* [-s] vrije slag op korte afstand v.e. hockeydoel **strafexerceren** exerceren voor straf **strafexpeditie** expeditie tot bestraffing **straffe** *op ~ van*, zo dat bij vergrijp de straf bestaat in **straffeloos** *bn & bw* ongestraft **straffen** straf geven **strafgevangenis** gevangenis **strafinrichting** inrichting waarin men voor straf moet zijn **strafkamer** deel v. rechtbank voor strafzaken **strafkolonie** afgelegen gebied waar men voor straf heen moet **strafpleiter** advocaat in strafzaken **strafport** port wegens onvoldoende frankeren **strafpunt** wegens fout in rekening gebracht punt **strafrecht** recht omtrent de straffen **strafrech'telijk** *bn & bw* volgens of betreffende het strafrecht **strafrechter** rechter voor de behandeling v. strafzaken **strafregister** lijst v. veroordelingen voor misdrijven **strafschop** vrije recht op het doel gerichte schop **strafschopgebied** gebied waarbinnen strafschoppen toegekend kunnen worden **straftijd** tijd dat een straf duurt **strafvervolging** strafrechtelijke vervolging **strafvordering** het eisen van straf **strafwerk** werk voor straf **strafwetgeving** wetgeving betreffende het strafrecht **strafworp** aan de tegenpartij toegekende worp **strafzaak** zaak voor strafrechter

strak *bn & bw* stijf gespannen; onbeweeglijk; *(jong.)* tof; ~ *houden*, weinig vrijheid geven, weinig geld geven **strakblauw** *bn* volkomen blauw

strakjes, **straks** *bw* over enige tijd; zoëven

stralen *h* stralen afgeven; *z (schoolt.)* zakken **stralenbundel** bundel stralen

straling *v* h. uitzenden van stralen **stralingsziekte** verschijnselen t.g.v. overmatige blootstelling aan ioniserende stralen

stram *bn & bw* stijf

stramien' *o* borduurgaas

strand *o* bij vloed onderlopende zandstrook **stranddief** wie strandgoed steelt **stranddieverij'** het stelen v. strandgoed **stranden** *h/z* op het strand vast raken; blijven steken; mislukken **strandgoed** aangespoeld goed **strandjut** [-ten], **strandjutter** [-s] *m* stranddief **strandjutterij'** *v* stranddieverij **strandlijn** laagwaterlijn **strandloper** *m* [-s] vogel van sommige v.d. geslachten van snipachtigen; buitenste duinenreeks **strandmeer** meer op strand **strandmuur** muur aan strand als zeewering **strandrecht** recht betreffende aangespoeld of gestrand goed **strandstoel** rieten koepelvormige stoel **strandvlo** wit op het strand lopend kreeftachtig diertje, Lat. Talitrus saltator **strandvond** *m* aangespoelde voorwerpen **strandvonder** *m* [-s] opzichter over strandvond **strandvonderij'** *v* werk v. strandvonder **strandweer** weer om aan het strand te zijn **strandzeilen** [onbep.wijs] met een zeilwagen over het strand rijden

S

strangula'tie ‹ng=n+g› *v* worging

strapat'sen *mv* buitensporigheden; ontberingen

strapless ‹a=e› *bn* de schouders bloot latend

stras *o* bep. glas; namaakjuwelen

strateeg' *m* [-tegen] veldheer **strategie'** ‹g=g *of* zj› *v* krijgskunst; (*(mil.)*) tactisch plan **strate'gisch** ‹g› *bn & bw* krijgskundig; tactisch **strate'go** *o* [gmv] gezelschapsspel waarbij men op een bord een veldslag speelt; politiek spel

stratenmaker wie straten plaveit

stratifica'tie *v* laagsgewijze ligging **stratigrafie'** *v* leer v.d. aardlagen

stratocu'mulus *m* lager dan 2000 meter hangende wolkenpartij **stratosfeer'** *v(m)* hoogste luchtlaag **stratus** *m* laaghangende eenvormige wolkenlaag

streaken ‹ea=ie› zich publiekelijk naakt vertonen

streber ‹sjtreeber› *m* [-s] wie steeds verder wil komen

streefcijfer cijfer dat men nastreeft **streefdatum** richtdatum **streefgetal** getal dat men nastreeft

streek **I** *m/v* [streken] list, poets **II** *v(m)* [streken] het strijken; stuk land; windstreek, koers; richting v.d. haren; *van* ~, in de war; *op* ~, op gang **streekbus** bus voor streekvervoer **streekplan** plan v. aanleg voor een streek **streekroman** roman die sfeer v.e. streek weergeeft **streekschool** school voor hele streek **streektaal** regiolect **streektaalfunctionaris** door de regionale overheid aangesteld iem. die de belangen v.h. betrokken dialect moet behartigen **streekvervoer** vervoer tussen dorpen en steden

streep *v(m)* [strepen] lijn, strook; millimeter; rangteken op uniform; *in een* ~, voortdurend; *een ~ halen door*, verijdelen; *~ door de rekening*, onverwachte teleurstelling; *er loopt een ~ bij hem door*, hij heeft ze niet alle vijf; *ergens een ~ onder zetten*, iets als afgedaan beschouwen; *een ~je vóór hebben*, voorgetrokken worden **streepje** *o* kleine streep; gestreepte stof **streepjescode** *m* code (op verkoopwaren) in de vorm van streepjes

strekdam dam in de richting v.d. stroom

strekel *m* [-s] gereedschap om de zeis te scherpen; strijkstok

strekken *h* trekken; reiken; dienen **strekkend** *bn* in de lengte **strekking** *v* het strekken; bedoeling **strekkingsroman** roman met strekking

strelen aaien; vleien; aangenaam aandoen

stremmen *h/z* stijf worden of maken; belemmeren **stremsel** *o* [-s] middel om te stremmen

streng **I** *v(m)* ineengedraaid garen of touw, trektouw **II** *bn & bw* niet meegaand; hevig; strikt

strengelen vlechten; slingeren

strepen strepen maken **strep(er)ig** *bn* met strepen

streptococ'cus [-ci], **streptokok** [-ken] *-m* snoeren vormende bacterie

stress *m* grote psychische spanning **stressen** [streste, gestrest] onder druk nerveus te werk gaan; *(jong.)* zich overspannen gedragen

stretchbed ‹ch=sj› licht opklapbaar bed zonder matras **stretchen** [stretchte, gestretcht] oefeningen doen om de spieren te rekken **stretcher** *m* [-s] stretchbed **stretchnylon** ‹y=aai› rekbaar nylon

streven *h* zich inspannen; ~ *naar*, trachten te krijgen; *op zijde* ~, evenaren

stri'ae [mv] tijdens zwangerschap op het

lichaam ontstane strepen
stribbelen tegenstribbelen
strictuur' *v* [-turen] vernauwing v.e. lichaamskanaal
striem *v(m)* streep ten gevolge van slag **striemen** striemen toebrengen; pijnlijk treffen
strietsen laag overvliegen; ronddwalend speuren; *(pop.)* geslachtsgemeenschap hebben
strijd *m* gevecht; tweestrijd; wedstrijd; tegenspraak; *als eerste deel v.e. ss vaak in bet.*: voor het strijden gebruikt; *om ~*, om het zeerst **strijdbaar** *bn* geschikt tot de strijd, strijdlustig **strijdbijl** bijl voor de strijd; *de ~ begraven*, vrede sluiten; *de ~ weer opgraven*, de strijd weer beginnen **strijden** [streed, gestreden] vechten, in strijd zijn; *~de kerk*, Kerk op aarde **strijdgenoot** medestrijder **strijdig** *bn* in strijd, tegenstrijdig **strijdkrachten** *mv* strijdmiddel; manschappen **strijdkreet** tot strijd aanzettende kreet **strijdlust** lust tot strijden **strijdlus'tig** *bn* vol strijdlust **strijdmacht** leger **strijdmakker** strijdgenoot **strijdperk** *in het ~ treden*, de strijd aanbinden; een strijd beginnen **strijdvaar'dig** *bn* klaar voor de strijd, strijdlustig **strijdvraag** betwist punt
strijk *m* het strijken; strijkgoed; *~ en zet*, telkens weer
strijka'ge ‹ag=aazj› *v* [-s] overbeleefde groet
strijkbalk, **strijkbint** in de lengte langs de muur liggende balk **strijkbord** bord op zij van ploeg **strijkbout** strijkijzer **strijkelings** *bw* rakelings **strijken** [streek, gestreken] *h/z* rakelings (doen) gaan langs; met de hand vegen; smeren; met strijkijzers behandelen; met de strijkstok erover gaan; laten zakken; vellen; (v. paarden) met de achterbenen tegen elkaar slaan; *~ met*, krijgen, behalen **strijker** *m* [-s] wie strijkt; bespeler van strijkinstrument; voorwerp dat langs iets strijkt; stuk vuurwerk dat voor ontsteking ergens langs gestreken wordt **strijkgeld** premie voor hoogste bod **strijkgoed** wat gestreken is of moet worden **strijkijzer** voorwerp met handvat om te strijken of pleisterwerk glad te strijken **strijkinstrument** muziekinstrument om met een strijkstok te bespelen **strijkje** *o* klein strijkorkest **strijkkwartet** kwartet v. bespelers van strijkinstrumenten **strijklicht** schuin opvallend licht **strijkorkest** orkest van bespelers van strijkinstrumenten **strijkplank** plank om op te strijken **strijkstok** voorwerp waarmee men strijkinstrumenten bespeelt; stok om maten glad af te strijken; *er blijft wat aan de ~ hangen*, er wordt verdiend door tussenpersonen
strik *m* [-ken] verbinding van twee in lussen geknoopte linten en touwtjes e.d.; strop, lus; hinderlaag **strikje** *o* op een overhemd in plaats v.e. das gedragen strik **strikken** een strik maken; (met een strik) vangen
strikt *bn & bw* nauwkeurig
strikvraag listige vraag
string *m* [-s] onderbroekje zonder achterkant
stringent' *bn* afdoende
strip *m* [-s, -pen] dunne strook ijzer; eenheid v.e. strippenkaart; geïmproviseerde landingsbaan; verpakking in de vorm v.e. strook; stripverhaal **stripalbum** album met stripverhalen **stripblad** [-en] blad met stripverhalen **stripfiguur** figuur uit een stripverhaal **stripgordijn** uit verticaal hangende smalle stroken bestaand gordijn **stripheld** held uit een stripverhaal **stripologie'** *v* wetenschap v.h. stripverhaal
strippen tabaksblad v.d. hoofdnerven en stelen trekken; auto's van onderdelen ontdoen; een striptease opvoeren
strippenkaart vervoerbewijs met af te stempelen strookjes
stripper *m-v* [-s] wie een striptease opvoert **striptease** ‹tease=ties› *m* [-s] vertoning waarbij iem. zich ontkleedt **stripteaseu'se** *v* [-s] vrouw die een striptease opvoert
stripverhaal uit een reeks afbeeldingen met beknopte tekst bestaand verhaal **stripverpakking** verpakking in de vorm v.e. strip
stro *o* uitgedorste halm(en) of ranken; hoeveelheid in stro verpakte vis; *niet van ~*, belangrijk **strobloem** sierplant met zeer droge bloemen
stroboscoop' [-scopen] *m* ronddraaiende schijf die door een schijnbaar stilstaand beeld te tonen de juiste snelheid aangeeft; verlichting die de bewegingen vertraagd doet overkomen
strobreed *geen ~*, niets **strodekker** *m* [-s] wie een strodak maakt
stroef *bn & bw* niet goed schuivend; niet vlot
strofe *v(m)* [-n] couplet **strofisch** *bn* met strofen
strogeel *bn* geel als stro **strohalm** gedorste halm; *zich aan een ~ vasthouden*, redding zoeken in iets onbetekenends
stroken *h* overeenstemmen, kloppen
strokleurig *bn* strogeel **stroman** *m* [-nen] stropop
stromen *h/z* vloeien, zich als vloeistof voortbewegen **stroming** *v* stroom; richting
strompelen ongelukkig lopen **strompelig** *bn* oneffen; strompelend
stronk *m* geknotte stam; hard deel v. plant waarboven zich bladeren bevonden hebben
stront *m (pop.)* vaste uitwerpselen; *als eerste deel van ss als scheldnaam met een zn*: weinig waard; *als deel v.e. ss met bn*: zeer **strontje** *o* wratje op het ooglid
strooiakker stuk grond voor het uitstrooien van as van gecremeerden **strooiavond** 5 dec **strooibiljet** op straat verspreid reclamebiljet **strooien I** *ww* verspreid neergooien, verspreiden **II** *bn* van stro **strooizout** zout dat gestrooid wordt om gladheid in de winter tegen te gaan
strook *v(m)* [stroken] dunne reep, smalle plank
stroom *m* [stromen] hevige vloeiing; zich

voortbewegende massa; rivier, stromende elektriciteit; grote hoeveelheid; algemene richting; *in* of *bij stromen*, plassend; *voor ~*, met de stroom mee; voorspoedig **stroomaf'waarts** *bn & bw* met de stroom mee **stroomdraad** richting v. grootste stroomsnelheid; elektrische draad **stroomgebied** afwateringsgebied; afzetgebied v.e. elektrische centrale **stroomgod** riviergod **stroomkaart** kaart die de stroom aangeeft **stroomlijn** geleidelijk vloeiende lijn **stroomlijnen** [stroomlijnde, gestroomlijnd] stroomlijn geven **stroomop'waarts** *bn & bw* tegen de stroom op **stroomschema** voorstelling v.d. diverse fasen v. project of proces **stroomtester** *m* [-s] apparaat voor het controleren van elektrische leidingen en toestellen **stroomversnelling** *v* het sneller stromen, plaats waar rivier sneller stroomt

stroop *v(m)* [stropen] kleverige zoete vloeistof; *~ om de mond smeren*, vleien **stroopkan** *met de ~ lopen*, vleien **strooplikker** *m* [-s] vleier **strooptocht** rooftocht **stroopwafel** wafel met stroop

strop *m/v* [-pen] lus, strik; stropdas; deugniet; tegenvaller; (lus v.) touw om op te hangen; *de ~ om de hals doen*, vernietigend benadelen **stropdas** *v(m)* zelfbinder

stropen aftrekken, villen; plunderen; wild of vis onrechtmatig vangen

stroperig *bn* als stroop

stroperij' *v* het stropen

stropop pop v. stro; schijnbaar zelfstandig maar in werkelijkheid onzelfstandig iem.

stroppen in een strop vangen, strikken

stroppenpot voor tegenvallers bestemd geld

strot *m/v* [-ten] keel, strottenhoofd **strotklep** deksel boven strottenhoofd **strottenhoofd** *o* bovenste deel v. luchtpijp

strovuur kort fel brandend vuur

strowis *op een ~ aandrijven*, berooid aankomen

strozak met stro gevulde zak

strubbeling *v* geharrewar

structuralis'me *o* het zien van verschijnselen als een systeem **structureel'** *bn & bw* structuur betreffende, t.g.v. een bepaalde (economische) structuur **structure'ren** structuur aanbrengen in **structuur'** *v* [-turen] bouw **structuur'verf** muurverf

struggle for li'fe ‹struGl for laif'› *m* strijd om het bestaan

struif *v(m)* [struiven] inhoud van een (kippen)ei; eierpannenkoek

struik *m* plant met veel stengels; krop

struikelblok *o* [-ken] belemmering **struikelen** *h/z* ergens (bijna) over vallen; strompelen

struikgewas de struiken; als struik groeiende plant **struikhei(de)** hei **struikroos** roos in struikvorm **struikrover** verraderlijke rover

struinen zoekend of men iets van zijn gading vindt rondlopen

struis I *m* struisvogel II *bn & bw* kloek **struisveer** sierveer van struisvogel **struisvogel** grote tropische loopvogel, Lat. Struthius camelo **struisvogelpolitiek** het niet willen zien van gevaren of noden

struma *o/m* krop

strychni'ne *v(m)* vergif uit de braaknoot

stuc ‹stuuk› *o* pleisterkalk **stucmarmer** stuc waarin marmer wordt nagebootst

studeer'kamer studeervertrek

student' *m* wie hoger onderwijs geniet **student'-assistent** bij het uitvoeren v.e. wetenschappelijk project assisterende student **studen'tencorps** ‹corps=kòr› studentenvereniging **studen'tendecaan** *m* [-s] functionaris om studenten praktische inlichtingen te geven **studen'tenhaver** amandelen met rozijnen **studen'tentijd** tijd dat men student is **studentikoos'** *bn & bw* als (van) studenten

stude'ren iets trachten te leren; student zijn

studie *v* [-s, -iën] het studeren; aandacht; verhandeling; schets; studiezaal; studietijd; *van ~*, gestudeerd; *in ~ zijn*, bestudeerd worden; *in ~ nemen*, gaan bestuderen; *~ maken van*, studeren op **studiebeurs** door overheid of fonds aan iem. voor studie toegekend geld **studieboek** leerboek **studiefinanciering** *v* geldelijke ondersteuning van studenten **studiegids** boekje met inlichtingen over bep. studie **studiehuis** onderwijssysteem voor de bovenbouw van havo en vwo waarbij de leerling meer zelfstandig moet werken om beter voorbereid te zijn op hogeschool en universiteit **studiekop** kop als schets; wie goed kan studeren **studieprofiel** vakkenpakket van bovenbouwleerlingen havo en vwo **studiepunt** eenheid waarin de studiebelasting wordt uitgedrukt

studio *m* [-'s] zaal voor uitzendingen of opnamen; kunstenaarsatelier; eenkamerwoning.

studium genera'le *o* [gmv] reeks colleges over algemene onderwerpen

stuf *o* vlakgom **stuff** *m* [gmv] drugs

stuffen met vlakgom wegwrijven

stug *bn & bw* niet meegaande; *(jong.)* flink; niet willig

stuifmeel mannelijke voortplantingscellen v.e. plant **stuifzand** stuivend zand, grond met stuivend zand

stuik *m* lassingsvlak, aansluitingsvlak **stuiken** gloeiend ijzer kloppend verbreden

stuip *v(m)* ziekelijke krampachtige spiersamentrekking; gril; *de ~en op het lijf jagen*, erg doen schrikken; *een ~ krijgen van het lachen, zich een ~ lachen*, onbedaarlijk lachen **stuipachtig** *bn & bw* met plotselinge spiersamentrekkingen **stuiptrekken** [stuiptrekte, gestuiptrekt] krampachtige spiersamentrekkingen vertonen **stuiptrekking** *v* krampachtige spiersamentrekking; *(fig.)* laatste uiting

stuit I *v(m)* staartbeen II *m* het stuiten; *op (de) ~ heien*, heien tot men op vaste grond komt; *op ~ staan*, na het heien op vaste grond staan **stuitbeen** staartbeen **stuiten** *h/z* tegenhouden; niet verder kunnen; veerkrachtig (laten) terugspringen; stoten;

hinderen; *tegen de borst ~*, tegenstaan **stuiter** *m* [-s] grote knikker **stuitligging** ligging v.e. ongeborene waarbij de stuit of de voetjes naar de opening gekeerd zijn
stuiveling *m* door vorst vermolmde turf **stuiven** [stoof, gestoven] *h/z* in fijne deeltjes waaien, voortvliegen, stof veroorzaken; *(fig.)* spannen
stuiver *m* [-s] munt van 5 (euro)cent **stuiversroman** sentimentele roman **stuivertje-wisselen** kinderspel waarbij men de plaats v.e. ander probeert te krijgen; elkaars plaats innemen; van partner wisselen
stuk I *o* [-ken] deel; geldstuk; formaat; geschutseenheid; speelstuk; daad; onderwerp; document; effect; kunstvoortbrengsel; artikel; stukvat; *(pop.)* mooie vrouw, mooie man **II** *o* [-s] eenheid **III** *bn & bw* kapot; *als eerste deel van ss vaak in de bet.*: kapot; *~ken*, veel; *~ verdriet*, ellendig iem.; *~ chagrijn*, chagrijnig iem.; *aan* of *in één ~ door*, zonder ophouden; *van ~je tot beetje*, geleidelijk aan; *van zijn ~*, in de war; *op zijn ~ staan*, niet toegeven; *op (het) ~ van*, wat betreft; *op geen ~ken na*, volstrekt niet; *een ~ in zijn kraag hebben*, dronken zijn; *~ken maken*, vernielen; *op (het) ~*, met betaling naar het aantal; *bij het ~*, in het klein; *uit één ~*, karaktervast; *een ~ of*, ongeveer
stukadoor' *m* [-s] pleisterwerker **stukado'ren** bepleisteren met gipsmengsel **stuken** stukadoren
stukgoed als collo verzonden goed
stukjesschrijver columnist
stuklezen zo vaak lezen dat het ervan stuk gaat
stukloon loon per afgewerkt stuk
stuklopen doorlopen; *(fig.)* misgaan
stukprijs prijs per stuk **stuksgewijs**, **stuksgewijze** *bn & bw* stuk voor stuk, bij gedeelten
stukslaan kapot slaan, verkwisten
stukvat wijnvat van 24 anker
stukwerk werk met stukloon; onvoltooid werk
stulp *v(m) (dicht.)* hut
stumper(d) *m* [-s] sukkel; beklagenswaardig iem.
stunt *m* [-s] vliegkunstje; bravourestuk; origineel propagandistisch experiment
stuntelig *bn & bw* gebrekkig
stunten iets opvallends doen **stuntman** [-nen] wie stunts uithaalt, inz. ter vervanging v.e. acteur **stuntprijs** alleen tijdens een reclamestunt geldende prijs **stuntvlieger** *m* [-s] kunstvlieger
stupi'de *bn & bw* dom **stupiditeit'** *v* domheid
sturen een richting geven; zenden
stut *m* [-ten] steunpaal, steun **stutten** steunen
stuur I *o* [sturen] stuurinrichting, roer; het sturen **II** *m* [sturen] stuurman; *over ~*, van streek; *aan het ~ zitten*, de leiding hebben **stuurbekrachtiging** inrichting die het sturen makkelijker maakt **stuurboord** rechterboord **stuurgroep** beleidbepalend en controlerend orgaan **stuurhut** afgesloten ruimte voor stuurman of piloot **stuurinrichting** inrichting om te sturen **stuurkabel** kabel naar stuur **stuurknuppel** stuurstang **stuurloos** *bn & bw* zonder stuur **stuurmachine** machine om mee te sturen **stuurman** *m* [-lieden, -lui] wie het schip bestuurt; scheepsofficier voor toezicht op het sturen; *de beste stuurlui staan aan wal*, wie er niets mee te maken hebben denken het het best te weten **stuurmanschap** *o* functie van stuurman; stuurmanskunst **stuurmanskunst** bekwaamheid v. stuurman; voorzichtig beleid **stuurpen** stijve staartveer **stuurrad** wiel waarmee men stuurt
stuurs *bn & bw* nors
stuurslot een stuur vastzettende inrichting **stuurstang** stang ter besturing v.e. vliegtuig **stuurstoel** zitplaats voor stuurman of bestuurder **stuurstok** helmstok **stuurvrouw** een vaartuig besturende vrouw
stuw *m* dam om het water op hoger peil te brengen
stuwadoor' *m* [-s] scheepslader en -losser **stuwa'ge**, **stouwa'ge** ‹ag=aazj› *v* het stuwen **stuwbekken** bassin voor stuwdam **stuwdam** stuw **stuwen** voortduwen; vakkundig laden of lossen **stuwing** *v* het stuwen; opeenhoping v. bloed **stuwkracht** stuwende kracht **stuwmeer** stuwbekken **stuwstraalmotor** voortbewegingsapparaat v.e. vliegtuig dat bestaat uit een aan beide einden open buis zonder bewegend onderdeel waarbinnen de brandstof wordt verbrand **stuwwal** door een gletsjer opgestuwde aardwal
stylen ‹y=aai› etalages of modellen ontwerpen; kapsels in model brengen
styliet' *m* pilaarheilige
styling *v* het stylen **stylist'** *m* wie goed stileren kan
stylo *m (Belgned.)* vulpen; balpen
sua'tiekanaal uitwateringskanaal **sua'tiesluis** uitwateringssluis
sub *~ rosa*, ‹s=z› onder de roos; *als voorvoegsel in de bet.*: onder **subaltern'** *bn* van lagere rang **subarc'tisch** *bn* binnen de poolcirkel **subcultuur** cultuur v.e. bijzondere groep **subcutaan'** *bn* onderhuids
subiet' I *bn* plotseling **II** *bw* plotseling, dadelijk **su'bito** *bw* plotseling
subject' *o* onderwerp; partij **subjectief'** *bn & bw* persoonlijk **subjectivis'me** *o* stelsel dat v.h. subjectieve uitgaat **subjectiviteit'** *v* het subjectief zijn
subliem' *bn & bw* voortreffelijk
sublimaat' *o* [-maten] verbinding van chloor en kwik
sublime'ren veredelen; van vaste stof tot gas (doen) worden
sublimiteit' *v* het subliem zijn
subluna'risch *bn* ondermaans **submis'sie** *v* onderwerping **subordina'tie** *v* ondergeschiktheid; gehoorzaamheid,

onderschikking **subordine'ren** ondergeschikt maken

subsidiair' ⟨ai=è⟩ *bn* in de plaats tredend van, te vervangen door **subsi'die** *v & o* [-s] geldelijke steun **subsi'dieaanvraag** vraag om geldelijke ondersteuning **subsidië'ren** geldelijk steunen

substan'tie *v* [-s] zelfstandigheid; stof; hoofdzaak **substantieel'** *bn* zelfstandig; wezenlijk; voedzaam **sub'stantief** *o* [-tieven] zelfstandig naamwoord **substantive'ren** tot een substantief maken **substanti'visch** *bn & bw* als substantief

substitue'ren in de plaats stellen, onderschuiven; vermaken bij erfstelling over de hand **substitu'tie** *v* [-s] in-de-plaatsstelling **substituut'** **I** *m* [-tuten] plaatsvervanger **II** *o* [-tuten] wat vervangt; *als eerste lid v.e. ss gevolgd door het koppelteken, in de bet.*: plaatsvervanger van de

substraat' *o* [-traten] onderlaag; voedingsbodem; relict

subtiel' *bn* fijn; spitsvondig **subtiliteit'** *v* het subtiel zijn; iets subtiels

subtropen *mv* streken met subtropisch klimaat **subtro'pisch** *bn* tussen de tropen en de gematigde zone

subversief' *bn* ondergronds ontwrichtend

succede'ren ⟨cc=ks⟩ *h/z* opvolgen

succes' ⟨cc=ks⟩ *o* [-sen] resultaat; bijval; succesnummer; *als eerste deel v.e. ss*: iets waar men succes mee heeft

succes'sie ⟨cc=ks⟩ *v* [-s] opvolging, nalatenschap **succes'siebelasting** belasting v. nalatenschappen **succes'sieoorlog** oorlog over erfopvolging **succes'sierecht** successiebelasting **successie'velijk** *bw* achtereenvolgens

succes'vol ⟨cc=ks⟩ *bn & bw* met veel succes

succulen'ten ⟨cc=kk⟩ *mv* vetplanten

succumbe'ren ⟨kk⟩ bezwijken, sterven

succursa'le *v(m)* [-n] bijkantoor

sucro'se *v(m)* rietsuiker

sudderen pruttelend zacht koken **sudderlap** stuk vlees dat sudderend gaar moet worden **sudderplaatje** plaatje dat tussen de pan en de gasvlam geschoven wordt

suè'de **I** *o/v(m)* op fluweel lijkend leer **II** *bn* van die stof gemaakt

suf *bn & bw* dof van geest **suffen** suf zijn, suf peinzen **suffer(d)** *m* [-s] wie suft **sufferdje** *o (spot.)* plaatselijke krant **suff(er)ig** *bn & bw* suffend

suffisant' ⟨suffiezant⟩ *bn & bw* voldoende

suffix' *o* achtervoegsel

suffoca'tie *v* verstikking

suffragaan' *m* [-ganen] stemgerechtigd lid v.e. geestelijke vergadering **suffragaan'bisschop** bisschop die geen aartsbisschop is

suffraget'te *v* [-s] voorvechtster v. vrouwenkiesrecht

suggere'ren een gedachte ingeven **suggesti'bel** *bn* vatbaar voor suggestie **suggestibiliteit'** *v* het suggestibel zijn **sugges'tie** *v* [-s] ingegeven gedachte; het ingeven v.e. gedachte, voorstel **suggestief'** *bn & bw* sterk suggererend; door suggestie veroorzaakt **suggestiviteit'** *v* het suggestief zijn

suïcidaal' *bn* neigend tot zelfdoding **suïci'de** *v(m)* zelfdoding

suiker *m* [-s] vnl. uit planten gewonnen zoetstof **suikeraccijns** belasting op suiker **suikerbakker** bakker van lekkernij **suikerbeest** suikeren beest **suikerbiet** biet die suiker oplevert **suikerboon** prinsessenboon; boonvormig suikerballetje **suikerbrood** suiker in kegelvorm; brood met erin gebakken klontjes suiker **suikercampagne** tijd v. verwerking van suikerbieten **suikeren** met suiker bereiden **suikererwt** jonge zoete doperwt **suikerfabriek** fabriek voor suikerbereiding **suikergoed** lekkernij v. suiker **suikermeloen** zoete meloen **suikeroom** rijke erfoom **suikerpatiënt** lijder aan suikerziekte **suikerplantage** plantage waar suikerriet verbouwd wordt **suikerplanter** [-s] eigenaar v.e. suikerplantage **suikerraffinaderij**, **suikerraffineerderij** fabriek waar suiker geraffineerd wordt **suikerriet** suikerhoudend riet, Lat. Saccharum officinarum **suikerspin** suiker in draadvorm aan een stokje **suikerstrooier** *m* [-s] voorwerp waarmee suiker gestrooid wordt **suikertang** tang om suikerklontjes te pakken **suikertante** rijke erftante **suikerwater** water met suiker erin opgelost **suikerwerk** suikergoed **suikerziekte** stofwisselingsziekte waardoor er te veel glucose in het bloed is **suikerzoet** *bn* zoet als suiker

suite ⟨swiet(e)⟩ *v(m)* [-s] twee in elkaar lopende kamers, de andere van twee in elkaar lopende kamers; gevolg, reeks dansen; *en* ~, ⟨ân⟩ in elkaar lopend

suizebollen [suizebolde, gesuizebold] duizelen **suizelen** zacht suizen, duizelen **suizen** zacht ruisen, zacht ruisend voortsnellen

sujet' ⟨suuzjet⟩ *o* [-ten] ongure kerel

suka'de *v(m)* gekonfijte schil v.d. cederappel **suka'delap** stooflap

sukkel **I** *m* het sukkelen **II** *m-v* [-s] stumper; *aan de* ~, sukkelend **sukkelaar** *m* [-s] sukkel **sukkelachtig** *bn & bw* als (van) een sukkel; sukkelend **sukkeldraf** gezapig drafje **sukkelen** slecht opschieten; voortdurend met ziekte te kampen hebben **sukkelgang** *m* langzame gang **sukkelig** *bn & bw* sukkelachtig

sul *m* [-len] sukkel; doodgoed mens **sulachtig** *bn & bw* als een sul

sulfaat' *o* [-faten] zwavelzuur zout

sulfer *o/m* [gmv] zwavel

sulky ⟨y=ie⟩ *v* [-'s] tweewielig wedrenwagentje

sullig *bn & bw* sulachtig

sultan *m* [-s] mohammedaans vorst

sulta'narozijnen *mv* rozijnen zonder pit

sulta'ne *v* [-s] hoofdvrouw v. sultan

summa **I** *v(m)* [-'s, -mae] som, totaal; ~

summarum, kortom **II** *bn* ~ *cum laude*, met de hoogste lof
summier' *bn & bw* bondig
summum *o* toppunt
sumoworstelen [onbep.wijs] Japanse vorm v. worstelsport
super *m* superbenzine; supermarkt; *als eerste deel v. ss*: in zeer hoge mate, boven de andere uitstekend, bijzonder groot
super'be *bn & bw* prachtig
superbenzine benzine met hoogste octaangetal
super-de-luxe **I** *bn (pop.)* zeer luxueus **II** *tw (pop.)* geweldig **super-de-super** *bn* alles te boven gaand
superdividend extradividend **superfosfaat** *o* als meststof gebruikte verbinding met calcium **superheffing** boete op te veel produceren v. melk
superieur' **I** *bn* beter, voortreffelijk **II** *m* meerdere **superieu're** *v* [-n, -s] kloostermoeder
superioriteit' *v* het superieur zijn
superlatief *m* [-tieven] overtreffende trap
supermacht staat met zeer veel macht **supermarkt** *v(m)* [-en] grote zelfbedieningswinkel voor allerlei artikelen **supermodernisme** *o* bouwkunst die niet aan plaats, tijd of omgeving gebonden wil zijn **supernova** zeer heldere nova **superplie'** *o* [-s] tot de knieën reikend koorhemd **superso'nisch** *bn* sneller dan het geluid
supersti'tie *v* [-s, -iën] bijgeloof **superstitieus'** *bn* bijgelovig
superstrijker *m* [-s] uiterst gevaarlijk stuk vuurwerk
supervi'sie ‹sie=zie› *v* toeziende leiding **supervi'sor** *m* [-s] wie supervisie uitoefent
supplement' *o* aanvulsel (tot een gestrekte hoek) **supple'ren** aanvullen, bijbetalen **supple'tie** *v* [-s] aanvulling **suppletoir'** ‹toir=twaar› *bn* aanvullend
supplicant', **suppliant'** *m* aanbieder v. verzoekschrift **suppliëren** een verzoekschrift indienen
suppone'ren onderstellen
suppoost' *m* zaalwachter, oppasser
support' *o* [-s] steun **suppor'ter** *m* [-s] aanmoediger **suppor'terslegioen** het totaal v. bij een voetbalwedstrijd aanwezige supporters
supposi'tie ‹si=zie› *v* [-s] onderstelling
supprime'ren afschaffen, weglaten
supra (als eerste woorddeel) bovenmate **suprageleiding** toename v. geleidend vermogen bij lage temperatuur
supreem' *bn* verheven **suprematie'** *v* oppergezag
surfboard ‹sùrfbòrd› *m* [-s] surfplank **surfen** zich op de golven snel voortbewegen; *(comp.)* op het internet van de ene naar de andere website gaan **surfplank** plank om te surfen
surnumerair' ‹ai=è› *m* [-s] boventallig ambtenaar
surplus' ‹suurpluu(s)› *o* [mv idem maar met s uitgesproken] overschot
surpri'se ‹se=ze› *v* [-s] verrassing; verrassend verpakt nepcadeautje
surrealis'me *o* kunstrichting die zich laat inspireren door het onderbewustzijn **surrealist'** *m* aanhanger v. surrealisme **surrealist'isch** *bn & bw* volgens of van het surrealisme
surrogaat' *o* [-gaten] vervangingsmiddel
sursean'ce *v(m)* [-s] opschorting
surveillan'ce ‹survaijjànse› *v(m)* toezicht **surveillant'** *m* wie toezicht moet houden **surveille'ren** toezicht houden
survi'val ‹survaivul› sportieve tocht vol ontberingen
sushi ‹soesjie› *m* [gmv] Japans gerecht met rauwe vis
suspect' *bn & bw* verdacht
suspende'ren schorsen **suspen'sie** *v* [-s] opschorting; schorsing; vloeistof met fijnverdeelde stof erin
suspi'cie *v* [-s, -ciën] verdenking
sussen doen bedaren
suzerein' opperleenheer, protectoraat uitoefenende vorst of staat
s.v.p. *s'il vous plaît*, als het u belieft
SVB *Sociale Verzekeringsbank*, instantie die bep. sociale wetten uitvoert
swami *m* [-s] godsdienstonderwijzer bij hindoes
swastika *v(m)* [-'s] hakenkruis
sweater ‹ea=è *of* ie› *m*, **sweatshirt** ‹swetsjeurt› *m/o* [-s] katoenen trui
sweepstake ‹swiepsteek› *m* [-s] wedren om het bedrag v.d. inleggelden
swing *m* dansbare jazz **swingen** met het hele lichaam op swing dansen **swingend** *bn (pop.)* opwindend
switchen ‹ch=sj› van plaats verwisselen
sybariet' ‹y=ie› verwijfd genotzoeker **sybari'tisch** *bn & bw* als (van) een sybariet
sycofant' ‹y=ie› *m* verklikker
sycomo're [-n], **sycomoor'** ‹y=ie› [-moren] *m* wilde vijgenboom
syfilis ‹y=ie› *v* het hele organisme aantastende geslachtsziekte
sylfe ‹syl=sil› *m* [-n] luchtgeest **sylfi'de** *v* [-n, -s] vr. luchtgeest
sylla'be ‹syl=siel *of* sil› *v(m)* [-n] lettergreep **syllabus** ‹syl=sil› *m* [-sen, -bi] korte samenvatting van leerstof
syllogis'me ‹syl=sil› *o* [-n] sluitrede
symbio'se ‹simbioze› *v* het tot elkaars voordeel samenleven v. ongelijksoortige organismen
symboliek' ‹sym=sim› *v* het zinnebeeldige **symbo'lisch** *bn & bw* zinnebeeldig; de geloofsbelijdenis bevattend **symbolise'ren** ‹s=z› zinnebeeldig voorstellen **symbolis'me** *o* met symbolen werkende richting **symbolist'** *m* aanhanger v. symbolisme **symbool'** *o* [-bolen] zinnebeeld
symfonie' ‹sym=sim› *v* [-ën] meerledige compositie voor vol orkest; samenpassend geheel **symfonie'orkest** orkest van strijk- en blaasinstrumenten met slagwerk **symfo'nisch** *bn & bw* mooi samenklinkend

symmetrie' ‹sym=sim› *v* toestand met volkomen gelijke delen; evenredigheid v. bouw **symme'trisch** ‹me=mee› *bn & bw* met symmetrie
sympathie' ‹sympa=simpaa› *v* [-ën] medegevoelen; genegenheid, zielsverwantschap **sympathiek'** *bn & bw* genegenheid opwekkend; van genegenheid getuigend **sympathisant'** ‹s=z› wie sympathiseert **sympa'thisch** *bn* meegevoelend; ~ *zenuwstelsel*, zenuwstrengen langs het ruggenmerg **sympathiseren** genegenheid gevoelen
sympo'sion, **symposium** ‹sym=sim, si=zie› *o* [-sia, -s] wetenschappelijke bijeenkomst met sprekers over verwante onderwerpen
symptoma'tisch ‹sym=sim› *bn & bw* een symptoom vormend; volgens de symptomen **symptoom'** ‹sym=sim› *o* [-tomen] kenmerkend verschijnsel
synagogaal' ‹y=ie› *bn* van of betreffende de synagoge **synago'ge**, **synagoog'** *v(m)* [-gogen] Israëlitische kerk
synchro'nisch ‹syn=sin› *bn & bw* niet historisch; tot eenzelfde tijd behorend **synchronise'ren** ‹s=z› gelijktijdig doen geschieden **synchronis'me** *o* gelijktijdigheid **synchronis'tisch**, **synchroon'** *bn & bw* synchronisch **synchroon** *bn* synchronisch; gelijktijdig
syn'co'pe ‹sinkoo'pe *of* sin'koopee› *v(m)* [-'s, -n] uitlating v. klanken **II** *v(m) (muz.)* [-n, -s] de maat verstorend ritme **syncope'ren** klanken uitlaten; syncopisch maken **synco'pisch** *bn & bw* met syncopen
syncretis'me ‹syn=sin› *o* versmelting
synd. syndicaat
syndicaal' ‹syn=sin› *bn (Belgned.)* van de vakvereniging **syndicaat'** *o* [-caten] samenwerking v. grote ondernemingen; vakvereniging **syndicalis'me** *o* streven om aan syndicaten veel macht te geven **syndicalist'** *m* voorstander van syndicalisme **syndicalis'tisch** *bn & bw* van of volgens het syndicalisme
syndroom' ‹syn=sin› *o* [-dromen] verzameling symptomen v.e. ziekte
synec'doche ‹si(e)nekdochee› *v(m)* [-'s] aanduiding door de naam v.e. deel
synergie' ‹syn=sin› *v* samenwerking **synergis'me** *o#* ‹sinesteezie› *v* [-ën] het medereageren v.e. ander zintuig
synodaal' ‹y=ie› *bn & bw* van of door een synode **syno'de** *v* [-n, -s] kerkvergadering **syno'disch** *bn* ~*e maand*, tijd tussen twee nieuwe manen
synoniem' ‹y=ie› *bn* met (ongeveer) gelijke betekenis **II** *o* woord met (ongeveer) gelijke betekenis **synonymie'** ‹sienoniemie› *v* het synoniem zijn **synonymiek'** **I** *v* leer v.d. synoniemen; de synoniemen **II** *bn* zinverwantschap betreffend
synop'sis ‹syn=sin› *v* [-sen] overzicht; beknopte inhoud **synop'tisch** *bn & bw* een kort overzicht gevend
synovi'tis ‹y=ie› *v* gewrichtsontsteking
syntac'tisch ‹syn=sin› *bn & bw* de syntaxis betreffend **synta'xis** *v* leer v.d. woordgroepen, leer v.d. zinsbouw
synthe'se ‹sinteeze› *v* [-n, -s] samenvatting
synthesizer ‹sintesaizer› *m* [-s] elektronisch muziekinstrument met toetsen
synthe'tisch ‹syn=sin› *bn & bw* samenvattend; kunstmatig samengesteld
systeem' ‹sys=sis *of* sies› *o* [-temen] stelsel **systeem'analyse** analyse van voor een administratie te verwerken informatie **systeem'bouw** bouw waarbij ook de grote onderdelen op maat gemaakt zijn **systeem'dwang** noodzaak t.g.v. een eenmaal aangenomen systeem **systematiek'** *v* systeemleer; rangschikking **systemat'isch** *bn & bw* stelselmatig **systematise'ren** ‹s=z› rangschikken
systo'le ‹sys=sis› *v(m)* [-n] *(med.)* samentrekking v.h. hart
SZW (Ministerie van) Sociale Zaken en Werkgelegenheid

T

t *v(m)* [-'s] twintigste letter van ons alfabet; bij de tandkassen gevormde stemloze plofklank

t ton; tarra; tijd; temperatuur **T-** *als eerste deel v.e. ss*: in de vorm v.e. T

Ta *(schei.)* tantalium

TA Technische Academie

taai I *bn & bw* niet hard maar moeilijk vaneen te krijgen; niet gauw brekend; met veel weerstandsvermogen; volhardend; gierig; saai **II** *m/o* taaitaai **taai(ig)heid** *v* het taai zijn **taaislijmziekte** aandoening waarbij het slijm in het lichaam te weinig vloeibaar is, zodat gevaar voor verstikking dreigt **taaitaai'** *m/o* taaie stroopkoek

taak *v(m)* [taken] te verrichten werk; verplicht werk onder de vakantie **taakstraf** *(jur.)* straf in de vorm v. dienstverlening en/of training

taal *v(m)* [talen] geheel v. spreekgewoonten; woorden; uitdrukkingsmiddel; *wel ter tale*, welbespraakt; *in alle talen*, volkomen; *~ noch teken*, niets; *~ noch teken geven*, niets van zich laten horen **taalatlas** verzameling taalkaarten **taalbegrip** inzicht in taal **taalbeheersing** *v* [gmv] zich in een taal kunnen uitdrukken en deze verstaan; methodieken en theorieën omtrent taalgebruik **taalbeweging** beweging in het belang v.e. taal **taalboek** leerboek voor de taal **taaleigen** *o* wat een taal eigen is **taalfilosofie** wijsbegeerte die zich op de taal richt **taalfout** fout tegen de taal **taalgebied** gebied met de betrokken taal; wat op taal betrekking heeft **taalgeleerde** beoefenaar v.d. taalwetenschap **taalgemeenschap** gemeenschap die dezelfde taal spreekt **taalgeografie** dialectgeografie **taalgevoel** aanvoelen v. taalfeiten **taalgrens** grens v.e. taalgebied **taalkaart** dialectkaart **taalkring** *m* groeptaal **taalkunde** *v* taalwetenschap **taalkun'dig** *bn & bw* van of volgens de taalkunde; naar de woordsoorten **taalkun'dige** *m-v* [-n] beoefenaar v.d. taalwetenschap **taalkunst** kunst in taal **taalkunstenaar** beoefenaar van taalkunst **taalpolitiek I** *v* politiek met betrekking tot de taal **II** *bn* betreffende de politiek met betrekking tot de taal **taalregel** regel betreffende taalgebruik **taalschat** alles v.e. taal **taalstam** groep verwante talen **taalstrijd** strijd voor een taal **taaltak** onderdeel v.e. taalstam **taalvaar'digheid** *v* [gmv] het goed gebruiken v.e. taal **taalwet** regelmatigheid op het gebied v.d. taal; verordening omtrent de rechten v.e. taal **taalwetenschap** wetenschap omtrent taal **taalzuiveraar** *m* [-s] wie naar taalzuivering streeft **taalzuivering** het vermijden van onnodige vreemde taalelementen

taan *v(m)* bruine verfstof uit run **taanderij'** *v* bedrijf v.e. taander, taanhuis **taankleur** bruingeel

taart *v(m)* zeer fijn gebak; onaangename oudere dame; *van de ~*, slaag, berispingen **taart(en)doos** doos voor taart **taart(en)schep** schep om taart op te nemen **taart(en)vorkje** vorkje om taart te eten

taats *v(m)* spijker met brede kop; metalen punt; tap v. verticale assen

tab *m* [s] uitstekend reepje; ⟨a=a *of* è⟩ toets op computer voor bepaalde functies

tabak' *m* [-ken] tabaksplant; tabaksbladen; *er ~ van hebben*, het beu zijn; *andere ~*, iets totaal anders **tabaks'aandeel** aandeel in tabaksonderneming **tabaks'plant** wegens de nicotine als genotmiddel gebruikte plant v.h. geslacht Nicotiana **tabaks'plantage** plantage waar tabak verbouwd wordt

tabas'co pittige saus met peper en azijn

tabbaard, **tabberd** *m* [-s, -en] staatsiegewaad; *op zijn ~*, *(pop.)* op zijn kop

tabblad blad met een tab

tabee' *tw (pop.)* dag

tabel' *v(m)* [-len] staat **tabella'risch** *bn & bw* in de vorm v.e. staat

taberna'kel *o/m* [-s, -en] sacramentskastje; woontent; *op zijn ~ geven (krijgen)*, slaan (geslagen worden); *aardse ~*, lichaam; *zijn ~en opslaan* of *bouwen*, zich vestigen voor langer verblijf

tabkaart van een tab voorziene kaart

tableau' ⟨eau=oo⟩ *o* [-s] schilderij; overzicht **II** *tw* stel je voor; *~ vivant*, ⟨vievãn⟩ iets voorstellende groep personen

tablet' *v(m)/o* [-ten] plak; pastille; plaat

tabloid'(blad) ⟨tèblojd⟩ *o* [-en, tabloids] krant van klein formaat; schandaalblad

taboe' I *bn* verboden (om over te spreken) **II** *o/m* [-s] door een groep ervaren ongeoorloofdheid

taboeret' *m* [-ten] stoeltje zonder leuning

tabula rasa *z ~ maken*, met een schone lei beginnen; schoon schip maken

tabula'tor *m* [-s] inrichting aan schrijfmachine om kolommen in te stellen

tabulatuur' *v* [-turen] bijzondere notatie v.d. tonen

tache de beauté' ⟨tasj de bootee⟩ *v* schoonheidsvlekje

tachis'me ⟨ch=sj⟩ *o* met verfspatten en -vlekken werkende schilderkunst

tachograaf' *m* [-grafen] snelheidsmeter; toestel waarmee snelheid en afgelegde afstand geregistreerd worden **tachome'ter** *m* [-s] snelheidsmeter **tachome'terschijf** rijtijden registrerend apparaat **tachotype** *wm* ⟨y=aai⟩ *v(m)* [-s] stenografeermachine **tachotypie'** *v* machinaal snelschrift **tachotypist'** ⟨y=ie⟩ *m* wie opneemt op een tachotype

tachtig *telw* 80 **tachtiger** *m* [-s] iem. van 80 jaar; wie aan de rond 1880 in de Ned. letterkunde ontstane vernieuwing deelnam

tachygraaf' *m* [-grafen] snelschrijver **tachygrafie'** *v* kortschrift **tachygra'fisch** *bn & bw* in kortschrift

tackelen ‹a=e› krachtig een tegenspeler v.d. bal afzetten; op (on)geoorloofde manier een tegenstander aanvallen

taco *m* [-'s] Mexicaans maïspannenkoekje

tact *m* slag; fijn beleid **tacticus** *m* [-ci] iem. met tact; wie de tactiek beheerst **tactiek'** *v* beleid; praktische krijgskunst **tactisch** *bn & bw* met tact; de tactiek betreffende; *(mil.)* een ondersteunende functie hebbend **tactloos** *bn & bw* zonder tact **tactvol** *bn & bw* met tact

taekwon'do ‹ae=ai *of* ee› *o* vechtsport uit Korea

taf, **taft** *m/o* [-fen] verzwaard zijden weefsel

tafel *v(m)* [-s, -en] meubel met plat oppervlak op zekere hoogte; avondmaalstafel; eetgelegenheid; het eten; de aan tafel zittenden; facet; plaat met wet erop; *aan ~ zitten*, zitten te eten; aan de tafel zitten; *de ~ eer aandoen*, het zich goed laten smaken; *ter ~*, in bespreking; *~ des Heren* of *heilige ~*, communiebank; *scheiding van ~ en bed*, opheffing v.d. samenwoning; *~tje-dek-je*, het thuis bezorgen van kant-en-klare maaltijden als zorgverlening; *het is er ~tje-dek-je*, het eten is er overvloedig **tafeldame** dame die rechts v.d. heer zit **tafeldans** beweging v.e. tafel op een spiritistische bijeenkomst **tafeldekken** de tafel voor een maaltijd in gereedheid brengen **tafelen** aan tafel zitten eten **tafelgebed** gebed voor en na het eten **tafelheer** heer die links v.e. dame aan tafel zit **tafelkleed** kleed over een tafel **tafella(de)** lade in tafel **tafellaken** wit kleed over een eettafel; *het ~ doorsnijden*, alle betrekkingen verbreken **tafellinnen** tafelgoed **tafelmanieren** manieren aan tafel **tafelrede** aan tafel gehouden rede **tafelschikking** *v* plaatsing v.d. gasten aan tafel **tafelschuimer** *m* [-s] klaploper **tafeltennis** pingpong **tafelvoetbal** voetbalspel met poppetjes **tafelwater** mineraalwater **tafelwijn** bij de maaltijd te drinken wijn **tafelzilver** zilveren eetgerei **tafelzout** fijn zout

tafereel' *o* [-relen] schilderij; schouwspel

taffen *bn* van taf

taffia *m* bep. brandewijn uit suikerriet

taft *zie* **taf**; **tafzij(de)** taf **tafzijden** *bn* van tafzijde

T

tagliatel'le ‹taljatelle› *m* [tagliatelli] deegwaar in de vorm v.e. lint

tahoe' *m* [gmv] tot blokken geperste gemalen sojabonen

tah tsai ‹h=ch› *m* [gmv] koolachtige groente met donkergroen blad en lichtgroene nerven

taifoen *m* [-s] tyfoon

taiga *v(m)* [-'s] gebied met naaldbomen en moerassen in Noord-Europa en Noord-Azië

tai-ji' ‹tai-tsjie› *o* [gmv] Chinese bewegingsleer met elementen van yoga en gymnastiek

taille ‹tajje *of* talje› *v(m)* [-s] leest, middel, bovenlijf **taille'ren** ‹ll=(l)j› nauw in het midden maken **tailleur'** *m* [-s] kleermaker; mantelpak **tailleu'se** ‹s=z› *v* [-s] dameskleermaakster

tailor ‹teeler› *m* [-s] kleermaker **tailormade** ‹teelermeed› *bn* door een kleermaker vervaardigd **II** *m* [-s] door een kleermaker vervaardigd mantelpak

tak *m* [-ken] vertakking, zijdelingse uitloper; afdeling; rivierarm

takel *m/o* [-s] samenstel. v. katrollen, takelage **takela'ge** ‹ag=aazj› *v* uitrusting v.e. zeilschip **takelauto** auto met kraan erop **takelblok** uit een of meer katrollen bestaand blok **takelen** optuigen; met een takel ophijsen; touw aan het eind omwinden **takelwagen** takelauto

takke- *als eerste deel v.e. ss als scheldn. met een zn*: weinig waard

takkenbos bos takken

taks I *m* dashond **II** *m/v* vastgestelde hoeveelheid, vaste maat

tal *o* [-len] aantal, 200 (gez. v. haringen); *als deel v.e. woord beginnend met een telwoord*: geheel van; *~ van*, vele; *zonder ~*, ontelbaar

tale *v (plecht.)* taal; *~ Kanaäns*, door de bijbel beïnvloede taal

talen *niet ~ naar*, geen belangstelling hebben voor

talenknobbel bijzonder talent voor talen **talenpracticum** oefenschool voor talen

talent' *o* Griekse en joodse geldswaarde; bijzondere aanleg; iem. met bijzondere aanleg **talen'tenjacht** het op zoek zijn naar jong talent **talentscout** *m* [-s] *zie* **wie personen met talent op een bep. gebied opspoort**

talg *m* smeer, huidsmeer **talgklier›** kliertje dat huidsmeer afscheidt

talhout uit dunne stammen of takken gezaagd hout; *(zegsw.) als een ~*, zeer

taliban ‹taliebaan› [mv] moslimgroepering in Afghanistan

talie *v* [-s] takel met twee blokken **taliën** met een talie ophijsen **taliereep** *m* touw v.e. talie

talig *bn* verband houdend met taal

taling *m* kleine eend v.h. geslacht Querquedula

talisman *m* [-s] amulet

talk *m* hard vet, hard smeer, huidsmeer; waterhoudend magnesiumsilicaat

talkshow ‹tòksjoow› *m* [-s] radio- of televisieprogramma met veel gesprekken

talloos *bn* ontelbaar

talmachtig *bn* geneigd tot talmen **talmen** dralen **talmerij'** *v* getalm

talmoed *m* heilig boek v.d. joden buiten de bijbel **talmoe'disch** *bn & bw* van of volgens de talmoed **talmoedist'** *m* aan de talmoed meegewerkt hebbend of hem bestuderend rabbijn; wie studie maakt v.d. talmoed of er zich naar richt

talon' *m* [-s] strook waarop men nieuwe coupons krijgt; onderste stuk v.d. strijkstok; stok bij kaartspel

talrijk *bn & bw* groot in aantal **talstelsel** stelsel van tellen

talud' ‹u=uu›, **taluud** *o* [-s] helling, glooiing

tam *bn & bw* niet wild; gekweekt; mak, slap

tamagot'chi *m* [-'s] elektronisch virtueel knuffeldier
tamarin'de *v(m)* [-n, -s] tropische boom met bruinrode bloemen, Lat. Tamarinda indica; laxeermiddel uit zijn vrucht **tamarin'deboom** tamarinde
tamarisk' *m* groenblijvende boom met roze bloemen, Lat. Tamarix gallica
tamboer' *m* [-s] trommelslager **tamboereer'raam** raam voor het tamboereren **tamboe'ren** luid en krachtig aandringen **tamboere'ren** trommelen, tamboeren; op een hoepel een bep. handwerk maken **tamboerijn'** *m* handtrom met belletjes of bekkentjes **tamboer'korps** militair muziekkorps
tamelijk *bn & bw* nogal, vrij goed
tamp *m* eindje touw; *(pop.)* penis
tampon' *m* [-s] gaasstrook tegen bloeding; propje watten; inwendig maandverband **tamponne'ren** stelpen met een tampon; natte verf met de kwast bekloppen
tamtam' *m* [-s] Afrikaans slaginstrument; geluid daarvan; (*(fig.)* maar dan *gmv*); grote ophef
t.a.n. ten algemenen nutte
tand *m* puntig uitsteeksel (om te bijten); *~ des tijds*, vernielende invloed v.d. tijd; *met lange ~en*, met tegenzin; *zijn lekkere ~ uittrekken*, van smullen afzien; *zijn ~en laten zien*, dreigen; *tot de ~en*, geheel; *iem. aan de ~ voelen*, iemands kennis of gezindheid onderzoeken; *(sp.) een ~je lichter* of *langzamer*, in een lagere versnelling; *een ~je hoger*, in een hogere versnelling
tandakken het lichaam sterk verdraaiend dansen; hunkeren; verveeld heen en weer drentelen
tandarts arts voor het gebit **tandbederf** bederf v.d. tanden **tandbeen** ivoor **tandcariës** cariës **tandeloos** *bn* zonder tanden
tandem ‹a=è› *m* [-s] fiets met twee paar trappers achter elkaar; twee telkens samenwerkende personen
tanden van tanden of ribbeltjes voorzien; scherpen
tandenborstel borstel om de tanden te reinigen **tandenknarsen** [tandenknarste, getandenknarst] knarsen met de tanden **tandenstoker** *m* [-s] pinnetje om etensresten tussen de tanden uit te halen **tandformule** formule voor het gebit **tandhals** door tandvlees omgeven bovenste stuk v. tandwortel **tandheelkunde** wetenschap voor de behandeling v.d. tanden **tandheelkun'dig** *bn & bw* volgens of van de tandheelkunde **tandheelkun'dige** *m-v* [-n] tandtechnicus met bep. bevoegdheid **tandholte** holte in tand **tanding** *v* het getand zijn m.n. van postzegels **tandkas** plaats waar de tand in de kaak vastzit
tandoo'rikip ‹oo=oe› naar Indiase trant in stenen oventje bereide kip **tandpasta** reinigingsmiddel voor tanden **tandpijn** pijn in het gebit **tandplak**, **tandplaque** *v(m)* [gmv] bacteriële aanslag op het gebit **tandprothese** ‹prooteeze› *v* het zetten v. kunsttanden; kunsttand **tandrad** wiel met tanden **tandradbaan** spoorbaan met getande tussenrail **tandsteen** *o/m* afzetting op de tanden **tandtechnicus** *m* wie kunstgebitten en kunsttanden maakt **tandvlees** vlees op de tandkassen; *op zijn ~ lopen*, geheel versleten zolen hebben; geheel uitgeput zijn; straatarm zijn **tandwiel** tandrad **tandwortel** deel v.e. tand dat in de kaak zit **tandzij(de)** zijden draad waarmee men tanden reinigt
tanen met taan bewerken; de glans verliezen
tang *v(m)* knijpwerktuig; feeks; tangvormig uitsteeksel; *als een ~ op een varken sluiten* of *slaan* of *passen*, niet erbij passen
tanga ‹g=G› dun slipje of zwembroekje
tangens *v(m)* [-en, -genten] quotiënt v.d. tegenoverliggende en de aanliggende rechthoekszijde
tangent' *v(m)* hamertje in geluidgevende instrumenten
tango *m* [-'s] langzame Argentijnse tweepersoonsdans; muziek ervoor **tango-orkest** in tango's gespecialiseerd orkest
tangram *o* [gmv] bep. Chinees legspel
tangverlossing het doen geboren worden door middel v.e. tang
tanig *bn* taankleurig
tank ‹a=e› *m* [-s] metalen reservoir; gesloten gevechtswagen met rupsbanden **tankauto** auto met tank voor vervoer van vloeistof **tanken** benzine innemen **tanker** *m* [-s] tankschip **tankschip** *zie* **tankauto**; **tankslag** veldslag tussen tanks **tankstation** inrichting waar men kan tanken **tankwagen** *zie* **tankauto**
tanni'ne *v(m)* looizuur
***tantalusbeker** *(Wdl. Tantalusbeker)* beker waaruit men niet kan drinken ***tantaluskwelling** *(Wdl. Tantaluskwelling)* gekweld worden door waarnemen v. iets heerlijks dat men niet kan bereiken
tante *v* [-s] zuster of schoonzuster van een der ouders; *(zegsw.)* vrouw, meisje **Tante Bet'je** wc **tante-Bet'jestijl** ongeoorloofde inversie **Tante Pos'** *v* [gmv] *(scherts.)* de Posterijen
tantiè'me *o* [-s] winstaandeel
taoïs'me *o* pantheïstische godsdienst uit China met boeddhistische bestanddelen
tap *m* [-pen] stop, pin; kraan; uiteinde v. as; uitstekende knop; het tappen
t.a.p. ter aangehaalde plaatse
TAP tijdelijke arbeidsplaats
tapas [mv] hartige hapjes voor bij de borrel
tap'dans dans met felle slagen v.d. hakken en zolen
tape ‹teep› *m* [-s] ponsband, magneetband; plakband; rekbaar zelkfklevend verband **tapen** ‹a=ee› [tapete, h. getapet] met plakband omwikkelen; met rekbare band omwikkelen om blessures tegen te gaan; opnemen op een magneetband **taperecorder** *m* [-s] bandrecorder

tapijt' *o* vloerkleed, wandkleed; *op het ~*, ter tafel **tapijt'werk** tapijt, tapijten

tapio'ca *m* voedingsstof uit de wortels v.d. maniok

tapir *m* [-s] ongepaardhoevig dier met korte slurf v.d. familie Tapiridae

tapisserie' *v* [-ën] tapijtwerk, stramienwerk

tapkast buffet **tappelings** *bw* met straaltjes **tappen** door een kraan laten vloeien, aftappen; sterkedrank in het klein verkopen; *(zegsw.)* ten beste geven; *flappen ~*, bankbiljetten pinnen **tapper** *m* [-s] wie tapt; wie sterkedrank verkoopt; wie op een tijdelijke arbeidsplaats werkt **tapperij'** *v* bedrijf v.e. tapper, kroeg

taps *bn & bw* schuin toelopend

taptemelk afgeroomde melk

taptoe *m* [-s] avondsignaal voor soldaten; militaire muziekuitvoering 's avonds

tarantel'la *v(m)* [-'s] Italiaanse dans in 6/8 of 3/8

taran'tula *v(m)* [-'s] vergiftige jachtspin

tarbot *m* [-ten] grote bot met knobbels op de huid, Lat. Scophthalmus maximus

target ‹tàrGut› *m* [-s] doel; nagestreefde omzet

tarief' *o* [-rieven] prijs, prijslijst; invoerrecht **tarief(s)'verhoging** verhoging v.e. tarief **tarief'werk** werk dat naar bepaalde tarieven betaald wordt **tarie'venoorlog** het tegen elkaar in verhogen v.d. invoerrechten

tarot' **I** *o* kaartspel met 78 kaarten **II** *m* [-s] troefkaart in dit spel

tarra *v(m)* gewicht v.d. verpakking

tartaar' *m* gehakte rauwe biefstuk **tartaar'saus** saus van mayonaise met kappertjes

tartan **I** *o* Schotse geruite stof **II** *m* [-s] plaid of mantel van Schotse geruite stof

tarten uitdagen, trotseren, niet onderdoen voor

tarwe *v(m)* graan met dikke korrel en korte kafnaalden **tarwevlokken** geplette vlokvormig uitziende tarwekorrels

tas **I** *m* [-sen] hoop **II** *v(m)* [-sen] zak; *(Belgned.)* kopje

tast *m bij* of *op de ~*, al tastend **tastbaar** *bn* voelbaar; zeer duidelijk **tasten** met de hand voelen, de hand uitsteken **tastzin** gevoel

tater *m* [-s] *(pop.)* mond; wie tatert **tateren** ongearticuleerde klanken voortbrengen, kwebbelen

tatoea'ge ‹ag=aazj› *v* [-s] het tatoeëren; door tatoeëren ontstane figuur **tatoeë'ren** gekleurde figuren in de huid prikken

taugé' *m* spruiten v. groene erwt

taupe ‹toop›, **taupekleurig** *bn* bruinachtig grijs

tautogram' *o* [-grammen] gedicht waarvan elke regel met dezelfde letter begint

tautologie' *v* [-ën] hetzelfde zeggen op twee manieren

t.a.v. ten aanzien van; ter attentie van

taxame'ter *m* [-s] vrachtprijsaanwijzer

taxateur' *m* [-s] schatter **taxa'tie** *v* [-s, -tiën] schatting

taxe'ren schatten

taxfree ‹teksfrie› *bn & bw* belastingvrij **taxfreeshop** *m* [-s] winkel met belastingvrije goederen

taxi *m* [-'s] huurauto

taxidermie' *v* het prepareren tegen bederf en in een natuurlijke houding terugbrengen v. dierenhuiden

taxiën [taxiede, getaxied] (gez. v. vliegtuigen) over de grond rijden; op het water voortglijden; met een taxi rijden

taxime'ter *m* [-s] taxameter

taxonomie' *v* systematiek **taxono'misch** *bn* classificerend, systematisch in categorieën indelend

taxus *m* [-sen] vergiftige vooral voor heggen gebruikte heester

Tb *(schei.)* terbium

tb(c) tuberculose

T-biljet formulier voor teruggave v. reeds betaalde belasting

T-bonesteak ‹tieboonsteek› *m* [-s] biefstuk met bot in de vorm v.e. T

tbs terbeschikkingstelling (van de regering)

tbs-kliniek kliniek voor terbeschikkinggestelden

t.b.v. ten behoeve van, ter beschikking van; ten bate van; ter bevordering van

te **I** *vz* in, op, tot, naar, om, voor; (voor onbep. wijs zonder bet.); *~ gronde*, te niet; *~ werk*, aan het werk **II** *bw* meer dan goed is *(ook met weinig bet. voor een vergrotende trap)* **III** (met weinig bet. in uitroepen)

Te *(schei.)* tellurium

t.e.a.b. tegen elk aannemelijk bod

teaën ‹tiejen› [teade, getead] theedrinken

teak ‹ea=ie› *o* teakhout **teaken** *bn* van teakhout **teakhout** *o* uit Indonesië afkomstig zeer hard hout

team ‹ea=ie› *o* [-s] ploeg spelers, elftal **teamgeest** [gmv] geest van collegialiteit

tearoom ‹tieroem› *m* [-s] theesalon

techneut *m (scherts.)* technisch ingesteld iem.; liefhebber v. techniek

tech'nicus *m* [-ci] wie verstand heeft v.d. techniek **techniek'** *v* werktuigkunde; het stoffelijke deel v.e. kunst; verworven vaardigheid **technisch** *bn & bw* volgens of van de techniek; vak-; in de techniek

technocratie' *v* heerschappij v. technici **technolease'** ‹lease=lies› *v(m)* [gmv] h. verkopen van technische kennis aan een ander bedrijf **technologie'** *v* bedrijfsleer **technolo'gisch** *bn & bw* van of betreffende de technologie **technoloog'** *m* [-logen] kenner van of student in de technologie

teckel *m* [-s] dashond

tectyl' *wm* antiroestmiddel **tectyle'ren** met tectyl behandelen

teddy *m* [-'s] hemdje en broekje aan elkaar; *als eerste deel v.e. ss*: van dik op berenvel lijkend pluche

teder *bn & bw* zacht en lief van nature

Te-De'um ‹tee deejum› *o* [-s] r.-k. dankgebed dat met deze woorden begint

TEE Trans-Europa-Express

teef *v* [teven] wijfjeshond
teek *v(m)* [teken] zich in de huid vastbijtende mijt v.d. families Ixodidae of Argasidae
teelaarde voedingrijke grond **teelbal** zaadbal
teelt *v(m)* het telen; het geteelde **teeltkeus**, **teeltkeuze** *v(m)* het uitkiezen bij het telen
teemkous zeurkous
teems *m* fijne zeef **teemsen** met een teems ziften
teen I *m* [tenen] vinger v.d. voet; voorste deel v. voetbekleedsel; voet v. dijk **II** *v(m)* [tenen] taai rijsje; *op de tenen trappen*, beledigen, krenken; *lange tenen hebben*, gauw gekrenkt zijn; *kromme tenen krijgen van*, zich ergeren aan
teenager ‹tieneedzjer› *m-v* [-s] tiener
teenganger *m* [-s] dier dat op tenen loopt **teenhout** rijshout **teenslipper** slipper met bandje tussen twee grootste tenen **teenstuk** lap op een schoenzool onder tenen; neus v. schoen
teer I *bn & bw* teder; zwak; fijn; delicaat **II** *m/o* bep. donkere kleverige stof **teergeliefd** *bn* zeer bemind **teergevoe'lig** *bn & bw* zeer gevoelig **teerhar'tig** *bn & bw* zeer gevoelig
teerling *m* dobbelsteen; *de ~ is geworpen*, de kans is gewaagd
teerton ton met of voor teer; *als een luis op een ~*, langzaam **teerzeep** teer bevattende zeep
Teeuwis *van ~ noch Meeuwis weten*, geen besef hebben
teevee' *v(m)* [-s] televisie
teflon *o* bep. hittebestendige kunststof
tegaar', **tega'der** *bw* samen
tegel *m* [-s] gebakken platte steen
tegel'demaking *v* het inwisselen tegen geld
tegelijk' *bw* in dezelfde tijd; samen met iem. of iets; tevens **tegelij'kertijd'** *bw* op dezelfde tijd, meteen
tegemoet' *bw* zo dat men iem. of iets ontmoet; *~ zien*, afwachten; *~ komen*, helpen **tegemoet'koming** *v* goedgunstige bejegening; gedeeltelijke vergoeding
tegen I *vz* in de richting van; in aanraking met; even voor; tegen de richting van; tot; in strijd met; voor **II** *bw* er niet voor, niet voor; tegenstaand; niet mee **III** *o* bezwaar; *als eerste deel v. ss in de bet.*: tegemoet; *iets ~ iem. hebben*, iem. vijandig gezind zijn; *~ iem. of iets aanlopen*, iem. of iets toevallig ontmoeten; *~ hebben*, als bezwaar voelen; als bezwaarlijks hebben **tegenaan'** *bw* tegen **tegenaanval** aanval tegen aanval **tegenbeeld** contrast; iem. of iets naar een voorbeeld **tegenbericht** bericht dat het anders moet **tegenbevel** bevel dat het anders moet **tegenbewijs** bewijs ergens tegenin **tegenbezoek** bezoek ter beantwoording **tegenbod** bod als antwoord **tegendeel** het tegenovergestelde **tegendraads'** *bn & bw* tegen de draad **tegendruk** druk in tegenovergestelde richting **tegeneten** te veel of te vaak eten zodat het tegenstaat **tegengaan** *h/z* bestrijden; tegemoet gaan **tegengas** *~ geven*, ertegenin gaan **tegengesteld** *bn* tegenovergesteld **tegengif(t)** middel dat de werking van gif teniet doet **tegenhanger** *m* [-s] wat met iets anders een paar vormt **tegenhouden** *h* weerhouden, beletten; niet gauw verslijten of verteerd worden **tegenin'** *bw* zich verzettend tegen en vooruit **tegenkammen** plukjes haar tot een kuifje kammen **tegenkandidaat** andere kandidaat **tegenkanting** *v* verzet **tegenkomen** *z* tegemoet komen; ontmoeten; *zichzelf ~*, de grens van zijn mogelijkheden ervaren **tegenlachen** er rooskleurig uitzien **tegenlicht** *o* belichting met lichtbron van voren **tegenlichtopname** opname met tegenlicht **tegenligger** *m* [-s] tegemoetkomend vervoermiddel **tegenlopen** *z* tegemoet lopen; ongunstig verlopen **tegenmaken** doen tegenstaan **tegennatuur'lijk** *bn & bw* tegen de natuur in **tegenoffensief** tegenaanval **tegenop'** *bw* tegenin; naar boven **tegeno'ver** *vz & bw* aan de overkant van; in vergelijking met; met de voorkanten naar elkaar; tegen; jegens; *ook als eerste deel van sk in de bet.*: aan de overkant **tegeno'vergesteld** *bn* precies andersom; tegenoverliggend **tegeno'verstellen** tegenover iets anders of tegenover elkaar stellen **tegenpartij** partij v.d. anderen **tegenpaus** onechte paus **tegenpool** *m* [-polen] iem. v. tegengestelde aard **tegenpraten** tegenspreken **tegenprestatie** prestatie als vergoeding **tegenslag** tegenspoed **tegenspartelen** *h* zich verzetten **tegenspel** *~ bieden* of *geven*, iemands argumenten bestrijden **tegenspeler** speler v.d. tegenpartij; wie met een ander samenspeelt **tegenspoed** ongeluk **tegenspraak** *v(m)* ontkenning; het tegenspreken; tegenstrijdigheid; *op ~*, contradictoir **tegenspreken** sprekend zich verzetten, bestrijden **tegensputteren** mopperend protesteren **tegenstaan** *h* afkeer wekken **tegenstand** verzet **tegenstander** *m* [-s] vijand **tegenstellend** *bn* een tegenstelling uitdrukkend **tegenstelling** het precies het omgekeerde zijn, het tegenovergestelde **tegenstem** tweede stem **tegenstemmen** *h* zijn stem tegen iets uitbrengen **tegenstreven** zich verzetten **tegenstribbelen** tegensputteren **tegenstrijd** *in ~*, tegenstrijdig **tegenstrij'dig** *bn & bw* niet overeenstemmend **tegenstrij'digheid** *v* [-heden] het tegenstrijdig zijn; iets tegenstrijdigs **tegenstroom** stroom in tegengestelde richting **tegentij** *o* tij tegen de vaarrichting in **tegenvallen** *z* anders zijn dan verwacht werd **tegenvaller** *m* [-s] wat tegenvalt **tegenvoeter** *m* [-s] iem. die precies a.d. andere kant v.d. aarde woont; iem. van volkomen tegengestelde aard **tegenvoorstel** voorstel tegen een ander in **tegenvraag** vraag tegen een andere in **tegenwaarde** overeenkomstige waarde **tegenweer** *v(m)* verdediging **tegenwerken** zich verzetten tegen **tegenwerking** *v*

T

verzet **tegenwerpen** als bezwaar opperen **tegenwerping** *v* bezwaar **tegenwicht** *o* wat iets in evenwicht houdt **tegenwind** wind tegen **tegenwoor'dig** *bn & bw* (van) nu; aanwezig **tegenwoor'digheid** *v* aanwezigheid; ~ *van geest*, weten te handelen in hachelijke ogenblikken **tegenzang** zang in antwoord op een andere **tegenzet** zet v.d. tegenpartij tegen iets in **tegenzin** afkeer **tegenzitten** *h* ongunstig zijn; in een kaartspel een geduchte tegenpartij zijn

TEG'er *m* [-s] tewerkgesteld erkend gewetensbezwaarde

tegoed' *o* te vorderen bedrag **tegoed'bon** bon waarvoor men nog iets kan aanschaffen

tehuis' **I** *o* woning, onderkomen **II** *bw* thuis

teil *v(m)* langwerpig ronde bak

teint ‹tën(t)› *v & o* kleur, tint

teisteren zwaar beschadigen

tekeer'gaan tieren; *(van natuurkrachten)* razen

teken *o* [-s, -en] waarneembare aanduiding, blijk; kenmerk; voorteken; merk; zinnebeeld; wonder; *in het ~ staan van*, gekenmerkt worden door; *als eerste deel v.e. ss vaak in de bet.*: voor het tekenen **tekenaap** toestel om tekeningen te vergroten of te verkleinen **tekenaar** *m* [-s] wie tekent **tekenacademie** hogere tekenschool **tekenachtig** *bn & bw* goed uitbeeldend, schilderachtig **tekenares'** *v* [-sen] vr. tekenaar **tekenbord** bord waarop men het tekenpapier spant **tekendoos** doos met tekenbenodigdheden **tekenen** tekeningen maken; ondertekenen; kenmerken; beschrijven, aftekenen; tonen dat er wild ontdekt is; zijn lichamelijke gesteldheid door zijn gezicht verraden; *ergens voor ~, (fig.)* ergens heel tevreden mee zijn **tekenfilm** getekende film **tekengeld** munt die minder waard is dan de aangegeven waarde; handgeld **tekenhaak** winkelhaak voor lijntekenen **tekening** *v* voorstelling in lijnen; ondertekening, het getekend zijn **tekenkunst** kunst van tekenen **tekenleer** *(taalk.)* leer v.d. tekens in hun relatie tot betekenis en elkaar **tekenpen** pen voor het tekenen; houder voor tekenkrijt

T

tekkel *zie* **teckel**

tekort' **I** *o* wat ontbreekt **II** *bw* te kort **tekort'doening** *v* bedrog **tekort'koming** *v* iets waarin men inz. moreel tekortschiet

tekst *m* bijbelplaats; geheel v. bewoordingen; ~ *en uitleg*, omstandige uitleg; *ik heb geen ~ meer met je*, wij hebben elkaar weinig te vertellen **tekstballon** omcirkelde tekst in stripverhaal of cartoon **tekstboekje** boekje met tekst **teksthaakje** *o* haakje **tekstkritiek** kritische beschouwing v. tekst **teksttelefoon** telefoon met toetsenbord en beeldscherm voor gehoor- en spraakgestoorden **tekstueel'** *bn & bw* volgens de tekst **tekstverwerker** computer waarmee tekst bewerkt en gecorrigeerd kan worden

tekto'nisch *bn* veroorzaakt door bewegingen in de aardkorst

tel *m* [-len] telganger; telling; geteld nummer; getal; *in ~*, in de achting; *van de ~* of *de ~ kwijt*, niet meer wetend hoever men met tellen was

tel. telefoon

tel.-adr. telegramadres

telaat'komer *m* [-s] wie te laat komt

telast'legging *v* tenlastelegging

telbaar *bn* te tellen **teldag** dag waarop aantallen voor een bep. doel geteld worden

Teleac informatieve radio- en tv-programma's uitzendende instelling

Teleac Televisieacademie

telebankieren via een computer handelen in geld **telecommunicatie** *v* communicatie over grote afstanden met elektronische middelen **telefax** *m* (toestel voor) het draadloos versturen v. grafische informatie

telefona'de *v* [-s] lang telefoongesprek **telefone'ren** per telefoon spreken of meedelen **telefonie'** *v* het telefoneren; telefoondienst **telefo'nisch** *bn & bw* per telefoon **telefonist'** *m* ambtenaar v.d. telefooncentrale **telefoon'** *m* [-s, -fonen] elektrische verspreker; telefoondienst; telefoonaansluiting; telefonische oproeping **telefoon'boek** telefoongids **telefoon'botje** plek aan elleboog waar een stoot hevig pijn doet **telefoon'cel** hokje om te telefoneren **telefoon'gesprek** gesprek per telefoon **telefoon'gids** boek of lijst met telefoonnummers **telefoon'kaart** betaalkaart voor mobiele en openbare telefoons **telefoon'klapper** klapper met telefoonnummers **telefoon'net** de telefoonlijnen **telefoon'nummer** nummer waaronder men bij de telefoon is aangesloten **telefoon'paal** paal voor telefoondraden **telefoon'seks** erotisch telefoongesprek tegen betaling **telefoon'tap** *v(m)* [-pen] (door politie) afgeluisterd telefoongesprek **telefoon'tje** *o* gesprek per telefoon **telefoon'toestel** toestel om te telefoneren **telefoon'verbinding** verbinding per telefoon

telefoto overgeseinde foto **telefotografie** fotografie met telelenzen

telegraaf' *m* [-grafen] toestel dat letters overseint; telegraafdienst **telegraaf'agentschap** *o* persbureau **telegraaf'net** de telegraaflijnen **telegraaf'paal** *zie* **telefoonpaal**; **telegraaf'toestel** toestel om te telegraferen **telegrafe'ren** per telegraaf seinen **telegrafie'** *v* het seinen per telegraaf; telegraafdienst **telegra'fisch** *bn & bw* per telegraaf **telegrafist'** *m* wie de telegraaf bedient

telegram' *o* [-men] bericht per telegraaf **telegram'adres** speciaal adres voor telegrammen **telegram'stijl** stijl met

weglating v. veel woorden
tele-informatie informatie via een elektronisch medium **telekine'se**, **telekinesie'** ‹sie=zie› *v* paranormale verplaatsing v. voorwerpen **telekrant** krant via de televisie **telelens** lens om van verre te fotograferen **teleleren** *alleen onbep.wijs* leren via telecommunicatie **telema'tica** *v* [gmv] het geheel v. diensten voor tele-informatie; informatie verschaffen via beeldschermen en daarvoor nodige digitale voorzieningen; onderzoek naar betrekkingen tussen computergebruik en telecommunicatie **telemobilist'** *m-v* telefonerende autobestuurder
telen voortbrengen; verbouwen; fokken
teleobjectief *o* [-ven] lenzenstelsel om op verre afstand vergroot te fotograferen
teleologie' *v* leer v.d. doelmatigheid **teleolo'gisch** *bn & bw* volgens of van de teleologie
telepaat' *m* [-paten] gedachtelezer **telepathie'** *v* het gedachtelezen **telepa'thisch** *bn & bw* (door middel) van de telepathie
telescoop' *m* [-scopen] (spiegel)verrekijker; *als eerste deel van ss ook*: in elkaar te schuiven **telescoop'vering** systeem met in elkaar schuivende schokbrekers **telescope'ren** *z* in elkaar schuiven **telesco'pisch** *bn & bw* met een telescoop (waar te nemen); in elkaar kunnende schuiven
teleshoppen ‹sh=sj› [teleshopte, geteleshopt] *zie* **telewinkelen**
teletekst via televisie op te roepen informatie
teleur'stellen [stelde teleur, teleurgesteld] het verwachte niet laten ondervinden **teleur'stelling** *v* tegenvaller; het teleurgesteld zijn
televergaderen vergaderen via telefoon of internet
televi'sie ‹sie=zie› *v* het radiotelegrafisch overbrengen van bewegende beelden; televisietoestel **televi'siepresentator** wie televisieprogramma's presenteert **televi'sieprogramma** wat in een bep. zendtijd op televisie wordt uitgezonden **televi'sietoestel** toestel om televisiebeelden op te ontvangen **televi'sie-uitzending** het uitzenden v.e. programma op de televisie
telewerken thuis werken met inzet van telefoon en internet **telewinkelen** producten aanschaffen via telefoon of internet
telex *wm* toestel om getypte mededelingen over te seinen **telexbericht** bericht per telex **telexist'** *m* wie de telex bedient **telexogram'** *o* [-men] telegram via telex **telexverkeer** berichtgeving per telex
telfout met tellen gemaakte fout
telg I *v(m)* dunne tak **II** *m-v* afstammeling(e)
telgang *m v.e. paard*: gang waarbij de rechterbenen tegelijk en eveneens de linkerbenen tegelijk opgelicht worden **telganger** *m* [-s] dier met telgang
telkenmaal, **telkenmale**, **telkenreize** *bw* elke keer **telkens** *bw* elke keer; herhaaldelijk
tellen getallen in bep. volgorde zeggen; het aantal bepalen; rekenen; neertellen; gelden, meetellen; oud zijn; bevatten; *op zijn ~ passen*, goed opletten op wat men doet of zegt **teller** *m* [-s] wie telt; toestel dat telt; getal dat aangeeft hoe vaak de noemer genomen wordt
tellu'risch *bn* v.d. aarde
telmachine machine voor optellen en aftrekken
teloor'gaan [ging teloor, teloorgegaan] verloren gaan
telraam toestel om mee te leren tellen **telwoord** woord dat een aantal of nummer in een reeks noemt
t.e.m. tot en met
temei'e(r) *v* [-s] *(barg.)* publieke vrouw
temen zeurig spreken **temer** *m* [-s] wie teemt **temerig** *bn & bw* zeurig
temmen tam maken, beteugelen
tempé' *m* [gmv] bep. product v. sojabonen
tempel *m* [-s, -en] gewijd gebouw; stut tegen sluisdeur
tempelier' *m* [-s, -en] *drinken als een ~*, onmatig drinken
tempen de temperatuur opnemen
tempera *v(m)* techniek van schilderen met organische lijmachtige stof; bep. mat opdrogende verf
temperament' *o* gemoedsaard; heftigheid v. gevoelens **temperament'vol** *bn* met temperament
temperatuur' *v* [-turen] warmtegraad; temperatuursverhoging; wijze waarop bep. instrumenten worden gestemd; gewenste warmtegraad
temperen matigen; in de juiste verhouding mengen; koolstof onttrekken
tempermes schildersmes om verf te mengen **temperoven** oven om in te temperen
tempex *o* bep. zeer licht verpakkingsmateriaal
tempo *o* [-'s, -pi] snelheid; onderdeel v. samengestelde handeling **tempobeurs** aan studietempo gekoppelde beurs
tempoe'ra *m* [gmv] op Japanse wijze gefrituurde groenten met vis of vlees
temporair' ‹ai=è›, **temporeel'** *bn & bw* tijdelijk **temporise'ren** ‹se=zee› uitstellen; over een bep. periode verdelen; spel vertragen
tempta'tie *v* [-s, -tiën] bekoring; kwelling **tempte'ren** bekoren; kwellen
ten *vz* te; *~ noorden (oosten, westen, zuiden) van*, aan de noord(o., w., z.)kant van en buiten; *~ doop*, voor de doop; *~ eerste*, in de eerste plaats; *~ gevolge*, als gevolg; *~ minste*, minstens; *~ slotte*, tot slot
tenaam'stelling *v* het op naam stellen
tendens' *v(m)* neiging, strekking **tendens'roman** strekkingsroman **tendens'stuk** strekkingsstuk **tenden'tie** *v* [-s] tendens; stemming op de beurs **tendentieus'** *bn & bw* met een bep.

strekking
tender *m* [-s] kolenwagen, hulpvaartuig; emissie van effecten aan de inschrijvers die de hoogste koers boden
tende'ren ~ *naar*, neigen naar
tendersysteem systeem waarbij de inschrijvingskoers later wordt bekendgemaakt
tendini'tis *v* ontsteking v.e. pees
tenein'de *vz* ten einde
tenen *bn* van tenen
tenenkaas *m (pop.)* vuil tussen de tenen
teneur' *m* inhoud, strekking
tengel *m* [-s] dunne lat; *(pop.)* vinger, hand **tengelen** met tengels beslaan
tenger *bn* rank, teer **tengerte** *v* tengerheid
tengevol'ge ten gevolge
teniet'doen vernietigen **teniet'doening** *v* vernietiging **teniet'gaan** verdwijnen
te(n)las't(e)legging *v (jur.)* beschuldiging door de officier v. justitie
tenmin'ste *bw* althans
tennef *zie* **tinnef**
tennis *o* spel tussen twee of vier personen waarbij een bal met een racket over een net geslagen wordt **tennisarm** ontsteking bij de elleboog aan de verbinding van pees en spier **tenniselleboog** tennisarm **tennissen** tennis spelen **tennisser** *m* [-s] tennisspeler **tennisset** deel v.d. tennispartij
tenor' *m* [-s, -en] hoge mannenstem; zanger met zo een stem **tenor'sleutel** sleutelteken op de vierde lijn v.d. notenbalk
tensie *v* bloeddruk; spanning
tensimeter *m* apparaat om spanning v. vloeistof te meten
tenslot'te *bw* welbeschouwd
tent *v(m)* verblijfplaats van doek; *(iron.)* huis; *(fam.)* ontspanningslokaliteit; *zijn ~en opslaan*, gaan wonen; *uit zijn ~ lokken*, uitlokken
tenta'kel *m* [-s] voeldraad
tenta'men *o* [-s, -mina] voorexamen, proefexamen **tentamine'ren** tentamen afnemen
tentatief' *bn* proberend; in het proefstadium
tentdak dak van vier in één punt samenkomende vlakken **tentdoek** *o* stof om tenten van te maken **tentjurk** wijde jurk
tentoon'spreiden ten toon spreiden **tentoon'stellen** ter bezichtiging stellen
tentzeil tentdoek
tenue' ‹tenuu› *o/v(m)* [-s] uniform
tenuit'voerbrenging, **tenuit'voerlegging** *v* het uitvoeren
tenwa're *vgw (bijz. t.)* of het moest zijn dat
tenzij' *vgw* indien niet
tepel *m* [-s] uitmonding v. melkklier; speen **tepelhof** kring om tepel
tequi'la ‹teekiela› *m* sterkedrank uit Mexico
ter ~ *aarde bestellen*, begraven; ~ *zake kundig*, met verstand v.d. zaak; ~ *ere van* ..., om ... te eren; ~ *wille zijn*, doen wat ... graag wenst
teraar'debestelling *v* begrafenis
terbeschik'kingstelling *v* het ter beschikking stellen; *(jur.)* bepaling door een rechter dat een psychisch gestoorde veroordeelde in een inrichting moet worden behandeld
terdeeg', **terde'ge** *bw* flink
terecht' *bw* juist, op de juiste plaats; gevonden; met recht; ~ *kunnen*, geholpen kunnen worden **terecht'brengen** op zijn juiste plaats brengen, thuisbrengen, klaarspelen **terecht'komen** op zijn plaats komen, in orde komen; belanden; gevonden worden **terecht'staan** voor de rechter staan **terecht'stellen** doodstraf voltrekken aan **terecht'wijzen** op zijn fouten wijzen; voorlichten **terecht'wijzing** *v* vermaning; berisping; voorlichting **terecht'zitting** zitting waar recht gesproken wordt
teren met teer bestrijken; ~ *op*, leven van, genoeg hebben aan; ~ *en smeren*, smullen
tergen sarren
terhand'stelling *v* overreiking
tering *v* tuberculose; *de ~ naar de nering zetten*, zijn uitgaven in overeenstemming houden met zijn inkomsten **teringachtig** *bn* met aanleg voor tering **teringlijder** *m* wie aan tering lijdt; *(pop.)* ellendeling
terloops' *bn & bw* in het voorbijgaan
term *m* benaming; lid v. reeks of evenredigheid; wetsartikel; lid v. syllogisme; aanleiding
termiet' *m/v* witte mier **termie'tenheuvel** nest v. termieten
termijn' *m* tijdruimte; gedeeltelijke betaling; geregeld terugkerende bedeltocht v. bedelorden **termijn'betaling** afbetaling **termijn'handel** handel waarbij men zich strikt aan de termijnen houdt **termijn'markt** markt voor termijnhandel
terminaal' *bn & bw* het eindstadium naderend, tot het eindstadium behorend; *terminale zorg*, begeleiding bij het sterven
terminal ‹teurmienul› *m* [-s] begin- of eindstation; apparaat waarmee op afstand met een computer gewerkt wordt
terminologie' *v* [-ën] het geheel v. termen **terminolo'gisch** *bn & bw* volgens de terminologie
ternau'wernood *bw* amper
terne'der, **terneer'** *bw* omlaag **terneer'geslagen** *bn* mismoedig
terp *m* hoogte in laag land
terpentijn' *m* vloeibare hars, terpentijnolie
terpenti'ne *m* zware benzine
terra ~ *incognita*, onbekend terrein; ~ *sigillata*, zegelaarde; *bn* bruinrood **terra-aquarium** aquarium met droog gedeelte **terracot'ta I** *v(m)/o* ongeglazuurd aardewerk **II** *bn* bruinrood **terra'rium** *o* [-s, -ria] glazen bak met aarde om dieren in te houden
terras' *o* [-sen] verhoogd terrein, inz. als zitgelegenheid; plat dak met balustrade **terras'cultuur** bebouwing van berghellingen **terras'land** trapsgewijze dalend land
terraz'zo ‹zz=dz› *o* cement met stukjes marmer of steen

terrein' *o* stuk grond, gebied **terrein'auto** auto voor moeilijk berijdbaar gebied **terrein'knecht** wie een sportterrein onderhoudt
terreur' *v(m)* schrikbewind
terriër *m* [-s] versch. soorten jachthond
terri'ne *v* [-s] soepkom
territoir' ‹toir=twaar›, **territoor'** *o* [-s] grondgebied **territoriaal'** *bn* van het grondgebied, tot het grondgebied behorend, v.e. deel v.h. land **territo'rium** *o* [-s, -ria] grondgebied
terrorisa'tie ‹sa=zaa› *v* het terroriseren **terrorise'ren** ‹se=zee› schrikbewind uitoefenen **terroris'me** *o* schrikbewind **terrorist'** *m* wie door gewelddaden schrik aanjaagt **terroris'tisch** *bn & bw* v.e. terrorist, als een terrorist
tersluik(s)' *bw* in het geheim
terstond' *bw* dadelijk
tertiair' ‹tertsiejèr› *bn* op de derde plaats; uit een bep. geologische periode; door menging van primaire en secondaire kleuren ontstaan; *~e productie*, verlening van diensten **Tertiair'** *o* bep. geologische periode
tertia'ris *m-v* [-sen] lekenlid v.e. religieuze orde
tertio *bw* ten derde
terts *v(m)* afstand v. 1 of 2 tonen
terug' *bw* weer naar het uitgangspunt; achteruit; weerom; opnieuw; geleden; *ergens niet van ~ hebben*, ergens bang van zijn **terug'betalen** het teveel betaalde of geleende bedrag teruggeven **terug'blik** blik naar achter; zien op het verleden **terug'brengen** weer op zijn plaats brengen **terug'deinzen** *z* achteruit gaan v. schrik, terugschrikken **terug'denken** zich met zijn gedachten in het verleden plaatsen **terug'doen** op de vorige plaats zetten; als antwoord of beloning doen **terug'draaien** naar achter draaien; ongedaan maken **terug'dringen** achteruit dringen, beperken in aantal **terug'eisen** het teruggeven eisen **terug'fluiten** *(fig.)* iem. duidelijk maken dat hij te ver is gegaan **terug'gaaf**, **terug'gave** *v(m)* het teruggeven **terug'gaan** achterwaarts gaan, achteruitgaan; weer naar het uitgangspunt gaan **terug'gang** het teruggaan **terug'getrokken** *bn & bw* zich afzonderend **terug'geven** weer aan de eigenaar geven; als antwoord geven; het te veel betaalde in klein geld weergeven **terug'grijpen** *~ op*, weer aansluiten bij **terughou'dend** *bn & bw* zich niet uitend **terug'keer** het terugkeren **terug'keren** terugkomen; zich herhalen; *~ tot*, zich weer bezighouden met **terug'komen** weerkeren, opnieuw komen; *~ op*, opnieuw gaan spreken over; *~ van iets*, niets meer voelen voor, afzien van **terug'komst** het terugkomen **terug'koppelen** naar een lagere versnelling koppelen; *(fig.)* informeren bij achterban **terug'krabbelen** *z* proberen zich terug te trekken **terug'krijgen** opnieuw krijgen; van te veel betaald geld weer krijgen **terug'lopen** weer naar het punt van uitgang gaan; achteruitgaan **terug'mars** terugtocht **terug'nemen** het gegevene weer nemen; intrekken **terug'reis** reis terug **terug'roepen** (door roepen) terug doen komen; roepend antwoorden **terug'schrikken** *z ~ voor* of *van*, niet aandurven **terug'schroeven** ongedaan maken **terug'slaan** achteruitslaan; (met een slag) terugdrijven; met een slag beantwoorden; terugdringen; betrekking hebben op **terug'slag** het terugslaan **terug'spelen** *(sp.)* een bal naar het eigen doel of de vorige speler schoppen; *(audio.)* nog eens spelen; teruggeven **terug'tocht** tocht terug **terug'traprem** door terugtrappen in werking te stellen rem **terug'treden** zich terugtrekken **terug'trekken** (doen) terugkeren, naar zich toe trekken; *zich ~*, zich niet meer inlaten met, niet meer meedoen (aan) **terug'vallen** *~ tot*, weer vervallen tot **terug'verlangen** verlangen weer te bezitten; verlangen naar iets van vroeger **terug'vertalen** weer in het oorspronkelijke vertalen **terug'vinden** vinden wat men verloor **terug'voeren** naar het uitgangspunt brengen; *~ op*, beschouwen als veroorzaakt door **terug'vorderen**, **terug'vragen** de teruggave vragen **terug'weg** weg terug **terug'werkend** *bn* zich ook over het verleden uitstrekkend **terug'wijzen** wijzen naar iets in het verleden; wijzen in de richting v.h. uitgangspunt **terug'winnen** weer winnen wat men verloor **terug'zetten** achteruitzetten; op zijn oude plaats zetten **terug'zien** opnieuw zien; *~ op*, zien naar iets uit het verleden
terwijl' **I** *bw* inmiddels **II** *vgw* in de tijd dat; ofschoon
terzelf'dertijd *bw* op dezelfde tijd
terzet' ‹z=z *of* ts› *o* [-ten, -s] driestemmig stuk
terzij'de *bw* opzij; niet tot andere personages, maar tot het publiek gericht *(bij toneelstuk)*; *~ staan*, helpen; *~ stellen*, als helper geven; buitensluiten **terzij'delating** *v* weglating **terzij'destelling** *v* het terzijde stellen
terzi'ne ‹z=z *of* ts› *v* [-n] drieregelige strofe
test **I** *v(m)* vuurpotje in stoof; *(pop.)* hoofd **II** *m* [-s] toetsing van personen
testament' *o* laatste wilsbeschikking; hoofddeel v.d. bijbel **testamentair'** ‹ai=è› *bn & bw* bij testament **testateur'** *m* [-s] erflater **testatri'ce** ‹ice=iese› *v* [-s] erflaatster
testbeeld televisiebeeld ter controle v.d. kwaliteit **testcase** ‹testkees› *m* [-s] proefgeval **testen** met een test onderzoeken
teste'ren vermaken; getuigen
testi'kel *m* [-s] zaadbal
testimo'nium *o* [-s, -nia] getuigenis
testosteron' *o* mannelijk geslachtshormoon
tetanus *m* continu schijnende maar in werkelijkheid serie v. zeer snel

opeenvolgende zenuwkrampen
tête-à-tê'te *o* [-s] gesprek onder vier ogen
tetra I *m* tetrachloorkoolstof; tetrastof **II** *bn* van tetrastof; *als woorddeel ook*: vier(voudig) **tetrabyte** ‹y=aai› *(comp.) v(m)* [-s] duizend gigabyte **tetraë'der** *m* [-s] door vier gelijkzijdige driehoeken ingesloten lichaam **tetragonaal'** *bn* vierhoekig **tetrastof** bep. luierstof
tetteren schetteren; *(pop.)* winden laten; stevig alcohol drinken
teug *m/v* dronk; inademing
teugel *m* [-s] toom; *(fig. mv)* leiding; *de ~ vieren*, vrijlaten **teugelloos** *bn & bw* onbeteugeld; buitensporig
teunisbloem plant met gele bloemen die in het donker bloeien v.h. geslacht Oenothera
teut I *m-v (pop.)* teutkous **II** *bn* dronken **teuten** *(pop.)* talmen; kletsen **teutkous** *(pop.)* treuzel
teveel' *o* wat een bepaalde hoeveelheid te boven gaat
tevens *bw* tegelijk
tevergeefs' *bn & bw* vergeefs
te voor'schijn zichtbaar wordend
tevo'ren vroeger, tot nu toe; vooraf, daarvoor
tevre'den *bn & bw* voldaan **tevre'denheid** *v* voldaanheid; *(fig.) een boterham met ~*, een boterham zonder beleg **tevre'denstellen** voldoen
tewa'terlating *v* het te water laten
teweeg'brengen veroorzaken
tewerk'stellen aan het werk zetten
textiel' *m/o* gesponnen en geweven stoffen **textiel'industrie** spin- en weefnijverheid **textiel'school** school voor onderwijs met betrekking tot de textielnijverheid
textuur' *v* [-turen] innerlijke structuur v.e. stof
teza'men *bw* samen
tezen trekken, pluizen
TGG transformationeel-generatieve grammatica
t.g.t. te gelegener tijd
t.g.v. ten gevolge van; ter gelegenheid van
TGV *train à grande vitesse*, hogesnelheidstrein
Th *(schei.)* thorium
TH Technische Hogeschool
thallium *(schei.)* bep. op lood lijkend metaal
thanasie' ‹s=z› *v* geheel van medische dodingshandelingen
thans *bw* nu
thaumaturg' *m* wonderdoener
thea'ter *o* [-s] schouwburg; alles wat voor publiek wordt opgevoerd; *(fig.)* vertoning, aanstellerij **theatraal'** *bn & bw* gemaakt indrukwekkend
thé complet' ‹thee kõmplè› *v(m)/o* [-s] thee met enig gebak **thé dansant'** ‹sãn› *o/v(m)* [-s] danspartij op het thee-uur
thee *m* theeheester; zijn bladeren; daaruit getrokken drank; het theedrinken **theebeurs** overal sluitend overtreksel v.e. theepot **theeblad** schenkblad; blad van theeplant **theebladeren** *mv* afgetrokken blaadjes thee **theedoek** afdroogdoek **thee-ei** eivormig voorwerp voor thee in een trekpot **theeën** [theede, getheed] thee drinken **theekast** theetafel met kastje eronder **theekopje** kopje van theeservies **theekrans** kleine bijeenkomst waarop thee geschonken wordt **theelepeltje** klein lepeltje **theeleut** *v(m)* wie graag thee drinkt **theelichtje** *o* vlammetje of toestel waarop de thee warm blijft **theemeubel** theekast **theemuts** overtreksel voor theepot **theeroos** roos met theegeur **theeservies** bijeenhorend vaatwerk voor thee **theetafel** tafeltje voor theegerei **theetante** babbelkous **theetuin** uitspanning waar men thee gaat drinken **theevisite** visite op thee-uur **theewagen** verrijdbaar theetafeltje **theewater** *boven zijn ~*, dronken **theezakje** poreus zakje met wat thee
theï'ne *v(m)* opwekkend bestanddeel v. thee
theïs'me *o* geloof in één God als schepper en bestuurder v.h. geschapene **theïst'** *m* aanhanger v.h. theïsme **theïstisch** *bn & bw* van of volgens het theïsme
thema I *v(m)/o* [-'s] vertaaloefening naar een vreemde taal **II** *o* [-'s, -ta] onderwerp; motief; gronddenkbeeld **themanummer** aflevering v. tijdschrift over eenzelfde onderwerp **thematiek'** *v* thema, geheel v. thema's **thema'tisch** *bn* eenzelfde onderwerp behandelend; opgezet volgens onderwerpen
theocratie' *v* [-ën] regeringsvorm met God als centraal punt **theocratisch** *bn & bw* volgens of van de theocratie **theodicee'** *v* godsleer op natuurlijke grondslag **theognosie'** ‹s=z› *v* kennis van God **theogonie'** *v* leer van afstamming der goden **theologant'** *m* student in theologie **theologie'** *v* godgeleerdheid **theologisch** *bn & bw* godgeleerd **theologise'ren** ‹s=z› over godgeleerde onderwerpen redeneren **theoloog'** *m* [-logen] godgeleerde; student in de theologie **theomantie'** ‹tie=sie› *v* voorspelling door goddelijke ingeving
theore'ma *o* [-'s] stelling
theore'ticus *m* [-ci] iem. met theoretische kennis **theore'tisch** *bn & bw* volgens de theorie **theoretise'ren** ‹s=z› theoretisch redeneren **theorie'** *v* [-ën] leer, opvatting
theosofie' ‹s=z› *v* pantheïstisch mystiek-religieus stelsel **theoso'fisch** ‹s=z› *bn & bw* van of volgens theosofie **theosoof'** ‹s=z› *m* [-sofen] aanhanger v. theosofie
therapeut' ‹eu=ui› *m* geneeskundige **therapeu'tisch** *bn & bw* geneeskundig **therapie'** *v* geneeswijze
thermaal' *bn* van of betreffende de thermen **thermaal'bad** bad met water uit warme bronnen **thermen** *mv* warme bronnen, warme baden
thermiek' *v* verticale luchtstroom
thermiet' *o* [gmv] *(stofn.)* mengsel dat bij ontsteking hitte afgeeft en gebruikt wordt om te lassen en in brandbommen **thermisch** *bn & bw* wat de warmte betreft; door middel van warmte

thermodynamica *v* warmteleer **thermo-elektriciteit** door warmte opgewekte elektriciteit **thermogeen'** *bn* warmte veroorzakend **thermograaf'** *m* [-grafen] zelfschrijvende thermometer **thermometer** warmtemeter **thermopane'** *wm* ‹thermopeen› *m* dubbel glas **thermosfles** dubbelwandige fles **thermoskan** dubbelwandige kan **thermostaat'** *m* [-staten] toestel om op temperatuur te houden **thermotherapie** *v* geneeswijze met warmte

thesaurie' ‹teezoorie› *v* [-ën] schatkamer, schatkist; kantoor v. thesaurier **thesaurier'** *m* [-s] schatbewaarder, penningmeester **thesau'rus** ‹sau=zau› *m* [-sen, -ri] via een geformaliseerd systeem toegankelijke massale verzameling woorden

these ‹teeze› *v* [-n, -s] stelling **thesis** *v* [-sen, -ses] stelling; daling, neerslag bij maatslaan; *(dichtkunst)* toondaling, niet-betoonde lettergreep in versvoet

thinner ‹th=s› *m* [-s] geconcentreerd, verdunnend en kankerverwekkend middel; oplosmiddel

T(h)omas *een ongelovige ~*, wie niet gauw iets gelooft

thomasslakkenmeel *o* [gmv] gemalen hoogovenslakken

thomis'me *o* stelsel van Thomas v. Aquino **thomist'** *m* aanhanger van thomisme **thomistisch** *bn & bw* volgens het thomisme

thora *v* boek met de wet van Mozes

thorax *m* borstkas **thoraxchirurgie** ‹ch=sj, g=g *of* zj› chirurgie v.d. borstholte en bep. delen erin

thriller ‹th=s› *m* [-s] sensationele roman of film

thrombus *m* bloedstolsel

t.h.t. ten minste houdbaar tot

thuis I *bw* in (of) naar zijn eigen huis; woonachtig; in (of) naar zijn eigen woonplaats; bij zich; op de hoogte; *niet ~ zijn van*, niets willen weten van **II** *o* gezin waar men als huisgenoot wordt beschouwd; eigen woning **thuisbankieren** [thuisbankierde, thuisgebankierd] bankzaken thuis afdoen **thuisbasis** vertrekpunt, gebied waar men thuishoort **thuisblijven** niet uitgaan **thuisbrengen** naar huis brengen; weten ergens onder te brengen **thuisclub** club die op eigen terrein speelt **thuisfluiter** scheidsrechter die de thuisspelende partij bevoordeelt **thuisfront** organisaties voor morele steun aan de militairen; familie en vrienden die iem. in een moeilijke situatie steunen; zij die thuis blijven **thuishaven** haven waar een schip volgens de registers thuishoort **thuishonk** *(sp.)* honk waarvan men bij bep. spelen weg rent en weer terug moet proberen te komen **thuishoren** op zijn plaats zijn; ergens vandaan komen **thuishulp** hulpverlening aan huis **thuiskomen** weer in huis terugkomen **thuiskomst** het thuiskomen **thuiskrijgen** in huis krijgen; vergolden krijgen **thuisland** vaderland **thuismarkt** binnenlandse markt **thuismoeder** moeder die tegen betaling andermans kinderen in haar huis opvangt **thuisreis** reis terug naar huis **thuisservice** ‹thuisseurvis› aan huis werkende service **thuisvlucht** vlucht terug naar huis **thuiswedstrijd** wedstrijd voor een thuisclub **thuiswerk** werk voor thuis **thuiswerker** *m* wie thuiswerk heeft **thuiszorg** verzorging en verpleging aan huis

thuja *m* [-'s] levensboom

thymusklier zich achter het borstbeen bevindende klier

thyrsus *m* [-sen], **thyrsusstaf** bacchantenstaf

Ti *(schei.)* titanium

TIA *transient ischaemic attack*, korte doorbloedingsstoornis in de hersenen

tiaar' [tiaren], **tia'ra** [-'s] *v(m)* driekroon

tic ‹tik *of* tiek› *m* [-s] zenuwtrek; aanwensel; zenuwpijn; scheut alcoholische drank; *~ douloureux*, aangezichtspijn

ticket ‹tikkit› *o* [-s] kaartje

tiebreak ‹taibreek› *m* [-s] beslissende slagen na een gelijk geëindigde tennisset

tien *telw* 10; *of men geen ~ kan tellen*, zeer onnozel; *zie ook* **drie-**; **tiend** *m/o* belasting in de vorm van 1/10 v.d. opbrengst **tiende I** *telw* nummer 10; 1/10 **II** *o* [-n] tiend **tien'de'lig** *bn* decimaal; in tien delen gesplitst; in het tientallig stelsel uitgedrukt; uit tien delen bestaand **tienderhande**, **tienderlei** *bn* in 10 soorten

tiener *m* [-s] iem. tussen 10 en 20 jaar **tienertoer** reis met door de spoorwegen aan jongeren verleende reductie

tienkamp uit tien onderdelen bestaande wedstrijd

tienrittenkaart kaart met welke een klant tien maal recht heeft op een bep. voorziening **tientallig** *bn* tiendelig **tientje** *o* [-s] (bankbiljet) van tien euro; tien weesgegroeten; 1/10 deel van een staatslot

tier *m* het tieren, aard

tiërce'ren (de uitbetaling v. rente) tot op een derde verminderen

tierelantijn' *m* tierlantijn

tierelie'ren kwinkeleren

tieren schreeuwen; het goed maken

tierig *bn & bw* welig groeiend; levenslustig

tierlantijn' *m* waardeloos versiersel; frats; smoesje

tiet *v(m)* tepel v. borst; borst; *een hele ~*, een hele hoop

tig *bn & bw (pop.)* veel; zeer; *een stuk of ~*, veel

tij *o* getij; *het ~ laten verlopen*, de kans laten voorbij gaan; *als het ~ verloopt verzet men de bakens*, als de omstandigheden veranderen handelt men anders; *alle ~ heeft zijn weertij*, alles is aan verandering onderhevig

tijd *m* tijdruimte; tijdstip; seizoen; *(taalk.)* werkwoordelijke op onderscheid van heden en verleden en toekomst gebaseerde categorie; *uit de ~*, verouderd; *bij ~ en wijle*, bij gelegenheid; *voor de ~*, voor het moet; *op ~*, op de juiste tijd; *over ~*, te laat; *in geen ~en*, in lange tijd niet; *van ~ noch uur weten*, niet weten hoe laat het is; *te bestemder ~*, op een bepaald tijdstip **tijdaffaire** handelsovereenkomst in de termijnhandel **tijdbom** bom die op vastgestelde tijd ontploft **tijdelijk** *bn & bw* niet blijvend; wereldlijk; werelds; *het ~e zegenen* of *het ~e met het eeuwige verwisselen*, sterven **tijdeloos I** *v(m)* [-lozen] herfsttijloos **II** *bn* niet aan tijd gebonden **tijdens** *vz* ten tijde van **tijdgebonden** bepaald door de tijd waarin iets voorkomt **tijdgebrek** gebrek aan tijd **tijdgeest** opvatting in bep. tijd **tijdgenoot** *m* wie in dezelfde tijd leeft **tijdig** *bn & bw* op tijd; vroeg

tijding *v* bericht

tijdklok controleklok; klok waarop in- en uitgeschakeld wordt **tijdkring** tijdvak; tijd voor geheel v. zekere verschijnselen die zich herhalen **tijdlang** *een ~*, enige tijd, geruime tijd **tijdmelding** *v* mededeling v.d. juiste tijd **tijdmeter** toestel dat de tijd meet **tijdnood** tijdgebrek **tijdopname** niet-momentopname; het bepalen v.d. tijd **tijdopnemer** *m* [-s] wie de tijd opneemt **tijdpad** in onderdelen uitgewerkt tijdschema **tijdpassering** *v* tijdverdrijf **tijdperk** grote tijdruimte **tijdrekening** jaartelling; wijze waarop men de tijd indeelt; berekening v.e. vervaldag **tijdrekenkunde** chronologie **tijdrit** rit waarbij op een bep. afstand een bep. prestatie geleverd moet worden **tijd'ro'vend** *bn* veel tijd vragend **tijdruimte, tijdsruimte** tijd tussen twee tijdstippen **tijdsbestek** tijdruimte **tijdschakelaar** op bep. tijd afstelbare schakelaar **tijdschema** naar tijdstippen opgezet schema **tijdschrift** op regelmatige tijden verschijnend drukwerk **tijdsduur** tijd dat iets duurt **tijdsein** sein dat de tijd aangeeft **tijdsgewricht** tijdruimte **tijdslimiet** tijdlimiet **tijdspanne** *v(m)* [-n] *(plecht.)* tijdruimte **tijdspiegel** geschrift dat de tijdgeest afspiegelt **tijdsruimte** tijdruimte **tijdstip** *o* ogenblik **tijdsverloop** tijd **tijdvak** tijdperk **tijdverdrijf** tijdkorting **tijdvers** vers waarvan de betrokken letters een jaartal vormen **tijdzang** gedicht over iets actueels **tijdzone** deel v. aardoppervlakte met dezelfde klokkentijd

tijgen [toog, getogen] *(bijz. t.)* gaan

tijger *m* [-s] geelachtig katachtig roofdier met strepen, Lat. Panthera tigris **tijgerachtig** *bn* als een tijger **tijgerbalsem** soort zalf voor pijnlijke of stijve spieren **tijgeren** *(mil.)* zich liggend op de ellebogen voortbewegen **tijgerin'** *v* [-nen] vr. tijger **tijgerlelie** oranjerode zwartgevlekte lelie

tijhaven vloedhaven

tijk *m (stofn. o)* overtrek van beddengoed

tijm *m* geurige als kruid gebruikte lipbloemige plant v.h. geslacht Thymus

tik *m* [-ken] het tikken; tikkend geluid; scheutje sterkedrank bij een niet-alcoholische; *een ~ van de molen hebben*, niet goed wijs zijn **tikfout** bij het typen gemaakte fout **tikje** kleine tik; beetje

tikkeltje *o* beetje

tikken licht kloppen; typen; *ruiten ~*, ruiten kapot maken

tikkertje *o* krijgertje

tiktak *o/m* het tikken **tiktakken** zachtjes tikken

til I *m* het tillen **II** *v(m)* [-len] duivenhok; vogelknip; *op ~*, spoedig te verwachten

tilbury *m* [-'s] licht verend tweewielig rijtuig voor één paard

tilde *v(m)* [-s] het teken ~ boven Spaanse of Portugese *n*

tillen opheffen; oplichten; *zwaar* resp. *licht aan iets ~, (fig.)* zwaar *resp.* niet zwaar laten wegen

tilt *op ~ slaan* of *springen*, op nul springen; *(fig.)* woedend worden; *op ~ staan*, buiten zichzelf zijn

timbre ‹i=è› *o* klankkleur

timen ‹i=aai› [timede, getimed] de benodigde tijd schatten **time-out'** *(sp.) m* [-s] onderbreking v.e. wedstrijd voor bespreking v.d. tactiek **timer** ‹i=aai› *m* [-s] schakelklok **timesharing** ‹taaimsjèring› *v* verdeling v. computertijd

timi'de *bn* bedeesd

timmer- *als eerste deel van ss vaak in de bet.*: voor timmerwerk **timmeren** houtwerk met spijkers maken; bouwen; slaan; *niet hoog ~*, weinig verstand hebben; *aan de weg ~*, in de publiciteit zijn **timmerman** [-lui, -lieden] wie voor zijn beroep timmert **timmertuin, timmerwerf** open timmerplaats **timmerwinkel** timmermanswerkplaats

timp *m* tip; punt; puntbrood

timpaan' *o* [-panen] geveldriehoek

tin *o* vroeger voor tafelgerei gebruikt niet-edel metaal

tinctuur' *v(m)* [-turen] aftreksel inz. op alcohol

tinfo(e)lie *v(m)* zeer dun bladtin

tingelen klingelen; slecht pianospelen; tingels aanbrengen **tingeling', tingelingeling'** *tw* klingelklingel **tingeltangel** *m* [-s] *(min.)* café-chantant **tinkelen** fijn klingelen

tinne *v(m)* [-n] kanteel; platdak

tinnef I *o* rotzooi; tuig **II** *m* verachtelijk persoon

tinnegieter *m* [-s] *politieke ~*, wie aan politiek doet of er over praat zonder er verstand van te hebben

tinnen *bn* van tin

tinneroy' *o/m* ribfluweel

tinpest het bij lage temperatuur verpulveren van tin **tinschuitje** *o* tin in de vorm v.e. schuitje **tinsoldeer** *o/m* soldeersel van tin **tinsteen** *o/m* tinerts

tint *v(m)* kleur, kleurnuance

tintel *m* tinteling **tintelen** flonkeren; prikkelen van kou

tinten kleur geven

tip I *m* [-pen] punt; *een ~ van de sluier*

oplichten, iets v.e. geheim openbaren **II** *m* [-s] wenk, fooi **tipgever** *m* wie een aanwijzing omtrent een crimineel geeft
tippel *m* wandeling
tippelaarster *v* [-s] straatprostituee **tippelen** met vlugge pasjes gaan; wandelen; lopen; straatprostitutie bedrijven **tippelverbod** verbod van straatprostitutie
tippen korten; even aanraken; een tip geven; als favoriet aanwijzen; *er niet aan kunnen* ~, het er niet bij kunnen halen
tipsy *bn* licht onder invloed van alcohol
tiptoets toets die slechts licht hoeft te worden aangeraaakt **tiptoetstelefoon** telefoontoestel met gemakkelijk te bedienen toetsen
tiptop *bn & bw* volkomen in orde
TIR *Transport International de Marchandises par la Route*, Internationaal wegtransport
tira'de *v* [-s] theatraal uitgesproken woordenreeks
tiraille'ren ‹tiera(l)jeeren› in verspreide orde vechten **tirailleur'** *m* [-s] tiraillerend soldaat
tiramisu' ‹u=oe› *m* [-'s] nagerecht met cake, room en cacao
tiran' *m* [-nen] wrede of naar willekeur handelende heerser **tirannie'** *v* [-ën] onderdrukkende heerschappij **tiranniek'** *bn & bw* als v.e. tiran **tirannise'ren** ‹s=z› onderdrukkend behandelen
tiras' *v(m)* [-sen] sleepnet **tirasse'ren** met een tiras vangen
tis'sue ‹tisjoe› *v(m)* [-s] papieren zakdoekje
tit. titulair
titaan' *(chem.) o* als titanium aangeduid zilverwit metaal
tita'nenarbeid reuzenwerk **tita'nisch** *bn & bw* reusachtig **ti'tansarbeid** titanenarbeid
titel *m* [-s] rangnaam, erenaam, ambtsnaam, naam; opschrift; onderdeel v.e. wetboek; rechtsgrond; kwalificatie (als kampioen) **titelblad** titelpagina **titelen** betitelen **titelgevecht** wedstrijd in vechtsport om kampioenstitel **titelhouder** *m* [-s] man die kampioenstitel draagt **titelhoudster** *v* [-s] vrouw die kampioenstitel draagt **titelpagina** bladzijde met titel **titelplaat** plaat tegenover of op titelblad **titelrol** rol van hem die in de titel genoemd wordt; opgave van namen v. medewerkers aan een film **titelstrijd** wedstrijd om kampioenstitel
titre'ren het gehalte bepalen v.e. oplossing
tittel *m* [-s] stip, jota, punt
titulair' ‹ai=è› *bn* de titel voerend **titula'ris** *m* [-sen] wie een titel voert **titulatuur'** *v* [-turen] betiteling, de titels **titule'ren** betitelen
tja *tw uiting v. weifeling of berusting*: ik weet het niet
tjalk *m/v* platboomde vrachtschuit met rond voor- en achterschip
tjaptjoi' *m* Chinees groentegerecht
tjee, tjeminee' *tw* uitroep v. verbazing
tjiftjaf *m* [-fen] naar zijn geluid genoemd zangvogeltje, Lat. Phylloscopus collybita
tjilpen piepend vogelgeluid maken
tjirpen geluid v. krekel maken
tjokvol *bn* stampvol
tjonge *tw* uitdrukking v. bewondering
tjotter *m* [-s] zeilvaartuig zonder dek met ronde voor- en achtersteven
t.k.a. te koop aangeboden
T-kruising kruising in de vorm v.e. T
t.l. ten laatste
Tl *(schei.)* thallium
tl-buis buislamp
t.l.v. ten laste van; *(mil.)* terugstootloze vuurmond
t/m tot en met
Tm *(schei.)* thulium
TM Transcendente Meditatie
TNO Toegepast Natuurwetenschappelijk Onderzoek
TNT *trinitrotolueen*, krachtige springstof
t.n.v. ten name van
t.o. tegenover
toa *technisch onderwijsassistent*, amanuensis
toast ‹toost› *m* heildronk; sneetje(s) geroosterd brood **toasten** [toastte, getoast] een toast uitbrengen **toaster** ‹oa=oo› *m* [-s] apparaat om brood te roosteren
tobbe *v(m)* [-s, -n] waskuip
tobben ploeteren; zich angstig maken; moeilijkheden hebben **tobber(d)** *m* [-s] wie tobt **tobberig** *bn* steeds tobbend
tocca'ta *m* [-'s] levendige compositie voor piano of orgel
toch *bw* evenwel, immers, dan
tocht *m* trek; het trekken; sloot; *(bijz. t.)* hartstocht; *als eerste deel v.e. ss vaak*: tegen de tocht; *op de ~ staan*, in moeilijkheden verkeren **tochtband** band tegen tocht **tochtdeur** deur tegen tocht **tochten** trekken; wind doorlaten **tochtgat** plaats waar het tocht **tochtig** *bn & bw* met veel tocht; bronstig **tochtlat** lat tegen de tocht; smalle bakkebaard **tochtsloot** sloot voor afvoer v. polderwater **tochtstrip** *m* [-pen] (metalen) tochtband
tod *v(m)* [-den] vod
toe I *bw & bn* naar, heen; dicht; tot aan, erbij; *blij ~*, erg blij; *~ zijn aan*, zover zijn dat men dringend behoefte heeft aan **II** *tw* vooruit maar; *als eerste deel van sk in de bet.*: dicht, naar, tot **toebedelen** als deel geven **toebehoren I** *ww* behoren **II** *o* wat erbij hoort **toebereiden** klaarmaken **toebereidselen** *mv* voorbereidende maatregelen **toebeurs** gesloten beurs **toebijten** er in bijten, een voorstel aannemen; toesnauwen **toebrengen** veroorzaken, aandoen **toeclip** ‹oe=oo› *m* [-s] voetklem aan pedaal v. racefiets **toedekken** onderdekken **toedenken** bestemmen **toedichten** zonder grond toeschrijven **toedienen** geven **toedoen I** *ww* sluiten; *er ~*, helpen; *eraan ~*, het helpen **II** *o* hulp **toedracht** *v(m)* beloop **toedragen** koesteren; *zich ~*, gebeuren **toe-eigenen** [eigende toe, toegeëigend] *zich ~*, in bezit nemen
toef *v(m)* kuif; pluk; bos
toegaan dichtgaan; *er ~*, gebeuren

T

toegang *m* gelegenheid om binnen te komen **toegangs-** *als eerste deel v.e. ss*: waardoor of waarlangs men toegang heeft, recht van toegang gevend **toegan'kelijk** *bn* te bereiken, te bezoeken; genaakbaar

toegedaan *bn* genegen; *een mening* ~, van mening

toegeef'lijk, **toege'felijk** *bn & bw* geneigd om toe te geven; inschikkelijk

toegenegen *bn* liefhebbend **toegespitst** *bn* in een spits eindigend; *(fig.)* afgestemd; op de spits gedreven **toegeven** meer geven; verliezen; zich inschikkelijk tonen; inwilligen; erkennen; *niets* ~, niet onderdoen voor **toege'vend** *bn & bw* inschikkelijk; een feit erkennend **toegewijd** *bn* aan iets of iem. veel zorg bestedend **toegift** extraatje **toegrijpen** snel grijpen; *met beide handen* ~, gaarne aanvaarden **toehalen** dichttrekken, aantrekken **toehappen** gretig happen, gaarne aanvaarden **toehoorder** *m* [-s] wie luistert; wie lessen volgt zonder examens te doen **toehoorderes'** [-sen], **toehoorster** [-s] *v* vr. toehoorder **toehoren** luisteren **toejuichen** met gejuich begroeten

toekan *m* [-s] tropische spechtachtige vogel met enorme fel gekleurde snavel, Lat. Ramphastus

toekennen geven, verlenen **toekijken** kijken naar iets zonder te kunnen of te mogen meedoen **toeknikken** knikken naar **toekomen** *h/z* rechtens behoren aan; toelopen; voldoende hebben; *doen* of *laten* ~, sturen **toe'ko'mend** *bn* toekomstig

toekomst *v* wat nog moet gebeuren; goede vooruitzichten **toekomstdroom** mooie verwachting v.d. toekomst **toekoms'tig** *bn* v.d. toekomst **toekomstmuziek** toekomstdromen

toekunnen ~ *met*, voldoende hebben aan **toelaat'baar** *bn* geoorloofd, toe te laten **toelachen** lachen tegen; er aanlokkelijk uitzien **toelage** *v(m)* [-n] geldelijke uitkering bij iets **toelaten** doorlaten; toestaan; opnemen **toelatingsexamen** examen om toegelaten te worden **toeleg** *m* plan **toeleggen** toegeven; toewijzen; *het erop* ~, ernaar streven; *zich* ~ *op*, bijzonder werk maken van **toeleven** ~ *naar*, zich verlangend voorbereiden op **toeleveren** onderdelen of materialen aan een fabrikant leveren **toelichten** nader verklaren **toelichting** *v* verklaring **toeloop** *m* het komen van alle kanten **toelopen** *z* lopen naar; uitlopen **toeluisteren** luisteren **toemaat I** *v(m)* overmaat **II** *m* nagras

T

toen I *bw* op die tijd **II** *vgw* op de tijd dat

toenaam bijnaam; *met naam en*~, tot in bijzonderheden **toenadering** *v* begin v. verzoening **toename** *v(m)* [-n] toeneming

toendra *v(m)* [-'s] steppe

toenemen *h/z* groter worden, sterker worden

toenmaals *bw* toen **toenmalig** *bn* van toen **toentertijd** *bw* toen

toepas'selijk *bn & bw* van toepassing, passend bij de omstandigheden **toepassen** aanwenden; te pas brengen **toepassing** *v* het toepassen, toepassende vermaning; *in* ~ *brengen*, toepassen; *van* ~, toepasselijk

toepen kaartspel spelen waarbij op tafel getikt wordt

toer *m* rondrit; wandeling; kunststukje, moeilijk iets; aanpak, manier om een bepaalde indruk te vestigen; omwenteling; rij breisteken; vals voorhaar met krullen; *op volle ~en draaien*, zo hard mogelijk werken; *over zijn ~en*, overspannen; *op de ...* ~, om een ... indruk te vestigen **toerbeurt** beurt

toereiken aangeven; voldoende zijn **toere'kenbaar** *bn* aangerekend kunnende worden; toerekeningsvatbaar **toerekenen** aanrekenen **toerekeningsvat'baar** *bn* voor daden aansprakelijk

toeren een toer maken **toerental** aantal toeren **toerenteller** *m* [-s] toestel dat het aantal toeren aangeeft

toeris'me *o* het reizen ter ontspanning **toerist'** *m* plezierreiziger **toeris'tenkaart** plattegrond voor toeristen; reisdocument dat beperkt geldig is **toeris'tenklasse** goedkope klasse in een vliegtuig of op een boot **toeris'tisch** *bn & bw* het toerisme betreffende

toerit hellend oplopende weg naar snelweg, brug, tunnel of viaduct

toermalijn' *m (stofn. o)* roodachtige edelsteen

toernooi', **tornooi'** *o* steekspel; reeks wedstrijden

toerusten uitrusten **toeschie'telijk** *bn* tegemoetkomend **toeschijnen** *h* schijnen **toeschouwer** *m* [-s] kijker **toeschrijven** veronderstellen vervaardigd of veroorzaakt te zijn door **toeschuiven** schuiven in de richting van; dichtschuiven **toeslaan** dichtslaan; op een aanbod ingaan **toeslag** toewijzing; bijslag **toespeelbal** bal die men aan iem. v.d. eigen partij toespeelt **toespelen** door het spel doen krijgen; zinspelen **toespeling** *v* zinspeling **toespijs** bijgerecht **toespitsen** scherper maken **toespraak** rede **toespreken** spreken tot, aanspreken **toestaan** veroorloven **toestand** *m* gesteldheid, omstandigheden

toestel *o* [-len] machine, werktuig

toestemmen inwilligen

toestoppen dichtstoppen; stilletjes geven; warm toedekken **toestromen** als een stroom ergens heen gaan

toet *m (pop.)* mond, gezicht; dot

toetakelen stuk makend en wondend mishandelen; opdirken **toetasten** nemen wat men blieft

toeten *van* ~ *noch blazen weten*, onwetend zijn **toeter** *m* [-s] hoorn; *~s en bellen*, allerlei versieringen **toeteren** telkens toeten **toeterzat** *bn (pop.)* volkomen dronken

toetje *o* nagerecht, dessert

toetreden lid worden

toets *m* beproeving; proef; langwerpig stuk v.e. instrument dat men kan indrukken; penseelstreek; controleactiviteit op vordering v. leerlingen **toetsen** op een toetssteen onderzoeken **toetsenbord** de toetsen; bedieningspaneel v.e. instrument of computer of machine **toetsenist'** *m* *(muz.)* iem. die een instrument met toetsen bespeelt **toetsinstrument** instrument met toetsen **toetssteen** *m* proefsteen v. goudsmid, beproevingsmiddel

toeval **I** *o* het onberekenbaar gebeuren **II** *m/o* aanval v. vallende ziekte **toevallen** ten deel vallen; dichtvallen **toeval'lig** *bn & bw* bij toeval **toeval'ligerwijs'**, **toeval'ligerwij'ze** *bw* bij toeval **toeval'ligheid** *v* [-heden] toeval **toevalstreffer** treffer bij toeval

toeven dralen, wachten

toeverlaat *m* toevlucht **toevertrouwen** in vertrouwen geven of meedelen; overlaten **toevloed** toestroming **toevloeien** toestromen **toevlucht** *v(m)* wijkplaats; hulp **toevluchtsoord** wijkplaats **toevoegen** erbij voegen; onvriendelijk zeggen; als helper geven **toevoeging** *v* het toevoegen; toevoegsel **toevoegsel** *o* [-s] het toegevoegde **toevoer** *m* aanvoer **toevoeren** aanvoeren **toewensen** wensen dat iem. zal krijgen **toewijden** geven, opdragen **toewijding** *v* het toewijden; ijver **toewijzen** toekennen; *een eis ~*, een eiser in het gelijk stellen; *een koop ~*, tot koper verklaren **toewijzing** *v* het toewijzen; het toegewezene; geschrift waarop wordt toegewezen **toezeggen** beloven **toezegging** *v* belofte **toezicht** het toezien **toezien** toekijken; waken, oppassen **toeziend** *bn* toezicht houdend **toezingen** voor iem. ter begroeting zingen

tof *bn & bw (pop.)* leuk; betrouwbaar

toffee ‹toffie› *m* [-s] karamel

toffelzaag kapzaag

tofoe', **tofu** *m* tahoe

toga *v(m)* [-'s] lang ambtskleed

toilet' ‹twalet› *o* [-ten] verzorging v. uiterlijk; wc met wasgelegenheid; dameskleding; *(zijn) ~ maken*, zijn uiterlijk verzorgen **toilet'artikel** artikel voor kaptafel **toiletblok** gebouw met sanitaire voorzieningen; wc-pot met waterreservoir; luchtverfrisser voor de wc **toilet'juffrouw** juffrouw die openbaar toilet verzorgt **toilet'papier** wc-papier **toilet'spiegel** kapspiegel **toilet'tafel** kaptafel **toilet'tas** tas voor toiletartikelen **toilette'ren** naar het toilet gaan; *zich ~*, zich netjes kleden; *gez. v. dieren*: er netjes laten uitzien **toilet'zeep** fijne zeep

toi toi toi *tw* succes!

toka'yer *m* Hongaarse, zoete wijn

token *o* [-s] geval van voorkomen

tokkelen snaren bespelen; *(sp.)* via een strak gespannen kabel naar beneden glijden **tokkelinstrument** instrument om op te tokkelen

toko *m* [-'s] winkel v. Ind. artikelen; bazaar

tol *m* [-len] belasting op doorgang en invoer; tolhuis, tolhek; op een punt draaiend speelgoed; *de ~ der natuur betalen*, sterven **tolboom** slagboom bij tol

tolera'bel *bn* te dulden **tolerant'** *bn & bw* verdraagzaam; aanvaardend **toleran'tie** *v* [gmv] verdraagzaamheid **tolere'ren** dulden

tolgeld als tol te betalen geld **tolhek** afsluithek bij tol **tolhuis** huis waar tol wordt geheven

tolk wie gesproken taal mondeling vertaalt; *(fig.)* woordvoerder

tolkantoor tolhuis

tolken als tolk optreden **tolk-verta'ler** *m-v* [-s] wie de beroepen van tolk en vertaler naast elkaar uitoefent

tollen met een tol spelen; ronddraaien, rollen

tollenaar *m* [-s, -naren] *(gesch.)* belastinggaarder die de functie pachtte **tolunie** *v* [-s] overeenkomst over in- en uitvoerrechten **tolvrij** *bn* vrij van tol; vrij **tolweg** weg waarvoor tol betaald wordt

tom. *tomus*, deel

tomaat' *v(m)* [-maten] plant uit de familie v.d. nachtschaden met grote oranjerode eetbare vrucht, Lat. Solanum lycopersicum; de vrucht ervan

tomahawk *m* [-s] krijgsbijl v.d. indianen

Tomas *zie* **Thomas**

toma'tenpuree *v* puree v. tomaten

tombe *v(m)* [-s, -n] praalgraf

tombola *m* [-'s] verloting zonder nieten

tomeloos *bn & bw* teugelloos; buitensporig **tomen** de teugel aandoen, beteugelen

tompoes' *m* [-poezen] gebakje v. bladerdeeg met room

ton *v(m)* [-nen] vat; 1000 kg; 1 m^3; 100.000 euro; diverse andere maten; tonnenboei

tonaal' *bn* in een overheersende toon geschilderd **tonaliteit'** *v* toongehalte; kleurschakering

tondel, **tonder** *o/m* [-s] geschroeid linnen om vuur te maken

tondeu'se ‹s=z› *v* [-s] haarsnijmachine

toneel' *o* [-nelen] toneelvoorstelling; plaats daarvoor; toneelvermaak; op te voeren stukken; tafereel, onderdeel v. bedrijf; plaats waar iets zich afspeelt; *als eerste lid v.e. ss vaak in de bet.*: van of voor het toneel; *van het ~ verdwijnen*, niets meer van zich laten horen **toneel'aanwijzing** aanwijzing voor de opvoering **toneel'gezelschap** groep beroepstoneelspelers **toneel'kijker** verrekijker voor in schouwburg **toneel'knecht** wie voor de aankleding v.h. toneel zorgt **toneel'kritiek** recensie over toneelopvoering **toneelma'tig** *bn & bw* overeenkomstig de eisen v.h. toneel **toneel'meester** wie de leiding heeft voor de aankleding v.h. toneel **toneel'schrijver** schrijver v. toneelstukken **toneel'spel** toneelstuk; het toneelspelen **toneel'speler** wie toneel speelt **toneel'stuk** stuk om op te voeren

tonen laten zien

toner *m* [-s] drukinkt in poedervorm

tong *v(m)* lichaamsdeel waarmee gelikt kan worden; tongvormig onderdeel; smaak; taal; enigszins op een mensentong lijkende platvis; *op de ~ liggen*, klaar zijn om gezegd te worden; *een gladde ~ hebben*, goed kunnen praten; *een fluwelen ~ hebben*, kunnen vleien; *de ~en losmaken*, de mensen aan het spreken brengen; *over de ~ gaan* of *rijden*, bekletst worden; *zijn ~ roeren*, druk spreken; *een lange ~ hebben*, veel praten; kwaadspreken **tongenworst** worst met tong erin

tongewelf tonvormig gewelf

tongriem spier onder de tong; *goed van de ~ gesneden*, goed kunnende praten **tongschraper** *m* [-s] wie een ander uithoort **tongval** *m* [-len] dialect **tongwortel** achterste deel v. tong **tongzoen** zoen waarbij men de tong in de mond v.d. partner steekt

tonic ‹tonnik› *m* koolzuurhoudend water met kinine

tonica *v* grondtoon v.e. toonladder

tonicum *o* [-ca, -cums] versterkend middel

tonijn' *m* subtropische zeevis v.h. geslacht Thunnus

tonisch *bn* versterkend; spannend; lang durend

tonkilometer 1000 kg een km vervoerd **tonmolen** koker met schroef om water op te voeren **tonna'ge** ‹ag=aazj› *v* tonnenmaat **tonnenmaat** *v(m)* inhoud v. schip **tonrond** **I** *bn* rond als een ton **II** *o* tonrondte **tonrondte** *v* ronding v.e. weg

tonsil' *v(m)* [-len] amandel in keel **tonsillectomie'** *v (med.)* het verwijderen v.d. amandelen

tonsuur' *v* kruinschering; geschoren kruin

tonus *m* spanning (in een spier)

toog **I** *m* [togen] gewelfboog; draagbalk; *(Belgned.)* bar **II** *v(m)* [togen] toga

tooi *m* opschik **tooien** sieren **tooisel** *o* [-s] tooi

toom *m* [tomen] teugel; broedsel; *in ~*, in bedwang

toon *m* [tonen] teen; klank; toonhoogte; wijze v. omgang of spreken; *de ~ aangeven*, het voorbeeld geven; *uit de ~ vallen*, niet in de sfeer passen; *een ~tje lager zingen*, zich matigen; *een ~ aanslaan*, spreken of optreden; *ten ~ stellen*, tentoonstellen; *ten ~ spreiden*, vertonen **toonaangevend** *bn* tot voorbeeld dienend **toonaard** toongeslacht **toonafstand** afstand tussen twee tonen **toonbaar** *bn* netjes **toonbank** uitstaltafel **toonbeeld** prachtig voorbeeld **toondemper** *m* [-s] apparaat om de toon te verzwakken **toonder** *m* [-s] wie het betrokken geldswaardig papier toont **toondichter** componist **toongeslacht** majeur of mineur **toongevend** *bn* toonaangevend **toonkamer** showroom **toonkunst** muziek **toonkunstenaar** *m* wie toonkunst beoefent **toonladder** rij opeenvolgende tonen **toonloos** *bn & bw* zonder nadruk of nuancering, kleurloos **toonsoort** toongeslacht **toonvast** *bn* goed toon kunnende houden **toonzaal** toonkamer **toonzetten** muziek maken op

toorn *m* woede **toornen** boos zijn, boos optreden **toornig** *bn & bw* boos

toorts *v(m)* fakkel; plant v.h. geslacht Verbascum

top **I** *m* [-pen] hoogste punt; *als eerste deel v. ss ook*: een toppunt vormend, hoogste, v.d. leiding; *van ~ tot teen*, geheel en al; *op en ~*, volkomen; *voor ~ en takel*, zonder zeil; *als eerste deel v. ss in de bet.*: hoogst of van hoogste prestatie (in de productie); of van de hoogste gezaghebbers **II** *tw* afgesproken

topaas' *m (stofn. o)* [-pazen] fluorhoudende halfedelsteen

top-down' *bn & bw* in een strakke hiërarchie werkend **top-down'bestuur** *o* bestuur vanuit de top v.e. organisatie zonder overleg met de werkvloer

tophit erg in trek zijnd muzieknummer

topic ‹toppik› *m* onderwerp

topinam'boer *m* [-s] aardpeer

topje *o* mouwloos truitje of bloesje met of zonder schouderbandjes

topkraan kraan waarvan de arm horizontaal en verticaal kan draaien

topless *bn* met blote boezem; de boezem bloot latend

topograaf' *m* [-grafen] wie een plaatsbeschrijving levert **topografie'** *v* plaatsbeschrijving **topogra'fisch** *bn* betrekking hebbend op de topografie, plaatsbeschrijvend **toponiem'** *o* plaatsnaam **toponymie'** *v* plaatsnaamkunde **topony'misch** *bn* plaatsnaamkundig **toponymist'** *m* plaatsnaamkundige

toppen de top(pen) wegnemen (van)

topper *m* [-s] vogel met kuif; toppereend; geweldig succes, uitblinker, topfiguur **topprestatie** hoogste prestatie **toppunt** hoogste punt, summum **tops** *bn* spits toelopend **topsalaris** zeer hoog salaris **topscorer** *m* [-s] wie de meeste doelpunten maakt **topspin** *m* effect v.e. bal door opwaartse slag **topsteen** *m* sluitsteen ***top-tien** *(Wdl. toptien) de ~*, de tien belangrijkste(n) **topvorm** topconditie **topzeil** bovenste zeil **topzwaar** *bn & bw* van boven te zwaar

toque ‹tok› *v(m)* [-s] dameshoed zonder rand; kruisbeschermer

tor *v(m)* [-ren] kever

toreador' *m* [-s] stierenvechter

toren *m* [-s] hoog bouwwerk; bep. stuk in schaakspel; gevangenis; *hoog van de ~ blazen*, een grote mond opzetten **torenflat** zeer hoog flatgebouw **torenhoog** *bn* zeer hoog **torenkraai** kerkkauw **torenuil** kerkuil **torenvalk** valk met zwarte streep op de staart, Lat. Falco tinnunculus **torenwachter** *m* wie op een toren de wacht houdt

tore'ro *m* [-'s] stierenvechter; wie de stier doodt

torment' *o* kwelling **tormente'ren** kwellen

torn **I** *m* het tornen; karwei **II** *v(m)* los geraakte naad

torna'do *v(m)* [-'s] wervelstorm

tornen de naad lospeuteren; veranderen

tornooi' *o* toernooi

torpede'ren in de grond boren

torpe'do *v(m)* [-'s] sidderaal; sigaarvormig naar schepen gelanceerd projectiel **torpe'doboot** schip om torpedo's af te schieten **torpe'dojager** *m* [-s] snelvarend oorlogsschip

tors *m* [-en], **torso** bovenlijf; beeld zonder ledematen

torsen met moeite dragen

torsie ‹s=z› *v* wringing

torso *m* [-'s] tors; onvoltooid werk

tortel *m/v* [-s], **tortelduif** kleine wilde duif, Lat. Streptopelia turtur turtur **tortelen** minnekozen

tortil'la *m* [-'s] met o.a. vlees gevulde omelet **tortil'lachip** gefrituurd schijfje v. maïsmeel

tortueus' *bn* met bochten, slinks

tortuur' *v* [-turen] pijnbank; pijniging

toss *m* het tossen **tossen** opgooien voor een wedstrijd

tosti *m* [-'s] met belegsel geroosterde sandwich **tosti-ijzer** *o* [-s] op een wafelijzer lijkend apparaat voor het bakken van tosti's

tot I *vz* niet verder dan; voor; te; als **II** *vgw* totdat; *~ en met*, het laatste ook nog ingesloten, zeer

totaal' I *bn & bw* geheel; totalitair; zonder iets te ontzien **II** *o* [-talen] geheel **totaal'bedrag** som v.d. bedragen **totaal'beeld** *o (germ.)* beeld v.h. geheel **totaal'weigeraar** *m* [-s] wie militaire dienst en vervangend werk weigert te vervullen

totalisa'tor ‹s=z› *m* [-s] optelmachine

totalitair' ‹ai=è› *bn & bw* met staatsalmacht **totalitaris'me** *o* totalitaire staatsvorm

totaliteit' *v* geheel **tota'liter** *bw* volkomen

total loss' ‹tootul los› zo kapot dat reparatie zinloos is

totdat *vgw* tot de tijd dat

totebel *v(m)* [-len] morsebel; kruisnet

totem *m* [-s] symbool v.e. beschermgeest **totemis'me** *o* met totems werkend geloof **totemis'tisch** *bn & bw* van of betreffende het totemisme **totempaal** paal met totems

toto *m* [-'s] het wedden op uitslagen v.e. aantal wedstrijden

totstand'brenging *v* het tot stand brengen **totstand'koming** *v* het tot stand komen

touchant' ‹toesjant› *bn* roerend **touche** ‹toesj› *v(m)* [-s] aanraking; penseelstreek; toets **toucher'** ‹toesjee› *o* aanslag **touche'ren** ‹toesjeeren› ontvangen; treffen; inwendig onderzoeken met de hand of de vinger

toupe'ren ‹ou=oe› omhoogkammen

toupet' ‹toepè'› *m* [-s] haarstukje; kuif

tour de force' ‹toer de fors› *m* krachttoer

touringcar ‹toeringkàr› *m/v* [-s] grote autobus voor toeristen

tournedos' ‹toernedoo› *m* [mv idem maar met s uitgesproken] ‹toernedoos› biefstuk v.d. haas

tournee' ‹ou=oe› *v* [-s] rondreis

tourniquet' ‹toernikè› *m* [-s] draaikruis

tournu're *v(m)* [-s] wending

touroperator ‹toeroppereeter› *m* [-s] reisorganisatie

touw *o* gevlochten hennep of vlas; weefgetouw; *er geen ~ aan kunnen vastmaken* of *vastknopen*, er niets van begrijpen; *op ~ zetten*, ondernemen; *in ~*, druk bezig; *aan een ~tje*, geheel in zijn macht; *aan de ~tjes trekken*, de zaak leiden **touwbaan** lijnbaan **touwen I** *bn* van touw **II** *ww* leer bereiden; slaan **touwklimmen** *o* in een touw klimmen **touwladder** uit touw vervaardigde ladder **touwslager** *m* [-s] wie touw maakt **touwslagerij'** *v* touwmakerij **touwtjespringen** [sprong touwtje, touwtjegesprongen] in de bocht v.e. touw springen **touwtrekken** aan weerszijden aan een touw trekken als krachtmeting **touwwerk** de touwen

t.o.v. ten opzichte van; ten overstaan van

tovenaar *m* [-s, -naren] wie kan toveren **tovenaarster** [-s], **tovenares'** [-sen] *v* vr. tovenaar **tovenarij'** *v* toverij

tover- *als eerste deel v.e. ss vaak in de bet.*: fantastisch mooi, met toverkracht **toverachtig** *bn & bw* fantastisch mooi **toverbal** bij het zuigen verkleurend stukje snoep **toverboek** boek met toverkunsten **tovercirkel** cirkel waarbinnen toverkracht geldt **toveren** iets wonderbaarlijks doen **toveres'** *v* [-sen] tovenaarster **toverformule**, **toverformulier** toverspreuk **toverheks** tovenares; lelijke oude vrouw **toverij'** *v* het toveren; toverkunst **toverkol** *v* [-len] toverheks **toverkracht** toverende kracht **toverkunst** het kunnen toveren **toverlantaarn** projectielantaarn als speelgoed **toverslag** *als bij ~*, verrassend snel **toverspiegel** spiegel met toverkracht; lachspiegel

toxiciteit' *v* giftigheid **toxicologie'** *v* leer v.d. vergiften **toxicum** *o* [-ca, -cums] vergif **toxi'ne** *v(m)* [-s, -n] door bacterie voortgebracht vergif

t.q. *tutti quanti*, alle(n) van dat slag

traag *bn & bw* langzaam **traagheid** *v* langzaamheid; luiheid; eigenschap dat rust of beweging niet vanzelf ophoudt

traan I *m/v* [tranen] oogvocht **II** *m* olie uit zeedieren **traanbuis** afvoerkanaal v. traanklier **traangas** tranen verwekkend gas **traanklier** tranen afscheidende klier **traanogen** tranen **traanoog** tranend oog

T

tracé' *o* [-s] afgebakende weg; plan voor weg **traceer'werk** versiering v. meetkundige figuren **trace'ren** ontwerpen; afbakenen; het spoor aanwijzen van

trachee' *v* [-ën] adembuis **tracheotomie'** *v* het openen v.d. luchtpijp om verstikking te voorkomen

trachiet' *o* grijs vulkanisch kiezelgesteente

tracho'ma, **trachoom'** *o* oogbindvliesontsteking

trachten proberen, streven

track ‹a=è› *m* [-s] muziekstuk op een geluidsdrager; *(comp.)* deel v. floppydisk met informatie

tractie *v* het trekken

tractor *m* [-en, -s] motorrijtuig om te trekken

tradi'tie *v* [-s] oud gebruik **traditionalis'me** *o*

het vasthouden aan tradities **traditionalis'tisch** *bn & bw* aan tradities gehecht **traditioneel'** *bn & bw* de traditie volgend; conventioneel

trage'die *v* [-s, -diën] treurspel; treurig voorval **tragédien'ne** ‹dien=djèn› *v* [-s] speelster in een treurspel **tragicus** *m* [-ci] tragediedichter **tragiek'** *v* het tragische **tra'gikomedie** tragikomisch toneelstuk of voorval **tragiko'misch** *bn & bw* treurig en grappig tevens **tragisch** *bn & bw* door een tegenstelling bedroevend; droevig

trailer ‹ai=ee› *m* [-s] truck met oplegger; oplegger; voor reclame bijeengevoegde stukken film

trainee' ‹treenie› *m/v* [-s] wie voor een bep. functie wordt opgeleid

trainen ‹ai=ee› oefenen **trainer** *m* [-s] oefenmeester; jonge manager in opleiding **trainer-coach'** ‹treener-kootsj› *m-v* [coaches] oefenmeester die ook coach is

traine'ren ‹ai=è› slepende houden of blijven

training ‹ai=ee› *v* het trainen; *in ~ zijn*, zich regelmatig oefenen **trainingspak** warme kleren voor sportoefeningen

trait-d'union' ‹trè-duunjõn› [gmv] verbindingsstreepje; *(fig.)* bemiddelaar

traite ‹ai=è› *v(m)* [-s] getrokken wissel

traiteur' ‹ai=è› *m* [-s] verzorger van diners en partijtjes

traject' *o* afstand; baanvak

traktaat' *o* [-taten] verhandeling; verdrag

trakta'tie *v* [-s] onthaal; lekkernij

traktement' *o* bezoldiging

trakte'ren onthalen; bejegenen, behandelen

tralie *v* [-s, -liën] spijl; *als eerste deel v.e. ss vaak in bet.*: met spijlen; *achter de ~s*, in de gevangenis **traliën** met tralies voorzien

tram ‹a *of* e› *m* [-s, -men] over rails lopend voertuig

trammelant' *m/o* moeilijkheden, ruzie, lawaai

trammen ‹a *of* è›, **tremmen** met tram gaan

tramonta'ne *v(m)* de Poolster; *de ~ kwijtraken*, de koers uit het oog verliezen, in de war raken, dronken zijn

tramp ‹a=e› *m* [-s] zwerver; schip v.d. ongeregelde vrachtdienst

trampoli'ne *v(m)* [-s] horizontaal raam met verend binnenwerk

T

trampvaart ‹a=e› wilde vaart

trance ‹trãns› *v(m)* [-s] geestvervoering; droomtoestand

trancheer'mes ‹ch=sj› voorsnijmes **trancheer'vork** voorsnijvork **tranche'ren** in stukken snijden

tranen *h* tranen afscheiden **tranendal** wereld **tranig** *bn* traanachtig

tranquillizer ‹trenkillaizer› *m* [-s] kalmerend medicijn

trans *m* torenomgang; hoogste punt; *(dicht.)* uitspansel; *als eerste deel v.e. ss en afl*: over, aan de andere zijde

transac'tie *v* [-s, -tiën] handelsovereenkomst; *(jur.)* schikking

trans-Alpijns' *bn* van over de Alpen **trans-Atlan'tisch** *bn* over de Atlantische oceaan

transcendent' *bn* bovenzinnelijk **transcendentaal'** *bn* bovenzinnelijk

transcribe'ren herspellen **transcript'** *o* afschrift **transcrip'tie** *v* [-s] overzetting, het overbrengen in een ander stelsel v. letters of tekens

transept' *o* dwarsschip

transfer' ‹trensfeur› *m/o* overmaking; overdracht (v.e. beroepsspeler); vervoer tussen vliegtuig en hotel; overstap naar een ander vliegtuig **transfera'bel** *bn* over te maken **transfere'ren** overmaken; overdragen **transfer'periode** periode waarin beroepsspelers ge- en verkocht kunnen worden

transfigura'tie *v* [-s] gedaanteverandering

transforma'tie *v* [-s] vervorming **transforma'tor** *m* [-en, -s] toestel dat de spanning v. elektr. stroom verandert **transforme'ren** omvormen; een andere spanning geven

transfu'sie ‹s=z› *v* [-s] overgieting; bloedtransfusie

transgeen' *bn* met kunstmatig ingebrachte erfelijke eigenschappen **transgenderist'** *m* wie zich man en vrouw tegelijk voelt **transgene'se** ‹se=ze› *v* overbrengen v. erfelijke eigenschappen

transige'ren schipperen

transis'tor *m* [-s] kristalversterker; transistorradio

transit *m* doorgaand vervoer v. passagiers

tran'sitief' **I** *bn* overgankelijk **II** *o* [-tieven] overgankelijk ww

transi'to *o* doorvoer

transitoir' ‹toir=toor *of* twaar› *bn* voorbijgaand

translitera'tie *v* het in een ander schrift overbrengen

transloca'tie *v* het naar een andere plaats brengen

transmigra'tie *v* het doortrekken v. landverhuizers; zielsverhuizing; bevolkingsverplaatsing binnen bep. gebied

transmis'sie *v* [-s] overdracht, overbrenging

transmuraal' *bn* ook buiten de muren v.e. (zorg)instelling werkend

transparant' **I** *bn* doorschijnend **II** *o* doorschijnende gelinieerde onderlegger; doorschijnend scherm; doorschijnbeeld; doorschijnende plaat

transpira'tie *v* het zweten **transpire'ren** zweten

transplanta'tie *v* [-s] overplanting v. levend weefsel **transplante'ren** overplanten

transpone'ren in andere toon overzetten

transport' *o* vervoer; het vervoerde; over te brengen bedrag; *als eerste deel v.e. ss vaak in de bet.*: om voor vervoer te dienen **transporta'bel** *bn* vervoerbaar **transport'arbeider** bij het vervoer werkzaam arbeider **transport'band** band zonder einde voor verplaatsing v. goederen **transporte'ren** vervoeren, overbrengen

transposi'tie *v* [-s] het transponeren

transseksueel' **I** *bn* willende behoren tot de andere sekse **II** *m-v* [-uelen] zodanig

iemand
transsubstantia'tie *v* zelfstandigheidsverandering, verandering v. brood en wijn in het lichaam en bloed v. Christus
transversaal' ‹s=z› *bn & bw* dwars **II** *v(m)* [-salen] snijlijn, snijvlak **III** *m-v* verwant in de zijlinie
trant *m* manier
trap I *m* [-pen] schop; trede; de treden; ladder; het trappen; peil; graadaanduiding in de taal; *van de ~pen vallen*, zijn haren laten knippen **II** *v(m)* [-pen] bep. loopvogel
trape'ze *v(m)* [-s] aan twee touwen hangende korte rekstok **trape'zewerker** wie toeren uitvoert aan een trapeze
trape'zium *o* [-s, -zia] vierhoek met twee evenwijdige zijden **trapezoï'de** *v* [-n,-s] vierhoek met ongelijke hoeken en zijden
trapgat opening waar trap in uitkomt **trapgevel** zich trapsgewijze versmallende gevel **trapladder** losse trap **trap(naai)machine** door trappen in beweging te brengen naaimachine
trappelen gedurig trappen **trappelzak** zak voor baby's
trappen een trap geven; per fiets rijden; *ergens in ~*, erin lopen
trappenhuis deel v.e. gebouw waar de hoofdtrap is
trapper *m* [-s] pedaal; stevige schoen
trappist' *m* naar de abdij La Trappe genoemd lid v.d. benedictijnerorde; op een abdij v. trappisten gebrouwen bier
trapportaal portaal bij trap **traproede** roede om traploper te bevestigen **trapsgewijs**, **trapsgewijze** *bn & bw* bij trappen
tras *o* gemalen tufsteen **trasraam** deel v. muur in tras **trassaat'** *m* [-saten] op wie een wissel getrokken wordt **trassant'** *m* wie een wissel trekt **trassen** met tras metselen **trasse'ren** een wissel trekken
trassi *m* uit vis en garnalen bestaande toespijs bij rijsttafel
trauma *v(m)* [-'s, -ta] stoornis door schokkende ervaring **traumaheli** helikopter voor vervoer v. gewonden en zieken **trauma'tisch** *bn* v.d. aard v.e. trauma **traumatise'ren** ‹s=z› een trauma of shock veroorzaken **traumatologie'** *v* leer der trauma's; deel v.d. geneeskunde dat zich met verwondingen bezighoudt; ongevallenafdeling v.e. ziekenhuis
travellerscheque ‹trevlursjek› tegen verlies of diefstal verzekerde cheque voor op reis
travers', **traver'se** ‹s=z› [-n] *v* dwars iets, tegenspoed **traverse'ren** ‹s=z› kruisen; dwarssprongen maken
travertijn' *o* poreuze kalksteen
travestie' *v* [-ën] [-s] verkleding als persoon v.h. andere geslacht **travestiet'** iem. in bij het andere geslacht horende kleren
trawant' *m* handlanger; bijplaneet
trawler ‹tròler› *m* [-s] treiler, boot met sleepnet **trawlnet** sleepnet
tray ‹tree› *m* [-s] bakje als verpakking voor enkele voorwerpen
trecen'to ‹treetsjento› *o* veertiende eeuw als cultuurperiode
trechter *m* [-s] doorgietbuis
tred *m* stap; *gelijke ~ houden*, even hard opschieten **trede** *v(m)* [-n] stap; sport; opstap **treden** [trad, getreden] stappen, gaan; trappen; *ergens in ~*, ergens op in gaan; *in bijzonderheden ~*, de bijzonderheden behandelen; *in het huwelijk ~*, trouwen; *in onderhandelingen ~*, gaan onderhandelen; *in iemands rechten ~*, iemands rechten krijgen; *in iemands plaats ~*, iem. vervangen **tredmolen** door lopen op een wiel in beweging gebrachte molen; sleur; *in de ~ lopen*, altijd hetzelfde geestdodende werk doen **tree** *v(m)* [-s, -ën] trede
treeft *v(m)* drievoet
treeplank opstap aan voertuig
tref *m* het treffen; gelukje
trefbal *o* bep. balspel **trefcentrum** plaats waar men elkaar ontmoet **treffen** [trof, getroffen] *ww* raken; ontroeren; de aandacht trekken; aandoen; doen lijken; overkomen; uitkomen; vinden; ontmoeten; *een vergelijk ~*, tot een minnelijke schikking komen; *het ~*, geluk hebben; *maatregelen ~*, maatregelen nemen **II** *o* gevecht **treffend** *bn* ontroerend; verrassend juist **treffer** *m* [-s] raak schot, rake worp, tref **trefkans** kans op treffen **trefpunt** punt dat getroffen moet worden **trefwoord** woord waaronder men iets opzoekt **trefze'kerheid** zekerheid van treffen
treil *m* jaaglijn; sleepnet; *met zeil en ~*, met het hele tuig **treilen** voortslepen; met de treil vissen **treiler** *m* [-s] sleepnet; trawler; trailer
trein *m* wagens met een locomotief; sleep; stoet; rij kanonnen; legertros **treinen** met de trein reizen **treinstel** een eenheid vormende delen v.e. trein **treintaxi** gesubsidieerde taxi voor ritten van en naar een station
treiter, **treiteraar** *m* [-s] wie treitert **treiteren** plagen, sarren **treiterlach** sarrende lach
trek *m* [-ken] het trekken; ruk, haal; lijn; gelaatstrek; karaktertrek; poets, streek; insnijding in loop of ziel v.e. vuurwapen; lust; tocht; eetlust; slag bij kaartspel; *in ~*, begeerd; *zijn ~ken thuis krijgen*, de gevolgen van wat men aan verkeerds deed ondervinden; *niet aan zijn ~ken komen*, niet krijgen waarop men recht heeft **trekbal** *m* stoot waarbij de bal terugloopt **trekbalk** balk voor opvangen van trekspanningen **trekbank** bank om metaaldraad te trekken **trekdier** dier dat moet trekken **trekgat** tochtgat, stookgat, luchtgat, windgat **trekgoed** wat in kassen gekweekt wordt met kunstmatige warmte **trekhaak** haak aan auto waar een ander voertuig aan voortgetrokken kan worden **trekharmonica** harmonica **trekkas** kas
trekkast flipperkast **trekkebekken** minnekozen **trekkebenen** sleepvoetend gaan **trekken** [trok, getrokken] krachtig

naar zich toe halen; lokken; vooruittrekken; loten; krijgen; uithalen; uit de schede halen; aftrekken; tochten; tekenen; goede luchttoevoer hebben; buigen; een tocht maken; (aan een sigaar) zuigen; met kunstmatige warmte kweken; zwemen; trekkebenen; afgeven; *wortel ~*, de wortel berekenen; *een conclusie ~*, besluiten; *op flessen ~*, bottelen **trekker** *m* [-s] wie trekt; wie te voet of per fiets een tocht maakt en geregeld elders overnacht; wie een wissel afgeeft; trekvogel; onderdeel om aan te trekken; tractor **trekkersbloed** onweerstaanbare drang om een trektocht te maken **trekkershut** hut waar trekkers kunnen overnachten **trekkerstent** eenvoudige tent om te kamperen **trekkracht** vermogen tot trekken; door trekken uitgeoefende kracht **treklijn** touw om iets op of voort te trekken **treknet** sleepnet **trekpaard** *zie* **trekdier**; **trekpen** tekenpen **trekpleister** pleister die etter uit de wond trekt; geliefde **trekroute** route van trekvogels **trekschuit** door paard voortgetrokken schuit **trekslot** slot dat dichtspringt bij het dichttrekken v.d. deur **treksluiting** ritssluiting **trekspanning** inwendige kracht die weerstand biedt als ergens aan getrokken wordt **trektocht** tocht waarbij men voortdurend verder trekt **trekvast'heid** graad v. weerstand **trekveer** trek uitoefenende veer; veer voor doortrekken v. elektr. draad **trekvis** vis die op gezette tijden naar elders gaat **trekvogel** *zie* **trekvis**; **trekzaag** door twee mannen gehanteerde zaag **trekzak** *(spot.)* trekharmonica **trekzalf** vuil naar buiten trekkende zalf

trema *o* [-'s] deelteken

tremble'ren op één noot trillen

tremel *m* [-s] graantrechter

tremmen brandstof aansjouwen; gevangen vis in het ruim bergen; *(pop.)* slaan; trammen; *in elkaar ~*, in elkaar slaan

tremolo I *o* [-'s] het trillen op één noot **II** *bw* op één noot trillend **tremor** *(med.) m* [-moren, -s] *inz. v.d. handen*: voortdurend beven **tremulant'** *m* triltoon **tremule'ren** trembleren

T

trenchcoat ‹trensjkoot› *m* [-s] regenjas met ceintuur en patten

trend *m* algemeen verloop, tendens **trendgevoe'lig** *bn* afhankelijk v.d. trend **trendsetter** [-s] wie de trend aangeeft **trenduitkering** uitkering op grond van verhoging v.d. levensstandaard **trendvolger** *m-v* [-s] wiens loon (indirect) afhankelijk is van loon in bedrijfsleven **trendwatcher** ‹atch=otsj› *m-v* [-s] wie trends bestudeert **trendy** ‹y=ie› *bn* modieus; in de mode

trens *v(m)* [trenzen] lus; afhechtsel tegen inscheuren, bit zonder stang **trenzen** vlechten

trepaan' *m* [-panen] schedelboor **trepana'tie** *v* [-s] het trepaneren **trepane'ren** de schedel doorboren

tres *v(m)* [-sen] boordsel; vlecht

treur- *als eerste deel v.e. ss*: met hangende takken **treurbuis** *(scherts.)* tv **treurdicht** klaagdicht **treuren** verdriet hebben **treurig** *bn & bw* droevig; bedroefd **treurmare** droevige tijding **treurmars** dodenmars **treurmuziek** begrafenismuziek; droefheid uitdrukkende muziek **treurspel** *o* tragedie **treurwilg** wilg met hangende takken **treurzang** klaagzang

treuzel *m-v* [-s] talm(st)er **treuzelaar** *m* [-s] talmer **treuzelaarster** *v* [-s] talmster **treuzelachtig** *bn & bw* treuzelend **treuzelen** niet opschieten **treuzelig** *bn & bw* treuzelend **treuzelkous** treuzel

tria'de *v* [-s] drietal

trian'gel *m* [-s] driehoekig slaginstrument

triangulair' ‹trianGuulèr› *bn* driehoekig **triangula'tie** *v* [-s] driehoeksmeting

trias *v(m)* trits **Trias** *o/m* bep. geologische periode

triat'lon *m* [-s] uit zwemmen en fietsen en marathonloop bestaande wedstrijd

tribaal' *bn* betrekking hebbend op stamverband, gekenmerkt door stamverband

tribunaal' *o* [-nalen] rechtbank met lekenrechtspraak

tribunaat' *o* [-naten] ambt of ambtstijd van tribuun

tribu'ne *v(m)* [-s] spreekgestoelte; galerij; ruimte voor toeschouwers

tribuun' *m* [-bunen] volkstribuun

triche'ren ‹ch=sj› vals spelen

trichi'ne *v(m)* [-n] haarwormpje **trichino'se** ‹s=z› *v* door trichinen veroorzaakte ziekte

tricky *bn* sluw; hachelijk

tricolo're *v(m)* [-s] driekleur

tricot ‹triekoo› *m/o (stofn. o)* [-s] machinaal breisel **II** *bn* van deze stof **tricota'ge** ‹triekootaazje› *v* (het vervaardigen van) tricot

triduüm ‹trieduwum› *o* [-s] driedaagse godsvruchtoefening

triënna'le *v* [-s] om de drie jaar gehouden manifestatie

trië'ren voor expeditie klaarmaken, schiften

triest, **triestig** *bn & bw* treurig

triggeren ‹gg=GG› doen aanvangen; vliegtuigen begeleiden door luchtverkeersleiding

triglief' ‹triegliefi› *m* afgeschuinde steen met twee gleuven

trigonaal' *bn* driehoekig **trigonometrie'** *v* driehoeksmeting **trigonome'trisch** *bn & bw* de trigonometrie betreffend

trijn *wijntje en ~tje*, drank en vrouwen

trijp *o* fluweel met een wollen pool **trijpen** *bn & bw* van trijp; met trijp bekleed

trijs *m* bras, hijstouw **trijsen** hijsen

triktrak *o* kansspel op dubbel bord

trilateraal *bn* driezijdig

trilgras gras v.h. geslacht Briza **trilhaar** dunne uitloper v.e. cel **trilhaardiertje** zich met trilharen voortbewegend diertje

triljard' *o (telw.)* duizend maal triljoen

triljoen' *o (telw.)* miljoen maal biljoen

trillen snel heen en weer bewegen **triller** *m* [-s] snelle afwisseling v. twee op elkaar volgende tonen **trilling** *v* het trillen; het bij trillen heen en weer gaan
trilogie' *v* [-ën] drie bij elkaar horende letterkundige werken
trimaran' *m* [-s] catamaran met drie rompen naast elkaar
trimbaan parcours om te trimmen
trimes'ter *o* [-s] drie maanden
trimmen tremmen, knippen; gymnastische lichaamsbewegingen maken om fit te blijven
Triniteit' *v* H. Drievuldigheid
trio *o* [-'s] driestemmig stuk; drietal **trio'de** *v* [-n] elektronenbuis met drie elektroden
triomf' *m* zegepraal, groot succes **triomfan't(elijk)** *bn & bw* zegepralend **triomfa'tor** *m* [-s, -en] zegevierend veldheer **triomf'boog** ereboog; welfboog tussen schip en koor **triomfe'ren** zegepralen **triomf'kruis** onder de triomfboog hangend kruis **triomf'poort** voor een overwinnaar opgerichte poort **triomf'tocht** tocht als overwinnaar
triool' *v(m)* [-olen] drie gelijke noten in de tijd van twee van dezelfde schrijfwijze
trioseks *m* [gmv] seks onder drie personen
trip **I** *m* [-s] uitstapje **II** *v(m)* [-pen] houten zool; geheel van psychische door hallucinogene middelen opgewekte ervaringen; periode waarin men die ervaringen heeft; middel om dit te verwekken
tripartiet' *bn* waaraan drie partijen deelnemen
tripel *m* [-s] zwaar soort bier
triple *bn* drievoudig **triple'ren** verdrievoudigen **triplex** *o/m* hout in drie lagen in verschillende vezelrichting **triplexglas** glas van twee lagen met celluloid er tussen **triplice'ren** op een dupliek antwoorden **tripliek'** *v* antwoord op een dupliek **triplo** drievoud
trippelen kleine stapjes maken **trippelmaat** anapest **trippen** trippelen; door hallucinogene middelen opgewekte ervaringen hebben
triptiek' *v* drieluik; driebladig document voor grensoverschrijding
tritica'le *v(m)* [gmv] kruising v. tarwe en rogge
trits *v(m)* drietal **tritsen** bep. dobbelspel met drie stenen spelen
triumviraat' *o* [-raten] driemanschap
triviaal' *bn & bw* plat, alledaags **trivialiteit'** *v* platheid **trivium** *o* de drie lage vrije kunsten
trochee' *m* [-ën] versvoet van betoonde lettergreep gevolgd door onbetoonde **troche'ïsch** *bn & bw* in trocheeën
troebel *bn & bw* onklaar **troebelen** *mv* onlusten **troeble'ren** in de war brengen
troef **I** *v(m)* [troeven] kaartsoort van meer waarde; *zijn hoogste ~ uitspelen*, zijn uiterste middel aanwenden **II** *bn* heersend
troel *v (pop.) (plat of liefkozend)* vrouw of meisje
troela **I** *v* [-'s] *(pop. min.)* man; *(pop.)* vrouw of meisje **II** *tw* bep. aankondiging bij het rikken
troep *m* menigte; groep militairen; gezelschap; *(pop.)* ongezonde toestand, verwarde toestand, rommel **troepenmacht** troepen **troepsgewijs**, **troepsgewijze** *bw* in een troep
troetel *m* [-s] versierende kwast **troetelen** liefkozen; bijzonder goeddoen **troetelkind** lieveling **troetelnaam** liefkozende naam
troeven troef spelen; afrossen; op zijn nummer zetten
trofee', **tropee** *v* [-ën] zegeteken
troffel *m* [-s] kalkschepper
trog *m* [-gen] kneedbak; voerbak; diepe inzinking in de bodem, plooidal
trojka *v(m)* [-'s] met drie paarden bespannen rijtuig of slee; *(fam. fig.)* leidend drietal
trol *m* [trollen] demonisch wezen uit de Noorse mythologie
trolley ‹ey=ie› *m* [-s] beugel aan trolleybus **trolleybus** niet op rails maar in contact met een elektrische draad lopende bus
trom *v(m)* [-men] met vel bespannen slaginstrument; *de ~ roeren*, trommelen, veel ophef maken; *de grote ~ roeren*, veel ophef maken; *met stille ~*, in stilte
trombocyt' *m* bloedplaatje
trombo'ne *v(m)* [-s] blaasinstrument met lange koperen buizen **trombonist'** bespeler van trombone
trombo'se ‹s=z› vorming van bloedproppen in de bloedvaten
tromgeroffel *o* het roffelen op de trom **trommel** *v(m)* [-s] blikken doos; trom, tromvormig voorwerp; cilindervormig deel onder een koepel **trommelaar** *m* [-s] wie trommelt **trommelen** op de trom slaan; herhaaldelijk tikken; *eruit ~*, op doen staan **trommelrem** cilindervormige rem **trommelslag** het slaan op de trommel; slag op de trommel **trommelslager** *m* [-s] wie de trom slaat **trommelvlies** vlies in de oorholte **trommelvuur** aanhoudend vuur uit veel kanonnen **trommelzucht** *v(m)* maagopzetting
tromp *v(m)* slurf; loop; mondstuk
trompe-l'oeil' ‹trõmpelui› *m* [-s] bedrieglijk natuurgetrouwe schildering
trompet' *v(m)* [-ten] koperen blaasinstrument met schetterend geluid; orgelregister met klankkarakter daarvan; buis v. Eustachius **trompet'ten** luid de trompet blazen; luid verkondigen **trompet'teren** met opgeheven slurf een verdragend geluid maken; *v. olifanten*: **trompettist'** *m* bespeler v.e. trompet
tronen als op een troon zitten; meelokken
tronie *v* [-s] *(ong.)* gezicht
tronk *m* afgeknotte boom
troon *m* [tronen] staatsiegestoelte; *de ~ beklimmen* of *bestijgen*, beginnen te regeren; *van de ~ stoten*, onttronen **troonhemel** baldakijn **troonopvolger** opvolger in de heerschappij **troonrede**

T

koninklijke toespraak bij de opening v.d. Staten-Generaal **troonsafstand** het neerleggen v.d. regering door vorst **troonsbestijging** aanvaarding v.d. regering **troonzaal** zaal met troon

troop [tropen], **trope** [-n] *m* stijlfiguur

troost *m* bemoediging v. bedroefde, opbeuring v. teleurgestelde; *een bakje* ~, koffie **troostbrief** troostende brief **troosteloos** *bn* zeer bedroefd **troosten** verdriet lenigen **troostprijs** prijs tot troost **troostrijk**, **troostvol** *bn* veel troost gevend **troostwoord** troostend woord

trope *m* [-n] troop

tropee' *v* [-ën] trofee

tropen *mv* hete luchtstreek, keerkringen **tropenhelm** helm met kurklaag **tropenjaar** in de tropen doorgebracht jaar **tropenrooster** rooster waarbij op zeer warme dagen van 's ochtends vroeg tot vroeg in de middag wordt gewerkt **tropisch** *bn & bw* van of als in de tropen

troposfeer' *v(m)* onderste luchtlaag v.d. dampkring

tros *m* [-sen] bloeiwijze rond een spil; vruchten rond een spil; bos; trein, legerbagage; kabel uit drie of vier strengen; honingraat met bijen

TROS Televisie en Radio Omroepstichting

trots **I** *m* hoogmoed; zelfgevoel; iets waarop men fier is **II** *bn & bw* hoogmoedig; fier, statig **III** *vz* in weerwil van **trotsaard** *m* [-s] trots iem. **trotse'ren** tarten; zich niet laten afschrikken door **trotsheid** *v* [-heden] het trots zijn; uiting van trots

trottoir' ‹toir=twaar› *o* [-s] straatstoep

trotyl' *o* bep. springstof

troubadour' *m* ‹troebadoer› [-s] minnezanger

troubleshooter ‹trubbelsjoeter› *m* [-s] wie (beroepsmatig) problemen oplost

trouvail'le ‹troevajje› *v(m)* [-s] vondst

trouw **I** *bn & bw* standvastig **II** *m* huwelijk **III** *v(m)* getrouwheid; *goede* ~, eerlijkheid; *te goeder* ~, zonder oneerlijke bedoelingen; *kwade*~, arglist; *te kwader* ~, arglistig **trouwakte** huwelijksakte **trouwbelofte** huwelijksbelofte **trouwboekje** huwelijksregister v. echtpaar **trouwbreuk** *v(m)* ontrouw; echtbreuk **trouwdag** dag v. huwelijk **trouweloos** *bn & bw* vals **trouwen** in het huwelijk treden of verbinden; *er niet mee* of *aan getrouwd zijn*, er niet aan vast zitten; *zo zijn we niet getrouwd*, dat is niet de afspraak

trouwens *bw* overigens

trouwerij' *v (pop.)* het trouwen

trouwhar'tig *bn & bw* argeloos

trouwjapon, **trouwjurk** japon waarin iem. huwt **trouwkamer** kamer waar huwelijken worden gesloten **trouwlus'tig** *bn* gaarne trouwend **trouwpak** *zie* **trouwjapon**; **trouwpartij** trouwfeest **trouwplannen** *mv* plan om te trouwen **trouwplechtigheid** plechtigheid bij huwelijk **trouwring** ring als zinnebeeld bij huwelijk

truc ‹truuk› *m* [-s] kunstgreep; list **truca'ge** *v* [-s] werken met trucs **trucfilm** film waarin trucs gebruikt worden

truck *m* [-s] onderstel onder wagen; wagen met oplegger **trucker** *m-v* [-s] vrachtwagenchauffeur

truffel *v(m)* [-s] zeer smakelijke ondergrondse zwam, Lat. Tuber; truffelvormige chocoladen lekkernij

trui **I** *v* zeug; moerkonijn **II** *v(m)* overborstrok; *de gele* ~, trui die gedragen wordt door de aanvoerder van het algemeen klassement in de Tour de France

trukendoos verzameling foefjes

trust *m* [-s] aaneensluiting van bedrijven in het groot **trustee** ‹ee=ie› *m* [-s] beheerder; lasthebber; iem. of instelling die het onderpand v. geldleningen beheert

trut *v* [-ten] zeurende vrouw; treuzelende vrouw, slordige vrouw; *(pop.)* vrouwelijk geslachtsdeel **truttig** *bn & bw* als (van) een trut

truweel' *o* [-welen] troffel

try-out' ‹y=aai› *m* [-s] proef(voorstelling)

tsaar *m* [tsaren] Russische of Bulgaarse keizer **tsaris'tisch** *bn* tijdens tsarenbewind

tseetsee'vlieg *v(m)* slaapziekte of veepest overbrengende vlieg

T-shirt ‹tiesjeurt› *m/o* [-s] dun katoenen truitje in T-vorm

tsjakka *tw* uitroep

tsjilpen (gez. van o.a. mussen) geluid voortbrengen

tso tussenschoolse opvang; technisch secundair onderwijs

T-splitsing *v* punt waarop een weg loodrecht eindigt op een dwarslopende weg

t.t. *totus tuus*, geheel de uwe

TT *Touring Trophy*, motorraces op wegcircuit

t.u. ten uwent

TU Technische Universiteit

tuba *m* [-'s] koperen blaasinstrument met zware toon

tube *v(m)* [-s, -n] buisje van zacht metaal; bep. band voor racefietsen

tuberculeus' *bn* aan tuberculose lijdend **tuberculi'ne** *v(m)* serum tegen tuberculose **tuberculo'se** ‹s=z› *v* tering

tuber'kel *m* [-s] ziekelijk knobbeltje **tuber'kelbacil** tuberculose veroorzakende bacil

tubifex *m* bep. wormpjes *(ook als visvoer)*

tucht *v(m)* (het aanvaarden van) vaste dwingende leiding; sancties binnen de eigen groep **tuchtcollege** college tot handhaving v. tucht **tuchteloos** *bn & bw* zonder tucht **tuchthuis** strenge gevangenis **tuchthuisstraf** opsluiting in tuchthuis **tuchtigen** kastijden **tuchtrecht** regels betreffende de tucht **tuchtrechter** rechter voor vergrijpen tegen de tucht **tuchtschool** inrichting tot verbetering van minderjarige misdadigers

tudorstijl late Engelse gotiek

tuf *o* tufsteen **tuffen** in een auto rijden; spugen **tufsteen** *o/m* bep. poreus gesteente

tui *v(m)* touw of kabel om iets mee vast te zetten; *op (de)* ~, aan het lijntje **tuibrug** hoog aan torens opgehangen brug **tuien**

met een touw vastbinden **tuieren** aan een pen in de grond vastleggen **tuiertouw** touw om mee te tuieren

tuig *o* gereedschap, uitrusting; riemen of touwen om een dier in te spannen; uitrusting voor masten; rommel, gespuis; ~ *van de richel*, zeer minderwaardig gespuis **tuiga'ge** ‹ag=aazj› *v* tuig **tuigen** van tuig voorzien **tuigje** *o* [-s] stel riempjes of iets dergelijks om kleine kinderen te bevestigen **tuigleer** *o* sterk leer

tuil *m* ruiker; ruikervormige bloeiwijze

tuimel *m* tuimeling; roes **tuimelaar** *m* [-s] zich tuimelend vallen latende duif; bruinvis; zeeptuimelaar; verbinding tussen haan en slotplaat v. geweer; omslaand en zich weer oprichtend kinderspeelgoed; iem. die of iets dat tuimelt **tuimelen** buitelen **tuimelraam** raam dat om horizontale as draait

tuin *m* meestal voor huiselijk gebruik afgeschoten stuk land; *(prot.)* afgesloten ruimte om preekstoel; lustoord; *als eerste deel v.e. ss vaak in de bet.*: voor in de tuin; *om de ~ leiden*, bedriegen **tuinaarde** teelaarde **tuinarchitect** wie siertuinen ontwerpt **tuinboon** grote boon, Lat. Vicia faba **tuinbouw** *m* het kweken in tuinen **tuinbouwschool** school voor vakonderricht aan tuinbouwers **tuinbouwtentoonstelling** tentoonstelling op tuinbouwgebied **tuinbroek** kledingstuk van broek en voorschoot aaneen **tuincentrum** bedrijf dat planten en tuinartikelen verkoopt **tuinder** *m* [-s] groente- en fruitkweker **tuinderij'** *v* bedrijf v.e. tuinder **tuindorp** wijk met veel tuintjes **tuinen** tuinieren **tuinfeest** feest in de tuin **tuingrond** voor tuinbouw gebezigde grond **tuinhuisje** zomerhuisje **tuinier'** *m* [-s] tuinman **tuinie'ren** de tuin verzorgen **tuinkabouter** beeld v. kabouter voor in een tuin **tuinkamer** kamer met zicht op tuin **tuinkers** *v(m)* bitterkers **tuinman** [-lieden, -lui] verzorger v. tuin; hovenier **tuinschaar** schaar om heggen te knippen **tuinslang** waterslang voor de tuin **tuinstad** stad of deel van stad met veel open bebouwing

tuit *v(m)* spits toelopend einde; schenkbuisje; *als eerste deel v.e. ss vaak in bet.*: met een tuit; *tranen met ~en*, dikke tranen

tuiten toeten

tuk I *bn ~ op*, begerig naar **II** *m* [-ken] beet; korte stoot **tukje** dutje **tukken** dutten **tukker** *m/v* [-s] *(bijnaam)* Twentenaar

tulband *m* om het hoofd gewonden doek; gebak in die vorm

tule I *v(m)* gazen weefsel **II** *bn* tulen **tulen** *bn* van gazen weefsel

tulp *v(m)* plant v.h. geslacht Tulipa; haar bloem **tulpenbol** bol waaruit tulp ontstaat **tulpenboom** magnolia

tumbler *m* [-s] glas zonder voet; tuimelaar

tumor *m* [-s, -en] gezwel

tumtum' *o/m* snoepmengsel van pepermuntjes en gomballetjes

tumult' *o* opschudding **tumultueus'** *bn* rumoerig; vol opschudding

tune ‹tjoen› *m* [-s] herkenningsmelodie **tuner** *m* [-s] ‹tjoener› radioapparaat zonder versterker en luidspreker **tuner-verster'ker** *m* [versterkers] tuner met versterker in hetzelfde apparaat

tunica *v* [-'s] lang kleed **tuniek'** *v* korte uniformjas; driekwart damesbovenkledingstuk **tuniek'pak** pantalon met mini-jurk

tunnel *m* [-s] kunstmatige onderaardse of onderbergse doorgang

turbi'ne *v* [-s] rad met schoepen als energieopwekker; *als eerste deel v.e. ss vaak in de bet.*: met een turbine voortbewogen

turbo *m* [-'s] apparaat dat brandstof onder druk in de motor laat komen; *als voorvoegsel*: kolossaal **turbotaal** *(jong.)* taalgebruik met veel afkortingen

turbulent' *bn* woelig **turbulen'tie** *v* woeligheid

tureluur *m* [-s, -luren] waadvogel met rode snavelbasis en poten, Lat. Tringa totanus **tureluurs'** *bn* gek

turen ingespannen kijken

turf *m* [turven] (stuk) veen als brandstof; dik boek; vijftal streepjes **turfaarde** aarde met turfmolm **turfgrond** veengrond **turfmolm** verpulverde turf **turfsteken** uit veen turven steken **turfstrooisel** opzettelijk bereide turfmolm

turkoois' *m (stofn. o)* [-kooizen] blauwgroen ondoorzichtig edelgesteente **turkooi'zen** *bn* met turkoois; van turkoois

Turks *~ leder*, marokijn; *~ bad*, zweetbad; *~e trom*, aan twee zijden geslagen trom; *~e tarwe*, maïs

turnen lichamelijke oefeningen doen

turven turf maken; slaan; groepen van vijf streepjes gebruiken bij het tellen

tussen *vz* te midden van, onder; *als eerste deel v.e. ss vaak in de bet.*: ertussen of tussen twee andere in; *ervan ~*, ervan door **tussenbedrijven** *in de ~*, intussen **tussenbei'de** *bw* nu en dan; goed noch slecht; *~ komen*, zich erin mengen **tussendek** onderdek **tussendeks** *bw* op het tussendek **tussendoor'** *bw* tussen iets anders door **tussendoor'tje** *o* versnapering tussen de maaltijden **tussengelegen** *bn* ertussen **tussenhandel** handel tussen groothandel en kleinhandel **tussenhersenen** [mv] deel v.d. hersenen op de grens van de twee hersenhelften **tussenin'** *bw* ertussen **tussenkomst** bemiddeling, inmenging **tussenlanding** landing onderweg **tussenliggend** *bn* ertussen **tussenmuur** niet-buitenmuur, muur tussen twee huizen **tussenpersoon** makelaar; bemiddelaar **tussenpoos** tijd tussen twee handelingen; *bij tussenpozen*, nu en dan **tussenregering** waarnemende regering voor de opvolger de regering aanvaardt **tussenruimte** ruimte tussen twee dingen in **tussenschot** schot tussen ruimtes **tussensoort** middensoort **tussenspel** spel als intermezzo **tussentijds'**

bn & bw tussen de vaste tijden in **tussenuit'** *bw er* ~, er vandoor; eraf; tussen twee dingen uit **tussenvoegsel** *o* [-s] wat ertussen gevoegd wordt **tussenweg** middenweg **tussenwerpsel** *o* [-s] vage door pauzen gescheiden gevoelsuiting **tussenzin** slechts door de toon verbonden zin die een andere onderbreekt

tut I *tw* stil **II** *v* [-ten] zeurderige vrouw; stijve vrouw; ~ *hola*, onnozele vrouw

tutor *m* [-s, -en] bij studie begeleidend iem.

tutoye'ren ‹tuutwajjeeren› jijen en jouen

tuttebel *v* [-bellen] zeurderige vrouw of meisje

tutten zeuren; met onbenulligheden bezig zijn

tutti *bw* allen tegelijk; ~ *quanti*, al dergelijke **tuttifrutti** allerlei (vruchten)

tuttig *bn & bw* van of als een tut

tutu' *m* [-'s] gazen balletrokje

tuut *m* [tuten] politieagent

tv televisie

t.v. te voren

t.w. te weten

TW Toeslagenwet

twaalf *telw* 12; *zie ook* **drie**; **twaalfde-eeuws'** *bn* uit de 12e eeuw

twaalf'ja'rig *bn* 12 jaar oud; 12 jaar durend **twaalf'tal'lig** *bn* met 12 als grondtal **twaalfuur'tje** *o* koffiemaaltijd rond het middaguur **twaalfvingerige darm** eerste deel van dunne darm

twee *telw* 1 + 1; *met ~ woorden spreken*, de aangesproken personen beleefdheidshalve noemen; *zo zeker als ~ maal ~ vier is*, volkomen zeker; ~ *zijn*, verschillend zijn; *zie ook* **drie**; *zie ook* **acht**; **tweebaansweg** weg met twee rijbanen **tweebe'nig** *bn (sp.)* met beide benen gericht kunnende trappen **tweecomponen'ten** *als eerste deel v.e. ss.*: hechtend door een scheikundige reactie tussen twee te koppelen delen

tweed ‹ee=ie› *o* grove Engelse wollen stof **II** *bn* van die stof

tweede *telw* nummer twee; 1/2; ~ *gezicht*, helderziendheid **tweedegraads'** *bn* met bevoegdheid voor geven v. onderwijs in bep. klassen **tweedegraads'verbranding** *v* verbranding met blaarvorming **tweedehands'** *bn & bw* uit de tweede hand **Tweede Ka'mer** *v(m)* afdeling v.d. Staten-Generaal die wetsvoorstellen behandelt vóór de Eerste Kamer **tweedekans'onderwijs** onderwijs voor volwassenen

tweedekker *m* [-s] vliegtuig met twee stel vleugels boven elkaar

tweedelijns' *bn* toegankelijk in tweede instantie **tweederangs'** *bn* minder in kwaliteit

tweedracht *v(m)* verdeeldheid **tweedrank** *m* van twee soorten fruit gemaakte drank **twee-ei'ig** *bn* uit twee eitjes voortgekomen **tweeëntwintig** *telw.* 22

tweefa'sestructuur ‹fase=faaze› structuur die wetenschappelijk onderwijs verdeelt in doctoraalfase en specialisatiefase **tweegevecht** gevecht tussen twee personen **tweegezins'woning** woning voor twee gezinnen **twee'hoe'vig** *bn* met twee hoeven aan elke poot **twee'hoog'** *bw* op de tweede verdieping **twee'hui'zig** *bn* met mannelijke en vrouwelijke bloemen op verschillende planten **twee'ja'rig** *bn* twee jaar oud; twee jaar durend; om de twee jaar; in het tweede jaar bloeiend en dan stervend **tweekamp** *m* tweegevecht; wedstrijd tussen twee personen **tweeklank** verbinding van twee klinkers in één lettergreep **twee'le'dig** *bn & bw* uit twee leden bestaande; op twee manieren

tweeling *m* twee uit één zwangerschap geboren kinderen **tweelingbroer** broer als lid v.e. tweeling **Tweelingen I** *m* derde teken v.d. dierenriem **II** *m-v* wie onder dat teken geboren is **tweelingzuster** *zie* **tweelingbroer**

tweeloop *m* [-lopen] geweer met twee lopen **tweeloops** *bn* met twee lopen **twee-onder-een-kap'woning** woning die het dak met een tweede woning deelt **tweepersoons** *bn* voor twee personen; ook als eerste deel van ss **tweepits** *bn* met twee branders

tweern, **twijn** *m* gedubbeld garen **tweernen** garen dubbelen

tweeseizoe'nendekbed scheidbaar dekbed **tweeslach'tig** *bn* mannelijk en vrouwelijk tegelijk; kunnende op het land en in het water leven; van twee soorten iets hebbend **tweesnijdend** *bn* aan beide kanten snijdend **tweespalt** *v(m)* onenigheid **tweespan** *o* span van twee paarden; paar **tweespraak** *v(m)* [-spraken] gesprek tussen twee personen **tweesprong** punt waar een weg zich splitst; tijdstip waarop men een keuze moet doen **twee'stem'mig** *bn & bw* met of voor twee stemmen **tweestrijd** innerlijke strijd **tweetakt(motor)** motor waarvan de zuiger twee slagen maakt na elke explosie **tweetal** *o* [-tallen] aantal van twee **tweeta'lig** *bn* met twee talen; in twee talen **tweetal'lig** *bn* ~ *stelsel*, rekenstelsel waarbij twee eenheden een nieuwe eenheid v.e. hogere rang vormen

tweeter ‹ee=ie› *m* [-s] hogetonenluidspreker

tweetrapsraket uit twee delen opgebouwde raket **tweeverdieners** *(mv)* samenwonend stel of echtpaar met ieder een inkomen **tweevlakshoek** hoek tussen twee vlakken **tweevoud** *o* al wat tweemaal zo veel of zo groot is, het dubbele; door twee deelbaar getal; *in* ~, uit twee exemplaren bestaand **tweewegsysteem** geluidsweergave met een speaker voor lage en een speaker voor hoge tonen **twee'zij'dig** *bn* met twee zijden; aan twee zijden; beide partijen verplichtend

twijfel *m* [-s] onzekerheid; besluiteloosheid; *in ~ trekken*, betwijfelen **twijfelaar** *m* [-s] wie twijfelt; tussending; smal tweepersoonsledikant **twij'felach'tig** *bn & bw* te betwijfelen; twijfelend; *~e zeden*, losse zeden **twijfelen** in twijfel verkeren **twijfelgeval** geval waarover men kan

twijfelen **twijfelmoe'dig** *bn & bw* onzeker **twijfelzucht** *v(m)* neiging tot twijfelen **twijfelzuch'tig** *bn* geneigd tot twijfelen
twijg *v(m)* loot **twijgen** *bn* van twijgen
twijn *m* tweern **twijnderij'** *v* plaats waar getweernd wordt **twijndraad** tweern **twijnen** tweernen **twijngaren** tweern
twinkelen fonkelen
twinset *m* [-s] trui met vest voor dames
twintig *telw* 2 maal 10; *zie ook* **dertig**; *zie ook* **drie**; **twintigje** *o* 20ste deel v.e. lot **twintigste-eeuws'** *bn* uit de 20e eeuw
twist I *o* machinaal katoengaren; biezen weefsel **II** *m* onenigheid; snelle vrije dans **twistappel** aanleiding tot onenigheid **twisten** ruzie maken; disputeren; garens ineendraaien; de twist dansen **twistgesprek** dispuut **twistpunt**, **twistvraag** strijdvraag **twistziek** *bn* twistgierig **twistzoeker** *m* [-s] ruziemaker
two-seater ‹toesieter› *m* [-s] auto voor twee personen
t.w.v. ter waarde van
tycoon' ‹taikoen› *m* [-conen] topfiguur
tyfeus' ‹y=ie› *bn* op tyfus lijkend
tyfoon' ‹tiefoon *of* taifoen› *m* [-s] hevigste storm in de Stille oceaan
tyfus ‹y=ie› *m* door de Salmonella typhosa veroorzaakte ziekte met hoge koorts **tyfuslijder** *m* [-s] lijder aan tyfus
tyltylschool ‹y=ie› school voor meervoudig gehandicapte kinderen
type ‹y=ie› *o* [-n, -s] soort; voorbeeld; eigenaardig iem.; uiterlijk
typefout ‹type=tiep *of* taip› tikfout **typemachine** schrijfmachine **typen** op de schrijfmachine schrijven
type'ren ‹y=ie› kenschetsen
typescript ‹type=tiep *of* taip› *zie* **typoscript**; **typetoets** *(comp.)* toets voor de bediening v. letters
typisch ‹y=ie› *bn & bw* kenmerkend; eigenaardig
typist' ‹y=ie› *m* wie typt **typis'te** *v* [-s, -n] vr. typist
typograaf' ‹y=ie› *m* [-grafen] boekdrukker; letterzetter; wie typografie ontwerpt **typografie'** *v* boekdrukkunst **typogra'fisch** *bn & bw* de drukkunst betreffend
typologie' ‹y=ie› *v* geestelijke verklaring van feiten en personen; leer v.d. typen **typolo'gisch** *bn & bw* volgens de typologie
typoscript, **typescript** ‹y=aai *of* ie› *o* tekst in machineschrift; *(boekh.)* uitgave
t.z. ter zake; ter zee
t.z.t. te zijner tijd
t.z.v. ter zake van

U

u I *v(m)* [-'s] eenentwintigste letter van ons alfabet; met lippenronding boven voor in de mond gevormde klinker **II** *vnw* (beleefdheidsvorm) de aangesprokene; *(Belgned.)* je, jou; *waar je ~ tegen zegt*, zeer groot; *~ beider belang*, het belang van u alletwee
U *(schei.)* uranium
U.A. uitgesloten aansprakelijkheid
UB universiteitsbibliotheek
U-balk balk met profiel in de vorm v.e. U
überhaupt' *(germ.) bw* zeer beslist
U-bocht bocht in U-vorm **U-buis** in U-vorm gebogen buis
uch(e) uch(e) *tw* klanknabootsend woord v.e. kuchgeluid
UDC universele decimale classificatie
U Ed. U Edele
UEFA *Union of European Football Association*, Europese voetbalunie
ufo *unidentified flying object*, onbekend vliegend voorwerp *(vliegende schotel)*
ugli ‹uGlie› *m* [-'s] kruising tussen grapefruit en mandarijn
uh, eh *tw* (hapering uitdrukkend)
UHD universitair hoofddocent
uhf ultrahoge frequentie
ui *m* ajuin; grap **uienplant** ui
uier *m* [-s] melkklier **uierboord** *o* vlees v.d. uier
uiig *bn* melig
uil *m* nachtroofvogel met haaksnavel en naar voren gerichte ogen v.d. familie der Strigidae; nachtvlinder; stommeling; *elk meent zijn ~ een valk te zijn*, men meent steeds dat zijn eigen kinderen veel presteren; *~en naar Athene dragen*, nodeloos werk doen; *een ~tje knappen*, een dutje doen **uilachtig** *bn & bw* dom **uilenbal** braakbal v.e. uil; sloom iemand **uilenbril** bril met hoornen montuur **uilig** *bn & bw* dom **uilskop** *m* [-pen], **uilskuiken** *o* [-s] domoor
uit *vz & bw & bn* (naar) buiten; van; niet meer in; van huis weg; uitgedoofd; niet aan; weg om te; beëindigd; ten einde toe; uitgeleend; uitgelezen; uitgekomen; buiten het speelveld; *erop ~*, bedacht om iets te krijgen; *er niet over ~ kunnen*, zeer verbaasd zijn over; *~-en-te(r)-na*, telkens weer; *~ de kleine kinderen zijn*, geen kleine kinderen meer hebben; *als eerste deel v.e. ss in de bet.*: naar buiten, weg, ten einde toe
uitademen adem uitblazen; *(fig.)* van zich laten uitgaan
uitbaggeren baggerend uitdiepen
uitbakenen de grens of richting uitzetten
uitbakken door bakken het vet halen uit
uitbal bal die buiten de lijnen v.h. speelveld komt
uitbalanceren *(fig.)* zorgvuldig afwegen
uitbannen niet meer toelaten; uitdrijven
uitbarsten *z* losbarsten

uitbarsting *v* het losbarsten
uitbaten exploiteren **uitbater** *m* [-s] exploitant; eigenaar
uitbazuinen overal rondvertellen
uitbeelden in beeld brengen, voorstellen **uitbeeldsel** *o* [-s] het uitgebeelde
uitbeitelen met een beitel uithakken
uitbenen been uit het vlees snijden; scherp ondervragen
uitbesteden zolang bij een ander in de kost doen; een aangenomen werk aan anderen overdoen
uitbetalen betalen
uitbijten *h/z* met scherp vocht verwijderen of kleur doen verliezen; uit het ijs vrijhakken
uitblazen blazend doven; op adem komen; *de laatste adem ~*, sterven
uitblijven niet verschijnen, zich niet voordoen
uitblinken ver uitsteken
uitbloeien stoppen met bloeien; tot volle bloei komen
uitboeten boete doen voor
uitbotten *z* knoppen krijgen
uitbouw uitgebouwd deel **uitbouwen** uitbreiden
uitbraak *v(m)* ontsnapping door uit te breken; het plotseling ontstaan en zich uitbreiden **uitbraaksel** *o* [-s] het uitgebraakte
uitbraden bradend het vet halen uit
uitbraken braken; *(fig.)* uitslaan
uitbranden leeg branden **uitbrander** *m* [-s] flinke berisping
uitbreiden groter maken; openslaan; uitstrekken; *zich ~*, groter worden, zich verspreiden **uitbreiding** *v* het (zich) uitbreiden; het daardoor erbij gekomene
uitbreken *h/z* wegbreken; door braak ontsnappen; te voorschijn komen; ontstaan; zich even vrij maken
uitbrengen uiten, naar buiten brengen; verklappen, openbaar maken; strijken; *zijn stem ~*, stemmen
uitbroeden door broeden doen uitkomen; beramen **uitbroedsel** *o* wat uitgebroed is
uitbuiken tijd nemen om een overvloedig maal te verwerken
uitbuiten zo veel mogelijk voordeel halen uit **uitbuiting** *m* het uitbuiten
uitbun'dig *bn & bw* bovenmatig; zijn gevoelens opgewonden uitend
uitbureau bureau dat bemiddelt bij verkoop v. kaarten voor theatervoorstellingen e.d.
uitchecken zich aan een balie melden bij het verlaten v. boot of vliegtuig
uitdagen tot strijd opvorderen; tarten
uitdampen vloeistof laten vervliegen
uitdelen ronddelen **uitdelingslijst** lijst van wat ieder bij een faillissement zal krijgen
uitdenken bedenken
uitdeuken deuk(en) verwijderen uit
uitdienen ten einde dienen; *uitgediend hebben*, niet meer in trek zijn
uitdiepen dieper maken; grondig onderzoeken
uitdijen toenemen in omvang **uitdijing** *v* het uitdijen
uitdoen uittrekken; uitvegen; schrappen
uitdokteren moeizaam uitdenken
uitdossen opschikken
uitdoven (doen) ophouden met branden
uitdraagster *v* [-s] vr. uitdrager
uitdraai *m* wat uit de printer komt **uitdraaien** door draaien afsluiten; draaiend naar buiten halen; *~ op*, eindigen met; *zich er ~*, de moeilijkheden weten te vermijden
uitdragen verkondigen **uitdrager** *m* [-s] wie uitdraagt; handelaar in tweedehands goed **uitdragerij'** *v* bedrijf v.e. uitdrager
uitdrijven naar buiten drijven; verjagen; *gez. v. metaal*: uitkloppen
uitdrogen verdrogen; goed drogen
uitdruk'kelijk *bn & bw* nadrukkelijk **uitdrukken** uiten, weergeven; uitpersen, drukkend verwijderen **uitdrukking** *v* het uitdrukken; zegswijze; gelaatstrek; leven
uitduiden omschrijven
uitdunnen het overtollige ertussen wegnemen
uiteen' *bw* uit elkaar, vaneen, los *(ook als eerste deel van sk)* **uiteen'lopen** *h* verschillen **uiteen'zetten** uitleggen
uiteinde einde, afloop **uitein'delijk** *bn & bw* ten slotte, eind-
uiten uitspreken, doen blijken
uit-en-te-na, uit-en-ter-na *bw* steeds opnieuw; grondig
uitentreu'ren *bw* telkens weer
uiteraard' *bw* volgens de aard, uit de aard v.d. zaak
uiterdijk buitenste dijk
uiterlijk I *bn & bw* wat het uiterlijk betreft; op zijn hoogst, op zijn laatst **II** *o* voorkomen **uiterlijkheid** *v* [-heden] het uiterlijke
ui'terma'te *bw* buitengewoon
uiterst *bn & bw* verst, laatst; grootst, ergst; laagst, zeer **uiterste** *o* [-n] einde, het laatste; overdrijving; *op zijn ~*, stervend; *de vier ~n*, dood en oordeel en hemel en hel; *tot het ~*, tot wanhoop
uiterton laatste ton vóór het buitenwater
uiterwaard *v(m)* land tussen dijk en zomerbed
uitfaden ‹a=ee› [fadete uit, uitgefadet] *gez. v. geluidstechniek*: langzaam laten vervagen
uitflappen klakkeloos zeggen; *er ~*, klakkeloos zeggen
uitfloepen *gez. v. licht*: plotseling uitgaan; snel glijden uit
uitfluiten fluitend uitjouwen
uitfoeteren uitbranders geven
uitgaaf *v(m)* [-gaven] uitgave
uitgaan (om zich te vermaken) buitenshuis gaan; weggaan; geschreven en verzonden worden; eindigen; verlaten worden; uitdoven; uitgetrokken kunnen worden; *~ van*, handelen of redeneren naar; *~ op*, als woordeinde hebben; *er gaat ... uit van*, er wordt ... invloed uitgeoefend door **uitgaand** *bn* uitgevoerd; wie of wat uitgaat of weggaat **uitgaanscentrum** stadsgedeelte

of complex met veel uitgaansgelegenheden **uitgang** *m* het uitgaan; opening waarlangs iets te verlaten is; flexieteken **uitgangspunt** punt vanwaar men uitgaat

uitgave *v(m)* [-n] het uitgeven, het uitgegevene ***uitgavepatroon** *(Wdl. uitgavenpatroon)* totaal aan gegevens die een beeld bieden v.d. uitgaven

uitgeblust *bn (fig.)* geen levenskracht meer bezittend

uitgebreid *bn* ruim **uitgebreid'heid** *v* [-heden] omvang

uitgediend *bn* niet meer in tel

uitgeefster *v* [-s] uitgeversmaatschappij

uitgehongerd *bn* zeer hongerig **uitgekiend** *bn* slim bedacht **uitgekookt** *bn* sluw **uitgelaten** *bn & bw* luidruchtig vrolijk **uitgeleefd** *bn* afgeleefd **uitgeleerd** *bn* volleerd **uitgeleide** *o ~ doen*, een eind vergezellen **uitgelezen** *bn* uitgezocht **uitgemaakt** *bn een ~e zaak*, afgedaan **uitgemergeld** *bn* uitgeteerd, waar alle kracht uitgehaald is **uitgenomen** *vz* uitgezonderd **uitgeput** *bn* oververmoeid **uitgerekend** **I** *bn* op eigen voordeel bedacht **II** *bw* precies **uitgeslapen** *bn* slim **uitgesloten** *bn* onmogelijk **uitgesproken** *bn & bw* onbetwistbaar **uitgestorven** *bn* als soort niet meer bestaand; zonder leven **uitgestreken** *bn* effen **uitgestrekt** *bn* uitgebreid **uitgeteld** *bn* uitgeput; *~ zijn*, aan het einde v.d. zwangerschapsperiode **uitgevallen** *voorafgegaan door bn*: van aard

uitgeven iets gedrukts in de handel brengen; aan de markt brengen; besteden; voordoen **uitgever** *m* [-s] wie uitgeeft, uitgeversbedrijf **uitgeverij'** *v* uitgeversbedrijf **uitgeversbedrijf**, **uitgeversfirma**, **uitgeversmaatschappij** bedrijf waardoor iets gedrukts in de handel wordt gebracht **uitgeversrestant** onverkocht deel v.e. boekuitgave

uitgewekene *m-v* [-n] wie om politieke redenen uit het land gevlucht is **uitgewerkt** *bn* niet meer werkend; uitvoerig en nauwkeurig bewerkt **uitgewoond** *bn* door langdurige bewoning totaal onderkomen **uitgezocht** *bn* voortreffelijk, voornaam **uitgezonderd** *vz* behalve

uitgifte *v* [-n] het in omloop brengen **uitgiftekoers** koers waartegen een nieuw aandeel op de markt wordt gebracht

uitglijden glijdend vallen **uitglijder** *m* [-s] blunder

uitgommen, **uitgummen** met vlakgom verwijderen

uitgooien *(sp.)* als keeper de bal in het veld gooien

uitgraven gravend te voorschijn halen; uitdiepen

uitgroeien tot volwassenheid komen; groeiend boven iets uitkomen

uitgummen *zie* **uitgommen**

uithaal *m* [-halen] langgerekte toon; uitwijking; venijnige opmerking **uithalen** leeg halen, weghalen; besparen; helpen; een hoge toon langgerekt zingen; uitwijken; uitvoeren; royaal voor de dag komen

uithangbord uithangteken **uithangen** *h* buiten hangen; in de volle lengte en breedte ophangen; de schijn aannemen van; zich bevinden **uithangteken** buiten hangend symbool dat de nering aangeeft

uitheems' *bn* vreemd

uithoek afgelegen plaats

uithollen hol maken; de betekenis ontnemen **uitholling** *v* het uithollen; holte

uithongeren door honger tot het uiterste brengen of uitputten

uithoren stiekem trachten iem. zijn geheimen te laten vertellen

uithouden volhouden; uitgespreid houden **uithoudingsvermogen** vermogen om vol te houden

uithouwen uitkappen

uithuilen schreiend aan zijn emoties toegeven

uithuis'plaatsing *v* het buiten het ouderlijk huis plaatsen v.e. kind in het kader van ondertoezichtstelling

uithui'zig *bn* (gaarne) veel buitenshuis

uithuwelijken, **uithuwen** ten huwelijk geven

uitje *o* het uitgaan

uitjouwen honend toeroepen; ten einde jouwen

uitkafferen tekeergaan tegen

uitkammen kammen, zuiveren

uitkeren uitbetalen **uitkering** *v* het uitkeren; door sociale dienst uitgekeerde som

uitketteren uitkafferen

uitkienen uitzoeken

uitkiezen kiezen

uitkijk *m* uitkijkplaats; uitkijker; *op de ~*, op wacht **uitkijken** opletten (of iem. of iets komt); zien of men iets kan krijgen; ten einde kijken; uitzicht hebben of bieden; *(pop.) ik kijk wel uit*, ik ben wel wijzer **uitkijkpost** post om uit te kijken

uitklappen naar buiten opengaan; naar buiten openen

uitklaren zich de documenten voor uitvoer verschaffen

uitkleden van de kleren ontdoen; arm maken; *zich ~ vóór men naar bed gaat*, alles weggeven voor zijn dood

uitkloppen kloppend doen verdwijnen; kloppend reinigen

uitknijpen door knijpen verwijderen of vocht onttrekken; (er) ~, heengaan

uitknippen knippend wegnemen

uitknob(b)elen uitkienen

uitknokken uitvechten

uitkoken kokend zuiveren of verwijderen of sap (doen) verliezen

uitkomen te voorschijn komen; uitlopen; uit de grond of uit het ei komen; kloppen; gelegen zijn; bekend worden, aan het licht komen, blijken; ten slotte zijn, terechtkomen; afsteken; uitgegeven worden; toekomen; toegang of uitzicht geven op; beginnen; spelen in een wedstrijd; *~ voor*, niet loochenen **uitkomst**

afloop; slotsom; redding
uitkopen iemands rechten afkopen
uitkotsen kotsend uitwerpen; weerzin hebben tegen
uitkramen al te openhartig verkondigen
uitkrijgen uitgetrokken krijgen; ten einde krijgen; de oplossing vinden
uitkristallise'ren zich in kristallen afscheiden; *(fig.)* een uitgewerkte vorm aannemen
uitlaat *m* [-laten] opening voor het uitlaten van iets **uitlaatgas** ontsnappend afgewerkt gas **uitlaatklep** *(fig.)* uitingsmogelijkheid
uitlachen lachend bespotten; ten einde lachen
uitladen lossen
uitlaten naar buiten laten; weglaten; *zich* ~, spreken **uitlating** *v* het uitlaten; uiting, mededeling
uitleenbibliotheek leesbibliotheek
uitleg *m* verklaring; uitbreiding **uitleggen** verklaren; uitbreiden; uitspreiden; de zoom of naad smaller maken; als bijdrage afzonderen
uitleiden naar buiten of naar het buitenland brengen
uitlekken bekend worden; het vocht laten afdruipen
uitlenen lenen
uitlepelen met een lepel uitscheppen
uitleven *zich* ~, zijn neigingen de vrije loop laten
uitleveren in handen v.h. gerecht of v.h. vaderland leveren, overgeven **uitleveringsverdrag** overeenkomst om misdadigers uit te leveren
uitlezen ten einde lezen; uitzoeken
uitlijnen in één lijn brengen; (autowielen) zo stellen dat ze in een recht spoor lopen
uitloggen een computersysteem verlaten
uitlokken bevorderen; aanleiding geven tot, verlokken
uitloop *m* [-lopen] monding; rioolmond **uitlopen** *h/z* nieuwe takken en bladeren krijgen; naar buiten lopen; eindigen; uitvaren; door lopen wijd maken; voor de anderen komen; het veld in lopen; ten einde lopen; wat langer duren **uitloper** *m* [-s] wie gaarne elders gaat; ver uitstekend deel v.e. gebergte; uitlopende rank; gevolg
uitloten *z* bij loting aflosbaar worden, bij loting prijs opleveren; door loting afgewezen worden
U
uitloven als prijs beloven
uitlui(d)en luidend doen eindigen; klok luiden bij een begrafenis; huldigen bij het afscheid
uitmaken beëindigen; weg maken; beslissen; uitschelden, noemen; betekenen; vormen; *het* ~, een verkering verbreken
uitmelken melkend legen; *(fig.)* in alle bijzonderheden behandelen
uitmergelen uitputten, te veel halen uit
uitmesten de mest eruit halen
uitmeten door meten de grootte bepalen, afmeten; *breed* ~, hoog opgeven van
uitmiddelpun'tig *bn* excentriek
uitmikken berekenen
uitmonding *v* uitloop; mond
uitmonsteren uitdossen; kraagrand en opslagen in een andere kleur maken
uitmoorden alle bewoners of leden vermoorden
uitmunten beter zijn dan andere(n) **uitmun'tend** *bn & bw* uitstekend
uitneem'baar *bn* uit elkaar te nemen
uitne'mend *bn & bw* uitstekend **uitne'mendheid** *v bij* ~, bij uitstek
uitnodigen verzoeken mee te doen
uitoefenen in praktijk brengen, van zich doen uitgaan
uitpakken ergens uithalen; leegmaken; opspelen; zijn welstand tonen, pronken; *(zegsw.)* aflopen
uitpersen leegpersen; te zware belastingen opleggen
uitpikken uitkiezen, eruit pikken
uitpluizen tot pluis maken; nauwkeurig uitzoeken
uitplussen *(pop.)* nauwgezet onderzoeken
uitpoetsen poetsend verwijderen; *dat moet je niet* ~, daar moet je niet min over denken
uitpraten ten einde praten; pratend oplossen; *uitgepraat zijn*, niets meer te zeggen hebben
uitproberen *(germ.)* door proberen onderzoeken
uitproesten *het* ~, na proesten luid lachen
uitpuffen uitblazen
uitpuilen bol naar buiten uitsteken; *(fig.)* overvol zijn
uitputten volledig leegmaken; door vermoeidheid machteloos maken; alles wegnemen; *iemands geduld* ~, maken dat iem. ongeduldig wordt **uitputting** *v* het uitgeput zijn **uitputtingsslag** gevecht waarbij men de ander probeert uit te putten; langdurige en afmattende bezigheid
uitpuzzelen uitplussen
uitrafelen tot rafels maken; *(fig.)* diepgaand onderzoeken; rafels maken
uitrangeren ⟨ge=zjee⟩ *(fig.)* afdanken, op non-actief stellen
uitrazen ten einde toe razen
uitregenen ten einde regenen; door regen verdwijnen; door regen niet meer kunnen werken
uitreiken ter hand stellen
uitreisvisum visum dat mogelijk maakt een land te verlaten
uitrekenen berekenen **uitrekken** rekken
uitrichten tot stand brengen, doen
uitrijstrook voor vaartvermindering bestemde strook bij uitrit v.e. weg
uitrijzen rijzend omhoog gaan; ~ *boven*, hoger zijn dan
uitrit *m* [-ten] het uitrijden; plaats om uit te rijden
uitroeien verdelgen, doen verdwijnen **uitroeiing** *v* het uitroeien
uitroep kreet **uitroepen** roepen; ~ *tot*, verkiezen tot **uitroep(ings)teken** het teken !
uitroken door rook verdrijven; door rook

zuiveren; oproken
uitruimen leeg maken
uitrukken *h/z* ergens uit rukken; de kazerne verlaten
uitrusten *h/z* rusten, zich door rust herstellen; van het nodige voorzien **uitrusting** *v* het uitrusten; het nodige voor een tocht of gevecht
uitschakelen (door schakelen) buiten werking stellen; niet meerekenen, niet meer mee laten doen; *(sp.)* verhinderen dat iem. in zijn actie slaagt
uitschateren *het* ~, luid beginnen te lachen
uitscheiden *h/z* [scheidde uit, scheed uit, uitgescheiden, uitgescheden] ophouden
uitschelden schelden; ten einde schelden
uitschieten wegschieten, snel uittrekken, uitbotten, minderwaardige zaken afzonderen
uitschieter *m* [-s] wat ver boven het normale uitgaat
uitschot *o* het slechtste
uitschrapen leegschrapen, schoonschrapen
uitschreeuwen *het* ~, luid beginnen te schreeuwen
uitschrijven afschrijven; gelegenheid bieden tot mededinging; verordenen; bijeenroepen
uitschudden door schudden verwijderen; leegschudden, beroven; *naakt* ~, zelfs van zijn kleren beroven
uitschuif'baar *bn* kunnende uitgeschoven worden **uitschuiftafel** uitschuifbare tafel **uitschuiven** schuivend uittrekken
uitslaan slaande reinigen; naar buiten slaan; buiten het speelveld slaan; in de boezem malen; *(v.e. wijzer)* ver v.d. normale stand afwijken; met salpeter bedekt worden; uiten; ten einde slaan; uitbreiden; op ware grootte tekenen; plat slaan; vervoeren
uitslag *m* schimmel; puistjes; salpeter op de muren; verkoop; afloop; tekening op ware grootte; overwicht
uitslapen slapen tot men er geen behoefte meer aan heeft; langer blijven slapen; *zijn roes* ~, zo lang slapen tot men weer nuchter is
uitsloven *zich* ~, veel moeite doen
uitsluiten niet laten meedoen **uitslui'tend** *bn & bw* alleen **uitsluiting** *v* uitzondering; het niet meer aannemen van stakers; *bij* ~, waarbij anderen of andere dingen worden uitgesloten **uitsluitsel** *o* [-s] opheldering; beslissing
uitsmeren over een oppervlakte smerende verspreiden, verdelen
uitsmijter *m* [-s] brood met vlees en spiegelei; wie rumoerige bezoekers verwijdert
uitsnijden wegsnijden; uitknippen; snijden **uitspannen** uitstrekken; losmaken; *zich* ~, zich vermaken **uitspanning** *v* vermaak; pleisterplaats **uitspansel** *o* hemelgewelf
uitsparen besparen; openlaten **uitsparing** *v* het uitgespaarde
uitspatting *v* losbandigheid
uitspelen (ten einde) spelen; laten gelden
uitspinnen te veel tot in bijzonderheden behandelen, rekken
uitspitten spittend uithalen; grondig onderzoeken
uitsplitsen splitsend uit elkaar halen; verdelen; selecteren
uitspoelen schoon spoelen
uitspoken *(ong.)* uitvoeren
uitspraak *v(m)* [-spraken] wijze van spreken; uiting; vonnis
uitspreiden spreiden
uitspreken in spraakklanken weergeven; ten einde zeggen; *een vonnis* ~, een vonnis vellen; *zich* ~, verklaren of men voor of tegen is
uitspringen vooruitsteken; opvallen **uitspringend** *bn* vooruitstekend; groter dan 180°
uitspruiten ontspruiten, uit de grond opkomen **uitspruitsel** *o* [-s] wat ontsproten is
uitstaan lijden; op rente staan; *uit te staan hebben* of *uitstaande hebben*, te maken hebben; *uitstaande*, nog te betalen
uitstalkast glazen kast voor uitstalling **uitstallen** te kijk stellen **uitstalling** *v* het uitstallen; het uitgestalde **uitstalraam** *(Belgned.)* etalage
uitstapje *m* pleziertochtje **uitstappen** het verkeersmiddel verlaten
uitste'dig *bn* uit de stad
uitsteeksel *o* [-s] wat uitsteekt
uitstek *o* [-ken] uithoek; kroonlijst; *bij* ~, bijzonder
uitsteken naar buiten steken; voor zich steken; ~ *boven*, overtreffen **uitste'kend** *bn & bw* uitmuntend
uitstel *o* verschuiving in tijd; tijd die men erbij krijgt **uitstellen** in tijd verschuiven; ter aanbidding plaatsen
uitsterven ophouden te bestaan
uitstijgen *(germ.)* uitstappen; ~ *boven*, uitsteken boven
uitstippelen in grote trekken aangeven
uitstoelen *z* zich van onder uitbreiden, stengels schieten
uitstoot afvalstoffen die in de lucht terecht komen
uitstorten storten; *zijn hart* ~, volledig zijn gevoelens uitspreken **uitstorting** *v* het uitstorten; nederdaling
uitstoten wegstoten; krachtig uiten; verstoten
uitstralen stralen afgeven **uitstraling** *v (fig.)* het in staat zijn te charmeren
uitstrekken geheel strekken; *zich* ~, de hele lengte of oppervlakte beslaan
uitstrijk *m*, **uitstrijkje** *o* voor medisch onderzoek op een glaasje uitgesmeerde organische stof **uitstrijken** *(fig.)* over een langere termijn laten geschieden
uitstrooien strooiend verspreiden
uitstuffen uitgummen
uitstulpen enigszins bol buiten zijn omtrek gaan
uitsturen ergens heen sturen
uittekenen tekenen

uittellen ten einde tellen; tot 10 tellen voor iem. weer opstaat
uitteren geheel vermageren
uittesten volledig testen
uittikken op een schrijfmachine verwerken; bij krijgertje spelen aanraken waardoor de aangeraakte niet meer mee mag doen
uittocht het wegtrekken
uittrap *m* eerste trap nadat de bal over de achterlijn is gegaan
uittreden *z* er uit gaan; *(m.b.t. de ziel)* tijdelijk geacht worden het lichaam te verlaten
uittrekken eruit trekken; uitdoen; rekken; beschikbaar stellen **uittreksel** *o* [-s] kort overzicht **uittrektafel** uitschuiftafel
uittypen uittikken
uitvaagsel *o* [-s] uitschot
uitvaardigen afkondigen
uitvaart *v(m)* begrafenis, lijkdienst
uitval *m* [-len] aanval door belegerden tegen belegeraars; het uitvallen **uitvallen** verdwijnen, niet meer meedoen; een uitval doen; zich plotseling luid boos uiten; uitkomen **uitvalsweg** uit een stad of centrum leidende weg
uitvaren *h/z* naar buiten varen; tekeergaan
uitvechten vechtend beslissen
uitvegen *veeg ... niet uit*, denk aan ...
uitverdedigen *(sp.)* een aanval v.d. tegenpartij zo afbreken dat men zelf onmiddellijk een tegenaanval kan ondernemen
uitvergroten vergroten (v.e. onderdeel)
uitverkiezing verkiezing tot de zaligheid
uitverkocht *bn* niet meer te koop; waar geen plaats meer te krijgen is **uitverkoop** *m* [-kopen] het uitverkopen **uitverkopen** restanten of alles verkopen
uitverkoren *bn* verkoren, bijzonder geliefd
uitveteren bestraffend toespreken
uitvieren geheel vieren; geheel laten uitwerken; *zich ~*, zich geheel laten gaan
uitvinden bedenken; opsporen **uitvinding** *v* het uitvinden; het uitgevondene **uitvindsel** *o* [-s, -en] bedenksel
uitvissen uitzoeken
uitvlakken uitwissen, uitvegen; *dat moet je niet ~*, dat moet je niet onderschatten
uitvloeisel *o* [-s, -en] gevolg
uitvloeken vloeken tegen; ophouden met vloeken
uitvlokken zich afscheiden
uitvlucht *v(m)* verontschuldiging waarvan men zich het valse bewust is; vlucht ergens heen
uitvoegen via de uitvoegstrook de rijbaan verlaten **uitvoegstrook** uitrijstrook
uitvoer *m* het uitvoeren; output; *ten ~ brengen* of *leggen*, uitvoeren **uitvoerartikel** voor uitvoer bestemd artikel
uitvoer'baar *bn* gedaan kunnende worden **uitvoerder** *m* [-s] wie uitvoert **uitvoeren** naar het buitenland brengen of verkopen; doen; ten uitvoer brengen; ten gehore brengen **uitvoerhandel** handel op het buitenland **uitvoerhaven** haven waar uitgevoerd wordt **uitvoe'rig** *bn & bw* omstandig **uitvoering** *v* het uitvoeren; het uiterlijk; *~ geven aan*, uitvoeren **uitvoeroverschot** wat men meer uitvoert dan invoert **uitvoerrecht** belasting op uitvoer **uitvoervergunning** vergunning tot uitvoer
uitvogelen in kleinigheden uitdenken
uitvorsen opsporen
uitvragen vragend uithoren; ten einde vragen
uitvreten uitbijten; *(pop.)* parasiteren op; uithalen **uitvreter** *m-v* [-s] wie parasiteert
uitwaaien *h/z* in de wind fris worden; door de wind doven; ten einde waaien; zich waaiend ontplooien
uitwaaieren zich in meerdere richtingen als een waaier verspreiden
uitwaarts *bn & bw* naar buiten
uitwas *m/o* [-sen] uitgroeisel; ongewenste ontwikkeling
uitwasemen uitdampen
uitwassen *h* wassend reinigen; *z* uitlopen
uitwateren het water lozen **uitwatering** *v* waterlozing **uitwateringssluis** sluis voor waterlozing
uitwedstrijd wedstrijd in een andere plaats
uitweg uitgang; uitkomst
uitweiden breedvoerig spreken **uitweiding** *v* afwijking v.d. hoofdzaak
uit'wen'dig *bn & bw* van buiten **uitwen'digheid** *v* [-heden] het uiterlijke
uitwerken *h/z* uithalen; in bijzonderheden klaarmaken; ten einde werken; oplossen **uitwerking** *v* het uitwerken; gevolg
uitwerpen naar buiten werpen; neerlaten; uitstoten, uitdrijven; (de bal) in het veld werpen **uitwerpselen** *mv* ontlasting
uitwijken *z* uit het lood gaan; om politieke redenen het land verlaten **uitwijkmogelijkheid** mogelijkheid om uit te wijken; mogelijke andere datum
uitwijzen tonen; beslissen; over de grens zetten
uitwinnen besparen
uitwisselen ruilen
uitwissen uitvegen
uitwonen door wonen haveloos maken **uitwonend** *bn* elders wonend
uitworp *m* het uitwerpen
uitwrijven weg wrijven; schoon wrijven; over een oppervlakte wrijvend verbreiden
uitwringen door wringen het vocht verwijderen
uitwuiven uitzwaaien
uitzaai *m* het uitzaaien, het zaaien **uitzaaiing** uitzaai; het uitgezaaide; uitbreiding doordat delen v.h. gezwel loslaten
uitzakken zakkend uit iets komen; uit zijn vorm zakken
uitzend- *eerste lid van ss met een substantief in de bet.*: betrekking hebbend op uitzendarbeid **uitzendarbeid** door een uitzendbureau verschaft werk **uitzendbureau** onderneming die voor tijdelijk werk bemiddelt **uitzenden** naar een ver gebied zenden; per radio of tv

verspreiden; arbeidskrachten ter beschikking stellen **uitzending** *v* het uitzenden; het uitgezondene **uitzendkracht** door een uitzendbureau tijdelijk tewerkgestelde

uitzet *m/o* [-ten] het voor een bruid of kind benodigde **uitzetijzer** ijzer om een geopend raam vast te zetten **uitzetten** *h/z* in omvang toenemen; uitwijken; op interest zetten; neer laten; als wachtpost zetten; uitwijzen **uitzettingscoëfficiënt** *m* volumevermeerdering per cm^3 bij 1° temperatuursverhoging **uitzettingsvermogen** *o* uitzetbaarheid

uitzicht *o* gezicht; kans **uitzichtloos** zonder vooruitzichten **uitzichttoren** uitkijktoren

uitzieken *h/z* de ziekte uitvieren; langzamerhand verbeteren

uitzien uitkijken

uitzingen *het ~*, het volhouden zonder verdiensten

uitzin'nig *bn & bw* dwaas

uitzitten ten einde toe (zittend) doorbrengen

uitzoeken kiezen; sorteren; nagaan

uitzonderen uitsluiten; onderscheiden **uitzondering** *v* wat tegen de regel is; *bij ~*, tegen zijn gewoonte; *met ~ van*, uitgezonderd **uitzonderingsmaatregel** maatregel voor uitzonderingsgeval **uitzonderingspositie** positie waarin men een uitzondering vormt **uitzonderingstoestand** toestand die buitengewone maatregelen eist **uitzon'derlijk** een uitzondering vormend, zoals maar zelden voorkomt

uitzuigen te veel profiteren van

uitzwaaien zwaaiend v.e. vertrekkende afscheid nemen

uitzwavelen met zwavel reinigen

uitzwermen *z* (in een zwerm) uitvliegen; tirailleren

uitzweten zwetend verdrijven

uk [-ken], **ukkepuk** [-ken] *m* peuter

UK *United Kingdom*, Verenigd Koninkrijk

ukele'le ‹joekelille› *m* [-s] viersnarig tokkelinstrument

ulcera'tie *v* [-s] verzwering **ulcere'ren** etteren **ulcus** *o* [ulcera] zweer

ulevel *v(m)* [-len] bep. lekkernij in papiertje met bijgevoegd rijmpje

ulster *m* [-s] lange dikke winterjas

ult. *ultimo*, op de laatste dag

ulterieur' *bn* later

ultiem' *bn* uiteindelijk, als laatste te gebruiken **ultimatief'** *bn* met het karakter v.e. ultimatum **ultima'tum** *o* [-s] laatste eis **ultimo** *bw* op de laatste dag

ultra I *m-v* [-'s] overdrijver; extremist **II** *bn & bw* uiterst; te, overdreven *(ook als eerste deel v.e. ss)* **ultra-actief** *bn* uiterst actief **ultrageluid** voor het menselijk oor niet waarneembaar geluid **ultrakort** *bn* beneden 10 m **ultralicht** *bn* zeer licht **ultramarijn'** *o* helder blauw **ultramicroscoop** *m/o* [-scopen] zo sterk mogelijk vergrotende microscoop **ultramicroscopisch** *bn* slechts met een ultramicroscoop waar te nemen **ultramontaan'** *m* [-tanen] vurig pausgezinde **ultrasonoor'**, **ultrasoon'** *bn* met niet meer hoorbare trillingen **ultraviolet'** *bn* met groter aantal trillingen dan violet

umlaut ‹oemlout› *m* klinkerverandering onder invloed v. (vroegere) klank in volgende lettergreep

umpire ‹umpaajer› *m-v* [-s] *(sp.)* scheidsrechter bij sommige balspelen

UMTS *Universal Mobile Telecommunication Systems*, netwerk v. mobiele telefonie

UN *United Nations*, Verenigde Naties

unaniem' *bn & bw* eenstemmig **unanimiteit'** *v* eenstemmigheid

unciaal' *v(m)* [-alen], **unciaal'letter** middeleeuwse hoofdletter

Unctad *United Nations Conference on Trade and Development*, conferentie over Handel en Ontwikkeling v.d. VN

underco'ver ‹undurkuvvur› *bw* in vermomming, zonder de ware identiteit te onthullen

underdog ‹anderdoG› *m-v* verdrukte; wie steeds verliest **underperformer** ‹or=òò› *m* [-s] fonds waarvan de waarde zich vermoedelijk voorlopig onder het gemiddelde van de koersverandering op de beurs zal ontwikkelen **understatement** ‹ate=eet› *m/o* [-s] opzettelijk te zwakke uitdrukking

undula'tie *v* [-s] ondulatie **undule'ren** onduleren

Unesco *United Nations Educational, Scientific & Cultural Organization*, organisatie voor internationale samenwerking in opvoeding, wetenschap en kunst

unfair' ‹ai=è› *bn & bw* oneerlijk

uni *bn* één kleur hebbend

unicaat' *o* [-aten] geschrift zonder afschriften

Unicef *United Nations (International) Children's (Emergency) Fund*, kinderfonds v.d. VN

uniciteit' *v* het uniek zijn

unicum *o* [-s, -ica] iets enigs

unie *v* [-s] vereniging, verbond

uniek' *bn & bw* onvergelijkelijk, enig

unië'ren verenigen **unifica'tie** *v* [-s] eenmaking

UNIFIL *United Nations Interim Forces in Libanon*, vredesleger v. VN in Libanon

uniform' *bn* eenvormig **u'niform'** *o/v(m)* dienstkleding, gelijke kleding **uniforme'ren** eenvormig maken; in uniform kleden **uniformiteit'** *v* gelijkvormigheid

unilateraal' *bn* eenzijdig

unionist' *m* voorstander v.e. unie

uniseks *bn* voor beide geslachten gelijk

uniso'no I *bw* eenstemmig **II** *o* [-'s] eenstemmig stuk

unit ‹joenit› *m* [-s] bij elkaar horende zaken

unita'riër *m* [-s] wie voorstander is v.e. eenheid

universa'le ‹s=z› *o* [-lia] algemeen voorkomend iets **universaliteit'** [-salia] *v* het universeel zijn **universeel'** *bn*

algemeen, alles omvattend, algeheel, enig
universitair' ‹ai=è› *bn* wat de universiteit betreft **universiteit'** *v* hogeschool voor meer dan één richting
univer'sum *o* heelal
UNO *United Nations Organization*, Verenigde Naties
unster *v(m)* [-s] draagbaar weegtoestel met armen van versch. lengte; weegtoestel met een trekveer
unverfroren ‹u=oe› *bn & bw* brutaal; zonder een blad voor de mond te nemen
updaten ‹a=ee› [updatete, geüpdatet] actueel maken; *(comp.)* bijwerken
upgraden [upgradede, geüpgraded] ‹a=ee› op een hoger peil trachten te brengen
uppercut *(sp.)* *m* [-s] van onder naar boven gerichte stoot bij het boksen
upper ten' *v(m)* hoogste kringen
uppie *in z'n ~*, *(pop.)* alleen
ups and downs' ‹ups en douns› *mv* oplevingen en inzinkingen
up-to-date ‹up-toe-deet'› bij de tijd
ura'nium, **uraan'** *o* zeer hard radioactief scheik. element **ura'niumverrijking** *v* uranium geschikt maken voor gebruik in kerncentrales
urbanisa'tie, **urbanisering** ‹s=z› *v* verstedelijking **urbanis'me** *o* voorkeur voor de stad **urbaniteit'** *v* stedelijke beschaving
ure *v(m)* [-n] *(plecht.)* uur; *(zegsw.)* ogenblik; *te(r) elfder ~*, bijna te laat
uremie' *v* vergiftiging door belemmerde urineafscheiding
urenlang *bn & bw* uren durend
ure'ter *m* [-s] buis waarlangs urine wordt gevoerd **ure'um** *o* [gmv] bep. stof in de urine
urgent' *bn* dringend **urgen'tie** *v* het dringend zijn **urgen'tie-eis** wat urgent vereist wordt **urgen'tieplan** plan voor dingen die het eerst nodig zijn **urgen'tieverklaring** verklaring dat iets urgent is
urinaal' *o* [-nalen] kolf om urine op te vangen **uri'ne** *v(m)* uitscheidingsproduct v.d. nieren **urine'ren** urine lozen, wateren **urinoir'** ‹urienwaar› *o* [-s] (openbaar) toilet
url *uniform resource locator*, adres op het internet
urmen klagen
urnament' *o* monument voor een gecremeerde dode **urn(e)** *v(m)* [-nen] lijkbus **urnenveld** veld met urnen
urologie' *v* leer v.d. nieren en urine(wegen) en mannelijke geslachtsorganen
ursuli'nen *mv* naar de H. Ursula genoemde vrouwelijke orde
US(A) *United States (of America)*, Verenigde Staten
usan'ce ‹uzãns› *v(m)* [-s], **usan'tie** ‹zan› *v* [-s, -tiën] gewoonte
user interface ‹joezer interfees› *m* [-faces] *(comp.)* deel v.e. softwareprogramma met behulp waarvan de gebruiker met de computer communiceert
USSR *(gesch.)* Unie van Socialistische Sovjetrepublieken
usueel' ‹s=z› *bn & bw* gebruikelijk
usurpa'tie *v* [-s] overweldiging **usurpa'tor** *m* [-s, -en] overweldiger **usurpe'ren** wederrechtelijk in bezit nemen
ut *v(m)* andere benaming voor de toon do (eerste toon v.d. diatonische toonladder)
UT Universiteit Twente
utensi'liën [mv] benodigd gereedschap
uterus *m* [-sen] baarmoeder
utilise'ren ‹s=z› nuttig gebruiken **utilis'me** *o zie* **utilitarisme**; **utilis'tisch** *bn* speciaal het nut beogend **utilitair'** ‹ai=è› *bn* nut beogend, met het oog op nut **utilitaris'me** *o* het zich alleen naar het nut richten **utilitaris'tisch** *bn & bw* utilitair, het nut betreffend **utiliteit'** *v* nut **utiliteits'bouw** bouw ten algemene nutte
utopie' *v* [-ën] hersenschim; ontwerp v. ideaalstaat **uto'pisch** *bn & bw* hersenschimmig **utopist'** *m* iem. met utopieën **utopis'tisch** *bn & bw* (als) v.e. utopist
UTP Universiteit voor Theologie en Pastoraat
uur *o* [uren] 60 minuten; tijdstip; lesuur **uurdienst** dienst waarbij de vertrekuren in uren uiteenliggen **uurglas** zandloper **uurloon** loon per uur **uurwerk** horloge, klok **uurwijzer** wijzer die de uren aangeeft
uv ultraviolet
UvA Universiteit v. Amsterdam
uvulaar', **uvulair** ‹ai=èè› *bn* bij de huig gevormd **II** *m* [-aren, -airen] bij de huig gevormde medeklinker
UVV Unie v. Vrouwelijke Vrijwilligers
uw *vnw* van u; *(Belgned.)* van jou **uwerzijds** *bw* van uw kant
uzi ‹u=oe› *m* [-'s] machinepistool

V

v *v(m)* [-'s] tweeëntwintigste letter van ons alfabet; tussen lippen en tanden gevormde stemhebbende wrijfklank
v. vrouwelijk; van; voor; vers
V *(schei.)* vanadium; *(nat.)* volume; volt; Romeins teken voor 5
v.a. vanaf; volgens anderen
vaag *bn & bw* zonder scherpe grenzen, onduidelijk **vaagheid** *v* [-heden] het vaag zijn; vaag iets
vaak **I** *bw* dikwijls **II** *m* slaap; *praatjes voor de ~*, kletspraatjes
vaal *bn & bw* vuilbruin, grauw; verkleurd, flets **vaalbont** *bn* met vale vlekken
vaalt *v(m)* mesthoop
vaam *m* [vamen] vadem
vaan *v(m)* [vanen] vaandel; kleine vlag, banier; windwijzer; turf (bij het tellen v. stemmen); *de ~ van de opstand planten*, in opstand komen, de opstand organiseren **vaandel** *o* [-s] stuk doek aan stok; *hoog in zijn ~ schrijven*, als zeer belangrijk beschouwen **vaandelvlucht** ontrouw aan een beweging of standpunt
vaandrig *m* [-s] aspirant-reserveofficier; assistent-troepenleider; assistent-verkennersleider
vaantje figuur waarbij men met één arm aan rekstok hangt; *het ~ strijken*, flauw vallen
vaar **I** *m (pop.)* vader **II** *bn* onbevrucht
vaarbewijs bewijs v.d. bevoegdheid om een vaartuig te besturen **vaarboom** stok om boot voort te duwen
vaardig *bn & bw* gereed; handig; *(mil.)* klaar; *de geest werd ~ over hem*, hij geraakte in bezieling **vaardigheid** *v* [-heden] snelheid; handigheid; bekwaamheid
vaargeul *v(m)* deel waardoor gevaren kan worden
vaars *v* [vaarzen] jonge koe van zeven maanden tot twee jaar **vaarskalf** vr. kalf
vaart *v(m)* snelheid; tocht te water; koers; het varen; kanaal; *in de ~ brengen*, laten varen; *~ achter iets zetten*, iets bespoedigen; *zo'n ~ niet lopen*, nogal meevallen; *met een ~*, snel
vaartuig *o* schip **vaarwater** *o* [-s, -en] water waarin men kan varen; kielwater; *in het ~ zitten*, hinderen; *uit het ~*, uit de weg **vaarweg** waterweg
vaarwel' **I** *tw* het beste **II** *o* afscheid; *~ zeggen*, afscheid nemen van, ophouden met
vaas *v(m)* [vazen] sierlijk vaatwerk voor snijbloemen
vaat *v(m)* af te wassen eetgerei **vaataandoening** *zie* **vaatziekte**; **vaatchirurg** wie bij vaatziekten opereert **vaatdoek** *m* keukendoek **vaatje** *o* klein vat; *uit een ander ~ tappen*, anders beginnen; *~ zuur bier*, verzuurde oude vrijster **vaatkwast** vatenkwast **vaatstelsel** *o* [-s] stelsel van bloed- en lymfevaten **vaatvlies** oogvlies met veel bloedvaten **vaatwasmachine** *v(m)* [-s], **vaatwasser** *m* [-s] machine die automatisch de afwas doet **vaatwerk** de vaten **vaatziekte** ziekte v. bloedvaten
VAB *(Belg.)* Vlaamse Automobilistenbond
vacant' *bn* leeg, onbezet
vacatie *v* [-s, -tiën] het onbezet zijn v.e. ambt; bestede tijd; zitting; vacatiegeld **vacatu're** *v* [-s] niet vervulde betrekking; het open zijn v.e. betrekking **vacatu'rebank** centraal register v. beschikbare banen **vacatu'restop** niet in een vacature voorzien
vaccin' ⟨vaksěn⟩ *o* [-s] koepokstof, inentstof **vaccina'tie** ⟨vaksienaa(t)sie⟩ *v* [-s, -tiën] inenting inz. met koepokstof **vacci'ne** *v(m)* [-s] koepokstof, inentstof **vaccine'ren** inenten
vace'ren openstaan; zitting houden
vacht *v(m)* huid met wol
vacuüm ⟨vaakuu-um⟩ *o* [-cua, -s] luchtledig; tijd dat er niets is **vacuümapparaat** toestel tot indamping bij lage temperatuur **vacuümpan** pan waaruit d.m.v. een vacuümpomp de lucht weggezogen kan worden **vacuümpomp** lucht wegzuigende pomp **vacuümverpakking** verpakking met luchtledige inhoud
VAD vermogensaanwasdeling
vadem *m* [-en, -s] lengtemaat van iets meer dan 1,5 m
vademe'cum *o* [-s] beknopte handleiding; verklarend zakboekje
Vader *Onze Hemelse ~*, God; *Heilige ~*, paus
vader *m* [-s] man tegenover zijn kind; man met een kind; grondlegger; wie als een vader zorgt; *(in aanspreking)* vriendje; *~en*, voorvaders; *tot zijn ~en verzameld worden*, sterven; *der ~en erf*, ons land **vaderbinding** het zich met de vader verbonden voelen **vaderdag** feestdag v.d. vaders **vaderen** de vader spelen **vaderfiguur** figuur (als) v.d. vader **vadergek** *zie* **moedergek**; **vaderhuis** ouderlijk huis; hemel **vaderland** geboorteland; *voor het ~ weg*, zo maar **vaderlander** *m* [-s] wie van zijn vaderland houdt **vaderlands** *bn* van of over of eigen aan het vaderland **vaderlandsliefde** liefde voor het vaderland **vaderland(s)lie'vend** *bn & bw* van zijn vaderland houdend; van liefde voor het vaderland getuigend **vaderlijk** *bn & bw* als (van) een vader; van de vader **vaderloos** *bn* zonder vader **vadermoorder** *m* [-s] wie zijn vader vermoord heeft; *(ev of mv)* hoge boord met punten **vaderrecht** patriarchaat **vaderschap** *o* het vader zijn **vaderskant** *van ~*, van de kant v.d. vader **vaderskind** erg op vader gesteld kind **vaderstad** geboortestad **vaderszijde** vaderskant
vadoek *m* vaatdoek
vadsig *bn & bw* lui
va-et-vient' ⟨va-ee-vjěn⟩ *o* komen en gaan
vagebond *m* landloper
vagevuur *o* louteringsvuur
vagina *v(m)* [-'s] vrouwelijk geslachtsorgaan **vaginaal'** *bn* met betrekking tot de vagina

vaginaspeculum *o* instrument voor het inwendig onderzoek v.e. vagina **vagini'tis** *v* ontsteking in de vagina
v.a.g.v. van alle gemakken voorzien
vak *o* [-ken] hokje, afdeling; ambacht, beroep; tak van wetenschap; *man van het ~*, vakman; *man van één ~*, specialist
vakan'tie *v* [-s] periode dat men niet behoeft te werken **vakan'tieadres** adres waar men op vakantie is **vakan'tiebijslag** bijslag om vakantie te houden **vakan'tiebon** bon waarop men voor de vakantie geld kan krijgen **vakan'tiecursus** cursus tijdens de vakantie **vakan'tieganger** *m* [-s] met vakantie zijnd iem. **vakan'tiekolonie** inrichting waar kinderen vakantie houden **vakan'tieoord** plaats waar veel mensen voor vakantie heen gaan **vakan'tiespreiding** *v* het de vakantie op uiteenlopende tijden laten nemen **vakan'tietoeslag** vakantiebijslag **vakan'tie-uittocht** grote stroom v. vertrekkende vakantiegangers **vakan'tiezegel** *m* vakantiebon
vakarbeider geschoold arbeider **vakbekwaam** *bn* vakkundig **vakbeurs** beurs voor bedrijfstak **vakbeweging** organisatie v.d. vakarbeiders **vakblad** blad voor bep. vak **vakbond** vakvereniging **vakcentrale** vakbonden centraliserende vereniging **vakdiploma** bewijs van vakkundigheid **vakgeleerde** geleerde in een bep. vak **vakgenoot** *m* iem. van hetzelfde vak **vakgroep** onderdeel v.e. bedrijfsgroep voor een vak; universitaire eenheid rond een (onderdeel v.e.) vak **vakidioot** wie alleen belangstelling voor zijn vak heeft **vakjargon** *o* [gmv] vrijwel uitsluitend voor vakgenoten begrijpelijke terminologie **vakkenpakket** combinatie v. vakken voor iemands eindexamen **vakkenvuller** *m* [-s] wie in een winkel de vakken weer moet aanvullen **vakkun'dig** *bn & bw* met vakkennis **vakleraar** leraar voor een beperkt aantal vakken **vakliteratuur** literatuur over een bep. vak **vakman** [-lui, -lieden, -mannen, -mensen] iem. met vakkennis, specialist **vakonderwijs** onderwijs in een beroep of ambacht **vakonderwijzer** wie vakonderwijs geeft **vakopleiding** opleiding tot een bep. vak **vakorganisatie** vakvereniging **vakschool** school voor vakonderwijs **vaktech'nisch** *bn* op de techniek v.e. vak betrekking hebbend **vakterm** technische term **vaktijdschrift** tijdschrift voor een bep. vak **vakvereniging** vereniging van vakgenoten tot verbetering van arbeidsvoorwaarden **vakwerk** werk v.e. vakman; met metselwerk of vlechtwerk opgevuld raamwerk
V
val I *m* het vallen **II** *v(m)* [-len] knip, klem; strookje; neervallend deurtje; *in de ~ lopen*, erin lopen **III** *o* [-len] hijslijn
vala'bel *bn* geldig; gangbaar
valbijl guillotine **valblok** *o* hijsblok **valbrug** ophaalbrug **valdeur** horizontaal draaiende klep
valen'tie *v* [-s] hoeveelheid atomen waterstof die zich met een ander atoom kan verbinden; aard v. verbindbaarheid v.e. taalelement
valentijnsdag 14 februari; dag waarop men zijn geliefde iets schenkt
valeriaan' I *v(m)* plant uit het geslacht Valeriana **II** *v(m)/o* tinctuur als kalmerend geneesmiddel
vale'ta *v(m)* [-'s] zwierige Spaanse dans
valgordijn rolgordijn **valhelm** helm ter bescherming bij het vallen **valhoogte** hoogte waarvan iets valt
vali'de *bn* tot werken in staat; geldig **valide'ren** geldig verklaren; voor goede betaling gelden **validiteit'** *v* geldigheid; lichamelijke geschiktheid
valies' *o* [-liezen] reistas
valig *bn* enigszins vaal
valium *wm o* bep. kalmerend middel
valk *m/v* roofvogel met sterk gebogen snavel v.h. geslacht Falco **valkenblik** scherpe blik **valkenier'** *m* [-s] africhter van valken **valkenjacht** jacht met valken **valkenoog** scherpe blik **valkerij'** *v* het africhten van valken; jacht met valken; valkenhuis **valkjacht** *o* bep. klein zeiljacht
valkruid *o* bep. geneeskrachtige plant **valkuil** gecamoufleerde kuil
vallei' *v(m)* dal
vallen [viel, gevallen] met kracht naar beneden komen; van staande in liggende houding komen; dalen; sneuvelen, sterven; veroverd worden; moeten aftreden; zondigen; zijn, worden; geraken, uitkomen, komen; horen; *laten ~*, niet langer eisen; *ergens over ~*, ergens door gestoord zijn; *er ~ woorden*, men zegt harde woorden; *er ~ klappen*, er wordt gevochten; *~ onder*, behoren tot **vallend** *bn ~e ziekte*, met kramp en vallen en bewusteloosheid gepaard gaande ziekte **vallicht** van boven invallend licht, hoog zittend venster **valluik** horizontaal draaiend luik **valnet** dichtslaand net
valorisa'tie ⟨s=z⟩ *v* [-s] hernieuwde vaststelling v. waarde; het nemen v. maatregelen voor goede prijs
valreep *m* [-repen] trap of touw om op een schip te komen; *over de ~*, overboord; *op de ~*, bij het afscheid
vals *bn & bw* niet echt; niet oprecht; ongeldig; ongegrond; kwaadaardig; loos; onzuiver; *~e eed*, meineed **valsaard** *m* [-s] vals iem.
valscherm parachute
valselijk *bw* vals, meinedig **valsemun'ter** *m* [-s] wie vals geld maakt **valsemunterij'** *v* het maken v. vals geld **valserik** *m* valsaard **valsheid** *v* [-heden] het vals zijn; *~ in geschrifte*, het vervalsen v. stukken
valstrik *m* toeleg om iem. erin te laten lopen
valua'tie *v* [-s] bepaling v. waarde
valu'ta *v(m)* [-'s] koers; betaalmiddel met betrekking tot de koers; valutadatum; vervaldag **valu'ta-afdeling** met

valutazaken belaste afdeling v.e. bank **valu'tadatum** dag waarop de rentebetaling ingaat **valu'takoers** in andere geldsoort uitgedrukte waarde v. geld
valwind van boven komende wind
VAMOR Vakexamens Auto- en Motorrijschoolbedrijven
vamp ‹vemp› *v* [-s] verleidster inz. als filmrol
vampier *m* [-s] van bloed levende vleermuis; mythologisch wezen dat vooral 's nachts mensen zwaar letsel toebrengt
van I *vz* afkomstig van; in bezit of eigendom van; vanaf; door; (gemaakt) uit, bestaande uit; behorende bij; wat betreft; *vóór sommige tijdsbegrippen*: dit, deze; *~ mijn leven*, in mijn leven **II** *m/o* [-nen, -s] familienaam **vanaf'** *vz* van ... af **vana'vond** *bw* deze avond **vandaag'** *bw* heden; *~ (aan) de dag*, tegenwoordig; *~ of morgen*, binnenkort; *niet van ~ of gisteren*, goed bij
vandaal' *m* [-dalen] vernieler van moois
vandaan' *bw* (ergens) weg; afkomstig **vandaar'** *bw* van die plaats; daarom
vandalis'me *o* doelloze vernielzucht **vandalis'tisch** *bn & bw* vernielzuchtig
vandehands' *bn* aan de rechterzijde **vandoor'** *bw er ~*, weg, op de vlucht **vaneen'** *bw* van of uit elkaar
vanei'gens *bw (Belgned.)* vanzelf; vanzelfsprekend
vang *v(m)* rem; klem **vangarm** arm of draad om een prooi te vangen **vangbal** *(sp.)* door de tegenpartij gevangen bal **vangdraad** dunne vangarm **vangen** [ving, gevangen] te pakken krijgen; opvangen; er in laten lopen **vanglijn** meertouw **vangnet** net om springende mensen op te vangen **vangrail** ‹ai=ee› stevige ijzeren banden langs een rijstrook **vangsnoer** koordversiering **vangst** *v* het vangen; het gevangene **vangstlimiet** uiterst toegestane hoeveelheid te vangen vis **vangzeil** vangnet
vanhier' *bw* van deze plaats
vanil'le ‹vaniel'je› *v(m)* vrucht (of daaruit vervaardigde specerij) v.d. Vanilla planifolia **vanil'leijs** met vanille bereid ijs **vanil'lestokje** *o* vrucht v. vanille **vanil'lesuiker** suiker met fijngewreven vanille of surrogaat hiervoor
vanmid'dag *bw* deze middag **vanmor'gen** *bw* deze morgen **vannacht'** *bw* deze nacht **vanoch'tend** *bw* deze ochtend **vanouds'** *bw* sedert oude tijden **vanuit'** *vz* uit **vanwaar'** *bw* van welke plaats, waarom **vanwe'ge** *vz* uit naam van; wegens
vanzelf' *bw* uit zichzelf; natuurlijk **vanzelfspre'kend** *bn & bw* natuurlijk
vaporisa'tor ‹s=z› *m* [-s, -en] verstuiver **vaporise'ren** ‹s=z› verstuiven
VARA Vereniging van Arbeiders-Radio-Amateurs
varaan' *m* [-ranen] zeer grote hagedis in Azië en Afrika
varen I *v(m)* [-s] sporedragende plant v.d. klasse Filicinae **II** [voer, gevaren] in een vaartuig vervoeren of zich voortbewegen; het maken; *(dicht.)* gaan; *laten ~*, opgeven; *ergens wel bij ~*, het ergens goed door maken **varensgast** matroos **varensman** [-lieden, -lui] zeeman
varia *mv* allerlei **varia'bel** *bn* veranderlijk **varia'bele** *v* [-n] veranderlijke grootheid; veranderlijk kenmerk **variabiliteit'** *v* veranderlijkheid
variant'(e) *v(m)* afwijkende vorm, gewijzigde vorm **varia'tie** *v* [-s] wijziging; afwisseling, verscheidenheid
varicel'len *mv (med.)* waterpokken
varië'ren wisselen; wijzigen
variété' *o* [-s] variététheater **variété'artiest** in een variété optredend artiest
variëteit' *v* verscheidenheid; afwijkende vorm; ondergroep
variété'theater voorstelling of schouwburg met veel uiteenlopende nummers
vario'la [mv] *(med.)* pokken
variometer apparaat voor het meten v. kleine veranderingen v.e. grootheid
varken *o* [-s] niet-herkauwend evenhoevig zoogdier met speklaag, Lat Sus scrofa; liederlijk iem.; brutaal iem.; varken als spaarpot; stoffer; *schreeuwen als een mager ~*, luidkeels schreeuwen; *het ~ wassen*, het opknappen; *het ~ is op een oor na gewassen* of *gevild*, het is bijna klaar; *vieze ~s worden niet vet*, kieskeurige kinderen gedijen niet; *veel ~s maken de spoeling dun*, hoe meer gegadigden hoe minder de porties; *wie een ~ is, moet in het schot*, wie voor het ongeluk geboren is, heeft geen goed te verwachten **varkens-** *als eerste deel v. ss vaak*: v. varkensvlees, voor varkens **varkenshaas** *m* malse spier v.e. varken **varkensogen** *mv* kleine ogen
vasculair' ‹ai=è› *bn* betrekking hebbend op de vaten
vasectomie' *v* onderbreken v.d. uitlozingsbuis v.d. zaadbal
vaseli'ne *wm* ‹s=z› *v(m)* oorspr. uit petroleum bereide zalf
vasomoto'risch *bn* betrekking hebbende op de werking v.d. bloedvaten
vasotomie' *v* het doorsnijden v.d. zaadleiders
vast *bn & bw* niet los; niet vloeibaar; hecht, duurzaam, standvastig; niet bevend; zeker; geregeld, bepaald; vast gespijkerd; aan de wand bevestigd en met stromend water; onroerend; niet eenjarig; prijshoudend; alvast; *als eerste deel v. sk*: gesloten, aaneen, hecht; *~e ster*, geen dwaalster; *~e slaap*, diepe slaap **vastbakken** zich bij het bakken vastzetten **vastbera'den** *bn & bw* zonder aarzeling **vastbeslo'ten** *bn* een besluit genomen hebbend waarvan men niet wil afwijken **vastbijten** *zich ~ in*, *(fig.)* zich volkomen verdiepen in **vastbinden** vastmaken **vasteland'** *o* niet-eiland **vastelands'klimaat** landklimaat
vasten I *ww* minder eten dan men blieft **II** *m* [-s] tijd v. verplicht vasten **Vastena'vond** dag of avond of drie dagen vóór Aswoensdag **vastenbrief** op zondag vóór Aswoensdag voor te lezen bisschoppelijke

brief **vastendag** dag waarop men moet vasten
vastgespen met een gesp vastmaken **vastgoed** *o* onroerend goed **vastgrijpen** beetpakken **vasthechten** vastmaken **vasthouden** niet loslaten; niet verkopen; in de handen houden; *(scherts.)* gebruiken; *zich ~ aan*, steun zoeken bij **vasthou'dend** *bn* volhoudend; gierig
vastigheid *v* [-heden] zekerheid; onroerend goed
vastklampen *zich ~*, zich met kracht vasthouden **vastklemmen** met een klem vastzetten; *zich ~*, zich vastklampen **vastleggen** vastmaken; neerschrijven; bepalen **vastliggen** *(fig.)* bepaald zijn **vastlopen** vast raken; *~ in*, blijven steken in **vastmaken** bevestigen, maken dat het niet los kan **vastnagelen** met een spijker vastzetten **vastomlijnd'** *bn* nauwkeurig omschreven **vastpinnen** *ergens aan ~*, tot iets verbinden **vastpraten** zo praten dat iem. tegenstrijdige dingen gaat zeggen **vastroesten** roesten zodat het vast gaat zitten; ergens zo aan gewoon raken dat men niet meer verandert **vaststaan** zeker zijn; niet wankelen **vaststellen** bepalen; besluiten; constateren **vastzetten** maken dat iets vast staat; vastpraten; gevangen zetten **vastzitten** hecht zijn; geen uitweg meer weten; in de gevangenis zitten; aan de grond zitten; *aan iets ~*, samenhangen met; gebonden zijn aan; *~ op*, samenhangen met
vat I *m* greep; invloed; *~ op zich geven*, zich bloot geven; *~ op iem. krijgen*, reden tot aanklacht of invloed krijgen II *o* [vaten] iets wat iets kan bevatten; ton; drie hl; kanaal in organisme; *in het ~ gieten*, aanleggen; *in het ~*, te wachten; *holle ~en klinken het hardst*, dommeriken hebben het hoogste woord; *wat in het ~ is verzuurt niet*, uitstel is nog geen afstel
vatbaar *bn* ontvankelijk; spoedig last hebbend
vatenkwast, **vaatkwast** kwast om de vaat te reinigen
Vaticaan' *o* paleis of regering v.d. paus
vatten pakken; snappen; inzetten; *vuur ~*, beginnen te branden; geestdriftig of boos worden
vaudevil'le ‹voodeviel› *m* [-s] vrolijk muzikaal toneelstuk
vazal' *m* [-len] leenman **vazal'staat** afhankelijke staat
vb. voorbeeld
v.b. volledige betrekking
VB Vermogensbelasting; Vlaams Blok
vbao voortgezet basisonderwijs, middenschool
vbb. voorbeelden
VBO *(Belg.)* Verbond van Belgische Ondernemingen
v. Chr. voor Christus' geboorte
v.d. van de, van den, van der
VEB Vereniging van Effectenbezitters
vechten [vocht, gevochten] strijden **vechtersbaas** *m* wie graag en goed vecht **vechtjas** houwdegen **vechtlust** lust tot vechten **vechtlus'tig** *bn* graag vechtend **vechtpartij** gevecht **vechtsport** in vechten bestaande sport
vector *m* [-en] drager van infectie; gerichte grootheid
vedel *v(m)* [-s] *(bijz. t.)* viool **vedelaar** *m* [-s] vioolspeler **vedelen** viool spelen
veder *v(m)* [-en, -s] veer **vederbos** pluim van veren **vedergewicht** gewichtsklasse van 57-61 kg **vederlicht** *bn* zo licht als een veer **vederwolk** hoog drijvende streepvormige wolk
vedet'te *v(m)* [-s, -n] ruiterwacht; beroemdheid op de planken
vee *o* nuttige huisdieren; domme mensen; *~ van Laban*, troep schelmen **veearts** dierenarts **veeartsenij'kunde** wetenschap omtrent dierenziekten **veeartsenij'kundig** *bn & bw* volgens of betreffende de veeartsenijkunde **veeboer** veefokker
veeg I *m/v* [vegen] veegbeweging; oorveeg; het vegen; *~ uit de pan*, schimpscheut II *bn & bw* de dood nabij; hachelijk; onheilspellend; *zo ~ als een luis op de kam*, in het grootste gevaar **veegmachine** machine om de straten te vegen **veegsel** *o* wat opgeveegd is
veehouder wie vee fokt **veehouderij'** *v* bedrijf v. veehouder
veejay ‹viedjee› *m* [-s] presentator v. videoclips; videokunstenaar op dansfeesten
veekoek lijnkoek
veel *telw & bw* talrijk, niet weinig; *te ~*, overbodig, te veel gedronken; *weet ik ~?*, dat weet ik niet **veelal** *bw* gewoonlijk **veelbelovend** *bn* waarvan men veel kan verwachten **veelbewogen** *bn* met veel schokkende gebeurtenissen **veel'eer'** *bw* eerder **veelei'send** *bn* niet gemakkelijk tevreden te stellen **veelgo'dendom** *o* verering van veel goden **veelheid** *v* groot aantal; verzameling van grootheden **veelhoek** figuur met meer dan drie hoeken **veelomvat'tend** *bn* uitgebreid **veelschrijver** *m* wie veel en daardoor oppervlakkig schrijft **veelstem'mig** *bn & bw* voor of met meer dan twee stemmen **veelterm** vorm met meer dan twee termen **veeltijds** *bw* dikwijls; meestal **veelvlak** lichaam met meer dan vier vlakken **veelvoud** *o* getal waarop men een ander kan delen **veelvou'dig** *bn & bw* veelvuldig **veelvraat** I *m-v* [-vraten] gulzigaard II *m* [-vraten] marterachtig roofdier, Lat. Gulo luscus **veelvul'dig** *bn & bw* veel voorkomend, talrijk, dikwijls **veelweter** *m* [-s] wie veel weet maar wiens kennis niet diep gaat **veelweterij'** *v* kennis van veel feiten zonder dieper inzicht **veelwijverij'** *v* het met meer dan één vrouw gehuwd zijn **veelzeg'gend** *bn* veelbetekenend **veelzij'dig** *bn & bw* met veel zijden; op velerlei gebied, in velerlei opzicht; met verschillende vermogens
veem *o* [vemen] maatschappij tot het opslaan

v. goederen; opslagplaats
veemarkt markt waarop vee verhandeld wordt
veen *o* [venen] grondstof voor turf; turfland; *in het ~ ziet men op geen turfje*, wie ergens veel van heeft kan wel wat missen **veenbes** zure bruinrode bosbes, Lat. Oxycoccus palustris **veengrond** veen **veenkoloniaal** *bn* van of uit de veenkoloniën **veenkolonie** nederzetting in de venen
veepest bep. runderziekte
veer I *v(m)* [veren] huidbedekking v. vogels; (vnl.) spiraalvormig gewonden stuk metaal dat terugveert; *(mv)* bed; *een ~ van zijn mond kunnen blazen*, tot iets in staat zijn; *zo licht als een ~*, zeer licht; *achter de veren zitten*, achterna rijden, tegenwerken; *een ~ laten*, iets van zijn eer kwijtraken; *in de veren zitten*, twisten met; achterna rijden; tegenwerken; *andermans veren*, iets v.e. ander; *pluk maar veren v.e. kikvors*, zie maar wat te krijgen van iem. die niets heeft **II** *o* [veren] overvaart; beurtvaart **veerboot** overzetboot **veerdam** dam naar een veer **veerhuis** huis en kantoor v.d. veerman
veerkracht kracht om terug te veren, wilskracht **veerkrach'tig** *bn & bw* met veerkracht
veerman [-lieden, -lui] wie het veer bedient of beheert **veerplank** verende plank **veerpont** pont als veer
veertien *telw* tien en vier; *zie ook* **tien**; *zie ook* **achttien**; **veertiendaags** *bn* om de veertien dagen verschijnend **veertiende-eeuws** *bn* uit de 14e eeuw
veertig *telw* 4 maal 10; *zie ook* **dertig**; *zie ook* **twintig**; **veertigdaags** *bn* veertig dagen durend **veertiger I** *m-v* [-s] iem. v. circa 40 jaar **II** *bn* tussen 40 en 50; *de ~ jaren*, de jaren tussen 1940 en 1950 **veertigu'rengebed** aanbidding gedurende 40 uren
veest *m* buikwind
veestapel *m* al het vee v.e. bedrijf of gebied
veesten winden laten
veeteelt veefokkerij **veewagen** wagen voor veevervoer
veganis'me *o* vegetarisme waarbij men zelfs geen melkproducten tot zich neemt
vegen schoonvegen; *(sp.)* doen vallen **veger** *m* [-s] wie veegt; waarmee men veegt
vegeta'riër *m* [-s] wie niets eet v.e. gedood dier **vegeta'risch** *bn & bw* volgens de opvatting van vegetariërs **vegetaris'me** *o* het vegetariër zijn **vegeta'tie** *v* [-s] plantengroei; woekering **vegetatief'** *bn & bw* plantaardig, zoals alleen bij planten voorkomt **vegete'ren** een plantenleven leiden
vehi'kel *o* [-s] *(min.)* vervoermiddel
veil I *o (dicht.)* klimop **II** *bn* te koop; omkoopbaar; *~ hebben*, willen opofferen **veilen** in het openbaar verkopen
veilig *bn & bw* zonder gevaar; zeker **veiligheid** *v in ~ brengen*, redden **veiligheidsbril** voor beveiliging v.d. ogen bedoelde bril **veiligheidsdienst** dienst die voor de veiligheid moet zorgen **veiligheidsgordel** voor de veiligheid in een auto om te gespen band; zwemvest **vei'ligheidshal've** *bw* voor de zekerheid **veiligheidsketting** kleine ketting aan de sluiting v.e. sieraad om verlies te voorkomen; ketting tussen deur en deurpost waardoor de deur slechts gedeeltelijk kan worden geopend **veiligheidsklep** inrichting om bij te grote spanning stoom te laten ontsnappen **veiligheidskooi** voor de veiligheid geconstrueerd koetsdeel **veiligheidslamp** mijnwerkerslamp **Veiligheidsraad** orgaan v.d. VN om geschillen op te lossen **veiligheidsriem** veiligheidsgordel **veiligheidsspeld** sluitspeld
veiling *v* openbare verkoping; plaats en gebouw hiervoor **veilingmeester** wie de veiling leidt
veinzen huichelen **veinzerij'** *v* huichelarij
vel *o* [-len] huid; (beschuttend) vlies; blad papier; 16 bladzijden; *in iemands ~ steken*, in iemands plaats zijn; *het ~ over de oren halen*, te veel verlangen van; *uit zijn ~ springen*, zeer kwaad zijn; *het is ~ over been*, de persoon is broodmager
velaar' I *bn* bij het zacht gehemelte gevormd **II** *v* [-laren] bij het zacht gehemelte gevormde klank
veld I *o* land, akker; slagveld; gezichtsveld; onder bep. invloed staande ruimte; vakje; grond v.e. wapen; concrete plaats van onderzoek naar sociologisch bepaalde verschijnselen **II** *v* veldartillerie; *het ~ van eer*, slagveld, strijd; *~ winnen*, vooruitgaan; *te ~e trekken*, bestrijden; *te ~e*, uit de kazerne, op krijgstocht; *het ~ ruimen*, het opgeven; *het ~ behouden*, niet opgeven; *uit het ~ slaan*, van zijn stuk brengen **veldartillerie** veldgeschut **veldbed** gemakkelijk vervoerbaar bed **veldboeket** boeket veldbloemen **veldfles** metalen fles om mee te nemen **veldheer** hoofd v. leger **veldhospitaal** verplaatsbaar hospitaal, ambulance **veldkeuken** keuken te velde **veldkijker** verrekijker **veldloop** *m* wedloop over moeilijk terrein **veldmaarschalk** iem. met hogere titel dan generaal **veldmuis** op het veld levende woelmuis **veldpartij** bij spelen in het veld staande partij **veldprediker** predikant in leger **veldrijden** wielrennen op gedeeltijke niet gebaand parcours **veldsla** valeriaanachtige winterbladgroente, Lat. Valerianella olitoria **veldslag** gevecht tussen legers **veldspaat** *o* voornaamste bestanddeel van graniet **veldspeler** *(sp.)* zich over het hele veld bewegende speler **veldsport** sport op een veld in de open lucht **veldsterkte** sterkte v. elektrische of magnetische kracht in een punt **veldtocht** krijgstocht **veldvrucht** (vrucht v.) veldgewas **veldwachter** [-s] lid v.d. politie in dorp **veldwerk** werk in het veld; onderzoek niet uit de boeken; samenspel op een sportveld

velen verdragen
velerhande, **velerlei** *bn* van veel soorten
velg *v(m)* rand v. wiel **velgrem** rem op de velg
vellen doen vallen; doden; *een oordeel ~*, een oordeel uitspreken
velo *m* [-'s] *(Belgned.)* fiets **velodroom'** *m/o* [-s] wielerbaan
velotype *v(m)* [-s] typemachine met toetsen voor lettergrepen
velours' ⟨veloer⟩ *o/m* fluweel; *het ~ chiffon*, ⟨sjiefon⟩ fluweel met zijden pool; *~ d'Utrecht*, bep. zeer goede meubelpluche
velouté'soep ⟨ou=oe⟩ zachte romige soep
velum *o* [-s, vela] *(r.-k.)* kelkkleedje; zeildak; gordijn; voortbewegingsorgaan van kwallen; zacht verhemelte
velvet I *o* fluweel II *bn* fluwelen
ven *o* [-nen] meertje in heide of bos
vendel *o* [-s] vaandel; compagnie **vendelzwaaien** *o* het sierlijk zwaaien v.e. vaandel
vendet'ta *v(m)* [-'s] bloedwraak
vendu' *m/o* [-'s] venduhuis; vendutie **vendu'houder** *m* [-s] wie openbare verkopingen houdt **vendu'huis** huis voor venduties **vendu'tie** *v* [-s] openbare verkoop
venera'bel *bn* eerbiedwaardig **venera'tie** *v* eerbied, verering
vene'risch *~e ziekte*, geslachtsziekte
veneus' *bn* aderlijk
venijn' *o* vergif; boosaardigheid **venij'nig** *bn & bw* boosaardig; vergiftig
venkel *v(m)* (eetbare) schermbloemige plant v.d. familie Foeniculum
vennoot *m* [-noten] lid v.e. vennootschap **vennootschap** *v* [-pen] handelsvereniging
venster *o* [-s] raam **vensterbank** verbrede dorpel v. vensterkozijn **vensterenvelop(pe)** enveloppe met gedeeltelijk doorschijnend voorvlak
vent kerel; *het ~je*, het heertje
venten op straat te koop aanbieden **venter** *m* wie vent
ventiel' *o* luchtklep **ventila'tie** *v* luchtverversing **ventila'tor** *m* [-s, -en] toestel voor luchtverversing **ventile'ren** de lucht verversen; zijn gemoed luchten
ventweg met grote weg parallel lopende weg voor straathandelaren
venusberg venusheuvel **venushaar** *o* donkere varensoort, Lat. Adiantum; hele fijne tabak **venusheuvel** *m* [-s] licht gewelfd deel boven geslachtsorgaan v.d. vrouw **venusschoentje** vsch. orchideesoorten
ver *bn & bw* op (grote) afstand; een heel eind; niet na verwant; *te ~*, de perken te buiten; *het is ~ met hem gekomen*, hij is diep gezonken; *verder*, voort(s), nader, voor de rest; *het verst*, het meest
veraan'genamen aangenaam maken
veraanschou'welijken aanschouwelijk voorstellen
verabsolute'ren als algemeen geldend beschouwen; als algemeen geldend voorstellen
veraccijn'zen accijns heffen van, accijns betalen
verach'telijk *bn & bw* verachting verdienend; met verachting **verach'ten** met minachting bejegenen
vera'demen weer op adem komen **vera'deming** *v* opluchting
veraf' *bw* ver **veraf'gelegen** *bn* ver
veraf'goden zeer grote verering of genegenheid hebben voor
veraf'schuwen afschuw hebben voor
veralgeme'nen, **veralgemenise'ren** ⟨s=z⟩ algemeen maken; als algemeen voorstellen
veramerikaan'sen, **veramerikanise'ren** ⟨s=z⟩ Amerikaans worden of maken
veran'da *v(m)* [-'s] open aanbouw
veran'deren anders maken; anders worden; iets anders nemen; wisselen **veran'dering** *v* het veranderen **veran'derlijk** *bn* gemakkelijk veranderend
veran'keren met ankers vastleggen; bevestigen
verantwoor'delijk *bn* de verantwoording dragend **verant'woorden** rekenschap geven; rechtvaardigen; *verantwoord zijn*, zich kunnen verantwoorden; *het zwaar te ~ hebben*, het moeilijk hebben **verant'woording** *v* rekenschap; aansprakelijkheid; risico; *iets voor zijn ~ nemen*, zich ergens voor verantwoordelijk stellen
verar'men arm maken of worden
veras'sen verbranden **veras'sing** *v* lijkverbranding
verbaal' I *bn* woordelijk, mondeling; werkwoordelijk II *o* [-balen] proces-verbaal
verbaasd' *bn* zeer verwonderd
verbab'belen verpraten
verbalisant' ⟨s=z⟩ *m* bekeurder **verbalise'ren** bekeuren
verband' *o* zwachtel; samenhang; verbinding, verbintenis; *onder hypothecair ~*, verhypothekeerd; *onder ~ als naar rechten*, volgens de wettelijke bepalingen **verband'gaas** los weefsel voor verband
verban'nen het land ontzeggen; uit zijn gedachten zetten **verban'ning** *v* het verbannen; het verbannen zijn **verban'ningsoord** plaats waarheen iem. verbannen wordt
verbas'teren *z* zijn zuiverheid verliezen; vervormen; ontaarden
verba'zen sterk verwonderen **verba'zend** *bn & bw* verwonderlijk; zeer **verba'zing** *v* sterke verwondering
verbed'den het bed opnieuw opmaken; in een ander bed leggen
verbeel'den voorstellen; *zich ~*, zich indenken; denken dat iets zo is; *zich veel ~*, verwaand zijn **verbeel'ding** *v* fantasie; verwaandheid **verbeel'dingskracht** voorstellingsvermogen
verbei'den verwachten, afwachten
verber'gen verstoppen; niet laten merken
verbe'ten *bn* sterke maar beheerste spanning uitdrukkend **verbe'tenheid** *v* beheerste

V

heftigheid
verbe'teren beter maken of worden
verbe'tering *v* het verbeterde; het verbeteren
verbeurd'verklaren verklaren dat iets aan de staat vervalt **verbeu'ren** verliezen **verbeur'te** *v* verlies (als straf)
verbeu'zelen verspillen
verbie'den gebieden dat iets wordt nagelaten
verbijs'terd *bn & bw* hevig ontsteld **verbijs'teren** hevig ontstellen
verbij'ten *(zich)* ~, moeite doen om zich in te houden
verbijzon'deren tot iets bijzonders maken; iets bijzonders worden
verbin'den aansluiten; verband aandoen; in contact brengen; verenigen; verplichten; *de ogen* ~, blinddoeken **verbin'ding** *v* het verbinden; vereniging; aansluiting; mogelijkheid tot verkeer; *zich in ~ stellen*, contact opnemen **verbin'dingslijn** lijn die verbindt **verbin'dingslinie** linie tussen front en achterland **verbin'dingsstuk** stuk voor verbinding **verbin'dingsteken** koppelteken **verbin'dingstroepen** troepen die de communicatie tussen legeronderdelen onderhouden
verbin'tenis *v* [-sen] overeenkomst **verbin'tenissenrecht** *(jur.)* recht betreffende verbintenissen
verbit'terd *bn & bw* vol wrok **verbit'teren** bitter maken; bitter worden **verbit'tering** *v* wrok
verble'ken bleek worden
verblijd' *bn* verheugd **verblij'den** verheugen
verblijf' *o* [-blijven] het verblijven; verblijfplaats **verblijf'plaats** plaats waar men verblijft **verblijfs'vergunning** *v* [-en] toestemming in een land te blijven **verblij'ven** zich ophouden, zijn; wonen; ~ *aan* of *bij*, in handen zijn van
verblikken *zonder ~ of verblozen*, uiterlijk onaangedaan
verblin'den maken dat men iets niet ziet **verblin'ding** *v* het verblinden; het verblind zijn
verbloemd' *bn & bw* beeldsprakig; bedekt **verbloe'men** verbergen achter mooie woorden
verblozen *zonder verblikken of* ~, uiterlijk onaangedaan
verbluf'fen uit het veld slaan **verbluf'fend** *bn & bw* zeer verbazend
verbod' *o* het verbieden **verbods'bepaling** een verbod behelzende bepaling
verbol'gen *bn* boos; onstuimig
verbond' *o* overeenkomst; de verbondenen **verbon'den** *bn* zich verbonden hebbend
verbor'gen *bn* geheim; onzichtbaar gemaakt **verbor'genheid** *v* [-heden] het verborgen zijn; geheim
verbouw' *m* het verbouwen; het anders bouwen **verbou'wen** anders bouwen; telen; aan bouwen besteden; *(fig.)* vernielen; overhoop halen
verbouwereerd' *bn & bw* onthutst
verbran'den door branden beschadigen of vernietigen; door branden vergaan of beschadigd worden **verbran'ding** het verbranden; het zich met zuurstof verbinden **verbran'dingsmotor** motor die loopt op de verbranding v. gassen
verbras'sen brassend verkwisten
verbre'den breder maken
verbrei'den rondvertellen; *zich* ~, bekend worden
verbre'ken breken
verbrij'zelen vermorzelen
verbrod'delen, **verbrod'den** verknoeien
verbroe'deren tot vrienden maken; *zich*~, vrienden worden
verbrok'kelen tot brokjes maken; brokken loslaten
verbrui'en bederven; weigeren
verbruik' *o* het verbruiken **verbrui'ken** opmaken **verbrui'ker** *m* [-s] consument **verbruiks'artikel** voorwerp van verbruik **verbruiks'belasting** belasting op verbruiksartikelen **verbruiks'goederen** *(mv)* verbruiksartikelen
verbuig'baar *bn* te verbuigen **verbui'gen** door buigen anders maken; *(taalk.)* de uitgang veranderen
verbum *o* [-ba] woord; werkwoord
verbur'gerlijken burgerlijk worden
verchro'men met chroom bedekken
vercommercialise'ren ‹s=z› een zakelijke kwestie worden; steeds meer zakelijk denken
verdacht' *bn & bw* onder verdenking; verdenking wekkend; ~ *op*, bedacht op **verdach'te** *m-v* [-n] *(jur.)* iem. over wie aanwijzingen bestaan dat hij mogelijk een strafbaar feit heeft gepleegd **verdacht'making** *v* het verdacht maken
verda'gen uitstellen
verdam'pen tot gas worden of maken
verde'digen verweren; beschermen; voorspreken, pleiten voor; opkomen voor de juistheid van **verde'diger** *m* [-s] wie verdedigt; achterhoedespeler; advocaat **verde'diging** *v* het verdedigen; de advocaat **verde'digingslinie** linie waarop men zich verdedigt **verde'digingswerk** militaire sterkte
verdeeld' *bn* onenig **verdeel'sleutel** maatstaf voor het verdelen
verdeemoe'digen deemoedig maken
verdekt' *bn* verborgen
verde'len delen; splitsen; de delen toekennen; tweedracht zaaien
verdel'gen uitroeien, vernietigen **verdel'gingsoorlog** oorlog met verdelgen als doel
verde'lingsstekker stekker waar andere stekkers op aangesloten kunnen worden
verden'ken kwaad denken van **verden'king** *v* kwaad vermoeden; *in ~ brengen*, verdacht maken
verder *bn & bw* vergrotende trap van ver; later; nader; overig; overigens; vervolgens
verderf' *o* ondergang **verder'felijk** *bn & bw* hoogst nadelig **verder'fenis** *v* verdoemenis,

ondergang
verderop' *bw* verder in de aangegeven richting
verder'ven [verdierf, verdorven] de ondergang bewerkstelligen van; ondermijnen
verdich'ten dichter maken, samenpersen; verzinnen **verdich'ting** *v* het verzinnen; verzinsel **verdicht'sel** *o* [-s, -en] verzinsel
verdict' *o* vonnis
verdie'nen krijgen; recht hebben op **verdien'ste** *v* [-n] loon; winst; verdienstelijkheid **verdien'stelijk** *bn & bw* verdiensten hebbend
verdie'pen dieper maken; *zich ~*, ernstig nadenken over; werk van dieper betekenis voortbrengen; *verdiept*, verzonken **verdie'ping** *v* het verdiepen; het zich verdiepen; etage
verdier'lijken als een dier maken of worden
verdiet'sen in het Ned. vertalen; verstaanbaar maken
verdik'ke(me), **verdik'kie** *tw* bastaardvloek
verdik'ken dikker maken; dikker worden
verdisconte'ren vóór de vervaldag wissels verkopen; verrekenen
verdob'belen verspelen; om iets laten dobbelen
verdoe'ken op ander doek overbrengen
verdoe'men tot de hel veroordelen **verdoe'menis** *v* helse straf
verdoen' verkwisten; *zich ~*, zich van kant maken
verdoe'zelen wegdoezelen; niet ronduit noemen
verdok'teren aan de dokter uitgeven
verdo'len verdwalen
verdom'boekje *in het ~ staan*, geen goed kunnen doen **verdomd'** *bn & tw* vervloekt **verdom'hoekje** *in het ~ zitten*, geen goed kunnen doen **verdom'me** *tw* vloek **verdom'men** *(ruw)* vertikken **verdom'menis** *naar de ~ helpen*, naar de ondergang helpen
verdonkerema'nen verduisteren
verdon'keren donker(der) worden; donker(der) maken
verdo'rie *tw* bastaardvloek
verdor'ren dor worden
verdor'ven *bn* bedorven
verdo'ven gevoelloos maken; verflauwen **verdo'ving** *v* het verdoven; gevoelloosheid
verdraag'zaam *bn* inschikkelijk, de gevoelens v. anderen eerbiedigend
verdraaid' *bn & bw & tw* verduiveld **verdraai'en** anders draaien; verkeerd en stuk draaien; anders overbrengen; vertikken **verdraai'ing** *v* het verdraaien; verstuiking
verdrag' *o* overeenkomst
verdra'gen dulden; verteren
ver'dragend *bn* ver schietend
verdrags'organisatie door een verdrag verbonden staten
verdriet' *o* leed **verdrie'telijk** *bn* verdrietig **verdrie'ten** [verdroot, verdroten] leed doen; tegenstaan **verdrie'tig** *bn & bw* leed veroorzakend; bedroefd
verdrievou'digen driemaal zo groot maken
verdrij'ven verjagen; doorbrengen
verdrij'vingsvlak deel v.e. wegdek waarop niet meer gereden mag worden
verdrin'gen wegdringen; de plaats innemen van; naar de achtergrond dringen; *zich ~*, elkaar van de te kleine plaats dringen
verdrin'ken door drinken kwijtraken; in vloeistof doden of omkomen; *(gez. v.e. kledingstuk) ~ in*, totaal verdwijnen in; *~ eer men water gezien heeft*, ogenblikkelijk voor de verleiding bezwijken
verdro'gen droog worden; droog maken
verdruk'ken onderdrukken **verdruk'king** *v in de ~ komen*, in een toestand geraken dat het niet meer tot zijn recht komt
verdub'belen tweemaal zo groot maken of worden
verdui'delijken duidelijker maken
verduis'teren duisterder maken; duister(der) worden; achteroverdrukken; zorgen dat er geen licht doorschijnt
verduit'sen Duits worden of maken
verdui'veld *bn & bw & tw* vervloekt
verduizendvou'digen *zie* **verdrievoudigen**
verdul'leme *tw* bastaardvloek
verdun'nen dun(ner) maken of worden
verdu'ren dulden, uithouden; duur(der) maken of worden
verduur'zamen duurzaam maken
verdu'wen van zijn plaats duwen; slikken, verteren
verdwaasd' *bn* dwaas
verdwa'len van de goede weg afraken
verdwa'zen dwaas maken of worden
verdwij'nen [verdween, verdwenen] weggaan, wegraken **verdwijn'punt** punt in perspectiefvoorstelling waar evenwijdige lijnen elkaar (zouden) snijden
vere'delen edeler of fijner maken; grondstoffen of halffabrikaten tot eindproducten maken
vereel'ten tot eelt worden; eelt brengen op; ongevoelig maken of worden
vereend' *bn* gezamenlijk; *met ~e krachten*, met gezamenlijke krachtsinspanning
vereenvou'digen eenvoudiger maken
vereen'zamen eenzaam worden
vereenzel'vigen als één en hetzelfde beschouwen
vereeu'wigen eeuwig doen zijn; fotograferen; schilderen
veref'fenen betalen, afdoen; bijleggen
verei'sen vragen **vereis'te** *o/v* [-n] eis; noodzakelijk iets
veren I *ww h* als een springveer werken; veerkrachtig zijn **II** *bn* van of met veren
veren'gelsen Engels worden of maken
veren'gen nauwer maken
vere'nigbaar *bn* te verenigen **vere'nigen** samenvoegen; *alle stemmen op zich ~*, alle stemmen krijgen; *zich ~ met*, goedvinden **vere'niging** *v* het verenigen; het verenigd zijn; club, gezelschap, bond **vere'nigingsleven** het verkeren in verenigingen

verenkleed huidbedekking v. vogels
vere'ren eer bewijzen; geven
verer'geren erger worden of maken
verer'ven (vererfde, vererfd) door erven overgaan; overdragen op een volgende generatie; door erven krijgen
veret'teren etteren
vere'venen vereffenen; doel- en rechtmatig verklaren
verf *v(m)* [verven] smeerbare kleurstof; *(bijz. t.)* kleur; *uit de ~ komen*, sprekend en harmonisch worden **verfdoos** doos met versch. verven
verfijnd' *bn* heel fijn; geraffineerd **verfij'nen** fijner maken **verfij'ning** *v* het fijner maken, veredeling
verfil'men een film maken van
verflau'wen flauw worden
verflen'sen zijn frisheid verliezen
verfmes tempermes
verfoei'en verachten **verfoeienswaar'dig** *bn* waard verfoeid te worden **verfoei'lijk** *bn & bw* afschuwelijk
verfom'faaien uit zijn fatsoen brengen
verfraai'en fraaier maken **verfraai'ing** *v* het verfraaien; versiering
verfris'sen weer fris maken **verfris'sing** *v* het verfrissen; frisse drank
verfroller *m* [-s] borstel waarmee men rollend verf aanbrengt
verfrom'melen verkreuken
verfspuit toestel om verf ergens op te spuiten **verfstof** stof waarmee men verft **verfwaren** *mv* voor het verven benodigd materiaal
vergaan' ten onder gaan, te gronde gaan; wegteren; gebeuren met; voorbijgaan; *horen en zien verging*, er was ontzettend lawaai
ver'gaand *bn* met verre reikwijdte
vergaar'bak, **vergaar'bekken**, **vergaar'kom** bak waarin alles bijeenkomt; verzamelplaats
verga'deren *h/z* bijeenbrengen; bijeenkomen **verga'dering** *v* bijeenkomst; de vergaderden
vergal'len bederven
vergaloppe'ren *zich ~*, te haastig zijn; ongewild een geheim prijsgeven
vergan'kelijk *bn* onbestendig
verga'pen met nietsdoen doorbrengen; *zich ~ aan*, verwonderd aangapen; zich laten bedriegen door
verga'ren verzamelen
vergas'sen met gas doden; tot gas maken **vergas'ser** *m* [-s] toestel om te vergassen; verwarmingstoestel dat met vergassing werkt
vergas'ten onthalen
vergeef'lijk, **verge'felijk** *bn* te vergeven
vergeefs' *bn & bw* vruchteloos
vergees'telijken geestelijk uitleggen; veel minder werelds worden
vergeet'achtig *bn* gemakkelijk vergetend **vergeet'al** *m* [-len] wie alles vergeet **vergeet'boek** *in het ~ raken*, vergeten worden **vergeet'-me-niet**, **vergeet'-mij-niet** *v(m)* ruwbladig plantje met blauwe bloempjes, Lat. Myositis
verge'felijk *bn* vergeeflijk
vergel'den belonen; betalen **vergel'ding** *v* het vergelden; loon; straf
verge'len geel worden
vergelijk' *o* het vergelijken, schikking **vergelijk'baar** *bn* te vergelijken **vergelij'ken** naast elkaar beschouwen; gelijkenis aanwijzen **vergelij'kend** *bn* waarbij vergeleken wordt **vergelij'kenderwijs**, **vergelij'kenderwijze** *bw* door vergelijking **vergelij'king** *v* het vergelijken; twee door '=' verbonden algebraïsche vormen; gezegde waarin vergeleken wordt
vergemak'kelijken gemakkelijker maken
vergen eisen
vergenoegd' *bn & bw* tevreden **vergenoe'gen** tevredenstellen; genoegen doen
verge'telheid *v* het vergeten zijn
verge'ten [vergat, vergaten, vergeten] *h/z* niet meer denken aan; *zich ~*, zijn zelfbeheersing verliezen; *vergeet het maar*, stel je er maar niets van voor; *bn* onbekend
verge'ven vergiffenis schenken; vergiftigen; weggeven **vergevensgezind'** *bn* geneigd tot vergeven **verge'ving** *v* vergiffenis
vergevorderd *bn* hoog; ver gekomen
vergewis'sen zekerheid verschaffen
vergezel'len meegaan met; gelijk optreden met; *vergezeld gaan van*, gepaard gaan met
vergezicht gezicht op grote afstand
vergezocht' *bn* gezocht
vergiet' *o/v(m)* bak met gaatjes
vergie'ten storten
vergif' [-fen], **vergift'** [-en] *o* voor het lichaam schadelijke stof
vergif'fenis *v* kwijtschelding
vergif'tig *bn* met vergif **vergif'tigen** vergiftig maken; door vergif doden of ernstig schaden; bederven
vergis'sen *zich ~*, ongewild naast de waarheid zijn
verglaas'sel *o* glazuur
vergod'delijken als god voorstellen **vergo'den** afgodisch vereren
vergoe'den schadeloos stellen
vergoe'lijken goedpraten
vergok'ken gokkend verliezen
vergooi'en verloren doen gaan; *zich ~*, verkeerd gooien; iets onwaardigs doen
vergramd' *bn* boos
vergren'delen met een grendel afsluiten
vergrijp' *o* misslag **vergrij'pen** *zich ~*, misdoen
vergrij'zen grijs worden; stijging v.d. gemiddelde leeftijd vertonen
vergroei'en *z* door het groeien verdwijnen; verkeerd groeien **vergroei'ing** *v* het vergroeien; plaats waar iets vergroeid is
vergroot'glas bolgeslepen glas waardoor men de dingen groter ziet **vergro'ten** groter maken **vergro'tend** *~e trap*, comparatief **vergro'ting** *v* het vergroten; vergrote foto

vergrui'ze(le)n verbrijzelen
vergui'zen smadelijk spreken van
verguld' *bn* met goud bedekt; in goud geglansd; in zijn schik **vergul'den** met goud of verguldsel bedekken; *(fig.)* doen glanzen; blij maken **verguld'sel** *o* [-s] waarmee men verguldt
vergun'nen toestaan **vergun'ning** *v* toestemming; verlof v.d. overheid, inz. om sterk alcoholische drank te verkopen **vergun'ninghouder** *m* [-s] wie een officiële vergunning heeft
verhaal' *o* [-halen] vertelsel; verslag; *(scherts.)* betoog, rede; schadeloosstelling; mogelijkheid tot schadeloosstelling; herstel van krachten **verhaal'trant** verteltrant
verhaas'ten bespoedigen
verhak'stukken afhandelen
verha'len vertellen; schadeloosstelling nemen van; op een andere plaats brengen
verhan'delen handelen in; bepraten **verhan'deling** *v* het verhandelen; lezing; opstel
verhang' *o* helling
verhan'gen op een andere plaats hangen; ophangen
verhap'stukken verhakstukken
verhard' *bn* hard gemaakt; hard geworden; verstokt **verhar'den** hard(er) maken; hard(er) worden
verha'ren *h/z* van haren verwisselen
verhas'pelen verknoeien
verheer'lijken roemen **verheer'lijkt** *bn* in zijn schik
verhef'fen omhoog heffen; een hoge rang verlenen; groter maken; *zich ~*, oprijzen; trots zijn; toenemen; *zijn stem ~*, luid spreken; protesteren **verhef'fend** *bn* veredelend
verhei'melijken achterhouden
verhel'deren helder(der) maken; helder(der) worden
verhe'len [verheelde, verheeld] verbergen
verhel'pen verbeteren
verhe'melte *o* [-n, -s] gehemelte; hemel
verheugd' *bn & bw* blij **verheu'gen** blij maken; *zich ~*, blij zijn; *zich ~ in*, genieten **verheu'genis**, **verheu'ging** *v* blijdschap
verhe'veling *v* atmosferisch verschijnsel met neerslag
verhe'ven *bn & bw* hoog; niet alledaags; *~ boven*, te voornaam voor **verhe'venheid** *v* [-heden] het hoger zijn; het verhevene; hoogte
verhe'vigen heviger doen zijn
verhin'deren beletten
verhip' *tw* verdorie
verhip'pen *(pop.)* naar de maan lopen; vergaan; verdraaien; schelen
verhipt' *bw (fam.)* erg
verhit' *bn* heet; opgewonden; opgezweept **verhit'ten** heet maken; prikkelen
verhoe'den voorkomen
verho'gen hoger maken; groter maken; bevorderen **verho'ging** *v* het verhogen; verhevenheid; lichte koorts
verho'len *bn* verborgen
verhol'landsen Hollands maken of worden
verhon'geren van honger omkomen
verhoor' *o* [-horen] ondervraging
verhoor'nen tot hoorn worden
verho'ren luisteren naar; ondervragen
verhou'den *zich ~*, in een verhouding staan **verhou'ding** *v* verstandhouding; ongeoorloofde liefdesbetrekking; betrekking, evenredigheid **verhou'dingsgewijs**, **verhou'dingsgewijze** *bw* naar verhouding
verhovaar'digen *zich ~*, trots zijn
verhuis *m* het verhuizen **verhui'zen** *h/z* elders gaan wonen; de inboedel elders brengen
verhul'len verbergen
verhu'ren in huur geven; *zich ~*, in loondienst gaan **verhuur'** *m* het verhuren
verhypotheke'ren met hypotheek bezwaren
verificateur' *m* [-s] ambtenaar die aangiften controleert **verifica'tie** *v* [-s] het verifiëren **verifië'ren** juistheid onderzoeken
verij'delen teleurstellen; doen mislukken
vering *v* het veren; veren en bijbehoren
verjaar'dag geboortedag; dag dat iets een jaar langer geleden is **verjaar'dag(s)kalender** kalender waarop de verjaardagen staan
verjaar(s)'- *als eerste deel v. ss*: van of voor een verjaardag
verja'gen wegjagen, verdrijven
verja'ren jarig zijn; door tijdsverloop vervallen of minder worden
verjon'gen jong maken, jong worden
verkal'ken kalkachtig worden; *(fig.)* doods worden; ontoegankelijk worden voor vernieuwing; dement worden
verkap'ping overkapping **verkapt'** *bn* verborgen
verkas'sen *z (stud., fam.)* verhuizen; ophoepelen
verka'velen in kavels verdelen
verkeer' *o* omgang; het zich verplaatsen; vervoer; *huiselijk ~*, opneming in het gezin
verkeerd' *bn & bw* niet goed; omgekeerd; *koffie ~*, veel melk en weinig koffie; *van de ~e kant*, homofiel
verkeers'ader hoofdverkeersweg **verkeers'bord** aanwijzingsbord voor verkeersdeelnemers **verkeersbrigade** *v* [-s] oversteekhulp voor schoolkinderen **verkeers'drempel** ribbels in het wegdek om daarmee te grote snelheid tegen te gaan **verkeers'heuvel** verhoging in bestrating waardoor het verkeer er omheen moet **verkeers'leider** wie op vliegveld luchtverkeer regelt **verkeers'licht** licht als signaal voor verkeer **verkeers'ongeval** ongeval met verkeersmiddelen **verkeers'overtreder** *m* [-s] wie de verkeersregels overtreedt **verkeers'overtreding** *v* het overtreden van de regels v.h. verkeer **verkeers'plein** plein als wegenkruispunt **verkeers'tafel** zeer brede verkeersdrempel **verkeers'toren** toren voor regeling v.h. verkeer **verkeers'vlieger** piloot v. lijnvliegtuig

verkeers'vliegtuig lijnvliegtuig **verkeers'wezen** *o* al wat het verkeer betreft **verkeers'zuil** zuil die aangeeft langs welke kant men moet passeren
verke'ken *bn* (gez. v.e. kans) verloren
verken'nen het terrein opnemen; verspieden **verken'ner** *m* [-s] wie verkent; padvinder van 12-17 jaar
verke'ren veranderen; omgang hebben; vrijen; zijn **verke'ring** het verkeren
verker'ven [verkorf, verkorven] bederven
verket'teren tot ketter of ketterij verklaren, veroordelen
verkies'baar *bn* verkozen kunnende worden **verkies'(e)lijk** *bn* te verkiezen **verkie'zen** kiezen, wensen **verkie'zing** *v meestal mv*: het door keuze aanwijzen of aangewezen worden v.e. vertegenwoordiger; het door keuze aanwijzen of aangewezen worden v. de beste **verkie'zingscampagne** ‹gn=nj› geheel van op het winnen bij een verkiezing gerichte handelingen **verkie'zingslijst** lijst van kandidaten bij een verkiezing
verkij'ken uitgeven aan het kijken; kijkende zoekmaken; ongebruikt voorbij laten gaan; *zich* ~, zich vergissen bij bekijken
verkik'kerd *bn* verzot
verkil'len verkoelen
verkind'sen kinds worden
verklaar'baar *bn* verklaard kunnende worden **verklaard'** *bn* duidelijk uitgesproken
verklan'ken in klanken omzetten
verklap'pen verraden
verkla'ren uitleggen; uitspreken; heten; aanzeggen **verkla'ring** *v* het verklaren; stuk waarin verklaard wordt
verkle'den anders kleden; vermommen
verkleefd' *bn* gehecht
verklei'nen kleiner maken; vereenvoudigen; geringer voorstellen **verklei'ningsuitgang** achtervoegsel v. verkleinwoorden **verklei'n(ings)vorm, verklei'n(ings)woord** woord met verkleiningsuitgang
verklet'sen kletsend doorbrengen
verkleumd' *bn* stijf v.d. kou **verkleu'men** van kou verstijven
verkleu'ren van kleur veranderen
verklik'ken verklappen **verklik'ker** *m* [-s] wie verklikt; politiespion; toestel dat op iets opmerkzaam maakt
verklun'gelen verprutsen
verknal'len *het* ~, de zaak bederven
verkneu'kelen, verkneu'teren *zich* ~, inwendig plezier hebben
verknij'pen *zich* ~, zich met moeite inhouden
verknip'pen bederven met knippen; in stukken knippen **verknipt'** *bn* mislukt; met psychische storingen
verknocht' *bn* gehecht
verknoei'en bederven; verspillen
verknol'len *(pop.)* verknoeien
verkoe'len afkoelen; koel worden
verkoe'verkamer vertrek in ziekenhuis bestemd voor het bijkomen na operatie
verko'ken kokend verdampen
verko'len tot kool maken of worden
verkom'meren in kommer geraken of wegkwijnen
verkon'digen bekendmaken
verkoop *m* [-kopen] het verkopen **verkoop'baar** *bn* te verkopen **verkooppraatje** *o* verhaal v. verkoper om tot kopen over te halen **verkoop(s)'prijs** prijs waarvoor iets verkocht wordt **verko'pen** een ander laten kopen; *(fig.)* vertellen; geven; *duur* ~, tot het uiterste verdedigen; ~ *terwijl hij erbij staat*, te slim af zijn
verkor'ten korter maken **verkor'tingsteken** apostrof
verkou'den *bn* een verkoudheid hebbende; gesjochten **verkoud'heid** *v* [-heden] bep. ziekte
verkrach'ten tot geslachtsgemeenschap dwingen; *(fig.)* geweld aandoen
verkrampt' *bn & bw* krampachtig
verkreu'kelen, verkreu'ken kreuken
verkrijg'baar *bn* te verkrijgen; te koop **verkrij'gen** (gedaan) krijgen
verkrim'pen *z* samenkrimpen
verkrom'men krom maken; verdraaien; krom worden **verkrom'ming** *v* het krom zijn of worden
verkrop'pen opkroppen
verkrot'ten veel krotten krijgen; tot krotten worden
verkrui'melen tot kruimels maken of worden
verkwan'selen knoeierig tegen te geringe prijs verkopen
verkwij'nen wegkwijnen
verkwik'kelijk *bn & bw* verkwikkend **verkwik'ken** verfrissen; opbeuren
verkwis'ten verspillen
verlaat' *o* [-laten] kleine schutsluis
verla'den inladen; overladen **verla'dersbedrijf** bedrijf waarin goederen van het ene in het andere vervoermiddel worden overgeladen
verla'gen lager maken; schande aandoen
verlak'ken lakken; *(pop.)* beetnemen **verlakkerij'** *v* bedriegerij
verlam'men lam of krachteloos maken of worden **verlam'ming** *v* verlammen; lamheid
verlan'gen I *ww* begeren; wensen **II** *o* [-s] begeerte **verlang'lijstje** lijstje met verlangens
verla'ten I *ww* weggaan van, in de steek laten; *zich* ~, met enige schuld te laat komen; *zich* ~ *op*, vertrouwen op **II** *bn* eenzaam; waarvan men weggegaan is **verla'tenheid** *v* het verlaten zijn; eenzaamheid
verle'den I *bn* afgelopen, voorbij **II** *o* voorbije tijd
verle'gen *bn* bedorven door lang liggen; bedeesd; ~ *met*, zich schamend voor; ~ *om*, nodig hebbend **verle'genheid** *v* beschroomdheid; nood
verleg'gen anders of op een andere plaats leggen
verlei'delijk *bn & bw* aanlokkelijk **verlei'den** tot kwaad brengen; verlokken **verlei'ding** *v*

bekoring
verlek'kerd *bn* ~ *op*, belust op
verle'nen geven; toestaan
verleng'de *in het* ~ *van*, een hoek van 180 graden vormende met **verlen'gen** langer maken **verleng'snoer** elektrisch snoer ter verlenging **verleng'stuk** stuk waarmee iets verlengd wordt
verlep'pen verflensen
verle'ren *h/z* afleren
verlet' *o* tijdverlies; uitstel **verlet'ten** tijd verliezen; verhinderen; *niets te* ~ *hebben*, de tijd hebben
verleu'teren verbeuzelen
verle'vendigen levendig(er) maken
verle'zen *zich* ~, verkeerd lezen
verlicht' *bn & bw* helder beschenen; rationalistisch **verlich'ten** lichter maken; beschijnen **verlich'ting** *v* het verlichten; opbeuring; steun; ontheffing; rationalisme
verlie'derlijken liederlijk(er) worden of maken
verliefd' *bn* vol van verlangen naar iem.
verlies' *o* [-liezen] het verliezen; het verlorene; schade **verlies'cijfer** cijfer dat de verliezen uitdrukt **verlie'zen** [verloor, verloren] kwijtraken; verlies lijden; verloren laten gaan; de nederlaag lijden
verlig'gen *h/z* door liggen bederven; anders gaan liggen
verlij'den *h* passeren, opmaken
verlin'ken verraden **verloe'deren** materieel of zedelijk vervallen
verlof' *o* [-loven] toestemming; vergunning voor zwak- of niet-alcoholische dranken; vakantie; *groot* ~, vrijstelling van dienst voor onbepaalde tijd **verlof'ganger** *m* [-s] wie met verlof gaat **verlof'pas** *m* bewijs dat men met verlof mag gaan
verlok'kelijk *bn & bw* verleidelijk **verlok'ken** lokken; verleiden
verloo'chenen niet willen kennen; afvallen; *zich* ~, tegen zijn aard of beginselen handelen; onzelfzuchtig handelen
verloofd' *bn* trouwbelofte gedaan hebbend **verloof'de** *m-v* [-n] aanstaande echtgenoot of echtgenote
verloop' *o* het verlopen; afloop; wisseling **verloop'stekker** los tussenstuk voor stekker **verloop'stuk** verbindingsstuk tussen twee ongelijke buizen **verlo'pen I** *ww* geschieden; achteruitgaan; verstrijken; (van zetsel) op een andere regel moeten overgebracht worden **II** *bn* achteruitgegaan; voorbijgegaan; mislukt; lam geworden
verlo'ren *bn & bw* kwijt; nutteloos; afgedwaald; niet meer te redden; ~ *geven*, opgeven
verlos'kunde *v* vroedkunde **verlos'kun'dige** [-n] wie bekend is met de verloskunde; vroedvrouw **verlos'sen** bevrijden **verlos'ser** *m* [-s] redder; *de Verlosser*, Christus **verlos'tang** om het hoofd v.e. baby sluitende tang waarmee men de bevalling tracht te versnellen
verlo'ten met loten toewijzen

V

verlo'ven *zich* ~, trouwbelofte doen **verlo'ving** *v* verkering; het zich verloven **verlo'vingskaart** kaart die verloving aankondigt **verlo'vingsring** bij verloving gewisselde ring
verluch'ten met illustraties versieren **verluch'ting** *v* illustratie
verlui'den gezegd worden; *naar verluidt, naar verluid*, zoals gezegd wordt
verlui'eren lui voorbij laten gaan
verlum'melen verluieren
verlus'tigen *zich* ~, genoegen scheppen
vermaag'schapt *bn* verwant
vermaak' *o* [-maken] plezier **vermaaks'centrum** *o* [-tra] daar waar veel vermaak is geconcentreerd **vermaaks'industrie** geheel van vermaak aanbiedende ondernemingen
vermaard' *bn* zeer bekend
vermaatschap'pelijking *v* [gmv] het zich meer richten op het algemene sociale belang
verma'geren mager worden of maken **verma'geringskuur** kuur om te vermageren
verma'kelijk *bn & bw* leuk **verma'kelijkheid** *v* [-heden] amusement **verma'kelijkheidsbelasting** belasting op het gebruik maken v. publieke vermakelijkheden **verma'ken** anders maken; amuseren; bij testament geven
vermaledij'en vervloeken
verma'len stuk malen
verma'nen tot beterschap aansporen **verma'ning** *v* het vermanen; lichte aanval
verman'nen overweldigen; *zich* ~, moed vatten
vermeend' *bn* gewaand
vermeer'deren (doen) toenemen; *zich* ~, toenemen
vermei'en *zich* ~, zich vermaken
vermel'den melding maken van **vermeldenswaard'(ig)** *bn* het vermelden waard **vermel'ding** *v* onderscheiding
vermen'gen mengen
vermenigvul'digen talrijker maken of worden; een aantal malen een getal nemen; *zich* ~, talrijker worden **vermenigvul'diger** *m* [-s] getal waarmee vermenigvuldigd wordt **vermenigvul'digtal** *o* [-len] te vermenigvuldigen getal
verme'tel *bn & bw* overmoedig
verme'ten *zich* ~, zich verstouten
vermicel'li *m* meelspijs in draadvorm; *als eerste deel v. ss*: met of van vermicelli
vermij'den ontwijken
vermiljoen' I *o* hoogrode kleur of verfstof **II** *bn* hoogrood
vermin'deren minder worden of maken
vermin'ken van een lichaamsdeel beroven; bederven
vermis'sen missen
vermits' *vgw (plecht.)* aangezien
vermoe'delijk *bn & bw* waarschijnlijk **vermoe'den I** *ww* veronderstellen **II** *o* [-s] veronderstelling; verdenking; voorgevoel

vermoeid' *bn* moe **vermoei'en** moe maken **vermoei'enis** *v* [-sen] het vermoeiende; moeheid
vermo'gen *h* [vermocht, vermocht] kunnen; kracht hebben; invloed hebben; *o* [-s] bezit; macht; gave; capaciteit **vermo'gend** *bn* rijk; invloedrijk **vermo'gensaanwasdeling** het delen in de vermeerdering v.h. vermogen v.e. onderneming **vermo'gensbelasting** belasting op het vermogen **vermo'gensdelict** h. zich onrechtmatig iets toe-eigenen
vermol'men vergaan
vermom'men verkleden, maskeren **vermom'ming** *v* het (zich) vermommen; waarmee men zich vermomt
vermoor'den onrechtmatig doden; verknoeien
vermor'sen verspillen
vermor'zelen verbrijzelen
ver'mout' ‹ou=oe› *m* alsemwijn
vermur'wen week maken
verna'chelen vernikkelen
verna'gelen spijkers door de hoef slaan; dichtspijkeren
vernalisa'tie ‹s=z› *v* het behandelen v. zaad met lage temperaturen om snellere groei en betere opbrengst te krijgen
vernau'wen nauw(er) maken of worden; *zich* ~, nauwer worden **vernau'wing** *v* het vernauwen; plaats waar iets zich vernauwt
verne'deren schande of minachting doen gevoelen; *zich* ~, zich verdeemoedigen
verne'derlandsen Nederlands maken of worden
verne'men te weten komen; informeren
verneu'ken *(pop.)* bedriegen **verneukeratief'** *bn* voor-de-gek-houderig
vernie'len stuk maken **vernie'ling** *in de ~ gaan, (pop.)* vernield worden; geheel ontredderd worden **verniel'ziek** *bn* vernielachtig **verniel'zucht** *v(m)* zucht tot vernielen
vernie'tigen te niet doen **vernie'tigend** *bn & bw* volstrekt afkeurend of minachtend
vernieu'wen nieuw maken; het oude vervangen
vernik'kelen met nikkel bedekken; *(pop.)* bedriegen; verkleumen
vernis' *o/m* [-sen] glansstof; *(fig.)* oppervlakkig laagje **vernissa'ge** ‹ag=aazj› *v* [-s] opening v.e. tentoonstelling **vernis'sen** [verniste, gevernist] met vernis bedekken
vernoe'men noemen (naar)
vernuft' *o* geest; vindingrijkheid; vindingrijk iem. **vernuf'tig** *bn & bw* met vernuft
veronaan'genamen onaangenaam maken
veronacht'zamen verwaarlozen
veronderstel'len onderstellen
veron'gelijken [verongelijkte, verongelijkt] onrecht aandoen
veron'gelukken omkomen; mislukken
veronthei'ligen ontwijden
verontrei'nigen vuil maken
verontrus'ten bang maken
verontschul'digen van schuld vrijspreken, verschonen **verontschul'diging** *v* het verontschuldigen; waarmee men zich verontschuldigt
verontwaar'digd *bn & bw* geërgerd **verontwaar'digen** *zich* ~, zich boos maken **verontwaar'diging** *v* ergernis
veroor'delen schuldig verklaren; afkeuren; bij vonnis opleggen
veroor'loven toestaan
veroor'zaken ten gevolge hebben
verootmoe'digen verdeemoedigen
veror'beren nuttigen
veror'denen bevelen **veror'dening** *v* voorschrift **verordine'ren** verordenen **verordonne'ren** bevelen
verou'deren oud(er) maken of worden; buiten gebruik raken
vero'veren met geweld bemachtigen; voor zich innemen **vero'vering** *v* het veroveren; het veroverde **vero'veringszucht** *v(m)* zucht tot veroveren
verpach'ten in pacht geven
verpak'ken anders pakken; inpakken **verpak'king** *v* het verpakken; emballage
verpan'den als pand geven; *zijn eer* ~, borg staan op zijn erewoord
verpat'sen *(pop.)* versjacheren
verpau'peren tot pauper worden
verpersoon'lijken als persoon voorstellen, personifiëren
verpes'ten bederven
verpie'terd *bn* te sterk gebraden; te veel gekookt; er schriel uitziend, verkommerd
verplaat'sen elders plaatsen; *zich* ~, zich indenken **verplaat'singsteken** teken om verhoging of verlaging aan te geven
verplan'ten elders planten
verpleeg'huis tehuis voor langdurige verpleging **verpleeg'hulp** **I** *m-v* hulp zonder diploma in een verpleeghuis **II** *v* hulp bij het verplegen **verpleeg'kun'dige** *m-v* [-n] verplegende **verple'gen** [verpleegde, verpleegd] verzorgen **verple'gende** *m-v* [-n] samenvattend woord voor verpleger en verpleegster
verplet'ten platslaan; verpletteren **verplet'teren** verbrijzelen; vernietigen; diep schokken
verplicht' *bn* moetend; te danken hebbend **verplich'ten** als plicht opleggen; noodzaken; tot erkentelijkheid dwingen **verplich'ting** *v* het verplicht zijn; plicht; reden tot dank
verpolitie'ken onder invloed v.d. politiek brengen of komen
verpop'pen *zich* ~, tot pop worden
verpo'ten elders poten
verpot'ten in een andere pot doen
verpo'zen ontspannen
verpra'ten pratend verbeuzelen; *zich* ~, zijn mond voorbijpraten
verprut'sen verknoeien
verpul'veren tot pulver maken of worden
verraad' *o* trouweloosheid **verraad'ster** *v* [-s] vr. verrader **verra'den** uitbrengen; trouweloos handelen; bekend maken, verklappen **verra'der** *m* [-s] wie verraad

pleegt **verra'derlijk** *bn & bw* bedrieglijk; als (van) een verrader
verram'sjen tegen zeer lage prijs verkopen
verras'sen onverwacht iets (aangenaams) aandoen; overrompelen **verras'sing** *v* het verrassen; iets waarmee men verrast
verre *bn & bw* ver; *op ~ na niet*, lang niet; *~ van*, helemaal niet **ver'regaand'** *bn & bw* buitensporig
verre'genen door regen bederven
ver'reikend *bn* verstrekkend
verrek' *tw (pop.)* uiting van verbazing of ongeduld; verdomd
verre'kenen vereffenen; *zich ~*, zich vergissen **verre'kening** *v* vereffening; misrekening **verre'kenpakket** pakket onder rembours
verrekijker *m* [-s] toestel om ver te zien
verrek'ken te zeer rekken; *(pop.)* verroesten; *(pop.)* omkomen; *niet kunnen ~*, niet kunnen schelen; *geen spier ~*, niets door zijn gezicht laten merken
verrekt' *bn (pop.)* verdomd
verreweg *bw* in hoge mate
verrich'ten doen
verrij'den aan rijden besteden; rijden om
verrij'ken rijker maken
verrij'zen oprijzen; uit het graf opstaan **verrij'zenis** *v* opstanding
verroe'ren bewegen
verroes'ten roestig worden
verro'ken rokend besteden
verrot'ten rotten; *(pop., zegsw.)* schelen
verrui'len ruilen
verrui'men ruimer maken; meer doen omvatten; verlichten
verruk'kelijk *bn & bw* heerlijk **verruk'ken** in vervoering brengen **verruk'king** *v* opgetogenheid
verru'wen ruwer worden
vers I *bn & bw* niet oud; nieuw; fris **II** *o* [verzen] versregel; gedicht; zin, zinsnede
versa'gen bang worden of maken
verschaf'fen bezorgen
verscha'len geur en smaak verliezen
verschal'ken bedotten; vangen; verorberen
verschan'sen met een verschansing beveiligen; verbergen **verschan'sing** *v* het verschansen; schans; reling
verschei'den I *vnw & telw* nogal veel; verschillende **II** *ww* [verscheidde, verscheiden] *(schr.)* sterven **verschei'denheid I** *v* [-heden] afwisseling; verschil **II** *mv* zaken of onderwerpen van verschillende aard
verschen'ken schenken
V
versche'pen in een ander schip brengen; per schip verzenden
verscher'pen scherp(er) maken
verscheurd'heid *v* verdeeldheid **verscheu'ren** kapot scheuren; *(fig.)* verdelen; verslinden; *~de dieren*, roofdieren
verschiet' *o* verte; vooruitzicht **verschie'ten** verbleken; schietend verbruiken; snel van plaats veranderen; vallen *(v. sterren)*; lenen
verschijn'bord oplichtend verkeersbord **verschijn'dag** vervaldag; dag dat men voor de rechter moet verschijnen **verschij'nen** te voorschijn komen, zich vertonen; er zijn **verschij'ning** *v* het uitkomen; het verschijnen; spook, visioen; voorkomen **verschijn'sel** *o* [-en, -s] wat men uiterlijk waarneemt
verschik'ken anders schikken
verschil' *o* [-len] onderscheid; uitkomst van aftreksom; *~ van mening*, onenigheid **verschil'len** *h* verschil vertonen, afwijken **verschil'lend** *bn & bw & telw* onderscheiden; afwijkend; verscheiden **verschil'punt** *o* punt of opzicht waarin het verschil gelegen is
verschim'melen schimmelen
verscho'len *bn* verborgen; moeilijk te vinden
verscho'nen sparen; verontschuldigen; van schoon linnen voorzien; schoon ondergoed aandoen **verscho'ning** *v* het verschonen; schoon ondergoed; schoon linnengoed; verontschuldiging **verscho'ningsrecht** recht om niet te hoeven getuigen **verschoon'baar**, **verschoon'lijk** *bn* te verschonen
verschop'peling *m* achtergesteld iem. **verschop'pen** verstoten, wegschoppen
verschot' *o* [-ten] voorschot; verscheidenheid
verschraald' *bn* schraal geworden
verschrij'ven *zich ~*, een fout maken bij het schrijven
verschrik'kelijk *bn & bw* vreselijk **verschrik'ken** schrikken; doen schrikken **verschrik'king** *v* ontzetting; iets verschrikkelijks
verschroei'en schroeiend bederven; verzengen
verschrom'pelen rimpelig en dor maken of worden
verschroten, **verschrotten** tot schroot verwerken
verschui'len verbergen
verschui'ven van zijn plaats schuiven; uitstellen
verschul'digd *bn* schuldig, verplicht
verschut' *bn (pop.)* tot spot van ieder, in het openbaar beschaamd
versie ‹s=z› *v* [-s] lezing
versie'ren mooi maken; bijkomende tonen vooraf laten gaan of laten volgen; *(pop.)* in orde maken; verzinnen; zich toe-eigenen; *(v.e. meisje)* opscharrelen; *(v.e. meisje)* verleiden **versie'ring** *v* het versieren; wat versiert **versier'sel** *o* [-s, -en] te dragen ordeteken; wat versiert **versier'toer** *(fam.) op de ~ gaan*, met een meisje op stap gaan
versifica'tie *v* versbouw(kunst) **versifice'ren**, **versifië'ren** tot of in verzen maken
versim'pelen simpel worden; simpel maken; te simpel voorstellen
versja'cheren verkwanselen
versjou'wen van zijn plaats sjouwen
versjte'ren verpesten, bederven
verslaafd' *bn ~ aan*, bezeten door begeerte tot
verslaan' overwinnen; lessen; verslag geven van; verschalen
verslag' *o* bericht; overzicht
versla'gen *bn* overwonnen; ontsteld; koud

geworden; verschaald
verslag'gever *m* [-s] wie verslag uitbrengt
verslag'geving *v* het meedelen van feiten
verslag'legging *v* het vastleggen in e. verslag
versla'pen door te lang slapen verliezen; slapend doorbrengen; *zich* ~, te lang slapen
verslap'pen slap maken of worden
versla'ven *zich* ~, verslaafd raken
verslech'ten, verslech'teren slechter worden of maken
versleer leer v.d. versbouw
versle'pen elders slepen
verslij'ten (doen) slijten; ~ *voor*, houden voor
verslik'ken *zich* ~, spijs of drank in de luchtpijp krijgen
verslin'den [verslond, verslonden] schrokkend opeten; gespannen lezen
verslin'geren *zich* ~ *aan* of *op*, dwaas verzot of verliefd worden op
verslof'fen verwaarlozen
verslon'zen door onachtzaamheid bederven
verslui'eren als met een sluier bedekken; *fig.*: ondoorzichtig maken
verslui'ting *v* sluiting door de douane
versmaat regelmatige afwisseling v. lettergrepen met en zonder klemtoon in een versregel
versmach'ten smachtend omkomen
versma'den minachtend verwerpen
versmal'len smaller maken of worden; *zich* ~, smaller worden
versmel'ten ineensmelten; omsmelten; wegsmelten
versmo'ren verstikken; onderdrukken; stikken
versna'pering *v* snoep
versnel'len vlugger maken; *zich* ~, vlugger worden **versnel'ling** *v* het (zich) versnellen; verhouding v. omwentelingssnelheid van twee assen; constructie die die verhouding regelt **versnel'lingsbak** inrichting tot regeling v.d. versnelling **versnel'lingsnaaf** naaf waarmee de versnelling gewijzigd kan worden **versnel'lingspook** hendel om naar een andere versnelling te schakelen
versnij'den snijden; door snijden bederven; vermengen
versnip'peren tot snippers maken; in te kleine deeltjes verdelen
versnoe'pen aan snoep besteden
verso ⟨s=z⟩ *bw* op de ommezijde
verso'beren soberder worden of maken
versoe'pelen soepeler worden of maken
versom'beren somber worden
verspe'len (met spelen) verliezen
verspe'nen (gez. v. plantjes) door verplanting op goede afstand v. elkaar zetten
versper'ren de toegang afsluiten **versper'ring** *v* het versperren; wat verspert
verspie'den heimelijk verkennen
verspied'ster *v* [-s] vr. verspieder
verspil'len verkwisten
versplin'teren splinterend breken; tot splinters maken
versprei'den rondstrooien; verstrooien; over een gebied verdelen; *zich* ~, uiteengaan
verspre'ken *zich* ~, zich bij het spreken vergissen
versprin'gen springend van plaats veranderen; opschuiven
ver'springen springen om het verst
verssnede *v(m)* [-n] rustpauze in versregel door breuk in het ritme
verstaan' horen; bedoelen; kennen; *(vooral Belgned.)* begrijpen; *te ~ geven*, te kennen geven; *zich* ~, in overleg treden; *elkaar* ~, met elkaar overweg kunnen **verstaan'baar** *bn & bw* goed hoorbaar **verstaan'der** *m* [-s] wie iets begrijpt
verstad'sen stads worden of maken
verstand' *o* begrip; bevattingsvermogen; *aan het ~ brengen*, doen inzien; *mijn ~ staat er bij stil*, ik begrijp het niet; *met dien ~e*, aldus op te vatten **verstan'delijk** *bn & bw* wat het verstand betreft; alleen met het verstand **verstan'deloos** *bn & bw* dom **verstand'houding** *v* betrekking; geheime betrekking; onderling begrip **verstan'dig** *bn & bw* met verstand, wijs **verstands'kies** rond het achttiende jaar doorkomende kies **verstands'mens** wie zich vooral laat leiden door zijn verstand **verstands'verbijstering** *v* krankzinnigheid
verstar'ren star worden of maken
verste'delijken het karakter v.e. stad krijgen
versteed'sen het karakter v. stad geven of krijgen
versteend' *bn* tot steen geworden; zonder gevoel; wezenloos; *(fig.)* dood
verstek' *o* ~ *laten gaan*, niet verschijnen; *bij* ~, in zijn afwezigheid; *onder* ~, in een hoek van 45° **verstek'bak, verstekblok** werktuig om iets met een hoek van 45 graden erop af te zagen
verste'keling *m* blinde passagier
verste'ken verstoppen
verstek'haak haak met een hoek van 45°
verstel'baar *bn* versteld kunnende worden
versteld' *bn* verbaasd **verstel'goed** goed dat versteld moet worden **verstel'len** repareren; anders stellen **verstel'werk** verstelgoed
verste'nen tot steen worden of maken
verste'ning *v* het verstenen; versteend iets
versterf' *o* het afsterven; erfdeel
versterf'recht erfrecht, recht van opvolging
verster'ken sterker maken **verster'ker** *m* [-s] toestel om het geluid te versterken; oplossing om duidelijker afdrukken te krijgen **verster'king** *v* het versterken; verse troepen; fort
verster'ven *z* sterven; wegsterven; bij erfenis overgaan; besterven; *zich* ~, zijn aardse neigingen sterk bedwingen **verster'ving** *v* het (zich) versterven; sterven door geen eten of drinken meer tot zich te nemen; aldus doen sterven; erfdeel; legaat
verste'vigen steviger maken
verstie'ren bederven
verstijfd' *bn* stijf geworden **verstij'ven** [verstijfde, verstijfd] stijf worden of maken

verstik'ken (doen) stikken; bederven door vochtigheid en gebrek aan lucht
versto'ken I *ww* aan stoken besteden **II** *bn ~ van*, zonder
verstokt' *bn* niet willende veranderen
versto'len *bn & bw* heimelijk
verstom'men plotseling stil worden
verstoord' *bn* uit zijn humeur **verstoor'der** *m* [-s] wie verstoort
verstop'pen dicht (doen) raken; verbergen **verstop'pertje** *o* wegkruipertje **verstop'ping** *v* het verstopt zijn; opstopping; constipatie
versto'ren storen; bederven; uit zijn humeur brengen
verstor'ven *bn* door erfenis toevallend; zonder ouders
versto'teling verschoppeling **versto'ten** elke omgang afbreken met
verstou'ten *zich ~*, wagen
verstou'wen verstuwen
verstrak'ken strak worden
verstrek'ken verschaffen; strekken **ver'strekkend** *bn* zich ver uitstrekkend **verstrek'king** *v* het verstrekken; het verstrekte
verstren'gelen in elkaar strengelen
verstrij'ken voorbijgaan
verstrik'ken vangen
verstrooid' *bn & bw* verspreid; geestelijk afwezig **verstrooid'heid** *v* geestelijke afwezigheid **verstrooi'en** verspreiden; uiteendrijven; verstrooiing bezorgen **verstrooi'ing** *v* het verspreiden; ontspanning, afleiding; diaspora
verstui'ken licht ontwrichten
verstui'ven wegstuiven; uiteenvliegen **verstui'ver** *m* [-s] toestel dat vloeistof in fijne druppels spuit **verstui'ving** *v* verstuivend terrein
verstu'ren verzenden
verstu'wen anders stuwen; naar binnen werken; verkroppen
versuf'fen suf worden of maken
versuk'kelen sukkelend doorbrengen; een sukkel worden; achterstellen
versus *vz* tegenover
versvoet zich herhalende groep van beklemtoonde en onbeklemtoonde lettergrepen in een versregel
vert. vertaal, vertaler, vertaling
vertaal'pen *(comp.)* pen waarmee woorden op een beeldscherm kunnen worden gescand waarna vertaling verschijnt **vertaal'recht** recht om te vertalen **vertaal'woordenboek** woordenboek met vertalingen v. elk woord in een andere vreemde taal
vertak'ken splitsen **vertak'king** *v* splitsing; zijtak; onderafdeling
verta'len in een andere taal overbrengen **verta'ling** *v* het vertalen; vertaald stuk
verte *v* [-n, -s] (grote) afstand; verschiet; *(met een ontkenning) in de verste ~*, volstrekt
vertebraal' *bn* v.d. wervels **vertebraat'** *m* [-braten] gewerveld dier
verte'deren teder worden of maken **verte'dering** *v* tederheid
verteer'baar *bn* kunnende verteerd worden
vertegenwoor'digen optreden namens; uitmaken **vertegenwoor'diger** *m* [-s] wie iem. vertegenwoordigt; agent v.e. firma **vertegenwoor'diging** *v* het vertegenwoordigen; de vertegenwoordigers
verte'kenen verkeerd tekenen; misvormen
vertel'len verhalen; *(zegsw.)* zeggen; *zich ~*, verkeerd tellen **vertel'ling** *v* verhaal **vertel'sel** *o* [-s] verhaal
verte'ren verduwen; verwerken; (doen) vergaan; verduwd worden; opmaken **verte'ring** *v* wat men in een café gebruikt
verticaal' I *bn & bw* loodrecht **II** *v(m)* [-calen] loodlijn
verticute'ren de bovenlaag v.e. grasmat losser maken
vertier' *o* drukte; bezigheid
vertik'ken *(fam.)* niet doen
vertil'len van zijn plaats tillen; *zich ~*, letsel krijgen door te zwaar tillen
vertim'meren anders timmeren; aan timmeren besteden
vertin'nen met tin bedekken; kou lijden
vertoe'ven verblijven
vertol'ken in woorden weergeven; verklaren **vertol'king** *v* het weergeven; het uitbeelden
verto'nen laten zien; opvoeren; projecteren **verto'ning** *v* het vertonen; opvoering; dwaas gezicht
vertoog' *o* [-togen] verhandeling
vertoon' *o* het vertonen; praal, ophef
vertoornd' *bn* boos **vertoor'nen** boos maken
vertra'gen langzaam doen gaan; rekken, uitstellen; langzamer worden **vertra'ging** *v* het vertragen; oponthoud
vertrap'pen stuk trappen; *(fig.)* schenden; onderdrukken; *(fam.) het ~*, het vertikken
vertre'den vertrappen; *zich ~*, eens tussendoor opwandelen
vertrek' *o* [-ken] lokaal; het heengaan
vertrek'ken heengaan; anders trekken; uit zijn gewone stand trekken **vertrek'premie** premie voor naar het land van herkomst terugkerende gastarbeiders **vertrek'punt** plaats waarvan men vertrekt; uitgangspunt
vertroe'belen onzuiver maken
vertroe'telen verwennen
vertroos'ten troosten **vertroos'ting** *v* troost
vertros'sen nastreven van amusement boven diepgang
vertrouwd' *bn* bekend; te vertrouwen **vertrou'welijk** *bn & bw* gemeenzaam; geheim **vertrou'weling** *m* wie men geheimen toevertrouwt **vertrou'wen I** *o* geloof in waarachtigheid; hoop; *in ~*, in de veronderstelling dat het niet verteld wordt; *in ~ nemen*, een geheim vertellen aan **II** *ww* rekenen op; voor eerlijk aanzien **vertrou'wensarts** arts in vertrouwelijke zaken **vertrou'wenskwestie** *de ~ stellen*, de portefeuillekwestie stellen **vertrou'wensman** wie men bep. zaken toevertrouwt; bemiddelaar bij

onderhandelingen **vertrou'wenspositie** post van vertrouwen **vertrouwenwek'kend** *bn* waarin men vertrouwen heeft
vertui'en aan twee ankers vastleggen
vertwij'feld *bn & bw* wanhopig **vertwij'felen** wanhopen
ver'uit *bw* verreweg
vervaard' *bn* bang; *voor geen kleintje* ~, niet gauw bang
vervaar'digen maken
vervaar'lijk *bn & bw* schrik aanjagend, ontzettend
verva'gen vaag worden
verval' *o* [-len] achteruitgang; fooien; hoogteverschil **verval'dag** dag waarop iets voldaan moet worden **verval'len I** *ww* achteruitgaan; bouwvallig worden; terechtkomen; terugvallen; een andere eigenaar krijgen; niet langer gelden; verstrijken; voldaan moeten worden; uitvallen **II** *bn* bouwvallig; verarmd; niet meer geldig; geen recht meer hebbend
verval'sen knoeien aan; namaken; verdraaien
verval'tijd vervaldag
vervan'gen in de plaats stellen; in de plaats (doen) komen van **vervan'gingsmiddel** surrogaat **vervan'gingswaarde** waarde die bij gewenste vervanging vereist is
vervat'ten omvatten; begrijpen; herhalen
verve *v* geestdrift, gloed
verveeld' *bn* verveling uitdrukkend **verve'len** *h* onaangenaam zijn of worden; *zich* ~, met zijn tijd geen raad weten **verve'lend** *bn & bw* onaangenaam; langdradig **verve'ling** *v* zich vervelen
vervel'len *z* v. huid verwisselen
verveloos *bn* waar de verf af is
verven verf doen op
verve'nen turf halen uit; veen worden
ververij' *v* inrichting waar geverfd wordt; het verven
verver'sen door andere vervangen; vernieuwen **verver'sing** *v* het verversen; drank of lekkernij om weer op krachten te komen
vervet'ten in vet overgaan; te veel in het vet komen
vervil'ten tot vilt maken of worden
vervlaam'sen Vlaams maken of worden
vervlak'ken vlak maken of worden
vervlech'ten *ook fig.*: met elkaar verbinden
vervlie'gen vervluchtigen; verdwijnen
vervlie'ten, **vervloei'en** *z* wegstromen; *(fig.)* in elkaar overgaan
vervloe'ken een vloek uitspreken over **vervloekt'** *bn & bw & tw* ellendig; verduiveld
vervluch'tigen vluchtig maken of worden
vervoe'gen verbuigen; *zich* ~, zich wenden **vervoe'ging** *v* verbuiging
vervoer' *o* overbrenging **vervoer'adres** bep. formulier in drievoud bij transport **vervoer'biljet** document krachtens hetwelk men iets vervoeren mag **vervoe'ren** overbrengen **vervoe'ring** *v* verrukking **vervoers'recht** recht betreffende het vervoer **vervoers'wezen** al wat met vervoer samenhangt
vervolg' *o* voortzetting; *in het* ~, voortaan **vervolg'baar** *bn* vervolgd kunnende worden **vervol'gen** *h* voortzetten; voortgaan; nazetten; plagen; stelselmatig (als lid v.) een groep het leven lastig maken; rechtsmaatregelen nemen tegen **vervol'gens** *bw* daarna **vervol'gingswaanzin** ziekelijk denkbeeld dat men vervolgd wordt **vervolg'onderwijs** onderwijs als vervolg op het l.o. **vervolg'roman** roman in of met vervolgen **vervolg'verhaal** verhaal in vervolgen
vervolma'ken meer volmaakt maken
vervoog'den onder voogdij stellen
vervor'men een andere vorm geven
vervrach'ten bevrachten; voor vervoer verhuren; in vracht vervoeren
vervreem'den in andere handen brengen; vreemd maken of worden
vervroe'gen vroeger doen plaats hebben; vroeger doen bloeien of rijpen
vervrou'welijken vrouwelijk maken of worden
vervui'len vuil worden, vuil maken
vervul'len vol maken; voldoen aan; bekleden **vervul'ling** *v* het vervullen; *in ~ gaan*, verwezenlijkt worden
verwaai'en ergens anders heen waaien; door de wind in wanorde raken
verwaand' *bn & bw* ingebeeld
verwaar'digen ~ *met*, waard keuren; *zich* ~, het niet beneden zijn waardigheid achten
verwaar'lozen veronachtzamen
verwach'ten op de komst of het gebeuren rekenen **verwach'ting** *v* het verwachten; hoop; *in (blijde)* ~, zwanger **verwach'tingspatroon** idee over wat zal gebeuren
verwant' I *bn* van de familie; overeenkomende met **II** *m* bloed- of aanverwant **verwant'schap** *v* het verwant zijn; familie
verward' *bn & bw* in de war; onsamenhangend
verwar'men warm maken **verwar'ming** *v* het verwarmen; inrichting om te verwarmen **verwar'mingselement** radiator
verwar'ren in de war brengen; verlegen maken; ~ *met*, verkeerdelijk aanzien voor **verwar'ring** *v* het verwarren; het verward zijn; verwarde toestand; verlegenheid
verwa'ten *bn & bw* verwaand
verwa'terd *bn* slap **verwa'teren** verslappen
verwed'den wedden om; met wedden verliezen
verweer' *o* [-weren] tegenstand **verweer'der** *m* [-s] gedaagde **verweer'schrift** verdedigingsschrift
verweesd' *bn* zonder ouders
Verweg'gistan *o* gefantaseerd, oninteressant land
verwe'kelijken verslappen **verwe'ken** te week worden of maken
verwek'ken veroorzaken, doen ontstaan; in zich opwekken

verwel'ken verleppen; zijn frisheid verliezen
verwel'komen [verwelkomde, verwelkomd] welkom heten
verwen'nen te zeer aan goede behandeling gewoon maken; bederven door toegevendheid; *(euf.)* (seksueel) genot geven
verwen'sen vervloeken **verwen'sing** *v* het verwensen; verwensende woorden
verwe'reldlijken wereldlijk of wereIds worden of maken
verwe'ren verdedigen; door het weer aangetast worden
verwer'kelijken verwezenlijken
verwer'ken bij de vervaardiging gebruiken; maken tot; omwerken; goed in zich opnemen; verliezen **verwerking** *v* het verwerken
verwer'pelijk *bn* te verwerpen **verwer'pen** afwijzen, niet aanvaarden
verwer'ven krijgen
verwe'ven door weven verbruiken; wevend samenvoegen; ~ *zijn*, samenhangen
verwe'zen *bn & bw* ontdaan
verwe'zenlijken tot werkelijkheid maken
verwij'den wijder maken of worden; *zich* ~, wijder worden
verwij'derd *bn* afgelegen; ver **verwij'deren** op een afstand brengen; weg doen gaan; scheiden; *zich* ~, weggaan **verwij'dering** *v* het verwijderen; bekoeling v. vriendschap
verwijfd' *bn* verwekelijkt
verwijl' *o* uitstel **verwij'len** vertoeven; stilstaan
verwijs'briefje, **verwijs'kaart** papier waarmee een patiënt naar een specialist wordt verwezen
verwijt' *o* aantijging **verwij'ten** [verweet, verweten] verwijten maken
verwij'ven (doen) verwekelijken
verwij'zen [verwees, verwezen] sturen; veroordelen
verwik'kelen verwarren; betrekken **verwik'keling** *v* moeilijkheid; intrige
verwikken met moeite verplaatsen, met moeite veranderen
verwil'derd *bn & bw* wild, woest **verwil'deren** bandeloos of woest worden
verwis'selbaar *bn* te verwisselen **verwis'selen** voor het ander nemen, ruilen
verwit'tigen *(vooral Belgned.)* in kennis stellen
verwoed' *bn & bw* woedend, razend
verwoes'ten woest maken; vernielen
verwon'den wonden
verwon'deren verbazen **verwon'derlijk** *bn & bw* verwondering wekkend
verwon'ding *v* het verwonden; wond
verwo'nen aan huur uitgeven
verwoor'den onder woorden brengen
verwor'den ontaarden
verwor'peling *m* verstotene **verwor'pen** *bn* verachtelijk
verwor'venheid *v* [-heden] het verworvene
verwrik'ken wrikkend bewegen; (gez. v. iets zwaars) met moeite verplaatsen
verwrin'gen wringend verdraaien of vertrekken
verzach'ten zachter maken; verlichten; minder sterk maken; zachter worden **verzach'tend** *bn* de straf verminderend; minder scherp
verza'den *(plecht.)*, **verza'digen** ten volle voeden; het maximum doen opnemen
verza'kelijken meer zakelijk maken of worden
verza'ken niet nakomen; zich afkeren van; loochenen; niet bekennen
verzak'ken wegzakken
verza'melaar *m* [-s] wie verzamelt **verza'melband** band voor het bewaren v. bijeenhorende tijdschriften **verza'melbundel** boek met verzameld werk van één of een gering aantal schrijvers **verza'mel-cd** cd met selectie uit het werk v. één of meer artiesten **verza'melen** bijeenbrengen; *zich* ~, bijeenkomen **verza'meling** *v* het verzamelen; geheel van verzamelde zaken; geheel van objecten die samen tot een bep. wiskundig verband behoren **verza'melnaam** naam voor een hoeveelheid gelijksoortige dingen **verza'melplaats** plaats waar men zich verzamelt **verza'melwoede** hartstocht tot verzamelen
verzan'den vol zand komen; *(fig.)* doodlopen
verze'gelen met een zegel afsluiten
verzeg'gen beloven
verzei'len belanden
verze'keraar *m* [-s] wie het verzekeren als beroep heeft **verze'kerd** *bn* zeker; tegen schade gedekt; *in ~e bewaring*, in hechtenis **verze'keren** als stellig zeggen; waarborgen; bep. uitkeringen waarborgen; *zich* ~, zich overtuigen **verze'kering** *v* het verzekeren, waarborg **verze'keringsagent** agent bij verzekeringsmaatschappij **verze'keringsbank** bank voor het sluiten v. verzekeringen **verze'keringsbrand** opzettelijk gestichte brand om geld v.d. verzekering uitgekeerd te krijgen **verze'keringskantoor** *zie* **verzekeringsbank**; **verzekeringsmaatschappij** maatschappij waarbij men verzekeringen kan sluiten **verzekeringsplich'tig** *bn* verplicht tot verzekeringen **verze'keringsportefeuille** geheel van door iem. gesloten verzekeringsovereenkomsten **verzeke'ringsstelsel** stelsel v. verzekeringen
verzen'den afzenden; toesturen **verzend'huis** postorderbedrijf **verzen'ding** *v* het verzenden; het verzondene **verzen'd(ings)kosten** *mv* kosten v.h. verzenden **verzend'lijst** lijst van adressen waaraan verzonden moet worden
ver'zenen *mv* hielen; *de ~ tegen de prikkels slaan*, zich tot eigen nadeel verzetten
verzen'gen schroeien
verze'pen zeep (doen) worden
verzet' *o* tegenstand; verpozing **verzet'je** *o* iets om zich te ontspannen **verzets'beweging** beweging die zich tegen

V

de regering verzet **verzets'strijder** lid v.d. verzetsbeweging **verzet'ten** anders of elders zetten; verpozen; afwerken; (trachten te) vergeten; *zich ~*, weerstand bieden
verzie'ken door ziekte wegkwijnen; *(fig.)* ongezond worden; onaangenaam maken
verzien' *het ~ hebben*, het gemunt hebben; *het niet ~ hebben op*, niet houden van
ver'ziend(e) *bn* alleen in de verte goed kunnende zien
verzil'ten zilt worden
verzil'veren met zilver bedekken; in geld omzetten
verzin'ken [verzinkte, verzinkt] met zink bedekken; [verzonk, verzonken] wegzinken, verdiept raken, tot onder de oppervlakte inslaan
verzin'nelijken zinnelijk waarneembaar maken
verzin'nen uitdenken; fantaseren; denken **verzin'sel** *o* [-s, -en] bedenksel
verzit'ten zittend doorbrengen; *gaan ~*, anders of elders gaan zitten
verzoek' *o* vraag **verzoe'ken** vragen; bekoren; uitdagen **verzoe'king** bekoring, verleiding **verzoek'nummer** op verzoek gespeeld of voorgedragen stuk **verzoek'schrift** schriftelijk verzoek
verzoen'dag dag v.d. verzoening; *grote ~ houden*, zich wassen en verschonen **verzoe'nen** de vrede herstellen; doen ophouden vijand te zijn; *zich ~ met*, zich neerleggen bij **verzoe'ningscomparitie** *v* [-s] het verplicht voor de rechter verschijnen v.e. echtpaar dat wil scheiden om verzoening te bereiken
verzoe'ten zoet maken; lichter maken; aangenaam maken; zoet worden
verzo'len van zolen voorzien
verzorgd' *bn* net **verzor'gen** zorgen voor; het nodige geven **verzor'gingsflat** flat met uitgebreide centrale voorzieningen **verzor'gingsstaat** staat met voldoende sociale verzekeringen **verzor'gingstehuis** tehuis voor lichamelijke en/of sociale verzorging v. ouderen
verzot' *bn* dol
verzou'ten verzilten
verzuch'ten zuchtend zeggen
verzui'ling *v* het uiteenvallen in grote politieke groepen
verzuim' *o* veronachtzaming; het niet doen, het niet komen; uitstel **verzui'men** nalaten; niet komen; door veronachtzaming verliezen
verzui'pen *(pop.)* verdrinken
verzu'ren zuur worden of maken
verzwak'ken zwak(ker) maken of worden
verzwa'ren zwaarder maken of worden
verzwel'gen opslokken
verzwe'ren *z* veretteren
verzwij'gen niet zeggen
verzwik'ken uit het lid (doen) raken
vesper *v(m)* [-s] namiddagdienst **vesperbeeld** piëta
vest I *o* van voren los- en dichtknopend tussenkledingstuk **II** *v(m)* gracht
veste *v(m)* [-n] vesting, vestingmuur
vestiai're ‹ai=è› *m* [-s] klerenbewaarplaats **vestibu'le** *m* [-s] voorportaal
vestigen plaatsen; richten; oprichten; *zich ~*, gaan wonen of praktijk uitoefenen **vestiging** *v* het (zich) vestigen; nederzetting
vesting *v* versterkte plaats **vestingstelsel** de vestingen
vest(jes)zak zak v.e. vest **vestzak-** *als eerste deel v.e. ss*: heel klein
vet I *bn* niet mager; met vet; vruchtbaar; veel voordeel opleverend; dronken; (van steenkool) met veel vluchtige stoffen; *(jong.)* tof; *het vette der aarde*, weelde **II** *o* [-ten] uit koolstof en waterstof en zuurstof bestaande organische stof; *in zijn eigen ~ gaar koken*, aan zichzelf overgelaten worden; *zijn ~ geven*, geducht de waarheid zeggen; *in het ~ hebben*, te wachten hebben; *het is altijd ~ in andermans schotel*, bij een ander lijkt alles steeds goed **vet'arm'** *bn* met weinig vet **vetbol** uit vet en zaad bestaande bol als voer voor vogels
vete *v(m)* [-n, -s] blijvende vijandschap
veter *m* [-s] rijgsnoer
veteraan' *m* [-ranen] oudgediende; speler uit de hoogste leeftijdscategorie **vetera'nenziekte** door de Legionella pneupophila veroorzaakte longontsteking
veterdrop in slierten verkochte drop
veterinair' ‹ai=è› *m* [-s] veearts **II** *bn* veeartsenijkundig
vetheid *v* [-heden] het vettig zijn; het vette **vetkolen** *mv* vette kolen **vetkuif** (iem. met) met brillantine in model gehouden kuif **vetkussen** opeenhoping v. vet **vetleder**, **vetleer** met vet zacht te houden leer **vetleren** *bn* v. vetleer **vetmesten** vet voeren
veto *o* [-'s] verbod; verwerping
vetoogje *o* druppel vet op soep **vetplant** plant met vlezige bladen **vetpot** overvloed **vetpotje** potje met vet voor feestverlichting **vetpuistje** *o* door versterkte productie v. talk ontstaan puistje **vetrol** uit vet bestaande huidplooi
ve-tsin' *o* poeder van sojabonen als specerij
vettig *bn* enigszins vet **vetvrij** *bn* geen vet doorlatend **vetweiden** [vetweidde, gevetweid] vee in de wei vet doen worden **vetweider** *m* [-s] boer die vetweidt; stuk vee dat men weidt om het vet te laten worden **vetweiderij'** *v* bedrijf v. vetweider **vetzak** vet iem. **vetzucht** *v(m)* het ziekelijk te vet worden **vetzuur** zuur uit vet
veulen *o* [-s] jong paard; jonge ezel; veulenbont; dartel jong mens **veulenen** een veulen werpen
VEV *(Belg.)* Vlaams Economisch Verbond
vexa'tie *v* [-s] kwelling; afpersing
vezel *v(m)* [-s] draadvormig deel **vezelen** vezels maken; vezels worden; fluisteren **vezelig** *bn* met vezels **vezelplaat** spaanplaat **vezelstof** *v(m)* uit vezels opgebouwde stof

V-formatie vliegpatroon in de vorm v.e. V
v.g.a. verzoeke gaarne antwoord
v.g.g.v. van goede getuigschriften voorzien
v.g.h. van goeden huize
vgl. vergelijk
v.h. van het, voor het, voorheen
V-hals halsuitsnijding in de vorm v.e. V
VHD *very high density*, zeer hoge dichtheid
VHF *very high frequency*, zeer hoge frequentie
VHS *video home system*, bep. standaard voor videosysteem
v.i. voorwaardelijke invrijheidstelling
via *vz* langs
viaduct' *m/o* overbrugging van weg of diepte
vibrafoon' *m* [-fonen] xylofoonachtig muziekinstrument met metalen staafjes **vibra'tie** *v* [-s] trilling **vibra'to I** *bw* trillend **II** *o* [-'s] het laten horen v.e. trillende toon **vibra'tor** *m* [-s, -en] trillingen uitzendend voorwerp **vibre'ren** met vibrato zingen; trillen door inwendige spanning
vicariaat' *o* [-aten] ambt of rechtsgebied v. vicaris **vica'ris** *m* [-sen] plaatsvervanger; vicaris-generaal; hulpprediker **vicaris-generaal'** [-sen-generaal] plaatsvervanger v.d. bisschop
vice ~ *versa*, heen en terug; *als eerste woorddeel*: plaatsvervangend
vicieus' *bn* verkeerd; *een vicieuze cirkel*, gang van zaken waarbij men terugkeert bij wat men wilde vermijden; redenering waarbij men wat men wil bewijzen als argument gebruikt
victo'rie *v* [-s] overwinning **victorieus'** *bn & bw* zegepralend
victua'lie *v* [-liën] leeftocht
vide *v(m)* [-s] ruimte zonder vloer op dezelfde verdieping
video *m* [-'s] het elektronisch vastleggen op magneetband of plaat; videorecorder; (eerste lid v. ss met een zn om aan te duiden dat het door het zn genoemde betrekking heeft op beeldapparatuur **videoband**); band v. videorecorder **videocamera** camera voor video-opnamen **videocassette** cassette met voor videorecorder geschikte band **videoclip** (video)filmpje **videofilm** film voor of opgenomen door videorecorder **videofoon'** *m* [-s, -fonen] beeldtelefoon **video-installatie** apparaat voor het opnemen of afspelen van videobanden **videojockey** *m* [-s] *zie* **veejay**; **video-opname** het opnemen op een videoband **videorecorder** *m* [-s] toestel dat beeld en geluid op magneetband vastlegt en weergeeft **videotex** *m* via beeldscherm ontvangen elektronische informatie **videotheek'** *v* [-theken] verzameling van videobanden en videocassettes
viditel *m* informatiedienst v.d. PTT
vief *bn & bw* levendig
vier I *telw* 4; *met de* ~, met vier paarden **II** *v(m)* cijfer 4; *~en en vijven*, uitvluchten **vierbaansweg** autoweg met tweemaal twee rijstroken **vierde** *telw* nummer 4; 1/4; ~ *stand*, arbeiders; ~ *wereld*, landen die het laagste gemiddeld inkomen per hoofd hebben **vierde-eeuws** *bn* uit de 4e eeuw **vierdeursauto** auto met vier deuren **vierdubbel** *bn* viermaal optredend; uit vier eenheden bestaand
vieren in rust of feestelijk doorbrengen; feestelijk herdenken; eren; loslaten; laten schieten, de vrije loop laten
vierendelen in vieren verdelen; met vier paarden vaneen trekken als straf **vierentwintiguurs'dienst** dag en nacht doorlopende dienst **vierhan'digen** *mv* dieren met vier handen **vierhoek** door vier rechte lijnen ingesloten vlak
viering *v* het vieren; ruimte tussen presbyterium en schip v. kruiskerk
vierkant I *o* gelijkzijdige vierhoek met rechte hoeken; tweede macht **II** *bn & bw* in de vorm van zo'n vierkant; kubusvormig **vierkantsvergelijking** vergelijking met de onbekende in de tweede macht **vierkantswortel** getal dat met zichzelf vermenigvuldigd het betrokken getal oplevert **vierling** *m* vier uit één zwangerschap geboren kinderen **vierschaar** *v(m)* [-scharen] rechtbank; *de ~ spannen*, rechtspreken **vierspan** span van vier trekdieren **viersprong** kruispunt v. vier wegen **viertakt(motor)** motor waarvan de zuigers vier slagen maken na elke explosie **viertal** *o* [gmv] aantal v. vier **viertallig** *bn* met 4 als grondtal **viervoeter** *m* [-s] viervoetig dier **viervoud** *o* wat viermaal zo veel of zo groot is; door vier deelbaar getal; *in* ~, uit vier gelijke exemplaren bestaande **vier'vou'dig** *bn* in viervoud
vies *bn & bw* vuil; kieskeurig; lelijk; zeer; ~ *zijn van*, te vuil vinden om het aan te raken; niet houden van **viespeuk** viezerik
vieux ‹vjeu› *m* namaakcognac
viewdata ‹vjoewdata› *m* [gmv] *(comp.)* systeem waarbij per telefoon opgevraagde elektronische informatie op een scherm is af te lezen
viewer *m* [-s] ‹vjoewer› diakijker
viezerik *m* vies iem. **viezigheid** *v* [-heden] iets vies
vige'ren van kracht zijn **vigeur'** *v(m)* kracht
vigilant' *bn & bw* waakzaam **vigile'ren** scherp letten op
vigi'lie *v* [-liën, -s] vigiliedag; *(mv)* nachtelijk gebed voor overledene **vigi'liedag** dag voor kerkelijke feestdag
vignet' ‹vienjet› *o* [-ten] bep. boekversiering; versiering in borduursel; fabrieks- of handelsmerk
vijand *m* wie tegen iem. is; wie haat **vijan'delijk** *bn & bw* van de vijand; als een vijand **vijan'delijkheid** *v* [-heden] vijandelijke daad **vijan'dig** *bn & bw* vijandschap koesterend **vijan'digheid** *v* [-heden] het vijandig zijn; vijandige daad **vijandin'** *v* [-nen] vr. vijand **vijandschap** *v* [-pen] haat; vijandige verhouding
vijf I *telw* 5; *de* ~, hand; *ze niet alle ~ hebben*, gek zijn; *een van de ~ is op de loop*, de persoon is gek **II** *v(m)* [vijven] cijfer 5;

vijven en zessen, uitvluchten; *zie ook* **acht**; *zie ook* **drie**; *zie ook* **vier**; **vijfde-eeuws** *bn* uit de 5e eeuw **vijfenzestigplus'kaart** reductiebewijs voor wie vijfenzestig jaar of ouder is **vijfenzestigplus'ser** *m-v* [-s] wie de vijf en zestig jaar gepasseerd is **vijfja'renplan** programma voor vijf jaren **vijfje** *o* voetbal van standaard wedstrijdformaat; bankbiljet van vijf euro; 1/5 deel van een staatslot **vijfkamp** *m* wedstrijd van vijf verplichte nummers **vijfling** *m* vijf uit één zwangerschap geboren kinderen **vijftal** *o* [gmv] aantal van vijf **vijftiende-eeuws** *bn* uit de 15e eeuw **vijftig** *telw* 50

vijg *v(m)* vijgenboom; zijn vrucht; paardenuitwerpsel; *~en na Pasen*, mosterd na de maaltijd **vijgenblad** *o* [-bladeren] blad v. vijg **vijgenboom** tropische boom uit het geslacht Ficus **vijgenmat** *v(m)* biezen mand voor verpakking v. vijgen

vijl *v(m)* werktuig om wrijvend scherp te maken of een deel te verwijderen **vijlen** met de vijl bewerken; schaven **vijlsel** *o* het afgevijlde

vijver *m* [-s] gegraven meertje; *grote ~*, zee

vijzel **I** *m* [-s] stampvat **II** *v(m)* [-s] met een schroef werkend hefwerktuig **vijzelen** opwinden

viking *m* [-s, -en] *(gesch.)* Scandinavische zeerover

vilder *m* [-s] wie dieren vilt

villa ‹villa *of* viela› *v(m)* [-'s] landelijk herenhuis **villapark**, **villawijk** wijk met veel villa's

villen de huid aftrekken; *(fig.)* afzetten

vilt *o* van haar samengeperste stof **vilten** *bn* van vilt **vilthoed** hoed van vilt **viltig** *bn* viltachtig **viltje** *o* kartonnen onderzetter **viltpapier** viltachtig papier **viltstift** schrijfwerktuig met inkt in vilt

vin *v(m)* [-nen] voortbewegingsorgaan van vis; blaasworm; door ontsteking v.e. huidklier ontstane puist; *geen ~*, niet(s)

vinaigret'te ‹aig=èG› *m* mengsel van olie, azijn en kruiden

vinden [vond, gevonden] door zoeken óf toevallig verwerven of bemerken; aantreffen; bedenken; achten; krijgen; *te ~*, bereid; *het ~ met*, goed opschieten met; *zich laten ~*, zich ergens toe lenen

vindica'tie *v* [-s] wraakneming; opeising; hernieuwde eis **vindice'ren** wreken; opeisen; terugvorderen

vinding *van eigen ~*, zelf gevonden **vindingrijk** *bn* vaardig in oplossen v. moeilijkheden

vindplaats plaats waar men iets vindt

vinger *m* [-s, -en] geleed einddeel v.e. hand; deel v.e. kledingstuk dat dit omsluit; *lange ~*, lange smalle biscuit; *op de ~s zien*, scherp controleren; *lange ~s hebben*, neiging hebben tot stelen; *door de ~s zien*, oogluikend toestaan; *op de ~s tikken*, aanmerkingen maken; *met een natte ~*, gemakkelijk en vlug; *de twee ~s opsteken*, een eed doen; *de ~ op de mond leggen*, doen zwijgen; *de ~ Gods*, het werk van God; *iem. om de ~ winden*, doen met iem. wat men wil; *geen ~ uitsteken* of *geen ~ in de as steken*, niets doen; *de ~ op de wond leggen*, de fout aanwijzen; *op z'n ~s*, gemakkelijk; *zich in de ~s snijden* of *zijn ~s aan iets branden*, zichzelf schaden; *groene ~s hebben*, met succes planten verzorgen **vingerafdruk** *m* [-ken] na aanraking met de binnenkant v.e. vinger achtergebleven tekening **vingerbreed** *geen ~*, niets **vingerdik** *bn* zo dik als een vinger **vingerdoekje** servetje voor vingers **vingeren** met de vinger seksueel bevredigen **vingerhoed** bescherming voor vinger **vingerhoedskruid** plantengeslacht uit de helmkruidfamilie, Lat. Digitalis **vingerkom** bakje om vingers te reinigen **vingeroefening** vaardigheidsoefening **vingerplant** kamerplant met handvormig blad **vingertoppengevoel** heel fijn gevoel **vingerverf** verf om met de vingers te schilderen **vingervlug** *bn* vlug met de vingers **vingerwijzing** *v* aanwijzing **vingerzetting** *v* juiste plaatsing v. vingers

vinifice'ren ‹c=s› wijn maken

vink *m/v* blauwgroene zangvogel met rode borst, Lat. Fringilla coelebs; merkteken ter controle; *blinde ~en*, met gehakt gevulde opgerolde lapjes vlees **vinken** vinken vangen; na controle met een v-teken merken **vinkenslag** roep v.e. vink **vinkentouw** *op het ~ zitten*, op de loer liggen

vinnig *bn & bw* scherp, bijtend

vintage ‹vintidzj› *v(m)* [-s] wijnoogst

vinvis walvis met rugvin v.d. familie Balaenopteridae

vinyl' *o* [gmv] rubberachtige stof

v.i.o. vereniging in oprichting

viola'tie *v* [-s, -tiën] schending **violent'** *bn & bw* heftig, gewelddadig **violen'tie** *v* heftigheid, gewelddadigheid **viole'ren** schenden

violet' *bn & o* paars

violier' *v(m)* kruisbloemige plant v.h. geslacht Matthiola

violist' *m* vioolspeler **violoncel'** *v(m)* [-s, -len], **violoncello** *v(m)* ['s] cello **violoncellist'** cellist **viool'** *v(m)* [-olen] bloem met vijfbladige kelk v.h. geslacht Viola; klein strijkinstrument met vier snaren; *de eerste ~ spelen*, de boventoon voeren **viool'concert** concert met solo voor viool **viool'kast** lichaam v.e. viool **viool'kist** kist op maat voor viool **viool'sleutel** g-sleutel

vip *very important person*, zeer belangrijk iem.

viproom ‹oo=oe› *m* [-s] ontvangstkamer voor vips

viraal' *bn* van een virus; door een virus veroorzaakt

vira'go *v* [-'s] manwijf

virginaal' *o* [-nalen] soort klavecimbel met dwars op de richting v.d. toetsen staande snaren; *bn* maagdelijk; zuiver

viriel' *bn* mannelijk **viriliteit'** *v* het hebben

van mannelijke eigenschappen
virologie' *v* wetenschap v.d. virussen
virtueel' *bn* aanwezig maar niet werkzaam; denkbeeldig
virtuoos' *m* [-ozen] zeer bedreven kunstenaar **virtuositeit'** ⟨s=z⟩ *v* virtuoos zijn
virulent' *bn* kwaadaardig; heftig **virulen'tie** *v* het virulent zijn
virus *o* [-sen] ultramicroscopische ziekteverwekker; computervirus **virusziekte** door virus veroorzaakte ziekte
vis tot de klasse Pisces behorend gewerveld dier; *~ noch vlees*, iets halfslachtigs *(ook als eerste deel v. ss)*; *als een ~ in het water*, onbezorgd, goed gezond **Vis I** *m* twaalfde teken v.d. dierenriem **II** *m-v* [-sen] wie onder het teken v.d. Vissen geboren is
visafoon' ⟨s=z⟩ *m* [-s, -fonen] telefoon met scherm dat de sprekende toont
visafslag visverkoping
visagist' ⟨viezaazjist⟩ *m* [-en] schoonheidsspecialist
visakte schriftelijk bewijs dat men mag hengelen **visarend** *m* grootste Europese arend
vis-à-vis' ⟨viezaavie⟩ *bw* tegenover **II** *m-v* [mv idem] de tegenoverzittende
visbank bank v. visverkoper **visboer** visverkoper
visceraal' *bn* met betrekking tot de ingewanden
visco'se ⟨viskooze⟩ *m* uit cellulose verkregen grondstof voor kunstvezels **viscositeit'** ⟨viskozieteit⟩ *v* graad v. vloeibaarheid
visdiefje *o* vogeltje met zwarte schedel en nek en een zwarte punt op een rode snavel, Lat. Sterna hirundo
vise'ren ⟨s=z⟩ v.e. visum voorzien, voor gezien tekenen
visgraat been v.e. vis; dessin in vorm v.e. graat **visgrond** gebied waar vis is **vishaak** angel om mee te vissen **vishal** overdekte vismarkt
Visigo'tisch *bn* van de Visigoten
vishandel handel in vis **vishoek** vishaak
visi'bel ⟨s=z⟩ *bn* zichtbaar; gereed
vi'sie ⟨s=z⟩ *v* [-s] kijk; inzage **visioen'** ⟨s=z⟩ *o* droomgezicht **visionair'** ⟨vieziejonèr⟩ *m* [-s] iem. met zienersblik **II** *bn* met zienersblik
visita'tie ⟨s=z⟩ *v* [-s] bezoek; inspectie **visi'te** *v(m)* [-s] bezoek **visi'teformaat** 10 bij 6 cm **visi'tekaartje** *o* naamkaartje **visite'ren** ⟨s=z⟩ door visitatie controleren **visiteur'** *m* [-s] wie visiteert **visiteu'se** ⟨s=z⟩ *v* [-s] vrouw die visiteert
visjesvreter *m* [-s] *dooie ~*, *(pop.)* saai persoon **viskaar** *v(m)* [-karen] bak om vis in mee te nemen **viskaart** *v(m)* officiële naam voor visakte **viskom** glazen kom om visjes in te laten zwemmen **vislijm** lijm uit de zwemblaas van vissen **vislijn** vissnoer **vismarkt** markt waar vis verkocht wordt **vismeel** gemalen gedroogde visafval **visnet** net om vis te vangen
visofoon' ⟨s=z⟩ *m* [-s,-fonen] videofoon
visooglens *v(m)* een beeld van 180° opnemende lens **visperspectief** perspectief wanneer men schuin van onderaf kijkt **visseizoen** seizoen waarin men mag vissen **vissen** vis (proberen te) vangen; te weten zien te komen; een complimentje zien te krijgen **Vissen** *mv* twaalfde teken v.d. dierenriem **vissenbloed** bloed van vissen; *~ hebben*, onaandoenlijk zijn **visserij'** *v* het vissen **visserman** *m* [-lui, -lieden] visser **vissersgaren** garen voor netten **visserslatijn** overdrijving door vissers **visserspink** *m* vissersschuit **vissersring** pauselijke zegelring **vissnoer** snoer met haak of haken om te vissen **visstand** visrijkdom **visstick** langwerpig blokje bevroren vis **vistrap** *m* installatie bij stuw waar trekkende vissen langs gaan **vistuig** *o* gereedschap om te vissen
visualise'ren ⟨se=zee⟩ als beeld voorstellen **visueel'** ⟨s=z⟩ *bn* het gezicht betreffende; vooral met het gezicht opnemend
visum ⟨s=z⟩ *o* [visa, -s] vergunning voor verblijf in of uitreis uit een land
visvrouw visverkoopster **viswater** water om in te vissen; water waarin vis gekookt is **viswijf** onbeschaafde schreeuwerige vrouw; *(pop.)* visvrouw
vitaal' *bn* levenskrachtig; voor het leven zeer belangrijk **vitalis'me** *o* leer v.h. bestaan v.e. specifiek levensbeginsel; letterkundige stroming die vitaliteit eist **vitalist'** *m* aanhanger v.h. vitalisme **vitaliteit'** *v* levenskracht
vitami'ne *v(m)* [-n, -s] in kleine hoeveelheid voorkomende onontbeerlijke voedingsstof **vitami'nestoot** het opzettelijk ineens innemen v.e. grote portie vitaminen
vitili'go *v(m)* [gmv] *(med.)* verschijnsel v. witte plekken in de huid of witte haarlokken door plaatselijk ontbreken v. pigment
VITO *(Belg.)* Vlaamse Instelling voor Technologisch Onderzoek
vitra'ge ⟨ag=aazj⟩ *v(m)/o* [-s] (stof voor) opengewerkte gordijnen
vitri'ne *v* [-s] winkelruit, uitstalraam
vitriool' *o/m* zwavelzuur
vitrocultuur het buiten het lichaam menselijk leven zich laten ontwikkelen
vitten kleine aanmerkingen maken **vitterig** *bn* gaarne vittend **vitterij'** *v* het vitten **vitzucht** *v(m)* lust tot vitten
vivaciteit' *v* levendigheid
vivisec'tie *v* het proeven nemen op levende dieren
vizier' I *m* [-en, -s] Turkse minister **II** *o* [-en] helmklep; richttoestel op vuurwapen; *in het ~*, in het oog; *met open ~*, openlijk **vizier'keep** keep in het vizier **vizier'korrel** knobbel met behulp waarvan men mikt
vj *m video-jockey*, presentator v. videoclips; wie live videobeelden mengt en bewerkt
v.k.a. voor kennisgeving aangenomen
Vl. Vlaams
vla *v(m)* [vla's, vlaas] plat vruchtengebak; slappe pudding
vlaag *v(m)* [vlagen] bui; opwelling
vlaai *v(m)* plat vruchtengebak
Vlaams I *bn* van of uit of als in Vlaanderen **II**

o dialect van Vlaanderen; Zuid-Nederlands **Vlaamsgezin'de** *m-v* [-n] voorstander v.d. Vlaamse beweging
vlaflip *m* [-s] nagerecht van yoghurt, vla en limonade
vlag *v(m)* [-gen] dundoek; bovenste bloemkroonblad van vlinderbloem; schacht en baarden v.e. veer; *een ~ op een modderschuit*, iets moois op iets lelijks; *met ~ en wimpel*, glansrijk; *de ~ strijken*, onderdoen; *onder één ~ varen*, dezelfde leuze hebben; *de ~ dekt de lading*, een mooie naam of leuze moet vertrouwen wekken **vlaggen** een vlag uithangen **vlaggenist'** *m (pop) (sp.)* grensrechter **vlaggenschip** admiraalsschip; grootste schip v.e. rederij **vlaggenstok** stok waaraan de vlag hangt **vlaggetjesdag** dag vóór het uitvaren v.d. haringvloot **vlagofficier** opperofficier ter zee **vlagstempel** aanhangend poststempel met reclametekst **vlagvertoon** machtsvertoon met oorlogsschepen **vlagvoerder** *m* [-s] vlagofficier; zijn schip; *(fig.)* leider
vlak I *v(m)* [-ken] vlek **II** *o* [-ken] vlakte; oppervlak; *op het hellend ~*, in gevaar van ten onder te gaan **III** *bn* effen, zonder verheffing **IV** *bw* onmiddellijk; precies **vlakaf** *bw* zonder omwegen **vlakgom** *m/o* stuk gom of plastic om inkt of potlood van papier weg te wrijven **vlakken** bevlekken; vlak maken **vlakschaaf** schaaf om zeer glad te schuren **vlakspoeler** *m* [-s] toiletpot met plateau **vlaktaks** *m/v (Belgned.)* uniform inkomensbelastingtarief **vlakte** *v* [-n, -s] vlak iets; wereld van ontucht en misdaad; *tegen de ~*, neer; *zich op de ~ houden*, zich niet uitspreken **vlaktemaat** *v(m)* maat voor oppervlakte **vlakuit**, **vlakweg** *bw* vlakaf
vlam I *v(m)* [-men] brandende gaskolom; gloed; geliefde; vlamvormige figuur **II** *mv* brand; *vlammetje*, lucifer; *~ vatten*, ontbranden **vlambloem** flox **vlammen** met een vlam branden; fonkelen; hevig begeren **vlammend** *bn* gloeiend **vlammenwerper** *m* [-s] wapen dat grote vlammen spuit **vlammenzee** geweldig vuur **vlamoven** oven met vlam die rechtstreeks voorwerpen erin verhit **vlampijp** buis waardoor de vlammen geleid worden **vlamverdeler** *m* [-s] sudderplaat
vlas *o* [-sen] plant die het linnen levert **vlasbaard** baard van dun haar; melkmuil **vlasblond** *bn* lichtblond **vlashaar** lichtblond haar **vlaskleurig** *bn* lichtblond **vlaskop** *m* [-pen] iem. met vlashaar **vlaslinnen** van vlas gemaakt linnen **vlassen I** *bn* van vlas; vlasblond **II** *ww ~ op*, verlangend uitzien naar **vlasser** *m* [-s] vlasteler **vlasserij'** *v* bedrijf dat vlas verwerkt; het telen of verwerken van vlas **vlassig** *bn* als vlas
VLD *(Belg.)* Vlaamse Liberalen en Democraten
vlecht *v(m)* ineengestrengelde bundel (haar); bundel zenuwen; vlechtvormig bloedvat **vlechten** [vlocht, gevlochten] in elkaar strengelen; *(fig.)* erin te pas brengen **vlechtwerk** wat gevlochten is
vleermuis in de schemering vliegend handvleugelig dier v.d. orde Chiroptera **vleermuisbrander** *m* [-s] brander met waaiervormige vlam
vlees *o* [vlezen] spiermassa; mens; vruchtvlees; *naar den vleze*, stoffelijk wel; *eigen ~ en bloed*, kinderen; *wat voor ~ men in de kuip heeft*, waarmee men te maken heeft **vleesboom** vleesgezwel in de buik **vleeshaak** haak waaraan vlees gehangen wordt **vlees'kleurig** *bn* met de kleur v. vlees **vleesklomp** klomp vlees; dik iem. **vleespin** pin voor een rollade **vleespot** *naar de ~ten van Egypte terugverlangen*, terugverlangen naar iets wat beter was **vleestomaat** tomaat met veel vruchtvlees **vleeswaren** *mv* voedingsmiddelen van vlees **vleeswond(e)** wond in het vlees **vleeswording** *v* menswording
vleet *v(m)* [vleten] lang staand haringnet; *bij de ~*, in overvloed
vlegel *m* [-s] dorsstok; onbeschoft iem. **vlegelachtig** *bn & bw* als een vlegel **vlegeljaren** *mv* puberteitsjaren
vleien flemen; blij maken; strelen **vleierij'** *v* het vleien **vleinaam** troetelnaam **vleiwoord** vleiend woord
vlek I *o* [-ken] groot dorp **II** *v(m)* [-ken] plek, smet **vlekkeloos** *bn & bw* zonder vlek, zonder tekortkomingen of fouten **vlekken** *h/z* vlekken maken of krijgen **vlekkenmiddel** middel om vlekken te verwijderen **vlekkenwater** vlekken verwijderende vloeistof **vlekkerig** *bn* met vlekken **vlektyfus** door vlekken gekenmerkte ziekte **vlekziekte** bep. varkensziekte
vlerk I *v(m)* vleugel; *(pop.)* hand **II** *m* vlegel
vleselijk *bn & bw* zinnelijk; bloedeigen
vlet *v(m)* [-ten], **vletschuit** plat vaartuig
vleug *v(m)* draad (in stoffen); sprankel
vleugel *m* [-s, -en] lichaamsdeel om mee te vliegen; erop gelijkend onderdeel; zijstuk; vleugelpiano; draagvlak v. vliegtuig; *(mv fig.)* bescherming; *de ~s korten*, kortwieken; *de ~s laten hangen*, moedeloos worden **vleugelaltaar** altaar met draaibare luiken **vleugelboot** zich door in het water aangebrachte vleugels bij snelle vaart uit het water oplichtende boot **vleugeldeur** deur met openslaande delen **vleugellam** *bn* met een verlamde vleugel; *(fig.)* machteloos **vleugelmoer** moer met twee er aan bevestigde platte bladen **vleugelpiano** bep. horizontaal gebouwde piano **vleugelspeler** *(sp.)* wie aan de zijkanten v.e. veld speelt
vlezig *bn* goed in het vlees; vleesachtig
vlg. volgens, en volgende
vlieden [vlood, gevloden] *(arch.)* vluchten
vlieg *v(m)* tweevleugelig insect, Lat. Musca domestica; *twee ~en in één klap*, twee dingen tegelijk; *geen ~ kwaad doen*, heel zacht van aard zijn; *een ~ afvangen*, een voordeeltje voor de neus wegkapen; *om ~en te vangen*, om te luieren; *niets afslaan*

behalve ~en, niets afslaan
vliegbasis luchtbasis **vliegboot** watervliegtuig zonder drijvers **vliegbrevet** diploma voor vliegtuigbestuurder **vliegdekschip** als vliegveld ingericht schip **vliegden** eenzame grove den **vliegdienst** geregeld luchtverkeer; dienst als vlieger **vliegen** [vloog, gevlogen] zich in de lucht bewegen; snel voorbijgaan; snellen; *niet hoog ~*, geen hoogvlieger zijn; *er een laten ~*, een wind laten; *ze zien ~*, *(fam.)* gek zijn; *er uit ~*, eruit gezet of ontslagen worden **vliegend** *bn* zich snel verplaatsend; wapperend; vlot v.d. hand gaand; snel verlopend; voor tijdelijke verkoop; een tijd boven het water kunnende zweven; *~e blaadjes*, vlugschriften; *in ~e haast*, met grote haast; *~e geest*, geest van ammoniak **vliegengaas** gaas om vliegen te weren **vliegenier'** *m* [-s] bestuurder v. vliegtuig **vliegenkast** kast met gazen wanden **vliegenmepper** voorwerp om vliegen dood te slaan **vliegensvlug** *bw* vlug **vliegenvanger** *m* [-s] strook kleefpapier om vliegen te vangen; vliegen vangende zomervogel, Lat. Muscicapa ***vliegenzwam** *(Wdl. vliegezwam)* giftige paddestoel met rode hoed met witte stippen, Lat. Amanita muscaria **vlieger** *m* [-s] bestuurder v. vliegtuig; aan een touw in de lucht op te laten speelgoed; roeiboot bij een schip; vliegden; *de ~ ging niet op*, het lukte niet **vliegeren** een vlieger oplaten **vlieggat** opening in bijenwoning **vlieggewicht** lichtste gewichtsklasse (50,8 kg); gewicht voor een vlucht **vliegkampschip** vliegdekschip **vliegkunst** kunst v.h. vliegen **vliegles** les in het vliegen **vliegmachine** vliegtuig **vliegongeluk**, **vliegongeval** ongeluk met vliegtuig **vliegramp** groot vliegongeluk **vliegroute** route v.e. vliegtuig **vliegsport** het vliegen als sport **vliegterrein** vliegveld **vliegtuig** *o* toestel dat zwaarder is dan de lucht, maar waarmee men toch kan vliegen **vliegtuigmoederschip** schip dat als vliegtuigbasis dient **vliegtuigongeluk** ongeluk met vliegtuig **vliegtuigopname** luchtfoto **vlieguur** uur dat men vliegt **vliegveld** terrein waar vliegtuigen landen en starten **vliegwiel** drijfwiel
vlier *m* vlierstruik; vlierthee
vliering *v(m)* bovenzolder
vlierstruik heester met geurige witte voor thee te gebruiken schermbloemen, Lat. Sambucus nigra **vlierthee** aftreksel v. vlierbloesem
vlies *o* [vliezen] dun vel; vacht **vliesdun** zeer dun
vlieseli'ne *v* bep. textielproduct ter versteviging en vulling
vliet *m* stromend water **vlieten** [vloot, gevloten] stromen
vliezig *bn* met vliezen; als een vlies
vlijen aangenaam zacht leggen; schikken **vlijlaag** *v(m)* [-lagen] onderlaag
vlijm *v(m)* zeer scherp mesje **vlijmend** *bn* zeer scherp **vlijmscherp** *bn* zeer scherp
vlijt *v(m)* ijver **vlijtig** *bn & bw* ijverig
vlinder *m* [-s] schubvleugelig uit een rups ontwikkeld insect uit de familie Lepidoptera; *~s in zijn (*of *haar) buik hebben*, door verliefdheid onrustig zijn **vlinderachtig** *bn & bw* ongestadig **vlinderbloem** uit vijf ongelijke blaadjes bestaande bloem **vlinderbloemigen** *mv* planten met vlinderbloemen **vlinderdas** strikje bij herenoverhemd **vlinderen** luchtig leven **vlindermes** mes waarvan het lemmet door openvouwen v.d. twee hefthelften naar buiten komt **vlinderslag** borstslag met boven water tegelijk naar voren gebrachte armen
vlizotrap uittrekbare trap naar zolder
v.l.n.r. van links naar rechts
vlo *v(m)* [vlooien] springend van bloed levend insect v.d. familie Pulicidae
vloed *m* stroom; rijzing v.h. zeewater; menigte **vloedanker** bij vloed uit te werpen anker **vloedgolf** hoge golf bij vloed **vloedhaven** haven waarin eb en vloed aanwezig zijn **vloedlicht** *o* zeer sterk licht **vloedplank**, **vloeiplank** plank om hoge vloed te keren **vloedstand** stand bij vloed
vloei *o* vocht opslorpend papier; sigarettenpapier **vloeibaar** *bn* kunnende vloeien **vloeiblad** stevig vloei **vloeiblok** blok met vloei **vloeien** stromen; met vloei droogmaken **vloeiend** *bn & bw* zonder knik; zonder haperen **vloeiklank** *(taalk.)* verzamelnaam voor r en l **vloeipapier** vloei **vloeiplank** vloedplank **vloeistof** vloeibare stof **vloeiweide** bevloeide weide
vloek *m* godslastering; vervloeking; door God bepaalde straf; *in een ~ en een zucht*, ogenblikkelijk **vloeken** verwensen; godslasteringen zeggen; niet passen
vloer *m* bodem; *over de ~*, in huis; *van de ~*, naar bed; *de ~ aanvegen met*, geducht hekelen, helemaal geen rekening houden met; smadelijk verslaan **vloerbalk** balk waarop vloer rust **vloerbedekking** *v* wat dient om op de vloer te leggen **vloerbrood** op ovenvloer gebakken brood **vloeren** een vloer maken; tegen de grond werpen **vloerkleed** *o* [-kleden] tapijt voor op de vloer
vlok *v(m)* [-ken] licht samenhangend hoopje; afgescheiden deeltje **vlokken** *h/z* vlokken vormen **vlokkentest** bep. onderzoek tijdens e. zwangerschap op mogelijke erfelijke gebreken v.h. kind **vlokkig** *bn* met of in vlokken
vlonder *m* [-s] vonder; losse houten vloer
vlooien vlooien vangen; geld aftroggelen; het vlooienspel spelen **vlooienband** halsband met stof die vlooien doodt **vlooienmarkt** markt voor tweedehandsgoed **vlooienspel** spel met ronde plaatjes die ergens in moeten wippen **vlooientheater** spel met gedresseerde vlooien
vloot *v(m)* [vloten] kuip; verzameling

schepen **vlootbasis** basis voor oorlogsschepen **vlootschouw** *m* demonstratie of inspectie v.e. vloot
vlos *o* vloszijde **vlossig** *bn* vlokkig **vloszij(de)** floszij
vlot I *o* [-ten] te water verbonden verzameling hout II *bn & bw* gemakkelijk (om mee om te gaan); kwiek; drijvend **vlotten** makkelijk gaan; drijven **vlottend** *bn* wisselend; door eenmalig gebruik verdwijnend; contant; op korte termijn **vlotter** *m* [-s] wie hout in vlotten vervoert; drijver
vlucht *v(m)* het vliegen; het vluchten; troep vogels; spanwijdte v. vleugels; *in de ~*, terloops; *een hoge ~ nemen*, tot bloei komen; *op ~ bouwen*, bouwen met vooroverhellende gevel **vluchtauto** voor vlucht gebruikte auto **vluchtberm** ruimte naast verkeersweg om in geval van nood te gebruiken **vluchteling** *m* wie op de vlucht is **vluchten** *z* uit angst weggaan; *~ in*, zich veilig trachten te stellen door aankoop van of het zich bezighouden met **vluchthaven** noodhaven **vluchtheuvel** heuvel waarop men bij hoog water vlucht; verhoging voor voetgangers op een verkeersweg **vluchthuis** *(Belgned.)* opvanghuis voor mishandelde vrouwen **vluchtig** *bn & bw* oppervlakkig; haastig; snel verdampend **vluchtleiding** *v* team dat op aarde vlucht begeleidt **vluchtpunt** verdwijnpunt **vluchtstrook** strook naast de rijbaan alleen toegankelijk voor noodgevallen **vluchtweg** ontsnappingsweg bij gevaar
vlug *bn & bw* snel; snel begrijpend; kunnende vliegen **vluggertje** vlug gespeelde partij; vlug afgedaan iets; snel uitgevoerde geslachtsdaad **vlugschrift** geschrift over actueel onderwerp **vlugzout** opwekkend middel bij flauwtes, ammoniumbicarbonaat
v.m. voormiddag
V.M. volle maan
vmbo voorbereidend middelbaar beroepsonderwijs
VN Verenigde Naties
VN'-beraad overleg van de Verenigde Naties
VNG Vereniging van Nederlandse Gemeenten
vnl. voornamelijk
VNO Verbond van Nederlandse Ondernemingen
vnw. voornaamwoord
VNZ Vereniging van Nederlandse Ziekenfondsen
v.o. van onderen
vocaal' I *v(m)* [-calen] klinker II *bn* zang-
vocabulai're ‹aire=èr› *o* [-s] woordenlijst; woordenschat
vocalist' *m* zanger
voca'tie *v* [-s] officiële beroeping tot een ambt; roeping **vocatief'** *m* [-tieven] naamval v. aangesproken persoon
vocht I *o* vloeistof II *o/v(m)* vochtigheid **vochthuishouding** *v* natuurlijke vochtigheid v.e. organisme **vochtig** *bn* nattig **vochtweger** *m* toestel om het s.g. van vloeistof vast te stellen
vod *o/v(m)* [-den], **vodde** *v(m)* [-n] lomp, prul; *achter de vodden zitten*, narijden; *bij de vodden*, beet **voddenmarkt** markt voor oude kleren **voddig** *bn & bw* als een vod
voeden voedsel geven; zogen; voedzaam zijn; stroom toevoeren; water toevoeren **voeder** *o* voedsel **voederbiet** zoete mangelwortel **voederen** voeren **voedergewas** gewas voor veevoer
voeding *v* het voeden, voedsel **voedingsbeha** beha met voorsluiting om borstvoeding te kunnen geven **voedingsbodem** stof waarop bacteriën worden gekweekt; iets wat gunstig is **voedingsgewas** gewas voor menselijk voedsel **voedingskanaal** kanaal dat water aanvoert **voedingsmiddel** voedsel **voedingsproces** spijsvertering **voedingswaarde** voedende waarde
voedsel *o* spijs; *~ geven aan*, aanwakkeren **voedselhulp** hulp door middel van voedsel **voedselvoorziening** *v* het verschaffen v. voedsel
voedster *v* [-s] min; moederkonijn, moederhaas
voedzaam *bn* wat voedt
voeg *v(m)* naad, reet; kalknaad; *in zijn ~en*, goed in elkaar; *uit zijn ~en*, uit zijn verband **voege** *(plecht.) in dier ~*, op die manier **voegen** de kalknaden bijstrijken; verenigen met; passen; schikken; *de daad bij het woord ~*, van woorden tot daden overgaan **voegwoord** onverbuigbaar woord dat zinnen of gelijksoortige zinsdelen verbindt **voegzaam** *bn* passend, betamelijk
voelbaar *bn & bw* tastbaar; te voelen **voelboek** boek voor slechtzienden met afbeeldingen in reliëf **voeldraad** tastdraad **voelen** tasten; met het gevoelszintuig waarnemen; bemerken; *~ voor*, sympathie hebben voor; *zich ... ~*, een ... gevoel bij zich opmerken; *zich ~*, een hoge dunk van zichzelf hebben; *voel je wel?*, *(fam.)* begrijp je? **voelhoorn** tastorgaan op de kop; *zijn ~s uitsteken*, hier en daar polsen **voeling** *v* contact, aanraking; *~ hebben* of *houden met*, overleggen met **voelspriet** *m* voelhoorn
voer *o* wagenvracht; voeder; *~ voor*, belangrijke stof voor **voeren** voederen; v.e. voering voorzien; *(fam.)* op stang jagen; brengen, leiden, dragen; *(zegsw.)* hebben; *oorlog ~*, oorlogen; *de pen ~*, schrijven; *het woord ~*, spreken **voering** *v* binnenbekleedsel **voerman** *m* [-lui, -lieden] wie paard en wagen bestuurt; vrachtrijder; *een oude ~ hoort nog gaarne het klappen van de zweep*, men hoort graag spreken over zijn vroeger werk **voertaal** taal waarin men spreekt en onderwijst **voertuig** *o* iets waarin te land vervoerd wordt
voet *m* bep. lichaamsdeel; spoor daarvan; bekleedsel van dat lichaamsdeel; voetvormig iets; onderste deel waar iets op steunt; verhouding; trant; 30 cm;

evenmatig versdeel; *belastingvrije* ~, bedrag waarover geen belasting wordt geheven; *op de* ~, van dichtbij, letterlijk; *op staande* ~, terstond; *~je voor ~je*, langzamerhand; *op grote* ~, royaal; *op gespannen* ~, in voortdurend dreigende vijandschap; *met ~en treden*, vertrappen, miskennen; *ten ~en uit*, in volle grootte; *uit de ~en*, weg; *voor de* ~, grif; *onder de* ~, ondersteboven; *als het ~en heeft*, als de omstandigheden het toelaten; *veel ~en in (de) aarde hebben*, veel inhebben; *de ~ lichten*, doen vallen, onderkruipen; *een wit ~je hebben*, in de gunst staan; *op vrije ~en*, vrij; *voor de ~en werpen*, verwijten; *~ geven aan*, in de hand werken, helpen; *geen ~ verzetten*, geen moeite doen, op zijn plaats blijven; *de ~ dwars zetten*, zich verzetten; *vaste ~ krijgen*, steeds meer invloed krijgen; *~ bij stuk houden*, niet toegeven; *~ aan wal zetten*, landen; *met de ene ~ al in het graf staan*, niet lang meer te leven hebben **voetangel** voetklem met scherpe punten; *~s en klemmen*, verborgen moeilijkheden **voetbal I** *m* voort te schoppen grote leren bal **II** *o* voetbalspel **voetbalknie** knie met beschadigde meniscus **voetballen** [voetbalde, gevoetbald] voetbal spelen **voetbalmolecule** ronde uit 60 of 70 koolstofatomen bestaande molecule **voetbalpool** *m* [-s] ‹oo=oe› gokonderneming waarbij naar uitslagen van nog te spelen voetbalwedstrijden geraden wordt **voetbalvandaal** vernielzuchtige en op rellen beluste voetbalsupporter **voetbalvandalisme** *o* optreden v. voetbalvandalen **voetbank** voetenbank **voetbed** verhoging op de binnenzool v.e. schoen **voetbreed** *geen* ~, niets **voetbrug** brug voor voetgangers **voeteind(e)** voeteneind(e) **voetenbank** bank voor de voeten **voeteneind(e)** deel waar de voeten liggen **voetenwerk** werk met de voeten **voetenzak** gevoerde zak voor voeten **voetfout** *(sp.)* overschrijding v.e. lijn **voetganger** *m* [-s] wie te voet gaat **voetgangersgebied** alleen voor voetgangers toegankelijk gebied **voetjevrijen** heimelijk met de voeten die van de partner strelen **voetlicht** licht onder op het toneel; *voor het* ~, op het toneel **voetnoot** noot aan voet van bladzijde **voetoverheveling** *v* regeling waarbij een gedeelte v.d. belastingvrije som v.d. ene echtgenoot of huisgenoot overgaat naar de andere **voetpad** smal pad voor voetgangers **voetpomp** pomp met voetbeugel **voetpunt** onderste punt **voetreis** reis te voet **voetspoor** spoor v.d. voet; voorbeeld **voetstap** stap; voetspoor; *iemands ~pen drukken* of *in iemands ~pen treden*, iemands voorbeeld volgen **voetstoots** *bw* zo maar **voetstuk** iets waarop iets staat; onderste deel; *op een ~ plaatsen*, meer achten dan anderen; *van zijn ~ vallen*, zijn hoge positie verliezen; *van zijn ~ stoten*, zijn hoge positie doen verliezen **voettocht** tocht te voet **voetval** *m* [-len] knieval **voetveeg** *m/v* [-vegen] *(fig.)* wie zich alles moet laten welgevallen **voetvolk** infanterie **voetwortelbeentje** beentje in voet **voetzak** voetenzak **voetzoeker** *m* [-s] over de grond schietend vuurwerk **voetzool** zool v.d. voet

V

vof vennootschap onder firma

vogel *m* [-s, -en] met veren bedekt dier; jongen, man; *vreemde* of *rare* ~, iem. met opvallend uiterlijk of gedrag; *een ~tje voor de kat zijn*, opgegeven zijn; *ieder ~tje zingt zoals het gebekt is*, ieder spreekt op zijn manier; *men kent de ~ aan zijn veren*, men kent iem. aan zijn gedrag; *zo licht als een* ~, zich gemakkelijk bewegend **vogelaar** *m* [-s] vogelvanger **vogelbekdier** dier uit de orde der Monotremata **vogelen** vogels vangen; vogels kijken; geslachtsgemeenschap hebben **vogelkers** *v(m)* soort van wilde kers of pruim, Lat. Prunus padus **vogelkunde** *v* wetenschap over vogels **vogellijm** mistletoe; lijm uit de bessen v.d. mistletoe **vogelnestje** *o* figuur met de buik omlaag en handen en voeten aan de ringen **vogelperspectief** vogelvlucht **vogelpest** gevaarlijke cholera-achtige vogelziekte **vogelpik** *m* [gmv] dartspel; doel v. dartspel **vogelschieten** het schieten op een nagemaakte vogel **vogelschrik** *m* [-ken] vogelverschrikker **vogelspin** grote exotische spin **vogelstand** vogelrijkdom **vogelverschrikker** *m* [-s] pop om vogels af te schrikken **vogelvlucht** *in* ~, van boven af gezien; in een kort overzicht **vogelvrij** *bn* buiten bescherming v.d. wet **vogelvrijverklaring** *v* het buiten de wet stellen

vogue *en* ~, ‹ân vooG› in de mode

voicemail *wm* ‹voismeel› *v(m)* [gmv] systeem waarmee telefonische berichten verzonden en afgeluisterd kunnen worden

voile ‹vwaal› *m* [-s] sluier

vol *bn & bw* gevuld; niet leeg; bedekt met; vervuld; heel; niet afgeroomd; volledig bekwaam; met volkomen verstand; volwassen; met hom of kuit; *~ gas geven*, de motor zo hard mogelijk laten lopen; *~le zee*, open zee; *ten ~le*, geheel; *als eerste deel van ss*: vullend, gevuld, zeer

vol. volumen, deel

volant' ‹voolân› *m* [-s] japonstrook

volautomatisch *bn & bw* geheel automatisch

vol-au-vent' ‹vol-oo-vân› *m* [-s] pastei in bladerdeeg

volbloed I *bn* van zuiver ras; met hart en ziel **II** *m* paard van zuiver ras **volbloe'dig** *bn* met veel bloed; met veel temperament **volbou'wen** afbouwen **vol'bouwen** geheel bebouwen **volbren'gen** geheel doen **voldaan'** *bn* tevreden; betaald

volder *m* [-s] lakenbereider

voldoen' tevredenstellen; beantwoorden; betalen **voldoen'de I** *bn* toereikend, bevredigend **II** *v(m)/o* [-s, -n] vereist aantal punten **voldoe'ning** *v* het voldoen; genoegdoening; het voldaan zijn

voldon'gen *bn* beslist **voldra'gen** *bn* niet te vroeg geboren; *(fig.)* voltooid **volein'den**, **volein'digen** voltooien **volgaarne** *bw* zeer graag
volgauto bijbehorende volgende auto; auto die wielrenners volgt **volgbriefje** machtiging om in bewaring gegeven goederen aan anderen te geven
volgeboekt *bn* met alle plaatsen besproken
volgeling *m* aanhanger, leerling **volgen** *h/z* gaan of komen na; gaan langs; nadoen; begrijpen; volle aandacht schenken; geregeld bijwonen; handelen volgens; voortvloeien **volgendeklant'balkje** *o* balkje tussen boodschappen v. verschillende klanten bij de kassa v.e. supermarkt **volgenderwijs'**, **volgenderwij'ze** *bw* op de volgende manier **volgens** *vz* overeenkomstig; naar de mening van **volgkaravaan** stoet van volgauto's in wielerwedstrijd **volgnummer** volgend nummer; nummer dat de volgorde bepaalt **volgorde** opeenvolging
volgroeid' *bn* volwassen
volgstation station op aarde om ruimtevaartuigen te observeren **volgzaam** *bn* gehoorzaam
volhan'dig *bn* druk **volhar'den** [volhardde, volhard] volhouden **volhouden** niet opgeven; handhaven; bij een bewering blijven
voliè're *v(m)* [-s] vogelhuis
volijverig *bw* met veel ijver
volk *o* [-en, -eren] natie; mensen; de gewone mensen; werkvolk; bijenvolk **volkenkunde** *v* wetenschap omtrent aard en levenswijze der volkeren **volkenrecht** recht dat de onderlinge betrekkingen v.d. staten regelt **volkenrech'telijk** *bn & bw* volgens of betreffende het volkenrecht
volko'men *bn & bw* geheel **volko'menheid** *v* volmaaktheid
volko'renbrood brood van meel waaruit de zemelen niet verwijderd zijn
volkrijk *bn* dichtbevolkt **volks** *bn & bw* van het volk; *ook als eerste deel v. ss in bet.*: van of voor het volk, geliefd bij het volk, goedkoop, nationaal **volksbeweging** onlusten **volksboek** boek voor het volk; tot prozaverhaal omgewerkte ridderroman v.h. begin der nieuwe geschiedenis **volksbuurt** buurt met eenvoudiger volk **volksdans** oude groepsdans **volksdansen** [volksdanste, gevolksdanst] volksdansen uitvoeren **volksdemocratie** staatsvorm van sovjetstaat **volksetymologie** vervorming v.e. verkeerd onthouden of verkeerd opgevangen woord waarbij de delen op zichzelf beschouwd zin krijgen **volksfront** aaneensluiting van linkse partijen **volksgezondheid** gezondheid v.h. volk **volkshogeschool** ontwikkelingscursus **volkshuisvesting** zorg voor goede woningen **volksklasse** het gewone volk **volkskunde** *v* kennis v.d. volksgebruiken **volkskunst** *v* kunst waaraan het volk actief deelneemt **volkslied** nationaal lied; door het volk gezongen lied **volkslogies** verblijf aan boord voor matrozen **volksman** [-nen] populair man; man uit het volk **volksmenner** *m* [-s] wie het volk opzweept **volksmilitie** volksleger **volksmond** wat het volk zegt **volksnaam** naam v.e. volk; naam bij het volk **volksoverlevering** onder het volk levende overlevering **volkspartij** niet-aristocratische partij **volksredenaar** *m* [-s] wie het volk pakt met zijn redevoeringen **volksregering** democratie **volksrepubliek** sovjetstaat **volkssoevereiniteit** bij het volk berustend oppergezag **volkssprookje** niet door een bekend schrijver verzonnen sprookje **volksstam** primitief georganiseerde groep; *(scherts.)* menigte **volksstemming** het zich uitspreken v.h. volk door stemming **volkstuintje** door de overheid ter beschikking gesteld tuintje **volksuniversiteit** instelling waar cursussen voor volwassenen worden gegeven **volksvertegenwoordiging** lichaam dat het volk vertegenwoordigt voor de wetgevende macht **volksverzekering** verzekering voor het hele volk **volksvijand** gevaar voor het volk **volksvlijt** volksnijverheid **volkszang** wat het volk zingt **volksziekte** epidemie; onder het volk veel voorkomende ziekte
volkuip kuip om laken te vollen
volle'dig *bn & bw* volkomen; voltallig **volle'digheidshalve** *bw* voor de volledigheid **volleerd'** *bn* alles geleerd hebbend; doortrapt **vollegronds'teelt** teelt buiten een kas **vollemaan'** geheel zichtbaar zijn v.d. maan; kaal hoofd **vollemaans'gezicht** bol gezicht
vollen viltig maken
volle'ren *(sp.)* volleys maken
vollerij' *v* vollen; werkplaats of bedrijf van voller
volley ⟨vollie⟩ *m* [-s] het terugslaan of -trappen v.e. bal voor deze de grond raakt **volleybal I** *m* bep. kleine bal **II** *o* spel met een bep. kleine bal **volleyballen** [volleybalde, gevolleybald] volleybal spelen
vollopen volstromen; vol worden **volmaakt'** *bn & bw* volkomen, zonder gebrek **volmacht** machtiging **volmachtigen** machtigen **volmaken** voltooien; veredelen **volmon'dig** *bn & bw* grif
volontair' ⟨ai=è⟩ *m* [-s] vrijwilliger
volop *bn & bw* in ruime mate
volprij'zen ten volle prijzen **volproppen** overvol maken **volschieten** *iems gemoed schiet vol*, iem. kan zijn ontroering niet meer bedwingen; *een rolletje* ~, een fotorolletje geheel gebruiken **volsla'gen** *bn & bw* volkomen; van het hele werk verstand hebbend **volslank** *bn* tussen mollig en slank in **volstaan'** [volstond, volstaan] voldoende zijn; ~ *met*, zich beperken tot **volstorten** tot het nominale bedrag aanvullen; volgooien **volstrekt'** *bn & bw* beslist; onbeperkt; vast; ~ *niet*, helemaal niet
volt *m* [-s] eenheid van elektr. spanning **volta'ge** ⟨ag=aazj⟩ *v & o* [-s] elektrische

spanning

voltal'lig *bn* waarbij allen aanwezig zijn

voltameter *m* [-s] toestel om galvanische stromen te meten **voltampère** *m* [-s] eenheid van schijnbaar elektrisch vermogen; watt

volte I *v* [-s] gedrang; het vol zijn **II** *v(m)* [-s] wending, plotselinge zwenking

volte'kend *bn* ten volle ingetekend

voltige'ren ‹ig=iezj› kunstige sprongen of wendingen maken **voltigeur'** *m* [-s] kunstrijder

vol'tijdbaan baan met volledige werktijd **vol'tijder** *m* [-s] wie een volledige baan heeft **vol'tijds** *bn* voor de volledige werktijd

voltooid' *bn* af; met de hulpwerkwoorden hebben of zijn gevormd **voltooi'en** afmaken; beëindigen **voltooi'ing** *v* het voltooien

voltreffer *m* [-s] projectiel dat volkomen raak is **voltrek'ken** [voltrok, voltrokken] ten uitvoer brengen **vol'uit'** *bw* ten volle

volu'me *o* [-n, -s] omvang; inhoud; sterkte **volu'men** *o* [-mina] boekdeel **volumineus'** *bn* omvangrijk

voluntair' ‹ai=è› *bn* vrijwillig **II** *v-m* [-s] wie vrijwillig onbetaalde dienst verricht

voluptueus' *bn* wellustig

volu'te, voluut' [volutes, voluten] *v(m)* versiering die aan een of twee zijden in een spiraalvorm uitloopt

volvet *bn* met 46% vet **volvoe'ren** [volvoerde, volvoerd] uitvoeren **volwaar'dig** *bn* volle waarde hebbend **volwas'sen** *bn* de volle wasdom bereikt hebbend **volwas'senenonderwijs** onderwijs aan volwassenen **volzin** afgeronde zin

vome'ren braken

v.o.n. vrij op naam

vondeling gevonden kind

vonder *m* [-s] plankbrug

vondst *v* het vinden; het gevondene

vonk *v(m)* sprank (vuur) **vonk(el)en** vonken schieten **vonkvrij** *bn* geen vonken schietend

vonnis *o* [-sen] rechterlijke uitspraak **vonnissen** een vonnis uitspreken over

VOO Veronica Omroeporganisatie

voodoo ‹voedoe› *m* [gmv] Afrikaans en Caribisch volksgeloof met magische rituelen

voogd *m* toeziener die in de plaats v.e. ouder voor een minderjarige optreedt; *toeziende* ~, wie de voogd moet controleren **voogdes'** *v* [-sen] vr. voogd **voogdij'** *v* het voogd zijn **voogdij'-instelling** particuliere instantie voor voogdij **voogdij'kind** kind onder voogdij v.e. instelling **voogdij'raad** college voor voogdij **voogdij'schap** *o* [-pen] het voogd zijn

voor I *v(m)* [voren] groef **II** *vz & bw* aan de voorkant (van); geleden; gedurende; voorafgaand aan; ten behoeve van; in de plaats van; tegen betaling van; tegen; gunstig gezind; wat betreft; ~ *en na*, telkens weer; *de een ~, de ander na*, nu de een en dan de ander; *van ~ tot achter*, geheel **III** *vgw* voordat; ~ *en aleer*, voordat **IV** *o* wat ten gunste van iets pleit; *als eerste deel v.e. ss vaak*: vooraf, aan de voorkant, van voren, voorste deel van

vooraan' *bw* van voren **vooraan'staand** *bn* voornaamst **vooraanzicht** gezicht v.d. voorkant

vooraf' *bw* te voren **vooraf'beelding** *v* voorafgaande symbolische gelijkenis **vooraf'je** *o* [-s] licht voorgerecht **vooraf'schaduwing** *v (fig.)* aankondiging v. wat gaat komen; voorafbeelding **vooraftrek** *m* vooraf toegestane vermindering van loonbelasting

vooral' *bw* bovenal **vooraleer'** *vgw* voordat **vooralsnog'** *bw* voorlopig

voorarrest *(jur.)* vrijheidsontneming voorafgaande aan zitting en uitspraak **vooravond** begin v.d. avond; avond of dag of korte tijd te voren **voorbaat** *bij ~*, van tevoren **voorba'rig** *bn & bw* te haastig

voorbedacht *met ~en rade*, na overleg, opzettelijk

voorbede voorspraak; *(inz. mv)* gezamenlijk gebed voor een of meer anderen

voorbeding voorwaarde

voorbeeld *o* model; iets ter navolging; toelichtend geval **voorbeel'dig** *bn & bw* navolgenswaardig

voorbehoedmiddel iets waarmee men iets (in het bijzonder zwangerschap) voorkomt

voorbehoud *o* beperking; *onder ~*, zo dat men er toch op kan terugkomen **voorbehouden** *zich ~*, aan zich houden

voorbereiden toebereidselen maken voor; klaarmaken; te voren gedeeltelijk inlichten **voorbereidsel** *o* [-s, -en] voorbereidend werk

voorbericht woord vooraf

voorbeschikken vooraf bepalen; vooraf bestemmen **voorbeschikking** *v* uitverkiezing

voorbestemmen vooraf bestemmen, voorbeschikken

voorbidden luid bidden waarna de anderen moeten meedoen

voorbij' I *vz* langs; verder dan **II** *bw* verder; erlangs; achter de rug **III** *bn* afgelopen; *als eerste deel v. ss*: langs, verder dan **voorbij'gaan** langs gaan; passeren; overgaan; *laten ~*, onbenut laten; *in het ~*, terloops **voorbij'gaand** *bn* niet blijvend **voorbij'gang** het voorbijgaan **voorbij'ganger** *m* [-s] wie voorbijgaat **voorbij'praten** *zijn mond ~*, in een onbewaakt ogenblik te veel meedelen **voorbij'streven** verder komen dan **voorbij'zien** niet merken

voorbode aankondiger; voorteken

voorbrengen voor de deur of voor het gerecht brengen

voorchristelijk *bn* vóór Christus; vóór het christendom

voord *v(m)* doorwaadbare plaats

voordansen dansende voordoen; vooropdansen

voordat *vgw* eerdat
voorde *v(m)* [-n] voord
voordeel *o* [-delen] profijt; *in zijn ~ veranderen*, verbeteren **voordeelregel** *(sp.)* regel om een overtreding niet te bestraffen wanneer daardoor voordeel ontstaat voor de overtredende partij **voordeelurenkaart** kaart die 40 % korting op een treinkaart verleent als men buiten de ochtendspits reist **voorde'lig** *bn & bw* profijt afwerpend; goedkoop; gunstig
voordeur hoofddeur v.e. huis **voordeurdelers** *(mv)* zij die gezamenlijk een huis bewonen en gezamenlijk de voorzieningen daarin gebruiken
voordewind' *bw* met gunstige wind; voorspoedig
voordien' *bw* vroeger
voordoen als voorbeeld doen; aandoen; *zich ~*, voor de dag komen; gebeuren
voordracht het voordragen; wijze van voordragen; voor te dragen stuk; voorgedragen lijst **voordragen** iets op aangename manier opzeggen; uiteenzetten; aanbevelen
voordringen dringen om eerder aan de beurt te zijn
voorechtelijk *bn* voor de huwelijkssluiting bestaand of geschiedend
vooreerst' *bw* voorlopig; in de eerste plaats
voorflap ingeslagen deel v.d. voorkant v.e. boekomslag; flap aan de voorkant
voorgaan het eerst gaan; het voorbeeld geven; de voorkeur hebben; voor lopen **voorgaand** *bn* voorafgaand
voorgaats' *bw* vóór een zeegat
voorganger *m* [-s] wie er vóór iem. was; leider; *~ der gemeente*, predikant
voorgebakken *bn* vooraf even gebakken
voorgebergte verzameling lagere bergen als uitlopers v.e. hoger gebergte **voorgeborchte** *o* plaats waar men in het hiernamaals in een staat van natuurlijk geluk leeft
voorgekookt *bn* tevoren gekookt; afgesproken
voorgeleiden voor het gerecht brengen
voorgemeld, **voorgenoemd** *bn* voornoemd
voorgenomen *bn* wat men voornemens is
voorgerecht *o* eerste gerecht v.e. maaltijd
voorgeschiedenis tijd waaruit geen geschreven berichten zijn; voorafgegane gebeurtenissen
voorgeslacht voorouders
voorgespannen *bn* met te voren aangebrachte spanningen; waarin het ontstaan van trekspanningen verhinderd wordt door van tevoren drukspanningen te veroorzaken
voorgevel gevel aan de voorkant; *(scherts.)* neus
voorgeven voorwenden; een voorsprong geven
voorgift wat men voorgeeft
voorgoed' *bw* voor altijd
voorgrond voorste stuk; *op de ~*, voorop; *op de ~ staan* of *treden*, de aandacht trekken; *zich op de ~ plaatsen*, bij de voornaamsten willen zijn
voorhamer grote smidshamer
voorhand voorste deel v.d. hand; *aan de ~ zijn* of *zitten*, het eerst mogen spelen of optreden; *op ~*, bij voorbaat **voorhan'den** *bn* in voorraad
voorhang *m* gordijn **voorhangen** voor iets hangen; als lid voordragen; als lid voorgedragen zijn **voorhangsel** *o* [-s, -en] voorhang
voorhaven haven voor een andere
voorhebben voor zich hebben; van plan zijn; bedoelen; in het voordeel zijn; *de verkeerde ~*, zich in de persoon vergissen
voorheen' *bw* vroeger
voorhistorisch *bn* uit de voorgeschiedenis
voorhoede *v(m)* [-n, -s] voorste legerdeel; voorsten v.e. groep spelers
voorhof *o* [-hoven] ingesloten voorplein
voorhoofd deel v. gezicht tussen wenkbrauwen en haar
voorhouden houden voor; wijzen op
voorhuid *v(m)* voorste deel van huid v.d. penis
voorhuis voorste deel v. huis
voor'in' *bw* van voren erin **voorin'genomen** *bn* met een vooroordeel; partijdig
voorjaar lente **voorjaars-** *als eerste deel v.e. ss vaak in bet.*: in het voorjaar
voorkant zijde waarachter zich iets of iem. bevindt; zijde waar men naartoe kijkt
voorkauwen tot in kleinigheden voorzeggen
voorkennis medeweten
voorkeur *v(m)* keus voor iem. anders; keus boven iets anders; *bij ~*, het liefst; *de ~ geven aan*, het liefst hebben **voorkeursbehandeling** van voorkeur blijk gevende behandeling **voorkeurspelling** *v* boven een andere bevoorkeurde spelling **voorkeurstem** stem op andere kandidaat dan no. 1 **voorkeurtoets** toets waarmee men een vooraf ingestelde zender o.i.d. inschakelt
voorkind kind uit vroeger huwelijk
voorklinker voor in de mond gevormde klinker
voorko'men *h* [voorkwam, voorkomen] te vlug af zijn; verhoeden **voor'komen I** [kwam voor, voorgekomen] *ww* naar voren komen; voor de rechtbank komen; voor de deur komen; gebeuren; bestaan; lijken **II** *o* uiterlijk **voorko'mend** *bn & bw* gedienstig, tegemoetkomend **voor'komend** *bn* zich voordoend
voorlaatst *bn* op één na laatst
voorlader *m* [-s] apparaat dat van voren gevuld of geladen wordt
voorland toekomst
voorlangs *bw* van voren er langs
voorle'den *bn* verleden
voorleggen de aandacht vestigen op; ter beoordeling geven
voorleiden voorgeleiden
voorletter beginletter; letter v.d. voornaam
voorlezen hardop lezen voor een ander
voorlichten licht voor iem. houden;

onderrichten
voorliefde voorkeur
voorliegen leugenachtig zeggen
voorligger *m* [-s] voertuig dat voor iem. rijdt
voorlijk *bn* voor in ontwikkeling
voorlopen voorop lopen; te snel lopen **voorloper** *m* [-s] voorbode; wat voorafgaat
voorlo'pig *bn & bw* in de naaste toekomst; voorafgaand; nog niet vast; *(jur.) ~e hechtenis*, het opsluiten v.e. verdachte v.e. ernstig misdrijf voordat zijn zaak op de zitting is geweest
voormaals *bw* vroeger **voorma'lig** *bn* vroeger
voorman [-nen] wie voor iem. staat of zit; ploegbaas; leider; *zich dekken op zijn ~*, zich bij aanmerkingen op een ander beroepen
voormeld' *bn* voornoemd
voormid'dag tijd tussen morgen en middag
voorn *m* [-s] karperachtige zoetwatervis met blauwgroene rug en rode ogen, Lat. Leuciscus rutilus
voornaam' *bn* aanzienlijk; van gewicht **voor'naam** naam voor de geslachtsnaam **voornaamwoord** aanduidend meestal verbuigbaar woord **voornaamwoor'delijk** *bn & bw* van of met of als een voornaamwoord
voornacht eerste deel v.d. nacht
voorna'melijk *bw* bij uitstek
voornemen I *o* [-s] plan **II** *ww zich ~*, van plan zijn **voor'ne'mens** *bw* van plan
voornoemd' *bn* bovengenoemd
vooroefening voorbereidende oefening
vooron'der *o* [-s] kamertje onder de voorplecht
vooronderstel'len onderstellen
vooronderzoek voorlopig onderzoek
voor'oor'deel voorbarig oordeel
vooroor'logs *bn & bw* van vóór de oorlog; als vóór de oorlog
voor'op' *vz & bw* van voren (er) op; vooraan; vooraf *(ook als eerste deel van sk)*
vooropleiding voorafgaande opleiding
voorop'stellen er van uitgaan **voorop'zetten** vooropstellen; vooruit vaststellen; op de voorste plaats zetten
voorouders *mv* voorvaderen
voor'o'ver *bw* naar voren overhellend; naar voren *(ook als eerste deel van sk)* **vooroverlijden** vroeger overlijden
voorpagina eerste pagina v. krant of tijdschrift
voorpand borstbedekkend deel v.e. kledingstuk
V
voorplat voorzijde v.e. boekband
voorplecht voordek
voorportaal *~ van de hel, (fig.)* zeer ellendig verblijf; zeer ellendige toestand
voorpost vooruitstaande schildwachtpost; *(mv)* voorste troepen
voorpraten pratend wijsmaken
voorproef proef waaruit men voorlopig iets kan leren
voorprogrammeren *(comp.)* te voren v.e. programma voorzien
voorraad *m* [-raden] wat men voor eventueel gebruik bewaart; *in ~*, in bezit voor eventueel later gebruik; *bij ~*, bij voorbaat **voorraadschuur** schuur met voorraad **voorra'dig** *bn (germ.)* in voorraad
voorrang *m* rang boven anderen; recht boven anderen; *~ hebben*, eerder in aanmerking komen; *~ verlenen*, voor laten gaan **voorrangskruising** kruising met voorrangsweg **voorrangsweg** weg waarop het verkeer voorrang heeft boven van zijwegen komend verkeer
voorrecht recht boven anderen; het boven anderen begunstigd zijn
voorrede woord vooraf
voorrijden voorop rijden; voor de deur rijden **voorrijkosten** voor het komen alleen al in rekening gebracht bedrag
voorschieten geven wat men pas later moet geven; lenen
voorschijn *te ~*, voor de dag
voorschoot *m/o* [-schoten] schort
voorschot *o* [-ten] het voorgeschotene
voorschotelen opdissen, voorzetten
voorschrift *o* bevel; reglement **voorschrijven** schrijvende voordoen; ter nakoming stellen
voorseizoen aan het hoogseizoen onmiddellijk voorafgaande korte periode
voors'hands' *bw* voorlopig
voorslaan voorstellen
voorslag *m* voorstel; korte noot vooraf; onbetoonde lettergreep voor het vaste aantal versvoeten; klik voor de klok slaat
voorsnijden vlees snijden voor het ronddienen **voorsnijmes** mes waarmee men voorsnijdt **voorsnijvork** grote bij het voorsnijden gebruikte vork
voorsorteren het deel v.d. rijbaan kiezen dat bestemd is voor verkeer in bep. richting
voorspannen voor de wagen spannen; bewerken dat iem. ergens moeite voor doet
voorspel inleidend spel; eerste begin **voorspelen** spelend voordoen; spelend ten gehore brengen; het eerste spelen
voorspel'len dingen omtrent de toekomst zeggen **voorspel'ling** *v* het voorspellen; het voorspelde
voorspiegelen (zonder voldoende grond) doen verwachten
voorspoed *m* goede gang van zaken **voorspoe'dig** *bn & bw* zonder moeilijkheden; gelukkig
voorspraak I *v(m)* het spreken ten gunste van **II** *m-v* [-spraken] voorspreker, voorspreekster **voorspreken** ten gunste van iem. spreken
voorsprong stuk dat men voor is
voorstaan voor de deur staan; voor de geest staan; bevorderen; een voorstander zijn van; vóór zijn in puntentelling; *zich op iets laten ~*, zich op iets verheffen
voorstad tegen een grotere aangegroeide stad
voorstander *m* [-s] wie voor iets is
voorste *bn* meest vooraan
voorstel *o* [-len] wat men voorstelt;

proefpreek **voorstellen** persoonlijk bekend maken; een voorstel doen; uiteenzetten; verbeelden; *zich* ~, zich verbeelden; zijn naam noemen; het plan hebben **voorstelling** *v* het voorstellen; afbeelding; beeld; vertoning **voorstellingsvermogen** vermogen om zich iets voor te stellen
voorstemmen voor iets stemmen
voorsteven voorste deel v.e. schip
voorstoot *m* eerste stoot; eerste was
voorstopper *m* [-s] *(sp.)* centrale verdediger
voorstudie voorafgaande studie
voort *bw* verder; *als eerste deel v. sk in bet.*: verder; vooruit, voor zich uit, weg **voort'aan'** *bw* in het vervolg
voortand snijtand
voortbestaan verder blijven bestaan **voortborduren** verder gaan met borduren; verder uitwerken; *(fig.)* ~ *op*, verder gaan met spreken over **voortbrengen** telen; opleveren; produceren **voortbrengsel** *o* [-s, -en] het voortgebrachte **voortdrijven** wegdrijven; aansporen; voor zich uit drijven; verder drijven **voortdu'rend** *bn & bw* aanhoudend **voortduring** *v*, **voortduur** *m bij* ~, aanhoudend
voorteken aankondigend teken
voortgang *m* vooruitgang; voortzetting **voortgangsrapport** rapport over de voortgang v.e. project e.d.
voortijd zeer oude tijd **voortij'dig** *bn* voor de bestemde tijd **voortijds** *bw* oudtijds
voortkomen ontstaan; afstammen; voortvloeien **voortmaken** zich spoeden
voortouw *het* ~ *nemen*, initiatieven nemen
voortplanten nageslacht voortbrengen; verbreiden; vermenigvuldigen
voortref'felijk *bn & bw* uitstekend
voortrekken begunstigen boven een ander **voortrekker** *m* [-s] padvinder van 17-25 jaar; baanbreker **voortrekkersfunctie** functie als pionier
voorts *bw* verder **voortspruiten** voortkomen **voortva'rend** *bn* van opschieten houdend **voortvloeien** *z* voortkomen **voortvluch'tig** *bn* op de vlucht **voortwoekeren** *h/z* (gez. van iets slechts) zich steeds verder verspreiden **voortzetten** doorzetten **voortzetting** *v* het voortzetten; vervolg **voortzwepen** (met de zweep) voortjagen
vooruit' *bw* vooraf, van tevoren; naar voren; verder; verder dan *(ook als eerste deel van sk)* **vooruit'gaan** vorderingen maken; beter worden; vooropgaan **vooruit'gang** *m* het vooruitgaan **vooruit'lopen** *z* ~ *op*, niet afwachten **vooruitstre'vend** *bn* naar vooruitgang strevend **vooruit'zicht** *o* verwachting **vooruit'zien** naar voren kijken; naar de toekomst kijken
voorvader van wie men afstamt **voorva'derlijk** *bn* (als) v.d. voorvaderen
voorval *o* [-len] gebeurtenis **voorvallen** gebeuren
voorvechter *m* [-s] verdediger
voorverpakt *bn* vóór het afleveren verpakt
voorvoegen voor iets voegen **voorvoegsel** *o* [-s] niet zelfstandig voorkomende lettergreep die voor woorden gevoegd kan worden
voorvorig *bn* voorlaatst
voorvork vork waarin zich het voorwiel v.e. fiets bevindt
voorwaar' *bw* werkelijk
voorwaarde *v* [-n] beding, conditie **voorwaar'delijk** *bn & bw* onder voorwaarde; een veronderstelling uitdrukkend
voorwaarts *bn & bw* vooruit
voorwas *m* aan hoofdwas voorafgaande was
voorwenden voorgeven **voorwendsel** *o* [-s, -en] wat men voorwendt
voorwereld periode op aarde dat er nog geen mensen waren **voorwereldlijk** *bn (fig.)* zeer ouderwets
voorwerk deel v. boek dat voor de eigenlijke tekst staat **voorwerker** *m* [-s] wie het werk leidt; wie de oefeningen voordoet
voorwerp *o* ding, zaak; wat iets ondergaat **voorwerpszin** zin met de dienst v.e. voorwerp
voorweten *o* voorkennis **voorwetenschap** voorkennis; van tevoren weten **voorwetenschappelijk** *bn* uit een cultuurstadium zonder wetenschap
voorwielaandrijving aandrijving v.h. voorwiel
voorwind wind van achter
voorwoord *(germ.)* woord vooraf
voorzaat *m* [-zaten] voorvader
voorzang inleidende zang **voorzanger** *m* [-s] wie het gezang leidt
voor'zeggen [zei/zegde voor, voorgezegd] zeggen wat een ander moet nazeggen **voorzeg'gen** [voorzegde/voorzei, voorzegd] voorspellen **voorzeg'ging** *v* voorspelling
voorze'ker *bw* zeker
voorzet eerste zet; het brengen v.d. bal voor het vijandelijk doel; *als eerste deel van ss*: afneembaar **voorzetsel** *o* [-s] onverbuigbaar woord dat een nieuwe eenheid met een volgend zelfstandigheidswoord vormt **voorzetselbepaling** *(taalk.)* met een voorzetsel beginnende bepaling **voorzetten** voor iem. zetten; opdissen; later zetten dan het is; een voorzet geven
voorzich'tig *bn & bw* behoedzaam **voorzich'tigheid** *v* [-heden] behoedzaamheid; ~ *is de moeder van de porseleinkast*, voorzichtigheid is geboden **voorzichtigheidshal've** *bw* uit voorzichtigheid
voorzien' te voren zien; ~ *in*, zorgen voor; verhelpen; regelen; ~ *van*, verschaffen; *goed ~ zijn van*, veel hebben; *het ~ hebben op*, het gemunt hebben op, het begrepen hebben op **Voorzie'nigheid** *v* Gods bestuur, God **voorzie'ning** *v* het voorzien; (hulp) regeling, instelling
voorzin eerste zin v.e. samengestelde zin
voorzingen zingend voordoen
voorzitten voorzitter zijn **voorzitter** *m* [-s] leider v.e. vergadering; hoofd v.e. bestuur

voorzitterschap *o* het voorzitter zijn **voorzitting** *v* het voorzitten; voorzitterschap
voorzorg zorg om iets onaangenaams te voorkomen **voorzorgsmaatregel** maatregel uit voorzorg
voos *bn* zonder sap; ongezond
vop voetgangersoversteekplaats
vorderen vooruitkomen; eisen, opeisen **vordering** *v* het vorderen; aanspraak op betaling van het verschuldigde
vore *v(m)* [-n] *zie* **voor**
voren *bw* voor; *naar ~*, vooruit, ter sprake; *te ~*, vroeger; *van te ~*, vooraf; *van ~ niet weten of men van achteren leeft*, aartsdom zijn **vorenstaand** *bn* vorig
vorig *bn* voorafgaand
vork *v(m)* getand prikwerktuig; vorkvormig voorwerp; splitsing; *zo zit de ~ in de steel*, zo zit het in elkaar; *een ~je komen prikken*, *(pop.)* komen eten **vorkheftruck** heftruck
vorm *m* gedaante; model; wijze; plichtpleging; schijn; voorwerp om iets een bep. model te geven; *in ~*, in een toestand dat men de beste prestatie levert; *in een andere ~ gieten*, een ander uiterlijk geven **vormelijk** *bn & bw* van vormen houdend; stijfdeftig **vormeling** *m* wie het vormsel ontvangt **vormeloos** *bn* zonder vorm **vormen** een vorm geven; de gedaante hebben; ontwikkelen; opvoeden; maken; uitmaken; het vormsel toedienen **vormfout** fout tegen de regels **vormgeving** *v* het ontwerpen of brengen in een bep. vorm; het resultaat daarvan **vormingswerk** werk voor (maatschappelijke) vorming van werkende jongeren **vormleer** leer v.d. vormen **vormloos** *bn* vormeloos **vormsel** *o* door de bisschop met handoplegging toegediend sacrament **vormvast** *bn* de vorm niet verliezend
vorsen onderzoeken
vorst I *m* onafhankelijk regeerder; de beste op zijn gebied **II** *m* [gmv] vriezend weer **III** *v(m)* nok **vorstelijk** *bn & bw* van of als van een vorst **vorsten-** *als eerste deel v. ss*: v.e. vorst **vorstendom** *o* [-men] gebied v. vorst **vorstenhuis** vorstelijk geslacht **vorstin'** *v* [-nen] vr. vorst **vorstpan** dakpan voor bovenste dakrand **vorstverlet** verlet wegens vorst **vorstvrij'** *bn* vrij van bevriezing
vort *tw* vooruit!
vos *m* [-sen] bruin roofdier met dikke staart v.h. geslacht Vulpes; zijn pels; bruinrood paard; slim iem.; *een ~ verliest wel zijn haren maar niet zijn streken*, mensen veranderen niet gauw; *men moet ~sen met ~sen vangen*, tegen slimme mensen moet men slimheid gebruiken; *als de ~ de passie preekt, boer, pas op je ganzen*, pas op voor huichelaars
VOS Vrouwen Oriënteren zich op de Samenleving **vossen** *(pop.)* hard studeren ***vossenbes** *(Wdl. vossebes)* rode bosbes, Lat. Vaccinium vitis idaea **vossenjacht** jacht op vossen; speurtocht

vote'ren bij stemming toestaan **votief'-** *als eerste deel v. ss*: krachtens gelofte **votum** *o* [vota, -s] stem; uitspraak bij stemming; gelofte; formule bij opening v. godsdienstoefening
voucher ‹ch=tsj› *m* [-s] bon die geldt als betaalbewijs
vouw *v(m)* plooi **vouwbeen** voorwerp om papier te snijden **vouwblad** gevouwen drukwerk **vouwcaravan** *zie* **vouwwagen**; **vouwdeur** vleugeldeur **vouwen** [vouwde, gevouwen] plooien **vouwfiets** ineen te vouwen fiets **vouwstoel** klapstoel **vouwtafel** klaptafel **vouwwagen** kampeerwagen met op te vouwen tent
voyant' ‹vwajant› *bn* opzichtig
voyeur' ‹vwajjeur› *m* [-s] gluurder
vozen onzedelijk handelen; *(pop.)* geslachtsgemeenschap hebben
VPRO Vrijzinnig-Protestantsche Radio-Omroep
VPS Video Programming System *(systeem voor het opnemen v.e. programma door een videorecorder)*
vr verhoogd rendement
vr. vrouwelijk
vraag *v(m)* [vragen] verzoek om antwoord; opgave die een antwoord eist; onzekere zaak; kooplust **vraagal** *m* [-len] nieuwsgierig iem. **vraagbaak** *v(m)* [-baken] wie men van alles vraagt; boek waarin men allerlei dingen opzoekt **vraaggesprek** interview **vraagprijs** gevraagde prijs **vraagpunt** gevraagd of betwist punt **vraagstelling** *v* (vorm v.d.) vraag **vraagstaart** *v/m* wie kinderlijk alsmaar vragen stelt **vraagstuk** vraag; som **vraagteken** teken ?; *een ~ plaatsen achter*, betwijfelen **vraagwoord** woord ter inleiding v. vraag **vraagzin** *(taalk.)* zin in de vorm v.e. vraag
vraat *m* [vraten] veelvraatse; aanvreting **vraatzucht** *v(m)* gulzigheid **vraatzuch'tig** *bn* gulzig
vracht *v(m)* lading; last; vrachtloon; menigte; *als eerste deel v. ss*: van de vracht, voor de vracht, voor vrachtvervoer **vrachtbrief** vervoerbewijs voor goederen **vrachtgoed** per goederentrein te vervoeren goed **vrachtlijst** lijst van ingeladen goed **vrachtrijder** *m* [-s] wie goederen vervoert **vrachtvaarder** vrachtschip; vrachtschipper **vrachtvaart** vrachtvervoer met schepen **vrachtverkeer** goederenvervoer inz. per vrachtauto **vracht'vrij'** *bn* franco **vrachtwagen** auto voor goederenvervoer
vragen [vroeg/vraagde, gevraagd] een vraag stellen; verlangen; eisen; uitnodigen; ten huwelijk verzoeken **vragenbus** bus of rubriek voor vragen **vragenderwijs**, **vragenderwijze** *bw* al vragende **vragenuurtje** *o* tijd waarin men vragen kan stellen
vrank *bn* frank
vratig *bn* vraatzuchtig
vrede *m/v* toestand zonder oorlog; rust; eensgezindheid; vredesverdrag; *~ hebben*

of *nemen*, genoegen nemen **vredebreuk** *v(m)* het verbreken v.d. vrede **vredelie'vend** *bn & bw* tot vrede geneigd **vrederechter** *(Belgned.)* kantonrechter **vredesactivist** wie actie voert voor vrede **vredesbeweging** *v* voor beperking v. bewapening ijverend streven **vredesconferentie**, **vredescongres** conferentie voor een te sluiten vrede; conferentie ter bevordering v.d. wereldvrede **vredesduif** duif als symbool v.d. vrede **vredesmacht** militaire afdeling v.d. Ver. Naties voor het voorkomen v. vijandelijkheden **vredesnaam** *in ~*, ter wille v.d. vrede **vredesoffensief** poging zonder wapengeweld om vrede tot stand te brengen **vredesonderhandeling** onderhandeling over de vrede **vredespijp** door de indianen als symbool van vrede gerookte pijp; *de ~ roken*, zich verzoenen **vredessterkte** sterkte in tijd v. vrede **vredestichter** *m* [-s] wie vrede tot stand brengt **vredestraktaat**, **vredesverdrag** verdrag waarbij vrede gesloten wordt **vredesvoorstel** voorstel tot vrede **vredesvoorwaarde** voorwaarde waarop vrede gesloten wordt **vredeteken** teken v. gezindheid tot vrede **vredevlag** witte vlag **Vredevorst** Christus **vredig** *bn & bw* rustig, ongestoord **vree** *m/v* vrede **vreedzaam** *bn & bw* vredelievend; rustig

vreemd *bn & bw* niet bekend; buitenlands; zonderling; niet eigen; verbaasd; *~ aan*, geen schuld hebbend aan; *in den ~e*, in het buitenland; *~e zonde*, zonde waardoor men zich medeplichtig maakt aan die v.e. ander; *~ gaan*, overspel bedrijven; buiten huwelijk seksuele relaties hebben **vreemdeling** *m* onbekende; iem. v. elders; buitenlander; *~ in Jeruzalem*, wie ergens totaal vreemd is **vreemdelingendienst** politiedienst voor toezicht op vreemdelingen **vreemdelingenlegioen** Franse uit vreemdelingen aangeworven legermacht **vreemdelingenverkeer** bezoek van vreemdelingen **vreemdeta'lenonderwijs** onderwijs in vreemde talen **vreemd(ig)heid** *v* [-heden] zonderlingheid **vreemdsoor'tig** *bn* raar **vreempje** *o* [-s] *(pop.)* vreemd iem.

vrees *v(m)* [vrezen] angst; eerbied, ontzag **vreesaanjagend** *bn* vreeswekkend **vreesach'tig** *bn & bw* bang **vreeslijk** *bn & bw* vreselijk **vreeswek'kend** *bn* vrees verwekkend

vreetzak *m* [-ken] *(pop.)* vraatzuchtig iem.

vrek *m* [-ken] gierig iem., inhalig iem. **vrekkig** *bn* gierig, inhalig

vreselijk *bn & bw & tw* verschrikkelijk

vreten [vrat, gevreten] gulzig eten; *(plat en van dieren)* eten; *~ aan*, sterk doen lijden; *o (pop.)* slechte kost

vreugd(e) *v* [-(e)n] blijdschap **vreugdeloos** *bn* zonder vreugde **vreugdevol** *bn* vol vreugde **vreugdevuur** vuur als teken v. vreugde

vreze *v(m)* [-n] vrees **vrezen** bang zijn voor; ontzag hebben voor

V-riem *m* wigvormige gesloten riem of snaar die de beweging v.h. ene rad op het ander overbrengt

vriend *m* jongen of man met wie men een zeer hartelijke relatie onderhoudt; jongen of man als (levens)partner; liefhebber; *ook als toespreking: kwade ~en*, in twist; *~en in de nood honderd in een lood*, in nood laten vrienden in de steek **vriendelijk** *bn & bw* zijn goede gezindheid latende blijken; *zo ~ zijn*, hulpvaardig zijn; *ook als laatste woorddeel*: niet schadelijk voor, welwillend tegenover **vriendelijkheid** *v* [-heden] het vriendelijk zijn; uiting daarvan **vriendendienst** dienst aan vrienden onder elkaar **vriendenprijs** voordelige prijs **vriendin'** *v* [-nen] meisje of vrouw met wie men een zeer hartelijke relatie onderhoudt; meisje of vrouw als (levens)partner **vriendin'netje** *v* [-s] meisje op wie een jongen een oogje heeft **vriendjespolitiek** bevoordeling van vrienden **vriendlief** *(aanspreking)* man **vriendschap** *v* [-pen] verhouding als vriend: uiting daarvan **vriendschap'pelijk** *bn & bw* als vriend; uit vriendschap **vriendschapsarmband** effen ronde metalen armband **vriendschapsband** band tussen vrienden

vriescel vrieskast **vriesdrogen** [vriesdroogde, gevriesdroogd] drogen door bevriezen waarna de waterdamp verwijderd wordt **vrieskast** keukenmeubel waarin men invriest **vrieskou** kou t.g.v. vorst **vriespunt** 0° C **vriesvak** vak van koelkast om in te vriezen **vriesweer** vriezend water **vriezen** [vroor, gevroren] vriesweer zijn; door vorst in bep. toestand komen **vriezer** *m* [-s] vrieskast

vrij *bn & bw* ongebonden; niet bezet; niet besproken; ongedwongen; onbelemmerd; open; niet eerlijk; zo dat men van anderen geen hinder heeft; waarbij men niet in dienstverband staat; naar eigen inzicht; vrijmoedig; tamelijk; *~ van*, niet onderworpen aan; zonder; *zo ~ zijn*, de vrijheid nemen; *~ wonen*, gratis wonen; *weinig ~*, weinig vrije tijd; *~e verzen*, verzen zonder vaste maat of rijm; *~e oefeningen*, oefeningen zonder gereedschap; *~e verdediger*, opruimer; (als eerste lid in samengestelde ww) **vrijaf'** *bn* vrij van werk

vrija'ge ⟨ag=aazj⟩ *v* [-s] vrijerij

vrijbiljet bewijs voor gratis toegang of gebruik **vrij'blij'vend** *bn* zonder verbintenis; verandering van prijs voorbehouden **vrijbrief** vrijbiljet; iets waaraan men meent een bep. vrijheid te ontlenen **vrijbuiter** *m* [-s] zeerover; iem. met vrije opvattingen **vrijbuiterij'** *v* kaapvaart; het huldigen v. vrije opvattingen

vrijdag zesde dag v.d. week **vrijdags** *bn & bw* op vrijdag

vrijdenker *m* [-s] wie dogmatisch geloof verwerpt **vrijdom** *m* ontheffing **vrijemarkt'economie** economie waarbij de

overheid niet ingrijpt
vrijen naar de hand dingen; verkering hebben; minnekozen; geslachtsgemeenschap hebben **vrijer** *m* [-s] wie vrijt; *(pop.)* man; sinterklaaspop **vrijerij'** *v* het vrijen **vrijersvoeten** *mv op ~ gaan*, een liefdesverhouding trachten aan te knopen
vrijetijds'besteding besteding v.d. vrije tijd **vrijgeleide** beschermend geleide; garantie tegen overlast op vijandelijk terrein **vrijgemaakt** *bn de Vrijgemaakten*, van de Nederlandse Gereformeerde Kerken in 1944 afgesplitste groepering **vrijgestelde** *m* bezoldigd bestuurder van arbeidersorganisatie **vrijgeven** [gaf vrij, vrijgegeven] vrijaf geven; vrij laten **vrijge'vig** *bn & bw* mild **vrijgevochten** tuchteloos **vrijgezel'** **I** *m* ongehuwde man **II** *bn* ongehuwd **vrijgezel'lenavond** voor een a.s. bruid(egom) georganiseerd feest als afscheid v.h. bestaan als vrijgezel **vrijhandel** handelsverkeer zonder belemmerende rechten **vrijhaven** haven zonder in- en uitvoerrechten
vrijheid *v* [-heden] het vrij zijn; vrijpostigheid; afwijking v.d. regel; privilege **vrijheidlie'vend** *bn* aan de vrijheid gehecht **vrijheidsberoving** beroving v. iemands vrijheid **vrijheidsboom** *(gesch.)* bep. boom als zinnebeeld v.d. vrijheid **vrijheidsgeest** zucht naar vrijheid **vrijheidsliefde** liefde voor vrijheid **vrijheidsoorlog** oorlog om de vrijheid **vrijheidsstraf** straf door vrijheidsbeneming **vrijheidsstrijder** *m* [-s] wie zich tegen een overheerser verzet **vrijheidszin** *m*, **vrijheidszucht** *v(m)* vrijheidsliefde
vrijhouden voor iem. betalen; behoeden voor; open houden **vrijkaart** vrijbiljet **vrijkomen** ontslagen worden; van iets afkomen; verlaten worden; zich ontwikkelen **vrijkopen** loskopen **vrijkorps** vrijwilligerskorps
vrijkous *m-v* wie graag vrijt of aanhalig is
vrijlaten loslaten **vrijloop** *m* toestand waarbij de motor doorloopt **vrijmacht** onbeperkte macht **vrijmach'tig** *bn* met vrijmacht **vrijmaken** bevrijden; ontslaan **vrijmarkt** markt waar men zonder vergunning mag handelen **vrijmet'selaar** [-s, -laren] lid v.d. vrijmetselarij **vrijmet'selaarsloge** *v(m)* loge **vrijmetselarij'** *v* tegen dogma's gekante internationale humanistische organisatie **vrijmoe'dig** *bn & bw* onbeschroomd **vrijplaats** wijkplaats **vrijpleiten** door pleiten onschuldig doen verklaren **vrijpos'tig** *bn & bw* al te vrij **vrijpos'tigheid** *v* [-heden] het vrijpostig zijn; vrijpostige daad **vrijschop** *(Belgned.) (sp.)* vrije trap **vrijspraak** *v(m)* [-spraken] het vrijspreken **vrijspreken** onschuldig verklaren **vrijstaan** geoorloofd zijn; alleen staan **vrijstaat** onafhankelijke staat **vrijstad** vrijplaats; onafhankelijke rijksstad **vrijstellen** ontheffen **vrijstelling** *v* ontheffing; kwijtschelding v. examengedeelte
vrijster *v* [-s] minnares; sinterklaaspop; *oude ~*, oude ongetrouwde juffrouw
vrijuit' *bw* onbelemmerd; niet beschuldigd kunnende worden **vrijverklaren** onafhankelijk verklaren **vrijwaren** [vrijwaarde, gevrijwaard] behoeden
vrijwel *bw* nagenoeg
vrijwil'lig *bn & bw* niet gedwongen **vrijwil'liger** *m* [-s] vrijwillig soldaat; wie onbetaald vrijwillig werk doet **vrijzin'nig** *bn & bw* ondogmatisch
vrille ‹vrieje› *v(m)* [-s] spiraalduik, tolval
vrind *m* vriend
vr'-ketel verwarmingsketel met verhoogd rendement
v.r.n.l. van rechts naar links
vroed *bn & bw (vero.)* wijs; *(iron.) ~e vaderen*, gemeenteraad **vroedkunde** *v* verloskunde **vroedvrouw** verloskundige
vroeg *bn & bw* niet laat; vóór de verwachte tijd; *~ of laat*, te eniger tijd **vroegbeurt**, **vroegdienst** vroege dienst **vroeger** *bn & bw* eertijds **vroegkerk**, **vroegmis** vroege mis **vroegrijp** *bn* vroeg rijp **vroegte** *v* vroege morgen **vroegtij'dig** *bn & bw* vroeg
vrolijk *bn & bw* blij; *zich ~ maken*, lachen; *even zo ~*, zonder zich er iets van aan te trekken **vrolijkheid** *v* [-heden] blijdschap, plezier
VROM (Ministerie van) Volkshuisvesting, Ruimtelijke Ordening en Milieubeheer
vroom *bn & bw* godvruchtig; (v.e. wens) nooit in vervulling gaand
vrouw *v* vr. persoon; echtgenote; *(kaartspel)* koningin; (bij dieren) meesteres **vrouwelijk** **I** *bn & bw* voor een vrouw; (als) v.e. vrouw; tot een bep. spraakkunstgroep behorend; met toonloze laatste lettergreep; met alleen stampers **II** *o* vr. geslacht **vrouwenarts** arts voor vrouwenziekten **vrouwenbeweging** streven v.d. vrouw naar emancipatie **vrouwenhaar** haar v.e. vrouw; venushaar **vrouwenhuis** ontmoetingsplaats v. vrouwen; huis waar alleen vrouwen wonen **vrouwenmantel** bep. plant met geelgroene bloemen **vrouwennetwerk** organisatie van werkende vrouwen **vrouwenoverschot** toestand waarbij er meer vrouwen dan mannen zijn **vrouwmens** *o (min.)* vrouw **vrouwspersoon** *o* [-sonen] *(min.)* vrouw
vr.pr. vraagprijs
VRT *(Belg.)* Vlaamse Radio en Televisie
vrucht *v(m)* deel v.e. plant met zaad; ongeboren kind; voortbrengsel; resultaat; winst; *de verboden ~*, zonde **vruchtafdrijving** *v* beëindiging v. zwangerschap **vruchtbaar** *bn & bw* (veel) vrucht opleverend **vruchtbeginsel** benedenste deel v.d. stamper **vruchtbodem** bloembodem **vruchtboom** boom met eetbare vruchten **vruchtdragend** *bn* vrucht of resultaat opleverend **vruchteloos** *bn & bw* zonder resultaat **vruchtenhagel** gekleurde hagelslag van suiker **vruchtenpers**

toestelletje om vrucht uit te persen **vruchtensla** fijngesneden gemengde vruchten **vruchtenwijn** gegist vruchtensap **vruchtgebruik** *o* recht op de opbrengst **vruchtgebruiker** *m* [-s] wie het vruchtgebruik heeft **vruchtgenot** vruchtgebruik v. ouders **vruchtknop** zaadknop **vruchtvlees** *o* sappig deel v. vrucht **vruchtwater** vocht om ongeboren vrucht **vruchtwaterpunctie** prik met behulp waarvan men vruchtwater onderzoekt **vruchtzetting** *v* vorming v.e. vrucht

vs. vers

VS Verenigde Staten v. N.-Amerika

V-snaar V-riem

VSNU Vereniging van Samenwerkende Nederlandse Universiteiten

VTB *(Belg.)* Vlaamse Toeristenbond

V-teken teken v. overwinning; twee gespreide vingers

VTM *(Belg.)* Vlaamse Televisiemaatschappij

VU Vrije Universiteit

vue ⟨vuu⟩ *v(m)* [-s] gezicht; *vues hebben op*, willen hebben

vuig *bn & bw* gemeen

vuil I *bn & bw* verachtelijk; bedorven; onrein; slecht; gemeen; boos oneerlijk **II** *o* vuilnis **vuilak** *m* [-ken] vuilik **vuilbek** *m* [-ken] wie schunnige dingen zegt **vuilbekken** [vuilbekte, gevuilbekt] vuile taal uitslaan **vuilboom** heester met blauwzwarte bessen, Lat. Rhamnus frangula **vuiligheid** *v* [-heden] iets vuils **vuilik** *m* smeerpoes **vuilmaken** bevuilen; *er geen woorden over ~*, er niet meer over spreken **vuilnis** *v & o* opveegsel; afval **vuilnisbakkenras** *o* onbestemd ras **vuilnisbelt** *m/v* vuilnishoop **vuilnisman** [-nen] wie vuilnis ophaalt **vuilpoes** smeerpoes **vuilspuiterij'** *v* veel gemene dingen over iem. zeggen of schrijven **vuiltje** *o* stofje; *er is geen ~ aan de lucht*, er is geen gevaar **vuil'wit'** *bn* niet zuiver wit

vuist *v(m)* dichtgesloten hand; korte hamer; zware smidshamer; *op de ~ gaan*, gaan vechten; *voor de ~*, onvoorbereid; *in zijn ~je*, heimelijk; *uit het ~je*, uit de hand **vuistgevecht** gevecht met vuisten **vuistpand** pand dat een schuldeiser bezit **vuistrecht** recht v.d. sterkste **vuistregel** regel die meestal opgaat **vuistslag** slag met vuist **vuistvechter** bokser

vulgair' ⟨ai=è⟩ *bn & bw* ordinair **vulgarise'ren** ⟨s=z⟩ gemeengoed maken **vulgaris'me** ⟨a=a *of* è⟩ *o* [-n] vulgaire uitdrukking **vulgariteit'** *v* alledaagsheid, platheid **vulgus** *o* gepeupel

vulkaan' *m* [-kanen] vuurspuwende berg

vulkachel kachel die voor lange tijd brandstof krijgt

vulka'nisch *bn & bw* met vulkanen samenhangend; door vulkanen ontstaan **vulkanise'ren** ⟨s=z⟩ zwavel toevoegen; met gesmolten rubber herstellen

vullen vol maken; plomberen **vulling** *v* het vullen; vulsel

vullis *o* vuilnis; *(fig.)* minderwaardig volk

vulpen *v(m)* [-nen], **vulpenhouder** *m* [-s] penhouder waar men inkt in doet **vulpotlood** houder met losse potloodstaafjes **vulsel** *o* [-s] wat dient om te vullen

vulva *v(m)* [-'s] ingang tot de vagina **vulvi'tis** *v* ontsteking v.d. vulva **vulvovagini'tis** *v* ontsteking v.d. vulva en de schede

vuns *bn & bw* muf; vies-vochtig; schunnig **vunzig** *bn & bw* vuns

vuren I *ww* schieten; lichten **II** *bn* vurenhouten

vurenhout hout v. spar **vurenhouten** *bn* v. vurenhout

vurig *bn & bw* gloeiend; brandend; hartstochtelijk

VUT vervroegd uittreden

vutten in de VUT zijn

vuur *o* [vuren] verbranding met vlammen of gloed; brandende massa; stookplaats; kustlicht; vuurtoren; beschieting; bliksem; gloed; ijver; hartstocht; bep. ziekten; lantaarn; *te ~ en te zwaard*, met brandstichting en moord; *in ~ en vlam staan*, branden; *~ en vlam spuwen*, hevig uitvaren; *het ~ uit zijn sloffen lopen*, veel moeite doen; *het ~ aan de schenen leggen*, scherp ondervragen; *voor een heet ~ staan*, in grote nood zijn; *voor hetere vuren staan*, in grotere moeilijkheden verkeren; *met ~ spelen*, gevaarlijk handelen; *tussen twee vuren*, van twee kanten in moeilijkheden **vuurbaak** kustlicht **vuurbol** vurige bol **vuurdekking** bescherming door geschut **vuurdood** dood door verbranding **vuurdoop** het voor het eerst in het gevecht zijn **vuurdoorn** *m* groen blijvende heester met doorns en oranje vruchten, Lat. Pyracantha **vuurgevecht** gevecht waarin geschoten wordt **vuurhaard** stookplaats met vuur **vuurhoudend** *bn* niet spoedig verbrandend **vuurkolom** zuil van vuur **vuurlak** hoge temperaturen verdragende lak **vuurlijn**, **vuurlinie** gebied vanwaar gevuurd wordt; gebied waar de projectielen neerkomen **vuurmaker** geprepareerde prop om de kachel aan te maken **vuurmond** kanon **vuurpeloton** executiepeloton **vuurpijl** brandende of lichtende pijl; raket; bep. sierplant **vuurplaat** haardplaat **vuurpot** pot in komfoor; ijzeren pot; zwermpot **vuurproef** godsoordeel door middel van vuur; zware proef **vuurrood** *bn* rood als vuur **vuurscherm** haardscherm **vuurschip** lichtschip; brander **vuurspuwend** *bn* vuur brakend **vuursteen** steen waaruit vonken geslagen worden **vuurtest** potje voor stoof **vuurtje** klein vuur; vlammetje om iets aan te steken **vuurtoren** lichttoren **vuurvast** *bn* bestand tegen vuur **vuurvlieg** glimworm **vuurvreter** *m* [-s] onverschrokken soldaat; iem. met ijzig plichtsbesef **vuurwapen** wapen voor ontploffende lading **vuurwater** *(bij indianen)* brandewijn, whisky **vuurwerk** met kruit geladen

voorwerpen die bij ontsteking knal- en/of lichteffecten teweegbrengen **vuurzee** groot vuur
v.v. *vice versa*, heen en terug
VVB *(Belg.)* Vlaamse Volksbeweging
VVD Volkspartij voor Vrijheid en Democratie
VVD"er *m-v -s* wie lid is van de Volkspartij voor Vrijheid en Democratie **VVD'-fractie** vertegenwoordiging v.d. VVD in een bestuursorgaan
VVDM Vereniging van Dienstplichtige Militairen
VVN Vereniging Vluchtelingenwerk Nederland
VVO *(Belg.)* Verbond van Vlaams Overheidspersoneel
VVV Vereniging voor Vreemdelingenverkeer
vwo voorbereidend wetenschappelijk onderwijs
VWS (Ministerie van) Volksgezondheid, Welzijn en Sport
vz. voorzitter; voorzetsel
v.z.g.h. van zeer goeden huize
vzw *(Belgned.)* vereniging zonder winstoogmerk

W

w *v(m)* [-'s] drieëntwintigste letter van ons alfabet; bij de lippen gevormde glijklank
W *(schei.)* wolfraam; *(nat.)* Watt
W. west(en); wetboek
WA wettelijke aansprakelijkheid
waadpoot aan het ondereinde niet bevederde vogelpoot **waadvogel** vogel met waadpoten
waag I *m* waagstuk **II** *v(m)* [wagen] grote weegschaal; weeghuis **waaghals** *m* [-halzen] roekeloos iem. **waaghalzerij'** *v* roekeloosheid **waagschaal** *in de ~ stellen*, op het spel zetten **waagstuk** gewaagde daad
waaibomenhout goedkoop en minderwaardig timmerhout
waaien [woei/waaide, gewaaid] wind veroorzaken; door wind bewogen worden; *laten ~*, zich niets aantrekken van **waaier** *m* [-s] werktuig om zich koelte toe te wuiven **waaierbrander** vleermuisbrander **waaierdeur** deur die als een waaier opengaat **waaierpalm** palm met waaiervormige bladeren **waaiersluis** sluis met waaierdeuren
waak *v(m)* [waken] wake **waakhond** hond die bewaakt **waaks** *bn* waakzaam **waakvlam** altijd brandend gasvlammetje **waakzaam** *bn & bw* op zijn hoede
waal *v(m)* [walen] waterkolk; ligplaats voor zeeschepen **waalklinker** bep. klinker
Waals *bn* van de Walen; *~e kerk*, prot. kerk waar in het Frans wordt gepreekt
waalsteen *m (stofn. o & m)* waalklinker
waan *m* onjuiste gedachte; *als eerste deel v. ss vaak*: ongegrond **waanidee** hardnekkig ongegrond denkbeeld **waanwijs** *bn & bw* vol inbeelding; neuswijs **waanzin** krankzinnigheid; onzin **waanzin'nig** *bn & bw* krankzinnig
waar I *v(m)* [waren] koopmansgoed **II** *bn* wezenlijk; echt, niet vals; *zo ~*, waarlijk; *het is ~ ook*, à propos **III** *bw* op welke plaats; V **IV** *vgw* aangezien; *ook als eerste deel v. voornaamwoordelijke bijwoorden in de bet.*: wie of wat **waaraan'** *zie* **waaraf'**; **waarach'tig** *bn & bw* werkelijk **waaraf'** *~ en waaraan weten*, weten waar men aan toe is
waarborg *m* onderpand; borg, borgtocht; garantie **waarborgen** [waarborgde, gewaarborgd] instaan voor **waarborgfonds, waarborgkapitaal** kapitaal dat als waarborg dient **waarborgsom** som die als waarborg dient **waarborgstempel** keur
waard I *m* herbergier; *buiten de ~ rekenen*, zich misrekenen; *zoals de ~ is, vertrouwt hij zijn gasten*, men ziet anderen aan voor wat men zelf is **II** *v(m)* laag land tussen rivieren **III** *bn* met zekere waarde; dierbaar **waardboom** boom in zijn verhouding tot parasieten

waarde *v* [-n] wat iets waard is; betekenis **waardebon** bon waarmee men korting krijgt bij aankoop v.e. product **waarde-indicatie** indicatie v.d. waarde v.e. bep. goed **waardeloos** *bn* zonder waarde **waardemeter** iets waarin de waarde wordt uitgedrukt **waardeoordeel** oordeel over de ethische of maatschappelijke betekenis **waardepapier** geldswaardig papier **waarde'ren** schatten; op prijs stellen **waarde'ring** *v* waardebepaling; achting **waardevast** *bn* een vaste waarde hebbend; waarvan de hoogte telkens wordt aangepast aan het prijspeil **waardevol** *bn* veel waard **waardevrij** zonder zedelijke waardeoordelen beoefend

waardig *bn & bw* eerbied vragend; ernstig; overeenkomstig de waarde; waard **waardigheid** *v* [-heden] functie; *(schei.)* valentie; deftigheid; *iets beneden zijn ~ achten*, zich boven iets verheven achten **waardigheidsbekleder** wie een aanzienlijk ambt vervult

waardin' *v* [-nen] herbergierster

waarheid *v* het ware **waarheidlie'vend**, **waarheidmin'nend** *bn* oprecht **waarheidscommissie** commissie waarvoor een verdachte verschijnt en die hem, mits hij schuld bekent, geen straf oplegt **waarheidsgetrouw'** *bn* overeenkomend met de werkelijkheid **waarheidsliefde** liefde tot de waarheid **waarheidsserum** drug die remming bij antwoorden wegneemt **waarheidszin** oprechtheid

waarlijk *bn* wezenlijk **waarloos** *bn* in reserve **waarmaken** bewijzen; *zich ~*, bewijzen dat men iets kan **waarmerk** merk van echtheid **waarmerken** [waarmerkte, gewaarmerkt] v.e. waarmerk voorzien

waarneem'baar *bn* waar te nemen **waarneemster** *v* [-s] vr. waarnemer **waarnemen** [nam waar, waargenomen] opmerken; gadeslaan; in acht nemen; benutten; tijdelijk vervullen **waarnemer** *m* [-s] wie waarneemt; uitkijk; beschouwer; wie in dienst v.e. politieke macht bep. handelingen in een andere staat waakzaam gadeslaat

waarschijn'lijk *bn & bw* vermoedelijk waar zijnde; geloofwaardig; vermoedelijk **waarschijn'lijkheid** *v* [-heden] *naar alle ~*, waarschijnlijk **waarschijn'lijkheidsrekening** kansrekening

waarschuwen [waarschuwde, gewaarschuwd] op gevaar wijzen; een teken geven; vermanen **waarschuwingsbord** bord waardoor gewaarschuwd wordt **waarschuwingsschot** schot als waarschuwing

-waarts acht in de richting van

waarzeggen [waarzegde, gewaarzegd/waargezegd] voorspellen; verborgen dingen bekend maken **waarzeggerij'** *v* het waarzeggen **waarzegster** *v* [-s] vrouw die waarzegt

waarzo' *bw* waar

waas *o* dauwachtige bedekking; schijn

wacht I *m* wachter **II** *v(m)* het wachthouden; wachters; wachthuis; waaktijd; *in de ~ slepen*, te pakken krijgen; *iem. de ~ aanzeggen*, iem. onder bedreiging waarschuwen **wachtdag** dag waarop men wel ziek is maar waarvoor nog geen ziekengeld wordt toegekend **wachtdoend** *bn* de wacht waarnemend **wachten** toeven; verwachten; *zich ~*, oppassen **wachter** *m* [-s] bewaker; maan **wachtgeld** toelage voor iem. die tijdelijk zijn functie niet uitoefent **wachtgelder** *m* [-s] iem. op wachtgeld **wachtkamer** kamer waar men wacht **wachtlijst** lijst van degenen die aan de beurt moeten komen **wachtloon** wachtgeld v. arbeiders **wachtlopen** [liep wacht, wachtgelopen] wachtdienst vervullen; tijdens de wachtdienst over een bep. afstand heen en weer lopen **wachtmeester** onderofficier **wachtparade** parade v.d. wacht **wachtpost** *m* plaats waar een wacht staat **wachtstreep** streep voor een loket waarachter men op zijn beurt wacht **wachttijd** tijd dat men moet wachten **wachttoren** toren met wachtpost **wachtverbod** parkeerverbod **wachtvuur** kampvuur; legervuur **wachtwoord** parool; leus

wad *o* [-den] buitendijkse bij vloed onder water komende grond **waddeneiland** eiland in de Waddenzee

wade *v(m)* [-n] lijkwade; wit laken; bep. trekvisnet met zak

waden door ondiep water lopen

wadi *v(m)* [-'s] woestijnrivier

wadjan(g) *v(m)* [-s] ijzeren pan met ronde bodem voor Ind. gerechten

wadlopen te voet door de wadden trekken

wafel *v(m)* [-s, -en] tussen twee bladen gemaakt luchtig baksel; *(fam.)* mond **wafelijzer** tang om wafels te bakken

waffel *v(m)* [-s] *(pop.)* mond

wagen I *m* [-s] voertuig, inz. op minstens vier wielen; auto; heen en weer schuivend deel v.d. schrijfmachine **II** *ww* op het spel zetten; aandurven, durven; *zich ~*, durven gaan; *zich ~ aan*, durven doen; *aan elkaar gewaagd zijn*, elkaar niets toegeven; *het erop ~*, tot iets gevaarlijk overgaan **wagenmaker** *m* [-s] wie wagens maakt **wagenmeester** opzichter over tram- of spoorwagens **wagenpark** *o* groot aantal wagens in bezit van dezelfde eigenaar **wagenwijd** *bw* heel wijd **wagenziek** *bn* misselijk v.h. rijden **wagenziekte** het misselijk worden ten gevolge v.h. rijden

waggelen wankelen; onvast lopen

wagon' *m* [-s] spoorwagen **wagon'lading** wat in een wagon geladen kan worden

wajang *m* [-s] Javaans poppenspel; pop daarvan **wajangpop** pop v.e. wajang

wak I *o* [-ken] open plek in ijs **II** *bn* druilerig

wake *v(m)* [-n] het waken **waken** niet slapen; 's nachts de wacht houden; zorg hebben **waker** *m* [-s] wie waakt; windwijzer op de mast; dijk aan zee; kurkje op hengelsnoer

wakerdijk dijk aan zee
wakker *bn & bw* niet slapend; flink; ~ *worden*, ontwaken; ~ *maken*, bewust doen worden; ~ *schudden*, schuddend wekken; *(fig.)* iets doen inzien
wal *m* [-len] omwalling; oever; kade; dikte (rond ogen); *aan* ~, aan land; *van* ~ *steken*, wegvaren; beginnen; *aan lager* ~ *raken*, in slechte financiële of maatschappelijke toestand komen; *van twee ~letjes eten*, van twee partijen profiteren; *van de* ~ *in de sloot*, in nog erger omstandigheden; *bij het ~letje langs*, zuinig; op het nippertje; *de* ~ *keert het schip*, de omstandigheden verhinderen dat het verder verkeerd gaat; *de ~letjes*, de rosse buurt; *het ~letje moet bij het schuurtje blijven*, men moet niet meer uitgeven dan verantwoord is **walbaas** ladingmeester bij rederij
waldhoorn jachthoorn
waldorfsalade salade v. dadels, appels, selderij en mayonaise
walen kenteren; onvast zijn; weifelen
walg *m* sterke afkeer; voorwerp van afkeer **walg(e)lijk** *bn* walging verwekkend **walgen** sterke afkeer gevoelen **walging** *v* afkeer
walhal'la *o (myth.)* paradijs; *(fig.)* het hoogste
walhoofd bruggenhoofd **walkant, wallekant** waterkant **walkapitein** wie voor een rederij allerlei technische zaken behartigt
walken door elkaar stampen; vollen
wal'kie-tal'kie ‹wòkietòkie› *m* [-s] stel van twee draagbare draadloze toestellen waarmee men met elkaar spreekt
walkman *wm* ‹wòkmen› *m* [-s] draagbare radio of cassetterecorder met hoofdtelefoon
walk-o'ver ‹wòk-oveur› *m* [-s] winnen zonder te spelen door afwezigheid v.d. tegenstander; moeiteloze overwinning
wallebakken *onoverg. (Belgned.)* feesten
wallekant *zie* **walkant**
wallingant' *m (Belg.)* naar zelfbestuur voor Wallonië strevende Waal
walm *m* dikke rook **walmen** smoken
walnoot *v(m)* okkernoot; okkernotenboom
walrus *m* [-sen] In de Noordelijke IJszee levend bruingeel zoogdier met lange hoektanden in de bovenkaak, Lat. Odobenus rosmarus
wals I *m/v* dans in 3/4 maat; muziek erbij II *v(m)* pletrol; machine met pletrollen **walsen** een wals dansen; met een wals platmaken of vormen **walserij'** *v* bedrijf waar gewalst wordt **walsmachine** pletmachine
W
walstro *o* sterbladige plant met vierkantige stengel en zeer kleine bloempjes
walvis *m* grootste zeezoogdier v.d. orde der Cetacea **walvisbaard** baleinen v.e. walvis **walvisvaarder** *m* [-s] schip voor walvisjacht
wam *v(m)* [-men] kossem; opengesneden visbuik; balein v.e. walvis **wambuis** *o* [-buizen] *(gesch.)* kledingstuk v. bovenlijf voor mannen
wan I *v(m)* [-nen] mand waarmee men schuddend koren zuivert II *o* [-nen] lek III *bn* verkeerd; niet-vol; schadelijk, slecht; lek; *als eerste deel v.e. ss vaak*: verkeerd **wanbedrijf** misdrijf **wanbetaler** *m* [-s] slechte betaler; niet-betaler **wanbetaling** *v* slechte betaling; niet-betaling **wanboffen** [wanbofte, gewanboft] pech hebben
wand *m* afscheiding; muuromsluiting; *als eerste deel v.e. ss vaak*: aan of tegen de muur
wandaad *v(m)* onmenselijke daad
wandbord *o* bord als wandversiering **wandcontactdoos** *v(m)* offic. naam voor stopcontact
wandel *m* het wandelen **wandelen** kuieren **wandelend** *bn* zich verplaatsend; ambulant; ~ *blad*, insect met groene bladvormige vleugels, Lat. Phyllium siccofolium; *~e tak*, op een takje lijkende sprinkhaan v.d. orde Phasmidae; ~ *geraamte*, broodmager iem.; ~ *woordenboek*, iem. met veel woordenkennis **wandelgang** *m* gang bij een zaal waarin men i.d. pauze rondloopt; *in de ~en horen*, officieus horen **wandelhoofd** wandelpier **wandeling** *v* het wandelen; wandelend afgelegde afstand; wandelweg; *in de* ~, gewoonlijk **wandelkaart** plattegrond voor wandelaars **wandelpad** pad voor wandelaars **wandelpier** *m* pier voor wandelaars **wandelsport** wandelen als sport **wandelstok** stok voor de wandeling **wandelwagen** lichte kinderwagen zonder kap
wandluis bloedzuigend vooral op wanden levend behaard insect **wandmeubel** losse kast met laden en deuren en open vakken
wanen zonder grond menen
wang *v(m)* zijkant v. gezicht; zijklamp v. mast; *~etje*, uitzakking aan een autoband
wangedrocht monster **wangeluid** wanklank
wangen kussend begroeten
wangunst afgunst **wanguns'tig** *bn & bw* afgunstig
wangzak grote plooi tussen wang en kaak
wanhoop *v(m)* vertwijfeling **wanhoopsdaad** daad uit wanhoop **wanhopen** [wanhoopte, gewanhoopt] vertwijfelen **wanho'pig** *bn & bw* zonder hoop; wanhoop veroorzakend
wankant bastzijde v. hout
wankel *bn & bw* onvast **wankelbaar** *bn* onvast, labiel **wankelen** onvast staan of gaan **wankeling** *v* aarzeling **wankelmoe'dig** *bn & bw* weifelend
wankelmotor motor met draaiende zuigers
wanklank valse toon; *(fig.)* iets verkeerds **wanlui'dend** *bn* slecht klinkend, dissonerend **wanmolen** molen om te wannen
wan'neer' I *bw* op welke tijd II *vgw* als
wannen zuiveren met een wan
wanorde *v(m)* ordeloosheid **wanor'delijk** *bn & bw* in wanorde **wanor'delijkheid** *v* [-heden] ongeregeldheden **wanprestatie** *v* [-s] het niet nakomen v.e. overeenkomst **wanruimte** ongebruikte laadruimte **wanscha'pen** *bn* misvormd **wansma'kelijk**

bn & bw van slechte smaak getuigend; walgelijk **wanstal'tig** *bn* misvormd, gedrochtelijk

want I *v(m)* handschoen met alleen een duim **II** *o* touwwerk; de netten **III** *vgw* immers **wanten** *van ~ weten*, weten wat gedaan moet worden

wantij *o* tegenstroom; doodtij **wantoestand** *m* ergerlijke toestand **wantrouwen** *o* achterdocht; [wantrouwde, gewantrouwd] niet vertrouwen **wantrou'wig** *bn & bw* achterdochtig

wants *v(m)* halfvleugelig gesnaveld insect

WAO Wet op de Arbeidsongeschiktheidsverzekering

WAO"er *m* [-s] wie een uitkering krijgt via de Wet op de Arbeidsongeschiktheid

wap *wireless application protocol*, internetprotocol voor mobiele telefoons

wapen I *o* [-s, -en] strijdtuig **II** *o* [-s] familieteken; blazoen; afdeling v.e. leger; *onder de ~en* of *~s*, in krijgsdienst **wapenbalk** dwarsstreep op wapen **wapenbeheersing** voorkomen van aangroei van wapenbezit **wapenboek** boek met de wapens **wapenbord** schild met wapen erop **wapenbroeder** strijdmakker **wapenembargo** beletten v. uitvoer v. wapens **wapenen** van wapens voorzien; (met ijzer) versterken **wapenfeit** oorlogsdaad **wapengeweld** geweld met behulp v. wapenen **wapenhuis** arsenaal **wapening** *v* het wapenen; versterking (v. beton) met een net van staaldraad **wapenkamer** bewaarplaats v. wapens **wapenkreet** oorlogskreet **wapenkunde** *v* kennis v. wapens **wapenrek** rek voor de wapens **wapenroem** krijgsroem **wapenrok** *(plecht.)* uniformjas; *de ~ dragen*, in militaire dienst zijn **wapenrusting** *v* krijgsuitrusting **wapenschild** bord met wapen erop **wapenschouw** *m*, **wapenschouwing** *v* monstering van troepen **wapensnijder** graveur van familiewapens **wapenspel** toernooi **wapenspreuk** spreuk onder of om het wapen **wapenstilstand** *m* schorsing van vijandelijkheden **wapenstok** als wapen dienende stok **wapentuig** *o* wapenen **wapenveld** vlak op wapenschild **wapenwedloop** elkaar in bewapening trachten te overtroeven

wapi'tihert groot hert uit Noord-Amerika

wappen internetten via een mobiele telefoon

wapperen uitwaaien

war *in de ~*, in wanorde; van streek; *v(m)* [-ren] kwast in hout

waran'de *v(m)* [-n, -s] wandelpark

warat'je *tw* warempel

warboel *m* rommel

warem'pel *bw & tw* waarachtig

waren *(plecht.)* dolen; zweven

warenhuis groot verkoophuis; grote broeikas **warenkennis** kennis omtrent waren **warenwet** wet inzake kwaliteit van waren

wargeest *m* verwarde geest **warhoofd** *o/m-v* wargeest **warhoop** *m* warboel **warkruid** duivelsnaaigaren

warm *bn & bw* niet koud; minder dan heet; hartelijk; geestdriftig; hevig; *er ~* of *warmpjes in zitten*, bemiddeld zijn; *het iem. ~ maken*, iem. in het nauw drijven; *met een ~e hand*, nog bij leven; *warme bakker*, bakker die zijn brood niet van elders betrekt; *~ lopen*, geestdriftig worden; *~ houden*, de aandacht blijvend houden voor **warmbloed** *m* [-s] warmbloedpaard **warmbloe'dig** *bn* constante lichaamstemperatuur hebbend; vurig **warmbloedpaard** paard van oosterse afstamming **warmdraaien** draaiend de juiste temperatuur krijgen; geestdriftig worden **warmen** verwarmen

warming-up' ‹a=ò› *m* [-s] langzaam opbouwen v. lichamelijke inspanning bij training of wedstrijd

warmlopen door wrijving warm worden; geestdriftig worden **warmte** *v* het warm zijn; vurigheid; innigheid **warmtebron** oorzaak v. warmte **warmte-eenheid** calorie **warmtefront** aandrijvende warme lucht **warmtehuishouding** verschijnselen m.b.t. de warmte v.e. organisme **warmte-isolatie** installatie voor het tegengaan v. warmteverlies **warmteonweer** lokaal onweer bij zeer warm weer **warmwa'ter-** *als eerste deel v.e. ss*: van of voor of met warm water

warnest, **warnet** wirwar

warrant ‹worrent› *v* [-s] recht om vóór een bep. datum aandelen tegen bep. koers rechtstreeks v.d. vennootschap te kopen

warrelen wemelen; dooreen woelen

warren *h/z* in de war zijn of brengen of raken; twisten; haring met zout vermengen **warrig** *bn* vol warren; verward

wars *bn* afkerig

wartaal verwarde taal

wartel *m* [-s] wervel; draaihaak

warwinkel *m* warboel

was I *m* groei; stijging **II** *m* [-sen] het wassen; wasgoed **III** *m/o* vettige o.a. door bijen verzamelde stof; bijenwas; *in de slappe ~*, in de contanten **wasautomaat** automatisch werkende wasmachine **wasbak** bak om zich te wassen **wasbeer** klein beerachtig Amerikaans roofdier met spitse snuit v.d. familie Procyonidae **wasbenzine** voor reiniging v. weefsels gebruikte benzine **wasbleek** *bn* bleek als was **wasbord** met geribd blik beslagen plank om op te wassen **wasbuiltje** *o* zakje met waspoeder voor één wasbeurt **wasdag** dag voor de was **wasdoek** *m (stofn. o & m)* gevernist waterdicht weefsel **wasdom** *m* groei **wasecht'** *bn* niet verkleurend in de was; *(fig.)* onvervalst

wasem *m* [-s] damp **wasemen** damp afgeven **wasemkap** *v(m)* dampafzuigkap

wasgoed goed dat gewassen moet worden **washandje** *o* zakje om zich te wassen **wasknijper** *m* [-s] houtje om de was aan de drooglijn te klemmen **waskuip** wastobbe

waslicht waskaars **waslijn** lijn om was op te hangen **waslijst** lijst van wasgoed; *(iron.)* lange lijst **wasmachine** toestel om machinaal te wassen **wasmiddel** doorgaans poedervormig of vloeibaar handelsproduct dat in waterige oplossing reinigend werkt **waspapier** met was doortrokken papier **waspoeder** poedervormig wasmiddel **wassen** *bn* van was; [waste, gewast] met was bestrijken, met was inwrijven; [wies, gewassen] groeien, stijgen, toenemen; [wies/waste, gewassen] met vloeistof schoonmaken, zuiveren; *(schilderkunst)* lichter doen worden; *(spelen)* schudden, dooreenschuiven; verdunnen; *zich schoon ~*, zich verontschuldigen **wassenbeel'denspel** verzameling met wassen beelden

wasseret'te *v(m)* [-s] zelfbedieningswasserij **wasserij'** *v* wasinrichting **wasstraat** toestel waarin een auto machinaal gewassen wordt **wastafel** meubel of bak waaraan men zich wast **wastobbe** waskuip **wastunnel** bep. wasinstallatie voor auto's met van twee kanten gerichte stralen **wasverzachter** *m* [-s] middel dat wasgoed zachter maakt **waswater** water waarmee gewassen wordt of is

wat *vnw & telw & bw* welk ding, welke dingen; welk(e); een beetje; woord om verbazing uit te drukken; *dat is maar wát fijn*, dat is heel fijn

water *o* [-s, -en] uit moleculen van twee atomen waterstof en één atoom zuurstof bestaande vloeistof; natuurlijk bekken of bedding met water gevuld; urine; waterzucht; leewater; waterstand; *hoog ~ hebben*, hoognodig moeten plassen; *boven ~ halen*, aan het licht brengen; *boven ~ komen*, aan het licht komen; *dat voel ik aan mijn ~*, dat voel ik intuïtief; *in het ~ vallen*, mislukken; *~ op zijn molen*, koren op zijn molen; *het is ~ en melk*, er zit geen pit in; *het ~ ervan in de mond krijgen*, ervan watertanden; *onder ~ zetten*, inunderen; *te ~ laten*, van stapel laten; *het ~ komt aan de lippen*, de nood dringt; *dat kan al het ~ van de zee niet afwassen*, dat is niet weg te praten; *~ naar de zee dragen*, overbodige arbeid doen; *(als) ~ en vuur*, volslagen vijanden; *~ in de wijn doen*, inbinden; *van het zuiverste* of *eerste ~*, (van diamanten) van de hoogste glans; *(fig.)* van de eerste rang; *in troebel ~ vissen (vangen)*, van de onenigheid profiteren; *~ en bloed zweten*, zeer angstig zijn; *stille ~s hebben diepe gronden*, zwijgzame mensen hebben vaak een diep zielenleven; *plat ~*, water zonder toevoeging v. koolzuur **waterachtig** *bn* waterig; op water lijkend; (te) veel water bevattend **waterballet** op water uitgevoerd ballet; gemors met veel water **waterbouw** waterbouwkundig werk **waterbouwkunde** *v* wetenschap omtrent het bouwen of aanleggen in water **waterbouwkun'dig** *bn* op waterbouwkunde betrekking hebbend **waterbouwkun'dige** *m-v* [-n] kenner der waterbouwkunde **waterbrood** zonder melk gebakken brood **waterdamp** water in gasvormige toestand **waterdicht** *bn* ondoordringbaar voor het water **waterdrager** *m* [-s] *(sp.)* wielrenner die knechtenwerk verricht; helper **waterdroppel, waterdruppel** druppel water **wateren** besproeien; urineren; waterachtig vocht afscheiden **waterfiets** met trappers voortbewogen vaartuigje **waterfietsen** [waterfietste, gewaterfietst] zich op een waterfiets verplaatsen **watergas** uit waterstof en koolmonoxide bereid gasmengsel **watergeest** *(myth.)* in water wonende geest **waterglas** drinkglas voor water; in water opgeloste kiezelzure potas **watergod** *(myth.)* in het water levende god **watergodin** *(myth.)* in het water levende godin **watergolf** kunstmatige slag in haar **watergolven** [watergolfde, gewatergolfd] watergolf brengen in **watergraaf** voorzitter v.e. waterschapsbestuur **watergruwel** *m* nagerecht met o.a. gort en rozijnen **waterhoen** kleine watervogel met rood voorhoofd, Lat. Gallinula chloropus **waterhoofd** opgezet hoofd **waterhoos** *v(m)* [-hozen] door een wervelwind opgezogen water **waterhuishouding** *v* regeling v.h. gebruik v. water door organismen; het verwerken v. water in de bodem; regeling v.h. gebruik v. water in de maatschappij **waterig** *bn* laf; flets; met veel water **watering** *v* wetering **waterjuffer** klein soort libel **waterkanon** drijvende brandspuit; toestel dat met sterke waterstraal spuit **waterkering** *v* wat het water tegenhoudt **waterkers** *v(m)* eetbare kruisbloemige plant, Lat. Nasturtium **waterkoeling** *v* afkoeling door water **waterkonijn** muskusrat, bisamrat **waterkoud** *bn* vochtig en koud **waterkou(de)** vochtige kou **waterkraan** kraan waarmee water getapt wordt **waterkracht** arbeidsvermogen van bewegend water **waterkussen** kussen dat met water gevuld kan worden **waterkuur** *v(m)* watergeneeswijze **waterland** waterig land **waterlander** *m* [-s] traan **waterleiding** buisleiding voor drinkwater **waterlelie** waterplant met drijvende bladeren en grote bloemen v.h. geslacht Nymphaea **waterlijn** lijn tot waar het water komt **waterlinie** verdedigingslinie met behulp van inundaties **waterloop** *m* beek, wetering **waterloot** *v(m)* wilde scheut **Waterman** elfde teken v.d. dierenriem; wie onder dat teken geboren is **watermeloen** sappige meloen met zwarte zaden **watermerk** merk in papier **watermolen** door water gedreven molen; molen voor afvoer v. water **waternood** watergebrek **waterontharder** *m* [-s] middel dat kalk in water oplost **waterpartij** feest op het water; vijver met constructies **waterpas I** *o* [-sen] instrument waarmee men de horizontale stand controleert **II** *bn & bw* horizontaal **waterpassen** [waterpaste, gewaterpast] met een waterpas onderzoeken **waterpers** *v(m)* hydraulische pers **waterpest** *v(m)* vlug woekerende snel groeiende waterplant v.h. geslacht Elodaea **waterpistool** speelgoedpistool waaruit water komt **waterplaats** gelegenheid om te wateren; gelegenheid om zoet water aan boord te nemen **waterplant** in of bij het water levende plant **waterpokken** *mv* goedaardige ziekte die gepaard gaat met rode vlekjes **waterpolitie** politie te water **waterpolo** balspel voor zwemmers **waterpoloën** [waterpolode, gewaterpolood] waterpolo spelen **waterpomptang** tang om bouten aan te draaien **waterpoort** poort die op water uitkomt **waterproef I** *v(m)* godsoordeel met behulp v.h. water **II** *bn* waterproof **waterproof** ‹wòterproef› *bn* waterdicht **II** *o* waterdichte stof **III** *m* [-s] kledingstuk daarvan **waterrad** rad v.e. watermolen **waterrat, waterrot** bij het water levende rat; wie zich thuisvoelt op het water; goed zwemmer **waterrijk** *bn* rijk aan water **waterschade** door water veroorzaakte schade **waterschap** *o* [-pen] bestuurseenheid voor waterstaatsaangelegenheden **waterscheerling** *v(m)* vergiftige schermbloemige waterplant, Lat. Cicuta virosa **waterscheiding** grens tussen stroomgebieden **waterschot** *o* tijdelijke vermindering van doorvaartwijdte **waterschout** met toezicht op de monstering van en ordeverstoring onder scheepsvolk belast ambtenaar **waterschouw** *m* het schouwen van waterwegen **waterscooter** ‹oo=oe› waterfiets met motor **waterski** ski waarop men achter een raceboot voortgetrokken wordt **waterskiën** [waterskiede, gewaterskied] zich op waterski's voortbewegen **watersnood** overstroming **waterspiegel** wateroppervlak **watersport** sport op het water **waterspuwer** *m* [-s] waterlozing in de vorm v.e. spuwende kop **waterstaat** dienst voor de verzorging v. wateren en wegen en bruggen en dijken **waterstaatskerk** in de eerste helft v.d. 19e eeuw met tussenkomst v.d. regering gebouwde kerk met veel pleisterwerk **waterstof** *v(m)* met H aangeduid chemisch element **waterstofbom** bom bij de ontploffing waarvan waterstofatoomkernen worden samengesmolten **waterstofgas** waterstof **waterstofperoxide** *o* verbinding van 2 atomen waterstof met 2 onderling verbonden atomen zuurstof **watertanden** [watertandde, gewatertand] zo begerig zijn dat het water in de mond komt; hevig begeren **watertoren** toren voor watervoorziening **watertrappen, watertrappelen** [watertrapte, gewatertrapt] zich trappend in water het hoofd boven water houden **waterval** *m* [-len] plaats waar water van grote hoogte stort **watervang** *m* plaats waar men water verzamelt **waterverf** in water oplosbare verf **waterverplaatsing** in het water ingenomen ruimte **watervliegtuig** vliegtuig dat op water kan dalen **watervlo** bladpotig schaaldiertje v.d. orde Cladocera **watervlug** *bn* zeer vlug **watervogel** zwemvogel; bij het water levende vogel **watervoorziening** *v* voorzien van water **watervrij** *bn* vrij v. water; vrij v. overstroming **waterweg** verbinding te water **waterwerk** bouwwerk in het water; kunstwerk v. water **waterwild** op het water levend wild **waterwingebied** gebied waar waterleiding water uit de grond haalt **waterzonnetje** *o* bleke zonneschijn bij regenweer **waterzooi** *v(m) (Belgned.)* in het kooknat opgediende kip **waterzucht** *v(m)* ziekelijke vochtopeenhoping **waterzuch'tig** *bn* met waterzucht

watje *o* propje watten; *(fig.)* zacht iem.

watjekouw *m (fam.)* opstopper

watt ‹a=a *of* ò› *m* [-s] eenheid v. elektrische arbeid **watta'ge** ‹ag=aazj› *v* [-s] in watts uitgedrukt electrisch vermogen

watten I *mv* gezuiverde en ontvette katoenvezels; *in de ~ leggen*, overdreven vriendelijk behandelen **II** *bn* van watten **wattenstaafje** *o* stokje met rolletje watten aan de uiteinden **watte'ren** met watten voeren of vullen

wattmeter ‹a=a of ò› apparaat voor het vaststellen v.h. vermogen v.e. op wisselstroom werkend apparaat **wattseconde** *m* joule **wattuur** energie die door een apparaat met een vermogen van één watt per uur verbruikt wordt

wauwelaar *m* [-s] wie wauwelt **wauwelen** kletsen

wave ‹weev› *m* [-s] golfpatroon dat ontstaat door groepsgewijs beurtelings op te staan en weer te gaan zitten **waven** [wavede, gewaved] de wave uitvoeren

WA'-verzekering verzekering tegen de gevolgen van door de betrokkene aangerichte schade

waxcoat ‹wekskoot› *m* [-s] met was behandelde jas

waxi'nelichtje *o* plat, breed kaarsje

wazig *bn* nevelachtig

wc met waterspoeling toegerust toilet

wc'-bril zitting v.e. wc

wd. waarnemend

wdb. woordenboek

we *vnw* wij

web *o* [-ben] spinnenweb; weefsel; *(comp.)* world wide web, het internet **webcam** ‹a=e› *m* [-s] digitale camera voor het vertonen van beelden op het internet **weblokatie** *v zie* **website**; **website** ‹websait› *(comp.) v(m)* [-s] plaats op W(orld) W(ide) W(eb) waarmee men informatie aanbiedt **websurfen** informatie zoeken op WWW

weck *m wm* geweckte waren; het wecken; *als eerste deel v.e. ss*: bij het wecken

gebruikt **wecken** op bep. manier steriel inmaken
wed *o* [-den] drenk- en waadplaats
wed. weduwe
wedde *v(m)* [-n] bezoldiging
wedden iets beweren onder belofte dat men betaalt als de bewering gelogenstraft wordt **weddenschap** *v* [-pen] het wedden
weder *bw* weer; *in ss vaak*: terug **wederdienst** tegendienst **wederdoper** *m* [-s] *(gesch.)* hervormer die de doop van volwassenen voorstond **wedergeboorte** *v* herleving **wederhelft** *v(m)* echtgenoot, echtgenote **wederhoor** *o hoor en ~*, het horen v. beide partijen
wederik *m* sleutelbloemige plant v.h. geslacht Lysimachia
wederinkoop het terugkopen v.h. verkochte **wederke'rend** *bn* hetzelfde aanduidend als het onderwerp; *~ werkwoord*, met een wederkerend vnw verbonden ww **wederke'rig** *bn & bw* wederzijds; *~ voornaamwoord*, elkaar **wederliefde** beantwoorde liefde **wederom'** *bw* opnieuw; terug **wederop'bouw** herstel **wederop'standing** *v* herrijzenis **wederop'zeggens** *tot ~*, tot het weer opgezegd wordt **wederrech'telijk** *bn & bw* in strijd met het recht **wederva'ren** *z* overkomen; *recht laten ~*, zijn recht geven **we'dervaren** *o* lotgevallen **wederverkoper** *m* wie inkoopt en in het klein verkoopt **wedervraag** vraag als antwoord op vraag **wederwaar'digheden** *mv* lotgevallen **wederwoord** antwoord **we'derzijds'** *bn & bw* wederkerig; van beide zijden
wedijver het wedijveren **wedijveren** trachten elkaar te overtreffen
wedje *o* kleine weddenschap **wedkamp** *m* wedstrijd **wedloop** *m* loop om het hardst **wedren** *m* wedloop **wedstrijd** *m* het wedijveren
weduwe *v* [-n] vrouw wier man overleden is; *onbestorven ~*, vrouw wier man tijdelijk afwezig is ***weduwenpensioen** *(Wdl. weduwepensioen)* door weduwe genoten pensioen **weduwnaar** *m* [-s] man wiens vrouw is overleden; *onbestorven ~*, man wiens vrouw tijdelijk afwezig is **weduwnaarspijn** korte hevige pijn bij stoten v.d. elleboog **weduwschap** *o*, **weduwstaat** *m* het weduwe of weduwnaar zijn
wee I *o/v(m)* [-ën] ramp; smart; pijn v.e. barende **II** *bn* naar **III** *tw* ongeluk over; ach
weed ‹wiet›, **wiet** *m* marihuana
weedom *m* smart
weefgetouw *o* weeftoestel **weefkunst** kunst v. weven **weefsel** *o* [-s, -en] stof; groeisel van cellen; ondereenmenging **weefstoel** weeftoestel **weefstrook** weggedeelte dat in- en uitvoegen vergemakkelijkt **weefvak** *zie* **weefstrook**
weegbree *v(m)* plant met vierdelige bloemen in aren en bladeren in een rozet v.h. geslacht Plantago **weegbrug** weegtoestel voor wagens **weeghaak** unster **weegluis** wandluis
weegs *zijns ~*, naar zijn bestemming; *een eind ~*, een stuk weg
weegschaal weegtoestel **Weegschaal** zevende teken v.d. dierenriem; wie onder dat teken geboren is
weeïg *bn & bw* min of meer wee; flauw
week I *bn* zacht; teergevoelig **II** *v(m)* [weken] het weken; zeven dagen; weekbeurt; *door de ~*, niet zondags; *in de ~ zetten*, laten week worden **weekbericht** wekelijks bericht **weekblad** wekelijks verschijnend blad **weekdienst** weekbeurt **weekdier** bep. dier zonder skelet
weekeinde [-s, -n], **weekend** ‹ee=ie› [-s] *o* zaterdag en zondag **weekendarrangement** ‹ee=ie› regeling voor verblijf in hotel in een weekend **weekenddienst** dienst tijdens het weekend **weekendretour** *o* [-s] tijdens het weekend geldig treinkaartje tegen gereduceerde prijs **weekendtas** grote tas
weekgeld weekloon **weekhar'tig** *bn & bw* overgevoelig
weeklacht jammerklacht **weeklagen** [weeklaagde, geweeklaagd] jammeren
weekloon loon per week **weekmarkt** markt eens per week
weelde *v(m)* overvloed; overdaad; pracht **weelderig** *bn & bw* in weelde; overvloedig; overdadig
weemoed *m* zacht-treurige stemming **weemoe'dig** *bn & bw* zacht-treurig
weer I *o* weersgesteldheid; aantasting door licht en (of) temperatuur en (of) vochtigheid; *mooi ~ spelen*, goede sier maken; overdreven vriendelijk en voorkomend zijn; *~ of geen ~*, of het weer goed of slecht is; aantasting door licht en vochtigheid **II** *v(m) zich te ~ stellen*, zich verdedigen; *in de ~*, aan het werk **III** *bw* opnieuw; *ook in ss*: terug **weerbaar** *bn* zich kunnende weren; verdedigbaar **weerballon** ballon voor weerkundige waarnemingen **weerbar'stig** *bn & bw* tegenstrevend **weerbericht** bericht over te verwachten weer **weerborstel** *m* [-s] plaats waar het haar niet wil liggen **weerdruk** druk op de tegenkant v.e. bedrukt blad **weerga** *v(m)* gelijke; *als de ~*, krachtterm **weergalm** het weergalmen **weergal'men** weerklinken **weergaloos** *bn & bw* zonder weerga **weergave** *v(m)* reproductie **weergeven** teruggeven; uitbeelden **weerglans** weerschijn **weerglas** barometer **weergod** het weer beheersende god **weerhaak** tegenhaak **weerhaan** windwijzer in de vorm v.e. haan; onbestendig iem. **weerhou'den** tegenhouden **weerhuisje** *o* hygrometer in de vorm v.e. huisje **weerkaart** kaart v.d. weersgesteldheid **weerkaat'sen** terugwerpen, teruggeworpen worden **weerklank** het weerklinken; echo; instemming **weerklin'ken** luid klinken **weerkracht** weerbaarheid **weerkunde** *v* wetenschap betreffende het weer **weerkun'dig** *bn* tot de weerkunde

behorend **weerleg'baar** *bn* te weerleggen **weerleg'gen** tegenbewijzen geven van **weerlicht** *o/m* bliksem zonder donder; *als de ~*, snel **weerlichten** [weerlichtte, geweerlicht] zonder donder bliksemen **weerloos** *bn* zich niet kunnende verweren **weermacht** *(germ.)* geheel v.d. strijdkrachten **weerman** *m* [-nen] wie het weerbericht meedeelt **weermiddel** verdedigingsmiddel **weerom'** *bw* terug *(ook als eerste lid v.e. ss)* **weerom'stuit** *m* terugstuit; reactie; *van de ~*, als reactie **weerpijn** pijn op een andere plaats dan waar de oorzaak ervan is **weerplicht** militaire dienstplicht **weerplich'tig** *bn* verplicht tot militaire dienst **weersatelliet** kunstmaan voor weerkundige waarnemingen **weerschijn**, **weerschijnsel** terugkaatsing v. licht **weerschip** schip voor meteorologische waarnemingen **weerskanten I** *mv* beide zijden **II** *bw & vz* aan beide zijden (van) **weerslag** terugslag **weersomstandigheden** *mv* gesteldheid v.h. weer **weersonde** weerballon **weerspan'nig** *bn & bw* zich verzettend **weerspie'gelen** terugspiegelen; weergeven **weerspre'ken** tegenspreken **weerstaan'** zich verzetten **weerstand** *m* verzet; toestel om elektrische stroom te verzwakken **weerstandsvermogen** kracht om een ziekte tegen te gaan **weersverwachting** *v* verwachting hoe het weer zal zijn **weerszijden I** *mv* beide zijden **II** *bw & vz* aan beide zijden (van) **weertafel** lijst v. weerkundige waarnemingen **weerwerk** respons; *~ geven*, reageren **weerwil** *in ~ van*, ondanks **weerwolf** mens in wolvengedaante **weerwoord** antwoord **weerzien** *I ww* opnieuw ontmoeten; *II o* volgende ontmoeting **weerzin** tegenzin

wees *m-v* [wezen] kind zonder ouders

weesgegroet' *o* gebed ter ere v.d. H. Maagd

weeshuis gesticht voor wezen **weesjongen** jongen uit weeshuis **weeskind** kind uit een weeshuis **weesmeisje** meisje uit een weeshuis

weet *v(m)* het weten; wat men weet; *aan de ~ komen*, te weten komen; *~ hebben van*, zich bewust zijn van, verdriet hebben van **weetal** *m* [-len] wie zijn knapheid graag toont **weetgie'rig** *bn & bw* leergraag **weetgraag I** *bn* leergierig **II** *m* leergierig iem. **weetje** *o* wat men moet weten **weetlust** dorst naar kennis **weetniet** *m* domoor

weeuw *v* weduwe; weeuwplant

weg I *m* [-en] straat, pad; manier, middel **II** *v(m)* [-gen] wegge **III** *bw* niet meer aanwezig; *in ss bet. het dikwijls*: naar elders of heen of ergens vandaan; *uit de ~ ruimen*, doden; *uit de ~*, opzij; *uit de ~ blijven*, vermijden; *in de ~*, hinderlijk (voor); *bij de ~*, op straat; *over ~ kunnen*, kunnen omgaan; *de ~ van alle vlees gaan*, sterven; *de brede ~*, de weg der zonde; *naar de bekende ~ vragen*, vragen wat men weet; *~ weten*, raad weten; *op iemands ~ liggen*, iemands taak zijn; *alle ~en leiden naar Rome*, er zijn verschillende middelen tot het doel; *~ met*, dood!, verwijder!; *~ hebben van*, lijken op; *~ van*, bekoord door **wegbergen** naar een (veilige) plaats brengen waar het niet meer zichtbaar is **wegblijven** ergens niet heengaan **wegbonjouren** ‹wegbonzjoeren› *(fam.)* afpoeieren **wegcijferen** wegredeneren; *zichzelf ~*, eigen belang niet laten gelden

wegdek bovenlaag v.e. weg

wegdenken *niet meer kunnen ~*, zich niet meer kunnen voorstellen dat het of hij of zij er niet meer is **wegdoen** wegleggen; opruimen **wegdoezelen** doezelend doen verdwijnen; langzaam inslapen **wegdommelen** wegdoezelen **wegdragen** naar elders dragen; krijgen **wegduiken** duikend zich verwijderen of verschuilen **wegebben** [ebde weg, weggeëbd] geleidelijk verdwijnen

wegedoorn *m* [-s] heester met doorns, Lat. Rhamnus catharctica

wegen [woog, gewogen] het gewicht bepalen van; overleggen; zwaarzijn

wegennet totaal v. wegen

wegens *vz* om

wegenwacht I *v(m)* instelling voor hulp aan automobilisten **II** *m* [-s] wie op de wegen in dienst staat v.d. wegenwacht

weggaan heengaan; verkocht worden; *ga weg!*, uitroep van verbazing

wegge, **weg** *v(m)* [-gen] kluit; brood

weggeefprijs zeer lage prijs **weggeven** cadeau geven; ten beste geven **weggooiartikel** *zie* **wegwerpartikel**; **weggooien** wegwerpen **weggooifles** fles waarvoor men geen statiegeld betaalt en ontvangt

weghelft helft v.d. weg in de lengte

wegkijken door kijken trachten te bewerken dat iem. weggaat **wegkomen** zich in veiligheid brengen; verdwijnen; *slecht* resp. *goed ~*, in een slechte *resp.* goede toestand komen; *maak dat je wegkomt!*, verdwijn! **wegkruipen** *(fig.)* zich verstoppen, zich verschuilen **wegkwijnen** wegteren **weglaten** niet bezigen of schrijven **weglatingsteken** afkappingsteken **wegleggen** ter zijde leggen; sparen; bestemmen **wegligging** *v* vastheid van ligging op en het zich voegen naar de weg

wegloophuis huis dat thuis weggelopen jongeren opvangt **weglooplijn** telefoonnummer waarnaar iemand die weggelopen is, kan bellen **weglopen** zich verwijderen; van huis wegvluchten; *~ met*, dwepen met

wegmaken doen verdwijnen; kwijtmaken; onder narcose brengen; *zich ~*, verdwijnen **wegmoffelen** [moffelde weg, weggemoffeld] heimelijk verbergen **wegnemen** van zijn plaats nemen; stelen; doen verdwijnen; *dat neemt niet weg*, het blijft een feit **wegpakken** wegnemen; stelen **wegpesten** pesten zodat iem. vertrekt **wegpinken** *een traan ~*, een traan

wegwissen
wegpiraat onverantwoordelijk weggebruiker **wegportaal** over de gehele wegbreedte aangebrachte installatie om de diverse richtingen aan te duiden
wegpromoveren iem. promotie laten maken om hem ergens weg te krijgen **wegraken** zoek raken, het bewustzijn verliezen
wegrestaurant inz. voor automobilisten bedoeld restaurant langs kant v.d. weg
wegscheren [scheerde weg, weggescheerd] *zich* ~, heengaan **wegscheuren** scheurend verwijderen; met zeer veel vaart wegrijden **wegschrijven** *(comp.)* gegevens uit geheugen van computer op schijf of cassette overzetten
wegseizoen periode waarin wegwedstrijden worden gereden
wegsmelten smeltend verdwijnen
wegsport op de publieke weg beoefende sport
wegsterven wegkwijnen; langzaam verzwakkend eindigen **wegstoppen** verbergen **wegteren** verteerd wordend teniet gaan **wegvagen** [vaagde weg, weggevaagd] doen verdwijnen **wegvallen** ophouden aanwezig te zijn
weg'vast' *bn* vast op de weg liggend **wegverkeer** verkeer op de weg **wegvervoer** vervoer op de weg
wegvoeren weg leiden
wegwedstrijd wedstrijd op de weg
wegwerken doen verdwijnen
wegwerker *m* [-s] wie aan een weg werkt
wegwerpartikel artikel dat slechts eenmaal gebruikt wordt en dan als vuilnis behandeld **wegwerpgebaar** gebaar alsof men iets van zich verwijdert om afkeuring aan te geven **wegwerpmaatschappij** maatschappij die veel met wegwerpartikelen werkt
wegwezen *en* ~, en dan vlug ervandoor
wegwijs *bn* op de hoogte **wegwijzer** *m* [-s] gids; richtingbord; handboek; reisgids
wegwissen uitwissen **wegwuiven** *(fig.)* als onbelangrijk negeren **wegzakken** verzakken **wegzetten** elders of op zijn plaats zetten; in het openbaar honen **wegzinken** zinkend verdwijnen
wei I *v(m)* [-en] grasland **II** *v(m)* [gmv] hui; waterdelen v.h. bloed **weide** [-n] *v(m)* grasland **wei(de)boter** boter uit wei; grasboter **weidelijk** *bn & bw* volgens het jachtgebruik **weiden** (laten) grazen; (genietend) rondgaan **weiderecht** recht van veeweide **weiderij'** *v* het weiden **wei(d)man** [-lieden, -lui] jager **weidmes** jagersmes
weids *bn & bw* groots
wei(d)spel jacht
weifelaar *m* [-s] besluiteloos iem. **weifelachtig** *bn* aarzelend **weifelen** besluiteloos zijn **weifelmoe'dig** *bn* weifelend
weigeld *zie* **weidegeld**
weigerachtig *bn* weigerend **weigeren** niet willen; niet toestaan; niet functioneren; ketsen
weiland wei **weiman** *zie* **weidman**; **weimes** *zie* **weidmes**
weinig *bn & bw & telw* niet veel; zwak; gering **weinigzeggend** *bn* niet veel indruk makend
weitas *v(m)* jagerstas
wekami'ne *v(m)* [-n, -s] van ammoniak afgeleid stimulerend genees- en genotmiddel
wekelijk *bn & bw* verwijfd; slap
wekelijks *bn & bw* elke week; per week
weken week worden; week maken
wekken wakker maken; veroorzaken **wekker** *m* [-s] wie wekt; wekkerklok **wekkerklok** klok met een toestel om te wekken **wekkerradio** radio die op in te stellen tijd een weksignaal geeft **wektoon** hoge toon met tussenpozen
wel I *v(m)* [-len] bron **II** *bw* goed; zeer; waarschijnlijk; misschien; inderdaad; *laten we ~ wezen*, houd me het volgende ten goede; *ook als eerste deel van ss vaak*: goed of zeer; ook als eerste deel van titels **III** *tw* zo! **welaan'** *tw* komaan **welbehaag'lijk** *bw* vol welbehagen **welbehagen** welgevallen; genoegen **weldaad** goede daad **welda'dig** *bn & bw* liefdadig; heilzaam; aangenaam **welda'digheids-** *als eerste lid v.e. ss*: waarvan de opbrengst dient voor een liefdadig doel **weldenkend** *bn* redelijk denkend, rechtgeaard **weldoener** *m* [-s] wie weldaden bewijst **weldra** *bw* spoedig
weled. weledele
weledelgeb. weledelgeboren
weledelgel. weledelgeleerde
weledelgestr. weledelgestrenge
weled. zgl. weledel zeergeleerde **weleens** *bw* wel een keer **weleer'** *bw* vroeger
weleerw. weleerwaarde
welfare ‹welfèr› bezigheidstherapie; vrijwillig welzijnswerk
welgeaard *bn* fatsoenlijk, braaf **welgedaan** *bn* gezond uitziend **welgemanierd** *bn* met goede manieren **welgemoed** *bn* in goede stemming; vrolijk **welgemutst** *bn* in goede luim **welgeschapen** *bn* zonder lichaamsgebreken **wel'gesteld'** *bn* gegoed **welgevallen I** *o* welbehagen; goeddunken **II** *ww zich laten ~*, goedvinden **welgeval'lig** *bn* aangenaam **wel'haast'** *bw* weldra; bijna
welig *bn & bw* vruchtbaar, goed groeiend
we'liswaar' *bw* het is waar
welk *vnw* hoedanig, wat
welkom *bn* gelegen komend; aangenaam; ~ *heten*, verwelkomen **welkomst** *v* onthaal bij aankomst **welkomstgroet** groet ter verwelkoming **welkomstlied** lied ter verwelkoming
wellen *h* lassen; bijna doen koken; *z* opborrelen
welles *tw* ja
welletjes *bw (fam.)* genoeg **welle'vend** *bn & bw* beschaafd **wellicht'** *bw* misschien **wellui'dend** *bn & bw* aangenaam klinkend **wellust** *m* zinnelijk genot **wellus'teling** *m* wulps iem. **wellus'tig** *bn & bw* belust op

seksueel genot; prikkelend **welnemen** *o* goedvinden **welnu'** *tw* nu dan
welp I *m/o* jong **II** *m* padvinder v. 8-12 jaar
welpomp pomp voor welwater **welput** put voor welwater
welrie'kend *bn* een aangename geur hebbend **welslagen** *o* gelukken **welspre'kend** *bn & bw* goed kunnende spreken **welstand** *m* gezondheid; voorspoed; welgesteldheid **welstandscommissie** commissie die beoordeelt of een te bouwen gebouw voldoet aan de esthetische eisen die gezien de omgeving gesteld worden
welste *van je ~*, zeer goed, zeer groot
weltergewicht gewichtsklasse van boksers e.d. van 66-72.5 kg
wel'terus'ten *tw* slaap goed **welteverstaan'** *bw* begrijp dit goed
weltschmerz ⟨weltsjmerdz⟩ *v* verdriet om het leven
welvaart *v(m)* toestand waarbij ieder kan leven volgens zijn stand en een gepast comfort geniet **welvaartsmaatschappij** maatschappij met over de hele lijn welvaart **welvaartsziekte** ziekte die alleen voorkomt in landen met hoge welvaart **welvaart(s)vast** *bn* aan de stijging v.d. lonen gekoppeld **welvaren I** *o* voorspoed, gezondheid; *(als) Hollands ~*, blakend van gezondheid **II** *ww* gezond zijn; vooruitkomen **welva'rend** *bn* gezond; voorspoedig
welven boogvormig maken of zijn
welving *v* het welven; gewelf
welvoeg'lijk *bn & bw* betamelijk
welwater uit de grond opwellend water
welwil'lend *bn & bw* goedgezind
welzijn *o* welvaart; gezondheid **welzijnswerk** werk v.d. welzijnszorg **welzijnszorg** zorg voor geestelijk welzijn van minder bedeelden
wemelen krioelen
wenden keren; *hoe je het ook wendt of keert*, hoe men de zaak ook bekijkt **wending** *v* keer
wenen schreien
wengé' *o* bruine harde tropische houtsoort
wenk *m* aanduidend gebaar; waarschuwing **wenkbrauw** *v(m)* haarboog boven het oog **wenken** een wenk geven
wennen gewoon maken of raken
wens *m* verlangen; gelukwens **wenselijk** *bn & bw* gewenst **wensen** toewensen; verlangen; *te ~ overlaten*, niet volmaakt zijn **wenskaart** kaart waarmee men een heilwens uitdrukt **wensouders** onvruchtbaar paar dat met behulp v.e. draagmoeder een kind hoopt te krijgen
wentelen draaien **wentelgoot** spiraalvormige goot als transportmiddel **wentelteefje** sneetje wittebrood met melk en eieren in boter gebakken **wenteltrap** *m* draaitrap **wentelwiek** helikopter
wereld *v(m)* heelal; aarde; de mensen; de kringen; het leven; de beschaafde kringen; het aardse; *ter ~ brengen*, baren; *de omgekeerde ~*, andersom dan men verwacht; *naar de andere ~ helpen*, doden; *van de andere ~*, verschrikkelijk; *als eerste deel v.e. ss vaak*: van of door de hele wereld; voortreffelijk **wereldbeeld** gedachte omtrent de wereld **wereldbeker** wereldcup **wereldbeschouwing** wijsgerige of godsdienstige gezindheid **wereldbol** aardbol **wereldburger** wie de wereld als zijn vaderland beschouwt; *nieuwe ~*, pasgeborene **wereldcup** *m* [-s] voor wereldkampioenschap toegekende beker **werelddeel** continent **wereldheer** r.-k. geestelijke die niet tot een orde of congregatie behoort **wereldkampioen** *(sp.)* persoon of ploeg die de beste prestaties ter wereld heeft verricht **wereldkennis** mensenkennis **wereldklok** klok met tijdsweergave van over de hele wereld verspreide plaatsen **wereldkun'dig** *bn* algemeen bekend **wereldlijk** *bn* niet-geestelijk; niet-kerkelijk **wereldmacht** land met in de wereld dominerende positie **wereldmarkt** handel tussen de landen onderling **wereldnaam** bekendheid over de hele wereld **wereldrecord** hoogste record ter wereld **wereldreis** heel verre reis **wereldreiziger** wie door de hele wereld reist **wereldruim** heelal **werelds** *bn & bw* v.d. wereld; aards; de aardse genoegens beminnend; *(jong.)* geweldig **wereldschokkend** *bn* in de hele wereld opzien barend **wereldsgezind** *bn* werelds **wereldstad** reusachtige stad die een wereld op zichzelf is **wereldtaal** over de hele wereld gesproken taal; als zodanig bedoelde kunsttaal **wereldtentoonstelling** internationale tentoonstelling **wereldtitel** *(sp.)* titel v. wereldkampioen **wereldvreemd** *bn & bw* met weinig mensenkennis **wereldwijd** *bn* over de hele wereld **wereldwijs** *bn & bw* met veel mensenkennis **wereldwinkel** ideologisch opgezette winkel betreffende de derde wereld **wereldwonder** overal beroemd wonder **wereldzee** oceaan
weren keren; ervandaan houden; *zich ~*, zich inspannen
werf *v(m)* [werven] erf; scheepswerf
werk *o* verwarde pluizerige draden; arbeid; taak; daad; het voortgebrachte; binnenwerk; honingcellen; *~ maken van*, moeite doen voor, belangstelling tonen voor; het hof maken; *in het ~ stellen*, aanwenden; *als eerste deel v.e. ss vaak*: voor het werk bestemd; voorlopig **werkbaar** *bn* geschikt om in of mee te werken **werkbank** bank om aan te werken **werkbezoek** bezoek van hooggeplaatste om zich te informeren **werkbij** bij die de honing verzamelt **werkboek** bij een leerboek horend boek met opdrachten; boek met gegevens over het werk **werkcollege** college waarin samen met studenten iets onderzocht wordt **werkcoupé** stiltecoupé **werkdag** dag dat er gewerkt moet worden; weekdag

werkdruk psychische druk vanwege veel werk **werkeiland** kunstmatig eiland voor het uitvoeren v. werkzaamheden

werkelijk *bn & bw* heus; actief; wezenlijk; waarvan de rente betaald wordt **werkelijkheid** *v* wat er is **werkelijkheidszin** nuchtere kijk

werkeloos *bn & bw* niets doend **werken** arbeiden; uitwerking hebben; functioneren, verandering vertonen; *naar binnen ~*, opeten **werk- en leer'straf** *(jur.)* straf in de vorm v. onbetaalde arbeid en het volgen v.e. leerproject **werkezel** harde werker **werkgeheugen** rechtstreeks toegankelijk deel v. computer met opslag van gegevens **werkgelegenheid** mogelijkheid om werk te verschaffen **werkgever** wie personen in dienst heeft **werkge'versbijdrage** bijdrage v.d. werkgever in de sociale premies **werkgroep** groep die samen iets bestudeert **werkhuis** huis waarin een werkvrouw gaat werken; instelling voor verplichte arbeid **werkhypothese** hypothese voor wetenschappelijk werk **werking** *v* het functioneren; het van kracht zijn; invloed; beweging; *in ~ treden*, toegepast worden; gaan functioneren **werkje** *o* kleine bezigheid; versiering; klein geschrift **werkklimaat** omstandigheden die de sfeer op de werkplek bepalen **werkkracht** vermogen om te arbeiden; wie arbeid verricht **werkkring** betrekking; omstandigheden waaronder gewerkt wordt **werklandsbeginsel** principe dat een buitenlandse werknemer behandeld wordt volgens de principes die heersen in het land waar hij werkt **werkloos** *bn* geen werk vindend **werklunch** lunch waarin (door)vergaderd wordt **werklust** lust om te werken **werkmaatschappij** bedrijf als onderdeel v.e. concern **werkman** [-lieden, -lui] arbeider **werkmier** mier die werkt **werknemer** *m* [-s] wie bij een ander in dienst is **werkne'mersbijdrage** bijdrage v.d. werknemer in de sociale premies **werkonderbreking** het korte tijd het werk onderbreken als waarschuwing voor een staking **werkpaard** *(fig.)* harde werker **werkplek** plaats waar men beroepsmatig zijn werk verricht **werkput** voor werkzaamheden gegraven kuil **werkschuw** *bn* niet van werken houdend **werkspoor** *o* smalspoor voor uitvoering v.e. werk **werkster** *v* [-s] vr. werker; werkvrouw **werkstraf** *(jur.)* straf in de vorm v. onbetaald werk **werkstudent** student die voor studie geld verdient **werkstuk** vervaardigd voorwerp; opgave **werktafel** tafel om aan te werken **werktekening** *v* gedetailleerde tekening voor uit te voeren werk **werktijd** tijd dat men werkt **werktuig** *o* gereedschap; toestel; wie zich laat gebruiken **werktui'gelijk** *zie* **werktuiglijk**; **werktuigkunde** *v* mechanica **werktuigkun'dig** *bn* op de werktuigkunde betrekking hebbende **werktuig'lijk**, **werktui'gelijk** *bn & bw* zonder nadenken **werkuur** uur voor het werk; uur dat men werkt **werkverruiming** *v* verschaffing van meer werkgelegenheid **werkverschaffing** *v* het door de overheid geven v. werk aan werklozen **werkvloer** zwakkere grondlaag bij opgaand werk; *op de ~*, in de praktijk **werkvolk** werklieden **werkvrouw** werkster **werkweek** week met betrekking tot de tijd dat er gewerkt wordt **werkwijze** wijze van werken **werkwil'lige** *m-v* [-n] wie aan staking niet wil meedoen **werkwoord** vervoegbaar woord **werkwoor'delijk** *bn & bw* van of als een werkwoord **werkzaam** *bn & bw* ijverig; krachtig werkend; werkend **werkzaamheden** *mv* werk **werkzoe'kende** *m-v* [-n] wie een baan zoekt

werpen [wierp, geworpen] gooien; jongen krijgen **werphengel** hengel met v.e. katrol lopend snoer **werplijn** dunne lijn die naar de wal wordt geworpen **werplood** peillood **werpmolen** spoel v.e. werphengel **werpnet** bezwaard snel zinkend net **werpnummer** in werpen bestaand atletiekonderdeel **werpschijf** discus **werpster** *v(m)* [-sterren] stervormig handwapen met zeer scherpe kanten **werptuig** *o* projectiel

werst *m* Russische afstandsmaat (1066,78 m)

wervel *m* [-s] draaibaar sluithoutje; ruggenwervel **wervelen** snel ronddraaien **wervelkolom** ruggengraat **wervelstorm** harde wervelwind **wervelwind** ronddraaiende wind

werven [wierf, geworven] in dienst nemen; overhalen lid te worden

weshal've *vgw* waarom

wesp *v(m)* vliesvleugelig op een bij lijkend insect v.d. familie Wespidae **wespennest** nest v. wespen; *(fig.)* netelige zaak **wespenorchis** *v(m)* orchidee v.h. geslacht Epipactis waarbij wespen de bestuiving uitvoeren **wespentaille** zeer dunne taille

west I *o* het westen **II** *v(m) de West*, West-Indië **III** *bw* naar of uit het westen; *zie ook* **zuid(-)**; **westelijk** *bn & bw* in of naar het westen **westen** *o* bep. windstreek; *buiten ~*, buiten bewustzijn **westen-** *zie* **zuiden-**; **wester-** *zie* **zuider-, ooster-**; **westerlengte** *v* afstand in graden ten westen v.d. nulmeridiaan **westerling** *m* Europeaan

western *m* [-s] in het westen v.d. Verenigde Staten spelende avonturenfilm

westers *bn & bw* van het westen **westnoordwest'** *bw* tussen W. en NW **westpunt** in de horizon precies in het W. **westzuidwest'** *bw* tussen W. en ZW

wet *v(m)* [-ten] algemeen voorschrift v.e. bevoegd gezag; vaste regel; Testament; reglement; *korte wetten maken*, weinig omslag; *de ~ stellen*, bevelen; *buiten de ~*, vogelvrij

Wetb. wetboek **wetboek** verzameling van wetten

weten [wist, geweten] bekend zijn met; kennis dragen van; weten waar iets is; *~ te*, erin slagen te; *~ van*, te maken hebben met; nadelige gevolgen ondervinden van; *laten ~*, meedelen; *dank ~*, erkentelijk zijn; *willen ~*, ervoor uitkomen; *te ~*, namelijk; *weet ik veel*, ik kan het toch ook niet weten; *o* (voor)kennis **wetens** *bw willens en ~*, opzettelijk **wetenschap** *v* [-pen] weten; geheel v. kennis; vak v. studie **wetenschap'pelijk** *bn & bw* van of volgens of betreffende de wetenschap **wetenschapper** *m* [-s] wie wetenschap beoefent **wetenschapswinkel** bureau voor kleinschalig wetenschappelijk onderzoek op sociaal terrein **wetenswaar'digheden** *mv* interessante bijzonderheden

wetering *v* waterloop

wetgeleerde *m* [-n] kenner v.d. wet **wetgevend** *bn* om wetten te maken **wetgever** *m* [-s] wie wetten geeft; wetgevende macht **wetgeving** *v* (geven of maken v.) wetten **wethouder** *m* [-s] lid v.h. dagelijks bestuur v.e. gemeente **wethouderschap** *o* ambt v. wethouder; periode dat iemand wethouder is **wethoudersportefeuille** aandachtsgebied v.e. wethouder **wetma'tig** *bn & bw* in overeenstemming met de wet(ten)

wetplank slijpplank

wets- *als eerste deel v.e. ss*: van de wet **wetsdelict** wettelijk strafbaar feit **wetsschennis** overtreding v.d. wet

wet'staal staal om op te wetten, slagersstaal

wets'taal taal in wetten

wetsteen slijpsteen

wetstekst tekst v.e. wet

wetsuit ⟨wetsoet⟩ *o/m* [-s] isolerend pak om mee te water te gaan

wetsvoorstel wetsontwerp **wetswijziging** verandering v.e. bestaande wet **wetswinkel** *m* [-s] juridisch informatiebureau op ideologische grondslag **wettekst** *zie* **wetstekst**; **wettelijk** *bn & bw* van of volgens de wet **wetteloos** *bn & bw* zonder wet of gezag **wetteloos'heid** *v* anarchie **wetten** scherp maken **wettig** *bn & bw* volgens de wet; echt; geldig **wettigen** wettig maken; als echt aannemen; rechtvaardigen

WEU West-Europese Unie

weven [weefde, geweven] weefsel maken; vlechten **wever** *m* [-s] wie weeft; wevervogel **weverij'** *v* het weven; weverswerkplaats **weversknoop** bep. knoop **weversspoel** spoel v.h. weefgetouw

wewi *m* [-'s] wetenschapswinkel

wezel *v(m)* [-s] marterachtig roofdiertje, Lat. Mustela nivalis

wezen [was, waren, geweest] zijn; *er ~ mogen*, flink zijn; *o* [-s] bestaan; het wezenlijke; aard; schepsel; *als laatste deel v. ss in bet.*: al wat te maken heeft met organisatie van **wezenlijk** *bn & bw* werkelijk **wezenloos** *bn & bw* zonder uitdrukking; *zich ~ schrikken*, heel erg schrikken **wezenstrek** gelaatstrek **wezensvreemd'** *bn* niet passend bij iemands aard

w.g. was getekend

WGO Wereldgezondheidsorganisatie

Wh *wattuur*, eenheid v. elektrische arbeid

wherry ⟨werrie⟩ *m* [-'s] roeiboot met twee roeiers elk met twee riemen

whiplash ⟨wiplesj⟩ *m* [-lashes] *(med.)* zweepslag

whippet *m* [-s] bep. kleine windhond

whirlpool *m* [-s] bubbelbad

whisky, **whiskey** ⟨wiskie⟩ *m* korenbrandewijn

whist ⟨wiest⟩ *o* bep. kaartspel **whistclub** club van whistspelers

whizzkid *m-v* [-s] in werken met de computer uitblinkend kind

WHO *World Health Organization*, Wereldgezondheidsorganisatie

whopy's *wealthy healthy older people*, [mv] gezonde en gefortuneerde ouderen

w.i. werktuigkundig ingenieur

wichelaar *m* [-s] waarzegger **wichelaarster** *v* [-s], **wichelares'** [-sen] vr. wichelaar **wichelarij'** *v* het wichelen **wichelen** waarzeggen **wichelroede** stok v.d. roedeloper

wicht *o* schepsel; kind; gewicht; 100 pond

wicket *o* [-s] cricketdoel

wie *vnw* welke persoon

wiebelen wiegelen **wiebeltaks** door de minister aan de economische situatie aan te passen belasting

wieden van onkruid zuiveren

wiedes *nogal ~*, te begrijpen

wiedeweerga *als de ~*, zeer snel

wieg *v(m)* bep. kinderbedje; bakermat; *niet in de ~ gesmoord*, oud; *in de ~ gelegd*, geboren; *van de ~ tot het graf*, het hele leven door **wiegelen** schommelen **wiegelied** slaaplied **wiegen** (als) in een wieg schommelen **wiegendood** plotseling sterven v.e. baby **wiegendruk** vóór 1501 gedrukt boek

wiek *v(m)* vleugel; stuk pluksel; lampenpit; *op eigen ~en drijven*, voor zichzelf zorgen; *in zijn ~ geschoten*, gekrenkt

wiel *o* rad; spinnewiel; kolk; *tussen de ~en*, op reis; *het vijfde ~ aan de wagen*, overbodig iem.; *in de ~en rijden*, tegenwerken; *het ~ (weer) uitvinden*, iets bestaands als eigen vondst naar voren brengen **wielcirkel** aan een wiel bevestigde reflecterende cirkel **wielen** draaien als een wiel; kolken

wielerbaan baan voor wielerwedstrijd **wielerprof** professional in de rijwielsport **wielersport** het wielrennen **wielerwedstrijd** wedstrijd in wielrennen

wielewaal *m* [-walen] geel-zwarte zangvogel

wieling *v* draaikolk

wielklem toestel dat bij parkeerovertredingen om een wiel wordt geklemd; klem voor het parkeren v.e. fiets **wielrennen** hardrijden op fietsen **wielrijden** fietsen **wielschaaten** [wielschaatste. gewielschaatst] skeeleren

wienerschnit'zel ⟨wienersjnietsel⟩ *m* [-s] gepaneerd gebakken kalfslapje

wier *o* zeegras

wierook *m* rook v. gomhars; *~ toezwaaien*,

prijzen **wierookscheepje** *o* doosje voor wierookkorrels **wierookvat** vat waarin men wierook brandt; *het ~ zwaaien*, bewieroken

wiet *zie* **weed**

wig, **wigge** *v(m)* [wiggen] spie; *een ~ drijven tussen*, splitsing bewerken in **wiggebeen** schedelbeen achter neusholte

wigwam *m* [-s] indianenhut

wij, **we** *vnw* ik en anderen

wijbisschop bisschop zonder bisdom

wijd *bn & bw* ruim; *~ en zijd*, alom; *als eerste deel v.e. ss vaak*: ver **wijdbeens** *bw* met de benen ver uiteen

wijden zegenen; toewijden; zalven tot een geestelijke waardigheid

wijdhoeklens [-lenzen] *v(m)* lens met grote beeldhoek, groothoeklens

wijding *v* het wijden; het gewijd worden; gewijde stemming

wijdlo'pig *bn & bw* uitvoerig **wijdte** *v* [-n, -s] het wijd zijn; tussenruimte; omtrek **wijduit'** *bn* ver uiteen

wijf *o* [wijven] *(ong.)* vrouw **wijfje** *o* vr. dier; *(liefkozend)* vrouwtje **wijfjesdier** *o* vrouwelijk dier

wijgeschenk offergave

wijk *v(m)* toevlucht; vlucht; deel v. gemeente; *de ~ nemen*, vluchten **wijkagent** agent die in een bep. wijk surveilleert **wijkdiploma** diploma voor wijkverpleging **wijken** [week, geweken] *z* achteruitgaan; plaats maken; weggaan; uiteengaan; vluchten; toegeven **wijkgebouw** gebouw v.e. wijkvereniging **wijkplaats** toevluchtsoord **wijkpunt** vluchtpunt; verdwijnpunt **wijkvereniging** vereniging van personen uit eenzelfde stadswijk **wijkverpleegkun'dige** verpleegkundige in een bep. wijk **wijkverpleging** verpleging in dienst v.e. wijkvereniging **wijkzuster** wijkverpleegster

wijl(e) *v(m)* [-en] poos; *bij tijd en wijle*, nu en dan; op de geschikte tijd; *bij wijlen*, soms

wijlen I *bn* overleden **II** *ww* toeven

wijn *m* alcoholische drank bereid uit sap van gegiste druiven; *als eerste deel v.e. ss vaak in de bet.*: van of voor wijn; *klare ~ schenken*, ronduit zijn bedoelingen bekend maken **wijnazijn** uit wijn vervaardigde azijn **wijnberg** met wijnstokken beplante berg **wijnboer** boer die wijnbouw beoefent **wijnbouw** verbouw van druiven voor wijn **wijngaard** *m* druiventuin; *in de ~ des Heren*, als geestelijke **wijngaardenier'** *m* [-s] wijndruiventeler **wijngaardslak** eetbare huisjesslak **wijngeest** *m* vluchtig bestanddeel v. wijn **wijnhandel** handel in wijn **wijnhuis** gelegenheid waar men wijn per glas verkoopt **wijnjaar** jaar met betrekking tot de wijnoogst **wijnkaart** lijst van in een restaurant of iets dergelijks verkrijgbare wijnen **wijnkelder** kelder met wijn **wijnkleurig** *bn* wijnrood **wijnkoeler** *m* [-s] bak om wijn koel te houden of te maken **wijnkuip** perskuip voor wijn **wijnmaand** oktober **wijnpeer** wijnachtig smakende peer **wijnpers** druivenpers **wijnpijp** lang wijnvat **wijnrank** tak van wijnstok **wijnroeien** *o* wijn in vaten peilen **wijnrood** *bn & o* paarsachtig rood **wijnruit** *v(m)* halfheester met grijsgroen blad, Lat. Ruta graveolens **wijnsteen** *m* zout van wijnsteenzuur **wijnsteenzuur** bep. zuur **wijnsteker** [-s] wie wijn bottelt **wijnstok** plant waaraan de druif groeit **wijntje** *o van ~ en trijntje houden*, houden v.d. drank en v.d. meisjes **wijnvlek** vlek v. wijn; aangeboren vlek

wijs I *v(m)* [wijzen], **wijze** manier **II** *v(m)* [wijzen] melodie; bep. werkwoordelijke categorie; *van de ~*, in de war **III** *bn & bw* verstandig; wetende; *niet ~*, gek **wijsbegeerte** *v* het zoeken naar de grondwaarheden **wijselijk** *bn* wat wijs is of was **wijsgeer** *m* [-geren] beoefenaar v.d. wijsbegeerte **wijsge'rig** *bn & bw* volgens of van de wijsbegeerte **wijsheid** *v* [-heden] het wijs zijn; wijze uitspraak **wijsmaken** [maakte wijs, wijsgemaakt] op de mouw spelden **wijsneus** *m* waanwijze **wijsneu'zig** *bn & bw* waanwijs **wijsvinger** vinger naast duim

wijten [weet, geweten] *(ong.)* toeschrijven; *iets aan zichzelf te ~ hebben*, van iets zelf de schuld zijn

wijting *m* kabeljauwachtige witte vis, Lat. Gadus merlangus

wijwater gewijd water

wijze [-n] *m* wijs man **II** *v(m)* wijs

wijzen [wees, gewezen] aanduiden; *een vonnis ~*, een vonnis uitspreken **wijzer** *m* [-s] naald die iets aanwijst **wijzerplaat** deel van uurwerk met cijfers en/of strepen

wijzigen veranderen **wijziging** *v* verandering

wik *v(m)* [-ken] gewogen hoeveelheid; weging

wikke *v(m)* [-n] peulgewas v.h. geslacht Vicia

wikkel *m* [-s] papieren omslag **wikkelen** inrollen; *(fig.)* betrekken **wikkelhart** hart met een stuk schouderspier dat om het hart gewikkeld is en de taak v.d. hartspier overneemt **wikkelrok** rok met overslag

wikken met de hand wegen; *~ en wegen*, goed overleggen

wil *m* vermogen om met bewustzijn te streven; beschikking; wens; *uiterste ~*, testament; *om 's hemels ~*, in 's hemels naam; *ter ~le van* of *om ~le van*, om; *met de beste ~ v.d. wereld*, beslist; *ter ~le zijn*, zijn zin geven; *een ~ hebben*, koppig zijn; *elk wat ~s*, voor ieder iets naar zijn gading; *tegen ~ en dank*, tegen zijn zin

wild I *bn & bw* in natuurstaat, niet veredeld; woest; niet kalm; ongeregeld; *~ vlees*, woekervlees; *~e vaart*, ongeregelde vrachtdienst; *niet ~ op*, niet dol op **II** *o* natuurstaat; jachtbuit; *in het ~(e) weg*, zonder overleg; onlogisch **wildachtig** *bn* naar wild smakend **wildbaan** omheind jachtgebied **wildbraad** *o* gebraden wild

wildcard ‹waildkàrt› *m* [-s] *(sp.)* recht van een niet-geplaatste speler op deelname aan een toernooi; *(comp.)* willekeurig teken (in

zoekopdrachten)
wilddief stroper
wildebras *m-v* [-sen] wild kind **wildeman** [-nen] woesteling; [-s] *(herald.)* naakte reus met knots **wildernis** *v* [-sen] plaats waar iets wild groeit
wildgroei *m* onoverzichtelijke ontwikkeling **wildkampe'ren** *alleen onbep.wijs* kamperen op plaatsen die daartoe niet zijn ingericht **wildpark** park voor wild **wildplakken** *alleen onbep.wijs* aanplakbiljetten aanbrengen op plaatsen die daar niet voor zijn bedoeld **wildplassen** *alleen onbep.wijs* plassen op plaatsen die daar niet voor zijn bedoeld **wildrooster** rooster dat wild verhindert een terrein te verlaten **wildschade** door wild veroorzaakte schade **wildstand** *m* rijkdom aan wild **wildvang** *m* gevangen wild dier; ongetemd paard **wild'vreemd'** *bn* volkomen vreemd **wildwa'terkanoën, wildwa'tervaren** met een kano op snelstromend water varen **wildwest'film** cowboyfilm **wildzang** *m* wild kind; zang v. wilde vogels
wilg *m* boom of heester v.h. geslacht Salix **wilgen** *bn* v. wilgenhout **wilgenboom** wilg **wilgenkatje** bloeiwijze v.e. wilg
willekeur *v(m)* vrije verkiezing; eigenzinnigheid; tirannie **willekeu'rig** *bn & bw* zonder regel; eigendunkelijk; een of ander
willen [wilde/wou, gewild] wensen; zijn wil gebruiken; kunnen; gaan; bereid zijn; zullen; beweren; *er niet aan ~*, weigeren; *~ hebben*, willen; *~ zeggen*, betekenen **willens** *bw* met opzet; voornemens; *~ en wetens*, voorbedachtelijk; *~ of onwillens*, goedschiks of kwaadschiks **willig** *bn & bw* gewillig; aftrek hebbende; levendig **willigen** willig worden **willoos** *bn & bw* zonder wil **wilsbeschikking** *v uiterste ~*, testament **wilskracht** energie **wilsonbekwaam'** *bn* niet meer in staat tot zelfstandige wilsbeschikking
wimpel *m* [-s] lange smalle vaan
wimper *v(m)* [-s] ooghaartje
wind *m* bewegende lucht; veest; opgeblazenheid; hazewind; *als de ~*, zeer snel; *~ maken*, drukte maken; *Haagse ~*, bluf; *de ~ waait uit de ... hoek*, de omstandigheden zijn ...; *de ~ in het zeil*, voorspoed; *van de ~ leven*, van niets leven; *met alle winden meedraaien*, zeer wispelturig en licht te beïnvloeden zijn; *voor de ~*, voorspoedig; *in de ~ slaan*, zich niet bekommeren om; *de ~ van voren*, een standje; *de ~ eronder hebben*, ze onder de duim hebben; *wie ~ zaait, zal storm oogsten*, wie onrust verwekt wordt er zelf het slachtoffer van **windas** *o* [-sen] lier **windbestuiving** bestuiving met door de wind meegebracht stuifmeel **windbreker** *m* [-s] vogel die voorop vliegt **windbuil** pocher **windbuks** buks die met samengeperste lucht werkt **winddroog** (als) in de wind gedroogd **winde** *v(m)* [-n, -s] klimplant met klokvormige bloemen v. familie Convolvulus **windei** ei zonder schaal; *geen ~eren leggen*, voordeel opleveren **winden** [wond, gewonden] draaiend leggen om; ophijsen met een windas **winderig** *bn* met wind; gezwollen **windgat** wak ten gevolge van wind **windhaak** haak om deuren of ramen vast te zetten **windhaan** weerhaan **windhandel** speculatie **windhond** hazewind **windhoos** hoos **windjack** ⟨windjek⟩ *o/m* [-ken] korte winddichte jas **windjammer** *m* [-s] grote opgetuigde zeiler **windkanaal** kanaal tussen blaasbalg en windas in orgel **windketel** luchtreservoir bij pompen **windklep** luchtklep **windmolen** door de wind bewogen molen; *tegen ~s vechten*, tegen denkbeeldige gevaren vechten **windorgel** reeks buizen die tonen voortbrengen wanneer de wind erin blaast **windroos** kompasroos **windschade** schade door de wind **windscherm** *o* schut tegen wind **windsel** *o* [-s, -en] zwachtel; luier **windsingel** geboomte als beschutting tegen de wind **windspil** windas **windstil'** *bn* bladstil **windstilte** *v* het windstil zijn **windstoot** hevig kort waaien **windstreek** hemelstreek **windsurfen** [windsurfte, gewindsurft] zich over het water voortbewegen met een zeil aan een mast op een plank zonder roer **windtunnel** ruimte voor proeven met wind **windvaan** vlaggetje om windrichting aan te geven **windveer** [-veren] *v(m)* vederwolk; aan boven- en onderdorpels aangebracht latje; van de nok tot de gordingen lopende plank; lijst langs de buitenste pannen; verlengstuk v.d. achterboorden v.e. schip **windwijzer** vaantje of haan dat de windrichting aangeeft **windworp** *m* omgewaaid hout **windzak** zak die de richting en de kracht v.d. wind aangeeft
wingerd *m* [-s, -en] wijnstok; *wilde ~*, bep. klimplant
wingewest veroverd gebied
winkel *m* [-s] verkoopplaats; werkplaats; *werk aan de ~*, werk **winkelbediende** bediende voor de winkel **winkelbedrijf** bedrijf dat winkels exploiteert **winkelcentrum** veel winkels bij elkaar **winkeldiefstal** h. in openingstijden stelen v. goederen uit een winkel **winkeldochter** onverkoopbaar artikel **winkelen** winkels bezoeken **winkelgalerij** rij winkels in een passage **winkelhaak** gereedschap om rechte hoeken te maken; rechthoekige scheur **winkelhouder** *m* [-s] winkelier **winkelier'** *m* [-s] wie winkel houdt **winkeljuffrouw** vrouwelijke winkelbediende **winkelketen** reeks winkels van eenzelfde concern **winkelmeisje** winkeljuffrouw **winkelmerk** merk aan winkelgoederen **winkelpand** winkel **winkelprijs** prijs in een winkel **winkelwaar** *v(m)* wat in een winkel verkocht wordt **winkelwagen** als winkel ingerichte langs de huizen rijdende wagen; wagentje waarmee men door de zelfbedieningswinkel rijdt

winnaar *m* [-s] wie wint **winnen** [won, gewonnen] verkrijgen, bekomen; verdienen; voordeel behalen; zegevieren; overhalen; verder komen; toenemen in
winst *v* hetgeen men wint **winstaandeel** aandeel in de winst **winstbejag** *o* [gmv] najagen v. winst **winstbewijs** bewijs dat men als aandeelhouder deelt in overwinst **winstdeling** *v* delen in de winst **winst-en-verlies'rekening** het berekenen van winst en verlies **winst'ge'vend** *bn* winst opleverend **winstmarge** ⟨g=zj⟩ netto verschil tussen inkoopprijs en verkoopprijs **winstneming** *v* het verkopen v. effecten met winst **winstpunt** *(fig.)* iets waaruit blijkt dat men winst behaalt; *(sport)* gewonnen punt
winter *m* [-s] 21 dec. tot 21 maart; winterweer; pijnlijke aandoening door kou **winterbed**, **winterbedding** bed waarbinnen een rivier in de winter mag stromen **wintercursus** leergang gedurende de winter **winteren** winter zijn **wintergast** vogel die ergens in de winter verblijf houdt **wintergezicht** (schilderij v.) winterlandschap **wintergraan** graan dat in het najaar gezaaid wordt **wintergroen** I *o* groenblijvende plant v.h. geslacht Pirola II *bn* groenblijvend **winterhanden** *mv* door de winter gezwollen en pijnlijke handen **winterhard'** *bn* bestand tegen de winter **winterkoninkje** *o* bruin zangvogeltje met opstaand staartje, Lat. Troglodytes troglodytes **winterkoren** wintergraan **winterkwartier** plaats waar men de winter doorbrengt **winterlandschap** landschap met sneeuw en ijs **wintermaand** december; maand in de winter **wintermerk** teken dat aangeeft hoe groot de diepgang v.e. schip 's winters kan zijn **winterpeen** *v(m)* [-penen] wortel v.e. grote soort **winterrogge** rogge die in het najaar gezaaid wordt **winters** *bn* winterachtig **winterslaap** verdoving gedurende de winter **wintersport** sport die 's winters beoefend wordt **winterstop** *m* [-pen] stilstand in competitie in de winter **wintertarwe** tarwe die in het najaar gezaaid wordt **winterteen** door de winter gezwollen en pijnlijke teen **wintertijd** seizoen v.d. winter; tijd volgens de stand v.d. zon **wintertuin** tuin in kas of serre **wintervermaak** wintergenoegen **wintervoet** door de winter gezwollen en pijnlijke voet **winterwortel** winterpeen
winzucht begeerte naar winst
wip I *m* sprong; *(pop.)* geslachtsgemeenschap; *in of met een ~*, vlug II *v(m)* [-pen] wipplank; balans v. ophaalbrug; *op de ~ zitten*, bij stemming doorslag kunnen geven; gevaar lopen zijn baan kwijt te raken **wipbrug** ophaalbrug **wipneus** neus met opstaande punt **wippen** licht springen; vlug en licht gaan; snel op en neer gaan; op de wipplank spelen; ontslaan, de taak ontnemen aan; geslachtsgemeenschap hebben **wipperig** *bn* onvast **wippertje** hefboompje in piano; *(pop.)* borreltje; geslachtsgemeenschap **wippertoestel** bep. toestel bij redding van schipbreukelingen **wipplank** plank om op te wippen **wipstoel** schopstoel
WIR Wet op de Investeringsrekening
wirwar *m* verward geheel
wis I *bn & bw* gewis; *~ en zeker*, zeer stellig II *v(m)* [-sen] wisdoek; twijg; bos
wisent *m* Europese bizon
wishful thin'king *v(m)* denken dat meer uitgaat van wat men wenst dan van wat waarschijnlijk zal gebeuren
wiskunde *v* wetenschap over getallen en maten en vormen **wiskundeknobbel** bijzonder talent voor wiskunde **wiskundeonderwijs** onderwijs in wiskunde **wiskun'dig** *bn & bw* betreffende of volgens de wiskunde **wiskun'dige** *m-v* [-n] beoefenaar v.d. wiskunde
wispeltu'rig *bn & bw* onstandvastig
wissel I *m/o* [-s] inrichting om van spoor te veranderen II *m* [-s] wisselbrief; verandering; pad waarlangs wild gaat; *~ op de toekomst*, toekomstberekening; *een zware ~ trekken*, veel eisen **wisselaar** *m* [-s, -laren] wie geld wisselt **wisselagent** agent v. wisselbank **wisselbad** afwisselend warm en koud bad **wisselbank** bank voor wisselhandel **wisselbeker** beker die telkens het bezit wordt v.d. nieuwe kampioen **wisselbouw** afwisseling van teelt **wisselbrief** geschrift waarbij iem. aan een ander opdraagt een bedrag uit te keren aan een derde **wisselen** ruilen; veranderen; afwisselen; op een ander spoor komen **wisselgeld** bij wisselen gebruikt geld; *(fig.)* mogelijkheid tot kleine concessies **wisselgesprek** telefoongesprek dat tijdelijk wordt onderbroken om een ander telefoongesprek te voeren **wisselkantoor** kantoor waar men vreemd geld kan omzetten **wisselkoers** koers van wissels of van vreemd geld **wisselloper** *m* [-s] wie wissels int **wisselruiterij'** kwade praktijk om zich met wissels geld te verschaffen **wisselslag** *m* [gmv] nummer met afwisselende zwemslagen **wisselspeler** wie tijdens een wedstrijd een andere speler vervangt **wisselstroom** stroom waarvan de richting periodiek verandert **wisseltand** nieuwe tand **wisseltruc** truc bij het wisselen **wisselval'lig** *bn* veranderlijk; onzeker **wisselwachter** spoorbeambte die voor de wissels zorgt **wisselwerking** wederkerige invloed **wisselzegel** I *o* [-s] gezegeld papier; zegelrecht II *m* [-s] zegel voor een wissel
wissen afvegen **wisser** *m* [-s] veger
wissewasje *o* kleinigheid
wit I *bn* van bep. kleur; bleek; met sneeuw; blank; verkocht onder vastgestelde prijs; *het is ~*, ze zijn bevriend; *~te vlag*, vredesvlag; *~te steenkool*, waterkracht; *~te wijven*, bep. toverheksen; *~te pomp*, pomp met benzine onder de vastgestelde prijs; *~te vloed*, bep. vrouwenziekte II *o* witte

W

kleur; wat wit is; doelwit; afscheiding tussen twee woorden **witbier** bep. soort licht bier **witboek** door de overheid over haar beleid verschafte documenten **witbont** *bn* wit met zwarte vlekken **witgloeiend** *bn* wit ten gevolge v.d. hitte **witgoed** witte textiel; handelsnaam voor (doorgaans witte) keukenmachines en dergelijke **witgoud** platina **witheer** norbertijn **witheet** *bn* zeer heet; zeer boos **without** onbeschilderd hout **witkalk** witsel voor muren **witkar** karretje voor bagagevervoer door treinreizigers op een perron **witkiel** sjouwer aan het station **witkwast** kwast om te witten **witlinnen** *bn* van wit linnen **witlof, witloof** *o* bitter smakende groente waarvan het blad bleek gehouden wordt **witsel** *o* witkalk; kalksel **witteboorden-** *als eerste deel van ss*: eigen aan wie bureauwerk heeft **witteboor'dencriminaliteit** door betere burgers gepleegde fraude **wittebrood** fijn tarwebrood **wittebroodsweken** *mv* eerste huwelijksweken **wittekool** kool met witte bladeren **witten** met witkalk bestrijken **witvis** *m* kleine zilverkleurige karperachtige vis; allerlei soorten kleine vis **witwassen** (v. zwart geld) legaal beleggen of investeren **witwerk** *o* van wit hout gemaakte voorwerpen; legaal uitgevoerd werk

witz ‹i=ie› *m (germ.)* grap; mop

WIW Wet Inschakeling Werkzoekenden

WK Wereldkampioenschappen

WL westerlengte

wnd. waarnemend

WNF Wereldnatuurfonds

WNT Woordenboek der Nederlandsche Taal

w.o. waaronder

wo wetenschappelijk onderwijs

WO Wereldoorlog

WOB Wet Openbaarheid van Bestuur

wodka *m* Oost-Europese brandewijn

woede *v(m)* toorn **woedeaanval** plotseling optredende woede **woeden** verwoestend werken; razen **woedend** *bn & bw* zeer boos **woede-uitbarsting** *v* plotseling optredende woede

woef *tw* nabootsing v.h. blaffen

woeker *m* te hoge winst of rente **woekeraar** *m* [-s] wie woeker drijft **woekerdier** parasiet **woekeren** woeker plegen; ~ *met*, nuttig besteden **woekergeld** door woeker verkregen geld **woekerhandel** handel met woeker **woekerplant** parasiet **woekerprijs** prijs met woekerwinst **woekerrente** te hoge rente **woekervlees** wild vlees **woekerwinst** te hoge winst

woelen onrustig zijn; wroeten **woelgeest** onruststoker **woelig** *bn & bw* onrustig; druk **woelingen** *mv* onlusten **woelmuis** hamsterachtige muis **woelwater** *m-v* [-s] druk iem. **woelziek** *bn* onrustig; oproerig

woensdag vierde dag v.d. week

woerd mannetjeseend

woest *bn & bw* onbebouwd; verlaten; ruw; onstuimig; zeer boos **woesteling** *m* woestaard **woestenij'** *v* woeste streek **woestijn'** *v(m)* grote dorre vlakte

wok *m* [-ken] gietijzeren pan met bolle bodem

wokkel *m* [-s] zoutje v. grillige vorm

wol *v(m)* zacht haar; wollen draden; wollen stof; *onder de ~*, in bed; *door de ~ geverfd*, doortrapt, schaamteloos **wolaap** aap met wollig haar, Lat. Lagothrix humboldtii

wolf *m* [wolven] hondachtig roofdier, Lat. Lupus Lupus; diverse ziekten als cariës; onaangename bijtoon die soms bij een accoord optreedt; *de ~ tot schaapherder maken*, de kat bij het spek zetten; *met de wolven in het bos huilen*, doen wat anderen doen

wolfraam *o* met W aangeduid chemisch element

wolfs- *als eerste deel v.e. ss vaak*: v.e. wolf **wolfsangel** *m* [-s] wolfsklem; Oud-Germaans magisch teken **wolfsdak** dak van vier schuine vlakken **wolfshond** kruising tussen wolf en hond **wolfshonger** geeuwhonger **wolfskers** *v(m)* belladonna **wolfsklauw** *m/v* sporeplant v.h. geslacht Lycopodium **wolfsklem** klem om een wolf te vangen **wolfskuil** kuil om een wolf te vangen; put met puntige palen om bestorming te bemoeilijken **wolfsmelkachtigen** plantengeslacht met planten met wit giftig stengelvocht, Lat. Euphorbia **wolhandkrab** dicht viltig behaarde krab, Lat. Eriocheir sinensis

wolk *v(m)* zichtbare dampmassa; menigte; *~je*, klein scheutje; *donkere ~en*, sombere vooruitzichten; *in de ~en*, opgetogen; *uit de ~en vallen*, onthutst zijn; *in de ~en verheffen*, ophemelen; *een ~ van een ...*, een gezond ...; *geen ~je aan de lucht*, geen gevaar

wolkaard(e) *v(m)* [-kaarden] wolkam

wolkbreuk *v(m)* ontzaglijke regenbui **wolkeloos** *bn* zonder wolken **wolkenbank** wolkenlaag aan de horizon **wolkendek** de wolken **wolkenkrabber** *m* [-s] torenhoog huis **wolkig** *bn* wolkachtig; met wolken

wollegras cypergras met wollige bloem v.d. familie Eriophorum

wollen *bn* van wol **wolletje** *o* wollen lijfje; *(soldatentaal)* wollen deken **wollig** *bn* met wol bedekt; wolachtig; versluierend, vaag (v. taalgebruik)

wolmanzouten *gez. van hout*: met een bep. zoutmengsel impregneren

wolvee woldragend vee

wolvenbeet beet v.e. wolf **wolvenjacht** jacht op wolven **wolvenklem** wolfsklem **wolvenkuil** wolfskuil

wolvet *o* vet van schapenwol

wolvin' *v* [-nen] vr. wolf

wombat *m* [-s] knaagdierachtig buideldiertje

wond I *bn* gewond **II** *v(m)* wonde **wonde** *v(m)* [-n] kwetsuur; leed **wonden** een wonde toebrengen; kwetsen

wonder I *o* mirakel; iets buitengewoons; *geen ~*, niet verwonderlijk; *~ boven ~*, tegen alle verwachting in **II** *bn & bw* vreemd; *~ wat*, heel wat; *voor een bn betekent het*: zeer **wonderbaar** *bn* verbazingwekkend; wonderdadig **wonderbaar'lijk** *bn & bw* verbazingwekkend **wonderda'dig** *bn* verbazingwekkend; bovennatuurlijk; wonderdoend **wonderdoener** *m* [-s] wie wonderen verricht **wonderdokter** kwakzalver **wonderkind** buitengewoon begaafd kind **wonderlamp** toverlamp **wonderland** sprookjesland **wonderlijk** *bn & bw* wonderbaar; vreemd **wondermacht** vermogen om wonderen te verrichten **wondermiddel** middel van wonderdadige uitwerking **wonderolie** ricinusolie **wonderspreuk** paradox **wonderteken** wonder

wondkoorts koorts door infectie v. wond **wondroos** bep. besmettelijke huidontsteking

wonen vast gehuisvest zijn; *(fig.)* gevestigd zijn

woning *v* huis; verblijf; domicilie **woninggids** *m* lijst v. woningen die te huur of te koop zijn **woninginspectie** inspectie met betrekking tot woning(en) **woningmarkt** vraag en aanbod v. woningen **woningnood** tekort aan woningen **woningruil** het ruilen van woningen **woningschaarste** woningnood **woningtoezicht** toezicht op de woning(en) **woningwetwoning** met bep. overheidssteun gebouwde huurwoning

woofer ‹oo=oe› *m* [-s] lagetonenluidspreker

woonach'tig *bn* wonende **woonark** woonschip **woonblok** aantal aan elkaar gebouwde woningen **woonboerderij** voor niet-agrariërs verbouwde boerderij **woonboot** woonschip **wooneenheid** *v* [-heden] geheel van op één centrum aangewezen woningen **woonerf** toegang van auto's bemoeilijkende woonbuurt **woongemeenschap, woongroep** samen één huishouding voerende groep **woonhuis** woning **woonkamer** huiskamer

woonkazerne *(pej.)* uit veel woningen bestaand gebouw **woonkeuken** ook als woonruimte dienende keuken **woonlaag** verdieping v. flatgebouw **woonlandbeginsel** principe dat een buitenlandse werknemer behandeld wordt volgens de in het land van herkomst heersende principes **woonplaats** domicilie **woonruimte** voor bewoning geschikte ruimte **woonschip, woonschuit** tot woning ingericht schip **woonstede** woonplaats **woontrailer** woonwagen **woonvertrek** woonkamer **woonwagen** als woning ingerichte wagen **woonwagenkamp** kamp v. woonwagens **woon-werk'verkeer** reizen van huis naar het werk en omgekeerd **woonwijk** vnl. uit woningen bestaande wijk **woonzorg'complex** geheel v. woningen met gemeenschappelijke ruimtes en zorgvoorzieningen in de nabijheid

W

woord *o* kleinst alleen voorkomen kunnend taaldeel; het gesprokene; belofte; erewoord; gelegenheid om te spreken; *Het Woord*, Christus; *goed zijn ~ kunnen doen*, welbespraakt zijn; *in één ~*, kortom; *met andere ~en*, anders uitgedrukt; *de ~en uit de mond halen*, zeggen wat een ander juist wilde zeggen; *onder ~en brengen*, uitdrukken; *het ~ voeren*, spreken; *woorden*, twist; *het op het ~ gooien*, er eens over spreken; *het ~ laten vallen*, terloops ergens over spreken; *een goed ~ voor iem. doen*, in iemands voordeel spreken; *het hoogste ~ hebben*, in een gesprek de boventoon voeren; *te ~ staan*, gelegenheid geven iets te zeggen; *het hoge ~ is er uit*, er is gezegd wat men haast niet durfde zeggen; *iem. aan zijn ~ houden*, eisen dat iem. zijn belofte vervult; *dikke ~en*, krachttermen, geleerde woorden; *Gods Woord* of *het Woord (Gods)*, de Bijbel; *met twee ~en spreken*, bij het antwoorden iemands naam of titel noemen; *het laatste ~ willen hebben*, ten einde toe tegenspreken; *een ~je meespreken*, iets te betekenen hebben; *woorden zijn geen oorden*, praten alleen helpt niet **woordbeeld** schrijfwijze v.e. woord; voorstelling daarvan **woordblindheid** onvermogen om woorden te herkennen bij het lezen **woordbreuk** schending v. belofte **woordelijk** *bn & bw* woord voor woord; letterlijk **woordeloos** *bn* geen enkel woord uitbrengend **woordenboek** boek met woorden en hun betekenissen in bep. volgorde **woord(en)keus** kiezen v. zijn woorden **woordenkraam** *v(m)* veel woorden met weinig inhoud **woordenrijk** *bn* veel woorden gebruikend **woordenschat** woordenvoorraad **woordenspel** speling met woorden **woordenstrijd, woordentwist** zich in woorden uitende twist **woordentolk** *m* woordenboek met uitheemse woorden **woordentwist** twist **woordenwisseling** lichte woordentwist **woordenzifter** vitter over woorden **woordkeus** *zie* **woordenkeus**; **woordkunst** kunst van mooi woordgebruik **woordkunstenaar** beoefenaar v. woordkunst **woordmerk** merknaam **woordschikking** plaatsing v. woorden **woordsoort** categorie v. woorden **woordspeling** geestig gebruik v. woorden waardoor bijgedachten gewekt worden **woordvoerder** *m* [-s] wie namens anderen spreekt

woprelatie vaste seksuele relatie zonder samenwonen

worden [werd, geworden] ontstaan; beginnen te zijn; ook hulpww v.d. lijdende vorm **wordingsgeschiedenis** geschiedenis v.h. ontstaan

wordprocessor ‹wùrdprosessur› *m* [-s] tekstverwerker

worgen de keel dichtknijpen met de dood als gevolg

workaho'lic ‹wùrkaholik› *m-v* [-s] werkverslaafde **workaholis'me** *o* [gmv] aan zijn werk verslaafd zijn **workshop**

‹wùrksjop› *m* [-s] werkgroep

worm *m* lang ongewerveld buigzaam dier, regenworm, ingewandsworm; bep. huidziekte v. paarden; houtworm **wormig** *bn* door wormen beschadigd; worm in de hoef hebbend **wormkoekje** geneesmiddel in koekjesvorm tegen (lint)wormen **wormschroef** schroef waarin een wormwiel grijpt **wormsteek** door wormen aangetaste plaats **wormste'kig** *bn* door wormen aangetast

wormt *m* steunbalk v. dakstoel

wormwiel tandwiel dat wordt bewogen door schroef zonder einde

worp *m* het werpen; de gebaarde dieren

worst *v(m)* met gehakt vlees gevulde darm; *het zal me ~ zijn*, het kan me niets schelen

worstelaar *m* [-s] wie worstelt **worstelen** elkaar trachten op de grond te werpen; vechten **worstelperk** plaats om te worstelen

worstenbrood broodje met ingebakken worst

wort *o* nog niet gegist bier

wortel I *m* [-s, -en] deel waarmee plant of iets zich vastzet; peen; oorzaak **II** *m* [-s] grondvorm van woord; getal waarvan het kwadraat gelijk is aan het betrokken getal; *~ schieten*, wortels maken; *(fig.)* stevig gevestigd raken; *met ~ en tak*, grondig **wortelen** wortel schieten **wortelgetal** getal dat wortel is v.e. betrokken getal **wortelgewas** gewas met eetbare wortels **wortelnoten** *bn* van de wortels van notenbomen **wortelstok** kruipend ondergronds stengeldeel **wortelteken** teken dat aangeeft dat de wortel getrokken moet worden **worteltrekken** de wortel v.e. getal berekenen

wotel *o* [-s] voor tijdelijk verblijf bedoeld gebouw dat meer mogelijkheden biedt dan een hotel

woud *o* groot natuurbos **woudezel** wilde ezel; fors mens **woudloper** zwervend jager **woudreus** *m* grote boom in het woud

would-be' ‹woed-bie› *bn* willende schijnen; zogenaamd

wout *m (barg.)* politieagent

wouterman *m* [-s] tegengespijkerd houtje om uitglijden te voorkomen; scheepsklosje zonder schijf; lat met inkepingen om kastplanken op gewenste hoogte te stellen

wouw I *m* roofvogel met gevorkte staart **II** *v(m)* bep. reseda-achtige plant

wozoco woonzorgcomplex

WP winterpeil

wraak I *v(m)* neiging of daad om ondergaan leed te vergelden **II** *v(m)/o* afdrijving **wraakactie** actie uit wraak **wraakbaar** *bn* verwerpelijk, niet toe te laten **wraakgie'rig** *bn* wraakzuchtig **wraakgodin** furie **wraaklust** wraakzucht **wraakoefening** *v* wraak **wraakroepend** *bn* om wraak roepend **wraakzucht** *v(m)* zucht naar wraak **wraakzuch'tig** *bn* vol wraakzucht

wrak I *o* [-ken] overblijfsel v. verongelukt schip of vliegtuig; afgeleefd iem. **II** *bn* beschadigd; niet stevig; slecht

wraken afkeuren; niet toelaten als getuige

wrakgoed goed v.e. verongelukt schip

wraking *(jur.) v* verzoek aan de rechtbank om een rechter in een bep. zaak te vervangen omdat deze misschien partijdig is

wrang *bn & bw* zuur

wrat *v(m)* [-ten] eeltachtige uitwas **wrattig** *bn* met wratten

wreed *bn & bw* hardvochtig; ruw; *(jong.)* geweldig **wreedaard** *m* [-s] wreed iem. **wreedaar'dig** *bn & bw* wreed **wreedheid** *v* [-heden] wreed zijn; wrede daad

wreef *v(m)* [wreven] hoogste deel v.d. voet

wreken [wreekte, gewroken] wraak nemen over; *zich ~*, wraak nemen; slechte gevolgen hebben

wrevel I *m* misnoegen **II** *bn* misnoegd **wrevelagent** *(Belgned.)* agent die in bep. wijken bezwaren v. bewoners onderzoekt **wrevelig** *bn & bw* wrevel **wrevelmoed** wrevel **wrevelmoe'dig** *bn* wrevelig

wriemelen door elkaar woelen; kriebelen

wrijfhout beschermend hout buiten aan een schip; likhout **wrijfklank** *(taalk.)* met vernauwing v.d. mondholte gevormde medeklinker **wrijfpaal** paal waaraan het vee zich kan schurken; zondebok **wrijfpunt** wrijving veroorzakend punt **wrijfwas** boenwas **wrijven** [wreef, gewreven] met druk strijken; boenen; *schrijven en ~*, polemiseren **wrijving** *v* het wrijven; weerstand tegen het glijvlak; onenigheid

wrikken heen en weer bewegend trachten los te krijgen; met één riem op bep. manier roeien

wringen [wrong, gewrongen] draaiend persen; knellen **wringer** *m* [-s] toestel om de was uit te wringen

wrochten *(lit.)* als kunstenaar maken

wroeging *v* knaging v.h. geweten

wroeten woelen; slaven; doorzoeken

wrok *m* stille haat **wrokken** wrok dragen **wrokkig** *bn* haatdragend

wrong *m* samengewrongen doek of haar of bundel **wrongel** *v(m)* gestremde melk

W sec *wattseconde*, eenheid v. energie

WSW Wet Sociale Werkvoorziening

WUB Wet op de Universitaire Bestuurshervorming

wuft *bn & bw* veranderlijk, lichtzinnig

wuiven zwaaien

wulk *v(m)* kinkhoorn

wulp *m* tot de snippen behorende vogel met lange neerwaarts gebogen snavel, Lat. Numenius **wulps** *bn & bw* wellustig

wuppie *o* [-s] onbeduidend iem. met laag IQ

wurgcontract hoogst ongunstig contract **wurgen** worgen **wurggreep** wurgende greep **wurgseks** bep. met zuurstofbeperking werkende masturbatie **wurgstokjes** *mv* nunchakuwapen

wurm I *m* worm **II** *o* kindje **wurmen** ploeteren; op een bep. plaats willen brengen

W.v.B.R. Wetboek van Burgerlijke

Rechtsvordering
WVC (Ministerie van) Welzijn, Volksgezondheid en Cultuur
WVG Wet Voorzieningen Gezondheidszorg
W.v.K. Wetboek van Koophandel
WVO Wet op het Voortgezet Onderwijs
W.v.S. Wetboek van Strafrecht
WW Werkloosheidswet
WWO Wet op het Wetenschappelijk Onderwijs
WWV Wet Werkloosheidsvoorziening
WWW *(comp.) World Wide Web*, internationaal netwerk voor het uitwisselen van informatie
wybertje *wm o* ruitvormig stukje drop
WYSIWYG *(comp.)* ‹wizziewiG› *what you see is what you get*, systeem waarbij het beeldscherm v.e. tekstverwerker laat zien hoe een tekst afgedrukt wordt

X

x *v(m)* [x-en] vierentwintigste letter van ons alfabet; *(wisk.)* de eerste onbekende grootheid
X Romeins teken voor 10
xanthi'ne *v(m)* bep. stof; bep. kleurstof
xanthoom' *o* [-thomen] geelachtig gezwel op de huid
xantip'pe *v* [-s] helleveeg
x-as horizontale as in assenstelsel **x-benen** *mv* benen met de knieën naar binnen **X-chromosoom** [s=z] een v. beide geslachtschromosomen
Xe *(schei.)* xenon **X-eenheid** eenheid van lengte voor zeer kleine maten
xeno- vreemd **xenofobie'** *v* [-ën] vreemdelingenhaat **xenofoob'** *m* [-foben] vreemdelingenhater **xenomanie'** blinde verering voor al wat uit het buitenland komt **xenotransplantatie** het plaatsen van dierlijke organen in mensen
xeran'themum *m* [-s] bep. strobloem
xerofyt' *m* plant die onder zeer droge omstandigheden kan leven **xerografie'** *v* bep. fotografische techniek **xerogra'fisch** *bn & bw* door middel van xerografie **xeroxen** met een apparaat voor xerografische afdrukken kopieën maken
x-foto röntgenfoto
XL *(v. kledingmaat) Extra Large*, erg groot **x-stralen** röntgenstralen
XTC *ecstasy*, bep. drug
XXL *(v. kledingmaat) Extra Extra Large*, heel erg groot
xyleen' *o (schei.)* als oplosmiddel toegepast mengsel van dimethylbenzenen
xylofoon' *m* [-s, -fonen] slaginstrument met houten of metalen staafjes **xylograaf'** *m* [-grafen] houtsnijder; graveur **xylografie'** *v* [-fieën] houtsnijkunst; houtsnede **xyloliet'** *o* versteend hout; uit hout gemaakte kunststeen **xylotheek'** *v* [-theken] verzameling v. houtsoorten

Y

y *v(m)* [-'s] vijfentwintigste letter van ons alfabet; *(wisk.)* de tweede onbekende grootheid
Y *(schei.)* yttrium
yahtzee' ‹jatsee› *o* bep. spel met vijf dobbelstenen **yahtzee'ën** *h* [yahtzeede, geyahtzeed] yahtzee spelen
yaleslot *wm* ‹jeelslot› *o* bep. veiligheidsslot
yam ‹y=j› *m* [yammen] yamswortel **yamswortel** op aardappel lijkende wortelknol v.e. plant v.d. familie Dioscoreaceae
yang ‹y=j› [gmv] actief mannelijk beginsel in het heelal
yankee ‹jenkie› [-s] *(spot.)* Noord-Amerikaan
yard ‹y=j› *m* [-s] 3 voet; 12,4 ha
y-as ‹ij-as› verticale as in assenstelsel
Yb *(schei.)* ytterbium
Y-chromosoom ‹Y=ij› een v. beide geslachtschromosomen
yell ‹y=j› *v* [-s] geschreeuwde leus **yellen** [yelde, geyeld] schreeuwend aanmoedigen
yen ‹y=j› *m* [-s] munt en munteenheid van Japan
yes ‹y=j› *reken maar van ~*, reken er maar op
yeti ‹jettie› *m* [-'s] *legendarisch monster v.d. Himalaya*: de schrik aanjagende sneeuwman
yin ‹y=j› [gmv] passief vrouwelijk beginsel in het heelal
yips ‹y=j› [mv] *(sp.)* nervositeit die een golfspeler verhindert te scoren
yoert(e) ‹y=j› *v(m)* [yoerten] vilten tent van Aziatische nomaden
yoga ‹y=j› *v(m)* streven om door concentratie tot hogere bewustzijnstoestanden of tot betere ademhalingstechniek te komen **yogaoefening** oefening in yogatechniek
yo'ghurt ‹joggurt› *m* gegist melkgerecht
yogi ‹joogie *of* jooGie› *m* [-'s] wie yoga beoefent
yorkshireterriër ‹jòrksjier-› zeer klein, langharig hondenras
yp(e)riet' ‹y=ie› *o* mosterdgas
ypsilon ‹yp=up *of* ip› *v(m)* [-s] y
yuan' ‹y=j› *m* [-s] munt en munteenheid v.d. Chinese Volksrepubliek
yucca ‹joeka› *m* [-'s] sierplant met puntige stijve bladeren
yup ‹y=j› *m/v* [-pen], **yuppie** *m/v* [-s] *young urban professional*, op carrière gerichte jongere met luxe wijze v. leven **yuppieachtig** *bn* volgens de aard of gewoonte v.e. yup

Z

z *v(m)* [-'s] zesentwintigste letter van ons alfabet; stemhebbende bij de tanden gevormde wrijfklank; *(wisk.)* de derde onbekende grootheid
z *(wisk)* de derde onbekende grootheid
Z. zuid, zuiden
z.a. zie aldaar
zaad *o* [zaden] wat uitgezaaid wordt; nageslacht; kiem; *op zwart ~ zitten*, geen geld meer hebben **zaadbal** orgaan waar sperma wordt gevormd **zaadbank** bewaarplaats voor sperma **zaadcel** mannelijke geslachtscel **zaaddonor** *m* [-en, -s] wie zijn sperma ter beschikking stelt **zaaddoos** uit meer dan één vruchtblad gevormde doosvrucht **zaadgoed** zaad voor agrarisch gebruik **zaadlob** kiemblad **zaadlozing** *v* het uitstoten van sperma
zaag *v(m)* [zagen] getand snijwerktuig; zeur **zaagbek** eend met tandjes aan de snavel v.h. geslacht Mergus **zaagbok** stellage voor het zagen **zaagmeel** zaagsel **zaagmolen** molen die hout zaagt **zaagsel** *o* fijne houtdeeltjes die bij zagen ontstaan **zaagvis** vis v.d. orde v.d. roggen waarvan de kop eindigt in een uitsteeksel met scherpe tanden, Lat. Pristis
zaaien zaad strooien; doen ontstaan; *oesters ~*, jonge oesters uitzetten; *dun gezaaid*, weinig voorkomend; *paniek ~*, paniek verwekken; *onrust ~*, onrust verwekken **zaaigoed** zaaizaden **zaailand** bezaaid of te bezaaien land **zaailing** *m* uit het zaad geteelde plant; vr. hennep **zaaisel** *o* [-s] het gezaaide **zaaizaad** zaad om te zaaien
zaak *v(m)* [zaken] ding; handel, nering; aangelegenheid; rechtszaak; vereiste toestand; *zaken doen*, transacties sluiten; *onverrichter zake*, zonder het doel bereikt te hebben; *ter zake van*, wegens; *niets ter zake doen*, er niets mee te maken hebben; *ter zake!*, de aandacht bij het onderwerp!; *niet veel ~s*, niet veel bijzonders; *gemene ~ maken*, samenwerken; *orde op zaken stellen*, alles goed regelen **zaakbezorger** *m* zaakwaarnemer **zaakgelastigde** *m-v* gevolmachtigde; bep. diplomatieke vertegenwoordiger **zaakkun'dig** *bn* ter zake kundig **zaakregister** lijst van behandelde onderwerpen **zaaksbezit** *(jur.)* feitelijke uitoefening v.h. eigendomsrecht **zaakwaarnemer** wie de zaken v.e. ander behartigt
zaal I *o* [zalen] zadel **II** *v(m)* [zalen] groot vertrek; ziekenzaal voor niet-klassepatiënten; publiek in een zaal **zaalpatiënt** patiënt die op de zaal ligt **zaalsport** in een zaal beoefende sport **zaalwachter** bewaker v.e. zaal
zabaglio'ne ‹zabaljone› *m* schuimig nagerecht
zacht *bn & bw* niet hard; aangenaam aandoende; niet pijnlijk; niet ruw; niet

streng; bijna onmerkbaar; geleidelijk; met weinig calcium- en magnesiumzouten; *op zijn zachtst genomen* of *gezegd* of *uitgedrukt*, zo gunstig mogelijk; *~e sector*, welzijnswerk, vormingswerk **zachtaar'dig** *bn & bw* zacht van aard **zachtboard** [oa=ò] *o* zachte plaat van vezelstof **zachtmoe'dig** *bn & bw* zachtaardig **zachtwerkend** *bn* een mild effect hebbend **zachtzin'nig** *bn & bw* zachtaardig

zadel *m/o* [-s] zitting voor ruiter of wielrijder of motorrijder; *vast in het ~ zitten*, sterk staan; *uit het* of *de ~ lichten*, zijn betrekking doen verliezen, onderkruipen; *in het* of *de ~ zetten* of *helpen*, aan een goede positie helpen **zadeldak** aan twee kanten gelijk aflopend dak **zadeldek** dek van zadel **zadelen** een zadel leggen op **zadelgewricht** gewricht met zadelvormige gewrichtsvlakte **zadelpijn** pijn v.h. lang op een zadel zitten **zadelriem** riem waarmee het zadel wordt vastgebonden **zadelvast** *bn* vast in het zadel

zagen met de zaag (be)werken of maken; krassen; zaniken

zak *m* [-ken] slap voorwerp om iets in te bergen of te vervoeren; wat er op lijkt; deel v.e. kledingstuk waarin men iets bergt; biljartgat; sufferd; *in ~ en as*, in de put; *op ~*, bij zich; *in de ~ tasten*, veel uitgeven; *dat kan hij in zijn ~ steken*, dat was raak; *iem. in zijn ~ hebben*, iem. door en door kennen, zijn meerdere zijn; *in zijn eigen ~ liegen*, zeggen dat men iets goedkoper gekocht heeft dan het geval is; *als eerste deel v.e. ss vaak in bet.*: geschikt om op zak gedragen te worden **zakcent** zakgeld **zakdoek** neusdoek

zake *zie* **zaak**

zakelijk *bn & bw* degelijk; objectief; *~e borgtocht*, zekerheidstelling met onderpand; *~ recht*, recht op een zaak **zakelijkheid** *v de nieuwe ~*, van soberheid uitgaande kunststroming uit vnl. de twintiger jaren

zakenkabinet ministerie zonder partijprogram **zakenleven** bedrijfsleven **zakenman** [-lui, -lieden] op zaken doen uitzijnde man **zakenministerie** zakenkabinet **zakenrelatie** handelsbetrekking **zakenvrouw** op zaken doen uitzijnde vrouw

zakformaat voor het in de zak meedragen geschikt formaat **zakgeld** geld voor kleine uitgaven **zakhorloge** horloge om in de zak te dragen **zakjapanner** *m* [-s] kleine rekenmachine **zakje** *o* [-s] kleine zak; *~s plakken*, gevangenisstraf ondergaan; *in het ~ blazen*, zich aan een alcoholproef onderwerpen door ergens in te blazen **zakken** in een zak doen; dalen; niet slagen; *kunnen ~ en verkopen*, in handigheid ver overtreffen **zakkenroller** *m* [-s] wie uit kledingzakken of tassen steelt **zakkenvuller** *m* [-s] wie zich ten koste van anderen verrijkt **zakkenwasser** *m* [-s] sukkel **zakkerig**, **zakkig** *bn & bw* eruitziend als een zak; futloos; slap **zaklamp** *zie* **zaklantaarn**; **zaklantaarn** lantaarn in zakformaat **zaklopen** lopen in een zak als volksvermaak **zaktelefoon** telefoon om in de zak te dragen

zalf *v(m)* [zalven] smeersel als geneesmiddel; geurig olieachtig smeersel; *zalfje op de wonde*, troost

zalig *bn & bw* het eeuwig heil deelachtig; gelukkig; zalig verklaard; heerlijk; *(pop.)* dronken **zaligen** zalig verklaren of maken **zaliger** *bn* overleden **zaligheid** *v* [-heden] het zalig zijn; iets heerlijks; *de acht zaligheden*, de zaligsprekingen **zaligmakend** *bn* de zaligheid bezorgend **Zaligmaker** Heiland **zaligspreking** *v* uitspraak in de Bergrede **zaligverklaring** verklaring door de paus dat een afgestorvene zalig is

zalm *m* weekvinnige vis (Salmonidae) met rood vlees **zalmforel** forel met rood vlees, Lat. Salmo trutta **zalmkleurig** *bn* bleekrood **zalmsla** koud gerecht met zalm

zalven met zalfolie overgieten; met zalf bestrijken; *iem. de handen ~*, iem. met geld bewerken **zalvend** *bn & bw* vol zalving

zamelen bijeenbrengen

zamen *te ~*, samen

zand *o* fijn kwarts en glimmer; zandbank; *~ in de ogen strooien*, misleiden; *als los ~ aan elkaar hangen*, geen samenhang vertonen; *~ er over*, we spreken er niet meer over; *in het ~ bijten*, sneuvelen, v.h. paard vallen; *op ~ bouwen*, op losse grondslag ondernemen **zandaardappel** op zand geteelde aardappel **zandachtig** *bn* met zand **zandbad** bad in warm zand **zandbak** bak met zand om in te spelen **zandbank** ondiepte **zandblad** onderste blad van tabaksplant **zanden** met zand mengen **zanderig** *bn* zandachtig **zanderij'** *v* zandgroeve **zandgroeve** plaats waar zand gegraven wordt **zandgrond** zandige grond **zandhaas** witte haas; *(scherts.)* infanterist **zandig** *bn* zandachtig **zandkoekje** *o* kruimelend koekje **zandloper** *m* [-s] tijdglas **zandmannetje** Klaas Vaak **zandplaat** bij eb droogvallende zandbank **zandschilderen** *onbep. wijs* met gekleurd zand afbeeldingen op de grond maken **zandsteen** uit kwartskorrels bestaand gesteente **zandstenen** *bn* van zandsteen **zandstorm** zand meevoerende storm **zandstralen** met een straal zand reinigen of graveren **zandtaartje** *o* korrelig gebak **zandverstuiving** verstuiving v. zand; bergen opeengestoven zand **zandvlo** aardvlo **zandvormpje** kinderspeelgoedstuk om figuurtjes van zand te vormen **zandweg** zandige weg **zandwoestijn** woestijn v. zand **zandzee** enorme zandvlakte; drijfzand in zee **zandzuiger** *m* [-s] baggermachine die het opgezogen zand weer wegspuit

zang *m* gezang; deel v.e. gedicht **zangbodem** klankbodem; bovenblad van strijkinstrument **zanger** *m* [-s] wie zingt;

dichter; zangvogel **zangeres'** *v* [-sen] vrouw die zingt **zangerig** *bn* melodieus **zanghulde** hulde in zang **zangkoor** de koorzangers; groep zangers; oksaal **zangles** les in het zingen **zanglijster** kleine lijster met zang die op die v.e. nachtegaal lijkt, Lat. Turdus **zangnummer** zang als programmanummer **zangspel** toneelstuk met zang **zangstem** stem zoals die in zang tot klinken komt; zangpartij **zangvogel** vogel die zingt **zangwedstrijd** wedstrijd in het zingen **zangzaad** bep. vogeltjeszaad

zanik *m-v* zeur **zanikachtig** *bn* zanikend **zaniken** zeuren

zappen ‹a=e› met de afstandsbediening snel tv-programma's wisselend bekijken

zarzue'la ‹u=oe› *v(m)* [gmv] Spaanse stoofpot van vis en groenten

zat *bn & bw (pop.)* dronken; verzadigd; in overvloed; beu; *(plecht.) der dagen* ~, het leven beu

zaterdag *m* laatste dag v.d. week

zatladder [-s], **zatlap** *m* dronkaard

zavel *m/o* klei met zand

ZB, **Z.Br.** zuiderbreedte

z.b.b.h.h. zijn bezigheden buitenshuis hebbende

Z.D. Zijne Doorluchtigheid

ze *vnw* zij, hen, haar, men; ~ *hebben*, rijk zijn; *eet* ~, eet lekker; *maf* ~, slaap lekker

Z.E. Zijne Edelheid; Zijn Eerwaarde

zebede'us ‹zebedeejus› [-sen] *(fig.)* tobber

zeboe *m* [-s] grijsachtig rund met vetbult

zebra *m* [-'s] gestreept paardachtig zoogdier; zebrapad **zebracode** streepjescode **zebrapad** door witte stroken aangegeven oversteekplaats voor voetgangers

zede I *v(m)* [-n] gewoonte **II** *mv* zedelijkheid **zedelijk** *bn & bw* volgens de goede zeden; de zeden betreffende; eerbaar; ~ *lichaam*, rechtspersoon **zedelijkheid** *v* (seksuele) moraliteit **zedeloos** *bn & bw* losbandig, ontuchtig **zedenbederf** ontaarding v.d. goede zeden **zedendelict** zedenmisdrijf **zedendelinquent** wie een zedendelict begaat **zedenkunde** zedenleer **zedenkun'dig** *bn & bw* de zedenleer betreffende, ethisch **zedenleer** leer v. zedelijke plichten **zedenles** vermaning tot deugd; moraal v. fabel **zedenmeester** *m* wie anderen de les leest **zedenmisdrijf** misdrijf tegen de seksuele moraal **zedenpleger** *m* [-s] zedendelinquent **zedenpolitie** politie voor toezicht op de openbare zedelijkheid **zedenpreek** zedenles **zedenroman** roman die de zeden v.e. tijd weergeeft **zedenspreuk** spreuk met zedenles **zedenverbastering**, **zedenverwildering** morele achteruitgang **zedenwet** wet die het zedelijk gedrag regelt; zedelijkheidswet **zedig** *bn & bw* ingetogen; bescheiden; preuts

zee *v(m)* [-ën] zoutwatermassa op aardoppervlakte; deel daarvan; hoge golf; grote menigte; *als eerste deel v.e. ss*: van, voor, in, op, bij of aan zee; ~ *kiezen*, uitzeilen; ~ *bouwen*, op zee varen; *in* ~ *gaan*, iets ondernemen; *recht door* ~, oprecht; *veel* ~, hoge golven **zeeadelaar** visarend **zeeanemoon** fraai gekleurd neteldier **zeearm** smalle inham v.d. zee **zeebanket** lekkere zeevis **zeebenen** *mv* gang als v.e. matroos **zeebeving** *v* beweging v.d. zee tengevolge van aardbeving **zeebonk** *m* gehard zeeman **zeebreker** *m* [-s] golfbreker **zeecadet** adelborst **zeedrift** *v(m)* aangespoelde voorwerpen **zeeduivel** zeevis v.d. soort Lophius piscatorius **zee-egel** stekelhuidig rondachtig zeedier v.d. orde der Echinoidea met aan de buitenkant een kalkskelet **zee-engte** zeestraat

zeef *v(m)* [zeven] werktuig om te zeven; *de* ~ *van Eratosthenes*, methode om een getal in ondeelbare factoren te ontleden **zeefbeen** been met veel gaten boven de neusholte **zeefdruk** het drukken door middel v.e. op zijde of gaas aangebracht sjabloon; een door een dergelijk procédé ontstaan drukwerk

zeeg *v(m)* [zegen] ronding

zeegang deining **zeegat** toegang tot de zee; *het* ~ *uit*, naar zee **zeegezicht** uitzicht op zee; schilderij v.d. zee **zeegod** in zee levende god; Neptunus **zeegodin** in zee levende godin; Amphitrite **zeegras** wier met lange lintvormige bladeren, Lat. Zostera **zeehaan** knorhaan; poon **zeehond** rob v.d. familie der Phocidae **zeehondencrèche** verzorgingscentrum v. zieke zeehonden **zeeklimaat** door de zee beïnvloed klimaat **zeekoe** enigszins op walvis lijkend rolrond plantenetend waterdier v.d. fam. Sirenia **zeekraal** zoutwatergroente met verdikkingen aan de bladeren, Lat. Salicornia

zeel *o* [zelen] draagband

zeeleeuw grootste soort oorrob, Lat. Zalophus californianus **zeelieden** *mv* zeevolk

zeelt *v(m)* karperachtige slijmerige zoetwatervis

zeelui *mv* zeevolk

zeem I *o* zeemleer **II** *m/o* [zemen] lap v. zeemleer **III** *o/m* honing

zeemacht vloot; marine; zeemogendheid **zeeman** *m* [-lieden, -lui] wie ter zee vaart **zeemanschap** *o* kennis v. zeevaart; ~ *gebruiken*, schipperen **zeemansgraf** *een eerlijk* ~, het over boord zetten v.e. overledene **zeemanshuis** tehuis voor zeelieden aan wal **zeemeermin** *v* [-nen] wezen dat half vrouw en half vis is **zeemeeuw** algemene benaming v. meeuwen aan zee **zeemijl** 1851.85 m **zeemijn** in zee gelegde mijn

zeemlap stuk zeemleer **zeemle(d)er** lap zacht leer voor het reinigen van ruiten **zeemleren** *bn* van zeemleer

zeemogendheid mogendheid met oorlogsvloot

zeen *v(m)* [zenen] pees

zeenatie zeevarende natie **zeenimf** aan of in de zee levende nimf **zeeofficier** officier bij

de marine **zeeoorlog** ter zee gevoerde oorlog
zeep *v(m)* [zepen] verbinding van vet met een alkali; *om ~*, dood
zeepaardje *o* rechtopzwemmend zeevisje met een soort paardenkop, Lat. Hippocampus
zeepbel blaas v. schuim; *(fig.)* iets dat maar kortstondig mooi is **zeepkist** kist om zeep te verzenden; wagentje met stuur en rubberbanden
zeepok zich o.a. op palen vastzettend weekdiertje met kalkschaal, Lat. Balanomorpha **zeepolder** op de zee gewonnen polder
zeeppoeder *o/m* zeep in poedervorm **zeepsop** schuimend water met opgeloste zeep **zeepsteen** voor het maken van porselein gebruikte weke steen **zeepzieden** zeep bereiden **zeepziederij'** *v* zeepfabriek
zeer I *o* pijn; pijnlijke plaats; bep. huiduitslag; *oud ~*, oud verdriet of gebrek; *iem. in het ~ tasten*, de pijnlijke plek bij iem. aanraken **II** *bn* pijnlijk, ontstoken; met uitslag **III** *bw* erg, in hoge mate; *ten ~ste*, zeer; *om het ~st*, om strijd
zeerecht recht betreffende zeehandel en zeevaart
zeereerwaarde *bn* titel van pastoor of professor aan seminarie **zeergeleerde** *bn* titel voor doctor
zeerob zeehond; ervaren zeeman **zeerot** ervaren zeeman **zeerover** wie zonder officiële machtiging schepen berooft **zeeroversnest** schuilplaats v. zeerovers
zeerst(e) *zie* **zeer**
zeeschuimer *m* [-s] zeerover **zeeschuimerij'** *v* zeeroverij **zeeslag** *m* gevecht tussen legers op zee **zeesluis** sluis die met de zee in verbinding staat **zeespiegel** oppervlakte v.d. zee **zeester** stekelhuidig dier met stervormig lichaam v.d. orde Asteroidea **zeestraat** zee-engte **zeestuk** zeegezicht **zeevaarder** *m* [-s] zeeman **zeevaart** *v(m)* het varen op zee **zeevarend** *bn* de zee bevarend **zeevast** *bn* bestand tegen schommelingen op zee **zeeverbinding** verbinding over zee **zeeverkenner** padvinder te water **zeeverzekeraar** wie tegen zeeschade verzekert **zeeverzekering** assurantie tegen zeeschade **zeevolk** zeelieden **zeevond** *m* aangespoelde voorwerpen **zeevoogd** vlootvoogd **zeevos** voshaai **zeevruchten** *mv* eetbare schaal- en schelpdieren **zeewaardig** *bn* geschikt om zee te bevaren **zeewaarts** *bw* naar zee **zeeweg** weg over zee **zeewering** *v* wat het land tegen de zee beschermt **zeewezen** wat betrekking heeft op zeevaart **zeewind** wind uit zee **zeewolf** roofvis met sterke kegelvormige tanden, Lat. Anarrhichas lupus **zeezand** door de zee aangespoeld zand **zeezeilen** [zeezeilde, gezeezeild] zeilen op zee **zeeziek** *bn* onwel door zeeziekte **zeeziekte** zich onwel voelen ten gevolge van een schommelend schip **zeezout** zout uit zeewater

zefier I *m* [-en, -s] zachte (zuidwesten)wind **II** *o/m* bep. katoenen stof
zeg *tw* luister, hoor
zege *v(m)* [-s] overwinning; *als eerste deel van ss vaak*: triomf **zegekrans** lauwerkrans
zegel I *o* [-s] ter erkenning in lak of was gedrukte figuur; stempel; gezegeld papier; belasting door middel van zegels; *zijn ~ hechten aan*, bekrachtigen **II** *m* [-s] postzegel, belastingzegel **zegelbewaarder** hoge staatsambtenaar **zegelen** v.e. zegel voorzien **zegellak** lak om te zegelen **zegelmerk** teken v.h. zegel **zegelrecht** zegelbelasting **zegelring** ring met stempel **zegelsnijder** graveur v. zegels
zegen I *m* zegening; heil; voorspoed; gelukkige omstandigheid; *er rust geen ~ op*, het gedijt niet **II** *v(m)* [-s] trekvisnet **zegenbede** heilwens **zegenen** de zegen schenken; begunstigen; loven; *met aardse goederen gezegend*, rijk; *gezegend, (iron.)* opgescheept; *in gezegende omstandigheden*, zwanger **zegening** *v* het zegenen; weldaad; dankbare herinnering **zegenrijk** *bn* rijk aan zegening; voorspoedig **zegenwens** heilwens
zegepalm *m* palm v.d. overwinning **zegepraal** *v(m)* [-pralen] overwinning **zegepralen** triomferen **zegerijk** *bn* veel overwinnend of overwonnen hebbend **zegeteken** trofee **zegetocht** triomftocht **zegevieren** zegepralen
zegge I *v(m)* [-n] eenhuizige grasachtige plant met gevulde driekantige stengel **II** ik verklaar; *~ en schrijve*, let wel
zeggen [zegde/zei, zeiden, gezegd] mondeling (*of fig.* schriftelijk) meedelen; uitspreken; vertellen; bevelen; betekenen; bewijzen; menen; verwijten; erkennen; voorlopig aannemen; *dat is niet gezegd*, dat is niet zeker; *het is wat te ~*, het is wat moois; *willen ~*, betekenen; *hij zeit wat!*, hoor hem!; *o* wat iem. zegt **zeggenschap** *v & o* macht **zegging** *v* uitspraak; uitdrukking **zeggingskracht** gave van goed te spreken **zegje** *o zijn ~ doen*, *(pop.)* meespreken **zegsman** *m* [-lieden, -lui] woordvoerder **zegsvrouw** vr. woordvoerder **zegswijs**, **zegswijze** uitdrukking
zeik *m (plat)* urine; *in de ~ zetten*, spotten met **zeiken** *(plat)* urineren; zaniken; stortregenen **zeikerd** *m* [-s] *(pop.)* wie zanikt **zeiknat** *bn (pop.)* doornat **zeikstraal** *m (schimpn.)* zeurderig persoon; lafaard
zeil *o* vloerzeil; bep. groot mastdoek; wasdoek; bep. geprepareerd doek; *alle ~en bijzetten*, al het mogelijke doen; *onder ~ gaan*, wegvaren, inslapen; *de ~en reven*, inbinden; *het ~ strijken*, onderdoen; *het ~ hoog in de top halen*, royaal leven; *met opgestreken* of *opgezet* of *met een staand ~*, boos; *met een nat ~*, dronken **zeilboot** boot die zeil voert **zeildoek** *o/m* doek voor zeil(en) **zeildoeks** *bn* van zeildoek **zeilen** met zeilen varen; zich zwevend of zwaaiend voortbewegen; *achteruit ~*,

Z

achteruitgaan **zeilend** op zee onderweg **zeiler** *m* [-s] zeilschip; wie zeilt **zeiljacht** *o* sierlijke zeilboot **zeilkamp** *o* kamp voor zeilers **zeilklaar**, **zeilree** *bn* gereed om uit te zeilen **zeilplank** surfplank **zeilschip** schip met zeilen **zeilsport** sport met zeilschepen **zeiltocht** tocht met een zeilschip **zeilvaartuig** zeilschip **zeilvereniging** vereniging voor zeilsport **zeilvliegen** [zeilvliegde, gezeilvliegd] aan een driehoekige vleugel hangend zweefvliegen **zeilwagen** wagen met zeilen **zeilwedstrijd** wedstrijd in het zeilen

zeis *v(m)* maaimes

zeispreuk spreuk waarin iemand sprekend wordt opgevoerd; *Een voorbeeld van een zeispreuk is:'Alle hulp baat', zei de vos en hij slikte een mug in.*,

zeker I *vnw* niet nader genoemd of bekend; bepaald II *bn & bw* stellig; veilig; buiten gevaar; vast overtuigd; waarschijnlijk; *~ van*, vast vertrouwend op **zekeren** beveiligen **zekerheid** *v* het zeker zijn; waarborg, borgtocht, pand **zekerheidshalve** *bw* voor de zekerheid **zekerheidstelling** *v* borgstelling **zekering** *v* apparaatje dat te sterke elektrische stroom verbreekt

zelden *bw* niet vaak **zeldzaam** *bn & bw* zelden voorkomend; buitengewoon **zeldzaamheid** *v* [-heden] het zeldzaam zijn; zeldzaam iets

zelf *vnw* in eigen persoon; op zichzelf; *als eerste deel van ss vaak*: van zichzelf, met betrekking tot zichzelf **zelfaanvulling** het zichzelf aanvullen **zelfbedieningswinkel** winkel waarin de klant zelf de goederen neemt en aan de uitgang afrekent **zelfbehagen** voldoening over zichzelf **zelfbeheersing** *v* [gmv] het zichzelf beheersen **zelfbehoud** zorg dat men in leven blijft **zelfbeschikkingsrecht** recht om zelf te beslissen welke regering men wenst **zelfbestuur** zelfstandig bestuur **zelfbevrediging** *v* masturbatie **zelfbewust'** *bn* met besef van eigenwaarde **zelfbewustzijn** het zichzelf bewust zijn **zelfbinder** *m* [-s] das die men zelf strikt; maaimachine die het graan ook bindt

zelfde *bn* ermee identiek; gelijk

zelfdoding *v* [-en] zelfmoord **zelfgenoeg'zaam** *bn* met zichzelf tevreden **zelfgevoel** zelfbewustzijn **zelfhulp** het zichzelf redden of bij een gezamenlijk probleem anderen helpen zonder professionele begeleiding **zelf'in'genomen** *bn* zelfgenoegzaam **zelfkant** *m* dikke rand v. weefsel; buitenkant; grensgebied; *de ~ van de samenleving*, wie niet past in de geordende maatschappij **zelfklevend** *bn* klevend zonder dat het vlak te voren vochtig gemaaakt moet worden **zelfkritiek** kritiek op zichzelf **zelfmoord** het doden van zichzelf **zelfontbranding** ontbranding uit zichzelf **zelfontspanner** *m* [-s] apparaat om sluiter v.e. fototoestel automatisch te bedienen **zelfportret** portret van zichzelf **zelfred'zaamheid** *v* het zichzelf kunnen helpen **zelfregistrerend** *bn* automatisch registrerend **zelfregulering** *v zie* **homeostase**; **zelf'rei'nigend** *bn* in staat zichzelf schoon te maken; gemakkelijk schoon te maken **zelfrespect** respect voor zichzelf **zelfrijzend** *bn* zonder gist rijzend

zelfs *bw* ook; bovendien

zelfspot spot met zichzelf **zelfstan'dig** *bn & bw* onafhankelijk; *(taalk.)* zelfstandigheden aanduidend **zelfstan'digheid** *v* [-heden] onafhankelijkheid; ding **zelfstrijd** innerlijke strijd **zelf'strij'kend** *bn* kreukherstellend **zelfstudie** studie zonder leermeester **zelfverbranding** *v* het zichzelf doden door verbranding; het verteren van menselijke of dierlijke weefsels na opbruiken van reservestoffen **zelfvertrouwen** vertrouwen op zichzelf **zelfverwijt** verwijt tegenover zichzelf **zelfverze'kerd** *bn* vol zelfvertrouwen **zelfvoldaan'** *bn* zelfgenoegzaam **zelfvoldoening** *v* het zelfvoldaan zijn **zelfwerkend** *bn* automatisch **zelfwerk'zaamheid** *v* het zelf denken **zelfzucht** *v(m)* baatzucht **zelfzuch'tig** *bn & bw* baatzuchtig

zeloot' *m* [-loten] wie blindelings bep. (godsdienstige) ideeën aanhangt

Z.Em. Zijne Eminentie

zemel I *m* [-en] bolster v. gemalen graan II *m-v* [-s] zeur **zemelaar** *m* [-s] zeurpiet **zemelen** zaniken **zemelig** *bn & bw* met zemelen erdoor; zeurig

zemen I *ww* reinigen met een zeem II *bn* van zeemleer **zemig** *bn* als zeem

zen *m* Oost-Aziatisch vooral meditatie beoefenend boeddhisme

zendamateur wie als liefhebberij radioboodschappen uitzendt **zendantenne** antenne v.e. radiozendinstallatie **zendapparatuur** voor radio- of televisie-uitzending dienende apparatuur **zendbrief** herderlijk schrijven **zendeling** *m* prot. evangelieverkondiger onder de heidenen **zen'deling-arts** [-en] zendeling die tevens arts is **zenden** [zond, gezonden] sturen **zender** *m* [-s] wie zendt; radiostation; televisiestation **zenderhoppen** [zenderhopte, gezenderhopt] snel tussen zenders schakelen, zappen **zenderkleuring** het bestemmen v.e. zenderkanaal voor bep. programma's **zendgemachtigde** wie gemachtigd is tot radio- of televisie-uitzending **zending** *v* het zenden; wat gezonden wordt; werk v.d. zendelingen; opdracht **zendinstallatie** zendapparatuur **zendmast** mast met zendantenne **zendstation** plaats vanwaar draadloos uitgezonden wordt **zendtijd**, **zenduur** voor uitzendingen toegestane tijd **zendvergunning** vergunning voor gebruik v.e. zendinstallatie

zeneblad, **zenegroen** *o* lipbloemige kruipplant met blauwpaarse bloemen, Lat. Ajuga reptans

zeng *v(m)* [-en] *(mar.)* plotselinge

kortstondige aanwakkering v.d. wind **zengen** schroeien
zenig *bn* veel pezen bevattend
zenit *o* toppunt (a.d. hemel)
zenuw I *v(m)* vezel in het lichaam die impulsen doorgeeft van en naar de hersenen **II** *mv* psychische gesteldheid, zenuwachtigheid; *het op de ~en hebben*, zenuwachtig zijn; *op de ~en werken*, prikkelen; *op zijn ~en leven*, bijna overspannen zijn; *als eerste deel v.e. ss vaak*: v.d. zenuwen **zenuwachtig** *bn & bw* nerveus **zenuwarts** arts voor zenuwziekten **zenuwbehandeling** tandheelkundige behandeling met verdoving v.d. wortel **zenuwcentrum** centrum v. zenuwstelsel **zenuwcrisis** zenuwtoeval **zenuwenoorlog** zenuwoorlog **zenuwgas** het zenuwgestel aantastend gifgas **zenuwgestel** zenuwstelsel, psychische gesteldheid **zenuwinrichting** inrichting voor zenuwlijders **zenuwinzinking** *v* neerslachtige gemoedstoestand **zenuwknoop** knoopje van zenuwweefsel; *(pop.)* zenuwachtig iem. **zenuwlijder** *m* lijder aan zenuwziekte **zenuwoorlog** actie om de geest v.e. volk te breken **zenuwpatiënt** zenuwzieke **zenuwpees** *(fam.)* zenuwachtig iem. **zenuwpijn** pijn in een zenuw **zenuwschok** hevige zenuwaandoening **zenuwslo'pend** *bn* slecht voor de psychische gesteldheid **zenuwstelsel** de zenuwen **zenuwtoeval** het bewusteloos worden door zenuwaandoening **zenuwtrekking** onwillekeurige beweging v.e. spier **zenuwverlamming** verlamming door zenuwaandoening **zenuwziek** *bn* lijdend aan zenuwziekte
zepen met zeep bestrijken **zeper** *m* [-s] zeepzieder **zeperd** [-s] flater; schandelijke nederlaag **zeperij'** *v* zeepziederij
zeppelin ‹z=z *of* dz› *m* [-s] sigaarvormig luchtschip
zerk *v(m)* steenplaat op graf
zero' *telw.* nul
zerp *bn* wrang
zes *telw & v(m)* [-sen] 6; *van ~sen klaar*, bijdehand **zes'daags'** *bn* zes dagen durend; om de zes dagen **zesde** *telw* nummer zes; 1/6 **zesde-eeuws** *bn* uit de 6e eeuw **zeshoek** veelhoek met zes zijden **zeskant** *o* zeshoek **zesmeter** *m* [-s] zeiljacht van 6 m lang **zestal** *o* zes stuks of personen; ploeg met zes spelers **zestallig** *bn* met zes als grondtal **zestien** *telw* 16 **zestiende-eeuws** *bn* uit de 16e eeuw **zestienme'tergebied** rond het doel gelegen deel v.e. voetbalveld waarbinnen strafschoppen genomen worden **zestig** *telw* 60; *ben je ~*, ben je gek? **zestiger** *m* [-s] iem. van ongeveer 60 jaar **zestigplus'ser** *m-v* [-s] wie zestig jaar of ouder is **zestigplus'kaart** reductiekaart voor wie zestig jaar of ouder is **zesvlak** *o* [-ken] door zes vlakken begrensd lichaam
zet *m* [-ten] het zetten; het verzetten v.e. stuk; duw; (verstandige) daad; snedig gezegde; sprong; *in één zet*, aan één stuk **zetbaas** zaakbeheerder **zetduiveltje** *o* *(scherts.)* oorzaak van zetfouten
zetel *m* [-s] zitplaats; plaats van vestiging; plaats in vertegenwoordigend lichaam **zetelen** gezeten zijn; gevestigd zijn
zetfout drukfout **zethaak** werktuig v.d. letterzetter om er een bep. aantal regels in te zetten; werktuig om balken te versjouwen **zetlijn** vislijn met zijlijntjes **zetmeel** in planten gevormd koolhydraat **zetpil** pil die in de endeldarm gebracht wordt **zetsel** *o* wat men ineens zet; bezinksel; regels gezette letters **zetten** plaatsen; bereiden; vatten; een stuk verplaatsen; richten; verdragen; (v.e. gezicht) trekken; zetsel maken; in de juiste vorm in een verband voegen; *(muz.)* arrangeren; wagen; verwedden; *een vuist ~*, met de vuist dreigen; *het op een ... ~*, beginnen te ...; *dat zet ik je*, ik wed dat je het niet kunt; *betaald ~*, wreken; *zich ~*, gaan zitten, zich vormen; *zich over iets heen ~*, ergens niet meer aan denken; *zich ~ tot*, met ernst beginnen; *(sp.) een doelpunt ~*, een doelpunt maken **zetterij'** *v* werkplaats v. letterzetter **zetting** *v* het zetten; muzikaal arrangement; wijze waarop een edelsteen in een juweel is vastgemaakt; het verzakken v. metselwerk **zetwerk** *o* het zetten v. letters
zeug *v* vr. varken
zeugma ‹dzuigma› *(taalk.)* *o* [-'s] bep. overspannen samentrekking
zeulen voortslepen; voortsjouwen
zeur *v(m)* zeurkous **zeuren** zaniken **zeurkous** *v(m)*, **zeurpiet** *m* wie zeurt **zeurstem** zeurige stem
zeven I *ww* ziften **II** *telw* 7 **zevenboom** sterk giftige juniperus met opstijgende takken, Lat. Juniperus sabina **zevende** *telw* nummer zeven; 1/7 **zevende-eeuws** *bn* uit de 7e eeuw **zevenklapper** *m* [-s] vuurwerk dat zevenmaal knalt **zevenmaands** *bn* in de zevende maand v.d. zwangerschap geboren **zevenmijls'laarzen** *mv met ~*, zeer vluchtig **zevenslaper** *m* [-s] relmuis **zevensprong** volksdans waarbij een lied met telkens het woord zeven gezongen wordt **zeventien** *telw* zeven en tien
zeventiende-eeuws *bn* uit de 17e eeuw **zeventig** *telw* zeven maal tien **zeventiger** *m* [-s] iem. van ongeveer 70 jaar **zeventigplus'ser** *m-v* [-s] wie zeventig jaar of ouder is
zever *m* speeksel; kwijl **zeveraar** *m* [-s] wie zevert **zeveren** *ww* wauwelen; zaniken; kwijlen
Z.Exc. Zijne Excellentie
ZFW Ziekenfondswet
z.g. zaliger gedachtenis; zogenaamd
z.g.a.n. zo goed als nieuw
zgn. zogenaamd
Z.H. Zijne Hoogheid; Zijne Heiligheid
Z.-H. Zuid-Holland
Z.H.E Zijne Hoogwaardige Excellentie
z.h.s. zonder hoofdelijke stemming

z.i. zijns inziens
zich *vnw* dezelfde als het onderwerp *(ook als deel v. vaste uitdrukkingen)*; *op ~*, op zichzelf
zicht I *v(m)* kleine zeis **II** *o* het zien; uitzicht; *op ~*, om te bezien, op vertoon v.d. wissel **zichtbaar** *bn & bw* te zien; duidelijk **zichten** met de zicht afmaaien **zichtkoers** koers v. wissels die op vertoon betaalbaar zijn **zichtlokatie** opvallende plaats om te wonen of te bouwen **zichtzending** *v* het op zicht gestuurde
zichzelf' *vnw* zich; *buiten ~*, uitzinnig; *van ~ vallen*, flauwvallen
ziedaar' *tw (plecht.)* dat is; dat zijn; daar!
zieden [ziedde, gezoden] koken **ziedend** *bn* kokend; *(fig.)* zeer boos
ziehier' *tw (plecht.)* dit is; dit zijn; hier!
ziek *bn* lichamelijk onwel; aangestoken **ziekbed** bed van zieke; ziekte **ziekelijk** *bn* ongezond; niet normaal; onnatuurlijk **zieken** *ww* treiteren; *als eerste deel v. ss vaak*: van of voor zieken of een zieke **ziekenboeg** ziekenafdeling **ziekenbroeder** verpleegkundige **ziekenfonds** fonds ter verzekering in geval v. ziekte **ziekenfondsbril** kleine bril met stalen montuur en ronde glazen **ziekenfondspakket** geheel van voorzieningen dat door het ziekenfonds wordt vergoed **ziekengeld** bep. uitkering in geval v. ziekte **ziekenhuis** inrichting voor verzorging van zieken **ziekenverzorging** beroepsmatige hulp aan en verpleging van zieken **ziekenwagen** auto voor vervoer van zieken **ziekenzalving** *(r.-k.)* zalven met H. Olie **ziekmelding** *v* melding v. ziekte bij bevoegde instantie **ziekte** *v* [-n, -s] het ziek zijn; ziekelijke neiging of gewoonte **ziektebeeld** totaal v.d. waarneembare ziekteverschijnselen **ziektegeld** uitkering op grond van ziektewet **ziektekiem** ziekte veroorzakende microbe **ziektekosten** kosten ten gevolge v.e. ziekte **ziekteproces** verloop v.e. ziekte **ziekteverlof** verlof wegens ziekte **ziekteverschijnsel** verschijnsel dat zich bij een ziekte voordoet **ziekteverzuim** verzuim wegens ziekte **ziektewet** wet over verzekering van werknemers tegen ziekte
ziel *v(m)* onstoffelijk deel v.d. mens; zijn innerlijk; persoon; sukkel; het voornaamste; drijfkracht; deuk in bodem v.e. fles; ruimte voor een projectiel; vliezig deel v.d. schacht v.e. veer; spil v.e. weversspoel; *met hart en ~*, met zijn gehele wezen; *ter ~e*, dood; *zijn ~ en zaligheid verkopen*, alles opofferen; *met zijn ~ onder zijn arm lopen*, zich vervelend rondlopen; *zijn ~ in lijdzaamheid bezitten*, geduldig zijn **zielenadel** edelaardigheid **zielengrootheid** zielenadel **zielenheil** heil v.d. ziel met betrekking tot het leven na de dood **zielenherder** zielzorger **zielenknijper** *m* [-s] *(spot.)* psycholoog **zielenleed**, **zielenlijden** innig leed **zielenpijn** zielenleed **zielenrust** gemoedsrust; het zalig worden **zielental** aantal inwoners ***zielepiet** *(Wdl. zielenpiet) m* [-en] *(pop.)* zielig iem. ***zielepoot** *(Wdl. zielenpoot) (pop.)* stakkerd **zielig** *bn & bw* jammerlijk **zielkunde** *v* wetenschap v.d. ziel **zielkun'dig** *bn & bw* betreffende of volgens de zielkunde **zielloos** *bn* zonder ziel; levenloos **ziels-** *in ss vaak*: innig; hevig, zeer **zielskracht** kracht van wil of gemoed **zielsverheffing** streven v.d. ziel naar het hogere **zielsverhuizing** het overgaan v.d. ziel naar een ander lichaam **zielsverrukking**, **zielsvervoering** *v* opgetogenheid **zielsverwant** *bn* verwant naar het zielenleven **zielsverwantschap** verwantschap naar het zielenleven **zielsziek** *bn* geestesziek **ziel(s)zorg** werk voor zielenheil **ziel(s)zorger** *m* [-s] wie geestelijke leiding geeft **zieltogen** op sterven liggen
zien [zag, gezien] waarnemen met de ogen; kijken; begrijpen; merken; nadenken; letten; uitzicht geven; beleven; een zeker uiterlijk hebben; *het niet ~*, de oplossing niet zien; geen uitkomst zien; *niet kunnen ~*, niet kunnen uitstaan; *~ te*, proberen te; *~ op*, betreffen; *graag ~*, houden van; *laten ~*, tonen; *gezien mogen worden*, mooi of goed zijn; *zich laten ~*, komen; *dat wil ik toch wel* of *nog eens ~*, dat geloof ik niet; *eruit ~*, een zeker uiterlijk hebben **zienderogen** *bw* duidelijk **ziener** *m* [-s] profeet **zieneres'** *v* [-sen] profetes **zienswijs**, **zienswijze** opvatting
zier *geen ~(tje)*, niets
ziezo' *tw* klaar!
zift *v(m)* zeef **ziften** zeven; vitten
zigeu'ner *m* [-s] lid v. bep. rondtrekkend volk **zigeu'nerleven** zwervend leven
zigzag I *m* [-s] zigzaglijn **II** *bw* in zigzaglijn **zigzaggen** in zigzaglijn gaan **zigzaglijn** lijn met uit- en inspringende hoeken **zigzagsteek** naaisteek in zigzaglijn
zij I *vnw* ze **II** *v* vrouwelijk individu **III** *v(m)* zijde; *als eerste deel v.e. ss vaak*: aan de zijkant **zijaanzicht** gezicht v.d. zijkant **zijachtig** *bn* zijdeachtig **zijbeuk** *m* ruimte in kerk in de lengterichting naast middenschip
zijd *bw wijd en ~*, alom
zijde *v(m)* [-n] grensvlak; grenslijn; zijkant, kant, zij; richting; partij; lichaamsdeel aan de zijkant; boven- en onderkant v. plat dun lichaam; spinsel v. zijderups; weefsel daarvan; *zij(de) spek*, spek v. zijde van varken; *ter zijde leggen*, voorlopig laten rusten; *zwakke ~*, zwak punt; *op zijn ~*, op zijn hand; *(toneel) ter ~*, niet gericht tot een andere speler; *er geen ~ bij spinnen*, er niet veel mee verdienen **zijdeachtig**, **zijachtig** *bn* op zijde lijkend **zijdecultuur** het kweken van zijderupsen **zij(de)lings** *bn & bw* van terzijde; niet rechtstreeks **zijden** *bn* (als) van zijde; *(pop.) hoge ~*, hoge hoed **zijdeplant** sierplant met zijige haren aan de zaden, Lat. Asclepias **zijderups** rups die zijde oplevert **zijdeteelt** zijdecultuur
zijdeur deur opzij; *(fig.)* gelegenheid om

ongemerkt te ontkomen **zijgang** gang ter zijde; dwarsgang
zijgen [zeeg, gezegen] filtreren; *(schr.)* neerdalen
zijig *bn* als (van) zij
zij-ingang ingang aan de zijkant v.e. gebouw **zijkanaal** tak v. kanaal **zijkant** *m* zijvlak **zijlaan** ter zijde voerende laan **zijligging** het op de zijde liggen **zijlijn** vertakking v. hoofdlijn; zijgrenslijn **zijlings** *bn & bw* zijdelings **zijlinie** afstammelingen v. broers- of zusterskinderen
zijn I *vnw* van hem **II** *ww* [was, waren, geweest] bestaan; zich bevinden; gebeuren; schelen; leven; aanwezig zijn; (doet ook dienst als koppelww met vage bet. en vormt voltooide tijden); *er ~ mogen*, goed zijn; *er ~*, het doel bereikt hebben; *~ aan*, met de behandeling gekomen zijn tot aan; *er aan toe ~*, in een toestand zijn; *weten waar men aan toe is*, de vooruitzichten met betrekking tot zichzelf kennen; *~ van*, behoren aan; *'m ~*, bij spel bepaalde opgave moeten volbrengen **zijnerzijds** *bw* van zijn kant
zijnet net aan zijkant **zijpad** pad ter zijde af; *(fig.)* verkeerd pad **zijrivier** bijrivier **zijspan, zijspanwagen** lichte wagen op zij v.e. motorrijwiel **zijspiegel** spiegel aan de zijkant v.e. voertuig **zijspoor** *o* vertakking v.d. hoofdlijn; *op een ~ zetten*, uitrangeren **zijstraat** dwarsstraat **zijtak** bijtak; zijlijn **zijwaarts** *bn & bw* ter zijde **zijweg** ter zijde voerende weg; niet rechtstreeks tot het doel leidende weg **zijwiel** steunwieltje aan weerszijden v.e. fiets **zijwielreflector** reflector aan de zijkant v.e. fietswiel
zilt *bn* zoutachtig; *het ~e nat*, de zee **ziltig** *bn* enigszins zilt
zilver *o* blank edel metaal; zilverwerk; zilverwitte kleur; als eerste deel v. plant- en diernamen slaat het vaak op de zilverachtige kleur **zilverachtig** *bn* als zilver **zilverader** [-s] ader v. zilvererts **zilveren** *bn* (als) van zilver; 25-jarig **zilvererts** zilver bevattend erts **zilvergehalte** gehalte aan zilver **zilvergeld** zilveren geld **zilverglans I** *m* het glanzen van (*of:* als) zilver **II** *o* bep. zilvererts **zilverkleurig** *bn* zilverwit van kleur **zilverling** *m* in de bijbel genoemde zilveren munt **zilvermeeuw** kleine zilverkleurige meeuw, Lat. Larus argentatus **zilverpapier** dun bladtin **zilverpoets** *o* middel om zilver te poetsen **zilverschoon** *o* plantje met witachtig behaard blad, Lat. Potentilla anserina **zilversmid** *zie* **goudsmid**; **zilverstuk** zilveren geldstuk **zilveruitje** *o* [-s] klein zilverkleurig uitje **zilvervliesrijst** ongepelde rijst **zilvervloot** *(fig.)* grote verwerving v. geld ineens **zilvervos** zwarte vos met witte haaruiteinden **zilverwerk** zilveren voorwerp
zin *m* [-nen] geestelijke vermogens; gedachte; zintuig; verstand; gevoel; trek; verlangen; mening; opzicht; betekenis; volzin; *van ~s*, van plan; *zijn ~nen zetten op*, hevig begeren
zindelijk *bn & bw* rein; zich niet meer bevuilend met zijn behoeften
zinderen trillen v. warmte
zingen [zong, gezongen] met de stem afwisselende tonen voortbrengen; dichten; geluid doen horen vlak voor het koken
zingenot genot v.d. zinnen **zingeving** *v* het geven v. betekenis
zingzeggen [zingzegde, gezingzegd] zingend spreken
zink *o* enigszins blauwachtig metaal **zinken I** *ww* [zonk, gezonken] (weg)zakken **II** *bn* van zink **zinker** *m* [-s] buisleiding onder water; bezwaring om te doen zinken **zinkerts** zink bevattend erts **zinklood** peillood; lood ter verzwaring **zinkografie'** *v* [-ën] het etsen of graveren op zink, zinkdruk **zinkput** put zonder gemetselde bodem; *in de ~*, verloren **zinkstuk** bij dijkbouw gebruikt bezwaard vlechtwerk **zinkwit** zink bevattende witte verfstof **zinkzalf** zink bevattende zalf
zinle'dig *bn* zonder betekenis **zinloos** *bn* zinledig
zinnebeeld teken dat iets geestelijks door iets stoffelijks voorstelt **zinnebeel'dig** *bn & bw* in zinnebeelden **zinnelijk** *bn & bw* met de zinnen; zinsgenot beminnend; wulps **zinneloos** *bn & bw* bewusteloos; gek
zinnen [zon, gezonnen] peinzen; [zinde, gezind] aanstaan
zinnenprik'kelend *bn* zinnelijke lust opwekkend of versterkend **zinnenwereld** het stoffelijke
zinnia *v(m)* [-'s] eenjarige samengesteldbloemige tuinplant
zinnig *bn* verstandig
zinrijk *bn & bw* vol betekenis; geestig **zinsbedrog, zinsbegoocheling** *v* misleiding door waarneming met de zintuigen **zinsbouw** bouw v.d. volzin **zinsdeel** deel v. volzin **zinsnede** deel v. zin **zinsontleding** *(taalk.)* ontbinding in zinsdelen en het benoemen ervan **zinspelen** [zinspeelde, gezinspeeld] *~ op*, bedektelijk aanduiden **zinspreuk** leus **zinsverband** betrekking tussen zinnen; verband met omgevende tekst **zinsverbijstering** *v* krankzinnigheid **zinsverrukking, zinsvervoering** extase **zinswending** uitdrukking
zintuig *o* waarnemingsorgaan; *(fig.)* gevoel **zintuig'lijk** *bn & bw* van of met een zintuig **zin'verwant'** *bn* naar de betekenis verwant **zinvol** *bn* van betekenis
zionis'me *o* het streven v.d. joden om een eigen staat te stichten in Palestina **zionis'tisch** *bn* van of betreffende of volgens het zionisme
zirkoon' *m* [-konen] glinsterende imitatiediamant
zit *m* het zitten; *(pop.)* zetel; *het was een hele ~*, het duurde lang **zitbad** zittend genomen bad; korte badkuip daarvoor **zitbank** bank **zitdag** dag waarop zitting wordt gehouden **zitelement** afzonderlijk en als deel v.e. bank te gebruiken meubel **zithoek** deel v.

huiskamer om gezellig te zitten **zitje** plekje waar men zitten kan; tafeltje met enige stoelen; kinderstoeltje **zitkamer** huiskamer **zitkuil** aangebrachte verlaging in kamer of tuin **zitplaats** plaats om te zitten **zitslaapbank** tot slaapbank om te vormen zitbank **zitslaap'kamer** zitkamer waar men ook slaapt **zitstaking** *(Belgned.)* sit-downstaking **zitten** [zat, gezeten] gezeten zijn; zich bevinden; zijn; in de gevangenis zijn; passen; treffen; het doelvlak gepasseerd zijn; broeden; poseren; bevestigd zijn; *laten ~*, in de steek laten; *blijven ~*, doubleren, achterblijven, geen man krijgen; *erop ~*, te doen zijn, afgewerkt zijn; *op de centen ~*, gierig zijn, op geld uit zijn; *het zit eraan*, er is geld genoeg voor; *met iets ~*, niet weten wat ermee te beginnen; *~ in*, een gevolg zijn van; *erin ~*, te verwachten zijn; *het er niet bij laten ~*, maatregelen nemen; *op zich laten ~*, zich laten welgevallen; *het zit me tot hier*, ik heb er genoeg van; *daar zit niet veel bij*, hij is niet bij de hand; *dat zit nog*, dat is nog de vraag; *die zit!*, raak!; *laat maar ~*, je hoeft me niet te betalen; *het zien ~*, iets positiefs in een plan zien **zittenblijver** *m* [-s] doubleur **zittend** *bn* gezeten; waarbij men veel zit; zonder helmdraden of stelen of stijltjes; *~e magistratuur*, rechtsprekende groep bij de rechtspraak **zitting** *v* zitplaats; vergadering; zittingstijd; *~ hebben* of *nemen*, lid zijn *of* worden **zitvlak** achterste **zitvlees** *geen ~ hebben*, niet kunnen blijven zitten

z.j. zonder jaartal

z.k. zonder kinderen

Z.K.H. Zijne Keizerlijke *of* Koninklijke Hoogheid

z.k.m. zoekt kennismaking met

Z.K.M. Zijne Keizerlijke *of* Koninklijke Majesteit

zloty *m* [-'s] munt en munteenheid van Polen

ZM *(jur.)* zittende magistratuur

Z.M. Zijne Majesteit

z.m.l.k. zeer moeilijk lerende kinderen

z.m.o.k. zeer moeilijk opvoedbare kinderen

Zn zoon; *(schei.)* zink

znw. zelfstandig naamwoord

zo I *v(m)* [-den] zode **II** *v(m)* [zooien] zooi **III** *bw* aldus; zodanig; op deze of die wijze; in deze of die mate; in hoge mate; direct; pas; *~ te zien*, naar de eerste indruk; *~ meteen*, binnen zeer korte tijd **IV** *tw* ha!; V **V** *vgw* zoals; indien; naar; *~ maar*, zonder bijbedoeling of aarzeling of reden; *ook ~*, ook zonder nadere verklaring; *~ ~*, tamelijk, niet bijzonder

ZO zuidoost

zoab zeer open asfaltbeton

zo'al' *bw* onder meer **zoals'** *vgw* evenals

ZOAVO Zuidoost-Aziatische Verdragsorganisatie **zo'da'nig** *vnw* zulk; *als ~*, in die hoedanigheid **zodat'** *vgw* met het gevolg dat

zode *v(m)* [-n] graszode; *onder de groene ~n liggen*, begraven zijn; *~n aan de dijk zetten*, helpen

zodiak *m* dierenriem

zodoen'de *bw* op die manier **zodra'** *vgw* zo gauw als

zoeaaf' *m* [-aven] *(gesch.)* pauselijke vrijwilliger; lid v.d. Vaticaanse ordedienst

zoek *bw* te zoeken; weg; *op ~*, zoekende; *~ raken*, [raakte zoek, zoek geraakt] verloren gaan **zoekactie** gezamenlijk pogen om iets of iem. te vinden of op te sporen **zoekbrengen** verloren doen gaan **zoeken** [zocht, gezocht] trachten te vinden of te krijgen; beogen; proberen; steeds proberen iem. dwars te zitten; *achter iem. ~*, van iem. vermoeden; *naar zijn woorden ~*, niet gemakkelijk spreken **zoeker** *m* [-s] wie zoekt; toestelletje aan camera ter controle v. beeldvlak; hulpkijker **zoeklicht** draaibare geconcentreerde lichtbundel **zoekmaken** [maakte zoek, zoekgemaakt] doen verloren gaan; wegmaken; verliezen; besteden **zoekplaatje** plaatje met moeilijk te ontdekken figuurtjes

zoel *bn & bw* lekker warm; vochtig-warm **zoelte** *v* zoele atmosfeer

zoemen gonzen **zoemer** *m* [-s] toestel dat d.m.v. een elektromagneet een zoemend geluid maakt

zoen *m* door gevoelens geleide aanraking met de lippen **zoenen** kussen; verzoenen; *om te ~*, heerlijk **zoenoffer** offer ter verzoening

zoet I *bn & bw* van aangename smaak; niet-zout; niet-zuur; niet-bitter; aangenaam; gehoorzaam **II** *o* het aangename **zoetekauw** *m-v* wie van zoetigheden houdt **zoetekoek'** *voor ~ opeten*, zich laten welgevallen **zoe'temelk'** melk **zoeten** zoet maken; glad schaven; polijsten **zoeterd** *m* [-s] lieverd **zoethoudertje** *o* [-s] halve tevredenstellende maatregel **zoethout** bep. wortelstok **zoetig** *bn* enigsz. zoet **zoetigheid** *v* [-heden] het zoet zijn; iets zoets **zoetje** *o* tabletje zoetstof; iets zoets **zoetjes** *bw* zachtjes **zoetmiddel** wat zoet maakt **zoetsap'pig** *bn & bw* laf; overdreven vriendelijk **zoetschaaf** fijne schaaf **zoetstof** *v(m)* zoetmiddel **zoetvijl** fijne vijl **zoetvijlen** [zoetvijlde, gezoetvijld] fijn afvijlen **zoetwater-** (geeft aan dat de wezens in zoet water leven) **zoetzuur I** *bn* zoet en zuur tegelijk **II** *o* in azijn en suiker ingemaakte vruchten

zoeven dof suizen

***zoëven** *(Wdl. zo-even) bw* korte tijd geleden

zog *o* moedermelk; kielwater; *in iemands ~ varen*, iem. volgen **zogen** laten zuigen; met moedermelk voeden; iem. langdurig plagen

zo'genaamd' *bn & bw* al dan niet ten onrechte de naam dragend van; voorgevende; quasi **zogezegd'** *bn & bw* zo goed als; om zo te zeggen **zogoed'** *~ als*, bijna **zojuist'** *bw* zoëven **zolang' I** *vgw* al de tijd dat **II** *bw* ondertussen

zolder *m* [-s] bovenste ruimte v.e. gebouw;

zoldering; *op zijn achterste ~ jagen*, krenken, zeer bang maken; *een papieren ~tje*, dunne ijskorst **zolderdeur** deur naar de zolder **zolderen** op zolder brengen; plafonneren **zoldergat** opening waardoor men op zolder komt **zoldering** *v* bovenvloer; balkenplafond **zolderkamer** kamer op zolder **zolderluik** het zoldergat afsluitend luik **zolderraam** klein raam in het dak **zolderschuit** vrachtschuit met plat dek **zoldertrap** trap naar zolder

zolen van zolen voorzien

zomaar *bw* zonder (voldoende) aanleiding

zombie *m* [-s] uit de dood opgestaan mens zonder wil of spraakvermogen

zome'de *vgw* alsmede

zomen van een zoom voorzien

zomer *m* [-s] jaargetijde van 21 juni tot 22 september; warm weer; warm jaargetijde; *(zegsw. mv)* jaren; *de ~ des levens*, de middelbare leeftijd **zomeraardappel** vroege aardappel **zomera'vond** avond v.e. zomerse dag **zomerbed(ding)** bed waardoor een rivier in de zomer stroomt bij gewoon hoog water **zomerdag** dag v.d. zomer; zomer **zomerdienst** dienstregeling voor de zomer **zomerdijk** dijk langs zomerbed **zomeren** zomer zijn **zomergast** gast die 's zomers komt; vogel die ergens in de zomer verblijf houdt **zomergoed** zomerkleren **zomergraan** graan dat in het voorjaar gezaaid wordt **zomergroente** 's zomers voorradige groente **zomerhuisje** tuinhuisje; vakantiehuisje; prieel **zomerkade** dijk langs zomerbed **zomerkleed** [gmv] geheel van vacht of veren in de zomer **zomerkoninkje** *o (scherts.)* aardbei **zomermaand** juni; maand in de zomer **zomernacht** nacht in de zomer **zomerpeil** normaal peil voor polders in de zomer **zomerrogge** *zie* **zomergraan**; **zomers** *bn* als in de zomer **zomerseizoen** zomer **zomersproeten** *mv* in de zomer verschijnende sproeten **zomertarwe** *zie* **zomergraan**; **zomertijd** tijd v.d. zomer; bep. tijdregeling om economische redenen voor de zomer **zomeruniversiteit** in de zomer door een universiteit aangeboden (reeks van) cursus(sen) naast het reguliere programma **zomervakantie** vakantie in de zomer **zomerverblijf** verblijf voor de zomer **zomerweer** zomers weer **zomerzegel** in de zomer uitgeven postzegel met een heffing voor bijzondere doeleinden **zomerzon** warme zon v.d. zomer

zomin' *bw* evenmin

zomp *v(m)* moeras

zon *v(m)* [-nen] licht en warmte uitstralend hemellichaam; zonnestralen; *het land v.d. rijzende ~*, Japan; *de ~ niet van zich laten schijnen*, gierig zijn; *de ~ in het water kunnen zien schijnen*, niet afgunstig zijn; *de opgaande ~ aanbidden*, de partij die aan de macht komt vleien

zo'n *vnw* zulk een

zonaal' *bn & bw* tot een zone behorend; op zones betrekking hebbend

zonaanbidder liefhebber v.d. zon; wie de zon als een godheid beschouwt

zondaar *m* [-s, -daren] wie gezondigd heeft **zondaarsbankje** *o op het ~ zitten*, zijn schuld bekennen

zondag eerste dag v.d. week **zondags** *bn & bw* de zondag betreffend; voor de zondag; op een of elke zondag; *op zijn ~*, in zijn beste kleren **zondagsblad** krant die voor iedere zondag verschijnt **zondagsdichter** vrijetijdsdichter **zondagsdienst** dienst op zondag **zondagsheiliging** godsdienstige viering v.d. zondag **zondagsjager** slecht jager **zondagskind** kind dat op zondag is geboren; gelukskind **zondagskost** lekker eten (als) op zondag **zondagsrijder** wie weinig en langzaam autorijdt **zondagsrust** het zich onthouden van werk op zondag **zondagsschilder** amateuristisch schilder **zondagsschool** stichtelijk onderwijs aan kinderen op zondag **zondagssluiting** het gesloten zijn op zondag **zondagsviering** het vieren v.d. zondag

zondares' *v* [-sen] vr. zondaar

zonde *v(m)* [-n] vrijwillige overtreding van goddelijke of kerkelijke wet; *(pop.)* jammer; *~ en jammer*, *(pop.)* erg jammer; *~ en schande*, diep te betreuren; *het is ~ geld*, het is jammer v.h. geld dat het kost(te) **zondebesef** besef van zondigheid **zondebewustzijn** bewustzijn gezondigd te hebben **zondebok** *m (fig.)* wie van alles de schuld krijgt **zondelast** *m* druk der zonde(n) **zondeloos** *bn* zonder zonde

zonder *vz & bw* buiten; niet met; niet voorzien van; *~ meer*, zo maar

zonderegister lijst van tekortkomingen

zonderling **I** *bn & bw* vreemdsoortig, buitenissig **II** *m* vreemd doend mnl. iem.

zondeschuld schuld door zonde **zondeval** *m* het (eerste) zondigen **zondig** *bn & bw* zonde bedrijvend **zondigen** *h* zonde doen; de wet overtreden; de regel niet in acht nemen **zondvloed** bep. geweldige overstroming; *nog van vóór de ~*, *(scherts.)* zeer ouderwets

zone *v(m)* [-n, -s] aardgordel, luchtstreek; hoogtegordel; gebied; *blauwe ~*, gebied waar alleen met een parkeerschijf geparkeerd mag worden; *grijze ~*, onduidelijk overgangsgebied

zonecht' *bn* bij zonlicht niet verkleurend **zoneclips** zonsverduistering

zonedekking *(sp.)* verdedigingsmethode per zone en niet gericht op een vaste tegenspeler **zonestelsel** verdeling in zones voor berekening v.e. tarief

zonet' *bw* zoëven

zonkant *m* door de zon beschenen zijde **zonkracht** mate van uv-lichtstraling **zonlicht** licht v.d. zon **zonnebaan** schijnbare baan v.d. zon **zonnebad** het blote lichaam blootstellen aan de zomerzon **zonnebaden** [zonnebaadde, gezonnebaad] een zonnebad nemen **zonnebank** ligbank onder lamp met ultraviolette stralen **zonneblind** luik, jaloezie **zonnebloem** hoge plant v.h. geslacht Helianthus met grote gele bloemen **zonnebrand** gloed v.d. zon; verbranding v.d. huid door de zon **zonnebril** bril met donker glas tegen de zon **zonnecel** opslagapparaat voor zonne-energie **zonnecirkel** periode van 28 jaar waarna de dagen v.d. week weer op dezelfde datum vallen **zonnecollector** met zonnewarmte werkend apparaat **zonnecultus** zonnedienst **zonnedag** tijd tussen twee meridiaansdoorgangen v.d. zon **zonnedauw** *m* insectenetend moerasplantje v.h. geslacht Drosera **zonne-energie** door zon uitgestraalde energie **zonnehemel** apparaat met ultraviolette stralingslamp **zonnejaar** tijd waarin de aarde om de zon loopt **zonnekanon** apparaat om kunstmatig snel bruin te worden **zonneklaar** *bn & bw* zeer begrijpelijk **zonneklep** tegen verblinding door de zon beschermende klep **zonnekoning** *de ~*, Lodewijk XIV **zonnen** in de zon liggen **zonnepaneel** apparaat dat zonne-energie opvangt **zonnescherm** scherm tegen de zon **zonneschijn** stralen v.d. zon **zonnespectrum** spectrum v. zonlicht **zonnesteek** bewusteloosheid door felle bestraling v.d. zon **zonnestelsel** groep hemellichamen met een centraal zelflichtend hemellichaam **zonnestilstand** *m* het op 21 juni en 21 december bereiken v.d. hoogste resp. laagste stand v.d. zon **zonnestraal** straal zonlicht **zonnetafel** lijst v.d. stand v.d. zon voor elke dag **zonnetijd** tijd volgens stand v.d. zon **zonnetje** *o in het ~ zetten*, in het bijzijn van anderen de fouten laten zien; *het ~ in huis*, wie altijd vrolijk en vriendelijk is **zonnetunnel** apparaat met ultraviolette stralingslamp **zonnevlek** vlek op de zon **zonnewagen** *(myth.)* wagen v.d. zonnegod **zonneweide** grasvlakte om te zonnen **zonnewende** *v(m)* 21 juni, 21 december **zonnewijzer** tijdmeter waarbij tijd door schaduw wordt aangewezen **zonnezuil** kolomvormige reflectie van zonlicht in vallende ijskristallen **zonnig** *bn & bw* met veel zon; vrolijk, vriendelijk **zonovergoten** *bn* in vol zonlicht **zons-** *vaak in bet.*: v.d. zon **zonsafstand** afstand v.e. planeet tot de zon **zonsverduistering** *v* het bedekt worden v.d. zon door de maan **zonwering** *v* zonnescherm **zonzijde** zonkant; aangename kant

zoöfaag' *m* [-fagen] wie dierenvlees eet

zoogdier dier dat zijn jongen zoogt

zoögeografie' *v* [-ën] leer v.d. verspreiding v.d. dieren **zoögrafie'** *v* [-ën] beschrijving van dieren

zooi *v(m)* maaltje; rommel, boel

zool *v(m)* [zolen] onderkant v. voet; ondervlak v. schoeisel of kous; inlegzool; *wel onder zijn zolen kunnen schrijven*, wel erop kunnen rekenen dat een schuld niet betaald wordt of dat iets wat men wenste niet gebeurt; *halve ~*, onnozel persoon **zoolganger** *m* [-s] dier dat bij het lopen de hele voet neerzet **zoolle(d)er** leer voor zolen

zoölogie' *v* dierkunde **zoölo'gisch** *bn & bw* dierkundig **zoöloog'** *m* [-logen] dierkundige

zoom *m* [zomen] (omgenaaide) rand

zoomen ‹oo=oe› met een zoomlens het beeld dichterbij brengen; met een zoomlens fotograferen **zoomlens** ‹oo=oe› lens met meer lenzen in één

zoömorf' *bn* met de vorm v.e. dier

zoon *m* [zonen, -s] mannelijk kind; *(fig.)* afstammeling; *een ~ van zijn vader zijn*, de aard van zijn vader hebben; *de Zoon des mensen*, Jezus

zoöplankton dierlijk plankton **zoötherapie'** *v* veeartsenijkunde

zootje *o* kleine zooi; *(min.)* rommeltje; *~ ongeregeld*, erge rommel

zopas' *bw* zojuist

zopie *o* op het ijs verkochte drank

Z-opleiding *v* opleiding in de zwakzinnigenzorg

zorg *v(m)* aandacht; bezorgdheid; zorgvuldige toewijding; ongerustheid; geldverlegenheid; wie trouw zorgt; zorgstoel; *dat zal mij een ~ wezen* of *mij een ~!, (iron.)* ik geef er niets om **zorgbarend** *bn* zorg veroorzakend **zorgdragend** *bn* goed voor alles zorgend **zorg(e)lijk** *bn & bw* zorg veroorzakend; zorg verradend **zorgeloos** *bn & bw* zonder zorgen, achteloos **zorgen** zorg dragen (dat er iets is of dat iets klaar is); toezicht houden; *voor zichzelf kunnen ~*, zijn eigen onderhoud verdienen **zorgenkind** kind of iets dat veel zorg baart **zorghuis** tehuis met verschillende soorten zorg voor bejaarden **zorginstelling** organisatie voor verzorging en/of verpleging v. zieken of bejaarden of gehandicapten **zorgpas** pas voor het elektronisch betalen van medische nota's **zorgsector** deel v.h. maatschappelijke leven dat zorg nodig heeft; deel v.h. maatschappelijke leven dat hulp verleent **zorgstoel** leunstoel **zorgverlof** door de werknemer betaald verlof voor verzorging v.e. familielid of iem. uit de naaste omgeving **zorgverzekeraar** *m* [-s] instelling of maatschappij voor verzekeringen op het gebied van gezondheidszorg **zorgvol** *bn* met veel zorg(en) **zorgvoorziening** voorziening in zorg op cultureel of sociaal gebied **zorgvul'dig** *bn & bw* nauwkeurig; met zorg **zorgwek'kend** *bn* zorg veroorzakend **zorgzaam** *bn & bw* vol zorg

zot *bn & bw & m* [-ten] gek, dwaas; *elke ~ heeft zijn marot*, ieder heeft zijn stokpaardje **zotheid** *v* [-heden] dwaasheid; dwaze daad **zotskap** *v(m)* narrenkap; zot persoon **zotskolf** *v(m)* scepter v.e. nar ***zottenklap** *(Wdl. zotteklap) m* onwijze praat **zottenpraat** *m* onwijze praat **zotternij'** *v* zotheid; zotte praat **zottigheid** *v* [-heden] zotheid **zottin'** *v* [-nen] gekkin

zout I *o* keukenzout; verbinding van metaal en zuurrest; *Attisch ~*, geestig gezegde; *een zak ~ met iem. gegeten hebben*, iem. al lang kennen; *in het ~ leggen*, voor de toekomst bewaren; *in het ~ gelegd*, voorgoed vastgesteld; *met een korreltje ~*, niet al te letterlijk; *met ~ komen als het ei op is*, te laat komen; *het ~ in de pap niet*, heel weinig **II** *bn* van bep. smaak; *heb je het ooit zo ~ gegeten*, heb je het ooit zo erg meegemaakt **zoutarm** *bn* weinig zout bevattend **zouteloos** *bn* flauw **zouten** [zoutte, gezouten] met zout bestrooien of bereiden, pekelen, met zout inwrijven; *gezouten scherts*, bijtende scherts **zouterij'** *v* inrichting waar gezouten wordt **zoutgroeve** groeve waar zout gewonnen wordt **zoutje** *o* zout koekje **zoutmijn** mijn waar zout gewonnen wordt **zoutpan** ondiep bekken voor zoutwinning **zoutpilaar** *als een ~*, stijf en onbeweeglijk **zoutplant** plant die alleen op zouthoudende bodem groeit **zoutte** *v* mate v. zout zijn, zoutheid **zoutvaatje** bakje voor zout **zoutwater** zouthoudend water; zeewater **zoutwa'tervis** zeevis **zoutzak** zak voor of met zout; energieloos mens, iem. met slappe lichaamshouding **zoutziederij'** *v* inrichting voor zoutbereiding **zoutzuur I** *o* oplossing van chloorwaterstof in water **II** *bn* deze oplossing bevattend

zo'veel' *telw & bnw & bw* zeer veel; zo veel; zo iets; *~ is zeker*, dat is zeker; *~ te*, des te; (na ronde getallen geeft het een benadering aan v.d. kleinere eenheden); *niet ~*, niets **zoveelste** *telw* nummer zoveel, een v.d. velen

zo'ver'(re) *bw & vgw* zo ver; zo veel; *in ~*, in dit opzicht; zo ver; *voor ~*, zo ver **zowaar'** *bw* inderdaad; warempel **zowat'** *bw* ongeveer **zowel'** *vgw* evenzeer

z.o.z. zie ommezijde **zozeer'** *bw* vooral; bepaald; zo zeer; *(plecht.)* zeer **zozo'** *bw* matig

ZP zomerpeil

Zr. zuster

z.s.m. zo spoedig mogelijk

zucchet'ti, **zucchet'to**, **zucchini**, **zucchino** ⟨zucch=tsoek⟩ *m* [-'s] soort courgette

zucht I *m* diepe ademhaling met enig geruis; windtocht **II** *v(m)* begeerte; waterzucht **zuchten** hoorbaar uitademen, zuchten slaken; sterk verlangen; *onder het juk ~*, onderdrukt worden **zuchtig** *bn* waterzuchtig **zuchtje** *o* kleine zucht; zacht windje

zuid *om de ~*, in zuidelijke richting; *bn & bw* in het zuiden **zuideinde** zuidelijk einde **zuidelijk** *bn & bw* in of naar het zuiden, ten zuiden **zuidelijken** *z* naar het zuiden omlopen **zuiden** *o* streek waar de zon om 12 uur staat; Zuid-Europa; *ten ~*, zuidelijk, aan de zuidkant **zuidenwind** wind uit het zuiden **zuiderbreedte** afstand in graden ten zuiden v.d. evenaar **zuidergrens** grens in het zuiden **zuiderkeerkring** steenbokskeerkring **Zuiderkruis** kruisvormig sterrenbeeld bij de zuidpool **zuiderlicht** zuidpoollicht **zuiderling** *m* iem. uit het zuiden **zuiderzon** zon als in het zuiden, zon in de tropen **zuidgrens** zuidergrens **zuidkant** op zuiden gerichte kant **zuidkust** zuidelijke kust **zuidoost'** *bn & bw* juist midden tussen het zuiden en het oosten **zuidoos'telijk** *bn & bw* naar of uit het zuidoosten **zuidoos'ten** streek tussen zuiden en oosten **zuidoos'tenwind**, **zuidoos'ter** *m* [-s] wind uit het zuidoosten **zuidpool** *v(m)* zuidelijk einde v.d. aardas of hemelas; gebied rond dat punt **zuidpoolcirkel** parallel 23° van de zuidpool af **zuidpoolexpeditie** expeditie naar de zuidpool **zuidpoollicht** zuiderlicht **zuidpoolreiziger** *m* wie een reis maakt naar de zuidpool **zuidpooltocht** tocht naar de zuidpool

zuidvrucht vrucht uit zuidelijke landen **zuidwaarts** *bn & bw* naar het zuiden **zuidwest'** *bn & bw* juist midden tussen het zuiden en het westen **zuidwes'telijk** *bn & bw* naar of uit het zuidwesten **zuidwes'ten** *o* streek tussen zuiden en westen **zuidwes'tenwind** wind uit zuidwesten **zuidwes'ter** *m* [-s] zuidwestenwind; breedgerande zeemanshoed **zuidzijde** zuidkant **zuidzuidoost'** *bn & bw* juist midden tussen zuiden en zuidoosten **zuidzuidoos'ten** streek zuidzuidoost **zuidzuidwest'** *bn & bw* juist midden tussen zuiden en zuidwesten **zuidzuidwes'ten** streek zuidzuidwest

zuigcurettage ⟨age=aazje⟩ *(med.) v* [-s] reiniging v.d. baarmoeder met een zuigpomp **zuigeling** *m* jonggeborene **zuigen** [zoog, gezogen] door luchtverdunning naar binnen trekken; zuigende bewegingen maken; langzaam in zich opnemen; naar zich toe trekken; langdurig plagen; *(plat)* met de mond seksueel bevredigen **zuiger** *m* [-s] wie zuigt; toestel dat opzuigt; cilindervormig toestel met schijf en stang dat voor beweegkracht dient **zuigerklep** klep in zuiger **zuigerslag** heen- en weergaande beweging v. zuiger; lengte ervan **zuigerstang** stang waaraan zuiger zit **zuigfles** fles met speen voor zuigelingen **zuiging** *v* het zuigen; trekkende beweging v. gas of vloeistof **zuigklep** zuigerklep **zuigkracht** vermogen om te zuigen **zuignapje** orgaan waarmee sommige wezens zich vastzuigen **zuigpomp** pomp die iets opzuigt

zuil *v(m)* kolom; steunpilaar; hoofdgroepering op levensbeschouwelijke grondslag **zuilheilige** op een zuil levende heilige

zuinig *bn & bw* spaarzaam; karig; *~ kijken*, sip kijken; *op een ~je*, zo zuinig mogelijk

zuipen [zoop, gezopen] *(v. dieren)* drinken; *(pop.)* drinken **zuiplap** *m* [-pen] dronkaard **zuipschuit** *m* dronkaard

zuivel *m/o* melkproducten en eieren **zuivelbedrijf** bedrijf v. melkvee; geheel v.

zuivel verwerkende bedrijven **zuivelbond** bond van zuivelbereiders **zuivelconsulent** ambtenaar die bij de zuivelbereiding advies geeft **zuivelproduct** melkproduct

zuiver *bn & bw* onvermengd; onvervalst; onversneden; rein, smetteloos, kuis; zonder schuld; louter; netto; zonder fouten; eerlijk; rechtzinnig; niet vals **zuiveraar** *m* [-s] wie zuivert of reinigt; taalzuiveraar **zuiveren** zuiver maken; vrij maken van; van politiek onbetrouwbare figuren ontdoen; *zich ~*, zich rechtvaardigen **zuivering** *v* het zuiveren; verwijderen van politiek verkeerde personen **zuiveringsactie** actie voor het opsporen en verwijderen v. ongewenste personen **zuiveringschap** officieel orgaan van zuivering v.h. water **zuiveringseed** eed waarbij men verklaart niets gedaan te hebben in strijd met de wet **zuiveringsheffing** belasting op lozen v. afvalwater **zuiveringszout** bep. maagreinigend zout

zulk *vnw* zodanig **zulks** *vnw* dat, dit

zulle *tw (Belgned.)* nou

zullen [zou, zouden] (drukt uit de toekomende tijd of een mogelijkheid of (met accent) een noodzakelijkheid of bedreiging)

zult *m* hoofdkaas **zulten** in de pekel leggen

zuren zuur maken of worden **zurig** *bn* enigsz. zuur **zurigheid** *v* het zuur zijn; wat zuur is **zuring** *v(m)* zuur smakende plant v.h. geslacht Rumex

zus I *bw* op deze wijze; *(zegsw.) maar ~ of zo*, zeer weinig **II** *v* [-sen] zuster; *(aanspreking)* meisje; *fijne ~*, kwezel; *het is zusje en broertje*, het verschilt weinig; *je ~*, loop heen! **zuster** *v* [-s] vr. persoon met betrekking tot andere kinderen van dezelfde ouders; *(r.-k.)* religieuze; verpleegster; meel- en melkgebak **zustergemeente** gemeente van hetzelfde kerkgenootschap; gemeente waarmee een andere gemeente een vriendschapsbetrekking heeft **zusterhuis** woning voor de zusters **zusterliefde** liefde tussen zusters **zusterlijk** *bn & bw* als (van) een zuster **zustermaatschappij**, **zusterorganisatie** maatschappij met hetzelfde doel of financieel verbonden **zuster-o'verste** overste in een zusterklooster **zusterschap I** *o* het zuster zijn **II** *v* [-pen] vereniging van geestelijke zusters **zusterschip** ongeveer gelijk schip **zustervereniging** *zie* **zustermaatschappij**

zuur I *o* [zuren] scheikundige verbinding die waterstofion(en) kan afsplitsen; azijn; zure vloeistof; tafelzuur; maagsap; oprisping van maagsap; het onaangename; *het ~ hebben*, het land hebben; *zure regen*, neerslag met deeltjes SO_2 **II** *bn* wrang; stuurs; onaangenaam; met moeite; verzuurd; *~ zijn*, betrapt worden **zuurachtig** *bn* enigsz. zuur **zuurbal** zoetzuur smakende bal snoepgoed **zuurdeeg** als gist gebruikt verzuurd deeg **zuurdesem** *m* zuurdeeg; doorwerkend beginsel; *de oude ~*, het oude kwaad **zuurgraad** mate v. zuur zijn **zuurkool** *v(m)* zuur geworden fijngesneden witte kool **zuurpruim** *v(m)* wie onvriendelijk kijkt **zuurrest** delen v. scheikundig zuur buiten waterstof **zuurstel** tafelgereedschap voor tafelzuur **zuurstof** *v(m)* met O aangeduid element **zuurstofapparaat** apparaat om zuurstof toe te voeren **zuurstofmasker** voor mond en neus te houden gedeelte van zuurstofapparaat **zuurstok** zurige staaf suikerwerk **zuurtje** zurige suikerlekkernij **zuurverdiend** *bn* met hard werken verdiend **zuurzoet** *bn* zuur en zoet tegelijk; uitwendig blij of vriendelijk doch inwendig verdrietig of boos

Z-verpleegkundige *m-v* [-n] verpleegkundige in zwakzinnigenzorg

Z-verpleging zwakzinnigenzorg

ZW Ziektewet

ZW zuidwest

zwaai *m* zwaaiende beweging **zwaaien** *h/z* heen en weer bewegen; waggelend gaan; wuiven; voor anker van richting veranderen; *de scepter ~*, regeren; *daar zal wat ~*, er zit flinke straf op; *daar zullen klappen ~*, er zullen klappen vallen **zwaaigat**, **zwaaiplaats** plaats in binnenwater waar een schip kan keren **zwaaihaak** hoekmeter van timmerman **zwaaiing** *v* zwaaiende beweging **zwaailicht** lamp met rondcirkelende stralenbundel

zwaan *m/v* [zwanen] grote zwemvogel v.h. geslacht Cygnus met lange hals

zwaantje *o (Belgned.)* rijkswachter

zwaar *bn & bw* veel wegend; wegend; dik; (v. geluid) laag en luid; *(mil.)* met zware wapenen; sterk; hevig; groot; ernstig; moeilijk; moeilijk te verteren; *wat het ~st is, moet het ~st wegen*, het belangrijkste gaat voor; *~ op de hand*, zwaartillend; moeilijk te berijden; *zware industrie*, industrie die in het kolossale werkt; *zware klei*, vette klei; *zware jongens*, grote misdadigers; *de zware gevallen*, de ernstige misdrijven of bedrijvers er van; *(prot.) zware dominee*, rechtzinnige dominee; *~ betaald*, duur; *~ bomen*, diepzinnig maar zonder veel resultaat praten; *~ leven*, door te veel te willen genieten ongezond leven; *~ beladen* of *belast*, met zware last; *~water*, bep. voor vrijmaking v. atoomenergie gebruikte scheikundige verbinding

zwaard *o* breed tweesnijdend wapen zonder beugel; ovaal zijbord aan zeilschip tegen omslaan; zwoerd; *het ~ aangorden*, zich gereedmaken voor de strijd; *het ~ in de schede steken*, de strijd staken; *met den ~e*, door onthoofding; *te vuur en te ~ verwoesten*, branden en moorden; *het ~ der gerechtigheid*, de wrekende hand; *het ~ van Damocles*, een steeds dreigend gevaar **zwaardleen** *(gesch.)* leen waarin alleen mannen mochten opvolgen **zwaardvechter** gladiator **zwaardvis** vis

met zeer lange bovenkaak, Lat. Xiphias gladius
zwaargebouwd *bn* fors **zwaargetroffen** *bn* ernstige schade geleden hebbend **zwaargewapend** *bn* flink bewapend **zwaargewicht I** *o* gewichtsklasse van boksers boven 79 kg **II** *v/m* bokser van deze klasse; belangrijk iem. **zwaargewond** *bn* ernstig gewond **zwaarhoof'dig** *bn* zwaartillend **zwaarlij'vig** *bn* dik **zwaarmoe'dig** *bn & bw* droefgeestig **zwaarte** *v* gewicht; het zwaar zijn; graad **zwaartekracht** aantrekkingskracht v. aarde **zwaartelijn** lijn in driehoek vanuit hoekpunt naar het midden v. overstaande zijde **zwaartepunt** punt waaromheen de massa gelijkelijk verdeeld is; snijpunt v.d. zwaartelijnen; h. belangrijkste **zwaartil'lend** *bn* veel bezwaren ziend **zwaar'we'gend** *bn* belangrijk **zwaarwich'tig** *bn & bw* zeer gewichtig
zwabber *m* [-s] bep. veger; schippersdweil; zwierbol; *aan de ~ zijn*, pierewaaien, liederlijk leven **zwabberen** met de zwabber werken; zwieren; pierewaaien; liederlijk leven
zwachtel *m* [-s] windsel voor een wond **zwachtelen** met een zwachtel omwinden
zwad *o* in één slag afgemaaid gras
zwadder *m* uitgespogen slijm; slangenspog; *(fig.)* laster **zwadderig** *bn* vuil
zwade *v(m)* [-n] zwad
zwager *m* [-s] broer v. echtgenoot of echtgenote; echtgenoot van zuster
zwak I *bn & bw* niet-sterk; niet-luid; niet-helder; zonder zedelijke kracht; (v.e. toestand) niet gunstig; *het ~ke geslacht*, de vrouwen; *een ~ ogenblik*, een ogenblik waarin men te veel toegeeft; *iemands ~ke zijde*, het punt waar hij het kwetsbaarst is; *(taalk.)* vervoegd zonder klinkerverandering; waarvan de stam eertijds op n eindigde **II** *o* hebbelijkheid; voorliefde; bijzondere genegenheid; zwakke zijde; *in iemands ~ tasten*, iem. treffen op zijn gevoeligste en meest kwetsbare plaats **zwakbegaafd'** *bn* met een minder dan normaal verstand **zwakheid** *v* [-heden] het zwak zijn; fout **zwakjes** *bw* zwak **zwakkeling** *m* wie zwak van wil is **zwakstroom** stroom v. minder dan 24 volt **zwakte** *v* het zwak-zijn **zwakteanalyse** het aanwijzen v. zwakke punten **zwaktebod** uit zwakte voortgekomen onderhandelingsvoorstel **zwakzin'nig** *bn* achterlijk **zwakzin'nigenzorg** professionele verzorging en verpleging van geestelijk gehandicapten
zwalken rondzwerven
zwalp *m* gulp; dikke plank **zwalpen** hevig golven
zwaluw *v(m)* zang- en trekvogel v.d. familie v.d. Hirundinidae; *één ~ maakt nog geen zomer*, één gunstig teken is niet voldoende **zwaluwstaart** staart v. zwaluw; houtverbinding met lippen die in een inkeping sluiten; jas v.e. rokkostuum **zwaluwstaarten** [zwaluwstaartte, gezwaluwstaart] door zwaluwstaarten verbinden; *(fig.)* vast op elkaar laten aansluiten
zwam *v(m)* [-men] paddestoel; tondelzwam **zwammen** *(pop.)* breedvoerig kletsen **zwammig** *bn* vol zwammen **zwamneus** *m* wie veel zwamt
***zwanenbloem** *(Wdl. zwanebloem)* moerasplant met bloemen waarvan de knoppen er koffieboonachtig uitzien, Lat. Butomus umbellatus **zwanendons** dons v.e. zwaan; eenzijdig geruwd flanel **zwanendonzen** *bn* van zwanendons **zwanenhals** lange gebogen hals; S-vormige buis **zwanenzang** laatste compositie of gedicht of werk v. iem. voor zijn dood
zwang *in ~*, in gebruik, in de mode
zwanger *bn* een kind dragend; *(fig.) ~ van*, voornemens zijnde te doen **zwangerschap** *v* [-pen] het zwanger zijn **zwangerschapsmasker** soms bij zwangerschap optredende bruine vlekken in het gezicht **zwangerschapsverlof** verlof wegens zwangerschap
zwans *m* staart; mannelijk geslachtsdeel; grap; sukkel
zwarigheid *v* [-heden] moeilijkheid; bezwaar; *~ in iets zien*, ergens gevaar in zien
zwart I *bn & bw* bep. kleur; donker; vuil; onheilspellend; clandestien; smokkel-; *~ maken*, kwaadspreken van; *~ op wit*, schriftelijk; *het ~e ras*, de negers; *~ gat*, licht absorberend hemellichaam; *~e doos*, apparaat dat vluchtgegevens registreert; *de ~e dood*, de pest; *~e lijst*, lijst van beschuldigde personen; *~e kunst*, toverij; *~e staar*, blindmakende oogziekte; *de ~e aarde*, Oekraïne; *~e bladzijde*, oneervolle of rampzalige gebeurtenis; *het ziet ~ van de mensen*, er is zeer veel volk; *~ van de honger*, uitgehongerd; *als eerste lid in sk*: donker **II** *o* zwarte kleur; wat zwart is; woekerzwam in graan **zwartblaar** *v(m)* zwarte koe met witte blaar **zwartboek** misstanden aanwijzende publicatie **zwartbont** *bn* wit met zwarte vlekken **zwarte** *m-v* [-n] neger, negerin **zwart(e)han'delaar** *m* wie zwarte handel drijft **zwartekou'senkerk** *(pop.)* kerk v. strenge prot. sekte **zwartekunst'** *v* tovenarij, nigromantie; bep. graveermethode **zwartemarkt'prijs** prijs op de clandestiene markt **zwartepiet'** *m* knecht van Sinterklaas; zwarthandelaar; schoppenboer; *de ~ krijgen*, als zondebok aangewezen worden; *de ~ doorspelen naar*, als zondebok doen beschouwen **zwartepie'ten** [zwartepiette, gezwartepiet] een kaartspel spelen waarbij schoppenboer bijzondere strafpunten oplevert; zwarte handel drijven **zwartgal'lig** *bn & bw* zwaarmoedig **zwarthandelaar** *zie* **zwart(e)handelaar**; **zwarthemd** *m* fascist

zwartje *o* meisje met zwart haar; neger; negerinnetje; kleurling; silhouetillustratie **zwartkijker** pessimist; geen kijkgeld betalend televisiebezitter **zwartkop** iem. met zwart haar; grasmusachtige vogel, Lat. Sylvia atricapilla **zwartmaking** *v* belastering **zwartrijder** *m* [-s] wie geen wegenbelasting betaalt voor zijn auto **zwartrok** *m (min.)* r.-k. geestelijke **zwartsel** *o* middel om zwart te maken **zwartselen** met zwartsel insmeren **zwartvissen** vissen zonder visvergunning **zwartwerker** wie werkt zonder dat het verdiende aan de fiscus wordt opgegeven **zwart-wit** *~denken*, ongenuanceerd denken **zwart-wit'foto** foto in zwart en wit

zwatelen een zacht geruis maken; met velen tegelijk praten; kletsen

zwavel *m* gelige licht ontvlambare stof **zwavelbad** bad van zwavelwater **zwavelbloem** poeder van zwavel **zwavelbron** bron van zwavelwater **zwaveldi'oxide** *o* verbinding van zwavel en zuurstof **zwavelen** met zwaveldamp bewerken **zwavelerts** zwavelhoudend erts **zwavelgeel** *bn* vuilgeel **zwavelhoudend** *bn* zwavel bevattend **zwavelig** *bn & bw* zwavelachtig **zwavelijzer** verbinding v. zwavel met ijzer **zwa'velkool'stof** *v(m)* verbinding van zwavel en koolstof **zwavellucht** lucht met zwaveldamp **zwavelregen** het door de lucht zweven en neervallen van wolken stuifmeel **zwavelzuur I** *o* verbinding van 2 atomen waterstof met 1 atoom zwavel en 4 atomen zuurstof **II** *bn* de zuurrest van zwavelzuur bevattend

zweef *m (pop.)* kermisvermakelijkheid waarmee men door de lucht zweeft **zweefauto** zich op een luchtkussen voortbewegend voertuig **zweefbrug** hangbrug **zweefduik** duik met gestrekte armen; *(fig.)* springend z. voorover laten vallen **zweefmolen** rondloop; zweef **zweefrek** trapeze voor turners **zweefsport** sport v.h. zweefvliegen **zweefsprong** *(sp.)* sprong bij schoonspringen met gestrekt lichaam **zweefvliegen** [zweefvliegde, gezweefvliegd] vliegen met zweefvliegtuigen **zweefvlieger** *m* wie kan zweefvliegen **zweefvliegsport** zweefsport **zweefvliegtuig** vliegtuig zonder motor **zweefvlucht** glijvlucht; vlucht in zweefvliegtuig

zweem lichte schijn; *geen ~*, geen schijn

zweep *v(m)* [zwepen] slagkoord of slagleer aan stok; *de ~ erop leggen*, met de zweep slaan; *het klappen v.d. ~ kennen*, goed op de hoogte zijn; *met de ~ erachter zitten*, voortjagen **zweepdiertje** *o* eencellig diertje met zweepdraad **zweepdraad** draad waarmee eencellige diertjes zich voortbewegen **zweepslag** slag met zweep; uiteinde v. koord v. zweep; *(med.)* letsel v.d. nekwervel(s) als gevolg v.e. plotselinge achterwaartse beweging v.h. hoofd bijv. bij een botsing

zweer *v(m)* [zweren] ettergezwel

zweet *o* huidvocht; *(jagerst.)* bloed; vochtuitslag; *een ~je op iets halen*, zich erg bij iets inspannen; *in het ~ uws aanschijns*, door hard te werken **zweetbad** zeer heet bad **zweetband** band tegen zweet **zweetdrijvend** *bn* zweten bevorderend **zweetkakkies** [mv] *(pop.)* zweetvoeten **zweetkamertje** *o* wachtkamertje voor examinandi **zweetklier** zweet afscheidende klier **zweetkuur** het nemen van zweetbaden voor genezing **zweetvoeten** *mv* zwetende voeten

zwei *m* winkelhaak met bewegende armen

zwelgen [zwolg, gezwolgen] slokken; gulzig eten of drinken; *~ in genot*, baden in genot **zwelgerij'** *v*, **zwelgpartij** slemperij

zwelkast ruimte in orgel met luiken waardoor men het geluid van sterkte veranderen kan **zwellen** [zwol, gezwollen] uitzetten; dikker worden; boller worden **zwelling** *v* het zwellen; gezwel

zwembad inrichting om te zwemmen **zwembassin** kunstmatige gelegenheid om in te zwemmen **zwemblaas** bep. blaas bij vissen; met lucht gevulde blaas om gemakkelijker te zwemmen **zwembroek** broekje v. zwemmer

zwemen *~ naar*, enigszins lijken op

zwemgordel kurken gordel voor het zwemmen **zweminrichting** inrichting waar men kan zwemmen **zwemles** les in het zwemmen **zwemmen** [zwom, gezwommen] *h/z* zich in vloeistof drijvend voortbewegen; drijven; *~ in*, overvloed hebben van; *iets laten ~*, ergens geen aandacht meer aan schenken **zwemmerseczeem** door veelvuldig contact met vocht ontstaan eczeem aan de voeten **zwempak** badpak **zwempoot** poot met zwemvlies **zwemschool** inrichting om te leren zwemmen **zwemvest** licht vest waarop men blijft drijven **zwemvlies** vlies tussen tenen; rubberen vlies aan voeten om sneller te zwemmen **zwemvoet** zwempoot **zwemvogel** vogel die veel zwemt

zwendel *m* zwendelarij **zwendelaar** *m* [-s] wie zwendelt **zwendelarij'** *v* bedrog; oplichting **zwendelen** oplichten

zwengel *m* [-s] arm of kruk waarmee men iets in beweging brengt

zwenk *m* draai, wending; *met een ~*, in het voorbijgaan; *in een ~*, in een ommezien **zwenken** *h/z* wenden; zijn draai nemen **zwenkwiel** wieltje onder meubel dat in alle richtingen kan draaien

zwepen met een zweep slaan; voortdrijven

zweren [zwoor/zweerde, gezworen] tot een zweer worden; een zweer krijgen of hebben; [zwoer, gezworen] een eed doen; *~ bij*, vast vertrouwen op, alles geloven van

zwerfafval wat onderweg weggegooid wordt **zwerfblok** vroeger door gletsjers aangevoerde grote kei **zwerfjongere** *m-v* [-n] jongere zonder vaste verblijfplaats **zwerfkat** kat zonder tehuis **zwerfkei**

zwerfblok **zwerfsteen** zwerfblok **zwerftocht** tocht zonder bep. plan; verre reis **zwerfvogel** vogel die geen trekvogel is maar wel geregeld van woonplaats verandert **zwerfvuil** zwerfafval

zwerk *o* donkere wolken, uitspansel

zwerm *m* ongeregelde bewegende troep; uitvliegend bijenvolk **zwermen** *h* in een zwerm vliegen; in een zwerm uit korf vliegen; om iets heenvliegen; in groepen rondlopen **zwermer** *m* [-s] landloper

zwerven [zwierf, gezworven] *h* omdolen; rond trekken **zwerver** *m* [-s] wie zwerft; landloper

zweten zweet afscheiden; vocht uitslaan; *(jagerst.)* bloed verliezen; *ergens op zitten ~*, ergens veel moeite mee hebben **zweterig** *bn* vochtig van zweet; veel en spoedig zwetend; *(jagerst.)* bloederig

zwetsen opsnijden **zwetserij'** *v* blufferij

zweven *h* in de lucht drijven of hangen; zich licht bewegen; zweefvliegen, vliegen met een zweeftoestel; *voor de geest ~*, voor de geest hangen **zwevend** *bn* hangend; onzeker; *~e geschillen*, hangende geschillen; *~e valuta*, wisselkoers zonder goud- of andere pariteit; *~e koopkracht*, aanwezigheid van geldmiddelen bij onvoldoende aanbod van goederen; *~e kiezers*, kiezers met wisselende politieke keuze **zweverig** *bn* vaag **zweving** *v* het zweven; het periodieke af- en toenemen v.d. intensiteit v.e. trilling

zwezerik *m* borstklier v.e. kalf

zwichten *h/z* toegeven; onderdoen; de zeilen of touwen inhalen v.e. schip of v.e. molen

zwiepen *h* verend doorbuigen **zwieper** *m* [-s] klap; *(sp.)* dwingen v.e. tegenstander om opzij te gaan; trap tegen een medespeler

zwier *m* draai; zwaai; elegantie; pronk; *aan de ~ zijn*, plezierig en royaal uitgaan **zwieren** vlug ronddraaien; zwaaiend bewegen; aan de zwier zijn **zwierig** *bn & bw* met zwier; elegant; (v. stijl) bloemrijk

zwijgen [zweeg, gezwegen] niets zeggen; niet klinken; *een batterij tot ~ brengen*, het vuren doen ophouden; *er het ~ toe doen*, niets meer zeggen; *~de meerderheid*, conservatieve, zich niet in het openbaar uitende meerderheid **zwijger** *m* [-s] wie zwijgt **zwijggeld** geld dat men betaalt opdat iem. niets zegt **zwijgplicht** plicht tot zwijgen wegens ambtsgeheim **zwijgrecht** recht om geen getuigenverklaring te hoeven geven **zwijgzaam** *bn* weinig sprekend

zwijm *in ~*, in een bezwijming

zwijmel *m* roes, bedwelming **zwijmeldronken** *bn* zwijmelend alsof men dronken is **zwijmelen** *h* duizelen; in onmacht vallen; in een roes raken **zwijmelroes** roes v. vervoering; extase

zwijn *o* varken; liederlijk iem.; bof **zwijnen** liederlijk leven; boffen **zwijnenaard** liederlijke aard **zwijnenboel** vieze boel **zwijnenjacht** jacht op wilde zwijnen **zwijnenstal** zwijnenboel **zwijnerij'** *v* vuiligheid; vuile handelwijze; vuile taal **zwijntjesjager** [-s] fietsendief

zwik *m* [-ken] houten pen in het luchtgat v.e. vat; wrijfhout; punt v. hoefnagel; dunne twijg; verstuiking; *(mil.)* hele uitrusting; *een hele ~*, *(fam.)* een hele boel **zwikken** *h/z* knakken; omslaan; licht verstuiken; bep. kaartspel spelen; de schacht op de binnenzool aanbrengen

zwingliaan' *m* [-anen] aanhanger v. leer v. Zwingli **zwingliaans'** *bn* volgens leer v. Zwingli, de leer v. Zwingli volgend

ZWO (Ned. organisatie voor) zuiver wetenschappelijk onderzoek (tegenwoordig NWO)

zwoegen hard werken; hijgen

zwoel *bn* drukkend warm; broeiend benauwd; zinnelijk **zwoelte** *v* zwoele atmosfeer

zwoerd, **zwoord** *o* afgeschrabde spekhuid

zygoot' *(bio.) v(m)* [-goten] uit versmelting van twee geslachtscellen ontstane kiemcel

zyma'se ‹ziemaaze› *v* [gmv] uit gistcellen gewonnen sap met veel enzymen **zymo'se** ‹ziemooze› *v* [gmv] gisting

z.z.g.g. zag zich gaarne geplaatst

ZZO zuidzuidoost

ZZW zuidzuidwest